Henry Dunbar

A Complete Concordance to the Comedies and Fragments of

Aristophanes

Henry Dunbar

A Complete Concordance to the Comedies and Fragments of Aristophanes

ISBN/EAN: 9783744781978

Printed in Europe, USA, Canada, Australia, Japan

Cover: Foto ©Thomas Meinert / pixelio.de

More available books at **www.hansebooks.com**

CONCORDANCE

TO THE

COMEDIES AND FRAGMENTS OF ARISTOPHANES

DUNBAR

London

HENRY FROWDE

OXFORD UNIVERSITY PRESS WAREHOUSE

AMEN CORNER

A COMPLETE CONCORDANCE

TO THE

COMEDIES AND FRAGMENTS

OF

ARISTOPHANES

BY

HENRY DUNBAR, M.D. Edin.

AUTHOR OF 'A CONCORDANCE TO THE ODYSSEY AND HYMNS OF HOMER,' ETC.

Oxford

AT THE CLARENDON PRESS

M DCCC LXXXIII

[*All rights reserved*]

PREFACE.

This Concordance to the Comedies and Fragments of Aristophanes has been compiled from the text of Dindorf's edition of that Author, published at Oxford in 1835, and from that of Meineke's edition of the Fragments, published at Berlin in 1840.

Much labour has been bestowed by the Author upon the work, in order to make it as accurate and useful as possible.

That the book appears, and takes a place among other contributions to Greek Literature, is due to the liberality of the Delegates of the Clarendon Press, who are ever ready to promote the interests of Classical Literature and Scholarship. To them, therefore, the Author tenders his grateful acknowledgements for undertaking the printing and publishing of this Concordance.

To Professor Geddes, the eminent incumbent of the Greek chair in Aberdeen University, for many valuable hints supplied to the Author while engaged on the work, his especial thanks are due. He it was, who, recognising the usefulness of such productions as the present, and its predecessor the Concordance to the Odyssey, to the cause of Greek Literature, first suggested to the Author's mind the idea of taking these works in hand.

The Author trusts that this Concordance to Aristophanes, and his previous work, the Concordance to the Odyssey of Homer, may meet with a favourable reception from the public, and prove acceptable and useful to those who take pleasure in the study of Attic and Ionic Greek.

HENRY DUNBAR, M.D. Edin.

Boscobel, Garelochhead,
1883.

The Author of the Concordance to Aristophanes has not lived to see the fruit of his labours, having died soon after he had penned the Preface which appears above. A son of the well-known Professor of Greek in the University of Edinburgh, George Dunbar, who was the successor of Dalzel and predecessor of Professor Blackie, Dr. Henry Dunbar naturally inherited an interest in and love for Greek literature, such as prompted him to undertake tasks most laborious to himself but highly serviceable to Greek scholars. One of these monuments of industry is now before the public, and it will no doubt be duly appreciated.

PREFACE.

In the preceding Preface Dr. Dunbar has referred to me in kindly and courteous terms, which are all the more remarkable as I had not the pleasure of his personal acquaintance and knew him only through correspondence. With the permission of the Delegates of the Clarendon Press, I may explain briefly the circumstances that have led to the introduction of my name so prominently in the Preface.

A good many years ago he applied to me for advice as to a work which he had projected on Homeric Grammar. From the sketch and proof-sheets which he sent to me, I felt that I could not encourage him in the proposal, inasmuch as his knowledge of the subject, though very respectable for the period when he was himself a student, was far from being abreast of our present Philological Science. Hence I dissuaded him from pursuing a work which would have brought certain loss and no reputation, and suggested to him, as he was evidently an enthusiastic worker, that he should give us a Concordance to the Odyssey and the minor Homeric poems, to be a companion to the Concordance to the Iliad by Prendergast, which had just appeared. He accepted the suggestion, and, through the courteous liberality of the Clarendon Press, was enabled to complete and issue that Concordance. On the completion of it, he consulted me again as to the work to which he should now address himself. On consideration I thought our next most serious desideratum in that line was a complete Concordance to the prince of Attic Comedy, and hence the volume now offered to the public. In giving him this counsel, I recommended him to be careful as to including the readings of the Ravenna Manuscript, and also the more famous conjectures of the great critics.

The unwearied spirit still craved for new enterprises, and for the third time he consulted me what work he should next undertake. One could hardly help recalling the story of Michael Scott the magician, perplexed by his restless spirits always demanding new work whereon to employ their energies. This time I suggested a Concordance to Ovid and the Latin Elegiac Poets, and with characteristic zeal he has blocked out and shaped such a work, but unfortunately it is a Torso, with only the first letter A nearly finished, for I understand he has brought it down to the word *Auxilium*, with which ominously his MS. ends.

If it is true that the best proof of being a successful scholar is to have written a book which will not be superseded for two hundred years, Dr. Dunbar may claim that distinction, for he has produced two works, valuable to Greek scholars, such as will postpone the period of oblivion in his case to a very remote and distant generation.

W. D. G.

UNIVERSITY OF ABERDEEN:
November, 1883.

A

ά—άγαθῷ.

ά. Σ. 1235. ἀντρέψειε ἔτι τὰν πόλιν· ἁ δ' ἔχεται ῥοπᾶς. κ.τ.λ.
ᾶ. Α. 3. ἁ δ' ᾠδυνήθην, ψαμμακοσιογάργαρα. κ.τ.λ.
    Α. 369. λέξω δ' ὑπὲρ Λακεδαιμονίων ἅ μοι δοκεῖ. κ τ.λ.
ᾶ. Σ. 1379. ἁ ἅ, τί μέλλεις δρᾶν; ΒΔ. ἄγειν ταύτην λαβὼν κ.τ.λ.
*. Λ. 1318. ᾆ τις ἐλάφου· κρότον δ' ἁμᾶ ποίῃ χοροφελήταν·
Ἀανθα. Fr. 567. Ά.
ἀβάτοισιν. Λ. 809. ἦν τις ἄδρυτος ά. ἐν
ἀβάτον. Λ. 482. ἐφ' ὅ τι τε μεγαλόπετραν, ἀ. ἀκρόπολιν,
ἀβέλτεροι. Ν. 1201. εὖ γ', ὦ κακοδαίμονες, τί κάθησθ' ά.,
ἀβελτερον. Εκ. 768. μάλιστα πάντων. ΑΝ. Π. τὸν μὲν οὖν ά.
ἀβελτερώτατος. Β. 989. τέως δ' ά.,
ἀβίωτον. Π. 969. ά. εἶναί μοι πεποίηκε τὸν βίον.
ἀβουλεύσαμεν. Εκ. 505. τὰ πράγματ' ἐκβέβηκεν ά.
Ἀβυδοκόμην. Fr. 568. Ά.
Ἄβυδον. Fr. 560, 5. ἐν Ἐφέσῳ, οἱ δ' ἐν Ά. ἦν δὲ πάνθ' ὁδῷ
ἐβυσσον. Β. 138. ά. ΔΙ. εἶτα πῶς περαιωθήσομαι;
ἀγ'. Α. 253. ά., ὦ θύγατερ, ὅπως τὸ κανοῦν καλὴ καλῶς
Σ. 843. ἴθι νυν, ά. αὑτῶ δεῦρο. ΞΑ. ταῦτα χρὴ ποιεῖν.
    1518. ά., ὦ μεγαλώνυμα τέκνα
Fl. 508. ά., ἄνδρες, αὐτοὶ δὴ μόνοι λαβώμεθ' οἱ γεωργοί.
    937. ἴθι νυν, ά. ὡς τάχιστα τὸ πρόβατον λαβών·
Ο. 207. ἀλλ' ἀντιβολῶ σ', ά. ὡς τάχιστ' ἐς τὴν λόχμην
Λ. 1188. ά., ὅπα τυ λῇς. ΑΘ. νὴ τὸν Δί' ὡς τάχιστά γε.
Θ. 954. κοῦφα ποσίν, ά. ἐς κύκλον,
Δ. 394. ά. εἷα
ἀγαγεῖν. Α. 250. ά. τυχηρῶς τὰ κατ' ἀγρούς Διονύσια,
Β. 1365. ἐπὶ τὸν σταθμὸν γὰρ αὐτὼ ά. βούλομαι,
ἀγάγησθον. Π. 529. οὔτε μύροισιν μυρίσαι στακτοῖς, ὑπόταν νύμφαν ά.
ἀγαγών. Α. 906. λάβοιμι μίνταν κίρδος ά. καὶ πολύ,
ἀγαθ'. Α. 656. φησὶν δ' ὑμᾶς πολλὰ διδάξειν ά., ὥστ' εὐδαίμονας εἶναι,
Λ. 982. ὅστις ἐπὶ πάντ' ά. ἔχοντας ἐπικωμάσας,
Ι. 98. ά. ἀλλ' ἔνεγκ'· ἐγὼ δὲ κατακλινήσομαι.
    1336. ὅσα μὲ δέδρακας ά. ἀφεγήσας. ΑΓ. ἐγώ;
Ν. 805. ἀρ' αἰσθάνει πλεῖστα δι' ἡμᾶς ά. αὐτίχ' ἔξων
Ο. 587. ά. αὑτοῖσιν πάντα παρέστω. Π. λέγε δὴ μοι τῶν ἀγαθῶν ἕν.
    1102. ὅσ' ά., ἣν κρίνωσιν ἡμᾶς, πᾶσιν αὐτοῖς δώσομεν,
Π. 506. ὁδὸν ἥντιν' ἰὼν τοῖς ἀνθρώποις ά. ἂν μείζω πορίσειεν.
    593. τὸ γὰρ ἀντιλέγειν τολμᾶν ὑμᾶς ὡς οὐ πάντ' ἔστ' ά. ὑμῖν
    1121. πάντ' ά. ἔωθεν εὐθύς, οἰνοῦτταν, μέλι,
    1125. ἐνίοτε τοιαῦτ' ά. ἔχων; ΕΡ. οἴμοι τάλας,
ἀγαθά. Α. 873. τί φέρεις; ΒΟ. ὅσ' ἐστὶν ά. Βοιωταῖς ἁπλῶς,
Α. 978. αὐτόματα πάντ' ά. τῷδέ γε συμβαίνει·
FI. 423. χάτερ' ἔτι πόλλ' ἔξεις ά. πρῶτον δέ σοι
    453. ἡμῖν δ' ά. γένοιτ'. ἰὴ παιών, ἰή.
    888. σκέψασθ' ὅσ' ὑμῖν ά. παραδώσων φέρων,
    947. εἰς ά. μεταβιβάζει,
Λ. 1043. ἀλλὰ πολὺ τοὐμπαλιν πάντ' ά. καὶ λέγειν
Β. 302. τί δ' ἔστι; ΞΑ. θάρρει· πάντ' ά. πεπράγαμεν,
Εκ. 435. τὰς μὲν γυναῖκας πόλλ' ά. λέγων, σὲ δὲ
    1067. ἀτὰρ ἤτις εἶ γε, πόλλ' ά. γένοιτό σοι,
    1140. καὶ τἄλλ' ά. πρὸς ταῦτα μὴ βραδύνετε,
Π. 113. γενήσετ' ά., πρόσεχε τὸν νοῦν, ἵνα πύθῃ.
    646. ὡς ά. συλλήβδην ἅπαντά σοι φέρων.
    1190. αὐτόματος ἥκων. ΙΕ. πάντ' ά. γίνονν λέγεις.
Fr. 306. ά. μεγάλα τῇ πόλει
ἀγαθαῖς. Λ. 1276. στῆτω παρ' ἄνδρα, κατ' ἐπ' ά. συμφοραῖς
Β. 1502. γνώμαις ά., καὶ παίδευσον

ἀγαθαῖσιν. Ι. 655. ἐπὶ συμφοραῖς ά. εἰσηγγελμέναις
ἀγαθάν. Ν. 339. κιστρᾶν τεμάχη μεγαλᾶν ά., κρέα τ' ὀρνίθεια κιχηλᾶν.
ἀγαθᾶς. Α. 741. ὅπως δὲ δοξεῖτ' ἤμεν ἐξ ά. υἱοί·
ἀγαθέ. Ι. 108. ὦ δαῖμον ά., σὺν τὸ βούλευμ', οὐκ ἐμόν
ἀγαθή. ΕΙ. 360. εἴλετ' ά., τις ἡμῖν τύχη.
ἀγαθῇ. Σ. 869. ὦ Φοῖβ' Ἄπολλον Πύθι, ἐπ' ά. τύχῃ
ἀγαθήν. Ι. 1320. τίν' ἔχων φήμην ά. ἥκεις, ἐφ' ὅτῳ κνισῶμεν ἀγυιάς;
Σ. 648. πρὸς ταῦτα μύλην ά. ὥρα ζητεῖν σαι καὶ νεύκοπτον,
    865. φήμην ά. λέξομεν ὑμῖν,
Ο. 545. ά. ἥκεις ἐμοὶ σωτήρ·
Λ. 1109. δεινήν, ά., φαύλην, σεμνήν, ἁγανήν, * * πολύπειρον.
Θ. 1230. τῶ Θεσμοφόρω δ' ἡμῖν ά.
Β. 1528. πρῶτα μὲν εὐοδίαν ά. ἀπιόντι ποιητῇ
Π. 212. ἔχω τιν' ά. ἐλπίδ' ἐξ ὧν εἶπέ μοι
Fr. 94, 2. ἀνδρὸς πρεσβύτου. τελεῖς δ' ά. ἐπωιδήν,
    166. ά. γε πωλίαν.
ἀγαθῆς. Fr. 162, 2. χαῖρε λιπαρὸν δάπεδον, οὔθαρ ά. χθονός.
ἀγαθοί. Ι. 225. ἀλλ' εἰσὶν ἱππῆς ἄνδρες ά. χίλιοι
ἀγαθοῖς. Θ. 23. πρὸς τοῖς ά. τούτοισιν ἐξεύρω' ὅπως
ἀγαθοῖσιν. Εκ. 1118. ά., ὦ Ζεῦ πολὺ δ' ὑπερπέπαικεν αὖ
ἀγαθόν. Α. 697. ἄνδρ' ά. ὄντα Μαραθῶνι περὶ τὴν πόλιν·
Ι. 187. ὅσον πέπονθας ά. ἐς τὰ πράγματα.
Ν. 826. ἔγωγ'. ΣΤ. ὁρᾷς οὖν ὡς ά. τὸ μανθάνειν;
    1062. ά. τι γενόμενον, φράσον, καί μ' ἐξέλεγξον εἰπών·
Σ. 282. ἡ κόρακας. ἀν οὐκ ά. ἐστι τὸ ῥοφεῖν.
    1125. ά. ἔοικας οὐδὲν ἐπιθυμεῖν παθεῖν,
ΕΙ. 215. εἰ δ' ά. τι πράξειντ' ά. ἀντικαώσειν
    370. οὐκ ᾐσθύμην ά. τοσουτονὶ λαβών;
Ο. 459. ά. πορίσας. τοῦτο κοινόν ἐσται.
    1617. ἀπούσας ὅσον ὑμᾶς ά. ποιήσομεν,
Λ. 945. ά.' ἔα αὐτ', ὦ δαιμονία. ΜΤ. ληρεῖς ἔχων.
Θ. 737. ὡς ἄρα κατήλοις ά., ἡμῖν δ' αὖ κακῶν,
Β. 74. ἔτ' ἐστὶ λοιπὸν ά. εἰ καὶ τοῦτ' ἄρα·
Εκ. 108. δυσύμεθ', ὑμῖν δ' ἂν πράξω τὴν πόλιν
    893. εἴ τι ά. βούλεται πα-
Π. 157. ὁ μὲν ἵππον ά., ὁ δὲ κύνας θηρευτικάς.
    236. ά. γὰρ ἀπώλεσ' οὐδὲν αὐτοῦ πώποτε.
    462. ἀγαθόν· ΠΕ. τί δ' ἂν ὑμεῖς ά. ἐξεύρωσθ'; ΧΡ. ὅ τι;
    535. σὺ γὰρ ἂν πορίσαι τί δύναι' ά., πλὴν φᾠδῶν ἐκ βαλανείου
    1030. ἡ μηδ' ὀτιοῦν ά. δίναιός ἐστ' ἔχειν.
    1164. ὡς ἐπ' ά. ἥκοντι μεγάλα πολλάκι ἔχειν.
Fr. 476, 8. μέγιστον ά. εἶπεν, εἴπερ ἐστι δι' ἐνιαυτοῦ
ἀγαθός. Ι. 943. ά. κιθάρισεν, οἷος οὐδεὶς τῶν χρόνῳ
Σ. 904. ά. γ' ὑλακτεῖν καὶ διαλείχειν τὰς χύτρας.
    952. ά. γάρ ἐστι καὶ διῶκει τοὺς λύκους.
Β. 84. ά. ποιητῇ καὶ ποθεινὸς τοῖς φίλοις.
ἀγαθοῦ. Ι. 85. μὰ Δί' ἀλλ' ἄκρατον οἶνον ά. δαίμονος·
Ι. 106. σπονδή. ΝΙ. λαβὲ δὴ καὶ σπεῖσον ά. δαίμονος·
Σ. 525. μηδέποτε πίοιμ' ἀκράτου μισθὸν ά. δαίμονος.
FI. 300. νῦν γὰρ ἁμῖν ἁπάσαις πάρεστιν ά. δαίμονος
ἀγαθοῦς. Ι. 642. ἀνέκραγον· ὦ βουλή, λόγους ά. φέρων
Σ. 1239. Ἀδμήτου λόγον, ὦταιρε, μαθὼν τοὺς ά. φίλει.
Β. 1039. ἀλλ' ἄλλους τοι ποιοῦσιν ά., ὦν ἦν καὶ Λάμαχος ἥρως·
Π. 495. ὡς τοὺς ά. τῶν ἀνθρώπων βαδιεῖται κοὐκ ἀπολείψει,
ἀγαθῷ. Ι. 1226. ἐγὼ δ' ἐκλέπτον ἐπ' ά. γε τῇ πόλει.
Β. 1487. ἐπ' ά. μὲν τοῖς πολίταις,

ἀγαθῷ—ἄγεν.

ἀγαθῷ. Β. 1468. ἐπ' ἀ. δὲ τοῖς ἑαυτοῦ
Π. 888. οὐκ ἐπ' ἀ. γὰρ ἐνθάδ' ἑστὸν οὐδενί.
Ἀγάθων. Θ. 29. ἐνθάδ' Ἀ. ὁ κλεινὸς οἰκῶν τυγχάνει
Θ. 31. ἔστιν τις Ἀ. ΜΝ. μῶν ὁ μέλας ὁ καρτερός;
49. μέλλει γὰρ ὁ καλλιεπὴς Ἀ.,
177. Ἀ., σοφοῦ πρὸς ἀνδρὸς, ὥστις ἐν βραχεῖ
218. Ἀ., σὺ μέντοι ξυροφορεῖς ἑκάστοτε,
249. Ἀ., ἐπειδὴ σαυτὸν ἐπιδοῦναι φθονεῖς,
Β. 83. Ἀ. δὲ ποῦ 'στιν; ΔΙ. ἀπολιμπάν μ' ἀποίχεται.
Ἀγάθων. Fr. 390 b. καὶ κατ' Ἀ. ἀντίθετον ἐξευρημένον.
ἀγαθῶν. Α. 633, φησὶν δ' εἶναι πολλῶν ἀ. ἄξιος ὑμῖν ὁ ποιητής,
Α. 641. ταῦτα ποιήσας πολλῶν ἀ. αἴτιος ὑμῖν γεγένηται,
I. 807. γνώσεται οἵαν ἀ. αὑτὸν τῇ μισθοφορᾷ παρεκινύττου,
1218. ὑρᾶς τάδ'; ΔΙΙΝ. οἵμοι τῶν ἀ., ὥσων πλῖα.
Σ. 601. σκίμα δ' ἀπὸ τῶν ἀ. οἷον ἀποκλείεις καὶ ξουπέκεις,
ΕΙ. 999. καὶ τὴν ἀγυρὰν ἡμῖν ἀ.
Ο. 587. ἀγάθ' αὑτοῖσιν πάντα παρέσται. ΕΠ. λέγε δή μοι
τῶν ἀ. ἕν.
623. ἀνατείνοντες τὼ χεῖρ' ἀ.
735. ὑπὸ τῶν ἀ.'
Β. 1530. τῇ τε πόλει μεγάλων ἀ. ἀγαθὰς ἐπινοίας.
Εκ. 839. ἀ. ἀπάντων καὶ παρεσκευασμένα
1047. ὥστ' ἀντὶ τούτων τῶν ἀ. εἰς ἐσπέραν
Π. 183. καὶ τῶν κακῶν καὶ τῶν ἀ., εὖ ἴσθ' ὅτι.
469. ἀ. ἀπάντων οὖσαν αἰτίαν ἐμὶ
547. ἀ. πᾶσιν τοῖς ἀνθρώποις ἀποφαίνω σ' αἴτιον οὖσαν;
604. ἡμῖν γὰρ ἀ. σωρὸς ἐς τὴν οἰκίαν
628. ἥκων μεγάλων γάρ μουστὶν ἀ. αἴτιος.
ἀγάθων. Θ. 30. ὁ τραγῳδοποιός. ΜΝ. ποῖος οὗτος ἀ.;
Θ. 95. σίγα. ΜΝ, τί δ' ἔστιν; ΕΤ. ἀ. ἐξέρχεται.
Ἀγάθωνα. Θ. 88. Ἀ. πείσαι τὸν τραγῳδοδιδάσκαλον
Fr. 404. ἐκφέρετε πεύκας κατ' Ἀ. φωσφόρους.
Ἀγαθωδ Θ. 65. Ἀ. μοι δεῦρ' ἐκκαλεσον πάσῃ τέχνῃ.
ἀγαλλε. Θ. 128. ὧν χάριν ἄνακτ' ἀ. Φοῖβον [τιμᾷ].
ἀγάλλεται. ΕΙ. 1298. ἀσπίδι μὲν Σαίων τις ἀ., ἣν παρὰ θάμνῳ
ἄγαλμα. Σ. 314. ἀνώνητον ἄρ' ὦ θυλάκιον σ' εἶχον ἀ.
Fr. 535, 2. ἑκάτης ἀ. φωσφόρου γενήσομαι.
ἀγάλματα. Ν. 306. ναοί θ' ὑψερεφεῖς καὶ ἀ.,
ἀγαλμάτων. Εκ. 780. γνώσει δ' ἀπὸ τῶν χειρῶν γε τῶν ἀ.,
ἀγαλοῦμεν. ΕΙ. 399. δέσποτ', ἀ. ἡμεῖς δεῖ.
ἄγαμαι. Α. 489. τόλμησον, ἴθι, χώρησον, ἀ. καρδίας.
Ο. 1744. ἀ. δὲ λόγων, ἄγε πρὸς ἔργον
Ἀγαμέμνων. Ο. 509. ἐν ταῖς πύλεσιν τῶν Ἑλλήνων, Ἀ. ἢ
Μενέλαος,
ἄγαν. Α. 309. οἷδ' ἐγὼ καὶ τοὺς Λάκωνας, οἷς ἀ. ἐγκείμεθα, κ.τ.λ.
ἀγανακτεῖν. Σ. 287. ἔσθιε, μηδ' ἀ.
ἀγανακτεῖ. Β. 1006. θυμοῦμαι μὲν τῇ ξυντυχίᾳ, καί μου τὰ
σπλάγχν' ἀ.,
ἀγανακτεῖς. Α. 499. ὡς σωθήσει, κἂν μὴ βούλῃ. ΠΡ. δεινόν
γε λέγεις. ΑΤ. ἀ.'
ἀγανήν. Λ. 1109. δεινήν, ἀγαθήν, φαύλην, σεμνήν, ἀ., * *
πολύπειρον
ἀγανόφρονος. Ο. 1321. τότε τῆς ἀ. Ἡσυχίας
ἀγανῷ. Σ. 1407. οὐδενὶ γὰρ οὕτως ἀ.
ἀγαπᾷς. Σ. 672. σὺ δὲ τῆς ἀρχῆς ἀ. τῆς σῆς τοὺς ἀργιλόφους
περιτρώγων,
Σ. 684. σὺ δ' ἦν τις δῷ τοὺς τρεῖς ὀβολούς, ἀ. υἱὲ αὐτὸς
ἐλαύνων
ἀγαπητήν. Θ. 761. τίς τὴν ἀ. παῖδά σουγεργήσατο;
ἀγασώς. Λ. 1301. Τυνδαρίδας τ' ἀ.,
ἀγγείλας. Π. 268. ᾧ χρυεῶν ἀ. ἐπὼν, πῶς φῇς; πάλιν φράσον
μοι.
ἀγγείλον. Ι. 614, ἀ. ἡμῖν πῶς τὸ πρᾶγμ' ἠγωνίσω.
ἀγγείῳ. Α. 940. πῶς δ' ἂν πεποιθοίη ἀ.
ἀγγελεῖ. Π. 762. οὐδείς γὰρ ἡμῖν εἰσιοῦσιν ἀ.
ἀγγελεῖν. Α. 1083. οἶαν ὁ κήρυξ ἀ. ἡγγειλέ μοι.
ἀγγελίας. Θ. 342. ἢ πεμπομένη τις ἀ. ψευδεῖς φέρει,
ἀγγέλλεται. Π. 641. τίς ἡ βοὴ ποτ' ἐστίν; ἆρ' ἀ.
ἀγγέλλετε. Σ. 409. θεῖτε καὶ βοάτε, καὶ Κλέων ταῦτ' ἀ.
ἀγγέλλομεν. Λ. 1235. ἃ δ' οὗ ταῦτά τῶν αὐτῶν πέρι,
ἄγγελος. Θ. 768. οὐ φαίνετ' οὕπω. φέρε, τἰν' οὖν ἂν ἀ.
ἄγγελος. Ο. 1119. ἀλλ' ἀπ' ἀπὸ τοῦ τείχους πάρεστιν ἀ.
Ο. 1168. ἀλλ' ὕδε φύλαξ γὰρ τῶν ἐκείθεν ἀ.
1340. ἔοικεν οὐ ψευδαγγελής εἶν' ἀ.
Π. 632. φαίνει γὰρ ἥκειν ἀ. χρηστοῦ τινος.
ἀγγελῶ. Θ. 654. ἐγὼ δὲ ταῦτα τοῖς πρυτάνεσιν ἀ.
ἀγγελῶν. Α. 1070. ὥσπερ τι τοῖς Ἀθηναίοις ἀ. ἐκγίνεται.
Α. 1084. αἰαῖ. τίνα δ' αὖ μοι προστρέχει τις ἀ.;
Θ. 579. ἥκω φράσων τοῦτ' ἀ. θ' ὑμῖν, ἵνα
595. λῃρεῖς· ἐγὼ γὰρ οὐκ ἂν ἦλθον ἀ.,
ἄγγη. Fr. 8. ἀ. μυροφορικά,

ἄγγος. Α. 936. πάγχρηστον ἀ. ἔσται,
Fr. 440. ἀ.
ἄγε. Α. 98. ἀ. δὴ σὺ, βασιλεὺς ἄττα σ' ἀπέπεμψεν φράσον
Α. 111. ἀ. δὴ σὺ φράσον ἐμοὶ σαφῶς, πρὸς τουτονί,
485. ἐπήνεσ' ἀ. νυν, ὦ τάλαινα καρδία,
I. 155. ἀ. δὴ σὺ κατάβου πρῶτα τὰ σκεύη χαμαί·
482. ἀ. δὴ σὺ τίνα νῦν ἡ τίνα ψυχὴν ἔχεις;
634. ἀ. δὴ Σκίταλοι καὶ Φένακες, ἢν δ' ἐγώ,
1011. ἀ. νυν ὅπως αὐτοὺς ἀναγνώσεσθέ μοι,
Ν. 478. ἀ. δὴ, κάτειπέ μοι σὺ τὸν σαυτοῦ τρόπον,
489. ἀ. νυν εἶπε, ὕπαι τι προβάλωμαι σοφὸν
636. ἀ. δὴ, τί βούλει πρῶτα νυνὶ μανθάνειν
775. ἀ. δὴ ταχέως τουτὶ ξυνάρπασον. ΣΤ. τὸ τί;
Σ. 211. ἀ. νυν, ἐπειδὴ τουτονὶ σεσοβήκαμεν,
303. ἀ. νυν, ὦ πάτερ, ἢν μὴ τὸ δικαστήριον ἄρχων
381. ἀ. νυν αἰσθομένω τούτω ζητήτω μ' εἰσκαλα-
μάσθαι
1157. ἀ. νυν, ἀποδὺω τὰς καταράτους ἐμβάδας,
1174. ἀ. νυν, ἐπιστῇσει λόγους σεμνοὺς λέγειν
1264. ἀ. νυν ἴωμεν· μηδὲν ἡμᾶς ἰσχέτω.
ΕΙ. 154. ἀλλ' ἀ., Πήγασε, χώρει χαίρων,
263. ἀ. δὴ, τί δρῶμεν, ὦ πονήρ' ἀνθρώπια;
358. οὐμεθα ποιοῦντες, ἀ.
431. ἀ. δὴ, σὺ ταχέως ὑπεχε τὴν φιάλην, ὅπως
512. ἀ. νυν, ὦ πᾶι·
851. ἀ. νυν ἴωμεν. εἰπέ μοι, δῶ καταφαγεῖν
886. ἀ. δὴ σὺ κατάβου πρῶτα τὰ σκεύη χαμαί.
922. ἀ. δὴ, τί νῦν ἐντευθενί ποιητέ·ν;
956. ἀ. δὴ, τὸ κανοῦν λαβὼν σὺ καὶ τὴν χέρνιβα
1056. ἀ. νυν ἀπάρχου, κᾆτα δὸς τἀνάργματα.
1115. ἀ. δὴ, θεαταί, δεῦρο συσπλαγχνεύετε
Ο. 209. ἀ. σύννομέ μοι, παύσαι μὲν ὕπνου,
435. ἀ. δὴ σὺ καὶ σὺ τὴν πανοπλίαν μὲν πάλιν
656. οὗτω μὲν εἰσίωμεν. ἀ. δὴ, Ξανθία
685. ἀ. δὴ φύσιν ἄνδρες ἀμαυρόβιοι, φύλλων γενεᾷ προσ-
όμοιοι,
809. ἀ. δὴ τί χρὴ δρᾶν; ΠΕ. πρῶτον ὄνομα τῇ πόλει
837. ἀ. νυν, σὺ μὲν βάδιζε πρὸς τὸν ἀέρα,
1574. ἀ. δὴ τί δρῶμεν, Ἡράκλεις;
1744. ἄγαμαι δὲ λόγων. ἀ. νυν αὐτοῦ
Λ. 1100. ἀ. δή, Λάκωνες, αὐθ' ἕκαστα χρὴ λέγειν.
1119. ἢν μὴ διδῷ τὴν χεῖρα, τῆς σάθης ἀ.
1120. ἴθι καὶ σὺ τούτους τοὺς Ἀθηναίους ἀ.'
1273. ἀ. νυν, ἐπειδὴ τἄλλα πεποίηται καλῶς,
Θ. 107. ἀ. νυν ὕπλιξε Μοῦσα
213. ἀ. νυν ὕφυμι σαυτὸν ἐπιδοῦναι ἐμοί,
652. ἀ. δὴ τί δρῶμεν; ΚΛ. τουτονὶ φυλάττετε
705. ἀ. δὴ τίς ἔσται μηχανὴ σωτηρίας·
778. ἀ. δὴ πινάκια ἐτπων δέλτοι,
947. ἀ. νυν ἡμεῖς παίσωμεν ἅπερ νόμος ἐνθάδε ταῖσι γυ-
ναιξίν,
Β. 277. ἀ. δὴ, τί δρῶμεν; ΞΑ. προϊέναι βέλτιστα νῦν,
382. ἀ. νυν ἑτέραν ὕμνων ἰδέαν τὴν καρποφόρον βασίλειαν.
460. ἀ. δὴ τίνα τρόπον τὴν θύραν κόψω· τίνα;
1125. ἀ. δὴ σιώπα πῶς ἀνήρ' λέγ', Αἰσχύλε.
1500. ἀ. δὴ χαίρων, Αἰσχύλε, χώρει,
Εκ. 149. ἀ. νυν ὑπαστέλλεσθ' ἄνω τὰ χιτώνια
285. ἀ. νυν ὁπαστέλλεσθ' ἄνω τὰ χιτώνια
Π. 56. ἀ. δὴ, σὺ πρότερον σαυτὸν ὅστις εἶ φράσον,
ἄγεθ'. ΕΙ. 469. ἀλλ' ἀ. ἕλκετον * * κ' εἰ σφῷ.
Εκ. 82. ἀλλ' ἀ. ὅπως καὶ τ ἐπὶ τούτοις δράσομεν.
ἄγειν. Ν. 615. ἀλλα τ' εὖ δρᾶν φησίν, ὑμᾶς δ' οὐκ ἀ. τὰς
ἡμέρας
Ν. 626. κατὰ σελήνην ὡς ἀ. χρὴ τοῦ βίου τὰς ἡμέρας.
Σ. 1379. ἀ ἀ. τί μέλλεις ἄγρα; ΒΔ. εἰ τοῦτην λαβὼν
ΕΙ 884. ἀ. παρ' αὐτὸν ἀντιβολῶν. ΤΡ. ἀλλ', ὦ μέλε,
Λ. 121. ἀναγκάσειν τοὺς ἄνδρας εἰρήνη ἀ.
169. παντὶ δικαίως ἀδολον εἰρήναι ἀ.'
Θ. 919. τὴν Τυνδάρειον παῖδ', ἐπὶ Σπάρτην ἀ.'
Β. 77. μάλιστ' ἀγ. νυν, εἴπερ γ' ἐκεῖθεν δεῖ σ' ἀ.
169. ἐὰν δὲ μὴ 'χω; ΞΑ. τότε μ' ἀ. ΔΙ. καλῶς λέγεις.
321 κάμοὶ δοκιώσιν, ἡσυχίαν τοίνυν ἀ.
Εκ. 1138. ἀ. σε καὶ ταείδ καὶ τοὺς παῖδας οὔ τὰς μείρηκας.
Π. 292. ὑμᾶς ἀ. ἀλλ' εἶα τέκνα θαμὶν' ἐπαναβοῶντε
625. αὐτὸν τ' ἀ. τὸν Πλοῦτον, ὡς νομίζεται.
ἄγεις. Θ. 4. παρὰ σοῦ πυθέσθαι, ποῖ μ' ἀ., Εὐριπίδῃ·
Εκ. 1151 τί δῆτα διατρίβεις ἔχων, ἀλλ' οὐκ ἀ.
ἀγέλη. Ο. 591. ἀλλ' ἀναλέξει πάντας καθαρῶς αὐτοὺς ἀ. μία
κιχλᾶν.

ἄγεν. Λ. 1255 ἀ. ἅπερ τῶν κάπρων

ἀγένειοι—ἀγροίκους. 3

ἀγένειοι. Fr. 361. Παῖδες ἀ., Στράτων.
ἀγεννῆ. Εἰ. 748. τοιαῦτ' ἀφελὼν κακὰ καὶ φόρτον καὶ βωμολοχεύματ' ἀ.,
ἄγεσθαι. Σ. 402. πότε δ', εἰ μὴ νῦν, ἐπαρήξετέ μοι, πρίν μ' εἴσω μᾶλλον ἀ.;
ἄγετε. Λ. 664. ἀλλ' ἅ., λυκόποδες, οἵπερ ἐπὶ Λειψύδριον ἤλθομεν, ὅτ' ἦμεν ἔτι,
ἀγέχωρον. Λ. 1281. ἐπὶ δὲ δίδυμον ἀ.
ἄγῃ. Ο. 1078. λήψεται τάλαντον· ἢν δὲ ζῶντ' ἀ. τις, τέτταρα,
Β. 1419. ἵν' ἡ πόλις σωθεῖσα τοὺς χοροὺς ἄ.·
Ἀγήνορος. Β. 1236. Ἀ. παῖς. ΑΙ. ληκύθιον ἀπώλεσεν.
ἀγήρως. Ο. 689. τοῖς αἰθερίοις, τοῖσιν ἀ., τοῖς ἄφθιτα μηδομένοισιν
ἀγήται. Λ. 1314. ἀ. δ' ὁ Λῆδας παῖς ἁγνὰ
ἁγίαις. Ν. 304. ἐν τελεταῖς ἀ. ἀναδείκνυται,
ἁγίγνωσκον. Θ. 542. εἶτ' εἶπον ἀ. ὑπὲρ Εὐριπίδου δίκαια,
ἅγιον. Λ. 262. κατὰ μὲν ἄ. ἔχειν βρέτας.
ἁγίους. Ο. 522. οὕτων ὑμᾶς πάντες πρότερον μεγάλους ἀ. τ' ἐνόμιζον,
ἀγκάλαις. Β. 704. τὴν πύλιν, καὶ ταῦτ' ἔχοντες κυμάτων ἐν ἀ.,
ἀγκονίσαι. Α. 1311. ἀ.
ἀγκύλαις. Ι. 205. ὅτι ἀ. ταῖς χερσὶν ἁρπάζων φέρει.
Ἀγκυλίωνος. Σ. 1397. τῆς Ἀ. θυγατέρος καὶ Σωστράτης.
ἀγκυλοχήλης. Ι. 197. ἀλλ' ὑπόταν μάρψῃ βυρσαίετος ἀ.
Ι. 204. τί δ' ἀ. ἐστίν; ΔΗ. αὐτό που λέγει,
ἄγκυρα. Fr. 569. ἅ.
Ἀγλαυρον. Θ. 533. οὔ τοι μὰ τὴν Ἀ., ὦ γυναῖκες, εὖ φρονεῖτε,
ἐγλώς. Λ. 640. εἰπούσας, ἐπεὶ χλιδῶσαν ἀ. ἔθρεψέ με.
ἀγλίθας. Α. 763. πάσσακι τὰς ἀ. ἐξορύσσετε.
Σ. 680. μὰ Δί' ἀλλὰ παρ' Εὐχαρίδου καυτὸς τρεῖς γ' ἀ. μετέπεμψα.
ἄγλωττον. Fr. 570. ἀ.
ἀγνᾶ. Λ. 1314. ἀγῆται δ' ὁ Λήδας παῖς ἀ.
ἀγναί. Β. 875. ὦ Διὸς ἐννέα παρθένοι ἀ.
ἀγνάν. Θ. 337. χαρίτων πλεῖστον ἔχουσαν μέρος, ἀ., ἱερὰν
ἀγνεύσατε. Λ. 1182. παλαὶν λέγετε. νῦν οὖν ὅπως ἀ.,
ἀγνή. Λ. 912. καὶ πῶς ἔθ' ἀ. δῆτ' ἂν ἔλθοιμ' ἐς πύλιν;
ἀγνήν. Θ. 971. Ἄρτεμιν, ἄνασσαν ἀ.
ἄγνοιαν. Εκ. 639. διὰ τὴν ἀ., ἐπεὶ καὶ νῦν γιγνώσκοντες πατέρ' ὄντα
ἀγνοίας. Ο. 577. ἣν δ' οὖν ὑμᾶς μὲν ὑπ' ἀ. εἶναι νομίσωσι τὸ μηδὲν,
ἄγνων. Β. 384. Δήμητερ, ἀ. ὀργίων
ἄγνως. Εκ. 640. ἀγχουσι. τί δῆθ', ὅταν ἀ. ᾖ, πῶς οὐ τότε κάπιχεσοῦνται;
ἄγνωτα. Β. 926. ἀ. τοῖς θεωμένοις. ΑΙ. οἴμοι τάλας. ΔΙ. σιώπα.
ἄγξον. Εκ. 638. οὐκοῦν ἀ. εὖ καὶ χρηστῶς ἐξῆς τὸν πάντα γέροντα.
ἄγομαι. Ν. 241. ἀ., φέρομαι, τὰ χρήματ' ἐνιχυράζομαι.
ἄγοντες. Α. 91. καὶ νῦν ἀ. ἥκομεν Ψευδαρτάβαν,
Π 654. ἀ. ἄνδρα τότε μὲν ἀθλιώτατον,
ἀγόντων. Ν. 621. πολλάκις δ' ἡμῶν ἀ. τῶν θεῶν ἀπαστίαν,
ἀγορᾷ. Α. 729. ἀ. 'ν Ἀθήναις χαῖρε, Μεγαρεῦσιν φίλα.
Ι. 636. ἀ. τ', ἐν ᾗ παῖς ὢν ἐπαιδεύθην ἐγώ,
Ο. 1006. ἀ., φέρουσας δ' ὦσιν εἰς αὐτὴν ὁδοὶ
ἀγορᾶ. Α. 21. οἱ δ' ἐν ἀ. λαλοῦσι, κἄνω καὶ κάτω
Λ. 533. ὡν χρὴ Μεγαρέας μήτε γῇ μήτ' ἐν ἀ.
Ι. 293. ἐν ἀ. κἀγὼ τέθραμμαι,
1009. περὶ τῶν μετρούντων τἄλφιτ' ἐν ἀ. κακῶς,
1245. καί μοι τοσοῦτον εἰπέ· πύτερον ἐν ἀ.
1373. οὐδ' ἀγορασάγενειος οὐδεὶς ἐν ἀ.
Ν. 1055. εἴτ' ἐν ἀ. τὴν διατριβὴν ψέγεις, ἐγὼ δ' ἐπαινῶ.
Σ. 492. ὥστε καὶ δὴ τοὔνομ' αὐτῆς ἐν ἀ. κυλίνδεται.
1372. ὡς ἀλλ' ἐν ἀ. τοῖς θεοῖς ὁρᾷς κάεται.
Π. 787. περιεστεφάνωσεν ἐν ἀ. πρεσβυτικῆς·
Fr. 162, 3. ἐν ἀ. δ' αὖ πλατάνων οἱ διαρυτεύσομεν.
ἀγοράζειν. Α. 625. πωλεῖν ἀ. πρὸς ἐμὲ, Λαμάχῳ δὲ μή.
ἀγοράζοντας. Λ. 556. ἀ. καὶ μαινομένους. ΓΤ. νὴ τὴν Παφίαν Ἀφροδίτην,
ἀγοράζων. Σ. 557. ἀρχὴν ἄρξας ᾗ 'πὶ στρατιᾶς τοῖς ξυσσίτοις ἀ.
ἀγοραῖον. Ι. 297. ἐν τῷ Ἑρμῇ τῷ ἀ.
ἀγόραιος. Ι. 218. φωνὴ μιαρά, γέγονας κακῶς, ὦ εἶ·
ἀγοραίαισι. Εἰ. 750. ἔνεσιν μεγάλαις καὶ διανοίαις καὶ σκώμμασιν οὐκ ἀ.
ἀγοραῖος. Ι. 500. Ζεὺς ἀ. καὶ νικήσας
ἀγοραίοις. Ι. 410. ἢ μὴ ποτ' ἀ. Διὸς σπλάγχνοισι παραγενοίμην.
ἀγοραίους. Β. 1015. μηδ' ἀ. μηδὲ κοβάλους, ὥσπερ νῦν, μηδὲ πανούργους.
Fr. 397, 4. τοὺς νοῦς δ' ἀ. ἥτταν ἢ 'κείνους ποιῶ
Ἀγοράκριτε. Ι. 1335. ὦ φίλτατ' ἀνδρῶν, ἐλθὲ δεῦρ', Ἀ.
Ἀγοράκριτος. Ι. 1257. ἐμοὶ δέ γ' ὅ τι σοι τοὔνομ' εἴπ'. ΑΛ. Ἀ.

Ἀγορακρίτῳ. Ι. 1259. Ἀ. τοίνυν ἐμαυτὸν ἐπιτρέπω,
ἀγοράν. Α. 877. ὀρνιθίας ἐς τὴν ἀ. ἐλήλυθας.
Ι. 147. ὥσπερ κατὰ θεῖον εἰς ἀ.
Ν. 991. κἀπιστήσει μισεῖν ἀ. καὶ βαλανείαν ἀπέχεσθαι
1003. οὐ στωμύλλων κατὰ τὴν ἀ. τριβολεκτράπελ', οἷάπερ οἱ νῦν,
Σ. 16. καταντάμενον ἐς τὴν ἀ. μέγαν πάνυ
ΕΙ. 999. καὶ τὴν ἀ. ἡμῖν ἀγαθῶν
1010. ἥκειν ὕστερον ἐς τὴν ἀ.,
Λ. 558. περιέρχονται κατὰ τὴν ἀ. ξὺν ὅπλοις ὥσπερ Κορύβαντες.
Θ. 457. ἀλλ' εἰς ἀ. ἄπειμι· δεῖ γὰρ ἀνδράσιν
578. ὀλίγου τι πρότερον κατ' ἀ. λαλούμενον,
Β. 1350. κνεφαῖος εἰς ἀ.
Εκ. 62. ἐπειδ' ὑπὸ' ἀνὴρ εἰς ἀ. οἴχοιτό μου
681. τὰ δὲ κληρωτήρια ποῖ τρέψεις; ΠΡ. ἐς τὴν ἀ. καταθήσω·
711. Βαθ·στέον τύρ' ἐστὶν εἰς ἀ. ἐμοί,
728. ἐγὼ δ', ἰν' εἰς ἀ. γε τὰ σκεύη φέρω,
759. ἐς τὴν ἀ. κατὰ τοὺς δεδογμένους νόμους.
819. κἄπειτ' ἐχώρουν εἰς ἀ. ἐπ' ἄλφιτα
Π. 874. σὺ μὲν εἰς ἀ. ἰὼν ταχέως οὐκ ἂν φθάνοις;
Fr. 344, 3. ἀπαλλαγέντα τῶν κατ' ἀ. πραγμάτων,
ἀγορανόμοι. Α. 824. ὑπὸ του. ΔΙ. τίς ὁ φαίνων σ' ἐστίν; ἀ..
ἀγορανόμους. Α. 723. ἀ. δὲ τῆς ἀγορᾶς καθίσταμαι
Α. 968. ἢν δ' ἀπολιγαίνῃ, τοὺς ἀ. καλῶ.
Σ. 1407. πρὸς τοὺς ἀ. βλάβης τῶν φορτίων,
ἀγοράς. Α. 719. ὅροι μὲν ἀ. εἰσιν οἵδε τῆς
Α. 723. ἀγορανόμους δὲ τῆς ἀ. καθίσταμαι
896. ἀ. τέλος ταύτης γέ που δώσεις ἐμοί·
1. 165. καὶ τῆς ἀ. καὶ τῶν λιμένων καὶ τῆς πυκνὺς·
181. ὑπὲρ πονηρὸς κἀξ ἀ. εἶ καὶ θρασύς.
Fr. 344, 8. καὶ μὴ περιμένειν ἐξ ἀ. ἰχθύδια
391. τρέχω διὰ τῆς ἀ. ἀναρίστητος ὤν.
ἀγοράς. Σ. 659. πρυτανεῖα, μετάλλ', ἀ., λιμένας, μισθοὺς καὶ δημιόπρατα.
ἀγορασάγενειος. Ι. 1373. οὐδ' ἀ. οὐδεὶς ἐν ἀγορᾷ.
ἀγορασάσαι. Π. 984. καὶ ταῖς ἀδελφαῖς ἀ. χιτώνιον
ἀγοράσει. Ι. 1374. σοῦ δῆτα Κλεισθένης ἀ. καὶ Στράτων·
ἀγοράσοντες. Α. 750. τί; ἀνὴρ Μεγαρικός; ΜΕ. ἀ. ἵκομες.
ἀγοράσω. Λ. 633. ἀ. τ' ἐν τοῖς ὅπλοις ἑξῆς Ἀριστογείτονι,
Fr. 110, 1. ἀλλ' ὕστερον ὡς μέλλεις ἰχρὴν τότε ἀ.
ἀγορεύει. Θ. 786. καίτοι πᾶς τις τὸ γυναικεῖον φῦλον κακὰ πύλλ' ἀ.,
ἀγορεύει. Α. 45. ἥδη τις εἶπε; ΚΗ. τίς ἀ. βούλεται;
Θ. 379. ἡμῖν ἀπάσαις, τις ἀ. βούλεται;
Εκ. 130. κάδιξε παριών, τις ἀ. βούλεται;
ἀγορεύονσαν. Θ. 306. σαν τὴν τ' ἀ. τὰ βέλτιστα περὶ τὸν
ἀγορεύω. Β. 628. ἐνταῦθα μηδὲν ψεύδος. ΔΙ. ἀ. τινὶ
ἀγορητήν. Ν. 1057. τὸν Νέστορ' ἀ. ἂν οὐδὲ τοὺς σοφοὺς ἅπαντας.
ἄγουσ'. Ο. 147. κληπρὸν ἀ. ἰωθὲν ἢ Σαλαμινία.
ἄγουσι. Ν. 17. ὥρων ἀ. τὴν σελήνην εἰκάδας·
ἄγουσι. Λ. 765. ἀ. νύκτας. ἀλλ' ἀνάσχεσθ', ὦ γαθαί,
ἄγουσιν. Ο. 386. μάλλον εἰρήνην ἄ. πρὸς τὴν χύτραν
Εκ. 223. τὰ Θεσμοφόρι' ἀ. ὥσπερ καὶ πρὸ τοῦ
ἀγρεῖον. Θ. 160. ἀ. τινα καὶ δασύν· σκέψαι δέ·
ἀγρεῖος. Ν. 655. ἀ. εἶ καὶ σκαιός. ΣΤ. οὐ γάρ, ψύρρα,
ἄγρια. Θ. 455. ἀ. γὰρ ἡμᾶς, ὦ γυναῖκες, δρᾷ κακά,
Π. 298. πήραν τ' ἔχοντα Λιχανᾶ τ' ἀ. δροσερά, κραιπαλῶντα,
ἀγρίοις. Α. 456. ἅτ' ἐν ἀ. τοῖς λαχάνοις αὐτοῖς τραφείς.
ἀγρίων. Ν. 567. γῆς τε καὶ ἀλμυρᾶς θαλάσσης ἀ. μοχλευτὴν·
ἀγρίων. Ν. 349. ἀ. τινα τῶν λασίων τούτων, οἵονπερ τὸν Ξενοφάντου,
ἀγριοποιόν. Β. 837. ἄνθρωπον ἀ., αὐθαδόστομον,
ἀγρίων. Θ. 47. θηρῶν τ' ἀ. πύλες ὑλοδρύμων
ἀγρίως. Σ. 705. ἐπὶ τῶν ἰχθρῶν τὸν' ἐπιρρύξας, ἀ. αὐτοῖς ἐπιπηδᾷς,
ἀγροικοισιν. Ι. 317. τοῖς ἀ. πονηρουμένοις, ὥστε φαίνεσθαι παχύ,
ΕΙ. 585. τοῖς σ'. γὰρ ἧσθα χάρμα καὶ σωτηρία.
ἄγροικοι. Ν. 628. οὐκ εἶδον οὕτως ἄνδρ' ἀ. οὐδένα
Ν. 1457. ἀλλ' ἄνδρ' ἀ. καὶ γέροντ' ἐπηρετε·
Π. 705. λέγεις ἀ. ἄρα σύ γ' εἶναι τὸν θεόν.
ἄγροικος. Ι. 41. ὁ. ὀργήν, κυαμοτρώξ, ἀκρόχολος,
Ι. 808. εἶθ' ἥξει σοι ἔρμᾶ ἀ., κατὰ σοῦ τὴν ψῆφον ἰχνεύων·
Ν. 43. ἐμοὶ γὰρ ἦν ἀ. ἥδιστος βίος,
47. ἀδελφιδῆν ἀ. ὢν ἐξ ἄστεως,
646. ἐς κόρακας. ὡς εἴ. καὶ δυσμαθής.
ἀγροικότερον. Α. 674. εἰ δέ τι μάττωσιν, οὕτω σοβαρὸν ἔλθοι μέλος εὔτονον, ἀ.,
ἀγροίκους. ΕΙ. 1155. ταῦτα δ' ἡμᾶς τοὺς ἀ. δρᾶσι, τοὺς δ' ἐξ ἄστεως

B 2

ἀγροίκων. Α. 371. τοὺς τῶν ἀ. οἶδα χαίροντας σφόδρα
 Ο. 230. ὅσοι τ' εὐπόρουσ ἀ. γύας
 Εκ. 279. τὸν τῶν ἀ. ΓΤ. Β, εὖ λέγεις· ἡμεῖς δί γε
ἀγροίκως. Σ. 1320 σκώπτων ἀ. καὶ προσέτι λόγοισι λέγων
ἀγροῖς. ΕΙ. 707. γυναῖκα σαυτῷ τήνδε· κᾆτ' ἐν τοῖς ἀ.
 ΕΙ. 866. ἐν τοῖς ἀ.
 Π. 224. ἐν τοῖς ἀ. αὑτοὺς ταλαιπωρουμένους,
ἀγροιώτας. Θ. 58. τίς ἀ. πελάθει θριγκοῖς;
ἀγρόν. Α. 32. ἀποβλέπων ἐς τὸν ἀ. εἰρήνης ἐρῶν,
 Ι. 805. εἰ δέ ποτ' εἰς ἀ. οὗτος ἀπελθών εἰρηναίως διατρίψῃ
 ΕΙ. 536. κόλπου γυναικῶν διατρεχουσῶν εἰς ἀ.,
 552. τὰ γεωργικὰ σκεύη λαβόντας εἰς ἀ.
 555. ἀλλὰ πᾶς χώρει πρὸς ἔργον εἰς ἀ. πωσανίσας.
 563. ἐμπολήσαντές τι χρηστὸν εἰς ἀ. ταρίχιον.
 569. ὥστ' ἔγωγ' ἤδη 'πιθυμῶ καυτὸς ἐλθεῖν εἰς ἀ.
 586. εἰς ἀ. ἀνερπύσαι.
 1318. καὶ τὰ σκεύη πάλιν ἐς τὸν ἀ. νυνὶ χρὴ πάντα κομίζειν
 1329. δεῦρ', ὦ γίναι, εἰς ἀ.
 Fr. 169, 1. ἐξ ἄστεως νῦν εἰς ἀ. χωρῶμεν· ὡς πάλαι δεῖ
ἀγρότερ'. Λ 1262. ἀ. Ἄρταμι θηροκτόνε
Ἀγροτέρα. Ι. 660. τῇ δ' Α. κατὰ χιλίων παρήνεσα
ἀγροτέραν. Θ. 115. κόραν δεῖσατ' Ἄρτεμιν ἀ.
ἀγροῦ. Ο. 111. τὸ σπέρμ'; ΕΤ. ὑλίγον ζητῶν ἂν ἐξ ἀ. λάβοις.
ἀγροὺς. Α. 202. ἄξω τὰ κατ' ἀ. εἰσιὼν Διονύσια.
 Α. 250. ἀγαγεῖν τυχηρῶς τὰ κατ' ἀ. Διονύσια,
 Ι. 1394. νῦν οὖν ἐγώ σοι παραδίδωμ' ἐς τοὺς ἀ.
 Ν. 1117. πρῶτα μὲν γὰρ, ἢν νιᾶν βούλησθ' ἐν ὥρᾳ τοὺς ἀ.
 ΕΙ. 1202. ὑδὶ δὲ τριδράχμους τοὺς κάδους ἐς τοὺς ἀ.
ἀγρυπνίαισι. Λ. 761. ταῖς ἀ. κακκαβαζούσων δεί.
ἀγρυπνιαίσιν. Α. 27. πολλαῖσί τ' ἀ. ἐξηντασμένον.
ἀγρῷ. ΕΙ. 1249. τὰ σῦκ' ἐν ἀ. τοῖς οἰκέταισιν ἱστάναι.
 Fr. 344, 2. οἰκεῖν μὲν ἐν ἀ. τοῦτον ἐν τῷ γηδίῳ
ἀγρῶν. Ν. 138. σύγγνωθί μοι· τηλοῦ γὰρ οἰκῶ τῶν ἀ.
 ΕΙ. 632. πᾶτα δ' ὡς ἐκ τῶν ἀ. ξυνῆλθεν οὐργάτης λεώς,
 Ο. 579. καὶ σπερμολόγων ἐκ τῶν ἀ. τὸ σπέρμ' αὐτῶν ἀνα-
  κάψαι·
 Εκ. 281. ἐκ τῶν ἀ. ἐς τὴν πυκν' ἥξειν ἀντικρυς
 432. τὸ σκυτοτομικὸν πλῆθος' οἱ δ' ἐκ τῶν ἀ.
Ἀγυιά. Θ. 489. παρὰ τὸν Α., κύμβ' εὐφημεῖ τῇ δάφνης.
ἀγυιὰς. Ι. 1320. τήν ἔχουν φήμην ἀγαθὴν ἥκεις, ἐφ' ὅτῳ κνισώ-
  μεν ἀ.;
ἀγυιῶ. Σ. 875. ὦ δέσποτ' ἄναξ, γεῖτων ἀ. τοὐμοῦ προθύρου
  προπύλαιε,
ἀγυμνασίας. Β. 1088. ὑπ' ἀ. ἔτι νυνί.
ἄγχνον. Fr. 571, ἀ.
Ἀγύρριον. Εκ. 184. οὐδὲν τὸ παράπαν· ἀλλὰ τὴν ή Α.
Ἀγύρριος. Εκ. 102. Α. γοῦν τὸν Προνόμου πώγων' ἔχων
 Π. 176. Α. δ' οὐχὶ διὰ τοῦτον πέρδεται·
ἄγχειν. Ο. 1348. τὸν πατέρα τοῖς ὄρνυσιν ἀ. καὶ δάκνειν.
 Ο. 1352. ἀ. ἐπιθυμῶ τὸν πατέρα καὶ πάντ' ἔχειν.
 1575. ἐμοῦ γ' ὅτι τὸν ἄνθρωπον ἀ. βούλομαι,
 1578. πρόσβεις. ΗΡ. διπλασίου μᾶλλον ἀ., μοι δοκεῖ.
ἀγχιστείαν. Ο. 1664. Νύθῳ δὲ μὴ εἶναι ἀ., παίδων ὄντων
ἄγχοις. Λ. 81. κἂν ταῦρον ἀ.
Ἀγχιτενοῦ. Fr. 430. γενναῖα Βοιώτιοιν ἐν Ἀ.
ἀγχόνη. Α. 125. ἐς τὸ πρυτανεῖον; ΔΙ. ταῦτα δῆτ' οὐκ ἀ.;
ἄγχουσι. Εκ. 640. ἀ. τί δῆθ', ὅταν ἄγνωσ ᾖ, πῶς σὺ τότε κἀπι-
  χεσοῦνται;
ἄγχων. Ι. 775. ἐν τῷ κοινῷ, τοὺς μὲν στρεβλῶν, τοὺς δ' ἀ. τοὺς
  δὲ μεταιτῶν,
 Β. 468. ἀνήξας ἀ. κώποδαψ ἔχου λαβών,
ἀγώ. Ν. 807. ἐξελῶ· ἀ. γάρ σοι τὸν υἱὸν τουτονί,
 Β. 190. ἔδεινει δή. ΔΙ. παῖ, δεῦρο. ΔΙ. Χα δοῦλον οὐκ ἄ.,
ἀγώ. Α. 446. εὐδαιμονοίης, Τηλέφῳ δ' ἀ. φρονώ.
 Ν. 738. ἀνήκουσα μυριάκις ἀ. βούλομαι,
  1009. ἢν ταῦτα ποιῇς ἀ. φράζω,
 Σ. 514. ἀλλ' ἐὰν σιγῶν ἀνάσχῃ καὶ μάθῃς ἀ. λέγω,
 ΕΙ. 379. ἀ. προθυμεῖσαί σοι φέρων ἀφικόμην.
 Θ. 447. παιδάρια πέντε καταλιπών, ἀ. μόλις
ἀγωμέν. Π. 621. ἐγκατακλινοῦντ' ἀ. ἐς Ἀσκληπιοῦ.
ἀγών. Α. 504. αὐτοὶ γάρ ἐσμεν οὑπὶ Ληναίῳ τ' ἀ,
 Ν. 956. ᾖ πέρι τοῖς ἐμοῖς φίλοις ἐστὶν ἀ. μέγιστος.
 ΕΙ. 276. ὤνδρες, τί πεισόμεσθα; νῦν ἀ. μέγας,
 Β. 883. νῦν γὰρ ἀ. σοφίας ὁ μέγας χωρεῖ πρὸς ἔργον ἤδη
 Fr. 318. ἀ. πρόφασιν οὐ δέχεται,
ἄγων. Α. 957. κἂν τοῦτο κερδάνῃς ἀ. τὸ φορτίον,
 Σ. 710. τὸν ὄνον ἀ. αὐτοῖσι τοῖς κανθηλίοις·
  1004. θηρία καλῶς, ἀ. μετ' ἐμαυτοῦ πανταχοῖ,
 ΕΙ. 882. καταθήσομαι γὰρ αὐτὸς ἐς μέσους ἀ.
 Ο. 658. οὗτος, σὲ καλῶ σέ καλῶ. ΕΠ. τί καλεῖς; ΧΟ. του-
  τους μὲν ἀ. μετὰ σαυτοῦ

ἀγών. Θ. 1120. οὐκ ἐπτόησά σ' αὐτὸ, συγίζεις ἄ.
 Β. 159. νὴ τὸν Δί' ἐγὼ γοῦν ὄνος ἄ. μυστήρια.
 617. κἄν ποτί μ' ἔληις ἀδικοῦντ', ἀπώτεινόν μ' ἄ.
 Π. 285. ἄ. δεπνούσης, δι' ὑμᾶς πλουσίους ποιήσει.
 Fr. 389, 2. Φαίδραν· ἐπὶ πῦρ δὲ πῦρ ἔοιχ' ἥξειν ἄ.
ἀγών. Α. 302. ὡς σκηνὴν ἀ. οὗτος οὐκ ἐσθέξεται.
 Σ. 533. σοὶ μέγας ἐστὶν ἀ.
 Β. 867. οὐκ ἐξ ἴσου γάρ ἐστιν ἀ. νῷν, ΔΙ. τί δαὶ;
ἀγών'. Α. 481. ἄρ' οἶσθ' ὅσον τὸν ἀ. ἀγωνιεῖ τάχα,
ἀγῶνα. ΕΙ. 394. ἔπειτ' ἀ. δ' εὐθὺς ἐξέσται ποιεῖν
 Β. 785. ἀ. ποιεῖν αὐτοῖσι μᾶλα καὶ κρίσιν
  873. ἀ. κρίναι τῶνδε μουσικώτατα
 Π. 583. εἰ γὰρ ἐπλούτει, πῶς ἂν ποιῶν τὸν Ὀλυμπικὸν αὐ-
  τὸς ἀ.
 Fr. 446, 1. οὐ γὰρ τίθεμεν τὸν ἀ. τόνδε τὸν τρόπον
  471, 3. ἀ. νῶν ἱστᾶσιν.
Ἀγῶνα. Fr. 572. Α.
ἀγῶνας. Π. 1163. ποιεῖν ἀ. μουσικοὺς καὶ γυμνικούς.
ἀγωνιεῖ. Α. 481. ἄρ' οἶσθ' ὅσον τὸν ἀγῶν' ἀ. τάχα,
 Ι. 688. ἀλλ' ὅπως ἀ. φρήν-
ἀγώνισμ'. Β. 284. λαβεῖν τ' ἀ. ἄξιόν τι τῆς ὁδοῦ.
ἀδ'. Α. 769. ἢ οὐ χοῖρός ἐσθ' ἅ.; ΔΙ. οὐκ ἔμοιγε φαίνεται.
ᾀδ'. ΕΙ. 1294. ἄπερρε καὶ τοῖς λωγχοφόροισιν ἄ. ἰών.
Εκ. 924. ἀ. ὁπόσα βούλει καὶ παρακύφθ' ὥσπερ γαλῆ·
ἀδανείσθην. Ν. 1463. οὐ γὰρ μ' ἔχρην τὰ χρήματ' ἄ.
ἀδανείσατε. Ν. 1270. τὰ ποῖα ταῦτα χρήμαθ'; ΑΜ. ἅ.
ἀδαχεῖ. Fr. 360. ἅ. γὰρ αὐτοῦ τὸν ἄχορ' ἐνλέγει τ' ἀεί.
Ἀββέξ. Fr. 573. Α.
ἄδε. Α. 788. ἀλλ' αἱ τράφεν λῇς, ἅ. τοι χοῖρος καλά.
ᾆδε. ΕΙ. 1285. ταῦτ' ᾆ., ταῦθ', ὡς ἡσθὴν κεκινημένοι.
ᾆδει. Ι. 61. ᾆ. δὲ χρησμούς· ὁ δὲ γέρων σιβυλλιᾷ.
Ἀδειμάντου. Β. 1513. μετ' Α. τοῦ Λευκολόφου
ᾄδειν. Ν. 158. κατὰ τὸ στόμ' ᾆ., ἢ κατὰ τοὐρροπύγιον.
 Ν. 1358. ᾆ. τε πίνοντ', ὥσπερει κάχρυς γυναῖκ' ἀλοῦσαν,
  1360. ᾆ. κελεύοντ', ὥσπερει τίττυγας ἱστιῶντα;
 Σ. 319. ᾆ. τί ποιήσω;
 ΕΙ. 1268. ἀλλ' ὅ τι περ ᾆ. ἐπινοεῖς, ὦ παιδίον,
 Ο. 1416. ἐς θοἰμάτιον τὸ σκόλιον ᾆ. μοι δοκεῖ.
 Α. 1237. ᾖδον Τελαμῶνος, Κλειταγόρας ᾆ. δέον,
 Β. 1307. πρὸς ἥντεο ἐπιτηδεία τάδ' ἔστ' ᾆ. μέλη.
 Fr. 3, 2. πίνειν, ἔπειτ' ᾆ. κακῶς, Συρακοσίαν τράπεζαν,
ᾄδεινον. Α. 1155. ὅς γ' ἐμὲ τὸν τλήμονα Λήναια χορηγῶν
  ἀπέλυσ' ᾆ.
ᾄδεις. ΕΙ. 1289. οὐδὲν γὰρ ᾄ. πλὴν κολέμους, τοῦ καί ποτ' εἶ;
 ΕΙ. 1300. εἰπέ μοι, ὦ πόσθων, ἐς τὸν σαυτοῦ πατέρ' ᾄ.;
ἀδεκατεύτους. Ι. 1312. ὧν θεῶν ἀ.—
ἀδελφαῖς. Π. 984. καὶ ταῖτ ἀ. ἀγοράσας χιτώνιον
ἀδελφή. Fr. ΕΙ. Δ 2, 3. θυγάτηρ, ἀ., πάντα ταῦτ' ἐχρῆτό μοι
ἀδελφήν. Ν. 1372. ἀδελφός, ὠλιγίζεσε, τὴν ὁμομήτριαν ἀ.
 Π 549. οὐκοῦν δῆπου τῆς πτωχείας πενίαν φαμὲν εἶναι ἀ.
ἀδελφιδοῦς. Ν. 47. ἀ. ἀγροικος ὢν ἐξ ἄστεως,
ἀδελφοί. Σ. 1522. καρίδων ἀ.
ἀδελφός. Β. 1081. καὶ μιγνυμένας τοῖσιν ἀ.,
ἀδελφός. ΕΙ. 1280. ἔστιν οὖν ἀ. αὐτῷ τοὺς τρόπους οὐ ξυγγενής.
 Ν. 1372. ἀ., ὠλεξίκακε, τὴν ὁμομητρίαν ἀδελφήν,
 Σ. 1506. ἀ. αὐτοῦ. ΦΙ. νὴ Δί' ὠφώντης ἀρα.
 Ο. 1659. φάσκων ἀ. αὐτὸ εἶναι γνήσιος.
 Fr. 1. ἐ μὲν νῦν σὺ, ἐμὸς δ' οὗτος ἀ. φρασάτω τί καλοῦσιν
  Ἰόνιον.
 Fr. 419, 1. οὐ μὴν ὅ γε ἀ. οὐ
ἀδελφούς. ΕΙ. 808. τὸν χαρὸν εἴχον ἀ.
 Θ. 105. κάμνει κύρη τις, εὐθὺς ἃ λέγει,
ἀδελφοῦ. Π. 1004. Γλαύκιδος, ἀ. τοῦ Βακίδος γεραιτέρου,
ἀδελφῷ. Ο. 1054. οὖσαν θυγατέρ', ὦπων ἀ. γνησίων·
ἀδεώς. Σ. 395. φεύγειν ἀ. νῦν δὲ ξὺν ὅπλοις
ἔδην. Σ. 1237. ᾆ Κλεάινσν λαβόμενος τῆς δεξιᾶς.
 ΕΙ. 1160. ᾆ. τὸν ἡδὺν νόμον,
Ἀθηνάτων. Fr. 574. Α.:
Ἀδικεῖ. Ι. 730. τίν Παφλαγόν. ἀ. σε; ΚΛ. διὰ σὲ τύπτομαι
 Ο. 1221. ἀ. δὲ καὶ τὸν Δία τὸν μέγαν ἀ.
ἀδικειοῦσιν. Α. 914. καὶ σύ γε φαυλό πρὸς τοῦδε. ΒΟ. τί ἄ.
ἀδικεῖν. Σ. 896. τὸν τυρὸν ἀ. ὅτι μόνος κατήσθιεν
 Ο. 5185. ἕδρας ἀ.
 ΗΡ. εἶτα δῆτα σίλιχον
 Θ. 378. ὅ τι χρῆ παθεῖν ἐκείνων ἀ. γὰρ δοκεῖ
 Π. 459. ἀ. σε τὸν Πλοῦτον ποιεῖν πειραμένω
ἀδικεῖς. Ν. 25. Φίλων, ἀ.· ἔλαυνε τὸν · αὐτοῦ δρόμον.
 Σ. 589. τῆς δ' ἐπικλήρου τὴν διαθήκην ἀ. ἀνακογχυλιάζων,
  1162. ἐς τὴν Λακωνικὴν ἀνύσας. ΦΙ. δι. γέ μοι
 ΕΙ 473. ὦ Λάμαχ', ἀ. ἐμποδὼν καθήμενος.
ἀδικεῖσθαι. Ν. 1175. ἀδικοῦντ' ἀ. καὶ κακοηργοῦντ', οἶδ' ὅτι.
ἀδικεῖτε. Α. 56. ὤνδρες πρυτάνεις, ἀ. τὴν ἐκκλησίαν

ἀδικῇ—ἀθέους. 5

ἀδικῇ. Ο. 1036. d.
ἀδικηθείς. Ο. 138. ὥσπερ ἀ. παιδὸς ὡραίου πατήρ·
ἀδικήσαιμι. Ν. 1467. ἀλλ᾽ οὐκ ἂν ἀ. τοὺς διδασκάλους.
ἀδικίομες. Α. 1148. d.· ἀλλ᾽ ὁ προκτὸς ἄφατος ὡς καλός.
ἄδικοι. Π. 569. πλουτήσαντες δ᾽ ἀπὸ τῶν κοινῶν παραχρῆμ᾽ ἄ. γεγένηνται.
ἀδίκοις. Θ. 716. ἀθανάτων ἔλθοι ξὺν ἀ. ἔργοις;
ἀδικομηχάνῳ. Γτ. 560, 2. ἀ. τέχνῃ·
ἄδικον. Ν. 116. ἢν οὖν μάθῃς μοι τὸν ἄ. τοῦτον λόγον.
Ν. 855. ἐὰν δὲ μή, τὴν ναῦν ἄ. πάσῃ τέχνῃ.
Π. 37. εἶναι πανοῦργον, ἄ., ὑψηλὲ μηδὲ ἕν,
Fr. 382, 1. ἦν γὰρ ἐν᾽ ἀνδρ᾽ ἄ. σὺ διώκῃς.
ἄδικον. Λ. 500. ἀλλὰ ναιητέα ταῦτ᾽ ἐστὶν ὅμως. ΠΡ. νὴ τὸν Δήμητρ᾽ ἄ. γε.
ἀδικός. Ν. 1141. ὡς ἀ. εἰμι, καὶ δικάσασθαί φασί μοι.
ἀδικοῦμεν. Π. 460. βλέψαι πάλιν; ΧΡ. τί οὖν δ. τοῦτό σε.
ἀδικουμένη. Π. 457. ἡμῖν προσελθοῦσ᾽ αὐδ᾽ ὑπιοῦν ἀ. ;
ἀδικουμένοις. Π. 1026. φάσκων βοηθεῖν τῷς ἀ. ἀεί.
ἀδικοῦντ᾽. Ν. 1175. δ. ἀδικεῖσθαι καὶ κακουργοῦντ᾽, οἶδ᾽ ὅτι.
Β. 617. κἂν ποτέ μ᾽ ἕλῃς ἀ., ἀπόκτεινόν μ᾽ ἄγαν.
ἀδικοῦντας. Σ. 591. ἐψήφισται τοὺς ἀ. τοῖσι δικασταῖς παραδοῦναι.
ἀδικοῦσί. Θ. 367. ἀσεβοῦσ᾽. ἀ. τε τὴν πόλιν.
ἀδικοῦσιν. Α. 1147. ἀ. οὕτοι νὴ Δί᾽, ὦ Λυσιστράτη.
ἀδίκων. Θ. 670. παράδειγμ᾽ ὕβρεως ἀ. τ᾽ ἔργων.
ἀδίκως. Ι. 1200. αἷμοι τάλας, ἀ. γε τἄμ᾽ ὑφήρπασαι.
Π. 503. ἀ. αὐτὰ ξυλλεξάμενος· πολλοὶ δ᾽ ὄντες πάνυ χρηστοὶ
ἀδικώτατον. Ν. 657. ἐπεὶν᾽ ἐκεῖνα, τὸν ἀ. λόγον.
ἄδιστον. Λ. 796. ἄ. ἂν τὴν ὁδελὸν ἀμπεπαρμένον.
Ἀδμήτου. Ν. 1239. Ἀ. λόγον, ὦταῖρε, μαθὼν τοὺς ἀγαθοὺς φίλει.
Fr. 377, 1. ὁ μὲν ᾖδεν Ἀ. λόγον πρὸς μυρρίνῃ,
ᾄδοι. Λ. 1237. ᾅ. Τελαμῶνος, Κλειταγόρας ᾄδειν δέον.
ἀδολεσχίᾳ. Ν. 1480. ἐμοῦ παραινέσαντος ἀ.
ἀδολεσχῶν. Ν. 1185. τῶν ἀ. δεῦρο δεῦρ᾽, ὦ Ξανθία,
Fr. 418, 2. ἡ Πρόδικος ἦ τῶν ἀ. εἷς γέ τις.
ἄδολυν. Α. 169. ταυτὰ δικαίως ἀ. εἰρανᾶν ἄγειν·
ἀδόλους. Ο 633. ἀ., ὁσίους,
ᾄδον. ΕΙ. 1271. ὁπλοτέρους ᾅ., καὶ ταῦτ᾽, ὦ τρισκακόδαιμον,
ΕΙ. 1278. οἴμωγὰς ᾅ., καὶ ταύτας ὀμφαλοέσσας.
ᾄδοντας. Σ. 271. ᾅ. αὐτὸν ἐκκαλεῖν, ἤν τί πως ἀκούσας
Π. 1209. ἐν τούμπισθεν· δεῖ γάρ κατοπιν τούμπρ᾽ ᾅ. ἔπεσθαι.
ᾄδοντες. Α. 1231. ἐπεισδί νυν ᾅ. ὦ τήνελλα καλλίνικας.
Α. 1233. τήνελλα καλλίνικον ᾅ.
ᾄδουσ᾽. Ο. 40. ἐπὶ τῶν κραδῶν ᾅ., Ἀθηναίαι δ᾽ ἀεὶ
Εκ. 887. ᾅ.· ἐγὼ δ᾽, ἣν τοῦτο δρᾷς, ἀντ᾽άσομαι.
ᾀδουσασμόν. Εκ. 277. ἐπεριδύμεναι βαδίζετ᾽, ᾅ. μέλοι
ᾄδουσι. Ο. 41. ἐπὶ τῶν δικῶν ᾅ. πάντα τὸν βίον.
Β. 320, ᾅ. γοῦν τὸν Ἴακχον ὕπερ Διαγόρας.
ᾀδοφεῖται. Fr. 198, 6. ἄνδρες παρ᾽ ὑμῖν ᾅ. ; β. νὴ Δία
ᾀδοφείτας. Fr. 198, 4. οὐκ ἔσμεν ὄντας ᾅ. καὶ θαμὰ
ἀδρόν. Β. 1099. μέγα τὸ πρᾶγμα, πολὺ τὸ νεῖκος, ἀ. ὁ πόλεμος ἔρχεται.
ἀδύ. Λ. 206. καὶ μὰν ποτώδδει γ᾽ ἀ. καὶ τὸν Κάστορα.
ἀδύνατον. Α. 402. ἐκκάλεσον αὐτόν, ΚΙΙ ἀλλ᾽ ἀ. ΔΙ. ἀλλ᾽ ὅμως.
Α. 408. ἀλλ᾽ ἐκκυλήθητ᾽. ΕΤ. ἀλλ᾽ ἀ. ΔΙ. ἀλλ᾽ ὅμως.
ἀδύνατος. Ν. 1077. ἀπυλωλαπ᾽ ᾅ. γὰρ εἰ λέγειν, ἐμοὶ δ᾽ ὑμιλῶν,
ΕΙ. 1016. ἴαχεν ἐξ ἀ., διὰ τρισσῶν ἐρετιμῶν.
ᾄδω. Σ. 1225. ᾅ. δὲ πρῶτος Ἀρμοδίου δέξει δὲ σύ.
ΕΙ. 1279. ἀλλὰ τί δῆτ᾽ ᾅ. ; σὺ γὰρ εἰπέ μοι οἴαισι χαίρεις.
Εκ. 931. ᾅ. πρὸς ἐμαυτὴν Ἐπιγένει τῷμῷ φίλῳ.
ἔδωκας. Β. 527. ᾅ. αὐτός; ΔΙ. οὐ τάχ᾽, ἀλλ᾽ ἤδη ποιῶ.
ᾀδωμεν. Fr. 414, 3. ᾅ. εἰς τὸν δεσπότην ἐγκώμιον.
ᾄδων. Ν. 721. φρουρὰς ᾅ.
Σ. 817. ᾅ. ἄνωθεν ἐξεγείρῃ σ᾽ οὑτοσί.
Ο. 1341. ᾅ. γὰρ ὅδε τις ἀετοὺς προσέρχεται.
Ἀδωνία. ΕΙ. 420. Μυστήρι᾽ Ἐρμῇ, Διπολί᾽, Ἀ.
Ἀδωνιασμός. Α. 369, 5 τ᾽ Ἀ. οὗτος ὡσπερ τότε
Ἄδωνιν. Λ. 393. αἰαῖ δ᾽ Ἀ., φησίν, ὁ δὲ Δημόστρατος
Α 396, κόπτεσθ᾽ Ἀ. φησὶν· ὁ δ᾽ ἐβιάζετο
Ἀδώνιον. Fr. 575. Ἀ.
ἀεί. Α. 28. ἐγὼ δ᾽ ἀ. πρώτιστος εἰς ἐκκλησίαν κτλ.
Σ. 667. ἀλλὰ μαχούμαι περὶ τοῦ πλήθους ἀ. ΒΔ. σὺ γὰρ, ὦ πάτερ, αὑτοῦ κ.τ.λ.
ἀείδεινν. Ι. 1265. ἢ θοὰν ἵππον ἐλατῆρας ἀ., μηδὲν ἐς Λυσίστρατον,
ἀείνων. Β. 146. καὶ σκῶρ ἀ.· ἐν δὲ τούτῳ κειμένους
ἀείσατ᾽. Θ. 115. κώραν ἄ. Ἄρτεμιν ἀγροτέραν.
Ἀείταν. Fr. 576. Ἀ.
ἀέκουσα. Ο. 936. τόδε μὲν οὐκ ἄ. φίλα
ἄελπτ᾽. Α. 256. ἡ τύλη ἄ. ἔνεστιν ἐν τῷ μακρῷ βίῳ, φεῦ,

ἄνασοι. Ν. 275. ἀ. Νεφέλαι,
ἄνασις. Β 1309. ἀλκυόνες, αἱ παρ᾽ ἀ. θαλάσσης
ἀέρ᾽. ΕΙ. 51. ἱππηδὸν ἐς τὸν ἀ. ἐπὶ τοῦ κανθάρου.
ἀέρα. Ν. 198. ἀλλ᾽ οὐχ αἵ͂ον τ᾽ αὐτοῖσι πρὸς τὸν ἀ.
Ν. 230. λεπτὴν καταμίξας ἐς τὸν ὅμοιον ἀ.
393. τὸν δ᾽ ἀ. τόνδ᾽ ὄντ᾽ ἀπέραντον, πῶς οὐκ εἰκὸς μέγα βροντᾶν;
763. ἀλλ᾽ ἀποχάλα τὴν φροντίδ᾽ ἐς τὸν ἀ.,
ΕΙ. 827. ἄλλον τιν᾽ εἶδες ἄνδρα κατὰ τὸν ἀ.
832. οὐκ ἦν ἄρ᾽ οὐδ᾽ ἀ λέγουσι κατὰ τὸν ἀ.
Ο. 551. κἄπειτα τὸν ἀ. πάντα κύκλῳ καὶ πᾶν τουτὶ τὸ μεταξὺ
837. ἄγε νυν, σὺ μὲν βάδιζε πρὸς τὸν ἀ.,
970. χνίξαθ᾽ ὁ Βάκις τοῦτο πρὸς τὸν ἀ.
995. γεωμετρῆσαι βούλομαι τὸν ἀ.
1140. ὕδωρ δ᾽ ἐφόρουν κατωθεν ἐς τὸν ἀ.,
1409. πρὶν ἂν πτερωθεὶς διαδράμω τὸν ἀ.
1515. ἐξ οὕπερ ὑμεῖς ᾠκίσατε τὸν ἀ.
Ἀέρα. Ν. 627. μὰ τὴν Ἀναπνοὴν, μὰ τὸ Χάος, μὰ τὸν Ἀ.,
Ν. 667. ἀλεκτρύαιναν· εὖ γε νὴ τὸν Ἀ.
ἀέριά. Ο. 1389. ἀ. τινα καὶ σκότια καὶ κυανανγέα
ἀερίας. Ν. 337. εἴτ᾽ ἀ. διερὰς, γαμψοὺς αἰωνοὺς ἀερονηχεῖς,
ἀεροβατῶ. Ν. 225. }
1503. } ἀ. καὶ περιφρονῶ τὸν ἥλιον.
ἀεροδονήτους. Ο. 1385. ἀ. καὶ νιφοβλύνους ἀναβολάς.
ἀερονηχεῖς. Ν. 337. εἴτ᾽ ἀερίας, διερὰς, γαμψοὺς οἰωνοὺς ἀ.,
ἀέρος. Ο. 999. ταυτὶ δέ σοι τί ἐστι; ΜΕ. κανόνες ἀ.
ἀεροφοίτοις. Β. 1292. κυρίοι παραπχαν ἰταμαῖς κυσὶν ἀ.
ἀετοῖς. Ο. 1248. καταιβολώσω πυρφόρησιν ἀ.,
ἀετόν. Σ. 15. ἀτὰρ σὺ λέξον πρότερος. ΞΑ. ἐδόκουν ἀ.
Ο. 515. ἀ. ὄρνιν ἕστηκεν ἔχων ἐπὶ τῆς κεφαλῆς, βασιλεὺς ὢν· 1110. τὰς γὰρ ὑμῶν οἰκίας ἐρίψομεν πρὸς ἀ.
Α. 695. ἀ. τίκτοντα κάνθαρός σε μαιεύσομαι.
ἀετῶι. Ι. 1013. ὡς ἐν νεφέλαισιν ἀ. γενήσομαι.
Ο. 1337. γενοίμαν ἀ. ὑψιπέτας,
ἀετοῦ. ΕΙ. 133. ἦλθεν κατ᾽ ἐχθραν ἀ. πάλαι ποτέ,
ἀετοῦς. Ο. 1341. ἀδων γὰρ ὅδε τις ἀ. προσέρχεται.
ἀετῷ. Ο. 653. φλαύμας νεοιοκνήγεσιν ἀ. ποτέ.
ἄξημιος. Π. 272. ἀ. καὶ ταῦτ᾽ ἐμοῦ βακτηρίαν ἔχοντος;
ἀξημίους. Β. 407. ἀ. παίζειν τε καὶ χορεύειν.
ἄξυγα. Θ. 1139. παρθένον, ἀ. κυρίαν,
ἄηδη. Ο. 679. ὕμνων ξύντροφ᾽ ἀ.,
ἀηδόνα. Ο. 203. ἔπειτ᾽ ἀκεγείρας τὴν ἐμὴν ἀ.
Ο. 208. ἴσβαινε κάνέγειρε τὴν ἀ.
659. ἀρίστισαν εὐθ᾽ τὴν δ᾽ ἡδυμελῆ ξύμφωνον ἀ. Μούσαις
664. καὶ ὡὐ θεασώμεσθα τὴν ἀ.
ἀηδονίων. Β. 684. ῥύζει δ᾽ ἐπίκλαυτον ἀ. νόμον, ὡς ἀπολεῖται,
ἀηδόνι. Ο. 1381. λιγυφθόγγος ἀ.
Ἀήρ. Ν. 264. ὦ δέσποτ᾽ ἄναξ, ἀμέτρητ᾽ Ἀ., ὃς ἔχεις τὴν γῆν μετίωρον
ἀήρ. Ο. 187. πῶς; ΠΕ. ἐν μέσῳ δήπουθέν ἀ. ἐστι γῆς.
Ο. 694. γῆ δ᾽ οὐδ᾽ ἀ. αὐδ᾽ αὐρανὸς ἦν· Ἐρέβους δ᾽ ἐν ἀπείροις κόλποις
ἀθ᾽. Α. 418. ἄ. ὁπαλὸν ὤν· τοῦτ᾽ αὖ γ᾽ ὄνς τῆς μεσημβρίας
ἀθαλάττωτος. Β. 204. ἄπειρος, ἀ. ἀσαλαμίνιος
Ἀθάμανθ᾽. Ν. 257. ὥσπερ με τὸν Ἀ. ὅπως μὴ θύσετε.
Ἀθάνα. Ν. 602. αἰγίδος ἡνίοχος, πολιοῦχος Ἀ.
Ἀθάναις. Α. 729. ἀγορά γ᾽ Ἀ. χαῖρε, Μεγαρεῦσιν φίλα.
Α. 829. οἷον τὸ καμὲν ἐν ταῖς Ἀ. τοῦτ᾽ ἔνι.
900. ὅ τί γ᾽ ἐστ᾽ Ἀ., ἐν Βοιωτίοισιν δὲ μή.
ἀθανάταν. Θ 1052. οὐ γὰρ ἔτ᾽ ἀ. φλόγα λεύσσειν
ἀθανάτας. Ν. 288. ἀ. ἰδέα ἐπιδώμεθα
ἀθανάτοις. Ο. 688. πρόσχειτε τὸν νοῦν τοῖς ἀ. ἡμῖν, τοῖς αἰὲν ἐοῦσι,
ἀθάνατον. Β. 829. ἐπὶ μὴ βασανίζειν ἀ. ὄντ᾽· εἰ δὲ μή,
ἀθάνατος. Α. 47. ἀλλ᾽ ἀ. ὁ γὰρ Ἀμφίθεως Δήμητρος ἦν
Α. 53. ἀλλ᾽ ἀ. ὤν, ἄνθρες, ἐφοδι᾽ οὐκ ἔχω.
Β. 631. ἀ. εἶναι φημὶ Διόνυσος Διός.
ἀθανάτους. Α. 51. ἀ. εἴμ᾽ ἐμοὶ δ᾽ ἐπέτρεψαν οἱ θεοὶ
Ο. 1224. ἀλλ᾽ ἀ. εἰμ᾽. ΠΕ. ἀλλ᾽ ὅμως ἂν ἀπέθανες.
ἀθανάτων. Ο. 220. διὰ δ᾽ ἀ. στομάτων χωρεῖ
Ο. 700. πρότερον δ᾽ οὐκ ἦν γένος ἀ., πρὶν Ἔρως συνέμιξεν ἅπαντα·
Θ. 716. ἔλθοι ξὺν ἀδίκοις ἔργοις;
ἀθάρης. Π. 673. ἀ. χύτρα τις ἐξέπηττε κειμένη
Π. 683. ἐπὶ τὴν χύτραν τὴν τῆς ἀ. ἀνίσταμαι.
694. κἀγὼ τύτ᾽ ἤδη τῆς ἀ. πολλὴν εἴρλαν·
ἀθεμίστοις. ΕΙ. 1097. ἀφρήτωρ, ἀ., ἀνέστιός ἐστιν ἐκεῖνος,
ἀθέαις. Θ. 721. ἀ. ἔργοις γὰρ ἀντανεῖ
ἀθέους. Π. 491. τοὺς δὲ πονηροὺς καὶ τοὺς ἀ. τούτων τἀναντία ζήσω.
Π 496. τοὺς δὲ πονηροὺς καὶ τοὺς ἀ. φυίζεται· κἆτα ποιήσει

ἀθέων—αἰελούρος.

ἀθέων. Θ. 671. ἀ. τε τρόπων·
'Αθῆναξ'. Ο. 301. χαυνῇ γε γλαῦξ. ΕΤ. τί φῇς; τίς γλαῦξ' Α. ἤγαγε;
'Αθῆναι. I. 1329. ὦ ταὶ λιπαραὶ καὶ ἰοστέφανοι καὶ ἀριζήλωτοι 'Α.
  Ν. 207. αἶθε μὲν 'Α. ΣΤ. τί σὺ λέγεις; οὐ πείθομαι,
'Αθηναία. ΕΙ. 271. εὖ γ'. ὦ πότνια δέσποιν' 'Α. ποιῶν
'Αθηναίᾳ I. 763. τῇ μὲν δεσποίνῃ 'Α., τῇ τῆς πύλεως μεδεούσῃ,
'Αθηναίαν. Ο. 828. τί δ' οὐκ 'Α, ἰῶμεν πολιάδα;
  Ο. 1653. ἱκέτηέρον εἶναι τὴν 'Α. δοκεῖς,
'Αθηναίοι. Σ. 800. ἠσηκὼ γὰρ ὡς 'Α. ποτέ
'Αθηναίοις. Α. 498. εἰ πτωχὸς ὢν ἕπειτ' ἐν 'Α. λέγειν
  Α. 630. διαβαλλόμενος δ' ὑπὸ τῶν ἐχθρῶν ἐν 'Α. ταχυβούλοις,
  645. ὅστις παρεκινδύνευσ' εἰπεῖν ἐν 'Α, τὰ δίκαια.
  I. 471. ὅπως ἐγὼ ταῦτ' οὐκ 'Α. φράσω.
  563. τῶν ἄλλων τε θεῶν 'Α.,
  1311. ἦν δ' ἀρέσκῃ ταῦτ' 'Α., καθῆσθαί μοι δοκεῖ
  Ν. 413. ὡς εὐδαίμων ἐν 'Α. καὶ τοῖς Ἕλλησι γενήσει,
  918. καὶ γνωσθήσει ποτ' 'Α.
'Αθηναίοισιν. Ν. 609. πρῶτα μὲν χαίρειν 'Α. καὶ τοῖς ξυμμάχοις·
  ΕΙ. 503. καὶ τοῖς 'Α. παύσασθαι λέγω
  Β. 807. οὔτε γὰρ 'Α. συνίβαιν' Αἰσχύλος,
'Αθηναίοισιν. Α. 99. λέξαντ' 'Α. ᾧ Ψευδαρτάβᾳ.
  ΕΙ. 209. ἀπύλωλ' 'Α. ἀλετρίβανος.
'Αθηναίων. Α. 145. ὁ δ' υἱὸς, ὃν 'Α. ἐπεποιήμεθα,
  Ο. 1035. ἐὰν δ' ὁ Νεφελοκοκκυγιεὺς τὸν 'Α.
'Αθηναίος. Σ. 1226. οὐδεὶς πώποτ' ἀνὴρ ἐγένετ' 'Α.
'Αθηναίους. Α. 149. στρατιὰν τοσαύτην ὥστ' 'Α. ἑπεῖν,
  Α. 632. ἀποκρίνεσθαι δεῖται νυνὶ πρὸς 'Α. μεταβούλους.
  I. 811. πρὸς 'Α. καὶ τὸν δῆμον, πεποιηκότα πλείονα χρηστὰ
  817. σὺ δ' 'Α. ἐξήτησας μικροπολίτας ἀποφῆναι
  ΕΙ. 1087. ἆρα φενακίζομεν ποτ' 'Α. ἔτι παύσει;
  Λ. 1120. ἴθι καὶ σὺ τούτους τοὺς 'Α. ἄγε·
  1149. ὑμᾶς δ' ἀφήσειν τοὺς 'Α. οἴει;
  1229. ἢν τοὺς 'Α. ἐγὼ πείσω πάλιν
Fr. 157. μή μοι 'Α. αἰνεῖν· μολγοὶ γὰρ ἔσονται·
'Αθήναις. I. 1037. Ἔστι γυνὴ, τέξει τε λέονθ' ἱεραῖς ἐν 'Α.,
  I. 1319. ὦ ταῖς ἱεραῖς φέγγος 'Α. καὶ ταῖς νήσοις ἐπίκουρος,
  1323. ἐν ταῖσιν ἰοστεφάνοις οἰκεῖ ταῖς ἀρχαίαισιν 'Α.
  1327. ἀλλ' ὁλολύξατε φαινομέναισιν ταῖς ἀρχαίαισιν 'Α.
'Αθηναίων. I. 436. κλέψαι 'Α. ΧΟ. ἄθρει, καὶ τοῦ ποδὸς παρίει·
  I. 764. εὔχομαι, εἰ μὲν περὶ τὸν δῆμον τὸν 'Α. γεγένημαι
  832. τὸν 'Α.; καί σ' ἐπιδείξω
  Σ. 666. ἐκ ταύτους τοὺς, οὐχὶ πρεσβύτας τὸν 'Α. κολοσυρτόν,
  ΕΙ. 261. οὔκουν παρ' 'Α. γε μεταβρέξει ταχύ;
  Λ. 1139. ὁ Λῆκων 'Α. ἱκέτης καθέζετο
  1145. ταυτὶ παθόντες τῶν 'Α. ὕπο
  Θ. 303. ἄριστα ποιήσαι, πολυωφελῶς μὲν πόλει τῇ 'Α.·
  307. δῆμον τὸν 'Α. καὶ τὸν τῶν γυναικῶν,
  Β. 980. νὴ τοὺς θεοὺς, νῦν γοῦν 'Α.
  Ἐκ. 218. ἴδαις ἂν αὐτάς, ἢ δ' 'Α. πύλει,
  Γρ. 563. 'Α.
'Αθηνῶν. ΕΙ. 218. νὴ τὴν 'Α. νὴ Δί', οὐχὶ πειστέον·
'Αθήνας. Α. 639. εἰ δέ τις ὑμᾶς ὑποθωπεύσας λιπαρὰς καλέσειεν 'Α.
  I. 311. ὅστις ἡμῶν τὰς 'Α. ἐκκεκώρηκας βυῶν,
  Σ. 490. ἢ νομίζεις τὰς 'Α. σοὶ φέρειν ἡδύσματα;
'Αθηνέων. Ν. 401. ἀλλὰ τὸν αὐτοῦ γε νεὼν βάλλει καὶ Σούνιον 'Α.
'Αθηνῶν. I. 1005. εἰσὶν δὲ περὶ τοῦ; ΚΛ. περὶ 'Α., περὶ Πύλου,
  I. 1007. οἱ σοὶ δὲ περὶ τοῦ; ΑΛ. περὶ 'Α., περὶ φακῆς,
  Α. 37. περὶ τῶν 'Α. δ' οὐκ ἐπιγλωττήσομαι
  Θ. 1229. ἡμετέραις τελεταῖς δ' ἐκκλησιάσαιμεν 'Α.
  Fr. 476. 12. κἄγωγε ταῖς ἄλλαις πόλεσι δρῶ ταῦτα πλὴν 'Α.·
  — 15. Αἴγυπτον αὐτῶν τὴν πόλιν πεποίηκας ἀντ' 'Α.
ἀθλίαν. Θ. 1134. μίμνησο Περσεῦ ὡς καταλείπεις ἀ.
ἄθλιον. Ο. 5. τὸ δ' ἐμὲ κορώνῃ πειθόμενον τὸν ἀ.
Ἐκ. 591. κὰκ ταῦτοῦ ζῆν καὶ μὴ τῶν μὲν πλουτεῖν, τὸν δ' ἀ. εἶναι,
  Π. 266. ῥιπώρτα, κυρίων, ἀ. ῥυσῶν, μαδῶντα, νωδῶν·
ἀθλιός. Θ. 868. κἀγὼ μὴν ἐνθάδ' εἴμ' ὁ δ' ἀ. πύσει
  Π. 118. ἄνθρωπος οὑτοσὶ ἐστιν ἡ. φύσει.
  825. ἀνὴρ πρότερον μὲν ἀ., νῦν δ' εὐτυχής.
  833. κωμιδῇ μὲν οὖν. ΧΡ. οὐκοῦν μετὰ ταῦτ' ἦσθ' ἀ.
ἀθλιός. Σ. 150. ἀτὰρ ἀ. γ' εἴμ' ὡς ἔτερος οὐδεὶς ἀνήρ,
ἀθλίου. Α. 731. ἀλλ', ὦ πονηρὰ κωμ' ἀ. πατρὸς,
ἀθλίως. Θ. 772. τύθεν οὖν μετ' αὐτοῦ τῶν ἀ. πλάττει; φέρε,
ἀθλίως. ΕΙ. 1255. οἴμ', ὦ κρανυνοί, ὡς ἀ. πεπράγαμεν,
  Π. 80. σὺ Πλοῦτος, οὕτως ἀ. διακείμενος;
ἀθλιώτατον. Α. {384. / 456.} ἐνσκευάσασθαί μ' οἷον ἀ.

ἀθλιώτατον. Π. 654. ἄγωντες ἄνδρα τότε μὲν ἀ.,
ἀθλιώτατος. Β. 1187. εἴτ' ἐγίνετ' αὖθις ἀ. βροτῶν,
ἀθλιώτερον. ΕΙ. 22. οὐδὲν γὰρ ἔργον ἦν δρ' ἀ.
ἀθλιώτερος. Α. 422. ἀλλ' ἕτερος ἦν Φοίνικος ἀ.
ἀθλιωτέρου. Α. 420. οὐκ Οἰνέως ἦν, ἀλλ' ἔτ' ἀ.
ἀθλοθεσία. Fr. 585. ἀ.
'Αθμονεύς. ΕΙ. 190. Τρυγαῖος 'Α., ἀμπελουργὸς δεξιὸς,
ἀθμονεύς. ΕΙ. 919. Τρυγαίος ἀ. ἐγώ,
ἄθρει. I. 436. κλέψαι 'Αθηναίων. ΧΟ. ἄ., καὶ τοῦ ποδὸς παρίει·
  Σ. 140. καὶ μνηπολεῖ τι καταδεδυκὼς. ἀλλ' ἄ.,
  ΕΙ. 538. ἄλλων τε πολλῶν κάγαθῶν. ΕΡ. ἴθι νυν, ἄ.
  Ο. 1196. ἄ. δὲ πᾶς κύκλῳ σκοπῶν · · ·
  Θ. 667. γιγνώσκομεν δῆτ'. ἀλλὰ τὰς ἄλλας ἄ.
ἀθρεῖν. Θ. 530. μὴ δάρῃ βήτωρ ἄ.
ἀθρήσω. Ν. 731. φέρε νυν, ἄ. πρῶτον, ὅ τι δρᾷ, τουτονί,
ἀθροίζομεν. Ο. 253. πάντα γὰρ ἐνθάδε φῦλ' ἄ.
ἄθροοι. Α. 26. ἀ. καταρρέοντες· εἰρήνῃ δ' ὅπως
  Σ. 1334. ἄ. γὰρ ἥξομέν σε προσκαλούμενοι,
ἀθρόος. Ἐκ. 384. ὅσος οὐδεπώποτ' ἦλθ' ἀ. ἐς τὴν πύκνα.
ἀθρόους. Ν. 965. τοὺς κωμήτας γυμνοὺς ἀ., κεἰ κριμνώδη καταγέφοι.
  ΕΙ. 1006. καὶ περὶ ταῖτας ἡμᾶς ἀ.
  Ο. 529. εἶτα λαβόντες καλοῦσ' ἀ.
ἄθρους. Fr. 531. ἑστῶτας ὥσπερ τοὺς ὑρεωκόμους ἄ.
ἄθυμον. Α. 709. ποιεῖ μ' ἄ. περιπατεῖν τ' ἄνω κάτω.
ἄθυρτον. Δ. 838. ἴχυντ' ἀχάλινον ἀκρατὲς ἀ. στύμα,
ἄθυμον. Ν. 1113. πῶς γὰρ τὸ μὲν οὖν σῶμα χρὴ πληγῶν ἀ. εἶναι,
αἱ. Α. 1091. στέφανα, μύρων, τραγήματ', ἀ. πόρναι πάρα, κ.τ.λ.
αἵ. I. 796. ἐκ τῆς πόλεως βαβαυτιζέμεν ἀ. τὰς σπονδὰς προσφέρουσι. κ.τ.λ.
αἱ. Α. 766. ἄντειπον ἀ., λῇς ὡς ταχεῖα καὶ καλά. κ.τ.λ.
αἱ. Α. 732. ἀμβᾶτε ποττὰν μάδδαν, α. χ' εὑρητέ πα. κ.τ.λ.
αἱαῖ. Α. 1083. α. κ.τ.λ.
αἰακτὸν. Α. 1195. ἐκεῖνο δ' α. ἂν γένοιτό μοι,
Αἴαντι. Β. 1294. τὸ συγκλινές τ' ἐν' Α,
αἰβοῖ. Α. 189. α. ΑΜ. τί ἐστιν; ΔΙ. οὐκ ἀρέσκουσίν μ', ὅτι κ.τ.λ.
Αἰγαίου. Β. 665. ἐν Α. πομνοῖς ἢ γλαυκίνιν μύθεις
αἶγας. Ν. 71. ὅταν μὲν οὖν τὰς α. ἐκ τοῦ Φελλίως,
Αἰγία. Fr. 22. τὸν Ἐριχθέα μοι καὶ τὸν Α. κάλει,
Αἰγίδη. I. 1067. Α., φράσσαι κυναλώπεκα, μή σε δολώσῃ,
αἰγιαλὸν. Σ. 110. ᾧ' ἔχω διακάζειν, α. ἔνδον τρέφει.
αἰγίδος. Ν. 602. α. ἡνίοχος, πολιούχων 'Αθάνα·
αἰγιβάλλῳ. Ο. 887. 'Λαγνοσρίφῳ, καὶ α.,
Αἰγίνας. Α. 653. καὶ τὴν Α. ἀπαιτούσιν· καὶ τῆς νήσου μὲν ἐκείνης
  Σ. 122. διενέλκουσιν εἰς Α. ὦτα ξυλλαβῶν
Αἰγίνης. Β. 363. ἐξ Α. Θωρυκίων ὢν, εἰκοστολόγος κακοδαίμων,
Αἰγύπτιοι. Β. 1406. οὓς οὐκ ἂν ἅρααιτ' οὐδ' ἑκατὸν Α.
Αἰγύπτιος. ΕΙ. 1253. πόλεις βαδίζαν αὐτὰ τοῖς Α.·
  Π. 178. ἡ ξυμμαχία δ' οὐ διὰ σὲ τοῖς Α.;
Αἰγύπτιον. Ο. 1133. ὄρνιθες, οὐδεὶς ἄλλος, οὐκ Α.
Αἰγύπτιον. Θ. 878. Α. ΕΤ. ὦ δύστηνος, οἷ πεπλώκαμεν.
  Fr. 476. 15. Α. αὐτῶν τὴν πόλιν πεποίηκας ἀντ' 'Αθηνῶν.
Αἰγύπτιος. Β. 1200. Α., ὡς ὁ πλείστος ἔσπαρται λύγα,
Αἴγυπτον. Ο. 504. Α. δ' αὖ καὶ Φοινίκης πᾶσης κόκκυξ βασιλεὺς ἦν
  Θ. 856. ὃς ἀντὶ δίας φακάδος Α. πέδον
Αἰγύπτῳ. Ν. 1130. κἂν ἐν Α. τυχεῖν ὢν μᾶλλον ἢ κρῖναι κακῶς.
αἰγῶν. Π. 294. α. τε κιναβρώντων μίλη,
αἰδ'. Σ. 1065. α. ἐπανθούσαι τρίχες.
Αἴδα. Θ. 1041. πολυδάκρυτον Α. γόον φλέγουσαν,
αἶδε. Ν. 207. α. μὲν 'Αθῆναι. ΣΤ. τί σὺ λέγεις; οὐ πείθομαι, κ.τ.λ.
Αἴδης. Σ. 763. Α. διακρινεῖ πρότερον ἢ 'γὼ πείσομαι,
αἰδί. Fr. 343, 2. α. κατ' αὐτὴν ἦν βλέπεις τὴν εἴσοδον,
αἰδοῖα. Ἐκ. 526. παίδων τοίνυν δοκιμαζομένων α. πάρεστι θεάσθαι.
  Ν. 978. τοῖς α. δρόσως καὶ χνοῖς ὥσπερ μήλοισιν ἐπήνθει·
Ἄϊδος. Α. 390. γκπτοδαυπνεκύντριγα τιν' Α. κυνῆν·
Ἄϊδου. Β. 69. ἐλθεῖν ἐπ' ἐκείνου. ΗΡ. πότερον εἰς 'Α. κάτω·
  Β. 118. ὅπως τάχιστ' ἀφιξίμεθ' εἰς 'Α. κάτω·
  172. ἄνθρωπε, βούλει σκευάρι' εἰς 'Α. φέρειν;
  774. ὕπερ ἔστ' ἐν 'Α. πλῆθος, οἱ δ' ἀκροώμενοι
Αἰδοῦς. Ν. 995. αἰσχρῶν ποιεῖν, ὅτι τῆς Α. μέλλει τἄγαλμ' ἀναπλάττειν·
  Θ. 1019. κλύσεις ὁ πρὸς Α. σὲ τὰν ἐν ἄντροις,
αἰδὼς. Α. 809. ἦν τις ἀ. ἀθέοισιν ἐν
αἰδὼς. Σ. 447. οὐδ' ἐν ὀφθαλμοῖσιν α. τῶν παλαιῶν ἐμβάδων.
αἴε. Ν. 1166. ἀ. σοῦ πατρός.
αἰελούρος. Α. 879. σκάλοπας, ἐχίνους, α., πικτίδας,

αἰέν—αἰσχρόν.

αἰέν. Ο. 688. πρόσχετε τὸν νοῦν τοῖς ἀθανάτοις ἡμῖν, τοῖς α, ἰοῦσι.
αἰές. Λ. 1267. φιλία τ' α. εὔποροι εἴη
αἰετός. Ι. 1087. α. ὡς γίγνει καὶ πάσης γῆς βασιλεύσεις.
  Ο. 978. α. ἐν νεφέλῃσι γενήσεαι· αἱ δέ κε μὴ δῷς,
  979. οὐκ ἔσει οὐ τρυγῶν οὐδ' α., οὐ δρυκολάπτης.
Fr. 28. α. ἐν νεφέλῃσι γενήσεαι ἤματα πάντα.
αἰετοῦ. Ο. 987. καὶ φείδου μηδὲν μηδ' α. ἐν νεφέλῃσι,
αἰθέρ'. Θ. 272. ὄμνυμι τοίνυν α, οἴκησιν Διός.
Αἰθέρα. Ν. 570. Α. σεμνότατον, βιοθρέμμονα πάντων·
αἰθέρα. Β. 100,
        311. } α. Διὸς δωμάτιον, ἢ χρύσου πύδα,
Β. 1352. ὁ δ' ἀνέπτατ' ἀνέπτατ' ἐς α. κουφοτάταις πτερύγων ἀκμαῖς·
αἰθερίοις. Ο. 629. τοῖς α., τοῖσιν ἀγρρα, τοῖς ἄφθιτα μηδομένοισιν.
αἰθέριον. Ο 349. οὔτε γὰρ ὄρος σκιερὸν οὔτε νέφος α.
  Ο. 776. διὰ δ' α, νέφος ἦλθε βοᾶ·
  1277. ὦ κλεινοτάτην α, οἰκίσας πόλιν.
αἰθέριος. Ν. 380. ἥκιστ', ἀλλ' α. δῖνος. ΣΤ. Δῖνος; τουτί μ' ἐλελήθῃ,
αἰθεροδρόμων. Ο. 1393. α,
αἰθέρος. Ν. 285. ὄμμα γὰρ α, ἀκάματον σελαγεῖται
Ο, 1400. ἀλίμενον α. αὔλακα τέμνων.
Θ. 1050. εἴθε με τυρφώος α. ἀστὴρ
1068. α, ἰράς,
1099. ταχεῖ πεδίλῳ; διὰ μέσου γὰρ α.
Αἰθὴρ. Ν. 265. λαμπρός τ' Α., σεμναί τε θεαὶ Νεφέλαι βροντησικέραυνοι,
αἰθὴρ. Ο. 1183. α. δονεῖται τοῦ θεοῦ ζητουμένου·
Θ. 14. α. γὰρ ὅτε τὰ πρῶτα διεχωρίζετο,
43. ἔχετω δὲ πνοὰς νήνεμος α.
51. τίς ὁ φωνήσας; ΜΝ. νήνεμος α,
Β. 692. α., ἐμὸν βύσκημα, καὶ γλώττης στρόφιγξ,
αἰδὼς. Θ. 246. α. γεγένημαι πάντα τὰ περὶ τὴν τράμιν.
αἴθῃ. Ο. 778. πύματα τ' ἔσβεσε νήνεμος α.
αἰθιλίαν. Ν. 1129. ἀσκωλίας ἐνταῦθα πρὸς τὴν α.
αἰθίας. Ν. 371. καίτοι χρὴν α, ὑεῖν αὐτόν, ταύτας δ' ἀποδημεῖν.
αἴθωνα. ΕΙ. 1328. λῆξαί τ' α. σίδηρον,
αἰκάλλει. Ι. 211. τὰ μὲν λόγε' α. με· θαυμάζω δ' ὅπως
Θ. 869. ἀλλ' ὥσπερ α. τι καρδίαν ἐμήν,
αἰκίαν. Ο. 1671. τί δῆτ' ἄνω πέχνως α. βλέπων·
αἰκίας. Εκ. 663. τῆς α. οἱ τύπτοντες πόθεν ἐκτίσουσιν, ἐπειδὰν
αἷμα. 1. 83. βέλτιστον ἡμῖν α. ταύρειον πιεῖν.
  Θ. 755. ἵν' οὖν τύ γ' α, τοῦ τέκνου τοὐμοῦ λάβω.
Fr. 492. τὸ δ' α, ἐλάφοις τοὐμὸν ὠνὰς δέσποτα.
αἰματοπώτην. Ι. 198. γαμψηλῃσι δράκοντα κοαλέμον α.,
αἰματοπώτης. Ι. 208. εἴθ' α, ἔσθ' ὅ τ' ἀλλαῖς χὠ δράκων.
αἴματες. Εκ. 1057. ἐξ α. φλυκταιναν ἡμφιεσμένη.
αἰματοσταγὴς. Β. 471. Ἀχερόντιος τε σκίπελος α.
αἰματοῦται. ΕΙ. 1020. οὐδ' α. βωμός. ἀλλ' εἴσω φέρων
αἰμυλῶν. Α. 1269. καὶ τάν α. ἀλωπέκων
αἰμύλοις. Ι. 687. ῥήμασίν θ' α.
αἴνευν. Fr. Ρ. 1474. α.
Fr. Γεω. 9, 2. ἐμοὶ μὲν α. μολγρὸν οὐκ ἀκήκοας·
αἰνεῖν. Fr. 157. ἀρά μοι Ἀθηναίους α, μολγρὸί τἀρ ἔσονται
αἰνεῖτ'. Fr. Εἱ. Δ. 4. μή μοι Ἀθηναίους α, ἡ μολγροί ἔσονται.
αἰνιγμῶν. Β. 61. ὕμως γε μέντοι σοι δι' α, ἐρῶ.
αἰνίττεται. ΕΙ. 47. δοκέω μοι, ἐν Κλείους τοῦτ' α.,
Αἰξωνέα. Σ. 895. κύων Κυβαθηναιεὺς Λάβητ' Α.,
αἰόλαν. Θ. 1054. λαιμότμητ' ἄχη δαιμονῶν, α.
Β. 248. α. ἐφθεγξάμεσθα
Αἴολον. Β. 863. καὶ νὴ Δί τὸν Πηλέα γε καὶ τὸν Α.
αἴοντες. ΕΙ. 1064. οἵτινες ἀφραιδίησι θεῶν νύσιν οὐκ α.
αἴπερ. Ν. 317. α. γνώμην καὶ διάλεξιν καὶ νοῦν ἡμῖν παρέχουσι
αἴρ'. ΕΙ. 1. α, αἶρε μᾶζαν ὡς τάχιστα κανθάρῳ.
αἴρας. Fr. 364. ἀράκους, πυρούς, πτισάνην, χόνδρον, ζειάς, α. σεμίδαλιν,
αἴρε. ΕΙ. 1. αἶρ' α, μᾶζαν ὡς τάχιστα κανθάρῳ
Π. 71. ἀλλ' α, ταχέως. ΠΛ. ἐμβησῃ. ΧΡ. οὐκοῦν ἐρεῖς·
αἴρει. ΕΙ. 1227. ἀλλ' α. μοι τοῦτό γε τῆς ἰσωνίας·
Θ. 255. σύζωσον ἀνύσας, α. νυν στρόφιον. ΕΤ. ἰδού.
αἴρει. Α. 495. ἐπειδήπερ αὐτὸς α, λέγε.
Σ. 668. ἄρχειν α. σαυτοῦ, τούτοις τοῖς ῥήμασίοι περιπεσθείς.
αἴρειν. Εκ. 264. τὰς χεῖρας α. μηημονεύομεν τότε.
Εκ. 265. ἐθισμένοι γάρ ἐσμεν α. τῶ σκέλη.
αἴρεσθ'. Ι. 546. α. αὑτῷ πολὺ τὸ ῥόθιον, παραπέμπατ' ἐφ' ἕνδεκα κώπαις
Λ. 1292. α. ἄνω, ἰαί,
Εκ. 1179. α. ἄνω, ἰαί, εὐαί,

αἴρεσθαι. Λ. 50. ἀνδρῶν ἐπ' ἀλλήλοισιν α. δόρυ,
αἴρεσθαι. Β. 596, αὖθις α. σ' ἀνάγκη
αἴρεσθε. Εκ. 868. καὶ Παρμένων, α, τὴν παρμησίαν,
Ο. 850. καί παί, τὸ πανοῦν α. καὶ τὴν χέρνιβα.
αἴρεται. ΕΙ. 80, ὁ δεσπότης γάρ μου μετέωρος α.
Ο. 1188. πόλεμος α., πόλεμος οὐ φατὸς
αἱρετώτερος. Ι. 84. ὁ Θεμιστοκλέους γὰρ θάνατος α.
αἰρήσεις. Θ. 1094. οὐκ α.; ΣΤ. οὐκ α.;
αἰρήσομαι. Β. 1468, α. γὰρ ὅνπερ ἡ ψυχὴ θέλει
Β. 1471. ἡ γλῶττ' ὀμώμοκ', Αἰσχύλον δ' α.
αἰρήσω. Ι. 829. α, 'γὼ τρεῖς μυριάδας.
αἴρει'. Β. 437. α. ἂν αὖθις, ὦ παῖ.
αἴροιεν. Β. 1438. α. αὔραι πελαγίαι ὑπὲρ πλάκα.
αἰρόπινον. Fr. 404. ὥσπερ κόσκινον α. τέτρηται.
αἴρου. Α. 953. α. λαβὼν τὸν πέραμον, ὦ Βοιώτιε.
Α. 1140. τὴν ἀσπίδ' α., καὶ βάδιζ', ὦ παῖ, λαβών.
1142. α. τὸ δεῖπνον· συμποτικὰ τὰ πράγματα.
αἰρούμεθ'. Εκ. 247. α., ἢν ταῦθ' ἀπινοεῖς κατεργάσῃ
αἰροῦσι. Ι. 807. α. καὶ σὺ λαμβάνεις, ἢν τὴν πόλιν ταράττῃς.
αἴρωμαι. Β. 502. φέρε νυν, ἐγὼ τὰ στρώματ' α. ταδί.
αἰρώμεθ'. Λ. 370. α. ἡμεῖς θυῦδατος τὴν κάλπιν, ὦ Ῥοδίππη.
αἴρων. Ο. 1760. λαβοῦσα συγχώρευσον' α. δὲ κουφῶς ὁ 'γὼ.
αἴρων'. Εκ. 261. ἡμεῖς δέ γ', ἢν α, ἐᾶν κελεύσομεν.
αἷς. Ι. 1315. τὰς σκάφας, ἐν α, ἐπώλει τοὺς λύχνους, καθελπυσαι, κ.τ.λ.
αἰσθάνει. Α. 76. ἆρ' α. τὸν καταγγελῶν τῶν πρέσβεων ;
Ν. 805. ἆρ' α. πλεῖστα δι' ἡμᾶς ἀγάθ' αὐτίχ' ἕξων
Β. 832. Αἰσχύλε, τί σιγᾷς; α. γὰρ τοῦ λόγου.
αἰσθανοίατο. Εκ. 209. μηδ' ἀντιβουλίαν μηδὶν α.
αἰσθάνου. Β. 285. μὴ τὸν Δία καὶ μὴν α. ψόφου τινός.
αἰσθανόμενος. Ν. 1321. α, σου κιπτα τραυλίζοντας, ὅ τι νοιείης.
αἰσθήσεται. Σ. 372. ἀλλὰ τηρώμεσθ' ὅπως μὴ Πδελυκλέων α.
Β. 694. εἶπερ θεὸς γάρ ἐστιν οὐκ α.
αἰσθήσῃ. Π. 670. ὁ πρώτιμος, εἰπών, ἥν τις α. ψόφου,
αἰσθοιτό. Π. 1010. καί μή Δί' εἰ λυποιμήγην α, με,
αἰσθομένω. Σ. 381. ἄγε νυν, ἦν α. τοῦτω ζητήτύν μ' ἐσπαλαμᾶσθαι
Αἴσιμος. Εκ. 208. τὸ δὲ κινῶν ὥσπερ Α. πυλίνθεται.
αἴσιον. Σ. 1028. ἵνα τὰς Μοίσας α. χρήται μὴ προαγωγοὺς ἀποφήψῃ, κ.τ.λ.
αἴσιον. Β. 1276. μύσιν εἰμὶ θροεῖν, ὁδίων κράτος α., ἀνδρῶν,
Αἴσον. Fr. 2. 'Α. δή μοι σκύλιόν τι λαβὼν Ἀλκαίου κἀνακρέοντος.
Αἰσχινάδου. ΕΙ. 1154. μυρρίνας τ' αἴτησον ἐξ Α. τῶν καρπίμων·
Αἰσχίνην. Σ. 459. καὶ σὺ πρωσβεῖς Α. ἐντυφε τὸν Σελλαρτίου.
Αἰσχίνης. ΕΙ. 1220. εἰσὶν Σέκυρος, Α. Φανοῦ, Κλέων,
Σ. 1243. μετὰ τοῦτον Α. ὁ Σέλλου δέξεται.
Αἰσχίνου. Ο. 823. ἐν τ' Α. γ' ἅπαντα· ΠΕ. καὶ λῳστον μὲν οὖν
αἴσχιον. Π. 590. πολὺ τῆς πενίας πρᾶγμ' α. ζητεῖς αὐτῷ περιάψαι,
αἰσχίους. Εκ. 825. φεύγονται γὰρ τυὺς α., ἐπὶ τοὺς δὲ καλοὺς Βαδιοῦνται.
αἴσχιστα. Σ. 787. α. γάρ τοί μ' εἰργάσατο Λυσίστρατος
αἴσχιστον. Π. 1474. α. ἔργον προσβλέπειν μ' εἰργασμένος ;
αἰσχρᾷ. Ο. 755. ἄρα γὰρ ἔστιν ἐνθάδ' α. τῷ νύμφῳ κρατούμενα.
Λ. 1097. ὦ χαίρετ'. ὦ Λάκωνες α. γ' ἐπάθομεν.
Εκ. 560. οὐ γὰρ ἔτι τοῖς τολμῶσιν αὐτῶν α. δρᾶν
αἰσχραῖς. Ι. 1284. τῆν γὰρ αὐτοῦ γλωττέαν α. ἡδοναῖς λυμαίνεται,
αἰσχραῖσι. Εκ. 619. καὶ πῶς ἡμᾶς τοὺς πρωσβύτας, ἢν ταῖς α. συνῶμεν,
αἰσχράν. Εκ. 618. κᾷτ' ἢν ταύτης ἐπιθυμήσῃ, τὴν α. πρῶθ' ὑποκρούσει.
αἰσχροῖς. Ν. 992. καὶ τοῖς α. αἰσχύνεσθαι, κἂν σκώπτῃ τίς σε, φλέγεσθαι·
Εκ. 629. ταῖσι γυναιξὶν πρὶν τοῖς α. καὶ τοῖς μικροῖς χαρίσωνται.
705. τοῖς γὰρ σιμοῖς καὶ τοῖς α.
αἰσχροκερδεῖς. ΕΙ. 623. οἱ δ' ἄττ' ὄντες α. καὶ διειρωνόξενοι
αἰσχρόν. Ν. 995. α. ποιεῖν, ὅτι τῆς Αἰδοῦς μέλλεις τἄγαλμ' ἀναπλάττειν·
Ν. 1020. τὸ μὲν α. ἅπαν καλὸν ἡγεῖσθαι,
Σ. 1048. τῶν μὲν ἐσθλῶν α. εἶσθ' τοῖς α, τοῖς μὴ γνοῦσιν παραχρήμα,
Ο. 757. εἰ γὰρ α. ἐστίν α. τὸν πατέρα τύπτειν νόμῳ,
Α. 485. ὡς α. ἀπωδύπτοισον ἐὰν τὸ τοιοῦτον πρᾶγμα μεθίενται,
713. ἀλλ' α. εἰπεῖν καὶ σιωπῆσαι βαρύ.
779. ἀλλ' εἰσίμενι, καὶ γὰρ α. τουτογί,
923. α. γὰρ εἶτι τύπου γε, ΚΙ. διὴ μοί νυν κύσαι.
Β. 1475. τί δ' α., ἢν μὴ τοῖς θεωμένοις δοκῇ
Fr. 497. α. νέᾳ γυναικὶ πρεσβύτης ἀνήρ.

8 αἰσχρόν—ἀκήκοας.

αἰσχρόν. Ν. 1021. τὺ καλὸν δ' α.'
Ν. 1078. χρῶ τῇ φύσει, σκίρτα, γέλα, νόμιζε μηδὲν α.
Ο. 768. ὡς παρ' ἡμῖν οὐδὲν α. ἐστιν ἐκπεπρηκέναι.
Π. 693. καὶ γάρ α. ἐστι τοὺς μὲν ναυμαχήσαντας μίαν
αἰσχρός. Θ. 168. ταῦτ' ἄρ' ὁ Φιλοκλέης α., ὧν αἰσχρὸς ποιεῖ,
αἰσχροῦ, Ι. 1321. τὸν Δῆμον ἀφεψήσας ὑμῖν καλὸν ἐξ α. πεποίηκα.
αἰσχρῶς. Ν. 920. αὐχμεῖ α, ΔΙ. σὺ ῥί γ' εὖ πράττεις.
ΕΙ. 624. τήνδ' ἀνορρίψαντες α, τὸν πόλεμον ἀνήρπασαν
Θ. 168. ταῦτ' ἄρ' ὁ Φιλοκλέης αἰσχρὸς ὢν α. ποιεῖ,
Αἰσχύλ'. Β. 856. σὺ δὲ μὴ πρὸς ὀργὴν Α., ἀλλὰ πραόνως
Β. 1171. Α., ἀνύσας· σὺ δ' εἰ τὸ κακὸν ἀνύβλεπε.
Αἰσχύλε. Β. 832. Α., τί σιγᾶς; αἰσθάνει γὰρ τοῦ λόγου,
Β. 843. ἀλλ' οὔ τι χαίρων αὔτ' ἐρεῖς, ΔΙ. παῦ', Α.,
851. ἐπίσχες οὗτος, ὦ πολυτίμητ' Α.
865. σὺ δὲ δὴ τί βουλεύει ποιεῖν; λέγ', Α.
1020. Α , λέξον, μηδ' αὐθαδῶς σεμνυνόμενος χαλέπαινε·
1125. ἄγε δὴ σιῶπα πᾶς ἀνήρ, λέγ', Α.
1132. Α., παραινῶ σοι σιωπᾶν· εἰ δὴ μή,
1268. δύο σοὶ κύπω, Α., τούτω.
1272. τρίτον, Α., σοὶ κόπος οὗτος.
1500. ἄγε δὴ χαίρων, Α., χώρει,
Αἰσχύλον. Α. 10. ὅτε δὴ πέχνην προσδοκῶν τὸν Α.,
Ν. 1366. ἐγὼ γὰρ Α. νομίζω πρῶτον ἐν ποιηταῖς
Ο. 807. ταυτὶ μὲν ἠκάσμεσθα κατὰ τὸν Α.
Θ. 134. καὶ σ', ὦ νεανίσχ', ὅστις εἶ, κατ' Α.
Β. 768. τί δῆτα τυπτὶ τεθορύβηκεν Α.;
788. μὰ Δί' οὐκ ἐκεῖνος, ἀλλ' ἕκυσε μὲν Α.,
803. ἦ που βαρέως οἴμαι τὸν Α. φέρειν,
1471. ἦ γλωττ' ὀμώμοκ', Α. δ' αἰρήσομαι.
1473. ἔκρινα νικᾶν Α. τῇ γὰρ οὔ,
Fr. 204, ἐν τοῖσι συνδείπνοις ἐπαινῶν Α.
Αἰσχύλος. Β. 778. ἵν' Α. καθῆστο. ΞΑ. κοὐκ ἐβάλλετο;
Β. 792. ἔφεδρος καθεδεῖσθαι· κἂν μὲν Α. κρατῇ,
807. οὔτε γὰρ 'Αθηναίοισι συνέβαιν' Α.,
1154. δὶς ταυτὸν ἡμῖν εἶπεν ὁ σοφὸς Α.
Fr. 565. Α.
Αἰσχύλῳ. Ν. 1365. τῶν Α. λέξαι τί μοι· καθ' οὗτος εὐθὺς εἶπεν,
Β. 758. χὼ λαιδορησμός ; ΑΙ. Α. κύβριμνος.
782. μετ' Α. δ' οὑκ ἦσαν ἕτεροι σύμμαχοι ;
Αἰσχύλῳ. Λ. 190. εἰς ἀσπίδ', ὥσπερ φασ' ἐν Α. ποτὲ,
αἰσχύνεσθαι, Ν. 992. καὶ ταῖς αἰσχροῖς α., κἂν σκώπτῃ τίς σε, φλέγεσθαι·
αἰσχύνεται. Θ. 848. σὺ τὸν Παλαμήδην ψυχρὸν ὄντ' α.
αἰσχύνην. Εκ. 484. ἡμῖν δ' ἂν α. φέροι
αἰσχυνθεῖσ'. Θ. 798. κἂν α. ἀναχωρήσῃ, πολὺ μᾶλλον πᾶς ἐπιθυμεῖ
αἰσχυνθείσας. Β. 1051. κώνεια πιεῖν, α. διὰ τοὺς σοὺς Βελλεροφόντας.
αἰσχύνομαι. ΕΙ. 1215. αὐτὸς σὺ τί δίδως; ΤΡ. ὅ τι δίδωμ'; α.
Εκ. 381. ἀλλ' ὕστερον νῦν ἦλθον, ὥστ' α.,
Π. 774. α. δὲ τὰς ἐμαυτοῦ συμφοράς,
Fr. 487, 2. α. τῷ τ' οὐ φρονοῦντι παιδίῳ.
αἰσχύνομαί. Ι. 1355. α. τοι ταῖς πρότερον ἁμαρτίαις.
αἰσχυνόμεθα. Εκ. 680. ἵνα μὴ δεινῶσ' α. ΒΛ. νὴ τὸν Ἀπόλλω χάριέν γε.
Π. 158. α. γὰρ ἀργυρίου αἰτεῖν ἴσας
αἰσχυνόμενος. Π. 1077. α. τὴν ἡλικίαν τὴν σήν, ἐπεὶ
αἰσχυνούμαι. Fr. 21, 1. οὐκ α. τὸν τάριχον τουτανὶ
Αἰσωπικόν. Σ. 1258. Α. γέλοιον ἢ Συβαριτικόν.
Αἴσωπον. Σ. 1401. Α ἀπὸ δεῖπνον διεβάδιζεν ἑσπέρας
Σ. 1446. Α. οἱ Δελφοί ποτ' ΒΔ. ὀλίγον μοι μέλει.
Ο. 471. ἐμαθὴς γὰρ ἴσως κοῦ πολυπράγμων, οὐδ' Α. πεπάτηκας.
Αἰσώπου. Σ. 566. οἱ δὲ λέγουσιν μύθους ἡμῖν, οἱ δ' Α. τί γέλοιον·
ΕΙ. 129. ἐν τοῖσιν Α. λόγοις ἐξευρέθη
Ο. 651. καλῶς. ΠΕ. ὅρα νυν ὡς ἐν Α. λόγοις
ἄταν. Fr. 576. ἄ.
αἰτεῖ. Ι. 66. α., ταράττει, δωροδοκεῖ, λέγων τάδε·
Ι. 1071. α. ταχεῖας ἀργυρολόγους οὔτοσί
αἰτεῖν. Π. 158. αἰσχυνόμενοι γὰρ ἀργυρίου α., ἴσως
Π. 990. α. μ' ἔφασκεν, ἀλλὰ φιλίας οὔνεκα,
αἰτεῖς. Σ. 302. σὺ δὲ συκᾶ μ' α.
Σ. 494. εἰπὲ μοι, γήτειον Α., πότερον ἐπὶ τυραννίδι ;
αἰτεῖσθαί. Ι. 1303. φασὶν α. τὴν ἡμῶν ἑκατὼ ἐς Καλχηδόνα
αἰτεῖται. Α 423. ποίας πόθ' ἀνὴρ λακίδας α. πέπλων ;
αἰτεῖτε. Σ. 978. α. κυντιβολεῖτε καὶ δακρύετε.
αἰτήσαιμ'. Α 476. κάκιστ' ἀπολοίμην, εἰ τί σ' α. ἔτι,
αἰτήσαντος. Ν. 1383. μαμμᾶν δ' ἂν α. ἡνίκ' σοι φέρων ἂν ἄρτον·
αἰτήσεις, Λ. 444. ταύτῃ προσάπεις, κύαθον α. ταχα,
αἴτησον. ΕΙ. 1154. μυρρίνας τ' α. ἐξ Αἰσχινάδου τῶν καρπίμων·

αἰτία. Π. 1176. ἡ δ' α. τις ἐστιν, ὦ πρὸς τῶν θεῶν ;
αἰτίαν. Σ. 506. ζῆν βίον γενναῖον ὥσπερ Μύρμηχος, α. ἔχω
Β. 691. α. ἐκθεῖσι λύσαι τὰς πρότερον ἁμαρτίας.
Π. 469. ἀγαθῶν ἀνάντων οὐσαν α. ἐμὲ
Fr. 105, 1. τῶν λαμπαδηφόρων τε πλείστων α., πλατείαν
αἰτίας. Α. 286. ἀντὶ ποίας α., ὡχαρνέων γεραίτατοι ;
ΕΙ. 640. α. ἂν προστιθέντες ὡς φρονοῖ τὰ Βρασίδα.
αἰτιάσει. Ν. 1433. πρὸς ταῦτα μὴ τύπτ'· εἰ δὲ μή, σαυτὸν ποτ' α.
αἰτιάσωμαι. Β. 310. τίν' α. θεῶν μ' ἀπολλύναι ;
αἰτίζητ'. ΕΙ. 120. φήιν' ἂν α. ἄρτον, πάνταν με καλοῦσαι,
αἴτινες. Ν. 579. α. τηρυῦμεν ὑμᾶς, ἣν γὰρ ᾗ τις ἔξοδος
αἴτιοι. Εκ. 205. ὑμεῖς γάρ ἐστ', ὦ δῆμε, τούτων α.,
αἴτιον. Α. 607. ἐχειροτονήθησαν γάρ. ΔΙ. α. δὲ τί
Εκ. 383. τὸ δ' α. τί; ΧΡ. πλεῖστον ἀνθρώπων ὄχλοι,
1158. μηδὲ τὸν κλῆρον γενέσθαι μηδὲν ἡμῖν α.,
Π. 547. ἀγαθῶν πᾶσιν τοῖς ἀνθρώποις ἀποφαίνω σ' α. οὖσαν ;
αἴτιος. Α. 641. ταῦτα ποιήσας πολλῶν ἀγαθῶν α. ὑμῖν γεγένηται,
Ι. 1356. ἀλλ' οὐ σὺ τούτων α., μὴ φροντίσῃς,
Ν. 1454. αὐτὸς μὲν οὖν σαυτῷ σὺ τούτων α.,
Ο. 339. α. μέντοι σὺ νῷν εἶ τῶν κακῶν τούτων μόνος.
Θ. 766. τίς πεῖρα, τίς ἐπίνοι'; ὁ μὲν γάρ α.
Π. 135. σώφρων ὅδ' ἐστὶν α., καὶ φειδωλὸς
182. μοψότατος γὰρ εἶ σὺ πάντων α.,
828. ἧκω· μεγάλων γὰρ μουστὶν ἀγαθῶν α.
αἰτιός. Ν. 85, οὗτος γὰρ ὁ θεός α. μοι τῶν κακῶν,
αἰτίων α. 310. οὐχ ἀπάντων ὄντας ἡμῖν α. τῶν πραγμάτων.
αἰτιῶ. Θ. 732. μήνην γυναικῶν α. τὴν μητέρα,
Β. 630. αὐτὸς σεαυτὸν α. ΑΙ. λέγεις δὲ τί ;
αἰτιώμεθα. Α. 514. τί ταῦτα τοὺς Λάκωνας α. ;
αἰτίων. ΕΙ. 627. οὐδὲν α. ἂν ἀνδρῶν τὰς κράδας κατήσθιεν,
αἰτιώταται. Σ. 1099. α. φέρεσθαι
Αἰτναῖον. ΕΙ. 73. εἰσήγαγ' Α. μέγιστον κάνθαρον,
Αἴτνας. Ο. 926. ὡς δὲ ὄρη ὕστερ κίστορ Α.
αἰτοῖ. Ι. 513. καὶ βασανίζεις, ὡς οὐχὶ πάλαι χαρὸν α. καθ' ἑαυτοῦ,
αἰτοῦμαι. Σ. 556. οἰκτείρων μ', ὦ πάτερ, α. σ', εἰ καὶτὸς πώποθ' ὑψείλου
αἰτοῦμεθα. Ο. 189. Πυθώδε, Βοιωτοὺς δίδουν α.,
αἰτοῦμεν. Ι. 578. καὶ πρὸς οὐκ α. οὐδὲν, πλὴν τοσουτονὶ μόνον·
αἰτουμένοις. Β. 699. ἣν μίαν ταύτην παρεῖναι καριένας ξυμφορὰν α.
αἰτουμένου. Ν. 1137. ἐμοῦ μέτρι' ἄττα καὶ δίκαι' α.
αἰτουμένῳ. { Ν. 1127. }
                      { 1152. } σωτὴρ γενοῦ μοι σύμμαχός τ' α.
αἰτοῦντί. Σ. 914. ὁ βδέλυρος οὗτος. ΞΑ. κοὐ μετίδωκ' α. μοι.
αἰτοῦσιν. Π. 156. α. κοὐκ ἀργύριον οἱ χρησατοί. ΚΑ. τί δαί ;
αἰφρίαν. Ε. 1001. ἐνταῦθα νῦν οἴμωξι· πρὸς τὴν α.
αἰφώ. Ι. 1255. ἄφνω γεγένηται δι' ἐμέ· καθ' ὁ α. βαρχὺ,
Αἰτωλοῖς. Ι. 79. τῷ χεὶρ' ἐν Α. ὁ νοῦς δ' ἐν Κλωπιδῶν,
αἰχῶν. Π. 240. α. λαβεῖν τι μικρὸν ἀργυρίδιον,
Fr. 50. α.
αἰψηδόν. Θ. 127. ἡμιτέρας τε δι' α. ὀπός.
'Ακαδήμειαν. Ν. 1005. ἀλλ' εἰς Α. κατιὼν ὑπὸ ταῖς μορίαις ἀποδρήσει
ἄκαιρα. Θ. 462. σὺ δ'. φρένας ἔχουσα,
Ἀκαλανθίς. Ο. 871. γομήτρα, καὶ 'Αρτέμιδι Α.,
Ἀκαλανθίς. Ο. 873. σύκετι Κολαινίς, ἀλλ' Α. 'Άρτεμις.
ἀκαλήφας. ΕΙ. 1079. χῇ κύδιον ά. ἐπινοοῦμην τυφλὸ τίκτει,
ἀκαλήφας. Ι. 422. ἀκαλ. β. ἰσθίων πρὸ χελιδόνων ἐκλεπετε.
ἀκαληφῶν. Σ. 884. πρὸς ά. αὐτίκα
ἀκαληφῶν. Α. 549. ἀλλ', ὦ τηθῶν ἀνδρειοτάτη καὶ μητριδίων α.
ἀκάρπωτ'. Ν. 285. ὄμμα γὰρ αἰθέρος ἀ. σελαγεῖται
ἀκανθαν. Fr. 266. χωρεῖ δ' ἀκλητὸς ἐπὶ τὸ δεῖπνον· οὐ γὰρ ά.
Fr. 407. οὐδ' ἴσως ἐμπέλετες τούτῳ τῷ δειπνάφ· οὐ γὰρ ά.
ἄκανθαν. Β. 657. ἀκούω. ΑΙ. τί ἐστι ; ἐν τῷδ' ἐξέλε,
ἀκάνθας. Σ. 969. καὶ γὰρ ά., κοὐδέποτ' ἐν ταυτῷ μένει,
ἀκαρῆ. Ν. 496. εἶτ' αὖθις ά. διαλιπὼν δικάζομαι.
Σ. 541. χρήσιμος ἐστ' οὐδ' ά.
701. ὡς ἀπολαύεις εἰς τὴν τοῦθ' ὁ φέρεις ά. καὶ τοῦτ' ἐρίφσοι
Ο. 1649. τὸν γὰρ πατρῷον οὐδ' ἀ. μέτεισι τοι
ἀκατάβλητον. Ν. 1229. Φειδωνίδης μοι τὸν ά. λόγον,
ἄκατον. Ι. 762. τοὺς δελφίνας μετεωρίζουν καὶ τὴν ά. παραβάλλον.
ἀκεῖ. Εκ. 117. ὅπως προμελετήσαμεν ά. δεῖ λέγειν.
ἀκεραιάτων. Fr. 119. ά.
'Ακέστορος. Σ. 1221. ξένος τις ἕτερος πρὸς κεφαλῆς 'Α.
ἀκήκοας. Ν. 738. ά. μνράκιεις ἀγὼ βουλόμαι,
Ο. 1439. ἀναστρούνται. ΣΤ. πάντες ; ΠΕ. οὐκ ά.,

ἀκήκοας—ἀκούων. 9

ἀκήκοας. Ο. 1574. ἀ.
Θ. 164. καὶ Φρύνιχος, τοῦτον γὰρ αὖν ἀ.,
Fr. 157, 2. ἐμοὶ μὲν ἐπὶ τῶν μολγῶν εἶναι οὐκ ἀ.;
ἀκήκοέν. Π. 334. ἀ. τι τῇ βαδίσει καὶ τῷ τάχει.
ἀκίδας. ΕΙ. 443. ἐκ τῶν ὀλεκράνων ἀ. ἐξαιρούμενος.
ἀκίνητος. Β. 899. οὐδ' ἀ. φρένες.
ἀκλεές. Λ. 853. ὦ χαῖρε φίλτατ'· οὐ γὰρ ἀ. τοὔνομα
ἀκλεής. Ο. 944 ἀ. δ' ἔβα σπολὰς ἄνευ χιτῶνος.
ἄκλητος. ΕΙ 952. πρόσεισιν αὐλῶν ἀ.-
Ο. 983. Αὐτὰρ ἐπὴν ἀ ἴδῃ ἄνθρωπος ὁλαζὼν
Fr. 266. χωρεῖ δ' ἀ. ἀεὶ δειπνήσων· οὐ γὰρ ἄπανθαι.
ἀκμαῖς. Β. 1352. ὁ δ' ἀνέπτατ' ἀνέπτατ' ἐς αἰθέρα κουφοτάταις πτερύγων ἀ.
ἀκμάς. Εκ. 720. ἵνα τῶν νέων ἔχωσιν αὐτὰς τὰς ἀ.
ἀκμήν. Fr. 330. ἕως νεαλὴς ἐστιν αὐτὴν τὴν ἀ.
ἀκμῆς. Π. 256. ἀλλ' ἴσθ' ἐπ' αὐτῆς τῆς ἀ., ᾗ δεῖ παρόντ' ἀμύνειν.
ἀκολαστανεῖτε. Ο. 1227. ἀ., κοὐδένω γνώσεσθ' ὅτι
ἀκολαστάσματα. Λ. 398. τοιαῦτ' ἀπ' αὐτῶν ἐστιν ἀ.
ἀκόλαστον. Β. 332. ποδὶ τὰν ἀ.
ἀκόλαστός Π 1049. οὐκ, ἀλλ' ἀ. ἐστιν ἀεὶ τοὺς τρόπους.
ἀκολουθεῖ. Β. 521. ὁ παῖς, ἀ. δεῦρο τὰ σκεύη φέρων.
ἀκολουθεῖ Π. 13. ὅστις ἀ. κατόπιν ἀνθρώπου τυφλοῦ,
Π. 16. αὑτὸς δ' ἀ., κἀμὲ προσβιάζεται.
ἀκολουθεῖν. Ο. 1551. ἄνωθεν, ἀ., δοκῶ κατηφόρῳ.
Εκ. 684. καὶ κηρύξει τοὺς ἐκ τοῦ βῆτ' ἐπὶ τὴν σταιὰν ἀ.
1028. τί δῆτα χρὴ δρᾶν; ΓΡ. Α. δεῦρ' ἀ. ὡς ἐμέ.
1077. ἐμοὶ γὰρ δ, σ' ἔδει κατὰ τὸν νόμον.
Fr. 189. εἰ ναυκραρίοις ἀ. δεῖ σφαίραν καὶ στλεγγίδ' ἔχοντα.
ἀκολουθήσεις. Ν. 505. οὐ μὴ λαλήσεις, ἀλλ' ἀ. ἐμοί
ἀκολουθοίης. Ο 340. ἐπὶ τί γάρ μ' ἐκείνοις ἤγες; ΠΕ. ἵν' ἀ. ἐμοί.
ἀκολούθοις. ΕΙ. 730. τοῖς δ. δώμων σώζειν, ὡς εἰώθασι μάλιστα
ἀκόλουθον. Ο. 73. ὄρνιν, ἵν' ἀ. διάκονόν τ' ἔχῃ.
ἀκολουθοῦμεν. Π. 19. ἢν μὴ φράσῃς σὺ τῷδ' ἀ. ποτε,
ἀκολουθοῦντες. Εκ. 701. τοῖς εὑπορείσιν δ' ἀ.
ἀκολουθῶ. Π. 701. οὐκ, ἀλλ' Ἰασῶ μέν τις ἀ. ἅμα
ἀκόλουθα. Εκ. 593. μηδ' ἀνδραπόδοις τὸν μὲν χρῆσθαι πολλοῖς, τὸν δ' οὐδ' ἀ.
ἀκολουθῶς. Α. 261. ἐγὼ δ' ἀ. ᾄσομαι τὸ φαλλικόν.
ἀκολουθεῖ. Ο. 1198. ἔπειτα κομίζεις αὑτόν. ΤΟ. ἀ., τέκνον.
ἄκοντ'. Ν. 808. ἀ. ἀναπείσας. ΣΠ. νηπύτιον λέγ' ἐστ' ἔτι
ἀκοντίων. Fr. 401. καὶ τῶν πλατυλόγχων διβολίαν ἀ.
ἀκόπων. Fr. 551, 1. ἀλλ' ὦ Δελφῶν πλείστας ἀ.
ἀκόρητος. Ν. 14. εὑρωτιῶν, ἀ., εἰκῇ κείμενος.
ἄκου'. Θ. 28. ἀ. ΜΝ. ἀκούσομαι σιωπῶ τὸ θυρίον
ἄκουε. Ι. 1014. ἀ. δή νυν καὶ πρόσεχε τὸν νοῦν ἐμοί.
Σ. 1435. ἀ. μὴ φεύγ'. ἐν Συβάρει γυνή ποτε
Ο. 1513. ἀ. δή νυν. ΠΕ. ὡς ἀκούοντος λέγε.
Θ. 371. ἀ. πᾶς. σῖγα τῇ βουλῇ τάδε
Π. 649. ἀ. τοίνυν, ὡς ἐγὼ τὰ πράγματα
ἄκουέ. Π. 975. ἀ. νυν. ἤν μοι τὰ μειρακία φίλον,
ἀκούει. Ι. 820. οὔκουν ταυτὶ δεινῶν ἀ., ὦ Δῆμ', ἐστίν μ' ὑπὸ τούτου,
Σ. 503. ταῦτα γὰρ τούτοις ἀ. ἡδύ, εἰ καὶ νῦν ἐγὼ
ΕΙ. 61. σιγήσαθ', ὡς φωνῆς ἀ. μοι δοκῶ.
Θ. 5. ἄκου' ὀὐκ ἀ. δεῖ σε πάνθ' ὅσ' αὐτίκα
7. αὐ δεῖ μ' ἀ.; ΕΤ. οὐχ ἅ γ' ἂν μέλλῃς ὁρᾶν.
8. οὐδ' ἄρ' ὁρᾶν δεῖ μ'; ΕΤ. οὐχ ἅ γ' ἂν ἀ. δέῃ.
10. οὐ φῄς σὺ χρῆναί μ' οὔτ' ἀ. οὔθ' ὁρᾶν.
12. τοῦ μήτ' ἀ. μήθ' ὁρᾶν, εὖ ἴσθ' ὅτι.
294. δούλοις γὰρ οὐκ ἐξεστ' ἀ. τῶν λόγων.
563. Ἀχαρνικὴ τὸν πατέρα. ΓΤ. Γ. ταυτὶ δῆτ' ἀνέκτ' ἀ.;
Fr. 344, 5. ἔπειτ' ἀ. προβατίων βληχωμένων.
ἀκούεις. ΕΙ. 359. οὐκ ἀ. οἷα θωπεύουσί σ', ὦναξ δέσποτα;
Β. 652. τούτων δὲ δούλων. ΑΙ. ταῦτ' ἀ. ; ΞΑ. φήμ' ἐγώ.
Π. 261. οὔκουν πάλαι δήπου λέγω; σὺ δ' αὑτὸς οὐκ ἀ.
Fr. 715. ἀ. ὡς στένει;
ἀκούετ'. Σ. 294. ἀ. ἤδη τῆς γραφῆς. ἐγράψατο
Θ. 551. ἀ., ὦ γυναῖκες, οἱ εἴρηκεν ἡ πανοῦργος
ἀκούετε. Α. 1000. ἀ. λεῴ κατὰ τὰ πάτρια τοὺς χοᾶς
Α. 1004. ὅτι δρᾶτε; τοῦ κήρυκος οὐκ ἀ.;
Ν. 1225. τὸν ψαρὸν ἵππον. ΣΤ. ἵππον; οὐκ ἀ.
ΕΙ. 65. τὸ γὰρ παράδειγμα τῶν μανιῶν ἀ.
Ο. 448. ἀ. λεῴ τοὺς ὁπλίτας νυνμενὶ
ἀκούετον. Α. 733. ἀ. δή, ποτέχετ' ἐμὶν τὰν γαστέρα·
Π. 76. ἀ. δή. δεῖ γὰρ ὡς ἔοικέ με
ἀκούεμεν. Λ. 1233. ὥσθ' ὅ τι ἂν λέγωσιν οὐκ ἀ.,
ἀκούοντος. Ο. 1513. ἄκουε δή νυν. ΠΕ. ὡς ἀ. λέγε.
ἀκούουσ'. Εκ. 214. ἔπειτ' ἀ. ἐξέμαθον τῶν ῥητόρων.
ἀκούουσας. Θ. 388. καὶ πολλὰ καὶ παντοῖ' ἀ. κακά.

ἀκουούσας. Θ. 467. Εὐριπίδη, τοιαῦτ' ἀ. κακά,
ἀκουόρων. Σ. 476. στεμμάτων, τὴν δ' ὑπήνην ἀ. τρέφων;
ἄκουσ'. ΕΙ. 612. ὡς δ' ἅπαξ τὸ πρῶτον ἀ. ἐρρίφησεν ἄμπελος
ἀκούσαθ'. Ι. 335. καὶ μὴν ὦ. οἷός ἐστιν αὑτοσὶ πολίτης.
ΕΙ. 664. ἀ ὑμεῖς ὧν ἕνεκα μομφὴν ἔχει.
Ο. 1617. ἀ. ὅσον ὑμᾶς ἀγαθὸν ποιήσομεν.
ἀκούσαι. Α. 354. ἐθέλειν τ' ἀ. μηδὲν ἴσον ἴσῳ φέρον,
Α. 776. ἢ λῆξι ἀ. φθεγγομένας; ΔΙ. νὴ τοὺς θεούς
1. 022. ὥστ' ἀ. πρὸς ταῦτ', ὦ βέλ-
Ν. 963. πρῶτον μὲν ἔδει παιδὸς φωνὴν γρύξαντος μηδέν' ἀ.·
1344. καὶ μὴν ὅ τι καὶ λέξεις ἀ. βούλομαι.
Σ. 563. φέρ' ἴδω, τί γὰρ οὐκ ἐστίν ἀ. δώπευμ' ἐνταῦθα δικαστῇ;
1047. μὴ πώποτ' ἀμείνον' ἔπη τούτων κωμῳδικὰ μηδέν' ἀ.
Ο. 381. ἔστι μὲν λόγων ἀ. πρῶτον, ὡς ἡμῖν δοκεῖ,
906. ἀλλ' αὐθῖν οἷόν ἐστ' ἀ. τῶν ἐμῶν.
Λ. 259. ἐπεὶ τίς ἂν ποτ' ἤλπισ', ὦ Στρυμόδωρ', ἀ.
Θ. 1162. ἐφ' ᾧτ' ἀ. μηδὲν ὑπ' ἐμοῦ μηδαμῇ
Β. 896. πυρὶ σοφαῖν ἀνδροῖν ἀ. τίνα λόγων
1173. κλύειν, ἀ. ΕΤ τοῦθ' ἕτερον αὖθις λέγει,
1174. κλύειν, ἀ., ταυτὸν ὂν σαφέστατα.
Εκ. 589. πρὶν ἐπίστασθαι τὴν ἐπίοισαν καὶ τοῦ φράζοντος ἀ.
645. ἢ Λευκολόφας, πάντων μ' καλοί, τοῦτ' ἤδη δεινὸν ἀ.
Π. 1009. λόων ἀ. ΧΡ. τοῦ λαβεῖν μὲν οὖν χάριν.
ἀκούσαι. Ι. 624. καὶ γὰρ ὑ' ἀξίαν τῶν πραγμάτων,

ἄκουσαν. } Λ. 225. } ἐὰν δέ μ' ἀ. βιάζηται βία,
                  226.

ἀκούσαντες. ΕΙ. 311. ἀλλ' ἀ. τοιούτων χαίρομεν κηρύγματος.
Ο. 690. ἵν' ἀ. πάντα παρ' ἡμῶν ὀρθῶς περὶ τῶν μετεώρων,
ἀκούσας. Ι. 664. ὁ δὲ ταῦτ' ἀ. ἐκπλαγείς ἐφλυνάφα.
Ν. 937. παιδεύσαιν, ὅπως ἂν ὁ ἀ. σφῶν
Σ. 271. ἄδοντας αὐτὸν ἐκκαλεῖν, ἤν τί πως ἀ.
436. ὡς ἐγὼ πολλῶν ἀ. οἶδα θρίον τὸν ψόφον.
Θ. 577. καὶ νῦν ἀ. πρᾶγμα περὶ ὑμῶν μέγα
883. ὅστις γ' ἀ. ὅτι τέθνηκε Πρωτέας
ἀκούσας'. Ν. 319. ταῦτ' ἄρ' ἀ. αὐτῶν τὸ φθέγμ' ἡ ψυχή μου πεπότηται,
Λ. 1127. πολλοὺς ἀ. οὐ με μηνύσωμαι κακῶς.
ἀκούσατ'. Α. 306. τῶν δ' ἐμῶν σπονδῶν ἀ., εἰ καλῶς ἐσπεισάμην,
Σ. 415. ὠγαθοί. τὸ πρᾶγμ' ἀ., ἀλλὰ μὴ κεκράγετε
ἀκούσατε. Α. 294. ἀντὶ δ' ἂν ἐσπεισάμην οὐκ οἴδατ' ἀλλ' ἀ.
Λ. 1123. ἐνθένδε θ' ὑμεῖς, καὶ λόγων ἀ.
Β. 205. ἀν, ἴτ' ἐλαύνειν; ΧΑ. ἤδη τ' ἀ. γὰρ μέλη
ἀκούσεθ'. Α. 322. οὐκ ἀ. οὐκ ἀ. ἔτι ὦν, ὦ χαριγνίδαι;
ἀκούσῃ. Ι. 971. αὑτῶν ἀ. ΑΛ. πάνυ γε. ΔΙΜ. καὶ σύ νυν φέρε.
Β. 1042. ἀντεκπίνειν αὐτῶν τούτοις, ὁπόταν σάλπιγγος ἀ.
Εκ. 642. τῶν ἀλλοτρίων, ὅστις τύπτοι· νῦν δ' ἢν πληγέντος ἀ.,
ἀκούσῃς. Ι. 961. πρίν γ' ἂν τῶν χρησμῶν ἀ. τῶν ἐμῶν.
Σ. 725. ἣν τοῦ σοφῶς ἦν ὅστις ἐφάσκει, πρὶν ἂν ἀμφοῖν μύθων ἀ.,
920. πρίν ἂν γ' ἀ. ἀμφοτέρων. ΦΙ. ἀλλ', ὠγαθέ,
Β. 1281. μὴ, πρίν γ' ἂν ἀ. χατέρων στάσιν μελῶν
ἀκούσητ'. Α. 296. μηδαμῶς, πρίν ἂν γ' ἀ. ἀλλ' ἀνάσχεσθ', ὠγαθοί.
Θ. 1167. κακῶς ἀ. ἢν δὲ μὴ πείθησθέ μοι,
ἀκούσομαι. Α. 302. σαῦ δ' ἐγὼ λόγους πέγκοντος οὐκ ἀ. μακρούς,
Α. 335. ὡς ἀποκτενῶ, κέκραχθ'· ἐγὼ γὰρ οὐκ ἀ.
ἀκουσόμεσθα. Α. 323. οὐκ ἀ. δῆτα. ΕΙ. δεινὰ τἄρα πείσομαι.
ἄκουσον. Α. 467. ἀψύλωλ'. ἀ., ὦ γλυκύτατ' Εὐριπίδη
Ι. 1036. ὦ τᾶν, ἀ., εἶτα διάκρινον τύτε.
Σ. 292. ἀ. ὦ δαιμόνιέ μου τοὺς μαρτύρων.
1399. ἀ. ὦ γύναι· λόγον σοι βούλομαι
1409. μὰ ΔΙ', ἀλλ' ἀ. ἢν τί σοι δύμα λέγειν.
ΕΙ. 670. ἴθι νυν, ἀ. οἷον ἄρτι μ' ἤρισο
679. ἔτι νῦν ἀ. οἶον ἄρτι μ' ἤρετο
Ο. 1243. ἀ. αὖθις ταῦς τῶν παφλασμάτων
Fr. 308, 1. καὶ μὴν ἀ., ὦ γύναι, θυμοῖ δίχα
ἀκούσον. Σ. 1381. κούδὲν δύνασθαι θμή. ΦΙ. ἀ. νῦν ἐμοῦ
ἀκούσαιο. Β. 1180. ἴθι δὴ λέγ'· οὐ γὰρ μαθσινίν ἀλλ' ἀ.
ἀκούσω. Α. 324. ἐξολοίμην, ἢν ἀ. ΑΛ. μηδαμῶς, ὠχαρνικοί.
Θ. 28. ἄκου'. ΜΝ. ἀ. καὶ σιωπῶ τὸ θυρίον
ἀκούσωμεν. Α. 295. σοῦ γ' ἀ.· ἀπολεῖ κατὰ σε χώσομεν τοῖς λίθοις.
ἀκούω. Σ. 621. ὅστις ἀ. ταῦθ' ἅπερ ὁ Ζεύς·
ΕΙ. 663. ἔτι, ὦ μέλ', ἡμῖν ἐπικαλεῖς· ἐγὼ γὰρ οὐκ ἀ.
Θ. 19. διὰ τόν χοάνην αὖν μήτ' ἀ. μήθ' ὁρῶ·
Β. 422. τὸν Κλεισθένη δ' ἀ.
ἀκούων. Ι. 1102. οὐκ ἀνέχομαι κριθῶν ἀ.· πολλάκις
Ν. 1329. βέλτισθ' ὅτι χαίρω πόλλ' ἀ. καὶ κακά.
Σ. 638. πήχανόρην ἀ.
1337. ὡς οὐδ' ἀ. ἀνέχομαι
ΕΙ. 1292. ᾗ γὰρ ἐγὼ θαυμαζον ἀ., εἰ σὺ μὴ εἴη

c

ἀκούων—ἀλεύρου.

ἀκούων. Ο. 217. ἵν' ὅ χρυσοκόμας Φοῖβος ἀ.
Β. 1264. Φοῖμ᾽ Ἀχιλλεῦ, τί ποτ᾽ ἀνδροδϊκτον ἀ.
Π. 479. τοιαῦτ᾽ ἀ. ; ΠΕ. ὅστις ἐστιν εὖ φρονῶν.
ἀκραιφνές. Fr. 98. ἀ. ὕδωρ.
ἄκραν Α. 96. ἡ περὶ ἅ. κάμπτων νεώσοικον σκοπεῖς ;
Ο. 391. τὴν χύτραν ἅ. ὀρῶντας
Λ. 436. ἅ. προσοίσει, δημόσιος ὢν κλαύσεται.
443. εἰ γάρα νὴ τὴν Φωσφόρον τὴν χεῖρ᾽ ἅ.
Θ. 239. ἐπίκνυττε᾽ τὴν κέρκον φυλάττου νυν ἅ.
ἀκρατές Β. 835. ἔχοντ᾽ ἀχάλινον ἅ. ἀθύρωτον στόμα.
ἀκρατιεῖσθε. Π. 295. ἔπεσθ᾽ ἀπιζωληθήσον᾽ τράγοι δ᾽ ἅ.
ἀκρατισοῦμαι. Fr. 505. ἅ. μικρόν.
ἄκρατον. Α. 75. ἅ. οἶνον ἡδύν. ΔΙ. ὦ Κραναὰ πόλις,
Α. 1229. καὶ πρός γ᾽ ἅ. ἐγχέας ἄμυστιν ἐξέλαψα.
Ι. 85. μὰ Δί᾽ ἀλλ᾽ ἅ. οἶνον ἀγαθοῦ δαίμονος.
87. ἰδού γ᾽ ἅ. περὶ ποτοῦ γοῦν ἐστί σοι
105. ἴθι νυν, ἅ. ἐγκάναξόν μοι πολύν
Εκ. 1123. κέρασον ἅ., εὐφρανεῖ τὴν νύχθ᾽ ὅλην
ἀκράτου. Ι. 354. θύννεια θερμὰ καταφαγών, κᾆτ᾽ ἐπιπιὼν ἅ.
Σ. 525. μηδίαντε πίοιμ᾽ ἅ. μισθὸν ἅ. δαίμονος.
ἀκράχολος. Γ. 41. ἄγροικος ὀργήν, κιαματρῷξ, ἅ.,
Fr. 535, 1. καὶ κύων ἅ.
ἀκριβωθήσεται. Εκ. 162. τὸν ἕτερον, εἰ μὴ ταῦτ᾽ ἅ.
ἀκριβῶς. Ν. 130. λύγων ἅ. σχινδαλήμους μαθήσομαι ;
ἀκριβῶς. Ν. 100. εἰσὶν δὲ τίνες ; ΣΤ. οὐκ οἶδ᾽ ἅ. τοὔνομα᾽
Ο. 156. σὺ γὰρ οἶσθ᾽ ἅ. ΕΠ. οὐκ ἄχαρις ἐς τὴν τριβήν᾽
ἀκριβώσητε. Εκ. 274. τοῦτον ἅ. νεριημοσμένοι.
ἀκρίδας. Α. 1117. οἴμ᾽ ὡς ὑβρίζεις. ΔΙ. τὰς ἅ. κρίνει πολύ.
ἀκρίδες. Α. 1116. πότερον ἅ. ἡδίον ἐστιν, ἢ κίχλαι.
ἀκροάσαι. Σ. 655. ἅ. νυν, ὦ παππίδιον, χαλάσας ὀλίγον τὸ μέτωπον᾽
ἀκροασάμενος. Ν. 1343 οὐδ᾽ αὐτὸς ἅ. οὐδὲν ἀντερεῖς.
ἀκροασώμεθα. Β. 315. ἀλλ᾽ ἠρεμὶ πτήξαντες ἅ.
ἀκροατέαν. Ο. 1228. ἅ. ὑμῖν ἐν μέρει τῶν κρειττόνων.
ἄκρασιν. 1. 49. νοσκυλματίοις ἅ., τοιαυτὶ λέγων᾽
Β. 999. ἀλλὰ συστείλας, ἅ.
ἀκρόκωλι᾽. Fr. 200. ἅ., ἄρτοι, κάραβοι.
ἀκρωκώλια. Fr. 109, 1. καὶ μὴν τὸ δεῖν᾽, ἅ. δί σοι τέτταρα
ἄκρον. Ν. 401. ἀλλὰ τὸν αὐτοῦ γε νεῶν βάλλει καὶ Σούνιον ἅ.
Ἀθηνέων
ἀκρόπολιν. Α. 176. καταληψόμεθα γὰρ τὴν ἅ. τήμερον.
Α. 179. θύειν δοκούσαις καταλαβεῖν τὴν ἅ.
241. αἱ γὰρ γυναῖκες τὴν ἅ, τῆς θεοῦ
263. κατὰ δ᾽ ἅ. μὰν λαβεῖν,
482. ἐφ᾽ ὅ τι τε μεγαλότερον, ἀβατον ἅ.,
ἄκρου. Ν. 539. ἐρυθρὸν ἐξ ἅ., παχύ, τοῖς παιδίοις ἵν᾽ ᾖ γέλως᾽
ἀκροφυσίων. Fr. 561, 2. πάντ᾽ ἀπ᾽ ἅ. κάπὸ κιναβυσμάτων.
ἀκρῳ. Λ. 593. ἡμεῖς φράσομεν. ΠΡ. λέγε δὴ ταχέως, ἵνα μὴ κλάψῃ. ΛΥ. ἅ. δή,
ἀκρώμαι. Σ. 562. ἀλλ᾽ ἅ. πάσας φωνὰς λέντων εἰς ἀπόφυξιν.
Σ. 569. τὰς θηλείας καὶ τοὺς υἱεῖς. τῆς χειρός, ἐγὼ δ᾽ ἅ.᾽
ἀκρωμίνη. Ι. 629. πιθανώταθ᾽ ᾗ βουλῇ δ᾽ ἅπας ἅ.
ἀκρωμένοι. Β. 774. ὅπερ ἐστ᾽ ἐν᾽ Ἀιδου πλῆθος, οἱ δ᾽ ἅ.
ἀκρωμένοι. Θ. 132. καὶ μανδαλωτόν, ὦσπ᾽ ἐμοῦ γ᾽ ἅ.
ἀκρώμην. Εκ. 91. ἔγωγε. τί γὰρ ἂν χεῖρον ἅ. ἄρα
ἀκρῳδῶ. Σ. 391. ᾠκησας γοῦν εὐπέτης ἰῶν ἐντάθ᾽, ἵνα ταῦτ᾽ ἅ.
ἄκρων. Α. 638. εὐθὺς διὰ τοὺς στεφάνους ἐπ᾽ ἅ. τῶν πυγιδίων ἐλάθοντ᾽
Fr. 94, 1. ὀσφὺν δ᾽ ἐξ ἅ. διακίγλισον ἦύτε κίγλου
ἀκτίνες. { Σ. 1032.) οὐ δεινύσταται μὲν ἀπ᾽ ὀφθαλμῶν Κύννης ἅ.
{ Fl. 755. } ἕλκοντων
Ο. 1000. ἅ. ἀπολάμπωσιν. ΠΕ. ἄνθρωπος Θαλῆς.
ἀκτίνων. Ο. 1711. οὔθ᾽ ἡλίου τηλαυγὲς ἅ. σέλας
ἀκτὶς. Ο. 1092. ἅ. τηλαυγῆς θάλπει.
ἀκτίων. Ν. 572. λάμπρους ἅ. κατέχει
ἀκύμων. Fr. 577. ἅ.
ἀκωδώνιστον. Α. 485. ὡς αἰσχρὸν ἅ. ἐὰν τὸ τοιοῦτον πρᾶγμα μεθίντας.
ἄκων. Ι. 1250. ὦ στέφανε, χαίρων ἅπιθι, καί σ᾽ ἅ. ἐγὼ
Σ. 1002. ἅ. γὰρ αὔτ᾽ ἔδρασα κοὐ τοὐμοῦ τρόπου.
Β. 1523. μηθ᾽ ἅ. ἐγκαθεδεῖται.
Π. 781. ἅ. ἐμαυτὸν τοῖς πονηροῖς ἐνεδίδουν.
Fr. 533. ἅ. κτενῶ σε τέκνον᾽
ἀλάβαστον. Α. 1053. ἐς τὸν ἅ. κύαθον εἰρήνης ἴνα.
Λ. 947. λαβὲ τυνδε τὸν ἅ. ΚΙ. ἀλλ᾽ ἕτερον ἔχω.
ἀλαβασροθῆκας. Fr. 163. ἅ. τρεῖς ἔχουσαι ἐκ μιᾶς.
ἀλαβῇν. Ν. 1268. τὸν υἱὸν ἀποθανεῖν κέλευσον ἅ.,
ἀλαβής. Σ. 905. εἰ μὴ κατίκνησεν τὸν σπαρτιώτασι ἅ.
ἀλάδρομον. Ο. 1395. ὠφ᾽. ΚΙ τὸν ἅ. ἀπαρνεῖται
ἀλαζόνα. ΕΙ. 1121. παῖ᾽ αὐτὸν ἐπίχυπι τῷ ξύλῳ τὸν ἅ.
ἀλαζόνα. Ν. 102. αἰβαῖ, πονηροί γ᾽, οἶδα. τοὺς ἅ.,

ἀλαζόνας. Ο. 1016. σποδεῖν ἅπαντας τοὺς ἅ. δοκεῖ.
ἀλαζονείᾳ. I. 903. ἡ γὰρ θεός μ᾽ ἐκέλευσε νικῆσαί σ᾽ ἅ.
ἀλαζονείαις. I. 290. περιελῶ σ᾽ ἅ.
ἀλαζονείας. Β. 919. ὑπ᾽ ἅ., ἵν᾽ ὁ θιατὴς προσδοκῶν καθοῖτο,
ἀλαζόνας. Ν. 1492. ἐμοὶ ποιήσω, κεὶ σφόδρ᾽ εἰσ᾽ ἅ.
ἀλαζονεύμασιν. Α. 63. καὶ τοὺς ταῶσι τοῖς τ᾽ ἅ.
ἀλαζονευμάτων. Α. 87. βοῦς κριβανίτας᾽ τῶν ἅ.
ἀλαζονευόμενος. Ο. 825. ἅ. καθυπερηπόντισαν.
ἀλαζών. Α. 109. ποίας ἀχάνας; σὺ μὶν ἅ. εἶ μέγας.
Α. 135. ἕτερος ἅ. οὗτος ἐσηπρύτεται.
373. ἀνὴρ ἅ. καὶ δίκαια κάδικα᾽
I. 269. ὡς δ᾽ ἅ., ὡς δὲ μάσθλης᾽ εἶδες οἷ᾽ ὑπέρχεται ;
Ν 449. μάσθλης, εἴρων, γλοιὺς, ἅ.,
ΕΙ. 1045. τίς ἄρα ποτ᾽ ἐστιν ; ΟΙ. ὡς ἅ. φαίνεται᾽
Ο. 983. Αὐτὰρ ἐπὴν ἀκλητος ἰὼν ἀνθρωποι ἅ.
Β. 909. ὡς ἦν ἅ. καὶ φίναξ, οἷος τε τοὺς θεατὰς
ἀλαλαί. Α. 1291. ἅ. ἰὴ παιῆαν᾽
ἀλαλαλαί. Ο 1763. ἅ., ἰὴ Παιών,
ἀλαλάν. Ο. 953. ἥλνθον ἅ.
ἀλάμβαν᾽. ΕΙ. 1123. ἅ. αὐτὸς ἐξαναστὸν. ἐκβολβιῶ.
ἀλαμένοις. Ο. 1395. ὠφ. ΚΙ τὸν ἀλάδρομον ἅ.
ἄλας. Α. 521. ἡ χωρίδιον ἡ σκάροδον ἡ χύνδρους ἅ.,
Α. 760. ἅ. οὖν φέρεις ; ΜΕ. οὐχ ὑμῖς αὐτῶν ἄρχετε ;
831. τιμῆς, λαβὲ ταυτὶ τὰ σκόροδα καὶ τοὺς ἅ.
1099. ἅ. θυμίτας οἷσε, παῖ, καὶ κρίμμια.
Fr. 205, 2. εἰς ὕρες ἐμβαπτόμενοι ἡ λεπτυὺς ἅ.
ἀλᾶται. Ο. 942. ἅ. Στράτων,
ἄλγει. Ν. 716. ἅ. νυν Βαρίος ἅ. λίαν.
ἀλγεῖν. Β. 221. ἐγὼ δέ γ᾽ ἅ. ἄρχομαι
ἀλγεῖς. Σ. 482. ἀλλὰ νυν μὲν οὐδὲν ἅ., ἀλλ᾽ ὅταν ξυνήγορος
Α. 254. χώραι, Δράκης, ἡγοῦ βάδην, εἰ καὶ τὸν ὦμον ἅ.
ἀλγῇς. Π. 23. ἵνα μᾶλλον ἅ. ΚΑ. λῆφος᾽ οὐ γὰρ παύσομαι
ἀλγήσετε. ΕΙ. 237. ὡς αὐτίκα μάλα τὰς γνάθους ἅ.
ἀλγήσειν. Θ. 147. ᾐσουσα τὴν δ᾽ ἅ. οὐ παρισχύμην᾽
ἀλγιστον. Σ 1117. τοῦτο δ᾽ ἐστ᾽ ἅ. ἡμῖν ἦν τις ἀστράτευτος ὦν
ἄλγους. Π. 1034. ὑπὸ τοῦ γάρ ἅ. κατακτῇγε, ὦ φίλτατε.
ἀλγύσαι. Α. 512. εἶτ᾽ ἅ. τάνδοθεν ὑμᾶς ἐπαιηρόμεθ᾽ ἂν γελάσασαι,
ἀλέᾳ. Εκ. 541. σὺ δ᾽ ἐν ἅ. κατακείμενος καὶ στρώμασιν
ἀλεαίνοιας. Εκ. 540. ἐπειδ᾽ ὑπ᾽ ἅ., τοῖς᾽ ἡμινεχύμην᾽
ἀλεισον. Fr. 521. γίγνωσκε τὸν ἅ. τε κὶ ἡ γρίμματα,
ἀλείφεσθαι. Α. 999. ὡσπ᾽ ἅ. σ᾽ ἀπ᾽ αὐτῶν κάμ᾽ ταῖς νουμνείαις.
ἀλείφετω. Α. 1066. ἀνονίζω καὶ τῷ πόδ᾽ ἅ. καὶ προσκίψασα φιλήσῃ.
ἀλειφόβιον. Σ. 608. ἀνονίζω καὶ τῷ πόδ᾽ ἅ. καὶ προσκίψασα φιλήσῃ.
ἀλειφόβρων. Fr. 578. ἅ.
ἀλειψαμένη. Εκ. 63. ἅ. τὸ σῶμ᾽ ὅλον δι᾽ ἡμέρας
ἀλείψει. Ι. 490. ἕχε νυν, ἅ. νπ᾽ ἅ., τὸν ηκήτιλον τουτῃί,
ἀλέκτορα. Ν. 666. ἀλεκτρύαιναν, τὸν δ᾽ ἕτερον ἅ.
Ν. 851. ἀλεκτρύαιναν, τουτονὶ δ᾽ ἅ.
ἀλεκτραίναν. Ν. 666. ἅ., τὸν δ᾽ ἕτερον ἀλέκτορα.
Ν. 667. ἅ. ; εὖ γε νὴ τὸν Ἀέρα
851. ἅ., τουτονί δ᾽ ἀλέκτορα.
852. ἅ.; ταῦτ᾽ ἔμαθες τὰ δεξιά
ἀλέκτριον᾽. Ν. 848. ἅ. ΣΤ. ἄρχω ταυτό; καταγέλαστος εἶ,
Ο. 483. αὐτίκα δ᾽ ὑμῖν πρῶτ᾽ ἐπιδείξω τὸν ἅ., ὡς ἐτυράννει
ἀλεκτρυόνα. Ν. 663. ἅ. κατὰ ταυτὸ καὶ τὸν ἅρρενα.
Ν. 848. ἅ. ΣΤ. καλῶν γε. ταυτηνὶ δὲ τί ;
Σ. 100. τὸν ἅ. δ᾽, ὃς ᾗδ᾽ ἐφ᾽ ἑσπέρας, ἔφη
Ν. 1343. τὸν ἅ. μὴν συναρπάσασα
ἀλεκτρυόνας. Ν. 1427. σκύψει δὲ τοὺς ἅ. καὶ πᾶλλα τὰ βοτὰ ταυτί,
Ν. 1430. τί δῆτ᾽, ἐπειδὴ τοὺς ἅ. ἐκεῖνοι γε,
ἀλεκτρυόνος. Ν. 4. καὶ μὴν πάλαι γ᾽ ἅ. ἠκουσ᾽ ἐγώ᾽
Σ. 794. ἅ. μ᾽ ἐφασκει κοιλίαν ἔχειν᾽
Ο. 71. ἅ. ; ΤΡ. οὔκ, ἀλλ᾽ ὅτε περ ὁ δεσπότης
1366. νομίσας ἅ. ἔχειν τοι δὴ λόφον,
ἀλεκτρυόνων. Α. 897. ὑπὸ τῶν ἅ. ; ΜΤ. ἔμοιγε νὴ Δία,
Fr. 237. πολλαεὶ τῶν ἅ. βίᾳ
ἀλεκτρυών. Εκ. 391. ἅ. ἐφθέγγετ᾽. ΒΛ. οἴμοι δείλαιος.
Fr. 86, 1. γύναι τί τὸ ψοφήσαν ἐσθ᾽ ; Β. ἅ.
237. μίαν μέγιστον τίτοκεν, ὡς ἅ.
ἀλέκτρῳ. Σ. 1490. πτήσει Φρίνιχος ὡς τις ἅ.,
Ἀλεξάνδρου. Ο. 1104. ὦστε κριίτω δῶρα πολλῷ τῶν Ἀ. λαβεῖν.
ἀλεξικάκων. Σ. 1043. τοιοῦδ᾽ εὑρόντες ἅ., τῆς χώρας τῆσδε καθαρτήν,
ἀλεξιάδη. ΕΙ. 422. ἅ. θίσουσιν Ἐρμῇ παντάχου.
ἀλετρίβανον. ΕΙ. 259. οἶσεις ἅ. τρέχων ; ΚΤ. ἀλλ᾽, ὦ μέλε,
ΕΙ 285. εἶπερ γὰρ ἤξει τὸν ἅ. φέρων,
ἀλετρίβανος. ΕΙ. 269. ἀπολλαλ᾽ Ἀθηναίοισιν ἅ.,
ΕΙ. 282. καὶ τοὺς Λακεδαιμονίοισιν ἅ.
ἀλετρίς Λ. 643. εἶτ᾽ ἅ. ἡ δεκέτις οὖσα τἀρχηγέτι
ἀλεύρου. Fr. 141. πλὴν ἅ. καὶ ῥύας.

ἀλεωρήν—ἄλλο. 11

ἀλεωρήν. Σ. 615. τάδε κέκτημαι πρόβλημα κακῶν, σκευὴν βελέων ἀ.
ἀληθείᾳ. Π. 891. ὡς δὴ 'π' ἀ. σὺ μετὰ τοῦ μάρτυρος
ἀληθείας. Β. 1244. Ζεὺς ὡς λέλεκται τῆς ἀ. ὕπο.
ἀληθές. Σ. 343. ὦν ἀ. οὐ γὰρ ἄν ποθ'
ἀληθές. Α. 557. ἀ. ὤπίτριπτε καὶ μιαρώτατε;
Ι. 89. ἀ. οὗτος; πρωνοχυτρολήραιος εἶ.
Ν. 841. ἀ.; ὅσαπερ ἔστ' ἐν ἀνθρώποις σοφά.
Σ. 1223. ἀ.; ὡς οὐδεὶς Διακρίων ὄξεται.
  1412. ἀ., οὗτος; ΦΙ. καὶ οὖ δή μοι, Χαιρεφῶν,
Ο. 174. ἀ., ὦ σκαιότατον εἰρηκὼς ἔπος,
  1048. ἀ., οὗτος; ἔτι γὰρ ἐνταῦθ' ἦσθα σύ;
  1606. ἀ.; οὐ γὰρ μεῖζον ὑμεῖς οἱ θεοὶ
Β. 433. ἀ., ὦ μιαρὰ σύ; ποῦ 'σθ' ὁ τοξότης;
Β. 840. ἀ., ὦ παῖ τῆς ἀρουραίας θεοῦ;
Π. 123. ἀ., ὦ δειλότατε πάντων δαιμόνων;
  429. ἀ.; οὐ γὰρ δεινότατα δεδράκατον.
ἀληθῆ. Λ. 711. δὴ ἀ.
Π. 289. ὑφ' ἡδονῆς, εἴπερ λέγεις ὄντως σὺ ταῦτ' ἀ.
  395. λέγεις ἀ.; ΧΡ. φημί. ΒΛ. πρὸς τῆς Ἑστίας;
ἀληθῆσι. Α. 143. ὑμῶν τ' ἐριστής ἦν ἀ. ὥστε καὶ
ἀληθῶς. Ι. 787. τουτί γέ τοί σου τοὔργον ἀ. γενναῖον καὶ φιλόδημον.
Ν. 209. ὡς τοῦτ' ἀ. Ἀττικὸν τὸ χωρίον.
  341. εἴπερ Νεφέλαι γ' εἰσὶν ἀ., θνηταῖς εἴξασι γυναιξίν;
  373. καίτοι πρώτερον τὸν Δί' ἀ. ᾤμην διὰ κοσκίνου οὐρεῖν.
Σ. 14. κἄγωγ' ἀ. οἶον οὐδεπώποτε.
Ο. 507. ταῦτ' ἄρ' ἐκεῖν' ἦν τοῦτος ἀ. κύκκυ, ψωλοὶ πεδίονδε
  1167. ἴσα γὰρ ἀ. φαίνεται μοι ψεύδεσιν.
Θ. 789. εἰ κακῶν ἐσμεν, τί γαμεῖθ' ἡμᾶς, εἴπερ ἀ. κακῶν ἐσμεν,
  793. μανίας μαίνεσθ', οὐ χρῆν σκώπειν καὶ χαίρειν, εἴπερ ἀ.
Β. 501. μὰ Δί' ἀλλ' ἀ. οὐκ Μελίτης μαστιγίαι.
Π. 108. τύχωσ' ἀ. καὶ γένωνται πλούσιοι,
  346. γίγονας δ' ἀ., ὡς λέγουσι, πλούσιος;
ἀλί. Α. 835. παίειν ἐφ' ἀ. τὰν μάδδαν, καὶ ἀ. τις διδῷ.
ἀλιαίτον. Ο. 891. ἀ. καὶ γύπας; οὐχ ὁρᾷς ὅτι
ἀλκόν. Fr. 65. ἀ.
ἀλιμέδον. Θ. 323. ἀ., προλιπὼν
ἀλιμένων. Ο 1400. ἀ. αἰθέρος αὔλακα τέμνων
Ἀλιμούντιαδε. Ο. 496. κἀγὼ νομίσας ὄρθρον ἐχώρουν Ἀ., κάρτι προεκῶν
ἀλινδήθρας. Β. 904. λᾶς ἀ. ἐπῶν.
ἀλιπτέον. Fr. 30. ἀ.
ἅλις. Β. 1364. παύσασθον ἤδη τῶν μελῶν. ΑΙ. κάμοιγ' ἅ.
Fr. 421, 1. ἀ. ἀφύης μοι. παρατέταμαι γὰρ τὸ λιπαρὰ κάπτων.
ἀλισκόμεθα. Α. 700. νῦν δ' ὑπ' ἀνδρῶν πονηρῶν σφόδρα διακόμεθα, κάτα πρὸς ἅ.
ἀλιτρίων. Ι. 445. ἐκ τῶν ἀ. σέ φη-
ἀλιτρίας. Α. 907. ἅπερ πίθακοι ἀ. πολλαῖς πλέων.
Ἀλκαίου. Fr. 2. Ἄισον δή μοι σκόλιόν τι λαβὼν Ἀ. κἀνακρέοντος.
Ἀλκιβιάδης. Σ. 44. εἶτ' Ἀ. εἶπε πρός με τραυλίσας·
  Σ. 46. ὁρῷς γε τοῦτ' Ἀ. ἐτραύλισεν.
Ἀλκιβιάδου. Β. 1422. πρῶτον μὲν οὖν περὶ Ἀ. τίν' ἔχετον
Fr. 1. παρ' Ἀ. τοῦτο τἀνοβήσεται.
ἄλκιμοι. Σ. 1060. ὦ πάλαι ποτ' ὦντες ἡμεῖς ἅ., μὲν ἐν χοροῖς,
  Σ. 1061. ἀ. δ' ἐν μάχαις,
  Π. 1002. } πάλαι ποτ' ἦσαν ἀ. Μιλήσιοι.
  1075.
Ἀλκμήνας. Ο. 558. ὥσπερ πρότερον μοιχεύσοντες τὰς Ἀ. κατέβαινον
Ἀλκμήνη. Β. 531. ὡς δοῦλος ἂν καὶ θνητὸς Ἀ. ὄσει;
Β. 582. ὦ Πανθίδιον. ΕΛ. καὶ πῶς ἂν Ἀ. ἐγὼ
ἀλκυόνες. Β. 1309. ἀ., αἷ παρ' ἀενάοις θαλάσσης
ἀλκυόνεσσι. Ο. 251. φῦλα μετ' ἀ. ποταπά.
ἀλκυανίδας. Ο. 1594. ἀ. τ' ἂν ἠγεῖθ' ἡμέρας παῖ.
ἀλκυών. Ο. 298. οὗτοι δὴ τηνίλιφ, ἐκεινοσὶ δέ γ' ἀ.
ἀλλ'. Α. 9. ἀ. ὠδυνήθην ἕτερον αὖ τραγῳδικώς, κ.τ.λ.
ἀλλ'. Ι. 1106. καὶ τοὔργον ὑπτύι- πηδᾶ δ'. εἰ μὴ 'σθιε.
Ν. 1231. τί γὰρ ἀ. ἂν ἀπολαύσαιμι τοῦ μαθήματος;
ΕΙ. 110. οὐκ ἔστι παρὰ ταῦτ' ἀ. ΟΙ. Α. ἰοῦ ἰοῦ ἰοῦ·
Λ. 38. τοιοῦτον οὐδεὶ ἀ. ὑπονυσον σύ μοι.
  133. ἀ. ὅ τι βούλει· κἂν μὲ χρῇ, διὰ τοῦ πυρὸς
Θ. 515. τά τ' ἀ. ἀποφάναντα καὶ τὸ πόθιμα
  985. ἀλλ' εἴ ἐπ' ἀ. ἀνάστρεφ' εὐρύθμῳ ποδί,
Εκ. 73. καὶ μὴν τά γ' ἀ. ὑμῖν ὀρθῶς πεπραγμένα,
  159. καίτοι τά γ' ἀ. εἰπούσῃ δεξιώταρα.
  1121. τά δ' ἀ. ἀπανθήρωσιν αὑτῶν' ἀπίστατοι
ἀλλά. Α. 186. δ δ' οὖν βούλντωσ' ἀ. τὰς σπονδὰς φέρεις· κ.τ.λ.
Α. 206. ξυλλαβεῖν τὸν ἀνδρα τοῦτον. ἀ. μοι μηνύετε. κ.τ.λ.
ἄλλα. Α. 1089. τὰ δ' ἀ. πάντ' ἐστὶν παρεσκευασμένα,

ἄλλα. Ι. 217. τὰ δ' ἅ. σοι πρόσεστι δημαγωγικά,
  359. τὰ μὲν ἅ. μ' ἥρεσαι λέγων· ἐν δ' οὐ προσίεται με
  417. καὶ νὴ Δί' ἅ. γ' ἐστί μοι κύβαλα παιδὸς ὄντος.
  1365. τὰ δ' ἅ., φέρ' ἴδω, πῶς πολιτεύσει φράσον.
Ν. 615. ἅ. τ' οὐ δρᾶν φησιν, ὑμῖν δ' οὐκ ἀγειν τὰς ἡμέρας
  698. οὐκ ἔστι παρὰ ταῦτ' ἅ. ΣΤ. κακοδαίμων ἐγώ,
Σ. 1166. οὐκ ἔστι παρὰ ταῦτ' ἅ. ΦΙ. κακοδαίμων ἐγώ,
Λ. 953. τά τ' ἅ. πάντα κἀποδείμασ' οἴχεται.
Θ. 432. τὰ δ' ἅ. μετὰ τῆς γραμματέως συγγράψομαι,
Β. 976. τά τ' ἅ. καὶ τὰς οἰκίας
Εκ. 644. τὰ μὲν ἅ. λέγεις οὐδὲν σκαιὸν· εἰ δὲ προσελθὼν Ἐπίκουρος.
ἄλλαι. ΕΙ. 421. ἅ. τί σοι πόλεις πεπαυμέναι κακῶν
Λ. 999. ἔπειτα δ' ἅ. ταὶ κατὰ Σπάρταν ἅμα
Εκ. 119. ἅ. θ' ὅσαι λαλεῖν μεμελετήκασί που;
Fr. 128. ἅ.
  500, 1. ἅ. δὲ κυαμίζουσιν αὐτῶν **
ἄλλαις. Θ. 835. ἐν τε ταῖς ἅ. ἑορταῖς ἴσα πίνειν ἡμεῖς ἡγόμεθα
Π. 1205. αὗται ποιοῦσι· ταῖς μὲν ἅ. γὰρ χύτραις
ἀλλᾶσιν. Λ. 245. ἡμεῖς δὲ ταῖς ἅ. ταῖσιν ἐν πύλει
ἀλλαίσιν. Θ. 950. ἀράδε, ταῖς δ' ἅ. ὑμὶν ταὺς θεοὺς
ἄλλαν. Ο. 1373. πέτομαι δ' ὁδὸν ἄλλοτ' ἐπ' ἅ. μελέων
ἀλλάντας. Α. 146. ἤρα φαγεῖν ἅ. ἐπ' Ἀπατουρίοις,
Ι. 161. πωλεῖν τε τοὺς ἅ., ἀλλὰ καταγελᾷς·
  201. ἅ. κα μὴ πωλεῖν ἅ. μᾶλλον ἔξαντας.
  432. ἐγὼ δὲ συστείλας γε τοὺς ἅ. εἶτ' ἀφήσω
ἀλλαντοπώλα. Ι. 148. ἅ., δεῦρο δεῦρ', ὦ φίλτατε,
Ι. 241. ἅ., μὴ πρόδῳς τὰ πράγματα.
ἀλλαντοπώλης. Ι. 143. ἅ. ἐσθ' ὁ τοῦτον ἐξελῶν.
Ι. 144. ἅ.; ὦ Πόσειδον τῆς τέχνης.
  179. ἅ., ὦν ἀνὴρ γενήσομαι,
ἀλλαντοπωλήσεις. Ι. 1398. ἐπὶ ταῖς πύλαις ἅ. μόνος,
ἄλλας. Ι. 207. ὁ δράκων γάρ ἐστι μακρὸν ὅ τ' ἅ. αὖ μακρόν
Ι. 208. εἴθ' αἱματοπώτης ἐσθ' ὅ τ' ἅ. χὠ δράκων
ἄλλας. ΕΙ. 419. πάσας τε τὰς ἅ. τελετὰς τὰς τῶν θεῶν.
Θ. 607. γιγνώσκομεν δῆτ'· ἀλλὰ τὰς ἅ. ἄθρει.
ἀλλαχῇ. Ο. 1400. οὐκ ἀναμερήσεις σαυτὸν ἀλλαχῇ ἅ.
ἄλλη. Λ. 363. κοὺ μή ποτ' ἅ. σου κύῶν τῶν ὄρχεων λάβηται.
ἄλλη. Ο. 1219. ποία γὰρ ἅ. χρὴ πίτεσθαι τοὺς θεοὺς;
Εκ. 913. γὰρ μοι μήτηρ θ'. Βέβηκε
ἀλλήλας. Ι. 1300. φασὶν ἅ. ξυνελθεῖν τὰς τριήρεις ἐς λόγον,
ἀλλήλαισι. Ο. 671. ὅμως δ' ἐν ἅ. χρῆ δαῦναι λόγον
ἀλλήλαισιν. Ν. 548. οὐδὲν ἅ. ὁμοίας καὶ πάσας δεξιάς·
ἀλλήλοισιν. Ν. 528. εἰς ἅ. ἐμπίπτουσα ῥήγνυται καὶ παταγρύσιν·
Ν. 384. ἐμπιπτούσας εἰς ἅ. παταγεῖν διὰ τὴν πυκνότητα;
ΕΙ. 539. οἶον πρὸς ἅ. λαλοῦσιν αἱ πόλεις
Ει. 446. ἔπειτα συμβάλλειν πρὸς ἅ. ἴφη
ἀλλήλοιν. Ν. 394. ταῦτ' ἀρα καὶ τώνόματ' ἀ., βροντῇ καὶ πορδῇ, ὁμοίω.
ἀλλήλοις. Λ. 1185. ὅρκους δ' ἐκεῖ καὶ πίστιν ἀ. δότε.
ἀλλήλοισι. Α. 25. ἐλθόντες ἀ. περὶ πρώτου ξύλου,
Σ. 472. ἐν λόγοις ἐλθωμεν ἀ. καὶ διαλλαγαῖς·
ΕΙ. 620. ἡγριωμένους ἐπ' ἀ. καὶ σιεροριταις,
ἀλλήλοισιν. ΕΙ. 901. ῥήματα δ' ἐν ἀ. ἀνατετραμμένα
ΕΙ. 935. ὥστ' ἰσοφεῖσθ' ἅ., ἡμοῦ τοὺς τρόπους
  1273. οἱ δ' ὅτε δὴ σχεδὸν ἦσαν ἐπ' ἀ. ἰόντες,
Λ. 50. ἀνδρῶν ἐπ' ἀ. αἱρεῖσθαι ὄρν,
ἀλλήλους. Ι. 898. βδέοντες ἅ. ἀποκτείνουσιν οἱ δικασταί.
ΕΙ. 995. οἱ στωμυλλόμενοι δ' ἅ.
Εκ. 675. ὥστε βαδίζειν εἰς ἅ. ΒΛ. τὸ δὲ δεῖπνον ποῦ παραθήσεις·
ἀλλήλων. Λ. 239. ὅπου ἂν ὦμεν εὐθὺς ἅ. φίλαι.
Λ. 1113. ὀργώμεθα δ' τε μὴ 'πικιρμήνους.
ἄλλην. Ι. 991. ἅ. δ' οὐκ ἴθλει λαβεῖν·
Σ. 149. ἐνταῦθά νυν ξύτει τιν' ἅ. μηχανήν,
  1112. ἐν τῇ δ. δίαιταν νέρι εἰσπορώταται.
ΕΙ. 15. αἰβοῖ, φέρ' ἅ. χύτεραν μοι χύτεραν,
Θ. 1131. αὐτήν ἀναλίσκοις ἄν, ἀλλ' ἅ. τινα
ἄλλης. Β. 1164. χωρὶς γάρ ἅ. συμφορᾶς ἐλήλυθεν·
Εκ. 587. δρᾶν ἀντ' ἅ. ἀρχῆς ἐστιν, τῶν δ' ἀρχαίων ἀμελῆσαι.
ἄλλο. Α. 39. λαλεῖν δ' ἅ. πλὴν περὶ εἰρήνης λέγω.
Α. 376. οὐδὲν βλέπουσιν ἅ. πλὴν ψήφῳ δακεῖν.
  753. τί δ' ἅ. πράττεθ' οἱ Μεγαρῆς νῦν; ΜΕ. οἷα δή.
  758. τί δ' ἅ. Μεγαροῖ; πῶς ὁ οἶτος ὤνιος;
Ι. 615. τί δ' ἅ. γ' εἰ μὴ νικοβούλοις ἐγχάνοιμι;
Ν. 423. ἅ. τι δῆτ' οὖν νομιεῖς ἤδη θεῶν οὐδένα πλὴν ἅπερ ἡμεῖς,
  703. τι' δ' ἅ. νύθι
  994. καὶ μὴ περὶ τοὺς σαυτοῦ γονέας σκιουργεῖν, ἅ. τε μηδὲν
  1088. σιγήσομαι, τί δ' ἅ.; ΑΔ. φέρε δή μοι φράσον·
  1287. τί δ' ἅ. γ' ἢ κατὰ μῆνα καὶ καθ' ἡμέραν

C 2

ἄλλο—ἄλφιτα.

ἄλλο. Ν. 1448. τί δ' ἅ. γ'; ἣν ταυτὶ ποιῇς.
Ν. 1495. ἄνθρωπε, τί ποιεῖς; ΣΤ. ὅ τι ποιῶ; τί δ' ἅ. γ' ἢ
Σ. 353. ἀλλ' ἅ. τι δεῖ ζητεῖν ὑμᾶς ὁπίαν δ' οὐκ ἔστι γενέσθαι.
1507. μὰ τὸν Δί' οὐδὲν γ' ἅ. πλὴν γε καρκίνους.
ΕΙ. 103. ὅποι πέτεσθαι διανοεῖ. ΤΡ. τί δ' ἅ. γ' ἢ
329. τουτὶ νυν, καὶ μηκέτ' ἅ. μηδὲν ὀρχήσησθ' ἔτι.
505. οὐδὲν γὰρ ἅ. δρᾶτε πλὴν δικάζετε.
923. τί δ' ἅ. γ' ἢ ταύτην χύτραις ἱδρυτέον ;
958. ἰδού· λέγοις ἂν ἅ.· περιελήλιθα.
Ο. 19. τῷ δ' οὐκ ἄρ' ἥττην οὐδὲν ἅ. πλὴν δάκνειν.
25. τί δὴ λέγει περὶ τῆς ὁδοῦ ; ΠΕ. τί δ' ἅ. γ' ἢ
385. ἀλλὰ μὴν οὐδ' ἅ. σοί πω πρᾶγμ' ἐνηγγιώμεθα.
901. τὰ γὰρ παρόντα θύματ' οὐδὲν ἅ. πλὴν
Θ. 534. ἀλλ' ἢ πεφάρμαχθ' ἢ κακόν τι μέγα πεπόνθατ' ἅ.,
Π. 198. οὕτως, τί ποιεῖς ; ΔΙ. ὅ τι ποιῶ; τί δ' ἅ. γ' ἢ
1391. οὐκ ἔστι Πειθοῦς ἱρὸν ἅ. πλὴν λόγος.
Εκ. 220. εἰ μή τι καινὸν ἅ. περιεργάζετο ;
382. μὰ τὸν Δί' οὐδὲν ἅ. γ' ἢ τῶν θυλάκων.
395. οὕτως ἐν ὥρᾳ ξυνελέγη ; ΧΡ. τί δ' ἅ. γ' ἢ
771. τί γὰρ ἅ. γ' ἢ φέρειν παρεσκευασμένοι.
ἄλλοι. Ι. 735. ἅ. τε πολλοί καὶ καλοί τε κἀγαθοί.
Ν. 558. ἅ. τ' ἤδη πάντες ἐρείδουσιν εἰς Ὑπέρβολον.
Εκ. 388. ὥσπ' οὐκ ἔλαβον οὔτ' αὐτὸς ὑδ' ἅ. συχνοί.
Π. 630. ἅ. θ' ὅσοις μέτεστι τοῦ χρηστοῦ τινος.
ἄλλους. Ν. 425. οὐδ' ἂν διαλεχθείην γ' ἀτεχνῶς τοῖς ἅ., οὐδ'
  ἂν ἀπαυτῶν·
Ν. 1118. ὑπομεν πρώτοισιν ὑμῶν, τοῖσι δ' ἅ. ὕστερον.
Σ. 1433. ὁμοιά σου καὶ ταῦτα τοῖς ἅ. τρόποις.
ΕΙ. 1008. Μορύχῳ, Τελέᾳ, Γλαυκέτῃ, ἅ.
Ο. 197. εἰ ξυνδοκεῖ τοῖσιν ἅ. ὀρνίοις.
Θ. 334. καὶ ταῖσι Δηλιάσιν, τοῖς τ' ἅ. θεοῖς,
669. τοῖς ἅ. ἅπασιν ἔσται
ἄλλοιτο. Ν. 145. ψύλλαν ὑπόσους ἅ. τοὺς αὑτῆς πόδας·
ἀλλόκοτον. Σ. 47. οὐκοῦν ἐκεῖν' ἅ., ὁ θέωρος κύραξ
ἄλλομαι. Λ. 82. γυμνάδδομαί γα καὶ ποτὶ πυγὰν ἅ.
ἄλλοι. Σ. 673. οἱ δὲ ξύμμαχοι ὡς ᾔσθηνται τὸν μὲν σύρφακα
ΕΙ. 527. ἅ. τιν' εἶδες ἄνδρα κατὰ τὸν ἀέρα.
Θ. 688. οὐχ ὁρῶμεν γοῦν ἔν' ἅ. οὐδεὶν ἰγναθήμενον·
Π. 655. νῦν δ' εἴ τιν' ἅ. μακάροιν κεὐδαίμονα,
Fr. 301, 3. οὐδ' ἅ. ὅστις ἐπεγείρει τὸν ἔμβολον.
ἄλλος. Α. 728. μήτ' ἅ. ὅστις Φασιανοῖς ἴσχ' ἀνήρ.
Α. 840. ἢ συκοφάντης ἅ., οἴ-
842. οὐδ' ἅ. ἀνθρώπων ὑπολαμῶν σε πημανεῖ τι·
Ι. 1251. λείπω· σὲ δ' ἅ. τις λαβὼν κικτήσεται.
Ν. 563. τίς ἅ. ἀντὶ τουτονὶ τοῦ δαιτύλον ;
Σ. 419. κεῖ τις ἅ. προέστηκεν ὑμῶν κόλαξ.
Ο. 289. ἔστι γὰρ καταπραγὴς τις ἅ. ἢ Κλεώνυμος ;
1133. ὀρνιθὶς. οὐδεὶς ἅ., οὐκ Αἰγύπτιοι
1235. θεοὶ γὰρ ὑμεῖς ; 1Ρ. τίς γὰρ ἔστ' ἅ. θεός ;
Θ. 664. εἴ τις ἐν τύποις ἱδρείοις ἅ. αὖ εἱλήφεν ὤν.
Β. 906. ἀστεία καὶ μήτ' εἰκυίας μήθ' οἷ' ἄν ἅ. εἴποι.
1373. ὅ τις ἄν ἐπεινήσεν ἅ.;
Εκ. 81. εἴπερ τις ἅ. βουκολεῖν τὸν δῆμον.
932. σοί γὰρ φαλῶς τίς ἐστιν ἅ. ἢ Γέρης ;
Π. 108. μὰ τὸν Δί'· οὐ γὰρ ἕτερον ἅ. πλὴν ἐγώ.
420. ἀλλ' οἷον οὐδεὶς ἅ. οὐδεπώποτε
Fr. 208. ἅ. δ' ἐπεὶρει πλεκτῷ κανισκίῳ ἄρτων περίλοιπα
  θρύμματα.
ἄλλοσε. Ι. 1032. ἐξεῖεταί σου τοὔψον, ὅταν σύ που ἅ. χάσκῃς·
ἄλλοτ'. Ο. 1371. πίτυμαι δ' αὖθις ἅ. ἐπ' ἄλλαν μελέαν
ἀλλότρια. Ι. 290. ἅ. τοίνυν σοφίζει.
ἀλλοτρίαν. Π. 235. εἰς οἰκίαν ἐκόιστοτ' ἅ. πάνυ
ἀλλοτρίας. Σ. 1020. εἰς ἅ. γαστέρας ἐνδὺς κωμῳδικὰ πολλὰ
  χέασθαι·
Ο. 192. } διὰ τῆς πόλεως τῆς ἅ. καὶ τοῦ χάους
1218.
Π. 1048. ἅ γὰρ ἐς τὰς ἅ. ἐποίειες, αὐτὸς τουτοισιν ἐπλήγης.
ἀλλότριοι. Β. 461. πρὶν τινα σ' ἰδεῖν ἅ.; ΔΙ. ἀλλ' ὥρακιῶ.
Ι. 778. ἁρπάζων γὰρ τοὺς ἄρτους σοι τοὺς ἅ.
  παραθήσω.
ἀλλοτρίους. Σ. 1022. οὐκ ἅ., ἀλλ' οἰκείαν Μουσῶν στόμαθ'
  ἡνιόχησας.
Θ. 795. κἂν καταβαδρῶμεν ἐν ἅ. παίζουσαι καὶ κοπιῶσαι.
Εκ. 642. τὸν ἅ. ὥστις τύπτοι· νῦν δ' ἢν πληγέντος ἀκούσῃ,
ἄλλους. Ο. 370. ἢ τίνας τισαίμεθ' ἅ. τῶνδ' ἂν ἐχθίους ἔτι ;
Ο. 495. κάρτι καθεύδων· καὶ πρὶν δειπνεῖν τοὺς ἅ., οὗτος ἄρ'
  ᾖσε.
Λ. 1132. εἴσωμ' ἂν ἅ., εἴ με μηνύειν δέοι ;—
Β. 1039. ἀλλ' ἅ. τοι πολλοὺς ἀγαθούς, ὧν ἦν καὶ Λάμαχος
  ἥρως.

ἄλλους. Εκ. 788. τὸ μηδὲ περιμείναντα τοὺς ἅ. ὅ τι
ἄλλῳ. Ι. 750. οὐκ ἂν καθιζοίμην ἐν ἅ. χωρίῳ·
Ν. 360. οὐ γὰρ ἂν ἅ. γ' ὑπακούσαιμεν τῶν νῦν μετεωροσοφιστῶν
Π. 1078. οὐκ ἂν ποτ' ἅ. τοῦτό γ' ἐπίτρεπον ποιεῖν·
ἄλλων. Α. 897. ἀλλ' εἴ τι πωλεῖς τῶνδε τῶν ἅ., λέγε.
Ι. 563. τῶν δ' ἅ. θεῶν Ἀθη-
Ν. 417. οἴνου τ' ἀπέχει καὶ γυμνασίων καὶ τῶν ἅ. ἀνοήτων ;
Σ. 587. καὶ ταῦτ' ἀνυπεύθυνοι δρῶμεν· τῶν δ' ἅ. οὐδεμί' ἀρχή.
ΕΙ. 538. ἅ. τε πολλῶν κἀγαθῶν. ΕΡ. ἴθι νυν, ἄθρει
Ο. 808. τάδ' οὐχ ὑπ' ἅ., ἀλλὰ τοῖς αὑτῶν πτεροῖς.
1226. εἴ τῶν μὲν ἅ. ἄρχομεν, ὑμεῖς δ' οἱ θεοὶ
Π. 189. τῶν μὲν γὰρ ἅ. ἐστὶ πάντων πλησμονή·
1118. καὶ τῶν μὲν ἅ. μοι θεῶν ἧττον μέλει,
1204. καὶ μὴν πολὺ τῶν ἅ. χετρῶν τυπωντία
ἄλλων. Α. 114. ἅ. ἄρ' ἐξαπατώμεθ' ὑπὸ τῶν πρέσβεων·
Ι. 11. τί κινυρόμεθ' ἅ.; οὐκ ἔχρην ζητεῖν τινα
Ν. 1203. δράμωτε, πρύβατ' ἅ., ἀμφορῆς νενηρμένοι ;
1269. ἅ. τε μέντοι καὶ κακῶς πεπραγότι.
Σ. 85. ἅ. φλυαρεῖτ'· οὐ γὰρ ἐξευρήσετε.
929. ἵνα μὴ κεκλάγγω διὰ κενῆς ἅ. ἐγώ·
ΕΙ. 92. τοί δήτ' ἅ. μετεωροκοπεῖς ;
1113. καὶ πρὸς τῶν γονάτων. ΤΡ. ἅ., ὦ τᾶν, ἱκετεύεις·
Ο. 4. ἀπολούμεθ' ἅ. τὴν ὁδὸν προφορούμενοι.
133. καὶ μηδαμῶς ἅ. ποιήσῃς· εἰ δὲ μή,
265. ἅ. ἄρ' οὔπω, ὡς ἔοικ', ἐς τὴν λύχμην
1476. χρήσιμον μὲν οὐδὲν, ἅ.
Α. 252. μὰ τὴν Ἀφροδίτην οὐδείποτέ γ'· ἅ. γὰρ ἄν
497. ἀλλ' οὐδεὶν δεῖ πρῶτον πολεμεῖν. ΠΡ. πῶς γὰρ σωθη-
  σόμεθ' ἅ.;
Θ. 159. ἅ. τί μουσῶν ἐστι ποιητῶν ἰδεῖν
290. πλουτοῦντος ἅ. τ' ἠλιθίου κάθεισέρον,
Β. 1115. αἱ φύσεις τ' ἅ. κράτισται,
1140. τῷ τοῦ πατρὸς τεθνηῶτος ; ΑΙ. οὐκ ἅ. λέγω.
Εκ. 440. τωνδὶ τὸ πλῆθος. ΒΛ. τίς δὲ τοῦτ' ἅ. λέγει ;
Π. 976. πευιχρὸν μὲν, ἅ. δ' εὐπρόσωπον καὶ καλῶν
1099. φθεγγόμενον ἅ. κλαυσεῖ. ΕΡ. σέ τοι λέγω.
ἁλμάδας. Fr. 190, 2. ἢ καὶ τὰς ὑπομαθόνους ἅ. ὡ ἐλάας
ἁλμάδες. Fr. 345. οὐ ταυτὸν ἔστιν ἅ. καὶ στέμφυλα.
ἁλμάδες. Fr. 345. βλαστὰς γὰρ εἶναι κρειττόν ἐστιν ἅ.
ἁλμαίαν. Fr. 366. ἅ. πίων.
ἄλμην. Fr. 366. ὦ κοποδαίμων ὅστις ἐν ἅ. πρῶτον τριχίδων ἀπε-
  βάφθη.
ἄλμην. Σ. 1515. ἅ. κύκα τούτοισιν, ἣν ἐγὼ κρατῶ.
ἄλμυρὰς. Ν. 567. γῆς τε καὶ ἅ. θαλάσσης ἀγρίων μοχλευτήν·
Ἁλμυρίδος. Fr. p. 502. ἔδει δέ γε [σε] βληθεῖσαν εἰς Ἅ.
ἁλοᾶν. Fr. 544. ἅ. χρὴ τὰς γνάθους.
ἅλοκι. Ο. 234. ὕσα τ' ἐν ἅ. θαμὰ
ἁλοκίζειν. Σ. 850. ἐγὼ δ' ἅ. ἐδείωσην τὸ χωρίον.
Ἁλόπας. Ο. 559. καὶ τὰς Ἀ. καὶ τὰς Σιμίλας· ἤνοιρ δ' ἐπίωσ',
  ἐπιβάλλειν
ἅλοπον. Α. 730. ἢν ἅ. οἴκοι καταλέλοιπ'. ΛΤ. αὕτη τέρα
Λ. 737. ἐπὶ τὴν ἀμορχὴν τὴν ἅ. ἐξέρχεται.
ἁλός. Σ. 1521. καὶ δι' ἅ. ἀτρυγέτου.
Β. 466. ἅ. ἐν Βινθέσσιν.
ἁλουργίδα. Ι. 967. οὑμοὶ δί γ' αὖ λέγουσιν ὡς ἅ.
ἅλους. Ν. 1079. μοιχὸς γὰρ ἢν τύχῃς ἅ., τάδ' ἀντερεῖς πρὸς αὐτὸν,
Π. 168. ὁ δ' ἅ. γε μαιχὸς διὰ σὲ που παραπέλλεται.
ἅλουσαν. Σ. 1177. πρῶτον μὲν ὡς ἡ Λάμ' ἅ. ἐπέρδετο.
ἅλουσαν. Ν. 1358. ᾖδεις τε πίνονθ', ὥσπερεί κάχρυς γυναῖκ' ἅ.
ἁλοῦνται. Λ. 881. ἅ. ἂν κάθεηλον ἥμεραν·
ἁλοῦντες. Ι. 1061. ἐγὼ δ' ἅ. τήμερον γενήσομαι.
Ο. 1554. μὴ πω τις ἔστ' ἅ. οὔ
Α. 280. εἴ τινος ἅ. ;
ἄλοχον. Α. 1286. τύπτες ἅ. ὀλβίαν.
ἀλόχους. Β. 1050. ὅτι γεννάιας καὶ γενναίων ἀνδρῶν ἅ. ἀνέπεισα
ἀλόων. Θ. 292. ἅ. ἀνέρωσα τέ γ' αὐτοῖς.
ἁλσί. ΕΙ. 1074. ἀλλὰ τόδε πρότερον ΤΡ. τυισὰ γε ναστία ταντί.
ἁλσίν. Ν. 1237. ἅ. διασμηχθεὶς ὑπαις' ἂν οὕτοσί.
ἅλσος. Θ. 1149. πότνια, εἰς ἅ. ὑμέτερον.
Β. 440. νῦν ἱρὸν ἀνὰ κύκλον θεᾶς, ἀνθοφόρον ἀν' ἅ.
ἅλυε. Σ. 111. τοιαῦτ' ἅ. νουθετούμενος δ' ὀεὶ
ἅλυκον. Α. 403. νὴ τὸν Ποσειδῶ ἰάν ἅ., δίκαιά γε.
Fr. Μ. Παρ. 13, ἅ.
ἁλύσεις. Fr. 309, 12. σφραγῖδας, ἅ., δακτυλίους, καταπλάσματα,
ἀλφάνει. Fr. 308, 2. ἐπεὶν ὁ ὁ κηρύξ, οὑτος ἅ.
'Ἀλφειόν. Ο. 1121. ἀλλ' οὗτοσὶ τρέχει τις Ἀ. πνίων.
ἄλφιτ'. Ι. 1104. ἀλλ' ἅ. ἥδη σοι ποιρῶ σκευασμένα.
ΕΙ. 368. οὗτ' ἅ. οὔτε τυρὸν, ἀν' ὠγαθέ,
Π. 763. ὡς ἅ. οὐκ ἔνεστιν ἐν τῷ θυλάκῳ.
ἄλφιτα. Ι. 1359. οὐκ ἔστιν ὑμῖν τοῖς δικασταῖς ἅ.
Σ. 301. τρίτον αὐτὸν ἔχειν ἅ. δεῖ καὶ ξύλα κύψον

ἄλφιτα—ἀμνόν. 13

ἄλφιτα. ΕΙ. 477. καὶ ταῦτα διχόθεν μισθοφοροῦντες ἄ.
Εκ. 819. κἄπειτ' ἐχώρουν εἰς ἀγορὰν ἐπ' ἄ.
Π. 219. ὅσοις δικαίοις οὖσιν οὐκ ἦν ἄ.
ἀλφιταμοιβοί. Ο. 491. σκυτῆς, βαλανῆς, ἄ., τορνευτολυρασπιδοπηγοί
ἀλφιταμοιβοῦ. Ν. 640. ὑπ' ἄ. παρεπώπην διχοινίκῳ.
ἀλφιταμοιβούς. Εκ. 424. τοὺς ἄ. τοῖς ἀπόροις τρεῖς χοίνικας
ἀλφίτοις. Π. 628. γέροντες ἄνδρες ἐπ' ὀλιγίστοις ἄ.,
ἄλφιτον. Θ. 420. ἄ., ἔλαιον, οἶνον, οὐδὲ ταῦτ' ἔτι
ἀλφιτόπωλιν. Εκ. 686. τοὺς δ' ἐκ τοῦ κάπη' ἐς τὴν στοιὰν χωρεῖν τὴν ἄ.
ἀλφιτόχρωτος. Fr. 453. ἄ. κεφαλῆς :
ἀλφίτων. Ι. 857. τὰς ἐσβολὰς τῶν ἄ, ἂν καταλάβοιεν ἡμῶν.
Ν. 106. ἀλλ' εἴ τι κήδει τῶν πατρῴων ἄ.
ΕΙ. 636. τοὺς πένητας ἀσθενοῦντας κἀποροῦντας ἄ.,
Π. 806. ἡ μὲν σιπύη μεστὴ 'στι λευκῶν ἄ.,
Fr. 79, 1. ὦ δ' ἄ. γε πριάμενος τρεῖς χοίνικας
ἀλῶ. Α. 662. ξύμμαχον ἔστω, κοὐ μὴ παθ' ἄ.
ΕΙ, 1234. ἵνα μὴ γ' ἄ. τρύπημα κλίσπον τῆς νεώ.
ἅλῳ. Σ. 898. θάνατος μὲν οὖν κύνειος, ἣν ἅπαξ ἄ.
ἁλώμεν. Εκ. 287. ἡμᾶς. ὁ κίνδυνος γὰρ οὐχὶ μικρὸς, ἢν ἅ.
ἁλῶν. Α. 772. αἱ λῇς, περίδου μοι περὶ θυμιτιδᾶν ἄ.,
Α. 814. τὸ δ' ἄνερον, αἱ λῇς, χοίνικος μόνας ἄ.
Εκ. 814. οὐκ οἶσθ' ἑκεῖν' οὐδαξε, τὸ περὶ τῶν ἄ. ;
ἁλῶναι. Θ. 700. κἀπαγορεύετε μήτ' ἐξελθεῖν μήτ' ἐγκύψασαν ἄ.,
ἁλώπεκας. Α. 878. καὶ μὰν φέρω χᾶρας, λαγώς, ἄ.,
ἀλώπεκες. ΕΙ. 1190. ἐν μάχῃ δ' ἄ.
ἁλωπεκίδων. ΕΙ. 1067. καὶ κίνφοι τρήρωνες ἄ. πέπεισθε,
ἁλωπεκίζειν. Σ. 1241. οὐκ ἔστιν ἄ.
ἁλωπεκίοισιν. Ι. 1076. ἄ. τοὺς στρατιώτας ᾔκασεν,
Ι. 1078. τούτοις ὁ μισθὸς τοῖς ἄ. τοῦ ;
ἀλωπέκων. Α. 1269. καὶ τᾶν αἰμυλᾶν ἄ.
ἁλώπηξ'. Ο. 652. ἐστὶν λεγόμενον δή τι, τὴν ἄ., ὡς
ἁλώπηξ. Ι. 1075. πῶς οὖν ἄ. προσετέθη πρὸς τῷ κυνί ;
Θ. 1133. μαρὸς ἄ., οἷον ἐπιτηξί μοι.
ἁλῷς. Π. 481. ἰὼν ἄ.; ΠΕ. ὅ τι σοι δοκεῖ. ΧΡ. καλῶς λέγεις.
ἁλώσει. Β. 594. εἰ δὲ παραληφθῇ ἄ.
ἁλώσεται. Σ. 893. τίς ἆρ' ὁ φεύγων οὗτος ; ὅσον ἄ.
ἅμ'. Ι. 282. νὴ Δί', ἐξάγων γε τἀνόρρηθ', ἄ. ἄρτον καὶ κρέας κ.τ.λ.
ἅμα. Α. 346. ὡς ἐὰν γε σεισταὶ ἄ. τῇ στροφῇ γίγνεται. κ.τ.λ.
Ἀμαζάνας. Α. 678. κοὐκ ἂν ἀπολίσθοι τρέχοντος τὰς δ' Ἀ. σκόπει,
ἀμαθές. ΕΙ. 1272. εἰρήνης γ' οὔσης' ἄ. γ' εἶ καὶ κατάρατον.
ἀμαθέστατ'. Σ. 1321. ἄ., οὐδὲν εἰκυίας τῷ πράγματι.
ἀμαθέστερον. Β. 1445. ἄ. πως εἰπὲ καὶ σαφέστερον.
ἀμαθῆ. Ι. 193. ἀλλ' εἰς ἄ. καὶ βδελυρόν. ἀλλὰ μὴ παρῇς
ἀμαθῆ. Ν. 135. ἄ. γε νὴ Δί', ὅστις οἴτωσὶ σφόδρα
Ν. 492. ἄνθρωπος ἄ. οὑτωσὶ καὶ βάρβαρος,
842. γνώσει δὴ σαυτὸν ὡς ἄ. εἶ καὶ πολὺς
Ο. 471. ἄ. γὰρ ἔφυς κοὺ πολυπράγμων, οὐδ' Αἴσωπον πεπάτηκας,
Εκ. 201. 'Αργεῖος ἄ., ἀλλ' Ἱερώνυμος σοφός.
ἀμαθία. Β. 1109. εἰ δὲ τοῦτο καταφοβεῖσθον, μή τις ἄ. προσῇ
ἀμαθὼς. Α. 1117. μηδ' ὥσπερ ἡμῶν ἀνδρὲς ἄ. τοῦρ' ἔδρων,
ἀμαί. Β. 1049. καὶ τί βλάπτους', ὦ σχέτλι' ἀνδρῶν, τὴν πόλιν ἄ Σθενέβοιαι ;
ἄμαις. ΕΙ. 426. ὑμέτερον ἐντεῦθεν ἔργον, ὦνδρες. ἀλλὰ ταῖς ἄ.
Ο. 1145. οἱ χῆνες ὑποτυπτοντες ὥσπερ ταῖς ἄ.
ἀμαλδυνθήσομαι. ΕΙ. 380. ἀλλ', ὦ μέλ', ὑπὸ τοῦ Διὸς ἄ.,
ἁμάξης. Π. 1014. ἐπὶ τῆς ἄ. ὅτι προσέβλεψέν μέ τις,
ἁμαξίδα. Ν. 864. τούτου 'πριάμην σοι Διασίοις ἄ.
ἁμαξῖδας. Ν. 860. ἄ. τε σκυτίνας ἐποίησα ἄ.
ἁμαξουργοῦ. Ι. 464. οἶμαι, σὺ δ' οὐδὲν ἐξ ἄ. λέγεις ;
ἁμαρτάνεις. Σ. 515. ἀναδιδάξειν οἴομαί σ' ὡς πάντα ταῦθ' ἄ.
ἁμαρτάνοντά. Π. 474. ὅπαιθ' ἄ. σ' ἀπολαβὼν ἄ.
ἁμαρτεῖν. Β. 1137. πῶς φημί μ' ἄ.; ΕΤ. αὖθις ἐξ ἀρχῆς λέγε.
ἁμαρτίας. Ι. 1355. αἰσχύνομαί τοι ταῖς πρότερον ἄ.
ἁμαρτίας. Σ. 745. λογίζεται τ' ἐνεῖνα πάνθ' ἄ.
Β. 691. αἰτίαν ἐκθεῖσι λῦσαι τὰς πρότερον ἄ.
1131. ἔχει δ' ἕκαστος εἴκοσὶν γ' ἄ.
ἁμαρτωλή. Θ. 1111. σὺ μαρτέν' ἐστὶν, ἀλλ' ἄ. γέραν,
ἀμαρτωλῶν. Α. 1173. τὸν μάρμαρον, κάπειθ' ἄ. βάλοι Κρατῖνον
ἀμαργά. Ο. 925. οἴαπερ ἵππῳ ἄ.
ἁμας. ΕΙ. 299. ὡς τάχιστ' ἄ. λαβόντες καὶ μοχλοὺς καὶ σκαπάνας ἄ.
ἀμαυρόβιοι. Ο. 685. ἄ. φῦσιν ἄνδρες ἄ., φύλλων γενεᾷ προσόμοιοι,
ἄμαχος. Α. 662. ἄ. γυναῖκες καὶ μιαραὶ κεκλήμεθ' ἄν.
ἀμαχώτερον. Α. 1014. οὐδέν ἐστι θηρίον γυναικὸς ἄ.,
ἀμβαλώμεθα. Α. 1096. πᾶντά γε. φέρε τὸ ᾠδεῖον δἄ.
ἄμβατε. Α. 732. ἄ. ποτταν μᾶδδαν, αἴ χ' ὕμρετ τα
ἀμβροσίαι. Ο. 1320. Σοφία, Πόθος, ἄ. Χάριτες,
ἀμβροσίαι. Ι. 1095. ἄ. κατὰ σοῦ, κατὰ τούτου δὲ σπορόδαλμη.

ἀμβροσίαν. ΕΙ. 724. τὴν τοῦ Γανυμήδους ἄ. σιτήσεται.
ΕΙ. 854. παρὰ τοῖς θεοῖσιν ἄ. λείχειν ἄνω.
ἀμβροσίας. Α. 196. αὗται μὲν ὄζους' ἄ. καὶ νέκταρος,
ἀμβροσίων. Ο. 750. Φρύνιχος ἄ. μελέων ἀπεβόσκετο καρπὸν, ἀεὶ φέ-
ἄμβροτον. Ο. 1749. ὦ Διὸς ἄ. ἔγχος πυρφόρον,
Θ. 1154. ὄργια σεμνὰ θεαῖν, ἵνα λαμπάσι φαίνετον ἄ. ὄψιν.
ἀμέ. Α. 759. παρ' ἄ πολυτίματος, ἄπερ τοὶ θεοὶ κ.τ.λ.
ἀμὲ. Α. 95. ὅ τι λῇς ποθ' ἄ. ΛΤ. νὴ Δί', ὦ φίλη γύναι.
ἀμέγαρτον. Ο. 1049. πάθος ἄ. ἐπὶ κακῶν παρουσίᾳ,
ἀμείνων. Ι. 494. ἵν' ἄ., ὦ τᾶν, ἐσκοροδισμένος μάχῃ.
Ι. 1035. νὴ τὸν Ποσειδῶ πολύ γ' ἄ., ὦ Γλάνι.
Σ. 173. μὰ Δί', ἀλλ' ἄ. ἀλλὰ τῶν ὤν ἔξαγε.
751. πολλῷ γ' ἄ. καὶ λέγεται γὰρ τουτογί,
ΕΙ. 1057. ὁπτᾶν ἄ. πρῶτον. ΙΕ. ἀλλὰ ταυταγί
1259. ἄ. ἢ νῦν αὔτ' ἀποδώσεται πολύ.
Ο. 785. οὐδέν ἐστ' ἄ. οὐδ' ἥδιον ἢ φῦσαι πτερά.
Β. 977. οἰκεῖν ἄ. ἢ πρὸ τοῦ,
Π. 344. ὦ Βλεψίδημ', ἄ. ἢ χθὲς πράττομεν,
498. μα τοι τούτου τοῖς ἀνθρώποισι τίς ἂν ἐξεύροι ποτ' ἄ.;
ἀμεινον'. Ι. 617. ὦ καλὰ λέγων, πολὺ δ' ἄ. ἔτι τῶν λόγων
Σ. 1047. μὴ πώποτ' ἄ. ἔτη τούτων κωμῳδικὰ μηδέν' ἀκούσαι.
ἀμεινονων. Fr. 321. δ'.
ἀμείνω. Ι. 1262. ἰδεῖν ἄ. τῇ Κιχυναίων πόλει.
Α. 650. ἣν ἄ. γ' εἰσενέγκω τῶν παρόντων πραγμάτων.
ἀμείνων. Ι. 1208. ἀνὴρ ἄ. περὶ σὲ καὶ τὴν γαστέρα,
Ν. 954. ὁπότεροι αὐτῶν λέγων ἄ. φανήσεται.
Θ. 808. ἀλλ' Εὐβούλης τῶν πέρυσιν τίς βουλευτὴς ἐστιν ἄ.
Π. 573. ὁτιὴ ζητεῖς τοῦτ' ἀναπείσειν ἡμᾶς, ὡς ἔστιν ἄ.
ἀμέλγει. Ι. 326. ἢ οὑ τοιοντοις τῶν ξένων τοὺς καρπίμους,
ὀμέλει. Α. 368. ἄ. μὰ τὸν Δί' οὐ ἐνασπιδώσομαι,
Ν. 422. ἄ. θαρρῶν, οὕνεκα τούτων ἐπιχαλκευειν παρέχοιμ' ἄν.
488. πῶς οὖν δυνήσει μανθάνειν ; ΣΤ. ἄ., καλῶς.
877. ἄ., δίδασκε. θυμόσοφός ἐστιν φύσει·
1111. ἄ., κοιμεῖ τούτων σοφιστὴς δεξιῶν.
Α. 172. ἡμεῖς ἄ. σοι τά γε παρ' ἡμῖν πείσομεν,
842. ἄ., ποιήσω ταῦτ' ἐγώ. ΛΤ. καὶ μὴν ἐγὼ
935. ἄ., ποιήσεις τοῦτο· ταχὺ γὰρ ἔρχομαι.
Β. 532. ἄ., καλῶς' ἔχ' αὔτ'. ἔσο γὰρ τοί ποτε
Εκ. 800. ἄ. κομιοῦσιν. ΑΝ. Β. ἢν δέ μὴ κομίσωσι, τί ;
ἀμελῇ. Ν. 989. τὴν ἀσπίδα τῆς κωλῆς προέχων ἄ. τῆς Τριτογενείας.
ἀμελήσαι. Α. 882. ἔγωγ' ἵλεῳ δῆτ'· ἀλλ' ἄ. αὐτῷ πατὴρ
ἀμελήσαι. Εκ. 587. δρᾶν ἀντ' ἄλλης ἀρχῆς ἐστιν, τῶν δ' ἀρχαίων ἄ.
ἀμελήσας. Ν. 409. ὤπταν γαστέρα τοῖς συγγενέσιν, κᾆτ' οὐκ ἔσχων ἄ.
Π. 557. σκώπτειν πειρᾷ καὶ κωμῳδεῖν τοῦ σπουδάζειν ἄ.,
ἀμελούντων. Π. 516. ἢν ἐξ ἴσης ἀργοῖς ὑμῶν τούτων πάντων ἄ.
ἀμενηνά. Ο. 686. ὀλιγοδρανέες, πλάσματα πηλοῦ, σκιοειδέα φῦλ' ἄ.,
Fr. 1. ἄ. κάρηνα.
ἀμέραισιν. Β. 243. ἡλίοις ἐν ἄ.
ἀμές. Α. 1162. ἄ. γε λῴμες, αἴ τις ἀμὶν τοὐγκυκλών
ἀμές. Α. 168. καὶ τῶν μὲν ἄμων ἄνδρας ἄ. πείσομες
ἀμεταχειρίστων. Fr. 579. ἄ. τῶν κυνῶν
ἀμέτηπτ'. Ν. 264. ὦ δέσποτ' ἄναξ, ἄ. Ἀὴρ, ὃς ἔχεις τὴν γῆν μετέωρον,
ἀμηγέπη. Α. 608. ὑμᾶς μὲν ἀεὶ μισθοφορεῖν ἄ.
ἄμητα. Π. 999. ἄ. προσαπέπεμψεν ἡμῖν τουτονί,
ἀμηχανίας. Ο. 475. ὑπ' ἄ. τὸν πατέρ' αὐτῆς ἐν τῇ κεφαλῇ κατορύξαι.
ἀμήχανον. Ν. 1429. καὶ πύρρον αὐτῷ, τῇ πύλει δ' ἄ.
ἀμηχάνων. Ι. 759. κἀκ τῶν ἄ. πόρους εὐμηχάνως πορίζων.
ἀμίδ. Β. 544. χρησρίδ'. εἶτ' ᾔτησεν ἄ. ἱ-
ἀμίδα. Σ. 935. ὁ θεσμοθέτης. τοῦ 'σθ' οὗτος ; ἄ. μοι δότω.
ἀμιλλα. Ι. 556. μειρακίοιν θ' ἄ., λαμ-
ἁμιλλησόμεθα. ΕΙ. 950. οὐκοῦν ἄ. ταῦτ' ;
ἀμίν. Α. 821. ὑθενπερ ἀρχὰ τῶν κακῶν ἄ. ἔφυ.
ἀμὶν. Α. 832. καὶ χαῖρε πόλλ', ΜΕ. ἀλλ' ἄ. οὐκ ἐπιχώριον.
Α. 1162. ἀμές γε λῴμες, αἴ τις ἄ. τοὐγκυκλον
1298. Μῶν μώλε Λάκαινα πρεττόν ἄ.
ἀμίς. Σ. 807. ἄ. ἂν, οὐρητιάσῃς, αὕτηι
Θ. 633. σκάφιον Εὐελλ' ἤτησεν· οὐ γὰρ ἦν ἄ.
Ἄμμων'. Ο. 716. ἐσμὲν δ' ὑμῖν Ἄ. Δελφοί, Δωδώνη, Φοῖβος Ἀπόλλων.
Ἄμμων'. Ο. 619. οὐδ' εἰς Ἄ. ἐλθόντι ἐκεῖ.
ἀμναί. ΕΙ. 935. ὥσπ' ἐσομεθ' ἀλλήλοισιν ἅ. τοὺς τρόπους
ἀμνοκῶν. Ι. 264. καὶ σκοπεῖς γε τῶν πολιτῶν ὅστις ἐστὶν ἄ.,
ἀμνόν. Ο. 1559. σφάγι' ἔχων καμηλον ἄ.

ἀμόθεν—ἀναβολάς.

ἀμόθεν. Fr. 580. d.
ἀμοῖσι. Λ. 1181. d. ΑΘ. καὶ γὰρ ναὶ μὰ Δία Καρυστίοις.
ἀμόργιδος. Λ. 735. τάλαιν' ἐγώ, τάλαινα τῆς d.,
ἀμοργίν. Λ. 737. ἐπὶ τὴν d. τὴν ἄλυπον ἱέρχεται.
ἀμοργίνοις. Λ. 150. κᾆν τοῖς χιτωνίοισι τοῖς d.
ἀμοῦ. Β. 1062. d. χρηστῶν καταδείξαντος διελύμηνω σύ. ΕΥ. τί δράσας;
ἀμουσάν. Θ. 159. ἄλλως τ' d. ἐστι ποιητὴν ἰδεῖν
ἄμουσος. Σ. 1071. ῥᾳδίως ἐγὼ διδάξω, κἂν d. ᾖ τὸ πρίν.
ἀμπάλλετε. Β. 1358. τὰ κῶλά τ' d., κυ-
ἀμπάλλοντι. Λ. 1310. d. πυκνὰ ποδοῖν
ἀμπίλα. Α. 512. κώμοί γάρ ἐστιν d. κεκομμένα.
ΕΙ. 596. ὥστε σὶ τά τ' d.
ἀμπελίδος. Α. 995. πρῶτα μὲν ἂν d. ὄρχον ἐλάσαι μακρόν,
ἀμπελίς. Ο. 304. πορφυρίς, κερχνηΐς, κωλυμβίς, d., φήνη, δρύοψ.
ἀμπέλοι. Ν. 1124. ἡμῖκ' ἂν γὰρ αἵ τ' ἐλᾶαι βλαστάνωσ' αἵ τ' d.,
ἄμπελον. Σ. 1291. εἶτα νῦν ἐξηπάτησεν ἡ χάρά τὴν d.
ἀμπέλου. ΕΙ. 612. ὡς δ' ἅπαξ τῶ πρῶτον ἄκυσε ὑζύφησεν d.
Β. 1320. οἰνάνθας γάμος d.,
ἀμπελουργός. ΕΙ. 190. Τρυγαῖος Ἀθμονεύς, d. δεξιός,
ἀμπέλους. Α. 232. μήποτε πατώσω ἔτι τὰς ἐμὰς d.
Ν. 1119. εἶτα τὸν καρπὸν τε καὶ τὰς d. φυλάξομεν,
ΕΙ. 557. } ἄσμενός σ' ἰδὼν προσειπεῖν βούλομαι τὰς d.·
Fr. ΕΙ. Δ. 2. }
ΕΙ. 1162. τὰς ληρωίας d.
ἀμπίλων. Α. 183. σπονδὰς φέρεις, τῶν d. τετμημένων;
Α. 987. ἐξέχει θ' ἡμῶν βίᾳ τὸν οἶνον ἐκ τῶν d.
ἀμπεπαρμένον. Α. 796. ἄδιστον ἂν τὸν ὀβελὸν d.
ἀμπέτομαι. Ο. 1372. d. δὴ πρὸς Ὄλυμπον πτερύγεσσι κούφαις·
ἀμπέχει. Α. 1024. ὢ τρισκακοδαίμων, εἶτα λευκὸν d.;
Ο. 1567. οὗτος, τι δρᾷς; ἱν' ἀριστρέψ' οὖτως d.;
Ἐκ. 374. τὸ τῆς γυναικὸς δ' d. χιτώνιον;
ἀμπέχεται. Π. 897. ἐπεὶ τοιοῦτόν γ' d. τριβώνιον.
ἀμπέχωνι. Fr. 309, 7. ζώμ', d., τρύφημα, παρυφές, ξυστίδα,
ἀμπίσχετε. Σ. 1153. εἴπερ γ' ἀνὴρης, κρίβανόν μ' d.
ἀμπισχόμενος. Σ. 1150. καὶ στηθί γ' d. ΦΙ. οἴμοι δείλαιος·
Ἐκ. 332. τὸ κροκωτίδιον d., οἰνδύετας.
ἀμπισχοῦνται. Ο. 1090. χλαίνας οὐκ d.'
ἀμπισχών. Β. 1063. πρῶτον ἂν τοὺς βασιλεύοντας ῥάπι' d., ἱν' ἐλεινοὶ
ἀμπετάμενος. Α. 106. παρφιακισάμενος φροῦδος d. ἕβα,
ἀμυγδαλᾶς. Fr. 488, 1. ἄγε νυν τὰς d. λαβὼν
Ἀμύκλαις. Α. 1299. κλεώω τὸν Ἀ. (Ἀπόλλω) σιὼν
ἄμυλαι. Α. 1092. d., πλακοῦντες, σησαμοῦντες, ἰτρία,
ἀμύλους. ΕΙ. 1195. ἐπειτ' ἐνέσφερε τοὺς d. καὶ τὰς κίχλας
ἀμυνάθετέ. Ν. 1323. d. μοι τυπτομένῳ πᾶσῃ τέχνῃ.
ἀμύνατε. Σ. 197. ὦ ξυνδικασταὶ καὶ Κλέων, d.
ἀμυνεῖ. Ι. 222. χώταις d. τὸν ἀδῆμον. οὐδ' d. τι τί ξύμμαχος
ἀμύνειν. Ι. 577. προῖκα γενναίως d. καὶ θεοῖς ἐγχωρίοις.
Ἐκ. 573. ταῖσι φίλαισιν d.
Π. 250. ἀλλ' ἴστ' ἐπ' αὐτὴ τῆς ἀκμῆς, ᾖ δεῖ παρύντ' d.
ἀμύνεται. Ν. 1428. ὡς τοὺς πατέρας d.· καίτοι τί διαφέρουσιν
Ἀμυνία. Ν. 690. ὅπως ἂν; ὠδί, δεῦρο δεύρ', Ἀ.
Ἀμυνία. Ν. 31. τρεῖς μναῖ διφρίσκου καὶ τροχοῖν Ἀ.
Ν. 689. πῶς ἂν καλέσειας ἐντυχὼν Ἀ.;
Ἀμυνίαν. Ν. 691. ὁρᾷς; γυναῖκα τὴν Ἀ. καλεῖς.
Ἀμυνίας. Ν. 686. Φιλύξενος, Μελησίας, Ἀ.
Σ. 74. Ἀ. μὲν ὁ Προνάπους φησ' οὗτοσί
1267. ἀλλ' Ἀ. ὁ Σέλλου μᾶλλον οὗκ τῶν Κραωβύλου,
ἀμυνίας. 1. 570. ἠρέμησεν· ἀλλ' ὁ θυμὸς εὐθύς ἢν d.·
ἀμυνουμένων. Β. 820. φωτός d. φρενυτερώνοσιν ἀνδρὸς
ἀμύνων. 1. 244. ἄνδρες ἐγγύς· ἀλλ' d., κάπαναστρέφων πάλιν.
1. 246. ἀλλ' d. καὶ δίωκε καὶ τροπὴν αὐτοῦ ποιοῦ.
ἀμυνούμεν. Σ. 383. d. σοι τὸν ἐρινύῇ θυμὸν ἅπαντες καλέσαντες,
ἀμυντέον. Α. 661. ἀλλ' d. τὸ πρᾶγμ' ὑστὶ γ' ἐνόρχης ἐστ' ἀνήρ.
ἀμύνων. 1. 790. καὶ μὴν εἴ πού τις ἀνήρ ἐφάνη τῷ δήμῳ μᾶλλον d.
Ἀμύνων. Ἐκ. 365. ἀρ' οἰδ' Ἀ. ἀλλ' ἴσως ἀφίκεται.
ἄμυστιν. Α. 1229. καὶ πρὸς γ' ἄκρατον ἔγχεας d. ἐξέλαιψα
ἀμφαριστερον. Fr. 432. d.
ἀμφαθεῖς. Ν. 1160. d. γλώττῃ λάμπων,
ἀμφί. Α. 1072. τίς d. χαλκοφάλαρα δώματα κτυπεῖ; κ.τ.λ.
Ν. 595. d. μοι αὖτε, Φοῖβ' ἄναξ
ἀμφιανεκτίζει. Fr. 151. d.;
ἀμφιδέας. Fr. 309, 11. χλίδωνα, περόνας, d. ὅρμους, πέδας,
ἀμφίδιον. Π. 936. ἴν' d. τῶν συκοφάντην τουτυρί,
ἀμφιθαλής. Ο. 1737. d.' Ἔρως
Ἀμφιάρεω. Α. 176. χαῖρ', Ἀ. ΑΜ. μήνω γε, πρὶν ἂν στὼ τρέχων·
Ἀμφίθεος. Α. 46. ἐγώ. ΚΤ. τὶς ὤν; ΑΜ. Ἀ. ΚΤ. οὐκ ἄνθρωπος; ΑΜ. οὔ,
Α. 47. ἀλλ' ἀθάνατος, ὁ γὰρ Ἀ. Δήμητρος ἦν

Ἀμφίθεος. Α. 175. ἀλλ' ἐκ Λακεδαίμονος γὰρ Ἀ. ὁδί.
Ἀμφίθεος. Α. 129. ἀλλ' Ἀ. μοι πού 'στιν; ΑΜ. οὑτοσὶ πάρα.
ἀμφίθεσθε. Α. 744. ἀλλ' d. καὶ ταδὶ τὰ ῥυγχία,
ἀμφιλάλοις. D. 679. φιλοτιμότεραι Κλεοφῶντος, ἐφ' οὗ δὴ χείλεσιν d.
ἀμφιμασκάλου. 1. 882. οὐκώποτ' d. τὸν Δῆμον ὑξίωσας,
Ἀμφίανος. Ο. 1247. μίλαφμα μὶν αὐτοῦ καὶ δώμων Ἀ.
ἀμφίπολοι. Β. 1358. ἀλλὰ μυι d. λύχνων ἄψατε
ἀμφιπόλιον. Fr. 123. καί κ' ἐπιθυμήσειε νέος νῆς d.
ἀμφιτιττυβίζεθ'. Ο. 235. βῶλον d. ᾧδε λευτῶν
ἀμφοβον. Fr. 304. d. ἐχρῆν αὐτῶ τεθεῖσθαι τοῦνομα.
ἀμφοῖν. Σ. 725. ἢ που σοφὸς ἦν ὅστις ἔφασκεν, πρὶν ἂν d. μῦθον ἀκούσῃς,
ΕΙ. 1233. καὶ τηθ', ΘΩ. ἅμ' d. δῆτ'; ΤΡ. ἔγωγε νὴ Δία,
1309. καὶ σμώχετ' d. ταῖν γνάθοιν· οὐδὲν γάρ, ὦ πονηροί,
Ο. 35. ἀνεπτύμεσθ' ἐκ τῆς πατρίδος d. ποδοῖν,
Β. 899. λῆμα δ' οὐκ ἀτολμῶν d.,
Π. 512. οὐδεὶς· d. δ' ὑμῖν τούτοιν ἀφανισθέντοιν ἐθελήσει
ἀμφορέα. Fr. 285, 1. τρίχ' ἐς τὸν οἶνον d. κενῶν λαβὼν
ἀμφοριαφορεῖν. Fr. 285, 3. κἄπειτα μισθοῦ σαυτὸν d.
ἀμφορειδία. Ἐκ. 1119. ταύτων ἀπάντων τὰ θάσι' d.
ἀμφαρής. Ν. 1263. ἀρίθμος, τρίβατ' ἄλλοις, d. νενησμέναι;
Π. 807. οἱ δ' d. οἴνου μίλανος ἀνθοσμίου.
ἀμφοτέραι. Ἐκ. 1091. πῶς οὖν δικανεῖν d.
ἀμφοτέροισι. Σ. 1242. οὐδ' d. γίγνεσθαι φίλον.
ἀμφοτέρων. Σ. 920. πρὶν ἂν γ' ἀκούσῃς d. ΦΙ. ἀλλ', ὠγαθέ,
ἄμφω. Α. 1216. ἐμοὶ δή γε σφὼ τοῦ πέους d. μέσου
1. 429. ἐγὼ σε παύσω τοῦ θράσους, οἶμαι δὲ μᾶλλον d.
Ν. 112. εἶναι παρ' αὐτοῖς φασιν d. τὼ λύγω,
849. ἀλεκτρυών'. ΣΤ. d. ταὐτά; καταγέλαστος εἶ.
ΕΙ. 809. φίς τε καὶ αὐτός, d.
Ο. 347. ὡς δεῖ τῷδ' οἰμώζειν d.
646. d. ΠΕ. δεχύμεσθα. ΕΠ. δεῦρο τοίνυν εἴσιτον
Π. 581. ἀλλ' ὦ Κρονικαὶ λήμαις ὄντως λημώντες τὰς φρένας d.,
ἀμώμητον ΕΙ. 1299. ἔντυς, d. κάλλιστον οὐκ ἰθέλων.
ἀμῶν. 1. 392. κᾆτ' ἀνὴρ ἔδοξεν εἶναι, τάλλοτρῶν d. θέρος.
Α. 168. καί τιν' αὐτ d. πέθρας ἀμὶς πείρομεν
ἀμφωγύπων. Θ. 429. ὑλεθρόν τιν' ἡμᾶς κυραινᾶν d.,
ἀν. Α. 44. πάρθ', ὡς d. ἐντὸς ἦτε τοῦ καθάρματος. κ.τ.λ.
1. 13. τίς οὖν γένοιτ' d.; λέγε σύ. ΑΠ. σὺ μὲν οὖν μοι λέγε. κ.τ.λ.
ἀν. Ν. 89. καὶ μάμμαν' ἠλθὼν δ ἐγὼ παραινέω. κ.τ.λ.
ἀν'. Β. 440. νῦν ἱερὸν ἀνὰ κύκλον θεᾶς, ἀνθοφόρον d. ἄλσοι
ἀν'. Θ. 1039. ὑπὸ δὲ συγγυίων, ἀλλ' d.
ἄνα. 1. 1297. ἰθ' ὦ d., πρὸς γονάτων, ἐξελθε καὶ σύγγναθι τῇ τραπέζῃ
ἀνά. Σ. 784. d. τοῖ με πείθεις. ἀλλ' ἐκεῖν' οὔπω λέγεις,
Ο. 1263. μηδί τιν' ἱερόντων d. δάπεδον ἔτι κ.τ.λ.
ἀναβαθρων. Α. 399. οὐκ ἐνδον, αὐτὸς δ' ἔνδον καὶ οὐκ ἔνδον
Α. 410. Εὐριπίδη, ΕΥ. τί λέλακας; ΔΙ. d. ποιεῖς,
Π. 1123. νυνὶ δὲ ενιῶν d. ἀναπαύομαι.
ἀναβαίν'. Σ. 398. d. ἀνύσας κατὰ τὴν ἑτέραν καὶ ταῖσιν φυλλάσι παῖς,
Σ. 944. d. ἀπολογοῦ, τί σεσιώπηκας; λέγε.
Π. 1341. d. δεῦρο χρυσοπηλονώδιον,
ἀναβαίνεινς. Σ. 977. d. ὦ πονηρέ, καὶ κνυζούμενα
ἀναβαλεῖ. Σ. 1152. οὔκ d.; ΦΙ. μὰ Δί' οὐκ ἔγωγ'. ἀλλ', ὠγαθέ,
ἀναβαλλομένη. Ἐκ. 97. d. δείξει τὸ Φορμίσιον.
ἀναβαλῶν. Ν. 1139. τῷ δ' d. μοι, τῷ δ' ἅρπι,' οὔ φασίν ποτε
Σ. 1132. ἔχωγ' d. χλαῖναν d. τριβωνικῶν.
1135. ἔχ', d. τηνδὶ λαβῶν. καὶ μὴ λάλει.
ΕΙ. 1269. ἀναβολάς ψαλ' ἣν στὰν πρώτερον d. ᾠδαί.
ἀναβᾶς. Σ. 905. σίγα, κάθιζε, σὺ δ' ἀναβὰς κατηγόρει.
Β. 130. d. ἐπὶ τὸν πύργον τὸν ὑψηλὸν ΔΙ. τί δρῶ;
ἀναβαβλήμεθα. Ἐκ. 983. εἰσάγοιεν, ἀλλ' εἰσάγθεις d.
ἀναβηθί. Σ. 963. d., τυρόκνηστι, καὶ λίζον μέγα
ἀναβήνω. Fr. 317. d. τὴν γυναίκα βουλόμενι,
ἀναβίῃ. Β. 177. λάβ' ἰννί' ὁβολοῖς. ΝΕ. d. νυν πάλιν.
ἀναβίων. Fr. 725. d. ἐκ τῆς νοσου,
ἀναβλέψαι. Π. 117. οὐ βουλομαι γὰρ πάλιν d. ΧΡ. τί φῇς;
ἀναβλέψας. Ν. 346. ἤδη ποτ' d. εἴδες νεφέλην Κενταύρῳ ὁμοίαν
Π. 766. ἔπειτ' d. ὁρῶν τὸν ἱερέα
ἀναβλέψουσι. Π. 95. εἰ πάλιν d. ὥσπερ καὶ πρὸ τοῦ,
ἀναβλέψεις. Π. 866. εἰ πάλιν d. ἐξ ἀρχῆς; d d.
ἀναβλέψει. Π. 126. ἐὰν d. σὺ κἂν μικρὸν χρόνον,
ἀναβλέψειν. Ἐκ. 399. κἄπειθ' ὁ δῆμος d. πύσον δοκεῖς.
ἀναβήτρας. Ἐκ. 463. δ δ' d. καὶ περιβλέψας ἔφη
ἀναβαλεῖται. Ν. 220. ἰθ' οὗτος, d. αὐτὸν μοι μέγα
ἀναβολάς. ΕΙ. 830. τί δ' ἔδρων; ΤΡ. ξυνελέγοντ' d. ποτώμεναι,

ἀναβολάς—ἄναξ. 15

ἀναβολάς. Ο. 1385. ἀεροδονήτους καὶ νεφοβόλους d.
  Ο. 1386. ἐκ τῶν νεφελῶν γὰρ ἄν τις ἀ. λάβοι;
ἀνάβραστ'. Β. 553. καὶ κρέα γε πρὸς τούτοισιν ἀ. εἴκοσιν
ἀναβράττει. Α. 1005. ἀ. ἐξοπτᾶτε, τρέπετ', ἀφίλκετε
ἀναβράττω. Ει. 1197. ποῦ ποῦ Τρυγαῖός ἐστιν; ΤΡ. ἀ. κίχλας.
ἄναγ'. Ο. 383. οἶδε τῆς ὀργῆς χαλᾶν εἴξασιν. ἀ. ἐπὶ σκέλος.
  Ο. 400. ἀ. ἐς τάξιν πάλιν ἐκ ταυτόν.
ἄναγε. Ο. 1720. ἀ., δίεχε, πάραγε, πάρεχε.
ἀνάγειν. Β. 77. μέλλεις ἀ., εἴπερ γ' ἐπείθεν δεῖ σ' ἄγειν;
ἀνάγεσθαι. Λ. 607. σὺ δὲ κωλύεις ἀ.
ἀναγέψω'. Ν 523. πρώτοιν ὑμῖον' ἀ. ὑμᾶς, ἢ παρέσχε μοι
ἀναγίγνωσκει. Ι. 1065. προσίχων σὺ δ' ἀ., τοῖν ναύταισί μου
ἀναγιγνώσκοντί. Β. 52. καὶ δῆτ' ἐπὶ τῆς νεὼς ἀ. μοι
ἀναγκάζειν. Π. 799. προβαλύσι, ἐπὶ τούτοις εἶτ' ἀ. γελᾶν.
ἀναγκάζω. Ι. 1147. κλέπτοντας ἔπειτ' ἀ.
ἀναγκάζων. Ν. 379. ὃ δ' ἀ. ἐστί τίς αὐτός, οὐχ ὁ Ζεὺς, ὥστε φέρεσθαι;
ἀναγκάζων. Εκ. 467. ἔπειτ' ἀ. πρὸς βίαν ΧΡ. τί δρᾶν;
ἀναγκαίως. Σ. 261. ὕδωρ ἀ. ἔχει τὸν θεὸν ποιῆσαι.
  Εἰ. 334. ἀλλὰ καὶ τἀριστερόν τοι μοῦσ'' ἀ. ἔχον.
ἀναγκας. Ν. 1075. εἶεν. πάρειμ' ἐντεῦθεν ἐκ τὰ τῆς φύσεως ἀ.
ἀναγκάσαι. Π. 1028. ἀ. δίκαιόν ἐστι νὴ Δία
ἀναγκάσαι. Εκ. 1012. ἀ. τουτί σε. ΝΕΑ. τοῦτο δ' ἐστί τί;
ἀναγκάσειν. Λ. 121. ἀ. τοὺς ἄνδρας εἰρήνην ἄγειν.
ἀναγκάσω. Ι. 1362. μὰ Δί', ἀλλ' ἀ. κινηγετεῖν ἐγὼ
ἀνάγκη. Ν. 437. δράσω τοὐδ' ὑμῖν πιστεύσας' ἡ γὰρ ἀ. με πιέζει
  Σ. 1153. εἴπερ γ' ἀ., κρίβανόν μ' ἀμπίσχετε.
  Ει. 373. ἅπασ' ἀ. 'στ' ἀποθανεῖν· ΓΡ. εὖ ἴσθ' ὅτι.
  Α. 472. τὴν χεῖρ' ἐὰν δὲ τοῦτο δρᾷς, κυλοιδιᾶ ἀ.
  Θ. 167. ὅμοια γὰρ ποιεῖν ἀ. τῇ φύσει.
  171. ἅπασ' ἀ.· ταῦτα γάρ ται γνοῦς ἐγὼ
  Β. 506. αὑδὴ αἱρεῖσθαί σ' ἀ.
  1058. ὃν χρὴ φράζειν ἀνθρωπείως· ΑΙ. ἀλλ', ὦ κακόδαιμον, ἀ.
  Εκ. 714. ἐμὲ γὰρ ἀ. ταῦτα δρᾶν ἐρημείου
  1006. ἀλλ' οὐκ ἀ. μοῦστί, εἰ μὴ τῶν ἐτῶν
  1029. καὶ ταῦτ' ἀ. μοῦστί· ΓΡ. Α. Διομηδεία γε.
  Π. 5. μετέχειν ἀ. τὸν θεράποντα τῶν κακῶν.
ἀνάγκην. Ν. 377. κατακρημνάμεναι πλήρεις ὄμβρου δι' ἀ., εἶτα βαρεῖαι
  Ν. 969. καὶ ταῦτα μέντοι μετρίως πρὸς τὴν ἐμὴν ἀ.
  Fr. 512. 2. καὶ τὴν ἀ. ἐς κύρκας ἐντευθενί;
ἀνάγκης. Ι. 804. ἀλλ' ὑπ' ἀ. ἅμα καὶ χρείας καὶ μισθοῦ πρὸς σε κεχηνὼς
  Ν. 405. ἐνδοεῖν αὐτὰς ὥσπερ κύστιν φυσᾷ, κᾆπειδ' ὑπ' ἀ.
ἀναγνῶ. Ι. 118. φέρ' αὐτὸν, ἵν' ἀ.· σὺ δ' ἔγχεον πιεῖν
  Ν 19. κώκφες τὸ γραμματεῖον, ἵν' ἀ. λαβὼν
ἀναγνώσισθι. Ι. 1011. ἄγε νυν ὅπως αὐτοῖς ἀ. μοι,
ἀναγρύξῃ. Ν. 945. τῷ τελευταίῳ δ', ἢν ἀ.
ἀνάγυρος. Α. 68. ὁ γοῦν ἀ. μαι κεκινῆσθαι δοκεῖ.
'Αναγυροῦντόθεν. Λ. 67. πόθεν εἰσίν; ΛΤ. 'Α. ΚΑ. νὴ τὸν Δία
ἀναδείκνυσιν. Ν. 304. ἐν τελευταῖς ἁγίαις ἀ.,
ἀναβιρεύσθων. Β. 1106. λέγετον, ἔνιτον, ἀ.,
ἀναδήματα. Fr. 309. 2. προκώμιον, ὀχθόβιον, μίτρας, ἀ.,
ἀναδῆσαι. Π. 764. νῦν τὴν 'Ελένην, κᾀγὼ δ' ἀ. βούλομαι
ἀναδιδάξειν. Σ 515. ἀ. οἴομαί σ' ὡς ταῦτα ταῦθ' ἁμαρτάνεις.
ἀναδιδάξω. Ι. 153. τὸν χρησμὸν ἀ. αὐτὸν ἂν ἔχῃς
ἀναβιβάσκι. Ι. 202. πῶς οὖν πρὸς ἐμὲ ταῦτ' ἐστίν; ἀ. με.
ἀναδιδάσκει. Ι. 1045. ἐν οὐκ ἀ. σε τῶν λογίων ἐκῶν
ἀνάβος. Α. 245. ὦ μῆτερ, ἀ. δεῦρο τὴν ἰχνηλοσίαν,
ἀναδύομαι. Β. 860. ἑτοιμός εἰμ' ἔγωγε, κούκ ἀ.
ἀναδύων. Β. 1460. εὕρισκε νὴ Δί', εἴπερ' δ. πάλιν.
ἀναβῶν. Π. 580. λῆροι ἀ. τοὺς νικῶντας τὸν πλοῦτον ἐᾷ παρ' ἑαυτῷ.
ἀναζυγνύσαι. Fr. 581. ἀ.
ἀναζυγνύσαι. Fr. 581. τὴν θύραν ἀ.
ἀναθαρρήσῃ. Ι. 806. καὶ χλιαρὰ φαγὼν ἀ. καὶ στεμφύλῳ ἐς λόγον ἔλθῃ.
ἀναθείη. Ι. 1056. καί κε γυνὴ φέροι ὄχθος, ἐπεί κεν ἀνὴρ ἀ.
ἀναθεῖναι. Π. 1089. ἐλθὼν ἀ. τοὺς στεφάνους τοῦσδ' οὓς ἔχω.
ἀναθεῖς. Ν. 1453. ὑμῖν ἀ. ἅπαντα τἀμὰ πράγματα.
  Ο. 546. ἀ. γὰρ ἐγώ σοι
  Π. 69. ἀ. γὰρ ἐπὶ κρημνῶν τιν' αὐτῶν καταλιπῶν
ἀναθήσομαι. Π. 844. καὶ τοῦτ' ἀ. ἔρχομαι πρὸς τὸν θεόν
  Π. 848. καὶ ταῦτ' ἀ. ἔφερες οὖν· ΔΙ. νὴ τὸν Δία.
ἀναιδείᾳ. Fr. 29. ὦ παρανοία καὶ ἀ.
ἀναιδείᾳ. Ι. 277. ἦν δ' ἀ. παρέλθῃς, ἡμέτερος ὁ τυραμοῦς.
  Ι. 409. οὐ ταί μ' ὑπερβαλεῖσθ' ἀ. μὰ τὸν Ποσειδῶ,
ἀναδειαν. Ι. 322. ἆρα δῆτ' οὐκ ἀπ' ἀρχῆς ἐδήλους ἀ.
ἀναδείας. Ν. 1236. ἀτύλοιο τοίνυν ἕνεκ' ἀ. ἔτι.
ἀναιδεῖς. Λ. 369. οὐδὲν γὰρ ὡδὶ θρῖμμ' ἀ. ἐστιν ὡς αἱ γυναῖκες.

ἀναιδέστεροι. Ι. 385. τῶν ἀναιδῶν ἀ.· καὶ τὸ πρᾶγμ' ἦν ἄρ' οὐ
ἀναιδεύεται. Ι. 397. ὡς δὲ πρὸς πᾶν ἀ. κοὐ μεθίστανται
ἀναιδέως. Ει. 48. ὡς κείνος ἀ. σπατίλῃν ἐσθίει.
ἀναιδῆ. Ι. 638. φωνήν τ' ἀ. ταῦτα φροντίζοντί μοι
ἀναιδής. Α. 1015. οὐδὲ πῦρ, οὐδ' ὡδ' ἀ. οὐδεμία πώρπαλις.
ἀναιδῶν. Ι. 383. τῶν ἀ. ἀναιδέστερος· καὶ τὸ πρᾶγμ' ἦν ἄρ' οὐ
ἀναιδῶς. Θ. 525. κατὰ τὸ φανερὸν ὡδ' ἀ.
ἀναισχυντεῖ. Θ. 706. τοιαῦτα πω ὣν ὡδ' ἀ.;
ἀναισχυντήσετε. Α. 460. οὐ λοιδορήσετ', οὐκ ἀ.;
ἀναισχυντεῖς. Θ. 611. ἴασον οὐμῆσαι μ'. ΚΛ. ἀ. τις εἶ.
ἀναισχυντος. Α. 287. τοῦτ' ἔραπᾷς· ἀ. εἶ καὶ βδελυρός,
  Α. 491. ἀ. ὦν σιδηροῦς τ' ἀνήρ,
ἀναισχύντων. Θ. 531. ἀλλ' οὐ γάρ ἐστι τῶν ἀ. φύσει γυναικῶν
ἀνακαλεῖν. Fr. 314. 1. μήτε Μύνσας δ. ἐλικοβοστρύχους
ἀνακάψαι. Ο. 579. καὶ σπερμολόγων ἐκ τῶν ἀγρῶν τὸ σπέρμ' αὐτῶν ἀ.
ἀνάκειται. Ο. 638. ὅσα δὲ γνώμῃ δεῖ βουλεύειν, ἐπὶ σοὶ τάδε πάντ' ἀ.
ἀνασογχυλιάζων. Σ. 589. τῆς δ' ἐπικλήρου τὴν διαθήκην ἀδικεῖς ἀ.
ἀνακοινοῦσθαι. Ν. 470. βουλομένοις ἀ. τε καὶ ἐς λόγον ἐλθεῖν,
ἀνακοινώσατε. Α. 1177. τοῖς ξυμμάχοις ἐλθόντες ἀ.
ἀνακραγών. Σ. 1311. δ δ' ἀντηκασ' αὐτόν πάρνοπι
'Ανακρέοντος. Fr. 2. 'Α.
ἀνακρουσῆται. Σ 399. ἣν πως πρύμνην ἀ. πληγεὶς ταῖς εἰρεσιώναις.
ἄνακτ'. Θ. 128. ἂν χήραν ἀ. ἀγάλλε Φαῖβον [τιμᾷ].
ἄνακτα. Β. 1259. τὸν βακχεῖον ἀ.
ἄνακτας. Ο. 781. «Δι δὲ θύμβας ἀ.· 'Ολυμπιάδε δὲ μέλος Χάριτες Μοῦ-
ἀνακυκῶσι. Α. 671. οἱ δὲ θασίαν ἀ. λιπαράμπυκα,
ἀνακυκῶσαν Π. 302. ἐγὼ δὲ τὴν Κίρκην γε τὴν τὰ φάρμακ' ἀ.,
  Π. 309. οὐκοῦν σε τὴν Κίρκην γε τὴν τὰ φάρμακ' ἀ.
ἀνακύπτων. Fr. 554. ὥστ' ἀ. καὶ κατακύπτων τοῦ σχήματος οὐνεκα τούτου
ἀνακύψεται. Ο. 146. ἡμῶν γε παρὰ θάλαττάν, ἵν' ἀ.
ἀνακωδωνίσων. Fr. 288. ἐπὶ δὴ λαβὼν τὸν ῥίμβον ἀ.
ἀναλαβῶν. Ι. 682. ὑβολοῦ κυριώνοις ἀ. ἐλήλυθα.
ἀναδεῖς. Σ. 1045. ὡς ὑπὸ τοῦ μὴ γνῶναι καθαρῶς ὑμεῖς ἐποιήσατ' ἀ.
ἀναλέξει. Ο. 591. ἀλλ' ἀ. πάντας καθαρῶς αὐταῖς ἀγέλῃ μία κιχλῶν.
ἀναλίσκονται. Θ. 1131. μάτην ἀ. ἄν. ἀλλ' ἄλλην τινὰ
ἀναλίσκοντα. Ι. 913. ὀρχεῖν. δ. τῶν
ἀναλοῦν. Fr. 15, 1. εἰς τὰς τριήρεις δεῖ μ' ἀ. ταῦτα καὶ τὰ τείχη.
ἀναλοῦν. Fr. 15, 2. εἰς οἱ ἀ. οἱ πρὸ τοῦ τὰ χρήματα.
ἀναλοῦσιν. Ει. 1073. αὕτω θέσφατον ἦν Εἰρήνης θέσμ' ἀ.,
ἀναλῶν. Ι. 915. εἰς ἣν ἀ. οὐκ ἐφή
  Π. 248. πάλιν σ' ἀ., ἥνὶκ' ἂν τούτου δέῃ.
ἀναλώσαντες. Α. 654. εἶτ' οὐκ ἀντιαφέρετε τὰς εἰσφοράς,
ἀναλώσας. Α. 467. ὦ πολλά ἀ. ἔφη, πρ. βουλε τῆσδε τῆς γῆς.
  Π. 381. τρεῖς μνᾶς δ. λογίσασθαι δωδεκα
ἀναμασώμενον. Σ. 783. μόλις τὸ πρᾶγμ' ἔγνωσαν ἀ.
ἀναμεῖναι. Α. 526. ταῖσι γυναιξὶν συλλεχθεῖσαις. ποῖ γὰρ καὶ χρὴν ἀ.
ἀναμείνῃ. Ι. 799. ἣν ἀ.· πάντας δ' αὐτὸν θρέψω 'γὼ καὶ θεραπεύσω,
ἀναμίξαι. Ι. 1100. μήπω γ', ἱκετεύω σ', ἀλλ' ἀ., ὡς ἐγὼ
  Β. 175. ἀ. ὦ πάτερ, ἥντιν' ἐμβαλῶ τί σοι.
  Π. 1100. ὦ Καρίων. ἀ. ΚΑ. οὗτος, εἶπέ μοι,
ἄναμνε. Θ. 613. ἀ. ἥτις· καὶ σκοπεῖ γ' αὐτὴν σφόδρα·
ἀνάμενεῖ. Σ. 798. ἀ. νυν· ἐγὼ δὲ ταῦθ' ἥξω φέρων.
ἀναμενεῖς. Σ. 777. λέγῃ μακρὰν τις, οὐχὶ πείνων ἀ.,
ἀναμένω. Ει. 728. ποθοῦντες ὑμᾶς ἀ. ἑστηκότες.
ἀναμένω. Θ. 612. σὺ δ' οὖν πυεῖ τοῦτ', ἀ γὰρ ἐνθάδε
ἀναμένω. Β. 194. ποῦ δῆτ' ἀ.; ΧΑ. παρὰ τὸν Αὐαίνου λίθον.
ὑνάμιστα Ν. 984. ἀρχαῖά γε καὶ ἀ. πολυώδη καὶ τεττίγων ἀ.
ἀναμετρεῖσθαι. Ν. 203. γῆν ἀ. ΣΤ. πότερα τὴν κληρουχικήν;
ἀναμετρήσασθαι. Fr. 518. οὐκοῦν μ' ἐάσετε ἀ. τάδε;
ἀναμετρήσεις. Ο. 1020. οὐκ ἀ. σαυτὸν ἀπιὼν ἀλλαχῇ;
ἀναμιμνήσκουσι. Εκ. 552. φράσαντί σοι χθές; ΠΡ ἄρτι γ' ἀ.
ἀναμνησθείς. Σ. 449. οὐδ' ἀ. ὅθ' εὗρών τοὺς βότρυς πλέπτοντά σε
ἀναμνησθέντε. Ει. 571. ἀλλ' ἀ., ὤνδρες,
ἀνανεάζω. Β. 592. ἀ. • •
  (ἄνανεος). Α. 114. ἀ.
ἄναξ. Ι. 551. ἔπει' ἀ. Πόσειδον, ᾧ
  Ν. 264. ὦ δέσποτ' ἀ. ἀμέτρητ' 'Αήρ, ὃς ἔχεις τὴν γῆν μετέωρον
  595. ἀμφὶ μοι αὖτε, ἄναξ
  Σ 143. ἀ. Πόσειδον, τί ποτ' ἄρ' ἡ κάπνη ψοφεῖ;
  327. τόλμησον, ἄναξ. ἀ. χαρίσασθαι μοι
  438. ὦ Κέκροψ ἥρως ἀ., τὰ πρὸς ποδῶν Δρακοντίδη,

16   ἄναξ—ἀνδρ'.

ἄναξ. Σ. 875. ὦ δέσποτ' ἄ., γεῖτον ἀγυιεῦ τοὐμοῦ προθύρου προπύλαιε,
Σ. 1531. καὐτὸς γὰρ ὁ πυντομίδων ἄ. πατὴρ προσέρπει
ΕΙ. 90. ὦ δέσποτ' ἄ., ὡς παραπαίεις.
442. μηδέποτε παύσαιθ' αὑτῶν, ὦ Διόνυσ' ἄ.,
Ο. 869. ὦ Σουνιέρακε, χαῖρ' ἄ. Πελαργικέ.
Π. 438. ἄ. Ἄπολλον καὶ θεοί, ποῖ τις φύγῃ;
ἄναξ. Σ. 820. πάρεστι τουτί, καὐτὸς ἄ. οὑτοσί.
ἀνάξας. Π. 723. ἔφευγ' ἄ.' ὁ δὲ θεὸς γελάσας ἔφη
ἀναπαίστους. Α. 627. περὶ τῶν σπονδῶν, ἀλλ' ἀποδύντες τοῖς ἄ. ἐπίωμεν.
Ι. 504. τοῖς ἄ.,
ΕΙ. 735. αὑτὸν ἐπῄνει πρὸς τὸ θέατρον παραβὰς ἐν τοῖς ἄ.
ἀναπαίστων. Ο. 684. ἄρχων τῶν ἄ.
ἀναπαύλαις. Β. 195. ἐπὶ ταῖς ἄ. ΔΙ. μανθάνεις; ΞΑ. πάνυ μανθάνω.
ἀναπαύλας. Β. 113. πορνεῖ', ἄ., ἐκτροπάς, κρήνας, ὁδούς,
Β. 185. τίς εἷς ἄ. ἐκ κακῶν καὶ πραγμάτων;
ἀναπαύσομαι. Π. 1123. νυνὶ δὲ πεινῶν ἀνοβάδην ἄ.
ἀναπείθουσιν. Ν. 96. λέγοντές ἄ. ὡς ἐστιν πνιγεὺς
ἀναπειθώμεσθα. Σ. 568. κᾶν μὴ τούτοις ἄ., τὰ παιδάρι' εὐθὺς ἀνέλκει.
ἀναπείρω. Α. 1007. φέρε τοῖς ὀβελίσκοις, ἵν' ἄ. τὰς κίχλας.
ἀνάπεισας. Ν. 868. ἄκουσ' ἄ. ΣΩ νηπύτιοι γάρ ἐστ' ἔτι
Ο. 460. ἀλλ' ἐφ' ὕτωπερ πράγματι τὴν σὴν ἥκεις γνώμην ἄ.,
Εκ. 196. ὁ τοῦτ' ἄ. εὐθὺς ἀποδρὰς ᾤχετο.
ἀναπείσει. Ν. 1020. καί σ' ἄ.
Ν. 1394. λαλῶν ἄ.
ἀναπείσειν. Ν. 1340. μέλλεις ἄ., ὡς δίκαιον καὶ καλὸν
Ν. 1342. ἀλλ' οἴομαι μέντοι σ' ἄ., ἅνπερ γ' ᾖς
Π. 573. ὁτιὴ ζητεῖς τοῦτ' ἄ. ἡμᾶς, ὡς ἐστιν ἀμεῖνον
ἀναπείσεις. Ι. 473. διδοὺς ἄ., οὔτε προσπέμπων φίλους,
ἀναπείσει'. Ι. 68. εἰ μή μ' ἄ. ἀποθανεῖσθε τήμερον.
ἀναπείσῃ. Σ 586. ἔδομεν ταύτην ὅπως ἂν ἡμᾶς ἀντιβολήσας ἄ.
ἀναπεισθείντ'. Π. 507. ἀλλ' ὦ πάντων ῥᾷστ' ἀνθρώπων ἄ. οὐχ ὑγιαίνειν
ἀναπειστηρίαν. Ν. 875. ἡ κλῆσις ἡ χαίνουσιν ἄ.;
ἀναπείσω. Ν. 77. ἢν ἦν δὲ τουτονί, σωθήσομαι.
ἀναπέμψαι. Θ. 585. αὐτοῦ, γέροντα, δεῦρ' ἄ. τήμερον.
ἀναπίπτειν. Θ. 451. τοὺς ἄνδρας ἄ. οὕν εἶναι θεοὺς·
ἀναπηπεισμένον. Σ. 101. ὅψ' ἐξεγείρειν αὑτὸν ἄ.,
ἀναπεπλασμένος. Σ. 108. ὑνῦ τοῖς ὄνυξι κηρῶν ἄ.
ἀναπέφηνεν. Θ. 460. κομψότερον ἔτ' ἢ τὸ πρότερον ἄ.
ἀναπεφράσμένος. Λ. 1099. ἀ' κ' αἶδαι ἀμὴ τένδρες ἄ.
ἀναπηγνύασι. Εκ. 843. λαχῷ ἄ., πύκανα πέττεται,
ἀναπηδᾶν. Σ. 1042. ὥστ' ἄ. δειμαίνοντας πολλοὺς ὡς τὸν πολέμαρχον.
ἀναπήδησον. Λ. 929. ἀνίστασ', ἄ. ΚΙ. ἤδη πάντ' ἔχω.
ἀναπηδῶσιν. Ο. 490. ἄ. πάντες ἴσ' ἔργον, χαλκῆς, κεραμῆς, σκυλοδέψαι,
ἀναπεσσάται. Λ. 106. ἰαρταμῶν ἔξαρξ' ἄ. σάτρα.
ἀναπηρίαν. Fr. 106. ἄ.
ἀναπλάττειν. Ν. 995. αἰσχρὸν ποιεῖν, ὅτι τῆς Αἰδοῦς μέλλεις τάγαλμ' ἄ.
ἀνάπλεως. Εκ. 1072. πότερον πίθηκος ἄ. ψιμυθίου,
ἀναπλήσει. Α. 847. δικῶν ἄ.,
Ν. 1023. κατασυγοσύνης ἄ.
Ἀναπνοιῇ. Ν. 627. μὰ τὴν Ἀ., μὴ τὸ Χάος, μὴ τὸν Ἀέρα,
ἀναπόνιπτος. Ι. 357. καταβροχθίσας, καί τ' ἐνιπτῶν ἐκ ζωμῶν ἄ.
ἀναπράξεις. Ι. 1621. ἄ. καὶ ταῦτα. ΠΟΣ. φέρ' ἴδω, τῷ τρώπῳ;
ἀναπτάμενος. Ο. 1206. ἄ. τρίορχος; ΙΡ. ἐμὲ συλλήψεται;
Ο. 1384. ἄ. ἐκ τῶν νεφελῶν καινὰς λαβὼν
ἀναπτερώσεις. Ο. 1439. ἄ. ΣΤ. πάντες; ΠΕ. οὐκ ἀνήκοας,
ἀναπτερώσας. Ο. 1449. ἄ. βούλομαι χρηστοῖς λόγοις
ἀναπτωντας. Λ. 771. ἢν δὲ διαστῶσιν καὶ ἄ. πτερύγεσσιν
ἀναπυθέσθαι. ΕΙ. 693. οἷά μ' ἐκέλευσεν ἄ. σου. ΤΡ. τὰ τί;
ἀναρίθμητα. Ι. 1011. ἄ.
ἀναρίστους. Fr. 391. τρέχω διὰ τῆς ἀγορᾶς ἄ. ὤν.
ἀναρπάσαντα. Σ. 17. ἄ. τοῖς ὄνυξιν ἀσπίδα
ἀναρπάσας. Ι. 52. βούλει παραβῶ σοι δύρπον· εἶτ' ἄ.
ἀναρρήγνυς. Ι. 626. ὁ δ' ἀγρ' ἐνδον ἐλασίβροντ' ἄ. ἔπη
ἀνάρρυσιν. ΕΙ. 890. ταύτης μετέαχα καταργυκεῖν ἄ.
ἀνασείειν. Α. 347. ἐμέλλετ' ἄ' ἅπαντές ἄ. βοήν,
ἀνασπράζεις. Fr. 470. 2. φλύγ' ἄ. ἐπὶ τῷ
ἀνασηκώσαι. Fr. 583. ἄ.
ἀνάσιμον. Εκ. 940. ἢ πρεσβύτεραν
ἀνασκόπει. Θ. 666. καὶ τὰ τῇδε καὶ τὰ δεῦρο πάντ' ἄ. καλῶς.
ἀνασκοποψήνοις. Εκ. 827. διὰ δὴ ταῦτ' ἄ. ἐψηλίετο
ἀνάσσωλαι. Λ. 1200. τοὺς ῥύπους ἄ.,
ἀνάσσων. Β. 902. τὸν δ' ἄ. αὐτοκρίμωσι
ἄνασσα. Λ. 706. ἄ. πράγους τοῦδε καὶ βωυλεύματος,
ἄνασσα. Β. 385. ἄ., συμπαραστάτει,
ἄνασσαν. Θ. 123. σέβυμαι Λατώ τ' ἄ.
Θ. 971. Ἄρτεμιν, ἄ. ἀγνὴν.
ἀναστέλλεσθ'. Εκ. 268. ἄγε νυν ἄ. ἄνω τὰ χιτώνια
ἀναστήσασά. Εκ. 740. πολλάκις ἄ. μ' εἰς ἐκκλησίαν
ἀναστήσεις. Β. 480. ὦ καταγέλαστ', οὐκοῦν ἄ. ταχὺ
ἀνάστρεφ'. Θ. 985. ἀλλ' εἶ' ἐπ' ἀλλ' ἄ. εὐρύθμῳ ποδί,
ἀναστρέψας. Π. 779. ἀλλ' αὐτὰ πάντα πάλιν ἄ. ἐγὼ
ἀνασύρω. Ο. 1240. Διὸς μακέλλῃ πᾶν ἄ. Δίκη,
ἀνάσχισθ'. Α. 296. μηδαμῶς, πρὶν ἂν γ' ἀκούσητ'· ἀλλ' ἄ. ὠγαθοί.
Λ. 765. ἀγουσι νύκτας. ἀλλ' ἄ., ὠγαθαί,
ἀνασχεῖν'. Π. 898. ταῦτ' οὖν ἄ. ἐστίν, ὦ Ζεῦ καὶ θεοί,
ἀνασχετά. Α. 618. ᾧ δημοκρατία. ταῦτα δῆτ' ἄ.;
ΕΙ. 1179. θνῄν' ἂν δ' οἴποι γίνωνται, δρῶσιν οὐκ ἄ.,
ἀνασχεσθυν. Ι. 1365. ταῖς δὲ δόξαι δεινῶν εἶναι τοῦτο νῦν ἄ.
Εκ. 941. οὐ γάρ ἄ. τουτό γ' ἐλευθέρῳ.
Π. 419. τολμήσομα γὰρ τολμάτον οὐκ ἄ.
ἀνάσχῃ. Σ. 514. ἀλλ' ἐὰν σιγῶν ἄ. καὶ μάθῃς ἁγὼ λέγω,
ἀνασχήσομαι. Α. 297. οὐκ ἄ.· μηδὲ λέγε μοι σὺ λόγον
ἀνασωσάμεσθ'. Α. 141. μόνη μετ' ἐμοῦ, τὸ πρᾶγμ' ἄ. ἔτ' ἄν.
ἀνατεθῆναι. Ι. 849. ταύταις ἐὰν αὐτησίτε τοῖς πυρπαξίν ἄ.
ἀνατεθήσεται. Π 938. ἐκειτα πιῦ καλλιον ἄ.
ἀνατίνας. Ο. 1254. πρώτην ἄ. τῶν σκέλη διαμηρίῶ
ἀνατείνοντες. Ο. 623. ἄ. τῷ χειρ' ἀγαθὸν
ἀνατίλλοι. Ν. 754. εἰ μηκέτ' ἄ. σελήνη μηδαμοῦ,
ἀνατενῶ. { Λ. 229. } οὐ πρὸς τὸν ὄροφον ἄ. τὰ Περσικά.
              { 230. }
ἀνατετραμμένα. ΕΙ. 901. ἅρματα δ' ἐπ' ἀλλήλοισιν ἄ.
ἀνατετραμμένος. Β. 543. ἄ. κινῶν ὑπ-
ἀνατετραμμένον. ΕΙ. 537. δούλης μεθυούσης, ἄ. χοῖς,
ἀνατετυρβακώς. Ι. 310. τὴν πύλιν ἅπασαν ἡμῶν ἄ.,
ἀνατί. Εκ. 1020. ἐλκειν ἄ. λαβομένας τοῦ παττάλου.
ἀναιτλάς. ΕΙ. 1035. τις πῶλλ' ἄ. ἕνε-
ἀναπέντες. Ν. 884. ὡς τάδικα λέγων ἄ. τὸν πρείττωα·
ἀναιρέψω. Ν. 901. ἀλλ' ἄ. γοῦτ' ἀντιλέγων·
Σ. 671. δώσετε τὸν φόρον, ἢ βροντήσαι τὴν πύλιν ὑμῶν ἄ.
ἀνατριβομένῳ. Α. 1149. ἄ. τι τὸ δεῖνα.
ἀναφαίνω. Ο. 745. Πανὶ νύμους ἱερούς ἄ.
ἀναφαινέτω. Ι. 950. ἐμοῦ παρουργύτερός τις ἄ.
ἀναφλᾶν. Fr. 93. ἄ.
'Αναφλύστιον. Εκ. 979. 'Α. ζητὼν τιν' ἄνθρωπον. ΓΡ. Α. τίνα;
ἀναφλύσεις. Π. 427. Σεβίνου, ὅστις ἐστίν ἄ.
ἀνάφορον. Fr. 472. ἄ.
ἀναχάσκων. Ο. 502. ἐκυλινδούμην ἱκτίνον ἰδὼν κάθ' ὕπτιος ὢν ἄ.
ἀναχορεύων. Ο. 276. * * ἄ.
ἀναχύρωτον. Fr. 152. ἄ.
ἀναχωρείν. Π. 1208. οὐκ ἔτι τοίνυν εἰκὸς μέλλειν οὐδ' ἡμᾶς, ἀλλ' ἄ.
ἀναχωρήσῃς. Θ. 798. κἀν ἀπιχυνθεῖς ἄ., πολὺ μᾶλλον τὰς ἐπιθυμί
ἀναχωροῦσιν. ΕΙ. 984. ἄ.
ἀναχωρῶ. Ο. 1428. μετὰ τῶν γεράνων τ' ἐκεῖθεν ἄ. πάλιν,
ἀνδάνει. Ι. 553. καὶ χρεματισμοῦ ἄ.
ἀνδρ'. Α. 57. τὸν ἄ. ἀπάγοντες, ὅστις ἡμὶν ἤθελει
Α. 697. ἄ. ἀγαθὼν ὄντα Μαραθῶνι περὶ τὴν πόλιν·
Ι. 278. τουτονὶ τὸν ἄ. ἐγὼ 'νδείκνυμι, καὶ φήμ' ἐξάγειν
841. καὶ πρὸς τὸν ἄ. ἐπιβουλεύοντ' ἄ., ἐπειδὴ σοι λαθὼν θείσαντας·
873. κρίνω σ' ὅσων ἐγῷδα περὶ τὸν δῆμον ἄ. ἄριστον
Ν. 628. οὐκ εἶδον οὕτως ἄ. ἄγροικον οὐδένα
1034. εἴπερ τὸν ἄ. ὑπερβαλεῖ καὶ μὴ γέλωτ' ὀφλήσεις
1048. καί μοι φράσον, τῶν τοῦ Διὸς παίδων τίν' ἄ. ἄριστον
1457. ἀλλ' ἄ. ἀγροικον καὶ γέροντ' ἐπήρετε ἄ.
Σ. 428. ἀλλ' ὄψει τὸν ἄ.· εἰ δὲ μή, φήμ' ἐγὼ
1053. σπᾶς αὐτῷ παρ' ἄ., ὑπ' ὀργῆς τὴν κελήνην ἐσθίων·
ΕΙ. 849. ἀλλ' ἐς τὸν ἄ. ἰκτίνον οὕπερ ἐστ' εἶναι κάτω
Ο. 324. ἄ. ἐδεξάμην ἐραστὰ τῇδετε τῆς ξυνουσίας.
1334. πρὸς ἄ. ὁρῶν πτερώσεσα,
1728. διὰ τυνθὰ τὸν ἄ. ἀλλ' ὑμεναίοις
Λ. 17. ἢ μὲν τὴν ἡμῶν περὶ τὸν ἄ. ἠπίστασεν,
281. οὗτως ἐπολιόρκησ' ἐγὼ τὸν ἄ. ἐκεῖνον ὥμως
831. ἄ. ὑμῶ πρόσωντι παραιπληγμήνον.
Θ. 98. ἄ. οὐδὲν ἐνθάδ' ὄντα, Κυρήνην δ' ὁρῶ.
170. ὁμοιων τῶν ἄ. τ' ἐκεῖνον, εἰ μὴ μαίνομαι,
561. οὐκ εἶπον' οὐδὲ ὡς φαρμακίδας ἑτέρα τὸν ἄ. ἔρνετε.
Εκ. 35. δεῖ γὰρ τὸν ἄ. αὐτῇ λαθεῖν.
270. ὥσπερ τὸν ἄ. ἰθέαδὼ, ὑπ' εἰς ἐκκλησίαν
837. φράσῃ καθ' ἔκαστον ἄ. ὅσοι δειπνήσετε
1126. τὸν ἄ. ὅπου 'στι, τῆς ἐμῆς κεκτημένης.
Fr. 352. 1. ἢν γὰρ ἄ' ἄ. ἄδικον σὺ δίωκης,

ἄνδρα—ἀνδρείως. 17

ἄνδρα. Α. 204. τῇδε πᾶς ἵπου διώκε, καὶ τὸν ἄ. πυνθάνου
Α. 206. ξυλλαβεῖν τὸν ἄ. τοῦτον. ἀλλά μοι μηνύετε,
233. ἀλλὰ δεῖ ζητεῖν τὸν ἄ. καὶ βλέπειν Βαλλήναδε
320. μὴ οὐ καταξαίνειν τὸν ἄ. τοῦτον ἐν φοινικίδα ;
430. οἶδ' ἄ., Μυσῶν Τήλεφον. ΔΙ. ναί. Τήλεφον·
565. τὸν ἄ. τοῦτον, αὐτὸς ὀρθήσει τάχα.
688. ἄ. Τιθωνὸν σπαράττων καὶ ταράττων καὶ κυκῶν.
696. ἄ. ἀγαθὸν ὄντα Μαραθῶνι περὶ τὴν πόλιν ;
702. τῷ γὰρ εἰκὼς ἄ. κυφόν, ἡλίκον Θουκυδίδην,
707. ἄ. πρεσβύτην ὑπ' ἀνδρὸς τοξότου κυκώμενον,
971. εἶδες ὦ εἶδες ὦ πᾶσα πόλι τὸν φρόνιμον ἄ., τὸν ὑπερ-
σόφον,
Ι. 145. φέρε πού τὸν ἄ. τοῦτον ἐξευρήσομεν;
222. χώπως ἀμυνεῖ τῷ ἄ. ΑΛ. καὶ τίς ξύμμαχος
456. χώπως καλῷ τὸν ἄ.
459. ὡς εὖ τὸν ἄ. ποικίλως τ' ἐπῆλθες ἐν λόγοισιν·
760. πρὸς ταῦθ' ὅπως ἕξει πολὺς καὶ λαμπρὸς ἐς τὸν ἄ.
851. τὸν ἄ. κολάσαι τουτονί, σοι τοῦτο μὴ 'κγένηται.
1114. περ ἄ. τύραννον.
1288. ὅστις οὖν τοιοῦτον ἄ. μὴ σφόδρα βδελύττεται,
1304. ἄ. μοχθηρὸν πολίτην, ὀξίνην Ὑπέρβολον
Ν. 418. καὶ βέλτιστον τοῦτο νομίζεις, ὅπερ εἰκὼς δεξιὸς ἄ.
1046. ὅτιῃ νάκιστόν ἐστι καὶ δειλὸν ποιεῖ τὸν ἄ.
1050. ἐγὼ μὲν οὐδέν' Ἡρακλέους Βελτίον' ἄ. κρίνω.
1214. εἶτ' ἄ. τῶν αὐτοῦ τι χρὴ προιέναι ;
1346. τὸν ἄ. κρατήσεις,
Σ. 63. αὖθις τὸν αὐτὸν ἄ. μυττωτεύσομεν.
411. ὡς ἐπ' ἄ. μισόπολιν
923. κυνῶν ἀπάντων ἄ. μονοφαγίστατον,
1000. φεύγοντ' ἀπολύσαι ἄ.; τί ποτε πείσομαι ;
1113. πάντα γὰρ κεντοῦμεν ἄ. κἀκπιορίζομεν βίον,
1277. πρῶτα μὲν ἅπασι φίλον ἄ., τε σοφώτατον,
Ει. 438. τοῦτον τὸν ἄ. μὴ λαβεῖν ποτ' ἀσπίδα.
687. τοῦτον τέως τὸν ἄ. περιεζώσατο,
827. ἄλλον τιν' εἶδες ἄ. κατὰ τὸν ἀέρα
1028. ὅσα χρὴ σοφῷ ἄ.; τί δ' οὗ
1034. ἐν ἄ. τοιοῦτον, ὅσ-
Ο. 794. κᾆθ' ὁρᾷ τὸν ἄ. τῆς γυναικὸς ἐν βουλευτικῷ,
1434. ἀφ' ὧν διαξῃ ἄ. χρὴν τοσουτονὶ
1438. ἄ. πτερώσεις σύ : ΠΕ. πάντες τοῖς λόγοις
1581. τὸν ἄ. χαίρειν οἱ θεοὶ κελεύομεν
Λ. 561. νὴ Δί' ἐγὼ γοῦν ἄ. καμήτην φυλαρχοῦντ' εἶδον ἐφ'
ἵππου
662. ἀλλὰ τὴν ἐξωμίδ' ἐκδιώμεθ', ὡς τὸν ἄ. δεῖ
1276. στήτω παρ' ἄ., κᾆτ' ἐπ' ἀγαθαῖς συμφοραῖς
Θ. 149. χρὴ γὰρ ποιητὴν ἄ. πρὸς τὰ δράματα
454. τοῦτον κολάσαι τὸν ἄ. πολλῶν οὕνεκα·
465. τῆς ὕβρεως ἡμῖν τὸν ἄ. περιφανῶς δοῦναι δίκην,
513. θεῖ μειδιῶσα πρὸς τὸν ἄ. καὶ λέγει,
560. οὐδ' ὡς τὸν ἄ. τῷ πελέκει γυνὴ κατεσπόδησεν,
584. Εὐριπίδην φάσ' ἄ. κηδεστήν τινα
599. ἀλλὰ σκοπεῖν τὸν ἄ. καὶ ζητεῖν ὅπου
610. τίς ἐστ' ἀνήρ σοι; ΜΝ. τὸν ἐμὸν ἄ. συνθάνει ;
832. χρῆν γάρ, ἡμῶν εἰ τέκοι τις ἄ., ἐγχρηστὸν τῇ πόλει.
836. εἰ δὲ δειλὸν καὶ πονηρὸν ἄ. τις τέκοι γυνή,
911. ἔγωγ' ἄρ' ὀρθῶς ἄ. δυστυχέστατον,
Β. 1008. ἀπόκριναί μοι, τίνος οὕνεκα χρὴ θαυμάζειν ἄ. ποιητήν ;
1041. Πατρόκλων, Τεύκρων θυμολεόντων, ἵν' ἐπαίροιμ' ἄ. πολίτην
Ἐκ. 472. τοῦτο ξυνοίσει, ταῦτα χρὴ πάντ' ἄ. δρᾶν.
511. εἴσω παρεσπτύσασα, πρὶν τὸν ἄ. με
Π. 63. δίχου τὸν ἄ. καὶ τὸν ὄρνιν τοῦ θεοῦ.
105. ζητῶν ἔτ' ἄ. τοὺς τρόπους βελτίονα·
654. ἄγαντες ἄ. τότε ἐκ ἄν ἀθλιώτατον,
939. ἡ περὶ πονηρῶν ἄ. καὶ τοιχωρύχων ;
Fr. 418, 1. τὸν ἄ. τῇνδ' ἢ βιβλίον διέφθορεν,
461. κοὐδὲν ἄ. εἰς ἄτοπον οὐδ' ἀνεπιῆλαι μέν.
504. ἐκ οὐκ ἕτερον ἄ. σάρκινον
ἀνδραγαθίας. Π. 191. τιμῆς. ΚΛ. πλαισιόντων. ΧΡ. Δ. ΚΛ. ἰσχάδων
ἀνδραποδ'. Ο. 523. νῦν δ' ἄ., ἡλιθίους, Μανᾶς.
ἀνδραποδιστήν. Ι. 1030. φράζεις, Ἐρεχθεῖδη, κύνα Κύρβερον ἄ.,
ἀνδραποδιστῶν. Π. 521. ἔμπορος ἥκων ἐκ Θετταλίας παρὰ πλείστων ἄ.
ἀνδραπόδοις. Εκ. 593. μηδ' ἄ. τὸν μὲν χρῆσθαι πολλοῖς, τὸν δ' οὐδ' ἀκολούθῳ·
ἀνδραπαβάτης. Fr. 295, δ.
ἀνδράμα. Α. 517. ἀλλ' ἄ. μοχθηρά, παρακεκομμένα,
ἄνδρας. Α. 77. οἱ βάρβαροι γάρ ἄ. ἡγοῦνται μόνους
Α. 600. ὁρῶν πολιοὺς μὲν ἄ. ἐν ταῖς τάξεσιν,
679. σίτινες γέροντας ἄ. ἐμβαλόντες ἐς γραφὰς

ἄνδρας. Ν. 333. κυκλίων τε χορῶν ᾀσματοκάμπτας, ἄ. μετεωρο-φένακας,
Ν. 834. καὶ μηδὲν εἴπῃς φλαῦρον ἄ. δεξιοὺς
986. ἐξ ὧν ἄ. Μαραθωνομάχας ἡμὴ παίδευσις ἐθρέψεν,
Σ. 708. τούτων εἴκοσιν ἄ. βύσκειν εἴ τις προσέταξεν ἑκάστῳ
Ει. 766. καὶ τοὺς ἄ. καὶ τοὺς παῖδας·
Λ. 121. ἀναγκάσειν τοὺς ἄ. εἰρήνην ἄγειν,
168. καὶ τῶς μὲν ἀμὼν ἄ. ἀμεὶ πείσομες
248. τοὺς ἄ. εὐθύς ; ΛΥ. ὀλίγον αὐτῶν μοι μέλει.
336. τας ἄ. ἔρρειν, στελέχη
651. τούφανου γὰρ μοι μέτεστι· καὶ γὰρ ἄ. ἐσφέρω,
763. ποθεῖτ' ἴσως τοὺς ἄ. ἡμᾶς δ' οὐκ οἴει
819. τοὺς ποιηροὺς ἄ. ἀεί,
1001. ἀπήλαον τὼς ἄ. ἀτὺ τῶν ὑσσάκων.
1059. νοις τινὰς Καρυστίους, ἄ.
1083. ὥσπερ παλαιστὰς ἄ. ἀτὺ τῶν γαστέρων
1134. Ἕλληνας ἄ. καὶ πόλεις ἀπώλυτε.
1152. πολλοὺς μὲν ἄ. Θετταλῶν ἀπώλεσαν
Θ. 400. τοὺς ἄ. ἡμῶν· ὥστ', ἐάν γέ τις πλέκῃ
451. τοὺς ἄ. ἀναπείκειν οὐκ εἶναι θεούς·
964. ἐν ἱερῷ γυναικὰ μ' οὖσαν ἄ., οὐκ ὀρθῶς φρονεῖ.
1178. ὀρχησσομένη γὰρ ἔρχεθ' ὡς ἄ. τινάς.
Β. 728. ἄ. ὄντας καὶ δικαίους καὶ καλοὺς τε κἀγαθοὺς,
858. ἄ. ποιητὰς ὥσπερ ἀρτοπώλιδας.
1030. ταῦτα γάρ ἄ. χρὴ ποιητὰς ἀσκεῖν, σκέψαι γὰρ ἐπ' ὀρχῆς,
Ἐκ. 101. τίς οὐκ ἂν ἡμᾶς ἄ. ἡγήσαιθ' ὁρῶν ;
166. γυναῖκας αὖ, δύστηνε, τοὺς ἄ. λέγεις ;
180. χαλεπὸν μὲν οὖν ἄ. δυσαρέστους νουθετεῖν,
224. τοὺς ἄ. ἐπιτρίβουσιν ὥσπερ καὶ πρὸ τοῦ·
Π. 258. ὡς εἰκός ἐστιν ἀσθενεῖς γέροντας ἄ. ἤδη ;
558. οὐ γιγνώσκων ὅτι τοῦ Πλούτου παρέχω βελτίονας ἄ.
Fr. 1. τί ὑποτεκμαίρει καὶ κακῶς ἄ. λέγεις
328. τοὺς ἄ. ἀπεχρήσαντο τοὺς παιδοστύρους.
500, 2. πρὸς ἄ. εἰσὶν ἐκπετήσιμοι σχεδόν.
ἀνδράσι. Ι. 592. γὰρ τοῖς ἄ. τοίσδε πά-
Σ. 1197. ἀλλ' ἕτερον εἶπέ μοι· παρ' ἄ. ξένοις
1256. σὺκ, ἤν ξυνῇς γ' ἄ. καλοῖς τε κἀγαθοῖς.
Ει. 51. καὶ τοῖσιν ἀνδράσισι καὶ τοῖς ἄ.
Λ. 553. κᾆτ' ἐντέξῃ τέταναν τερπνὸν τοῖς ἄ. καὶ ῥοπαλισμοὺς,
815. πολλὰ καταρασάμενος ἄ. πονηροῖς.
Θ. 824. τοῖς δ' ἀνδράσιν ἄ. τούτοις
Ἐκ. 614. καὶ ταύτας γὰρ κοινὰς ποιῶ τοῖς ἄ. συγκατακεῖσθαι
ἀνδράσιν. Ν. 316. ἥμιστ', ἀλλ' οὐράνιαι Νεφέλαι, μεγάλαι θεαὶ ἄ. ἀργοῖς·
Ν. 833. ὥστ' ἄ. πεῖθει χολῶσιν ; ΣΤ. εὐστύμει,
Ν. 1185. μῦς καὶ γαλᾶς μέλλεις λέγειν ἐν ἄ. ;
Ει. 52. καὶ τοῖς ὑπερτάτοισιν ἄ. φράσω
Λ. 10. ὁτιὴ παρὰ μὲν ἄ. νενομίσμεθα
628. καὶ διαλπεῖν πρὸς ἡμᾶς ἄ. Λακωνικοῖς,
679. ἃς Μίκων ἔγραφ' ἐφ' ἵππων μαχομένας τοῖς ἄ.
Θ. 394. τὰς οὐδὲν ὑγιές, τὰς μίγ' ἄ. κακόν·
457. ἀλλ' εἰς ἀγορὰν ἄπειμι· δεῖ γάρ ἄ.
831. τοίσιν ἄ. δικαίως· ἐν δ' ὑπερφυέστατον.
1150. οὗ δὴ ἄ. οὐ θεμιτὸν εἰσορᾶν
1168. ἀ τῶν ὑποικουρεῖτε, τοῖσιν ἄ.
Ἐκ. 485. πάσαις παρὰ τοῖς ἄ. τὸ πρᾶγμα τοῦτ' ἐλεγχθέν.
Π. 1061. πίνων οὐχ ἥδιον ἐν τοσούτοισι ἄ.
ἄνδρε. Ο. 318. ἄ. γὰρ λεπτὼ λογιστὰ δεῦρ' ἀφίχθον ὡς ἐμέ.
Ο. 367. ἀπολέσαι, παθύντες οὐδέν, ἄ. καὶ διασπάσαι
Π. 441. ἀλλ' ἄ. δύο συγκύψαντε φεύγωμεν μίαν ;
ἀνδρεία. Θ. 154. ἄ. δ' ἢν ποιῇ τις, ἐν τῷ σώματι
ἀνδρείᾳ. Β. 491. ἄ. γ', ᾦ Πόσειδον. ΔΙ. οἴμαι νὴ Δία.
ἀνδρείαις. Ι. 268. ἑστάναι μητρωίοισι ὑμῶν ἐστιν ἄ. χάριν.
Ν. 510. ἀλλ' ἴθι χαίρων τῆς ἄ.
ἀνδρείου. Ο. 1349. καὶ τοῦ ἄ. γε πάνυ νομίζομεν,
ἀνδρεῖος. Ο. 91. οὐκ ἄρ' ἀνθμαι' ἄγαθ', ὃς ἄ. εἶ.
ἀνδρειόταται. Εκ. 519. ἐν τῷ θορύβῳ καὶ τοῖς δεινοῖς ἄ. γεγόνησθε.
ἀνδρειοτάτη. Λ. 549. ἀλλ', ὦ πηθῶν ἄ. καὶ μητριδίων ἀκαλπφῶν.
Λ. 1108. χαῖρ', ὦ πασῶν ἄ. · δεῖ δὴ νυνί σε γενέσθαι
ἀνδρειότατον. Σ. 1200. ἐκείν' ἐκείν' ἄ. γε τῶν ἐμῶν,
Ν. 1052. καίτοι τίς ἄ. ἤν ; ΔΙ. ταῦτ' ἐστὶ ταῦτ' ἐκεῖνα,
ἀνδρειότερος. Β. 1024. ἄ. ἐς τὸν πόλεμον καὶ τοῦτου γ' οὕνεκα τύπτω.
ἀνδρειοτέρους. Β. 1019. ἄ. πολλῷ· ῥνὶ γὰρ τέτταρας ἦν ἄρξειε,
ἀνδρείους. Λ. 559. νὴ Δία· χρῆν γὰρ τοὺς ἄ. ΛΥ. καὶ μὴν τό γε πρᾶγμα γέλοιον,
Ἐκ. 679. τοὺς ἄ. ἐν τῷ πολέμῳ, κεῖ τις δειλὸς γεγένηται,
ἀνδρείως. Ει. 498. τῆς εἰρήνης σπᾶσ' ἄ.
Ει. 732. ἀλλὰ φυλάττετε ταῦτ' ἄ.· ἡμεῖς δ' αὖ τοῖσι θεαταῖς,

D

ἀνδρείως—ἀνεβρύαξαν.

ἀνδρείως. Β. 372. χώρει νυν πᾶς ἀ.
ἀνδρεραστρίας. Θ. 392. τὰς μοιχατρύπαις, τὰς ἀ. καλῶν,
ἄνδρες. Α. 238. σίγα πᾶς. ἠκούσατ', ἀ., ἄρα τῆς εὐφημίας;
Α. 328. εἰπέ μοι, τί τοῦτ' ἀπιλεῖ τοῦτος, ἄ. δημόται,
497. μή μοι φθονήσητ', ἄ. οἱ θεώμενοι,
515. ἡμῶν γὰρ ἄ., οὐχὶ τὴν πόλιν λέγω,
755. ἄ. πρόβουλοι ταῦτ' ἔπραττον τῇ πόλει,
Ι. 225. ἀλλ' εἰσὶν ἱππῆς ἄ. ἀγαθοὶ χίλιοι
242. ἄ. ἱππῆς, παραγίνεσθε· νῦν ὁ καιρός. ὦ Σίμον.
333. ἀλλ' ὦ τραφεὶς ὕθενπέρ εἰσιν ἄ. οἵπερ εἰσὶ
471. καὶ ξυγκροτοῦσιν ἄ. αὖτ' ἐκεῖθεν αὖ,
566, ἄ. ἦσαν τῆσδε τῆς γῆς ἄξιοι καὶ τοῦ πέπλου,
654. γνώμην ἔλεξεν ἄ., ἤδη μοι δοκεῖ
Ν. 95. ἐνταῦθ' ἐνοικοῦσ' ἄ. οἱ τὸν οὐρανὸν
Σ. 360. ἄ. ὁπλῖται διατεξάμενοι
553. ἄ. μεγάλοι καὶ τετραπήχειτ' κάπειτ' εὐθὺς προσιόντι
908. ἄ. δικασταί, τουτονί, δεινότητα γὰρ
1062. καὶ κατ' αὐτὸ δὴ μόνον τοῦτ' ἄ. ἀνδρικώτατοι,
ΕΙ. 9. ἄ. κοπρολόγοι, προσλάβεσθε πρὸς θεῶν,
214. τουτὶ μέν, ἄ. οὐδὲν ἡμῖν πρᾶγμά πω·
500. Δ. Μεγαρῆς, οὐκ ἐς κόμακας ἐρρήσετε;
1065. συνθήναι πεποίησθ' ἄ. χαροποῖσι πιθήκοις,
1355. ὦ χαίρετε χαίρετ', ἄ.
Ο. 685. ἄγε δὴ φύσιν ἄ. ἀμαυρόβιοι, φύλλων γενεᾷ προσόμοιοι,
706. διὰ τὴν ἰσχὺν τὴν ἡμετέραν διεμήρισαν ἄ. ἱραστοί,
Λ. 351. οὐ γάρ ποτ' ἂν χρηστοί γ' ἔδραν, ὦσθ' εὐσεβεῖς τάδ' ἄ.
615. ἀλλ' ἐπαποδυώμεθ', ἄ., τουτῳὶ τῷ πράγματι.
621. δεῦρο συνεληλυθότες ἄ. ἐς Κλεισθένους
630. ἀλλὰ ταῦθ' ὕφηναν ἡμῖν, ἄ., ἐπὶ τυραννίδι.
1074. ἄ. Λάκωνες πρῶτα μέν μοι χαίρετε,
1087. ὡς ἄ. ἡμεῖς αὐτοὶ τοιουτοσί.
1122. ἄ. Λάκωνες, στῆτε παρ' ἐμὲ πλησίον,
Θ. 421. ἔξεστιν. οἱ γὰρ ἄ. ἤδη κλείδια
Π. 254. ἄ. φίλοι καὶ δημόται καὶ τοῦ πονεῖν ἱρασταὶ,
628. γέροντες ἄ. ἐπ' ὁλίγοισιν ἀλφίτοις,
Fr. 196, 6. ἄ. παρ' ὑμῖν ᾀδομαῖταί· β. νὴ Δία
ἄνδρες. Α. 115. Ἕλληνικὸν γ' ἐπένευσαν ἄ. αὐτοί,
Ι. 244. ἄ. ἐγγύς· ἀλλ' ἀμύνου, κἀποκαστρέφου πάλιν.
ΕΙ. 464. ἀλλ' οὐχ ἕλκουσ' ἄ. ὁμοίωι.
967. δώσουσιν αὐτοῖς ἄ. ΤΡ. ἀλλ' εὐχώμεθα.
Λ. 152. στύοιντ' ἂν ἄ. κὑπιθυμοῖεν πλεκοῦν,
157. τί δ', ἢν ἀφίωσ' ἄ. ἡμᾶς, ὦ μέλε;
1117. μηθ' ὥσπερ ἡμῶν ἄ. ἀμαθῶς τοῦτ' ἕδραν,
Θ. 409. ἄ. γὰρ ἤδη παρακάθηνται πλησίον
Β. 1411. ἄ. σοφοί, κἀγὼ μὲν αὑτοὺς οὐ κρινῶ.
Εκ. 877. τί ποθ' ἄ. οὐχ ἥκουσιν; ὥρα δ' ἦν πάλαι·
Π. 767. ὡς ἄ. ἐγγύς εἰσιν ἤδη τῶν θυρῶν.
ἄνδρεσσι. Λ. 520. ὑποτέξεσθαι μακρὰ τὴν κεφαλὴν· πύλεμος δ' ἄ. μελήσει.
ἀνδρί. Ν. 1219. ἐχθρὸς ἔτι πρὸς τούτοισιν ἀ. δημότῃ.
Ο. 1319. καλῶν ἄ. μετωπικῆ·
Β. 1254. ἄ. τῷ πολὺ πλεῖστα δὴ
ἀνδριάντα. ΕΙ. 1183. εἶτα προστὰς πρὸς τὸν ἀ. τὸν Πανδίονος,
ἀνδριάντες. Ο. 1115. ὥσπερ ἄ. ὑμῶν ἐς ἂν μὴ μὴν' ἔχῃ,
ἀνδριζέσθαι. Fr. 653. ἄ.
ἀνδρικὸν. Α. 697. πολλὰ δὴ ξυμπονήσαντα, καὶ θερμὸν ἀπομορξάμενον ἄ. ἱδρῶτα δὴ καὶ πολὺν,
ἀνδρικῶς. Ι. 451. παῖ' ἄ. ΚΛ. ἰοὺ ἰού,
Ι. 599. ὡς δτ' ἐς τὰς ἱππαγωγοὺς εἰσεπήδων ἄ.,
ΕΙ. 478. ἀλλ' οἱ λύκωνες, ὠγάθ', ἥκουσ' ἄ.
1307. ἀλλ' ἄ. ἐμβάλλετον,
Θ. 1204. ἐγὼ δὲ λύσω τύνδε, σὺ δ' ὅπως ἄ.
ἀνδρομάκεια. Ι. 81. ὅπως ἂν ἀποθάνωμεν ἄ.
Ι. 82. πῶς δῆτα πῶς γένοιτ' ἂν ἄ.;
453. παῖ' αὐτὸν ἄ.;
ἀνδρικώτατον. Σ. 1062. καὶ κατ' αὐτὸ δὴ μόνον τοῦτ' ἄνδρες ἄ.,
ἀνδρικώτατον. Σ. 1077. ἄ. γένος καὶ πλεῖστα τῆσδε τὴν πόλιν
ΕΙ. 515. τείνωμεν ἄ.
ἀνδριστί. ΕΙ. 51. καὶ τοῦσιν ἄ. καὶ τοῖς ἀνδράσι
ἀνδριστί. Εκ. 149. γάρ νυν ὅπως ἄ. καὶ καλῶς ἐρεῖς,
ἀνδροβάτην. Β. 1264. Φθιῶτ' Ἀχιλλεῦ, τί ποτ' ἄ. ἀκούων,
ἀνδροῖν. Β. 890. παρὰ σοφοῖν ἄ. ἀκούσας τίνα λόγων
ἀνδροκλεῖ. Σ. 1187. ὡς ξυνεθεώρεις Ἀ. καὶ Κλεισθένει.
Ἀνδρομίδα. Θ. 1070. τί ποτ' Ἀ. περίαλλα κακῶν
Θ. 1113. αὕτη γάρ ἐστιν Ἀ. παῖς Κηφέως.
Ἀνδρομίδα. Θ. 1012. ὅτι δεῖ με γίγνεσθ' Ἀ.· πάνταις δέ μοι Β. 53. τὴν Ἀ. πρὸς ἐμαυτὸν ἐξαίρετος νύθας
ἀνδρῶν. Α. 707. ἄνδρα πρεσβύτην ὑπ' ἄ. τοξόταις κυκώμενον,
Ι. 192. τί ἐστιν ἄ. οὐδὲ χρηστοῦ τοῦτε τρόπουι,
1277. αὑτὴν ἦν ἔνδηλοι, οὐκ ἂν ἄ. ἐμνήσθην φίλων.

ἀνδρὸς. Ν. 810. σὺ δ' ἄ. ἐκπεπληγμένου καὶ φανερῶς ἐπηρμένου
Σ. 369. ταῦτα μὲν πρὸς ἄ. ἐστ' ἄρυντος ἐς σωτηρίαν,
ΕΙ. 774. ἄ. τὸ μέτωπον ἔχοντας.
1293. ἄ. βουλομάχου καὶ κλαυσιμάχου τινὸς υἱός.
Α. 663. ἄ. ὄξειν εὐθὺς, ἀλλ' οὐκ ἐντεθριῶσθαι πρέπει.
Ο. 718. πρὸς τ' ἐμπορίαν καὶ πρὸς βίωτου κτῆσιν καὶ πρὸς γάμον ἄ.
Θ. 177. Ἀγάθων, σοφοῦ πρὸς ἄ., ὅστις ἐν βραχεῖ
289. καὶ τὴν θυγατέρα χοῖρον ἄ. μοι τυχεῖν
545. ὑπὲρ ἄ. ἀντειπεῖν, ὃς ἡμᾶς πολλὰ κακὰ δέδρακεν
Β. 37. ἀλλ' ἄ.· ΔΙ. ἀτταταῖ. ΗΡ. ξυνεγένου Κλεισθένει·
534. ταῦτα μὲν πρὸς ἄ. ἐστι
540. δεξιοῦ πρὸς ἄ. ἐστι
820. φωτὸς ἀμνναμένου φρενατέκτονος ἄ.
1499. παραφροναῦντος ἄ.
Π. 61. ἀλλ' εἴ τι χαίρεις ἄ. εὐόρκου τρόποις,
245. μετρίου γάρ ἄ. οὐκ ἐπέτυχες πώποτε.
355. πρὸς ἄ. ὑγιῆς ἔστ' εἰργασμένου
Fr. 94, 2. ἄ. πρεσβύτου. τελεῖς δ' ἀγαθὴν ἵπαιοίδήν.
510, 2. βασκάνιον ἐπὶ κάμινον ἄ. χαλκέως.
ἀνδρῶν. Α. 168. ἐν τῇ πατρίδι καὶ ταῦθ' ὑπ' ἄ. βαρβάρων;
Α. 353. τὸν θυμὸν ἄ. ὥστε βάλλειν καὶ βοᾶν
482. μέλλων ὑπὲρ Λακεδαιμονίων ἄ. λέγειν·
700. ὧν δ' ὑπ' ἄ. πονηρῶν σφόδρα διοικύμεθα, κᾆτα πρὸς ἀλισκόμεθα,
Ι. 257. παραβοηθεῖθ', ὡς ὑπ' ἄ. τύπτομαι ξυνωμοτῶν
611. ὦ φίλταθ' ἄ. καὶ νεανικώτατε,
753. οἴκοι μὲν ἄ. ἐστι δεξιώτατος,
1306. καί τιν' εἰπεῖν, ἥτις ἄ. ἄσσον οὐκ ἐληλύθει·
1335. ὦ φίλταθ' ἄ. ἐλθὲ δεῦρ', Ἀγοράκριτε.
Ν. 524. ἔργον πλεῖστον· εἶτ' ἀνεχώρουν ὑπ' ἄ. φορτικῶν
528. ἐξ ὅτου γὰρ ἐνθάδ' ὑπ' ἄ., οἷς ἡδὺ καὶ λέγειν,
Σ. 80. αὑτη γε χρηστῶν ἐστιν ἄ. ἡ νόσος.
439. περιορᾶς οὕτω μ' ὑπ' ἄ. βαρβάρων χειραύμενον,
454. σύκεν' ἐς μακρὰν, ἵν' εἰδῆθ' οἷοτ ἐστ' ἄ. τρόπος
517. οὐκ ἐπαίει ὑπ' ἄ., οὓς σὺ μόνου σὺ προσκυνεῖς
1160. ἔχθραων παρ' ἄ. δυσμενῆ παττύματι,
1175. ἄ. παρώντων πολυμαθῶν καὶ δεξιῶν,
ΕΙ. 627. οὐδὲν αἰτίων ἄν ἄ. τὰς ἐκηβόλους ματίσθων·
679. κλείουσα θεῶν τε γάμους ἄ. τε δαῖτας
1132. καν μιτ' ἄ. ἑται·
1270. ὡν ἀθ' ὁπλοτέρων ἄ. ἀρχόμεθα. ΤΡ. παῦσαι
1276. ἔνθα δ' ἄμ' οἴμωγή τε καὶ εὐχωλὴ πέλεν ἄ.
1277. ἄ. οἴμωγή· κλαύσει ῃ τῶν Διώνυσου·
Ο. 378. αὐτίχ' ἂ. πύλεις παρ' ἄ. γ' ἵμαθον ἐχθρῶν κοῦ φίλων
609. οὐκ ἂλθ' ὅτι πένθ' ἄ. γενεὰς ζώει λακέριζα κορώνη,
997. σὺ δ' εἴ τίς ἄ. ΜΕ. ὅστις εἰμ' ἐγώ; Μέτων.
Λ. 50. ἄ. ἐπ' ἀλληλοισιν αἱρεσται δύρυ,
508. ὑπὸ σοφρασύνης τῆς ἡμετέρας, τῶν ἄ., ἅττ' ἐποιεῖτε·
719. οἷα τ' ἀνὸ τῶν ἄ. ἀποδιδράσκουσι γάρ.
858. νὴ τὴν Ἀφροδίτην· κᾶν περὶ ἄ. γ' ἐλαγόν
Β. 810. σύτως ἡμεῖς πολὺ βελτίων τῶν ἄ. εἰ σχωμιθ' εἶναι.
Β. 157. ἄ. γυναικῶν, καὶ κρότων χειρῶν σολῶν,
806. σοφῶν γὰρ ἄ. ἀποραῖν εὑρισκότην,
835. ὦ δαιμόνι' ἄ., μὴ μεγάλα λίαν λέγε.
877. ἄ. γνωμοτύπων, ὅτε ἐν ξμεν ἔχουσιν ἐρίσμαιν ἐγκῶνας
1036. τάξεις, ἀρετάς, ὁπλίσεις ἄ.· ΔΙ. καὶ μὴν οὐ Πάντα κλέα γε
1049. καὶ τί βλάπτουσ', ὦ σχέτλι' ἄ., τὴν πόλιν ἁμαι Σθενέβοιαι;
1050. ὅτι γενναίας καὶ γενναίων ἄ. ἀλόχους ἀνέπεισαι
1227. ὦ δαιμόνι' ἄ., ἀποπρίω τὴν λήκυθον,
1276. κύριος ἐστιν γέφυρη· ὁδιον κράτος αἴσιον ἄ.
1369. ποιητῶν τυρσαλῆσαι τέχνην.
Εκ. 429. ἄρ' ἐστι ταῦτ' ἄ. τί ἡμῖν ὕστις ἐπακολουθεῖ;
564. ὦ δαιμόνι' ἄ., τὴν γυναῖκ' ἕα λέγειν.
624. μηδεμιᾶς ᾖ τρύπημα κενόν· τὸ δὲ τῶν ἄ. τί παιθήσει;
Π. 79. ἄ. ἀπάντων, εἴτ' ἐσίγας Πλαύντος ὤν;
684. ταλάττατ' ἄ., οὐκ ἐδεδοίκεις τὸν θεόν;
788. ὦ φίλτατ' ἄ. καὶ σὺ κοῦ σὺ χαίρετον.
1060. ταλάντατ' ἄ., οὐχ ὑγιαίνειν μοι δοκεῖς,
Fr. 203, 1. ἄρ' ἔνδον ἄ. κισταρέαν ἀποικία·
327. ἀπαντων πᾶσ' ἀγάρυιφ' ἐστία.
ἀνδρῶν. Fr. 54. κούσιν τις στραπτίματ ἀ. αὐτοσί
ἀνδρῶνας. Εκ. 676. τὰ δικαστήρια καὶ τὰς στοὰς ἄ. πάντα ποιήσω.
ἀνέδα. Β. 779. μὰ Δί', ἀλλ' ὁ δῆμος ἄ. κρίσιν ποιεῖν
ἀνεβορβόρυζεν Εκ. 433. ἄ. ΒΛ. νοῦν γὰρ εἶχον νὴ Δία.
ἀνεβρύαξαν. Β. 510. ἄ. ἐπέκοτα, καὶ τραγήματα
ἀνεβρύαξαν. Ι. 602. ἐμβαλόντες ἄ. ἱππατπαῖ τίς ἐμβαλεῖ;

ἀνεγείρας—ἀνῆλθεν. 19

ἀνεγείρας. Ο. 203. ἔπειτ' ἀ. τὴν ἐμὴν ἀηδόνα.
ἀνεγείρει, Β. 360. ἀλλ' ἀ. καὶ ῥιπίζει, κερδῶν ἰδίων ἐπιθυμῶν.
ἀνεγείρετε. Β. 370. ἐξίστασθαι μύσταισι χοροῖς· ὑμεῖς δ' ἀ. μολπὴν
ἀνεγείρι. Θ. 1176. τί τὸ βόμβο τοῦτο ; κῶμο τίς ἀ. μοι.
ἀνεξητημένον. Λ. 26. ἀλλ' ἔστιν ὑπ' ἐμοῦ πρᾶγμ' ἀ.,
ἀνείλετο. Ν. 531. ἐξέθηκα, ταῖς δ' ἐνέρα τις λαβοῦσ' ἀ.,
Fr. 145, 2. ὑπὸ τῶπικλίντρῳ. β. μῶν τις αὖτ' ἀ.;
ἀνειλόμαν. Α. 810. ἐγὼ γὰρ αὐτῶν τἀνδε μίαν ἀ.
ἀνείμεν. Σ. 574. χἠμεῖς αὐτῷ τότε τῆς ὀργῆς ὀλίγον τὸν κύλλον' ἀ.
ἄνειμι. Ν. 1058. ἀ. δῆτ' ἐντεῦθεν ἐς τὴν γλῶτταν, ἣν ὁδὶ μὲν
ἄνειπε. Εἰ. 550. Ἴθι νυν, ἀ. τοὺς γεωργοὺς ἀπιέναι.
ἀνειπεῖν. Ο. 1076. βουλόμεσθ' οὖν νῦν ἀ. ταῦτα χἡμεῖς ἐνθάδε·
Ο. 1084. ταῦτα βουλόμεσθ' ἀ. κεἴ τις ὄρνιθας τρέφει
ἀνείπων. Α. 11. ὃ δ' ἀ. εἴσαγ', ὦ Θέογνι, τὸν χορόν·
ἀνείπω. Σ. 1497. φέρε νυν ἀ. κἀντογωνιστὰς καλῶ.
ἀνείρετε. Α. 1006. τὰ λαγῷα, ταχέως τοὺς στεφάνους ἀ.
ἀνεῖται. Ν. 955. νῦν γὰρ ἅπας ἐνθάδε κίνδυνος ἀ. σοφίας.
ἀνείχες. Fr. 519. σὺ δ' οὐκ ἀ. αὐτὸν ὥσπερ εἰκὸς ἦν.
ἀνεκάς. Σ. 18. φέρειν ἐπίχαλκον ἀ. ἐς τὸν οὐρανόν.
Fr. 234, 2. ἐὰν ἀ., λέγε, χαῖρε φέγγος ἡλίου.
ἀνεκεράννυ. Β. 511. ἔφραγε, κρίνον ἀ. γλυκύτατον.
ἀνεκήρυττεν. Π. 585. ἀ. τῶν ἀσκητῶν τοὺς νικῶντας στεφανώσαι
ἀνέκραγ'. Εκ. 821. ἀ. ὁ κῆρυξ, μὴ δέχεσθαι μηδένα
ἀνέκραγεν. Θ. 511. ἐκ τοῦ στόματος τοῦ παιδίου, τὸ δ' ἀ.
ἀνέκραγον. Α. 182. ἔπειτ' ἀ. πάντες, ὦ μιαρώτατε,
Ι. 642. ἀ.· ὦ βουλὴ, λόγους ἀγαθοὺς φέρων
670. οἱ δ' ἐξ ἑνὸς στόματος ἅπαντες ἀ.
ἀνεκρότησ'. Π. 739. ἐγὼ δὲ τῶ χεῖρ' ἀ. ὑφ' ἡδονῆς.
ἀνεκρότησαν. 1. 651. οἱ δ' ἀ. καὶ πρὸς ἐμ' ἐκεχήνεσαν
Σ. 1314. οἱ δ' ἀ., πλήν γε Θουφράστου μόνου
ἀνίκτ'. Θ. 563. 'Αχαρνικὴ τὸν πατέρα. ΓΥ. Γ. ταυτὶ δῆτ' ἀ. ἀκούειν·
ἀνεκτέα. Λ. 477. οὐ γάρ ἐτ' ἀ. τάδ', ἀλλὰ βασανιστέον
ἀνίκυψεν. Β. 1068. κἂν ταῦτα λέγων ἐξαπατήσῃ, παρὰ τοὺς ἰχθῦς ἀ.
ἀνελεύθερον. Fr. 552, 3. οὔτ' ἀ. ὑπαγρωνικοτέραν.
ἀνελεύθερός. Π. 591. εἰ πλούσιος ὢν δ. ἔσθ' οὑτωσὶ καὶ φιλοκερδής.
ἀνελθεῖν. ΕΙ. 445. ἐς φῶς ἀ., ὦ πότνι', ἐν ταῖσιν μάχαις
ἀνελισσομίνη. Β. 827. γλώσσ', ἀ. φθονερούς κινοῦσα χαλινούς,
ἀνέλκει. Σ. 568. κἂν μὴ τούτοις ἀναπειθομένας, τὰ παιδίμ' εἶθις ἀ.
ἀνελκύσαι. ΕΙ. 307. πρὶν μοχλοῖς καὶ μηχαναῖσίν ἐς τὸ φῶς ἀ.
ἀνελκύσας. Α. 687. κᾆτ' ἐρωτᾷ, σκανδάληθρ' ἱστὰς ἐπῶν
ἀνελομένων. Ο. 449. ἀ. θώπλ' ἀπιέναι πάλιν οἴκαδε,
ἀνελόντες. Σ. 386. ἀ. καὶ κατακλαύσαντες θεῖναί μ' ὑπὸ τοῖσι δρυφάκτοισι.
ἀνελοῦ. Σ. 330. κᾆπειτ' ἀ. μ' ἀποφυσήσας
ἀνεμεστώθη. Β. 1084. ὑπὸ γραμματέων ἀ.,
ἀνεμέτρει. Ν. 152. ταύτας ὑπολύσας ἀ. τὸ χωρίον.
Fr. 5x2. ἀ. τὸ χωρίον.
ἀνεμιμνησκόμην. Β. 661. ἰαμβον Ἱππώνακτος ἀ.
ἄνεμος. Ν. 404. ὅταν ἐς ταύτας ἀ. ξηρὸς μετεωρισθεὶς κατακλεισθῇ,
ἀνέμους. Ι. 543. κᾆτ' ἐντεῦθεν προρατεύσαι καὶ τοὺς ἀ. διαθρῆσαι,
ἀνεμόεσσι. Ο. 697. στίλβων νώτων πτερύγοιν χρυσαῖν, εἰκὼς ἀ. δίναις.
ἀνέμων. Ο. 1396. ἅμ' ἀ. πνοαῖσι βαίην.
ἀνένευσε. Ο. 840. λικάπην ἀ., κατάπες' ἀπὸ τῆς κλίμακος.
ἀνένευσε. Α. 611. ἀ.· κοίτοι γ' ἐστὶ σώφρων κἀγαθήσ.
ἀνέντες. Β. 700. ἀλλὰ τῆς ὀργῆς ἀ., ὦ σοφώτατοι φύσει,
ἀνεπαύομην. Π. 695. ἔπειτ' ἐπειδὴ μεστὸς ἦν ἀ.
ἀνέπεισε. Σ. 116. ἀ. αὐτὸν μὴ φορεῖν τριβώνιον
ἀνέπεισε. Β. 1050. ὅτι γενναίας καὶ γενναίων ἀνδρῶν ἀλόχους ἀ.
ἀνέπεισεν. Β. 1071. τῶν μειρακίων σταμυλλομένων, καὶ τοὺς παράλους ἀ.
ἀνέπεμψε. Θ. 1045. ἐπὶ δὲ τοῖσδε τῷδ' ἀ.
ἀνεπήδησ'. Εκ. 428. λευκίς τις ἀ., ὅμοιος Νικίᾳ.
ἀνεπηδήσαμεν. Β. 566. ἐπὶ τὴν κατήλιφ' εὐθὺς ἀ.
ἀνῆπται'. Β. 1352. ὁ δ' ἀ. ἀ. ἐς αἰθέρα κουφοτάταις πτερύγων ἀκμαῖς·
ἀνέπτατο. Ο. 795. οὗτος ἂν πάλιν παρ' ὑμῶν πτερύγισας ἀ.,
ἀνεπτέρωκεν. Ο. 1443. λέγων ἀ. ὥσθ' ἱππηλατεῖν.
ἀνεπτέρωμαι. 434. λόγων ἀ.
ἀνεπτερῶσθαι. Ο. 1445. ἀ. καὶ πεπότησθαι τὰς φρένας.
ἀνεπτόμεσθ'. Ο. 35. ἀ. ἐκ τῆς πατρίδος ἀμφοῖν ποδοῖν,
ἄνερ. Π. 1025. ταῦτ' οὖν ὁ θεὸς, ὦ φίλ' ἀ., οὐκ ὀρθῶς ποιεῖ,

ἀνέρες. Ο. 687. ἀπῆνες ἐφημέριοι, ταλαιοὶ βροτοί, ἀ. εἰκελόνειροι,
ἀνέροιτο. ΕΙ. 745. ἵν' ὁ σύνδουλος σκώψας αὐτοῦ τὰς πληγὰς εἴτ' ἀ.
ἀνέρος. Β. 708. εἰ δ' ἐγὼ ὀρθῶς ἰδεῖν βίον ἀ. ἢ τρόπον ὅστις ἐτ' οἰμώξεται,
ἀνερπύσαι. ΕΙ. 586. εἰς ἀγρὸν ἀ.
ἀνέριμμαι. Fr. 545. φράξε τοίνυν, ὡς ἐγώ σοι πᾶς ἀ. κύβος.
ἀνερριχᾶτ'. ΕΙ. 70. πρὸς ταῦτ' ἀ. ἂν ἐς τὸν οὐρανόν,
ἀνέρχεθ'. Θ. 281. ὅσον τὸ χρῆμ' ἀ. ὑπὸ τῆς λιγνύος.
ἀνέρωμαι. Εκ. 57. κάθησθε τοίνυν, ὡς ἂν ἀ. τάδε
ἀνέρων. Ι. 1295. φασὶ μὲν γὰρ αὐτὸν ἐρεντόμενον τὰ τῶν ἐχόντων ἀ.
ἀνερώτα. Λ. 484. ἀλλ' ἀ., καὶ μὴ πείθου, καὶ πρόσφερε πάντας ἐλέγχους
Π. 499. οὐδεὶς ἂν ἐγὼ τούτου μάρτυς· μηδὲν ταύτην γ' ἀ.
ἄνες. Σ. 452. ἀλλ' ἀ. με καὶ σὺ καὶ σὺ. πρὶν τὸν υἱὸν ἐκδραμεῖν.
ἀνεσακώς. Α. 1069. καὶ μὴν ἰδὲ τις τὰς ὀφρῦς ἀ.
ἀνέσασσε. Π. 691. ἡ δ' εὐθέως τὴν χεῖρα πάλιν ἀ.
ἀνέσασσεν. 1. 631. κάβλειψε πάπυ, καὶ τὰ μέτωπ' ἀ.
ἀνεστήκασι. Σ. 217. νὴ τὸν Δί', ὀψὲ νῦν ἀ. γάρ.
ἀνεστήκει. Π. 738. ὁ Πλοῦτος, ὦ δέσποιν', ἀ. βλέπων
ἀνεστηκυῖα. Εκ. 1073. ἢ γραῦς ἀ. παρὰ τῶν πλειόνων·
ἀνέστην. Θ. 384. λέξουσ' ἀ., ὦ γυναῖκες· ἀλλὰ γὰρ
Β. 490. ἐγὼ δ' ἀ. καὶ προσεῖπ' ἀνεγήσαμην.
ἄνιστιν. Ν. 1072. ἀ., ἡδονῶν θ' ὅσων μέλλεις ἀποστερεῖσθαι.
ἀνίστιον. 1. 1266. μηδὲ Θούμαντιν τὸν ἀ. αὖ λυπεῖν ἑκούσῃ καρδίᾳ·
ἀνεστός. ΕΙ. 1097. ἀφρήτωρ, ἀθέμιστος, ἀ. ἐστιν ἐκεῖνος.
ἀνεσχέμην. ΕΙ. 347. πολλὰ γὰρ ἀ.
ἀνετετραμμένη. ΕΙ. 537. δούλης μεθυούσης, ἀ. χοῦς,
ἀνέτρεφον. Β. 944. εἴτ' ἀ. μονῳδίαις, Κηρισοφῶντα μιγνύς.
ἄνευ. Α. 480. ὦ θύμ', ἀ. σκίνδικος ἐμπορευτέα,
Α. 707. ἤδη δ' ἀ. τῆς μητρὸς ἰσθίοισιν ἀν';
798. ναὶ τὸν Ποτειδᾶ, κἂν ἀ. γα τῶ πατρός.
826. τί δὴ μαθὼν φαίνεις ἀ. θρυαλλίδος;
Ι. 881. τουδὶ δ' ὁρῶν ἀ. χιτῶνος ὄντα τηλικοῦτον,
Ν. 370. φέρε, ποῦ γὰρ πώποτ' ἀ. Νεφελῶν ὕοντ' ἤδη τεθέασαι;
Σ. 471. ἔσθ' ὅπως ἀ. μάχης καὶ τῆς κατοχωιᾶς βοῆς
830. ἀ. δρυφάκτου τὴν δίκην μέλλεις καλεῖν,
ΕΙ. 553. ὡς τάχιστ' ἀ. δορατίου καὶ ξίφους κάκοντίου
634. ἀλλ' ἅττ' ἂν ἀ. γιγάρτων καὶ φιλῶν τὰς ἰσχάδας
Ο. 157. σὺ πρῶτα μὲν δεῖ ζῆν ἀ. βαλαντίου.
278. εἶτα πῶς ἀ. καμήλου Μῆδος ἂν εἰσέπτατο·
847. οὐδὲν γὰρ ἀ. σοῦ τωνδὶ ἀ. λέγω πεπράξεται.
944. ἀκλεὴς δ' ἴβα σπολὰς ἀ. χίτωνος.
1520. ἀ. θυηλῶν· οἱ δ' βάρβαροι θεοὶ
Λ. 143. γυναιξὶς ἐσθ' ὑπνῶν ἀ. ψωλᾶς μόνας.
290. τοῦτ' ἀ. καθηλίου.
470. ἐν τοῖσιν ἰματιδίοις, καὶ ταῦτ' ἀ. κονίας ;
1039. οὔτε σὺν πανωλέθροισιν οὔτ' ἀ. πανωλέθρων.
Β. 79. ἀ. Σοφοκλέους ὅ τι ποιεῖ κωδωνίσω,
401. ἀ. πόνου πολλὴν ὁδὸν περαίνεις.
715. εἰρηνικῶς ἔσθ', ἵνα μὴ ποτε κἀπολυθῇ μεθύων ἀ.
ἀνεῦρεν. Θ. 439. ποικίλους λόγους ἀ.
ἀνεύρες. Ο. 302. ὦ σοφώτατ', εὖ γ' ἀ. αὐτὸ καὶ στρατηγικῶς·
ἀνευρών. 1. 1204. ἕδραμες, ἀ. ὅ τι νεανικώτατον·
ἀνευφάνη. Θ. 124. ὁ δ' ἀ. νεφαλὸς ἐπὶ κιγκλίδι.
ἀνέφθαρμαι. Ο. 916. ἀτάρ, ὦ ποιητά, κατὰ τί δεῦρ' ἀ. ;
ἀνέχασκεν. Fr. 49, 1. ἀ. εἰς ἕκαστος ἐμφερέστατα
ἀνέχε. Σ. 1326. ἀ., πάρεχε·
ἀνέχει. Ν. 363. κἀνυπόδητος κακὰ πόλλ' ἀ. κάφ' ἡμῶν σεμνοπροσωπεῖ.
ἀνέχομαι. Ι. 1102. οὐκ ἀ. κριθῶν ἀκουῶν· πολλάκις
Σ. 1337. ὡς οὐδ' ἀκούων ἀ.
ἀνέχωμαι. Β. 1361. οὺ δ' ἀ. Διός, διπύρους ἀ.
ἀνέχωμεν. Θ. 918. ὅταν ὀργία σεμνὰ θεαῖν ἱεραῖς ὥραις ἀ., ἄπερ καὶ
ἀνεχώρουν. Ν. 524. ἔργον πλεῖστον· εἰτ' ἀ. ὑπ' ἀνδρῶν φορτικῶν
ἀνεψιαδαῖ, Fr. 584. ἀ.
ἀνεψυγμένα. Ο. 1523. εἰ μὴ παρέξει τἀμπορί' ἀ.
ἀνέψεσ. Π. 1102. ἀμ' ἀ., ἀλλ' ἐμπλον· εἴτ' ἀ. με φθάσας
ἀνέψεν. Σ. 768. ὅτι τὴν θύραν ἀ. ἡ σηκὶς λάθρᾳ,
ἀνηθῆναι. Α. 668. οὐ δεῖ, νῦν ἀ. πᾶλιν κἀπαντρέχειν
ἀνήγαγεν. Ο. 699. ἐνεύττευσεν γένος ἡμέτερον, καὶ πρῶτον ἀ. ἐς φῶς.
ἀνήλατ'. Α. 668. οἷον ἐξ ἀνθράκων πρινίνων φέψαλος ἀ., ἐρεθιζόμενος οὐρίᾳ ῥιπιδι,
ἀνῆλθ'. Ο. 1562. κᾆτ' ἀ. αὐτῷ κάτωθεν
ἀνῆλθεν. Ο. 1518. ἀ. ὡς ἡμᾶς ἀπ' ἐκείνου τοῦ χρόνου,

D 2

20 ἀνῆλθεν—ἀνθεμώδεις.

ἀνῆλθεν. Θ. 893. οὗτος πανουργῶν δεῦρ' ἀ., ᾧ ξένε,
ἀνῆλθες. ΕΙ. 184. πῶς δεῦρ' ἀ., ὦ μιαρῶν μιαρώτατε,
ἀνήρ. Α. 42. ἐς τὴν προεδρίαν πᾶς ἀ. ὠστίζεται.
Α. 367. ὁ δ' ἀ. ὁ λέξων οὑτοσὶ τυννουτυσί.
373. ἀ. ἀλαζὼν καὶ δίκαια κάδικα·
491. ἀναίσχυντος ὢν σιδηροῦς τ' ἀ.,
570. τειχομάχας ἀ., βοηθησάτω
726. μήτ' ἄλλος ὅστις Φασιανὸς ἐστ' ἀ.
750. τί; ἀ. Μεγαρικός; ΝΕ. ἀγοράσαντες ἥκομες.
920. ἀνθεὶς ἂν ἐς τίφην ἀ. Ὑπαίτιος
981. ξυγνατακλινεῖς, ὅτι παροίνιος ἀ. ἔφυ,
1019.
Ν. 1263. } ἀ. κακοδαίμων. ΔΙ. κατὰ σεαυτόν νυν τρέπου.
Ι. 88. πῶς δ' ἂν μεθύων χρηστόν τι βουλεύσαιτ' ἀ.
134. κρατεῖν, ἕως ἕτερος ἀ. βδελυρώτερος
178. ἀ. μέγιστος. ΑΛ. εἰπέ μοι, καὶ πῶς ἐγὼ
179. ἀλλαντοπώλης ὢν ἀ. γενήσομαι,
328. ἀλλ' ἐφάνη γάρ ἀ. ἕτερος πολὺ
392. μήτ' ἀ. ἰδοχεῖν εἶναι, τἀλλότριον ἀμῶν θέρος.
425. ὥστ' εἶπ' ἀ. τῶν ῥητόρων ἰδὼν με τοῦτο δρῶντα·
507. εἰ μέν τις ἀ. τῶν ἀρχαίων κωμῳδοδιδάσκαλος ἡμᾶς
639. ἐκ δεξιᾶς ἀνέπαρδε καταψύχων ἀ.
765. βέλτιστος ἀ. μετὰ Λυσικλέα καὶ Κύνναν καὶ Σαλαβακχώ.
790. καὶ μὴν εἴ πού τις ἀ. ἐφάνη τῷ δήμῳ μᾶλλον ἀμύνων
888. οὐκ, ἀλλ' ὅπερ γίνων' ἀ. τέτονθ', ὅταν χεσείρ,
899. νὴ τὸν Ποσειδῶ καὶ πρὸς ἐμὲ τοῦτ' εἶπ' ἀ. κόπρειος.
937. τα πρὶν φαγεῖν, ἀ. μεθύη.
945. ἀ. γεγένηται τοῖσι πολλοῖς τοῦβολοῦ.
1056. καί κε γυνὴ φέροι ἄχθος, ἐπεί κεν ἀ. ἀναθείη·
1208. ἀ. ἀμείνων περὶ σὲ καὶ τὴν γαστέρα·
1255. ἀ. γεγένησαι δι' ἐμέ· καὶ σ' αἴτω βραχὺ.
Ν. 218. φέρε τίς γάρ οὗτος οὑνὶ τῆς κρεμάθρας ἀ.
545. κἀγὼ μὲν τοιοῦτος ἀ. ὢν ποιητὴς οὐ κομῶ,
623. καὶ σοι φράσω πρᾶγμ' ὃ σὺ μαθὼν ἀ. ἔσει.
1167. ὅδ' ἐκεῖνος ἀ.
1421. οὐκοῦν ἀ. ὁ τὸν νόμον θεὶς τοῦτον ἦν τὸ πρῶτον,
Σ. 88. φιληλιαστής ἐστιν ἐκ οὐδεὶς ἀ.,
150. ἀνὴρ ἐβλιξέ γ' εἶμ' ἂν ἕτερος οὐδεὶς ἀ.,
287. καὶ γὰρ ἀ. παχὺς ἥκει
599. ἀλλὰ θέωρος, καίτοι ἐστὶν ἡ. Εὐφημίου οὐδὲν ἐλάττων,
730. μηδ' ἀτενὴς ἄγαν ἀτεράμων τ' ἀ.
802. κἂν ταῖς προθύροις ἐνοικοδομήσει πᾶς ἀ.
889. Φιλοῦντός ἐκ οὐδεὶς ἀ.
1083. σταὶς ἀ. παρ' ἄνδρ', ὑπ' ὀργῆς τὴν χελώνην ἐσθίων·
1226. οὐδεὶς πώποτ' ἀ. ἐγένετ' Ἀθηναῖοι
1244. ἀ. σοφὸς καὶ μουσικός κἀτ' ἔρχεται·
1427. ἀ. Συβαρίτης ἐξέπεσεν ἐξ ἅρματος,
1430. κάπειτ' ἐπιστὰς εἶπ' ἀ. αὐτῷ φίλος·
ΕΙ. 45. ὁ κἄνθρωπος δὲ πρὸς τί; κᾆτ' αὐτῷ γ' ἀ.
510. χωρεῖν τὸ πρᾶγμά φησιν· ἀλλὰ πᾶς ἀ. προθύμου.
909. ἡ χρηστός ἀ. πολί-
1120. κἄγωγ', ὅτι τένθης εἶ σὺ κἄλαζὼν ἀ.
Λ. 101. πάσαισιν ὑμῖν ἐστιν ἀπόδημὸν ἀ.
102. ὁ γοῦν ἐμός ἀ. πέντε μῆνας, ὦ τάλαν,
166. ἀ., ἐὰν μὴ τῇ γυναικὶ συμφέρῃ.
212. } 213. } οὐκ ἐστιν οὐδεὶς οὔτε μοιχὸς οὔτ' ἀ.
348. νας ὑπομιμρησιν ἀ.,
368. οὐκ ἐστ' ἀ. Εὐριπίδου σοφώτερος ποιητής·
524. οὐκ ἐστιν ἀ. ἐν τῇ χώρᾳ μᾶ Δί' οὐ δῆτ' ἐσθ' ἕτερος τις
661. ἀλλ' ἀμυντέον τὸ πρᾶγμ' ἐστι γ' ἐνύρχης ἐστ' ἀ.
838. ἐγωγε· νάστιν οὐμὸς ἀ. Κινησίας.
848. ἀ.; ΚΙ. ἀ. δῆτ'. ΛΥ. οὐκ ἄπει δῆτ' ἐκποδῶν;
852. ἀ. ἐκείνης, Παιονίδης Κινησίας,
1024. πρῶτα μὲν φαίνει γ' ἀ.· εἶτ' οὐ καταγέλαστὸς εἶ.
1030. ἀλλὰ δράσω ταῦτα· καίτοι δύσκολος ἔφυ ἀ.
1052. ἀλλ' ἐπαγγελλέτω πᾶς ἀ. καὶ γυνὴ,
1275. ὑμεῖν· ἀ. δὲ παρὰ γυναῖκα καὶ γυνὴ
Θ. 141. τίς δ' αὐτός, ὦ παῖ; πότερον ὢν ἀ. τρέφει;
266. ἀ. μὲν ἡμῖν οὑτοσὶ καὶ δὴ γυνὴ
479. ὁ δ' ἀ. παρ' ἐμοὶ καθεύδειν· ἦν δ' ἐμοὶ φίλος,
483. ὁ δ' ἀ. ἐρωτᾷ, ποῦ σὺ καταβαίνεις;—ὑποι·
504. ὁ δ' ἀ. περιήρχετ' ᾠκυτάτ' ὠνούμενος·
589. καὶ πῶς λέληθεν ἂν γυναικείν ὢν ἀ.
592. πείθεσθε τούτῳ ταῦτα; τίς δ' οὕτως ἀ.
619. τίς ἐστ' ἀ. σοι; ΜΝ. τὸν μετ' ὥραν σὺνθάνει·
628. ἵνα μή 'πανούργει ὢν ἀ. σὺ δ' εἰπέ μοι
657. ζητεῖν, εἴ που κάλλος τις ἀ. ἐσελήλυθε καὶ περιφράξαι
934. παῖ', ἣν προσίῃ τις. ΓΤ. Η. νὴ Δί', ὡς νὺν δῆτ' ἀ.
941. ἵνα μὴ 'ν κροκωτοῖς καὶ μίτραις γέρων ἀ.

ἀνήρ Β. 139. ἐν πλοιαρίῳ τουννουτῳί σ' ἀ. γέρων
Β. 488. οὔκουν ἕτερός γ' αὐτ' εἰργάσατ' ἀ. ΞΑ. ἀλλὰ τί;
640. οὐκ ἔσθ' ὅπως οὐκ εἶ σὺ γενναῖος ἀ.·
738. νὴ τὸν Δία τὸν σωτῆρα, γενναῖος ἀ.
968. Θηραμένης; σοφός γ' ἀ. καὶ δεινὸς ἐς τὰ πάντα.
1022. ὃ θεασάμενος πᾶς ἄν τις ἀ. ἠράσθη δάιος εἶναι.
1125. ἄγε δὴ σιώπα πᾶς ἀ. λέγ', Αἰσχύλε.
1165. φεύγων δ' ἀ. ἥκει τε καὶ πατέρχεται.
1182. ἦν Οἰδίπους τὸ πρῶτον εὐδαίμων ἀ.,
1186. πῶς οὗτος ἦν τὸ πρῶτον εὐδαίμων ἀ.;
1217. οὐκ ἔστιν ὅστις πάντ' ἀ. εὐδαιμονεῖ·
1482. μακάριός γ' ἀ. ἔχων
1520. μέμνησο δ', ὅπως δ παποῦργοι ἀ.
Εκ. 29. μὴ καί τις ὢν ἀ. ὁ προσιὼν τυγχάνῃ
37. ἆτ' οὐ καταδηρθοῦσ'. ὁ γὰρ ἀ., ὦ φιλτάτη,
55. ἐκβέβακα παρέδων. ὁ γὰρ ἀ. τὴν νύχθ' ὅλην
121. ἴθι δὴ σὺ περιδοῦ καὶ ταχέως ἀ. γενοῦ·
158. μὰ Δί', ἀλλ' ἀ. ὢν τὼ θεὼ κατώμοσας,
747. ἀ. ἕσομαι καὶ νοῦν ὀλίγον κεκτημένος.
826. κειθὼν κατεχρίσου πᾶς ἀ. Εὐριπίδην·
829. πάλιν κατεπίττου πᾶς ἀ. Εὐριπίδην.
1015. ἔδοξε ταῖς γυναιξίν, ἦν ἀ. νέος
1023. τί δ', ἦν ἀφαιρῆταί μ' ἀ. τῶν δημοτῶν
1025. ὑπὲρ μεδίμνων ἐστ' ἀ. οὐδεὶς ἔτι.
1103. νὴ τὸν Δία τὸν σωτῆρ' ἀ. καὶ δυστυχής.
1130. ἐγώ; ΘΕ. σὺ μέντοι νὴ Δί' ὡς γ' οὐδεὶς ἀ.
Π. 28. ἐγὼ θεοσεβὴς καὶ δίκαιος ὢν ἀ.
209. ἀ. πρόθυμος αὐτὸς ἐς τὰ πράγματα.
247. χαίρει τε γὰρ φειδόμενος ὡς οὐδεὶς ἀ.
658. ἀ. γέρων ψυχρᾷ θαλάττῃ λούμενος.
825. ἀ. πρότερον μὲν ἄθλιος, νῦν δ' εὐτυχής.
881. προσέρχεται γάρ τις κακῶς πράττων ἀ.,
901. σὺ φιλόπολις καὶ χρηστὸς ; ΣΤ. ὡς οὐδεὶς γ' ἀ.
1066. γέρων ἀ. ὢν οὐχ ὑγιαίνειν μοι δοκεῖς.
Fr. 56. ἦν δή ἐστιν ἐγκεκυλμένος·
476, 3. αὐτὸς δ' ἀ. παυλεῖ κίχλας, ἀπίους, σχαδύνας, ἐλάας,
497. πικρὸν νέᾳ γυναικὶ πρεσβύτης ἀ.
720. ἀ. μεθύης ἱτέαν ἐνημμένος.
ἀνήρ. Α. 240. ἰπποδῶν· θύσον γάρ ἀ., ὡς ἔοικ', ἐξέρχεται.
Α. 423. ποίας πεθ' ἀ. Λακίδας αἰτεῖται πέπλων;
479. ἀ. ὑβρίζει· κλεῖε πηκτὰ δωμάτων·
494. ἀ. οὐ τρέμει τὸ πρᾶγμ'. εἶά νυν.
626. ἀ. νικᾷ ταῖσι λόγοισιν, καὶ τὸν δῆμον μεταπείθει
837. τὸ πρᾶγμα τοῦ βουλεύματος· καρπώσεται γάρ ἀ.
1037. ἀ. ἐνευρηκέν τι ταῖς
1178. ἀ. τέτρωται χάραμι διαπηδῶν τάφρον,
Ι. 440. ἀ. ἂν ἠδέως λάβοι. τοὺς τερθρίους παρίει.
514. ἡμᾶς ὑμὶν εἰκίνες φράσαι περὶ τούτου. φησὶ γὰρ ἀ.
758. ὅτοισι τυνθ' ὑπερβαλεῖ, ποικίλος γάρ ἀ.
919. ἀ. παφλάζει, παῦε παῦ',
Ν. 1031. δεῖ σε λέγειν τι καινόν, ὡς εὐδοκιμήκεν ἀ.
Σ. 207. οἴμοι κακοδαίμων, στρανθὶς ἀ. γίγνεται·
269. ἡγεῖτ' ἂν ἔζων Φρυνίχου· καὶ γάρ ἐστιν ἀ.
285. ἐστι γὰρ τοιοῦτος ἀ.
344. οὗτος ἀ. τοῦτ' ἰτυλημ-
918. θερμὸς γάρ ἀ. οὐδὲν ἧττον τῆς φακῆς.
1389. ὑβὶ γὰρ ἀ. ἐστιν ὡς μ' ἀπώλεσεν
ΕΙ. 650. οὐ γὰρ ἡμέτερος ἔστ' ἐκεῖνος ἀ., ἀλλὰ σύς.
Α. 221. } 222. } ὅπως ἂν ἀ. ἐπιτυφῇ μάλιστά μου
514. ἐν τῷ δήμῳ τήμερον ψμῖν· τί δέ σοι ταῦτ'; ἢ δ' ὅς ἂν ἀ.,
Θ. 403. ἀ. ἐρωτᾷ, τῷ κατάγειν ἡ χύτρα;
440. ἐγὼ γὰρ ἀ. ἀπέθανεν ἐκ τὴν Κύπρῳ,
495. ὀσφραινώμεσα ἀ. ἀπὸ τείχους εἴσιεν
635. ὅβ' ἐστὶν ἀ. ὢν λέγεις. ΚΛ. τί οὖν ποιῶ;
1010. ἀ. ἕοικεν οὐ προδώσειν, ἀλλὰ μοι
Εκ. 62. ἐπεῖθ' ὑπεῖθ' ἀ. εἰς ἀγοράν οἴχοιτό μου,
204. ὡς ξυνετός ἀ. ΠΡ. νῦν καλῶς ἐπήνεσας.
367. οὗτος γὰρ ἀ. ἕνεκά γε στενηγμάτων
ἀνήρες. Ν. 144. ἀ. ἄρτι Χαιρεφῶντα Σωκράτης
Ν. 156. ἀ. αὐτὸν Χαιρεφῶν ὁ Σφηττιος
ἀνήρετο. ΕΙ. 695. πρώτων δ' ὅ τι πράττει Σοφοκλέης ἀ.
ἀνήρπασαν. ΕΙ. 624. τήνδ' ἀσορραίνεται αἰσχρᾶν τὸν πυλεμον ἀ.
ἀνήσετε. ΕΙ. 318. ἐζολεῖτέ μ', ἄνδρες, εἰ μὴ τῆς βαῆς ἀ.
ἀνήσεις. Fr. 508. ἀ. κρουνία μαστιγουμένων.
ἀνήσω. Α. 128. κοὺν ἀ. πρὶν ἂν σχοῖνος αὑτοῖσιν ἀντιμπαγῷ
ἀνθ'. Ν. 623. σπένδεθ' ὑμεῖς καὶ γελᾶτ'· ᾧ ἂν λακὼν Ὑπέρβολος κ.τ.λ.
ἀνθάψεται. Β. 474. διασπαράξει, πλευμόνων τ' ἀ.
ἀνθεῖ. Ν. 897. ταῦτα γάρ ἀ. διὰ τουτουσὶ
ἀνθεμώδεις. Β. 413. Λειμῶνας ἀ.,

ἀνθέμων—ἀνθρώπων. 21

ἀνθέμων. Α. 992. ὥσπερ ὁ γεγραμμένος, ἔχων στέφανον ἀ.;
ἀνθέξεταί. Ο. 1658. δ. σου τῶν πατρῴων χρημάτων
ἄνθεσιν. Ι. 403. δωροδόκοισιν ἐπ᾿ ἀ. ἴξων.
ἀνθηρόν. Β. 351. προβάδην ἔξαγ᾿ ἐπ᾿ ἀ. ἥλιον δάπεδον
ἀνθηρῶν. Ο. 1093. ἀλλ᾿ ἀ. λειμώνων
ἄνθος. Ν. 1025. ἀν ἡδύ σου τοῖσι λόγοις σῶφρον ἔπεστιν ἀ.
ἀνθοσμία. Fr. 563. δ. (οἶνος) καὶ πέπων νεκταροσταγεῖ.
ἀνθοσμίαν. Β. 1150. Διόνυσε. πίνειν οἶνον οὐκ ἀ.
ἀνθοσμίας. Fr. 301. οἶνος ἀ.:
ἀνθοσμίου. Π. 807. οἱ δ᾿ ἀμφορῆς οἴνου μέλανος ἀ.
ἀνθοφόρον. Β. 440. νῦν ἱρὸν ἀνὰ κύκλον θεᾶς, ἀ. δι᾿ ἄλσος
ἄνθρακ. Α. 315. σὺν δ᾿ ἐστιν ἔργον, ὦ χύτρα, τὸν δ. ἐξεγείρειν,
ἄνθρακας. Α. 34. ὃς οὐδεπώποτ᾿ εἶπεν, ἀ. πρίω,
  Α. 891. προσεῖπατ᾿ αὐτήν, ὦ τέκν᾿ δ. δ᾿ ἐγὼ
  ΕΙ. 440. ἔχονθ᾿ ἑταίρας καὶ σκαλεύοντ᾿ ἀ.
  Ο. 1580. τυρῶν φερέτω τις πυρπόλει τοὺς ἀ.
ἀνθρακεῖς. Α. 348. ὀλίγου τ᾿ ἀνέθανον ἀ. Παρνήσιοι,
  Ν. 97. κάστιν περὶ ἡμᾶς οὗτος, ἡμεῖς δ᾿ ἀ.
ἀνθρακεύων. Α. 340. ὡς πυρὶ χρὴ τὰς μυσαρὰς γυναῖκας ἀ.
ἀνθρακιᾶς. Ι. 780. ἀλλ᾿ ἡ διὰ τοῦτ᾿ αὖθ᾿ ὁτιὴ σοῦ τῆς δ.
  ἀπολαύει.
  Α. 332. εἴσομαι δ᾿ ὑμῶν τάχ᾿ ὅστις ἄ. τι κήδεται.
  667. οἷον ἐξ ἀ. πρινίνων φέψαλος δινήλατ᾿ ἐρεθιζόμενος
  οὐρίᾳ ῥιπίδι,
  Fr. 49, 2. ὀπτωμέναις κύγχαισιν ἐπὶ τῶν δ.
  185. ἐγὼ δ᾿ ἀπολογήσειν τε κἀπ᾿ ἐπ᾿ ἀ.
ἀνθρηνῶν. Ν. 947. κεντούμενος ὥσπερ ὑπ᾿ ἀ.
ἀνθρωπ᾿. Α. 464. ἀ., ἀφαιρήσει με τὴν τραγῳδίαν.
ἀνθρωπάριον. Π. 416. τολμῶντε δρᾶν ἀ. κακοδαίμονε,
ἄνθρωπε. Α. 95. πρὸς τῶν θεῶν, ἀ., ναύφαρκτον βλέπεις,
  Α. 1010. ἀ., τῆς παρούσης.
  Ι. 786. ἀ., τίς εἶ; μῶν ἔκγονος εἶ τῶν Ἁρμοδίου τις ἐκείνων;
  Ν. 412. ὦ τῆς μεγάλης ἐπιθυμήσας σοφίας, ἀ. παρ᾿ ἡμῖν,
  1485. ἀ., τί ποιεῖς; ΣΤ. ὅ τι ποιῶ; τί δ᾿ ἄλλο γ᾿ ἢ
  ΕΙ. 164. ἀ., τί δρᾷς, οὗτος ὁ χέζων.
  Β. 172. ἀ., βούλει σκευάρι᾿ εἰς Ἅιδου φέρειν;
  1161. ἀ., ταῦτ᾿ ἔστ᾿, ἀλλ᾿ ἄριστ᾿ ἰσῶν ἔχων.
ἀνθρωπείως. Β. 1058. ὃν χρὴ φράζειν ἀ., ΑΙ. ἀλλ᾿, ὦ κακόδαιμον, ἀνάγκη
ἀνθρώπια. ΕΙ. 263. ἄγε δή, τί δρῶμεν, ὦ πονήρ᾿ ἀ.;
ἀνθρωπίζεται Fr. 100. ἀ.:
ἀνθρωπίνοις. Σ. 1179. μή μοί γε μύθους, ἀλλὰ τῶν ἀ.
ἀνθρωπίσκους. ΕΙ. 751. οὐκ ἰδιώτας ἀ. κωμῳδῶν οὐδὲ γυναῖκας,
ἄνθρωποι. Ι. 1112. ἀρχήν, ὅτι πάντες ἀ.
  Ο. 190. οὕτως, ὅταν θύωσιν οἱ θεοῖς,
  571. κᾆθ᾿ τῶν ἡμᾶς νομιοῦσι θεοὺς ἀ. κοὐχὶ κολοιούς,
  1281. ἐλαυνομένοισιν ἅπαντες ἀ. τότε,
  1485. ἔνθα τοῖς ἥρωσιν ἀ.
ἀνθρώποι. Ι. 92. ὁρᾷς, ὅταν πίνωσιν ἄ., τότε
Εκ. 672. οὐδὲ πυθεύσουσ᾿ ἄρ᾿ ἄ.; ΠΡ. περὶ τοῦ γὰρ τουτὸ
  ποιήσει;
ἀνθρώποις. Α. 851. ᾗ τερπνότατον σὺ τέμαχος δ. φέρων,
  Α. 1126. ταῦτ᾿ οὐ καταγέλα ἐστιν ἀ. πλατύ;
  1127. ταῦτ᾿ οὐ κλακύλλ δῆτ᾿ ἐστὶν ἀ. γλυκύ;
  Ι. 836. ὦ πᾶσιν ἀ. φανεὶς μέγιστον ὠφέλημα,
  Ν. 444. τοῖς ἀ. τ᾿ εἶναι δόξω
  841. ἀληθές; ὅσπερ ἐστ᾿ ἐν ἀ. σοφά·
  Σ. 579. ἤδη δ᾿ εἶναι τοῖς ἀ.
  1029. οὐδ᾿ ὅτε πρῶτόν γ᾿ ἦρξε διδάσκειν, ἀ. φήσ᾿ ἐπιθέσθαι,
  ΕΙ. 914. σωτῆρ γὰρ ἅπασιν ἀ.
  Ο. 561. τοῖς δ᾿ ἀ. ὄρνιν ἕτερον πέμψαι κήρυκα κελεύει,
  1278. οὐκ οἶσθ᾿ ὅσην τιμὴν παρ᾿ ἀ. φέρει,
  1545. δεῖ πον᾿ ἀ. γὰρ εὔνους εἰμ᾿ ἐγώ.
  Θ. 674. πᾶσιν ἀ. σεβιζόμενη δαίμονας,
  787. ὡς πᾶν ἐσμὲν κακὸν ἀ. κᾆφ᾿ ἡμῶν ἐστὶν ἅπαντα,
  Β. 1064. τοῖς ἀ. φαίνοιντ᾿ εἶναι. ΕΤ. τοῦτ᾿ οὖν ἔβλαψέ τί
  δράσας;
  Π. 87. ὁ Ζεύς με ταῦτ᾿ ἔδρασεν ἀ. φθονῶν.
  498. καίτοι τούτου τοῖς ἀ. τίς ἂν εὑρέτοι ποτ᾿ ἀμείνων;
  500. ὡς μὲν γὰρ νῦν ἡμῖν ὁ βίος τοῖς ἀ. διάκειται,
  506. ἰδὼν ἡντιν᾿ ἰὼν τοῖς ἀ. ἀγάθ᾿ ἂν μέγα πορίσειας·
  547. ἀγαθῶν πᾶσιν τοῖς ἀ. ἀποφαίνω σ᾿ αἴτιον οὖσαν·
  775. υἱοῖς ἀρ᾿ ἀ. ξενῶν ἐλάνθανον,
  780. δεῖξαι τὸ λοιπὸν πᾶσιν ἀ. ὅτι
  Fr. 324, 2. Θῦαι, βράδιστος τῶν ἐν ἀ. δραμεῖν
ἀνθρώποισι. ΕΙ. 98. τοῖς τ᾿ ἀ. φράσον σιγᾶν,
  Ο. 1236. ὄρνιθες ἀ. νῦν εἰσιν θεοί.
  Θ. 1116. φέρε, Σκύθ᾿ ἀ. γὰρ νοσήματα
  Π. 145. ἡ χάρεν ἀ., διὰ σὲ γίγνεται.

ἀνθρώποισιν. Π. 461. εἰ πᾶσιν ἀ. ἐκπορίζομεν
  Fr. ΕΙ. Δ. 1. τοῖς πᾶσιν δ. Εἰρήνης φίλης
ἀνθρώποισίν. Π. 161. ἐν τοῖσιν ἀ. ἐσθ᾿ εὑρημένα.
ἀνθρώπων. Σ. 261. τάχα δ᾿ ἂν διὰ τὸν χειμῶνά δ., ὡς ἡμᾶς διεδίετ᾿
  Ο. 1575. ἐμοῦ γ᾿ ὅτι τὸν δ. ἄγχειν βούλομαι,
  Β. 837. ἀ. ἀγμοποιόν, αὐθαδόστομον,
  Εκ. 979. Ἀναφλύστιον ζητῶν τιν᾿ ἀ. ΓΡ. Α. τίνα;
  1134. εὐδαιμονικῶν γ᾿ ἀ. εἴρηκαι σαφῶς.
  Π. 68. ἀπολῶ τὸν ἀ. κάκιστα τουτονί.
  242. ἢν δ᾿ ἂν παραπλῇς ἀ. εἰσελθὼν τύχω,
  273. πάντων γὰρ ἀ. φύσει τοιοῦτον ἐς τὰ πάντα
  992. λέγεις ἐρῶν ἀ. ἐκνομώτατα.
ἄνθρωπος. Α. 46. ἐγώ. ΚΗ. τίς ὤν; ΑΜ. Ἀμφίθεος. ΚΗ. οὐκ
  ἀ. ΑΜ. οὔ,
  Ι. 1276. εἰ μὲν οὖν ἀ., ὂν δεῖ πυλλ᾿ ἀκοῦσαι καὶ κακά,
  Ν. 492. ἀ. ἀμαθὴς οὑτοσὶ καὶ βάρβαρος.
  Σ. 27. δεινόν γέ τοὖστ᾿ ἀ. ἀποβαλὼν ὅπλα.
  49. ἀ. ἂν εἴτ᾿ γένετ᾿ ἐξαίφνης κόρος
  Ο. 98. ἀ. ΕΤ. οὐ σοῦ καταγελῶμεν. ΕΠ. ἀλλὰ τοῦ,
  114. ὅτι πρῶτα μὲν ἦσθ᾿ ἀ. ὥσπερ νῳ̈, ποτέ,
  119. καὶ πάνθ᾿ ὅσαπερ ἀ. ὅσα τ᾿ ὄρνις φρονεῖς·
  169. ἀ. ὄρνις ἀστάθμητος πετόμενος,
  452. πέφυκεν ἀ.· σὺ δ᾿ ὅμως λέγε μοι,
  983. αὐτάρ ἐπὴν δηλητοι ἰὼν ἀ. ἀλαζὼν
  1009. ἀκτῖνες ἀπολάμπωσιν. ΠΕ. ἀ. Θαλῆς.
  1448. ἐαίρεται τ᾿ ἀ. οὕτω καὶ σ᾿ ἐγὼ
  Λ. 982. σὺ δ᾿ εἶ πύτερον ἀ., ἢ Κονίσαλος;
  Β. 652. ἀ. ἱερός. δεύρο πάλιν βαδιστέον,
  Εκ. 362. ὅστις ποτ᾿ ἐστ᾿ ἀ., ἀχραδούσιος.
  Π. 239. κἂν τὴν προσίλθῃ χρηστὸς ἀ. φίλος
  421. οὔτε θεὸς οὔτ᾿ ἀ. ὥστ᾿ ἀπολώλατον.
ἀνθρώπου. Ο. 75. οὕτως γ᾿, ἄν᾿, οἶμαι, πρότερον ἀ. ποτ᾿ ἄν,
ἄνθρωπος. Α. 576. ὦ Λάμαχ᾿, οὐ γὰρ οὑτοσὶ πάλαι
  Α. 836. εὐδαιμονεῖ γ᾿ ἀ. οὐκ ἠκουσας οἱ προβαίνει
  Σ. 168. ἀ. οὗτος μέγα τι ἡρακλεῖς κακόν.
  495. οὗτοι ὀφωινίι ἔοικ᾿ ἀ. ἐπὶ τυραννίδι,
  Ο. 940. ἀ. ἡμῶν οὐκ ἀναπλαχθήσεται.
  1623. ἀ. οὗτος, ἡ καθῆπται Λούμενος,
  Α. 936. ἀ. ἐπιτρίψει με διὰ τὰ στρώματα.
  Θ. 2. ἀπολεῖ μ᾿ ἀλοῶν ἀ. ἐξ ἑωθινοῦ.
  Εκ. 811. ἀ. οὗτος ἀποβαλεῖ τὴν οὐσίαν.
  Π. 118. δ. οὑτοσὶ ἔστιν ἀθλίος φύσει.
  855. τί ποτ᾿ ἐστὶν ὅ τι πέπονθεν ἀ. κακόν;
  1023. οὐ σκαιὸς ἦν ἀ., ἀλλ᾿ ἠπίστατο
ἀνθρώπου. Α. 774. ἀλλ᾿ ἔστιν ἀ. γε. ΜΕ καὶ τῶν Διοκλία,
  Π. 13. ὅστις ἀκολουθεῖ κατύπιν ἀ. τυφλοῦ.
ἀνθρώπων. Α. 650. τούτους γὰρ ἔφη τοὺς ἀ. πολὺ βελτίους
  γεγενῆσθαι
  ΕΙ. 1015. τοὺς δ᾿ ἀ. ἐπιχαίρειν.
  Ο. 844. ἕτερον δ᾿ ἀναθοῦ αὖ παρ᾿ ἀ. κάτω,
  1230. ἐγὼ· πρὸς ἀ. ἐπίτομαι παρὰ τοῦ πατρὸς
  Β. 701. πάντας ἀ. ἐκόντες συγγενεῖς κτησάμεθα
  1010. τοῖς ἀ. ἐν ταῖς πόλεσιν. ΑΙ. τοῦτ᾿ οὖν εἰ μὴ πεποίηκας,
  Π. 465. κακὸν ἐργάσασθαι μείζων ἀ.; ΧΡ. ὅ τι,
ἀνθρώπῳ. Ο. 64. ἀπολεῖσθον. ΕΤ. ἀλλ᾿ οὐκ ἐσμὲν ἀ. ΤΡ. τί δαί;
ἀνθρώπων. Α. 405. ὑπάκουσον, εἴπερ πώποτ᾿ ἀ. τινί·
  Α. 842. οὐδ᾿ ἄλλος ἀ. ὑποφανῶν σε πημανεῖ τι·
  Ι. 353. ἐμοὶ γὰρ ἀντέθηκεν ἀ. τιν᾿· ὅστις εἴθυς
  1261. ὥσθ᾿ ὁμολογεῖν οὐτε μηδέν᾿ ἀ. ἐμοῦ
  Ν. 110. ἴθ᾿, ἀντιβολῶ σ᾿, ὦ φίλτατ᾿ ἀ. ἐμοί,
  463. τὸν πάντα χρόνον μετ᾿ ἐμοῦ ζηλωτότατον βίον ἀ. διάξεις.
  ΕΙ. 737. κωμῳδοδιδασκαλος ἀ. καὶ κλεινότατος γεγένηται,
  739. πρῶτον μὲν γὰρ τοὺς ἀντιπάλους μόνος ἀ. κατέπαυσεν
  Ο. 185. οὔτ᾿ ἀρχετ᾿ ἀ. ἀ᾿ ὥσπερ παρνόπων,
  320. φήμ᾿ ἀπ᾿ ἀ. ἀφίχθαι δεῦρο πρεσβύτα δύο·
  481. ἂν οὐχὶ δεοὶ τοίνυν ἤρχον τὸν ἀ. τὸ παλαιόν,
  520. ὤμνν τ᾿ οὐδεὶς τῶν ἀ. θεόν, ἀλλ᾿ ὀρνίθας ἅπαντες,
  876. μητρί θεῶν καὶ ἀ.
  1314. καλοί τις ἀ.
  1516. θύει γὰρ οὐδεὶς οὐδὲν ἀ. ἔτι
  1618. ἂν τις ἀ. ἱερεύειν τῷ θεῷ
  1638. ὦ δαιμόνι᾿. ἀ. Πύσειδον, ποῖ φέρει.
  Θ. 483. καὶ τύκον σκεύτητοι, διδώναι μηδὲν ἀ. τύκων,
  Β. 68. παύδοει τί μ᾿ ἂν πείσοιεν ἀ. τὸ μὴ οὐκ
  1472. τί δέδρακας, ὦ μιαρώτατ᾿ ἀ. ΔΙ. ἐγώ;
  Εκ. 583. τὸ δ᾿ αἴτιον τί, ΧΡ. πλείστον ἀ. ὄχλος,
  506. ἀλλ᾿ ὡς τάχιστα, πρίν τιν᾿ ἀ. ἰδεῖν,
  Π. 137. ὅτι οὐδ᾿ ἂν εἷς θύσειεν ἀ. ἔτι.
  490. ὅτι τοὺς χρηστοὺς τῶν ἀ. εὖ πράττειν ἐστὶ δίκαιον,

ἀνθρώπων—ἀντιβολῶ.

ἀνθρώπων. Π. 195. ὡς τοῖς ἀγαθοὺς τῶν ἀ. βαδιεῖται κοὐκ ἀπολείψει.
Π. 502. πολλοὶ μὲν γὰρ τῶν δ. ὄντες πλουτοῦσι πονηροί,
507. ἀλλ' ὦ πάντων βᾶστ' ἀ. ἀναπεισθέντ' οὐχ ὑγιαίνειν
511. οὔτε τέχνην ἂν τῶν δ. οὔτ' ἂν σοφίαν μελετῴη
597. τοὺς δὲ πίνητας τῶν δ. ἁρπάζειν πρὶν καταθεῖναι.
ἀνθρωφ' Ο. 549. ἤνεγκας ἀ.· ὡς ἐδάκρυσά γ' ἐμῶν
ἀνιαροί. Π. 561. παρ' ἐμοὶ δ' ἰσχνοὶ καὶ σφηκώδεις καὶ τοῖς ἐχθροῖς ἀ.
ἀνίασας. Εἰ. 764. παῦρ' ἀ., πύλλ' εὐφράνας, πάντα παρασχὼν τὰ δέοντα.
ἀνίει. Β. 1462. μὴ δῆτα σύ γ', ἀλλ' ἐνθένδ' δ. τἀγαθά.
ἀνίπποον. Ν. 125. ἀ. ἀλλ' εἴσειμι, σοῦ δ' οὐ φροντιῶ.
ἀνίσταθ'. Π. 801. ἀ. ὡς ἁρπασόμενος τὰς ἰσχάδας.
ἀνίσταμαι. Εκ. 373. οὐ δῆτ' ἔτι γε μὰ τὸν Δί', ἀλλ' ἀ.
Π. 683. ἐπὶ τὴν χύτραν τὴν τῆς ἀθάρης ἀ.
ἀνιστάμενον. Ν. 975. εἶτ' αὖ πάλιν αὖθις ἀ. συμπῆσαι, καὶ προποεῖσθαι
ἀνίστασ'. Λ. 929. ἀ., ἀναπήδησον. ΚΙ. ἤδη πάντ' ἔχω.
Θ. 236. ἀ., ἵν' ἀφιύσω σε, κἀγκύψας ἔχι.
643. ἀ. ὀρθύς. ποῖ τὺ πίος ὠθεῖς κάτω;
ἀνιστάσθω. Σ. 753. στος; ἀ.
ἀνίστασο. Σ. 286. ἀλλ', ὠγάθ', ἀ. μηδ' οὔτας σεαυτὸν
Σ. 998. μὴ φρονtisης, ὦ δαιμόνι', ἀλλ' ἀ.
ἀνίστασαι. Σ. 95. τοὺς τρεῖς ξυνέχων τῶν δακτύλων ἀ.,
Σ. 137. οἴμοι. ΣΠ. τί ἐστι; ΞΑ. Βδελυκλέων ἀ.
ἀνίσταται. Α. 1187. ἀ. τε καὶ ξυναντᾷ δραπέτας
ἀνιώμαι. Λ. 593. περὶ τῶν δὲ κορῶν ἐν τοῖς θαλάμοις γηρασκουσῶν ἀ.
ἀνιῶν. Ι. 349. ὕδωρ τε πίνων κἀπιδεικνὺς τοὺς φίλους τ' ἀ.,
Σ. 565. κακὰ πρὸς τοῖς οὖσιν, ἕως ἀ. ἂν ἰσῴη τοῖσιν ἐμοῖσιν·
ἀνιῶσιν. Π. 539. ὑπὸ τοῦ πλήθους, αἱ βομβοῦσαι περὶ τὴν κεφαλὴν ἀ.
ἀννήθον. Ν. 982. οὐδ' ἀ. τῶν πρεσβυτέρων ἀφείλετο οὐδὲ σέλινον,
ἀνόητ'. Εκ. 474. ὁπ' ἂν ἀ. ἡ μῶρα βουλευσώμεθα,
ἀνοητία. Fr. 585. ἀ.
ἀνόητον. Λ. 572. καύσειν οἴεσθ', ὦ ἀ.; ΛΤ. κἂν ὑμῖν γ' εἴ τις ἐνῆν νοῦς.
ἀνόητος. Β. 530. τὸ δὲ προσδοκῆσαί σ' οὐκ ἀ. καὶ κενὸν
ἀνόητος. Ι. 1349. οὗτοσί ἀ. ἐγενενήμην καὶ γέρων·
Εκ. 764. δεδοτιμένοισιν· ἀ. ἀ. ἠσθ' ἄρα.
765. ἀ.; ΑΝ. Β. οὐ γάρ; ἠλιθιώτατος μὲν οὖν
ἀνόητους. Ν. 598. τοὺς ἀ.
Ν. 919. οἷα διδάσκεις τοῖς ἀ.
Θ. 1503. τοὺς ἀ.· πολλοὶ δ' εἰσίν·
ἀνόητων. Ν. 417. οἴνου τ' ἀπέχει καὶ γυμνασίων ἐκ τῶν ἄλλων ἀ.,
ἀνόητως. Ι. 545. ὅτι σωφρονικῶς κοὐκ ἀ. ἐσπηδήσας ἐφλυήρει,
Λ. 518. εἶτ' ἠρώμεθ' ἄν· πῶς ταῦτ', ὦνερ, διαπράττεσθ' ὦδ' ἀ.;
Εκ. 751. οὐδὲν πρὶν ἴπος οὔτας ἀ. ἐκβαλῶ,
ἀνοίας. Ι. 350. ὥρα δυνατὸς εἶναι λέγειν. ᾧ μῶρε τῆς ἀ.
ἀνοιγ'. Ν. 181. ἀ. ἀ. ἀνύσας τὺ φροντιστήριον,
ἀνοιγε. Α. 1189. ὐκ δὲ καύτύς ἀλλ' ἀ. τὴν θύραν.
Ν. 183. μαθητιῶ γάρ· ἀλλ' ἀ. τὴν θύραν.
Ο. 92. ἀ. τὴν ὕλην, ἵν' ἐξέλθω ποτέ.
Α. 1216. ἀ. τὴν θύραν
ἀνοίγειν. Ο. 1719. Μούσης ἀ. ἱερὸν εὔφημον στόμα.
ἀνοιγέτω. Γι. 261. ἀ. τις δώματ' αὑτοῦ ἔρχεται.
ἀναιγνυμένων. Ι. 1326. ὑψεῖσθε δὲ καὶ γάρ ἀ. ψόφος ἤδη τῶν προπυλαίων.
ἀνοικισθεὶς. Ο. 1351. διὰ ταῦτα μέντοι δεῦρ' ἀ. ἐγὼ
ἀνοικοδομεῖν. Εἰ. 100. καιναῖς πλίνθοισιν ἀ.,
ἀνοικτος. Θ. 1022. ἀ. ὃς μ' ἔδησε τὸν
ἀνοίξαι. Λ. 250. ἤρους' ἔχοντες ὥστ' ἀ. τὰς πύλας
ἀνοίξετε. Εἰ. 179. τίς ἐν Διὸς θύρασιν; οὐκ ἀ.;
ἀνοίξον. Εκ. 961. σε τὴν θύραν ἀ.
Εκ. 971.} ἀ., ἀσπάζου με·
974.
ἀνοίσει. Ο. 1625. προβάτοιν δυοῖν τιμὴν ἀ. τῷ θεῷ.
ὄνομα. Θ. 1040. ἀ. πάθεα σφίων λιτομένα.
ἀνομοίαν. Α. 1144. ὡς ἀ. ἔρχεσθον ὁδόν·
ἀνόνητον. Σ. 314. ἀ. ἀ' ὑμῖν μάχλων σ' ἴχον ἄγαλμα.
ἄνοντες. Ν. 369. ταῦτα μὲν πρὸς ἀνδρὸς ἐστ' ἀ. ἐς σωτηρίαν.
ἀνοργιάστα. Λ. 898. τὴ τῆς Ἀφροδίτης ἱέρ' δ. σοι
ἀνορύττων. Ο. 602. πωλῶ γαυλον, κυάμια σμμνήη, καὶ τὰς ὑδρίας ἀ.
ἀνορύττειν. Εἰ. 372. ταύτην ἀ. εὑρέθης· ΤΡ. νῦν ἄρά με
ἀνόσια. Θ. 667. ἣν γὰρ μὴ λάθῃ δράσας ἀ.,
ἀνόσιά. Ο. 328. προδεδύμεθ' ἀ. τ' ἐπάθομεν·
ἀνόσιον. Ο. 334. γένος ἀ., ὅπερ ἐξότ' ἐγένετ' ἐπ' ἐμοὶ
ἀνοσίους. Θ. 720. λύγους τι λέξεις ἀ.

ἀνοσίους. Β. 850. γάμους δ' ἀ. ἐσφέρων εἰς τὴν τέχνην,
ἄνους. Α. 736. ἐγώηγα καιτύι φαμι. τίς δ' οὗτος δ.
ἀντ'. Ν. 338. ὁμβρουσι θ' ὑδάτων δροσεράν Νεφελᾶν· εἶτ' ἀ. αὐτῶν κατίπινον κ.τ.λ.
ἀνταγορεύειν. Β. 1072. ἀ. τοῖς ἄρχουσιν. καίτοι τότε γ', ἡνίκ' ἐγὼ 'ζων,
ἀντακροᾶσθαι. Λ. 527. ἣν οὖν ἡμῶν χρηστὰ λεγουσῶν ἐθελήσητ' ἀ.
ἀντιμειψόμεσθά. Θ. 721. ἀθέοις ἔργοις γάρ ἀ.
ἀντιποδοῖτον. Θ. 1231. τοίναν χάριν ἀ.
ἀντακοντεῖν. Α. 326. ἀ. γὰρ ὑμῶν τῶν φίλων τοὺς φιλτάτους·
ἀνταπαπαρθεῖν. Ν. 293. καὶ σέβομαί γ', ὦ πολυτίμηοι καὶ βούλομαι ἀ.
ἀνάφοραι. Εκ. 887. ἄδουσ' ἐγὼ δ', ἦν τοῦτο δρᾷς, ἀ.
ἀναγνεῖς. Θ. 902. γύναι, τί εἶπας; στρίψον ἀ. πόρας.
ἀντιδίδασκε. Σ. 1410. Λᾶσίς ποτ' ἀ. καὶ Σιμωνίδης·
ἀντίδωκά. Εἰ. 1251. ὅτ' ἀ. γ' ἀντὶ τῶνδε μυᾶν ποτέ·
ἀντίθηκας. Ι. 363. ἐμοὶ γὰρ ἀ. ἀνθρώπων τίν'· ὅστις εὐθὺς
ἀντεινον. Α. 766. ἀ., αἱ λῆς· ὡς παχεῖα καὶ καλά.
ἀντεπεῖν. Ν. 998. μηδ' ἀ. τῷ πατρὶ μηδέν, μηδ' Ἰαπετὸν καλίσαντα
Θ. 545. ὑπὲρ ἀνδρὸς ἀ., ὃς ἡμᾶς πολλὰ κακὰ δέδρακεν
Εκ. 570. καὶ τοῦτον αὐτὸν μηδὲν ἀ. ἐμοί.
Π. 486. ἔχοι τις ἂν δίκαιον ἀ. ἔτι;
ἀντείπῃ. Εκ. 588. μή νυν πρότερον μηδεὶς ὑμῶν ἀ. μηδ' ὑπακρούσῃ
ἀντείπασμ'. Ν. 1417. ἐγὼ δέ γ' ἀ. ἂν ὡς δὶς παῖδές οἱ γέροντες.
ἀντίχον. Εἰ. 760. ἀ. δεῖ καὶ τῶν ἄλλων νήσων, ὦν οὕνεκα νυνὶ
ἀντεκτείνειν. Β. 1042. ἀ. αὐτὸν τούτοις, ὑπότυν σάλπιγγος ἀκούσῃ
ἀντιλάβετο. Π. 777. κᾄπειτ' ἐπαρθεῖς ἀ. τοῦ θρόνου,
Β. 787. οὐ καὶ Σοφοκλέης ἀ. τοῦ θρόνου·
ἀντελάκτισεν. Εἰ. 613. καὶ πίθος πληγεὶς ὑπ' ὀργῆς ἀ. πίθῳ,
ἀντέλεγες. Fr. 407. οὐδ' ἴσως ἀ. τούτῳ τῷ δεικνίῳ· οὐ γὰρ δύνασαι.
ἀντεμίσει. Α. 817. κεῖνος ὑμῶν ἀ.
ἀντεμπαγῶ. Α. 230. κοὐκ ἀνήσω πρὶν ἂν σχοῖνος αὐτοῖσιν ἀ.
ἀντενέδωκεν. Σ. 694. ἐσπουδάκατον, καθ' ὡς πρίων' ὁ μὶν ἕλκει, ὁ δ' ἀ.
ἀντεξέκλεψαν. Α. 527. ἀ. Ἀσπασίας πόρνα δύο·
ἀντιραστῆς. Ι. 733. σὺ δ' εἰ τις ἐτεόν· ΑΛ. ἀ. τουτουί,
ἀντερεῖ. Α. 701. πρὸτ τάδε τί ἀ. Μαρψίας;
ἀντερεῖς. Ν. 1079. μοιχὸς γὰρ ἦν τύχῃς ἁλοὺς, τάδ' ἀ. πρὸς αὐτόν,
Ν. 1343. οὐδ' αὐτοῖς ἀπροσάμενον οὐδὲν ἀ.;
Εκ. 249. πῶς ἀ. πρὸς αὐτὸν ἐν τἠκκλησίᾳ;
ἀντεφέρετε. Λ. 654. εἶτ' ἀναλώσαντες οὐκ ἀ. τὰς ἐσφορὰς,
ἀντευνοεῖν. Π. 1029. τὸν εὖ παθόνθ' ὑπ' ἐμοῦ πάλιν μ' ἀ.·
ἀντεχειροτόνησεν. Εκ. 423. προσθήκεν, οὐδεὶς ἀ. ἀν.
ἀντέχον. Α. 1121. ἴχ', ἀ., καί. ΔΙ. καὶ σύ, ναί, τοῦδ' ἀ.
Λ. 161. ἕλκουσιν ἡμᾶς· ΛΤ. ἀ. σὺ τῶν θυρῶν.
ἀντήκασ'. Σ. 1311. ἀ δ' ἀνακραγὼν ἀ. αὐτὸν πάρνοισι
ἀντήρει. Ι. 540. χοῦτος μέντοι μύνος ἀ., τοτὲ μὲν πίπτων, τοτὲ δ' οὐχί.
ἀντί. Α. 286. ἀ. ποίας αἰτίας, ὠχαρνέων γεραίτατοι; κ.τ.λ.
ἀντιβὰς. Β. 202. οὐ μὴ φλυαρήσεις ἔχων, ἀλλ' ἀ.
ἀντιβεβηκώς. Ι. 767. εἰ δέ σε μισῶ καὶ μὴ περὶ σοῦ μάχομαι μύνος ἀ.,
ἀντιβολεῖ. Σ. 571. ὥσπερ θεῶν ἀ. με τρέμων τῆς εὐθύνης ἀπαλύσαι·
ἀντιβολεῖθ'. Εκ. 182. τοὺς δ' οὐκ ἐθέλοντας ἀ. ἑκάστοτε.
ἀντιβολεῖν. Ι. 1296. οὐκ ἂν ἐξελθεῖν ἀπὸ τῆς σιπύης· τοὺς δ' ἀ. ἀν' ὁμοίως·
ἀντιβολεῖν. Εἰ. 113. ἀλλ' ἀ. τὸν πατέρ', ὦ κακοδαίμον,
ἀντιβολῇ. Εἰ. 785. ἀ. μετὰ τῶν παίδων χορεύσαι,
ἀντιβοληθεὶς. Σ. 560. εἶτ' εἰσελθὼν ἀ. καὶ τὴν ὀργὴν ἀπομορχθεὶς,
ἀντιβολήσας. Σ. 586. ἴδωμεν ταύτην ὅστις ἂν ἡμᾶς ἀ. ἀναπείσῃ
ἀντιβολὴ. Σ. 279. ἀλλ' ὑπ' ἀ.
ἀντιβολοῦντιν. Σ. 559. τουτὶ περὶ τῶν ἀ. ἐστιν τὸ μνημόσυνον μοι.
Σ. 882. κἀπιβαρύιν ἀ.,
Εἰ. 209. μηδ' ἀ. μηδὲ αἰσθανοίατο.
ἀντιβολῶ. Εἰ. 390. ἀ. ἡμίν,
ἀντιβολῶ. Α. 414. ἀλλ' ἀ. πρὸς τῶν γονάτων σ', Εὐριπίδη.
Α. 431. τούτου δὰ δ. σέ μοι τὰ στήματα
582. ἀλλ' ἀ. σ'. ἀπείνεγί μου τὴν μορμόνα.
1031. ἶθ' ἀ. σ', ἣν παι πομίσωμαι τῷ βιέ.
Ι. 109. εἶπ', ἀ., τί ἐστι; ΔΗ. τοὺς χρησμοὺς ταχὺ
142. εἶπ', ἀ., τίς ἐστιν; ΔΗ. εἶπω; ΝΙ. νὴ Δία.

ἀντιβολῶ—ἀξία.   23

ἀντιβολῶ. I. 960. μὴ δῆτά πώ γ', ὦ δέσποτ', δ. σ' ἐγώ,
 1202. εἶπ', δ., πῶς ἐπενόησας ἁρπάσαι;
Ν. 110. ἴθ', δ. σ'. ὦ φίλτατ' ἀνθρώπων ἐμοί,
 155. φρόντισμα; ΣΤ. ποῖον; δ., κάτειπέ μοι.
 224. πρῶτον μὲν ὅ τι δρᾷς, δ., κάτειπέ μοι.
 314. πρὸς τοῦ Διὸς δ. σε, φράσον, τίνες εἰσ', ὦ Σώκρατες,
   αὗται
Σ. 162. ἴθ', δ. σ', ἔκφρες με. μὴ διαρραγῶ.
 975. ἴθ', δ. σ', οἰκτείρατ' αὐτόν, ὦ πάτερ,
 1388. ἴθι μοι παράστηθ', δ. πρὸς τῶν θεῶν.
ΕΙ. 87. καὶ μὴ πνεῖ μοι κακόν, δ. σ·
 377. ἡμῶν κατείπῃς, δ. σε, δέσποτα,
 400. ἴθ', δ. σ', ἐλέησον αὐτῶν τὴν ὄπα,
Ο. 207. ἀλλ' δ. σ', ἀγ' ὡς τάχιστ' ἐς τὴν λόχμην
Εκ. 917. σαυτῇς κατόναι', δ. σε.
 1055. ἑλκόμενον ὑπὸ τῆσδ', δ. σ'.   ΓΡ. Β. ἀλλ' οὐκ ἐγώ,
 1071. ἀτὰρ τί τὸ πρᾶγμ' ἐστ', δ., τουτί ποτε;
Π. 103. ἐμβλητόν μοι;   ΧΡ. καὶ σύ γ', δ., πιθοῦ,
 444. στῆθ', δ. σε, στῆθι.   ΒΑ. μὰ Δί' ἐγὼ μὲν οὔ.
ἀντιβολῶν. ΕΙ. 864. ἄγειν παρ' αὐτόν δ. ΤΡ. ἀλλ', ὦ μέλε,
ἀντιδικῶν. Ν. 776. ὅπως ἀποστρέψαις ἂν δ. δίκην,
'Αντιθέου. Θ. 898. εἰ μὴ Κρίτυλλά γ' 'Α. Γαργηττόθεν·
ἀντίθετον. Fr. 300 b. καὶ κατ' 'Αγάθων' δ. ἐξευρημένον.
ἀντικνημίοις. I. 907. τὰν τοῖσιν δ. ἐλευθέρια περιαλείφειν.
ἀντικνήμιον. Α. 219. νῦν δ' ἐπειδὴ στερρὸν ἤδη τοὐμὸν δ.
ἀντίπρως. Ι. 63. τέχνην πεποίηται· τοὺς γὰρ ἔνδον δ.
I. 129. καὶ πῶς; ΔΙΙ. ὅπως : ὁ χρησμὸς δ. λέγει
Ο. 962. ὡς ἔστι Βάκιδος χρησμὸς δ. λέγων
Λ. 609. νὴ τὸν Δί' ἀλλὰ τοῖς προβούλοις δ.
 1069. ἀλλὰ χωρεῖν δ.,
Θ. 442. δ. μηδὲν λέγειν
Β. 741. τὸ δὲ μὴ πατάξαι σ' ἐξελεγχθέντ' δ.,
Εκ. 281. ἐκ τῶν ἀγρῶν ἐς τὴν πύκν' ἥξειν δ.
 339. νὴ τὸν Ποσειδῶ, ταῦτά τοίνυν δ.
Π. 134. καὶ νὴ Δί' εὐχομαί γε πλουτεῖν δ.
 328. θάρρει· βλέπειν γὰρ δ. δόξεις μ' Ἄρη.
 384. καὶ τῆς γυναικός, κοὐ διοίσουσ' δ.
ἀντιλαβέσθαι. Θ. 242. πρὶν δ. τόν γε πρωκτὸν τῆς φλογός.
ἀντιλέγων. Ν. 888. πρὸς πάντα τὰ δίκαι' δ. δυνήσεται.
Ν. 1339. τοῖσιν δικαίοις δ., εἰ ταῦτά γε
Β. 1007. εἰ πρὸς τοῦτον δεῖ μ' δ., ἵνα μὴ φάσκῃ δ' ἀπορεῖν με.
 1076. νῦν δ' δ. πάρεστιν ἐλαύνειν,
Π. 593. τὺ γὰρ δ. τολμᾶν ὑμᾶς ὡς οὐ πάντ' ἐστ' ἀγάθ' ὑμῖν
ἀντιλέγοντες. Π. 488. ἐν τοῖσι λόγοις δ.· μαλακῶν δ' ἐνδώσετε
   μηδέν,
ἀντιλεγόντων. Ν. 938. δ. κρίνας φοιτᾷ.
ἀντιλεγόντων. Ι. 980. ἤκουσ' δ.,
ἀντιλέγων. Ν. 901. ἀλλ' ἀνατρέψω ταῦτ' δ.·
Σ. 1470. τί γὰρ ἐκεῖνος δ.
ἀντιλέξαι. Ν. 1040. καὶ τοῖς νόμοις καὶ ταῖς δίκαις τἀναντί' δ.
Λ. 606. βουλόμεναι μῦθόν τιν' ὑμῖν δ.
ἀντιλέξεις. Β. 998. κἢν πρὸς ὀργήν δ.,
'Αντιλέων. Ι. 1044. καὶ πῶς μ' ἱλεήσῃς 'Α. γεγενημένος;
ἀντιλῃστήν. ΕΙ. 485. ἅπασιν ἡμῖν αὐθις δ.
ἀντιλογησαι. Ν. 321. καὶ γνωμιδίῳ γνώμην νύξασ' ἑτέρῳ λόγῳ δ.
ἀντιλογήσεις. Σ. 546. ἀλλ' ὦ περὶ τῆς πάσης μέλλων βασι-
   λείας δ.
ἀντιλογῶν. Β. 775. τῶν δ. κηὶ λυγισμῶν καὶ στροφῶν
ἀντιλογούντων. Β. 878. ἔλθωσι στρεβλοῖσι παλαίσμασιν δ.,
'Αντίλοχ'. Εκ. 392. 'Α., ἀποιμώξόν με τοῦ τριωβόλου
ἀντιμαθών. Σ. 1453. ἕτερα δὲ νῦν δ.
ἀντιμαρτυροῦσι. Fr. 382, 2. δ.
'Αντίμαχον. Α. 1150. 'Α. τὸν Ψακάδος τὸν ξυγγραφῆ, τὸν
   μελέων ποιητήν.
'Αντιμάχου. Ν. 1022. καὶ πρὸς τούτοις τῆς 'Α.
ἀντιμεθύσταναι. Θ. 362. ζητοῦσ' δ.
ἀντίμιμον. Θ. 17. ὀφθαλμῶν δ. ἡλίου τροχῷ,
ἀντιπάλους. Σ. 1050. εἰ παρελαύνων τοὺς δ. τὴν ἐπινοιαν
   ξυνέτριψεν.
ΕΙ. 739. πρῶτον μὲν γὰρ τοὺς δ. μόνος ἀνθρώπων κατέπαυσεν
Β. 1027. νικᾶν δεῖ τοὺς δ., κοσμήσας ἔργον δ.
ἀντιπάλων. Ι. 521. δι πλείστα χορῶν τῶν δ. νίκης ἔστησε
   τροπαῖα·
Β. 365. ἡ χρήματα ταῖς τῶν δ. ναυσὶν παρέχειν τινὰ πείθει,
'Αντισθένη. Εκ. 366. 'Α. τις καλεσάτω πάσῃ τέχνῃ.
'Αντισθένην. Εκ. 806. ὁρῶ φέροντας. ΑΝ Β. πάνυ γ' ἂν οὖν 'Α.
ἀντισπᾶν. ΕΙ. 492. τοὺς μὲν τείνειν, τοὺς δ' δ.;
ἀντιστασιάσῃς. Α. 967. ὦ Ζεῦ, δεινῶν δ.,
ἀντίσχοι. Α. 962. ποῖος δ' ἂν νέφρος δ.,
ἀντιτέχνοις. Β. 816. δ.· τότε δὴ μανίας ὑπὸ δεινῆς
ἀντιτιμωρούμενοι. ΕΙ. 626. αἱ γὰρ ἐνθένδ' αὖ τρέφεις δ.

ἀντιτύπτειν. Ν. 1424. θείναι νόμον τοῖς υἱέσιν, τοὺς πατέρας δ.;
ἀντιφερίζεις. Ι. 813. ὦ πόλις "Αργους, κλύεθ' οἷα λέγει, σὺ
   Θεμιστοκλεῖ δ.·
ἀντιφερίζων. Ι. 818. διατειχίζων καὶ χρησμῳδῶν, ὁ Θεμιστο-
   κλεῖ δ.
'Αντιφῶν. Σ. 1270. πεινῇ γὰρ ἥπερ Ἀ.
 Σ. 1301. καίτοι παρῆν Ἵππυλλος, Ἀ. Λύκων,
ἀντιψάλλων. Ο. 218. τοῖς σοῖς ἐλέγοις δ.
ἀντλίαν. Ι. 434. κάγωγ', ἐάν τι παρακαλῇ, τὴν δ. φυλάξω.
ΕΙ. 18. αὑτὴν ἄρ' οἴσω συλλαβὼν τὴν δ.
ἀντλίας. ΕΙ. 17. οὐ γὰρ ἵδρ' οἵὡς τ' εἴμ' ὑπερέχειν τῆς δ.
ἀντλίον. Fr. 82. δ.
ἄντομαι. Θ. 977. 'Ερμῆν τε Νόμιον δ.'
ἀντόμεθ'. Θ. 1155. μ'λετον, ἐλθετον, δ., ὦ
ἀντρίψεις. Ι. 1235. δ. ἔτι τὰν πόλιν ᾇ δ' ἔχεται ῥοπᾶς.
ἄντροις. Ο. 1097. χειμῶγω δ' ἐν κοίλοις δ.,
 Θ. 1019. κλύσις ὦ πρὸς Αἰδοῦς σὲ τὰν ἐν δ.
ἄντρον. ΕΙ. 223. ὁ Πύλαγος αὑτῇν ἐνίβαλ' εἰς δ. βαθύ.
ἀντροδύς. Ο. 1059. Ἤχὼ, λόγων δ. ἐπικοκκάστρια,
ἀντωμοσίας. Σ. 1041. δ. καὶ προσκλήσεις καὶ μαρτυρίας συνε-
   κόλλων,
ἀντωμοσιῶν. Σ. 544. θαλλοφόροι καλούμεθ', δ.
ἄνυς. Π. 413. μή νυν διάτριβ', ἀλλ' ἅ. πράττων ἓν γέ τι
ἀνύειν. Π. 607. χρῆ σ', ἀλλ' δ.
ἀνύετον. Β. 606. ἵνα δὴ δείπνῳ δ. ἦς τῳ κακόν.
ἀνυπεύθυνοι. Σ. 587. καὶ ταῦτ' δ. δρῶμεν· τῶν δ' ἄλλων
   οὐδεμί' ἀρχή.
ἀνυποδήτους. Ν. 103. τοῖς ὠχριῶντας, τοὺς δ. λέγεις·
ἀνύσαντε. Ι. 71. νῦν οὖν δ. φραντίσωμεν, ὡγαθέ,
ΕΙ. 872. δ. πηδῶ τι ταυτηΐ. ΟΙ. τί φής;
ἀνύσας. Α. 571. τις δ.   ἐγὼ γάρ ἔχομαι μίσος.
Ι. 119. δ τι. φέρ' ἴδω τί ἄρ' ἔνεστιν αὐτόθι.
Ν. 181. ἀνοιξ' ἄνοιγ' δ. τὸ φροντιστήριον,
 506. δ. τι δευρὶ θᾶττον·   ΣΤ. ἐς τὼ χεῖρέ νυν
 635. δ. τι κατάδου
 1253. σὐκουν δ. τι θᾶττον ἀπολιταργιεῖς
Σ. 30. λέγε νυν δ. τι τὴν τρόπιν τοῦ πράγματος.
 202. δ. τι προσμύλει γ'. ΣΠ. οἶμοι δείλαιος·
 398. ἀνάβαιν' δ. κατὰ τὴν ἑτέραν καὶ ταῖσιν φυλλάσι παῖε.
 847. ἀλλ' εἴσαγ' δ.· ὡς ἐγὼ τιμῶν βλέπω.
 1158. ταπδὶ δ' δ. ὑποδύθι τὰς Λακωνικάς.
 1162. ἴς τὴν Λακωνικήν δ. ΦΙ. ἐδίκεῖς γέ με
 1210. πῶς οὖν κατακλινῶ; φράξ δ. ΒΑ. εὐσχημόνως.
ΕΙ. 25. δ.   ΚΤ. ταῦτ', δ. πάρεχε. ΠΟ. ἡμὲ νυν ταχὺ
Λ. 920. ἰδού, κατάκεισ' δ. τι· κἄγὼ 'κδύομαι
Θ. 255. σώξεσον δ. αἱρὲ νυν στρόφιον. ΕΙ. ἰδού.
Β. 1171. Αἰσχύλ', δ.· σὺ δ' ἐς τὸ κακὸν ἀπόβλεπε.
Εκ. 1058. ἴσον, μαλακίων, δεῦρ' δ. καὶ μὴ λάλει.
Π. 229. ἐμοὶ μελήσει τοῦτό γ'· ἀλλ' δ. τρέχε.
 349. ποῖός τις·   ΧΡ. οἶος, ΒΑ. λέγ' δ. ὅ τι φῆς ποτε.
 64δ. πέραινε τοίνυν ὅ τι λέγεις δ. ποτέ·
ἀνύσασα. Π. 974. οὔκουν ἔρεις δ. τὸν κνισμῶν τίνα;
ἀνύσατε. Ο. 241. δ. πετύμενα πρὸς ἐμὰν δοιδάν·
ἀνυσατί. Π. 1107. δ. νυν, ὅ τι περ ποιήσεθ' ὑπ' ἐγώ.
ἀνύσεις. Β. 649. οὔκουν δ.; ἱαντᾶται. ΑΙ. τί γάντᾶται;
ἀνύσηται. Π. 196. κἂν ταῦτ' δ., τεττάρακοντα βούλεται,
ἀνυσον. Fr. 110, 1. ἀλλ' δ. οὐ μέλλειν ἐχρῆν ἐς ἀγοράσα
ἀνυσῶν. Σ. 1168. δ. ποθ' ὑποδυσάμενος· εἴτα πλουσίως
ἄνω. Ι. 866. ἐὰν δ' δ. τε καὶ κάτω τὸν βύρβορον κυκῶσιν, κ.τ.λ.
ἄνω'. Εκ. 698. φήσει τις δ. ἐξ ὑπερῴου.
ἄνωθεν. Α. 433. κεῖται δ' δ. τῶν Ἰνοῦς ῥακῶν, κ.τ.λ.
ἀνωκίσανθ'. ΕΙ. 207. αὐτοὶ δ' δ. ὕπως ἀνωτάτω,
ἀνώμεν. ΕΙ. 514. κἢν νικώμεν ταῖς ψήφοις
ἀνωνόμαστος. Ο. 1715. ὀσμή δ' δ. ἐς βάθος κύκλου
ἀνώνυμοι. Λ. 854. τὸ σὸν παρ' ἡμῖν ὄνομ' οὐδ' δ.
ἀνώνυμος. Θ. 859. ἐμοὶ δὲ γῆ μὴ πατρὶς οὖσ' δ.
ἀνωρτάλιξες. Ι. 1344. δ. κἀκεφουσίας. ΔΗΜ. ἐγώ,
ἀνωτάτω. Ο. 207. αὐτοὶ δ' ἀνῳκίσανθ' ὅπως δ.
Π. 1206. ἡ γραῦς ἔπεσσ' δ., ταύτῃ δὲ νῦν
ἄξει. ΕΙ. 485. θεῖσαι γὰρ δ. τὴν ὁ βουλευτήριον,
ἄξει. ΕΙ. 125. ναῦς μὲν γὰρ οὐκ δ. σε ταύτην τὴν ὁδόν.
ἄξειν. Β. 1421. μέλλῃ τι χρηστόν, τοῦτον δ. μοι δοκῶ.
ἄξεις. Α. 899. ἡ ἀγορά τις ἔσθ' Ἰνθέσδ' ἐκεῖσ' δ. λῶν;
Α. 901. ἀφνὰς ἄρ' δ. πριάμενος Φαληρικάς
Ο. 21. ἡμᾶς ἴτ' δ., οὐ γὰρ ἔστ' ἰντεῦθ᾽ τις
Β. 1001. εἶτα μᾶλλον μᾶλλον ἅ.,
Fr. 537, 2. ἴς τὴν πόλιν δ. τήνδε τὴν ὀνωπίδ᾿
ἄξεις. Ν. 1299. ταῦτ' οὐχ ὕβρις δῆτ' ἐστίν; ΣΤ. δ. ; ἐπιαλῶ
ἄξετε. Ν. 899. τρίτῃ δὲ μετὰ ταῦθ' Ἱπποδρομίων δ.
ἀξενεγκάμην. Εκ. 513. ὁθενπερ ἕλαβον τάλλα θ' δ.
ἀξία. Α. 1062. ὁτιὴ γυνὴ 'στι τοῦ πολέμου τ' οὐκ δ.

ἀξία—ἄπανθ'.

ἀξία. Θ. 845. ἀ. γοῦν εἰ τύκου, τεκοῦσα τοιοῦτον τύκον.
ἄξια. I. 1334. τῆς γὰρ πόλεως ἀ. πράττεις καὶ τοῦ Μαραθῶνι τροπαίου.
Ν. 475. ἀ. σῇ φρενὶ συμβουλευσομένοις μετὰ σοῦ.
Σ. 711. ἀ. τῆς γῆς ἀπολαύοντες καὶ τοῦ Μαραθῶνι τροπαίου.
ἀξίας. I. 672. ἠσθοντο τὰς δαφίας παρ' ἡμῖν ἀ.;
Ο. 1223. ἀνίθανες, εἰ τῆς ἀ. ἐτύγχανες;
ἄξιοι. I. 506. ἄνδρες ἦσαν τῆσδε τῆς γῆς ἀ. καὶ τοῦ πέπλου,
I. 596. ἀ. δ' εἰσ' εὐλογεῖσθαι· πολλὰ γὰρ δὴ πράγματα
ἀξιοῖ. Εἰ. 26. βρενθύεταί τε καὶ φαγεῖν οὐκ ἀ.,
Π. 1177. θύειν ἔτ' οὐδεὶς ἀ. ΧΡ. τίνος οὔνεκα;
ἀξιοῖς. I. 342. τῷ καὶ πεποιθὼς ἀ. ἐμοῦ λέγειν ἔναντα;
Π. 259. σὺ δ' ἀ. ἴσων με θεῖν, πρὶν ταῦτα καὶ φράσαι μοι
271. μῶν ἀ. φοινακίσαι ἡμᾶς ἀπαλλαγῆναι
931. σὺ γὰρ ἀ. τάλλότρια πράττων ἐσθίειν.
1080. οἶδ' οἶδα τὸν νοῦν· οὐκέτ' ἀ. ἴσως
ἄξιον. Α. 4. φέρ' ἴδω, τί δ' ἤσθην ἄ. χαιρηδόνος;
Α. 8. διὰ τοῦτο τοὔργον ἀ. γὰρ Ἑλλάδι.
205. τῶν ὑδωπύρων ἀπάντων· τῇ πόλει γὰρ ἀ.
I. 183. οἴμοι, τί ποτ' ἔσθ' ὅτι σαυτὸν οὐ φῂς ἀ.,
624. καὶ μὴν ἀκούσαί γ' ἀ. τῶν πραγμάτων.
895. τοῦ σιλφίου τὸν ἀ. γενόμενον· ΔΙΕΜ. οἶδα μέντοι.
896. ἐπίτηδες οὗτος αὐτὸν ἐσκευδ' ἀ. γενέσθαι,
Ν. 1041. καὶ τοῦτο πλείν ἢ μυρίων ἐστ' ἀ. σταστῆρων,
1074. καίτοι τί σοι ζῆν ἀ., τούτων ἐὰν στερηθῆς;
Ο. 417. ὁρᾷ τι κέρδος ἐνθάδ' ἄ. μοιήσει,
548. ἀλλ' ὅ τι χρὴ δρᾶν, σὺ δίδασκε παρῶν· ὡς ζῆν οὐκ ἄ. ἡμῖν,
797. ἆρ' ὑπόπτερον γενέσθαι παντὸς ἐστιν ἄ.,
1160. ἢν τοὺς θεοὺς ἔχωμες· ὡς γὰρ ἄ.
Β. 887. εἶναί με τῶν σῶν ἀ. μυστηρίων.
Εκ. 892. ἀ. ἐμοῦ καὶ σοῦ προσολολύξαι μέλος.
Fr. Μ. Δαιτ. 9, 2. τοῖς δαιτάλευσιν, ὥσπερ' ἄ. λύγον,
ἀξιῶν. I. 616. νῦν ἄρ' ἀ. γε πᾶσίν ἐστιν ἐπιχολυξέαι.
Β. 284. λαβεῖν τ' ἀγώνισμ' ἄ. τι τῆς ὁδοῦ.
614. ἢ 'κλεψα τῶν σῶν ἄ. τι καὶ τριχός.
ἄξιος. Α. 633. φησὶν δ' εἶναι πολλῶν ἀγαθῶν ἄ. ὑμῖν ὁ ποιητής,
I. 1402. εὖ γ' ἐπινόησας οὑπέρ ἐστιν ἄ.,
Ν. 225. ἡττηθείς, οὐκ ἄ. ὢν ταῦτ' οὖν ὑμῖν μέμφομαι
Εἰ. 738. ἀ. εἶναι φησ' εὐλογίας μεγάλης ὁ διδάσκαλος ἡμῶν.
918. πωλίῶν γὰρ ὑμῖν ἄ.
Β. 1012. τί καθεῖν φήσεις ἄ. εἶναι; ΔΙ. τεθνάναι· μὴ τοῦτον ἐρώτα.
Εκ. 324. γυναῖχ' ὅσας εἴμ' ἄ. πληγὰς λαβεῖν.
Π. 877. νὴ τὸν Δία τὸν σωτῆρα, καλῶς γ' ἄ.
ἀξιός. I. 509. οὐκ ἂν φαύλως ἔτυχεν τούτου· νῦν δ' ἄ. ἔσθ' ὁ ποιητής,
ἀξίαν. Β. 730. εὔλογον' κἄν τι σφαλῇτ', ἐξ ἄ. γοῦν τοῦ ξύλου,
ἀξιούμεν. I. 576. οὐ μαχεῖσθαί φασιν. ἡμεῖς δ' ἄ. τῇ πόλει
ἀξίαν. Εκ. 187. ὁ δ' οὐ λαβὼν εἶναι θανάτου φησ' ἄ.
Π. 125. καὶ τοὺς κεραυνοὺς ἄ. τριοβόλου,
776. τοὺς ἄ. δὲ τῆς ἐμῆς ὁμιλίας
ἐξιόκρεως. Εκ. 1065. ἀ. ΓΡ. Β, μὴ μοι καθίστη.
ἐξιῷ. I. 182. οὐκ ἄ. 'γὼ 'μαυτὸν ἰσχύειν μέγα
ἀξιῶς. Α. 677. οὐ γὰρ ἄ. ἐκείνων ὧν ἐναυμαχήσαμεν
Θ. 187. μόνος γὰρ ἂν λέξειας ἄ. ἐμοῦ.
Β. 391. τῆς σῆς ἑορτῆς.
ἀξιωτέρας. Σ. 491. νὼ δὲ πολλῷ τοῦ ταρίχους ἐστὶν ἄ.
ἀξιωτέρας. I. 645. οὑνώπον' ἀρύας εἴδον ἄ.
ἀξεραν. Εἰ. 418. καὶ σοι τὰ μεγάλ' ἡμεῖς Παναθήναι' ἄ.,
ἀξυνέτου. Ο. 456. παραλεισαμένην ὑν' ἐμῆς φρενὸς ἄ.
ἄξω. Α. 202. ἀ. τοῖς ἀπ' ἀγροῖς εἰσάγων Διονύσια.
Εκ. 1001. λυρεῖς· ἐγὼ δ' ἄ. σ' ἐπὶ τἀμὰ στρώματα.
ἀοιδαῖς. Ν. 297. ἀλλ' εὐφημεῖ· μέγα γάρ τι θεῶν κινεῖται σμῆνος ἀ.
Ο. 906. ταῖς ἱν' ὑμνων ἀ.
Θ. 111. χαίρε καλλίσταις ἀ.,
ἀοιδῆν. Ο. 241. ἀνύσατε πιτυόμενα πρὸς ἐμὰν ἀ.'
Ο. 908. ἐγὼ μελιγλώσσαν ἔπεων ἴεῖς ἀ.,
Β. 213. φθεγξώμεθ', εὔγηρυν ἱμὰν ἀ.,
ἀοιδὰς. Β. 675. Μούσα χορῶν ἱερῶν ἐπίβηθι καὶ ἐλθ' ἐπὶ τέρψιν ἀ. ἐμάς,
ἀοιδοῦ. Β. 1316. κερκίδος ἀ. μελέτας.
'Ασίαν. Εἰ. 837. Ά. αὐτῶν πάντες ἱκάλουν ἀστέρα.
'Ασίαν. Εἰ. 836. ἐνθάδε τὸν Ά. ποθ'· ὡς δ' ἦλθ', εἱθίνα
ἀπ'. Α. 999. ὥστ' ἀλείφεσθαν σ' ἀ. αὐτῶν κύμε ταῖς νουμηνίαις κ.τ.λ.
ἀπαν'. Π. 1151. ἀ. ἐς μακαρίαν ἱκποδῶν. ΑΛ. σύ γ', ὦ φθόρε.
Θ. 915. φίρε, οὐ κύσω. ἀπαγ' μ' ἀ. ἀ. ἀπαγέ με
ἀπάγαγε. Εἰ. 714. ἀ. τῇ Βουλῇ λαβών, ἥσειρ ποτ' ἂν.

ἀπαγαγεῖν. Ν. 216. ταύτην ἀφ' ἡμῶν ἀ. πόρρω πάνυ.
ἀπαγών. Β. 625. μὴ δῆτ' ἔμοιγ'. οὕτω δὲ βασάνιζ' ἀ.
ἀπαγγείλαντα. Π. 766. τοιαῦτ' ἀ. ΚΑ. μὴ νῦν μέλλ' ἔτι,
ἄπαγε. Ν. 32. ἀ. τὸν ἵππον ἐξαλίσας οἴκαδε.
Β. 853. ἀ. σεαυτὸν ἐκποδών, εἰ σωφρονεῖς,
ἀπαγί. Θ. 915. φέρε, σὲ κύσω. ἀ. μ' ἄπαγ' ἄπαγ' ἄ. με
ἀπάγειν. I. 993. ὀργισθέντ' ἄ. κελεύ-
ἀπάγεσθαι. Ν. 1105. τί δῆτα; πότερα τοῦτον ἀ. λαβὼν
ἀπάγεσθε. Λ. 1274. ἀ. ταύτας, ὦ Λάκωνες, τασδεδὶ
ἀπάγξαι. Εἰ. 796. ἐσπίρας ἀ.
ἀπαγξαίμην. Ν. 780. πρὶν τὴν ἐμὴν καλεῖσθ', ἀ. τρέχων.
ἀπάγοντες. Α. 57. τὸν ἄνδρ' ἀ., ὅστις ἡμῖν ἤθελε
ἀπαγορεύω. Α. 169. ἀλλ' ἀ. μὴ ποιεῖν ἐκκλησίαν
ἀπάγουσιν. Σ. 707. εἰσὶν γε πόλεις χίλιαι, αἱ νῦν τὸν φόρον ἡμῖν ἀ.'
ἀπάγχει. Σ. 686. καὶ πρὸς τούτοις ἐπιταττόμενοι φοιτᾷς ὃ μάλιστά μ' ἀ.,
ἀπάγχεσθ'. Π. 988. ὥστε με μ' ἀ., ὅταν ὀρχεῖσθαι Παναθηναίοις δέον αὐτοὺς
ἀπάγχων. Ν. 1385. ἐξέφερον ἄν καὶ προυσχύμην σε· σὺ δ' ἐμένουν ἀ.
ἄπαθε. I. 520. τοῦτο μὲν εἴδως ἄ. Μάγνης ἅμα ταῖς πολιαῖς κατιούσαις,
ἄπαθαν. Α. 377. αὐτός τ' ἐμαυτὸν ὑπὸ Κλέωνος ἄ.
ἀπαιθριάζει. Ο. 1502. ἀ. τὰς νεφέλας, ἢ ξυννεφεῖ·
'Απωλάδη. Ν. 1150. μεμάθηκεν. ΣΤ. εὖ γ', ὦ παμβασίλει' 'Α.
ἀπαίρει'. Λ. 539. ἀ., ὦ γυναίκες, ἀπὸ τῶν καλπίδων, ὅπως ἂν
ἀπαιτεῖν. Ο. 554. κἄπειτ' ἦν τοῦτ' ἐπανεστήκῃ, τὴν ἀρχὴν τὸν Δι' ἀ.
ἀπαιτεῖς. Ν. 1240. ἔπειτ' ἀ. τἀργύριον τοιοῦτος ὤν;
ἀπαιτεῖτ'. Λ. 1167. ἕτερόν γ' ἀ. ἀντὶ τούτου χωρίον.
ἀπαιτοῦντων. Α. 653. καὶ τὴν Αἴγιναν ἀ.· καὶ τῆς νήσου μὲν ἐκείνης
ἀπαιτῶν. Ν. 1247. τοῦ 'σθ' οὗτος ἀ. με τἀργύριον; λέγε.
ἀπωλᾷ. Α. 1063. καὶ τοῦτο τίθου', ὥστε κρί' ἴδεσθ' ἀ. καὶ καλά.
ἀπαλήν. Σ. 554. ἐμβάλλει μοι τὴν χείρ' ἀ., τῶν δημοσίων κεκλοφυῖαν.
ἀπαλλαγείς. Α. 201. ἐγὼ δὲ πολέμου καὶ κακῶν ἀ.
ἀπαλλαγεῖσι. Εἰ. 293. ἀ. πραγμάτων τε καὶ μαχῶν
ἀπαλλαγεῖτε. Εἰ. 352. καὶ πολὺ νεώτερον, ἀ.
Fr. 344, 3. ἀ. τῶν κατ' ἀγορὰν πραγμάτων,
ἀπαλλαγμένες. Π. 263. ψυχροῦ βίου καὶ δυσκόλου ζήσειν ἀ.
ἀπαλλαγέντες. Π. 303. τάξεως ἀ. καὶ κακῶν φοινικαίων
Π. 316. ἀλλ' εἶα νῦν τῶν σκωμμάτων ἀ. ἤδη
ἀπαλλαγέντες. Π. 271. μῶν ἀξίοις ἐφινακίσαι ἡμᾶς ἀ.
ἀπαλλαγῶ. Εκ. 1082. ποτέρας προτέρας οὖν καταλέσας ἀ.
Εκ. 1100. κἀπειτ' ἐπειδὰν τῆσδ' ἀ., πάλιν
ἀπαλλάξει. Εἰ. 920. δεινῶν ἀ. πόνων
ἀπαλλάξασά. Εκ. 1046. ὦ γλυκύτατον, τὴν γραῦν ἀ. μου·
Εἰ. 568. ἢ καλῶς αὐτῶν ἀ. ἄν τοὐπτριον.
ἀπαλλάξειν. Π. 115. ταύτης ἀ. σε τῆς ὀφθαλμίας,
ἀπαλλάξεσθ'. Α. 757. αὐτάσ' ἄρ' ἀ. πραγμάτων. ΜΕ. σά μὰν ,
ἀπαλλαχθῶθ'. Ν. 1194. πρότερον ἀ. ἑκόντες, εἰ δὲ μή,
ἀπαλλαχθεῖτ'. Σ. 484. ἆρ' ἂν, ὦ πρὸς τῶν θεῶν, ὑμεῖς ἀ. μου;
ἀπαλλαχθέντα. Α. 251. στρατιᾶς ἀ.· τὰς σπονδὰς δή μοι
Σ. 504. τὸν πατέρ' ὅτι βούλομαι τούτων ἀ. τῶν
ἀπαλλαχθήσεται. Ο. 940. ἀνθρωπον ἡμῶν οὐκ ἀ.
ἀπαλλάχθητον. Π. 66. ὦ τᾶν, ἀ. ἀπ' ἐμοῦ. ΧΡ. πώμαλα.
ἀπαλόν. Ο. 902. ποτέ ἀ. ἱμερόεν,
ἀπαλὸν. Ο. 668. ἄν δ' ἄ., ὢν δὲ λευκόν. ΕΤ. ἀρά γ' οἴσθ' ὅτι
Εἰ. 851. ἀλλ' ἀ. ἄρ' μ' ἴδοις
Α. 418. ἄθ' ἀ. ὦν' τοῦτ' οὖν σὺ τῆς μεσημβρίας
ἀπαλός. Θ. 192. γυναικόφωνος, ἀ., εὐπρεπής ἰδεῖν.
Fr. 5. καὶ δελφακίων ἀ. καιλαί καὶ χναυμάτια πτερόιντα.
ἀπαμύνει. Σ. 597. ἀλλὰ φυλάττει διὰ χειρὸς ἔχων καὶ τὰς μνίας ἀ.

ἅπαν. Α. 909. μικρὸν γα μᾶκος οὗτος. ΔΙ. ἀλλ' ἄ. κακόν.
Ν. 946. καὶ περὶ τὸ χωρίον ἐλάβας ἄ. ἐν κύκλῳ,
Ν. 946. τὸ πρόσωπον ἄ. καὶ τὠφθαλμὼ
1020. τὴν μὲν αἰσχρὸν ἄ. καλὸν ἡγεῖσθαι,
Λ. 137. ὦ παγκατάπυγον θἠμέτερον ἄ. γένος.
Θ. 527. ἀλλ' ἄ. γίνοιτ' ἂν ἤδη
702. ἂν ἄ. γάρ ἐστι τόλμης ἔργα κυναισχυντίας.
Β. 294. ἄ. τὸ πρόσωπον. ΔΙ. καὶ σκέλος χαλκοῦν ἔχει.
1202. ποιεῖτ γὰρ οὕτως ὥστ' ἐναρμόττειν ἄ.,
Π. 493. Βούλησα καλῶν καὶ γενναῖον καὶ χρήσιμον εἰς ἄ. ἔργον.
Α. 356. τοῖς Ἑκβαταναίοισιν ἄ. ἂν ὢν λέγω
Σ. 488. ὥς ἀ. ὑμῖν τυραννίς ἐστι καὶ ξυνωμόται,
1101. πωλαχοῦ σκοποῦντες ἡμᾶς εἰς ἄ. εὑρήσετε
Ν. 591. καὶ τάλλ' ἄ. ὥσπερ γυναῖς' ἐσπεύδασαι.
Εκ. 298. ἄ. ὑπός' ἂν δέῃ

ἄπανθ'—ἀπαπαῖ. 25

ἄπανθ'. Π. 474. ἅ. ἁμαρτάνοντά σ' ἀποδείξειν ἐγώ,
ἀπανθήσαντα. Εκ. 1121. τὸ δ' ἀλλ' ἅ. πάντ' ἀνέστατο·
ἀπανθρακίζομεν. Ο 1546. μόνον θεῶν γὰρ διὰ σ' ἅ.
ἄπαντ'. Σ. 805. ἰδού, τί ἔτ' ἐρεῖς; ὡς ἅ. ἐγὼ φέρω
ΕΙ. 554. ὡς ἅ. ἤδη 'στι μεστὰ τἀνθάδ' εἰρήνης σαπρᾶς.
Ο. 1158. καὶ νῦν ἅ. ἐκεῖνα πεπύλωται πύλαις,
Λ. 1236. νυνὶ δ' ἅ. ᾔρεικεν· ὥστ' εἰ μήν τέ τις
Εκ. 475. ἅ. ἐπὶ τὸ βέλτιον ἡμῖν ξυμφέρει·
Π. 978. ἅ. ἐποίει κοσμίαν μοι καὶ καλῶς·
1005. πρὸ τῶν δ' ὑπὸ τῆς πενίας ἅ. ἐπήσθιεν.
ἄπαντᾷ. ΕΙ 941. τούτων κατὰ καιρὸν ἅ.
ἅπαντα. Ι. 215. ἅ., καὶ τὸν δῆμον ἀεὶ προσποιοῦ
Ι. 219. ἔχεις ἅ. πρὸς πολιτείαν ἃ δεῖ·
391. ἀλλ' ὅμως αὐτὸς τοιοῦτος ἂν ἅ. τὸν βίον,
677. ἅ. τά τε γῄτει ὅσ' ἦν ἐν τἀγορᾷ·
1215. ὦ παππίδιον; ἃ γὰρ σοι παρεφύρουν.
Ν. 40. ἐς τὴν κεφαλὴν ἅ. τὴν σὴν τρέψεται.
807. ἕτοιμος ὅδ' ἐστὶν ἅ. δρᾶν
1037. ἅ. ταῦτ' ἐναντίαις γνώμαισι συνταράξαι.
1071. σκέψαι γάρ, ὦ μειράκιον, ἐν τῷ σωφρονεῖν ἅ.
1430. τί ἔφη', ἐπειδὴ τοὺς ἀλεκτρυόνας ἅ. μμεῖ,
1453. ὑμῖν ἀναθεὶς ἅ. τἀμὰ πράγματα.
ΕΙ 692. νυνὶ δ' ἅ. πρὸς λύχνον βουλεύσομεν.
Ο. 182. ἅ., διὰ τοῦτό γε καλεῖται νῦν πύλος·
258. ἀλλ' ἴτ' ἐς λύχνους ἅ.,
700. πρότερον δ' οὐκ ἦν γένος ἀθανάτων, πρὶν Ἔρως ξυν-
έμιξεν ἅ.
717. ἐλθόντες γὰρ πρῶτον ἐπ' ὄρνις, οὕτω πρὸς ἅ. τρέπεσθε,
823. τά τ' Ἀλκίνου γ' ἅ.; ΠΕ. καὶ λῷστον μὲν οὖν
1392. ἅ. γὰρ διείμί σοι τὸν δέρα
1644. πέντε ἐστί σύ. σοῦ γὰρ ἅ. γίγνεται
Λ. 57. ἅ. ἐρωσας τοῦ δέοντος ὕστερον.
573. ἐκ τῶν ἐρίων τῶν ἡμετέρων ἐπολιτεύεσθ' ἂν ἅ.
930. ἅ. δῆτα; ΚΙ. δεῦρό νυν, ὦ χρύσιον·
Θ. 532. οὐδὲν κάκιον εἰς ἅ., πλὴν ἄρ' ἡ γυναῖκες.
554. ἀλλ' οὐκ ἂν ἔτ' ἴσχοις ὅσα γὰρ ᾔδεις ἐξέγκας ἅ.
787. ὡς πᾶν ἐσμὲν κακῶν ἀνθρώποις κἀξ ἡμῶν ἐστὶν ἅ.
Β. 731. καὶ ποιηραῖς κἀκ ποιηρῶν εἰς ἅ. χρώμεθα
958. πάχ' ὑποτονεῖσθαι, περινοεῖν ἅ. ΑΙ. φημὶ κἀγώ.
975. ἅ. καὶ διειδέναι
Εκ. 175. τὰ τῆς πόλεως ἅ. βαρέως πράγματα.
674. μίαν οἰκησίν φημι ποιῆσειν συρρήξας' εἰς ἓν ἅ.,
1159. ὅτι προείληφ'· ἀλλ' ἅ. ταῦτα χρῇ μεμνημένους
Π. 146. ἅ. τῷ πλουτεῖν γάρ ἐσθ' ὑπήκοα.
808. ἅ. δ' ἡμῖν ἀργυρίου καὶ χρυσίου
857. ἀπολωλεκὼς ἅ. τᾶκ τῆς οἰκίας
ἅπαντά. Ι. 619. θοὶς ἅ. μοι σαφῶς·
Ο. 1542. ἅ. γάρ' αὐτῷ ταμιεύει. ΠΡ. φήμ' ἐγώ.
Θ. 687. ἀλλ' ἔαιχ' ἡμῖν ἅ. πως διεσκέψθαι καλῶς,
Εκ. 458. ἅ. τ' αὑταῖς ἐστι προστεταγμένα
Π. 640. ὡς ἀγαθὰ συλλήβδην ἅ. σοι φέρω.
ἀπαντῶν. Α. 13. εἰρημένων δ' αὐταῖς ἅ. ἐνθάδε
ἅπαντας. Ι. 487. ἡμᾶς ἅ. καὶ κραγνὸν νεκρέζεται.
Ι. 997. ἰδού, θίασαι, κοὐχ ἅ. ἐκφέαι.
1383. τούτους ἅ., παυσαμένους ψηφισμάτων.
Ν. 611. ὠφελοῦσ' ὑμᾶς ἅ., οὐ λόγοις, ἀλλ' ἐμφανῶς.
613. ὥστε καὶ λέγειν ἅ. ἐξιόντας ἐσπέρας,
1057. τὸν Νέστορ' ἀγορητὴν ἂν οὐδὲ τοὺς σοφοὺς ἅ.
1316. κἂν ἅ. οἴσπερ ἂν
Σ. 682. οὐ γὰρ μεγάλη δουλεία 'στιν τούτους μὲν ἅ. ἐν ἀρχαῖς
1323. τύπτων ἅ., ἥν τις αὐτῷ ξυντύχῃ.
ΕΙ. 867. ἅ. ὦντας ἀσφαλῶς
Ο. 1016. σποδεῖν ἅ. τοὺς ἀλαζόνας δοκεῖ.
1310. καὶ τοὺς κοφίνους ἅ. ἐμπίπλη πτερῶν·
1547. μασῶ δ' ἅ. τοὺς θεούς, ὡς οἶσθα σύ.
Λ. 576. εἶτα ξαίνειν ἐς καλαθίσκον κοινὴν εὔνοιαν ἅ.,
Εκ. 636. ἔσται δυνατὸς διαγιγνώσκειν; ΠΡ. τί δὲ δεῖ;
πατέρας γὰρ ἅ.
1157. σχεδὸν ἅ. οὖν κελεύω δηλαδὴ κρίνειν ἐμέ.
Π. 262. ὁ δεσπότης γὰρ φησιν ὑμᾶς ἠδέως ἅ.
584. ἵνα τοὺς Ἕλληνας ἅ. ἀεὶ δ' ἴσους πέμπτων ξυναγείρει,
679. περιῆλθε τοὺς βωμοὺς ἅ. ἐν κύκλῳ,
864. τοῦ ποῦ 'σθ' ὁ μάρσος ἅ. ἡμᾶς πλουσίους
Fr. 211. φήμαις οὖν ἐγὼ βροτῶν ἅ. ἐλπαπήναι.
ἅπαντι. Α. 347. ἐμίλλετ' ἄρ' ἅ. ἀνασείειν βοήν,
Α. 617. ἐξίστω παρῃνοῦν οἱ φίλοι.
Ι. 623. τίστε; θαρρήσας λέγ', ὡς ἅ.
670. οὐ δ' ἐξ ἑνὸς στύματος ἅ. ἀνέκραγον·
681. ἅ. οὕτως ὥστε τὴν βουλὴν ὅλην
Σ. 241. σίμβλων δὴ φασι χρημάτων ἔχειν ἅ.
353. ἀμυσωμέν σοι τὸν πρινώδη θυμὸν ἅ. καλέσαντες,

ἅπαντες. Σ. 522. ἀφετίνυν ἅ. αὐτόν. ΦΙ. καὶ ξίφος γέ μοι δότε
Σ 1516. φέρε νυν ἡμεῖς αὐτοῖς ὀλίγον ξυγχωρήσωμεν ἅ.,
Ο. 505. χωπόθ' ὁ κόκκυξ εἴποι κόκκυ, τότε γ' οἱ Φοίνικες ἅ.
520. ὅμην τ' οὐδεὶς τότ' ἂν ἀνθρώπων θεῶν, ἀλλ' ὀρνίθαις ἅ.
1281. ἐλακωνομάνουν ἅ. ἄνθρωποι τότε,
Λ. 996. ἅ. ἰστύναντι· Πελλάνας δὲ δεῖ.
1005. ἐῶντί, πρὶν ἅ. ἐξ ἑνὸς λόγω
Εκ. 605. οὐδεὶς οὐδὲν πενίᾳ δράσει· πάντα γὰρ ἕξουσιν ἅ.
658. μὴ 'ξελκυσθῇ καθ' ὁ δεῖπνήσει, τούτους ἀπελῶσιν ἅ.
823. τὸ δ' ἐναγχὸς οὐχ ἅ. ἡμεῖς ὤμνυμεν
Π. 363. ἀλλ' εἰσὶ τοῦ πέρδους ἅ. ἥττονες.
575. ἀλλὰ φλυαρεῖς καὶ στεργυίζεις. ΚΡ. καὶ πῶς φεύγουσί σ' ἅ.;
671. σιγᾶν, ἅ. κοσμίως κατενεκείμεθα,
753. ἐδεξιοῦνθ' ἅ. ὑπὸ τῆς ἡδονῆς·
1106 οὐκ ἐτὸς ἅ. οἱ δικάζοντες θαμὰ
ἀπαντῆσαι. Π. 770. ἐγὼ δ' ἅ. γ' ἐκείνοις βούλομαι.
ἀπάντων. Α. 205. τῶν ὑδοικήρων ἅ. τῇ πόλει γὰρ ἄξιον
Α. 310. οὐχ ἅ. ὄντος ἡμῖν αἰτίους τῶν πραγμάτων.
311. οὐχ ἅ. ὦ παυοῦργε· ταῦτα δὴ τολμᾷς λέγειν
313. οὐχ ἅ. οὐχ ἅ.· ἀλλ' ἐγὼ λέγων ὁδὶ
Ι. 164. τούτων ἅ. αὐτὸς ἀρχέλας ἔσει,
476. ὑμῶν ἅ. τὰς ξυνωμοσίας ἐρῶ,
516. κωμῳδοδιδασκαλίαν εἶναι χαλεπώτατον ἔργον ἅ.·
1006. περὶ σοῦ περὶ ἐμοῦ, περὶ ἅ. πραγμάτων.
Ν. 368. ἀλλὰ τίς ὕει; τουτὶ γὰρ ἔμοιγ' ἀπέφηνας πρῶτον ἅ.
577. πλείστα γὰρ θεῶν ἅ. ὠφελούσας τὴν πόλιν,
Σ. 518. ὅστις ἄρχω τῶν ἅ. ΒΛ. οὐ σὺ γ', ἀλλ' ὑπηρετεῖς
534. καὶ περὶ τῶν ἅ.,
923. κυνῶν ἅ. ἀνδρα μονοφαγίστατον.
1303. τούτων ἅ. τῷ ὑβριστότατος μακρῷ.
Ο. 514. ὁ δὲ δεινυτάτων γ' ἐστὶν ἅ., ὁ Ζεὺς γὰρ ὁ νῦν βασιλεύων
Β. 722. ἀλλὰ καλλίστοις ἅ. ὧν δοκεῖ, νομισμάτων,
Εκ. 839. ἀγαθῶν ἅ. καὶ παρεσκευασμένας,
1119. τούτων ἅ. τὰ θᾶσι ἀμφορεῖδια.
1136. νὴ τὴν Ἀφροδίτην, πολύ γ' ἅ. ὕστατος
Π. 79. ἀνδρῶν ἅ. εἴτ' ἴσιγης Πλοῦτος ὤν;
446. ἔργων ἅ. ἐργασύμεθ', εἰ τὸν θεὸν
469. ἀγαθῶν ἅ. οὐσαν αἰτίαν ἐμὲ
522. ἀλλ' οὐδ' ἔσται πρῶτον ἅ. οὐδεὶς οὐδ' ἀνδραποδιστής
Fr. 473, 1. οἰκῶν δῆπον πρῶτον ἅ.
ἀπανῶντες. Ν. 452. ταῦτ' εἴ με καλοῦσ' ἅ.,
ἅπαξ. Α. 307. πῶς δ' ἔτ' ἂν καλῶς λέγοις ἅ., εἴπερ ἐσπείσω γ' ἅ.
Α. 923. κείπερ λάβοιτο τῶν νεῶν τὸ πῦρ ἅ.
Ν. 551. οὗτοι δ', ὡς ἅ. παρέδωκεν λαβὴν 'Τπέρβολος,
Σ. 898. θάφατος μὲν ὤν ἅ. τότ' ἦν ἅ. ἀλφ·
1129. ἀλλ' οὖν πεπείραθω γ', ἐπειδήπερ γ' ἅ.
ΕΙ. 317. ἤν ἅ. ἐς χεῖρας ἔλθῃ τὰς ἐμάς. ἰού, ἰού,
612. ἂν δ' ἅ. τὸ πρῶτον ἄκουσ' ἰψιόφρην ἄμπελος
Ο. 183. ἤν δ' οἰκήσητε τοῖτο καὶ φράξηθ' ἅ.,
342. κάρτα' πῶς κλαύσει γάρ, ἢν ἅ. γε τωφθαλμὼ 'κκοπῇς·
Θ. 1207. ἐμοὶ μελήσει ταῦτά γ', ἢν ἅ. λιθῶ.
Β. 95. ἅ. προσουρήσαντα τῇ τραγῳδίᾳ,
206. κάλλιστ', ἐπειδὴ ἐμβαλῃς ἅ. ΔΙ. τίνων;
ἀπαράλκων. Β. 161. οἵ σοι φράσουσ' ἅ. ὧν ἂν δέῃ.
Fr. 110, 2. ἅ. ὅσ' ἂν κελεύῃς, ὦ γύναι.
ἀπαξάναντα. ΕΙ. 247. ἅ. καταμεμυττωτευμένα.
870. καὶ τάλλ' ἅ.· τοῦ πέους δὲ δεῖ,
Ο. 1539. καὶ τἀλλ' ἅ. ηὑδαιμονίαν,
Θ. 515. τά γ' ἀλλ' ἅ. καὶ τὸ νύσθιον
Π. 206. εὑρὼν ἅ. κατακελείμενα·
Λ. 815. ἅ. τοὺς ἐμοὺς ἐχθροὺς ἐπιστομίζειν,
Π. 1109. ἅ. ἐς τὸ βάραθρον ἐμβαλεῖν.
ἀπαξάπαντες. 1. 111. ἀὰ Δί', ἀλλ' ἅ. ΚΑ. οἱμώζει μακρά·
Π. 760. ἀλλ' εἴ' ἅ. ἐξ ἑνὸς λόγου
ἀπαξαπάντων. Εκ. 550. τῶν νῦν γυναικῶν Πηνελόπη, Φαίδρας δ' ἅ.
Εκ. 557. ἅ. τῶν κατὰ πόλιν πραγμάτων.
766. ἅ. ΑΝ Α. ὅτι τὸ ταττόμενον ποιῶ;
ἀπαξάπασαι. ΕΙ. 542. ἅ. καὶ κύθαοι προσπείεναι.
Εκ. 217. ἅ., ποὐχὶ μεταπειρωμέναι
Εκ. 719. ἅ. ΒΛ. ἵνα τί; ΠΡ. δῆλον τουτογί·
ἀπαξάπασιν. Εκ. 1148. ἅ. ἡν ἀπίωσιν οἴκαδε.
ἀπάξει. Β. 1470. ἢ μὴν ἅ. μ' οἴκαδ', οἴκαδ' αὑτοῦ τοὺς φίλους.
ἀπαπαῖ. Σ. 309. ἅ., φεῦ, ἅ., φεῦ, μὰ Δί' οὐκ ἔγωγε νῦν οἴδ'

Ε

ἀπαππαῖ. Σ. 235. πάρεσθ', ὁ δὴ λοιπὸν γ' ἔτ' ἐστίν, ἀ. παπαιάξ.
ἀπαράτιλτος. Λ. 279. πινῶν, μυσῶν, ἀ.,
ἀπαρξώμεθα. Α. 244. κατάθου τὸ κανοῦν, ὦ θύγατερ, ἵν' ἀ.
ἀπαρτί. Π. 388. ἀ. πλουτῆσαι παήσω. ΠΛ. τί σὺ λέγεις;
ἀπαρυστέον. Ι. 921. τῶν βαδίων ἀ.
ἀπαρχάς. Β. 1241. θύων ἀ. ΑΙ. ληνύθιον ἀπώλεσεν.
ἀπάρχου. ΕΙ. 1056. ἄγε νυν ἀ., κᾆτα δὸς τἀπάρχματα.
ἅπας. Ν. 955. νῦν γὰρ ἀ. ἐνθυδε κίνδυνος ἐπεῖται σοφίας,
Σ. 422. καὶ σύ γ' αὖθις ἐξυλούμην ἀλλ' ἀ. ἐπίστρεφε
Β. 981. ναίαν ἀ. τις εἰσίων
ἅπασ'. Ι. 629. τισανώπαθ' ἡ βουλή δ' ἅ. ἀκρουμένη
ΕΙ. 373. ἅ. ἀνάγκη 'στ' ὑποθανεῖν; ΕΡ. εὖ ἴσθ' ὅτι.
Θ. 171. ἅ. ἀνάγκη· ταῦτα γάρ τοι γνοῦς ἐγὼ
ἅπασα. Εκ. 502. ἅ. καὶ μίσει σύκον πρὸς τῶν γνάθου ἔχουσα·
ἁπάσαις. Θ. 378. ἡμῖν ἀ. τίς ἀγορεύειν βούλεται;
Fr. 113. κοιτῶν ἁ. εἰς. πύελος δὲ μί' ἀρκέσει.
ἁπάσαισιν. Θ. 453. νῦν οὖν ἀ. παραινῶ καὶ λέγω
ἅπασαν. Α. 577. ἅ. ἡμῶν τὴν πόλιν κακορροθεῖ;
  Ι. 310. τὴν πόλιν ἀ. ἡμῶν ἀνατετυρβακώς,
  Σ. 131. ἡμεῖς δὲ τὴν αὐλὴν ἅ. διετύοις
  1079. τῷ καπνῷ τύφων ἅ. τὴν πόλιν καὶ πυρπολῶν,
  Εκ. 1042. τὴν γὴν ἅ. Οἰδιπόδων ἐμπλήσειε.
ἁπάσας. Ι. 170. καὶ κάτιδε τὰς νήσους ἅ. ἐν κύκλῳ.
  Θ. 536. ἡμᾶς ἀ., εἰ μὲν οὖν τις ἐστιν· εἰ δὲ μή, ἡμεῖς
  552. ἡμᾶς ἀ. αὖθις αὖ. ΜΝ. καὶ νὴ Δί' οὐδὲπω γε
ἀπάσης. Ι. 906. χώρας ἀ. ἐστεφανωμένον ῥόδοις.
ἅπασιν. Α. 493. ἅ. μέλλεις εἰς λέγειν τἀναντία.
  Α. 624. ἅ. καὶ Μεγαρεῦσι καὶ Βοιωτίοις
  Σ. 106. ὑπὸ δυσκολίας δ' ἅ. τιμῶν τὴν μακρὰν
  1277. πρῶτα μὲν ἅ. φίλον ἄνδρα τε σοφώτατον,
  1333. ἡμῖν ἅ., καὶ σφόδρ' εἶ νεανίας.
  Εκ. 1144. οὐκοῦν ἅ. δῆτα γενναίως ἐρεῖς
  Π. 878. ἅ. τοῖς Ἕλλησιν ὁ θεὸς οὗτος, εἰ
ἅπασιν. Α. 511. σείσεις ἅ. ἐμβάλοις τὰς οἰκίας·
  Σ. 698. σκέψαι ταινῖν ἐπὶ ἐξόν σοι πλουτεῖν καὶ τοῖσιν ἅ.,
  872. ἅ. ἡμῖν ἀρμόσαι
  ΕΙ. 404. ὁ τοῖς θεοῖς ἅ. ἐπιβουλεύεται,
  485. ἅ. ἡμῖν αὖθις ἀντιληπτέον.
  910. τῆς ἐστὶν ἅ. ὦσ-
  914. σωτῆρ γὰρ ἅ. ἀν-
  1038. ζηλωτὸς ἅ.
  Λ. 803. γυ τε τοῖς ἐχθροῖς ἅ.,
  1180. βινεῖν ἅ.; ΛΛ. τοῖσι γοῦν καὶ τὸ σιώ
  Θ. 605. τοῖς ἄλλοις ἅ. ἔστω
  1117. ἅ. ἐστὶν ἐμὲ δὲ καυτὸν τῆς κύρης
  Εκ. 425. δεῖπνον παρέχειν ἅ. ἡμῶν ἅ.; – ΠΡ. κατέδει στίλεθον πρότερόν μου.
  595. πῶς οὖν ἔσται κοινός ἅ.;
Π. 286. ὄντως γάρ ἐστι πλουσίοις ἅ. ἡμῖν εἶναι;
Fr. 21, 2. πλύνων ἅ. ὅσα συνοιδ' αὐτῷ κακά.
ἀπασκαρίζειν. Fr. 416. ἀ. ὡσπερεὶ πέρκην χαμαὶ
ἀπαστέων. Ν. 621. πολλάκις δ' ἡμῶν ἀγονίων τῶν θεῶν ἀ.,
ἁπασῶν. Ι. 582. τῇς ἱερωτάτης ἀ.
Λ. 680. ἀλλὰ τούτων χρῇ ἀ. ἐς τετρημένον ξύλον
Ἀπατουρίων. Α. 146. ἦρα φαγεῖν ἀλλάντας ἐξ Ἀ.
Θ. 558. ὥστ' αὖ τὰ κρέ' ἐξ Ἀ. ταῖς μαιστρούσι διδοῦσαι,
ἀπαυδῷ. Ι. 1072. ταύτας ἀ. μὴ διδόναι σ' ὁ Λοξίας.
ἀπαυδῶ. Β. 309. τούτοις αὐδῶ καὖθις ἀ. καὖθις τὸ τρίτον μάλ' ἀ.
ἀπεβάδιζεν. Fr. 400, 2. μεστὴν βοάμων ἀ. οἰκάδε.
ἀπέβαλε. Ο. 290. πῶς ἂν οὖν Κλεώνυμός γ' ἂν οὐκ ἀ. τὸν λόφον
ἀπέβαλεν. Σ. 22. ὅτι ταυτηνὶ ἐν γῇ τ' ἀ. κἀν οὐρανῷ
ἀπεβάφην. Fr. 366. Ὦ κακοδαίμον ὅστις ἐν ἅλμῃ πρῶτον τριχίδων ἀ.
ἀπεβλίσει. Ο. 498. κᾀγὼ πίπτω, μέλλω τε βοᾶν· ὁ δ' ἀ. θοἰμάτιόν μου.
ἀπεβόσκετο. Ο. 750. Φρύνιχος ἀμβροσίων μελέων ἀ. καρπόν, ἀεὶ φέ-
ἀπεδάκρυσα. Σ. 983. ἐγὼ γάρ ἀ. νῦν γνώμην ἐμήν
ἀπέδειξα. Ι. 774. ὡς πρῶτα μὲν, ἡνίκ' ἐβουλεύῶν σοι, χρήματα πλεῖστ' ἀ.
ἀπέδειξας. Β. 1011. ἀλλ' ἐκ χρηστῶν καὶ γενναίων μοχθηροτάτους ἀ,
ἀπειρόμενη. Ν. 1286. καί με κακίαις ἔκνισε· κᾆθ' ὕγ' ἀ.
ἀπέδεσθαι. Ο. 26. βρύκουσ' ἀ. φησὶ μου τοὺς δακτύλους·
ἀπεδήδοκεν. Β. 984. τίς τὴν κεφαλὴν ἀ.
ἀπεδήμεις. Β. 48. ποῖ γῆς ἀ.; – ΔΙ. ἐπεβάτευον Κλεισθένει.
ἀπέδιδου. Π. 1031. οὐκουν καθ' ἱκάστην ἀ. τὴν νύκτα σοι;
ἀπεδιδόσμεθα. ΕΙ. 1205. ἀφ' ὧν γὰρ ἀ. μικρηβάναμεν
ἀπέδοτο. Α. 542. ἀ. φησις κυνίδιον Σερίφιον,
ἀπέδωκ'. Α. 830. θάρρει, Μεγαρίκ'· ἀλλ' ἥτε τὰ χοιρίδι' ἀ.
ἀπέδωκεν. Fr. 431. δεῦρο δ' ἂν οὐκ ἀ.

ἀπέδυν. Λ. 1023. ἀλλ' ὑπ' ὀργῆς γὰρ ποινηρᾶς καὶ τύτ' ἀ. ἐγώ.
ἀπέδυσας. Θ. 744. ἀ. ὠναίσχυντε μου τὸ παιδίον,
ἀπέδυκ'. Σ. 1128. ἀ. ὑφεῖλων τῷ κνηφεῖ τρίυβλων.
ἀπέδωκεν. Θ. 813. φορμῶν πυρῶν τάνδρὸς κλέψασ' αὐθημερὸν αὕτ' ἀ.
ἀπέθανε. Ι. 1377. σοφὸς γ' ὁ Φαίνξ, δεξιῶς τ' οὐκ ἀ.
ἀπέθανεν. ΕΙ. 700. τί δαί; Κρατῖνος ὁ σοφὸς ἔστιν; – ΤΡ. ἀ.,
Θ. 446. ἐμοὶ γὰρ ἀνὴρ ἀ. μὲν ἐν Κύπρῳ,
Fr. 592. ωρί θανάτῳ ἀ.
ἀπέθανες. Ο. 1223. ἀ., εἰ τῆς ὀξίας ἐτύγχανες;
Ο. 1224. ἀλλ' ἀθάνατοί εἰμ'. ΠΕ. ἀλλ' ὅμως ἂν ἀ.
ἀπέθανον. Α. 15. τήγες δ' ἀ. καὶ διεστράφην ἰδών,
Α. 348. ὀλίγου γ' ἀ. ἄνθρακες Παρνήσιοι,
ἀπέθετο. Ι. 1219. ὅσον τὸ χρῆμα τοῦ πλακοῦντος ἀ.
ἅπει. Σ. 1340. οὐκ ἀ. σύ; ** ποῦ 'στιν
Α. 848. ἀνήρ; ΚΙ. ἀνὴρ δῆτ'. ΛΥ. οὐκ ἀ. δῆτ' ἐκποδών;
Β. 1415. ἐὰν δὲ κρίνω; – ΠΛ. τὸν ἕτερον λαβὼν ἅ.,
ἀπειλαῖς. Ι. 696. ἠσθην ἀ., ἐγήλασα ψολοκομπίαις.
ἀπειλάς. Α. 249. σὺ γὰρ τοσαύτας ψθ' ἀ. οὔτε πῦρ
Β. 493. καί τᾶς ἀ.; ΞΑ. οὐ μὰ Δί' οὐδ' ἐφρ όντισα,
ἀπειλεῖ. Α. 328. εἰπέ μοι, τί τοῦτ' ἀ. τυῖτος, ἄνδρες δημύται,
ἀπειλεῖν. Ν. 617. ὥστ' ἀ. φησιν αὐτῇ τοὺς θεοὺς ἑκάστοτε
ἀπειλῇ. Σ. 1231. ἐὰν ἀ. νὴ Δί' ἀτέρων ἴσομαι.
ἀπειλήσω. Ι. 927. ἐγὼ δ' ἀ. μὲν οὐ-
ἀπειλούντας. Α. 339. δεινώτατ' ἀ. ἐπῶν,
ἀπειλοῦσίν. Ο. 308. ἀρ' ἀ. γε νῷν; οἴμοι, κεχήνασίν γέ τοι
ἀπειλῶν. Ι. 922. τε τῶν ἀ. ταυτηί.
ἄπειμ'. Α. 903. πάγωγ' ἀ. ἐκεῖσε· νῦν δ' ἀπομόνομα.
Εκ. 862. ἅ. ἰάσας. ΑΝ. Β. ἦν δὲ πωλῶσ' αὐτά, τί;
Π 70. ἅ., ὦ βέλτιστε· ἐπιτραχηλισθῇ πεσῶν.
ἄπειμι. Α. 408. τουτὶ λαβὼν ἅ., κοῦ κρούσειμ' ἔτι·
Α. 471. ἀλλ' οὑκέτ', ἀλλ' ἅ. καὶ γάρ εἰμ' ἄγαν
Ν. 1254. ἀπὸ τῆς θύρας; ΠΑ. ἅ., καὶ τοῦτ' ἴσθ', ὅτι
Σ. 1325. ἀλλ' ἱκποδών ἅ., πρὶν πληγάς λαβεῖν.
Λ. 877. ἅ. ΚΙ. μὴ δῆτ', ἀλλὰ τῷ γοῦν παιδίῳ,
Ο. 279. ἐγὼ δ' ἅ. ΜΝ. δεῦρό νυν, ὦ Θρᾷθ', ἔσον.
457. ἀλλ' εἰς ἀγορὰν ἅ. δεῖ γὰρ ἀνδράσιν
Π. 944. ἅ. γιγνώσκω γὰρ ἥττων ὦν πολὺ
ἀπείνειν. ΕΙ. 306. οὗ γὰρ ἐσθ' ὅπως ἀ. ἂν δοκῷ μοι τήμερον,
Ο. 556. ξύλων πύλεραι πρωνδάν αὐτῷ, καὶ τοῖσι θεσίσιν ἀ.
ἀπείπωμεν. Λ. 778. μή νυν ἀ. ταλαιπωρούμεναι,
ἀπειρχόμεσθ'. Ο. 1154. ἀ.; ΑΓ. Α. ὄρνιθες πᾶσαν τέκτοναν
ἀπείργεις. Σ. 467. τῶν νόμων ἠμᾶς ἀ. ὧν ἔθηκεν ἡ πόλις,
ἀπειρολεχὴ. Θ. 118. Ἄρτεμιν ἀ.
ἀπείρονα. Fr. 247. δακτύλιον χαλκοῦν φέρων ἀ.
ἄπειρος. Β. 204. ἀ., ἀθαλάττωτος, ἀσαλαμίνιος
Β. 355. ὅστις ἀ. τοιῶνδε λόγων, ἢ γνώμῃ μὴ καθαρεύει,
Εκ. 257. ἄτ' οὐκ ἀ. οὔσα πολλῶν προυμάθον.
ἀπείροσι. Ο. 694. γῆ δ' οὐδ' ἀὴρ οὐδ' οὐρανὸς ἦν· Ἐρέβους δ' ἐν ἀ. κόλποις
ἄπεισ'. Α. 1187. ἅ. ἴκαστος. ΑΘ. ἀλλ' ἴωμεν ὡς τάχος,
ἄπεισιν. Σ. 1404. τυγὸν ἀ., διὰ τοῦτο
Β. 1486. πάλιν ἀ. οἴκαδ' αὖ,
Εκ. 692. πᾶς τις ἀ. τὴν βάδα λαβών.
ἀπεκείρατ'. Ν. 836. ἀ. οὐδεὶς πώποτ' οὐδ' ἠλείψατο
ἀπέκλαεν. Κ. 809. τἠθεια τὰς γλίχανος ἀ. χαμαὶ
ἀπέκλεινον. Σ. 719. ὧν σύνεκ' ἐγὼ σ' ἀ. ἀεί,
ἀπεκλείσατε. Α. 487. ὅ τι βουλόμεναι τὴν πύλην ἡμῶν ἀ. τοῖσι μοχλοῖσιν,
ἀπεκναιεν. Εκ. 1087. ἕλκοντε τοὺς πλοτῆρας ἂν ἀ.
ἀπεκοιμήθημεν. Σ. 213. τί οὖν οὐ ὅσον δσον στίλην;
ἀπεκρίνατο. Σ. 1434. ἀλλ' οὖν σὺ μέμνησ' αὐτὸς ἀ.
ἀπεκρύψω. Ι. 483. οντί βιδάξεις, εἴπερ ἀ. συτί
ἀπέκτεινε. Ο. 85. κνιψὸ σὺ γ' ἀπυλοί'· ὥς μ' ἀ. δέει.
ἀπέκτεινε. Fr. 52. ἢ Βοιδαρίων τις ἀ. ζεύγος χολίκων ἐπιθυμῶν.
ἀπεσπλάγχανον. Fr. 419, 2. ἀ.
ἀπελαύνει. Ι. 58. ἡμᾶς δ' ἀ., κᾆθ' ὁ ὁοῦλος οὑ ἄ τὸν δισπότην
ἀπελαύνεις. Ι. 795. τὴν εἰρήνην ἐξεσκιέδασας τὰς πρεσβείας τ' ἀ.
ἀπελαύνων. Π. 236. ἀργύριον ἀ. τάλλ' ἢ διὰ λλαντ' αὐτοῦ πώποτε.
ἀπέλαυσα. Ο. 1358. ἀ. τάρ' ὦ νὴ Δί' ἰχθὺν τηθίδι.
ἀπέλαυσαν. Εκ. 426. ἵνα τοῦτ' ἀ. Ναυσινίιδοντ τἀγαθόν.
Fr. 476, 14. ἀ. ἄρα σείβοντες ὑμᾶς, ἐπὶ σὺ ψῆς. Β. τηῇ τί;
ἀπελείφθη. Ι. 525. ἐξεβλήθη πρεσβύτης ἀν. ὑπὸ τοῦ σκώπτειν ἀ.
ἄπελθ'. Α. 486. ἅ. ἔνισε, κᾆτα τὴν κεφαλὴν ῥαπίσας ἤκει
Ο. 893. ἅ. ἀφ' ἡμῶν καὶ σὺ καὶ τὰ στέμματα·
ϒ. 508. ἅ. ἅ., πρὸς τῆς ἀρετῆς μοί δοκῷ
626. ἅ. ἐγὼ γὰρ βασανιῶ ταυτὴν καλῶς
ἄπελθε. Α. 449. τουτὶ λαβὼν ἅ. Λαίνων σταθμῶν
Α. 458. ἅ. νῦν μοι. – ΔΙ. μᾶλλά μοι δὸς ἑν μόνον
405. ἅ. ταυτηνὶ λαβών. – ΔΙ. ἀπέρχομαι.

ἄπελθε—ἁπλῷ.   27

ἄπελθε. N. 744. ἀφεὶς δ.· κᾆτα τὴν γνώμην πάλιν
 Ο. 948. δ. τουτονὶ λαβών.   ΠΟ. ἀπέρχομαι.
ἀπελθεῖν. Εl. 1107. ἀλλὰ τῶδε πρότερον, σπένδειν ἠμᾶς, σὺ δ' ἀ.
 Λ. 726. πάσας τε προφάσεις ὥστ' ἀ. οἴκαδε
ἀπέλθετε. Λ. 844. καὶ ξυσταθεύσω τοῦτον, ἀλλ' ἀ.
ἀπέλθης. Λ. 733. μὴ διαπετάνυ, μηδ' ἀ. μηδαμῇ.
 Β. 434. μηδὲν μακρὰν ἀ..
ἀπέλθοιμ'. Α. 403. οὐ γὰρ ἂν ἀ., ἀλλὰ κύψω τὴν θύραν.
ἀπελθών. I. 805. εἰ δέ ποτ' εἰς ἀγρὸν οὗτος δ. εἰρηναῖος διατρίψῃ
ἀπίλου. Σ. 118. εἶτ' αὐτὸν ἀ. κᾀκάθαιρ', ὁ δ' οὐ μάλα.
ἀπέλυσ'. Α. 1155. δε γ' ἐμὲ τὸν τλήμονα Λήναια χορηγῶν ἀ.
 ἄδειπνον.
ἀπελῶσιν. Εκ. 688. μὴ 'ξελκυσθῇ καθ' ἓν δειπνήσει, τούτους ἀ.
 ἅπαντες.
ἀπεμπολώμενος. Α. 374. κἀνταῦθα λανθάνουσ' δ..
ἀπένεγκέ. Α. 582. ἀλλ' ἀντιβολῶ σ', δ. μου τὴν μορμόνα.
ἀπενέγκης. Εκ. 857. πρίν γ' ἂν δ. ΑΝ. Β. ἀλλ' ἀποίσω. ΑΝ. Α.
 πνικα;
ἀπένεγκον. El. 1109. πρόσφερε τὴν γλῶτταν. ΤΡ. σὺ δὲ τὴν
 σαυτοῦ γ' ἀ.
ἀπενίμοντ'. Ο. 1289. εἶτ' ἀ. ἐνταῦθα τὰ ψηφίσματα.
ἀπεξύρησε. Θ. 1043. δε ἐμ' ἀ. πρῶτον,
ἀπέπαρδε. Ι. 639. ἐν ῥεξιᾶ ἀ. καταπύγων ἀνήρ.
ἀπέπαρδον. Π. 699. δ. ἡ γαστὴρ γὰρ ἐπεφύσητό μου.
ἀπεπελέκησαν. Ο. 1156. δ. τὰς πύλας ἦν δ' ὁ κτύπος
ἀπέπεμπεν. Ι. 538. δε ἀπὸ σμικρᾶς δαπάνης ὑμᾶς ἀριστίζων δ..
ἀπέπεμψέ. Π. 12. μελαγχολῶντ' δ. μου τὸν δεσπότην,
ἀπέπεμψεν. Α. 98. ἄγε δὴ σύ, βασιλεὺς ἄττα σ' δ. φράσον
ἀπεπλέξατο. Α. 217. ἐξέφυγεν οὐδ' ἂν ἐλαφρὸς ἂν ἀ.
ἀπέπνιγον. Σ. 1039. οἳ τοὺς πατέρας τ' ἦγχον νύκτωρ καὶ τοὺς
 πάππους δ.
ἀπέπτατο. Ο. 90. μὰ Δί' οὐκ ἔγωγε. ΕΤ. ποῦ γάρ ἐστιν;
 ΠΕ. δ.
 Εκ. 1121. τὰ δ' ἀλλ' ἀπανθήσαντα πάντ' δ.'
ἀπέπτυσ'. El. 528. δ. ἐχθροῦ φωτὸς ἔχθιστον πλέκος.
ἀπεπυδάρισα. Ι. 697. ἀ. μύθανα, περιεκώκασα.
ἄπερ. Α. 560. νὴ τὸν Ποσειδῶ, καὶ λέγες γ' ἀ. λέγει κ.τ.λ.
ᾄπερ. Α. 730. ἐπῴδουν τυ ναὶ τὸν φίλιον ἀ. ματέρα, κ.τ.λ.
Λ. 1255. ἄγεν ᾆ. τὼ πάπρως
ἀπίραινεν. Ν. 3. ἀ. οὐδέποθ' ἡμέρα γενήσεται;
 Ν. 393. τὸν δ' ἀέρα τίν' δ' ὄντ' ἀ., πῶς οὐκ εἰκὸς μέγα βροντᾶν;
ἀπεριλάλητον. Β. 839. ἀ. κομποφακελορρήμονα.
ἀπεριμερίμνως. Ν. 136. ἀ. τὴν θύραν λελάηκινας
ἀπεροῦσιν. Λ. 165. ἀ. οὐ γὰρ οὐδίποτ' εὐφρανθήσεται
ἀπερρ'. Ν. 783. ὑθλεῖς δ', οὐκ ἂν διδαξαίμην δ' ἔτι.
ἄπερρε. El. 1294. ἀ. καὶ τοῖς λογχοφόροισιν ᾆδ' ἰών.
 Εκ. 169. ἀ. καὶ σὺ καὶ κάθησ' ἐντευθενί.
ἀπερυθρίασαι. Ν. 1216. ἀ. μᾶλλον ἢ σχεῖν πράγματα,
ἀπέρχεται. Α. 689. δ δ' ὑπὸ γήρως μασταρύζει, κᾂτ' ὀφλὼν δ.'
 I. 29. ὀτιὴ τὸ δέρμα δεφομένων δ.
 El. 111. ὦ παιδί', ὁ πατὴρ ἀπολιπὼν δ..
ἀπέρχομαι. Α. 465. ἀπελθε τουτηνὶ λαβών. ΔΙ. ἀ.
 Α. 691. οὔ μ' ἐχρῆν σορὸν πρίασθαι, τοῦτ' ὀφλὼν δ.
 Ο. 948. ἀπελθε τουτονὶ λαβών. ΠΟ. ἀ.,
 Λ. 730. ἔγωγ' ἀποδείρας αὐτίκα μάλ' δ..
 Β. 18. πλεῖν ἢ 'νιαυτῷ πρεσβύτερος δ.
 Εκ. 936. δείξει τάχ' αὐτός, ὡς ἔγωγ' δ.
ἀπεσμηνάμην. Fr 378, 1. ἀ.
ἀπεσκευάσμην. Fr. 586. ἀ.
ἀπέσομαι. Ν. 887. ἐγὼ δ' ἀ.· τοῦτό νυν μέμνησο, ὅπως
ἀπεστέργκάς. Π. 373. ἀλλ' οὐδὲ μὴν ἀ. γ' οὐδένα;
ἀπεστιν. Α. 103. δ. ἐπὶ Θρᾴκης φυλάττων Εὐπράτη.
ἀπεστιλλυγγίσαμεν. Ι 589. μὴ φθονεῖσθ' ἡμῖν κομῶσι μηδ' δ..
ἀπεσταράφη. Π. 702. ὑπηρυθρίασε χὴ Πανάκει' δ.
ἀπέστυμε. Ν. 705. νύημα φρενῶν· ὕπνος δ' δ. γλυκύθυμος ὀμμάτων.
ἀπεσφακέλισεν. Fr. 360. δ.
ἀπεσώισας. Ν. 1408. ἐκεῖσε δ' ὅθεν δ. με τοῦ λόγου μέτειμι,
ἀπεύχομαι. Θ. 714. τοῦτο μέντοι ἡδ' ἀπεύχομ' δ.
ἀπέφυγεν. Σ. 997. ξύντων δ.; ΒΔ. ἰὴ Δι'. ΦΙ. οὐδὲν εἰμ' ἄρα.
ἀπέχει. Ν. 417. οἴνου τ' ἀ. καὶ γυμνασίων καὶ τῶν ἄλλων
 ἀνοήτων,
ἀπέχεσθαι. Ι. 1316. εὐφημεῖν χρὴ καὶ στόμα κλείειν, καὶ μαρ-
 τυριῶν δ.,
 Ν. 991. κώπιστήσει μισεῖν ἀγορὰν καὶ βαλανείων δ.
Σ. 654. οὐκ ἔστιν· πως οὐχὶ τεθνήξει, κἂν γρῦ σπλάγχνων μ' δ.
Β. 1032. Ὀρφεὺς μὲν γὰρ τελετὰς θ' ἡμῖν κατέδειξε φόνων τ' δ.
ἀπεχθεῖ. Π. 910. εἴ σοι προσῆκον μηδὲν εἶτ' δ.;
ἀπεχθαίμεθ'. Α. 146. εἰ δ' ὅτι μάλιστ' δ. οὐ σὺ δὴ λέγεις,
ἀπεχοίμεθα. Λ. 153. ἡμεῖς δὲ μὴ προσίοιμεν, ἀλλ' ἀ.,
ἀπεχρήσαντο. Fr. 328. τοὺς ἀνδρὸς δ. τοὺς παιδοσπόρους.
ἀπέχων. El. 162. ἄνω μὲν κάκηης τὴν ῥῖν' δ..

ἀπεψησάμην. Β. 490. ἐγὼ δ' ἀνέστην καὶ προσέτ' δ.
ἀπεψήσαντ'. I. 572. τοῦτ' δ. ἂν, εἴτ' ἡρνοῦτο μὴ πεπτωκέναι,
ἀπειλημώμενον. Λ. 827. τὸν κομήτην, ἀλλ' δ.
ἀπεψωλημένοι. El. 903. ἕτερμι δὲ κείσονταί γ' ἀ.
 Π. 295. ἵπεσθ' δ.· τράγοι δ' ἀκραπιζέσθε,
ἀπεψωλημένος. Α. 161. τοισδὶ δύο δραχμὰς τοῖς δ.;
ἀπεψωλημένος. Λ. 1136. ἐγὼ δ' ἀπύλλυμαί γ' δ.
ἀπεψώλησα. Α. 592. τί μ' οὐκ δ.; εὔοπλος γὰρ εἶ.
ἀπηγγίλθη. Β. 1028. ἐλάρην γοῦν, ἡνίκ' δ. περὶ Δαρείου
 τεθνεῶτος,
ἀπηθών. Β. 943. χυλὸν διδυὶς σταμυλμήτων, ἀπὸ βιβλίων δ.
ἄπηλαον. Λ. 1001. ἀ. τῶν ἀνδρὸς ἀπὸ τῶν ὑσσακων.
ἀπηλθέ. Ο. 1561. ὥσπερ οὐδυπεεὶς δ.,
ἀπηλθέν. Α. 84. τῇ πανσελήνῳ· κᾂτ' δ. οἴκαδε.
 Λ. 275. ἀ. ἀφάλακτος, ἀλλ'
ἀπηλιαστά. Ο. 110. δ. ΕΠ. σπείρεται γὰρ τοῦτ' ἐκεῖ
ἀπηλλαγμένος. El. 1128. κράνους δ.
ἀπηλλάγες. Σ. 1537. ὀρχουμένων ὅστις δ. χορὸν τρυγῳδῶν.
ἀπίν. Α. 36. ἀλλ' αὐτὸς ἐμφερε πάντα χὼ πρίων δ.
ἀπηνές. Ν. 974. τοὺς παίδας ὅπως τοῖς ἔξωθεν μηδὲν δείξειαν δ.'
ἀπηνθράκιζ'. Β. 506. ἔτυεν δ̣' ἡ τρεῖς, βοῦν δ. ὅλαν,
ἀπήντησκ'. Λ. 420. τοιαῦτ' δ. ἐς τοιαυτὶ πράγματα,
ἀπῆξας. Β. 468. δ. ἄγχων κάποδρὰς ᾤχου λαβών,
ἄπειρα. Εκ. 818. μεσιᾶν δ. τὴν γνάθων χαλκῶν ἔχων,
ἀπήρεει. Fr. 395. οὐν δ.
ἀπήχθου. Α. 699. ὅστις, ὦ δύστην', δ. πᾶσι καὶ τοῖς γείτοσιν.
ἀπιναι. Α. 172. τοὺς Θρᾷκας δ., παρεῖναι δ' εἰς ἔνην.
 El. 550. ἵθι νυν, ἄνευτε τοὺς γεωργοὺς δ.
 551. ἀνούετε λέγ'· τοὺς γεωργοὺς δ.
 Ο. 449. ἀνελαυνόντων θᾶλπ' δ. πάλιν οἴκαδε,
 1026. μὴ πρᾶγμα τ' ἔχειν, ἀλλ' δ.; ΕΠ. νὴ τοὺς θεούς.
ἀπίη. I. 548. ἡ ὁ ποιητὴς δ. χαίρων,
 El. 985. κᾂτ' ἤν δ. παρακύπτοντων,
 Εκ. 683. εἶδες ὁ λαχὼν δ. χαίρων ἐν ὁποίῳ γράμματι δειπνεῖ.
ἄπιης. Β. 748. πολλάκι δ. θύραξε· ΑI. καὶ τώθ' ἥλομαι.
ἀπό. Α. 110. ἀλλ' δ.' ἐγὼ δὲ βασανιῶ τοῖτον μόνος.
 Ι. 1205. δ.· οὐ γὰρ ἄλλα τοῦ παροδεῖτος ἡ χάρις.
Λ. 1223. οὐκ δ., ὅπως ἂν οἱ Λάκωνες ἔνδοθεν
Θ. 293. ἰν' ἐξανούω· σὺ δ' δ., ὦ Θρᾶττ', ἐκποδών,
Εκ. 134. δ. ἐκποδών· τοιαῦτ' ἂν ἡμᾶς εἰργάσω
 997. ἀλλ' δ., ὅπως μή σ' ἐπὶ θύρασιν ὀψεται.
ἀπιθ'. I. 1250. ὦ στέφανε· χαίρων δ., καί σ' ἄκων ἐγὼ
 Ν. 1169. δ. λαβὼν τὸν υἱόν.
 El. 719. ὦνθρωπε, χαίρων δ. καὶ μέμνησό μου
 Ο. 1029. δ. λαβών· ἔστιν δ' ὁ μισθὸς οὑτοσί.
 Π. 1079. νῦν δ' δ. χαίρων συλλαβὼν τὴν μείρακα.
ἄπιμεν. Σ. 255. ἀποσθέσαντες τοὺς λύχνους δ. οἴκαδ' αὑτοὶ'
ἀπινασίς. Εκ. 247. αἰρούμεθ', ἤν ταῦθ' δ. κατεργάσῃ.
ἀπάντ'. Ο. 140. αὐτὸς στρεφε ταυτὰς· οἱ δ' ἀνδρεῖοί μ' ἐλευπμένον
ἀπόντας. Εκ. 626. ἀλλὰ φυλάξουσ' οἱ φανλώτεροι τοὺς καλ-
 λίους δ.
ἀπίνντε. Β. 1528. πρῶτα μὲν εὐωδίαν ἀγαθήν δ. ποιητῇ
ἀπίους. Fr 476, 3. αὐτὸς δ' ἀνὴρ πωλεῖ νίχλας, δ. σχαδόνας,
 ιλάας,
ἀπιοῦσιν. Σ. 582. ἐν φορβειᾷ τοῖσι δικασταῖς ἔξοδον ηὔλησ' δ.
ἄπιστα. Ο. 416. δ. καὶ παρὰ κλύειν.
 Β. 1443. ὅταν τὰ νῦν δ. πίσθ' ἡγώμεθα,
 1444. τὰ δ' ὄντα πιστ' δ. ΔI. πῶς; οὐ μανθάνω.
ἀπιστήσαιμεν. Β. 1447. τούτοις δ., οἷς δ' οὐ χρώμεθα,
ἀπιστήσουσι. Εκ. 775. ἀπολεῖς ἀπιστῶν πάντ'. ΑΝ. Β. ἀ. γάρ.
ἀπιστίας. Α. 770. οὐ δεινά· θᾶσθε τοὺς τὰς δ.
ἄπιστον. El. 131. δ. εἶπας μῦθον, ὦ πάτερ πάτερ,
ἀπιστον. Εκ. 775. ἀπολεῖς δ. πάντ'. ΑΝ. Β. ἀπιστήσουσι γὰρ
ἀπιτ'. I. 728. τίνες οἱ βοῶντες· οὐκ δ. ἀπὸ τῆς θύρας;
ἀπιτε. Σ. 458. οὐχὶ σοῦσθ', οὐκ ἐς κύρακας· οὐκ δ.; παῖε τῷ
 ξύλῳ
ἀπιτον. I. 1161. δ. ΚΛ. ἰδού. ΔΗΜ. θέοιτ' ἂν. ΑΛ. ὑποθεῖν
 οὐκ δ.
ἀπχφύς. Fr. 480. δ.
ἀπίωμεν. El. 1260. δ., ὦ δορυφέ. ΤΡ. μηδαμῶς γ', ἐπεὶ
 Ο. 1056. δ. ἡμεῖς ἂν τάχιστ' ἐντευθενὶ
 1469. δ. ἡμεῖς ξυλλαβόντες τὰ πτερά.
 1636. ὁκολοῦ ἀὐθις. ΠΕ. ὀλίγον μοι μέλει.
ἀπῶν. Α. 1035. οὐδ' ἂν στριβιλικίγξ· ἀλλ' ἀ. οἰμώξι ποι.
 Ο. 1020. οὐκ ἀποσοβήσεις σαυτὸν ἀ., ἀλλαχῇ;
ἀπίωσιν. Α. 1224. καθ' ἡσυχίαν δ. ἰωχμηνίσι.
 Εκ. 1148. ἀναξέσασι, ἀλλ' δ.
ἀπληγίσου. Fr. 149. ἐκ δὲ τῆς ἐμῆς χλανίδος τρεῖς δ. ποιῶν.
ἀπλύτους. { Σ. 1035. } φώνης δ' ὀσμήν, Λαμίας δ' ὄρχεις δ.,
             { El. 758. } πρωκτὸν δ' καμήλου.
ἁπλῷ. Α. 1151. ὅν μὲν δ. λόγῳ κακῶν ἐξολέσειεν ὁ Ζεύς.

E 2

28 ἁπλῷ—ἀποκεκαρμένην.

ἁπλῷ. Εκ. 231. τί ποτ' ἄρα δρᾶν μέλλουσιν, ἀλλ' ἀ. τρόπῳ
ἁπλῶν. Π. 1158. οὐ γὰρ δόλου νῦν ἔργον, ἀλλ' ἀ. τρόπων.
ἁπλῶς. Α. 873. τί φέρεις; ΗΟ. ὅσ' ἐστὶν ἀγαθὰ Βοιωτοῖς ἀ.
    Σ. 537. καὶ μὴν ὅσ' ἂν λέξῃ γ' ἀ. μηημόσυνα γρήψομαι 'γώ.
ἀπό. Α. 262. σὺ δ', ὦ γύναι, θεῶ μ' ἀ. τοῦ τέγους, πρύβα.
    κ.τ.λ.
Π. 65. εἰ μὴ φράσεις γάρ, δ. σ' ὀλῶ κακὸν κακῶς.
ἀπο. Ο. 1517. θεοῖσιν, οὐδὲ κνῖσα μηρίων ἀ. κ.τ.λ.
ἀποβαλεῖ. Εκ. 811. ἄνθρωπος οὗτος ἀ. τὴν οὐσίαν.
ἀποβαλεῖν. Σ. 19. κἄπειτα ταύτην δ. Κλεώνυμον.
ἀποβάλοιο. Εκ. 907. τύ τ' ἐπίκλινιτρον δ.,
ἀποβαλόντα. Β. 1493. δ. μουσικήν,
ἀποβαλῶν. Σ. 27. δεινόν γέ τοῦστ' ἄνθρωπος ἀ. ὅπλα.
ἀποβεβληκότι. Σ. 1312. τὰ θρία τοῦ τρίβωνος ἀ.,
ἀποβήσεταί. Fr. 1. δ. σοι ταῦτα ποῖ τὰ ῥήματα
ἀποβιβάζων. Σ. 1163. ἐς τὴν πολεμίαν ἀ. τὸν πόδα.
ἀπόβλεπε. Ν. 91. τῇ τὸν Διόνυσον, ΣΤ. δευρύ νυν δ.
    Β. 1171. Αἰσχύλ', ἀνύσας· σὺ δ' ἐς τὸ κακὸν δ.
ἀποβλέπειν. Α. 291. σπεισάμενος εἶτα δύνασαι πρὸς ἐμ' ἀ.
ἀποβλέπωμαι. Εκ. 726. ἵν' ἀ. καὶ λέγω σε μοι ταδί·
ἀποβλέπων. Α. 32. δ. ἐς τὸν ἀγρόν, εἰρήνης ἐρῶν,
ἀποβλιμαίος. Εκ. 678. δ. τῶν ὑπλων ἐγίγνετο.
ἀποβόσκεται. Ο. 1066. δίνδρεσί τ' ἐφεζόμενα καρπὸν δ.·
ἀπεβραχθίσαι. Fr. 31. δ.;
ἀποβύνεταί. Fr Μ. Δαιτ. 16. δ. σοι ταυτά πῃ τὰ ῥήματα
ἀποδέδρακέν. Σ. 1310. κλητῆρί τ' εἰς ἀχυρὸν δ.
ἀποδείξαι. Εκ. 295. ὧν δεῖ σ' δ.
ἀποδείξαιμεν. Θ. 815. δ. τοῦτο ποιοῦντας.
ἀπόδειξιν. Σ. 602. ἦν δυυλείαν οὖσαν ἔσπακες χυπηρεσίαν δ.
    Σ. 1480. καὶ τοὺς τραγφδοὺς φησιν δ. κρόνους
    Π. 474. ἄπαιθ' ἁμαρτάνοντά σ' δ. ἐγώ.
ἀποδείξεις. Α. 566. ἐν ταῖς χώραις καὶ διαλῦσαι ; ΛΤ. φαῦλοι
    πίνυ. ΠΡ. πῶς; δ.
    Εκ. 607. ὥστε τί κέρδος μὴ καταθεῖναι· σὺ γὰρ ἐξειψῶν δ.
ἀποδείξω. Ν 1334. ἐγώ γ' ἀ., καί σε νικήσω λέγων.
    Σ. 548. καὶ μὴν εὐθύς γ' ἀπὸ βαλβίδων περὶ τῆς ἀρχῆς δ.
    Θ. 729. κἄγω σ' ἀ. θυμάλωπα τήμερον.
    Β. 1249. καὶ μὴν ἔχω γ' ἂν αἰτίαν δ. κακὸν
    Π. 128. ἐγὼ γὰρ δ. σε τοῦ Διὸς πολὺ
    210. βλέπωντ' δ. σ' ὀξύτερον τοῦ Λυγκίως.
ἀποδείρας. Α. 739. ἐγωγ' δ. αὐτήια μάλ' ἐπόρχομαι.
ἀποδιάμονς. Fr. 309, 13. πομφύλυγας, δ., ὀλίσβους, σάρδια,
ἀποδίμων. Fr. 312, 2. καὶ τῶν δ., οἷς ἐνῆν τὰ τιτθία.
ἀποδέχωμαι. Εκ. 712. ἵν' δ. τὰ προσιόντα χρήματα,
ἀποθείηκι. Ι. 1120. πορῶν δ.
ἀποθήμι. Ν. 371. καίτοι χρῆν αἰδεῖμε ὑτεῖν αὐτόν, ταύτας δ' δ.
ἀποθημῶν. Α. 101. πάποκισν ὑμῖν ἐστὶν δ. ἀνῆρ.
ἀποθιδόντα. Ν. 245. τὸν μηδὲν δ., μισθὸν δ' ὄντιν' ἂν
ἀποδιδόντι. Ο. 116. κοὐκ δ. ἔχαγες, ὥσπερ πῷ· ποτέ·
ἀποδιδράσκουσι. Λ. 719. οἷα τ' ἀπὸ τῶν ἀνδρῶν δ. γάρ.
ἀποδοθεῖς. Ν. 1296. οὐκ δ. σαυτὸν ἀπὸ τῆς οἰκίας·
ἀποδοθήσεται. Ι. 1066. ὅπως ὁ μισθὸς τρώσων δ.
ἀποδείην. Ν. 118. } οὐκ ἂν δ. οὐδ' ἂν ὀβολὸν οὐδερί.
    1250.
Ν. 755. οὐκ ἂν δ. τοὺς τύκους. ΣΠ. διτῇ τί δή;
ἀποδείμην. Β. 1351. φέρουσ' δ.·
ἀποδοίμην. Σ. 172. αὐτῶν δ. δῆτ' ἄν; ΦΙ. οὐχ ὥσπερ γ' ἐγώ.
ἀποδομεν. Α. 1163. λῇ τοῦτ' δ. ΛΤ. ποίσω, ὦ τᾶν; ΛΛ. τὰν
    Πύλον,
ἀπόδος. 1. 917. καὶ νῦν δ. τὸν δακτύλιον, ὡς οὐκέτι
    Ν. 1286, δ. γε. ΣΤ. τοῦτο δ' ἔσθ' ὁ τύκος τί θηρίον;
    Σ. 1347. ὤν οὔνκα δ. τῷ πέει τφδὶ χάριν.
    Θ. 748. ἀλλ' ἀ. ΜΝ. μὰ τὸν Ἀπόλλω τουτονί,
    Β. 270. ἔκβαιν'· δ. τὸν ναῦλον. ΔΙ. ἰχὲ δὴ τωβολώ.
ἀποδιδόθα. Α. 817. οὔτω μ' ἀ. τὴν τ' ἐμαυτῷ ματέρα.
    Σ. 169. μὴ τὸν Δί' οὐ δῆτ', ἀλλ' δ. βούλομαι,
    ΕΙ. 1237. τὸν πρωκτὸν δ. με χιλίων δραχμῶν ;
ἀπόδοτε. Α. 1235. δ. μοι τὸν ἀσκόν,
ἀπόδον. Β. 1235. ἀλλ', ὥγαθ', ἔτι καὶ δ. πάσῃ τέχνῃ·
ἀποδούσων. Ν. 1268. τὸν Διῖ δ. καὶ Ἀπόλλω ἄλαβεν,
    Ο. 1601. τὸν Δί' δ. καὶ διαλλαττώμεθα.
    1626. τὸ σφήτερον δ. πάλιν ψηφίζομαι
ἀποδοῦναί. ΕΙ. 761. δ. μοι τὴν ὑγίειαν ὑμᾶς εἰκὸς καὶ μνήμονας
    εἶναι.
ἀποδράντες. Ο. 726. μετρίω πνίγει κούη δ.
ἀποδράς. Σ. 910. δ. γὰρ ἐς τὴν γωνίαν τυρὸν πολὺν
    Θ. 711. φαῦλως τ' δ. οὐ λέξεις
    Εκ. 196. ὁ τοῦτ' ἀπανείσας εὐθὺς δ. ᾤχετο.
Ἀποδρασιππίδων. Σ. 185. Οὗτις σύ; πυδαπός; ΦΙ. Ἴθακος Ἀ.
ἀποβρέι. ΕΙ. 254. φέρ' αὐτὸν δ. καὶ γὰρ ὥσπερ γ' ἐσθύμην
ἀποδύσετθε. Β. 641. χωρεῖς γὰρ ἐς τὸ δίκαιον. ἀ. δή.

ἀποδύῃ. Ο. 712. εἶτα δ' Ὀρέστῃ χλαῖναν ὑφαίνειν, ἵνα μὴ
    ῥιγῶν δ.
    Εκ. 670. ἦν δ' ἄ. γ', αὐτὸς δώσει. τί γὰρ αὐτῷ πρᾶγμα μάχεσθαι ;
ἀποδυθήσομαι. Σ. 1122. οὔ τοι ποτὲ ζῶν τούτων δ.,
ἀπόδυθι. Ο. 934. δ. καὶ δὺς τῷ ποιητῇ τῳ σοφῷ.
    Ο. 947. δ.· δεῖ γὰρ ὢν ποιητὴν ὠφελεῖν.
    Θ. 214. δ. τουτὶ θοἰμάτιον. ΜΝ. καὶ δὴ χαμαί·
    731. ἀ. ταχέως· τοῦ θανάτου δ', ὦ παιδίον,
ἀποδύντες. Α. 627. περὶ τῶν σπονδῶν, ἀλλ' δ. τοῖς ἀνατπάιστοις
    ἐπίωμεν.
ἀποδύομαι. Π. 930. οἴμοι τάλος, δ. μεθ' ἡμέραν.
ἀποδύων. Σ. 1157. ἄγε νυν, δ. τὰς καταφράτους ἐμβάδας,
ἀποδύς. Ο. 839. χάλικας πορφύρει, πηλὺν δ. ὑργασμόν,
ἀποδύσαντά. Θ. 939. τί σοι χαρίσωμαι; ΜΝ. γυμνὸν δ. με
ἀποδύσας. Θ. 656. ξυζώσαμενας εὖ κἀνδρείως τῶν θ' Ἱματίων δ.
ἀποδύσασ'. Εκ. 536. ἀλλ' ἐμ' δ., ἐπιβαλοῦσα τοὺγκυκλον,
ἀποδύσει'. Θ. 637. κάπειτ' δ. ἐννέα παιδων μητέρα·
ἀποδύωσιν. Θ. 636. δ. αὐτῶν οὐδεὶν ὑμεῖς γὰρ λέγει.
ἀποδύσωσα'. Εκ. 668. οὐδ' δ. ἄρα τῶν νυκτῶν ; ΠΡ. οὐκ, ἢν
    αὐτοὶ γε καθεύδητε
ἀποδῶ. Ν. 739. περὶ τῶν τόκων, ὅπως ἂν δ. μηδενί.
ἀποδῶ. Α. 1057. ἂν λάβῃ μηκέτ' δ.
ἀποδῶμαι. Ο. 585. μή, πρὶν γ' ἂν ἐγὼ τὼ βοιδαρίω τώμὼ
    πρώτιστ' δ.
ἀποδῶμεν. ΕΙ. 871. ἴθι νυν δ. τήνδε τὴν Θεωρίαν
ἀποδώσει. Ο. 480. οὐκ δ. ταχέως ὁ Ζεὺς τὸ σκηπτρον τῷ
    ὀρνιοκλάτῃ.
ἀποδώσειν. Ν. 1227. καὶ νὴ Δί' δ. γ' ἐπώμνυς τοὺς θεούς.
    Ν. 1246.   δ. μοι δοκεῖ.
ἀποδώσεις. Ν. 1243. ἀλλ' εἴτ' δ. μοι τὰ χρήματ' εἴτε μή,
    Ν. 1252. οὐκ ἄρ' δ. ; ΣΤ. οὐχ, ὅσον γε μ' εἰδέναι.
    Σ. 1348. ἀλλ' οὐκ δ. οὐδὲ φιαλεῖς, οἶδ' ὅτι,
ἀποδώσομεν. ΕΙ. 1259. ἀμεινον ἢ νῦν αὐτ' δ. πολύ.
ἀποδώσω. 1. 1367. καταγομένοις τὸν μισθὸν δ. ἐντελῆ.
    ΕΙ. 846. ἐγὼ δ' δ. τήνδε τῇ βουλῇ τέως.
    Εκ. 1048. μεγίστην δ. καὶ παχεῖαν σοι χάριν.
ἀπεθανεῖ. ΕΙ. 188. οὐ γὰρ μὰ τὴν Γῆν ἔσθ' ὅπως οὐκ δ.,
ἀπεθανεῖν. Ι. 80. κράτιστον οὖν νῷν δ. ἀλλὰ σκόψαι,
    ΕΙ. 373. ὅπως' σφόντη 'στ' δ. ; ΕΡ. εὖ ἴσθ' ὅτι.
    Ο. 399. δ. ἐς Ὀρνεᾶς.
    Λ. 123. ποιήσομεν, κἂν δ. ἡμᾶς δέῃ.
    Β. 951. οὐκ ἐς ταῦτ' ἔχρῆν τολμᾶντα ; ΕΥ. μὰ τὸν
    Ἀπόλλω
    Π. 216. ἐγὼ γάρ, εὖ τοῦτ' ἴσθι, κἂν δῇ μ' δ.
ἀποθανεῖσθε. 1. 68. εἰ μὴ μ' ἀνασείσετ', δ. τήμερον.
ἀποθανεῖσθον. Ι. 239. ἀπολεῖσθον, δ., ὦ μαρώτατω.
ἀποθάνῃ. Σ. 1352. ἐγώ σ', ἐπειδὰν οὑμὸς υἱός δ.,
    ΕΙ. 893. ὡς ἀστέρες γιγνόμεθ', ὅταν τις δ.;
    Ο. 1642. βλάττεις δέ τοι σὺ σαυτόν, ἤν γὰρ δ.
ἀποθάνῃσι'. Εκ. 977. καὶ τὴν θύραν γ' ἤραττες. ΝΕΑ. δ. ἄρα.
ἀποθάνοιμεν. Ι. 81. ὅπως ἂν δ. ἀνδρικώτατα.
ἀποθανούμεθα. Θ. 933. χάρισαι βραχύ τι μοι, καίπερ δ.
ἀποθανούμεν. Ο. 393. ἐτεὸν ἦν δ' ἄρ' δ.,
ἀποθανούσῃ. Ο. 473. προτέραν τῆς γῆς, κἄπειτα νεσῷ τὸν
    πατέρ' αὐτῆς δ.
    Ο. 607. ἢ πολιδάρ' ὄντ' δ. δεῖ; ΠΕ. μὰ Δί', ἀλλὰ τριακόσι'
    αὐτοὺς
ἀποθνῄσκεις. Α. 599. σὺ δὲ δή τί μαθὼν οὐκ δ.;
ἀποθνῄσκων. Σ. 583. κἂν δ. ὁ πατήρ τῷ θῷ καταλίπῃν παιδ'
    ἐπίκληρον,
    Ο. 1645. τὰ χρήμαθ', ὅσ' ἂν ὁ Ζεὺς δ. καταλίπῃ
ἀποθρανσθῇς. Ν. 997. μήλῳ βληθεὶς ὑπὸ πορνιδίου, τῆς
    εὐκλείας δ·
ἀποθρέξει. Ν. 1005. ἀλλ' εἰς Ἀκαδημείας κατιὼν ὑπὸ ταῖς
ἀποικία. Fr. 203, 1. ἀρ' ἔνδον ἀνδρῶν κιστρίων δ. ;
ἄποικοι. Λ. 582. καὶ νὴ Δία τάς γε πύλεις, ὁπόσαι τῆς γῆς
    τῆσδ' εἰσὶν δ.,
ἀποιμώξον. Εκ. 392. Ἀντίλοχ', δ. με τοῦ τριωβόλου
ἀποινᾶν. Fr. Μ. Δαιτ. 15. τί καλοῦσιν δ. ;
ἀποίσειν. Εκ. 859. ἐτέρουσ δ. φήμ' ἰθ' ὑστέρους ἐμοῦ.
ἀποίσεις. Ο. 1032. οὐκ ὑποσοβήσεις ; οὐκ ἄ. τὼ πάδω;
    Ο. 1044. οὗτος, τί πάσχεις; ΠΕ. οὐκ ἄ. τοὺς κύμμους ;
ἀποίσω. Εκ. 857. πρὶν γ' ἂν ἀνενέγκῃς. ΑΝ. Β. ἀλλ' δ. ΑΝ. Α.
    πηνίκα·
ἀποισῶ. Α. 779. πάλιν τ' δ. καὶ τὸν Ἑρμᾶν οἴκαδε.
ἀπαίξεται. Σ. 1261. τὸ πρᾶγμ' ἔτρηφει, ὥστ' ὀψεῖς σ' δ.
    Β. 83. Ἀγάθων δὲ ποῦ 'στιν; ΔΙ. ἀπολιτπὼν μ' δ.
ἀποκάθαρι. ΕΙ. 1193. ἔχ', δ. τὰς τραπέζας ταυτηί·
ἀποκαθαίρω. ΕΙ. 1218. ἐφ' τὴν τράπεζαν τουτηεί.
ἀποκεκαρμένην. Θ. 838. ὑστέραν αὐτὴν καθήσθαι, σκάφιον δ.,

ἀποκέκλεισμαι—Ἀπόλλω. 29

ἀποκέκλεισμαι. Λ. 423. ὑπὸ τῶν γυναικῶν ἀ. τῶν πυλῶν.
ἀποκεκλήκαμεν. Ο. 1262. ἀ. διογενεῖς θεοὺς
ἀποκεκόψι. Θ. 1127. τὸ ξιπομάκαιραν ἀ. τουτοί.
ἀποκεκόψονται. Ν. 1125. ἀ, τοιαύταις σφενδόναις παιήσομεν.
ἀποκεκρουμένον. Α. 459. ποτυλίσκιον τὸ χεῖλος ἀ.
ἀποκεκρυμμένος Θ. 397. μὴ μοιχὸς ἔνδον ᾖ τις ἀ.
ἀποκεκύφαμες Λ. 1003. ἄπερ λυχνοφορίοντες ἀ.
ἀπόκινον. Ι. 20. ἀλλ᾽ εὑρέ τιν᾽ ἀ. ἀπὸ τοῦ δεσπότου.
Fr. 269. ἀ.
ἀποκλάοντα. Σ. 564. οἱ μέν γ᾽ ἀ. πενίαν αὑτῶν καὶ προστιθεῖσιν
ἀποκλάσαι. Fr. 163. ἀ.
ἀποκλείεις. Σ. 601. σκέψαι δ᾽ ἀπὸ τῶν ἀγαθῶν οἵων ἀ. καὶ κατερύκεις.
ἀποκλείῃ. Ἐκ. 420. ἐκ τῶν σκυλοδεψῶν· ἢν δ᾽ ἀ. τῇ θύρᾳ
ἀποκλείσει. Σ. 775. οὐδεῖς σ᾽ ἀ. θεσμοθέτης τῇ κιγκλίδι.
ἀποκλύσω. Β. 1340. ὡς ἂν θεῖον ὄνειρον ἀ.
ἀποκναίεις. Σ. 681. ἀλλ᾽ αὐτήν μοι τὴν δουλείαν οὐκ ἀποφαίνων ἀ.
ἀποκνίσματα Εἰ. 790. ναννοφυεῖς, σφυράδων ἀ., μηχανοδίφας.
ἀπόκρινα. Θ. 964. σὺ γὰρ ταμιεύους ἔτυχες. ἀ. σαφῶς,
ἀπόκριναί. Ν. 345. ἀ. νυν ἄττ᾽ ἂν ἔρωμαι. ΣΤ. λέγε νυν ταχέως ὅ τι βούλει.
Θ. 740. παράβαλλε δῆτα· σὺ δ᾽ ἀ. μοι τοδί.
Β. 1008. ἀ. μοι, τίνος οὕνεκα χρὴ θαυμάζειν ἄνδρα ποιητήν;
Π. 902. καὶ μὴν ἐπερωτηθεὶς ἀ. μοι, ΣΤ. τὸ τί :
ἀποκρινάμενος. Ν. 1244. ἀπόπεμψόν ἀ. ΣΤ. ἔχε νυν ἥσυχος,
ἀποκρίνεσθαι. Α 632. ἀ. δεῖταί μου νυνὶ πρὸς Ἀθηναίους μεταβούλους.
ἀποκρινομένῳ. Π. 17. καὶ ταῦτ᾽ ἀ. τὸ παράπαν οὐδὲ γρῦ.
ἀποκρινοῦμαί. Ν. 1245. ἐγὼ γὰρ αὐτίκ᾽ ἀ. σοι σαφῶς.
ἀποκρύπτειν. Β. 1053. μὰ Δἰ᾽, ἀλλ᾽ ὄντ᾽· ἀλλὰ δ. χρὴ τὸ ποιητὴν τῶν γε ποιητήν,
ἀποκρυπτόμενος. I. 424. ἀ. ἐς τὰ κοχώνια τοὺς θεοὺς ἀπόμνυν᾽
ἀποκρύψας. Π. 313. ἀλλ᾽ οὐδεῖν ἀ. ἐρῶ κἠ τοῖς θεοῖς.
ἀποκτείναιμι. Σ. 166. πῶς ἂν σ᾽ ἀ. ; πῶς · δότε μοι ξίφος
ἀποκτείνειαν. Σ. 898. βδέοντες ἀλλήλοις ἃ οἱ δικασταί.
ἀποκτείνῃ. Ο. 1072. ἢν ἀ. τις ὑμῶν Διογύραν τὸν Μήλιον,
Ο. 1075. τῶν τεθνηκότων ἀ., τάλαντον λαμβάνειν.
1077. ἢν ἀ. τις ὑμῶν Φιλοκράτη τὸν Στρούθιον.
ἀποκτείνων. Π 617. κἂν ποτέ μ᾽ ἴδῃς ἀδικοῦντ᾽, ἀ. μ᾽ ἄγαν.
ἀποκτενεῖν. Β. 1185. ἀ. τὸν πατέρα, πρὶν καὶ γεγονέναι,
ἀποκτενεῖς. Α. 1044. ἀ. λιμῷ με καὶ
ἀποκτενῶ. Α. 335. ὡς ἀ. κέκραχθ᾽ · ἐγὼ γὰρ οὐκ ἀκούσομαι.
ἀπολαβεῖν. Ν 1274. ληροῖ, τὰ χρήματ᾽ ἀ. εἰ βούλομαι,
Ν. 1288. πῶς οὖν ἀ. τἀργύριον δίκαιος εἴ,
ἀπολαβὼν. Β. 78. οὔ, πρίν γ᾽ ἂν Ἰοφῶντ᾽, ἀ. αὐτὸν μόνον,
ἀπολάμπωσιν Ο. 1009. δικτύες ἀ. ΠΕ. ἄνθρωπος θαλῆς.
ἀπολαύεις. Ι. 780. ἀλλ᾽ ἡ διὰ τοῦτ᾽ αὖθ᾽ ὑτιὴ σου τῆς ἀνθρακιᾶς ἀ.
ἀπολαύεις. Σ. 701. οὐκ ἀ. πλὴν τοῦθ᾽ ὃ φέρεις, ἀπαρῇ. καὶ τοῦτ᾽ ἐρίῳ σοι
ἀπολαύοντες. Σ. 711. ἄξια τῆς γῆς ἀ. καὶ τοῦ Μαραθῶνι τροπαίου,
ἀπολαύσαι. Ο. 591. εἴθ᾽ ἡνίκ᾽ ἐχρῆν εὐφρανθῆναι καὶ τῆς ἥβης ἀ.,
ἀπολαύσαιμι. Ν. 1231. τί γὰρ ἀλλ᾽ ἂν ἀ. τοῦ μαθήματος ;
ἀπολαύσομαί. Ο. 177. ἀ. τι δ᾽, εἰ διαστραφήσομαι.
ἀπολάψεις. Ν. 811. γνούς ἀ., ὅ τι πλεῖστον δύνασαι,
ἀπαλεῖ. Α. 293. σοῦ γ᾽ ἀκούσαμεν· ἀ· κατὰ σε χώσομεν τοῖς λίθοις.
Ν. 726. ἀ. κάκιστ᾽. ΣΤ. ἀλλ᾽, ὠγάθ᾽, ἀπολωλ᾽ ἀρτίως.
Θ. 2. ἀ. μ᾽ ἁλῶν ἄνθρωπος ἐξ ἑωθινοῦ
Β. 1245. ἀ. σ᾽· ἐρεῖ γάρ, ληκύθιον ἀπώλεσεν.
ἀπολῶν. Ν. 1136. θεὶς καὶ πρυτανεῖ᾽ ἀ. μέ φησι κἀξολεῖ.
Θ. 181. μέλλουσί μ᾽ αἱ γυναῖκές ἀ. τήμερον
Ἐκ. 194. εἰ μή γ᾽ ἔνοιτ᾽, ἀ. ἔφασκον τήν πόλιν·
ἀπολεῖς. Α. 336. ἀ. ρα τὸν ἥλικα τόνδε φιλανθρακέα ;
Α. 470. ἀ μ᾽. ἰδού σοι, φροῦδά μοι τὰ δράματα.
Ν. 893. ἀ. σύ ; τίς ὤν ; Αδ. λόγος. ΔΙ. ἥττων γ᾽ ὤν.
1466. ἀ. μετ᾽ ἐμοῦ γ᾽ ἐλθ᾽, οἷ σε κἄμ᾽ ἐξηπάτων.
1499. ἀ, ἀ. ΣΤ. τοι τ᾽ αὐτό γὰρ καὶ βούλομαι,
Σ. 1202. ἀ. με· ποίας χάρακας ; ἀλλ᾽ ὡς ἢ καίρον
ΕΙ. 166. ἀ. μ᾽, ἀ. οὐ κατορύξει,
Θ. 1073. ἀ. μ᾽ ὦ γραῦ. σιωμυλλαμένη.
Ἐκ. 775. ἀ. ἀπιοῦσιν πάντ᾽. ΑΝ. Β. ἀπισήσουσι γάρ.
923. ὥραν οὐκ ἀ. οὐδ᾽ ἀπολήψει.
Π. 390. ἀ, ΒΑ. σὺ μὲν σὺν σεαυτῷ, ὡς γ᾽ ἐμοὶ δοκεῖς.
ἀπολείσθε. ΕΙ. 243. καὶ πυλλοδεκάκι, ἀ. τήμερον.
ἀπολείσθον. I. 239. ἀ., ὑποθανείσθον, ὦ μαρτατίπω.
Ο. 64. ἀ. ΕΥ. ἀλλ᾽ οὐκ ἐσμὲν ἄνθρωποι. ΤΡ. τί δαί ;
ἀπολεῖται. I. 1019. σοὶ μισθὸν ποριεῖ, κἂν μὴ δρῷ ταῦτ᾽, ἀ.

ἀπολεῖται. Ν. 948. ὑπὸ τῶν γνωμῶν ἀ.
Ο. 595. ὥστ᾽ ἀ. τῶν ναυκλήρων οὐδείς. ΕΠ. πῶς οὐκ ἀ. ;
Θ. 431. ὅπως ἀ. ταῦτ᾽ ἐγὼ φανερῶς λέγω·
Β. 684. ῥύζει δ᾽ ἐπίκλαυτον ἀηδόνιον νόμῳ, ὡς ἀ.
ἀπαλεῖτε. Ο. 186. τοὺς δ᾽ αὖ θεοὺς ἀ λιμῷ Μηλίῳ.
ἀπολείψει. Π. 495. ὡς τοὺς ἀγαθοὺς τῶν ἀνθρώπων βαδιεῖται κοὺκ ἀ.
ἀπολείψειν. Π. 1032. ἀλλ᾽ οὐδέποτέ με ζῶσαν ἀ. ἔφη.
ἀπολέλαυκ᾽. Θ. 1008. τανταὶ τὰ βέλτιστ᾽ ἀ. Εὐριπίδου.
ἀπολελύσθαι. ΕΙ. 13. ἐνὸς μέν, ὦνδρες, ἀ. μοι δοκῶ·
ἀπολέξαι. Λ. 576. ἐκραβδίζειν τοὺς μοχθηροὺς καὶ τοὺς τριβόλους ἀ.
ἀπολέξας. Σ. 580. ἐκ τῆς Νιόβης εἴπῃ ῥῆσιν τὴν καλλίστην ἀ.
ἀπολέσαι. Α. 642. ταῦτα πῶς εἰκότα γέροντ᾽ ἀ., πολιὸν ἄνδρα, περὶ κλεψύδραν,
Ο. 367. ἀ., παθῶντες οὐδέν, ἄνδρε καὶ διασπάσαι
Β. 134. ἀλλ᾽ ἀ. ἂν ἐγκεφάλου θρίω δύο.
ἀπολέσας. Α. 1022. τί δ᾽ ἔπαθες ; ΓΕ. ἐνετρίβην ἀ. τὸ βόε.
ἀπολέσειαν. Ι. 3. αὐτοῖσι βουλαῖσι ἀ. οἱ θεοί.
Θ. 1057. ὡς σ᾽ ἐξόλησιεν, ἀ. οἱ θεοί.
ἀπολέσθαι. I. 138. τὸν προβατοπώλην ἦν ἄρ᾽ ἀ. χρεών
Ν. 41. εἴθ᾽ ὤφελ᾽ ἡ προμνήστρι᾽ ἀ. κακῶς,
Θ. 349. κακῶς ἀ. τοῦτον αὐτὸν κωλύσω
ἀπολέψαντος. Ο. 673. ἀλλ᾽ ὥσπερ φὼν νὴ Δἰ᾽ ἀ. χρὴ
ἀπόληται. I. 976. ἢν Κλέων ἀ.
ἀπολήψει. Ἐκ. 823. ὥραν οὐκ ἀπολεῖ οὐδ᾽ ἀ.
ἀπολιβάξεται. Ο. 1140. οὔτως ἀ. ἀλλὰ λοιδορούσι με
ἀπολιβάξεις. Ο. 1167. οὖν ἀ., ὦ κάκιστ᾽ ἀπολούμενος ;
ἀπολιγαίνῃ. Α. 968. ἢν δ᾽ ἀ. τοὺς ἀγορανόμους κ᾽πλῶ.
ἀπόλιψις. Π. 104. καὶ μή μ᾽ ἀ. οὐ γὰρ εὑρήσεις ἐμοῦ
ἀπολιπόντε. Π. 447. ἐρήμω ἀ. παι φευγούμεθα
ἀπολιποῦσά. Ν. 1068. κέτ᾽ ἀ. γ᾽ αὐτὸν ᾤχετ᾽· οὐ γὰρ ἦν ὑβριστής
ἀπολιπών. ΕΙ. 111. ὦ παιδί᾽, ὁ πατὴρ ἀ. ἀπέρχεται
Π. 1118. ἔπειτ᾽ ἀ. τοῖς θεοῖς ἐνθάδε μενεῖς·
ἀπολιπών. Β. 83. Ἀγάθων δὲ ποῦ ᾽στιν ; ΔΙ. ἀ. μ᾽ ἀποίχεται.
ἀπολίσθον. Α. 678. κοὺκ ἀν ἀ. τρέχοντες· τὰς δ᾽ Ἀμαζόνας σκέπει,
ἀπολιταργιεῖς. Ν. 1253. οὔκουν ἀνύσας τι θᾶττον ἀ.
Ἄπολλον. Ι. 1240. ὦ Φοῖβ᾽ Ἄ. Λύκιε, τί ποτέ μ᾽ ἐργάσει ;
Ι. 1267. καὶ μῦν οὔτος, ὦ φίλ᾽ Ἄ. δεὶ πείνῃ, θαλεροῖς δακρύοισιν
Σ. 161. Ἄ. ἀποτρόπαιε. τοῦ μαντεύματος
869. ὦ Φοῖβ᾽ Ἄ. Πυθί᾽, ἐπ᾽ ἀγαθῇ τύχῃ
ΕΙ. 238. ὠναξ᾽ Ἄ. τῆς θυσίας τοῦ πλάτους.
Ο. 61. Ἄ. ἀποτρόπαιε. τοῦ χασμήματος.
295. ὑρνεαν· ΕΤ. ἄλυπ᾽ Ἄ. τοῦ νέφους. ἰοὺ ἰού·
Β. 659. Ἄ. ἐς που Δῆλον ἢ Πύθων᾽ ἔχεις.
754. ὦ Φοῖβ᾽ Ἄ. κἀμοί μοι τὴν δεξιάν,
Π. 81. ὦ Φοῖβ᾽ Ἄ. καὶ θεοὶ καὶ δαίμονες
359. Ἄ. ἀποτρόπαιε. μὰ Δἰ᾽ ἐγὼ μὲν οὔ.
438. ἄναξ᾽ Ἄ. καὶ θεοί, ποῖ τις φύγῃ ;
854. Ἄ. ἀποτρόπαιε καὶ θεοὶ φίλοι,
ἀπόλλυμαι. Α. 163. ὦ σωσίπολις· οἴμοι τάλας, ἀ.,
Ν. 16. ὀνειροπολεῖ θ᾽ ἵππους· ἐγὼ δ᾽ ἀ,
709. ἀ. δείλαιος ἐκ τοῦ σκίμποδος
Λ. 760. ἐγὼ δ᾽ ὑπὸ γλαυκῶν γε τάλαιν᾽ ἀ.
ἀπόλλυμαί. Λ. 1136. ἐγὼ δ᾽ ὁ τλή{μων ἀ. πεφροντικὼς.
ἀπολλύμεθα. ΕΙ. 354. καὶ γὰρ ἱκανὸν χρόνον ἀ.
ἀπολλύμενον. Α. 71. ἀ. ΔΙ. σφόδρα γάρ ἐσαιζύμη ἐγὼ
ἀπολλύναι. Β. 1467. ΔΙ. αἰτιάσομαι μῶν᾽ μ᾽ ἀ ;
ἀπόλλυσαι. ΕΙ. 250. ἰὼ Σικελία, καὶ σὺ δ᾽ ὡς ἀ
ἀπόλλυσι. I. 127. ἐνταῦθ᾽ ἔνεστιν αὐτὸς ὡς ἀ.
I. 135 αὐτοῦ γένοιτο· μετὰ δὲ ταῦτ᾽ ἀ.
199. ἐὰν τότε Παφλαγόνων μὲν ἀ. ἡ σκοροδάλμη.
Π. 863. ἡ Δία, εὐθὺς τοὺς πολίτας ποιῶν ἀ.
ἀπόλλυντε. Λ. 1134. Ἔλληνας ἄνδρας καὶ πόλεις ἀ.
Ἄπολλων. Α. 59. κάθησο σῖγα. ΔΙ. μὰ τὸν Ἄ. ᾽γὼ μὲν οὔ,
Α. 101. ξυνήσομ᾽ ὃ λέγει ; ΔΙ. μὰ τὸν Ἄ. ᾽γὼ μὲν οὔ.
Ι. 14. ἴνα μὴ μάχωμαι. ΝΙ μὰ τὸν Ἄ. ᾽γὼ μὲν οὔ,
870. ταῖς ἐμβάσιν, φάσκων φιλεῖν ; ΔΗΜ. οὐ δῆτα μὰ τὸν Ἄ.
941. εὖ γε νὴ τὸν Δία καὶ τὸν Ἄ. καὶ τὴν Δήμητρα
1041. φησὶν δ᾽ ὅ τι λέγει ; ΔΗΜ. μὰ τὸν Ἄ. ᾽γὼ μὲν οὔ.
Ν 372. νὴ τὸν Ἄ., τοῦτό γέ τοι τῷ νυνὶ λόγῳ εὖ προσέφυσας
388. νὴ τὸν Ἄ., καὶ δεινά ποτέ μ᾽ εὐθὺς μοι, καὶ τετάρακται
732. οὗτος, καθεύδεις ; ΣΤ. μὰ τὸν Ἄ. ᾽γὼ μὲν οὔ,
Σ. 1366. οὔ τοι καταπροίξει μὰ τὸν Ἄ. τοῦτο δρῶν.
ΕΙ. 16. καί τρίβ᾽ ἐθ᾽ ἑτέρας. ΟΙ. Β. μὰ τὸν Ἄ. ᾽γὼ μὲν οὔ.
615. ταῦτα τοίνυν μὰ τὸν Ἄ. ᾽γὼ πεπύσμην οὐδενός,
Ο. 263. ὁρᾷς τιν᾽ ὄρνιν ; ΕΥ. μὰ τὸν Ἄ. ᾽γὼ μὲν οὔ.
439. φράσον, δίδαξον, ΠΕ. μὰ τὸν Ἄ. ᾽γὼ μὲν οὔ,

Ἀπόλλω. Ο. 470. καὶ γῆς. ΧΟ. καὶ γῆς; ΠΕ. νὴ τὸν Ἀ.
ΧΟ. τουτὶ μὰ Δί' οὐκ ἐπείυόμην.
479. νὴ τὸν Ἀ.· πάνυ τοίνυν χρὴ μύγχος βύσκειν σε τὸ λαικόν·
772. πτεροῖ κρίνοντες ἴσχυον Ἀ.,
Λ. 465. χυλὴν ἰνεῖναι; ΠΡ. νὴ τὸν Ἀ. καὶ μέλα
917. ἀρκεῖ χαμαὶ νῷν. ΜΤ. μὰ τὸν Ἀ. μή σ' ἐγώ.
938. βούλει μυρίσω σε; ΚΙ. μὰ τὸν Ἀ. μή μί γε.
942. οὐχ ἡδὺ τὸ μύρον μὰ τὸν Ἀ. τουτογί,
1299. κλεώω τὸν Ἀμφίλαις [Ἀ.] σιδν
Θ. 269. βάδιζε τοίνυν. ΜΝ. μὰ τὸν Ἀ. οὐκ, ἤν γε μὴ
748. ἀλλ' ἀπόδος αὐτώ. ΜΝ. μὰ τὸν Ἀ. τουτονί.
Β. 51. σφώ; ΔΙ. νὴ τὸν Ἀ. ΗΡ. κᾆτ' ἔγωγ' ἐγηγρόμην.
508. κάλλιστ', ἐπαινῶ. ΘΕ. μὰ τὸν Ἀ. οὐ μή σ' ἐγὼ
951. οὐκ ἀποθανεῖν σε ταῦτ' ἐχρῆν τολμῶντα; ΕΤ. μὰ τὸν Ἀ.
1074. νὴ τὸν Ἀ., καὶ προσπαρδεῖν γ' ἐς τὸ στόμα τῷ θαλάμακι,
1166. εὖ νὴ τὸν Ἀ. τί σὺ λέγεις, Εὐριπίδη;
1511. νὴ τὸν Ἀ. στίζας αὐτίκα
Εκ. 160. ὦ νὴ τὸν Ἀ. ΠΡ. παῖς τοίνυν, ὡς ἐγὼ
631. νὴ τὸν Ἀ.· καὶ δημοτικὴ γ' ἡ γνώμη καὶ καταχήνη
659. πολλῶν ἕνεκεν· νὴ τὸν Ἀ. πρῶτον δ' ἑνὸς οὔνεκα δήπου,
680. ἵνα μὴ δειπνῶω' αἰσχυνόμαι. ΠΛ. νὴ τὸν Ἀ. χάριέν γε.
Π. 987. οὐ πολλὰ τοίνυν μὰ τὸν Ἀ. ταῦτά γε
Ἀπάλλων. Ι. 1015. Φράξευ, Ἐρεχθείδη, λογίων ὁδόν, ἤν σοι Ἀ.
Ο. 516. ἠδ' αὖ θυγάτηρ γλαῦξ', ὃ δ' Ἀ. ὥσπερ θεράπων· ἱέρακα·
584. εἶθ' ὅ γ' Ἀ. ἰατρὸς γ' ἂν ἰάσθαι μισθοφορεῖ δέ.
716. ἴσμὶν δ' ὑμῖν Ἄμμων, Δελφοί, Δωδώνη, Φοῖβος Ἀ.
722. ἆρ' οὐ φανερῶς ἡμεῖς ὑμῖν ἰσμὲν μάντεσιν Ἀ.;
Β. 232. προσεστιέρακται δ' ὁ φορμικτὰς Ἀ.,
Fr. 299. ὁ Ἀ.
ἀπόλλων. Β. 1184. δυτινά γε, πρὶν φλέγω μέν, δ', ἔφη
ἀπολογεῖ. Θ. 188. ἔπειτα πῶς οὐκ αὐτὸς ἀ. σαρῶν;
ἀπολογήσομαι. Σ. 949. πάρεχ' ἐκποδὼν· ἐγὼ γὰρ ἀ.
ἀπολογίζειν, Fr. 185. ἐγὼ δ' ἀ. τε κἀτ' ἐπ' ἀνδρώπους.
ἀπαλογίζεται. Fr. 79, 2. κοτύλας δεούσας οἶμαδ' ἀ.
ἀπολογοῦ. Σ. 944. ἀνάβαιν', ἀ. τί σιωσώπησαι; λέγε.
ἀπολογούμενον. Σ. 778. δάκνων σεαυτὸν καὶ τὸν ἀ.
ἀπαλογουμένου. Σ. 516. ἵνα γ', ἢν καθεύδης ἀ. τινὸς,
ἀπόλοι'. ΕΙ. 1072. ἐξώλης ἀ., εἰ μὴ παίσαιο βακίζων.
Ο. 85. κακῶς σύ γ' ἀ., ὥς μ' ἀπέκτεινας δέει.
Θ. 757. κακῶς ἀ. ὅτι φθονερὸς εἶ καὶ δυσμενής.
ἀπόλαυθ'. Λ. 946. κάκιστ' ἀ. ὃ πρῶτον ἐψήσας μύρον.
ἀπολοίμεθα. Λ. 756. ὅπως τάχιστα καὶ κάκιστ' ἀ.
ἀπολοίμην. Α. 151. κάκιστ' ἀ., εἴ τι τούτων πείθομαι
Α. 476. κάκιστ' ἀ., εἴ τί σ' αἰτήσαιμ' ἔτι,
Ι. 768. ἀ. καὶ διαπρισθείην καταταμηθείην τε λέπαδνα.
Σ. 696. ἀ., εἴ σε δέδοικα.
Α. 933. νὴ Δί' ἀ ἄρα, ΜΤ. σίσυραν οὐκ ἔχεις.
Θ. 203. κάκιστα ἀ. ἂν ἢ σύ. ΕΤ. πῶς; ΑΓ. ὅπως;
Β. 579. κάκιστ' ἀ., Ξανθίαν εἰ μὴ φιλῶ.
588. κάκιστ' ἀ. ἀρχίθημος ὁ γλάμων.
ἀπόλοιο. Ν. 6. ὁ δῆτ', ὦ πόλεμι, πολλῶν οὕνεκα,
Ν. 1236. ἀ. τοίνυν ἕνεκ' ἀναιδείας ἔτι.
ΕΙ. 1288. κάκιστ' ἀ., παιδάριον, σὺταῖς μάχαις·
Θ. 1060. κακῶς ἀ. ΤΟ. σίγα, κακοδαιμον ὑφρον.
ἀπόλοιτο. ΕΙ. 267. ἀλλ', ὦ Διόνυσ', ἀ. καὶ μὴ Ἄβοι φέρων.
ἀπολολύμεθ'. Ο, 4. ἀ. ἄλλον τὴν ὁδὸν προφορουμένοι.
Β. 298. δ' ὦναξ Ἡράκλεις. ΔΙ. οὐ μὴ καλεῖς μ',
ἀπαλουμένα. Α. 778. οὐ χρῆσθα σιγῇν. ὦ κάκιστ' ἀ.
ἀπολούμενοι. Εκ. 1076. διασπάσεσθ', ὦ κάκιστ' ἀ.
ἀπολούμενος. Α. 924. σπλαγχνὸν' ἂν εἰθὶς, ΔΙ. ὦ κάκιστ' ἀ.,
Π. 713. σὺ δὲ πῶς ἵωρας, ὦ κάκιστ' ἀ.,
ἀπολούμενη. Εκ. 1052. πόθεν ἐξένηψας, ὦ κάκιστ' ἀ.;
Π. 456. σὺ δ', ὦ κάκιστ' ἀ., τί ἐλιδαυρεῖ
ἀπολουμένην. Α. 865. πόθεν προσέπτησθ' οἱ κακῶς ἀ.
ἀπολούμενον. Α. 952. μόλις γ' ἐνίδησα τὸν κακῶς ἀ.
ἀπολούμενος. ΕΙ. 368. οὔτ' ἀλλαχοῦ' οὔτε τυρόν, ὡς ἀ.
Ο. 1407. οὐκ ἀπολιβάζεις, ὦ κάκιστ' ἀ.;
ἀπολουμένω. ΕΙ. 2. ἰδού. ΟΙ. Α. δῦτ' αὐτῷ τῷ κάκιστ' ἀ.
Θ. 879. παῖδες τι τοῦτο τῷ κακῶς ἀ.
ἀπολοῦσ'. Ν. 1181. ἀ. ἄρ' αὖθ' οἱ θύντες· οὐ γὰρ ἐσθ' ὅπως
ἀπολοῦσον. Ν. 715. καί μ' ἀ.
ἀπαλύσαι. Σ. 571. ὥσπερ θεῶν ἀντιβολεῖ με τρέμων τῆς εὐθύνης ἀ.
ἀπαλύσας. Σ. 1006. φεύγανῤ' δ', ἄνδρα, τί ποτε πείσομαι;
ἀπολῶ. Ι. 702. ἀ. σε νὴ τοὺς προεδρίαν τὴν ἐκ Πύλου.
Ν. 892. ἐν τοῖς πολλαῖσι λέγων ἀ.
899. οὐκ, ἀλλὰ σοφούς. ΔΙ. δ. σε κακῶς.

ἀπολῶ. Σ. 1449. οἴμ' ὡς ἀ. σ' αὐτοῖσι τοῖσι κανθάροις.
1503. ἀ. γὰρ αὐτὸν ἐμμελεῖς κονδύλου.
Ο. 1052. ἀ. σε, καὶ γράψω σε μυρίας δραχμάς.
Π. 68. ἀ. τὸν ἄνθρωπον κάκιστα τουτονί.
ἀπόλωλ'. Α. 467. ἀ. ἀκουσον, ὦ γλυκύτατ' Εὐριπίδη
Α. 473. οἴμοι κακοδαίμων, ὡς ἀ. ἐπελαθόμην
Ι. 752. οἴμοι κακοδαίμων, ὡς ἀ. ὁ γὰρ γέρων
Ν. 726. ἀπολεῖ κάκιστ'. ΣΤ. ἀλλ', ὦγάθ', ἀ. ἀρτίως.
ΕΙ. 269. ἀ. Ἀθηναίοι·ιν ἀλετρόβανος,
272. ἀ. ἐκείνος μὲν δέοντι τῇ πύλει.
Θ. 77. εἴς' ἔστ' ἔτι ζῶν εἴς' ἀ. Εὐριπίδη.
269. ὦ τρισκακοδοίμων, ὡς ἀ. ΜΝ Εὐρπίδη,
Π. 1174. ἀ. ὑπὸ λιμοῦ, καταφαγεῖν γὰ. οὐκ ἔχω,
ἀπόλωλα. Α. 1027. ἀ. τώφθαλμὼ δακρύων τὼ βοῖ.
Σ. 1260. ἐγὼ δ' ἀ. στιζύμενος βακτηρίᾳ.
Π. 850. οἴμοι κακοδαίμων, ὡς ἀ. δείλαιος,
1119. ἐγὼ δ' ἀ. κάποτέτριμμαι. ΚΑ. σωφρονεῖς.
Fr. 11. ἀ.· τίλλων τὸν λαγών ὑφθήσομαι
ἀπολωλάς. Ν. 1077. δ.· ἀδύνατος γάρ ἐστι λέγειν. ἐμοὶ δ' ὁμιλῶν,
ΕΙ. 364. ἀ. ἄνδρα φίλταδον· ΤΡ. οὐκουν, ἢν λέχω.
366. ἀ., ἐξώλεσας. ΤΡ. ἐς τίν' ἡμέραν;
ἀπολωλέναταν. Π. 421. οὔτε θεὸς οὔτ' ἄνθρωπος ὥστ' ἀ.
ἀπόλωλε. ΕΙ. 281. τί ἔστι; μὼν οὐκ αὖ ὄφεις; ΚΤ. ἀ. γὰρ
ἀπολώλεν'. Ν. 857. ἀλλ' οὐκ ἀ., ἀλλὰ κατεστιφρόντικα.
ἀπολώλεκεν. Ν. 20. τοῦτ' ἔστι τουτὶ τὸ κακὸν ὁ μ' ἀ.
Σ. 274 μῶν ἀ. τὰς
ἀπολώλεκεν. Α. 952. ἀ. με κάπιτέτριφεν ἡ γυνή,
ἀπολωλεκυῖα. Ε κ. 547. εἶθ' οὖν ἀ. πυρῶν ἑστία,
ἀπολωλεκώς. Π. 857. ἀ. ἅπανα τὰκ τῆς οἰκίας
ἀπόλωλεν. Ν. 905. οὐκ ἀ. τὸν πατέρ' αὐτοῦ
Ο. 1514. ὁ δὲ Ζεύς. ΠΕ. πηγὶν' ἄττ' ἀπώλετο;
Θ. 825. ἀ. μὲν πολλοῖς ὁ κανῶν
ἀπάλωλυν. Θ. 1212. οἴμ' ὡς ἀ. ποῦ τὸ γέροντ' ἔντευτενί;
ἀπολωλὼς. Ι 594. ὥσπερ Κοννᾶς, στέφανον μὲν ἔχων αὐον, δίψῃ δ' ἀ.,
ἀπόλωμαι. Εκ. 1079. ἢν οὖν ὑφ' ὑμῶν πρῶτον ἀ. κακῶς,
ἀπομανδαβαλία. Ι. 415. ἀ. σιτούμενος τούτοισι ἐκτραφείην.
Ι. 416. ὦ ὥσπερ κύων· ὦ παμπόνηρε, πῶς οὖν ἀνθρωπτρα. Fr. 586. ἀ.
ἀπαμαξαμίνη. Β. 1040. ὅθεν ἱμὴ φρῆν ἀ. πολλὰς ἀρετὰς ἐποίησεν,
ἀπομάττει. Ι. 819. κάκεῖνος μὲν φεύγει τὴν γῆν, σὺ δ' Ἀχιλλείαν ἀ.
ἀπομερμηρίσας. Σ. 5. οἶδ' ἀλλ' ἐπιθυμῶ σμικρὸν ἀ.
ἀπομορξάμενον. Α 693. πολλὰ δὴ ξυμπονήσαντα, καὶ θερμὸν ἀ. ἀνδρικῶν ἰδρῶτα δὴ καὶ πολύν,
ἀπομορχθείς. Σ. 560. εἶτ' εἰσελθῶν ἀντιβοληθεὶς καὶ τὴν ὀργήν ἀ.,
ἀπομόσαι. Ν. 1232. καὶ ταῦτ' ἰθελήσεις ἀ. μοι τοὺς θεούς;
ἀπομυχάμενος. Ι 910. ἀ. ὦ Δημί μου πρὸς τὴν κεφαλὴν ἀποψῶ.
ἀπομωμοκα. Α. 903. κάγωγ' ὅπειμ' ἐκεῖσε· νῦν δ' ἀ.
ἀπομωμοκότας. Ο. 705. πολλοῖς δὲ καλοὺς ἀ. παῖδας πρὸς τέρμασιν ὥρας
ἀπονενιμμέθ'. Σ. 1217. δειπνοῦμεν· ἀ. ἤδη σπένδομεν.
ἀπονενιμμένος. Εκ. 419. ἱένοι καθυιδήσοντας ἀ.
ἀπονίζῃ. Σ. 608. ἀ. καὶ τὼ πόδ' ἀλείφῃ καὶ προσκύψασα φιλήσῃ
ἀπόνιπτρον. Α. 616. ὥσπερ ἀ. ἐκχύντες ἑσπέρας,
ἀπανίψαμαι. Ο. 1163. ἀ.· σὺ δ' αὐτὸς ἤδη τάλλα δρᾶ.
ἀπόντας Λ. 100. ἐπὶ στρατιᾶς ἀ.· εὖ γὰρ οἶδ' ὅτι
ἀπανυχιῷ. Ι. 709. ἀ. σου τὸν πρυτανεῖν σιτία.
ἄπονς. Fr. 313, 3. λαμπρὸν ἐκόμιξεν ἀ. πηραβεθλημένον,
ἀπθυρεῖν. Θ. 215. ἀτὰρ τί μέλλεις δρᾶν μ'· ΕΤ. ἀ. ταδί,
ἀπαπαρβήσομαι. Θ. 176. ἀ. μὴ κηθαιρήσει τις, Ἀ.
ἀποπάρδω. Σ. 391. καύ μη ποτέ σου παρὰ τὰς κάννος οὐρήσω μηδ' ἀ.
ἀποπατεῖς. Εκ. 351 ἀλλὰ σὺ μὲν ἱμονιὰν τιν' δ'. ἐμοὶ δ' ὑποπατηρσόμεναι Π. 1184. πλὴν ἀ. γε πλεῖν ἢ μυρίοι.
ἀποπατήσω. Εκ. 354. ἀλλ', ὦ τὼ πῶδ' ἀ. νῦν δέ μου
ἀπαπατητέον. Εκ 326. δράσωσο'. ὅμως δ' οὖν ἐστιν ἀ.
ἀπόπατον. Α. 81. ἀλλ' εἰς' ἀ. ᾤχετο, στρατιᾶ Λαβών,
ἀποπιφάσομαι. Β. 648. οὐκ εἶ' ὰτ τινὸδὶ δ' αὐθὶς ἀ.
ἀποπίμπω. Ν. 477. καὶ ὅπως τούτων ὑμῖν οὐτοῦ νῦν τῆς γνώμης ἀ.
ἀπαπίμπει. Β. 362. ἢ προδίδωσιν φρουρίων ἡ ναῦς, ἢ τἀπύρρητ' ἀ.
ἀποπέμπειν. Α. 1010. αὐτοκράτορας πρέσβεις ἀ. ἐσθοδί.
Π. 596. τοὺς μὲν ἔχοντας καὶ πλουυτοῦντας δεῖπνον κατὰ μὴν' ἀ.
ἀπαπέμψαι. Π. 1001. καὶ πρὸς ἐπὶ τοῦτοις εἶπεν ὁ δ' ἀ.
ἀπαπέμψει. Α. 113. βασιλεὺς ὁ μέγας ἡμῖν ἀ. χρυσίον;
ἀπαπέμψω. Ν. 1244. ἀ. ἀποκριψάμενος. ΣΤ. ἔχε νυν ἠσυχος.
Α. 747. ἀ. ὡν τάχιστα. ΑΤ. τίνα λύγῳ λέγεις ἀ.
ἀποπέμψω. Β. 1514. κατὰ γῆς ταχίστ ἀ.

ἀποπεπόνηκας—ἀποχειροτονηθῆναι. 31

ἀποπεπόνηκας. Θ. 215. ἁ. ΜΝ. φεῦ. ἰοὺ τῆς ἀσβόλου.
ἀποπετήσει. Εἰ. 1126. οὐκ ἁ. θᾶττον εἰς Ἑλύμνιαν;
ἀποπίτου. Ο 1369. ἐς τἀπὶ Θρᾴκης ἁ., κἀπεὶ πάχου.
ἀποπετώμεθα. Εἰ 720. ὦ κάνθαρ', οἴκαδ' οἴκαδ' ἁ.
ἀποπήγνυσι. Β. 126. εὐθὶς γάρ ἁ. τἀντικνήμια.
ἀποπλεῖν. Β. 1180. ἵνα ξενίσω σφῶ ηρὶν ἁ. Δί. εὖ τοι λέγεις
ἀποπλευστέ. Fr. Μ. Γηρ. 7. ἁ. οὖν ἐπὶ τὸν νυμφίον, ᾧ γαμοῦμαι
ἀποπλευστέαν. Fr. 192. ἁ. ἐπὶ τὸν νυμφίον, ᾧ γηρούμαι
ἀπόπληκτος. Σ. 948. ἁ. ἐξαίφνης ἐγένετο τὰς γνώθιις.
ἀποπνιγέντα. Εἰ 10. εἴ μή με βυύλεσθ' ἁ. περιιδεῖν.
ἀποπνιγήσομαι. Ν. 1504. οἴμοι τάλας, δείλαιος ἁ.
ἀποπνίξαι. Σ 1134. ἰθ' αὐτασί με νῦν ἁ. βυόλεται;
ἀποπνίξῃ Ι. 193. καὶ τουτί γ' ἐπίτηδες σε περιήμεισχεν, ἵν' ἁ.
ἀποπρίω. Β. 1227. ὦ δαιμόνι' ἀνδρῶν, ἁ. τὴν λύκιθον.
ἀπόπτυστον. Ι. 1985. ἐν κασαυρίοισι λείχων τὴν ἁ. δρόσαν,
ἀπορᾶ. Σ. 1474. νή τὸν Διόνυσον, ἁ. γ' ἡμῖν πράγματα
ἀπορεῖν. Β. 1007. εἰ πρὸς ταύτον δεῖ μ' ἀντιλέγειν· ἵνα μὴ φάσκῃ δ' ἁ. με,
ἀπορῇς. Ν. 743. ἔχ' ἀτρέμα· κἂν ἁ. τι τῶν νοημάτων,
ἀπαρήσειν. Εκ. 664. ἰωχηθεῖντετ ὑβείζωσιν· τοῦτο γάρ οἱμαί σ' ἁ.
ἀπορήσῃ. Σ. 590. ὅτι δ' ἡ βυλή χὠ δῆμας ὅταν κρίναι μέγα πρᾶγμ' ἁ.,
ἀπορίαν. Β. 866. σαφῶν γάρ ἀνδρῶν ἁ. εἰρηκέτην.
Β. 1405. πῶρον δὲ τὰς ναῖς. ἁ. δὲ τῶν πόρων.
ἀπόροις. Εκ. 424. τοὺς ὑλφιταμοιβοὺς τοῖς ἁ. τρεῖς χοίνικας
ἄπορον. Ν. 629. οὐδ' ἁ. οὐδὲ σκαιὸν οὐδ' ἐπιλήσμωα
Ν. 702. ταχὺς δ', ὅταν εἴς ἁ. πέσῃς,
ἀποροῦντα. Π. 531. καίτοι τί πλέον πλωτεύειν ἐστὶν πάντων τούτων ἁ.
ἀπορούσα. Θ. 408. ἁ. παίδων, οὐδέ τουτ' ἔστιν λαθεῖν.
ἀπορούσαν. Ο. 474. γῆν δ' οὐκ εἶναι, τὸν δὲ πρακεῖσθαι πεμπταίων· τὴν δ' ἁ.
ἀπαραιτῶν. Ι. 679. ἁ. αὐτοῖς προῖκα, κάχηριζόμην.
ἀπαρραίσας. Fr. Μ. Δραμ. Η.Ν. 10, 3. καὶ πὺς ἁ. τὸν λυχνοῦχον ἔλαβες·
ἀπόρρητον. Ι. 648. αὐτοῖς ἁ. ποιησάμως ταχύ,
ἀπορρήτους. Εκ. 12. μόνος δὲ μηρῶν εἰς ἁ. μυχοὺς
ἀπορρίψαντες. ΕΙ. 624. τήνδ' ἁ. αἰσχρὼς τὼν πόλεμον ἀνήρπασαν·
ἀπορρώξ. Α. 811. Ἐρινύος ἁ.
ἀπαρῶ. Α. 31. ἁ. γράφω, παρατίλομαι, ληγίζομαι,
ἀπορῶν. ΕΙ. 686. ἁ. ὁ δῆμος ἐπιτρόπου καὶ γυμνὸς ὣν
ἀπόσβεσαντες. Σ. 255. ἁ. τοῖς λύχνοις ἀπ μεν οἴκαδ' αὑτοί·
ἀποσβέσας. Π. 668. ἔχοντες· ὃν δὲ τοὺς λύχνους ἁ.
ἀποσβισθείν. Α. 294. μή μ' ἁ. λάθῃ πρὺς τῇ τελευτῇ τῆς ὀδοῦ.
ἀπασείσμενοι. Β. 346. ἁ. δὲ λύπας
ἀπασεισάμιναι. Ν. 287. ἀλλ' ἁ. νέφος ὄμβριον
ἀπασεγνυνίεται. Β. 833. ἁ. πρῶτον, ἄπερ ἐπέστατε
ἀποσκληναι. Σ. 160. ὅταν τις ἐκφυγῃ μ' ἁ. τότε.
ἀπασοβεῖ. Ι. 60. δειπνοῦντες ἐστιν ἁ. τοὺς ῥήτορας.
ἀποσβῆσαι. Β. 45. ἀλλ' οὐχ οἷός τ' εἴμ' ἁ. τὸν γέλων,
ἀποσβῆσειν. Σ. 460. ἆρ' ἐπιλομένν ποθ' ὑμᾶς ἁ. τῷ χρόνῳ.
ἀποσβήσεις. Ο. 1032. οὐν ἁ.; οὐκ ἀπαίσεις τῷ καδῳ;
Ο. 1258. οὐκ ἁ.; οὐ ταχέως; εὐρὰξ πατάξ.
ἀποσκάνον. Β. 962. ἀπὸ τοῦ φρανεῖν ἁ., ἐξπίκητταν αὐτοῖς,
ἀποσκοπῆθαι. Ο. 8. ἁ. τοὺς ὄνυχας τῶν δακτύλων.
ἀποσπῶν. Β. 824. ῥήματα γομφοπαγῆ, πινακηδὺν ἁ.
ἀποσπατῶ. Ο. 314. αὐτοσὶ κάλαι πάρειμι κοὐκ ἁ φίλων.
ἀποστέλλοντας. Α. 1084. θαιμάτι' ἁ.· ὥστε φαίνεται
ἀποστερεῖν. Ν. 487. Λέγεις μὲν εἰκόδ' εἰσεστ', ἁ. δ' ἐνί.
Ν. 1464, ἁ. νῦν αὖ ὅπως, ὦ φίλτατε,
Εκ. 449. καὶ ταὐτ' ἀναφέρειν πάντα κοὐκ ἁ.
ἀποστερεῖσθαι. Σ. 509. ἀντὶ τοῦ βίου λήβοιμ' ἂν οὑ με νῦν ἁ.·
Ο. 1605. ἁ. τὸν πατέρα τῆς τυραννίδος;
ἀποστερεῖσθαι. Ν. 2072. ἀκεστήν, ἡδυών θ' ὅσαν μέλλεις ἁ.
ἀποστερεῖσθαι. Ν. 1305. ἁ. βούλεται
ἀποστερητικόν. Ν. 747. ἔχω τόχῳ γνώμην ἁ.
ἀποστερητικήν. Ν. 728. ἐξεύρετες γὰρ ηθῦς ἁ.
ἀποστερητρίδα. Ν. 730. ἔξ γυναίκας ἂν πέμψῃς μόνον φαρεί.
ἀποστεραυμένην. Θ. 698. τέκνων με περιψεσθ' ἁ.;
ἀπόστηθι. Θ. 627. ἐκ τῶν ἰερῶν τῶν πέρουσι· σὺ δ' ἁ. μοι,
ἀποστῆναι. Σ. 1457. τὸ γάρ ἁ. χαλεπὸν
ἀποστραφῆναι. ΕΙ. 279. ἁ. τοῦ μεταιονται τὸ πύδε.
ἀποστρέφαται. ΕΙ. 683. ἁ. τὸν δῆμον ἀχθεσθείς ὅτι
ἀποστρέφετε. Α. 455. ἁ. τὰς χεῖρας αὐτῶν, ὦ Σκύθαι.
ἀποστρέφων. Ν. 776. ὕσαν ἁ. ἀ' ἡγνούμεν δίκην,
ἀποστρέφας. Ι. 263. εἰτ' ἁ. τὸν ὤμων αὐτὸν ἐνακηλβασας·
ἀποσφαγήσεται. Θ. 750. αὐτη δ' ἁ. μάλ' αὐτίκα.
Θ. 753. ἀλλ' οὐδὲν ἧττον ἦδ' ἁ.
ἀποσφάξω. Α. 327. ὡς ἔχω γ' ὑμῶν ὅμηρυς, οὗς ἁ. λαβών.

ἀποσχεῖν. Α. 718. ἐγὼ μὲν οὖν αὐτὰς ἁ. αὐκέτι
ἀπόσχωνταί. Α. 771. τοὺς ἐπόπας φεύγουσαι, ἁ. τε φαλήτων.
ἀπατανοιμένη. Θ. 1109. κατάρατο τύλμας· ἁ. λαλῆς;
ἐπατεθρίακεν. Α. 153. τίς τῶν Ὀδομάντων τὸ πέος ἁ.;
ἀπιτειχίσας. Ο. 1576. ἔστιν ποτ' ἔσθ' ὁ τοὺς θεοὺς ἁ.
ἀποτεμών. Ι. 1220. ἐμοὶ δ' ἔδωκεν ἁ. τυννουτανί.
ἀπατετιλμένα. Εκ. 724. κατωνάκῃ τὸν χεῖρον ἁ.
ἀπατετιλμένη. Ο. 806. σὺ δὲ κοψίχῳ γε σκάφιον ἁ.
ἀποτίλαι. Α. 578. ἐκὶ τοῖς ἀρχαίαις διαβῆναι καὶ τὰς κεφαλὰς ἁ.·
Fr. 546, 1. τὸν σατέρην ἁ. χρή
ἀποτίνειν. Σ. 1255. κάπεττ' ἁ. ἀργύριαν ἐκ κραιπάλης.
ἀπονίνεται. Θ. 685. θεός ἁ.
ἀποτίσαντ'. Σ. 1424. ὅ τι χρή μ' ἁ. ἀργύριον τοῦ πράγματος,
ἀποτίσειν. Εκ. 45. ἡμῶν ἁ κάρεβινθον χοίνικα,
ἀποτίσων. Π. 1059. ἁ. ἵνα γὰρ γύμφιον μόνον φαρεί.
ἀποτίσω. Σ. 1263. εἴπερ ἁ. μηδὶν, ἣν τι δρῶ κακόν.
ἀπάτρεκ. Θ. 1214. δισβαλέ μ' ὦ γραῦς. ἁ. ὡς τάχιστα σύ·
ἀπότρεχε. Θ. 1252. σὺ μὲν οὖν ἁ., παιδάριον τουτὶ λοβὼν·
ἀποτρέχω. Ο. 1549. Τιμον καθαρόν. ἀλλ' ὡς ἄν ἁ. πάλιν,
ἀποτρέχω. Ο. 1162. ἐν τοῖς πύργοις. ἀλλ' ἐγὼ μὲν ἁ.
Π. 1133. ταύτην ἐπιπιὼν ἁ. οὐκ ἂν ὑ θάνοις·
ἀποτρίψεις. Β. 145. οὐ γάρ μ' ἁ. ΙΙΡ. εἶτα βάρβαρον πολὺν
ἀποτρόπαι'. Ι. 1307. ἁ., οὗ δητ' ἐμοῦ γ' ἀρξει ποτ', ἀλλ' ἐάν με χρῇ,
ἀποτροπαίου. Σ. 161. Ἄπολλον ἁ., τοῦ μαντεύματος.
Ο. 61. Ἄπολλον ἁ., τοῦ χασμήματος.
Π. 359. Ἄπολλον ἁ., μὰ Δί' ἐγὼ μὲν οὐ,
854. Ἄπολλον ἁ. καὶ θεοὶ φίλαι,
ἀπότροπον. Εκ. 792. ἢ πῦρ ἁ. ἢ διάξειν γαλῆ,
ἀποτράχων. Fr. 541. ἐβάδιζέ μοι τὸ μειράκιον ἐξ ἁ.
ἀποτρώγοι. Β. 367. ἢ τοὺς μισθοὺς τῶν ποιητῶν ῥήτωρ ὢν εἶν' ἁ.,
ἀποφαγών. Ι. 497. χώταν τὰ κάλλαι ἁ. ἦξεις πάλιν.
ἀποφαίνει. Ο. 713. ἰκτῖνος δ' αὖ μετὰ ταῦτα φανεὶς ἑτέραν ὤραν ἁ.
ἀποφαίνουσαι. Ν. 352. ἁ. τὴν φύσιν αὑτῶν λύκαι ἐξαίφνης ἐγένοντο.
ἀποφαίνω. Π. 547. ἀγαθῶν πᾶσιν τοῖς ἀνθρώποις ἁ. σ' αἴτιον οὖσαν·
ἀποφαίνων. Σ. 681. ἀλλ' αὕτη μοι τὴν δουλείαν οὐκ ἁ. ἀποκναίεις.
ἀποφανῶ. Εκ. 569. ἀλλ' ἁ. τοῦδ'· ὥστε σέ γε μοι μαρτυρεῖν,
ἀπόφερ'. Α. 1054. ἁ. ἀπόφερε τὰ κρία καὶ μὴ μοι δίδου,
Ι. 957. ἀβοῖ τάλας. ΑΛ τί ἔστιν; ΔΗΜ. ἁ. ἐκποδών.
ΕΙ. 1221. ἁ. ἁ. ἐς κόρακας ἀπύ τῆς οἰκίας
1239. ἀπόφερε τὸν ἴρρον. ἁ. οὖν ὠπήσομαι.
ἀπάφερε. Α. 1054. ὑπόφερ' ἁ. τὰ κρία καὶ μὴ μαι δίδου,
Α. 1067. ἁ. τὰς σκανδεῖς. φέρε τὴν αἴθρυσιν,
ΕΙ. 217. ἁ. τὰ σκεύη λαβὼν ταυτί πάλιν·
ἀποφέρειν. Εκ. 449. καὶ ταῦτ' ἁ. πάντα κοὐν ἀπαστερεῖν·
Εκ. 758. μὰ Δί', ἀλλ' ἁ. αὑτὰ μᾶλλον τῇ πόλει
760. μέλλεις ἁ.; ΑΝ. Α. πάνυ γε. ΑΝ. Β. κακοδαίμων ἄρ' ἁ.
ἀποφύγοι. Σ. 579. κἂν Οἴαγρας εἰσέληθ φεύγων, οὐκ ἁ. πρὶν ἂν ἡμῖν
Σ. 985. οἴμωυν ἁ. δητα; ΦΙ. χαλεπὸν εἰδέναι.
ἀποφεύξει. Ν. 874. τώι ἂν μάθοι πωθ' οὖτος ἁ. δίκης
ἀποφενξαίμεθα. Ο. 932. εἰ μή τι τούτῳ δώσεις ἁ.
ἀπόφηναι. Ν. 369. ἀλλὰ τίς εἶ; τουτὶ γάρ ἐμαιγ' ἁ. πρῶτον ἀπάντων.
ἀποφῆναι. Ι. 817. σὺ δ' Ἀθηναίοις ἐψήτησας μικραπολίτας ἁ.
ἀπαφήναι. Α. 314. ἀλλ' ἂν ἁ. ἐκείνους ἔσθ' ἁ. κάδικουμένως.
ἀπόφηνη. Σ. 1028. ἵνα τὰς Νουσας αἰσιν χρῆται μὴ προσαγωγὴν ἁ.
ἀπόφηναν. ΕΙ. 957. μὰ Δί', ἀλλ' ἁ. δῆτα σαυτὸν
ἀποφήνω. Β. 845. οὐ δῆτα, πρὶν γ' ἂν τοῦτον ἁ. σαφῶς
Π. 468. τὸ πρῶτον αὐτοῦ· κἂν μὲν ἁ. μόνην
ἀποφθεῖσιν Ι. 892. οὐκ ἄκραιας ἁ., βύρσης νάκιστον ὄζων·
Ν. 789. οἴμοι, τίς ἦν; ΣΠ. οὐκ ἐς κύρακας ἁ.,
ἀποφθέρω. Ν. 167. ἢ ῥαβίως φεύγων ἂν ὐ. δίκην
ἀποφύγοις. Ν. 1151. ὡστ' ἁ. ἂν ἥπτιν' ἂν βουλή δίκην.
ἀποφυγόντε. Ο. 351. μόλις δὲ ἁ.
ἀποφυγών. Π. 1024. μόλις δὲ γραῖαν ἁ.
Π. 1151. δίκην ἁ. ὁ δ' ἂν ἐκαλλιερεῖτό τις,
ἀποφύγυν. Σ. 558. δε ἐμ' οὐδ' ἂν ζῶντ' ἥδεις, εἰ μὴ διὰ τὴν πρωτέραν ἁ.
Σ. 562. ἀλλ' ἁκραίομαι πάσας φωναίς ἱέντων εἴς ἁ.
645. εἴ ἁ. παλήμαι.
ἀποφυσήσας. Σ. 330. κἄπειτ' ἀπελών μ' ἁ.
ἀποχάλα. Ν. 763. ἀλλ' ἀπάν δ' τὴν φραντίδ' ἐς τὸν ἀέρα,
ἀπαχιροτανηθῆναι. ΕΙ. 667. ἁ. τρὶς ἐν τἠκκλησίᾳ.

ἀποχηρωθείς. EI. 1013, ὀλύμαν ὀλύμαν, ἀ.
ἀπόχρη. O. 1603. ἐμοὶ μὲν ἀ. ταῦτα, καὶ ψηφίζομαι.
ἀποχρήσουσιν. Π. 484, ταύτῃ γε· νῦν δὲ δύ' ἀ. μόνω.
ἀποχρῶσαν. Fr. 417, 2. ἀ. ἤδη.
ἀποχώρησαν. O. 1647. δεῦρ' ὡς ἐμ' ἀ., ἵνα τί σοι φράσω.
ἀποψήσει. EI. 1231. ποῖα δ' ἀ. ποτ', ὠμαθέστατε;
ἀποψήσω. Λ. 1035. ἀλλ' ἀ. σ' ἐγὼ, καίτοι πάνυ πονηρὸς εἶ.
ἀποψιλώσομεν. Θ. 538. ταύτης ἀ. τὸν χοῖρον, ἵνα δεδαχθῇ
ἀποψῶ. I. 910. ἀπομυξάμενος ὦ Δῆμί μου πρὸς τὴν κεφαλὴν ἀ.
ἀποψώμεσθα. Π. 817. χρυσοῖς, ἀ. δ' οὐ λίθοις ἔτι,
ἀππαπαῖ. Σ. 235. πάρεσθ', ὃ δὴ λοιπὸν γ' ἔτ' ἐστὶν ἀ. παπαιάξ.
ἀπράγμων'. I. 261. κἂν τιν' αὐτῶν γνῷς ἀ. ὄντα καὶ πεχηνότα.
ἀπράγμονα. O. 44. πλανώμεθα ζητοῦντε τόπον ἀ.,
ἀπράγμοσιν. Σ. 1040. κατακλινώμενοί τ' ἐπὶ ταῖς κοίταις ἐπὶ
τοῖσιν ἀ. ὑμῶν
ἀπραγμοσύνης. N. 1007. μίλακος ὄζων καὶ ἀ. καὶ λεύκης φυλ-
λοβολούσης.
ἀπροσδόκητων. Λ. 352. τουτὶ τὸ πρᾶγμ' ἡμῖν ἰδεῖν ἀ. ἥκει·
ἅπτε. N. 18. οἱ γὰρ τόκοι χωροῦσιν. ἀ., παῖ, λύχνον.
ἅπτεσθαι. Ἐκ. 582. ἀλλ' οὐ μέλλειν, ἀλλ' ἅ. καὶ δὴ χρὴ ταῖς
διανοίαις.
ἅπτεται. I. 1237. πῶς εἶπας; ὅτι μοῦ χρησμὸς ἅ. φρενῶν.
ἀπτῆνες. O. 687. ἀ. ἐφημέριοι, ταλαοὶ βροτοί, ἀνέρες εἰκε-
λόνειροι,
ἁπτόμενος. I. 1271. σᾶς ἀ. φαρέτρας Πυθῶνι ἐν δίᾳ κακῶν
πέπεσθαι.
ἅπτων. Λ. 365. ἅ. μόνον Στρατυλλίδος τῷ δακτύλῳ προσελθών.
ἅπτουσι. N. 768. ἀφ' ἧς τὸ πῦρ ἅ.; ΣΠ. τὴν ὕαλον λέγεις;
ἅπτωμαι. D. 894. ὁρῶς μ' ἑλίγχειν ὧν ἂν ἅ. λόγων.
ἀπυρήνων. { Fr. 165, } τῶν γὰρ ἀ. (ῥοῶν)
                     { 228. }
ἄπυρον. Fr. 449. πινακίσκων ἀ. ἰχθυηρῶν.
ἀπῶ. I. 1023. ἐγὼ μὲν εἰμ' ὁ κύων· πρὸ σοῦ γὰρ ἀ.
ἀπωθεν. O. 1184. κάατ' οὖ μακρὰν ἀ., ἀλλ' ἐνταῦθά που
Π. 674. ὀλίγον ἀ. τῆς κεφαλῆς του γράφου.
ἀπωθοῦμαι. A. 450. ὦ θύμ', ὁρᾷς γὰρ ὧν ἀ. δόμων.
ἀπόλοι'. O. 493. χλαῖναν γὰρ ἀ, ὁ μοχθηρὸς Φρυγίων ἐρίων
διὰ τοῦτον.
ἀπώλεσα. A. 174. οἴμοι τάλας, μυνευτὸν ὅσον ἀ.
N. 559. ὥσπερ Περικλῆς ἐς τὸ δέον ἀ.
ἀπωλέσαμεν EI. 1326. καὶ ταγαθὰ πάνθ' ὅσ' ἀ.
ἀπωλέσαν. Σ. 421. οἷς γ' ἀ. Φίλιππον ἐν δίκῃ τὸν Γοργίου.
EI. 284. χρήσαντες ἑτέροις αὐτὸν εἶτ' ἀ.
631. ἐμβαλόντες ἐξεμίδεμον κεφάλην ἀ,
Λ. 1152, πολλοὺς μὲν ἄνδρας Θετταλῶν ἀ,
ἀπώλεσας. N. 856. διὰ ταῦτα δὴ καὶ θοιμάτιον ἀ.:
N. 1205. ἵππων ἱμῶν' ὦ Παλλάς, ὥς μ' ἀ.
Σ. 829. ἐπίσχες οὗτος· ὡς ὀλίγου μ' ἀ.
EI. 1210. οἴμ' ὡς προθύλυμον μ', ὦ Τρυγαῖ', ἀ.
1250. ὦ δυσκάθαρτε δαῖμον, ὥς μ' ἀ.
ἀπώλεσας. EI. 1212. ἀ, μου τὴν τέχνην καὶ τὸν βίον,
ἀπώλετ'. Σ. 1389, οὐδὶ γὰρ ἀνήρ ἐστιν ὅτ μ' ἀ.
B. 1208. "Αργοι κατασχών, AI. ληκύθιον ἀ.
1213. πηδῶ χορεύσων, AI. ληκύθιον ἀ.
1219. ἡ δυσγενὴς ὤν AI. ληκύθιον ἀ.
1226. 'Αγήνορος παῖς AI. ληκύθιον ἀ.
1233. θοαῖσιν ἵπποισ AI. ληκύθιον ἀ.
1238. Οἰνεὺς ποτ' ἐκ γῆς AI. ληκύθιον ἀ.
1241. θύων ἀπαρχάς AI. ληκύθιον ἀ.
1245. ἀπολεῖ σ'· ἐρεῖ γάρ, ληκύθιον ἀ.
Π. 839. αὐχμοῖς γὰρ ἂν τῶν σκευαρίων μ' ἀ.
ἀπώλετ'. EI. 604. ῥῆματ' εἰ βούλεσθ' ἀκοῦσαι τήνδ' ὅπως ἀ.
O. 1514. ἀπώλωλεν ὁ Ζεύς. ΠΕ. ἡνίκ' ἄττ' ἀ.;
B. 1141. π.τερ' οὖν τὸν Ἑρμῆν, ὡς δ' πατὴρ ἀ,
ἀπωλόμεσθ'. A. 333. ὡς δ. ὁ λάρκος δημότης ὅδ' ἔστ' ἐμός.
O. 338. διαφρηρθῆναι θ' ὑφ' ἡμῶν. ΠΕ. ὡς ἀ. ἄρα.
ἀπωλόμην. A. 382. ἀ. μολυνοπραγμυνούμενος.
Θ. 1025. σαπρῶν, ἀ. ὥμως.
ἀπώμνυν. I. 424. ἀποκρυπτόμενος ἐς τὰ κοχώνα τοὺς θεοὺς ἀ.·
ἀπῶν. I. 612. ὅσην ἀ. παρέξεις ἡμῖν φροντίδα
ἀπωσαμίνη. EI. 775. Μοῦσα, σὺ μὲν πολέμους ἀ. μετ' ἐμοῦ
ἀπωσάμενοι. EI. 1090. ἀπ οῦ μὴν νέφος ἰχθύων ἀ. πολέμοιο
ἀπωσάμεσθα. Σ. 1085. ἀλλ' ὅμως ἀ. ξὺν θεοῖς πρὸς ἑσπέρα.
ἀπωτέρω. N. 771. ἀ. στὰς ὧδε πρὸς τὸν ἥλιον
O. 1474. ἐκτοπίω τι, καρδίας ἀ.
ἆρ'. A. 90. ταῦτ' ἀ. ἐφενακιζες σὺ, δύο δραχμὰς φέρων. κ.τ.λ.
ἆρ', A. 76. ἀ. αἰσθάνει τῶν καττύματ' ὧν πρέσβεσι; κ.τ.λ.
ἆρα. A. 393. ὥρα 'στὶν ἀ. μοι καρτερὰν ψυχὴν λαβεῖν, κ.τ.λ.
ἆρα. A. 238. σιγα πᾶς, ἠκούσατ', ἄνδρες, ἀ. τῆς εὐφημίας; κ.τ.λ.
ἆρα. N 465 ἀ. γε τοῦτ' ἄρ' ἐγὼ ποτ' κ.τ.λ.
ἄραιντ'. B. 1406. οὗς οὐκ ἂν ἀ. οὐδ' ἑκατὸν Λἰγύπτιοι.

ἄράπαυς. Fr. 364. ἀ., πυροὺς, πτισάνην, χόνδρον, ζειὰς, αἴρας,
σεμίδαλιν.
ἀραμένη. Λ. 332. ἀ., ταῖσιν ἐμαῖς
ἀράμενοι. EI. 1339. ἀλλ' ἀ. φέρω-
Ἐκ. 774. καὶ φασιν οἴσειν ἀ. ΑΝ Β. φήσουσι γάρ.
ἀράμενος. Σ. 1443. ἀλλ' ἀ. ἐγώ σε ΦI. τί ποιεῖς; ΒΔ. ὅ τι
ποιῶ;
EI. 763. παῖδας ἐπείραν, ἀλλ' ἀ. τὴν σκευὴν εὐθὺς ἐχώρουν.
Π. 32. ἐν τῷ μέρει σὺ τὸν ὄνον ἀ. φέρε.
525. ἀλλ' ἀ. οἴσεις πάλιν τὰ στρώματα;
ἄραντα. A. 274. μίσην λαβόντ', ἀ., κατα-
ἄραντας. EI. 889. ὥστ' εὐθέως ἀ. ὑμᾶς τῷ σκέλη
ἄρας. Π. 1130. ἀ. ἐπάταξα.
'Αρᾶς. Fr. 481. 'Α. ἱερόν:
ἀράσθε. Θ. 350. ἀ., ταῖς δ' ἄλλαισιν ὑμῖν τοὺς θεοὺς
ἄρατε. Β. 1339. κάλπισι τ' ἐκ ποταμῶν δρόσον ἀ., θέρμετε δ'
ὕδωρ,
ἀργαλέᾳ. Θ. 788. ἔριδες, νεῖκη, στάσις, ἀ. λύπη, πόλεμος. φέρε
δή νυν,
ἀργαλέας. Η. 764. ποθεῖν ἐκείνους; ἀ. εὖ οἶδ' ὅτι
ἀργαλέον. Σ. 1279. τὴν δ' ὑποκριτὴν ἔτερον, ἀ. ὡς σοφῶν
Π. 1. ὡς ἀ. πρᾶγμ' ἐστίν, ὦ Ζεῦ καὶ θεοί,
ἀργαλέοι. N. 450. κέντρων, μιαρός, στριφός, ἀ.,
ἀργαλέων. Λ. 324. ὑπὸ τε νόμων ἀ.
Β. 1532. ἀ. τ' ἐν διπλοῖς ξυνίδων. Κλεοφῶν δὲ μαχέσθω
ἀργαλεωτάτων. I. 978. οἷαν ἀ.
'Αργεῖ. I. 465. οὐκοῦν μ' ἐν 'Α. οἷα πράττει λανθάνει.
'Αργείᾳ. Fr. 153. 'Α. φῶρες'
'Αργεῖοι. EI. 475. οὐδ' οἶδε γ' εἷλκον οὐδὲν ἀ. πάλαι
'Αργεῖος. Ἐκ. 201. 'Α. μαθηθη, ἀλλ' Ἱερώνυμος σοφός'
'Αργείους. I. 466. πρόφασιν μὲν 'Α. φίλους ἡμῖν ποιεῖ
ἀργελόφους. Σ. 672. σὺ δὲ τῆς ἀρχῆς ἀγαπᾷς τῆς σῆς τοὺς ἀ.
περιτρώγων.
ἀργῆτα. O. 1717. δεινόν τ' ἀ. κεραυνόν.
ἀργοί. Fr. 722. ἀ. κάθηνταί μοι γυναῖκες τέτταρες.
ἀργαλίς. N. 316. ἥκιστ', ἀλλ' οὐράνιαι Νεφέλαι, μεγάλαι θεαὶ
ἀργοῖς ἀ.
Π. 516. ἦν ἐξῆ ζῆν ἀ. ὑμῖν τούτων πάντων ἀμελοῦσιν;
'Αργολαις. Fr. 284, 1. οὐκ ἠγύρισον; οὗτος ἔστ' οὖν 'Α.
ἀργὸν. Β. 948. ἐπειτ' ἀπὸ τῶν πρώτων ἐπῶν οὐδέν παρῆκ' ἂν ἀ.,
Β. 1493. διατριβὴν ἀ. ποιεῖσθαι,
'Αργος. Π. 1101. Περσείς, πρὸς 'Α. ναυστολῶν, τὸ Γοργώνος
Β. 1208, "Α κατασχών. AI. ληκύθιον ἀπώλεσεν.
ἀργῶς. N. 53. οὐ μὴν ἱρῷ γ' ὡς ἀ. ἦν, ἀλλὰ σπάθα.
EI. 258. ἔστηκας ἀ.: οὗτοσί σοι κύνδυλος.
Ἐκ. 880. ἀ., μινυρομένη τι πρὸς ἐμαυτήν μίλος,
Π. 922. ζῆν ἀ.; ΣΥ. ἀλλὰ προβατίου βίον λέγεις.
ἀργούς. N. 334. οὐδὲν δρῶντας Βύσκους' ἀ., ὅτι ταῦτας μου-
σοποιοῦσιν.
"Αργους. I. 813. ὦ πύλις "Α., κλύεθ' οἷα λέγει. σὺ Θεμιστοκλέα
ἀντιφερίζεις;
Π. 601. ὦ πύλις 'Α. κλύεθ' οἷα λέγει.
'Αργοῦς. Β. 1382. εἴθ' ὤφελ' 'Α. μὴ διαπτάσθαι σκάφος.
ἀργυρί. Fr. Μ. Δαιτ. 30. οὐδ' ἀ. ἐστί κατακεκερματισμένα.
ἀργύρια. Fr. 350. ἀ.
ἀργυρίδιον. O. 1622. ὅταν διαριθμῶν ἀ. τύχῃ
Λ. 1051. εἴ τις ἀ. δεῖ-
Π. 117. ἐγωγέ τοι διὰ μικρὸν ἀ.
240. αἴνων λαβεῖν τι μικρὸν ἀ.,
Fr. 462. ἤιτουν τι τὰς γυναῖκας ἀ.
ἀργυρίου. I. 472. καὶ ταῦτά μ' οὐδ' ἀ. οὔτε χρυσίου
N. 98. οὗτοι διδάσκουσ', ἀ. ἤν τις διδῷ,
1255. κἀπέτ' ὑποτίνειν ἀ. ἐν κραιπάλῃ.
1424. ὅ τι χρὴ μ' ἀποτίσαντ' ἀ. τοῦ πράγματος.
Λ. 492. ὅ τι βουλεύεται τὸ ὑγρὰ ἀ. τοῦτ' οὐπέτι μὴ καθέλωσιν.
Θ. 937. κοίλην προτείνει, ἀ. ἣν τις διδῷ,
Ἐκ. 186. ὁ μὴν λαβὼν ἀ. ὑπερεπῄνεσεν.
305. νεῖν ἀ. λαβών·
447. ἱμάτια, χρυσί', ἀ., ἐκχύματα,
601. πῶς οὖν σοιτις μὴ κέκτηται γὴν ἡμῶν, ἀ. δὲ
Π. 156. αἰτιώσιν οὐκ ἀ. οἱ χρηστοί. ΚΑ. τί δαί;
158. ἀσχυνόμενοι γὰρ ἀ. αἰτεῖν ἴσως
357. ἐκείθεν ἥκεις ἀ. ἢ χρυσίου
520. ὅταν ἀ. κἀκεῖνος ἔχῃ; ΧΡ. κερδαίνειν βουλόμενος τις
Fr. 255. ἀ.
ἀργυρίων. Fr. 24. οὐδ' ἀ. ἐστί κεκερματισμένον.
ἀργύριον. I. 1197. περιελθεῖν ἔχοντες ἀ. Βαλάντια.
EI. 121. ἔνδον δ' ἀ. μηδὲ ψεκὰς ἢ πάνυ νάμψαν.
Π. 519. ὀνηστίμεθ' ἀ. δήπου. ΠΕ. τίς δ' ἔσται πρῶτον ὁ
ποιῶν,
908. ἅπαντα δ' ἡμῖν ἀ. καὶ χρυσίου

ἀργυρίου—ἀρνήσεται. 33

ἀργυρίου. Π. 982. ἀλλ' ἀ. δραχμὰς ἂν ἤτησ' εἴκοσιν
ἀργυρίων. Ο. 600. τῶν ἀ.· οὗτοι γὰρ ἴσασι λέγουσι δέ τοι τάδε πάντες,
ἀργυρυλόγους. Ι. 1071. αἰτεῖ ταχείας ἀ. οὑτοσί·
ἀργυροῦς. Π. 814. τοὺς ἰχθυηροὺς ἀ. πάρεσθ' ὁρᾶν.
ἀργύρῳ. Εκ. 822. χαλκὸν τῷ λοιπὸν ἀ. γὰρ χρώμεθα.
ἀρδην. Θ. 274. ὄμνυμι τοίνυν πάντας ἀ. τοὺς θεούς.
ἀρδομέναν. Ν. 282. καρποὺς τ' ἀ. ἱερὰν χθόνα,
ἄρδω. { Ι. 96. 114. } τὸν νοῦν ἴν' ἆ, καὶ λέγω τι δεξιόν.
Λ. 384. δ. σ', ὅπως ἂν βλαστάνῃς.
Ἄρει. ΕΙ. 457. 'Α. δὲ μή; ΤΡ. μή. ΧΟ. μηδ' Ἐνυαλίῳ γε; ΤΡ. μή.
ἀρεῖς. Β. 377. ἀλλ' ἔμβα χὤπως ἀ.
ἀρέσκεις. Σ. 776. τουτί μ' ἀ. ΒΔ. πρὸς δὲ τούτοις γ', ἣν δίκην
Σ. 818. ἐν ἕνι ποθῶ, τὰ δ' ἀλλ' ἀ. μοι. ΒΔ. τῷ τί;
  1339. τάδε μ' ἀ.· βάλλε κημούς.
ΕΙ. 1143. ἱμπιεῖν ἔμοιγ' ἀ., τοῦ θεοῦ δρῶντος καλῶς.
Θ. 406. τὸ χρῶμα τοῦτό μ' οὐκ ἀ. τῆς κόρης.
Β. 103. σὺ δὲ ταῦτ' ἀ.; ΔΙ. μάλλά πλεῖν ἢ μαίνομαι.
Εκ. 710. φέρε νυν, φράσον μοι, ταῦτ' ἀ. σφᾷν; ΒΛ. πάνυ.
Π. 353. καί μ' οὐκ ἀ. τό τε γὰρ ἐξαίφνης ἄγαν
ἀρέσκῃ. Ι. 1311. ἣν δ' ἀ. ταῦτ' Ἀθηναίοι, καθῆσθαί μοι δοκεῖ
ἀρέσκουσίν. Α. 189. αἰβοῖ. ΑΜ. τί ἔστιν; ΔΙ. οὐκ ἀ. μ', ὅτι
ἀρετάς. Β. 1036. τάξεις, ἃ. ὑπλίσεις ἀνδρῶν; ΔΙ. καὶ μὴν οὐ
    Παντακλῆς γε
Β. 1040. ὅθεν ἡμὴ φρὴν ἀπομαξαμένη πολλὰς ἀ. ἐποίησεν,
ἀρετῇ. Α. 518. ἀ. φρόνιμος.
ἀρετῆς. Λ. 544. μετὰ τῶνδ' ἀ. ἕνεχ' αἷς
"Ἀρεως. Ο. 635. 'Α. νεοττός. ΕΥ. ᾧ νεοττὲ δέσποτα
Β. 1021. δρᾶμα ποιήσας 'Α. μεστόν. ΔΙ. ποῖον; ΑΙ. τοὺς ἕπτ' ἐπὶ Θήβας
Ἄρη. Π. 328. θάρρει· βλέπειν γὰρ ἀντικρυς δόξεις μ' 'Α.
ἀρήξετ'. Θ. 696. γυναῖκες, οὐκ ἀ.; οὐ πολλὴν βοὴν
ἀρήξετε. Α. 459. οὐχ ἕλξετ', οὐ παιήσετ', οὐκ ἀ.;
Π. 476. ᾦ τύμπανα καὶ κύφωνες οὐκ ἀ.;
ἀρήξομαι. Α. 304. ἤ πότ' αὐτῇ μᾶλλον ἢ νῦν, ὦ Λάχης, ἀ.;
'Ἄρης. Fr. 471, 2. 'Α. κατέσκηψ' ἔς τε μονομάχου πάλης
ἀρθείς. Σ. 51. ἀ. ἀφ' ὑμῶν ἐς κόρακας οἰχήσεται,
Σ. 1023. ἀ. δὲ μέγας καὶ τιμηθεὶς ὡς οὐδεὶς πώποτ' ἐν ὑμῖν,
ἀρθέν. Ο. 578. τούτους δὲ θεοὺς τοὺς ἐν 'Ολύμπῳ, τότε χρὴ στρουθῶν νέφος ἀ.
ἀρθήσει. Α. 565. τὸν ἄνδρα τοῦτον, αὐτὸς ἀ. τάχα.
ἀρθηναι. Ν. 266. δ., φαίνετ', ὧ δέσποιναι, τῷ φροντιστῇ μετέωροι.
ἄρθρους. Σ. 1494. νῦν γὰρ ἐν ἀ. τοῖς ἡμετέροις
ἄρθρων. ΕΙ. 86. ἀ. ἵνας πτερύγων ῥύμῃ.
ἀρθῶμεν. Ν. 276. ἀ. φανεραὶ δροσεραν φύσιν εὐάγητον,
'Αρίγνωτον. Ι. 1278. νῦν δ' 'Α. γὰρ οὐδεὶς ὅστις οὐκ ἐπίσταται,
ἀριζήλωτοι. Ι. 1329. ᾦ ταὶ λιπαραὶ καὶ ἰοστέφανοι καὶ ἀ.
    Ἀθῆναι,
ἀριθμόν. Ο. 1251. πλεῖν ἐξακοσίους τῶν ἀ.· καὶ δή ποτε
Π. 537. φθειρῶν τ' ἀ. καὶ κωνώπων καὶ ψυλλῶν οὐδὲ λέγω σοι
ἀριθμός. Ν. 1203. ἀ., πρόβατ' ἄλλως, ἀμφορῆς νενησμένοι;
ἀριθμοῦσιν. Σ. 333. τὰς χοιρίνας ἀ.
ἄριστ'. Θ. 355. τὰ δ' ἀ. ὅσαις προσήκει
ἀρίστ'. Ν. 529. ὁ σώφρων τε χὠ καταπύγων ἀ. ἠκουσάτην,
Θ. 260. ἄρ' ἁρμόσει μοι; ΑΓ. νὴ Δί' ἀλλ' ἀ. ἔχει.
Β. 1161. ἀνδρῶν, ταῦτ' ἔστ', ἀλλ' ἀ. ἐπῶν ἔχον,
    1395. ἐγὼ δὲ πεισθῶ γ', ἔπος ἀ. εἰρημίνον.
ἄριστα. Ι. 668. τίς ταντιλοιπ' ἀ.
   Ι. 1380. καταληπτικὸς τ' ἀ. τοῦ θορυβητικοῦ.
Ο. 303. ἀ. παιήσαι, πολυωφελῶν μὲν ἔσται τῇ 'Αθηναίων πόλει,
Π. 577. ὧν τῶν παιδῶν· τοὺς γὰρ πατέρας φεύγουσι, φρονοῦντας ἀ.
ἀριστά. Εκ. 111. δημηγορήσει· ΠΡ. πολὺ μὲν οὖν ἀ. που.
ἀριστᾶν. Ν. 416. μήτε ῥιγῶν ἄχθει λίαν, μήτ' ἀ. ἐπιθυμεῖς,
'Αριστάρχου. Fr. 467. μανθάνοντες τοὺς 'Ιβηρας τοὺς 'Α. πάλαι
ἀριστᾷς. Εκ. 470. δρᾶ ταῦθ', ἵν' ἀ. τε καὶ βινῇς ἅμα.
ἄριστε. Ι. 457. ᾦ γεννικώτατον ἁπλῶς τ' ᾦ ψυχὴν γ' ἀ. πάντων,
   Fr. 231. b, 1. Κηφισοφῶν ἀ. καὶ μελάντατε.
'Αριστείδῃ. Ι. 1325. οἶός περ 'Α. πρότερον καὶ Μιλτιάδῃ ξυνεσίτει.
ἀριστέρ'. Ο. 1567. οὗτος τί δρᾷς; ἐπ' ἀ. οὕτως ἀμπέχει.
'Αρίστην. Α. 889. σκέψασθε, παῖδες, τὴν ἀ. ἐγχέλυν.
ἀριστήσειε. Σ. 435. εἰ δὲ μή, 'ν πέδαις παχείαις οὐδὲν ἀ.
ἀρίστισον. Ο. 659. ἀ. εὖ τὴν δ' ἡδυμελῆ ξύμφωνον ἀηδόνα
    Μοῦσαν
ἀριστίζων. Ι. 538. ὃς ἀπὸ σμικρᾶς καπάνης ὑμᾶς ἀ. ἀπέπεμπεν,
'Αριστόδημος. Fr. Μ. Δαιτ. 35. ὁ πρῶτος 'Α.
'Αριστογείτων. Λ. 633. ἀγοράσω τ' ἐν τοῖς ὅπλοις ἑξῆς 'Α.,

ἀριστοκρατεῖσθαι. Ο. 125. ἀ. δῆλοι εἰ ζητῶν. ΕΥ. ἐγώ·
'Αριστομάχην. Θ. 806. πρὸς 'Α. δὲ χρόνου πολλοῦ, πρὸς ἐκείνην τὴν Μαραθῶνι,
ἄριστον. Α. 644. ἥξουσιν, ἰδεῖν ἐπιθυμοῦντες τὸν ποιητὴν τὸν ἀ.,
   Ι. 873. κρίνω σ' ὅσων ἐγᾦδα περὶ τὸν δῆμον ἀνδρ' ἀ'.
Ν. 430. τῶν Ἑλλήνων εἶναι με λέγειν ἑκατὸν σταδίοισιν ἀ.
   1048. καί μοι φράσον. τῶν τοῦ Διὸς παίδων τίν' ἀνδρ' ἀ'.
Σ. 48. γιγνώσκμενος· ΞΑ. ἥκιστ', ἀλλ' ἀ. ΣΩ. πῶς; ΞΑ. ὅπως;
   194. νῦν μ' ὄντ' ἀ.· ἀλλ' ὅπως, ὅταν φάγῃς
   305. καθίστη νῦν, πύθεν ἀνηγόμισθ' ἀ.; ἔχεις ἐλ-
   1194. θώραχ' ἀ. ΦΙ. παῦε παῦ', οὐδὲν λέγεις.
Ο. 1602. ἐπὶ τοῖσδε τοὺς πρέσβεις ἵν' ἀ. καλῶ.
Β. 763. τῶν ἀ. ὄντα τῶν ἐαυτοῦ συντέχνων
   1027. νικᾶν δεῖ τοὺς ἀντιπάλους, κοσμήσαι ἔργον ἀ.
Εκ. 348. τί δῆτ' ἂν εἴη; μῶν ἐπ' ἀ. γυνὴ
   469. ἀ. οὐ δώσουσι. ΧΡ. σὺ δέ γε νὴ Δία
   995. τὸν τῶν γραφέων ἀ. ΓΡ. Α. οὗτος δ' ἐστί τίς;
ἄριστον. Σ. 613. ἐς σὲ βλέψαι καὶ τὸν ταμίαν, ὀνύχ' ἀ. παραθῆσαι
ΕΙ. 1281. 'Α. προτίθεντο καὶ ἆτθ' ἥδιστα πάσασθαι
Fr. 424. 2. ἡμῶν τὸ ἀ. ἔσκε.
ΕΙ. 1097. φροντίς, ἀλλ' ὅστις ἐρέτης ἔσται ἀ'.
ΕΙ. 675. ὁ Κλεώνυμος· ΤΡ. ψυχὴν ἀ., πλὴν γ' ὅτι
   736. εἰ δ' οὖν εἰκός τινα τιμῆσαι, θύγατερ Διός, ὅστις ἀ.
ἀριστᾶς. Σ. 954. μὰ Δί', ἀλλ' ἀ. ἐστι τῶν νυνὶ κυνῶν,
   Σ. 958. καὶ τάλλ' ἀ. ἐστιν· εἰ δ' ὑφείλετο,
'Αρίστυλλος. Εκ. 647. εἴ σε φιλήσειεν 'Α., φάσκων αὑτοῦ πατέρ' εἶναι
Π. 314. τὴν μῖνα· σὺ δ' ἐν 'Α. ὑποχάσκων ἐρεῖ;
Fr. 456. Ἀ.;
ἀριστώσῃ. Ι. 1825. καὶ πρὸς τούτοις ἀ. τὸν Πειραιᾶ προσιήαμεν.
'Αριφράδες. Εκ. 129. πάριθ' ἐς τὸ πρόσθεν, 'Α., παύσαι λαλῶν.
'Αριφράδην. Σ. 1280. εἶτ' Ἀ. πολὺ τί θυμοσοφικώτατον
'Αριφράδης. Ι. 1281. Ἀ. πονηρός. ἀλλὰ τοῦτο μὲν καὶ βούλεται·
ΓΙ. 883. ἐκεινοσὶ νεύει. ΤΡ. τίς; ΟΙ. ὅστις; 'Α.,
'Αρκαδίᾳ. Ι. 798. ὡς τοῦτον δεῖ ποτ' ἐν 'Α. πεντώβολον ἡλιάζεσθαι
'Αρκαδίας. Ι. 801. οὐχ ἵνα γ' ἄρξῃ μὰ Δί' Ἀ. προνοούμενος, ἀλλ' ἵνα μᾶλλον
ἀρκεῖ. Λ. 917. ἀ. χαμαὶ νῷν. ΜΥ. μὰ τὸν Ἀπόλλω μή σ' ἐγώ,
ἀρκέσει. Fr. 113. κοιτᾶν ἀπάσαις εἰς πυέλοις τὸ μί' ἀ.
ἄρκτον. Fr. 337. ἀ.
ἄρκτον. Fr. 536, 2. τὴν ἀ. ἅρτον, τὴν δὲ Τυρώ τροφαλίδα,
ἄρκτος. Α. 645. καθ' ἵξουσα τὸν κροκωτὸν ἀ. ἦ Βραυρωνίοις·
ἄρκυς. Α. 790. πλεξάμενος ἀ.
ἄρμ'. Ν. 69. ὅταν σὺ μέγας ὦν ἀ. ἐλαύνῃς πρὸς πύλην,
ἄρμα. Β. 1403. ἐφ' ἅρματος γὰρ ἀ. καὶ νεκρῷ νεκρῶς,
ἁρμαμαξῶν. Α. 70. ἐφ' ἀ. μαλθακῶς κατακείμενοι,
ἁρμιοῖ. Ι. 1557. προνομαίων ἐν ἀ.
ἅρματ'. ΕΙ. 722. ὑφ' ἀ. ἐλθὼν Ζηνὸς ἀστραπηφορεῖ,
Β. 1405. δύ' ἀ. εἰσήνεγκε καὶ νεκρὼ δύο,
ἅρματα. ΓΙ. 901. ἅ. δ' ἐπ' ἀλλήλοισιν ἀνατετραμμένα
ἅρματε. Ο. 1127. καὶ Θεογένης ἐναντίῳ δύ' ἀ.,
ἅρματος. Ι. 968. ξύων κατάμαστον καὶ στεφάνιν ἐφ' ἀ.
Σ. 1427. ἀνὴρ Συβαρίτης ἐξέπεσεν ἐξ ἀ.
Β. 1403. ἐφ' ἀ. γὰρ ἄρμα καὶ νεκρῷ νεκρός.
ἁρματείας. ΕΙ. 415. καὶ τοῦ κύκλου παρέτραγον ὑφ' ἀ.
'Αρμόδιον. Α. 980. οὐδὲ παρ' ἐμοί ποτε τὸν 'Α. ᾄσεται
'Αρμοδίου. Α. 1093. ὀρχηστρίδες, τὰ φίλταθ' 'Α. καλαί.
   Ι. 786. ἄνθρωπε, τίς εἶ; μῶν ἔκγονος εἶ τῶν 'Α. τις ἐκείνων;
   Σ. 1225. ᾄδω δὲ πρῶτος 'Α. δέξει δὲ σύ.
   Fr. 377. 2. ὁ δ' αὑτὸν ἠγάνακζεν 'Α. μέλος.
'Αρμοδίῳ. Εκ. 682. κᾆτα στήσασα παρ' 'Α. κληρώσω πάντας, ἕως ἂν
ἁρμόξει. Ο. 564. τοῖσι θεοῖσιν τῶν ὀρνίθων ὅς ἂν ἀ. καθ' ἕκαστον
ἁρμονίαις. Fr. 558. αὐτὸς δείξας ἐν θ' ἀ. χιάςμω ἢ σιφνιάζων
ἁρμονίαν. Ι. 994. εἰν, ὧν ἂν ἀ. οὐ ξύν' ὦ παῖς
Ν. 968. ἐντειναμένους τὴν ἀ. ἣν οἱ πατέρες παρέδωκαν
Θ. 162. κάλκειος, οἵπερ ἀ. ἐχύμισαν,
ἁρμονιῶν. Ι. 533. τῶν θ' ἁ. διασκανδούων ἀλλὰ γέρων ὢν περίρης,
ἁρμόσει. Σ. 872. ἅπασιν ἡμῖν ἀ.
ἁρμόσει. Θ. 260. ἄρ' ἀ. μοι; ΑΓ. νὴ Δί' ἀλλ' ἅρισθ' ἔχει.
ἅρν'. Β. 847. ἅ. ἅρνα μέλαιναν παῖδες ἐξενέγκατε·
ἅρνα. Β. 847. ἄρν' ἀ. μέλαιναν παῖδες ἐξενέγκατε·
ἀρνακίδας. Ν. 730. ἐξ ἀ. γνώμην ἀποστερητρίδα,
ἀρνεῖσθαι. Π. 893. ἀ. προσήκει σ', ὧ μιαρώτατ'·
ἀρνήσεται. Εκ. 365. ἄρ' οἶδ' 'Ἀμύναν· ἀλλ' ἴσως ἀ.

F

ἀρνός. Σ. 572. εἰ μὲν χαίρεις ἀ. φωνῇ, παιδὸς φωνὴν ἐλεήσαις·
ἀρνούμενος. Εκ. 798. ἄττ' ἂν δὲ δύξῃ, ταῦτα πάλιν ἀ.
ἀρνῶν. Fr. 380. κεφαλάς τ' ἀ., κωλᾶς ἐρίφων.
ἄρξας. Ι. 905. ἀλλ' οἷ γ' ἐμοὶ λέγουσιν ὣς ἄ. σε δεῖ
ΕΙ. 430. Ἕλλησιν ἀ. πᾶσι πολλῶν κἀγαθῶν.
ἄρξας. Σ. 557. ἀρχὴν ἀ. ἢ 'πὶ στρατιᾶς τοῖς ξυσσίτοις ἀγοράζων·
ἄρξει. Ι. 1307. ἀποτρύπωι', οὐ δῆτ' ἐμοῦ γ' ἄ. πυτ', ἀλλ' ἐὰν
με ἀρχῇ.
ἄρξεις. Ι. 839. τὴν τῇ πόλει, τῶν ξυμμάχων τ' ἄ. ἔχων τρίαιναν.
ἄρξετ'. Ο. 185. ὥστ' ἀ. ἀνθρώπων μὲν ὥσπερ παρνόπων,
ἄρξῃ. Ι. 797. ἵνα γ' Ἑλλήνων ἀ. πάντων, ἔστι γὰρ ἐν τοῖς
λογίοισιν
Ι. 801. οὐχ ἵνα γ' ἄ. μὰ Δί' Ἀρκαδίας προνοούμενος, ἀλλ' ἵνα
μᾶλλον
ἀρξώμεθα. Λ. 1042. ἀλλὰ κοινῇ συσταλέντες τοῦ μέλους ἀ.
ἄρξωσιν. Ο. 1607. ἰσχύσετ', ἣν ὄρνιθες ἀ. κάτω·
ἀρότους. Β. 1034. τῆς ἐργασίας, καρπῶν ὥρας, ἀ.· ὁ δὲ θεῖος
Ὅμηρος
ἀρότροις. Π. 515. ᾗ γῆς ἀ. ῥήξας δάπεδον καρπὸν Δηοῦς
θερίσασθαι,
ἀροῦν. Π. 525. ὥστ' αὐτοὺς ἀ. ἐπαναγκασθεὶς καὶ σκάπτειν τἄλλα
τε μοχθεῖν
ἀρουραίας. Β. 840. ἄληθες, ὦ παῖ τῆς ἀ. θεοῦ;
ἀρούραις. Β. 1533. κάλλος ὁ βουλόμενος τούτων πατρίοις ἐν ἀ.
ἀρούσιν. Fr. 476, 6. ἔπειτα κολοκύντας ὁμοῦ ταῖς γογγυλίσιν ἀ.
ἅρπαγα. Ν. 351. τί γὰρ, ἣν ἀ. τῶν δημοσίων κατίδωσι Σίμωνα,
τί δρώσιν·
Fr. 525. ἵκτινα παντόφθαλμον ἁ. τρέφων.
ἁρπαγῆς. Ι. 248. καὶ τελώνην καὶ φάραγγα καὶ Χάρυβδιν ἁ.,
ἁρπάζειν. Ν. 982. οὐδ' ἀννηθῶν τῶν πρεσβυτέρων ἀ. οὐδὲ
σέλινον,
Π. 597. τοῦτο δὲ πένητας τῶν ἀνθρωπων ἀ. πρὶν καταθεῖναι.
ἁρπάξῃς. Ι. 802. σὺ μὲν ἀ. καὶ δωροδοκῇς παρὰ τῶν πόλεων ὁ
δὲ δῆμος
ἁρπάζων. Ι. 205. ὅτι ἀγκύλαις ταῖς χερσὶν ἀ. φέρει.
Ι. 778. ἀ. γὰρ τοὺς ἄρτους σοι τοὺς ἀλλοτρίους παραθήσω.
ἁρπαλέως. Α. 331. στιγματίαι θ', ἀ.
ἅρπαξ. Ι. 137. ἀ., κεκράκτης, Κυκλοβόρου φωνὴν ἔχων.
ἁρπάσαι. Ι. 1202. εἴπ', ἀντιβολῶ, πῶς ἐπενόησαι ἀ.
ΕΙ. 300. νῦν γὰρ ἡμῖν ἀ. πάρεστιν ἀγαθοῦ δαίμονος.
Ο. 1111. ἣν λαχοῦντες ἀρχίδιον εἶθ' ἀ. βουλησθέ τι,
ἁρπάσας. Σ. 837. ὁ κύων παράξας ἐς τὴν ἱπνὸν ἀ.
Ο. 359. τοῖς δὲ γαμψώνυξι τοισδί· ΠΕ. τὸν ὀβελίσκον ἀ.
892. ἰκτῖνος εἶς ἂν τοῦτό γ' οἴχοιθ' ἀ.·
1624. καταπτάμενος ἰκτῖνος ἀ. λάβρα,
Β. 994. μή σ' ὁ θυμὸς ἀ.
ἁρπάσασα. Α. 1160. λοντοῦ λαβεῖν αὐτοῦ κύων ἀ. φεύγοι.
ἁρπάσομαι. ΕΙ. 1118. ἀλλ' ἀ. σφῷν αὐτά· κεῖται δ' ἐν μέσῃ.
Εκ. 866. τῶν ἐσφερόντων ἀ. τὰ σιτία.
ἁρπασόμενος. Ο. 1460. ἀ. τὰ χρήματ' αὐτοῦ. ΣΤ. πάντ' ἔχεις.
Π. 801. ἀνίστατ' ὥς ἀ. τὰς ἰσχάδας.
ἅρπυιαι. ΕΙ. 810. Γοργύνες ὀψοφάγοι, βατιδοσκόποι, ἅ.,
ἄρρεν. Α. 748. τί τοῦτ' ἔχεις τὸ σκληρόν; ΓΤ. Γ. ἀ. παιδίον.
Εκ. 549. ᾐ φροντίσῃς· ἀ. γὰρ ἔτικε παιδίον.
ἄρρεν. Μ. 682. ἄττ' ἀ. ἐστὶν, ἅττα δ' αὐτῶν θήλεα.
Ν. 688. οὐκ ἀ. ὑμῖν ἐστιν; ΣΠ. οὐδαμῶς γ', ἐπεὶ
Θ. 564. οὐδ' ὡς σὺ τῆς βουλῆς τεκοῦσης ἀ. εἶτα σαυτῇ
ἄρρενα. Θ. 509. τῶν τετραπόδων ἄττ' ἐστὶν ὀρθῶς ἀ.
Ν. 663. ἀλεκτρυόνα κατὰ ταυτὸ καὶ τὸν ἀ.
671. ἀ. καλεῖς, θήλειαν οὖσαν. ΣΤ. τῷ τρόπῳ
672. ἀ. καλῶ 'γὼ κηρδόπον; ΣΠ. μάλιστα γε,
685. ἀ. δὲ πυῖα τῶν ὀνομάτων; ΣΤ. μυρία.
687. ἀλλ', ὦ πονηρὲ, ταῦτά γ' ἔστ' οὐκ ἀ.
ἀρρήκτους. Λ. 182. ξυνωμόσαμεν, ὅπως ἂν ἀ. ἔχῃ;
ἀρρήτων. Ν. 302. οὐ σέβας ἀ., ἱερῶν, ἵνα
ἀρρίχους. Ο. 1309. ἀλλ' ὡς τάχιστα σὺ μὲν ἰὼν τὰς ἀ.
ἄρσενι. Θ. 125. ἀ. βοῇ δοκίμῳ·
Ἄρτεμιν. Ι. 1262. ἀγρότερ' Ἄ. σηροκτόνε
Ἀρταμιτίῳ. Λ. 1251. ὕκα τοι μὲν ἐπ' Ἀ.
Ἀρταμουξία. Θ. 1201. μεμνῆσι τοίνυν τοὔνομ'· Ἀ.
Θ. 1214.
1217.
1223.   } Ἀ.
1225. κακύδαιμον ἀλλὰ τρέξ· Ἀ.
Ἀρτέμιδι. Ο. 871. γομήτρα, καλ' Ἀ. Ἀκαλανθίδι,
Ἀρτέμιδος. Β. 1274. εὐφαμεῖτε μελισσονόμοι δόμον Ἀ. πέλας
οἴγειν.
Ἄρτεμιν. Λ. 435. εἰ τάρρα νὴ τὴν Ἄ. τὴν χεῖρά μοι
Λ. 922. ποία γίαθος; μή μοί γε. ΜΥ. νὴ τὴν Ἄ.,
949. μηδέν. ΜΥ. ποιήσω ταῦτα νὴ τὴν Ἄ.
1280. ἐπὶ δὲ κάλεσον Ἄ.·

Ἄρτεμιν. Θ. 115. κύραν δείσατ' Ἄ. ἀγροτέραν.
Θ. 119. Ἄ. ἀπειρολεχῆ.
517. ταῦτ' οὐ ποιοῦμεν τὰ κακά· νὴ τὴν Ἄ.,
569. πρύσθες μώνον, κάγώ σε νὴ τὴν Ἄ. ΓΥ. Γ. τί δράσεις;
742. ἤνεγκον. ΜΝ. ἤνεγκας σύ; ΓΥ. Ζ. νὴ τὴν Ἄ.
971. Ἄ., ἄνασσαν ἀγνήν.
Εκ. 90. πληρουμένης, τάλαινα· ΓΥ. Η. νὴ τὴν Ἄ.,
136. ἰδοῦ γέ σοι πίναυσι. ΓΥ. Θ. νὴ τὴν Ἄ.
Ἄρτεμις. Ο. 874. οὐκέτι Κολαινὶς, ἀλλ' Ἀκαλανθὶς Ἀ.
Β. 1359. Ἄ. καλὰ
Ἀρτεμισία. Λ. 675. ναυμαχεῖν καὶ πλεῖν ἐφ' ἡμᾶς, ὥσπερ Ἀ.·
Θ. 1200. ὄνομα δέ σοι τί ἐστίν; ΕΤ. Ἀ.
Ἀρτέμων. Α. 850. ὁ περικόνηρος Ἀ.,
ἄρτι. Ν. 144. ἀνήρετ' ἄ. Χαιρεφῶντα Σωκράτης κ.τ.λ.
ἀρτιάζομεν. Π. 816. στατῆρσι δ' οἱ θεράποντες ἀ.
ἀρτίως. Α. 337. οὐδ' ἐμοῦ λέγοντος ὑμεῖς ἀ. ἠκούσατε.
Α. 1170. τῇ χειρὶ πέλεθον ἀ. κεχεσμένον·
Ν. 726. ἀπολεῖ κάκιστ'. ΣΤ. ἀλλ', ὠγάθ', ἀπόλωλ' ἀ.
1149. ἐκεῖνον, εἴφ', ἣν ἀ. εἰσήγαγες.
Σ. 11. κώμοι γάρ ἀ. ἐπεστρατεύατο
13. καὶ δῆτ' ὄναρ θαυμαστὸν εἶδον ἀ.
744. τότ' ἐπιμαίνετ' ἐγνωκὼς γὰρ ἀ.,
836. τί δ' ἐστὶν ἐτεόν; ΞΑ. οὐ γάρ ὁ Λάβης ἀ.
913. τυροῦ κάκιστον ἀ. ἐνήργυεν
Ο. 81. ἡμῖν καλούσιν. ΤΡ. ἀλλ' ἀ. νὴ τὸν Δία
Β. 433. ξένοι γάρ ἐσμεν ἀ. ἀφιγμένοι.
Εκ. 30. ὥρα βαδίζειν, ὡς ὁ κῆρυξ ἀ.
Fr. 326, 1. ἀλλ' ἀ. κατέλιπον αὐτὴν σμωμένην
Fr. 200. ἀκρεαλνί, ἀ., κάραβοι.
ἄρτον. Ι. 282. νὴ Δί', ἐξάγων γε τὰπόρρηθ', ἁμ' ἀ. καὶ κρέας
Ν. 1383. μαμμᾶν δ' ἂν αἰτήσαντος ἧκόν σοι φέρων ἂν ἀ.·
ΕΙ. 120. ἡνίκ' ἂν αἰτίζητ' ἀ., νάππαν με καλοῦσαι.
853. οὔτ' ἀ. οὔτε μᾶζας, εἰωθυῖ' ἀεὶ
Εκ. 305. ποιεῖν ἅμα τ' ἀ.
Π. 320. λαβὼν τιν' ἀ. καὶ κρέας
1136. εἴ μοι πορίσας ἀ. τιν' εὖ πεπεμμένον
Fr. 158. εἴ δ' ὀπτῶν τυγχάνει τις ὀβελίαν
163, 4. τῆς τρυγὸς ἀ. λιπαρὸν καὶ ῥάφανον φέροντι.
536, 2. τὴν ἄρετον ἀ., τὴν δὲ Τυροῦ τροφαλίδα,
ἄρτος. Ι. 1207. ὁ δ' ἀ. ἀπὸ χοίνικος ἰδεῖν μάλα νεανίας.
ἀρτοποιία. Fr. 295. ἀ.
ἀρτόπωλαι. Β. 112. τούτους φράσον μοι, λιμένας, ἀ.,
ἀρτοπώλιδας. Β. 858. ἄνδρας ποιητὰς ὥσπερ ἀ.
ἀρτοπώλιον. Fr. 199, 1. ἤκω Θεαρίων τὸ,
ἀρτοστρόφοι. Fr. 587. ἀ.
ἄρτους. Ι. 778. ἁρπάζων γὰρ τοὺς ἄ. σοι τοὺς ἀλλοτρίους παραθήσω.
Σ. 1391. ἀ. δὶν' ὀβολῶν κἀκίθηπν τέτταρας.
Β. 505. ἔπεττεν ἀ., ᾖει κατεμικτῶν χύτρας
551. ἐκαίδοσι' ἀ. κατέφαχ' ὑπέρ.
Εκ. 606. ἀ., τεμάχη, μάζας, χλαίνας, οἶνον, στεφάνους, ἐρεβίνθους
Fr. 384. ὀβελίας ἀ.·
ἄρτων. Π. 190. ἔρωτος ΚΑ. ἀ. ΧΡ. μουσικῆς ΚΑ. τραγμάτων
Π. 543. λίθον εὐμεγέθη πρὸς τῇ κεφαλῇ· σιτεῖσθαι δ' ἀντὶ
μὲν ἀ.
Fr. 208. ἄλλος δ' εἰσέφερε πλεντῷ κανισκίῳ ἀ. περίλοιπα
θρύμματα.
ἀρυβάλλῳ. Ι. 1094. εἶτα καταριπτεῖν κατὰ τῆς κεφαλῆς ἀ.
ἀρυστίχους. Σ. 855. ἐγὼ γὰρ εἶχον τούσδε τοὺς ἀ.
ἀρυταίνεις. Fr. 383. βαλανεῦς δ' ὠθεῖ ταῖς ἀ.
ἀρυταίνῃ. Ι. 1091. τοῦ δήμου καταχεῖν ἀ. πληθυγίειαν.
ἀρύτεσθε. Ν. 272. εἶτ' ἄρα Νεῖλον προχοαῖς ὑδάτων χρυσέαις
ἀ. πρόχοισιν,
ἀρχά. Σ. 821. ὅθενπερ ἀ. τῶν κακῶν ἁμῖν ἔφυ·
ἀρχαί. Ν. 1197. ἀ. τὰ πρυταναῖ', οἷ' ἐφ' ἑκάστῃ τε καὶ νέᾳ·
ἀρχαῖα. Π. 1042. ἀσπάζομαι. ΓΡ. τί φησιν; ΝΕ. ἀ. φίλῃ,
ἀρχαῖαι. Ν. 984. ἀ. γε καὶ Διπολιώδη καὶ τεττίγων ἀνάμεστα
Σ. 1326. ἀ. γ' ὑμῖν ἴσθ'
ἀρχαίαισιν. Ι. 1323. ἐν ταῖσιν ἰοστεφάνοις οἰκεῖ ταῖς ἀ. Ἀθήναις.
Ι. 1327. ἀλλ' ὀλολύξατε φαινομέναισιν ταῖς ἀ. Ἀθήναις.
ἀρχαῖον. Ν. 961. λέξω τοίνυν τὴν ἀ. παιδείαν, ὡς διέκειτο,
Σ. 651. ἰάσασθαι νόσον ἀ. ἐν τῇ πόλει ἐντετοκυῖαν.
ἀρχαῖος. Εκ. 585. τοῖς εὐ διατρίβειν, τοῦτ' ἔσθ' ὁ μάλιστα ἀ.
ἀρχαιομελησιδωνοφρυνιχήρατα. Σ. 220. ἀ.
ἀρχαῖον. Ν. 1357. ὁ δ' εὐθέως ἀ. εἶν' ἔφασκε τὸ κιθαρίζειν
Εκ. 216. βάπτουσι θερμῷ κατὰ τὸν ἀ. τρόπον·
Π. 323. ἀ. ἤδη προσαγομένων καὶ σαπρῶν·

ἀρχαῖον—ἀσκοθύλακος. 35

ἀρχαῖον. Fr. 96. οἶδα μὲν ἀ. τι δρῶν κοὐχὶ λέληθ' ἱμαντόν.
ἀρχαῖος. Ν. 915. θρασύς εἰ πολλοῦ. ΑΔ. σὺ δέ γ' ἀ.
Ν. 1469. ἰδού γε Δία πατρῷον· ὡς ἀ. εἶ.
ἀρχαιότεροι. Ο. 469. ἀ. πρότεροί τε Κρόνου καὶ Τιτάνων ἐγένεσθε
ἀρχαίους. Ο. 331. παρέβη μὲν θεσμοὺς ἀ.,
ἀρχαΐς. Σ. 682. οὐ γὰρ μεγάλη δουλεία 'στιν τούτους μὶν ἅπαντας ἐν ἀ.
Σ. 886. νέαισιν ἀ., ἕνεκα τῶν προλελεγμένων.
Λ. 490. ἵνα γὰρ Πεισανδρος ἔχω κλέπτειν χω ταῖς ἀ. ἐπέχοντες,
ἀρχαΐσι. Λ. 578. ἐπὶ ταῖς ἀ. διαξῆναι καὶ τὰς κεφαλὰς ἀποτίλαι·
ἀρχαίῳ. Ι. 1331. δδ' ἐκεῖνος ὁρᾶν τεττιγοφύρας, ἀ. σχήματι λαμπρός,
ἀρχαίων. Ι. 507. εἰ μέν τις ἀνὴρ τῶν ἀ. κωμῳδοδάσκαλος ἡμᾶς
Ι. 816. ὀφειλόν τ' οὐδὲν τῶν ἀ. ἰχθῦς καινοὺς παρέθηκε.
Εκ. 587. δρᾶν ἀντ' ἄλλης ἀρχῆς ἐστιν, τῶν δ' ἀ. ἀμελῆσαι.
ἀρχάς. Θ. 52. δρυόχους τιθέναι δράματος ἀ.
ἀρχε. Λ. 998. ἀπὸ Πανός; ΚΗ. οὐκ, ἀλλ' ἀ. μὲν, οἴω, Λαμπιτώ,
'Αρχίππιον. Β. 417. σκώψωμεν 'Α.;
ἄρχειν. Σ. 510. οἰόμενος ἀ.· ἐπεὶ δίδαξον ἡμᾶς, ὦ πάτερ,
Σ. 577. καὶ τἀγαθά μοι μέμνησ' ἄχεις φάσκων τῆς Ἑλλάδος ἀ.
668. ἀ. αἱρεῖ σαυτοῦ, τούτοις τοῖς ῥηματίοις περιπεφθείς.
ΕΙ. 1082. ἐξὸν σπεισαμένοις κοινῇ τῆς Ἑλλάδος ἀ.;
Εκ. 232. ἰὼμεν ἀ., σκεψάμενοι ταυτὶ μόνα,
556. τί δρᾶν; ὑφαίνειν; ΒΛ. οὐ μὰ Δί', ἀλλ' ἀ. ΠΡ. τίνων;
715. ἀ., καταστῆσαί τε τὰ ξυσσίτια,
Π. 917. ἀ. καθίστησαν; ΣΤ. κατηγορεῖ δὲ τίς;
ἄρχεις. Σ. 678. σοὶ δ' ἃν ἀ. πολλὰ μὲν ἐν γῇ, πολλὰ δ' ἐφ' ὑγρᾷ πιτυλεύσας.
ἀρχέλας. Ι. 104. τούτων ἁπάντων αὐτὸς ἀ. ἔσει,
'Αρχενόμου. Β. 1507. τόδε δ' 'Α.
'Αρχεπτολέμου. Ι. 794. ἀλλὰ καθείρξας αὐτὸν βλίττεις 'Α. δὲ φέροντος
ἄρχεται. Θ. 67. καὶ γὰρ μελοποιεῖν ἀ.· χειμῶνος οὖν
ἄρχετε. Α. 760. ὅλαι οὖν φέρεις; ΜΕ. οὐχ ὑμεῖς αὐτῶν ἀ.;
ἀρχῇ Α. 528. κᾀντεῦθεν ἀ. τοῦ πολέμου κατερράγη
Σ. 77. οὐκ, ἀλλὰ φίλο μέν ἐστιν ἀ. τοῦ κακοῦ.
575. ἆρ' οὐ μεγάλη τοῦτ' ἔστ' ἀ. καὶ τοῦ πλούτου καταχήσῃ;
587. καὶ ταῦτ' ἀνυσεύθυναι δρῶμεν τῶν δ' ἄλλων οὐδέμι' ἀ.,
1485. σχήματας ἀ.
1488. μᾶλλον δέ γ' ἴσως μανίας ἀ.
ἀρχηγέτας. Fr. 186. ὁ δὲ μεθύων ἥμει παρὰ τοὺς ἀ.
ἀρχήν. Ι. 1112. ἀ., ὅτε πάντες ἄν—
Σ. 557. ἀ. ἅρξας ἢ 'πὶ στρατιᾶς τοῖς ξυσσίτοις ἀγοράζειν
619. ἆρ' οὐ μεγάλη ἀ. ἀρχω
Ο. 508. ἤρχον δ' οὕτω σφόδρα τὴν ἀ., ὥστ' εἴ τις καὶ βασιλεύοι
554. κάπειτ' ἣν τοῦτ' ἐπανεστήκῃ, τὴν ἀ. τὸν Δι' ἀπαιτεῖν·
Fr. 50. ἡ ὄψ' αἰτοῦντες ἀ. πολέμου πορίσειεν μετὰ Πεισάνδρου.
ἀρχῆς. Ι. 322. ἆρα δῆτ' οὐκ ἀπ' ἀ. ἰσθλους εἶναι·
Σ. 548. καὶ μὴν εὐθύς γ' ἀπὸ βαλβίδων περὶ τῆς ἀ. ἀποδείξω
604. πρωκτοῦ λουτροῦ περιγιγνόμενος τῆς ἀ. τῆς περισσίμου,
672. σὺ δὲ τῆς ἀ. ἀγαπῷς τῆς σῆς τοὺς ὀργελόφους περιτραγων,
1031. θρασέως ξυστὰς εὐθὺς ἀπ' ἀ. αὐτῷ τῷ καρχαρόδοντι,
Fl. 84. εὐθὺς ἀπ' ἀ. ῥώμῃ πίσυνος,
780. καὶ θαλίας μακάρων· σοὶ γὰρ τάδ' ἐξ ἀ. μέλει.
996. πάλιν ἐξ ἀ.
1327. συλλέξασθαι πάλιν ἐξ ἀ.,
Ο. 485. ὥστε καλεῖται Περσικὸς ὄρνις ἀπὸ τῆς ἀ. ἐπ' ἐκείνης.
Β. 591. εἶχες ἐξ ἀ., πάλιν
1030. ταῦτα γὰρ ἄνδρας χρὴ ποιητὰς ἀσκεῖν. σκέψαι γὰρ ἀπ' ἀ.,
1137. πῶς φῂς μ' ἁμαρτεῖν; ΕΥ. αὖθις ἐξ ἀ. λέγε.
Εκ. 577. περιμείνατέ νυν, ἵνα τῆς ἀ. ἣν ἄρτι κεχείροτύνημαι,
587. δρᾶν ἀντ' ἄλλης ἀ. ἐστιν, τῶν δ' ἀρχαίων ἀμελῆσαι.
985. ἐπὶ τῆς προτέρας ἀ. γε ταῦτ' ἦν, ᾧ γλύκων·
Π. 221. οὐκ, ἣν γε πλουτήσωσιν ἐξ ἀ., ἀλλ'
866. εἰ πάλιν ἀναβλέψειεν ἐξ ἀ.; ὁ δὲ
1113. εἴργασθ' ἀφ' οὗ γὰρ ἤρξατ' ἐξ ἀ. βλέπειν
ἀρχίδων. Ο. 1111. κἂν λοχῶντές ἀ. εἴθ' ἁρπάσαι βούλησθέ τι,
ἀρχιτεκτονεῖν. Fr. 241. τὸ δὴ ἀ.
ἄρχομαι. Β. 221. ἐγὼ δέ γ' ἀλγεῖν ἀ.
ἄρχομεν. Ο. 1226. εἰ τῶν μὲν ἄλλων ἀ., ὑμεῖς δ' οἱ θεοί
ἀρχομένοισιν. Ι. 1263. τί κάλλιον ἀ.
ἀρχόμενος. Σ. 846. ἀφ' Ἑστίας ἀ. ἐπιτρέψω τινά.

ἄρχοντα. Ο. 1733. ἅ. θεοῖς μέγαν
ἄρχοντας. Ο. 1050. ἐὰν δέ τις ἐξελαύνῃ τοὺς ἀ., καὶ μὴ
ἄρχοντος. Α. 67. ἐπ' Εὐθυμένους ἀ.· Δι. οἴμοι τῶν δραχμῶν.
ἀρχόντων. Σ. 692. καὶ κοινωνῶν τῶν ἀ. ἑτέρῳ τινὶ τῶν μεθ' ἑαυτοῦ,
ἄρχου. Ο. 684. ἀ. τῶν ἀναπαίστων,
Θ. 1064. ἐμοὶ μελήσει ταῦτά γ'. ἀλλ' ἀ. λόγων.
ἀρχουσά. Εκ. 237. ἀ. τ' οὐκ ἂν ἐξαπατηθείη ποτέ.
ἄρχουσι, Εκ. 655. ἐν ἔτι ζητῶ πῶς, ἣν τις ὀφλῃ παρὰ τοῖς ἀ. δίκην τῳ,
ἄρχουσιν. Β. 1072. ἀνταγορεύειν τοῖς ἀ. καίτοι τότε γ', ἡνίκ' ἐγὼ 'ζων,
ἄρχω. Σ. 518. ὅστις ἀ. τῶν ἀπάντων. ΒΔ. οὐ σύ γ', ἀλλ' ὑπηρετεῖς
Σ. 619. ἆρ' οὐ μεγάλην ἀρχὴν ἀ.
ἀρχώμεθα. ΕΙ. 1270. νῦν αὖθ' ὑπλοτέρων ἀνδρῶν ἀ. ΤΡ. παῦσαι
ἄρχων. Σ. αὐτὸς ἀ. μόνος. ᾠο
Σ. 700. ὅστις πώλειαν ἀ. πλεῖστον, ἀπὸ τοῦ Πόντου μέχρι Σαρδοῦς,
Β. 361. ἡ τῆς πόλεως χειμαζομένης ἀ. καταδωροδοκεῖται,
Fr. 156, 3. ἐάν με τῶν ἀ. ἀρῇτε. Β. δεχόμεθα·
ἄρχων. Σ. 303. ἄγε νυν, ὦ πατερ, ἢν μὴ τὸ δικαστήριον ἀ.
Ι. 1108. οἱ μὲν ἡμῶν οὔπερ ἀ., οἱ δὲ παρὰ τοὺς ἕνδεκα,
1441. ὕβρις, ἕως ἂν τὴν δίκην ἀ. καλῇ.
Ο. 1123. ποῦ Πεισθέταιρός ἐστιν ἀ.; ΠΕ. οὑτοσί.
Β. 1265.
1267.
ἀρωγάν. 1271. ἰὴ, κόπον οὐ πελάθεις ἐπ' ἀ.;
1275.
1277.
ἀρωραῖοι. Α. 762. δκκ' ἐσβάλητε, τὼς ἀ. μύες,
ἀρωτίζει Μ. 1224. τῶν δώδεκα μηνῶν, ἀ. ἔλαβες ὠφούμενος κ.τ.λ.
Εκ. 22. ἀ. Φυρόμαχός ποτ' εἶπεν, εἰ μέμνησθ' ἔτι, κ.τ.λ.
ἅς. Α. 173. οὐχ ἀ. σποδεῖ ἔχωντι τοῦ τριήρεσιν
ᾆσαι. Ι. 408. ᾀσθέντ' ἱππιανίσαι καὶ Βακχέβακχον ᾆ.
Ι. 529. ᾆ. δ' οὐκ ἦν ἐν ξυμπωσίῳ πλὴν, Δωροῖ συκοπέδιλε,
1356. ᾆ. Σιμωνίδου μέλος, τὸν Κριόν, ὡς ἐπέχθη.
ἄσαιμι. Ι. 405. ᾆ. γὰρ τύτ' ἂν μόνον
ἀσαλαμίνιος. Β. 204. ἄπειρος, ἀθαλάττωτος, ἀ.
'Ασαναίων. Λ. 170. τὸν τῶν 'Α. γα μὰν ῥιάχετον
'Ασαναίων. Λ. 1244. ἐς τὼς 'Α. τε κῆς ἡμᾶς ἅμα.
Λ. 1250. οἴον ἀμὶ τὼς τ' 'Α.,
'Ασανᾶν. Λ. 980. πᾶ τᾶν 'Α. ἐστιν ἁ γεραιά
'Ασαναν. Λ. 1241. καὶ χαλκίοικον 'Α.
ἀσαφής. Β. 1122. ἀ. γὰρ ἦν ἐν τῇ φράσει τῶν πραγμάτων.
ἀσβέστοις. ΕΙ. 1287. ἡμῶν δ' ἐξεχέοντο, βοῇ δ' ἀ. ὀρώρει.
ἀσβάλων. Θ. 245. ἀποπεπόνηκας. ΜΝ. φεῦ, ἰοὺ τῆς ἀ.
ἀσβεύσ'. Θ. 306. ἀ., ἀδικνοῦσί τε τὴν πύλιν.
ἄσει. ΕΙ. 1297. οὐ πρᾶγμά τ'· σώφρονος ὕμῳ εἴ πατρός.
ἀσελγῶς. Π. 560. καὶ γαστρώδεις καὶ παχυκνημοι καὶ πίονες εἰσιν ἀ.
ᾄσεται. Α. 980. οὐδὲ παρ' ἐμοί ποτε τὸν Ἁρμόδιον ᾆ.
Σ. 1244. ἀνὴρ σοφὸς καὶ μουσικὸς κᾷτ' ᾆ.
ΕΙ. 1297. ἄττ' ᾆ προανεβάλητ' αἱ μοι δοκεῖ.
ἄσῃ. Ο. 489. ὑπὸ τῆς ῥώμης τῆς τύτ' ἐκείνης, ὁπόταν. μόνον ᾄσωσιν ἀ.,
ἀσθενεῖς. Π. 258. ὡς εἰκὸς ἐστιν ἀ. γέροντας ἄνδρας ἤδη;
ἀσθενούντας. ΕΙ. 636. τοὺς πένητας ἀ. καπωρούντας ἀλφίτων,
ἀσθενοῦσαν. Θ. 618. τί δῆτα μ' ἴλκεις ἀ.; ΚΛ. εἰπέ μοι,
'Ασιάδος. Θ. 120. Λατῷ τε, προύματά τ' 'Α.
ἀσκαλαβώταν. Ν. 170. ἀπ' ἀ. Σ. τίνα τρόπον; κάτειπέ μοι.
ἀσκάντην. Ν. 633. ποῦ Στρεψιάδης; ἔξει τὸν ἀ. λαβών.
ἀσκαραβάμυκτος. Ι. 292. βλέψον εἰς ἀ.
ἀσκεῖν. Ν. 1059. οὔ φησι χρῆναι τοὺς νέους ἀ., ἐγὼ δὲ φημί.
Β. 1025. ἀλλ' ὑμῖν αὐτ' ἦν ἀ., ἀλλ' οὐκ ἐπὶ τοῦτ' ἐτράπεσθε.
1030. ταῦτα γὰρ ἄνδρας χρὴ ποιητὰς ἀ. σκέψαι γὰρ ἀπ' ἀρχῆς,
Π. 47. εἰς τὸν τῶν ἐπιχωρίων τρόπον;
50. τὸ μηδὲν ἀ. ὑγιὲς ἐν τῷ νῦν χρόνῳ.
ἀσκεῖπτον. Εκ. 258. ἐκεῖνο μέντοι νή Δί' ἤν σ' οἱ τοξόται ἀσκήσαι. Ν. 931. καὶ μὴ λαλιῶν μόνον ἀ.
ἀσκητικόν. Λ. 1085. ἀ. τὸ χρῆμα τοῦ νοσήματος.
ἀσκούντων. Π. 585. ἐξεμπλήρουν τῶν ἀ. τοὺς νικῶντας στιφανώσαι
ἀσκιβῦρ. Εκ. 306. ἐν ἀ. φέραν
'Ασκληπιόν. Π. 640. μέγα βρουτοῖπι φέγγος 'Α.
'Ασκληπιοῦ. Σ. 123. νύκτωρ κατεκλινεν αὐτὸν εἰς 'Α.
Π. 411. ἐγὼ, κατακλίνειν αὐτὸν εἰς 'Α.
621. ἐγκατακλινόντ' ἄγωμεν εἰς 'Α.
636. 'Α. παιῶνος εὐμενοῦς τυχών.
ἀσκοθύλακος. Fr. 217. ἀ.,

F 2

ἀσκόν. Α. 1002. πρώτιστος, ἁ, Κτησιφῶντος λήψεται.
Α. 1225. ἀπώδοτά μοι τὸν ἁ.
  1230. τήνελλα νυν, ὦ γεννάδα· χώρει λαβὼν τὸν ἁ.
  1234. δοντες οἱ καὶ τὸν ἁ.
Ν. 442. αὐχμεῖν, ῥιγῶν, ἁ. δαίρειν,
ἀσκοπήρα. Γε. 482. ἁ.
ἀσκός. Θ. 733. τουτὶ τί ἐστιν ; ἁ. ἐγένεθ' ἡ κόρη
ἀσκοῦντας. Γr. 1. καλοκἀγαθίαν ἁ.;
ἀσκούς. Γr. 648. βυσαύχενας τοὺς ἁ.
ἀσκωλίαζ'. Π. 1129. ἁ. ἐνταῦθα πρὸς τὴν αἰθρίαν.
ἀσκωμ'. Α. 97. ἁ. ἔχεις που περὶ τὸν ὀφθαλμὸν κάτω.
ἀσκώματα. Β. 364. ἁ. καὶ λίνα καὶ πόντων διαπέμπων εἰς Ἐπίδαυρον,
ἀσκῶν. Α. 549. ἁ., τροπωτήρων, κάδους ὠνουμένων,
Ἀσκώνδα. Σ. 1191. Ἐρουδίαν παγκράτιον Ἀ. καλῶς,
  Σ. 1383. Ἐρουδίαν ἐμαχίσατ' Ἀ. καλῶς.
ἄσμ'. Ν. 966. εἶτ' αὖ προμαθεῖν ἁ. ἐδίδασκεν, τὼ μηρὼ μὴ ξυνέχοντας,
ᾀσματοκάμπτας. Ν. 333. κυκλίων τε χορῶν ᾀ., ἄνδρας μετεωροφένακας,
ἄσμενα. ΕΙ. 600. προσγελάσεται λαβών· ἁ.
ἄσμεναι. ΕΙ. 540. διαλλαγεῖσαι καὶ γελῶσιν ἁ.,
ἄσμεναι. ΕΙ. 1286. Θωρήσσοντ' ἄρ' ἔπειτα πιαυμένοι, ΤΡ. ἁ., οἴμαι.
ἄσμενοις. ΕΙ. 582. χαῖρε χαῖρ', ὡς ἦλθες ἡμῖν ἁ., ὦ φιλτάτη.
ἄσμενος. Α. 267. τὸν δῆμον ἐλθὼν ἁ.,
ἀσμενός. { ΕΙ. 557. } ἁ. σ' ἰδὼν προσειπεῖν βούλομαι τὰς
             { Γr. p. 505. } ἀμπέλους.
ἄσομαι. Α. 261. ἐγὼ δ' ἀκολουθῶν ᾄ. τὸ φαλλικόν.
  Σ. 1231. ἐὰν ἀπειλῇ, νὴ Δί' ἑτέρου ᾄ.
ᾀσόμενος. Α. 14. Διέθισον εἰσῆλθ' ᾄ. Ἡσιώτιον.
ᾀσον. ΕΙ. 1296. ᾄ. πρὶν εἰσιέναι τι· σὺ γὰρ εὖ οἶδ' ὅτι
ἀσπάζομαι. Ν. 1145. καί, ἡμί, καὶ παῖ. ΣΠ. Στρεψιάδην ἁ.
  Π. 324. ἁ. δ', ὅτῳ προθύμως ἥκετε
  1042. ἁ. ΓΡ. τί φησιν; ΝΕ. ἀρχαία φίλη,
ἀσπαζόμεσθ'. Γr. 714. ἁ. ἐρετμία καὶ σκαμίδια,
ἀσπαζόμεσθα. Ο. 1377. ἁ. φιλύριον Κινησίαν.
ἀσπάζωντα. Σ. 607. ἁ. διὰ τάργυριον, καὶ πρῶτα μὲν ἡ θυγάτηρ με
ἀσπάζου. { Εκ. 971. } ἄνοιγον, ἁ. με
           { 974. }
ἀσπάλαθος. Γr. 588. ἁ.;
ἀσπάσασθαι. ΕΙ. 559. ἁ. θυμῷ ἡμῖν ἐστι πολλοστῷ χρόνῳ.
Ἀσπασίας. Α. 527. ἀντεξίκλειψαν Ἀ. πόρνα δύο·
ἄσπερ. Ι. 254. ἅ. Εὐκράτης ἔφευγεν εὐθὺ τῶν κυρηβίων.
ἄσπερ. Λ. 1164. ἁ. πάλαι διώμεθα καὶ βλιμάδδομες.
ἀσπίδ'. Α. 1140. τὴν ἁ. αἰρου, καὶ βάδιζ', ὦ παῖ, λαβών.
  Α. 190. εἰς ἁ., ὥσπερ φάσ' ἐν Αἰσχύλῳ ποτέ,
  192. εἰς ἁ. ὑμώσῃς μηδὲν εἰρήνης πέρι
  560. ὅταν δ', ἔχων καὶ Γοργύνα τις κᾆτ' ὠνῆται κοραχίνους.
ἀσπίδα. Α. 908. οὐκ ἂν μὰ Δί', εἰ δοίη τὴν ἁ. αὐτὴν ἐμοὶ
  Ν. 989. τὴν ἁ. τῆς κωλῆς προέχων ἀμελῇ τῆς Τριτογενείας.
  Σ. 17. ὑφαρπάσαντα τοῖς ὄνυξιν ἁ.
  23. κἂν τῇ θαλάττῃ θηρίον τὴν ἁ.;
  ΕΙ, 436. μᾶλλον ἢ τὸ γῆρας ἐκδὺς ἐκφυγῶν τὴν ἁ.
  438. τοῦτον τὸν ἄνδρα μὴ λαβεῖν ποτ' ἁ.
  Λ. 52. μήτ' ἁ. λαβεῖν ΚΑ. Κιμβερικόν ἐνδύσομαι,
  185. θὲς ἐς τὸ πρόσθεν ὑπτίαν τὴν ἁ.
  Π. 450. ποῖον γὰρ οὐ θώρακα, ποίαν δ' ἁ.
Γr. p. 505. τὴν δ' ἁ. ἐπίθηκα τῷ φρέατι παρεθὲς εὐθέως,
ἀσπιδοπηβλῆς. Σ. 592. εἶτ' Εὐάβλος χῶ μέγας οὗτος κολακώνυμος ἁ.
ἀσπίδας. Α. 58. σπουδὰς ποιῆσαι καὶ κρεμάσαι τὰς ἁ.
  Ι. 856. νύκτωρ καταπάσαντες ἂν τὰς ἁ. θίοντες
  ΕΙ. 1274. σὺν β' ἔβαλον ἡμνοὺς τε καὶ ἁ. ὀμφαλοέσσας
  1275. οἱ πάνυσι μεμιμημένοι ἀσπίδας ἡμῖν ;
  Ο. 441. ἁ. φιλλορροεῖ.
  Γr. 47. ἱσταθ' ἐφεξῆς πάντες ἐπὶ τρεῖς ἁ.
ἀσπίδι. Σ. 1081. εὐθὺσι γὰρ ἐκδραμόντες σὺν δόρει σὺν ἁ.
  ΕΙ. 357. ἐς Λύκειον κἂκ Λυκείου σὺν θώρακι σὺν ἁ.
  1298. ἁ. μὲν Σαίαν τις ἀγάλλεται, ἣν παρὰ θάμνῳ
ἀσπίδος. Α. 1122. τοὺς μιλλίβαντας οἴμοι, παῖ, τῆς ἁ.
  Λ. 1124. φέρε δεῦρο γοργύνωτον ἁ. κύκλον,
  1136. τὰ στρώματ', ὦ παῖ, δῆσον ἐκ τῆς ἁ.
  1151. μὴ Γοργόν' ἐξήγειρον ἐκ τῆς ἁ.
  ΕΙ. 1275. ἀσπίδας ; οὐ ταυτὶ μεμιμημένοι ἁ. ἡμῖν;
  1303. ὅτι ταῦθ' ὅσ' ἦσας ἄρτι περὶ τῆς ἁ.
  Α. 627. καὶ λαλεῖν γυναῖκας οὔσας ἁ. χαλεπὴ πέρι,
ἀσπίδων. Α. 539. μάντεύθη ἥδη πάτερος τῆς τῶν ἁ.
  Ι. 840. ἑως ἂν ᾖ τῶν ἁ. τῶν ἐν Πύλου τι λοιπόν,
  ΕΙ. 447. καί τις δορυξὸς ἢ κάπηλος ἁ.,

ἀσπίδων. Α. 282. ἐφ' ἐπτακαίδεκ' ἁ. πρὸς ταῖς πύλαις καθεύδων.
  Β. 928. ἀλλ' ἡ Σκαμάνδρους, ἡ τάφρους, ἡ 'π' ἁ. ἐπόντας
ἀσπίς. Α. 279. ἡ δ' ἁ. ἐν τῷ φεψάλῳ κρεμήσεται.
ἀσπίσιν. Ι. 847. ἐπίσχες ἐν ταῖς ἁ. λαβὴν γὰρ ἐνδίδωκας.
ἄσσον. Ι. 1306. καί τιν' εἰπεῖν, ἥτις ἀνδρῶν ἁ. οὐκ ἐληλύθει·
ἀστάθμητος. Ο. 169. ἄνθρωπος ὄρνις ἁ. πετόμενος,
ἀσταί. Θ. 541. παρρησίας κάξιν λέγειν ὅσαι πάρεσμεν ἁ.,
ἄστει. Ο. 494. ἐς δεκάτην γάρ ποτε παιδαρίου κληθεὶς ὑπέπινον ἐν ἁ.
ἀστεῖα. Β. 906. ἁ. καὶ μήτ' εἰκόνας μήθ' οἵ ἂν ἄλλος εἴποι.
ἀστεῖαν. Γr. 552, 2. οὔτ' ἁ. ὑποθηλυτέραν
ἀστεῖον. Ν. 204. οὐκ, ἀλλὰ τὴν σύμπασαν. ΣΤ. ἁ. λέγεις.
  Π. 1150. τί δέ ; ταὐτομολεῖν ἁ. εἶναι σοι δοκεῖ ;
ἀστεῖον. Ν. 1064. μάχαιραν ; ἁ. γε κέρδος ἔλαβεν ὁ κακοδαίμων,
  Σ. 1258. ἡ δ' ἑτέρῳ· ΒΔ. λέγ' ἁ. τι, τινά,
  Β. 5. μηδ' ἕτερον ἁ. τι ; ΔΙ. πλὴν γ', ὡς θλίβομαι,
  901. τὸν μὲν ἁ. τι λέξειν
ἀστειοτάτας. Ι. 539. ἀπὸ κραμβοτάτου στόματος μάττων ἁ. ἐπινοίας·
ἀστείω. Α. 811. νὴ τὸν Δί' ἁ. γε τῷ βοσκήματε·
ἀστεμφέσιν. Γr. 563. καὶ ἁ. οὔτε Πραμνίοις σκληροίσιν οἴνοις συνέχουσι τὰς
ἀστενακτί. Εκ. 464. σὺ δ' ἁ. περιδρόμενος οἴκοι μενεῖς.
ᾀστέον. Ν. 1205. ἐπ' εὐτυχίαισιν ᾀ. μοὐγνώμων.
ἀστέρα. ΕΙ. 837. Ἀσίαν αὐτὸν πάντες ἐκαλουν ἁ.
ἀστέρες. ΕΙ. 833. ὡς ἁ. γιγνώμεθ', ὅταν τις ἀποθάνῃ ;
  ΕΙ. 838. τίνες γάρ εἰσ' οἱ διατρέχοντες ἁ.;
ἀστεροειδέα. Θ. 1067. ἁ. νῶτα διφρεύουσ'
ἀστεροπάς. Ο 1746. τάς τε πυρώδεις Διὸς ἁ.
ἀστεροπῆς. Ο. 1718. ὦ μέγα χρύσιον ἁ. φάος,
ἀστῆρες. Ο. 1007. ὀρθαὶ πρὸς αὐτὸ τὸ μέσον, ὥσπερ δ' ἁ.,
ἀστῆρων. ΕΙ. 840. τῶν πλουσίων οὗτοι Βαβύζουσ' ἁ.
ἀστέως. Ν. 47. ἀδελφιδῆ ἀγροίκου ἂν ἐξ ἁ.
  ΕΙ. 1185. ταῦτα δ' ἡμᾶς τοὺς ἀγροίκους δρώσι, τοὺς δ' ἐξ ἁ.
  Εκ. 300. δρα δ' ὅπα ἀφήσομεν τινασδε τοὺς ἐξ ἁ.
  Γr. 169, 1. ἐξ ἁ. νυν εἰς ἀγρόν χωρῶμεν· ὡς πάλαι δεῖ
ἀστὴρ. ΕΙ. 834. μάλιστα. ΟΙ. καί τίς ἐστιν ἁ. νῦν ἐκεῖ ;
  Ο. 1710. ὁ ἰδεῖν ἔλαμψε χρυσαυγεῖ δύμῳ,
  Θ. 1050. ἐπὶ με πυρφόρος αἰθέρος ἁ.
  Β. 343. νυκτέρου τελετῆς φωσφόρος ἁ.
ἀστοί. Ο. 34. ἁ. μετ' ἀστῶν, οὐ σοβοῦντος οὐδενὸς
  Λ. 638. πάντες γὰρ ἁ. λαμπρὸν ἔχομεν κατάρχομεν
  Εκ. 834. ὦ πάντες ἁ., νῦν γὰρ οὕτω ταῦτ' ἔχει,
ἀστοίς. Εκ. 459. ἁ τοῖσιν ἁ. ἐμέλεν· ΧΡ. οὕτω ταῦτ' ἔχει,
ἀστός. Ο. 32. ὁ μὶν γὰρ ὢν οὐκ ἁ. εἰσβιάζεται,
ἄστρα. Εκ. 83. ἴσα ἔτ' ἐστὶν ἁ. κατὰ τὸν οὐρανόν·
ἀστραγάλους. Σ. 295. καλόν ; οἶμαι δέ σ' ἐρεῖν ἁ., δήπουθεν, ὦ παῖ,
ἀστραπάς. Α. 566. ἰὼ Λάμαχ', ὦ βλέπων ἁ.
ἀστραπῆς. Ν. 583. κἀπουσήμεν δεινὸν βροντῇ δ' ἐρράγη δι' ἁ.·
ἀστραπηφορεῖ. ΕΙ. 722. ὑφ' ἅρματ' ἐλθὼν Ζηνὸς ἁ.
ἀστρατείας. Ι. 443. σὺ δ' ἁ. γ' εἴκοσιν,
  ΕΙ. 526. γλυκύτατον, ὥσπερ ἁ. καὶ μύρον.
ἀστράτευτος. Ι. 1117. ταῦτο δ' ἐστ' ἄλγιστον ἡμῖν, ἥν τις ἁ. ᾖ·
ἀστράψω. Α. 626. κἂν ἁ. ποππύζουσιν,
ἀστρονομεῖν. Ν. 194. αὐτοὶ καθ' αὐτῶν ἁ. διδάσκεται,
ἀστρονομία. Ν. 201. ἁ. μὲν αὐτηΐ. ΣΤ. τουτὶ δὲ τί ;
ἄστυ. Α. 33. στυγῶν μὲν ἁ., τὸν δ' ἐμῶν δῆμον ποθῶν,
  Ο. 1014. πληγαὶ συχναὶ κατ' ἁ. ΜΕ. μῶν στασιάζετε ;
  Η. 125. Σιδωνίων ποτ' ἁ. Κάδμος ἐκλιπὼν
  Εκ. 673. τὴν δὲ δίαιταν τίνα ποιήσεις ; ΠΡ. κοινὴν πᾶσιν τὸ ἀφ' ἁ.
  Γr. 536, 3. τὸ δ' ἁ. σύκα.
ἀστῶν. Α. 508. τοῦτ' ἀφ' μετοίκους ἄχυρα τῶν ἁ. λέγω.
  Ο. 34. ἀστοί μετ' ἁ., οὐ σοβοῦντος οὐδενὸς
ἀσύνετ'. Θ. 463. καὶ πολύπλοκον νύμ', οὐδ' ἁ., ἀλλὰ
  191. τίνι λόφον πικνῶν ἁ., οὔνεκα
ἀσφάλειας. Ο. 293. ἐπὶ λόφον ἐλθόντ', ἐν ἁ., οὕνεκα
ἀσφαλές. Α. 682. οἷς Ποσειδῶν ἁ. ἐστιν ἡ βακτηρία·
ἀσφαλές. Ο. 1489. ἁ. ξυντυγχάνειν.
ἀσφαλῆ. Ο. 316. κοινόν, ἁ., δίκαιον, ἡδύν, ὠφελήσιμον.
ἀσφαλῶς. ΕΙ. 807. ἀναστοῦ ὄντας ἁ.
  Β. 387. καί μ' ἁ. πανήμερον
  Εκ. 481. φύλαττε σαυτὴν ἁ., πολλοὶ γὰρ οἱ πανοῦργοι,
  ἁτ'. ΕΙ. 629. οὗ δ' ἁ. οὕτε αἰσχροκερδεῖς καὶ διεινουγίνοις κ.τ.λ.
ἀναλαιπώρων. Γr. 250. οὗτως αὐτοῖς ἁ. ἡ ποίησις διέπειτο.
ἀτάρ. Α. 412. ἁ. τί τὰ βάκι' ἐκ τραγῳδίας ἔχεις, κ.τ.λ.
ἀταυρώτη. { Λ. 217. } οἴκοι δ' ἁ. διάξω τὸν βίον
               { 219. }
ἄτε. Ο. 285. ἁ. γὰρ ὢν γενναῖος ὑπὸ συκοφαντῶν τίλλεται,
ἀτέγκτε. Θ. 1047. ἰώ μοι μοίρας ἁ. δαίμων·

ἀτέκμαρτος—αὔραις. 37

ἀτέκμαρτος. Ο. 170. ἀ. οὐδὲν οὐδέποτ' ἐν ταὐτῷ μένων.
ἀτενής. Σ. 730. μηδ' ἀ. ἄγαν ἀτεράμων τ' ἀνήρ.
ἀτεράμονες. Α. 181. ἀ., Μαραθωνομάχαι, σφενδάμνινοι.
ἀτεράμων. Σ. 730. μηδ' ἀτενὴς ἄγαν ἀ. τ' ἀνήρ.
ἅτερον. Α. 813. τὸ μὲν ἅ. τούτων σκορόδων τροπαλίδος,
  Α. 814. τὸ δ' ἅ., αἱ λῆς, χοίνικος μύας ἁλῶν.
ἅτερος. Σ. 138. οὐ περιῆραμεῖτα σφῷν ταχέως δεῦρ' ἅ.;
ἀτερός. Σ. 841. μὰ Δί' οὐκ ἔγωγ' ἀλλ' ἅ. φησιν κύων
ἀτεχνῶς. Α. 37. νῦν οὖν ἀ. ᾔκω παρεσκευασμένος
Ν. 408. νὴ Δί', ἐγὼ γοῦν ἀ. ἔπαθον τουτὶ ποτε Διασίοισιν.
  425. οὐδ' ἂν διαλεχθείην γ' ἀ. τοῖς ἄλλοις, οὐδ' ἂν ἁπαντῶν·
  453. δρώντων ἀ. ὅ τι χρῄζουσιν·
  1174. ἀ. ἐπανθεῖ. τὸ τί λέγεις σύ; καὶ δοκεῖν
Σ. 722. καὶ νῦν π. ἐθέλω παρέχειν
ΕΙ. 199. ὑπ' αὐτὸν ἀ. τοὐρανοῦ τὸν κύτταρον.
  206. ὑμᾶς παραδόντες δρᾶν ἀ. ὅ τι βούλεται·
Ο. 605. ὡς ἄνθρωπός γε κακῶς πράττων ἀ. οὐδεὶς ὑγιαίνει.
  820. καλὸν γὰρ ἀ. καὶ μέγ' εὗρες τοὔνομα
Β. 106. καὶ μὴν ἀ. γε παμπόνηρα φαίνεται.
Π. 109. ἀ. ὑπερβάλλουσι τῇ μοχθηρίᾳ.
  362. ὧν οὐδὲν ἀ. ὑγιές ἐστιν οὐδενός,
ἀτηρότατον. Σ. 1299. οὐ γὰρ ὁ γέρων ἀ. ἆρ' ἦν κακὸν
ἄτης. ΕΙ. 605. πρῶτα μὲν γὰρ ἦρξεν ἀ. Φειδίας πρήξας κακῶς·
ἀτὴ. Σ. 55. ὀλίγ' ἅ. ὑπειπὼν πρῶτον αὐτοῖσιν ταδὶ,
Fr. 499. ἀπηνὴς ἀ. ὑμεῖς κοπιᾶτ' ὀρχούμενοι.
ἀτὴ. Ι. 668. ἵν' ἀ. ὁ κῆρυξ οὐκ Λακεδαιμόνιος λέγει
ΕΙ. 1281. Ἄριστον προτίθεντο καὶ ἅ. ἥδιστα πάσπισθαι.
ἄτιμα. Α. 518. ἀ. καὶ παράσημα καὶ παράξενα,
ἀτιμάσῃ. Ν. 1121. ἤν δ' ἀ. τις ἡμᾶς θνητὸς ὢν οὔσας θεάς,
ἀτίμοις. Ο. 766. εἴ δ' ὦ Πισίου προδοῦναι τοῖς ἀ. τὰς πύλας
ἄτιμον. Ο. 166. ὡς τοῦτ' ἀ. τοὔργον ἐστίν. αὐτίκα
ἀτιμῶν. Β. 692. εἴτ' δ. φημὶ χρῆναι μηδέν' εἰν' ἐν τῇ πύλει.
ἀτιμώσεις. ΕΙ.743. ἐξήλασ' ἀ. πρῶτος, καὶ τοὺς δούλους παρέλυσεν.
ἅτις. Λ. 1249. τὰν τεὰν μῶν, ἅ.
ἄτολμον. Ν. 458. οὐκ ἅ., ἀλλ' ἕτοιμον, ἴσθι δ' ὡς
Β. 899. λῆμα δ' οὐκ ἅ. ἀμφοῖν,
ἄτοπιαν. Α. 349. καὶ ταῦτα διὰ τὴν ἀ. τῶν δημοτῶν.
ἀτοπίας. Β. 1372. νεοχμόν, ἀ. πλέων,
ἄτοπον. Ο. 1208. ἀ. γε τουτὶ πρᾶγμα. ΠΕ. κατὰ ποίας πύλας
ἄτοπος. Ο. 276. τίς ποτ' ἔσθ' ὁ μουσόμαντις ἀ. ὄρνις ὀριβάτης·
Εκ. 956. ἀ. δ' ἐγκειταί μοί τις πόθος.
Α. 568. ὑπενεγκοῦσα τοῖσιν ἀ. τὸ μὲν ἐνταυθὶ, τὸ
  δ' ἐκεῖσε,
ἀτράκτοις. Β. 1347. λίνου μεστόν ἀ.
ἀτράκτων. Λ. 571. ἐξ ἐρίων δὴ καὶ κλωστήρων καὶ ἀ. πράγματα
  δεινά
ἀτραπόν. Ν. 76. μίαν εὗρον ἀ. δαιμονίως ὑπερφυᾶ,
Fr. 143. ὁρμῶν παρόντος τὴν ἀ. κατερρύην.
ἀτραπός. Ο. 22. ὁδός. ΠΕ. οὐδὲ μὰ Δί' ἐνταυθά γ' ἀ. οὐδαμοῦ.
Β. 123. ἀλλ' ἐστίν ἀ. ξύντομος τετριμμένη,
ἀτραπούς. Θ. 100. μύρμηκος ἀ., ᾗ τί διαμινύρεται·
ἀτρέμ' Β. 339. οὐκοῦν ἀ. ἕξεις, ἤν τι καὶ χορδῆς λάβῃς·
ἀτρέμα. Ι. 24. ὥσπερ δεφόμενος νῦν ἀ. πρῶτον λέγε
Ν. 743. ἔχ' ἀ· κἄν ἀπορῇς τι τῶν νοημάτων,
Ο. 1244. ἔχ' ἀ. φέρ' ἴδω, πότερα Λυδὸν ἢ Φρύγα
Θ. 230. ἔχ' ἀ. σαυτοῦ κάνάκυπτε. ποῦ στρέφει;
ἀτρέμας. Α. 861. κατίθου τὸ τὰν γλώχων' ἀ., Ἱσμηνία·
Ν. 390. ἀ. πρῶτον παππάξ παππάξ. ἀ. αὖθις παπαπαππάξ,
Ο. 1200. ἔχ' ἀ.· αὐτοῦ στῆθ'. ἐπίσχες τοῦ δρόμου.
  1572. ἔξεις ἀ.; ΠΟΣ. οἴμωξε· πολὺ γὰρ δή σ' ἐγὼ
ἀτρεμί. Ν. 261. ἀλλ' ἔχ' ἀ. ΣΤ. μὰ τὸν Δί' οὐ ψεύσει γέ με
Ἀτρέως. Β. 1269. κυδίστ' Ἀχαιῶν Ἀ. πολυκοίρανε μάνθανέ
  μου παῖ.
ἀτρυγέτον. Σ. 1521. καὶ θίν' ἁλὸς ἀ.
ἀττ'. Α. 487. παράσχες, εἴπυσ' ἀ. ἂν αὐτῇ σοι δοκῇ. κ.τ.λ.
ἄττ'. ΕΙ. 704. χάτερα τόσ' ἀ. οἶει γεγενῆσθ' ἐν τῇ πόλει;
Β. 936. σὺ δ'. ὦ θεοῖσιν ἐχθρὸ, ποῖ' ἀ. ἐστιν ἄττ' ἐποίεις;
ἄττα. Ν. 39. ἄγε δὴ σύ, βασιλεὺς ὦ φροντιστὰ ἐμοὶ φράσον κ.τ.λ.
ἄττα. Ν. 630. ὅστις σκαληθυρματί' ἀ. μικρὰ μανθάνει.
Ν. 1137. ἐμοῦ μέτρι' ἀ. καὶ δίκαι' αἰτουμένου
Θ. 423. Λακωνίς' ἀ., τρεῖς ἔχοντα γομφίους.
Fr. 199. πυθῶ χελιδὼν πηνί' ἅ· φαίνεται·
ἀτταγᾶς. Α. 875. νήσσας, κολοιάς, ἀ., φαληρίδας,
Σ. 257. τὸν πηλὸν ὥσπερ ἀ. τυρβάσεις βαδίζω.
Ο. 248. ἄ. ἀ.
  297. οὑτοσὶ πέρδιξ, ἐκεινοσὶ δὲ νὴ Δί' ἀ.,
  761. ἀ. οὗτος παρ' ἡμῖν ποικίλος κεκλήσεται.
Fr. 379. ἀ. ἥδιστον ὄψιν ἐν ἐπινικίοις κρέας.
ἀτταταῖ. { Α. 1190.
         1198. } ἀ. ἀ.
         Ν. 707. }

ἀτταταῖ. Θ. 223. ἢν μὴ σιωπᾷς. ΜΝ. ἀ. ἰατταταῖ.
Θ. 1005. ἔτι μᾶλλο βούλει. ΜΝ. ἀ. ἰατταταῖ·
Β. 57. ἀλλ' ἀνδρός· ΔΙ. ἀ. ΗΡ. ξυνεγένου Κλεισθένει;
'Αττικάς. Λ. 56. ἀλλ', ὦ μέλ', ὄψει τοι σφόδρ' αὐτὰς Ἀ.,
'Αττική. Fr. 162, 1. ὦ πύλι φίλη Κέκροπος, αὐτοφυὴς Ἀ.,
'Αττικῆς. Ο. 1704. παντοχοῦ τῆς Ἀ. ἡ
ἀττικίων. ΕΙ. 214. νοὶ τῷ σιῷ, νῦν ἀ. δώσει δίκην.
'Αττικοί. Σ. 1076. Ἀ. μόναι δικπίας εὐγενεῖς αὐτόχθονες,
'Αττικόν. Ν. 209. ὡς τοῦτ' ἀληθῶς Ἀ. τὸ χωρίον.
Ν. 1176. ἐπὶ τοῦ προσώπου τ' ἐστὶν Ἀ. βλέπος,
'Αττικός. Θ. 1192. ὡς γλυκερὸ τὸ γλῶσσ', ὥσπερ Ἀ. μέλις·
'Αττικοῦ. Σ. 1090. μηδὶν Ἀ. καλεῖσθαι σφηκὸς ἀνδρικώτερον.
ἀττικωνικοί. ΕΙ. 215. εἰ δ' οὗ τι πράξαιντ' ἀγαθὸν ἀ.
ἀτυχήσεις. Ν. 427. λέγε νυν ἡμῖν ὅ τι σαι δρώμεν θαρρών, ὡς
  οὐκ ἀ.
αὖ. Α. 9. ἀλλ' ὠδυνήθην ἔτερον α. τραγῳδικόν, κ.τ.λ.
Αὐαίνου. Σ. 700. ταῦ δητ' ἀναμενῶ; ΧΑ. παρὰ τὸν Α. λίθον,
αὐγαῖς. Ν. 286. μαρμαρέαις ἐν α.
αὐγάς. Θ. 500. ὑπ' α. οἶον ἐστιν, ἐγκεκαλυμμένον
αὐδῶ. Β. 361. τούτοις α. καὔθις ἀπαυδῶ καὔθις τὸ τρίτον μάλ'
  ἀπαυδῶ
αὖθ'. Ι. 780. ἀλλ' ἢ ἀδ τοῦτ' α. ὀτιὴ σου τῆς ἀνθρακιᾶς ἀπο-
  λαύει, κ.τ.λ.
αὖθ'. ΕΙ. 1270. α. ὀκλοτέρων ἀνδρῶν ἀρχώμεθα. ΤΡ. παῦσαι
  κ.τ.λ.
αὐθαδίαν. Θ. 704. οἶον ὑμῶν ἐξαράξω τὴν ἄγαν α.
αὐθαδῶς. Α. 1116. καὶ μὴ χαλεπὴ τῇ χειρί μηδ' α.,
αὐθαδόστομον. Β. 837. ἄνθρωπον ἀγριοποιόν, α.,
αὐθαδῶς. Β. 1020. Αἰσχύλε, λέξον, μηδ' α. σεμνυνόμενος χαλέ-
  παινε.
αὐθημερόν. Α. 522. ταῦτ' ἦν Μεγαρικὰ κἀπείρατ' α.
Θ. 813. φορμῶν πυρῶν τύνδρὸς κλέψας α. αἰθαλωθῆν.
αὖθις. Α. 554. οὐδ' α. ἔτι σκόψεται Παύσων ὁ παμπόνηρος,
  κ.τ.λ.
Ν. 1328. α. μὲν ταῦτα ταυτὶ καὶ πλείω λέγε.
αὔλακα. Ο. 1400. ἀλίμενον αἰθέρας α. τέμνων.
Θ. 782. χωρεῖ χωρεῖ τοῖαν α.·
αὐλάς. ΕΙ. 161. ὀρθοὶ χωρεῖς Διὸς εἰς α.,
αὐλεῖ. Θ. 1186. α. ὦν θᾶττον ἔτι δίδοικας τὸν Σκύθην;
αὐλεῖ. Ο. 223. (α.)
αὐλείας. ΕΙ. 962. τῆς α. παρακύντουσαν·
Fr. 251. πρὸς τὸν στροφέα τῆς α. σχίνου κεφαλὴν κατορύττειν.
αὐλείοισιν. Σ. 1482. τίς ἐπ' α. θύραις θάσσει·
αὐλῇ. Ο. 1085. ἐγγίρμενος αὐτὴν ἐν α. φράξομεν μεθιένω.
αὐλήμασιν. Β. 1302. σκολιῶν Μελήτου, Καρικῶν α.,
αὐλήν. Σ. 131. ἡμῖν δὲ τὴν α. ἁπασαν δικτύοις
αὐλητά. Εκ. 891. φιλοττάριόν α., τούς αὐλοὺς λαβὼν
αὐλητήρ. Α. 862. ὑμεῖς δ', ὅσοι Θείβαθεν α. πάρα,
αὐλητής. Σ. 581. κἂν μ. γε δίκην νικᾷ, τούτης ἡμῖν ἐπίχειρα
αὐλητρίδα. Β. 1368. οὐ δεινά τουτί ὅχλει σε, τὴν α.
Σ. 1369. τῶν ξυμποτῶν κλέψαντα. ΦΙ. ποίαν α.;
αὐλητρίδων. Α. 551. στέφανοι, τριχάδαι, α., ὑπώπιοι,
αὐλητρίς. Σ. 1219. α. ἐνεφύσησεν. οἱ δὲ συμπόται
Β. 513. οὐ γὰρ σ' ἀηδῶνος, κλέων κοί γὰρ α. γέ σε
αὐλοῖς. Fr. 4, 1. ὅστις α. καὶ λύραισι κατεπτερυμμένι χρώμενος,
αὐλόν. Ο. 683. α. σθέλαιο ἐμπνείν ἐμοῦ.
αὐλόν. Α. 752. ἀλλ' ἤδη τοι νῇ τὸν Δί'· ἦν α. παρῇ.
αὐλοῦ. ΕΙ. 177. ἠκουσά τ' α. περιχαρῆς τῷ πράγματι
αὐλῶν. Εκ. 891. φιλοττάριον αὐλητά, τούς α. λαβὼν
αὐλωκόν. Α. 554. α. κελευστῶν, νιγλάρων, συριγμάτων.
Ν. 313. καὶ Μοῦσα βαρύβρομος α.
ΕΙ. 551. α. Σοφοκλέοισι μελῶν, κιχλᾶν,
952. πρόσεισιν α. ἀκλῇ.
Β. 154. ἐντεῦθεν α. σε περίεισιν πνοῇ.
313. α. πνοὴς. ΔΙ. ἐγωγε, καὶ δᾷδων γέ με
αἰλωσός. Ο. 244. οἶ θ' ἐλείοι παρ' α. ὀξυστόμους
αὐξανόμενα. Ο. 1065, ἐκ κόλπους α. γέννωσι πολυφάγους,
αὐξεται. Α. 226. οἶσι παρ' ἐμοῦ πέλεσας ἐχθοδοπὸς α. τῶν ἐμῶν
  χωρίων.
αὐξόμενος. Fr. 589. α.
αὖαι. Ι. 534. ὥσπερ Καννᾶς, στέφανον μὲν ἔχων α., δίψῃ δ'
  ἀπολωλώς,
αὖος. Λ. 385. ἀλλ' α. εἰμ' ἤδη τρέμαω.
αὔρα. ΕΙ. 945. κυδίμου μετάρροιος α.
Β. 314. α. τις εἰσέπνευσε μυστικωτάτη·
αὔραι. Ο. 1717. α. ἀδιαφόρουσι πλεκτάνων καπνοῦ.
Ν. 1458. αἴρενεν α. πελαγίαν ὑπὲρ πλάκα.
αὔραις. Ο. 725. α. ὥραις, χειμῶνι, θέρει,

αὔριον. I. 158. ὦ νῦν μὲν οὐδείς, α. δ' ὑπέρμεγας·
Σ. 1332. ἢ μὴν σὺ δώσεις α. τούτων δίκην
ΕΙ. 895. ταύτην ἔχουσιν α. καλὸν πάνυ,
11ο1. ἐξαλείφοντες δὶς ἢ τρίς. α. δ' ἔσθ' ἡ ἔξοδος·
αὔτ' Α. 562. εἴτ' εἰ δίκαια, τοῦτον εἰπεῖν α. ἐχρῆν ; κ.τ.λ.
αὖτ'. Λ. 1297. Ταὔγετον α. ἐραννὸν ἐκλιπῶν,
αὖτα. Α. 781. α. 'στὶ χοῖρος ; ΔΙ. νὺν γε χοῖρος φαίνεται.
αὐτά Ι. 463. γομφούμεν' α. πάντα καὶ κολλώμενα. κ.τ.λ.
ΕΙ. 1043. ὥπα καλῶς νυν α. καὶ γὰρ οὑτοσὶ κ τ λ.
αὐταί. Θ. 472. α. γάρ ἐσμεν, κοὐδεμί' ἔκφορά λόγου. κ.τ.λ.
Θ. 537. α. γε καὶ τὰ δουλάρια τέφραν ποθὶν λαβοῦσαι
αὖται. Α. 158. α. μέν εἰσι πεντέτεις. γεύσαι λαβών. κ.τ.λ.
αὐταί. Α. 194. ἀλλ' α. τοί σοι τριακοντούτιδες κ.τ.λ.
αὐταῖν. Θ. 950. πολλάκις α. ἐκ τῶν ὤμων
αὐταῖς. I. 7. α. διαβολαῖς. ΔΗ. ὦ κακύδαιμον, πῶς ἔχεις ; κ.τ.λ.
αὐταῖς. Εκ. 226. α. παρ' ᾠσοῦσαν ὥσπερ καὶ πρὸ τοῦ
αὐταῖσιν. I. 3. α. βουλαῖς ἀπωλέσαιαν οἱ θεοί.
Fr. 310, 1. δσ' ἠν περίεργ' α. τῶν φορημάτων
Αὔτάρ. Ο. 983. Α. ἐπὴν ἄκλητος ἰὼν ἄνθρωπος ἀλαζὼν
αὐτάρ. Fl. 1092. α. ἐπεὶ κατάμηβ' ἐκάη καὶ σπλάγχν' ἐπάσαντο,
αὐτάς. I. 1392. πῶς ἔλαβες α. ἐτεών; ΑΓ. οὐ γὰρ ὁ Παφλαγὼν
κ.τ.λ.
Α. 357. οὐ περικατάξαι τὸ ξύλον τύπτοντ' ἐχρῆν τιν' α. ; κ.τ.λ.
αὐτάς. Ν. 350. σκώπτουσαι τὴν μανίαν αὐτοῦ Κενταύροις
ἠκασαν α.
Fr. 310, 2. ὅσαις τε περιπίττουσιν α. προσθέτοις.
αὐτε. Ν. 595. ἀμφί μοι α., Φοῖβ' ἄναξ κ τ λ.
αὐτεῖς. Α. 717. τί Ζῆν' d. ; ταῦτα δ' οὖν αὔτως ἔχει.
αὐτέκμαγμα. Θ. 514. λίαν λίαν σοι γέγονεν, α. σὺν,
αὐτή. I. 1090. ἀλλ' ἐγὼ εἶδον ὄναρ, καὶ μοκδοκεῖν ἡ θεὸς α.κ.τ.λ.
Λ. 893. α. τί λυπεῖ; ΜΥ. μὴ πρόσαγε τὴν χείρα μοι κ.τ.λ.
αὐτή. Ν. 1184. α. γίνοιτ' ἂν γραῦς τε καὶ νέα γυνή·
αὐτὴ. Α. 417. α. δὲ θάνατον, ἢν κακῶς λέξω, φέρει. κ.τ.λ.
αὐτῆ. Α. 487. παράσχες, εἴπουσ' ἅττ' ἂν α. σοι βοηθ. κ.τ.λ.
αὐτῆ. Ν. 544. ἀλλ' α. καὶ τοῖς ἔτεσιν πιστεύουσ' ἐλήλυθεν.
αὐτηγί. Α. 784. ἀλλ' οὐδὲ θύσιμός ἐστιν α. ΜΕ. σὰ μάν;
Ο. 821. ἄρ' ἐστὶν α. Νεφελοκοκκυγία,
αὐτηί. Α. 20. ἐνθυτής ἔρημος ἡ νυξ α.
αὐτήν. Α. 583. ἰδού. ΔΙ. παράθες νυν ὑπτίαν α. ἐμοί. κ.τ.λ.
Σ. 681. ἀλλ' α. μοι τὴν δουλείαν οὐκ ἀποφαίνων ἀπονυαίεις
κ.τ.λ.
αὐτὴν. Ν. 233. ἕλκει πρὸς α. τὴν ἰκμάδα τῆς φροντίδος. κ.τ.λ.
αὐτήν. Α. 789. ὡς ξυγγενὴς ὁ κύσθος α. θατέρῳ, κ.τ.λ.
αὐτὴς. Ν. 145. γύλλαν ὀπόσουν ἔλλοιτο τοῦ α. πόδας· κ.τ.λ.
αὑτίκ'. Α. 757. α. ἄρ' ἀπαλλάξεσθε πραγμάτων, ΜΕ. σὰ μάν;
κ.τ.λ.
αὐτίκα. I. 284. ἀποθανεῖσθον α. μάλα. κ.τ.λ.
αὐτίχ'. Ν. 604. ἄρ' αἰσθάνει πλεῖστα δι' ἡμᾶς ἀγάθ' α. ἔξων
κ.τ.λ.
αὐτό. I. 18. εἴποιμ' ἂν α. δῆτα κομψευριπικῶς ; κ.τ.λ.
I. 23. α. φαθὶ τοῦ μύλωμεν. ΔΗ. α. ΝΙ. πάνυ καλῶς. κ.τ.λ.
αὐτοδαξ. ΕΙ. 607. τὰς φύσεις ὑμῶν δεδοικὼς καὶ τὸν α. τρόπον,
Λ. 687. ὡς ἂν δέξωμεν γυναικῶν α. ὡργισμένων.
αὐτόθεν. Α. 116. κοὐκ ἔσθ' ὅπως οὐκ εἰσὶν ἐνθενδ' α. κ.τ.λ.
αὐτόθι. I. 119. ἀνύσας τι φέρ' ἴδω τί ἄρ' ἔνεστιν α. κ.τ.λ.
αὐτοί. Α. 504. α. γάρ ἐσμεν οὐτὶ Λημνίαν τ' ἀγών, κ.τ.λ.
Ν. 1156. α. τε καὶ τἀρχαῖα καὶ τύποι τύπων κ.τ.λ.
αὐτοῖν. Ν. 886. αὐτὸς μαθήσεται γὰρ τοῖν λόγοιν. κ.τ.λ.
αὐτοῖς. I. 648. α. ἀπόρρητον ποιησάμενοι ταχύ, κ.τ.λ.
αὐτοῖσι. I. 849. ταῦτας ἐάν α. τοῖς πόρνοισιν ἀνατεθῆναι κ.τ.λ.
αὐτοῖσι. Α. 1076. ὑπὸ τοὺς Χ ίας γὰρ καὶ Χύτρους α. τις
αὐτοῖσιν. Α. 230. κοὐκ ἀνήσω πρὶν ἂν σχοίνος α. ἀντεμπαγῶ
κ.τ.λ.
αὐτοκόμον. D. 822. φρίξας δ' α. λοφιὰς Λασιαύχενα χαίτην,
αὐτοκράτωρ'. ΕΙ. 359. φράζε· οὐ γὰρ α.
αὐτοκράτορας. Α. 1010. α. πρέπει ἀποπίμπειν ἐνθαδί.
αὐτοκράτορες. Ο. 1595. τούτων περὶ πάντων α. ἥκομεν.
αὐτομάτα. Α. 976. α. πάντ' ἀγαθὰ τᾠδί γε πυρίζεται.
αὐτομαληςἴεν. ΕΙ. 665. ἐλθοῦσά φησιν α. μετὰ τὸν Πύλον
Α. 431. ἐξήρξαμεν γὰρ α. τὸ δεῖ μοχλᾶν·
αὐτομάτοισιν. Fr. 550. ἐν τοῖς ὄρεσιν α. τὰ μιμαίκυλα φύεται
πολλά.
αὐτόματον. Σ. 1282. ἀλλ' ἀπὸ σοφῆς φύσεως α. ἐκμαθεῖν
αὐτόματος. Π. 1190. α. ἥκων. ΙΕ. πάντ' ἀγαθὰ τοίνυν λέγεις.
Αὐτόμενες. Σ. 1275. ᾧ μακάρι' α., ὡς σε μακαρίζομεν,
αὐτομολεῖν. ΕΙ. 451. ἡ δοῦλος α. παρεσκευασμένος.
αὐτομολητέον. (?) Fr. 170. α.
αὐτομολοῦσαν. Α. 723. τὴν δ' α., τὴν δ' ἐπὶ στρομθοῦ μίαν
αὐτομολῶμεν. I. 26. φράσω καφ' ὑμῶν α. ΝΙ. ἦν,
αὐτὸν. Α. 139. καὶ τοῦ ποταμοῦ ς ἔπηξ' ὑπ' α. τὸν λαρκόν, κ.τ.λ.
I. 146. ζητῶμεν α. ΝΙ. ἀλλ' ὁδὶ προσέρχεται κ.τ.λ.

αὐτόν. ΕΙ. 67. πεύσεσθ'. ἔφασκε γὰρ πρὸς α. ἐνθαδί· κ τ.λ.
Β. 1195. εἶτ' ἐξεπίφλωισεν α. ΔΙ. εὐδαίμων ἄρ' ἦν,
αὐτοπρέμνοις. Η. 902. τὸν δ' ἀναπώοντ' α.
αὐτάς. Α. 36. ἀλλ' α. ἔφερε πάντα χὡ πρίων ἀπῆν. κ τ.λ.
Α. 239. οὗτος α. ἐστιν ὅν ζητοῦμεν, ἀλλὰ δεῦρο πᾶς κ τ.λ.
αὐτός. Θ. 906. σὺ δ' εἴ τις ; α. γὰρ οὐ κἄμ' ἔχει λόγος. κ τ.λ.
αὐτόσ'. Λ. 873. καταβηθι δεῦρο, ΝΥ. μὰ Δί' ἐγὼ μὲν α. οὔ.
αὐτόσε. Θ. 202. τί δ' ἐστὶν ὅ τι δέδοικας ἐλθεῖν α.,
αὐτότατος. Π. 83. ἐκεῖνος αὐτός ; ΠΛ. α. ΧΡ. πόθεν οὖν,
φράσον,
αὐτοῦ. Α. 646. οὑτῶ δ' α. περὶ τῆς τόλμης ἤδη πόρρω κλέος
ἥκει, κ.τ.λ.
αὐτοῦ. Ν. 401. ἀλλὰ τὸν α. γε νεὼν βάλλει καὶ Σούριον ἄκρον
Ἀθηναίων κ.τ.λ.
αὐτούς. Α. 372. ἐὰν τις α. εὐλογῇ καὶ τὴν πόλιν κ.τ.λ.
Σ. 683. α. τ' εἶναι καὶ τοὺς κόλακας τοὺς τούτων ὑψοσοφόρ
οῦντας ; κ.τ.λ.
αὐτοφυές. Fr. 162, 1. ὦ πόλι φίλη Κέκροπος, α. Ἀττική,
αὐτοφώρῳ. Π. 455. ἐπ' α. δεινὰ δρῶντ' εἰλημμένοι ;
αὐτόχειρες. Ο. 1135. ἀλλ' δ., ὥστε θαυμάζειν ἐμέ.
Α. 269. μίαν πυρῷν νήσαντες ἐμπρήσωμεν α.
αὐτάχθονας. Α. 1082. καὶ μὴν ὁρῶ γε τούσδε τοὺς α.
αὐτόχθων. Σ. 1076. Ἀττικοὶ μόνοι δικαίως εὐγενεῖς α.,
αὐτόχρημ'. I. 78. ὅ πρωκτός ἐστιν α. ἐν Χαόσι.
αὑτῷ. Α. 89. παρέθηκεν ἡμῖν' ὄνομα δ' ἦν α. φίναξ. κ.τ.λ.
αὑτῷ. Α. 1017. α. διακονεῖται· κ.τ.λ.
αὐτῷ. Ν. 410. ἢ δ' ἄρ' ἐφυσᾶτ', εἶτ' ἐξαίφνης διπλακήσασα πρὸς
α. κ.τ.λ.
αὐτῶν. Α. 561. δίκαια πάντα κοὐδὲν α. ψεύδεται, κ.τ.λ.
αὐτῶν. Ο. 508. ταῦθ' οὐχ ὑπ' ἄλλων, ἀλλὰ τοῦ α. πτεροῖς. κ.τ.λ.
αὐχένα. Α. 482. ὅστις παρασχὼν τῇ πόλει τὸν α.
Ν. 592. εἴτα ψιμάσφτε τούτου τῷ ξύλῳ τὸν α.
Α. 681. ἐγκαθαρμόσαι λαβόντες ταυτονὶ τὸν α.
Fr. 286. ἢ πρόσποιοῦφ περιπαγῇ τὸν α.
αὐχμεῖν. Ν. 442. α., ῥιγῶν, ἀσκὸν θαίρειν,
αὐχμεῖς. Ν. 920. α. αἰσχρῶς. ΔΙ. σὺ δέ γ' εὖ πράττεις.
αὐχμῶν. Ν. 1120. ὥστε ἐπ' α. πιέξειν μήτ' ἄγαν ἐπομβρίαν.
αὐχμός. Π. 839. α. γὰρ ὢν τῶν σκευαρίων μ' ἀφώλεσεν,
αὐχμῶν. Π. 84. α. βαδίζεις ; ΠΛ. ἐν Πατρακλέους ἔρχομαι,
ἀφ'. I. 427. οὗ γε ξυνέβαλεν αὑτ'· ἀτὰρ δηλὸν γ' α. οὐ
ξυνέγνων· κ.τ.λ.
Ν. 772. τῶν τραγωλίων, καὶ μὴ δ.
ἀφαιρεῖ. D. 518. ξμελλ' δ. χῇ τράπεξ' εἰσήρετο.
ἀφαιρεῖσθαι. Θ. 844. ἀλλ' δ. βίᾳ τὰ χρήματ', εἰπόντας τοδί·
Β. 600. ταῦτ' δ. πάλιν πει-
ἀφαιρῇ. Εκ. 665. ἀπὸ τῆς μάζης δ. σιτεῖται· ταύτην γὰρ ὅταν
τις δ.,
ἀφαιρήσει. Α. 464 ἄνθρωπ', δ. με τὴν τραγῳδίαν.
ἀφαιρήται. Εκ. 1023. τί δ', ἦν δ. μ' αὐτὴν πρὸ τοῦ δραμάτων
ἀφαιρῶν. Fr. 360. εἴ τίς σε κολακεύει παρὼν καὶ τὰς κρωκύδας δ.
ἀφανῆ. Εκ. 602. καὶ Δαρειὼς δ. πλοῦτον ; ΠΡ. τοῦτ' ἐς τὸ
μέσον καταθήσει,
ἀφανίζειν. Ν. 542. τύπτει τὸν παρόντ', δ. πονηρὰ σκώμματα,
Ν. 972. ἐπιτρίβετο τυπτόμενος πολλὰς ἂν τὰς Μούσας δ.
ἀφανίσαι. Π. 434. ἀυθ' ὧν ἐμὲ ζητεῖτον ἐνθένδ' δ.
ἀφανίσειεν. Ν. 760. ὅπως ἂν αὐτὴν δ. εἰπέ μοι.
ἀφανισθέντων. Π. 512. οὐδείς ἀμφοῖν δ' ὑμῶν τούτων δ. ἐθε-
λήσει
ἀφάνισιν. Ν. 765. εὕρημ' δ. τῆς δίκης σοφώτατην,
ἀφανοῦς. D. 1333. νίμπτες ἐξ δ..
ἀφαρπάζοντα. Π. 677. τοὺς φθοῖς δ. καὶ τὰς ἰσχάδας
ἀφασία. Θ. 904. τουτί τί ἐστιν; δ. τίς τοί μ' ἔχει.
ἀφατα. Α. 1080. δ. τί μοι λέγω τις ; ἀλλ' ὅπα σέλει.
ἀφάτων. Ο. 428. δ. ὡς φρόνιμα.
Λ. φεῦ δᾶ, τὸν ὄρκον δ. ὡς χρεών·
ἀφατος. Λ. 1148. ἀδοίκεμες' ἀλλ' ὁ πραπτός δ. ὡς καλός.
ἀφανανθήσομαι. Εκ. 146. δίψῃ γὰρ ὡς ἐοικ'. δ.
ἀφελεῖ. I. 394. ἐν ξύλῳ δήσας δ. κλίμβὰσιν βουλεται.
ἀφελεῖν. ΕΙ. 561. ἤπερ ὑμῶν τοὺς λύφους δ. καὶ τὰς Γοργόνας
ἀφελεῖς. Ο. 1136. τοῦ τὸν βίον κιβδήλου.
ἀφελεῖ. Θ. 935. ὁλίγον μ' δ. αὐτὸν ἱστιοράφος.
ἀφείλκον. Ο. 503. ῥβαλὸν κατεβρύχθισα κῄτα κενῶν τὸν
θύλακον οἴκαδ' δ.
ἀφειλόμην. Fr. 476, 11. ἐγὼ δὲ τοῦτ' ὀλίγον χρόνον φήσας
δ.
ἀφείλον. D 941. ἴσχυνεν μὲν πράπιστον αὐτὴν καὶ τὸ βάρος δ.
ἀφείμην. Ο. 1126. οὐκ ἔστιν ὅπως ἂν ἐγὼ ποθ' ἑκὼν τῆς σῆς
γνώμης ἔτ' δ.
ἀφεῖναι. Σ. 595. εἶπη τὰ δικαστήρι' δ. πράτιστα μίαν δικά-
σαντας·
ἀφεῖς. Ν. 744. δ. ἀπελθε· κᾇτα τὴν γνώμην πάλιν

ἀφείς—ἄφυκτον. 39

ἀφείς. Σ. 1261. τὸ πρᾶγμ᾽ ἔτρεψας, ὥστ᾽ ἀ. σ᾽ ἀποίχεται.
ἀφεκτέ᾽. Λ. 122. δ. ἐστὶ ΝΥ. τοῦ ; φράσον. ΑΥ. ποιήσετ᾽ οὖν ;
ἀφεκτέα. Λ. 124. δ. τοίνυν ἡμῖν ἐστι τοῦ πέους.
ἄφελε. ΕΙ. 454. δ. τὸ παίειν, ἀλλ᾽ ἰὴ μόνον λέγε.
Λ. 36. μὴ δῆτα πάντας γ᾽, ἀλλ᾽ ἄ. τὰς ἐγχέλεις.
ἀφελίσθαι. Σ. 854. τὴν ἁκαλήφην ἄ.
Β. 526. τί δ᾽ ἐστίν ; οὐ δὴ πού μ᾽ ἄ. διανοεῖ
ἄφελῃ. Εκ. 563. τουτὶ ποιήσῃς μηδ᾽ ἄ. μου τὸν βίον.
ἀφέλκετε. Α. 1005. ἀναβράττετ᾽, ἐξοπτᾶτε, τρίκετ᾽, ἄ.
ΕΙ. 427. εἰσιόντες ὡς τάχιστα τοὺς λίθους ἄ.
ἀφελκύσωμαι. Α. 1120. φέρε, τοῦ δόρατος ἄ. τοὐλυτρον.
ἀφέλξομεν. ΕΙ. 361. φέρε δὴ κατίδω, ποῖ τοὺς λίθους ἄ.
ἀφελομένφ. Σ. 1380. δ. σε καὶ νομίσας εἶναι σαπρὸν
ἀφελοῦσα. Λ. 1028. ἐνσκάλευσον αὐτό, κᾆτα δεῖξον ἄ. μοι·
ἀφέλωμαι. Β. 586. ἀλλ᾽ ἢν σε τοῦ λοιποῦ ποτ᾽ ἄ. χρόνου,
ἀφελῶν. Α. 1119. ναὶ ναί, σὺ δ᾽ ἄ. δεῦρο τὴν χορδὴν φέρε.
Ι. 816. ἄ. γ᾽ οὐδὲν τῶν ἀρχαίων ἰχθῦς καινοῖσι παρέθηκε.
ΕΙ. 748. τοιαῦτ᾽ ἄ. κακὰ καὶ φόρτον καὶ βωμολοχεύματ᾽
ἀγεννῆ,
Εκ. 612. ἕξει τούτων ἄ. δύναμ᾽ τῶν ἐκ κοινοῦ δὲ μεθέξει
Π. 22. μὰ Δί᾽, ἀλλ᾽ ἄ. τὸν στέφανον, ἢν λυβῇς τί με,
ἀφελών. Ι. 527. διὰ τῶν ἀ. πεδίων ἔρρει, καὶ τῆς στάσεως
παρασύρων
ἀφέλωνται. Α. 654. οὐ φροντίζουσ᾽, ἀλλ᾽ ἵνα τοῦτον τὸν
ποιητὴν ἄ.
ἄφες. Ι. 1159. ἄ. ἀπὸ βαλβίδων ἐμέ τε καὶ τουτονί.
Ν. 1139. τὸ δ᾽ ἀναβαλοῦ μοι, τὸ δ᾽ ἄ.," οὔ φασίν ποτε
Σ. 1131. τί οὖν κελεύεις δρᾶν με ; ΒΔ. τὸν τρίβων᾽ ἄ.
ἄφεσθε. Εκ. 509. βακτηρίας ἄ. καὶ μέντοι σὺ μὲν
ἀφεστήκασι. Fr. 721. οὗτοι δ᾽ ἄ. πλείν ἢ δύο δοχμά.
ἄφετ᾽, Λ. 1166. ἄ., ὦγάθ᾽, αὐτοῖς. ΑΘ. κᾆτα τίνα κινήσομεν ;
ἄφετέ. Σ. 522. ἄ. νυν ἅπαντες αὐτόν. ΦΙ. καὶ ξένη γέ μοι δότε·
ἄφετον. Π. 100. ἄ. μὲ νῦν. ἴστον γὰρ ἤδη ταῦτ᾽ ἐμοί.
ἀφέτω. Εκ. 1083. οὐκ οἶσθα ; βαδιεῖ δεῦρ᾽. ΝΕΑ. ἄ. νῦν μ᾽
αὑτῇ.
ἄφευε. ΕΙ. 1144. ἀλλ᾽ ἄ. τῶν φασήλων, ὦ γύναι, τρεῖς χοίνικας,
ἀφεύειν. Θ. 216. τὰ κάτω δ᾽ ἄ. ΜΝ. ἀλλὰ πράττ᾽, εἴ σοι δοκεῖ·
ἀφεύσειν. Θ. 590. ἄ. αὐτὸν κάπετιλ᾽ Εὐριπίδης
ἀφεῦσαι. Θ. 236. ἀνίστασ᾽, ἵν᾽ ἄ. σε, κᾀγκύψας ἔχε.
ἀφεύειν. Εκ. 13. λάμπει, ἄ. τὴν ἐπανθοῦσαν τρίχα·
ἀφεψήσας. Ι. 1321. τὸν Δῆμον ἄ. ὑμῖν καλὸν ἐξ αἰσχροῦ πε-
ἀφῇ. Εκ. 1084. δευρὶ μὲν οὖν ἴθ᾽ ὡς ἔμ᾽. ΝΕΑ. ἢν ἠδὶ μ᾽ ἄ.
ἀφῆκας. Ο. 88. δείσας ἄ. τὸν κολοιόν ; ΕΥ. εἰπέ μοι,
ἀφῇθ᾽. Α. 655. ἀλλ᾽ ὑμεῖς τοι μή ποτ᾽ ἄ. ἣν κωμῳδήσει τὰ
δίκαια·
ἀφήλατο. Ν. 147. ἐπὶ τὴν κεφαλὴν τὴν Σωκράτους ἄ.
ἀφῃρέθη. Ν. 169. πρώην δέ γε γνώμην μεγάλην ἄ.
Ν. 625. τὸν στέφανον ἄ. μᾶλλον γὰρ οὔτως εἴσεται
ἀφῆπασεν. Ι. 1062. οὗτος γὰρ ἡμῶν τὰς πνεύκας ἄ.
ἀφήσειν. Α. 1149. ὑμᾶς δ᾽ ἄ. τοὺς Ἀθηναίους οἴει ;
ἀφήσεις. Α. 822. κλάων μεγαριεῖς. οὐκ ἄ. τὸν σάκον ;
Σ. 448. οὐκ ἄ. οὐδὲ νυνί μ᾽, ὦ κάκιστον θηρίον ;
ἀφήσετον. Π. 73. κακὸν τί μ᾽ ἐργάσεσθε κυθὼ ἄ.
ἀφησόμεσθα. ΕΙ. 705. ὥστ᾽ οὐδέποτ᾽, ὦ δίσπουν᾽, ἄ. σου.
ἀφήσω. Ι. 432. ἐγώ δὲ συστελίας γε τοὺς ἀλλᾶντας εἶτ᾽ ἄ.
Θ. 717. μάτην λαλεῖτε· τὴν δ᾽ ἐγὼ οὐκ ἄ.
Β. 513. οὐ γάρ σ᾽ ἄ. καὶ γὰρ αὐλητρίς γέ σοι
Εκ. 1000. μὴ 'γώ σ᾽ ἄ. ΝΕΑ. παραφρονεῖς, ὦ γρᾴδιον.
1075. ὡς οὐκ ἄ. οὐδέποτέ σ᾽. ΓΡ. Β. οὐδὲ μὴν ἐγώ.
1085. ἀλλ᾽ οὐκ ἄ. μὰ Δία σ᾽. ΓΡ. Γ. οὐδὲ μὴν ἐγώ.
ἀφῇς. Θ. 693. ἢν μή μ᾽ ἄ. ἀλλ᾽ ἐνθάδ᾽ ἐπὶ τῶν μηρίων
ἄφητε. Fr. 156, 3. ἂν μὲ τῶν ἀρχῶν ἀ. β. δεχώμεθα
ἄφητι. Σ. 922. μή νυν ἄ. γ᾽ αὐτόν, ὡς ὄντ᾽ ἄ. πολὺ
ἄφθιτα. Ο. 689. τοῖς αἰθερίοις, τοῖσιν ἀγήρῳς, τοῖς ἀ. μηδομέ-
νοισιν.
ἄφθιτον. Ο. 702. καὶ γῇ πάντων τε θεῶν μακάρων γένος ἄ. ᾧδε
μὴν ἐσμέν
ἄφθονα. Εκ. 690. πᾶσι γὰρ ἄ. πάντα παρέσομεν
ἀφίγμαι. Θ. 180. ἱκέτης ἄ. πρὸς σέ. ΑΓ. τοῦ χρείαν ἔχων ;
ἀφίγμεθ᾽. Π. 960. δ., ὄντας τοῦ νέου τούτου θεοῦ,
ἀφίγμεθα. Ο. 120. ταῦτ᾽ οὖν ἱκέται νὼ πρὸς σὲ δεῦρ᾽ ἄ.,
Θ. 1098. ὦ θεοί, τίν᾽ ἐς γῆν βαρβάρων ἄ.
ἀφιγμένη. Π. 962. ἀλλ᾽ ἴσθ᾽ ἐπ᾽ αὐτὰς τὰς θύρας ἄ.,
ἀφιγμένοισιν. Β. 732. ὑστάτοις ἄ. οἶόν ἡ πύλις πρὸ τοῦ
ἀφιγμένος. ΕΙ. 130. μόνος πιστεύειν ἐς θεοὺς ἄ.
Β. 436. ἀλλ᾽ ἴσθ᾽ ἐπ᾽ αὐτὴν τὴν θύραν ἄ.
ἀφίει. Β. 433. ξένω γὰρ ἐσμὲν ἀρτίως ἄ.
ἀφίει. Σ. 428. ἀλλ᾽ ἄ. τὸν ἄνδρ᾽ εἰ δὲ μή, φήμ᾽ ἐγὼ
Β. 1005. καὶ κοσμήσας τραγικῆς ληρον, θαρρῶν τὸν κρουνὸν ἄ.
ἀφίεμεν. Ν. 1426. ἄ., καὶ δίδομεν αὐτοῖς προῖκα συγκεκύφθαι.

ἀφιέναι. Β. 131. ἄ. τὴν λαμπάδ᾽ ἐντεῦθεν θεῷ,
ἀφιέναι. Ι. 674. ἐκεπράγεσάν τε τοὺς πρυτάνεις ἄ.·
ἀφίετε. Εκ. 745. τὰ χυτρίδι᾽ ἤδη καὶ τὸν ὄχλον ἄ.
ἀφικέσθαι. Εκ. 620. οὐκ ἐπιλείψει τὸ πέος πρότερον πρὶν ἐκεῖσ᾽
οἱ φῂς ἄ. ;
ἀφίκεσθον. Θ. 1158. ἥλθετον, νῦν ἄ., ἱκετεύομαν, ἐνθάδ᾽ ἡμῖν.
ἀφίκετ᾽. Λ. 786. φεύγων γάμον ἄ. ἐς ἐρημίαν,
ἀφικνουμένεις. Ι. 975. σὺν καὶ τοῖς ἄ.,
ἀφικνουμένους. Ο. 1418. τίς ὁ πτερῶν δεῦρ᾽ ἐστὶ τοὺς ἄ. ;
ἀφικοίμην. ΕΙ. 68. πῶς ἂν ποτ᾽ ἄ. ἂν εἰθὺ τοῦ Διός ;
ἀφίκοιτο. Β. 766. ἔστ᾽ ἂν τῆς τέχνης σοφώτερος
ἀφίκομεθα. Π. 653. ὡς γὰρ τάχιστ᾽ ἄ. πρὸς τὸν θεὸν
ἀφικόμην. ΕΙ. 379. ἐγὼ προθύμως σοι φέρων ἄ.
ἀφικοῦ. Ι. 586. δεῦρ᾽ ἄ. λαβοῦσα τὴν
ἀφίκου. Λ. 371. τί δ᾽, ὦ θεοῖς ἐχθρά, σὺ δεῦρ᾽ ὕδωρ ἔχουσ᾽ ἄ. ;
ἀφικνῇ. Ι. 669. πύθησθ᾽ ἄ. γὰρ περὶ σπουδῶν λέγων·
Π. 265. ἔχων ἄ. δεῦρο πρεσβύτην τιν᾽, ᾧ πονηροί,
ἀφίκωμαι. Β. 1518. δεῦρ᾽ ἄ. τούτον γὰρ γὰρ
ἀφιλον. Θ. 1027. ὀλούν, ἄ. ἐκρέμασεν κύραξι δεῖπνον·
ἀφίεται. Π. 405. ἀλλ᾽ ἦν θεοὶ θέλωσι, νῦν ἄ. ;
ἀφίεμαι. Εκ. 1080. φέρε, πῶς ἔτ᾽ ἐκείνην τὴν καλὴν ἄ. ;
ἀφιέμεθ᾽. Β. 118. ὅπως τάχιστ᾽ ἄ. εἰς 'Αιδου κάτω·
ἀφίονται. Ο. 606. πῶς δ᾽ εἰς γῆρας ποτ᾽ ἄ. ; καὶ γὰρ τοῦτ᾽ ἐστ᾽
ἐν 'Ολύμπῳ·
ἀφίσταντο. Ι. 238. οὐκ ἔσθ᾽ ὅπως οὐ Χαλκιδέας ἄ.
ἀφίχθαι. Ο. 320. φήμ᾽ ἀπ᾽ ἀνθρώπων ἄ. δεῦρο πρεσβύτα δύο·
ἀφιχθὼν. Ο. 318. ἀνήρε γὰρ λεπτῷ λογισμῷ δεῦρ᾽ ἄ. ὡς ἐμέ.
ἀφνώ. Α. 157. τί δ᾽, ἢν ἄ. ἀνδρες ἡμᾶς, ὦ μέλε;
ἀφοβόσπλαγχνος. Β. 496. καὶ τὴν λεοντῆν, εἴπερ ἄ. εἶ.
ἀφόβῳ. Ο. 1376. ἄ. φρενὶ σώματί τε κἂν ἱερόιν
ἀφοδον. Εκ. 1059. ἴδι νυν ὅπως εἰς ἄ. πρωτίστα ἄ.
ἀφορμᾶσθαι. Ν. 607. ἡνίχ᾽ ἡμεῖς δεῦρ᾽ ἄ. παρεσκευάσμεθα,
ἀφορμὴν. Fr. 590. μέλλει δὲ πέμπειν τοὺς εἰς ἄ.
ἀφορώμεθα. Ν. 281. τηλεφανεῖς σκοπιὰς ἄ.,
ἀφραδίησιν. Ι. 1064. οἴτινες ἄ. θεῶν νόμον οὐκ ἄοντες
ἀφρακτοῖς. Θ. 581. ὑμῖν ἄ. πρᾶγμα δεινὸν καὶ μέγα.
ἀφρατῶρ. ΕΙ. 1097. ἄ. ἀθέμιστος, ἀνέστιος αὐτὸν ἐκείνου.
'Αφροδίτη. Α. 792. κάλλιστος ἔσται χοῖρος 'Α. θύειν.
Α. 794. οὐ χοῖρός 'Α.· μόνῃ γα δαιμόνων.
'Αφροδίτη. Ε. 551. ἀλλ᾽ ἤπερ ὕ τε γλυκυθύμως Ἔρως χὴ
Κυπρογένει᾽ 'Α.
'Αφροδίτη. Εκ. 456. Ἑρμῇ, Χάρισιν, "Ωραισιν, 'Α., Πύθῳ.
Ο. 565. ἢν 'Α. θύῃ, πυροῦς ὀρνιθι φαληρίς θύειν·
'Αφροδίτη. Α. 208. μὰ τὴν 'Α. οὐκ, ἐὰν γε μὴ λάχῃς.
Λ. 252. μὰ τὴν 'Α. οὐδέποτέ γ᾽· ἄλλως γὰρ ἂν
556. ἀγοράζοντας καὶ μαινομένους. ΓΥ. νὴ τὴν Παφίαν 'Α.
749. νὴ τὴν 'Α. οὐ σύ γ᾽, ἀλλ᾽ ἢ χαλκῶν
858. νὴ τὴν 'Α. κἂν περὶ ἀνδρῶν γ᾽ ἐμπέσῃ
939. νὴ τὴν 'Α. ἢν γε βούλῃ γ᾽ ἢν τε μὴ
Θ. 254. νὴ τὴν 'Α. ἡδύ γ᾽ ὄζει ποσθίου.
Εκ. 189. νὴ τὴν 'Α. εὖ γε ταυταγὶ λέγεις.
190. τάλαιν᾽, 'Α. ἀνύμασας χαριέντά γ᾽ ἂν
558. νὴ τὴν 'Α., μακαρία γάρ ἡ πύλις
981. νὴ τὴν 'Α. ἤν γε βούλῃ γ᾽ ἤν τε μή·
999. μὰ τὴν 'Α. ἢ μ᾽ ἔλαχε κληρουμένη,
1008. νὴ τὴν 'Α. γε μέντοι σ᾽. ὡς ἐγὼ
1136. νὴ τὴν 'Α. πολύ γ᾽ ἀπαντῶν ὕστατος.
Π. 1069. μὰ τὴν 'Α. οὐκ ἐμοῦ γ᾽, ὦ βδελυρὲ σύ.
'Αφροδίτης. ΕΙ. 40. οὐκ οἶδ᾽. 'Α. μὲν γὰρ οὔ μοι φαίνεται,
Λ. 832. τοῖς τῆς 'Α. ὀργίοις εἰλημμένον.
898. τὴν 'Α. ἱέρ᾽ ἀπουργιαστά σοι
Β. 1045. μὰ Δί᾽, οὐδὲ γὰρ ἦν τῆς 'Α. οὐδέν σοι. ΑΙ. μηδέ γ᾽
Εκ. 8. κἂν τοῖσι δωματίοισιν 'Α. τρόπον
Fr. 490. ἡδύ γε πίνειν οἶνος 'Α. γάλα.
'Αφροδίτος. Fr. 271. 'Α.
ἀφρός. Λ. 1257. πολὺς δ᾽ ἀμφὶ τὰς γέννας ἄ. ἦσει,
ἀφρων. Σ. 729. γῆπόθ᾽ πιθοῦ πιθοῦ λόγοισι, μηδ᾽ ἄ. γένῃ,
ἀφύαις. Ι. 678. ἔπειτα ταῖς ἄ. ἐδίδουν ἡδύσματα
Σ. 496. ἢν δ᾽ γήτειον προσαιτῇ τις ἄ. ἡδυσμά τι,
ἀφύαις. Α. 901. δ. ἄρ᾽ ἂξεις πριαμένος Φαληρικᾶς
Α. 902. ἢ κέραμον. ΒΟ. ἄ. ἢ κέραμον ; ἀλλ᾽ ἔντ᾽ ἐκεῖ
Ι. 645. οὐμώπυτ᾽ ἄ. ἥδιον φάγοις τῶν ἄ.
649. ἵνα τὰς ἄ. ὀνοίντο πολλαῖς τοὐβολοῦ,
672. βοσθωντο τὰς ἄ. παρ᾽ ἡμῖν ἀξίας·
Ο. 76. τυτὲ μὲν ἐρῶ φαγεῖν ἄ. Φαληρικὰς·
77. τρέχω 'π᾽ ἄ. ἐγὼ λαβὼν τὸ τρύβλιον.
ἀφύδια. Fr. 422. μηδὲ τὰ Φαληρικὰ τὰ μικρὰ ταδὶ ἄ.
ἀφυῆς. Fr. 421, 1. ἄ. ἄ. μοι. παρατέταμαι γὰρ τὰ λιπαρὰ
κάπτων.
ἄφυκτον. Ν. 1047. ἐπίσχες· εὐθὺς γάρ σε μέσον ἔχω λαβὼν ἄ.

ἄφυκτονς. Ι. 757. καὶ λῆμα θούριον φορεῖν καὶ λύγανς ἀ.,
ἀφύων. Α. 640. εὕρετο πᾶν ἂν διὰ τὰς λιπαρὰς, ἀ. τιμὴν
  περιάψας.
  Ι. 606. οἱ δ' ἐθαρύβουν περὶ τῶν ἀ. ἑστηκότες·
'Αχαίαν. Α. 709. οὐδ' ἂν αὐτὴν τὴν 'Α. ῥᾳδίως ἡνέσχετο,
'Αχαιῶν. Β. 1269. κύδιστ' 'Α. 'Ατρέως πολυκοίρανε μάνθανέ
  μου παί.
Β. 1285. ὅπως 'Α. διθρόνου κράτος, Ἑλλάδος ἥβας,
ἀχάλινον. Β. 838. ἔχοντ' ἀ. ἀκρατὲς ἀθύρωτον στόμα,
ἀχάνας. Α. 108. οὐκ, ἀλλ' ἀ. ὅδε γε χρυσίου λέγει.
Α. 109. ποίας ἀ.; σὺ μὲν ἀλαζὼν εἶ μέγας.
ἄχαρις. Ο. 156. σὺ γὰρ οἶσθ' ἀκριβῶν, ΕΠ. οὐκ ἀ. ἐς τὴν
  τριβήν·
ἀχάριστος. Σ. 451. ὥστε σε ζηλωτὸν εἶναι, σὺ δ' ἀ. ἦσθ' ἄρα.
'Αχαρνέας. Α. 177. δεῖ γάρ με φεύγοντ' ἐκφυγεῖν 'Α.
  Α. 200. χαίρειν κελεύων πολλὰ τοὺς 'Α.·
  203. ἐγὼ δὲ φεύξομαί γε τοὺς 'Α.
  222. μηδέ περ γέροντας ὄντας ἐκφυγὼν 'Α.
'Αχαρνέων. Λ. 62. πρῶτας παρέσεσθαι δεῦρο τὰς 'Α.
'Αχαρνική. Α. 666. δεῦρο Μοῦσ' ἐλθὲ φλεγυρὰ πυρὸς ἔχουσα
  μένος, ἔντονος 'Α.
Θ. 563. 'Α. τὸν πατέρα. ΓΥ. Γ. ταυτὶ δῆτ' ἀνίκτ' ἀκούειν;
'Αχαρνικαί. Α. 180. 'Α., στιπτοὶ γέροντες, πρίνινοι,
'Αχαρνικαῖσιν. Α. 329. ταῖς 'Α. ἡμῖν· μῶν ἔχει τον παιδίον
ἄχε'. Β. 1353. ἐμοὶ δ' ἄ. ἄχεα κατέλιπε,
ἄχεα. Β. 1353. ἐμοὶ δ' ἄχε' ἄ. κατέλιπε,
ἀχεῖ. Σ. 1489. σφόνδυλυι ἀ. ΕΛ. πίθ' ἐλλέβορον.
ἔχεις. Σ. 577. καὶ τἀγαθά μοι μέμησ' ἄ. φάσκων τῆς Ἑλλάδος
  ἄρχειν.
'Αχελῷω. Fr. 130, 3. μιγεὶς 'Α.
'Αχερόντιος. Β. 471. 'Α. τε σκύπελος αἱματασταγὴς
ἀχέτας. ΕΙ. 1159. ἠνίκ' ἂν δ' ἀ.
Ο. 1095. ἠνίκ' ἂν ὁ θεσπέσιος ὀξὺ μέλος ἀ.
ἀχιών. Β. 1531. πάγχυ γὰρ ἐκ νειῶν ἀ. παυσαίμεθ' ἂν οὕτως
ἀχή. Θ. 1054. Λαιμήμητ' ἀ. δαιμονῶν, αἰόλαν
ἀχηνία. Fr. 91. νόσῳ βιασθεὶς ἢ φίλων ἀ.
ἀχθαμένων. Β. 216. Λίμναισιν ἀ.,
ἀχθάνειν. Θ. 328. δ. ἐπ' εὐχαῖς
ἄχθει. Ν. 416. μήτε ῥιγῶν ἀ. λίαν, μήτ' ἀριστᾶν ἐπιθυμεῖς,
ἀχθέσει. Ν. 865. ἡ μὴν σὺ τούτοις τῷ χρόνῳ ποτ' ἀ.
ἀχθέσεται. Ο. 84. ὅτι ἀ., σφῶν δ' αὐτῶν οὔνεκ' ἐπεγερῷ.
ἀχθεσθαι. Α. 892. πείθει γυναιξί, κἀμέ τ' ἀ. ποιεῖς
ἀχθεσθείσ'. ΕΙ. 683. ἀποστρέφεται τὸν δῆμον ἀ. ὅτι
ἄχθεται. Κ. 1344. ὅμως γε μέντοι τριβόμενον οὐκ ἄ.
ἄχθομαι. Α. 62. ποίου βασιλέως; ἄ. 'γὼ πρέσβεσι

ἄχθομαι. Α. 1100. ἐμοὶ δὲ τεμάχη· κρομμύας γὰρ ἄ.
  Σ. 852. ὁ πρῶτός ἐστιν; ΒΔ. ἐς κύμακας, ὡς ἄ.,
  ΕΙ. 119. δοξάσαι ἔστι, κύρας· τὺ δ' ἐτήτυμαν, ἄ. ὑμῖν,
  Λ. 9. καὶ πυλλ' ὑπὲρ ἡμῶν τῶν γυναικῶν ἄ.,
  867. ἀλλ' ἄ. μὲν εἰσιών, ἔρημα δὲ
  Β. 1481. νὴ τὸν Δι'· οὐ γὰρ ἄ. τῷ πράγματι,
  Ἐκ. 174. ὅσονπερ ὑμῖν· ἄ. δὲ καὶ φέρω
  1010. ἐγὼ δὲ ταῖς γε τηλικαύταις ἄ.,
  Π. 234. ἀλλ' ἄ. μὲν εἰσιὼν νὴ τοὺς θεοὺς
  899. τούτους ὑβρίζειν εἰς ἔμ'· αἴμ' ὡς ἄ.
ἀχθόμενος. ΕΙ. 1209. ὅπλων καπηλος ἄ. προσέρχεται.
ἄχθος. Ι. 1056. καί κε γυνὴ φέροι ἄ., ἐπεί κεν ἀνὴρ ἀναθείη·
  Β. 9. μηδ' ὅτι τοσοῦτον ἄ. ἐπ' ἐμαυτῷ φέρων,
  24. ἵνα μὴ ταλαιπωροῖτο μηδ' ἄ. φέροι·
'Αχιλλέα. Β. 912. 'Α. τιν' ἢ Νιόβην, τὸ πρόσωπον οὐχὶ δεικνύς,
'Αχιλλεύς. Β. 1400. βέβληκ' 'Α. δύο κύβω καὶ τέτταρα.
'Αχιλλείων. 1. 819. κώκεινος μὲν φεύγει τὴν γῆν, σὺ δ' 'Α.
  ἀναπαττεις,
'Αχιλλεῦ. Β. 992. τάδε μὲν λεύσσεις, φαίδιμ' 'Α.·
  Β. 1204. Φθίωτ' 'Α., τί ποτ' ἀνδροδάικτον ἀκούων,
'Αχιλλεύς. Β. 1400. βέβληκ' 'Α. δύο κύβω καὶ τέτταρα.
ἄχνην. Σ. 92. ἢν δ' οὖν καταμύσῃ κἂν ἄ., ὅμως ἐκεῖ
ἆχαρ. Fr. 360. ἀδαχεῖ γὰρ αὐτοῦ τὸν ἄ. ἐκλέγει τ' ἀεί.
ἀχραδούσιος. Ἐκ. 362. ὅστις ποτ' ἔστ' ἀνθρωπος. ἀ.
ἀχράς. Ἐκ. 355. ἄ. τις ἐγκλείσασ' ἔχει τὰ σιτία.
ἄχυρα. Α. 508. τοὺς γὰρ μετοίκους ἄ. τῶν ἀστῶν λέγω.
ἀχύρμια. Α. 508. τοὺς γὰρ μετοίκους ἄ. τῶν ἀστῶν λέγω.
  Fr. 59. εἰς ἀ. καὶ χνοῦν.
ἀχυρῶν. Σ. 1310. κληστῆρί τ' εἰς ἀ. ἀποδεδρακώτι.
ἀψάλακτος. Λ. 275. ἀπήλθεν ἀ., ἀλλ'
ἀψαμίνας. Θ. 655. ἡμᾶς τοίνυν μετὰ τοῦτ' ἤδη τὰς λαμπάδας
  ἀ. χρὴ
ἅψαντες. Α. 309. ἅ., εἶτ' ἐς τὴν θύραν κριηδὸν ἐμπέσοιμεν·
ἄψας, Α. 921. ἄ. ἂν ἐσπείμενον ἐς τὸ νεώριον
ἅψατε. Β. 1338. ἀλλά μοι ἀμφίτολοι λύχνον ἄ.
ἄψει. Θ. 567. ἀλλ' ἐκκοκιῶ σου τὰς ποκάδας. ΝΝ. οὐ δὴ μὰ
  Δία σύ γ' ἄ.
ἀψευδοῦντες. Fr. 591. ἀ.
ἀψήκτῳ. Λ. 637. τῷδέ γ' ἀ. πατάξω τῷ κοθόρνῳ τὴν γνάθον.
ἀψήφιστος. Σ 752. ἵν' ᾗ κήρυξ φησί, τίς ἀ.
ἀψιάδας. Θ. 53. κάμπτες δὲ νέας ἀ. ἐπῶν.
ἄψυχον. Β. 1334. ψυχὴν ἄ. ἔχοντα,
ἄψωμαι. Θ. 1115. φέρε δεῦρό μοι τὴν χεῖρ', ἵν' ἄ. κόρης
ἀωρί. Ἐκ. 741. ἀ. νύκτωρ διὰ τὸν ὄρθριον νύμον
  Fr. 592. ἀ. θανάτῳ ἀπέθανεν.
ἀωρίαν. Α. 23. οὐδ' οἱ πρυτάνεις ἤκουσιν, ἀλλ' ἀ.
ἀωροθάνατος. Fr. 592. ἀ.

Β

βαβαί. Α. 806. ταῖς χοιριδίοισιν. ἆρα τρώξονται; β.,
  ΕΙ. 248. β. βαβαιάξ, ὡς μεγάλα καὶ δριμέα
  Ο. 272. ἀλλὰ λιμαῖοι, ΠΕ. β., καλός γε καὶ φοινικιοῦς.
  Λ. 1078. β.· νενεύρωται μὲν ἤδη συμφορὰ
βαβαιάξ. Α. 64. σίγα, ΔΙ. β., ὠκβάτανα, τοῦ σχήματος
  Α. 1141. νίφει, ΔΙ. β.· χειμέρια τὰ πράγματα,
  ΕΙ. 248. βαβαὶ β., ὡς μεγάλα καὶ δριμέα
  Α. 312. θύμεσθα δὴ τὸ φορτίον. φεῦ τοῦ καπνοῦ, β.
  Β. 63. ἔντονος· β., μυριάκις ἐν τῷ βίῳ.
Βαβυλῶνα. Ο. 552. περιτειχίζειν μεγάλαις πλίνθοις ὑπταῖς
  ὥσπερ Β.
βάδην. Α. 535. ἐντεῦθεν οἱ Μεγαρῆς, ὅτε δὴ 'πείνων β.,
  Α. 254. χώρει, Δράκης, ἡγοῦ β., εἰ καὶ τὸν ὦμον ἀλγεῖς
βαδιεῖ. ΕΙ. 117. ἐς κόρακας β. μεταρσίως·
  Λ. 899. χρύνων τοσοῦτόν ἐστιν, οὐ β. πάλιν·
  Θ. 617. τί καρβαμίζεις; ψὺ β. δεῦρ' ὡς ἐμέ;
  Ἐκ. 855. καὶ ποῖ β. σὺ μὴ καταθεὶς τὴν οὐσίαν·
  860. β. δὲ δειπνήσων μετ'· ΑΝ. Β. τί γὰρ πάθω;
  1083. οὐκ οἶσθα; β. δεῦρ'. ΝΕΑ. ἀφέτω νύν μ' αὑτηί·
βαδιεῖται. Π. 495. ὡς τοὺς ἀγαθοὺς τῶν ἀνθρώπων β. κοὐκ
  ἀπολείψει,
βαδιεῖται. Ἐκ. 360. ὅπως β. μοι τὸ λοιπὸν ἡ κύπρος.
βάδιζ'. Α. 1140. τὴν δεσπίδ' αἴρου, ὦ β., ὦ παῖ, λαβών.
  Ν. 860. ἀλλ' ἴθι, β., ἴωμεν· εἶτα τῷ πατρὶ
  Σ. 765. ἐκεῖσε μὲν μηκέτι β., ἀλλ' ἐνθάδε
  Ἐκ. 1062. ὑπὸ τοῦ δέους. ΓΡ. Β. θάρρει, Β. ἔνδον χεσεῖ.
  Π. 1094. β.· ἐγὼ δέ σου κατύπιν εἰσέρχομαι.

βάδιζε. Α. 1086. β. τὴν κίστην λαβὼν καὶ τὸν χύα.
  Ι. 724. ἰδού, β., μηδὲν ἡμᾶς ἰσχέτω.
  1217. β. γοῦν καὶ δεῦρο πρὶν τὴν Παφλαγόνος.
  Σ. 180. β. θᾶττον, τί στένεις, εἰ μὴ φέρεις
  Ο. 837. ἐάν νυν, σὺ μὲν β. πρὸς τὸν ἀέρα,
  Α. 243. σὺ μὲν β. καὶ τὰ παρ' ἐμοῦ ὑμῶν εὖ τίθει,
  Θ. 25. β. δευρὶ καὶ πρόσεχε τὸν νοῦν. ΜΝ. ἰδού,
  269. β. τοίνυν. ΜΝ. μὰ τὸν Ἀπόλλω οὐκ, ἢν γε μὴ
  Β. 273. ἰαῦ. ΔΙ. β. δεῦρο. ΕΛ. χαῖρ', ὦ δέσποτα.
  Ἐκ. 144. σὺ μὲν β. καὶ κάθησ' αὑθις γὰρ εἶ.
  483. ἀλλ' ὡς μάλιστα τοῖν ποδοῖν ἐπιντυνῶν β.
  867. β. τοίνυν ὕστερον· σὺ δ', ὦ Σίκων
  1054. β. δεῦρο. ΝΕΑ. μηδαμῶς με περιίδης
  1088. β. τοίνυν. ΓΡ. Γ. μὰ ΔΙ' ἀλλ' ὡς ἐμέ.
βαδίζει. Θ. 485. ἐς τὸν κοπρῶν' οὖν ἔρχομαι...β. νῦν·
Βαδίζειν. Fr. 349. ὡς ἐς τὴν τῶν κύβεσα κάτω καὶ ξυννενοφνία β.
βαδίζειν. Ν. 162. βίᾳ β. εὐθὺ τυρρουσυγίαν·
  Ν. 964. ἐν τῷ γὰρ αὐτῷ ἰόδοις ἐκείνων τῷ κιθαριστοῦ
  Σ. 232. νυνὶ δὲ κρείττον ἐστὶ σοῦ Χαρινάδης β.
  ΕΙ. 1083. οὔποτε ποιήσεις τὸν καρκίνον ὀρθὰ β.
  Λ. 134. ἰδέλω β.· τοῦτο μᾶλλον τοῦ πέους.
  1068. σω β.,
  1214. προαγορεύω μὴ β.
  Θ. 1190. ἤδη β. ΤΟ. οὐνὶ πιλῆσι πρῶτά με·
  1228. ὦσθ' ὥρα δῆτ' ἐστὶ β.
  Ἐκ. 30. ὥρα β., ὡς ὁ κῆρυξ ἀρτίως
  85. ἡμεῖς β., ἐξ ἕω γενήσεται.

βαδίζειν—βάλλων. 41

βαδίζειν. Επ. 271. μέλλοι β. ἡ θύραζ' ἑκάστοτε.
Εκ. 352. ὥρα β. ἐστὶν εἰς ἐκκλησίαν,
675. ὥστε β. εἶτ' ἀλλήλοιν. ΒΛ. τὸ δὲ δεῖπνον ποῦ παραθήσεις;
1013. ψήφισμι, καθ' ὃ σε δεῖ β. ὡς ἐμέ.
Π. 1040. ἔοικε δ' ἐπὶ κώμον β. ΧΡ. φαίνεται.
Fr. 78, 1. ὥρα β. μούστί πρὸς τὸν δεσπότην·
βαδίζεις. Επ. 1135. ποῖ ποῖ β.; ΔΕ. ἐπὶ τὸ δεῖπνον ἔρχομαι.
Π. 84. οὐχ μῶν β.; ΠΛ. ἐκ Πατροκλέους ἔρχομαι,
278. σὺ δ' οὐ β.; ὁ δὲ Χάρων τὸ ξύμβολον δίδωσιν.
952. ἔχων β., ἐς τὸ βαλανεῖον τρέχε·
βαδίζετ'. Εκ. 277. ἐπεριδόμεναι β., ᾄδουσαι μέλος
βαδίζετε. Λ. 125. τί μοι μετεαστρέφεσθε; τεί β.;
βαδίζομεν. Π. 97. ὡς τοὺς δικαίους δ' ἂν β.; ΠΛ. πάνυ μὲν οὖν·
βαδίζομεν. Ο. 42. διὰ ταῦτα τὸνδε τὸν βάδον β.
βαδίζονθ'. Σ. 1401. Αἴσωπον ἀπὸ δείπνου β. ἑσπέραι
βαδίζουσ'. Εἰ. 840. τῶν πλουσίων οὗτοι β, ἀστέρων,
Ο. 492. οἱ δὲ β. ὑποδησάμενοι νύκτωρ. ΕΤ. ἐμὲ τουτί γ' ἐρῶτα.
βαδίζω. Π. 23. αὐτὸς β. καὶ πορῶ, τοῦτον δ' ὀχῶ,
Π. 227. καὶ δὴ β.· τουτοδὶ κρεάδιον
414. καὶ μὴν β. ΒΛ. σπεῦδέ νυν. ΧΡ. τοῦτ' αὐτὸ δρῶ.
βαδίζων. Α. 848. οὐδ' ἐντυχὼν ἐν τἀγορᾷ πρόσεισί σοι β.
Α. 1165. ἠπίαλων γὰρ οἴκαδ' ἐξ ἱκκασίας β.,
Ν. 128. αὐτὸς β. ἐς τὸ φροντιστήριον·
415. ἐν τῇ ψυχῇ, καὶ μὴ κάμψεις μηθ' ἑστὼς μήτε β.,
Σ. 257. τὸν πηλὸν ὥσπερ ἀτταγὰς τυρβάσεις β.
Εἰ. 1253. πωλεῖ β. αὐτὰ τοῖς Αἰγυπτίοις·
Λ. 610. ἐμαυτὸν ἐπιδείξω β. ὡς ἔχω.
Β. 36. ἤδη β. εἰμὶ τῆσδ', οἱ πρῶτά με
716. νέω ξύλου β.
βαδιόμην. Π. 90. μῶνους β.· ὦ δέ μ' ἐποίησεν τυφλὸν,
βαδιούμαι. Β. 179. ἐγὼ β. ΔΙ. χρηστός εἶ καὶ γεννάδας.
Εκ. 853. οὐκοῦν β. δῆτα. τί γάρ ἐστιν' ἔχων
βαδιοῦνται. Εκ. 625. φεύξονται γὰρ τοὺς αἰσχίους, ἐπὶ τοὺς δὲ καλοὺς β.
βαδίσαιμι. Β. 135. οὐκ ἂν β. τὴν ὁδὸν ταύτην. ΗΡ. τί δαί;
βαδίσει. Π. 334. ἀπήσου τι τῇ β. καὶ τῷ τάχει.
βάδισιν. Σ. 1171. μάλιστ' ἔοικα τὴν β. τῶν πλουσίων.
βαδιστί'. Α. 394. καί μοι β. ἐστὶν ὡς Εὐριπίδην.
βαδιστέον. Λ. 292. ἀλλ' ὑμᾶς β.,
Β. 652. ἄνθρωπος ἱερὸς, δεῦρο πάλιν β.
656. β. τἄρ' ἐστὶν ἐπὶ τωδὶ πάλιν.
658. τί τὸ πρᾶγμα τουτί; δεῦρο πάλιν β.
Επ. 711. β. τἄρ' ἐστὶν εἰς ἀγορὰς ἐμοί,
875. ὀρθῶς ἔμοιγε φαίνεται β.
βαδιστικοῦ. Β. 128. νὴ τὸν Δί', ὡς ὄντος γε μὴ β.
βάδον. Ο. 42. διὰ ταῦτα τόνδε τὸν β. βιδίζομεν.
βάδος. Εἰ. 140. τί δ', ἣν ἐς ὑγρὸν πόντιον πέσῃ β.
Ο. 1715. ὀσμὴ δ' ἀνωνύμαστος ἐς β. κύκλου
βάθρα. Fr. 433. β., βαθρίδια,
βαθράδια. Fr. 433. βάθρα, β.,
βαθύ. Ν. 514. ἐς β. τῆς ἠλικίας
Εἰ. 223. ὁ Πύλεμος αὐτὴν ἐνέβαλ' εἰς ἄντρον β.
βαθύνομα. Fr. 557. τίς ὕρεα β. τάδ' ἐπέαυτο βροτῶν;
βαθύν. Fr. 309, 3. ἐγχουσαν, ὑλεθρον τὸν β., ψιμύθιον,
βαθύπλουτε. Fr. 163, 1. εἰρήνη β. καὶ ζευγάριον βοεικὸν, εἰ
βαθύς. Σ. 216. τὸν πατέρα. ΣΩ. τί λέγεις; ἀλλὰ νῦν ὄρθρος β.
βαθυτάτην. Σ. 1193. πλευρὰν β. καὶ χέρας Λαγύνας τε καὶ
βαιά. Α. 2. ἤσθην δὲ β., πάνυ δὲ β. τίτταρα·
βαιάν. Ν. 1013. γλωττᾶν β., πυγὴν μεγάλην,
βαίνη. Ο. 1396. ἅμ' ἀνέμων πνοαῖσι β.
βαίν'. Α. 198. κἂν τῷ στόματί λέγουσι, β. ὅποι θέλεις.
βαίνε. Θ. 956. ῥυθμὸν χορείας ὕπαγε πᾶσα· β.
Βάκις. I. 123. ὧ Β. ΝΙ. τί ἐστί; ΔΗ. δὺς τὸ ποτήριον ταχύ.
Βάκιδος. I. 1003. οὐμοί μὲν εἰσι Β. ΔΗΜ. οἱ δέ σοι τίνος;
I. 1004. Γλάνιδος, ἀδελφοῦ τοῦ Β. γεραιτέρου.
Ο. 962. ὡς ἐστι Β. χρησμὸς ἀντικρὺς λέγων
βακίζων. Εἰ. 1072. ἐξώλης ἀπόλοι', εἰ μὴ παύσαιο β.
Βάκιν. Εἰ. 1070. εἰ γὰρ μὴ Νύμφαι γε παῖ Β. ἐξαπάτησκον,
Εἰ. 1071. μηδὲ Βάκις θνητοῦς, μηδ' αὖ Νύμφαι Β. αὐτὸν,
1119. ὦ παῖ παῖ τὸν Β. ΙΕ. μαρτύρομαι.
Βάκις. I. 124. πολλῷ γ' ὁ Β. ἐχρῆτο τῷ ποτηρίῳ.
Εἰ. 1071. μηδὲ Π. θνητοῦς, μηδ' αὖ Νύμφαι Βάκιν αὐτὸν,
Ο. 970. ἠνίζατ' ὁ Β. τοῦτο πρὸς τὸν ἀέρα.
βακκάριδος. Fr. 303, 3. καὶ β.
βακταρικρούσα. Ο. 1629. β. ΗΡ. φησὶν εὖ λέγειν πάνυ.
βακτηρία. Α. 682. ὅτι Ποσειδῶν ἀσφαλειός ἐστιν ἡ Β.
Εκ. 543. ᾤχοντο μετὰ σοῦ κατὰ τί χῇ β.;
Fr. Μ. Γηρ. 10. β. δὲ Περσὶς ἀντὶ καμπύλης.
βακτηρία. Ν. 541. οὐδὲ πρεσβύτης ὁ λέγων τἄπη τῇ β.

βακτηρία. Σ. 1296. ἐγὼ δ' ἀπόλωλα πτιζόμενος β.
Εκ. 150. διερεισαμένη τὸ σχῆμα τῇ β.
546. καὶ τοὺς λίθους παίουσα τῇ β.
βακτηρίαις. Εκ. 276. ἐπαναβάλεσθε, κᾆτα ταῖς β.
βακτηρίαν. Π. 272. ἀξήμιος, καὶ ταῦτ' ἐμοῦ β. ἔχοντος;
βακτηρίας. Σ. 33. β. ἔχοντα καὶ τριβώνια·
Εκ. 74. Λακωνικὰς γὰρ ἔχετε καὶ β.
509. β. ἀφεῖσθε· καὶ μέντοι σὺ μὲν
βακτηρίον. Α. 448. ἀτὰρ δέομαί γε πτωχικοῦ β.
Fr. Μ. Γηρ. 10. πτωχικοῦ β.
Βάκχαις. Ν. 605. Β. Δελφίσιν ἐκπρέπων,
Βακχᾶν. Λ. 1312. ταὶ δὲ κόμαι σείονθ' ἅπερ Β.
Βακχέβακχον. I. 408. ἠπθίντ' Ἰπταιωνίσαι καὶ Β. ᾆσαι.
βακχεῖ. Β. 357. μηδὲ Κρατίνου τοῦ ταυροφάγου γλώττης β. ἐτελέσθη.
Βάκχειε. Θ. 988. σὺ κισσοφόρε Β.
Βακχεῖον. Λ. 1. ἀλλ' εἴ τις ἐν Π. αὐτὰς ἐκάλεσεν,
βακχεῖον. Β. 1259. τὸν β. ἄνακτα,
Βάκχιος. Λ. 1284. ὃτ μετὰ Μαινάσι Β. ὄμμασι
Βακχίου. Α. 263. Φαλῆ ἑταῖρε Β.,
βακχίου. Επ. 14. στοάς τε καρποῦ β. τε νάματος
βαλανεῖον. Ν. 837. οὐδ' ἐς Β. ἦλθε λουσόμενος· σὺ δὲ
Ν. 1054. πλήθος τὸ β. ποιεῖ, κενὰς δὲ τὰς παλαίστρας.
Β. 952. ἔχων βαδίζεις, ἐς τὸ β. τρέχε·
1279. ἐγὼ μὲν οὖν ἐς τὸ Β. Βούλομαι·
βαλανείων. Π. 535. σὺ γὰρ ἂν πορίσαι τί δύναι' ἀγαθὸν, πλὴν φᾀδων ἐν β.
Π. 616. λιπαρὸς χωρῶν ἐκ β.
Fr. 623. καὶ κάμινον β.
βαλανείῳ. I. 1060. τὰς πυέλους φησὶν καταλήψεσθ' ἐν β.
Λ. 574. πῶς δὴ; φέρ' ἴδω. ΛΥ. πρῶτον μὲν ἐκρῆν, ὥσπερ πόκον ἐν β.,
βαλανεῖων. I. 1401. κἀκ τῶν β. πίεται τὸ λούτριον.
Ν. 991. κἄπισεται μισεῖν ἀγορὰν καὶ β. ἀπέχεσθαι
βαλανεῖς. Β. 710. ὁ πονηρότατος β. ὑψόσοι κρατοῦσι κυκησιτέφρου
Π. 955. ἀλλ' ὁ β. ἕλξει θύραζ' αὐτὸν λαβὼν
Fr. 383. β. δ' ὠθεῖ ταῖς ἀρυταίναισι.
βαλανεύσει. I. 1403. πόρνας καὶ β. διακεκριγέναι,
βαλανεύσοντας. Λ. 337. φέρονται, ὥσπερ β.
βαλανεύσω. Εἰ. 1103. ἀλλ' εἰ ταῦτα δοκεῖ, κἀγὼ 'μαυτῷ β.
βαλανῆς. Ο. 491. σμυτῆς, β., ἀλφιταμοιβοί, τορνευτολυρασπιδοπηγοί·
βάλανον. Σ. 155. φύλαττ' ὅπως μὴ τὴν β. ἐκτρέψεται.
Σ. 200. καὶ τὴν β. ἔμβαλλε πάλιν ἐς τὸν μοχλόν,
Λ. 413. ἐλθὼν ἐκείνῃ τὴν β. ἐνάρμοσον
βάλανος. Α. 410. ἡ β. ἐκπέπτωκεν ἐκ τοῦ τρήματος
Λ. 1054. καθίσομεν γὰρ β.
βάλαντα. I. 1197. πρέσβεις ἥκοντες ἀργυρίου β.
βαλαντητόμοις. Β. 772. τοῖς λωποδύταις καὶ τοῖς β.
βαλαντίοις. Ο. 1107. ἀλλ' ἐνοικήσουσιν ἔνδον, ἔν τε τοῖς β.
βαλάντιον. Fr. 164, 2. καὶ θυλακίσκον καὶ τὸ μέγα β.
βαλαντίου. Ο. 157. οὔ πρῶτα μὲν δεῖ ζῆν ἄνευ β.
Fr. 71. καὶ πόδα δὲ β.
βαλαντίω. I. 707. ἐπὶ τῷ φάγοις ἥδιστ' ἄν; ἐπὶ β.;
βαλβῖδων. I. 1193. ἀφες ἀπὸ β. ἐμέ τε καὶ τουτονί,
Σ. 518. καὶ μὴν εὐθὺς γ' ἀπὸ β. περὶ τῆς ἀρχῆς ἀποδείξω
βαλεῖν. Σ. 1251. καὶ θυροκοπῆσαι καὶ πατάξαι καὶ β.,
Σ. 1122. ἐκών· ὁμολογῆσαι γὰρ πατάξαι καὶ β.
βαλεῖς. Α. 283. οὐ β., οὐ β.;
Β. 595. καὶ β. τί μαλθακῶν,
βάλλ'. Ν. 133. β. ἐς κόρακας· τίς ἐσθ' ὁ κόψας τὴν θύραν;
Σ. 833. β. ἐς κόρακας, τοιουτονί τρέφειν κύνα.
Θ. 1079. β. ἐς κόρακας. ΕΤ. β. ἐς κόρακας.
Π. 782. β. ἐς κόρακας· ὡς χαλεποί εἰσιν οἱ φίλοι
Fr. 50, 2. β. ἐς κόρακας. πύθευ ἂν λήσαιμι γένοιτό μοι·
βάλλει. Α. 281. β. β., β. β.,
Ν. 1508. βιῶμες, β., παῖ, πολλῶν οὕνεκα,
Σ. 1339. τάδε μ' ἀρέσκει· β. κημοῖς.
βάλλει. Ν. 399. εἴπερ β. τοὺς ἐπιόρκους, πῶς οὐχὶ Σίμων' ἐνέπρησεν
βάλλειν. Α. 353. τὸν θυμὸν ἀνδρῶν ὥστε β. καὶ βοᾶν
βάλλετ'. Α. 331. β., εἰ βουλέσθ'· ἐγὼ γὰρ τουτονί διαφθερῶ.
Βαλλήναδε. Α. 233. ἀλλὰ διὰ ζητεῖν τὸν ἄνδρα καὶ βλέπειν Β.
βαλλήσεις. Σ. 1491 τάχα β.
βαλλήσομεν. Σ. 222. ἤδη ποτ' αὐτοὺς τοῖς λίθοις β.
βάλλους. Ο. 525. β. ὑμῖς, οἱ τὸν ἱερὸν
βάλλουσα. Θ. 903. β. μέντοι τοῦτο τὸ σῶμα β. ψύχῃ.
βάλλουσιν. Σ. 227. πηδῶσι καὶ β. ὥσπερ ψήφαλοι.
βάλλων. Α. 236. ὡς τῇδε β. ἐκείνον οὐκ ἂν ἐμπλήμην λίθοις.
Ν. 396. καὶ καταφρύγει β. ἡμᾶς, εἰ δὲ ζῶντας περιφλύει.

G

βάλοι—βάσκανος.

βάλαι. Α. 1173. τὸν μάρμαρον, κάπειθ' ἁμαρτὼν β. Κρατίνον.
βαλόντες. Σ. 408. ἀλλά θαιμάτια β. ὡς τάχιστα, παιδία,
βάμμα. Α. 112. ἵνα μή σε βάψω β. Σαρδιανικόν·
Εἰ. 1174. ἦν ἐκείνος φησιν εἶναι β. Σαρδινικόν·
1176. τηνικαῦτ' αὐτὸς βέβαπται β. Κυζικηνικόν·
βαπτόμενος. Ι. 523. καὶ λυθίζων καὶ ψηνίζων καὶ β. βατραχίοις·
βαπτός. Ο. 287. ὦ Πόσειδον, ἕτερος αὖ τις β. ὕρνις οὑτοσί.
βάπτουσι. Εκ. 216. β. θερμῷ κατὰ τὸν ἀρχαῖον νόμον
βαπτῶν. Π. 530. οὐθ' ἱματίων β. δαπάναις κοσμῆσαι ποικιλομόρφων.
βάραθρον. Ι. 1302. ἄρας μετέωρον ἐς τὸ β. ἐμβαλῶ,
Ν. 1450. τὸν ἐμβαλεῖν ἐς τὸ β.
Β. 574. ἐγὼ δ' ἂν ἐς τὸ β. ἐμβάλοιμί σε,
Π. 1109. ἀπαξάπαντας ἐς τὸ β. ἐμβαλεῖν.
Fr. 309, 8. χιτῶνα β., ἐγκυκλον, κιμμάτριον·
βάραθρόν. Π. 431. οὔκουν ὑπόλοιπον τὸ β. σοι γίγνεται;
βαρβαριστί. Fr. 45. ἢ που κατὰ στοίχους κεκράξονταί τι β.
βάρβαροι. Α. 77. οἱ β. γὰρ ἄνδρας ἡγοῦνται μόνους
Εἰ. 411. οἱ β. θύουσι, διὰ τοῦτ' εἰκότως
Ο. 1520. ἄνευ θυηλῶν· οἱ δὲ β. θεοί
1525. εἰσὶν γὰρ ἕτεροι β. θεοί τινες
1526. ἄναθεν ὑμῶν; ΠΡ. οὐ γάρ εἰσι β.,
1700. β. δ' εἰσὶν γένος,
βαρβάροισι. Σ. 1145. πύθευ, ὦγάθ'· ἀλλὰ τοῦτο τοῖσι β.
Ο. 1528. ὄνομα δὲ τουτοις τοῖς θεοῖς τοῖς β.
βαρβάροισιν. Σ. 1089. ὥστε παρὰ τεῖς β. πανταχοῦ καὶ νῦν ἔτι
Εἰ. 408. τοῖς β. προδίδοτον τὴν Ἑλλάδα.
Β. 724. ἔν τε τεῖς Ἑλλησι καὶ τοῖς β. πανταχοῦ,
βάρβαρον. Θ. 1051. τὸν Β. ἐξολέσειεν.
Θ. 1171. τὸν Β. δὲ τοῦτον αὐτὸν πεῖθε σύ.
Β 682. ἐπὶ β. ἐζωμένη πέταλον·
βάρβαρος. Ν. 492. ἄνθρωπος ἀμαθὴς οὑτοσὶ καὶ β.,
Σ. 1078. ὀφειλήσαι ἐν μάχαισιν, ἠνίκ' ἦθ' ὁ β.,
Θ. 1129. ἀλλ' οὐκ ἂν ἐνδέξαιτο β. φύσις.
βαρβάρους. Ο. 199. ἐγὼ γὰρ αὐτοὺς β. ὄντας πρὸ τοῦ
βαρβάρων. Α. 107. εἰ προσδοκῶσί χρυσὸν ἐκ τῶν Β.
Α. 168. ἐν τῇ πατρίδι καὶ ταῦθ' ὑπ' ἀνδρῶν β.,
Σ. 439. περιορᾷς οὕτω μ' ὑπ' ἀνδρὸς β. χειρούμενον,
Α. 1133. ἐχθρῶν παριόντων β. στρατευόμεθα
Θ. 1098. ὦ γέροντ, τίν' ἐς τὴν β. ἀφίγμεθα
βαρβαρώτατον. Ο. 1573. εὔρακα πάντων β. θεῶν.
βαρβιτίζειν. Fr. 594. β.
βάρβιτος. Θ. 137. τίς ἡ τάραξις τοῦ βίου; τί β.
βαρβός. Fr. 320. β.
βαρεῖαι. Ν. 377. κατακρημνάμεναι πλήρεις ὄμβρου δι' ἀνάγκην, εἶτα β.
βαρείας. Α. 1210. τάλας ἐγὼ ἐμβολῆς β.
βαρύς. Ν. 716. ἀπ' β. ἄλγει λίαν.
Σ. 114. ὁ γὰρ υἱὸς αὐτοῦ τὴν νόσον β. φέρει.
158. σὺ δὲ τοῦτο β. ἂν φέροις; Φι. ὁ γὰρ θεὸς
Θ. 385. β. φέρω τάλαινα πολὺν ἤδη χρόνον
474. β. τε φέρομεν, εἰ δύ' ἡμῶν ἢ τρία
Β. 26. φέρων γε ταυτί. ΔΙ. τίνα τρόπον; ΞΑ. β. πάνυ.
803. ἡ που Β. οἷμαι τὸν Αἰσχύλον φέρειν.
Εκ. 175. τὰ τῆς πόλεως ἅπαντα β. φέρουσα.
βάρος. Λ. 255. καρμὸν τοσουτονὶ β. χλωρᾶς φέρων ἐλάας.
Λ. 338. ὡν τριτάλαντον β. ἦν.
Β. 27. οὔκουν τὸ Β. τοῦθ', ὃ σὺ φέρεις, οὗτος φέρει;
941. ἰσχυρῶς μὲν πρώτιστον αὐτὴν καὶ τὸ Β. ἀφεῖλον
1367. τὸ γὰρ Β. νῶν βασανιεῖ τῶν ῥημάτων.
Fr. 130, 1. ἡμῶν ἄγριον β.·
βαρύ. Α. 713. ἀλλ' αἴσχρὸν εἰπεῖν καὶ σιωπῆσαι β.
βαρναχίες. Ο. 1750. ὦ χθόνιαι β. ὀμβροφόροι θ' ἅμα βρονταί.
βαρναχίες. Ν. 277. κατιοῖς ἀπ' Πικαινοῦ β.
βαρύβρομον. Ν. 284. καὶ πάντων κελάδοντα β.·
βαρύβρομος. Ν. 313. καὶ Μοῦσα β. αὐλῶν.
βαρυδαιμονούντων. ἱ 558. καὶ β.,
βαρυδαίμων. Εκ. 1102. ἀρ' οὐ κακοδαίμων εἰμί; β. μὲν οὖν
βαρύνεται. Α. 220. καὶ παλαιᾷ Λακρατίδη τὸ σκέλος β.,
βαρυσταθμόν. Β. 1397. ἀλλ' ἕτερον αὖ ζήτει τι τῶν β.,
βαρύτατον. Β. 1394. θάνατον γὰρ εἰσθῆκε β. κακῶν.
βασανεῖ. D. 1367. τὸ γὰρ βάρος νῶν β. τῶν ῥημάτων.
βασανεῖν. D. 802. κατ' ἔπος β. φησὶ τὰς τραγῳδίας.
βασανιεῖς. Β. 642. πῶς οὖν β. τὸν ἄνδρ'; ΑΙ. ῥᾳδίως·
Β. 1123. καὶ πῶς αὐτοῦ β.; ΕΤ. πολλοῖς πάνυ.
βασάνιζ'. Β. 625. μὴ δῆτ' ἔμοιγ'. οὕτω δὲ β. ἀπαγαγών.
βασάνιζε. Σ. 547. τῆς ἡμετέρας ὡς οὐδεμιᾶς ἥττων ἐστὶν β.
Β. 616. β. γὰρ τὸν παῖδα τουτονὶ λαβών,
βασανίζειν. Ι. 513. καὶ β., ὡς οὐχὶ πάλαι χορὸν αἰτοίη καθ' ἑαυτῷ,

βασανίζειν. Ι. 629. ἐμὶ μὴ β. ἀθάνατον ὄντ'· εἰ δὲ μή,
βασανίζω. D. 618. καὶ πῶς β.; ΞΑ. πάντα τρόπον, ἐν κλίμακι
βασανίζων. Α. 647. ὅτε καὶ βασιλεὺς, Λακεδαιμονίων τὴν πρεσβείαν β.,
βασανίσαι. Εκ. 523. ἐνός γε. ΠΡ καὶ μὴν β. τουτί γέ σοι
βασανίσων. Ι. 1212. ξύλλαβε σιωπῇ, καὶ β. ἀττ' ἔνι,
βασανιστέον. Λ. 477. οὐ γάρ ἔτ' ἀνεκτέα τάδ', ἀλλὰ β.
βασανίστρια. Β. 826. ἔνθεν δὴ στοματουργοὺς ἰσῶν β. λίσπη
βασανιῶ. Α. 110. ἀλλ' ἀπιθ'· ἐγὼ δὲ β. τοῦτον μόνος.
Θ. 626. ἄπιθ'. ἐγὼ γὰρ β. ταύτην καλῶς
Β. 1121. πρώτιστον αὐτοῦ β. τοῦ δεξιοῦ.
Εκ. 748. μὰ τὸν Ποσειδῶ οὐδέποτέ γ', ἀλλὰ β.
βάσανον. Θ. 801. β. δώμεν, πότεροι χείρους. ἡμεῖς μὲν γὰρ φαμεν ὑμᾶς
βάσανός. Θ. 800. ὑμῶν ἐσμὲν πολὺ βελτίους· β. τε πάρεστιν ἰδέσθαι,
βασιλέα. Α. 65. ἐπέμψαθ' ἡμᾶς ὡς β. τὸν μέγαν,
Α. 102. πέμψειν β. φησὶν ὑμῖν χρυσίον.
βασιλεῖ. Ι. 478. καὶ πάνθ' ἃ Μήδοις καὶ β. ξυνόμνυτε,
Ο. 568. κἂν Διὶ θύῃ β. κριῶν, βασιλεύς ἐστ' ὀρχίλος ὄρνις,
βασιλεῖ. Α. 80. ἔτει τετάρτῳ δ' ἐς τὰ β. ἠλθομεν·
Πασίλεια. Ο. 1537. τίς ἐστιν ἡ Β.; ΠΡ. καλλίστη κόρη,
βασίλεια. Εἰ. 974. ὦ σεμνοτάτη β. θεά,
βασιλεία. Ο. 478. ὡς πρεσβίτταταν αὐτῶν ὄντων ὀρθῶς ἐσθ' ἡ β.;
βασίλειαν. Β. 382. ἄγε νῦν ἑτέραν ὕμνων ἰδίαν τὴν καρποφόρον β.,
Βασίλειαν. Ο. 1634. τὴν δὲ Β. τὴν κόρην γυναῖκ' ἐμοὶ
Ο. 1687. ἵνα τὴν Β. καὶ τὰ πάντ' ἐκεῖ λάβῃς·
1730. αὐτὸν καὶ τὴν Β.
1753. καὶ πάρεδρον Β ἔχει Διός.
βασιλείαν. Ο. 1536. καὶ τὴν Β. σοι γυναῖκ' ἔχειν διδῶ.
βασιλείαν. Ο. 549. εἰ μὴ κομιούμεθα παντὶ τρόπῳ τὴν ἡμιτέραν β.
Σ. 549. τῆς ἡμετέρας ὡς οὐδεμιᾶς ἥττων ἐστὶν β.
βασιλείας. Σ. 546. ἀλλ' ὦ περὶ τῆς πάσης μέλλων β. ἀντιλογήσειν
Σ. 549. τῆς ἡμετέρας ὡς οὐδεμιᾶς ἥττων ἐστὶν β.
βασιλεῖον. Εκ. 685. τὴν β. δειπνήσοντας· τὸ δὲ θῆτ' ἐς τὴν παρὰ ταύτην.
βασιλεῦ. Ι. 1333. χαῖρ', ὦ β. τῶν Ἑλλήνων· καὶ σοι ξυγχαίρομεν ἡμεῖς.
Ν. 2. ὦ Ζεῦ β., τὸ χρῆμα τῶν νυκτῶν ὅσον
153. ὦ Ζεῦ β., τῆς λεπτότητος τῶν φρενῶν.
Σ. 625. ὦ Ζεῦ β.
Ο. 223. ὦ Ζεῦ β., τοῦ φθέγματος τοὐρνιθίου·
Β. 1278. ὦ Ζεῦ β., τὸ χρῆμα τῶν κώπων ὅσον.
Π. 1095. ὡς εὐτύχως, ὦ Ζεῦ β., τὸ γρᾴδιον
βασιλεύειν. Ν. { 828. / 1471. } Δῖνος β., τὸν Δί' ἐξεληλακώς.
βασιλεύει. Ο. 610. αἰβοῖ, ὡς πολλῷ κρείττους οὗτοι τοῦ Διὸς ἡμῖν β.
βασιλεύει. Ο. 508. ἦρχον δ' οὕτω σφόδρα τὴν ἀρχὴν, ὥστ' εἴ τις καὶ β.
βασιλεύοντας. Β. 1063. πρῶτον μὲν τοὺς β. ῥάκι' ἀμπισχὼν, ἵν' ἐλεινοὶ
βασιλεύοντων. Ο. 562. ὡς ὀρνίθων β. θύειν ὄρνισι τὸ λοιπόν·
βασιλεύς. Α. 98. ἄγε δὴ σύ, β. ἄττα σ' ἀπέπεμψεν φράσον
Α. 113. β ὁ μέγας ἡμῖν ἀποπέμψει χρυσίον;
647. ὅτε καὶ Β., Λακεδαιμονίων τὴν πρεσβείαν βασανίζων,
1224. ὡς τοὺς κριτὰς μ' ἐκφέρετε· ποῦ ἐστιν ὁ β.;
Ο. 486. διὰ ταῦτ' ἄρ' ἔχων καὶ νῦν ὥσπερ β. ὁ μέγας διαβάσκει
504. Αἰγύπτου δ' αὖ καὶ Φοινίκης πάσης κύκκυξ β. ἦν·
515. ἀντ' ὄρνιν ἔστηκεν ἔχων ἐπὶ τῆς κεφαλῆς β. ὤν
568. κἂν Διὶ θύῃ βασιλεὺς κριῶν, β. ἔστ' ὀρχίλος ὄρνις,
Π. 170. μέγας δὴ β. οὐχὶ διὰ τοῦτον κυμᾷ·
Fr. M. Δαιτ. 9, 1. ἐπιδείπνιον β. τίνι
βασιλεύσιν. Ι. 1087. ἀετὸς ὡς γίγνει καὶ πάσης γῆς β.
βασιλεύων. Ν. 381. ὁ Ζεὺς οὐκ ὤν, ἀλλ' ἀντ' αὐτοῦ Δῖνος νυνὶ β.
Ο. 500. τῶν Ἑλλήνων· ΠΕ. καὶ κατέδειξίν γ' οὗτος πρῶτος β.
514. ὁ δὲ δεινοτάτων γ' ἐστὶν ἁπάντων, ὁ Ζεὺς γὰρ ὁ νῦν β.
βασιλεύς. Α. 61. οἱ πρέσβεις οἱ παρὰ β.
Α. 62. ποίου β.; ἄχθομαι 'γὼ πρέσβεσι
94. ὁ β. ὀφθαλμός. ΔΙ. ὦναξ' Ἡράκλεις
124. τὸν β. ὀφθαλμὸν ἡ βουλὴ καλεῖ
βασιλῆς. Ο. 467. οἴτινες ὄντες πρότερον β. ΧΟ. ἡμεῖς β.; τίνος; ΠΕ. ὑμεῖς
βασιλίνον. Ο. 1678. καλῶν κόρακα καὶ μεγάλα β.
βάσιν. Θ. 968. πρῶτον εὐκύκλου χορείας εὐφυᾶ στῆσαι β.
Βασκᾷ. Ο. 885. δί, καὶ τέτραπι, καὶ ταῶνι, καὶ ἐλέᾳ, καὶ β.,
βασκανίαν. Fr. 510, 2. β. ἐπὶ κάμινον ἀνδρῶν χαλκέων.
βάσκανος. Ι. 103. ἐπίνασσα οὐξίας δημιουργᾶθ' ὁ β.

βάσκανος—βιάζομαι. 43

βάσκανος. Π. 571. ἀλλ' οὐ ψεύδει τούτων γ' οὐδὲν, καίπερ σφόδρα β. οὖσα.
βάσκετ'. Θ. 783. β., ἐπείγετε πάσαι καθ' ὁδούς.
βατιδοσκόποι. Εἰ. 810. Γοργύνες, ὑψοφάγοι, β., ἅρπυιαι,
βατίζειν. Ο. 1681. εἰ μὴ β. ὥσπερ αἱ χελιδόνες.
βατὶς. Fr. 302, 4. β. μὰ τὸν Δί' οὐ δῆτ'. α. οὐδὲ β.; β. οὔ φημ' ἐγώ.
βατίοιν. Σ. 510. οὐδὲ χαίρω β. οὐδ' ἐγχέλεσιν, ἀλλ' ἥδιον ἂν
βάτος. Fr. 593. ἡ β.
βατραχεῖοις. Ι. 523. καὶ λυδίζων καὶ ψηνίζων καὶ βαπτόμενος β.
βατραχίδα. Ι. 1406. ἔπου δὶ ταυτηΐ λαβὼν τὴν β.
βατράχους. Ν. 881. κἀκ τῶν οἰκίων β. ἐποίει πῶς δοκεῖς.
βατράχων. Β. 207. β. κύκνων θαυμαστά. ΔΙ κατακέλευέ δή.
Βάττον. Π. 925. τὸν Πλοῦτον αὐτὸν καὶ τὸ Β. σίκφιον.
βαῦξε. Θ. 895. β., τοὐμὸν σῶμα βάλλουσα ψόγῳ.
βαῦξων. Θ. 173. παύσαι β. καὶ γὰρ ἐγὼ τοιοῦτος ἢ
βαυκίδες. Fr. 311. β.,
βάψας. Fr. 16. ἐθέλω β. πρὸς ναυτοδίκας πλεῖν ἐξαίφνης...
βάψω. Α. 51. κροκωτὸν ἄρα νὴ τὼ θεὼ 'γὼ β.
βάψω. Α. 112. ἵνα μὴ σε Β. βάμμα Σαρδιανικὸν·
βδεῖ. Εἰ. 1078. ὡς ἡ σφονδύλη φεύγουσα πονηρότατον β.,
βδεῖν. Α. 256. σοῦ μηδὲν ἥττον β., ἐπειδὰν ὀρθρος ᾖ.
βδεῖτε. Εἰ. 151. μὴ Β. μηδὲ χέζεθ' ἡμερῶν τρίων·
Βδελυκλέων. Σ. 134. ναὶ μὰ Δία, τῷ δ' υἱεῖ γε τῳδὶ Β,
Σ. 137. οἴμοι. ΣΠ. τί ἐστι; ΞΑ. Β. ἀνίσταται.
372. ἀλλὰ γηρώμεσθ' ὅπως μὴ Β. αἰσθήσεται.
βδελυρέ. Ι. 304. ὦ μιαρὲ καὶ β. καὶ κατακεκράκτα, τοῦ σοῦ θράσους
ΕΙ. 182. ὦ Β. καὶ τολμηρὲ κἀναίσχυντε σὺ
Β. 465. ὦ Β. κἀναίσχυντε καὶ τολμηρὲ σὺ
Π. 1069. μὰ τὴν Ἀφροδίτην, οὐκ ἐμοῦ γ'. ὦ Β. σύ.
βδελυρόν. Ι. 193. ἀλλ' εἰς ἀμαθῆ καὶ β. ἀλλὰ μὴ παρῂ
βδελυρός. Α. 287. τοῦτ' ἐραστὴς ἀναίσχυντος εἶ καὶ β.,
Ν. 446. β., ψευδὼν συγκολλητής,
Σ. 914. ὁ Β. οὗτος. ΞΑ. κοὔ μετέδωκ' αἰτοῦντί μοι.
Π. 993. ἀλλ' οὐχὶ νῦν ἔθ' ὁ Β. τὸν νοῦν ἔχει
βδελυρώτερος. Ι. 134. κρατεῖν, ἕως ἕτερος ἀνὴρ β.
βδελύττει. ΕΙ. 395. εἴ τι Πεισάνδρου β. τοὺς λόφους καὶ τὰς ὀφρῦς.
βδελύττεται. Ι. 1288. ὅστις οὖν τοιοῦτον ἄνδρα μὴ σφόδρα β.,
βδελύττομαι. Α. 586. ἵν' ἐξεμέσαι β. γὰρ τοὺς λόφους
Ι. 1157. β. σφῶ, καὶ πρόσβαλε, πάλαι πάλαι.
Ν. δέδοικα καὶ πέφρικα καὶ β.,
Ο. 26. ἥκιστα· καὶ τὸν Σκελλίου β.
151. Β. τὸν Λέπρεον ἀπὸ Μελανθίου.
βδελλύττομαι. Ο. 1501. οἴμ' ὡς Β. σε. ΠΡ. τί γὰρ ὁ Ζεὺς ποιεῖ;
βδελυττομένος. Α. 599. ταῦτ' οὖν ἐγὼ Β. ἐσπεισάμην,
βδελύττων. Ι. 252. καὶ β., καὶ γὰρ ἡμεῖς, κἀπικείμενος βοᾶ·
βδελυχθείς. Σ. 792. κᾆτα β. ὑσφραίμενος ἐξέπτυσα
βδόμενοι. Ι. 900. σὺ γὰρ τῷδ' ὑμεῖς β. δήπου 'γένεσθε πυρροί;
βδύοντες. Ι. 898. β. ἀλλήλους ἀποκτείνειν οἱ δικασταί.
βδέουσα. Π. 693. ὑπὸ τοῦ δέους β. δριμύτερον γαλῆς.
βδέω. Π. 703. τὴν μὴν ἐπιλαβοῦσ' οὐ λιβανωτὸν γὰρ β.
Βδύλλεθ'. Α. 354. τί β. ἡμᾶς; οὔ τί που πολλαὶ δοκοῦμεν εἶναι;
βδύλλει, Ι. 224. δεδίασιν αὐτὸν ὅ τε πένης β. λεῶς·
βδέων. Λ. 1017. ἐξὸν, ὦ πυνηρὲ, σοὶ Β. ἔμ' ἔχειν φίλην;
Fr. 498, 1. β. ἕξεις τὸν βίον δίκαιος ἂν
βεβαίκασι. Π. 836. ὄντως β., εἰ δεηθεῖμεν ποτὲ·
βεβαλάνωκε. Ἐκ. 361. νῦν μὲν γὰρ οὗτες β. τὴν θύραν,
Fr. 259 α, οὐδεὶς β. τὴν θύραν
βεβαλανωμένον. Ἐκ. 370. διαρραγέντα μηδὲ β.,
βεβαλανωμένη. Ο. 1159. καὶ β. καὶ φυλάττεται κύκλῳ,
βέβαπται. ΕΙ. 1176. τηνικαῦτ' αὐτοὺς β. βάμμα Κυζικηνικόν·
βεβασανισμένα. Fr. 344, 9. τριταῖα πολυτιμητα β.
βέβηκε. Ἐκ. 813. γὰρ μοι μήτηρ ἄλλῃ β.
βεβήκατε. Ι. 1039. ὥστε περὶ σκύμνοισι β.· τὸν σὺ φύλασσε,
βεβίγκας. Θ. 35. καὶ μὴν β. σύ γ', ἀλλ' οὐκ οἶσθ' ἴσως.
βέβληκ'. Β. 1400. Β. Ἀχιλλείως δύο κύβω καὶ τέτταρα.
βέβληκέ. Α. 171. διοσημία 'στὶ καὶ ῥανὶς β. με.
βεβουλευμένα. Ἐκ. 172. τυχεῖν κατορθώσαντα τὰ β.
βεβασίλευται Λ. 513. τί β. περὶ τῶν σπονδῶν ἐν τῇ στήλῃ παραγράψαι
βεβρωκότες. Σ. 462. εἴπερ ἔτυχον τῶν μελῶν τῶν Φιλοκλέους β.
βεβυσμένον. Α. 463. δός μοι χυτρίδιον σφαγγίῳ β.
Θ. 506. ἵνα μὴ βοήῃ, κηρίῳ β.
βεκκεσέληνε. Ν. 398. καὶ πῶς, ὦ μῶρε σὺ καὶ Κρονίων ὄζων καὶ β.
βελέκων. Fr. 595. καὶ τῶν β.
βελέων. Σ. 615. τάδε κέκτημαι πρόβλημα κακῶν, σκευὴν β. ἀλεωρήν.

Βελλερεφόντας. Β. 1051. κώνεια πιεῖν, αἰσχυνθεῖσαι διὰ τοὺς σοὺς Β.
Βελλεροφόντης. Α. 427. ἆ Β. εἴχ' ὁ χωλὸς οὑτοσί;
Α. 428. οὐ Β.· ἀλλὰ κἀκεῖνος μὲν ἦν
Βελονοπώλης. Π. 175. ὁ Β. δ' οὐχὶ μετὰ τοῦ Παμφίλου;
βέλος. Α. 345. ἀλλὰ μή μοι πρόφασιν, ἀλλὰ κατάθου τὸ Β.
Ο. 1714. πάλλων κεραυνὸν, πτεροφόρον Δ ὸς β.·
βέλτιον. Ν. 589. ἅττ' ἂν ὑμεῖς ἐξαμάρτητ', ἐπὶ τὸ Β. τρέπειν.
Ν. 594. ἐπὶ τὸ β. τὸ πρᾶγμα τῇ πόλει συναίσεται.
ΕΙ. 448. ἵν' ἐμπολᾷ β., ἐπιθυμεῖ μαχῶν,
Θ. 774. γράφων διαρρήσομαι; β. παλύ.
Ἐκ. 475. ἅπαντ' ἐπὶ τὸ β. ἡμῖν ξυμφέρειν.
Π. 595. εἴτε τὸ πλουτεῖν εἴτε τὸ πεινῆν β. φησὶ γὰρ αὐτὴ
βελτίων. Ι. 861. ἐμοῦ ποθ' εὑρήσειν φίλον β.· ὅστις εἷς ὢν
Ν. 1050. ἐγὼ μὲν οὐδὲν' Ἡρακλέους β. ἄνδρα κρίνω.
βελτίονα. Π. 105. ζητῶν ἔτ' ἄνδρα τοὺς τρόπους β.·
βελτίονας. Π. 558. οὐ γιγνώσκων ὅτι τοῦ Πλούτου παρέχω β. ἄνδρας
βελτίονες. Α. 1078. ἰὼ στρατηγοὶ πλείονες ἢ β.
Ἐκ. 214. ὡς δ' εἰσὶν ἡμῶν τοὺς τρόπους β.
βελτίους. Α. 650. τούτους γὰρ ἔφη τοὺς ἀνθρώπους πολὺ β. γεγενῆσθαι
Θ. 800. ὑμῶν ἐσμὲν πολὺ β.· βάσανοί τε πάρεισιν ἰδέσθαι.
810. οὕτως ἡμεῖς πολὺ β. τῶν ἀνδρῶν εὐχόμεθ' εἶναι.
Β. 1009. δεξιώτατοι καὶ νουθεσίᾳ, ὅτι Β. τε ποιοῦμεν
Π. 576. ὅτι β. αὐτοῦ ποιῶ. σκέψασθαι δ' ἔστι μάλιστα
βέλτισθ'. Ἐκ. 152. λέγειν τὰ β., ἵν' ἐπιθήμην ἥσυχος·
Π. 3. ἦν γὰρ τὰ β. ὁ θεράπων λέξας τύχῃ,
βέλτιστ'. Θ. 1008. ταυτὶ τὰ β. ἀπολέλαυκ' Εὐριπίδου.
Fr. 445 α, 2. εἰ μὴ τὰ β. ἔλεξεν· ἵν δέ σοι φράσω,
βέλτιστα. Α. 658. οὐδὲ πανουργῶν, οὐδὲ κατάρδων, ἀλλὰ τὰ β. διδάσκων,
Λ. 34. β. τοίνυν μηκέτ' εἶναι νὴ Δία.
Β. 307. πῶν τ' ἀγορεύουσαν τὰ β. περὶ τὸν
Β. 277. ὅγε δή, τί δρῶμεν; ΞΑ. προϊέναι β. νῦν,
Ἐκ. 1122. ὥστ' ἐστὶ πολὺ β., πολὺ δῆτ', ὦ θεοί.
βέλτιστον. Ι. 83. ἡμῖν αἷμα ταυρείου πιεῖν.
Ν. 418. καὶ β. τοῦτο νομίζοις, ὅπερ εἰκὸς δεξιὸν ἄνδρα,
Β. 322. β. ἐστιν, ὡς ἄν εἰδῶμεν σαφῶς.
Π. 67. καὶ μὴν β λέγω β. ἐστ', ὦ δέσποτα.
βέλτιστος. Ι. 765. β. ἀνὴρ μετὰ Λυσικλέα καὶ Κύνναν καὶ Λαμπακχώ,
βελτίω. Σ. 986. ἴθ'. ὦ πατρίδιον, ἐπὶ τὰ Β. τρέπου.
Π. 1149. τὸ γὰρ παρ' ὑμῖν πολὺ β.
βέμμα. Ο. 1162. β.· καὶ μὴν ἔστι μοι νὴ τὸν Δία
βέμβικες. Σ. 1530. ξτρεε σκέλος αὐράνιον· β. ἐγγενέσθων.
βεμβικίῳ. Ο. 1465. οἶσί σε ποιήσω τήμερον Β.
βεμβικίζων. Σ. 1517. ἵν' ἐφ' ἡσυχίας ἡμῶν πρόσθεν Β. ἑαυτούς.
βέμβυκος. Ο. 1461. β. οὐδὲν διαφέρειν δεῖ. ΠΕ. μανθάνω
βεμβράδων. Fr. 179. ταῖς πολιώχρωσι β. τεθραμμένη·
βένθεσιν. Β. 666. ἁλὸς ἐν β.
Βερίσχεθοί. Ι. 635. Β. τε καὶ Κόβαλοι καὶ Μίθων,
βή. Fr. 502. βλέπει καὶ μηκάζει β. λέγεις.
βῆμα. Ι. 77. τοσόνδε δ' αὐτοῦ β. διαβεβηκότος
Ἐκ. 677. τὸ δὲ β. τί σοι χρήσιμον ἔσται; ΠΡ. τοὺς κρατῆρας καταθῶ
βῆματος. Π. 382. ὁρῶ τοῦ τοῦ Β. καθεδούμενον,
βῆτ'. Ἐκ. 684. καὶ κηρύξει τὸ Β. ἐπὶ τὴν στοιὰν ἀκολουθεῖν
βῆτταν. Fr. 548. ἵν' ἐπαγλαίσῃ τὸ παλημάτιον καὶ μὴ β. κατασιτῇ.
βία. Α. 987. ἐξίει δ' ἡμῶν Β. τὸν οἶνον ἐκ τῶν ἀμπίλων.
Ι. 363. ὁ δ' ἐπεσπηδῶν γε τὴν βουλὴν β. κυκήσω.
Ν. 162. Β. βαδίζειν εὐθὺ τοὐρροπυγίου·
232. οὐκ ἄν πώ' εὗρον ὀρθῶς οὐ γὰρ ἀλλ' ἡ γῆ β.
Λ. 160. ἐὰν λαβῶντες δ' ἐς τὸ δωμάτιον β.

225.
226. } ἐὰν δὲ μ' ἄκουσαν βιάζηται β.,

Θ. 844. ἀλλ' ἀφαιρεῖσθαι β. τὰ χρήματ', εἰπόντας τοδί,
Fr. 237, 1. πολλαὶ τῶν ἀλεκτρυόνων β.

βιάζηται. 225.
226. } ἐὰν δὲ μ' ἄκουσαν β. βίᾳ,

βιάζομαι. Θ. 890. φάρει καλυπτός, ὦ ξένη· ΜΝ. β.

G 2

βιαίως—βλέπειν.

βιαίως. Β. 1161. ὅταν ὁ μὲν τείνῃ β.,
Β. 1142. αὐτοῦ β. ἐκ γυναικείας χερὸς
βίαν. Α. 73. ξενιζόμενοι δὲ πρὸς β. ἐπίνομεν
Σ. 443. πρὸς β. χειροῦσιν, οὐδὲν τῶν πάλαι μεμνημένοι
1080. ἐξελεῖν ἡμῶν μενοινῶν πρὸς β. τἀνθρήνια,
1245. χρήματα καὶ β.
Λ. 163. οὐ γὰρ ἔπι τούτοις ἡδονὴ τοῖς πρὸς β.
Β. 1457. οὐ δῆτ' ἐκείνη γ', ἀλλὰ χρῆται πρὸς β.
Ἐκ. 467. ἔπειτ' ἀναγκάζωσι πρὸς β. ΧΡ. τί δρᾶν;
471. τὸ πρὸς β. δεινότατον. ΧΡ. ἀλλ' εἰ τῇ πόλει
βίας. Ν. 164. τὸν προηκτὸν ἠχεῖν ὑπὸ β. τοῦ πνεύματος.
βιάσεται. Π. 1092. οὐ γὰρ β. ΝΕ. πάνυ καλῶς τοὐνυν λέγεις.
βιασθείς. Fr. 91. νύσῳ β. ἢ φίλων ἀχηνίᾳ.
βιβλία. Ο. 1288. κἄπειτ' ἂν ἅμα κατήραν ἐς τὰ β.
Β. 1409. ἐμβὰς καθίσθω συλλαβὼν τὰ β.
βιβλιδάριον. Fr. 596. β.
βιβλίον. Ο. 974. ἔνεστι καὶ τὰ πέδιλα; ΧΡ. λάβε τὸ β.
Ο. 976. καὶ σπλάγχνα διδόν' ἔνεστι; ΧΡ. λάβε τὸ β.
980.
989. } καὶ ταῦτ' ἔνεστ' ἐνταῦθα; ΧΡ. λάβε τὸ β.
986. οὐδὲν λέγεις οἴμοι σε, ΠΕ. λάβε τὸ β.
1024. ἔπεμψε δὲ τίς σε δεῦρο; ΕΠΙ. φαῦλον β.
1037. τουτὶ τί ἐστιν αὖ κακὸν τὸ β.;
Β. 1114. β. τ' ἔχων ἕκαστος μανθάνει τὰ δεξιά·
Fr. 418. τὸν ἄνδρα τυνδ' ἢ β. διέφθορεν,
βιβλίων. Β. 943. χυλὸν διδοὺς στωμυλμάτων, ἀπὸ β. ἀπηθῶν·
βινεῖν. Λ. 934. μὰ Δί' οὐ δέομαι 'γωγ', ἀλλὰ β. βούλομαι.
Λ. 1150. β. ἅπασιν ; ΛΑ. τοῖσι γοῦν καὶ τῷ σιῶ
Β. 740. ὅστις γε πίνειν οἶδε καὶ β. μόνον;
Ἐκ. 88. β. ἑαυτάς. ΧΡ. ἣν δὲ μὴ δυνώμεθα;
706. ἐψήφισται προτέροις β.,
1090. ψήφισμα, β. δεῖ σε διαλελημμένον·
1099. β. ὅλην τὴν νύκτα καὶ τὴν ἡμέραν,
βινεῖσθαι. Θ. 50. πρώμος ἡμέτερος. ΜΝ. μῶν β.;
βινεῖται. Ἐκ. 525. τί δ'; οὐχὶ β. γυνὴ πάνευ μύρου;
βινεσκόμην. Ι. 1242. ἠλλαντοπώλουν καί τι καὶ β.
βινῆς. Ἐκ. 470, δρᾷ ταῦθ', ἵν' ἁμαρτῇς τε καὶ β. ἅμα.
βινήσας. Ο. 796. εἶτα β. ἐκείθεν αὖθις αὖ καθίζετο.
βινήσομεν. Λ. 1092. οὐκ ἔσθ' ὅπως οὐ Κλεισθένη β.
βινήσω. Λ. 954. οἴμοι τί πάθω; τίνα β.
βινοίη Λ. 1052, ἵνα μὴ στρατεύοιτ', ἀλλὰ β. μένων,
βινούμεναι. Ἐκ. 228. β. χαίρουσιν ὥσπερ καὶ πρὸ τοῦ.
βινουμένους. Ι. 877. ἔπαυσα τοὺς β., τὸν Γρύττον ἐξαλείψας,
1. 879. παύσαί τε τοὺς β.; κοὐκ ἔσθ' ὅπως ἐκείνου
βινουμένη. Fr. p. 509. κείσεσθον ὥσπερ πηνίω β.,
βινῶν. Λ. 966. καὶ μὴ β. τοὺς ὀρθρους.
βινῶσ'. Ο. 560. σφραγῖδ' αὐτοῖς ἐπὶ τὴν ψωλήν, ἵνα μὴ β. ἔτ' ἐκείνας.
βιοθρέμμονα. Ν. 570. Αἰθέρα σεμνότατον, β. πάντων·
βίον. Ι. 301. ἀλλ' ὅμως αὐτὸς τοιοῦτος ὢν ἅπαντα τὸν β.,
Ι. 1101. κριθὰς πορίῶ σοι καὶ β. καθ' ἡμέραν.
Ν. 463. τὸν πάντα χρόνον μετ' ἐμοῦ ζηλωτάτον β. ἀνθρώπων διάξεις.
838. ὥσπερ τεθνεῶτος καταλόει μου τὸν β.
Σ. 506. ζῆν β. γενναῖον ὥσπερ Μόρυχος, αἰτίαν ἔχω
706. εἰ γὰρ ἐβουλόντο β. πορίσαι τῷ δήμῳ, ῥᾴδιον ἦν ἄν.
1113. πάντα γὰρ κεντοῦμεν ἄνδρα κἀκπορίζομεν β.
Εἰ. 439. μὰ Δί', ἀλλ' ἐν εἰρήνῃ διάξειν τὸν β.,
580. πάσιν ὑπάσοι β. ε–
1108. ὦ πότνι' Εἰρήνη, παράμεινον τὸν β. ἡμῖν.
1212. ἀπώλεσάς μου τὴν τέχνην καὶ τὸν β.,
Ο. 41. ἐπὶ τῶν δικῶν ᾄδουσι πάντα τὸν β.
161. ὑμεῖς μὲν ἄρα ζῆτε νυμφίων β.
686. ἣν δ' ἡγώμεθα σὲ θεόν, σὲ β., σὲ δὲ Γῆν, σὲ Κρόνον, σὲ Ποσειδῶ,
732. εὐδαιμονίαν, β. εἰρήνην,
Λ. 217.
218. } οἴκοι δ' ἀταυρώτη διάξω τὸν β.
Β. 706. εἰ δ' ἐγὼ ὀρθῶς ἰδεῖν β. ἀνέρος ἡ τρόπον ὅστις ἔτ' οἴμώξεται,
1215. ἡ γὰρ πεφυνκὼς ἐσθλὸς οὐκ ἔχει β.,
Ἐκ. 240. εὐδαιμονοῦντες τὸν β. διάξετε.
563. τουτὶ ποιήσῳ μηδ' ἀφέλῃ μου τὸν β.
Π. 34. ἤδη νομίζων ἐκτετεύχεσθαι β.,
197. ἤ φησιν οὐ βιωτὸν αὐτῷ τὸν β.
534. διὰ τὴν χρείαν καὶ τὴν πενίαν ζητεῖν ὀπόθεν β. ἕξει.
548. οὐ μὲν οὐ τὸν ἐμὸν β. εἴρηκας, τὸν τῶν πτωχῶν δ' ὑπεκρούσω.
555. ὡς μακαρίτην, ὦ Δάματερ, τὸν β. αὐτοῦ κατέλεξας,
751. οἱ γὰρ δίκαιοι πρότερον ὄντες καὶ β.

βίον. Π. 755. οὐκ ἐκ δικαίου τὸν β. κεκτημένοι,
Π. 831. εἶναι νομίζων χρήσιμον πρὸς τὸν β.
922. ζῇν ἀργός; ΣΤ. ἀλλὰ προβατίου β. λέγεις.
969. ἀβίωτον εἶναί μοι πεποίηκε τὸν β.
Fr. 498. 1. βέβαιον ἕξεις τὸν β. δίκαιος ὤν
560. 1. τί γὰρ ἐπὶ κακότροπον ἐμόλετον β.
βίος. Ν. 43. ἐμοὶ γὰρ ἦν ἄγροικος ἥδιστος β.,
Ο. 155. αὐτὸς δὲ δὴ τίς ἐσθ' ὁ μετ' ὀρνίθων β.;
1452. παππῷον ὁ β. συκοφαντεῖν ἐστί μοι.
Ἐκ. 610. νῦν δ', ἔσται γὰρ β. ἐκ κοινοῦ, τί τὸ κέρδος μὴ καταθεῖναι·
Π. 500. ὡς μὲν γὰρ νῦν ἡμῖν ὁ β. τοῖς ἀνθρώποις διάκειται,
551. ἀλλ' οὐχ οὑμὸς τοῦτο πέπονθεν β. οὐ μὰ Δί', οὐδέ γε μέλλει.
552. πτωχοῦ μὲν γὰρ β., ὃν σὺ λέγεις, ζῆν ἐστιν μηδὲν ἔχοντα·
βιοτῆς. Σ. 1452. ξηρῶν τρόπων καὶ β.·
βιότων. Π. 1105. οὗτος γὰρ ἐξεύρηκεν αὐτῷ β.
βίοτον. Ἐκ. 594. ἀλλ' ἵνα ποιῷ κοινὸν πᾶσιν β. καὶ τοῦτον ὅμοιον.
Π. 526. ξυνηρότερον τρίψεις β. πολὺ τοῦ νῦν. ΧΡ. ἐς κεφαλὴν σοί.
βίοτος. Ἐκ. 669. οὐδ' ἦν γε θύραζ', ὥσπερ πρότερον. β. γὰρ πᾶσιν ὑπάρξει.
βιότον. Ο. 718. πρὸς τ' ἐμπορίαν καὶ πρὸς β. κτῆσιν καὶ πρὸς γάμον ἀνδρός·
βίου. Α. 989. τοῦ β. δ' ἐξέβαλε δεῖγμα τάδε τὰ πτερὰ πρὸ τῶν θυρῶν.
Ν. 626. κατὰ σελήνην ὡς ἄγειν χρὴ τοῦ β. τὰς ἡμέρας.
Σ. 509. ἀντὶ τοῦ β. λάβοιμ' ἂν οὗ με νῦν ἀποστερεῖς·
Ο. 158. πολλήν γ' ἀφειλες τοῦ β. κιβδηλίαν.
412. β. διαίτης τε καὶ
Θ. 137. τίς ἡ τάραξις τοῦ β.; τί βάρβιτος
Ἐκ. 575. μυρίαισιν ὠφελίαισι β., δη–
Π. 263. ψυχρόν β. καὶ δυσκόλου ζήσειν ἀπαλλαγήσεται.
βίφ. Λ. 256. ἢ πῶλ' ἄελπτ' ἔνεστιν ἐν τῷ μακρῷ β., φεῦ,
Α. 865. ὡς οὐδεμίαν ἔχω γε τῷ β. χάριν,
Β. 63. ἔγνους; βαβαιάξ, μυράκις ἐν τῷ β.
Π. 38. οὐ τῷ β. τοῦτ' αὐτῷ νομίσας συμφέρειν.
923. εἰ μὴ φανείται διατριβὴ τις τῷ β.
Fr. 563, 1. ἵνα ξυνῶσιν ὥπερ ἡδεσθον β.
βιώσομαι. Ι. 699. ἐν τῆσδε τῆς γῆς οὐδέποτε β.
βιωτόν. Π. 197. ἢ φησιν οὐ β. αὐτῷ τὸν β.
βλάβην. Ν. 1161. πρόβολος ἐμός, σωτὴρ δόμοις, ἐχθροῖς β.,
βλάβη. Θ. 337. Εὐριπίδη Μήδοις τ' ἐπὶ β. τινι
Ο. 359. κερδῶν οὔνεκ' ἐπὶ β.
305. χώρας [οὔνεκ' ἐπὶ β.]
βλαβῆναι. Εἰ. 710. ἆρ' ἂν β. διὰ χρόνου τί σοι δοκῶ,
βλάβης. Σ. 1407. πρὸς τοὺς ἀγορανόμους β. τῶν φορτίων,
βλάβος. Β. 1151. λέγ' ἕτερον αὐτῷ· ὡς δ' ἐπιτρέῳ τὸ β.
βλακικῶς. Ο. 1323. ὡς β. διακονεῖς·
βλάπτειν. Β. 1428. βραδὺς φανεῖται, μεγάλα δὲ β. ταχύς,
βλάπτεις. Ο. 1642. β. δέ τοι σὺ σαυτόν. ἢν γὰρ ἀποθάνῃ
βλάπτουσ'. Β. 1049. καὶ τί β., ὦ σχέτλ' ἀνδρῶν, τὴν πόλιν ἁμαὶ Σθενέβοιαι ;
βλαστάνειν. Ο. 1479. β. καὶ συκοφαντεῖ,
Λ. 406. τοιαῦτ' ἂν αὐτῶν β. βουλεύματα.
βλαστάνῃ. Α. 384. ἄρβω σ', ὅπως ἂν β.
βλαστάνωσ'. Ν. 1124. ἡνίκ' ἂν ὦραι τ' ἐλᾶσι β. αἴ τ' ἄμπελοι,
βλαυτίοισι. 1. 889. τοῖσιν τρόποις τοῖς σοῖσιν ὥσπερ β. χρῶμαι,
βλέμμ'. Π. 367. ἀλλ' οὐδὲ τὸ β. αὐτὸ κατὰ χώραν ἔχει.
βλέμμα. Π. 1022. τὸ β. οὐκ ἔχειμ μαλθακὸν καὶ καλόν.
βλέμματος. Εἰ. 239. ὅσον κακὸν καὶ τοῦ Πολέμου τοῦ β.
βλέπε. Ι. 162. ὦ μῶρε, ποίας κοιλίας; δευρί β.
Ν. 323. β. νυν δεῦρι πρὸς τὴν Πάρνηθ'· ἤδη γὰρ ὁρῶ κατιούσας
Ο. 175. βλέψον κάτω. ΕΠ. καὶ δὴ βλέπω. ΠΕ. β. νῦν ἄνω.
βλέπει. Ν. 193. τί δῆθ' ὁ πρωκτὸς εἰς τὸν οὐρανὸν β.;
Σ. 900. ὦ μιαρὸς οὗτος· ὡς δὲ καὶ κλέπτον β.
Λ. 1203. ὀξύτερον αὐτοῦ β.
Ἐκ. 1142. καὶ τῶν κριτῶν εἰ μή τις ἑτέρωσε β.
Π. 424. β. γέ τοι μανικόν τι καὶ τραγῳδικόν·
1048. νενόμικα γὰρ, ἀλ' ἔοικεν, ὀξύτερον β.
1159. ἀλλ' ἡγεμόνων. ΚΑ. ἀλλ' ὁ θεὸς ἤδη β.
βλέπειν. Α. 233. ἀλλὰ δεῖ ζητεῖν τὸν φεύγοντ' ἀεὶ β. Βαλληνάδε
Α. 1108. ὀσφραίνει. βούλει μὴ β. ἐς τὰς κίχλας ;
1. 1239. κλέπτον ὑποκρέκει καὶ β. ἐναντία.
Σ. 643. ἢ μὴν ἐγὼ σε τήμερον σκαιόν β. ποιήσω.
Λ. 886. πολλῷ γε γεγένησαι κἀγωνίτερον β.·
Θ. 16. ᾧ μὲν β. χρὴ πρῶτ' ἐμηχανήσατο
Β. 593. καὶ β. αὐθις τὸ δεινόν,

βλέπειν—Βοιωτία. 45

βλέπειν. Π. 328. θάρρει· β. γὰρ ἄντικρυς δύξεις μ᾽ Ἄρη.
746. ὅτι β. ἐποίησε τὸν Πλοῦτον ταχύ,
968. ἀφ᾽ οὗ γὰρ ὁ θεὸς οὗτος ἤρξατο β.,
1113. εἴργασθ᾽. ἀφ᾽ οὗ γὰρ ἤρξατ᾽ ἐξ ἀρχῆς β.
1173. ἀφ᾽ οὗ γὰρ ὁ Πλοῦτος οὗτος ἤρξατο β.,
βλέπεις. Α. 95 πρὸς τῶν θεῶν, ἄνθρωπε, ναύφαρκτον β.,
Λ. 184. καλῶς λέγεις. ποῦ ᾽σθ᾽ ἡ Σείθαινα; ποῖ β.;
426. τί κέχηνας, ὦ δύστηνε; ποῖ δ᾽ αὖ σὺ β.,
Fr. 343, 2. αἰβῖ κατ᾽ αὐτὴν ἦν β. τὴν εἴσοδον.
βλέπησον. Fr. 597. β.
βλέποιεν. ΕΙ. 208. ἵνα μὴ β. μαχομένους ὑμᾶς ἔτι
βλέπομεν. Λ. 1232. νήφοντες, εἰθὺς β. ὅ τι ταράξομεν·
βλέποντ᾽. Β. 604. καὶ β. ὀρίγανον.
Π. 210. β. ἀποδείξω σ᾽ ὀξύτερον τοῦ Λυγκέως.
βλέποντας. Π. 666. κλέπτων δὲ τοὺς β. ὑπερηπντικὴν·
βλέποντες. Π. 15. οἱ γὰρ β. τοῖς τυφλοῖς ἡγούμεθα·
βλεπόντων. Ι. 298. κάπιορκῶ γε β.
Σ. 455. ὀξυνύμων καὶ δικαίων καὶ β. κάρδαμα.
βλέπος. Ν. 1176. ἐπὶ τοῦ προσώπου τ᾽ ἐστὶν Ἀττικὸν β.
Fr. 597. β.
βλέπουσα. Α. 254. οἴσεις, β. θυμβροφάγον, ὡς μακάριος
βλέπουσιν. Α. 376. οὐδὲν β. ἄλλο πλὴν ψῆφῳ δακεῖν,
Ν. 187. ἀτὰρ τί ποτ᾽ ἐς τὴν γῆν β. οὗτοι·
Ο. 309. καὶ β. ἐς σὲ κἀμέ. ΠΕ. τοῦτο μὲν κάμοὶ δοκεῖ.
Βλέπυρος. Εκ. 327. τίς ἐστιν; οὐ δήπου Β. ὁ γειτνιῶν·
βλέπω. Σ. 847. ἀλλ᾽ εἴσαγ᾽ ἀνύσας· ὡς ἐγὼ τιμῶν β.
Ο. 175. βλέψον κάτω. ΕΠ. καὶ δὴ β. ΠΕ. βλέπε νῦν ἄνω·
176. β. ΠΕ. περίαγε τὸν τράχηλον. ΕΠ. νὴ Δία,
βλέπων. Α. 568. ἰὼ Λάμαχ᾽, ὦ β. ἀστραπάς,
ΕΙ. 56. δι᾽ ἡμέρας γὰρ ἐς τὸν οὐρανὸν β.
1184. εἶδον αὐτὸν, κάπορῶν θεῖ τῷ κακῷ β. ὑπόν.
Ο. 264. καίτοι κέχηνά γ᾽ ἐς τὸν οὐρανὸν β.
1109. ἐσθεῖ πρὸς ἡμᾶς δεῦρο, πυρρίχην β.
1671. τί δῆτ᾽ ἄνω κέχηνας αἰκίαν β.;
Β. 544. γὼ δὲ πρὸς τοῦτον β.
Εκ. 292. β. ὑπόγριμμη, μὴ
Π. 99. καὶ θαυμά γ᾽ οὐδέν· οὐδ᾽ ἐγὼ γὰρ ὁ β.
738. ὁ Πλοῦτος, ὦ δέσποιν᾽, ἀνεστήκει β.·
βλέφαρ᾽. Π. 721. κατέκλασεν αὐτοῦ τὰ β. ἐνστρίψαι, ἵνα
βλέφαρα. Σ. 12. Μηδέα τις ἐπὶ τὰ β. νυστακτῆς ὕπνος·
Β. 1441. ῥαίνουσι ἐς τὰ β. τῶν ἐναντίων.]
Εκ. 406. σαυτοῦ παραλείφειν ὁ β. τῆς ἑσπέρας,
Π. 730. τὰ β. περιέφησεν· ἡ Πανάκεια δὲ
736. τὰ β. περιέλειχον, ὡς γ᾽ ἐμοὶ δοκεῖν·
βλέφαρα. Π. 822. ἔνδον μένειν ἦν. ἔδακνε γὰρ τὰ β. μου.
βλεφαρίς᾽. Εκ. 102. δὲ αὐτὸς αὑτῷ β. οὐκ ἐσώσατο·
βλεφαρίδας. Ι. 373. τὰς β. σου παρατιλῶ.
βλέψαι. Σ. 613. ἐς σὲ β. καὶ τὸν ταμίαν, ὁπότ᾽ ἄριστον παραθείη
Π. 116. β. ποιήσας. ΠΛ. μηδαμῶς τοῦτ᾽ ἐργάσῃ.
401. β. ποιῆσαι νῷ ΒΛ. τίνα β.; φράσον.
400. β. πάλιν· ΧΡ. τί οὖν ἀδικοῦμεν τοῦτό σε,
βλέψαντος. Π. 792. πρώτιστα καὶ β. οὐδὲν ἐκφέρειν.
βλέψω. Π. 505. οὐκοῦν εἶναί φημ᾽, εἰ παύσαι ταύτην β. ποθ᾽ ὁ Πλοῦτος,
βλέψεως. Εκ. 570. δι᾽ Ἐπίγονόν γ᾽ ἐκεινονὶ β. γὰρ
βλέψειας. Ι. 855. ὥστ᾽ εἰ σὺ βριμήσαιο καὶ β. ὑστρακίνδα,
βλέψεις. Π. 510. εἰ γὰρ ὁ Πλοῦτος β. πάλιν διανείμειέν τ᾽ ἴσον αὑτὸν
βλέψῃ. Π. 494. ἢν γὰρ ὁ Πλοῦτος νυνὶ β. καὶ μὴ τυφλὸς ὢν περινοστῇ,
Βλεψίδημ᾽. Π. 344. ὦ Β., ἄμεινον ἢ χθὲς πράττομεν,
Βλεψίδημον. Π. 332. καὶ μὴν ὁρῶ καὶ Β. τουτονὶ
βλέψον. Π. 292. β. ἐς μ᾽ ἀσκαρδάμυκτι·
Ο. 175. β. κάτω. ΕΠ. καὶ δὴ βλέπω. ΠΕ. βλέπε νῦν ἄνω
Β. 499. καὶ β. ἐς τὸν Ἡρακλειοξανθίαν,
βληθείς. Ν. 997. μήλῳ β. ὑπὸ πορνιδίου, τῆς εὐκλείας ἀποθραυσθῇς·
βληθεῖσαν. Fr. p. 502. ἴδει δὲ γε [σε] β. εἰς Ἀλμυρίδας
βληχᾶται. Σ. 570. τὰ δὲ συγκύψανθ᾽ ἅμ᾽ β. κάπευθ᾽ ὁ πατὴρ ὑπὲρ αὐτῶν
βληχώ. Α. 89. κομψότατα τὴν β. γε παρατετιλμένη.
βληχωμένοι. Π. 297. β., οἱ τουτονὶ πινῶντα καταλαβόντες,
βληχωμένοι. Π. 293. β. τι προβατίων
βληχωμένων. ΕΙ. 535. κιττοῦ, τρυγοῖσον, προβατίων β.,
Fr. 344, 5. ἐπεῖτ᾽ ἀκούων προβατίων β.,
βληχωνίαν. ΕΙ. 712. οὐκ, εἴ γε κυκέων᾽ ἐπιπίοις β.
βλιμάζδουσι. Λ. 1164. ὥσπερ πάλαι δευμεθα καὶ β.
βλιμάζοντες. Ο. 530. οἱ δ᾽ ἀνοῦται β.·
βλιτομάμμαν. Ν. 1001. τοῖς Ἱπποκράτους υἱέσιν εἴξεις, καί σε καλύσι β.

βλίττεις. Ι. 794. ἀλλὰ καθείρξας αὐτὸν β.· Ἀρχεπτολέμου δὲ φέροντας
βλίττῃ. Λ. 475. ἢν μή τις ὥσπερ σφηκιὰν β. με κἀρεθίζῃ.
βόα. Ι 252. καὶ βδελύττου, καὶ γὰρ ἡμεῖς, κἀπικείμενος β.·
Ο. 1504. ὦ φίλε Προμηθεῦ. ΠΡ. παῦε παῦε, μὴ β,
βοᾷ. Ν. 543. οὐδ᾽ εἰσῆξε δᾷδας ἔχουσ᾽, οὐδ᾽ ἰοὺ ἰοὺ β.,
Σ. 921. τὸ πρᾶγμα φανερόν ἐστιν· αὐτὸ γὰρ β.
Ο. 1096. θάλπεσι μεσημβρινοῖς ἡλιομανὴς β.
Θ. 125. ἄρσενι β. δοκίμῳ·
507. εἴθ᾽ ὡς ἔνευσεν ἡ φέρουσ᾽, εὐθὺς β.
βοᾶκων. Fr. 400, 2. μεστὴν β. ἀπιβάδιζον οἴκαδε.
βόαμα. Ν. 967. ἡ Παλλάδα περσέπολιν δεινάν, ἢ Τηλεπόρων τι β.,
βοᾷν. Α. 38. β., ὑποκρούειν, λοιδορεῖν τοὺς ῥήτορας,
Α 353. τὸν θυμὸν ἀνδρῶν ὥστε βάλλειν καὶ β.
Ο. 498. κἀγὼ πίπτω, μέλλω τε β.· ὁ δ᾽ ἀνέβλισε θοιματίων μου.
Π. 477. οὐ δεῖ σχετλιάζειν καὶ β. πρὶν ἂν μάθῃς,
478. καὶ τίς δύναιτ᾽ ἂν μὴ β., ἰοὺ ἰοὺ
Fr. 314, 2. μήτε Χαρίτας β. ἐς χορὸν Ὀλυμπίας·
βοᾶν. Ν. 1155. β. ἰώ, κλάετ᾽ ὠβολοστάται,
Θ. 103. πατρίδι χορεύσασθαι β.
Β. 212. ξύναυλον ἔχουσι β.
Π 637. λέγεις μοι χαράν, λέγεις μοι β.
βοῆς. Σ. 749. οὗτος, τί μοι β.;
Β. 859. οὐ δ᾽ εὐθὺς ὥσπερ πρῖνος ἐμπρησθεὶς β.
Π. 934. οἴμοι περιειλήμμαι μύγος· ΚΑ. νυνὶ β.;
βοάσομαι. Ν. 1154. β. τάρα τὰν ὑπέρτονον
βοᾶτε. Σ. 336. οἰμῴ υἱά. ἀλλὰ μὴ β.· καὶ γὰρ τυγχάνει
Σ. 371. διατέτραυκαι τοῦτό γ᾽. ἀλλὰ μὴ β. μηδαμῶς,
409. θεῖτε καὶ β., καὶ Κλέων ταῦτ᾽ ἀγγέλλετε,
ΕΙ. 339. καὶ β. καὶ γελᾶτ᾽. ἡ-
βόε. Α. 1022. τί δ᾽ ἔπαθες; ΓΕ. ἐπιτρίβην ἀπολέσαι τὼ β.
Λ. 1027. ἀπόλωλα τώφθαλμὼ δακρύων τὼ β.
1031. ἰθ᾽ ἀντιβολῶ σ᾽, ἢν πως κομίσωμαι τὼ β.
βόεια. Β. 924. ἤδη μεσοῖη, ῥῆματ᾽ ἂν β. διώκειν· εἶπεν,
βοεικόν. Fr. 163, 1. εἰρήνη βαθύπλουτε καὶ ζευγάριον β., εἰ
βόεσν. Σ. 40. ἴστη β. δημόν. ΕΛ. οἴμοι δειλαίον
βοείον. 1. 954. βάσεν β. θρίον ἐξωπτημένον.
βοή. ΕΙ. 1287. πύργων δ᾽ ἐξεχεῖτο, β. δ᾽ ἄσβεστος ὑρώρει.
Λ. 830. ταχίας. ΓΥ. Α. τί δ᾽ ἐστιν; εἰπὲ μοι, τίς ἡ β.;
Β. 757. τίς οὗτος θόρυβος ἐστὶ θυρμῶς χἠ β.;
Π. 641. τίς ἡ β. ποτ᾽ ἐστίν; ἆρ᾽ ἀγγέλλεται
βοῇ. 1. 275. ἀλλ᾽ ἐγὼ σε τῇ β. ταύτῃ γε πρόθυμος· ὁ δὲ κατείχε τρίφωμι.
1. 276. ἀλλ᾽ ἵὴν μήντοι ιγ νικᾷς τῇ β., τηνελλος εἶ·
Εκ. 434. ἀλλ᾽ ἤμον ἥττων· ὁ δὲ νικῶν αὐτοῦ τῇ β.,
βοηθεῖ. Α. 353. ἴσμων γυναικῶν αὐτοσὶ θύρασιν αὖ β.
βοήθει. Σ. 433. ὦ Μίδα καὶ Φρύξ β. δεῦρο καὶ Μασυντία,
Λ. 303. καὶ β. τῷ θεῷ,
βοηθεῖν. Α. 147. καὶ τὸν πατέρ᾽ ἠντιβόλει β. τῇ πάτρᾳ·
Λ. 573. ποῦ χρῆ β.; νὼ κυδοιμῶ ἐμβαλείν·
ΕΙ 026. βοῖ; μηδαμῶς, ἵνα μὴ β. ποι δέοι·
Π. 914. τὸ μὲν οὖν β. τοῖς νόμοις τοῖς κειμένοις
1026, βοηθεῖν β. τοῖς ἀδικουμένοις ἀεί.
βοηθεῖται. Fr. 467. τοὺς Ἴβηρας οὓς χορηγεῖ μοι β. δρύμῳ.
βοηθησάτω. Α. 570. τις ἀνδρομαχᾶς ἀνήρ, β.
βοηθήσειν. Α. 148. ὁ δ᾽ ὤμοσε σπείνδων β., ἔχων
βοηθήσον. Α. 567. β. ὦ γρογολυμβε, φανείς,
βοηθήσουσι. 1. 226. μισοῦντες αὐτὸν, οἱ β. σοι,
βοηθήσωμεν. ΕΙ. 302. ὦ Πανέλληνες, β., εἴπερ πώποτε,
βοηθῷ Λ. 326. ἀλλὰ φοβοῦμαι τόδε. μῶν ὑστερώνοες β.;
Λ. 334. φέροντος ὕδωρ β.
βροιντεῖν. Fr. 598. καὶ β. καὶ θηλατεῖν·
βοήν. Α. 347. ἐμίλλετ᾽ ἆρ᾽ ἅπαντες ἀνασείειν β.,
Ο. 771. συμμιγῆ β. ὁμοῦ
Θ. 696. γυναίκες, οὐκ ἀφῆκτ᾽; οὐ πολλὴν β.
βοῆς. Α. 546. θορύβου στρατιωτῶν, περὶ τριηράρχου β.,
Λ. 572. πίθων β. ἤκουσα πολεμιστηρίας·
Σ. 471. ἔσθ᾽ ὅπως ἄνευ μάχης καὶ τῆς κατοξείας β.
ΕΙ. 318. ἐχαλεῖ μ᾽, ὠνδρες, οἱ μὴ τὴν β. ἀκούετε
Λ. 380. σχήσω σ᾽ ἐγὼ τῆς νῦν β. ΧΟ. ΓΥ. ἀλλ᾽ οὐκ ἔθ᾽ ἡλιάξει.
βοῖ. ΕΙ. 925. τί δαὶ δοκεῖ; βούλεσθε λαριμῷ β.;
ΕΙ. 926. β.; μηδαμῶς, ἵνα μὴ βοηθεῖν ποι δέοι.
βοῖ. ΕΙ. 1066. αἰβοῖ β. ΤΡ. τί γέλας; ΟΙ. ἤσθην χαροποῖσι σιθύκοι.
βοιδαρίαν. Ο. 585. μὴ, πρίν γ᾽ ἂν ἐγὼ τὼ β. τώμὼ πρῶτίστ᾽ ἀποθύωμι.
βοιδαρίων. Fr. 52. ἡ β. τις ὑπέκτεινε ζεύγος χωλίκων ἐπιθυμῶν.
Βοιδίου. Α. 1036. οἴμοι κακοδαίμων τοῖν γεωργοῖν β.
Βοιωτία. Λ. 86. πρέσβειρά τοι ναὶ τῶ σιῶ Β.

Βοιωτία. Λ. 87. ἵκει ποθ' ὑμέ. ΛΥ. νὴ Δί', ὦ Β.,
Βοιωτίαν. Α. 160. καταπελάσονται τὴν Β ὕλην.
Fr. 333. οὐκ ἐγχέλυν Β., οὐ γλαῦκον, οὐχὶ θύννον
Βοιωτίδιον. Α. 872. ὦ χαῖρε, κολλικοφάγε Β.
Βαιώτιε. Α. 953. αἴρου λαβὼν τὸν κέραμον, ὦ D.
Βοιώτιοι. Α. 1023. πόθεν; ΓΕ. ἀπὸ Φυλῆς ἔλαβον οἱ B.
Βοιωτίοις. Α. 624. ἅπασι καὶ Μεγαρεῦσι καὶ D.
Α. 721. ἔξεστι καὶ Μεγαρεῦσι καὶ Β.
Βοιώτιον. Α. 14. Διξίθεος εἰσῆλθ' ᾀσόμενος Β.
Βοιώτιος. Α. 920. ἐνθεὶς ἂν ἐς τίφην ἀνὴρ Β.
βοίωτιος, Fr. 430. γεννοία β. ἐν Ἀγχομενοῦ
Βοωτίους. Α. 1077. ἤγγειλε λῃστὰς ἐμβαλεῖν Β.
Λ. 35. Β. τε πάντας ἐξολωλέναι.
Βοιωτοί, EI. 466. ὠμώξεσθ' οἱ Β.
Βοιωτοῖς. Α. 873. τί φέρεις; ΒΟ. ὅσ' ἐστὶν ἀγαθὰ Β. ἁπλῶς,
I. 480, πῶς οὖν ὁ τυρὸς ἐν Β. ὤνιος;
Βοιωτοῖσιν. Α. 900. ὅ τί γ' ἔστ' Ἀθήναις, ἐν Β. δὲ μή.
Βοιωτούς. Ο. 189. Πυθῶδε, Β. δίοδον αἰτούμεθα,
Βοιωτῶν, I. 479. καὶ τὰκ Β. ταῦτα συντηρούμενα.
EI. 1003, κἀκ Β. γε φέροντας ἰδεῖν
Λ. 40. αἵ τ' ἐκ Β. αἵ τε Πελοποννησίων
75. τάς τ' ἐκ Β. τάς τε Πελοποννησίων
702. παῖδα χρηστὴν κώγαπητὴν ἐκ Β. ἐγχέλυν
βολαῖς. Ο. 1242. καταθαλώσῃ σου Λικυμνίαις β.
βολβοί. Fr. 200, δηροκώλι', ἄρτοι, κάραβοι, β. φακῆ.
βολβοῖς. Fr. 548. πολφοὺς δ' οὐχ ἥξω ὁμοῦ β.
βολβός. Fr. 180, 1. ὀξωτὰ, σιλφιωτά, β., τεῦτλον,
βολβούς. Ν. 188. ζητοῦσιν οὗτοι τὰ κατὰ γῆς, ΣΤ. β. ἄρα
βολβῶν. Εκ. 1092. καλῶς, ἐπειδὰν καταφάγῃς β. χύτραν.
βολίτινον. Β. 295. νὴ τὸν Ποσειδῶ, καὶ β. θάτερον,
βολίτοις. Α. 1026. ἐν πᾶσι β. ΔΙ. εἶτα νυνὶ τοῦ δέει;
I. 658. κἄγωγ' ὅτε δὴ 'γνων τοῖς β. ἠττημένος,
βομβαλοβομβάξ, Θ. 48. μὴ λυέσθων. ΜΝ. β.
βομβῇ. Θ. 45. γλαυκὸν· ΜΝ. β. ΕΤ. σίγα, τί λέγεις;
βομβαυλίοι. Α. 866. ἐπὶ τὴν θύραν μοι Χαιρεῖδη β.
βόμβῳ. Θ. 1176. τί τὸ β. τοῦτο; κώμῳ τίς ἀνεγείρῃ μοι.
βομβεύσω. Π. 538. ὑπὸ τοῦ πλήθους, αἱ Β. περὶ τὴν κεφαλὴν
ἀνιῶσιν,
βομβυλιός. Σ. 107. ὥσπερ μέλιττ' ἢ β. εἰσέρχεται,
βοοῖν. Fr. 344, 4. κεκτημένον ζευγάριον οἰκεῖον β.,
βοῦς. I. 316. ὅστις ὑποτέμνων ἐπώλεις δέρμα μοχθηροῦ β.
βορά. Β. 1033. πεπλεγμένη κήτει β.
βοράν. I. 417. κυνὸς β. σιτούμενος μαχεῖ σὺ κυνοκεφάλλῳ·
βορβοροθύμοις. ΕΙ. 753. διαβὰς βυρσῶν ὀσμὰς δεινὰς κιπιειλὰς β.
βόρβορον. I. 866. ἐὰν δ' ἄνω τε καὶ κάτω τὸν β. κινήσειν,
D. 145, οὐ γάρ μ' ἀποτρίψεις. ΗΡ. εἶτα β. πολὺν
βέρβορος. Σ. 259. ἀλλ' οὑτοσὶ σοι β. φαίνεται πατοῦντι·
Β. τί ἐστι ταντουθί; ΞΑ. σκότος καὶ β.
βορβοροτάραξ. I. 306. καὶ γραφαὶ καὶ δικασταὶ, ὦ β. καὶ
βορέᾳ. Ο. 1399. τοτὲ δ' αὖ β. σῶμα πελάζων
βορέαν. Α. 922. δι' ὑδρορρόας, β. ἐπιτηρήσας μέγαν.
βορέας. Σ. 1124. ὅθ' ὁ β. ὁ μέγας ἐπεστρατεύσατο.
βόρειαν. Σ. 265. ὕδωρ γενέσθαι κἀπινεῦσαι β. αὐτοῖς.
Fr. 469. β. τεῖχος.
βορόν. EI. 38. μιαρὸν τὸ χρῆμα καὶ κάκοσμον καὶ β.,
βόσκει. Λ. 1204. ἐστι, β. δ' οἰκέτας καὶ
βόσκειν. Σ. 313. ἵν' ἐμοὶ πράγματα β. παρέχῃς·
Σ. 708. τούτων εἴκοσιν ἄνδρας β. εἴ τις προσέταξεν ἑκάστῃ.
720. β. ἐθέλων καὶ μὴ τούτοις
Ο. 479. νὴ τὸν Ἀπόλλω πάνυ τοίνυν χρὴ ῥύγχος β. σε τὸ
λοιπόν·
βόσκημα. Β. 892. αἰθὴρ, ἐμὸν β., καὶ γλώττης στρόφιγξ,
βοσκήματι. Α. 811. νὴ τὸν Δί' ἀστεῖαν γε β.
βοσκήσομεν. Εκ. 599. εἶτ' ἀπὸ τούτων κοινῶν ὄντων ἡμεῖς β.
ὑμᾶς
βοσκητέον. Ο. 1350. εἴπερ γέ μοι καὶ τὸν πατέρα β.
βοσκόμεθα. Ο. 1009. ἠρινά τε β. παρθένια
βόσκουσι. Ν. 334. οὐδὲν δρῶντας β. ἀργούς, ὅτι ταύτας μουσο-
ποιοῦσιν.
βόσκουσι. Ν. 331. οὐ γὰρ μὰ Δί' οἴσθ' ὁτιὴ πλείστους αὐταὶ β.
σοφιστάς,
βόσκω. I. 256. οὓς ἐγὼ β. κεκραγὼς καὶ δίκαια κἄδικα.
βόστρυχον. Ν. 563. γνώσεται γάρ, ἤμπερ ἴδῃ, τἀδελφοῦ τὸν β.
βοστρύχων. Εκ. 955. τῶνδε τῶν σῶν β.
βοτά. Ν. 1427. σκέψαι δὲ τοὺς ἀλεκτρυόνας καὶ τἆλλα τὰ β.
ταυτί,
βότρυαν. Fr. 309, 10. διώμας, διάλιθον, πλάστρα, μαλάχιον, β.,
βοτρυόδωρα. EI. 520. ὦ πύτνια β., τί προσεῖπω σ' ἔπος;
βότρυος. Π. 1321. β. ἕλικα παυσάμενον.
βότρυς. I. 1077. ὁτιὴ β. τρώγουσιν ἐν τοῖς χωρίοις.
Σ. 449. οὐδ' ἀναμνησθεὶς ὅθ' εὑρὼν τοὺς β. κλέπτοντά σε

βότρυς. EI. 708. ταύτῃ ξυνοικῶν ἐκποιοῦ σαυτῷ β.
Εκ. 817. τὸ κύμμ' ἐγίνετ' ἐκείνῳ. πωλῶν γὰρ β.
Fr. 476, 1. ὄψει δὲ χειμῶνος μέσου σικυοὺς, β., ὑπώραν,
βουβωνιᾷς. Α. 987. τί δὴ προβαλλει τὴν χλαμύδ'; ἢ β.
βουβωνιᾷ. D. 1280. ὑπὸ τῶν κύπων γὰρ τὼ νεφρὼ β.
Βουβωνίῳ. Σ. 277. καὶ τάχ' ἂν β.
βουβυτεῖ. Π. 819. καὶ νῦν ὁ δεσπότης μὲν ἔνδον β.
βουθύτοις. Ο. 1232. μηλοσφαγεῖν τε β. ἐπ' ἐσχάραις
βουκέφαλον. Fr. 135. μὴ κλά' ἐγώ σοι β. ὠνήσομαι.
βουκολεῖν. Εκ. 81. εἴπερ τις ἄλλος β. τὸν δῆμον.
βουκολεῖς. Σ. 10. τὸν αὐτὸν ἄρ' ἐμοὶ β. Σαβάζιον.
βουκολήσεται. EI. 153. κάτω κάρα ῥίψας με β.
βουλαῖς. I. 3. αὐταῖσι β. ἀπωλέσειαν οἱ θεοί·
βούλει. Α. 870. ἀλλ' εἴ τι β., πρίασο, τῶν ἐγὼ φέρω,
Α. 950. β. φέρων
1082. β. μάχεσθαι Γηρυόνῃ τετραπτίλῳ·
1108. ἄνθρωπε. β. μὴ βλέπειν ἐς τὰς κίχλας;
1113. ὤνθρωπε. β. μὴ προσαγορεύειν ἐμέ;
1115. β. περιδόσθαι κἀπιτρέψαι Λαμάχῳ,
I. 36. β. τὸ πρᾶγμα τοῖς θεαταῖσιν φράσω;
52. β. παραθῶ σοι δόρπον; εἶτ' ἀναρπάσας
430. τί δῆτα ; β. τῶν ταλάντων ἐν λαβὼν σιωπᾶν;
Ν. 250. β. τὰ θεῖα πράγματ' εἰδέναι σαφῶς
345. ἀπύκριναί νυν ἅττ' ἂν ἔρωμαι. ΣΤ. λέγε νυν ταχέως
ὅ τι β.
636. ἄγε δή, τι β. πρῶτα νυνὶ μανθάνειν
737. αὐτὸς ὅ τι β. πρῶτον ἐξευρὼν λέγε.
1106. β. τὸν υἱόν, ἢ 'δ. δόσκω σοι λέγειν·
1336. ἐλοῦ δ' ὁπότερον τῶν λόγοιν β. λέγειν.
Σ. 202. πάιν γ', ὦ παιδίον. ἀλλ' εἰπέ τί β. με πρίασθαι
723. ὅ τι β. σοι,
761. τί σοι πίθωμαι; λέγ' ὅ τι β., πλὴν ἱνός.
EI. 1204. καὶ τῳνδὶ ὅ τι β. προῖκα· καὶ τοῦτὶ δέχου·
Ο. 819. χαίνῃν τι πόνῳ, ΠΕ. β. Νεφελοκοκκυγίαν;
946. ξυνίημ' ὅτι βούλει τὸν χιτωνίσκον λαβεῖν.
1025. Τελέου. ΠΕ. τί; β. δῆτα τὸν μισθὸν λαβὼν
1405. β. διδάσκειν καὶ γὰρ ἡμῖν οὖν μένων
Α. 98. ἐπιτρέψομαί τι μικρόν. ΜΤ. ὅ τι β. γε σύ.
133. ἀλλ' ἀλλ' ὅ τι β. κἂν με χρῇ, διὰ τοῦ πυρὸς
821. τὴν γνώθον β. θείνω ;
939. β. μυρίσω γε · ΚΙ. μὰ τὸν Ἀπόλλω μὴ μέ γε.
Θ. 145. ζψγ σ', ἐπειδὴ γ' αὐτὸς οὖ β. φράσαι.
212. κλάειν κέλευ', ἐμοὶ δ' ὅ τι β. χρῶ λαβὼν
234. β. δέσθαι σαυτῷ ; ΜΝ. εἰ δοκεῖ, φέρε.
899. σὺ δ' εἴ πανοῦργος. ΜΝ. ὑπόσα του β., λέγε.
Β. 3. νὴ τὸν Δί' ὅ τι β. γε, πλὴν πιέζομαι,
127. β. ταχεῖαν καὶ κατάντη σοι φράσω ;
172. ἄνθρωπε, β. σκευάρι' εἰς Ἄιδου φέρειν ;
1150. χρήσω σὺ μάντραν, εἰ δὲ β., κάρδοπον.
Εκ. 924. ἄβ' ὁπόσα β, καὶ παρίκυφο ὥσπερ γαλῆ·
998. οἶδ' οἶδ' ὅ τι β. ΝΕΑ. καὶ γὰρ ἐγώ σε νὴ Δία.
Π. 1055. β. διὰ χρόνου πρός μὲ παῖσαι ; ΓΡ. ποῖ, τάλαν ;
Fr. 234. ὁ μηχανοποιός, ὁπότε β. τὸν τροχὸν
βουλεύσω. Θ. 809. παραδοὺς ἑτέρῳ τὴν β.· οὐδ' αὐτὸς τουτύ γε
φήσεις.
βούλεσθ'. Α. 331. βάλλετ', εἰ β. ἐγὼ γὰρ τουτονὶ διαφθερῶ.
Ν. 1262. τί δ' ὅστις εἰμὶ, τοῦτο β. εἰδέναι;
Σ. 1000. ἀλλ' ἴτε χαίροντες ὅποι β.
EI. 10. εἰ μή με β. ἀποπνιγέντα περιιδεῖν.
604. ῥῆματ', εἰ β. ἀκοῦσαι τήνδ' ὥσαι ἀπώλετο.
βούλεσθε. EI. 925. Σί. βαλ δοκεῖ; β. ἀγαθῷ Βοί;
Ο. 813. τὸ μέγα τοῦτο τοὐκ Λακεδαίμονι,
1089. ἐν τοῖς γάμοις. ΗΡ. β. δῆτ' ἐγὼ τέως
Θ. 553. εἴρηχ' ὅσα ξύνοιδ'· ἐπεὶ β. πλεῖον' εἰπω ;
791. ἀλλ' οὑτωσὶ πολλὴ σπουδῄ τὸ κακόν β. φυλάττειν
1160. γυναῖκες, εἰ β. τὸν λοιπὸν χρόνον
Β. 416. β. δῆτα κοινῇ
βούλεται. Α. 45. ἤδη τις εἰπε ; ΚΗ. τίς ἀγορεύειν β.;
I. 394. ἐν ξύλῳ δήμας ἀφαυεῖ κἀποδύσθαι β.
1281. Ἀμφιάδης παντρήδ, ἀλλὰ τοῦτο μὲν καὶ β.·
1314. ἀλλὰ πλείτω χαιρὶς αὐτοῖς ἐς κύρακας, εἰ β.,
Ν. 1305. ἀποστερήσαι β.
Σ. 41. τοῦ δ' ὑφέψ, ὦ μάταιε, ταῦτα δρᾶν σε β.;
338. τοῦ δ' ὑφέψι, ὦ μάταιε, ταῦτα δρᾶν σε β.;
1134. ὅθ' οὑτοσὶ με νῦν ἀποπνίξαι βούλεται·
EI. 206. ὑμᾶς παραδοῦσιν δρᾶν ἀτεχνῶς ὅ τι β.·
441. ὅστις δὲ πύλεμον μᾶλλον εἶναι β.,
Ο. 753. εἰ μετ' ὀρνίθων τις ὑμῶν, ὦ θεαταί, β.,
767. β. περδιξ γενέσθαι, τοῦ πατρὸς νεοττίον·
Α. 870. φιλῶ φιλῶ 'γὼ τοῦτον· ἀλλ' οὐ β.
1210. ὅστις οὖν β. τῶν πενήτων ἴτω

βούλεται—βουλομένη. 47

βούλεται. Θ. 379. ἡμῖν ἁπάσαις. τίς ἀγορεύειν β.;
    407. εἶεν· γυνή τις ὑποβαλέσθω β.,
Β. 1425. ποθεῖ μὲν, ἐχθαίρει δὲ β. δ' ἔχειν.
Ἐκ. 130. καθίζε παρών. τίς ἀγορεύειν β.;
    147. ἔσθ' ἥτις ἑτέρα β. λέγειν;
    368. οἶδέν τι προκτὺς β χεζητιῶν
    753. οὗτος. τί τὰ σκευάρια ταυτὶ β.;
    893. εἴ τις ἀγαθὸν β πα-
Π. 116. κἂν ταῦτ' ἀνύσηται, τετταράκοντα β.,
    1107. τί δ' ἐστιν; ἘΡ. ὁ Ζεύς, ὦ πονηρέ. β.
βουλεύει. Ει. 58. καὶ φησιν, ὦ Ζεῦ, τί ποτε β. ποιεῖν ;
Β. 805. οὐ δὲ δὴ τί β. ποιεῖν; λέγ', Αἰσχύλε.
βουλεύειν. Ο. 638. ὅσα δὲ γνώμῃ δεῖ β., ἐπὶ σοὶ τάδε πάντ'
    ἀνάκειται,
βουλεύεται. Ει 106. ἀπαξαπάντων ὅ τι ποιεῖν β.
Ει. 230. τρίβειν ἐν αὑτῇ τὰς πόλεις β.
Ἐκ. 770. πρὶν ἄν γ' ἴδω τὸ πλῆθος ὅ τι β.
βούλευμ'. Ι. 108. ὦ δαίμον ἀγαθέ, σὺν τὺ β., οὐκ ἐμόν.
Ο. 162. ἦ μέγ' ἐνορῶ β. ἐν ὀρνίθων γένει,
Λ. 517. ἕτερόν τι πονηρότερον δήπου β. ἐπεπύσμεθ' ἂν ὑμῶν·
βουλεύματα. Λ. 406. τοιαῦτ' ἀπ' αὐτῶν βλαστάνει β.
Ἐκ. 17. ἀνθ' ὧν συνεῖπες καὶ τὰ νῦν β.,
    137. καὶ ταῦτά γ' εὔζωρον. τὰ γοῦν β.
βουλευματίων. Ι. 100. β. καὶ γνωμιδίων καὶ νοιδίων.
βουλεύματος. Λ. 837. τὸ πρᾶγμα τοῦ β.; καρπώσεται γὰρ ἀνὴρ
Λ. 706. ἄνασσα πράγους τοῦδε καὶ β.,
βουλευμάτων. Ν. 1032. δεινῶν δέ σοι β. ἔοικε δεῖν πρὸς αὐτόν,
βουλεύοισθε. Θ. 587. ἵν' ἄττα β. καὶ μέλλοιτε δρᾶν,
βουλευομένοις Λ 522. εἰ μηδὲ κακῶς β. ἐξῆν ὑμῖν ὑποθέσθαι ;
βουλεύοντε. Ἐκ. 444. σὺ δὲ κἀμὶ β. τοῦτο δρᾶν δεῖ.
βουλευσαίμεθα. Ι. 86. ἴσως γὰρ ἂν χρηστόν τι β.
βουλεῦσαι'. Ι. 88. πῶς δ' ἂν μεθύων χρηστόν τι β. ἀνήρ;
βουλευσαμένους. Λ. 511. ἠκούσαμεν ἄν τι κακῶς ὑμᾶς β. μέγα
    πρᾶγμα·
βουλεύσασθε. Λ. 1176. ἀλλ' εἰ δοκεῖ δρᾶν ταῦτα, β. καὶ
βουλεύσομαι. Λ. 951. σπονδὰς ποιεῖσθαι ψηφισῖ. ΚΙ. β.
βουλεύσομεν. Ει. 692. νυνὶ δ' ἅπαντα πρὸς λύχνον β.
βουλευσομέναισιν. Λ. 14. β. σὺ περὶ φαύλου πράγματος,
βουλευσώμεθα. Ἐκ. 474. ὅσ' ἂν ἀνοηθ' ἡ ὥρα β.,
βουλευτήριον. Α. 379. εἰσελκύσας γάρ μ' εἰς τὸ β.
Ι. 395. οὐ δίδοικς ὑμᾶς, ἕως ἂν ζῇ τὸ β.
    485. θεύσει γὰρ ἕξας ἐς τὸ β.,
βουλευτής. Θ. 808. ἀλλ' Εὐβούλης τῶν πέρυσιν τις β. ἐστὶν
    ἀμείνων.
βουλευτικῷ. Ο. 794. κᾆθ' ὁρᾷ τὸν ἄνδρα τῆς γυναικὸς ἐν β.,
βουλεύων. Ν. 419. νικᾶν πράττων καὶ β. καὶ τῇ γλώττῃ πολε-
    μίζων ;
βουλή. Λ. 124. τὸν βασιλέως ὀφθαλμῶν ἡ β. καλεῖ
Ι. 629. τιβωντωθ'· ἡ β. δ' ἅπας' ἀκρωπίσθη,
    642. ἀνέκραγον ὦ β., λόγους ἀγαθοὺς φέρων
    653. οἶ ἡδεῖ' ἡ β. μάλιστα ῥήμασιν,
    657. ἐπίνευσεν εἰς ἐκεῖνον ἡ β. πάλιν.
    663. ἐκαραδόκησεν εἰς ἔμ' ἡ β. πάλιν.
Σ. 590. ἔτι δ' ἡ β., ὡ δῆμος ὅταν κρίνῃ μέγα πρᾶγμ' ἀπορήσῃ,
Ει. 715. ὦ μακαρία β. σὺ τῆς Θωρίας,
    867. β., πρυτάνεις, ὁρᾶτε τὴν Θεωρίαν,
βούλῃ. Ι. 850. ἀλλ' ἐστὶ τοῦτ', ὦ Δῆμε, μηχάνημ', ἵν', ἢν σὺ β.
Ν. 1151. ὥστ' ἀποφύγοις ἂν ἥντιν' ἂν β. δίκην.
Λ. 194. ἡμεῖς ; ΑΥ. ἐγώ σοι νὴ Δι', ἢν β., φράσω.
    499. ὡς σωθήσει, κἂν μὴ β. ΠΡ. δεινόν γε λέγεις. ΛΥ.
    ἀγανακτεῖν·
    862. ἐγαγέ σοι νὴ τὸν Δἴ, ἢν β. γε σύ
    939.
Ἐκ. 981. | νὴ τὴν Ἀφροδίτην, ἢν τε β. γ' ἢν τε μή.
Λ. 1019. ἀλλ' ὅταν β. σύ· νυνὶ δ' οὐ σε περιψῶμαι
    1036. καὶ φιλήσω. ΧΟ. ΓΕ. μὴ φιλήσῃς. ΧΟ. ΓΥ. ἢν τε
    β. γ' ἢν τε μή.
    1097. νὴ τὴν Ἑκάτην, ἢν τε β. γ' ἢν τε μή.
Π. 74. νὴ τοὺς θεοὺς ἡμεῖς γ', ἐὰν β. γε σύ.
    217. αὐτὸς διαπράξω ταῦτα. ΚΑ. κἂν β. γ'. ἐγώ.
βουλῇ. Ι. 722. οὐκ, ὠγάθ', ἐν β. με δέξεις καθυβρίσαι,
Ει. 714. ἀνάγαγε τῇ β.
    846. ἐγὼ δ' ἀποδώσω τήνδε τῇ β. τέως.
    872. ἀνύσαντε τῇ β. τι ταυτρί.
    878. τίς διαφυλάξει τήνδε τῇ β. λαβών;
    893. πρὸ τοῦ πολέμου τὰ λάσανα τῇ β. ποτί.
Λ. 1011. ἐγὼ δ' ἑτέρους ἐνθένδε τῇ β. φράσω
Θ. 371. ἄκουε πᾶς. ἔδοξε τῇ β. τάδε·
    943. ἔχοντα ταῦτ' ἔδοξε τῇ β. σε δεῖν.
βούλημα. Π. 493. β. καλὸν καὶ γενναῖον καὶ χρήσιμον εἰς ἅπαν
    ἔργον.

βουλήματος. Ο. 993. τί δ' αὖ σὺ δράσων; τίς δ' ἰδέα β.
βουλήν. Ι. 136. β. πατήσεις καὶ στρατηγοὺς κλαστάσεις,
Ι. 363. ἐγὼ δ' ἐπεισπηδῶν γε τὴν β. βίᾳ κινήσω,
    475. ἐγὼ μὲν οὖν αὐτίκα μάλ' ἐς β. ἰών
    681. ἅπαντες οὕτως ὥστε τὴν β. ὅλην
Π. 949. τὴν δημοκρατίαν, οὔτε τὴν β. πιθών
βουλῆς. Θ. 79. μέλλει δικάζειν οὔτε β. ἔσθ' ἕδρα,
βουλήσεται. Ν. 1129. ὕσομεν τὴν νύκτα πᾶσαν ὥστ' ἴσως β.
Ν. 1320. ἴσως δ' ἴσως β. κώφωνον αὐτὸν εἶναι.
Λ. 741. ἐτέρα γυνή ταυτὸν ποιεῖν β.
βουληθῶ. Ν. 1117. πρῶτα μὲν γάρ, ἢν νεᾶν β. ἐν ὥρᾳ τοὺς
    ἀγρούς,
Π. 638. κάρισται χαίρειν, ἢν τε β. ἢν τε μή.
βουληθῆ. Ο. 1111. κἂν λαχόντες ἀρχίδιον εἶθ' ἁρπάσαι β. τι,
βουλήσομαι. Π. 200. καὶ μὴν ἐγὼ β. θρεττανελὺ τὸν Κύκλωπα
Π. 319. β. τοῦ δεσπότου
βούληται. Β. 381. κἂν Θωρυκίων μὴ β.
Ἐκ. 611. ἢν μεῖραξ' ἰδὼν ἐπιθυμήσῃ καὶ β. σκαλαθῦραι,
βουλιμιᾷ. Π. 873. ὁ συκοφάντης. δῆλον ὅτι β.
βοῦλις. Θ. 1005. ἔτι μᾶλλο β. ΜΝ. δύταταί ἰατταταί·
Βούλοι'. Π. 921. ἐκεῖνο δ' οὐ β. ἂν, ἡσυχίαν ἔχων
βούλοιντ'. Ει. 412. β. ἂν ὑμᾶς πάντας ἐξολωλέναι.
βούλοιτο. Π. 136. παύσαι ἄν, εἰ β., ταυθ'; ΠΛ. ὑτὴ τί δὴ;
βούλομ'. Ει. 324. ἀλλ' ἔγωγ' οὐ σχηματίζειν β., ἀλλ' ὑφ'
    ἡδονῆς
βούλομαι. Α. 455. χρέος μὲν οὐδέν, β. δ' ὅμως λαβεῖν.
Α. 1220. κἀγὼ καθεύδειν β. καὶ στύομαι
Ι. 643. εὐαγγελίσασθαι πρῶτον ὑμῖν β.
    1127. κλέπτοντά τε β.
    1232. καὶ μήν ο' ὀλίγῳ β. τεκμηρίῳ,
Ν. 78. ἀλλ' ἐξεγεῖραι πρῶτον αὐτὸν β.
    293. καὶ σπάσαί γ', ὦ πολυτίμητος, καὶ β. ἀνταπαπαρδεῖν
    482. οὔκ, ἀλλὰ βραχέα σου πυθέσθαι β.,
    738. ἀκήκοας μυριάκις ἐγὼ β.,
    1212. ἀλλ' εἰσάγων σε β. πρῶτον ἑστιᾶσαι,
    1257. καίτοι σε τούτῳ γ' οὐχὶ β. παθεῖν,
    1274. ληφῶ, τὰ χρήματ' ἀπολαβεῖν εἰ β.;
    1344. καὶ μὴν ὅ τι καὶ λέξεις ἀκούσαι β.
    1499. ἀπολεῖς ἀπολεῖς. ΣΤ. τοῦτ' αὐτὸ γὰρ καὶ β.,
Σ. 109. μὰ τὸν Δί' οὐ δῆτ', ἀλλ' ἀποδύσαι β.
    341. ἀλλά μ' εὐωχεῖν ἑτοίμοις ἐστ'· ἐγὼ δ' οὐ β.
    504. τὸν πατέρ' ἐς β. τούτων ἀπαλλαχθέντα τῶν
    1399. ἄκουσον, ὦ γύναι· λόγων σοι β.
Ει. 557. ἀσμενὸς σ' ἰδὼν προσειπεῖν β. τὰς ἀμφέλους·
Ο. 995. γεωμετρῆσαι β. τὸν ἀέρα
    1314. ὀρνιθομανῶ γὰρ καὶ πέτομαι, καὶ β.
    1380. ὄρνις γενέσθαι β.
    1383. ὑπὸ σοῦ πτερωθεὶς β. μετάρσιος
    1449. ἀναπτερώσας β. χρηστοῖς λόγοις
    1450. τρέψαι πρὸς ἔργον νύμφων. ΣΤ. ἀλλ' οὐ β.
    1575. ἐμοῦ γ' ὅτι τῶν ἀνθρώπων ἄγχειν β..
Λ. 136. τί δαὶ σύ; ΜΥ. κἀγὼ β. διὰ τοῦ πυρός.
    728. αὕτη σὺ ποῖ θεῖς; ΓΥ. Α. οἴκαδ' ἐλθεῖν β.
    782. β. λέγειν ὑμῖν, ἵν' ποτ' ἤκουσα·
    806. β. μῦθόν τιν' ὑμῖν ἀντιλέξαι
    934. μὰ Δί' οὐ φιλήσω 'γωγ', ἀλλὰ βινεῖν β.
    1128. λαβοῦσα δ' ὑμᾶς λοιδορῆσαι β.
    1173. ἤδη γεωργεῖν γυμνὸς ἀποδὺς β.
Θ. 72. νὴ τοὺς θεοὺς ἐγὼ πυθέσθαι β.
    135. ἐκ τῆς Λυκουργείας ἐρέσθαι β.,
    445. & δ' οὖν πέπονθα, ταῦτα λέξαι β.
Β. 415. παίζων χορεύειν β. ΞΑ. κἄγωγε πρός.
    1279. ἐγὼ μὲν οὖν ἐς τὸ βαλανεῖον β.
    1329. τὰ μὲν μέλη σου ταῦτα β. δ' ἔτι
    1365. ἐπὶ τὸν σταθμὸν γὰρ αὐτὸν ἀγαγεῖν β.,
    ἐκεῖ φράσομαι ἃν' ἐνθαδὶ δ' οὐ β.
Ἐκ. 510. ταύτας κατατρέπεις; ἐγὼ δὲ β.
    718. ἔπειτα τὰς πόρνας καταπαῦσαι β.
    963. β. κόλπῳ
    1063. δίδωκα κἀγὼ μὴ πλέον ἤπερ β.
    1154. σμικρὸν δ' ὑποθέσθαι τοῖς κριταῖς β.'
Fr. 246, 1. ἀλλ' εἰσίθ' ὡς τὸ πρᾶγμα λέξαι β.
    317. ἀναθῆναι τὴν γυναῖκα β.
βούλομαί. Σ. 320. β. γε πάλαι μεθ' ὑ-
Λ. 797. β. γε, γραῦ, κύσαι,
βουλομάχων. Ει. 1293. ἀνδρῶν β. καὶ κλαυσιμάχων τινῶν υἱοὺς
βουλόμεναι. Λ. 487. ὅ τι β. τὴν πύλην ἡμῶν ἀπεκλείσατε τοῖσι
    μοχλοῖσιν.
βουλόμεναι. Λ. 180. ὅ τι β. ποτὲ τὴν
βουλομένη. Ἐκ. 908. β. σποδεῖσθαι,
Ἐκ. 910. β. φιλῆσαι.

βουλόμενος. Α. 1169. β. ἐν σκύτῳ λάβαι
Ι 939. β. ί.
Ν. 239. ἦλθες δὶ κατὰ τί; ΣΤ. β. μαθεῖν λέγειν,
Σ. 1471. οὐ κρεῖττων ἦν, β.
ΕΙ. 450, καί τις στρατηγεῖν β. μὴ ξυλλάβῃ,
585. δαιμόνια β.
Β. 71.   τί β.; ΔΙ. δέομαι ποιητοῦ δεξιοῦ.
1533. μᾶλλοι ὁ β. τούτων πατρίοις ἐν ἀρούραις.
Π. 588. φειδόμενος γὰρ καὶ β. τούτου μηδὲν δαπανᾶσθαι,
918. ὁ β. ΣΤ. οὐκοῦν ἐκεῖνός εἰμ' ἐγώ.
929. ὁ β. ΚΑ. αὐκοῦν ἐκεῖνός εἰμ' ἐγώ.
βουλόμενός. Ι. 734, ἐρῶν πάλαι σου, β. τί σ' εὖ ποιεῖν,
Ι. 1153. τρίπαλαι κάθημαι, β. σ' εὐεργετεῖν.
Π. 520. ὅταν ἀργύριον κακεῖνος ἔχῃ· ΧΡ. κερδαίνειν β. τις
βουλομένου. Π. 1139. μὴ β. σοῦ. ΠΛ. πῶς; ΧΡ. ὅπως; οὐκ
    ἔσθ' ὅπως
βουλομένοις. Ν. 170. β. ἀνακοινοῦσθαί τε καὶ ἐς λόγον ἐλθεῖν,
Εκ. 181. οἱ τοὺς φιλεῖν μὲν β. διδοίκατε,
βουλομένῳ. Ο. 113. σοὶ ξυγγενέσθαι β.   ΕΠ. τίνος πέρι;
βουλομένῳ. Εκ. 615. καὶ παιδοποιεῖν τῷ β.   ΒΛ. πῶς οὖν οὐ
    πάντες ἴασιν
Εκ. 987. τῷ β. γε, κατὰ τὸν ἐν πεττοῖς νόμον.
βουλομένῳ. Ι. 595. ἃ ξύνισμεν τοῖσιν ἵπποις, β. ἐπαινέσαι.
Ν. 1116. ὠφελῶς ἐκ τῶν δικαίων, β. ἡμεῖς φράσαι.
Ο. 1076. β. οὖν νῦν ἀνειπεῖν ταῦτα χἡμεῖς ἐνθάδε·
1084. ταῦτα β. ἀνειπεῖν· κεῖ τις ὁρνίθας τρέφει,
βουλομένῳ. Ι. 565. εὐλογησαι β. τοὺς πατέρας ἡμῶν, ὅτι
Ο. 1101. τοῖς κριταῖς εἰπεῖν τι β. τὴν νίκης πέρι,
Βούλομην. Π. 1147. ἔτι μεῖζον ἐξήμαρτις ἢ 'γὼ 'β.'
βούλονται. Ν. 348. γίγνονται πάνθ' ὅ τι β.· κᾆτ' ἦν μὲν
    ἴδωσι κομήτην,
Ν. 429. νῦν οὖν χρῇσθων ὅ τι β.
454, καί β.,
Σ. 703, β. γὰρ σε πένητ' εἶναι· καὶ τοῦθ' ὧν οὐνεκ', ἐρῶ σοι,
Λ. 492, ὅ τι β. τὸ γὰρ ἀργύριον τοῦτ' οὐκέτι μὴ καθέλωσιν.
βουλυτός. Ο. 1500. ἀλλὰ σὺ τίς εἶ; ΠΡ. β., ἦ περαιτέρω;
βουλώμεθα. Ο. 188, εἴθ' ὥσπερ ἡμεῖς, ἦν ἴνας β.
βοῦν. Ο. 567. ἣν δ' Ἡρακλέει θύῃ τις β., λάρῳ ναστοὺς
    μελιτοῦντας·
Β. 506. ἔτνους δὺ ἢ τρεῖς, β. ἀπηυθρἀκις ὅλον,
Π. 138. οὖ β. ἂν, οὐχὶ ψαιστῶν, οὐκ ἀλλ' οὐδὲν β.
βουνόμοι. Β. 1383. Σπερχειὸ ποταμὲ β. τ' ἐπιστροφαί.
βούπαις. Σ. 1206. ὅτε τὸν δρομαῖα Φαύλλον, ἂν β. ἔτι,
Βουπάλου. Λ. 361. ἐκοίμα ὥσπερ Β., φωνὴν ἂν οὐκ ἂν εἶχον.
βοῦς. Α. 86. ἐκ κριβάνου β.   ΔΙ. καὶ τίς εἶδε πώποτε
Α. 87. β. κριβανίτας; τῶν ἀλαζονευμάτων.
Ι. 656. εὐαγγέλια θύειν ἑκατὸν β. τῇ θεῷ.
Β. 290. ποτὲ μέν γε β., νυνὶ δ' ὀρεῖς, ποτὲ δὲ γωὴ
Fr. 599, β.
βουσίν. Ι. 659. διακοσίαισι β. ὑπερηκόντισα·
βουτέρωυ. Ο. 662. ἐκβιβάσαν ἐκ τοῦ β. τούμψίθιον,
Βουφονίων. Ν. 985. καὶ Κηκείδου καὶ Β.   ΔΙ. ἀλλ' οὖν ταῦτ'
    ἐστὶν ἐκεῖνα,
βοώμῃ. Θ. 506. ἵνα μὴ β., πηρίῳ βεβυσμένον
βοώμενος. Σ. 1228. τουτὶ σὺ δράσεις; παραπολεῖ β.
βοῶν. Ι. 286. καταβήσομαι β. σε.
Ι. 311. ὅστις ἡμῶν τὰς Ἀθήνας ἐκκεκώφηκας β.,
ΕΙ. 1280. ὡς οἱ μὲν δαίνυντο β. κρέα, καὶ τὰ τοιαυτί.
1282, ὡς οἱ μὲν δαίνυντο β. κρέα, καυγίζεα ἵππων
Ο. 60.   τίνες οὗτοι; τίς ὁ β. τὸν δεσπότην;
Π. 722. ὀδυνρὸν μᾶλλον, ὁ δὶ κεκραγὼς καὶ β.
βοῶντα. Ν. 1386. β. καὶ κεκραγότ' ὅτι
βοῶντι. Ι. 728. τίνες οἱ β.· οὐκ ἄπιτ' ἀπὸ τῆς θύρας;
βοώντων. Α. 186. οἱ δ' οὖν β.· ἀλλὰ τὰς σπονδὰς φέρεις·
βοώσιν. Π. 275. ὡς σεμνὸς οὑπίτριπτος· αἱ κνῆμαι δὲ σοῦ β.
Βραδέως. Fr. 324, 2. Θίας, β. τῶν ἐν ἀνθρώποις δραμεῖν.
βραδύν. Ο. 1336. οὕτως ὑρῶν σε δηλὸν ὄντα καὶ β.
βράδυν'. Εκ. 500, καὶ μὴ β. ὡς τῆνδέ καὶ δὴ τὴν στρατηγὸν
    ἡμῶν
βραδύνειν. Θ. 661, μὴ β., ὡς ὁ καιρός ἐστι μὴ μέλλειν ἔτι,
Εκ. 493. ὥστ' εἰκὸν ἡμᾶς μὴ β. ἔστ' ἐπαναμενούσας,
βραδύνεις. Σ. 230. χώρει, ποίαιν' ἐρραμένων, ὦ Κωμία, β.;
βραδύνετε. Εκ. 1140. καὶ τἀλλ' ἀγαθά. πρὸς ταῦτα μὴ β.,
βραδύς. Ν. 129. πῶς οὖν γέρων ὢν κὐπιλήσμων καὶ β.
Ο. 1328. πώην γὰρ β. ἐστί τις σφόδρα ὕος.
Β. 1091. β. ἀνθρώπιός τις ἔθει κύψας
1428. β., ἀνειπάτει, μεγάλα δὲ βλάπτειν ταχύς,
Βρασίδα. Σ. 475. καὶ ξυνῶν Β., καὶ ψορῶν κρασπεδα
Βρασίδα. ΕΙ. 640. αἰτίας ἂν προστιθέντες ὡς φροεῖ τὸ Β.
βράττω. Fr. 207. πτίττω, β., μάττω, δεύω, πέττω, καταλῶ.
Βραυρωνάδ'. ΕΙ. 874. ἑπαίομεν Β. ὑποπεπωκότες;

Βραυρωνίοις. Λ. 645. κᾆτ' ἔχουσα τὸν κροκωτὸν ἄρκτος ἢ Β.
βραχέα. Ν. 482, οὔκ, ἀλλὰ β. σου πυθέσθαι βούλομαι,
βραχεῖ. Θ. 177. Ἀγάθων, σοφοῦ πρὸς ἀνδρὸς, ὅστις ἐν β.
βραχίονα. Εκ. 887. ἐξωμιδάσαι τὸν ἕτερον β.
βράχιστον. Λ. 715. βινητιῶμεν, ἢ β. τοῦ λόγου.
βραχύ. Ι. 1255. ἀνὴρ γιγένησαι δι' ἐμέ· καὶ σ' αἰτῶ β.,
Θ. 938. χάρισαι β. τι μοι, καίπερ ἀποθανουμένῳ.
    Β. 209.
    219.
    225,
    235.
βρεκεκεκέξ. {   239.   } β. κοὰξ κοάξ.
    250.
    256.
    261.
    267.
βρέμοντας. Θ. 998. δάσκια καὶ νάπαι πετρώδεις * * β.
βρενθύει. Ν. 362. ὅτι β. τ' ἐν ταῖσιν ὁδοῖς καὶ τὠφθαλμὼ παρα-
    βάλλεις,
βρενθύεται. Α. 887, χἀ δυσκολαίνει πρὸς ἐμὲ καὶ β.,
βρενθύνεταί. ΕΙ. 26. β. τε καὶ φαγεῖν οὐκ ἀξιοῖ,
βρέτας. Ι. 31. θεῶν ἰόντε προσπεσεῖν τοῦ πρὶν β.,
Ι. 32. ποῖον β. * *; ἐτεὸν ἡγεῖ γὰρ θεούς;
Λ. 262. κατὰ μὲν ἅγιον ἔχειν β.,
Βρεττία. Fr. 719. μέλαινα δεινὴ γλῶσσα Β. παρῆν.
βριμήσαιο. Ι. 855. ὥστ' εἰ σὺ β. καὶ βλέψειας ὀστρακίνδα,
Βρομία. Ν. 311. ἠρί τ' ἐπερχομένῳ Π. χάρις,
Βρόμιε. Θ. 991. Β. καὶ Σεμέλαι παῖ,
βροντᾷ. Ν. 391. χὤταν χέζω, κομιδῇ β. παπαπαππάξ, ὥσπερ
    ἐκεῖνα;
Σ. 624. οἶον β. τὸ δικαστήριον,
Fr. 142. καὶ ξυνεννόφει καὶ χειμέρια β. μάλ' εὖ.
βρονταί. Ο. 1750. ὦ χθόνιαι βαρυαχέες ὀμβροφόροι θ' ἅμα β.
βροντᾷν. Ν. 393. τὸν δ' ἀέρα τόνδ' ὄντ' ἀπέραντον, πῶς οὐκ
    εἰκὸς μέγα β.;
βροντάς. Ν. 294. πρὸς τὰς β.· οὕτως αὐτὰς τετρεμαίνω καὶ
    πεφύβημαι·
Ο. 1745. καὶ τὰς χθονίας κλύσατε β.,
βροντάω. Ο. 570. ἤσθην στέρφῳ σφαγιαζομένῳ. β. νῦν ὁ
    μέγας Ζάν.
βροντῇ. Ν. 389. χὤσπερ β. τὸ ζωμίδιον παταγεῖ καὶ δεινὰ
    κέκραγεν·
Ν. 394. ταῦτ' ἄρα καὶ τὠνύματ' ἀλλήλοιν, β. καὶ πορδή, ὁμοίω.
583. μάνοιοῦμεν δεινά· ἡν δ' ἐρράγη β.· ἀστραπής·
βροντῆς. Ν. 292. ἤσθου φωνῆς ἅμα καὶ β. μυκησαμένης θεο-
    σέπτου;
Ν. 382. ἀτὰρ οὐδὲν πω περὶ τοῦ παταγου καὶ τῆς β. μ' ἐδίδαξες.
βροντήσας. Σ. 323. ἀλλ', ὦ Ζεῦ Ζεῦ, μέγα β.
Σ. 671. δώσετε τὸν φόρον, ἢ Β. τὴν πόλιν ὑμῶν ἀνατρέψω.
Ο. 576. ὁ Ζεὺς δ' ἡμῖν οὐ β. πέμψει πτερύειτα κεραυνόν·
βροντησικέραυνοι. Ν. 265. λαμπρὸς τ' Αἰθήρ, σεμναί τε θεαὶ
    Νεφέλαι β.,
βροντώμεν. Ν. 580. μηδενὶ ξὺν νῷ, τότ' ἢ Β. ἢ ψακάζομεν.
βροντῶν. Ν. 374. ἀλλ' ὅστις ὁ β. ἐστι φράσον· τοῦτό με ποιεῖ
    τετρεμαίνειν.
βροντῶσι. Ν. 375. ἀστέρας β. κυλινδόμενοι.   ΣΤ. τῷ τρόπῳ,
    ὦ πάντα σὺ τολμῶν;
βρότειος. Fr. dub. vii. Β.
βροτοί. Ι. 601. εἶτα τὰς κώπας λαβόντες ὥσπερ ἡμεῖς οἱ β.
ΕΙ. 236. ὡς β. β. πολυτλήμονες,
286. ἴσως ἂν οἱ γένοιτο θαρρεῖν, ὦ Β.
849. εἰ πορνοβοσκοῦ ὥσπερ ἡμεῖς οἱ β.
Ο. 687. ἀπτῆνες ἐφημέριοι, ταλαιοὶ β., ἀνέρες εἰκελόνειροι,
1609. οὔχαντες ἐποικοῦσιν ὑμᾶς οἱ β.·
βροτοῖς. Θ. 683. στίν γυναιξὶ καὶ β.
βροτοῖσι. Π. 640. μέγα β. φέγγος Ἀσκληπιόν.
βροτοῖσιν. Ν. 460. ἐν β. ἕξει.
βροτοῦ. Ο. 1286. τῇδε β. θεοῖσι πέμπειν καπνόν.
βροτοῦ. ΕΙ. 180. πόθεν β. με προσέβαλ'; ὦναξ Ἡράκλεις,
βροτούς. Ο. 1269. δεινὸν γε τὸν κήρυκα τὸν παρὰ τοὺς β.
βροτῶ. Ο. 107. ἀλλ' εἰπατόν μοι, σφὼ τίν' ἐστόν; ΕΤ. νώ; β.
βροτῶν. Ο. 1491. τὴν β. νύκτερον Ὀρέστην,
Θ. 1023. πολυποθώτατον β.
Β. 1187. εἶτ' ἐγένετ' αὖθις ἀθλιώτατος β.
Fr. 211. ὀφρῦν β. ἅπαντας ἐκλαπύναι.
557. τίς ἄρα βαθύκομα τάδ' ἐπέκουτο β.;
βρόχουν. Ο. 527. ἰστησι β. παγίδας, ῥάβδους.
βρύκει. ΕΙ. 1315. πρὸς ταῦτα β., ἤ γάρ; ὑμῖν φημι μεταμελήσειν.
βρύκοιεν. Ο. 26. β. ἐπὶ διαβάλλει φησὶ μοῦ τοὺς δακτύλους·
βρυκωσά. Λ. 367. Β. σου τοὺς πλεύμονας καὶ τἄντερ' ἐξαρήσω
βρύλλων. Ι. 1126. β. τὸ καθ' ἡμέραν,

βρῦν—γάνος. 49

βρῦν. Ν. 1382. εἰ μέν γε β. εἴποις, ἐγὼ γνοὺς ἂν πιεῖν ἐπίσχον
βρύοντα. Β. 329. περὶ πρατὶ σῷ β.
βρυχώμενος. Β. 823. δεινὸν ἐπισκύνιον ξυνάγων β. ἔσει
βρύων. Ν. 15. β. μελίτταις καὶ προβάτοισι καὶ στεμφύλοις.
βρῶμ'. Fr. 313, 1. ᾗ μέγα τι β. ἐστὶν ἡ τρυγῳδοποιομουσική,
βρωμησάμενος. Σ. 618. β. τοῦ σοῦ δίνου μέγα καὶ στράτιον κατέπαρδεν.
Βυζαντίῳ. Ν. 249. σιδαρέοισιν, ὥσπερ ἐν Β.;
   Σ. 236. ἥβης ἐκείνης, ἡνίκ' ἐν Β. ξυνῆμεν
βυθοῦ. Ι. 607. εἴ τις ἐξέρπει θύραζε, κἄν β. θηρώμεναι
βυθῷ. Ι. 609. δεινά γ', ὦ Πόσειδον, εἰ μηδ' ἐν Β. δινήσομαι,
   Β. 247. ξύνυδρον ἐν β. χωρείαν
βύρσα. Ι. 369. ἡ β. σου θρανεύσεται,
βυρσαίετον. Ι. 209. τὸν οὖν δράκοντά φησι τὸν β.
βυρσαίετος. Ι. 197. ἀλλ' ὁπόταν μάρψῃ β. ἀγκυλοχήλης
   Ι. 203. β. μὲν ὁ Παφλαγὼν ἐσθ' οὑτοσί.
βύρσαις. Ι. 104. ῥίγκει μεθύων ἐν ταῖσι β. ὕπτιος.
βύρσαν. Fr. 280. β.
βύρσης. Ι. 892. οὐκ ἐς κόρακας ἀποςφερεῖ, β. κάκιστον ὄζων;
   Σ. 38. ὄζει κάκιστον τοὐνύμνιον β. σαπρᾶς.
βυρσίνης. Ι. 59. ἄλλον θεραπεύειν, ἀλλὰ β. ἔχων
Πυρσίνης. Ι. 449. τῶν Β. τὴν Ἱππίου.
βυρσοδεψεῖ. Π. 167. ὁ δὲ β. γ', ὁ δέ γε πωλεῖ πρόμμυα,
βυρσοδέψην. Ι. 44. ἐφρίατο δούλων, β. Παφλαγόνα,
   Ν. 581. εἶτα τὸν θεοῦσιν ἐχθρὸν β. Παφλαγόνα
βυρσοπαφλαγών. Ι. 47. ὁ β. ὑπανείσων τὸν δεσπότην
βυρσοπώλαισιν. Ι. 740. καὶ σκινυτόμεσι καὶ β. δίδως.
βυρσοπώλης. Ι. 136. ἐπιγίγνεται γὰρ β. ὁ Παφλαγών,
   ΕΙ. 270. ὁ Β., ὃς ἐκύκα τὴν Ἑλλάδα.
   648. Β. ΤΡ. παῦε παῦ', ὦ δέσποθ' Ἑρμῆ, μὴ λέγε,
βυρσοπώλου. Ι. 139. ὑπὸ β. : ΔΗ. νὴ Δί'. ΝΙ. οἴμοι δείλαιος.
βυρσοπωλῶν. Ι. 852. ὁρᾷς γὰρ αὐτῷ στίφος οἷόν ἐστι β.
βυρσῶν. ΕΙ. 753. διαβὰς β. ὀσμὰς δεινὰς κάπειλὰς βορβοροθύμους.
βυσαύχενας. Fr. 648. β. τοὺς ἀσπούς.
βύσμα. Fr. 85. πόθεν ἄν λάβοιμι β. τῷ πρωκτῷ φλέων;
Fr. 285, 2. τῶν ἔνδοθεν καὶ β. καὶ γευστήριον,
βώλιον. Σ. 203. πόθεν ποτ' ἐμπέπτωκέ μοι τὸ β.;

βωλοκοπεῖν. Fr. 600. β.
βώλον. Ο. 235. β. ἀμφιπιττυβίζεθ' ὧδε λεπτὸν
βωμοῖς. Λ. 1140. ἐπὶ τοῖσι β. ὤχρὸς ἐν φοινικίδι,
βωμολοχεύει. Fr. 212. χαριεντίζει καὶ καταπαίζεις ἡμῶν καὶ β.
βωμολοχεύμασιν. Ι. 902. υἱασὶ μ', ὦ πανοῦργε, β. ταράττεις.
βωμολοχεύματ'. ΕΙ. 748. τοιαῦτ' ἀφελὼν κακὰ καὶ φόρτον καὶ β. ἀγεινῆ,
βωμολοχεύσαιτ'. Ν. 970. εἰ δέ τις αὐτῶν β. ἢ κάμψειέν τινα καμπήν,
βωμολόχοις. Β. 358. ἢ β. ἔπεσιν χαίρει μὴ 'ν καιρῷ τούτῳ ποιοῦσιν,
βωμολόχον. Ι. 1194. ὦ θυμέ, νυνὶ β. ἐξευρέ τι.
βωμολόχος. Ι. 1358. ἐάν τις εἴπῃ β. ξυνήγορος
   Ν. 910. ῥόδα μ' εἴρηκας. ΔΙ. καὶ β.
   Β. 1521. καὶ ψευδολόγος καὶ β.
βωμολόχους. Θ. 818. καὶ β. κάνδραποδιστάς.
βωμολόχων. Β. 1085. καὶ β. δημοσιθήκων,
βωμῶν. ΕΙ. 938. ἐγὼ δὲ παρὼ Β. ἐφ' ὅταν θύσωμεν,
   ΕΙ. 957. περίιθι τὸν β. ταχέως ἐπιδέξια.
   Θ. 695. καθαιμάτωσαι β. ΓΤ. Ζ. ὦ τάλαιν' ἐγώ.
   888. ὅστις γε τολμᾷς σῆμα τὸν β. καλεῖν.
βωμός. Α. 308. οἴσω οὔτε β. οὔτε πίστις οὔθ' ὅρκος μένει;
   ΕΙ. 942. ὡς ταῦτα δηλά γ' ἐσθ'· ὁ γὰρ β. θύρασι καὶ δή.
   1020. οὐδ' αἱματοῦται β. ἀλλ' εἴσω φέρων
Fr. 245, 2. μεθ' ὧν ὁ β. οὗτος ἱδρύθη ποτέ.
   332. τὴν κρατίστην δαίμον', ἣν νῦν θερμός ἐσθ' ὁ β.
βωμοῦ. Λ. 1130. β. περιρραίνοντες. ὥσπερ ξυγγενεῖς,
   Π. 679. περιῆλθε τοὺς β. ἅπαντας ἐν κύκλῳ,
βωμῷ. Π. 660. ἐπεὶ δὲ β. πόπανα καὶ προθύματα
βωσᾶτω. ΕΙ. 1155. χάμα τῆς αὐτῆς ὁδοῦ Χαρινάδην τις β.,
βωστρεῖν. Α. 685. τήμερον τοὺς δημότας β.· σὲ γὼ πεκτούμενον.
βωστρεῖς. Α. 959. Δικαιόπολι. ΔΙ. τί ἐστι ; τί με β. ; ΘΕ. ὅ τι ;
   Ο. 274. οὗτος, ὦ σέ τοι. ΠΕ. τί β. ΕΥ. ἕτερος ὄρνις οὑτοσί.
βωστρησάτω. ΕΙ. 1146. τόν τε Μανῆν ἢ Σύρα β. 'κ τοῦ χωρίου.

Γ

γ'. Α. 115. Ἑλληνικόν γ' ἐπένευσαν ἄνδρες οὗτοι, κ.τ.λ.
γα. Α. 775. ἐμά γ. σὺ δέ νιν εἴμεναι τίνος δοκεῖς ; κ.τ.λ.
γᾷ. Θ. 110. γύαλα Σιμουντίδι γ.
γαῖᾳ. Ο. 1064. θηρῶν, οἳ πάντ' ἐν γ.
γαῖαν. Ν. 290. τηλεσκόπῳ ὄμματι γ.
γαίας. Β. 1529. ἐς φάος ὀρνυμένῳ δότε, δαίμονες οἱ κατὰ γ.,
γάλα. Σ. 508. μὴ Δί' ἐν δίκῃ γ'. ἐγὼ γὰρ οὐδ' ἂν ὀρνίθων γ.
   Σ. 724. πλὴν κωλαγρέτου γ. πίνειν.
   Ο. 733. γ. τ' ὀρνίθων.
   1673. τύραννον, ὀρνίθων παρέξω σοι γ.
Fr. 490. ἡδύς γε πίνειν οἶνος Ἀφροδίτης γ.
γαλᾶς. Α. 255. ὅστις σ' ὑπνοῖς, κἀκποιήσεται γ.
   Σ. 1185. μῦν καὶ γ. μέλλεις λέγειν ἐν ἀνδράσιν ;
γαλεάγρα. Fr. 474. γ.
γαλεός. Fr. 302, 3. ᾖ νῆστις ὀπτᾷτ', ἢ γ., ἢ τευθίδες ;
γαλιώτη. Ν. 174. ἡσθην γ. καταχέσαντι Σωκράτους
γαλεώτης. Ν. 173. ἀπὸ τῆς ὀροφῆς νύκτωρ γ. κατέχεσεν
γαλῆ. Σ. 1182. ἐκεῖνον, ὡς οὕτω ποτ' ἦν γαλῆ καὶ γ.
   ΕΙ. 1151. εἴ τι μὴ 'ξηνεγκεν αὐτῶν ἡ γ. τῆς ἑσπέρας·
   Εκ. 792. ἡ πῦρ ἀπότροπον, ἢ διαέζειν γ.,
   924. ἆθ' ὁπόσα βούλει καὶ παράνιφθ' ὥσπερ γ.
γαλῆν. Σ. 363. ὥσπερ με γ. κρέα κλέψασαν
   ΕΙ. 795. εἶχε τὸ δρᾶμα γ. τῆς
   Θ. 559. ἔπειτα τὴν γ. φαμέν· ΓΤ. Γ. τάλαιν' ἐγώ, φλυαρεῖς.
   Εκ. 128. ὁ περιστίαρχος, περιφέρειν χρὴ τὴν γ.,
   Fr. 601. γ. καταπέπωκεν·
γαλῆν'. Β. 304. ἐκ κυμάτων γὰρ αὖθις αὖ γ. ὁρῶ.
γαλῆς. Π. 693. ὑπὸ τοῦ δέους βδέουσα δριμύτερον γ.
γαμεῖ. Α. 49. γ. δὲ Κελεὸς Φαιναρέτην τήσην ἐμήν.
γαμεῖσθ'. Θ. 789. εἰ κακὸν ἐσμεν, τί γ. ἡμᾶς, εἴπερ ἀληθῶς κακόν ἐσμεν,
γαμεῖν. Θ. 412. γ. θέλει γυναῖκα διὰ τοῦτος τοδί·
γαμῇ. Ν. 1128. κἄν γ. ποτ' αὐτὸς ἢ τῶν ξυγγενῶν ἢ τῶν φίλων,

γαμήλιον. Ο. 1757. πτεροφόρ', * ἐπὶ πέδον Διὸς καὶ λέχος γ.
   Θ. 1122. πεσεῖν ἐς εὐνὴν καὶ γ. λέχος·
γαμηλίῳ. Θ. 1034. γ. μὶν οὖ ξὺν
γαμικήν. Ο. 1693. ἀλλὰ χλανίδα δότω τις δεῦρό μοι.
γάμοισιν. Θ. 891. γ. Προιτέως παιδὶ συμμίξαι λέχος.
γάμον. Ο. 1755. ἕπεσθε νῦν γ., ὦ φῦλα πάντα συννόμων
γάμον. Ν. 438. διὰ τοὺς ἵππους τοὺς κοππατίας καὶ τὸν γ., ὅτι μ' ἐπέτριψεν,
   Ο. 718. πρός τ' ἐμπορίαν καὶ πρὸς βιότου κτῆσιν καὶ πρὸς ἄνδρας·
   1725. ὦ μακαριστὸν σὺ γ. τῇδε πόλει γήμας.
   Λ. 786. φεύγων γ. ἀφίκετ' ἐς ἐρημίαν,
γάμον. Θ. 976. κλῇδας γ. φυλάττει.
γαμούμαι. Θ. 900. οὐ γάρ γ. σῷ κασιγνήτῳ ποτέ,
Fr. 192. ἀποπλευστέον ἐπὶ τὸν συμφέαν. ὦ γ.
γάμους. ΕΙ. 778. κλείουσα δεξο γ. ἀνδρῶν τε δαῖτας
   ΕΙ. 1192. ὅσον τὸ χρῆμ' ἐπὶ δεῖπνον ἠλθ' ἐς τοὺς γ.
   1206. τὰ δῶρα ταυτί σοι φέρομεν ἐς τοὺς γ.
   Ο. 132. λουσάμενα πρῲ μέλλω γὰρ ἐστιᾶν γ.·
   1689. ἐς τοὺς γ. ΗΡ. βούλεσθε δῆτ' ἐγὼ τέως
   Β. 850. γ. ἐθέλει γῆμας, ἀφέλξει τις τὴν τέχνην,
γαμψλῆσι. Ι. 198. γ. δράκοντα κοῦλεγον αἱματοσώτην
γαμψούς. Ν. 337. εἶτ' ἀερίας, διεράς, γ. οἰωνοὺς ἀερανηχεῖς,
γαμψώνυξ. Ο. 359. τοῖς δὲ γ. τοισδί ; ΠΕ. τὸν ὀβελίσκον ἀρπάσας
γαμψωνύχων. Ο. 1306. πτερῶν δεόμενοι καὶ τρόπων γ.
γάμων. Α. 1050. ἐν τῇ γ. ΔΙ. καλὼς γε ποιῶν, ὅστις ἦν.
   ΕΙ. 976. δέσποινα χαρῶν, δέσσοινα γ.,
   Ο. 1740. Σηνὸς πάρεδρον γ.
   Λ. 943. εἰ μὴ διατριπτικόν γε, νοὺκ ὄζον γ.
γᾶν. Ν. 300. ἔλθωμεν λιπαρὰν χθόνα Παλλάδος, εὐανθρον γ.
   Ο. 1061. πᾶσαν μέν γαρ γ. ὀπτεύω,
γάνος. Β. 1320. οἰνάνθας γ. ἀμπέλου,

Η

50 γάνυμαι—γέλωτα.

γάνυμαι. Σ 612. ἔντραγε τουτί· τούτοισιν ἐγὼ γ. καὶ μή με δεήσει
Γανυμήδους. ΕΙ. 724. τὴν τοῦ Γ. ἀμβροσίαν σιτήσεται.
γάρ. Α. 8. διὰ τοῦτο τοὔργον· ἄξιον γ. Ἑλλάδι. κ.τ.λ.
Α. 177. δεῖ γ. με φείγοντ' ἐκφυγεῖν Ἀχαρνέας. κ.τ.λ.
γαργαλισμοῦ. Fr. 218. γ.;
γάργαλος. Θ. 133. ὑπὸ τὴν ἕδραν αὐτὴν ὑπῆλθέ γ.
γάργαρ'. Γγ. Μ. Λημ. 4. ἀνδρῶν ἐπακτῶν πᾶσα γ. ἑστία (δίδεκται)
Γαργηττόθεν. Θ. 898. εἰ μὴ Κρίτυλλά γ' Ἀντιθέου Γ.·
γαστέρ'. Θ. 484. στρόφος μ' ἔχει τὴν γ., ὦνερ, κώδυνη·
γαστέρα. Α. 733. ἀκούετον δή, ποτίχετ' ἐμὶν τὰν γ.·
Ι. 1208. ἀνὴρ ἀμείνων περὶ σὲ καὶ τὴν γ.;
Ν. 387. τὴν γ., καὶ κλύνος ἐξαίφνης αὐτὴν διεκορκορύγησεν·
409. ὥπτων γ. τοῖς συγγενέσιν, κᾆτ' οὐκ ἔσχων ἀμελῆσας·
549. ὡς μέγιστον ὄντα Κλέων' ἔσιω' ἐς τὴν γ.,
Β. 663. μὰ τὸν Δί', ἀλλ' ἤδη πάρεχε τὴν γ.
1085. γ., πλευράς, λαγόνας, πυγήν·
Fr. 80, 1. οἴμοι τάλας, τί μου στρέφει τὴν γ.;
400, 1. ἀλλ' ἔχουσα γ.
γαστέρας. Σ. 1020. εἰς ἀλλοτρίας γ. ἐνδὺς κωμφδικὰ πολλὰ χέασθαι·
γαστέρων. Α. 1083. ὥσπερ παλαιστὰι ἄνδρας ἀπὸ τῶν γ.
γαστήρ. Π. 699. ἀπέπαρδον· ἡ γ. γὰρ ἐπεφύσητό μου.
γαστρί. Ἐκ. 666. οὐχ ὑβρίιεται φαύλως οὕτων αὖθις τῇ γ. κολασθείτ.
γάστριδας. Θ. 816. καὶ πρὸς τούτοις γ. ἡμῶν
γαστριδίον. Ν. 392. σκίψαι τοίνυν ἀπὸ γ. γυννονυτοῦ οἷα πέπορδας·
γάστριξε. Ι. 454. γ. καὶ τοῖς ἐντέροις
γαστρίζομαι. Ι. 273. ᾦ πόλις καὶ δῆμ', ὑφ' οἵων θηρίων γ.,
γάστρις. Ο. 1604. τί, ᾦ κακόδαιμον ; ἡλίθιος καὶ γ. εἶ.
γάστρισον. Σ. 1529. στρόβει, παράβαινε κύκλῳ καὶ γ. σεαυτόν,
γαστρῴς. Ι. 1179. καὶ χύλικος ἠνύστρου τε καὶ γ. τόμον.
Ν. 421. καὶ φειδωλοῦ καὶ τρυσιβίου γ. καὶ θυμβρεπιδείπνου,
γαστρῴδεις. Π. 500. καὶ γ. καὶ παχυκνημοι καὶ πίονές εἰσιν ἀσελγῶς.
γάστρων. Β. 200. οὔκουν καθιεῖ δῆτ' ἐνθαδί, γ. ; ΔΙ. ἰδού.
γαῦλον. Ο. 598. γ. κτώμαι καὶ ναυκληρῶ, κοὐκ ἂν μείναιμι παρ' ὑμῖν.
Ο. 862. πωλῶ γ., κτῶμαι σμινύην, καὶ τὰς ὑθρίας ἀνορύττω.
γαύρων. Β. 282. οὐδεὶτ γὰρ οὕτω γ. ἰσθ' ὡς Ἡρακλῆς.
'γαῦτ'. Ν. 901. ἀλλ' ἀναπρέψω 'γ. ἀντιλέγων·
γε. Α. 5. ἐγῳδ' ἐφ' ᾧ γ. τὸ κέαρ εὐφράνθην ἰδών, κ.τ.λ.
γέ. Α. 896. ἀγοράς τέλος ταύτην γ. που δώσεις ἐμοί· κ.τ.λ.
γεγάμηκεν. Α. 595. ὁ μὲν ἦμων γάρ, κἂν ᾖ πολιός, ταχὺ παῖδα κόρην γ.
γεγένημαι. Ι. 704. εὔχομαι, εἰ μὲν περὶ τὸν δῆμον τὸν Ἀθηναίων γ.
Ν. 722. ὀλίγου φροῦδος γ.
Θ. 246. αἰθός γ. πάντα τὰ περὶ τὴν τράμιν.
846. ἰλλὶς γ. προσδοκῶιν ὁ δ' οὐδείπω.
Π. 148. δοῦλοί γ., διὰ τὸ μὴ πλουτεῖν ἴσως.
γεγενημένος. Ι. 1044. καὶ πῶς μ' ἐλελήθης Ἀντιλέων γ.·
γεγένηται. Β. 1031. ὡς ὠφέλιμοι τῶν ποιητῶν οἱ γενναῖοι γ.
Π. 569. πλουτήσαντες δ' ἀπὸ τῶν κοινῶν παραχρῆμ' ἀδίκως γ.,
γε γένησαι. Ι. 788. ὡς ἀπὸ μικρῶν εὐνοῦς αὐτῷ θωπευματίων γ.
Ι. 1255. ἀνὴρ γ. 'κ' ἐμέ· καὶ σ' αἰτῶ βραχύ,
ΕΙ. 915. θρόιποις γ.
Π. 1043. πολλὰ γ. ταχύ γε τῇ τῶν οὐρανῶν.
γεγενήσθ'. ΕΙ. 704. χἄτερα πόσ' ἄττ' ἀίει γ. ἐν τῇ πόλει·
γεγενῆσθαι. Α. 650. τούτους γάρ ἔφη τοὺς ἀνθρώπους πολὺ βελτίους γ.
Α. 886. πολλῷ γ. κ(ἐγανώτερον βλέπειν·
Ἐκ. 457. οὕτω γ. ΒΛ. καὶ βδέλυκται· ΧΡ. φήμ' ἐγώ.
γεγένησθα. Ἐκ. 519. ἐν τῷ θορύβῳ καὶ τοῖς δεινοῖς ἀνδρειότατος γ.
γεγένητ'. Fr. 111, 2. ἐν τῇ γνάθῳ διώβολον γ. ἐμοί.
γεγένηται. Α. 641. ταῦτα ποιήσας πολλῶν ἀγαθῶν αἴτιος ὑμῖν γ.,
Ι. 945. ἀνὴρ γ. τοῖσι πολλοῖς τοὐβολοῦ.
1324. πῶς ἂν ἰδοιμαι ; ποίαν τις' ἵν' ἔχει σκευήν ; ποίος γ.,
ΕΙ. 737. κωμῳδοδιδάσκαλος ἀνθρώπων καὶ ὑλινήτατος γ.,
Ἐκ. 551. ἀτὰρ γ. ΒΛ. καὶ μὰ Δί'. οὐκ ἤσθησά με
670. τοὺς ἀνδρείους ἐν τῷ πολέμῳ, καὶ τοὺς δειλούς γ.,
Π. 339. ὡς ἐξαπίνης ἀνὴρ γ. πλούσιος.
652. ἅ νῦν γ. ; ΓΤ, μὴ οὖν τὰ πράγματα.
γεγηθα. ΕΙ. 335. ἦδομαι γὰρ καὶ γ. καὶ πέπορδα καὶ γελῶ
γέγηθε. Ι. 1317. καὶ τὰ δικαστήρια συγκλείειν, οἷς ἡ πόλις ἥδε γ.,
γεγηθὼς. Θ. 510. χὼ μὲν γ. ἔτρεχεν, ἡ δ' ἐξέσπασεν

γέγον'. Π. 188. ὥστ' οὐδὲ μεστοὶ σοῦ γ. οὐδείς πώποτε.
Π. 815. ὁ δ' ἰσνὸς γ. ἡμῖν ἐξαπίνης ἐλεφάντινος.
γέγονας. Ι. 218. φανὴ μιαρά, γ. κακῶς, ἀγρίωιος εἶ·
Π. 346. γ. δ' ἀληθῶς, ὡς λέγουσι, πλούσιος ;
γέγονε. Θ. 746. πῶς' ἔτη δέ γ. ; τρεῖς χόας ἢ τέτταρας ;
Π. 813. χαλκῆ γ.· τοὺς δὲ πινακίσκους τοὺς σαπροὺς
Θ. 514. λίαν λέαν σοι γ., ἀντέκναισμα οὐν.
Ἐκ. 649. ἀλλ' οὗτος μὲν πρότερον γ., πρὶν τὸ ψήφισμα γ.,
γεγονέναι. Ι. 446. μέ γ. τῶν τῇ θεοῦ,
Β. 1185. ἀποκτενεῖν τὸν πατέρα, πρὶν καὶ γ.,
γεγονυῖα. Ο. 830. ὅπου θεός, γυνή γ., παρσελίαν
γεγραμμένη. Β. 537. μᾶλλον ἤ γ.
γεγραμμένον. Σ. 97. καὶ νὴ Δί' ἦν ἤδη γί που γ.
γεγραμμένος. Α. 992. ὥσπερ ὁ γ., ἔχων στέφανον ἀνθέμων·
γεγραμμένους. Α. 532. ἐπέθει νόμους ὥσπερ σκόλια γ.
γεγράφθαι. Β. 1167. σπείδουσιν ἐν πολλοῖς γ. γράμμασιν.
γεγώς'. Α. 641. ἐπτὰ μὲν ἔτη γ. εὐθὺς ἡμιχοῦρουν·
γεῖσα. Fr. 602. γ.
γειτνιῶν. Ἐκ. 327. τίς ἔστιν· οὐ δήπου Βλέπυρος ὁ γ. ;
γεῖτον. Σ. 875. ᾦ δέσποτ' ἄναξ, γ. ἀγυιεῖ τοὐμοῦ προθύρου προπύλαιε,
γείτονα. ΕΙ. 1141. τὸν θεὸν δ' ἐπιψακάζεις, καὶ τιν' εἰπεῖν γ.,
Ἐκ. 33. τὴν νύκτα πᾶσαν, ἀλλὰ φέρε, τὴν γ.
γείτονας. Α. 1045. τοὺς γ. κνίσῃ τε καὶ
Ἐκ. 805. ἔγωγε· καὶ γὰρ τοὺς ἐμαυτοῦ γ.
γείτονες. Ν. 1322. ᾦ γ. καὶ ξυγγενεῖς καὶ δημόται,
ΕΙ. 79. οἴμοι τάλας· ἴτε δεῦρο δεῦρ', ᾦ γ.·
Θ. 241. οἴμοι τάλας. ὕδωρ ὕδωρ, ᾦ γ.,
γείτονές. Ἐκ. 1115. οἱ γ. τε πάντες οἱ τε δημόται,
γείτοσι. Β. 1158. νὴ τὸν Δί', ὥσπερ γ' εἴ τις εἴποι γ.,
γειτνύων. Α. 701. τοῖσι παισὶ τὴν ἑταίραν ἰκάλει' ἐκ τῶν γ.
Π. 435. ἀρ' ἔστιν ἡ καπηλὶς ἡκ τῶν γ.,
γείτοσιν. Α. 699. ὅστις, ὦ δύστην', ἀπῆχθου πᾶσι καὶ τοῖς γ.
γείτων. Σ. 389. ᾦ Λύκε δέσποτα, γ. ἥρως· σὺ γὰρ οἷσπερ ἐγὼ κεχάρησαι,
γέλα. Ν. 1078. χρῶ τῇ φύσει, σκίρτα, γ., νόμιζε μηδὲν αἰσχρόν.
Γέλα. Α. 606. τοὺς δ' ἐν Καμαρίνῃ κἀν Γ. κἄν Καταγέλᾳ.
γελᾷ. Ν. 560. ὅστιν οὖν τούτοισι γ., τοῖς ἐμοῖς μὴ χαιρέτω·
γελᾶν. Β. 42. οὐ γὰρ μὰ τὴν Δήμητρα δύναμαι μή γ.·
Π. 799. προβαλόντ', ἐπὶ τούτοις εἶτ' ἀναγκάζειν γ.
γελᾷς. ΕΙ. 1066. αἰβοῖ βοῖ. ΤΡ. τί γ.; ΟΙ. ἤσθην χαροπόισι πιθήκους.
Ο. 803. ἐπὶ τῷ γ.; ΠΕ. ἐπὶ τοῖσι σοῖς ὠνυπτέροις.
γελάσας. Π. 723. ἐμέντοι γ' οὐδὲ θεὸς γ. ἔφη·
γελάσασαι. Α. 512. εἶτ' ἀλγοῦσαι τάνδοσθεν ὑμᾶς ἐπαινρόμιθ' ἂν γ.,
γελάσω. Σ. 567. οἱ δὲ σκώπτουσ', ἵν' ἐγὼ γ. καὶ τὸν θυμὸν κατθῶμαι.
γελᾶτ'. Ν. 623. σπείνδεθ' ὑμεῖς καὶ γ.· ἀνθ' ὧν λαχών Τπέρβολος
ΕΙ. 339. καὶ βοᾶτε καὶ γ. ἤ·
γέλοιά. Β. 389. καὶ πολλὰ μὲν γ. μ' εἰ·
γέλοιον. Σ. 566. οἱ δὲ λέγουσιν μύθους ἡμῖν, οἱ δ' Αἰσώπου τι γ.·
Σ. 1259. Αἰσωπικὸν γ. ἢ Συβαριτικὸν,
Ο. 99. τὸ σφόδρ' ὑμῶν σου γ. φαίνεται.
Α. 559. νὴ Δία· χρὴ γὰρ τοὺς ἀνδρείους. ΑΤ. καὶ μὴν τό γε πράγμα γ.,
Β. 6. τί δαί· τὸ πάνυ γ. εἴπω ; ΔΙ. νὴ Δία
20. ὅτι θλίβεται μέν, τὸ δὲ γ. οὐκ ἐρεῖ.
541. οὗ γὰρ ἂν γ. ἦν, εἰ
1439. γ. ἀν φαίνοιτο· νοῦν δ' ἔχει τίνα ;
Π. 697. μετὰ τοῦτο δ' ἤδη καὶ γ. δῆτά τι
γελοίων. Α. 1058. φέρε δὴ, τί σὺ λέγεις ; ὡς γ. ᾦ θεοί,
γέλοιος. Ν. 1241. καὶ Ζεὺς γ. ὀμνύμενος τοῖς εἰδόσιν.
γελοιότερον. Ο. 802. γ. οὐκ εἶδον οὐδεπώποτ'.
γελῶ. ΕΙ. 335. ἤδομαι γὰρ καὶ γέγηθα καὶ πέπορδα καὶ γ.
Β. 43. καίτοι δάκνω γ' ἐμαυτὸν· ἀλλ' ὅμως γ.
γελῶν. Σ. 1260. ἂν ἔμαθες ἐν τῷ συμποσίῳ· κᾷτ' ἐς γ.
Β. 45. ἀλλ' οὐχ οἷός τ' εἰμ' ἀποσοβῆσαι τὸν γ.
Ἐκ. 379. γ. παρέσχεν, ἣν προσέδραμον κύκλῳ.
1156. οὔκουν γέλοιόν ἐστι, διὰ τὸν γ. κρίνειν ἐμέ.
γελῶν. Π. 1090. Παναθηναίοις γ., ὅτε δὴ
γελῶντες. Π. 758. γ., εὐφημοῦντες· ἐκτινέττο δὲ
γέλως. Ν. 539. ἐρρήθη ἐξ ἄκρου, παχύ, τοῖς παιδίοις ἵν' ᾖ γ.·
γελῶσιν. Ἐκ. 1156. τοὺς γ. δ' ἠδέως, διὰ τὸν γέλων κρίνειν ἐμέ·
γελώσιν. ΕΙ. 540. διαλλαγεῖσαι καὶ γ. ἄσμεναι.
Β. 2. εἰφ' ὅτι ἂν οὐ θώμενοι·
γέλωτ'. Ν. 1035. εἴπερ τὸν ἄνδρ' ὑπερβαλεῖ καὶ μὴ γ. ὀφλήσεις,

γέλωτα. Σ. 57. μηδ' αὖ γ. Μεγαρόθεν κεκλεμμένον.

γέλωτα—γένοιτο. 51

γέλωτα. Ο. 732. νεότητα, γ., χορούς, θαλίας,
Θ. 942. γ. παρέχω τοῖς κόραξιν ἑστιῶν.
Fr. 528. ἐπὶ τῷ ταρίχει τὸν γ. κατέδομαι.
γέλωτι. Β. 404. σὺ γὰρ κατεσχίσω μὲν ἐπὶ γ.
γέμουσι. Π. 811. μύρου γ., τὸ δ᾽ ὑπερῷον ἰσχάδων.
γενεᾷ. Ο. 685. ἄγε δὴ φύσιν ἄνδρες ἀμαυρόβιοι, φύλλων γ. προσ-
   όμοιοι.
γενεάς. Ο. 609. οὐκ οἶσθ᾽ ὅτι πένθ᾽ ἀνδρῶν γ. ζώει λακέρυζα
   κορώνη;
'γένεθ'. Ι. 981. ὡς εἰ μὴ 'γ. οὗτος ἐν
γένει. Ο. 33. ἡμεῖς δὲ φυλῇ καὶ γ. τιμώμενοι,
   Ο. 162. ἡ μέγ᾽ ἔνορος βούλευμ᾽ ἐν ὀρνίθων γ.,
   Β. 698. χοῖ πατέρες ἐναυμάχησαν καὶ προσήκουσιν γ.,
γενειᾶν. Εκ. 145. νὴ τὸν Δί᾽, ἥ μοι μὴ γ. κρεῖττων ἦν
γένειον. Εκ. 118. οὐκ ἂν φθάνοις τὸ γ. ἂν περιδουμένη,
γένειων. Ο. 902. γ. ἐστι καὶ κέρατα.
γενείου. Fr. 360. γ.
γενέσθαι. Ι. 542. ἐρέτην χρῆναι πρῶτα γ., πρὶν πηδαλίοις ἐπι-
   χειρεῖν.
   Ι. 896. ἐπιτήδειϛ οὗτοϛ αὐτὸν ἔσπευδ' ἄξιον γ.,
   963. μολγὸν γ. δεῖ σε, ΑΛ. κἄν γε τουτῳί,
   964. ψωλὸν γ. δεῖ σε μέχρι τοῦ μυρρίνου.
   Ν. 1351. ἀλλ' ἐξ ὅτου τὸ πρῶτον ἠρξάθ᾽ ἡ μάχη γ.
   Σ. 245. σπεύδωμεν, ἄνδρες ἥλικες, πρὶν ἡμέραν γ.
   265. ὕδωρ γ. κἀπιπνεῦσαι βύρειον αὐτοῖς.
   353. ἀλλ᾽ ἄλλο τι δεῖ ζητεῖν ὑμᾶς ὁσίαν δ᾽ οὐκ ἔστι γ.
   Ο. 72. ἐπῃ ἐγένετο, τότε γ. μ᾽ ηὔξατο
   472. δς ἔφασκει λέγων κορυδὸν πάντων πρώτην ὄρνιθα γ.,
   797. ἄρ᾽ ὑπόπτερον γ. παντός ἐστιν ἄξιον;
   1380. ὄρνις γ. βούλομαι
Λ. 1108. χαίρ᾽, ὦ πασῶν ἀνδρειοτάτη· δεῖ δὴ νυνί σε γ.
Θ. 354. πᾶθ᾽ ἱμάρτηκα γ.
   572. ἐσπουδακυῖα προστρέχει. πρὶν οὖν ὁμοῦ γ.,
Εκ. 649. ἀλλ᾽ οὗτοι μὲν πρότερον γέγονεν, πρὶν τὸ ψή-
   φισμα γ.,
   1158. μηδὲ τὸν κλῆρον γ. μηδὲν ἡμῖν αἴτιον,
Π. 2. βούλομαι γ. παραφρονοῦντα δεσπότων.
   492. τοῦτ᾽ οὖν ἡμεῖς ἐπιθυμοῦντες μόλις εὕρομεν ὥστε γ.
'γένεσθα. Ι. 900. οὐ γὰρ τύθ᾽ ὑμεῖς βδελομενα δήπου 'γ. πυρροί;
γενέσθω. Ο. 767. βούλεται, πέρδιξ γ., τοῦ πατρὸς νεοττίον·
γένεσιν. Ο. 691. φύσιν οἰανῶν γ. τε θεῶν ποταμῶν τ᾽ Ἐρέβους
   τε Χάους τε
γένετ'. Ο. 701. ξυμμιγνυμένων δ᾽ ἑτέρᾳ ἑτέροις γ. οὐρανὸς
   ὠκεανός τε
Γενετυλλίδος. Θ. 130. ὡς ἡδὺ τὸ μέλος, ὦ πότνιαι Γ.,
Γενετυλλίδος. Ν. 52. δαπάνης, λαφυγμοῦ, Κωλιάδος, Γ.
   Λ. 2. ἡ 'ς Πανός, ἡ 'πὶ Κωλιάδ', ἡ 'ς Γ.,
γένη. Ο. 232. σπερμολόγων τε γ.
Θ. 6. πτηνῶν τε γ. κατακοιμάσθω,
γένῃ. Σ. 729. πιθοῦ πιθοῦ λόγοισι, μηδ᾽ ἄφρων γ.
   1351. ἐὰν γ. δὲ μὴ κακὴ νυνὶ γυνή,
Ει. 148. λόγον παράσχῃς καὶ τραγῳδία γ.
   390. μὴ γ. παλίγκοτος
Λ. 140. ἀλλ', ὦ φίλη Λάκαινα, σὺ γὰρ ἐὰν γ.
Π. 208. μὴ νῦν μελετήσαι μηδέν· ὡς, ἐὰν γ.,
γενήσεται. Ο. 978. αἰετὸς ἐν νεφέλησι γ.· αἱ δὲ κε μὴ ὀψε,
Fr. 28. γ.
γενήσει. Ν. 260. λέγειν γ. τρίμμα, κρόταλον, παιπάλη.
Ν. 413. ὧν εὐδαίμων ἐν Ἀθηναίοις καὶ τοῖς Ἑλλησι γ.,
γενήσετ᾽. Π. 113. γ. ἀγαθά, πρώσκες τὸν νοῦν, ἵνα πύθῃ.
γενήσεται. Α. 895. ἐμοὶ δὲ τιμᾷ τάσδε πᾶ γ.;
   Ι. 1193. οἴμοι. πόθεν λαγῴδ μοι γ.;
   Ν. 3. ἀπέραντον, οὐδέποθ᾽ ἡμέρα γ.
   Ει. 124. καὶ τίς πόρος σοι τῆς ὁδοῦ γ.;
   1248. πλάστιγγα πρόσθες, καὐτό σοι γ.
   Β. 1251. τί ποτε πρᾶγμα γ.;
   1467. κρίνοις ἄν. ΔΙ. αὔτη σφῷν κρίσις γ.
Εκ. 85. ἡμεῖς βαδίζειν, ἐξ ἕω γ.
   483. τὰκ δεξιᾶς, μὴ ξυμφορά γ. τὸ πρᾶγμα.
γενήσεται. Ι. 223. γ. μοι· καὶ γὰρ οἱ τε πλούσιοι
   Ει. 1244. γ. σοι τῶν κατακτῶν κοττάβων.
γενήσομαι. Ι. 179. ἀλλαντοπώλης ὢν ἀνὴρ γ.;
   Ι. 1013. ἄν ἐν νεφέλαισιν ἀετὸς γ.
   1061. ἐγώ δ᾽ ἑλοντος τήμερον γ.
Ν. 262. καταπαττόμενος γὰρ παιπάλη γ.
   502. τῷ τῶν μαθητῶν ἐμφερὴς γ.
   504. οἶμοι κακοδαίμων, ἡμίονυς γ.
   1218. λέγε τι πεπληγεύσοντα, καὶ γ.
Σ. 24. οἶμοι, τί δῆτά μοι κακὸν γ.
Θ. 237. οἴμοι κακοδαίμων, δελφάκιον γ.
Β. 1412. οὐ γὰρ δι᾽ ἔχθρας οὐδετέρῳ γ.

γενήσομαι. Εκ. 1021. οἴμοι· Προκρούστης τήμερον γ.
Π. 201. ἔχειν με, ταύτης δεσπότης γ.
Fr. 535, 2. ἱκάτης ἄγαλμα φωσφόρου γ.
γενησόμεσθα. Ει. 689. εὐβουλότεροι γ. ΕΡ. τίνι τρόπῳ·
γένηται. Ι. 579. ἥν ποτ᾽ εἰρήνη γ. καὶ πόνων παυσώμεθα.
   Ν. 1435. σὺ δ᾽, ἥν γένηταί σοι, τὸν υἱόν. ΦΕ. ἥν δὲ μὴ γ.,
   Ει. 315. ἐμποδὼν ἡμῖν γ. τὴν θεὸν μὴ 'ξελκύσαι.
   928. ἵνα μὴ γ. Θεογένους ὑηνία.
Εκ. 178. χρηστόν γ., δέκα πονηρῶς γίγνεται.
γένηταί. Ν. 1435. σὺ δ᾽, ἥν γ. σοι, τὸν υἱόν. ΦΕ. ἥν δὲ μὴ
   γένηται,
   Ο. 1005. ὁ κύκλος γ. σοι τετράγωνος, κἂν μέσῳ
γεννᾶδα. Α. 1230. τηνελλα νυν, ὦ γ. χώρει λαβὼν τὸν ἀσκόν.
   Ι. 240. οὗτος, τί φεύγεις, οὐ μενεῖς; ὦ γ.
   D, 997. ἀλλ᾽ ὅντως· ὦ γ.
γεννάδας. D. 179. ἐγώ βαδιοῦμαι. ΔΙ. χρηστὸς εἶ καὶ γ.
   Β. 640. οὐκ ἔσθ᾽ ὅπως οὐκ εἶ σὺ γ. ἀνήρ·
   738. νὴ τὸν Δία τὸν σωτῆρα, γ. γ.,
   739. ὁ δεσπότης σου. ΗΛ. πῶς γὰρ οὐχί γ.,
Εκ. 304. ὅτ᾽ ἦρχεν ὁ γ.
γενναῖα. Fr. 430. γ. Βοιώτιος ἐν Ἀγχομενοῦ
γενναίας. Β. 1050. ὅτι γ. καὶ γενναίων ἀνδρῶν ἀλόχοισι ἀνέ-
   πεισας
γενναῖοι. Β. 1031. ὡς ὠφέλιμοι τῶν ποιητῶν οἱ γ. γεγένηνται.
γενναῖον. Ι. 787. τουτί γέ τοί σου τοὔργον ἀληθῶς γ. καὶ
   φιλοδήμου.
   Σ. 506. ζῆν βίον γ. ὥσπερ Μόρυχος, αἰτίαν ἔχω
   Ει. 76. ὦ Πηγάσιόν μοί φησι, γ. πτερόν,
   Β. 97. ζητῶν ἄν, ὅστις ῥῆμα γ. λάκοι.
   615. καὶ σοι ποίημα πάρεχε γ. πάνυ
   Π. 493. βούλημα καλὸν καὶ γ. καὶ χρήσιμον εἰς ἅπαν ἔργον.
γενναιοπρεπῶν. Ει. 988. γ. τοῖσιν ἐραστάις
γενναῖος. Ο. 285. ἅτε γὰρ ὢν γ. ὑπὸ τῶν συκοφαντῶν τίλλεται,
   Θ. 220. ἐντεῦθεν ἐν τῆς Εὐροδίκης. ΕΤ. γ. εἶ·
γενναιοτάτων. Ει. 773. γ. τῶν ποιητῶν
γενναίους. Β. 1019. καὶ τί σὺ δράσας οὕτως αὐτοὺς γ. ἐξεδίδαξας;
γενναίων. Β. 356. ὦ γ. ὁργια Μουσῶν μήτ᾽ εἶδεν μήτ᾽ ἐχόρευσεν,
   Β. 1011. ἀλλ᾽ ἐκ χρηστῶν καὶ γ. μοχθηροτάτους ἀπέδειξας,
   1050. ὅτι γενναίας καὶ γ. ἀνδρῶν ἀλόχους ἀνέπεισας
γενναίως. Ι. 511. καὶ γ. πρὸς τὸν Τυφῶ χωρεῖ καὶ τὴν ἐριώλην.
   Ι. 577. προῖκα γ. ἀμύνειν καὶ θεοῖς ἐγχωρίοις.
   Ν. 532. ὑμεῖς δ᾽ ἐξεθρέψατε γ. κἀπαιδεύσατε·
   Σ. 806. ὅτι γ. ἐκ τοῦ πολέμου
   Β. 378. τὴν Σώτειραν γ.
Εκ. 1144. οὔκουν ἅπασι δῆτα γ. ἐρεῖς
γίνναν. Ο. 1063. κτεῖνον παμφύλων γ.
γεννικῶς. Λ. 1071. γ., ὡς
γεννικώτατον. Ι. 457. ὦ γ. κρέας ψυχὴν τ᾽ ἄριστε πάντων
γενοίμῃ. Ι. 062. αἱ τριχίδες εἰ γ. ἰματῖνι τοὐβολοῦ.
γένοιθ᾽. Σ. 535. εἴπερ, ὃ μὴ γ., οὔ-
   Π. 509. εἰ τοῦτο γ. ὃ πιοθείθ᾽ ὑμεῖς, οὐ φημ᾽ ἂν λυσιτελεῖν σφῷν.
γενοίμαν. Σ. 751. κείνων ἔραμαι, κείθι γ.
   Ο. 1337. γ. ἀετὸς ὑψιπέτας,
γενοίμην. Ι. 400. εἴ σε μὴ μισῶ, γ. ἐν Κρατίνου κώδιον,
   Ο. 154. οὐκ ἂν γ. ἐπὶ ταλάντῳ χρυσίου.
   Β. 5ὴ1. οὐκ ἂν γ. Ἡρακλῆς ἄν. ΔΙ. μηδαμῶς,
   583. υἱὸς γ., δοῦλος ἀμπὶ καὶ θνητός ἂν·
γένοιντ᾽. Θ. 770. πόθεν οὖν γ. ἂν ἀδηλοι 'πλάται; πόθεν·
   Fr. 53, 2. πόθεν οὖν γ. ἂν; τὸν κότυλον τοῦτον φέρε·
γένοιντο. Ι. 880. οὐχὶ φθονῶν ἔπουσα, ἵνα μὴ ῥήτορες γ.
γένοιντ᾽. Ι. 519. γ. τοιαῦτα· πλὴν λέγε σύ. ΔΗ. σὺ μὲν οὖν μοι λέγε,
   Ι. 82. πῶς δῆτα πῶς γ. ἂν ἀνδρικώτατα.
   Ν. 1182. μι᾽ ἡμέρα γ. ἂν ἡμέραι δύο.
   1154. αὔτη γ. ἂν γραῦς τε καὶ νέα γυνή.
   1333. καὶ πῶς γ. ἂν πατέρα τύπτειν ἐν δίκῃ·
   Ει. 453. ἡμῖν δ᾽ ἀγαθὰ γ. ἰὴ παιών, ἰή,
   Ο. 163. καὶ δύναμιν ἡ γ. ἂν, εἰ εἴθοισθέ μοι.
   829. καὶ ἂν ἡν ἔτι γ. ἂν μείζων τοιαύτη πόλις,
   Λ. 148. γ. ἂν εἰρήνη. ΛΤ. πολύ γε ἂν τὴν τοῦ θεοῦ.
   193. τίς ἂν οὖν γ. ἂν ὅρκος; ΚΛ. εἰ λευκὸν ποθεν
Θ. 527. ἀλλ᾽ ἅπαν γ. ἂν ἤδη·
   1194. σὺ γάρ γ. ἂν τοῦτο. ΤΟ. καὶ καί, γρᾴδιο,
Εκ. 194. εἰ μή γ., ἀπολεῖν ἔφασκεν τὴν πόλιν·
   1131. τί γάρ γ. ἂν μᾶλλον ὀλβιώτερος.
γένοιτο. Α. 1162. τοῦτο μὲν αὐτῷ κακὸν ἐν· κάθ᾽ ἕτερον
   νυκτερινὸν γ.
   Ι. 135. αὐτοῦ γ'. μετὰ δὲ ταῦτ᾽ Ἀπόλλυται,
   140. πόθεν οὖν ἂν ἔτι γ. πώλης εἰς μόνος,
   773. καὶ πῶς ἂν ἐμοῦ μᾶλλον σε φιλῶν, ὦ Δῆμε, γ. πολίτης,
   Ν. 512. εὐτυχία γ. τἀν-
   1183. οὐκ ἂν γ.· ΦΕ. πῶς γάρ; εἰ μή περ γ᾽ ἅμα

γένοιτο. El. 285. ἴσως ἂν εὖ γ.· θαρρεῖτ', ὦ βροτοί.
Λ. 147. ὁ μή γ., μᾶλλον ἂν διὰ τουτογὶ
857. τουτὶ γ., φησίν. Κl. ὦ πρὸς τῶν θεῶν.
Θ. 714. τοῦτο μέντοι μή γ. μηδαμῶς, ἀπεύχομαι.
Β. 1191. ἵνα μή 'κτραφείς γ. τοῦ πατρὸς φονεύς.
Εκ. 791. ἵνα δή τί ; ΑΝ. Β. σεισμὸς εἰ γ. πολλάκις,
Fr. 163, 2. γὰρ ποτ' ἐμοὶ παυσαμένῳ τοῦ πολέμου γ.
γένοιτό. Α. 1195. ἐκεῖνο δ' αἰακτὸν ἂν γ. μοι,
Εκ. 1067. ἀνὴρ ἥτις εἴ γε, πύλλ' ἀγαθά γ. σοι,
Fr. 80, 2. βάλλ' ἐς κόρακας. πύθεν ἂν λάσανα γ. μοι ;
γενόμεναι. Εκ. 1086. χαλεπαί γ' ἂν ἦτε γ. πορθμῆς. ΓΡ. Β. τίη ;
γενομένης. Fr. 198, 3. εἰλώμεθα κοινῇ, γ. ἐκκλησίας,
γενόμενον. Ι. 895. τοῦ σιλφίου τὸν ἄξιον γ. ; ΔΗΜ. οἶδα
  μέντοι.
Ν. 1062. ἀγαθῶν τι γ., φράσον, καί μ' ἐξέλεγξον εἰπών.
Β. 1180. πῶς γάρ ; ὅτε δή πρῶτον μὶν αὐτῶν γ.
γενόμενος. Ν. 242. πύθεν δ' ὑπόχρεως σαυτὸν ἔλαβες γ. ;
Ο. 1402. οὐ γὰρ σὺ χαίρεις πτεροδύνητος γ. ;
Fr. 275. ὁ δ' ἐς τὸ πλινθεῖον γ. ἐξέτρεψε.
γένους. Σ. 223. ἀλλ', ὦ πονηρὲ, τὸ γ. ἤν τις ὀργίσῃ
Σ. 1077. ἀνδρικώτατον γ. καὶ πλείστα τήνδε τὴν πόλιν
Εl. 186. ποδαπὸς τὸ γ. δ' εἶ: φράζε μοι. ΤΡ. μιαρώτατος.
Ο. 108. ποδαπώ τὸ γ. δ' ; ΕΤ. ὅθεν αἱ τρήρεις αἱ παλαί
  334. γ. ἀνόσιον, ὅπερ ἐξότ' ἐγένετ' ἐπ' ἐμοὶ
  699. ἐνεόπτευσεν γ. ἡμέτερον, καὶ πρῶτον ἀνήγαγεν ἐς
  φῶς.
  700. πρότερον δ' οὐκ ἦν γ. ἀθανάτων, πρὶν Ἔρως ξυνέ-
  μιξεν ἅπαντα·
  702. καὶ γῇ πάντων τε θεῶν μακάρων γ. ἄφθιτον. ὧδε
  μὲν ἐσμεν
1239. δεινά, ὅπως μή σου γ. παγώλεθρον
1451. τί δαὶ ποιήσεις ; ΣΤ. τὸ γ. οὐ καταισχυνῶ.
1696. γλαττογαστόρων γ.,
1700. βάρβαροι δ' εἰσὶν γ.,
1707. ὦ τρισμακάριον πτηνῶν ὀρνίθων γ.,
1727. γ. ὀρνίθων
Λ. 137. ὦ παγματάπυγον θηλύτερον ἅπαν γ.
Θ. 312. δεχόμεθα καὶ θεῶν γ.
  960. γ. Ὀλυμπίων θεῶν
Β. 240. ἀλλ', ὦ φιλαρδῶν γ.,
  946. ἀλλ' οὐξίων πρώτιστα μέν μοι τὸ γ. εἰπ' ἂν εὐθὺς
  1266. Ἑρμᾶν μὶν πρόγονον τιόμεν γ. οἱ περὶ λίμναν,
Fr. Μ. Εl. Δ. 1. πύθεν τὸ φῖτυ, τί τὸ γ., τίς ἡ σπορά ;
γενοῦ. Α. 451. πολλῶν δυόμενοι σκευαρίων· νῦν δή γ.
Ν. 107. τούτων γ. μοι, σχασάμενος τὴν ἱππικήν.
1481. καί μοι γ. ξύμβουλος, εἴτ' αὐτοῦς γραφὴν
Β. 495. σὺ μὲν γ. 'γὼ, τὸ ῥόπαλον τουτὶ λαβών
1127.
1152. σωτήρ γ. μοι σύμμαχος τ' αἰτουμένῳ.
Εκ. 121. ἴθι δή σύ περιδοῦ καὶ ταχέως ἀνήρ γ.·
  200. νῦν δ' εἰσὶ χρηστοί, καὶ σὺ νῦν χρηστὸς γ.
γένους. Σ. 1510. ὁ κινυστήρις οὕτως ἐστὶ τοῦ γ.,
Ο. 763. φρυγίλος ὄρνις ἐνθάδ' ἔσται, τοῦ Φιλήμονος γ.
  833. ὄρνις ἀφ' ἡμῶν τοῦ γ. τοῦ Περσικοῦ,
  1666. ἐγγυτάτω γ. μετεῖναι τῶν χρημάτων.
γένους. Α. 1257. πολίτις δ' ἀμφὶ τὰς γ. ἀφρὸς ᾖσει,
γένους. Ο. 214. γ. ξουθῆς.
Ο. 744. δ' ἐμῆς τε γ. ξουθῆς μελέων
γέννων. Ο. 1065. ἐκ κάλυκος αὐξανόμενα γ. πολυφάγοις,
γέννωμαι. Εκ. 371. ἵνα μή γ. σκωραμὶς κωμῳδικῇ.
γέννωνται. Εl. 1179. ἡνίκ' ἂν δ' οἴκοι γ., δρῶσιν οὐκ ἀνασχετά,
Β. 685. κἂν ἴσαι γ.
Π. 108. τυχών' ἀληθῶς καὶ γ. πλούσιοι,
γεραιός. Α. 419. ὁ δύστροπος γ. ἠγανίζετο ;
γέραιε. Θ. 961. μέλπε καὶ γ. φαν᾽ ἡ πᾶσα χορομανεῖ τρόπῳ.
Γεραίστιε. Ι. 561. Ὁ Γ. ναὶ Κρόνου,
γεραιτέραις. Α. 256. ἀντὶ ποίας αἰτίας, ὠχαρνέων γ.
γεραιτέρα. Ι. 1301. καὶ μίαν λέξαι τιν' αὐτῶν, ἥτις ἦν γ.·
γεραιτέρων. Ι. 1004. Γλάνιδος, ἀδελφοῦ τοῦ Βάκιδος γ.
γεραιτέρων. Ν. 1395. ἐγὼ δή γ. λαβόμεν ἄν ν
Λ. 1126. τοὺς δ' ἐκ πατρός τε καὶ γ. λόγους
Εκ. 473. λόγοι γέ τοί τις ἔστι τῶν γ.,
γέρανος. Ο. 1137. γ., θεμελίους κατασιπωκυῖα λίθους.
γέρανος. Ο. 710. σπείρειν μὲν, ὅταν γ. κρώζουσ' ἐς τὴν Λιβύην
  μεταχωρῇ,
γεράνων. Ο. 1428. μετὰ τῶν γ. τ' ἐκεῖθεν ἀναχωρῶ πάλιν,
γέρας. Θ. 113. γ. ἱρὸν προφέρουν.
Β. 1146. ὅτῷ πατρῷον τοῦτο κέκτηται γ.
  1148. εἰ γὰρ πατρῷον τὸ κύδνιον ἔχει γ.,
Γέρης. Εκ. 932. σοὶ γὰρ φίλος τίς ἐστιν ἄλλοις ἢ Γ. ;
Γερητοθεοδώρων. Α. 605, Γ. Διομειαλαζόνας,

γέρον. Α. 397. πῶς ἔνδον, εἴτ' οὐκ ἔνδον ; ΚΠ. ὀρθῶς, ὦ γ.
Ν. 746. ὦ Σωκρατίδιον φίλτατον. ΣΠ. τί, ὦ γ. ;
Σ. 1417. οἴμοι κακοδαίμον. προσκαλοῦμαί σ', ὦ γ.,
Εl. 860. ζηλωτὸς ἔσει, γ.,
Θ. 63. ἤ που νέος γ' ὢν ἦσθ' ὑβριστής, ὦ γ.
  1006. κακῶν ἀπύλοιο. ΤΟ. σιγᾶ, κακύδαιμον γ.
γέροντ'. Α. 692. ταῦτα πῶς εἰκότα γ. ἀπολέσαι, πολιὸν ἄνδρα,
  περὶ κλεψύδραν,
Ν. 1457. ἀλλ' ἄνδρ' ἄγροικον καὶ γ. ἐπήρετε ;
Θ. 1212. οἴμ' ὡς ἀπώλωλον· ποῦ τὸ γ. ἐντευτονί ;
γέροντα. Α. 718. τὸν γ. τῷ γέροντι, τὸν νέον δὲ τῷ νέῳ.
Α. 1129. ἐνορῶ γ. δειλίας φευγούμενον.
Ι. 407. τὸν Ἰουλίου τ' ἂν οἴωμαι, γ. πυρροπίτην,
Θ. 585. αὐτοῦ, γ., δεῦρ' ἀναπέμψαι τήμερον.
Εκ. 638. οὐκοῦν ἄγξους σὺ καὶ χρηστῶς ἐξῇς τὸν πάντα γ.
  1146. καλεῖν γ., μειράκιον, παιδίσκον ; ἂς
γερονταγωγεῖν. Ι. 1099. γ. κἀνασαιδινεῖν πάλιν,
γέροντας. Α. 222. μηδὶ πέρ γ. ὄντας ἐκφυγών Ἀχαρνέας.
Α. 679. διτινες γ. ἄνδρας ἐμβαλόντες ἐς γραφὰς
  713. ἀλλ' ἐπειδή τοὺς γ. οὐκ ἐάθ' ὕπνου τυχεῖν,
Ι. 270. χώστιπερί γ. ἡμᾶς ἐκκυβαλινεύεται.
Ν. 1418. εἰκὸς δὲ μᾶλλον τοὺς γ. ἤ νέους τι κλάειν,
  ὡς εἰκός ἐστιν ἀσθενεῖς γ. ἄνδρας ἤδη ;
Π. 258. γέροντάς. Θ. 410. πρὸς τοὺς γ. θ', οἱ σφῷ τοῦ τὰς μείρακας
γέρουντες. Fr. 603. γ. παλαίστραι
γέροντες. Α. 180. 'Ἀχαρνικοί, στιπτοί γ., πρίνινοι,
Α. 676. οἱ γ. καλαιοὶ μεμψόμεσθα τῇ πόλει.
Ι. 255. ὡς γ. ἡλιασταί, φράτορες τριωβόλου,
Ν. 1417. ἐγὼ δέ γ' ἀντιλήψομ' ἂν ὡς δὶς παῖδες οἱ γ.
Π. 628. γ. ἄνδρες εἰσ' ὀλιγίστοις ἀλφίτοις,
  959. ἄρ', ὦ φίλοι γ., ἐπὶ τὴν οἰκίαν
γέροντι. Α. 715. τῷ γ. μὲν γέρον καὶ νωδὸς ὁ ξυνήγορος,
Α. 718. τὸν γέροντα τῷ γ., τὸν νέον δὲ τῷ νέῳ.
Σ. 133. ἔστιν δ' ὄνομα τῷ μὲν γ. Φιλοκλέων,
  809. σοφῷ γε τουτὶ καὶ γ. πρόσφορον
Θ. 413. δέσποινα γάρ γ. νυμφίῳ γυνή.
γερόντιων. Α. 993. ἢ πάνυ γ. ἴσως νενόμικάς με σύ ;
Ι. 42. Δῆμος πυκνίτης, δύσκολον γ.
Ν. 790. ἐπιλησμότατον καὶ σκαιότατον γ.;
γέροντα. Θ. 1123. εἰ σπώδρ' ἐπιτυμεῖς τῇ γ. πύγισο,
Θ. 1199. σὺ δὲ τοῦτο τήρει τῇ γ. γραβίοι.
γέροντος. Ι. 46. οὗτος καταγνοὺς τοῦ γ. τοὺς τρόπους.
Ι. 70. ὑπὸ τοῦ γ. ὀκταπλάσια χέσομεν.
Σ. 195. ὑπογάστριον γ. ἡλιαστικοῦ.
  276. τὸ σφυρὸν γ. ὕπτιος ;
  551. ἢ τρυφερώτερον, ἢ δεινότερον ζῶον, καὶ ταῦτα γ.
γερόντων. Α. 375. τῶν τ' αὖ γ. οἶδα τὰς ψυχὰς ὅτι
Σ. 224. τὸ τῶν γ., ἐσθ' ὅμοιον σφηκιᾷ.
Α. 325. ὄνυξ τῶν γ. ἠλίθρασι.
Β. 345. γύνυ πάλλεται γ.·
Π. 759. χαίρειν γ. εὐρώσιοις προβλήμασιν.
γέρουντων. Λ. 652. τοῖς δὲ δυστήνοις γ. οὐ μέτεσθ' ὑμῖν, ἐπεὶ
γέρρα. Fr. 680. γ.
γέρσα. Α. 980. πᾶ τῶν 'Ἀσανᾶν ἐστιν γ.
Γέρων. Εκ. 848. Γ. δὲ χαίρει χλανίδα καὶ κοπίποδα
γέρων. Α. 715. τῷ γέροντι μὲν γ. καὶ νωδὸς ὁ ξυνήγορος,
Α. 997. καὶ τὸ τρίτον ἡμερίδος ὄσχον, ὁ γ. ὁδί,
  1130. κοντὸς γ. ὢν καὶ μέλι. κἀνθάδ' εὐθηλὴς γ.
Ι. 61. ᾔδεις δὲ χρησμούς· ὁ δὲ γ. σιβυλλιᾷ.
  533. τῶν θ' ἁρμονίων διαχασκούσῶν ἀλλὰ γ. ὢν περιέρρει,
  752. οἴμοι κακοδαίμων, ὡς ἀπόλωλ'. ὁ γὰρ γ.
  1349. οὕτως ἀνόητος ἐγεγενήμην καὶ γ.
Ν. 129. ποῖος γ. ὢν καπιλησμῶν καὶ βραδύς ;
  1304. γ. ὕδ' ἐρασθείς
Σ. 178. τίνι ποτ' οὐ πρὸ θυρῶν φαίνετ' ἄρ' ἡμῖν ὁ γ. οὐδ'
  ὑπακούει ;
  396. μῶν ὁ γ. πηδαιδόεται αὖ· ΒΔ. μὰ Δί' οὐ δῆτ', ἀλλὰ
  καθιμῷ
  1192. ἤδη γ. ὢν καὶ πολιός, ἔχων δὲ τοι
  1297. τί δ' ἔστιν, ὦ παῖ ; παῖδα γάρ, κἂν ᾖ γ.,
  1299. οὐ γὰρ ὁ γ. ἀτηρότατον ἄρ' ἦν κακόν
  1316. ὑπὸ τοῦ θουφράστου ἥρετ', εἰπέ μοι,
  1384. ἤδη γ. ὢν· εἶτα τῇ πυγμῇ θενών
  1476. ὁ γὰρ γ. ὡς εἶπε διὰ πολλοῦ χρόνου
Εl. 698. Σιμωνίδης ; πῶς ; ΤΡ. ὅτι γ. ὢν καὶ σαπρὸς
Ο. 1256. οὗτος γ. οὐ σιωμαι τρείμβολον.
Θ. 411. ἡγοῦντο, διαβέβληκεν, ὥστ' οὐδείς γ.
  941. ἵνα μή γ' κροκωτοὺς καὶ μίτρας γ. ἀνήρ
  1111. οὐ παρτὶν ἔστιν, ἀλλ' ἀμαρτωλή γ.,
  1219. αὕτη τ' ἐκείνη καὶ γ. τις εἵπετο.

γέρων—γήτει. 53

γέρων. Β. 139. ἐν πλοιαρίῳ τυννουτῳὶ σ' ἀνὴρ γ.
Εκ. 323. οἴμοι κακοδαίμων, ὅτι γ. ὤν ἡγούμην
Π. 658. ἀνὴρ γ. ψυχρᾷ θαλάττῃ λούμενος.
1066. γ. ἀνὴρ ὤν οὐχ ὑγιαίνειν μοι δοκεῖ.
γεύεσθ'. Fr. 291. μηδὶ γ. ὅττ' ἄν ἐντὸς τῆς τραπέζης καταπέσῃ.
γεύεσθε. Fr. N, HP. 2. μὴ γ. δ' ἅττ' ἄν κατανίσῃ
γεύματα. Α. 187. ἐγωγέ φημι, τρία γε τανγί γ.
γεύσαι. Α. 188. αὗται μὲν εἰσι πεντέτεις. γ. λαβών.
Α. 191. οὐ δ' ἀλλὰ τασδὶ τὰς δικέτεις γ. λαβών.
γεύσασθαι. Fr. S. 2. πρὶν κατελάσαι τὴν σπαθίδα γ. μύρου.
γεύσει. Β. 462. οὐ μὴ διατρίψεις, ἀλλὰ γ. τῆς θύρας,
Γιυσιστράτην. Εκ. 49. τὴν τοῦ καπήλου δ' οὐχ ὁρᾷς Γ.,
γευστήριον. Fr. 285, 2. τῶν ἔνδοθεν καὶ βύσμα καὶ γ.,
γεωμετρῆσαι. Ο. 995. γ. βούλομαι τὸν ἀέρα
γεωμετρία. Ν. 202. γ. ΣΤ. τοῦτ' οὖν τί ἐστι χρήσιμον;
γεωργεῖν. Λ. 1173. ἤδη γ. γυμνὸς ἀπωδὺς βούλομαι.
Εκ. 592. μηδὶ γ. τῶν μὲν πολλὴν, τῷ δ' εἶναι μηδὲ ταφῆναι·
Fr. 156, 1. ἰδίλω γ. εἶτα τίς σε κωλύει ;
γεωργήσων. Εκ. 651. τὴν γῆν δὲ τίς ἔσθ' ὁ γ.; ΠΡ. οἱ δοῦλοι.
σοὶ δὲ μελήσει.
Γεωργία. Fr. p. 505. σοὶ δ' ὄνομα δὴ τί ἐστιν; ὅ τι; Γ.
γεωργικά. ΕΙ. 552. τὰ γ. σκεύη λαβόντας εἰς ἀγρὸν
γεωργικόν. ΕΙ. 590. τρίβομεν γ.
ΕΙ. 920. καὶ τὸν γ. λεών,
γεωργοί. ΕΙ. 296. ἀλλ', ὦ γ. κάμποροι καὶ τέκτονες
ΕΙ. 508. ἅγ', ἄνδρες, αὑτοὶ δὴ μόνοι λαβώμεθ' οἱ γ.
511. οἵ τοι γ. τοὐργον ἐξέλκουσι, κἄλλος οὐδείς.
603. ὦ σοφώτατοι γ., τἀμὰ δὴ ξυνίετε
γεωργοῖν. Α. 1036. οἴμοι κακοδαίμων τοῖν γ. βοιδίοιν.
γεωργοῖσι. ΕΙ. 556. ὦ ποθεινὴ τοῖς δικαίοις καὶ γ. ἡμέρα,
ΕΙ. 625. κάτα τἀκείνων γε κέρδη τοῖς γ. ἦν κακά.
Εκ. 198. τοῖς πλουσίοις δὲ καὶ γ. οὐ δοκεῖ.
Fr. p. 505. ὦ ποθεινὴ τοῖς δικαίοις καὶ γ. ἡμέρα,
γεωργός. Π. 903. γ. εἰ; ΣΤ. μελαγχολᾶν μ' οὕτως οἴει ;
γεωργούς. ΕΙ. 550. ἴθι νυν, ἄνειπε τοὺς γ. ἀπιέναι.
ΕΙ. 551. ἀκούετε λεῴ· τοὺς γ. ἀπιέναι
Γῆ. Ν. 364. ὦ Γ. τοῦ φθέγματος, ὡς ἱερὸν καὶ σεμνὸν καὶ τερατῶδες.
γῆ. Ι. 305. πᾶσα μὲν γ. πλέα, πᾶσα δ' ἐκκλησία, καὶ τέλη
Ν. 232. οὐκ ἄν ποθ' εὔρου· οὐ γὰρ ἀλλ' ἡ γ. βίᾳ
Ο. 694. γ. δ' οὐδ' ἀὴρ οὐδ' οὐρανὸς ἦν· Ἐρίβους δ' ἐν ἀπείροσι κύλποις
702. καὶ γ. πάντων τε θεῶν μακάρων γένος ἄφθιτον. ὧδε μὲν ἐσμὲν
Θ. 859. ἐμοὶ δὲ γ. μὲν πατρὶς οὐκ ἀνώνυμος,
Γῇ. Θ. 300. φῷ, τῇ Γ., καὶ τῷ Ἑρμῇ, καὶ Χάρισιν, ἐκκλησίᾳ.
γῇ. Α. 533. ὡς χρὴ Μεγαρέας μήτε γ. μήτ' ἐν ἀγορᾷ
Ι. 598. ἀλλὰ τὸν τῇ γ. μὲν αὐτῶν οὐκ ἄγαν θαυμάζομεν,
610. μήτε γ. μήτ' ἐν θαλάττῃ διαφυγεῖν τοὺς ἱππέας.
Σ. 22. ὅτι ταυτὸν ἐν γ, τ' ἀνέβαλεν κἄν οὐρανῷ
678. σοὶ δ' ἄν ἄρχεις πολλὰ μὲν ἐν γ., πολλὰ δ' ἐφ' ὑγρᾷ πιτυλεύσας
γηγενεῖ. Β. 825. γ. φυσήματι·
Γηγενεῖς. Ο. 824. τὸ Φλέγρας πεδίον, ἵν' οἱ θεοὶ τοὺς Γ.
γηδίον. ΕΙ. 570. καὶ τριαινοῦν τῇ δικέλλῃ διὰ χρόνου τὸ γ.
γηδίῳ. Fr. 344, 2. οἰκεῖν μὲν ἐν ἀγρῷ τούτον ἐν τῷ γ.
γηθῶν. Fr. 122. τῶν δὲ γ.
γῆμ'. Ν. 42. ἥτις με γ. ἐπῆρε τὴν σὴν μητέρα·
γῆμαι. Λ. 597. οὐδεὶς ἐθέλει γ. ταύτην, ὑπτευομένη δὲ κάθηται.
γῆμας. Ο. 1725. ὦ μακαριστὲ σὺ γάμοιν τῆδε πόλει γ.
Γῆν. ΕΙ. 188. οὔ τοι μὰ τὴν Γ. ἔσθ' ὅπως οὐκ ἀποθανεῖ.
ΕΙ. 1117. οὔ τοι μὰ τὴν Γ. ταῦτα κατέδεσθαι μόνοι,
Ο. 586. ἤν δ' ἡγῶνται σε θεὸν, σὲ βίον, σὲ δὲ Γ., σὲ Κρόνον, σὲ Ποσειδῶ,
γῆν. Α. 195. κατὰ γ. τε καὶ θάλατταν. ΔΙ. ὦ Διονύσια,
Α. 235. καὶ διώκειν γ. πρὸ γῆς, ἕως ἄν εὑρεθῇ ποτέ·
Ι. 556. εἴτα τὴν γ. προσεκυσεν καὶ τοὺς θεούς.
431. ὁμοῦ ταράττειν τὴν τε γ. καὶ τὴν θάλατταν εἰκῇ.
819. κἀκείνοις μὲν φεύγει τὴν γ., ἐπὶ δ' Ἀχιλλείαν ἀπομάττει.
Ν. 187. ἀτὰρ τί ποτ' ἐς τὴν γ. βλέπουσιν οὗτοι;
203. γ. ἀναμετρεῖσθαι. ΣΤ. πότερα τὴν πληρουχικὴν;
264. ὦ δίσποτ' ἄναξ, ἀμέτρητ' Ἀὴρ ὃς ἔχεις τὴν γ. μετέωρον,
Σ. 1110. ξυμβεβυσμένοι, συκνὸν νεύοντες ἐς τὴν γ., μόλις
Ο. 118. καὶ γ. ἐπειπέτου καὶ θάλατταν ἐν κύκλῳ,
194. μὰ γ., μὰ παγίδας, μὰ νεφέλας, μὰ δίπτυα,
474. γ. δ' οὐκ εἶναι, τὸν δὲ προκείσθαι πεμπταῖον· τὴν δ' ἀπαρούσαν
582. οἱ δ' αὖ κόρακες τῶν ζευγαρίων, οἴσιν τὴν γ. καταροῦσιν,

γῆν. Λ. 977. ἡ δὲ φέροιτ' αὖ πάλιν ἐς τὴν γ.,
Θ. 1098. ὦ θεοί, τίν' ἐς γ. βαρβάρων ἀφίγμεθα
Β. 1128.
1153. ἥκω γὰρ ἐς γ. τήνδε καὶ κατέρχομαι.
1156. ἥκω γὰρ ἐς γ., φησί, καὶ κατέρχομαι·
1163. ἐλθεῖν μὲν ἐς γ. ἔσθ' ὅτῳ μετῇ πάτρας·
1463. τὴν γ. ὅταν νομίσωσι τὴν τῶν πολεμίων
Εκ. 597. τοῦτο γὰρ ἤμελλον ἐγὼ λέξειν· τὴν γ. πρώτιστα ποιήσω
601. πῶς οὖν ὅστις μὴ κέκτηται γ. ἡμῶν, ἀργύριον δὲ
651. τὴν γ. δὲ τίς ἔσθ' ὁ γεωργήσων ; ΠΡ. οἱ δοῦλοι. σοὶ δὲ μελήσει.
1042. τὴν γ. ἅπασαν Οἰδιπόδων ἐμπλήσει.
Fr. 349. ὡς ἐς τὴν γ. κύψασα κάτω καὶ ξυννενοφυῖα βαδίζει,
γήρᾳ. Α. 683. τανθορύζοντες δὲ γ. τῷ λίθῳ προσέσταμεν,
Ι. 519. καὶ τοὺς προτέρους τῶν ποιητῶν ἅμα τῷ γ. προδιδόντας·
Σ. 441. εἶτα δῆτ' οὐ πόλλ' ἔνεστι δεινὰ τῷ γ. κακά;
1167. ὅστις ἐπὶ γ. χιμετλῶν οὐδὲν λήψομαι.
γήρας. Σ. 1068. γ. εἶναι κρεῖττον ἢ πολ-
ΕΙ. 336. μᾶλλον ἡ τὸ γ. ἐνδύσε ἐκφυγεῖν τὴν ἀσπίδα.
Λ. 364. εἰ μὴ σιωπήσει, θενῶν ἐκκουλιῶ τὸ γ.
670. πῶν τὸ σῶμα κάπτοσείσασθαι τὸ γ. τύδε.
Εκ. 923. σὸ τοὐμὸν ὀδυνήσει σε γ. ΝΕ. ἀλλὰ τί ;
γήρᾷς. Ο. 606. πῶς δ' ἐς γ. ποτ' ἀφίξονται; καὶ γὰρ τοῦτ' ἔστ' ἐν Ὀλύμπῳ'
γηράσκουσιν. Λ. 594. οὔκουν κἄνδρες γ.; ΛΥ. μὰ Δί', ἀλλ' εἴπερ καὶ γ., οὐκ εἶπας ὅμοιον.
γηρασκουσῶν. Λ. 593. περὶ τῶν δὲ κορῶν ἐν τοῖς θαλάμοις γ. ἀνιῶμαι.
γηροβοσκούμεσθ'. Α. 678. γ. ὑφ' ὑμῶν, ἀλλὰ δεινὰ πάσχομεν,
γηρύεται. Fr. 1. τίς τοῦτο τῶν ξυνηγόρων γ.;
γήρυν. Ο. 233. ταχὺ πετώμενα, μαλθακὴν ἱέντα γ.·
Γηρυόνῃ. Α. 1082. βούλει μίχεσθαι Γ. τετραπτίλῳ;
γηρύσαντος. ΕΙ. 805. πικροτάτην ὅπα γ. ἥκουσ',
γήρως. Α. 689. ὁ δ' ὑπὸ γ. μαστιγίζει, κᾷτ' ὀφλὼν ἀπέρχεται·
Ι. 524. οὐκ ἐξήπκεσεν, ἀλλὰ τελευτῶν ἐπὶ γ., οὐ γὰρ ἐφ' ἥβης,
Γῆς. Ν. 366. ὁ Ζεὺς δ' ἡμῖν, φέρε, πρὸς τῆς Γ., οὐλύμπιος οὐ θεός ἐστιν;
γῆς. Α. 207. εἴ τις οἶδ' ὅποι νέτραπται γ. ὁ τὰς σπουδὰς φέρων.
Λ. 235. καὶ διώκειν γῆν πρὸ γῆς, ἕως ἄν εὑρεθῇ ποτέ·
Ι. 566. ἄνδρες ἦσαν τῆσδε τῆς γ. ἄξιοι καὶ τοῦ πέπλου,
699. ἐκ τῆσδε τῆς γ., οὐδέποτε βιώσομαι.
1087. αἰετὸς ὡς γίγνει καὶ πάσης γ. βασιλεύσεις.
1088. καὶ γῆς ἡμῶν, καὶ γ. καὶ τῆς ἐρυθρᾶς γε θαλάσσης,
1330. δείξατε τὸν τῆς Ἑλλάδος ἡμῶν καὶ τῆς γ. τῆσδε μύναρχον,
Ν. 188. ζητοῦσιν οὗτοι τὰ κατὰ γ. ΣΤ. βολβοὺς ἄρα
206. αὕτη δέ σοι γ. περίοδος πάσης. ὁρᾷς;
227. ἀλλ' οὐκ ἄπὸ τῆς γ., εἴπερ. ΣΩ. οὐ γὰρ ἄν ποτε
507. γ. τε καὶ ἀλμυρᾶς θαλάσσης ἄγριον μοχλευτήν·
573. γ. πέδον, μέγας ἐν θεοῖς
Σ. 711. ἄξια τῆς γ. ἀπολαύοντες καὶ τοῦ Μαραθῶνι τροπαίου,
1230. καὶ τῆσδε τῆς γ. ἐξελᾶν. ΦΙ. ἐγὼ δέ γε,
ΕΙ. 159. ἵκ σαυτὸν θαρρῶν ἀπὸ γ.
167. κἀποφαρήσεις τῆς γ. πολλὴν,
198. ποῖ γ.; ΕΡ. ἰδοῦ γ. ΤΡ. ἀλλὰ ποῖ; ΕΡ. πόρρω πάνυ,
896. ἐπὶ γ. παλαίειν, τετραποδηδὸν ἑστάναι,
Ο. 9. ἀλλ' οὐδ' ὅπου γ. ἐσμὲν οἶδ' ἔγωγ' ἔτι.
187. πῶς; ΠΕ. ἐν μέσῳ δήπουθεν ἀήρ ἐστι γ.
245. ἐμπίδας κἀπτέ', ὅσα τ' εὐδρόσους γ. τόπους
394. κατορυχησόμεσθα ποῦ γ.;
470. καὶ γ. ΧΟ. καὶ γ. ΠΕ. νὴ τὸν Ἀπόλλω. ΧΟ. τουτὶ μὰ Δί' οὐκ ἐπενθούμην·
473. προτέραι τῆς γ., κἄπειτα νύσφῳ τὸν πατέρ' αὑτῆς ἀποθηλάσει
477. οὔκουν δῆτ' εἰ πρότεροι μὲν γ., πρότεροι δὲ θεῶν ἐγένοντο,
Λ. 467. ἀλλ' ἀναλώσας ἔπη, πρόβουλε τῆσδε τῆς γ.,
582. καὶ μὴ Δία τάς γε πόλεις, ὁπόσαι τῆς γ. τῆσδ' εἰσὶν ἄποικοι,
Β. 48. ποῦ γ. ἀπεδήμεις; ΔΙ. ἐπεβάτευον Κλεισθένει.
85. ποῖ γ. ὁ τλήμων γ.; ΔΙ. ἐς μακάρων εὐωχίαν.
713. καὶ Κιμωλίας γ.,
1034. γ. ἐργασίας, καρπῶν ὥρας, ἀρότρους· ὁ δ' θεῖος Ὅμηρος
1238. Οἰνεὺς ποτ' ἐκ γ. ἀλήνθων ἀπώλεσεν.
1240. Οἰνεύς ποτ' ἐκ γ. πολυμέτρων λαβὼν στάχυν,
1514. κατὰ γ. πένεσι ἀποπέμψω.
Π. 238. εὐθὺς κατωρύξη με κατὰ τῆς γ. κάτω
515. ἡ γ. δρότροις ῥήξας δάπεδον καρπὸν Δηοῦς θερίσασθαι.
605. ἀλλὰ σὺ τοῦ γ.;

γήτει'. Ι. 677. ἄπυστα τά τε γ. ὅσ' ἦν ἐν τάγορᾷ

γήτειον—γλώττῃ.

γήτειον. Σ. 496. ἢν δέ γ. προσαιτῇ τις ἀφύαις ἡδυσμά τι,
Σ. 498. εἰπέ μοι, γ. αἰτεῖς, πότερον ἐπὶ τυραννίδι;
γητείᾳ. Β. 622, μὴ τύπτε τοῦτον μηδὲ γ. νέῳ.
γιγάρτων. ΕΙ. 634. ἀλλ' ἄττ' ὦν ἄνευ γ. καὶ φιλῶν τὰς ἰσχάδας
γίγνει. Ι. 177. γ. γάρ, ὡς ὁ χρησμὸς οὑτοσὶ λέγει,
Ι. 180. δι' αὐτὸ γάρ τοι τοῦτο καὶ γ. μέγας,
1087. αἰετὸς ὣν γ. καὶ πάσης γῆς βασιλεύσεις.
Θ. 862. Ἑλένη δ' ἐκλήθην. ΓΤ. ΙΙ. αὖθις οὖ γ. γυνή.
γίγνεσθ'. Θ. 1012. ὅτι δεῖ με γ. Ἀνδρομέδαν πάντως δέ μοι
γίγνεσθαι. Σ. 1242. οὐδ' ἀμφοτέροισι γ. φίλον.
γίγνεται. Α. 48. καὶ Τριπτολέμων τούτω δὲ Κελεὺς γ.·
Α. 346, ὡς ὅδε γε σειστὸς ἅμα τῇ στροφῇ γ.
Ι. 129, ὣς πρῶτα μὲν στυππειοπώλης γ.,
441. τὸ πνεῦμ' ἔλαττον γ.
Ν. 1288. πλέον πλέον τἀργύριον ἀεὶ γ.,
1293. αὕτη μὲν, ὦ κακόδαιμον, οὐδὲν γ.
Σ. 207. οἴμοι κακοδαίμων στρουθὸς ἀνὴρ γ.·
660. τούτων πλήρωμα τάλαντ' ἐγγὺς δισχίλια γ. ἡμῖν.
663. γ. ἡμῖν ἑκατὸν δῆμοι καὶ πεντήκοντα τάλαντα.
1144. ἐν Ἐκβατάνοισι γ. κρόκης χολή;
1253. κακὸν τὸ πίνειν· ἀπὸ γὰρ οἴνου γ.
ΕΙ. 697. ἐκ τοῦ Σοφοκλέους γ. Σιμωνίδης.
Ο. 1388. τῶν διθυράμβων γάρ τὰ λαμπρὰ γ.
1644. πένης ἔσει σύ. σοῦ γὰρ ἅπαντα γ.
Λ. 634. ὧδέ θ' ἱστήξω παρ' αὐτήν· αὐτὸ γάρ μοι γ.
Θ. 758. τουτὶ τὸ δέρμα τῆς ἱερείας γ.
759. τί τῆς ἱερείας γ.; ΜΝ. τουτὶ λαβέ.
Β. 289. ποίῳ τι; ΞΑ. δεινῷ· παντοδαπὸν γοῦν γ.·
651. ὑπὸθ' Ἡράκλεια τὰν Διομείοις γ.
813. ἐσπουδάκωσι, κλαύμαθ' ἡμῖν γ.
Εκ. 178. χρηστοὺς γίγνεται, δέκα πονηρὸς γ.
Π. 145. ἢ χάριεν ἀνθρώποισι, διὰ σὲ γ.
171. ἐκκλησία δ' οὐχὶ διὰ τοῦτον γ.;
431. οὐκοῦν ὑπόλοιπον τὸ βάραθρόν σοι γ.;
γίγνεται. Α. 795. καὶ γ. γα τἀνδε τῶν χοίρων τὸ κρῆς
γίγνειντο. Ν. 1101. ἵν' αἱ θίσεις γ. τῇ νουμηνίᾳ.
γίγνομαι. ΕΙ. 1170. κᾆτα γ. παχὺς
Fr. 709, 1. εὐθὺς δὲ Φοῖνιξ γ.
γιγνόμεθ'. ΕΙ. 833. ἂν ἀστέρες γ., ὅταν τις ἀποθάνῃ;
γιγνόμενα. Εκ. 813. ἀεὶ τοιαῦτα γ. ψηφίσματα
γιγνόμενος. Σ. 48. γ.; ΞΑ. ἥκιστ', ἀλλ' ἄριστον. ΣΩ. πῶς;
ΞΑ. ὅπως;
γίγνονται. Ν. 348. γ. πάνθ' ὅ τι βούλονται· κᾆτ' ἢν μὲν ἴδωσι
κομήτην,
γιγνώσκ'. Θ. 264. σὺ τοῦτο γ.· ἀλλ' ἔχεις γὰρ ἂν δέει.
γιγνώσκει. Fr. 521. γ. τὸν ἀλεεινόν τε καὶ τὰ γράμματα.
γιγνώσκεθ'. Ο. 606. γ. ὑμεῖς ἥτις ἐσθ' ἥδ' ἡ γυνή;
γιγνώσκεις. Λ. 837. ὁρᾷς· γ. τις ὑμῶν; ΜΥ. νὴ Δία,
γιγνώσκεις. Π. 860. ἐγὼ σχεδὸν τὸ πρᾶγμα γ. δοκῶ.
γιγνώσκεις. Ν. 912. χρυσῷ πάττων μ' οὐ γ.
Σ. 1140. ἐγὼ γὰρ ἂν' νῦν δ' οὐχὶ γ. ΦΙ. ἐγώ;
Θ. 620. τὸν δεῖνα γ., τὸν ἐκ Κοθωκιδῶν·
γιγνώσκεται. Fr. Μ. Γηρ. 4, 2. ὡς μὲν γάρ εἰσι νήστιδες. γ.
γιγνώσκετε. Fr. 203. ὡς μὲν γάρ εἰσι νηστίδες γ.
γιγνώσκῃς. Σ. 704. ἵνα γ. τὸν τιθασευτὴν· κᾆθ' ὅταν οὗτος γ'
ἐκσιζῇ,
γιγνώσκομαι. Θ. 189. ἐγὼ φράσω σοι. πρῶτα μὲν γ.·
γιγνώσκουσιν. Θ. 607. γ. ὀδμή'. ἀλλὰ τὰς ἄλλας ὅρει.
Θ. 614. μῶνη γὰρ αὐτήν, ὦνερ, οὐ γ.
γιγνώσκοντες. ΕΙ. 635. ἔβλεπον πρὸς τοὺς λέγοντας· οἱ δὲ γ.
εὖ
Εκ. 639. διὰ τὴν ἄγνοιαν, ἐπεὶ καὶ νῦν γ. πατέρ' ὄντα
γιγνώσκω. Π. 944. ἄνειμι· γ. γὰρ ἥττων ὢν πολὺ
γιγνώσκων. Ι. 809. ὃ σὺ γ. τόνδ' ἐξαπατᾷς, καὶ ὀνειροπολεῖς
γὰρ σαυτοῦ.
Π. 558. οὐ γ. ὅτι τοῦ Πλούτου παρέχει βελτίονας ἄνδρας
γλάμων. Β. 588. κάκιστ' ἀπολοίμην, κἀρχίδημος ὁ γ.
Εκ. 254. τί δ'. Νεοκλείδης ὁ γ. σε λοιδορῇ;
398. πρῶτος Νεοκλείδης ὁ γ. παρείρπυσεν.
Γλάν. Ι. 1035. νὴ τὸν Ποσειδῶ πολύ γ' ἄμεινον, ὦ Γ.
Γλάνιδος. Ι. 1004. Γ., ἀδελφοῦ τοῦ Βάμιδος γεραιτέρου.
Ι. 1097. οὐκ ἢν ἄρ' οὐδεῖς τοῦ Γ. σοφώτερος.
γλαῦκ'. Ο. 301. χαύτῃ γε γλαύξ. ΕΤ. τί φῄς; τίς γ. Ἀθήναζ'
ἤγαγε;
γλαυκᾶς. Ο. 1338. ὡς ἂν ποταθείην ὑπὲρ ἀτρυγέτου γ.
Β. 665. ἐν Αἰγαίου πρῶνας ἢ γ. μέδεις
γλαυκεῖς. Ο. 1106. γ. ὁμᾶς οὔποτ' ἐπιλείψουσι Λαυριωτικαὶ
Γλαυκέτῃ. ΕΙ. 1008. Μορύχῳ, Τελέᾳ, Γ. ἄλλως
Θ. 1033. Γ. πρόκειμαι.
γλαυκοῦ. Θ. 45. γ. ΜΝ. βομβάξ. ΕΤ. σῖγα. τι λέγεις.
γλαῦκον. Fr. 333. οὐκ ἐγχέλιν Βοιωτίαν, οὐ γ., οὐχὶ θύννον

γλαυκῶν. Ο. 589. ἀλλά γ. λόχος εἷς αὐτοὺς καὶ κερχνῄδων ἐπι-
τρίψει.
Λ. 760. ἐγὼ δ' ὑπὸ γ. γε τάλαιν' ἀπόλλυμαι
γλαυκώπι. Θ. 318. γ. χρυσόλογχε πύλιν
γλαῦξ. Ι. 1093. ἐκ πόλεως ἐλθεῖν καί γ. αὐτῇ 'πικαθῆσθαι·
Σ. 1086. γ. γὰρ ἡμῶν πρὶν μάχεσθαι τὸν στρατὸν διέπτατο.
Ο. 301. χαύτῃ γε γ. ΕΤ. τί φῄς; τίς γλαῦκ' Ἀθήναζ'
ἤγαγε;
358. τί δὲ χύτρα νώ γ' ὠφελήσει; ΠΕ. γ. μὲν οὐ πρόσ-
εισι νῷν.
γλαύξ'. Ο. 516. ἡ δ' αὖ θυγάτηρ γ., ὁ δ' Ἀπόλλων ὥσπερ
θεράπων ἱέρακα·
γλαφυρώτατε. Ο. 1272. ὦ κλεινότατ', ὦ σοφώτατ', ὦ γ.
γλαχώ. Α. 874. ὀρίγανον, γ., ψιάθως, θρυαλλίδας,
γλάχων'. Α. 861. κατιθου τὸ τὰν γ. ἀτρέμας, Ἰσμηνία·
γλάχωνος. Α. 869. τύνθεια τὰς γ. ἀπείκισον χαμαί.
γλισχραντιλογεξεπιτρίπτου. Ν. 1004. οὐδ' ἑλκόμενος περὶ
πραγματίου γ.
γλίσχρος. Α. 452. γ. προσαιτῶν λιπαρῶν τ'. Εὐριπίδη,
γλισχρότατα. ΕΙ. 482. γ. σαρκάζοντες ὥσπερ κυνίδια,
γλίσχρων. ΕΙ. 193. ὦ δειλακρίων, πῶς ἦλθες; ΤΡ. ὦ γ., ὁρᾷς
γλίχει. Fr. 160. τί δῆτα τούτων τῶν κακῶν ὦ παῖ γ.;
γλοιός. Ν. 449. μάσθλης, εἴρων, γ., ἀλαζών,
γλυκεία. ΕΙ. 592. πρίν ποτ' ἐπὶ σοῦ γ.
γλυκεῖαν. Ο. 751. ῥων γ. ᾠδάν.
γλυκείας. ΕΙ. 576. τῆς τραγῳδίας τε τῆς γ.,
γλυκερά. Α. 971. ποῖα γ.;
γλυκερό. Θ. 1192. ὡς γ. τὸ γλῶσσ', ὥσπερ Ἀττικὸν μέλις.
Γλύκη. Β. 1344. φρωδη Γ.
Εκ. 43. οὔκουν ἐπείεσθ'; ὡς Γ. κατώμοσεν
Γλύκης. Β. 1363. ἐκ Γ., ὅπου ἂν
γλυκύ. Σ. 7. κατὰ τῶν κόραιν ὕπνου τι κατεχεῖται γ.
Ο. 535. κατάχυσμ' ἕτερον γ. καὶ λιπαρόν,
1637. μάγειρε, τὸ κατάχυσμα χρὴ ποιεῖν γ.
γλυκύθυμος. Ν. 705. νόημα φρενός ὕπνος δ' ἀπέστω γ. ὀμ-
μάτων.
Λ. 551. Ἔρως ἥπερ ὅ τε γ. Ἔρως χἠ Κυπρογένει' Ἀφροδίτη
γλυκύς. Α. 1127. ταυτ' οὐ πλακοῦς δῆτ' ἐστὶν ἀνθρώποις γ.;
γλυκύτατ'. Α. 462, ἀλλ', ὦ γ. Εὐριπίδη, τουτὶ μόνον,
Α. 467. ἀπόλωλ'. ἄκουσον, ὦ γ. Εὐριπίδη·
γλυκυτάτη. Α. 79. οἶον τὸ κάλλος, γ., σου φαίνεται.
Εκ. 124. δεῦρ', ὦ γ. Πραξαγόρα, σκέψαι, τάλαν,
241. εὖ γ', ὦ γ. Πραξαγόρα. καὶ δεξιῶς.
γλυκυτάτων. Α. 475. Εὐριπίδιον ὦ γ. καὶ φίλτατον,
ΕΙ. 526. γ., ὥσπερ ἀστραπεῖας καὶ μύρου,
Α. 872. ὦ γ. Μυρρωνίδιον, τί ταῦτα δρᾷς;
859. ὦ γ. σὺ τεκνίδιον κακοῦ πατρός,
890. φέρε σε φιλήσω γ. τῇ μαμμίᾳ.
Β. 511. ὦ φ.γ., κᾆνον ἀνεικράνυ γ.
Εκ. 1046. ὦ γ., τὴν γραῦν ἀπαλλάξασά μου·
γλυκύτερον. Ο. 1342. οὐκ ἔστιν οὐδὲν τοῦ πέτεσθαι γ.·
Fr. 493. οὐδὲν γὰρ ὄντως γ. τῶν ἰσχάδων.
γλύκιων. Εκ. 985. ὑκὶ τῆς προτέρας ἀρχῆς γε ταῦτ' ἦν, ὦ γ.
γλῶσσ'. Θ. 1192. ὡς γλυκερὸ τὸ γ., ὥσπερ Ἀττικὸν μέλις.
Β. 827. γ. ἀνελισσομένη φθονερούς κινοῦσα χαλινούς,
γλῶσσα. Β. 889. γ. μὲν γὰρ ὠμόσαι,
Fr. 719. μέλαινα δεινή γ. Βρεττία νάρῃ.
γλῶττ'. Β. 1471. ἡ γ. ὁμώμοκ'. Αἰσχύλον δ' αἱρήσομαι.
γλῶττα. ΕΙ. 1060. ἡ γ. χωρὶς τέμνεται. ΤΡ. μεμνήμεθα.
Ο. 1705. γ. χωρὶς τέμνεται.
Θ. 276. ἡ γ. δ' οὐκ ὀμώμοκ', οὐδ' ὥρκωσ' ἐγώ.
Θ. 491. γ. ἐξείραντες αὖ·
Ι. 637. νῦν μα θρασος καὶ γ. εὔπορον δότε
1284. τὴν γὰρ αὐτοῦ γ. αἰσχραῖς ἡδοναῖς λυμαίνεται,
Ν. 424. τὸ Χάος τουτὶ καὶ τὰς Νεφέλας καὶ τὴν γ., τρία
ταυτί·
1013. γ. βαιάν, πυγὴν μεγάλην,
1018. γ. βαιάν, πυγὴν μικράν,
1058. κἀκινάνει θᾶτθ' ἐντεύθεν ἡ τὴν γ., ἢν δὴ μὲν
Σ. 547. τῆς ἡμετέρας, νυνὶ θαρρῶν πᾶσαν γ. βασάνιζε.
ΕΙ. 1109. πρόσφερε τὴν γ. ΤΡ. σὺ δὲ τὴν σαυτοῦ γ. ἀπέ-
νεγκον.
Β. 102. γ. δ' ἐπιορκήσασαν ἰδίᾳ τῆς φρενός.
Fr. 421, 3. ἀλλοῦὰ τιν'· εἰ δὴ μή, πλευρὸν, ἢ γ., ἢ
γλῶττα. Fr. Ι. πρὸς ταῦτα σὺ λέξον Ὁμηρείοιν γ., τί καλοῦσι
κόρυμβα.
γλώττῃ. Ν. 419. νικᾶν πράττων καὶ βουλεύων καὶ τῇ γ.
πολεμίζειν,
Ν. 1160. γ. λάμπων,
Σ. 609. καὶ παππίζουσ' ἅμα τῇ γ. τὸ τριώβολον ἐκκαλαμᾶται·

γλώττης—γονάτων. 55

γλώττης. Σ. 1404. εἰ νὴ Δί' ἀντὶ τῆς κακῆς γ. ποθὶν
R. 357. μηδὲ Κρατίνου τοῦ ταυροφάγου γ. βακχεῖ' ἐτελέσθη,
  892. αἰθήρ, ἐμὸν βόσκημα, καὶ γ. στρόφιγξ,
Εκ. 574. ἔρχεται γ. ἐπίνοια, πολίτην
γλωττοποιεῖν. Σ. 1283. γ. ἐς τὰ τορνεῖ' εἰσιόνθ' ἑκάστοτε.
γλωττοστροφεῖν. Ν. 792. ἀπὸ γὰρ ὀλοῦμαι μὴ μαθὼν γ.
γνάθον. ΕΙ. 1309. καὶ σμώχετ' ἀμφοῖν ταῖν γ.· οὐδὲν γὰρ,
  ὦ πονηραί,
Εκ. 502. ἅπασα καὶ μίσει σάκον πρὸς ταῖν γ. ἔχουσα·
γνάθοις. Θ. 575. ὅτι μὲν φίλος εἰμ' ὑμῖν, ἐπίδηλος ταῖς γ.
Εκ. 1101. Φρύνη ἔχουσαν λήκυθον πρὸς ταῖς γ.
γνάθον. Ν. 1109. οἵαν διικιδίοις, τὴν δ' ἑτέραν αὐτοῦ γ.
Σ. 370. ἀλλ' ἔπαγε τὴν γ.
Λ. 635. τῆς θεινῖς ἐχθρὰς πατάξει τῆσδε γραὸς τὴν γ.
  657. τῳδὶ γ' ἀφήκτῳ πατάξω τῷ κοθόρνῳ τὴν γ.
  821. τὴν γ. βούλει θένω;
Θ. 221. κάθιζε· φύσα τὴν γ. τὴν δεξιάν
Εκ. 818. μεστὴν ἀπῆρα τὴν γ. χαλκῶν ἔχων,
Β. 149. ἡ μητέρ' ἢλόησεν, ἢ πατρὸς γ.
γνάθου. Ν. 1324. οἴμοι κακοδαίμων τῆς κεφαλῆς καὶ τῆς γ.
Β. 547. εἶδε, κᾆτ' ἐκ τῆς γ.
γνάθους. Σ. 948. ἀπόπληκτος ἐξαίφνης ἐγίνετο τὰς γ.
Σ. 1088. οἱ δ' ἔφευγον τὰς γ. καὶ τὰς ὀφρῦς κεντούμενοι·
ΕΙ. 237. ὡς αὐτίκα μάλα τὰς γ. ἀλγήσειτε.
Α. 360. εἰ νὴ Δί' ἤδη τὰς γ. τούτων τις ἢ δὶς ἢ τρὶς
  Θ. 583. ἕως ἂν οὕτως τὰς γ. ψιλὰς ἔχῃς.
  903. αἰσχύνομαί σε τὰς γ. ὑβρισμένη.
Β. 424. τίλλειν ἑαυτοῦ καὶ σπαράττειν τὰς γ.·
Εκ. 852. ἕστηκεν ἀλλὰ τὰς γ. διοίγνυτε.
Fr. 545. ἀλοᾶν χρὴ τὰς γ.
γνάθων. Fr. 111, 2. ἐν τῇ γ. διώβολον γεγένητ' ἐμοί.
γναφεύει. Π. 166. ὁ δὲ γ. γ', ὁ δὲ γε πλύνει κώδια,
γνήσιαι. Ο. 1665. γνησίαιν, ἐὰν δὲ παιδὲς μὴ ὦσι γ., τοῖς
γνήσιος. Ο. 1650. κατὰ τοὺς νόμους· νύθος γὰρ εἰ κοῦ γ.
Ο. 1659. φαίσκων ἀδελφὸς αὑτοῦ εἶναι γ.
γνησίων. Ο. 1654. οὖσαν θυγατέρ' ὄντων ἀδελφῶν γ.;
Ο. 1665. γ. ἐὰν δὲ παιδὲς μὴ ὦσι γνησίαις, τοῖς
γνοίη. Σ. 72. ἦν οὐδ' ἂν εἷς γ. ποτ' οὐδ' ἂν ξυμβάλοι,
γνοὺς. Ν. 811. γ. ἀπολάψεις, ὅ τι πλείστον δύνασαι,
Ν. 1382. εἰ μέν γε βρῦν εἴποις, ἐγὼ γ. ἂν πιεῖν ἐνέσχον·
Θ. 171. ἅπαα' ἀνάγκη· ταῦτα γάρ τοι γ. ἐγὼ
γνόντων. Σ. 1048. τοῦτο μὲν οὖν γάρ θ' ὑμῖν αἰσχρὸν τοῖς μὴ γ.
  παραχρῆμα,
γνῶ. D. 1210. λέγ' ἕτερον αὐτῷ πρόλογον, ἵνα καὶ γ. πάλιν.
γνώμαις. Σ. 1460. ξυνιόντες γ. ἑτέραν
Β. 1502. γ. ἀγαθαῖς, καὶ παίδευσον
Ν. 1404. γ. δὲ λεπταῖς καὶ λόγοις ξύνειμι καὶ μερίμναις,
γνώμαισι. Ν. 1037. ἅπαντα ταῦτ' ἐναντίαισι γ. συνταράξαι.
γνώμας. Ν. 432. ἐν τῷ δήμῳ γ. οὐδεὶς νικήσει πλείονας ἢ σύ.
Ν. 433. μή μοί γε λέγειν γ. μεγάλας· οὐ γὰρ τούτων
  ἐπιθυμῶ.
  896. γ. καινὰς ἐξευρίσκων.
  924. γ. τρῴγων Πανδελετείους.
  1314. γ. ἐναντίας λέγειν
Εκ. 397. γ. καθεῖναι τῆς πόλεως; κᾆτ' εὐθέαι
γνώμῃ εν. Ν. 1459. γ. πονηρῶν ὄντ' ἐραστὴν πραγμάτων,
γνώμη. Εκ. 631. νὴ τὸν Ἀπόλλω· καὶ δημοτικῇ γ' ἢ γ. καὶ
  καταχήνη
γνώμῃ. Ο. 638. ὅσα δὲ γ. δεῖ βουλεύειν, ἐπὶ σοὶ τάδε πάντ'
  ἀνάκειται.
Θ. 148. ἐγὼ δὲ τὴν ἐσθηθ' ἅμα γ. φορῶ.
Β. 355. ὅστις ἄπειρος τοιῶνδε λόγων, ἢ γ. μὴ καθαρεύει,
γνώμην. Α. 396. οὐκ ἔνδον ἔνδον ἐστίν, εἰ γ. ἔχεις.
Ι. 267. ὅτι λέγεις γ. ἔμελλον ὡς δίκαιον ἐν πόλει
  654. γ. ἔλεξεν ἄνδρες, ἤδη μοι δοκεῖ
  931. γ. ἐρεῖν μέλλοντα περὶ
Ν. 157. ὑπότερα τὴν γ. ἔχω, τὰς ἐμπίδας
  169. πρῴην δέ γε γ. μεγάλην ἀφηρέθη
  317. αὗταί γ. καὶ διάλεξιν καὶ νοῦν ἡμῖν παρέχουσι
  321. καὶ γνωμίδιῳ γ. νύξασ' ἑτέρῳ λόγῳ ἀντιλογῆσαι·
  730. ἐξ ἀρπανίδων γ. ἀποστερητρίδα·
  744. ἀφεὶς ἀτελεῖ κᾆτα τὴν γ. πάλιν
  747. ἐγὼ τύπον γ. ἀποστερητικῆς.
  762. μὴ νῦν περὶ σαυτοῦ εἶλλε τὴν γ. ἀεί,
  1045. καίτοι τίνα γ. ἔχων ψέγεις τὰ θερμὰ λουτρά,
  1084. ἕξει τινὰ γ. λέγειν, τὸ μὴ εὐρύπρωκτος εἶναι;
  1440. σκέψαι δὲ χἀτέραν ἔτι γ. ΣΤ. ἀπὸ γὰρ ὀλοῦμαι.
Σ. 64. ἀλλ' ἔστιν ἡμῖν λογίδιον γ. ἔχων,
  594. κἂν τῷ δήμῳ γ. οὐδεὶς πώποτ' ἐνίκησεν, ἐὰν μὴ
  953. ἐγὼ γὰρ ἀκδεδίκακα νῦν γ. μίαν,
  1027. οὐδενὶ πώποτέ φησι πιθέσθαι, γ. τιν' ἔχων ἐπιεικῆ,

γνώμην. ΕΙ. 232. ἀλλ' εἶμι· καὶ γὰρ ἐξιέναι, γ. ἐμήν,
Ο. 256. καινὸς γ.,
  400. ἀλλ' ἐφ' ὅτῳπερ πράγματι τὴν σὴν ἥκεις γ. ἀναπείσας,
Β. 1423. γ. ἑκάτερος· ἡ πύλις γὰρ δυστυκεῖ.
  1424. ἔχει δὴ περὶ αὐτοῦ τίνα γ.; ΔΙ τίνα;
  1430. εὖ γ', ὦ Πόσειδον σὺ δὲ τίνα γ. ἔχεις;
  1435. ἀλλ' ἔτι μίαν γ. ἑκάτερος εἴπατον
Εκ. 349. κέκληκεν αὐτὴν τῶν φίλων; ΒΛ. γ. γ' ἐμήν.
  600. ταμιευόμενα καὶ φειδόμενα καὶ τὴν γ. προσέχουσαι.
  623. τὸ μὲν ὑμέτερον γ. τιν' ἔχει· προβιβούλευται γὰρ
  ὅπως ἂν
  658. κἀγὼ τοὐτῃ γ. ἐθέμην. τοῦ γὰρ, τάλαν, οὕνεκ'
  ἔσονται;
Π. 559. καὶ τὴν γ. καὶ τὴν ἰδέαν. παρὰ τῷ μὲν γὰρ ποδα-
  γρῶντες
γνώμης. Ν. 361. πλὴν ἢ Προδίκῳ, τῷ μὲν σοφίας καὶ γ. οὕνεκα,
  σοὶ δὲ,
Ν. 477. καὶ διαίνει τὸν νοῦν αὐτοῦ καὶ τῆς γ. ἀποτειρῶ,
  533. ἐκ τούτου μοι πιστὰ παρ' ὑμῖν γ. ἐσθ' ὅρκια.
Σ. 650. χαλεπὸν μὲν καὶ δεινῆς γ. καὶ μείζονος ἢ 'πὶ τρυγῳδοῖς,
Ο. 628. οὐκ ἔστιν ὅπως ἂν ἐγὼ ποθ' ἑκὼν τῆς σῆς γ. ἔτ'
  ἀφείμην.
Λ. 1125. αὕτη δ' ἐμαυτὴν οὐ κακῶς γ. ἔχω
Θ. 586. πρὸς ποίον ἔργον, ἢ τίνος γ. χάριν;
γνωμιδίῳ. Ν. 321. καὶ γ. γνώμην νύξασ' ἑτέρῳ λόγῳ ἀντιλο-
  γῆσαι·
γνωμιδίων. Ι. 100. βουλευμάτων καὶ γ. καὶ νοιδίων.
γνωμοτυπεῖ. Θ. 55. καὶ γ. καντονομάζει
γνωμοτυπικός. Ι. 1379. καὶ γ. καὶ σαφὴς καὶ κρουστικός,
γνωμοτύποις. Ν. 950. λόγοισι καὶ φροντίσι καὶ γ. μερίμναις,
γνωμοτύπων. Β. 877. ἀνδρῶν γ., ὅταν εἰς ἔριν ὀξυμερίμνοις
γνώμων. Ν. 948. ὑπὸ τῶν γ. ἀπολεῖται.
Β. 1059. μεγάλων γ. καὶ διανοιῶν ἴσα καὶ τὰ ῥήματα τίκτειν.
γνων. Ι. 632. κἄγωγ' ὅτε τὰς γ. ἀνδιχομένην τοὺς λόγους
Ι. 658. πάγωγ' ὅτε δὴ 'γ. τοῖς βωλίτοις ἡττημένος,
γνῶναι. Σ. 1045. ἂς ὑπὸ τοῦ μὴ γ. καθαρῶς ὑμεῖς ἐποιήσατ'
  εἶναι
Β. 809. λῆμόν τε τἄλλ' ἡγεῖτο τοῦ γ. πέρι
  1111. λεπτά μή γ. λεγόντοιν,
Π. 49. γ. δοκεῖ τουθ', ὡς σφόδρ' ἐστὶ συμφέρον
  489. φανερὸν μὲν ἔγωγ' οἶμαι γ. τοῦτ' εἶναι πᾶσιν ὁμοίως,
γνώναι. Β. 557. ὀτὴ κοθόρνους εἶχες, ἂν γ. σ' ἔτι·
γνώς. Ι. 261. κἄν τιν' αὕτων γ. ἀπρίγμων ὄντα καὶ κεχηνότα,
ΕΙ 544. τὰ κάγραφ', ἵνα γ. τὰς τέχνας. ΕΡ. αἰβοῖ τάλας,
Εκ. 937. κάγωγ', ἵνα γ. ὡς πολύ σοῦ μείζων φρονῶ.
γνωσαν. ΕΙ. 619. κᾆτ' ἐπειδὴ γ. ὑμᾶς αἱ πόλεις ὧν ἥρκετε
γνώσει. Ν. 842. γ. δὲ σαυτὸν ὡς ἀμαθὴς εἶ καὶ παχύς.
Β. 964. γ. δὲ τοὺς τούτων τε κἀμοῦ γ' ἑκατέρου μαθητάς.
Εκ. 780. γ. δ' ἀπὸ τῶν χρωμάτων γε τῶν ἀγαλμάτων,
γνώσεσθ'. Ο. 1227. ἀκολασταινέττε, κουδέτω γ. ὅτι
Λ. 452. ξυνταξάμεναι. ΛΤ, νὴ τὼ θεῶ γ. ἄρα
γνώσεται. Ι. 807. γ. οἵων ἀγαθῶν αὐτὸν τῇ μισθοφορᾷ παρε-
  κόπτου,
Ν. 536. γ. τὴν, ἧπερ ἴδῃ, τἀδελφοῦ τὸν βόστρυχον.
Λ. 636. οὐ γὰρ εἰσιόντας οἶκαδ' ἡ τεκοῦσα γ.
Β. 670. ὁ δέσποτης ὅπως γάρ αὐτὸν γ. ὑμᾶς γ.
Π. 956. τῶν ὀρχιπέδων· ἰδὼν γὰρ αὐτῶν γ.
γνωσθήσεται. Ν. 918. κᾶγ' ποτ' Ἀθηναίοις
γνωσιμαχήσῃ. Ο. 555. κἂν μὲν μὴ φῇ μηδ' ἐθελήσῃ μηδ'
γνώσομαι. Π. 1057. πόσους ἔχειν ὀδόντας. ΧΡ. ἀλλὰ γ.
γοαθῆ. Θ. 1036. γ., ὦ γυναῖκες, ὡς
γογγύλη. Θ. 1185. εἰμ' ὡς στέριπο τὸ τιττί', ὥσπερ γ.
γογγύλης. ΕΙ 28. ὥσπερ γυναικὶ γ. μεμαγμένης.
γογγυλων. Fr. 476, 6. ἔπειτα κολοκύντας ὁμοῦ ταῖν γ. δροῦσιν.
γογγύλλει. Θ. 56. καὶ κηροχυτεῖ καὶ γ.
γόμφιον. Π. 1059. ἀνύτουσ' ἵνα γὰρ γ. μόνον φορεῖ.
γομφίους. ΕΙ. 34. ὥσπερ παλαιστῇ, παραβαλών τοὺς γ.,
Θ. 423. Λακωνικῇ ἄττα, τρεῖς ἔχοντα γ.
Β. 572. ὡς ἢδέαι ἄν σου λίθῳ τοὺς γ.
γομφοπαγῆ. Β. 824. ῥήματα γ., πινακηδὸν ἀποσπῶν
γομφούμεν. Ι. 463. γ. αὐτὰ πάντα καὶ κολλώμενα.
γονάς. Εκ. 3. γ. τε γὰρ σὰς καὶ τύχας δηλώσομεν
γόνασι. Θ. 1152. κονδυλίζουσι τὴν γ. τοῦ Σκύθου,
γόνατ'. Σ. 1212. πῶς δαί; ΒΔ. τὰ γ. ἔκτεινε, καὶ γυμναστικῶς
Λ. 216. ἀσκὸν ἐπὶ τῆς γ. καὶ ὦ Λυσιστράτη,
γόνατα. ΕΙ. 897. πλαγίαν καταβαλεῖν, ἐς γ. κύβδ' ἱστάναι,
Α. 542. οὐδὲ τὰ γ. κόπος ἑλεῖ καματηρὸς μου.
γονάτων. Α. 414. ἀλλ' ἀντιβολῶ πρὸς τῶν γ. σ', Εὐριπίδη,
Ι. 1298. ἴθ' ὦ ἄνα, πρὸς γ., ἐξελθὲ καὶ σύγγνωθι τῇ τραπέζῃ.

γονάτων—γραφῆς.

γονάτων. EI. 1113. ναὶ πρὸς τῶν γ. TP. ἄλλως, ὦ τᾶν, ἱκετεύεις.
γονίας. N. 994. καὶ μὴ περὶ τοὺς σαυτοῦ γ. σκαιουργεῖν, ἄλλο τι μηδὲν
γάνιμον. B. 96. γ. δὲ ποιητὴν ἂν οὐχ εὕροις ἔτι
B. 98. πῶς γ. ; ΔΙ. ὡδὶ γ., ὅστις φθέγξεται
γόνον. Σ. 1116. τῶν γ. κατεσθίουσα, οὐ ταλαιπωρούμενοι.
Θ. 117. γ. ὀλβίζουσα Λατοῦς
γάνυ. B. 345. γ. πάλλεται γερόντων
γόον. Θ. 1041. πολυδάκρυτον Ἀΐδα γ. φλέγουσαν,
Γοργάσου. Α. 1131. πλήειν κελεύων Λάμαχον τὸν Γ.
Γόργιαι. Ο. 1701. Γ. τε καὶ Φίλιπποι.
Γοργίου. Σ. 421. οἷς γ' ἀπώλεσαν Φίλιππον ἐν δίκῃ τὸν Γ.
Γοργώ. Θ. 1104. ἐγωγε φημί. ΤΟ. Γ. τοι κάγὼ λέγω.
Γοργολόφα. I. 1181. ἡ Γ. σ' ἐκέλευε τουτονὶ φαγεῖν
γοργολόφα. Α. 567. βοήθησον, ὦ γ., φανεῖς.
γοργόν. EI. 565. καὶ πυκνὸν καὶ γ. ὥσπερ μᾶζα καὶ πανδαισία.
Γοργόν'. Α. 574. τὶς Γ. ἐξήγειρεν ἐκ τοῦ σάγματος ;
Α. 1181. καὶ Γ'. ἐξήγειρεν ἐκ τῆς ἀσπίδος.
Γοργόνα. Α. 964. ἐπεὶ γ. δεινὸς, ὁ ταλαύρινος, ὃς τὴν Γ.
Α. 1095. καὶ γὰρ σὺ μεγάλην ἐπιγράψω τὴν Γ.
Α. 560. ὅταν ἀσπίδ' ἔχων καὶ Γ. τις κᾆτ' ἀνῇται κορακίνους.
Γοργόνας. EI. 561. ἤπερ ἡμῶν τοὺς λόφους ἀφεῖλε καὶ τὰς Γ.
Γοργόνες. EI. 810. Γ. ὀψοφάγοι, βατιδοσκόποι, ἅρπυιαι,
D. 477. διασπάσονται Γ. Τιθράσιαι,
Γοργόνος. Θ. 1101. Περσεὺς πρὸς Ἄργος ναυστολῶν, τὸ Γ.
Θ. 1102. κάρα κομίζων. ΤΟ. τί λέγει Γ. πέρι ;
1103. τὸ γραμματεῖόν σὺ τῇ κεφαλῇ τὴν Γ.;
γοργόνωτον. A. 1124. φέρε δεῦρο γ. ἀσπίδος κύκλον.
γοῦν. I. 87. ἰδοῦ γ' ἄκρατον. περὶ ποτοῦ γ. ἐστί σοι ;
I. 952. οὑμὸς τὸ γ. σημεῖον ἕτερον φαίνεται,
1217. βάλιζε γ. καὶ δεῦρο πρὸς τὴν Παφλαγόνος.
N. 408. νὴ Δί', ἐγὼ γ. ἀτεχνῶς ἔπαθον τουτί ποτε Διασσίοισιν.
885. ἐὰν δὲ μή, τὸν γ. δίαιτον πλοῦν τέχνῃ.
1063. πολλοί. ὁ γ. Πηλεὺς ἔλαβε ὁ κακοδαίμων.
1100. γ. οἶδ' ἐγὼ κἀκεινωνὶ
Σ. 262. ἔπεισί γ. τοῖσιν λύχνοις οὑτοσὶ μώπητες·
391. ᾤκησας γ. ἐπιτηδὲς. ἰὼν ἐνταῦθ', ἵνα ταῦτ' ἀκροφο,
622. ἦν γ. ἡμῖν θορυβήσωμεν,
795. ταχὺ γ. καθέψεις τἀργύριον, ᾖ δ' ὃς λέγαν.
EI. 220. ὁ γ. χαρακτὴρ ἡμεδαπὸς τῶν ῥημάτων.
233. μέλλει θορυβεῖ γ. ἔνδοθεν. ΤΡ. οἴμαι δείλαιος.
545. ἐκεινωνὶ γ. τὸν λοφοποιῶν οὐχ ὁρᾷς
1032. ἡ σχίζα γ. ἐνημμένη τὸν Στιλβίδην νίεζει,
1152. ψόφει γ. ἔνδον οὐκ οἶδ' ἄττα κἀνυδοδόπα·
1344. οἰκήσετε γ. καλῶς
O. 501. προκυλινδεῖσθαι τοῖς ἱππεύσιν. ΕΤ. νὴ τὸν Διόνυσον, ἐγὼ γ.
Λ. 63. γυναῖκες, οὐχ ἥκουσιν. ΚΑ. ἡ γ. Θεογένους
68. ὁ γ. ἀνάγυρός μοι κεκινήσεται δοκεῖ.
102. ὁ γ. ἐμὸς ἀνὴρ πέντε μῆνας, ὦ τάλαν,
561. νὴ Δί' ἐγὼ γ. ἄνδρα κομήτην φυλαρχοῦντ' εἴδων ἐφ' ἵππου
612. ἀλλ' ἐς τρίτην γ. ἡμέραν σοὶ πρῳ πάνυ
727. ἥλουσιν, ἤδη γ. τις αὐτῶν ἔρχεται.
877. ἄπειμι. ΚΙ. μὴ δῆτ', ἀλλὰ νὴ Δί' γ. παιδίῳ,
950. ὑπολύομαι γ. ἀλλ' ὕπως, ὦ φίλτατε,
1180. βινεῖν ἅπασιν· ΛΑ. τοῖσι γ. καὶ τῷ σιῶ
Θ. 256. ἀλλ' ἱμάτιον γ. χρῆσον ἡμῖν τουτοῒ
263. ἀρ' ἁρμόσει μοι; ΕΤ. χαλαρά γ. χαίρεις φορῶν.
688. οὐχ ὁρῶμεν γ. ἐτ' ἄλλου οὐδὲν' ἐγπαθήμενον·
845. ἀξία γ., εἰ τύπους, τεκοῦσα τοιοῦτον τέκον.
B. 159. νὴ τὸν Δί' ἐγὼ γ. οὐδέν γ'μου μυστήρια.
289. πιῶν τι; ΕΛ. δεινόν παντοδαπῶν γ. γίγνεται·
293. Ἔμπουσα τοίνυν ἐστί. ΕΛ. πυρὶ γ. λάμπεται
320. ᾄδουσι γ. τὸν Ἰακχον ὕπερ Διαγόρα.
736. εὐλογεῖν· κἄν τι σφαλῇς', ἐξ ἀξίου γ. τοῦ ξύλου,
930. ἃ ξυμβαλεῖν οὐ ῥᾴδιον. ΑΙ. νὴ τοὺς θεοὺς, ἐγώ γ.
980. νὴ τοὺς θεοὺς, νῦν γ. Ἀθη-
1028. ἰχάρην γ., ἡνίκ' ἀπηγγέλθη περὶ Δαρείου τεθνεῶτος,
1037. ἐδίδαξεν ὑμῶν τὸν σκαιοτατῶν· κρωπυ γ., ἡνίκ' ἔνεμπεν,
Εκ. 526. Ἀγύρριος γ. τὸν Πρωνίμου πώγων' ἔχων
137. καὶ ταῦτά γ' εὔξωρον, ἡ γ. βουλεύματα
357. νὴ τὸν Διόνυσον, ἐνέχεται γ. μοι σφόδρα.
773. λέγουσί γ. ἐν τοῖς ὁδοῖς. ΑΝ. Β. λέξουσι γάρ.
794. χαρίεντα γ. πάθοιμ' ἄν, εἰ μὴ 'χοιμ' ὅπα
872. νὴ τὸν Δία δεῖ γ. μηχανήσαι τινος,
Π. 184. κρατοῦσί γ. κἂν τοῖς πολέμοις ἐκάστοτε
565. πάνυ γ. πλείπεις κοσμιών ἐστιν καὶ τοὺς τοίχους διορύττει.
Fr. 564. ἐπτάνου γ. ἡ σκιά 'στιν ἢ 'πὶ τὸ δεῖπνον

γραβδί'. Θ. 1210. ὦ γ., ὡς καρίεντύ σοι τὸ τυγάτριον,
Θ. 1213. ὦ γ., ὦ γραῦ, οὐκ ἐπαιοῦ, γραβδιο.
γραβδίο. Θ. 1194. οὐ γὰρ γένοιτ' ἂν τοῦτο. TO. ναὶ ναί, γ.,
Θ. 1199. σὺ δὲ τοῦτο τήρει τῇ γίγροντο γ.
1211. κοῦ δύσκολ', ἀλλὰ πρᾶο.—τοῦ τὸ γ.;
1213. ὦ γραβδ'. ὦ γραῦ. οὐκ ἐπαιώ, γ.
1216. οἴμοι, τί δράσει; πεῖ τὸ γ.
γραβδιον. Εκ. 949. ἐξηπάτησα τὸ κινθάρατον γ.
Εκ. 1000. μὴ 'γώ σ' ἀφήσω. ΝΕΑ. παραφρονεῖς, ὦ γ.
1003. ἐξὸν καθέντα γ. τοιουτονί
Π. 688. τὸ γ. δ' ἡσθήνετύ μου τὸν ψόφον,
1695. ὡς εὐτύνως, ὦ Ζεῦ βασιλεῦ, τὸ γ.
γραβδιον. Π. 674. ὀλίγον ἀπώθεν τῆς κεφαλῆς τοῦ γ.,
γράες. Λ. 637. ἀλλὰ θώμεσθ', ὦ φίλαι γ., ταδὶ πρῶτον χαμαί.
Fr. 128. ὑποπρεσβύτεραι γ. Θασίου μέλανος μεστῶν * *
γραῒ. Εκ. 927. οὐ δῆτα. ΝΕ. τί γὰρ ἂν γ. καινά τις λέγοι;
γραῖαν. Θ. 1024. μύλει δὲ ἡ γ. ἀποφυγών
γραϊδίον. Π. 536. καὶ παιδαρίων ὑποπειωνῶντων καὶ γ. κολεσυρτῶν·
γραΐζειν. Fr. 108. b. γ.
γράμμα. Εκ. 687. ἵνα κάπτωσιν ; ΠΡ. μὰ Δί', ἀλλ' ἵν' ἐκεῖ ἀποτίνωσιν. ΒΛ. ὅτῳ δὲ τὸ γ.
Π. 277. ἐν τῇ σορῷ νυνὶ λαχὸν τὸ γ. σου δικάζει,
γράμμασιν. Π. 1167. σπεύδουσιν ἐν πολλοῖς γιγνώρθαι γ.
γράμμασι'. N. 772. τὰ γ. ἐπιτήξαμι τῆς ἱμῆς δίκης ;
γράμματα. Σ. 960. ἐγὼ δ' ἐβουλόμην ἂν οὐδὲ γ.
Fr. 521. γίγνωσκε τὸν ἀλειφὸν τε καὶ τὰ γ.
γραμματεῖον. N. 19. κάκφερε τὸ γ., ἵν' ἀναγνῶ λαβών
Fr. 206. τὴν μάλθαν ἐκ τῶν γ. ἦσθιον.
γραμματεῖο. Θ. 1103. τὸ γ. σὺ τῇ κεφαλῇ τὴν Γοργόνος ;
γραμματεύς. N. 770. ὅπότε γράφοντο τὴν δίκην ὁ γ.,
γραμματεύσι. D. 1084. ὑπὸ γ. ἀνιμοτέρφη,
γραμματεύσω. Θ. 432. τὰ δ' ἄλλα μετὰ τῆς γ. συγγράψομαι
γράμματι. Εκ. 683. εἰδὼς ὁ λαχὼν ἀπῇ χαίρων ἐν ὁποίῳ γ. δειπνεῖ
Π. 972. ἀλλ' οὐ λαχοῦσ' ἔπινες ἐν τῷ γ. ;
γραμμάτων. I. 189. πλὴν γ., καὶ ταῦτα μέντοι κακὰ κακῶς.
Εκ. 1050. ἕλκεις, παρ' ἐμοὶ τῶν γ. εἰρηκότων
γραμμή. A. 483. πρόβαινε νῦν, ὦ θυμέ· γ. δ' αὑτηί.
γραμμήν. Fr. 496. χωρεῖ 'πὶ γ. λορβὸν ἐκ εἰς ἐμβολήν.
γράφο. Θ. 1222. ὦ μαρὸν γ.· πότερα τρέξει τὴν ὁδὸ ;
γράφος. Α. 562. εἰ τὸν χαλκοῦν ἐμβαλλόμενον πίλον λέκιθον παρὰ γ.'
Λ. 635. τῆς θεοῖς ἐχθρᾶς κατάξει τῆσδε γ. τὴν γνάθον.
826. καίπερ οὔσης γ. ὄντ' αὐ-
Π. 1024. γ. κατάπυγον τάφδια κατεσθίει.
1207. τῆς γ. ἐπιπολῆς ἔφεισιν αἱ χύτραι.
γραοσόβαι. ΕΙ. 811. γ., μαροί, τραγυμάσχαλοι, ἰχθυολύμαι·
γραῦ. Α. 506. τουτὶ μὲν, ὦ γ., σαυτῇ κρώζεις· σὺ δέ μοι λέγε.
ΛΤ. ταῦτα ποιήσω.
Λ. 797. βούλομαί σε, γ., κύσαι,
Θ. 1073. ἀπολείς μ'. ὦ γ., σταιμυλλομένη
1213. ὦ γραφδ', ὦ γ. οὐκ ἐπαιῶ, γραβδιο.
Εκ. 904. θεῖ' σὺ δ', ὦ γ., παραλέλεξαι κἀντίτρφαι,
γραῦν. N. 555. προσθεὶς αὐτῷ γ. μεθύσω τοῦ κόρδακος οὖνεχ', ἣν
Θ. 1217. τὴν γ. ἱπαντᾷς, ἡ 'φερεν τὰς πηπτίδας ;
B. 1193. ἔπειτα γ. γνημεν αὐτὸν ὦν νέος.
Εκ. 1017. τὴν γ. προκρούση πρῶτον. ἣν δὲ μὴ θέλῃ
1046. ὦ γλυκύτατον, τὴν γ. ἀπαλλάξᾳσά μου
Fr. 277. 2. ἵνα μὴ μι προσηράττωσι γ. οἱ φράτορες.
γραῦς. N. 1184. αὐτὴ γένοιτ' ἄν γ. τε καὶ νέα γυνή·
Θ. 345. ἢ δωρά τις δίδωσι μοιχῷ γ. γυνῇ,
503. τὸ δ' εἰσέφερε γ. ἐν χύτρα τὸ παιδίον,
512. εἶθ' ἡ μαρὰ γ. ᾗ 'φερεν τὸ παιδίον,
896. ξύνη, τίς ἡ γ. ἡ κακορροθοῦσά σε ;
1214. διέβαλέ μ' ὦ γ. αὐτρᾳαν' ὡς τακιστα σύ·
B. 950. ᾧδ' διεσπῶτης χὴ παρθένος χῂ γ. ἄν. ΑΙ. εἶτα δῆτα
Εκ. 1073. ἡ γ. ἀνεπτηκυία παρὰ τῶν πλειώων·
1078. οὐκ, ἡν ἔτέρα τις γ. ἐτ' αἰσχίων φανῇ.
Π. 1206. ἡ γ. ἔπειτ' ἀνωτάτω, ταῦτης δέ τὴν
γραφαί. I. 306. καὶ γ. καὶ δικαστήρι', ὦ βορβαροτάραξι κπ
γραφάς. Α. 679. οἴτινες γέροντας ἄνδρας ἐμβαλλῶντες εἰς γ.
Α. 714. ψηφίσασθε χωρὶς εἶναι τὰς γ., ὅπως ἂν ᾖ
I. 442. φεύξει γ. ἐκατονταλάντους τέτταρας.
Σ. 848. φέρε νυν, τίθημι τὰς σανίδας καὶ τὰς γ.
Εκ. 995. τὸν τῶν γ. ἄριστον. ΓΡ. Α. οὗτος δ' ἐστί τίς ;
γραφήν. N. 1481. καί μοι γενοῦ ξύμβουλος, εἴτ' αὐτοὺς γ.
Σ. 842. κατηγορήσειν, ἡν τις εἰσάγῃ γ.
γραφῆς. Σ. 894. ἀκούετ' ἤδη τῆς γ. ἐγράψατο
Σ. 907. τῆς μὲν γ. ἠκούσαθ' ἣν ἐγραψάμην,

γράφοιτο—γυναῖκες. 57

γράφοιτο. N. 759. εἴ σοι γ. πεντετάλαντός τις δίκη,
N. 770. ὁπότε γ. τὴν δίκην ὁ γραμματεύς,
γράφουσιν. N. 1429. ἡμῶν ἐκεῖνοι, πλὴν ὅτι ψηφίσματ' οὐ γ.;
B. 938. ἂν τοῖσι παραπετάσμασιν τοῖς Μηδικοῖς γ.·
γράφω. A. 31. ἀπορῶ, γ., παρατίλλομαι, λογίζομαι,
O. 1052. ἀπολῶ σέ, καὶ γ. σε μυρίας δραχμάς.
γράφων. Θ. 771. ῥίψω γ. ἀλλ' οὐ πάρεισί μοι πλάται.
Θ. 774. γ. διαρρήττοιμι ; βέλτιον πολύ.
γραψάμενος. N. 1482. διωκάθω γ., εἶθ' ὅ τι σοι δοκεῖ.
γραψαμένων. Σ. 881. τῶν γ.
γράψομαι. Σ. 537. καὶ μὴν ὅσ' ἂν λέξῃ γ' ἁπλῶς μνημόσυνα γ', γῶ.
ΕΙ. 107. ἐὰν δὲ μή μοι καταγορεύσῃ ; ΤΡ. γ.
γρίφου. Σ. 20. οὐδὲν ἄρα γ. διαφέρει Κλεώνυμος.
γρῦ. Π. 17. καὶ ταῦτ' ἀποκρινομένῳ τὸ παράπαν οὐδὲ γ.
γρύξει. Σ. 741. ἀλλ' ὅτι σιγᾷ κοὐδὲν γ.,
γρύξειν. ΕΙ. 97. μηδὶν γ., ἀλλ' ὀλολύζειν
Λ. 509. οὐ γάρ γ. εἰάθ' ἡμᾶς. ᾳτ' οὐκ θρέσκετέ γ' ἡμᾶς.
Π. 454. γ. δὲ καὶ τολμάτων, ὦ καθάρματε,
γρύζεις. Θ. 1095. ἔτι γάρ γ.; ΕΤ. ἔτι γάρ γ.
γρύξεστας. Β. 913. πρόσχημα τῆς τραγῳδίας, γ. οὐδὲ τουτί·
γρυκτόν. Λ. 656. ἆρα γ. ἔστιν ὑμῖν ; εἰ δὲ λυπήσεις τί με,
γρυλίζοντες. Π. 307. ὑμεῖς δὲ γ. ὑπὸ φιληδίας
γρυλίξεστε. Α. 746. ὕπως δὲ γ. καὶ κοίζετε
γρύξαντος. N. 963. πρῶτον μὲν ἔδει παιδὸς φωνὴν γ. μηδὲν ἀκούσαι·
γρύξει. I. 294. διαφορήσω σ', εἴ τι γ.
γρύξῃ. Σ. 374. ὡς ἐγὼ τούτον γ., ἐὰν γ.
γρύξῃς. Π. 598. ἀλλὰ φθείρου καὶ μὴ γ.
γρυπαέτους. Β. 929. γ. χαλκηλάτους, καὶ ῥήμαθ' ἱπποκρημνα,
Γλύττον. I. 877. ἔπαυσα τοὺς βινουμένους, τὸν Γ. ἐξαλείψας.
γύαλα. Θ. 110. γ. Σιμωνίτιδι γῇ
γύας. Ο. 230. ὅσοι τ' εὐσπόρους ἀγροίκων γ.
Ο. 996. ὑμῖν, διελεῖν τε κατὰ γ. ΠΕ. πρὸς τῶν θεῶν,
γυλιαύχενας. ΕΙ. 789. ὄρτυγας οἰκογενεῖς, γ. ὀρχηστάς
γυλιον. Λ. 1097. παῖ παῖ, φέρ' ἔξω δεῦρο τὸν γ. ἐμοί.
Α. 1138. ἐγὼ δ' ἱμαυτῷ τὸν γ. οἴσω λαβών.
γυλιόν. ΕΙ. 527. μῶν οὐν ὅμοιον καὶ γ. στρατιωτικοῦ;
γυμνά. Εκ. 92. ξαίνουσα ; γ. δ' ἐστί μου τὰ παιδία,
γυμναδόμαι. Λ. 82. γ. γα καὶ ποτὶ πυγᾶν ἅλλομαι,
γυμναί. Λ. 151. γ. παρίοιμεν, δέλτα παρατετιλμέναι,
γυμνᾶς. Λ. 156. γ. παρενιδὼν ἐξέβαλ', οἶῶ, τὸ ξίφος.
γυμνασίου. Σ. 527. γ. λέγειν τί δεῖ
Ο. 140. εὑρὼν ἀποὐστ' ἐν γ. λελουμένον
γυμνασίοις. Ν. 1002. ἀλλ' οὖν λιπαρός γε καὶ εὐανθής ἐν γ. διατρίψεις,
γυμνασίων. Ν. 417. οἴνου τ' ἀπέχει καὶ γ. καὶ τῶν ἄλλων ἀνοήτων.
γυμναστικῶς. Σ. 1212. πῶς δαί; Βδ. τὰ γύνατ' ἔκτεινε, καὶ γ.
γυμνικούς. Π. 1163. ποιεῖν ἀγῶνας μουσικοὺς καὶ γ.
γυμνόν. Λ. 1020. γ. ὄνθ' οὕτως. ὁρῶ γὰρ ὣν καταγέλαστος εἶ.
Θ. 939. τί σοι χαρίσωμαι ; ΜΝ. γ. ἀποδύσαντά με
Εκ. 566. μὴ γ. εἶναι, μὴ πένητα μηδένα,
γυμνός. ΕΙ. 686. ἀπορῶν ὁ δῆμος ἐπιτροπήσι καὶ γ. ὢν
Ο. 1492. γ. ἦν πληγεὶς ὑπ' αὐτοῦ
Λ. 1173. ἤδη γεωργεῖν γ. ἀποδὺς βούλομαι.
Εκ. 409. παρῆλθε γ., ὡς ἐδόκει τοῖς πλείοσιν·
Π. 244. γ. θύρας ἐξέπεσον ἐν ἀκαρεῖ χρόνῳ.
γυμνούς. Ν. 498. οὐκ, ἀλλὰ γ. εἰσιέναι νομίζεται.
Ν. 965. τοὺς κωμήτας γ. ἁθρόους, πεὶ πρημνώδη καταινίφοι.
γύναι. Α. 262. σὺ δ', ὦ γ., πάθε μ' ἔτω μ' ἀπὸ τῶν τέγους. πρύβα.
Α. 1063. ὑπεχ' ὧδε δεῦρο τοὐψέλετρον, ὦ γ.
Ν. 55. πρόφασιν ἔφασκον, ὦ γ., λίαν σπαθᾶς.
Σ. 1399. ἄπουσον, ὦ γ.· λύγον σοι βούλομαι
ΕΙ. 1144. ἀλλ' ἄρευε τῶν φασήλων, ὦ γ., τρεῖς χοίνικας,
1320. δεῦρ', ὦ γ., εἰς ἀγρὸν,
Α. 95. ὅ τι λῇς ποθ' ἁμί. ΑΤ. νὴ Δί', ὦ φίλη γ.
Θ. 902. γ., τί εἶπας ; στρέψον ἀντανγεῖς μύρας,
905. ὦ θεοί, τιν' ὄψιν εἰσορῶ ; τίς εἰ, γ.;
909. 'Ελένη σ' ὁμοίαν δὴ μάλιστ' ἰδεῖν, γ.
Β. 555. καὶ τὰ σκόροδα τὰ πολλά. ΔΙ. ληρεῖς, ὦ γ.,
Fr. 86, 1. γ. τί τὸ ψοφῆσάν ἔσθ' ; ἀλεκτρυὼν
110, 2. ἀπαξάπανθ' ὅσ' ἂν κελεύῃς, ὦ γ.
398. 1. καὶ μὴν ἀκούσον, ὦ γ., θυμοῦ δίχα
γυναί. Ν. 1358. ᾄδειν τε πίνονθ', ὥσπερει κάχρυς γ. δλούσαν.
Ο. 1536. καὶ τὴν Βασιλείαν σοι γ. ἔχειν διδῷ.
1534. τὴν δὲ Βασίλειαν τὴν κύρην γ. ἐμοὶ
Λ. 1157. οὕνα γ. ὁπωπα χαιωτέραν.
Π. 591. καὶ τἄλλ' ἄπανθ' ὥσπερ γ. ἐσκεύασεν.
Εκ. 335. εἶτ' οὐδὲ τὴν γ. ἐκέλευσάς σοι φράσαι ;
564. ὦ δαιμόνι' ἀνδρῶν, τὴν γ. ἔα λέγειν.

γυναῖκα. A. 816. 'Ερμᾶ 'μπολαῖε, τὰν γ. τὰν ἐμὰν
N. 691. ὀρθῶς ; γ. τὴν 'Αμυνίαν καλεῖς.
749. γ. φαρμακίδ' εἰ πριάμενος Θετταλήν,
EI. 707. γ. σώφρον' ἥκθ' πἀτ' ἐν τοῖς ἀγροῖς
Α. 1275. ὑμεῖτ' ἀνὴρ δὲ παρὰ γ. καὶ γυνὴ
Θ. 412. γαμεῖν θέλει γ. διὰ τούτους τυθί·
918. σὺ τὴν ἐμὴν γ. κωλύεις ἐμέ,
1206. ὥς τὴν γ. καὶ τὰ παιδί' οἴκαδε,
Β. 1044. οὐδ' οἶδ' οὐδεὶς ἥντιν' ἐρῶνας πώποτ' ἐποίησα γ.
Εκ. 441. γ. δ' ᾅλιαι πρᾶγμ' ἔφη νουθυστικὸν
1098. ὦ τρισκακοδαίμων, εἰ γ. δεῖ σαπράν
Π. 250. καὶ τὴν γ. καὶ τὸν υἱὸν τὸν μόνον,
441. ἀλλ' ἄνδρε δύο γ. φεύγωμεν μίαν;
1104. ἔπειτα τὴν γ. καὶ τὰ παιδία,
Fr. 317. ἀναβῆναι τὴν γ. βούλομαι.
388, 1. γ. δὲ ζητούμενος ἐνθάδ' ἥκομεν,
487, 1. τὴν γ. δὲ
γυναῖκα. Θ. 964. ἐν ἱερῷ γ. μ' οὔσαν ἄνδρας, οὐκ ὀρθῶς φρονεῖ.
γυναῖκας. EI. 751. οὐκ ἰδιώτας ἀνθρωπίσκους κωμῳδῶν οὐδὲ γ.,
FI. 1325. τάς τε γ. τίκτειν ἡμῖν,
Λ. 22. ἐφ' ὅ τι ποθ' ἡμᾶς τὰς γ. συγκαλεῖς ;
54. ἆρ' οὐ παρεῖναι τὰς γ. δῆτ' ἐχρήν;
63. γ. οὐχ ἥκουσιν. ΚΑ. ἡ γοῦν Θεογένους
76. γ. ἐλθεῖν. ΜΤ. πολὺ οὐ κάλλιον λέγεις.
260. γ., ἤν ἐβώσκομεν
340. ὡς πυρὶ χρῇ τὰς μυσαρὰς γ. ἀνθρακεύειν·
622. τὰς θεοῖς ἐχθρὰς γ. ἐξεπαίρουσιν βύλῃ
627. καὶ λαλεῖν γ. οὔσας ἀσπίδος χαλκῆς πέρι,
794. τὰς γ. ἐθθελύχθη
1013. γ. οὔσῃ μισῶν γ. οὐδέποτε παύσομαι.
1118. ἀλλ' ὡς γυναῖκας εἰκός, οἰκεῖαν πάνυ.
Θ. 539. γυνὴ γ. οὖσα μὴ κακῶν λέγειν τὰ λοιπόν.
894. ὡς τὰς γ. ἐπὶ κλοπῇ τοῦ χρυσίου.
Εκ. 53. γ., ὅ τι πέρ ἐστ' ὀφέλος ἐν τῇ πόλει,
166. γ. αὖ, δύστηνε, τοὺς ἄνδρας λέγεις ;
168. ἐκεῖσε πρὸς γ. φύμην λέγειν.
282. γ. ΠΡ. ἀλλὰ σπεύσαθ', ὡς εἴωθ' ἔπει
435. τὰς μὲν γ. πόλλ' ἀγαθὰ λέγων, σὺ δὲ
454. ἕτερά τε πλεῖστα τὰς γ. εὐλόγει.
Fr. 462. ἤιτουν τι τὰς γ. ἀργυρίδιον.
γυναικᾶς. Λ. 143. γ. ἐσθ' ὕπνῳ ἄνευ ψωλᾶς μόνας,
γυναικεῖ. Θ. 151. αὐτικα γ. ἢν ποιῇ τις δράματα,
γυναικεῖα. Θ. 851. πάντως ὑπάρχει μοι γ. στυλή
γυναικείας. Β. 1142. αὐτοῦ βιαίως ἐκ γ. χερός
γυναικείων. Θ. 786. καίτοι πᾶς τις τὸ γ. φῦλον κακὰ πόλλ' ἀγορεύει,
Fr. 530. ἐνδὺς τὸ γ. τοδὶ χιτώνιον.
γυναῖκες. Α. 1003. ὦ παῖδες, ὦ γ., οὐκ ἡκούσατε ;
Ν. 355. καὶ νῦν γ' ὅτι Κλεισθένη εἶδον, ὁρᾶς διὰ τοῦτ' ἐγίγνοντο γ.
FI. 980. γ. μοι γεώργαιναι δρῶσι γ.
Λ. 39. ἦν δὲ ξυνέλθωσ' αἱ γ. ἐνθάδε
42. τί δ' ἂν γ. φρόνιμον ἐργασαίατο
120. ἡμῖν γὰρ γ., εἴπερ μέλλομεν
200. ὦ φίλταται γ., ὁ κεραμῶν ὅσος.
207. ἐστε πρώτην μ', ὦ γ., ὑμνύναι.
241. εἰ γὰρ γ. τὴν ἀκρόπολιν τῆς θεοῦ
253. ὁμαλῶς γ. καὶ μιαραὶ κεκλημέθ' ἄν.
310. κἂν μὴ καλοῦνταν τοὺς μοχλοὺς χαλῶσιν αἱ γ.
319. λιγνὺν δοκῶ μοι καθοράν καὶ καπνὸν, ὦ γ.,
329. οὐδὲν γὰρ ὡδὶ θρέμμ' ὠναῖδες ἔστιν ὡς γ.
456. ξ ξύμμαχοι γ. ἐκθεῖν' ἔνδοθεν,
504. ἁπαίρετ', ὦ γ. ἀπὸ τῶν καλπίδων, ὅπως ἂν
686. ἀλλὰ χἡμεῖς, ὦ γ., θᾶττον ἐπυθυόμεθα,
829. ἱοὺ ἰού, γ., ἴτε δεῦρ' ὡς ἐμέ.
1000. γ. ἅπερ ἀπὸ μιᾶς ὑσπληγίδος
1004. ταί γὰρ γ. οὐδὲ τῷ μύρτῳ σιγῆν
1183. ὅπως ἂν αἱ γ. εἴπωσιν ἐν πύλει
Θ. 82. αἱ γὰρ γ. ἐπιβεβουλεύκασί μοι,
181. μέλλουσί μ' αἱ γ. ἀπολεῖν τήμερον
330. εὐγενεῖς γ.
384. λέξουσ' ἀνόστιγ, ὦ γ.· ἀλλὰ γὰρ
455. ἄγρια νφῷ ἡμᾶς, ὦ γ., δρᾷ κακά.
466. τὸ μέν, ὦ γ., ὑξενθυμεῖσθαι σφόδρα
532. οὐδὲν κάκιον οὐδὲν ἔστι μᾶλλον ἠλθ' ἢ γ.
533. ὅτι τοι μὰ τὴν 'Αγλαυρον, ὦ γ. εὖ φρονεῖτε,
540. μὴ δῆτα τὸν γε χοίρον, ὦ γ., τὸν ἐμόν
551. ἀκούετ', ὦ γ., οἱ εἴρηκεν ἡ πανούργος
574. φίλαι γ., ξυγγενεῖς τοὐμοῦ τρόπου,
598. ἀλλ', ὦ γ., οὐκ ἐλινύειν ἐχρῆν,
696. γ., οὐκ ἀφήξετ' ; οὐ πολλὴν βοὴν

I

γυναῖκες—γυνή.

γυναῖκες. Θ. 735. ὦ θερμόταται γ., ὦ ποτίσταται,
830. πόλλ' ἂν αἱ γ. ἡμεῖς ἐν δίκῃ μεμφαίμεθ' ἂν
983. παίσωμεν, ὦ γ., οἷάπερ νόμος·
1036. γοᾶσθέ μ', ὦ γ., ὡς
1046. ἱερῶν, ἔνθα γ.
1160. γ., εἰ βούλεσθε τὸν λοιπὸν χρόνον
Εκ. 165. ἐμοὶ γάρ, ὦ γ. αἱ καθήμεναι,
246. καὶ σὲ στρατηγὸν αἱ γ. αὑτόθεν
504. ταυτὶ μέν, ὦ γ., ἡμῖν ἐντυχῶς
693. αἱ δὲ γ. κατὰ τὰς διόδους
831. νῦν δ' αἱ γ. ΑΝ. Β. ἀς ἐγὼ φυλάξομαι
1125. ἀλλ', ὦ γ., φράσετέ μοι τὸν δεσπότην,
1164. ὦ φίλαι γ., εἴπερ μέλλομεν τὸ χρῆμα δρᾶν,
Fr. 116, 1. οὐκ ἐτὸς, ὦ γ.,
336. αἱ γ. τὸν δορίαλον φράγνυνται.
722. ἀργοὶ κάθηνταί μοι γ. τέτταρες.
γυναῖκες. Εἰ. 966. οὐχ αἱ γ. γ' ἔλαβον. Ολ. ἀλλ' εἰς ἑσπέραν
γυναικί. Ν. 61. ἐμοί τε δὴ καὶ τῇ γ. τἀγαθῇ,
Σ. 1413. γ. κλητεύειν ἔοικας θαψίνῃ,
Εἰ. 28. ὥσπερ γ. γογγύλην μεμαγμένην.
Ο. 411. ἥνπερ ὁ πίθηκος τῇ γ. διέθετο,
Λ. 166. ἀνήρ, ἐὰν μὴ τῇ γ. συμφέρῃ·
Εκ. 67. καὶ μηδὲν εἴπῃ ἔτι γ. προσφερής.
516. οὐδεμιᾷ γὰρ δεινοτέρα σου ξυμμῖξας' οἶδα γ.,
Fr. 497. αἰσχρὸν νέᾳ γ. πρεσβύτης ἀνήρ.
Μ. Γηρ. δ. 2. γ. τρῄδ μὴ παρέχειν σε πράγματα.
γυναικιεῖς. Θ. 268. γ. εὖ καὶ πιθανῶς. ΜΝ. πειράσομαι.
γυναικίσεως. Θ. 863. πρὶν τῆς ἐτέρας δοῦναι γ. δίκην;
γύναικο. Θ. 1097. λάλο καὶ κατάρατο γ.
γυναικομανῶ. Θ. 576. γ. παρ προξενῶ δ' ὑμῶν ἀεί.
γυναικός. Εἰ. 1139. τῆι γ. λουμένης.
Ο. 803. τῆι ἐμῆι γ. ὄντι ξυγγενῆ καὶ φυλέτα;
784. κάθ' ὁρᾷ τὸν ἄνδρα τῆς γ. ἐν βουλευτικῷ
1639. ἡμεῖς περὶ γ. μιᾶς πολεμήσομεν;
1652. ὦν γε ξένης γ. ἢ πῶς ἄν ποτε
1713. ἔχων γ. κάλλος οὐ φατὸν λέγειν,
Λ. 409. ὀρχουμένης μου τῆς γ. ἑσπέρας
416. ὁ σκυτοτόμ, τῇ μου γ. τοὺς πύδας,
596. τῆς δὲ γ. μικρὸς ὁ καιρός, κἂν τούτου μὴ 'πιλάβηται,
1014. οὐδέν ἐστι θηρίον γ. ἀμαχώτερον.
Θ. 92. λάθρα, στολὴν γ. ἠμφιεσμένον.
435. πολυπλοκωτέρας γ.
803. παραβάλλουσαι τῆς τε γ. καὶ τἀνδρὸς τοὔνομ' ἕκαστον.
Β. 56. γ.; ΔΙ. οὐ δῆτ'. ΗΡ. ἀλλὰ παιδός; ΔΙ. οὐδαμῶς.
Εκ. 318. τουτὶ τὸ τῆς γ. ἡμιδιπλοίδιον,
331. οὐκ, ἀλλὰ τῆς γ. ἐξελήλυθα
374. τὸ τῆς γ. δ' ἀμπέχει χιτώνιον;
Π. 364. καὶ τῆς γ., κυὺ διοίσοντ' ἄντικρυι
615. τῆς τε γ., καὶ λουσάμενοι
Fr. 90. ταυτὶ τὰ κρέ' αὐτῷ παρὰ γ. του φέρω.
γυναικόφωνος. Θ. 192. γ. ἁπαλός, εὐπρεπὴς ἰδεῖν.
γυναικῶν. Ν. 800. κᾶστ' ἐκ γ. εὐπρέπων τῶν Κοισύρας.
Ν. 1073. παίδων γ., κοτττάβων, ὄψων, πότων, καχασμῶν.
1081. κἀκεῖνος ὡς ἧτταν ἐραστός ἐστι καὶ γ.·
Εἰ. 536. κόλπου γ. διατρεχουσῶν εἰς ἀγρὸν,
662. ἴθ' ὦ γ. μισοπορνικωτάτη.
Λ. 9. καὶ πόλλ' ὑπὲρ ἡμῶν τῶν γ. ἄχθομαι,
16. ἥξουσι· χαλεπὴ τοι γυναικῶν ἔξοδος.
94. τὸν τᾶν γ.; ΛΥ. ἡδ' ἐγώ. ΛΛ. μύσιδδέ τοι
317. δέσποινα· Νίκη ξυγγενοῦ, τῶν τ' ἐν πόλει γ.
353. ἐσμὸς γ. οὐτοσὶ θύρασιν ᾀὺ βοηθεῖ.
387. ἀρ' ἐξέλαμψε τῶν γ. ἡ τρυφὴ
423. ὑπὺ τῶν γ. ἀποκέκλεισμαι τῶν πυλῶν,
450. ἀνὴρ οὐ γ. οὐδέποτ' ἔσθ' ἡττηέα
454. μαχίμαε γ. ἔνδον παβοιμίνων,
687. ὡς ἂν ὑψωμεν γ. αὐτοδαξ ὡργισμένων.
708. κακῶν γ. ἔργα καὶ θήλεια φρήν
1008. ὑπὺ τῶν γ.· ἄρτι νυνὶ μανθάνω.
Θ. 204. δοκῶν γ. ἔργα νυκτερήσια
308. δῆμον τὸν Ἀθηναίων καὶ τῶν γ.,
336. τῷ τῶν γ., ἢ 'πικηρυκεύεται
372. τῇ τῶν γ.· Τιμύκλει ἐνεστάτει·
531. ἀλλ' οὐ γάρ ἐστι τῶν ἀναισχύντων φύσει γ.
550. τῶν νῦν γ. Πηνελόπην, Φαίδρας δ' ἁπαπάσας.
732. μύνην γ. αἰτίαν τὴν μητέρα.
1145. δῆμοί τοι σε καλεῖ γ.
Β. 157. ἀνδρῶν γ., καὶ κρῦτον χειρῶν πολύν.
Εκ. 110. καὶ πῶς γ. θηλύφρων ξυνουσία
817. τὰ τῶν γ. διακαθαίρει τρυβλία.
Fr. 663. αἱ τῶν γ. παγίδες.
γυναικωνίτισιν. Θ. 414. εἶτα διὰ τοῦτον ταῖς γ.

γυναιξί. Λ. 405. ταῖσιν γ. καὶ διδάσκωμεν τρυφᾶν,
Λ. 538. πύλεμος δὴ γ. μελήσει.
592. πείθει γ., κἀμέ τ' ἄχθεσθαι ποιεῖς
Θ. 90. ἐκκλησιάσοντ' ἐν ταῖς γ., χἂν δέῃ,
683. στιν γ. καὶ βροτοῖς,
Εκ. 210. ταῖς γὰρ γ. φημὶ χρῆναι τὴν πόλιν
430. ὡς χρὴ παραδοῦναι ταῖς γ. τὴν πύλιν,
463. μὰ ΔΙ', ἀλλὰ ταῖς γ. ταῦτ' ἤδη μέλει·
Fr. 302, 8. γ. κοπιώσαισιν ἐπικουρήσατε·
γυναιξίν. Ν. 341. εἴπερ Νεφέλαι γ' εἰσὶν ἀληθῶς, θνηταῖς
εἴξασι γ.;
Ν. 344. κουχὶ γ., μὰ ΔΙ', οὐδ' ὁτιοῦν· αὖται δὲ ῥῖνας ἔχουσιν.
Λ. 30. ἐν ταῖς γ. ἐστιν ἡ σωτηρία.
31. ἐν ταῖς γ.; ἐν' ὀλίγου γὰρ εἴχετο.
204. τὰ σφάγια δέξαι ταῖς γ. εὐμενής.
464. ἤκειν ἐνόμισας, ἢ γ. οὐκ οἴει
526. ταῖσι γ. συλλεχθείσαις. ποῖ γὰρ καὶ χρῆν ὀναμεῖναι;
820. ταῖσι δὲ γ. ἦν φίλτατος.
Θ. 185. ἐν ταῖς γ., ὡς δοκεῖν εἶναι γυνή,
371. καίπερ γ. οὔσαις.
589. καὶ πῶς λέληθεν ἐν γ. ὢν ἀνήρ;
947. ἄγε νῦν ἡμεῖς παίσωμεν ἅπερ νόμος ἐνθάδε ταῖσι γ.,
Β. 444. ἐγὼ δὲ σὺν ταῖσιν κύραις εἶμι καὶ γ.·
Εκ. 629. ταῖσι γ. πρὶν τοῖς αἰσχροῖς καὶ τοῖς μικροῖς χαρίσονται.
1015. ἔδωξε ταῖς γ., ἣν ἀνὴρ νέος
1019. ταῖς πρεσβυτέραις γ. ἐστιν τὸν νέον
Π. 971. ἐν ταῖς γ. ἦσθα; ΓΡ. μὰ ΔΙ' ἐγὼ μὲν οὔ.
Fr. 236, 1. πάσαις γ. ἐξ ἑνὸς γέ του τρόπου
γύναιον. Σ. 610. καὶ τὸ γ. μ' ὑποθωπεύσαν φυστὴν μᾶζαν προσενέγκῃ,
Θ. 792. ὅλων ἐξέλθῃ τις γ. ποι, κᾆθ' εὔρητ' αὐτὸ θύρασιν,
γυναῖχ', Λ. 1186. κἄπειτα τὴν αὑτοῦ γ. ὑμῶν λαβὼν
Εκ. 324. γ.· ὕσας εἰμ' ἄξιος πληγὰς λαβεῖν.
γυνή. Α. 1062. ὁτιὴ γ. 'στι του πολέμου τ' οὐκ ἀξία
Ι. 1037. Ἔστι γ., τέξει τε λέονθ' ἱεραῖς ἐν Ἀθήναις,
1056. καί κε γ. φέροι ἄχθος, ἐπεί κεν ἀνὴρ ἀναδείη·
Ν. 1070. γ. δὲ σιναμωρουμένη χαίρει· σὺ δ' εἰ κρόνιππος,
1184. αὐτὴ γένοιτ' ἂν γραῦς τε καὶ νέα γ.
Σ. 1351. ἐὰν γένῃ δὲ μὴ κακὴ νυνὶ γ.,
1435. ὅκου θεὶς, γ. γεγονυῖα, πανοπλίαν
Ο. 830. ὅπου θεὶς, γ. γεγονυῖα, πανοπλίαν
Λ. 4. νῦν δ' οὐδεμία πάρεστιν ἐνταυθῖ γ.,
58. ἀλλ' οὐδὲ Παράλων οὐδεμία γ. πάρα,
145. ὦ φιλτάτη σὺ καὶ μόνη τούτων γ.
392. πλεῖν ἐς Σικελίαν, ἡ γ.· δ' ὀρχουμένη,
395. ἡ δ' ὑποπεπωκὐῖ', ἡ γ.· 'πὶ τοῦ τέγους,
649. εἰ δ' ἐγὼ γ. πέφυκα, τοῦτο μὴ φθονεῖτέ μοι,
677. ἱππικώτατον γάρ ἐστι χρῆμα κἄποχον γ.
741. ἑτέρα γ. ταυτὸν ποιεῖν βουλήσεται,
855. δεί γὰρ ἡ γ. σ' ἔχει διὰ στόμα.
859. λόγος τις, εἰρηχ' εὐθέως ἡ σὴ γ.
919. ἡ τοι γ. φιλεῖ με, δῆλη 'στὶν καλῶς.
952. ἀπωλώλεκεν με κἀπιτέτριφεν ἡ γ.,
1050. ἀλλ' ἐπαγγελλίτω πᾶς ἀνήρ καὶ γ.
1124. ἐγώ γ. μέν εἰμι, νοῦς δ' ἐνεστί μοι·
1275. ὑμεῖν ἀνὴρ δὲ παρὰ γυναικα καὶ γ.
Θ. 143. ἀλλ' ὦν γ. δῆτ'; εἶτα ποῦ τὰ τιτθία;
185. ἐν ταῖς γυναιξίν, ὡς δοκεῖν εἶναι γ,
266. ἀνὴρ μὲν ἡμῖν οὐτοσὶ καὶ δὴ γ.
345. ἢ δῶρά τις δίδωσι μοιχῷ γραῦς γ.,
401. γ. στέφανον, ἐρᾷν δοκεῖ· κἂν ἐμβάλῃ
407. εἶεν· γ. τις ὑποβαλίσθαι βούλεται,
413. δέσποινα γάρ γέραντι νυμφίῳ γ.
499. ὡ δ' ἡ γ. δεικνύσα τἀνδρὶ τοὒγκυκλον
502. ἐτέραν δ' ἐγᾐθ' ἡ 'φασκεν ὠδίνειν γ.,
539. γ. γυναῖκας οὖσα μὴ κακῶς λέγειν τὸ λοιπόν.
546. ἐπιτηδὲς εὑρίσκειν λόγους, ὅπου γ. πονηρὰ
548. οὔπωποτ' ἐποίησ', ὅτι γ. σώφρων ἔδωχε εἶναι.
560. οὐδ' ὡς γ. δοῦλῳ τῷ πελέκει γ. κατεσκέδησεν,
571. παύσασθε λοιδορούμεναι· καὶ γὰρ γ. τὶς ἡμῖν
605. ἔμ' ἦτις εἰμ' ἦρου; Κλεωνύμου γ.
606. γιγνώσκεθ' ὑμεῖς ἥτις ἔσθ' ἥδ' ἡ γ.;
811. οὐδ' ἂν κλέψασα γ. ζεύγει κατὰ πεντήκοντα τάλαντα
836. εἰ δὲ δειλὸν καὶ πονηρὸν ἄνδρα τις ἔτεκε, γ.
862. Ἑλένη δ' ἐκλήθην. ΓΤ. ΙΙ. αὖθις αὖ γίγνει γ.,
907. 'Ελληνὶς εἴ τις ἢ 'πιχωρία γ.
1090. μὰ ΔΙ' ἀλλὰ τῆς πλησίον αὑτηι
Β. 290. ποτὲ μὲν γε βοῦς, νυνὶ δ' ὀρεὶ, ποτὲ δὲ γ.
292. ἀλλ' οὐκέτ' αὖ γ. 'στιν, ἀλλ' ἤδη κύων.
587. πύρριζος αὐτὸς, ἡ γ., τὰ παιδία,

γυνή—δάκνειν. 59

γυνή. Β. 949. ἀλλ' ἔλεγεν ἡ γ. τέ μοι χὦ δοῦλος οὐδὲν ἧττον,
 1408. αὐτὸς, τὰ παιδί', ἡ γ., Κυφωσοφῶν,
Εκ. 103. λέληθε· καίτοι πρότερον ἦν οὗτος γ.·
 236. χρήματα πορίζειν εὐπορώτατον γ.,
 311. τί τὺ πρᾶγμα ; ποῖ ποθ' ἡ γ. φροῦδη 'στί μοι ;
 348. τί δῆτ' ἂν εἴη ; μῶν ἐπ' ἄριστον γ.
 460. οὐδ' ἐς δικαστήριον ἄρ' εἶμ', ἀλλ' ἡ γ. ;
 461. οὐδ' ἔτι σὺ θρύψεις οὐτ ἔχεις, ἀλλ' ἡ γ.
 525. τί δ' ; οὐχὶ βινεῖται γ. κάνευ μύρου;
 528. γ. μί τις νύκτωρ ἑταίρα καὶ φίλη
 1040. μήτηρ ἂν αὐτῷ μᾶλλον εἴης ἡ γ.
 1137. ἄμων δ' ἐκέλευε συλλαβοῦσάν μ' ἡ γ.
γύννις. Θ. 136. ποδαπὸς ὁ γ. ; τίς πάτρα ; τίς ἡ στολή ;
γυπαρίοις. Ι. 793. καὶ γ. καὶ πυργιδίοις ἔτοι ὀγδοον οὐκ
 ἐλαίροις,
γύπας. Ο. 891. ἀλιαέτοις καὶ γ. ; οὐχ ὁρᾷς ὅτι

γύργαθος. Fr. 19. εἰ μὴ δικῶν τε γ. ψηφισμάτων τε θυμός.
γύψ. Ο. 1181. κιρχηλς τριόρχης, γ., κύμινδις, δετύς·
'γχέσαιμ'. Εκ. 347. ἵνα μὴ 'γ. ἐς τὴν σισύραν· φανὴ γὰρ ἦν.
'γχεουσα. Λ. 48. χὴ 'γ. καὶ τὰ διαφανῆ χιτώνια.
'γχῆς. Σ. 616. κἂν οἰνύν μοι μὴ 'γ. σὺ πιεῖν, τὸν ὄνον τόνδ'
 ἐσκεκόμισμαι
'γώ. Α. 17. ἀλλ' οὐδεπώποτ' ἐξ ὅτου 'γ. ῥύπτομαι κ.τ.λ.
 Ν. 385. φέρε τουτὶ τῷ χρὴ πιστεύειν ; ΣΩ. ἀπὸ σαυτοῦ 'γ.
 σε διδάξω. κ.τ.λ.
'γωγ'. Λ. 758. ἀλλ' οὐ δύναμαι 'γ. οὐδὲ κοιμᾶσθ' ἐν πύλει, κ.τ.λ.
'γωγ'. Fr. 277, 1. ἀλλ' εὔχομαι 'γ. ἐλκύσαι σε τὸν σταθμὸν,
'γωγε. Β. 276. νὴ τὸν Ποσειδῶ 'γ., καὶ νυνί γ' ὁρῶ.
γών. Α. 155. ὁ γ. Μενέλαος τὰς Ἑλένας τὰ μᾶλά το
γωνίαν. Σ. 910. ἀποδρὰς γὰρ ἐς τὴν γ. τυρὸν πολὺν
γωνίας. Β. 1313. αἵ θ' ὑπωρόφιοι κατὰ γ.
γωνιασμούς. Β. 956. λεπτῶν τε κανόνων ἐσβολὰς ἐπῶν τε γ.,

Δ

δ'. Α. 3. ἃ δ' ὠδυνήθην, ψαμμακοσιογάργαρα. κ.τ.λ.
δά. Λ. 198. φεῦ δ., τὸν ὄρκον ἄφατον ὡς ἐπαινιῶ.
δᾆδ'. Ν. 612. πρῶτα μὲν τοῦ μηνὸς ἐς δ. οὐκ ἔλαττον ἢ δραχμήν,
 Ν. 614. μὴ πρίῃ, ναί, δ., ἐπειδὴ φῶς Σεληναίη καλόν,
 1490. ἐμοὶ δέ δ. ἐνεγκάτω τις ἡμμένην,
 Θ. 238. ἐνεγκάτω τις ἔνδοθεν δ. ἢ λύχνον.
Ειρ. 978. τοῦ δᾷ διόμενος δ. ἔχων ἐληλυθας ;
 Π. 1041. στεφάνους γέ τοι καὶ δ. ἔχων πορεύεται.
δᾶδα. Εκ. 692. πᾶς τις ἄπεισιν τὴν δ. λαβών.
Εκ. 1150. ἔχω δέ τοι καὶ δ. ταυτηνὶ καλῶς.
 Π. 1052. τὴν δ. μή μοι πρόσφερ'. ΧΡ. εὖ μέντοι λέγεις.
δᾶδας. Ν. 543. οὐδ' εἰσῄει δ. ἔχουσ', οὐδ' ἰοὺ βοᾷ,
 Π. 425. ἀλλ' οὐκ ἔχει γὰρ δ. ΒΛ. οὔκουν κλαύσεται.
 1194. ἀλλ' ἐκδύτω τις δεῦρο δ. ἡμμένας,
δᾳδξί. ΕΙ. 1317. δ. τε φέρειν, καὶ πάντα λεὼν ξυγχαίρειν
 κἀπιχορεύειν.
δᾳδξί. Ι. 1331. δ. φρυκτοῖσιν σκευάσαι.
 Σ. 1390. τῇ δ. παίων, κἀξέβαλεν ἐντευθενὶ
δᾳδίων. Ι. 921. τῶν δ., ἀπαρυστίου
δᾳδὸς. Σ. 1377. ὑζος μὲν οὖν τῆς δ. οὗτος ἐξέχει.
δᾴων. Β. 313. αὐλῶν πνοῆς. ΔΙ. ἴγωγε, καὶ δ. γέ μὲ
δαί. Α. 105. οἴμοι κακοδαίμων, ὡς σαφῶς. ΠΡ. τί δ. λέγεις ;
 κ.τ.λ.
 Α. 802. τί δ. ; φιβάλεως ἰσχάδας ; ΚΟ. καί ποῖ. κ.τ.λ.
Δαιδάλεια. Fr. 232. Δ. :
δαῖαν. Β. 897. ἴπιτε δ. ὑδόν.
δαίεται. Α. 1284. δ.,
δαίμον. Ι. 108. ὦ δ. ἀγαθέ, σὸν τὸ βούλευμ', οὐκ ἐμόν.
 Ν. 1264. ὦ σκληρὲ δ., ὦ τύχαι θραυσάντυγες
 ΕΙ. 1250. ὦ δυσκάθαρτε δ., ὡς μ' ἀπώλεσας,
 Β. 1341. ὦ πότνιε δ.,
Δαίμον'. Fr. 332. τὴν κρατίστην δ., ἣν νῦν θερμὸς ἐσθ' ὁ Βωμός.
δαίμονα. Ο. 544. σὺ δέ μοι κατὰ δ. καὶ κατὰ συντυχίαν
Δαίμονας. Α. 1287. εἶτα δὲ δ., οἵς ἐπιμάρτυσι
 Θ. 106. δ. ἔχει σεβίσαι.
 674. πᾶσιν ἀνθρώποις σεβίζειν δ.
Δαίμονες. Β. 1529. ἐς φάος ὀρνυμένῳ δότι, δ. οἱ κατὰ γαίας,
 Π. 81. δ. Φοῖβ' Ἀπολλον καὶ θεοὶ καὶ δ.
δαίμον'. Π. 853. οὔτω πολυφόρῳ συγκέκραμαι δ.
δαιμονί'. Σ. 967. ὦ δ., ἱλέει τοὺς ταλαιπωρουμένους.
 Χ. 998. μὴ φροντίσῃς, ὦ δ., ἀλλ' ἀνίστασο.
 Ο. 1638. ὦ δ. ἀνθρώπων Πόσειδον, ποῖ φέρει ;
 Β. 175. ὠνάμεινον, ὦ δ., ἑὰν ξυμβῶ τί σοι
 835. ὦ δ. ἀνδρῶν, μὴ μεγάλα λίαν λέγε.
 1227. ὦ δ. ἀνδρῶν, ἀποκρίνε τὴν κλῆσιν,
Εκ. 564. ὦ δ. ἀνδρῶν, τὴν γυναῖκ' ἕα λέγειν.
 784. ὦ δ. ἀνδρῶν, ἔα με τῶν προύργου τι δρᾶν.
δαιμονία. ΕΙ. 585. δ. βουλόμενοι
Λ. 883. ἔστιν. ΚΙ. καταβηθ', ὦ δ., 'ὑ παιδίῳ.
 945. ἀγαθῶν' ἕα αὐτ', ὦ δ. ΜΤ. παρίει δ.
δαιμόνιε. Ι. 860. ὦ δ., μὴ τοῦ λέγοντος ἴσθι, μηδ' οἴηθῃς
Ν. 38. ἴασον. ὦ δ., καταδαρθείν τί με.
 810. ὦ δ., τί χρῆμα πάσχεις. ὦ πάτερ ;
 1138. ὦ δ., τὸ μὲν τι νυνὶ μὴ λάβῃς,
Ο. 901. ὦ δ., τὰ θεῖα μὴ φαύλως φέρε·
 1436. ὦ δ., μὴ νουθέτει μ', ἀλλὰ πτέρου,

Δαιμόνιε. Θ. 64. ὦ δ., τοῦτον μὲν ἕα χαίρειν, σὺ δὲ
 Β. 44. ὦ δ., πρόσελθε· δέομαι γάρ τί σου.
δαιμόνι. Σ. 962. ἀκούσον ὦ δ. μου τῶν μαρτύρων.
δαιμόνιος. Σ. 1052. ὦ δ., τοὺς ζητοῦντας
δαιμονίοις. Θ. 126. τῷ φῶς ἔσουτο δ. θύμασιν,
Δαιμονίοις. Ν. 76. μίαν εὖρον ἀτραπὸν δ. ὑπερφυᾶ,
 ΕΙ. 541. καὶ ταῦτα δ. ὑπωπιασμέναι
 Π. 675. ἐφ' ἣν ἐπιθύμουν δ. ἐφεπρύσαι.
δαίμονος. Ι. 85. μὰ Δί' ἀλλ' ἄκρατον οἴνον ἀγαθοῦ δ.
 Ι. 106. σπονδήν, ΝΙ. λαβὲ δὴ καὶ σπεῖσον ἀγαθοῦ δ.·
 107. ἔλχ' ἔλκε τὴν τοῦ δ. τοῦ Πραμνίου.
 111. ἕως καθεύδει. ΝΙ. τουτ'. ἀτὰρ τοῦ δ.
 Σ. 525. μηδέποτε πίωμ' ἀκράτου μισθὸν ἀγαθοῦ δ.
 ΕΙ. 300. νῦν γὰρ ἡμῖν ἀρπάσαι πάρεστιν ἀγαθοῦ δ.
 Ο. 1197. ὡς ἐγγὺς ἤδη δ. πεδαρσίου
δαιμόνων. Α. 794. οὐ χοῖρος 'Αφροδίτα ; μόνα γα δ.
 Ν. 578. δ., μὴν μύνεας οὐ θύετ' οὐδὲ σπένδετε,
 1261. τῶν Καρκίνου τις δ. ἐφθέγξατο·
 ΕΙ. 39. χῶντιν ποτ' ἔστί δ. ἡ προσβολὴ
 394. δωρύτατε δ.,
 Ο. 1764. τήνελλα καλλίνικος, ὦ δ. ὑπέρτατε
 Θ. 104. τίνι δ. ὁ κῶμος ;
 Π. 123. ἐληθὲς, ὦ δειλότατε πάντων δ. ;
 230. ὡς δ', ὦ κράτιστε Πλοῦτε πάντων δ.,
δαιμονῶν. Θ. 1054. λαιμότμηγ' ἄχη δ., αἰόλαι
δαίμοσιν. Ν. 253. ταίς ἡμετέραισι δ. ; ΣΤ. μάλιστά γε.
δαίμοσι. Ν. 574. ἐν θυητοῖσί τε δ.
 Σ. 1475. δ. τις ἐσκεκύκληκεν ἐς τὴν οἰκίαν.
 ΕΙ. 946. νῦν γὰρ δ. ὄργανέξει
 Θ. 1047. ἰὼ μοι μοίρας ἄτεγκτε δ.
 Π. 7. κρατείν ὁ δ., ἀλλὰ τὸν ἱπτημένον.
 726. ὡς φιλοπολίς τίς ἐσθ' ὁ δ. καὶ σοφός.
δαινύντο. ΕΙ. 1280. ὡς οἱ μὲν δ. βοῶν κρέα, καὶ τὰ τοιαυτί·
 ΕΙ. 1282. ὡς οἱ μὲν δ. βοῶν κρέα, καύχενας ἵππων
δαιομένη. Β. 828. ῥήματα δ. καταλεπτολογῆσαι
δάϊον. Ν. 335. πατέρ' ἀρ' ἑκούσιν ὑγρὰν Νεφελὰν στρεπαιγλᾶν
 δ. ὁρμάν,
δάϊος. Β. 1022. δ. θεασάμενος πᾶς ἄν τις ἀνὴρ ἡρώσθη δ. εἶναι.
δαίρειν. Ν. 442. αὐχμεῖν, μιγᾶν, δακῶν δ.,
δαιπαλεύσιν. Fr. Μ. Δαιτ. 9, 2. τοῖς δ., ὥσπερ ἀξιον λόγον,
δαίτας. ΕΙ. 779. κλείουσα θιῶν τε γάμων ἀνδρῶν τε δ.
δακεῖν. Α. 376. οὐδὲν βλέπουσιν ἄλλο πλὴν ψῆφον δ.
 Σ. 374. ξυ'τι, ποιήσω δ. τὴν
δάκνει. Ο. 1069. ἔρπετέ τε καὶ δ. πάνθ' ὅσαπερ
δάκῃ. Ι. 1029. ἰὼ μή μ' ὁ χρησμὸς ὁ περὶ τοῦ κινός δ.
 Θ. 530. μή δ. μήτηρ ἀδρήν.
δάκνει. Ν. 37. δ. με δήμαρχός ἐς ἐν τῶν στραμάτων.
 Σ. 253. οὐ γὰρ δ. ; ἴαν δέη τίμον πριᾶσθαι.
 972. τούτων μεταιτεῖ τὸ μέρος· εἰ δὲ μή, δ.
 Λ. 298. ὥσπερ κύων λυττῶσα τάφραλωδ δ.
 1029. ὡς τὸν ὀφθαλμόν γέ μου νὴ τὸν Δία πάλαι δ.
δάκνεις. Ι. 496. δ. βασιλεῖν. τοὺς μύσους κατεσθίειν,
 Ο. 19. τοῦ δ' οὐκ ἄρ' ἥττην οὐδὲν ἄλλο πλὴν δ.
 352. ἀλλὰ μὴ μέλλωμεν ἤδη τῶδε τίλλειν καὶ δ.
 442. ὁ μακαριστε, μή τι δ. τοῦτους ἐμὲ
 1348. τὸν πατέρα τοῖς ὄρνισιν ἄγχειν καὶ δ.

I 2

δάκνειν—δέδοκταί.

δάκνειν. Β. 861. δ., δάκνεσθαι πρότερος, εἰ τούτῳ δοκεῖ,
δάκνεις. Λ. 1209. τί με σὺ δ.;
δάκνεσθαι. Β. 861. δάκνειν, δ. πρότερος, εἰ τούτῳ δοκεῖ,
δακνόμενος. Ν. 12. ἀλλ' οὐ δύναμαι δείλαιος εὕδειν δ.
δάκνουσί. Ν. 710. δ. μ' ἐξέρποντες οἱ Κυρίνθιοι,
δάκνω. Β. 43. καίτοι δ. γ' ἐμαυτὸν ἀλλ' ὅμως γελῶ.
δάκνων. Σ. 778. δ. σεαυτὸν καὶ τὸν ἀπολογούμενον.
δάκοι. Ι. 1010. περὶ σοῦ, περὶ ἐμοῦ, τὸ πέος οὑτωσὶ δ.
δακοῦσα. Ν. 146. δ. γὰρ τοῦ Χαιρεφῶντος τὴν ὀφρὺν
δάκρυα. Β. 1354. δ. δακρυά τ' ἀπ' ὀμμάτων
δακρυά. Β. 1354. δάκρυα δ. τ' ἀπ' ὀμμάτων
δάκρυει. Α. 690. εἶτα λύζει καὶ δ., καὶ λέγει πρὸς τοὺς φίλους,
δακρύετε. Σ. 978. αἰτεῖτε κἀντιβολεῖτε καὶ δ.
δακρύουσιν. Ι. 1270. καὶ γὰρ οὗτος, ὦ φίλ' Ἀπολλον, ἀεὶ πεινῇ,
θαλεροῖς δ.
Σ. 390. τοῖς δ. τῶν φευγόντων ἀεὶ καὶ τοῖς ὁλοφυρμοῖς·
δάκρυον. Λ. 127. τί χρῷς τέτραπται; τί δ. κατείβεται;
Λ. 1034. ὥστ' ἐπειδὴ ἔρριφθη, ῥεῖ μου τὸ δ. πολύ.
δακρύσω. ΕΙ. 611. πάντας Ἕλληνας δ., τούς τ' ἐπεὶ τούς τ' ἐνθάδε.
δακρύων. Α. 1027. ἀπόλωλα τώφθαλμὼ δ. τὼ βόε.
δακτυλίδιον. Α. 417. τὸ δ. πιέζει τὺ ζυγόν,
δακτυλίου. Ι. 947. καὶ νῦν ἀπόδος τὸν δ., ὡς οὐκέτι
Θ. 425. ποιησαμένοισι δ. τριωβόλου.
Π. 584. τὸν δ. τονδὶ παρ' Εὐδήμου δραχμῆς.
Fr. 247. δ. χαλκοῦν φέρων ἀπείρονα.
δακτυλίος. Α. 1027. τοῦτ' ἄρ' ἦν με τοὐπιτρῖβον, δ. οὑτοσί·
Π. 1037. εἰ τυγχάνοις γ' ὁ δ. ὢν τηλία
δακτυλίοι. Ι. 951. οὐκ ἔσθ' ὅπως ὁ δ. ἔσθ' οὗτοσὶ
δακτυλίου. Π. 1036. διὰ δ. μὲν οὖν ἐμέ γ' ἂν διελκύσαις.
δακτυλίους. Fr. 309, 12. σφραγῖδας, ἁλύσεις, δ., καταπλάσματα,
δακτυλίους. Β. 1314. εἰωειωειωειλίσσετε δ. φάλαγγας
δακτυλίοισιν. Ι. 874. εὐνούστατόν τε πῇ πόλει καὶ τοῖσι δ.
δάκτυλον. Ι. 1170. ὡς μέγαν ἄρ' εἶχες, ὦ πότνια, τὸν δ.
Ν. 651. κατ' ἐνόπλιον, χώνικος αὖ κατὰ δ.
652. κατὰ δ.; νὴ τὸν Δί' ἀλλ' οἶδ'. ΣΩ. εἰπὲ δή.
δάκτυλος. Σ. 276. τῷ σκόπῳ τὸν δ. που,
δακτύλου. Ν. 653. τίς ἄλλος ἀντὶ τουτουὶ τοῦ δ.;
δακτύλους. Σ. 432. αἱ δὲ τώφθαλμὼ κύκλῳ κεντεῖτε καὶ τοὺς δ.
Ο. 26. βρύκουσ' ἀπέδεσθαί φησι μου τοὺς δ.;
δακτύλῳ. Σ. 251. τί δὴ μαθὼν τὸ δ. τὴν θρυαλλίδ' ὠθεῖς,
Λ. 365. ἅπτου μόνον Στρατυλλίδος τῷ δ. προσελθών.
δακτύλων. Σ. 95. τοὺς τρεῖς ξυνέχων τῶν δ. ἀνίστατο,
Σ. 1105. πάνυ μισολάκων αὐτοῦ 'στιν εἷς τῶν δ.
Ο. δ. ἀποσποδήσαι τοὺς ὄνυχας τῶν δ.
Εκ. 36. ὑποδουμένη τὸ κνῦμά σου τῶν δ.,
δακών. Ν. 1369. ὅμως δὲ τὸν θυμὸν δ. ἔφην, σὺ δ' ἀλλὰ τούτων
βαλλον. ΕΙ. 959. φέρε δή, τὸ δ. τοῦδ' ἰμβάψω λαβών.
δάμαρτος. Θ. 912. ὦ χρόνιος ἐλθὼν σῆς δ. ἐς χέρας,
Δάματερ. Π. 555. ὡς μακαρίτην, ὦ Δ., τὸν βίον αὐτοῦ κατέλεξας,
Π. 872. ὡς σοβαρός, ὦ Δ., εἰσελήλυθεν
δαμώμασιν. ΕΙ. 798. τοιάδε χρὴ Χαρίτων δ. καλλικόμων
Δαναώτατος. Fr. 259. b. Δ.,
δανείζειν. Θ. 842. καὶ δ. χρήμαθ', ᾗ χρῇν, εἰ δανείσειέν τινι
Fr. 183. ὑδρίαν δ. πεντέξουν ᾖ μείζονα.
δανείζεται. Ν. 756. ὅτιή κατὰ μῆνα τἀργύριον δ.
δανείσας. Εκ. 660. ἤν τις ὀφείλων ἐξαρνῆται. ΠΡ. πόθεν οὖν ἐδάνεισ' ὁ δ.
δανείσειέν. Θ. 842. καὶ δανείζειν χρήμαθ', ᾗ χρῇν, εἰ δ. τινι
δανείσηται. Λ. 1056. ὅστις ἂν νυνὶ δ.
δάκνωσιν. ΕΙ. 374. ἐς χοιριδίων μοί νυν δ. τρεῖς δραχμὰς·
δανότατα. ΕΙ. 1134. δ. τοῦ θέρους
δαπάναις. Σ. 1146. ὑφαίνεται πολλαῖς δ. αὕτη γέ τοι
Π. 530. εὔθ' ἱμάτιον βαπτῶν δ. κοσμῆσαι ποικιλομόρφων.
δαπανᾶσθαι. Π. 588. φειδομένους γὰρ καὶ βουλομένους τούτου μηδὲν δ.,
δαπάνης. 1.538. ὡς ἀπὸ σμικρᾶς δ. ὑμᾶς ἀριστίζων ὑπέπεμπεν,
Ν. 13. ὑπὸ τῆς δ. καὶ τῆς φάτνης καὶ τῶν χρεῶν,
92. δ., λιφυρμοῦ, Καλιάδος, Γενετυλλίδος.
δάπεδον. Ο. 1265. μηδέ τῳ' ἱερούντων ἀνὰ δ. ἔτι
Π. 351. προβάδην ἔξαυ' ἐπ' ἀφρόνιον ἵκεον' ὡς δ.,
Π. 515. ᾖ γῆς ἀρύρους ῥήξας δ. κορμὸν Δηοῦς θερίσασθαι,
Fr. 162, 2. χαῖρε λιπαρόν δ., οὐθαρ ἀγαθῆς μνεμοσ.,
δάπιδας. Σ. 676. ὄρχαι, οἶνον, δ., τυρόν, μέλι, σήσαμα, προσκεφάλαια,
Fr. 249, 1. ὁ χωρὶς δ' ὠρχεῖτ' ἂν ἐναψάμενος δ. καὶ στρωματόδεσμα,
δαπίβων. Εκ. 840. κλῖναί τε σισύρων καὶ δ. νενασμέναι.
δάπτειν. Π. 528. εὔτ' ἐν δ. τὶς ὑφαίνειν ἐθέλησει χρυσίου ὄντος;

δάπτοντα. Fr. 359. δ., μιστύλλοντα, διαλείχοντά μου
Δαρδανίς. Σ. 1371. νὴ τὸν Δί', αὕτη πού 'στί σοί γ' ἡ Δ.
δαρδάπτει. Β. 66. τοιουτοσὶ ταινὶν μι δ. πόθος
δαρδάπτουσιν. Ν. 711. καί τάς πλευράς δ.
Δαρεικούς. Εκ. 602. καὶ Δ., ἀφανῆ πλοῦτον; ΠΡ. τοῦτ' ἐστι τὸ μίσον καταθῆσαι,
Fr. 425, 2. κάθαιρον τοὺς Δ.
Δαρείου. Ο. 484. ἀρχή τε Περσῶν πρῶτον πάντων, Δ. καὶ Μεγαβάζου,
Β. 1028. ἐχάρην γοῦν, ἡνίκ' ἀπηγγέλθη περὶ Δ. τεθνεῶτος,
βᾷς. Ν. 1494. σὺν ἔργας, ὦ δ., ἵεναι πολλὴν φλύγα.
Σ. 1372. οὐκ, ἀλλ' ἐν ἀγρᾷ τοῖς θεοῖς δ. κάεται.
1373. δ. ᾖδε; ΦΙ. δ. δῇτ'. οὐχ ὁρᾷς ἐστιγμένην;
δασέων. Ν. 325. διὰ τῶν κοίλων καὶ τῶν δ., αὗται πλάγιαι.
ΣΤ. τί τὸ χρῆμα;
δάσκια. Θ. 998. δ. καὶ νάπαι πετρώδεις ** βρέμονται·
δασύν. Θ. 160. ἀγρεῖον ὄντα καὶ δ. σκέψαι δ' ὅτι
δασυνθέναι. Εκ. 66. ἔρριψα πρῶτον, ἵνα δ. ὅλη
δασυπώγων. Θ. 33. μῶν ὁ δ.; ΕΤ. οὐχ ἑώρακας πώποτε;
δασυτέρας. Εκ. 61. λόχμης δ., καθαπερ ἦν ξυνεχισμένην·
Δάτιδος. ΕΙ. 269. νῦν τοῦτ' ἐκείν' ἥκει τὸ Δ. μέλος,
Δαυλίαν. Fr. 727. Δ. κορώνην,
δάφνη. ΕΙ. 1044. προσέρχεται δ. τις ἐστεφανωμένος.
δάφνην. Π. 213. ὁ Φοῖβος αὐτὸς Πυθικήν σεῖσας δ.
Π. 1114. ὁ Πλοῦτος, οὐδεὶς οὐ λιβανωτὸν, οὐ δ.,
δάφνης. Θ. 489. παρὰ τὸν Ἀγυιὰ, κύββ' ἐχομένη τῆς δ.
δαφνοπώλην. Fr. 604. δ.
δέ. Α. 2. ἥσθην δ. βαιά, πάνυ δ. βαιά τέτταρα κ.τ.λ.
Α. 221. οἴχεται, διωκτέος δ.· μὴ γὰρ ἐγχάνῃ ποτὲ κ.τ.λ.
δεβαρμένην. Α. 158. τὸ τοῦ Θερεκράτους, κύνα δέρειν δ.
δεδεγμένα. Α. 478. σκάνδικά μοι δὺς, μητρόθεν δ.
δεδειπνάναι. Fr. 78, 2. ἥδη γὰρ αὐτοὺς οἴομαι δ.
Fr. 243. ἤδη παρωνεῖς ἐς με πρὶν δ.
δέδειπνηκας. Εκ. 1133. ζύντων τὸ πλῆθος οὐ δ. μόνος;
δεδεμένα. Ο. 1083. κάπωραγκώζει παλεύειν δ. ἐν δικτύῳ,
δεδεμένοι. Ο. 1087. αὖθις ὑμεῖς αὖ παρ' ἡμῖν δ. παλεύσετε.
δεδεμένους. Ι. 469. ἐγωὐδ' ἐπὶ γὰρ τοῖς δ. κλακεύεται.
δίδογμαι. Α. 1. ὅσα δὴ δ. τὴν ἐμαυτοῦ καρδίαν,
δεδίαςί. Ι. 1113. θρωπαι δ. σ' ὥσ-
δεδίασιν. Ι. 224. δ. αὐτὸν ὅ τε πένης βδύλλει λιάν,
δίδω'. Ι. 230. καὶ μὴ δ. οὐ γάρ ἐστιν ἐξηνασμένος.
δέδιθι. Σ. 373. μηδὲν, ὦ τᾶν, δ., μηδὲν
δεδιότε. Π. 448. τηνδὶ δ., μηδὲ διαμαχούμεθα.
δεδιώς. Εκ. 643. μὴ αὐτῶν ἐκείνον τύπτη δ., τοῖς δρῶσιν τοῦτο μαχεῖται.
δεδογμένον. Εκ. 763. ποίοισιν, ὦ δεδοηχνε; ΑΝ. Α. τοῖς δ.
δεδογμένοισιν. Εκ. 764. δ.· ὡς ἀνόητος ἦσθ' ἄρα.
δεδογμένους. Εκ. 759. ἐς τὴν ἀγοράν κατά τοὺς δ. νόμους.
δέδοκ'. Ν. 507. δέος μὲ μελιτοῦτταν πρότερον· ὡς δ. ἐγὼ
δέδοκα. Α. 370. καίτοι δ. πολλά· τοὺς τε γὰρ τρόπους
Ι. 28. δ. τουντοιτὶ τὸν οἰανόν. ΝΙ. τί δαί;
Ν. 1133. δ. καὶ πέπριμα καὶ βδελύττομαι,
Χ. 427. ὡς ἐγωὐ' αὐτῶν ὁρῶν δ. τὰς ἐγκεντρίδας.
630. ἀπολοίμην, εἰ σε δ.
ΕΙ. 173. οἴμ' ὡς δ. κοὐκέτι σκάπτον λέγω.
Λ. 620. καὶ πάνυ δ., οὐ μὴ τῶν Λακώνων τινί·
Εκ. 338. ὁ καὶ δ., μὴ τι δρᾷ νεώτερον.
585. τοῖς ἀρχαίοις ἐνδιατρίβειν, τοῦτ' ἐσθ' ὃ μάλιστα δ.
870. δ. γὰρ μὴ καὶ παρὰ τῇ στρατηγιδί,
1063. δ. κἀγὼ μὴ πλέον ἤπερ βούλωμαι.
Π. 199. πλὴν ἓν μόνον δ. ΧΡ. φράζε τοῦ πέρι.
δέδοικά. Ν. 493. δ. σ', ὦ πρεσβύτα, μὴ πληγῶν δέῃ.
δέδοικας. Σ. 629. ν ἡ τὴν Δήμητρα, δ. ἐγὼ δ'
Θ. 202. τί δ' ἔστιν ὅ τι δ. ἐλθεῖν αὐτόσε;
1186. αὐλεῖ οὖ θάττον· ἔτι δ. τὸν Σκύθην·
δεδοικάς. Σ. 628. καὶ σὺ δ. μὲ μάλιστ' αὐτῶν·
δεδοίκατε. Εκ. 181. ὅτι φιλεῖν μὲν βουλομένους δ.,
δέδοικε. Σ. 1358. ταῦτ' οὖν ποιεῖ με δ. μὴ διαφθαρῶ.
δέδοικεν. Fr. 62. τὴν αὑτοῦ σκιάν δ.
δεδοίκειν. Ν. 1461. ὅπως ἄν οἱ θεοὶ τοῖς θεοῖς δ.
Σ. 1091. ἄρα δεινός ἢ τύθ' ὥστε πάντα μὴ δ.
Π. 354. οὗτος ὑπερπλουτεῖν τί τ' αὖ δ.
δεδοιωδά. ΕΙ. 607. τὰς φύσεις ὑμῶν δ. καὶ τὸν αὐτοδάξ τρόπον,
δέδοξ'. Ι. 112. δ. ὅπως μὴ τεύξομαι κακοδαιμανος.
Ι. 395. οὐ δ. ὑμᾶς, ἴσον ἂν ζῇ τὸ βουλευτήριον
Β. 1260. καὶ δ. ὑπὲρ αὐτοῦ.
δεδόκησαι. Σ. 726. οὐκ ἂν δικάσαις. σὺ γὰρ οὖν νῦν μοι νικᾶν πολλῷ δ.
δέδοκται. Εκ. 457. οὔπω γεγενῆσθαι. ΒΛ. καὶ δ.; ΧΡ. φήμ' ἐγώ.
δέδοκταί. Σ. 485. ᾗ δ. μοι δέρεσθαι καὶ δέρειν δι' ἡμέρας·

δεδράκαμεν—δεῖ. 61

δεδράκαμεν. Θ. 519. οὐδὲν παθοῦσαι μεῖζον ἢ δ.;
δέδρακας. Ι. 1336. ὅσα με δ. ἀγάθ' ἀφεψήσαι. ΑΓ. ἐγώ;
Σ. 1392. ὁρᾷς ἃ δ.; πράγματ' αὖ δεῖ καὶ δίκας
ΕΙ. 1190. δ., εἰρήνην ποιήσας· ὢν πρὸ τοῦ
Ο. 325. καὶ δ. τοῦτο τοὔργον; ΕΠ. καὶ δεδρακώς γ' ἥδομαι.
Β. 479. οὗτος, τί δ.; ΔΙ. ἐγκίχοδα· μάλι θεῶν.
1472. τί δ., ὦ μιαρώτατ' ἀνθρώπων; ΔΙ. ἐγώ;
δεδράκατε. Εκ. 59. ὅσα Σμίροις ἔδοξεν εἰ δ.
δεδράκατον. Π. 429. ἀληθες; οὐ γὰρ δεινότατα δ.,
δέδρακε. Σ. 827. τί τις κακὸν δ. τῶν ἐν τῷπίῳ;
Σ. 909. ἔργων δ. κἀμὲ καὶ τὸ ῥυπαπαῖ.
Π. 868. καὶ τίνα δ. δῆτα τοῦτ'; ΣΤ. ἐμὲ τουτονί.
δεδράκαμεν. Σ. 1536. ἡμᾶς ταχύ· τοῦτο γὰρ οὐδείς πω πάρος δ.,
Ο. 13. ἡ δεινὰ νῷ δ. οὐκ τῶν ὀρνέων.
Θ. 545. ὑπὲρ ἀνδρὸς ἀντειπεῖν, ὃς ἡμᾶς πολλὰ κακὰ δ.
703. οἷον αὖ δ. ἔργον, οἷον αὖ, φίλαι, τόδε.
δεδρακώς. Ι. 823. μιαρώτατος, ὦ Δημαρίδιον, καὶ πλεῖστα
πανοῦργα δ.,
Ο. 325. καὶ δέδρακας τοῦτο τοὔργον; ΕΠ. καὶ δ. γ' ἥδομαι.
δεδραμίνα. Εκ. 578. μήτε δ. μήτ' εἰ-
δέδραται. ΕΙ. 1039. ταυτὶ δ. τίθεσος τὼ μηρὼ λαβών.
δέδωκεν. Ι. 841. καὶ μὴ μεθῆς τὸν ἄνδρ', ἐπειδή σοι λαβὴν δ.
δέει. Α. 1026. ἐν πᾶσι βολίτοις. ΔΙ. εἶτα νυνὶ τοῦ δ.;
Ο. 85. κακῶς σύ γ' ἀπόλοι', ὥς μ' ἀπέκτειναν δ.
Θ. 264. οὐ τοῦτο γίγνωσκ'· ἀλλ' ἔχεις γάρ που δ.
Π. 827. μάλιστ'· ΧΡ. ἔπειτα τοῦ δ.; ΔΙ. πρὸς τὸν θεὸν
1135. εἴ τον δ. γ' ἂν δυνατοὶ εἰμί σ' ὠφελεῖν.
δεῃ. Ν. 493. δεδωκά σ', ὦ πρεσβῦτα, μὴ πληγῶν δ.
Ν. 620. κᾆθ' ὅταν θύειν δ., στρεβλοῦτε καὶ δικάζετε·
Σ. 221. εἰς ἐκκαλοῦνται τοὔτον. ΣΠ. οὐκοῦν, ἢν δ.,
253. οὐ γὰρ δάκνει σ', ὅταν δ. τίμιον πρίασθαι.
812. ῥοφεῖν ἐὰν δ. τι. ΦΙ. τοῦτ' αὖ δεξιόν·
ΕΙ. 1175. ἢν δέ που δ. μάχεσθ' ἔχοντα τὴν φοινικίδα,
Λ. 123. ποιήσομεν, κἂν ἀποθανεῖν ἡμᾶς δ.
734. ἀλλ' ἐῶ 'πολέσθαι τἄρι· ΛΤ. ἢν τούτου δ.
Θ. 8. οὐδ' ἄρ' ὁρᾶν δεῖ μ'; ΕΤ. οὐχ ἅ γ' ἂν ἀκούειν δ.
90. ἐκκλησιάσοντ' ἐν ταῖς γυναιξί. χἂν δ.,
Β. 161. οἵ σοι φράσουσ' ἀπαξάπανθ' ὧν ἂν δ.
Εκ. 298. ἀπανθ' ὑπὼς' ἂν δ.
Π. 248. πάλιν τ' ἀναλῶν, ἡνίκ' ἂν τούτου δ.
δεηθείη. Σ. 109. ψήφων δὲ δείσαι μή δ. ποτέ,
δεηθείην. Π. 836. ὄντως βεβαίοισι, εἰ δ. ποτέ·
Π. 977. καὶ χρηστὸν· εἰ γάρ του δ. ἐγώ,
δεηθείς. Β. 533. ἰμοῦ δ. ἂν εἱ θεὸς θέλοι.
δεηθῶ. Σ. 291. ἐθελήσεις τί μοι οὖν, ὦ πάτερ, ἢν σοῦ τι δ.;
δεῖμα. Α. 1059. τὸ δ. τῆς νύμφης, ὁ δεῖταί μου σφόδρα,
δεῖμαι. Σ. 612. ἔντραγε τουτὶ τούτοισιν ἐγὼ γάνυμαι καὶ μὴ
με δ.
ΕΙ. 1032. καὶ τὴν τράπεζαν σίσομαι, καὶ παιδὸς οὐ δ.
δεησόμεσθ'. Π. 1180. ὥσθ' ἡγεμόνος οὐδὲν δ. ἔτι.
δεῖ. Α. 177. δ. γάρ με φεύγοντ' ἐκφυγεῖν Ἀχαρνέας.
Α. 233. ἀλλὰ δ. ζητεῖν τὸν ἄνδρα καὶ βλέπειν Βαλλήναδε
416. δ. γάρ με λέξαι τῷ χορῷ ῥῆσιν μακράν·
440. δ. γάρ με δόξαι πτωχὸν εἶναι τήμερον,
466. καίτοι τί δράσω; δ. γὰρ ἐνός, οὗ μὴ τυχὼν
543. παθόσθ' ἂν ἐν δύμοισιν; ἢ πολλοῦ γε δ.
Ι. 219. ἔχεις ἅπαντα πρὸς πολιτείαν δ.·
591. οὐκ ὦν δεῦρο φανῇν δ.
758. νῦν δὴ σε πάντα δ. κάλων ἐξιέναι σεαυτοῦ,
798. ὡς τοῦτον δ. ποτ' ἐν Ἀρκαδίᾳ πεντώβολον ἠλιάσασθαι,
963. μολὼν γενέσθαι δ. σε. ΑΛ. κἄν γε τουτογί,
964. ψωλὼν γενέσθαι δ. σε. μέχρι τοῦ μυρρίνου.
965. ἀλλ' οἵ γ' ἐμοὶ λέγουσιν οὐκ ἄρξαι σε δ.
1064. ὁ χρησμός, ᾦ σε δ. προσέχειν τὸν νοῦν πάνυ.
1278. εἰ μὲν οὖν ἀνθρώπον, ὃν δ. πύλλ' ἀκοῦσαι καὶ κακά,
Ν. 658. ἀλλ' ἕτερα δ. σε πρότερα τούτων μανθάνειν,
681. ἐθ' ἕν τι περὶ τῶν ὀνομάτων μαθεῖν σε δ.,
Σ. 301. τρίτον αὐτῶν ἔχειν ἀλφιτα δ. καὶ ξύλα κώψον
353. ἀλλ' ἄλλο τι δ. ζητεῖν ὑμᾶς· ὁπίαν δ' οὐκ ἔστιν
ὁραθῆναι,
527. γυμνασίῳ λέγειν τι δ.
644. δ. δέ σε παντοίας πλέκειν
1066. ἀλλὰ κἂν τῶν λειψάνων δ. τῶνδε ῥώμην
1392. ὁρᾷς ἃ δέδρακας; πράγματ' αὖ δ. καὶ δίκας
ΕΙ. 375. δ. γὰρ μηθῆναί με πρὶν τεθνηκέναι,
870. καὶ τἄλλ' ἀπαξάπαντα· τοῦ πέους δὲ δ.
Ο. 78. ἵννους δ' ἐπιθυμεῖ, δ. τορύνῃ καὶ χύτρας·
157. οὐ πρῶτα μὲν δ. ζῆν ἄνευ βαλαντίου·
347. ὡς δ. τώδ' οἰμώζειν ἄμφω
357. ὅτι μένοντε δ. μάχεσθαι λαμβάνειν τε τῶν χυτρῶν,
384. καὶ δικνιόν γ' ἐστί, κἀμοὶ δ. νέμειν ὑμᾶς χάριν.

δεῖ. Ο. 569. ᾧ προτέρῳ δ. τοῦ Διὸς αὑτοῦ σέρφον ἐνόρχην σφαγι-
άζειν.
607. ἡ παιδάρι' ὄντ' ἀποθνῄσκειν δ.; ΠΕ. μὰ ΔΓ, ἀλλὰ
τριακόσι' αὐτοῖς
613. οἰκοδομεῖν δ. λιθίνους αὐτοῖς,
637. ἀλλ' ὅσα μὲν δ. ῥώμῃ πράττειν, ἐπὶ ταῦτα τεταξόμεθ'
ἡμεῖς·
638. ὅσα δὲ γνώμῃ δ. βουλεύειν, ἐπὶ σοὶ τάδε πάντ'
ἀνάκειται.
641. ἀλλ' ὡς τάχιστα δ. τι δρᾶν· πρῶτον δέ γε
896. δ. με δεύτερον μέλος
947. ἀποδύθι· δ. γὰρ τὸν ποιητὴν ὠφελεῖν.
1185. ἤδη 'στίν. ΠΕ. οὐκοῦν σφενδόνας δ. λαμβάνειν
1307. ὥστε πτερῶν σοι τοῖς ἐποίκοις δ. ποθέν.
1357. δ. τοὺς νεοττοὺς τὸν πατέρα πάλιν τρέφειν.
1419. οὐ πάρεστιν· ἀλλ' ὅτου δ. χρῇ λέγειν.
1420. πτερῶν πτερῶν δ.· μὴ πύθῃ τὸ δεύτερον.
1461. βίμβικος οὐδὲν διαφέρει δ. ΠΕ. μανθάνω
Λ. 73. ἀλλ' εἴ τι πάνν δ., ταῖς παρουσίαισιν λέγε.
119. λέγοιμ' ἄν· οὐ δ. γὰρ κεκρύφθαι τὸν λόγον.
144. ὥμαι γα μάν· δ. τὰς γὰρ εἰράνας μάλ' αὖ.
431. ἐξέρχομαι γὰρ αὐτομάτη. τί δ. μοχλῶν;
432. οὐ γὰρ μοχλῶν δ. μᾶλλον ἡ νοῦ καὶ φρενῶν,
434. ξυλλάβμαν· αὐτὴν κώπισα τῷ χειρὲ δ.
497. ἀλλ' οὐδὲν δ. πρῶτον πολεμεῖν. ΠΡ. πῶς γὰρ σωθη-
σόμεθ' ἄλλως·
605. τοῦ δ.· τί ποθεῖς; χώρει 's τὴν ναῦν·
662. ἀλλὰ τὴν ἐξαμίδ' ἐκδύωμέ', ὡς τὸν ἄνδρα δ.
667. νῦν δ., νῦν ἀνηβῆσαι πάλιν κἀναπτερῶσαι
996. λέγεις; Πελλάναι δὲ δ.
1076. τί δ. ποθ' ὕμμε πολλὰ μυσίδδειν ἔτη;
1108. ἀλλ' οὐδὲν ἡμᾶς, ὡν ἔοικε, δ. καλεῖν·
1108. χαῖρ', ὦ πασῶν ἀνδρειοτάτη· δ. δὴ νυνὶ σε γενέσθαι
1219. οὐκ ἂν ποιήσαιμι. ΘΕ. εἰ δὲ τοῦτο δ. τοῦτο δρᾶν,
Θ. 5. ἀλλ' οὐκ ἀκούειν δ. σε πάνθ' ὅσ' αὑτίκα
7. οὐ δ. μ' ἀκούειν· ΕΤ. σύχ ἅ γ' ἂν μέλλῃς ὁρᾶν.
8. οὐδ' ἄρ' ὁρᾶν δ. μ'; ΕΤ. οὐχ ἅ γ' ἂν ἀκούειν δέρ.
9. δ. ποιεῖν, πρὸς ταῦτα τοὺς τρόπους ἔχειν,
150. μετουσίαν δ. τῶν τρόπων τὸ σῶμ' ἔχειν·
257. κεκρυφάλου δ. καὶ μίτρας. ΑΓ. ἡδὶ μὲν οὖν
262. ὑποδημάτων δ. ΑΓ. τἀμὰ ταυτὶ λάμβανε.
457. ἀλλ' εἰς ἀγορὰν ἄπειμι. δ. γὰρ ἀνδράσιν
464. πιθανὰ πάντα. δ. δὲ ταύτης
543. τοῦ τοι τιλλομένην με δ. δοῦναι δίκην ὑφ' ὑμῶν·
544. οὐ γὰρ σε δ. δοῦναι δίκην, ἥτις μόνη τέτληκας
1012. ΛΥ. ἐξεύρετ' Ἀνδρομέδαν πάντως δε μοι
Ρ. 77. μέλλεις ἀνάγειν, εἴπερ γ' ἐκεῖθεν δ. σ' ἄγειν·
1007. εἰ πρὸς τούτων δ. μ' ἀντιλέγειν· ἵνα μὴ φάσῃ δ'
ἀποροῖν με,
1056. πάνυ δὴ δ. χρηστὰ λέγειν ἡμᾶς. ΕΤ. ἢν οὖν σὺ
λέγῃς Λυκαβηττοὺς
1304. ἐνεγκάτω τις τὸ λύμον· καίτοι τί δ.
1368. ἵνε δοξόν νῦν, εἴπερ γε δ. καὶ τοῦτο δ.
Εκ. 23. δ. τὰς ἑτέρας πως κάγκαθεζομένας λαθεῖν·
35. δ. γὰρ τὸν ἄνδρ' αὐτῇ λαθεῖν.
86. νὴ τὸν ΔΙ', ὥστε δ. σε καταλαβεῖν ἕδρας
117. ὅπως προμελετήσομεν ἀκεῖ δ. λέγειν.
197. ναῦς δ. καθέλκειν· τῷ πένητι μὲν δοκεῖ,
295. ὧν δ. σ' ἀποδεῖξαι·
571. νῦν δὴ δ. σε πυκνὴν φρένα καὶ φιλόσοφον ἐγείρειν
636. ἔσται δυνατὸς διαγιγνώσκειν· ΠΡ. τί δὲ δ.; πατέρας
γὰρ ἅπαντας
700. πρότερον μεντοι δ. σε καθεύδειν
721. καὶ τὰς γε δούλας οὐχὶ δ. κοσμουμένας
762. τί δ'; οὐχὶ πείθομαι γάρ με τοῖς νόμοις δ.;
767. τὸ ταττύμενον γὰρ δ. ποιεῖν τὸν σώφρονα.
779. ἡμᾶς μόνον δ. νὴ ΔΙ'. καὶ γὰρ οἱ θεοί·
861. τὰ δυνατὰ γάρ δ. τὴν πόλιν λαμβάνειν
872. νὴ τὸν ΔΙα δ. γοῦν μηχανήματός τινος,
914. καὶ τάλλ' ὑδεῖν με πείθει, θ. δὲ μή·
1008. νὴ τὴν Ἀφροδίτην, δ. γε μέντοι σ'. ὡς ἐγὼ
1013. ψηφισμα, καθ' ὃ σε δ., βαδίζειν σε δ.
1026. ἐξαμοσία δ' οὐκ ἐστιν· ΓΡ. Α. οὐ γάρ δ. στροφῆς.
1090. ψήφισμα, βινεῖν δ. με διαλελημμένον.
1098. γε γυμναθῆναι δ. σαπρὰν
Π. 76. ἀκούετον δὴ δ. γὰρ ἂν ἑἰκοί σε
232. αὐτῇ 'στὶν ἢν δ. χρήματ' ἀσε τήμερον
256. ἀλλ' ἐστ' ἀν' αὑτῇ τῇς ἀμηδῆς, δ. παρόντ' ἀμύνειν.
400. σὺ τῷ μετανόστῳ· ΧΡ. μὰ Δία. δ. γὰρ πρῶτα ΔΛ. τί;
477. σὺ δ' ἐκετλάζειν καὶ βοᾶν πρὶν ἂν μάθῃς.
482. τὸ γὰρ αὐτ', ἐὰν ἡττᾶσθε, καὶ σφῶ δ. παθεῖν.

δεῖ—δεινόν.

δεῖ. Π. 875. ἐπὶ τοῦ τροχοῦ γὰρ δ. σ' ἐκεῖ στρεβλούμενον
Π. 1156. Ἑρμῆν παλιγκάπηλον ἡμᾶς δ. τρίφειν;
1209. ἐς τοὐπισθεν δ. γὰρ κατ‹›πν τυύτων ᾄδοντας ἵπεσθαι.
Fr. 15. εἰς τὰς τριήρεις δ. μ' ἀναλοῦν ταῦτα καὶ τὰ τείχη.
53, 1. δ. διακοσίων δραχμῶν.
169, 1. ἐξ ἄστεως νῦν εἰς ἀγρὸν χωρῶμεν' ὡς πάλαι δ.
189. εἰ παιδαρίοις ἀκολουθεῖν δ. σφαῖραν καὶ στλεγγίδ'
ἔχοντα.
406. ἀλλὰ συσπᾶσθαι δ. τὰς κοχώνας.
δει. Ἐκ. 939. καὶ μὴ 'δ. πρότερον διασπούδσαι
δεῖγμα. Α. 9δ9. τοῦ βίου ἐξέβαλε δ. τάδε τὰ πτερὰ πρὸ τῶν
θυρῶν.
δείγματι. Ι. 979. ἐν τῷ δ. τῶν δικῶν
δεικνύς. Ν. 54. ἐγὼ δ' ἂν αὐτῇ θοἰμάτιον δ. τοδὶ
Ο. 51. ἄνω κέχηνεν ὥσπερεὶ δ. τί μοι
Β. 912. Ἀχιλλέα τιν' ἢ Νιόβην, τὸ πρόσωπον οὐχὶ δ.,
δεικνῦσα. Θ. 499. ὡς ἡ γυνή δ. τἀνδρὶ τοὔγκυκλον
δείκνυσι. Ο. 1080. εἶτα φυσῶν τὰς γνάθας δ. καὶ λυμαίνεται,
δείλαιον. Ν. 552. τοῦτον δ. κολετρῶσ' ἀεὶ καὶ τὴν μητέρα.
δείλαιος. Ι. 139. ὑπὸ βυρσοπώλου; ΔΙΙ. νὴ Δί. ΝΙ. οἴμοι δ.
Ν. 12. ἀλλ' οὐ δύναμαι δ. εὕδειν δακνόμενος
709. ἀπώλλυμαι δ.' ἐκ τοῦ σκίμποδος
1473. διὰ τουτονὶ τὸν Δῖνον. οἴμοι δ.
1504. οἴμοι τάλας, δ. ἀποπνιγήσομαι.
Σ. 0. ἴσθι βδέων δημοῦ. ΗΑ. οἴμοι δ.'
165. ἀλλ' οὐχ ἔχεις ὀδύντας. ΦΙ. οἴμοι δ.'
202. ἀνύσας τι προσκύλιέ γ'. ΧΟ. οἴμοι δ.'
1150. καὶ στῆθί γ' ἀμπισχόμενος. ΦΙ. οἴμοι δ.'
ΕΙ. 233. μέλλει· θορυβεῖ γοῦν ἔνδοθεν. ΤΡ. οἴμοι δ.
Ο. 990. οὐκ εἰ θύρας' ἐκ κυράκου; ΧΡ. οἴμοι δ.
Ἐκ. 391. ἀλειτρυών ἐφθέγγετ'. ΒΛ. οἴμοι δ.
1051. πρότερον καθεύδειν αὐτῶν' ΝΕΑ. οἴμοι δ.
Π. 850. οἴμοι κακοδαίμων, ὡς ἀπόλωλα δ.,
δειλάκρα. Π. 979. σκώπτεις· ἐγὼ δὲ καταμίνησμαι δ.
δειλακρίων. ΕΙ. 193. ὦ δ., πῶς ἦλθες; ΤΡ. ὦ γλίσχρων ὁρᾶς
Ο. 143. ὦ δ. σὺ τῶν κακῶν οἵων ἐρᾷς.
δειλίαν. Π. 207. εἶτ' ὠνύμασί μου τὴν πρόνοιαν δ.
δειλίας. Α. 1129. ἐνορῶ γέροντα δ. φευξούμενον.
Ι. 368, διώμεαί σε δ.
δειλόν. Ι. 390. δ. εἰρήσεις ἐγὼ γὰρ τοὺς τρόπους ἐπίσταμαι.
Ν. 1046. οὔτω κάκιστον ἐστι καὶ δ. ποιεῖ τὸν ἄνδρα.
Ο. 1336. οὕτως ὁρῶν σε δ. ὄντα καὶ βραδύν,
1477. λαι δὲ δ. καὶ μέγα.
Θ. 836. εἰ δὲ δ. καὶ πονηρὸν ἄνδρα τις τέκοι γυνή,
δειλός. Α. 664. δ. καὶ λακατασύφαν,
Ο. 1329. Μανῆς γάρ ἐστι δ.
Β. 487. πῶς δ., ὅστις σπογγιὰν ᾔτησά σε;
489. κατέκειτ' ἂν ὀσφραινόμενος, εἴπερ δ. ἦν·
500. εἰ δ. ἔσομαι καὶ κατὰ σὲ τὸ λῆμ' ἔχων.
Ἐκ. 679. τοὺς ἀνδρείους ἐν τῷ πολέμῳ, κεί τις δ. γεγένηται,
δειλότατε. Π. 486. ὦ δ. θεῶν σὺ κἀνθρώπων. ΔΙ. ἐγώ;
Π. 123. ἀληθες, ὦ δ. πάντων δαιμόνων;
δειλότατον. Ν. 354. ὅτι δ. τοῦτον ἑώρων, ἔλαφοι διὰ τοῦτ'
ἐγένοντο.
Ο. 87. ὑπὸ τοῦ δέους. ΠΕ. ὦ δ. σὺ θηρίον,
Π. 439. οὗτος, τί δρᾷς; ὦ δ. σὺ θηρίον,
δειλότατόν. Π. 203. δ. ἴσθ' ὁ πλοῦτος. ΠΛ. ἥκιστ', ἀλλὰ με
δειμαίνονας. Σ. 1042. ὥστ' ἀναπηδᾶν δ. πολλοὺς ὡς τὸν
πολέμαρχον.
δείματα. Β. 688. ἐξιώσας τοὺς πολίτας νάφειλέν τὰ δ.
δείματα. Β. 144. δεινότατα. ΔΙ. μή μ' ἐκπλήττε μηδὲ δ.'
δεῖν. Ν. 1032. δεινῶν δέ σοι βουλευμάτων ἔοικε δ. πρὸς αὐτόν,
Θ. 940. εἰκὸς πρὸς τῇ σανίδι δ. τὸν τοξότην,
943. ἔχοντα ταῦτ' ἔδοξε τῇ βουλῇ σε δ.
Β. 604. δ. δ' ἔσικεν, ὡς ἀκούω
Fr. 157. ὅτῳ δοκεῖ σοι δ. μάλιστα τῇ πύλει;
δεῖν'. Ο. 860. τουτὶ μὰ Δί' ἐγὼ πολλὰ δὴ καὶ δ. ἰδών,
Θ. 477. ξύνοιδ' ἐμαυτῇ πολλὰ δ.' ἐκεῖνο δ' οὖν
Β. 279. τὰ δ. ἔφασκ' ἐκεῖνος. ΔΙ. ὡς οἰμώξεται.
925. ὑφρὸς ἔχοντα καὶ λόφους, δ. ἄττα μορμορωπά.
δεῖν'. ΕΙ. 879. οὗτος, τι περιγράφεις; ΟΙ. τὸ δ., εἰς Ἰσθμια
Θ. 1159. τὸν δεῖνα· ποίου; ΜΝ. ἴσθ' ὁ δ., ὃς καί ποτε
625. ἦ δ. ἔμοιγ'. οἴμοι τάλας.
Fr. 109, 1. καὶ μὴν τὸ δ., ἀπρομίλια δέ σοι τέτταρα
δεινά. Α. 323. οὐκ ἀκουσόμεσθα δῆτα. ΔΙ. δ. τἄρα πείσομαι.
Α. 501. ἐγὼ δὲ λέξω δ. μέν, δίκαια δέ.
678. γηροβοσκουμέσθ' ὑφ' ὑμῶν, ἀλλὰ δ. πάσχομεν,
770. οὐ δ.· θᾶσθε τοῦδε τὰς ἀπιστίας
1079. οὐ δ. ὑμῆ 'ξεῖναί με μηδ' ἑορτάσαι;
Ι. 609. δ. γ', ὦ Πόσειδον, εἰ μηδ' ἐν βυθῷ δυνήσομαι,
1018. ὅτι πρὸ σίθεν χάσκων καὶ ὑπέρ σοῦ δ. νεκραγὼς

δεινά. Ν. 368. νὴ τὸν Ἀπόλλω, καὶ δ. ποιεῖ γ' εὐθύς μοι, καὶ
τετάρακται
Ν. 389. χὤσπερ βροντὴ τὸ ζωμίδιον παταγεῖ καὶ δ. κέκραγεν·
583. κἀπολοῦμεν δ.' βροντὴ δ' ἐρράγη δι' ἀστραπῆς·
610. εἶτα θυμαίνων ἔφασκε· δ. γὰρ πεπονθέναι,
Σ. 417. ταῦτα δῆτ' οὐ δ. καὶ τυραννίς ἐστιν ἐμφανής;
441. εἶτα δῆτ' οὐ πιλλ' ἐνεστι δ. τῷ γήρᾳ κακά;
524. εἰπέ μοι, τί δ' ἦν, τὸ δ., τῇ διαίτῃ μὴ 'μμένης,
1368. οὐ δ. ταυθάζειν σε, τὴν αὐλητρίδα
Ο. 13. ἦ δ. νὼ δέδρακεν οὐκ τῶν ὀρνέων,
648. αὐτὴ τὸ δ. δεῦρ' ἐπανάπρουσα πάλιν.
1033. οὐ δ.; καὶ πέμπουσιν ἤδη 'πισκόπους
1472. δ. πράγματ' εἴδομεν.
Λ. 571. ἐξ ἐρίων δὴ καὶ κλωστήραν καὶ ἀτράκτων πράγματα δ.
608. εἶτ' οὐχὶ ταῦτα δ. πάσχειν ἔστ' ἐμέ;
620. δ. γάρ τοι τάσδε γ' ἤδη τοὺς πολίτας νουθετεῖν,
1098. ὦ πολυχαρίδα, δ. τὰν ἐπεπόνθεμες.
Θ. 705. ταῦτα δῆτ' οὐ δ. πρᾶγμα; ἔστι καὶ περαιτέρω·
706. δ. δῆθ', ὅστις γ' ἔχει μου 'ξαρπάσας τὸ παιδίον.
Β. 252. δ. τάρα πεισώμεθα.
612. σχέτλια μὲν οὖν καὶ δ. ΞΑ. καὶ μὴν νὴ Δία,
796. κἀνταῦθα δὴ τὸ δ. κινηθήσεται.
996. δ. γὰρ κατηγύρηκεν,
1093. καὶ δ. ποιῶν' κᾆθ' οἱ Κεραμῆς
Εκ. 400. οὐ δ. τολμᾶν τουτονὶ δημηγορεῖν,
812. δ. γε λέγεις. ΑΝ. Β. τί δεινῶν· ὥσπερ οὐχ ὁρῶν
Π. 455. ἰν' αὐτοφώρῳ δ. δρῶντ' εἰλημμένοι;
967. πέπονθα δ. καὶ παράνομ', ὦ φίλτατε·
Fr. 116, 4. δ. γὰρ ἔργα δρῶσαι
δεινὰ. Α. 1149. ἀναπριβαμένην τε τὰ δ.
ΕΙ. 268. οὗτος. ΚΤ. τί ἐστιν; ΠΟ. οὐ φέρεις; ΚΤ. τὸ δ. γὰρ,
Α. 921. καίτοι, τὸ δ., ψίαθὸς ἔστ' ἐξοιστέα.
926. καίτοι, τὸ δ., προσκεφάλαιον οὐκ ἔχει.
1168. τὸ δ. τοίνυν παράδοθ' ἡμῖν τουτονί
Θ. 620. τὸν δ. γιγνώσκεις, τὸν ἐν Κυθωνίδων·
621. τὸν δ.· ποῖον; ΜΝ. ἴσθ' ὁ δεῖν', ὃς καί ποτε
622. τὸν δ. τὸν τοῦ δ. ΚΛ. Ἀηρεὶν μὴ δοκεῖς.
Β. 918. σάφ' ἴσθι. ΔΙ. κἀμαυτῷ δοκῷ. τί δὲ ταῦτ' ἔδρασ' ὁ δ.;
δεινάν. Ν. 967. ἡ Παλλάδα περσέπολιν δ., ἡ Τηλέπορόν τι
βόαμα,
Β. 1336. φριλαβῶ δ. ὄψω,
δεινάς. ΕΙ. 753. διαβάς βυρσῶν ὀσμᾶς δ. κάπειλάς βορβορο-
θύμους.
Ο. 1239. δ., ὅπως μή σου γένος πανώλεθρον
δεινή. Ν. 243. νύσον μ' ἐπέτρεψεν ἱππιάή, δ. φαγεῖν.
Εκ. 245. οὐκ ἐτὺς ἄρ', ὦ μέλ', ἦσθα δ. καὶ σοφή.
Fr. 719. μέλαινα δ. γλῶσσα Βρεττία παρθ.·
δεινῇ. Λ. 1109. δ., ἀγαθῇ, φαύλη, σεμνῇ, ἀγανῇ, * *
πολύπειρον·
δεινῆς. Σ. 650. χαλεπὸν μὲν καὶ δ. γνώμης καὶ μείζονος ἢ 'πι
τρυγῳδοῖς,
Β. 816. ἀντιτέχνου τότε δὴ μανίας ὑπὸ δ.
δεινοῖς. Εκ. 519. ἐν τῷ θορύβῳ καὶ τοῖς δ. ἀνδρειοῦται
γεγένησθε.
δεινόν. Α. 128. ἀλλ' ἐργάσομαί τι δ. ἔργον καὶ μέγα.
Α. 315. τοῦτο τοὔπος δ. ἤδη καὶ ταραξικάρδιον,
352. δ. γὰρ οὕτως ὠμφανίαν πεφωνέναι
1070. ὥσπερ τι δ. ἀγγελῶν ἐπείγεται.
1183. πρὸς ταῖς πέτραισι δ. ἐξηύδα μέλος·
Ι. 810. οὔκουν δ. ταυτί σε λέγειν δῆτ' ἔστ' ἐμὲ καὶ δια-
βάλλειν
820. οὔκουν ταυτί δ. ἀκούειν, ὦ Δῆμ', ἐστίν μ' ὑπὸ τούτου,
875. οὐ δ. οὖν δῆτ' ἐμβάδας τοσουτονὶ δύνασθαι,
878. οὔκουν σε δῆτα ταῦτα δ. ἐστι πρωτοτυρεῖν,
1305. ταῖς δὲ δύξαι δ. εἶναι τοῦτο κοὐκ ἀνασχετόν,
Ν. 1313. εἶναι τὸν υἱὸν δ. οἱ
Σ. 29. οὐδὲν γὰρ ἔσται δ. οὐ μαθὼν ὄπλα.
27. δ. γε τοῦτ' ἄνθρωπον ἀποβαλὼν ὅπλα.
426. τοῦτο μέντοι δ. ἤδη νὴ Δί', εἰ μαχούμεθα
834. τί ποτε τὸ χρῆμ'; οὐ δ. ἢ φιλοχωρία.
ΕΙ. 103. καί σοι φράσω τι πρᾶγμα δ. καὶ μέγα,
401. οὔκουν δ. * * * *
608. πρὶν παθεῖν τι δ., αὐτὸς ἐξέφλεξε τὴν πόλιν,
Ο. 27. οὐ δ. οὖν δῆτ' ἐστιν ἡμᾶς δεομένους
63. οὕτως τι δ. οὐδὲ κάλλιον λέγειν;
1012. τί δ' ἐστὶ δ.; ΠΕ. ὥσπερ ἐν Λακεδαίμονι
1175. ὦ δ. ἔργον καὶ σχέτλιον εἰργασμένον.
1269. δ. γε τὸν κήρυκα τὸν παρὰ τοὺς βροτοὺς
1747. δ. τ' ἄρχητα κεραυνόν,
Α. 296. ὦτε δ., ἄναξ Ἡράκλεις,
366. τί δ', ἥν σποδὼ τοῖς κονδύλοις, τί μ' ἐργάσει τὸ δ.

δεινόν—δείσας. 63

δεινόν. Λ. 494. ὑμεῖς ταμιεύσετε τἀργύριον; ΛΤ. τί δὲ δ. τοῦτο νομίζεις;
Λ. 499. ὡς σωθήσει, κἂν μὴ βούλῃ. ΠΡ. δ. γε λέγεις. ΛΥ. ἀγανακτεῖν
529. ὑμεῖς ἡμᾶς; δ. γε λέγεις κοὐ τλητὸν ἔμοιγε. ΛΥ. σιῶπα.
567. οὔκουν δ. ταυτὶ ταύτας ῥαβδίζειν καὶ τολυπεύειν,
712. τί δ' ἐστὶ δ.; φράζε ταῖς συναυσίαις φίλαις.
Θ. 581. ὑμῖν ἀφράκτοις πρᾶγμα δ. καὶ μέγα.
597. τὸ πρᾶγμα τουτὶ δ. εἰσαγγέλλεται.
Β. 289. ποῖόν τι; ΗΛ. δ.· παντοδαπὸν γοῦν γίγνεται.
593. καὶ βλέπειν αὐθις τὸ δ.
680. δ. ἐκιβρέμεται
814. ἦ που δ. ἐμβρεμέτας χόλον ἔνδοθεν ἔξει,
823. δ. ἐπισκύνιον ξυνάγων βρυχώμενος ᾖσει
Εκ. 115. οὐκ οἶδα· δ. δ' ἐστὶν ἡ μὴ 'μπειρία.
465. ἐκεῖνο δ. τοῖσιν ἡλίκοισι νῷν,
645. ἡ Λευκολόφας, πάππαν με καλοῖ τουτ' ἤδη δ. ἀκοῦσαι.
650. ὥστ' οὐχὶ δέος μή σε φιλήσῃ. ΒΛ. δ. μέντἂν ἐπεκύνθη.
812. δεινά γε λέγεις. ΑΝ. Β. τί δ.; ὥσπερ οὐχ ὁρῶν
Π. 329. δ. γάρ, εἰ τριωβόλου μὲν οὕνεκα
Δεινός. Α. 429. χωλός, προσαιτῶν, στωμύλος, δ. λέγειν.
Α. 964. ὁ δ., ὁ ταλαύρινος, ὅτι τὴν Γοργόνα
Σ. 1091. ἆρα δ. ᾖ τῴδ' ὥστε πάντα μὴ δεδοικέναι,
Ει. 241. ὁ δ., ὁ ταλαύρινος, ὁ κατὰ τοῖν σκελοῖν·
Β. 968. Θηραμένης; σοφός γ' ἀνὴρ καὶ δ. εἰς τὰ πάντα,
Εκ. 364. τίς τῶν καταπρωκτῶν δ. ἐστι τὴν τέχνην;
Δεινότατ'. Λ. 339. δ. ἀπειλοῦντας ἐπῶν,
Δεινότατα. Σ. 908. ἄνδρες δικασταί, τουτονί. δ. γάρ
Ο. 1171. τί τὸ πρᾶγμα τουτί; ΑΓ. Β. δ. πεπόνθαμεν.
1225. δ. γάρ τοι πεισόμεσθ', ἐμοὶ δοκεῖ,
Β. 144. δ. ΔΙ. μή μ' ἔκπληττε μηδὲ δειμάτου·
Π. 429. ἀληθες; οὐ γὰρ δ. δεδράκατον,
1112. ἡμᾶς; ΕΡ. ὅτιη δ. πάντων πραγμάτων
Δεινόταται. { Σ. 1032. } οὗ δ. μὲν ἀπ' ὀφθαλμῶν Κύννης ἀκτῖνες
 { Ει. 755. } ἔλαμπον,
Δεινότατον. Β. 880. δ. στομάτοιν ὑορίσσθαι
Δεινότατον. Θ. 478. δ., ὅτε νύμφη μὲν ἢ τρεῖς ἡμέρας,
Εκ. 471. τὸ πρὸς βίαν δ. ΧΡ. ἀλλ' εἰ τῇ πόλει
Π. 445. καὶ μὴν λέγω, δ. ἔργον παρὰ πολὺ
Δεινότατον. Ο. 514. ὃ δὲ δ. γ' ἐστὶν ἁπάντων, ὁ Ζεὺς γὰρ ὁ νῦν βασιλεύων
Δεινότατος. Ο. 834. ὅσπερ λέγεται δ. εἶναι πανταχοῦ
Δεινότατους. Εκ. 113. πλεῖστα σπουδοῦνται, δ. εἶναι λέγειν·
Δεινότερα. Β. 254. δ. ἆ 'γωγ', ἰλαίνων
Θ. 436. οὐδὲ δ. λεγούσης.
Δεινοτέρα. Εκ. 516. οὐδεμιᾷ γὰρ δ. σου ξυμμίξας' οἶδα γυναικί.
Δεινότερον. Σ. 551. ἢ τρυφερώτερον, ἢ δ. ζώον, καὶ ταῦτα γέροντος;
Εκ. 646. πολὺ μέντοι δ. τούτου τοῦ πράγματός ἐστι. ΒΛ. τὸ ποῖον;
Δεινῷ. Α. 959. ἐν δ. γ', ὦ δύστηνε, κακῷ
Δεινῶν. Ν. 1032. δ. δέ σοι βουλευμάτων ἔοικε δεῖν πρὸς αὐτὸν,
Ει. 920. δ. ἀπαλλάξας πόνων
Α. 967. ὦ Ζεῦ, δ. ἀντισπασμῶν.
Δεινῶς. Ο. 1442. δ. γέ μου τὸ μειράκιον Διστρέφης
Λ. 1079. δ.· τεθορυβῶθαί γε χεῖρον ἐφαίνου.
δείξας. Α. 642. καὶ τοὺς δήμους ἐν ταῖς πύλεσιν δ., ὡς δημοκρατοῦνται.
Fr. 558. αὐτοῖς δ. ἐν θ' ἁρμονίαις χιάζων ἢ σιφνιάζων.
δείξατε. Ι. 1330. δ. τὸν τῆς Ἑλλάδος ἡμῖν καὶ τῆς γῆς τῆσδε μόναρχον.
δείξει. Λ. 375. τοὐμὸν σὺ πῦρ καταβέσεις; ΧΟ. ΓΤ. τοὔργον τάχ' αὐτὸ δ.
Θ. 673. δ. τ' ἤδη
Β. 1261. πάνυ γε μέλη θαυμαστά. δ. δὴ τάχα.
Εκ. 933. δ. γε καὶ σοί. τάχα γὰρ εἴσιν οἱ ἐμέ.
936. δ. τάχ' αὐτός, ὡς ἔγωγ' ἀπέρχομαι.
δείξειαν. Ν. 974. τοὺς παῖδας, ὅπως τοῖς ξυνιοῦσιν μηδὲν δ. ἀπηνές
δείξεις. Εκ. 97. ἀναβαλλομένη δ. τὸν Φορμίσιον.
δεῖξις. Σ. 994. δ. ἥσκειν' ἐπέφευγας, ὦ Λάβης.
δείξω. Β. 1205. ἰδοῦ, σὺ δ.; Αἰ. φημί. ΔΙ. καὶ δὴ χρὴ λέγειν.
δείξετον. Ν. 949. νῦν δ. τὼ πισύνω τοῖς περιδεξίοις
δεῖξον. Ι. 100. νῦν δὲ σὺ οὐδὲν λέγεις τὸ σαφρόνως τραφῆναι.
Ν. 182. καὶ δ. ὡς τάχιστά μοι τὸν Σωκράτη.
324. ἤσυχῇ αὐτάς. ΣΤ. φέρε, ποῦ; δ. ΞΠ. χωροῦσ' αὗται πάνυ πολλαί,
889. χώρει δευρί, δ. σαυτὸν
Λ. 1028. ἐκκαλύσον αὐτὸ, κἄτα δ. ἀφελοῦσά μοι·
Β. 400. πρὸς τὴν θεὸν καὶ δ. ὡς

δείξους'. Ο. 599. τοὺς θησαυροὺς τ' αὐτοῖς δ. οὓς οἱ πρότερον κατέθεντο
δείξω. Ο. 1045. τεκροὺς ἐγώ σοι τήμερον δ. νόμους.
Β. 1204. ἐν τοῖς ἰαμβείοισι. δ. δ' αὐτίκα.
Π. 780. δ. τὸ λοιπὸν πᾶσιν ἀνθρώποις ὅτι
δεῖπνα. Fr. 413, 1. τί πρὸς τὰ Λυδῶν δ. καὶ τὰ Θετταλῶν;
δεινπεί. Εκ. 683. εἰδὼς ὁ λαχὼν ἀπῆ χαίρων ἐν ὁποίῳ γράμματι δ.
δεῖπνον. Α. 1088. ἀλλ' ἐγκόνει· δ. κατακωλύεις πάλαι.
Ι. 766. ὥσπερ νυνὶ μηδὲν δράσας δ. ἐν τῷ πρυτανείῳ·
Ο. 495. κᾀρτὶ καθεύδων καὶ πρὶν δ. τοὺς ἄλλους, οὗτος ἄρ' ᾔσε,
Β. 107. δ. με δίδασκε. ΗΛ. περὶ ἐμοῦ δ' οὐδεὶς λόγος.
1478. τὸ πνεῖν δὲ δ., τὸ δὲ καθεύδειν κώδιον;
Fr. 125, 2. ἡνίκα γε τοὺς νεωτέρους δ. χρεών.
δεῖπνῆς. Ι. 1031. δς κέρκῳ σαίνων σ', ὁπόταν δ., ἐπιτηρῶν,
δειπνήσαι. Εκ. 688. μὴ 'ξελκυσθῇ καθ' ὁ δ., τούτους ἀπελώσιν ἅπαντες.
δειπνήσειν. Ο. 164. κατὰ χειρὸς ὕδωρ φερέτω ταχύ τις. ΧΟ. δ. μέλλομεν, ἦ τί;
δειπνήσεις. Ει. 1084. οὔποτε δ. ἔτι τοῦ λοιποῦ 'ν πρυτανείῳ,
δειπνήσετε Εκ. 837. φράσῳ καθ' ἕκαστον ἀνδρ' ὅποι δ.·
δειπνήσετον. Π. 890. ἀπὸ τῶν ἐμῶν γὰρ καὶ μὰ Δία δ.
δειπνήσομεν. Εκ. 1180. δ., εὐοῖ, εὐαῖ,
δειπνήσοντας. Fr. 876. ἄμφω' ἐστὶ δ. κοῦ μελλητέον.
δειπνήσοντας. Fr. 685. τὴν βασίλειαν δ.· τὸ δὲ θητ' ἐς τὴν παρὰ ταυτην,
δειπνήσων. Εκ. 860. βαδιεῖ δὲ δ. ὅμως; ΑΝ. Β. τί γὰρ πάθω;
Fr. 266. χωρεῖ δ' ἄκλητος ἀεὶ δ.· οὐ γὰρ ἀπανθαι
δειπνήτε. Ο. 1113. ἢν οὖν δ., πρηγορῶνας ὑμῖν πέμψομεν.
δειπνητικούς. Α. 1016. κομψῶς τε καὶ δ.
δείπνῳ. Fr. 407. οὐδ' ἴσως ἀντέλεξες τούτῳ τῷ δ.· οὐ γὰρ ἀπανθαι.
δεῖπνον. Α. 988. * * * ταῖ τ' ἐπὶ τὸ δ. ἅμα καὶ μεγάλα δὴ φρονεῖ,
Α. 1085. Δικαιόπολι. ΔΙ. τί ἐστιν; ΚΗ. ἐπὶ δ. ταχὺ
1137. τὸ δ., ὦ παῖ, δῆσον ἐκ τῆς κιστίδος.
1142. αἴρου τὸ δ.· συμποτικὰ τὰ πράγματα.
Ν. 175. ἐζήτει ἐπὶ δ. οὐκ ἦν κύτινος.
Σ. 60. οὐδ' Ἡρακλῆς τὸ δ. ἐξαπατώμενος
311. ὁπόθεν γε δ. ἔσται.
1005. ἐπὶ δ. ἐς ἐμμίσιον, ἐπὶ θεωρίαν,
1250. ὅπως δ' ἐπὶ δ. ἐς Φιλοκτήμονος ἴμεν.
1251. ναὶ ναί, τὸ δ., Χρυσέ, συσκευάζε νῷν,
Ει. 1192. ὅσον τὸ χρῆμ' ἐπὶ δ. ἦλθ' ἐς τοὺς γάμους·
1208. ἐπὶ δ. ὡς τάχιστα· καὶ γὰρ φρόντων
Θ. 1027. ὀλολν, ἀφίκου ἐκρέμασεν κόραξ δ.·
Εκ. 425. δ. παρέχειν ἄπασιν, ἢ κλάειν μακρά,
652. ὅταν ᾖ δεκάπουν τὸ στοιχεῖον, λιπαρῶς χωρεῖν ἐπὶ δ.
675. ὥστε βαδίζειν εἰς ἀλλήλους. ΒΛ. τὸ δὲ δ. ποῦ παραθήσεις;
856. ἐπὶ δ. ΑΝ. Α. οὐ δῆτ', ἦν γ' ἐκείναις νοῦς ἐνῇ,
1128. μάλισθ'· ὁδὶ γὰρ ἐπὶ τὸ δ. ἔρχεται.
1135. ποῖ ποῖ βαδίζεις; ΔΕ. ἐπὶ τὸ δ. ἔρχομαι.
1147. τὸ δ. αὑτοῖς ἐστ' ἐπεσκευασμένον
1149. ἐγὼ δὲ πρὸς τὸ δ. ἤδη 'πείξομαι,
1165. ἐπὶ τὸ δ.· αὐτοὶ δ' ἔχομεν. Κρητικῶς οὖν τὼ πόδε
Π. 596. τοὺς μὲν ἔχοντας καὶ πλουτοῦντας δ. κατὰ μῆν' ἀποπέμπειν,
Fr. 564. ἐκτάκυσιν γοῦν ἡ σκιά ἐστιν ἡ 'πὶ τὸ δ.
δεῖπνον. Α. 1096. σύγκλειε, καὶ δ. τις ἐνσκευαζέτω.
δείπνου. Α. 1112. ἀλλ' ἦ πρὸ δ. τὴν μίμαρκυν κατέδομαι.
Ν. 618. ἡνίκ' ἂν ψευσθῶσι δ., κἀπίωσιν οἴκαδε
Σ. 1401. Αἴσωπον ἀπὸ δ. βαδίζονθ' ἑσπέρας
Ει. 839. οἱ καύμενοι θύουσιν; ΤΡ. ἀπὸ δ. τινὲς
Εκ. 627. ἀπὸ τοῦ δ. καὶ τηρήσουσ' ἐπὶ τοῖσιν δημοσίοισιν
694. προσπίπτουσα τοῖς ἀπὸ δ.
δειπνοῦσι. Σ. 1217. δ.· ἀπονενίμμεθ'· ἤδη σπένδομεν.
δειπνοῦντ'. Ν. 981. οὐδ' ἂν ἐλέσθαι δ. ἐξῆν κεφάλαιον τῆς ῥαφανῖδος,
δειπνοῦντα. Σ. 1269. δ. μετὰ λογχῶν.
δειπνοῦντος. Ι. 60. δ. ἑστιᾶς ἀποσοβεῖ τοὺς ῥήτορας.
δειπνῶ. Εκ. 680. ἵνα μὴ δ. αἰσχυνόμενοι. ΒΛ. νὴ τὸν Ἀπόλλω λέγεις γε.
δειπνῶσιν. Εκ. 687. ἵνα κάπτωσιν· ΠΡ. μὰ Δί', ἀλλ' ἵν' ἐκεῖ δ. ΒΛ. εὖγε ἂν φυλή.
δεῖρε. Ο. 365. ἕλκε, τίλλε, παῖε δ., κόπτε πρώτην τὴν χύτραν.
δείσας. Σ. 109. ψήφου δὲ δ. μὴ δεηθείη ποτέ,
Σ. 1036. τοιοῦτον ἰδὼν τέρας οὔ φησιν δ. καταδωροδοκῆσαι,
Ο. 88. δ. ἀφῆκας τὸν κολοιόν; ΕΤ. εἰπέ μοι,

δείσας—δέομαι.

δείσας. Β. 308. ὁδὶ δὲ δ. ὑπερεπυρρίασέ μου.
Π. 708. δ., ἐκεῖνος δ' ἐν κύκλῳ τὰ νοσήματα
δείσασα. Β. 484. ἐνταῦθ' ἔχεις τὴν κορδίαν; ΔΙ. δ. γὰρ
δείσασαί. P. 565. νὴ Δία, τάλαινα. ΠΑΝ. Β. νὴ δὲ δ. γέ που
δείσης. Σ. 387. οὐδὲν πείσει· μηδὲν δ. ἀλλ' ὦ βέλτιστε, καθίει
Εκ. 586. περὶ μὲν ταίνυν τοῦ καινοτομεῖν μὴ δ.· τοῦτο γὰρ ἡμῖν
 621. οὐχὶ μαχοῦνται. ΒΛ. περὶ τοῦ; ΠΡ. θάρρει, μὴ δ.,
   οὐχὶ μαχοῦνται.
δείσητον. Β. 1117. μηδὲν οὖν δ., ἀλλὰ
δεῖσθαι. Ο. 1417. δ. δ' ἔοικεν οὐκ ὀλίγαν χελιδόναν.
δεῖσθον. Π. 532. παρ' ἐμοῦ δ' ἐστὶν ταύτ' εὔπορα πάνθ' ὑμῖν ἂν δ. ἐγὼ γὰρ
δείσωσ'. Σ. 715. ἀλλ' ὁπόταν μὲν δ. αὐτοί, τὴν Εὔβοιαν διδύασιν
δεῖται. Α. 632. ἀποκρίνεσθαι δ. νυνὶ πρὸς Ἀθηναίους μεταβούλους.
  Α. 1057. δ. παρὰ τῆς νύμφης τί σοι λέξαι μόνῳ.
  Σ. 264. δ. δὲ καὶ τῶν καρπίμων ἄττα μὴ 'στι πρῷα
  Ο. 74. δ. γὰρ ὅρνις καὶ διακόνου τινός;
  1375. τουτὶ τὸ πρᾶγμα φορτίου δ. πτερῶν.
Λ. 1051. εἴ τις ἀργυρίδιον δ.
Εκ. 577. ρος δή· δ. γάρ τι σοφοῦ τινὸς ἐξευ-
δεῖται. Λ. 1059. τὸ δῆγμα τῆς νύμφης, ὃ δ. μου σφόδρα,
δίκ'. Σ. 1391. ἄρτους δ. ὀβολοὺς κἀπιθήμην τέτταρας.
ΕΙ. 990. τρία καὶ δ. ἔτη·
δίκα. Α. 710. ἀλλὰ κατεπάλαισεν ἂν μὲν πρῶτον Εὐάθλους δ.,
  Ι. 438. σὺ δ' ἐκ Ποτιδαίας ἔχοντ' εὖ οἶδα δ. τάλαντα.
Θ. 741. τουτὶ τεκεῖν φῄς; ΓΥ. Σ. καὶ δ. μῆνας αὐτ' ἐγὼ 876. ἐπεὶ τέθνηκε Πραπέας ἔτη δ.
Εκ. 178. χρηστὸς γένηται, δ. πονηρὸς γίγνεται.
Π. 737. καὶ πρὶν σε κοτύλας ἐκπιεῖν οἴνου δ.
δεκάμηνα. ΕΙ. 1224. τί δαὶ δ. τῷδε θώρακος κύτει
ΕΙ. 1235. ἔπειτ' ἐπὶ δ. χεσεῖ καθήμενος·
δεκαπαλαί. Ι. 1154. ἐγὼ δὲ δ. γε καὶ δωδεκάπαλαι
δεκάπουν. Εκ. 652. ὅταν ᾖ δ. τὸ στοιχεῖον, λιπαροὺς χωρεῖν ἐπὶ δ.
δεκαπάλαντος. Fr. 264. λίθος δ.
δεκατεύεις. Fr. 392. ἐλλιμενίζεις ᾗ δ.
δεκάτη. Σ. 664. οὐδ' ἡ δ. τῶν προσιόντων ἡμῖν ἆρ' ἐγίγνεθ' ὁ μισθός·
δεκάτην. Ο. 494. ἐς δ. γάρ ποτε παιδαρίου πληθεὶς ὑπέπινον ἐν ἄστει,
Ο. 922. οὐκ ἄρτι θύω τὴν δ. ταύτης ἐγώ,
δεκέτεις. Α. 191. σὺ δ' ἀλλὰ τασδὶ τὰς δ. γεῦσαι λαβών.
δεκέτις. Λ. 643. εἴτ' ἀλετρὶς ᾖ δ. οὖσα τἀρχηγέτι·
δελεάσμασιν. Ι. 759. καὶ σὺ γὰρ αὐτὸν πολὺ μικροτέραις τού- των δ. εἷλες.
δέλτα. Λ. 151. γυμνοὶ παρίοιμεν, δ. παρατετιλμέναι,
δίλτοι. Θ. 778. ἄγε δὴ πινάκων ξεστῶν δ.,
δελφάκιον. Λ. 1060. κἄστιν ἔθνος τι, καὶ δ. ἣν τί μοι,
Θ. 237. οἴμοι κακοδαίμων, δ. γενήσομαι.
δελφακίων. Fr. 5. καὶ δ. ἁπαλῶν κωλαῖ καὶ χναυμάτια πτε- ρόεντα.
δέλφακος. Fr. 302, 6. οὐδὲ σχαδόνες, οὐδ' ἡτριαῖαι δ.,
Fr. 421, 4. σπληνὸς, ἢ νῆστιν, ἢ δ. ὀπωρινῆς
δελφακομνεία. Α. 786. νέα γὰρ ἔστιν, ἀλλὰ δ.
δελφῖνας. Ι. 762. τοὺς δ. μετεωρίζων καὶ τὴν ἅκατον παρα- βάλλων.
δελφίνων. Ι. 560. δ. μεδέων, Σουνιάρατε,
δελφίς. Β. 1317. ἵν' ὁ φίλαυλος ἐψαλλε δ.
δελφίνων. Ν. 605. Βάκχαις δ. ἐμφερέων,
Δελφοί. Σ. 1446. Αἴπανον οἱ Δ. ποτ' ΒΛ. ὀλίγον μοι μέλει.
Ο. 716. ἴωμεν δ' ὑμῖν Ἄμμων, Δ., Δωδώνη, Φοῖβος Ἀπύλλων.
Δελφοῖς. Σ. 159. μαντευομένῳ μοὔχρησιν ἐν Δ. ποτὲ,
Δελφούς. Ο. 618. ὁ νεὼς ἔσται· κοὔκ ἐς Δ.
Δελφῶν. Fr. 551, 1. ἀλλ' ὦ Δ. πλείστα δὴ ἀκονῶν
δέμας. Fr. 128, 4. τερον δ. οὐδένα κόσμον.
δένδρεον. Ο. 1060. δ. τ' ἐφεζόμενα καρπὸν ἀποβύσκεται·
δινδροκόμους. Ν. 280. δ., ἵνα
δένδρον. Ο. 1. ὀρθὴν κελεύεις, ᾗ τὸ δ. φαίνεται;
Ο. 617. τῶν ὀρνίθων δ. ἐλάας
  1473. ἐστὶ γὰρ δ. πεφυκὸς
δέξαι. Σ. 870. δ. τελετὴν καινὴν, ὦναξ, ἥν τῷ πατρὶ καινοτο- μοῦμεν·
ΕΙ. 977. δ. θυσίαν τὴν ἡμετέραν.
  978. δ. δή', ὦ πολυτίμητη,
Λ. 204. τὰ σφάγια δ. ταδὶ παρ' ἡμῶν εὐμενής.
  603. καὶ ταυτασὶ δ. παρ' ἐμοῦ.
δέξατο. Θ. 872. ὕστις ξένους δ. ποντίῳ σάλῳ
δεξάμεναι. Ν. 274. ὑπακούσατε δ. θυσίαν καὶ τοῖς ἱεροῖσι χαρεῖσαι.

δεξάμεναι. Θ. 101. ἱερὰν χθονίαις δ.
δέξασθε. Θ. 779. δ. σμίλης ὑλκυὸς
δέξασθέ. Π. 1103. πρὸς τῶν θεῶν δ. μου
Θ. 282. ἀλλ' ὦ περικαλλῆ Θεσμοφόρω, δ. με
Π. 1147. ἀλλὰ ξύνοικον πρὸς θεῶν δ. με.
δέξει. Σ. 1222. τούτοις ξυνὼν τὰ σκῦλ' ὕπως δ. καλῶς.
Σ. 1225. ᾠδὰ δὲ πρῶτος Ἁρμοδίου δ. δὲ σύ.
Π. 794. εἶτ' οὐχὶ δ. δῆτα τὰ καταχύσματα;
δέξεται. Σ. 1223. ἄληθες· ὡς οὐδεὶς Διακρίων δ.
ΕΙ. 144. λιμήν' δὲ τίς ἐν δ. φορούμενον·
Ο. 930. οὔτε πολιῶν πέλαγος ἐστιν ὅ τι δ.
395. ὁ Κεραμεικὸς δ. νώ.
δεξιά. Ν. 852. ἀλεκτρυαίνων· ταῦτ' ἔμαθες τὰ δ.
Ο. 1114. βιβλίον τ' ἔχων ἕκαστος μανθάνει τὰ δ.
Ν. 734. οὐδὲν γε πλὴν ἢ τὸ μέσον ἐν τῇ δ.
Β. 1402. σιδηροβριθές τ' ἔλαβε δ. ξύλον.
Εκ. 50. ἔχυυσαν ἐν τῇ δ. τὴν λαμπάδα,
δεξιαί. Β. 762. ἀπὸ τῶν τεχνῶν, ὅσαι μεγάλαι καὶ δ',
Ν. 81. κύσον με καὶ τὴν χεῖρα δὸς τὴν δ.
Ο. 1568. οὐ μεταβαλεῖς θοἰμάτιον ὧδ' ἐπὶ δ.
Θ. 221. κάθιζε· φύσα τὴν γνάθον τὴν δ.
Β. 754. ὦ Φοῖβ' Ἄπολλον, ἔμβαλέ μοι τὴν δ.,
  789. ὅτε δὴ κατήλθε, πἀνέβαλε τὴν δ.,
δεξιάς. Ν. 548. οὐδὲν ἀλληλαισιν ὁμοίας καὶ πάσας δ.·
δεξιάς. Ι. 639. ἐν δ. ἀνάναρδε καταψύγων ἀνήρ,
Σ. 1237. ᾤδη Κλέωνος λαβόμενος τῆς δ.,
Θ. 936. ὦ πρύτανι, πρὸς τῆς δ., ἤνπερ φιλεῖς
Εκ. 488. τὰν δ., μὴ ξυμφορά γενήσεται τὸ πρᾶγμα.
Δεξίθεος. Α. 14. Δ. εἰσῆλθ' ᾀσόμενος Βοιώτιον.
Δεξίνικος. Π. 800. εὖ πάνυ λέγεις· ὡς Δ. οὑτοσὶ
δεξιαί. Π. 1394. λύχνοι διαλλάξουσιν αὐτὰ δ.
Β. 1370. εἰσπνοιᾷ γ' οἱ δ.
δεξιάς. Ν. 1399. ὡς ἡδὺ καινοῖς πράγμασιν καὶ δ. ὁμιλεῖν,
δεξιόν. Ι. 96. τὸν νοῦν ἴν' ἄρδω καὶ λέγω τι δ.
Ι. 114. [τὸν νοῦν ἴν' ἄρδω καὶ λέγω τι δ.]
 174. τὸν δ., τὸν δ' ἕτερον ἐς Καλχηδόνα,
 233. γνωσθήσεται τῷ γὰρ θεάτρον δ.
 243. ὁ Παναίτι', οὐκ ἐλάτε πρὸς τὸ δ. κέρας;
Ν. 418. καὶ βέλτιστον τοῦτο νομίζεις, ὅπερ τῶν δ. ἀνδρα,
 757. εὖ γ'. ἀλλ' ἕτερον αὖ σοι προβαλῶ τι δ.
 1111. ἀμέλει, κοιμεῖ τοῦτον σοφωτὴρ δ.
Σ. 812. ῥοφεῖν ἰὼν δὴ τι. ΦΙ. τοῦτ' αὖ δ.
ΕΙ. 332. τὸ σκέλος ῥίψαντες ἤδη λήγωμεν τὸ δ.
 1096. ἀλλ' ὀσφῦς τοι νὴ Δί' Ὅμηρος δ. εἶπεν·
Ο. 353. ποῦ 'σθ' ὁ ταξίαρχος; ἐπαγέτω τὸ δ. κέρας.
δεξιός. Α. 629. οὔπω παρέβη πρὸς τὸ θέατρον λέξων ὡς δ. ἐστιν·
Ι. 228. καὶ τῶν θεατῶν ὅστις ἐστὶ δ.,
Ν. 428. ἡμᾶς τιμῶν καὶ θαυμάζων καὶ ζητῶν δ. εἶναι.
Σ. 1265. πολλάκις δὴ 'δοξ' ἐμαυτῷ δ. πεφυκέναι,
 1315. οὕτως δὲ διεμύλλαινεν ὡς ἦν δ.
ΕΙ. 190. Τρυγαῖος Ἀθμονεύς, ἀμπελουργὸς δ.,
δεξιώτατος. Ι. 719. καὶ νὴ Δι' ὑπό γε δ. τῆς ἐμῆς
Σ. 1059. ὀξὐές δ.
Β. 1009. δ. καὶ νουθεσίας, ὅτι βελτίους τε ποιοῦμεν
δεξιού. Β. 71. τί Εὐριπίδου· ΔΙ. δέομαι ποιητοῦ δ.
Β. 540. δ. πρὸς ἀνδρός ἐστι
 1121. πρώτιστον αὐτοῦ βασανιῶ τοῦ δ.
δεξιούς. Ν. 521. ὡς ὑμᾶς ἡγούμενός εἶναι θεατὰς δ.
Εκ. 527. ἀλλ' οὐδ' οἱ ὑμῶν ποθ' ἑκὼν προδώσω τούς δ.
 834. καὶ μηδὲν εἴσγε φλαῦρον ἄνδρας δ.
Π. 387. ἔγωγε καὶ τοὺς δ. καὶ σώφρονας
δεξιοῦς. Β. 1175. ἀνδρῶν παρόντων πολυμαθῶν καὶ δ.;
δεξιῶς. Ι. 1377. σοφῶς γ' ὁ Φαῖαξ, δ. τ' οὐκ ἀπέθανε.
 1345. ἐγὼ γὰρ αὐτὸν νὴ Δί' ὑφειλόμην
ΕΙ. 1230. ᾠδῇ, παραθέντι τρεῖς λίθους. οὐ δ.;
Θ. 9. τῶτ μοι παραινεῖς· δ. μέντοι λέγεις.
Εκ. 241. οὔ γ', ὦ γλυκυτάτη Πραξαγόρα, καὶ δ.
δεξιώτατα. Ν. 148. δῆτα τοῦτ' ἐμέτρησε; ΜΑ. δ.
δεξιώτατον. Ι. 421. ᾤ δ. κρέας, σοφῶς γε προὐνοήσω
δεξιώτατοι. Ι. 753. οἶκοι μὲν ἀνδρῶν ἐστι δ.,
Εκ. 408. μετὰ τοῦτον Εὐαίων ὁ δ.
δεξιώτερον. Σ. 65. ὑμῶν μὲν αὐτῶν οὐχὶ δ.
δέξομαι. Ο. 1312. ὑμῖν δ' ἐκείνων τοὺς προσιόντας δ.
δέοι. ΕΙ. 926. δοῦ· μηδαμῶς, ἰὼ μὴ βοηθεῖν μοι δ.
Λ. 1132. εἴπω μ' ἂν ἄλλοις, εἴ με μηκύνειν δ.·--
δεοίμην. Β. 1131. οὐκ ἀν πού φράσειας, εἰ δ. σου δ.
δίου'. Σ. 1426. οὐ λέγε. δικῶν γὰρ οὐ δ. οὐδὲ πραγμάτων.
Λ. 927. ἀλλ' οὔ δ. οὐδὲν ἔγωγε. ΜΥ. νὴ Δι' ἀλλ' ἐγώ.
δέομαι. Ν. 429. ὦ δέσποιναι, δ. τοίνυν ὑμῶν τουτὶ πάνυ μικρόν
Ο. 1424. καὶ πραγματοδίφης, εἶτα δ. πτερὰ λαβὼν

δέομαι—δεσπότου. 65

δέσμαι. Λ. 501. σωστέον, ὦ τᾶν. ΠΡ. κεί μὴ δ.; ΛΤ. τοῦδ'
  οὕνεκα καὶ πολὺ μᾶλλον
  934. μὰ Δί' οὐ δ. 'γωγ', ἀλλὰ βινεῖν βούλομαι.
Β. 44. ὦ δαιμόνιε, πρόσελθε· δ. γάρ τί σου.
  71. τί βουλόμενος; ΔΙ. δ. ποιητοῦ δεξιοῦ.
δέομαι. Α. 448. ἀτὰρ δ. γε πτωχικοῦ βακτηρίου.
δεόμεθ'. ΕΙ. 474. οὐδὲν δ., ἄνθρωπε, τῆς σῆς μορμύνος.
δεόμεθα. Ι. 673 οὐ δ. σπονδῶν· ὁ πόλεμος ἑρπέτω.
Σ. 857. ὅσων δ., πλὴν γε δὴ τῆς ἀλειψίδρας.
Λ. 1164. ἅσπερ πάλαι δ. καὶ βλιμάδδομεν.
δεόμενοι. Ο. 1306. πτερῶν δ. καὶ τρίτων γαμψωνύχων·
Π. 664. ἦσαν δέ τινες κάλλοι δ. τοῦ θεοῦ;
δεομένοις. Εκ. 415. ἣν γὰρ παρέχωσι τοῖς δ. οἱ κναφῆς
Π. 830. λαβὼν ἐπήρκουν τοῖς δ. τῶν φίλων,
δεόμενον. Α. 1157. δ., ἢ δ' ὡπτημένη
Εκ. 412. ὁρᾶτε μὲν με δ. σωτηρίας
δεόμενος. Α. 451. πολλῶν δ. σκευαρίων· νῦν δὴ γενοῦ
  Ο. 1557. δ. ψυχὴν ἰδεῖν, ἢ
  Λ. 875. οὐ γάρ δ. οὐδὲν ἐκκαλεῖς ἐμέ.
  876. ἐγὼ οὐ δ.; ἐπιτετριμμένος μὲν οὖν.
  Εκ. 935. δ. οὐδέν. ΓΡ. Α. νὴ Δί', ὦ φθίνυλλα σύ.
  978. τοῦ δαὶ δ. δᾷδ' ἔχων ἐλήλυθας ;
  Π. 54. καὶ τοῦ δ. ἦλθε μετὰ νῷν ἐνθαδί,
  Fr. 510, 1. πλὴν εἴ τις πρίαιτο δ.
δεομένους. Ο. 27. οὐ δεινὸν οὖν δῆτ' ἐστὶν ἡμᾶς δ.
Π. 835. εὐηργέτησα δ. ἕξειν φίλους
δεομένω. Ο. 112. πράγους δὴ δὴ τοῦ δ. δεῦρ' ἥλθετον ;
δεομένων. Α. 538. κοὐκ ἠθέλομεν ἡμεῖς δ. πολλάκις.
Ο. 47. τὴν ἔποπα, παρ' ἐκείνου πυθέσθαι δ.,
δέον. Ν. 659. ὥσπερ Περικλῆς ἐν τῷ δ. ἀπώλεσα.
Ν. 988. ὥστε μ' ἀνάγκησθ', ὅταν ὀρχεῖσθαι Παναθηναίοις δ.
  αὐτοῖς
Λ. 422. κωπῇς ἔσονται, ταργύριον νυνὶ δ.,
  1237. ᾄδοι Τελαμῶνος, Κλειταγόρας ᾄδειν δ.,
δέοντα. ΕΙ. 764. ποῦρ' ἀνιάσας, πύλλ' εὐφράνας, πάντα παρα-
  σχὼν τὰ δ.
δέοντι. ΕΙ. 272. ἀπόλωλ' ἐκείνου κἂν δ. τῇ πόλει.
δέοντος. Λ. 57. ἅπαντα δρώσας τοῦ δ. ὕστερον.
δέος. Εκ. 650. ὥστ' οὐχὶ δ. μή σε φιλῆσῃ. ΒΛ. δεινόν μέντἂν
  ἐπεπόνθη.
δέους. Α. 350. ὑπὸ τοῦ δ. δὲ τῆς μαρίλης μοι συχνὴν
Α. 581. ὑπὸ τοῦ δ. γὰρ τῶν ὅπλων ἰλιγγιῶ.
Ι 231. ὑπὸ τοῦ δ. γὰρ αὐτῶν οὐδεὶς ἤθελε
ΕΙ. 933. ὑπὸ τοῦ δ. λέγουσ' Ἰωνικῶς ὑξ,
Ο. 87. ὑπὸ τοῦ δ. ΠΕ. ὦ δειλύτατον σὺ θηρίον,
Εκ. 1062. ὑπὸ τοῦ δ. ΓΡ. Β. θάρρει, βάδιζ'· ἔνδον χεσεῖ.
Π. 693. ὑπὸ τοῦ δ. βδέννσα δριμύτερον γαλῆς.
δεούσας. Fr. 79, 2. κοτύλης δ. οἶκαδ' ἀπολογίζεται.
δεουσῶν. Fr. Μ. Ηρω. 7. ὀβολῶν δ. τεττάρων καὶ τῆς φοράς.
δεπάεσσιν. ΕΙ. 1093. ἔσπευδον δ'· ἐγὼ δ' ὑδὼν ἡγεμόνευον.
δέρειν. Σ. 485. ἡ δίδοκταί μοι δέρεσθαι καὶ δι' δ. ἡμέρας.
Λ. 158. τὸ τοῦ Φερεκράτους, κύνα δ. δεδαρμένην.
δέρεσθαι. Σ. 485. ἡ δίδοκταί μοι δ. καὶ δέρειν δι' ἡμέρας.
Δερκέτου. Α. 1028. ἀλλ' εἴ τι κήδει Δ. Φυλασίου,
δέρκομαι. Θ. 700. ὦ πότνιαι Μοῖραι, τί τόδε δ.
Β. 1337. φόνια φώνια δ.,
Δερκύλου. Σ. 78. ὑδὶ δί φησι Σωσίας πρὸς Δ.
δέρμ'. ΕΙ. 746. ὦ κακόδαιμον, τί τὸ δ. ἔπαθες ; μῶν ὑστρεχῖς
  εἰσἐβαλίν σοι
δέρμα. Ι. 29. ὑτιὴ τὸ δ. δεφομένων ἀπέρχεται.
Ι. 316. ὅστις ὑποτέμνων ἐπώλεις δ. μοχθηροῦ βοὸς
Ν. 1395. τὸ δ. τῶν γεραιτέρων λαβοῦσιν ἂν
Θ. 758. ταυτὶ τὸ δ. τῆς ἱερείας γίγνεται.
Β. 528. κατάβου τὸ δ. ΞΑ. ταῦτ' ἐγὼ μαρτύρομαι
δέρματι. Ι. 27. οὐχ ἡδὺ· ΔΗ. νὴ Δί' πλὴν γε περὶ τῷ δ.
δέρματος. Σ. 429. τὰς χελώνας μακαρίω σε τοῦ δ.
  Σ. 1292. ἰὼ χελῶναι μακάριαι τοῦ δ.
δερῶ. Ι. 370. δ. σε θύλακον κλοπῆς.
δέρων. Β. 619. δήσας, κρεμάσας, ὑστριχίδι μαστιγῶν, δ.,
δεσαύχενες. Fr. 648. δ.
δέσιν'. ΕΙ. 1073. οὕπω θέσφατον ἦν Εἰρήνης δ. ἀντιλῦσαι,
  Θ. 1013. τὰ δ. ὑπάρχει. δῆλον οὖν ἐστ' ἐσθ' ὅτι
δεσμά. Θ. 1125. μὰ Δί', ἀλλὰ λύσω δ. ΤΟ. μαστιγῶ σ' ἄρα.
Fr. 221. δ. καὶ κατάπλασμα.
δεσμῷ. Θ. 1035. παιῶνι, δ. δι,
δεσμοῖσιν. Θ. 1032. ἀλλ' ἐν πυκνοῖς δ. ἐμ-
δεσμῶν. Θ. 1108. λῦσόν με δ. ΤΟ. σύκὶ μὴ λαλῆσι σύ.
δέσπ'οθ'. Σ. 821. ὦ δ. ἥρως, ὡς χαλεπὸς θρ' ἀπαθ' ἰδεῖν·
ΕΙ. 275. ἀνύσαι τι ; ΚΤ. ταῦτ', ὦ δ. ΠΟ. ἧκε νυν ταχύ.
  385. μηδαμῶς, ὦ δ. Ἑρμῆ, μηδαμῶς, μὴ, μηδαμῶς,
  648. βυρσοπώλης. ΤΡ. παῦε παῦ', ὦ δ. Ἑρμῆ, μὴ λέγε.

δέσποθ'. ΕΙ. 711. ὦ δ. Ἑρμῆ, τῆς Ὀπώρας κατελάσαι ;
ΕΙ. 824. ὦ δ., ἥκεις· ΤΡ. ὡς ἐγὼ πιθύμην τινός.
Β. 318. τοῦτ' ἰστ' ἐκείν', ὦ δ., οἱ μεμυημένοι
δέσποιν'. ΕΙ. 271. εὖ γ', ὦ πότνια δ., Ἀθηναία, ποιῶν
ΕΙ. 705. ὥσπερ οὐδέποτ', ὦ δ., ἀφησύμεσθά σου.
Π. 533. τὸν χειροτέχνην ὥσπερ δ. ἐπαναγκάζουσα κάθηται
  644. ταχέως ταχέως φέρ' οἶνον. ὦ δ., ἵνα
  738. ὁ Πλοῦτος. ὦ δ., ἀνιστήσει βλέπων·
δέσποινα. ΕΙ. 976. δ. χοροῶν, δ. γήμων,
Ο. 877. δ. Κυβέλη, στρουθί, μῆτερ Κλεοκρίτου.
Λ. 203. δ. Πειθοί καὶ κύλιξ φιλοτησία.
  317. δ. Νίκη ξυγγενοῦ, τῶν τ' ἐν πύλει γυναικῶν
Θ. 286. δ. πολυτίμητε Δημήτηρ φίλη
  413. δ. γὰρ γέροντι νυμφίῳ γυνή.
Εκ. 1113. αὐτή τέ μοι δ. μακαριωτάτη,
δέσποινα. Ν. 266. ἄρθητε, φάνητ', ὦ δ., τῷ φροντιστῇ με-
  τέωροι.
Ν. 356. χαίρετε τοίνυν, ὦ δ. καὶ νῦν, εἴπερ τινὶ κάλλῳ,
  429. ὦ δ., δέομαι τοίνυν ὑμῶν τουτὶ πάνυ μικρὸν,
δέσποιναν. Fr. 118. τὴν δ. ἰριόδεις.
δεσποίνῃ. Ι. 763. τῇ μὲν ὦ δ. Ἀθηναίᾳ, τῇ τῆς πόλεως μεδεούσῃ,
δεσποσύνων. Θ. 43. τῶν δ. μελοποιῶν.
δέσποτ'. Ι. 960. μὴ δῆτά πώ γ', ὦ δ., ἀντιβολῶ σ' ἐγώ,
Ν. 264. ὦ δ. ἄναξ, ἀμέτρητ' Ἀήρ, ὃς ἔχεις τὴν γῆν μετέωρον,
Σ. 875. ὦ δ. ἄναξ, γείτον ἀγυιεῦ τοὐμοῦ προθύρου προπύλαιε,
ΕΙ. 90. ὦ δ. ἄναξ, ὡς παραπαίεις.
  399. δ. ἀγαλοῦμεν ἡμεῖς ἀεί.
Θ. 988. δ. ἐγὼ δὴ κωμιῶ
Εκ. 1129. ὦ δ., ὦ μακάριε καὶ τρισύλβιε.
Π. 20. ὦ δ. ἄναξ, ὦ γέρο παρὰ πράγματα.
δέσποτα. Α. 247. καὶ μὴν καλὸν γ' ἐστ', ὦ Διόνυσε δ.,
Σ. 142. σὺ δὲ τῇ θύρᾳ πρύσκισσο. ΣΠ. ταυτί, ὦ δ.
  389. ὦ Λύκε δ., γείτων ἥρως· σὺ γὰρ οἷσπερ ἐγὼ κεχάρησαι,
  420. Ἡρόκλεις, καὶ κέντρ' ἔχουσιν. οὐχ ὁρᾷς, ὦ δ. ;
ΕΙ. 257. ὦ δέσποτα. ΚΤ. οἴμοι μοι τάλας, ὦ δ.
  377. ἡμῶν κατειπῇ, ἀντιβολῶ σε, δ.
  389. οὐκ ἀκούεις οἷα θωπεύουσί σ', ὦναξ δ.
  875. σάφ' ἴσθι, κἀλήφθη γε μόλις. ΟΙ. ὦ δ.,
Ο. 535. Ἄρεως νεοττὶ. ΕΤ. ὦ νεοττὶ δ.,
Λ. 940. εἴθ' ἐκχυθείη τὸ μύρον, ὦ Ζεῦ δ.
Β. 1. εἴπω τι τῶν εἰωθότων, ὦ δ.,
  272. ἰαῦ, ἰαῦ. ΔΙ. βαδιζε δεῦρο, ὦ δ. χαίρ', ὦ δ.
  301. ἴθ' ὕπερ ἔρχει. δεῦρο δεῦρ', ὦ δ.
Π. 67. καὶ ὑπὸ δ. λέγω βέλτιστόν ἐστ', ὦ δ.
Fr. 492. τὸ δ' αἷμα λέλαφας τοὐμὸν ὦναξ δ.
δεσπόται. Β. 812. ἀλλ' εἰσίωμεν· ὡς ὅταν γ' οἱ δ.
Β. 694. καὶ Πλαταιᾶς εἰθὺς εἶναι κἀντὶ δούλων δ.
δεσπότῃ. Ι. 53. ὅτι ἂν τις ἡμῶν σκιναθρῃ, τῷ δ.
Θ. 41. προαγωγὸν οὖσ' ἀνετρίλισεν τῷ δ.,
Β. 746. ὅταν καταράσηται λάθρα τῷ δ.
  810. φύσεις ποιητῶν εἴτα τῷ σφῷ δ.
Π. 253. ὦ πολλὰ δὴ τῷ δ. ταυτὸν θύμον φαγύντες,
δεσπότην. Ι. 47. ὁ βυρσωπαφλαγὼν, ὑπσεσεῶν τὸν δ.
Ι. 58. ἡμᾶς δ' ἀπελαύνει, κοὺκ ἐᾷ τὸν δ.
Ν. 1488. τὸ τέγος κατάσκαπτ', εἰ φιλεῖς τὸν δ.,
Σ. 442. δηλαδὴ καὶ νῦν γε τοῦτω τὼ πακαιὼ δ.
Ο. 60. τίνες οὕτοι ; τίς ὁ βοῶν τὸν δ.
  80. οἶσθ' οὖν ὃ δράσον, ὦ τροχίλε; τὸν δ.
Εκ. 1125. ἀλλ', ὦ γυναῖκες, φράσατέ μοι τὸν δ.,
Π. 12. μελαγχολῶντ' ἀνεπεμφέ μου τὸν δ.,
  740. ὡς τὸ τ' ἤγειρον. ἀλλὰ τοῦ δ' εἰσθίωσι
  1103. ἀλλ' ἐκκάλει τὸν δ. τρέχων ταχύ,
Fr. 78, 1. οὑμὰ βαδίζειν κεκελεῖ ποτὶ τὸν δ.
  414, 3. ᾄδωμεν εἰς τὸν δ. ἐγκώμιον.
δεσπότης. Ι. 40. λέγοιμ' ἂν ἤδη, νῷν γάρ ἐστι δ.
Σ. 67. ἔστιν γὰρ ἡμῖν δ. ἐκεινοσὶ
ΕΙ. 54. ὁ δ. μου μαίνεται καινὸν τρόπον,
  80. ὁ δ. μου μετέωρος αἴρεται
Ο. 71. ἀλεκτρυόνος· ΤΡ. οὐκ, ἀλλ' ὅτε περ ὁ δ.
Β. 670. ὁ δ. γὰρ αὐτὸς ὑμᾶς γνώσεται
  739. ὁ δ. σου. ΞΑ. καὶ τίρ οὐχὶ γεννάδας;
  742. ὅτι δοῦλος ὢν ἔφασκες εἶναι δ.
  950. ὡς δ' ἐκ τούτον λέγω, τὰ πράγματα χῆ γραῖς ἂν. ΑΙ. εἶτα δῆτα
Π. 201. ἔχειν με, ταύτη δ. γενήσομαι.
  260. ὅτου χάριν μ' ὁ δ. ὁ σὸς κέκληκε δεῦρο,
  281.
  262. ὁ δ. γάρ φησιν ὑμᾶς ἡδέως ἅπαντες
  285. ἄγων ὁ δ. ὑμᾶς πολυτίμητοι ποιήσει.
  633. ὁ δ. πέπραγεν εὐτυχέστατα,
  819. καὶ νῦν ὁ δ. μὲν ἔνδον βουθυτεῖ
δεσπότου. Ι. 20. ἀλλ' εὑρέ τιν' ἀπόκινον ἀπὸ τοῦ δ.

Κ

δεσπότου—δεῦρο.

δεσπότου. Σ. 87. φράσω γὰρ ἤδη τὴν νόσον τοῦ δ.
Π. 2. δοῦλον γενέσθαι παραφρονοῦντος δ.
319. βουλήσομαι τοῦ δ.
1139. καὶ μὴν ὑπότε τι σκευάσμον τοῦ δ.
δεσποτῶν. Β. 750, ὁμόγνιοι Ζεῦ· καὶ παρακούων δ.
δετάς. Σ. 1361, ἀλλ' ὡς τάχιστα στῆθι τάσδε τὰς δ.
δεῦρ'. Α. 155. οἱ Θρᾷκες ἴτε δ, οὓς Θέαρον ἤγαγεν.
Α. 1118. παῖ παῖ, καθελών μοι τὸ δῦρο δ. ἔξω φέρε.
Ι. 148. ἀλλαντοπῶλα, δεῦρα δ., ὦ φίλτατε,
150. τί ἐστι ; τί με καλεῖτε ; ΔΗ. δ. ἐλθ', ἵνα πύθῃ
559. δ. ἐλθ' ἐς χορὸν, ὦ χρυσοτρίαιν', ὦ
586. δ. ἀφικοῦ λαβοῦσα τὴν
725. ὦ Δῆμε, δ. ἔξελθε. ΑΛ. νὴ Δί', ὦ πάτερ,
1335. ὦ φίλτατ' ἀνδρῶν, ἐλθὲ δ. Ἀγοράκριτε.
13ν9. σπονδὰς παραδῶ σοι. δ. ἰθ' αἱ Σπονδαὶ ταχύ.
Ν. 58. δ. ἐλθ', ἵνα κλάῃς. ΘΕ. διὰ τί δῆτα κλαύσομαι ;
607. ἥνιχ' ἡμεῖς δ. ἀφορμᾶσθαι παρεσκευάσμεθα,
690. ὅπων ἂν ; ὡδὶ, δεῦρο δ., Ἀμυνία,
466. εὖ γ' ὅτι ἐπείσθης. δεῦρο δ., ὦ Σώκρατες,
932. δ. ἴθι, τοῦτον δ' ἕα μαίνεσθαι.
1485. τῶν ἀδολεσχῶν. δεῦρο δ., ὦ Ξανθία,
Σ. 138. οὐ περιδραμεῖται σφῶν ταχέως δ. ἄτερος ;
1099. τὸν φύρον δ. ἐσμὲν, ὦ πάτερ.
Ει. 79. οἴμοι τάλας· ἴτε δεῦρο δ., ὦ γείτονες·
184. πῶς δ. δυήθηκες, ὦ μαρῶν μιαρώτατε,
298. καὶ νησιῶται, δ. ἴτ', ὦ πάντες λεῴ,
709. ὦ φιλτάτη, δ. ἐλθὲ καὶ δὸς μοι κύσαι.
726. τρῆ παρ' αὐτὴν τὴν θεόν. ΤΡ. δ., ὦ κύραι,
845. καὶ ταῦτα δράσας ἧκε δ. αὖθις πάλιν·
1021, θύσας τὰ μηρί' ἐξελθὼν δ. ἔκφερε,
1266. οὐρησούμενά τὰ τῶν ἐπικλήτων δ., ἵνα
1329. δ., ὦ γύναι, εἰς ἀγρόν,
Ο. 112. πράγους δὴ δῆ τοῦ διωμίως δ. ἠλθετον ;
120. ταῦτ' οὖν ἱκέται νὼ πρὸς σὲ δ. ἀφίγμεθα,
252. δ. ἴτε πευσόμενοι τὰ νεώτερα.
318. ἄνδρε γὰρ λεπτὼ λογιστὰ δ. ἀφῖχθον ὦς ἐμέ.
372. καὶ διδάξωντές τι δ. ἥκουσιν ὑμᾶς χρήσιμον ;
648. ἀτάρ τὸ δεῖνα δ. ἐπαναύκρουσαι πάλιν.
660. κατάλειφ' ἡμῖν δ. ἐκβιβάσας, ἵνα παίσωμεν μετ' ἐκείνης.
916. ἀτάρ. ὦ ναητά, κατὰ τί δ. ἀνεφάρης ;
1351. δὶ ταῦτα μέντοι δ. ἀνοικισθεὶς ἴγω
1418. τίς ὁ πτερῶν δ. ἐστὶ τοὺς ἀφικνουμένους ;
1647. δ. ἂν ἐμ' ἀποχωρήσον, ἵνα τί σοι φράσω.
Λ. 64. ὡς δ. ἰοῦσα θουμάτειον ἥρετο.
371. τί δ', ὦ θεοί ; ἐλθὲ δ. ὅπη ἴχουσ' ἀφίνου ;
738. χώρει πάλιν δ. ΓΥ. Β. ἀλλὰ νὴ τὴν Φωσφόρον
829. ἰοῦ ἰοῦ γυναῖκες, ἴτε δ. ὡς ἐμέ
1135. εἰ μὴν λόγος μοι δ. ἀεὶ περαίνεται.
1271. δ. ἴθι, δ., ὦ
Θ. 65. Ἀγάθωνά μοι δ. ἐκκάλεσον πάσῃ τέχνῃ·
585. αὐτοῦ γέροντα δ. ἀνασκέμαι τήμερον.
617. τί παραθμίζεις ; οὐ βαδιεῖ δ. ἂν ἐμέ ;
634. οὐδὲν λέγεις. δ. ἐλθὲ, δ., ὦ Κλεισθενες·
646. οὐκ ἐνγετανθί, ΓΤ. Ε. μᾶλλα δ. ἥκει πάλιν.
893. οὗτος πανουργῶν δ. ἀνήλθεν, ὦ ξένε,
Β. 81. μὴν ξυνατοφράνας δ. ἐπιχειρήσαι μοι·
301. ἰθ' ἤπερ ἔρχει. δεῦρο δ., ὦ δέσποτα,
503. ὦ φίλτα θ' ἥκεις Ἡράκλεις ; δ. εἴσιθι.
549. Πλαθάνη, Πλαθάνη, δ. ἐλθ', ὁ πανοῦργος οὑτοσὶ,
613. εἰ πώποτ' ἦλθον δ., ἰθίλω τεθνηκέναι,
1518. δ. ἀφίκωμαι, τοῦτον γὰρ ἐγὼ
Εκ. 124. δ. ὦ γλυκυτάτη Πραξαγόρα, σκέψαι, τάλαν,
496. ἀλλ' ἶα δ. ἐπὶ σκιᾶς
734. ποῦ 'σθ' ἡ διφροφόρος ; ἡ χύτρα δ. ἔξιθι,
737. ἴστω παρ' αὐτὴν, δ. ἰθ' ἡ κομμώτρια.
739. ἐνταῦθα· σὺ δὲ δ. ἡ κιθαρῳδὸς ἔξιθι,
882. παρκόντα. Μοῦσαι, δ. ἰτ' ἐπὶ τοὐμὸν στόμα,
1005. μὴ σκώπτει μ', ὦ τάλαν, ἀλλ' ὅπου δ. ὡς ἐμέ.
1028, τί δῆτα σκώπτεις ; ΓΡ. Α. δ. ἀκολουθεῖν ὦς ἐμέ.
1058. ἴπον, μαλακίων, δ. ἀνύσας καὶ μὴ λάλει.
1074. μὴ σκώπτει μ', ἀλλὰ δ. ἴπον. ΓΡ. Β. δευρὶ μὲν οὖν.
1083. οὐκ οἶσθα ; βαδιεῖ δ. ΝΕΑ. ἀφέτω νύν μ' αὐτηί.
1106. ὑπὸ ταῖνδε ταῖν κασαλβάδοιν, δ. ἐσπλίου,
Π. 231. εἴγε μετ' ἐμοῦ δ. εἴσει· ἡ γὰρ οἰκία
283. δ. ἥλθομεν, πολλῶν θύμων ῥίζας διεκπερῶντες.
δευρί. Ι. 162. ὦ μῶρε, ποίας κοιλίας ; δ. βλέπε.
Ι. 273. ἣν δ' ὑπεκκλίνῃ γε δ., τὸ σκέλος κυρηβάσει.
Ν. 323. βλέπε νυν δ. πρὸς τὴν Πάρνηθ'· ἤδη γὰρ ὁρῶ κατιούσας
506. ἀνύσας τι δ. θᾶττον ; ΣΤ. ἐς τῶ χειρί νυν

δευρί. Ν. 632, αὑτὸν καλῶ θύραζε δ. πρὸς τὸ φῶς.
694. οὐδὲν μὰ Δι', ἀλλὰ κατακλινεῖς δ. ΣΤ. τί δρῶ ;
889. χώρει δ., δεῖξον σαυτὸν
Σ. 1208. ναί· ἀλλὰ δ. κατακλινεῖς προσμάνθανε
1423. ἀλλ' ἐλθὲ δ. πρότερον, ἐπιτρέπεις ἐμοί,
ΕΙ. 1024. σχίζας δ. τιθέναι ταχίων
1102. ἔγχει δὴ σπονδὴν καὶ τῶν σπλάγχνων φέρε δ.
Ο. 302. δ. γὰρ ἐμβὰς αὑτίκα μάλ' ἐς τὴν λόχμην,
Θ. 25. βάδιζε δ. καὶ πρόσεχε τὸν νοῦν. ΜΝ. ἰδού.
Β. 609. χωρεῖτε δ. καὶ μάχεσθε τουτῳί.
1077. καὶ πλεῖν δ. καυθὶς ἐκεῖσε.
1509. ὡς ἐμὲ δ. καὶ μὴ μέλλειν·
Εκ. 1074. μὴ σκώπτέ μ', ἀλλὰ δεῦρ' ἴπου. ΓΡ. Β. δ. μὲν οὖν.
1084. δ. μὲν οὖν ἰθ' ὡς ἐμ' ΝΕΑ. ἦν ἤδη μ' ἀφῇ.
δεῦρο. Α. 239. οὕτως αὑτὸς αὑτοῦ ἐστιν ὧν ζητοῦμεν. ἀλλὰ δ. πᾶς
Α. 245. ὦ μῆτερ, ἀνάδοε δ. τὴν ἐντήρωσιν,
305. θεὶς δ. τοὐπίξηνον ἐγχείρει λέγειν.
665. δ. Μοῦσ' ἐλθὲ φλεγυρὰ πυρὸς ἔχουσα μένος, ἔντονος Ἀχαρνική,
888. τὴν ἐσχάραν μοι δ. καὶ τὴν ῥιπίδα,
1061, φέρε δ. τὰς σπονδὰς, ἵν' αὐτῇ δῶ μύσῃ,
1063, ὕπεχ' ὡδὲ δ. τοὐξάλειπτρον, ὦ γύναι.
1097. παῖ παῖ, φέρ' ἔξω δ. τὸν γυλιὸν ἐμοί.
1098. παῖ παῖ, φέρ' ἔξω δ. τὴν κίστην ἐμοί.
1101. θρίον ταρίχουν οἷαε δ., ναί, σαπρού.
1103. ἔνεγκε δ. τῷ πτερῷ τῷ 'κ τοῦ κράνους,
1119. παῖ παῖ, σὺ δ' ἀφελὼν δ. τὴν χοιρδὴν φέρε.
1124. φέρε δ. γοργυνώτον ὑσπίδος κυκλον,
1132. φέρε δ., παῖ. θώρακα πολεμιστήριον.
Ι. 148. ἀλλαντοπῶλα, δ. δεῦρ', ὦ φίλτατε,
591. νῦν ὑδν δ. φάνηθι· δεῖ
1217. βάδιζε δ. πρὸς τὴν Παφλαγόνος.
Ν. 575. ὦ σοφώτατοι θεαταί, δ. τὸν νοῦν πρόσχετε
690. ὅπως ἂν ; ὡδὶ, δ. δεῦρ', Ἀμυνία.
866. εὖ γ' ὅτι ἐπείσθης. δ. δεῦρ', ὦ Σώκρατες,
1485. τῶν ἀδολαχῶν. δ. δεῦρ', ὦ Ξανθία,
Σ. 267. πένονθεν, ὡς οὐ φαίνεται δ. πρὸ τοῦ πλῆθος ;
347. ἥτις σε λάθρα τἀνδρὸς τουδὶ καταβῆσαι δ. ποιήσει.
423. ὁ κώφιμος τὸ κίντρον εἶτ' ἵν' αὑτὸν ἴεσο,
433. ὦ Μίδα καὶ Φρὺξ βυθέμι δ. καὶ Μασιντία,
529. ἐνεγκάτω μοι δ. τὴν κίστην τις ὡς τάχιστα,
843. ἴθι νυν, σὺ δ' αὐτῷ δ. ΞΑ ταῦτα χρὴ ποιεῖν.
1341. ἀνάβαινε δ. χρυσομηλολύνθιον,
1378. τί λέγεις σύ ; ποῖος ὕζος ; ποῦ τί δ. σύ ;
ΕΙ. 79. οἴμοι τάλας· ἴτε δ. δεῦρ', ὦ γείτονες·
301. δ. πᾶς χωρεῖ προθύμως εὐθὺ τῆς σωτηρίας.
851. οὕτω λέγεθ' ὑμεῖς τίς ὁ φυλάξων ; δ. σύ
1115. ἄγε δή, θεαταί, δ. συσπαλαγχνεύετε
1316. εὐφημεῖν χρὴ καὶ τὴν νύμφην ἔξω τινὰ δ. καμίζειν,
Ο. 259. δ. δ. δ. δ.
320. φήμ' ἂν' ἀνθρώπων ἀφῖχθαι δ. πρεσβύτα δύο·
426. τὸ δ. προσβιβῷ λέγων.
646. ἄμφω. ΠΕ. δεχώμεσθα. ΕΠ. δ. τοίνυν εἴσιτον.
1022. ἐπίσκοπον ἥκω δ. τῷ κυάμῳ λαχών
1024. ἐπιρμέ δὲ τίς σε δ., ΕΠΙ. φαῦλον βιβλίον
1039. ἥκω παρ' ὑμᾶς δ. πωλήσων. ΠΕ. τῷ τί,
1169. ἐσθεῖ πρὸς ἡμᾶς δ. πυρρίχην βλέπων.
1186. καὶ τῷδε χωρεῖ δ. πᾶς ὑπηρέτη·
1305. ἤξονα· ἐκεῖθεν δ. πλεῖν ἢ μυρίοι
1379. τί δ. πύθα σὺ κυλλόν ἀνὰ κύκλον κυκλεῖς ;
1459. κάπειθ' ἐμοὶ μὴ πλεῖ δ., σὺ δ' ἐκείᾳ' αὖ πίτει
1532. ἤξουσι πρέσβεις δ. περὶ διαλλαγῶν·
Α. 62. πρῶτας παρεῖσθαι δ. τοὺς ἀπ' Ἀχαρνέων
585. δ. ξυνάγειεν καὶ συναθροίζειν ἐς ἓν, κἄπειτα ποιήσαι
621. δ. συνελαληθύτες ἀθρόοι ἐς Κλεισθένους
873. κατάβηθι δ. ΜΥ. μὰ Δί' ἐγὼ μὲν αὐτός· οὔ.
1101. ἐπὶ τί πάρεστε δ., ΛΑ περὶ διαλλαγῶν
1138. οὐκ ἔσθ', ὅτ' ἐλθὼν δ. Περικλείδας ποτὲ
1263. μιλε δ., παραίνε σιὰ,
Θ. 229. πρόσθες μοι. χώρει δ. ΜΝ. κανοθλάμεν ἐγώ.
283. ἀγαθῇ τύχῃ καὶ δ. καὶ πάλιν οἴκαδε.
319. οἰκοῦσα περιμάχητον, ἐλθὲ δ.
623. ἀνήλθεις ἤδη δ. πρότερον ; ΜΝ. νὴ Δία,
666. καὶ τὰ τῇδε καὶ τὰ δ. πάντ' ἀνασκόψει καλῶς.
1119. ἀτάρ εἰ τὸ πρωτὸν δ περιεστραμμένον,
1137. δ. καλεῖν νύμον ἐς χορον,
Β. 190. ἴσθαιες θ. ΔΙ. παῖ, δ. ΧΑ δοῦλον οὐκ ἄγω.
272. ἰαῦ, ΔΙ. βάδιζε δ. ΧΑ. χαῖρ', ὦ δέσπονα.
301. ἰθ' ἥπερ ἔρχει. δ. δεῦρ', ὦ δέσπονα.
305. νῦν καὶ τὴν ὡραῖον δεῦρο παρακαλεῖτε δ.
399. ἥδιστον εὑρῶν, δ. συνακολούθει

δεῦρο—δήμαρχος. 67

δεῦρο. B. 521. ὁ παῖς, ἀκολούθει δ. τὰ σκεύη φέρων.
652. ἄνθρωποι ἱεροί. δ. πάλιν βαδιστέον.
658. τί τὸ πρᾶγμα τουτί ; δ. πάλιν βαδιστέον.
1306. αὕτη κροτοῦσα; δ. Μοῦσ' Εὐριπίδου,
Ἐκ. 695. τάδε λέξουσιν' δ. παρ' ἡμᾶς'
730. χώρει σὺ δ. κινάχυρα καλὴ καλῶν
738. φέρε δ. ταύτην τὴν ὑδρίαν, ὑδριαφόρε,
952.
960. } δ. δὴ δ. δὴ,
1054. βάδιζε δ. ΝΕΑ. μηδαμῶς με περιίδῃς
1088. σιγῇ βάδιζε δ. ΓΡ. Γ. μὰ Δί' ἀλλ' ὡς ἐμέ.
Π. 260.
281. } ὅτου χάριν μ' ὁ δεσπότης ὁ σὸς κέκληκε δ.
285. ἴκμεν ἀφίκτεα δ. πρεσβύτην τιν', ὦ πονηροί,
1194. ἀλλ' ἐκῶντα τις δ. δᾷδας ἡμμένας,
Fr. p. 514. πολλὰ τοιαυτὶ καὶ τοιαυτὶ καὶ δ. σχηματίσαντες.
421. 5. ᾑτιαῖαν φέρετε δ. μετὰ κολλάβων
431. δ. δ' ἄν οὐκ ὀπίδραμεν.
δευρά. Α. 178. τί δ' ἐστιν ; ΑΜ. ἐγὼ μὲν δ. σοι σπονδὰς φέρων
I. 8. κακοῖσι καθάπερ σύ. ΔΗ. δ. νυν πρόσελθ', ἵνα
N. 91. νὴ τὸν Διόνυσον. ΣΤ. δ. νυν ἀνώβλεπε.
O. 1414. 58' αὖ μυνηρίζων δ. τις προσέρχεται.
1693. ἀλλὰ γαμικὴν χλανίδα δύτων τις δ. μοι.
Λ. 930. ἄπαντα δῆτα ; ΚΙ. δ. νυν, ὦ χρυσιον.
Θ. 279. ἐγὼ δ' ἄπειμι. ΜΝ. δ. νυν, ὦ Θρᾷθ', ἵπου.
1115. δεῦρο δ. μοι τὴν χεῖρ', ἴν' ἀψωμαι κύρης'
B. 871. ἴθι νυν λιβανωτὸν δ. τις καὶ πῦρ δότω,
1368. ἴτε δ. νυν, εἴπερ γε δεῖ καὶ τοῦτό με.
Ἐκ. 952. φίλον ἐμόν, δ. μοι
Δευς. Α. 911. Θείβαθεν, ἵττω Δ. ΝΙ. ἐγὼ τοίνυν ὁδὶ
δευτέρα. Ν. 1131. πέμπτη, τετράς, τρίτη, μετὰ ταύτην δ.,
δευτεριάζειν. Ἐκ. 634. ὅταν ἤδη 'γω διαπραξάμενον παραδῷ σοι δ.
δεύτερον. Σ. 576. δ. αὖ σου τουτὶ γράφομαι, τὴν τοῦ πλούτου καταχήνην'
O. 896. δεῖ με δ. μέλος
1420. πτερῶν πτερῶν δεῖ· μὴ σύβη τὸ δ.
Θ. 631. τί δὲ μετὰ τοῦτο δ. ; ΜΝ. προυπίνομεν.
Β. 1519. σοφία κρίνω δ. εἶναι.
Ἐκ. 31. ἡμῶν προσιόντων δ. κεκόκκυκεν.
390. οὐδ' εἰ μὰ Δία τοτ' ἦλθες, ὅτε τὸ δ.
δεύτερος. Ι. 132. μετὰ τοῦτον αὖθις προβατοπώλης δ.
δεύω. Fr. 267. πτίττω. βράττω, μάττω, δ., πέττω, καταλῶ.
δέφεσθαι. Ἐκ. 709. ἐν τοῖς προθύροισι δ.
δεφόμενος. Ι. 24. ὥσπερ δ. νῦν ἀτρέμα πρῶτον λέγε
δεφόμενος. ΕΙ. 290. δ. δ. ποτ' ἤδη τῆς ευπαμβρίας,
δεφομένων. Ι. 29. ὑτιὴ τὸ δέρμα δ. ἀπέρχεται.
δέχ'. Θ. 503. δ. ἡμέραι, ἕως ἐπιάατα παιδίον'
δέχεσθ'. O. 1729. καὶ νυμφιδίοισι δ. ᾠδαῖς
δέχεσθαι. Ἐκ. 821. ἀνέκραγ' ὁ κῆμυξ, μὴ δ. μηδένα
δέχεσθε. ΕΙ 905. ἀλλ', ὦ πρυτάνεις, δ. τὴν Θεωρίαν
O. 1708. δ. τὸν τύραννον ὀλβίοις δόμοις.
δέχεται. O. 937. Μοῦσα τόδε δῶρον δ.'
Θ. 346. ἡ καὶ δ. προδιδοῦσ' ἑταίρα τὸν φίλον,
Fr. 318. δέχ' ἡδῶν πρώφασιν οὐ δ.
δέχηται. O. 1059. δ. κατὰ τὴν στήλην,
δέχομαι. Α. 199. ταυτασὶ δ. καὶ σπένδομαι κἀκπιομαι,
O. 1276. δ. τί δ' οὕτως οἱ λιεῷ τιμῶσί με ;
Β. 589. δ. τὸν ὅρκον, κἀπὶ τούτοις λαμβάνω.
δεχόμεθα. Θ. 312. δ. καὶ θεῶν γένος
Fr. 150. 3. ἐὰν με τῶν ἀρχῶν ἀφῇτε. δ.'
δεχόμεσθα. O. 646. ἄμφω. ΠΕ. δ. ΕΠ. δεῦρο τοίνυν εἴσιτον'
δέχονται. Ν. 1196. τῶν οὐ δ. δῆτα τῇ νουμηνίᾳ
δέχου. Ι. 909. ἰδοὺ δ. κέρκον λαγῷ τὠφθαλμιδίω περιψῆν.
Σ. 736. οὐ δ. παρών δ.
ΕΙ. 1204. καὶ τῶνδ' δ 5 τι βούλει προίκα' καὶ ταυτὶ δ.'
Π. 63. δ. τὸν ἄνδρα καὶ τῶν αὑτοῦ σιαγόνων.
δή. Α. 1. ὅσα δ. δέδηγμαι τὴν ἐμαυτοῦ καρδίαν, κ.τ.λ.
Α. 753. τί δ' ἄλλο πράττεθ' οἱ Μεγαρῆς νῦν ; ΜΕ. οἷα δ. κ.τ.λ.
δή. Β. 265. κἂν με δ. δι' ἡμέρας,
Π. 216. ἐγὼ γάρ, εἴ γε τοῦτ' ἴσθι, κἂν δ. μ' ἀποθανεῖν,
δήγματος. Π. 885. ἀλλ' οὐκ ἔνεστι συκοφάντου δ.
δήθ'. Ι. 6. κάκιστα δ. οὑτὸς γε πρῶτος Παφλαγόνων
Ν. 193. τί δ. δ πρωκτὸς ἐς τὸν οὐρανὸν βλέπει;
403. οὐκ οἶδ' ἀτὰρ εἰ σὺ λέγεις φαίνει. τί γάρ ἐστιν δ. ὁ κεραυνός;
696. μὴ δ., ἱκετεύω σ', ἐνθάδ' ἀλλ' εἴπερ γε χρή,
791. οἴμοι, τί οὖν δ. ὁ κακοδαίμων πείσομαι;
1097. τί δ. δρᾷς ;

δήθ'. Σ. 350. ἐστιν ὀπὴ δ. ἥντιν' ἂν ἔνδοθεν οἷοί τ' εἴῃς διορύξαι.
354. μέμνησαι δ., ὅτ' ἐπὶ στρατιᾶς κλέψας ποτὲ τοὺς ὀβελίσκους
ΕΙ. 863. οἴμαι. τί δ., ὅταν ξυνῶν τῶν τιτθίων ἔχωμαι;
O. 1217. κᾴπειτα δ. οὕτω σιωπῇ διαπέτει
Λ. 985. κᾴπειτα δύρω δ. ὑπὸ μάλης ἥκεις ἔχων ;
1159. τί δ. ὑπηργμένων γε πολλῶν κἀγαθῶν
Θ. 706. δεινὰ δ. ἐστιν γ' ἔχεις μου 'ξαρπάσας τὸ παιδίον.
751. μὴ δ., ἱκετεύω σ'· ἀλλ' ἐμ' ὅ τι χρῄζεις ποίει
Β. 11. μὴ δ., ἱκετεύω, μήτ' γ' ὅταν μέλλω 'ξεμεῖν.
28. οὐ δ. ἔγ' ἔχω 'γὼ καί φέρω, μὰ τὸν Δί' οὔ.
167. μὴ δ., ἱκετεύω σ', ἀλλὰ μισθωσαί τινα.
784. τί δ. ὁ Πλοῦτον δρᾶν παρασκευάζεται ;
914. μὰ τὸν Δί' οὐ δ. ΕΤ. ὁ δὲ χορὸς γ' ἤρειδεν ὁρμαθοὺς ἂν
1089. μὰ Δί' οὐ δ., ὥστ' ἐπαφαύανθη
Ἐκ. 640. ἄγχουσι. τί δ., ὅταν ἄγνωσι ᾖ, πῶς οὐ τότε κἀπιχεσοῦνται ;
Π. 937. μὴ δ. ἱερὸν γάρ ἐστι τοῦ Πλούτου πάλαι.
δῆλα. Σ. 463. ἆρα δῆτ' οὐκ αὐτὰ δ.
Θ. 804. Ναυσιμάχης μέν γ' ἥττων ἐστὶν Χαρμίνος· δ. δὲ τἆργα.
δηλά. ΕΙ. 942. ὡς ταῦτα δ. γ' ἐσθ' ὁ γὰρ βωμὸς θύρασι καὶ δή.
δηλαδή. Σ. 442. δ. καὶ νῦν γε τούτῳ τῶν παλαιῶν δεσπότην
Ἐκ. 1157. σχεδὸν ἅπαντας οὖν κελεύω δ. κρίνειν ἐμέ.
δηλή. Λ. 92. δ. 'στιν οὖσα ταυταγὶ τῶν τενθῶν εἰ.
Λ. 919. ἤτοι γυνὴ φιλεῖ με, δ. 'στιν καλῶς.
Δηλίασι. Θ. 334. καὶ ταῖσι Δ., τοῖς τ' ἄλλοις θεοῖς,
Ν. 596. Δ., Δήλιον ἔχων
Δηλίοις. Θ. 333. καὶ ταῖσι Πυθίασι, καὶ τοῖς Δ.
Δηλίῳ. O. 870. καὶ κύκνῳ Πυθίῳ καὶ Δ., καὶ Λητοῖ 'Ορτυγίᾳ.
δηλοί. Π. 587. οὔκουν τουτῳ δήπου δ. τιμῶν τὸν πλοῦτον ἐκεῖνος ;
δηλοῖς. Π. 269. δ. γὰρ αὐτὸν σωρὸν ἥκειν χρημάτων ἔχοντα.
δῆλον. Ν. 1350. δ. τὸ λῆμ' ἐστὶ τἀνδρώπου.
O. 704. πολλοῖς δ. πετυμεσθα τε γὰρ καὶ ταῖσιν ἐρῶσι σύνεσμεν'
Θ. 1013. τὰ δέσμ' ὑπάρχει. δ. οὖν ἐν' ἐσθ' ὅτι
Επ. 719. ἀναξπάσας. ΒΑ. ἵνα τί ; ΠΡ. δ. τουτογί.
Π. 48. τῷ τοῦτο κρίνεις ; ΚΑ. δ. ὀτιὴ καὶ τυφλῷ
826. δ. ὅτι τῶν χρηστῶν τις. ὡς οἴεται, εἶ.
873. ὁ συκοφάντης. δ. ὅτι βουλιμᾷ.
988. εἶρηκας, ἀλλὰ δ. ὅτι σ' ἐχυγκύπτει.
1003. δ. ὅτι τοὺς τρόπους τις οὐ μοχθηρός ἦν.
δῆλον. Ι. 427. εἴ γε ξυνέβαλεν αὔτ' ἀτὰρ δ. γ' ἀφ' οὗ ξυνέγνω·
Δῆλον. Θ. 316. Δ. ἐν τοῖσιν ἱερᾶν,
Β. 659. 'Απολλον, ὃτι που Δ., ἡ Πύθων' ἔχεις.
δῆλος. Ι. 245. ὁ κοινόρυτὸν δ. αὐτὼν ἐν ὁμοῦ προσκειμένων.
ΕΙ. 913. καὶ νῦν σύ γε δ. εἴ·
O. 125. ἀριστοκρατεῖσθαι δ. εἶ ζητῶν. ΕΤ. ἐγὼ ;
1407. Κιπροπίδα φυλῇν ; ΚΙ καταγελᾷς μου, δ. εἰ.
Π. 333. προσιόντα· δ. δ' ἐστιν ὅτι τοῦ πράγματος
δῆλός. Ι. 330. δ. ἐν τοῦτοις καὶ πάρεισι. δ. ἐστιν αὐτόθεν,
Σ. 735. καὶ δ. ἐστιν εὖ ποιῶν·
912. νὴ τὸν Δί' ἤδη δ. ἐστ' ἐμοιγέ του
FI. 1048. τί ποτ' ἄρα λέξει ; ΤΡ. δ. ἐσθ' οὑτὸς γ' ὅτι
δηλούμεν. Fr. 7. σοὶ γὰρ μόνῳ δ., εἰκότως, ἐπεὶ
δηλοῦν. Ἐκ. 576. μυρίαισιν ὠφελείαισι βίου, δ.
δηλωθήσεται. Β. 1303. θρήνῳ, χορείων. τάχα δὲ δ.
Δῆμ'. Ι. 732. ὁτιὴ φιλῶ σ', ὦ Δ., ἐραστής τ' εἰμὶ σός.
Ι. 747. ὦ Δ., ἴδ' ἔδῃς ὁπυέτεος νῦν ἔστί σοι
769. πάγωγ', ὦ Δ., ἤν σε φιλῶ καὶ μὴ στέργω, κατατμηθεὶς,
777. τοῦτο μὲν ὦ Δ., οὐδὲν σεμνόν· κἀγὼ γάρ τουτό σε δράσω.
820. οὐκουν ταυτί δεινῶν ἀκούεις, ὦ Δ., ἐστιν μ' ὑπὸ τούτων,
1152. ὦ Δ., ἐγὼ μέντοι παρεσκευασμένος
1173. ὦ Δ., ἐναργῶς ἡ θεός σ' ἐπισκοπεῖ.
1207. τί οὐ διακρίνεις, Δ., ὁπότερὸς ἐστι νῷν
1341. ὦ Δ., ἐραστής εἰμι σὸς φιλῶ τέ σε
δῆμ'. Ι. 273. ὦ πύλει καὶ Δ., ὑφ' οἵων θηρίων γαστρίζομαι,
δεμαγωγία. Β. 419. νυνὶ δὲ δ.
δεμαγωγιά. Ι. 191. ἡ δ. γὰρ οὐ πρὸς μουσικοῦ
δεμαγωγικά. Ι. 217. τὰ δ' ἄλλα σοι πρόσεστι δ.,
Δημακίδιον. Ι. 823. μαρυτατος, ὦ Δ., καὶ πλεῖστα παιοῦργα δεδρακώς,
δήμαρχον. Fr. 412. δ.
δήμαρχος. Ν. 37. δάκνει με δ. τις ἐκ τῶν στρωμάτων.

K 2

Δῆμε—δήμῳ.

Δῆμε. Ι. 50. ὦ Δ., λοῦσαι πρῶτον ἐκδικάσας μίαν,
 1. 725, ὦ Δ., δεῦρ' ἔξελθε. ΑΛ. νὴ Δί', ὦ πάτερ,
 773. καὶ πῶς ἂν ἐμοῦ μᾶλλον σε φιλῶν, ὦ Δ., γένοιτο πολίτης;
 850. ἀλλ' ἐστὶ τοῦτ'. ὦ Δ., μηχάνημ', ἵν', ἢν σὺ βούλῃ
 905. ὦ Δ., μηδὲν δρῶντι μισθοῦ τρωβλίον ροφῆσαι.
 1111. ὦ Δ., καλήν γ' ἔχεις
 1260. καὶ μὴν ἐγὼ σ', ὦ Δ., θεραπεύσω καλῶς.
Δῆμί. Ι. 910. ἀπομιμάμενος ὦ Δ. μου πρὸς τὴν κεφαλὴν ἀποψῶ.
Βῆμί. Εκ. 205. ὑμεῖς γάρ ἐστ', ὦ Δ., τούτων αἴτιοι.
δημηγορεῖν. Σ. 35. δ. φάλαινα πανδοκεύτρια,
 Εκ. 400. οὐ δεινὰ τολμᾶν τουτονὶ δ
δημηγορήσει. Εκ. 111. δ.; ΠΡ. πολὺ μὲν οὖν ἄριστά που.
δημηγορήσων. Εκ. 429. δ., κἀπεχείρησέν λεγειν
δημηγορούσι. Ν. 1093. δ. δ' ἐκ τίνων;
δημηγορῶν. Ι. 956. λάρος κεχηνὼς ἐπὶ πέτρας δ.
Δήμητερ. Θ. 286. δέσποινα πολυτίμητε Δ. φίλη
 Θ. 384. Δ., ἀγιῶν ὀργίων
 880. Δ. ἡ θρέψασα τὴν ἐμὴν φρένα,
Δημήτηρ. Ο. 580. κἀπειτ' αὐτοῖς ἡ Δ. πυροὺς πεινῶσι μετρείτω.
Δήμητρ'. Α. 708. ὃς μὰ τὴν Δ., ἐκείνου ἡνίκ' ἦν Θουκυδίδης,
 Ι. 833. νὴ τὴν Δ., ἦ μὴ ζώην,
 1021. ταυτὶ μὰ τὴν Δ. ἐγὼ οὐκ οἶδ' ὅ τι λέγει.
 Ν. 455. νὴ τὴν Δ. ἔκ μου χαρδὴν,
 Σ. 1442. οὔ τοι μὰ τὴν Δ. ἔτ' ἐνταυθὶ μενεῖς,
 Ο. 517. νὴ τὴν Δ. εὖ ταῦτα λέγει. τίνος οὕνεκα ταῦτ' ἄρ' ἔχουσιν;
Λ 271. οὐ γὰρ μὰ τὴν Δ. ἐμοῦ ζῶντος ἐγχανοῦνται·
 500. ἀλλὰ ποιητέα ταῦτ' ἐστὶν ὅμως. ΠΡ. νὴ τὴν Δ. ἄδικόν γε.
 Θ. 225. οὐ γὰρ μὰ τὴν Δ. ἔτ' ἐνταυθὶ μενῶ
 Εκ. 682. νὴ τὴν Δ. εὖ γε διδάσκεις. τουτὶ τοίνυν φρασάτω μοι,
 Π. 364. οὔ τοι μὰ τὴν Δ. ὑγιαίνειν μοι δοκεῖς.
Δήμητρα. Ι. 435. οὔ τοι μὰ τὴν Δ. καταρροίξεις τάλαντα πολλὰ
 Ι. 812. νὴ τὴν Δ. Θεμιστοκλέους πολλῷ περὶ τὴν πύλιν ἤδη;
 941. νὴ γε νὴ τὸν Δία καὶ τὸν Ἀπόλλω καὶ τὴν Δ.
 Ν. 121. οὐκ ἄρα μὰ τὴν Δ. τήν γ' ἐμῶν ἕξεις,
 Σ. 629, νὴ τὴν Δ., δίδοικας. νὴ Δί'
 Β. 42. οὔ τοι μὰ τὴν Δ. δύναμαι μὴ γελᾶν·
 383. Δ. θεάν, ἐπικοσμοῦντες ζαθέαις μολπαῖς κελαδεῖτε,
 607. οὐ γὰρ μὰ τὴν Δ. δύναμαι πω μαθεῖν
 1067. νὴ τὴν Δ., χιτωνά γ' ἔχων οὐλαν ἐρίων ὑπένερθε.
 1222. οὐδ' ἂν μὰ τὴν Δ. φροντίσαιμί γε·
 Π. 64. οὔ τοι μὰ τὴν Δ. χαιρήσεις ἔτι.
Δήμητρά. Ι. 461. ταυτὶ μὰ τὴν Δ. μ' οὐκ ἐλάνθανεν
 Ι. 698. οὔ τοι μὰ τὴν Δ. γ', εἰ μή σ' ἐκφάγω
Δήμητρι. Θ. 296. μοφόροιν, τῇ Δ. καὶ τῇ Κόρῃ, καὶ τῷ
Δημήτρια. Ν. 684. Λυσίλλα, Φίλιννα, Κλειταγώρα, Δ.
Δήμητρος. Α. 47. ἀλλ' ἀθάνατος. ὁ γὰρ Ἀμφίθεος Δ. ἦν
 Β. 337. ὦ πότνια πολυτίμητε Δ. κόρη,
Δημίδιον. Ι. 726. ἔξελθε δῆτ'. ΚΛ. ὦ Δ. ὦ φίλτατον,
 Ι. 1199. ὦ Δ., ὁρᾷς τὰ λαγῷ' ἅ σε σοβεῖ;
δημιζόντων. Σ. 699. ὑπὸ τῶν δεὶ δ. οὐκ οἶδ' ὅπη ἐγκεκύκλησαι·
δήμιον. Εκ. 61. εἴπερ τις ἄλλος βουκολεῖν τὸν δ.
δημοπράτα'. Ι. 103. ἐπίπαστα λείξεις δ ὁ βάσκανος
δημοπράτα. Σ. 659. πρυτανεία, μέταλλ', ἀγοραὶ, λιμένας, μισθὼς καὶ δ.
δημιουργικώς. ΕΙ. 429. ἄττα χρὴ ποιεῖν ἐφεστὼς φράζε δ.·
δημιουργοί. ΕΙ. 297. καὶ δ. καὶ μέτοικοι καὶ ξένοι
δημιουργῶν. Ι. 600. τῶν δ. ξυλλαβεῖν τὰ τρυβλία.
 Λ. 407. οἱ λέγομεν ἐν τοῖς δ. τοιαδί·
δημοκρατία. Α. 618. ὦ δ., ταῦτα δῆθ' ἀνασχετά;
 Ο. 1570. ὦ δ., ποῖ προβιβᾷς ἡμᾶς ποτε,
δημοκρατίαν. Π. 949. τὴν δ., οὖσαν ἡμῶν πιθῶν
δημοκρατικῶν. Π. 952. δ. γὰρ αὔτ' ἔδρων. ΔΙ. τοῦτο μὲν ἴασον, ὦ τᾶν.
δημοκρατούμεθα. Εκ. 945. ἔστι δίκαιον, εἰ δ.
δημοκρατοῦνται. Α. 642. καὶ τοὺς δήμους ἐν ταῖς πόλεσιν δείξας, ὡς δ.
Δημολογοκλέων. Σ. 342. νεῖν ὁ Δ. 58',
Δήμων. Ι. 882. οὑπώπον' ἀμφιμασχάλου τὸν Δ. ἐξίασας,
 Ι. 1321. τὸν Δ. ἀφείησας νὴν καλὸν ἐξ αἰσχροῦ πεποίηκα.
 Σ. 98. υἱὸν Πυριλάμπους ἐν θύρᾳ Δ. καλῶν,
δήμων. Α. 33. στυγῶν μὲν ἄστυ, τὸν δ' ἐμὸν δ. ποθῶν,
 Α. 267. τὸν δ. ἐλθὼν ἄσμενος,
 626. ἀνὴρ νικᾷ τοῖσι λόγοισιν, κᾀ τὸν δ. μεταπείθει
 631. ὡς κωμῳδεῖ τὴν πόλιν ἡμῶν καὶ τὸν δ. καθυβρίζει,
 Ι. 212. τὸν δ. οὐδ' ἄντιτρέπειν ἐθ' ἱν' ἐγώ.
 215. ἅπαντα, καὶ τὸν δ. δεῖ προσποιοῦ
 426. οὐκ ἔσθ' ὅπως ὁ παῖς ὅδ' οὐ τῶν δ. ἐπιτροπεύσει.

δῆμον. Ι. 710. ἕλξω σε πρὸς τὸν δ., ἵνα δῷς μοι δίκην.
 714. ὡς σφόδρα σὺ τὸν δ. σεαυτοῦ νενόμικας.
 720. δύναμαι ποιεῖν τὸν δ. εὐρὺν καὶ στενόν.
 723. ἴωμεν ἐς τὸν δ. ΑΛ. οὐδὲν κωλύει·
 741. εὖ γὰρ ποιῶ τὸν δ. ΑΛ εἶπε νῦν, τί δρῶν;
 764. εὔχομαι, εἰ μὲν περὶ τὸν δ. τὸν Ἀθηναίων γεγένημαι
 811. πρὸς Ἀθηναίους καὶ τὸν δ. πεποιηκότα πλείονα χρηστὰ
 831. μωρότατος ὢν περὶ τὸν δ.
 848. οὐ γὰρ σ' ἐχρῆν, εἴπερ φιλεῖς τὸν δ., ἐκ προνοίας
 873. κρίνω σ' ὅσων ἐγῴδα περὶ τὸν δ. ἀνδρ' ἄριστον
 Σ. 41. τὸν δ. ἡμῶν βούλεται διιστάναι.
 888. τὸν δ. ᾐσθύμεσθά σου
 ΕΙ. 683. ἀποστρέφεται τὸν δ. ἀχθεσθείς· ὅτι
 Λ. 1156. τὸν δ. ὑμῶν χλαῖναν ἡμίαχον πάλιν·
 Θ. 309. δ. τὸν Ἀθηναίων καὶ τὸν τῶν γυναικῶν,
 Β. 1086. ἐξαπατώντων τὸν δ. ἀεί·
 Εκ. 453. δ. καταλύειν, ἀλλὰ πολλὰ νἀγαθά,
 575. δ. παγκλαιούσα
 Π. 567. ὦσι πένητες, περὶ τὸν δ. καὶ τὴν πόλιν εἰσὶ δίκαιοι,
δήμος. Σ. 40. ἴστη βύειον δ. ΞΑ. οἴμοι δείλαιος·
δημοπιθήκων. Β. 1085. καὶ βωμολόχων δ.
δῆμος. Ι. 602. σὺ μὲν ἁρπάζεις καὶ δωροδοκῆις παρὰ τῶν πόλεων· ὁ δὲ δ.
 Σ. 590. ὅτι δ' ἡ βουλὴ χὼ δ. ὅταν κρίναι μέγα πρᾶγμ' ἀπορῇ,
 ΕΙ. 686. ἀπορῶν ὁ δ. ἐπιτρόπου καὶ γυμνὸς ὢν
 Β. 779. μὰ Δί', ἀλλ' ὁ δ. ἀνεβόα κρίσιν ποιεῖν
 Εκ. 96. ὁ δ. ὢν, κἄπειθ' ὑπερβαίνουσά τις
 399. κἄπειθ' ὁ δ. ἀναβοᾷ πόσον δοκεῖς,
 1112. ὁ μακάριος μὲν δ., εὐδαίμων δ' ἐγὼ,
 Fr. 563. δ.
δῆμος. Θ. 1145. δ. τοῖ σε καλεῖ γυναι-
 Fr. 43. Σαμίων ὁ δ. ἐστιν· ὡς πολυγράμματος,
Δῆμος. Ι. 42. Δ. πυκνίτης, δύσκολον γερόντιον
 Ι. 1328. καὶ θαυμασταῖς καὶ πολυύμνοις, ἵν' ὁ κλεινὸς Δ. ἐνοικεῖ.
δημόσια. Ο. 396. δ. γὰρ ἵνα ταφῶμεν,
 Εκ. 206. τὰ δ. γὰρ μισθοφοροῦντες χρήματα
δημοσίοισιν. Α. 1030. ἀλλ', ὦ πότηρ', οὐ δ. τυγχάνω.
δημοσίοισιν. Εκ. 627. ἀπὸ τοῦ δείπνου καὶ τηρήσουσ' ἐπὶ τοῖσιν δ.
δημόσιος. Λ. 436. ἄκραν προσοίσει, δ. ὢν κλαύσεται.
δημοσίοις. Ι. 1136. περ δ. τρέφεις
δημοσίῳ. Α. 581. κεῖ τις ὀφείλει τῷ δ., καὶ τούτους ἐγκαταμίξαι
δημοσίων. Ι. 827. μυστιλᾶται τῶν δ.
 Ν. 351. τί γάρ, ἦν φάραγγα τῶν δ. κατίδωσι Σίμωνα, τί δρῶσιν;
 Σ. 554. ἐμβάλλει μοι τὴν χεῖρ' ἁπαλήν, τῶν δ. κεκλοφυῖαν·
 Θ. 812. ἐς πύλιν ἔλθοι τῶν δ.· ἀλλ' ἦν τὰ μέγισθ' ὑφέληται,
Δημόστρατος. Α. 391. ἔλεγεν δ' ὁ μὲν ὥρμα μὲν Δ.
 Λ. 393. αἶαῖ Ἀδωνιν, φησίν, ὁ δὲ Δ.
δημόται. Α. 329. εἰπέ μοι, τί φειδόμεσθα τῶν λίθων, ὦ δ.,
 Α. 328. εἰπέ μοι, τί ταῦτ' ἀπειλεῖ τοῦτος, ἄνδρες δ.
 Ν. 210. καὶ ποῦ Κικυννῆς εἰσὶν οὑμοὶ δ.;
 1210. χοὶ δ.
 Εκ. 1115. οἱ γείτονές τε πάντες οἵ τε δ.
 Π. 254. ἄνδρες φίλοι καὶ δ. καὶ τοῦ πονεῖν ἐρασταί,
 322. χαίρει· μὲν ὑμᾶς ἐστιν, ἄνδρες δ.,
δημόταισι. Ι. 320. πήμπολυν τοῖς δ. καὶ φίλοις παρασχεθεῖν
δημότας. Λ. 685. τήμερον τοὺς δ. βωστρεῖν σ' ἐγὼ πεκτυύ- μενον
δημότη. Ν. 1219. ἐχθρὸς ἔτι πρὸς τούτοισιν ἀνδρὶ δ.
δημότῃ. Α. 675. ὡς ἐμὲ λαβοῦσα τὸν δ.
 ΕΙ. 920. τὸν δ.
δημότης. Α. 333. ὡς ἀπωλόμεσθ'. ὁ λάρκος δ. ὅδ' ἐστ' ἐμός.
δημοτική. Εκ. 631, κεῖ τὸν Ἀπόλλω καὶ δ. γ' ἡ γνώμη καὶ καταχρὴ
δημοτικοῖσιν. Ο. 1584. ἐρανιστάμενος τοῖς δ. ὀρνέοις
δημοτικῶν. Ν. 205. τὸ γὰρ σόφισμα δ. καὶ χρήσιμον.
δημοτικῶν. Σ. 709. δύο μυριάδες τῶν δ. ἔξων ἐν πᾶσι λαγῴοις
δημοτικώτατον. Εκ. 411. κἄπειτ' ἔλεξε δ. λόγους·
δημοτῶν. Α. 333. δ. κωμήταις
δήμους. Α. 349, καὶ ταῦτα διὰ τὴν ἀτοσίαν τῶν δ.
 ΕΙ. 1023. τί δ', ἣν ἀφαιρηταί μ' ἀνὴρ τῶν δ.
δήμου. Ι. 954. δ. βοείου θρίον ἐξωπτημένον.
 Ι. 396. καὶ τοῦ δ. πρυσώπῳ μακρῷ καθημενον.
 Ι. 1038. ἐπὶ περὶ τοῦ δ. πολλοὶ κώνωπι μαχεῖται,
 1091. τοῦ δ. κατελῇ ἁραταίνῃ πλυσθυγτῖται,
 1216. αὕτη μὲν ἡ πίστη τὰ τοῦ δ. φρονεῖ.
δήμους. Α. 642. καὶ τοὺς δ. ἐν ταῖς πόλεσιν δείξας, ὡς δημοκρα- τοῦνται.

δήμῳ. Ι 236. ὀτιὴ 'πὶ τῷ δ. ξυνόμινυτον πάλαι,

δήμῳ—Δί'. 69

δήμῳ. 1. 790, καὶ μὴν εἴ πού τις ἀνὴρ ἐφάνη τῷ δ. μᾶλλον ἀμύνων
Ν. 432. ἐν τῷ δ. γνώμας οὐδεὶς νικήσει πλείονας ἢ σύ.
Σ. 594. κἂν τῷ δ. γνώμης οὐδεὶς πώποτ' ἐνίκησεν, ἐὰν μὴ
706. εἰ γὰρ ἐβούλοντο βίον πορίσαι τῷ δ., ῥᾴδιον ἦν ἄν.
Λ. 514. ἐν τῷ δ. τήμερον ὑμῖν ; τί δέ σοι ταῦτ'; ἢ δ' ὃς ἂν ἀνήρ.
586. τολύπην μεγάλην, κᾆτ' ἐκ ταύτης τῷ δ. χλαῖναν ὑφῆναι.
Θ. 335. εἴ τις ἐπιβουλεύει τι τῷ δ. κακὸν
353. πύλει, τέλεα δὲ δ.
Π. 570. ἐπιβουλεύουσί τε τῷ πλήθει καὶ τῷ δ. πολεμοῦσιν.
δήξομαίδρ'. Λ. 325. ὡς τεθνήξων ἴσθι νυνί. ΔΙ. δ. ὑμᾶς ἐγώ.
Δηοῦς. Π. 515. ἡ γῆς ἀρύτροις ῥήξας δάπεδον καρπὸν Δ. θερίσασθαι,
δηοῦτε. Λ. 1146. δ. χώραν, ἧς ὑπ' εὖ πεπόνθατε ;
δήπου. Α. 122. ἰδὶ δὲ τίς ποτ' ἐστίν ; οὐ δ. Στράτων ; κ.τ.λ.
δήπουθεν. Σ. 295. καλόν ; οἶμαι δί ο' ἐρεῖν ἀστραγάλους δ., ὦ παῖ.
ΕΙ. 1019. οὐχ ἥδεται δ. Εἰρήνη σφαγαῖς,
Ο. 187. πῶς ; ΠΕ. ἐν μέσῳ δ. ἀὴρ ἐστι γῆς.
Π. 140. ἀνήσεται δ, ἦν οὐ μὴ πορᾶν
δήσαι. Ι. 1049. δ. σ' ἐπέλευε πεντεσυρίγγῳ ξύλῳ.
δήσας. Ι. 394. ἐν ξύλῳ δ. ἀφανεῖ κωπωδοῦσθαι βούλεται.
Ν. 906. δ. ; ΔΙ. αἰβοῖ, τουτί καὶ δὴ
Σ. 380. σαυτὸν καὶ τὴν ψυχὴν ἐμπελυσάμενος Διοπείθους.
397. αὐτὸν δ. ΣΠ. ὦ μιαρώτατε, τί ποιεῖς ; οὐ μὴ καταβήσει ;
Β. 619. δ., κρεμάσας, ὑστριχὶδι μαστιγῶν, δέραν,
δήσειαι. Ι. 187. δ., φυλάξεις, ἐν κιντανείῳ λαικάσει.
δήσετον. Λ. 438. καὶ σὺ μετὰ τούτου κἀνύεσθε δ. ;
δήσον. Λ. 1136. τὸ στρῶμαι', ὦ παῖ, δ. ἐκ τῆς ἀσπίδος.
Λ. 1137. τὸ δεῖπνον. ὦ παῖ, δ. ἐκ τῆς κιστίδος.
Θ. 930. οὗτος, τί κύπτεις ; δ. αὐτὸν εἰσάγων,
δήσω. 1. 367. οἴων σε δ. τῷ ξύλῳ.
Ι. 705. ἐν τῷ ξύλῳ δ. σε νὴ τὸν οὐρανόν.
δήτ'. Α. 68. καὶ δ. ἐγκυχύμεσθα παρὰ Καύστριον κ.τ.λ.
δῆτα. Α. 142. καὶ δ. φιλαθήναιος ἦν ὑπερφυῶς, κ.τ.λ.
ἐῆτά. Ν 87. ὦ παῖ, πιθοῦ. ΦΕ. τί οὖν πίθωμαί δ. σοι ; κ.τ.λ.
δι', Α. 922, δ. ὑδρορόας, βορίαν ἐπιτηρήσας μίγας. κ.τ.λ.
Δι'. 1. 27. οὐχ ἡδύ ; ΔΗ. νὴ Δ.' πλὴν γε περὶ τῷ δέρματι
1 310. ν Δ. κὶμί τοῦτ' ἔπραπε ταυτόν, ὥστε κατάγελων
Θ. 206. ἰδοὺ γε κλίττειν' νὴ Δ, βινεῖσθαι μὲν οὖν.
240. μοί μελήσει νὴ Δ., πλὴν τῷ ζηλ κάσμα.
640. καὶ νὴ Δ. τιτθοὺς γ' ὥσπερ ἡμεῖς οὐκ ἔχει.
Β. 41. ὡς σφόδρῳ μ' ἔδεισε. ΕΛ. νὴ Δ, μὴ μαίνοιό γε.
164. καὶ χαῖρε πόλλ'. ὤδελφέ. ΔΙ. νὴ Δ, καὶ σύ γε
568. καὶ νὴ Δ. τὸν Πηλέα γε καὶ τὸν Αἴολον
Εκ. 779. ἡμᾶς μῶσιν δεῖ νὴ Δ. καὶ γὰρ οἱ θεοί
Δί'. Α. 58. καὶ ναὶ μὰ Δ. ὑμῖν τριελάσιον Κλεωνύμου
Λ. 137. μὰ Δ. οὐκ ἂν, εἰ μισθόν γε μὴ 'φερές πολύν.
368. ἀμέλει μὰ τὸν Δ. οὐκ ἐνασπιδώσομαι,
461. οὔκω μὰ Δ. οἶσθ' οἵ αὐτὸς ἐργάζει κακά.
752. ἀλλ' ἡδύ τοι νὴ τὸν Δ., ἢν αὐλὸς ποιῇ.
811. νὴ τὸν Δ. ἀστείως γε τῷ βοσκήματε
966. σὺν Δι' μὰ Δ., ἡ δ μὴ γέ μοι τὸν πατρίδα·
1025. καὶ ταῦτα μέντοι νὴ Δ. ὥπερ μ' ἡτρεοίτην
Ι. 85. μὰ Δ. ἀλλ' ἄκρατον οἶναν ἀγαθοῦ δαίμονος.
139. ὑπὸ βυρσοπώλου ; Δίὶ νὴ Δ. ΝΙ. οἴμοι δείλαιος.
282. Δ. ἰτάγων γε ταδιρρηθ', Δ' ἄρτον καὶ κρέας
336. οὖν αὖ μ' ἐάσεις ; ΑΛ. μὰ Δ., ἐπεὶ κἀγὼ πονηρός εἰμι.
375. καὶ νὴ Δ. ἐμβαλόντες αὐ-
417. καὶ νὴ Δ. ἄλλα γ' ἐστί μοι νύθαλα παιδὸς ὄντος.
719. καὶ νὴ Δ. ὑπὸ γε δεξιότητος τῆς ἐμῆς
725. ὦ Δῆμε, δεῦρ' ἔξελθε. ΑΛ. νὴ Δ., ὦ πάτερ,
801. οὐχ ἕνα γ' ἄρξη μὰ Δ. 'Αρκαδίαν προνοούμενος, ἀλλ' ἵνα μᾶλλον
901. καὶ νὴ Δ. ἦγε τῷ τοῦτο Πυρράνδρου τὸ μηχάνημα
972. ἰδού. ΑΛ Ἰδοὺ νὴ τὸν Δ.· οὐδεὶν κωλύει.
1000. καὶ νὴ Δ. ἔτι γε μούτει κέφυρον πλέα.
1163. ὑπὸ τῶν ἐραστῶν νὴ Δ. ἡ 'γὼ θρύλματι,
1347. τὸ δ ὄτα γ' ἄν σου νὴ Δ. ἐξεπετόνυττο
1382. μὰ Δ., ἀλλ' ἀναγκαίως κωτήγετεῖς
Ν. 135. ἀμαθῆς γε νὴ Δ., ὅστις οὑτωσὶ σφόδρα
217. ἀλλ' οἴς οἴον τε νὴ Δ. ΣΤ. σιμμέζεσθ' ἄρα.
251. ἄττ' ἐστὶν ὀρθῶς ; ΣΤ. νὴ Δ., εἴσει ἐστί γε.
261. ἀλλ' ἔχ' ἀτρεμί. ΣΤ. μὰ τὸν Δ. οὐ ψεύσει γέ με·
328. μὰ Δ. ἔγωγ', ὦ παλιντίμητοι, πάντα γὰρ ἤδη κατέχουσι.
330. μὰ Δ., ἀλλ' ὁμίχλην καὶ δρόσον αὐτὰς ἡγούμην καὶ καπνὸν εἶναι.

Δί'. Ν. 331. οὐ γὰρ μὰ Δ. οἶσθ' ὑτιὴ πλείστους αὗται βόσκουσι σοφιστάς,
344. κούχὶ γυναιξίν, μὰ Δ., οὐδ' ὁτιοῦν' αὗται δὲ ῥίνας ἔχουσιν.
373. καίτοι πρότερον τὸν Δ. ἀληθῶν ᾤμην διὰ κοσκίνου οὑρεῖν.
408. νὴ Δ., ἐγὼ γοῦν ἀτεχνῶς ἔπαθον τουτί ποτε Διασίοισιν.
652. κατὰ δάκτυλον ; νὴ τὸν Δ. ἀλλ' οἶδ'. ΣΠ. εἰτὶ δή.
694. οὐδὲν μὰ Δ., ἀλλὰ κατακλινεῖς δευρί ΣΤ. τί δρῶ ;
733. ἔχεις τι ; ΣΤ. μὰ Δ. οὐ δῆτ' ἔγωγ'. ΣΠ. οὐδὲν πάνυ ;
818. ἰδοὺ γ' ἰδοὺ Δ. 'Ολύμπιον τὴν μωρίας'
828.
1471. Δίνος βασιλεύει, τὸν Δ. ἐξελαλακώς.
1066. «ἴληφε διὰ πονηρίαν, ἀλλ' οὐ μὰ Δ. οὐ μάχαιραν.
1080. ὡς οὐδὲν ἠδίκηκας· εἶτ' ἐς τὸν Δ. ἐπανενεγκεῖν,
1227. καὶ μὰ Δ. ἀποδώσειν γ' ἐπόμνυσι τοὺς θεούς.
1228. μὰ τὸν Δ.· οὐ γάρ πω τύτ' ἐξηπίστατο
1291. νυνὶ νομίζεις ἢ πρῶ τοῦ· ΑΜ. μὰ Δ, ἀλλ' ἴσην.
1338. ἐδιδαξάμην μέντοι σε νὴ Δ., ὦ μέλε,
1379. ἀλλ' αὖθις αὖ τυπτήσομαι. ΦΕ. νὴ τὸν Δ., ἐν δίκῃ γε.
1406. ἴπεεεν ταίνυν νὴ Δ., ὡς ἔμοιγε κρεῖττόν ἐστιν,
Σ. 76. μὰ Δ., ἀλλ' ἀφ' αὐτοῦ τὴν νύσον τεκμαίρεται.
97. καὶ νὴ Δ. ἢν ἴδῃ γέ που γεγραμμένον
146. νὴ τὸν Δ. ὥσπερ γ' ἐστὶ δριμύτατος κανῶν.
169. μὰ Δ. οὐ δῆτ', ἀλλ' ἀποδύσαι βοίλομαι
173. μὰ Δ., ἀλλ' ἀμείνον. ἀλλὰ τὸν ὕνον ἔξαγε.
186. Οὖτις μὰ Δ. σὺ κ' εἰ χαιρήσων γε σύ.
193. ἐγὼ πονηρός ; οὐ μὰ Δ., ἀλλ' οὐκ οἶσθα σὺ
205. μῦς ; οὐ μὰ Δ., ἀλλ' ὑποδυόμενός τις αὐτοῦ
209. σοῦ σοῦ, πάλιν σοῦ. ΒΔ. νὴ Δ. ἦ μοι κρεῖττον ἦν
217. νὴ τὸν Δ., ὡφὲ νῦν ἀνεστήκασι γάρ.
231. νὴ τὸν Δ., ὦφελός ἂν δῆτ', ἀλλ' ἦσθ' ἵμας κύνειος ;
254. εἰ νὴ Δ. αὐθις κονδύλοις νουθετήσεθ' ἡμᾶς,
296. μὰ Δ., ἀλλ' ἰσχάδας, ὦ παππία' ἥδιον γάρ. ΧΟ. οὐκ ἂν
297. μὰ Δ., εἰ κρέμαισθ' γ' ὑμεῖς.
298. μὰ Δ., οὐ τάρα προνέμψω σε τὸ λοιπόν.
309. ἀπαπαῖ, φεῦ, ἀπαπαῖ. φεῦ, μὰ Δ., οὐκ ἔγωγε νῶν οἶδ'
396. μῶν ὁ γέρων πῃ διαδύεται αὖ ; ΒΔ. μὰ Δ. οὐ δῆτ', ἀλλὰ καθιμᾷ
416. νὴ Δ. ἐς τὸν οὐρανόν γ' ὡς τύπῳ' ἐγὼ σὺ μεθήσομαι.
426. τοῦτο μέντοι δεινόν ἤδη νὴ Δ., εἰ μαχώμεθα
461. ἀλλὰ μὰ Δ. σὺ ῥᾳδίως αὐτοὺς ἂν αὐτοὺς διέφυγες,
477. νὴ Δ. ἦ μοι κρεῖττον ἑκατῆναι τὸ παράπαν τοῦ πατρός
508. νὴ Δ. ἐν δίκῃ γ'· ἐγὼ γὰρ οἶδ' ἂν ὀρνίθων γάλα
512. νὴ Δ. εἰδίσθης γὰρ ἥδεσθαι τοιούτοις πράγμασιν·
665. μὰ Δ. οὐ μέντοι· καὶ ποῖ τρίπεταί τὸ 'πεῖτα τὰ χρήματα τἄλλα ;
680. ἀλλὰ παρ' Εὐχαρίδου καὐτοὶ τρεῖς γ' ἀγλίθας μετέπεμψα.
832. μὰ τὸν Δ. οὐ πάρεστιν' ἀλλ' ἐγὼ δραμῶν
841. μὰ Δ. οὐκ ἔγωγ', ἀλλ' ἅτερος φησιν κύων
912. νὴ τὸν Δ., ἀλλὰ δῆλός ἐστ' ἐμοιγέ τοι
934. ὠλεκτρυών ; νὴ τὸν Δ., ἐπιμέλει γέ τοι.
954. μὰ Δ., ἀλλ' ἄριστός ἐστι τῶν νυνὶ κυνῶν.
968. φησὶ κατακιΐσαι. ΒΔ. νὴ Δ., ἀλλὰ ψεύδεται.
997. ὄπως ἀπέφυγεν ; ΒΔ. νὴ Δ. ΦΙ. οὐδὲν εἴμ' ἄρα.
1126. μὰ τὸν Δ. οὐκ ἄρ' οὐδαμῶς μοι ξυμφέρον,
1141. μὰ τὸν Δ. οὐ τοῖν ιω' ἀτὰρ δοκεῖ γέ μοι
1152. σὺν ἀναβαλεῖ ; ΦΙ. μὰ Δ. νὴ ἔγωγ'. ἀλλ', ὦγαθί,
1231. ἐὰν ἀπειλῇ, ἡ Δ. ἐτέραν ἄσομαι.
1371. νὴ τὸν Δ. αὕτη σοῦ 'στί σοί γ' ἡ Δαρδανίς.
1387. νὴ τὸν Δ., ἢν νῦν γε μιμεῖσθαι τὴν 'Ολυμπίαν.
1404. εἰ νὴ Δ. ἀντὶ τῆς καμπῆς γλώττης ποθὲν
1409. μὰ Δ., ἀλλ' ἤκουσον τῷ τὴν σοῦ ἰδίαν λέγειν.
1496. οὐκ εἰ μὰ Δ. οὐ δῆτ', ἀλλὰ μανικὰ πράγματα.
1506. ἀδελφοὺς αὐτοῦ. ΦΙ. νὴ Δ ὀψώνη μῖνι.
1507. νὴ Δ., ἐπεί σε μήκους νὴ τὸν Δ. γε τὸν σκαρίνος.
ΕΙ. 6. οὐ κατέφαγεν· ΟΙ. Β. μὰ τὸν Δ., ἀλλ' ἐξορίσας
10. νὴ τὸν Δ. ἐς κύρακάς γε. νὴ τὸν Δ. ἀλλ' ἐξαρτίσας
104. νὴ Δ. ἐς τὸν οὐρανόν· ΟΙ. Α. τίνα νοῦν ἔχων ;
195. ἴδι νυν, κάλεσόν μοι αὐτόν. ΟΙ. Β. ἰδ' ἰδὶ ἰδή,
218. νὴ τὴν 'Αθηνᾶν, νὴ Δ. οὐχὶ πεισττόν
242. ἔγωγε νὴ Δ.· εἰ δὲ μή γε, κλαύσομαι,
439. μὰ Δ., ἀλλ' ἐν εἰρήνῃ διάξειν τὸν βίον,
483. ὑπὸ τοῦ γε λιμοῦ νὴ Δ. ἐξαλωλότες.

70 Δ΄.

Δί΄. ΕΙ. 566. νὴ Δ. ἡ γὰρ σφῦρα λαμπρὸν ἦν ἄρ' ἐξωπλισμένη,
630. νὴ Δ.. ὦ μέλ', Ἰνδίκοις γε δήτ', ἐπὶ κάμοῦ λίθον
930. οἵ; ΧΟ. ναὶ μὰ Δ. ΤΡ. ἀλλὰ τοῦτό γ' ἔστ' Ἰωνικὸν
987. μὰ Δ., ἀλλ' ἀπώμησν ὅλην σαυτήν
1046. μάντις τίς ἐστιν. ΤΡ. οὗ μὰ Δ., ἀλλ' Ἱεροκλέης.
1096. ἀλλ' ὁ σοφός τοι νὴ Δ. Ὅμηρος δεξιὸν εἶπεν·
1236. ἔγωγε νὴ Δ., ὤπίπεστ'. οἴει γὰρ ἂν
1265. νὴ τὸν Δ., ὡς τὰ παιδί' ἤδη ἔέρχεται
1290. ἐγώ ; ΤΡ. σὺ μέντοι νὴ Δ. ΠΑ. Α. υἱὸς Λαμάχου.
Ο. 22. ὑδύς. ΠΕ. οὐδὲ μὰ Δ. ἐνταῦθά γ', ἀτραπὸς οὐδαμοῦ.
90. μὰ Δ. οὐκ ἔγωγε. ΕΥ. ποῦ γάρ ἐστιν ; ΠΕ. ἀπέπτατο
269. νὴ Δ., ὄρνις δῆτα. τίς ποτ' ἐστίν ; οὗ δήπου ταῶς ;
275. νὴ Δ. ἕτερος δῆτα χοῦτος ἔξεδρον χώραν ἔχων.
297. οὑτοσὶ πέρδιξ, ἐκεῖνοσὶ δὲ νὴ Δ. ἀτταγᾶς,
465. μὰ Δ., ἀλλὰ λέγειν ζητῶ τι πάλαι μέγα καὶ λαρινὸν ἔπος τι.
470. καὶ γῆς. ΧΟ. καὶ γῆς ; ΠΕ. νὴ τὸν Ἀπόλλω. ΧΟ. τουτὶ μὰ Δ. οὐκ ἐπεπύσμην.
554. κάπειτ' ἦν τοῦτ' ἐπανεστηκῃ, τὴν ἀρχὴν τὸν Δ. ἀπαιτεῖν·
572. οἱ πιτύμεσθα πτέρυγάς τ' ἔχομεν ; ΠΕ. ληρεῖς· καὶ νὴ Δ. ὕ γ' Ἑρμῆς
574. αὐτίκα Νίκη πέτεται πτερύγοιν χρυσαῖν, καὶ νὴ Δ. Ἔρως γε·
581. οὐκ ἐθελήσει μὰ Δ., ἀλλ' ὄψει προφάσεις αὐτὴν παρέχουσαν.
607. ἡ παιδάρι' ἵντ' ἀποθνῄσκειν δεῖ ; ΠΕ. μὰ Δ., ἀλλὰ τρακκόσι' αὐτοῖς
639. καὶ μὴν μὰ τὸν Δ. οὐχὶ νυστάζειν γ' ἔτι
661. ὦ τοῦτο μέντοι νὴ Δ. αὐτοῖσιν πιθοῦ·
673. ἀλλ' ὥσπερ φύν νὴ Δ. ἀπολέψαντα χρὴ
801. ταυτὶ τοιαυτί· μὰ Δ. ἐγὼ μὲν πρᾶγμά πω
860. τουτὶ μὰ Δ. ἐγὼ πολλὰ δὴ καὶ δεῖν' ἰδών,
954. νὴ τὸν Δ., ἀλλ' ἤδη πέφευγας ταυτιγί
956. τουτὶ μὰ Δ. ἐγὼ τὸ κακὸν οὐδέποτ' ἤλπισα,
1015. μὰ τὸν Δ. οὐ δῆτ' ΜΕ. ἀλλὰ τῶν ; ΠΕ. ὁμωθυμαδὸν
1017. ὑπάγοιμί τἄρ' ἄν. ΠΕ. νὴ Δ., ὡς οὐκ οἶδ' ἄρ' εἰ
1148. καὶ νὴ Δ. αἱ νήτταί γε περιζωμέναι
1210. οὐκ οἶδα μὰ Δ. ἔγωγε κατὰ ποίας πύλας.
1216. μὰ Δ. οὐκ ἔμοιγ' ἐνέβαλεν οὐδείς, ὦ μέλε.
1220. οὐκ οἶδα μὰ Δ. ἔγωγε· τῇδε μὲν γὰρ οὖ.
1237. οἶς θυτέον αὐτοῖς, ἀλλὰ μὰ Δ. οὐ τῷ Διί.
1308. οὐκ ἄρα μὰ Δ. ἡμῖν ἔτ' ἔργον ἑστάναι.
1349. καὶ νὴ Δ. ἀνδρεῖῶν γε πάνυ νομίζομεν,
1358. ἀπείλαυσά γάρ ἄν νὴ Δ. ἐλθὼν ἐκεῖθι.
1397. νὴ τὸν Δ. ἦ γὼ σου καταπαύσω τὰς πνοὰς
1422. μὰ Δ. ἀλλὰ κληρτὴρ εἰμι νησιωτικός
1427. μὰ Δ., ἀλλ' ἵν' οἱ λησταί γε μὴ λυπῶσί με,
1433. ἀλλ' ἐστιν ἕτερα νὴ Δ. ἔργα σύφρονα,
1497. ἐμοῦ κατιών· ἐνταῦθα ; ΠΕ. μὰ Δ. ἐγὼ μὲν οὖ.
1548. νὴ τὸν Δ. ἀεὶ δῆτα θεομαγῆς ἔφυς.
1601. τὸν Δ. ἀναδοῦναι· καὶ διαλλαττώμεθα,
1632. καὶ νὴ Δ. ἔτερόν γ' ἐστιν οὗ μνησθῆναι ἐγώ.
1680. μὰ τὸν Δ. οὐχ οὑτωσὶ γε παραδοῦναι λέγει.
Λ. 55. οὐ γὰρ μὰ Δ. ἐλλιλά νεπομένας ἥκειν πάλαι.
74. μὰ Δ. ἀλλ' ἐπαναμείνωμεν ὀλίγον ἡ' οὕνεκα
87. ἱκει ποθ' ὑμί. Λ' τὸν Δ. ὦ Βοιωτία,
95. ὅ τι λῆς ποθ' ἁμί. ΛΥ. νὴ Δ. ὦ φίλη γύναι.
130. μὰ Δ., οὐδ' ἐγὼ γάρ, ἀλλ' ὁ πόλεμος ἐρπέτω.
194. ἡμείς· ΛΥ. ἐγώ σοι νὴ Δ., ἣν βούλῃ, φράσω.
360. εἰ νὴ Δ. ἤδη τὶς γνάθους τούτων τις ἡ δὶς ἢ τρὶς
521. ὀρθῶς γε λέγων νὴ Δ. ἐκεῖνος. ΛΥ. πῶς ὀρθῶς, ὦ κακυδαίμων,
561. νὴ Δ. ἐγὼ γοῦν ἄνδρα κομήτην φυλαρχοῦντ' εἴδων ἐφ' ἵππου
594. οὔκουν κἄνδρες γηράσκουσιν ; ΛΥ. μὰ Δ., ἀλλ' οὐκ εἶσαι ὅμοιον.
609. νὴ τὸν Δ. ἀλλὰ τοῖς προβούλοις ἀντικρυ
777. σαφῆς γ' εἰ χρησμὸς ἢ Δ. ὦ πάντες θεοί,
836. ὦ νὴ Δ. ἐστὶ δῆτα. τίς κἀστιν ποτε·
862. ἔγωγέ σοι νὴ τὸν Δ., ἣν βούλῃ γε σύ.
873. κατάβηθι δεῦρο. ΜΥ. μὰ Δ. ἐγὼ μὲν αὑτόσ' οὔ.
900. μὰ Δ. οὐκ ἔγωγ', ἢν μὴ διαλλαχθῇτέ γε
908. μὰ Δ., ἀλλὰ τοῦτό γ' οἶσθ', ὦ Μυρή, ἀπώς.
927. ἀλλ' οὗ δίομ' οὐδὲν ἔγωγε. ΜΥ. νὴ Δ. ἐκεῖν' ἐγώ.
933. νὴ Δ. ἀπολεῖψ μ' ἄρα. ΜΥ. σισύρον οὐκ ἔχεις.
934. μὰ Δ. οὐ δέομαι 'γω γ', ἀλλὰ βινεῖν βούλομαι.
970. μὰ Δ. ἀλλὰ φίλη καὶ παγγλυκερὰ.
986. οὗ τὸν Δ. οὐκ ἔγωνγα. ΠΡ. ποῖ μεταστρέφει ;
990. οὗ τὸν Δ. οὐκ ἔγωνγα· μηδ' αὗ πλαδδὴη.

Δί΄. Λ. 1022. τοῦτο μὲν μὰ τὸν Δ. οὐ πονηρὸν ἐποιήσατε·
1033. νὴ Δ. ὤνησάς γέ μ', ὡς πάλαι γέ μ' ἐρρεώρυχει,
1090. μὰ Δ., ἀλλὰ ταυτὶ δρῶντες ἐπιτετρίμμεθα.
1095. νὴ τὸν Δ. εὖ μέντοι λέγεις. ΑΛ. ναὶ τὼ σιὼ
1147. ἀδικοῦσιν οὗτοι νὴ Δ., ὦ Λυσιστράτη.
1188. ἄγ' ὕπα τυ λῆς. Αθ. νὴ τὸν Δ., ὡς τάχιστά γε.
1241. νὴ τὸν Δ., ὡς ἤδη γε χωροῦσ' ἔνδοθεν.
Θ. 20. νὴ τὸν Δ. ἤδομαί γε τουτὶ προσμαθών.
34. μὰ τὸν Δ. οὔτοι γ', ὥστε κἀμέ γ' εἰδέναι.
175. μὰ τὸν Δ. οὐ ζηλῶ σε τῆς παιδεύσεως,
207. ἀνὴρ ἡ πρώφασίς τε νὴ Δ. εἰκότων ἔχει.
235. ὁρᾷς σεαυτόν ; ΜΝ. οὐ μὰ Δ., ἀλλὰ Κλεισθένη.
259. νὴ τὸν Δ., ἀλλὰ κἀπιτηδεία πάνυ.
260. ἄρ' ἁρμόσει μοι ; ΑΓ. νὴ Δ. ἀλλ' ἄριστ' ἔχει.
552. ἡμᾶς ἀπάσας αὐθις αὖ ΜΝ. καὶ νὴ Δ. οὐδείπω γε
555. μὰ Δ. οὐδέ πω τὴν μυριοστὴν μοῖραν ἂν ποιοῦμεν,
609. ἔχουσα ; ΓΤ. Δ. τιθῆ νὴ Δ. ἐμή. ΜΝ. διοίχομαι.
615. πυλινν γε χρόνον οὐρεῖς σύ. ΜΝ. νὴ Δ., ὦ μέλε.
934. παῖ, ἥν προιήσῃ τις. ΓΤ. Η. νὴ Δ., ὡς πὺν δῆτ' ἀνὴρ
1075. νὴ Δ. ὑχληρά γ' εἰσῆρρηκας
1090. μὰ Δ. ἀλλὰ γυνὴ πλησίον αὕτη
1125. μὰ Δ., ἀλλὰ λύσω δεσμά. ΤΟ. μαστιγῶ σ' ἄρα.
Β. 3. νὴ τὸν Δ. ὅ τι βουλεί γε, πλὴν πιέζωμι,
28. οὐ δῆθ' ὅ γ' ἔχω 'γὼ καὶ φέρω, μὰ τὸν Δ. οὔ.
70. καὶ νὴ Δ. εἴ τί γ' ἔστιν ἔτι κατωτέρω.
128. νὴ τὸν Δ., ὡς ὄντος γε μὴ βαδιστικοῦ.
159. νὴ τὸν Δ. ἐγὼ γοῦν ὄνος ἄγων μυστήρια.
174. μὰ Δ., ἀλλ' ἔλαττον. ΝΕ. ὑπαγγυῆ ὑμεῖς τὴν ὁδοῖ.
192. μὰ τὸν Δ., οὐ γὰρ ἀλλ' ἔτυχον ὀφθαλμιῶν.
306. καθὴι κατωμοσον. ΗΛ. νὴ Δ. ὠμοσα. ΞΑ. νὴ Δία.
493. καὶ τὰς ἀπειλὰς ; ΗΛ. οὐ μὰ Δ. οὐδ' ἐφρόντισα
501. μὰ Δ. ἀλλ' ἀληθῶς οὐκ Μελίτῃ μαστιγίας.
559. μὰ Δ., ὀλίγον τυρῶν γε τῶν χλωρῶν, πάτερ,
645. ἤδη 'τάταξά σ'. ΞΑ. οὔ μὰ Δ. ΑΙ. οὐδ' ἐμοὶ δοκεῖς.
650. μῶν ὠδυνήθης ; ΞΑ. οὐ μὰ Δ., ἀλλ' ἐφρόντισα
663. καὶ νὴ Δ., ἀλλ' ἤδη πάρεχε τὴν γαστέρα.
749. τί δὲ πολλὰ πράττον ; ΑΙ. ὡς μὰ Δ. οὐδεὶς οἶδ' ἐγώ.
753. μὰ Δ., ἀλλ' ὅταν ὁρῶ τοῦτο κἀκμαίνομαι.
779. μὰ Δ., ἀλλ' ὁ δῆμος ἀνεβύα κρίσιν ποιεῖν
781. ὁ τῶν πανούργων ; ΑΙ. νὴ Δ., οὐρανίου γ' ὅσον.
788. μὰ Δ. οὐκ ἐκεῖνοι, ἀλλ' ἔκυσε μὴν Αἰσχύλον.
795. τί χρῆμ' ἄρ' ἐστι ; ΑΙ. νὴ Δ., ὑλίγον ὕστερην
914. μὰ τὸν Δ. οὐ δῆθ'. ΕΤ. ὁ δὲ χορός γ' ἥρειδεν ὁρμαθοὺς ἄν
937. οὐχ ἱππαλεκτρυῶνας μὰ Δ. οὐδὲ τραγελάφους, ἅπερ σὺ,
947. τοῦ δράματος. ΑΙ. κρείττον γὰρ ἦν σοι νὴ Δ. ἢ τὸ σαυτοῦ.
1043. ἀλλ' οὐ μὰ Δ. οὐ Φαίδρας ἐποίουν πόρνας οὐδὲ Σθενεβοίας.
1045. μὰ Δ., οὐδὲ γὰρ ἦν τῆς Ἀφροδίτης οὐδέν σοι. ΑΙ. μηδέ γ' ἐπείη.
1053. μὰ Δ. ἀλλ' ἔστ'· ἀλλ' ἀποκρύπτειν χρὴ τὸ πονηρὸν τόν γε ποιητήν,
1089. μὰ Δ. οὐ δῆθ', ὥστ' ἐπαφαυνθὴν
1158. νὴ τὸν Δ., ὥσπερ γ' εἴ τις εἴποι γείτονι,
1183. μὰ τὸν Δ. οὐ δῆτ', ἀλλὰ κακοδαίμων φύσει,
1188. μὰ τὸν Δ. οὐ δῆτ', οὐ μὴν οὖν ἐπύατο.
1198. καὶ μὴν μὰ τὸν Δ. οὐ μακρὰν' ἔπος γέ σου κνίσω
1237. μὰ τὸν Δ. οὔπω γ'· ἔτι γὰρ εἰσί μοι συχνοί.
1460. εἴρηκεν νὴ Δ., εἴπερ ἀναβιώσει πάλιν.
1431. νὴ τὸν Δ. οὐ γὰρ ἄχθομαι τῷ πράγματι.
Εκ. 86. νὴ τὸν Δ., ὥστε δεῖ σε καταλαβεῖν ἕδρας
89. ταυτί γε νὴ Δ. Τ. Η. ἱεροπρεπῶς, ἵνα
145. νὴ τὸν Δ.. ἡ μοι μὴ γενεαὶ κρείττον ἦν
158. μὰ Δ., ἀλλ' δι ηρ ἂν τὼ θεὼ κατώμοσαι,
213. εὖ γ', εὖ γε νὴ Δ., εὖ γ' λέγε λέγ', ὦγαθέ.
328. νὴ Δ. αὐτὸς δὴτ' ἐκεῖνος. εἰπέ μοι,
336. μὰ τὸν Δ. οὐ γὰρ ἔνδον οὐσα συγχάνει,
373. οὗ δῆτ' ἔτι γε μὰ τὸν Δ. ἀλλ' ἀνέσταμαι.
377. ἤδη λέλυται γάρ ; ΧΡ. νὴ Δ., ὑρῷμεν μὲν οὖν.
382. μὰ τὸν Δ. οὐδὲν ἄλλο γ' ἢ τὸν θύλακον.
463. μὰ Δ., ἀλλὰ ταῖς γυναιξὶ ταῦτ' ἤδη μέλει
550. ἠκκλησία ; ΠΡ. μὰ Δ., ἀλλ' ἴφ' ἣν ὠρθρεύομην.
551. ἀτὰρ γεγένηται ; ΒΛ. ναὶ μὰ Δ. οὐκ ἠθισθά με
553. οὐδ' ἄρα τὰ δίξμεν' οἶσθα ; ΠΡ. μὰ Δ. ἐγὼ μὲν οὖ.
556. τί δρῷν ; ὑφαίνειν ; ΒΛ. οὐ μὰ Δ., ἀλλ' ἄρχειν. ΠΡ. τίνων ;
596. καὶ τῶν σπειλίθων κοινωνοῦμεν ; ΠΡ. μὰ Δ., ἀλλ' ἔφθης μ' ὑποκρούσας.

Δί'—διαβάλλειν. 71

Δί'. Εκ. 687. ἵνα κάπτωσιν; ΠΡ. μὰ Δ., ἀλλ' ἵν' ἐκεῖ δειπνῶσιν. ΒΛ. ὅτῳ δὲ τὸ γράμμα
758. μὰ Δ., ἀλλ' ἀποφέρειν αὐτὰ μέλλω τῇ πόλει
935. δεύμενος αὐδέν. ΓΡ. Α. νὴ Δ., ὦ φθίνυλλα σύ.
1035. νὴ τὸν Δ., ἤνπερ ᾖ γέ που τῶν κηρίων.
1088. σιγῇ βαδίζε δεῦρο. ΓΡ. Γ. μὰ Δ. ἀλλ' ὡς ἐμέ.
1130. ἐγώ; ΘΕ. σὺ μέντοι νὴ Δ. ὡς γ' υὑδεὶς ἀνήρ.
Π. 22. μὰ Δ., ἀλλ' ἀφελὼν τὸν στέφανον, ἣν λυπῇς τί με,
101. μὰ Δ., ἀλλὰ πολλῷ μᾶλλον ἐξόμεσθά σου.
106. μὰ τὸν Δ.,· αὖ γὰρ ἔστιν ἄλλος πλὴν ἐγώ.
111. μὰ Δ., ἀλλ' ἀπαξάπαντες. ΚΛ. οἰμώξει μακρά.
134. καὶ νὴ Δ. εὐχωμαί γε πλουτεῖν ἀντικρυς.
144. καὶ νὴ Δ. εἴ τί γ' ἔστι λαμπρὸν καὶ καλὸν
165. ὁ δὲ λωποδυτεῖ γε νὴ Δ., ὁ δὲ τοιχωρυχεῖ,
202. νὴ τὸν Δ.· ἀλλὰ καὶ λέγουσι πάντες ὡς
359. Ἄπολλον δυσπρύπαιε, μὰ Δ. ἐγὼ μὲν οὔ.
410. μὰ Δ., ἀλλ' ὅπερ πάλαι παρεσκευαζόμην
444. στῆθ', ἀντιβολῶ σε, στῆθι. ΒΛ. μὰ Δ. ἐγὼ μὲν οὔ.
551. ἀλλ' οὐχ οὑμὸς τοῦτο πέπονθεν βίος οὐ μὰ Δ., οὐδέ γε μέλλει.
613. νὴ Δ. ἔγωγ' οὖν ἐθέλω πλουτῶν
657. ἔπειτ' ἐλούμεν. ΓΤ. νὴ Δ. εὐδαίμων ἄρ' ἦν
704. αὐτὸς δ' ἐκεῖνος; ΚΛ. οὐ μὰ Δ. αὐδ' ἐφρόντισεν,
706. μὰ Δ., οὐκ ἔγωγ'. ἀλλὰ σκατοφάγον. ΓΤ. αἳ τάλαν.
712. λίθινος; ΚΛ. μὰ Δ. οὐ δῆτ', οὐχὶ τό γε κιβώτιον.
870. μὰ Δ., οὐ μὴν οὖν ἔσθ' ὑγιὲς ὑμῶν αὐδενός,
889. μὰ τὸν Δ. οὔκουν τῷ γε σῷ, σάφ' ἴσθ' ὅτι.
871. ἐν ταῖς γυναιξὶν ἤσθα; ΓΡ. μὰ Δ. ἐγὼ μὲν οὔ.
1008. ἐπ' ἱκφοράν; ΓΡ. μὰ Δ., ἀλλὰ τῆς φανῆς μόνον
1010. καὶ νὴ Δ. εἰ λυπουμένην αἰσθοιτό με,
1102. μὰ Δ., ἀλλ' ἔμελλον εἶτ' ἀνεψιός με φθάσας.
1116. ἡμῖν ἔτι θύει τοῖς θεοῖς. ΚΛ. μὰ Δ., οὐδέ γε
1202. ἀλλ' εἴ γε μέντοι νὴ Δ. ἐγγυᾷ σύ μοι
Fr. 84, 1. καὶ νὴ Δ. ἐκ τοῦ δωματίου γε νῦν φέρε
273. οὐδὲν μὰ Δ. ἐρῶ λοπάδος ἐψητῶν.
284, 2. μὰ Δ. οὐδέ γ' Ἕλλην, ὅσον ἔμοιγε φαίνεται.
302, 4. μὰ τὸν Δ. οὐ δῆτ'. οὑδὶ βατίς; οἴ μὰμ' ἐγώ.
Δία. Α. 767. τουτὶ τί ἦν τὸ πρᾶγμα; ΜΕ. χοῖρος ναὶ Δ.
Ι. 142. εἶπ', ἀντιβολῶ, τίς ἔστιν; ΔΗ. εἴπω; ΝΙ. νὴ Δ.
280. ναὶ μὰ Δ. κάγωγε τοῦτον, ὅτι κενῇ τῇ κοιλίᾳ
338. οὐκ οὖ μ' ἐἀσεις; ΑΛ. μὰ Δ. ΚΛ. ναὶ μὰ Δ. ΑΛ. μὰ τὸν Ποσειδῶ,
941. εὖ γε νὴ τὸν Δ., καὶ τὸν Ἀπόλλω καὶ τὴν Δήμητρα.
1092. νὴ Δ. καὶ γὰρ ἐγὼ καὶ μούδωκει ἡ θεὸς αὐτή
Ν. 483. εἰ μνημονικὸς εἶ. ΣΤ. δύο τρόπω νὴ τὸν Δ.·
817. οὐκ εὖ φρονεῖς μὰ τὸν Δ. τὸν Ὀλύμπιον·
819. τὸ Δ. νομίζειν, ὄντα τηλικοντονί.
825. ἰδού· τί ἔστιν; ΣΤ. ὤμοσας νυνὶ Δ.
1234. νὴ Δ., τὸν Ἑρμῆν, τὸν Ποσειδῶ. ΣΤ. νὴ Δ.,
1239. αὖ τοι μὰ τὸν Δ. τὸν μέγαν καὶ τοὺς θεοὺς
1279. τίνα γὰρ νομίζεις καινὸν δεῖ τὸν Δ.
1331. τὸν πατέρα τύπτεις; ΦΕ. κἀποφανῶ γε νὴ Δ.
1468. ναὶ ναί, καταιδέσθητι πατρῷων Δ.
1469. ἰδού γε Δ. πατρῷον· ὡς ἀρχαῖ-ός εἶ.
Σ 134. ναὶ μὰ Δ., τῷ δ' υἱεῖ γε τῳδὶ Βδελυκλέων,
181. Ὀδυσσέα τιν'; ΞΑ. ἀλλὰ ναὶ μὰ Δ. φέρει
184. τίς εἴ ποτ', ἄνθρωπ' ἐτεόν; ΦΙ. Οὖτις νὴ Δ.
1400. λέξαι χαρίεντα. ΑΡ. μὰ Δ. μὴ μοί γ', ὦ μέλε.
Ει. 331. ἀλλ' ὁρᾷτ', οὐπω πέπαυσθε. ΧΟ. τοὐτογὶ νὴ τὸν Δ.
409. ἵνα τί δὲ τοῦτο δρασίον; ΤΡ. ὁτιὴ νὴ Δ.
416. ναὶ μὰ Δ. πρὸς ταῦτ', ὦ φίλ' Ἑρμῆ, ξύλλαβε
489. εἴα νὴ Δ.
979. νὴ Δ., καὶ μὴ ποίει γ' ἅπερ αἱ
1233. καὶ τῇδ'. ΘΠ. ἆμ' ἀμφοῖν δῆτ'; ΤΡ. ἔγωγε νὴ Δ.,
Ο. 11. οὐδ' ἂν μὰ Δ. γ' ἐντεῦθεν Ἐξηκεστίδης.
24. σὺ ταῦτα κρώξεις μὰ Δ νῦν τε καὶ τότε.
81. ἡμῖν κάλεσον. ΤΡ. ἀλλ' ἀρτίως νὴ τὸν Δ.
135. νὴ Δ. ταλαιπώραν γε πραγμάτων ἔρφς.
176. βλέπω. ΠΕ. περίαγε τὸν τράχηλον. ἘΠ. νὴ Δ.,
462. καὶ μὴν ὀργῶ νὴ τὸν Δ. καὶ προπεφύραται λόγοις εἷς μοι,
1371. καὶ πείσομαί σοι. ΠΕ. νοῦν ἄρ' ἕξεις νὴ Δ.
1462. βέμβικα· μὰ μὴν ἔστι νὴ Δ. τουτονγὶ
1611. ὅταν ὀμνύῃ τις τὸν κόρακα καὶ τὸν Δ.
1651. ξὺν νόδοις; τί λέγεις; ΠΕ. οὐ μέντοι νὴ Δ.,
Λ. 12. εἶναι πανούργοι. ΚΑ. καὶ γὰρ ἔσμεν νὴ Δ.
24. καὶ νὴ Δ. παχύ. ΚΛ. κᾆτα πῶς οὐχ ἥκομεν;
34. βέλτιστα τοίνυν μηπέτ' εἴναι νὴ Δ.
67. πόθεν εἰσίν; ΛΤ. Ἀναγυροῦντόθεν. ΚΑ. νὴ τὸν Δ.·
88. καλόν γ' ἔχουσα τὸ πεδίον. ΚΛ. καὶ νὴ Δ.
91. Κορινθία δ' αὖ. ΛΤ. χαῖα νὴ τὸν Δ.

Δία. Λ. 237. ξυνεπόμνυθ' ὑμεῖς ταῦτα πᾶσαι; ΜΤ. νὴ Δ.
486. καὶ μὴν αὐτῶν τοῦτ' ἐπιθυμῶ νὴ τὸν Δ. πρῶτα πυθέσθαι,
559. νὴ Δ.· χρῆ γὰρ τοὺς ἀνδρείους. ΛΤ. καὶ μὴν τό γε πρᾶγμα γέλοιον,
582. καὶ νὴ Δ. τάς γε πύλεις, ὁπόσαι τῆς γῆς τῆσδ' εἰσὶν ἄποικοι,
752. κυεῖν ἔφασκες; ΓΤ. Γ. καὶ κιῶ γε νὴ Δ.
837. ὁρᾶτε γιγνώσκει τις ὑμῶν; ΜΤ. νὴ Δ.,
897. ὑπὸ τῶν ἀλεκτρυόνων; ΜΥ. ἔμοιγε νὴ Δ.
1029. ὡς τὸν ὀφθαλμόν γε μοῦ νὴ τὸν Δ. πάλαι δάκνει.
1181. ἀμοῦσι. ΑΘ. καὶ γὰρ ναὶ μὰ Δ. Καρυστίοις.
1205. Δ. τε πυρὶ φλεγύμενον. ἐπί τε
Θ. 86. νὴ τὸν Ποσειδῶ καὶ Δ. δίκαι' ἂν πάθοις.
567. ἀλλ' ἐκποιήσω σου τὰς ποκάδας. ΜΝ. οὐ δὴ μὰ Δ. σύ γ' ἅψει.
626. ἀνῆλθες ἤδη δεῦρο πρότερον; ΜΝ. νὴ Δ.,
745. τυννουτον ὄν. ΜΝ. τυννουτον; ΓΤ. Ζ. μικρὸν νὴ Δ.
Β. 6. τί δαί; τὸ πάνυ γέλοιον εἰπω; ΔΙ νὴ Δ.
86. ὁ δὲ Ξενοκλῆς; ΔΙ. ἐξόλοιτο νὴ Δ.
151. τουτὶ τί ἐστι; ΔΙ. τοῦτο λίμνη νὴ Δ.
189. ἐς κόρακας ὄντως; ΧΑ. ναὶ μὰ Δ., σοῦ γ' οὕνεκα,
275. νὴ τὸν Δ. καὶ μὴν αἰσθάνομαι ψόφου τινός.
288. καὶ μὴν ὁρῶ νὴ τὸν Δ. θηρίον μέγα.
305. θαρροῦσα φρούδη. ΔΙ. κατύμοσον. ΞΑ. νὴ τὸν Δ.
306. καὐθις κατόμοσον. ΞΑ. νὴ Δί'. ΔΙ. ὁμοσον. ΞΑ.
491. ἀνδρεῖά γ', ὦ Πόσειδον. ΔΙ. οἴμαι νὴ Δ.
552. νὴ Δ.,
565. νὴ Δ., τάλαινα. ΠΑΝ. Β. νῦ δὲ δείσασαί γέ που
612. σχέτλια μὲν οὖν καὶ δεινά. ΞΑ. καὶ μὴν νὴ Δ.,
738. νὴ τὸν Δ. τὸν σωτῆρα, γεννάδας ἀνὴρ
1047. ὥστε γε καὐτὸν σε κατ' οὖν ἔβαλεν. ΔΙ. νὴ τὸν Δ. τοῦτό γέ τοι δή.
1433. νὴ τὸν Δ. τὸν σωτῆρα, δυσκρίτως γ' ἔχω·
Εκ. 79. νὴ τὸν Δ. τὸν σωτῆρ' ἐπιτηδείως γ' ἂν ἦν
140. καὶ νὴ Δ. σκεύδουσί γ'· ἣν τίνος χάριν
390. οὐδ' εἰ μὰ Δ. τοῦτ' ἦλθες, ὅτε τὸ δεύτερον
433. ἀνεβορβόρυζαν. ΒΛ. νοῦν γὰρ εἴχον νὴ Δ.
438. κάπειτα κλέπτης. ΒΛ. ἐμὶ μόνον; ΧΡ. καὶ νὴ Δ.
439. καὶ συκοφάντην. ΒΛ. ἐμὶ μόνον; ΧΡ. καὶ νὴ Δ.
469. ἄριστον οὐ δύνασθον. ΧΡ. σὺ δὲ τί γε νὴ Δ.
735. νὴ Δ. μέλαινά γ', οὐδ' ἂν εἰ τὸ φάρμακον
761. νὴ τὸν Δ. τὸν σωτῆρα. ΑΝ. Α. πῶς; ΑΝ. Β. πῶς; ῥᾳδίως.
786. ὄντως γὰρ οἴσεις; ΑΝ. Α. ναὶ μὰ Δ., καὶ δὴ μὲν οὖν
872. νὴ τὸν Δ. δεῖ γοῦν μηχανήματός τινος,
942. αἰμώξομαι μὰ τὸν Δ. σποδήσεις.
998. αἴδ' αἴδ' ὅ τι βουλει. ΝΕΑ. καὶ γὰρ ἐγώ σε νὴ Δ.
1011. κοὐκ ἂν πιθαίμην αὐδέποτ'. ΓΡ. Α. ἀλλὰ νὴ Δ.
1045. νὴ τὸν Δ. τὸν σωτῆρα, κεχάρισαί γέ μοι,
1085. ἀλλ' οὐκ ἀφήσω μὰ Δ. σ'. ΓΡ. Γ. οὐδὲ μὴν ἐγώ.
1103. νὴ τὸν Δ. τὸν σωτῆρ' ἀνὴρ καὶ δυστυχής.
Π. 356. πῶς οὐδὲν ὑγιές; ΒΛ. εἴ τι κεκλοφὼς νὴ Δ.
400. οὐ τῷ μεταδοῦναι; ΧΡ. μὰ Δ. δεῖ γὰρ πρῶτα ΒΛ τί;
579. τὸν Δ. φήσεις ἄρ' οὐκ ὀρθῶς διαγιγνώσκειν τὸ κράτιστον·
715. ὁπαὶ γὰρ εἶχεν οὐκ ὀλίγας μὰ τὸν Δ.
848. καὶ ταῦτ' ἀναθήσων ἐφέρες οὖν; ΔΙ. νὴ τὸν Δ.
863. νὴ Δ., καλῶς τοίνυν ποιῶν ἀπόλλυται.
877. νὴ τὸν Δ. τὸν σωτῆρα, πολλοῦ γ' ἄξιος
890. ἀπὸ τῶν ἐμῶν γὰρ ναὶ μὰ Δ. δειπνήσετον.
905. τί δαὶ· τέχνην τιν' ἔμαθες; ΣΤ. οὐ μὰ τὸν Δ.
920. νὴ Δ., ποιηρὸν τἄρα προστάτην ἔχει.
1021. εἰ Θάσιον ἐνέχεις. εἰπότας γε νὴ Δ.
1028. ἀναγκάσαι δικαιῶν ἔστι νὴ Δ.
1186. τὸν οὖν Δ. τὸν σωτῆρα καυτύς μοι δοκῶ
Fr. 198, 6. ἀργότερ παρ' ὑμῖν ᾠδοφοῖται; νὴ Δ.
233. εἰ δὴ τις ὑμῶν εἶδεν Εὐρύβατον Δ.
445, 5. πάτω βαδίζει, τὸ δὲ κενὸν πρὸς τὸν Δ.
διά. Α. 8. ὃ τοῦτο ποιήσων ἄξιον ἐφ' Ἑλλάδι. κ.τ.λ.
Σ. 126. ὃ δ' ἐξεδίδρασκε δ. τε τῶν ὑδρορροῶν κ.τ.λ.
Sip. I. 1271. ἄσε ἀπτυμένος φαρέτρας Πυθῶνι ἐν δ. κακῶς πίπτεσθαι.

διαβαλεῖ. Α. 502. οὐ γάρ με νῦν γε δ. Κλέον ὅτι
I. 486. οὐτοσί ἐσπεισῶν ἐκεῖσε δ.
διαβάλλει. I. 64. ψευδῆ δ. κᾆτα μαστιγούμεθα
διαβάλλειν. I. 496. δάκνειν, δ., τοὺς λόφους κατεσθίειν,
I. 810. οὔκουν δεινὸν ταυτί σε λέγειν δῆτ' ἔστ' ἐμὶ καὶ δ.

διαβάλλεταί—διαλφιτώσω.

διαβάλλεται. Ο. 1648. δ. σ' ὁ θεῖος, ὦ πονηρὶ σύ.
διαβαλλόμενος. Α. 630. δ. δ' ὑπὸ τῶν ἐχθρῶν ἐν Ἀθηναίοις ταχὺ βούλοιτ,
διαβάλοι. ΕΙ. 643. ἄττα δ. τις αὐτῇ, ταῦτ' ἂν ἤδιστ' ᾔσθιεν.
διαβαλῶ. Ι. 288. δ. σ', ἐὰν στρατηγῇς.
Ι. 711. κἀγὼ δέ σ' ἕλξω καὶ δ. πλείονα.
Θ. 1169. ἀπὸ τῆς στρατιᾶς παροῦσιν ὑμῶν δ.
διαβάς. Σ. 688. ὡδὶ δ., διακινηθεὶς τῷ σώματι καὶ τρυφερανθείς,
ΕΙ. 753. δ. βυρσῶν ὀσμὰς δεινὰς κἀπειλὰς βορβοροθύμους.
διαβάσκει. Ο. 406. διὰ ταῦτ' ἄρ' ἔχαν καὶ νῦν ὥσπερ βασιλεὺς ὁ μέγας δ.
διαβάτης. Fr. 726. δ.
διαβεβήκασ'. Λ. 60. ἐπὶ τῶν κελήτων δ. ὄρθριαι.
διαβεβηκότος. Ι. 77. τοσονδὶ δ' αὐτοῦ βῆμα δ.
διαβέβληκεν. Θ. 411. ᾔγυπτο, δ., ὥστ' οὐδεὶς γέρων
διαβεβλημένον. Σ. 950. χαλεπὸν μὲν, ὦνδρες, ἐστὶ δ.
διαβίβηχ'. Θ. 390. ποῦ δ' οὐχὶ δ. ὑπουπερ ἐμβραχὺ
διαβήτην. Ν. 178. κάμψας ὀβελίσκον, εἶτα δ. λαβὼν,
Ο. 1003. ἰνδεὶς δ.—μανθάνεις· ΠΕ. οὐ μανθάνω.
διαβολαῖς. Ι. 7. αὑταῖς δ. ΔΙΙ. ὦ κακόδαιμον, πῶς ἔχεις;
διαβολάς. Ι. 491. ἵν' ἐξολισθάνειν δύνῃ τὰς δ.
διαβολωτάτων. Ι. 45. παισυργύτατον καὶ δ. τινα.
διαγέγραπται. Ν. 774. ὅτι πεντετάλαντος δ. μοι δίκη.
διάγεις. Σ. 1006. ὥσθ' ἡδίω δ, σε τῶν λοιπῶν χρόνον
διαγνοίμεθ'. Ο. 45. ὅπου καθιδρυθέντε δ. ἂν.
διαγιγνώσκειν. Σ. 779. πῶς οὖν δ. κακῶν δυνήσομαι
Λ. 583. δ. ὅτι ταῦθ' ἡμῖν ὥσπερ τὰ καταγμάτα κεῖται
Εκ. 636. ἔσται δυνατὸς δ.; ΠΡ. τί δὲ δεῖ; πατέρας γὰρ ἅπαντας
Π. 578. αὑτοις, οὕτω δ. χαλεπὸν πρᾶγμ' ἐστὶ δίκαιον.
579. τὸν Δία φήσεις ἀρ' οὐκ ὀρθῶς δ. τὸ κρατιστον·
διαγιγνώσκομαι. Π. 91. ἵνα μὴ δ. τούτων μηδένα.
διαγιγνώσκομαι. Ι. 518. ὑμᾶς τε πάλαι δ. ἐπιείους τὴν φύσιν ὄντας,
Διαγόραν. Ο. 1072. ἢν ἀποκτείνῃ τις ὑμῶν Δ. τὸν Μήλιον,
Διαγόρας. Β. 320. ἀλουσι γοῦν τὸν Ἰακχον ὕπερ Δ.
διαγράφω. Λ. 676. ἢν δ' ἐφ' ἱππικὴν τράπωνται, δ. τοὺς ἱππέας.
διαγωνιεῖσθ'. Β. 794. δ. ἐφάσκει πρὸς ἢ Εὐριπίδην.
διαδεδρακότας. Α. 601. νεανίας ὁ' οἷος σὺ δ.
διαδράμω. Ο. 1409. ἐπὶ τὸ πτερωθεὶς δ. τὸν ἄερα.
διαδρασιπολίτας. Β. 1014. εἰ γενναίους καὶ τετραπήχεις, καὶ μὴ δ,
διαδύεται. Σ. 306. μῶν ὁ γέρων τῃ δ. αὖ; ΒΔ. μὰ Δί' οὐ δῆτ' ἀλλὰ καθιμᾷ
διαδῦναι. Σ. 352. πάντα πέφαρκται κοὐκ ἔστιν ὀπῇς οὐδ' εἰ σέρφῳ δ.
διαδύς. Σ. 212. κοὐκ ἔσθ' ὅπως δ. ἂν ἡμᾶς ἔτι λάθοι,
διαζῆν. Ο. 1434. ἀφ' ὧν δ. ἀνδρα χρῆν τοσουτονὶ
διάθες. Ο. 1391. δ. τάδε κόσμῳ
διαθήκῃ. Σ. 584. κλάειν ἡμεῖς μακρὰ τὴν κεφαλὴν εἰπόντες τῇ δ.
διαθήκην. Σ. 589. τῆς δ' ἐπικλήρου τὴν δ. ἀδικεῖς ἀναγχυλίζων,
Ο. 440. ἢν μὴ διάθωνταί γ' οἵδε δ. ἐμοί
διάθρει. Ν. 700. φρόντιζε δὴ καὶ δ., πάντα τρόπον τε σαυτὸν
διαθρήσαι. Ι. 543. κἀτ' ἐντεῦθεν πραγματεύσαι καὶ τοῖς ἀνέμοισι δ.,
Ο. 658. τὴν πυκνα πᾶσαν καὶ τὰς σκηνὰς καὶ τὰς διόδους δ.
διαθωῦται. Ο. 440. ἢν μὴ δ. γ' οἵδε διαθήκην ἐμοὶ
διαιρεῖν Β. 1100. χαλεπὸν οὖν ἔργον δ.
διαιρῶν. Ν. 742. ὀρθὸν δ. καὶ σκοπῶν. ΣΤ. οἴμοι τάλας.
Δίαιταν. Β. 1102. τοὺς τρώπους καὶ τὴν δ. σαφηίν ἐμφερεστάτους.
Εκ. 673. τὴν ἐλ δ. τίνα ποιήσεις; ΠΡ. κοινὴν πᾶσιν. τὸ γὰρ ἄστυ
διαίτης. Β. 114. πόλεις, δ., πανδοκευτρίας, ὅπου
διαίτῃ. Σ. 524. εἰπέ μοι, τί δ' ἦν, τὸ δεῖνα, τῇ δ. αὖ δ' ἡμίεπης;
διαίτης. ΕΙ. 572. τῆς δ. τῆς παλαιῆς,
Ο. 412. βίον δ. τε καὶ
διακαθαίρεις. Εκ. 847. τὰ τῶν γυναικῶν δ. τρυβλία.
διακαινιάναει. ΕΙ. 1081. ἢ δ. πότερον κλαυσόμεθα μεῖζον,
διακεκαρμένη. Σ. 1313. Σθενέλῳ τε τὰ σκευάρια δ.
διακεκαυμένον. Α. 453. δὺς μοι σπυρίδιον δ. λύχνῳ
διακείμενος. Π. 80. σὺ Πλοῦτος, οὕτως διακείμενος δ.
διάκειται. Π. 500. ὡς μὲν γὰρ νῦν ἡμῖν ὁ βίος τοῖς ἀνθρώποις δ.
διακεκναισμένος. Ν. 120. τοὺς ἱππέας τὸ χρῶμα δ.
διακεκραγώς. Ι. 1403. πύρναια καὶ βαλανεῦσι δ.
διακεκραγότες. Ο. 307. αἷα πισπίζουσι καὶ τρόχυαι δ.
διακηκλίσον. Fr. 94, 1. ὀσφὺν δ' ἐξ ἄκρων δ. ἥψε κίγκλον
διακίνει. Ν. 477. καὶ δ. τὸν νοῦν αὐτοῦ καὶ τὴν γνώμην ἀποπείρω.
διακινηθείς. Σ. 688. ὡδὶ διαβὰς. δ. τῷ σώματι καὶ τρυφερανθεὶς
διακινήσας. ΕΙ. 156. δ. φαιδροῖς ὡσίν.

διακναίσας. Εκ. 957. δὲ με δ. ἔχει.
διακναίση. Β. 1228. ἵνα μὴ δ. τοὺς προλόγους ἡμῶν. ΕΥ. τὸ τί;
διακναισθήσεται. ΕΙ. 251. οἵα πόλις τάλαινα δ.
διακονεῖς. Ο. 1323. ὡς βλακικῶς δ.·
διακονεῖται. Α. 1017. αὑτῷ δ.;
διακονικῶς. Π. 1170. ἵν' εὐθέως δ. εἶναι δοκῇς·
διάκονόν. Ο. 73. ὄρνιν, ἵν' ἀκόλουθον δ. τ' ἔχῃ.
διάκονος. Εκ. 1116. ἐγὼ τε πρὸς τούτοισιν ἡ δ.,
διακόνων. Ο. 74. δεῖταί γὰρ ὁμῶς ἡ δ. τινός;
Ο. 1253. σὺ δ' εἰ με λυπήσεις τι, τῇ δ.
διακοσίαισι. Ι. 628. βουλὴν ὑπερπύντισα·
διακοσίων. Fr. 53, 1. δεῖ δ. δραχμῶν.
διακρινεῖ. Σ. 763. Ἅιδης δ. πρότερον ἢ 'γὼ πείσομαι.
διακρίνεις. Ο. 719. ὄρνιν τε νομίζετε πάνθ' ὅσαπερ περὶ μαντείας δ.
διακρίνεις. Ι. 1207. τί οὐ δ., Δῆμ', ὀπυτέρα ἐστὶ νῷν
διάκρινον. Ι. 745. εὐνούστερος, δ., ἵνα τοῦτον φιλῇς.
Ι. 749. καὶ τὸν δ. βῆνα, πλὴν μὴ 'ν τῇ πυκνί.
1636. ὦ τᾶν, ἄκουσον, εἶτα δ. τότε.
Διακρίων. Σ. 1223. ἀληθες; ὡς οὐδεὶς Δ. δέξεται.
διακύπτεις. Εκ. 930. τί μοι διαλέγει; ΝΕ. σὺ δὲ τί δ.; ΓΡ. Α ἐγώ·
διακύψας. ΕΙ. 78. ἀλλ' ὅ τι ποιεῖ τηδὶ δ. ὀψομαι.
διακωλύσῃ. Π. 623. ἔλθον δ. τι τῶν πρωὐργου ποιεῖν.
διαλαβών. Ι. 262. καταγαγὼν ἐκ Χεῤῥονήσου δ. ἠγκύρισαι,
διαλακήσασα. Ν. 410. ἢ δ' ἄρ' ἐφυσᾶτ', εἶτ' ἐξαίφνης δ. πρὸς αὐτῷ
διαλέγει. Εκ. 930. τί μοι δ.; ΝΕ. σὺ δὲ τί διακύπτεις; ΓΡ. Α. ἐγώ·
διαλέγου. ΕΙ. 1061. ἀλλ' οἶσθ' ὁ δράσον; ΙΕ. ἦν φράσῃς. ΤΡ. μὴ δ.
Β. 176. εἰ μὴ καταθήσεις δύο δραχμὰς, μὴ δ.
Εκ. 890. τοῦτο δ. κάμοι χώρησον· σὺ δὲ,
διαλέγουσαν. Λ. 720. τὴν μὲν γε πρώτην δ. τὴν ὑπὴν
διαλείχεις. Σ. 904. ἀγαθὸς γ' ὑλακτεῖν καὶ δ. τὰς χύτρας.
διαλείχοντά. Fr. 359. δάπτοντα, μυστύλλοντα, δ. μου
διαλείχουσ. Ι. 1034. νύκτωρ τὰς λοπάδας καὶ τὰς νήσους δ.
διάλειπον. Fr. 552, 1. δ. ἔχοντα μέσην μυλέαν
διαλεληίμμένον. Εκ. 1090. ψήφισμα, βινεῖν δεῖ με δ.
διαλέξασθαι. Fr. 321. δ.:
διάλεξιν. Ν. 317. αἵπερ γνώμην καὶ δ. καὶ νοῦν ἡμῖν παρέχουσι
διαλεπτολογοῦμαι. Ν. 1496. δ. ταῖς δοκοῖς τῆς οἰκίας.
διαλεχθείην. Ν. 425. οὐδ' ἂν δ. γ' ἀτεχνῶς τοῖς ἄλλοις, οὐδ' ἂν ἅπαντων·
Π. 1052. οὐκ ἂν δ. διεσπελεκωμένῳ
διάλιθον. Fr. 369, 10. δίωτας, δ., πλίστρα, μυλάχιον, βύτρυν,
διαλιπών. Ν. 496. εἶτ' αὖθις ἀτραφῇ δ. διασόμαι.
διαλλαγαῖς. ΕΙ. 1049. ἐναντιώσεταί τι ταῖς δ.
διαλλαγὰν. Λ. 984. ἐμολον ἀπὸ Σπάρτας περὶ τᾶν δ.
Α. 1101. ἐπὶ τί πάρεστε δεῦρο; ΛΑ. περὶ δ.
διαλλαγεῖσα. Σ. 472. ἐς λόγους ἐλθωμεν ἀλλήλοισι καὶ δ.:
διαλλαγεῖσα. ΕΙ. 540. δ. καὶ γελῶσιν ἀσμέναι,
Διαλλαγή. Λ. 989. ὦ Κύπριδι τῇ καλῇ καὶ Χάρισι τοῖς φίλαις ξύντροφε Δ.
Λ. 1114. ταχὰ δ' εἴσομαι 'γὼ, ποῦ 'στιν ἡ Δ.;
διαλλαγῇς. Λ. 1175. ἐπὴν δ., ταῦτα δράσετε.
διαλλαγῶν. Ο. 1532. ᾔξουσι πρεσβεις δεῦρο περὶ δ.
Ο. 1577. ἀλλ', ὠγάθ', ᾐρήμεσθα περὶ δ.
1635. ἐκδοτέον ἐστίν. ΠΟΣ. σὺ δ. ἐρᾶς.
Ο. 1640. τί δαὶ ποιῶμεν; ΠΡ. ὅ τι; δ.
διαλλαχθέντες. Σ. 1395. ἔστ' οἰδ' ὁτιὴ ταυτῇ δ.
διαλλαχθῇς. Λ. 900. μὰ Δί' οὐκ ἔγωγ', ἢν μὴ δ. γε
Λ. 655. ἀλλ' ὑφ' ὑμῶν δ. προσίτι κινδυνεύομεν.
διαλυμαίνεται. Φ. 348. ἢ τῶν κοτυλῶν τὸ νόμισμα δ.
Β. 59. τοιοῦτος ἱμερός με δ.
Π. 436. ἡ ταῖς κοτύλαις δεῖ με δ.·
διαλύσαι. Λ. 506. ἐν ταῖς χώραις καὶ δ.; ΛΥ. φαύλως πάνυ.
ΠΡ. πῶς διαδείξον.
διαλύσομεν. Λ. 569. οὕτως καὶ τὸν πόλεμον τοῦτον δ., ἢν τις ἐᾷσῃ,
διαλύσῃς. ΕΙ. 85. πρίν γ' ἂν ἴδῃς καὶ δ.
διαλφιτώσω. Ν. 669. δ. σου πίκνῳ τὴν κάρδοπον

διαμασχαλίσας—διαφυγών.

διαμασχαλίσας. Fr. 249, 2. δ. αὐτὸν σχελίσιν καὶ φύσκαις καὶ ῥαφανίσιν.
διαμάττειν. Ο. 463. ὃν δ. οὐ κωλύει φέρε παῖ στέφανον· κατακεῖσθαι
διαμαχοῦμαι. Ι. 339. ἀλλ' αὐτὸ περὶ τοῦ πρότερος εἰπεῖν πρῶτα δ.
διαμαχούμεθα. Π. 448. τηνδὶ δεδιότε, μηδὲ δ.
διαμεμαγμένας. Ι. 1105. ἐγὼ δὲ μαζίσαις γε δ.
διαμέτρους. Β. 801. καὶ δ. καὶ σφῆνας· ὁ γὰρ Εὐριπίδης
διαμηρίζομ'. Ο. 669. ἐγὼ δ. ἂν αὐτὴν ἡδέως·
διαμηρῶ. Ο. 1254. πρώτης ἀνατείνας τὼ σκέλη δ.
διαμηχανήσομαι. Ι. 917. 3. θ' ὅπως
διαμινύρεται. Θ. 100. μύρμηκος ἀτραπούς, ἢ τί δ.;
διανείμειεν. Π. 510. εἰ γὰρ ὁ Πλοῦτος βλέψειε πάλιν δ. τ' ἴσον αὑτόν,
διανοεῖ. Ν. 481. τί δέ; τειχομαχεῖν μοι δ., πρὸς τῶν θεῶν;
Ν. 1230. νῦν δὲ διὰ τοῦτ' ἔξαρνοι εἶναι δ.;
ΕΙ. 103. ὕποι πέτεσθαι δ. ΤΡ. τί δ' ἄλλο γ' ἢ
362. ὦ μιαρὲ καὶ τολμηρέ, τί ποιεῖν δ.;
Ο. 1421. μῶν εὐθὺ Πελλήνης πέτεσθαι δ.;
Θ. 71. ὦ Ζεῦ τί δρᾶσαι δ. με τήμερον;
Β. 526. τί δ' ἐστιν; οὐ φῂς πού μ' ἀφελίσθαι δ.
Ἐκ. 769. σὺ δ' οὐ καταθεῖναι δ.; ΑΝ. Β. φυλάξομαι,
διανοίαις. Ν. 944. καὶ δ. κατατοξεύσω.
Σ. 1044. πέρυσιν καταπρούδοτε καινοτάταις σπείραντ' αὐτὸν δ.
ΕΙ. 750. ὅπεσιν μεγάλοις καὶ δ. καὶ σκώμμασιν οὐκ ἀγοραίοις,
Εκ. 581. ἀλλ' οὐ μέλλειν, ἀλλ' ἅπτεσθαι καὶ δὴ χρὴ ταῖς δ.
διάνοιαν. Σ. 1019. μιμησάμενος τὴν Εὐριπλέίων μαντείαν καὶ δ.,
διανοιῶν. Β. 1059. μεγάλων γνωμῶν καὶ δ. ἴσα καὶ τὰ ῥήματα τίκτειν.
διανοσυμένην. Λ. 724. ἤδη πέτεσθαι δ. κάτω
διάξει. Β. 140. ναύτης δ. δι' ὀβολῶ μισθὸν λαβών.
διάξεις. Π. 792. ἢ πῦρ ἀπότροπον, ἢ δ. γαλῇ,
διάξειν. ΕΙ. 439. μὰ Δί', ἀλλ' ἐν εἰρήνῃ δ. τὸν βίον,
διάξεις. Ν. 464. τὸν πάντα χρόνον μετ' ἐμοῦ ζηλωτότατον βίον ἀνθρώπων δ.
διάξετε. Ἐκ. 240. εὐδαιμονοῦντες τὸν βίον δ.
διαξέων. Β. 578. ἐπὶ ταῖς ἀρχαῖσι δ. καὶ τὰς κεφαλὰς ἀποτίλαι·
διάξω. {Α. 217. / 218.} οἴκοι δ' ἀταρώτῃ δ. τὸν βίον
διαπαταλευθήσει. Ι. 371. δ. χαμαί·
διαπεινάμες. Α. 751. πῶς ἔχετε; ΜΕ. ἀεὶ ποντὺ πῦρ,
διαπείμεσι. Π. 398. εἶτ' οὐ δ. καὶ πρὸς ἡμᾶς τοὺς φίλους;
διαπέμπων. Β. 364. ἀσκώματα καὶ λίνα καὶ πίττας δ. εἰς Ἐπίδαυρον,
διαπερᾶν. Ο. 1264. μηκέτι τὴν ἐμὴν δ. πόλιν.
διαπεσεῖσθαι. Ἐκ. 1036. οἶμαι γὰρ ἐνδον δ. σ' αὐτίκα.
διαπέσοιμι. Ι. 695. ψευδῶν ἐνείη, δ. πανταχῆ,
διαπετάννυ. Λ. 733. μὴ δ., μηδ' ἀπείληθι μηδαμῇ.
διαπετάσας'. Λ. 732. ὅσον δ. ἐπὶ τῆς κλίνης μόνον.
διαπέτες. Ο. 1217. κάπειτα δήθ' οὕτω σιωπῇ δ.
διαπηδῶν. Α. 1178. ἀνὴρ τέτρωται χάρακι δ. τάφρον,
διαπλέκειν. Ο. 754. δ. ζῶν ἡδέως τὸ λοιπόν, ὡς ἡμᾶς ἴτω.
διαπλῦναι. Fr. 546, 3. καὶ δ.
διαπλῦσαι. Π. 378. ἐθέλω δ. πρὶν πυθέσθαι τὴν πόλιν,
διαπραξάμενος. Ἐκ. 634. ὅταν ἤδη 'γὼ δ. παραδῶ σοι δειπνεράζειν.
διαπράξω. Π. 217. αὐτὸς δ. ταῦτα. ΚΑ. κἂν βούλῃ γ', ἐγώ.
διαπράττεσθ'. Α. 513. εἶτ' ἠρώμεθ' ἄν· πῶς ταῦτ', ἄνερ, δ. ὧδ' ἀνόητως;
διαπράττουσι. Ι. 93. πλυντοῦσι, δ., νικῶσιν δίκας,
διαπρισθεῖσιν. ΕΙ. 1262. πόσων ἄδεος ἤσθ' ἐγὼ δ. δίχα,
διαπρισθεῖην. Ι. 768. ἀπολοίμην καὶ δ. καταμηθείην τε λέπαδνα.
διαπτάσθω. Β. 1382. εἴθ' ὤφελ' Ἀργοῦς μὴ δ. σκάφος.
διαριθμῶν. Ο. 1822. ὅταν δ. ἀργυρίδιον τύχῃ
διάριψον. Θ. 665. πανταχῇ δ. ὄμμα,
διαρραγείης. Ο. 2. δ.· ἥδε δ' αὖ κρούει πάλιν.
Ἐκ. 803. δ. ΑΝ. Β. ἢν διαρραγῶ δὲ τί;
Π. 279. δ. ὡς μίθων κ' καὶ φύσει κόβαλος,
892. δ., μηδενός γ' ἐμπλήμενος.
διαρραγείς. ΕΙ. 32. τέως ἕως σαυτοῦ λάθοις δ.
διαρραγέντα. Ἐκ. 370. δ. μηδὲ βεβαλωμένον.
διαρραγῆναι. Σ. 1341. πέρει πάρει πρὸς τῶν θεῶν αὐτῷ δ.
Β. 955. ὡς πρὶν διδάξαι γ' ὤφελες μέσος δ.
διαρραγήσομαι. Ι. 340. οἴμοι, δ. ΑΛ. καὶ μήν σ' ἐγὼ οὐ παρήσω.
Β. 555. εἰ μή.
διαρραγῶ. Σ. 162. ἰδ', ἀντιβολῶ σ', ἴσφρες με, μὴ δ.
Ἐκ. 803. διαρραγείης. ΑΝ. Β. ἢν δ. δὲ, τί;
διαρριπτοῦσι. Θ. 774. γράφω δ.· βέλτιον πολύ,
διαρριπτοῦντε. Σ. 59. δοῦλω δ. τοῖς θεωμένοις,

διαρροίας. Fr. 198, 13. ἡ τῆς δ. ποταμὸς οἰχήσεται.
δίας. Θ. 856. ὃς ἀντὶ δ. ψακάδος Αἰγύπτου πέδον
διασαλακώνισον. Σ. 1169. ὡδὶ προβὰς τρυφερῶν τι δ.
διασαυλούμενον. Fr. 522. ὁρῶ γὰρ ὡς ὑμφακα δ.,
Διασίοις. Ν. 864. τούτου 'πριάμην σοι Δ. ἀμαξίδα.
Διασίοισιν. Ν. 408. νὴ Δί', ἐγὼ γοῦν ἀτεχνῶς ἔπαθον τουτί ποτε Δ.
διασκανδικίσῃς. Ι. 19. μή μοι γε, μή μοι, μὴ δ.·
διασκεδᾶ. Σ. 229. πολλῶν δικαστῶν σφηκιὰν δ.
Ο. 1053. ἐγὼ δὲ σοῦ γε τὼ κύβω δ.
διασκοπεῖν. Θ. 660. καὶ δ. σιωπῇ πανταχῆ μόνον δὲ χρὴ
διασκοπῶμεν. Σ. 246. χωρῶμεν, ἅμα τε τῷ λύχνῳ πάντη δ.,
διασκοπεῖν. ΕΙ. 1161. δ. ἤδομαι
διασμηχθείς. Ν. 1237. ἀλσὶν δ. ὄναι' ἂν οὑτοσί.
διασοφίζηται. Ο. 1619. εὐξάμενός εἶτα δ. λέγων,
διασπαράξει. Β. 474. δ., πλευμόνων τ' ἀνθάψεται
διασπάσαι. Ο. 367. ἀπολέσαι, παθοῦντες οὐδὲν, ἄνδρε καὶ δ.
διασπάσεσθε. Ἐκ. 1076. δ. μ' ἀγαὶ κακῶς ἀπολούμεναι.
διασπάσονται. Β. 477. δ. Γοργόνες Τιβράσιαι,
διασποδῆσαι. Ἐκ. 939. καὶ μὴ 'θει πρότερον δ.
διαστίλβονθ'. Fr. 114. καὶ δ. ὁρῶμεν
διαστίλβουσι. ΕΙ. 567. αἵ τε θρίνακες δ. πρὸς τὸν ἥλιον.
διαστραφήσομαι. 1. 175. εὐδαιμονήσω δ', εἰ δ.;
Ο. 177. ἀπολαύσομαί τι δ', εἰ δ.
διαστρῶν. Λ. 774. ἣν δὲ δ. καὶ ἀναπτῶνται πτερύγεσσιν
διατεξάμενος. Σ. 360. ἄνδρες ὁπλῖται δ.
διατενίζειν. Ι. 818. δ. καὶ χρησμῳδῶν, ὁ Θεμιστοκλῆς ἀντιφέριζων.
διατίτρωκτας. Σ. 371. δ. τοῦτό γ', ἀλλὰ μὴ βοᾶτε μηδαμῶς,
διατήξης. Ν. 149. πηρὸν δ., εἶτα τὴν ψύλλαν λαβὼν
διατίθης. Α. 695. χείρον δ. ΜΤ. ὀλίγον αὐτῶν μοι μέλει.
διατίθεμαι. Ο. 444. δ. 'γώ. ΠΕ. κατύμοσόν νυν ταῦτά μοι.
διατινθαλέῳ. Σ. 329. ἢ με κεραυνῷ δ.
διατρύγονται. Σ. 367. δ. τοίνυν κράτιστόν ἐστί μοι τὸ δίκτυον,
διαρραγόντ'. Ο. 655. δ. δ. ἐσέσθον ἱπτεραμένω.
διατρέχοντες. ΕΙ. 838. τίνες γάρ εἰσ' οἱ δ. ἀστέρες,
διατρέχωσιν. ΕΙ. 536. κύλπον γυναικῶν δ. εἰς ἀγρόν,
διάτρηρ'. Π. 413. μή τι δ., ἀλλ' ἄνυε πράττων ἐν γέ τι.
διατρίβειν. 1. 515. σὺχ ὑπ' ἀνοίας τοῦτο πεπονθώς δ., ἀλλὰ νομίζων
Ν. 199. ἔξω δ. πολλὸν ἄγαν ἐστὶν χρόνον.
Ἐκ. 760. διατρίβετε δ. ἔτι.
Fr. 424, 1. ὡς οὐφήσης δ.
διατρίβεις. Π. 1151. τί δῆτα δ. ἔχων, ἀλλ' οὐκ ἄγεις
διατριβῇ. Π. 923. εἰ μὴ φανεῖταί δ. τις τῷ βίῳ.
διατριβῇν. Ν. 1055. εἴτ' ἐν ἀγορᾷ τὴν δ. ψέγεις, ἐγὼ δ' ἐπαινῶ.
Β. 1498. δ. ἀργὸν ποιεῖσθαι,
διατριβῆς. Α. 193. ὀξύτατον, ὥσπερ δ. τῶν ξυμμάχων.
διαριβόμην. Π. 622. καὶ μὴ δ. γε, μηδὲ πάλιν τις εἰ
διατριπτικόν. Α. 943. εἰ μὴ δ. γε, κοὐκ ὀξύν γάμων.
διατρίψεις. Ν. 1002. ἀλλ' οὖν λιπαρός γε καὶ εὐανθὴς ἐν γυμνασίοις δ.,
Σ. 849. οἴμοι, δ. κάπολεῖς τριψήμερον.
Β. 462. οὐ δ., ἀλλὰ γεύσει τῆς θύρας,
διατρίψω. 1. 805. εἰ δέ ποτ' εἰς ἀγρὸν οὗτος ἀπελθὼν εἰρηναίος δ.
διατρώξομαι. Σ. 164. δ. τοίνυν οὑδὶ τὸ δίκτυον.
δίαυλον. Ο. 292. ἡ 'πὶ τὸν δ. ἠλθον; ΕΠ. ὥσπερ οἱ Κάρες μὲν οὖν
διαφανῇ. Ν. 768. ταύτην εὕρακα, τὴν καλήν, τὴν δ.,
Λ. 48. χἠ 'γχουσα καὶ τὰ δ. χιτώνια.
διαφέρει. Ο. 20. οὐδὲν ἄρα γρίφου δ. Κλεώνυμος.
διαφέρον. Ο. 1461. βίμβικος οὐδὲν δ. ΠΕ. μανθάνω
διαφέρου. Λ. 1172. ἔστι, μηδὲν δ. περὶ σκέλει.
διαφερούμην. Ν. 1428. ὡς τοὺς πατέρας ἀμύνεται· καίτοι τί δ.
διαφεύξουμαι. Ν. 443. εἴπερ τὰ χρέα δ.,
διαφθαρῶ. Σ. 1358. ταῦτ' οὖν περὶ μου δέδοικε μὴ δ.
διαφθείρῃ. Σ. 1398. οὕτω δ. ἐμοῦ τὰ φόρτια.
διαφθείρητε. Σ. 976. καὶ μὴ δ. πού τὰ παιδία
ΕΙ. 323. πρᾶγμα κάλλιστον δ. καὶ τὸ σχήματα.
διαφθερῶ. Σ. 1229. φήσει γὰρ ἐξολεῖν σε καὶ δ.
διαφθερῶ. Α. 331. βάλλετ', εἰ βούλεσθ'. ἐγὼ γὰρ τουτονὶ δ.
Π. 1200. δύο δὲ λαβὼν δύ' ὑφ' ἕν. ΠΕ. ὡς ἀπολοῦμαί ἄρα,
διαφοιτᾶν. Ο. 557. διὰ τῆς χώρας τῆς ὑμετέρας ἰστυκόσι μὴ δ.,
διαφορήσω. Ο. 338. δ. θ' ὑφ' ἡδονῆς. ΠΕ. ὡς ἀπολολύμεσθ' ἄρα,
διαφορήσω. Ο. 355. ἵν' ὑπὸ τούτων δ. ΠΕ. πῶς γὰρ δοκεῖ
διαφορήται. Ι. 294. δ. φ', εἴ τι γρύξει,
διαφρήσετε. Ο. 193. τὴν μηρίων τὴν κνίσαν δ.
διαφυγεῖν. Ι. 610. μήτε γῇ μήτ' ἐν θαλάττῃ δ. τοὺς ἱππέας.
διαφυγών. Θ. 653. καλῶς, ὅπως μὴ δ. οἰχήσεται·

L

διαφυλάξει—διελεῖν.

Διαφυλάξει. Fl. 878. τις δ. τήνδε τῇ βουλῇ λαβών;
Διαφυλαξόν. Β. 297. ἱερεῦ, δ. μ', ἵν' ὦ σοι ξυμπότης.
Διαφυτεύσομεν. Fr. 162. ἐν ἀγορᾷ δ' αὖ πλάτανον εὖ δ.
Διαχασκωυσῶν. I. 533. τῶν θ' ἁρμονιῶν δ.· ἀλλὰ γέρων ὢν περιέρρει,
Διαψαίρουσι. O. 1717. αὖραι δ. πλεντάνην καπνοῦ.
Διβολίαν. Fr. 401. καὶ τῶν πλατυλόγχων δ. ἀκοντίων.
Διδάγματος. N. 668. ὥστ' ἀντὶ τούτου τοῦ δ. μόνου
'Δίδαξα. Σ. 440. οὑκ ἐγὼ 'δ. πλάειν τέτταρ' ἐς τὴν χοίνικα;
Διδάξαι. Β. 955. ὡς πρὶν δ. γ' ὠφελεῖ μῖσος διαρραγῆναι.
Διδαξαίμην. N. 783. ὑθλεῖν' ἄπιορρ', οὐκ ἂν δ. σ' ἔτι.
Διδάξας. Β. 1026. εἶτα δ. Πέρσας μετὰ τοῦτ' ἐπιθυμεῖν ἐξεδίδαξα
Διδάξειάν. O. 373. πῶς δ' ἂν οἶδ' ἡμᾶς τι χρήσιμον δ. ποτε.
Διδάξειν. Α. 656. φησὶν δ' ὑμᾶς πολλὰ δ. ἀγάθ', ὥστ' εὐδαίμονας εἶναι,
N. 1405, οἴμαι δ. ὡς δίκαιον τὸν πατέρα κολάζειν.
Διδάξεις. I. 483. νυνὶ δ., εἴπερ ἀπεκρίψω ποτὲ
N. 824. ὅπως δὲ τοῦτο μὴ δ. μηδένα.
929. οὐχὶ δ. τούτου Κρόνος ὤν.
Σ. 653. εἰ μὴ γὰρ ὅπως δουλεύω 'γὼ, τουτὶ ταχέως με δ.,
Διδάξῃς. Ν. 238. ἵνα με δ. ὧνπερ οὕνεκ' εἰλήλυθα.
Διδάξομαι. Ν. 127. ἀλλ' εὐξάμενος τοῖσιν θεοῖς δ.
Διδάξομεν. Ν. 590. ὡς δὲ καὶ τοῦτο ξυνοίσει ῥᾳδίως δ.
Δίδαξον. Ν. 244. ἀλλά με δ., τὸν ἕτερον τοῦ σοῦ λόγοιν,
Ν. 395. ἀλλ' ὁ κεραυνὸς πόθεν αὖ φέρεται λάμπων πυρὶ, τοῦτο δ.,
1442. πῶς δή; δ. γὰρ τί μ' ἐκ τούτων ἀπωφελήσεις.
Σ. 519. οἰόμενος ἄρχειν· ἐπεὶ δ. ἡμᾶς, ὦ πάτερ,
Ει. 602. ἦδε, ταῦθ' ἡμᾶς δ., ὦ θεῶν εὐνούστατε.
O. 439. φράσον, δ. ΠΕ. μὰ τὸν 'Απόλλω 'γὼ μὲν οὔ,
Β. 1162. πῶς δή; δ. γάρ με καθ' ὅ τι δὴ λέγεις.
Διδάξαντές. O. 372. καὶ δ. τι δεῦρ' ἥκουσιν ὑμᾶς χρήσιμον;
Διδάξω. I. 779. ὦν δ' οὐχὶ φιλεῖ σ' οὐδ' ἔστ' εὔνους, τοῦτ' αὐτὸ σε πρῶτα δ.,
Ν. 369. αὑταὶ δήπου· μεγάλοις δέ σ' ἐγὼ σημείοις αὐτὸ δ.
385. φέρε τουτὶ τῷ χρὴ πιστεύειν; ΣΠ. ἀπὸ σαυτοῦ 'γώ σε δ.
Σ. 1074. ῥᾳδίως ἐγὼ δ., κἂν ἄμουσος ᾖ τὸ πρίν.
Εκ. 215. ἐγὼ δ. πρῶτα μὲν γὰρ τἄρια
583. καὶ μὴν ὅτι μὲν χρηστά δ. πιστεύω· τούτους δὲ θεατὰς,
Π. 582. ὁ Ζεὺς δήπου πίνεται, καὶ τοῦτ' ἤδη φανερῶς σε δ.
Διδάσκαλοι. Ο. 912, οὐκ, ἀλλὰ πάντες ἐσμὲν οἱ δ.
Διδάσκαλον. Ν. 1147. χρὴ γὰρ πλέκοντα διδαυμάξειν τι τὸν δ.
Διδάσκαλος. Α. 628. ἐξ οὗ γε χοροῖσιν ἐφέστηκεν τρυγικοῖς ὁ δ. ἡμῶν,
Ει. 738. ἄξιος εἶναί φησ' εὐλογίας μεγάλης ὁ δ. ἡμῶν.
Β. 1055. ἐστι δ. ὅστις φράζει, τοῖς ἡβῶσιν δὲ ποιηταί.
Fr. 314, 3. ἐνθάδε γάρ εἰσιν, ὡς φησιν ὁ δ.
Διδασκάλου. I. 1235. παῖς ὢν ἐφοίτας ἐς τίνος δ.;
Fr. 403. τὴν κακκάβην γὰρ κᾶς τοῦ δ.
Διδασκάλους. Ν. 1467. ἀλλ' οὐκ ἂν ἀδικήσαιμι τοὺς δ.
Διδασκάλῳ. Ν. 871. οὐκ ἐς κύρακας; καταρᾷ σὺ τῷ δ.;
Π. 797. οὐ γὰρ πρεπωδὲς ἐστι τῷ δ.
Δίδασκε. Ν. 877. ἀμέλει, δ. θυμόσοφος ἐστιν φύσει·
Ν. 1107. δ. καὶ κόλαζε, καὶ μέμνησ' ὅπως
Ο. 548. ἀλλ' ὅ τι χρὴ δρᾶν, σὺ δ. παρών· ὡς ζῆν οὐκ ἄξιον ἡμῖν,
Β. 107. διπνεῖν με δ. ΣΑ. περὶ ἐμοῦ δ' οὐδεὶς λόγος.
Διδάσκειν. Σ. 1029. οὐδ' ὅτε πρῶτόν γ' ἦρξε δ., ἀνθρώποις φῆς' ἐπιθέσθαι,
O. 1405. βούλει δ. καὶ παρ' ἡμῖν οὖν μένων
Β. 687. ξυμπαραινεῖν καὶ δ. πρῶτον οὖν ἡμῖν δοκεῖ
1054. καὶ μὴ παράγειν μηδὲ δ. τοῖς μὲν γὰρ παιδαρίοισιν
1057. καὶ Παρνασῶν ἡμῖν μεγέθη, τοῦτ' ἐστὶ τὸ χρηστὰ δ.,
Εκ. 514. κατάκειται δὴ πάνθ' ἅπερ εἶπας· σὺν δ' ἔργον τἄλλα δ.,
Διδάσκεις. Ν. 919. ὁ δ. τοὺς ἀνοήτους.
Ν. 987. σὺ δὲ τοὺς νῦν εὐθὺς ἐν ἱματίοις δ. ἐντετυλίχθαι·
Εκ. 662. νὴ τὴν Δήμητρ' εὖ γε δ. τουτὶ τοίνυν φρασάτω μοι,
Fr. 201. πτισάνην δ. αὐτὸν ἰψεῖν ἢ φακῆν.
Διδάσκεται. Ν. 194. αὐτοὶ καθ' αὑτοὺς ἀστρονομεῖν δ.
Διδασκαίμην. I. 401. καὶ δ. προσηδεῖν Μορσίμου τραγωδίαν.
Διδάσκωσιν. Σ. 2. φυλακῆν καταλύειν νυκτερινὴν δ.
Διδάσκου. Ν. 111. ἐλθών δ. ΦΕ. καὶ τί σοι μαθήσομαι;
Π. 473. καὶ σύ γε δ. πάνυ γὰρ οἶμαί σοι
Διδάσκω. Ν. 98. οὗτοι δ., ἀργύριον ἦν τις διδῷ,
Διδάσκων. Ν. 1106. βούλει τὸν υἱόν, ἦ δ. σοι λέγεις;
O. 550. καὶ δὴ τοίνυν πρῶτα δ. μίαν ὀρνίθων πόλιν εἶναι,
Διδάσκωμεν. Α. 405. ταῖσιν γυναιξὶ καὶ δ. τρυφᾶν,
Διδάσκων. Α. 658. οὐδὲ πανυργῶν, οὐδὲ κατάρδων, ἀλλὰ τὰ βέλτιστα δ.

Διδαχθῇ. Θ. 538. ταύτης ἀποψιλώσομεν τὸν χαῖρον, ἵνα δ.
Διδόασι. I. 194. ὅσοι δ. ἐν τοῖς λογίοισιν οἱ θεοί.
Διδόασιν. Α. 54. οὐδ γὰρ δ. οἱ πρυτάνεις.
Σ. 715. ἀλλ' ὑπίσω μὲν δείσωσ' αὐτοί, τὴν Εὔβοιαν δ.
Δίδαμεν. I. 69. ἡμεῖς δὲ δ.· εἰ δὲ μή, πατούμενοι
N. 1426. ἀφίεμεν, καὶ δ. αὐτοῖς προῖκα συγκεκόφθαι.
Διδομένου. Λ. 547. μισθοῦ δ., Παλλάδιον χρυσονύμφαν,
Διδόν'. Ο. 976. καὶ σπλάγχνα δ. ἐνεσσι; ΧΡ. λαβὲ τὸ βιβλίον,
Διδόασιν. I. 1072. ταύτας ἀπαυδῇ μὴ δ. σ' ὁ Λοξίας.
ΕΙ. 1321. δ. πλοῦτον τοῖς Ἕλλησιν,
O. 624. δ. τὰ μῖρος· καὶ ταῦθ' ἡμῖν
678. δ. Νεφελοκοκκυγιεῦσιν ὑγίειαν καὶ σωτη-
Θ. 843. καὶ τόπον πράττοιτο δ., μηδεῖν' ἀνθρώπων τύπον,
Εκ. 781. ὅταν γὰρ εὐχώμεσθα δ. τἀγαθά,
Διδόασθαι. Θ. 831. προεδρίαν τ' αὐτῇ δ. Στηνίοισι καὶ Σκίροις
Δίδαν. Α. 1054. ἀπόφερ' ἀπόφερε τὰ κρέα καὶ μή μοι δ.,
ΕΙ. 1016. ταῦτ', ὦ πολυτίμητ'. εὐχομένοις ἡμῖν δ.
Δίδαυς. I. 473. δ. ἀνανάϊσεις, οὔτε προσπέμπων φίλους,
Β. 943. χυλὸν δ. στωμυλμάτων, ἀπὸ βιβλίων ἀπηθῶν·
Διδοῦσαι. Θ. 558. ὥς τ' αὖ τὰ κρί' ἐξ 'Απατουρίων ταῖς ματρονοῖς δ.,
Δίδουσιν. Α. 1281. ἐπὶ δὲ δ. ἀγέχορος
Διδῷ. Α. 159. τούτοισι ἐάν τις δύο δραχμὰς μισθὸν δ.,
Α. 835. παίεν ἐφ' ἀλὶ τὰν μάδδαν, οἵ κά τις δ.
Ν. 98. οὕτοι διδάσκους', ἀργύριον ἦν τις δ.,
Σ. 693. ἥν τίς τι δ. τῶν φευγόντων, ξυνθέντε τὸ πρᾶγμα δύ' ἰόντε
Ο. 519. τὰ σπλάγχνα δ., τοῦ Διὸς αὐτοὶ πρότεροι τὰ σπλάγχνα λάβωσιν.
1536. καὶ τί δ', ἢν ὁ πατὴρ ἐμοὶ δ. τὰ χρήματα
1655. τί δ', ἢν ὁ πατὴρ ἐμοὶ δ. τὰ χρήματα
Α. 1119. ἢν μὴ δ. τὴν χεῖρα, τῆς σάθης ἄγε.
Θ. 937. κοίλην προτείνειν. ἀργύριον ἢν τις δ.,
Δίδων'. ΕΙ. 1215. αὐτοῖς σὺ τί δίδωσ; ΤΡ. ὅ τι δ.; αἰσχύνομαι.
Δίδωμι. I. 872. ζεύγος πριάμενος ἐμβάδων τουτὶ φορεῖν δ.
I. 883. χειμῶνος ὄντος. ἀλλ' ἐγώ σοι τουτονὶ δ.
906. ἐγὼ δὲ κυλίχνιόν γέ σοι καὶ φάρμακον δ.
ΕΙ. 424. δώρον δ. τηνδί, ἵνα σπένδειν ἔχῃς.
Fr. 389, 1. ἰδοὺ δ. τηνδί, ἐγὼ γυναῖκά σοι
709, 2. τῇ μὲν δ. χειρί, τῇ δὲ λαμβάνει.
Δίδωμι. Σ. 1419. τί δ' ἐσθλεί μάλιστα; ΜΕ. πάνθ' ἅ κα δ.
Λ. 563. ἔχω δὲ τοῦθ' ὕπερ οὖν ἔχω, δ. σοι,
Δ. 799. τί δ' ἐσθλεί μάλιστα; ΜΕ. πάνθ' ἅ κα δ.
Π. 141. αὑτοῖς δ. τἀργύριον, ὥστε τοῦ Διὸς
Δίδως. I. 740. καὶ σκυτοτόμοις καὶ βυρσοπώλαισιν δ.
ΕΙ. 1215. αὐτοῖς σὺ τί δ.; ΤΡ. ὅ τι δίδω; αἰσχύνομαι.
1262. πόσον δ. δῆτ'; ΤΡ. εἰ διαρρισθεῖν δίχα,
Δίδωσι. Α. 1121. οὐδ' ἂν δ. πρόσαγε τούτουν λαβομένη·
Δίδωσιν. Θ. 345. ἡ δῶρά τις δ. μοιχῷ γραῦς γυνή,
Δίδωσιν. Σ. 679. οὐδεῖς αὑδὰ σπορυδοῦ κεφαλὴν τοῖς ἰψητῶσι δ.
Θ. 344. καὶ ᾧ δ' ἂν ὑπισχυταί ποτε,
Π. 278. σὺ δ' οὐ βαδίζεις; εἰ δὴ Χάρων τὸ ξύμβαλον δ.
Διέβα'. Θ. 204. τοιχωρύχος τις δ. ἐσθὴς τῷ ποτε
Διεβάλλε. Θ. 1214. δ. μ' ὧ γραῦς. ἀπύρκεν' ὡς τάχιστα σύ·
Διεβάλλε. Α. 380. δ. καὶ ψευδῆ κατεγλώττιζέ μου
Διεγαλήνισαν. 1. 646. οἱ δ' εὐθὺς τὰ πρύσωπα δ.
Διεβύσ'. Σ. 281. ἐχρῆς δ' ἄν διὰ τὸν χθιζινὸν ἄνθρωπον, ὃς ἡμᾶς δ.
Διέβυς. Θ. 712. οἷον δράσας δ. ἔργου,
Διέξης. Π. 906. πῶς σύν θ. ἢ πόθεν μηδὲν ποιῶν;
Διεξηγησάμην. Θ. 439. εὖ δ.
Διεξήγηχ'. Ι. 1292. καὶ δ. ὁπόθεν ποτὲ φαύλας ἐσθίει Κλεώνυμος.
Διέθετο. Ο. 441. ἥμπερ ὁ πίθηκος τῇ γυναικὶ δ.
Δίει. Α. 845. χλαῖναν δ' ἔχων φανῇ δ.
Διεδίναι. Β. 975. ἔχυσαν καὶ δ.
Διεμί. Ο. 1392. ἄπαντα γὰρ δ. σοι τὸν δέρα
Διειρωνόξενος. ΕΙ. 623. οἱ δ' ἄτ' ὄντες αἰσχροκερδεῖς καὶ δ.
Διείς. ΕΙ. 1232. σρῆι, δ. τὴν χεῖρα διὰ τῆς θαλαμᾶς
Διέκετο. Ν. 961. λέξω τοίνυν τὴν ἀρχαίαν παιδείαν, ὡς δ.
Fr. 250. οὐτεν σἱκὶὰ ἀταλευπίσαιν ἄγουσά τις δ.
Διεκεφατίζετ'. Σ. 789. ἐλθὼν δ. ἐν τοῖς ἰχθυσίν,
Δικύνων. Θ. 163. ἀντρυφόμουν τε καὶ δ. 'Ιωνικῶς.
Διεκομίσας. Σ. 1248. πολλὰ δὴ δ. σὺ καλῶς
Διεκόρευσεν. Ν. 480. ὥσπερ με δ. οὖσαν ἐπέτιν.
Διεκορκορύγησεν. Ν. 387. τὴν γαστέρα, καὶ κλόνος ἐξαίφνης αὐτήν δ.
Διεπερδάντες. Π. 283. δεῦρ' ἔλθωμεν, πολλῶν θύμων ῥίζας δ.
Διεκρίφθη. Θ. 13. πῶς χωρίς; ΕΥ. οὕτω ταῦτα δ. τότε.
Διέκυψε. Θ. 644. τοδὶ δ. καὶ μάλ' εὔχρων, ὦ τάλαν,
Διελάμψεν. Π. 744. ἰγρηγόρεσαν, ἧμε δ. ἡμέρα.
Διελεῖν. Ο. 996. ὑμῖν, δ. τε κατὰ γύας. ΠΕ. πρὸς τῶν θεῶν,

διεληλυθώς—δικαιότερον. 75

διεληλυθώς. ΕΙ. 826. δ.   ΟΙ. ἴθι νυν, κάτειπέ μοι.   ΤΡ. τὸ τί;
διελθέ. Θ. 1174. πρῶτον μὲν οὖν δ. κάναπόλτασον.
διελθεῖν. Ι. 621. κἂν μακρὰν ὀδὸν δ.
Λ. 3. οὐδ᾽ ἂν δ. ἦν ἂν ὑπὸ τῶν τυμπάνων.
διέλκεις. Θ. 848. τὸ πέος δ. πυκνύτερον Κορινθίαν.
διελεύσαι. Fr. 163, 3. σκάψαι κάποκλάσαι τε καὶ λουσαμένῳ δ.
διελκύσαις. Π. 1036. διὰ δακτυλίου μὲν οὖν ἐμέ γ᾽ ἂν δ.
διέλκων. ΕΙ. 1131. ἀλλὰ πρὸς πῦρ δ.
διελυμήνω. Β. 1062. ἀμοῦ χρηστοῦς καταδείξαντος δ. σύ.   ΕΤ. τί δράσας;
διέμενος. Π. 720. καὶ σχῖνον· εἶτ᾽ ὄξει δ. Σφηττίῳ.
διεμέρισαν. Ο. 706. διὰ τὴν ἰσχὺν τὴν ἡμετέραν δ. ἄνδρες ἔρασται.
διεμπολᾷν. Α. 972. οἳ ἔχει σπεισάμενος ἐμπορικὰ χρήματα δ.,
διεμύλλαινεν. Σ. 1315. οὗτος δὲ δ. ὡς δὴ δεξιός.
διενεγκοῦσαι. Λ. 570. δ. διὰ πρεσβειῶν τὸ μὲν ἐνταυθί, τὸ δ᾽ ἐκεῖσε·
διεντερεύματος. Ν. 166. ὦ τρισμακάριος τοῦ δ.
διεξελθεῖν. Β. 1330. τὸν τῶν μανφδιῶν δ. τρόπον.
διεξίφισω. Ι. 781. σὺ γὰρ, ὃς Μήδοισι δ. περὶ τῆς χώρας Μαραθῶνι δ.
διεπάλαιον. Ι. 573. ἀλλὰ δ. αὖθις, καὶ στρατηγὸς οὐδ᾽ ἂν εἷς
διεπλεύσας. Β. 122. δ. εἰς Αἴγιναν· εἶτα ξυλλαβὼν
διήπτατο. Σ. 1086. γλαῦξ γὰρ ἡμῶν πρὶν μάχεσθαι τὸν στρατὸν δ.
διεράς. Ν. 337. εἶτ᾽ ἀερίας, δ., γαμψοὺς οἰανοὺς ἀερονηχεῖς,
διερισαμένη. Εκ. 150. δ. τὸ σχῆμα τῇ βακτηρίᾳ.
διεροῖς. Ο. 213. ἐλελιζομένη δ. μέλεσιν
διερρυηκέναι. Σ. 1156. ἵν᾽ ἐξίξῃς με πρὶν δ.
διερρυηκός. Ν. 873. καὶ τοῖσι χείλεσιν δ.
διέρχεται. Ο. 181. ὁτιὴ δὲ πολεῖται τοῦτο καὶ δ.
διέσκεμμαι. Β. 836. ἐγᾦδα τοῦτον καὶ δ. πάλαι,
διεσκέψθαι. Θ. 687. ἀλλ᾽ ἔοιχ᾽ ἡμῖν ἄπαντα πως δ. καλῶς.
διεσπλεκωμένη. Π. 1082. οὐκ ἂν διαλεχθείην δ.
διεσπράφην. Α. 15. τήτες δ᾽ ἀπέθανον καὶ δ. ἰδών,
διεσφκωμένον. Σ. 1072. εἶτα θαυμάζει μ᾽ ὁρῶν μέσον δ.
διετίθην. Ο. 1692. οὐκ εἶ μεθ᾽ ἡμῶν; ΗΡ. εὖ γε μέντἂν δ.
διετετρήνετο. Θ. 18. δίκην δὲ χοάνης ὦτα δ.
διετησίως. Fr. 605. δ.
διέτμαγον. I. 541. ταῦτ᾽ ὀρρωδῶν δ. ἀεὶ, καὶ πρὸς τούτοισιν ἔφασκεν
διέφθορας. Fr. 479. δ. τὸν ὅρκον ἡμῶν.
διέφθορεν. Fr. 418, 1. τὸν ἄνδρα τύνδ᾽ ἢ βιβλίον δ.,
διέφυγες. Σ. 461. ἀλλὰ μὰ Δί᾽ οὐ ῥᾳδίως οὕτως ἂν αὐτοὺς δ.,
δίεχε. Ο. 1720. ἄναγε, δ., πάραγε, πάρεχε,
διεχρώμεθα. Εκ. 609. πρότερον γ᾽, ὦπαῖρ, ὅτε τοῖσι νόμοις δ. τοῖς προτέροισιν
διεχωρίζετο. Θ. 14. αἰθὴρ γὰρ ὅτε τὰ πρῶτα δ.,
διηγεῖσθαι. Σ. 1196. οὕτως δ. νομίζοισί οἱ σοφοί.
διηγήσαιτο. Ο. 198. τίς ἂν οὖν τὸ πρᾶγμ᾽ αὐτοῖς δ.;   ΕΠ. σύ.
διηγόμεν. Β. 457. σέβη τε δ.
διηγρύπνησα. Β. 931. ἤδη ποτ᾽ ἐν μακρῷ χρόνῳ νυκτὸς δ.
διηλέ. Β. 920. ὁπώς᾽ ἡ Νιόβη τι φθέγγεται· τὸ δρᾶμα δ᾽ ἂν δ.
διηλλάγητε. Α. 1161. τί δ᾽ οὐ δ. φέρε, τί τοίνυν δ.
διήθορον. Β. 1285. ὕπας Ἀχαιῶν δ. κράτος, Ἑλλάδος ἥβας,
διθυραμβοδιδασκάλων. ΕΙ. 829. ψυχάς δ᾽ ἢ τρεῖς δ.
διθυράμβων. Ο. 1388. τῶν δ. γὰρ τὰ λαμπρὰ γίγνεται
Δἰ. ΕΙ. 57. ᾠδὲ κεχηνὼς λοιδορεῖται τῷ Δ.,
Ο. 568. κἂν Δ. θύῃ βασιλεῖ κριόν, βασιλεύς ἐστ᾽ ὀρχίλος ὄρνις,
1237. οἷς θυτίον αὐτοῖς, ἀλλὰ μὰ Δί᾽ οὐ τῷ Δ.
1522. ἐπιστρατεύσειν φάσ᾽ ἄνωθεν τῷ Δ.,
1633. τὴν μὴ γὰρ Ἥραν παραδίδωμι τῷ Δ.,
διεστάναι. Σ. 41. τὸν δῆμον ἡμῶν βούλεται δ.
Διιτρέφης. Ο. 798. ὡς Δ. γε πυτιναία μόνον ἔχων πτερὰ
Ο. 1442. δεινῶς γέ μου τὸ μειράκιον Δ.
Διιτρέφους. Fr. 292. κᾀπὺ τῆς Δ. τραπέζῃ·
δίκαζε. Σ. 766. αὐτοῦ μένων δ. τοῖσιν οἰκέταις.
δικάζῃ. Σ. 112. μᾶλλον δ.   τοῦτον οὖν φυλάττομεν
δικάζειν. Σ. 89. ἐρᾷ τε τούτου, τοῦ δ., καὶ στένει,
Σ. 110. ἵν᾽ ἔχοι δ., αἰγιαλὸν ἔνδον τρέφει.
340. οὐκ ἵδ᾽ μ᾽, ἄνδρες, δ. οὐδὲ δρᾶν οὐδὲν κακόν.
414. [ὡς χρὴ] μὴ δ. δίκας.
639. κἂν μακαρῶν δ.
762. παίων· φέρ᾽ ἴδω. ΦΙ. τοῦ μὴ δ. τοῦτο δὲ
Θ. 79. μέλλει δ. οὔτε βουλὴν ἴσθ᾽ ἕδρα,
Π. 277. ἐν τῇ σοφῷ νυνὶ λαχὸν τὸ γράμμα σου δ.
δικαζέσθων. Ν. 1142, νῦν οὖν δ᾽ ὀλίγον πρὸς μοι μέλει,
δικάζεται. Ν. 620. κᾆθ᾽ ὅταν θύειν δέῃ, στρεβλοῦτέ καὶ δ.
ΕΙ. 505. οὐδεῖν γὰρ ἄλλο δρᾶτε πλὴν δ.
δικάζομαι. Ν. 496. εἶτ᾽ αὖθις ἀκαρῆ διαλιπὼν δ.

δικάζοντες. Π. 1166. οὐκ ἐτὸς ἅπαντες οἱ δ. θαμὰ
δικάζουσ᾽. Σ. 1109. οἱ δ᾽ ἐν ᾠδείῳ δ., οἱ δὲ πρὸς τοῖς τείχεσι
δικάζων. Σ. 516. ἐξαμαρτάνω δ.;   ΒΔ. καταγελώμενος μὲν οὖν
δίκαι. Σ. 400. οὐ ξυλλήψεσθ᾽ ὁπόσοισι δ. τῇτες μέλλουσιν ἔσεσθαι,
Εκ. 657. ἀλλ᾽ οὐδὲ δ. πρῶτον ἔσονται.   ΒΛ. τουτὶ δὲ πόσου ἐπιτρίψει;
Π. 859. πάλιν αὖθις, ἤνπερ μὴ Ἀλλίσωσιν αἱ δ.;
δίκαι. Ν. 888. πρὸς πάντα τὰ δ. ἀντιλέγειν δυνήσεται.
Ν. 1137. ἐμοῦ μήτε ἄττα καὶ δ. αἰτουμένου·
Ο. 1599. σπονδὰς ποιεῖσθαι.   τὸ δὲ δ. ἐστὶν ταδί·
1674. δ. ἐμοιγε καὶ πάλιν δοκεῖ λέγειν
Θ. 86. νὴ τὸν Ποσειδῶ καὶ Δία δ. ἂν πάθοις.
δίκαια. Α. 317. κἄν γε μὴ λέγω δ., μηδὲ τῷ πλήθει δοκῶ,
Α. 373. ἀνὴρ ἀλαζὼν καὶ δ. κάδικα·
501. ἐγὼ δὲ λέξω δεινὰ μὲν, δ. δέ.
561. δ. πάντα κοὐδὲν αὐτῶν ψεύδεται.
502. εἴτ᾽ εἰ δ., τοῦτον εἰπεῖν αὖτ᾽ ἐχρῆν·
645. ὅστις παρεκινδύνευσ᾽ εἰπεῖν ἐν Ἀθηναίοις τὰ δ.
655. ἀλλ᾽ ὑμεῖς τοι μὴ ποτ᾽ ἀφῇθ᾽· ὡς κωμῳδήσει τὰ δ.
Ι. 256. οὐς ἐγὼ βόσκω κεκραγὼς καὶ δ. κάδικα,
510. ὅτι τοὺς αὐτοὺς ἡμῖν μισεῖ, τολμᾷ τε λέγειν τὰ δ.
Ν. 99. λέγοντα νικᾶν καὶ δ. κἄδικα.
960. εἰπέ, τί ποιῶ·   ΔΙ. τὰ δ. λέγων.
962. ὅτ᾽ ἐγὼ τὰ δ. λέγων ἤνθουν καὶ σωφροσύνη νενόμιστο.
1398. πειθώ τινα ζητεῖν, ὅπως δόξεις λέγειν δ.
1437. ἐμοὶ μέν, δ., ἄνθρωπε ἥλικες, δοκεῖ λέγειν δ.·
1439. κλάειν γὰρ ἡμᾶς εἰκός ἐστ᾽, ἢν μὴ δ. δρῶμεν.
1462. ᾤμοι, πονηρὰ γ᾽, ὦ Νεφέλαι, δ. δέ.
Θ. 436. πάντα γὰρ λέγει δ.,
542. εἴτ᾽ ἔτων ἀγίγνωσκον ὑπὲρ Εὐριπίδου δ.,
δίκαιά. Λ. 403. νὴ τὸν Ποσειδῶ τῶν ἀλωπῶν, δ. γε
δικαίαν. Π. 10. μέμψιν δ. μέμφομαι ταύτην, ὅτι
Π. 567. ὦσι πένητες, περὶ τοῦ δήμου καὶ τὴν πόλιν εἰσὶ δ.
Π. 751. οὐ γὰρ δ. πρότερον ὄντες καὶ βίον
δικαίοις. Ν. 1315. τοῖσιν δ., ὥστε νι-
Ν. 1339. τοῦσιν δ. ἀντιλέγειν, εἰ ταῦτά γε
ΕΙ. 556. ὦ ποθεινὴ τοῖς δ. καὶ γεωργοῖς ἡμέρα,
Π. 219. ὅσοις δ. οὐσὶν οὐκ ἦν ἄλφιτα.
δίκαιον. Α. 500. τὸ γὰρ δ. οἶδε καὶ τρυγῳδία.
Α. 661. τὸ γὰρ εὖ μετ᾽ ἐμοῦ καὶ τὸ δ.
Ι. 267. ὅτι λέγειν γνώμην ἐμέλλον οὐν δ. ἐν πόλει
Ν. 1292. οὐ γὰρ δ. πλείον᾽ εἶναι.   ΣΤ. κᾆτα πῶς
1340. μέλλεις ἀναπείσειν, ὡς δ. καὶ καλόν
1405. οἶμαι διδάξειν ὡς δ. τὸν πατέρα κολάζειν,
1419. ὥσπερ ἐξαμαρτάνειν ἥττον δ. αὐτούς.
Σ. 1298. καλεῖν δ. ὅστις ἐν πληγαῖς λάβῃ·
Ο. 316. κοινόν, ἀσφαλές, δ., ἡδύν, ὠφελήσιμον,
1598. ἐὰν τὺ δ. ἀλλὰ νῦν ἐθέλητε δρᾶν,
Θ. 199. φέρειν δ. ἀλλὰ τοῖς παθήμασιν.
Β. 641. χωρεῖς γὰρ ἐς τὸ δ. ἀποδύεσθε δή.
Εκ. 636. πυθὼν ἐκτίσει ταύτην· οὐ γὰρ τῶν κοινῶν γ᾽ ἐστὶ δ.
945. ἐστὶ δ. εἰ δημοκρατούμεθα.
Π. 486. ἐγὼ γὰρ δ. ἀντιεστιν ἔτι·
490. ὅτι τοὺς χρηστοὺς τῶν ἀνθρώπων εὖ πράττειν ἐστὶ δ.,
578. αὐτοῖς, οὕτω διαγινώσκειν χαλεπῶν πρᾶγμ᾽ ἐστὶ δ.
δίκαιον. Ν. 1411. οὐ νάμε σοι δ. ἐστιν εὐνοεῖν ὁμοίως,
Ο. 384. καὶ δ. γ᾽ ἐστί, κἀμοὶ δεῖ νέμειν ὑμᾶς χάριν,
Β. 886. τὸν ἱερὸν χορὸν δ. ἐστι χρηστὰ τῇ πόλει
Π. 1028. ἀναγκαῖαι δ. ἐστὶ νὴ Δία
Δικαιόπολι. Α. 749. Δ., ἢ λῆς πρίασθαι χοιρία;
Α. 823. Δ., φαντάζομαι
959. Δ.   ΔΙ. τί ἐστι; τί με βωστρεῖς;   ΘΕ. δ τι;
1049. Δ.   ΔΙ. τίς οὗτοσί τίς οὗτοσί;
1085. Δ.   ΔΙ. τί ἐστιν;   ΚΗ. ἐπὶ δεῖπνον ταχὺ
Δικαιόπολις. Α. 748. Δ. ὅδε καρφῶ Δ. ὅπα.
Δικαιόπολις. Α. 406. Δ. καλεῖ σε Χολλίδης, ἐγώ.
Α. 1196. Δ. ὦ μ᾽ ἴδοι πεπραμένον,
δίκαιος. Ν. 1283. πῶς οὖν ἀπολαβεῖν τἀργύριον δ. εἶ,
ΕΙ. 877. εἶεν, τίς ἴσθ᾽ ὑμῶν δ., τίς ποτε,
Β. 623. δ. ὁ λόγος· μὴν ἀντιμετρεῖν τῷ δεσπότῃ
637. δ. ὁ λόγος· χώπότερον ἂν νῷν ἴδῃς
Π. 28. ἐγὼ θεοσεβὴς καὶ δ. ἂν ὁρῶμι
Fr. 493. βέβαιον ἔχεις τὸν βίον δ. ὤν
δικαιός. Ν. 1434. καὶ πῶς;   ΣΤ. ἐπεὶ σὺ μὲν δ. εἰμί γ᾽ ἐγὼ
Π. 1030. ἢ μηδ᾽ ὁτιοῦν ἀγαθὸν δ. ἐστ᾽ ἔχειν.
δικαιότατ᾽. Ο. 1222. δ. ἂν ληφθεῖσα πασῶν Ἰριδῶν
δικαιότερον. Σ. 1149. δ. ἢ καινάπην·   ΒΔ. ἔχ᾽, ἀγαθέ,

L 2

δικαίου—δινεύματα.

δικαίου. Ο. 1435. ἐκ τοῦ δ. μᾶλλον ἢ δικορραφεῖν.
Π. 755. οὐκ ἐκ δ. τὸν βίον κεκτημένοι,
δικαίους. Ο. 632. ὀμόφρονας λόγοις δ.,
Β. 728. ἄνδρας ὄντας καὶ δ. καὶ καλούς τε κἀγαθούς,
Π. 89. ὡς τοὺς δ. καὶ σοφοὺς καὶ κοσμίους
94. καὶ τοὺς δ. ΠΛ. ὁμολογῶ σοι. ΧΡ. φέρε, τί οὖν;
97. ὡς τοὺς δ. δ' ἂν βαδίζοις; ΠΛ. πάνυ μὲν οὖν
475. εἰ τοὺς δ. φῂς ποιῆσαι πλουσίους,
δίκαις. Ν. 1040. καὶ τοῖς νόμοις καὶ ταῖς δ. τἀναντί' ἀντιλέξαι,
δικαίων. Ν. 1116. ὠφελῶσ' ἐκ τῶν δ., βουλώμεσθ' ἡμεῖς φράσαι.
Σ. 455. ὑξύθυμων καὶ δ. καὶ βλιτύντων κάρδαμα.
δικαίως. Ν. 340. διὰ μέντοι τάσδ' οὐχὶ δ.; ΣΤ. λέξον δή μοι,
τι παθοῦσαι,
Ν. 692. οὔκουν δ. ἥτις οὐ στρατεύεται;
1377. οὔκουν δ., ὅστις οὐκ Εὐριπίδην ἐπαινεῖς,
1380. καὶ πῶς δ.; ὅστις ὠναίσχυντό σ' ἐξέθρεψα,
Σ. 1076. Ἀττικοὶ μόνοι δ. ἐγγενεῖς αὐτόχθονες,
ΕΙ. 885. οὔκουν δ.; ὅστις εἰς
1332. ὦ τρισμάκαρ, ὡς δ.
Λ. 169. παντᾶ δ. ἄδολον εἰράναν ἄγειν'
1129. κοινῇ δ., οἱ μιᾶς γε χέρνιβος
Θ. 675. δ. τ' ἐψίεντας
831. τοῖσιν ἀνδράσιν δ.· ἐν δ' ὑπερφυΐστανον.
Β. 584. οἶδ' οἶδ' ὅτι θυμοῖ, καὶ δ. αὐτὸ δρᾷς·
642. πῶς οὖν βασανιεῖς νὼ δ.; ΑΙ. ῥᾳδίως·
Π. 233. μεστὴν ποιῆσαι καὶ δ. κάδίκως,
841. προσευξόμενος ἥκω δ' ἐνθάδε
1124. οὔκουν δ., ὥστι ἐποίεις ζημίαν
δικανικῶν. ΕΙ. 584. αὕτη ποιητὴ ῥηματίων δ.
δίκας. Ι. 93. πλουτοῦσι, διαπράττουσι, νικῶσιν δ.,
Ν. 34. ὅτε καὶ δ. ὤφληκα χάτερον τύκον
1211. ζηλοῦντες ἡνίκ' ἂν σὺ νικᾷς λέγων τὰς δ.
Σ. 414. [ὡς χρὴ] μὴ δικάζειν δ.
801. δικάσοιεν ἐπὶ ταῖς οἰκίαισι τὰς δ.,
1392. ὀρᾷς δ' διδρακας; πράγματ' αὖ δεῖ καὶ δ.
Ο. 1429. ἀνθ' ἕρματος πολλὰς καταπεπωκὼς δ.
δικάσαις. Σ. 726. οὐκ ἄν δ. σὺ γὰρ οὐν νῦν μοι νικᾶν πολλᾷ
δεδόκησαι
δικάσαντας. Σ. 595. εἴπῃ τὰ δικαστήρι' ἀφεῖναι πρώτιστα μίαν δ.·
δικάσασθαι. Ν. 1141. ὡς ἀδικῶ εἰμί, καὶ δ. φασί μοι.
δικάσεις. Ι. 1089. χῶτι γ' ἐν 'Εκβατάνοις δ., λείχων ἐπίπαστα.
δικάσοιεν. Σ. 801. δ. ἐπὶ ταῖς οἰκίαισι τὰς δίκας,
δικάσονθ'. Σ. 689. ἥκειν εἴπῃ πρῴ καὶ ὥρα δ., ὡς ὅστις ἂν ὑμῶν
δικάσοντά δ. Σ. 157. δ. μ', ἀλλ' ἐκφεύξεται Δροκοντίδης;
δικασταί. Ι. 898. βδέοντες ἀλλήλοις ἀποκτείνυσιν οἱ δ.
Σ. 782. ὡς οἱ δ. ψευδομένων τῶν μαρτύρων
908. ἄνδρες δ., τουτωνί, δεινότατα γὰρ
δικασταῖς. Ι. 1359. οὐκ ἔστιν ὑμῖν τοῖς δ. ἄλφιτα,
Σ. 582. ἐν φορβειᾷ τοῖσι δ. ἔξοδον ὕλησ' ἀποιοῦσιν.
591. ἐψήφισται τοὺς ἀδικοῦντας τοῖσι δ. παραδοῦναι·
661. ἀπὸ τούτων νυν κατάδεις μισθὸν τοῖσι δ. ἐνιαυτοῦ,
758. μὴ νῦν ἔτ' ἐγὼ 'ν τοῖσι δ.
δικαστάς. Ν. 208. ἐπεὶ δ. οὐχ ὁρῷ καθημένοις.
Π. 916. οὔκουν δ. ἐξεπίτηδές ἡ πύλις
δικαστῇ. Σ. 563. φέρ' ἴδω, τί γὰρ οὐκ ἔστιν ἀκοῦσαι θώπευμ'
ἐνταῦθα δ.;
δικαστήν. ΕΙ. 349. κυψκίτ' ἄν μ' εὕροις δ. δριμὴν οὐδὲ δύσκολον,
δικαστήρι'. Ι. 306. καὶ γραφαὶ καὶ δ., ὦ βαρβοροτάραξ· καὶ
Σ. 595. εἴπῃ τὰ δ. ἀφεῖναι πρώτιστα μίαν δικάσαντας·
δικαστήρια. Ι. 1317. καὶ τὰ δ. συγκλείειν, οἷς ἡ πύλις ἥδε
γέγηθεν,
Θ. 78. καὶ πῶς; ἐπεὶ νῦν γ' οὔτε τὰ δ.
Εκ. 676. τὰ δ. καὶ τὰς στοιὰς ἀνδρώσαι πάντα ποιήσω.
δικαστηρίδιον. Σ. 803. αὑτῷ δ. μικρὸν πάνυ,
δικαστήριον. Σ. 303. ἄγε νυν, ὦ πάτερ, ἣν μὴ τὸ δ. ἄρχων
Σ. 624. οἷον βρονᾷ τὸ δ.,
Εκ. 460. οὐδ' ἐς δ. ἀρ' εἴμ', ἀλλ' ἡ γυνή·
δικαστήν. Δ. 1460. εὖ, πλήν γ' ὁ δ. αὐτὰ καταπίνει μόνος.
δικαστικήν. Fr. 483. δ.:
δικαστοῦ. Σ. 550. τί γὰρ εὔδαιμον καὶ μακαριστὸν μᾶλλον νῦν
ἐστι δ.,
δικαστών. Σ. 229. πολλῶν δ. σφηνιῶν διασκεδῷ.
δικέλλῃ. ΕΙ. 570. καὶ τριαινοῦν τῇ δ. διὰ χρόνου τὸ γῄδιον.
δίκη. Ν. 758. εἴ σοι γράφοιτο πεντετάλαντός τις δ.,
Ν. 774. ὅτι πεντετάλαντος δικάσαιτ' ἐγραψάμην εἴ μοι δ.
Δίκη. Ο. 1240. Διὸς μακέλλῃ πᾶν ἀναστρέψῃ δ.,
δίκῃ. Ι. 258. ἐν δ. γ', ἐπεὶ τὰ κοινὰ πρὶν λαχεῖν κατεσθίεις,
Ν. 1332. ἐν ἐν δ. σ' ἔτυπτον. ΣΤ. ὦ μιαρώτατε,
1333. καὶ πῶς γένοιτ' ἂν πατέρα τύπτειν ἐν δ.;
1379. δίκ' οὐ πάλαι δ.' τύπτησομαι. ΦΕ. νὴ τὸν Δί', ἐν δ. γε.
Σ. 421. οἷς γ' ἀπώλεσαν Φίλιππον ἐν δ. τὸν Γοργίου,

δίκῃ. Σ. 508. νὴ Δί' ἐν δ. γ'· ἐγὼ γὰρ οὐδ' ἂν ὀρνίθων γάλα
ΕΙ. 628. ἐν δ. μὲν οὖν, ἐπεί τοι καὶ κορώνεων γέ μου
Θ. 830. πύλλ' ἂν αἱ γυναῖκες ἡμεῖς ἐν δ. μεμψαίμεθ' ἂν
Π. 480. τί δῆτά σοι τίμημ' ἐπιγράψω τῇ δ.,
δίκην. Α. 362. ἀλλ' ὕπερ αὑτῶ τὴν δ. διωρίσω,
Ι. 710. ἕλξω σε πρὸς τὸν δῆμον, ἵνα δῷς μοι δ.
923. δώσεις ἐμοὶ καλὴν δ.,
1360. εἰ μὴ καταγνώσεσθε ταύτην τὴν δ.
Ν. 167. ἡ ῥᾳδίως φεύγων ἂν ἀποφύγοι δ.
699. οἴαν δ. τοῖς κυρίοις δώσω τήμερον.
770. ὑπότε γράφοιτο τὴν δ., ὁ γραμματεύς,
776. ὅπως ἀποστρέψαις ἂν ἀντιδικῶν δ.,
782. οὐδεὶς κατ' ἐμοῦ τεθνεῶτος εἰσάξει δ.
902. οὐδὲ γὰρ εἶναι πάνυ φημὶ δ.
1151. ὥστ' ἀποφύγοις ἂν ἥντιν' ἂν βούλῃ δ.
1242. ἦ μὴν σὺ τούτων τῷ χρόνῳ δώσεις δ.
1491. κἀγὼ τιν' αὐτῶν τήμερον δοῦναι δ.
Σ. 453. ἀλλά τούτων μὲν τάχ' ἡμῖν δώσετον καλὴν δ.,
581. κἂν αὐλητής γε δ. νικᾷ, ταύτης ἡμῖν ἐπίχειρα
776. τουτὶ μ' ἀρέσκει. ΒΔ. πρὸς δὲ τούτοις γ', ἣν δ.
824. εἰ θᾶττον ἐκαδίζου σύ, θᾶττον ἂν δ.
830. ἄνευ δρυφάκτου τὴν δ. μέλλεις καλεῖν,
1332. ἡ μὴν φῶκέτι αὔριον τούτων δ.
1367. ὡς ἡδέα φάγοις ἂν ἐξ ὄξους δ.
1419. ἐγὼ γὰρ ὑπὲρ αὐτοῦ δ. δίδωμί σοι,
1441. ὕβρις', ἕως ἂν τὴν δ. ἄρχων καλῇ.
ΕΙ. 214. καὶ τῷ σιῷ, νῦν Ἀττικῆσιν ὄμνυσιν.
Ο. 337. τὼ δὲ πρεσβύτα δοκεῖ μοι τώδε δοῦναι τὴν δ.
1116. ὅταν ἔχητε χλανίδα λευκήν, τότε μάλισθ' οὕτω δ.
1457. ὡδὶ λέγεις' ὅπως ἂν ὠφλήσῃ δ.
Θ. 18. δ. δὲ χαάνης ὦτα διετετήρνατο.
465. τῇ ὕβρεος ἡμῖν τῶν ἄνδρα περιφανῶς δοῦναι δ.
543. διὰ τοῦτο τιλλομένην με δεῖ δοῦναι δ. ὑφ' ὑμῶν·
544. οὐ γάρ σε δεῖ δοῦναι δ.; ἥτις μόνη τέτληκας
668. δώσει τε δ., καὶ πρὸς τούτῳ
863. πρὶν τῆς ἑτέρας δοῦναι γυναικίσεως δ.
922. ἠγγυαπάζετ'. ἀλλ' ὅδε μὲν ὅντως δ.
Β. 554. ἂν ἡμωαβολιαία. ΞΑ. δώσει τις δ.
606. ἵνα δ. δῷ. ἀνύετον, ΔΙ. ἥκει τῳ κακόν,
Εκ. 655. ἐν ἔτι ζητῷ πῶς, πῶς τις ὑφλῃ παρὰ τοῖς ἄρχουσι
δ. τῳ,
Π. 433. ἡ σφῷ ποιήσω τήμερον δοῦναι δ.
947. ἐγὼ ποιήσω τήμερον δοῦναι δ.,
1151. δ. ἀπογνῷην· ὦ δ' ἂν ἐκαλλιερεῖτό τις,
Fr. 533. ἐπὶ Παλλαδίῳ τάρ' ὦ πάτερ δώσεις δ.
δίκης. Α. 684. οὐχ ὁρῶντες οὐδὲν εἰ μὴ τῆς δ. τὴν ἠλύγην.
Ν. 765. εὔρηκ' ἄφεσιν τῆς δ. σοφωτάτην,
772. τὰ γράμματ' ἐκτήξαιμι τῆς ἐμῆς δ.;
779. εἰ πρόσθεν ἔτι μιᾶς ἐνεστώσης δ.
874. πῶς ἂν μάθοι ποθ' οὗτος ἀπόφευξιν δ.
904. ὧδε δῆτα δ. οὔσης ὁ Ζεὺς
δικιδίοις. Ν. 1109. οἴαν δ. τὴν δ' ἑτέραν αὑτοῦ γνάθον
δικίδων. Ι. 347. εἰ μου δ. εἶπας εὖ κατὰ ξένου μετοίκου,
δικόλλυβον. Fr. Μ. Α. 10. 3, 2. διώβολον, γεγένητ' ἐμοὶ δ.
δικορραφεῖν. Ν. 1483. ὀρθῶς παραινεῖς οὐκ ἐῶν δ.,
Ο. 1435. ἐκ τοῦ δικαίου μᾶλλον ἢ δ.
δικρούς. ΕΙ. 637. τήνδε μὲν δ. ἐώθουν τὴν θεὸν κεκράγμασιν,
δίκτυα. Ο. 194. μιᾷ ὑπὸ, μὰ παγίδας, μὰ νεφέλας, μὰ δ.,
Ο. 528. ὅρκῳ, νεφέλαις, δ., πηκτάις'
Δίκτυννα. Σ. 368. ἡ δέ μοι Δ. συγγνώμην ἔχοι τοῦ δικτύου.
Β. 1359. ἄμα δὲ Δ. παῖς
δικτύοις. Α. 550. σκορπίδων, ἰλαῶν, κραμμύων ἐν δ.,
Θ. 131. ἡμεῖς δὲ τὴν μοῦσαν ἀπασαν δ.
δίκτυον. Σ. 164. διατρώξομαι τοίνυν ὑδὲ τὸ δ.
Σ. 208. ἐκπέποισται, ποῦ ποῦ 'στί μοι τὸ δ.;
368. διατραγεῖν τοίνυν κράτιστά ἐστί μοι τὸ δ.
δίκτυον. Σ. 368. ἡ δέ μοι Δίκτυννα συγγνώμην ἔχοι τοῦ δ.
δικτύῳ. Ο. 528. κἀπαναγκάζεις παλεύειν δεδεμένας ἐν δ.
δικῶν. Α. 847. δ. ἀπαλλήσει·
Α. 937. κρατῆρ κακῶν, τριπτήρ δ.,
Ι. 979. ἐν τῷ δείγματι τῶν δ.
1256. ὕμως ἔσομαί σοι Φανὸς ὑπογραφεὺς δ.
Ν. 447. εὑρησιεπής, περίτριμμα δ.,
Σ. 1338. δ.; ἰαμβοῖ αἰβοῖ.
1426. οὐ δ. γὰρ οὐ δέομ' οὐδὲ πραγμάτων.
Ο. 41. ἐπὶ τῶν δ. ᾔδομαι πάντα τὸν βίον.
Fr. 19. εἰ μὴ δ. τε γύργαθοι ψηφισμάτων τε θωμοῖ.
δικωμήσιν. Εκ. 1091. πῶς οὖν δ. ἀμφοτέραις δυνήσομαι;
δίνας. Ο. 697. στίλβων νώτον πτερύγοιν χρυσαῖν, εἰκὼς ἀνεμώσεσι δ.

δινεύματα. Θ. 122. δ. Χαρίτων.

δίνης—διφροφόρος. 77

δίνης. Ο. 1198. δ. πτερωτὸς φθύγγος ἐξακούεται.
Δῖνον. Ν. 1473. διὰ τουτονὶ τὸν Δ. οἴμοι δείλαιος.
Δῖνος. Ν. 380. ἥκιστ', ἀλλ' αἰθέριος δῖνος. ΣΤ. Δ.; τουτὶ μ'
 ἐλελήθη,
Ν. 381. ὁ Ζεὺς οὐκ ὤν, ἀλλ' ὢν γ' αὐτοῦ Δ. νυνὶ βασιλεύων.
 828. } Δ. βασιλεύει, τὸν Δί' ἐξεληλακώς.
 1471.
δῖνος. Ν. 380. ἥκιστ', ἀλλ' αἰθέριος δ. ΣΤ. Δῖνος; τουτὶ μ'
 ἐλελήθη,
δίνου. Σ. 618. βρωμησάμενος τοῦ σοῦ δ. μέγα καὶ στράτιον
 κατέπαρδεν.
διογενεῖς. Ο. 1262. ἀποκεκλήκαμεν δ. θεοὺς
διόδον. Ο. 189. Πυθῶδε, Βοιωτοὺς δ. αἰτούμεθα,'
διεδόντος. Σ. 361. κατὰ τὰς δ. σκοπιωροῦντας.
Θ. 658. τὴν πύκνα πᾶσαν καὶ τὰς σκηνὰς καὶ τὰς δ. διαθρῆσαι.
Ἐκ. 693. αἱ δὲ γυναῖκες κατὰ τὰς δ.
διειλίγχντε. Ἐκ. 852. ἕστηκεν· ἀλλὰ τὰς γνάθους δ.
βίοιδε. Ν. 168. ὅστις δ. τοὔντερον τῆς ἐμπίδος.
διοικεῖν. Ἐκ. 305. τὰ τῆς πόλεως δ.
διοίσεις. Ν. 503. οὐδὲν δ. Χαιρεφῶντος τὴν φύσιν.
διοίσουτ'. Π. 384. καὶ τῆς γυναικός, κοῦ δ. ὢν ἱκρυς
διοίχεται. Ἐκ. 393. τὸν ζῶντα μᾶλλον. τάμὰ γὰρ δ.
διοίχομαι. Θ. 609. ἔχουσα; ΓΤ. Δ. τιτθὴ νὴ Δί' ἐμή. ΜΝ. δ.
Διοκλία. Α. 774. ἀλλ' ἔστιν ἀνθρώπου γε. ΜΕ. ναὶ τὸν Δ..
διολισθεῖν. Ν. 434. ἀλλ' ὅσ' ἐμαυτῷ στρεφοδικῆσαι καὶ τοὺς
 χρῆστας δ.
διόλλυμαι. Α. 1192. τάλας ἐγὼ δ.
Διομειαλαζόνας. Α. 605. Γερητοθεοδώρους, Δ.,
Διομείοις. Β. 651. ὀπυῦ 'Ηράκλεια τὰν Δ. γίγνεται.
Διομήδεια. Ἐκ. 1029. καὶ ταῦτ' ἀνάγκη μουστί; ΓΡ. Α. Δ. γε.
Διόννα'. ΕΙ. 267. ἀλλ', ὦ Δ., ἀπόλοιο καὶ μὴ 'Λθοι φέρων.
ΕΙ. 442. μηδέποτε παύσασθ' αὐτῶν, ὦ Δ. ἄναξ,
Β. 1479. χωρεῖτε τοίνυν, ὦ Δ. εἴσω. ΔΙ. τί δαί;
Διόννας. Α. 247. καὶ μὴν καλὸν γ' ἔστ', ὦ Δ. δέσποτα.
Θ. 990. Εὔιον, ὦ Δ.,
Β. 300. Δ., τοίνυν. ΔΙ. τοῦτ' ἴθ' ἧττον θατέρου.
1150. Δ., τίνες οἷνον οὐκ ἀνθοσμίαν.
Διονύσια. Α. 195. κατὰ γῆν τε καὶ θάλατταν. ΔΙ. Δ.,
Α. 202. ἄξω τὰ κατ' ἀγραὺς εἰσιὼν Δ.
250. ἀγηγειῶν τυχηγρὸς τὰ κατ' ἀγροὺς Δ.,
Διονύσιον. Π. 550. ὑμεῖς γ' οἵπερ καὶ Θρασυβούλῳ Δ. εἶναι
 ὅμοιον,
Fr. 187, 1. τίς ἂν φράσειε ποῦ 'στι τὸ Δ.;
Διονυσίου. Fr. 216. ἦσαν τότε δ' ὑπώρας, ὑποδοχῆς, Δ.,
Θ. 747. σχεδὸν τοσοῦτον χῶσον ἐκ Δ.
Διόνυσος. Ν. 91. νὴ τὸν Δ. ΣΤ. δεῦρό γυν ἀπόβλεπε.
Ν. 108. οὐκ ἂν μὰ τὸν Δ., εἰ δοίης γέ μοι
519. τάληθῆ, νὴ τὸν Δ. τὸν ἐμαυτοῦ ἀντά γε.
1060. εἰ ταῦτ', ὦ μειράκιον, πείσει τούτῳ, νὴ τὸν Δ.
Σ. 1046. κοίτοι σπεινδων πύλλ' ἐπὶ πολλοῖς ὄμνυσιν τὸν Δ.
1474. νὴ τὸν Δ., ἄπορεῖ γ' ἡμῖν πράγματα
ΕΙ. 109. μὰ τὸν Δ. οὐδέποτε ζῶντός γ' ἐμοῦ.
1277. ἀνδρῶν οἰμωγῇ· κλαύσει νὴ τὸν Δ.
Ο. 171. νὴ τὸν Δ., οὗ γε μαμμᾷ ταντασή,
501. προκυλινδεῖσθαι τοῖς ἱκτίνοις. ΕΥ. νὴ τὸν Δ., ἐγὼ
 γοῦν
1370. νὴ τὸν Δ., εὖ γέ μοι δοκεῖς λέγειν.
Ἐκ. 344. μὰ τὸν Δ., οὐδ' ἐγὼ γὰρ τὰς ἐμὰς
357. νὴ τὸν Δ., ἐνέχεται γοῦν μοι σφόδρα.
422. νὴ τὸν Δ., χρηστά γ'· εἰ δ' ἐκεῖνά γε
Διόνυσος. Ν. 606. κωμαστήν Δ.
Β. 22. ἆτ' ἐγὼ μὲν ὢν, υἱὸς Σταμνίου,
631. ἀθάνατος εἶναί φημι Δ. Διός,
1211. Δ., οἱ θύρσοισι καὶ νεβρῶν δοραῖς
Fr. 48. Δ.
Διονύσου. Α. 1087. ὁ τοῦ Δ. γάρ σ' ἱερεὺς μεταπέμπεται.
Β. 368. κωμῳδηθεὶς ἐν ταῖς πατρίοις τελεταῖς ταῖς τοῦ Δ.
Διονύσῳ. Ι. 536. καὶ μὴ ληρεῖτ', ἀλλὰ θεᾶσθαι λιπαρὸν παρὰ
 τῷ Δ.
Διοπείθης. Ο. 988. μήτ' ἢν λάμπω ἢ μήτ' ἢν ὁ μέγας Δ.
Διοπείθους. I. 1085. ἐς τὴν χεῖρ' ὀρθῶς πηξατο τὴν Δ.
Διόπας. Fr. 309, 10. δ., διάλιθον, πλάστρα, μαλάχιον, βότριον,
Διόπτρα. Α. 435. ὦ Ζεῦ δ. καὶ κατοπτα πανταχῇ.
διορύξαι. Σ. 350. ἔστιν ὀπὴ δήφ' ἥντιν' ἂν ἔνδοθεν οἷός τ' εἴης δ.
διορύττειν. Π. 565. πάνυ γοῦν κλέπτειν κύσμιόν ἐστιν καὶ τοὺς
 τοίχους δ.
διορυττόμενον. Ν. 714. καὶ τὸν πρωκτὸν δ.
διορχησόμενος. Σ. 1481. τοὺς νῦν, δ. ὀλίγον ὕστερον
Σ. 1499. ἐμοὶ δ. ἐνθάδ' εἰσιέναι.
Διός. Ι. 410. ἢ μὴ ποτ' ἀγοραῖοι Δ. σπλάγχνοισι παρεγενοίμην.

Διός. Ν. 314. πρὸς τοῦ Δ. ἀντιβολῶ σε, φράσον, τίνες εἰσ', ὦ
 Σώκρατες, αὗται
Ν. 1048. καί μοι φράσον, τῶν τοῦ Δ. παίδων τίν' ἀνδρ' ἄριστον
Σ. 620. καὶ τῆς τοῦ Δ. οὐδὲν ἐλάττω,
ΕΙ. 42. τοῦτ' ἔστι τὸ τέρας οὗ Δ. καταιβάτου.
68. πῶς ἂν ποτ' ἀφικοίμην ἂν εὐθὺ τοῦ Δ.;
77. ὅπως πετήσει μ' εὐθὺ τοῦ Δ. λαβών.
161. ὀρθῶν χώρει Δ. εἰς αὐλάς,
178. καὶ δὴ καθορῶ τὴν οἰκίαν τὴν τοῦ Δ.
179. τίς ἐν Δ. θύρῳσιν; οὐκ ἀνοίξετε;
380. ἀλλ', ὦ μέλ', ὑπὸ τοῦ Δ. ἀμαλδυνθήσομαι,
736. εἰ δ' ὦν εἰκός τινα τιμῆσαι, θύγατερ Δ., ὅστις ἄριστος
Ο. 130. λέγοι ταδί· πρὸς τοῦ Δ. τοὐλυμπίου,
216. μίλακος ἠχοῖ πρὸς Δ. ἕδρας,
468. πάντων ὁπόσ' ἔστιν, ἐμοῦ πρῶτον, τουδὶ, καὶ τοῦ Δ.
 αὑτοῦ,
519. τὰ σπλάγχνα διδῷ, τοῦ Δ. αὐτοὶ πρότεροι τὰ
 σπλάγχνα λάβωσιν.
569. ᾧ προτέρῳ δεῖ τοῦ Δ. αὐτοῦ σέρφον ἐνόρχην σφαγιάζειν.
610. αἱβοῖ, ὡς πολλῷ κρεῖττον οὗτοι τοῦ Δ. ἡμῖν βασιλεύειν,
1172. τῶν γὰρ θεῶν τις ἄρτι τῶν παρὰ τοῦ Δ.
1240. Δ. μακέλλῃ πᾶν ἀναστρέψῃ Δίκη,
1533. παρὰ τοῦ Δ. καὶ τῆς ΤαβαλλῶνΔ τῶν ἄνω.
1538. ἥπερ ταμιεύει τὸν κεραυνὸν τοῦ Δ.
1714. πίλλων κεραυνόν, πτερφόρον Δ. βέλος·
1746. τάς τε πυρώδεις Δ. ἀστεροπάς,
1749. ὦ Δ. ἀμβροτον ὄχημα τοῦ πυρφόρον,
1753. καὶ πάρεδρον Βασίλειαν ἔχει Δ.
1756. πτεροσφύρ', * ἐπὶ πέδον Δ. καὶ λέχος γαμήλιον
Θ. 272. ὑμνῶμεν τοίνυν αἴθερ' οἴκησιν Δ.
Β. 100. } αἰθέρα Δ. δωμάτιον, ἢ χρόνου πόδα,
 311.
216. Δ. Διώννσον ἐν
246. ἡ Δ. φεύγοντες ὄμβρον
439. ἀλλ' ἡ Δ. Κόρινθος ἐν τοῖς στρώμασιν·
631. ἀθάνατος εἶναί φημι Διόνυσος Δ.,
756. πρὸς Δ., ἢ γὰρ ἡμῖν ἐστιν ὁμομαστιγίας,
875. ὦ Δ. ἐννέα παρθένοι ἁγναὶ
1361. σὺ δ', ὦ Δ., διανήφων ἀνέχομαι
Ἐκ. 828. ὁ Δ. Κόρινθος καὶ τὸ πρᾶγμ' οὐκ ἤρκεσεν
Π. 124. οἷ ες γὰρ εἶναι τὴν Δ. τυραννίδα
128. ἐγὼ γὰρ ἀποδείξω σε τοῦ Δ. πολὺ
141. αὐτὸς διδῷς τἀργύριον, ὥστε τοῦ Δ.
1175. καὶ ταῦτα τοῦ σωτῆρος ἱερεὺς ὢν Δ.
Fr. 299. ὁ Ἀπόλλων παρὰ Δ.
434. Δ. Κόρινθος
διοσημία. Α. 171. δ. 'στι καὶ ῥανὶς βέβληκέ με.
Διοσκόρω. ΕΙ. 285. εὖ γ', ὦ γε ποιήσαντες, ὦ Δ.
Ἐκ. 1069. ὦ Πᾶνες, ὦ Κορύβαντες, ὦ Δ.,
Fr. 295. Δ.
διπλάσιος. Ο. 55. σὺ δὲ τῆς κεφαλῆς γ', ἴν' ᾖ δ. ὁ ψόφος.
διπλασίως. Ο. 1578. πρέσβεις. ΗΡ. δ. μᾶλλον ἄγχειν μοι δοκεῖ.
διπλῆν. Θ. 982. δ. χάριν χορείας·
διπλοῦν. Α. 589. πλεῖν ἢ δ. αὐτῶν φέρομεν. πρώτιστον μέν γε
 τεκαύσω
διπλᾶν. ΕΙ. 137. ἀλλ' ἀμ' ἀμ' μοι σιτίον δ. ἔδει·
διπλάξω. Α. 1243. ἵν' ἐγὼ δ. γε καείσω καλὸν
διπλόαι. ΕΙ. 420. Μυστήρι' Ἑρμῇ, Δ., Ἀδώνια.
διπολιώδη. Ν. 984. ἀρχαῖα μὲν Δ., καὶ τεττίγων ἀνάμεστα
διπτύχω. Fr. 471, 1. εἰ Οἰδίπου δὲ παῖδε, δ. κόρω,
διπύρους. Β. 1361. σὺ δ', ὦ Δίς, ἴθι. Δ. σύνελθε
δὶς. Ν. 546. οὐδ' ὑμᾶς ζητῶ 'ξαπατᾶν δ. καὶ τρὶς ταῦτ' εἰσάγων,
Ν. 1417. ἐγὼ δὲ γ' ἀντείπομ' ἂν ὡς δ. παῖδες οἱ γέροντες.
ΕΙ. 1181. ἐξαλείφοντες δ. τρίς. αὔριον δ' ἔσθ' ἡ 'ξοδος·
Λ. 300. εἰ μὴ Δί' ἤδη τὰς γνάθους τούτων τις ἢ δ. ἢ τρὶς
Β. 1154. δ. ταυτὸ ἡμῖν εἶπεν ὁ σοφὸς Αἰσχύλος.
1155. πῶς δ.; ΕΥ. σκόπει τὸ μῆμ'· ἐγὼ δὲ σοι φράσω.
1169. πῶς που δ. εἶπω ταντόν, ἡ στοιβὴν ἴδῃς
δισχίλια. Σ. 660. τούτων πλήρωμα τάλαντ' ἐγγὺς δ. γίγνεται
 ἡμῖν.
δισχίλιαι. Fr. 156, 4. δ. γάρ εἰσι σὺν ταῖς Νικίου.
διφθέραν. Ν. 72. ὥσπερ ὁ πατήρ σου, δ. ἐνημμένος.
Ἐκ. 80. τὴν τοῦ Πανόντος δ. ἐνημμένον
διφθόρῳ. Σ. 444. δ. κάζωμιδον, ἃς οὗτος αὐτοῖς ἡμπυλα,
διφόρου. Ἐκ. 708. δ. συκῆ
διφρευούσας. Ο. 1067. ἀστεροειδέα νῶτα δ.
διφρίσκον. Ν. 31. τρεῖς μναῖ δ. καὶ τροχοῖν Ἀμυνίᾳ.
διφόρον. Ι. 1164. ὁρῇς; νὴ Δι' ὅτι τοῦ πρότερος ἐκφέρω δ.
Ο. 1552. καὶ τὸν Δ. γε διφροφόρει τουδὶ λαβών.
διφροφόρει. Ο. 1552. καὶ τὸν δίφρον γε δ. τουδὶ λαβών,
διφροφόρος. Ἐκ. 734. ποῦ 'σθ' ἡ δ.; ἡ χύτρα δεῦρ' ἔξιθι,

δίφρω—δοκῇ.

δίφρῳ. Fr. 127, 2. καὶ ψηφολογεῖον ὧδε καὶ δ. δύο.
δίχα. ΕΙ. 1262. πύσον δίδως δῆτ'; ΤΡ. εἰ διαπρισθείεν δ.,
Fr. 398, 1. καὶ μὴν ἄκουσον, ὦ γύναι, θυμοῦ δ.
διχόθεν. ΕΙ. 477. καὶ ταῦτα δ., μισθοφοροῦντες ἄλφιτα.
διχοινίκῳ. Ν. 640. ὑπ' ἀλφιταμοιβοῦ παρικνίτην δ.
δίψῃ. Ι. 534. ὥσπερ Κοννᾶς, στέφανον μὲν ἔχων αὖον, δ. δ' ἀπολωλώς.
Εκ. 140. δ. γάρ, ὡς ἔοικ', ἀφαυανθήσομαι.
διψῆν. Ν. 441. παρέχω τύπτειν, πεινῆν, δ.,
διώβολον. Fr. 111, 2. ἐν τῇ γνάθῳ δ. γεγένητ' ἐμοί.
διωκάθω. Ν. 1482. δ. γραψάμενος, εἴθ' ὅ τι σοι δοκεῖ.
διώκε. Α. 204. τῇδε πᾶς ἕπου, δ., καὶ τὸν ἄνδρα πυνθάνου
I. 246. ἀλλ' ἀμύνου καὶ δ. καὶ τροπὴν αὐτοῦ ποιοῦ.
251. ἀλλὰ παῖε καὶ δ. καὶ τάραττε καὶ κύκα
Ν. 1508. δ., βάλλε, παῖε, πολλῶν οὕνεκα,
Θ. 1223. ὀρθὴν ἄνω δ. ποῖ θεῖς; οὐ πάλιν
διώκει, Σ. 952. ἀγαθός γάρ ἐστι καὶ δ. τοὺς λύκους.
διώκειν. Α. 235. καὶ δ. γὴν πρὸ γῆς, ἕως ἂν εὑρεθῇ ποτέ·
Εκ. 452. οὐ συκοφαντεῖν, οὐ δ., οὐδὲ τὸν
διώκεις. Θ. 1065. ὡς μακρὸν ἵππευμα δ.,
διώκῃς. Fr. 382, 1. ἣν γὰρ ἕν' ἄνδρ' ἄδικον σὺ δ.,
διώκοις. Θ. 1221. ἵν' ἂν καταλάβοις, εἰ δ. ταυτρί.
διωκόμεθα. Α. 700. νῦν δ' ὑπ' ἀνδρῶν πονηρῶν σφόδρα δ., κᾆτα πρὸς ἀλισκόμεθα.
διωκόμενος. Α. 216. σπονδοφόρος οὗτος ὑπ' ἐμοῦ τότε δ.
διωκτέος. Α. 221. οἴχεται. δ. δέ· μὴ γὰρ ἐγχάνῃ ποτὲ
διώκων. Σ. 902. ποῦ μοῦ δ., ὁ Κυδαθηναιεὺς κύων;
Σ. 1207. εἶλον δ. λοιδορίας ψήφοιν δυοῖν.
Διόνυσον. Β. 216. Διὸς Δ. ἐν
διώξει. I. 969. χρυσοῦ δ. Σμικύθην καὶ κύριον.
Θ. 1224. τηδὶ δ.; τοὔμπαλιν τρέχεις σύ γε.
διώξομαι. I. 368. δ. σε δειλίας.
διωρίσω. Α. 302. ἀλλ' ᾖπερ αὐτὸς τὴν δίκην δ.,
διμῶες. Α. 887. φίλη δὲ Μορύχῳ. δ., ἐξενέγκατε
Α. 1174. ὦ δ. οἱ κατ' οἶκόν ἐστε Λαμάχου,
δοθῆναι. Σ. 1172. ὕτῳ· δ. σκύρόδου ἡμίπεισμένῳ·
δοῖδυκ'. ΕΙ. 288. ἐγὼ δὲ δ. εἰσιῶν ποιήσομαι.
δοίδυκα. Σ. 938. δ. τυρόκνηστιν, ἐσχάραν, χύτραν,
ΕΙ. 295. πρὶν ἕτερον αὖ δ. κωλύσαί τινα.
Π. 711. παρέθηκε καὶ δ. καὶ κιβώτιον,
δοίδυξ. I. 984. δ., οὐδὲ τορύνη.
Fr. 112. δ., θυεία, τυροκνῆστις, ἐσχάρα.
δοίη. Α. 966. οὐκ ἂν μὰ Δί', εἰ δ. γέ μοι τὴν ἀσπίδα·
δοίην. ΕΙ. 848. οὐκ ἂν ἔτι δ. τῶν θεῶν τριώβολον,
ΕΙ. 1217. δ. ἂν αὐτῶν ἰσχάδων τρεῖς χοίνικας.
δοίης. Ν. 108. οὐκ ἂν μὰ τὸν Διόνυσον, εἰ δ. γέ μοι
Π. 924. οὐδ' ἂν μεταμάθοις; ΣΤ. οὐδ' ἂν εἰ δ. γέ μοι
1137. δ. καταφαγεῖν καὶ κρέας νεανικὸν
δοκεῖ. Α. 338. ἀλλὰ νυνὶ λέγ', εἴ σοι δ., τὸν Λακε-
Α. 369. λέξω δ' ὑπὲρ Λακεδαιμονίων ἅ μοι δ.
I. 654. γνώμην ἔλεξεν ἄνδρες, ἤδη μοι δ.
942. κἀμοὶ δ. καὶ τἆλλα γ' εἶναι καταφανῶς·
1050. ταυτὶ τελείσθαι τὰ λόγι' ἤδη μοι δ.
1311. ἣν δ' ἀρέσκῃ ταῦτ' Ἀθηναίοις, καθῆσθαί μοι δ.
Ν. 11. ἀλλ' εἰ δ., ῥέγκωμεν ἐγκεκαλυμμένοι.
1246. τί σοι δ. δράσειν;
1246. ἀποδώσειν μοι δ.
1437. ἐμοὶ μέν, ὦνδρες ἡλικες, δ. λέγειν δίκαια·
1438. κἤμοιγε συγχωρεῖν δ. τούτοισι τἀπιεικῆ.
1482. διωκάθω γραψάμενος, εἴθ' ὅ τι σοι δ.
Σ. 270. φιλῳδός. ἀλλά μοι δ. στάντας ἐνθάδ', ἄνδρες,
933. κλέπτην τὸ χρῆμα τἀνδρός· οὐ καὶ σοὶ δ.,
946. οὔ, ἀλλ' ἐκεινῷ μοι δ. πεπονθέναι,
1008. ἀλλ' εἰσίωμεν. ΦΙ. ταῦτα νυν, εἴπερ δ.
1120. ἀλλ' ἐμοὶ δ. τὸ λοιπὸν τῶν πολιτῶν ἐμβραχὺ
1141. μὰ τὸν Δί' οὐ τοίνυν ἀτάρ δ. γέ μοι
ΕΙ. 674. ποῖόν τις οὖν εἶναι δ. τὰ πολεμικὰ
925. τί δαί δ.; βούλεσθε λαριμῷ βυῖ;
929. τῷ δὴ δ. σοι δῆτα τῶν λοιπῶν; ΧΟ. ἡμῖν.
1103. ἀλλ' εἰ ταῦτα δ., κάγὼ 'μαυτῷ βαλανεύσω.
1267. ἅττ' ἔσεται προαναβάλλεται μοι δ.
Ο. 56. σὺ δ' οὖν λίθῳ κύψον λαβών. ΕΥ. ταῦτα γ', εἰ δ.
309. μοὶ βλέπουσιν ἐν σοὶ κεῖμι. ΠΕ. τοῦτο μέν μοι κάμοὶ δ.
337. τῷ δὲ πρεσβύτᾳ δ. μοι τῷδε δοῦναι τὴν δίκην
381. ἔστι μὲν λόγων ἀκοῦσαι πρῶτον, ὡς ἡμῖν δ.,
531. κοὐδ' οὖν, εἴπερ ταῦτα δ. δρᾶν. ἡ Πρόκνη
665. ἀλλ' εἰ δ. σφῷν, ταῦτα χρὴ δρᾶν, Σ. 1016. σπουδῇ ἀπαντος τοὺς ἀλαζόνας δ.
1225. δεινότατα γάρ τοι πεισόμεσθ', ἐμοὶ δ.,
1416. ἐς θοἰμάτιον τὸ σκόλυον ἅδειν μοι δ.,
1578. πρέσβεις. ΗΡ. διπλασίους μᾶλλον ἄγχειν μοι δ.

δοκεῖ. Ο. 1597. πολέμου πρὸς ὑμᾶς, νῦν τ' ἐθέλομεν, εἰ δ.,
1615. κάμοὶ δ. ΠΕ. τί δαὶ σὺ φῄς; ΤΡΙ. ναβαισατρεῦ.
1628. ὁ Τριβαλλὸς, οἴμωζειν δ. σοι; ΤΡΙ. σαυνάκα
1630. εἴ τοι δ. σφῷν ταῦτα, κἀμοὶ συνδοκεῖ.
1684. ἐγὼ δ', ἐπειδὴ σφῷν δ., σιγήσομαι.
1665. ἡμῖν ἃ λέγεις σὺ πάντα συγχωρεῖν δ.
Λ. 68. ὁ γοῦν ἀναγνοῦς μοι κεκινῆσθαί δ.
167. εἴ τοι δ. σφῷν ταῦτα, χἠμῖν ξυνδοκεῖ.
617. πραγμάτων μοι δ.,
660. πολλή· κἀπιδώσειν μοι δ. τὸ χρῆμα μᾶλλον.
808. εἶναι δ. μοι πάντα, τοῖς δὲ σιτίοις
885. ἐμοὶ γὰρ αὔτη καὶ νεωτέρα δ.
1176. ἀλλ' εἰ δ., δρᾶν ταῦτα, βουλευσασθε καὶ
Θ. 208. τί οὖν· ποιήσεις ταῦτα; ΑΓ. μὴ δ. γε σύ.
216. τὰ κάτω δ' ἀφψιλεῖν. ΜΝ. ἀλλὰ πρᾶττ', εἴ σοι δ.
234. βούλει θεᾶσθαι σαυτόν; ΜΝ. εἰ δ., φέρε.
377. ὅ τι χρὴ παθεῖν ἐκεῖνον· ἀδικεῖν γὰρ δ.
401. γυνὴ στέψανον, ἰρᾶν δ.· κἂν ἐκβάλῃ
428. ἐξαψάμενοι. νῦν οὖν ἐμοὶ τούτῳ δ.
Β. 104. ἢ μὴν κοβαλά γ' ἐστιν, ὡς καὶ σοι δ.
687. ξυμπαραινεῖν καὶ διδάσκειν. πρῶτον οὖν ἡμῖν δ.,
722. ἀλλὰ κάλλιστοις ἀπάντων, ὡς δ., νομισμάτων,
861. δάκνειν, δάκνεσθαι πρότερος, εἴ τούτῳ δ.,
870. ὅπως δ' ἐπειδὴ σοι δ., δρᾶν ταῦτα χρή.
1220. Εὐριπίδη. ΕΥ. τί ἐστιν; ΔΙ. ἰψίσθαι μοι δ.
Εκ. 47. σπευδουσαν ἐν ταῖς ἐμβάσιν· καὶ μοι δ.
155. ὕδατος. ἐμοὶ μὲν οὐ δ. μὰ τὼ θεώ.
197. ναῦς δεῖ καθέλκειν· τῷ πένητι μὲν δ.
198. τοῖς πλουσίοις δὲ καὶ γεωργοῖς οὐ δ.
854. ἐντυχῇ', ἐπειδὴ ταῦτα τῇ πόλει δ.;
986. νυνὶ δὲ πρῶτον εἰσάγειν ἡμᾶς δ.
Π. 49. γνῶναι δ. τοῦθ', ὡς σφόδρ' ἐστὶ συμφέρον
409. σκοπῶμεν. ΧΡ. ἀλλ' οὐκ ἔστιν. ΒΛ. οὐδ' ἐμοὶ δ.
481. ἐὰν ἄλφης; ΠΕ. ὅ τι σοι δ. ΧΡ. κακῶς λέγεις.
1150. τί δέ; ταυτομολεῖν ἀστεῖον εἶναί σοι δ.;
Fr. 157, 1. ὅτῳ δ. σοι δεῖν μάλιστα τῇ πόλει·
246, 2. τουτί. προσέξειν γὰρ κακοῦ τοῦ μοι δ.
δοκεῖν. Ν. 1174. ἀτεχνῶς ἐπανθεῖ, τὸ τί λέγεις σύ; καὶ δ.
Θ. 185. ἐν ταῖς γυναιξίν, ὃν δ. εἶναί γυνή,
441. Ξενοκλέης ὁ Καρκίνου δ.
δοκεῖς. Α. 12. πῶς τοῦτ' ἔσεισί μου δ. τὴν καρδίαν;
Α. 24. ἥκοντες, εἶτα δ' ᾠστιοῦνταί πως δ.
775. ἐμά γα. σὺ δέ νιν εἴμεναι τίνος δ.;
1. 184. ἐξαγγέλει τί μοι δ. σαυτῷ καλῶν.
346. ἀλλ' οἶσθ' ὅ μοι πεπονθέναι δ.; ὅπερ τὸ πλῆθος.
Ν. 881. κἂν τῶν σιδίων βατράχους ἐποίεις πως δ.
1271. κακῶς ἄρ' ὑντωί εἶχες, ὡς γ' ἐμοὶ δ.
1276. τὸν ἐγκέφαλον ὥσπερ σεισίσθαι μοι δ.
1415. κλάουσι παῖδες, πατέρα δ' οὐ κλάειν δ.;
Σ. 1198. πίνων, σεαυτοῦ ποῖον ἂν λέξαι δ.
Ο. 355. ἵν' ὑπὸ τούτων διαφθορηθῶ; ΠΕ. πῶς γὰρ ἂν τούτους δ.
935. ἔχε τὴν σπολάδα· πάντως δέ μοι μιγῶν δ.
1245. ταυτὶ λέγουσα μορμολύττεσθαι δ.,
1370. νὴ τὸν Διόνυσον, ὡς γέ μοι δ. λέγειν,
1053. ἐπίπληρον εἶναι τὴν Ἀθηναίαν δ.,
1074. δίκαι' ἔμοιγε καὶ πάλιν δ. λέγειν
Θ. 194. χαίρεις ὁρῶν φῶς, πατέρα δ' οὐ χαίρειν δ.
622. τὸν δεῖνα τὸν τοῦ δεῖνα ΚΛ. ληρεῖν μοι δ.
920. οἴμ' ὡς πανούργος καυτὸς εἶναί μοι δ.
Β. 188. ἐγώ. ΧΑ. ταχέως ἐμβαινε. ΔΙ. ποῖ σχήσειν δ.;
645. ἤδη 'πάταξά σ'. ΞΑ. οὐ μὰ Δί'. ΑΙ. οὐδ' ἐμοὶ δ.
Εκ. 399. κἀπειθ' ὁ δῆμος ἀναβοᾷ πόσον δ.,
777. οἴσειν δ. τιν' ὕστις αὐτῶν νοῦν ἔχει·
920. δ. δέ μοι καὶ λάβδα κατὰ τοὺς Λεσβίους.
1127. αὐτοῦ μίνουσ' ἡμῖν γ' ἂν ἐξευρεῖν δ.
Π. 364. οὔ τοι μὰ τὴν Δήμητρ' ὑγιαίνειν μοι δ.
380. καὶ μὴ φίλαις τ' ἄν μοι δ. νὴ τοὺς θεοὺς δ.
390. ἀπολεῖς. ΒΛ. σὺ μὲν οὖν σεαυτὸν, ὡς γ' ἐμοὶ δ.
422. σὺ δ' εἴ τις γε δ. καὶ μὴν γὰρ εἶναι μοι δ.
742. οἱ δ' ἐγνατακείμενοι παρ' αὐτῇ πῶς δ.
1035. οὐκ, ἀλλὰ κατασίγησας, ὡς γ' ἐμοὶ δ.
1060. ταλάντατ' ἀνδρῶν, οὐχ ὑγιαίνειν μοι δ.
1066. γέρων ἀνὴρ ὢν οὐχ ὑγιαίνειν μοι δ.
δοκεῖς. ΕΙ. 47. δ. μέν, ὦ ξέν', ἐς Κλέωνα τοῦτ' αἰνίττεσθαι,
δοκῇ. Α. 487. παράσχες, εἰπυῶν ἅττ' ἂν αὐτῇ σοι δ.
Ι. 1386. κἄν τοι δ. σοι, τοῦτον ὀκλαδίαν ποίει.
Λ. 901. καὶ τοῦ πολέμου παύσασθε. ΚΙ. τοιγάρ, ἦν δ.,
902. ποιήσομεν καὶ ταῦτα. ΜΤ. τοιγάρ, ἦν δ.,
Β. 1475. τί δ' αἰσχρόν, ἢν μὴ τοῖς θεωμένοις δ.;
Π. 471. ποιείτω ἤδη τοῦθ' ὅ τι ἂν ὑμῖν δ.

δοκῆς—δότε. 79

δοκῇς. Π. 1170. ἵν' εὐθέως διακονικὸς εἶναι δ.
δοκήσας. D. 1485. ὅδε γὰρ εὖ φρονεῖν δ.
δοκήσετε. Ν. 562. ἐς τὰς ὥρας τὰς ἑτέρας εὖ φρονεῖν
Β. 737. ἤν τι καὶ πάσχητε, πάσχειν τοῖς σοφοῖς δ.
δακησίσοφος. Εἰ. 44. νεανίας δ., τὸ δὲ πρᾶγμα τί ;
δακιμαζομένων. Σ. 578. παίδων τοίνυν δ. αἰδοῖα πάρεστι θεᾶσθαι.
δόκιμον. ΕΙ. 1030. σοφῇ * * δ.
δοκίμῳ. Θ. 125. ἄρσενι βοᾷ δ.
δακαίῳ. Ν. 1432. οὐ ταυτόν, ὦ τᾶν, ἔστιν, οὐδ' ἂν Σωκράτει δ.
δοκαῖς. Ν. 1496. διαλεντυλογοῦμαι ταῖς δ. τῆς οἰκίας.
Σ. 1405. πυρινὰ πρίαιο, σακρρονεῖν ἃν μοι δ.
δοκοῦμεν. Λ. 354. τί βδύλλεσθ' ἡμᾶς ; οὔ τί που πολλαὶ δ. εἶναι ;
δοκούσαις. Λ. 179. θύειν δ. καταλαβεῖν τὴν ἀκρόπολιν.
δοκοῦσί. Ν. 1198. ὕπερ οἱ προτίθεσθαι γὰρ δ. μοι ποιεῖν·
δοκοῦσιν. Ν. 185. τί ἐθαύμασας ; τῷ σοι δ. εἰκέναι ;
Β. 321. κἀμοὶ δ. ἡσυχίαν τοίνυν ἄγειν
δοκῶ. Α. 317. κἂν γε μὴ λέγω δίκαια, μηδὲ τῷ πλήθει δ.,
Α. 994. ἀλλὰ σε λαβὼν τρία δ. γ' ἂν ἔτι προσβαλεῖν·
Ι. 620. ὡς ἐγὼ μοι δ.
Σ. 177. ἀλλ' εἰσιὼν μοι τὸν ὄνον ἐξάγειν δ.,
250. οὔκ, ἀλλὰ τῳδί μοι δ. τὸν λύχνον προβύσειν.
ΕΙ. 13. ἐνὸς μὲν, ὦνδρες, ἀπολελύσθαι μοι δ.·
61. σιγήσαθ', ἡπ φωνῆς ἀκούειν μοι δ.
177. ἀτὰρ ἐγγὺς εἶναι τῶν θεῶν ἐμοί δ.,
194. ὡς οὐκέτ' εἶναί σοι δ. μιαρώτατος ;
306. οὐ γὰρ ἔσθ' ὅπως ἀπειψείν ἄν δ. μοι τήμερον,
710. ἆρ' ἂν βλαβῆναι διὰ χρόνου τί σοι δ.
1026. οὔκουν δ. σοι μαντικῶς τὸ φρύγανον τίθεσθαι ;
1042. ἰδού, πάρειμι. μῶν ἐπισχεῖν σοι δ. ;
Ο. 671. ἐγὼ μὲν αὐτήν καὶ φιλῆσαί μοι δ.
1551. ἄνωθεν, ἀκολουθεῖν δ. κανηφόρῳ.
Λ. 115. ἐγὼ δέ γ' ἂν κἂν ὡσπερεὶ ψῆτταν δ.
319. λιγνὺν δ. μοι καθορᾶν καὶ καπνὸν, ὦ γυναῖκες,
Θ. 508. ἄπελθ' ἄπελθ', ἤδη γὰρ ἀμφὶ μοι δ.
Β. 745. χαίρεις, ἱκετεύω ; ΑΙ. μάλλ' ἐποστεύειν δ.,
918. σάφ' ἴσθι. ΔΙ. κάμαυτῷ δ. τί δὲ ταῦτ' ἔδρασ' ὁ δεινὰ ;
1421. μέλλῃ τι χρηστόν, τοῦτον ἀξεῖν μοι δ.
Εκ. 170. αὕτη γὰρ ὑμῶν ἕνεκά μοι λέξειν δ.
Π. 860. ἐγὼ σχεδὸν τὸ πρᾶγμα γιγνώσκειν δ.
1186. τὸν οὖν Δία τὸν σωτῆρα καυτὸς μοι δ.
δοκῶ. Σ. 201. καὶ τῇ δ. προσθεῖς τὸν ὅλμον τὸν μέγαν
δοκῶμεν. ΕΙ. 1051. μή νυν ὁρᾶν δ. αὐτῶν. ΟΙ. εὖ λέγεις.
δοκῶν. Α. 472. ὀχληρός, οὐ δ. με κοιράνους στυγεῖν.
1. 1146. τοῖς, οὐδὲ δ. ὁρᾶν.
Θ. 204. δ. γυναικῶν ἔργα νυκτερῆσια
Β. 564. καὶ τὸ ξίφος γ' ἐσπᾶτο, μαίνεσθαι δ.
Π. 1068. ἐφάπτεταί σου λανθάνειν δ. ἐμέ
δαλερόν. Ο. 451. δ. μὲν ἀεὶ κατὰ πάντα δὴ τρόπον
δόλιαι. ΕΙ. 1068. ὧν δ. ψυχαί, δ. φρένες. ΤΡ. εἴθε σου εἰναι
δολίαν. Ι. 1068. λαίθαργον, ταχύπουν, δ. κερδώ, πολυίδριν
δόλῳ. Θ. 1202. 'Ερμῆ δ., ταυτὶ μὲν ἔτι καλῶς ποιεῖς.
δάλιον. Π. 1157. ἀλλά δ. τοίνυν. ΚΑ. δ. ; ἥκιστά γε·
δάλοις. Β. 1143. δ. λαθραίοις, ταῦτ' ἐποπτεύειν ἔφη ;
δάλοισιν. Ι. 686. καὶ δ. ποικίλοις.
δόλον. Ο. 333. ἐς δὲ δ. ἐπάλεσε, παρέβαλέ τ' ἐμὲ παρὰ
δόλου. Π. 1158. οὐ γάρ δ. νῦν ἔργον, ἀλλ' ἁπλῶν τρόπων.
δόλῳ. ΕΙ. 1099. φράζεο δή, μή πώς σε δ. φρένας ἐξαπατήσας
Α. 622. τὰς θεοῖς ἐχθρὰς γυναῖκας ἐξεναιρούσιν δ.
δολώσῃ. 1. 1067. Αἰγείδη, φράσσαι νεανίαισαν, μή σε δ,
Ι. 1081. χρησάσθν Λητοίδης, Κυλλήνιν, μή σε δ.
δόμεν. Ο. 930. πρόφραν δ. ἐμὶν τεῖν,
Ο. 973. τῷ δ. ἱμάτιον καθαρὸν καὶ καινὰ πέδιλα,
δόμοις. Α. 460. φθείρου λαβὼν τάδ' ἴσθ' ὀχληρὸς ὤν δ.
Ν. 1161. πρόβολοι ἐμοί, σωτῆρ δ., ἐχθροῖς βλάβη,
Ο. 1708. δέχεσθε τὸν τύραννον ὀλβίοισι δ.
δόμοισιν. Α. 543. καθῆσθ' ἄν εἰ δ., ἢ πολλοῦ γε δεῖ·
δόμον. Β. 1273. εὐφαμεῖτε μελισσονόμοι δ. 'Αρτέμιδος πέλας ἀγειν.
δόμος. Ν. 303. μυστοδόκος δ.
δόμους. Ο. 1247. μέλαθρα μὲν αὐτοῦ καὶ δ. 'Αμφίονος
δόμῳ. Ο. 1710. ἀστρὴρ ἰδεῖν ἐλαμψε χρυσαυγεῖ δ.,
δόμων. Α. 450. ὦ θύμ', ὁρᾷς γὰρ ὡς ἀπωθοῦμαι δ.,
Α. 456. λυπηροὶ ἴσθ' ὧν κἀποχώρησον δ.
Ο. 1241. λιγνὺν δὲ σῶμα καὶ δ. περιπτυχὲς
Α. 707. τί μοι σκυθρωποὺς ἐξεληλύθας δ.;
Β. 1360. τὰς κυνίσκας ἔχους' ἐλθεῖν θυρᾶς δ. πανταχῇ.
Εκ. 11. ὀφθαλμὼν οὐδεὶς τὸν σὸν ἐξέργει δ.
δόνακος. Β. 233. ἕνεκα δ., ὃν ὑπολύριον
δονεῖ. Εκ. 964. πάνυ γάρ τις ἔρως με δ.

δονεῖται. Ο. 1183. αἰθὴρ δ. τοῦ θεοῦ ζητουμένου·
δόντες. Ο. 932. εἴ μή τι τούτῳ δ. ἀποπευξούμεθα.
'δοξ'. Σ. 1265. πολλάκις δὴ 'δ. ἐμαυτῷ δεξιὸς πεφυκέναι,
δόξαι. Α. 440. δεῖ γάρ με δ. πτωχὸν εἶναι τήμερον,
Ι. 1305. ταῖς δὲ δ. δεινὸν εἶναι τοῦτο κοὐκ ἀνασχετόν,
δόξαιμι. Ι. 1210. δ. κρίνειν τοῖς θεαταῖσιν σοφῶς·
δόξαντ'. Εκ. 553. οὐδ' ἄρα τὰ δ. οἷσθα ; ΠΡ. μὰ Δί' ἐγὼ μὲν οὔ.
δοξάσαι. ΕΙ. 119. δ. ἐστι, κύραι· τὸ δ' ἐτήτυμον, ἄχυμοι ὑμῖν,
δάξει. Α. 775. ἐξ ἱεροῦ ναοῖο χελιδῶσι, οὐκέτι δ.
Λ. 1179. οὐ ταῦτά δ. τοῖσι συμμάχοισι νῷν,
δόξεις. 1. 722. οὖν, ὦγάθ', ἐν βουλῇ με δ. καθυβρίσαι.
Ν. 1398. πειθώ τινα ζητεῖν, ὅπως δ. λέγειν δίκαια,
Π. 328. θάρρει· βλέπειν γὰρ ἀντικρὺς δ. μ' "Αρη.
δοξεῖν'. Α. 741. ὅπως δὲ δ. ἡμῖν ἐξ ἀγαθᾶς υἱός·
δόξῃ. Εκ. 123. καὐτῇ μεθ' ὑμῶν, ἥν τί μοι δ. λέγειν.
Εκ. 798. ἄττ' ἂν δὲ δ., ταῦτα πάλιν ἀρνουμένους.
Π. 4. δ. δὲ μὴ δρᾶν ταῦτα τῷ κεκτημένῳ,
δόξομεν. Β. 705. ὑστέρῳ χρόνῳ ποτ' αὖθις εὖ φρονεῖν οὐ δ.
Εκ. 515. ὅ τι σοι δρῶσαι ξύμφορον ἡμεῖς δ. ὀρθῶς ὑπακούετε.
δόξω. Ν. 444. τοῖς ἀνθρώποις τ' εἶναι δ.
Σ. 1409. μὰ Δί', ἀλλ' ἀκούσον, ἤν τί σοι δ. λέγειν.
δοραῖς. Β. 1211. Διόνυσος, ὃς θύρσοισι καὶ νεβρῶν δ.
δόρατα. ΕΙ. 1261. τούτῳ γ' ἐγὼ τὰ δ. ταῦτ' ὠνήσομαι.
δαρατίου. ΕΙ. 553. ὡς τάχιστ' ἄνευ δ. καὶ ξίφους κάκοντίου·
δόρατος. Α. 1120. φέρε, τοῦ δ. ἀφελκύσωμαι τοὐλυτρον.
δόρει. Σ. 1081. εὐθέως γὰρ ἐκδραμόντες σὺν δ. σὺν ἀσπίδι
ΕΙ. 357. ἐς Λύκειον κᾆκ Λυκείου σὺν δ. σὺν ἀσπίδι.
δορί. Α. 1151. κατωνάκας φοροῦντας ἐλθόντες δ.
Λ. 1188. λῃστὰς ἐλαύνων καὶ κατασσείρχων δ.
Β. 1289. σὺν δ. καὶ ξυστῷ πρᾶκτορι θούριος ὄρνις,
δαρίαλλον. Fr. 336. αἱ γυναῖκες τὸν δ. φραγνύντι.
Δορίλλον. Fr. Μ. Λημ. 13. αἱ γυναῖκες τὸν Δ. φραγνύονται.
δορὸς. Α. 1193. δ. ὑπὸ πολεμίου τυπεὶς.
δορπηστοῦ. Σ. 103. εὐθὺς δ' ἀπὸ δ. νίκρατες ἐμβάδας,
δάρπον. Ι. 52. βούλει παραθῶ σοι δ. ; εἴτ' ἀναρπάσας
δόρυ. Α. 1118. παῖ παῖ, καθελὼν μοι τὸ δ. δεῦρ' ἔξω φέρε.
Α. 50. ἀνδρῶν θ' οἱ ἀλλήλοισιν αἱρέσθαι δ.,
985. κἄπειτα δ. δῆθ' ὑπὸ μάλης ἤκειν ἔχων ;
Β. 1016. ἀλλὰ πνέοντας δ. καὶ λόγχας καὶ λευκολόφους τρυφαλείας
δορυξέ. ΕΙ. 1260. ἀπίωμεν, ὦ δ. ΤΡ. μηδαμῶς γ', ἐπεὶ
δορυξόν. ΕΙ. 103. εὐθὺς δ' ἀπὸ δ. οἵον ἐσκιμάλισεν·
δαρυξός. ΕΙ. 447. κεἴ τις δ. ἢ κάπηλος ἀσπίδων
δορυξοῦ. ΕΙ. 1213. καὶ τουτουὶ καὶ τοῦ δ. κεινουὶ.
δορυφάυν. Fr. 239. δ.·
δορυφόρων. 1. 448. τῶν δ. ΚΛ. ποίων ; φράσον.
δός. Α. 415. δ. μοι ῥάκιόν τι τοῦ παλαιοῦ δράματος.
Α. 431. τούτου δ. ἀντιβολῶ σέ μοι τὰ σπάργανα.
432. ὦ παῖ, δ. αὐτῷ Τηλέφου ῥακώματα·
438. κἀκεῖνά μοι, δ. τἀπὶ πλουθέντα τῶν ῥακῶν.
453. δ. μοι σπυρίδιον διακεκαυμένον λύχνῳ.
458. ἄπελθε νῦν μοι. ΔΙ. μᾶλλά μοι δ. ἐν μόνον
463. δ. μοι χυτρίδιον σφογγίῳ βεβυσμένον.
469. ἐτ τὸ σπυρίδιον ἴσχνα μοι φυλλεία δ.
478. σπάνθικά μοι δ., μητροδὲς δεδεγμένον·
882. δ. μοι προσειπεῖν, εἰ φέρεις τὰς ἐγχέλεις
928. δ. μοι φορμὸν, ἵν' αὐτὸν ἐνθήσας φέρω,
1110. κἀμοὶ λεκάνιον τῶν λαγῴων δ. κρεῶν.
1125. κἀμοὶ πλακοῦντος τυρόνωτον δ. κύκλον.
Ι. 120. ὦ λύγια. δ. μοι δ. τὸ ποτήριον ταχύ.
123. ὦ Βάμ. Ν. τί ἐστι ; ΔΙΙ. δ. τὸ ποτήριον ταχύ.
Ν. 81. κύσον με καὶ τὴν χεῖρα δ. τὴν δεξιάν.
507. δ. μοι μελιτοῦτταν πρότερον· ὡς δέδοικ' ἐγὼ
ΕΙ. 2. ἰδού. ΟΙ. Α. δ. αὐτῷ τῷ κάπιστ' ἀπολουμένῳ.
4. δ. μᾶζαν ἑτέραν ἐξ ὀνίδων πεπλασμένην.
11. ἑτέραν ἑτέρας δ. παιδὸς ἡπαρμένης·
709. ὦ φιλτάτη, δεῦρ' ἐλθὲ καὶ δ. μοι κύσαι.
771. φέρε τῷ φαλακρῷ, δ. τῷ φαλακρῷ
1056. ἄγε νυν ἀπάρχου, κᾆτα δ. τἀπάργματα.
Ο. 928. δ. μοι χλαῖναν.
934. ἀνύσιθι καὶ δ. τῷ ποιητῇ τῷ σοφῷ.
Λ. 923. αἰσχρὸν γάρ ἐπὶ τόνου γε. ΚΙ. δ. μοι νῦν κύσαι.
Θ. 754. οἴμοι, τέκνον. δ. μοι σφαγεῖον, Μανία,
Β. 755. καὶ δ. κύσαι καυτὸς κύσον, καί μοι φράσον,
1504. καὶ Ν τουτὶ Κλεοφῶντι φέρων
Π. 935. οἴμοι μάλ' αὖθις. ΚΛ. δ. οὖν μοι τὸ τριβώνιον.
δότε. I. 637. νῦν μοι θράσος καὶ γλῶτταν εὔπορον δ.
Ν. 907. χωρεῖ τὸ νακόν. δ. μοι λεκάνην.
Σ. 166. πῶς ἂν σ' ἀποκτείναιμι ; πῶς ; δ. μοι ξίφος
522. ἀφετέ νυν ἅπαντες αὐτόν. ΦΙ. καὶ ξίφος γέ μοι δ.·
Λ. 1185. ὅρκους δ' ἐκεῖ καὶ πίστιν ἀλλήλοις δ.

δότε—δρᾶν.

δότε. Β. 1529. ἐς φάος ὀρνυμένῳ δ., δαίμονες οἱ κατὰ γαίας,
δότω. Σ. 935. ὁ θεσμοθέτης. τοῦ 'σθ' οὗτος ; ἁμίδα μοι δ.
Ο. 1187. τύξευε, παῖε, σφενδώνῃ τίς μοι δ.
1579. τὴν τυρόκνηστίν μοι δ.· φέρε σίλφιον·
1693. ἀλλὰ γαμμὴν χλανίδα δ. τις δεῦρί μοι
Λ. 186. καί μοι δ. τὰ τόμιά τις. ΚΛ. Λυσιστράτη,
Β. 871. ἴθι νυν Λιβανωτὸν δεῦρό τις καὶ πῦρ δ.,
δούλαισιν. Λ. 330. δ. ὡστιζομένη
δουλάρια. Θ. 537. αὐταί γε καὶ τὰ δ. τέφραν ποθὲν λαβοῦσαι
δούλας. Α. 463. ἀλλὰ τί γὰρ σου ; πότερον ἐπὶ δ. τινὰς
Ἐκ. 721. καὶ τάς γε δ. οὐχὶ δεῖ κοσμουμένας
δουλεία. Σ. 682. οὐ γὰρ μεγάλη δ. 'στὶν τούτοις μὲν ἅπαντας
ἐν ἀρχαῖς
δουλείαν. Σ. 51ρ. ἀλλὰ δουλεύων λέληθας. ΦΙ. παῦε δ. λέγων,
Σ. 602. ἣν δ. οὖσαν ἐφασκες χύπηρεσίαν ἀπυδείξειν.
681. ἀλλ' αὑτὴν μοι τὴν δ. οὐκ ἀποφαίνων ἀποκναίεις
δουλεύω. Σ. 653. εἰ μὴ γὰρ ὕπαι δ. 'γώ, τουτὶ ταχέαι με
διδάξεις
δουλεύων. Σ. 518. ἀλλὰ δ. λέληθας. ΦΙ. παῦε δουλείαν λέγων,
βαύλη. Θ. 340. ὑποβαλλομένη ματεύσιν, ἡ δ. τινὸς
δούλης. ΕΙ. 537. δ. μεθυούσης, ἀνατετραμμένον χοῦς,
Θ. 564. οὐδ' ὡς σὺ τῆς δ. τεκούσης ἄρρεν' εἶτα σαυτῇ
δουλικῶν. Ρ. 743. ᾤμωζε μέντἄν. ΑΙ. τοῦτο μέντοι δ.
δοῦλοι. Ἐκ. 651. τὴν γῆν δὲ τίς ἰσθ' ὁ γεωργήσων ; ΠΡ. οἱ δ.
σαὶ δὲ μελέσεις,
δοῦλοισι. Θ. 294. δ. γὰρ οὐκ ἔξεστ' ἀκούειν τῶν λόγων.
δούλοισι. ΕΙ. 1002 δ. χλανισχιδίων μικρῶν
Ἐκ. 723. ἀλλὰ παρὰ τοῖς δ. κοιμᾶσθαι μόνον
δοῦλον. Ι. 44. ἐπρίατο δ., Βυρσοδέψην Παφλαγόνα,
Β. 190. ἴσθαινε δή. ΔΙ. παῖ, δεῦρο, ΧΑ. δ. οὐκ ἄγω.
632. τοῦτον δὲ δ. ΑΙ. ταῦτ' ἀκούεις ; ΗΛ. φήμ' ἐγώ.
Π. 2. δ. γενέσθαι παραφρασύντων δεσπότου.
δοῦλος. Α. 401. ὕθ' ὁ δ. οὕτωσι σοφῶς ὑποκρίνεται.
ΕΙ. 451. ἢ δ. αὐτομολεῖν παρεσκευασμένος,
Ο. 70. ὄρνιν ἐγωγε δ. ΕΥ. ἠττήθης τινὸς
911. ἔπειτα δῆτα δ. ὢν κόμην ἔχεις ;
Β. 531. ὢν δ. ὢν καὶ θνητὸς Ἀλκμήνης ἔσει ;
542. Ξανθίας μὲν δ. ὢν ἐν
583. υἱὸς γενώμην, δ. ἅμα καὶ θνητός ὢν ;
742. ὅτι δ. ὢν ἔφασκες εἶναι δεσπότης.
949. ἀλλ' ἔλεγεν ἡ γυνή τί μοι χὤ δ. οὐδὲν ἧττον,
Π. 148. δ. γεγένημαι, διὰ τὸ μὴ πλουτεῖν ἴσως.
δούλους. Ο. 764. εἰ δὲ δ. ἐστι καὶ Κὰρ ὥσπερ Ἐξηκεστίδης,
δούλους. ΕΙ. 743. ἐξύλασ' ἀτιμώσας πρῶτος, καὶ τοὺς δ. παρέλυσιν,
δούλων. Σ. 59. δ. διαρρηπτοῦντι τοῖς θεωμένοις,
δούλων. Θ. 491. οὐδ' ὥς ὑπὸ τῶν δ. τε κωρεωιόμεν
Β. 694. καὶ Πλαταιᾶς εὐθὺς εἶναι κἀντὶ δ. δεσπότας.
δούναι. Ν. 1491. κἀγώ τιν' αὐτῶν ἥμερον δ. δίκην
ΕΙ. 1153. ὦν ἕνεγκ', ὦ παῖ, τρί' ἡμῖν, ἓν δὲ δ. τῷ πατρί·
Ο. 337. τῷ δὲ πρεσβύτῃ δοκεῖ μοι τωδὲ δ. τὴν δίκην
348. δ. ῥύγχει φορβάν.
975. καὶ φιάλην δ. καὶ σπλάγχνων χεῖρ' ἐπιπλῆσαι.
Θ. 351. εὔχεσθε πᾶσαι πολλὰ δ. κἀγαθά.
465. τῆς ὕβρεος ἡμῖν τὸν ἄνδρα περιφανῶς δ. δίκην.
471. ξυνὲ δ' ἐν ἀλλήλαισι χρὴ δ.
543. διὰ τοῦτο τιλλομένῃ με δεῖ δ. δίκην ὑφ' ὑμῶν ;
544. οὐ γάρ σε δεῖ δ. δίκην ; ἥτις μόνη τέτληκας
863. πρὶν τῆς ἑτέρας δ. γυναικείας δίκην ;
Ἐκ. 612. ἕξει τούτων ἀφελὼν δ.· τῶν ἐκ κοινοῦ δὲ μεθέξει
Π. 433. ἢ σφῷ ποιῆσαι τήμερον δ. δίκην
467. καὶ μὴν περὶ τούτου σφῶν ἐθέλω δ. λόγον
947. ἠγὼ ποιῆσαι τήμερον δ. δίκην.
Fr. 260, 2. δ. πρόδικος ἐν τῶν φίλων τῶν σῶν ἑνί.
δοῦναἱ. Λ. 116. δ. ἐμαυτῇ παρτωμύδια θῆμυσι,
δούριος. Ο. 1128. ἵσπαν ὑπόπταν μέγεθος ὅσον ὁ δ.
δοῦς. Σ. 52. εἶτ' οὐκ ἐγὼ δ. δύ' ὀβολὼ μισθώσομαι
Ο. 707. ὃ μὲν ὄρτυγα δ., ὃ δὲ πορφυρίων', ὁ δὲ χῆν', ὁ δὲ Περσικὸν ὄρνιν,
δοχμᾷ. Fr. 721. οἵνου ἀφεστηκασι πλεῖν ἢ δύο δ.
δοχμαῖν. Ι. 318. καὶ πρὶν ἡμέραν φορῆσαι, μεῖζον ἦν δυοῖν δ.
δρᾷ. (?) 1163. ἀπονίψωμαι· σὺ δ' αὐτὸς ἤδη τἀλλα δ.
Ἐκ. 470. δ. ταῦθ', ἴν' ἀριστᾷς τε καὶ βινῇς ἅμα.
δρᾷ. Ι. 102. κλέπτων τὸν οἶνον. ΔΗ. εἰπέ μοι, Παφλαγὼν τί δ. ;
Ι. 237. τοντί τί δ. τὸ Χαλκιδικὸν ποτήριον ;
1019. σοὶ μισθὸν πορίσει, κἂν μὴ δ. ταῦτ', ἀπαλεῖται.
Ν. 731. φέρε νυν, ἀθρήσω πρῶτον ὅ τι δ., τουτονί.
Ο. 455. ἅγιμε γὰρ ἡμᾶς, ὦ γυναῖκες, δ. κακά,
Ἐκ. 338. ὁ καὶ δέδοικα μή τι δ. νεώτερον.
Π. 120. νίφοιτ' ἄν ἐπιτρίψειε. ΧΡ. νῦν δ' οὐ τοῦτο δ.,
δράμαινον. Fr. 606. δ.;

Δράκης. Λ. 254. χώρει, Δ., ἡγοῦ βάδην, εἰ καὶ τὸν ὦμον ἀλγεῖς
Ἐκ. 293. καὶ Σμίκυθε καὶ Δ.,
δράκοντ'. Π. 733. ἐξηράτην οὖν δύο δ. ἐκ τοῦ νεῶ
δράκοντα. Ι. 198. γαμψηλῇσι δ. κοάλεμον αἱματοπώτην,
δράκοντά. Ι. 209. τὸν οὖν δ. φησι τὸν Βυρσαίετον
Δρακοντίδη. Σ. 438. ὦ Κίκρον' ἥρως ἄναξ, τὰ πρὸς ποδῶν Δ.,
Δρακοντίδης. Σ. 157. δικάσοντά μ', ἀλλ' ἐκφεύξεται Δ. ;
Δράκυλλος. Α. 612. τί δαὶ Δ. κεὐφορίδης ἢ Πρινίδης ;
δράκων. Ι. 206. ὁ δ. δὴ πρὸς τί ; ΔΗ. τοῦτο περιφανέστατον
Ι. 207. ὁ δ. γάρ ἐστι μακρὸν ὅ τ' ἀλλᾶς αὖ μακρόν·
208. ἰθ' αἱματοπώτης ἐσθ' ὅ τ' ἀλλᾶς χὠ δ.
δράμα. ΕΙ. 795. εἶχε τὸ δ. γαλῆν τῆς
Β. 920. ὁπόθ' ἡ Νιόβη τι φθέγγεται· τὸ δ. δ' ἂν διῄει.
923. κἄπειτ' ἐπειδὴ ταῦτα ληρήσειε καὶ τὸ δ.
1021. δ. ποιήσας Ἀρέας μεστόν, ΔΙ. ποῖον ; ΑΙ. τοὺς ἕπτ' ἐπὶ Θήβας·
Fr. Μ. Δαίτ. 9, 3. χαριζόμενος τὸ δ. τοῦτ' ἐδείκνυεν.
δράματ'. Θ. 186. διὰ τοῦτ' ἄρ' αὐτοῦ καὶ τὸ δ. ἦν καλά·
δράματα. Α. 470. ἀπολεῖς μ'. ἰδού σοι. φροῦδά μοι τὰ δ.
Θ. 149. χρὴ γὰρ ποιητὴν ἄνδρα πρὸς τὰ δ.
151. αὐτίκα γυναικεῖ ἢν ποιῇ τις δ.
δράματι. Θ. 849. τῷ δή τ' ἂν αὐτὸν προσαγαγοίμην δ. ;
δράματος. Α. 415. δὺς μοι μάκινν τι τοῦ παλαιοῦ δ.
Θ. 52. δρυόχους τιθέναι δ. ἀρχάς.
Β. 947. τοῦ δ. ΑΙ. κρείντω γὰρ ἦν σοι νὴ Δί' ἢ τὸ σαυτοῦ.
δραμεῖν. Σ. 376. χῆν δρόμον δ., ἵν' εἰδῇ
Fr. 324, 2. θύαι, βράδιστος τῶν ἐν ἀνθρώποις δ.
477, 2. κράτιστόν ἐστιν ἐς τὸ θησεῖον δ.,
δραμών. Σ. 532. μὰ τὸν Δί' οὐ κάρεστιν· ἀλλ' ἐγὼ δ.
Π. 222. ἀλλ' ἴθι σὺ μὲν ταχέως δ. ΚΑ. τί δρῶ ; λέγε.
δρᾶν. Ι. 1160. ἵνα ο' εὖ ποιῶμεν ἐξ ἴσου. ΑΗΜ. δ. ταῦτα χρή.
Ν. 615. ἀλλὰ τί εὖ δ. φησιν, ὑμᾶς δ' οὐκ ἄγειν τὰς ἡμέρας
807. ἕτοιμοι ὅδ' ἐστὶν ἅπαντα δ.
939. δ. ταῦτ' ἐθέλω. ΑΔ. κἄγωγ' ἐθέλω.
Σ. 338. τοῦ δ' ἐφίξῃ, ὦ μάταιε, ταῦτα δ. σε βούλεται ;
340. οὐκ εἰδῇ μ', ὦνδρες, διαλέγειν οὐδὲ δ. οὐδὲν κακόν,
507. ταῦτα δ. ξυνωμόυτεν ὢν καὶ φρονῶν τυραννικά,
1131. τί οὖν κελεύετε δ. με ; ΒΛ. τὸν τρίβαν' ἄρες·
1379. ἆ δ., τί μέλλεις δ. ; ΒΔ. ἄγειν ταύτην λαβών
1381. κούδὲν δύνασθαι δ. ΦΙ. ἀπονῶν νυν ἐμοῦ.
ΕΙ. 209. ὑμᾶς παραδόντες δ. ἀνεχωῖς ὅ τι βούλεται
226. ὑμᾶς δὲ δῆ τί δ. παρασκευάζειν ;
305. πρὸς ταῦθ' ἡμῖν, εἴ τι χρὴ δ., φράζε ἀρχιτεκτόνει,
Ο. 531. κοὐδ' οὖν, εἴπερ ταῦτα δοκεῖ δ.,
548. ἀλλ' ὅ τι χρὴ δ., σὺ δίδασκε παρών· ὡς ζῆν οὐκ ἄξιον ἡμῖν,
641. ἀλλ' ὅτι τάχιστα δεῖ τι δ.· πρῶτον δέ γε
665. ἀλλ' εἰ δοκεῖ σφῷν, ταῦτα χρὴ δ. ἢ Πρόκνη
809. ἄγε δὴ τί χρὴ δ. ; ΠΕ. πρῶτον ὄνομα τῇ πόλει
1598. ἐὰν τὸ δίκαιον ἀλλὰ νῦν ἐθέλητε δ.
1631. οὗτος, δοκεῖ δ. ταῦτα τοῦ σκήπτρου πέρι,
Λ. 177. ταῖς πρεσβυτάτοις γὰρ προστέτακται τοῦτο δ.,
1046. καὶ δ. ἱκανὰ γὰρ τὰ κακὰ καὶ τὰ παρακείμενα.
1066. τοῦτο δ. λιλουμένοις, αὖ
1176. ἀλλ' αἱ βαρεῖς δ. ταῦτα, βουλεύσασθε καὶ
1219. οὐκ ἂν παύσαιο', ΘΕ. εἰ δὴ πάνυ δεῖ τοῦτο δ.,
Θ. 215. ἀτὰρ τί μέλλεις δ., μ'· ΕΥ. ἀνορύφιζε ταδί,
496. μηδὲν κακῶν δ. ὑποστυπῆναι. ταῦθ' ὑρᾷς,
587. ἢ' πιτα βουλενίωσθε καὶ μέλλετε δ.
Β. 518. καὶ τοῦτο τούτων ταύργον. ἀλλ' ἴχρην τι δ.
781. τί δήθ' ὁ Πλουτῶν δ. παρασκευάζεται ;
870. ὅμοι δ' ἐπειδή σοι δοκεῖ, δ. ταῦτα χρή·
Ἐκ. 231. τί ποτ' ἄρα δ., ἀλλ' ἀκουσιν, ἀλλ' ὀλίγω τρύνω
404. τί δαί μ' ἴχρην δ. ; ΒΛ. σκόρον' ὁμοῦ τρίψαντ' ὑφ'
444. δὲ δὲ κἄμ' βουλεύοντε τοῦτο δ. δεῖ.
450. ἡμῶν δὲ τοὺς πολλοὺς ἔφασκε τοῦτο δ.
467. ἔπειτ' ἀναγκάζωσι πρὸς βίαν δ.· ΧΡ. τί δ. ;
472. ταῦτο ξυνιάσει, ταῦτα χρὴ πάντ' ἄνδρα δ.
556. τί δ. ; ὑφαίνειν ; ΒΛ. οὗ μὰ Δί', ἀλλ' ἄρχειν. ΠΡ. τίνων ;
560. οὐ γὰρ ἔτι τοῖς τολμῶσιν αὑτὴν αἰσχρὰ δ.
587. ἡ παλαιὰ δ' ἀρχή ἐστιν, τὴν δ' ἀρχαῖον ἀμελήσαι.
714. ἡ γὰρ ἀνάγκη ταῦτα δ. ἠρεμεῖνι
784. ὦ δαιμόνι' ἀνθρώπ, ἑα με τῶν πρόσφρων τι δ.
789. δράσουσιν, εἴτα τηνικαυθ' δ. ΑΝ. Α. τί δ. ;
1028. τί δῆτα χρή δ. ; ΓΡ. Α. δεῦρ' ἀκολουθεῖν ὡς ἐμέ
1164. ὦ φίλαι γυναῖκες, εἴπερ μέλλομεν τὸ χρῆμα δ.,
Π. 4. δέρῃ δὴ μὴ δ. ταῦτα τῷ κεκτημένῳ,
153. καὶ τοὺς γε παῖδας φασὶ ταύτὸ τοῦτο δ.,

δρᾶν—δρυπετεῖς. 81

δρᾶν. Π. 416. τολμῶντε δ. ἀνθρωπαρίῳ κακοδαίμονε,
Π. 466. εἰ τοῦτο δ. μέλλοντες ἐπιλαβοίμεθα.
1196. δ. ταῦτα χρή. ΧΡ. τὸν Πλοῦτον ἔξω τις κάλει.
Fr. 520. οὕτως τι τἀπόρρητα δ. ἐστὶ μέλει.
553. δύναται γὰρ ἴσον τῷ δ. τὸ νοεῖν.
δραπέταις. Α. 1187. ἀνίσταταί τε καὶ ξυναρτᾷ δ.
δραπέτης. Ο. 760. εἰ δὲ τυγχάνει τις ὑμῶν δ. ἐστιγμένος,
δρᾷς. Ν. 224. πρῶτον μὲν ὅ τι δ., ἀντιβολῶ, κάτειπέ μοι.
Ν. 494. φέρ' ἴδω, τί δ., ἢν τίς σε τύπτῃ; ΣΤ. τύπτομαι,
ΕΙ. 164. ἄνθρωπε, τί δ., οὗτος ὁ χέζων
Ο. 1567. οὗτος, τί δ.; ἐν' ἀριστέρ' οὕτως ἀμπέχει;
Λ. 383. ποῦ θερμόν; οὐ παύσει; τί δ.;
472. τὴν χεῖρ' ἐὰν δὲ τοῦτο δ., κυλοιδιᾶν ἀνάγκη.
872. ὦ γλυκύτατον Μυρρινίδιον, τί ταῦτα δ.;
Θ. 1003. χάλασον τὸν ἧλον. ΤΟ. ἀλλὰ ταῦτα δ. ἐγώ.
Β. 584. οἶδ' οἶδ' ὅτι θυμοῖ, καὶ δικαίως αὑτὸ δ.·
Εκ. 887. ἡδονὰ· ἐγὼ δ', ἢν τοῦτο δ., ἀντάσομαι.
Π. 439. οὗτος, τί δ. ; ὦ δειλότατον σὺ θηρίον,
δράσω. Θ. 71. ὦ Ζεῦ τί δ. διανοεῖ με τήμερον ;
Θ. 398. δ. δ' ἐφ' ἡμῖν οὐδὲν ὥσπερ καὶ πρὸ τοῦ
Π. 211. πῶς οὖν δυνήσει τοῦτο δ. θνητὸς ὤν ;
δράσει. Ι. 766. ὥσπερ νυνὶ μηδὲν δ. δειπνεῖν ἐν τῷ πρυτανείῳ
ΕΙ. 845. καὶ ταῦτα δ. ἧκε δεῦρ' αὖθις πάλιν
Θ. 607. ἢν γὰρ μὴ λάθῃ δ. ἀνύσια,
712. οἷον δ. διεῖδυς ἔργον,
Β. 1019. καὶ τί σὺ δ. οὕτως αὐτοὺς γενναίως ἐξεδίδαξας ;
1062. ἐμοῦ χρηστῶν καταδείξαντος διελυμήνω σύ. ΕΥ. τί δ.;
1064. τοῖς ἀνθρώποις φαίνοιντ' εἶναι. ΕΤ. τοῦτ' οὖν ἔβλαψά τί δ.;
δράσει. Θ. 1216. οἴμοι, τί δ.; ποῖ τὸ γράδιο;
Εκ. 179. ἐπέτρεψας ἑτέρῳ πλείον' ἔτι δ. κακά.
605. οὐδεὶς οὐδὲν πενίᾳ δ.· πάντα γὰρ ἔξουσιν ἅπαντες,
946. ἀλλ' εἶμι τηρήσουσ' ὅ τι καὶ δ. ποτέ.
δράσεις. Α. 911. δ. τοῦθ'; ΚΙ. ὅπου τὸ τοῦ Πανὸς, καλύν.
δρασείεις. Σ. 168. ἄνθρωπος οὗτος μέγα τι δ. κακόν.
δρασείεις. ΕΙ. 62. ὦ Ζεῦ, τί δ. ποθ' ἡμῶν τὸν λεών ;
δράσεις. Ν. 1246. τί σοι δοκεῖ δ.;
δράσεις. Α. 490. τί δ.; τί φήσεις ; ἀλλ' ἴσθι νυν
Α. 587. οὗτος, τί δ. ; τῷ πτίλῳ μέλλεις ἐμεῖν ;
I. 1361. τούτον τί δ., εἰπέ, τὸν ξυνήγορον ;
Ν. 1352. ἤδη λέγεις χρῆ πρὸς χειρῶν· πάντως δὲ τοῦτο δ.
Σ. 1228. τουτὶ σὺ δ.; παραπολεῖ βουλόμενος·
Λ. 493. ἀλλὰ τί δ.; ΛΥ. τοῦτό μ' ἐρωτᾷς ; ἡμεῖς ταμιευσόμεν αὐτό.
Θ. 569. πρόσθει μόνον, κάγώ σε νὴ τὴν Ἄρτεμιν. ΓΥ. Γ. τί δ.;
Εκ. 259. ἄκουσιν, ὅ τι δ. ποτ'. ΠΡ. ἐξαγγωνιῶ
704. πάντως οὐδὲν δ. ἐλθών·
865. ἐπὶ ταῖς θύραις ἐστὼν ΑΝ. Α. τί δ.; εἰπέ μοι.
δράσετ'. Σ. 156. τί δ.; οὐκ ἐκφήσετ', ὦ μιαρώτατοι,
δράσῃ. Σ. 1195. μὰ τὸν Ποσειδῶ, τοῦτο μὲν γ' οὐ δ.
δράσῃ. Σ. 247. κἤν που λαθών τις ἐμπεσὼν ἡμᾶς κακόν τι δ.
δράσῃς. Α. 334. ἀλλὰ μὴ δ. ὃ μέλλεις· μηδαμῶς, ὦ μηδαμῶς.
δράσομεν. ΕΙ. 428. ταῦτα δ.· σὺ δ' ἡμῖν, ὦ θιῶν σοφώτατε,
Ν. 1336. τί δ. αὕτη;
1337.
Εκ. 82. ἀλλ' ἄγεθ' ὅπως καὶ τἀπὶ τούτοις δ.,
δράσον. I. 1158. οἶσθ' οὖν ὃ δ.; ΔΗΝ. εἰ δὲ μή, φράσεις γε σύ.
ΕΙ. 1061. ἀλλ' οἶσθ' ὃ δ.; ΙΓ. ἢν φράσῃς. ΤΡ. μὴ διαλέγου
Ο. 54. ἀλλ' οἶσθ' ὃ δ.; τῷ σκέλει θέινε τὴν πέτραν.
80. οἶσθ' οὖν ὃ δ., ὦ τροχίλε; τὸν δεσπότην
δράσοντ'. Θ. 89. ἐς Θεσμοφόροιν ἐλθεῖν. ΜΝ. τί δ.; εἰπέ μοι.
δράσω. Εκ. 320. δ. ὅμως δ' οὖν ἐστιν ἀπαναγητέον.
δράσουσιν. Εκ. 789. δ., εἶτα τηνικαῦτ' ἤδη. ΑΝ. Α. τί δρᾶν;
δράσω. Α. 466. καίτοι τί δ. ; δεῖ γὰρ ἑνὸς, οὗ μὴ τυχὼν
I. 777. τούτῳ μὲν, ὦ Δῆμ', οὐδὲν σεμνόν· κἀγὼ γὰρ τοῦτό σε δ.
Ν. 437. δ. τοῦθ' ὑμῖν πιστεύσας· ἡ γὰρ ἀνάγκη με πιέζει
844. οἴμοι, τί δ. παραφρονοῦντος τοῦ πατρός ;
Σ. 385. δ. τοίνυν ὑμῖν πίσυνος· καὶ μανθάνετ'· ἤν τι πάθω 'γὼ,
ΕΙ. 1252. καὶ νῦν τί δ.; τίς γὰρ αὔτ' ἐκπίεται;
Ο. 863. δ. τάδ'. ἀλλὰ ποῦ 'στιν ὁ τὸ κανοῦν ἔχων ;
Λ. 1030. ἀλλὰ δ. ταῦτα· καίτοι δύσκολόν ἐφυς ἀνήρ.
1041. οὔτε δ. φλαῦρον οὐδὲν οὔθ' ὑφ' ὑμῶν πείσομαι.
Θ. 1128. αἰαῖ· τί δ.; πρὸς τίνας ἐστροφοῦμαι λύγους ;
Εκ. 358. ἀνάρ τί δ.; καὶ γὰρ οὐδὲ τοῦτό με
δράσων. Ο. 993. τί δ' αὖ σὺ δ.; τίς δ' ἰδία βουλήματος,
δρᾶτε. Α. 1004. τί δ.; τοῦ κηρύκος οὐκ ἀκούετε ;
ΕΙ. 505. οὐδὲν γὰρ ἄλλο δ. πλὴν δικάζετε.
δρᾶτον. ΕΙ. 409. ἵνα τί δὲ τοῦτο δ.; ΤΡ. ὑτιὴ νὴ Δία
δραττόμην. Β. 545. τοὐρεβίνθον 'δ.' οὖ·

δραχμάς. Α. 66. μισθὸν φέροντας δύο δ. τῆς ἡμέρας
Α. 90. ταῦτ' ἄρ' ἐφενάκιζές σὺ, δύο δ. φέρων.
130. ἐμοὶ σὺ ταυτασὶ λαβὼν ὀκτὼ δ.
159. τοντοις ἐὰν τις δύο δ. μισθὸν λιθῶ,
161. τοισδὶ δύο δ. τοῖς ἀπεψωληλμένοις ;
602. τοὺς μὲν ἐπὶ Θράκης μ πθοφοροῦντας τρεῖς δ.,
ΕΙ. 374. ἐς χοιριδίων μοι νυν δάνεισον τρεῖς δ.·
Ο. 1053. ἀπολῶ σε, καὶ γράφω ἐκ μυρίας δ.
Β. 173. πόσ' ἄττα; ΔΙ. ταντί, ΝΕ. δύο δ. μισθὸν τελεῖς ;
176. εἰ μὴ καταθήσεις δύο δ., μὴ διαλέγου.
Π. 982. ἀλλ' ὀργυρίου δ. ἂν ἥτησ' εἴκοσιν
1019. ὑπότε προτείνοιμέν γε δ. εἴκοσιν.
Fr. 156, 2. ὑμεῖς ἐπεὶ δίδομι χιλίας δ.,
515. τὴν φάρυγα μηλῶν δύο δ., ἕξει μόνας.
δραχμήν. Ν. 612. πρῶτα μὲν τοῦ μηνὸς ἐς δᾷδ' οὐκ ἔλαττον ἢ δ.,
Σ. 691. αὐτοὶς δὲ φέρει τὸ συνηγορικὸν, δ., κἂν ὕστερος ἔλθῃ·
788. ὁ σκωπτόλης. δ. μετ' ἐμοῦ πρώην λαβὼν
Θ. 1195. ἐμοὶ κάρισο σὺ τοῦτο. ΕΤ. δώσεις οὖν δ.;
δραχμής. Α. 960. ἐπέλευσε Λάμαχός σε ταυτησὶ δ.
ΕΙ. 1263. λάβοιμ' ἂν αὔτ' ἐς χάρακας, ἑκατὸν τῆς δ.,
884. τὸν δακτύλιον τονδὶ παρ' Εὐθήμου δ.
δραχμαῖον. Fr. 370. δ.
δραχμῶν. Α. 67. ἐπ' Εὐθυμένους ἄρχοντος· ΔΙ. οἴμοι τῶν δ.
Α. 902. τρίων δ. δ' ἐκέλευε Καπρὰ' ἔγχελυν·
1055. ὡς οὐκ ἂν ἐγχέιαμι χιλιῶν δ.
ΕΙ. 1201. νυνὶ δὲ πεντήκοντα δ. ἐμπολῶ·
1237. τὸν πρωκτὸν ἀποδόσθαι με χιλιῶν δ.;
1241. ἢν ἐπιδάμῃ δ. ποθ' ἑξήκοντ' ἐγώ ;
Fr. 53, 1. δεῖ διακοσίων δ.
δράψ. Fr. 729. δ.
δρέπανον. Fr. 1200. οὐδεὶς ἐπρίατ' ἂν δ. οὐδὲ κολλύβου,
Β. 576. δ. λαβοῦσ', ᾧ τὰς χύλικας κατέσπασας.
δρεπανουργός. ΕΙ. 548. ὁ δὲ δ. οὐχ ὑρᾷς ὡς ἥδεται
δρέπανων. ΕΙ. 1203. ἀλλ', ὦ Τρυγαῖε, τῶν δ. τις λαμβάνει
δρέπων. Β. 1300. λειμῶνα Μουσῶν ἱερὸν ὁφαπίην δ.·
δριμία. ΕΙ. 248. βαβαὶ βαβαιάξ, ὡς μεγάλα καὶ δ.
δριμύν. Π. 562. ἔβλεψέν τε δ. κἀρυκάτό γε.
δριμεῖς. ΕΙ. 349. κουκέτ' ἂν μ' εὕροις δικαστὴς δ. οὐδὲ δύσκολον ;
δριμύς. Ι. 808. εἴθ' ἥξει σοι δ. ἄγροικος, κατὰ σοῦ τὴν ψῆφον ἰχνεύων·
ΕΙ. 257. οὖν δ. ΚΥ. οἴμοι μοι τάλας, ὦ δέσποτα
Ο. 255. ἥκει γάρ τις δ. πρέσβυς.
Σ. 146. νὴ τὸν Δί' ὅσπερ γ' ἐστὶ δ. καπνῶν.
δριμύτερος. Σ. 278. ἢ μήν σε τοῖσιν δ. γ' ἦν τῶν παρ' ἡμῖν,
δριμύτερον. Π. 693. ὑπὸ τοῦ δέους βδίουσα δ. γαλῆς.
δρομάδες. Fr. 375. δ. ἀλκάδες,
δρομαίαν. ΕΙ. 160. κάτα δ. πτέρυγ' ἐκτείνων
δρομαίων. Β. 478. χρὴ δ' ὁρμᾶν πόδα.
δρομέα. Σ. 1206. ὅτε τὸν Β. Φάιλλον, ὢν βουπαις ἔτι,
δρόμον. Ν. 25. φίλον, ἀδικεῖς· ἔλαυνε τὸν σαυτοῦ δ.
Σ. 376. χῆι δ. δρόμῳ. ἰν' εἴδῃ
δρόμον. Ο. 1200. ἔχ' ἀτρέμας· αὐτοῦ στῆθ'. ἐπίσχες τοῦ δ.
δρόμων. Ν. 28. νόσους δ. ἱλᾷ τὰ πολεμιστήρια ;
Ν. 29. ἐμὲ μὲν σὺ πολλοὺς τῶν πατέρ' ἐλαύνεις δ.
δρόμῳ. Ο. 205. ἰάντηρ ἐπακοῦσωσι, θεύσονταί δ.
Fr. 467. τοὺς Ἴβηρας ὅς χορηγεῖ μοι βοηθῆσαι δ.
δροσερά. Π. 298. ἦραν ἔχοντα λάχανά τ' ἄγρια δ., κραιπαλῶντα,
δροσεράν. Ν. 276. ὀρθῶμεν φανεραὶ δ. φύσιν εὐάγητον,
δροσεράν. Ν. 338. ὀμβρους θ' ὑδάτων δ. Νεφελᾶν· εἶτ' ἀντ' αὐτῶν κατέπινον
δρασιζόμεναι. Β. 1312. ῥανίσι χρόα δ·
δρόσον. I. 1285. ἐν καδαρίοισι λείχων τὴν ἀπόπτυστον δ,
Ν. 330. μὰ Δί', ἀλλ' ὁμίχλην καὶ δ. αὐτὰς ἡγούμην καὶ καπνόν· εἶναι,
Β. 1339. κάλπισί τ' ἐκ ποταμῶν δ. ἄρατε, θέρμετε δ' ὕδωρ.
Ν. 978. τοῖς αἰδοίοισι δ. καὶ χνοῦς ὥσπερ μήλοισιν ἐπήνθει·
δρυκολάπτη. Ο. 480. οὐκ ἀποδώσει ταχέως ὁ Ζεὺς τὸ σκῆπτρον,
δρυκολάπτης. Ο. 979. οὐκ ἔσει οὐ τρυγὼν οὐδ' αἰετὸς, οὐδὲ δ.
δρυογόνοισιν. Θ. 114. τάν τ' ἐν ὄρεσι δ.
δρυόχους. Θ. 52. δ. τιθέναι δράματος ἀρχάς.
δρυόψ. Fr. 304. πορφυρίς, κερχνηΐς κολυμβίς, ἀμπελίς, φήνη, δ.
δρυπέπεις. Α. 564. ἐβεδίσκετο τὴν ἰσχαδόπωλιν καὶ τὰς δ. κατέπινε.
δρυπετεῖς. Fr. 190, 1. ὦ πρεσβῦτα πότερα φιλεῖς τὰς δ. ἑταίρας,

M

82 δρῦς—δύο.

δρῦς. I. 528. ἐφόρει τὰς δ. καὶ τὰς πλατάνους καὶ τοὺς ἐχθροὺς προθελύμνους.
Ν. 402. καὶ τὰς δ. τὰς μεγάλας· τί μαθών; οὐ γὰρ δὴ δ. γ' ἐπιορκεῖ.
δρυφάκτοις. Σ. 386. ἀνελύντες καὶ κατακλαύσαντες θεῖναί μ' ὑπὸ τοῖσι δ.
Σ. 552. ἐν πρῶτα μὲν ἕρπων· ἐξ εὐνῆς τηροῦσ' ἐπὶ τοῖσι δ.
δρυφάκτου. Σ. 830. ἄνευ δ. τὴν δίκην μέλλεις καλεῖν,
δρυφάκτους. Ι. 675. ἴθ' ὑπερπηδῶν τοὺς δ. πανταχῆ.
δρῶ. I. 495. καὶ στεῦδι ταχέως. ΑΛ. ταῦτα δ. ΧΟ. μίμησύ νυν
Ν. 694. οὐδὲν μὰ Δί', ἀλλὰ καταπλινεὶς δευρὶ ΣΤ. τί δ.;
Σ. 457. ἀλλὰ δ. τοῦτ'· ἀλλὰ καὶ σὺ τύφε πολλῷ τῷ καπνῷ.
1263. εἴπερ ἀποτίσω μηδὲν, ἥν τι δ. κακόν.
Θ. 70. τί οὖν ἐγὼ δ.; ΕΤ. περίμεν', ὡς ἐξέρχεται.
925. ἐγὼ δ' ὁ κακοδαίμων τί δ.; ΕΤ. μὲν' ἥσυχος.
1209. ἥκοντα καταλαβεῖν. ΜΝ. ἐγὼ δὴ τοῦτο δ.
Β. 130. ἀναβὰς ἐπὶ τὸν πύργον τὸν ὑψηλὸν Δι. τί δ.;
753. μὰ Δί', ἀλλ' ὕταν δ. τοῦτο, κἀκμαίνομαι.
Εκ. 1166. τοῦτο δ.
Π. 57. ἡ τἀπὶ τούτοις δ. λέγειν χρὴ ταχὺ πάνυ.
222. ἀλλ' ἴθι σὺ μὲν ταχέως δρομῶν ΚΑ. τί δ.; λέγε.
414. καὶ μὴν βαδίζω. ΒΛ. στεῦδέ νυν. ΧΡ. τοῦτ' αὐτὸ δ.
Fr. 476, 12. πάγωγε ταῖς ἄλλαις πόλεσι δ. ταῦτα πλὴν Ἀθηνῶν
δρψη. Θ. 683. εἴ τι δ., πᾶσιν ἐμφανὴς ὁρᾶν ἔ-
δρωμεν. I. 603. λητητέον μᾶλλον. τί δ.; οὐν ἐλθς, ὦ σαμφόρα;
Ν. 427. λέγε νυν ἡμῖν ὅ τι σοι δ. θαρρῶν, ὡς οὐκ ἀτυχήσεις,
1439. κλάειν γὰρ ἡμᾶς εἰκός ἐστ', ἥν μὴ δίκαια δ.
Σ. 587. καὶ ταῦτ' ἀνυπεύθυνα δ. · τῶν δ' ἄλλων οὐδεμί' ἀρχή.
ΕΙ. 263. ἄγε δή, τί δ., ὦ πονηρ' ἀνθρώπια;
1142. εἰπέ μοι, τί τηνικαῦτα δ., ὦ Κωμαρχίδη;
Ο. 1574. ἄγε δὴ τί δ., Ὑράκλεις;
Θ. 652. ἄγε δή, τί δ.; ΚΛ. τουτονὶ φυλάττετε
Π. 277. ἄγε δή, τί δ.; ΕΛ. προϊέναι βέλτιστα νῷν,
δρῶν. I. 423. καὶ ταῦτα δ. ἐλάνθανόν γ'· εἰ δ' οὖν ἴδοι τις αὐτόν,
Ι. 741. εὖ γὰρ ποιῶ τὸν δῆμον ΑΛ. εἰπέ νυν, τί δ.;
Ι. 1366. σὺ τοι καταρροίξεις μὰ τὸν Ἀπόλλω τοῦτο δ.
ΕΙ. 647. ἐξερημωθεῖσ' ἂν ὑμᾶς ἔλαβε. ταῦτα δ' ἥν ὁ δ.
Θ. 679. αὑτῶν ὕταν ληφθῇ τις οὑσία δ.,
Π. 14. τοὐναντίον δ. ἢ προσῆκ' αὐτῷ ποιεῖν.
Fr. 96. οἶδα μὲν ἀρχαῖόν τι δ. κοὐχὶ λέληθ' ἐμαυτόν.
δρῶντ'. Π. 455. ἐπ' αὐτοφώρῳ δεινά δ. εἰλημμένω;
δρῶντα. I. 425. ὥστ' εἶπ' ἀνὴρ τῶν ῥητόρων ἰδών με τοῦτο δ.
Εκ. 1061. αὐτοῦ τι δ. πυρρὸν ὑψει μ' αὐτίκα
δρῶντας. Ν. 334. οὐδὲν δ. βόσκουσ' ἀργούς, ὅτι ταύτας μανσοποιοῦσιν.
δρῶντες. Λ. 1090. μὰ Δί', ἀλλὰ παντί δ. ἐπιτετρίμμεθα.
δρῶντι. I. 905. ὦ Δῆμι, μηδὲν δ. μισθοῦ τρυβλίον ῥοφῆσαι.
δρῶντος. ΕΙ. 1143. ἐμπιεῖν ἕμοιγ' ἀρέσκει, τοῦ θεοῦ δ. καλῶς.
δρῶντων. Ν. 453. δ. ἀτεχνῶς ὅ τι χρῄζουσιν·
Λ. 491. ἀεὶ τινα πορυκορυγγὴν εἰκύλων. οἱ δ' οὖν τούδ' οὕτω δ.
δρῶω'. ΕΙ. 481. οὐδ' οἱ Μεγαρῆς δ. οὐδεὶν ἴλκουσιν δ' ὅμως
Π. 645. καυτὴ νύης· φιλεῖς δὲ δ. αὐτὸ σφόδρα.
δρώσαις. Εκ. 415. ὅ τι σοι δ. ξύμφορον ἡμεῖς δόξομεν ὀρθῶς ὑπανούειν.
Fr. 116, 4. δια κεφ' ἡμᾶρ ἔργα δ.
δρώσαν. Θ. 305. ναίων, τυχηρὸν δ' ἡμῖν αὐταῖς. καὶ τὴν δ.
δρώσας. Λ. 57. ἅπαντα δ. τὸν ἕκτανον ὕστερον.
Θ. 475. κακὰ ξυνειδὼς εἶπε δ. μυρία.
δρῶσι. ΕΙ. 980. μαχευόμενοι δ. γυναῖκες.
ΕΙ. 1185. ταῦτα δ' ἡμᾶς τοὺς ἀγροίκους δ., τοὺς δ' ἐξ ἄστεως
δρῶσιν. Ν. 191. τί γὰρ οἶδ' ὁ σὶ σφύβρ' ἐγκεκυφότες;
Ν. 351. τί γὰρ, ἥν ἁρπαγα τῶν δημοσίων κατίδωσι Σίμωνα, τί δ.;
ΕΙ. 1179. ἡνίκ' ἂν δ' οἶκα γένεσθαι, δ. οὐκ ἀνασχετὰ,
Εκ. 643. μὴ αὐτὸν ἐκεῖνον τύπτῃ θυμῷ, δ. τοῦτο μαχεῖται.
δύ'. Ν. 1189. ἐκεῖνος οὖν τὴν κλῆσιν ἐς δ. ἡμέρας
Ν. 1223. ὅτι ἐς δ. εἶπεν ἡμέρας. τοῦ χρήματος;
Σ. 52. εἶτ' οὖν ἐγὼ δοὺς δ. ὀβολὼ μισθώσομαι
362. τὼ δὲ δ. αὐτῶν ἐπὶ ταῖσι θύραις
693. ἥν τίς τι διδῷ τῶν φευγόντων, ξυνθέντε τὸ πρᾶγμα δ. ὄντε
1189. πλὴν ἐς Πάρον, καὶ ταῦτα δ. ὀβολὼ φέρων.
ΕΙ. 829. ψυχὰς δ. ἡ τρεῖς διθυραμβοδιδασκάλων·
Ο. 1127. καὶ Θιογένης ἐναντίοι δ. ἅρματι,
Λ. 1052. ταῦ λαβεῖν, μᾶς ἡ δ. ἡ τρεῖς,
Θ. 474. βαρίως τε φέρομεν, εἰ δ. ἡμῶν ἥ τρία
Β. 110. ταύτης διάφει δ. ὀβολὼ μισθὸν λαβών.

δύ'. Β. 141. φεῦ. ὡς μέγα δύνασθον πανταχοῦ τὼ δ. ὀβολώ.
Π. 506. ἴπνους δ. ἢ τρεῖς, βοῦν ἀπηνθρακιζ' ὅλον,
515. ἴπερι δ. ἢ τρεῖς. ΕΑ. πῶς λέγεις· ὀρχηστρίδες
1405. δ. ἅρματ' εἰσήνεγκε καὶ νεκρὼ δύο,
1410. ἐγὼ δὲ δ. ἔπη τῶν ἐμῶν ἱρῶ μόνα.
Π. 484. ταύτῃ γε· νῶν δὲ δ. ἀποχρήσουσιν μόνω.
δυάκις. Fr. 607. τὸ δ. καὶ τριάκις.
δύναι'. Π. 535. σὺ γὰρ ἂν πυρίσαι τί δ. ἀγαθόν, πλὴν φῴδων ἐκ βαλανείου
δύναιο. Ν. 647. ταχύ γ' ἂν δ. μανθάνειν περὶ ῥυθμῶν.
Ν. 1082. καίτοι σὺ θνητὸς ὢν θεοῦ πῶς μεῖζον ἂν δ.;
δύναιτ'. Σ. 928. τρέφειν δ. ἂν μία λύχμη κλέπτα δύο·
Π. 478. καὶ τίς δ. ἂν μὴ βοᾶν ἰοὺ ἰοὺ
δύναμαι. I. 720. δ. ποιεῖν τὸν δῆμον εὐρὺν καὶ στενόν.
Ν. 12. ἀλλ' οὐ δ. δείλαιος εὕδειν δακνόμενος·
Σ. 714. καὶ τὼ ξίφος οὐ δ. κατέχειν, ἀλλ' ἤδη μαλθακοί εἰμι.
Λ. 504. καὶ τὰς χεῖρας πειρῶ κατίχειν. ΠΡ. ἀλλ' οὐ δ. χαλέσιν γὰρ
758. ἀλλ' οὐ δ. 'γωγ' οὐδὲ κοιμᾶσθ' ἐν πύλει,
Β. 42. οὖ τοι μὰ τὴν Δήμητρα δ. μὴ γελᾶν·
Fr. 307, 1. ὡ διά γε τοῦτο τοὔπος οὐ δ. φέρειν
Β. 667. οὖ δ. τοι μὰ τὴν Δήμητρα δ. πω μαθεῖν
δυνάμει. Β. 667. οὖ δ. τοι μὰ τὴν Δήμητρα δ. πω μαθεῖν
δυνάμει. I. 584. ταῖς δ. θ' ὑπερφερού-
Π. 449. ποίοις ὅπλοισιν ἢ δ. πεποιθότες·
δυναμένον. Π. 129. μείζον δ. ΠΛ. ἐμέ σύ; ΧΡ. νὴ τὸν οὐρανόν.
δυναμένου. Α. 78. τοῦτο πλεῖστα δ. καταφαγεῖν τε καὶ πιεῖν.
δύνανται. Ο. 163. καὶ δ. ἡ γένοιτ' ἂν, εἰ πιθοισθέ μοι.
Β. 879. ἔλθετ' ἐποψόμεναι δ.
Π. 112. τὴν δ., ἥν λυθῇ τις, καταλύσεις μόνος
200. ὕπων ἐγὼ τὴν δ. ἥν ὑμεῖς φατέ
748. ὅσην ἔχεις τὴν δ., ὦναξ δέσποτα,
δύναμιν. Ο. 455. δ. τινα μείζω
δύνασαι. Α. 698. οὖ γὰρ ἔσται δ., οὐδ' ἥν ἐστάης σὺ ψηφίσῃ,
δύνασαι. Α. 291. στεισάμενοι εἶτα δ. πρὸς ἐμ' ἀποβλέπειν.
Ν. 811. γνοὺς ἀπολάψεις, ὅ τι πλεῖστον δ.,
Π. 574. πεινῇ πλωύτου. ΠΕ. καὶ σὺ γ' ἐλέγχας μ' οὕτω δ. περὶ τούτων
δύνασθαι. I. 875. οὐ δεινὸν οὖν ζῆν' ἐμβάδας τοσουτονὶ δ.,
Ν. 1400. καὶ τῶν καθεστώτων νόμων ὑπερφρονεῖν δ.
Σ. 1381. κουδὲν δ. δρᾶν. ΦΙ. ἀκουσόν νυν ἐμοῦ.
Ο. 29. ἔπειτα μὴ ξευρεῖν δ. τὴν ὁδόν·
δύνασθον. Β. 141. φεῦ. ὡς μέγα δ. πανταχοῦ τὼ δύ' ὀβολώ.
δυνατά. Εκ. 861. τὰ δ. γὰρ δεῖ τῇ πόλει ξυλλαμβάνειν
δύνασαι. I. 995. οὗτος οὐ δ. μαθεῖν
Εκ. 576. λοὺν ὅ τί περ δ. καὶ
Π. 842. τὸ τριβώνιον δὲ τί δ. πρὸς τὸν θεόν.
Fr. 553. δ. γὰρ ἴσον τῷ δρᾶν τὸ νοεῖν.
δύνατα. Ν. 674. ταυτὸν δ. σοι κάρδοπος Κλεωνύμῳ.
Σ. 742. τοῦτ' οὐ δ. με προσίσθαι.
δύναται. Λ. 565. τὸν οὖν ὑμεῖς δ. παῦσαι τεταραγμένα πράγματα πολλὰ
δύνατή. Σ. 649. ἥν μή τι λέγῃς, ἥτις δ. τὸν ἐμὸν θυμὸν κατερείξαι,
δυνατόν. Σ. 384. ὥστ' οὐ δ. σ' εἴργειν ἔσται· τοιαῦτα ποιήσομεν ἡμεῖς.
δυνατός. I. 350. ῥοῦ δ. εἶναι λέγειν. ὦ μῶρε τῆς ἀνοίας.
Α. 598. ἀλλ' ὥστει ἔτι στύσαι δ.
Εκ. 636. ἔσται δ. διαγιγνώσκειν· ΠΡ. τί δὲ δεῖ· πατέρας γὰρ ἅπαντα
Π. 186. ἐγὼ τοσαῦτα δ. εἰμ' εἰς ὦν ποιεῖν·
1135. εἰ τοῦ δέει γ' ἂν δ. εἰμί σ' ὀφελεῖν.
δύνη. I. 491. ἥν ἐξαλισθάνειν δ. τὰς διαβολάς.
δυνήσει. Ν. 488. πῶς οὖν δ. μανθάνειν· ΣΤ. ἀμέλει, καλῶς.
Π. 211. πῶς οὖν δ. τοῦτο δρᾶσαι θνητὸς ὤν·
δυνήσεται. Ν. 868. πρὸς πάντα τὰ δίκαι' ἀντιλέγειν δ.
Σ. 915. καίτοι τίς ὑμᾶς εὖ ποιεῖν δ.,
ΕΛ. 141. μὴ ἐξολισθεῖν πτηνὸς ὢν δ.;
δυνήρεσαι. I. 609. δεινά γ', ὦ Πόσειδον, εἰ μηδ' ἐν βυθῷ δ.
Σ. 779. πῶς οὖν ἐγυρώσκειν κἀντι δ.
Β. 203. ἐλᾷς προθύμως· ΔΙ. κᾷτα πῶς δ.,
Εκ. 1091. πῶς ἐξολισθεῖν ἀμφοτέραιν δ.
δύντος. Β. 1102. ὁ δ' ἐπαναστρέφειν δ. κατερείδεσθαι τορὸς.
δυνώμεθ'. Εκ. 108. δ., ὥστ' ἀγαθόν τι πρᾶξαι τὴν πόλιν·
δυνώμεθα. Εκ. 488. βιπεῖν ἑαυτοῖς. ΧΡ. ἥν δὲ μὴ δ.;
δύο. Α. 66. μισθὸν φέροντας δ. δραχμὰς τῆς ἡμέρας
Α. 90. ταῦτ' ἄρ' ἐφόρεις σὺ δ. δραχμὰς φέρων.
159. τούτους ἐάν τις δ. δραχμὰς μισθὸν διδῷ,
161. τοισδὶ δ. δραχμαῖς τοῖς ἀνεψωλημένοις·
527. ἀντεξέκλεψαν Ἀσπασίας πόρνα δ.
I. 133. δ. τώδε σωλα. καὶ τί τύνδε χρὴ παθεῖν;

δύο—δώσεις. 83

δύο. I. 983. στην σκευή δ. χρησίμῳ,
I. 1001. ἐμοὶ δ' ὑπερῷαν καὶ ξυνοικία δ.
1187. ἔχε καὶ πιεῖν κεκραμένον τρία καὶ δ.
1350. καὶ νὴ Δί' εἴ γε δ. λεγοίτην ῥήτυρι,
N. 483. εἰ μνημονικῶς εἶ. ΣΤ. δ. τρόπω νὴ τὸν Δία·
1060. καὶ σωφρονεῖν αὖ φησὶ χρῆναι· δ. κακὼ μιγίστω.
1182. μί' ἡμέρα γένοιτ' ἂν ἡμέρα δ.
Σ. 709. δ. μυριάδες τῶν δημοτικῶν ἕζων ἐν πᾶσι λαγῴοις
O. 39. οἱ μὲν γὰρ οὖν τέττιγες ἕνα μὴν' ἢ δ.
320. φήμ' ἂν' ἀνθρώπων ἀφίχθαι δεῦρο πρεσβύτα δ.·
B. 134. ἀλλ' ἀπολέσαιμ' ἂν ἐγκεφάλου θρίω δ.
173. πῶς' ἄττα; ΔΙ. ταυτί. ΝΕ. δ. δραχμὰς μισθὸν τελεῖς;
176. εἰ μὴ καταθήσεις δ. δραχμάς, μὴ διαλέγου.
1269. δ. σοὶ κύπω, Αἰσχύλε, τούτω.
1400. βέβληκ' Ἀχιλλεὺς δ. κύβω καὶ τέτταρα.
1405. δύ' ἅρματ' εἰσήνεγκες καὶ νεκρὼ δ.,
Εκ. 307. * καὶ δ. κρομμύω
1064. ἀλλ' ἐγγυητάς σοι καταστήσω δ.
Π. 441. ἀλλ' ἄνδρε δ. γυναῖκα φεύγομεν μίαν;
508. δ. πρεσβύτα, ξυνθιασώτα τοῦ ληρεῖν καὶ παραπαίειν,
733. ἐξηξάτην οὖν δ. δράκοντ' ἐκ τοῦ νεώ
Fr. 48. ὀχυβάφω δ.
127, 2. καὶ ψηφολογεῖον ᾧδε καὶ δίφρω δ.
495. καὶ πρὸς γε τούτοις ἥκιστον πρέσβη δ.
515. τὴν φάρυγα μηλῶν δ. δραχμὰς ἔξει μόνας,
721. οὕτω δ' ἀφεστήκασι πλεῖν ἢ δ. δοχμά.
δυοῖν. I. 318. καὶ πρὶν ἡμέραν φορῆσαι, μεῖζον ἦν δ. δοχμαῖν.
Σ. 1207. εἶλον διώκων λοιδορίας ψήφοιν δ.
O. 1625. προβάτοιν δ. τιμὴν ἀνοίσει τῷ θεῷ.
Εκ. 1096. ἐνὶ γὰρ ξυνέχεσθαι κρεῖττον ἢ δ. κακοῖν.
Fr. 115. δ. λυχνιδίοιν,
δύων. Σ. 148. δ. πάλιν· φέρ' ἐπανάθω σοι καὶ ξύλον.
δυσαμεριᾶν. B. 1287. Σφίγγα δ., πρύτανιν κύνα, πέμπει,
δυσαρίστους. Εκ. 180. χαλεπὸν μὲν οὖν ἄνδρας δ. νουθετεῖν,
δυσβουλίαν. N. 587. ἀλλ' ὅμως εἴλεσθε τοῦτον. φασὶ γὰρ δ.
δυσγάργαλα. Fr. 136. ὡς δ' ὀρθοπλήξ. πέφυκε γάρ δ.
δυσγενής. B. 1219. ἢ δ. ὤν ΑΙ. ληκύθιον ἀπώλεσεν.
δυσδαίμονα. I. 1249. κυλίνδερ' εἴσω τὸνδε τὸν δ.
δυσκάθαρτε. ΕΙ. 1250. ὦ δ. δαῖμον, ὡς μ' ἀμαλέσας,
δύσκολ'. Π. 1211. κοὐ δ., ἀλλὰ πρᾶο,—τοῦ τὸ γρῖβίο;
δυσκολαίνει. Λ. 887. χἄ δ. πρὸς ἐμὲ καὶ βρενθύεται,
δυσκολαίνειν. N. 36. τί δ. καὶ στρέφει τὴν νύχθ' ὅλην;
δυσκολίας. Σ. 106. ὑπὸ δ. δ' ἅπασι τιμῶν τὴν μακρὰν
Σ. 883. καὶ μακρώμενον τῆς δ.
δυσκολοκάμπτους. N. 971. οἵας οἱ νῦν τὰς κατὰ Φρῦνιν ταύτας τὰς δ.
δυσκολοκοειτον. N. 420. ἀλλ' ἕνεκέν γε ψυχῆς στερρᾶς δ. τε μερίμνης,
δύσκολον. I. 42. Δῆμος πυκνίτης, δ. γερόντιον
Σ. 1356. τὸ γὰρ νιθίον τηρεῖ με, κἄστι δ.
ΕΙ. 349. κοὐκέτ' ἂν μ' εὕροις δικαστὴν δριμὺν οὐδὲ δ.
B. 805. κρίνει δὴ δὴ τίς ταῦτα; ΑΙ. τοῦτ' ἦν δ.·
δύσκολος. Σ. 942. οὐκ αὖ σὺ παύσει χαλεπὸς ὤν καὶ δ.,
Λ. 1030. ἀλλὰ δράσω ταῦτα· καίτοι δ. ἔφυς ἀνήρ.
δυσκόλου. Π. 263. ψυχρου βίου καὶ δ. ζήσειν ἀπαλλαγέντας.
δυσκολωτάτων. N. 240. ὑπὸ γὰρ τόκων χρηστῶν τε δ.
δυσκολώτερον. Σ. 1105. μᾶλλον ὀξύθυμός ἐστιν οὐδὲ δ.·
δυσκρίτως. B. 1434. νὴ τὸν Δία τὸν σωτῆρα, δ. γ' ἔχω
δυσμαθῆ. N. 646. ἐς κύραμας, ὡς ἀγροικὸς εἶ καὶ δ.
δυσμενῆ. Σ. 1160. ἐχθρῶν παρ' ἀνδρῶν δ. καττύματα.
δυσμενῆς. Θ. 757. κακῶς ἀπόλοι'. ὡ θεοῖνεργὸς εἶ καὶ δ.
δύσμορον. Ο. 7. τὸ δ' ἐμὲ κολοιῷ πειθόμενον τὸν ἄθλιον
δυσπινῆ. Λ. 426. ἀλλ' ἥ τὰ δ. θέλεις πεπλώματα
δύσποτμος. Α. 419. δ. γεραιὸς ἠγωνίζετο·
δύσριγος. Fr. 66. α. δ.
δύστανον. Fr. 1332. δ. ὄνειρον
δύστηνε. Λ. 426. τί κέχηνας, ὦ δ.; ποῖ δ' αὖ σὺ βλέπεις,
Λ. 959. ἐν δεινῷ γ', ὦ δ., κακῷ
Εκ. 166. γυναῖκας αὖ, δ., τοὺς ἄνδρας λέγεις;
763. ποίοισιν, ὦ δ.; ΑΝ. Α. τοῖν οὐ φύγοιν δ.;
δυστήνοις. Λ. 652. τοῖς δὲ δ. γέρουσιν οὐ μέτεσθ' ὑμῖν, ἐπεὶ
δύστηνος. Ο. 354. τοῦτ' ἐκεῖνο· ποῖ φύγω δ. ΠΕ. οὗτος, οὐ μενεῖς;
Θ. 878. Αἴγυπτον. ΕΥ. ὦ δ., οἱ πεπλάκαμεν.
Fr. 75, 1. ἐγενοάμην χορδῆ δ. τέκνοισ·
δυστοκεῖ. B. 1423. γνώμην ἑκάτεροι; ἢ πόλις γὰρ δ.
δυστυχίσατον. Θ. 911. ἔγνω δὴ' ὀρθοὶ ἄνδρα δ.
δυστυχῆ. Εκ. 1103. νὴ τὸν Δία τὸν σωτῆρ' ἀνήρ καὶ δ.,
δυστυχοῦμεν. B. 1449. [εἰ νῦν γε δ. ἐν τούτοισι, πῶς
δυσφορεῖς. Θ. 73. τί τὸ πρᾶγμα τουτί. τί στένεις; τί δ.;
B. 922. τί σκοραδνῷ καὶ δ.; ΕΥ. ὅτι αὐτὸν ἐξελέγχω.

δυσχείμερον. B. 125. μάλιστα γε. ΔΙ. ψυχρᾶν γε καὶ δ.
δώ. Α. 1061. φέρε δεῦρο τὰς σπονδάς, ἵν' αὐτῇ δ. μόνῃ,
I. 706. ὡς ὀξύθυμος. φέρε τί σοι δ. καταφαγεῖν;
ΕΙ. 851. ἄγε νυν ἴωμεν. εἰπέ μοι, δ. καταφαγεῖν
969. τοιοδὶ φέρε δ.· πολλοί γάρ εἰσι κἀγαθοί.
Θ. 1196. ναὶ ναίκι δ. σοι. ΓΤ. τάργυριον τοίνυν φέρε.
Fr. 7. φέρ' ἴδω τί σοι δ. τῶν μύρων; ψαγδαν φιλεῖς;
δᾧ. Σ. 583. κἂν ἀποθνήσκων ὁ πατήρ τῳ δ. καταλείπων παῖδ' ἐπίκληρον,
Σ. 684. σοὶ δ' ἢν τις δ. τοὺς τρεῖς ὀβολούς, ἀγαπᾷς οἷς αὐτὸς ἐλαύνων
B. 606. ἵνα δ. δίκην ἀνύετον. ΔΙ. ἥκει τῷ κακόν.
Δώδεκ'. B. 50. τῶν πολεμίων ἢ δ. ἢ τρισκαιδεκα.
B. 924. ἤδη μεσοίη, ῥήματ' ἂν βύεια δ. εἶπεν,
δώδεκα. I. 235. οὔ τοι ἂν τοὺς δ. θεοὺς χαιρήσετον,
N. 21. φέρ' ἴδω, τί ὀφείλω; δ. μνᾶς Πασίᾳ.
22. τοῦ δ. μνᾶς Πασίᾳ; τί ἐχρησάμην;
1224. τῶν δ. μνῶν, ἄς ἔλαβες ἀνούμενος
1256. καὶ προσαπολεῖς ἄρ' αὐτὰ πρὸς ταῖς δ.
Ο. 95. τίνες εἰσὶ μ' οἱ ζητοῦντες; ΕΤ. οἱ δ. θεοί
B. 1129. τούτων ἔχεις ψέγειν τι; ΕΤ. πλεῖν ἢ δ.
Π. 381. τρεῖς μνᾶς ἀναλώσας λογίσασθαι δ.
Fr. 382, 3, δ. τοῖς ἐνέροις ἐπιστίοις.
δωδεκάκις. Π. 852. καὶ δ. καὶ μυριάκις' ἰοῦ ἰοῦ.
δωδεκαμήχανον. B. 1327. ἀνὰ τὸ δ.
δωδεκάπαλαι. Ι. 1154. ἐγὼ δὲ δεκάπαλαί γε καὶ δ.
Δωδώνη. Ο. 716. ἐσμὲν δ' ὑμῖν Ἄμμων, Δελφοί, Δ., Φοῖβος Ἀπόλλων,
δώμασι. N. 1159. τοῖσδ' ἐνὶ δ. παῖς
δώμασιν. ΕΙ. 115. δ. ἐμετέρασι φάτις ἥκει
δώματ'. Fr. 261. ἀνοιγέτω τις δ.· αὐτὸς ἔρχεται.
δώματα. Α. 1072. τίς ἐμᾷ χαλκοφάλαρα δ. κτυπεῖ;
δωματίουσιν. Εκ. 8. κἂν τοῖσι δ. Ἀφροδίτης τρύπαν
δωμάτιον. Λ. 160. ἐὰν λαβόντες δ' ἐς τὸ δ. βίᾳ
B. 100, | αἰθέρα Διὸς δ., ἢ χρόνου πόδα,
311. |
δωματίου. Fr. 84, 1. καὶ νὴ Δί' ἐκ τοῦ δ. γε νῶν φέρε
δωμάτων. Α. 479. ἀνήρ ὑβρίζει· κλεῖε πηκτὰ δ.
Θ. 871. τίς τῶνδ' ἐρυμνῶν δ. ἔχει κράτος,
Θ. 801. βάσανον δ., πότεροι χείρους. ἡμεῖς μὲν γάρ φαμεν ὑμᾶς,
δώρ'. Fr. 50. ἢ δ. αἰτοῦντες ἀρχὴν πολέμου πορίσειεν μετὰ Πεισάνδρου.
Δῶρα. ΕΙ. 1206. τὰ δ. ταυτὶ σοι φέρομεν ἐς τοὺς γάμους.
Ο. 1104. ὥστε κρεῖττον δ. πολλῷ τῶν Ἀλεξάνδρου λαβεῖν.
Π. 849. χαρίεντά γ' ἥκεις δ. τῷ θεῷ φέρων,
δωρά. Θ. 345. ἢ δ. τις δίδωσι μοιχῷ γραῦς γυνή,
δωρήματα. N. 305. οὐρανίοι τε θεοῖς δ.,
Δωριστί. I. 989. τὴν Δ. μόνην ἔναρ-
δωροδοκεῖ. I. 66. αἰτεῖ, ταράττει, δ., λέγων τάδε·
δωροδοκεῖς. I. 802. σὺ μὲν ἁρπάζεις καὶ δ. παρὰ τῶν πόλεων· ὁ δὲ δῆμος
δωροδοκήσανθ'. I. 834. δ. ἐκ Μυτιλήνης
Δωροδοκιστί. I. 996. ἢν μὴ Δ.
δωροδοκίην. Ο. 510. ἐπὶ τῶν σκήπτρων ἐκάθητ' ὄρνις, μετέχων ὅ τι δ.
Ο. 513. ὁ δ' ἄρ' εἰσιήκει τοῖσιν Λυσικράτη τηρῶν ὅ τι δ.
δωροδοκοίσιν. I. 403. δ. ἐπ' ἀνθεσιν ἔζαν,
δωροδοκοῦσιν. Σ. 669. κᾀθ' οὗτοι μὲν δ. κατὰ πεντήκοντα τάλαντα
Δωροῖ. I. 529. ὅσαι δ' οὐκ ἦν ἐν ξυμποσίῳ πλὴν Δ. συκοπέδιλε,
δῶρον. ΕΙ. 424. δ. δίδωμι τηνδί, ἵνα σπένδων ἔχῃς.
Ο. 937. Μοῦσα τῦδε δ. δέχετωι
δώρων. N. 591. ἢν Κλέωνα τὸν λάρον δ. ἐλόντες καὶ κλοπῆς,
B. 1392. μόνος θεῶν γὰρ θάνατος οὐ δ. ἐρᾷ.
δῷς. I. 710. ἔλξω σε πρὸς τὸν δῆμον, ἵνα δ. μοι δίκην.
I. 1192. ἀλλ' οὐ λαγῷ' ἕξεις ὁπύθεν δ.· ἀλλ' ἐγώ.
Ο. 978. αἰετὸς ἐν νεφέλῃσι γενήσεαι· αἱ δέ κε μὴ δ.
δώσεθ'. Ο. 1117. δ. ἡμῖν, πᾶσι τοῖς ὄρνισι καταπλιώμενοι.
δώσει. ΕΙ. 214. καὶ τῶ σιῶ, νῦν Ἀττικιὸν δ. δίκην.
Θ. 668. δ. τε δίκην, καὶ πρὸς τούτῳ
922. ἠγυπτιάζετ'. ἀλλ' ὅδε μὲν δ. δίκην.
B. 554. ὦ' Ἠράκλεια. ΞΑ. δ. τις δίκην·
Εκ. 670. ἦν δ' ἀποδύῃ γ', αὐτὸς δ. τί γάρ αὐτῷ πρᾶγμα μάχεσθαι;
δώσειν. Εκ. 293. δ. τὸ τριώβολον.
δώσεις. Α. 596. ἀγορᾶς τέλος ταύτην γὲ πού δ. ἐμοί·
I. 923. δ. ἐμοὶ καλὴν δίκην.
N. 1242. ἢ μὴν σὺ τοῦτων τῷ χρόνῳ δ. δίκην.

M 2

84 δώσεις—ἔβλεψε.

δώσεις. Σ. 1332. ἦ μήν σὺ δ. αὔριον τούτων δίκην
Λ. 861. ἴθι νυν, κάλεσον αὐτήν. ΛΤ. τί οὖν; δ. τί μοι;
Θ. 1195. ἐμοὶ κάρισσ σὺ τοῦτο. ΕΥ. δ. οὖν δραχμήν;
Γγ. 533. ἐπὶ Παλλαδίῳ τάρ' ὦ πάτερ δ. δίκην.
δώσετε. Σ. 671. δ. τὸν φόρον, ἢ βροντήσας τὴν πύλιν ὑμῶν ἀνατρίψω.
δώσετον. Σ. 453. ἀλλὰ τούτων μὲν τάχ' ἡμῖν δ. καλὴν δίκην.
δώσομεν. Ο. 592. πλουτεῖν δὲ πύθειν δ. αὐτοῖς ; καὶ γὰρ τούτου σφόδρ' ἐρῶσι.
Ο. 729. ἀλλὰ παρύντες δ. ὑμῖν,
1102. ἴσ' ἀγάθ', ἢν κρίνωσιν ἡμᾶς, πᾶσιν αὐτοῖς δ.,
1112. ὀξὺν ἱερακίσκον ἐν ταῖς χεῖρσι ὑμῖν δ.

δώσαντ'. Εκ. 783. οὐκ ὥς τι δ., ἀλλ' ὅπως τι λήψεται.
δώσουσ'. Ο. 603. πῶς δ' ὑγιειαν δ. αὐτοῖς, οὖσαν παρὰ τοῖσε θεοῖσιν ;
βώσουσι. Ο. 593. τὰ μίταλλ' αὐτοῖς μαντευομένοις οὗτοι δ. τὰ χρηστὰ
Εκ. 469. ἄριστον οὐ δ. ΧΡ. σὺ δέ γε νὴ Δία
δώσουσιν. ΕΙ. 967. δ. αὐτοῖς ἄνδρες. ΤΡ. ἀλλ' εὐχώμεθα.
ΕΙ. 1187. ὦν ἔτ' εὐθύνας ἐμοὶ δ., ἦν θεὸν θέλῃ.
δώσω. Α. 445. δ'. πυκνῇ γὰρ λεπτὰ μηχανῇ φρενί.
Ν. 699. οἵαν δίκην τοῖς κύρεσι δ. τήμερον.
941. τούτῳ δ'.
ΕΙ. 49. ἀλλ' εἰσιὼν τῷ κανθάρῳ δ. πιεῖν.

Ε

ἔ. Σ. 315. ἒ ἒ. κ.τ.λ.
ἔα. Ν. 932. δεῦρ' ἴθι, τοῦτον δ' ἔ. μαίνεσθαι.
ΕΙ. 649. ἀλλ' ἔ. τὸν ἄνδρ' ἐκεῖνον οὕπερ ἔστ' εἶναι κάτω·
Ο. 1368. τὸν πατέρ' ἔ., ζῆν· ἀλλ' ἐπειδὴ μάχιμος εἶ.
Λ. 935. ἀγαθῶν, ἔ. αὔτ', ὦ δαιμονία. ΜΤ. ληρεῖς ἔχων.
Θ. 64. ὦ δαιμόνιε, τοῦτον μὲν ἔ. χαίρειν, σὺ δέ
176. ἀλλ' ὤνπερ οὔνεκ' ἦλθον, ἔ. μ' εἰπεῖν. ΑΓ. λέγε.
933. ἔ. πρὸς αὐτὸν, ἀλλὰ τὴν μάστιγ' ἔχων
Εκ. 584. ὦ δαιμόνι' ἀνδρῶν, τὴν γυναῖκ' ἔ. λέγειν.
784. ὦ δαιμόνι' ἀνδρῶν, ἔ. με τῶν προὔργου τι δρᾶν.
ἔα. Ν. 1259. ἔ. ἔ. κ.τ.λ.
ἔα. Ι. 58. ἡμᾶς δ' ἀπελαύνει, κοὐκ ἔ. τὸν δεσπότην
Σ. 340. οὐκ ἔ. μ', ἄνδρες, δικάζειν οὐδὲ δρᾶν οὐδὲν κακόν.
ΕΙ. 480. μόνοι προθυμοῦντ'· ἀλλ' ἐπειδὴ καλεῖν οὐκ ἔ.
Ο. 1656. νύθῳ 'ξαποθνῄσκων· ΠΕ. ὁ νόμος αὐτὸν οὐκ ἔ.
Π. 6. τοῦ σώματος γὰρ οὐκ ἔ. τὸν κύριον
121. ὅστις σε προσταίοντα γερμονστεῖν ἔ. ;
589. λήροις ἀναξῶν τοὺς νικῶντας τὸν πλοῦτον ἔ. παρ' ἑαυτῷ.
ἐᾶθ'. Α. 713. ἀλλ' ἐπειδὴ τοὺς γέροντας οὐκ ἔ. ὕπνου τυχεῖν,
ἐάλω. Σ. 355. ἵει σαυτὸν κατὰ τοῦ τείχους ταχέως, ὅτε Νάξοσ ἔ.
ἐᾶν. Α. 39. ἔ. τις ἀλλο πλὴν περὶ εἰρήνης λέγῃ· κ.τ.λ.
Α. 277. ἔ. μεθ' ἡμῶν ξυμπιῇς, ἐκ κραιπάλης κ.τ.λ.
ἐᾶν. Ι. 849. ταῦτας ἔ. αὐτοῖσι τοῖς πυρπαξιν ἀναρτῆναι.
Λ. 585. ὡς αἰσχρὸν ἀκωδώνιστον ἔ. τὸ τοιοῦτον πρᾶγμα μεθέντας.
Εκ. 261. ἡμεῖς δὲ γ', ἢν αἴρως', ἔ. κελεύσομεν.
Π. 612. σὲ δ' ἔ. κλάειν μακρὰ τὴν κεφαλήν·
Γγ. 150. ἀλλὰ πάντας χρὴ παραλοισθαι καὶ τοὺς σπύγγους ἔ.
234, 2. ἔ. ἀνεκάς, λέγε, χαῖρε φέγγος ἡλίου.
ἐάνπερ. Ο. 205. ἔ. ἐπακούσωσι, θεύσοντας δρόμῳ.
Λ. 466. πολλήν γ', ἔ. πλησίον κάπηλος ᾖ.
Ο. 570. σὺ δ' ἐμαν', ἔ. ἐπιτύχῃς, Ὑπέρβολον.
ἐᾷς. Ι. 160. τί μ', ὠγάθ', οὐ πλύνειν ἔ. τὰς κοιλίας
Θ. 1121. τί δ' οὐκ ἔ. λύσαντά μ' αὐτήν, ὦ Σκύθα,
ἐάσας. Σ. 1439. τὴν μαρτυρίαν ταύτην ἔ. ἐν τάχει
Εκ. 802. ἄνειμ' ἔ. ΑΝ. ἦν δὲ πωλῶσ' αὐτά, τί ;
Π. 1187. χαίρειν ἔ. ἐνθάδ' αὐτοῦ καταμενεῖν.
ἐάσατε. Α. 305. ὠγαθοί, τοὺς μὲν Λάκωνας ἐκτοδὼν ἔ.,
Α. 383. νῦν οὖν με πρῶτον μὲν ἔ. λέγειν ἔ.
ἐάσθ'. Σ. 190. εἰ μή μ' ἔ. ἡσυχον, μαχούμεθα.
ἐάσειν. Ν. 1044. ὅστις σε θερμῷ πρὸς λουσθαι πρῶτον οὐκ ἔ.
ἐάσεις. Ι. 236. οὔκ αὖ μ' ἔ. ; ΑΛ. μὰ Δί', ἐπεὶ κἀγὼ συνηροῖσ εἰμι.
Ι. 338. οὔκ αὖ μ' ἔ. ; ΑΛ. μὰ Δία. ΚΛ. ναὶ μὰ Δία. ΑΛ. μὰ τὸν Ποσειδῶ,
949. εἰ μή μ' ἔ. ἐπιτροπεύειν, ἕτερος αὖ
1198. ποῦ ποῦ ; ΑΛ. τί δέ σοι τοῦτ' ; οὐκ ἔ. τοὺς ξένους ;
Γγ. 518. οὐκοῦν μ' ἔ., ἀναμετρήσασθαι τάδε ;
ἐάσῃ. Λ. 569. οὕτως καὶ τὸν πόλεμον τοῦτον διαλύσωμεν, ἢν τις ἔ.,
ἐάσομεν. Λ. 356, ὦ Φαιδρία, ταύτας λαλεῖν ἔ. τοσαυτί;
ἔασον. Ν. 38. ἔ., ὦ δαιμόνιε, καταβαρθεῖν τί με.
Ν. 697. χαμαί μ' ἔ. αὐτὰ ταῦτ' ἰκφροντίσαι.
ΕΙ. 328. ἐν μὲν οὖν τουτί μ' ἔ. ἐλεύσαι, καὶ μηκέτι.
Λ. 350. ἔ. ὦ. τουτί τί δρᾷ· ἄνδρες πύνῳ πονηροί·
Θ. 611. ἔ. οὐρῆσαί μ'. ΚΛ. ἀναίσχυντός τις εἶ.
1020. κατάνευσον, ἔ. ὢι
Β. 952. δημοκρατικῶν γὰρ αὔτ' ἔδρων. Δι. τοῦτο μὲν ἔ., ὦ τάν,
1239. ἔ. εἰπεῖν πρώθ' ὅλων με τὸν στίχον.

ἔασον. Εκ. 1059. ἴθι νυν ἔ. εἰς ἄφοβον πρώτιστά με
ἐασόν. Θ. 1077. ὠγάθ', ἔ. με μονῳδῆσαι,
ἐάτω. Εκ. 153. νῦν δ' οὐκ ἔ. κατά γε τὴν ἐμήν, μίαν
Εκ. 239. τὰ δ' ἀλλ'. ταῦτα δ' ἦν πειθησθέ μοι,
Γγ. 301, 1. οἶνον δὲ πίνειν οὐκ ἔ. Πράμνιον,
ἐᾶτε. Α. 680. ὑπὸ νεανίσκων ἔ. καταγελᾶσθαι ῥητόρων,
Α. 207. ἔ. πρώτην μ'. ὦ γυναῖκες, ὀμνύναι.
592. μονοκοιτοῦμεν διὰ τὰς στρατιάς. καὶ θήμέτερον μὲν ἔ.
1172. ἔ., μηδὲν διαφέρον περὶ σκενοῦν,
ἑαυτᾶς. Εκ. 468. βινεῖν ἔ. ΧΡ. ἢν δὲ μὴ δυνώμεθα ;
ἑαυτόν. Ι. 513. καὶ βασανίζειν, ὡς οὐχὶ πάλαι χορὸν αἰτοίη καθ' ἔ.,
Ν. 407. ὑπὸ τοῦ φοίβδου καὶ τῆς ῥύμης αὐτὸς ἔ. κατακάων.
585. τὴν θρυλλίδ' εἰς ἔ. εὐθέως ξυνάγειν.
980. αὐτοὺς ἔ. προαγωγεύειν τοῖς ὀφθαλμοῖς ἐβάδιζεν,
Σ. 1021. μετὰ τοῦτο δὲ καὶ φανερῶς ἤδη κινδυνεύων καθ' ἔ.,
ΕΙ. 546. τίλλονθ' ἔ. ; ὁ δέ γε τὰς σμινίας ποιῶν
ἑαυτοῦ. Σ. 692. καὶ κοινωνῶν τῶν ἀρχόντων ἐτέρῳ τινὶ τῶν μεθ' ἔ.,
Σ. 1026. κωμῳδεῖσθαι παιδὸς' ἔ. μιῶν ἔσπευδε πρὸς αὐτόν,
1532. ἠσθείς ἐπὶ τοῖσιν ἔ. παισί, τοῖς τρυφῶσιν,
Β. 424. τίλλειν ἔ. καὶ σπαράττειν τὰς γνάθους·
763. τῶν ἄριστον ὄντα τῶν ἔ. συντέχνων
1194. καὶ πρὸς γε τούτοις τὴν ἔ. μητέρα
1485. ἐπ' ἀγαθῷ δὲ τοῖς ἔ.
ἑαυτούς. Ι. 506. πειραθέντες καθ' ἔ.
Σ. 1517. ἴν' ἐφ' ἡσυχίας ἡμῶν πρύσθεν βεμβικίζωσιν ἔ.
Λ. 577. καὶ τοὺς γε συνισταμένους τούτους καὶ τοὺς πιλοῦντας ἔ.
ἑαυτῷ. Α. 685. ὁ δὲ νεανίας ἔ. σπουδάσας ξυνηγορεῖν
Ι. 544. κᾆτα κυβερνᾶν αὐτῷ ἔ. τούτων οὖν οὕνεκα πάντων,
1223. αὐτὸς δ' ἔ. παρετίθει τὰ μείζονα.
Θ. 952. τοιαῦτα μέλειν θὐμ' ἔ.
Π. 529. λήροις ἀναξῶν τοὺς νικῶντας τὸν πλοῦτον ἐφ' παρ' ἔ.
ἑαυτῶν. Ο. 608. ἔτι προσθήσουσ' ὄρνιθες ἔτη. ΕΠ. παρὰ τοῦ ; ΠΕ. παρὰ τοῦ ; παρ' ἔ.
Λ. 1070. ὥσπερ οἶκαδ' εἰς ἔ.
ἔβα. Ν. 30. ἀτὰρ τί χρέος ἔ. με μετὰ τὸν Πασίαν
Ο. 944. δικλεῆς δ' ἔ. σπολάς ἄνευ χιτῶνος.
Λ. 106. πορπακισάμενος φροῦδος ἀμπτάμενος ἔ.
ἐβάδιζε. Γγ. 541. ἔ. μου δι μειράκιον ὡς ἐβ ἀποτρύχαν.
ἐβάδιζεν. Α. 980. αὐτὸς ἑαυτὸν προαγωγεύειν τοῖς ὀφθαλμοῖς ἔ.,
Π. 1007. εἰς τὴν θύραν ἔ. ἐπὶ τὴν ἐμήν.
ἐβάλλετο. Β. 778. ἵν' Αἰσχύλοι καθῆστο. ΗΛ. κοὐκ ἔ. ;
ἔβαλε. τοῦτο τοῦτό γέ τοι δή.
ἔβαλον. ΕΙ. 1274. σύν γ' ἔ. μνοὺς τε καὶ ἀσπίδας ὀμφαλοέσσας.
Β. 1355. ἔ. ἔ. ὁ τλάμων.
ἐβάστασε. Θ. 437. πάντα δ' ἔ. φρενί, πυκνῶς τε
ἐβδελύττετο. Π. 700. ἢ ποὺ σε διὰ τοῦτ' εὐθὺς ἔ.
ἐβδελύχθη. Α. 794. τὰς γυναῖκας ἔ.
ἐβήττε. Εκ. 56. ἔ., τρίχβων ἰσπέρας ἐμπλημενος,
ἐβιάζετο. Α. 396. κύστισθ' Ἄδμων, οὕτσήρ γ' ἔ.
ἐβίνει. Ν. 1371. ὁ δ' εὐθὺς ἤν Εὐριπίδου ῥήσιν τιν', ὡς ἔ.
ἔβλαστεν. Ο. 696. ἐξ οὗ περιτελλομέναις ὥραις ἔ. Ἔρως ὁ ποθεινός,
ἔβλαψα. Β. 1064. τοῖς ἀνθρώποις φαίνοιντ' εἶναι. ΕΥ. τοῦτ' οὖν τί ἔ. βράσας;
ἔβλαψεν. Ι. 190. τουτί μόνον σ' ἔ., ὅτι καὶ κακὰ κακῶν.
ἔβλεπεν. ΕΙ. 635. ἔ. πρὸς τοὺς λέγοντας· οἱ δὲ γιγνώσκοντες εὖ
ἔβλεπον. Ι. 420. εἰ ἔ., κἀγὼ 'ν τοπούτῳ τῶν κρεῶν ἴκλεπτον.
ἔβλεψε. Β. 604. ἔ. δ' οὖν ταυρηδὸν ἐγκύψας κάτω·

ἔβλεψεν—ἔγνως. 85

ἔβλεψεν. Β. 562. ἔ. ἐς με δριμὺ κἀμυκᾶτό γε.
ἐβόσκαμεν. Λ. 200. γυναῖκας, ὡς ἔ.
ἐβοσιμόμην. Ι. 1258. ἐν τἀγορᾷ γὰρ κριτόμενος ἔ.
Θ. 449. τέως μὲν οὖν ἀλλ' ἡμικάκως ἔ.
ἔβοσκον. Θ. 448. στεφανηπλοκοῦσ' ἔ. ἐν ταῖς μυρρίναις.
ἐβούλευόν. Ι. 774. ὃς πρῶτα μὲν, ἡνίκ' ἔ. σοι, χρήματα πλεῖστ' ἀπέδειξα
ἐβαυλόμην. Σ. 960. ἐγὼ δ' ἔ. ἂν οὐδὲ γράμματα,
Β. 672. ὀρῶν λέγεις· ἔ. δ' ἂν τοῦτό σε
806. ἔ. μὲν οὐκ ἐρίζειν ἐνθάδε·
Εκ. 151. ἔ. μὲν ἕτερον ἂν τῶν ἠθάδων
ἐβούλοντο. Σ. 706. εἰ γὰρ ἔ. βίον πορίσαι τῷ δήμῳ, ῥᾴδιον ἦν ἄν.
Ἔβρον. Ο. 774. ὄχθῳ ἐφεζόμενοι παρ''Σ. ποταμὸν,
ἐβρόντα. Α. 531. ἤστραπτεν, ἔ., ξυνεκύκα τὴν Ἑλλάδα,
Ἔβρυκε. Λ. 301. οὐδὲ γὰρ ποθ' ὧδ' ὀδὰξ ἔ. τὰς λήμας ἐμοῦ.
ἐβύνουν. Εἰ. 645. χρυσίῳ τῶν ταῦτα ποιούντων ἔ. τὸ στόμα,
ἐγάμουν. Ν. 49. ταύτην ὅτ' ἔ., συγκατεκλινόμην ἐγὼ
ἐγανώθην. Α. 7. ταῦθ' ὡς ἔ., καὶ φιλῶ τοὺς ἱππέας
ἐγάργαιρ'. Fr. 327. ἀνδρῶν ἐπακτῶν πᾶσ' ἔ. ἑστία.
ἐγγεγράψεται. Ι. 1371. ἀλλ' ὥσπερ ἦν τὸ πρῶτον ἔ.
ἐγγενέσθαι. Β. 690. ἔ. φημὶ χρῆναι τοῖς ὀλισθοῦσιν τότε
ἐγγενέσθων. Σ. 1530. ῥίπτε σκέλος οὐρανίον βέμβικας ἔ.
ἐγγλωττογαστόρων. Ο. 1695. Κλεψύδρα πανούργον ἔ.
ἐγγλωττοτυπεῖν. Ι. 782. καὶ νικήσας ἡμῶν μεγάλοις ἔ., παρέδωκας,
ἐγγραφῇς. Ι. 926. σπεύδω σ' ὅπως ἂν ἔ.
ἐγγράφοντες. Εἰ. 1180. τοὺς μὲν ἔ. ἡμῶν, τοὺς δ' ἄνω τε καὶ κάτω
ἐγγύθ. Π. 1202. ἀλλ' εἴ γε μέντοι ἐγ θ Δἰ' ἔ. σύ μοι
ἐγγυητάς. Εκ. 1064. ἀλλ' ἔ. σοι καταστήσω δύο
ἐγγύς. Ι. 244. ἄνδρες ἔ.· ἀλλ' ἀμύνου, κἀναναστρέφου πάλιν.
Ν. 215. ὡς ἔ. ἡμῶν. τουτὶ πάνυ φροντίζετε,
Σ. 660. τούτων πλήρωμα τάλαντ' ἔ. δισχίλια γίγνεται ἡμῖν.
808. παρὰ σοὶ κρεμήσετ' ἔ. ἐπὶ τοῦ παττάλου.
Εἰ. 177. ἀνὰρ ἔ. εἶναι τῶν θεῶν ἐμοὶ δοκεῖ,
196. ὅτ' οὐδὲ μέλλεις ἔ. εἶναι τῶν θεῶν·
Ο. 392. ἔ. ὡς οὐ φευκτέον νῷν,
1018. φθαίης ἂν ἐπίκεινται γὰρ ἔ. αὐταί,
1197. ὡς ἔ. ἤδη δαίμονος πεδαρσίου
Β. 35. κατάβα, πανοῦργε. καὶ γὰρ ἔ. τῆς θύρας
Εκ. 489. ἀλλ' ἐγκωμῶμεν τοῦ τύπου γὰρ ἔ. ἐσμεν ἤδη
1093. οἴμοι κακοδαίμων, ἔ. ἤδη τῆς θύρας
Π. 767. ὡς ἄνδρες ἔ. εἰσιν ἤδη τῶν θυρῶν.
Fr. 283. οἱ γὰρ ἥρως ἔ. εἰσιν,
ἐγγύτατα. Β. 162. οὗτοι γὰρ ἔ. παρ' αὐτὴν τὴν ὁδὸν
ἐγγυτάτω. Ο. 1666. ἔ. γένους μετεῖναι τῶν χρημάτων.
ἐγεγενήμην. Ι. 1349. οὕτως ἀνόητος ἔ. καὶ γέρων·
ἔγειρε. Θ. 340. ἔ. φλογέας λαμπάδας ἐν χερσὶ τινάσσων
ἐγείρει. Π. 541. στιβάδα σχοίνων κύρεως μεστήν, ἣ τοὺς εὕδοντας ἔ.
Fr. 368. στυρὶς οὐ μικρὰ καὶ κωρυκὶς, ἣ καὶ τοὺς μάττοντας ἔ.
ἐγείρειν. Εκ. 571. νῦν δὴ δεῖ σε πυκνὴν φρένα καὶ φιλόσοφον ἔ.
ἐγείρεται. Ν. 9. ἔ. τῆς νυκτὸς. ἀλλὰ πέρδεται
ἐγείρω. Σ. 395. οὗτος, ἔ. ἔ. ΣΠ. τί τὸ πρᾶγμ'· ΒΔ. ὥσπερ φασὴ με τις ἐγκεκύλωται.
ἐγέλασα. Ι. 696. ἡσθὴν ἀπειλαῖς, ἔ. ψολοκομπίαις,
ἐγέλασας. Ν. 820. τί δὴ τοῦτ' ἔ. ἐτεόν ; ΣΤ. ἐνθυμούμενος
ἐγέλων. Σ. 1287. οὗκτος ἔ. μέγα κεκραγότα θεώμενοι,
ἐγένεθ'. Ι. 630. ἔ. ὑπ' αὐτοῦ ψευδατραφάξυς πλία,
Ν. 60. μετὰ ταῦθ' ὅπως νῷν ἔ., υἱὲ οὑτοσί,
Θ. 733. τουτί τί ἐστιν ; ἄσκός ἔ. ἡ κόρη
Fr. 126. λοιδορία τις ἔ. ὑμῖν· πώμαλα.
ἐγένεσθε. Ο. 469. ἀρχαιότεροι πρότεροί τε Κρόνου καὶ Τιτάνων ἔ.
ἐγένετ'. Α. 50. ἐξ ἧς Λυκῖνος ἔ.· ἐκ τούτου δ' ἐγὼ
Σ. 49. ἄνθρωποσ ἂν εἴτ' ἔ. ἐξαίφνης κόραξ·
1226. οὐδεὶς πώποτ' ἀνὴρ ἔ. Ἀθηναίων
Ο. 16. τὸν ἔποφ', ὅς ὄρνις ἔ. ἐκ τῶν ὀρνέων·
334. ὑγιὲς ἀνόσιον, ὅπερ ἐξύτ' ἔ. ἔμοὶ
Β. 1187. εἶτ' ἔ. αὖθις ἀθλιώτατος βροτῶν.
Εκ. 195. ὅτε δὴ δ' ἔ., ἠχθέσθητε, εἴπε δὴ ῥητόρων
817. τὸ κύμμ' ἔ., ἐκεῖνο. παιδῶν γὰρ βότρυς
Π. 193. σοῦ δ' ἔ., οὐδεὶς μεστὸς οὐδεπώποτε.
ἐγένετο. Σ. 948. ἀπόπληκτος ἐξαίφνης ἔ. τὰς γνάθους.
Ο. 72. ἔποψ ἔ., τότε γενέσθαι μ' ηὔξατο
1530. ἐντεῦθεν ἄρα τοὐπιτριβείης ἔ.
Θ. 547. ἔ., Μελανίππας ποιῶν Φαίδρας τε Πηνελόπην δὲ
Π. 85. ὃς οἶα ἐλούσατ' ἐξ ὅτουπερ ἔ.
ἐγενόμην. L 615. τί δ' ἄλλο γ' εἰ μὴ νικοβουλος ἔ.;
Fr. 356. ἐπεὶ δ' ἔ. οἵπερ γ' ἐπὶ ξύλα.
ἐγένοντο. Ν. 352. δυοφαίνουσαι τὴν φύσιν αὐτοῦ λύκοι ἐξαίφνης ἔ.

ἐγένοντο. Ν. 354. ὅτι δειλότατον τοῦτον ἑώρων, ἔλαφοι διὰ τοῦτ' ἔ.
355. καὶ νῦν γ' ὅτι Κλεισθένη εἶδον, ὁρᾶς, διὰ τοῦτ' ἔ. γυναῖκες.
Ο. 477. οὔκουν δῆτ' εἰ πρότεροι μὲν γῆς, πρότεροι δὲ θεῶν ἔ.,
ἐγευσάμην. Fr. 75. ἔ. χορδῆς ὁ δύστηνος τέκνων·
ἔγημα. Ν. 46. ἐπειτ' ἔ. Μεγακλέους τοῦ Μεγακλέους
ἔγημε. Ν. 1067. καὶ τὴν Θέτιν γ' ἔ. διὰ τὸ σωφρονεῖν ὁ Πηλεύς.
ἔγημεν. Β. 1193. ἔπειτα γραῦν ἔ. αὐτὸς ὢν νέος,
ἐγήμω. Fr. Μ. Γηρ. 9. σὺ δ' οὐκ ἔ. ; D. νὴ Δί', ὀλίγας ἡμέρας.
ἔγνωσθ'. Σ. 664. οὐδ' ἡ δεκάτη τῶν προσιόντων ἡμῖν ἄρ' ἔ. ὁ μισθός.
ἐγίγνετο. Εἰ. 678. ἀνοβολιμαῖος τῶν ὅπλων ἔ.
ἐγκαθαρμόσαι. Λ. 681. ἔ. λαβόντες τουτονὶ τὸν αὐχένα.
ἐγκαθεδεῖται. Β. 1523. μηθ' ὅπως ἔ.
ἐγκαθεζόμενος. Θ. 184. ἢ πᾶσ' ἐὰν γὰρ ἔ. λάθρα
ἐγκαθέντες. Λ. 308. τῆς ἀμπέλου δ' ἐς τὴν χύτραν τὸν φανὸν ἔ.
ἐγκαθεύδειν. Α. 614. οὐκέτ' ἔργον ἔ., ὥστις ἔστ' ἐλεύθερος·
ἐγκάθηνται. Σ. 1114. ἀλλὰ γὰρ κηφῆνες ἡμῖν εἰσὶν ἔ.,
ἐγκαθήμενον. Θ. 6s8. οὐχ ὁρῶμεν γοῦν ἔτ' ἄλλον οὐδέν' ἔ.·
ἐγκαθήμενος. Θ. 600. λέληθεν ἡμᾶς κρυπτὸς ἔ.
ἐγκάθηται. Α. 343. ἀλλ' ὅπως μὴ 'ν τοῖς τρίβωσιν ἔ. που λίθοι.
ἐγκαθεζόμενος. Εκ. 98. ἢν δ' ἔ. λέγων, τίς ἡμεν
ἐγκαλεῖς. Λ. 611. μῶν ἔ. ὅτι οὐχὶ πραθεῖμεσθά σε ;
ἐγκαλυψάμενος. Ν. 735. οὐκ ἔ. ταχέως τι φροντιεῖς ;
ἐγκαλύψας. Β. 911. πρώτιστα μὲν γὰρ ἔνα τιν' ἂν καθίσεν ἔ.,
ἐγκαλύψω. Ι. 105. ἰθ νυν, ἄκρατον ἔ. μοι τῶν θεῶν
ἐγκατακείμενα. Π. 742. οἱ δ' ἔ. παρ' αὐτῷ πῶς δοκεῖ·
ἐγκατακλινῆναι. Ο. 122. ὥσπερ σισύρας ἔ. μαλθικήν.
ἐγκατακλούντ'. Π. 621. ἔ. ἀγωμεν εἰς Ἀσκλήπιοῦ,
ἐγκατακρούων. Β. 330. στέφανον μύρτων θρασεῖ δ' ἔ.
ἐγκαταμίξαι. Α. 581. καί τις ὑφείλει τῷ δημοσίῳ, καὶ τούτου· ἔ.
ἐγκείμεθα. Α. 309. οἶδ' ἐγὼ καὶ τοὺς Λάκωνας, ὅτι ἄγαν ἔ.
ἐγκεῖται. Εκ. 950. ἄτοπος δ' ἔ. μοί τις πόθος.
ἐγκεκαλυμμένοι. Ν. 11. ἀλλ' εἰ δοκεῖ, ῥέγκωμεν ἔ.
ἐγκεκαλυμμένον. Θ. 500. ὑπ' αὐγὰς οἷόν ἐστιν, ἔ.
ἐγκεκαλύφθαι. Π. 714. ἐς ἔ. ΚΑ. διὰ τοῦ τριβωνίου.
ἐγκεκληκώς. Ο. 1455. καλεσάμενος, κᾷτ' ἔ. ἐνθαδὶ,
ἐγκεκοινωνήκαμεν. Ν. 48. ἐγκέκοινων, τρυφῶσαν, ἔ.
ἐγκεκορδυλημένος. Ν. 10. ἐν πέντε σισύραις ἔ.
ἐγκεκρυμμένοι. Ο. 1608. νῦν μὲν γ' ὑπὸ ταῖς νεφέλαισιν ἔ.
ἐγκεκύκλωται. Σ. 699. τόν τε πλοῦν δεῖ δηλωτικόν οὐκ οἶδ' ὅπη ἔ.
ἐγκεκύκλωτα. Σ. 395. οὗτος, ἐγείρου. ΣΠ. τί τὸ πρᾶγμ' ; ΒΔ. ὥσπερ φωτή με τις ἔ.
ἐγκεκυφότες. Ν. 191. τί γὰρ οἴδε δρῶσιν οἱ σφόδρ' ἔ. ;
ἐγκεκωφός. Β. 425. ἀκούετ' ἔ.
ἐγκεντρίδας. Σ. 427. ὡς ἔγωγ' αὐτὸν ὁρῶν δέδοικα τὰς ἔ.
ἐγκεντρίδος. Σ. 1073. ἣ τίς ἡμῶν ἐστιν ἡ 'πίνοιά τῆς ἔ.
ἐγκέντρου. Ν. 1276. τὸν ἔ. ὥσπερ σεσείσθαί μοι δοκεῖ.
Fr. Μ. Γηρ. 17, 2. ὑπότριμμα, θρῖον, ἔ., ὠρίγανον
ἐγκέφαλον. Fr. 180. περίκομμα, θρῖον, ἔ., ὠρίγανον·
ἐγκέφαλου. Β. 134. ἀλλ' ἀπολέσαιμ' ἂν ἔ. θρία δύο.
ἐγκέχοδα. Β. 479. οὗτος, τί δέδρακας ; Δί. ἔ. κάλει θεόν.
ἐγκιλικίσαιμ'. Fr. Μ. Γεω. 12. εἴ γ' ἔ., ἐξολυῖμην, φαθὶ λέγων
ἐγκινούμενος. Fr. 56. ἀγνὸς τις ἡμῖν ἐστιν ἔ.
ἐγκλεῖσαν. Εκ. 355. ἀχρα τίς ἔ. ἔχει τὰ σιτία.
ἐγκλεῖσαι. Α. 1058. ἀλλ' ἔ. δεῖπνεῖν κατακυλίσεις πάλαι.
ἐγκονεῖτε. Π. 255. ἵν' ἔ., σπεύδεθ', ὡς ὁ καιρὸς οὐχὶ μέλλειν,
ἐγκονῆσεις. Ο. 1324. οὐ θᾶττον ἔ. ;
ἐγκονῶμεν. Σ. 240. ἀλλ' ἔ., ὦνδρες, ὡς ἔσται Λάχητι νυνί·
Εκ. 489. ἀλλ' ἔ. τοῦτ' αὐτὸ τῷ βίῳ
ἐγκριτοπώλην. Fr. 252. μήτ' ἄρα μ' εἶναι ἔ.
ἐγκρούσωνται. Β. 374. λειμώνων ἔ.
ἔγκρυπτ'. Ο. 841. φύλακας κατάστησαι, τὸ πῦρ ἔ. ἀεί,
ἐγκρυφίαζων. Ι. 822. πολλοῦ δὲ πολλὸν με χρόνον καὶ νῦν ἐλελήθη ἔ.
ἐγκυκάσθαι. Α. 939. τὰ πράγματ' ἔ.
ἔγκυκλον. Εκ. 261. φέρ' ἔ. ΑΓ. τουτὶ λάβ'. ἀπὸ τῆς κλινίδος.
Fr. 309. 8. χιτώνα, βάραθρον, ἔ., κομμώτριον·
ἐγκύψας. Β. 238. κᾷτ' αὖτίς ἔ. ἔρει
Β. 804. ἔβλεψε δ' οὖν ταυρηδὸν ἔ. κάτω.
ἐγκύψασαν. Θ. 790. κἀπαγορεύετε μήτ' ἐξελθεῖν μήτ' ἔ. ἁλῶναι,
ἐγκώμιον. Fr. 413. ἀμηχανεῖς εἰς τὸν θεστρίτην ἔ.
ἔγλυφον. Ν. 879. ἔπλαττεν ἔνδον οἰκίας ναῦς τ' ἔ.,
ἔγνωκας. Fr. 9. ἔ. ἐγὼ δὲ λαβεῖν ἱστάναι καὶ μορμύρας.
ἔγνωκας. Ι. 871. ἔ. οὖν δῆτ' αὐτὸν οἷός ἐστιν ; ἀλλ' ἐγώ σοι
Ν. 1095. ἔ. οὐδὲν ἀλλὰ λέγεις ;
ἔγνως. Σ. 744. τότ' ἐπεμαίνετ' ἔ. γὰρ ἀρτίως,
ἔγνων. Θ. 482. κᾷτ' εὐθὺς ἔ. εἶτα καταβαίνω λάθρα.
Fr. 97. ἀφ' οὗ κωμῳδικῶν μορμολυκείων ἔ.
ἔγνως. Σ. 1140. ἔ. γάρ· νῦν δ' οὐχὶ γιγνώσκεις. ΦΙ. ἐγώ ;

ἔγνως—ἔδοξε

ἔγνως. Θ. 911. ἲ. ἀρ' ὀρθῶς ἄνδρα δυστυχίστατον.
ἔγνωσαν. Σ. 783. μόλις τὸ πρᾶγμ' ἲ. ἀναμασώμενοι.
ἐγραμμάτευειν. Θ. 373. Λύσιλλ' ἲ., εἶπε Σωστράτῃ·
ἔγραφ'. Α. 144. ἐν τυῖσι τοίχοις ἲ., Ἀθηναῖοι καλοί.
ἔγραψ', Λ. 679. ἆτ Μίκων ἲ. ἐφ' ἵππων μαχομένας τοῖς ἀνδράσιν.
ἐγραψάμην. Σ. 907. τῆς μὲν γραφῆς ἠκούσαθ' ἣν ἲ.,
ἐγράψατο. Σ. 894. ἀκούετ' ἤδη τῆς γραφῆς. ἲ.
ἔγρη. Σ. 774. ὕοντος, εἴσει· κἂν ἲ. μεσημβρινός,
ἐγρήγορεν. Λ. 306. τουτὶ τὸ πῦρ ἲ. θεῶν ἕκατι καὶ ζῇ.
ἐγρηγόρεσαν. Π. 744. ἲ., ἕως διέλαμψεν ἡμέρα.
ἐγρηγόρη. Εκ. 32. ἐγὼ δέ γ' ὑμᾶς προσδοκῶ' ἲ.
ἐγχανεῖται. Α. 1197. κἀτ' ἲ. ταῖς ἐμαῖς τύχαισιν.
Ι. 1313. οὐ γὰρ ἡμῶν γε στρατηγῶν ἲ. τῇ πύλει·
ἐγχανεῖται. Σ. 1007. κοὐκ ἲ. σ' ἐξαπατῶν Ὑπέρβολος.
ἐγχάνῃ. Α. 221. οἴχεται. διωκτέος δέ· μὴ γὰρ ἲ. ποτὲ
ἐγχανοῦνται. Λ. 271. οὐ γὰρ μὰ τὴν Δήμητρ' ἐμοῦ ζῶντος ἲ.·
ἐγχανῶν. Ν. 1436. μάτην ἐμοὶ κεκλαύσεται, σὺ δ' ἲ. τεθνήξεις.
ἐγχάσκειν. Σ. 721. ἲ. σαι στομφάζοντας.
ἐγχέαι. Α. 1051. ἐκέλευε δ' ἲ. σε, τῶν κρεῶν χάριν,
ἐγχέαιμι. Α. 1055. ὡς οὐκ ἂν ἲ. χιλίων δραχμῶν.
ἐγχειάμενος. Σ. 906. φέρε νυν, ἅμα τῇδ' ἲ. κἀγὼ ροφῶ.
ἐγχέας. Α. 1229. καὶ πρὸς γ' ἄκρατον ἲ. ἀμυστιν ἐξέλαψα.
ΕΙ. 1242. μόλυβδον ἐς τουτὶ τὸ κοῖλον ἲ.
ἔγχει. ΕΙ. 1102. ἲ. δὴ σπονδὴν καὶ τῶν σπλάγχνων φέρε δευρί.
ΕΛ. 1105. ἲ. δὴ κἀμοὶ καὶ σπλάγχνων μοίραν ὄρεξον.
ἔγχει. Ο. 1081. τοῖς τε καθίκοισιν ἐς τὰς ῥίνας ἲ. τὰ πτερά,
ἐγχείρει. Α. 365. θεὶς δεῦρο ταὐτίξηνον ἲ. λέγειν.
Ν. 476. ἀλλ' ἲ. τὸν πρεσβύτην ὅ τι περ μέλλεις προδιδάσκειν,
ἐγχειρεῖ. Θ. 807. καὶ Στρατονίκῃν ὑμῶν οὐδεὶς οὐδ' ἲ. πολεμίζειν,
ἐγχειρεῖν. Θ. 777. ἲ. χρῆν ἔργῳ πορίμῳ.
ἐγχειρητής. Ο. 257. καινῶν τ' ἔργων ἲ.
ἐγχέλειον. Fr. 302, 7. οὐδ' ἲ., οὐδὲ κάραβον μέγαν
ἐγχέλεια. Α. 880. ἰκτίδας, ἐνύδρους, ἲ. Κωπαΐδας,
Α. 882. δὸς μοι προσειπεῖν, εἰ φέρεις τὰς ἲ.
Ι. 864. ὅπερ γὰρ οἱ τὰς ἲ. θηρώμενοι πέπονθας.
Α. 36. μὴ δῆτα πάντας γ', ἀλλ' ἄφελε τὰς ἲ.
ἐγχέλεων. Σ. 510. οὐδὲ χαίρω βατίσιν οὐδ' ἲ., ἀλλ' ἥδιον ἂν
ἐγχέλεων. Ν. 559. τὰς εἰκοῦς τῶν ἲ. τὰς ἐμὰς μιμούμενοι.
ἐγχέλυν. Α. 889. σκέψασθε πάιδες, τὴν ἀρίστην ἲ.,
Α. 962. τριῶν δραχμῶν δ' ἐκέλευε Κωπᾷδ' ἲ.
963. ἢ τοῖσι οὗτος Λάμαχος τὴν ἲ.,
Α. 702. παῖδα χρηστὴν κἀγαπητὴν ἐκ Βοιωτῶν ἲ.·
Fr. 333, 1. οὐκ ἲ. Βοιωτίαν. οὐ γλαύκων, οὐχὶ θύννον
ἐγχέλυς. Fr. 25. καὶ λεῖος ὥσπερ ἲ., χρυσοῦς ἔχων κικίννους.
ἐγχέομαι. Σ. 617, οἴνου μεστὸν, κᾆτ' ἲ. ἡλίνας οὗτος δὲ κεχηνὼς
ἔγχεον. Ι. 118. φέρ' αὐτὸν, ἵν' ἀναγνῶ· σὺ δ' ἲ. πιεῖν
Ι. 521. ἰδού· τί φησ' ὁ χρησμός; ΔΗ. ἕτέραν ἲ.
122. ἐν τοῖς λογίοισιν ἕνεστιν ἕτέραν ἲ.·
ΕΙ. 1246. τὸν μὲν μόλυβδον ὥσπερ εἶπον, ἲ.,
ἐγχέω. Α. 1068. ἵν' οἶνον ἲ. λαβὼν ἐς τοὺς χόας.
ἐγχέων. Π. 620. στρεβλῶν, ἔτι δ' ἐς τὰς ῥίνας ὄξος ἲ.,
ἔγχος. Ο. 1749. ὦ Διὸς ἁμβροτον ἲ. πυρφόρον,
ἔγχουσαν. Fr. 309, 3. ἲ., ψίλεθρον τὴν βαθὺν, ψιμύθιον,
ἐγχυτρίζεις. Σ. 289. ὢν ὅρως ἲ.
ἐγχυτρίοις. Ι. 577. προῖκα γενναίοις ἀμύνειν καὶ θεοῖς ἲ.
ἐγὼ. Α. 28. ἲ. δ' ἀεὶ πρώτιστος εἰς ἐκκλησίαν κ.τ.λ.
Α. 40. ἲ. ΚΗ. τίς ἄν; ΑΜ. Ἀμφίθεος, ΚΙΙ. οὐκ ἄνθρωπος;
ΑΜ. οὔ. κ.τ.λ.
ἐγώγ'. Σ. 144. καπνὸς ἲ. ἐξέρχομαι. κ.τ.λ.
ἔγωγε. Ι. 33. ἲ. ΔΙΙ. ποίῳ χρώμενος τεκμηρίῳ; κ.τ.λ.
ἔγωγέ. Α. 187. ἲ. φημι, τρία γε τουτὶ γεύματα. κ.τ.λ.
ἐγῳδ'. Α. 5. ἲ. ἐφ' ᾦ γε τὸ κέαρ εὐφράνθην ἰδών,
Α. 118. ἲ. ὃς ἐστι, Κλεισθένης ὁ Σιβυρτίου.
1.499. ἲ. ἐπὶ γὰρ τοῖς δεδαμένοις χαλκεύεται.
Θ. 502. ἕτέραν δ' ἲ. ἣ 'φασκεν ὠδίνειν γυνὴ
ἐγᾦδα. Α. 904. ἲ. τοίνυν· συνοφάντην ἐξαγε
Σ. 1181. ἲ. τοίνυν τῶν γε πάνυ κατ' οἰκίαν
1205. ἲ. τοίνυν τό γε νεανικώτατον·
Θ. 850. ἲ. τὴν καινὴν Ἑλένην μιμήσομαι,
Β. 830. ἲ. τούτον καὶ διάσκεμμαι πάλαι.
Εκ. 797. ἲ. τούτοις χειροτονοῦντας μὲν ταχύ,
ἐγᾦμαι. Θ. 441. κεῖν ἂν αὐτόν, ὡς ἲ.,
ἐγών. Α. 744. ἲ. δὲ ναρκῶ Δικαιόπολιν ὕπα.
Λ. 983. κάρυξ ἲ., ὦ κυρσάνιε, καὶ τὼ σιὼ
ἐγώνγα. Fr. 736. ἲ. καιτ̔ύς ἐφαν, τίς δ' οὗτος ἄνους
Α. 764. τί δαὶ φέρεις; ΜΕ. χοίρως ἲ. μυστικάς.
Α. 986. οὐ τὸν ΔΙ' οὐκ ἲ. ΠΡ. ποῖ μεταστρέψει;
990. οὐ τὸν ΔΙ' οὐκ ἲ. μηδ' ἂν πλαθθῇς.
ἐγχχόμην. Εκ. 550. ἠκκλησία; ΠΡ. μὰ ΔΙ', ἀλλ' ἐφ' ἣν ἲ.

ἔδακε. I. 1372. τοῦτ' ἲ. τὸν πύρπακα τὸν Κλεωνύμου.
ἔδακνε. Π. 822. ἔνδον μένειν ἦν. ἲ. γὰρ τὰ βλίφαρά μου.
ἐδάκρυσᾶ. Ο. 540. ἤνεγκας, ἄνθρωφ'· ὢς ἲ. γ' ἐμῶν
ἐδάμην. ΕΙ. 584. σῷ γὰρ ἲ. πυθῷ
ἐδανειζόμην. Ν. 1152. κεῖ μάρτυρες παρῆσαν, ὅτ';
ἐδάνεισ', Εκ. 460. ἦν τις ὑφείλων ἐξαρνῆται. ΠΡ. πύθεν οὖν ἲ. ὁ δανείσας
ἐδαπανῶντο. Fr. 476, 10. εἰ μὴ γὰρ ἦν, οὐκ ἂν ἐπεθύμουν οὐδ' ἂν ἲ.
ἐδεδίσκετο. Λ. 564. ἲ. τὴν ἰσχαδόπωλιν καὶ τὰς δρυπέπεις κατέπινε.
ἐδεδοίκεις. Π. 654. ταλάντατ' ἀνδρῶν, οὐκ ἲ. τὸν θεόν;
ἐδείθη. Π. 926. πυρῶν τ' ἂν ἲ. μεδίμνων τετάρων.
ἔδει. Ν. 121. οὐκ ἄρα μὰ τὴν Δήμητρα τῶν γ' ἐμῶν ἲ.,
Ν. 963. πρῶτον μὲν ἲ. παιδὸς φωνὴν γρύξαντα μηδέν' ἀκοῦσαι·
973. ἐν παιδοτρίβου δὲ καθίζοντας τὸν μηρὸν ἲ. προβαλέσθαι
ΕΙ. 137. ἀλλ' ὦ μέλ' ἄν μοι σιτίων διπλῶν ἲ.·
907. ἀλλ' οὐκ ἂν, εἰ τί προῖκα προσαγαγεῖν σ' ἲ.
Α. 798. κρώμμυόν τάρ' οὐκ ἲ.
Β. 12. τί δῆτ' ἲ. με ταῦτα τὰ σκεύη φέρειν
37. ἲ. τραπέσθαι, παιδίον, παῖ, ἠμί, παῖ,
767. ἕτερός τις αὐτοῦ τύτε δὲ παραχωρεῖν ἲ.
Εκ. 60. οὐδὲν παραφῆναι τοῖς καθημένοις ἲ.
302. μίν, ἠκίκ' ἲ. λαβεῖν
1077. ἐμοὶ γὰρ ἀκολουθεῖν σ' ἲ. κατὰ τὸν νόμον,
Fr. p. 502. ἲ. δέ γε [σε] βληθεῖσαν εἰς Ἀλμυρίδας
ἔδει". Π. 980. τί δ' ἦν ὅ τι σου μάλιστ' ἲ. ἑκάστοτε;
ἐδείκνυεν, Fr. Μ. Δαιτ. 9, 3. χαριζύμενος τὸ δρᾶμα τοῦτ' ἲ.
ἐδείκνυτο. Θ. 629. δ τι πρῶτον ἡμῖν τῶν ἱερῶν ἲ.
ἐδεισά. Α. 822. μηδαμῶς· ἲ. γε.
ἔδεισα. Α. 437. ἲ., οὕτος· οὐ ξυναρπάσει μέσην
Β. 492. σὺ δ' οὐκ ἲ. τὴν ψόφον τῶν ῥημάτων
ἔδεισε. Β. 41. ὡς σφόδρα μ' ἲ. ΣΛ. νὴ ΔΙ', μὴ μαίνοιό γε.
ἐδέστο. Εκ. 533. ἀλλ' ὥσπερ εἴχαν φχύμην· ἲ. δ'
ἐδεξάμην. Ο. 324. ἀνδρ' ἲ. ἐραστή τῆσδε τῆς ξυνουσίας.
ἐδέξατο. Π. 773. χώραν τε πᾶσαν Κέκροπος, ἦ μ' ἲ.
ἐδεξωύθ'. Π. 753. ἲ. ἅπαντες ὑπὸ τῆς ἡδονῆς
ἰδεύμην. Σ. 850. ἐγὼ δ' ἁλοκίζειν ἲ. τὸ χωρίον.
Ο. 1027. ἐκκλησιάσω δ' οὖν ἲ. οἶκοι μένων.
ἐδέντα. Α. 536. Λακεδαιμονίων ἲ. τὸ ψήφισμ' ὕπως
ἐδεσθ'. Α. 1063. καὶ τοῦτο τίθυχ', ὥστε κρὶ' ἲ. ἀπαλὰ καὶ καλά.
ἐδεσθε. ΕΙ. 1357. πλανοῦνται ἲ.
ἐδηδοκὼς. Ι. 302. ἀλλὰ σχελίδας ἲ. ὠνήσομαι μέταλλα,
ἐδήλους. Ι. 322. ἄρα δῆτ' οὐκ ἄν' ἀρχῆς ἲ. ἀναί-
ἔδησε. 1022. ἀνοίκτος ὁς μ' ἲ. τὸν
ἐδίδαξα. Α. 18. οὕτως ἲ. ὑπὸ κωνίας τὰς ὀφρῦς
Β. 200. ἲ. τὴν φωνήν, ξυνῶν πολλὸν χρώνον,
Β. 954. ἕπειτα τουτουσὶ λαλεῖν ἲ. ΑΙ. φημὶ κἀγώ.
ἐδιδάξαμην. Ν. 1338. ἲ. μέντοι σε νὴ ΔΙ', ὦ κύον.
ἐδίδαξας. Ν. 382. ἄνδρ' οὐδὲν που περὶ τοῦ πατάγου καὶ τῆς βρυντῆς μ' ἲ.,
Β. 1069. εἶτ' αὖ λαλιὰν ἐπιτηδεῦσαι καὶ σταμυλίαν ἲ.,
ἐδίδαξε. Θ. 427. ἲ. θριηθόεστ' ἔχειν σφραγίδια
Β. 1035. ἀπὸ τοῦ τιμῇν καὶ κλέος ἔσχεν πλὴν τούθ' ὅτι χρῆστ' ἲ.
ἐδιδάξεν. Θ. 409. ἔξεστι τοιαῦθ' αὐτὸς ἲ. κακὰ
Β. 1037. ἲ. ὅμως τὸν σκαιύτατον· πρώτην γοῦν, ἡνίκ' ἔπεμπεν,
ἐδίδασκεν. Ν. 966. εἴτ' αὖ προμαθεῖν ᾆσμ' ἲ., τὼ μηρὼ μὴ ξυνέχοντας,
ἐδίδασκες. Ν. 936. σύ τε τοὺς προτέρους ἄττ' ἲ.,
ἐδιδάχθης. Ν. 637. ὅν οὐκ ἲ. πώποτ' οὐδεὶν· εἰπέ μοι.
Ν. 786. ἐπεὶ τί νυνὶ πρῶτον ἲ.; λέγε.
ἔδιδον. ΕΙ. 1094. χρησμολύγῳ δ' οὐδεὶς ἲ. κώθωνα φαεινόν.
Fr. 10, 2. ἲ. ἐκείνῳ
ἐδίδου. Ι. 678. ἐπεῖτα ταῖς ἀφύαις ἲ. ἡδύσματα
ἐδίκαζεν. Σ. 120. ὀξὺς ἲ. ἐς τὸ Καινὸν ἐμπεσών.
ἐδιωμαθείς. Σ. 1203. ἲ. ποτ', ἡ λαγῶ, ἡ λαμπάδα
ἐδιώκομεν. Α. 699. εἶτα Μαραθῶνι μὲν ὅτ' ἦμεν, ἲ.
ἐδίωκον. Α. 185. ἐγὼ δ' ἐφεύγον οἱ δ' ἲ. κιθόων.
ἔδκεις. Σ. 42. ἲ. δὲ μοι Θεωρον αὐτὴς πλησίον
Εκ. 409. παρῆλθε γνμνός, ὡς ἲ. τοῖς πλείοσιν.
450. ταύταις. ἲ. γὰρ τοῦτο μόνον ἐν τῇ πόλει
ἐδόκουν. Σ. 15. ἀνδρ σὺ δ' ἐλέξον πρότερος. ΣΛ. ἲ. ἀετὸν
Π. 837. οἲ δὲ ἐξτρέπαντι κοῦκ ἲ. ὀρᾶν μ' ἔτι.
ἔδοξα. Σ. 640. αὐτὸς ἲ. νήσαις,
ἔδοξαν. Ο. 1585. ἲ. ἀδικεῖν. ΗΡ. εἶτα θῆτα σίλφιον
ἔδοξε. Θ. 371. ἄκουε πᾶς. ἲ. τῇ βουλῇ τάδε
Εκ. 18. ὅσα Σκίροις ἲ. ταῖς ἐμαῖς φίλαις.
396. ἲ. τοῖς πρυτάνεσι περὶ σωτηρίαν
492. ἐσθ' ἡ τὸ πράγμ' εὑρούς' ὁ νῦν ἲ. τοῖς πολίταις.

ἔδοξε—εἶδες. 87

ἔδοξε. Εκ. 1015. ἔ. ταῖς γυναιξὶν, ἣν ἀνὴρ νέος
ἔδοξέ. Σ. 31. ἔ. μοι περὶ πρῶτον ὕπνον ἐν τῇ συκῇ
ἔδοξεν. I. 392. κᾆτ' ἀνὴρ ἔ. εἶναι, τἀλλότριον ἀμῶν θέρος.
Θ. 548. οὐνώνοστ' ἐποίησ', ὅτι γυνὴ σώφρων ἔ. εἶναι.
Β. 718. πολλάκις γ' ἡμῖν ἔ. ἡ πόλις πεπονθέναι
Εκ. 59. ὅσα Σκίροις ἔ. εἰ δεδράκατε.
455. τί δῆτ' ἔ.; ΧΡ. ἐπιτρέπειν γε τὴν πόλιν
ἔδοσαν. Σ. 717. παρειεῖν' ἔ. δ' οὐπώποτέ σοι, πλὴν πρώην πέντε μεδίμνους,
ἕδρα. Θ. 79. μέλλει δικάζειν οὔτε βουλῆς ἐσθ' ἕ.,
ἑδραῖος. Θ. 664. εἴ τις ἐν τόποις ἔ. ἄλλοσι αὖ λέληθεν ὤν.
ἕδραις. Β. 324. Ἴακχ', ὦ πολυτίμητ' ἐν ἕ. ἐνθάδε ναίων,
ἑδραμεῖ. Σ. 1204. ἔ., ἀνευρὼν ὅ τι νεανικώτατον.
ἔδραν. I. 1405. ἐς τὴν Ι. θ', ἵν' ἐκείνοις ἦν ὁ φαρμακός.
Ν. 1507. καὶ τῆς Σελήνης ἐσκοπεῖσθον τὴν ἕ.;
Θ. 133. ὑμῖν τὴν ἕ. αὐτὴν ὑσῆλθε γάργαλος.
ἕδρας. Ι. 1338. οὐδ' οἷ ἔ.· ἐμὲ γὰρ νομίζοις ἂν θεόν.
Σ. 770. πάντως γε κἀκεῖ ταῦτ' ἕ. ἐκάστοτε.
ἕδρας. Ο. 216. μέλανος ἐχὼ πρὸς Διὶ ἕ.,
Λ. 345. πολιοῦχι, σαῖς ἔσχον ἕ.
Θ. 889. τί δαὶ σὺ θάσσεις τάσδε τυμβήρεις ἕ.
Εκ. 21. αὐτίκα μάλ' ἔσται· καταλαβεῖν δ' ἡμᾶς ἕ.,
86. νὴ τὸν Δί', ὥστε δεῖ σε καταλαβεῖν ἕ.
ἕδρασ'. Β. 918. σάφ' ἴσθι. ΔΙ. νάμαντῷ δοκῶ. τί δὲ ταῦτ' ἕ. ὁ δεῖνα;
Π. 998. εἰς ἑσπέραν ἔδοιμι, ΧΡ. τί σ' ἕ.; εἰπέ μοι.
ἔδρασα. Σ. 1002. ἄκων γὰρ αὔτ' ἕ. κοὐ τοὐμοῦ τρόπου.
ἔδρασαν. ΕΙ. 210. τοῦ δ' οὔνεχ' ἡμᾶς ταῦτ' ἕ.; εἰπέ μοι.
ἔδρασας. Σ. 598. σὺ δὲ τὸν πατέρ' οὐδ' ὁτιοῦν τούτων τὸν σαυτοῦ πώποτ' ἕ.
Εκ. 191. ἕ., εἴ τοῦτ' εἶπας ἐν τῇ ἐκκλησίᾳ.
ἔδρασε. Λ. 696. ἀλλ' ἐπαινῶ· μόνα γὰρ αὐτὰ νοῦν ἔχοντ' ἕ.
ἔδρασεν. I. 319. νὴ Δί' κἀμὲ τοῦτ' ἕ. ταυτόν, ὥστε κατάγελων
ἔδρασεν. I. 1396. ὃν ταῦτ' ἕ., εἴφ' ὅ τι ποιήσεις κακόν.
Π. 87. ὁ Ζεύς με ταῦτ' ἕ. ἀνθρώποις φθονῶν.
ἔβρατε. Α. 555. ταῦτ' οἶδ' ὅτι ἂν ἔ.· τὸν δὲ Τήλεφον
ἔδρων. 1. 1339. τί δ' ἕ. πρὸ τοῦ, κἀτεῖτε, καὶ ποίας τις ἦ;
I. 1346. ταυτί μ' ἕ., ἐγὼ δὲ τοῦτ' οὐκ ᾐσθόμην.
ΕΙ. 830. τί δ' ἕ.; ΤΡ. ξυνελέγοντ' ἀναβολὰς ἱματίων,
Λ. 351. οὐ γάρ ποτ' ἂν χρηστοί γ' ἕ., οὐδ' εὐσεβεῖς τάδ' ἄνδρες.
1117. ὥσπερ ἡμῶν ἄνδρες ἀμαθῶς τοῦτ' ἕ.,
Β. 952. δημοκρατικὸν γὰρ αὔτ' ἕ. ΔΙ. ταῦτα μὲν ἔασον, ὦ τᾶν.
Π. 778. ἂν οὔτ' ἐκεῖν' ἄρ' οὔτε ταῦτ' ἔδρων.
ἐδυνάμην. Εκ. 316. οὐκ ἕ. εὑρεῖν, ὁ δ' ἤδη τὴν θύραν
Εκ. 343. οὔκουν λαβεῖν γ' αὐτὰς ἕ. οὐδαμοῦ.
Π. 672. κἀγὼ καθεύδειν οὐκ ἕ., ἀλλὰ με
ἔδωκας. ΕΙ. 29. ἀλλ' εἰ πέπαυται τῆς ἕ. σκέψομαι
ἔδωκας. I. 809. ἕ. ἤδη τουτῳὶ κάττυμα παρὰ σεαυτοῦ
ΕΙ. 963. ἕ. ἤδη; ΟΙ. νὴ τὸν Ἑρμῆν, ὥστε γε
ἔδωκεν. I. 1220. ἐμοὶ δ' ἕ. ἀπεπεμψάμην τυννουτανί.
ἐδώλια. Fr. 199, 2. λιπὼν, ἵν' ἐστὶ κριβάνων ἕ.
εἶπε. Εκ. 436. πολλὰ κακά. ΒΛ. καὶ τί ε.; ΧΡ. πρῶτον μέν γ' ἔφη
ἔφη. ΕΙ. 652. καὶ πανοῦργος ἦν, ὅτ' ἕ.,
ἐξήτησας. I. 817. σὺ δ' Ἀθηναίους ἕ. μικροπολίτας ἀποφῆναι
ἐζόμην. ΕΙ. 801. ἕ. κελαδῇ, χορῶν δὲ μὴ 'χῃ Μύρσιμος
Β. 682. ἐπὶ βάρβαρον ἕ. πέταλον
ἐξομνυμαι. Fr. 507, 2. ἂν ᾖ τὰ κρεάδι' ἥψει ἕ.
ἐξων. Σ. 709. δύο μυριάδες τῶν δημοτικῶν· ἕ. ἐν πᾶσι λαγῴοις
Λ. 625. ἔνθεν ἕ. ἐγώ.
ἐθ'. Ν. 681. ἔ. ἔν τι περὶ τῶν ὀνομάτων μαθεῖν σε δεῖ, κ.τ.λ.
ἔθανον. Θ. 865. ῥοαίσιν ἕ. ΓΤ. Η. ὤφελες δὶ καὶ σύ γε.
ἐθαύμαζον. Ο. 1670. ὑπὸ δῆτ' ἐμέ γε. καὶ δῆτ' ἕ. πάλαι.
ἐθαύμασας. I. 999. ταυτὶ τί ἐστι; ΚΛ. λόγια. ΔΗΜ. πάντ'; ΚΛ. ἕ.
Ν. 185. τί ἕ.; τῷ σοὶ δοκοῦσιν εἰκέναι;
ἔθδεθ'. Εκ. 270. ὥσπερ τὸν ἀνδρ' ἕ. εἰς ἐκκλησίαν
ἔθει. Β. 1091. βραδὺς ἀνθρωπός τις ἕ. κύψας
ἐθέλει. Ν. 798. αὐτ' ἀλλ' οὐκ ἕ. γὰρ μανθάνειν, τί ἐγὼ πάθω;
Ν. 917. οὐδεὶς ἕ. τῶν μειρακίων
Σ. 536. τός σ' ἕ. κρατῆσαι.
Λ. 597. οὐδεὶς ἕ. γήμαι ταύτην, ὁττινομένη δὲ κάθηται.
Π. 1065. οὔκουν ἕ. γε τριηραρχεῖν πλουτῶν οὐδεὶς διὰ ταῦτα,
ἐθέλειν. Α. 354. ἵ. τ' ἀκούσας μηδὲν ἴσον ἴσῳ φέραν.
I. 991. ἄλλην δ' οὐκ ἕ. λαβεῖν
ἐθέλεις. Π. 295. τράποιτο· ὑπ' ἐκείνης ἤδη γὰρ οὐδ' ἕ. φράσαι.
ἐθέλησα. ΕΙ. 852. ταύτῃ τις; ΤΡ. μηδέν· σὺ γὰρ ἕ. φαγεῖν
Ο. 581. οὐκ ἕ. μὰ Δί', ἀλλ' ὄψει προφάσεις αὐτὴν παρίχουσαν.
Π. 512. οὐδεὶς ἀμφοῖν δ' ὑμῶν τούτων ἀφανισθέντων ἕ.

ἐθελήσει. Π. 523. κατὰ τὸν λόγον ὃν σὺ λέγεις δήπου. τίς γὰρ πλουτῶν ἕ.
528. οὔτ' ἐν βαπίσιν· τίς γὰρ ὑφαίνειν ἕ. χρυσίου ὄντος;
ἐθελήσεις. Ν. 1232. καὶ ταῦτ' ἕ. ἀπομόσαι μοι τοὺς θεούς;
Σ. 291. ἕ. τί μοι οὖν, ὦ πάτερ, ἢν σού τι δεηθῶ;
ἐθελήσῃ. Ο. 555. κἂν μὲν μὴ φῇ μηδ' ἕ. μηδ' εὐθὺς γνωσιμαχήσῃ,
ἐθελήσητ'. Λ. 527. ἢν οὖν ἡμῶν χρηστά λεγουσῶν ἕ. ἀντακροᾶσθαι
ἐθελήσουσιν. Εκ. 584. εἰ καινοταμεῖν ἕ. καὶ μὴ τοῖς ἤθασι λίαν
ἐθέλητε. Ο. 1598. ἐὰν τὸ δίκαιον ἀλλὰ νῦν ἕ. δρᾶν,
ἐθέλοι. Σ. 1456. τάχα δ' ἂν ἴσως οὐκ ἕ.
Εκ. 897. οὐδέ τις στέργειν μὲ ἕ.
ἐθέλοιτ'. Λ. 111. ἕ. ἂν οὖν, εἰ μηχανὴν εὕροιμ' ἐγώ,
ἐθέλομεν. Ο. 1597. πολέμιοι πρὸς ὑμᾶς, νῦν τ' ἕ., εἰ δοκεῖ,
ἐθέλοντας. Εκ. 182. τοὺς δ' οὐκ ἕ. ἀντιβολεῖθ' ἑκάστοτε.
ἐθέλουσαν. Β. 101. ἡ φρένα μὲν οὐκ ἕ. ὀμόσαι καθ' ἱερῶν,
ἐθέλω. Ι. 791. ἢ μᾶλλον ἐμοῦ σε φιλῶν, ἕ. περὶ τῆς κεφαλῆς περιδόσθαι.
Ν. 939. δρᾶν ταῦτ' ἕ. ΑΔ. κἄγωγ' ἕ.
Σ. 722. καὶ νῦν ἀτεχνῶς ἕ. παρέχειν
Λ. 134. ἕ. βαδίζειν· τοῦτο μᾶλλον τοῦ πέανε.
543. ἕ. δ' ἐπὶ ταῖς πέτραις
Β. 613. εἰ πώποτ' ἦλθον δεῦρ', ἕ. τεθνηκέναι,
Π. 378. ἕ. διαπράξαι τοὺν πυθέσθαι τὴν πόλιν,
467. καὶ μὴν περὶ τούτου σφῷν ἕ. δοῦναι λόγον
613. οὐ μὰ Δί' ἐγώγ' οὖν ἕ. πλουτῶν
Fr. 16. ἕ. βάψαι πρὸς ναυτοδίκας πλεῖν ἐξαίφνης . . .
156, 1. ἕ. γεωργεῖν. β. εἶτα τίς σε κωλύει;
260, 1. ἐγώ γάρ, εἴ τι σ' ἠδίκησα', ἕ. δίκην
ἐθέλων. Σ. 720. βόσκειν ἕ. καὶ μὴ τυντάνς
ΕΙ 1299. ἐντος ἀμώμητον κάλλιστον οὐκ ἕ.
ἐθέμην. Εκ. 658. κἀγὼ ταύτῃ γνώμῃ ἕ. τοῦ γάρ, τάλαν, κάλλιον ἔσονται·
ἐθεράπευσα. Θ. 172. ἐμαυτὸν ἕ. ΜΝ. πῶς πρὸς τῶν θεῶν;
ἐθέριζον. Ο. 506. τοὺς πυροὺς ἂν καὶ τὰς κριθὰς ἐν τοῖς πεδίοις ἕ.
ἐθεώρουν. Σ. 1382. Ὀλυμπίασιν ἥνικ' ἕ. ἐγώ,
ἔθηκεν. Ν. 1190. ἕ., ἐς γε τὴν ἕνην τε καὶ νέαν.
Σ. 467. ὁ νόμων ἡμᾶς ἀπείργεις ὢν ἕ. ἡ πόλις.
ἔθιξον. Εκ. 192. ἀλλ' οὐκ ἂν εἴπον. ΠΡ. εἰπέ γ' ἕ. νῦν λέγειν.
ἔθνος. Α. 153. καὶ νῦν ἄρτι μαχιμώτατον Θρᾳκῶν ἕ.
ἐθορυβήσαν. Εκ. 431. εἶτ' ἕ. κἀνένερων ὡς εὖ λέγοι,
ἐθορύβουν. I. 666. οἱ δ' ἕ. ἐμοῦ γὰρ ἀφίων ἰσχηκότες·
ἔθρεψε. Α. 640. εἰκότως, ἐπεὶ χλιδῶσαν ἀγλαῶς ἕ. με.
ἐθρεψέν. Ν. 986. ἐξ ὧν ἄνδρας Μαραθωνομάχας ἡμὴ παίδευσις ἕ.
ἔθυσεν. Π. 1180. ἕ. ἱερεῖόν τι σωθεὶς, ὁ δέ τις ἂν
ἐθώπευ'. Π. 48. ἠκαλλ', ἕ., ἀπολάκευ', ἐξηπάτα
εἰ. Α. 107. ἕ. προσδοκήσει χρυσοῦν ἕν τῶν βαρβάρων. κ.τ.λ.
εἰ. Α. 151. κάπιστ' ἀπολοιμήν, ε. τι τούτων πείθομαι κ.τ.λ.
εἰ. Α. 109. ποίας ἀχαίας· οὐ μὴν ἀλαζὼν ε. μέγας. κ.τ.λ.
εἰ'. Θ. 985. ἀλλ' ε. ἐπ' ἀλλ' ἀνάστρεφ' εὐρύθμῳ ποδί,
Π. 760. ἀλλ' ε. ἀπαξάπαντες ἐξ ἑνὸς λόγου
εἶα. ΕΙ. 459. ὦ ε. ἕ.
εἰά. Α. 494. ἀνὴρ οὐ τρέμει τὸ πρᾶγμ'. ε. νυν, κ.τ.λ.
εἴαθ'. Λ. 509. οὔ γὰρ γρύξειν ε. ἡμᾶς. κᾆτ' οὐκ ἡρέσκετε γ' ἡμᾶς.
εἴδ'. Σ. 1308. ἐν κριβάνῳ βοῦς. ΔΙ. καὶ τίς ε. πώποτε
Α. 80. ἐν κριβάνου βοῦς. ΔΙ. καὶ τίς ε. πώποτε
Ο. 48. εἴ που ταυτηνί ε. πόλιν ᾖ πέπτατο.
Β. 547. ε., εἴ τις τὴν γνάθον
εἶδες. Θ. 437. πάσας δ' ε. ἐξήτασεν,
Σ. 1431. ἐρδοι τις ἣν ἕκαστος ε. τέχνην.
εἶδεν. ΕΙ. 1184. ε. αὐτὸν, κἀπορῶν θεῖ τῷ κακῷ βλέπων ὑπόν.
Β. 356. ἣ γενναίων ὀργία Μουσῶν μήτ' ε. μήτ' ἐχόρευσεν,
Fr. 233. εἰ δή τις ὑμῶν ε. Εὐρύβατον Δία·
εἰδέναι. Α. 442. τοὺς μὲν θεατάς ε. μ' ὅς εἰμ' ἐγώ,
Ν. 250. βούλει τὰ θεῖα πράγματ' ε. σαφῶς
1252. οὐκ ἄρ' ἀποδώσεις; ΣΤ. οὐχ, ὅσον γέ μ' ε.
1262. τί ΣΤ ἐστιν εἰμί, τοῦτο βούλεσθ' ε.;
Σ. 86. εἰ δὴ 'πιθυμεῖ ε., σιγᾶτε νῦν.
985. οὔκουν ἀποφεύγει δῆτα; ΦΙ. χαλεπὸν ε.
1288. οὐδὲν ἄρ' ἐμοῦ μέλον, ὅσον τοὺς δὲ μόνον ε.
Ο. 34. μὰ τὸν Δί' οὔτοι γ', ὥστε κἀμί γ' ε.
Εκ. 350. κάλως πονηρὰ γ' ἐστὶν ε. τὰ κάμ' ε.
εἶδες. Α. 971. ε. ὦ ε. ὦ πᾶσα πόλι τὸν φρόνιμον ἄνδρα, τὸν
I. 269. ὡς δ' ἀλαζών, ἂν δὴ μάσθησι ε. οἳ ὑπέρχεται·
Ν. 346. ἤδη ποτ' ἀναβλέψας ε. νεφέλην Κενταύρῳ ὁμοίαν
1051. πιοῦ ψυχρὰ δῆτα πώποτ' ε. Ἡράκλεια λουτρά;
1061. ἐπεὶ σὺ διὰ τὸ σωφρονεῖν τῷ πώποτ' ε. ἤδη

εἶδες—εἶλκον.

εἶδες. ΕΙ. 827. ἄλλον τιν' ε. ἄνδρα κατὰ τὸν ἀέρα
Θ. 1218. ναὶ ναίκι. ε. αὐτό; ΧΟ. ταύτῃ γ' οἴχεται
εἶδές. Ο. 178. ε. τι; ΓΠ. τὰς νεφέλας γε καὶ τὸν οὐρανόν.
εἶδῇ. Ν. 1461, ὅπα ἂν ε. τοὺς θεοὺς δεδοικέναι.
  Σ. 376. χὴ δρόμον δραμεῖν. ἵν' ε.
  425. ὣς ἂν εὖ ε. τὸ λοιπὸν σμῆνος οἷον ὥργισεν.
εἰδῇθ'. Σ. 454. οὐκέτ' ἐς μακρὰν, ἵν' ε. οἷόν ἐστ' ἀνδρῶν τρόπος
εἴδῃς. Ι. 727. ἐξελθ', ἵν' ε. οἷα περιυβρίζομαι.
  Ι. 747. ὦ Δῆμ', ἵν' ε. ὁπότερος νῷν ἐστί σοι
  Ν. 822. ὑμῶς γε μὴν πρόσιθ', ἵν' ε. πλείονα.
  Π. 112. σοὶ δ' ὡς ἂν ε. ὅσα, παρ' ἡμῖν ἦν μένῃς,
εἴδαμεν. Ο. 1472. δεινὰ πρᾶγματ' ε.
εἶδον. Ι. 645. οὐπώποτ' ἀφίας ε. ἀξιωτέρας.
  Ι. 1090. ἀλλ' ἐγὼ ε. ὄναρ, καὶ μυῳδόκει ἡ θεὸς αὐτὴ
  Ν. 355. καὶ τὸν γ' ὅτι Κλεισθένη ε., ὁρᾷς, διὰ τοῦτ' ἐγένοντο γυναῖκες.
  628. οὐκ ε. αὕτως ἄνδρ' ἄγροικον οὐδένα
  Σ. 13. καὶ δῆτ' ὄναρ θαυμαστὸν ε. ἀρτίως.
  1268. οὗτος ὃν γ' ἐγὼ ποτ' ε. ἀντὶ μήλου καὶ ῥοιᾶς
  Ο. 802. γελοιότερον οὐκ ε. οὐδεπώποτε.
  861. οὕπω κύρακ' ε. ἐμπεφορβιωμένον.
  Λ. 109. οὐκ ε. αὖδ' ὑλισβον ὀκτωδάκτυλον,
  561. νὴ Δί' ἐγὼ γοῦν ἄνδρα κομήτην φυλαρχοῦντ' ε. ἐφ' ἵππου
  759. ἐξ οὗ τὸν ὄφιν ε. τὸν οἰκουρὸν ποτε.
  1099. αἵ η' ε. ἀμὶ τῶνδρες ἀνανεφλασμένοι.
  Θ. 909. Ἑλένη σ' ὁμοίαν δὴ μάλιστ' ε., γύναι.
εἶδόν. Π. 882. ἐχθὲς δ' ἔχοντ' ε. σ' ἐγὼ τριβώνιον.
εἶδος. Θ. 207. τῷ γ' ε. ἦν λαλῇς δ', ὅπως τῷ φθέγματι
  Π. 317. ἰδοὺς ἐπ' ἀλλ' ε. τρέψεσθ',
εἰδότι. Ν. 1241. καὶ Ζεὺς γέλοιος ὀμνύμενος τοῖς ε.
εἰδότα. Λ. 993. ἀλλ' ἂν πρὸς ε. με αὖ ταληθῆ λέγε.
εἰδότες. Ο. 692. ε. ὀρθῶς παρ' ἐμοῦ Προδίκῳ κλαειν εἴπητε τὸ λοιπόν,
εἰδόμην. Θ. 596. εἰ μὴ 'πενύσμην ταῦτα τῶν σαφ' ε.
εἴδωλα. Ο. 1393. ε. πετειῶν
εἴδωλον. Ν. 976. ε. τοῖσιν ἑραστσῖσιν τῆς ἥβης μὴ καταλείπειν.
εἰδώμεν. Β. 322. βέλτιστόν ἐστιν, ὡς ἂν ε. σαφῶς.
εἰδώς. L. 520. τοῦτο μὲν ε. ἀπαθὲ Μάγνης ἄμα ταῖς πολιαῖς κατινόασαι,
  Ι. 652. ὁ δ' ὑπονοήσας, ὁ Παφλαγών, ε. θ' ἅμα
  Ν. 479. ἵν' αὐτὸν ε. ὅστις ἐστὶ μηχανὰς
  1509. μάλιστα δ' ε. τοὺς θεοὺς ὡς ἠδίκουν.
  Β. 261. ε. με μάχιμον ὄντα, φιλοτιμούμενος.
  Εκ. 683. ε. ὁ λαχὼν ἀνὴρ χαίρων ἐν ὑποίῳ γράμματι δεῖπνεῖ·
  Π. 777. ἐψευγον, ε. οὐδὲν ὦ πλήμων ἐγώ.
εἰειειειλίσσετε. Β. 1314. ε. δακτύλοις φάλαγγες
εἰειειειλίσσουσα. Β. 1348. ε. χεροῖν.
εἴεν. Ι. 1078. ε. κ.τ.λ.
εἴη. Σ. 348. τίς ἂν οὖν ε. ζητεῖθ' ὑμεῖς, ὅπου ἂν ἐγωγε ποιοίην
  Ο. 128. ὅπου τὰ μέγιστα πράγματ' ε. τοιαδί·
  Λ. 285. μὴ νῦν ἐτ' ἐν τετραπόλει τοὐμὸν τροπαῖον ε.
  839. ὃν ἔργον ε. τοῦτον ὑπτὼν καὶ στρέφειν,
  1267. φιλία τ' αἰεὶ ξυμφορος ε.
  Θ. 588. ἐκεῖνος ε. τῶν λόγων κατάσκοπος.
  847. τί δῆτ' ἂν ε. τοὐμπόδιόν; εἰς ἐσθ' ὅπως
  Β. 780. ὁπότερος ε. τὴν τέχνην σοφώτερος.
  1149. οὔτω γ' ἂν ε. πρὸς πατρὸς τυμβωρύχος.
  Εκ. 24. τί δῆτ' ἂν ε. ξυτέρων οὖν ἐρραμμένοις
  348. τί δῆτ' ἂν ε.; μὼν ἐπ' ἄριστον γυνὴ
  Π. 335. τί ἂν οὖν τὸ πρᾶγμ' ε.; πόθεν καὶ τίνι τρόπῳ
  680. εἴ που πίπωνω ε. τι καταλελειμμένον·
  Fr. 529. οὕτω παρ' ἡμῖν ἡ πόλις μάλιστα σώ ἂν ε.
εἴην. Α. 894. σοῦ χωρὶς ε. ἐντετευλανωμένης.
  Εκ. 67. καὶ μηδὲν ε. ἐτι γυναικὶ προσφερής.
εἴης. Ν. 870. αὐτοὺς τρίβων ε. ἂν, εἰ κρεμαιό γε.
  Σ. 350. ἔστιν ὑπὸ δῆθ' ἠτιν' ἂν ἔνδοθεν οὖς τ' ε., διορύξαι.
  ΕΙ. 1292. ἦ γὰρ ἂν θαυμαστὸν ἀκούων, εἰ σὺ μὴ ε.
  Εκ. 1040. μήτηρ ἂν αὐτῷ μᾶλλον ε. ἡ γυνή.
  Π. 909. πῶς οὖν ἂν ε. στωμυλώτερος, εἰ σὺ τοιχωρύχει,
  1152. τί δῆτ' ἂν ε. ὥφελος ἡμῖν ἐνθάδ' ὢν;
εἶθ'. Ν. 24. ε. ἐξενύπτον πρότερον τὸν ὀφθαλμὸν λίθῳ. κ.τ.λ.
εἶθ'. Ι. 208. ε. αἱματοπώτης ἐσθ' ὅ τ' ἀλλὰς αὖ μακρόν. κ.τ.λ.
εἴθε. Ι. 404. ε. φαῦλοι, ὥσπερ εὗρες, ἐκβάλοις τὴν ξυνωρίν. κ.τ.λ.
εἰθίσθης. Ι. 512. νὴ Δί' ε. γὰρ ἡδεσθαι τοιούτοις πράγμασιν
εἰθισμένα. Εκ. 238. αὐτὰ γὰρ εἴσιν ἐξαπατᾶν ε.
  Εκ. 265. ε. γὰρ ἐσμεν αἴρειν τὼ σκέλη.
εἰκάθως. Ν. 17. ὑρῶν ἄγουσαν τὴν σελήνην ε.
εἰκάζει. Β. 504. ὅπερ ε. σεαυτόν.
εἰκάσαι. Ι. 232. τῶν σκευοποιῶν ε. πάντως γε μὴν

εἰκασθήσεται. Α. 788. σάφ' ἴσθι ποτνᾶν ματέρ' ε.
εἰκελόνειρος. Ο. 687. ἀπτήνες ἐφημέριοι, ταλαοὶ βροτοί, ἀνέρες ε.,
εἰκέναι. Ν. 185. τί ἐθαύμασας; τῷ σοι δοκοῦσιν ε.;
εἰκῇ. Ι. 431. ὁμοῦ ταράττων τὴν τε γῆν καὶ τὴν θάλατταν ε.
  Ν. 44. εὐρωτιῶν, ἀκόρητος, ε. κείμενος,
  Λ. 471. ἀλλ', ὦ μέλ', οὐ χρὴ προσφέρειν τοῖς πλησίοισιν ε.
  Β. 733. οὐδὲ φαρμακοῖσιν ε. ῥαδίως ἐχρῆσατ' ἄν.
  Π. 300. ε. δὲ καταδαρθόντα που,
εἰκοβολοῦντες. Fr. 549. ε. καὶ πλάττοντες,
εἰκῶν'. Β. 538. ε. ἑστάναι, λαβὼνθ' ἕν
εἰκόνας. Β. 906. ἀστεῖα καὶ μήτ' ε. μηθ' οἷ ἂν ἄλλοι εἴποι.
εἰκός. Α. 702. τῷ γάρ ε. ἄνδρα κυφόν, ἡλίκον Θουκυδίδην,
  Ν. 393. τὸν δ' ἀέρα τύνδ' ὄντ' ἀπέραντον, πῶς οὐκ ε. μέγα βροντᾶν;
  418. καὶ βέλτιστον τοῦτο νομίζεις. ὑπερ ε. δεξιὸν ἄνδρα,
  1374. πολλοῖς κακοῖς καίσχροῖσι· κᾆτ' ἐντεῦθεν, οἶον ε.,
  1418. ε. δὲ μᾶλλον τοὺς γέροντας ἢ νέους τε κλάειν,
  1439. κλάειν γὰρ ἡμᾶς ε. ἐστ', ἢν μὴ δίκαια δρῶμεν.
  ΕΙ. 736. εἰ δ' οὖν ε. τινα τιμῆσαι, θύγατερ Διὸς, ὅστις ἄριστος
  761. ἀποδοῦναί μοι τὴν χάριν ὑμᾶς ε. καὶ μνήμονας εἶναι.
  Λ. 1118. ἀλλ' ὡς γυναῖκας ε., οἰκείαις πάνυ.
  Θ. 582. τί δ' ἔστιν, ὦ παῖ; παῖδα γάρ σ' ε. καλεῖν,
  722. μεγθόμεσθά σ', ὥσπερ ε., ἀντὶ τῶνδε,
  830. τῆς τῶν ἀνδρείον τεκούσης, τῷ γάρ ε., ὦ πόλις,
  974. μέλψωμεν ὥσπερ ε.
  1144. φάνηθ', ὦ τυράννους στυγοῦσ', ὥσπερ ε.
  Β. 697. πρὶν δὲ τούτοις ε. ὑμᾶς, οἳ μεθ' ἡμῶν πολλὰ δὴ
  900. προσδοκᾶν οὖν ε. ἐστι
  1060. μάλλων ε. τοὺς ἡμιθέους ταῖς ῥήμασι μείζοσι χρῆσθαι·
  Εκ. 493. ὥστ' ε. ἡμᾶς μὴ βραδύνειν ἐστ' ἐναναμεινούσας,
  Π. 258. ὡς ε. ἐστιν ἀσθενεῖς γίγνεσθαι ἀνθρώπους ἤδη;
  662. κατεκλίναμεν τὸν Πλούταν, ὥσπερ ε. ἦν·
  1122. ἰσχάδας, ὅσ' ε. ἐστιν Ἑρμῆν ἐσθίειν
  1208. οὖν ἐτι τοίνυν ε. μέλλειν οὐδ' ἡμᾶς, ἀλλ' ἀναχωρεῖν
  Fr. 473. ε. δήπου πρῶτον ἀπάντων
  79. δ' οὐκ ἀνεῖχες αὐτὸν ὥσπερ ε. ἦν.
εἶκος'. Fr. 79. ε.
  Ι. 443. σὺ δ' ἀστρατείας γ' ε.,
  Σ. 708. τούτων ε. ἄνδρας βύσκειν εἴ τις προσέταξεν ἑκάστῳ,
  Θ. 458. πλέξαι στεφάνους συνθημαιοῦσιν ε.
  Β. 553. καὶ κρέα τε πρὸς τούτοισιν ἀνάβραστ' ε.
  Εκ. 984. τὰς ἑντὸς ε. γὰρ ἐκδινήσομεν.
  Π. 83. ἱκανοὺς νομίζεις δῆτα θανάτους ε.;
  982. ἀλλ' ἀργυρίου δραχμὰς ἂν ἔτηε ε.
  1019. ὑπότε προστείνοιμί γε δραχμὰς ε.
εἰκοσίν. Β. 1131. ἔχει δ' ἕκαστον ε. γ' ἁμαρτίας.
εἰκοστολόγος. Β. 363. ἐξ Αἰγίνης Θωρυκίων ὢν, ε. κακοδαίμων,
εἰκότα. Α. 692. ταῦτα πῶς ε. γέροντ' ἀπολέσαι, πολιὸν ἄνδρα, περὶ κλεψύδραν,
εἰκότως. Ι. 1321. διμαθέτειτ', εἰκότως ε. τῷ πράγματι·
εἰκότως. Ι. 34. ὅτι θεοῖσιν ἐχθρός εἰμ'. οὐκ ε.;
  ΕΙ. 101. οἱ βάρβαροι θύουσι. διὰ τοῦτ' ε.
  Ο. 273. ε. καὶ γὰρ ὄναμ' αὐτῷ γ' ἔστι φοινικόπτερος.
  Λ. 640. ε. ἐπεὶ χλιδῶσαν ἀγλαῶς ἔθρεψέ με.
  Θ. 207. ἀνὴρ ἡ πρόφασις γε νὴ Δί' ε. ἔχει.
  Β. 226. ε. γ', ὦ πολλὰ πράτ-
  Εκ. 7. σοὶ γὰρ μόνῳ βηλόαμεν, ε. ἔστι δὲ
  Π. 1021. ἐπὶ Θασίων ἐνέχεις, ε. γε νὴ Δία.
εἰκούς. Ν. 559. τὰς ε. τῶν ἐγχέλεων τὰς ἐμὰς μιμούμενοι
εἰκώς. Ο. 697. στίλβων νώτων πτερύγων χρυσαῖν, ε. ἀνεμώκεσι δίναις.
εἴλε. Ο. 781. ε. δὲ θάμβον ἀνακτας· 'Ολυμπιάδες δὲ μέλος Χάριτες Μοῦ-
Εἰλείθυια'. Α. 742. ὦ πότνι' Ε., ἐπίσχες τοῦ τόκου.
Εἰλείθυια. Εκ. 369. ὦ πότνι' Ε., μή με περιίδῃς
εἴλετ'. Ι. 789. καὶ σὺ αὐτῶν πολὺ μικροτέροις τούτων δελεάσμασιν ε.
εἴλεσθε. Ν. 587. ἀλλ' ὅμως ε. τοῦτον. φασὶ γὰρ δυσβουλίαν
εἵλετ'. FI. 360. ε. ἐλθών γ' αὐτὸς τὴν ἐμὴν τύχην.
εἴλη. Σ. 772. ε. κατ' ὄρθρον, ἡλίαισι πρὸς ἡλίον
εἰλημμένο. Λ. 832. τοῖς τῆς 'Αφροδίτης ὀργίοις ε.
εἰλημμένον. Π. 455. ἐπ' αὐτοφώρῳ δεινὰ δρῶντ' ε.
εἴλην. Fr. 524. τὸν πρὸς ε. ἰχθύων ὠπτημένων.
εἰλήφαμεν. Β. 591. τὴν στολὴν ε. ἤνπερ
  Π. 851. ἐπεὶ πόθεν θοιμάτιον ε. τοδί;
εἰλήφασιν. Ν. 1498. ἀσελγὲς οὕπερ θαιμάτιον ε.
εἴληφε. Ν. 1066. ε. διὰ πονηρίαν, οὐχ ἂν Δί' οὐ μάχαιραν.
εἰλήφει. Θ. 1118. ταύτης ἔρως ε. ΤΟ. σὺ ξηλῶ σι σέ·
εἰλκόνας. Εκ. 548. ἐν χρῇ ἔμ' ἐξ ἐκκλησίας ε.
εἴλκον. Ι. 665. κᾆθ' ε. αὐτὸν οἱ πρυτάνεις χοὶ τοξόται.

είλκον—είπεν.   89

είλκον. Σ. 793. κᾴθ᾽ ε. αὐτόν.   ΒΔ. ὁ δὲ τί πρὸς ταῦτ᾽ εἶφ᾽; ΦΙ.
 ὅ τι;
ΕΙ. 475. οὐδ᾽ οἶδε γ᾽ ε. οὐδὲν Ἀργεῖοι πάλαι
εἵλκυσεν. Ν. 540. οὐδ᾽ ἔσκωψε τοὺς φαλακροὺς, οὐδὲ κόρδαχ᾽ ε.,
εἷλλε. Ν. 762. μή νυν περὶ σαυτόν ε. τὴν γνώμην ἀεί,
εἱλόμεθα. Fr. 198, 3. ε. κοινῇ, γενομίνης ἐκκλησίας,
εἷλον. Σ. 1207. ε. διώκων λοιδορίας ψήφοιν δυοῖν.
εἷλοντο. ΕΙ. 1091. Εἰρήνην ε. καὶ ἱδρύσανθ᾽ ἱερείῳ.
εἰμ᾽. Α. 51. ἀθάνατός ε.· ἐμοὶ δ᾽ ἐπέτρεψαν οἱ θεοὶ κ.τ.λ.
εἰμ᾽. Α. 442. τοὺς μὲν θεατὰς εἰδέναι μ᾽ ὡς ε. ἐγὼ, κ.τ.λ
εἰμ᾽. Β. 577. ἀλλ᾽ ε. ἐπὶ τὸν Κλέων᾽, ὃς αὐτοῦ τήμερον
Β. 646. ἀλλ᾽ ε. ἐπὶ τανθὶ καὶ πατάξω. ΔΙ. πηνίκα;
Εκ. 460. οὐδ᾽ ἐς δικαστήριον ἄρ᾽ ε., ἀλλ᾽ ἡ γυνή;
εἰμεναι. Α. 775. ἐμά γε.   σὺ δέ νιν ε. τίνος δοκεῖς;
εἰμι. Α. 594. ἐγὼ γάρ ε. πταχός; ΑΛ. ἀλλὰ τίς γὰρ εἶ; κ.τ.λ.
εἰμί. Α. 441. εἶναι μὲν ὅσκερ ε., φαίνεσθαι δὲ μή ε.κ.τ.λ.
Ι. 1043. ἐγὼ γὰρ ἀντὶ τοῦ λέοντός ε. σοι. κ.τ.λ.
εἰμι. Ι. 186. ἀλλ᾽ ε. πρῶτον δ᾽, ἂν ἔχω, τὰς κοιλίας
ΕΙ. 231. ἀλλ᾽ ε.· καὶ γὰρ ἐξιέναι, γνώμην ἐμήν,
1040. ἐγὼ δ᾽ ἐπὶ σπλάγχν᾽ ε. καὶ θυλήματα.
Β. 444. ἐγὼ δὲ σὺν ταῖσιν κύραις ε. καὶ γυναιξίν,
Εκ. 477. ἀλλ᾽ ε.· σὺ δ᾽ ὑγίαινε.   ΒΛ. καὶ σύ γ᾽, ὦ Χρέμης.
863. ὁμόσ᾽ ε. κύραις. ΑΝ. Α. ἦν δὲ μαστιγῶσι, τί;
946. ἀλλ᾽ ε. τρηθήσουσ᾽ δ τι καὶ δράσει ποτέ.
Π. 605. ε. δὲ ποῖ γῆς;
εἶν᾽. Ν. 1357. ὁ δ᾽ εὐθέως ἀρχαῖον ε. ἔφασκε τὸ κιθαρίζειν κ.τ.λ.
εἶναι. Α. 440. δεῖ γάρ με δῦξαι πτωχὸν ε. τήμερον, κ.τ.λ.
εἶναι. Ι. 447. τὸν πάππον ε. φημὶ σοῦ κ.τ.λ.
εἶναι. Β. 133. ε., τόθ᾽ ε. καὶ σὺ σαυτόν. ΔΙ. ποῖ; ΙΡ. κάτω.
εἰναλίον. Θ. 325. Νηρέος ε. τε κόραι,
εἴξασι. Ν. 341. εἴπερ Νεφέλαι γ᾽ εἰσὶν ἀληθῶς, θνηταῖς ε. γυναι-
     ξίν;
εἴξασιν. Ν. 343. οὐκ οἶδα σαφῶς· ε. δ᾽ οὖν ἐρίοισιν πεπταμέ-
     νοισι,
Ο. 96. ε. ἐπιτρίψαί σε. ΕΠ. μῶν με σκώπτετον
353. οἶδε τῆς ὀργῆς χαλᾷν ε. ἄραγ᾽ ἐπὶ σκέλος.
εἴξεις. Ν. 1001. τοῖς Ἱπποκράτους υἱέσιν ε., καί σε καλοῦσι βλι-
     τομάμμαν.
εἶπ᾽. Ι. 425. ὥστ᾽ ε. ἀνὴρ τῶν ῥητόρων ἰδών με τοῦτο δρῶντα·
Ι. 899. νὴ τὸν Ποσειδῶ καὶ πρὸς ἐμὲ τοῦτ᾽ ε. ἀνὴρ κύπρειος.
Σ. 1430. κᾴπειτ᾽ ἐπιστὰς ε. ἀνὴρ αὐτῷ φίλος·
Β. 916. ἀλλ᾽ οἰζειῶν πρώτιστα μέν μοι τὸ γύναιον ε. ἂν εὐθὺς
εἶπ᾽. Ι. 109. ε., ἀντιβολῶ, τί ἐστι; ΔΗ. τοὺς χρησμοὺς ταχὺ
Ι. 142. ε., ἀντιβολῶ, τίς ἐστιν;   ΔΗ. εἴπω;   ΝΙ. νὴ Δία.
1202. ε., ἀντιβολῶ, τῶν ἐπενόησας δραμάσαι;
1257. ἐμοὶ δέ γ᾽ ὅ τι σοι τοὔνομ᾽ ε. ΑΛ. ᾽Αγορώκριτος·
ΕΙ. 118. ἔστι τὸ τῶνδ᾽ ἐτύμως; ε. ὦ πάτερ, εἴ τι φιλεῖς με.
εἴπαμ᾽. Α. 1075. εἶτ᾽ ε. ἡμῖν πῶς ἔχοντες ἥκετε.
εἴπαμεν. Εκ. 75. καὶ θαυμάτια τἀνδρείῖα, καθάπερ ε.
εἴπας. Α. 152. ἃν ε. ἐνταυθὶ σὺ, πλὴν τῶν παρόντων.
Α. 580. τί δ᾽ ε. ἡμᾶς; οὐκ ἐρεῖς; ΔΙ. οὐδὲ οἶδα πω·
Ι. 347. εἴ που δικαίων ε. εὖ κατὰ ξένον μετοίκοι,
1237. πῶς ε.; ὡς μοῦ χρησμοὶς ἅπτεται φρενῶν.
ΕΙ. 131. ἀκιστον ε. μύθων, ὦ πάτερ πάτερ,
Λ. 594. οὐκουν κἀνδρες γηράσκουσιν; ΛΥ. μὰ Δί᾽, ἀλλ᾽ οὐκ
     ε. ἔμεινον.
Θ. 902. γύναι, τί ε.; στρέψον ἀνταυγεῖς κόρας.
Εκ. 191. ἕδρασαι, εἰ τοῦτ᾽ ε. ἐν τηκκλησίᾳ.
Π. 220. παπαῖ, ποιηρούς γ᾽ ε. ἡμῖν συμμάχους.
εἴπατε. Α. 540. ἐρεῖ τις, οὐ χρῆν ἀλλὰ τί ἐχρῆν ε.
εἴπατον. Β. 1379. καὶ λαβομένω τὸ ῥῆμ᾽ ἑκάτερος ε.,
Β. 1426. ἀλλ᾽ ὅ τι νοεῖτον, ε. τούτου πέρι.
1435. ἀλλ᾽ ἓν μίαν γνώμην ἑκάτερος ε.
εἴπατον. Ο. 107. ἀλλ᾽ ε. μοι, σφὼ τίν᾽ ἐστόν; ΕΤ. νώ· βροτώ.
εἴπάτω. ΕΙ. 660. ἢ δ᾽ ἀλλὰ πρὸς σὲ μικρὸν ε. μόνον.
Β. 1243. ἔασαν, ὦ τᾶν· πρὸς τοδὶ γάρ ε.
1389. ἀλλ᾽ ἕτερον ε. τι κἀντιστησάτω.
εἰπέ. Α. 45. ἤδη τις ε.; ΚΗ. τίς ἀγορεύειν βούλεται;
Ι. 1024. σοὶ δ᾽ ε. σῳζεσθαί μ᾽ ὁ Φοῖβος τὸν κύνα.
1080. ἀλλ᾽ ἔτι τῶνδ᾽ ἐπάκουσον, ἵν᾽ ε. οὐ ἐξαλέασθαι.
Ν. 159. τί δῆτ᾽ ἐκεῖνο ε. περὶ τῆς ἐμπίδος;
Σ. 44. εἶτ᾽ Ἀλκιβιάδης ε. πρός με τραυλίσας·
ΕΙ. 6. ε. δ᾽ ε. πρῶτον ἡμῖν ἥρχεθ᾽ ἡ χολή.
1095. οὐ μετέχω τούτων· οὐ γὰρ ταῦτ᾽ ε. Σίβυλλα.
Θ. 373. Λυσίλλ᾽ ἐγραμμάτευεν, ε. Σωστράτη
475. κατὰ ξυνειδός ε. δράσας μυρία,
Εκ. 356. μῶν ἢν Θρασύβουλος ε. τοῖς Λακωνικοῖς;
Π. 40. εἰσίν· σαφῶς γὰρ ὁ θεὸς ε. μοι τοδί·
212. ἔχω τιν᾽ ἀγαθὴν ἐλπίδ᾽ ἐξ ὧν ε. μοι
εἰπέ. Α. 157. ποίαν Ὀδομάντων ε. μοι, τουτὶ τί ἦν;
Α. 319. ε. μοι, τί φειδόμεσθα τῶν λίθων, ὦ δημόται,

εἰπέ. Α. 328. ε. μοι, τί τοῦτ᾽ ἀπελεῖ τοὖπος, ἄνδρες δημόται,
Α. 588. πτίλον γάρ ἐστιν· ε. μοι, τίνος ποτέ
Ι. 15. ἀλλ᾽ ε. θαρρῶν, εἶτα κᾀγώ σοι φράσω.
102. κλέπτον τὸν οἶνον. ΑΛ. ε. μοι, Παφλαγὼν τί δρᾷ;
178. ἀνὴρ μέγιστος. ΑΛ. ε. μοι, καὶ πῶς ἐγὼ
741. εὖ γάρ ποιῶ τὸν δῆμον. ΑΛ. ε. νυν, τί δρῶν;
868. ἐν δ᾽ ε. μοι τοσουτονί· σκύτη τοσαῦτα πωλῶν,
1245. καί μοι τοσοῦτον ε.· πότερον ἐν ἀγορᾷ
1361. τούτων τί δράσεις, ε., τὸν ξυνήγορον;
Ν. 82. ἰδού. τί ἐστιν; ΣΤ. ε. μοι, φιλεῖς ἐμέ;
139. ἀλλ᾽ ε. μοι τὸ πρᾶγμα τοὐξηυμβαμίνοω.
200. πρὸς τῶν θεῶν, τί γὰρ τάδ᾽ ἐστίν; ε. μοι.
500. κατάθου. τί ληρεῖς; ΣΤ. ε. δή νῦν μοι τοδί.
637. ὧν οὐκ ἐδιδάχθης πώποτ᾽ οὐδέν· ε. μοι.
652. κατὰ δάκτυλον· νὴ τὸν Δί᾽ ἀλλ᾽ οἶδ᾽. ΣΩ. ε. δή.
683. ἀλλ᾽ οἶδ᾽ ἔγωγ᾽ ὁ θῆλυ᾽ ἐστίν. ΣΠ. ε. δή.
748. ἐπιδείξομεν αὐτήν. ΣΤ. ε. δὴ νῦν μοι τοδί·
760. ὅπως ἂν αὐτὴν ἀφανίσειας ε. μοι,
778. φαυλότατα καὶ ῥᾷστ᾽. ΣΩ. ε. δή. ΣΤ. καὶ δὴ λέγω.
847. φέρ᾽ ἴδω, σὺ τούτον τινα νομίζεις· ε. μοι.
900. ε., τί ποιῶν; ΔΙ. τὰ δίκαια λέγων.
960. ῥῆσον φωνὴν ἥτινι χαίρεις. καὶ τὴν σαυτοῦ φύσιν ε.
1049. ψυχὴν νομίζεις, ε. καὶ πλείστους πώνους ποιῆσαι·
1410. ἐγαγέ σ᾽, εὐνοῶν τε καὶ κηδόμενος. ΦΕ. ε. δή μοι,
Σ. 292. πάν γ᾽, ὦ παιδίον, ἀλλ᾽ ε. τί βούλει με πρίασθαι
103. ε. μοι, τί μέλλομεν κινεῖν ἐκείνην τὴν χολήν,
495. ε. μοι, τοιαύτην αἰτεῖς, πότερον ἐπὶ τυραννίδι;
524. ε. μοι, τί δ᾽ ἦν, τὸ δεινά, τῇ διαίτᾳ μ᾽ μμίνης;
996. ἔπαιρε σαυτόν. ΦΙ. ε. νυν ἐκεῖνό μοι,
1107. ἀλλ᾽ ἕτερον ε. μοι· παρ᾽ ἀνδράσι ξένοι ε
1316. ὁ γέρων δὲ τὸν Θουφράστου ᾖρετ᾽, ε. μοι,
ΕΙ. 210. τοῦ δ᾽ οὕνεχ᾽ ἡμᾶς ταῦτ᾽ ἔδρασαν· ε. μοι.
225. ἵνα μὴ λάβητε μηδέπωτ᾽ αὐτήν. ΤΡ. ε. μοι,
383. ε. μοι, τί πάσχεις᾽. ὥνθρωπε· ἕσται᾽ ἐκπεπληγμένοι,
851. ἄγε νυν ἴωμεν. ε. μοι, δῷ καταφαγεῖν
1142. ε. μοι, τί τηνικαῦτα δρῶμεν, ὦ Κωμαρχίδη,
1279. ἀλλά τί δῆτ᾽ ᾅδω· σὺ γάρ ε. μοι οἶστισι χαίρεις.
1300. ε. μοι, ὦ μύσθων, ἐς τὸν σαυτοῦ πατέρ᾽ ᾅδεις.
Ο. 88. δείσας εἰκότως τὸν κολοιόν· ΕΤ. ε. μοι,
366. ε. μοι, τί μέλλει᾽, ὦ πάντων κάκιστα θηρίων,
907. τουτὶ τὸ πρᾶγμα ποδαπόν; ε. μοι, τίς εἶ;
998. ὃν οἶδεν Ἑλλὰς χὠ Κολωνός. ΠΕ. ε. μοι,
1382. παύσαι μελῳδῶν, ἀλλ᾽ ὅ τι λέγεις ε. μοι.
1430. τουτὶ τίς ἄρχει; ε. μοι, τίς σ᾽ ἔπεισεν ε.
Λ. 830. ταχέως. ΓΤ. Α. τί δ᾽ ἐστιν; ε. μοι, τίς ἡ βοή·
Θ. 89. ὃ Θεσμοφόροιν ἐλθεῖν. ΜΝ. τί δέδρασιν᾽; ε. μοι
618. τί δῆτα μ᾽ ἕλκεις ἀσθενούσαν; ΚΛ. ε. μοι,
628. ἵνα μὴ ᾽κακούσῃς ὢν ἀνήρ. σὺ δ᾽ ε. μοι
743. πιντίπυλον, ἦ πῶν; ε. μοι. ΓΤ. Ζ. τί μ᾽ εἰργάσω;
Β. 39. ἐνήλαθ᾽ ἑστίν· ε. μοι, τουτὶ τί ἦν;
1445. ἀμαθέστερον πῶν ε. καὶ σαφέστερον.
Εκ. 328. νὴ τὸν Δί᾽ αὐτὸν δῆτ᾽ ἐκείνος. ε. μοι,
865. ἐπὶ ταῖς θύραις ἐστὶν ΑΝ. Α. τί δράσεις; ε. μοι,
Π. 172. τί δέ; τὴν τριήρεις οὐ σὺ πληροῖς· ε. μοι.
941. τοῦτι δ᾽ ἐμβαδίοις τί χρήσεται τις· ε. μοι.
998. εἰς ἐσπέραν ἥξομεν, ΧΡ. τί σ᾽ ἔδρασ᾽· ε. μοι.
1100. ὦ Καρίων, ἀνάμεινον. ΚΑ. οὗτος, ε. μοι,
1108. ἐπειτα σαυτόν, εἶτα τὴν σὴν ΑΛ. ε. μοι,
εἰπεῖν. Α. 562. εἶτ᾽ εἰ δίκαια, τοὐτων ε., αὖτ᾽ ἐχρῆν
Β. 645. ὅστις παρεκινδύνευσ᾽ ε. ἐν Ἀθηναίοις τὰ δίκαια.
1. 339. ἀλλ᾽ αὐτὸ μηδὲ τοῦ πρότερος ε. ἀπολελαύκασιν.
608. ὥστ᾽ ἔφη Θέαρος ε. ναρκίνον Κορίνθιον
1306. καὶ τίν᾽ ε., ἥτις ἀνθρώπῳ ἄσσον οὐκ ἐληλύθει·
Ν. 1402. οὐδ᾽ ἂν ἐρεῖ ε. ῥήμαθ᾽ οὔς σ᾽ ἢ πρὶν ἐξαμαρτεῖν·
Σ. 306. πεῖδα χρηστήρ τινα νῦν ἢ πέρας Ἑλλὰς ἰρῶν ε.,
ΕΙ. 1141. τὸν θεὸν δ᾽ ἐπιφανέξειν, καὶ τιν᾽ ε. γέτιοινα,
Ο. 1101. τοῖς κριταῖς ε. τι βουλόμεσθα τῆς νύσης πέρι,
Λ. 713. ἀλλ᾽ αἰσχρὸν ε. καὶ σιωπῆσαι βαρύ.
1044. φλαύρων ε. οὐδενί·
Θ. 176. ἀλλ᾽ ὥσπερ οὗνεν᾽ ἥλθον ἔα μ᾽ ε. ΑΓ. λέγε.
524. τάδε γάρ ε. τὴν πανοῦργον
Β. 389. καὶ πολλὰ μὲν γέλοιά μ᾽ ε.,
1073. οὐκ ἠπίστανθ᾽ ἢ μᾶζαν καλέσαι καὶ ῥυπαπαῖ ε.
1239. ἔασον ε. πρῷθ᾽ ὅλον με τὸν στίχον.
Π. 274. ἡγεῖσθέ με, τίνα μοῦδὲν ἂν νομίζεθ᾽ ὑγιὲς ε.,
876. ε. ὰ πεπανουργηκας. ΚΑ. αἰμιέψαρα σύ.
εἶπεν. Α. 34. ὃς οὐδεπώποτ᾽ ε., ἐπειδὴ κάθητο πρώϊος,
Ν. 1223. ὅτι ἐς δύ᾽ ε. ἡμέρας. τοῦ χρήματος
1365. τῶν Αἰσχύλου λέξαι τί μοι· κᾆθ᾽ οὖτος εὐθὺς ε.,
Σ. 1403. κᾷπειτ᾽ ἐκεῖνος ε., ὦ κύον κύον,
1411. ἔπει θ᾽ ὁ Λᾶσος ε., ὀλίγον μοι μέλει.

N

90 εἶπεν—εἴρηχ'.

εἶπεν. Σ. 1438. εἶθ' ἡ Συβαρῖτις ε., εἰ καὶ τὰν κόραν
ΕΙ. 1096. ἀλλ' ὁ σοφός τοι νὴ Δί' "Ομηρος δεξιῶν ε.
Θ. 497. οὐνώποτ' ε.· εἰ δὲ Φαίδραν λοιδορεῖ,
Β. 924. ἤδη μεσοίη, ῥήματ' ἂν βύεια δώδεκ' ε.,
927. σαφὲς δ' ἂν ε. οὐδείς ΔΙ. μὴ πρίε τοὺς ὀδόντας.
1029. ὁ χορὸς δ' εὐθὺς τῷ χεῖρ' ὡδὶ συγκρούσας ε. ἰαυοῖ.
1154. δὶς ταυτὸν ἡμῖν ε. ὁ σοφὸς Αἰσχύλος.
1434. ὁ μὲν σοφῶς γὰρ ε., ὁ δ' ἕτερος σαφῶς.
Ἐκ. 22. ἃς Φυρόμαχύς ποτ' ε., εἰ μέμνησθ' ἔτι,
Π. 1001. καὶ πρὸς ἐπὶ τούτοις ε. ἀποπίμπων ὅτι
Fr. 308, 2. ε. μ' ὁ πήρυξ, οὗτος ἀλφάνει.
εἶπερ. Α. 307. πῶς δ' εἴτ' ἂν καλῶς λέγοις ἄν, ε. ἑσπείσω γ' ἅπαξ κ.τ.λ.
εἶπες. Fr. 476, 8. μέγιστον ἀγαθὸν ε., εἴπερ ἔστι δι' ἐνιαυτοῦ
εἶπετο. Θ. 1219. αὐτῇ τ' ἐκείνῃ καὶ γέρων τις ε.
εἴπῃ. Ι. 1358. ἐάν τις ε. βωμολόχος ξυνήγορος·
Σ. 580. ἐκ τῆς Νιόβης ε. ῥῆσιν τὴν καλλίστην ἀπολέξας.
595. ε. τὰ δικαστήρι' ἀφεῖναι πρώτιστα μίαν δικάσαντας·
689. ἥκειν ε. πρῴ μὲν ὥρα δικάσανθ', ὡς ὅστις ἂν ὑμῶν
Ο. 759. προσδραμὼν ε. πατάξας ἄρα πλήκτρον, εἰ μάχει.
Ἐκ. 633. ὅταν ἐμβαδ' ἔχων ε., πρότερος παραχώρει, κᾳτ' ἐπιτήρει,
εἴπῃς. Ν. 105, ἦ ἧ, σιώπα· μηδὲν ε. νήπιον.
Ν. 834. καὶ μηδὲν ε. φλαῦρον ἄνδρας δεξιοὺς
εἴπητε. Ο. 692. εἴδοι τε ὀρθῶς παρ' ἐμοῦ Προδίκῳ κλάειν ε. τὰ λοιπόν.
εἴποι. Α. 637. πρῶτον μὲν ἰοστεφάνους ἐκάλουν· κἀπειδὴ τοῦτό τις ε.,
Α. 649. εἶτα δὲ τούτον τὸν ποιητὴν ποτέρους ε. κακὰ πολλά·
Ι. 1340. πρῶτον μὲν, ὁπότ' ε. τις ἐν τῇ ἐκκλησία,
ΕΙ. 658. ἀλλ' οὐκ ἂν ε. πρὸς γε τοὺς θεομάγνους·
Ο. 180. πάτερ, τίνα τρόπον; ΠΕ. ὥσπερ ε. τοὺς τύπος.
509. χὠπώθ' ὁ κόκκυξ ε. κόκκυ, τότε γ' οἱ Φοίνικες ἅπαντες
Θ. 707. τί ἂν οὖν ε. πρὸς ταῦτά τις, ὦτε
Β. 906. ἀστεία καὶ μήτ' εἰκώας μήθ' ο'' ἂν ἄλλος ε.,
1158. νὴ τὸν Δί', ὥσπερ γ' εἴ τις ε. γείτονι,
εἴποιμ'. Ι. 18. ε. ἂν αὐτῷ δῆτα κομψευρπικῶς ;
Λ. 1132. ε. ἂν ἄλλοιο, εἴ με μηκύνειν δέοι ;
εἴποις. Ν. 1382. εἰ μὲν γε βρῦν ε., ἐγὼ γνοὺς ἂν πιεῖν ἐπίσχον·
Θ. 549. ἐγὼ γὰρ οἶδα ταὐτῶν. μίαν γὰρ οὐκ ἂν ε.
εἴπομεν. Λ. 251. ταῦτας, ὧν μὴ 'φ' οἷσιν ἡμεῖς. ε.·
εἴπον. Α. 579. εἰ πτωχὸς ὤν ε. τι κἀσταμυλλάμην,
ΕΙ. 1246. τὸν μὲν μόλυβδον, ὥσπερ ε., ἔγχεον,
Θ. 432. εἶτ' ε. ἁγίγνωσκαν ὑπὲρ Εὐριπίδαν δίκαια,
561. οὐκ ε.· οὐδ' ὡς φαρμάκοις ἑτέρα τὸν ἄνδρ' ἔμηνεν,
Ἐκ. 192. ἀλλ' οὐκ ἂν ε. ΠΡ. μηδ' ἐλοῦσι νῦν λέγειν.
255. τούτῳ μὲν ε. ἐν κινῶς πυγὴν ὁρῶ,
407. ἔγωγ' ἂν ε., εἰ παρὼν ἐτύγχανον.
Fr. 126, 2. οὐδ' ε. οὐδεν.
εἰπόντας. Θ. 841. ἀλλ' ἀφαιρεῖσθαι βία τὰ χρήματ', ε. τοδί.
εἰπόντες. Σ. 584. κλάειν ἡμεῖς μακρὰ τὴν κεφαλὴν ε. τῇ διαθήκῃ
εἴπατε. Σ. 1259. σκωμμάτιον ε. τι θλιβόμενα ἐκβαλῶ.
εἰπούσ'. Α. 487. παράσχες, ε. ὅττ' ἂν αὐτῇ σοι δοκῇ.
εἰπούσα. Εκ. 159. καίτοι τά γ' ἄλλ' ε. δεξιῶτατα.
εἰπούσαν. Εκ. 531. οὕτως ἐχούσης, ὥπερ· ΒΛ. ε. γέ μοι.
εἴπω. Ι. 142. εἴπ', ἀντιβολῶ, τίς ἐστιν· ΔΗ. ε.; ΝΙ. νὴ Δία.
Ν. 1378. σοφώτατον· ΣΤ. σοφώτατόν γ' ἐκεῖνον, ὦ τί σ' ε.;
Θ. 553. εἴρηχ' ὅσα ξυνοιδ'· ἐπεὶ βούλεσθε πλείον' ε.;
Β. 1. ε. τι τῶν εἰωθότων, ὦ δέσποτα,
6. τί δαί; τὸ πάνυ γέλοιον ε.; ΔΙ. νὴ Δία
1178. κἄν πού δίς ε. ταυτόν, ἢ στοιβήν ἴδης
εἴπωμεν. ΕΙ. 733. ἢν ἔχωμεν ὁδὸν λέγων ε., ὅσα τε νοῦς ἔχει.
εἰπών. Ν. 1062. ἀγαθῶν τι γινόμενον, φράσον, καί μ' ἐξέλεγχον ε.
Π. 670. ὁ πρόπολος, ε., ἢν τις αἴσθησις ἐμοῦ.
εἰράνας. Λ. 118. ἔλοιμ', ὑπα μέλλοιμί γ' ε. ἰδεῖν.
Λ. 169. ταυτὰ δικαίους ἄδολος ε. ἐμέν,
1081. πάντα τις ἐλσῶν ἀμῦ ε., ὀέτω.
εἰράνας. Λ. 144. ὅπως γη μὰν· δεῖ τᾶς γὰρ ε. μάλ' αὖ,
εἰργάζετο. Ι. 1221. τούτῳ μέντοι καὶ πρότερον ε.
Ν. 880. ἀμφείβατε τε σκυτίνας ε.
εἰργάσαο. Θ. 945. ἰσττατωλαβ' ὦ κρονιώθ', ο' ε.·
εἰργάσασ'. Β. 488. οὐκουν ἕτερός γ' αὐτ' ε. ἀνήρ. ΗΛ. ἀλλὰ τί;
εἰργάσατο. Α. 983. ε. πάντα κακὰ κἀνέτρεπε κἀξέχει,
Σ. 787. αἴσχιστα γάρ τοί μ' ε. εἴργασται·
εἰργασμέν'. Π. 1113. ε. ἀφ' οὗ γὰρ ἥρξατ' ἐξ ἀρχῆς βλέπειν
εἰργασμένη. Β. 1282. ἐκ τῶν ἀβαρβάκων νύμων ε.
εἰργασμένον. Ι. 844. ἐμοὶ γάρ ἐστ' ε. τοιοῦτον ἔργον ὥστε
εἰργασμένος. Ο. 1175. ὦ μιαρὰ ἔργον καὶ σχέτλιον ε.
Β. 1474. αἴσχιστον ἔργον προσβλέπεις μ' ε.
εἰργασμένου. Π. 355. πρὸς ἀνδρὸς οὐδὲν ὑγιὲς ἐστ' ε.

εἴργασται. Ν. 1266. τί δαί σε Τληπόλεμος ποτ' ε. κακόν;
Β. 1023. ταυτὶ μὲν σοι κακῶς ε. Θηβαίους γὰρ πεποίημαι
εἰργάσω. Σ. 1350. πολλοῖς γὰρ ἤδη χάτέροις αὐτ' ε.
Ο. 323. πῶς λέγεις; ΕΠ. μήπω ὀβηθῇς τὸν λόγον. ΧΟ. τί μ' ε.;
Θ. 743. τριπότυλον, ἡ πῶς; εἴπέ μοι. ΓΤ. Ζ. τί μ' ε.;
Ἐκ. 134. ἀπῶθ' ἰκνοῦμαι· τοιαῦτ' ἄν ἡμᾶς ε.
εἴργειν. Σ. 384. ὥσπ' οὐ δυνατόν σ' ε. ἔσται· τοιαῦτα ποιήσομεν ἡμεῖς.
εἰργμένους. Ο. 1085. ε. ὑμῶν ἐν αὐλῇ, φράζομεν μεθιέναι.
εἴργω. Σ. 334. τίς οὖν ἐσθ' ὁ ταῦτά σ' ε.
εἰρεσιώναις. Σ. 399. ἣν καὶ πρύμνην ἀνακρούσηται πληγεὶς τοῖς ε.
εἰρεσιώνην. Ι. 729. τὴν ε. μου κατεσπάραξατε.
Π. 1054. ὥσπερ παλαιὰν ε. καυσται.
εἴρηκ'. Λ. 859. λόγος τις, ε. εὐθέων ἡ σὴ γυνὴ
εἴρηκα. Fr. 309, 9. τὰ μέγιστα δ' οὐκ ε. τούτων. εἶτα τί;
εἴρηκα. Β. 558. τί δαί; τὸ πολύ τάριχος οὐκ ε. πω.
εἴρηκας. Ν. 910. ῥόδα μ' ε. ΔΙ. καὶ βωμολόχος.
Σ. 588. τουτὶ γάρ τοί σε μόνον τούτων ὧν ε. μακαρίζω.
Ἐκ. 1134. εὐδαιμονικόν γ' ἄνθρωπον ε. σαφῶς.
Π. 548. σὺ μὲν οὖ τὸν ἐμὸν βίον ε., τὸν τῶν πτωχῶν δ' ὑπεκρούω.
988. ε., ἀλλὰ δῆλον ὅτι σ' ἠσχύνετο.
εἰρήκατον. Π. 887. ὅ τι δὲ ποιεῖτον ἐνθάδ' οὐκ ε.
εἴρηκε. Θ. 498. ἡμῖν τί τοῦτ' ἐστ'; οὐδ' ἐκεῖν' ε. πω,
Θ. 501. τὸν μαιχὸν ἐξέπεμψεν, οὐκ ε. πω,
εἴρηκεν. Θ. 551. ἀκούεθ', ὦ γυναῖκες, οἷ' ε. ἡ πανοῦργος
εἰρηκότων. Ἐκ. 1050. ἔλκεις, παρ' ἐμοὶ τῶν γραμμάτων ε.
εἴρηκὼς. Ο. 174. ἀληθες, ὦ σκαιότατον ε. ἔπος,
εἰρημέν'. Ἐκ. 970. ε. ἐστίν. οὐ δή μοι, φίλτατον, ὦ ἱκετεύω,
εἰρημένα. Ἐκ. 579. μήτε δεδραμίνα μήτ' ε.
εἰρημένα. Α. 13. ε. δ' αὐταῖς ἀπαντᾷν ἐνθάδε.
Λ. 1038. κάσθ' ἐκεῖνο τοῦτο ὀρθῶς πού κακῶς ε.,
Β. 1395. ἐγὼ δὲ πείθω γ', ἔπος ἄρισι' ε.
εἰρηναῖος. Ι. 805. εἰ δέ ποτ' εἰς ἀγρὸν οὗτος ἀπελθὼν ε. διατρίψῃ
Εἰρήνη. ΕΙ. 975. πότνι' Ε.,
ΕΙ. 1019. οὐχ ἥδεται δήπουθεν Ε. σφαγαῖς,
1055. καλῶς. ΟΙ. καλῶς δῆτ', ὦ ποτνι' Ε. φίλη·
1108. ὦ πότνι' Ε., παράμεινον τὸν βίον ἡμῖν.
Fr. 163, 1. Ε. βαθύπλουτε καὶ ζευγάριον βοεικόν, εἰ
εἰρήνη. Α. 26. ἄθρυοι καταρρέοντες· ε. δ' ὅπως
Ι. 579. ἢν ποτ' ε. γένηται καὶ πόνων παυσώμεθα,
Λ. 148. γίνοιτ' ἂν ε., πολύ γε νὴ τῷ θεώ.
1055. κἂν ποτ' ε. φανῇ.
Εἰρήνῃ. ΕΙ. 1062. νῦν μηδείν' Ε. γὰρ ἱερά θύομεν.
εἰρήνῃ. Λ. 1029. ὑπαλειψῶμ' ε. τῶρθαλμώ ταχύ.
ΕΙ. 439. μὰ Δί', ἀλλ' ἐν ε. διάξειν τὸν βίον,
Εἰρήνην. ΕΙ. 294. ἐξελκύσαι τὴν πᾶσιν Ε. φίλην,
1091. Ε. εἰλοντο καὶ ἵδρύσανθ' ἱερείᾳ.
εἰρήνην. Α. 652. διὰ ταῦθ' ὑμᾶς Λακεδαιμόνιος τὴν ε. προκαλοῦνται,
Ι. 795. τὴν ε. ἐξεσκέδασας, τὰς πρεσβείας τ' ἀπελαύνεις
ΕΙ. 1079. τουτάκις οὕτω χρῇν τὴν ε. πεποιῆσθαι.
1199. δέδρακας, ε. ποιήσας ἐν πρὸ τοῦ
Ο. 386. μᾶλλον ε. ἄγουσιν ἡμῖν· ὥστε τὴν χύτραν
732. ἐυδαίμονα, βίον, ε.,
Λ. 121. ἀναγκάσειν τοὺς ἄνδρας ε. ἄγειν
Θ. 1147. ε. φιλέορτον.
Εἰρήνης. ΕΙ. 1073. οὕπω θέσφατον ἦν Ε. δέσμ' ἀναλῦσαι
Fr. Μ. ΕΙ. Δ. 2, 1. τοῦ πᾶσιν ἀνθρώποισιν Ε. φίλης
εἰρήνης. Α. 32. ἀπεχθαίρων δὲ τὸν ἀγρόν, ε. ἐρῶν,
Α. 39. ἐάν τις ἄλλο πλὴν περὶ ε. λέγῃ
60. ἢν μὴ περὶ ε. γε πρυτανεύσῃτε μοι
278. ἔσθιεν ε., ῥόφησεν τρυβλίον
1021. μέτρησον ε. τί μοι, κἂν πίντ' ἔτη.
1033. σὺ δ' ἀλλὰ μοι σταλαγμὸν ε. ἕνα
1053. ἐς τὸν ἀλάβαστον κύαθον ε. ἕνα.
ΕΙ. 456. κάθοιεν οἱ Λάκωνες ε. πέρι,
498. τῆς ε. σπᾷτ' ἀνδρείως.
554. ἂν ἄπαντ' ἤδη ὅτι μεστὰ τἀνθάδ' ε. σαπρᾶς.
1272. ε. γ' οὖσης ἀμαθές γ' εἶ καὶ κατάρατον.
Λ. 192. εἰς ἀσπίδ' ὀμόσαε μηδὲν ε. πέρι,
502. οὐδε δι' πόθεν ποτ' τοῦ πολέμου τῆς τ' ε. ἐμέλησον ε.
εἰρηνικά. Β. 715. ε. ἴσθ', ἵνα μή ποτε κάπαδοθῇ μεδῶν ἀ-
εἰρήνευται. Π. 114. οἴμαι γάρ, οἴμαι, σὺν θεῷ δ' ε.,
εἴρηρ'. Ἐκ. 25. ἔχουσι τοὺς πώγωνας, οὓς ε. ἔχων·
Ἐκ. 68. ἴσχετε δὲ τοὺς πώγωνας, οὓς ε. ἔχειν
Σ. 494. εὐθέως ε. ὁ παλῶν πλησίαν τὰς μεμβράδας
Θ. 553. ὅσα ξυνοιδ'· ἐπεὶ βούλεσθε πλείον' εἴπω;

εἴρηχ'—εἰσιών. 91

εἴρηχ'. Θ. 556. ἐπειτά γ' οὐκ ε., ὁρᾷς, ὡς στλεγγίδας λαβοῦσαι
εἴρξας. Α. 330. τῶν παρόντων ἔνδον ε.; ἢ 'πὶ τῷ θρασύνεται;
Ο. 1082. τὰς περιστερὰς θ' ὁμοίως ξυλλαβὼν ε. ἔχει.
εἴρπε. Fr. 18. ὁ δ' ἡλιαστὴς ε. πρὸς τὴν κιγκλίδα.
εἴρων. Ν. 449. μάσθλης, ε., γλοιός, ἀλαζὼν,
εἰρωνεύεται. Ο. 1211. ἡκουσας αὐτῆς υἱῶ ε.;
εἰρωνικῶς. Σ. 174. οἵαν πρόφασιν καθηκεν, ὡς ε.,
εἰς. Α. 28. ἐγὼ δ' ἀεὶ πρώτιστος ε. ἐκκλησίαν κ.τ.λ.
εἰς. Α. 493. ἅπασι μέλλεις ε. λέγειν τἀναντία.
Ι. 131. ε. οὑτοσὶ πώλης. τί τοὐντεῦθεν; λέγε.
140. πόθεν οὖν ἂν ἔτι γένοιτο πώλης ε. μόνος;
141. ἴτ' ἐστὶν ε., ὑπερφυᾶ τέχνην ἔχων.
573. ἀλλὰ διετάλαιον αὖθις. καὶ στρατηγὸς οὐδ' ἂν ε.
861. ἐμοῦ ποθ' εὑρήσειν φίλον βελτίον'· ὅστις ε. ἂν
Σ. 72. ἣν οὐδ' ἂν ε. γνοίη ποτ' οὐδ' ἂν ξυμβάλοι,
1165. πᾶν μυσολάκων αὐτοῦ 'στιν ε. τῶν δακτύλων.
1500. φησίν τις, ἢ οὐδείς; ΒΔ. ε. γ' ἐκεινοσὶ μόνος.
Ο. 462. καὶ μὴν ὀργῷ νὴ τὸν Δία καὶ προσπεφύραται λόγος
  ε. μοι,
892. ἱππῖνος ε. ἂν τουτί γ' οἴχωθ' ἁρπάσαι;
1252. ε. Πορφυρίων αὑτῷ παρέχει πράγματα.
1292. πέρδιξ μὲν ε. κάπηλος ὠνομάζετο
Λ. 1135. ε. μὲν λόγος μοι δεῦρ' ἀεὶ περαίνεται.
Π. 137. ὅτι οὐδ' ἂν ε. θύσειεν ἀνθρώπων ἔτι,
186. ἐγὼ τοσαῦτα δυνατός εἰμ' ε. τὸ ποιεῖν;
665. ε. μέν γε Νεοκλείδης, ὅς ἐστι μὲν τυφλός,
948. ὁτιὴ καταλύεις περιφανῶς ε. ἂν μόνος
1053. ἰὼν γὰρ αὐτὴν ε. μόνος στειφῆ λάβῃ,
Fr. 49, 1. ἀνοίχασκον ε. ἑκαστος ἐμφερέστατα
113. κοιτῶν ὑάσσαις ε., ψύελον δὲ μὶ' ἀρκέσει.
418, 2. ἢ Πρόδικος ἢ τῶν ἀδολεσχῶν ε. γέ τις.
εἰς'. ΕΙ. 838. τίνες γὰρ ε. οἱ διατρίχοντες ἄστιτες,
εἰς'. Ι. 596. ἅξει δ' ε. εὐλογείσθαι πολλὰ γὰρ δὴ πράγματα
  κ.τ.λ.
εἰσαγ'. Α. 11. ὁ δ' ἀνείπεν ε., ὦ Θέογνι, τὸν χορόν.
Σ. 847. ἀλλ' ε. ἀνύσας ὡς ἐγὼ τιμᾷν βλέπω.
ΕΙ. 842. ἀλλ' ε. ὡς τάχιστα ταυτηνὶ λαβών,
εἰσαγαγεῖν. Π. 406. οὔκουν ἰατρόν ε. ἐχρῆν τινά;
εἰσαγαγὼν. Σ. 826. φέρε νυν, τίν' αὐτῷ πρῶτον ε. δίκην
εἰσαγαγών. Ν. 845. ὕστερα παρανοίας αὐτῶν ε. ἕλοι,
εἰσαγγέλλεται. Θ. 597. τὸ πρᾶγμα τουτὶ δεινόν ε.
εἰσάγουν. Εκ. 986. νυνὶ δὲ πρῶτον ε. ἡμᾶς δοκεῖ.
εἰσάγεις. Α. 916. ἐκ τῶν πολεμίων μ' ε. Θυαλλίδα.
εἰσάγῃ. Σ. 842. κατηγορήσειν, ἢν τις ε. γραφήν.
εἰσάγοι. Ο. 1524. ἵν' ε. σπλάγχνα κατατετμημένα.
εἰσάγομεν. Εκ. 983. ε., ἀλλ' εἰσιοῦσι διαβληθήσομαι
εἰσάγω. Εκ. 1037. ποῖ τοῦτον ἕλκεις σύ; ΓΡ. Α. τὸν ἐμαυτῆς ε.
εἰσάγων. Ν. 546. οὐδ' ὑμᾶς ζητῶ 'ξαπατᾶν δὶς καὶ τρὶς ταυτ' ε.,
  Ν. 1212. ἀλλ' ε. σε βούλομαι πρῶτόν ἐστι άσαι.
Θ. 930. οὑτος, τί κύπτεις; δῆσον αὐτὸν ε.,
Β. 959. οἰκεῖα πρᾶγματ' ε. οἷς χρώμεθ', οἷς ξύνεσμεν,
εἰσακτέον. Σ. 840. ε., μοι· σὺ δὲ κατηγόρει παρών.
εἰσάξει. Ν. 782. οὐδεὶς κατ' ἐμοῦ τεθνεώτος ε. δίκην.
εἰσᾴττει. Ν. 996. μηδ' εἰς ὀρχηστρίδας ε., ἵνα μὴ πρὸς ταῦτα
  κεχηνώς,
εἰσαῦθις. Εκ. 983. εἰσάγομεν, ἀλλ' ε. διαβεβλήμεθα.
εἰσαύριον. Ι. 661. εὐχὴν ποιήσασθαι χιμάρῳ ε.
εἰσβιάζεται. Ο. 32. ὁ μὲν γὰρ ἂν οὐκ ἀστί γε,
εἰσέβαλεν. ΕΙ. 746. ὦ κακοδαίμον, τί τὸ δέρμ' ἔπαθες; μῶν
  ὕστρα ἐς. σοι
εἰσέθηκας. Β. 1388. σὺ δ' ε. τοῦτος ἐπιτραμμένον.
εἰσέθηκε. Β. 1386. ὅτι ε. ποταμὸν, ἐριοπωλικῶς
  Β. 1394, θαύνατον γὰρ ε. βαρύτατον κακῶν.
εἰσει. Σ. 774. ὑᾶντος, ε.· κἂν ἔγρῃ μεσημβρινός,
Ο. 1390. καὶ πτεροδύνητα· σὺ δὲ κλύων ε. τάχα.
Π. 641. καὶ ποῦ 'στιν; ΚΑ. ἐν τοῖς λεγομένοις ε. τάχα.
εἴσειμ'. Α. 970. ε. ὑμαὶ πτερύγων κιχλᾶν καὶ κοψίχων.
εἴσειμι. Ν. 125. ἄνιππον. ἀλλ' ε., σοῦ δ' οὐ φροντιῶ.
Π. 1091. ἐγὼ δέ γ' οὐκ ε. ΧΡ. θάρρει, ὦ φῳβοῦ.
εἴσεισ'. Εκ. 925. οὐδείς γὰρ ἂν δι πρότερον ε. ἰμτ' ἐμοῦ.
εἰσεκέλσαμεν. Θ. 877. ποίαν δὲ χώραν ε. σκάφει;
εἰσεκύλισα. Θ. 651. εἰς οἳ ἐμαυτὸν ε. πράγματα·
εἰσεληλύθεν. Σ. 139. ὁ γὰρ πατήρ ε. εἰς τὸν ἰπνὸν ε.
ΕΙ. 1050. οὖκ, ἀλλὰ κατὰ τὴν κοίσαν ε.
Π. 872. ὡς σοβαρός, ὦ Δάματερ, ε.
εἰσελθεῖν'. Ο. 641. ε. ἐς νεοττιάν γε τὴν ἐμὴν
εἰσέλθῃ. Σ. 579. κἂν Οἴαγρος ε. φεύγων, οὐκ ἀφέίγει πρὶν
  ἂν ἡμῖν
εἰσελθὸν. Σ. 687. ὅταν ε. μειράκιόν σοι καταφῦγον, Χαιρέου
  υἱός,
εἰσελθόντα. Σ. 500. κἀμέ γ' ἡ πόρνη χθὲς ε. τῆς μεσημβρίας,

εἰσελθοῦσα. Β. 1363. ε φωράσω.
εἰσελθών. Ν. 804. ἀλλ' ἐπανάμεινόν μ' ὀλίγον ε. χρόνον.
Σ. 560. εἶτ' ε. ἀντιβληθεὶς καὶ τὴν ὀργὴν ἀπομορχθείς,
Β. 550. δε ἐς τὸ πανδοκεῖον ε. ποτε
Π. 237. ἦν μὲν γὰρ ἐς φειδωλὸν ε. τύχω,
  242. ἦν δ' ὡς παραπλῆγ' ἀνθρώπων ε. τύχω,
εἰσελκύσας. Α. 379. ε. γάρ μ' ἐς τὸ βουλευτήριον
εἰσενεγκάτω. Π. 228. τὴν ἐνδοθέν τις ε. λαβών.
εἰσενέγκοι. Εκ. 807. αὐτ' ε.· πολὺ γὰρ ἐμμελέστερον
εἰσενέγκω. Λ. 650. ἣν ἀμείνω γ' ε. τῶν παρόντων πραγμάτων.
εἰσενήδων. Ι. 599. ἂν ὅτ' ἐς τᾶς ἱππαγωγοὺς ε. ἀνδρικῶς,
εἰσέπνευσα. Β. 314. αὖρα τις ε., μυστικωτάτη.
εἰσέπτατ'. Ο. 1173. διὰ τῶν πυλῶν ε. ἐς τὴν δέρα,
εἰσέπτατο. Ο. 278. εἶτα πῶς ἄνευ καμήλου Μῆδος ὢν ε.;
εἰσέρχεται. Σ. 107. ὥσπερ μέλιττ' ἢ βομβυλιὸς ε.,
Π. 1183. θύει τὸ παράπαν οὐδέν, οὐδ' ε.
εἰσέρχομαι. Ν. 499. ἀλλ' οὐχὶ φωράσων ἔγωγ' ε.
Β. 529. ταῖς ἔνδον οὔσαις αὐτὸς ὢν ε.
Π. 1094. βάδιξ'· ἐγὼ δὲ σου κατόπιν ε.
εἰσεσθε. ΕΙ. 912. ὅταν τρυγᾷς', ε. πολλῷ μᾶλλον οἷός εἰμι.
εἴσεται. Ν. 625. τὸν στέφανον ἀφῃρέθη· μᾶλλον γὰρ οὕτως ε.
εἰσέφερε. Θ. 505. τὸ δ' ε. γρηῦς ἐν χύτρᾳ τὸ παιδίον,
Fr. 208. ἄλλος δ' ε. μικτῷ κανισκίῳ ἄρτων περίλοιπα
  θρύμματα.
εἰσήγαγ'. ΕΙ. 73. ε. Αἰτναῖον μέγιστον κάνθαρον,
Ο. 1669. ἤδη σ' ὁ πατὴρ ε. ἐς τοὺς φράτορας,
εἰσήγαγες. Ν. 1149. ἐκεῖνον, εἴφ', ὃν ἄρτιος ε.
εἰσηγγειλάμεν. Ι. 655. ἐπὶ συμφοραῖς ἀγαθαισὶν ε.
εἰσηγησάμην. Β. 972. τούτοισιν ε.,
εἰσηκοντ'. Ο. 647. ἴωμεν· ε. ἐς λαβὼν ἡμᾶς. ΕΠ. ἴθι.
εἰσηκονθ'. Σ. 606. ὅταν οἴκαδ' ἵω τὸν μισθὸν ἔχων, κἀτ' ε.
  ἅμα πάντες
εἰσῆλθ'. Α. 14. Δεξίθεος ε. ᾀσόμενος Βοιώτιον,
εἰσῆλθες. Ο. 1209. ε. ἐς τὸ τεῖχος, ὦ μιαρωτάτη;
εἰσήνεγκατο. ΕΙ. 228. ὑπερφυᾶ τὸ μέγεθος ε.
εἰσῆξε. Ν. 543. οὐδ' ε. ῥᾶδας ἔχουσ', οὐδ' ἰοὺ ἰοὺ βοᾷ,
εἰσηρέθη. Β. 518. ἐμέλλ' ἀφαιρεῖν χῆ τράπεζ' ε.
εἰσήρρηκας. Θ. 1075. νὴ Δί' ὀχληρά γ' ε.
εἰσηρρύη. Ν. 14. ἐξ οὗ γὰρ ε. ἐς τὴν οἰκίαν
εἴσιμεν. Α. 188. αὗται μὲν ε. πεντέτεις. γεῦσαι λαβών, κ.τ.λ.
εἰσί. Ι. 333. ἀλλ' ὦ τραφείς ὅθενπέρ εἰσιν ἄνδρες οἴπερ ε., κ.τ.λ.
Σ. 1284. ε. γὰρ μ' ἔλεγον ὣς καταδιηλλάγην, κ.τ.λ.
εἰσιέναι. Ν. 498. οὐκ, ἀλλὰ γυμνούς ε. νομίζεται.
ΕΙ. 1296. ἄσον πρὶν ε. τῶν ᾠδὸν εὖ οἶδ' ὅτι
εἰσίῃ. Α. 839. κἀν ε. τις Κτησίας,
εἴσιθ'. Ν. 195. ἀλλ' ε., ἵνα μὴ 'κεῖνος ἡμῖν ἐπιτύχῃ'
Β. 512. ἀλλ' ε. ἅμ' ἐμοί. ΞΑ. πάνυ καλῶς. ΘΕ. ληρεῖς ἔχων.
517. ἀλλ' ε., ὡς ὁ μάγειρος ἤδη τὰ τεμάχη
Π. 231. εἴσω μετ' ἐμοῦ δεῦρ' ε. ἡ γὰρ οἰκία
1088. ἀλλ' ε. σύντομ' τῷ θεῷ γὰρ βούλομαι
Fr. 246, 1. ἀλλ' ε. τὸ πρᾶγμα λέξαι βούλομαι
εἴσιθι. Β. 503. ὦ φίλταθ' ἥκεις 'Ηράκλεις; δεῦρ' ε.
Β. 507. πλακοῦντας ὤπτα, κολλάβους, εὖ γ'·
εἴσιν. Α. 719. ὅροι μὲν ἀγορᾶς ε. οἵδε τῆς ἐμῆς. κ.τ.λ.
Α. 116. κοὖκ ἔσθ' ὅπως οὐκ ε. ἐνθυὶ' αὑτόθεν. κ.τ.λ.
Σ. 707. ε. γε πόλεις χίλιαι, αἳ νῦν τὸν φόρον ἡμῖν ἀπάγουσιν.
  κ.τ.λ.
εἴσιν. Εκ. 933. δείξει γε καὶ σοί. τάχα γὰρ ε. ἂν ἐκ
εἰσιόθ'. Σ. 1283. γλωττοποιεῖν ἐς τὰ πορνεῖ' ε. ἕκαστοτε.
εἰσιόντας. Λ. 636. οὐ γὰρ ε. οἶκαδ' ἡ τεκοῦσα γνώσεται.
εἰσιόντες. ΕΙ. 427. ε. ὡς τάχιστα τοῖς κίλλοισιν ἀφέλκετε.
Θ. 395. ὥστ' εὐθὺς ε. ἀπὸ τῶν ἰπρίων
εἰσιόντος. Π. 796. ἠμοὶ γάρ ε. ἐς τὴν οἰκίαν
εἰσιοῦσα. Λ. 246. ξυνεμβάλλωμεν ε. τοὺς μοχλούς,
εἰσιοῦσιν. Π. 762. οὐδεὶς γάρ μ' ε. ἀγγελεῖ
εἰσιστε. ΕΙ. 1207. ἴθι νυν, καταθέμενοι παρ' ἐμοὶ ταῦτ' ε.
εἴσιτον. Ο. 646. ἄμφω. ΠΕ. δεχύμεσθα. ΕΠ. δεῦρο τοίνυν ε.
Β. 669. ὀπότερος ὑμῶν πρότερος ε. ἢ πταρή,
εἰσίτω. Α. 725. ἐνταῦθα μήτε συκοφάντης ε.
Σ. 801. εἴ τις ὁλίγοντι ἡλιαστής ε.·
1499. ἐμοὶ διορχησόμενος ἐνθάδ'· ΚΑ. καὶ πλυνεῖ γε
εἴσίω. Π. 1168. οὔκουν ἐπὶ τούτοις ε.; ΚΑ. καὶ πλυνεῖ γε
εἰσίωμεν. Σ. 1008. ἀλλ' ε. ΦΙ. ταῦτα νυν, εἴπερ δοκεῖ.
ΕΙ. 1302. ἀλλ' ε. εὖ γὰρ οἶδ' ἐγὼ σαφῶς
Ο. 656. αὐτῶ μὲν ε. σὺ δὲ Ζεῦ, Ξανθία
Λ. 779. ἀλλ' ε. καὶ γὰρ αἰσχρὸν τουτογί,
Β. 812. ἀλλ' ε. ἂν ὅταν γ' ὁ δεσπότης
Π. 249. ἀλλ' ε., ὡς ἰδεῖν σε βούλομαι.
958. νὼ δ' ε., ἵνα προσεύξῃ τὸν θεόν.
εἰσιών. Α. 202. ἄξω τὰ κατ' ἀγροὺς ε. Διονύσια,
Σ. 177. ἀλλ' ε. μοι τὸν ὄνον ἐξάγειν δοκῶ,

N 2

εἰσιών. ΕΙ. 19. ἀλλ' ε. τῷ κανθάρῳ δώσω πιεῖν.
288. ἐγὼ δὲ δοίδυκά ε. ποιήσομαι.
1219. ἐνέγκε τοίνυν ε. τὰς ἰσχάδας·
Λ. 867. ἀλλ' ἄχθομαι μὲν ε., ἔρημα δὲ
Θ. 495. ὀσφραινόμενος ἀνὴρ ἀπὸ τείχους ε.
Β. 981. ναίων ἄπας τις ε.
Π. 234. ἀλλ' ἄχθομαι μὲν ε. νὴ τοὺς θεοὺς
εἴσοδον. Ν. 326. ἂν οὐ καθορῶ. ΣΠ. παρὰ τὴν ε. ΣΤ. ἤδη νυνὶ μόλις οὕτως.
Ο. 296. οὐδ' ἰδεῖν ἔτ' ἔσθ' ὑπ' αὐτῶν πετομένων τὴν ε.
Γγ. 343, 2. β. αἰδὶ κατ' αὐτήν ἢν βλέπεις τὴν ε.
εἰσοίσει. Εκ. 810. αὐτοῖσιν ε. τί; ΑΝ. Α. πλείω Καλλίου.
εἴσομαι. Α. 332, ε. δ' ὑμῶν τάχ' ὅστις ἀνδράκων τι κήδεται.
Ν. 1144. τάχα δ' ε. κώμας τὸ φροντιστήριον.
Σ. 1224. ε.· καὶ δὴ γὰρ εἴμ' ἐγὼ Κλέων,
1420. ἢν ἂν σὺ τάξῃς, καὶ χάριν πρὸς ε.
Λ. 750. ἔχειν τι φαίνει κοῖλον· ε. δ' ἐγώ.
1114. τάχα δ' ε. 'γώ. ποῦ 'στιν ἡ Διαλλαγή;
εἰσέμεθα. Ο. 53. ε. δ' αὐτῆι, ἢν ποιήσωμεν ψύφον.
εἰσορῶν. Θ. 1150. οὐ δὴ ἀνδράσιν οὐ θεμιτὸν ε.
εἰσορῶ. Θ. 905. ὦ θεοί, τίν' ὄψιν ε.; τίς εἶ, γύναι;
εἰστήκει. Ο. 513. ὁ δ' ἄρ' ε. τὸν Λυσικράτη τηρῶν ὅ τι δωροδοκοίη
εἰστώμεθ'. Ν. 1354. ἐγὼ φράσω· 'πειδὴ γὰρ ε., ὥσπερ ἴστε,
εἴσω. 1. 1110. τρίχοιμ' ἂν ε. πρότερος. ΑΛ. οὐ δῆτ', ἀλλ' ἐγὼ κ.τ.λ.
εἰσωκίσμεθα. ΕΙ. 260. οὐκ ἔστιν ἡμῖν· ἐχθὶς ε.
εἶτ'. Ν. 270. ε. ἐπ' Ὀλύμπου κορυφαῖς ἱεραῖς χιονοβλήτοισι κάθησθε, κ.τ.λ.
εἶτ'. Α. 85. ε. ἐξένιζε, παρετίθει θ' ἡμῖν ὅλους κ.τ.λ.
εἶτα. Α. 24. ἥκοντες, ε. δ' ὡστιοῦνται πῶς δοκεῖς κ.τ.λ.
εἶτε. Α. 569. ε τις ἐστι ταξίαρχός τις κ.τ.λ.
εἰφ'. 1. 1396. ὅτι ταῦτ' ἔδρασεν, ε. ὅ τι ποιήσεις κακόν.
Ν. 1140. ἐκεῖνον, ε., ὃν ἀρτίως εἰσήγαγες.
ΕΙ. 661. ε. ὅ τι νοεῖς αὐτοῖσι πρὸς ἐμ', ὦ φιλτάτη.
εἰφ'. Σ. 793. καθ' εἷλκον αὐτὸν ΒΔ. ὁ δὲ τί πρὸς ταῦτ' ε.;
ΦΙ. ὅ τι;
εἴχ'. Α. 427. ἃ Βελλεροφόντης ε. ὁ χωλὸς οὑτοσί;
εἴχε. ΕΙ. 795. ε. τὸ δρᾶμα γαλῆν τῆς
Ο. 1176. τις τῶν θεῶν; ΑΓ. Β. οὐκ ἴσμεν ὅτι δ' ε. πτερά,
Β. 769. ἐκεῖνος ε. τὸν τραγῳδικῶν θρόνον,
Γγ. 124. φθῶας τοσαύτας ε. τὸν χειμῶν' ὅλον·
εἴχεν. 1. 428. ὁτιὴ 'πιώρκεις θ' ἡρπάκεις καὶ κρέας ὁ πρωκτὸς ε.
1. 958. οὐ τὸν λαιὸν ε., ἀλλὰ τὸν Κλεωνύμου.
Σ. 1034.] περὶ τὴν κεφαλήν, φωνήν δ' ε. χαράδρας ὄλεθρον
ΕΙ. 757.] τετοκυίας.
Εκ. 219. εἰ ταὐτὸ χρηστῶι ε., οὐκ ἂν ἰσῄετο.
Π. 205. οὐκ ε. ἐς τὴν οἰκίαν οὐδὲν λαβεῖν,
365. ὡι πολὺ μεθίστηχ' ὑν ηὐτύχει ε. τρόπων,
715. ὑφὰς γὰρ ε. οὐκ ὀλίγας μὰ τὸν Δία.
εἴχες. 1. 1170. ἂν μέγαν ἆρ' ε., ὦ πύτνια, τὸν δάκτυλον.
Ι. 1241. τέχνην δὲ τίνα ποτ' ε. ἐξανδρούμενος;
Ν. 1271. κακῶς ἄρ' ὥντως ε., ὡς γ' ἐμοὶ δοκεῖς,
Σ. 1440. ἐπιδεσμὸν ἐπρίω, νοῦν ἄν ε. πλείονα.
Λ. 753. τί δῆτα ταύτην ε.; ΓΤ. Γ. ἵνα μ' εἰ καταλάβοι
Β. 557. ὁτιὴ κυθθώνους ε., ἂν γνῶναί σ' ἐν·
591. ε. ἐξ ἀρχῆς, πάλιν
εἴχετ'. Ο. 1593. ὄμβριον ὕδωρ ἂν ε. ἐν τοῖς τέλμασιν,
εἴχετο. Α. 31. ἐν ταῖς γυναιξίν· ἐπ' ὀλίγου γὰρ ε.
εἴχομεν. Ν. 1425. ὅσας δὲ πληγὰς ε. πρὶν τὸν νόμον τεθῆναι,
Λ. 1184. ξενίσωμεν ὧν ἐν ταῖς κίσταις ε.
εἰχόμην. Γγ. 534. ἔφευγε, κἀγὼ τῆς ὑπαντῆς ε.
εἴχον. Σ. 314. ἀνόνητον ἆρ' ὦ θυλάκιόν σ' ἄγαλμα.
Σ. 855. ἐγὼ γὰρ ε. τοὺσδε τοὺς ὀρυστίχους.
ΕΙ. 142.] πίπτηες ε. πηδάλιον, εἰ δ' ἐν τοῖς ξύλοις
522.] ὕτῳ προσεῖποι σ'· οὐ γὰρ ε. οἴκοθεν.
808.] τὸν χορὸν ε. ἀδελ-
Λ. 361. ἔκοψεν ὥσπερ Βουπάλου, φωνὴν ἂν οὐκ ἂν ε.
Εκ. 433. ἀνεβορβύριζαν. ΒΛ. νυῶν γὰρ ε. νὴ Δία.
533. ἀλλ' ὥσπερ ε. φχύμην· ὅτιπερ ε.
Π. 754. δσοι δ' ἐπλούτουν οὐσίαν τ' ε. συχνὴν
954. κἀγὼ γὰρ ε. τὴν οὐσίαν ταύτην ποτέ,
1120. πρότερον γὰρ ε. μὲν παρὰ ταῖς καπηλίσιν
1179. ὑτ' ε. οὐδὲν, ὁ μὲν ἂν ἣκων ἔμπορος
εἴωθ'. Εκ. 282. ἑστίαν. ΠΡ. ἀλλὰ στείσαθ', ὡς ε. ἐπεὶ
εἰώθασι. Π. 730. τοῖς ἀκολούθοι δῶμεν σώζειν, ὡς ε. μάλιστα
εἴωθε. Π. 14. ε. ποιεῖν καὶ Λύκις κάμείριαι·
εἰώθεισαν. Σ. 94. ὑπὸ τοῦ δὴ τὴν ψῆφον γ' ε. χειν ε.
εἰώθοτων. Β. 1. εἴπω τι τῶν ε., ὦ δέσποτα,
εἰώθυς. ΕΙ. 853. οὔτ' ἄρτον οὔτε μᾶζαν ε. ἀεὶ
ἐκ. Α. 50. ἐξ ἧς Λυκίνιος ἐγένετ' ε. τούτου δ' ἐγὼ κ.τ.λ.

ἐκ. Ν. 455. νὴ τὴν Δήμητρ' ε. μου χορὸν κ.τ.λ.
ἐκ'. Θ. 1197. ἀλλ' οὐκ ε. ὡδίν· ἀλλὰ τὸ συβίνην λαβέ.
Ἑκάεργε. Θ. 972. χαῖρ', ὦ Ἑ.
ἐκάη. ΕΙ. 1092. αὐτάρ ἐπεὶ κατὰ μηρ' ε. καὶ σπλάγχν' ἐπάσαντο,
ἐκαθήμην. Εκ. 152. λέγεις τὰ βέλτισθ', ἵν' ε. ἥσυχος·
ἐκάθισθε. Α. 638. εὐθὺς διὰ τοὺς στεφάνους· ἐπ' ἄκρων τῶν πυγιδίων ε.
ἐκάθητ'. Ο. 510. ἐπὶ τῶν σκήπτρων ε. ὄρνις, μετέχων ὅ τι δαροδοκοίη.
ἐκαθίζου. Σ. 824. εἰ θᾶττον ε. σὺ, θᾶττον ἂν δίκην
ἐκάλει. Π. 1182. κάμέ γ' ε. τὸν ἱερέα· νῦν δ' οὐδεεὶς
ἐκαλεῖτο. Ο. 1268. ὄρτυξ ε.· καὶ γὰρ ἤκεν ὄρτυγι
ἐκάλεσ'. Λ. 701. τοῖσι παισὶ τὴν ἑταίραν ε. ἐκ τῶν γειτόνων,
ἐκάλεσε. Ο. 310. πορπυποποπποποῦ μ' ἂρ' ὃς ε.; τίνα τύπον ἄρα νέμεται;
Ο. 333 ἐν ᾧ δόλον ε. παρέβαλέ τ' ἐμὶ παρὰ
ἐκάλεσεν. Α. 1. ἀλλ' εἴ τις ἐς Βακχείων αὐτὰς ε.,
ἐκαλλιεπεῖτο. Π. 1181. δίκην ἀποφυγῶν· ε. δ' ε. τις,
ἐκάλουν. Α. 637. πρῶτον μὲν ἰοστεφάνους ε.· κάπειδὴ τοῦτο τις εἴποι,
Σ. 825. ε. ΦΙ. κάλει νυν, ὡι κήθημαι 'γὼ πάλαι,
ΕΙ. 837. Ἀσίαν αὐτὸν πάντες ε. ἀστέρα.
ἔκαμον. Α. 860. Ἱττω Ἡρακλῆς, ε. γα τὰν τύλαν κακῶς,
ἐκαραδόκησεν. 1. 663. ε. εἰς ἔμ' ἡ βουλὴ πάλιν.
ἕκαστα. Α. 1100. ἄγε δή, Λάκωνες, αὕθ' ε. χρὴ λέγειν.
ἑκάστῳ. Σ. 708. τοῦτων εἴκοσιν ἄνδρας βόσκειν εἴ τις προσέταξίν ε.,
Θ. 1229. οἶκαδ' ε.
ἑκάστην. Π. 1031. οὐκοῦν καθ' ε. ἀπεδίδου τὴν νύκτα σοι;
Γγ. 198, 2. ἐτᾷ κατελθεῖν· β. ἐν ᾇβ' ε. τῆς τέχνης
ἑκάστοθ'. Ν. 1458. ἡμεῖς ποιοῦμεν ταῦθ' ε. ὑντιν' ἄν
Γγ. 116, 3. φλαῦσιν ε. ἄνδρες·
ἕκαστος. Ο. 564. τοῖσι θεοῖσιν ὑμῶν ὀρνίθων ὃς ἂν ἁρμόξῃ καθ' ε.
Α. 584. χωρὶς ε.· κῇτ' ἀπὸ τούτων πάντων τὸ κάταγμα λαβόντας
Θ. 802. ὑμεῖς δ' ἡμᾶς. σκεψώμεσθα δὴ καντιτιθῶμεν πρὸς ε.,
803. παραβάλλοντας τῆς τε γυναικὸς καὶ τἀνδρὸς τοὐνομ' ε.
Β. 1131. ἔχει δ' ε. οἰκάσιν γ' ἁμαρτίας.
1199. τὸ ῥῆμ' ε., ἀλλὰ σὺν ταῖσιν θεοῖν
Εκ. 837. φράσῃ καθ' ε. ἀνδρ' ὑποι δεινυπέετ'
ἕκαστος. Σ. 1431. ἔρδοι τις ἣν ε. εἰδείη τέχνην.
Λ. 1187. ἀπειῶ ε. ΑΘ. ἀλλ' ἴωμεν ἂν τάχος.
Β. 1114. βιβλίον τ' ἔχων ε. μανθάνει τὰ δεξιά.
Εκ. 207. ἰδίᾳ σκοπεῖσθ' ε. ὅ τι τις κερδανεῖ·
306. ἀλλ' ἥκεν ε.
635. πῶς οὖν οὕτω ζώντων ἡμῶν τοὺς αὑτοῦ παῖδας ε.
Π. 225. ὕπως ἂν ἴσον ε. ἐνταυθὶ παρὼν
663. ἡμῶν δ' ε. στιβάδα παρεσκευάτετο,
785. ἐνδεικνύμενος ε. εὔνοιάν τινα.
Fr. 49, 1. ἀνέχασκεν εἰς ε. ἐμφερέστατα
420. λαμβάνετε κόλλαβον ε.
ἕκαστον'. I. 1145. τηρῶ γὰρ ε. αὐ-
Ν. 1250. ὑιεν ὕφφ' ε, ἢ τὸν ἥλιον
Σ. 446. ὥστε μὴ μιγᾶν ε. ἀλλὰ τούτοις γ' οὐκ ἔνι
Β. 15. [σκενῇ φέρουσ' ε. ἐν κωμῳδίᾳ.]
Εκ. 443. ἐν Θεσμοφόροιν ε. αὐτὰς ἐκφέρειν,
Π. 235. εἰς οἰκίαν ε. ἀλλοτρίαν πᾶντ'
330. ζωμοῦ 'μπεσεῖσθ' ε. ἐν τηκηκησίᾳ,
Fr. Μ. Διο. 9, 3. φλῶσιν ε. ἄνδρες·
ἑκάστοτε. 1. 1070. αὖ τοῦτὶ φησιν, ἀλλὰ ναῦς ε.
Ν. 617. ὥστ' ἐπειδὰν φῆσιν αὐτῇ τοῖς θεοῖς ε.
854. χἀτερά γε πολλ'· ἀλλ' ὅ τι μάθοιμ' ε.,
Σ. 770. πάντως γε κάκεὶ ταῦτ' ἔδρας ε.
1283. γλωττοποιεῖν ἐς τὰ πορνεῖ' εἰσιώθ' ε.
Ο. 1440. ὅταν λέγωσιν οἱ πατέρες ε.
Θ. 218. Ἀγάθων, σὺ μέντοι ξυροφορεῖς ε.,
Β. 833. ἀποσεμνυνεῖται πρῶτον, ἄπερ ε.
Εκ. 182. τοὺς οὖν ἐθέλοντας ἀντιβολεῖθ' ε.
271. μέλλοι βαδίζεις ἢ θύρας ε.
Π. 184. κρατοῦσι γοῦν κᾶν τοῖς πολέμοις ε.
818. ἀλλὰ πκοροδίοιν ὑπὸ τρυφῆς ε.
980. τί δ' ἣν ὅ τι σου μάλιστ' ἰδεῖθ' ε.;
Fr. 140. εἰ μὴ παραμυνθῇ μ' ὑψαρίοισι ε.
ἑκάσταφ. Α. 859. τοῦ μηνὸς ε.
ἑκάσταφ. Εκ. 598. ποιηήν πάντων καὶ τἀργύριον καὶ τἄλλ' ὑποσ' ἐστὶν ε.
Ἑκάτα. Β. 1362. λαμπάδας ὀξυτάτας χεροῖν, Ἑ. παράφηνον
Ἑκαταίων. R. 366. ἡ κατατιλῶ τῶν Ἑ., κυκλίοισι χοροῖσιν ὑμάδων,
Ἑκατέων. Σ. 804. ὥσπερ Ἑ. πανταχοῦ πρὸ τῶν θυρῶν.
ἑκάτερον. Β. 643. πληγὴν παρὰ πληγὴν ε. ΒΛ. καλῶς λέγεις.

ἑκάτερος—ἐκείνης. 93

ἑκάτερος. Β. 1379. καὶ λαβομένω τὸ ῥῆμ' ἑ. εἴπατον,
Β. 1423. γνώμην ἑ.; ἡ πύλις γὰρ δυστοκεῖ.
 1435. ἀλλ' ἔτι μίαν γνώμην ἑ. εἴπατον
ἑκατέρου. Θ. 11. χωρὶς γὰρ αὐταῖν ἑ. ὁτιῂ ἡ φύσις.
 Β. 964. γνώσει δὲ τοὺς τούτου τε κἀμοῦ γ' ἑ. μαθητάς.
Ἑκάτῃ. Fr. 426, 1. χθονία θ' Ἑ.
Ἑκάτην. Θ. 858. πανοῦργος εἶ νὴ τὴν Ἑ. τὴν φωσφόρον.
 Ἐκ. 70. νὴ τὴν Ἑ., καλόν γ' ἔγωγε τουτονί.
 1097. νὴ τὴν Ἑ., ἐάν τε βούλῃ γ' ἤν τε μή.
 Π. 764. νὴ τὴν Ἑ., κἀγὼ δ' ἀναδῆσαι βούλομαι
 1070. μὰ τὴν Ἑ., οὐ δῆτα· μαινοίμην γὰρ ἄν.
Ἑκάτης. Π. 594. διὰ τὴν Πενίαν, ΧΡ. παρὰ τῆς Ἑ. ἔξεστιν
 τοῦτο πυθέσθαι,
Fr. 535, 2. Ἑ. ἄγαλμα φωσφόρου γενήσομαι.
ἕκατι. ΕΙ. 699. κέρδους ἕ. κἂν ἐπὶ ῥιπὸς πλέοι.
Λ. 306. τουτὶ τὸ πῦρ ἑγρήγορεν θεῶν ἕ. καὶ ζῇ.
ἑκατογκέφαλα. Ν. 336. πλοκάμους θ' ἕ. Τυφῶ, πρημαινούσας
 τε θυέλλας
ἑκατογκέφαλος. Β. 473. Ἐχιδνά θ' ἕ. ᾗ τὰ σπλάγχνα σου
ἑκατόν. Ι. 656. εὐαγγέλια θύειν ἑ. βοῦς τῇ θεῷ.
 Ι. 662. αἱ τρίχιδες εἰ γενοίαθ' ἑ. τοὐβολοῦ.
 1303. φασὶν αἰτεῖσθαί τιν' ἡμῶν ἑ. ἐς Καλχηδόνα
Ν. 430. τῶν Ἑλλήνων εἶναί με λέγειν ἑ. σταδίοισιν ἄριστον.
Σ. 663. γίγνεται ἡμῖν ἑ. δήπου καὶ πεντήκοντα τάλαντα.
 1033.] ἑ. δὲ κύκλῳ κεφαλαὶ κολάκων οἰμωζομένων ἐλιχ-
ΕΙ. 758.] μῶντο
 1263. λάβοιμ' ἂν αὔτ' ἑ. χάρακας, ἑ. τῆς δραχμῆς.
Β. 1406. οὐκ οὖν ἂν ἄραιντ' οὐδ' ἑ. Αἰγύπτιοι.
ἑκατονταλάντους. Ι. 442. φεύξει γραφὰς ἑ. τέτταρας.
ἑκατοντορόγυιον. Ο. 1131. ἑ. ΠΕ. ὦ Πόσειδον, τοῦ μάκρους.
ἑκατοστάς. Σ. 658. κάξω τούτων τὰ τέλη χωρὶς καὶ τὰς
 πολλὰς ἑ.
ἑκαυλίζοντο. Fr. 357. λόγχαι δ' ἑ. καὶ ξυστὴ κάμαξ.
ἑκαύσατε. ΕΙ. 1088. ποῖον γὰρ κατὰ χρησμὸν ἑ. μῆρα θεοῖσιν ;
ἔκβαθι. Α. 884. ἑ. τῇδε κἠπιχαρίττα τῷ ξένῳ.
ἔκβαιν'. Β. 270. ἑ. ; ὁπόσον τὸν ναῦλον. ΔΙ. ἔχε δὴ τὠβολώ.
ἔκβαινε. Ο. 666. Ἰ., καὶ σαυτὴν ἐπιδείκνυ τοῖς ξένοις.
ἐκβαίνειν. Β. 848. τυφὼς γάρ ἑ. παρασκευάζεται.
ἐκβαίνετον. Fr. 523, 2. ἑ. τὸν πατέρα τοῖς ὀρχήμασι.
ἐκβαλεῖν. Θ. 3. οἷόν τε, πρὶν τὸν σπλῆνα κομιδῇ μ' ἑ.,
 Π. 430. ζητοῦντες ἐκ πάσης με χώρας ἑ.;
ἔκβαλῃ. Θ. 401. γυνή στέφανον, ἱρὰν δοκεῖ· κᾶν ἑ.
ἔκβαλοι. Ι. 404. εἴθε φαύλως, ὥσπερ εὗρες, ἑ. τὴν ἔνθεσιν.
ἐκβαλόντες. Π. 463. σὺ πρῶτον ἑ. ἐκ τῆς Ἑλλάδος.
 Π. 464. ἔμ' ἑ. ; καὶ τί ἂν νομίζοις ἐκεῖνο
ἐκβαλῶ. Σ. 1289. σκωμμάτιόν εἴποτέ τι θλιβόμενος ἑ.
 Ἐκ. 751. οὐδὲν πρὸς ἔπος οὕτως ἀνοήτως ἑ.,
Ἐκβατάνοις. Ι. 1089. χῶτι γ' ἐν Ἑ. δικάσεις, λείχων ἐπίπαστα,
 Ἐκβατάνοισι. Σ. 1143. οὐκ, ἀλλ' ἐν Ἑ. ταῦθ' ὑφαίνεται.
Σ. 1144. ἐν Ἑ. γίγνεται κρόπης χολή ;
ἐκβιβάσκει. Ἐκ. 505. τὰ πράγματ' ἑ. ἀδουλεύσαμεν.
ἐκβιβάσας. Ὁ. 602. ἑ. ἐκ τοῦ βουτύμου τουρνίθιον,
 Ο. 663. ἑ. αὑτοῦ πρὸς θεῶν αὐτήν, ἵνα
ἐκβηθείσαν. Fr. Μ. Γηρ. 8, 1. ἔδει δὲ γέ σ' ἑ. εἰς Ἁλμυρίδας
ἐκβολβία. ΕΙ. 1123. ἀλάμβαν' αὐτὸς ἐξαπατῶν ἑ.
ἐκγένοιτ'. ΕΙ. 346. εἰ γὰρ ἑ. ἰδεῖν ταύτην μέ ποτε τὴν ἡμέραν.
ἔκγονος. Ι. 786. ἄνθρωπος, τίς εἶ ; μῶν ἑ. εἶ τῶν Ἁρμοδίου τις
 ἐκείνων ;
ἐκδιδάξομεν. Β. 64. ἆρ' ἑ. τὸ σαφές, ἢ τέρα φράσω ;
ἐκδικάζομεν. Ἐκ. 984. τὰς ἐντὸς εἰκοσιν γάρ ἑ.
ἐκδικάσει. Ι. 50. ὦ μέλε, λούσαι πρῶτον ἑ. μίαν,
ἐκδοτέον. Ο. 1635. ἑ. ἐστίν, ΠΟΣ. οὐ διαλλαγών ἐρᾷς.
ἐκδώτω. Π. 1194. ἀλλ' ἑ. τις δεῦρο δᾷδας ἡμμένας,
Fr. 127. ἑ. δέ τις
ἐκδραμεῖν. Σ. 452. ἀλλ' ἄνες με καὶ σὺ καὶ σύ, πρὶν τὸν υἱὸν ἑ.
ἐκδραμόντες. Σ. 1081. εὐθέως γάρ ἑ., οὖν δόρει σὺν ἀσπίδι
ἐκδραμῶν. ΕΙ. 319. ἑ. γὰρ πάντα ταυτὶ συνταράξει τοῖν ποδοῖν.
Θ. 1011. σημεῖον ὑπεπθήλωσε Περσεὺς ἑ.
ἐκδραμὼν. Ἐκ. 55. ἑ. παρέδων. ὁ γὰρ ἀνὴρ τὴν νύχθ' ὕλην
ἐκδῦναι. Σ. 351. εἶτ' ἑ. ῥάκεσιν κρυφθείς, ὥσπερ πολύμητις
 Ὀδυσσεύς ;
ἐκδύς. ΕΙ. 336. μᾶλλον ἢ τὸ γῆρας ἑ. ἐκφυγὼν τὴν ἀσπίδα.
ἐκδυσώμεθ'. Α. 662. ἀλλὰ τὴν ἐξωμίδ' ἑ., ὡς τὸν ἄνδρα δεῖ
ἐκδυσώμεθα. Α. 686. ἀλλὰ χήμεῖς, ὦ γυναῖκες, θᾶττον ἑ.
ἐκεῖ. Λ. 486. ἀπελθ' ἐκεῖσε, κᾆτα τὴν κεφαλὴν ἑ.
Α. 902. ἑ. κάθευ. ΒΟ. ὁρᾷς ἦ κέραων· ἀλλ' ἔντ' ἑ.
 1102. κἀμοὶ σὺ θῇ, παῖ, θρῖον· οὑτηρὶ δ' ἑ.
Ι. 467. ἰδίᾳ δ' ἑ. Λακεδαιμονίοις ξυγγίγνεται.
Σ. 92. ἦν δ' οὖν καταμύσῃ κἀν ὄχνῃ, ὁμοὶ ἑ.

ἐκεῖ. Σ. 767. περὶ τοῦ ; τί ληρεῖς ; ΒΔ. ταῦθ' ἅπερ ἑ. πράτ-
 τεται·
Σ. 1271. ἀλλὰ πρεσβείων γὰρ ἐς Φάρσαλον ᾤχετ'· εἶτ' ἑ.
ΕΙ. 611. πάντας Ἕλληνας δακρῦσαι, τοὺς τ' ἑ. τούς τ' ἐνθάδε.
 834. μάλιστα. ΟΙ. καὶ τίς ἐστιν ἀστὴρ νῦν ἑ. ;
Ο. 110. ἀπηλιαστά. ΕΠ. σπείρεται γὰρ τοῦτ' ἑ.
 167. ἑ. παρ' ἡμῖν τοὺς μετομένους ἢν ἔρῃ.
 619. οὐδ' εἰς Ἄμμων' ἐλθόντες ἑ.
 758. τοῦτ' ἑ. καλῶν παρ' ἡμῖν ἐστιν, ἤν τις τῷ πατρὶ
 842. κωδωνοφόρων περίτρεχε, καὶ κάθευδ' ἑ.·
 1297. Συρακοσίῳ δὲ κιττα Μειδίας δ' ἑ.
 1687. ἵνα τὴν Βασίλειαν καὶ τὰ πάντ' ἑ. λάβῃς.
Λ. 1185. ὅρκους δ' ἑ. καὶ πίστιν ἀλλήλοις δῶτε.
Β. 82. ὁ δ' εὔκολος μὲν ἐνθάδ', εὔκολος δ' ἑ.
 421. ᾐδστὶν τὰ πρῶτα τῆς ἑ. μοχθηρίας.
 1461. ἑ. φράσαιμ' ἂν· ἐνθαδὶ δ' οὐ βούλομαι.
Ἐκ. 100. ὅταν καθῶμεν, ὃν περιθησόμεσθ' ἑ.,
 252. γυναῖκας. ΠΡ. ἀλλὰ σπεύσαθ', ὡς εἴωθ' ἑ.
 518. ξυμβούλοισιν πάσαις ὑμῖν χρήσομαι. καὶ γάρ ἑ. μοι
 687. ἵνα κάττωσιν· ΠΡ. μὰ Δί', ἀλλ' ἵν' ἑ. δειπνῶσιν.
 ΒΛ. ὄτῳ δὲ τὸ γράμμα
Π. 875. ἐπὶ τοῦ τροχοῦ γὰρ δεῖ σ' ἑ. στρεβλούμενον
 953. ἔπειτ' ἑ. κορυφαῖος ἐστηκὼς θέρου.
Fr. 169, 2. ἡμῖν ἑ. τῷ χαλκίῳ λελουμένους σχολάζειν.
 477, 2. ἑ. δ' ἔστ' ἂν πρᾶσιν εὕραμεν μένειν.
ἐκεῖθεν. Ι. 393. νῦν δὲ τοὺς στάχυς ἐκείνους, οὓς ἑ. ἤγαγεν,
Ι. 471. καὶ ξυγκροτοῦσιν ἡμᾶς αὐτόθεν αὔτ' ἑ. αὖ,
 501. αὖθίς ἑ. πάλιν ὡς ἡμᾶς
Ο. 340. ἐπὶ τί γάρ μ' ἑ. ἤγες ; ΠΕ. ἵν' ἀκολουθοίης ἐμοί.
 796. εἶτα Βινήσας ἑ. αὖθις αὖ καθίζετο.
 1168. ἀλλ' ὅδε φύλαξ γὰρ τῶν ἑ. ἄγγελος
 1305. ἤξους' ἑ. δεῦρο πλεῖν ἢ χίλιοι
 1428. μετὰ τῶν γεράνων τ' ἑ. ἀναχωρῶ πάλιν.
Β. 77. μέλλεις ἀνάγειν, εἴπερ γ' ἑ. δεῖ σ' ἄγειν ;
Π. 70. ἄπειμ', ἵν' ἑ. ἐκτραχηλισθῇ πεσών,
 357. ἑ. ἥκεις ἀργύριον ἢ χρυσίον
Fr. 26. μάγειν ἑ. κακκάβην.
ἐκεῖν'. Α. 41. οὐκ ἠγούμενον· τοῦτ' ἑ. οὐγὼ 'λέγον·
Α. 820. πολέμια καὶ σί. ΜΕ. τοῦτ' ἑ., ἵκει πάλιν
Ν. 657. ἑ. ἐκεῖνο, τὸν ἀδικώτατον λόγον.
Σ. 47. οὐκοῦν ἑ. ἀλλόκοτον, ὁ Θέωρος κύρας
 784. ἀνά τοί με πείθεις. ἀλλ' ἑ. οὕπω λέγεις,
 1200. ἑ. ἑ. διηρεσίσθαντ' ἐν τῶν ἐμῶν,
 1479. τάρχαι' ἑ. οἷς Θέσπις ἠγωνίζετο
ΕΙ. 289. νῦν τοῦτ' ἑ. ἥκει τὸ Δάτιδος μέλος,
Ο. 507. τοῦτ' ἄρ' ἑ. ἦν τοὔπος ἀληθῶς· κυκνῷ ψωλοὶ πεδίονδε.
Α. 240. τίς ὠλολυγή. ΑΤ. τοῦτ' ἑ. οὐγὼ 'λέγον·
Θ. 498. ἡμῖν τί τοῦτ' ἐστ' ; οὐδ' ἑ. εἴρηκά πω,
Β. 318. τοῦτ' ἔστ' ἑ., ὦ δέσποθ', οἱ μεμνημένοι
 1341. τοῦτ' ἑ.· ἰὼ ξύνοικοι,
Π. 778. ὡς οὐτ' ἑ. ἄρ' οὔτε ταῦτ' ὀρθῶς ἔδρων
ἐκεῖνα. Ν. 985. καὶ Κηκείδου καὶ Βουφονίων. ΔΙ. ἀλλ' οὖν
 ταῦτ' ἐστὶν ἑ.,
Ν. 1052. καίτοι τίς ἀνδρειότερος ἦν ; ΔΙ. ταῦτ' ἔστι ταῦτ' ἑ.
Σ. 745. λογίζεταί τ' ἑ. πάνθ' ἁμαρτία
Ο. 1158. καὶ νῦν ἅπαντ' ἑ. πεπύλωται πύλαις,
Fr. 460, 6. ἑ.
ἐκεῖνα. Ἐκ. 422. νὴ τὸν Διόνυσον, χρηστά γ' εἶ δ' ἑ. γε
ἐκεῖνα. Ἐκ. 342. οὐ γάρ ἑ. γ' εἰσὶ τοιαῦτα. ΣΩ. φέρε, ποῖα
 γὰρ τινές εἰσιν ;
Ν. 391. χὤταν χέζω, κομιδῇ βροντᾷ παπαπαππᾶξ, ὥσπερ ἑ.
ΕΙ. 981. καί τοί γε ἑ. παρακπλίνασαι
Λ. 59. οὐδ' ἐκ Σαλαμῖνος. ΚΑ. ἀλλ' ἑ. γ' οἶδ' ὅτι
ἐκείναις. Ἐκ. 856. ἐπὶ δεῖπνον. ΑΝ. Α. οὐ δῆτ', ἤν γ' ἑ. νεῦς
ἐκείνας. Ο. 560. σφραγῖδ' αὐτοῖς ἐπὶ τὴν ψωλήν, ἵνα μὴ βινῶσ'
 ἑ.
Λ. 347. Τριτογενεῖ', ἦν τις ἑ.
ἐκείνῃ. Θ. 1219. αὐτή τ' ἑ. καὶ γέραν τις εἵπετο.
Β. 1457. οὐ δῆτ' ἑ. γ', ἀλλὰ χρῆται πρὸς βίαν.
ἐκείνῃ. Α. 413. ἐλθών ἑ. τὴν βάλανον ἐνάρμοσον.
ἐκείνῃ. Ι. 73. κρούσατ' ἑ. τὴν μόλμαν, ὠγαθέ.
Ν. 534. νῦν οὖν Ἠλέκτραν κατ' ἑ. ἥδ' ἡ κωμῳδία
Σ. 403. εἴσί μοι, ἑ. ὁ μάλιστα κινεῖν ἑ. τὴν χολήν,
Ο. 36. αὐτήν μὲν οὖ μισοῦντ' ἑ. τὴν πόλιν
Θ. 806. πρὸς Ἀριστομάχην δὲ χρόνου πολλοῦ, πρὸς ἑ. τὴν
 Μαραθῶνι,
Ἐκ. 1080. φέρε, πῶς ἐπ' ἑ. τὴν καλὴν ἀφίξομαι ;
ἐκείνην. Α. 653. καὶ τὴν Λίγιαν ἀπαιτοῦσιν καὶ τῆς νήσου
 μὲν ἑ.

ἐκείνης—ἐκζωπυρήσετ'.

ἐκείνης. Σ. 236. ἥβης ἐ., ἡνίκ' ἐν Βυζαντίῳ ξυνῆμεν
Ο. 485. ὥστε καλεῖται Περσικοὺς ὄρνις ἀπὸ τῆς ἀρχῆς ἔτ' ἐ.
469. ὑπὸ τῆς ῥώμης τῆς τότ' ἐ., ὑπόταν μόνον ὄρθριον ᾄσῃ.
660. κατάλειφ' ἡμῖν δεῦρ' ἐκβιβάσας, ἵνα παίσωμεν μετ' ἐ.
Λ. 852. ἀνὴρ ἐ., Παιονίδης Κινησίας.
Ἐκ. 319. καὶ τὰς ἐ. Περσικὰς ὑφέλκομαι.
ἐκεῖνο. Α. 1195. ἐ. δ' αἰαντῶν ἂν γένοιτό μοι,
Ν. 657. ἐκεῖν' ἐ., τὸν ἀδικώτατον λέγω·
680. ἐ. δ' ἦν ἄν, καρδύπη, Κλεωνύμη·
Σ. 405. νῦν ἐ. νῦν ἐ.
946. οὐκ, ἀλλ' ἐ. μοι δοκεῖ πεπονθέναι,
996. ἔπαιρε σαυτόν· ΦΙ. εἰπέ νυν ἐ. μοι,
ΕΙ. 146. ἐ. τήρει, μὴ σφαλεῖς καταρρυῇς
516. ἤδη 'στι τοῦτ' ἐ.
Ο. 354. τοῦτ' ἐ. ποῖ φεύγω δύστηνος; ΠΕ. οὗτος, οὐ μενεῖς;
Λ. 1038. κάστ' ἐ. τοῦτος ὀρθῶς κοὺ κακῶς εἰρημένον,
Θ. 477. ξυνοῖδ' ἐμαυτῇ πολλὰ δείν'· ἐ. δ' οὖν
Β. 7. θαρρῶν γ'· ἐ. μόνον ἴσως μὴ 'ρεῖς, ΞΑ. τὸ τί;
Ἐκ. 78. τοῦτ' ἔστ' ἐ. τῶν σκυτάλων ὧν πέρδεται.
258. ἐ. μόνον ἄσκηπτον, ἤν σ' οἱ τοξόται
263. ἐ. δ' οὗ πεφροντίκαμεν, ὅπῃ τρυπῶ
315. καὶ θοἰμάτιον· ὅτε δὴ δ' ἐ. ψηλαφῶν
465. ἐ. δεινὸν τοῖσιν ἡλίκοισι νῷν,
817. τὸ κόμμ' ἐγένετ' ἐ. πωλῶν γὰρ βότρυς
Π. 921. ἐ. δ' οὐ βούλοι' ἄν, ἡσυχίαν ἔχων
ἐκεῖνοι. Ν. 1429. ἡμῶν ἐ., πλὴν ὅτι ψηφίσματ' οὐ γράφουσιν;
ἐκεινοιί. Ι. 1196. ἐ. γὰρ ὧν ἔμ' ἔρχονται. ΚΛ. τίνες;
ἐκείνοις. Π. 770. ἐγὼ δ' ἀπαντήσαί γ' ἐ. βούλομαι.
ἐκεῖνον. Α. 236. ὡς ἐγὼ βάλλων ἐ. οὐκ ἂν ἐμπλήμην λίθοις.
Ι. 657. ἐπένευσεν εἰς ἐ. ἡ βουλὴ πάλιν.
761. ἀλλὰ φυλάττου, καὶ πρὶν ἐ. προσικέσθαι σοι, πρότερον σὺ
894. καὶ πρότερον ἐνεβούλευσέ σοι. τὸν ναυλὸν οἶσθ' ἐ.
Ν. 180. τί δῆτ' ἐ. τὸν Θαλῆν θαυμάζομεν;
796. πέμπεις ἐ. ἀντὶ σαυτοῦ μανθάνειν.
1149. ἐ., εἴφ', ὃν ἀρτίως εἰσήγαγες,
1378. σοφώτατον· ΣΤ. σοφώτατόν γ' ἐ., ὦ τί σ' εἴπω;
Σ. 1182. ἐ., ὡς οὗτω ποτ' ἦν μῦς καὶ γαλῆ
ΕΙ. 105. ἐρησόμενος ἐ. Ἑλλήνων πέρι
313. εὐλαβεῖσθέ νυν ἐ. τὸν κάτωθεν Κέρβερον,
649. ἀλλ' ἴα τὸν ἄνδρ' ἐ. οὔπερ ἔστ' εἶναι κάτω·
651. δέρ' αὖ σὺν λέγεις ἐ.
Ο. 1558. ζῶντ' ἐ. προβλιπῇ.
Λ. 281. οὕτω 'πολιόρκησ' ἐγὼ τὸν ἄνδρ' ἐ. ὡμῶς
Θ. 378. ὅ τι χρὴ παθεῖν ἐ. ἀδικεῖν γὰρ δοκεῖ
470. μισῶ τὸν ἄνδρ' ἐ., εἰ μὴ μαίνομαι.
Β. 69. ἐλθεῖν ἐπ' ἐ. ΗΡ. πότερον εἰς Ἅιδου κάτω;
1144. οὐ δῆτ' ἐ., ἀλλὰ τὸν Ἐρισίνιον
Ἐκ. 34. μὴ αὐτοῖν ἐ. τύπτῃ δεδιὼς, τοῖς θρῶσιν τοῦτο μαχεῖται.
Π. 122. οὐκ οἶσθ'· ἐγὼ δ' ἐ. ὀρρωδῶ πάνυ.
1203. ἤξειν ἐ. ὡς ἔμ', οἴσω τὰς χύτρας.
ἐκεινουί. ΕΙ. 545. ἐ. γοῦν τὸν λοφοποιῶν οὐχ ὁρᾷς
Ἐκ. 167. δι' Ἐπίγονόν γ' ἐ. βλέψατα γὰρ
ἐκεῖνος. Α. 663. περὶ τὴν πύλην ὢν ὥσπερ ἐ.
Λ. 708. ὡς μὰ τὴν Δήμητρ', ἐ. ἡλίκ' ἦν Θουκυδίδης,
Ι. 530. καὶ τέκτονες εὐπαλάμων ὕμνων· οὕτως ἤνθησεν ἐ.
1331. ὅδ' ἐ. ὑρῶν τεττιγοφόραις, ἀρχαίῳ σχήματι λαμπρός,
1405. ἐς τὴν ἕδραν θ', ἵν' ἐ. ἦν ὁ φαρμακός.
Ν. 159. τί δῆτ' ἐ. εἶπε περὶ τῆς ἐμπίδος
1167. ὅδ' ἐ. ἀνήρ.
1189. ἐ. οὖν τὴν κλῆσιν ἐς δύ' ἡμέρας
1498. ἐ. ὑπὲρ θοἰμάτιον εἰλήφατε,
Σ. 1403. κάπειτ' ἐ. εἶπεν, ὦ κύον κύον,
1470. τί γάρ ἐ. ἀντιλέγων
ΕΙ. 240. ἆρ' οὑτοσί ἐστ' ἐ. ὡ καὶ φεύγομεν,
272. ἀπύλωλ' ἐ. κἂν δέοντι τῇ πύλει.
650. οὐ γὰρ ἡμέτερος ἔτ' ἔστ' ἐ. ἁνήρ, ἀλλὰ σός.
1097. ἀφρήτωρ, ἀθέμιστος, ἀνέστιός ἐστιν ἐ.,
1174. ἣν ἐ. φησιν εἶναι τὴν Σαρδιανικόν·
Λ. 521. ὀρθῶς γε λέγων νὴ Δί' ἐ. ΛΥ. πῶς ὀρθῶς, ὦ κακόδαιμον,
Θ. 161. Ἴβυκος ἐ. κἀνακρέων ὁ Τήιος
558. ἐ. εἴη τῶν λόγων κατάσκοπος.
770. ἐκ τοῦ Παλαμήδους· ἂν μὴ 'τὰ πλάτας
861. πατὴρ ἐ. ἐστί· φρυνᾶνδας μὲν οὖν.
Β. 279. τὸ δεῖν' ἔφασκ' ἐ. ΔΙ. ὡς οἰμώξεται,
552. ἐ. αὐτὸς δῆτα. ΒΛ. κακόν ἦκει τινί.
769. ἐ. εἶχε τὸν τραγῳδικὼν θρόνον,
783. μὰ Δί' οὐκ ἐ., ἀλλ' ἔκνιε μὲν Αἰσχύλον,
Ἐκ. 328. νὴ τὸν Δί' αὐτὸς δῆτ' ἐ. εἰπέ μοι,

ἐκεῖνος. Π. 82. καὶ Ζεῦ, τί φῄς; ἐ. ὄντως εἶ σύ; ΠΛ. ναί.
Π. 83. ἐ. αὐτός· ΠΛ. αὐτότατος. ΧΡ. πόθεν οὖν, φράσον,
92. οὗτως ἐ. τοῖσι χρηστεῖσι φθονεῖ.
587. οὐκοῦν τοὐτῳ δήπου δηλοῖ τιμῶν τὸν πλοῦτον ἐ.·
704. αὐτὸς δ' ἐ.· ΚΑ. οὐ μὰ Δί' οὐδ' ἐφρώντισεν.
708. δείσας, ἐ. δ' ἐν κύκλῳ τὰ νοσήματα
918. ὁ βουλώμενος. ΣΤ. οὔκουν ἐ. εἰμ' ἐγώ.
ἐκεινοσί. Σ. 67. ἔστιν γὰρ ἡμῖν δεσπότης ἐ.
Σ. 1500. φησίν τις, ἡ οὐδείς· ΔΔ. εἷς γ' ἐ. μόνος.
ΕΙ. 883. ἐ. νεύει. ΤΡ. τίε; ΟΙ. ὕστις· Ἀμφιράδης,
Ο. 288. οὑτοσὶ δὲ πηνέλοψ, ἐ. δὲ γ' ἀλκυών.
ἐκείνου. Ι. 713. ἐγὼ δ' ἐ. καταγελῶ γ' ὅσον θέλω.
Ι. 718. αὐτὸς δ' ἐ. τριπλάσιον κατέσπακας.
ΕΙ. 618. οὐσα συγγενὴς ἐ. πολλά γ' ἡμᾶς λανθάνει.
1304. οὐ μὴ 'πιλάθῃ ποτ', ὦν ἐ. τοῦ πατρός
Ο. 47. τὸν ἔποπα, παρ' ἐ. πυθέσθαι δεομένων,
1518. ἀνήλθεν ὡς ἡμᾶς ἀπ' ἐ. τοῦ χρόνου,
1543. ἣν γ' ἣν σὺ παρ' ἐ. παραλάβῃς, πάντ' ἔχεις.
Ἐκ. 671. ἕτερον γὰρ ἰῶν ἐκ τοῦ κοινοῦ κρεῖττον ἐ. κομεῖται.
Π. 957. ὅτι ἔστ' ἐ. τοῦ πονηροῦ κύμματος.
ἐκείνους. Ι. 393. νῦν δὲ τοὺς στάχυς ἐ., οὐκ ἐκεῖθεν ἤγαγεν,
Ι. 879. παῦσαί τε τοὺς βινουμένους· κοὐκ ἔσθ' ὅπως ἐ.
ΕΙ. 640. ὥσν' ἐ. μὲν τοὺς ποιῆσαι πλουσίους, ἡ δ' Ἑλλὰς ἂν
741. τοὺς θ' Ἡρακλέας τοὺς μάττοντας, καὶ τοὺς πεινῶντας ἐ.,
Λ. 764. ποθεῖν ἐ.· ἀργαλέας εὖ οἷδ' ὅτι
Ἐκ. 815. ἔγωγε. ΑΝ. Β. τοὺς χαλκοῦς δ' ἐ. ἡνίκα
ἐκείνω. Ν. 882. ὅπως δ' ἐ. τῷ λόγω μαθήσεται,
ἐκείνῳ. Σ. 356. οἶδ'· ἀλλὰ τί τοῦτ'· οὐδὲν γὰρ τοῦτ' ἐστὶν ἐ. προσόμοιον.
Π. 979. ἐγὼ δ' ἐ. ταῦτα πάνθ' ὑπηρέτουν.
ἐκείνων. Α. 677. οὐ γὰρ ἀξίως ἐ. ἂν ἐναυμαχήσαμεν
Ι. 786. ἐκείνοις, τίς ἐ.; μῶν ἔκγονος ἐ. τῶν Ἁρμοδίου τις ἐ.;
Ν. 340. τί δ' ἣν παρ' ἐ. καὶ μάθοι χρηστόν τις ἂν;
ΕΙ. 211. ὅτι πολεμεῖς ἡρείσθ' ἐ. πολλάκις
574. τῶν τε παλασιῶν ἐ.,
Ο. 1312. ἐγὼ δ' ἐ. τοὺς προσιόντας δέξομαι·
1703. ρᾷν ἐ. τῶν Φιλίππων
ἐκεῖσ'. Α. 899. ὁ φορτί' ἄγερ' ἐνθένδ' ἐ. ἀξεις ἰών·
Σ. 104. κάπειτ' ἐ. ἐλθὼν προκαθεύδει πρῷ πάνυ,
Ο. 1459. κάπειθ' ὁ μὲν πλεῖ δεῦρο, σὺ δ' ἐ. αὖ πέτει
Ἐκ. 620. οὐκ ἐπιλείψει τὸ κείνο πρότερον πρὶν ἐ. οἱ φής ἀφικέσθαι·
ἐκεῖσε. Α. 486. ἄπελθ' ἐ. κἆτα τὴν κεφαλὴν ἐκεῖ
Ι 486. ὡς οὗτοι ἴπσεαων ἐ. διαβαλεῖ
743. πλεύσας ἐ., τοὺς Λάκωνας ἠγαγον.
Ν. 1408. ἐ. δ' ὅθεν ἀνέσχισάς με τοῦ λόγου μέτειμ,
Σ. 765. ἐ. μὲν μηκέτι βαδίζ', ἀλλ' ἐνθάδε
1093. τοὺς ἐναντίους, πλεύσαν ἐ. ταῖς τριήρεσιν,
Ο. 1456. κᾆτ' αὖ πέτωμαι πάλιν ἐ. ΠΕ. μανθάνω.
Λ. 588. ὑπενεγκοῦσαι τοῖσιν ἀτράκτοις ὑμ' ἐν ἰντανθὶ, τὸ δ' ἐ.,
570. διενεγκοῦσαι διὰ πρεσβειῶν τὸ μὲν ἐνταυθὶ, τὸ δ' ἐ.
903. κἄγωγ' ἄπειμ' ἐ.· νῦν δ' ἀπομώμοκα.
Β. 1077. καὶ πλεῖν δευρὶ καὖθις ἐ.
Ἐκ. 168. ἐ. ᾗθ γυναίκας φῶμεν λέγειν.
Π. 1000. ἔφ' ᾧ τ' ἐ., μηδίποτ' ἐ. ἐλθεῖν ἔτι,
Fr. 198. 5. ἐ. φιλοχωρῶντας. α. εἰσὶ γάρ τινες ἐκεφάγευσαν. Ι. 674. ἐ. τε τοὺς πρυτάνεις ἀφιέναι·
ἐκέλευε. Α. 962. τριῶν δραχμῶν δ' ἐ. Κοπφᾷδ' ἐγχελιν.
Α. 1051. ἐ. δ' ἐγχέαι σε, τῶν κρεῶν χάριν,
Ι. 514. ἡμᾶς ὑμῖν ἐ. φράσαι περὶ τούτου. φησὶ γὰρ ἀνήρ
1049. δῆσαί σ' ἐ. πεντεσυρίγγῳ ξύλῳ.
1181. ἡ Γοργολόφα γ' ἐ. τουτοὶ ὑφαγεῖν
Ἐκ. 1137. ὑμᾶς δ' ἐ. συλλαβοῦσαν μ' ᾗ γυνὴ
ἐκέλευσε. Fr. 129, 1. κοφίνους δὲ λίθων ἐ.
ἐκέλευσεν. Α. 1073. ἰέναι σ' ἐ. οἱ στρατηγοὶ τήμερον
Β. 34. ἣ τῶν σε κωκύειν ἂν ἐ. μακρά.
ἐκέλευσ". Ι. 1017. σώζεσθαί σ' ἐ. ἱερὸν κύνα καρχαρόδοντα,
Ι. 1047. ἐν ἐ. γε λέγειν τυνδ' ἐ. ὁ Λοξίας.
Ν. 1364. ἔπειτα δ' ἐ. αὐτὸν δάλα μυρρίνης λαβόντα
ἐκέλευσθα. Β. 199. ἴζε 'πὶ κώπην, οἴπερ ἐ. με σύ;
Ἐκ. 335. εἴτ' οὐδὲ τὴν γυναῖκ' ἐ. σοι φράσαι;
Fr. 77. τί οὐκ ἐ. παραφέρειν τὸ ποτήρια.
ἐκέλευσα. Α. 960. ἐ. Λάμαχόν σε τουτησὶ δραχμῆς
Ι. 903. ἡ γὰρ θεός μ' ἐ., ἄλλως τ' ἀλαζονείᾳ,
Π. 42. ἐ. τούτου μὴ μεθίεσθαί μ' ἔτι,
ἐκέλευσεν. ΕΙ. 955. ἐ. μ' ἀνανεύθεσθαι σου. ΤΡ. τὰ τί;
Π. 985. ἐ. ἀν, τῇ μητρὶ θ' ἱματίδιον.
ἐκεχειρίαν. ΕΙ. 908. ἀλλ' εὕρον ὡς σ' ὑπέχωντα τὴν ἐ.
ἐκεκρότησαν. Ι. 651. ἐ. δ' ἀνεκρότησαν καὶ πρὸς ἔμ' ἐ.
ἐκζωπυρήσετ'. ΕΙ. 310. τὸν Πόλεμον ἐ. ἐνδόθεν κεκραγότες

ἐκθεῖ—ἐκποιοῦ. 95

ἐκθεῖ. Ι. 251. ἐσδραμὼν ἐς τὸ πρυτανεῖον. εἶτα πάλιν ἐ. πλέᾳ.
ἐκθεῖσι. Β. 691. αἰτίαν ἐ. λῦσαι τὰς πρότερον ἁμαρτίας.
ἐκθεῖν'. Λ. 456. ὦ ξύμμαχοι γυναῖκες, ἐ. ἔνδοθεν.
ἐκθρέψαντα. Ν. 519. τἀληθῆ, νὴ τὸν Διόνυσον τὸν ἐ. με.
ἐκινδύνευσ'. Ι. 1204. ἐγὼ δ' ἐ. ΑΛ. ἐγὼ δ' ὤπτησά γε.
ἐκιχλίζετα. Fr. 313, 4. ἄλλα τε τοιαῦθ' ἕτερα μυρί' ἐ.
ἐκκαίδεκ'. Β. 551. ἐ. ἄρτους κατέφαγ' ἡμῶν.
ἐκκαίδεκα. Π. 195. πολὺ μᾶλλον ἐπιθυμεῖ λαβεῖν ἐ.'
Fr. 469. c. ἐπὶ φαλήτων συκίνων ἐ.
ἐκκαλαμᾶται. Σ. 609. καὶ παππίζουσ' ἅμα τῇ γλώττῃ τὸ τριώβολον ἐ.
ἐκκαλεῖ. Π. 1103. ἀλλ' ἐ. τὸν δεσπότην τρίχων ταχύ,
ἐκκαλεῖν. Σ. 271. ᾄδοντας αὐτῶν ἐ., ἢν τί πως ἀκούσας
ἐκκαλεῖς. Α. 875. οὐ γὰρ δεόμενος οὐδὲν ἐ. ἐμέ.
ἐκκάλεσαν. Α. 402. ἐ. αὐτόν. ΚΗ. ἀλλ' ἀδύνατον. ΔΙ. ἀλλ' ὅμως.
Θ. 65. Ἀγάθωνά μοι δεῦρ' ἐ. πάσῃ τέχνῃ.
ἐκκάλεσον. Λ. 850. πρὸς τῶν θεῶν νυν ἐ. μοι Μυρρίνην.
ἐκκαλέσωμαι. Εκ. 34. τήνδ' ἐ., τρυγῳνῶσα τὴν θύραν.
ἐκκαλύψομαι. Σ. 221. οἷς ἐ. τοῦτον. ΣΩ. οὐκοῦν, ἢν δέῃ,
ἐκκαυλίζων. I. 825. τῶν εὐθυνῶν ἐ.
ἐκκέας. ΕΙ. 1133. ῥῶν φίλων, ἐ.
ἐκκεκαλύψομαι. Ο. 1503. οἴμωξε μεγάλ'. ΠΡ. οὕτω μὲν ἐ.
ἐκκεκώφεται. Β. 1223. νυνὶ γὰρ αὐτοῦ τοῦτό γ' ἐ.
ἐκκεκώφηκας. I. 311. ὅπτις ἡμῶν τὰς Ἀθήνας ἐ. βοῶν,
ἐκκλησία. Ι. 305. πᾶσα μὲν γῇ πλεῖα, πᾶσα δ' ἐ., καὶ τέλη
Ο. 1030. τουτὶ τί ἦν; ΠΕ. ἐ. περὶ Φαρνάκου.
Εκ. 20. καίτοι πρὸς ὄρθρον γ' ἐστὶν' ἡ δ' ἐ.
Π. 171. ἐ. δ' οὐχὶ διὰ τούτων γίγνεται;
ἐκκλησιάζειν. Σ. 32. ἐ. πρόβατα συγκαθήμενα,
Θ. 84. ἐ. ἐπ' ὀλέθρῳ. ΜΝ. τιὴ τί δὴ;
ἐκκλησιάσειν. Εκ. 183. ἐ. ἦν ὅτ' οὐκ ἐκρώμεθα
ἐκκλησίαν. Α. 28. ἐγὼ δ' ἀεὶ πρώτιστος εἰς ἐ.
Α. 56. ὦνδρες πρυτάνεις, ἀδικεῖτε τὴν ἐ.
169. ἀλλ' ἀπαγορεύω μὴ ποιεῖν ἐ.
173. οἱ γὰρ πρυτάνεις λύσουσι τὴν ἐ.
I. 746. καὶ μὴν ποιήσας αὐτίκα μάλ' ἐ.,
936. ἐ. ἐλθεῖν' ἐπεί·
Θ. 300. ὤψ. τῇ Γῇ, καὶ τῇ Ἑρμῇ, καὶ Χάρισιν, ἐ.
374. ἐ. ποιεῖν ἕωθεν τῇ μέσῃ
Εκ. 270. ὥσπερ τὸν ἄνδρ' ἐθεάσθ', ὅτ' εἰς ἐ.
289. χωρῶμεν εἰς ἐ., ὦνδρες· ἠπείλησε γὰρ
352. ὥρα βαδίζειν ἐστὶν εἰς ἐ.,
400. ὅθενπερ εἰς ἐ. ὡρμώμεθ', ἠνίκ' ἦμεν
740. πολλάκις ἀναστήσασά μ' εἰς ἐ.
Π. 950. τὴν τῶν πολιτῶν οὔτε τὴν ἐ.
ἐκκλησίας. Α. 19. εἰς νῦν, ὁπότ' οὔσης κυρίας ἐ.
Θ. 277. ἐσπευδε ταχέως' ὡς τὸ τῆς ἐ.
Εκ. 58. πληρουμένης ξαίνοιμι τῆς ἐ.
376. ἀτὰρ πόθεν ἥκεις ἐτεόν; ΧΡ. ἐξ ἐ.
501. χωρούσαν ἐξ ἐ. ὁρῶμεν, ἀλλ' ἐπείγου
548. ὃν χρὴν ἐμ' ἐξ ἐ. εἰληφέναι·
Fr. 198, 3. εἰλύμεθα κοινῇ, γενομένης ἐ.,
ἐκκλησιάσαι. Ο. 1027. ἐ. δ' οὖν ἐδεῖμην οἶκοι μένων·
Θ. 329. ἡμετέραις' τελέως δ' ἐ. Ἀθηνῶν
ἐκκλησιάσειν. Θ. 84. ἐν ταῖς γυναιξί, χἂν δέῃ,
ἐκκλησιάσονθ'. Εκ. 161. ἐ. οὐκ ἂν προβαίην τὸν πόδα
I. 270. χώσπερεί γέροντας ἡμᾶς ἐ.
ἐκκοκκίσας. ΕΙ. 63. λήσεις σεαυτὸν τὰς πύλεις ἐ.
ἐκκοκκίω. Λ. 364. εἰ μὴ σιωπήσει, θενῶν' ἐ. τὸ γῆρας.
Λ. 448. ἐ. σου τὰς στενοκωκύτους τρίχας.
ἐκκοψαίσι. Σ. 819. θήρῳον εἴ πως ἐ. τὸ τοῦ Λύκου.
ἐκκοψάντων. Ο. 583. καὶ τῶν προβάτων τοὺς ὀφθαλμοὺς ἐ. ἐπὶ πείρᾳ.
ἐκκόψει. Ο. 1613. προσπτάμενός ἐ. τὸν ὀφθαλμὸν θενῶν.
ἐκκόψειε. Α. 92. τὸν βασιλέως ὀφθαλμόν. ΔΙ. ἐ. γε
ἐκκρεμάσας. I. 1363. ἐκ τοῦ λάρυγγος ἐ. Ὑπέρβολον.
ἐκκρούσιν. Fr. 372. καὶ πατταλους ἐ.
ἐκκρουσαμένους. Fr. 263. ἐ. τοὺς πύνδακας
ἐκκυκλήθητ'. Α. 408. ἀλλ' ἐ. ΕΥ. ἀλλ' ἀδύνατον. ΔΙ. ἀλλ' ὅμως.
ἐκκυκλήσομαι. Α. 409. ἀλλ' ἐ. καταβαίνειν δ' οὐ σχολή.
ἐκκυλλώσει. ΕΙ. 134. φ' ἐ. ἐφντιμωρούμενος,
ἐκλακτίζων. Σ. 1492. σκέλος οὐρανίου γ' ἐ.
ἐκλακτίσασα. Σ. 1525. ἐ. τις, ἔδωκεν
ἐκλαπῆναι. Fr. 211. φήμαις οὖν ἐγὼ βροτῶν ἅπαντας ἐ.
ἐκλέψεται. ΕΙ. 885. τὸν ζωμὸν αὐτῆς προσπεσῶν ἐ.
ἐκλέψει. Fr. 300. ἀδαχεῖ τὼ αὐτοῦ τὸν ἀχορ' ἐ. τ' ἀεί.
ἐκλεγμένας. Εκ. 1124. ὅ τι ἂν μάλιστ' ὀσμὴν ἔχῃ·
ἐκλέπτες. I. 422. ὥσπερ ἀκαληφὰς ἐσθίων πρὸ χελιδόνων ἐ.
ἐκλεπτον. I. 420. οἱ δ' ἔβλεπον, κἀγὼ 'ν τοσούτῳ τῶν κρεῶν ἐ.

ἐκλεπτον. I. 1226. ἐγὼ δ' ἐ. ἐπ' ἀγαθῷ γε τῇ πόλει.
ἐκλέψαμεν. Σ. 238. τῆς ἀρτοπώλιδος λαβών' ἐ. τὸν ὕλμον,
ἐκλέψατε. Εκ. 275. καὶ θαἱμάτια τἀνδρεῖά γ. ἅπερ ἐ.
ἐκλήθην. Ν. 1038. ἐγὼ γὰρ ἥττων μὲν λόγος δι' αὐτὸ τοῦτ' ἐ.
Θ. 862. Ἑλένη δ' ἐ. ΓΥ. Η. αὖθις αὖ γίγνει γυνή,
ἐκλιπῶ. Λ. 1297. Ταΰγετον αὔτ' ἐραννὸν ἐ.,
ἐκλιπών. Β. 1225. Σιδωνίων ποτ' ἄστυ Κάδμος ἐ.
ἐκλιπών. ΕΙ. 1283. ἐ. ἰδρώντας, ἐπεὶ πολέμου ἐκόρεσθεν,
ἐκμαθεῖς. Σ. 1282. ἀλλ' ἀπὸ σοφῆς φύσεος αὐτόματόν ἐ.
ἐκμαίνεις. Εκ. 965. Κύπρι, τί μ' ἐ. ἐπὶ ταύτῃ;
ἐκμιμούμενος. Ο. 1265. μουσῶν ἅπερ ὄρνιθες ἐ.,
ἐκμαχλεύετι. Λ. 430. ξυνεμοχλεύσας. ΛΥ. μηδὲν ἐ.
ἐκμαχλεύσετ'. Λ. 429. ἐντεῦθεν ἐ.; ἰνθενδὶ δ' ἐγὼ
ἔκνισε. Σ. 1286. καί με κακίαις ἐ. καθ' ὅτ' ἀπεδειρόμην,
ἐκνομίας. Π. 981. οὐ πολλά' καὶ γὰρ ἐ. μ' ἰσχύνετο.
ἐκνομώτατα. Π. 992. λέγεις ἐρῶντ' ἄνθρωπον ἐ.
ἐκαινόνησεν. Ο. 653. φλαύρως ἐ. ἀετῷ ποτέ·
ἐκολάκευ'. Ι. 48. ἤκαλλ', ἐθώπευ', ἐ., ἐξηπάτα
ἐκόμιζεν. Fr. 313. 3. λαμπρὸν ἐ. ἀπ' οἴκου παραβεβλημένον.
ἐκομπολάκων. Β. 961. ἤλεγχον ἄν μου τὴν τέχνην' ἀλλ' οὐκὶ ἐ.
ἐκάμων. Ο. 1282. ἐ., ἰπείνων, ἐρρίγων, ὀλιμψάτων,
ἴκόντες. Ν. 1194. πρότερον ἀπαλλάττοιμ' ἐ., εἰ δὲ μή,
Β. 701. πάντας ἀνθρώπους ἐ. συγγενείᾳ κτησάμεθα
ἵκοντο. Ο. 1220. κρουθύτ' ἐ. τῇ γίγνετο; ΧΟ. φῆμί ἐγώ.
ἐκόρεσθεν. ΕΙ. 1283. ἐκλιπών ἰδρώνοντας, ἐπεὶ πολέμου ἐ.
ΕΙ. 246. εἶεν' ἐ. τοῦ πολέμου κἀγώ' μέσθιον.
ἐκαρίζετο. Ν. 68. τοῦτον τὸν υἱὸν λαμβάνουσ' ἐ.
ἐκορυβάντιζ'. Σ. 119. μετὰ ταῦτ' ἐ.· ὁ δ' αὐτῷ τυμπάνῳ
ἐκαπτε. Π. 1101. σὺ γὴν θύραν ἐ. σύπεσαὶ σχέδιια·
ἐκόσμησαν. I. 568. πανταχοῦ νικῶντες ἀεὶ τήνδ' ἐ. πύλιν·
ἑκοῦσα. { Α. 223. } κοῦδέποθ' ἐ. τἀνδρὶ τώμῷ πείσομαι.
{ 224. }
ἑκούσῃ. Ι. 1265. μηδὲ Θούμαντιν τὸν ἀνέστιον αὖ Λυπεῖν ἐ. καρδίᾳ,
ἔκοψεν. Λ. 361. ἐ. ὥσπερ Βουπάλου, φωνὴν ἂν οὐκ ἂν εἶχον.
ἐκπεράσαμαι. I. 1234. καί σου τοσοῦτο πρῶτον' ἐ.
ἐκπέμψειας. Σ. 175. ἵν' αὐτὸν ἐ. ΒΔ. ἀλλ' οὐκ ἔσπασεν
ἐκπεπληγμένοι. Ν. 810. ὦς δ' ἀνδρὸς ἐ. καὶ φανερῶς ἐπτημένοι
ἐκπεπληγμένοι. ΕΙ. 383. εἰπέ μοι, τί πάσχες', ὦνδρες; ἔσται ἐ.
ἐκπεπρισμένα. ΕΙ. 1135. ἐ.,
ἐκπέπτωκεν. Α. 410. ἡ βάλανος ἐ. ἐκ τοῦ τρήματος.
ἐκπέπτωκα. I. 1202. τὸν γὰρ χόα πρῶτος ἐ.
ἐκπερδικίσας. Ο. 768. σὺ παρ' ἡμῖν οὐδὲν αἰσχρόν ἐστιν ἐ.
ἐκπέσαι. Εκ. 906. ἐ. σου τὸ τρῆμα,
ἐκπετησίμους. Ο. 1355. ἴπην ὁ πατήρ ὁ πελαργὸς ἐ.
ἐκπέφευγ'. Α. 208. ἐ., οἴχεται φροῦδος, οἴμοι τάλας τῶν ἐτῶν τῶν ἐμῶν.
ἐκπέφευγας. Σ. 994. δείξειν ἔοικεν ἐ., ὦ Λάβης.
ἐκπηνιεῖται. Β. 578. ἐ. ταῦτα προσπαλουμένος.
ἐκπιεῖν. Λ. 114. τουτὶ καταθεῖσαν ἐ. αὐθημερόν.
Π. 737. καὶ πρίν σε κοτύλας ἐ. οἴνου δέκα
ἐκπίῃ. Α. 1001. πίνειν ὑπὸ τῆς σάλπιγγος' ὃς δ' ἂν ἐ.
ἐκπίῃς. ΕΙ. 916. φήσεις γ', ἐπειδὰν ἐ. οἴνου νέου λεπαστήν.
ἐκπίνουσιν. Ν. 712. καὶ τὴν ψυχὴν ἐ.
ἐκπιπτούσῶν. ι. 532. ἐ. τῶν ἠλέκτρων, καὶ τοῦ τύπου οὐκ ἔτ' ὄντος
ἐκπίω. I. 700. εἰ μὴ 'φάγῃς' ἐγὼ δέ γ'. εἰ μή σ' ἐ.,
ἐκπλαγεῖς. Ι. 664. ὁ δὲ ταῦτ' ἀκούσας ἐ. ἐφηνέφα.
ἐκπληττε. Β. 144. δεινότατα. ΔΙ. μὴ μ' ἐ. μηδὲ δειμάτου
ἐκπλύναι. Fr. 546, 2. καὶ καταπλύναι κἀτ' ἐ.
ἐκπλύνατας. Α. 575. ἐ. τῆν οἰσπώτην, ἐκ τῆς πόλεως ἐπιλυεῖς
ἐκπλυνεῖς. Π. 1062. οἶνος μέντἄν, εἰ τις ἐ.
ἐκπλυνεῖται. Π. 1064. εἰ δ' ἐ. τοῦτο τὸ ψιμύθιον,
ἐκπαδών. Α. 240. ἐ. εὖσον γὰρ ἀνὴρ, ὡς ἔοιχ'. ἐξέρχεται.
Α. 305. ὦγαθοί, νῦν μὲν λάκωνα ἐ. ἰάσατε,
I. 957. αἶβοι τάλας. ΑΛ. τί ἐστιν; ΔΗΜ. ἀπόφερ' ἐ.
1151. ἐγώ σε μαμαρίαι ἐ. ΑΛ. σὺ γ', ὦ φθῦρε.
Σ. 949. πάρεχ' ἐ. ἐγὼ γὰρ ἀπολογήσομαι.
1325. ἀλλ' ἐ. ἄπειμι πρὶν πληγὰς λαβεῖν.
1340. θλιαστής· ἐ.
ΕΙ. 1264. ὑβριζόμεθα. χωρῶμεν, ὦ τᾶν. ἐ.
Λ. 848. θύρη· ΚΙ. ἀνὴρ δῆτ'. ΛΥ. οὐκ ἄπει δῆτ' ἐ.;
Θ. 36. ἀλλ' ἐ. πτήξωμαι. ἀν ἐξέργασαι
293. ἵν' ἐξακούω· σὺ δ' ἄπιθ', ὦ Θρᾷττ' ἐ.
Β. 853. ἄπαγε σεαυτὸν ἐ., εἰ σωφρονεῖς,
Εκ. 134. ἀπιθ' ἐ.· ταυτ' ἂν ἡμᾶς εἰργάσω.
507. μιντιένι χλαίνας, ἐμβὰς ἐ. ἴτω,
ἐκποιοῦ. ΕΙ. 708. ταὐτῇ ξυνοικῶν ἐ. σαυτῷ Βότρυς.

ἐκποκιῶ. Θ. 567. ἀλλ' ἐ. σου τὰς ποκάδας. ΜΝ. οὐ δὴ μὰ Δία σύ γ' ἄψει.
ἐκπονεῖν. Ο. 379. ἐ. θ' ὑψηλᾶ τείχη ναῦς τε κεκτῆσθαι μακράς.
ἐκπορίζε. Σ. 365, ἀλλά καὶ νῦν ἐ.
ἐκπορίζεις. Σ. 859. εὖ γ' ἐ. αὐτὰ κἀπιχωρίως.
ἐκπορίζομεν. Π. 461. εἰ πᾶσιν ἀνθρώποισιν ἐ.
ἐκπορίσας. Λ. 421. ὅτε γ' ἂν ἐγὼ πρόβουλος, ἐ. ὅπως
ἐκπυήσεται. Σ. 208. ἐ. πού πού 'στί μοι τὸ δίκτυον;
ἐκπτόμενος. Ο. 788. ἐ. ἂν οὕτος ᾐρίστησεν ἐλθὼν οἴκαδε,
ἐκπύθωμαι. Εκ. 752. πρὶν ἐ. πᾶν τὸ πρᾶγμ'. ὅπως ἔχει
ἐκπυνθάνει. Π. 60. σκαιῶς γὰρ αὐτοῦ καὶ χαλεπῶς ἐ.
ἐκπώματα. Σ. 677. φιάλαι, χλανίδας, στεφάνους, ὅρμους, ἐ., πλυνθυγίειαν·
Εκ. 447. ἱμάτια, χρυσί', ἀργύριον, ἐ.,
ἐκπωμάτων. Λ. 74. ἐξ ὑαλίνων ἐ. καὶ χρυσίδων
ἐκραιβίζειν. Α. 570. ἐ. τοὺς μοχθηροὺς καὶ τοὺς τριβόλους ἀπολέξαι,
ἐκρέμασεν. Θ. 1027. ὁλοῦν, ἀφικών ἐ. κόραξι δεῖπνον·
ἐκρεμάσθην. Θ. 1053, ἐστίν ἐμοὶ φίλον, ὡς ἐ.
ἔκρινα. Π. 1473. ἐ. νικᾶν Αἰσχύλον. τιὴ γὰρ οὔ ;
ἐκρινόμεθ'. Ν. 66. τίως μὲν οὖν ἐ. · εἶτα τῷ χρόνῳ
ἐκροφῇ. Σ. 1118. ἐ. τὸν μισθὸν ἡμῶν, τἦσδε τῆς χώρας ὕπερ
ἐκροφήσας. 1. 701. κᾆτ' ἐ. αὐτὸν ἐπιδιαρραγῶ.
ἐκροφήσει. Ι. 360. τῶν πραγμάτων, ὁτιὴ μόνος τὸν ζωμὸν ἐ.
ἐκσίεισται. Α. 314. ἐ. χαμᾶζ', οὐχ ὁρᾷς σειόμενον ;
ἐκσκάλευσον. Λ. 1028. ἐ. αὐτὸ, κᾆτα δείξον ἀφελοῦσά μοι·
ἐκσπευδε. Θ. 277. ἐ. ταχέως· ἐπὶ τὸ τῆς ἐκκλησίας
ἐκστῆναι. Σ. 477. νὴ Δί' ἥ μοι κρεῖττον ἐ. τὸ παράπαν τοῦ πατρός
ἐκστρέψας. Ν. 554. ἐ. τοὺς ἡμιτέρους Ἱππέας κακῶς κακῶς,
Π. 721. κατέπλασεν αὐτοῦ τὰ βλέφαρ' ἐ., ἵνα
ἐκστρέψων. Ν. 88, ἐ. ὡς τάχιστα τοὺς σαυτοῦ τρόπους,
ἐκτία. Εκ. 547. οἶσθ' οὖν ἀπολωλεκυία πυρῶν ἐ.,
ἐκτεθραμμένον. Ν. 795. εἰ σοί τις υἱὸς ἐστὶν ἐ.,
ἔκτεινε. Σ. 1212. πῶς δαί ; ΒΑ. τὰ γυνατ' ἐ., καὶ γυμναστικῶς
ἐκτείνοντα. Εκ. 782. ἕστηκεν ἐ. τὴν χεῖρ' ὑπτίαν,
ἐκτείνων. ΕΙ. 160. κάτα δρυμαίαν πτέρυγ' ἐ.
ἐκτελέσαι. Ε. 1024. οὐκ ἐ. φησὶν ἐπαρθεῖς οὐδ' ὀγκῶσαι τὸ φρόνημα,
ἐκτίμοιμι. Β. 575. ἐγὼ δὲ τὸν λάρυγγ' ἄν ἐ. σου,
ἐκτέος. Α. 259. ὦ Ξανθία, σφῷν δ' ἐστὶν ὀρθὼς ἐ.
ἐκτετείχισται. Ο. 1165. οὕτω τὸ τείχος ἐ. ταχύ ;
ἐκτετοξεύσθαι. Π. 34. ἤδη νομίζω ἐ. βίον,
ἐκτετρυμμένων. Εκ. 337. ἀλλ' ἐ. λαθοῦσά μ' ἔνδοθεν ;
ἔκτην. Λ. 881. ἄλουντον ἦν κάθηλε ἐ. ἡμέραν·
ἐκτήξαιμι. Ν. 772. τὰ γράμματ' ἐ. τῆς ἐμῆς δίκης ;
ἐκτήσω. Σ. 685. καὶ πεζομαχῶν καὶ πολιορκῶν ἐ., πολλὰ πονήσας.
ἐκτίσει. Εκ. 650. πόθεν ἐ. ταύτην ; οὐ γὰρ τῶν κοινῶν γ' ἐστὶ δίκαιον.
ἐκτίουσιν. Εκ. 663. τῆς αἰκίας οἱ τύπτοντες πόθεν ἐ., ἐπειδὰν
ἔκτοπον. Ο. 1474. ἐ. τι, καρδίας ἐ.
ἐκτός. Β. 995. ἐ. οἴσει τῶν ἐλαῶν·
ἐκτραφείην. 1. 415. ἀπομαγδαλίας σιτούμενος τοσοῦτος ἐ.
ἐκτραφείς. Α. 782. ἀτὰρ ἐ. γε κύσθος ἔσται. ΜΕ. πέντ' ἐτῶν,
ἐκτραχηλίσῃ. Α. 705. τοῦ σκέλους ὑμᾶς λαβὼν τις ἐ. φέρων.
ἐκτραχηλισθῇ. Π. 70. ἄπειμι, ἵν' ἐκεῖθεν ἐ. πεσών.
ἐκτραχηλισθῶ. Ν. 1501. ἢ 'γὼ πρότερόν πως ἐ. πεσών.
ἐκτρέφῃ. Β. 1433. ἢν δ' ἐ. τις, τοῖς τρόποις ὑπηρετεῖν.
ἐκτρέχων. Ο. 991. οὔκουν ἑτέρωσε χρησμολογήσεις ἐ.;
ἐκτροπαί. Β. 113. πορνεῖ', δυσαυλίας, ἐ., νύμφαι, ᾠδούς,
ἐκτρώξεται. Σ. 155. φυλατθ' ὅπως μὴ τὴν βάλανον ἐ.
ἐκτυνεῖτι. Ο. 758. γελῶντες, εἰρηνμοῦντες ἐ. πολλά
ἐκτυφλοῦντα. Fr. 476, 2. στεφάνους ἰων * * * κονιορτοῦ ἐ.
ἐκτυφλῶσαι. Π. 301. μέγας λαβόντες ἡμμένον σφηκίσκον ἐ.
ἔκτυφ'. Α. 266. ἐ. ὅ' ἐπι προσεῖπαι ἐ.
Α. 890. ἤκουσαν ἐ. μόλις ἔτει ποθουμένην.
ἐκύϊς. Λ. 745, ἀλλ' οὐκ ἐ. σύ γ' ἐχθὲς. ΓΤ. Γ. ἀλλὰ τήμερον.
ἐκύησα. Θ. 641. στερηφὴ γὰρ εἰμί κοὐκ ἐ. πώποτε.
ἔκυκα. ΕΙ. 270. ὁ βυρσοπώλης, ὡς ἐ. τὴν Ἑλλάδα.
ἐκυκήθη. Α. 489. διὰ τάρχυμον πολεμεῖν γάρ ; ΛΤ. καὶ τάλλα γε πάντ' ἐ.
ἐκύκων. Λ. 491. δεί τινα κορκορυγὴν ἐ. οἱ δ' οὖν τούδ' οὔνεκα δρώντων
ἐκυλινδούμην. Ο. 502. ἐ. Ἱστίον ἰδών· κἆθ' ὕπτιος ὢν ἀναχάσκων
ἐκύπτασεν. Α. 17. ἡ μὲν γὰρ ἡμῶν περὶ τὸν ἄνδρ' ἐ.
ἔκνασα. Ο. 141. οὐκ ἐ., οὐ προσεῖτα, οὐ προσηγάγου,
ἔκυσε. Β. 788. μὰ Δί' οὐκ ἐκεῖνος, ἀλλ' ἐ. μὲν Αἰσχύλον,
ἐκφανῇ. 1. 698. οὔ τοι μὰ τὴν Δημήτρα γ', εἰ μή σ' ἐ.
ἐκφανεῖς. Λ. 824. τὸν σάκανδρον ἐ.

ἐκφερε. Α. 1123. καὶ τῆς ἐμῆς τοὺς κριβανίτας ἐ.
ΕΙ. 1021. θύσας τὰ μηρί' ἐξελὼν δεῦρό ἐ.,
ἐκφέρειν. Σ. 853. ὑτιὴ 'πελαθόμην τοὺς καδίσκους ἐ.
Θ. 726. ἀλλὰ τάδε μὲν λαβεῖν χρήν σ', ἐ. τε τῶν ξύλων,
Εκ. 443. ἐκ Θεσμοφόρου ἱκάστοτ' αὐτὰς ἐ.,
Π. 624. παῖ Καρίων, τὰ στρώματ' ἐ. σ' ἐχρῆν,
792. πρώτιστα καὶ βλέψαντος οὐδὲν ἐ.
ἐκφέρετε. Α. 1224. ὡς τοὺς κριτὰς μ' ἐ. · πού 'στιν ὁ βασιλεύς;
Fr. 494. ἐ. πεύκας κατ' Ἀγιδώνα φωσφόρους,
ἐκφερέτω. Ι. 1407. κἀκεῖνον ἐ. τις ὡς ἐπὶ τὴν τέχνην,
ἐκφερομένων. Β. 168. τῶν ἐ., ὅστις ἐπὶ τοῦτ' ἔρχεται.
ἐκφέρουσ'. Εκ. 143. καὶ τὸν παροινοῦντ' ἐ. οἱ τυξῶται.
ἐκφέρουσι. Β. 170. καὶ γάρ τιν' ἐ. τουτονὶ νεκρόν,
ἐκφέρω. Ι. 997. ἰδοὺ, θέασαι, κοὐχ ἅπαντας ἐ.
Ι. 994. οἰμ' ὡς χεσεῖω, κοὺχ ἐξαπατᾶς ἐ.
1164. ὑρᾶς ; ἐγώ σοι πρότερος ἐ. δίφρον.
ἐκφεύξεται. Σ. 157. δικάσοντά μ', ἀλλ' ἐ. Δρακοντίδης ;
ἐκφθαρείς. ΕΙ. 72. ἰχθὺς δὲ μετὰ ταῦτ' ἐ. οὐκ οἶδ' ὅπω
ἐκφορα. Π. 1138. ὧν θύσθ' ὑμεῖς ἔνδον, ΚΑ. ἀλλ' οὐκ ἐ.
ἐκφορά. Θ. 472. αὐταί γὰρ ἐσμεν, κοὐδεμί' ἐ. λόγου.
ἐκφοράν. Εκ. 926. οὔκουν ἐπ' ἐ. γε. ΝΕ. καινόν γ', ὦ σαπρά.
Π. 1008. ἐπ' ἐ. ; ΓΡ. μὰ Δί', ἀλλὰ τῆς φωνῆς μόνον
Π. 1008. ἐπ' ἐ. ; τὸν μισθὸν ἡμῶν, τῆσδε τῆς χώρας ὕπερ
ἐκφρες. Σ. 162. ἴθ', ἀντιβολῶ σ', ἐ. με, μὴ διαρραγῶ.
ἐκφρήσετ'. Σ. 156. τί δράσετ' ; οὐκ ἐ. ὦ μιαρώτατοι,
ἐκφροντίσαι. Ν. 697. χαμαί μ' ἔασον αὐτὰ ταῦτ' ἐ.
ἐκφροντίσω. Ν. 695. ἐ. τι τῶν σεαυτοῦ πραγμάτων.
ἐκφυγεῖν. Α. 177. δεῖ γάρ με φεύγοντ' ἐ. Ἀχαρνέας.
Ο. 356. ἐ.; ΕΤ. οὐκ οἶδ' ὅπως ἄν. ΠΕ. ἀλλ' ἐγὼ τοί σοι λέγω.
ἐκφύγῃ. Σ. 160. ὅταν τις ἐ. μ', ἀποσκληναι τότε.
ἐκφύγοιμεν. Π. 796. ἔπειτα καὶ τὸν φόρτον ἐ. ἄν.
ἐκφυγών. Α. 222. μηδέ περ γέρωντος ὄντας ἐ. Ἀχαρνέας.
ΕΙ. 336. μᾶλλον ἢ 'γὼ τῆσδε ἐκδὺς ἐ. τὴν ἀσπίδα.
ἐκχέῃ. Β. 855. θενῶν ὑπ' ὀργῆς ἐ. τὸν Τήλεφον·
ἐκχεῖτε. Fr. 290. μήτε πυδανιπτρον θύρας ἐ. μήτε λούτριον.
ἐκχέων. Α. 616. ἀποπάτου δριμύτερον ἐ. τάλας,
ἐκχυθεῖα. Λ. 940. εἴθ' ἐ. τὸ μύρον, ὦ Ζεῦ δέσποτα.
ἔκων. Ι. 1045. ἓν οὐκ ἀναδιδάσκεις σε τῶν λογίων ἐ.
1. 1123. νομίζετ' · ἐγὼ δ' ἐ.
Ν. 527. ἀλλ' οὐδ' ὣς ὑμῶν ποθ' ἐ. προδώσω τοὺς δεξιούς.
Σ. 742. ἐξηπάτηται, κἀπολέλυκεν οὐχ ἐ.
1422. ἐ. ὁμολογῶ γὰρ πατάξαι καὶ βαλεῖν
Ο. 628. οὐκ οὖν ἐστιν ὅπως ἂν ἐγὼ ποθ' ἐ. τῆς σῆς γνώμης ἐτ' ἀφείμην.
Β. Ν. 28. ἑλοιν δρύμους ἐ. τὰ πολεμιστήρια ;
ἐλάαι. Fr. 664. πάγκυρος ἐ.
ἐλάδα. Ν. 1124. ἡνίκ' ἂν γάρ οἵ τ' ἐ. βλαστάνωσ' αἱ τ' ἄμπελοι,
ἐλάαν. Σ. 450. προσαγαγὼν πρὸς τήν ἐ. ἐξέδειρ' εὖ κἀνδρικῶς,
ἐλάας. Ο. 617. τῶν ὁρνίθων δένδρον ἐ.
Λ. 255. κορμοῦ τοσουτονὶ βάρος χλωρᾶς φέρειν ἐ.
Β. 988. τίς τῆς ἐ. παρίταγεν ;
Εκ. 308. καὶ τρεῖς ἂν ἐ.
Fr. 190, 2. ἢ καὶ τὰς ὑποπαρθένους ἀλμάδας ὡς ἐ.
476, 3. αὐτὸς δ' ἀνὴρ πωλεῖ κίχλας, ἀπίους, σχαδόνας, ἐ.,
ἕλαβε. Ν. 1063. πολλοὺς, ὁ γοῦν Πηλεὺς ἐ. διὰ τοῦτο τὴν μάχαιραν.
Β. 979. πού μοι τόδ' ; τίς τοῦτ' ἐ. ;
1402. σιδηραβιθὴς τ' ἐ. δεξιᾷ ξύλον.
ἕλαβεν. Ν. 1064. μάχαιραν ; ἀστείων γε κέρδος ἐ. ὁ κακοδαίμον.
ἔλαβες. 1. 1392. πώς ἐ. αὐτὰς ἰτεὼν ; ΑΓ. οὐ γὰρ ὁ Παφλαγών
Ν. 1224. τῶν δώδεκα μνῶν, ἃς ἐ. ἀνοίμενος
Σ. 718. κατ' ταῦτα μόλις ξενίας φεύγων ἐ. κατὰ χοίνικα, κριθῶν.
ΕΙ. 847. πόθεν δ' ἐ. ταῦτα σύ ; ΤΡ. πόθεν ; ἐκ τοῦ οὐρανοῦ.
Ο. 1211. οὐκ ἐ.; ΙΡ. ὑγιαίνεις μέν ; ΠΕ. οὐδὲ σύμβολον
Εκ. 380. τὸ τριώβολον δῆτ' ἐ.; ΧΡ. εἰ γὰρ ὥφελον.
ἐλαβόμην. Π. 690. ὀδὶ ἐ. ὣς παρεῖας ὣν ὑρὶς.
ἐλαβών. Α. 1023. πόθεν ; ΓΕ. ἀπὸ Φυλῆς ἐ. οἱ Βοιότοι.
Ν. 863. ἐν πρώτον ὀβολὸν ἐ. Ἡλιαστικόν,
ΕΙ. 966. οὐχ αἱ γυναίκες γ' ἐ. ΟΙ. ἀλλ' εἰς ἑσπέραν
Εκ. 388. ὥστ' οὐκ ἐ. αὐτὸς οὔτ' ἄλλοι συχνοί.
513. δθενπερ ἐ. τἄλλα τὴν ξυνέμπορ,
ἐλαγορήσει. Λ. 788. κᾆτ' ἐ.
ἔλαβας. Α. 664. καὶ περὶ τὸ χωρίον ἐ. ἅπαν ἐν κύκλῳ,
ἔλαθεῖς. Εκ. 4. τροχῷ τορῷ ἐ. κεραμικῆς ῥύμης ἐκπονητέος
ἔλαθες. Ν. 242. πυθὲν δ' ὑπόχρυος σαυτόν ἐ. γενόμενος ;
Fr. Μ. Δρα. η, Ν. 3, 2. καὶ πῶς ἀπορραίσας τὸν λυχνοῦχον ἐ.;
ἔλαθον. Ι. 116. ὥστ' ἐ. αὐτὸν τὸν ἱερὸν χρησμόν λαβών.
ἐλαίζειν. Fr. 167. ἐ.;

ἔλαιον—ἐληλύθει. 97

ἔλαιον. Α. 35. οὐκ ὄξος. οὐκ ἔ., οὐδ' ἥδει πρίω,
 Ν. 50. ἔ. ἡμῖν οὐκ ἔνεστ' ἐν τῷ λύχνῳ.
 Σ. 702. ἐνστάζουσιν κατὰ μικρὸν ἀεί, τοῦ ζῆν ἕνεχ', ὥσπερ ἔ.
 Ο. 533. ἀλλ' ἐπικνῶσιν τυρόν. ἔ.,
 1589. ἔ. οὐκ ἔνεστιν ἐν τῇ ληκύθῳ.
Θ. 420. ἄλφιτον, ἔ., οἶνον, οὐδὲ ταῦτ' ἔτι
ἰλαίον. Π. 810. τὸ φρέαρ δ' ἔ. μεστὸν· αἱ δὲ λήκυθοι
ἔλακεν. Π. 39. τί δῆτα Φοῖβος ἔ. ἐκ τῶν στεμμάτων;
ἰλακκανομάδονν Ο. 1281. ἔ. ἅπαντες ἄνθρωποι τότε,
ἐλάκτισεν. Θ. 509. τέξειν· τὸ γὰρ ἧτρον τῆς χύτρας ἔ.
ἐλάμβαν'. Σ. 465. ὅτι λάβρα γ' ἔ. ὑπισχνοῦ με;
ἐλάμβανε. Ο. 511. τουτὶ τοίνυν οὐκ ἤδη 'γὼ' καὶ δῆτά μ' ἔ.
 θαῦμα,
ἐλάμβανεν. Ι. 1222. σοὶ μὲν προσεδίδου μικρὸν ὧν ἔ.,
ἔλαμπον. { Σ. 1032. } οὗ δεινύταται μὲν ἀπ' ὀφθαλμῶν Κύννης
 { ΕΙ. 755. } ἀκτίνες ἔ.,
ἔλαμψε. Σ. 62. οὐδ' εἰ Κλέων γ' ἔ. τῆς τύχης χάριν,
 Ο. 1710. ἀστὴρ ἰδεῖν ἔ. χρυσαυγεῖ δώμῳ,
ἰλᾶν. Fr. Μ. Διιδ. 9, 2. ἔ. ἀνεκάς, λίγε, χαῖρε φέγγος ἡλίου.
ἐλάνθανεν. Ι. 461. ταυτὶ μὰ τὴν Δήμητρά μ' οὐκ ἔ.
 Π. 169. οἴμοι τάλας, ταυτὶ μ' ἔ. πάλαι,
ἐλάνθανες. Α. 990. ὡς καλὸν ἔχουσα τὸ πρόσωπον ἆρ' ἔ.
ἐλάνθανον. Π. 775. οἷοιν ἄρ' ἄνθρωποις ξυνῶν ἔ.,
ἐλάνθανόν ν. Ι. 423. καὶ ταῦτα δρῶν ἔ. γ'· εἰ δ' οὖν ἴδοι τις
 αὐτῶν,
ἐλαολόγοι. Σ. 712. νῦν δ' ὥσπερ ἔ., χωρεῖθ' ἅμα τῷ τὸν μισθὸν
 ἔχοντι.
ἐλαπρὸν. Θ. 1180. ὡς ἔ., ὥσπερ ψύλλο κατὰ τὸ κῴδιο.
ἰλᾶς. Ι. 603. λιμητέον μᾶλλον. τι βρῶμεν· οὐκ ἔ., ὦ σαμφόρα;
 Ν. 1298. ὕπαγε, τί μέλλεις· οὐκ ἔ., ὦ σαμφόρα;
Β. 203. ἔ. προθύμως / ΔΙ. κᾆτα πῶς δυνήσομαι,
ἐλασᾷ. Ο. 886. καὶ ἔ. καὶ ἐρωδιῷ, καὶ καταράκτῃ καὶ μεελάσαι. Α. 995. πρῶτα μὲν ἂν ἐμπελίδος ἔρχον· ἔ. μακρὸν,
ἐλασίβρονι'. Ι. 626. ὁ δ' ἄρ' ἔνδων ἔ. ἀναρρηγνὺς ἔπη
ἐλάσσωας. Α. 1200. ἦν γὰρ τῶνδρος οὐκ ἔ.
ἔλατε. Ι. 243. ὦ Παναίτι', οὐκ ἔ. πρὸς τὸ δεξιὸν κέρας;
ἐλατῆρας. Ι. 1265. ἢ θοὰν ἵππων ἔ. δείδειν, μηδὲν ἐς Λυ-
 σίστρατον,
ἔλαττον. Ι. 441. τὸ πνεῦμ' ἔ. γίγνεται.
 Ν. 612. πρῶτα μὲν τοῦ μηνὸς ἐς δᾷδ' οὐκ ἔ. ἢ δραχμὴν,
 Σ. 489. ἦν τε μεῖζον ἦν τ' ἔ. πρᾶγμά τις κατηγορῇ,
Β. 174. μὰ Δί', ἀλλ' ἔ. ΝΕ. ὑπάγεθ' ὑμεῖς τῆς ὁδοῦ.
ἐλάττω. Σ. 620. καὶ τῆς τοῦ Διὸς οὐδὲν ἔ.,
 Σ. 599. ἀλλὰ θεωρός, καίτοι εστὶν ἀνὴρ Εὐφημίου
 οὐδὲν ἔ.
 Σ. 1274. Θετταλῶν, αὐτὸς πενέστης ὢν ἔ. οὐδενός.
ἔλαυνν. Ν. 25. φίλων, ἀδικεῖσθ' ἔ. τὸν σαυτοῦ δρόμων·
ἐλαύνει. ΕΙ. 128. ζεύξαντ' ἔ. ἐς θεούς. ἡ πανκία,
Β. 205. ὤν, εἶτ' ἔ.· ΧΑ. δᾷστ' ἀκούσει γὰρ μέλη
 1075. νῦν δ' ἀντιλέγειν κοὐκέτ' ἔ.
ἐλαύνεις. Ν. 29. ἐμὴ μὲν σὺ κολλοὺς τὸν πατέρ' ἔ. δρόμους.
ἐλαύνης. Ν. 69. ὅταν οὖ μέγας ὢν ἄρα' ἔ. πρὸς πόλιν,
ἐλαύνωμεν. Εκ. 109. νῦν μὲν γὰρ οὔτε θίομεν οὔτ' ἔ.
ἐλαύνουσιν. Ι. 1366. πρῶτον μὲν ὑπόσοι ναῦς ἔ. μικράς,
ἐλαύνομεν. Ι. 1182. ἐλατῆρος, ἵνα τὰς ναῦς ἔ. καλῶς.
ἐλαύνων. Α. 1188. λῃστὰς ἔ. καὶ κατασσείχων δορί.
 Ν. 1272. ἵππους ἔ. ἐξέπεσον νὴ τοὺς θεούς.
 Σ. 684. σοὶ δ' ἤν τις δῷ τοὺς τρεῖς ὁβολούς, ἀγαπᾷς οἷς
 αὐτὸς ἔ.
Β. 254. δεινότερα δ' ἔγωγ', ἔ.
ἔλαφοι. Ν. 354. ὅτι δειλότατον τοῦτον ἐώρων, ἔ. διὰ τοῦτ' ἐγί-
 νοντο.
ἔλαφος. Α. 1318. ᾧ τις ἔ.· κρότον δ' ἅμα ποιῇ χοροφελήταν·
ἐλαφρῶς. Α. 217. ἐξέφυγεν οὐδ' ἂν ἔ. ἂν ἀπεπλίξατο.
ἔλαχε. ΕΙ. 348. δὲ ἔ. Φορμίων·
 Εκ. 999. μὰ τὴν 'Αφροδίτην, ἡ μ' ἔ. κληρουμένη,
ἔλαχον. Α. 550. σκορπίδων, ἔ., κρομμύων ἂν δικτύοις,
 ΕΙ. 578. τῷ φρέατι, τῶν τ' ἔ.,
Β. 995. ἐκτὸς οἴσει τῶν ἔ.
ἔλεᾳ. Ο. 885. δι, καὶ τέτρακι, καὶ ταῶνι, καὶ ἔ., καὶ βασκᾷ,
ἐλεαίρεις. Ι. 793. καὶ γυναρίοις καὶ πυργιδίοις ἔτος ὄγδοον
 ἐλέᾳ.
ἔλεξα. Ο. 302. κίττα, τρυγών, κορυδὸς, ἔ., ὑποθυμὶς, περιστερὰ,
ἔλεγ'. Θ. 929. ἔδ' οὐ πανοῦργος ὢν ἔ. ἡμῖν Κλεισθένης;
ἔλεγε. Β. 1375. ἔ. μοι τῶν ἐπιτυχόντων,
ἔλεγεν. Ν. 1361. τοιαῦτα μέντοι καὶ τέν' ἔ. ἔνδον, οἷάπερ νῦν·
 Σ. 280. λίθον ἔψει, ἔ.
 Α. 391. ἔ. δ' ὁ μὴ ὥρασι μὲν Δημόστρατος
 394. ἔ. ὁπλίτας καταλέγειν Ζακυνθίων·
Β. 275. καὶ τοὺς ἐπιόρκους, οὓς ἔ. ἡμῖν· ΗΑ. σὺ δ' οὔ·

ἔλ γεν. Β. 949. ἀλλ' ἔ. ἡ γυνὴ τί μοι χὠ δοῦλος οὐδὲν ἧττον,
Β. 1175 τεθνηκόσιν γάρ ἔ., ὦ μοχθηρὲ σύ,
ἔλεγετ'. ΕΙ. 217. ἔ. ἂν ὑμεῖς εὐθὺς· ἐξαπατώμεθα
ἐλέγξαι. Ι. 1232. καὶ μήν σ' ἔ. βούλομαι τεκμηρίῳ.
 Π. 574. πενία πλοίτου. ΠΕ. καὶ σύ γ' ἔ. μ' οὕτω δύνασαι
 περὶ τούτου,
Fr. Μ. Δαν. 5, 1. ἀλλ' εἰσίθ', ὡς τὸ πρᾶγμ' ἔ. βούλομαι
ἐλέγξαι. Β. 1366. ὥσπερ ἢ ἔ. τὴν ποίησιν νῷν μόνοι
ἐλέγξω. Ν. 1043. σκέψαι δὲ τὴν παίδευσιν ᾗ πέποιθεν ὡς ἔ·
Β. 908. ἐν τοῖσιν ὑστάτοις φράσω, τοῦτον δὲ πρῶτ' ἔ.,
ἐλέγχῳ. Ο. 218. τοῖς σοῖς ἔ. ἀντιφάλλων
ἐλέγχων. Σ. 1284. εἰσί τινες οἵ μ' ἔ. ὡς καταδιηλλάγην,
 ΕΙ. 213. ὑπερβάλοιντο μικρόν, ἔ. ἂν ταδὶ·
 Ο. 1019. οἴμοι κακοδαίμων. ΠΕ. οὐκ ἔ. ἐγὼ πάλιν;
ἔλεγχ'. Β. 857, ἔ. ἐλέγχων λοιδορείσθαι δ' οὐ θέμις
Β. 894. ἔγω. ὀρθῶς μ' ἔ. ἂν ἀπτωμαι λόγων.
ἐλεγχθέν. Εκ. 485. πᾶσαισι παρὰ τοῖς ἀνδράσιν τὸ πρᾶγμα
 τοὺτ' ἔ.
ἐλέγχου. Β. 557. ἔλεγχ', ἔ.· λοιδορείσθαι δ' οὐ θέμις
ἐλέγχους. Α. 484. ἀλλ' ἀνερώτα, καὶ μὴ πείθου, καὶ πρόσφερε
 πάντας ἔ.
ἐλέει. Σ. 967. ὦ δαιμόνι', ἔ. τοὺς ταλαιπωρουμένους.
ἐλεεῖν. Σ. 880. τοὺς φεύγοντας τ' ἔ. μᾶλλον
ἐλεεῖτε. Ι. 531. νυνὶ δ' ὑμεῖς αὐτῶν ὁρῶντες παραληροῦντ'
 οὐκ ἔ.
ἐλεήμων. ΕΙ. 425. οἴμ' ὡς ἔ. εἴμ' ἀεὶ τῶν χρυσίδων.
ἐλεήσαις. Σ. 572. εἰ μὲν γαρίεις δρυὸς φωνῇ, παιδὸς φωνὴν ἔ.
ἐλείψομεν. Σ. 393. ἔ. καὶ σῶτον νυνὶ τὸν σαυτοῦ πλησιόχωρον·
 ΕΙ. 400. ἴθ', ἀντιβολῶ σ', ἔ. αὐτῶν τὴν ὅσα.
ἔλει. Λ. 542. οὐδὲν τὰ γόνατα κύπος ἔ. μακρότερά μου.
ἐλείας. Ο. 244. οἱ δ' ἔ. παρ' αὐλῶνας ὀξυστόμοισ
ἐλείνων. Α. 413. ἐσθῆτ' ἐκ τῶν πτωχῶν ποιεῖς.
ἐλεινοί. Β. 1063. πρῶτον μὲν τοὺς βασιλεύοντας ράκι' ἀμπισ-
 χὼν, ἵν' ἔ.
ἐλεινῶς. Θ. 1063. κλαίεις ἔ. ΜΝ. σὺ δ' ἐπικλαίειν ὕστερον.
ἔλειον. Β. 351. προβιβῶν ἔξαγ' ἐπ' ἀνθηρῶν ἔ. δάπεδον
ἐλελεῦ. Ο. 364. ἔ., χώρει, κάθες τὸ ῥύγχος· οὐ μένειν
 ἐχρῆν.
ἐλελήθη. Ν. 380. ἤκιστ', ἀλλ' αἰθέριος δῖνος. ΣΤ. Δῖνος·
 τουτί μ' ἔ.
ἐλελήθη. Ι. 822. πολλοῦ δὲ πολὺν μὲ χρόνον καὶ νῦν ἔ. ἐγ-
 κριφιάζειν.
 Ι. 1044. καὶ πῶς μ' ἔ. 'Αντιλέων γεγενημένος;
ἐλελιζομένη. Ο. 213. ἔ. διεροῖς μέλεσιν
 Fr. 426. 2. σκείρας ὀφεων ἔ.
'Ελένας. Α. 155. ὁ γῶν Μενέλαος τὰς 'Ε. τὰ μᾶλά πο
'Ελένη. Θ. 862. Τ. δ' ἐκλήθην. ΓΤ. Η. αὖθις αὖ γίγνει γυνή,
'Ελένη. Θ. 909. 'Ε. σ' ὁμοίαν δὴ μάλιστ' εἶδον, γύναι.
'Ελένην. Θ. 550. ἐγᾦδα· τὴν καινὴν 'Ε. μιμήσομαι.
Θ. 853. μικρὰν 'Ε. ὄψει τάχ', ἢν μὴ κοσμίως
ἔλεξ'. Fr. 83. ἀλλ' ὦ θύγατερ ἔ. Ἰασοῖ πρευμενής.
ἔλεξα. Σ. 1258. ἡ λόγον ἔ. αὐτὸς ἀστείαν τινα,
ἔλεξεν. Ι. 654. ὑμεῖς γ' ὦ ἄνδρες, ἤδη μοι δοκεῖ
 Σ. 1448. ὃ δ' ἔ. αὐτοῖ ὡς ὁ κάνθαρος ποτε
ἐλεσβίαζες. Β. 1308. αὕτη ποθ' ἡ Μοῦσ' οὐκ ἔ., οὔ.
ἐλέσθαι. Ν. 981. οὐδ' ἂν ἔ. δειπνοῦντ' ἐξῆν κεφάλαιον τῆς ρα-
 φανίδος,
 Α. 1012. πρίασθαι ἔ., τῷ πίοτι ἐπιδείξας τοδί.
ἐλευθέρα. Α. 379. ἤκουσας αὐτὴ τοῦ θράσους; ΧΟ. ΓΤ. ἔ.
 γὰρ εἰμι.
ἐλευθέρῳ. Θ. 102. λαμπάδα κούρας ξὺν ἔ.
ἐλεύθερος. Α. 614. οὔιετ' ἔργον ἐγκαθεύδειν, ὅστις ἐστ' ἔ.
ἐλευθέρῳ. Ν. 1414. τοὐμὸν δὲ μή· καὶ μὴν ἐρῶ ἔ. γε κἀγώ.
ἐλευθέρᾳ. Εκ. 941. οὐ γὰρ ἀνασχετὸν τοῦτό γ' ἔ.
ἐλευθέρας. Εκ. 722. τὴν γῆν ἔ. ὑφαρπάζειν Κύπριν,
ἐλευθέρας. Ν. 518. ἔ. θεώμενοι, πατέρα ποτὲ ὑμᾶς ἔ.
 Εκ. 1145. καὶ μὴ παραλείψεις μηδέν', ἀλλ' ἔ.
ἐλεφάντινον. Fr. 313, 2. ἡνίκα Κρατήτὶ τε τάριχος ἔ.
ἐλεφάντινον. Π. 815. δ' δ' ὑπήχθεν γ' ὑμῖν ἐξαπίνης ἔ.
ἐλεφαντόδετον. Ο. 219. ἔ. φόρμιγγα, θεῶν
ἔλεῃ. Α. 882. ἔγωγ' ἔ. δῆτ'· ἀλλ' ἀμελῇ αὐτῷ πατὴρ
ἐλήλυθα. Ι. 682. ὀβολοῦ κοριάννοισι φωλασβών ἔ.
 Ν. 238. ἵνα με διδάξῃς ὧνπερ οὕνεκ' ἔ.
ἐλήλυθας. Α. 877. ὀρνίθιας ἐς τὴν ἀγορὰν ἔ.
 Ι. 613. καὶ νῦν ἔπειθ' σὺν ἔ. πάλιν,
 Ν. 832. σὺ δ' εἰς τοσοῦτον τῶν μανιῶν ἔ.
 Ι. 1139. ποῦ θοιμάτιον ᾧ 'ς Σάρδεις γὰρ οὐκ ἔ.;
 Εκ. 978. τοῦ δαὶ δευρενι δᾷδ' ἔχων ἔ.;
Π. 966. ἀλλ' ἔ. τι μάλιστ' ἔ. λέγεις σ' ἐχρῆν.
ἐληλύθει. Ι. 1306. καί τιν' εἰπεῖν, ἥτις ἀνδρῶν ἄσσον οὐκ ἔ.

Ο

ἐλήλυθεν—Ἑλλάδα.

ἐλήλυθεν. Ν. 544. ἀλλ' αὐτῇ καὶ τοῖς ἔπεσιν πιστεύουσ' ἐ.
Σ. 636. ὡς δ' ἐπὶ πάντ' ἐ.
Β. 1164. χωρὶς γὰρ ἄλλης συμφορᾶς ἐ.·
ἐλήρουν. Β. 945. εἶτ' οὐκ ἐ. ὅ τι τύχοιμ', οὐδ' ἐμπεσὼν ἔφυρον,
ἔλης. Β. 617. κἂν ποτέ μ' ἕ. ἀδικοῦντ'. ἀπώπτειών μ' ἄγων.
ἐλήφθην. Ι. 101. ὡς εἰτυχῶς ? τι οὐκ ἔ. ἔνδοθεν
ἐλήφθης. Ν. 1076. ἥμαρτες. ᾐράσθης. ἐμιήνευσάς τι, κᾆτ' ἐ.·
ἔλθ'. Ι. 150. τί ἐστι ; τί με καλεῖτε ; Διί. δεῦρ' ἔ., ἵνα πύθῃ
Ι. 559. δεῦρ' ἔ. ἐς χορόν, ὦ χρυσοτρίαιν', ὦ
Ν. 58. δεῦρ' ἔ., ἵνα κλάρῃ. ΘΕ. διὰ τί δῆτα κλαύσομαι ;
1466. ἀπολεῖς, μετ' ἐμοῦ γ' ἔ. οἳ τι κἂμ' ἐξηπάτων.
Β. 549. Πλαθάνη, Πλαθάνη, δεῦρ' ἔ., ὁ πανοῦργος οὑτοσὶ
675. Μοῦσα χορῶν ἱερῶν ἐπίβηθι καὶ ἔ. ἐπὶ τέρψιν ἀοιδᾶς
ἐμᾶς.
ἐλθέ. Α. 665. δεῦρο Μοῦσ' ἔ., φλεγυρὰ πυρὸς ἔχουσα μένος, ἐν-
τονος Ἀχαρνική.
Α. 672. οἱ δὲ μάττωσιν, οὕτω σοβαρῶν ἔ. μέλος εὔτονον, ἀ-
γροικότερον,
Ι. 1335. ὦ φίλτατ' ἀνδρῶν, ἔ. δεῦρ', Ἀγοράκριτε.
Σ. 1423. ἀλλ' ἔ. δευρί πρότερον ἐπιτρίψεις ἐμοί,
ΕΙ. 709. ὦ φιλτάτη, δεῦρ' ἔ., καὶ δύς μοι κύσαι.
Θ. 819. οἴκουσα περιμάχητον, ἔ. δεῦρο.
634. οὐδὲν λέγεις. δεῦρ' ἔ., δεῦρ', ὦ Κλείσθενες·
Β. 326. ἔ. τόνδ' ἀνὰ λειμῶνα χορεύσων,
ἐλθεῖν. Ι. 936. ἐκκλησίαν ἔ. ἐπεὶ
Ι. 1093. ἐκ πύλεως ἔ. καὶ γλαῦξ αὐτῇ 'πικαθῆσθαι·
Ν. 268. τὸ δὲ μηδὲ κινὴν οἴκοθεν ἔ. ἐμὲ τὸν κακοδαίμον'
ἔχοντα.
470. βουλομένοις ἀνακοινοῦσθαί τε καὶ ἐς λόγον ἔ.,
ΕΙ. 569. ὥστ' ἔγωγ' ἤδη 'πιθυμῶ καὐτὸς ἔ. εἰς ἀγρὸν
819. ὡς χαλεπὸν ἔ. ἦν ἄρ' εὐθὺ τῶν θεῶν.
1005. καὶ Καπαδῶν ἔ. σπυρίδας,
Ο. 28. ἐς κόρακας ἔ. καὶ παρεσκευασμένοις,
411. νιθας ἔ. ; ΕΠ. ἔρως
Λ. 78. γυναῖκας ἔ. ΜΥ. πολὺ σὺ κάλλιον λέγεις.
728. αὕτη οὐ παῖ θεῖς ; ΓΤ. Α. οἴκαδ' ἔ. Βούλομαι.
Θ. 89. ἐς Θεσμοφόριον ἔ. ΜΝ. τί δέδρακεν' ; εἰπέ μοι.
202. τί δ' ἔστιν ὅ τι δίδοικας ἔ. αὐτόσε ;
1021. τὴν γυναῖκά μ' ἔ.
Β. 69. ἔ. ἐπ' ἐκεῖνον. ΗΡ. πότερον εἰς Ἅιδου κάτω ;
1163. ἔ. μὲν ἐς γῆν ἔσθ' ὅτῳ μετῇ πάτρας
Π. 1000. ἐφ' ᾧ τ' ἐκεῖσε μηδέποτέ μ' ἔ. ἔτι,
ἔλθετ'. Β. 879. ἔ. ἐνοψύμενα δύναμιν
ἔλθετε. Ν. 269. ἔ. δῆτ', ὦ πολυτίμητοι Νεφέλαι, τῷδ' εἰς ἐπί-
δειξιν
ἔλθετον. Θ. 1155. μόλετον, ἔ., ἀντόμεθ', ὦ
ἔλθέτω. Β. 1360. τὰς κυνίσκας ἔχους' ἔ. διὰ δόμων πανταχῇ.
ἔλθῃ. Ι. 606. καὶ χλόα φαγὼν ἀναθαρρήσῃ καὶ στειμφύλῳ ἐς λό-
γον ἔ.
Σ. 690. ὕστερος ἔ. τοῦ σημείου, τὸ τριώβολον οὐ κομιεῖται·
691. αὐτὼς δὲ φέρει τὸ συνηγορικὸν, δραχμὴν, κἂν ὑστέ-
ρος ἔ.·
ΕΙ. 317. ἢν ἅπαξ ἐς χεῖρας ἔ. τὰς ἐμὰς, ἰοῦ ἰοῦ.
Ο. 972. δὲ δι' ἡμῶν ἐπέων ἔ. πρώτιστα προφήτης,
Fr. 450. φέρε δὴ τοίνυν ταῦθ' ὅταν ἔ., τί ποιεῖν χρή μ' ὦ Τε-
λεμυσσεῖς ;
ἔλθῃς. ΕΙ. 785. μήθ' ὑπήκοος μήτ' ἔ.
Ο. 134. μή μοι τύτε γ' ἔ., ὅταν ἐγὼ πράττω κακῶς.
Β. 1416. ὁπότερον ἂν κρίνῃς, ἵν' ἔ. μή μάτην.
Εκ. 796. θάρρει, καταθήσεις. κἂν ἐνης ἔ. ΑΝ. Α. τιή ;
ἔλθοι. Θ. 716. ἀθανάτων ἔ. ξὺν ἀδίκοις ἔργοις ;
Θ. 812. ἐς πύλιν ἔ. τῶν δημοσίων· ἀλλ' ἢν τὰ μέγιστά ὑφέ-
ληται,
ἔλθοιμ'. Α. 912. καὶ πῶς ἰθ' ἁγνὴ δῆτ' ἂν ἔ. ἐς πύλιν :
ἔλθοιμεν. Σ. 472. ἐς λόγους ἔ. ἀλλήλοισι καὶ διαλλαγάς ;
ἔλθοις. Ι. 502. ἔ. στεφάνοις κατάναστος.
ἔλθάνθ'. Ο. 150. ἔ. ; ΕΤ. ὀτιὴ νὴ τοὺς θεοὺς, δε οὐκ ἰδὼν
ἔλθόντ'. Εκ. 301. ἔ. ὀβολὸν εὑρίσκειν.
ἔλθόντα. Εκ. 1060. ἔ. θαρρῆσαι πρὸς ἐμαυτόν. εἰ δὲ μή,
ἔλθόντες. Α. 25. ἔ. ἀλλήλοισι κατὰ πρώτου ξύλου,
Ο. 619. οὐδ' εἰς Ἄμμων' ἔ. ἐκεῖ
717. ἔ. γὰρ πρῶτον ἐπ' ὄρνις, οὕτω πρὸς ἅπαντα τρέπεσθε,
Λ. 1151. κατωνάκας φοροῦντες ἔ. ἀλλὰ πρᾶγμ'.
1177. τοῖς ξυμμάχοις ἔ. ἀνακοινῶσατε.
ἔλθουσα. Εκ. 497. ἔ. πρὸς τὸ τειχίον,
ἔλθουσά. ΕΙ. 665. ἔ. φησιν αὐτόματη μετὰ τὸν Πύλῳ
ἔλθω. ΕΙ. 122. ἢν δ' ἐγὼ ἔ. πρόξας ἔ. πάλιν, ἥξει' ἐν ὥρα
ἔλθωμεν. Ν. 300. ἔ. λιπαρὰς χθόνα Παλλάδος, εὐάνδρον γᾶν
Λ. 1231. νῦν μὲν γὰρ ὅταν ἔ. ἐς Λακεδαίμονα
ἔλθων. Α. 267. τ. τὸν δῆμον ἔ. ἂν ἐγὼ παραινέσω.
Ν. 59. καί μάνθαν' ἔ. ἂν ἐγὼ παραινέσω.

ἔλθων. Ν. 111. ἔ. διδάσκου. ΦΕ. καὶ τί σοι μαθήσομαι ;
Ν. 815. ἀλλ' ἔσθ' ἔ. τοὺς Μεγακλέους κίονας.
839. ἀλλ' ὡς τάχιστ' ἔ. ὑπὲρ ἐμοῦ μάνθανε.
Σ. 194. κάπειτ' ἐκεῖσ' ἔ. προκαθεύδει πρῷ πάνυ,
321. μῶν ἔ. ἐπὶ τοῖς καθί-
789. ἔ. δικαιμρατίζετ' ἐν τοῖς ἰχθύσιν,
ΕΙ. 722. ὑφ' ἅρματ' ἔ. Ζηνὸς ἀστραπηφορεῖ.
741. ὅν δὲ σε Καρκίνος ἔ.
Ο. 129. ἐπὶ τὴν θύραν μου πρῴ τις ἔ. τῶν φίλων
788. ἐκπτιόμενος ἂν οὕτος ᾑρότησεν ἔ. οἴκαδε,
949. κλὶς τὴν πύλιν γ' ἔ. ποιήσω δὴ ταδὶ·
1358. ἀπέλαυσά γάρ' ἂν νὴ Δί' ἔ. ἐνθαδί,
Α 413. ἔ. ἐκείνη τὴν βάλανον ἐνάρμοσον.
419. ἔ. χάλασον, ὅπως ἂν εὐρυτέρως ἔχῃ·
1138. οὐκ ἔσθ', ὅτ' ἔ. δεῦρο Περικλείδας ποτὲ
1143. ἔ. δὲ σὺν ὑπλίταισι τετρακισχιλίοις
Θ. 481. οὗτος πύθῳ μου 'κινεν ἔ. τὴν θύραν·
912. ἔ. χρυσίδ' ἔ. σήμ Βαμάρτιος ἐς χέρας,
Εκ. 389. οὐδ' ἄρ' ἂν ἐγὼ λάβαιμ' νῦν ἔ. ; ΧΡ. πύθεν ;
704. πάντως οὐδὲν δράσεις ἔ.·
1024. ἡ τῶν φίλων ἔ. τις ; ΓΡ. Α. ἀλλ' οὐ κύριος
Π. 623. ἔ. διακωλύσῃ τι τῶν προύργου ποιεῖν.
686. ἐπὶ τὴν χύτραν ἔ. ἔχων τὰ στέμματα.
1089. ἔ. ἀναθεῖναι τοὺς στεφάνους τουσδ' οὓς ἔχω.
ἔλθων. Β. 878. ἔ. στρεβλοῦσι παλαίσμασιν ἀντιλογοῦντες,
ἔλικα. Β. 1321. βύτ, ιωι ἔ. πανοίπονον,
ἐλίκων. Ο. 1000. ἐμπέταλος ἔ. θάλλει.
ἐλικοβοστρύχους. Fr. 314. μήτε Μούσας ἀνακαλεῖν ἔ.
ἐλικτῆρας. Fr. 309, 14. ὑποθαιρίδας, ἔ.
ἐλίνυιεν. Θ. 598. ἀλλ' ὦ γυναῖκες, οὐκ ἔ. ἐχρῆν,
ἐλίχμωντο. Σ. 1033. ἱματῶν δὲ κύκλῳ κεφαλαὶ κολάκων οἶμαι-
ΕΙ. 756. ξομένων ἔ.
ἕλκε. Ι. 107. ἕλχ' ἔ. τὴν τοῦ δαίμονος τοῦ Πραμνίου.
Ο. 365. ἔ., τίλλε, παῖε, δεῖρε, κόπτε πρῶτον τὴν χύτραν.
ἕλκει. Ν. 233. ἔ. πρὸς αὐτὴν τὴν ἰκμάδα τῆς φροντίδος.
Ν. 236. ἡ φροντίς ἔ. τὴν ἰκμιδ' ἐς τὰ κάρδαμα·
Σ. 694. ἱσπουδάκατον, κἰθ' ὡς πριῆν' ὁ μὲν ἔ., ὁ δ' ἀντενέ-
δωκε'
Εκ. 1056. ἀλλ' ὁ νόμος ἔ. σ'. ΝΕΑ. οὐκ ἐμέγ', ἀλλ' ἔμπου-
σά τις
ἕλκειν. Ν. 1281. ἔ. κάτωθεν ταυτὸ τοῦθ' ὕδωρ πάλιν ;
Ο. 442. μήτ' ὀρχεῖσθ' ἔ. μήτ' ὀρύττειν· ΧΟ. οὗ τί που
Εκ. 1020. ἔ. ἀνατὶ λαβομένας τοῦ παττάλου.
ἕλκεις. Θ. 618. τί δῆτά μ' ἔ. ἀσθενούσαν ; ΚΛ. εἰπέ μοι
Εκ. 1037. ποῖ τοῦτον ἔ. σύ ; ΓΡ. Α. τὸν ἐμαυτῆς εἰσάγω.
1050. ἔ. μοι τοῦτον γραμμάτων εἰρηκότων
ἕλκετε. ΕΙ. 504. ἐντεῦθεν ἐχομένοις ἴθεν νῦν ἔ.
ΕΙ. 469. ἀλλ' ἄγεθ' ἔ. · · καὶ σφῶ.
ἕλκης. Ι. 366. νὴ τὸν Ποσειδῶ καλῶς γὰρ, ἥνπερ γε τοῦτον ἔ.
ἑλκοίμην. Ι. 772. καὶ τῇ κλεάγρᾳ τῶν ὀρχινίδων ἔ. ἐς Κερα-
μεικόν.
ἕλκοιτο. ΕΙ. 452. ἐπὶ τοῦ τροχοῦ γ' ἔ. μαστιγούμενος·
ἕλκομαι. Εκ. 1066. χωρὶς μετὰ ταύτης ; ΝΕΑ. οὐκ ἔγωγ',
ἀλλ' ἔ.
ἑλκόμενα. Εκ. 1055. ἔ. ὑπὸ τῆσδ', ἀντιβολῶ σ'. ΓΡ. Β. ἀλλ'
οὐκ ἐγὼ,
ἑλκόμενος. Ν. 1004. οὐδ' ἔ. περὶ πραγματίου γλισχραντιλογ-
εξεπιτρίπτου
Εκ. 1094. ἔ. εἴμ'. ΓΡ. Γ. ἀλλ' οὐδὲν ἔσται σοι πλέον.
ἑλκοντε. Εκ. 1087. ἔ. τοὺς πλωτῆρας ἀπεναίετε.
ἕλκοντες. Λ. 1072. καὶ μὴν ὁρῶ δὴ τῆς Σπάρτης οἰδὶ πρέσβεις ἔ.
ὑπήνων
ἕλκουσ'. ΕΙ. 464. ἀλλ' οὐχ Ἑ. ἄνδρες ὁμοίοις.
ΕΙ. 478. ἀλλ' οἱ Λάκωνες, ὠγάθ', ἔ. ἀνδρικῶς.
ἕλκουσιν. ΕΙ. 481. οὐθ' οἱ Μεγαρῆς ὁρῶς' οὐδὲν' ἔ. δ' ὅμως
Λ. 727. ἔ. ἤδη χοῦν τις αὐτῶν ἔρχεται.
ἐλκύβρα. Ι. 907. τὰν τοῦσιν ἀντιλκήμιοι ἔ. περιαλείφειν.
ἑλκύσαι. ΕΙ. 328. ἔ. μὴ ουν τοντί μ' ἐάσατ' ἔ. καὶ μηκέτι.
Fr. 277. 1. ἀλλ' ἐλκύσομαι · γωγ' ἔ. ἐς τὸν σταθμὸν,
ἕλκω. Ν. 1218. ἔ. σε κλητεύσοντα, καὶ γενήσομαι
ΕΙ. 470. οὐνουν ἔ. κύξαρτώμει
ἕλκωσιν. Α. 161. ἔ. ἡμᾶς· ΑΥ. ἀντέχου σὺ τῶν θυρῶν.
Εκ. 259. ἔ., ὁ τι βράσεις ποτ'. ΠΡ. ἐξεγκείσω πρῶ·
Ἑλλάδα. Α. 531. ἤστραπτεν, ἑβρόντα, ξυνεκύκα τὴν Ἑ.,
Σ. 520. ἥτις ἡ τιμή σοι σὺ καρπουμένῳ τὴν Ἑ.
ΕΙ. 50. κατάδου τὸ κόρημα, μὴ 'κκύρει τὴν Ἑ.
108. Μηδεσιν οὐδὲν προδιδοὺς τὴν Ἑ.
270. ὁ βυρσοπῶλης, ὡς ἐκύκα τὴν Ἑ.
408. τοῖς βαρβάροισι προδιδόντων τὴν Ἑ.
Α. 41. ἡμεῖς τε, κοινῇ σώσομεν τὴν Ἑ.
343. ἀλλὰ πολέμου καὶ μανιῶν ῥυσαμένας Ἑ. καὶ πολίτας,

Ἑλλάδα. Λ. 525. μετὰ ταῖσ'² ἡμῖν εὐθὺς ἔδοξεν σῶσαι τὴν Ἑ. κοινῇ
Λ. 1006. σπονδὰς ποιησώμεσθα ποττὰν Ἑ.
Ἑλλάδι. Α. 8. διὰ τοῦτο τοὔργῳ· ἄξιον γὰρ Ἑ.
Ἑλλάδος. Ι. 1330. δείξατε τὸν τῆς Ἑ. ἡμῖν καὶ τῆς γῆς τῆσδε μύναρχον,
Σ. 577. καὶ τάγαθά μοι μέμνησ' ἅχεις φάσκων τῆς Ἑ. ἄρχειν.
ΕΙ. 1082. ἐξὸν σπεισαμένοισι κοινῇ τῆς Ἑ. ἄρχειν;
Ο. 409. ξίνω σαφῆς ἀφ' Ἑ.
Λ. 29. οὗτω γε λεπτὸν ᾠσθ' ὕλης τῆς Ἑ.
Β. 1285. ὅπως Ἀχαιῶν δίθρονον κράτος, τῆς Ἑ. ἥβας,
Π. 463. σὲ πρῶτον ἐκβαλοῦντες ἐκ τῆς Ἑ.
Ἑλλάνιε. Ι. 1253. Ἑ. Ζεῦ, σὺν τὸ ἱκνητήριον.
Ἑλλάνων. Α. 773. αἰ μή στιν οὗτος χώιρος Ἑ. νύμφ.
Ἕλλας. Σ. 306. πέδα χρηστήν τινα νῷν ἢ πύρον Ἑ. Ιρὸν εἰπεῖν·
Ἑλλάς. ΕΙ. 646. ὥστ' ἐκείνους μὲν ποιῆσαι πλουσίους, ἡ δ' Ἑ. ἂν
Ο. 998. ὃν οἶδεν Ἑ. χὼ Κολωνός. ΠΕ. εἰπέ μοι,
ἐλλέβορον. Σ. 1489. σφανύλυσε ἀχεῖ. ΞΑ. πιθ' ἑ.
Fr. 309, 6. τρυφοκαλάσιριν, ἑ., νεκρύφαλον,
ἐλλείψουσιν. Λ. 673. αὑλῖν ἑ. αὗται λιπαροῦς χειρουργίας,
Ἕλλην. Fr. 284, 2. μὰ Δί' οὐδ' γ' Ἑ., ὅσον ἔμοιγε φαίνεται,
Ἑλληνας. ΕΙ 611. πάντας Ἑ. δακρῦσαι, τούς τ' ἐκεῖ τούς τ' ἔνθαδε.
ΕΙ. 866. ἔσωσα τοὺς Ἑ.. ὥστ'
996. μίξον δ' ἡμᾶς τοὺς Ἑ.
Λ. 1134. Ἑ. ἄνδρας καὶ πύλεις ἀπώλεσε.
Π. 584. ἵνα τοῖς Ἑ. ἅπαντας ἀεὶ δι' ἔτους πέμπτου ξυναγείρει,
Ἕλληνες. ΕΙ. 292. νῦν ἐστιν ἡμῖν. ἄνδρες Ἑ., καλὸν
Ἑλληνικήν. Ο. 148. Ἑ. δὲ πόλιν ἔχεις ἡμῖν φράσαι;
Ἑλληνικόν. Α. 115. Ἑ. γ' ἐπίνευσαι ἄνδρες οὐτοὶ,
Ἑλληνίς. Θ. 907. Ἑ. εἴ τις ἡ 'πιχωρία γυνή;
Θ. 908. Ἑ. ἀλλὰ καὶ τὸ σὸν θέλω μαθεῖν.
Ἑλλήνων. Ι. 797. ἵνα γ' Ἑ. ἄρξῃ πάντων. ἔστι γὰρ ἐν τοῖς λογίοισιν
Ι. 838. μέγιστος Ἑ. ἔσει, καὶ μόνος καθέξεις
1333. χαίρ', ὦ βασιλεῦ τῶν Ἑ. καὶ σοι ξυγχαίρομεν ἡμεῖς,
Ν. 430. τῶν Ἑ. εἶναί με λέγεις ἑκατὸν σταδίοισιν ἄριστον.
ΕΙ. 93. ὑπὲρ Ἑ. πάντων γέγαμαι,
105. ἐγησόμενος ἐκεῖνον Ἑ. πέρι
Ο. 489. ἰατίνον δ' οὖν τῶν Ἑ. ἦρχεν τότε κἀβασίλευε.
500. τῶν Ἑ.; ΠΕ. καὶ κατέδειξέν γ' αὑτὸς πρῶτος βασιλεύων
509. ἐν ταῖς πύλεσιν τῶν Ἑ., Ἀγαμέμνων ἢ Μενέλαος,
Λ. 1110. ὡς οἱ πρῶτοι τῶν Ἑ. τῇ σῇ ληφθέντες ἴυγγι
Β. 1004. ἀλλ' ὦ πρῶτοι τῶν Ἑ., πυργώσας ῥήματα σεμνὰ
Ἕλλησι. Α. 529. Ἑ. πᾶσιν ἐν τρισὶν λακκαστρίοιν.
Ν. 413. ὡς εὐδαίμων ἐν Ἀθηναίοις καὶ τοῖς Ἑ. γενήσει,
Α. 554. οἷμαί ποτε Λυσιμάχας ἡμᾶς ἐν ταῖς Ἑ. καλεῖσθαι.
Β. 724. ἐν τε τοῖς Ἑ. καὶ τοῖς βαρβάροισι πανταχοῦ,
Ἕλλησιν. ΕΙ 204. Ἑ. ὀργισθέντες. εἶτ' ἐνταῦθα μὲν,
ΕΙ. 436. Ἑ. ἆραι πᾶσι πολλῶν κἀγαθῶν,
1321. διδόναι πλοῦτον τοῖς Ἑ.,
Π. 578. ἄπασι τοῖς Ἑ. ὁ θεὸς οὗτος, εἰ
ἐλλιμενίξεις. Fr. 392. ἑ. ἢ δεκατεύεις.
ἕλξει. Π. 955. ἀλλ' ὁ βαλανεὺς ἑ. θύραζ' αὑτὸν λαβὼν
ἕλξει'. Λ. 459. οὐχ ἕ. οὐ πνήσετ', οὐκ ἀρήξετε·
ἕλξι', Ι. 710. ἕ. σε πρὸς τὸν δῆμον, ἵνα δῷς μοι δίκην.
711. κἀγὼ δέ σ' ἕ. καὶ διαβαλῶ πλείονα.
ἑλοιδορεῖτο. Θ. 650. ἡμῖν ἑ. ΜΝ. κακοδαίμων ἐγώ,
ἑλοιδορούμεθα. Ν. 62. περὶ τοὐνόματος δὴ 'ντεῦθεν ἑ.
ἑλόντες. Ν. 591. ἣν Κλέωνα τὸν λάρον δώρων ἑ. καὶ κλοπῆς,
Σ. 1095. ταιγαροῦν παλλὰς πόλεις Μήδων ἑ.,
ἴλου. Ν. 1336. ἑ. δ' ὑπότερον τοῖν λόγοιν βούλει λέγειν.
ἑλοῦμεν. Π. 657. ἵπειτ' ἑ. ΓΤ. νὴ Δί' εὐδαίμων ἄρ' ἦν
ἑλουσαν. Α. 401. ἑ. ἡμᾶς, ὥστε θαυμάσαι
ἑλοῦσα'. Π. 85. δὲ οὐκ ἑ. ἐξ ὅτουπερ ἐγένετο.
ἑλουσαν. Α. 19. κατέκλινεν, ἡ δ' ἕ., ἡ δ' ἑφίλει μ'
ἑλπίδ'. Π. 212. ἔχω τιν' ἀγαθὴν ἑ. ἐξ ὧν εἴπε μοι
ἑλπίδα. Σ. 305. καθίσῃ νῦν, πόθεν ὠπησόμεθ' ἄριστον; ἔχεις ἑ.
ἑλπίδας Ν. 1500. ἢν ἡ σιμνύνη μοι μὴ προδῷ τὰς ἑ.,
ΕΙ. 794. καὶ γὰρ ἔφασχ' ὁ πατήρ ἑ. παρ' ἑ.
ἐλπίδι. Θ. 1009. ἀὲ θεοί, Ζεῦ σῶτερ, εἰσὶν ἑ.
ἐλπίδος. Θ. 870. μὴ ψεύσῃς, ὦ Ζεῦ, τῆς ἐπιούσης ἑ.
ἐλπίδων. Fr. 198, 11. ὡς σφαβρ' ἐπὶ λεπτῶν ἑ., ὀχεῖσθ' ἄρα·
ἐλπίς. Ι. 1244. λεπτή τις ἑ. ἐστ' ἐφ' ἧς ὀχούμεθα.
Θ. 946 κοίη ἐστὶν ἔτ' ἑ. οὐδεμία σωτηρίας.
ἐλπίσῃς. Θ. 195. ἔγωγε. ΑΓ. εὖ νυν ἑ. τὸ σὸν κακὸν
ἕλσῃ. Λ. 105. ὁ δ' ἐμός γα, κἂν ἐκ τᾶς ταγᾶς ἑ. πόκι,
ἐλσωμ'. Α. 118. ἑ., ὕνα μέλοιμαί γ' εἰράναν ἰδεῖν,
ἐλσῶν. Α. 1081. ταυτὰ τις ἑ. ἀμὶν εἰράναν σέτω.

Ἐλυμνίαν. ΕΙ. 1126. οὐκ ἀποπτήσει θᾶττον εἰς Ἑ.;
Ἕλυμος. Fr. 351. ἕ. :
ἴλχ', Ι. 107. ἕ. ἕλκε τὴν τοῦ δαίμονος τοῦ Πραμνίου,
ἴλω. Ν. 845. πότερα παραινέσαι αὐτὸν εἰσαγαγών ἕ.,
ἠλωβάθ'. Ι. 1408. ἵν' ἴδωσιν αὐτὸν, ἔ.. ἑ., αἱ ξένοι,
Ἕλωνται. Ι. 201. αἵ κα μὴ παυλεῖν ἀλλάντας μάλλον ἕ.
ἔμ'. Α. 291. σπεισάμενοι εἶτα δύνασαι πρὸς ἕ. ἀπυβλέπειν. κ.τ.λ.
ἐμά. Α. 775. ἑ. γα αὐ δέ νιν εἴμεναι τίνοι δοκεῖς;
Α. 910. ταυτί τίνος τὰ φορτί' ἐστί ; ΒΟ. τὠδ' ἑ.
ἐμαθέ. Η. 153. τὴν πυρρίχην τις ἑ. τὴν Κινησίου.
Fr. 3, 1. ἀλλ' οὐ γὰρ ἑ. ταῦτ' ἐμοῦ νέμμοντος, ἀλλὰ μᾶλλον
ἐμαθεν. Ν. 876. καίτοι ταλάντου τοῦτ' ἑ. Ὑπέρβολος.
ἐμαθες. Β. 852. ἀλεκτρυάναν· ταῦτ' ἑ., τὰ δεξιὰ
Σ. 1260. ὦν ἑ. ἐν τῷ συμποσίῳ· κᾷτ' ἐς φίλων
Εκ. 242. πύθεν, ὦ τάλαινα. ταῦτ' ἑ. οὔτω καλῶς;
Π. 905. τί δαί; τέχνην τιν' ἑ.; ΣΤ. σὺ μὰ τὸν Δία.
ἐμαθον. Ο. 378. αὑτίς, αἱ πύλεις παρ' ἀνδρῶν γ' ἑ. ἐχθρῶν πού φίλων
Ο. 1363. ἀλλ' οἷάπερ αὐτὸς ἑ. ὅτε παῖς ἦ, σὺ γὰρ ἐμαί,
Θ. 776. ὧ χεῖρες ἑ.
ἐμαινόμην. Ν. 1476. οἴμοι παρανοίας· ὡς ἑ. ἆρα,
ἐμαῖς Α. 1197. κᾷτ' ἐγχανεῖται ταῖς ἑ. τύχαισιν.
Χ. 332. ἀραμένη, ταῖσιν ἑ.
Εκ. 48. ὅσα Σκίροις ἵδοξε ταῖς ἑ. φίλαις.
ἐμάν. Α. 816. Ἑρμᾶ 'μπολαῖε, τὰν γυναῖκα τὰν ἑ.
Ο. 241. ἀνύσατε πετόμενα πρὸς ἑ. ἀοιδάν·
Α. 263. κατὰ δ' ἀκροπόλιν ἑ. λαβεῖν.
Β. 213. φθεγξώμεθ', εὑγένως ἑ. ἀοιδάν,
ἐμάνθανεν. ΕΙ. 633. τὸν τρόπον πωλούμενος τὸν αὐτὸν οὐκ ἑ.
ἐμάς. Α. 232. μήποτε παυσωμ ἔτι τὰς ἑ. ἀμπέλους,
Ν. 559. ὡς εἰκοὺς τῶν ἐγχέλεων τὰς ἑ. μιμούμενοι.
ΕΙ. 317. ἣν ἅπαξ ἐς χεῖρας ἔλθῃ τὰς ἑ. ἰοῦ ἰοῦ.
Εκ. 344. μὰ τὸν Διόνυσον, οὐδ' ἐγὼ γὰρ τὰς ἑ.
ἐμάς. Ο. 1070. ἔστιν ἐπ' ἑ. πτέρυγσι ἐν φοναῖς ὄλλυται.
Β. 675. Μοῦσα χορῶν ἱερῶν ἐπίβηθι καὶ ἐλθ' ἐπὶ τέρψιν ἀοιδὰς ἑ.
ἐματτεν. Π. 305. μεμαγμένον σκῶρ ἐσθίειν, αὐτή δ' ἑ. αὐτοῖς
ἐμαυτῇ. Θ. 477. ἐρωτᾷ· πολλὰ δεῖν· ἐκείνα δ' ἑ. ἔχω
Εκ. 880. ἀργῶς, μινυρομένη τι πρὸς ἑ. μέλος,
Εκ. 931. φέρε νῦν ἑ. Ἐπιγένει τωμῷ φίλῳ.
ἐμαυτῆς. Λ. 116. δοῦλά' ἑ. καρταμοῦσα θῆμιον.
Λ. 683. λύσω τὴν ἑ. ὗν ἐγὼ δή, καὶ ποιῆσαι
1125. αὐτή δ' ἑ. οὐ κακῶς γνώμης ἔχω·
Β. 1347. ἑ. ἔργοισι,
ΕΙ. 1037. ποι τούτων ἕλκεις σύ ; ΓΡ. Α. τὸν ἑ. εἰσάγω.
ἐμαυτόν. Α. 377. αὑτὸς τ' ἑ. ὑπὸ Κλέωνος ἅπαθον
Ι. 433. κατὰ σὐμ' ἑ. ὀρόμην, κλαίειν σε μακρὰ κελεύσας.
1098. καὶ νῦν ἑ. ἐπιτρέπω σοι τουτονί
1259. Ἀγορακρίτῳ τούτῳ ἑ. ἐπιτρέπω,
Ν. 1204. ὥστ' εἰς ἑ. καὶ τὸν υἱὸν τουτονὶ
Σ. 786. ὁτιή κατ' ἑ. κοῦ μεθ' ἑτέρου λήψομαι.
Α. 610. ἑ. ἐπιδείξω βαδίζων ὑπ' ἐμοῦ.
Θ. 172. ἑ. ἑδεράπευσα. ΜΝ πῶς πρὸ τῶν θεῶν;
217. ἡ μὴ 'πιθῇ σοι ἑ. ἀπαγξ πατε.
651. εἰς οἷ' ἑ. εἰσεκύλισα πράγματα.
Β. 43. καίτοι δάκνω γ' ἑ.· ἀλλ' ὅμως γελῶ.
53. τὴν Ἀνδρομέδαν ποτὲ ἑ. ἐξαίρεσης ποθεῖς
907. καὶ μὴν ἑ. μέν γε, τὴν ποιησιν οἷός εἰμι,
Εκ. 1060. ἐλθόντα θαρρῆσαι πρὸς ἑ. εἰ δὲ μή,
Π. 781. ἄκων ἑ. ταῖς πονηραῖς ἐνεδίδουν·
Fr. 86. πέδα μὲν ἀρχαίῶν τι δρῶν κούχι λίηθ' ἑ.
ἐμαυτοῦ. Α. 1. ὅσα δὴ δέδηγμαι τὴν ἑ. καρδίαν,
Ν. 1217. ὅτε τῶν ἑ. γ' ἔνεκα νυνὶ χρημάτων
Σ. 357. ὅτῳ γὰρ κάδυνάμην κλέπτειν, ἰσχυόν τ' αὐτὸς ἑ.,
1004. θρέψω καλῶς, ἄγων μετ' ἑ. πανταχοῖ,
1354. νῦν δ' οὐ κρατῶν τῷ γὰρ ἑ. γνώμην,
ΕΙ. 880. σκηψὴν ἑ. τῷ νέει καταλαμβάνω.
Εκ. 805. ἔγωγε· καὶ γὰρ τοὺς ἑ. γείτονας
Π. 774. αἰσχύνομαι δὲ τὰς ἑ. συμφοράς,
911. αὖ γὰρ προσήκει τὴν ἑ. μοι πόλιν
ἐμαυτῷ. Α. 268. σπονδὰς ποιησάμενος ἑ.
Α. 817. οὗτω μ' ἀποδόσθαι τάν τ' ἑ. μάτερα.
969. ἐγὼ δ' ἑ. τοὺς θεοὺς τοὺς φορτίοι
1138. ἐγὼ δέ ἑ. τὸν γύλιον οἶπω λαβών.
Ν. 434. ἀλλ' ὅσ' ἑ. στρεφοδικῆσαι καὶ τοὺς χρῆσας διολισθεῖν.
Σ. 999. πῶς οὖν ἑ. τοῦτ' ἐγὼ ξυνείσομαι,
1265. πολλάκις δὴ 'δοξ' ἑ. δεξιὸς πεφυκέναι,
Β. 9. μηδ' ὅτι τασοῦτον ἄχθος ἐπ' ἑ. φέρων,

100 ἐμαυτῷ—ἐμόλετον.

ἐμαυτῷ. Π. 43. πείθειν δ' ἐ. ξυνακολουθεῖν οἴκαζε.
ἐμαχίσατ'. Σ. 1383. Ἐφουδίων ἐ. Ἀσκώνδᾳ καλῶς.
ἐμάχετό. Σ. 1190. ἀλλ' οὖν λέγειν χρή σ' ὡς ἐ. γ' αὐτίκα
ἐμαχόμεσθ'. Σ. 1082. ἐ. αὐτοῖσι, θυμὸν ὑξίνην πεπωκότες.
ἐμβα. Β. 377. ἀλλ' ἐ. χώποι ἀρέσι
Εκ. 478. ἐ. χώρει.
ἐμβάδ'. Εκ. 633. ὅταν ἐ. ἔχων εἴπῃ, πρότερος παραχώρει, κᾷτ' ἐπιτήρει,
ἐμβάδας. I. 875. οὐ δεινὸν οὖν δῆτ' ἐ. τοσευτονὶ δύνασθαι,
Ν. 858. τὰς δ' ἐ. ποῖ τέτροφας, ὠνόητε σύ;
Σ. 103. εὐθὺς δ' ἀπὸ δωρπηστοῦ κέκραγεν ἐ.,
275. ἐ., ἡ προσέκουψ' ἐν
1157. ἄγε νυν, ἀποδύου τὰς καταράτους ἐ.,
Εκ. 314. τὰς ἐ. ζητῶν λαβεῖν ἐν τῷ σκότῳ
342. κοῦ τοῦτο λυσεῖ μ', ἀλλὰ καὶ τὰς ἐ.
ἐμβάθια. Π. 847. τὰ δ' ἐ. ΔΙ. καὶ ταῦτα συνεχειμάζετο.
ἐμβαδίοις. Π. 941. τοῖς δ' ἐ. τί χρήσεται τις; εἰπέ μοι.
ἐμβάδων. I. 872. ζεύγος πριάμενος ἐ. τουτὶ φορεῖν δίδωμι.
ἐμβάδων. Σ. 447. οὐδ' ἐν ὀφθαλμοῖσιν αἰδὼς τῶν παλαιῶν ἐ.
ἔμβαινε. Β. 188. ἐγώ. ΧΑ. ταχέως ἐ. ΔΙ. ποῖ σχήσειν δοκεῖς;
ἐμβαλε. I. 1083. Κυλλήνην ὀρθῶς, ὑτιὴ φησ', ἐ. κυλλῇ.
Σ. 331. εἰς ἐξάλμην ἐ. θερμήν·
ἐμβαλῖ. Β. 754. ὦ Φοῖβ' Ἄπολλον, ἐ. μοι τὴν δεξιὰν,
ἐμβαλεῖ. I. 602. ἐμβαλόντες ἀνεβρύαζαν, ἱππαπαῖ, τίς ἐ.;
Λ. 1212. οὐμοὶ αὐτοῖς ἐ.
ἐμβαλεῖν. Α. 573. ποῖ χρὴ βοηθεῖν; ποῖ κνδοιμὸν ἐ.;
Λ. 1077. ἤγγειλε λῃσταῖς ἐ. Βοιωτίοις.
Ν. 1450. τὸν ἐ. ἐς τὸ βάραθρον
Π. 1109. ἀπαξάπαντας ἐς τὸ βάραθρον ἐ.
ἐμβάλῃς. Ν. 1489. ἕως ἂν αὐτοῖς ἐ. τὴν οἰκίαν·
Β. 206. κάλλιστ', ἐπειδὰν ἐ. ἅπαξ. ΔΙ. τίνων;
ἐμβαλλε. Σ. 200. καὶ τὴν βάλανον ἐ. πάλιν ἐς τὸν μοχλὸν,
ἐμβάλλει. Σ. 554. ἐ. μοι τὴν χεῖρ' ἁπαλὴν, τῶν δημοσίων ἐκκλοφυᾶν·
ἐμβάλλεσθε. ΕΙ. 1312. ἀλλ', ὦ κρὶ τοῦ πεινῶντες, ἐ. τῶν λαγῴων·
ἐμβάλλετον. ΕΙ. 1307. ἀλλ' ἀνδρικῶς ἐ.,
ἐμβαλλόμενον. Α. 562. ἐς τὸν χαλκοῦν ἐ. πῖλον λινίθον παρὰ γραΰς·
ἐμβάλοι. Α. 511. σείσας ἅπασιν ἐ. τὰς οἰκίας·
ἐμβάλοιμί. Β. 574. ἐγὼ δ' ἂν ἐς τὸ βάραθρον ἐ. σε.
ἐμβαλόντα. Εκ. 405. τιθύμαλλον ἐ. τοῦ Λακωνικοῦ
ἐμβάλοντες. Α. 679. οἵτινες γέροντας ἄνδρας ἐ. ἐς γραφὰς
I. 375. καὶ νὴ Δί' ἐ. αὖ·
602. ἐ. ἀνεβρύαζαν, ἱππαπαῖ, τίς ἐμβαλεῖ;
ΕΙ. 631. ἐ. ἐξμιδίμνυον κιψίλην ἀπώλεσαν.
ἐμβαλῶ. I. 1362. ἄρας μετεώρους ἐς τὸ βάραθρον ἐ.,
Θ. 222. ὤμοι. ΕΤ. τί νέκρατος; ἐ. σοι πάτταλον,
ἐμβαλοῦμεν. Ν. 1400. ἕως ἂν αὐτῶν ἐ. ἐς κακὸν,
ἐμβαλών. ΕΙ. 609. ἐ. σπινθῆρα μικρὸν Μεγαρικοῦ ψηφίσματος,
Π. 717. καταπλαστὺν ἐνεχείρησε τρίβει ἐ.
Fr. 10. ἡ χύνδρον ἕψων, εἶτα μυῶν ἐ.
ἐμβαπτόμενος. Fr. 205. εἰς ὄξος ἢ λεπτοὺς ἅλας.
ἐμβὰς. Ν. 719. φροῦδα ψυχὴ, φροῦδα δ' ἐ.
Ο. 202. δευρὶ γὰρ ἐ. αὐτίκα μαλ' ἐς τὴν λύχμην,
266. ἐ. ἐπώξε, χαραδριὸν μιμούμενος,
Β. 1409. ἐ. καθίσθω συλλαβὼν τὰ βιβλία·
Εκ. 507. ῥιπτείν χλαίνας, ἐ. ἐκποδὼν ἴτω,
850. ἐ. δὲ κεῖται καὶ τρίβαν ἐριμμένος.
Π. 759. ἐ. γερύντων εὐρύθμως προβήμασιν.
ἐμβᾶσιν. I. 321. πρὶν γὰρ εἶναι Περγασῇσιν, ἔνεσν ἐν ταῖς ἐ.
I. 870. ταῖς ἐ., φάσκων φιλεῖν· ΔΗΜ. οὐ δῆτα μὰ τὸν Ἀπύλλω.
Εκ. 47. σπενδουσαν ἐν ταῖς ἐ.; καὶ μοι δοκεῖ
ἐμβάψω. ΕΙ. 959. φέρε δή, τὸ βαλίον τόδ' ἐ. λαβών.
ἐμβῃ. Λ. 1303. εἶα μάλ' ἐ.
ἐμβλετετόν. Fr. 393. ἐρημαν ἐ.·
ἐμβαλήν. Fr. 496. χωρεῖς 'πὶ γραμμὴν λορδὸς ὡς εἰς ἐ.
ἐμβολον. Fr. 301, 3. οὐδ' ἀλλὼν ὅστις ἐπεγερεῖ τὴν ἐ.
ἐμβραχύ. Ν. 1120. ἀλλ' ἐμοὶ δοκεῖ τὸ λοιπὸν τῶν πολιτῶν ἐ.
Θ. 390. ποῦ δ' οὐχὶ διαβέβληκ', ὑπευκερή.
ἐμβρύεια. Fr. 476, 4. πύσν, χύτρα, χελιδόνια, τέττιγας, ἐ.
ἐμέ. Α. 248. κιχανεμένοις οὐ τὴν δὲ τὴν πομπὴν ἐ. κ.τ.λ.
Α. 361. πάνυ γὰρ ἐ. γε κυθοῦ ὁ τι φρονεῖς ἐχεις. κ.τ.λ.
ἐμεγ'. Εκ. 1056. ἀλλ' ὁ νόμος ἔλκει σ'. ΝΕΑ. οὐκ ἐ., ἀλλ' ἐμωυσά τις.
ἐμείν. Α. 587. οὐτος, τί δράσεις; τῷ πτίλῳ μέλλεις ἐ.;
ἐμελλ'. Εκ. 641. ἀλλ' ὁ παρεστὼν οὐκ ἐπιτρέψει τύτε δ' αὐτοῖς οὐκ ἐ. οὐδεὶς
ἐμελεν. Εκ. 459. ἃ τοῖσιν ἀστοῖς ἐ.; ΧΡ. οὔτω ταῦτ' ἔχει.

μέλησεν. Λ. 502. ὑμῖν δὲ πόθεν περὶ τοῦ πολέμου τῆς τ' εἰρήνης ἐ.;
ἐμελλ'. Β. 518. ἐ. ἀφαιρεῖν χὴ τράπεζ' εἰσήρετο,
ἐμελλε. Θ. 1177. ἡ παῖς ἐ. προμελετᾶν, ὦ τοξότα.
ἐμελλεν. Π. 791. νυνὶ δ' ἐ., ὡς ἔφη Κλειδημίδης,
ἐμέλλετ'. Α. 347. ἐ. ἄρ' ἅπαντες ἀνασείειν βοήν,
ἐμέλλετόν. Π. 103. ἐ. μοι; ΧΡ. καὶ σύ γ', ἀντιβολῶ, πιθοῦ,
ἐμέλλομεν. Σ. 160. ἄρ' ἐ. ποθ' ὑμᾶς ἀποσοβήσειν τῷ χρόνῳ.
ἐμέλλομεν. Σ. 1095. ῥῇσιν εὖ λέξειν ἐ. τύτ', οὐδὲ
ἐμέλλον. I. 267. ὅτι λέγειν γνώμην ἐ. ὡς δίκαιον ἐν πύλει
Ν. 1301. φεύγεις ἐ. σ' ἄρα κινήσειν ἐγὼ
D. 268. ἐ. ἄρα παίσειν ποθ' ὑμᾶς τοῦ καζ.
Π. 1102. μὰ Δί', ἀλλ' ἐ. εἰτ' ἀνέφξεις με φθάσας.
ἐμέτρησο'. Ο. 1130. τὸ δὲ μῆκός ἐστι, καὶ γὰρ ἐ. αὐτ' ἐγώ,
ἐμέτρησεν. Ν. 148. πῶς δῆτα τοῦτ' ἐ.; ΜΑ. δεξιώτατα.
ἐμῇ. Α. 5. πλὴν ἢ γ' ἐ. κωμήτις ἡδ' ἐξέρχεται.
ἐμῇ. Θ. 609. ἔχουσα· ΓΥ. Δ. τιτθὴ νὴ Δί' ἐ. ΜΝ. διοίχομαι
ἐμήν. Α. 49. γαμεῖ δὲ Κελεὸς Φαιναρέτην τήθην ἐ.
Α. 357. καίτοι φιλῶ γε τὴν ἐ. ψυχὴν ἐγώ.
I. 1211. ἐγὼ φράσω σοι· τὴν ἐ. κίστην ἰὼν
1397. οὐδὲν μέγ' ἀλλ' ἢ τὴν ἐ. ἕξει τέχνην·
Ν. 780. πρὶν τὴν ἐ. καλεῖσθ', ἀπαγξαίμην τρέχων.
Σ. 646. τὴν ἐ. ὀργὴν πεπα-
983. ἐγὼ γὰρ ἀπεδάκρυσα νῦν γνώμην ἐ.
1071. εἰ τὰς ὑμῶν, ὦ θεαταί, τὴν ἐ. ἰδὼν φύσιν
ΕΙ. 231. ἀλλ' εἴμ' καὶ γὰρ ἐξιέναι, γνώμην ἐ.
Ο, 203. ἐκεῖτ' ἀνεγείρας τὴν ἐ. ἀηδόνα,
642. εἰσέλθετ' ἐς νεοττιάν γε τὴν ἐ.
1264. μηκέτι τὴν ἐ. διακρῷν πύλιν,
Λ. 1241. τὴν ἐ. ἀλλ'
Θ. 869. ἀλλ' ὥσπερ αἰκάλλεις τι καρδίαν ἐ.,
918. σὺ τὴν ἐ. γυναῖκα κωλεύεις ἐ.
Β. 866. Δήμητερ ἢ θρέψασα τὴν ἐ. φρένα,
Εκ. 158. τὴν δ' οὐκ ἔδσω, κατά γε τὴν ἐ., μίαν γνώμην
349. κέκληκεν αὐτὴν τῶν φίλων· ΒΛ. γνώμην γ' ἐ.!
922. ταμὰ παίγνια· τὴν δ' ἐ.
959. }
968. } τὴν ἐ. ἱκέσθαι.
969. καὶ ταῦτα μέντοι μετρίως πρὸς τὴν ἐ. ἀνάγκην
990. ὅταν γε κρούσῃς τὴν ἐ. πρώτην θύραν.
Π. 951. καὶ μὴν ἐπειδὴ τὴν πανοπλίαν τὴν ἐ.
1007. ἐπὶ τὴν θύραν ἐβάδιζεν ἀεὶ τὴν ἐ.
ἐμνην. Θ. 561. οὐκ εἶπον· οὐδ' ὡς φαρμάκοις ἐτέρα τὸν ἄνδρ' ἐ.,
ἐμῆς. Α. 211. οὐκ ἂν ἐπ' ἐ. γε νεότητος, ὅτ' ἐγὼ φέρων ἀνθρακων φορτίον
Α. 719. ὅροι μὲν ἀγορᾶς εἶσιν οἵδε τῆς ἐ.
1123. καὶ τῆς ἐ. τοὺς κριβανίτας ἔκφερε.
I. 719. καὶ νὴ Δί' ὑπό γε δεξιώτητος τῆς ἐ.
Ν. 772. τὰ γράμματ' ἐκπῆξαιμι τῆς ἐ. δίκης·
Ο. 368. τῆς ἐ. γυναικὸς ὄντε ξυγγενῆ καὶ φυλέτα·
456. παραλεπομένην γ' ἐ. φρενὸς ἀξυνέτου·
744. δι' ἐ. γένυος ξουθῆς μελέαν
Εκ. 1126. τὸν ἄνδρ', ὅπ.υ 'στι, τῆς ἐ. κεκτημένης.
Π. 776. τοῦτο ἔδυσε δὴ τῆς ἐ. ὁμιλίας
ἐμηχανωντ'. ΕΙ. 621. πάντ' ἐ. ἐφ' ὑμῖν, τοὺς φόρους φοβούμενοι,
ἐμίν. Α. 733. ἀκούετον δή, ποτέχετ' ἐ. τὰν γαστέρα·
Ο. 283. δὺς ἐ. ὕ τι περ
930. πρώφρων θύμεν ἐ. τείν.
ἐμιτροφόρουν. Θ. 163. ἐ. τι καὶ διέκνων Ἰωνικῶς,
ἐμμελεία. Σ. 1503. ἀπολῶ γὰρ αὐτὸν ἐ. κονδύλου.
ἐμμελεστερον. Εκ. 807. αὖτ' εἰσενέγκω· κοῦ γάρ ἐ.
ἐμνείς. Εκ. 1120. ἐν τῇ κεφαλῇ τῆς ἐ. πολὺν χρόνον
ἐμνήσθη. Ν. 1277. αὐτὸς ἦν ἔνθολος, οὐκ ἀν ἀνδρὸς ἐ. φίλου.
ἐμνήσθη. Ν. 926. ἧς ἐ. ΔΙ. τῆς σῆς πυλεώς θ',
ἐμοί. Α. 51. ἀθάνατοι εἰμ' ἐ. δ' ἐπέτρεψαν οἱ θεοὶ κ.τ.λ.
Α. 583. ἰδού. ΔΙ. παράδες νυν ὑπτίαν αὐτὴν ἐ. κ.τ.λ.
ἐμοιγ'. Ν. 368. ἀλλὰ τίς ὑει; τουτὶ γὰρ ἐ. ἀποφῆναι πρῶτον ἀπόντων. κ.τ.λ.
ἐμοιγε. Α. 769. ἦ οὐ χαῖρός ἐσθ' ἀδ'; ΔΙ. οὐκ ἐ. φαίνεται. κ.τ.λ.
ἐμοιγέ. Σ. 912. νὴ τὸν Δί', ἀλλὰ δηλοὶς ἐστ' ἐ. τοι κ.τ.λ.
ἐμοῖς. Ν. 73. ἀλλ' οὐκ ἐπίθετο τοῖς ἐ. οὐδὲν λύγοις,
Ν. 560. ὅστις οὖν τούτοισι γελῇ, τοῖς ἐ. μὴ χαιρέτω·
561. ἢν δ' ἐμοὶ καὶ τοῖσιν ἐ. εὐφραίνησθ' εὐρήμασιν,
955. ἢν μὲν τοῖς ἐ. φίλοις πιστὸν τὴν ψυχὴν μέγιστος.
Ο. 374. ἡ φράσειαν, ὄντες ἐχθροὶ τοῖσι πάπποις τοῖς ἐ.
ἐμοῖσιν. ΕΙ. 1229. καταφαγὼν μ' ὑβρίζων τοῖς ἐ. χρήμασιν.
ἐμοῖσιν. Σ. 565. κακὰ πρὸς τοῖς οὖσιν, ἕαν ἀνίῳ ἂν ἰσωσῃ τοῖσιν ἐ.
ἐμοίχευσάς. Ν. 1076. ἠμαρτες, ἠράσθης, ἐ. τι, κᾷτ' ἐλήφθης·
ἐμόλετον. Fr. 560, 1. τί γὰρ ἐπὶ κακώτρον ἐ. βίον

ἔμολον—ἐμῶν. 101

ἔμολον. Ο. 404. καὶ πάθεν ἔ..
Λ. 964. ἔ. ἀπὸ Σπάρτας περὶ τᾶν διαλλαγᾶν.
ἐμόν. Α. 33. στυγῶν μὲν ἄστυ, τὸν δ' ἔ. δῆμον ποθῶν,
Ι. 108. ὦ δαῖμον ἀγαθὲ, σὺν τὸ βούλευμ', οὐκ ἔ.
499. κατὰ νοῦν τὸν ἔ., καί σε φυλάττει
958. σὺ τὸν ἔ. εἶχες, ἀλλὰ τὸν Κλεωνύμου.
1203. τὸ μὲν νύημα τῆς θεοῦ, τὸ δὲ κλίμμ' ἔ.
Ν. 197. αὐτοῖσι κοινώσω τι πραγματίαν ἔ.
440. τουτὶ τό γ' ἔ. σῶμ' αὐτοῖσιν
Σ. 649. ἢν μή τι λέγῃς, ἥτις δυνατὴ τὸν ἔ. θυμὸν κατερείσαι.
Ο. 212. τὸν ἔ. καὶ σὸν παλύδακρυν 'Ιτυν
691. οὐδεὶς οἶδεν τὸν θησαυρὸν τὸν ἔ. πλὴν εἴ τις ἄρ' ὄρνις.
Θ. 74. οὐ χρῆς σε κρύπτειν, ὄντα κηδεστὴν ἔ.
248. αἰμυξέτάρ' εἴ τις τὸν ἔ. βρωκτὸν πλυνεῖ.
619. τίς ἐστ' ἀνήρ σοι; ΜΝ. τὸν ἔ. ἀνδρα συνθάνει;
601. προδοῦσα Μενέλεων τὸν ἔ. ἐν Τροίᾳ φύσιν.
1048. ὦ κατάρατος ἐγώ· τίς ἔ. οὐκ ἐπαύρεται
1172. ἔ. ἔργον ἐστὶν· καὶ σὸν. ὦλάφιον, ἅ σοι
Β. 105. μὴ τὸν ἔ. οἴκει νοῦν· ἔχεις γὰρ αἰκίαν.
219. χώρει κατ' ἔ. τέμενος λαῶν ὄχλος.
602. αἰθήρ, ἔ. βύσκημα, καὶ γλώττης στρόφιγξ,
1516. τὸν ἔ. παράδος Σοφοκλεῖ τηρεῖν,
1522. μηδέποτ' ἐς τὸν θᾶκον τὸν ἔ.
Εκ. 750. οὐ γὰρ τὸν ἔ. ἱδρῶτα καὶ φειδωλίαν
952. φίλον ἔ. δεῦρό μοι
972. ὦ χρυσοδαίδαλτον ἔ. μέλημα, Κύπριδος ἔρνος.
Π. 33. τὸν ἔ. μὲν αὐτοῦ τοῦ ταλαιπώρου σχεδὸν
548. σὺ μὲν οὖ τὸν ἔ. βίαν εἴρηκας, τὸν τῶν πτωχῶν δ' ὑπεκραίνου.
ἐμός. Α. 333. ὡς ἀπωλόμεσθ'. ὁ λάρκος δημότης ἔδ' ἔστ' ἔ.
Ν. 1161. πρύβολος ἔ., σωτὴρ δόμοις, ἐχθροῖς βλάβη,
Λ. 102. ὁ γοῦν ἔ. ἀνὴρ πέντε μῆνας ἔ. οἴκαδε,
104. ὁ δ' ἔ. γε τελέους ἑπτὰ μῆνας ἐν Πύλῳ.
105. ὁ δ' ἔ. γα, κἂν ἐκ τᾶς παγᾶς ἔλοι φύκα,
Θ. 1165. ὅδ' ἐστίν, οὐκ ἐφ' σανίδι, κηδεστὴς ἔ.
ἐμοῦ. Α. 216. σπονδοφόρος οὔτως ὑπ' ἔ. τότε διωκόμενος κ.τ.λ.
ἐμολόκει. Π. 736. τὰ βλέφαρα περιέλκουσιν, ὡς γ' ἔ.
ἐμούς. Ι. 845. ἀσφέσαντας τοὺς ἔ. ἐχθροὺς ἐπιστομίζειν,
Π. 1201. ἀπὸ ληκυθίου σὺ τοὺς ἔ.; ΑΙ. ἐνὸς μόναν.
Εκ. 733. πολλοῖσι κάτω δὴ θυλάκους στρέψον' ἔ.
ἐμπαίξει. Θ. 975. ἡ πᾶσι ταῖς χοροῖσιν ἔ. τε καὶ
ἐμπαίξειν. Fr. 108. c. ἔ.;
ἐμπεδοῦσα. Λ. 233.
            234. } ταυτ' ἔ. μὲν πίοιμ' ἐννεωθενί·
ἔμπειρος. Β. 811. ἐπέτρεψαν, ὑπὴ τῆς τέχνης ἔ. ἦν.
ἐμπέπηγέ. Α. 1226. λύγχη τις ἔ. μοι δι' ὑστέων ὀδυρτά.
ἐμπεπλημένη. Θ. 1032. ἀλλ' ἐν πυκνοῖς ἐεσμίσιν ἔ.
ἐμπεπαιγμένη. Π. 1301. ὅπον χελιδὼν ἦν τις ἔ.
ἐμπεπρημένη. Σ. 36. ἔχουσα φανὴν ἔ. υἱέ.
ἐμπεπρῆσθαι. Λ. 322. πρὶν ἔ. Καλύπτη
ἐμπεπτωκότι. Σ. 203. πόθεν ποτ' ἔ. ὑπὸ βούλιον;
ἐμπεπτωκότες. Εκ. 142. καὶ λοιδαροῦνταί γ' ὥσπερ ἔ.,
ἐμπέσῃ. Λ. 858. νὴ τὴν 'Αφροδίτην' κἂν περὶ ἀνδρῶν γ' ἔ.
ἐμπεσῶν. Π. 180. ὁ Τιμοθέου δι πυργος. ΥΡ. ἔ. γέ σοι.
ἐμπέσοιμιν. Α. 309. ἀψάντες εἶτ' ἐς τὴν θύραν κριηδὸν ἔ.
ἐμπεσόντα. Β. 904. ἔ. συσκευδᾶν παλ.
ἐμπεσών. Σ. 120. ἄξας ἐδίκαζεν ἐς τὸ Καινὸν ἔ.
Β. 945. εἶτ' σῦκ ἐλήρουν ὃ τι τύχοιμ', σὐδ' ἔ. ἔφυρον.
ἐμπεφορβωμένον. Ο. 861. σύπω κόρας' εἶδον ἔ.
ἐμπέφυκε. Εκ. 901. τὸ τρυφερὸν γάρ ἔ.
ἐμπίδος. Ν. 157. ὁπότερα τὴν γνώμην ἔχοι, τὰς ἔ.
Ο. 245. ἔ. κάπτεῖ, ὅσα τ' εὐδρόσους γῆς τύπους
Ν. 159. τί δῆτ' ἐκείνοις εἶπε ποτὶ τῆς ἔ.;
Ν. 160. ἔθασκεν εἶναι τοὐντερον τῆς ἔ.
168. ὅστις διαιδὲ τοὔντερον τῆς ἔ.
Λ. 1031. ἢ μέγ', ὦ Ζεῦ, χρήμ' ἰδεῖν τῆς ἔ. ἐνεστί σοι.
ἐμπίδων. Ν. 165. σάλπιγγ' ὁ πρωκτός ἐστιν ἄρα τῶν ἔ.
ἐμπικίν. Ει. 1143. ἔ. ἐμαγύ ἀρέσκεις, τοῦ θεοῦ δρῶντος καλῶς.
ἐμπίῃ. Ει. 1156. ὡς ἂν ἔ. μεθ' ἡμῶν,
ἐμπίπλαμαι. Α. 447. εὖ γ'· οἷν ἤδη ῥηματίων ἔ.
ἐμπίπλη. Ο. 1310. καὶ τοὺς κοφίνους ἅπαντας ἔ. πτερῶν
ἐμπηπράναι. Ν. 1474. ἀλλ' ὡς τάχιστ' ἔ. τὴν οἰκίαν
Α. 311. ἔ. χρῆ τὰς θύρας καὶ τῷ καπνῷ πιέζειν.
ἐμπήπρατε. Θ. 749. ἐμπρήσομεν τοίνυν σε. ΜΝ. πάνυ γ' ἔ.·
ἐμπίπτουσαι. Ν. 378. εἰς ἀλλήλας ἔ. ῥήγνυνται καὶ πατα-γοῦσιν.
ἐμπιπτούσας. Ν. 384. ἔ. εἰς ἀλλήλας παταγεῖν διὰ τὴν πυκνό-τητα;
ἐμπίς. Λ. 1032. οὐχ ὁρᾷς; σὐκ ἔ. ἐστιν ἦδε Τρικορυσία.
ἐμπλήθ'. Λ. 235.
        236. } εἰ δὲ παραβαίνῃ, ὕδατος ἔ. ἡ πύλιξ.

ἐμπλήμενος. Ι. 935. ἔ. φθαίης ἔτ' εἰς
Σ. 424. ἐυσταλεὶς, εὐτακτος, ὀργῆς καὶ μένους ἔ.,
Εκ. 56. ἔβηττε, τριχίδων ἐσπέρας ἔ.
Π. 892. ἀσηαργαγείης, μηδενὸς γ' ἔ.
ἐμπλήμην. Α. 236. ὡς ἐγὼ βάλλων ἐκεῖνον οὐκ ἂν ἔ. λίθοις.
ἐμπλησαμένη. Α. 327. νῦν δὴ γὰρ ἔ. τὴν ὑδρίαν κυεφαία
ἐμπλησάμενος. Σ. 350. ὀήσας σαυτὸν καὶ τὴν ψυχὴν ἔ. Διο-πείθους.
ἐμπλήσετε. Εκ. 1042. τὴν γῆν ἅπασαν Οἰδιπόδων ἔ.
ἐμπλησθείς. Ν. 386. ἤδη ζωμοῦ Παναθηναίοις ἔ. εἶτ' ἐταρ-άχθη
Ο. 789. κἂτ' ἂν ἔ. ἐφ' ἡμᾶς αὖθις αὖ κατέπτατο.
ἐμπλησθῆναι. Ει. 1000. ἔ. μεγάλων. σκορδίων,
ἐμπλησθῶσιν. Ν. 376. ὅταν ἔ. ὕδατος πολλοῦ κἀναγκασθῶσι φέρεσθαι,
ἐμπλησα. Σ. 603. ἔ. λέγων· πάντως γάρ τοι παύσει ποτὲ κἀναφανῆσει
ἐμπνέω. Θ. 926. οὐ γὰρ προδώσω οὐδέποτέ σ', ἤνπερ ἔ.,
ἐμποδίξῃ. Λ. 359. ἢν προσφέρῃ τὴν χεῖρά τις, μὴ τοῦτό μ' ἔ.
ἐμποδίζει. Ι. 755. μέχγηεν ὥσπερ ἔ. ἰσχάδας.
ἐμποδών. Σ. 531. περὶ τὴν κεφαλήν· μή νυν ζῴην. ΛΥ. ἀλλ' εἰ τοῦτ' ἔ. σοι.
Π. 315. ἔ. ἡμῖν γίγνεται τὴν θεὸν μὴ 'ξελκύσαι.
473. ὦ λάμαχ', ἀδικεῖς ἔ. καθήμενος.
Εκ. 858. οὗ τοὐμόν, ὦ τᾶν, ἔ. ἔσται. ΑΝ. Α. τί δή;
Εκ. 154. ἐν τοῖς καπηλείοισι λάκκους ἔ.
ἐμπολά. ΕΙ. 448. ἵν' ἔ. βέλτιον, ἐπιθυμεῖ μαχῶν,
ἐμπαλαῖον. Π. 1155. ἀλλ' ἔ. ΚΑ. ἀλλὰ πλουτοῦμεν· τί οὖν
ἐμπολάν. Α. 930. ξένῳ καλὸν τὴν ἔ.
ἐμπολήσαντες. ΕΙ. 563. ἔ. τι χρηστὸν εἰς ἀγρὸν ταρίχιον.
ἐμπολᾶ. ΕΙ. 1201. νυνὶ δὲ πεντήκοντα δραχμῶν ἔ.
Fr. 295. ἔ. Διοσκόρω.
ἐμπολώμεν. Θ. 452. ὥστ' οὐκέτ' ἔ. οὐδ' εἰς ἥμισυ.
ἐμπαρεντές. Α. 754. ὅκα μὲν ἔ ὧν τηνῶθεν ἔ.,
ἐμπαρεντέα. Α. 480. ὦ ψύχ', ἄνευ σκάνδικος ἔ.
ἐμπαρίαν. Ο. 718. πρὸς τ' ἔ. καὶ πρὸς βιότου κτῆσιν καὶ πρὸς ἀγαθῶν ἀνδρῶν·
ἐμπαρίας. Ο. 594. τάς τ' ἔ. τὰς κερδαλέας πρὸς τὸν μάντιν κατερούσιν.
ἐμπορικά. Α. 972. αἵ ἔχει σπεισάμενος ἔ. χρήματα διεμπολᾶν.
ἔμπορος. Εκ. 1027. ἀλλ' ἔ. εἶναι ἐπίτερος. ΓΡ. Β. κλαίων γε σύ.
Π. 521. ἔ. ἥκων ἐκ Θετταλίας παρὰ πλείστων ἀνδραποδιστῶν.
904. ἀλλ' ἔ.; ΣΤ. ναί, σπήητομαί γ', ὕταν τύχω.
1179. ὅτ' εἶχον οὐδεὶν, ὁ μὲν ἂν ἥκων ἔ.
Ἐρπουσα. Β. 293. 'Ε. τοίνυν ἐστί. ΞΑ. πυρὶ γοῦν λάμπεται
ἐμπουσά. Εκ. 1056. ἀλλ' ὁ νύμος ἔλκει σ'. ΝΕΑ. οὐκ ἔμεγ', ἀλλ' ἔ τις.
ἐμπρέπων. Ν. 805. Βάκχαις Δελφίσιν ἔ.,
ἐμπρήσειεν. Α. 918. οὔτω γὰρ ἔ. ἂν τὸ νεώριον.
ἐμπρησθείς. Β. 859. σὺ δ' εὐθὺς ὥσπερ πρῖνος ἔ. βαβξ.
ἐμπρήσωμεν. Θ. 749. ἔ. τοίνυν σε. ΜΝ. πάνυ γ' ἐμπίπρατε·
381. ἔ. αὐτῆς τὰς κόμας. ΧΟ. ΓΤ. σὺν ἔργῳ, ἆχελᾶν.
ἐμπρήσωμεν. Α. 269. ἄμαν πυρὰν νήσαντες ἔ. αὐτὀχειρες
ἔμπροσθεν. Σ. 871. ἔ. οὗτος τῶν θυρῶν,
ἐμπυρεύσων. Λ. 372. τί δαὶ σὺ πῦρ, ὦ τύμβ', ἔχων; ὡς σαυτὸν ἔ.;
ἐμπυρεύσων. ΕΙ. 1137. τὴν τε φηγὸν ἔ.
ἐμφανές. Σ. 417. κατ' οἶκον ἔ. κακόν,
ἐμφανής. Σ. 417. ταῦτα δῆτ' οὐ δεινὰ καὶ τυραννίς ἐστιν ἔ.;
Σ. 733. παρεῖς ἔ.
Θ. 682. εἴ τις δρᾷ. πᾶσίν ἔ. ὁρᾶν ἔ.
ἐμφανῶς. Α. 312. ἔ. ἤδη πρὸς ἡμᾶς· εἶτ' ἐγὼ σοι φείσομαι;
Ν. 611. ὠφελοῦν' ὑμᾶς ἅπαντας, οὐ λύγοις, ἀλλ' ἔ.
ἐμφερέστατα. Fr. 49. I. ἀνέγκαπλον εἷς ἕκαστος ἔ.
ἐμφερής. Ν. 502. τῷ τῶν μαθητῶν ἔ. γενήσομαι;
ἐμῶν. Α. 210. ἐκπέχευγ', οἴχεται φροῦδος. σἴμοι τάλας τῶν ἰῶν τῶν ἔ.
Α. 227. σἴσι παρ' ἐμοῦ πόλεμος ἐχθοδοπὸς αὔξεται τῶν ἔ. χωρίων·
306. τῶν δ' ἔ. σπονδῶν ἀκούσατ', εἰ καλῶς ἐσπείσαμην.
1203. ὦ συμφορὰ τάλαινα τῶν ἔ. κακῶν.
Ι. 961. πρὶν ἄν γε τῶν χρησμῶν ἀκούσῃς τῶν ἔ.
962. καὶ τῶν ἔ. νυν, ΚΑ ἀλλ' ἰδοὺ τούτῳ πίθη,
Ν. 33. ἀλλ', ὦ μέλ', ἐξήλικας ἔμ' ἐ' τῶν ἔ.
121. οὐκ ἄρα μὰ τὴν Δήμητρα τῶν γ' ἔ. ἔδει,
522. καὶ ταύτην σοφώτατ' ἔχειν τῶν ἔ. κωμῳδιῶν,
1265. ἴππων ἔ. ὦ Παλλάς, ὡς μ' ἀπώλεσας.

ἐμῶν—ἔνδον.

ἐμῶν. Σ 1200. ἱκείν' ἱκείν' ἀνδριώτατών γε τῶν ἐ.,
Ο. 229. ἴτω τις ὦδε τῶν ἐ. ὑμοπτέρων·
540. ἤνεγκας, ἄνθρωπ·· ὡς ἐδάκρυσά γ' ἐ.
678. πάντων ξύννομε τῶν ἐ.
972. ὡς δὲ κ' ἐ. ἐπέων ἔλθῃ πρώτιστα προφήτης,
1759. ὑρέξον, ὦ μάκαιρα, σὴν χεῖρα καὶ πτερῶν ἐ.
Λ. 1195. πᾶσιν ὑμῖν λέγω λαμβάνειν τῶν ἐ.
Θ. 780. κήρυκας ἐ. μόχθων· οἴμοι,
Β. 1410. ἐγὼ δὲ δι' ἔτη τῶν ἐ. ἐρῶ μόνα.
Εκ. 731. τῶν χρημάτων θύραζε πρώτῃ τῶν ἐ.,
Π. 26. ἀλλ' οὐ σε κρύψω τῶν ἐ. γὰρ οἰκετῶν
890. ἀπὸ τῶν ἐ. γὰρ καὶ μὰ Δία διειπήσεται.
ἐν. Α. 21. οἱ δ' ἐ. ἀγορᾷ λαλοῦσι, κἄνω καὶ κάτω κ.τ.λ.
ἔν. Ι. 507. οἴτινες πεζαῖς μάχαισιν ἔ. τε ναυφάρκτῳ στρατῷ κ.τ.λ.
ἔν. Α. 458. ἀπελθε νῦν μοι. ΔΙ. μᾶλλά μοι ἔδε ἐ. μόνον
Α. 477. πλὴν ἐ. μοὶ ὁν, τουτὶ μόνον τουτὶ μόνον,
1162. τοῦτο μὲν αὐτῷ κακὸν ἐ. καθ' ἔτερον νυκτερινῶν γένοιτο.
Ι. 37. οὐ χείρον· ἐ. δ' αὐτοῦ παραιτησώμεθα,
359. τὰ μὲν ἄλλα μ' ἤρεσας λέγων· ἐ. δ' οὐ προσίεταί με
400. εἴ σε μὴ μισῶ, γενοίμην ἐ. Κρατίνου κώδιον,
439. τί δῆτα; βούλει τῶν ταλάντων ἐ. λαβὼν σιωπᾶν;
854. καὶ τυροπωλαι· τοῦτο δ' εἰς ἐ. ἐστι συγκεκυρός.
868. ἐ. δ' εἰμί μοι τοσουτονί· σκύτη τοσαῦτα πωλῶν,
1045. οὐκ ἀναδιδάσκεις σε τῶν λογίων ἐκὼν
Ν. 681. ἰθ' ἐ τι περὶ τῶν χρονικῶν μαθεῖν σε δει.
Σ. 818. ἐ. ἐτι πυθῶ, τὸ δ' ἀλλ' ἀρέσκει μοι. ΒΔ. τὸ τί;
ΕΙ. 227. οὐκ οἶδα πλὴν ἐ., ὅτι θυσίαι ἑσπέρας
328. ἐ. μὲν νῦν τουτί μ' ἔασαν ἐλκύσαι, καὶ μηκέτι.
1153. ὧν ἔνεγκ', ὦ παῖ, τρί' ἡμῖν, ἐ. δὲ δοῦναι τῷ πατρί·
Ο. 587. ἀγιῶ· αὐτοῖσιν πάντα παρέσται. ΕΠ. λέγε δὴ μοι τῶν ἀγαθῶν ἐ.
1304. τοιαῦτα μὲν τάκειθεν, ἐ. δέ σοι λέγω·
1531. μάλιστα πάντων ἐ. δέ σοι λέγω σαφεῖ·
Λ. 585. δεῦρο ξυνάγειν καὶ συναθροίζειν εἰς ἐ., κἄπειτα ποιῆσαι
756. ὑπεχ' αὐτό, χαριοῦμαι γὰρ ἐ. γε τοῦτό σοι.
831. τοῖσιν ἀνδράσι δικαιον· ἐ. δ' ὑπερφυίστατον.
Β. 538. εἰκίον· ἑστάναι, λαβών ἐ.
1262. εἰς ἐ. γὰρ αὐτοῦ πάντα τὰ μέλη ξυντρέμω.
Εκ. 655. ἐ. ὅτι ζητῶ· πῶς, ἡν τις ὀφλῃ παρὰ τοῖς ἄρχουσι δίκην τῳ,
674. μίαν οἰκησίν φημι ποιήσειν συρρήξας' εἰς ἐ. ἄπαντα,
Π. 87. εἶναι πανοῦργον, ἄδικον, λυγεῖν μηδ' ἐ.
199. πλὴν ἐ. μόνον δέδοικα. ΧΡ. φράζε τοῦ πέρι.
413. μὴ νῦν διάτριβ', ἀλλ' ἄνυε πράττων ἐ. γέ τι.
Fr. 445, 2. εἰ μὴ τὰ βέλτιστ' ἔλαχεν ἐ. δέ σοι φράσω
ἔν'. Fr. 198, 2. ἔτλη κατελθεῖν / β. ἐ. ἀρ' ἐκάστης τῆς τέχνης
Fr. 382, 1. ἡν γὰρ ἐ. ἄνδρ' ἄδικον σὺ διώκης,
ἔνα. Α. 1033. σὺ δ' ἀλλά μοι σταλαγμὸν εἰρήνης ἔ.
Λ. 1053. ἐς τὸν ἀλάβαστον κύαθον εἰρήνης ἔ.
Ι. 1128. τρέφειν ἐ. προστάτην·
Ο. 39. εἰ μὲν γὰρ οὖν τέττιγες ἐ. μὴρ' ἢ δύο
899. μάκαρας, ἐ. τινὰ μόνον, ἱκωμεθ'
Λ. 770. ἀλλ' ὑπόταν πτήξωσι χελιδόνες εἰς ἐ. χῶρον,
Β. 911. πρώτιστα μὲν γὰρ ἐ. τῳ μόνον ἐγκαλύψας,
Εκ. 594. ἀλλ' ἐ. ποιῶ κοινὸν πᾶσιν βίοτον καὶ τοῦτον ὁμοιον.
Π. 1059. ἀμότισον ἐ. γὰρ χρίμων μόνον φορεῖ.
ἐναγχος. Ν. 639. περὶ τῶν μέτρων ἔγωγ' ἐ. γὰρ ποτε
ἐναγώνιος. Π. 1161. ἐ. τοίνυν ἔσομαι, καὶ τί γ' ἐρεῖς·
ἐναλλάξ. Ν. 983. οὐδ' ὀψοφαγεῖν, οὐδὲ μιχλίζειν, οὐδ' ἴσχειν τὼ πόδ' ἐ.
ἔναντα. Ι. 342. τῷ καὶ πεποιθὼς ἀξιοῖ γαμεῖν λέγων ἐ.
ἐναντία. Ι. 1239. κλέπτων ἐπιορκεῖς καὶ βλέπεις ἐ.
ἐναντίας. Ν. 1037. ἄπαντα ταῦτ' ἐ. νομίμοισι συνταράξαι.
ἐναντίαν. Ο. 31. νύσων νοσοῦμεν τὴν ἐ. Σάκᾳ·
ἐναντίας. Ν. 1314. γνῶμι ἐ. λέγων
ἐναντίον. Ν. 576. ἠδικημένη γὰρ ὑμῖν μεμφόμεσθ' ἐ.·
Λ. 907. ὦ καταγέλαστ', ἐ. τοῦ παιδίου.
Εκ. 448, μονας μόναις οὐ μαρτύρων γ' ἐ.·
451. νὴ τὸν Ποσειδῶ, μαρτύρων γ' ἐ.·
ἐναντίους. Ι. 509. οὐ γὰρ οὐδεὶς πώποτ' αὐτῶν τοὺς ἐ. ἰδὼν
Σ. 1093. εἶτα ἐκεῖσε ταῖς ναυσίν ἐ.
ἐναντίοι. Ο. 1127. καὶ Θεογένης ἐ. δυ' ἅρματε,
ἐναντίαι. Β. 1441. ῥαίνοιεν ἐ. τὰ βλέφαρα τῶν ἐ.]
ἐναντιώσεται. ΕΙ. 1049. ἐ. τι ταῖς διαλλαγαῖς.
ἐναποπατεῖν. ΕΙ. 1228. ἐ. γὰρ ἔσθ' ἐπιτηδείως πάνυ.
ἐναποτίσαι. Ο. 38. καὶ πᾶσι κοινήν ἐ. χρήματα.
ἐναργές. Σ. 50. οὐκοῦν ἐ. τοῦτο συμβαλεῖν, ὅτι
ἐναργῶς. Ι. 1173. ὦ Δῆμ', ἢ θεῖς σ' ἐπήκουσεί,
ἐνάρμοσον. Λ. 413. ἐλθὼν ἐκεῖνῳ τὴν βάλανον ἐ.

ἐναρμόττειν. Β. 1202. ποιεῖς γὰρ οὕτως ὥστ' ἐ. ἄπαν,
ἐναρμόττεσθαι. Ι. 989. τὴν Δωριστὶ μόνην ἐ.
ἐνασελγαινόμενος. Σ 61. οἰδ' αὐθί ἐ. Εὐριπίδης·
ἐνασπιδώσομαι. Α. 368. ἀμέλει μὰ τὸν Δί' οὐκ ἐ.,
ἐναυμαχήσαμεν. Α. 677. οὐ γὰρ ἀξίως ἐκείνων ὧν ἐ.
ἐναυμάχησαν. Β. 698. χοὶ πατέρες ἐ. καὶ προσήκουσιν γένει,
ἐναυμάχουν. Β. 33. οἴμοι κακοδαίμων· τί γὰρ ἐγὼ οὐκ ἐ.;
ἐναψάμενος. Fr. 249. ὁ χορὸς δ' ὠρχεῖτ' ἄν ἐ. δάπιδας καὶ στρωματόδεσμα,
ἐγγεταυθί. Θ. 646. οὐκ ἐ. ΓΤ. Ε. μᾶλλά δεῦρ' ἡκει πάλιν.
ἐνδέδωκας, Ι. 847. ἐπίοχες ἐν ταῖς ἀσπίσιν λαβὼν γὰρ ἐ.
ἐνδεικνύμενος. Π. 785. ἐ. ἔκαστος εὐνοίαν τινα.
ἔνδεκα. Ι. 546. αἴρεσθ' αὐτῷ πολὺ τὸ ῥόθιον, παραπέμψατ' ἐφ' ἐ. κώπαις
Σ. 1108. οἱ μὲν ἡμῶν οὔπερ ἄρχων, οἱ δὲ παρὰ τοὺς ἐ.,
ἐνδέξαιτο. Θ. 1129. ἀλλ' οὐκ ἄν ἐ. βάρβαρος φύσις.
ἐνδεχομένη. Ι. 632. κάγωγ' ὅτε δὴ 'γνων ἐ. τοὺς λόγους
ἔνδηλος Ι. 1277. αὐτόν ἡμ' ἐ., οὐκ ἂν ἀνδρῶν ἐμνήσθη φίλον.
ἐνδησάμενος. Α. 905. ὥσπερ κίραμον ἐ. ΒΟ. ναὶ τώ σιώ,
ἐνδήσαντες. Σ. 113. μοχλοῖσιν ἐ., ὡς ἂν μὴ 'ξίῃ.
ἐνδήσας. Α. 927. βυς μοι φορυτόν, ἵν' αὐτὸν ἐ. φέρω.
ἐνδῆσον. Α. 928. ἐ. ὦ βέλτιστε, τῷ
ἐνδιαερινευηκένος. ΕΙ. 831. τάς ἐ. τινάς.
ἐνδιατρίβειν. Εκ. 585. τοῖς ἀρχαίοις ἐ., τοῦτ' ἐσθ' ὁ μάλιστα δέδοικα.
ἐνδιατρίψει. Β. 714. χρόνον ἐ.· ἰδὼν δὲ τάδ' οὐκ
ἐνδίκοις. ΕΙ. 630. κἤ' ἀλλ', ὦ μέλ', ἐ. γε δῆτ', ἐπεὶ κάμοῦ λίθου
ἐνδοθεν. Α. 805. ἐνηνεγκάτω τις ἐ. τῶν ἰσχάδων
Ι. 101. ὡς εὐτυχῶς ὅτι οὐκ ἐλήφθην ἐ.
110. κλέψας ἐνεγκε τοῦ Παφλαγόνος ἐ.,
377. ἐς τὸ στὺμ', εἶτα δ' ἐ.
Ν. 405. ἐ. αὐτάς ὥσπερ κύστιν φυσᾷ, κἄπειθ' ὑπ' ἀνάγκης
1163. ὅν κάλεσον τρέχων ἐ. ὡς ἐμέ.
Σ. 350. ἔστιν ὀπὴ δῆθ' ἥντιν' ἂν ἐ., οἷόν γ' εἴπε διορύξαι,
833. αὐτοῦ κομιούμαι τῷ γε παραντῶ' ἐ.
861. καὶ μυρρίνας καὶ τὸν λιβανωτὸν ἐ.,
ΕΙ. 233. μέλλει· θορυβεῖ γοῦν ἐ. ΤΡ. οἰμοι δείλαιος.
310. τὸν Πόλεμον ἐκχωνήρεῖ ἐ. κεκραγότες,
Λ. 199. φερέτω κύλικά τις ἐ. καὶ σταμνίον.
456. ὦ ξύμμαχοι γυναικες, ἐκθεῖτ' ἐ.,
1196. χρημάτων νῦν ἐ., καί
1223. οὐκ ἀπιθ', ὅπως ἂν οἱ Λάκωνες ἐ.
1241. νή τὸν Δί', ἤν ἥδη γε χωρῶσ' ἐ.
Θ. 28. ἐνεγκάτω τις ἐ. δᾷδ' ἤ λύχνον.
794. εὕρετε φροῦδον τὸ κακὸν καὶ μὴ καταλαμβάνετ' ἐ.
Β. 814. ἤ που δεινὸν ἐριβρεμέτας χόλον ἐ. ἕξει,
Εκ. 337. ἀλλ' ἐκτετρύπηκεν λαβοῦσα μ' ἐ.·
Π. 964. ἐχε νῦν ἐγὼ τὰν ἐ. καλέσω τινά.
Fr. 285, 2. τῶν ἐ. καὶ βύσμα καὶ γευστήριον,
ἔνδοθιν. Π. 228. τίνι ἐ. τις εἰσενεγκάτω βόθρον.
ἔνδον. Λ. 330. τῶν παρόντων ἐ. εὑρέος· ἡ 'πὶ τῷ θρασύνεται;
Α. 395. τίς οὗτοσ; ΔΙ. ἐ. ἐστ' Εὐριπίδης·
396. οὐκ ἐ. ἐ. ἐστίν, εἰ γνώμην ἔχεις.
397. πῶς ἐ. εἰτ' οὐκ ἐ.; ΚΗ. ὀρθῶς, ὦ γέρον.
399. οὐκ ἐ., αὐτὸς δ' ἐ. ἀναβάδην ποιεῖ
Ι. 63. τέχνην πεποίηται, τοὺς γὰρ ἐ. ἀντικρυ
626. ὁ δ' ἄρ' ἐ. ἐλαιβρόντ' ἀνορρηγνυσιν ἐπη
1393. ἀνήρευτε ταὔτα ἐ., ἵνα σὺ μὴ λάβοις
Ν. 879. ἐπλαττεν ἐ. οἰκίας νοῦς τ' ἐγλυφεν,
1361. τοιαῦτα μέντοι καὶ τότ' ἐλεγεν ἐ., οἰάπερ νῦν,
Σ. 70. ἐ. καθείρξας, ἵνα θύραζε μὴ 'ξίῃ.
110. ἵν' ἐς δικάζει, αἰγιαλὸν ἐ. τρέφει.
198. ἐ. μέκραχθι τῆς θύρας κεκλεισμένης.
561. ἐ. τούτων ὧν ἄν φάσκω πάντων οὐδὲν πεποίηκα,
ΕΙ. 121. ἐ. δ' ἀργυρίου μηδὲ ψακάς ἦ μου πάμπαν,
1150. θες δὴ καὶ πῶς τις ἐ. καὶ λαγῷα τέτταρα,
1152. οὐσ᾽εῖπεν Ζεὺς οὐκ ἐνδον, ὑὸς ἅπα κιλνυβοιδώνια"
Ο. 1107. ἀλλ' ἐνοικήσουσιν ἐ., ἐν τε τοῖς βαλανείοις
Λ. 149. εἰ γὰρ καθοίμεθ' ἐ. ἐντετριμμέναι
454. μαχίμων γυναικῶν ἐ. ἐξοπλισμένων.
510. ἀλλ' ἠσθανόμεσθα καλῶς ὑμῶν καὶ πολλάκις ἐ. ἂν οὖσαι
516. κἄν ψωμάξαι γ', εἰ μὴ 'σίγας, ΑΤ. τοιγὰρ ἐγωγ' ἐ. ἐσίγων.
894. τὰ δ' ἐ. ὄντα τἀμὰ καὶ σὰ χρήματα
1200. χάττ' ἂν ἐ. ἡ φορεῖν,
Θ. 41. θιάσος Μουσῶν ἐ. μελάθρων
397. μὴ μοιχός ἐ. ἤ τις ἀποκεκρυμμένος.
794. ἔνδοθεν εὕρετε φροῦδον τὸ κακὸν καὶ μὴ καταλαμβάνετ' ἐ.

ἔνδον—ἔνην. 103

ἔνδον. Θ. 881. αὐτὸς δὲ Πρωτεὺς ἔ. ἔστ', ἢ 'ξώπιος;
Θ. 884. ἔπειτ' ἐρωτᾷς, ἔ. ἔστ', ἢ 'ξώπιος.
Β. 520. ταῖς ἔ. οὔσαις αὐτὸς ὡς εἰσέρχομαι.
Εκ. 225. μοιχοὺς ἔχουσιν ἔ. ὥσπερ καὶ πρὸ τοῦ
336. μὰ τὸν Δί᾽· οὐ γάρ ἔ. οὖσα τυγχάνει,
375. ἐν τῷ σκύτῳ γάρ τοῦτ᾽ ἔτυχον ἔ. λαβών.
950. φρούδη γάρ ἐστιν οἰομένη μ᾽ ἔ. μενεῖν.
1036. οἴμα γήρ ἔ. διαπεσεῖσθαι σ᾽ αὐτίκα.
1062. ἐνὸ τοῦ δέους. ΓΡ. Β. θάρρει, βάδιζ᾽ ἔ. χεσεῖ.
Π. 393. καὶ πού 'στιν; ΧΡ. ἔ. ΒΛ. ποῦ; ΧΡ. παρ᾽ ἐμοί.
ΒΛ. παρὰ σοί; ΧΡ. πάνυ.
626. καὶ τάλλ᾽ ὅσ᾽ ἐστὶν ἔ. ἠυτρεπισμένα.
643. ἔ. κάθημαι περιμένουσα τουτονί.
795. ἔ. γε παρὰ τὴν ἑστίαν, ὥσπερ νύμος·
819. καὶ νῦν ὁ δεσπότης μὲν ἔ. βουθυτεῖ
822. ἔ. μένειν ἦν. ἔδακνε γάρ τὰ βλέφαρά μου.
893. ἀρκείσθων; ἔ. ἐστίν. ὦ μιαρώτατε,
1138. ὧν θύισθ᾽ ὑμεῖς ἔ. ΚΑ. ἀλλ᾽ οὐκ ἔκφορα.
Fr. 203, 1. ἄρ᾽ ἔ. ἀνδρῶν κεστρέων ἀποικία;
279. πάντες δ᾽ ἔ. πεταχνοῦνται.
ἐνδύομενα. Εκ. 288. ἔ. κατὰ σκότον τύλμημα τηλικοῦτον.
ἐνδύου. Θ. 253. ὅ τι; τὸν κροκωτὸν πρῶτον ἔ. λαβών.
ἐνδύς. Σ. 1020. εἰς ἀλλοτρίας γαστέρας ἔ. κωμῳδικὰ πολλὰ χίασθαι
Fr. 530. ἔ. τὸ γυναικεῖον τοδὶ χιτώνιον.
ἐνδύσομαι. Α. 52. μήτ᾽ ἀσπίδα λαβεῖν. ΚΑ. Κιμβερικὸν ἔ.
ἐνδύσω. Α. 1021. ἀλλὰ τὴν ἐξωμίδ᾽ ἔ. σε προσιοῦσ᾽ ἐγώ.
ἐνδώσει. Α. 671. εἴ γὰρ ἔ. τις ἡμῶν ταῖσδε κἂν σμικρὰν λαβήν,
ἐνδώσετε. Π. 488. ἐν τοῖσι λύχοις ἀντιλίγοντες μαλακὸν δ᾽ ἔ. μηδέν.
ἐνίβαλ᾽. ΕΙ. 223. ὁ Πόλεμος αὐτὴν ἔ. εἰς ἄντρον βαθύ.
ἐνίβαλεῖ. Σ. 204. ἴσως ἄνασκεν μὲς ἔ. σοὶ ποθεν.
ἐνίβαλες. ΕΙ. 249. τυῖσιν Μεγαρεῦσιν ἔ. τὰ κλαύματα.
ΕΙ. 258. μῶν τῶν σκορ'δων ἔ. ἐς τὸν κύνδυνον;
ἐνίβαλλον. Ο. 1146. ἐς τὰς λεκάνας ἔ. αὐτὸν τοῖν ποδοῖν.
ἐνίβαλλοντα. Ο. 1143. λεκινάισι. ΠΕ τὸν δὲ πηλὸν ἔ. πῶς;
ἐνίβαλον. ΕΙ. 701. ὅθ᾽ οἱ Λάκωνες ἔ. ΕΡ. τί παθών; ΤΡ. ὗ τι;
ἐνβύσαμεν. Σ. 128. ἔ. ῥακίοισι κάσακτύσαμεν·
ἐνίβαλων. Ν. 150. ἔ. ἐς τὸν κηρὸν αὐτὴν τὼ πόδε,
ἐνεγέγραπτο. Β. 933. σημεῖον ἐν ταῖς ναυσίν, ὠμαθέισται·, ἔ.
ἔνεγκ᾽. Ι. 98. ἀγάθ᾽· ἀλλ᾽ ἔ. ἐγὼ δὲ κατακλινήσομαι.
I. 970. καὶ μὴν ἔ. αὐτοὺς ἰών, ἵν᾽ οὑτοσὶ
ΕΙ. 1153. ὢν ἔ. ὦ παῖ, τρί᾽ ἡμῖν, ἓν δὲ δοῦναι τῷ πατρί·
ἔνεγκάτω. Α. 805. ἔ. τις ἔνδοθεν τῶν ἰσχάδων
Ν. 1490. ἐμοὶ δὲ δᾷδ᾽ ἔ. τις ἡμμένην.
Σ. 529. ἔ. μοι δεῦρο τὴν κίστην τις ὡς τάχιστα.
ΕΙ. 1149. κύξ ἐμοῦ δ᾽ ἔ. τὴν κίχλην καὶ τὼ σπίνω·
Θ. 238. ἔ. τις ἔνδοθεν δᾷδ᾽ ἢ λύχνον.
Β. 1304. ἔ. τὸ λύμον. καίτοι τί δεῖ
ἔνεγκε. Α. 1104. ἔ. δεῦρο τὼ πτερὼ τὼ 'κ τοῦ κράνους.
I. 110. κλίψας ἔ. τοῦ Παφλαγόνος ἔνδοθεν,
ΕΙ. 1219. ἔ. τοίνυν εἰσίων τὰς ἰσχάδας·
ἔνεγκω. Σ. 848. φέρε νυν. ἔ. τὰς σανίδας καὶ τὰς γραφάς.
Α. 916. φέρε νῦν ἔ. κλινίδιον νῶν. ΚΙ. μηδαμῶς.
ἐνέγραφ᾽. Σ 961. ἵνα μὴ κακουργῶν ἔ. ἡμῖν τὸν λύγον.
ἐνέδομα. Α. 952. μόλις γ᾽ ἔ. τὸν κακὸς ἐνδυόμενον.
ἐνδίδωμι. Π. 781. ἄκων ἐμαυτὸν τοῖς πονηροῖς ἔ.
ἐνέδωκεν. Θ. 1044. δι᾽ ἐμὲ προσέκειτ᾽ ἔ.
ἐνεθυμήθη. Β. 40. ὁ παῖς. ΕΛ. τί ἐστιν; ΔΙ. οὐκ ἔ.; ΕΛ. τὸ τί;
ἐνείη. Ι. 695. ψευδῶν ἔ., διαπέσοιμι πανταχῆ.
ἐνεῖναι. Α. 465. χολὴν ἔ.; ΠΡ. νὴ τὸν Ἀπόλλω καὶ μάλα
ἔνειων. Ν. 211. ἐνταῦθ᾽, ἔ. ἡ δέ γ᾽ Εὔβοι᾽, ὡς ὁρᾷς,
ἕνκ᾽. Ν. 1236. ἀπώλοιο τοίνυν ἔ. ἀναιδείας ἔτι.
ἔνεκα. Α. 386. λαβὴ δ᾽ ἐμοῦ γ᾽ ἔ. παρ᾽ Ἱερωνύμου
Ν. 1217. ὅτε τῶν ἐμαυτοῦ γ᾽ ἔ. νυνὶ χρημάτων
Σ. 886. νέ·υσιν ἀρχαῖς, ἔ. τῶν προλελεγμένων.
ΕΙ. 664. ἀκούσασθ᾽ ὑμεῖς αὖν ἔ. μομφήν ἔχει.
Ο. 855. ἄμα δὲ προσέτι χάριτος ἔ.
1544. τούτων ἔ. δεῦρ᾽ ἦλθον, ἵνα σφραίσαιμί σοι.
Θ. 443. ὀλίγων ἔ. καὐτὴ παρῆλθον ῥημάτων.
Β. 108. ἀλλ᾽ ὥπερ ἔ. τήνδε τὴν σκευὴν ἔχων
233. ἔ. δύνασαι, ἐν ὑπολύμιον
Π. 177. Φιλέψιν δ᾽ οὐχ ἔ. σοῦ μύθους λέγει;
ἕνεκά Εκ. 170. αὐτῆ γὰρ ὑμῶν ἔ. μοι λέξειν δοκῶ,
Εκ. 367. οὗτος γὰρ ἀνὴρ ἔ. γε στενωγμάτων
ἐνεκαλυψάμην. Π. 707. μετὰ ταῦτ᾽ ἐγὼ μὲν εὐθὺς ἔ.
ἐνέκαψε. ΕΙ. 7. ὅλην ἔ. περικυλίσας τοῖν ποδοῖν,
ἔνεκεν. Εκ. 659. πολλῶν ἔ. νὴ τὸν Ἀπόλλω· πρῶτον δ᾽ ἐνὸς οὕνεκα δήμου,
Π. 989. καὶ ταῦτα τοίνυν οὐχ ἔ. μισητίας

ἐνεκίν. Ν. 420. ἀλλ᾽ ἕ. γε ψυχῆς στερρᾶς δυσκολοκοίτου τε μερίμνης,
ἐνεκολήβασας. Ι. 263. εἶτ᾽ ἀποστρέψας τὸν ὦμον αὐτὸν ἔ.·
ἐνέκραγες. Π. 428. ἔ ἡμῖν οὐδὲν ἡδικημένῃ·
ἐνέκρουεν. Σ. 130. ἔ. ἐς τὸν τοῖχον, εἶτ᾽ ἐξήλλετο.
ἐνέμετο. Ο. 330. ἔ. πεδία παρ᾽ ἡμῖν
ἐνεμνήθης. Π. 845. μῶν ἔ. δῆτ᾽ ἐν αὐτῷ τὰ μεγάλα;
ἔνεον. I. 321. πρὶν ἄμ᾽ εἶναι Περγασῆσιν, ἔ. ἐν ταῖς ἐμβάσιν.
ἐνεόττευσεν. Ο. 699. ἔ. γένος ἡμέτερον, καὶ πρῶτον ἀνήγαγεν ἐς φῶς.
ἐνεοστοτροφήθης. Ν. 999. μὴσισπακῆσαι τὴν ἡλικίαν, ἐξ ἧς ἔ.
ἐνεουρηκότας. Λ. 402. σείειν τάρεστιν ὥσπερ ἔ.
ἐνέπεσεν. Λ. 997. ἀπὸ τοῦ δὲ τινετὶ τὸ κακὸν ὑμῖν ἔ.;
ἐνέπληατο. Σ. 1304. εὐθὺς γὰρ ὡς ἔ. πολλῶν κἀγαθῶν,
ἐνέπνευσ᾽. Fr. 303, 1. ὦ Ζεῦ πολιτίμησθ᾽, οἷον ἔ. ὁ μιαρὸς
ἐνεπόδιξί. Ο. 965. τῆνδ᾽ οἰκίαι; ΧΡ. τὸ θεῖον ἔ. με.
ἐνέπρησεν. Ν. 399. εἴπερ βάλλει τοὺς ἐπιόρκους, πῶς οὐχὶ Σίμων᾽ ἔ.
ἐνερρίγωσ᾽. Π. 846. οὐκ, ἀλλ᾽ ἔ. ἔτη τριακαίδεκα.
ἔνεσθ᾽. Θ. 155. ἔ. ὑπάρχον τοῦθ᾽. ἃ δ᾽ οὐ κεκτήμεθα,
ἔνεστ᾽. I. 1132. εἴ σοι πυκνότης ἔ.
Ν. 56. ἔλαιον ἡμῖν οὐκ ἔ. ἐν τῷ λύχνῳ.
487. λέγειν γὰρ οὐκ ἔ., ἀποστερεῖν δ᾽ ἔνι.
Ο. 980. καὶ ταῦτ᾽ ἔ. ἐνταῦθα; ΧΡ. λαβὲ τὸ βιβλίον.
929. καὶ ταῦτ᾽ ἔ. ἐνταῦθα; ΠΕ. λαβὲ τὸ βιβλίον.
ἐνεστήσαντο Λ. 268. ὅσαι τὸ πρᾶγμα τοῦτ᾽ ἔ. καὶ μετῆλθον,
ἔνεστι. Ν. 486. ἔ. ὄντος σοι λέγειν ἐν τῇ φύσει;
Σ. 441. εἶτα δῆτ᾽ οὐ πολλά ἔ. δεινὰ τῷ γήρᾳ κακά;
Ο. 974. ἔ. καὶ τὰ μέθιλα; ΧΡ. λαβ᾽ τὸ βιβλίον.
976. καὶ σπάλγχνα δ᾽; ΧΡ. λαβὲ τὸ βιβλίον.
Π. 885. ἀλλ᾽ οὐκ ἔ. συκοφάντην δήγματος.
ἔνεστί. Λ. 1031. ἢ μίγ᾽, ὦ Ζεῦ, χρηὺ ἰδεῖν τῆς ἐμπίδος ἔ. σοι
Λ. 1124. ἐγὼ γυνὴ μέν εἰμι, νους δ᾽ ἔ. μοι·
1191. οὐ φθόνος ἔ. μοι πᾶσι παρέχειν φέρειν
ἔνεστιν. I. 119. ἄνύσας τι. φέρ᾽ ἴδω τί ἄρ᾽ ἔ. αὐτόθι.
I. 122. ἐν τοῖς λογίοις ἔ. ἱνίρᾳ ἔγχιοῦν·
127. ἐνταῦθ᾽ ἔ. ἀνδρῶς ὡς ἀπόλλυται.
1214. φέρ᾽ ἴδω, τί οὖν ἔ.; ΑΛ. οὐχ ὁρᾷς κίνην
Ν. 114. εἴ μπτηνὴ ἔ. καὶ φροντιστὴς καὶ τὸ ταλαίπωρον ἔ.
Ο. 1589. ἔλαιον οὐκ ἔ. ἐν τῇ ληκύθῳ.
Λ. 256. ἢ πόλλ᾽ ἄελπτ᾽ ἔ. ἐν τῷ μακρῷ βίῳ, φεῦ,
Εκ. 855. οὐδ᾽ ἐλπίς ἔ. ἐν τῷ σαφὸν ἔ.
Π. 763. ὡς ἄλφιτ᾽ οὐκ ἔ. ἐν τῷ θυλάκῳ.
ἐνεστρεῖψεν. Ν. 779. ἔ. εὐθὺς δῆτα ἔ. μιᾶς ἔ. δίκης,
ἐνετίθεις. Ν. 59. ὅτι τῶν παχειῶν ἔ. θρυαλλίδων.
ἐνετίλησεν. Α. 351. ὁ Λάρκος ἔ. ὥσπερ σηπία.
ἐνετριπτώσισεν. I. 1180. ἡ Τριτογενεῖα γὰρ αὐτὸν ἔ.
ἐνέτριψ᾽. Β. 1070. ἡ 'ξεκίνωσεν τάς τε παλαίστρας καὶ τὰς πυγὰς ἔ.
ἐνετρυλισεν. Θ. 341. προαγωγὸς οὖσ᾽ ἔ. τῷ δεσπότῃ,
ἐνηγηκεῖν. Λ. 1037. ἐνθ᾽ δνήρ ἔ. τι ταῖς
ἔνευσεν. Θ. 507. εἶθ᾽ ἂν ἔ. ἡ φέρουσα, εὐθὺς βοᾷ,
ἐνεφύσησεν Σ 1219. αὐλητρὶς ἔ. οἱ δὲ συμπότῃ
ἔνεχ᾽. Σ. 702 ἐνοστάζωσιν κατὰ μικρὸν ὑεὶ, τοῦ ζῆν ἔ., ὥσπερ ἔλαιον
Λ. 544. μετὰ πυθῶ ἀρετῆς ἔ. ἔ.
ἐνέχειν. Fr. 209, 2. ταχὺ προσφέροι ταῖς ἔ. τε σφόδρα κυανοβενθὴ,
ἐνέχει. Fr. Μ. Γηρ. 12. ταχὺ προσφέρων ταῖς ἔ. τε σφόδρα κυανοβενθῇ,
ἐνεχείρησε. Π. 717. καταπλαστὸν ἔ. τρίβειν, ἐμβαλὼν
ἐνέχεσαι. Π. 1021. εἰ Θάσιον ἔ., εἰκότως γε νὴ Δία.
ἐνέχυρα. Εκ. 755. αὐτ᾽, ἢ φέρετε ἔ. θήσων· ΑΝ. Α. οὐδαμῶς.
ἐνεχυράζομαι. Ν. 241. ἄγομαι, φέρομαι, τὰ χρήματ᾽ ἔ.
ἐνεχυράσασθαι. Ν. 35. ἔ.χομαι. ΦΕ. ἐπειδ᾽, ὦ πάτερ,
ἐνέχυρον. Π. 451. οὐκ ἔ. τίθησιν ἢ μιαρωτάτη
Ν. 1134. εὐθὺς κατὰ ταύτην ἔστ᾽ ἔ. τε καὶ νέα.
Ν. 1179. ἔ. γάρ ἐστι καὶ νέα τις ἡμέρα,
Ν. 1187. φράζ᾽ ταῖς προσφέρων ἔ. τε καὶ νέᾳ;
ΕΙ. Β. 39. ἔ. ὅστις εἴπέ μοι, τουτι τί ἦν;
ἐνήλατ᾽. Σ 1305. ἔ., ἐσκίρτα, πέποδεν, κατεγέλα,
ἐνημμένον. ΕΙ. 1032. ἢ χιτώνα ἔ. τῶν Στιλβίθων πίεσε,
ἐνημμένος. Β. 430. μυσθον λεοντήν ναυμαχεῖς ἔ.
ἐνημμένος. Β. 1082. ὥσπερ ὁ πατήρ σου, διφθέραν ἔ.
Εκ. 80. τὴν τοῦ Πακύττου διφθέραν ἔ.
Fr. 720. ἀσχημαρθήν ἱτέαν ἔ.
ἐνημμένους. Ο. 1250. ὅριτς ἐπ᾽ αὐτόν, παρδαλᾶς ἔ.,
ἐνημμένους. ΕΙ. 1225. ἔ. κάλλιστα χρῆσαι τάλας
ἔνην. Α. 172. τοὺς Θρᾷκας ἀπιέναι, παραῖναι δ᾽ εἰς ἔ.
Ν. 1178. φοβεῖ δὲ δὴ τί; ΣΤ. τὴν ἔ. τε καὶ νέαν.

104 ἔνην—ἐξάγετ'.

ἔνην. Ν. 1188, τουτὶ μὲν οὐδέν πω πρὸς ἔ. τε καὶ νέαν.
Ν. 1190. ἔθηκεν, ἐς γε τὴν ἔ. τε καὶ νέαν.
1192. ἵνα δὴ τί τὴν ἔ. προσέθηκεν ; ΦΕ. ἵν', ὦ μέλε,
1222. ἐς τὴν ἔ. τε καὶ νέαν. ΣΤ. μαρτύρομαι,
ἐνήν. Λ. 572. παύσειν οἴεσθ', ὦ ἀνόητοι ; ΛΥ. κἂν ὑμῖν γ' εἴ
τις ἐ. νοῦς,
Γr. 312, 2. καὶ τῶν ἀποδέσμων, οἷς ἐ. τὰ τιτθία.
ἐνηνιώμεθα. Ο. 385. ἀλλὰ μὴν οὐδ' ἄλλω σοί πω πρᾶγμ' ἐ.
ἐνήργυεν. Σ. 913. τυροῦ κάκιστον ἀρτίως ἐ.
ἔνης. Εκ. 796. θάρρει, καταθήσεις, κἂν ἐ. ἔλθῃς. ΑΝ. Α. τιή ;
ἔνθα. ΕΙ. 1276. ἐ. δ' ἅμ' οἰμωγή τε καὶ εὐχωλὴ πέλεν ἀνδρῶν.
κ.τ.λ.
ἐνθάδ'. Ν. 528. ἐξ ὅτου γὰρ ἐ. ὑπ' ἀνδρῶν, οἷς ἡδὺ καὶ λέγειν
κ.τ.λ.
ἐνθάδε. Ν. 869. καὶ τῶν κρεμαθρῶν οὐ τρίβων τῶν ἐ. κ.τ.λ.
ἐνθαδί. Α. 126. κάπειτ' ἐγὼ δῆτ' ἐ. στραγγεύομαι ; κ.τ.λ.
ΕΙ. 67. πεύσεσθ'. ἔφασκε γὰρ πρὸς αὑτὸν ἐ. κ.τ.λ.
ἐνθεῖς. Α. 920. ἐ. ἂν ἐς τίφην ἀνὴρ Βοιώτιος
ΕΙ. 1243. ἔπειτ' ἄνωθεν μίβδου ἐ. ὑπώμακρον,
Ο. 1003. ἐ. διαβήτην—μανθάνεις ; ΠΕ. οὐ μανθάνω.
Β. 973. λογισμὸν ἐ. τῇ τέχνῃ
Εκ. 346. ἐς τὼ καθύρνω τὼ πόδ' ἐ. ἵεμαι,
ἔνθεν. Ο. 748. ἐ. ὥσπερ ἡ μέλιττα κ.τ.λ.
ἐνθένδ'. Α. 116. κοὐκ ἔσθ' ὅπως οὐκ εἰσὶν ἐ. αὐτόθεν. κ.τ.λ.
ἐνθενδί. ΕΙ. 170. ἐ. πάθω, ταύμοῦ θανάτου κ.τ.λ.
ἐνθενδί. Λ. 429. ἐντεῦθεν ἐκμοχλεύσει' ; ἐ. δ' ἐγὼ
ἔνθες. Σ. 1161. ἐ. πόδ', ὦ τᾶν, κἀπόβυσ' ἐρρωμένως
ἔνθεσιν. Ι. 404. εἴθε φαύλως, ὥσπερ εὗρες, ἐκβάλοις τὴν ἔ.
ἐνθοῦ. Ι. 51. ἐ. ῥύφησον, ἔντραγ', ἔχε τριωβολον.
ἐνθυμαιμένος. Εκ. 138. αὑτῶν δσ' ἂν πράξωσιν ἐ.
ἐνθυμούμενος. Ν. 820. τί δὲ τοῦτ' ἐγέλασας ἐτεὸν ; ΣΤ. ἐ.
ἐνί. Α. 610. ἤδη πεπρίεσβευκας οὐκ ὀλίγους ἂν ; ἐ.,
ἔνι. Α. 556. οὐκ οἰόμεσθα ; ναῦς ἄρ' ἡμῖν οὐκ ἔ. κ.τ.λ.
ἔνι. Ο. 447. εἰ δ' ἔτι παραβαίνει, ἐ. κριτῇ νικᾶν μόνον.
Εκ. 1096. ἐ. γὰρ ξυνέχεσθαι κρεῖττον ᾖ δυοῖν κακοῖν.
Π. 402. τὸν Πλοῦτον ὥσπερ, πρότερον ἐ. γέ τῳ τρόπῳ.
Γr. 260. δειλὰν πρῶδικον ἐν τῶν φίλων τῶν σῶν ἐ.
ἐνιαυτοῖ, Σ. 661. ἀπὸ τούτων νυν κατάθες μισθὸν τοῖσι δικα-
σταῖς ἐ.
Γr. 476, 8. μέγιστον ἀγαθὸν εἶπες, εἴπερ ἔστι δι' ἐ.
ἐνιαυτοῖς. Β. 347. χρονίοις τ' ἐτῶν παλαιῶν ἐ.,
ἐνίκησεν. Σ. 594. κἂν τῷ δήμῳ γνώμην οὐδεὶς πώποτ' ἐ.,
ἐὰν μή
ἐνίκων. Λ. 1233. ποττὰ κᾶλα, τὼς Μήδως τ' ἐ.
ἐνίοις. Π. 1125. ἐ. τοιαῦτ' ἀγαθ' ἔχων ; ΕΡ. οἴμοι τάλας,
ἐνίους. Π. 867. πολὺ μᾶλλον ἐ. ἐστὶν ἐξολκέλιοι.
ἐννί'. Β. 177. λάβ' ἐ. ὑβυλούϊ. ΝΕ. ἀναβιῴην νυν πάλιν.
ἐννέα. Θ. 637. κἄπειτ' ἀποδύσετ' ἐ. παίδων μητέρα ;
Θ. 642. νῦν' τότε δὴ παρ' ἡμῖν ἦσθα παίδων ἐ.
Β. 875. ὦ Διὸς ἐ. παρθένοι ἁγναί
ἐννεατεύσουσιν, Ο. 1108. ἐ. κυκλέψουσι μικρὰ κέρματα.
ἐννεῖλι, Γr. 58. ἐ. με φοίγειν οἴκαδε
ἐννυχίαισιν. Ι. 1290. ἦ πολλάκις ἐ.
ἐνοικεῖ. Ι. 1328. καὶ θαυμασταῖς καὶ πολυύμνοις, ἵν' ὁ πλευρὸς
Δῆμος ἐ.
ἐνοικήσουσιν. Ο. 1107. ἀλλ' ἐ. ἔνδον, ἕν τε ταῖς βαλαντίαις
ἐνοικοθοιήσει. Σ. 802. κἂν τοῖς προθύροις ἐ. πᾶς ἀνήρ.
ἐνοικοῦσ'. Ν. 95. ἐντεῦθ' ἐ. ἄνδρες οἳ τὸν οὐρανὸν
ἐνόμιζε. Β. 808. πολλοὺς ἴσως ἐ. τοὺς τοιχωρύχους.
ἐνόμιζες. Ν. 329. ταύτας μέντοι σὺ θεὰς οὔσας οὐκ ᾔδης
οὐδ' ἐ. ;
ἐνομίζετ'. Γr. Μ. Θ. Δ. 15, 3. λαμπρὸν ἐ. ἀφύνως παραβεβλη-
μένων,
ἐνόμιζον. Ο. 522. οὕτως ὑμᾶς πάντες πρότερον μεγάλους ἁγίους
τ' ἐ.
ἐνόμισας. ΕΙ. 970. τούτοις ἀγαθοῖς ἐ. ; ΟΙ. οὐ γὰρ, οἵτινες
Λ. 464. ἥκειν ἐ., ἡ γυναιξὶν οὐκ οἴει
ἐνόντος. Ι. 532. ἐκπιπτουσῶν τῶν ἠλέκτρων, καὶ τοῦ τύπου
οὐκ ἔτ' ἐ.
ἐνόπλιον. Ν. 651. κατ' ἐ. χώμαῖος αὖ κατὰ δάκτυλον.
ἐνάρχην. Ι. 1385. καὶ παῖδ' ἐ. ὥσπερ οἴσει τόνδε σοι
Ο. 569. ᾧ προτέρῳ δεῖ τοῦ Διὸς αὐτοῦ σέρφῳ ἐ. σφαγιάζειν.
ἐνάρχης. Λ. 661. ἀλλ' ἀμυντέον τὸ πρᾶγμ' ὅστις γ' ἐ. ἐστ'
ἐναρφ. Α. 1129. ἐ. γέροντα δειλαῖς φινεμώμενον.
Ο. 162. ἢ μίγ' ἐ. βυόλνεω' ἐν ὀρνίθου γένει.
ἐνάς. Α. 466. καίτοι τί πάσχω ; διὰ θεῶν ἐ., οὔ μὴ τυχὼν
Ι. 670. οἱ δ' ἐξ ἐ. στόματος ἅπαντες ἀνέκραγον
Σ. 701. τί σοι πίθωμαι ; λέγ' ὅ τι βούλει, πλὴν ἐ.
ΕΙ. 13. ἐ. μὲν, ἄνδρες, ἀπαλεκτίσθαι μοι δοκῶ
Λ. 1005. ἰῶντι, πρὶν ἅπαντες ἐξ ἐ. λόγω

ἐνάς. Π. 1201. ἀπὸ ληκυθίον σὺ τοὺς ἐμούς ; ΑΙ. ἐ. μόνου.
Εκ. 523. ἐ. γε. ΠΡ. καὶ μὴν βασανίσαι τουτί γέ σοι
659. πολλῶν ἕνεκεν' νὴ τὸν 'Απόλλω' πρῶτον δ' ἐ.
αὔνεκα δήμου.
Π. 760. ἀλλ' εἴ' ἀπαφάπαντες ἐξ ἐ. λόγου
Γr. 236, 1. πᾶσαις γυναιξὶν ἐξ ἐ. γέ του τρόπου
ἐνανθέτει. Σ. 732. εἶναί τις ὅστις τοιαῦτ' ἐ.
ἐναύσων. Π. 1179. ἐ. ἔξω τοῦ λόγου, κατάπτυσον.
ἐναύστατε. ΕΙ. 602. ἦδε, ταῦθ' ἡμᾶς δίδαξον, ὦ θεῶν ἐ.
ἐνοχλαῦσ'. Εκ. 303. νυνὶ δ' ἐ. ἄγαν.
ἐναχλῶν. Β. 707. οὐ πολὺν οὐδ' ὁ πίθηκος οὗτος ὁ νῦν ἐ.
ἐνσκεύαζετα. Α. 1096. σύγκλειε, καὶ δείπνων τις ἐ.
ἐνσκευάσασθαι. { Α. 384. } ἐ. μ' αἶον ἀθλιώτατον,
                    { 436. }
ἐνστάξουσιν. Σ. 702. ἐ. κατὰ μικρὸν ἀεὶ, τοῦ ζῆν ἕνεχ', ὥσπερ
ἔλαιον
ἐνστάλαξον. Α. 1034. ἐς τὸν καλαμίσκον ἐ. τουτονί.
ἔντ', Α. 902. ἢ νέραμον. ΒΟ. ὀφύας ἢ κέραμον ; ἀλλ' ἔ. ἐκεῖ
ἐντακέα. Α. 720. ἐ. ἀγοράζειν πᾶσι Πελοποννησίοις κ.τ.λ.
ἐντακθα. Α. 725. ἐ. μήτε συκοφάντης εἰσίτω κ.τ.λ.
ἐνταῦθα. Σ. 149. ἐ. νυν ζήτει τιν' ἄλλην μηχανήν. κ.τ.λ.
ἐνταῦτα. Θ. 1001. ἐ. νῦν οἰμῶξει πρὸς τὴν αἰτρίαν.
ἐντεθεῖς. Ι. 1369. ἐπειθ' ὁ πολίτης ἐ. ἐν καταλόγῳ
ἐντεθρύσφθαι. Α. 663. ἀνδρὸς ὀξεῖν εὐθὺς, ἀλλ' οὐκ ἐ. πρέπει.
ἐντεθύμηται. Εκ. 262. τουτὶ μὲν ἤδη ἐ. καλῶς,
ἐννεαμένους. Ν. 968. ἐ. τὴν ἀρμονίαν, ἣν οἱ πατέρες παρέ-
δωκαν.
ἐντεμαίμεθα. Λ. 192. ἵππον λαβοῦσαι τόμων ἐ.
ἐντέψῃ. Λ. 553. κατ' ἐ. τίτανον τερπνὸν τοῖς ἀνδράσι καὶ ῥοπα-
λισμοῦς,
ἐντέραις. Ι. 454. γάστριες καὶ τοῖς ἐ.
Ι. 1184. τοῖς ἐ. ; ΑΛ. ἐπίτηδες αὕτ' ἐπεμψέ σοι
ἐντέραισιν. Β. 476. αὐτοῖσιν ἐ. ἡματωμέναν
ἐντεράνικω. Ι. 1185. ἐς τὰς τροπῆεις ἐ. ἢ θευἰς
ἐντίνει'. Σ. 407. μεσθα, κέντρον ἐ. ὀξύ.
ἐντετευτλανωμένης. Α. 894. σοῦ χωρὶς εἴην ἐ.
ἐντετακύλαι. Σ. 651. ἰάσασθαι νύσον ἀρχαίαν ἐν τῇ πύλει ἐ.
ἐντετριμμένοι. Λ. 149. ἐ. γὰρ καθῶμέθ' ἔνδον ἐ.
ἐντετριμμέναι. Εκ. 732. ὅπως ἂν ἐ. καηφόροις,
ἐντετυλίχθαι. Ν. 987. σὺ δὲ τοὺς νῦν εὐθὺς ἐν ἱματίοισι διδά-
σκεις ἐ.
ἐντεῦθεν. Α. 530. ἐ. ὀργῇ Περικλέης οὑλύμπιος κ.τ.λ.
ἐντευθενί. Σ. 1390. τῇ δαρῆ πατῶν, κάξέβαλεν ἐ. κ.τ.λ.
Ο. 1466. οἴμοι τάλας. ΠΕ. οὐ πτερύγιεῖς ἐ. ; κ.τ.λ.
ἐντευτενί. Θ. 1212. οἴμ' ὡς ἀπώλωσιν· τοῦ τὸ γέροντ' ἐ.
ἐντύφη. Ι. 717. μασώμενος ταῦ τῷ μὴ ὀλίγον ἐ.,
ἔντανας. Α. 665. δεῦρο Μοῦσ' ἔλθὲ φλεγνρά πυρὸς ἔχουσα μένος
ἐ. 'Αχαρνική.
ἐντός. Α. 14. παρίθ', ὡς ἤτε τοῦ καθάρματος.
Ο. 390. τῶν ὅπλων ἐ., παρ' αὑτὴν
Εκ. 984. τἀρ ἐ. εἴκοσιν γὰρ ἐκδικάζομεν.
Γr. ΕΙ. 1299. ἐ. ἀμώμητον κάλλιστον οὐκ ἐθέλων.
ἔντραγ'. Ι. 51. ἐνθοῦ, ῥύφησον, ἐ., ἔχε τριώβαλον.
ἔντραγε. Β. 612. ἐ. τουτί· τούτοισιν ἐγὼ γάνυμαι ἀεί μή με
δεῄσες
ἐντυλίξασ'. Π. 692. κατέκειτο δ' αὐτὴν ἐ. ἡσυχῇ.
ἐντυφέ. Σ. 459. καὶ σὺ προσθεὶς Αἰσχίνην ἐ. τὸν Σελλαρτίου.
ἐντυχεῖν. ΕΙ. 1314. πλακοῦσιν ἐστὶν ἐ. πλαναμένοις ἐρήμοις.
Β. 283. ἐγὼ δέ γ' εὐξαίμην ἂν ἐ. τινι,
ἐντυχών. Ο. 1490. εἰ χθὲς ἐ. τις ἥρω
ἐντυχών. Α. 848. οὐδ' ἐ. ἐν τἀγορᾷ πρόσεισί σοι Βαδίζων
Ν. 669. ὅτ' ἂν καλέσει ἐ. 'Αμυνίᾳ ·
'Ενυαλίᾳ. ΕΙ. 457. 'Αρει δὲ μὴ ; ΤΡ. μή. ΧΟ. μηδ' 'Ε. γε ;
ΤΡ. οὔ,
ἐνυβρίεις. Θ. 719. χαίρειν ἴσως ἐ.
ἔνυδρον. Β. 234. ἐ. ἐν λίμναις τρέφω.
Β. 247. ἐ. ἐν βυθῷ χορεῖαν
ἐνύδρους. Α. 880. Ιοτίδας, ἐ., ἐγχέλεις Κωπαίδας.
ἐνύπνιον. Σ. 25. ἰδὼν τοιοῦτον ἐ. ; ΣΩ. μὴ φροντίσῃς.
Σ. 1218. φρὸς τῶν θεῶν, ἐ. ἐστιώμεθα ;
ἐξ. Α. 17. ἀλλ' αὐδενπώντ' ἐ. ὅταν 'γὼ ῥύπτωμαι κ.τ.λ.
Ν. 1238. εὐρ' ὡς καταγελᾶς. ΣΤ. ἐ. χύας χωρήσεται.
Σ. 662. ἐ. χιλιάσιν, κοὔπω πλείοσιν ἐν τῇ χώρᾳ κατέναστεν,
Α. 250. ἐ ὅτου ἄν καλέσειας ἐ.
ἕξαν. Β. 351. προβάδην ἐ. ἐν' ἀνθηρὸν ἕλιχον δάπεδον
ἐξαγαγῶν. Α. 904. Ἐχολίῳ τοίνυν συκοφάντην ἐ.
Σ. 173. μὰ Δί', ἀλλ' ἄμεινον. ἀλλα τὸν ὄνον ἐ.
ἐξάγειν. Ι. 278. τουτονὶ τὸν ἄνδρ' ἐγὼ 'νδείκνυμι, καὶ φῄμ' ἐ.
Σ. 177. ἀλλ' εἰσίων μαι τὸν ὄνον ἐ., καὶ τὸν σαγμόν.
ἐξάγετ'. Σ. 1533. ἀλλ' ἐ., εἴ τι φιλεῖτ' ὀρχούμενοι, θύραζε

ἐξαγκωνιῶ—ἕξεις. 105

ἐξαγκωνιῶ. ΕΙ. 259. ἔλκωσιν, ὅ τι δράσεις ποτ'. ΠΡ. ἑ.
ἐξάγων. Ι. 282. νὴ Δί', ἑ. γε τἀπύρρηθ', ἄμ' ἄρτον καὶ κρέας
ἕξαινε. Fr. 657. ἑ. ἐξ τῶν ἐρίων
ἕξαιρε. Α. 1133. ἑ., ναῖ, θώρακα κάμοὶ τὸν χύα.
Θ. 981. ἑ. δὴ προθύμως
ἐξαιρήσεται. ΕΙ. 316. οὔτι καὶ νῦν ἐστιν αὑτὴν ὅστις ἑ.,
ἐξαιρούμενην. ΕΙ. 443. ἐκ τῶν ὀλεκράνων ἀκίδας ἑ.
ἑξαιρῶν. Fr. 425. κἀτ' ἑ.
ἐξαίφνης. Ν. 352. ἀποφαίνουσαι τὴν φύσιν αὐταῦ λύκοι ἑ.
      ἐγίνοντο.
Ν. 387.   τὴν γαστέρα, καὶ κλόνος ἑ. αὑτὴν διεκορκορύγησεν ;
   410. ἡ δ' ἄρ' ἐφυσᾶτ', εἶτ' ἑ. διαλακήσασα πρὸς αὐτῷ
   1310. * ὧν πανουργεῖν ἤρξατ', ἑ. λαβεῖν κακόν τι.
Σ. 49.   ἄνθρωπος ὢν εἶτ' ἐγίνετ' ἑ. κόραξ.
   324. ἤ με ποίησον καπνὸν ἑ.,
   948. ἀπώλεσητος ἑ. ἐγίνετο τὰς γνάθους.
Λ. 978. κἀτ' ἑ.
Β. 53.   τὴν 'Ανδρομέδαν πρὸς ἐμαυτὸν ἑ. πύθος
   62. ἤδη ποτ' ἐπεθύμησας ἑ. ἔτνους ;
Π. 353. καί μ' οὐκ ὑρίσκει. τὺ τε γὰρ ἑ. ἄγαν
Fr. 16. ἐθίλω βίψας τοῖς ναυτοδίκαις πλεῖν ἑ., ...
ἐξακέσεις. Β. 1033. Μουσαῖος δ' ἑ. τε νόσων καὶ χρησμοὺς,
      Ἡσίοδος δὲ
ἐξακοσίους. Ο. 1251. πλεῖν ἑ. τὸν ἀριθμόν ; καὶ δὴ ποτε
ἐξακούεται. Ο. 1198. δίνης πτερωτὸς φθύγγος ἑ.
ἐξακούω. Θ. 293. ἴν' ἑ. ; σὺ δ' ἄτιθ', ὦ Θρᾷττ', ἐκποδών·
ἐξαλίασθαι. Ι. 1080. ἀλλ' ἔτι τύνδ' ἐπάκουσον, ἵν εἰπί σοι ἑ.,
ἐξαλείφοντες. ΕΙ. 1181. ἑ. δὶς ἢ τρίς. αὑμῶν δ' ἔσθ' ἡ 'ξοδος·
ἐξαλείψας. Ι. 877. ἔπαυσα τοὺς βινουμένους, τὸν Γρίτταν ἑ.
ἐξαλίσας. Ν. 32. ὄπαγε τὸν ἵππον ἑ. οἴκαδε.
ἐξαμαρτάνειν. Ν. 1419. ὁσῳπερ ἑ. ἥττον δίκαιον αὑτούς.
ἐξαμαρτάνη. Π. 915. καὶ μή 'πιτρέπειν ἠν τις ἑ.
ἐξαμαρτάνοι. Σ. 516. ἑ. δικαίζων ; ΒΔ. καταγελώμενος μὲν οὖν
ἐξάμαρτε. Ν. 861. πιθύμενος ἑ.· κἀγω τοί ποτε
ἐξαμαρτεῖν. Ν. 1402. οὐδ' ἂν τρί' εἰπεῖν ῥήμαθ' οἵος τ' ἢ
      πρὶν ἑ.
ἐξαμάρτητ'. Ο. 589. ἅττ' ἂν ὑμεῖς ἑ., ἐπὶ τὸ βέλτιον τρέπειν.
ἐξαμαρτών. Ο. 322. ὦ μέγιστον ἑ. ἐξ ὅτου 'τράφην ἐγώ,
ἐξαμήσαι. Λ. 367. βρύκουσά σου τοὺς πλεύμονας καὶ τώντερ' ἑ.
ἐξαμπρεύσομαι. Λ. 289. χώπως ποτ' ἑ.
ἐξανδρουμένος. Ι. 1241. τέχνην δὲ τίνα ποτ' εἶχες ἑ.;
ἐξάνοιγε. Α. 391. εἴτ' ἑ. μηχανὰς τὰς Σισύφου,
ἑξάξεις. Β. 567. ὁ δ' ᾤχετ' ἑ. γε τοὺς μιάθους λαβών.
ἐξαπατᾷ. Ο. 521. λάμπον δ' ὀμνύς' ἔτι καὶ νυνὶ τὸν χῆν',
      ὅταν ἑ. τι
Θ. 343. ἡ μοιχὸς εἴ τις ἑ. ψευδῆ λέγων,
ἐξαπατᾶν. Εκ 238. αὐταὶ γάρ εἶσιν ἑ. εἰθισμέναι.
ἐξαπατᾶς. Ι. 809. ἃ σὺ γιγνώσκων τύνδ' ἑ., καὶ ὑπειροπολεῖς
      περὶ σαυτοῦ.
Θ. 692. τί, ὦ κακόδαιμον, ἑ. αὖ τὸν ξένον;
ἐξαπατασαι. Α. 634. παύσας ὑμᾶς ξενικοῖσι λόγοις μὴ λίαν ἑ.,
ἐξαπατάσκεν. ΕΙ. 1070. εἰ γὰρ μὴ Νύμφας γε θεαὶ Βακιν ἑ.
ἐξαπατηθείη. Εκ 237. ἄρχουσά τ' οὐκ ἂν ἑ. ποτί.
ἐξαπατηθείς. Λ. 960. τείρει ψυχὴν ἑ.
ἐξαπατήσας. Ι. 1345. εἶτ' ἑ. σ' ἀντὶ τούτων ᾠχετο.
ΕΙ. 1099. φράζεο δή, μὴ πώς σε δόλῳ φρένα ἑ.
ἐξαπατήσεις. Σ. 901. οἷον σεσηρὼς ἑ. οἴεται.
ἐξαπατήσεις. Σ. 1349. ἀλλ' ἑ. μάγχανεῖ τούτῳ μέγα·
ἐξαπατήσῃ. Β. 1068. κἂν ταῦτα λέγων ἑ., παρὰ τοὺς ἰχθῦς
      ἀνείκων.
ἐξαπατήσῃς. Λ. 932. μή μ' ἑ. τὰ περὶ τῶν διαλλαγῶν.
ἐξαπατύλλεις. Ι. 1144. κάμ' ἑ.
ἐξαπατύλλων. Α. 657. οὐ θωπεύων, οὐδ' ὑποτείνων μισθοὺς,
      οὐδ' ἑ.
ἐξαπατάμεθ'. Α. 116. ἄλλως ἄρ' ἑ. ὑπὸ τῶν πρίσβεων;
ἐξαπατώμεθα. ΕΙ 217. ἐλέγχετ' ἂν ὑμεῖς εὑθὺς ἑ.
ἐξαπατωμένην. Ι. 633. καὶ τοῖς φενακισμοῖσιν ἑ.
ἐξαπατωμένοις. Σ. 60. οὐδ' Ἡρακλῆς τὸ δεῖπνον ἑ.
Ο. 1641. τί, ψίμῳ ; οὐκ οἶσθ' ἑ. πάλαι;
ἐξαπατῶν. Σ 252. ἑ. λέγων ὡς
Σ. 1007. κοὺκ ἐγχανεῖταί σ' ἑ. 'Τπέρβολος.
ΕΙ. 1123. ἁλάμβαν' αὑτὸς ἑ., ἐκβολιβιῶ.
ἐξαπατῶντες. Α. 636. πρότερον δ' ὑμᾶς ἀπὸ τῶν πόλεων οἱ
      πρέσβεις ἑ.
ἐξαπατώντων. Β. 1056. ἑ. τὸν δῆμον ἀεί ·
ἐξαπατώων. Θ. 357. ἑ. παιαβαίνουσί τε τοὺς
ἐξαπίνης. Π. 336. Χρεμύλος πεπλούτηκ' ἑ.; οὐ πείθομαι.
Π. 339. ἆρ' ἑ. ἀνὴρ γεγένηται πλούσιος.
     815. ὁ δ' Ἰππὸς γίγνων' ἡμῖν ἑ. ἐλεφάντινος.
ἐξαράς. Θ. 704. οἴον ὑμῶν ἑ. τὴν ἄγαν ἀνθυδίαν.
ἐξαρᾶττω. Ν. 1373. κἀγὼ οὐκέτ' ἐξενεσχόμην, ἀλλ' εὐθὺς ἑ.

ἐξαρκούντως. Β. 376. ἠρίστηται δ' ἑ.
ἐξαρνῆται. Εκ. 660. ἤν τις ὀφείλων ἑ. ΠΡ. πόθεν οὖν ἐδάνεισ' ὁ
      δανείσας
ἐξαρνητικός. Ν. 1172. νῦν μέν γ' ἰδεῖν εἰ πρῶτον ἑ.
ἕξαρνος. Ν. 1230. νῦν δὲ διὰ τοῦτ' ἑ. εἶναι διανοεῖ ;
ἕξαρνός. Π. 241. ἑ. ἐστι μηδ' ἰδεῖν με πώποτε.
ἑξαρξ'. Α. 100. ἰαρταμάν ἑ. ἀναπισσόναι σάτρα.
ἑξαρπάσας. ΕΙ. 6, οὐ κατέφαγεν ; ΟΙ. Β. μὰ τὸν ΔΙ', ἀλλ' ἑ.
   Θ. 691. ἑ. μοι φροῦδος ἀπὸ τοῦ τιτθίου.
ἐξαρπάσομαι. Ι. 708. ἑ. σου τοῖς ὄνυξι τἄντερα.
ἐξαναίνεται. Fr. 514 ἐνταῦθα δὴ παιδάριον ἑ.
ἐξαντομαλῶ. Ν. 1104. ἑ. πρὸς ὑμᾶς.
ἐξαρμένοντος. Θ. 428. ἑ. νῦν οὖν ἐμοὶ τοῦτῳ δοκεῖ
ἐξάψας. Σ. 379. ἀλλ' ἑ. διὰ τῆς θυρίδος τὸ καλώδιον εἶτα
      καθίημι
ἐξίβαλ'. Λ. 156. γυμνὸς παρενιδών ἑ., οἵω. τὸ ξίφος.
ἐξέβαλε. Α. 989. τοῦ βίου δ' ἑ. δεῖγμα τάδε τὰ πτερὰ πρὸ τῶν
      θυρῶν.
   Fr. 278. αὑτοῖς σταθμοῖς ἑ. τὰς σιαγόνας·
ἐξέβαλλον. Ν. 1477. ὕτ' ἑ. τοὺς θεοὺς διὰ Σωκράτη,
ἐξεβλήθη. Ι. 525. ἑ. πρεσβύτης ὤν, ὅτι τοῦ σκώπτειν ἀπε-
      λείφθη·
ἐξεγείραι. Ν. 78. ἀλλ' ἑ. πρῶτον αὑτὸν βούλομαι.
ἐξεγείρεις. Σ. 101. ὄψ' ἑ. αὑτὸν ἀναπεπεισμένον,
   Λ. 315. σὺν δ' ἐστὶν ἔργον. ὦ χύτρα, τὸν ἄνθρακ' ἑ.,
ἐξείργη. Σ. 817. ᾐδων ἀνωθεν ἑ. σ' οὑτοσί.
ἐξεγραψάμην. Ο. 982. ἵν ἐγὼ παρὰ τἀπόλλωνος ἑ.·
ἐξεγράψατο. Β. 151. ἡ Μορσίμου τις ῥῆσίν ἑ.
ἐξεγρηγαρεν. Ο. 1412. τουτὶ τὸ κακὸν οὐ φαῦλόν ἑ.
ἐξέδερ'. Σ. 450. προσαγαγὼν πρὸς τὴν ἐλάαν ἑ. εὐ κάνδρι-
      κῶς,
ἐξέθετ. Ι. 1032. ἑ. σου τοὐψον, ὅταν σύ του ἄλλοσε χάσκης·
ἐξεθήσαμεν. Σ. 925. ἐκ τῶν πύλεων τὸ σκῖρον ἑ.
ἐξεδίδαξα. Β. 1026. εἶτα διδάξας Πέρσας μετὰ τοῦτ' ἐπιθυ-
      μεῖν ἑ.
ἐξεδίδαξας. Β. 1019. καὶ τί σὺ δράσας οὑτως αὑτοὺς γενναί-
      ους ἑ.;
ἐξεδίδρασκε. Σ. 126. ὁ δ' ἑ. διὰ τε τῶν ὑδρορροών
ἐξέδρον. Ο. 275. νὴ Δί' ἕτερος ἕξτα χοῦτος ἑ. χώραν ἔχων.
ἐξέθεσαν. Π. 1190. χειμάζνος ὄντος ἑ. ἐν ὀστράκῳ,
ἐξέθηκα. Ν. 531. ἑ. παῖς δ' ἑτέρα τις λαβυῦσ' ἀνείλετο,
ἐξέθηκεν. Θ. 1057. ὅς σ' ἑ., ρκαλέσαιαν οἱ θεοί·
ἐξέθρεψα. Ν. 1380. καὶ πῶς δικαίως, ὅστις ὠναίσχυντέ σ' ἑ.,
ἐξεθρέψατο. Σ. 302. ὑμεῖς δ' ἑ. γενναίωσι κἀπαιδεύσατε·
ἐξέθρεψε. Θ. 522. χῇης ἑ. χώρα
ἐξει. Α. 787. ἑ. μεγάλαν τε καὶ παχείαν κηρυθμάν.
   Ι. 1760. πρὸς ταῦθ' ὅπως ἑ. πολυτ καὶ λαμπρὸς εἰς τὸν
      ἀνδρα.
   Ν. 633. ποῦ Στρεψιάδης; ἑ. τὸν ἀσκάντην λαβών.
   Ι. 130. ὃς πρῶτος ἑ. τῆς πύλεως τὰ πράγματα.
   Ι. 800. ξενυρίσκων οὐ καὶ μιαρὸν ὑπιθεν τὸ τριώβολον ἑ.
   1397. οὑδὲν μέγ' ἀλλ' ἢ τὴν ἡμιτῶν ἑ. τέχνην·
   Ν. 1084. ἑ. τίνα γνώμην λέγειν, τὸ μὴ εὑρύπρακτοι εἶναι;
   ΕΙ. 723. πόθεν οὖν ὁ τλήμων ἐνθάδ' ἑ. σιτία;
   Β. 814. ἡ που δεινὸν ἐριβρεμέτας χόλον ἔνδοθεν ἑ.,
   869. τοῦτω δὲ συντίθηκαν, ὥσθ' ἑ. λέγειν.
   1216. τὸν πρύλογον οὐκ ἑ. προσάψαι ληκύθιον,
   1231. ἵν' οὗτος οὐχ ἑ. προσάψαι ληκύθιον.
   Εκ. 612. ἑ. τοὐτων ἀφελῶν δοῦναι· τὴν ἐκ κοινοῦ δὲ μεθέξει
   Π. 534. διὰ τὴν χρείαν καὶ τὴν πενίαν ζητεῖν ὁπόθεν Βίον ἑ.
   Fr. 515. τὴν φάρυγα μηλῶν δύο δεχμὰς ἑ. μόνας.
ἐξεῖλον. Λ. 1026. τοῦτί τῷφθαλμῷ λαβοῦσ' ἑ. ἄν, ἐὰν νῦν ἔνι.
ἔξειμι. ΕΙ. 423. χάτερ' ἔτι πολλά ἑ. σόφισμα, ἀλλ' ἐφύω.
ἔξειν. Β. 793. ἑ. κατὰ χώραν· εἰ δὲ μή, περὶ τῆς τέχνης
   Π. 835. εὐηργέτησα δεομένους ἑ. φίλους
ἐξειπόν. Ο. 454. χρεμενῇ ἑ. μοι παροῤᾷς, ἡ
ἐξείραντες. Ι. 378. τὴν γλώτταν ἑ. αἰ-
ἐξειργασμένος. Ν. 1393. εἰ γὰρ τοιαύτα γ' οὗτος ἑ.
ἐξείργεται. Εκ. 1311. ὀφθαλμὸν οὐδεῖς εἶδε τὸν σὸν ἑ. δάμων.
ἐξείρηεται. Σ. 425. τοὺς ἀνακογχύλω σου θύμ[α]ς ἑ.·
ἔξεις. Ι. 1192. ἀλλ' οὐ λαγῳ ἑ. ὁπύθεν τοὺς· ἀλλ' ἐγώ.
   Ν. 460. ἐν Βροτοῖσιν ἑ.
   1011. ἑ. ἀεὶ στῆθος λιπαρὸν,
   1016. πρῶτα μὲν ἑ. χροὰν ὠχρὰν,
   ΕΙ. 423. χάτερ' ἔτι πολλά ἑ. σόφισμα, πρῶτον δέ σοι
   Ο. 1371. καὶ πείσομαί σοι. ΠΕ. νοῦν ἄρ' ἑ. νὴ Δία
   1572. ἑ. ἀγέμαι· ΠΟΣ. οἱμωζς· κοὐκ ἔχων γὰρ δὴ σ' ἐγὼ
   Θ. 854. ἑ., ἔφη τῶν πρυτανέων τις φανῇ·
   Β. 339. ὄκπουν ἀτρέμ' ἑ., ἦν τι καὶ χορδῆς λάβῃς;
   Π. 518. οἱ θεράποντες μοχθήσουσιν. ΠΕ. πόθεν οὖν ἑ. θερά-
      ποντας ;

Γ

ἔξεις—ἐξεύροι.

ἔξεις. Π. 527. ἔτι δ' οὐχ ἱ. οὔτ' ἐν κλίνῃ καταδαρθεῖν· οὐ γὰρ ἴσονται·
Fr. 498. βίβαιον ἔ. τὸν βίον δίκαιος ἂν
ἔξεισιν, Θ. 66. μηδὲν ἱκέτευ'· αὐτοὺς γὰρ ἱ. τάχα.
ἐξεκόκκισε. Α. 1179. καὶ τὸ σφυρὸν παλίνορον ἱ.,
ἐξεκαλύμβησε, Fr. 51. εὗ γ' ἱ. οὑπιβάτης, ὡς ἐξοίσων ἐπίγειον.
ἐξεκόπην. Ν. 24. εἴθ' ἱ. πρότερον τὸν ὀφθαλμόν λίθῳ.
ἐξεκόρησέ. Θ 760. ταλαντάτῃ Μίκα, τίς ἱ. σε;
ἐξέκαψαν. ΕΙ. 629. ἱ., ἣν ἐγὼ 'φύτευσα κἀξεθρεψάμην.
ἐξέκνιψας. Εκ. 1052. πόθεν ἱ., ὦ κάκιστ' ἀπολουμίνη;
ἐξέλαμψε. Λ. 387. ἆρ' ἱ. τῶν γυναικῶν ἡ τριφὴ
ἐξέλαμψεν. ΕΙ. 304. ἡμέρα γὰρ ἱ. ἥδε μισολάμαχος.
Ο. 1712. τοιοῦτον ἱ., οἷον ἔρχεται
ἐξελῶν. Σ. 1230. καὶ τῆσδε τῆς γῆς ἱ. ΦΙ. ἐγὼ δέ γε,
ἐξαλάσαντας. ΕΙ. 1319. ὀρχησαμίνους καὶ σπείσαντας καὶ Ὑπέρβολον ἱ.
ἐξελάσας. Β. 467. ὃς τὸν κύν' ἡμῶν ἱ. τὸν Κέρβερον
ἐξελαύνῃ. Ο. 1050. ἐὰν δέ τις ἱ. τοὺς ἄρχοντας, καὶ μὴ
ἐξέλαχον. Θ. 1071. μέρος ἱ.; ΣΤ. μέρος ἱ.;
ἐξίλαυμα. Α. 1229. καὶ πρός γ' ἄκρατον ἐγχέας ἀμυστιν ἱ.
ἐξελε. ΕΙ. 1145. τῶν τε πυρῶν μέζον αὑτοῖς, τῶν τε σύκων ἱ.
Θ. 264. ὦ Θρᾷττα, τὴν κίστην κάθελε κᾆτ' ἱ.
Β. 657. οἴμοι. ΑΙ τί ἐστι; ΞΑ. τὴν ἄκανθαν ἱ.
ἐξέλεγξαν. Ν. 1062. ἀγαθόν τι γενόμενον, φράσον, καί μ' ἱ. εἰπών.
ἐξελεγχθεῖν'. Β. 741. τὸ δὲ μὴ πατάξαι σ' ἱ. ἀντικρυς,
ἐξελέγχω. Β. 922. τί σκαρδινᾷ καὶ δυσφορεῖς; ΣΤ. ὅτι αὐτὸν ἱ.
ἐξελεῖν. Σ. 1080. ἱ. ἡμῶν μενοινῶσιν πρὸς βίαν τἀνθρήνια,
ἐξέλειπε. Ν. 584. ἡ σελήνη δ' ἱ. τὰς ὁδούς. ὁ δ' ἥλιος
ἐξελήλακ'. Ν. 1472. οὐκ ἱ., ἀλλ' ἐγὼ τοῦτ' ᾠόμην,
ἐξεληλακώς. Ν. 828. } Δῖνος βασιλεύει, τὸν Δί' ἱ.
1471.
ἐξελήλυθα. Εκ. 331. οὐκ, ἀλλὰ τῆς γυναικὸς ἱ.
Π. 965. μὴ δῆτ'· ἐγὼ γὰρ αὐτὸς ἱ.
ἐξελήλυθας. Λ. 707. τί μοι σκυθρωπὸς ἱ. δόμων;
ἐξελήλυθεν. Εκ. 325. οὐ γάρ ποθ' ὑγιές, οὐδὲν ἱ.
ἐξέληπη. Σ. 1158. ἵν' ἱ. με πρὶν διερρυηκέναι.
ἐξελθ'. Ν. 867. ἱ.· ἄγω γάρ σοι τὸν υἱὸν τουτονί,
Ν. 1165. ὦ τέκνον, ὦ παῖ, ἱ. οἴκων,
Ι. 727. ἱ. ἵν' εἴδης οἷα σεμνύνῃ λέγων.
ἐξελθέ. Ι. 725. ὦ Δῆμ, δεῦρ' ἱ. ΑΛ. νὴ Δἰ', ὦ πάτερ,
Ι. 728. ἱ. δῆτ'. ΚΛ. ὦ Δημίδιον ὦ φίλτατον,
1297. ἴθ' ὦ ἄνα, πρὸς γονάτων, ἱ. καὶ σύγγνωθι τῇ τραπέζῃ.
Ν. 1486. κλίμακα λαβὼν ἱ. καὶ σμινύην φέρων,
ἐξελθεῖν. Ι. 1296. οὐκ ἂν ἱ. ἀπὸ τῆς σιπύης· τοὺς δ' ἀντιβολεῖν ἂν ᾠμοίαν·
Θ. 790. κἀναγορεύετε μήτ' ἱ. μήτ' ἐγηγέρασαν ἁλώναι,
Εκ. 48. κατὰ σχολὴν παρὰ τἀνδρὸς ἱ. μόνη.
ἐξῆλθε. Θ. 792. κἂν ἱ. τὸ γύναιόν ποι, κᾆθ' εὕρητ' αὐτὸ θύρασιν,
ἐξήλθες. ΕΙ. 677. εἰ γάρ ποτ' ἱ. στρατιώτης, εὐθέως
Ο. 512. ὁπότ' ἱ. Πριαμός τις ἔχων ὁρπιν ἐν τοῖσι τραγῳδοῖς·
ἐξέλθω. Ο. 92. ἄνοιγε τὴν ὕλην, ἵν' ἱ. ποτέ.
ἐξέλκουσι. ΕΙ. 511. οἵ τοι γεωργοὶ τοὔργον ἱ., κἄλλος οὐδείς.
ἐξέλκουσιν. Ν. 713. καὶ τοὺς ὄρχεις ἱ.
ἐξελκύσαι. ΕΙ. 294. ἱ. τὴν πᾶσιν Εἰρήνην φίλην,
ΕΙ. 506. ἀλλ' εἴπερ ἐπιθυμεῖτε τήνδ' ἱ.,
ἐξελῶ. 1. 365. ἐγὼ δέ γ' ἱ. σε τῆς πυγῆς θύραζε κύβδα.
Ν. 123. ἀλλ' ἱ. σ' ἐς κόρακας ἐκ τῆς οἰκίας.
802. οὐκ ἔσθ' ὅπως οὐκ ἱ. 'κ τῆς οἰκίας.
ἐξελών. Ι. 143. ἀλλαντοπώλης ἐσθ' ὁ τοῦτον ἱ.
ΕΙ. 1021. θύσας τὰ μηρί' ἱ. δεῦρ' ἔκφερε,
ἐξίμαθες. Σ. 1387. νὴ τὸν Δί' ἱ. γε τὴν Ὀλυμπίαν
ἐξίμαθεν. Ἐκ. 244. ἔπειτ' ἀκούουσ' ἱ. τῶν ῥητόρων.
ἐξεμεῖν. Ι. 1148. κόψω πάλιν ἱ.
ἐξεμέσω. Α. 586. ἵν' ἱ. βδελύττομαι γὰρ τοὺς λόφους.
ἐξένεγκατ'. Α. 1222. θύραζέ μ' ἱ. ἐς τοῦ Πιττάλου
ἐξενέγκατε. Α. 887. φίλη δὶ Μυρρίχα, δμωές, ἱ.
Β. 847. ἆρ' ἄρνα μέλαιναν παῖδές ἱ.
ἐξενεγκάτω. Σ. 860. ἀλλ' εἴσω ταχίως ἐξένεγκάτω
ἐξενεγκεῖν. Α. 1109. τὸ λοφεῖον ἱ. τῶν τριῶν λόφων.
Εκ. 714. καὶ τὼ τρίποδ' ἱ. καὶ τὴν λήκυθον
ἐξενεγκεῖ. Ι. 95. ἀλλ' ἱ. μοι ταχέως οἶνόν χοα,
ἐξενεγκεῖν. Ν. 634. ἀλλ' οὐκ ἐώσί μ' ἱ. οἱ κύριοι.
ἐξενεγκεῖν'. Π. 803. καὶ ταῦτα μηδὶν ἱ. οἴκοθεν
ἐξενεγκών. Α. 359. τί οὖν οὐ λέγεις ἐπίξηνον ἱ. θύραζ'
ἐξενηοχας. Εκ. 754. πότερον μετοικιζόμενος ἱ.
ἐξένες. Α. 85. ἱ δ' ἱ., παρετίθει θ' ἡμῖν ὅλους
ἐξεπαίρωσιν. Λ. 622. τὰς θεοῖς ἐχθρὰς γυναῖκας ἱ. δόλῳ

ἐξεπέμψεν. Θ. 501. τὸν μοιχὸν ἱ., οὐκ εἴρηκέ πω.
Π. 821. ἐμὶ δ' ἱ. ὁ καπνός. οὐχ οἷός τε γὰρ
ἐξέπεσεν. Σ. 1427. ἀνὴρ Συβαρίτης ἱ. ἐξ ἅρματος,
ἐξέπεσαν. Ν. 1272. ἵππουι ἐλαύνων ἱ. νὴ τοὺς θεούς.
Π. 244. γυμνοὶ θύραζ' ἱ. ἐν ἀκαρεῖ χρόνῳ.
ἐξεπίαννντα. Ι. 1347. τὰ δ' ὦτά γ' ἂν σου νὴ Δί' ἱ.
ἐξεπήθων. Ι. 604. ἱ. τ' ἐς Κόρινθον· εἶτα δ' οἱ νεώτατοι
ἐξεπίστασαι. Σ. 1249. τυντὶ μὲν ἐπιεικῶς σύ γ' ἱ.
ἐξεπίτηδες. Π. 916. οὐκουν δικαστάς ἱ. ἡ πόλις
ἐξίπλητεε. Π. 673. ἀδόρπη χύτρα τις ἱ. κειμένη
ἐξέπληττον. Β. 962. ἀπό του φρονεῖν ἀποσπάσας, οὐδ' ἱ. αὐτοὺς,
ἐξέπτυσα. Σ. 792. κᾆτα βδελυχθεὶς ὁσφρώμενος ἱ.
ἐξεράσατε. Α. 341. τοῖς λίθοισι νῦν μοι χαμάζε πρῶτον ἱ.
ἐξεράσω. Σ. 993. φέρ' ἱ. πῶς ἄρ' ἠγωνίσμεθα;
ἐξερημώσειε'. ΕΙ. 647. ἱ. ἂν ὑμᾶς ἔλαθε. ταῦτα δ' ἦν ὁ δρῶν ἐξείραται. Ι. 607. εἴ τις ἱ. θύγαξε, κἂν βυθοῦ θηρώμενοι·
ἕρποντες, Ν. 710. δάκνουσί μ' ἱ. οἱ Κορίνθιοι,
ἐξερρύηκε. Ο. 1044. ἐτ. πότερον ὑπὸ νύσον τινός;
ἐξέρχεται. Α. 240. ἱκποδών· θύσων γὰρ ἀνήρ, ὡς ἐοικ', ἱ.
Ι. 234. οἴμοι κακοδαίμων, ὁ Παφλαγών ἱ.
Σ. 1375. ἡ πέττα δήπου καομένης ἱ.
Λ. 5. ἡ δὴ γ' ἱμὴ κωμῆτις ἤδ' ἱ.
737. ἐπὶ τὴν ἄμοργιν τὴν ὀλοπον ἱ.
1107. αὐτή γάρ, ὡς ἤκουσεν, ἤδ' ἱ.
Θ. 36. ἀλλ' ἐκποδὼν πτήξωμεν, ὡς ἱ.
70. τί οὖν ἐγὼ δρῶ; ΕΤ. περίμεν', ὡς ἱ.
95. σίγα. ΜΝ. τί δ' ἐστιν; ΕΤ. ἀξάθων ἱ.
ἐξέρχομαι. Α. 1139. ἐγὼ δὲ θοἰμάτιον λαβὼν ἱ.
Σ. 144. καπνὸς ἔγωγ' ἱ.
Λ. 431. ἱ. γὰρ αὐτομάτη, τί δεῖ μοχλῶν·
ἐξεσώσα. ΕΙ. 1301. ψυχὴν δ' ἱ. ΤΡ. κατῃσχυνας δὲ τοκῆας.
ἐξεσθ'. Α. 1077. ὀρῷν γὰρ ἱ. ὡς ἔχοντες ἔσμεν.
Εκ. 491. τὴν δ' οἰκίαν ἱ. ὁρᾶν ὅθινπερ ἡ στρατηγὸς
ἐξεσκέδασας. Ι. 795. τὴν εἰρήνην ἱ., τὰς πρεσβείας τ' ἀπελαύνεις
ἐξεσμέναν. Fr. 684. στήμασα δέ ἱ.
ἐξέσπασεν. Ο. 510. χῶ μὲν γιγνωθὴν ἕτρεχεν, ἡ δ' ἱ.
ἔξεστ'. Θ. 294. δοῦλοις γὰρ οὐκ ἱ. ἀκούειν τῶν λόγων.
ἔξεσται. ΕΙ. 340. δὴ γὰρ ἱ. τῷ' ὑμῖν
ΕΙ. 894. ἔπειτ' ἀγῶνα δ' εὐθὺς ἱ. ποιεῖν
Εκ. 613. ξυγκαταδαρθεῖν. ΠΡ. ἀλλ' ἱ. προίξ' αὐτῷ ξυγκαταδαρθεῖν
628. [οἱ φαυλότεροι] κούκ ἱ. παρὰ τοῖσι καλοῖς καταδαρθεῖν
ἔξεστι. Α. 721. ἱ. καὶ Μεγαρεῦσι καὶ Βοιωτίοις
Ν. 1423. ἧττον τί δῆτ' ἱ. κἀμοὶ καινόν αὖ τὸ λοιπὸν
Θ. 399. ἱ. τοιαῦθ' οὗτος ἐδίδαξεν κακὰ
Εκ. 524. ἱ. ΒΛ. πῶς; ΠΡ. εἰ τῆς κεφαλῆς ὄζω μύρου.
ἔξεσθ'. Ν. 7. ἔσθ' οὐδὶ κολάσ' ἱ. μοι τοὺς οἰκέτας.
Β. 303. ἱ. θ' ὥσπερ Ἡγίλοχος ἡμῖν λέγειν·
ἐξεστιν. Ι. 1391. ἱ. αὐτῶν καταπρασκοντουτίασι;
Θ. 421. ἱ. οὐ γὰρ ἄνδρες ἤδη κλειδία
Π. 345. ὥστε μετέχειν ἱ. τῶν φίλων.
594. διὰ τὴν Πενίαν. ΧΡ. παρὰ τῆς Ἑκάτης ἱ. τοῦτο πυθίσθαι.
ἔξετ'. ΕΙ. 122. ἤν δ' ἐμὶ εὖ πράξας ἔλθω πάλιν, ἱ. ἐν ὥρᾳ
Ο. 900. ἵκανον ἱ. ἔφνον.
Εκ. Ο. 724. ἱ. χρήσθαι μάντεις Μούσαις,
ἐξέτι. Ν. 862. οἵδ' ἱ. σοι τραυλίσαντι πιθόμενοι,
ἐξετρέποντο. Π. 837. οἱ δὲ ἱ. μικὸν ἐδύκουν ὁρᾶν μ' ἔτι.
ἐξετύφλωσε. Fr. 275. ὃ δ' ἐς τὸ πλινθεῖον ἐμπεσὼν ἱ.
ἐξετύφλωσεν. Β. 1195. εἴν' ἱ. αὐτόν. ΔΙ. εὐδαίμων ἆρ' ἦν.
ἐξευρέ. Ι. 1194. ὦ πηθ', νυνὶ θαυμολόγον ἱ.
ἐξευρίθη. ΕΙ. 129. ἐν τοῖσιν Αἰσώπου λόγοις ἱ.
ἐξευρες. Εκ. 1127. αὐτοὶ μόνους ἡμῶν γὰρ ἱ. ἦν· ὁ δοκεῖς.
ἐξευρεν. Σ. 810. ἱ. ἀτεχνῶς φάρμακον στραγγουρίας.
Εκ. 1044. ἱ. ἀλλ' ἐγώ σε τιμωρήσομαι.
ἐξευρετέος. Ν. 728. ἱ. γὰρ νοῦς ἀποστερητικὸς
ἐξευρίτω. Π. 1165. οὗτος γὰρ ἱ. αὐτῷ βιότου.
ἐξευρῆμα. Ι. 886. οἱ μεῖζον εἶναι φαίνετ' ἱ. τοῦ χιτῶνος.
ἐξευρήματος. Εκ. 577. πὸς δεῖ δεῖταί γάρ τι σοφοῦ τινος ἱ.
ἐξευρημίναν. Ν. 137. καὶ φροντίδ' ἐξημβλωκας ἱ.
ἐξευρημέναν. Fr. 300. ἦν καὶ κατ' Ἁγάθων' ἀντίθετον ἱ.
ἐξευρήσετε. Σ. 85. ἄλλως φλυαρεῖτ'· οὐ γὰρ ἱ.
ἐξευρηπα. Ο. 1144. τοῦτ', ᾠτάθ', ὁ. καὶ σοφώτατα ἱ.
Ι. 1322. καὶ πῶς 'στι νῦν, ὦ θαυμαστὰ ἱ. ἐπινοίας;
Ν. 696. γνώμας κυινὰς ἱ.
ἐξεύροι. Π. 498. καίτοι τούτου τοῖς ἀνθρώποις τίς ἂν ἱ. ποτ' ἄμεινον;

ἐξεύροιθ'—ἐξωμίδ'.

ἐξεύροιθ'. Π. 462. ἀγαθόν; ΠΕ. τί δ' ἂν ὑμεῖς ἀγαθὸν ἐ.; ΧΡ. ὅ τι;
ἐξεύροιμ'. Θ. 23 πρὸς τοῖς ἀγαθοῖς τούτοισιν ἐ. ὅπως
ἐξεύροις. Ο. 10. ἐντευθενὶ τὴν πατρίδ' ἂν ἐ. σύ που;
ἐξεύρον. Ν. 228. ἐ. ὀρθῶν τὰ μετέωρα πράγματα.
ἐξεύρων. Ν. 737. αὐτὸς ὅ τι βούλει πρῶτος ἐ. λέγε.
Εκ. 607. ὥστε τί κέρδος μὴ καταβεῖναι; σὺ γὰρ ἐ. ἀπώδειξαν.
ἐξέφερον. Ν. 1385. ἐ. ἂν καὶ προυσχόμην σε· σὺ δ' ἐμὲ νῦν ἀπάγχων
ἐξέφλεξε. Ει. 60b. πρὶν παθεῖν τι δεινόν, αὐτὸς ἐ. τὴν πύλιν,
ἐξεφρίομεν. Σ. 125. ἐντεῦθεν οὐκέτ' αὐτὸν ἐ.
ἐξέφυγεν. Α. 217. ἐ. οὐδ' ἂν ἐλαφρῶς ἂν ἀνειλίξατο.
ἔξεχ'. Fr. 346. ὥσπερ τὰ παιδί' ἐ. ὦ φίλ' ἥλιε.
ἐξέχεας. Θ. 554. ἀλλ' οὐκ ἂν ἔτ' ἔχοις· ὅσα γὰρ ᾔδεις ἐ. ἄπαντα.
ἐξέχει. Α. 987. ἐ. θ' ἡμῶν βίᾳ τὸν οἶνον ἐκ τῶν ἀμπέλων.
Σ. 1377. ὅζος μὲν οὖν τῆς δᾳδὸς οὗτος ἐ.
ἐξεχύοντο. Ει. 1287. πύργων δ' ἐ. βοὴ δ' ἄσβεστος ὀρώρει.
ἔξεχη. Σ. 771. καὶ ταῦτα μὲν νυν εὐλόγως, ἣν ἐ.
ἐξεχύθην. Σ. 1469. ἐπεμάνην, οὐδ' ἐ.
ἔξῃ. Π. 516. ἣν ἐ. ζῆν ἀργοῖς ὑμῖν τούτων πάντων ἀμελοῦσιν;
ἐξήγειρεν. Α. 574. τίς Γοργών' ἐ. ἐκ τοῦ σάγματος;
Λ. 1181. καὶ Γοργών' ἐ. ἐκ τῆς ἀσπίδος.
ἐξήγον. Ει. 744. οὓς ἐ. κλάοντας ἀεί, καὶ τούτους οὕνεκα τουδὶ,
ἐξηγρόμην. Β. 51. σφώ; ΔΙ. νὴ τὸν Ἀπόλλω. ΗΡ. κᾆτ' ἔγωγ' ἐ.
ἐξηκασμένος. Ι. 230. καὶ μὴ δέδοιθ'· οὐ γάρ ἐστιν ἐ.
'Εξηκεστίδη. Ο. 1527. ὅθεν ὁ πατρῴός ἐστιν Ἑ.;
'Εξηκεστίδῃ. Ο. 11. οὐδ' ἂν μὰ Δία γ' ἐντεῦθεν Ἑ.
Ο. 764. εἰ δὲ δοῦλός ἐστι καὶ Κὰρ ὥσπερ Ἑ.,
ἐξήκοντ'. Ει. 1241. ἣν ἐπριάμην δραχμῶν ποθ' ἐ. ἐγώ;
ἐξήλασ'. Ει. 743. ἐ. ἀτιμώσας πρῶτος, καὶ τοὺς δούλους παρέλυσεν.
ἐξελεγχόμην. Β. 960. ἐξ ὦν γ' ἂν ἐ. ξυνειδότες γὰρ οὗτοι
ἐξῆλθον. Θ. 485. ἐ. ὡς τὸν μοιχὸν εἶτ' ἠριδύμην
ἐξήλικας. Ν. 33, ἀλλ', ὦ μέλ', ἐ. ἐμέ γ' ἐκ τῶν ἐμῶν,
ἐξήλλετο. Σ. 130. ἐνέκρουεν ἐς τὸν τοῖχον, εἶτ' ἐ.
ἐξήμαρτες. Β. 1147. ἐπὶ μείζον ἐ. ἢ 'γὼ βουλόμην·
ἐξήμβλωκας. Ν. 137. καὶ φροντίδ' ἐ. ἐξευρημένην.
ἐξήμεσεν. Α. 6. τοῖς πέντε ταλάντοις οἷς Κλέων ἐ.
ἐξήν. Ν. 530. κἀγὼ, παρθένος γὰρ ἔτ' ἦ, κοὐκ ἐ. πώ μοι τεκεῖν,
Ν. 981. οὐδ' ἂν ἐλέσθαι δειπνοῦντ' ἐ. κεφάλαιον τῆς ῥαφανιδος,
Σ. 358. κοὐδεὶς μ' ἐφύλαττ', ἀλλ' ἐ. μοι
Λ. 522. εἰ μηδὲ κακῶν βουλευομένων ἐ. ὑμῖν ὑποθέσθαι;
Β. 1025. ἀλλ' ὑμῖν αὑτ' ἐ. ἀσκεῖν, ἀλλ' οὐκ ἐπὶ τοῦτ' ἐτράπεσθε.
Εκ. 938. εἴθ' ἐ. παρὰ τῇ νέᾳ καθεύδειν,
ἐξηναγκασεν. Ο. 377. οὐ μάθοις ἂν τοῦθ', ὁ δ' ἐχθρὸς εὐθὺς ἐ.
ἐξηνεγκάμην. Εκ. 76. ἐγαγέ τοι τὸ σκύταλον ἐ.
ἐξηνέχετο. Σ. 815. ἀτὰρ τί τὸν ὄρνιν ὧν ἐμ' ἐ.;
ἐξηνεσχόμην. Ν. 1372. κἀγὼ οὐκέτ' ἐ., ἀλλ' εὐθὺς ἐξαράττω
ἐξήνθισμα. Α. 43. ἡ λαμπρὸν, αἱ καθήμεθ' ἐ.,
ἐξεπάτην. Π. 733. ἐ. οὖν δύο δράκοντ' ἐκ τοῦ νεὼ
ἐξηπάτα. Ι. 48. ἡκαλλ' ἰθώνευ', ἐκολάκευ' ἐ.·
Β. 910. ἐ. μικροὺς λαβὼν παρὰ Φρυνίχῳ τραφέντας.
ἐξηπάτασα. Ι. 1224. ὦ μιαρέ, κλέπτων με ταῦτ' ἐ.;
ἐξηπατήθεν. Λ. 1103. ἐ. ὑπό τε σοῦ καὶ Θουφάνους.
ἐξηπάτηκεν. Σ. 981. ἐ. ἀτὰρ ὅμως καταβήσομαι.
Β. 1404. ἐ. αὖ σε καὶ νῦν. ΕΤ. τῷ τρόπῳ;
ἐξηπάτατο. Εκ. 949. ἐ. τὸ κατάρατον γρᾴδιον
ἐξηπάτησεν. Σ. 1291. εἶτα νῦν ἐ. ἢ χάραξ τὴν ἄμπελον
ἐξηπάτηται. Σ. 992. ἐ., κἀπόλλυκεν οὐχ ἑκών.
ἐξηπάτω. Ι. 418. ἐ. γὰρ τοὺς μαγείρους πιθανὰ λέγων τοιαυτί·
Ι. 1357. ἀλλ' οἵ σε ταῦτ' ἐ. νυνδὶ φράσον·
Ν. 1166. ἀπολεῖς, μετ' ἐμοῦ γ' ἐλθ'. οἱ σὲ κἄμ' ἐ.
ἐξηπίστατο. Ν. 1228. ἁ μὴν Δί'· οὐ γὰρ πω τύτ' ἐ.
ἐξήραξα. Ι. 641. τὴν κιγκλίδ' ἐ., ἀνακανῶν μέγα
ἐξήρκεσεν. Ι. 524. οὐκ ἐ., ἀλλὰ τελευτῶν ἐπὶ γήρᾳ, οὐ γὰρ ἐφ' ἥβης.
ἐξηρτημένας. Εκ. 494. πώγωνας ἐ.
ἐξηρτημένην. Εκ. 2. κάλλιστ' ἐν εὐσκόποισιν ἐ.,
ἑξῆς. Λ. 633. ἀγοράσω τ' ἐν τοῖς ὅπλοις ἐ. Ἀριστογείτονι,
Β. 785. θρόνον τε τοῦ Πλούτωνος ἐ., ΕΛ. μανθάνω.
Εκ. 638. οὐκοῦν ἀγχουσ' εὖ καὶ χρηστὸς ἐ. τὸν πάντα γέροντα
ἐξήσασαν. Θ. 437. πάσας δ' εἰδέναι ἐ.,
ἔξηυδα. Λ. 1183. πρὸς ταῖς πέτραισι δεινῶν ἐ. μέλος
ἐξίδισεν. Ο. 791. οὐκ ἂν ἐ. ἐς θοιμάτιον, ἀλλ' ἀνέπτατο,
Λ. 1756. νῦν δὴ σε πάντα δεῖ κύλων ἐ. σεαυτοῦ,
Σ. 117. μηδ' ἐ. θύρας· ὁ δ' οὐκ ἐπείθετο.
Ει. 232. ἀλλ' εἶμ'. καὶ γάρ ἐ. γνώμην ἐμήν,
Εκ. 534. ᾗπερ μεθήκε μ' ἐ. πάσῃ τέχνῃ.

ἐξιθ. Εκ. 734. ποῦ 'σθ' ἡ διφροφόρος; ἡ χύτρα δεῦρ' ἔ.,
Εκ. 739. ἐνταῦθα· σὺ δὲ δεῦρ' ἡ κιθαρῳδὸς ἔ.,
ἐξικνούμεθα. Β. 1176. οἷς οὐδὲ τρὶς λέγοντες ἐ.
ἐξιόντας. Ν. 613. ὥστε καὶ λέγειν ἅπαντας ἐ. ἑσπέρας,
ἐξιπώκατον. Λ. 291. ὡς ἐμοῦ γε τῷ ξύλῳ τὸν ὤμον ἐ.·
ἐξίστασθαι. Β. 370. ἐ. μύσταισι χοροῖς ὑμεῖς δ' ἀνεγείρετε μολπήν·
ἐξίστω. Λ. 617. ἅπαντες ἐ. παρῄνουν οἱ φίλοι.
ἐξίσωσαι. Β. 688. ἐ. τοὺς πολίτας κἀφελεῖν τὰ δείματα.
ἐξιών. Ει. 1182. τῷ δὲ σιτί' οὐκ ἰώνητ' οὐ γὰρ ᾔδειν ἐ.·
Β. 196. οἴμοι κακοδαίμων, τῷ ξυνέτυχον ἐ.;
Π. 41. ὅτῳ ξυναντήσαιμι πρῶτον ἐ.,
ἐξιμβώνων. Ει. 631. ἐμβαλόντες ἐ. κυψέλην ἀπώλεσαν.
ἔξοδον. Σ. 582. ἐν φορβειᾷ τοῖσι δικασταῖς ἐ. πύλησ' ἀπιοῦσιν·
ἔξοδος. Ν. 575. αἵτινες τηροῦμεν ὑμᾶς, ἢν γὰρ ᾖ τις ἐ.
Λ. 16. ἥξουσι· χαλεπὴ τοι γυναικῶν ἐ.
ἔξοισον. Λ. 446. παύσω τιν' ὑμῶν τῇσδ' ἐγὼ τῆς ἐ.
ἐξοίσουσι. Β. 799. καὶ καινᾶς ἐ. καὶ πήχεις ἐνῶν,
ἐξοιστία. Λ. 921. καίτοι, τὸ δεῖνα, ψίαθός ἐστ' ἐ.
ἐξοίσων. Fr. 51. εὖ γ' ἐξεκολύμβα' οὑπιβάτης, ὡς ἐ. ἐπίγειον.
ἐξολεῖ. Π. 879. τοὺς συκοφάντας καλοὺς κακῶς.
ἐξολεῖν. Σ. 1229. φήσει γάρ ἐ. σε καὶ διαφθερεῖν
ἐξολειτέ. Ει. 318. ἐ. μ', ἄνθρωποι, μὴ τὴν βοῆς ἀνήσετε·
ἐξολέσειας. Α. 1151. ὡς μὲν ἁπλῷ λόγῳ κακῶς ἐ. ὁ Ζεύς·
Ο. 1051. τὸν βάρβαρον ἐ.
Π. 592. ἀλλά σέ γ' ὁ Ζεὺς ἐ. κοτινῷ στεφάνῳ στεφανώσας.
ἐξολέσθαι. Α. 704. ἐ. συμπλακέντα τῇ Σκυθῶν ἐρημίᾳ,
ἐξολισθάνειν. Ι. 491. ἵν' ἐ. δύνῃ τὰς διαβολάς.
ἐξολισθεῖν. Ει. 141. πῶς ἐ. πηνὸς ὢν δυνήσεται;
ἐξολοίμην. Εκ. 268. μεμνημένος δεῖ λέγειν, ὡς μὴ ποτ' ἐ.
ἐξολοίμην. Α. 324. ἐ. ἣν ἀκούσω. ΔΙ. μηδαμῶς, ὠχαρινοί.
Fr. M. Γεω. 12. εἰ γ' ἐγκεκισίσαμι, ἐ. φαθὶ λέγων.
ἐξόλοιο. Θ. 562. οὐδ' ὡς ὑπὸ τῇ πυέλῳ κατώρυξίν ποτ' ΓΤ. Γ. ἐ.
Θ. 887. κακῶν τ' ἄρ' ἐ. κάξολεῖ τά τοι,
ἐξολοίμεθ'. Β. 226. ἀλλ' ἐ. αὐτῷ κοαξ.
ἐξολοιτ'. Β. 86. ὁ δὲ Ξενοκλῆς; ΔΙ. ἐ. νὴ Δία.
ἐξολοῦμεν. Σ. 422. καί σε γ' αὑτὸν ἐ. ἀλλ' ἅπας ἐπίστρεφε
ἐξολῶ. Π. 418. ἐγὼ γὰρ ὑμᾶς ἐ. κακοὺς κακῶ·
ἐξολωλέναι. Ει. 366. ἀπώλωλας, ἐ. ΤΡ. ἐν τίν' ἡμέραν;
ἐξολωλεκώς. Ει. 867. πολὺ μᾶλλον ἐνίους ἐστὶν ἐ.
ἐξολωλέναι. Ει. 412. βούλοιντ' ἂν ὑμᾶς πάντας ἐ.,
Λ. 35. Βοιωτίους ν ἡμεῖς γ' ἐ.
ἐξολωλότες. Ει. 483. ὑπὸ τοῦ γε λιμοῦ νὴ Δί' ἐ.
ἐξομόρξεται. Α. 843. οὐδ' ἐ. Πρέπις τὴν εὐρυπρωκτίαν σοι,
ἔξον. Α. 411. ἐ. καταβάδην οὐκ ἐνὸν χωλοὺς ποιεῖς,
Ει. 1082. ἐ. σπεισαμένοις κοινῇ τῆς Ἑλλάδος ἄρχειν·
Σ. 698. σκέψαι τοίνυν ὡς ἐ. σοι πλουτεῖν καὶ τοῖσιν ἅπασιν,
Λ. 1017. ἐ., ὦ πονηρέ, σοὶ βέβαιον ἔμ' ἔχειν φίλην·
Εκ. 1003. ἐ. καθέντα γρᾴδιον τοιουτονὶ
Fr. p. 510. οὐκ ἐ. αὐτῷ.
ἐξόπισθ'. Β. 286. ποῦ ποῦ 'στιν; ΗΛ. ἐξόπισθεν. ΔΙ. ἐ. ἴθι.
ἐξόπισθε. Α. 260. ὁ φαλλὸς ἐ. τῆς κανηφόρου·
Ι. 22. καὶ δὴ λέγω· μάλωμεν. ΝΙ. ἐ. νῦν
ἐξόπισθι. Ι. 568. Θείβαθι γὰρ φυσάντες ἐ. μου
ἐξόπισθεν. Β. 286. ποῦ ποῦ 'στιν; ΧΑ. ἐ. ΔΙ. ἐξόπισθ' ἴθι.
ἐξόπιστο. Θ. 1124. τῇ σανίδῳ τρήσας ἐ. πρωκτίσον.
ἐξοπτᾶται. Α. 1005. ἀναβράττετ' ἐ., τρέπετ', ἀφέλκετε,
ἐξορίζεις. Fr. 342. τί με ὦ πονηρὰ ἐ. ὥσπερ κλιντήριον.
ἑξόρμα. Ο. 1326. σὺ δ' αἴθις ἐ.
ἐξορμῶν. Θ. 659. εἰς δὴ πρώτιστα μὲν χρὴ κουφον ἐ. πόδα,
ἐξόρουσον. Fr. 442. Πάρι ἐ.
ἐξορύσσετε. Α. 763. κάσσαυαι τὰς ὀγλίθας ἐ.
ἐξότ'. Ο. 334. γένος ἀνόσιον, ὅπερ ἐ. ἐγένετ' ἐπ' ἐμοὶ
ἔξουσιν. Εκ. 605. οὐδεὶς οὐδὲν πενίᾳ δράσει· πάντα γὰρ ἔ. ἅπαντες.
ἐξυρμμένε. Α. 119. ὦ θερμόβουλον πρωκτὸν ἐ.
ἐξυρημίνος. Θ. 191. σὺ δ' εὐπρόσωπος, λευκός, ἐ.,
ἔξω. Α. 398. ὁ νοῦς μὲν ἐ. ξυλλέγων ἐπύλλια κ.τ.λ.
ἔξω. Σ. 1353. λυσάμενος ἐ., παλλακήν, ὦ χοιρίον.
Β. 1230. οὐ δῆτ', ἐπεὶ πολλοῖς προλόγους ἐ. λέγειν.
Εκ. 873. ὅπως τὰ μὲν ὄντα χρήμαθ' ἐ., τοῖσδε δὲ
Ν. 974. τοὺς παῖδας, ἰδοὺ δ' ἦν, ἐ. μηδὲν δεῖξαι ἀπηνὲς
ἐξωκίσαντο. Ει. 203. ἐ. δ' οἱ θεοὶ τίνος οὕνεκα;
ἐξώλεις. Ει. 187. φρούδοι γάρ εἰσιν ἐ.
ἐξωλόβρηται. Ο. 1124. ἐ. ὡς τὸ τεῖχος. ΠΕ. εὖ λέγεις.
ἐξωλέστερον. Εκ. 1053. τοῦτο γὰρ ἐπείνου τὸ κακὸν ἐ.
Π. 443. οὐδὲν πέφυκε ζῷον ἐ.
ἐξώμης. Ει. 1072. ἐ. ἀπώλοι, εἰ μὴ παύσαιο βακίζων.
ἐξωμίδ'. Α. 662. ἀλλὰ τὴν ἐ. ἐκδυώμεθ', ὡς τὸν ἄνδρα δεῖ

ἐξωμίδ'—ἐπανθοῦσιν.

ἐξωμίδ'. Λ. 1021. ἀλλὰ τὴν ἐ. ἐνδύσω σε προσιοῦσ' ἐγώ.
ἐξωμίδος. Fr. 114, 3. πάντα τῆς ἐ.
ἐξωμισάσαις. Εκ. 267. ἐ. τὸν ἕτερον βραχίονα.
ἐξωμμάτωται. Π. 635. ἐ. καὶ Λελάμπρυνται κόραι.
ἐξωμοσία. Εν. 1026. ἐ. δ' οὐκ ἔστιν; ΓΡ. Α. οὐ γὰρ δεῖ στροφῆι.
ἕξων. Ν. 805. ἆρ' αἰσθάνει πλεῖστα δι' ἡμᾶς ἀγάθ' αὐτίχ' ἕ.
ἐξωπλισμένη. ΕΙ. 566. νὴ Δί' ἡ γάρ σφύρα λαμπρὸν ἦν ἆρ' ἐ.
ἐξωπλισμένων. Α. 454. μαχίμων γυναικῶν ἔνδον ἐ.
ἐξωπτημένον. Ι. 954. δημοῦ Βοιοίου θρῖον ἐ.
ἕοικ'. Α. 240. ἐκποδών· θύσων γὰρ ἀνὴρ, ὡς ἔ., ἐξέρχεται.
  Ο. 265. ἄλλωι ἄρ' οὔπωι, ὡς ἔ., ἐς τὴν λύχνην
  Εκ. 146. δίψῃ γὰρ, ὡς ἔ., ἀφαυανθήσομαι.
  Π. 1131. ὀδύνη σε πρὸς τὰ στελέχη γ' ἔ. ἐπιστρέφειν.
ἕοικα. Σ. 1171. μάλιστ' ἔ. τὴν Βάδ σιν τῶν πλουσίαν.
ἕοικας. Σ. 1125. ἀγαθῶν ἔ. οὐδὲν ἐπιθυμεῖν παθεῖν.
  Σ. 1309. ἔ., ὦ πρεσβῦτα, νεοπλούτωι τρυγί
  1305. ποθεῖς ἐρᾶν τ' ἔ. ὡραίας σοροῦ.
  1413. γυναικὶ κληττεύε ν ἔ. θαψίνηι,
  Ο. 804. οἶσθ' ᾧ μάλιστ' ἔ. ἐπτερωμένος;
  Π. 826. δῆλον ὅτι τῶν χρηστῶν τις, ὡς ἔ., εἶ.
ἔοικε. Ν. 1032. δεινῶν δέ σοι βουλευμάτων ἔ. δεῖν πρὸς αὐτὸν,
  Σ. 1260. ὡδὶ δὲ καύνύς· ἐπὶ σὲ κἄμ' ἔ. θεῖν.
  Λ. 1106. ἀλλ' οὐδὲν ἡμᾶς, ὡς ἔ., δεῖ καλεῖν
  Θ. 38. προθυσόμενος ἔ. τῆς ποιήσεως.
  382. ὅπερ ποιοῦμ' οἱ ῥήτορες, μακρὰν ἔ. λέξειν.
  Fr. 424, 2. ἡμῶν τὸ ἄριστον ἔ.
ἔοικέ. Π. 76. ἀκούετον δή. δεῖ γὰρ ὡς ἔ. με
  Π. 862. ἔ. δ' εἶναι τοῦ πονηροῦ κύμματος
  1040. ἔ. δ' ἐπὶ κώμον βαδίζειν. ΧΡ. φαίνεται.
  1045. ἔ. διὰ πολλοῦ χρόνου σ' ἑορακέναι.
ἕοικεν. Α. 1038. σπονδαῖσιν ἡδύ, κοὖν ἔ.
  Σ. 945. ἀλλ' οὐκ ἔχειν οὑτὸς γ' ἔ. 5 τι λέγῃ.
  994. δείξειν ἔ. ἐππίφευγας, ὦ Λάβης.
  1415. ὡδὶ τις ἕτερος, ὡς ἔ., ἔρχεται
  Ο. 1340. ἔ. οὐ ψευδαγγελὴς εἶν' ἄγγελος.
  1417. δεῖσθαι δ' ἔ. οὐκ ὀλίγων χελιδόνων.
  Θ. 1010. ἀνὴρ ἔ. οὐ προδώσειν, ἀλλά μοι
  Β. 604. δεῖν δ' ἔ., ὡς ἀκούω
  Π. 1017. μόνος γὰρ ἥδεθ', ὡς ἔ., ἐσθίων.
  1048. μεθύων γὰρ, ὡς ἔ., ὀξύτερον βλέπει.
  1098. οὐδεὶς ἔ. ἀλλὰ δῆτα τὸ θύριον
ἕοικέναι. Σ. 1142. ἔ. μάλιστα Μορύχου σάγματι.
Fr. 526, 2. ἐ.
ἔοιχ'. Σ. 495. οὗτος ὀψωνεῖν ἔ. ἄνθρωπος ἐπὶ τυραννίδι.
  Θ. 687. ἀλλ' ἔ. ἡμῖν ἅπαντά πων διεσκέφθαι καλῶς.
  Fr. 287. παύσειν ἔ. ἡ παυσινάπη κἄντοντά σε.
  389, 2. Φαίδραν' ἐπὶ πῦρ δὲ πῦρ ἔ. ἥξειν ἄγων.
ἑόρακα. Ο. 1573. ἔ. πάντων βαρβαρώτατον θεόν.
ἑόρακά. Π. 98. πολλοῦ γὰρ αὐτοὺς οὐχ ἔ. πω χρόνου
ἑόρακας. Π. 765. ταύτην ἔ., τὴν καλήν, τὴν διαφανῆ,
  Θ. 32. οὐκ, ἀλλ' ἕτεροί τις οὐχ ἔ. πώποτε·
  33. μῶν ὁ δασυπώγων; ΕΤ. οὐχ ἔ. πώποτε.
ἑορακέναι. Π. 1045. ἔοικε διὰ πολλοῦ χρόνου σ' ἐ.
ἑορταῖς. Θ. 835. ἵν τε ταῖς ἄλλαις ἔ. αἶσιν ἡμεῖς ἤγομεν·
ἑορτάσαι. Α. 1079. οὐ δεινὰ μὴ 'ξεῖναί με μηδ' ἐ.
ἑορτή. Fr. 209, 1. τὸ πράγμ' ἔ. περιέφερε δ' ἡμῖν κύκλωι Λευκαστῷ
ἑορτή. Β. 371. καὶ παννυχίδας τὰς ἡμετέρας, αἱ τῇδε πρέπουσίν ἐ.
ἑορτήν. Ἐλ. 818. παίζε τὴν ἐ.
ἑορτῆς. Ν. 619. τῆι ἐ. μὴ τυχόντες κατὰ λόγον τῶν ἡμερῶν.
  Β. 391. τῆς σῆς ἐ. ἀξίως
  397. Ἴακχε πολυτίμημτε, μίλος ἐ.
  443. παίζοντες οὖν μετουσία Θεοφιλοὺς ἔ.
ἑοῦσιν. Ο. 688. πρόσχετε τὸν νοῦν τοῖς ἀθανάτοις ἡμῖν, τοῖς αἰὲν ἐ.,
ἐπ'. Α. 67. ἐ. Εὐθυμένους ἄρχοντος· ΔΙ. οἴμοι τῶν δραχμῶν· κ.τ.λ.
ἔπαγ'. Ο. 344. ἔ., ἔπιθ', ἐπίφερε πολέμιον
ἐπαγγελλίτω. Α. 1050. ἀλλ' ἔ. πᾶς ἀνὴρ καὶ γυνὴ
ἔπαγε. Σ. 370. ἀλλ' ἔ. τὴν γνάθον.
  Α. 1279. πρόσαγε χορόν, ἐ. χάρτας,
ἐπάγει. Ν. 390. ἀτρέμας πρῶτον πάππαξ παππάξ, κἄπειτ' ἐ. παπαπαππάξ.
ἐπαγέτω. Ο. 353. ποῦ 'σθ' ὁ ταξίαρχος; ἐ. τὸ δεξιὸν κέρας.
ἐπαγλαΐζουσα. Εκ. 575. ἔρωτι ἐ.
ἐπαγλαΐσηι. Fr. 548. ἵν' ἐ. τὸ παληομάτιον καὶ μὴ βήττων κατανίνηι.
ἐπάγουσι. Φ. 364. ἢ Μήδους ἐ. τῆς
ἔπαθε. Σ. 947. ὅπερ ποτέ φεύγων ἔ. καὶ Θουκυδίδης.

ἔπαθε. ΕΙ. 659. ὀργὴν γὰρ αὐτοῖς ὧν ἔ. πολλὴν ἔχει.
ἔπαθες. Α. 1022. τί δ' ἔ.; ΓΕ. ἐπετρίβην ἀπολέσας τὼ βόε.
  ΕΙ. 746. ὦ κακόδαιμον, τί τὸ δέρμ' ἔ.; μῶν ὑστριχὶς εἰσέβαλέν σοι
  825. τί δ' ἔ.; ΤΡ. ἤλγουν τὼ σκέλη μακρὰν ὁδὸν
  Π. 86. τουτὶ δὲ τὸ κακὸν πῶς ἔ.; νάτειπέ μοι.
ἐπάθομεν. Ο. 328. προδιδόμισθ' ἀνοσία τ' ἐ.
  Λ. 1097. ὦ χαίρετ', ὦ Λάκωνες· αἰσχρὰ γ' ἐ.
ἐπάθομεν. Ν. 408. νὴ Δί', ἐγὼ γοῦν ἀτεχνῶς ἔ. τουτί ποτε Διασίοισιν.
  Σ. 1459. καίτοι πολλοὶ ταῦτ' ἔ.
ἐπαιδεύθην. Ι. 636. ἀγ. ρά τ', ἐν ᾗ παῖς ὢν ἐ. ἐγὼ.
ἐπαίεις. Σ. 517. οὐκ ἐ. ὑπ' ἀνδρῶν, οὓς σὺ μόνον οὐ προσκυνεῖς.
ἐπαινεῖ. Ο. 1016. ὑρᾷς; ἐ. χοὔτως. ἕτερον νῦν ἔτι
ἐπαινεῖς. Ν. 1377. οὐκοῦν δικαίως, ὅστις οὐκ Εὐριπίδην ἐ.,
ἐπαινέσαι. Ι. 595. ἃ ξύνισμεν τοῖσιν ἵπποις βουλόμεσθ' ἐ.
ἐπαινέσαιμεν. Ι. 460. πῶς ἂν σ' ἐ. οὕτως ὥσπερ ἡδύμεσθα;
ἐπαινέσειν. ΕΙ. 1033. τίς οὖν ἂν οὐκ ἐ.
ἐπαινέσον. Σ. 1214. ἐπειτ' ἐ. τι τῶν χαλκωμάτων,
ἐπαινώ. Λ. 198. φεῦ δᾶ. τὸν ὅρκον ἄρατον ὡς ἐ.
ἐπαίνων. Ι. 1462. πολλοῦ δ' ἐ. πορ' ἐμοὶ
ἐπαινῶ. Ν. 1055. εἴτ' ἐν ἀγορᾷ τὴν διατριβὴν ψέγεις, ἐγὼ δ' ἐ.
  Α. 70. τί φής; τί σιγᾶς· ΛΥ. οὐκ ἐ., Μυρρίνη,
  Θ. 528. τὴν παροιμίαν δ' ἐ.
  1213. ὦ γρᾳδὶ', ὦ γραῦ, οὐκ ἐ., γραδίο.
  Β. 508. κάλλιστ', ἐ. ΘΕ. μὰ τὸν Ἀπόλλω οὐ μή σ' ἐγὼ
  696. ἀλλ' ἔ. μόνα γὰρ αὐτὰ νοῦν ἔχοντ' ἑδράσατε.
ἐπαίνωι. Ι. 526. εἶτα Κρατίνου μεμνημένος, ὃς πολλῷ ῥεύσας ποτ' ἐ.
ἐπαινῶν. Fr. 204. ἐν τοῖσι συνδείπνοις ἐ. Αἰσχύλον.
ἐπαίομεν. ΕΙ. 874. ἐ. Βραυρωνίδ' ὑποπεπωκότες·
ἐπαίσθ'. Ν. 650. ἐ. ὁπαίοι τῶν ἴσων ῥυθμῶν
ἕπαιρε. Σ. 996. ἐ. σαυτόν. ΦΙ. εἰσὶ νυν ἐκεῖνό μοι,
  Λ. 937. ἐ. σαυτόν. ΚΙ ἀλλ' ἱκῆρται τουτό γε.
ἐπαίρει. Ο. 1657. οὗτος ὁ Ποσειδῶν πρῶτος, ἵν ἐ. σε νῦν,
ἐπαίρεται. Ο. 1448. ἔ. τ' ἄνθρωπος. οὕτω καί σ' ἐγὼ
ἐπαίροιμ'. Β. 1041. Πατρόκλων, Τεύκρων θυμολευντων, ἵν' ἐ. ἄνδρα πολίτην
ἔπαισ'. Ν. 549. ἐν μέγιστον ὄντα Κλέων' ἐ. ἐς τὴν γαστέρα,
ἐπακολουθεῖ. Εκ. 479. ἆρ' ἐστὶ τῶν ἀνδρῶν τις ἡμῖν ὄστις ἐ.;
ἐπακολουθούντων. Σ. 1328. ἐ. ἐμοί
ἐπακούοντι. Ι. 1080. ἀλλ' εἴτα τόνδ' ἐ., ὃν εἰπὲ σοι ἐξαλέασθαι,
ἐπακούσωσι. Ο. 205. ἐάνπερ ἐ. θευδσανται δρυμῷ
ἐπακτῶν. Fr. 327. ἀνδρῶν ἔ. πᾶς' ἐγήρναψ' ἑστία.
ἐπαλαμήσατο. Ν. 176. εἶεν· τί οὖν πρὸς τάλφιν ἐ.;
ἔπαλλεν. Β. 1317. ἵν' ὁ φιλαυλος ἐ. δελ-
ἔπαλξιν. Α. 72. παρὰ τῶν ἐ. ἐν φορυτῷ κατακείμενος·
ἐπαμύνατε. Β. 1357. τὰ τύχα λαβόντες ἐ.,
ἀναβάλλεσθε. Εκ. 270. ἐ. κάρτα ταχὺ βαπτηρίαις
ἐπαναβάς. Ν. 1487. κάπειτ' ἐ. ἐπὶ τὸ φροντιστήριον
ἐπαναβήθ. Ι. 169. ἀλλ' ἐ. κἀπὶ τούλεῶν πεδὶ
ἐπαναθοῦντες. Π. 292. ὑμᾶς ἅγειν, ἀλλ' εἴα τέπεα θαμίν' ἐ.
ἐπαναγκάζουσα. Π. 533. τὸν χειροτέχνην ὥσπερ δίσπαιν' ἐ. κάθηπαι
ἐπαναγκασθείς. Π 525. ὥστ' αὐτοὺς ἀρούν ἐ. καὶ σκάπτειν τᾶλλα τε μοχθεῖν
ἐπαναγορεύεται. Ο. 1071. τῇδε μέντοι θημέρᾳ μάλιστ' ἐ.
ἐπανάγωσι. Σ. 148. δύσιο πάλιν· φέρ' ἐ. σοὶ τοῦ ξύλον.
ἐπαναίρων. 1.784. οὐχ ὥσπερ ἐγὼ ῥαψαμενὺς σοι τουτὶ φέρω, ἀλλ' ἐ.,
ἐπανακροῦσαι. Ο. 648. ἀτὰρ τὸ δεῖνα δεῦρ' ἐ. πάλιν.
ἐπανάμεινον. Ν. 803. ἀλλ' ἐ. μ' ὀλίγον εἰσελθὼν χρόνον
  Ν. 843. ἀλλ' ἐ. μ' ὀλίγον ἐνταυθί χρόνον
ἐπαναμένεις. Λ. 74. μὰ Δί' ἀλλ' ἐ. ὀλίγον γ' οὔνεκα
ἐπαναμένειν. Εκ. 790. ἐ. ἐπειτα διατρίβειν ἔτι.
ἐπαναμενούσας. Εκ. 493. ὥστ' εἰκὸς ἡμᾶς μὴ βραδύνειν ἐστ' ἐ.
ἐπαναπηδᾷ. Ν. 1375. ἔπος πρὸς ἔπος ἠρειδόμεσθ'· εἶθ' οὗτος ἐ.,
ἐπαναστρέφειν. Β. 1102. ὁ δ' ἐ. δυνηται καταρεπιδέσθαι τοπος.
ἐπαναφύσα. Θ. 1175. οὐ δ', ὦ Τερηδών, ἐ. Περσικόν,
ἐπαναχωρήσω. Εκ. 28. πρασιῶτα, φέρε νυν ἐ. πάλιν,
ἐπανενεγκεῖν. Ν. 1080. ὡς οὐδὲν ἡμάρτησαν· εἴτ' ἐς τὸν Δί' ἐ.
ἐπανέρη. Β. 435. μηθ' ἅψῃ σοι ἐ. με,
ἐπανεστηη. Ο. 554. κάτειτ' ἦν τοὺτ' ἐ., τὴν ἀρχὴν τὴν Δί' ἐ.
ἐπανηρόμεθ'. Α. 512. εἶτ' ἀλγοῦσαι τάνδοθεν ὑμᾶς ἐ. ἂν γελάσω ἐ.
ἐπανθεῖ. Ν. 1174. ἀτεχνῶς ἐ., τὸ τί λέγεις σύ· καὶ δοκεῖν Εκ. 903. κᾳπὶ τοῖς μηλοις ἐ.
ἐπανθοῦσιν. Εκ. 13. λάμπεις, ἀφειόυν τὴν ἐ. τρίχα
ἐπανθοῦσιν. Σ. 1065. αἷδ' ἐ. τρίχες.

ἐπανθρακίδες—ἔπεστιν. 109

ἐπανθρακίδες. Α. 670. ἡνίκ' ἄν ἐ. ὦσι παρακείμεναι,
ἐπανθρακίδων. Σ. 1127. καὶ γὰρ πρότερον ἐ. ἐμπλήμενος
ἐπανιστάμενοι. Ο. 1584. ἐ. τοῖς δημοτικοῖσιν ὀρνέοις
ἐπανίστω. Π. 539. ἐπεγείρουσαι καὶ φράζουσαι, πεινήσεις, ἀλλ' ἐ.
ἐπανορθώσαιμεν. Λ. 528. κἀντισιωπᾶν ὥσπερ χἠμεῖς, ἐ. ἂν ὑμᾶς.
ἐπανορθώσεσθαι. Fr. 321, ἐ.:
ἐπάνω. Ο. 1126. ὥστ' ἂν ἐ. μὲν Προξενίδης ὁ Κομπασεὺς
Λ. 773. Ζεὺς ὑψιβρεμέτης, ΧΟ. ΓΤ. ἐ. κατακεισόμεθ' ἡμεῖς;
ἐπάξεινν. Α. 1171. ἐ. δ' ἔχων
ἐπαοιδήν. Fr. 94, 2. ἀνδρὸς πρεσβύτου. τελέει δ' ἀγαθὴν ἐ.
ἐπαπειλοῦντες. Σ. 670. ἀπὸ τῶν πύλεων, ἐ. τοιαυτὶ κἀναφοβοῦντες,
ἐπαποδυόμεθ'. Λ 615. ἀλλ' ἐ., ἄνδρες, τουτωὶ τῷ πράγματι.
ἐπαπονηγείρα. Ι. 940. σθίαν ἐ.
ἐπαρήξετέ. Σ. 402. τότε δ', εἰ μὴ νῦν, ἐ. μοι, πρίν μ' εἴσω μᾶλλον ἄγεσθαι;
ἐπαρθείς. Ν. 1024. οὐκ ἐκτελέσει φησὶν ἐ. οὐδ' ὀγκώσαι τὸ φρόνημα.
Β. 777. κἄπειτ' ἐ. ἀντιλάβετο τοῦ θρόνου,
ἐπάναντο. ΕΙ. 1092. αὐτὰρ ἐπεὶ κατὰ μῆρ' ἐκάη καὶ σπλάγχν' ἐ.,
ἐπασκεῖ. Ν. 517. καὶ σοφίαν ἐ.
ἐπασκῶν. Ν. 1024. ὦ καλλίπυργον σοφίαν κλεινοτάτην ἐ.,
ἐπάσομαι. Εκ. 1153. ἐ. μέλος τι μελλοδειπνικόν.
ἐπάσχομεν. ΕΙ. 591. πολλὰ γὰρ ἐ.
ἐπάταξα. Ι. 1130. ἄρας ἐ.
ἐπάταξεν. Β. 54. τὴν καρδίαν ἐ. τῶν οἶει σφόδρα ἐ.
ἐπάταξεν. Β. 38. τίς τὴν θύραν ἐ.; ὡς κενταυρικῶς
Β. 150. ἐ., ἢ 'πίορκον ὅρκον ὤμοσεν,
ἔπαυσα. Ι 862. ἐ. τοὺς ξυνωμότας. καὶ μ' οὐ λέληθεν οὐδὲν
Ι. 877. ἐ. τοὺς βινουμένους, τὸν Γρυττον ἐξαλείψας.
ἐπαύσατ'. Λ 880. οὐχὶ φθονῶν ἐ., ἵνα μὴ ῥήτορες γένοιντο.
ἐπαύσατο. Β. 1188. μὰ Δί' οὐ δῆτ', οὐ μὲν οὖν ἐ.
ἐπαυσαν. Ν. 1403. νυνὶ δ' ἐκείθ' μ' οὕτοσι τούτων ἐ. αὐτός,
ἐπαυχήσας. Ο. 629. ἐ. δὲ τοῖσι σοῖς λόγοις
ἐπαφανάνθην. Β. 1089. μὰ Δί' οὐ δῆθ', ὥστ' ἐ.
ἐπαχθόμην. Β. 940. οἰδοῦσαν ὑπὸ κομπασμάτων καὶ ῥημάτων ἐ.,
ἐπέβαλον. Ο. 1215. ἐ. ὀρνίθαρχος οὐδείς σοι παρῶν;
Ο. 1216. μὰ Δί' οὐκ ἐμοιγ' ἐ. οὐδείς, ὦ μέλε.
ἐπεβάτευον. Β. 48. ποῖ γῆς ἀπωδ'μεις; ΔΙ. ἐ. Κλεισθένει.
ἐπεβουλευσέ. Ι. 894. καὶ πρότερον ἐ. σοι τὸν καυλὸν οἶσθ' ἐκεῖνον
ἐπεγείρομαι. Ν. 79. πῶς δῆτ' ἂν ἥδιστ' αὐτὸν ἐ., πῶς;
ἐπίγειρον. Ο. 83. ὕμως ἐ. αὐτόν. ΤΡ. οἶδα μὲν σαφῶς
ἐπεγείρουσαι. Π. 539. ἐ. καὶ φράζουσαι, πεινήσεις, ἀλλ' ἐ.
ἐπέγερει. Fr. 301, 3. οὐδ' ἄλλον ὅ τις ἐ. τὸν ἔμβολον.
ἐπιγελῶ. Ο. 84. ὅτι ἀχθέσεται, συφὴ δ' αὐτὸν σύνεκ' ἐ.
ἐπίγκωμον. Ι. 493. ἐχε νυν, ἐ. λαβὼν ταδί. ΑΛ. τί δαί;
ἐπιγράφου. Α. 1095. καὶ γὰρ σὺ μεγάλης ἐ. τὴν Γοργόνα.
ἐπιγράψατο. Εκ. 684. αὐτῷ πονηρὸν ἐπιγράψατο, ἐ.
ἐπεδιώνυττο. Β. 771. ὅτε δὴ κατηλθ' Εὐριπίδης, ἐ.
ἐπέξει. Ν. 1312. πάλαι ποτ' ἐ.,
ἐπέξεσεν. Α. 321. οἶος αὖ μέλας τις ὑμῖν θυμάλωψ ἐ.
ἐπέθυμησα. Β. 62. ἤδη ποτ' ἐ. ἐξαίρετν ἔτνους:
ἐπιθύμιον. Π. 675. ἐφ' ἣν ἐ. δαιμονίως ἐφέστηκα.
Fr. 476, 10. εἰ μὴ γὰρ ἦν, οὐκ ἂν ἐ. οὐδ' ἂν ἐδαπανῶντο.
ἐπεί. Α. 833. ἐμοὶ μελήσει ταῦτ', ἐ. κ.τ.λ.
Ι. 258. ἐν δίκῃ γ', ἐ. τὰ κοινὰ πρὶν λαχεῖν κατέσθιει, κ.τ.λ.
ἐπείγεσθ'. Εκ. 635. χωρεῖτ', ἐ. εὐθὺ τῆς στρατηγίδος,
ἐπείγεται. Α. 1070. ὥσπερ τι δαινῶν ἀγγελῶν ἐ.
ἐπείγεται. ΕΙ. 943. ἐ. νῦν ἐν ὅσῳ
Θ. 783. βάσκετ' ἐ. πάσας καθ' ὁδοὺς
ἐπιγομένη. ΕΙ. 1078. χἠ κώδων ἀκαλανθὶς ἐ. τυφλὰ τίκτει,
ἐπείγω. Εκ. 501. χωροῦσαν ἐξ ἐκκλησίας ὁρῶμεν. ἀλλ' ἐ.
ἐπειδάν. Α. 29. νοστῶν κάθημαι· κᾆτ' ἐ. ὦ μόνος, κ.τ.λ.
ἐπειδή. Α. 219. νῦν δ' ἐ. στερρὸν ἤδη τοὐμὸν ἀντικνήμιον κ.τ.λ.
Ι. 671. νυνὶ περὶ σπονδῶν· ἐ. γ', ὦ μέλε, κ.τ.λ.
ἐπειδήπερ. Α. 495. ἐ. αὐτὸς αἱρεῖ, λέγε. κ.τ.λ.
ἐπειή. Β. 1045. μὰ Δί', οὐδὲ γὰρ ἦν τῆς Ἀφροδίτης οὐδὲν σοι. ΑΙ. μηδέ γ' ἐ.
ἐπειθ'. Ι. 1369. ἐ. ὁ πολίτης ἐντεθεὶς ἐν καταλόγῳ κ.τ.λ.
ἔπειθε. Ν. 1422. ὥσπερ σὺ κἀγὼ, καὶ λέγων ἐ. τοὺς παλαιούς;
ἔπειθεν. Σ. 278. καὶ μόνος οὐκ ἂν ἐ.
ἐπείθετο. Σ. 117. μηδ' ἐξιέναι θύραζ', ὁ δ' οὐκ ἐ.
Σ. 746. ἂν σοῦ κελεύοντος οὐκ ἐ.
ἐπειδόμην. Εκ. 772. τὰ χρήματ' εἰσὶν; ΑΝ. Β. ἀλλ' ἰδὼν ἐ.
ἐπείνων. Ο. 1282. ἐκόμων, ἐ., ἐρρύπων, ἐσωκράτων,
ἐπελέξεθ'. Εκ. 43. οὔκουν ἐ. ἂν Γλύκη κατώμοσεν

ἐπείρων. ΕΙ. 763. παῖδας ἐ., ἀλλ' ἀράμενος τὴν σκευὴν εὐθὺ ἐχώρουν,
ἔπεισεν. Π. 304. ἐ. ὡς ὄντος κάπρους
ἐπείσθης. Ν. 866. εὖ γ' ὅτι ἐ. δεῦρο δεῦρ', ὦ Σώκρατες,
ἔπεισι. Σ. 262. ἐ. γοῦν τοῖσιν λύχνοις οὑτοσὶ μύκητες·
Εκ. 1168. τοῖν σκελίσκοιν τῶν ῥιθμῶν. τάχα γὰρ ἐ.
ἔπεισιν. Π. 1207. τῆς γραὸς ἐπιτυμβὶς ἐ. αἱ χύτραι.
ἔπειτ'. Α. 182. ἐ. ἀνέκραγον πάντες, ἐ. μιαρώτατε, κ.τ.λ.
ἔπειτα. Α. 917. ἐ. φαίνεις δῆτα καὶ θρυαλλίδα; κ.τ.λ.
ἐπειτά. Θ. 556. ἐ. γ' οὐκ εἴρηχ', ὑρᾷς, ὡς στλεγγίδας λαβοῦσαι
ἐπείχε. Εκ. 317. ἐ. κρούων ὁ κοσμαῖος, λαμβάνω
ἐπέκιτο. Λ. 1142. ὑμῖν ἐ., χὠ θεὸς σείων ἄμα.
ἐπεκούρησαν. Fr. 302, 8. γυναιξὶ κοπιάσσαιν ἐ.;
ἐπεκτύπησ'. Ο. 780. παῖ δ' ἐ. Ὄλυμπος
ἐπελάβοιην. Α. 473. οἶμαι κακοδαίμων, ὡς ἀπώλωλ'. ἐ.
ἐπελανθανόμην. Ν. 855. ἐ. ἂν εὐθὺς ὑπὸ πλήθους ἐτῶν.
ἐπίλθοιμι. Θ. 1016. πῶς ἂν ἐ. καὶ
Ι. 1618. ἐρωμένας, εἴθ' ἐ.
ἐπίλιπεν. Π. 832. ἡ πού σε ταχέως ἐ. τὰ χρήματα.
ἐπεμαίνετ'. Σ. 744. τότ' ἐ. ἔγνωκε γὰρ ἀρτίως,
ἐπεμάνην. Σ. 1469. ἐ., οὐδ' ἐξιχύθην.
ἐπεμαρτύρετο. Σ. 1437. οὐχίνος οὖν ἔχαν τιν' ἐ.
ἐπεμελεῖσθ'. Π. 1117. θύσει κακῶς γὰρ ἐ. ἡμῶν τότε.
ἔπεμπε. Ν. 1037. ἐδίδαξεν ὅπως τὸν σπαιότατον πρώην γοῦν, ἡνίκ' ἐ.,
ἐπεμπηδῶσ'. Ν. 550. κοὔκ ἐτόλμησ' αὖθις ἐ. αὐτῷ κειμένῳ
ἐπέμψαθ'. Α. 65. ἐ. ἡμᾶς ὡν βασιλέα τὸν μέγαν,
ἐπέψαμεν. Ο. 117b. πέμψαι κατ' αὐτόν εὐθύς; ΑΓ. Β. ἀλλ' ἐ.
ἔπεμψε. Ο. 1024. ἐ. δὲ τις σε δεῦρο; ΕΠΙ. φαῦλον βιβλίον
ἐπεμψέ. Α. 1049. ἐ. τίς σου νυμφίοι ταυτὶ κρέα
Ι. 1184. τοῖς ἐντέροις. ΑΛ ἐπίτηδες αὔτ' ἐ. σοι
ἔπεμψεν. Α. 154. ἐ. ὑμῖν. ΔΙ. τότ' ἐ. ἤδη σαφές.
ἐπένευσαν. Α. 115. Ἑλληνικόν γ' ἐ. ἄνδρες οὑτοῖ,
ἐπένευσεν. Ι. 657. ἐ. εἰς ἐκείνην ἡ βουλὴ πάλιν.
ἐπενόησα. Ν. 1039. ἐν τοῖσι φροντισταῖσιν, ὅτι πρώτιστος ἐ.
ἐπενόησας. Ι. 1202. εἴπ', ἀντιβολῶ, πῶς ἐ. ἀρπάσαι;
Ο. 1511. εὖ γ' ἐ. αὐτὺ καὶ προμηθικῶς.
ἐπενόουν. Ι. 884. τοιουτονὶ θεμιστοκλῆς οὐθώποτ' ἐ.
Β. 1373. δ τις ἐν δὲ τ' ἄλλος;
ἐπεντείνωμεν. ΕΙ. 514. μή νυν ἀνῶμεν, ἀλλ' ἐ.
ἐπέξεινον. Β. 1112. πάντ' ἐ., θεατῶν γ' οὕνεχ', ὡς ὄντων σοφῶν,
ἐπιπέινον. Ο. 118. καὶ τήν γ' ἐν Ἀθηναίαι ἐν κύκλῳ.
ἐπεποιήκεμα. Α. 145. ὁ δ' νἱὸς, ὁν Ἀθηναῖον ἐ.,
ἐπεπόνθειν. Α. 1098. ὦ πολυχαρίδα, πονήρ' ἐ.
ἐπέπανθη. Εκ. 650. ὥστ' οὐχὶ δέος μή σε φιλήσῃ. ΒΛ. δεινὸν μέντἂν ἐ.
ἐπεπτόμεσθα. Ο. 1471. μάστ' ἐ., καὶ
ἐπεπτώμεθ'. Λ 517. ἕτερον τι πονηρότερον δήπου βούλευμ' ἐ. ἂν ὑμῶν·
ἐπεπύσμην. Ο. 470. καὶ γῆς. ΧΟ. καὶ γῆς; ΠΕ. νὴ τὸν Ἀπόλλω. ΧΟ. τουτὶ μὰ Δί' οὐκ ἐ.
ἐπέρδετο. Π. 1177. πρῶτον μὲν οὐν ἡ Λάμι' ἁλοῦσ' ἐ.,
ἐπερειδόμεναι. Εκ. 277. ἐ. βαδίζετ'. ἐβοῦσαι μέλος
ἐπερήσομαι. Λ. 41. ἐ. τι μικρόν. ΜΥ. ὅ τι βούλει γε σύ.
ἐπερηπομένος. Π. 32. ἐ. οὖν οχρήνιν ὁν τὸν θεόν,
ἐπερχομένη. Ν. 311. ἤρὶ τ' ἐ. Δρομία χάρις,
ἐπερωτηθείς. Π. 902. καὶ μὴν ἐ. ἀποκριναὶ μοι, ΣΓ. τύ τι;
ἐπέσθ'. Β. 295. ἐ. ἀπεγκαλλήσοντι τράγου δ' ἀκραπαιτίδα.
ἐπεσβα. Π. 1209. ἐς τούπισθεν δεῖ γὰρ κατιέναι τούτων ἀδωσαι ἐ.
Π. 308. } ἐ. μητρὶ χοίροι.
315. }
ἐπεσθέ. Α. 1231. ἐ. νυν ᾄδοντες ὦ τήνελλα καλλίνικος.
ἐπεσθόν. ΕΙ. 727. ἐ. ἄμ' ἐμοὶ θᾶττον, ὡς πολλοὶ πάνυ
ἔπεσι. Ι. 39. ἕν τοῖς ἐ. ὑμᾶς καὶ τοῖς πράγμασι.
ἔπεσεν. Ν. 544. ἀλλ' αὔτη καὶ τοῖς ἐ. πιστεύουσ' ἐλήλυθεν.
ΕΙ. 750. ἐ. μεγάλοις καὶ διανοίαις καὶ σκώμμασιν οὐκ ἀγοραίοις,
Β. 358. ἢ βωμολόχοις ἐ. χαίρει μὴ 'ν καιρῷ τοῦτο ποιοῦσιν,
ἐπεσκευάσας. Α. 40b. ὦ χρυσολε, τὸν ὅρμον ἥν τὰ ἐ.
ἐπεσκευασμένα. Λ. 613, ἤξει παρ' ἡμῶν τὰ τρίτ' ἐ.
ἐπεσκεύασμαι. Εκ. 1147. τὸ δεῖπνον αὐτοῖς τοτ' ἐ.
ἐπεσπέπαικεν. Π. 805. ἐ. οἰθὺς ἡμινησίως.
ἐπέσπευσε. Ι. 1363. κἀντεῦθ' ἡ τῶν βουλὴν βίᾳ κυκήσαι,
ἔπεστ'. Π. 1206. ἡ γραὺς ἐ. δίωτος, ταύτην δὲ νῦν
ἐπέσται. Ο. 597. νυνὶ μὴ πλεῖ, χειμὼν ἔσται· νυνὶ πλεῖ, κέρδος ἐ.
ἐπεστάτει. Θ. 372. τῇ τῶν γυναικῶν Τιμόκλει' ἐ.
ἐπέστειλεν. Ν. 608. ἢ Σελήνη συντυχοῦσ' ἡμῖν ἐ. φράσαι,
ἔπεστιν. Ν. 1025. ὡς ἡδὺ σου τοῖσι λόγοις σώφρον ἐ. ἄνθος

ἐπεστρατεύσατο—ἐπιθυμεῖν.

ἐπεστρατεύσατα. Σ. 11. κἀμοὶ γὰρ ἀρτίως ἐ.
Σ. 1124. ὕθ' ὁ βαρέως ὁ μέγας ἐ.
ἐπέσυτο. Fr. 557. τίς ὕρεα βαθύκομα τάδ' ἐ. βροτῶν;
ἐπίσχον. Ν. 1382. εἰ μέν γε βρῦν εἴποις, ἐγὼ γνοὺς ἂν πιεῖν ἐ.
ἐπίσφερε Εἰ. 1195. ἐπεῖτ' ἐ. τοῖς ἀμύλοις καὶ τὰς κίχλας
ἐπισφέρεις. Θ. 1164. χρείᾳ δὲ ποίᾳ τῶνδ' ἐ. λόγων;
ἐπίταξε. Σ. 69. οὗτος φυλάττειν τὸν πατέρ' ἐ. νῷν,
ἐπετείους. I. 518. ὑμᾶς τε πάλαι διαγιγνώσκων ἐ. τὴν φύσιν ὄντας,
ἐπίτονθ'. Ο. 1287. ἐ. ἴαθεν ὥσπερ ἡμεῖς ἐπὶ νομῷ·
ἐπίτονν'. Ο. 1150. ἐ. ἔχουσαι κατόπιν, ὥσπερ παιδία.
ἐπίτρεπον Π. 1078. αὐκ ἂν ποτ' ἄλλῳ τοῦτό γ' ἐ. ποιεῖν·
ἐπέτρεψα. Α. 51. ἀθηνατὸς εἰμ'· ἐμοὶ δ' ἐ. οἱ θεοί
Λ. 1111. συνεχώρησάν σοι καὶ κοινῇ τἀγκλήματα πάντ' ἐ.
Β. 811. ἐ. ὅτῃ τῆς τέχνης ἔμπειρος ἦν.
ἐπέτρεψας. Εκ. 179. ἐ. ἑτέρῳ· πλεῖον' ἔτι δράσει κακά.
ἐπετρίβην. Ν. 972. ἐ. τυπτόμενος πολλάς ὡς τὰς Μούσας ἀφανίζων.
ἐπετρίβην. Α. 1022. τί δ' ἔπαθες. ΓΕ. ἐ. ἀπολέσας τὼ βόε.
ἐπέτριψεν. Ν. 243. πύσσο μ' ἐ. ἱππικῇ, δεινῇ φαγεῖν.
Ν. 438. διὰ τοὺς ἵππους τοὺς κοσπατίαι καὶ τὸν γάμον, ὅ μ' ἐ.
ἐπέττεν. Β. 505. ἐ. ἄρτους, ἤψε κατερικτῶν χύτρας
ἐπέτυχες. Π. 245. μετρίου γὰρ ἀνδρὸς οὐκ ἐ. πώποτε.
ἐπεφόρησε. Εἰ. 224. ὅσουν ἄνωθεν ἐ. τῶν λίθων,
ἐπεφύητρό. Π. 699. ἀπέπαρδον' ἡ γαστὴρ γὰρ ἐ. μου
ἐπίχει. Θ 724. ἐπὶ κακὸν ἐρεώτροπαν ἐ. τις τύχη.
ἐπεχείρει. Εἰ. 752. ἀλλ' Ἡρακλέους ὀργὴν τιν' ἴχαν τοῖσι μεγίστοις ἐ.,
ἐπέχθη. Ν. 1356. ᾄσαι Σιμωνίδου μέλος, τὸν Κρίον, ὡς ἐ.
ἐπίχοντες. Λ. 490. ἵνα γὰρ Πείσανδρος ἔχων κλέπτειν χοὶ ταῖς ἀρχαῖς ἐ.
ἐπίχων. Εἰ. 1121. παῖ αὐτὸν ἐ. τῷ ξύλῳ τὸν ἀλαζόνα.
ἐπίων. Ο. 908. ἐγὼ μελεγλώσσων ἐ. ἱεῖς ἀοιδάν,
Ο. 972. ὃς δέ κ' ἰμῶν ἐ. ἔλθῃ πρώτιστα προφήτης,
ἔπη. I. 508. ἠνάγκαζεν λέγοντας ἐ. πρὸς τὸ θέατρον παραβῆναι,
I. 626. ὃ δ' ἂρ ἔνδον ἐλασίβροντ' ἀναρρηγνύς ἐ.
Σ. 1047. μὴ πώποτ' ἀμείνων' ἐ. τούτων κωμῳδικὰ μηδὲν' ἀκοῦσαι.
Λ. 467. ὦ μύλλ' ἀνάλωσαι ἐ., πρόβουλε τῆσδε τῆς γῆς,
1076. τί δεῖ ποθ' ὕμμι πολλὰ μυσίδεια ἐ.;
Β. 1410. ἐγὼ δὲ δυ' ἐ. τῶν ἐμῶν ἐρῶ μόνα.
ἀπηγόρυμην. I. 1310. εἴπερ ἐκ πεύκης γε κἀγὼ καὶ ξύλων ἐ.
ἐπηκολουθουν. Fr. 460, 2. ἐ. κηρυθίλλουν προσνείμενον
ἐπηκω. Θ. 1157. εἰ καὶ πρότερόν ποτ' ἐ.
ἐπήλθες. I. 459. ὡς εὖ τὸν ἄνδρα ποικίλας τ' ἐ. ἐν λόγοισιν
ἐπηλοφόρον. Ο. 1142. ἐ. δ' αὐτοῖσι τίνες; ΑΓ. Α. ὀρωδιοὶ
ἐπὴν. Ο. 983. αὐτάρ ἐ. ἄκλητος ἱών ὁδόπορον ἀλαζὼν
Ο. 1355. ἐ. ὁ πατὴρ ὁ πελαργὸς ἱππετρήψιμους
Λ. 1175. ἐ. διαλλαγῆτε, ταυτα δράσετε.
ἐπήνεις. Εἰ. 735. αὐτὸν ἐ. πρὸς τὸ θέατρον παραβὰς ἐν τοῖς ἀναπαίστοις.
ἐπήνεσ'. Α. 485. ἐ. ἄγε νυν, ὦ τάλαινα καρδία,
ἐπῃνέσαμεν. Λ. 1238. ἐ. ἂν καὶ προσεπιωρκήσαμεν.
ἐπήνεσας. Εκ. 204. ὡς ξυνετὸς ἀνήρ. ΠΡ. νῦν καλὸν ἐ.
ἐπήνεσεν. Ν. 978. τοῖς αἰδοίοισι δρόσοι καὶ χνοῦς ὥσπερ μήλοισιν ἐ.
ἐπῇνουν. Π. 745. ἐγὼ δ' ἐ. τὸν θεὸν πάνυ σφόδρα,
ἔπηξ'. Α. 139. καὶ τοὺς ποτημοὺς ἐ. ὑπ' αὐτὸν τὸν χρόνον·
ἐπηπείλησα. Ο. 630. ἐ. καὶ κατώμοσα,
ἐπῆρε. Ν. 42. ἥτις με γῆμ' ἐ. τὴν σὴν μητέρα·
ἐπήρετε. Ν. 1457. ἀλλ' ἀνδρ' ἀγροικον καὶ γέροντ' ἐ.;
ἐπήρκουν. Π. 830. λαβὼν ἐ. τοὺς δεομένοις τῶν φίλων,
ἐπήρμενον. Ν. 810. σὺ δ' ἀνδρὸς ἐκπεπληγμένου καὶ φανερῶς ἐ.
ἐπήρτας. Α. 937. ἔπαιρε σαυτόν, ΚΙ. ἄλλ' ἐ. τοῦτό γε.
ἐπήσθιεν. Π. 1005. πρὸ τοῦ δ' ὑπὸ τῆς πενίας ἅπαντ' ἐ.
ἐπητύμιστο. Σ. 1447. φιάλην ἐ. κλέψας τοῦ θεοῦ.
ἐπὶ. Α. 13. ἀλλ' ἕτερον ἥσθην, ἡνίκ' ἐ. μόσχῳ ποτέ κ.τ.λ.
Λ. 1285. Δία τε πυρὶ φλεγόμενον, ἐ. τε κ.τ.λ.
ἐπιαλῶ. Ν. 1299. ὅπως οὐχ ὕβρις ἔσθ' ἰν'· ΣΤ. ἄξεις; ἐ.
ἐμβαλεῖς. Α. 440. τὴν χεῖρ' ἐ., ἐπιχεσεῖ πατοὐμενος,
ἐπιβάλλειν. Ο. 559. καὶ τὰς Ἀλύπας καὶ τὰς Σεμέλας ἥπερ δ' ἱπίω', ἐ.
ἐπιβάλλης. Ν. 933. κλαύσει, τὴν χεῖρ' ἢν ἐ.
ἐπιβαλλοῦσιν. Θ. 415. σφραγίδας ἐ. ἤδη καὶ μοχλούς
ἐπιβάλοι. Ν. 729. κύπαιουλημ'. ΣΤ. οἴμοι, τίς ἂν δῇ' ἐ.
ἐπιβαλούσῃ. Fr. 88. ἔπειτ' ἐπιγελᾷ ἐ. ὁμοῦ πίσοσυ.
ἐπιβαλοῦσα. Εκ. 536. ἄλλ' ἐμ' ἀποδύσας', ἐ. τοὐγκυκλον,
ἐπιβάτης Fr. 51. ἐ.
ἐπιβεβουλεύκασί. Θ. 82. αἱ γὰρ γυναῖκες ἐ. μοι
ἐπίβηθι. Β. 675. Μοῦσα χορῶν ἱερῶν ἐ. καὶ ἔλθ' ἐπὶ τέρψιν ἀοιδᾶς ἐμᾶς,
ἐπιβοᾶν. Ο. 895. ὅσιον ἐ., καλεῖν δὲ

ἐπιβολήν. Σ. 769. ταύτης ἐ. ψηφιεῖ μίαν μόνην.
ἐπιβουλεύει. Θ. 335. εἴ τις ἐ. τι τῷ δήμῳ κακὸν
Π. 1111. ἀνὴρ διὰ τί δὴ ταύτ' ἐ. ποιεῖν
ἐπιβουλεύεται. Εἰ. 404. ὁ τοῖς θεοῖς ἄπασιν ἐ.
ἐπιβουλεύοντε. Εἰ. 407. ὑμῖν ἐ. πολὺν ἤδη χρόνον,
ἐπιβουλεύουσί. Π. 570. ἐ. τε τῷ πλήθει καὶ τῷ δήμῳ πολεμοῦσιν.
ἐπιβρέμεται. Β. 680. δεινὸν ἐ.
ἐπιβύσας Π. 379. τὸ στόμ' ἐ. κέρμασιν τῶν ῥητόρων.
ἐπίγειον. Fr. 51. εὖ γ' ἐξεκολύμβησ' οὑπιβάτης, ὡς ἐξοίσων ἐ.
Fr. 371. ἐ.
ἐπιγελάσαι. Θ. 979. ἐ. προθύμῳ
Ἐπιγίνει. Εκ. 931. ᾆδω πρὸς ἐμαυτὴν Ἑ. τῷμῷ φίλῳ.
ἐπιγίγνεται. I. 136. ἐ. γὰρ Βυρσοπώλης ὁ Παφλαγών,
ἐπιγλωττήσομαι Λ. 37. περὶ τῶν Ἀθηνῶν δ' οὐκ ἐ.
Ἐπιγονῶν. Εκ. 167. δ.' Ἐ. γ' ἐκεινωνί βλέψασα γὰρ
ἐπιγράφω. Π. 480. τί δῆτά σοι τίμημ' ἐ. τῇ δίκῃ.
Ἐπιδαυρον. Β. 364. δσκώματα καὶ λίνα καὶ πίτταν διαπέμπων εἰς Ἐ.
ἐπιδείκνυ. Ο. 666. ἔκβαινε, καὶ σαυτὴν ἐ. τοῖς ξένοις.
ἐπιδεικνύναι. Fr. 561, 1. ῥήματα τε κομψὰ καὶ παίγνι' ἐ.
ἐπιδείξας. Ν. 935. ἀλλ' ἐ.
ἐπιδείξας. Λ. 1012. πρέσβεις ἐλίσθαι, τὸ πέος ἐ. τοδί.
ἐπιδείξιν. Ν. 269. ἔλθετε δῆτ', ὦ πολυτίμητοι Νεφέλαι, τῷδ' εἰς ἐ.·
ἐπιδείξω. Α. 765. καλῶς λέγεις' ἐ. ΜΕ. ἀλλὰ μὰν καλαί.
Ν. 748. ἐ. αὐτήν. ΣΤ. εἰπέ δὴ νῦν μοι τοδί·
ἐπιδείξω. I. 832. τὴν Ἀθηναίων· καί σ' ἐ.
Ο. 483. αὐτίκα δ' ὑμῖν πρῶτ' ἐ. τὸν ἀλεκτρυόν', ὡς ἐτυράννει
Α. 610. ἱμαντίον ἐ. βαδίζων ἂν ἔχω.
ἐπιδεινεῖς. I. 1140. θύσας ἐ.
ἐπιδείκνυθε. Fr. 1177. λέκιθον, ἵν' ἐ.
ἐπιδείπνιον. Fr. Μ Δαιτ. 9, 1. ἐ. βασιλεὺς θίαν
ἐπιδέξια. Εἰ. 957. περίθι τὸν βωμὸν ταχέως ἐ.
ἐπιδέξιον. Σ. 1440. ἐ. ἐκρίω, νοῦν ἂν ἔχεις πλείονα.
ἐπιδέξιον. Ν. 269. ἀλλ' ἔστιν ἐ. τι πεπανουργημύτι.
ἐπίδηλον. I. 38. ἐ. ἡμῖν τοῖς προσώποισιν ποιεῖν,
ἐπίδηλον. Π. 368. ἀλλ' ἔστιν ἐ. τι πεπανουργημύτι.
ἐπίδηλος. Θ. 575. ὅτι μὴ φίλος εἰμ' ὑμῖν, ἐ. ταῖς γνάθοις.
Εκ. 661. ἐν τῷ κοινῷ πάντων ὄντων; κλέπτων δῆπσν 'στ' ἐ.
Θ. 799. αὐθις παρακύψαν ἰδεῖν τὸ κακόν. οὕτως ἡμεῖς ἐ.
ἐπιθυμεῖ. Θ. 40. στόμα συγκλείσας· ἐ. γὰρ
ἐπιθύμιον. Λ. 1098. ὃς πολέμου ἔρασαι ἐ. ὁκρυόεντος.
ἐπίθεσιν. Β. 1038. τὸ κρἀνον πρῶτον περιδησάμενος τὸν λόφαν ἡμέλα ' ἐ.
ἐπιδιαρραγῇ. I. 701. κᾷτ' ἑκροφήσας αὐτοὺ ἐ.
ἐπιδίδωσι. Εἰ. 333. ἐ. τούτό γ' ὑμῖν, ὥστε μὴ λυπεῖν ἔτι.
ἐπιδίδως. Θ. 213. ἐγὼ νυν, ἐπειδὴ σαυτὸν ἐ. ἐμοί,
ἐπιδιδῷ. Α. 1156. ὧν ἔτ' ἐ. τευθίδων
ἐπιδοῦναι. Θ. 249. Ἀγάθων, ἐπειδὴ σαυτὸν ἐ. φθονεῖς,
ἐπιδώμεθα. Ν. 289. ἀθαιάτας ἰδέαι ἐ.
ἐπιε. Σ. 1476. ὁ γὰρ γέρων ὡς ἐ. διὰ πολλοῦ χρόνου
ἐπιεικῇ. Σ. 1027. οὐδενὶ πώποτ' ἐ. φησὶ τεθέσθαι, γνώμην τιν' ἴχων ἐ.,
ἐπιεικώς. Σ. 1249. τουτὶ μὲν ἐ. σύ γ' ἐξεπίστασαι·
ἐπιζεῖν. Θ. 468. οὐ θαυμασιόν ἐστ', οὐδ' ἐ. τὴν χολήν.
ἐπίηλε. Fr. 461. αὐτοῦ γὰρ ἐ. τάδε ἔργα.
ἐπιθ'. Ο. 344. ἔασγ', ἐ., ἐπίφερε πολέμιον
ἐπιθαυμάζειν. Ν. 1147. χρή γὰρ ἐ. τι τὸν διδάσκαλον.
ἐπιθείην. Ν. 426. οὐδ' ἂν θύσαιμ', οὐδ' ἂν σπείσαιμ', οὐδ' ἐ. λιβανωτόν.
ἐπιθεῖσα. Εκ. 538. μόνον οὐ στεφανώσασ' οὐδ' ἐ. ληκυθον.
ἐπιθές. Β. 888. ἴθι νυν ἐ. θῇ καὶ σὺ λιβανωτόν. ΕΥ. καλῶς·
ἐπιθέσθαι. Σ. 1029. οὐδ' ὅτε πρῶτόν γ' ἥρξ' ἐ. διδάσκειν, ἀνθρώποις ψήσ' ἐ.,
ἐπίθετο. Ν. 73. ἀλλ' οὐκ ἐ. τοῖς ἐμοῖς οὐδὲν λόγοις,
ἐπέθηκισα. Σ. 1290. ταυτα κατιδὼν ὑπό τι μικρῶν ἐ.·
ἐπίθημα. Fr. ρ. 505. τὴν δ' ἀσπίδα ἐ. τῷ φρέατι παράθες εὐθέως.
ἐπίθι. Σ. 1356. φαύλον ᾧδ'. • • ἄλλ' ἐ. καὶ στρόβει,
ἐπιθοῦ. Β. 1376. ἐ., ἀλλ' ᾤμην ἂν
ἐπιθυμεῖ. Σ. 1016. μέμψασθαι γὰρ τοῖσι θεαταῖς ὁ ποιητής ἐ.,
Εἰ. 448. ἵν' ἐμπολᾷ βέλτιον, ἐ. μαχῶν,
Ο. 78. ἔτνους ἐ. θεῖ τορύνης καὶ χύτρας·
Θ. 798. κἄν αἰσχυνθεὶς' ἀναχωρήσῃ, πολύ μᾶλλον πᾶς ἐ.
Π. 195. τολυ μᾶλλον ἐ. λαβεῖν ἐκκαίδεκα·
Fr. 476, 9. ὅτου τις ἐ. λαβεῖν, α. κακὸν μὲν οὖν μέγιστον·
ἐπιθυμεῖν. Σ. 1125. ἀγαθὸς ἔοικας οὐδὲν ἐ. παθεῖν.
Εἰ. 12. τετριμμένης γὰρ φησίν ἐ. ΟΙ. Β. ἰδού.
Β. 1026. εἶτα διδάξας Πέρσας μετὰ τοῦτ' ἐ. ἐξεδίδαξα

ἐπιθυμεῖς—ἐπίσταμαι. 111

ἐπιθυμεῖς. Ν. 416. μήτε ῥιγῶν ἄχθει λίαν, μήτ' ἀριστᾶν ἐ.,
Ν. 435. τεύξει τοίνυν ἂν ἱμείρεις· οὐ γὰρ μεγάλων ἐ.
ἐπιθυμεῖτε. ΕΙ. 506. ἀλλ' εἴπερ ἐ. τήνδ' ἐξελκύσαι,
ἐπιθυμῇ. Ο. 964. λυπῇ θύονται καὶ σπλαγχνεύειν ἐ.,
Εκ. 1016. νέαις ἐ., μὴ σποδεῖν αὐτὴν πρὶν ἂν
1018. πρότερον προκρούειν, ἀλλ' ἐ. τῆς νέας,
ἐπιθυμήσας. Ν. 412. ὦ τῆς μεγάλης ἐ. σοφίας ἄνθρωπε παρ'
ἡμῶν,
ἐπιθυμήσειε. Fr. 123. καί κ' ἐ. νέος νῆι ἀμφιπόλοιο.
ἐπιθυμήσεις. Εκ. 804. καλῶν ποιήσεις. ΑΝ. Β. σὺ δ' ἐ. φέρειν;
ἐπιθυμήσῃ. Εκ. 611. ἣν μείρακ' ἴδων ἐ., καὶ βούληται σκαλα-
θύραι,
Εκ. 618. κᾆτ' ἣν ταύτης ἐ., τὴν αἰσχρὰν πρῶθ' ὑποκρούσει.
ἐπιθυμήσουσιν. Εκ. 234. σώζειν ἐ.· εἶτα σιτία
ἐπιθυμοῦμεν. Β. 895. καὶ μὴν ἡμεῖς ἐ.
ἐπιθυμοῦντες. Α. 644. ἥξουσιν, ἰδεῖν ἐ. τὸν ποιητὴν τὸν ἄρι-
στον,
Π. 492. τοῦτ' οὖν ἡμεῖς ἐ. μόλις εὕρομεν ὥστε γενέσθαι
ἐπιθυμῶ. Ν. 322. ὥστ' εἴ πως ἔστιν, ἰδεῖν αὐτὰς ἤδη φανε-
ρῶς ἐ.
Ν. 433. μὴ μοί γε λέγειν γνώμας μεγάλας· οὐ γὰρ τούτων ἐ.,
656. τούτων ἐ. μανθάνειν οὐδέν. ΣΠ. τί δαί;
Σ. 5. οἶδ'· ἀλλ' ἐ. σμικρὸν ἀπομερμηρίσαι.
Ο. 1352. ἄγχειν ἐ. τὸν πατέρα καὶ πάντ' ἔχειν,
Λ. 486. καὶ μὴν αὐτῶν τοῦτ' ἐ. νὴ τὸν Δία πρῶτα πυθέσθαι,
ἐπιθυμῶι. ΕΙ. 444. κεῖ τις ἐ. ταξιαρχεῖν σοὶ φθονεῖ
Β. 360. ἀλλ' ἀνεγείρει καὶ μπίζει, κερδῶν ἰδίων ἐ.
Fr. 52. ἢ βοιδαρίων τις ἀπέκτεινε ζεύγος χολικῶν ἐ.
ἐπικαθήζηται. Π. 185. ἐφ' οἷς ἂν οὗτος ἐ. μόνον.
ἐπικαλεῖς. ΕΙ. 663. εἶεν, ἀκούω. ταῦτ' ἐ.· μανθάνω.
ἐπικείμενος. Σ. 1285. ἡνίκα Κλέων μ' ὑπετάραττεν ἐ.
ἐπίκεινται. Ο. 1018. φθαίης ἂν· ἐ. γὰρ ἑτέρων αὐταῖ.
Ἐπικεχοδὼς. Ο. 68. Ἐ. ἤγαγε Φασιανικός.
ἐπικηρυκεύομαι. Θ. 1163. κακὸν τὸ λοιπόν, ταῦτ' ἐ.
ἐπικλαίειν. Θ. 1063. κλαίειν ἐλεινῶς. ΜΝ. σὺ δ' ἐ. ὕστερον.
ἐπίκλαυτον. Β. 683. ῥύζει δ' ἐ. δηδύνιον νόμον, ὡς ἀπολεῖται,
ἐπικλέλειν. ΕΙ. 101. καὶ τοὺς πρωκτούς ἐ.
ἐπίκληρον. Σ. 583. κἂν ἀποθνήσκων ὁ πατὴρ τῳ δῷ καταλεί-
πων παῖδ' ἐ.,
Ο. 1653. ἐ. εἶναι τὴν Ἀθηναίαν δοκεῖς,
ἐπικλήρου. Σ. 589. τῆς δ' ἐ. τὴν διαθήκην ἀδικεῖς ἀνακοχυ-
λιάζων.
ἐπικλήτην. ΕΙ. 1266. οὐρησόμενα τὰ τῶν ἐ. δεῦρ', ἵνα
ἐπιμπλινεῖς. Α. 575. ἐκπλύναντας τὴν οἰσπώτην, ἐκ τῆς πό-
λεως ἐ.
ἐπίκλιντρον. Εκ. 907. τό τ' ἐ. ἀποβαλοῦσιν,
ἐπικνῶς. Ο. 1586. ἐ. πρότερον αὑτοῖσιν· ΠΕ. ὦ χαῖρ', Ἡρά-
κλεις.
ἐπικνῶ. Ο. 1582. τρεῖς ὄντες ἡμεῖς. ΠΕ. ἀλλ' ἐ. τὸ σίλ-
φιον.
ἐπικνῶσιν. Ο. 533. ἀλλ' ἐ. τυρόν, ἔλαιον,
ἐπικοκκάστρια. Θ. 1059. ἠχὼ, λόγων ἀντῳδὸς ἐ.,
ἐπικοσμοῦντες. Θ. 353. Δήμητρα θεῶν, ἐ. ᾀθέαις μολπαῖς κε-
λαδεῖτε,
ἐπίκουρε. Ι. 1319. ὦ ταῖς ἱεραῖς φέγγος Ἀθήναις καὶ ταῖς νή-
σοις ἐ.,
Ἐπίκουρος. Εκ. 644. τὰ μὲν ἄλλα λέγεις οὐδὲν σκαιῶς· εἰ δὲ
προσελθὼν Ἐ.
ἐπικουρῶν. Σ. 1018. τὰ μὲν οὐ φανερῶς, ἀλλ' ἐ. κρύβδην ἑτέ-
ροισι ποιηταῖς,
ἐπικρατεῖν. Λ. 767. ὡς χρησμὸς ἡμῖν ἔστιν ἐ., ἐὰν
ἐπικρατήσω. Β. 266. ἕως ἂν ὑμῶν ἐ. τοῦ κοᾶξ,
Ἐπικράτους. Εκ. 71. κἀγωγ' Ἐ. οὐκ ὀλίγῳ καλλίονα.
ἐπικρούσις. Θ. 1004. οἴμοι κακοδαίμων, μάλλον ἐ. οὔ γε.
ἐπικρώζουσιν. Ι. 1051. μὴ πείθου φθονεραὶ γὰρ ἐ. κορῶναι.
ἐπικτυπῶν. Εκ. 483. ἀλλ' ὡς μάλιστα τοῖν ποδοῖν ἐ. βάδιζε.
ἐπικυπτε. Θ. 239. ἐ.· τὴν κέρκον φυλάττου νυν ἄκραν.
ἐπικυμάσας. Α. 982. ὅστις ἐπὶ πᾶντ' ἀγάθ' ἔχοντας ἐ.,
ἐπίκωνος. Α. 231. ὀξύς, ὑδυηρός, * * * ἐ., ἵνα
ἐπιλαβοῖσθ'. Π. 703. τὴν μὲν' ἐ. μικρολύπων γὰρ βδέω.
ἐπιλαθοίμεθα, Π. 466. εἰ τοῦτο δρᾶν μέλλοιτές ἐ.
ἐπιλέγων. Ι. 418. ἐξηπάτων γὰρ τοὺς μαγείρους ἐ. τοιαυτί·
ἐπιλείπει. Π. 554. περιγίγνεσθαι δ' αὑτῷ μηδέν, μὴ μέντοι
μηδ' ἐ.
ἐπιλείψει. Εκ. 620. οὐκ ἐ. τὸ πέος πρότερον πρὶν ἐκείνο' οἱ φῆς
ἀφικέσθαι·
ἐπιλείψουσ'. Σ. 1445. κλητῆρες ἐ. τοὺς καλουμένους.
Ο. 1106. γλαῦκές ὑμᾶς οὔποτ' ἐ. Λαυριωτικαί·
ἐπιλέξηται. Ν. 631. ταῦτ' ἐ. πρὶν μαθεῖν ὅμως γε μὴν
ἐπιλέλοιφ'. Λ. 449. οἴμοι κακοδαίμων· ἐ. ὁ τοξότης.
ἐπιλήθει. Ν. 785. ἀλλ' εὐθὺς ἐ. σύ γ' ἅττ' ἂν καὶ μάθῃς·

ἐπιλήσμονα. Ν. 629. οὐδ' ἄπορον οὐδὲ σκαιὸν οὐδ' ἐ.·
ἐπιλήσμοσιν. Λ. 1288. χρησοὐμεθ' οὐκ ἐ.
ἐπιλησμότατον. Ν. 790. ἐ. καὶ σκαιότατον γερόντιον;
ἐπιλήσομαι. Ν. 485. ἐὰν δ' ὀφείλω, σχέτλιος, ἐ. πάνυ.
ἐπιμαρτύρομαι. Ν. 495. κἄπειτ' ἐπισχὼν ὀλίγον ἐ.,
ἐπιμάρτυσι. Λ. 1287. εἶτα δὲ δαίμονας, οἷς ἐ.
ἐπιμεινάντων. Ν. 196. μήπω γε μήπω γ', ἀλλ' ἐ., ἵνα
ἐπιμελῇς. Ν. 501. ἣν ἐ. ᾧ καὶ πρ θύμαι μανθάνω,
ἐπιμελητής. Π. 907. τῶν τῆς π.λεώς εἴμ' ἐ. πραγμάτων
ἐπιμελοῦ. Σ. 154. καὶ τῆς κατακλεῖδος ἐ. καὶ τοῦ μοχλοῦ·
ἐπιμύει. Σ. 934. ὠλέκτρυόν· νὴ τὸν Δί', ἐ. γέ τοι.
ἐπινενησμένοι. Εκ. 838. ὡς αἱ τράπεζαί γ' εἰσὶν ἐ.
ἐπινενύει. Π. 972. ἀλὺ οὐ λαχοῦσ' ἐ. ἐν τῷ γράμματι,
(ἐπινεύει). Α. 115. (ἐ.
ἐπινίκιος. Fr. 379. ἀτταγᾶς ἥδιστον ἔψειν ἐν ἐ. κρέας.
ἐπινοεῖ. Θ. 338. τῇ τῶν γυναικῶν, ἢ τυραννεῖν ἐ.
ἐπινοεῖς. ΕΙ. 1268. ἀλλ' ὅ τι περ ἄδειν ἐ., ὦ παιδίον,
ἐπίνοι'. Θ. 766. τίς ἡ πεῖρα, τίς ἐ.· ὦ μὲν γὰρ αἴτιος
ἐπίνοια. Εκ. 574. ἔρχεται γλῶττης ἐ., πολίτην
ἐπίνοιαν. Ι. 90. οἶνον σὺ τολμᾷς εἰς ἐ. λοιδορεῖν;
Σ. 346. ἀλλ' ἐκ τούτων ὥρα τινά σοι ζητεῖν καινήν ἐ.,
1051. εἰ παρελαύνων τοὺς ἀντιπάλους τὴν ἐ. ξυνέτριψεν.
Ο. 405. ἐπὶ τίνα τ' ἐ.
Εκ. 589. πρὶν ἐπίστασθαι τὴν ἐ. τοῦ φράζοντος ἀκοῦσαι.
Π. 15. τῆς ἐ. ξυνίης τὴν ἐ. τοῦ θεοῦ,
ἐπινοίας. Ι. 539. ἀπὸ κραμβοτάτου στόματος μάττων ἀστειο-
τάτας ἐ.
Β. 1530. τῇ τε πόλει μεγάλων ἀγαθῶν ἀγαθὸς ἐ.
ἐπινοοῦμεν. Α. 73. ξενιζόμενοι δὲ πρὸς βίαν ἐ.
Θ. 630. ὀφρ' ἴδω, τί κἀγὼ τοίνυν πρῶτον ἤν ἐ.
ἐπινον. Α. 141. τοῦτον μετὰ Σιτάλκους ἐ. τὸν χρόνον,
ἐπίξηνον. Α. 359. τί οὖν οὐ λέγεις ἐ. ἐξενεγκὼν θύραζ'
Α. 366. ἰδοὺ θέασαι, τὸ μὲν ἐ. τοδί,
ἐπίξηνον. Α. 318. ὑπὲρ ἐ. θελήσω τὴν κεφαλὴν ἔχων λέγειν.
Α. 355. ἐμοὶ θέλοντος ὑπὲρ ἐ. λέγειν
ἐπιορκεῖ. Ν. 402. καὶ τὰς δρῦς τὰς μεγάλας· τί μαθὼν; οὐ γὰρ
δὴ δρῦς γ' ἐ.
ἐπιορκεῖν. Ι. 1239. κλέπτων ἐ. καὶ βλέπειν ἐναντία,
ἐπιορκήσασαν. Β. 102. λέγεται δ' ἐ. ἰδίᾳ τῆς φρενός.
ἐπιορκήσων. Λ. 914. ἔπειτ' ὁμόσασα δῆθ' ἐ., τάλαν·
ἐπίορκοι. Ν. 400. οὐδὲ Κλεώνυμον οὐδὲ Θέωρον; καίτοι σφόδρα
γ' εἰσ' ἐ.
ἐπιόρκους. Ν. 397. τοῦτον γὰρ δὴ φανερῶς ὁ Ζεὺς ἵησ' ἐπὶ
Ν. 399. εἴπερ βάλλει τοὺς ἐ., πῶς οὐχὶ Σίμων' ἐνέπρησεν
Β. 275. καὶ τοῖς ἐ., οὕς ἕκαστος ἡμῖν· ΞΑ. εὖ δ' οὖ·
ἐπιορκοῦσιν. Ο. 1609. κύψαντες ἐ. ὑμᾶς οἱ βροτοί·
ἐπιοῦσαν. Εκ. 105. τούτου γέ τοι νὴ τὴν ἐ. ἡμέραν
ἐπιούσης. Θ. 870. μὴ ψεύσομ, ὦ Ζεῦ, τῆς ἐ. ἐλπίδος.
ἐπιπακταῖ. Fr. 608. ἐ. τὰς θύρας.
ἐπίπαστα. Ι. 103. ἐ. λείξας δημιόπραθ' ὁ βάσκανος
ἐπιπέμπτες. Fr. 95. 1. καὶ τοὺς μὲν ὄφεις οὐκ ἐ.
ἐπίπεμπτον. Fr. 17. ἐ.
ἐπιπέμψειεν. Εκ. 235. τίς τῆς τεκούσης θᾶττον ἐ. ἄν;
ἐπιπηδᾷς. Σ. 705. ἐπὶ τῶν ἐχθρῶν τιν' ἐπιρρύξας, ἀγρίως
αὐτοῖς ἐ.
ἐπιπλοις. ΕΙ. 712. οὐκ, εἴ γε κυκεῶν' ἐ. βηχωνίαν.
ἐπιπνῶν. Ι. 354. ἡσυχία θερμὰ καταφαγὼν, κᾆτ' ἐ. ἀκράτου
Ι. 357. καταβροχθίσας, κᾆτ' ἐ. τὸν ζωμὸν ἀναπνίνιτος
Π. 1133. ταύτην ἐ. ἀποτρέχειν οὐκ ἂν φθάνοις·
ἐπιπληξαι. Ο. 975. καὶ φιάλην δοῦναι, καὶ ἐπιλάγχνων χεῖρ' ἐ.
ἐπιπληξῇ. Εκ. 1108. καὶ τὴν ἄνωθεν ἐ. τοῦ σήματος
Π. 1207. τῆν γραῦς ἐ. ἔπεισιν αἱ χύτραι.
ἐπίπονον. Β. 1370. ἐ. γ' οἱ δεξιοί.
ἐπιπτέσματα. Fr. 609. ἐ.
ἐπιρρέντων. Ν. 1294. ἐ. τῶν ποταμῶν πλείω, σὺ δὲ
ἐπιρρύξας. Σ. 705. ἐπὶ τῶν ἐχθρῶν τιν' ἐ., ἀγρίως αὐτοῖς
ἀγᾷδᾷς·
ἐπίσαμαι. Fr. 460. ἐπειθ' ὅσοι παρῆσαν ἐ. ξένοι
ἐπίσεις. Σ. 704. ἵνα γιγνώσκης τὸν τιθασευτήν· κᾇθ' ὅταν
οὕτως γ' ἐ.
ἐπισίτιοι. Fr. 382. 3. ἐδόντας τοῖς ἑτέροις ἐ.
ἐπισκεπεῖ Ι. 1173. ὦ Δῆμ'. ἐναργὴς ἡ θεός σ' ἐ.,
Ι. 1186. τῆς περιφανοῦς τὸ ναυτικόν.
ἐπισκοπῶν. Θ. 958. ἐ. δὲ
ἐπίσκοπος. Ο. 1022. ἐ. ἥκω δεῦρο τῷ κυάμῳ λαχὼν
Ο. 1023. ἐς τὰς Νεφελοκοκκυγίας. ΠΕ. ἐ.;
1031. μαρτύρομαι τυπτόμενος ὣν ἐ.
ἐπισκύνιον. Β. 823. δεινὸν ἐ. ξυνάγων βρυχώμενος ἥσει
ἐπισμῇ. Θ. 389. τί γὰρ οὗτος ἡμᾶς οὐκ ἐ. τῶν κακῶν;
ἐπίσταμαι. Α. 378. ἐ. διὰ τὴν πέρυσι κωμῳδίαν,

112 *ἐπίσταμαι—ἐποίεις.*

ἐπίσταμαι. Ι. 158. ἀλλ', ὤγήθ', οὐδὲ μονσικὴν ἐ.,
Ι. 390. δειλὸν εἰρήσεισ' ἐγὼ γὰρ τοὺς τρόπους ἐ.
715. ἐ. γὰρ αὐτὸν εἰς ψωμίζεται,
Σ. 989. οὐ δῆτα· κιθαρίζειν γὰρ οὐκ ἐ.
Ο. 1432. τί γὰρ πάθω; σκάπτειν γὰρ οὐκ ἐ.
ἐπισταμένη. Ἐκ. 572. φρονίτιδ' ἐ.
ἐπιστάς. Σ. 1430. κάπειτ' ἐ. εἶπ' ἀνὴρ αὐτῷ φίλος·
ἐπίστασαι. Ι. 690. νους ἐ. πάλαι.
ἐπίστασθαι. Ἐκ. 589. πρὶν ἐ. τὴν ἐπίνοιαν καὶ τοῦ φρέζοντος ἀκούσαι.
ἐπίσταται. Ι. 1278. νῦν δ' Ἀρίγνωτον γὰρ οὐδεὶς ὅστις οὐκ ἐ.,
Σ. 959. ξέγγνωθι. κιθαρίζειν γὰρ οὐκ ἐ.
Ἰκ. 120. τις δ', ὦ μέλ', ἡμῶν οὐ λαλεῖν ἐ.;
ἐπιστάτην. Ἐκ. 10. λορδουμίνων τε σωμάτων ἐ.
ἐπιστήσει. Σ. 1174. ἄγε νυν, ἐ. λύγους σεμνοὺς λέγειν
ἐπιστομίζειν. Ι. 845. ἀπαξάπαντας τοὺς ἐμοὺς ἐχθροὺς ἐ.,
ἐπιστρατεύσειν. Ο. 1522. ἐ. φάσ' ἄνωθεν τῷ Διί,
ἐπιστρεφε. Σ. 422. καὶ σί γ' αὖθις ἐξολοῦμεν· ἀλλ' ἄπας ἐ.
ἐπιστρέφειν. Π. 1131. ὀδύνη σε πρὸς τὰ σπλάγχν' ἐσιπ' ἐ.
ἐπιστροφαί. Β. 1383. Στερχιτ ποταμὲ βουνόμοι τ' ἐ.
ἐπισχεῖν. ΕΙ. 1042. ἰδοὺ, πάρειμι. μῶν ἐ. σοι δοκῶ;
ἐπίσχες. Ι. 847. ἐ. ἐν τοῖς ἀσπίσιν λαβὴν γὰρ ἐνδέδωκας,
Ν. 1047. ἐ. εὐθὺς γὰρ σε μέσον ἔχω λαβὼν ἄφυκτον.
Σ. 829. ἐ. οὗτος· ὡς ὀλίγον μ' ἀπώλεσας,
Ο. 1200. ἔχ' ἀτρίμης· αὐτοῦ σπηθ' ἐ. τοῦ δρόμου·
Λ. 742. ὦ πότνι' Εἰλείθυι', ἐ. τοῦ τόκου.
Β. 522. ἐ. οὗτος· οὔ τί νου σπουδῇ ποιεῖ,
861. ἐ. οὗτος, ὦ πολυτίμητ' Αἰσχύλε,
ἐπισχών. Ν. 495. κάπειτ' ἐ. ὀλίγον ἐπιμαρτύρομαι,
ἐπιταττόμενος. Σ. 686. καὶ πρὸς τούτοις ἐ. φοιτᾶς, ὁ μάλιστά μ' ἀπάγχει,
ἔπιτε. Β. 897. ἐ. δαίαν ὁδόν.
ἐπιτέλλω. Ο. 977. πᾶν μὲν, θέσπιε κοῦρε, ποιήσ ταῦθ' ὡς ἐ.,
ἐπιτετρίμμεθα. Λ. 1190, μὰ Δί', ἀλλὰ ταυτὶ δρῶντες ἐ.,
ἐπιτετριμμένος. Λ 876. ἐγὼ οὐ διόμενος· ἐ. μὲν οὖν.
ἐπιτέριβθαι. Π. 351. ἣν δὲ σφαλῶμεν, ἐ. τὸ παράπαν.
ἐπιτέτριμμαι. ΕΙ. 369. καὶ μήν· ἐ. γε ΤΡ. ἀλλ' οὐδὲν ἠμπύληκά πω.
ἐπιτερψίμεσθ'. ΕΙ. 246. ὦ Μέγαρα Μέγαρ', ὡς ἐ. αὐτίκα
ἐπιτήδεια. ΕΙ. 1254. ἐστιν γάρ ἐ. συρμαίαν μετρεῖν.
Β. 1307. πρὸς ἥνπερ ἐ. τάδ' ἐστ' ᾄδειν μέλη.
ἐπιτηδείοις. ΕΙ. 1228. ἀνασωπατεῖν γάρ ἐστ' ἐ. πάνυ.
Ο. 836. ὦν δ' ὁ θεὸς ἐ. οἰκεῖν ἐπὶ πέτρων.
ἐπιτηδείως. Ἐκ. 79. τῇ τῶν Δία τῶν σωτῆρ' ἐ. γ' ἂν ἦν
ἐπιτήρει. Λ. 896. ἐ. οὗτος αὐτὸν ἔσκευθ' ἀξίων γενέσθαι,
Λ 1135. εἰ τουθ' ἐ.
1184. τοῖς ἐντέροις· ΑΛ. ἐ. αὖτ' ἔπεμψέ σοι
Σ. 391. φρησας γυῖν ἐ. ἰὼν ἐνταυθ'. ἵνα ταύτ' ἀπροφώ,
ΕΙ. 142. ἐ. εἶχον πηδάλιον. ὦ χρήσομαι·
742. τοὺς φεύγοντας κάξαπατῶντας καὶ τυπτομένους ἐ.,
931. τὸ ῥῆμ'. ΧΟ. ἐ. οὖν, ἵν' ἐν τηκαλησία
Θ. 546. ἐ. εὕρισκων λύγους, ὅπου γυνὴ πανηρά
Ἐκ. 116. οὐκοῦν ἐ. ξυνελέγημεν ἐνθάδε,
ἐπιτήρεις. Ι. 893. καὶ τοῦτό γ' ἐ. σε περιπέμπισχεν, ἵν' ἀπονίφρε
ἐπιτηδείης. Ν. 1015. ἣν δ' ἄπερ οἱ νῦν ἐ.,
ἐπιτηδευεσθαι. Β. 1069, εἶτ' αὖ λαλιὰν ἐ. καὶ στωμυλίαν ἐδίδαξας,
ἐπιτήκις. Θ. 1133. μιαρὸν ἁλώπης, οἷον ἐ. μοι.
ἐπιτήμει. Β. 1151. λέγ' ἕτερον αὐτῷ· σὺ δ' ἐ. τὸ βλάβος.
Β. 633. ὅταν ἐμβιβ' ἔχων εἴπη, πρὸτερος παραχῴρει, κάτ' ἐ.,
ἐπιτηρήσας. Α. 622. δι' ὑδορρύας, βορίαν ἐ. μίγαν.
ἐπιτρων. Ι. 1031. ἐς κέρκῳ παίνων σ', ὁπόταν δεινῦης, ἐ.,
ἐπιτωθείς. Σ. 96. ὥσπερ λιβανωτὸν ἐ. νουμηνίᾳ.
Β. 621. πλινθους ἐ. πάντα ταλλα, πλην κράσω
ἐπιτον. Β. 1106. λέγετον. ἐ. ἀναδιέρασθον,
ἐπιτρέπειν. Ἐκ. 455. τί δῆτ' ὁζίζειν· ΧΡ. ἐ. γε τὴν πόλιν
ἐπιτρέπει. Ν. 799. σὺ δ' ἐ. ΣΤ. εὐσωμάτει γὰρ καὶ σφριγῇ,
Σ. 1423. ἀλλ' ἐλθὲ δευρὶ πρότερον, ἐ. ἐμοὶ,
ἐπιτρέπω. Ι. 1098. καὶ τὸν ἐμαυτοῦ ἐ. σοι τουτονὶ
Ι. 1259. Ἀγορακρίτῳ τουινὶ ἐμαυτὸν ἐ.,
Β. 529. καὶ τοῖς θεοῖσιν ἐ. ΔΙ. ποίοισι θεοῖς;
ἐπιτρέψαι. Σ. 521. πάνυ γε καὶ τουτοισὶ γ' ἐ. θέλω. ΒΔ. καὶ μὴν ἐγώ.
ἐπιτρέψει. Ἐκ. 641. ἀλλ' ὁ παρεστῆς οὐκ ἐ.· τότε δ' αὐτοῖς οὐκ ἐμέλ' οὐδὲν
ἐπιτρέψομι. Π. 1081. εἶναι μετ' αὐτῆς. ΓΡ. ὁ δ' ἐ. ἐστι τίς;
ἐπιτρίβει. Λ. 886. ταύτ' αὐτὰ δὴ 'σθ' ἃ κάμ' ἐ. τῷ πύθω.
ἐπιτριβείς. Θ. 557. ἐπειτα σιφανίζομιν τὸν οἶνον. ΓΤ. Γ. ἐ.
ἐπιτριβηντ'. Ἐκ. 1068. ὀν μ' οὐ περιεῖδες ἐ. ᾇ Ἡράκλεις,
ἐπιτριβῆναι. Ν. 1407. ἵππον τρέφειν τίθηππον ἢ τυπτόμινον ἐ.
ἐπιτριβομίνου. Β. 88. ἐ. τὸν ὦμον οὐτωσὶ σφόδρα.

ἐπιτρίβουσιν. Ἐκ. 224. τοὺς ἄνδρας ἐ. ὥσπερ καὶ πρὸ τοῦ·
ἐπιτρίψαι. Ο. 96. εἴξασιν ἐ. σε. ΕΠ. μῶν με σκώπτειτον
ἐπιτρίψει. Ο. 589. ἀλλὰ γλαυκῶν λόχος εἰς αὐτοὺς καὶ κερχνήδων ἐ.
Λ. 936. ἄνθρωπος ἐ. με διὰ τὰ στρώματα.
Β. 1015. καὶ δὴ χωρεῖ τουτὶ τὸ κακόν· κρανοποιῶν αὖ μ' ἐ.
Ἐκ. 657. ἀλλ' οὐδὲ δίκαι πρῶτον ἔσονται. ΒΛ. τουτὶ δὲ πύλους ἐ.
ἐπιτρίψειε. Π 120. πύθοιτ' ἂν ἐ. ΧΡ. νῦν δ' οὐ τοῦτο δρᾷ,
ἐπιτρίψειεν. Ἐκ. 776. ὁ Ζεύς σέ γ' ἐ. ΑΝ. Β. ἐπιτρίψουσι γάρ.
ἐπιτρίψῃς. Ν. 1479. μηδί μ' ἐ., ἀλλὰ συγγνώμην ἔχε,
ἐπιτρίψουσι. Ἐκ. 776. ὁ Ζεύς σέ γ' ἐπιτρίψειεν. ΑΝ. Β. ἐ. γάρ.
ἐπιτρίψω. Σ. 846. ἀφ' Ἑστίας ἀρχόμενος ἐ. τινά.
ἐπιτρίψωμεν. Β. 571. ἴν' αὐτόν ἐ. ΠΑΝ. Α. ὦ μιαρὰ φάρυγξ,
ἐπιτροπευεν. Ι. 212. τὸν δῆμον οἶός τ' ἐ. εἰμ' ἐγώ.
Ι. 949. εἰ μή μ' ἰάσεις ἐ., ἕτερος αὖ
ἐπιτροπεύσει. Ι. 426. οὐκ ἔσθ' ὅπως ὁ πᾶτς δδ' οὐ τὸν δῆμον ἐ.
Ἐκ. 212. ταύτας ἐ. καὶ ταμίαισι χρώμεθα.
ἐπίτροπος. Fr. Μ ΕΙ. Δ. 2, 1. πιστὴ τροφός, ταμία, συνεργὺς, ἐ.
ἐπιτρόπου. ΕΙ. 686. ἄνορῳν ὁ δῆμος ἐ. καὶ γυμνὸς ὤν
ἐπιτνμεῖς. Θ. 1123. ἐ. σφόδρ' ἐ. τῇ γέροντο πύχισο,
Θ. 1135. ἔτι γὰρ σὺ τῇ μάστιγαν ἐ. λαβεῖν.
ἐπιτνφῇ. Λ. 221.
222. ὅπως ἂν ἀνὴρ ἐ. μάλιστά μου·
ἐπιτυχῇ. Ν. 195. ἀλλ' εἴσιθ', ἵνα μὴ 'κεῖνοσ ἡμῖν ἐ.
ἐπιτύχης. Β. 570. σὺ δ' ἐμοίγ', ἐάνπερ ἐ., Ὑπέρβολον ἀνηγόντων. Β. 1375. ἔλεγέ μοι τῶν ἐ.
ἐπιφερε. Ο. 344. ἔπαγ', ἐπιθ', ἐ. πολέμιον
ἐπίφθονον. Ι. 1274. λοιδορῆσαι τοὺς πυνηροὺς οὐδὲν ἐστ' ἐ.,
ἐμφορήματα. Fr. 610. ἐ.
ἐπιφυλλίδες. Β. 92. ἐ. ταῦτ' ἐστὶ καὶ στωμύλματα,
ἐπιχαίρεις. ΕΙ. 1015. τοῖς δ' Ἀνθρώπους ἐ.
ἐπιχαλκεύειν. Ν. 422. ἀμέλει θαρρῶν, οὗνεκα τούτων ἐ. παρέχοιμ' ἄν.
ἐπιχαλκον. Ε. 18. φίρειν ἐ. ἀνεκάς ἐς τὸν οὐρανὸν
ἐπιχαρῆναι. Θ. 314. φανέντας ἐ.
ἐπίχαρτος. Α. 867. καὶ τὸν Ἴλλαον, ἐ. γ', ὦ ξένε·
ἐπιχάρτων. Fr. 205. ἐν κωμήτραις κατήλοισ ἐ.
ἐπιχεῖν. Ι. 814. ἐς ἐπαίρεσιν τὴν πύλιν ἡμῶν μεστὴν εὑρῶν ἐ.,
ἐπιχειρει. Σ. 581. κἂν αὐλητής γε δίκην νικᾷ, ταύτης ἡμῖν ἐ.
ἐπιχειρεῖν. Ι. 542. ἐρήνην χρῆναι πρῶτα γενέσθαι, πρὶν πηδαλίῳ ἐ.
ἐπιχειρῆσαι. Σ. 1038. τοῖς ἡπιάλοις ἐ. φίρνειν καὶ τοῖς πυρετοῖσιν,
ἐπιχειρήσειε. Β. 81. κἂν ξυναποδράναι δεῦρ' ἐ. μοι·
ἐπιχείς. ΕΙ. 169. καὶ μύρον ἐ.· ὡς ἦν τι πιοῶν
ἐπιχέσαι. Λ. 440. τὴν χεῖρ' ἐπιβαλεῖς ἐ. πατούμενος.
Λ. 441. ἰδοῦ γ' ἐ. ποῦ 'στιν ἕτερος τοξότης;
ἐπιχρῷ. ΕΙ. 252. φέρ' ἰδ. καὶ τὸ μίν, ἵν' ἐπὶ τουτὶ τάττικῶν.
ἐπίχυσις. Fr. 12. οὐκ, ἀλλὰ ταῦτά γ' ἐ. τοῦ χαλκίου.
ἐπιχώριον. Α. 832. καὶ χαίζε μᾶλλ'. ΜΕ. ἀλλ' ἀμὶν οὐκ ἐ.
Π. 47. ἀσκεῖν τὸν υἱὸν τὸν ἐ. τρόπον·
ἐπιχωρίοιν. Π. 342. οὕνωσιν ἐ. γε πρᾶγμ' ἐργάζεται.
ἐπιψακάζεις. ΕΙ. 1141. τὸν θεὸν δ' ἐ., καὶ τιν' εἰπεῖν γείτονα,
ἐπιψωμεν. Λ. 027. περὶ τῶν σπονδῶν, ἀλλ' ἀπύδυντες τοῖς ἀναπαίστοις ἐ.
ἐπίωσ'. Ο. 559. καὶ τὰς Ἀλύπας καὶ τὰς Σεμέλας ἤυπερ δ' ἐ., ἐπιβλλνσιν
ἐπλαττεν. Ν. 879. ἐ. ἐνδον οἰκίσα ναύς τ' ἐγλυφεν,
ἐπλήγης. Β. 1043. ἃ γὰρ ἐς τὰς ἀλλοτρίας ἐπυίεις, αὐτὸς τούτοισιν ἐ.
ἐπλημφόνησιν. Ο. 1139. ἕτερος δ' ἐ. πελαργοὶ μύρια·
ἐπλινθοφορών. Ο. 1149. ἐ. ἄνω δὲ τὸν ὑπαγωγία αὐτὸς ἀγώνα,
ἐπλουτεῖ. Π. 583. εἰ γὰρ ἐ., πῶς ἂν ποιῶν τὸν Ὀλυμπικὸν Π. 586. κοτίνῳ στεφάνῳ; καίτοι χρυσῷ μᾶλλον ἔχρην, εἴπερ ἐ.
ἐπλούτουν. Π. 30. ἕτεροι δ' ἐ., ἱερόσυλοι, ῥήτορις
Π. 754. ὅσοι δ' ἐ. ξύλλαβὼν συχνῇν
ἐπνευσεν. Fr. Θ. Δ. 4, 1. ὦ Ζεῦ παλυτίμηθ', οἷαν ὁ μιαρὸς
ἐπνιγόμην. Ν. 1030. καὶ μὴν πάλαι γ' ἐ. τὰ σπλάγχνα, κἀπεθύμουν
ἐπόθουν. Α. 730. ἐ. τυ ναὶ τὸν φίλιον ἄπερ ματέρα.
Ν. 1056. ἐ. γὰρ πονηρὸν ἦν, Ὁμηρος οὐδέποτ' ἂν ἐ.
Π. 976. ἄπαντ' ἐ. κοσμία μοι καὶ καλὸν·
ἐπόιεις. Β. 936. σὺ δ', ὦ θεοῖσιν ἐχθρὶ, ποί' ἄττ' ἐστὶν ἄττ' ἐ.
Β. 1043. ἃ γὰρ τὰς ἀλλοτρίας ἐ., αὐτὸς τούτοισιν ἐπλήγης.

ἐποίεις—ἐρᾷς. 113

ἐποίεις. Β. 1177. σὺ δὲ πῶς ἐ. τοὺς προλόγους; ΕΥ. ἐγὼ φράσω.
Π. 1124. οὔκουν δικαίως, ὅστις ἐ. ζημίαν
ἐποιεῖτε. Λ. 508. ὑπὸ σωφροσύνης τῆς ἡμετέρας, τῶν ἀνδρῶν, ἅττ' ἐ.
ἐποίησ'. Λ. 968. ταυτὶ μέντοι νυνὶ σ' ἐ.
Θ. 548. αὐπώπωτ' ἐ., ὅτι γυνὴ σώφρων ἔδοξεν εἶναι.
ἐποίησα. Β. 1044. οὐδ' οἶδ' οὐδεὶς ἤντιν' ἐρῶσαν πώποτ' ἐ. γυναῖκα.
Π. 698. ἐ. προσιόντος γὰρ αὐτοῦ μέγα πάνυ
ἐποίησας. Ο. 920. ταυτὶ σὺ πῶτ' ἐ. ἀπὸ ποίου χρόνου;
ἐποίησάς. Θ. 193. Εὐριπίδη, ΕΥ. τί ἐστιν; ΑΓ. ἐ. ποτε,
ἐποίησατ'. Σ. 1045. ἃς ὑπὸ τοῦ μὴ γνῶναι καθαρὰς ὑμεῖς ἐ. ἀναλδεῖς·
ἐποιήσατε. Λ. 1022. τοῦτο μὲν μὰ τὸν Δί' οὐ πονηρὸν ἐ.·
ἐποιήσατο. Fr. 27. ὅτε τὰς ὁδς ἐ.
ἐποίησε. ΕΙ. 749. ἐ. τέχνην μεγάλην ἡμῖν κἀπύργωσ' οἰκοδομήσας
Λ. 1290. ἥν ἐ. θεὰ Κύπρις.
Π. 746. ὅτι βλέπειν ἐ. τὸν Πλοῦτον ταχὺ,
ἐποίησεν. Ι. 814. ὃς ἐ. τὴν πύλιν ἡμῶν μεστὴν εὑρὼν ἐπιχειλῆ,
Ν. 557. εἶθ' Ἕρμιππος αὖθις ἐ. εἰς Ὑπέρβολον,
ΕΙ. 835. Ἴων ὁ Χῖος, ὅσπερ ἐ. πάλαι
Β. 1040. ὅθεν ἡμῇ φρὴν ἀπομαξαμένη πολλὰς δρερὰς ἐ.,
Π. 90. μόνους βαδιοίμην· ὁ δὲ μ' ἐ. τυφλόν,
747. τὸν δὲ Νεοκλείδην μᾶλλον ἐ. τυφλόν.
ἐποίκοως. Ο. 1307. ὥστε πτερῶν σοι τοῖς ἐ. δεῖ ποθέν.
ἐποίουν. Ν. 335. ταῦτ' ἄρ' ἐ. ὑγρᾶν Νεφελᾶν στρεπταιγλᾶν δάιον ὁρμάν,
Β. 1043. ἀλλ' αὖ μὰ Δί' οὐ Φαίδρας ἐ. πόρνας οὐδὲ Σθενεβοίας,
Π. 1140. ὑφήλοι', ἐγὼ σε λανθάνειν ἐ. ἀεί.
Fr. p. 514. τοῖσι χωροῖς αὐτὸς τὰ σχήματ' ἐ.
ἐποίει. Β. 1253. τὶν' ἄρα μέμψιν ἐ.
ἐποίεις. Ι. 837. ζηλῶ σε τῆς εὐγλωττίας. εἰ γὰρ ὧδ' ἐ.,
ἐποιλιόρκησ'. Λ. 281. οὕτως ἐ. ἐγὼ τὸν ἀνδρ' ἐκεῖνον ἀμῶς
ἐπολιτεύσθ'. Λ. 573. ἐκ τῶν ἐρίων τῶν ἡμετέρων ἐ. ἀν ἄπαντα.
ἐπολολύξαι. Ι. 616. νῦν ἄρ' ἄξιόν γε πᾶσίν ἐστιν ἐ.
ἕπομαι. Θ. 116. ἐ. κληζουσα σεμνόν
ἐπομβρίαν. Ν. 1120. ὥστε κἄπ' αὐχμὸν πιέζειν μήτ' ἄγαν ἐ.
ἐπομείσθε. Λ. 211. ὑμεῖς δ' ἐ. ταῦτα κἀμπεδώσετε.
ἐπομνύμενον. Π. 725. ἴν' ἐ. παύσω σε τῆς ἐκκλησίας.
ἐπόντα. Π. 997. ἐ. περιμάσης ὑπεισιοῦσιν ἔτι
ἐπόντας. Β. 928. ἀλλ' ἡ Σκαμάνδρου, ἢ τάφρους, ἢ 'π' ἀσπίδων ἐ.
ἔπονπα. Ο. 47. τὸν ἐ. παρ' ἐκείνου πυθέσθαι δεομένων,
Ο. 57. παῖ παῖ. ΠΕ. τί λέγεις, οὗτος; γὰρ ἐ. παῖ καλεῖς;
ἐπόπας. Λ. 771. τοὺς ἐ. φεύγουσαι, ἀπόσχωνταί τε φαλήτων,
ἐπόπω. Ο. 58. αὖκ ἀντὶ τοῦ παιδός σ' ἐχρῆν ἐ. καλεῖν;
Ο. 59. ἐ. ποιήσεις τοί με κόπτειν αὖθις αὖ; 60. ἐ.
ἐποποποποποποποποποποποποῖ. Ο. 227. ἐ.,
ἔποπος. Ο. 282. ἐξ ἐ., ἐγὼ δὲ τούτου πάππος, ὥσπερ εἰ λέγοις
ἐπόππυσεν. Π. 732. καὶ πᾶν τὸ πρόσωπον· εἶθ' ὁ θεὸς ἐ.
ἐποπτεύειν. Β. 745. χαίρεις, ἱκετεύω; ΑΙ. μᾶλλ' ἐ. δοκῶ,
Β. 1143. ξύλοις λαθραίοις, ταῦτ' ἐ. ἔφη·
ἐποπτεύων. { Β. 1126. } 'Ἑρμῆ χθόνιε, πατρῷ' ἐ. κράτη, { 1138. }
ἑορή'. Εκ. 825. τῆς τετταρακοστῆς, ἣν ἐ. Εὐριπίδης;
ἔπος. Ν. 1375. ἐ. πρὸς ἐ. ἠρειδόμεσθ'· εἶθ' οὗτος ἐπαναπηδᾷ,
ΕΙ. 520. ὦ πότνια βοτρυόδωρε, τί προσείπω σ' ἐ.;
Ο. 174. ἄληθες, ὦ σκαιότατον εἰρηκὼς ἐ.
465. μὰ Δί', ἀλλὰ λέγειν ζητῶ τι πάλαι μέγα καὶ λαρινὸν ἐ. τι.
939. Πινδάρειον ἐ.·
Β. 802. κατ' ἐ. βασανιεῖν φησι τὰς τραγῳδίας.
1198. καὶ μήν μὰ τὸν Δί' οὐ κατ' ἐ. γέ σου κνίσω
1395. ἐγὼ δὲ πειθώ γ', ἐ. ἄριστ' εἰρημένον.
1407. καὶ μηκέτ' ἔμοιγε κατ' ἐ., ἀλλ' ἐς τὸν σταθμὸν
Εκ. 751. οὐδεὶν πρὸς ἐ. οὔτως ἀνόητον ἐκβαλῶ,
ἔπου. Α. 204. τῇδε πᾶς ἐ., δίωκε, καὶ τὸν ἄνδρα πυνθάνου
Ι. 1106. ἐ. δι' ταυτηνὶ λαβὼν τὴν βατραχίδα·
Θ. 279. ἐγὼ δ' ἄπειμι. ΜΝ. δεῦρό νυν, ὦ Θρᾷθ', ἔ.
Εκ. 294. ἔ. κατεπείγων,
1005. μὴ σκώπτέ μ', ὦ τάλαν, ἀλλ' ἔ. δεῦρ' ὡς ἐμέ.
1058. ἔ., μαλακίων, δεῦρ' ἀνύσας καὶ μὴ κάλει.
1074. μὴ σκώπτέ μ', ἀλλὰ δεῦρ' ἔ. ΓΡ. Β. δευρὶ μὲν οὖν.
Π. 823. ἔ. μετ' ἐμοῦ παιδάριον, ἵνα πρὸς τὸν θεὸν
ἐπουρίασε. Φ. 1226. τρέχε νυν τρέχε νυν κατὰ τοὺς κόρακας ἐ.
ἐπούσης. Σ. 585. καὶ τῇ κόγχῃ τῇ πάνυ συμῶς τοῖς σημείοισιν ἐ.
ἐποφ'. Ο. 16. τὸν ἐ., ὃς ὄρνις ἐγένετ' ἐκ τῶν ὀρνέων·

ἔποψ. Ο. 72. ἐ. ἐγένετο, τότε γενέσθαι μ' ηὔξατο
Ο. 260. τί τὸ τέρας τουτὶ ποτ' ἐστίν; οὐ σὺ μῶνος ἄρ' ἦσθ' ἔ.,
406. ἰὼ ἔ., σέ τοι καλῶ.
ἐπόψεται. Θ. 1048. ὦ κατάρατος ἐγώ· τίς ἐμὸν οὐκ ἐ.
ἐποψόμεναι. Β. 879. ἔλθετ' ἐ. δύναμιν
ἐπραγματευόμην. Ν. 526. τοῖς σοφοῖς, ὧν οὕνεκ' ἐγὼ ταῦτ' ἐ.
ἐπράττετο. Α. 1211. τοῖς Χουσὶ γάρ τις ξυμβολὰς ἐ.;
ἐπραττόμην. Β. 561. κάπειτ' ἐπειδὴ τἀργύριον ἐ.,
ἔπραττον. Α. 755. ἄνδρες πρόβουλοι τοῦτ' ἐ. τῇ πόλει
Π. 29. κακῶς ἐ. καὶ πένης ἤν, ΚΑ. οἶδά τοι.
ἐπριάμην. Ι. 676. ἐγὼ δὲ τὰ κοριάνν' ἐ. ὑποδραμὼν
Ν. 23. ὅτ' ἐ. τὸν κοππατίαν. οἴμοι τάλας,
ΕΙ. 1241. ἥν ἐ. δραχμῶν ποθ' ἐξήκοντ' ἐγώ·
ἐπρίατ'. ΕΙ. 1200. οὐδεὶς ἐ. ἂν δρέπανον οὐδὲ κολλύβων,
ἐπρίατο. Ι. 44. ἐ. δοῦλον, βυρσοδέψην Παφλαγόνα,
Θ. 503. δέχ' ἡμέρας, ἕως ἐ. παιδίον·
ἐπρίω. Σ. 1140. ἐπίδεσμον ἐ., νοῦν ἂν εἶχες πλείονα.
Σ. 1291. τί δαί; κυνίδιον λευκόν ἐ. τῇ θεῷ
ἔπτ'. Β. 1021. δρᾶμα ποιήσας Ἄρεως μεστῶν. ΔΙ. ποῖον; ΑΙ. τοὺς ἔ. ἐπὶ Θήβας·
ἑπτά. Ο. 1079. ὅτι συνείρων τοὺς στίχους πωλεῖ καθ' ἐ. τοὺβολοῦ,
Λ. 104. ἀ δ' ἐμὸς γε τελέους ἐ. μῆνας ἐν Πύλῳ.
641. ἐ. μὲν ἔτη γεγὼσ' εὐθὺς ἠρρηφόρουν·
ἑπταβοείους. Β. 1017. καὶ πήληκας καὶ κνημῖδας καὶ θυμοὺς ἐ.
ἑπτακαίδεκ'. Λ. 282. ἐφ' ἐ. ἀσπίδων πρὸς ταῖς πύλαις καθεύδων.
ἑπτάκις. Α. 698. οὐ γὰρ ἔσται δύναμις, οὐδ' ἣν ἐ. σὺ ψηφίσῃ,
ἑπτακότυλον. Fr. 399, 2. τὴν ἐ., τὴν χυτρωλάν, τὴν καλήν,
ἑπτάπουν. Fr. 564. ἐ. γοῦν ἡ σκιά ἐστιν ἡ 'πὶ τὸ δεῖπνον·
ἕπταρον. Β. 647. καὶ δὴ 'πάταξα. ΔΙ. κᾆτα πῶς οὐκ ἔ.;
ἐπτερωμένον. Β. 1388. σὺ δ' εἰσιδήσεις τοῦτος ἐ.
ἐπτερωμένος. Ο. 804. οἶσθ' ᾧ μάλιστ' ἔοικας ἐ.
ἐπτερωμένου. Ο. 655. ἐ. διαπραγόντ' ἔσεσθον ἐ.
ἐπτέτης. Β. 418. ὃς ἐ. ὢν οὐκ ἔφυσε φράτορας,
ἐπτητεύκεσθ'. Θ. 480. ὥσπερ με διεκόρευσεν οὔσαν ἐ.
ἐπτόησά. Θ. 1120. οὐκ ἐ. σ' αὐτῷ, τυγχάνεις ἀγών.
ἐπτώχευες. Ν. 921. κεῖνο προτεμῶν γ' ἐ.
ἐπύθεθ'. Β. 504. ἡ γὰρ θεός σ' ὦν ἐ. ἥκοντ', εὐθέως
ἐπυλλια. Α. 398. ὁ νοῦν μὲν ἔξω γε ξυλλέγων ἐ.
ἐπυλλίοις. Π. 942. ἐ. καὶ περιπάτοις καὶ τευτλίοισι λευκοῖς,
ἐπυλλίων. ΕΙ. 532. ἐ. Εὐριπίδου, ΤΡ. κλαυάραν σὺ
ἐπώαζε. Α. 1205. ἰὼ ἰὼ τραυμάτων ἐ.
ἔπωζε. Ο. 266. ἐμβὰς ἔ., χαραδριὸν μιμούμενος.
ἐπώλει. Ι. 1315. τὰς σκάφας, ἐν αἷς ἔ. τοὺς λύχνους, καθελκύσας.
ἐπώλεις. Ι. 316. ὅστις ὑποτέμνων ἐ. δέρμα μοχθηροῦ βοὸς
ἐπωλολύξαν. Ο. 783. σαί τ' ἐ.
ἐπώμνυς. Ν. 1227. καὶ νὴ Δί' ἀπωδώσειν γ' ἐ. τοὺς θεούς.
ἔπων. Α. 687. κᾆτ' ἀνελκύσας ἐπωρᾷ, σκανδάληθρ' ἱστὰς ἐ.,
Ν. 638. πότερα περὶ μέτρων ἡ περὶ ἐ. ἡ ῥυθμῶν;
1397. σὸν ἔργον, ὦ καινῶν ἐ. κινητὰ καὶ μοχλευτά,
Σ. 481. τοῦτο γὰρ παρεμβαλοῦμεν τῶν τριχοινίκων ἐ.
Θ. 966. ἀλλ' οὐδὲν οἶον ἔστ' ἀκοῦσαι τῶν ἐ.
Λ. 339. διπυγίαν' ἀπειλοῦντας ἐ.,
Θ. 53. κάμπτει δὲ νέας ἀψῖδας ἐ.
Β. 799. καὶ κανόνας ἐξοίσουσι καὶ πήχεις ἐ.
826. ἔνθεν δὴ στοματουργὸς ἐ. βασανίστρια λίσπη
881. ῥήματα καὶ παραπρίσματ' ἐ.
904. λας ἀλινδήθρας ἐ.
948. ἔπειτ' ἀπὸ τῶν πρώτων ἐ. οὐδὲν παρῆκ' ἂν ἀργὸν,
956. λεπτῶν τε κανόνων εἰσβολὰς ἐ. τε γωνιασμούς,
1161. ἄνθρωπε, ταῦτ' ἔστ', ἀλλ' ἄριστ' ἐ. ἔχον.
1181. τῶν σῶν προλόγων τῶν ἐ. ὀρθύητος τῶν ἐ.
Π. 268. ὦ χρυσὸν ἀγγείλας ἐ., πῶς φής· πάλιν φράσον μοι.
ἐπωνυμία. Π. 1164. ἂν ἀγαθὸν ἐπ' ἐ. πολλὰς ἔχειν
ἐπωφελήσεις. Ν. 1442. πῶς δή; δίδαξον γάρ τί μ' ἐκ τούτων ἐ.
ἐρᾷ. Σ. 89. ἐ. τε τούτου, τοῦ δικάζειν, καὶ στένει,
Ο. 76. τοτὲ μὲν ἐ. φαγεῖν ἀφύας παρ' Φαληρικάς·
Β. 1392. μόνος θεῶν γὰρ θάνατος οὐ δώρων ἐ.
Π. 179. ἐ. δὲ Λαΐς οὐ διὰ σὲ Φιλωνίδου;
ἐραμαι. Σ. 751. κείνων ἐ., κεῖθι γενοίμαν,
Fr. 146. πρὸς θεῶν, ἐ. τέττιγα φαγεῖν
ἐρᾶν. Ν. 1303. οὐτι τὸ πραγμάτων ἐ. φλαύρων· ὁ γὰρ
Σ. 1365. ποθεῖς ἐ. τ' ἔοικας ὡραίας σοροῦ.
Θ. 401. γυνὴ στέφανον, ἐ. δοκεῖ· κἂν ἐκβάλῃ
Β. 957. νοεῖν, ὁρᾶν, ξυνιέναι, στρέφειν ἐ. τεχνάζειν,
ἐραννοτάς. Fr. 355. ἱρὰν ἐ. πρὸπολον ἥμης ἔτνος.
ἐραννόν. Ι. 1297. Ταϋγετον αὖτ' ἐ. ἐκλιπῶα,
ἔρανον. Λ. 653. τὸν ἐ. τὸν λεγόμενον παππῴον ἐκ τῶν Μηδικῶν
ἐράνου. Α. 615. οὐδ' ἐ. τι καὶ χρεῶν πρῴην ποτέ,
ἐρᾷς. Ο. 135. νῇ Δία ταλαιπώρων γε πραγμάτων ἐ.

Q

ἐρᾶς—ἐρέσθαι.

ἐρᾷς. Ο. 143. ὦ δειλακρίων σὺ τῶν κακῶν οἵων ἐ.
Ο. 1635. ἐκδοτέον ἐστίν. ΠΟΞ. οὐ διαλλαγῶν ἔ.
ἐρασθείς. Ν. 1304. γέρων ὤδ' ἐ.
'Ερασινίδου. Β. 1196. εἰ κἀστρατήγησέν γε μετ' Ἐ.
ἐραστά. Ο. 324. ἄνδρ' ἐδεξάμην ἐ. τῆσδε τῆς ξυνουσίας.
ἐρασταί. Ο. 706. διὰ τὴν ἰσχὺν τὴν ἡμετέραν διεμήρισαν ἄνδρες ἔ.,
Π. 254. ἄνδρες φίλοι καὶ δημόται καὶ τοῦ πονεῖν ἐ.
ἐρασταῖς. ΕΙ. 988. γενναιοτρεπῶς τοῖσιν ἔ.
ἐρασταῖσιν. Ν. 976. εἴδωλον τοῖσιν ἔ. τῆς ἥβης μὴ καταλείπειν.
ἐραστάς. Ο. 1279. ὅσοιν τ' ἐ. τῆσδε τῆς χώρας ἔχεις.
ἐραστήν. Ν. 979. οὐδ' ἂν μαλακὴν φυρασάμενος τὴν φωνὴν πρὸς τὸν ἐ.
Ν. 1459. γνώμην πονηρῶν ὄντ' ἐ. πραγμάτων,
Εκ. 994. ἀλλ', ὦ μέλ', ὑρρωδῶ τὸν ἐ. σου. ΓΡ. Α. τίνα;
ἐραστής. Α. 143. ὑμῶν τ' ἐ. ἦν ἀληθής, ὥστε καὶ
Ι. 732. ὅτιη φιλῶ σ', ὦ Δῆμ', ἐ. τ' εἰμὶ σός.
1341. ὦ Δῆμ', ἐ. εἰμι σὸς φιλῶ τί σε
Σ. 1025. οὐδὲ παλαίστραι περικωμάζειν πειρῶν· οὐδ' εἴ τις ἐ.
ΕΙ. 191. οὐ συκοφάντης, οὐδ' ἐ. πραγμάτων
ἐραστῶν. Ι. 1163. ὑπὸ τῶν ἐ. νὴ Δί' ἢ 'γὼ θρύψομαι.
Π. 154. οὐ τῶν ἐ., ἀλλὰ τἀργυρίου χάριν
ἔραται. ΕΙ. 1098. ὡς πολέμου ἐ. ἐπιθυμίαν ὀκρυόεντος.
ἐρατοῖς. Θ. 993. * * κατ' ὄρεα Νυμφᾶν ἔ. ἐν ὕμνοις.
ἔργα. Ο. 1433. ἀλλ' ἔστιν ἕτερα νὴ Δί' ἔ. σώφρονα,
Λ. 708. κακῶν γυναικῶν ἔ. καὶ θήλεια φρὴν
Θ. 204. δοκῶν γυναικῶν ἔ. νυκτερησία
702. ὡς ἅπαν γάρ ἐστι τόλμης ἔ. κἀναισχυντίας.
Fr. 116, 4. δεινὰ γὰρ ἔ. δρῶσαι
254. τῶν χειρῶν ἔ. μνοῦς ἐστιν.
ἐργάζει. Α. 461. οὕτω μὰ Δί' οἰσθ' οἵ αὐτὸς ἐ. κακά.
Ο. 1430. τουτί γάρ ἐ. σὺ τοὔργον· εἰπέ μοι,
ἐργάζεται. Εκ. 148. ἴθι δὴ στεφανού· καὶ γὰρ τὸ χρῆμ' ἐ.
Π. 342. οὐκουν ἐπιχώριόν γε πρᾶγμ' ἐ.
ἐργασαίατο. Ο. 1147. τί δῆτα πύδες ἂν οὐκ ἂν ἐ.;
Λ. 42. εἴ δ' ἂν γυναῖκες φρόνιμον ἐ.
ἐργασαισθ'. Ν. 1157. οὐδὲν γὰρ ἂν με φλαῦρον ἐ. ἔτι·
ἐργασάμην. Ι. 618. ἐ., εἴθ' ἐπίλ-
ἐργάσασθαι. Π. 465. κακὸν ἔ. μεῖζον ἀνθρώπους; ΧΡ. ὅ τι;
ἐργάσει. Ι. 97. οἴμοι, τί ποθ' ἡμᾶς ἐ. τῷ σῷ ποτῷ;
ἔ. 840. ἢ πολλὰ χρῆμα̣τ' ἐ. σείων τε καὶ ταράττων.
1240. ὦ Φοῖβ' Ἄπολλον Λύκιε, τί ποτέ μ' ἐ.;
Α. 366. τί δ', ἢν σκοπῶ τοῖς κανθύλοις, τί μ' ἐ. τὸ δεινόν;
ἐργάσεσθ'. Π. 73. κακὸν τί μ' ἐ. κοὐκ ἀφήσετον
ἐργάσῃ. Π. 116. βλέψαι ποιήσαι. ΠΛ. μηδαμῶς τοῦτ' ἐ.
ἐργασίας. Β. 1347. ἐμαυτῆς ἐ.,
ἔργον. Α. 128. ἀλλ' ἐργάσομαί τι δεινὸν ἔ. καὶ μέγα.
Ι. 213. φαυλότατον ἔ.· ταῦθ' ἅπερ ποιεῖ τινα
516. κωμῳδοδιδασκαλίαν εἶναι χαλεπώτατον ἔ. ἁπάντων
844. ἐμοὶ γάρ ἐστ' εἰργασμένον τοιοῦτον ἔ. ὥστε
Ν. 524. ἔ. πλεῖστον εἴργ' ἀνδρῶν ὑπ' ἀνδρῶν φορτικῶν
1345. σὺν ἔ., ὦ πρεσβῦτα, φροντίζειν ὅπη
1397. σὺν ἔ., ὦ καινῶν ἐπῶν κινητὰ καὶ μοχλευτά,
1494. σὺν ἔ., ὦ δᾷς, ἱέναι πολλὴν φλόγα.
Σ. 1199. ἐπὶ νεότητος ἔ. ἀνδρικώτατον
ΕΙ. 22. οὐδὲν γὰρ ἔ. ἦν ἄρ' ἀθλιώτερον
426. ὑμέτερον ἐντεῦθεν ἔ., ὦνδρες. ἀλλὰ ταῖς ἅμαις
555. ἀλλὰ πᾶς χωρὶς πρὸς ἔ. εἰς ἀγρὸν ταιωνίσας.
1305. ὑμῶν τὸ λοιπὸν ἔ. ἤδη 'νταῦθα τῶν μενόντων
1310. λευκῶν ἰδόντων ἔ. ἄρ', ἢν μὴ τι καὶ μασῶνται.
Ο. 490. ἀναπηδῶσι πάντες ἐπ' ἔ., χαλκῆς, κεραμῆς, σκυλοδέψαι,
862. ἱερεῦ, σὺν ἔ., θῦε τοῖς καινοῖς θεοῖς.
1125. κάλλιστον ἔ. καὶ μεγαλοπρεπέστατον
1175. ὦ δεινὸν ἔ. καὶ σχέτλιον εἰργασμένος.
1308. οὐκ ἄρα μὰ Δί' ἡμῖν ἔτ' ἔ. ἑστάναι.
1450. τρέφαι ταῦτ' ἐστιν ἔ., ἡλικίαν δ' ἔχω.
Λ. 315. σὺν δ' ἐστὶν ἔ., ὦ χύτρα, τὸν ἄνθρωπ' ἐξεγείρειν,
381. ἔμπρησον αὐτῆς τὰς κόμας. ΧΟ. ΓΥ. σὺν ἔ., ὦχιλαῦς.
424. ἀλλ' οὐδὲν ἔ. ἑστάναι, φέρε τοὺς μοχλοὺς
614. οὐκέτ' ἔ. ἐγκαθεύδειν, ὅστις ἐστ' ἐλεύθερος·

ἔργον. Λ. 839. σὺν ἐ. εἴη τοῦτον ὀπτᾶν καὶ στρέφειν,
Θ. 586. πρὸς ποῖον ἔ., ἢ τίνος γνώμης χάριν;
703. οἷον αὖ διδρακιν ἔ. οἷαν αὖ, φίλαι, τύδε.
712. οἷον δράσας διδυσι ἔ.,
967. ὥσπερ ἔ. αὖ τι καινὸν
1172. ἱμὸν ἔ. ἐστίν καὶ σὸν, ὦλάφιον, ὅ σοι
1208. λέλυσαι, σὺν ἔ., φεύγε, πρὶν τὸν τοξότην
Β. 590. νῦν σὸν ἔ. ἐστ', ἐπειδὴ
884. νῦν γὰρ ἀγὼν σοφίας ὁ μέγας χωρεῖ πρὸς ἔ. ἤδη.
1027. νικῶν ἀεὶ τοὺς ἀντιπάλους, κοσμήσας ἔ. ἄριστον.
1100. χαλεπὸν οὖν ἔ. διαιρεῖν,
1474. αἴσχιστον ἔ. προσβλέπειν μ' εἰργασμένος·
Εκ. 514. κατάκειται δὴ πάνθ' ἅπερ εἶπας· σὺν δ' ἔ. τἆλλα διδάσκειν,
Π. 415. ὦ θερμὸν ἔ. κἀνόσιον καὶ παράνομον
445. καὶ μὴν λέγω, δεινότατον ἔ. παρὰ πολὺ
493. βούλημα καλὸν καὶ γενναῖον καὶ χρήσιμον εἰς ἅπαν ἔ.
1154. στροφαῖον· ἀλλ' οὐκ ἔ. ἐστ' οὐδὲν στροφῶν.
1158. σὺ γὰρ δόλου νῦν ἔ., ἀλλ' ἁπλῶν τρόπων.
ἔργῳ. Ριφ. 432. ἔ. φιαλοῦμαι, εὐξάμενοι τοῖσιν θεοῖς.
Θ. 777. ἐγχειρεῖν χρὴν ἔ. πορίμῳ.
ἔργων. Σ. 909. ἔ. διδραπε κἀμὲ καὶ τὸ ῥυπτανῶ.
Ο. 257. καινῶν τ' ἔ. ἐγχειρητής.
Θ. 670. παράδειγμ' ὕβρεως ἀδίκων τ' ἔ.,
Β. 819. σχινδαλάμων τε παραξόνια, σμιλεύματά τ' ἔ.,
Π. 446. ἔ. ἀπάντων ἐργασώμεθ', εἰ τὸν θεὸν
ἔρδων. Σ. 1431. ἔ. τι τῆν ἕκαστος εἰδείη τέχνην.
ἐρεβίνθων. Ν. 1396. ἀλλ' οὐδ' ἔ.
ἐρεβίνθους. Α. 801. τρώγοις ἂν ἔ.; ΚΟ. κοῒ κοῒ κοῒ.
Εκ. 606. ἄρτοιν, κρεῶν, μάζας, χιτώνια. οἶνον, στεφάνους ἔ.
ἐρεβοδιφῶσιν. Ν. 192. οὗτοι δ' ἔ. ὑπὸ τὸν Τάρταρον.
Ἐρεβος. Ο. 1193. δέρα περινέφελον, ὦν Ἐ. τε
'Ερέβους. Ο. 693. Χάος ἦν καὶ Νὺξ Ἐ. τε μέλαν πρῶτον καὶ Τάρταρος εὐρύς·
'Ερέβους. Ο. 691. φύσιν οἰωνῶν γένεσίν τε θεῶν ποταμῶν τ' Ἐ. τε Χάους τε
Ο. 694. γῇ δ' οὐδ' ἀὴρ οὐδ' οὐρανὸν ἦν· Ἐ. δ' ἐν ἀπείροσι κόλποις
ἐρεθιζόμενος. Α. 540. οἷον ἐξ ἀνθράκων πριννίνων φέψαλος ἀνήλατ', Β. ὑρίῳ ἀνία,
ἐρεθίσματα. Ν. 312. εὐπελάδων τε χορῶν ἔ.,
ἔρει. Α. 540. ἔ., σὺ χρῆν· ἀλλὰ τί ἐχρῆν εἴπατε.
ΕΙ. 769. πᾶς γάρ τις ἔ. νικῶντος ἐμοῦ
Ο. 108. τίς ὄρνις οὗτος; ὁ Τελέας ἔ. μόνος·
Β. 20. ὅτι θλίβεται μέν, τὸ δὲ γέλοιον οὐκ ἔ.
238. κρᾶτ' αὐτῶν' ἐγκύψαι ἔ.
1245. ἀπολεῖ σ' ἔ. γάρ, ληκύθιον ἀπώλεσεν.
ἔρειδε. ΕΙ. 31. ἔ., μὴ παύσαιο μηδέποτ' ἐσθίων
Fr. 55. μέσην ἔ. πρὸς τὸ σιμόν·
ἐρεῖδει. Εκ. 25. φαυλως ἔ.· τοῦτο δ' ὑπὸ φρονήματος
ἐρεῖδειν. Εκ. 616. ἐπὶ τῶν ὡραιοτάτην αὐτῶν καὶ ζητήσουσιν ἔ.·
ἐρείδεις. Fr. 116. τὴν δίσπωαν ἔ.
ἐρεῖδετον. Fr. 415. ἔ., κἀγὼ κατόπιν σφῷν ἔξομαι.
ἐρείδουσιν. Ν. 558. ἄλλοι τ' ἤδη πάντες ἔ. εἰς Ὑπέρβολον,
ἐρεῖδων. Ι. 628. κρημνοὺς ἔ. καὶ ξυνωμότας λέγων
ἐρεῖν. Α. 149. στρατιὰν τοσαύτην ὥστ' Ἀθηναίοισι ἔ.,
Ι. 931. γνώμην ἔ. μέλλοντα περὶ
Σ. 295. καλόν· οἴμαι δὲ σ' ἔ. ἀστραγάλοις δήπουθεν, ὦ παῖ.
Θ. 963. προσδοκᾷ κακῶς ἔ.
ἐρεῖξαν. Fr. 88. ἔπειτ' ἔ. ἐπιβαλοῦσ' ὁμοῦ πίσονι.
ἐρεῖς. Α. 580. τί δ' ἐγὼ πάθω ἢμᾶς· γὰρ ἔ., ΔΙ. οὐκ οἶδα πω
Ν. 1087. τί δῆτ' ἔ., ἢν τοῦτο νικηθῇς ἐμοῦ;
1102. τί ἔ.;
Σ. 805. ἰδού, τί ἔτ' ἔ.; ὡς ἅπαντ' ἐγὼ φέρω
ΕΙ. 155. τί σοι ποτ' ἔστ' ὄνομ'; οὐκ ἔ. ΤΡ. μιαρώτατος.
Ο. 67. ὦδὶ δὲ δὴ τίς ἐστιν ὄρνις; οὐκ ἔ.;
Α. 693. ὡς εἰ καὶ μόναν κακὼν ἔ., ὑπερχολῶ γάρ.
Θ. 251. καὶ στρόφιον· οὐ γὰρ ταῦτά γ' ἔ., οἶδ' ὅτι.
Β. 627. κατάδου σὺ τὰ σκεύη ταχέως, χώπως ἔ.
Β. 820. ἀλλ', ὦ παῦ', Αἰσχύλε,
Εκ. 149. ἄγε νῦν ὅπως ἀνδριστὶ καὶ καλῶν ἔ.,
1144. οὔκουν ἅπασι δῆτα ποιήσω ἔ.
Π. 71. ἀλλ' αἷρε τάχιστα ΠΛ. μηδαμῶς. ΧΡ. οὔκουν ἔ.;
314. τὴν δῖνα· σὺ δ' Ἀρίστυλλος ὑπεχάσκων ἔ.·
974. οὔκουν ἔ. ἀνύσας τὸν κνισμὸν ἔ.,
1161. ἐναγώνιοι τοίνυν ἴσομαι. καὶ τί ἔτ' ἔ.
Fr. 465. καὶ τὴν κινῆν ἔχειν μὲ κυρβασίαν ἔ.,
ἐρείτων. Β. 905. ἀλλ' ὡς τάχιστα χρὴ λέγειν· οὕτω δ' ὅπως ἔ.
ἐρεπτόμενον. Ι. 1295. φασὶ μὲν γὰρ αὐτὸν ἔ. τὰ τῶν ἰχύντων
ἐρέσθαι. Α. 1068. μηδ' ἔ. μηδένα,

ἐρέσθαι—ἔρχομαι. 115

ἐρέσθαι. Θ. 135, ἐκ τῆς Λυκουργείας ἐ. βούλομαι,
Εκ. 653. περὶ δ' ἱματίων τίς πόρος ἔσται ; καὶ γὰρ τοῦτ'
 ἔστιν ἐ.
ἐρέτην. Ι. 542. ἐ. χρῆναι πρῶτα γενέσθαι, πρὶν πηδαλίοις
 ἐπιχειρεῖν,
ἐρέτης. Σ. 1097. φροντὶς, ἀλλ' ὕστις ἐ. ἔσοιτ' ἄριστος
ἐρετμία. Fr. 714. ἀσπαζόμεσθ' ἐ. καὶ σκαλμίδια,
Ἐρεχθέα. Fr. 22. τὸν Ἐ. μοι καὶ τὸν Αἰγέα κάλει,
Ἐρεχθεῖ. Ι. 1022. τί γὰρ ἔστ' Ἐ. καὶ κολοιοὶ καὶ κινῖ ;
Ἐρεχθείδη. Ι. 1015. φράζευ, Ἐ. λογίων ὁδὸν, ἥν σοι Ἀπόλλων
 Ι. 1030. φράζευ, Ἐ., κύνα Κέρβερον ἀνδραποδιστὴν,
ἐρίψομεν. Ο. 1110. τὰς γὰρ ὑμῶν οἰκίας ἐ. πρὸς αἰτόν·
ἔρη. Ο. 167. ἐπεί παρ' ἡμῖν τοὺς πετομένους ἥν ἐ.,
Εκ. 437. εἶναι πανοῦργον. ΒΛ. καὶ σέ ; ΧΡ. μή πω τοῦτ' ἐ.
ἔρημα. Α. 567. ἀλλ' ἄχθομαι μὲν εἰσιὼν, ἐ. δὲ
ἐρῆμας. Σ. 634. οὐκ, ἀλλ' ἐ. φἰθ' οὕτος ῥᾳδίως τρυγήσειν·
Εκ. 885. οἴου δ' ἐ. οὐ παρούσης ἐνθάδε
ἐρημία. Α. 704. ἐξολέσθαι συμπλακέντα τῇ Σκυθῶν ἐ.,
Ο. 1484. τῇ λύχνων ἐ.,
ἐρημίαν. Λ. 786. φεύγων γάμον ἀφίκετ' ἐς ἐ.,
ἐρῆμος. ΕΙ. 1314. πλανοῦσιν ἐστιν ἐντυχεῖν πλανωμένοις ἐ.
ἔρημον. Π. 447. ἐ. ἀπολιπόντε ποι φευξούμεθα
Fr. 393. ἐ. ἐμβλέπειν·
ἔρημος. Α. 20. ἰσθιήης ἐ. ἡ πνὺξ αὐτηί·
ἐρῆμους. ΕΙ. 112. ὑμᾶς ἐ. ἐς τὸν οὐρανὸν λάθρα,
ἐρήσομαι. Ν. 1409. καὶ πρῶτ' ἐ. σε τουτί παιδὰ μ' ὄντ'
 ἔτυπτες ;
ἐρησόμενος. ΕΙ. 105. ἐ. ἐκείνων Ἑλλήνων πέρι
ἔρι. Α. 1177. ἐ. οἰσυπηρὰ, λαμπάδιον περὶ τὸ σφυρόν.
Fr. M. Δαν. 16. τῶν χοίρων μνοῦτ' ἐ. ἔστιν.
ἐριά. Λ. 729. οἴκοι γάρ ἐστιν ἐ. μοι Μιλήσια
ἐριβρεμέτας. Β. 814. ἡ που δεινόν ἐ. χόλον ἔνδοθεν ἕξει,
ἐριβὼς. Θ. 788. ἐ. νείκη, στάσις, ἀργαλέα λύπη, πόλεμος· φέρε
 δὴ νυν,
ἐρίζειν. Β. 866. ἐβουλόμην μὲν οὐκ ἐ. ἐνθάδε·
Β. 1105. ὅ τι περ οὖν ἔχειτον ἐ.,
ἐρίζομεν. Α. 1114. οὐκ, ἀλλ' ἐγὼ χῶ παῖ ἐ. πάλαι.
ἔριν. Β. 877. ἀνδρῶν γνωμοτυπῶν, ὅταν εἰς ἐ. ὀξυμερίμνοις
Ἐρινύος. Α. 811. Ἐ. ἀπορρώξ.
Ἐρινύς. Π. 423. ἴσως Ἐ. ἐστιν ἐκ τραγῳδίας
ἐρίοισιν. Ν. 343. οὐκ οἶδα σαφῶς· εἴξασιν δ' οὖν ἐ. πεπτα-
 μένοισι,
ἐριοπωλικῆς. Β. 1386. ὅτι εἰσέθηκε ποταμὸν, ἐ.
Ἐριούνιον. Β. 1144. οὐ δῆτ' ἐκεῖνον, ἀλλὰ τὸν Ἐ.
ἐριτίμως. Ι. 1016. ἴαχεν ἐξ ἀδύτοιο διὰ τριπόδων ἐ.
ἔριφων. Fr. 380. κεφαλάς τ' ἀρνῶν, κωλᾶς ἐ.
ἔριφ. Σ. 701. οὐκ ἀπολαύεις πλὴν τοῦθ' ὁ φέρεις, ἀκαρῆ. καὶ
 τοῦτ' ἐ. σοι
ἐριώλην. Ι. 511. καὶ γενναίως πρὸς τὸν Τυφῶ χωρεῖ καὶ τὴν ἐ.
ἐρίων. Ν. 50. ὄζων τρυγὸς, τρασιᾶς, ἐ. περιουσίας,
Σ. 1147. ἐ. τάλαντον καταπέπωκε ῥᾳδίως.
Ο. 493. χλαῖναν γὰρ ἀπώλεσ' ὁ μοχθηρὸς Φρυγίαν ἐ. διὰ
 τούτων,
Λ. 571. ἐξ ἐ. δὴ καὶ κλωστήρων καὶ ἀτράκτων πράγματα δεινὰ
573. ἐκ τῶν ἐ. τῶν ἡμετέρων ἐπολιτεύεσθ' ἄν ἅπαντα.
Β. 1067. νὴ τὴν Δήμητρα, χιτῶνά γ' ἔχων οὔλων ἐ. ὑπένερθε·
Fr. 657. ἔξαινε δὲ τῶν ἐ.
ἐρκείου. Fr. 245. μαρτύρομαι δὴ Ζηνὸς ἐ. χύτρας,
ἕρκη. Ο. 528. ἐ., νεφέλας, δίκτυα, πηκτὰς·
ἕρμα. Fr. Μ. 26. ἐ.
Ἑρμᾶ. Α. 816. Ἐ. ἐμπολαῖε, τὰν γυναῖκα τὰν ἐμὰν
Ἑρμᾶν. Α. 742. ὡς καὶ τὸν Ἐ., εἶπερ ἐξεῖτ' οἰκαδις,
Α. 779. πάλιν τ' ἀποισῶ καὶ τὸν Ἐ. οἰκαδις.
Β. 1266. Ἐ. μὲν πρόγονον τίομεν γένος οἱ περὶ λίμναν,
ἑρμῶν. Fr. 219. ἐ. ·
ἕρματος. Ο. 1429. ἀνθ' ἐ. πολλὰς κατεπεπώκειν δίκας,
Ἑρμῇ. Ν. 1478. ἀλλ', ὦ φίλ' Ἐ., μηδαμῶς θύμαινε μοι,
ΕΙ. 385. μηδαμῶς. ὦ δέσποθ' Ἐ., μηδαμῶς, μή, μηδαμῶς,
416. ναὶ μὰ Δία. πρὸς ταῦτ', ὦ φίλ' Ἐ. ξύλλαβε
648. βυρσοπώλης. ΤΡ. παῦε σαυθ', ὦ δέσποθ' Ἐ., μὴ λέγε,
711. ὦ δέσποθ' Ἐ., τῆς Ὀπώρας κατελάσας,
718. ἀλλ', ὦ φίλ' Ἐ., χαῖρε πολλά. ΕΡ. καὶ σύ γε,
Ο. 1202. Ἐ. δόλει, τανεί μὲν ἐπὶ καλέσι σοίσι,
Β. 1126. ἐ.
1138. Ἐ. χθόνιε, πατρῴ' ἐποπτεύων κράτη,
Ἑρμῇ ΕΙ. 420. Μυστηρί' Ἐ., Δειπόλει', Ἀδώνια·
ΕΙ. 422. ἀλεξίκακῳ θύσουσιν Ἐ. παντάχοῦ.
456. Ἐ., Χάρισιν, Ὥραισιν, Ἀφροδίτῃ, Πόθῳ.
Θ. 300. φφ, τῇ Γῇ καὶ τῷ Ἐ., καὶ Χάρισιν, ἐκκλη-
Ἑρμῇν. Ι. 297. νὴ τὸν Ἐ. τὸν ἀγοραῖον,
Ν. 1234. τὸν Δία, τὸν Ἐ., τὸν Ποσειδῶ. ΣΤ. νὴ Δία,

Ἑρμῇν. Ν. 1277. σὺ δὲ νὴ τὸν Ἐ. προσκεκλήσεσθαί γέ μοι
ΕΙ. 963. ἔδωκας ἤδη; ΟΙ. νὴ τὸν Ἐ., ὥστε γε
Θ. 977. Ἔ. τε Νόμιον ἀντομαι
Β. 1141. πότερ' οὖν τὸν Ἐ., ὡς ὁ πατὴρ ἀπώλετο
1145. Ἐ. χθόνιον προσεῖπε, κάδηλον λέγων
1169. εὖ νὴ τὸν Ἐ.· ὅ τι λέγεις δ' οὐ μανθάνω.
Εκ. 445. καὶ νὴ τὸν Ἐ. τοῦτό γ' οὐκ ἐψεύσατο.
Π. 1122. Ἰσχάδας, ὅσ' εἰκὸς ἔστιν Ἐ. ἐσθίειν·
1156. Ἐ. παλιγκάπηλον ἡμᾶς δεῖ τρέφειν·
Ἑρμῇς. ΕΙ. 365. Ἐ. γὰρ ὢν κλῆρῳ ποιήσεις οἶδ' ὅτι.
Ο. 572. οἱ πετόμεσθα πτέρυγά τ' ἔχομεν ; ΠΕ. ληρεῖς· καὶ νὴ
 Δί' ὅ γ' Ἐ.
Fr. 174. Στρεψαῖος ὁ Ἐ,
468. Ἐ. τρικέφαλος ;
Ἑρμίδιον. ΕΙ. 924. χύτραισιν, ὥσπερ μεφύμενον Ἐ.
Ἑρμιόνος. Fr. Μ Βαβ. 25. ἀνθ' Ἐ·
Ἕρμιππος. Ν. 557. ἰδ' Ἐ. αὐθις ἐποίησεν εἰς Τπέρβολον,
Ἑρμόκοπιδῶν. Α. 1094. τῶν ἐ. μή τις ὑμᾶς ὄψεται.
ἔρνος. Θ. 321. Λατοῦς χρυσοκόμιδος ἐ.
Εκ. 973. ὦ χρυσοδαίβαλτον ἐμὸν μέλημα, Κύπριδος ἐ.,
ἐρόεντα. Ο. 240. ἐχετε λειμῶνά τ' ἐ. Μαραθῶνος,
ἐρόμενος. Ι. 574. τῶν πρὸ τοῦ σίτησιν ἤτησ' ἐ. Κλεαίνετον·
ἐροῦ. Ο. 66. οὐδὲν λέγεις. ΕΤ. καὶ μὴν ἐ. τὰ πρὸς ποδῶν.
Ο. 1627. τούτοισι ἐγώ ΠΟΣ. καὶ τὸν Τριβαλλῶν νυν ἐ.
ἐροῦσιν. Εκ. 703. τοιαδ' ἐ. ποῖ δεῖς οὗτος;
ἐρπετά. Ο. 1069. ἐ. τε καὶ δάκετα πάνθ' ὅσαπερ
ἑρπύτια. Ι. 673. οὐ δέομέθα σπονδῶν· ὁ πόλεμος ἐ.
Α. 129. οὐκ ἂν ποιησαιμ'. ἀλλ' ὁ πόλεμος ἐ.
130. μὰ Δί' οὐδ' ἐγὼ γάρ, ἀλλ' ὁ πόλεμος ἐ.
ἔρποντ'. Σ. 552. ὃν πρῶτα μὲν ἐ. ἐξ εὐνῆς τηροῦσ' ἐπὶ τοῖσι
 δρυφάκτοις
ἑρπύλλον. ΕΙ. 168. κάπιφυτεύσεις ἐ. ἄνω,
ἔρπω. Σ. 272. πολλοῦ μέλετο ὑφ' ἡδονῆς ἐ. θύραζε.
ἐρρ'. Π. 604. ἐ. ἐς κόρακας θᾶττον ἀφ' ἡμῶν.
ἔρραγη. Ν. 583. κἀποιοῦμεν δεινὰ βροντῇ δ' ἐ. δι' ἀστραπῆς·
ἐρραμμένοις. Εκ. 21. ἐ δὴ' ἀν εἴη ; πότερον οὐκ ἐ.
ἔρρει. Ι. 527. διὰ τῶν ἀφελῶν πεδίων ἐ., καὶ τῆς στάσεως
 παρασύρων
ἔρρειν. Λ. 336. τας ἄνδρας ἐ., στελέχη
ἐρρήσεις. Σ. 147. ἀτάρ, οὐ γάρ ἐ. γε, ποῖ 'σθ' ἡ τηλία ;
ἐρρήσετ'. Λ. 1240. ἐς ταυτὸν. οὐκ ἐ. ὦ μαστιγίαι;
ἐρρήσεις. ΕΙ. 500. ἄνδρες Μεγαρῆς, οὐκ ἐς κόρακας ἐ. ;
ἐρρήμισος. Εκ. 850. ἡμᾶς δὲ κεῖναι καὶ τρίβων ἐ.
ἔρρηται. Θ. 829. ἐ. τὸ πκιάδιον,
ἐρριπτασμένον. Α. 27. πολλαείσ' τ' ἀγρυπνιάσιν ἐ.
ἔρρυμα. Εκ. 66. ἐ. πρῶτον, ἵνα δασυνθεῖην ὅλη
ἐρρύπων. Ο. 1282. ἐκόμων, ἐπείνων, ἐ., ἐσωκράτων,
ἐρρωγυῖαν. Π. 546. πιθάκνης πλευρὰν ἐ. καὶ ταύτην. ἆρά γε
 τῶν πολλῶν
ἐρρωμένος. Σ. 230. χώρει, πρόβαιν' ἐ. ὦ Κωμία, βραδύνεις ;
Σ. 1161. ἐνθες πόδ', ὦ τᾶν. κάπύβαιν' ἐ.
ἐρυθράν. Ο. 145. παρὰ τὴν ἐ. θάλατταν. ΕΤ. οἴμοι, μηδαμῶς
ἐρυθράς. Ι. 1088. καὶ ὑφ' ἐροί, καὶ γῆς καὶ τῆς ἐ. γε θαλάσσης,
ἐρυθρόν. Ν. 539. ἐ. ἐξ ἄκρου, παχὺ, τοῖς παιδίοις ἵν' ᾖ γίλκις·
ἐρυθρόπους. Ο. 303. νέρτος, ἱέραξ, φάττα, κόκκυξ, ἐ., κεβλή-
 πυρις,
ἐρυθώ. Θ. 871. τίς τῶνδ' ἐ. δωμάτων γέν. ηὐθυλιάν·
Ἐρυξιν. Β. 934. ἠδὲ τὸν Φιλοξένου γ' ὤμην Ἐ. εἶναι.
ἔρχεθ'. Θ. 1178. ἀρχησομένη γὰρ ἐ. ὡς ἄνδρας τινὰς,
ἔρχει. Β. 301. ἰδ' ὀρᾷ ἐ. δεῦρο δεῦρ', ὦ δέσποτα.
Λ. 834. μεδίουσ', ἰθ' ὀρθῇ ᾕπερ ἐ. τὴν ὁδόν.
ἔρχεθον. Α. 1144. Λἐ μὴ ὁδὶ Νίκαρχος ἐ. φανῶν.
ἔρχεται. Α. 908. καὶ μὴν ὁδὶ Νίκαρχος ἐ. φανῶν.
Σ. 1322. ἐπεῖ ταχέως μίθωεν, οἴκαθ' ἐ.
1415. ὁδὶ τις ἕτερος, οἱ ἔοικεν, ἐ.
1505. ἕτερος τραγῳδὸς Καρκινίτης ἐ.,
Ο. 268. ψυφφ', ἀλλὰ χοῦτοσὶ καὶ δή τις ὄρνις ἐ.
1712. τοιούτον ἐλέλαμπει, οἶον ἐ.
Λ. 727. Ἐλένη δὴ γοῦν τις αὐτῶν ἐ.
Β. 168. τῶν ἐκφερομένων, ὅστις ἐπὶ τοῦτ' ἐ.
1009. μέγα τὸ πρᾶγμα, πολὺ τὸ νεῖκος, ἁδρὸς ὁ πόλεμος ἐ.
Εκ. 574. ἐ. γλώττης ἐπούσιος, πολίτην
1128. μᾶλισθ' ὁδὶ γὰρ ἐπὶ τὸ δεῖπνον ἐ.
Π. 749. ἁδρὰ φράσον μοι, ποῦ 'σθ' ὁ Πλοῦτος ; ΚΑ. ἐ.
Fr. 261. ἀνοιγέτω τις δῶμαθ' αὐτοὺς ἐ.
ἔρχομαι. Σ. 153. εἰς κάνδυνους· κἀγὼ γὰρ ἐνταῦθ' ἐ.
Α. 935. ἀμέλει, ποιήσεις τοῦτο· ταχύ γὰρ ἐ.
Θ. 485. ἐς τὸν κοπρῶν' οὖν ἐ.—Βάδιζέ νυν·
Fr. 948. ἐφ' ἣν πεπωκὼς ἐ. πάλιν πλευτὴν,
1135. ποῖ ποῖ βαδίζεις ; ΔΕ. ἐπὶ τὸ δεῖπνον ἐ.

Q 2

116 ἔρχομαι—ἐσκόπουν.

ἔρχομαι. Π. 84. αὐχμῶν βαδίζεις; ΠΛ ἐκ Πατροκλίους ἰ.,
Π. 844. καὶ τοὺν' ἀναθήσων ἰ. πρὸς τὸν θεόν.
ἔρχονται. Ι. 1196. ἐκεινοιὶ γὰρ ὣς ἐμ᾿ ἰ. ΚΛ. τίνες;
Λ. 1239. ἀλλ᾿ οὑτοιὶ γὰρ αὖθις ἰ. πάλιν
ἐρῶ. Ι 249. καὶ πανοῦργον καὶ πανούργων· πολλάκις γὰρ αὖτ᾿ ἰ.
Ι. 476. ὑμῶν ἀπάντων τὰς ξυνωμοσίας ἰ.,
Ν. 53. οὐ μὴν ἰ. γ᾿ ὡς ἀργὸς ἦν, ἀλλ᾿ ἐσπάθα.
Σ. 73. βουλονται γάρ σε πένητ᾿ εἶναι καὶ ταῦθ᾿ ὧν οὕνεκ᾿, ἰ.
σοι,
Ο. 136. τί δαὶ σύ; ΠΕ. τοιούτων ἰ. κἀγώ. ΕΠ. τίνων;
1343. ἰ. δ᾿ ἐγώ τοι τῶν ἐν ὄρνισιν νόμων
1660. ἰ. δὴ δὴ καὶ τὸν Σύλωνίς σοι νόμον
Λ. 905. οὐ δῆτα· καίτοι σ᾿ οὐκ ἰ. γ᾿ ὡς οὐ φιλῶ.
Β. 61. ὅμως γε μέντοι σαι δι᾿ αἰνιγμῶν ἰ.
1410. ἐγὼ δὲ δύ᾿ ἔπη τῶν ἐμῶν ἰ. μόνα.
Εκ. 413. τετρασπατήρου καυτόν· ἀλλ᾿ ὅμοι ἰ.
Π. 343. ἀλλ᾿ οὐδὲν ἀποκρύψας ἰ. νὴ τοὺς θεούς.
650. ἐκ τῶν ποδῶν ἐς τὴν κεφαλήν σοι πάντ᾿ ἰ.
Fr. 273. οὐδὲν μὰ Δί᾿ ἰ. λοπάδος ἐψητῶν.
ἐρωδιοί. Ο. 1142. ἐπηλοφόρουν δ᾿ αὐτοῖσι τίνες; ΑΓ. Α. ἰ.
ἐρωδιῷ. Ο. 886. καὶ ἔλασᾷ. καὶ ἰ., καὶ καταράκτῃ, καὶ με-
ἐρωμαι. Ν. 345. ἀπόκριναί νυν ἄττ᾿ ἂν ἰ. ΣΤ. λέγε νυν ταχέως
ὅ τι βούλει.
ἐρυμένοις. Ι. 737. ὅμοιος εἰ τοῖς παισὶ ταῖς ἰ.·
ἐρῶν. Α. 32. ἀποβλέπων ἐς τὸν ἀγρόν, εἰρήνης ἰ.,
Ι. 734. ἰ. πάλαι σου, βουλόμενος τέ σ᾿ εὖ ποιεῖν,
Χ. 474. σοὶ λόγοις, ὦ μισόδημε καὶ μοναρχίας ἰ.,
Π. 1009. ἰ. ἀπούσας. ΧΡ. τοῦ λαβεῖν μὲν οὖν χάριν.
ἐρῶντ᾿. Π. 992. λέγεις ἰ. ἄνθρωπον ἰκνουμιῶτα.
Ἔρως. Α. 991. τῶι ἂν ἐμὶ καὶ σέ τις Ἔ. ξυναγάγοι λαβὼν,
Ο. 574. αὐτίκα Νίκη πέτεται πτερύγοιν χρυσαῖν, καὶ νὴ
Δί᾿ Ἔ. γε·
696. ἐξ οὗ περιτελλομέναις ὥραις ἐβλαστεν Ἔ. ὁ ποθεινός,
700. πρότερον δ᾿ οὐκ ἦν γένος ἀθανάτων, πρὶν Ἔ. ξυνέ-
μιξεν ἅπαντα·
1737. ὁ δ᾿ ἀμφιθαλῆς Ἔ.
Λ. 551. ἀλλ᾿ ἤνπερ ὅ τε γλυκύθυμος Ἔ. χἠ Κυπρογένει᾿ Ἀφρο-
δίτη
Εκ. 958. } μέθες, ἰκνοῦμαί σ᾿, Ἔ,
966.
ἔρως. Ο. 412. νιφας ἐλθεῖν. ΕΠ. ἰ.·
Θ. 1118. ταύτης ἰ. εἴληφεν. ΤΟ. οὐ ζηλῶ σι σέ·
Εκ. 954. πάνυ γάρ τις ἰ. με δοκεῖ
ἐρῶσαν. Β. 1044. οὐδ᾿ αὖ᾿ οὐδεὶς ἤντυσ᾿ ἰ. πώποτ᾿ ἐποίησα
γυναῖκα.
ἐρῶσι. Ο. 592. πλουτεῖν δὲ πόθεν δώσομεν αὐταῖς; καὶ γὰρ
τούτου σφόδρ᾿ ἰ.
Ο. 704. πολλοῖς δῆλον· τετόμεσθά τε γὰρ καὶ τοῖσιν ἰ. σύν-
ισμεν·
ἐρωτᾷ. Ο. 492. οἱ δὲ βαδίζουσ᾿ ὑποθησόμενοι νύκτωρ. ΕΤ. ἐμὶ
τουτί γ᾿ ἰ.
Β. 1012. τί παθεῖν φήσεις ἄξιος εἶναι; ΔΙ. τεθνάναι· μὴ
τοῦτον ἰ.
ἐρωτᾷ. Α. 687. κᾆτ᾿ ἀνελκύσας ἰ., σκανδάληθρ᾿ ἰστὰς ἐπῶν,
ΕΙ. 688. πῶς οὖν ξυνοίσει ταῦτ᾿, ἰ., τῇ πόλει;
Θ. 403. ἀνὴρ ἰ., τῷ κατέαγεν ἡ χύτρα;
483. ὁ δ᾿ ἀνὴρ ἰ., ποῖ σὺ καταβαίνεις ;—ὅπω·
ἐρωτῇς. Α. 287. τουτ᾿ ἰ.· ὠαίσχυντός εἰ καὶ βδελυρός,
Λ. 493. ἀλλὰ τί δράσεις; ΛΥ. τοῦτό μ᾿ ἰ.· ἡμεῖς ταμιεύσο-
μεν αὐτό,
Θ. 864. ἐνεῖτ᾿ ἰ., ἔνδον ἐστ᾿, ἢ ᾿ξωπιος.
1217. τὴν γραῦν ἰ., ἢ ᾿φερεν τὰς πυκτίδας;
ἐρωτῇς. Ο. 1316. κατέχουσι δ᾿ ἐμαὶ πόλεις,
ἐρώτῃ. Α. 800. αὐτὸς δ᾿ ἰ. ΔΙ. χαῖρε χαῖρε. ΚΟ. καὶ νοί.
Ἔρωτος. Ο. 703. πολὺ πρεσβύτεραι πάντων μακάρων. ἡμεῖς δ᾿
ὣς ἰσμὶν Ἔ.
ἔρωτος. Π. 190. ἰ. ΚΛ. ἄρτον ΧΡ. μουσικῆς ΚΛ. τραγημάτων
ἐρωτός. Ν. 1081. πλάτεινος ἂν ἤττων ἰ. τίς τῶν καὶ γυναικῶν·
ἐρωτῶ. Ν. 641. οὐ τοῦτ᾿ ἰ. σ᾿, ἀλλ᾿ ὅ τι κάλλιστον μέτρον
ἐς. Α. 32. ἀποβλέπων ἐς τὸν ἀγρόν, εἰρήνης ἐρῶν, κ.τ.λ.
ἐς. Σ. 1112. ἰ. τε τὴν ἄλλην δίαιταν ἐσμὶν εὐσορώταται. κ.τ.λ.
ἐσβαίνει. Ο. 208. ἰ. ἀνέγειρε τὴν ἀηδόνα.
Β. 190. ἰ. δή. ΔΙ. παῖ, δεῦρο.
ἐσβαίνετε. Α. 745. πήπειτεν ἐς τὸν σάκκον ὧδ᾿ ἰ.
ἐσβάλητε. Α. 762. ὅπκ᾿ ἰ., τῶν δραμαῖαι μύες.
ἐσβάλλει. Σ. 1056. ἰ. δ᾿ ἐς τὰς κιβωτοῦς
ἐσβαλᾷ. Α. 755. ἰ. ταύτην, ὥσπερ αἱ περιστεραί.
ἐσβιεν. Ο. 778. νύματα τ᾿ ἰ. νήνεμος αἴθρη,
ἐσβολαί. Α. 1104. ἰ. γάρ εἰσι πολλαὶ χἄτεραι σοφισμάτων.
ἐσβολᾶς. Α. 1075. κάπειτα τηρῆν νιφόμενόν ποτ᾿ ἰ.
Ι. 597. ξυνδιήνεγκαι μεθ᾿ ἡμῶν, ἰ. τε καὶ μάχας.

ἐσβολάς. Β. 956. λεπτῶν τε κανόνων ἰ. ἐπῶν τε γωνιασμούς,
ἐσβολῆς. Εκ. 1107. θάψαι μ᾿ ἐπ᾿ αὐτῷ τῷ στόματι τῆς ἰ.·
ἐσδέξεται. Α. 392. ὡς σπήψιν ἀγὼν οὗτος οὐκ ἰ.
ἐσδραμών. Ι. 281. ἰ. ἐς τὸ πρυτανεῖον, εἶτα πάλιν ἐκθεῖ πλέα.
ἐσδύς. Π. 204. ταχυρύχος τις διέβαλ᾿. ἰ. γάρ ποτε
ἐσει. Ι. 164. τούτων ἀπάντων αὐτὸς ἀρχέλας ἰ.
Ι. 838. μέγιστος Ἑλλήνων ἰ., καὶ μόνος καθέξεις
Ν. 823. καί σοι φράσω πρᾶγμ᾿ ὅ σὺ μαθὼν ἀνὴρ ἰ.
ΕΙ. 800. ζηλωτὸς ἰ., γέρον,
Ο. 979. οὐκ ἰ. οὐ τρυγῶν οὐδ᾿ αἱετός, οὐ δρυκολάπτης.
1644. πένης ἰ. σύ, σοῦ γὰρ ἄπαντα γίγνεται
Θ. 226. τεμνύμενον. ΕΤ. οὐκουν καταγέλαστος δῆτ᾿ ἰ.
Β. 531. ὣν δοῦλος ὣν καὶ θνητὸς Ἀλκμήνης ἰ.;
Εκ. 954. τὴν εὐφρόνην ὑπος ἰ.
ἔσειεν. ΕΙ. 639. τῶν δὲ συμμάχων ἰ. τοὺς παχεῖς καὶ πλου-
σίους,
Fr. 20. ἰ., ἤτουν χρήματ᾿, ἠπείλουν, ἐπυκοφάντουν
ἔσεισί. Κ. 196 τοῦτ᾿ ἰ. μου δοκεῖς τὴν καρδίαν;
ἐσελήλυθε. Θ. 657. ζητεῖν, εἴ που κάλλος τις ἀνὴρ ἰ., καὶ περι-
θρῆξαι
ἔσεσθαι. Σ. 400. οὐ ξυληψιεσθ᾿ ὑπόσοισι δίκαι τῆτες μέλλου-
σιν ἰ.,
Εκ. 824. τάλαντ᾿ ἰ. πεντακόσια τῇ πόλει
ἔσεσθε. Π. 327. ἰ. καὶ σωτῆρες ὄντως τοῦ θεοῦ.
ἔσεσθον. Ο. 655. ὁ διατραγόντ᾿ ἰ. πτερωμένω.
ἐσθ᾿. Α. 271. πολλῷ γάρ ἰ. ἥδιον, ὦ Φαλῆ Φαλῆς. κ.τ.λ.
ἔσθ᾿. Α. 116. κοὐν ἰ. ὅπως οὐκ εἰσὶν ἐνθένδ᾿ αὐτόθεν. κ.τ.λ.
ἐσθεῖ. Ο. 1169. ἰ. πρὸς ἡμᾶς δεῦρο, πυρρίχην βλέπων.
ἐσθεί. Θ. 148. ἐγὼ δὲ τὴν ἰ. ἅμα γνώμῃ φορῶ.
ἐσθεῖν. Α. 413. ἐσθῆτ᾿· οὐκ ἔσθ᾿ ὅπως αὐτοῦ ποιεῖς.
ἐσθ᾿. Ν. 815. ἀλλ᾿ ἰ. ἐλθὼν τοὺς Μεγακλέους πίονας.
ἔσθ᾿. Σ. 287. ἰ., μηθ᾿ ἀγανέπει.
ΕΙ. 1116. μετὰ νῶν. ΙΕ. τί ἐγὼ δέ; ΤΡ. τὴν Σίβυλλαν ἰ.
ἐσθεῖ. Α. 799. τί δ᾿ ἰ. μάλιστα; ΜΕ. πάνθ᾿ ἅ κα διδῷς.
Ι. 1292. καὶ διεζήτηχ᾿ ὑπὸθεν ποτὲ φαῦλοις ἰ. Κλεώνυμος.
Σ. 968. οὗτος γὰρ ὁ λάβης καὶ τραχύας ἰ.
ΕΙ. 354. ὅπως δὲ νὴ κάψαις ὁ κατάρατος ἰ.,
48. ὡς κεῖναι ἀπωδὸς σταιλην ἰ.
ἐσθεῖν. ΕΙ. 14. οὐδεὶς ὑφ᾿ ἡμῶν γὰρ ἂν φαίη μὲ μάττοντ᾿ ἰ.
ΕΙ. 23. ἢ κανθάρῳ μάττοντα παρέχειν ἰ.
Π. 305. μεμαγμένων σκῶρ ἰ., αὐτῇ δ᾿ ἐματτεν αὐτοῖς,
931. σὺ γὰρ ἀξιεῖς ταλλοτρα πράττων ἰ.
1122. ἰσχάδας, ὡς᾿ ἐστιν Ἑρμῆν ἰ.
ἐσθίες. Ν. 1431. οἱ ἰ. καὶ τὴν κύπρον κἀπὶ ξύλου καθεύδεις;
ἐσθῆς. ΕΙ. 1351. φῄσειες γ᾿, ὅταν ἰ.
ἐσθίειν. ΕΙ. 449. λαγιοῖν ὑπὸ λῃστῶν ἰ. κριθὰς μόνας.
ἐσθίειν. Α. 797. ἤδη δ᾿ ἄκυν τῆς μητρὸς ἰ. ἄν·
ἐσθίειν. Ι. 897. ἵν᾿ ἰ. ἀνούμενοι, κάπειτ᾿ ἐν Ἰλιαίᾳ
ἐσθίειν. Fr. 503. σκώληκας ἰ. καὶ μυλακρίδας.
ἐσθίω. ΕΙ. 1167. ἰ. κἀνέγω,
Ι. 422. ὥσπερ ἀκαλήφας ἰ. πρὸ χελιδόνων ἐκλέπεις.
Ι. 939. βουλόμενος ἰ.
Σ. 1083. στὰς ἀνὴρ παρ᾿ ἄνδρ᾿, ὑπ᾿ ὀργῆς τὴν χελύνην ἰ.·
ΕΙ. 31. ὁρείδε, μὴ παύσομαι μηθέποτ᾿ ἰ.
Λ. 869. χάριν οὐδεμίαν οἶδ᾿ ἰ. ἔστυκα γάρ.
Π. 1017. αὐτὸς γὰρ ἤδεθ᾿, ὦν ἰάκει ἰ.,
ἔσθλοῖς. Β. 1218. ἢ γὰρ πεφυκὼς ἰ. οὐκ ἔχει βίον.
ἐσθύω. Ο. 943. ὡς ὑφαντοδύνητον ἰ. καὶ βαρβιτιστρίαν.
Λ. 1096. παντὰ γε. φέρε τὸ ἰ. ἀμβαλώμεθα.
ἐσίγας. Π. 79. ἀνθρῶν ἀπάντων, εἶτ᾿ ἰ. Πλοῦτος ὤν;
Λ. 515. οὐ σίγησει· κἀγὼ ᾿σίγων. ΓΡ. ἀλλ᾿ οὐκ ἂν
ἐγὼ ποτ᾿ ἰ.
Λ. 516. κἂν ᾠμφξάξ γ᾿, εἰ μὴ ᾿σίγας. ΛΥ. τοιγὰρ ἐγωγ᾿
ἐνδον ἰ.
Β. 915. μὲν γὰρ ἐφέξῆς τέτταρας ξυνεχῶς ἂν οὐ δ᾿ ἰ.
ἐσκαλαμᾶσθαι. Σ. 381. λέγε νυν, πῆ αἰσθομύνης τούτου ζητη-
τόν μ᾿ ἰ.
ἐσκαλῶ. Σ. 936. αὐτὸς καθελοῦ᾿ τοὺς μάρτυρας γάρ ἰ.
ἐσκεκάψμεμα. Σ. 616. κἂν οἰνόν μοι μὴ ᾿γχρῇς σὺ πιεῖν, τὸν
ὄνον τόνδ᾿ ἰ.
ἐσκεκύψλκεν. Σ. 1475. δαίμων τις ἰ. ἐς τὴν οἰκίαν.
ἐσκενέμαι. Θ. 591. καί τάλλ᾿ ἄπανθ᾿ ὥσπερ γυναῖκ᾿ ἰ.
ἐσκενασμένος. Α. 121. εὐνοῦχος ἡμῖν ἦλθες ἰ.,
Fr. 236. ὥσπερ παραξεῖ μοιχεῖ.
ἐσκευώμεθα. Α. 69. πεδίον ἰδοικναούντες ἰ.
ἐσκηρύντεται. Α. 135. ἕτερα ἀλαζὸν αὐτοσὶ ἰ.
ἐσκήνωκ. ΕΙ. 549. καί τὴν δορυφόρῳ οἷον ἰ.
ἐσκίρτα. Σ. 1305. ἐνῆλατ᾿ ἰ. πεπόρδει, κατεγέλα.
ἐσκοπεῖσθον. Ν. 1507. καί τῆς Σελήνης ἰ. τὴν ἕδραν·
ἐσκοπούμεθα. Εκ. 193. τῷ συμμαχικῷ αὖ τοῦθ᾿, ὅτ᾿ ἰ.,
ἐσκόπουν. Ν. 231. εἰ δ᾿ ὢν χαμαὶ τάνω κάτωθεν ἰ.,

ἐσκορόδισας—ἐστιν. 117

ἐσκορόδισας. I. 946, σὺ δ', ὦ Παφλαγὼν, φάσκων φιλεῖν μ' ἐ.
ἐσκοροδισμένοις. Α. 166. οὐ μὴ πρόσει τούτοισιν ἐ.
ἐσκοροδισμένος. I. 494. ἵν' ἄμεινον, ὦ νᾶν, ἐ. μάχῃ.
ἐσκυθρώπαξόν. Π. 756. ὀφρῦς συνῆγον ἐ. θ' ἅμα.
ἐσκυκλησάτω. Θ. 265. εἴσω τις ὡς τάχιστά μ' ἐ.
ἐσκυλίσας. Θ. 767. κἄμ' ἐ. ἐς τοιαυτὶ πράγματα
ἔσκωψε. Ν. 540. οὐδ' ἐ. τοὺς φαλακροὺς, οὐδὲ κόρδαχ' εἵλκυσεν,
ἔσμεν. Α. 504. αὐτοὶ γάρ ἐ. οὑπὶ Ληναίῳ τ' ἀγών,
Σ. 887. εἴσοι γάρ ἐ. ἐξ οὗ
Ο. 702. καὶ γῆ πάντων τε θεῶν μακάρων γένος ἄφθιτον, ὧδε μὲν ἐ.
Λ. 11. εἶναι πανοῦργοι. ΚΛ. καὶ γάρ ἐ. νὴ Δία.
139. οὐδὲν γάρ ἐ. πλὴν Ποσειδῶν καὶ σκάφη.
Θ. 472. αἰτναῖ γάρ ἐ., κοὐδεμί' ἐκφορὰ λόγου.
789. εἰ κακόν ἐ., τί γαμεῖθ' ἡμᾶς, εἴπερ ἀληθῶς κακόν ἐ.,
Β. 433. ξένῳ γάρ ἐ. ἀρτίως ἀφιγμένω.
Εκ. 265. εἰθισμέναι γάρ ἐ. αἱρεῖν τῶ σκέλη.
489. ἀλλ' ἐγκωψόμεν' τοῦ τόπου γὰρ ἐγγύς ἐ. ἤδη
ἐσμέν. Α. 507. ἀλλ' ἐ. αὐτοὶ νῦν γε περιεντισμένοι·
I. 736, ἀλλ' οὐχ οἷοί τ' ἐ. διὰ τουτονί. σὺ γὰρ
Σ. 1075. ἐ. ἡμεῖς, οἷς πρώτοισι τοῦτο τοὐρροσύγιον,
1099. τὸν φόρον δεῦρ' ἐ., ὃν κλέ-
1112. ἐς τε τὴν ἄλλην δίαιταν ἐ. εὐπορώτατοι.
Ο. 9. ἀλλ' οὐδ' ὅπου γῆς ἐ. οἶδ' ἔγωγ' ἔτι.
64. ἀπολείσθον. ΕΤ. ἀλλ' οὐκ ἐ. ἀνθρώπω. ΤΡ. τί δαί;
716. ἐ. δ' ὑμῖν Ἄμμων, Δελφοί, Δωδώνη, Φοῖβος Ἀπόλ-
λων,
722. ἆρ' οὐ φανερῶς ἡμεῖς ὑμῖν ἐ. μαντεῖος Ἀπόλλων;
912. οὐκ, ἀλλὰ πάντες ἐ. οἱ διδάσκαλοι
Θ. 787. ὡς πᾶν ἐ. κακὸν ἀνθρώποις κἰ ξ ἡμῶν ἐστὶν ἅπαντα,
800. ὑμῶν ἐ. πολὺ βελτίους· βάσανοί τε πάρεστιν ἰδέσθαι.
ἐσμὲν. Α. 353. ἐ. γυναικῶν οὐτοσὶ θύρασιν αἱ βασιλεῖ.
ἐσμοῦς. Σ. 1107. ξυλλεγέντες γὰρ καθ' ἐ., ὡσπερεὶ τανθρήνια,
ἔσοι'. Σ. 1097. φροντίς, ἀλλ' ὅστις ἐπέτης ἐ. ἄριστος.
ἔσομαι. Β. 500. εἰ δειλός ἐ. καὶ κατὰ σὲ τὸ λῆμ' ἔχων.
Εκ. 747. ἀνὴρ ἐ. καὶ νοῦν ὀλίγον κεκτημένος.
Π. 347. ἐ. μὲν οὖν αὐτίκα μάλ', ἢν θεὸς θέλῃ.
1161. ἐυηρανίοις τοίνυν ἐ. καὶ τί ἔτ' ἐρεῖς;
ἔσομαι. I. 1256. ὅπως ἔ. σοι Φανὸς ὑποτρεφθεὶς δικῶν,
Β. 497. ἐφέξεις δ' ἔ. σοι σκευοφόρος ἐν τῷ μέρει.
ἐσόμεθ'. ΕΙ. 935. ὥστ' ἐ. ἀλλήλοισιν ἀμνοὶ τοὺς τρόπους
ἐσόμενον. Π. 858. διὰ τὸν θεῖν τοῦτον, τὸν ἐ. τυφλὸν
ἔσονται. Λ. 422. κωπῆς ἐ., τἀργυρίου νυνὶ δέον,
Εκ. 657. ἀλλ' οὐδὲ δίκας πρῶτον ἐ. ΒΛ. τουτὶ δὲ πόσους ἐπι-
τρίψει;
658. κἀγὼ ταύτῃ γνώμην ἐθέμην. τοῦ γὰρ, τάλαν, οὕ-
νεκ' ἔ.;
Π. 218. πολλοὶ δ' ἔ. χἄτεροι νῶν ξύμμαχοι,
527. ὅτι δ' οὐχ ἕξεις οὔν' ἐν πλίνῳ καταβαρβεῖν· οὐ γὰρ ἔ.
Fr. Μ. ΕΙ. Δ. 4. μή μοι 'Αθηναίοις αἰνεῖν', ἢ μολγοί ἔ.
ἐσοφίσω. Ο. 1401. χαρίεντά γ', ὦ πρεσβῦτ', ἐ. καὶ σοφά·
ἐσπάθα. Ν. 53. οὐ μὴν ἐρῶ γ' ὡς ἀργός ἦν, ἀλλ' ἔ.
ἐσπαράττετε. ΕΙ. 641. εἶτ' ἂν ὑμεῖς τοῦτον ὥσπερ κυνίδ' ἔ.
ἐσπάρται. Β. 1206. Αἴγυπτος, ἂν ὁ πλεῖστος ἔ. λεώς,
ἔσπασιν. Σ. 175. ἵν' αὐτὸν ἐκπέμψειας, ΒΔ. ἀλλ' οὐκ ἔ.
Θ. 925. αὔτη μὲν ἢ μήρινθος οὐδὲν ἔ.
ἐσπᾶτο. Β. 504. καὶ τὸ ξίφος γ' ἔ. μαίνεσθαι δοκῶν.
ἐσπεισάμην. Α. 292. ἀντὶ δ' ἂν ἐ. ὡς οἶδας' ἀλλ' ἀκούσατε.
Α. 308. τῶν δ' ἐμῶν σπονδῶν ἀκούσατ', εἰ καλῶς ἔ.
599. ταῦτ' οὖν ἐγὼ βδελυττόμενος ἐ.,
727. ἐγὼ δὲ τὴν στήλην καθ' ἣν ἔ.
ἐσπείσατο. Α. 225. ὅστις, ὦ Ζεῦ πάτερ καὶ θεοὶ, τοῖσιν ἐχθροῖ-
σιν ἔ.
ἐσπείσω. Α. 303. ὅστις ἔ., Λάκωσιν, ἀλλὰ τιμωρήσομαι.
Α. 307. πῶς δ' ἴν' ἂν καλῶν λέγοις ἂν, εἴπερ ἐ. γ' ἅπαξ
ἐσπείψαμεν. Α. 921. ἅψας ἂν ἐ. ἐς τὸ νεώριον
ἔσπενδον. ΕΙ. 1093. ἐ. δεκάσσειν ἐγὼ δ' ὁδὸν ἡγεμόνευον·
ἐσπέρα. Π. 1085. ἀλλ' ὅμως σπουδάμεσθα γάρ τινος ἔ.
ἐσπέραν. ΕΙ. 966. οὐχ' αἱ γυναῖκές γ' ἔλαβον. ΟΙ. ἀλλ' εἰς ἔ.
Α. 412. οὐδ' ἢν σχολάζομς, ταύτη τέχνῃ πρός ἔ.
Εκ. 1047. ὥστ' ἀντὶ τούτων τῶν ἀγαθῶν εἰς ἔ.
Π. 998. εἰς ἔ. ἥξοιμι, ΧΡ. τί ὁ' ἔδρας'; εἰπέ μοι.
1201, ἥξει γὰρ ὁ νεανίσκος ἄν σ' εἰς ἔ.
Fr. 6, 2. πέμψω πλακοῦντ' εἰς ἔ. χαρίσιον.
ἐσπέρας. Α. 616. ἐσπέραν ἀπόνιπτρον ἐκχέαντες ἔ.,
Ν. 175. ἰχθῦς διέγ' ἡμῖν δεῖπνον αὐκ ἦν ἔ.
613. ὥστε καὶ λέγειν ἅπαντας ἐξιόντας ἔ.,
Σ. 100. τὸν ἀλεκτρυόνα δ', ὃς ἧδ' ἐφ' ἔ. ἔφη,
1401. Αἴσωπον ἀπὸ δείπνου βαδίζονθ' ἔ.
ΕΙ. 227. οὐκ οἶδα πλὴν ἕν, ὅτι θυελαν ἔ.
796. ἐ. ἀπάγει.

ἑσπέρας. ΕΙ. 1151. εἴ τι μὴ 'ξήνεγκεν αὐτῶν ἡ γαλῆ τῆς ἐ.'
Ο. 1054. μέμνησ' ὅτε τῆς στήλης κατετίλας ἐ.;
1487. εἰσι, πλὴν τῆς ἐ.
Α. 409. ὀρχουμένης μου τῆς γυναικὸς ἐ.
Εκ. 56. ἔβηττε, τριχίδων ἐ. ἐμπλήμενος,
406. σαυτοῦ παραλείφειν τὰ βλέφαρα τῆς ἐ.
ἑσπέτασθ'. Σ. 431. οἱ μὲν ἐς τὸν πρωκτὸν αὐτῶν ἐ. ὠργισμένα,
ἔσπευδ'. Ι. 896. ἐπίτηδες οὗτος αὐτὸν ἐ. ἄξιον γενέσθαι.
ἔσπευδε. Σ. 1026. κωμῳδεῖσθαι παιδὸς ἑαυτοῦ μισῶν ἐ. πρὸς
αὑτόν.
ἔσπευδον. Α. 179. ἔ. οἱ δ' ὤσφροντο πρεσβῦταί τινες
ἐσπήδησας. I. 545. ὅτι σωφρονικῶς κοὐκ ἀνοήτως ἐ. ἐφλυάρει,
ἐσπλέων. Εκ. 1106. ὑπὸ ταινδε ταῖν νασσαλβάδοιν, δεῦρ' ἐ.
ἐσπόμεσθα. Σ. 1087. εἶτα δ' ἐ. θυννάζοντες ἐς τοὺς θυλάκους.
ἐσπουδάκατον. Σ. 694. ἐ., κᾆθ' ὡς πρίων' ὁ μὲν ἕλκει, ὁ δ' ἀν-
τενέδωκε
ἐσπουδακυῖα. Θ. 572. ἐ. προστρέχει. πρὶν οὖν ὁμοῦ γενέσθαι,
ἐσπουδάκωσι. Β. 813. ἐ., κλαύμαθ' ἡμῖν γίγνεται·
ἔσσυτο. Θ. 126. τῇ φωτὶ ἔ. δαιμονίοις ὁμμασιν,
ἔστ'. I. 844. ἐμοὶ σοβέ ἐ. εἰργασμένων ταυτοτον ἔργον ὥστε κ.τ.λ.
ἔστ'. Α. 247. καὶ μὴν καλὸν γ' ἔ., ὦ Διόνυσε δέσποτα, κ.τ.λ.
ἐσταθευμέναις. Εκ. 127. πώγωνα περιδήσειεν ἐ.
ἔσταθ'. Ο. 206. ᾖ φίλταθ' ὀρνίθων σύ, μή νυν ἔ.'
ἔσται. Α. 27. ἔ. προτίμησ' οὐδέν· ὦ πόλις πόλις, κ.τ.λ.
ἐστάλης. Σ. 487. ὕστις ἡμῶν ἐπὶ τυραννίδ' ὧδ' ἔ.
ἐστάναι. Ι. 268. ἐ. μνημεῖον ὑμῶν ἐστιν ἀνδρείας χάριν.
ΕΙ. 696. ἐπὶ γῆς παλαίειν, τετραποδηδὸν ἐ.
697. πλαγίαν καταβαλλεῖν, ἐς γόνατα κύβδ' ἐ.,
Ο. 1308. οὐκ ἄρα μὰ Δί' ἡμῖν ἔτ' ἔργον ἐ.
Α. 124. ἀλλ' οὐδὲν ἔργον ἐ. φέρε τοὺς μοχλοὺς
Β. 536. εἰκὼν ἐ., λαβυθ' ἔν
ἔσταθ'. ΕΙ. 972. ἐς ταυτὰ τουθ' ἐ. ἰόντες χωρίον·
Εκ. 842. ἐ. ἐφεξῆς τὰ τεμάχη ἀπίξεται,
ἐστάσιν. Fr. 471, 3. ἀγῶνα νῦν ἐ.
ἐσται'. ΕΙ. 383. εἰπέ μοι τί πάσχει', ὦντηες; ἐ. ἐκπεπληγ-
μένοι·
ἔστε. Α. 1174. ὢ δμῶές οἱ κατ' οἰκῶν ἐ. Λαμάχου, κ.τ.λ.
ἐστί. Α. 1037. ἀλλὰ μὴ ὥρας' ἵκοισθ'' ὡς ἐ. φωτικαὶ φύσει,
κ.τ.λ.
ἐστέψεν. Β. 229. τῶν' ἐμὶ γάρ ἐ., εὔλυροί τε Μοῦσαι
ἐστεφάνιζε. I. 1225. ἐγὼ δέ νιν ἐ. κἀδωρησάμην.
ἐστεφάνωσα. I. 647. εἴτ' ἐ. εἴργασμαι· κἀγὼ γραος φρασα
ἐστεφανωμένα. Π. 757. οἱ δ' ἠκολούθουν κατόπιν ἐ.,
ἐστεφανωμένοι. I. 966. χώρας ἀπάσης ἐ. ῥόδοις·
ἐστεφανωμένος. ΕΙ. 1044. προσέρχεται δάφνῃ τις ἐ.
Π. 820. ὢν καὶ γαρνᾷν καὶ κριὼν ἐ.,
ἐστεφανωσάμην. Εκ. 133. ἰδοὺ πιεῖν. ΓΤ. Θ. τί γὰρ ὦ
μέλ', ἐ.;
ἔστηκ'. Ο. 831. ἔ. ἔχουσα, Κλεισθένης δὲ κερκίδα;
Θ. 1031. ψήφαν κημὸν ἔ. ἔχουσ',
Εκ. 553. οὐδέων βαδιοῦμαι δῆτα. τί γὰρ ἔ. ἔχων
ἔστηκα. ΕΙ. 1178. τοὺς λοφοὺς σεῖων' ἐγὼ δ' ἔ. λινοπτώμενος.
Εκ. 879. ἔ. καὶ κροκωτὸν ἠμφιεσμένη
ἔστηκας. Α. 484. ἔ.; οὐ ταναντιῶν Εὐριπίδην;
ΓΙ. 256. ἔ. ἀργός; οὗτοσί σοι κύνδυλοι.
ἔστηκεν. Ο. 515. δετῶν ὄρνιν ἔ. ἔχων ἐπὶ τῆς κεφαλῆς, βασι-
λεὺς ὤν
Εκ. 782. ἔ. ἐκτείνοντο τὴν χείρ' ὑπτίαν,
852. ἔ. ἀλλὰ τὰς γνάθους διοίγνυτε.
ἐστηκότες. I. 666. οἱ δ' ἐθορύβουν περὶ τῶν ἀφύων ἐ.·
ἐστηκώς. Π. 872. εἶτ' ἐκεῖ κακοφρόνοις ἐ. πέλας.
ἐστηξει. Λ. 634. οὐδὲ θ' ἔ. παρ' αὐτοῦ αὐτὸ γάρ μοι γίγνεται
ἔστησε. I. 521. ὅτ' ἐν πλείστοι χοροὶ τῶν ἀντιπάλων νίκης ἔ.
τροπαῖα·
ἐστι. Α. 118. ἐγῷδ' ὅς ἐ., Κλεισθένης ὁ Σιβυρτίου, κ.τ.λ.
ἐστί. Α. 910. ταυτὶ τίνος τὰ φορτί' ἐ. ; ΒΟ. τῶδ' ἐμὰ κ.τ.λ.
ἐστι. Α. 569. εἴτε τις ἐ. ταξίαρχος τις ἢ κ.τ.λ.
ἑστία. Fr. 327. ἀργαλέον μὲν ἰδη' ἰγάργαμί ἔ.
Ἑστία. Ο. 865. εὔχασθε τῇ Ε. τῇ ὀρνιθείᾳ, καὶ τῷ ἰκτίνῳ
ἑστίαν. Π. 795. ἔνδον γε παρὰ τὴν ἐ., ὥσπερ νόμος
ἑστῶν. Ο. 132. λουσάμενοι πρὸς' μέλλω γάρ ἐ. γάμους·
Λ. 1058. ἐ. δὲ μέλλομεν ξέ-
Ἑστίας. Σ. 844. τοῦτί τί ἐστι; ΒΔ. χοιροκομεῖον Ἐ.
Σ. 846. ἀφ' Ἑ. ἀρχόμενος ἐπιτρίψω τινά.
Π. 395. ἐμεῖς ἀληθῆ· ΧΡ. φημι. ΒΛ. πρὸς τῆς Ἐ.;
ἐστιάσαι. Ν. 1212. ἀλλ' εἰσάγων σε βούλομαι πρῶτον ἐ.
ἐστιᾶσθαι. ΕΙ. 613. ἐ. κοττάβιζειν,
ἐστιγμένη. Σ. 1373. δὸς ἤδη· ΦΙ. δὸς δῆτ'. οὐχ ὁρᾷς ἐ.;
ἐστιγμένος. Ο. 760. εἰ δὲ τυγχάνει τις ὑμῶν δραπέτης ἐ.,
ἐστιν. Α. 239. οὗτος αὐτός ἐ. ὃν ζητοῦμεν. ἀλλὰ δεῦρο πᾶς
κ.τ.λ.

ἐστίν—ἕτερον.

ἐστίν. Α. 122. ὑδὶ δὲ τίς ποτ' ἐ.; οὐ δήπου Στράτων; κ.τ.λ.
Α. 259. ὦ Ξανθία, σφῶν δ' ἐ. ὀρθὸς ἐκτίος κ.τ.λ.
ἔστιν. Α. 178. τί δ' ἐ.; ΑΜ. ἐγὼ μὲν δεῦρό σοι σπουδὰς φέρων κ.τ.λ.
ἐστιούχῳ. Ο. 866. τῷ ἐ., καὶ ὄρνισιν Ὀλυμπίοις καὶ Ὀλυμ-
ἐστιώμεθα. Σ. 1218. πρὸς τῶν θεῶν, ἐνύκνιον ἐ.;
ἐστιῶν. Θ. 942. γέλωτα παρέχω τοῖς κόραξιν ἐ.
Fr. 355. πρώην ἐρανιστὰς ἐ. ἥψησ' ἴχνος.
ἐστιῶντα. Ν. 1360. ᾄδειν κελεύονθ', ὥσπερεὶ τέττιγας ἐ.;
ἔστον. ΕΙ. 1222. τριχορρυεῖτον, οὐδὲν ἐ. τῷ λόφω.
ἐστῶν. Ο. 107. ἀλλ' εἴπατόν μοι, σφὼ τίν' ἐ.; ΕΥ. νώ; βροτώ.
Π. 888. οὐκ ἐπ' ἀγαθῷ γὰρ ἐνθάδ' ἐ. οὐδενί.
ἐστρατευμένοι. Β 1113. ἐ. γὰρ εἰσι,
ἔστυκα. Λ. 869. χάριν οὐδεμίαν οἶδ' ἐσθίων ἐ. γάρ;
ἐστύκαμεν. Λ. 1178. ποίοισιν, ὦ τᾶν, ξυμμάχοις; ἐ.
ἐστύκαντι. Λ. 996. ἅπαντες ἐ. Πελλάνας δὲ δεῖ.
ἐστύκας. Λ. 989. ὦνθρωπος. ΠΡ. ἀλλ' ἐ., ὦ μιαρώτατε.
ἐστυκόσι. Ο. 557. διὰ τῆς χώρας τῆς ὑμετέρας ἐ., μὴ διαφοιτᾶν,
ἐστυκότες. ΕΙ. 728. ποθοῦντές ὑμᾶς ἀναμένουσ' ἐ.
ἐστυκώς. Λ. 214. ὅστις πρὸς ἐμὲ πρόσεισιν ἐ., λέγε.
Λ. 215. ὅστις πρὸς ἐμὲ πρόσεισιν ἐ., πωπαῖ.
ἔστω. Σ. 559. τουτὶ περὶ τῶν ἀντιβολούντων ἐ. τὸ μνημόσυνόν μοι. κ.τ.λ.
ἐστώς. Ι. 60. δεικνύοντος ἐ. ἀποσοβεῖ τοὺς ῥήτορας.
Ν. 415. ἐν τῇ ψυχῇ, καὶ μὴ κάμνεις μηθ' ἐ., μήτε βαδίζων,
Λ. 847. τίς οὗτος οὑντὸς τῶν φυλάκων ἐ.; ΚΙ. ἐγώ.
Εκ. 865. ἐπὶ ταῖς θύραις ἐ. ΑΝ. Α. τί βησεις; εἰπέ μοι.
ἑστῶσα. Εκ. 64. ἐγλιαινόμην ἐ. πρὸς τὸν ἥλιον.
ἐστῶτας. Fr. 531. ἐ. ὥσπερ τοὺς ὀρεωκόμους ἄθρους.
ἐσυκοφάντει. Α. 519. ἐ. Μεγαρέων τὰ χλανίσκια·
ἐσυκοφάντουν. Fr. 20. ἔσιον, ἤτουν χρήματ', ἠπείλουν, ἐ.
ἐσφαγῆ. Α. 893. ἀλλ' ἐ. αὐτήν· μηδὲ γὰρ θανὸν ποτε
ἐσφέρει. Σ. 413. τύνδε λόγον ἐ.,
ἐσφέρειν. Σ. 1216. ὕδωρ κατὰ χειρός· τὰς τραπέζας ἐ.·
Π. 793. πρεπωδές ἐστιν, ἀλλὰ μᾶλλον ἐ.
ἐσφέροντες. Εκ. 793. παύσαιντ' ἄν ἐ., ξυμβρόντητε σύ.
ἐσφερόντων. Εκ. 866. τῶν ἐ. προφάσομαι τὰ σιτία.
ἐσφέρω. Ν. 547. ἀλλ' ἀεὶ καινὰς ἰδέας ἐ. σοφίζομαι,
ἐσφέρων. Β. 850. γάμοις δ' ἀνοσίοις ἐ. ἐς τὴν τέχνην,
ἐσφοιτῶν. Ι. 1033. ἐ. τ' ἐς τοὐπτάνιον λήσει σε κυνηδὸν
ἐσφοραῖς. Ι. 923. ἱποῦμενοι ταῖς ἐ.
ἐσφορᾶς. Λ. 654. εἶτ' ἀναλώσαντες οὐκ ἀντεσφέρετέ τὰς ἐ.,
ἐσφρήσομεν. Σ. 892. ἄη ἡνίν' ἄν λέγωσιν, οὐκ ἐ.
ἐσχάρα. Fr. 112. δοίδυξ, θυεία, τυροκνῆστις, ἐ.,
ἐσχάρας. Ο. 1232. μηλοσφαγεῖν τε βουθύτοις ἐπ' ἐ.
ἐσχάραν. Α. 888. τὴν ἐ. μοι δεῦρο καὶ τὴν ῥιπίδα.
Σ. 938. δοίδυκα, τυροκνῆστιν, ἐ., χύτραν,
ἐσχάρας. Ι. 1286. καὶ μολύνων τὴν ὑπήνην, καὶ κυκῶν τὰς ἐ.,
ἐσχάρια. Fr. 435. ἐ.
ἐσχαρίδα. Fr. 435. ἐ.
ἔσχατον. Ι. 704. ἐκ τῆς προεδρίας ἐ. θεάμενον.
ἔσχεν. Β. 1035. ἀπὸ τοῦ τιμήν καὶ κλέος ἐ. πλὴν τοῦδ' ὅτι χρῆστ' ἐδίδαξε,
ἔσχον. Λ. 345. πολιοῦχε, σὰς ἐ. ἔδρας,
Fr. 181. ὀφθαλμιάσας πέρνυσιν εἶτ' ἐ., κακῶς,
ἔσχων. Ν. 409. ὤπων γαστέρα τοῖς συγγενέσιν, κᾆτ' οὐκ ἐ. ἀμελήσας·
ἔσω. Λ. 1053. πολλ' ἐ. 'στὶ
ἐσώζετο. Εκ. 219. εἰ τοῦτο χρηστῶς εἶχεν, οὐκ ἂν ἐ.,
ἐσωθῶμεν. Α. 71. ἀπολλύμενοι. ΔΙ. σφόδρα γὰρ ἐ. ἐγὼ
ἐσωφράνει. Ο. 1282. ἐκόμων, ἐτείνων, ἐρρύθμων ἐ.,
ἔσωσα. ΕΙ. 866. ἐ. τοὺς Ἕλληνας. ΔΙ.
ἐσώσατο. Εκ. 402. δι' αὐτὸ αὑτῷ βλεφαρίδ' οὐκ ἐ.;
ἔσωσε. Σ. 1123. ἐπεὶ μόνος μ' ἐ. παρατεταγμένον,
ΕΙ. 1035. τις πόλλ' ἀνατλὰς ἐ.
Λ. 1144. Κίμων ὅλην ἐ. τὴν Λακεδαίμονα.
ἕτ'. Α. 420. οὐκ Οἰνέως ἦν, ἀλλ' ἐ. ἀθλιωτέρου. κ.τ.λ.
ἑταίρα. Ι. 589. Νίκην, ἢ χρυσίων ἐστιν ἐ.
Θ. 346. ἢ καὶ δέχεται προδιδοῦσ' ἐ. τὸν φίλον,
Εκ. 528. γυνὴ μέ τις νύκτωρ ἐ. καὶ φίλη
ἑταίραις. Εκ. 1161. μηδὲ τοῖς κακοῖς ἐ. τὸν τρόπον προσεικέναι,
ἑταίραν. ΕΙ. 440. ἐχονθ' ἐ. καὶ σκαλεύουσ' ἄνθρακας.
Λ. 701. τοῖσι παισὶ τὴν ἐ. ἱμάτια' ἐκ τῶν γειτύνων,
ἑταίρας. Π. 149. καὶ τὰς γ' ἐ. φασὶ τὰς Κορινθίας.
Fr. 190, 1. ὦ πρεσβύτα πότερα φιλεῖς τὰς δρυπετεῖς ἐ.,
ἑταῖρε. Α. 263. Φαλῆς, ἐ. Βάκχιου,
ἑταίρους. Λ. 1153. πολλοὶ δ' ἐ. Ἱππίου καὶ ξυμμάχους,
Π. 303. ἢ τοὺς ἐ. τοῦ Φιλωνίδου ποτ' ἐν Κορίνθῳ
310. καὶ μαγγανευόμενοι μολύνουσάν τε τοὺς ἐ.,
ἑταίρων. ΕΙ. 1132. κων μετ' ἀνδρῶν ἐ.

ἑταράχθης. Ν. 386. ἤδη ζωμοῦ Παναθηναίοις ἐμπλησθεὶς εἶτ' ἐ.
ἔτει. Α. 80. ἐ. τετάρτῳ δ' ἐς τὰ βασίλει' ἥλθομεν·
Α. 266. ἔκτῳ σ' ἐ. προσεῖπον ἐς
890. ἥκουσαι ἕκτῳ μόλις ἐ. καθουμένην·
ἔτεκε Εκ. 549. μὴ φροντίσης· ἄρρεν γάρ ἐ. παιδίον.
ἐτέκετο. Ο. 1193. ἀέρα περινέφελον, ὃν Ἔρεβος ἐ.,
ἐτελίσθη. Β. 357. μηδὲ Κρατίνου τοῦ ταυροφάγου γλώττης βακχεῖ ἐ.
ἐτεὸν Α. 322. οὐκ ἀκούεσθ' οὐκ ἀκούσεσθ' ἐ., ἡσυχαρίδαι;
Α. 609. τωνδὶ δὲ μηδέν' ἐ., ὦ Νηριλάδη,
Ι. 32. ποῖον βρέτας * *; ἐ. ἡγεῖ γὰρ θεούς;
733. σὺ δ' εἴ τίς ἐ., ΑΛ. ἀντεραστής τουτονί,
1246. ἠλλαντοπώλεις ἐ. ἢ πὶ ταῖς πύλαις;
1392. πῶς ἔλαβες αὐτὰς ἐ.; ΑΓ. οὐ γὰρ ὁ Παφλαγὼν
Ν. 35. ἐνεχυράσασθαί φασιν. ΦΕ. ἐ., ὦ πάτερ,
93. ὁρῶ. τί οὖν τοῦτ' ἐστὶν ἐ., ὦ πάτερ;
820. τί δὲ τοῦτ' ἐγέλασας ἐ.; ΣΤ. ἐνθυμούμενος
Σ. 8. ἀλλ' ἦ παραφρονεῖς ἐ. ἢ κορυβαντιᾷς;
184 τίς εἶ ποτ', ὠνθρωπ', ἐ., ΦΙ. Οὔτις νὴ Δία.
836. τί δ' ἐστιν ἐ., ΞΑ. οὐ γὰρ ὁ Λάβης ἀρτίως
Ο. 393. ἐ., ἢν δ' ἄρ' αἰσθώμεθεν,
Εκ. 376. ἄδειν πύθην ἥκεις ἐ.; ΧΡ. ἐξ ἐκκλησίας.
ἕτερ'. Α. 599. ἡ φορτί ἐ. ἐνθένδ' ἐκεῖσ' ἄξεις ἰών;
Β. 89. οὔκουν ἐ. ἐστ' ἐνταῦθα μειρακύλλια
ἑτέρα. Ν. 531. ἐξήθηκα, παῖς δ' ἐ. τις λαβοῦσ' ἀνείλετο
Α. 741. ἐ. γυνὴ ταυτὸν τοιεῖν βουλήσεται,
Θ. 561. οὐκ εἶπων' οὐδ' ὡς φαρμάκοισί ἐ. τὸν ἄνδρ' ἔμηνεν,
Εκ. 147. ἔσθ' ἥτις ἐ. βούλεται λέγειν;
697. παρ' ἐμοὶ δ', ἐ.
1078. οὖκ ἦν ἐ. γε γραῦς ἔτ' αἰσχίων φανῇ.
Ἑτέρα. Ι. 382. ἢν ἄρα πυρὸς γ' Ἑ. θερμότερα, καὶ λόγων ἐν πύλει
Ν. 658. ἀλλ' ἐ. δεῖ σε πρότερα τούτων μανθάνειν,
Σ. 1453. ἐ. δὲ νὖν ἀντιμαθὼν
Ο. 106. πτερορρυεῖ τε καθθὶς ἐ. φύαμεν,
1433. ἀλλ' ἐστιν ἐ. νὴ Δι' ἔργα σώφρονα,
Α. 20. ἀλλ' ἐ. ἐσθ' ᾗ τῶνδε προὐργιαίτερα
Fr. 313, ἐ. ἀλλα τε τοιαῦθ' ἐ. μυρί ἐπιχλίζετο.
ἑτέρᾳ. Εκ. 454. ἐ. τε πλεῖστα τᾶς γυναῖκαι εὐλύγοις,
ἑτέρᾳ. Ι. 35. ἐ' προσβιβάζεις μ', ΝΙ. ἀλλ' ἐ. τη σκεπτέον.
Ν. 812. ταχέως· φιλεῖ γάρ πως τὰ τοιαῦθ' ἐ. τρέπεσθαι.
ἕτεραι. Α. 66. αἱ δ' αὖθ' ἐ. χωρηῦσί τινες. ποῦ ἐ.,
Β. 515. ἐ. δύ' ἢ τρεῖς. ΞΑ. πῶς λέγεις; ὀρχηστρίδες;
ἑτέραν. Ι. 122. τί φῆσ' ὁ χρησμός; ΔΙΙ. ἐ. ἔγχεον.
Ι. 122. ἐν τοῖς λογίοις ἐνεστιν ἐ. ἔγχεον·
Ν. 1109. οἵαν δικιδίοις. τὴν δ' ἐ. αὐτοῦ ποιῶν
Σ. 398. ἀνάβαιν' ἀνύσας κατὰ τὴν ἐ. καὶ ταῖσιν φυλλάσι παῖ,
ΕΙ. 4. δὸς μᾷζαν ἐ. ἐξ ὀνίδων πεπλασμένην.
11. ἐ. ἐ. δὸς παιδὸς ἠταμρηκότος·
Ο. 713. ἱππίους δ' αὖ μετὰ ταῦτα φανεὶς ἐ. ὥραν ἀποφαίνει·
Θ. 72. τὴν ἡμίκραιραν τὴν ἐ. γιλὴν ἔχων·
502. ἐ. δ' ἐγὼθ' ἡ 'φασκεν ὡδίνειν γυνὴ
Β. 382. ἄγε νυν ἐ. ὕμνων ἰδίαν τὴν καρποφόρον βασίλειαν,
ἑτέρας. Ν. 562. εἰς τὰς ὥρας τὰς ἐ. εὖ ποιεῖν δοκήσετε.
ΕΙ. 16. καὶ τρίβ' ἐσθ' ἐ. ΟΙ. Β. μὰ τὸν Ἀπόλλω 'γὼ μὲν οὔ·
Θ. 863. πρὶν τῆς ἐ. δοῦναι γυναικίσεαι δίκην·
Εκ. 23. δεῖ τάς ἐ. πως κἀγκαθεζομένας λαθεῖν.
280. προσίωμεν αὐτῶν. καὶ γὰρ ἐ. χωρεῖ.
ἑτερευτέντο. Β. 834. ἐν ταῖς τραγῳδίαισιν ἐ.
ἑτερεγκεφάλων. Fr. 611. ἐ.;
ἕτεροι. ΕΙ. 903. ἐ. δὲ κεῖσονταί γ' ἀπεψωλημένοι
Ο. 152. ἀλλ' εἰσὶν ἐ. τῆς Λοκρίδος Ὁπούντιοι
1139. ἐ. δ' ἐπλινθοποίουν κελεφοὶ μυρίοι·
1525. εἰσὶν γὰρ ἐ. Βάρβαροι θεοί τινες
Β. 782. μετ' Αἰσχύλου δ' οὐκ ἦσαν ἐ. σύμμαχοι,
889. ἐ. γάρ εἰσιν οἶσιν εὔχομαι θεοῖς.
Π. 30. ἐ. δ' ἐπλούτουν, ἱερόσυλοι, ῥήτορες
ἕτεροι. Π. 667. ἐ. τε πολλοὶ παντοδαπὰ νοσήματα
ἕτερας. ΕΙ. 284. χρήσαντες ἐ. αὐτῶν εἶτ' ἀπώλεσαν.
Ο. 701. ξυμμιγνύμενοι δ' ἐτέρων ἐ. γένετ' οὐρανὸς ὠκεανός τε
Θ. 57. πολλοῖς δ' ἐ. ἀπὸ τῶν ὤμων
Fr. 382, 3. δώδεκα τοῖς ἐ. ἐπισίτιοι.
ἑτέρων. Σ. 1018. τὰ μὲν οὐ φανερῶς, ἀλλ' ἐπικουρῶν κρύβδην ἐ. ποιηταῖς,
Ἕτερον. Α. 9. ἀλλ' ὠδυνήθην ἐ. αὖ τραγικόν ἐ.
Α. 13. ἀλλ' ἐ. ἡσθην, ἡνίκ' ἐπὶ μόσχῳ ποτὲ
117. καὶ μὴν ἐν εὐνούχων τὸν Ἕ. τουτονὶ
1162. τοῦτο μὲν αὑτῷ κακὸν Ἕ. κᾆθ' Ἕ. νυκτερινὸν γένοιτο·
Ι. 76. τὸ μὲν ἐν Πύλῳ, τὸ δ' Ἕ. ἐν τήκκλησίᾳ.
174. τὸν δεξιόν, τὸ δ' Ἕ. ἐν Καλχηδόνι
684. εὗρε δ' ὁ πανοῦργος ἐ. πολὺ πανουργίας

ἕτερον—ἔτρωγ'. 119

ἕτερον. I. 952. οὐμός· τὸ γοῦν σημεῖον ἕ. φαίνεται.
N. 114. τούτοιν τὸν ἕ. τοῖν λόγοιν, τὸν ἥττονα.
154. τί δῆτ' ἄν, ἕ. εἰ πύθοιο Σωκράτους
244. ἀλλά με ὅιδοξον τὸν ἕ. τοῖν σοῖν λόγοιν,
666. ἀλεκτρύαιναν, τὸν δ' ἕ. ἀλέκτορα.
670. ἰδοὺ μάλ' αὖθις τουθ' ἕ. τὴν κάρδοπον.
757. εὖ γ'· ἀλλ' ἕ. αὖ σοι προβαλῶ τι δεξιὸν,
1445. τουθ' ἕ. αὖ μεῖζον κακόν. ΦΕ. τί δ', ἢν ἔχων τὸν ἥττω
Σ. 1164. φέρε καὶ τὸν ἕ. ΦΙ. μηδαμῶς τοῦτόν γ', ἐπεὶ
1197. ἀλλ' ἕ. εἰπέ μοι· παρ' ἀνδράσι ξένοις
1279. τὸν δ' ὑποκριτὴν ἕ., ἀργαλίον ὡς σοφῶν·
ΕΙ. 55. οὐχ ὕπερ ὑμεῖς, ἀλλ' ἕ. καινὸν πάνυ.
295. πρὶν ἕ. αὖ δοίδυκα κωλῦσαί τινα.
940. χωρεῖ κατὰ νοῦν, ἕ. δ' ἑτέρῳ
1245. οἴμοι καταγελᾷς, ΤΡ. ἀλλ' ἕ. παραινέσω.
Ο. 535. κατάχυσμ' ἕ. γλυκὺ καὶ λιπαρὸν,
561. τοῖς δ' ἀνθρώποις ὄρνιν ἕ. πέμψαι κήρυκα κελεύω,
844. ἕ. δ' ἄνωθεν αὖ παρ' ἀνθρώποισι κάτω,
892. ἥκω παρ' ὑμᾶς, ΠΕ. ἕ. αὖ τουτὶ κακόν.
1616. ὀρᾷς· ἐπαινεῖ χοὖτος. ἕ. νῦν ἔτι
Λ. 947. λαβὲ τὺνδὶ τὸν ὀλάβαστον. ΚΙ. ἀλλ' ἕ. ἔχω.
Θ. 459. ἕ. αὖ τι λῆμα τοῦτο
492. σπουδώμεθ', ἢν μὴ 'χωμεν ἕ., οὐ λέγει·
Β. 5. μηδ' ἕ. ἀστεΐσι τι ; ΔΙ. πλὴν γ', ὡς θλίβομαι.
1151. λέγ' ἕ. αὐτῷ· σὺ δ' ἐπιτήρει τὸ βλάβος.
1170. πέραινε τοίνυν ἕ. ΔΙ. ἴθι πέραινε σύ,
1173. κλυέιν, ἀκοῦσαι. ΕΥ. τουθ' ἕ. αὖθις λέγει,
1210. λέγ' ἕ. αὐτῷ πρόλογον, ἵνα καὶ γνῶ πάλιν.
1224. ἴθι δὴ λέγ' ἕ. κἀνίχου τῆς ληκύθου.
1371. τόδε γὰρ ἕ. αὖ τέρας
1389. ἀλλ' ἕ. εἰπάτω τι κἀντιστρόσαι.
1397. ἀλλ' ἕ. αὖ ζήτει τι τῶν βαρυσταθμῶν,
1415. ἐὰν δὲ κρίνω ; ΠΛ. τὸν ἕ. λαβὼν ἄπει.
Ἐκ. 151. ἐβουλόμην μὲν ἕ., ἂν τῶν ἡθάδων
162. τὸν ἕ., εἰ μὴ ταῦτ' ἀκριβωθήσεται,
267. ἐξωμισάσαις τὸν ἕ. βραχίονα.
671. ἕ. γὰρ ἰὼν ἐκ τοῦ κοινοῦ κρεῖττον ἐκείνου κομίσται.
899. ἀλλ' ἐφ' ἕ. ἂν πέτοιτο.
Π. 397. εἰ δ' ἐστὶν ἕτερός τις Ποσειδῶν, τὸν ἕ.
Fr. 504. ὡς οὐχ ἕ. ἄνδρα σάρκινον.
ἕτερόν. ΕΙ. 274. οὔκουν ἕ. γέ τιν' ἐκ Λακεδαίμονος μέτει
Ο. 1632. καὶ νὴ Δί' ἕ. γ' ἐστὶν οὗ 'πιτυθῶμαι ἐγώ.
Λ. 517. ἕ. τι πονηρότερον λῆμου βουλεύμ' ἐπιστέμεθ' ἂν ὑμῶν·
1167. ἕ. γ' ἀπαιτεῖ ἀντὶ τούτου χρήσιμον·
Π. 52. ἀλλ' εἰς ἕ. τι μεῖζον. ἢν δ' ἡμῖν φράσῃ
ἕτερον. Σ. 1231. ἐὰν ἀπειλῇ, νὴ Δί' ἕ. ἄσομαι.
ἕτερος. Α. 135. ἕ. δλαζὼν οὗτος ἱσκηρύττεται.
Α. 422. ἀλλ' ἕ. ἦν Φοίνικος ἀθλιώτερος.
Ι. 134. κρατεῖν, ἕως ἕ. ἀνὴρ Βδελυρώτερος
328. ἀλλ' ἱφάνη γὰρ ἀνὴρ ἕ. πολὺ
949. εἰ μὴ μ' ἐάσεις ἐπιτροπεύειν, ἕ. αὖ
1351. ὁ μὲν ποιεῖσθαι ναῦς μακρὰς, ὁ δ' ἕ. αὖ
Σ. 150. ἀνὴρ ἀθλίως γ' εἴμ' ὡς ἕ. οὐδεὶς ἀνήρ.
903. αὖ αὖ. ΣΠ. πάρεστιν. ἕ. οὗτος αὖ Λάβης,
970. ὁ δ' ἕ. ἕ. οἵες ἐστὶν οἰκουρὸς μόνον.
1221. ξένος τις ἕ. πρὸς κεφαλῆς Ἀκέστορος.
1415. ὁδί τις ἕ., ὡς ἔοικεν, ἔρχεται
1505. ἕ. τραγῳδὸς Καρκινίτης ἔρχεται,
1508. προσέρχεται γὰρ ἕ. αὖ τῶν Καρκίνου.
Ο. 275. νὴ Δί' ἕ. δῆτα χοὖτος ἐξέδρον χώραν ἔχων.
279. ἕ. αὖ λόφων κατειλήφὼς ἕτερος ἕτερον
281. ἀλλὰ χοῦτος ἕ. ; ΕΠ. ἀλλ' οὗτος μέν ἐστι Φιλοκλέους
287. ὦ Πύσειδον, ἕ. αὖ τις βαντεῖς ὄρνις οὑτοσί.
Λ. 414. ἕ. δέ τις πρὸς σκυτοτόμον ταδὶ λέγει
441. ἰδοῦ γ' ἐπιχεσεῖ. ποῦ 'στιν ἕ. τοξότης.
503. ἕ. δ' αὖ Θρᾷξ πέλτην σείων κἀκόντιον, ὥσπερ ὁ Τηρεὺς,
Θ. 247. μὴ φροντίσῃς ἕ. γὰρ αὐτὰ σκοψσεῖ.
Β. 1434. ὁ μὲν σοφῶς γὰρ εἶπεν, ὁ δ' ἕ. σαφῶς.
Π. 163. ἕ. δὲ χαλκεύει τις, ὁ δὲ σκυτεύεται.
Fr. 400. 4. ἕ. δ' ὅπως ἐς Κλαζομενὰς, ἕ. δ' ὅπως
ἕτερός. Λ. 524. οὐκ ἔστιν ἀνὴρ ἐν τῇ χώρᾳ μὰ Δί' οὐ δῆτ'
ἕτερός. ἕ. τις·
Θ. 32. οὐκ, ἀλλ' ἕ. τις· οὐχ ἱόρακας πώποτε·
Β. 488. οὐκουν ἕ. γ' αὖτ' εἰρηάσαντ' ἀνήρ. ΗΛ. ἀλλὰ τί;
767. ἕ. τις αὐτού· τότε δὲ παραχωροῖν ἔδει.
Π. 397. εἰ δ' ἐστὶν ἕ. τις Ποσειδῶν, τὸν ἕτερον
ἱτεροτρόπου. Θ. 724. ἐπὶ κακὸν ἕ. ἐπέχει τις τύχη.
ἕτερον. Ι. 745. ἐρύοντος ἕ. τὴν χύτραν ὑφειλόμην.
Σ. 786. ὅτιὴ κατ' ἐμαυτὸν κού μεθ' ἕ. ἐλήψομαι.
Β. 29. τῶν γὰρ φέρεις, ὃς γ' αὐτὸς ὑφ' ἕ. φέρει;

ἕτερον. Ἐκ. 849. ἔχων, καχάζων μεθ' ἕ. νεανίου·
ἕτερους. Α. 604. ἕ. δὲ παρὰ Χάρητι, τοὺς δ' ἐν Χαόσι
Λ. 1011. ἐγὼ δ' ἕ. ἐνθένδε τῇ βουλῇ φράσω
Ἐκ. 859. ἕ. ἀποίσειν φήμ' ἔθ' ὑστέρους ἐμοῦ.
ἕτερπεν. Β. 916. ἐγὼ δ' ἔχαιρον τῇ σιωπῇ, καί με τοῦτ' ἕ.
ἑτέρῳ. Ν. 321. καὶ γνωμιδίῳ γνώμην νύξασ' ἕ. λόγῳ ἀντιλογήσαι·
Σ. 692. καὶ κοινωνῶν τῶν ἀρχόντων ἕ. τινὶ τῶν μεθ' ἑαυτοῦ,
ΕΙ. 940. χωρεῖ κατὰ νοῦν, ἕτερον δ' ἕ.
Θ. 809. παραδοῖς ἕ. τὴν βουλείαν ; οὐδ' αὐτὸς τοῦτό γε φήσεις.
Ἐκ. 179. ἐπιτρέψαι ἕ.· πλείων' ἔτι δράσει κακά.
ἑτέρων. Σ. 1460. ξυνόντες γνώμαις ἕ.
Ο. 701. ξυμμιγνυμένων δ' ἕ. ἑτέροις γίνετ' οὐρανὸς ὠκεανός τε
ἑτέρους. Π. 371. τὸ δ' ἐστὶν οὐ τοιοῦτον, ἀλλ' ἕ. ἔχον.
ἑτέρωσε. Ο. 991. οὔκουν ἕ. χρησμολογήσεις ἰατρέψαν;
Ο. 1260. οἴμοι τάλας. οὔκουν ἕ. πετομένη
ἕτη. Α. 1021. μέτρησον εἰρήνη τί μοι, κἂν πέντ' ἕ.
ΕΙ. 990. τρία καὶ δέκ' ἕ.
Ο. 608. ἔτι προσθήσουσ' ὄρνιθες ἕ. ΕΠ. παρὰ τοῦ ; ΠΕ. παρὰ τοῦ ; παρ' ἑαυτῶν.
Α. 641. ἕ. ἐπ' ἔργῳ· εὐθὺς ἠρρηφόρουν
Θ. 876. ἐπεὶ τέθνηκε Πρωτέας ἕ. δέκα.
Π. 437. Πενία μὲν οὖν, ἢ σφῶν ξυνοικῶ πύλλ' ἕ.
846. οὐκ, ἀλλ' ἐνερρίγωσ' ἕ. τριακαίδεκα.
ἕτήτυμον. ΕΙ. 119. δοξάσαι ἔστι, κόραι· τὸ δ' ἕ., ἀχθυμαι ὑμῖν,
ἕτι. Α. 232. μήποτε πατήσειν ἕ. τὰς ἐμὰς ἀμπέλους. κ.τ.λ.
ἑτίθει. Α. 532. ἕ. νόμους ὥσπερ σκόλια γεγραμμένους,
ἔτικτες. Σ. 312. τί με δῆτ', ὦ μιλία μῆτερ, ἕ.,
ἱτλη. Fr. 19b, 2. ἕ. κακαθελέιν· ᾗ, ἵν' ἀφ' ἑκάστης τῆς τέχνης
ἱτλημε. Ν. 1387. χεξητωμην, οὐχ ἕ.
ἐννήρυσιν. Α. 245. ὦ μῆτερ, ἀνάδος δεῦρο τὴν ἕ.,
ἕτνος. Α. 246. ἵν' ἕ. καταχέω τούτι εὔχρους τουτουί.
Ι. 1171. ὅς ἕ. γε πίσινον εὔχρων καὶ καλόν·
Α. 1060. κάστιν ἕ., ὡς καὶ δελφάκιον ἦν τί μοι,
Fr. 355. πρώην ἱρανιστὰς ἑστιῶν ἥψησ' ἕ.
423. τὸ δ' ἕ. ἐν ταῖς κυλίχναις τουτὶ θερμὸν καὶ τοῦτο παφλάζον,
ἕτνους. Ο. 78. ἕ. δ' ἐπιθυμεῖ, δεῖ τορύνης καὶ χύτρας·
Β. 62. ἤδη ποτ' ἐπεθύμησας ἐξαίφνης ἕ.;
63. ἕ.; βαβαιάξ, μυριάκις ἐν τῷ βίῳ.
65. μὴ δῆτα περὶ ἕ. γε· πάνυ γὰρ μανθάνω.
506. ἕ. δύ' ἡ τρεῖς, βοῦν ἀπηνθρύκις' ὅλον,
Ἐκ. 845. χύτρας ἕ. ἐψουσιν αἱ νεώτατσι·
ἕτοιμον. Ν. 458. οὐκ ἀτολμόν ἐστ' ἕ. ἴσθι δ' ὡς
ἕτοιμος. Ν. 807. ἕ. ἱσ' ἐστὶν ἅπαντα δρᾷν
Θ. 59. ὥς ἕ. σοῦ τοῦ τε ποιητοῦ
ἕτοιμός. Σ. 341. ἀλλά μ' ἰφχκείν ἕ. ἐστ' ἐγὼ δ' οὐ βούλομαι.
Β. 560. ἕ. εἰμ' ἔγωγε, κοὐκ ἀναδυόμαι,
ἐτόλμα. Ἐκ. 304. σύδεὶς ἂν ἕ.
ἔτος. Ν. 550. κοὐκ ἕ., αὐθις ἐπεμπηδῶν' αὐτῷ κειμένῳ.
Σ. 342. τοῦτ' ἕ. ὁ μιαρὸς χαίρει,
ἑτοίμηισεν. Σ. 1172. ἕ. δ' αὖθ' ἡ Παλλὰς ἡ Πυλαιμάχου.
ἔτος. Α. 413. ἔχσθητ' ἐλεινῶν· οὐκ ἕ. πτωχοὺς ποιεῖς.
Ο. 915. οὐκ ἕ. ὑηθρὸν καὶ τὸ ληθάριον ἔχεις.
Α. 138. οὐκ ἕ. ἅπαντ' οἶδα τραγωδία.
Θ. 921. καὶ τουδί τις ξύμβουλος, ἕ. πάλαι
Ἐκ. 245. οὐκ ἕ. ἄρ', ὦ μέλ', ἤσθα δεινὴ καὶ σοφή·
Π. 404. οὐκ ἕ. ἄρ' ὡς ἔμ' ἤδεον οὐδετέρωπον.
1166. οὐκ ἕ. ἀπαντεί οἱ δικάζοντες θαμὰ
ἕτος. Ι. 793. καὶ γυμαρίοις καὶ πυργιδίοις ἕ. ὅγδοσον οὐκ ἐλεαίρεις.
ἕτους. Σ. 1058. μὲν γάρ ποτε ποιηθ', ὑμῖν δὶ ἕ.
Π. 584. ἵνα τοὺς Ἕλληνας ἅπαντας δεῖ δι' ἕ. πέμπτου ξυναγείρει,
ἐτράπεσθε. Β. 1025. ἀλλ' ὑμῶν αὕτ' ἔξην ἀσκείν, ἀλλ' οὐκ ἐπὶ τοῦτ' ἕ.
ἐτραυλίσων. Ο. 335. ὀρθῶς γε τοῦτ' Ἀλκιβιάδης ἕ.
ἐτράφη. Ο. 335. πολέμιον ἕ.
ἐτρεφέτην. Α. 1025. καὶ ταῦτα μέντοι νὴ Δί' ὥπερ μ' ἕ.
ἕτρεχεν. Φ. 510. χὼ μὲν γεγηθὼς ἕ., ἡ δ' ἕ ξέσπασεν
ἕτριβεν. Σ. 1261. τὸ πρᾶμμ' ἕ., ἀλλ' ἤφαιεν δ' ἀπούχετα.
ἔτριβον. Α. 806. καθ' ὃ ἄν ἕ. κιβράδας, ἀννηθον, σφάκον
ἕτριβον. ΕΙ. 589. πᾶσιν οὖν χοροῖς βίον ἕ.
ἕτρυχόμεθα. Α. 68. καὶ δῆτ' ἕ. παρὰ Καϋστριον
ἕτρωγ'. Fr. 76. ἕ., ἵνα κἄμινος, σύκα τῆς μεσημβρίας.

120 ἐτύγχανεν—εὐθυνῶν.

ἐτύγχανεν. Σ. 1429. ἰ. γὰρ οὐ τρίβων ὢν ἱππικῆς.
ἐτύγχανες. Ο. 1223. ἀπέβανες, εἰ τῆς ἀξίας ἐ.;
ἐτύγχανον. Γκ. 407. ἔγωγ' ἂν εἶπον, εἰ παρὼν ἐ.
ἐτίκιζον. Ο. 1138, τούτους δ' ἰ. αἱ κρέπες τοῖς ῥύγχεσιν.
ἐτυμβεύθη. Θ. 885. αἰαῖ, τέθνηκε, ποῦ δ' ἰ. τάφῳ;
ἔτυμός. ΕΙ. 114. ὦ πάτερ, ὦ πάτερ, ἦ ῥ' ἰ. γε
ἐτύμως. ΕΙ. 118. ἐστι τι τῶνδ' ἐ.; εἶπ', ὦ πάτερ, εἴ τι φιλεῖς με.
ἔτυπτες. Ν. 1409. καὶ πρῶτ' ἐρήσομαί σε τουτί· παῖδά μ' ὄντ' ἐ.;
ἐτυπτόμην. Π. 1015. ἰ. διὰ ταῦθ' ὕλην τὴν ἡμέραν.
ἔτυπτον. Ν. 1332. ὡς ἐν δίκῃ σ' ἔ. ΣΤ. ὦ μιαρώτατε.
ἐτύπτονθ'. ΕΙ. 644. οἱ δὲ τὰς πληγὰς ὁρῶντες ἃς ἐ., οἱ ξένοι
ἐτυράννει. Ο. 483. αὑτίκα δ' ὑμῖν πρῶτ' ἐπιδείξω τὸν ἀλεκτρυόν', ὡς ἐ.
ἐτυραννεύει. Fr. 324, 1. ἐνταῦθ' ἐ. ποθ' Ὑμήττης πατὴρ
ἔτυχεν. Ι. 509. οὐκ ἂν φαύλως ἔ. τούτου νῦν δ' ἀξιῶ ἱσθ' ὁ ποιητής,
ἔτυχες. Σ. 964. σὺ γὰρ ταμιεύουσ' ἔ. ἀπόκριναι σαφῶς,
Εκ. 736. ἴψους' ἱ. ᾧ Λυσικράτης μελαίνεται.
ἔτυχον. Σ. 462. εἴπερ ἐ. τῶν μελῶν τῶν Φιλοκλέους βεβρωκότες.
Β. 192. μὰ τὸν Δί', σὺ γὰρ ἀλλ' ἔ. ὀφθαλμῶν.
1346. ἐγὼ δ' ἁ τάλαινα προσέχουσ' ἔ.
Γκ. 345. Λακωνικάς, ἀλλ' ἂν ἔ. χεζητιῶν,
375. ἐν τῷ σκότῳ γὰρ ταῦτ' ἔ. ἔνδον λαβών.
ἐτῶν. Α. 208. ἱκετεύων', οἴχεται φροῦδος. οἴμοι τάλας τῶν ἐ. τῶν ἐμῶν.
Α. 782. ἀτὰρ ἐκτραφεὶς γε κύσθου ἔσται. ΜΕ. πέντ' ἰ.,
Ν. 855. ἐπελανθανόμην ἂν εὐθὺς ὑπὸ πλήθους ἐ.
Σ. 490. ἧς ἐγὼ οὐκ ἤκουσα τυθννῳ' οὐδὲ πεντήκοντ' ἐ.·
Λ. 280. ἐξ ἐ. ἀλουτσι.
Β. 347. χρονίους τ' ἐ. παλαιῶν ἐνιαυτούς,
Π. 1083. ὑπὸ μυρίων ἰ. τε καὶ τρισχιλίων.
εὖ. Α. 447. ἐ. γ' οἶαν ἤδη ῥηματίων ἐμπίπλαμαι. κ.τ.λ.
εὐαγγέλια. Ι. 647. εἶτ' ἐστεφάνουν μ' ἐ. κἀγὼ 'φρασα
εὐαγγελιῶ. Π. 765. ἐ. σε πριβανευτὴν ἀρμοσῶ,
εὐαγγελίσασθαι. Ι. 643. ἐ. πρῶτον ὑμῖν βούλομαι
εὐάγρειον. Ν. 276. ἀρθῶμεν φανεραὶ δροσεράν φύσιν ἐ.,
Εὔαθλος. Σ. 592. εἶτ' Ε. χὠ μέγας οὗτος πολυκώνυμος ἀσπιδαποβλής
Fr. 362, 2. "" ὥσπερ Ε παρ' ὑμῖν τοῖς νέοις.
Εὐάδμους. Α. 710. ἀλλὰ κατεπάλαισεν ἂν μὴν πρῶτον Ε. δέκα,
εὐαί. Λ. 1294. εὐαί εὐοῖ, ἐ.,
Εὔαλκ. Εκ. 408. μετὰ ταῦταν Ε. ὁ δεξιώτατος
εὐάμερον. Ο. 1322. ἐ. πρόσωπον.
εὔανδρον. Ν. 300. ἐλθωμεν λιπαρὰν χθόνα Παλλάδος, ἐ. γᾶν
εὐανθεῖς. Β. 373. ἐς τοὺς ἐ. κύκπους
εὐανθής. Ν. 1002. ἀλλ' οὖν λιπαρός γε καὶ ἐ. ἐν γυμνασίοις διατρίψεις,
Εὔβοι'. Ν. 211. ἐνταῦθ' ἐνείων. ἡ δὲ γ' Ε., ὡς ὁρᾷς,
Εὔβοιαν. Σ. 715. ἀλλ' ὁπόταν μὲν δείσωσ' αὐταί, τὴν Ε. διδόασιν
Εὐβούλης. Θ. 808. ἀλλ' Ε. τῶν πέρυσιν τις βουλευτής ἐστιν ἀμείνων,
εὐβουλίαν. Ο. 1539. καὶ τἀλλ' ἀναξάπαντα, τὴν ἐ.,
εὐβουλίες. Ι. 1008. ζηλῶ σε τῆς ἐ.,
εὐβουλότερος. ΕΙ. 689. ἐ. γενησόμεθα. ΕΡ. τίνι τρόπῳ;
εὐγενείς. Σ. 1076. Ἀττικοὶ μόνοι δικαίως ἐ. αὐτόχθονες,
Θ. 330. ἐ. γυναίκες.
Β. 727. τῶν πολιτῶν θ' οὓς μὲν ἴσμεν ἐ. καὶ σώφρονας
εὐγενής. Λ. 697. ἦ τε Θηβαΐα φίλη παῖς ἐ. Ἰσμηνία.
εὔγνωον. Β. 213. φθεγξώμεθ', ἐ. ἐμὰν ἀοιδὰν,
εὔγλωττίας. Ι. 837. ζηλῶ σε τῆς ἐ. εἰ γὰρ ᾧδ' ἐνοίσεις,
εὔγλωττος. Ν. 445. θρασύς, ἐ., τολμηρός, ἴτης,
εὔγματα. Θ. 354. τάδ' ἐ. γενέσθαι.
εὔδαιμον. Σ. 550. τί γὰρ ἐ. καὶ μακαριστὸν μᾶλλον νῦν ἐστι δικαστοῦ,
Ο. 1088. ἐ. φῦλον πτηνῶν
εὐδαίμονα. Ο. 904. Νεφελοκοκκυγίαν τὰν ἐ.
εὐδαίμονα. Α. 656. φησὶν δ' ὑμᾶς πολλὰ διδάξειν ἀγάθ', ὥστ' ἐ. εἶναι,
Β. 156. καὶ μυρρινῶνας, καὶ θιάσους ἐ.
εὐδαιμονεῖ. Α. 836. ἐ. γ' ἄνθρωπος. οὐκ ἤκουσας οἱ προβαίνει
ΕΙ. 696. ἐ. νὰξ μὲν δὲ θαυμαστόν. ΕΡ. τὸ τί;
Β. 1217. οὐκ ἔστιν ὅστις πάντ' ἀνὴρ ἐ.
εὐδαιμονεῖς. Ι. 151. ἂν εὐτυχῇς ἐ. καὶ μεγάλως ἐ.
Ι. 172. ἔγωγ'. ΔΙ. πῶς οὖν οὐ μεγάλα ἐ.;
εὐδαίμονες. Ν. 1026. ἐ. δ' ἦσαν ἄρ' οἱ ζῶντες τοῦτ' ἐπὶ τῶν προτέρων,
εὐδαιμονέστερος. ΕΙ. 664. ἐ. φανεῖ τῶν Καρκίνου στροβίλων.

εὐδαιμονήσεις. Α. 958. ἐ. συκοφαντῶν γ' οὕνεκα.
εὐδαιμονήσω. Ι. 175. ἐ. δ', εἰ διαστροφήσομαι;
Ι. 1162. ἀλλ' ἢ μεγάλως ἐ. τήμερον
εὐδαιμονίαν. Ο. 732. ἐ. βίον, εἰρήνην,
εὐδαιμονικόν. Εκ. 1134. ἐ. γ' ἄνθρωπον εἴρηκας σαφῶς.
εὐδαιμονικῶς. ΕΙ. 856. ἐ. γ' ὁ πρεσ-
εὐδαιμονοίης. Α. 446. ἐ.. Τηλέφῳ δ' ἀγὼ φρονῶ.
Α. 457. ἐ. ὥσπερ ἡ μήτηρ ποτέ.
Β. 1417. ἐ. φέρε, πυθεσθέ μου ταδί.
εὐδαίμονος. Ο. 1741. τῆς τ' ἐ. Ἥρας.
εὐδαιμονοῦντες. Εκ. 240. ἐ. τὸν βίον διάξετε
εὐδαιμονοῦσιν. Ι. 94. ἐ., ὠφελοῦσι τοὺς φίλους.
εὐδαιμόνων. Ι. 159. ἐ. τῶν Ἀθηναίων ταγέ τῶν ἐ.
εὐδαιμόνως. Π. 802. ὡς ἡδὺ πράττειν, ἄνδρες, ἰστ' ἐ.,
εὐδαίμων. Ν. 413. ὡς ἐ. ἐν Ἀθηναίοις καὶ τοῖς Ἕλλησι γενήσει,
Ο. 144. ἀτὰρ ἐστι γ' ὑποίαν λέγετον ἐ. πόλις
Β. 1182. ἦν Οἰδίπους τὸ πρῶτον ἐ. ἀνήρ,
1186. πῶς οὗτος ἦν τὸ πρῶτον ἐ. ἀνήρ,
1195. εἶτ' ἐξευτύχλωσεν αὐτῶν. ΔΙ. ἐ. ἄρ' ἦν,
Εκ. 1112. ὦ μακάριος μὲν δῆμος, ἐ. δ' ἐγὼ,
Π. 657. ἐπεῖτ' ἐλοῦμεν, ΓΥ. νὴ Δί' ἐ. ἄρ' ἦν
εὕδει. Ο. 82. ἐ. καταφαγὼν μύρτα καὶ σέρφους τινάς,
εὔδειν. Ν. 12. ἀλλ' οὐ δύναμαι δείλαιος ἐ. δακνόμενος
εὔδηλος. Α. 1130. κατάχει σὺ τὸ μέλι. κᾀνθάδ' ἐ. γέρων
Εὐδήμων. Π. 884. τὸν βακτύλιον τονδὶ παρ' Ε. δραχμῆς.
εὐδοκιμήκεν. Ν. 1031. δεῖ σε λέγειν τι καινόν, ὡς ἐ. ἀνήρ,
εὔδοντας. Π. 541. στιβάδα σχοίνων κόρεων μεστήν, ἢ τοὺς ἐ. ἐγείρει·
εὕδουσι. Λ. 15. ἐ. κοὐχ ἥκουσιν. ΚΑ. ἀλλ', ὦ φιλάτη,
εὐδρόσους. Ο. 245. ἐμπίδας κάπτεθ', ὅσα τ' ἐ. γῆς τόπους
εὔειλος. Fr. 613. ἐ.·
Εὐελπίδης. Ο. 645. Ε. Κριθῶν. ΕΠ. ἀλλὰ χαίρετον
εὐεργετείς. Ι. 1153. τρίπαλαι κάθημαι, βουλόμενός σ' ἐ.
Π. 912. ἐ., ᾧ κέπφε, καθ' ὅσον ἂν σθένω·
913. ἐ. σὺν ἐστι τὸ πολυπραγμονεῖν·
Εὐεργίδης. Σ. 234. Ε ἄρ' ἐστί που 'νταῦθ', ἢ Χάβης ὁ Φλυεύς;
εὔερον. Ο. 121. εἴ τινα πύλην φράσετιας ἡμῖν ἐ.,
εὔζωρον. Εκ. 137. καὶ ταῦτά γ' ἐ. τὰ γυῶν βουλεύματα
Εκ. 227. τὸν εὔζωρον ὥσπερ πρὸ τοῦ.
εὐηθικόν. Ν. 1258. ἀτιῇ 'κάλεσας ἐ. τὸν κάρδωπον
Εκ. 521. εὖ εὖ· ΒΛ. ὅ τί μοι τοῦτ' ἐστίν; ὡς ἐ.
εὐηλίοις. Η. 241. φθεγξώμεθ', εἰ δή ποτ' ἐ.
εὐηργέτησα. Π. 835. ἐ. δεομένους ἔξειν φίλους
εὐθαλές. Ο. 1062. σώζω δ' ἐ. καρπόν,
εὐθετῆσαι. Fr. 614. ἐ.·
εὐθέω. Α. 544. καὶ κάρτα μέντἀν ἐ. καθειλκετε
Ι. 646. οἱ δ' ἐ. τὰ πρόσωπα διεγαληνίσαν·
863. ἐν τῇ πύλῃ ξυνιστάμενιαν, ἀλλ' ἐ. κέπραγα.
Ν. 490. περὶ τῶν μετεώρων, ἐ. ὑφαρπάσει,
585. τὴν θυραλλίδ' εἰς ἑαυτὸν ἐ. ξυνελκύσαι
1357. ὁ δ' ἐ. ἀρχαίον εἶν' ἐφασκε τὸ κιθαρίζειν
Σ. 494. ἐ. εἰρηξ' ὁ πωλῶν πλησίον τὰς μεμβριάδας·
1081. ἐ. γὰρ ἐκδραμόντες σὺν δόρει σὺν ἀσπίδι
ΕΙ. 677. εἰ γάρ ποτ' ἐξέλθοι στρατιώτης, ἐ.
836. ἐνθάδε τὸν Ἀσίον ποθ' ἂν δ' ἦλθ', ἐ.
889. ὤζετ' ἄραντες ὑμᾶς τῷ σκέλη
Λ. 559. λύγος τις, εἴρη' ἐ. ἡ γυνὴ
Θ. 396. ὑποβλέπουσ' ἡμᾶς, σκοπουνταί τ' ἐ.,
Β. 504. ἡ γὰρ θεός σ' ἂν ἐντύθθ' ἥκοντ', ἐ.
Εκ. 397. γνώμας καθεῖναι τῆς πόλεως, κᾷτ' ἐ.
Π. 691. ἦ δ' ἐ. τὴν χεῖρα πιλὼν ἀνέσπασε,
740. τὴν διανύτην τ' ἡγειρον. ὁ θεὸς δ' ἐ.
865. χρήσομεν οὗτος πληγσιν ἐ.,
1170. ἵν' ἐ. διακονικὸς εἶναι δοκῇς.
Fr. p. 505. τὴν δ' ἀσπίδα ἐπίθημα τῷ φρέατι παράθες ἐ.,
εὐθύ. Α. 254. ἄσπερ Εὐφράτης ἐφευγεν ἐ. τῶν κυρβιῶν.
Ν. 162. βίᾳ βαδίζειν ἐ. τοὐρρανγείου
ΕΙ. 68. πῶς ἂν ποτ' ἀφικοίμην ἂν ἐ. τοῦ Διός;
77. ὕπνος πεπήσει μ' ἐ. τοῦ Διὸς λαβών,
301. δεύρο πᾶς χώρει προθύμως ἐ. τῆς σωτηρίας.
819. ὡς χαλεπὸν ἐλθεῖν ἦν ἄρ' ἐ. τῶν θεῶν.
Ο. 1421. αὐν ἐ. Πελλήνης πέτεσθαι διανοεῖ;
Εκ. 835. χωρεῖτ', ἐνείγεσθ' ἐ. τῆς στρατηγίδος,
Fr. 216. ἦσαν ἐ. τοῦ Διονυσίου.
527. κεἰ πλησίον ᾖ, πας ἐ. τούτων φέρεται.
Εὐθυμένους. Α. 67. ἐπ' Ε. ἄρχοντος. ΔΙ. οἴμοι τῶν δραχμῶν.
εὔθυνας. ΕΙ. 1187. ἐν· ἐ. μοι δώσουσιν, ἢν θεὸν θέλῃ.
εὐθύνας. Ο. 1739. ἐ. καλινγύνους,
εὐθύνης. Σ. 571. ὥσπερ θεὸν ἀντιβολεῖ με τρέμων τῆς ἐ. ἀπολῦσαι
εὐθύνων. Ι. 825. τῶν ἐ. ἐκπαυλίζων

εὐθύς—Εὐριπίδην.

εὐθύς. Α. 638. ε. διὰ τοὺς στεφάνους ἐπ᾽ ἄκρων τῶν πυγιδίων ἐκάθησθε. κ.τ.λ.
Α. 924. σελαγοῦντ᾽ ἂν ε. ΔΙ. ὦ κάκιστ᾽ ἀπολούμεν, κ.τ.λ.
Εὔιον. Θ. 990. Ε., ὦ Διόνυσε,
Θ. 994. Ε. Ε., εὐοῖ
εὐκελάδων. Ν. 312. ε. τε χορῶν ἐρεθίσματα,
εὐκλείας. Ν. 997. μήλῳ βληθεὶς ὑπὸ πορνιδίου, τῆς ε. ἀποθραυσθῇς·
εὔκαλος. Β. 82. ὅ δ᾽ ε. μὲν ἐνθάδ᾽, ε. δ᾽ ἐκεῖ.
εὐκολός. Β. 359. ἢ στάσιν ἐχθρὰν μὴ καταλύει, μηδ᾽ ε. ἐστι πολίταις,
εὐκόπως. Fr. 615. ε.
Εὐκράτες. Fr. 540. καὶ σὺ κυρηβιοπῶλα Ε. στύπαξ.
Εὐκράτῃ. Λ. 103. ἄπεστιν ἐπὶ Θρᾴκη φυλάττων Ε.
Εὐκράτης. Ι. 254. ὥσπερ Ε. ἔφευγεν εὐθὺ τῶν κυρηβίων.
εὐκταίαις. Ο. 1060. θύσαιο᾽ ε. εὐχαῖς.
εὐκύκλου. Θ. 968. πρῶτον ε. χορμίας εὐφυᾶ στῆσαι βάσιν.
εὐλάβεια. Ο. 376. ἡ γὰρ ε. σώζει πάντα. παρὰ μὲν οὖν φίλου εὐλαβεῖσθαι. Λ 1215. ε. τὴν κύνα.
εὐλαβεῖσθε. Σ. 1012. ε.
εὐλαβεῖσθέ. ΕΙ. 313. ε. νιν ἐκεῖνον τὸν κάτωθεν Κέρβερον.
εὐλαβοῦ. Ι. 253. ε. δὲ μὴ 'κφύγῃ σε· καὶ γὰρ οἶδε τὰς ὁδούς,
εὐλαβούμενος. Α. 955. χώποι κατοίσεις αὐτὸν ε.
εὐλαβώμεθα. Λ. 1277. ὀρχησάμενοι θεοῖσιν ε.
εὐλόγει. Εκ. 454. ἕτερά τε πλεῖστα τὰς γυναῖκας ε.
εὐλογεῖσθαι. Ι. 596. ἄξιοι δ᾽ εἰσ᾽ ε.· πολλὰ γὰρ δὴ πράγματα
εὐλογῇ. Α. 372. ἐάν τις αὐτοὺς ε. καὶ τὴν πόλιν
εὐλογῆσαι. Ι. 565. ε. Βουλόμεσθα τοὺς πατέρας ἡμῶν, ὅτι
εὐλογίας. ΕΙ. 738. ἄξιος εἶναί φησ᾽ ε. μεγάλης ὁ διδάσκαλος ἡμῶν.
εὔλογον. Β. 736. ε.· κἄν τι σφαλῇτ᾽, ἐξ ἀξίου γοῦν ταῦ ξύλου,
εὐλόγως. Σ. 771. καὶ ταῦτα μὲν νυν ε., ἢν ἐξίχῃ
εὐλύραν. Θ. 969. πρόβαινε ποσὶ τὸν ε.
εὔλυροί. Β. 229. των᾽ ἐμὶ γὰρ ὑστερῶμαι ε. τε Μοῦσαι
εὐμεγέθη. Π. 543. λίθον ε. πρὶν τῇ κεφαλῇ σιτεῖσθαι δ᾽ ἀντὶ μὲν ἄρτου
εὐμενῆς. Λ. 204. τὰ σφάγια δέξαι ταῖς γυναιξί ε.
εὐμενοῦς. Π. 636. Ἀσκληπιοῦ παιῶνος ε. τυχών.
εὐμηχάνως. Ι. 759. κἄν τῶν ἀμηχάνων πύρους ε. πορίζων.
εὐμουσοισιν. Θ. 112. Φοῖβ᾽, ἐν ε. τιμαῖς
εὐνάς. Ι. 605. ταῖς ὑπλαῖς ὤρυττον ε. καὶ μετῆσαν στρώματα.
εὐνὴν. Θ. 1122. πεσεῖν ἐς ε. καὶ γαμήλιον λέχος·
Εκ. 959. } καὶ ποίησον τύνδ᾽ ἐς ε.
960. }
εὐνῆς. Σ. 532. ἐν πρῶτα μὲν ἕρπον ἐξ ε. τηροῦσ᾽ ἐπὶ τοῖσι δρυφάκτοις
Ο. 1286. πρῶτον μὲν εὐθὺς πάντες ἐξ ε. ἅμα
εὐνοεῖν. Ν. 1411. σύ κἀμέ σοι δίκαιον ἐστί ε. ὁμοίως,
Ν. 1412. τύπτειν τ᾽, ἐπειδήπερ γε τοῦτ᾽ ἔστ᾽ ε., τῷ τύπτειν·
εὖνοι. Σ. 887. ε. γάρ ἐσμεν ἐξ οὗ
εὐνοιᾶν. Α. 579. εἶτα φαίνει ἐς καλαθίσκον κοινῇ ε. ἅπαντας.
εὐνοιᾷν. Π. 785. ἐνδεικνύμενος ἅπαστος ε. τινα.
εὐνομίαν. Ο. 1540. τὴν ε., τὴν σωφροσύνην, τὰ νεώρια,
σύνους. Ι. 689. συμμάχους δ᾽ ἡμᾶς ἔχων ε.
Ι. 779. ὡς δ᾽ οὐχὶ φιλεῖ σ᾽ οὐδ᾽ ἔστ᾽ ε., τοῦτ᾽ αὐτό σε πρῶτα διδάξω,
788. ὡς δ᾽ ὁ μικρῶν ε. αὐτῷ θωπευματίων γεγένησαι.
Σ. 335. ἐσυ πρὸς ε. γὰρ φράσεις.
Ο. 1361. ε., πτερώσω σ᾽ ὥσπερ ὅρνιν ὀρφανόν.
1545. δεῖ ποτ᾽ ἀνθρώποις γὰρ ε. εἰμ᾽ ἐγώ.
Εκ. 1141. καὶ τῶν θεατῶν εἴ τις ε. τυγχάνει,
Π. 25. ε. γὰρ ὤν σοι πυνθάνομαι πάνυ σφόδρα.
εὐνούστατε. ΕΙ. 602. ἤδε, τοὐθ᾽ ἡμᾶς δίδαξον, ὦ θεῶν ε.
εὐνούστατον. Ι. 874. ε. τε τῇ πόλει καὶ τοῖσι δακτύλοισιν.
εὐνούστερος. ΕΙ. 673. ε. μὲν ἦν μακρῷ Κλεώνυμος·
εὐνούστερος. Ι. 748. ε., διάκρινον, ἵνα τοῦτον φιλῇς.
εὐνούχων. Α. 117. καὶ τοῖν μὲν ε. τὸν ἕτερον τουτονὶ
εὐνούχος. Α. 121. ε. ἡμῖν ἦλθες ἐσκευασμένος;
εὐνᾶῶν. Ν. 1410. ἐγωγέ σ᾽, ε. τε καὶ κηδόμενος. ΦΕ. εἰπὲ δή μοι,
εὐξαίμην. Β. 283. ἐγὼ δέ γ᾽ ε. ἂν ἐντυχεῖν τινι,
εὐξάμενοι. ΕΙ. 432. ἔργῳ φαλκύμεν, ε. τοῖσιν θεοῖς.
εὐξάμενος. Ν. 127. ἀλλ᾽ ε. ταῖσιν θεοῖς διδάξομαι
Ο. 1619. ε. εἶτα διασαφίζεται λέγων,
εὐξασθαι. ΕΙ. 278. μεμνημένοι, νῦν τοῖσι ε. καλὸν
εὐξέμεθ᾽. Ο. 622. κριθάς, πυρούς, ε. αὐτοῖς
εὔξωμαι. Β. 872. ὅπως ἂν ε. πρὸ τῶν σοφισμάτων,
εὐξώμεσθα. Σ. 862. ὅπως ἂν ε. πρῶτα τοῖς θεοῖς.
Ο. 903. θύσατές ε. τοῖς πτερίνοις θεοῖς,
εὐοδίαν. Β. 1528. πρώτα μὲν ε. ἀγαθῷ ἀπιόντι ποιητῇ
εὐοῖ. Λ. 1294. ε. ε., εὐαῖ εὐαῖ, κ.τ.λ.

εὔοπλος. Α. 592. τί μ᾽ οὐκ ἀπεψώλησας; ε. γὰρ εἶ.
εὐάρκον. Π. 61. ἀλλ᾽ εἴ τι χαίρεις ἀνδρὸς ε. τρύποις,
εὔπαιδα. Π. 639. ἀναβιβάσομαι τὸν ε. καὶ
εὐπαιδίας. Σ. 1512. ὦ Καρκίν᾽, ὦ μακάριε τῆς ε.·
εὐπαλάμων. Ι. 530. καί, τέκτονες ε. ὕμνων· οὕτως ἤνθησεν ἐκεῖνος.
εὐπαράγωγος. Ι. 1115. ἀλλ᾽ ε. εἴ,
εὐπέταλος. Θ. 1000. ε. ἕλικι θάλλει.
εὐπίστως. Θ. 105. λέγε νιν ε. δὶ τοὐμὸν
Εὔπολις. Ν. 553. Ε. μὲν τὸν Μαρικᾶν πρώτιστον παρείλκυσεν
εὔπορα. Π. 532. παρ᾽ ἐμοῦ δ᾽ ἐστιν ταῦτ᾽ ε. πάνθ᾽ ὑμῖν ὧν δεῖσθον· ἐγὼ γὰρ
εὔπορον. Ι. 637. νῦν μοι θράσος καὶ γλῶτταν ε. δότε
εὔπορος. Λ. 1267. φιλία τ᾽ αἱεὶς ε. εἴη
εὐπρωτάτοις. Σ. 1112. ἔς τε τὴν ἄλλην δίαιταν ἐσμὲν ε.
εὐπρωτάτον. Εκ. 236. χρήματα πορίζειν ε. γυνή,
εὐπρεπέσιν. Εκ. 701. τοῖς ε. δ᾽ ἀκολουθοῦντες
εὐπρεπὴς. Λ. 1315. χορᾳγοῦς ε.
Θ. 192. γυναικύφωνος, ἀπαλός, ε. ἰδεῖν.
233. μὴ φροντίσῃς ὡς ε. φανεῖ πάνυ.
Εκ. 427. μετὰ τοῦτο τοίνυν ε. νεανίας
εὐπρόσωπον. Π. 976. πενιχρὸν μὲν, ἀλλὰς δ᾽ ε. καὶ καλὸν
εὐπρόσωπος. ΕΙ. 617. οὐδ᾽ ἔγωγε, πλὴν γε νυνί. ταῦτ᾽ ἄρ᾽ ε. ἦν,
Θ. 191. σὺ δ᾽ ε., λευκός, ἐξυρημένος,
εὐπροσώπου. Β. 410. νῦν δὴ κατεῖδον, καὶ μάλ᾽ ε.,
εὐπτέρων. Ν. 800. πόστ᾽ ἐν γυναιξὶν ε. τῶν Κοισύρας.
εὐράξ. Ο. 1255. οὐκ ἀποσοβήσεις; οὐ ταχέως; ε. πατάξ.
εὑρέ. Ι. 20. ἀλλ᾽ ε. τιν᾽ ἀπόκινον ἀπὸ τοῦ δεσπότου.
εὑρέ. Ι. 684. ε. δ᾽ ὁ πανοῦργος ἕτερον πολὺ πανουργίαις
εὑρέθη. Θ. 521. ὁπόθεν ε. τὸ χρῆμα.
εὑρεθῇ. Α. 235. καὶ διώκειν γῆν πρὸ γῆς, ἕως ἂν ε. ποτέ.
ΕΙ. 372. ταύτην ἀνορύττων ε.· ΤΡ. νῦν ἆρά με
εὑρεῖν. Εκ. 316. οὐκ ἐδυνήμην ε., ὁ δ᾽ ἤδη τὴν θύραν
εὑρες. Ι. 404. εἴθε φαύλως, ὥσπερ ε., ἐκβάλοις τὴν ἔνθεσιν.
Ο. 820. καλὸν γὰρ ἀτεχνῶς καὶ μίγ᾽ ε. τοὔνομα.
Β. 1452. ταυτὶ τοὺς ε. αὐτὸς ε. ἡ Κηφισοφῶν.
Εκ. 993. θυρασί μ᾽ ε. ἀλλὰ πρόαγυε τὸ στόμα.
εὕρετε. Θ. 794. ἐλεύθεραν ε. φροῦδον τὸ κακὸν καὶ μὴ κατελαμβάνετ᾽ ἔνδον.
εὕρετα. Α. 640. ε. πᾶν ἂν διὰ τὰς λιπαρὰς ἀφύων τιμὴν περιάψας.
εὕρημα. Ν. 765. ε. ἄλλοιον τῆς δίκης σοφώτατον,
εὕρημα. Fr. 451. μεταικίνησον νῦν ταῦτα σπουδῇ καὶ μύρον, ε. Μεγάλλου.
εὑρήμασιν. Ν. 561. ἢν δ᾽ ἐμοὶ καὶ τοῖσιν ἐμοῖς εὐφραίνεσθ᾽ ε.,
εὑρημένα. Π. 161. ἤν γε τοὺς ἄνδρας ποιήσῃν ἰσθ᾽ ε.
εὑρήσειν. Ι. 861. ἐμοῦ ποθ᾽ ε. φίλον βελτίον᾽ ὅστις εἰς ὢν
Ν. 1311. οἷμαι γὰρ αὐτὸν αὐτίχ᾽ ε. ὅπερ
εὑρήσεις. Ι. 390. δικαίως ε. ὑφ᾽ ἡμῶν τοὺς τρόπους ἐπίσταμαι.
ΕΙ. 430. τάλλα δ᾽ ε. ὑπουργεῖν ὄντας ἡμᾶς οὐ κακούς.
Π. 104. καὶ μή μ᾽ ἀπολίπῃς· οὐ γὰρ ε. ἐμοῦ
223. τοὺς ξυγγενομένους κάλλιον. ε. δ᾽ ἴσως
εὑρήσετε. Σ. 1101. πολλαχοῦ σκοποῦντες ἡμᾶς εἰς ἅπανθ᾽ ε.
εὑρησομένη. Ν. 447. ε., σοφίσμαθ᾽ βικῶν,
εὑρητί. Θ. 792. κἂν ἐξέλθῃ τὸ γυναιῶν ποι, κἄθ᾽ ε. αὐτὸ θύρασι,
εὐρητί. Α. 732. δμβάτε ποττὰν μάδδαν, αἴ κ᾽ ε. πα.
Εὐριπίδη. Α. 400. τραγῳδίαν. ΔΙ. ὦ τρισμακάρι᾽ Ε.,
Α. 404. Ε, Εὐριπίδιον,
410. Ε., ΕΤ. τί λέλακας; ΔΙ. ἀναβάδην ποιεῖς,
414. ἀλλ᾽ ἀντιβολῶ πρὸς τῶν γονάτων σ᾽, Ε.,
437. Ε. πικρότερ᾽ ἐκφάνοιεν ἰσθ᾽ ε.
452. γλίσχρος προσαιτῶν λιπαρῶν τ᾽. Ε.,
Ε., ὦ γλυκύτατ᾽ Ε., τούτί μόνον,
467. ἀπόλωλ᾽. οἴχομαι, ὦ γλυκυτάτ᾽ Ε.·
Θ. 4. παρά σου πυθέσθαι, ποῖ μ᾽ ἄγεις, ε.
193. Ε., ΕΤ. τί ἔστιν; ΑΓ. ἐποίησας ποτε,
209. ὦ τρισκακοδαίμον, ὡς ἀπόλωλ᾽. ΜΝ. Ε..
Β. 852. Ε., ΕΤ. τὸν χαλεζῶν δ᾽, ὦ πανιῆ Ε.,
1166. οὐ μὴ τὸν Ἀπόλλα. τί σὺ λέγεις, Ε.;
1220. Ε., ΕΤ. τί ἔστιν; ΔΙ. ὀλίγα μοι δοκεῖ.
Εὐριπίδην. ΕΙ. 147. ἐντεῦθεν, εἶτα χωλὸς ὢν Ε.
Λ. 283. τασδὶ δὲ τὰς Ε. θεοῖς τε πᾶσιν ἐχθροῖς
Θ. 467. Ε., τοιαῦτ᾽ ἀκούσομαι κακά.
518. ἡμεῖς γε, κτ᾽ Ε. θυμούμεθα,
1061. Ε. ἀπολεῖς ε. με ταῖς τραγῳδίαις.
Fr. 231 b., 2. φὲ δὴ συνέξης ἐς τὰ πύλλ᾽ Ε.
Εὐριπίδην. Α. 394. καί μοι Βαδιστέ᾽ ἐστὶν ὡς Ε.
Λ. 484. ἔστηκας· οὐδ᾽ εἰ ματαιῶν Ε.;
Ν. 1377. οὔκουν δικαίως, ὅστις οὐκ Ε. ἐπαινεῖς;
Β. 584. Ε. φασ᾽ ἄνδρα κηδεστήν τινα
Β. 794. διαγωνιεῖσθ᾽ ἔφασκε πρός γ᾽ Ε.

R

Εὐριπίδην. Εκ. 826. κείθὺς κατεχρώσου πᾶς ἀνὴρ Ε.·
Εκ. 829. πάλιν καττεπίττου πᾶς ἀνὴρ Ε.
Εὐριπίδης. Α. 395. τίς οὗτος; ΔΙ. ἔνδον ἔστ' Ε.;
Σ. 61, οὐδ' αὖθις ἐναπειλγαινύμενος Ε.·
Θ. 77. εἶτ' ἔστ' ἔτι ζῶν εἶτ' ἀπόλωλ' Ε.
426. νῦν δ' οὗτος αὐτοὺς ᾠκιτριψε Ε.
490. ταῦτ' οἰδιπόποτ' εἴφ', ὁρᾷ', Ε.·
590. ἀφεισεν αὐτῶν κἀπίτιλ' Ε.
Β. 80. κάλλως ὁ μὲν γ' Ε., πανούργοις ὤν,
771. ὅτε δὴ κατῆλθ' Ε., ἐπεδείκνυτο
801. καὶ διαμίτρους καὶ σφῆνας. ὁ γάρ Ε.
Εκ. 825. τῆς τετταρακοστῆς, ἦν ἐπύρισ' Ε.;
Fr. p. 551. Ε.
542. στρεψίμελος τὴν τέχνην Ε.
Εὐριπίδιον. Α. 404. Εὐριπίδη, Ε.,
Α. 475. Ε. ὦ γλυκύτατον καὶ φίλτατον
Εὐριπίδου. Ν. 1371. ὁ δ' εὐθὺς ᾖσ' Ε. ῥῆσίν τιν', ὡς ἐβίνει
Σ. 1414. Ἰνοῖ κρεμαμένη πρὸς ποδῶν Ε.,
ΕΙ. 532. ἐπυλλίων Ε., ΤΡ. κλαψάρα σὺ
Λ. 368. οὐκ ἔστ' ἀνὴρ Ε. σοφώτερος ποιητής·
Θ. 378. καὶ χρηματίζειν πρῶτα περὶ Ε.,
387. Ε. τοῦ τῆς λαχανοπωλητρίας
542. εἴτ' εἶπον ἀγίγνωσκον ὑπὲρ Ε. δίκαια,
649. ὦ μιαρὸς οὗτος· ταῦτ' ἄρ' ὑπὲρ Ε.
1008. ταυτὶ τὰ βέλτιστ' ἀπολέλαυκ Ε.
Β. 67. Ε., καὶ ταῦτα τοῦ τεθνηκότος,
76. εἶτ' οὐ Σαφοκλέα, πρότερων ὄντ' Ε.,
91. Ε. πλεῖν ἢ σταδίῳ λαλίστερα·
1306. αὕτη κροτοῦσα· δεῦρο Μοῦσ' Ε.,
εὑρίσκε. Β. 1460. ε. νὴ Δί', εἴπερ ἀναδύσει πάλιν.
εὑρισκέτην. Β. 806. σοφῶν γὰρ ἀνδρῶν ἀπορίαν ε.
εὑρίσκων. Θ. 546. ἐπίτηδες ε. λόγους, ὅπου γυνὴ πονηρά
εὗρον'. Λ. 111. ἐθέλοιτ' ἂν οὖν, εἰ μηχανήν ε. ἐγώ,
εὗρες. Ι. 91. οἴνου γὰρ ε. ἄν τι πρακτικώτερον·
ΕΙ. 349. κούκετ' ἄν μ' ε. δικαστὴν δριμὺν οὐδὲ δύσκολον,
Β. 96. γνώμων δὲ ποιητὴν ἂν οὐχ ε. ἔτι
Εκ. 910. ε. καὶ προσελνύσαμο
εὕρομεν. Π. 492. τοῦτ' οὖν ἡμεῖς ἐπιθυμοῦντες μύλις ε. ὥστε γενέσθαι
εὗρον. Ν. 76. μίαν ε. ἀτραπὸν δαιμονίως ὑπερφυᾶ,
Ν. 232. οὐκ ἂν ποθ' ε.· οὐ γὰρ ἀλλ' ἡ γῆ βίᾳ
ΕΙ. 968. ἀλλ' ε. ἂν σ' ὑπέχωντα τὴν ἐκεχειρίαν,
Λ. 72. μόλις γάρ ε. ἐν σκότῳ τὸ ζώπιον.
Εκ. 334. ζητῶν γὰρ αὕτ' οὐχ ε. ἐν τοῖς στρώμασιν.
εὑρόν'. Α. 272. πλίστουσαν ε. ὠρικήν ὑληφόρων,
εὑρόντες. Σ. 1043. τοιόνδ' ε. ἀλεξίκακον, τῆς χώρας τῆσδε καθαρτήν,
εὑροῦσ'. Εκ. 492. ἴσθ' ἡ τὸ πρᾶγμ' ε. ὁ νῦν ἔδοξε τοῖς πολίταις.
εὑροῦσαι. Εκ. 883. μελιζόμεν ε. τι τῶν Ἰωνικῶν.
Εὐρύβατον. Fr. 233. εἰ δή τις ὑμῶν εἶδεν Ε. Δία.
εὐρύδμα. Θ. 121. ποδὶ παράρυθμ' ε. Φρυγίαν
εὐρύθμοις. Π. 759. ἐμβὰς γερόντων ε. προβήμασιν.
εὐρύθμως. Θ. 985. ἀλλ' εἴ' ἐν' ἀλλ' ἀνάστρεψ' ε. ποδί,
Εὐρυκλέους. Σ. 1019. μιμησάμενος τὴν Ε. μαντείαν καὶ διάνοιαν,
εὐρύν. Ι. 720. δύναμαι ποιεῖν τὸν δῆμον ε. καὶ στενόν.
Ο. 968. οὗτος δὲ Χάει πτερόεντι μιγεῖς νυχίῳ κατὰ Τάρταρον ε.
εὐρυπρωκτίαν. Α. 843. οὐδ' ἐξομόρξεται Πρέπις τὴν ε. σοι,
εὐρυπρώκτοις. Α. 716. τοῖς νέοισι δ' ε. καὶ λάλοι χὠ Κλεινίου.
Ν. 1084. ἕξει τίνα γνώμην λέγειν, τὸ μὴ ε. εἶναι;
Θ. 200. καὶ μὴν σύ γ', ὦ κατάπυγον, ε. εἶ
εὐρυπρώκτους. Ν. 1099. ὁντ ε.· τουτονὶ
εὐρυπρώκτων. Ν. 1090. ἐξ ε. ΑΔ. πείθομαι.
Ν. 1092. ἐξ ε. ΑΔ. εὖ λέγεις.
1094. ἐξ ε. ΑΔ. ἄρα δῆτ'
εὐρύς. Ο. 693. Χάος ἦν καὶ Νὺξ Ἔρεβός τε μέλαν πρῶτον καὶ Τάρταρος ε.·
εὐρυτέρως. Λ. 419. ἐλθὼν χάλασον, ὅπως ἄν ε. ἔχῃ.
εὐρώμεν. Fr. 477, 3. ἐκεῖ δ' ἔαν ὦ πρᾶσιν ε. μίνειν.
εὑρών. Ι. 814. ἐς ἐπιήσει τὴν πύλιν ἡμῶν μιστὴν ε. ἐπιχείλη,
Σ. 449. οὐδ' ἀναμνησθεὶς ἴσθ' ε. τοὺς βότρυς κλέπτοντά σε
Ο. 140. ε. ἀπιόντ' ἀπὸ γυμνασίου λελουμένου
Β. 390. ἥδιστον ε., δεῦρο σπουδάσομεν
Π. 206. ε. ἀπαξάπαντα καταπεκλειμένοι
Εὐρύταν. Α. 1302. τοῦ δὴ παρ' Ε. ψιάβδοντι.
Α. 1309. παρ' τῷν Ε.
εὐρωτιῶν. Ν. 44. ε. ἀκύρητος, εἰπῇ κείμενος,
εὐσεβεῖς. Α. 351. οὐ γάρ ποτ' ἂν χρηστοί γ' ἔδραν, οὐδ' ε. τάδ' ἄνδρες.
εὐσεβῆ. Π. 456. ὅσοι μεμνήμεθ' ε.,
εὐσκόποισιν. Εκ. 2. κάλλιστ' ἐν ε. ἐξηρτημένων,
εὐσπόρους. Ο. 230. ὅσοι τ' ἐ. ἀγροίκων γίας

εὐστίφανοι. Ν. 308. ε. τε θεῶν θυσίαι θαλίαι τε,
εὐστόμει. Ν. 833. ὥστ' ἀνδράσιν πείθει χολῶσιν· ΣΤ. ε.,
εὔστραις. Ι. 1236. ἐν ταῖσιν ε. κονδύλοις ἡρμοττόμην.
εὐσχημόνως. Σ. 1210. πῶς οὖν κατακλινῶ; φρίζ' ἀνύσας. ΔΑ. ε.
εὐσωματεῖ. Ν. 799. σὺ δ' ἐπιτρέπεις; ΣΤ. ε. γὰρ καὶ σφριγᾷ,
εὔτακτος. Σ. 424. ξυσταλείς, ε., ὀργῆς καὶ μένους ἐμπλήμενος.
Ο. 829. καὶ πῶς ἂν ἔτι γένοιτ' ἂν ε. πόλις,
εὐτάκτως. Ν. 964. εἶτα βαδίζειν ἐν ταῖσιν ὁδοῖς ε. ἐς κιθαριστοῦ
εὐτελείᾳ. Β. 405. κἄπ' ε. τῶν τε σανδαλίσκων
εὐτέλειαν. Ο. 805. εἰς ε. χηνὶ συγγεγραμμένῳ,
εὔτονον. Α. 672. οἱ δὲ μάττωσιν, οὕτω σοβαρὸν ἐλθὲ μέλος ε. ἀγροικότερον,
εὐτόνως. Π. 1095. ὡς ε., ὦ Ζεῦ βασιλεῦ, τὸ γρᾴδιον
εὐφάνδιον. Ν. 409. οὔτε λύγων ε.,
εὐτυχεῖθ'. Π. 629. ὡς ε. ὡς μακαρίως πεπράγατε,
εὐτυχέστατα. Π. 633. ὁ δεσπότης πέπραγεν ε.,
εὐτυχῆς. Ι. 151. ὡς ε. εἰ καὶ μεγάλως εὐδαιμονεῖς.
Ι. 1252. κλέπτῃ μὲν οὐκ ἂν μᾶλλον, ε. δ' ἴσως.
Π. 825. ἀνὴρ πρότερον μὲν ἄθλιος, νῦν δ' ε.
εὐτυχία. Ν. 512. ε. γένοιτο τἀν-
εὐτυχίαισιν. Ι. 1318. ἐπὶ καιναῖσιν δ' ε. παιωνίζειν τὸ θέατρον.
Ν. 1265. εἴτ' ἀστείον μουγκώμιον.
Εκ. 574. κοιρῇ γὰρ ἐπ' ε.
εὐτυχίας. Σ. 1450. ζηλῶ γε τῆς ε.
εὐτυχοῦντα. Ι. 683. πάντα τοι πέπραγας οἷα χρὴ τὸν ε.·
εὐτυχῶς. Ι. 101. ὡς ε. ὅτι οὐκ ἐλήφθην ἔνδοθεν
Εκ. 504. ταυτὶ μέν, ὦ γυναῖκες, ἡμῖν ε.
εὐφαμεῖτε. Β. 1273. ε. μελισσονόμα δόμον Ἀρτέμιδος πέλας οἴγειν.
εὔφημει. Ν. 297. ἀλλ' ε. μέγα γάρ τι θεῶν κινεῖται σμῆνος ἀοιδαῖς
εὐφημεῖν. Ι. 1316. ε. χρὴ καὶ στόμα κλείειν, καὶ μαρτυρίων ἀπέχεσθαι,
Ν. 263. ε. χρὴ τὸν πρεσβύτην καὶ τῆς εὐχῆς ὑπακούειν.
ΕΙ. 96. ε. χρὴ καὶ μὴ φλαῦρον
1316. ε. χρὴ καὶ τὴν νύμφην ἔξω τινὰ δεῦρο κομίζειν,
Β. 354. ε. χρὴ κἀξίστασθαι τοῖς ἡμετέροισι χοροῖσιν
εὐφημεῖτε. { Β. 237.
{ 241. ε., ε.
{ ΕΙ. 434. }
εὐφημία. Σ. 868. ε. μὲν πρῶτα νῦν ὑπαρχέτω.
Ο. 959. ε. 'στω.
Θ. 295. ε. 'στω, ε. 'στω, εὔχεσθε ταῖν Θεσ-
εὐφημίας. Α. 238. σῖγα πᾶς, ἠκούσατ', ἄνδρες, ἆρα τῆς ε.;
Εὔφημον. Σ. 599. ἀλλὰ Θέωρος, καιτοὔστιν ἀνὴρ Ε. οὐδὲν ἐλάττων,
εὔφημον. Ο. 1719. Μούσης ἀναίγειν ἱερὸν ε. στόμα.
εὔφημος. Θ. 39. ε. πᾶς ἔστω λεώς,
εὐφημοῦντες. Π. 758. γελῶντες, ε. ἐκτινεῖτο δὲ
εὐφραίνησθ'. Ν. 561. ἢν δ' ἐμοὶ καὶ τοῖσιν ἐμοῖς ε. εὑφήμασιν,
εὐφράνθην. Α. 5. ἐγὼδ' ἐφ' ᾧ γε τὸ κέαρ ε. ἰδών,
εὐφράνας. ΕΙ. 764. παῦρ' ἀνιάσας, πύλλ' ε., πάντα παρασχὼν τὰ δέοντα.
εὐφρανεῖ. Εκ. 1123. κέρασον ἄκρατον, ε. τὴν νύχθ' ὅλην
εὐφρανθῆναι. Α. 591. εἴθ' ἡνίν' ἔχρην ε. καὶ τῆς ἥβης ἀπολαύσαι,
εὐφραντικά. Λ. 165. ἀκερούσιν, οὐ γὰρ οὐδέποτ' ε.
εὔφρον'. Λ. 1282. ε. ἐπὶ δὲ Νύσιον,
εὔφρονες. Θ. 1148. ἥκετ' ε., ἵλαοι,
εὐφρόνην. Εκ. 954. τὴν ε. ὅλην ἔσει.
εὐφνᾷ. Θ. 968. πρώτων εὐμέλων χορείας ε. στῆσαι βάσιν.
εὐφωνόν. Εκ. 713. λαβοῦσα κηρυκαιναν ε. τινα·
εὐχαῖς. Σ. 864. καὶ ταῖς ε.
Ο. 1060. θύσωσ' εὐταίαις ε.
Θ. 313. λιτόμεθα ταῖσδ' ἐπ' ε.
328. ἀχήσειεν ἐπ' ε.
Εὐχαρίδου. Ο. 865. ε. τῇ Ἐστίᾳ τῇ ὀρνιθείῳ, καὶ τῷ ἰκτίνῳ
εὔχεσθε. Ο. 865. ε. τῇ Ἐστίᾳ τῇ ὀρνιθείῳ, καὶ τῷ ἰκτίνῳ
Θ. 295. εὐφημία 'στω, εὐφημία 'στω, ε. ταῖν Θεσ-
310. ταύτην νικᾶν, ταῦτ' ε., καὶ ὑμῖν αὐταῖς
331. ε. τοῖς θεοῖσι τοῖς Ὀλυμπίοις
351. ε. πάσαις πυλλὰ δοῦναι κἀγαθά.
Β. 885. ε. δὴ καὶ σύ γ' ἀρχαῖά τις, κριν τῶν ἐπῶν
εὐχήν. Ι. 661. ε. ποιήσασθαι χιμάρων εἰσαύραν,
εὐχῆς. Ν. 263. εὐφημεῖν χρὴ τὸν πρεσβύτην καὶ τῆς ε. ὑπακούειν.
εὔχομαι. Ι. 764. ε., εἰ μὲν περὶ τὸν δῆμον τὸν Ἀθηναίων γεγένημαι
Ι. 928. δίν, ε. δέ σοι ταδί·

εὔχομαι—ἔφυς. 123

εὔχομαι. Β. 869. ἕτεροι γάρ εἰσιν οἶσιν ε. θεοῖς.
 Εκ. 171. ταισὶ λαβοῦσα· τοῖς θεοῖς μὲν ε.
 Fr. 277, 1. ἀλλ' ε. 'γωγ' ἐλινύσαι σε τῶν σταθμῶν.
εὐχόμεθ'. Θ. 810. οὗτως ἡμεῖς πολὺ βελτίους τῶν ἀνδρῶν ε. εἶναι.
εὐχόμενοις. ΕΙ. 1016. ταῦτ', ὦ πολυτίμητ', ε. ἡμῖν δίδου.
εὔχοντ'. Εκ. 141. τοσαῦτά γ' ε., εἴπερ εἶνος μὴ παρῇν;
εὔχονται. Π. 134. καὶ νὴ Δί' ε. γε πλουτεῖν ἀντικρυς.
εὐχροεῖς. Α. 80, ἂν δ' ε., ὡς δὲ σφριγᾷ τὸ σῶμά σου.
εὔχρων. Ι. 1171. ἐγὼ δ' ἔντος γε πίσινον ε. καὶ καλόν·
Λ. 205. ε. γε θαῖμα κἀκσευτίζει καλῶι.
Θ. 644. τοεὶ διέκυψε καὶ μάλ' ε., ὦ τάλαν.
εὐχωλή. ΕΙ. 1276. ἔνθα δ' ἅμ' οἰμωγή τε καὶ ε. πέλεν ἀνδρῶν.
εὐχώμεθ'. ΕΙ. 973. ἀλλ' ὡς τάχιστ' ε., εὐχώμεσθα δή.
εὐχώμεσθα. ΕΙ. 967. δώσουσιν αὐτοῖς ἄνδρες. ΤΡ. ἀλλ' ε.
εὐχώμεσθα. ΕΙ. 435. σπένδοντες ε. τὴν νῦν ἡμέραν
 ΕΙ. 973. ἀλλ' ὡς τάχιστ' εὐχώμεθ', ε. δή.
Εκ. 781. ὅταν γὰρ ε. διδῶναι τἀγαθά,
εὐώδεις. Ο. 1067. κτείνω δ' οἱ κήπους ε.
εὐωχεῖν. Σ. 341. ἀλλὰ μ' ε. ἕτοιμός ἐστ'· ἐγὼ δ' οὐ βούλομαι.
εὐωχεῖσθαι. Π. 614. ε. μετὰ τῶν παίδων
εὐωχηθέντες. Εκ. 664. ε. ὑβρίζωσιν· τοῦτο γὰρ οἶμαί σ' ἀποφήσειν.
εὐωχημένοι. Λ. 1224. καθ' ἡσυχίαν ἀνίωσιν ε.;
εὐωχήμενον. Σ. 1306. ὥσπερ καχρύων ὠνίδιον ε.·
εὐωχήσθε. Εκ. 716. ὅπως ἂν ε. πρῶτον τήμερον.
εὐωχησόμεσθα. ΕΙ. 717. ἤδη γάρ ε.; ΠΡ. φήμ' ἐγώ.
εὐωχίαν. Β. 85. ποῖ γῆς ὁ τλήμων; ΔΙ. ἐς μακάραν ε.
εὐωχίας. Α. 1009. μᾶλλον δὲ τῆς ε.,
 Fr. 3, 3. Συβαριτίδας τ' ε. καὶ Χίον ἐν Λακαιναῖς.
ἐφ'. Α. 5. ἐγώδ' ε. ᾧ γε τὸ κέαρ εὐφράνθην ἰδών, κ.τ.λ.
ἔφαγον. Θ. 636. στραγγουριῶ γάρ· ἐχθὲς ε. κάρδαμα.
ἐφαίνετο. Σ. 831, ὁ πρῶτον ἡμῖν τῶν ἱερῶν ε.
ἐφαίνου. ΕΙ 136. ὅσων ε. τοῖς θεοῖς τραγικώτερος.
ἐφάνη. Ι. 328. ἀλλ' ε. γὰρ ἀνὴρ ἕτερος πολὺ
 Ι. 790. καὶ μὴν εἴ πού τις ἀνὴρ ε. τῷ δήμῳ μᾶλλον ἀμύνων
 Fr. 458. ἥτις κύσσα' ε. κύσος τοσουτονί.
ἐφάπτεται. Π. 1068. ε. σου λανθάνειν δοκῶν ἐμέ.
ἔφασκ'. Ν. 1362. καὶ τὸν Σιμωνίδην ε. εἶναι κακὸν ποιητήν.
 Ο. 575. Ἴριν δέ γ' "Ὁμηρος ἔ. ἰκέλην εἶναι τρήρωνι πελείῃ.
 Α. 519. ὁ δὲ μ' εἶδεν ὑποβλέψας ἂν ε., εἰ μὴ τὸν στήμονα ᾔσου,
 Β. 279. τὰ δεῖν' ε. ἐκεῖνος. ΔΙ. ἂν οἰμώζεται.
ἔφασκεν. Ν. 610. εἶτα θυμαίνεις ε.· δεινὰ γὰρ πεπονθέναι.
 Ν. 1357. ὁ δ' εὐθέως ἀρχαῖον εἶν' ε. τὸ κιθαρίζειν
 Σ 794. ἀλεκτρυόνα μ' ε. κοιλίαν ἔχειν'
 ΕΙ. 67. πεύσεσθ'. ε. γὰρ πρὸς αὐτὸν ἐνθαδί·
 Ο. 15. ὃς τώδ' ε. νῶν φράσειν τὴν Τηρέα,
 472. ὃς ε. λίγων κορυδὸν πάντων πρώτην ὄρνιθα γενέσθαι,
 Β. 794. διαγιγνιεῖσθ' ε. πρὸς γ' Εὐριπίδου.
 Εκ. 450. ἡμῶν δὲ ταὺς πολλοὺς ε. τοῦτο δρᾶν.
ἔφασκεν. Ι. 541. ταῦτ' ὀρρωδῶν διέτριβεν ἀεί, καὶ πρὸς τούτοισιν ε.
 Ν. 160. ε. εἶναι τοὐντερον τῆς ἐμπίδος
 588, οὐ φανεῖν ε., ὑμῖν, εἰ στρατηγήσει Κλέων.
 Σ. 725. ἦ που σοφῶς ἦν ὅστις ε., πρὶν ἂν ἀμφοῖν μύθον ἀκούσῃς,
 Π. 990. αἰτεῖν μ' ε., ἀλλὰ φιλίας σύνεκα,
 1020. ᾄζειν γε τῆς χραίας ε. ἠδύ μοι,
ἔφασκης. Σ. 602. ἣν δουλείαν οὖσας ε. χύπηρεσίαν ἀποδείξειν.
 Λ. 752. κινεῖν ε.; ΓΤ. Γ. καὶ κιῶ γε νὴ Δία.
 Β. 742. ὅτι δοῦλος ἂν ε. εἶναι δεσπότην.
ἔφασκον. Ν. 55. πρώφασιν ε., ὦ γύναι, λίαν σταθῆς.
 Σ. 806. δοανιέρ γ ε., κᾆτι πολλῷ πλείονα.
 Λ. 703. οἱ δὲ πέμψαν οὐκ ε. διὰ τὰ σὰ ψηφίσματα.
 Εκ. 194. ε.ῇ ἂν γνωστ', ἀπολεῖν ε. τὴν πόλιν·
ἔφασχ'. ΕΙ. 793. καὶ γάρ ε. ὁ πατήρ ὁ παρ' ἐλπίδας
ἔφεβρος. Β. 792. ε. καθεδεῖσθαι κἂν μὲν Αἰσχύλος κρατῇ,
ἐφεόμενα. Ο. 1066. δένδρεσί τ' ε. καρπὸν ἀποβύσσνεται·
ἐφεξόμενον. Ο. 774. ὀχθῳ ε. παρ' Ἕβρον ποταμόν,
ἐφεξῆτ'. Σ. 242. χθὲς οὖν Κλέων ὁ κηδεμὼν ἡμῖν ε. ἐν ὥρᾳ
ἐφενάκιζες. Α. 90. ταῦτ' ἄρ' ε. σύ, δύο δραχμὰς φέρων.
ἐφενακιζόμην. Ν. 921. ὦ παμπόνηρος, ὦ δ' ἐφ' ε. ὑπ' αὐτοῦ.
ἐφέξεις. Ι. 915. εἰς ἣν ἀναλὼν οὐκ ε.
ἐφέξῃς. Ι. 915. μελῶν ε. τέτταρας ἐκφέρουσαν ἅν· οἱ δ' ἐσίγων.
 Εκ. 842. ἐσπᾶι' ε. τὰ τεμάχη ἀντίζεται,
 Fr. 47. ἱσταιεθ' ε. πάντες ἐπὶ τρεῖς ἀσπίδας.
ἔφεξιν. Σ. 338. τοῦ δ' ε., ὦ μάταιε, ταῦτα δρᾶν σε βούλεται,
ἐφέποντας. Θ. 675. δικαίαν τ' ε.
ἐφέπω. Ο. 1376. φοβῶ φρενὶ σώματί τε νέαν ε.
ἔφερε. Α. 36. ἀλλ' αὐτὸς ε. πάντα χὠ πρίαν ἀπῆν.

ἔφερες. Π. 848. καὶ ταῦτ' ἀναθήσων ε. οὖν; ΔΙ. νὴ τὸν Δία.
ἐφερόμην. Εκ. 88. ταυτὶ γέ τοι νὴ τὸν Δί' ε., ἵνα
 Fr. 399, 3. ἣν ε.. Ἰδ' γιάμεν συνθεάτραν.
ἐφερπύσαι. Π 675. ἐφ' ἣν ἐπιθύμιιν δαιμονίως ε.
Ἔφεσον. Fr. 460, 5. ἐς Ἐ., οἱ δ' ἐς Ἀβυδον. ἣν δὲ πάνθ' ὁδῷ
Ἐφέσον. Ν. 599. ἢ τ' Ἑ. μάκαιρα πάγχρυσον ε. ἔχεις
ἐφίσπετο. Σ. 1278. τὸν κιθαραοιδύαστον, ᾧ χάρις ε.·
ἐφεστάναι. 1. 930. ε. σίξ.ν, σε δὲ
 Σ. 955. οἵος τε πολλοῖς προβατίοις ε.
ἐφεστήκ'. Θ. 1026. ὅδε γάρ μ. Σκύθης πάλαι φύλαξ ε.,
ἐφεστήκεν. Α. 628. ἐξ οὗ γε χοροῖσιν ε. τρυγικοῖς ὁ διδάσκαλος ἡμῶν,
ἐφεστώς. ΕΙ. 429. ἅττα χρὴ ποιεῖν ε. φράζε δημιουργικῶς·
ἔφευγ'. Π. 723. ε. ἀνέρας· ὁ δὲ θεοὺς γελάσας ἔφη·
ἔφευγε. Β. 1098. φυσῶν τὴν λαμπάδ' ε.
 Fr. 534. ε. κἀγὼ τῆς ὑπανταξ εἰχόμην,
ἔφευγεν. 1. 254. ἅσπερ Εὐκράτης ε. εὐθὺ τῶν κυρηβίων.
ἔφευγον. Α. 185. ἐγὼ δ' ε. ὁ δ' ἐδίωκον καβδῶων·
 Σ. 1068. οἱ δ' ε. τὰς γνάθοισι καὶ τὰς ὀφρύς κεντούμενοι·
 Π. 777. ε., εἴδες οὐδὲν ᾧ τλήμων ἐγώ.
ἔφη. Α. 650. τούτους γὰρ ε. τοῦτ' ἀνθρώπους πολὺ βελτίους γεγενῆσθαι κ.τ.λ.
ἐφημερίοι. Ο. 687. ἀντήνες ε., ταλαοὶ βροτοί, ἀνέρες εἰκελόνειροι,
ἔφην. Ν. 70. ὥσπερ Μεγακλῆς, ἑυστίδ' ἔχων. ἐγὼ δ' ε.
 Ν. 1369. ὅπως δὴ τὸν θυμὸν δακών ε., οὐ δ' ἀλλὰ τούτων
ἐφήσθα. Λ. 132. ε. σαυτῇ κἂν παρατευτῇ θήμιον.
ἐφήματο. Π. 728. καὶ πρῶτα μὲν δὴ τῆς κεφαλῆς ε.,
ἐφθάς. ΕΙ. 717. ὅσας δὴ κατέδει χύλιαις ε. καὶ κρέα·
ἐφθέγγετ'. Εκ. 391. ἀλεκτρυῶν ε. ΒΛ. οἶμοι δείλαιος.
ἐφθεγξάμεσθα. Β. 248. αἰόλαν ε.
ἐφθύγξατο. Ν. 872. Ἰδοὺ κρίμν', ὡς ἠλίθιον ε.
 Ν. 1261. τῶν Καρκίνου τις δαιμόνων ε.
ἔφθης. Ν. 1384. κακκᾶν δ' ἂν οὐκ ε. φράσαι, κἀγὼ λαβὼν θύραζε
 Εκ. 596. καὶ τῶν σπελέθων κοινωνοῦμεν; ΠΡ. μὰ Δί', ἀλλ' ε. μ' ὑπικρούσω.
ἔφιόν. 1. 1178. ᾗ δ' Ὀβριμοπάτρα γ' ε. ἐκ ζωμοῦ κρέας
ἐφιέται. Ο. 1105. πρῶτα μὲν γάρ οὗ μάλιστα πᾶς κριτῆς ε.,
ἔφλα. Ν. 1376. κᾄπειτ' ε. με κἀσπόδει κἀπνιγε κἀπέτριβεν.
 Π. 718. σκοριδῶν κεφαλὰς τρεῖς Τηρίαν. ἐφεῖς' ε.
ἐφλέγμηνεν. Σ. 276. εἶτ' ε. αὐτοῦ
ἐφληνάφα. Ι. 664. ὁ δὲ ταῦτ' ἀκούσας ἐκπλαγεὶς ε.
ἐφλυάρει. Π. 545. ἔτι σκορδινῶμαι κοὐκ ἀνοήσω ἐσπηδήσας ε.,
ἐφλών. Π. 694. κἀγὼ τυγ' ἤδη τῆς ἀθορης πολλὴν ε.·
ἐφοδεύεται. Ο. 1100. ε., κωδωνοφορεῖται. πανταχῇ
ἔφοδδ'. Α. 53. ἀλλ' ἀθανάτου ὦν, ἄνδρες, ε. οὐκ ἔχω·
ἐφοίτας. Ι. 1235. παῖς ἂν ε. ἐς τίνος διδασκάλου;
ἔφοιτας. Ν. 268. ᾧ μὴ πρὸ τοῦ γ' Ἐ., νῦν ἀλλὰ πρῶτος ἡμῶν
ἐφορᾷ. Ι. 75. ε. γὰρ αὐτὸν πάντ'. ἔχει γὰρ τὸ σκέλος
ἐφορεῖ. 1. 528. ε. τὰς δρῦς καὶ τὰς πλατάνους καὶ τὰς ἐχθρούς προσθελυμνούς.
ἔφορον. Ο. 1140. ὕδωρ δ' ε. κάτωθεν ἐς τὸν δέρα
 Ο. 1283. σκυνάλι' ε. ὥδ' ὑποστρέφεσταν αὖ
Ἐφουδίων. Σ. 1191. Ἐ. παγκράτιον Ἀσκώνδα καλῶν,
 Σ 1383. Ἐ. ἐμαχέσατ' Ἀσκώνδᾳ καλῶι,
ἔφραξε. Β. 182. αὕτη 'στὶν ἡν ε., καὶ πλοῖόν γ' ὁρῶ.
 Β. 319. ἐνταῦθά που παίξουσιν, οὓς ε. ἡμῖν.
ἔφραξεν. Ι. 1042. ε. ὁ θεός σοι σαφῶς σώζειν ἐμέ.
 Ι. 1048. πῶς δῆτα τοῦτ' ε. ὁ θεός; ΑΛ. τουτονί
 1058. ἀλλὰ τάδε φράσον, πρὸ Πύλον Πύλον ἦν σοι ε.
ἔφρασον. Θ. 1173. καθ' ὅτι δ' ε., ταῦτα μημνήσθαι ποιεῖν.
ἐφράσχης. Λ. 1033. ἢ Δι' ὤμοσαί γέ μ', ὡς πάλαι τί μ' ε.,
ἐφρόντισα. Β. 493. καὶ τὰς ἀπειλάς· ΕΑ. οὐ μὰ Δι' οὐδ' ε.
 Β. 650. μῶν ὠδυνήθης; ΕΑ. οὐ μὰ Δί', ἀλλ' ε.
ἐφρόνχει. ΕΑ. νὴ τὸν Ποσειδῶ. ΣΠ. καὶ τί δῆτ' ε.
ἐφρόντισας. Π. 704. αὐτὸς δ' ἐκεῖνος· ΚΑ. οὐ μὰ Δί' οὐδ' ε.
ἔφρυγν. Β. 511. ε., κἀιῶν ἀφρονίμων γλυκύτατον.
ἔφυ. Α. 821. ὅθενπερ ἀρχὴ τῶν κακῶν ἁμῖν ε.
 Α. 981. ξυντεκαινελόεις, ὅτι παρφίεσιον ἀνὴρ ε.,
 Π. 1247. ὥσπερ τὰ σῦκ' ἐπὶ τοῖσιν ὀφθαλμοῖς ε.
ἐφύλαττ'. Σ. 358. κοῦδείς μ' ε., ἀλλ' ἐξῆν μοι
ἐφύλαττεν. 1. 117. ὕπερ καλῶς τ' ε., ὦ σοφώτατε,
ἐφύλαττον. ΕΙ. 125. ὦ μιαρὲ Παφλαγών, ταῦτ' ἄρ' ε. πάλαι.
 Ν. 1414. τοιμῶν δὲ μή· καὶ μὴν τὸ γῆράς ἐστι τὸ κινγώ.
ἔφυρον. Β. 945. εἶτ' οὐκ ἐλήρουν ὅ τι τύχοιμ', οὐδ' ἐμπεσὼν ε.
ἔφυς. Ν. 1207. ε., ὡς ε. σοφύς.
 Ο. 471. ἀμαθής γάρ ε. κοὐ πολυπράγμων, οὐδ' Αἴσωπον πεπάτηκας,
 1548. νὴ τὸν Δί' δεῖ δῆτα θεσμιωσῆς ε.
 Λ. 1030. ἀλλὰ δράσω ταῦτα· καίτοι δύσκολος ε. ἀνήρ.

R 2

124 ἐφυσᾶτ'—ἔχεις.

ἐφυσᾶτ'. Ν. 410. ἦ δ' ἄρ' ἐ., εἶτ' ἐξαίφνης διαλακήσασα πρὸς αὐτῷ
ἔφυσε. Β. 418. ὅς ἐπτίτης ἂν οὐκ ἔ φράτορας,
ἐφύτευσας. Σ. 1276. παῖδάς ἐ. ὅτι χειροτεχνικωτάτους,
ἔχ'. Α. 1121. ἔ., ἀντέχου, παῖ. ΔΙ. καὶ οὐ. παῖ. τοῦδ' ἀντέχου,
Ν. 261. ἀλλ' ἔ. ἀτρεμί. ΣΤ. μὰ τὸν Δί' οὐ ψεύσει γέ με·
743. ἔ. ἀτρέμα· κἂν ἄπορῇς τι τῶν νοημάτων,
Σ. 1135. ἔ., ἀνεβαλοῦ τηνδὶ λαβὼν, καὶ μὴ λάλει,
1149. δικαιότερον ἢ καινάχην· ΒΔ. ἔ., ὠγαθέ,
ΕΙ. 1193. ἔ., ἀποκάθαιρε τὰς τραπέζας τουτηί·
Ο. 1200. ἔ. ἀτρέμας αὑτοῦ στῆθ'· ὑπίσχες τοῦ δρόμου.
1244. ἔ. ἀτρέμα. ψέρ' ἴδω, πότερα Λυδὸν ἢ Φρύγα
Θ. 230. ἔ. ἀτρέμα σαυτὸν κἀνάκυπτε. ποῖ στρέφει ;
Β. 532. ἀμέλει, καλῶς· ἔ., αὕτ', ἴσως γάρ τοί ποτε
Π. 127. ἄ. μὴ λέγ', ὦ πονηρέ, ταῦτ', ΧΡ. ἔ. ἥσυχος.
ἔχαιρες. Ο. 116. κοὐκ ἀποδιδοὺς ἔ., ὥσπερ νῷ, ποτέ.
ἔχαιρον. Β. 916. ἐγὼ δ' ἔ. τῇ σιωπῇ, καί με τοῦτ' ἔτερπεν
ἔχανεν. Fr. 319. λύκος ἔ.
ἐχάρην. Ο. 1743. ἔ. ὕμνοισι, ἔ. ᾠδαῖς·
Β. 1028. ἔ. γοῦν, ἡνίκ' ἀπηγγέλθη περὶ Δαρείου τεθνεῶτος,
ἐχαρίσω. Α. 437. Εὐριπίδη, πειδήπερ ἐ. μοι ταδί,
Ι. 1368. πολλοῖς γ' ὑπολίσποις πυγιδίοισιν ἔ.
ἔχει. Α. 579. ὦ Λάμαχ' ἥρως, ἀλλὰ συγγνώμην ἔ.,
Ι. 51. ἐνθοῦ, ῥύφησον, ἔντραγ', ἔ. τριβόλου.
490. ἔ. νυν, ἀλείφων τὸν τράχηλον τουτωΐ,
493. ἔ. νυν, ἐπέγκαψον λαβὼν ταδί. ΑΛ. τί δαί ;
948. ἐμοὶ ταμιεύσεις. ΚΛ. ἔ. τοσαῦτον δ' ἴσθ' ὅτι,
1187. ἔ. καὶ πιεῖν κεκραμένον τρία καὶ δύο·
1384. ἔ. νυν ἐπὶ τούτοις τουτονὶ τὸν ὁκλαδίαν,
Ν. 1244. ἀπύπεμψον ἀποκριυάμενος. ΣΤ. ἔ. νυν ἥσυχος.
1479. μηδέ μ' ἐπιτρίψῃς, ἀλλὰ συγγνώμην ἔ.
ΕΙ. 668. ἡμάρτομεν ταῦτ'· ἀλλὰ συγγνώμην ἔ.
Ο. 935. ἔ. τὴν σπολάδα· πάντως δέ μοι ῥέγων δοκεῖς.
Λ. 533. ἔ. καὶ περίβου περὶ τὴν κεφαλὴν αὑτοῦ ἔ.
Θ. 236. ἀνίστασ', ἵν' ἀφεύσω σε, κάγκυψας ἔ.
Β. 270. ἔκβαιν'· ἀπόλοι τὸν ναύλον. ΔΙ. ἔ. δὴ τὠβολώ.
ἔχει. Α. 329. τοῖς Ἀχαρνικοῖσιν ἡμῖν ; μῶν ἔ. του παιδίον
Α. 361. πάνυ γὰρ ἐμέ γε πόθος ὅ τι φρονεῖς ἔ.
454. τί δ', ὦ τάλας, σε τοῦδ' ἔ. κλαύσος χρέος ;
785. πᾶ δ' οὐχὶ θύσιμός ἐστι ; ΔΙ. κέρκον οὐκ ἔ.
947. ἤδη καλῶς ἔ. σοι,
972. σί' ἔ. στεισάμενος ἐμπορικὰ χρήματα διεμπολᾶν,
Ι. 75. ἐφορᾷ γὰρ αὐτὸς πάντ'. ἔ. γὰρ τὸ σκέλος
153. τὸν χρησμὸν ἀναδίδαξον αὐτὸν ὡς ἔ.
1324. πῶς ἂν ἴδοιμεν ; ποίαν τιν' ἔ. σκευήν ; ποίος γεγένηται ;
Σ. 9. οὐκ, ἀλλ' ὕπνος μ' ἔ. τις ἐκ Σαβαζίου.
45. ὅλᾷς· Θέωλος τὴν κεφαλὴν κόλακος ἔ.
261. ὕδωρ ἀναγκαίως ἔ. τὸν θεὸν νύκτωρ.
823. οὔκουν ἔ. γ' οὐδ' αὑτὸς ἥρως ὢν ὅπλα.
943. καὶ ταῦτα τοῖς φεύγουσιν, ἀλλ' ὀδαξ ἔ.
1416. καλούμενός σε, τὸν γέ τοι κλητῆρ' ἔ.
ΕΙ. 659. ὀργὴν γὰρ αὑτοῖς ὣν ἔπαθε πολλὴν ἔ.
664. ἀκούσαθ' ὑμεῖς ὧν ἕνεκα μομφήν ἔ.
681. Ὑπέρβολος νῦν τοῦτ' ἔ. τὸ χωρίον.
733. ἢν ἔχωμεν εἰρήνην δσα τε νοῦς ἔ.
876. ὅσην ἔ. τὴν προωτοπενετεγρεῖδα.
965. οὐκ ἔστιν οὐδεὶς ὅστις οὐ κριθὴν ἔ.
1216. ὅμως δ' ὅτι τὸ σφήκωμ' ἔ. πύονο πολύν.
Ο. 239. κλάδοισι νομῶν ἔ.,
670. ὅσον δ' ἔ. τὸν χρυσὸν. ὥσπερ παρθένος.
672. ἀλλ', ὦ κακύδαιμον, ῥύγχος ὀβελίσκων ἔ.
1082. τὰς περιστεράς θ' ἁμοίως ξυλλαβὼν εἴρξας ἔ.,
1753. καὶ πάρεδρον Βασίλειαν ἔ. Διός.
Λ. 717. τί Ζῆν' αὐτεῖς ; ταῦτα δ' οὖν οὕτως ἔ.
845. οἴμοι κακοδαίμον, οἷος ὁ σπασμός μ' ἔ.
855. ἀεί γάρ ἡ γυνή σ' ἔ. διὰ στόμα.
Θ. 106. δαίμονας ἔ. σεβίζει.
207. ἀτὰρ ἡ τράφεσις γε νὴ Δί' εἰκότως ἔ.
260. ἄρ' ἁρμόσει μοι; ΔΙ. νὴ Δί' ἄλλ' ἄριστ' ἔ.
484. στρίφοες μ' ἔ. τὴν γαστέρ', ὤνηρ, κωδύνη·
640. καὶ νὴ Δί' τιτθοὺς γ' ὥσπερ ἡμεῖς οὐκ ἔ.
677. ὅ τι καλῶς ἔ.
706. δεινὰ δῆθ', ὅστις γ' ἔ. μου 'ξαρπάσας τὸ παιδίον
871. τίς τῶνδ' ἐρυμνῶν δωμάτων ἔ. κράτος,
904. τουτὶ τί ἐστιν ; ἀφασία τίς τοί μ' ἔ.
906. οὐδ' εἶ τίς ; μόνην γὰρ σὲ κἄμ' ἔ. λόγος,
1110. ἡ πῶλιν ἡμετέραν ἔ.,
1189. καλῶς ἔ. ἀλλὰ θολμάτιον ὁρᾷ 'στὶ νῶν
Β. 75. οὗ γὰρ σάφ' οἶδ' οὐδ' αὐτὸ τοῦθ' ὅπως ἔ.
294. ἅπαν τὸ πρόσωπον. ΔΙ. καὶ σκέλος χαλκοῦν ἔ.

ἔχει. Β. 469. ἐν ἐγὼ φύλαττον, ἀλλὰ νῦν ἔ. μίσον·
Β. 978. κάνασκοπεῖν, πῶς τοῦτ' ἔ.;
1112. μηδὲν ὀρρωδεῖτε τοῦθ'· ὡς οὐκ ἔθ' οὕτω ταῦτ' ἔ.
1131. ἔ. δ' ἴκαστον εἰκοσιν γ' ἁμαρτίας.
1148. εἰ γὰρ πατρῴον τὸ χθόνιον ἔ. γέρας,
1218. ἢ γὰρ πιερυκὼς ἐσθλὸς οὐκ ἔ. βίον.
1424. ἔ. δὲ περὶ αὐτοῦ τίνα γνώμην ; ΔΙ. τίνα ;
1439. γέλοιον ἂν φαίνοιτο· νοῦν δ' ἔ. τίνα ;
Εκ. 355. ἀχρά τις ἐγκλείσασ' ἔ. τὰ αἰτία
459. ἃ τοῖσιν ἀστοῖς ἔμελεν; ΧΡ. οὕτω ταῦτ' ἔ.
623. τὸ μὶν ὑμέτερον γνώμην τιν' ἔ. προβεβούλευται γὰρ ὅπως ἂν
752. πρὶν ἐκπυθέωμαι πᾶν τὸ πρᾶγμ' ὅπως ἔ.
777. οἴσειν δοκεῖς τιν' ὅστις αὑτῶν νοῦν ἔ.
834. ὦ πάντες ἀστοί, νῦν γὰρ οὕτω ταῦτ' ἔ.,
889. ὅμως ἔ. τερπνόν τι καὶ κωμῳδικόν,
957. ὅς με διακναίσας ἔ.
1033. οὐ σωφρονοῦσά γ'. οὐ γὰρ ἡλίκαν ἔ.
Π. 110. ἔ. μὲν οὕτως, εἰσὶ δ' οὐ πάντες κακοί.
367. ἀλλ' οὐδ' ἔτι βλέμμ' αὐτῷ κατὰ χώραν ἔ.
425. ἀλλ' οὐκ ἔ. γὰρ ῥάδας. ΒΛ. οὐκοῦν κλαύσεται.
580. κάκιστος γὰρ τὸν πλοῦτον ἔ. ΒΛ. ταύτην δ' ἡμῖν ἀποπέμπει.
920. νὴ Δία, πονηρὸν τἄρα προστάτην ἔ.
993. ἀλλ' οὐχὶ νῦν ἴθ' ὁ βδελυρὸς τὸν νοῦν ἔ.
1051. ἐν τῷ προσώπῳ τῶν ῥυτίδων ὅσας ἔ.
1058. κόσμος γ' ἔ. γὰρ τρεῖς ἴσως ἢ τέτταρας.
1063. οὗ δῆτ', ἐπεὶ νῦν μὲν παπρλικῶς ἔ.
Fr. 54. πόσους ἔ. στρατηγοὺς ἀνδρῶν οὐτοσί ;
445 a, 3. ὅσῳ τὰ κάτω κρείττω 'στιν ἂν ὁ Ζεὺς ἔ.
ἔχειν. Ι. 876. ἐμοὶ δὲ μὴ μνείαν ἔ. ὅσων πέπονθας· ὅστις
Ν. 522. καὶ ταύτην σοφιστᾶτ' ἔ. τῶν ἐμῶν κωμῳδιῶν,
Σ. 94. ὑπὸ τοῦ δὲ τὴν ψήφον γ' ἔ. ἰσθίναι
241. σύμβλον δὲ φασι χρημάτων ἔ. ἡμέτερος αὑτόν,
301. τρίτον αὐτὸν ἔ. ἅλφιτα δεῖ καὶ ξύλα κώψον
794. ἀλεκτρυόνος μ' ἔφασκε κοιλίαν ἔ.
945. ἀλλ' οὐκ ἔ. οὕτως γ' ἔοικεν ὅ τι λέγῃ·
1393. ἔ. διὰ τὸν οἶνον. ΦΙ. οὐδαμῶς γ', ἐπεὶ
Ο. 420. φιλοίσιν ὠφελεῖν ἔ.·
1026. μὴ πράγματ' ἔ., ἀλλ' ἀπιέναι· ΕΠΙ. νὴ τοὺς θεούς.
1352. κόμας ἐπιθυμῶ τὸν πατέρα καὶ πάντ' ἔ.
1366. νομίσας ἀλεκτρυόνος ἔ. τονδὶ λόφον.
1536. καὶ τὴν Βασιλείαν σοι γυναῖκ' ἔ. δεῖν.
Λ. 263. καί μ' ἀφὸν ἄγιον ἔ. Βρέτας,
750. ἔ. τι φαίνει κοῖλον· εἴσομαι δ' ἐγώ.
1017. ἔ. ὦ πονηρέ, σοὶ βέβαιον ἔρ' ἔ. φίλην·
Θ. 150. ἃ δεῖ ποιεῖν, πρὸς ταῦτα τοῦτο τρόπου ἔ.
152. μετουσίαν δεῖ τῶν τρόπων τὸ σῶμ' ἔ.
291. καὶ ποσθαλίακιον νοῦν ἔ. μοι καὶ φρένας.
427. ἐδίδαξε Φρυνήδεσθ' ἔ. σφαγίδια
Β. 895. κούδὲ ταῦτ' ἔγωγ' ἔχομ. Δι. μὴ οὐ καλῶς φάσκειν ἔ.,
1425. ποθεῖ μὲν, ἐχθαίρει δέ, βούλεται δ' ἔ.
Εκ. 25. ἔχουσι τοὺς πόγωνας, οὓς εἴρη ἔ.
85. ἴκπεε δὲ τοὺς πώγωνας, οὓς εἴρη' ἔ.
410. αὑτοῖ γε μεντυίρασκεν ἱμάτιον ἔ.,
535. ἰσθ' οὐ τὸ σαυτῆς ἱμάτιον ἐχρῆν σ' ἔ.;
Π. 201. ἔ. με, ταύτης δεσπότης γεννήσομαι,
540. πρὸ δέ γε τούτοις ἀνθ' ἱματίου μὲν ἔ. ῥάκος· ἀντὶ δὲ κλίνης
542. καὶ φορμὸν ἔ. ἀντὶ τάπητος σαπρόν· ἀντὶ δὲ προσκεφαλαίου,
1018. καὶ τάς γε χεῖρας παγκήλους ἔ. μ' ἔφη.
1030. ἢ μὴ ὀτιοῦν ἀγαθὸν δίκαιός ἐστ' ἔ.
1164. ἂν ἀγαθὸν ἔστ' ἐπωνυμίας πολλαῖ ἔ.·
Fr. 465. καὶ τὴν κινῇν ἔ. με κεβδαλίαν τρέχειν.
ἐχειροτονήσαμεν. Α. 607. ἔ. γάρ. ΔΙ. αἴτιον δὲ τί
ἐχειροτόνησαν. Α. 598. ἔ. γάρ με. ΔΙ. κόκκυγές γε τρεῖς
Ο. 1571. ἔ τοντουὶ γ' ἔ. οἱ θεοί·
ἔχεις. Α. 97. ἄσκωμ' ἔ. που περὶ τὸν ὀφθαλμὸν κάτω
Α. 360. ὅ τι ποτ', ὦ ξέν, ἔ. τὸ μέγα τοῦτ' ἔ. ;
396. οὐκ ἔνδον ἔνδον ἔστιν, εἰ γνώμην ἔ.
412. ἀτάρ τί νὴ Δίκ' ἔ. τὰ τραγῳδίαις ἔ.,
Ι. 7. αὐταὶ διαβολαῖς, ΔΗ. ὦ κακόδαιμον, πῶς ἔ.
219. ἔ. ἅπαντα πρὸς πολιτείαν ἃ δεῖ·
482. ἀν ἥδη γνοῦς ὃν ἔ. νοῦν ἢ τίνα ψυχῆν ἔ.
1111. ὦ Δῆμε, καλὴν γ' ἔ.
Ν. 264. ὦ δέσποτ' ἄναξ, ἀμέτρητ' Ἀήρ, ὃς ἔ. τὴν γῆν μετέωρον,
599. ἦ τ' Ἐφέσου μάκαιρα πάγχρυσον ἔ.
733. ΔΙ. τί ἔ. ; ΣΤ. μὰ Δί' οὐχ ἔχω. ΣΩ. οὐδὲν πάνυ ἔ.
Σ. 165. ἀλλ' οὐκ ἔ. οὐδόντας. ΦΙ. οἴμοι δείλαιος·

ἔχεις—ἔχοντ'.   125

ἔχεις. Σ. 305. καθίση νῦν, πύθεν ὠνησύμεθ' ἄριστον; ἴ. ἀλ-
ΕΙ. 524. οἶσο δ' ἴ. τὸ πρόσωπον, ὦ θεωρία·
   1333. ὡς τἀγαθὰ νῦν ἴ.
Ο. 148. Ἑλληνικὴν δὲ πόλιν ἴ. ἡμῖν φράσαι·
   911. ἔπειτα δῆτα δοῦλος ὢν κύμην ἴ. ;
   915. οὐκ ἐνδς ὀτρηρὺν καὶ τὸ ἀρδάριον ἴ.
   933. οὗτος, σὺ μέντοι σπολάδα καὶ χιτῶν' ἴ.,
   1213. σφραγίδ' ἴ. παρὰ τῶν πελαργῶν; ΙΡ. τί τὸ κακόν ;
   1279. ὅσους τ' ἐραστὰς τῆσδε τῆς χώρας ἴ.
   1460. ἀρπασσάμενος τὰ χρήματ' αὐτοῦ. ΣΤ. πάντ' ἴ.
   1464. οἴμοι τάλας· μάστιγ' ἴ. ΠΕ. στερῶ μὲν οὖν,
   1543. ἢν γ' ἢν σὺ παρ' ἐκείνου παραλάβῃς, πάντ' ἴ.
Λ. 83. ὡς δὴ καλὸν τὸ χρῆμα τιτθίων ἴ.
   386. οὐκαῦν ἐπειδὴ πῦρ ἴ., σὺ χλιανεῖς σεαυτόν.
   748. τί ταῦτ' ἴ. τὸ σκληρόν. ΓΥ. Γ. ἄρρεν παιδίον.
   926. καίτοι, τὸ δεῖνα, προσκεφάλαιον οὐκ ἴ.
   933. νὴ Δί' ἀπολοίμην ἄρη. ΜΥ. σισύραν οὐκ ἴ.
Θ. 57. ἀνὴρ τιν' ἐκ ταύτης σὺ μηχανὴν ἴ. ;
   264. σὺ τοῦτο γίγνωσκ'· ἀλλ' ἴ. γὰρ ὢν δέει.
   316. Δῆλον δς ἴ. ἱερὰν,
   647. ἱσθμὸν τιν' ἴ., ὤνθρωπ'· ἄνω τε καὶ κάτω
Β. 105. μὴ τὸν ἐμὸν οἴκει νοῦν· ἴ. γὰρ οἰκίαν.
   484. ἐνταῦθ' ἴ. τὴν καρδίαν ; ΔΙ. δείσασα γὰρ
   659. Ἄπολλον, δς που Δῆλαν ἢ Πύθων' ἴ.
   1129. τοῦτων ἴ. ψέγειν τι; ΕΤ. πλεῖν ἢ δώδεκα.
   1430. εὖ γ'. ὦ Πίσσιδον· σὺ δὲ τίνα γνώμην ἴ. ;
Εκ. 5. μυπτῆρσι λαμπρὰς ἡλίου τιμὰς ἴ.
   156. μὰ τὼ θεώ· τάλαιπι, τοῦ τὸν νοῦν ἴ. ;
   461. οὐδ' ἔτι σὺ θρίψεις οὐς ἴ., ἀλλ' ἢ γυνὴ ;
Π. 748. ὅσην ἴ. τὴν δύναμιν, ὦναξ δέσποτα.
   1057. πύσσως ἴ. ὑδῦνται, ΧΡ. ἀλλὰ γνώσομαι
Fr. 198, 7. μάλιστά γ', ὥσπερ Θρμκοφαῖται. πάντ' ἴ.
   417, 1. ἀλλὰ στεφάνωσαι· καὶ γὰρ ἡλικίαν ἴ.
ἔχειν. Λ. 791. καὶ κύνα τιν' ἴ.,
ἔχετ'. Ν. 273. ἢ Μαιώτιν λίμνην ἴ. ἢ σκόπελον νιφόεντα Μί-
   μαντος
ἔχετας. Ι. 581. μηδὲν ἐλαφρὸν ποίει. νῦν γὰρ ἴ. μέσος·
Σ. 1235. ἀντρίψεις ἔτι τὸν πύλιν· ἁ δ' ἴ. ῥοτᾶς.
ἔχετε. Α. 751. πῶς ἴ. ; ΜΕ. διανεινάμες ἀεὶ ποττὸ πῦρ.
Ο. 246. ἴ. λειμῶνά τ' ἐρόεντα Μαραθῶνας,
Λ. 1002. πῶς οὖν ἴ. ; ΚΙΙ. μογίομες. ἀν γὰρ τὰν πύλιν
Εκ. 68. ἴ. δὲ τοὺς πύγωνας, οὑς εἴρητ' ἔχειν·
   74. Λακωνικὰς γὰρ ἴ. καὶ βακτηρίας
ἔχετί. Π. 871. κοῦκ ἔσθ' ὅπως οὐκ ἴ. μου τὰ χρήματα.
ἔχετον. Β. 1105. ὅ τι περ σὺν ἴ. ἐρίζειν,
Β. 1422. πρῶτον μὲν οὖν περὶ Ἀλκιβιάδου τίν' ἴ.
   1436. περὶ τῆς πύλεοι ἤντιν' ἴ. σωτηρίαν.
ἔχέτω. Θ. 43. ἴ. δὲ πνοὰς νήνεμος αἰθήρ.
ἔχη. Ο. 73. ὄρνιν, ἵν' ἀκόλουθον διάκονόν τ' ἴ.
Ο. 1115. ὥσπερ ἀνδριάντας· ὡς ὑμῖν οὐκ ἂν μὴ μὴρ' ἴ.
Λ. 102. ξυνιψώσαμεν, ὅπως ἂν ἀρρήτως ἴ. ;
   419. ἔλθῶν χάλασον, ὅπως ἂν εὐρυτέρως ἴ.
Εκ. 272. ἔπειτ' ἐπειδαν ταῦτα πάντ' ἴ. καλῶς,
   1124. ἐκλέγομέναι ὅ τι ἂν μάλιστ' ὑσμὴν ἴ.
Π. 520. ὅταν ἀργύριον κἀκεῖνος ἴ. ; ΧΡ. κερδαίνειν βουλόμε-
   νος
ἔχης. ΕΙ. 424. δῶρον δίδωμί τηνδ', ἵνα σπένδειν ἴ.
Θ. 583. ἵνα ἂν οὕτως τὰς γνάθους ψιλὰς ἴ.
   602. ταύτην τε κἀκείνην ὐ. ἦν πρόξενε.
ἔχητε. Ο. 1116. ὅταν ἴ. χλανίδα λευκήν, τότε μάλισθ' οὗτω
   δίκην
Ο. 1610. ἐὰν δὲ τοὺς ὄρνις ἴ. συμμάχους,
ἔχθαίρει. Β. 1425. ποθεῖ μέν, ἴ. δὲ, βούλεται δ' ἔχειν.
ἔχθές. Ν. 175. ἴ. δὲ γ' ἡμῖν δείπνον οὐκ ἦν ἐσπέρας.
ΕΙ. 72. ἴ. δὲ μετὰ ταῦτ' ἐκφάρεις οὐκ οἶδ' ὅπω
   197. φροῦδος τῇ δ. εἰσιν ἐξωπισμέθα.
   260. οὐκ ἔστιν ἡμῖν ἴ. εἰρηκίσμεθα.
Λ. 745. ἀλλ' ὦν οὖν ἐπύες σύ γ' ἴ. ΓΡ. Γ. ἀλλὰ τήμερον.
Θ. 616. στραγγουριῶ γάρ· ἴ. ξύραμι κάρδαμα.
Π. 882. ἴ. ὅ' ἔχοντ' εἴδων σ' ἐγὼ τριβώνιον.
ἐχθίους. Ο. 370. ἢ τίνας τισαίμεθ' ἅλοῦις τῶν δ' ἂν ἴ. ἔτι ;
ἐχθίστανε. Ο. 1068. φθείρουσιν λύμαις ἴ.·
ἔχθιστον. ΕΙ. 528. ἀπίστως' ἐχθροῦ σοφοῦ ἴ. πλέκος.
ἔχθιστον. Ο. 627. ὦ φίλτατ' ἐμοὶ πολὺ πρεσβύτων ἐξ ἴ. μετα-
   πίστων,
ἔχθοβουθ. Α. 226. οἶσι παρ' ἐμοῦ πόλεμος ἴ. αὔξεται τῶν ἐμῶν
   χωρίων·
ἔχθρά. Λ. 371. τί δ', ὦ θεοῖς ἴ., σὺ δεῦρ' ὕδωρ ἔχους' ἀφίκου ;
ἔχθράν. Β. 359. ἢ στάσιν ἴ. μὴ καταλύει, μηδ' εὔκολός ἐστι
   πολίταις,
ἔχθραν. ΕΙ. 133. ἦλθεν κατ' ἴ. ἀστοῦ πάλαι ποτέ,

ἔχθράς. Λ. 283. τασδὶ δὲ τὰς Εὐριπίδῃ θεοῖς τε πᾶσιν ἴ.
Λ. 622. τὰς θεοῖς ἴ. γυναῖκας ἐξεπαίρωσιν δύλφ
ἔχθράς. Λ. 635. τῆς θεοῖς ἴ. πατάξαι τῆσδε γραῦς τὴν γνάθον.
ἔχθρας. Β. 1412. οὐ γὰρ δι' ἴ. οὐδετέρῳ γενήσομαι.
ἔχθρέ. Π. 936. σὺ δ', ὦ θεοῖσιν ἴ., ποῖ ἄττ' ἐστὶν ἄττ' ἐποίεις ;
ἔχθροί. Ο. 371. εἰ δὲ τὴν φύσιν μέν ἴ., τὸν δὲ νοῦν εἰσιν φίλοι,
Ο. 374. ἡ φράσειαν, ὄντες ἴ. τοῖσι πάντσοις τοῖς ἐμοῖς ;
ἔχθροῖς. Ν. 1161. πρόβολος ἐμοῖς, σωτὴρ δόμοις, ἴ. βλάβῃ,
Λ. 803. γόι τε τοῖς ἴ. ἄπασιν,
Θ. 362. τἀπόρρητά τε τοῖσιν ἴ.
Π. 581. παρ' ἐμοὶ δ' ἰσχυαὶ καὶ σφηνάδεις καὶ τοῖς ἴ. ἀνιαροί.
ἔχθροῖσιν. Ι. 590. τοῖς τ' ἴ. μεθ' ἡμῶν στασιάζει.
ἔχθροῖσιν. Α. 225. ὅστις, ὦ Ζεῦ πάτερ καὶ θεοί, τοῖσιν ἴ. ἐσπεί-
   σατο.
ἔχθροῖσιν. Ν. 581. εἶτα τὸν θεοῖσιν ἴ. Βυρσοδέψην Παφλαγόνα
ΕΙ. 1090. ὡς οἱ μὲν νέφοι ἴ. ἀπωσάμενοι πολέμοιο
   1172. μᾶλλον ἢ θεοῖσιν ἴ. ταξίαρχον προσβλίπων,
Ο. 419. κρατεῖν ἂν ἢ τὸν ἴ. ἢ
Fr. 164, 2. τοῦτο γὰρ τὸ σῦκον ἴ. ἐστι καὶ τυραννικόν·
ἔχθρός. Ι. 34. ὑτιὴ θεοῖσιν ἴ. εἰμί, οὐκ εἰκότως ;
Ν. 1219. ἴ. ἔτι πρὸς τούτοισιν ἀνδρὶ δημότῃ.
Ο. 377. οὐ μάθοις ἂν τοῦθ', ὅ δ' ἴ. εὐθὺς ἐξήναγκασεν.
Λ. 397. ὦ θεοῖσιν ἴ. καὶ μιαρὸς Χολοζύγης,
ἔχθρούς. Ι. 528. ἐφύρει τὰς δρῦς καὶ τὰς πλατάνους καὶ τοὺς ἴ.
   προθελύμνους,
Ι. 645. ἀπαξάαντας τοὺς ἐμοὺς ἴ. ἐπιστομίζειν,
ἔχθρῶν. Α. 630. διαβαλλόμενος δ' ὑπὸ τῶν ἴ. ἐν Ἀθηναίοις τα-
   χυβουλοις,
Σ. 705. ἐπὶ τῶν ἴ. τιν' ἐπιρρύξαι, ἀγρίως αὐτοῖς ἐπιπηδᾷς·
   1160. ἴ. παρ' ἀνδρῶν δυσμενῇ παιτεύματα
Ο. 375. ἀλλ' ἀπ' ἴ. δῆτα πολλὰ μανθάνουσιν οἱ σοφοί.
   378. αὐτίχ' αἱ πόλεις παρ' ἀνδρῶν γ' ἔμαθον ἴ. κοὐ φίλων
   382. χρήσιμον· μάθοι γὰρ ἄν τις κἀπὸ τῶν ἴ. σαφῶν.
Λ. 1133. ἴ. παρόντων βαρβάρων στρατεύμασιν
Ἐχῖβνά. Β. 473. Ἐ. θ' ἐκατογκέφαλος, ἢ τὰ σπλάγχνα σου
ἐχῖνον. Σ. 1436. κατέᾳξ' ἴ. ΚΑ. ταῦτ' ἐγὼ μαρτύρομαι.
ΕΙ. 1058. οὐδέποτ' ἂν θείης λείον τὰν τραχὺν ἴ.
   1114. οὐ γὰρ ποιήσεις λείον τὸν τραχὺν ἴ.
ἔχινος. Fr. 251. ἴ.
Ἐχίνους. Λ. 1169. πρώτιστα τὸν Ἐ. καὶ τὸν Μηλιᾶ
ἔχινος. Α. 879. σκάλοπας ἴ., αἰελούρους, πικτίδας,
ἔχλιανόμην. Εκ. 64. ἴ. ὅντας πρὸς τὸν ἥλιον.
ἔχοι. Ν. 157. ὑπόπερα τὴν γνώμην ἴ., τὰς ἐμπίδας
Σ. 110. ἵν' ἴ. δικαζοι, αἰγιαλὸν ὄψον τρέφει.
   368. ἢ δέ μοι Δίκτυννα συγγνώμην ἴ. τοῦ δικτύου.
   1458. φύσεος, ἦν ἴ. τις ἀεὶ.
Λ. 180. παντί γ' ἴ. ἂν. ἔχιν' γυναικός.
   490. ἵνα γὰρ Πείσανδρον ἴ. κλέπτειν χοὶ ταῖς ἀρχαῖς ἐπί-
   χοντες,
Π. 486. ἴ. τις ἂν δίκαιον ἀντειπεῖν ἔτι ;
ἔχοιμ'. Β. 695. κούδὲ ταῦτ' ἔγωγ' ἴ. ἂν μὴ οὐ καλῶς φάσκειν
ἔχοιμι. Π. 1029. τὸ βλέμμα θ' ὡς ἴ. μαλακόν καὶ καλόν.
Fr. 399, 3. ἂν' ἐφερόμην, ἵν' ἴ. συνθεατρίαν.
ἔχοις. Θ. 554. ἀλλ' οὐκ ἂν ἐτ' ἴ. ὅσα γὰρ γοῦν ἐξέκεας ἅπαντα
Εκ. Β. 431. ἴ. ἂν οὖν φράσαι τίν'
ἔχομαι. Α. 571. τις ὑύσας, ἐγώ γὰρ ἴ. μέσον.
ἔχομεν ἴ. Ο. 1381. καὶ ΣΤ. ἴ. ΔΙ. τοὐτους νῦν λέγεται εἰ τῶν
   σταβμῶν,
ἔχομεν. ΕΙ. 733. ἤν ἴ. ὁδὸν λύγων εἴπομεν, ὅσα τε νοῦς ἔχει.
Ο. 572. τὰ Ποσειδῶνος πτέρυγάς τ' ἴ. ; ΠΕ. ληρεῖς· καὶ νὴ Δί'
   ὁ γ' Ἑρμῆς
ἔχομεν. Θ. 489. παρὰ τὸν Ἀγνιᾶ, πυθθ' ἴ., τῇ δαφνῇ,
ἔχομένας. ΕΙ. 504. εντέσβεν ἴ. ὅθεν νῦν ἕλκετε·
ἔχων. Ν. 829. αἴβαῖ, τί ληρεῖς ; ΣΤ. ἴσθι τοῦθ' οὕτως ἴ.
Σ. 614. ἀλλ' ἴ. καὶ τἀριστερὸν τῷ μυθῷ ἀναγκαίων ἴ.
ΕΙ. 334. ἀλλὰ καὶ τἀριστερῶν τῷ μυθῷ ἀναγκαίων ἴ.
   948. τὸ κανοῦν πάρεστ' οὐκῶς ἴ. καὶ στέμμα καὶ μάχαιραν,
Β. 1161. ἀνθρωπος, ἔστ' ἂν, ἀλλ' ἄρισσ' ἰσῦν ἴ.,
   1396. πειθὼ δὲ κοῦφόν ἐστι καὶ νοῦν οὐκ ἴ.
ἔχων'. ΕΙ. 440. ἔλαιαν καὶ σκαλεύων' ἀνθρακας.
   438. σὺ δ' ἐκ Ποτιδαίας ἴ. εὖ οἶδα δέκα τάλαντα.
Ι. 914. σαυτοῦ, καλαιῶν ναῦν ἴ.,
Σ. 364. ἐχαίρεις ἴ.
ΕΙ. 415. νεανίαν καὶ πέος ἴ. οὐ παιδικῶν·
Β. 696. ἀλλ' ἐπαινῶ· μόνα γὰρ αὐτὰ νῦν ἴ. ἰδράσατε.
   638. ἴ. ἀχάλινον στόματ' ἀθύρωτον στύμα,
Π. 852. ἰχθὺς δ' ἔχοντ' ἀν' ἐγὼ τριβώνιον.

126 ἔχοντα—ἔχω.

ἔχοντα, I. 302. ῥᾶς ἔ. κοιλίας.
Ν. 268. τὸ δὲ μηδὲ κυνῆν οἴκοθεν ἐλθεῖν ἐμὲ τὸν κακοδαίμον' ἔ.
Σ. 33. βακτηρίας ἔ. καὶ τριβώνια·
  102. παρὰ τῶν ὑπευθύνων ἔ. χρήματα.
Εἰ. 1173. τρεῖς λόφους ἔ. καὶ φοινικίδ' ὑψείαν πάνυ.
  1175. ἢν δέ που δέῃ μάχεσθ' ἔ. τὴν φοινικίδα.
Θ. 423. Λακωνίκ' ἄττα, τρεῖς ἔ. γομφίους.
  943. ἔ. ταῦτ' ἴδοξε τῇ βουλῇ σε θεῖν.
Β. 925. ὀφρῦς ἔ. καὶ λόφους, δεῖν' ἄττα μορμορωπὰ,
  1334. ψυχὴν ἄψυχον ἔ.,
  1338. μεγάλους ὄνυχας ἔ.
Π. 269. δηλοῖς γὰρ αὐτὸν σαρὸν ἥκειν χρημάτων ἔ.
  270. πρεσβυτικῶν μὲν οὖν κακῶν ἐγὼγ' ἔ. σωρὸν.
  29ι. πήραν ἔ. λάχανά τ' ἄγρια δροσερὰ, κραιπαλῶντα,
  3ε3. ἱκετηρίαν ἔ. μετὰ τῶν παιδίων
  552. πτωχοῦ μὲν γὰρ βίος, ὃν σὺ λέγεις, ζῆν ἐστιν μηδὲν ἔ.
Fr. 189. εἰ παιδαρίοις ἀκολουθεῖν δεῖ σφαῖραν καὶ στλεγγίδ' ἔ.
  235. καὶ ταῦτ' ἔ. πουλύπους καὶ σηπίας·
  552, 1. διάλεκτον ἔ. μέσην πόλεως
ἔχονθ'. Π. 21. οὐ γὰρ με τιμητήσεις στέφανον ἔ. γε.
ἔχονται. Εἰ. 479. ἆρ' οἴσθ'; ὅσοι γ' αὐτῶν ἔ. τοῦ ξύλου.
ἔχοντας. Α. 651. καὶ τῷ πολέμῳ πολὺ νικήσειν, τοῦτον ξύμβουλον ἔ.
Α. 982. ὅστις ἐπὶ πάντ' ἀγάθ' ἔ. ἐπικωμάσας,
Ν. 835. καὶ νοῦν ἔ. ὧν ὑπὸ τῆς φειδωλίας
Σ. 243. ἥκειν ἔ. ἡμερῶν ὀργὴν τριῶν πονηρὰν
ΕΙ. 312. οὐ γὰρ ἦν ἔ. ἥκειν σιτί' ἡμερῶν τριῶν.
Ο. 369. περιπατεῖν ἔ. ἡμᾶς
Π. 596. τοὺς μὲν ἔ. καὶ πλουτοῦντας δεῖνόν κατὰ μῆν' ἀποπέμπειν,
ἔχοντε. Ο. 43. πανοῦν δ' ἔ. καὶ χύτραν καὶ μυρρίνας
Ο. 321. ἥκετον δ' ἔ. πρίμνον πράγματος πελωρίου.
ἔχοντες. I. 1197. πρέσβεις ἔ. ἀργυρίου βαλάντια.
Σ. 219. Λύχνους ἔ. καὶ μινυρίζοντες μέλη
  1115. οὐκ ἔ. κέντρον· οἱ μένοντες ἡμῶν τοῦ φόρου
ΕΙ. 841. ἰανοὺς ἔ., ἐν δὲ τοῖς ἰανοῖσι πῦρ.
  1345. οὐ πράγματ' ἔ., ἀλλ'
Ο. 621. καὶ τοῖς κοτίνοις στάντες ἔ.
  1410. δρυμβὶς τινες οἵδ' οἴσθ' ἔ. στεροκοίκιλοι,
Λ. 250. ἤξους' ἔ., ὥστ' ἀνοῖξαι τὰς πύλας
  1073. χωροῦσ', ὥσπερ χρυσοκομεῖον περὶ τοῖς μηροῖσιν ἔ.
  1075. εἶτ' εἴσαθ' ἡμῖν τῶς ἔ. ἥκετε.
  1077. ὁρᾷν γὰρ ἐξεσθ' ὡς ἔ. ἥκομεν.
Β. 704. τὴν πύλιν, καὶ ταῦτ' ἔ. κυμάτων ἐν ἀγκάλαις,
  1440. εἰ ναυμαχοῖεν, κἆτ' ἔ. ὀξίδας
Π. 608. ἔ. ἐν δὲ τοὺς λύχνους ἀνασβέσας
  752. ἔ. ὀλίγον αὐτὸν ἡσπάζοντο καὶ
ἔχοντι. Σ. 712. νῦν δ' ὥσπερ ἐλαολύγαι χωρεῖθ' ἅμα τῷ τὸν
ἔχοντος. Εἰ. 774. ἀνδρὸς τὸ μέγιστον ἔ.
Β. 535. νοῦν ἔ. καὶ φρένας καὶ
Π. 272. ἀξήμιος, καὶ ταῦτ' ἐμοῦ βακτηρίαν ἔ.;
ἔχοντων. I. 1295. φασὶ μὲν γὰρ αὐτὸν ἐρευγμένον τὸ τῶν ἔ. ἀνέρων
Εκ. 632. τῶν σεμνοτέρων ἔσται πολλὴ καὶ τῶν σφραγῖδας ἔ.,
ἐχόρευσεν. Β. 336. ἡ γεινιαῶν ὄργια Μανυσῶν μὴτ' εἴδεν μήτ' ἔ.,
ἔχον. Σ. 1343. ἔ.· φυλάττου δ', ὡς σαπρὸν τὸ σχαινίον·
Λ. 445. τουτὶ τί ἦν· τοῦ ταξίτης ταυτηὶ ἔ.
ἔχουσ'. Ν. 543. οὐδ' εἰσῇξε βᾷδας ἔ., οὐδ' ἰοὺ ἰοὺ βοᾷ.
Λ. 31. τί δ', ὦ θεοῖς ἐχθρά, σὺ δεῦρ' ὕδωρ ἔ. ἀφίκου;
Θ. 1031. ψηφᾶν κηιμὸν ἐστην ἔ.,
Β. 1360. τὰν κινίκισαι ἔ. ἐλθέτω διὰ διαπαντάχῃ.
ἔχουσα. Α. 665. δεῦρο Μοῦσ' ἐλθὲ φλεγυρὰ πυρὸς ἔ. μένος, ἴντονος Ἀχαρνικὴ
Α. 990. ὡς καλὸν ἔ. τὸ πρόσωπον ἆρ' ἐλάνθανες·
Σ. 36. ἔ. φωνὴν ἐμπεπραγμένης ὑὸς.
  39. εἶθ' ἡ μιαρὰ φάλων' ἔ. τρυπάτην
  1408. κλητῆρ' ἔ. Χαιρεφῶντα τουτονί.
Ο. 831. ἐστην' ἔ., Κλεισθένους δὲ κεραίδα;
Λ. 68. καλὸν γ' ἔ. τὸ πεδίον, ΚΑ. καὶ νὴ Δία
  645. πῇτ' ἔ. τὸν κροκωτὸν ἄρπετε ἢ Βραυρωνίοις·
  751. ὦ καταγέλαστ', ἔ. τὴν ἱερὰν κυνῆν
Θ. 462. οὐκ ἀκαιρα, φρίνας ἔ.,
  609. ἔ.· ΓΥ. Δ. τιπόθ' ἡ Δί' ἐμή. ΜΝ. διοίχομαι.
  1146. κῶν' ἔ. δὴ μοι μυλαιτ
Εκ. 341. φρούδη 'στ', ἡ θαιμάτιον οἰχμ' φόρουν.
  502. ἄπασα καὶ μίσει σάκον πρὸς ταῖν γνάθοιν ἔ.
Π. 1199. σεμνάν· ἔ. δ' ἠλθες αὐτῇ ποιαίλα.

ἔχουσα. Fr. 400, 1. ἀλλ' ἔ. γαστέρα
Fr. 472. 2. ἔ. καὶ τάναφορον.
ἔχουσαι. Ο. 1150. ἐπεῖτοντ' ἔ. κατύπιν, ὥσπερ παιδία,
Θ. 473. τί ταῦτ' ἔ. κεῖνον αἰτιώμεθα
Εκ. 503. χοῦτοι γὰρ ἥκουσιν πάλαι τὸ σχῆμα τοῦτ' ἔ.
ἔχουσαν. Θ. 286. θνὶν ἔ., εἰ δὲ μάλλα νῦν λαθεῖν.
Β. 335. χαρίτων πλείστων ἔ. μέρος. ἀγνὴν, ἱερὰν
Εκ. 50. ἐ. ἐν τῇ δεξιᾷ τὴν λαμπάδα,
  1101. Φρύνην ἔ. λήκυθον πρὸς ταῖς γνάθοις.
Fr. 447, 2. τρεῖς πόδας ἔ., τέτταρας δὲ μὴ 'χίτω.
  163. ἀληβαστροθήκας τρεῖς ἔ. ἐκ μιᾶς.
ἐχούσας. Fr. 122. ῥίζας ἔ. σκοροδομίμητον φύσιν.
ἐχούσης. Εκ. 531. οὔτως ἔ., ὤνηρ· ΒΛ. εἰπούπαν γέ μοι.
ἔχουσι. I. 858. οἴμοι τάλας· ἔ. γὰρ πύρπαπας; ὦ πονηρὰ
Σ. 225. ἔ. γὰρ καὶ κέντρον ἐκ τῆς ὑσφύος
  5. τοὺς πάγωνας, οὓς εἰρηθ' ἔχειν;
  284. ὑποποτρίχειν ἔ. μηδὲ τάνταλον.
  1102. αἱ μύων μνήμην ἔ. τῶν τελευταίων ἀεί.
ἔχουσιν. Ν. 344. πουχὶ γυναιξὶν, μὰ Δί', οὐδ' ὑτιοῦν· αὐταὶ δὲ ῥίνας ἔ.
Σ. 420. Ἡράκλεις. καὶ κέντρ' ἔ. οὐχ ὁρᾷς, ὦ δέσποτα;
Εἰ. 895. ταύτην ἔ. αὔριον καλὸν πάνυ,
Ο. 517. νὴ τὴν Δήμητρ' εὖ ταῦτα λέγεις. τίνος οὖνεκα ταῦτ' ἆρ' ἔ.;
Εκ. 225. μοιχοὺς ἔ. ἔνδον ὥσπερ καὶ πρὸ τοῦ·
ἰχφὴν. Α. 540. ἐρεῖ τις, οὐ χρῆν· ἀλλὰ τί ἔ. εἴπατε.
Α. 562. εἴτ' ἦν δίκαια, τοῦτον εἰπεῖν αὐτ' ἔ.;
  691. οὐ μ' ἔ. σοροῦν πρίασθαι, τοῦτ' ὀφλῶν ἀπέρχομαι,
I. 11. τί κινηρόμεθ' ἄλλως; οὐκ ἔ. ζητεῖν τινα
  848. οὐ γὰρ μ' ἔ., εἴπερ φιλεῖς τὸν δῆμον, ἐκ προνοίας
Ν. 1463. οὐ γὰρ μ' ἔ. τὰ χρήμαθ' ἀδανεισάμην
Σ. 1148. οὐκοὖν ἐρώλην δῆτ' ἔ. αὐτὴν καλεῖν
ΕΙ. 135. οὐκοὖν ἔ. σε Πηγάσου ζεῦξαι πτερῶν,
  1041. ἐμοὶ μελήσει ταῦτά γ' ἀλλ' ἥκειν ἔ.
Ο. 58. οὐκ ἀντὶ τοῦ παιδὸς σ' ἔ. ἐποποῖ καλεῖν·
  364. ἐλελελεῦ, χώρει, κάθες τὸ ῥύγχος· οὐ μένειν ἔ.
  1177. τοῦτ' ἴσμεν. ΠΕ. οὔκουν δῆτα περιπόλους ἔ.
  1201. τίς εἶ; ποδαπή; λέγειν ἔ. ὑπόθεν ποτ' ἔ.
Α. 54. ἆρ' οὐ παρεῖναι τὰς γυναῖκας δῆτ' ἔ.;
  357. οὐ περιπατάξει τὸ ξύλον τύπτοντ' ἔ. τιν' αὐτάς;
  574. πῶς δή; φέρ' ἴδω, ΛΥ. πρῶτον μὲν ἔ. ὥσπερ πύκον ἐν βαλανείῳ,
  591. εἶθ' ἡνίκ' ἔ. εὐφρανθῆναι καὶ τῆς ἥβης ἀπολαῦσαι,
Θ. 598. διὰ τί γ' ἡμαλίες, οὐκ ἐλινύειν ἔ.,
Β. 152. νὴ τοὺς θεοὺς ἔ. γε πρὸς τούτοισι καὶ
  568. καὶ τοῦτο τούτου τούργον. ἀλλ' ἔ. τι δρᾶν.
  835. εἶτ' ἐν τραγῳδίαις ἔ. κάλλεντρυῖνα ποιήσαι,
  951. οὐκ ἀποθανεῖν σε ταῦτ' ἔ. τολμῶντα; ΕΥ. μὰ τὸν Ἀπόλλω.
Εκ. 19. ἀλλ' οὐδεμία πάρεστιν δε ἥκειν ἔ.
  404. τί δ', ὦ ἔ. δρᾶν; ΒΛ. σκύρσδ' ὠμοῦ τρίψαντ' ὀσφῦ
  535. εἶτ' οὐ τὸ σαυτῆς ἱμάτιον ἔ. ἆρ' ἔχειν;
Π. 406. οὔκουν ἰατρὸν εἰσαγαγεῖν ἔ. τινά;
  432. ἀλλ' ἤτιο εἰ λέγεις σ' ἔ. ἀλίμα μίλα.
  566. κοτίνῳ στεφάνῳ· καίτοι χρυσῷ μάλλον ἔ., εἴπερ
  624. καὶ Καρίων, τὸ στρῶματ' ἐκφέρειν σ' ἔ.
  966. ἀλλ' ὁ τι μάλιστ' ἐξήτειν ἔ. ἥκω τίνα.
Fr. 110, 1. ἀλλ' ἄνυσον· οὐ μέλλειν ἔ.· ὡς ἀγοράσω
  304. ὀμοθοσί ἔ. αὐτῷ τεθείσθαι τοὔνομα.
  414, 1. τί οὖν ποιῶμεν· χλανίδ' ἔ. λευκὴν λαβεῖν
ἐχρησάμεθα. Ν. 22. τοῦ διδάκου μνᾶς Πασίᾳ· τί ἔ.;
ἐχρῆσατ'. Ο. 733. οὐδὲ φαρμακεύσιν εἰπὴ ῥαθίαν ἔ. ἄν.
ἐχρησμολόγης. Ο. 964. ταῦτ' οὐκ ἔ. σὺ πρὶν ἐμὲ τὴν πύλιν
ἐχρῆτο. I. 124. πολλῷ γ' ὁ Βάκις ἔ. τῷ ποτηρίῳ.
ἐχρῆν. Fr. Μ. ΕΙ. Δ. 2, 3. θυγάτηρ, ἀδελφή, πάντα ταῦτ' ἔ. μοι.
ἔχρω. Β. 111. ἔ. τοῖθ', ἠνίκ' ἦλθες ἐπὶ τὸν Κέρβερον,
ἐχρώμεθα. Εκ. 183. ἐκκλησιασιν ἢν δὴ οὐκ ἔ.
ἐχύμευον. Θ. 103. ἀλλ' ἐκκλησία, οἶπερ ἀρμονίων ἔ.
ἔχω. Α. 53. ἀλλ' ἀθάνατος ὤν, ἀνδρες, ἰψιδὶ οὐκ ἔ.
Α. 327. ὡς ἔ. γ' ὑμῶν ὀμφρον, οὐ ἀπεσφάξω λαβεῖν.
I. 488. ἀλλ' εἰμι ταῦτ' ἔ. ταῦτ' ἔ. τὰ κοιλίας
Ν. 747. τύκων γνώμην ἀποστερητικήν.
  1047. τοῦτο γάρ σε μελεῖν ἔ. λαβὼν ἀφύκτον,
Σ. 228. μὴ φροντίσης· ἀλλ' εἰς λίθους ἔ.,
  506. ζῶν βίον γεννιαῖον ὥσπερ Μύρχυος, αἰτῶν ἔ.
Ο. 852. συμπαραινέσας ἔ.
Α. 288. τὸ πρὸς πύλην, τὸ σιμόν, οἱ σπουδῶ ἔ.
  376. οὐκ οἶδ' ὅ τι ὕστ' ἀλλ' ἔ. τῇ λαμπάδι στάθεισω.
ἐχούσας. Fr. Μ. ΕΙ. Δ. 2, 3. θυγάτηρ, ἀδελφή, πάντα ταῦτ' ἔ. μοι.
ἔχω. Επιδεδίζω βαθίζως ὡς ἔ.

ἔχω—ἔωθεν. 127

ἔχω. Λ. 863. ἒ. δὲ τοῦθ'· ὕπερ οὖν ἔ., δίδωμί σοι,
Λ. 865. ὡς οὐδεμίαν ἔ. γε τῷ βίῳ χάριν,
929. ἀνίστασ', ἀναπήδησον. ΚΙ. ἤδη πάντ' ἔ.
947. λαβὶ τόνδε τὸν ἀλάβαστον. ΚΙ. ἀλλ' ἕτερον ἔ.
1125. αὑτὴ δ' ἐμαυτῆς οὐ κακῶν γνώμην ἔ.·
Θ. 190. ἐπεῖνα πολιὸς εἰμι καὶ πώγων' ἔ.,
Β. 28. οὐ δῆθ' ὅ γ' ἔ. 'γὼ καὶ φέρω, μὰ τὸν Δί' οὔ.
58. μὴ σκῶπτέ μ', ὡδίλφ'· οὐ γὰρ ἀλλ' ἔ. κακῶν
60. ποιός τις, ὠδελφίδιον ; ΔΙ. οὐκ ἔ. φράσαι.
236. ἐγὼ δὲ φλυκταίνας γ' ἔ.,
1249. καὶ μὴν ἔ. γ' ἃς αὐτὸν ἀποδείξω κακῶν
1252. φροντίζειν γάρ ἔγωγ' ἔ.,
1433. νὴ τὸν Δία τὸν σωτῆρα, δυσκρίτως γ' ἔ.·
Εκ. 60. ἔγωγε. πρῶτον μέν γ' ἔ. τὰς μασχάλας
333. τὸ δ' ἱμάτιόν σου ποῦ 'στιν ; ΒΛ. οὐκ ἔ. φράσαι.
972.
975.) διά τοι σὲ πώνει ἔ.
1150. ἔ. δέ τοι καὶ δᾷδα ταυτηνὶ καλῶς,
Π. 212. ἔ. τιν' ἀγαθὴν ἐλπίδ' ἐξ ὧν εἶπέ μοι
302. ἔ. ΒΑ. οὐ Πλοῦτον ; ποίον ; ΧΡ. αὐτὸν τὸν θεόν.
1089. ἐλθὼν ἀναθεῖναι τοὺς στεφάνους τουσδ' οὐς ἔ.
1174. ἀπόλωλ' ὑπὸ λιμοῦ. καταφαγεῖν γὰρ οὐκ ἔ.,
ἔχωμαι. ΕΙ. 863. οἴμαι. τί δῆθ', ὅταν ξυνῶν τῶν τιτθίων ἔ.;
ἔχωμεν. ΕΙ. 219. ἥξουσι καὖθις, ἥν ἔ. τὴν Πύλον,
ἔχων. Α. 120. τοιόνδε δ', ὦ τίθησε, τὸν πώγων' ἔ.
Α. 148. ὁ δ' ὤμοσε σπένδων Βοηθήσειν, ἔ.
318. ὑπὲρ ἐπιξήνου θελήσω τὴν κεφαλὴν ἔ. λέγειν.
845. χλαῖναν δ' ἔ. φανὴν δέει·
992. ὥσπερ ὁ γεγραμμένος, ἔ. στέφανον ἀνθέμαν ;
1171. ἰνέξειεν δ' ἔ.
Ι. 59. ἀλλον θεραπεύειν, ἀλλὰ βυρσίνην ἔ.
137. ἅρπαξ, κεκράκτης, Κυκλοβόρου φωνὴν ἔ.
141. ἴτ' ἐστὶν εἷς, ὑπερφυᾶ τέχνην ἔ.
534. ὥσπερ Κοννᾶς, στέφανον μὲν ἔ. αὖον, διψῇ δ' ἀπολωλώς,
689. συμμάχους δ' ἡμᾶς ἔ. εὖ-
839. τᾶν τῇ πόλει, τῶν ξυμμάχων τ' ἄρξεις ἔ. τρίαιναν,
842. κατεχράσει γὰρ ῥᾳδίως, πλευρὰς ἔ. τοιαύτας.
968. ἔ. ἀνάπαεστον καὶ στεφάνην τῷ ἅρματος
1320. τίν' ἔ. φήμην ἀγαθὴν ἥκεις, ἐφ' ὅτῳ κνισώμεν ἀγυιάς ;
Ν. 14. διὰ τουτονὶ τὸν υἱόν. ὁ δὲ κόμην ἔ.
70. ὥσπερ Μεγακλέης, ξυστίδ' ἔ. ἔφην,
131. ἰτητέον. τί ταῦτ' ἔ. στραγγεύομαι,
509. χώρει· τί κυπτάζεις ἔ. περὶ τὴν θύραν ;
596. Δήλιε, Κυνθίαν ἔ.
752. ὥσπερ κάτοπτρον, κᾆτα ποιήσον ἔ.
1030. πρὸς οὖν τάδ', ὦ κομψοπρεπὴ μοῦσαν ἔ.,
1045. καίτοι τίνα γνώμην ἔ. ψέγεις τὰ θερμὰ λουτρά ;
1445. τοῦθ' ἕτερον αὖ μεῖζον κακόν. ΦΕ. τί δ', ἢν ἔ. τὸν ἥττω
Σ. 43. χαμαὶ καθῆσθαι, τὴν κεφαλὴν κύρακος ἔ.
135. ἔ. τρίπους φρυαγμοσεμνάκους τινάς,
339. τίνα πρόφασιν ἔ.;
468. οὔτε τιν' ἔ. πρόφασιν
597. ἀλλὰ φυλάττεις διὰ χειρὸς ἔ. καὶ τὰς μυίας ἀπαμύνει.
600. τὸν σπόγγον ἔ. ἐκ τῆς λεκάνης τἀμβάδ' ἡμῶν περικωνεῖ.
606. ὅταν οἴκαδ' ἴω τὸν μισθὸν ἔ., κᾆτ' εἰσήκονθ' ἅμα πάντες
1027. οὐδεί τῷ ποτέ φησι πιθέσθαι, γνώμην τιν' ἔ. ἐπιεικῆ.
1030. ἀλλ' Ἡρακλέους ὀργὴν τιν' ἔ. τοῖσι μεγίστοις ἐπιχειρεῖν,
1192. ἤδη γέραν ἂν καὶ πολιὸς, ἔ. δέ τοι
1195. πῶς δ' ἂν μαχέσαιτο παγκρατίου θώρακ' ἔ.;
1437. οὐχίπου ἔ. γε τιν' ἐπεμαρτύρατο·
ΕΙ. 104. ὡν τῶν Δί' ἐς τὸν οὐρανόν ; ΟΙ Α. τίνα νοῦν ἔ.;
752. ἀλλ' Ἡρακλέους ὀργὴν τιν' ἔ. τοῖσι μεγίστοις ἐπιχείρει,
Ο. 275. νὴ Δί' ἕτερος δῆτα χοῦτος ἐξεῦρεν χώραν ἔ.
315. τιτιτιτιτιτιτιτίτινα λόγιον ἄρα ποτε πρὸς ἐμὲ φίλον ἔ.;
341. ἴνα μὲν οὖν κλάσιμι μεγάλα. ΠΕ. τοῦτο μέν ληρεῖς ἔ.
486. διὰ ταῦτ' ἄρ' ἔ. καὶ νῦν ὥσπερ βασιλεὺς ὁ μέγας διαβάσκει
512. ὅπωρ' ἐξέλθοι Πρίαμός τις ἔ. ὄρνιν ἐν τοῖσι τραγῳδοῖς·
515. δεσῶν ὀρνιν ἕσπεσεν ἔ. ἐπὶ τῆς κεφαλῆς, βασιλεύς ἂν
798. ὡς Διιτρέφης γε πυτιναία μόνον ἔ. πτερὰ
816. οὐδ' ἂν χαμεύνη πάντυ γε νείριαν γ' ἔ.
864. δράσω τάδ'. ἀλλὰ ποῦ 'στιν ὁ τὸ κανοῦν ἔ.;
1294. Ὄκουντίῳ δ' ὀφθαλμοῦ σὺκ ἔ. κύραξ,
1559. σφάγι' ἔ. κάμηλον ἀ-
1713. ἔ. γυναικὸς κάλλος οὐ φατὸν λέγειν,

ἔχων. Λ. 278. σμικρὸν ἔ. πάνυ τριβώνιον,
Λ. 372. τί δαὶ σὺ πῦρ, ὦ τύμβ', ἔ.; ὡς σαυτὸν ἐμπυρεύσων ;
377. εἰ ῥύμμα τυγχάνεις ἔ., λουτρόν γ' ἐγὼ παρέξω.
560. ὅταν ἀσπίδ' ἔ. καὶ Γοργόνα τις κατ' ὠνῆται κορακίνους.
945. ἀγαθόν· ἔα αὔτ', ὦ δαιμονία ΜΤ. ληρεῖς ἔ.
985. κἄπειτα δῷρῳ δῇθ' ὑπὸ μάλης ἣκίζ ἔ.;
1211. εἰς ἐμοῦ σάκους ἔ. καὶ
Θ. 37. θεράπων τις αὐτοῦ, πῦρ ἔ. καὶ μυρρίνας·
180. ἰκέτης ἀφῖγμαι πρὸς σέ. ΑΓ. τοῦ χρείαν ἔ. ;
227. τὴν ἡμίκυραν τὴν ἑτέραν ψιλὴν ἔ.;
734. οἴνου πλέον, τὰ ταῦτα Περσικᾶς ἔ.
852. τί αὖ σὺ κυπάζεις, ἢ τί κοιμύλλεις ἔ.;
933. ἐς πρὸς αὐτῶν. ἀλλὰ τὴν μήστιν γ' ἔ.
Β. 108. ἀλλ' ὥπερ ἕνεκα τήνδε τὴν σκευὴν ἔ.
202. οὐ μὴ φλυαρήσεις ἔ. ἀλλ' ἀντιβὰς
463. καθ' Ἡρακλέα τὸ σχῆμα καὶ τὸ λῆμ' ἔ.;
500. εἰ δειλὸς ἔσομαι καὶ κατὰ σὲ τὸ λῆμ' ἔ.
512. ἀλλ' εἰσίθ' ἅρ' ἐμοί. ΒΑ. πάνυ καλῶς, ΘΕ. ληρεῖς ἔ.·
524. οὐ μὴ φλυαρήσεις ἔ., ὦ Ξανθία,
1067. νὴ τὴν Δήμητρα, χιτῶνά γ' ἔ. οὐλαον ἐρίον ὑπένερθε·
1114. βιβλίον ἔ. ἕκαστος μανθάνει τὰ δεξιά.
1482. μακαριώτ' γ' ἀνὴρ ἔ.
Ἐκ. 102. Ἀγύρριος γοῦν τὸν Προνόμου πώγων' ἔ.
633. ὅταν ἐμβὰδ' ἔ. εἴπῃ, πρότερος παραχαρεῖ, κἀτ' εἰπὴρει,
818. μεστὴν ἀπήρα τὴν γνάθον χαλκῶν ἔ.,
846. Σμοῖός δ' ἐν αὑταῖς ἱππικὴν στολὴν ἔ.
849. ἔ. καχάζων μεθ' ἑτέρου νεανίου·
853. οὐκοῦν βαδιοῦμαι δῆτα. τί γὰρ ἕστηκ' ἔ.
978. τοῦ δαὶ δεόμενος δᾷδ' ἔ. ἐλήλυθας ;
1151. τί δῆτα διατρίβεις ἔ. ἀλλ' οὐκ ἄγεις
Π. 265. ἐπάνειτα δεῦρο προσβύτην τιν' ὦ, πονηρόν,
686. ἐπὶ τὴν χύτραν ἐλθὼν ἔ. τὸ στέμματα.
921. ἐκεῖνο δ' οὐ βούλοι' ἄν, ἠσυχίαν ἔ.,
952. ἔ. βαδίζεις, ἐς τὸ βαλανεῖον τρέχε·
1041. στεφάνους γέ τοι καὶ δᾷδ' ἔ. πορεύεται,
1125. ἱνοίοτε τοσαῦθ' ἁμαθ' ἔ.· ΕΡ. οἴμαι τάλας,
1195. Ἰν' ἔ. προσήξῃ τῷ θεῷ σύ, ΙΕ. πίνῃν μὲν οὖν
Fr. 25. καὶ λεῖα ὥσπερ χαλκίον, χρυσοῦ ἔ. κικίννους.
144. ἐν τῷ στόματι τριημιωβόλιον ἔ.
460, 3. ὅπως ἔ. τὸν παῖδα πωλήσεις 'ς Χίον,
ἔχων. Λ. 173. οὐχ ἂς σποθὰς ἔ. τῷ τρηφέρεσ
ἐχώρει. ΕΙ. 763. παῖδας ἐπείραν, ἀλλ' ἀράμενος τὴν σκευὴν εὐθὺς ἐ.,
Ο. 496. κἀγὼ νομίσας ὄρθρον ἔ. 'Αλιμοῦντάδε, κάρτι προκυπτεῖ
Εκ. 819. κάπειτ' ἔ. εἰς ἀγορὰν ἰν' ἄλφιτα.
ἐχώσιν. Εκ. 720. ἴνα τῶν νέων ἔ. αὗται τὰς ἀκμᾶς.
ἔψειν. Fr. 201. πτισάνην διδάσκεις αὐτὸν ἔ. ἡ φανήν·
Fr. 379. ἀτταγᾶ ἥδιστον ἔ. ἐν ἐπινικίοις κρέας.
ἑψεις. Σ. 280. λίθον ἔ., ἔλεγεν.
ἐψήσομεν. Εκ. 445. καὶ νὴ τὸν Ἑρμῆν τουτί γ' οὖν ἔ.
ἐψηλαφώμεν. ΕΙ. 692. ἔ. ἐν σκότῳ τὰ πράγματα,
ἐψήσας. Λ. 946. κάκιστ' ἀπολοίθ' ὁ πρῶτον ἔ. μύρον,
ἐψητοῦν. Σ. 679. οὐδεὶς οὐδὲ σκορόδου κεφαλὴν τοῖς ἔ. δίδωσιν,
ἐψητῶν. Fr. 147. οὐχ ἔ. λοπάς ἐστιν.
Fr. 273. οὐδὲν μὰ Δί' ἐρῶ λοπάδος ἔ.
ἐψηφίσαμεθ'. Εκ. 816. ἔ., οὐκ οἶσθα ; ΑΝ. Α. καὶ κακῶν γέ μοι
ἐψήφισται. Σ. 591. ἔ. τοὺς ἀδικοῦντας τοῖσι δικασταῖς παραδοῦναι·
Εκ. 706. ἔ. προτέρους βινεῖν,
ἐψίμην. Ι. 770. ἔ. ἐν περικομματίοις· κεἰ μὴ τούτοις πέποιθας,
ἔψομαι. Fr. 415. ἰρείβετον, κἀγὼ κατύειν σφῷν ἔ.
ἐψόμεσθα. Λ. 1232. ἀλλ' ἔ. σὴν χάριν
ἐψόντος. Ι. 745. ἔ. ἑτέρου τὴν χύτραν ὑφειλόμην.
ἕψουσ'. Εκ. 736. ἔ. ἔτυχες ᾦ Λυσικράτης μελαίνεται.
ἔψουσιν. Εκ. 845. χύτρας ἔτνους ἔ. αἱ νεώταται·
ἐψόφηκε. ΕΙ. 1152. ἔ. πολίεσθαι τάρι ; ΛΤ. ὑπὸ τούτον δέῃ.
ΕΙ. 612. ὡς δ' ἅπαξ τὸ πρῶτον ἄκουσ' ἔ. ἄμπελος
ἐψυχρολογησάμεν. Fr. 39. ἔ.
ἐψώμμεν. Λ. 19. κατάκνεισιν, ἤ δ' ἔλουσεν, ἢ δ' ἔ.
ἕψων. Fr. 10 1. ἢ χόνδρον ἔ., εἶτα μυῖαν ἐμβαλὼν
Ἰω. Εκ. 85. ἡμεῖς βαδίζειν, ἔ. ἐκ δεξιᾶς γ' ἔ. γινήσεται.
Εκ. 312. ἐπεὶ πρὸς ἔ. νῦν γ' ἐστιν, ἢ δ' οὐ φαίνεται.
ἰω. Ι. 1161. ἀνίτω. ΚΛ. ἰδού. ΔΙΜ. θεοί τ' ἀν. ΑΛ. ὑπόθεῖν οὐκ ἔ.
Α. 734. ἀλλ' ἔ. 'πολίεσθαι τάρι ; ΛΤ. ὑπὸ τούτον δέῃ.
Π. 1071. ἀλλ' ὦ νεανίον, οὐκ ἔ. τὴν μείρακα
Ἰωθεν. Λ. 278. ἔ. εἰρήνης ῥοφήσει τρυβλίον·
Ν. 1195. ἡμέραν πρὸ τῇ νουμηνίᾳ.
Ο. 147. κλητῆρ' ἄγουσ' ἔ. ἡ Σαλαμινία.

ἕωθεν. Ο. 1287. ἐπίτονθ' ἕ, ὥσπερ ἡμεῖς ἐπὶ νομῶν·
Θ. 374. ἐκκλησίαν ποιεῖν ἕ· τῇ μέσῃ
494. τὴν εὐχθ', ἕ. σκυρίδια μασώμεσθ', ἵνα
Π. 1121. πάντ' ἀγάθ' ἕ. εὐθὺς, οἰνοῦτται, μέλι,
ἑωθινῆς. Α. 20. ἐ. ἔρημος ἡ πνὺξ αὑτηί·
ἑωθινοῦ. Θ. 2. ἀπολεῖ μ' ἀλοῶν ἄνθρωπος ἐξ ἑ.
ἑωθων. Ει. 637. τηνδε μὲν δικροῖς ἑ. τὴν θεὸν νεκράγμασιν,
ἕωμεν. Ο. 828. τί δ' οὐκ Ἀθηναῖαν ἑ. πολιάδα;
Εκ. 232. ἐ. ἄρχειν, σκεψάμενοι ταυτὶ μόνα,
ἑῶν. Ν. 1183. ὀρθῶς παραινεῖς οὐκ ἐ. διαρραφεῖν,
ἑωνημένον. Π. 7. κρατεῖν ὁ δαίμων, ἀλλὰ τὸν ἐ.
ἑώνητ'. Ει. 1182. τῷ δὲ σιτί οὐκ ἐ. οὐ γὰρ ᾔδειν ἐξιών·
ἑώνηται. Fr. 302, 1. ἰχθῦς ἐ. τις ἡ σηπίδιαν
ἑῶντι. Λ. 1005. ἐ., πρὶν ἅπαντες ἐξ ἑνὸς λόγου
ἑῴρας. Π. 713. σὺ δὲ πῶς ἐ., ὦ κάκιστ' ἀπολούμενε,
ἑῴρων. Ν. 354. ὅτε δειλυτᾶσαν τυῖτον ἐ., ἐλαφυ διὰ τοῦτ' ἐγένοντο.
ἕως. Α. 235. καὶ δώκειν γῆν πρὸ γῆτ. ἕ. ἂν εὑρεθῇ ποτέ·
Ι. 111. ἕ. καθεύδει. ΝΙ. ταῦτ'. ἀτὰρ τοῦ δαιμονος
134. κρατεῖν, ἕ. ἕτερος ἀνὴρ βδελυρώτερος
395. οὐ δίδως ὑμᾶς, ἕ. ἂν ζῇ τὸ βουλευτηρίον
840. ἕ. ἂν ᾗ τῶν ἀσπίδων τῶν ἐκ Πύλου τι λοιπόν.

ἕως. Ν. 1460. ἕ. ἂν αὐτὸν ἐμβάλωμεν ἐς κακόν,
Ν. 1489. ἕ. ἂν αὐτοῖς ἐμβάλῃς τὴν οἰκίαν·
Σ. 366. μηχανὴν ὅπως τάχισθ' ἕ.
486. οὐδέποτέ γ', οὐχ, ἕ. ἂν τι μου λοιπὸν ᾖ,
565. κατὰ πρὸς τοῖς οὔσιν, ἕ. ἀνιῶν ἂν ἰσώπη τοῖς ν ἐμοίσιν·
1441. ὕβρις, ἕ. ἂν τὴν δίκην ἄρχων καλῇ.
Ει. 32. τέως ἕ. σαυτὸν λάθοις διαρραγείς.
71. ἕ. ξυνετρίβη τῆς κεφαλῆς καταρρυείς.
Λ. 178. ἕ. ἂν ἡμεῖς ταῦτα συντιθώμεθα,
743. ἕ. ἂν εἰς ὕσιον μύλω 'γὼ χωρίου.
Θ. 503. δὶχ' ἡμέρας, ἕ. ἐπρίετο παιδίον.
583. ἕ. ἂν οὕτως τὰς γνάθους ψιλὰς ἔχης.
854. ἔξεις, ἕ. ἂν τῶν πρυτάνεῶν τις φανῇ.
Β. 266. ἕ. ἂν ὑμῶν ἐπικρατήσω τοῦ κοᾶξ,
766. ἕ. ἀφίκοιτο τὴν τέχνην σοφώτερος
Εκ. 83. ἕ. ἔτ' ἐστὶν ἄστρα κατὰ τὸν οὐρανόν·
682. κἆτα στήσασα παρ' Ἁρμοδίῳ κληρώσω πάντας, ἕ. ἂν
Π. 744. ἐγρηγόρεσαν, ἕ. δειλαμψεν ἡμέρα.
Fr. 330. ἕ. νεαλὴς ἐστιν αὕτην τὴν ἀκμήν.
477, 2. ἐκεῖ δ' ἕ. τὴν πρᾶσιν εὔραμεν μένειν.
ἑώσαι. Θ. 535. ταύτην ἑ. τὴν φθόραν τοιαῦτα περινβρίζειν
ἔωσι. Ν. 634. ἀλλ' οὐκ ἐ. μ' ἐξενεγκεῖν οἱ κύριοι.

Ζ

ζαθέαις. Β. 383. Δήμητρα θεὰν, ἐπικοσμοῦντες ζ. μολπαῖς τελαδεῖτε.
ζαθέων. Ν. 283. καὶ ποταμῶν ζ. κελαδήματα,
Ο. 927. ζ. ἱερῶν ὀμώνυμε,
Ζακυνθίων. Λ. 394. ἔλεγεν ὁπλίτας καταλέγειν Ζ.·
ζαμίαν. Α. 737. ὅτι ὑμεῖ κα πρίαιτο, φανερὰν ζ.·
Ζᾶν. Ο. 570. ἡσθην σύρφῳ σφαγιαζομένῳ. βροντάτω νῦν ὁ μέγας Ζ.
ζειάς. Fr. 364. δράκουτι, συροὺς, πτισάνην, χόνδρον, ζ., αἶρας σεμίδαλιν.
Ζεθ. Α. 223. ὅστις, ὦ Ζ. πάτερ καὶ θεοί, τισιν ἐχθροῖσιν ἐσπείσατο,
Α. 435. ὦ Ζ. διόπτα καὶ κατόπτα πανταχῇ.
Ι. 1188. ὡς ἡδὺς, ὦ Ζ., καὶ τὰ τρία φέρων καλῶς.
1253. Ἑλλάνιε Ζ., σὺν τὸ νικητήριον.
1390. ὦ Ζ. καλινύμηθ', ὡς καλαί· πρὸς τῶν θεῶν,
Ν. 2. ὦ Ζ. βασιλεῦ, τὸ χρῆμα τῶν νυκτῶν ὅσον
153. ὦ Ζ. βασιλεῦ, τῆς λεπτότητος τῶν φρενῶν.
Σ. 323. ἀλλ', ὦ Ζ Ζ., μέγα βροντήσαι
625. ὦ Ζ. βασιλεῦ.
Ει. 58. καὶ φησιν, ὦ Ζ., τί ποτε βουλεύει ποιεῖν;
62. ὦ Ζ. τί δρασείεις ποθ' ἡμῶν τὸν λεών;
376. ὦ Ζ. κεραυνοβρόντα. ΤΡ. μὴ πρὸς τῶν θεῶν
Ο. 223. ὦ Ζ. βασιλεῦ, τῶ φθέγματος τουρνιθίου·
667. ὦ Ζ. πολυτίμηθ', ὡς καλὸν τουρνίθιον,
Λ. 476. ὦ Ζ., τί ποτε χρησόμεθα τοῖσδε τοῖς κνωδάλοις;
716. ἰὼ Ζ.
940. εἴθ' ἐκχυθείη τὸ μύρον, ὦ Ζ. δέσποτα.
967. ὦ Ζ., δεινῶν ἀντισπασμῶν.
972. μαρμὰ μιαρὰ δῆτ'. ὦ Ζ Ζ.,
1031. ἦ μέγ', ὦ Ζ., χρῆμ' ἰδεῖν τῆς ἐμπίδος ἔνεστί σοι.
Θ. 1. ὦ Ζ., χελιδὼν ἀρά ποτε φανήσεται;
71. ὦ Ζ. τί δρᾶσαι διανοεῖ με τήμερον·
315. Ζ. μεγαλώνυμε χρυσολύρα τε,
368. Ζ., ταῦτα κυρώσειας, ὥσθ'
870. μὴ ψεύσον, ὦ Ζ., τῆς ἐπιούσης ἐλπίδος.
1009. ἰὰ θεοί, Ζ. σῶτερ, εἰσὶν ἐλπίδες.
Β. 750. ὀμώγυης Ζ. καὶ πυρακούων δεσποτῶν
1278. ὦ Ζ. βασιλεῦ, τὸ χρῆμα τῶν κύπαν ὅσον.
Εκ. 378. καὶ δῆτα πυλὼν ἡ μίλτος, ὦ Ζ. φίλτατι,
1118. ἀγαθοῖσιν, ὦ Ζ.· πολὺ δ' ὑπεκνίτερον αὖ
Π. 1. ὁ ἀργυλίκον πρᾶγμ' ἐστίν, ὦ Ζ. καὶ θεοί,
82. καὶ Ζ., τί φῄς; ἐκεῖνον ὅτως εἶ σύ; ΠΛ. ναί.
898. ταῦτ' οὖν ἀνοσχέτ' ἐστὶν, ὦ Ζ. καὶ θεοί,
1095. ἰν εὐτυχοῖ, ὦ Ζ. βασιλεῦ, τὸ γρέφιον
Fr. 57. ὦ Ζ., τὸ χρῆμα τῆς νεολαίας ὡς καλόν.
303. ὦ Ζ. πολυτίμηθ', οἷον ἐνίγμιους· ὁ μαρὸς
ζευγράων. Fr. 163. εἰρήνη βαθυπλουτε καὶ ζ. βοεικοῖν, εἰ
Fr. 344, 4. νικτηράμενοι ζ. οἰκιίων βοοῖν,
ζευγαρίων. Ο. 582. οἱ δ' αὖ μύρακες τῶν ζ., οἴσιν τὴν γῆν καταρούσιν·

ζεύγει. Θ. 811. οὐδ' ἂν κλέψασα γυνή ζ. κατὰ πεντήκοντα τάλαντα.
ζεύγος. Ι. 872. ζ. πριάμενος ἐμβάδων τουτὶ φορεῖν δίδωμι.
Fr. 52. ἡ βοίδαρίον τι ἀπέπτευσε ζ. χοιλίκον ἐπιθυμῶν.
484. ζ. τρίβωνλον.
ζεῦξαι. Ει. 135. εἰκοῦν ἰχρῆν σε Πηγάσου ζ. πτερόν,
ζεύξαντ'. Ει. 128. ζ. ἰλαύνειν ἐς θεούς, ὦ ναυτία·
Ζεύς. Α. 1151. ὅτι μὲν ἀπλῶ λόγω κακῶς ἐξολέσειεν ὁ Ζ.
Ι. 500. Ζ. ἀγοραῖος καὶ νικήσας
Ν. 366. ὁ Ζ. δ' ἡμῖν, φέρε, πρὸς τῆς Γῆς, οὐλύμπιος οὐ θεός ἐστιν·
367. ποιος Ζ.; οὐ μὴ ληρήσεις· οὐδ' ἐστί Ζ. ΣΤ. τί λέγεις σύ;
379. ὁ δ' ἀναγκάζων ἐστὶ τίς αὐτάς, οὐχ ὁ Ζ., ὥστε φέρεσθαι;
351. ὁ Ζ. οὖν ὤν, ἀλλ' ἀντ' αὐτοῦ, Δῖνος νυνὶ βασιλεύει·
397. τοῦτον γὰρ δὴ φανερῶς ὁ Ζ. ἵησ' ἐπὶ τοὺς ἐπιόρκους.
827. οὐκ ἐστιν, ὦ Φειδιππίδη, Ζ. ΦΕ. ἀλλὰ τίς;
904. πῶς δῆτα δίκης οὔσης ὁ Ζ.
1241. καὶ Ζ. γέλοιος ὀμνύμενος τοῖς εἰδόσιν.
1470. Ζ. γάρ τις ἐστιν· ΣΤ. ἐστίν. ΦΕ. οὐκ ἔστ' οὖν, ἐπεὶ
Σ. 621. ὅστις ἀπούω ταὐθ' ἄπερ ὁ Ζ.;
Ει. 371. ἆρ' οἶσθα θανάτου ὅτι προεῖφ' ὁ Ζ. ὃς ἂν
Ο. 480. οὐκ ἀποδώσει ταχέως ὁ Ζ. τὸ σκηπτρον τῷ δρυκολάπτῃ;
514. ὁ δι δεινύτατόν γ' ἐστὶν ἀπάντων, ὁ Ζ. γὰρ ὁ νῦν βασιλεύων
576. ὁ Ζ. δ' ἡμῖν οὐ βροντήσας πέμψει πτερόεντα κεραυνόν;
728. παρὰ ταῖς νεφέλαις ὥσπερ χω Ζ.
1246. ἀρ' οἶσθ' ὅτι Ζ. εἴ μι λυπήσοι πέρα,
1494. οἴμοι τάλας, ὁ Ζ. ὅπως· μή μ' ὄψεται.
1501. οἴμ' ὡς βδελύττομαι σε. ΠΡ. τί γὰρ ὁ Ζ. ποιεῖ;
1506. ἀπὸ γὰρ ὑλεῖ μ', εἰ μ' ἐνθάδ' ὁ Ζ. ὄψεται.
1514. ἀπυλωλεν ὁ Ζ. ΠΕ. πηνί' ἀτ' ἀπώλετο;
1535. τὸ σκηπτρον ὁ Ζ. τοῖσιν ὀρνισιν πάλιν,
1550. φέρε τὸ σκιάδειον, ἵνα μὲ κἂν ὁ Ζ. ἴδῃ
1643. ὁ Ζ. παραδοὺς τούτωσι τὴν τυραννίδα,
1645. τὰ χρήματ', ὦ Ζ. ὁ ἀποθνήσκων κατάλιπῃ
Λ. 773. Ζ. ὑψιβρεμήτης, ΧΟ. ΓΤ. ἐπάνω κατακεισύμεθ' ἡμεῖς·
Β. 1244. Ζ., ὡς λέλεκται τῆς ἀληθείας ὕπο,
Εκ. 776. ὁ Ζ. σέ γ' ἐπιτρίψειεν. ΑΝ. Β. ἐπιτρίψουσι γάρ.
Π. 87. ὁ Ζ. με ταῦτ' ἔδρασεν ἀνθρώποισι φθονῶν.
119. ὁ Ζ. μὲν οὖν οἶδ' ὡς τὸ τούτων οὐχὶ γὰρ ἔτ' ἴσχει.
130. αὐτίκα γὰρ ἄρχει διὰ τιν' ὁ Ζ. τῶν θεῶν;
582. ὁ Ζ. δήπου νικᾶται, καὶ τοῦτ' ἤδη φανερὸν σε διδάξω.
592. ὡς ἐλίκρινες νοτίσι στεφάνῳ στεφανώσας.
1107. τί δ' ἔστιν; ΕΡ. ὁ Ζ., ὦ πονηρέ, βούλεται
1189. ὁ Ζ. ὁ σωτὴρ γὰρ πάρεστιν ἐνθάδε,
Fr. 443, 3. τὰ πι μάτω κρείττω τῶν ἵπ' ὁ Ζ. ἔχει.
ζῇ. Ι. 395. οὐ δίδωις ὑμᾶς, ἕως ἂν ζ. τὸ βουλευτηρίον
Λ. 306. τουτὶ τὸ πῦρ ἐγρήγορεν θεῶν ἕκατι καὶ ζ.

ζῆ—ζώστειον. 129

ζῇ. Λ. 696. οὐ γὰρ ὑμῶν φροντίσαιμ᾽ ἄν, ἢν ἐμοὶ ζ. Λαμπιτώ
Β. 73. τί δ'; οὐκ Ἰσχίων ζ.; ΔΙ. τοῦτο γάρ τοι καὶ μόνον
ζηλότυπος. Π. 1016. οὕτω σφόδρα ζ. ὁ νεανίσκος ἦν.
ζηλοῦντες. Ν. 1211. ζ. ἡνίκ᾽ ἂν σὺ νικᾷς λέγων τὰς δίκας.
ζηλῶ. Α. 1008. ζ. σε τῆς εὐβουλίας.
Ι. 837. ζ. σε τῆς εὐγλωττίας. εἰ γὰρ ὧδ᾽ ἐποίεσις,
Σ. 1450. ζ. γε τῆς εὐτυχίας
Θ. 175. μὰ τὸν Δί᾽, οὐ ζ. σε τῆς παιδεύσεως.
1118. ταύτῃς ἔρως εἴληφεν. ΤΟ. οὐ ζ. σε σύ
ζηλωτόν. Σ. 451. ὥστε σε ζ. εἶναι, σὺ δ᾽ ἀχάριστος ἦσθ᾽ ἄρα.
ζηλωτός. Ει. 860. ζ. ἴσει, γέρον,
Ει. 1038. ζ. ἄπασιν.
ζηλωτότατον. Ν. 463. τὸν πάντα χρόνον μετ᾽ ἐμοῦ ζ. βίον
ἀνθρώπων διάξεις.
ζημίαν. Ει. 1226. οὗτος μὲν οὐ μή σοι ποιήσει ζ.
Π. 1124. οὐκοῦν δικαίως, ὅστις ἐποίεις ζ.
ζημιοῦν. Α. 717. κἀξελαύνειν χρὴ τὸ λοιπὸν, κἂν φύγῃ τις. ζ.
ζήν. Ν. 1074. καίτοι τί σοι ζ. ἄξιον, τούτων ἐὰν στερηθῇς;
Σ. 506. ζ. βίον γενναῖον ὥσπερ Μόρυχος, αἰτίαν ἔχω
702. ἐνεστάζουσιν κατὰ μικρὸν ἀεί, τοῦ ζ. ἕνεχ᾽, ὥσπερ
ἔλαιον
Ο. 157. οὐ πρῶτα μὲν δεῖ ζ. ἄνευ βαλαντίου
548. ἀλλ᾽ ὅ τι χρὴ δρᾶν, σὺ δίδασκε παρών· ὡς ζ. οὐκ
ἄξιον ἡμῖν,
1368. τὸν πατέρ᾽ ἕα ζ. ἀλλ᾽ ἐπειδὴ μάχιμος εἶ,
Β. 1082. καὶ φασκούσας οὐ ζ. τὸ ζ.
1477. τίς οἶδεν εἰ τὸ ζ. μέν ἐστι κατθανεῖν,
Ει. 591. κἂκ ταύτοῦ ζ. καὶ μὴ τὸν μὲν πλουτεῖν, τὸν δ᾽ ἄθλιον
εἶναι,
Π. 516. ἢν ἐξῇ ζ. ἀργοῖς ὑμῖν τούτων πάντων ἀμελοῦσιν ;
552. πτωχοῦ μὲν γὰρ βίος, ὃν σὺ λέγεις, ζ. ἐστιν μηδὲν
ἔχοντα·
553. τοῦ δὲ πένητος ζ. φειδόμενον καὶ τοῖς ἔργοις προσέ-
χοντα,
922. ζ. ἀργὸς ; ΣΤ. ἀλλὰ προβατίου βίον λέγεις,
Ζῆν᾽. Α. 717. τί Ζ. αὐτεῖς ; ταῦτα δ᾽ οὖν οὕτως ἔχει.
Ζῆνα. Ν. 564. Ζ. τύραννον ἐς χορὸν
Ζηνός. Ει. 722. ὑφ᾽ ἅρματ᾽ ἐλθὼν Ζ. ἀστραπηφορεῖ.
Ο. 1740. Ζ. πάροχος γάμων
Fr. 245. μαρτύρομαι δὲ Ζ. ἑρκείου χύτρας.
ζήσεις. Π. 263. ψυχροῦ βίου καὶ δυσκόλου ζ. ἀπαλλαγέντας.
ζήσεις. Fr. 498. χαιρέ τε θορύβου καὶ φόβου ζ. καλῶς,
ζῆτε. Ο. 161. ὑμεῖς μὲν ἄρα ζ. νυμφίων βίον.
ζῆτε. Σ. 149. ἐνταῦθά νυν ζ. μηχανὴν,
Β. 1397. ἀλλ᾽ ἕτερον αὖ ζ. τι τῶν Βαρυστάθμων,
ζητεῖ. Ν. 320. καὶ λεπτολογεῖν ἤδη ζ. καὶ περὶ καπνοῦ στενο-
λεσχεῖν,
Θ. 796. πᾶν τις τὸ κακῶν τοῦτο ζ. περὶ τὰς κλίνας περινοστῶν.
797. κᾆν ἐκ θυρίδος παρακύπτωμεν, ζ. τὸ κακὸν τεθιᾶσθαι·
Β. 983. ζ. τε, ποῦ 'στιν ἡ χύτρα ;
ζητεῖθ᾽. Σ. 348. τῆς ἂν οὖν εἴη ; ζ. ὑμεῖς, ὡς πᾶν ἂν ἐγωγε ποιοίην·
ζητεῖν. Α. 233. ἀλλὰ δεῖ ζ. τὸν ἄνδρα καὶ βλέπειν Βαλλήναδε
Ι. 11. τί κινυρόμεθ᾽ ἄλλως ; οὐκ ἐχρῆν ζ. τινα
Ν. 1398. πειθώ τινα ζ. ὅπως δόξεις λέγειν δίκαια.
Σ. 346. ἀλλ᾽ ἐκ τούτων ὥρα τινὰ σοι ζ. καινὴν ἐπίνοιαν,
353. ἀλλ᾽ ἄλλο τι δεῖ ζ. ὑμᾶς· οἰσίαν δ᾽ οὐκ ἔστι γενέσθαι.
648. πρὸς ταῦτα μώρῳ ἀγαθῇ ὥρα ζ. σοι καὶ νεόκοπτον,
Θ. 599. ἀλλὰ σκοπεῖν τὸν ἄνδρα καὶ ζ. ὅπου
657. ζ. εἴ που μᾶλλος τις ἀνὴρ παρελήλυθε, καὶ περιθρέξει
Π. 534. διὰ τὴν χρείαν καὶ τὴν πενίαν ζ. ὀπόθεν βίον ἕξει.
ζητεῖς. Ν. 1295. ζ. ποιῆσαι τἀργύριον πλέϊον τὸ σόν ;
Ο. 123. ἔπειτα μεῖζον τῶν Κραναῶν ζ. πόλιν;
Εκ. 976. οὗτος, τί κόπτεις ; μῶν ἐμὲ ζ. ; ΝΕΑ. οἴδειν ·
Π. 370. ζ. μεταλαβεῖν. ΒΛ. μεταλαβεῖν ζητῶ· τίνος ;
573. ὑπὶ ζ. τοῦθ᾽ ἀναπείσειεν ἡμᾶς, ὡς ἐστιν ἀμείνων
590. πολὺ τῆς πενίας πρᾶγμ᾽ αἴσχιον ζ. αὐτῷ περιάψαι,
ζητεῖτον. Fr. 434. ἀνθ᾽ ὧν ἐμὲ ζ. ἐνθενδ᾽ ἀφανίσαι.
ζητήσομεν. Π. 296. ἡμεῖς δὲ γ᾽ αὖ ζ. θρεττανελὸ τὸν Κύκλωπα
ζητήσουσιν. Εκ. 616. ἐπὶ τὴν ὡραιοτάτην αὐτῶν καὶ ζ. ἐρείδειν;
ζητητέαι. Θ. 604. ζ. γάρ ἐστι. ΜΝ. κακοδαίμων ἐγώ.
ζητητέον. Ν. 761. ὅπως ; ὅπως ; οὐκ οἶδ᾽· ἀτὰρ ζ.
ζητητόν. Σ. 381. ἄγε νυν, ἢν αἰσθάνωμαι τούτου ζ. μ᾽ ἐσκαλα-
μᾶσθαι
ζητοῦμεν. Α. 239. οὗτος αὐτός ἐστιν ὃν ζ. ἀλλὰ δεῦρο πᾶς
ζητούμενον. Ο. 1183. αἰθὴρ δανεῖται τοῦ θεοῦ ζ.
ζητοῦσι. Σ. 1052. ὦ δαιμόνιοι, τοὺς ζ.
Εκ. 188. τοὺς μισθοφορεῖν ζ. ἐν τῇ κκλησίᾳ.
Ο. 44. πλανώμεθα ζ. τόπον ἀπράγμονα,
ζητοῦντες. Ο. 95. τίνες εἰσί μ᾽ οἱ ζ. ; ΕΤ. οἱ δώδεκα θεοί
Π. 430. ζ. ἐκ πάσης με χώρας ἐκβαλεῖν;
Fr. 388. γυναῖκα δὲ ζ. ἐνθάδ᾽ ἥκομεν,

ζητοῦντος. Ν. 171. ζ. αὐτοῦ τῆς σελήνης τὰς ὁδοὺς
ζητοῦσ᾽. Ν. 535. ζ. ἦλθ᾽, ἣν που 'πιτύχῃ θεαταῖς οὕτω σοφοῖς·
Θ. 361. ζ. ἀντιμεθιστάναι,
ζητοῦσι. Ν. 199. ζ. μή νυν τουτογὶ φροντίζετε·
ζητοῦσιν. Ν. 188. ζ. οὗτοι τὰ κατὰ γῆς. ΣΤ. βολβοὺς ἄρα
Εκ. 309. ζ. λαβεῖν ὅταν
ζητῶ. Ν. 540. οὐδ᾽ ὑμᾶς ζ. 'ξαπατᾶν δὶς καὶ τρὶς ταὔτ᾽ εἰσάγων,
Ο. 465. μὰ Δί᾽, ἀλλὰ λέγειν ζ. τι πάλαι μέγα καὶ λαρινὸν
ἔπος τι,
Θ. 145. ζ. σ᾽, ἐπειδὴ γ᾽ αὐτὸς οὐ βούλει φράσαι,
Εκ. 655. ἐν ὅτι ζ. πῶς, ἢν τις ὄφλῃ παρὰ τοῖς ἄρχουσι
δίκην τῳ,
Π. 370. ζητεῖς μεταλαβεῖν. ΒΛ. μεταλαβεῖν ζ. ; τίνος ;
ζητῶμεν. Ι. 146. ζ. αὐτόν. ΝΙ. ἀλλ᾽ ὡδὶ προσέρχεται
ζητῶν. Ν. 428. ἡμᾶς τιμῶν καὶ θαυμάζων καὶ ζ. δεξιοὺς εἶναι
Ο. 111. τὸ σπέρμ᾽; ΕΤ. ὀλίγον ζ. ἂν ἐξ ἀγροῦ λάβοιε.
125. ἀριστοκρατεῖσθαι δῆλος εἶ ζ. ΕΤ. ἐγώ·
Β. 97. ζ. ἄν, ὅστις ῥῆμα γενναῖον λάκοι.
932. τὸν ζοφώδη ἱππαλεκτρυώνα ζ. τίς ἐστιν ὄρνις.
Εκ. 314. τὰς ἐμβάδας ζ. λαβεῖν ἐν τῷ σκότῳ
334. ζ. γὰρ αὔθ᾽ οὐχ εὗρον ἐν τοῖς στρώμασιν.
979. Ἀναφλύστιον ζ. τιν᾽ ἄνθρωπον. ΓΡ. Α. τινα;
Π. 105. ζ. ἔγ᾽ ἄνδρα τοῦτο τρόπους Βελτίονα·
ζύγιος. Ν. 122. οὔτ᾽ αὐτοὺς οὔθ᾽ ὁ ζ. οὔθ᾽ ὁ σαμφύρας·
ζυγόν. Α. 417. τὸ δακτυλίδιον πιέζει τὸ ζ.
Fr. Μ. Δρα. 1. ἀλλ᾽ εὔχομαι 'γων' ἱλκύσαι σε τὸν ζ.
ζυγώθρισον. Ν. 745. κίνησον αὖθις αὐτὸ καὶ ζ.
ζυμφήσασθαι. Fr. p. 510, ζ.
ζυνεγυωρίζομεν. Θ. 1061. Εὐριπίδη καὑτῆ ζ.
ζώ. Β. 868. τί οὖν ἐτὶ ζ. τῶν καράκων κοπηρίφ;
ζώφ᾽. Θ. 15. καὶ ζ. ἐν αὐτῷ ξυντετίκνωκι κινούμενα,
ζωγραφεῖ. Εκ. 996. ὃς τοῖς νεκροῖσι ζ. τὰς ληκύθους.
ζώη. Ο. 609. οὐκ οἶσθ᾽ ὅτι πέντ᾽ ἀνδρῶν γενεὰς ζ. λακέριζα
κορώνη;
ζῷην. Ι. 833. μὴ τὴν Δήμητρ᾽, ἢ μὴ ζ.
Ν. 1255. θήσω πρυτανεῖ, ἢ μηκέτι ζ. ἐγώ,
Λ. 531. περὶ τῆς κεφαλῆν· μὴ νυν ζ. ΛΤ. ἀλλ᾽ εἰ τοῦτ᾽
ἐπιδοῦν σε,
ζῷμ᾽. Fr. 309, 7. ζ. μειξίχυνον, τρύφημα, πιλούμενον, ξυστίδα,
ζωμεύματα. Ι. 279. ταῖσι Πελοποννησίων τριήρεσι ζ.
ζωμίδιον. Ν. 389. χὤσπερ βροντὴ τὸ ζ. παταγεῖ καὶ δεινὰ
πέπρακτεν
ζωμοί. Fr. 547. χορδαὶ, φύσκαι, πᾶσται, ζ.,
ζωμόν. Ι. 357. καταβροχθίσας, κᾆτ᾽ ἐπιπιὼν τὸν ζ. ἀνακύψιπτος
Ι. 360. τῶν πραγμάτων, ὁτιὴ μόνος τὸν ζ. ἐκροφήσει.
Ει. 716. ὅσον ῥοφήσει ζ. ἡμερῶν τριῶν,
885. τὸν ζ. αὐτῆς προσπεσὼν ἐκλήψεται.
ζωμοῦ. Ι. 1174. καὶ τὸν ὑπερέχει σου χύτραν ζ. πλέαν.
Ι. 1178. ἢ δ᾽ Ὀβριμοπάτρα γ᾽ ἐφθὼν ἐκ ζ. πλέαν
Ν. 386. ἤδη ζ. Παναθηναίοις ἐμπλησθεὶς εἴτ᾽ ἐταράχθης
ζῶν. Β. 1072. ἀνταγορεύειν τοῖς ἄρχουσιν. καίτοι τότε γ᾽, ἡνίκ᾽
ἐγὼ ζ.
ζῶν. Ν. 1221. ζ., ἀλλὰ καλοῦμαι Στρεψιάδην ΣΤ. τίς οὑτοσὶ ;
Σ. 1122. οὐ τοι ποτί ζ. τοῦτον ἀποδυθήσομαι,
Ο. 754. διαπλέκειν ζ. ἡδέως τὸ λοιπὸν, ὡς ἡμᾶς ἴτω.
Θ. 77. εἴτ᾽ ἐστ᾽ ἔτι ζ. εἴτ᾽ ἀπολωλ᾽ Εὐριπίδης.
ζωνίον. Α. 72. μόλις γὰρ εὗρον ἐν σκότῳ τὸ ζ.
ζῶντ᾽. Σ. 558. εἰ ἐμ᾽ οὐδ᾽ ἂν ζ. ἤδειν, εἰ μὴ διὰ τὴν προτέραν
ἀπόχρησιν.
Ο. 1078. λήψεται τάλαντον· ἢν δὲ ζ. ἄγρῃ τις, τέτταρα.
1558. ζ. κατορύττει
ζῶντα. Εκ. 393. τὸν ζ. μᾶλλον, τἀμὰ γὰρ διοίχεται.
ζῶντας. Ν. 396. καὶ καταφρύγει βάλλων ἡμᾶς, τοὺς δὲ ζ.
περιφλύει.
Π. 470. ὑμῖν δ᾽ ἐμὲ ζ. ὑμᾶς· εἰ δὲ μή,
ζῶντες. Ν. 1026. εὐδαίμονες δ᾽ ἦσαν ἄρ᾽ οἱ ζ. τύτ᾽ ἐπὶ τῶν
προτέρων.
ζῶντος. Λ. 271. οὐ μὰ τὴν Δήμητρ᾽ ἐμοῦ ζ. ἐγχανοῦνται·
ζῶντός. Fr. 109. μὰ τὸν Διόνυσον οὐδέποτε ζ. γ᾽ ἐμοῦ.
ζώντων. Εκ. 635. πῶς οὖν οὕτω ζ. ἡμῶν τοὺς αὐτοῦ παῖδας
ἕκαστος
ζῷον. Σ. 551. ἢ τρυφερώτερον, ἢ δεινότερον ζ. καὶ ταῦτα
γέροντος;
ζῷον. Σ. 1104. πρῶτα μὲν γὰρ οὐδὲν ἡμῶν ζ. ἠρεθισμένον
Ει. 132. ὅταν κάκκαρος ζ. βλέψητε.
Π. 443. οὐδὲν νέφυκε ζ. ἐξωλέστερον.
ζωπυρήσεις. Λ. 682. εἰ νὴ τὸ ζ.
Εκ. 1109. ζ. κατακιττώσαντα, εἶτα τὼ πόδε
Π. 1032. ἀλλ᾽ οὐδέποτέ μου ζ. ἀπολείψειν ἔφη.
ζωρότερον. Ει. 850. οὐκ, ἀλλὰ κᾄκτί ζ. ἀπὸ τούτων τινές.
ζώστειον. Fr. 66 ζ.

S

Η

ἡ. Α. 20. ἰαθιωῆς ἔρημος ἡ πτὺξ αὐτηί. κ.τ.λ.
ἡ. I. 589. Νίκην, ἡ χορικῶν ἐστιν ἑταίρα. κ.τ.λ.
Λ. 5. πλὴν ἦ γ' ἐμὴ κωμῆτις ἥδ' ἐξέρχεται. κ.τ.λ.
ἡ. Α. 96. ἡ περὶ ἄκραν κομητῶν νεωσοικων σκοπεῖτ; κ.τ.λ.
Π. 197. ἥ φησιν οὐ βιωτὸν αὑτῷ τὸν βίον.
ἡ. Α. 424. ἀλλ' ἣ Φιλοκτήτου τὰ τοῦ πτωχοῦ λέγεις; κ.τ.λ.
ἡ. Α. 256. σοῦ μηδὲν ἧττον βδεῖν ἐπειδὰν ὄρθρος ἦ. κ.τ.λ.
ἦ. I. 326. ᾗ σὺ πιστεύων ἀμέλγεις τῶν ξένων τοὺς καρπίμους, κ.τ.λ.
ᾖ. Fr. 356. ἐπεὶ δ' ἐγενόμην οἵπερ ἦ' ἐπὶ ξύλα.
ἦβαν. Β. 353. χορωποιὸν, μάκαρ, ἡ.
ἦβας. Β. 1285. ὕπαν Ἀχαιῶν δίφρονον κράτος, Ἑλλάδος ἡ.,
ἥβης. I. 524. οὐκ ἐξήρμεσεν, ἀλλὰ τελευτῶν ἐπὶ γήρως, οὐ γὰρ ἐφ' ἡ.,
Σ. 236. ἡ. ἐκείνης, ἡνίκ' ἐν Βυζαντίῳ ξυνῆμεν
Λ. 591. εἴθ' ἡνίκ' ἐχρῆν εὐφρανθῆναι καὶ τῆς ἡ. ἀπολαῦσαι.
Fr. 71. σταθερὰ δὲ κάλυξ νεαρᾶς ἡ.
ἡβυλλιώσαι. Β. 516. ἡ. κάρτι παρατετιλμέναι.
ἥβων. Σ. 357. ἡ. γὰρ κάθυνάμην κλέπτειν, ἰσχυὸν τ' αὐτὸς ἐμαυτοῦ,
ἡβώσιν. Β. 1055. ἔστι διδάσκαλος ὅστις φράζει, τοῖς ἡ. δὲ ποιηταί.
ἤγαγε. I. 1053. ἡ. συνθήσας Λακεδαιμονίων κορακίνους.
Ο. 301. χαίτηί γε γλαῦξ. ΕΤ. τί φής; τίς γλαῦξ' Ἀθηναζ' ἡ.;
ἤγαγεν. Α. 155. οἱ Θρᾶκες ἴτε δεῦρ', υἷς Θέαρως ἡ.
I. 393. νῦν δὲ τοὺς στάχυς ἐκείνους, οὕς ἐκείθεν ἡ.,
Β. 142. πῶς ἠλθέτην κἀκεῖσε; ΙΡ. Θησεὶς ἡ.
ἤγαγον. I. 743. πλεύσαι ἐκεῖσε, τοὺς Λάκωνας ἡ.
ἠγαγεῖε. Α. 1077. ἡ. λῃστὰς ἐμβαλεῖν Βοιωτίοιν.
ἠγγειλα. Α. 1083. οἵαν ὁ κῆρυξ ἀγγελίαν ἡ. μοι.
ἤγεθ'. Ο. 1594. ἀλκυωνίδας τ' ἂν ἡ. ἡμέρας ἡ.
ἦγεῖ. I. 32. ποῖον βρέτας **; ἀντικρὺ ἡ. γὰρ δοκεῖς ;
I. 1055. Κεκροπίδῃ κακόβουλε, τί τοῦθ' ἡ. μέγα τοὔργον;
N. 642. ἡ.' πότερον τὸ τρίμετρον ἦ ἐπὶ τὸ τετράμετρον;
ἤγειρεν. Λ. 18. ἡ δ' οἰκέτην ἡ., ἡ δὲ παιδίον
Fr. Μ. Κων. 6. βάρος· ἡ. γάρ τοί μ' οἶνος
ἤγειρον. Π. 740. τὸν δισπύτην τ' ἡ. ὁ θεὸς δ' εὐθέως
ἠγείσθ'. Ν. 1510. ἡ. ἐξω κεχώρευται γὰρ μετρίως τό γε τήμερον ἡμῖν,
ἡγεῖσθαι. Ν. 1020. τὸ μὲν αἰσχρὸν ἄπαν καλὸν ἡ.,
ἡγεῖσθί. Π. 274. ἡ. μ' εἶναι κοὐδὲν ἂν νομίζεθ' ὑγιὲς εἰπεῖν·
ἠγεῖτ'. Σ. 269. ἡ. ἂν ᾅδων φρυνίχου· καὶ γὰρ ἐστιν ἀνὴρ
ἠγεῖτο. Β. 809. ληρῶν τε τἀλλ' ἡ. τοῦ γνωναι περὶ
Ἡγέλοχος. Β. 303. ἐξεστί θ' ὥσπερ Ἡ. ἡμῖν λέγειν·
ἡγεμόνευον. ΕΙ. 1093. ἐσπενδον δεπάεσσιν· ἐγὼ δ' ὁδὸν ἡ.
ἡγεμόνων. Π. 1159. ἀλλ' ἡ. ΚΑ. ἀλλ' ὁ θεὸς ἤδη βλέπει,
ἡγεμόνες. Π. 1160. ὥσθ' ἡ. οὐδὲν δεησόμεσθ' ἔτι.
ἤγες. Ο. 340. ἐπὶ τί γάρ μ' ἐκεῖθεν ἡ.; ΠΕ. ἴν' ἀκολουθοίης ἐμοί.
Π. 933. ἀλλ' οἴχεται φεύγων ὃν ἡ. μάρτυρα.
ἤγῃ. Fr. 188. σὺ δ' οὐχ ἡ μ' ὧν ἔθ' ἡ ὀλίγας ἡμέρας.
ἠγησάμην. Εκ. 101. τίς οὐκ ἂν ἡμᾶς ἄνδρας ἡ. ὁρᾶν ;
ἠγησάμην. Ν. 1474. ὅτε καὶ σὲ χυτρεοῦν ὄντα θεὸν ἡ.
ἠγησόμεσθα. ΕΙ. 917. καὶ πλὴν γε τῶν θεῶν ἰοι σ' ἡ. πρῶτον.
ἤγιζεν. Π. 681. ἔπειτα ταῦθ' ἡ. ἐς σάκταν τινά.
ἠγκυλώμένος. Ο. 1180. χωρεῖ δὲ πᾶς τις ὑπνώχας ἡ.
ἠγμύρασα. Ι. 262. καταγαγὼν ἐκ Χερρονήσου διπλαβὼν ἡ.,
ἡγοῖτ'. Π. 501. τίς ἂν οὐχ ἡ. εἶναι μανίαν, κακοδαιμονίαν τ' ἔτι μᾶλλον;
ἠγομεν Θ. 835. ἐν τε ταῖς ἄλλαις ἑορταῖς αἷσιν ἡμεῖς ἡ.
Π. 656. πρῶτον μὲν αὐτὸν ἐπὶ θάλατταν ἡ.,
ἡγούμην. Εκ. 323. οἴμοι κακοδαίμων, ὅτι γέρων ὢν ἡ.
ἤγοντο. Θ. 411. ἡ. διαβέβληκεν, ὥστ' οὐδεὶς ἡ. γάρ
ἡγορεύετε. Ν. 1456. τί δῆτα ταῦτ' οὗ μοι τοτ' ἡ.,
ἠγόρευον. Α. 41. οὐκ ἡ.; τοῦτ' ἐκεῖν' οὐγὼ 'λεγον·
Π. 102. οὐκ ἡ. ὅτι παρίζεια πράγματα
Fr. 284. οὐκ ἡ.; οὗτος ἐστ' οὐκ Ἀργίλας
ἡγοῦ. Ο. 675. ἴωμεν. ΠΕ. ἡ. σὺ νῦν τύχἀγαθῇ,
Λ. 254. χώρει, Δράμης, ἡ. βάδην, εἰ καὶ τὸν ὦμον ἀλγεῖς
Θ. 947. ἡ ἡ. δέ γ' ἀθ' αὑτῷ
Β. 639. τυπτύμενον, εἶναι τοῦτον ἡ. μὴ θεόν.
ἠγοῦμαι. Β. 1413. τὸν μὲν γὰρ ἡ. σοφόν, τῷ δ' ἥδομαι.
ἠγοῦμαι. Π. 27. πιστότατον ἡ. σε καὶ κλεπτίστατον.
ἠγούμεθα. Π. 15. οἱ γὰρ βλέποντες τοῖς τυφλοῖς ἡ.

ἡγούμενον. Π. 299. ἡ. τοῖς προβατίοις,
ἡγούμενος. Ν. 521. ὡς ὑμᾶς ἡ. εἶναι θεατὰς δεξιοὺς
ἡγούμεσθα. Εκ. 185. πονηρὸν ἡ.· νῦν δὲ χρωμένων
ἡγούμην. Ν. 330. μὰ Δί', ἀλλ' ὁμίχλην καὶ δρόσον αὐτὰς ἡ. καὶ καπνὸν εἶναι.
ἡγοῦνται. Α. 77. οἱ βάρβαροι γὰρ ἄνδρας ἡ. μόνους
Σ. 675. σὲ μὲν ἡ. Κίννου ψῆφον, τυύτοισι δὲ δωροφοροῦσιν
ἠγρωμένους. ΕΙ. 620. ἡ. ἐπ' ἀλλήλοισι καὶ σεσηρότας,
ἠγρίωται. Β. 808. γλώσσα μὲν γὰρ ἡ.,
ἐγγυπτιάζετ'. Θ. 922. ἡ. ἀλλ' ὅδε μὲν δώσει δίκην.
ἤγχον. Σ. 1039. οἳ τοὺς πατέρας τ' ἡ. νύκτωρ καὶ τοὺς πάππους ἀπέπνιγον,
ἤγχουσα. Εκ. 929. ἡ. μᾶλλον καὶ τὸ σὸν ψιμύθιον·
ἠγώμεσθα. Β. 1443. ὅταν τὰ νῦν ἄπιστα πίσθ' ἡ.,
ἠγωνίζετο. Α. 140. ὑτ' ἐνθαδὶ Θέογνις ἡ.
Α. 419. ὁ δυσπότμος γεραιὸς ἡ.·
Σ. 1479. τάρχαῖ' ἐκεῖν' οἷς Θέσπις ἡ.
ἠγωνιζόμεθα. Σ. 993. φέρ' ἐξέρασα. πῶς ἄρ' ἡ.;
ἠγωνίσω. I. 614. ἀγγειλον ἡμῖν πῶς τὸ πρᾶγμ' ἡ.
ἠγώνται. Ο. 586. ἦν δ' ἡ. σὲ θεὸν, σὲ βίον, σὲ δὲ Γῆν, σὲ Κρόνον, σὲ Ποσειδῶ,
ἤδ'. Ν. 534. νῦν οὖν Ἠλέκτραν κατ' ἐκείνην ἡ. ἡ κωμῳδία κ.τ.λ.
ἤδ'. Σ. 100. τὴν ἀλεκτρυόνα δ', ὡς ᾖ, ἐφ' ἑσπέρας, ἔφη
ἦδε. Α. 768. τί λέγεις σύ; ποδαπὴ χοῖρος ἡ.; ΜΕ. Μεγαρικά. κ.τ.λ.
ἦδε. ΕΙ. 290. ὁ δεφόμενος ποτ' ᾖ. τῆς μεσημβρίας,
ἦδει'. Σ. 503. ταῦτα γὰρ τούτοις ἀκούεω ἡ., εἰ καὶ νῦν ἐγὼ
ἥδεθ'. I. 653. οἷς ἡ. ἡ βουλὴ μάλιστα ῥήμασιν,
Π. 1017. μόνος γὰρ ἡ. ὥς ἔοικεν, ἐσθίων.
ἤδει. Α. 35. οἵα ὄξος, οὐκ ἔλαιον, οὐδ' ᾖ. πρίω,
ἥδει. Σ. 558. δς ἐμ' οὐδ' ἂν ζῶν' ᾖ., εἰ μὴ διὰ τὴν προτέραν ἀσύφιελν.
Σ. 635. καλῶς γὰρ ᾖ. ἂτ ἐγὼ ταύτῃ κράτιστός εἰμι.
ΕΙ. 1182. τῷ δὲ σιτί' οὐκ ἰώνης· οὐ γὰρ ᾖ. ἐξίων·
ᾖδεις. Θ. 554. ἀλλ' οὐκ ἂν ἦτ' ἐχοίς ὅσα γὰρ ᾖ. ἐξέχιας ἅπαντα.
ᾖδεν. Fr. 377. ὁ μὲν γ' Ἀδμήτου λόγον πρὸς μυρρίνην,
ᾖδεσθαι. Α. 635. μήθ' ᾖ. θωπευομένους μήτ' εἶναι χαυνοπολίτας.
Σ. 512. ᾧ δὴ Δί' εἴδίσθης γὰρ ἡ. τοιούτοις πράγμασιν·
Fr. 563. ᾖ.
ᾖδεσθε. Fr. 503. ἵνα ξυνῶσιν ὥπερ ἡ. βίῳ,
ᾖδεται. ΕΙ. 533. ταύτης καταψευδόμενος· οὐ γὰρ ᾖ.
ΕΙ. 548. ὁ δὶ δρεπανουργὸς οὐχ ὁρᾷς ὡς ᾖ.
1019. οὐκ, ἠθονῆς Εἰρήνη σφαγαί,
Β. 1456. μισεῖ κάκιστα. ΑΙ. τοῖς πονηροῖς δ' ᾖ.
Π. 1004. ἔπειτα πλουτῶν οὐκέθ' ᾖ. φακῇ.
ἤδεως. I. 440. ἀνὴρ ᾖ. λάβοι, τοὺς τερθρεὺς παρίει.
Σ. 1006. ὥσθ' ᾖ. διάγοις σε τὸν λοιπὸν χρύσιν·
1367. ὣς ᾖ. φάγοις ἂν εἷ ἔχοις διην.
Ο. 669. ἐγὼ διαμηρίζοιμ' ἂν αὐτὴν ᾖ.,
754. διακλέπειν ζῶν ᾖ. τὸ λοιπὸν, ὡς ἡμᾶς ἴτω.
Β. 572. ὡς ᾖ. ἂν σου λίθῳ τοὺς γομφίους
Εκ. 1156. τοῖς γελῶσι δ' ᾖ., διὰ τὸν γέλων κρίνεις ἐμέ·
Π. 262. ὁ δισπότης γὰρ φησιν ὑμᾶς ᾖ. ἄπαντας
ἤδη. Α. 45. ᾖ. τις εἶπε; ΚΗ. τίς ἀγορεύειν βούλεται; κ.τ.λ.
ἤδη. Ο. 511. τουτὶ τοίνυν οὐκ ᾖ. 'γὼ, καὶ δῆτά μ' ἐλάμβανε θαῦμα.
ἤδη. Ν. 329. ταύτας μέντοι σὺ θεὰς οὔσας οὐκ ᾖ. οὐδ' ἐνόμιζες·
ᾖδησθα. Εκ. 551. ἀτὰρ γεγένηται· ΒΛ. ναὶ μὰ Δί'. οὐκ ᾖ. με
ᾖδί. Ν. 212. ᾖ. παρατέταται μακρὰ πόρρω πάνυ. κ.τ.λ.
ἤδικει'. Fr. 260. ἴχθυ γὰρ, εἰ τί σ' ᾖ. εθηκα δίκην
ἠδικηκα. Ν. 497. ἴθι νυν, κατάθου θυϊμάτιον· ΣΤ. ᾖ. τι;
ἠδικηκότας. Ν. 1080. ὡς οὐδὲν ᾖ. εἴτ' ἐς τὸν Δί' ἐπανενεγκεῖν.
ἠδικηκόσιν. Π. 805. ἐπεισσπεικαιεν οὐδὲν ᾖ.
ἠδικημέναι. Ν. 576. ᾖ. γὰρ ὑμῖν μεμφόμεσθ' ἐναντίον
ἠδικημένῳ. Π. 428. ἀδικηγος ἡμῖν οὐδὲν ᾖ.
ἠδικησαν. ΕΙ. 1188. πολλὰ γὰρ δὴ μ' ᾖ.,
ἠδίκησε. Fr. 187. εἴ που ξένον τις ᾖ. κόσμον,
ἠδίκου. Σ. 244. ἐπ' αὐτῶν, ὡς κολωμένοιν ὢν ᾖ. ἀλλὰ
ἠδίουν. Ν. 1509. μάλιστα δ' εἰδώς τοὺς θεοὺς ὡς ᾖ.
ᾖδιον. Α. 271. πολλῷ γὰρ ἐσθ' ᾖ., ὦ Φαλῆ φαλῆς.
Σ. 296. μὰ Δι', ἀλλ' ἰσχάδας, ὦ παππία ᾖ. γάρ. ΧΟ. οὐκ ἂν
510. οὐδὲ χοῖρον βατίσιν οὐδ' ἐγχέλεισιν, ἀλλ' ᾖ. ἂν
ΕΙ. 1140. οὐ γὰρ ἐσθ' ᾖ. ᾖ τυχεῖν μὲν ἤδη 'σπαρμένα,

ἥδιον—ἥκιστά. 131

ἥδιον. O. 785. οὐδέν ἐστ' ἄμεινον οὐδ' ἥ. ἢ φῦσαι πτερά.
ἡδιόν. A 1116. πύτερον ἀκρίδες ἥ. ἐστιν, ἢ κίχλαι ;
ἥδιστ'. I. 707. ἐπὶ τῷ φάγοις ἥ. ἀν ; ἐπὶ βαλαντίῳ ;
  N. 79. πῶς δῆτ' ἀν ἥ. αὐτὸν ἐπεγείραιμι ; πῶς ;
  EI. 643. ἄττα διαβάλοι τις αὐτῇ, ταῦτ' ἂν ἥ. ἤσθιεν.
  O. 127. ποίαν τιν' οὖν ἥ. ἀν οἴκοῦτ' ἀν πόλιν ;
ἥδιστα. EI. 1281. ἄριστον προτίθεντο καὶ ἀτὸ ἥ. πάσασθαι.
ἥδιστον. I. 973. ἢ φάος ἡμέρας
  Σ. 605. ὁ δέ γ' ἥ. τούτων ἐστὶν πάντων, οὗ 'γὼ 'πιλελήσμην,
  B. 399. ἥ. εὑρὼν, δεῦρο συνακολούθει
  Fr 87. ὅστις φακῆν ἢ ὕψων λοιδορεῖς.
  379. ἀνταγὰς ἥ. ἔψειν ἐν ἐπινικίοις κρέας.
ἡδίστω. N. 43. ἐμοὶ γὰρ ἢν ἄγροικος ἥ. βίος,
ἡδίω. EI. 3. καὶ μήποτ' αὐτῆς μᾶζαν ἥ. φάγοι.
ἥδομαι. I. 1012. καὶ τὸν περὶ ἐμοῦ 'κεῖνον ᾤπερ ἥ.,
  I. 1125. αὐτός τε γὰρ ἥ.
  N. 773. σοφῶς γε νὴ τὰς Χάριτας. ΣΤ. οἴμ' ὡς ἥ.
  EI. 291. οὔθ' ἥ. καὶ χαίρουσι κεὐφραίνομαι.
    335. ἥ. γὰρ καὶ γέγηθα καὶ πέπορδα καὶ γελῶ
   1127. ἥδομαί γ', ἥ.
   1161. διασκοπῶ ἥ.
  O. 325. καὶ δέδρακας τοῦτο τοὔργον ; ΕΠ. καὶ δεδρακώς γ' ἥ
  B. 748. πολλαὶ ἀσίῃς θύραξε ; ΑΙ. καὶ τιθ' ἥ.
   1413. τὸν μὲν γὰρ ἡγούμαι σοφόν, τῷ δ' ἥ.
  Eκ. 1009. ταῖς τηλικούτοις ξυνμαθεύσουσ' ἥ.
  Π. 288. ὡς ἥ. καὶ τέρπομαι καὶ βούλομαι χορεῦσαι
ἡδόμαι. N. 1171. ὡς ἥ. σου πρῶτα τὴν χροιὰν ἰδών.
  EI. 1127. ἢ γ', ἥδομαι
  Λ. 1246. ὡς ἥ. γ' ὑμᾶς ὁρῶν ὀρχουμένους.
  Θ. 20. νὴ τὸν Δί' ἥ. γε τουτὶ προσμαθών.
ἡδομένα. O. 236. ἥ. φανῷ·
ἡδόμενος. Σ. 641. ἥ. λέγοντι.
ἡδόμενθα. I. 460. πῶς ἂν σ' ἐπαινέσαιμεν οὕτως ὥσπερ ἥ. ;
ἡδόμεσθα. I. 624. παντες ἥ. σαι.
ἰδέν. O. 1300. ᾗ. δ' ὑπὸ φιλορινθίας πάντες μέλη,
ἡδοναῖς. I. 1284. τὴν γὰρ αὐτοῦ γλῶτταν αἰσχραῖς ἥ. λυμαίνεται,
ἡδονῇ. Λ. 163. οὐ γὰρ ἔνι τούτοις ἥ. τοῖς πρὸς βίαν.
ἡδονῆς. Σ. 272. τοὐμοῦ μέλους ὑφ' ἥ. ἐρπύσῃ θύραζε.
  EI. 324. ἀλλ' ἔγωγ' οὐ σχηματίζειν βοίλομ', ἀλλ' ὑφ' ἥ.
  O. 1284. ὀρνιθομανοῦσι, πάντα δ' ὑπὸ τῆς ἥ.
  Π. 269. ὑφ' ἥ., εἴπερ λέγεις ὄντως σὺ ταῦτ' ἀληθῆ
    739. ἐγὼ δὲ τῷ χεῖρ' ἀνεκρότης' ὑφ' ἥ.
    753. ἐξεξευθ' ἅπαντες ὑπὸ τῆς ἥ.
ἡδονῶν. N. 1072. ἄνεστιν, ἢ θ' ὅσων μέλλεις ἀποστερεῖσθαι,
ἡδύ. A. 752. ἀλλ' ἥ. τοι νῦν τὸν Δί', ἢν αὐλὸς παρῇ.
   1.038. σπονδαῖσιν ἥ., κούκ ἔσι-
   I. 27. οὐχ ἥ. ; ΔΙΙ. νὴ Δί' πλὴν γε περὶ τῷ δέρματι
   N. 528. ἴς ὅτου γὰρ ἐνθάδ' ὑπ' ἀνδρῶν, οἷς ἥ. καὶ λέγειν.
   1025. ὡς ἥ. σου τοῖσι λύγοις σώφρον ἔπεστιν ἄνθος
   1399. ὡς ἥ. καινοῖς πράγμασιν καὶ δεξιοῖς ὁμιλεῖν,
   FI. 525. οἷον δὲ πνεῖς, ὡς ἥ. κατὰ τῆς καρδίας,
   1350. τῆν δ' ἥ. τὸ σῦκον.
   Λ. 942. οὐχ ἥ. τὸ μύρον μὰ τὸν 'Απώλω πνυτογί,
   Θ. 130. ὡς ἥ. τὸ μέλος, ὦ πότνιαι Γενετυλλίδες,
     254. νὴ τὴν 'Αφροδίτην, ὦ γ' ὀζει ποδίον.
   B. 335. ὡς ἥ. μοι προσέπνευσε χοιρείων κρεῶν.
   Π. 802. ὡς ἥ. πράττειν, ἄνδρες, ἔστ' εὐδαιμόνως,
   1020. ὡς ἐκ τε τῆς χρόας ἔφασκεν ἥ. μου,
ἡδυμελῆ. O. 659. ἀρίστωσον εὖ τὴν δ' ἥ. ξύμφωνον ἀηδόνα
  Μούσαις
ἡδύν. Α. 75. ἄκρατον οἶνον ἥ. ΔΙ. ὦ Κραναᾶ πόλις,
  EI. 1160. ᾄδην τὸν ἥ. νόμον.
  O. 310. καινόν, ἀσφαλῆ, δίκαιον, ἥ., ὠφελήσιμων.
   681. ἥ. φθόγγον ἐμοὶ φέρους'.
ἡδυόσμον. Fr. 116. ὅστις ἐν ἥ.
ἡδὺς. I. 1188. ὡς ἥ., ὦ Ζεῦ, καὶ τὰ τρία φέρων καλῶς.
  N. 1069. οὐδ' ἥ. ἐν τοῖς στρώμασιν τὴν νύκτα παννυχίζειν
  Fr. 490. ἥ. γε πίνειν οἶνος 'Αφροδίτης γάλα.
ἡδύσμάτα. Σ. 496. ἢν δὴ γήτειον προσαίτῃ τις ἀψιαις ἥ. τι,
ἡδύσματα. I. 678. ἐπειτα ταῖς ἀψίαις ἤδυσεν ἥ.
  Σ. 499. ἢ νομίζεις τὰς 'Αθήνας σοι φέρειν ἥ. ;
ἡέ. Λ. 589. νὴ τὴν ἥ. διελθὼν αὐτὸν φέρουσι. πρώτιστον μέν γε
  τεκοῦσαι
ἡθάδων. O. 271. οὗτος οὐ τῶν ἥ. τῶνθ' ὦν ὁρᾶθ' ὑμεῖς ἀεί,
  Eκ. 151. ἐθουλόμην μὲν ἕτερον ἂν τῶν ἥ.
ἡθάσι. Eκ. 584. εἰ μαινοτομεῖν ἐθελήσουσιν καὶ μὴ τοῖς ἥ.
  λίαν
ἦθελε. A. 57. τὸν ἄνδρ' ἀπάγοντες, ὅστις ἡμῖν ἥ.
  I. 231. ὑπὸ τοῦ δέους γὰρ αὐτὸν οὐδεὶς ἥ.
ἐθέλομεν. A. 538. κοὐκ ἥ. ἡμεῖς δευμαίνων πολλάκις.

ἥθεσι. N. 957. ἀλλ' ὦ πολλοῖς τοὺς πρεσβυτέρους ἥ. χρηστοῖς στεφανώσας,
ἥθος. Σ. 877. παύσον γ' αὐτοῦ τοῦτο τὸ λίαν στρυφνὸν καὶ πρίνινον ἥ.,
ἠσαν. Fr. 210. ἥ. εὐθὺ τοῦ Διονυσίου,
ἤτον. Fr. 462. ἥ. τι τὰς γυναῖκας ἀργυρίδιον.
ἠκ. Π. 435. ἀρ' ἐστὶν ἡ καπηλὶς ἥ. τῶν γειτόνων,
ἡκάζομεν. Εκ. 385. καὶ δῆτα πάντας σκυτότυμους ἥ.
ἠκαλλ'. I. 48 ᾗ. ἰθώπευ'. ἰπυλάκευ'. ἐξηπάτα
ἥκασαν. N. 350. σκώπτουσαι τὴν μανίαν αὐτοῦ Κεντύρους ἥ. αὑτάς.
ἥκασεν. I. 1076. ἀλωπεκίοισι τοὺς στρατιώτας ἥ.,
  Σ. 1308. εἰτ' αὐτὸν ὡς εἰδ', ᾗ. Λυσίστρατος·
ἡκάσμεσθα. O. 807. ταυτί μὲν ᾗ. κατὰ τὸν Αἰσχύλον·
ἦκε. EI. 845. καὶ ταῦτα δρᾶσας ἥ. δεῦρ' αὖθις πάλιν
  Fr. 404. ἐπειτ' ἐπὶ τούφον ἥ. τὴν στυρίδα λαβὼν
ἦκε. EI. 275. ἀνύσας τι ; ΚΤ. ταῦτ' ὦ δέσποθ'. ΠΟ. ἥ. νυν ταχύ.
  Λ. 924. ἰδού. ΚΙ. τασαιᾶξ. ἥ. νον ταχέος πάνυ.
ἦκει. A. 640. οὕτω δ' αὐτοῦ περὶ τῆς τύμμης ἤδη πύρρω κλέος ἥ.
  Σ. 287. καὶ γὰρ ἀνὴρ παχὺς ἥ.
  EI. 115. δώμασιν ἡμετέροις φάτις ἥ.
   259. νῦν τοῦτ' ἐκεῖν' ἥ. τὸ Δᾶτιδος μέλος,
  O. 255. ἥ. γάρ τις δριμὺ πρέσβυς,
  Λ. 352. τουτὶ τὸ πρᾶγμ' ἡμῖν ἰδεῖν ἀπροσδόκητον ἥ.·
  Θ. 646. οὐκ ἐνγευταυθῖ. ΓΤ. Ε. μᾶλλα δεῦρ' ἥ. πάλιν.
  B. 552. ἐκεῖνος αὐτὸς δῆτα. ΞΛ. κακὸν ἥ. τινί,
     606. ἵνα δὲ δίειτν' ἀνύετον. ΔΙ ἥ. τοῦ κακόν.
    1165. φεύγων δ' ἀνὴρ ἥ. τε καὶ πατέρχεται.
  Eκ. 911. οὐχ ἥ. μύσταῖρος·
  Π. 284. ἀλλ' οὐκέτ' ἂν κρίψαιμι. τὸν Πλοῦτον γάρ, ὦρθρες, ἥ.
    919. ὥστ' εἰς ἔμ' ᾗ. τῶν πόλεως τὰ πράγματα.
ἥκειν. Σ. 243. ἥ. ἔχοντας ἡμερῶν ὀργὴν τρῶν πονηράν
  Σ. 410. καὶ κελεύει' αὐτῶν ἥ.
   689. ᾗ. ἔιπῃ πρῳ κἀν ὥρα δικάσσωθ', ὡς ὕστις ἂν ὑμῶν
  EI. 312. οὐ γὰρ ἥκ'ἥ ἔχοντας, ἥ. σιτί' ἡμερῶν τριῶν.
   1010. ἥ. δέοντες ἐς τὴν ἀγοράν,
   1041. ἐμοὶ μεκρέαι ταυτά γ' ἀλλ' ἥ. ἐχρῆν.
  O. 1458. ἐνθάδε πρὶν ᾗ. ὁ ξένος. ΣΤ. πάνυ μανθάνεις.
  Λ. 55. οὐ γὰρ μὰ Δί' ἀλλὰ μετομάνει ἥ. πάλαι.
   404. ᾗ. ἐνόμισας, ἡ γυναιξῖν οὐκ οἴει
  B. 1508. καὶ φράζ' αὐτῶν ταχέως ἥ.
  Eκ. 19. ἀλλ' οὐδεμία παρέστιν ἂι ᾗ. ἐχρῆν.
  Π. 209. δηλοῖς γὰρ αὑτὸν σωρὸν ᾗ. χρημάτων ἔχοντα.
   632. φαίνει γὰρ ᾗ. ἄγγελος χρηστοῦ τινος.
   436. οἴνου τε Χίου στάμνον ᾗ. καὶ μῦρον.
ἥκεις. I. 1320. τίν' ἔχων φήμην ἀγαθὴν ᾗ., ἐφ' ὅτῳ κνισῶμεν ἀγυιάς;
  EI. 192. ᾗ. δὲ κατά τί ; ΤΡ. τὰ κρέα ταυτί σοι φέραν.
   524. ὦ δέσποθ'. ᾗ. ; ΤΡ. ὡς ἐγὼ πυθώμην τινός.
  O. 460. ἀλλ' ἐφ' ὅτῳπερ πράγματι τὴν σὴν ᾗ. γνώμην ἀναπείσας,
   545. ἀγαθῶν ᾗ. ἐμοὶ σωτήρ.
  Λ. 985. κἄπειτα δρόρω δῆθ' ὑπὸ μάλης ᾗ. ἔχων ;
  Θ. 710. ἀλλ' ᾗ. μὲν ὀρθῶς ;
  B. 503. ὦ φίλταθ' ᾗ. 'Πρίπλεις ; δεῦρ' εἴσιθι.
  Eκ. 376. ἀνὴρ πύθεν ᾗ. ἔτεῖν : ΧΡ. ἐξ ἐκκλησίας.
   520. αὐτην, πόθεν ᾗ., Πραξαγόρα ; ΠΡ. τί δ' ὦ μέλε,
  Π. 357. ἐκεῖθεν ᾗ. ἀργύριον ᾗ χρυσίον·
   849. χαρίεντά γ' ᾗ. δῶρα τῷ θεῷ φέραν.
ἦκεν. Eκ. 306. ἀλλ' ᾗ. ἑκάστω ἥ.
  Π. 1142. ᾗ. γὰρ ἀν σοι ῥαστοῖς εὖ πεπειμμένος.
ἦκεν. O. 1298. ὀρτνξ ἐκαλεῖτο· καὶ γὰρ ᾗ. ὄρτυγι
ἥκετ'. Λ. 1064. ᾗ. οὖν εἰς ἐμοῦ τήμερον· πρῷ δὲ χρὴ
   Θ. 1148. ᾗ. εὐκοσμῶς, ἴλαοι,
ἥκετε. Λ. 1075. εἴτ' εἴπαθ' ἡμῖν οὐκ ἔχοντές ᾗ.
  Π. 324. ἀσπάζομαι ᾗ., ὅτιη προσήκετε ᾗ.
ἥκιτον. O. 321. ᾗ. δ' ἔχοντε πρέμνον πράγματος πελαρίου.
ἦκμ. Eκ. 291. ᾗ. κεκονιάμενος.
ἦκν. Σ. 800 ᾗ. γὰρ ὡς 'Αθηναῖοί ποτε
  EI. 616. οὐδ' ὅπως αὐτῇ προσήκει Φειδίας ᾗ.
ἤκιστ'. N. 316. ᾗ., ἀλλ' οὐράνιαι Νεφέλαι, μεγάλαι θεαὶ ἀνδράσιν ἀργοῖς·
  N. 380. ᾗ., ἀλλ' αἰθέριος Δῖνος. ΣΤ Δῖνος ; τοντί μ' ἐλελήθη,
  Σ. 48. γιγνώσκεις ; ΞΛ. ᾗ., ἀλλ' ἄριστόν. ΣΠ. πῶς ; ΞΛ. ὕπως;
  Π. 203. ἐπαιστοτύν ἐσθ' ὁ πλοῦτος. ΠΛ. ᾗ., ἀλλὰ μὴ
ἤκιστα. O. 126. ᾗ. καὶ τὸν Σπελλίου βδελύττομαι.
  Π. 440. οὐ παραμενεῖς ; ΒΛ. ᾗ. πάντων. ΧΡ. οὐ μενεῖς ; ᾗ.
ἥκιστα. Π. 1157. ἀλλὰ βούλου τοίνυν. ΚΑ. βύλω ; ᾗ. γε

S 2

ἠκκλησία—ἠλίθιος.

ἠκκλησία. Ἐκ 84. ἡ. δ', εἰς ἣν παρεσκευάσμεθα
Ἐκ. 387, ὡς λευκοπληθὴς ἦν ἰδεῖν ἡ·
550. ἡ.; ΠΡ. μὰ Δί', ἀλλ' ἐφ' ἣν ἐγὼ χὐμην.
ἠκολούθουν. Α. 215. ἡ. Φαίλλῳ τρίγων, ὧδε φαύλως ἂν ὁ
Π. 757. οἱ δ' ἡ. κατόπιν ἐστιγωνωμένοι,
ἤκομεν. Α. 91. καὶ νῦν ἄγοντες ἡ. Ψευδαρτάβαν
Ο. 1587. τί ἔστι; ΗΡ. πρεσβευόντες ἡμεῖς ἡ.
1695. τούτων περὶ πάντων αὐτοκράτορες ἡ.
Λ. 24. καὶ νὴ Δία παχύ. ΚΑ. κᾆτα πῶς οὐχ ἡ.;
Fr. 388. γυναῖκα δὲ ζητοῦντες ἐνθάδ' ἡ.,
ἤκομες. Λ. 1077. ὁρῆν γὰρ ἔχεσθ' ὡς ἐχοίτες ἡ.
ἤκον. Ο. 1136. ἐκ μὲν γε Λιβύης ἡ. ὡς τρισμύριαι
ἤκον. Ν. 1383. μαμμᾶν δ' ἂν αἰτήσαντος ἡ. σοι φέρων ἂν ἄρτον·
ἥκοντ'. Β. 504. ἢ γὰρ θεὸς σ' ὡς ἐπίθεθ' ἡ., εὐθέως
ἥκοντα. Θ. 1209. ἡ. καταλαβεῖν. ΜΝ. ἐγὼ δὴ τοῦτο δρῶ.
ἥκοντας. Ἐκ. 301. ἡ., ὅσοι πρὸ τοῦ
ἥκοντες. Α. 24. ἡ., εἶτα δ' ὡστιοῦνται πῶς δοκεῖς
ἠκούομεν. Λ. 523. ὅτε δὴ δ' ὑμῶν ἐν τοῖσιν ὠσὶ φανερῶς ἡ.
ἤδη,
ἠκούομεν. Α. 390. οὗ 'γώ ποτ' ἂν ἡ. ἐν τηκκλησίᾳ;
ἤκουσα'. I. 980. ἡ. ἀντιλεγόντων,
Ν. 4. καὶ μὴν πάλαι γ' ἀλεκτρυόνος ἡ. ἐγώ·
ΕΙ. 805. πικροτάτην ὅτα γηρύσαντος ἡ.
Λ. 782. βούλομαι λέξαι τιν' ὑμῖν, ὃν ποτ' ἡ.
ἠκούσα. Α. 572. πύθευ Βοῆς ἡ. πολεμιστηρίας;
Σ. 490. ἧς ἐγὼ οὐκ ἡ. τοὔνομ' οὐδὲ πεντήκοντ' ἐτῶν.
Λ. 335. ἡ. γὰρ τυφογέρων·
Θ. 147. ἡ., τὴν δ' ἄλγησιν οὐ παρεσχόμην·
434. οὔπω ταύτης ἡ.
ἠκούσά Ο. 195. ἡ. μὴ νόημα κομψότερον ἡ. πω·
Ἐκ. 35. ἡ. τοι
ἠκούσαθ'. Σ. 607. τῆς μὲν γραφῆς ἡ. ἣν ἐγραψάμην,
ἠκούσαμεν. Σ. 632. οὐδενὸς ἡ. οὐ—
Λ. 511. ἡ. ἂν τι κακῶν ὑμᾶς βουλευσαμένους μέγα πρᾶγμα·
ἤκουσαν. Α. 890. ἡ. ἥκτῳ μόλις ἔτει ποθουμένην·
Α. 71. ἡ. ἄρτι περὶ τοιούτου πράγματος.
Ἐκ. 44. τὴν ὑστάτην ἡ. οἴνου τρεῖς χοᾶς
ἤκουσα. Α. 836. εὐδαιμονεῖ γ' ἄνθρωπος, οὐκ ἡ. οἱ προβαίνει
Α. 1015. ἡ. ὡς μαγειρικῶς
1042. ἡ. ὀρθιασμάτων·
ΕΙ. 1125. ἡ.; ὁ κόραξ οἷος ἦλθ' ἐξ Ὀρεοῦ.
Ο. 1211. ἡ. αὐτῆς οἷαν εἰρωνεύεται;
Λ. 379. ἡ. αὐτῆς τοῦ θρίσους; ΧΟ. ΓΥ. ἐλευθέρα γάρ εἰμι.
Β. 660. ἤλγησεν· οὐκ ἡ.; ΔΙ. οὐκ ἔγωγ', ἐπεὶ
ἤκουσᾶς. Ν. 383. οὐκ ἡ. ὡς τὰς Νεφέλας ὕδατος μεστὰς ὅτι
φημί
Θ. 632. ταυτὶ μὲν ἡ. τινος· τί δαὶ τρίτον;
ἠκούσαν'. Α. 238. σίγα πᾶς. ἡ., ἄνδρες, ἄρα τῆς εὐφημίας;
ἠκούσατε. Α. 337. οὐδ' ἐμοῦ λέγοντος ὑμεῖς ἀρτίως ἡ.
Α. 1003. ὦ παῖδες, ὦ γυναῖκες, οὐκ ἡ.;
ἠκούσατέ. Ν. 291. ὦ μέγα σεμναὶ Νεφέλαι, φανερῶς ἡ. μου
καλέσαντος.
ἠκουσάτην. Ν. 529. ὁ σώφρων τε καταπύγων ἄριστ' ἡ.,
ἤκουσέ. Σ. 1477. ἡ. τ' αὐλοῦ, περιχαρὴς τῷ πράγματι
ἤκουσεν. Λ. 1107. αὑτὴ γὰρ, ὡς ἡ., ἠδ' ἐξέρχεται.
ἤκουσιν. Α. 23. οὐδ' αἱ πρυτάνεις ἡ., ἀλλ' ἑωρίαν
Α. 506. ἡ. οὔτ' ἐκ τῶν πόλεων οἱ ξύμμαχοι·
Ο. 372. καὶ διδάξοντές τι δεῦρ' ἡ. ὑμᾶς ἀρχήσιμον·
Λ. 15. εὕδουσι κοὐχ ἡ. ΚΑ. ἀλλ', ὦ φιλτάτη,
63. γυναῖκες, οὐχ ἡ. ΚΑ. ἡ οὐχὶ Θεογένους
Ἐκ. 503. χαύτας γὰρ ἡ. πάλαι τὸ σχῆμα τοῦτ' ἔχουσαι.
ἠκρανίσω. Fr. 505. τί τὸ κακόν· ἀλλ' ἢ κοκκυμήλ' ἡ.;
ἠκριβωμένην. D. 1483. ξύνεσιν ἡ.
ἥκω. Α. 37. νῦν οὖν ἀτεχνῶς ἡ. παρεσκευασμένος
Ν 142. ἡ. μαθητὴς ἐς τὸ φροντιστήριον.
Ο. 992. ἥκω παρ' ὑμᾶς ΠΕ. ἕτερον αὖ τονσὶ κακόν.
1022. ἐπίσκοπος ἡ. δεῦρο τῷ κυάμῳ λαχὼν
1039. ἡ. παρ' ὑμᾶς δεῦρο πωλήσων. ΠΕ. τὸ τί,
Θ. 579. ἡ. φράσων τοῦτ' ἀγγελῶν θ' ὑμῖν, ἵνα
D. 1128. ἡ. γὰρ ἐς γῆν τήνδε καὶ κατέρχομαι.
1153.
1156. ἡ. γὰρ ὡς χρῆν, φησί, καὶ κατέρχομαι·
1157. ἡ. δὲ ταυτῶν ἐστι τῷ κατέρχομαι.
Π. 828. ἡ.· μεγάλων γὰρ μοῦστιν ἀγαθῶν αἴτιος.
841. προσευξάμενός ἡ. δικαίοις ἐνθάδε.
Fr. 199. ἡ. Θεαρίωνος ἀρτοπώλιον.
ἥκων. Λ. 595. ὁ μὲν ἡ. γὰρ, κἂν ᾖ πολιός, ταχὺ παῖδα κόρην γεγάμηκεν·
Π. 521. ἔμπορος ἡ. ἐκ Θετταλίας παρὰ πλείστων ἀνθρωποδιστῶν,
1179. ὅτ' εἶχον οὐδέν, ὁ μὲν ἂν ἡ. ἔμπυρος

ἥκων. Π. 1190. αὐτόματος ἡ. ΙΕ. πάντ' ἀγαθὰ τοίνυν λέγεις.
ἥκωσιν. Β. 1510. κἂν μὴ ταχέως ἡ., ἐγὼ
ἠλαζονεύθ'. Β. 280. ἡ., ἵνα φοβηθείην ἐγώ,
ἠλάμεσθα. D. 243. ἡ. διὰ κυπείρου
ἤλαυνέ. Ἐκ. 39. τὴν νύχθ' ὅλην ἡ. μ' ἐν τοῖς στρώμασιν,
ἤλγησεν. Β. 660. ἡ.· οὐκ ἤκουσας: ΔΙ. οὐκ ἔγωγ', ἐπεὶ
ἤλγησεν. Β. 664. Πόσειδον, ΞΑ. ἡ. τις.
ἤλεγχον. ΕΙ. 825. τί δ' ἐποθει; ΤΡ. ἡ. τῷ σκέλη μακρὰν ὁδὸν
ἤλεγχον. Β. 961. ἡ. ἂν μου τὴν τέχνην· ἀλλ' οὐκ ἐκομπολάκουν
ἠλίησα. Α. 706. ὥστ' ἐγὼ μὲν ἡ. κἀπεμορξάμην ἰδὼν
Ἠλεῖον. Ο. 149. τί οὔ τὸν Ἠ. Λέπριον ἀπὸ Μελανθίου.
ἠλείψατε. ΕΙ. 502. πρῶτοι γὰρ αὐτὴν τοῖς σκοροδοίς ἡ.
ἠλείψατο. Ν. 836. ἀπεκείρατ' οὐδεὶς πώποτ' οὐδ' ἡ.
Ν 977. ἡ. δ' ἂν τοὐμφαλοῦ οὐδεὶς παῖς ὑπένεψεν τύτ' ἂν, ὥστε
Ἠλέκτραν. Ν. 534. νῦν οὖν ἡ. κατ' ἐκείνην ἥδ' ἡ κωμῳδία
ἠλέκτρων. I. 532. ἐκπιπτουσῶν τῶν ἡ., καὶ τοῦ τύπου οὐκ ἔτ'
ἠλθ'. ΕΙ. 836. ἐνθάδε τὸν Λοῖον ποθ'. ὡς δ' ἡ., εὐθέως
ΕΙ. 1125. ἤκουσας; ὁ κόραξ οἷος ἡ. ἐξ Ὀρεοῦ.
1192. ὅσον τὸ χρῆμ' ἐπὶ δεῖπνον ἡ. ἐς τοὺς γάμους.
Ν. 535. ζητοῦσ' ἡ., ἥν που 'πιτύχῃ θεαταῖς οὕτω σοφοῖς·
Σ. 1078. ὀφελήσων ἐν μάχαισιν, ἡνίκ' ἡ. ὁ βάρβαρος,
Ἐκ. 384. ὅσοι οὐδεπώποτ' ἡ. ἀθρόοι ἐς τὴν πύκνα.
ἤλθε. Ν. 538. οὐδεὶν ἡ. ῥαψαμένη σκύτινον καθειμένον,
Ν. 837. εἰ βαλανείον ἢ λουσόμενος· σὺ δὲ
Ο. 776. διὰ δ' αἰθέριον νέφος ἡ. θοά·
1556. ἔνθα καὶ Πείσανδρος ἡ.
Π. 54. καὶ τοῦ δεόμενος ἡ. μετὰ νῷν ἐνθαδί,
ἦλθεν. ΕΙ. 132. ὅσα κάκοσμα ζῴων ἡ. ἐς θεούς.
ΕΙ. 133. ἡ. κατ' ἔχθραν δεινοὶ πάλαι ποτέ,
Β. 1168. λάθρα γὰρ ἡ., οὐ πιθὼν τοὺς κυρίους.
Π. 404. οὐκ ἐγὼ δρ' ὡς ἐμ' ἡ. οὐδεπώποτε.
ἦλθες. Α. 121. εἰσνύκχος ἡμῖν ἡ. ἐπιενυκαμένος·
Α. 886. ἡ. ποθεινὴ μὲν τρυγῳδικοῖς χοροῖς
Ν. 239. ἡ. δὲ κατὰ τί; ΣΤ. βουλόμενος μαθεῖν λέγειν.
ΕΙ. 193. ὦ θιελανδρίων, πῶς ἡ.; ΤΡ. ὦ γλίσχρων, ὁρᾶς
Ο. 680. ἡ. ἡ. ὤρθης,
1360. οὐδὲν γ' ἐπειδήπερ γὰρ ἡ. ὦ μέλον,
Β. 111. ἔχρον τίθ', ἡνία' ἡ. ἐπὶ τὸν Κέρβερον,
1414. οὐδὲν ἄρα πράξεις ἄνπερ ἡ. οὔνεκα·
Ἐκ. 390. οὐδ' εἰ Δία τότ' ἡ. ὅτι τὸ δεύτερον
Π. 1199. σεμνῷ' ἔχουσα δ' ἡ. αὐτὴ ποικίλα.
ἤλθετον. Β. 142. οὐχ ἡ. νάκεισε; ΗΡ. Θησεὺς ἠγαγεν.
ἤλθετον. Ο. 112. πράγους δὴ δὴ τοῦ δεομένου δεῦρ' ἡ.;
ἤλθομεν. Β. 1158. ἡ., ἵν' ἀφίκεσθον, ἱκετεύομεν, ἀλγήσετ' ἡμῖν.
ἤλθομεν. Α. 80. ἔτει τετάρτῳ δ' ἐς τὰ βασίλει' ἡ.·
Α. 666. ἀλλ' ἄγετε, λυκόποδες, οἵπερ ἐπὶ Λειψύδριον ἡ., ὅτ' ἦμεν ἔτι,
Π. 283. δεῦρ' ἡ., πολλῶν θύμων ῥίζας διεκπερῶντες.
ἦλθον. Ο. 292. ἡ 'πὶ τὸν δίαυλον ἡ.; ΕΠ. ὥσπερ οἱ Κᾶρες μὲν οὖν
Ο. 1544. τούτων ἕνεκα δεῦρ' ἡ., ἵνα φράσαιμί σοι.
Θ. 176. ἀλλ' ὥνπερ οὕνεκ' ἡ., ἔα μ' εἰπεῖν. ΑΓ. λέγε.
595. ληρεῖτ' ἐγὼ γὰρ οὐκ ἂν ἡ. ἀγγελῶν.
Β. 109. ἡ. κατὰ σὴν μίμησιν, ἵνα μοι τοὺς ξένους
613. εἰ πώποτ' ἡ. δεῦρ', ἐθέλω τεθνηκέναι,
Ἐκ. 381. ἀλλ' ὥσπερ νῦν ἡ., ἀποψιζόμενοι
Π. 1200. ἂν δ' οὕνεκ' ἡ.; ΧΡ. πάντα σοι πεπράξεται.
Fr. p. 514. ὅτε τῷ Πριάμῳ συλλυσόμενοι τὸν παῖδ' ἡ. τεθνεῶτα,
Ἠλιαία. I. 897. ἵν' ἰσθίοντ' ἀνοιόμενοι, κἄπειτ' ἐν Ἠ.
ἠλίαξεν. Α. 380. σχίσω σ' ἐγὼ τῆς νῦν βοῆς. ΧΟ. ΓΥ. ἀλλ' οὐκ ἴσθ' ἡ.
ἠλιάσασθαι. I. 798. ὡς τοῦτον δεῖ ποτ' ἐν Ἀρκαδίᾳ πεντώβολον ἡ.
ἠλιάσει. Σ. 772. εἴλη κατ' ὄρθρον, ἡ. πρὸς ἥλιον·
ἠλιαστά. Ο. 109. ἡ. ΓΥ. μᾶλλὰ θατέρου τρόπου,
ἠλιασταί. Ι. 255. ὦ γέροντες ἡ., φράτορες τριωβόλου,
ἠλιαστῆς. Σ. 206. ὑπὸ τῶν κεραμίδων ἡ. ὀροφίας.
Σ. 891. εἴ τις θύρασιν ἡ., εἰσίτω
1340. ἡ. γέρων.
Fr. 18. ὁ δ' ἡ. εἶρπε πρὸς τὴν κιγκλίδα.
Ἠλιαστικόν. Ν. 863. ὂν πρῶτον ὠβολὸν ἔλαβον Ἠ.,
ἠλιαστικοῦ. Σ. 195. ὑπηγάστριον γέροντος ἡ.
ἦλθες. Fr. 346. ὥσπερ τὰ παιδί' ἔξω' ὦ φίλ' ἡ.
ἠλιθάζει. Λ. 1124. ταῦτ' ἡ.
ἠλίθιον. Ν. 872. ἰδοὺ κρέμαι', ὡς ἡ. ἐφθέγξατο
Ο. 1604. τί, ὦ κακόδαιμον· ἡ. καὶ γάστρις εἶ.
ἠλίθιος. Θ. 593. ἡ. ὅστις τιλλόμενος ἠνέιχετ' ἄν;

ἠλίθιος—ἡμετέροις. 133

ἠλίθιος. Β. 917. οὐχ ἧττον ἢ νῦν οἱ λαλοῦντες. ΕΤ. ἠ. γὰρ ἦσθα.
ἠλιθίου. Θ. 290. πλουτοῦντοι, ἄλλωι τ' ἠ. καβελτέρου,
ἠλιθίους. Α. 443. τοὺς δ' αὖ χορευτὰς ἠ. παρεστάναι,
Ο. 523. νῦν δ' ἀνδραποδ', ἠ.. Μανᾶς·
ἠλιθιώτατος. Εκ. 765. ἀνόητοι; ΑΝ. Β. οὐ γάρ; ἠ. μὲν οὖν
ἥλικα. Α. 336. ἀπολεῖς ῥα τὸν ἠ. τόνδε φιλανθρακέα;
ἥλικες. Ν. 1437. ἐμοὶ μὲν, ὤνδρες ἠ., δοκεῖ λέγειν δίκαια·
Σ 245. σπεύδωμεν, ὤνδρες ἠ., πρὶν ἡμέραν γενέσθαι·
ἡλικίαν. Ν. 999. μηησικακήσι τὴν ἠ., ἐξ ἧς ἐννεοττοτροφήθης.
Εκ. 1038. οὐ σωφρονοῦσά γ' οὐ γὰρ ἠ. ἔχει
Π. 1077. αἰσχυνόμενος τὴν ἠ. τὴν σήν, ἐπεὶ
Fr. 417. ἀλλὰ στεφάνωσαι· καὶ γὰρ ἠ. ἔχει
ἡλικίας. Ν. 514. ἐς βαθὺ τῆς ἠ.
Σ. 728. ἀλλ' ὦ τῆς ἠ. ἡμῶν τῆς αὐτῆς συνθιασῶτα,
ἡλικιώτου. Ν. 1006. στεφανωσάμενος παλάμῃ λευκῷ μετὰ σώφρονος ἠ.,
ἡλίκοισι. ΕΙ. 465. ἐκεῖνο δεινὸν τοῖσιν ἠ. νῷν,
ἡλίκων. Α. 702. τῷ γὰρ εἰκὸς ἄνδρα κυφὸν, ἠ. Θουκυδίδην,
ἡλίκος. Β. 55. πόθος; πόσος τις; Δὶ. μικρὸς, ἠ. Μύλων.
ἡλίκων. Θ. 1030. ὑφ' ἠ. νεανίδων
ἡλιομανής. Ο. 1096. θάλπεσι μεσημβρινοῖς ἠ. βοᾶ.
ἥλιον. { Ν. 225. 1503. } ἀεροβατῶ καὶ περιφρονῶ τὸν ἠ.
Ν. 771. ἀπαντέρω στὰς ὧδε πρὸς τὸν ἠ.
1280. ὕειν ὕδωρ ἐλάστα1', ἢ τὸν ἠ.
Σ. 772. εἴλη κατ' ὄρθρον. ἠλιάσει πρὸς ἠ.
ΕΙ. 567. αἳ τε θρίνακες διαστίλβουσι πρὸς τὸν ἠ.
Θ. 69. ἢν μὴ προίῃ θύρασι πρὸς τὸν ἠ.
Εκ. 64. ἐχλιαινόμην ἑστῶσα πρὸς τὸν ἠ.
Fr. 501. λούσησθε καὶ κτενίσησθε πρὸς τὸν ἠ.
Ἥλιον. Π. 771. καὶ προσκυνῶ γε πρῶτα μὲν τὸν Ἥ.,
Ἥλιος. ΕΙ. 406. ἡ γὰρ Σελήνη χὡ πανοῦργος Ἥ...
ἥλιος. Ν. 584. ἡ σελήνη δ' ἐξέλειπε τὰς ὁδοὺς· ὁ δ' ἠ.
Β. 454. μύνοις γὰρ ἡμῖν ἠ.
Εκ. 416. χλαίνας, ἐπειδὰν πρῶτον ἠ. τραπῇ,
Fr. 210. πύλος τὺθ' ἐστί· κᾆτα πύστην ἠ. τέτρακται·
ἡλίου. Ο. 1711. οὖθ' ἠ. τηλαυγὲς ἀντίνων σέλας
Θ. 17. ὀφθαλμὸν ἀντίμιμον ἠ. τροχῷ,
Εκ. 5. μυκτῆρσι λαμπρᾶς ἠ. τιμὰς ἔχεις·
Fr. 234, 2. ἐὰν ἀνεκᾶς, λέγε, χαῖρε φέγγος ἠ.
ἡλίσκον. Fr. 296. ἠ.:
ἡλλαντοπώλεις. Ι. 1246. ἠ. ἐτοῦν ἢ 'πὶ ταῖς πύλαις;
ἡλλαντοπώλουν. Ι. 1242. ἠ. καί τις καὶ βινεσκόμην.
ἡλόησεν. Β. 149. ἠ. μητέρ' ἠ., ἢ πατρὸς γνάθον
ἧλον. Θ. 1003. χάλασον τὸν ἠ. ΤΟ. ἀλλὰ τοῦτο δρᾶς ἐγώ·
ἧλπα'. Α. 258. ἐπεὶ τίς ἂν ποτ' ἠ., ὦ Στρυμόδωρ', ἀκοῦσαι
ἤλπισα. Ο. 956. τουτὶ μὰ Δί' ἐγὼ τὸ κακὸν οὐδέποτ' ἠ.,
ἤλυγην. Ο. 684. οὐχ ὀρῶντες οὐδὲν εἰ μὴ τῆς δίκης τὴν ἠ.
ἤλυθον. Ο. 953. ἠ. ἀλαλάν.
ἡμ'. Fr. Μ. Θ. Δ 3, 4. Β. μὰ τὸν Δί' οὐ δῆτ'. Α. οὐδὲ βατίς; Β. οὐδ' ἠ. ἐγώ.
ἥμαρτε. Β. 689. καί τις ἠ. σφαλείς τι Φρυνίχου παλαίσμασιν.
ἡμαρτες. Ν. 1076. ἠ., θράσθης, ἐμοί χινεσθαι τι, πᾷτ' ἐλήφθης·
ἡμαρτήκαμεν. Π. 961. ἠ. τῆς ὑδοῦ τὸ παράπαν ἠ.:
ἡμάρτηκεν. Β. 1135. εἰθὺς γὰρ ἠ. οὐρηνιῶν ἡ ὕσον.
ἡμάρτηκεν. ΕΙ. 668. ἠ. ταῦτ'· ἀλλὰ συγγνώμην ἔχε·
ἡμᾶς. Α. 65. ἐπέψηφθ' ἠ. ὑπὸ βασιλέα τὸν μέγαν, κ.τ.λ.
Fr. 28. αἱττος ἐν νεφέλῃσι γεννέσαι ἠ. πάντα.
ἡματωμένα. Β. 476. αὐτοῖσιν ἐντέροισιν ἠ.
ἡμεδαπός. ΕΙ. 220. ὁ γοῦν χαρακτὴρ ἠ. τῶν ῥημάτων.
ἡμεῖ. Fr. 186. ὁ δὲ μεθύων ἠ. παρὰ τοὺς ἀρχηγέτας.
ἡμεῖς. Α. 79. ἠ. δὲ λαιμαστὰς τε καὶ καταπύγονας. κ.τ.λ.
ἡμελλ'. Β. 1038. τὸ κράνος πρῶτον περιδησαμένους τὸν λόφον ἠ. ἐκιδήσειν.
ἤμελλον. Εκ. 597. τοῦτο γὰρ ἠ. ἐγὼ λέξειν· τὴν γῆν πρώτιστα ποιήσω
ἥμεν. Α. 136. χρυσον μὲν οὐκ ἂν ἠ. ἐν Θρᾷκῃ πολίν,
Α. 698. εἶτα Μαραθῶνι μὲν ὅτ' ἠ. ἐδιώκομεν·
741. ὅπως δὲ δοξεῖτ' ἠ. ἐξ ἀγαθῆς τινι·
771. οὔ φατι τάνδε χοῖραν ἠ. ἀλλὰ μάν,
Λ. 666. ἀλλ' ἄγετε, λυκόποδες, οὔπερ ἐπὶ Λειψύδριον ἦλθομεν, ὅτ' ἠ. ἔτι,
ἥμεν. Εκ. 490. ὅθεν περ εἰς ἐκκλησίαν ὡρμώμεθ', ἡνίκ' ἠ.·
Π. 659. ἐπειτα πρὸς τὸ τέμενος ἠ. τοῦ θεοῦ.
ἡμέρα. Ν. 3. ἀπέραντον. οὐδέποθ' ἠ. γενήσεται;
Ν. 1179. ἕνη γάρ ἐστι καὶ νέα τις ἠ.;
1182. μι' ἠ. γένοιτ' ἂν ἠ. δύο.
ΕΙ. 304. ἠ. γὰρ ἐξέλαμψεν ἥδε μισολάμαχος.
556. ὦ ποθεινὴ τοῖς δικαίοις καὶ γεωργοῖς ἠ..
Π. 744. ἐγρηγόρεσαν, ἑως διέλαμψεν ἠ.

ἡμέρα. Fr. Μ. ΕΙ. Δ. 2, 3. ὦ ποθεινὴ τοῖς δικαίοις καὶ γεωργοῖς ἠ.,
ἡμέρα. Ν. 1193. παρόντες οἱ φεύγοντες ἠ. μιᾷ
Ν. 1200. διὰ τοῦτο προύνίθευσαν ἠ. μιᾷ
Λ. 1154. ξυνεκμαχοῦντες τῇ τύθ' ἠ. μύνοι,
ἡμέραν. Ι. 318. καὶ πρὶν ἠ. φορῆσαι, μείζων ἢν δυοῖν δοχμαῖν.
Ι. 1101. κριθαὶς πορίω σαι καὶ βίον καθ' ἠ.
1126. βρύλλων τὸ καθ' ἠ.
Ν. 1287. τί δ' ἄλλο γ' ἢ κατὰ μῆνα καὶ καθ' ἠ.
Σ. 245. σπεύδωμεν, ὤνδρες ἡλικες, πρὶν ἠ. γενέσθαι·
ΕΙ. 346. εἰ γὰρ ἐκγένοιτ' ἰδεῖν ταύτην μέ ποτι τὴν ἠ.
366. ἀπώλωλαι. ἐξώλωλας. ΤΡ. ἐς τίν' ἠ.;
435. σπείνδοντες εὐχώμεσθα τὴν νῦν ἠ.
1313. ὡς οὐχὶ πᾶσαν ἠ.
Α. 612. ἀλλ' ἐς τρίτην γοῦν ἠ. σοὶ πρῷ πάνυ
681. ἀλουστον ὄν κάθηλον εκτην ἠ.;
Εκ. 105. τοῦτον γέ τοι νὴ τὴν ἐπιοῦσαν ἠ.
177. ἀεὶ πονηροῖς· κἂν τις ἠ. μίαν
1099. βινεῖν ὕλην τὴν νύκτα καὶ τὴν ἠ.
Π. 930. ὑμοι γάλας. ἀπονίμομαι μεθ' ἠ.
1015. ἐγνυτόμην διὰ τωθ' ὅλην τὴν ἠ.
Fr. 724, 2. σύθ' ἠ.
ἡμέρας. Α. 66. μισθὸν φέρονται δύο δραχμὰς τῆς ἠ.
Α. 655. πλεῖν ἢ τριάκονθ' ἠ.
Ι. 250. καὶ γὰρ οὗτος ἢν πανοῦργος πολλάκις τῆς ἠ.
973. ἥδιστον φάος ἠ.
Ν. 615. ἄλλα τ' εὖ δρᾶν φησιν, ὑμᾶς δ' οὐκ ἄγειν τὰς ἠ.
626. κατὰ σελήνην ὡς ἄγειν χρὴ τοῦ βίου τὰς ἠ.
1053. ὁ τῶν νεανίσκων ἀεὶ δι' ἠ. λαλούντων
1223. ὅτι ἐς δύ' εἶπεν ἠ. τοῦ χρήματος·
Σ. 485. ἠ. διδόντας μοι διρεσθαι καὶ δίρειν δι' ἠ.
ΕΙ. 27. ἢν μὴ παραδῷ τρίγλας δι' ἠ. ὅλης
56. δι' ἠ. γὰρ ἐς τὸν οὐρανὸν βλέπων
Ο. 1498. τίς δ' εἶ σύ; ΠΡ. πηνίκ' ἐστὶν ἄρα τῆς ἠ.;
1594. ἀλκυονίδας τ' ἄν ἤχθ' ἠ. ἀεί.
Θ. 478. δεινώτατον, ὅτε νύμφη μὲν ἢ τρεῖς ἠ.,
503. δέχ' ἠ., ἔωι ἐπρίατο παιδίον·
Β. 260. χαροδίνην δι' ἠ.
265. καὶν αἰ δύ' ἢ τρεῖς ἠ.
Εκ. 63. ἀλειψαμένη τὸ σῶμ' ὅλον δι' ἠ.
808. πρὸτερον χέσαι πλεῖν ἢ τριάκονθ' ἠ.
Fr. 188. σὺ δ' οὐχ ἥγῃ μ' οὖν δὴ ὀλίγας ἠ.
308. οἴμοι κακοδαίμων τῆς τυθ' ἠ., ὅτε
ἡμερῖβος. Ν. 997. καὶ τὸ τρίτον ἠ. ὀψῶν, ὁ γέρων ὁδί,
ἡμερινῶν. ΕΙ. 163. ἀπιθ' ἠ. σίτου πάντων.
ἡμεροσκόπος. Λ. 849. σὺ δ' εἰ τίς ἡ 'ββάλλουσά μ'; ΛΤ. ἠ.
ἡμεροσκόπος. Ο. 1174. λαθὼν κολμωὺς φύλακας ἠ.
ἡμέρων. Α. 197. καὶ μὴ 'πιτηρεῖ σιτί' ἠ. τρίων,
Ι. 1079. ἐγὼ πορίω καὶ τοῦτο τῆς ἠ. τρίων.
Ν. 619. τῆς ἰορτῆς μὴ τυγχύντες κατὰ λόγον τῶν ἠ.
1132. εἴθ' ἢν ἔθ' ἠ. μάλιστα πασῶν ἠ.
Σ. 243. ἥκειν ἔχοντας ἠ. ὀργήν τριῶν πονηρὰν
260. κοὐκ ἐσθ' ὅπως οὐχ ἠ. τεττάρων τὸ πλείστον
ΕΙ. 151. ἢ βδεῖτε μηδὲ χέζεθ' ἠ. τριῶν·
312. οὐ γὰρ ἢν ἔχοντας ἥκειν σιτί' ἠ. τριῶν,
414. ταυτί ἄρα πᾶλαι τῶν ἠ. παρακλεττέτην,
716. ὅσον ραφηίσι ζωμὸν ἠ. τριῶν,
ἡμετέρα. Ν. 601. ἥ τ' ἐπιχώριος ἠ. θεός,
Ν. 1202. ἠ. κέρδη τῶν σοφῶν, ὄντες λίθοι,
ἡμετέρας. Θ. 329. ἠ.· τελέοις δ' ἐκκλησιάσαιμεν Ἀθηνῶν
ἡμετέροις. Ν. 263. ταῖς ἠ. δαίμοσιν· ΣΤ. μάλιστά γε.
Θ. 980. ταῖς ἠ.
ἡμετέρας. Ι. 588. ἠ. ξυνεργὸν
ΕΙ. 977. δέξαι θυσίαν τὴν ἠ.
Ο. 549. ὑμῖν οἰκουμέσθα παντὶ τρύπῳ τὴν ἠ. βασιλείαν
706. διὰ τὴν ἰσχὺν τὴν ἠ. διεμήρισαν ἄνδρες ἐρασταί.
Θ. 1140. ἢ μύλιν ἠ. ἔχει,
Β. 1501. καὶ οὖρὶ πυλιν τὴν ἠ.
ἡμετέρας. Σ. 549. τῆς ἠ. ὡς οὐδεμιᾶς ἥττων ἐστὶν βασιλείας.
Λ. 508. ὑπὸ σακροσσύνης τῆς ἠ. τῶν ἀνδρῶν, ἄττ' ἐποιεῖτε.
Θ. 127. ἐν τῷ δὲ ἀφηιδίου ὑπὸς.
Β. 371. καὶ παννυχίδας τὰς ἠ., αἳ τῇδε πρέπουσιν ἰορτῇ.
Εκ. 298. τὰς ἠ. ῥῆσιν.
ἡμέτερ. Σ. 652. ἄτρα, ὦ πάτερ ἠ. Κρονίδη. ΦΙ. παῦσαι καὶ μὴ πατέραζε.
ἡμετέροις. Ν. 436. ἀλλὰ σαυτὸν παράδος θαρρῶν τοῖς ἠ. προπύλοις.
Σ. 1494. νῦν γὰρ ἐν ἄρθροις τοῖς ἠ.
ΕΙ. 115. δώμασιν ἠ. φάτις ἥκει
Θ. 364. χθροῖς τοῖς ἠ. λέγουσ',
824. τοῖς δ' ἠ. ἀνδρᾶσι τούτοις

134 ἡμετέροισι—Ἡρακλέα.

ἡμετέροισι. Β. 354. εὐφημεῖν χρὴ κἀξίστασθαι τοῖς ἡ. χοροῖσιν Εκ. 1022. τοῖς γὰρ νόμοις τοῖς ἡ. πειστέον.
ἡμέτερον. Ν 569. καὶ μεγαλώνυμον ἡ. πατέρ',
Ο. 699. ἐνώπτευσεν γένος ἡ., καὶ πρῶτον ἀνήγαγεν ἐς φῶς.
Β. 450. τὸν ἡ. τρώπαν,
ἡμέτερος. Ι. 277. ἣν δ' ἀνοίδεια παρέλθῃς, ἡ ὁ πυραμοῦς.
ΕΙ. 650. οὐ γὰρ ἡ. ἔτ' ἔστ' ἐκεῖνος ἀνήρ, ἀλλὰ σύς.
Θ. 50. πράμος ἡ. ΜΝ. μῶν βινεῖσθαι;
94. τοῦ γὰρ τεχνάζειν ἡ. ὁ πυραμοῦς.
ἡμετέρους. Ν. 554. ἐκστρέψας τοὺς ἡ. Ἱππέας κακὸς κακῶς,
ΕΙ. 89. αὐτοῦ μεῖναι τοὺς ἡ.
ἡμετέρων. Λ. 573. ἐκ τῶν ἱερῶν τῶν ἡ. ἐπολιτεύεσθ' ἂν ἅπαντα.
ἡμή. Ν. 988. ἐξ ὧν ἄνδρας Μαραθωνομάχας ἡ. παιδεύσις ἔθρεψεν.
Β. 1040. ὅθεν ἡ. φρὴν ἀπομαξαμένη πολλὰς ἀρετὰς ἐπαίησεν
ἡμί. Ν. 1145. παῖ, ἡ., καὶ παῖ. ΣΠ. Στρεψιάδην ἀσπάζομαι.
Β 37. ἔδει τραπέσθαι. παιδίον, παῖ, ἡ., παῖ.
ἡμιπληθοίδιον. Εκ. 318. τουτὶ τὸ τῆς γυναικός ἡ.,
ἡμιεκτέον. Ν. 645. εἰ μὴ τετρήμετρόν ἐστιν ἡ.
ἡμιεκτέου. Ν. 643. ἐγὼ μὲν οὐδὲν πρότερον ἡ.
ἡμιθέους. Β. 1060. κάλλως εἰκὼς τοὺς ἡ. τοῖς ῥήμασι μείζοσι χρῆσθαι·
ἡμιθνής. Ν. 504. οἴμοι κακοδαίμων, ἡ. γενήσομαι,
ἡμικάκως. Θ. 449. τέως μὲν οὖν ἀλλ' ἡ. ἐβοσκόμην·
ἡμίκραιραν. Θ. 227. τὴν ἡ. τὴν ἑτέραν ψιλὴν ἔχων;
ἡμῖν. Α. 57. τὸν ἄνδρ' ἀπάγοντες, ὥστις ἡ. ἤθελε κ.τ.λ.
ἡμῖν. Ο. 386. μᾶλλον εἰρήνην ἄγουσιν ἡ.· ὥστε τὴν χύτραν κ.τ.λ.
ἥμισυ. Θ. 452. ὥστ' οὐκέτ' ἐμπολῶμεν οὐδ' εἰς ἡ.
ἡμιτύβιον. Π. 729. ἔπειτα καθαρὸν ἡ. λαβὼν
ἡμιφωσώνιον. Fr. 616. ἡ.
ἡμιωβολιαῖα. Β. 554. δν' ἡ. ΞΑ. δώσει τις δίκην.
ἡμμένας. Π. 1194. ἀλλ' ἰποῦσας τις δεῦρο δᾷδαι ἡ.,
ἡμμένην. Ν. 1490. ἐμοὶ δὲ δᾷδ' ἐνεγκάτω τις ἡ.
ἡμμένη. Fr. 301. μέγαν λαβόντες ἡ. σφηκίσκον ἐκτυφλῶσαι,
ἡμῶν. Fr. 130. ἡ. ἄγριον βάρος·
ἠμπίσχετο. Θ. 165. αὑτός τε καλὸς ἦν καὶ καλῶς ἡ.·
ἠμπαχόνισο. Εκ. 540. ἐπειδ' ἱν' ἀλεαίνοιμι, τοῦτ' ἡ.
ἐμπισχον. Λ. 1156. τὸν δῆμον ὑμῶν χλαῖναν ἡ. πάλιν;
ἐμπόλα. Σ. 444. ἀφθερῶν κύζωμίδων, ἃς οὗτος αὐτοῖς ἡ.,
ἐμπολήκα. ΕΙ. 367. εἰς αὐτίκα μάλ'. ΤΡ. ἀλλ' οὐδὲν ἡ. πω,
ἡμπούσα. Β 305. ἡ. φρούδη. ΑΙ. κατῴμοσον. ΞΑ. νὴ τὸν Δία.
ἡμφιεσμένη. Εκ. 879. ἕστηκα καὶ κροκωτὸν ἡ.,
Εκ. 1057. ἐξ αἵματος φλυκταίναν ἡ.
ἡμφιεσμένον. Θ. 840. τὴν Ὑπερβόλου καθῆσθαι μητέρ' ἡ.
ἡμφιεσμένον. Θ. 92. λάθρα, στυλὴν γυναικὸς ἡ.
ἡμφιεσμένῳ. Σ. 1172. ὅτῳ· δοθῆναι σκόροδον ἡ.
ἡμῶν. Α. 277. ἐὰν μεθ' ἡ. ξυμπίῃς, ἐκ πεμπλήτης κ.τ.λ.
ἦν. Α. 60. ἡ. μὴ περὶ εἰρήνης γε πρυτανεύσῃτέ μοι. κ.τ.λ.
Α. 1031. ἵθ', ἀντιβολῶ σ', ἡ. πως κομίσωμαι τὼ βόε. κ.τ.λ.
ἦν. Α. 727. ἐγὼ δὲ τὴν στήλην καθ' ἡ. ἐσπεισάμην κ.τ.λ.
Ι. 1015. φράζευ, Ἐρεχθείδη, λογίων ὁδῶν, ἡ. σοι Ἀπόλλων κ.τ.λ.
ἦν. Α. 47. ἀλλ' ἀθάνατος. ὁ γὰρ Ἀμφίθεος Δήμητρος ἡ. κ.τ.λ.
ἦν (ᵖᵒ ἦσαν). Α. 1200. ἡ. γὰρ τοιγάρτοι οἱ χλωσμοι·
ἦν'. Β. 1390. λάβεσθε τοίνυν αὖθις. ΑΙ καὶ ΕΤ. ἡ. ἰδού. ΔΙ. λέγε.
ἠνάγκαζεν. Ι. 508. ἡ. λέξοντας ἔπη πρὸς τὸ θέατρον παραβῆναι,
Fr. 377, 2. ὁ δ' αὐτῶν ἡ. Ἁρμοδίου μέλος·
ἠνάγκασεν. ΕΙ. 74. κάπειτα τοῦτον ἱπποκομεῖν μ' ἡ.
ἤνεγκας. Ο. 540. ἡ., ἄνθρωφ' ὡς ἐλάκρισά γ' ἐμῶν
Θ. 742. ἤνεγκαν. ΜΝ. ἡ. σύ· ΓΤ. Ζ. νὴ τὴν Ἄρτεμιν.
ἤνεγκον. Λ. 944. τάλαιν' ἐγώ, τὸ Ῥύθιον ἡ. μύρον.
Θ. 742. ἡ. ΜΝ. ἤνεγκας σύ· ΓΤ. Ζ. νὴ τὴν Ἄρτεμιν.
Β. 1299. ἡ. αὖθ', ἵνα μὴ τὸν αὐτὸν Φρυνίχῳ
ἡνείχετ'. Ο. 593. ἡλίθιος ὅστις τιλλόμενος ἡ. ἄν·
ἡνέσχετο. Α. 709. οὐδ' ἂν αὐτὴν τὴν Ἀχαίαν ῥᾳδίως ἡ.,
Ι, 537. οἵας δὲ Κράτης ὀργὰς ὑμῶν ἡ. καὶ στυφελιγμοὺς·
ἡνεσχόμην. Ι. 412. ἡ. ἐκ παιδίου, μαγειρίβας τε πληγάς,
Ν. 1363. κἀγὼ μόλις μὲν, ἀλλ' ὅμως ἡ. τὸ πρῶτον·
ἡνεσχόμεσθα. Α. 507. ἡμεῖς τὸν μὲν πρότερον πόλεμον καὶ τὸν χρόνον ἡ.,
ἤνθησεν. Ι. 530. καὶ, τέκτονες εὐπαλάμων ὕμνων· αὕτως ἡ. ἐκείνος.
ἤνθουν. Ν. 962. ὅτ' ἐγὼ τὰ δίκαια λέγων ἡ. καὶ σωφροσύνη ἐνομίζετο.
ἡνίας. Ι 1109. τούτῳ παραδώσω τῆς πυκνὸς τὰς ἡ.
Ο. 1738. χρυσόπτερος ἡ.
Εκ. 466. μὴ παραλαβοῦσαι τῆς πόλεως τὰς ἡ.
508. χάλα συνηκτοὺς ἡ. Λακωνικάς.
ἠνιγμένος. Ι. 196. καὶ ποικίλοις πως καὶ σοφῶς ἡ.
ἡνίκ'. Α. 13. ἀλλ' ἕτερον ᾔσθην, ἡ. ἐπὶ μύσχῳ ποτὲ κ.τ.λ.

ἡνίκα. Σ. 1285. ἡ. Κλέων μ' ὑπετάραττεν ἐπικείμενος κ.τ.λ.
ἡνίξαθ'. Ο. 970. ἡ. ὁ Βάκις τοῦτο πρὸς τὸν ἀέρα.
ἡνίξατο. Ι. 1085. ἐς τὴν χεῖρ' ὀρθῶς ἡ. τὴν Διοπείθους.
ἡνιοχήσας. Σ 1022. οὐκ ἀλλοτρίαν, ἀλλ' οἰκείων Μουσῶν στόμαθ' ἡ.
ἡνίοχοι. ΕΙ. 904. περὶ ταῖσι καμπαῖς ἡ. πεπτωκότες.
ἡνίοχος Ν. 602. αἰγίδος ἡ., πολιούχους Ἀθάνα·
ἡνίχ'. Ν. 582. ἡ. ᾑρεῖσθε στρατηγόν, τὰς ὀφρῦς συνήγομεν κ.τ.λ.
ἤνπερ. Ι. 306. ᾐ ἢ τὸν Ποσειδῶ κἀμὶ γάρ, ἡ. γε τοῦτον ἔλκῃς.
ἤνπερ. Ο 441. ἡ. ὁ πίθηκος τῇ γυναικὶ διέθετο, κ.τ.λ.
ἤνυσε. Α. 1257. πολὺς δ' ἀμφὶ τὰς γέννας ἀφρὸς ἡ.,
ἠντιβόλησα. Fr. 101. ἡ.
ἠντιβόλει. Α. 147. καὶ τὸν πατέρ' ἡ. βοηθεῖν τῇ πάτρᾳ·
Ι. 667. ὁ δ' ἡ. γ' αὐτοὺς ὀλίγον μεῖναι χρόνον,
ἤντιν'. Ν. 1151. ὥστ' ἀποφύγοις ἂν ἡ. ἂν βούλῃ δίκην.
Σ 350. ἔστιν ὑπὴ δῇθ' ἡ. ἂν ἔνδοθεν οὖἴς τ' εἴης διορύξαι,
Β. 1044. οὐδ' οἰδ' οὐδεὶς ἡ. ἐρῶσαν πώποτ' ἐπαίνεσα γυναῖκα.
1436. περὶ τῆς πόλεως ἡ. ἔχεται σωτηρίαν,
Π. 506. ὁδὼν ἡ. ἴων τοῖς ἀνθρώποις ἀγάθ' ἂν μεῖζω πορίσειεν.
ἤνυστρον. Ι. 356. ἐγὼ δέ γ' ἡ. βοὸς καὶ κοιλίαν ὑείαν
ἤνύστρον. Ι. 179. καὶ χιλικὸς ἡ. τε καὶ γαστρὸς τύμον.
ἤξει. Ι. 808. εἴθ' ἡ. σοι δριμὺς ἄγροικος, κατὰ σοῦ τὴν ψῆφον ἰχνεύων,
ΕΙ. 265. εἴπερ γὰρ ἡ. τὸν ἀλετρίβανον φέρων.
Α. 613. ἡ. παρ' ἡμῶν τὰ τρίτ' ἐνεσκινασμένα.
Θ. 1014. ἡ. με σώσων· οὐ γὰρ ἂν παρέπτατο.
Π. 1201. ἡ. γὰρ ὁ νεανίσκος ὡς σ' εἰς ἑσπέραν.
ἥξειν. Εκ. 281. ἐκ τῶν ἀγρῶν εἰς τὴν πύκν' ἡ. ἀντικρὺς
Π 1203. ἡ. ἐκεῖνον ὡς ἐμ', οἴσω τὰς χύτρας.
Fr. 389. Φαίδραν· ἐπὶ πῦρ δὲ πῦρ ἰοις ἡ. ἀγων.
ἥξεις. Ι. 497. χώπως τὰ κάλλως ἀποφαγχῶν ἡ. πάλιν.
Β. 137. εὐθὺς γὰρ ἐπὶ λίμνην μεγάλην ἡ. πάνυ
ἡξεῖον. Π. 1084. ὤμος δ' ἐπειδὴ καὶ τὴν οἶνον ἡ.
ᾔειν. Ι 283. αἰεὶ γέμαχος, οὗ Περικλῆς οὐκ ἡ. πώποτε.
ᾔειω. Ν. 523. πρώτους ἡ. ἀναγκιῶ' ὑμᾶς, ἡ. πάρεσχέ μοι
ᾔειωσας. 1. 882. οὑνόπωστ' ἀμφιασκχάλον τὸν Δῆμον ἡ.,
ᾔειωμι. Π. 998. εἰς ὑδρίαν ἡ., ΧΡ. τί σ' ἔχρησε ; εἰπέ μοι.
ᾔειωμί. Σ. 1334. ἀθρόοι γὰρ ᾔ σε προσκαλούμενοι.
ᾔειως'. Ο. 1305. ἡ. ἐκεῖθεν δεῦρο πλεῖν ἡ μύρον
Α 250. ἡ. ἔξωντες ὥστ' ἀνοίζει τῇ πύλας
ᾔειρων. ΕΙ. 219. ἡ. παύθεις, ἡ. ἔχωμεν τὴν Πύλον
Ο. 1532. ἡ. πρέσβεις δεῦρο περὶ διαλλαγῶν
Λ. 16. ἡ. χαλεπή τοι γυναικῶν ἔξοδος·
ἥξουσιν. Λ. 644. ἡ., ἰδεῖν ἐπιθυμοῦντες τὸν ποιητὴν τὸν ἄριστον
Σ. 214. ἀλλ', ὦ πονήρ', ἡ. ὀλίγον ὕστερον
ἤξω. Σ. 798. ἀνδρικεὶν νυν· ἐγὼ δὲ πυθθ' ἡ. φέρων.
Α. 731. οὐκ εἰ πάλιν; ΓΤ. Α. ἀλλ' ἡ. ταχέων νὴ τὼ θεώ,
ἤπαρ. Fr. 302, 5. οὐ φωρίον οὐδὲ πυός, οὐδ' ἡ. κάπρου,
ἤπατον. Fr. 421, 2. ἀλλὰ φέρεθ' ἡ. ἢ νεπρίδιον νέου
ἠπείλησ'. Π. 88. ἐγὼ γὰρ ὢν μειράκιον ἡ. ὅτι
ἠπείλουν. Εκ. 289. χωρῶμεν εἰς ἐκκλησίαν, ὥνδρες· ἡ. γὰρ
ἠπείλουν. Fr. 20. ἔσειον, ἠτουν χρήματ', ἡ. ἐσυκοφάντουν
ἡπείρῳ. Α. 534. μήτ' ἐν θαλάττῃ μήτ' ἐν ἡ. μένειν.
ἤπερ. 1. 325. δείαν, ἡ. μόνη προστατεῖ ῥητόρων· κ.τ.λ.
ἤπερ. Α. 362. ἀλλ' ἡ. σὺ τοὺς τὴν δίνῳ δωρήσοι, κ.τ.λ.
ἤπερ. Fr. 1063. δέδοικα κἀγὼ μὴ πλέον ἡ. βούλομαι.
ἠπιασάσθαι. Fr. 28. καὶ κύσκινον ἡ.
ἡπιάλοις. Σ. 1038. ἡπι. ἐπιχειρῆσαι πέρυσιν καὶ τοῖς πυρετοῖσιν,
ἡπίαλος. Fr 315. ἅμα δ' ἡ. πυρετοῦ πρόδρομος
ἡπίαλος. Α. 1165. ἡ. γὰρ οἴκαδ' ἐξ ἱππασίας βαδίζων,
ἤπιαι. ΕΙ. 934. εἰ τιν λέγεις. ΧΟ. καὶ τἄλλα γ' ὤσιν ἡ.
Σ. 879. ἡ. αὐτῶν,
ἠπιστάμην. Ι. 462. τεκταινόμενα τὰ πράγματ', ἀλλ' ἡ.
ἠπίστατ'. Β. 1073. οὐκ ἡ. ἀλλ' ἡ μᾶζαν καλέσαι καὶ ῥυπτταπαῖ εἰπεῖν.
ἠπίστατο. Π. 1023. οὐ σκαιὸς ἢν ἄνθρωπος, ἀλλ' ἡ.
ἠπίτραπτο. Π. 619. αὕτη μὲν ἡμῖν ἡ. οἴχεται.
ἤπττε. Α. 986. τὰς χέρανας ἡ. πολὺ μᾶλλον ἔτι τῷ πυρί,
ἤπττε. Ν. 57. οἴμοι· τί γάρ μοι τὸν πύτνεην ἡ. λύχνον;
ἧρα. Α. 146. ἡ. φαγεῖν ἀλλὰ τας ἢ Ἀπατουρίων.
Α. 913. χρυσέπτερος ἡ. καὶ μαχαι;
'Ἠρα. Ο. 1731. 'Ἠ. πτγ' Ὀλυμπίᾳ
'Ἡρακλέα. Ι. 481. ἔνε γε νὴ τὸν Ἡ. παραστόρου.
Σ. 757. κἄμ', ὦ σκιρφά. μὰ τὸν 'Ἡ.,
Ο. 1391. οὐ δῆτ' ἔγωγε. ΚΙ. νὴ τὸν 'Ἡ. σύ γε.
Β. 463. καθ' 'Ἡ. τὸ σχῆμα καὶ τὸ λῆμ' ἔχων·
523. ὅτι ἡ σε παίζων 'Ἡ. 'νεσκεύασα

Ἡρακλέα—ἦσθ'. 135

Ἡρακλέα. Π. 337. καίτοι λόγος γ' ἦν νὴ τὸν Ἡ. πολὺς
Ἡρακλέας. Εἰ. 741. τούς θ' Ἡ. τοὺς μάττοντας, καὶ τοὺς πεινῶντας ἐκείνους,
Ἡρακλέει. Ο. 567. ἦν δ' Ἡ. θύῃ τις βοῦν, λάρῳ ναστοὺς μελιτούττας·
Ἡράκλεια. Ν. 1051. νοῦ ψυχρὰ δῆτα πώποτ' εἶδες Ἡ. λουτρά;
Β. 651. ὁποῦ' Ἡ. τὰν Διομείοις γίγνεται.
Ἡρακλείδων. Π. 385. τῶν Ἡ. οὐδ' ὑτιοῦν τῶν Παμφίλου.
Ἡρακλειοξανθίαν. D. 499. καὶ βλίψον ἐς τὸν Ἡ.
Ἡράκλεις. Α. 94. ὁ Βασιλέως ὀφθαλμός. ΔΙ. ὤναξ Ἡ.·
Α. 284. Ἡ., τουτὶ τί ἐστι; τὴν χύτραν συντρίψετε.
807. οἴον ῥυθιάζουσ', ὦ πολυτίμηθ' Ἡ.
1018. οἴμοι τάλας. ΔΙ ὦ Ἡ, τίς οὑτοσί;
Ν, 184. ὦ Ἡ., ταυτὶ ποδαπὰ τὰ θηρία;
Σ, 420. Ἡ., καὶ κέντρ' ἔχουσιν, οὐχ ὁρᾷς ὦ δέσποτα;
ΕΙ. 180. πόθεν βροτοῦ με προσέβαλ'; ὤναξ Ἡ.,
Ο. 93. ὦ Ἡ., τουτὶ τί ποτ' ἐστὶ θηρίον;
277. ὄνομα τούτῳ Μήδώς ἐστι. ΠΕ. Μῆδος; ὤναξ Ἡ
814. Σπάρτην ὄνομα καλώμεν αὐτῇ· ΕΤ. Ἡ.
850. ταῦσαι σὺ φυσῶν. Ἡ., τουτὶ τί ἦν;
1129. ὑπὸ τοῦ πλάτους ἂν παρελασαίτην. ΠΕ. Ἡ.
1574. ἄγε δὴ τί δρῶμεν. Ἡ.;
1586. ἐπικρᾶς πρότερον αὐτοῖσιν· ΠΕ. ὦ χαῖρ', Ἡ.
Λ. 296. ὧν δεινόν, ὤναξ Ἡ.,
Β. 298. ἀπολούμεθ', ὤναξ Ἡ. ΔΙ. οὐ μὴ καλεῖς μ',
503. ὦ φίλταθ' ἥκεις Ἡ.; δεῦρ' εἴσιθι.
Εκ. 1068. ὅτι μ' οὐ περιεῖδες ἐπιτριβέντ'. ὦ Ἡ.,
Π. 374. οὐ βῆτ' ἔγωγ'. ΒΛ. ὦ Ἡ., φέρε, ποῖ τις ἂν
417. ποῖ ποῖ; τί φεύγετ'; οὐ μενεῖτον; ΒΛ. Ἡ.
Ἡρακλέους. Ν. 1050. ἐγὼ μὲν οὐδέν' Ἡ. βελτίον' ἄνδρα κρίνω
Σ. 1030. ἀλλ' Ἡ. ὀργὴν τιν' ἔχων τοῖσι μεγίστοις ἐπιχειρεῖν,
ΕΙ. 752. ἀλλ' Ἡ. ὀργὴν τιν' ἔχων τοῖσι πολύτοισιν ἐπιχείρει,
Ἡρακλῆ, Θ. 26. ὁρᾷς τὸ θύριον τοῦτο; ΜΝ. νὴ τὸν Ἡ.
Ἡρακλῆς. Α. 860. ἴττω Ἡ., ἐκαμόν γα τὰν τύλαν κακῶς,
Σ. 60. οὔθ' Ἡ. τὸ δεῖπνον ἐξαπατώμενος,
Λ. 928. ἀλλ' ἦ τὸ πίος τόδ' Ἡ. ξενίζεται.
Β. 282. οὐδὲν γὰρ οἷον ἀκοῦσαι γνῶρίμ' ἰσθ' ὧν Ἡ.
464. τίς οὑτος; ΔΙ. Ἡ. ὁ καρτερός.
581. οὐκ ἂν γενοίμην Ἡ. ἄν. ΔΙ. μηδαμῶς.
Fr. 121. Ἡ.
Ἡραν. Ο. 1633. τὴν μὲν γὰρ Ἡ. παραδίδωμι τῷ Διί,
Θ 973. Ἡ. δὲ τὴν τελείαν
Ἡρας. Ο. 1741. τῆς τ' εὐδαίμονος Ἡ.
ἠράσθην. Β. 1022. ὁ θεασάμενος πᾶς ἂν τις ἀνὴρ ἤ. δαῖος εἶναι.
ἠράσθης. Ν. 1076. ἡμαρτες. ἤ. ἐμοὶ χείνεσά τι, κᾆτ' ἐλήφθης
ἔραττες. Εκ. 977. καὶ τὴν θύραν γ' ἤ. ΝΕΑ. ὑποθάνοιμ' ἄρα.
ᾐρέθη. Ο. 799. ᾠ φύλαρχος, εἶθ' ἱππαρχος. εἶτ' ἐξ οὐδενὸς
ᾑρεθισμένον. Σ. 1104. πρῶτα μὲν γὰρ πυξῖν ἡμῶν ζῷον ἤ.
ᾑρεῖδε. Ι. 627. τερατευόμενος ἦ κατὰ τὴν τάξιν ἤ.
ᾕρειδεν. Β. 914. μὰ τὸν Δί' οὐ σθέν'. ΕΤ. ὁ δὲ χορὸς γ' ἤ. ὁρμᾶσθον ἂν
ᾑρειδόμεσθ'. Ν. 1375. ἴπος πρὸς ἴπος ἤ. εἶθ' οὗτος ἐπαναπηδᾷ
ᾑρειδόμην. Θ. 488. ἐξῆλθον ὡς τὸν μηχίον· εἶτ' ἤ
ᾑρείσθ'. ΕΙ. 211 ὑτῇ πυλεμεῖν ἤ. ἐκείνων πολλάκις
ᾑρείσθα. Ν. 582. ἡνίχ' ἤ. στρατηγόν, τὰς ὀφρῦς συνήγομεν
ᾑρέμα Fr. 82. ἡσυχοὶ ἡσυχος, ἤ., κἄνθων
Fr. 135. ψήχει ἤ. τὸν βουκέφαλον καὶ κοππατίαν.
ᾑρεμί. Β. 315. ἀλλ' ἤ. στήξαντες ἀκροασώμεθα.
ᾕρεσας. Ι. 359. τὰ μὲν ἄλλα μ' ἤ. λέγων· ἐν δ' οὐ προσίεταί μι
ᾕρεσκεν. Λ. 1236. νυνὶ δ' ἄπανχ' ἤ. ὥστ' εἰ μέν γέ τις
ᾑρέσκετε. Λ. 509. οὐ γὰρ γρύζειν εἶαθ' ἡμᾶς. καῖτ' οὐκ ἤ. γ' ἡμᾶς.
ᾕρετ'. Σ. 502. ἤ. εἰ τὴν Ἱππίου καθίσταμαι τυραννίδα,
Σ. 1316. ὁ γέρων δὲ τὰν Θούφραστον ἤ., εἰπέ μοι,
ᾕρετο. ΕΙ. 670. ἴθι νυν, ἄκουσον οἶον ἄρτι μ' ἤ.·
ΕΙ. 679. ἔτι νῦν ἄκουσον οἶον ἄρτι μ' ἤ.
Α. 64. ἰδὲ δεῦρ' ἰοῦσα θοὐμάτιον ἤ.
ᾑρέφε. Fr. 54. ὡς οὐ κιλυμματίκιν τὸν οἶκον ἤ.
ᾑρεμνήθην. Εκ, 714. ἐμὶ γὰρ ἀνήγκη πάντα δρᾶν ἤ.
ᾑρεμήθα. Ο. 1577. ἀλλ', ὠγάθ', ἤ. περὶ διαλλαγῶν
ᾕρι. Ν. 311. ἤ. τ' ἐπερχομένῳ Βρομία χάρις,
ᾑρίθμησεν. Ι. 570. ἤ., ἀλλ' ὁ θυμὸς εὐθὺς ἦν ἀμυνίας·
ᾑρινά. ΕΙ. 800. ὑμνεῖν, ὅταν ἤ. μὲν φανῇ χελιδὼν
Ο. 1099. ἤ. τε Βυσκώμεθα παρθένια
ᾑρινοῖς. Ο. 683. αὐλῶν φθέγμασιν ἤ.
ᾑρινόν. Ο. 714. ἠνίκα πεκτεῖν ὥρα προβάτων πόκον ἤ.· εἶτα χελιδῶν,
ᾑρίσταμεν. Fr. 428. ὑποπεπώκαμεν*. ἄνδρες, καὶ καλῶς ἤ.
ᾑρίστησεν. Ο. 788. ἐκτεύμενος ἂν οὗτος ἤ. ἐλθὼν οἴκαδε,
ᾑρίστηται. Β. 376. ἡ δ' ἐξαρκούντως.

ᾕρκεσεν. Εκ. 828. ὁ Διὸς Κόρινθος καὶ τὸ πρᾶγμ' οὐκ ἤ.,
ᾕρμοττόμην. Ι 1236. ἐν ταῖσιν εὐστραις κονδύλοις ἤ.
ᾑρνοῦντο. Ι. 572. τοῦτ' ἀπεψήσαντ' ἄν, εἴτ' ἤ. μὴ πεπτωκέναι,
ᾕρπαθ'. Ν. 1351. ἀλλ' ἐξ ὅτου τὸ πρῶτον ἤ. ἡ μάχῃ γενέσθαι
ᾕρπασεν. Ο. 1596. ἀλλ' οὔτε πρότερον πώπωθ' ἡμεῖς ἤ.
ᾑρπάμεσθα. Ν. 1353. καὶ μὴν ὅθεν γε πρῶτον ἤ. λοιδορεῖσθαι
ᾕρπαξεν'. Ν. 1310. * ὧν πανωργητίν ἤ., ἐξοίφνης λαβεῖν κακόν τι.
Π. 1113. εἴργασθ'. ἀφ' οὗ γὰρ ἤ. ἐξ ἀρχῆς βλέπειν
ᾕρπασεν. Π 968. ἀφ' οὗ γὰρ ὁ θεὸς ὑτιοῦ ἤ. βλέπειν,
ᾕρπασε. Σ. 1029. οὐδ' ὑτε πρῶτόν γ' ἤ. διδάσκειν, ἀνθρώποις φήσ' ἐπιθέσθαι,
ᾕρπασεν. ΕΙ. 605. πρῶτα μὲν γὰρ ἤ. ἄτης Φειδίας πράξας κακῶς·
ᾕρομεθ'. Λ. 518. εἶτ' ἤ. ἂν πῶς ταῦτ', ὤνερ, διαπράττεσθ' ὧδ' ἀνοήτως;
ᾕρος. Ν. 1008. ἤ. ἐν ὥρᾳ χαίρων, ὑπόταν πλάτανος πτελέᾳ ψιθυρίζῃ.
Ο. 709. πρῶτα μὲν ὥρας φαίνομεν ἡμεῖς ἤ., χειμῶνος, οπώρας·
1478. τοῦτο τοῦ μὲν ἤ. ἀεὶ
ᾕρου. Θ. 605. ἐμ' ἤτις εἰμ' ἤ.; Κλεωνύμου γυνή.
ᾕρπακας. Π. 372. μῶν οὐ κέκλοφας, ἀλλ' ἤ.; ΧΡ. κακοδαιμονῶς.
ᾕρπακώς. Ι. 428. ὁτιὴ ‘πώρνεις θ' ἤ. καὶ κρέας ὁ πρωκτὸς εἶχεν.
ᾕρρησεν. Β. 1192. εἶθ' ὡς Πύλυβον ἤ. οἴδων τὸ πόδε·
ᾑρρηφόρουν. Α. 641. ἑπτὰ μὲν ἔτη γεγῶσ' εὐθὺς ἤ.
ᾑρτυμένην. ΕΙ. 1247. ἐντευθενὶ δὲ σπαρτίοις ἤ.
ᾕρχε. Ο. 484. ἤ. τε Περσῶν πρῶτον πάντων, Δαρείου καὶ Μεγαβάζου.
ᾕρχεθ'. ΕΙ. 6ι. ἁ δ' εἶπε πρῶτον ἡνίκ' ἤ. ἡ χολή,
ᾕρχεν Ο. 499. ἐκείνος δ' οὖν τῶν Ἑλλήνων ἤ. τότε κάβασίλευε.
Εκ. 304. ὅτ' ἤ. ὁ γεννάδας,
ᾕρχετε. ΕΙ. 619. κᾆτ' ἐκείνη 'γνωσαν ὑμᾶς αἰ πόλεις ὧν ἤ.
ᾕρχομεν. Εκ, 830. οὐ ταυτίν, ᾧ τᾶν. τότε μὲν ἡμεῖς ἤ.,
ᾕρχόμην. Θ. 174. ὧν τηλικοῦτος, ἡνίκ' ἤ. ποιεῖν.
ᾕρχον. Ο. 481. ὡς οὐχὶ θεοὶ τοίνυν ἤ. τῶν ἀνθρώπων τὸ παλαιὸν,
Ο. 508. ἤ. δ' οὕτω σφόδρα τὴν ἀρχὴν, ὥστ' εἴ τις καὶ βασιλεύοι
ᾕρω. Ο. 1490. εἰ γὰρ ἐντύχοις τις ἤ.
ᾕρωες. Fr. 42. ἤ.
ᾑρώων. Fr. 283. ἀλλ' εἰς ἤ. τι παρήμαρτον.
ᾑρῷναι. Ν. 315. αἰ φερσάμεναι τοῦτο τὸ σεμνὸν· μῶν ἤ. τινές εἰσιν;
ᾕρωες. Α. 575. ὦ Λάμαχ' ἤ., τῶν λόφων καὶ τῶν λόχων.
Α. 579. ὦ Λάμαχ' ἤ., ἀλλὰ συγγνώμην ἔχε.
Σ. 389. ὦ Λύκε δέσποτα. γείτων ἤ.· σὺ γὰρ οἶσπερ ἐγὼ κεχάρησαι,
438. ὦ Κίκρυφ ἤ. ἄναξ, τὰ πρὸς ποδῶν Δρακοντίδη,
821. ὦ δέσποθ' ἤ., ὡς χαλεπὸς ἄρ' ἦσθ' ἰδεῖν
823. οὔκουν ἔχει γ' οὐδ' αὐτὸς ἤ. ὦν ὑπλα.
Β. 1039. ἀλλ' ἄλλους τοι πολλοὺς ἀγαθοὺς, ὧν ἦν καὶ Λάμαχος ἤ.
Fr. 283. οἱ γαρ ἤ. ἐγγύς εἰσιν,
ᾕρωων. Ο. 881. καὶ ἤ. [καὶ ἥρνισι] καὶ ἤ. παισί, πορφυρίωσιν.
Ο. 1485. ἔνθα τοῖς ἤ. ἀνθρωπ–
ᾑρώτησεν. Α. 648. ἤ. πρῶτα μὲν αὐτοὺς πότεροι ταῖς ναυσὶ κρατοῦσιν·
ᾕρώων. Σ. 392. καθυνήφθην μόνος ἤ. παρὰ τὸν πλάοντα καθῆσθαι.
Ο. 881. καὶ ἡρωσι [καὶ ὑρνισι] καὶ ἤ. ναισί, πορφυ–
ᾕς. Α. 50. ἔφ' ἤ. Λυκινος ἐγένετ' ἐν τούτων δ' ἐγὼ κ.τ.λ.
Ο. 1672. ἀλλ' ἦν οὐθ' ἡμῶν ἤ., κατασπῶσαν σ' ἐγὼ κ.τ.λ.
ᾕς'. Ν. 1371. ὁ δ' εὐθὺς ἤ. Εὐριπίδου ῥῆσίν τιν', ὡς ἐβίνει
ᾕσαν. Ι. 566. ἄνδρες ἤ. τῆσδε τῆς γῆς ἄξιοι καὶ τοῦ πέπλου,
Ν. 1026. εὐδαίμονές θ' ἤ. ἆρ' οἱ ζῶντες τότ' ἐπὶ τῶν προτέρων.
ΕΙ. 205. ἰν' ἤ. αὐτοὶ. τὸν Πύλεμον κοτψικίων,
1273 Οἱ δ' ὄτε δὴ σχεδὸν ἤ. ἐπ' ἀλληλοισιν ἰόντες,
Ο. 1154. ὑπειργάσαντ'; ΑΓ. Α. ὀρνίθες ἤ. τέκτονες
Λ 1226. ἤ. καὶ χαρίεντές ἤ. οἱ Λακωνικοί.
Β. 762. κατ' Αἰσχύλον δ' ἤσαν ἤ. ἤτεροι σύμμαχοι;
Εκ. 434 ἀλλ' ἤ. ἤττον· ὁ δὲ κατείχε τῇ βοῇ
Π. 664. ἤ. δέ τινες κάλλοι δεόμενοι τοῦ θεοῦ;
1002. } πάλαι ποτ' ἤ., ἄλκιμοι Μιλήσιοι.
1075. }
ᾕσας. Ι. 1303. ὅτι ταῦθ' ὅσ' ᾖ, ἄρτι περὶ τῆς ἀσπίδος
ᾕσε. Ο. 495. κάρτι καθεύδον' καὶ πρὶν δεικνύειν τοὺς ἄλλους αὐτοὺς ἄρ' ᾖ.,
ᾕσει. Β. 823. δεινὴν ἐπισκύνιον ξυνάγων βρυχώμενος ἤ.
ᾖσθ'. Ι. 1337. ἀλλ', ὦ μέλ', οὐκ οἰσθ' οἶος ἤ. αὐτὸς πιρὸς,
Σ. 231. μὰ τὸν Δί', οὐ μέντοι πρὸ τοῦ γ', ἀλλ' ἤ. ἡμᾶς κύνειος·
451. ὥστε σε ζηλωτὸν εἶναι, σὺ δ' ἀχάριστος ἤ. ἄρα.

136   ἠσθ'—ἤψον.

ἠσθ'. Σ. 821. ὦ δύσποθ' ἥρως, ὡς χαλεπῶς ἄρ' ἠ. ἰδεῖν·
Ο. 114. ὅτι πρῶτα μὲν ἠ. ἄνθρωπος, ὥσπερ νῶ, ποτέ.
280. τί τὸ τέρος τουτί ποτ' ἐστίν; οὐ σὺ μόνος ἄρ' ἠ. ἴπσψ,
1051. οἴμοι κακοδαίμων, καὶ σὺ γὰρ ἐνταῦθ' ἠ. ἔτι;
Θ. 63. ἦ που νέος γ' ὢν ἠ. ὑβριστής, ὦ γέρον.
Εκ. 764. διδογμένοισιν ; ὡς ἀνόητος ἠ. ἄρα.
Π. 833. κομιδῇ μὲν οὖν. ΧΡ. οὐκοῦν μετὰ ταῦτ' ἠ. ἄθλιος.
ἤσθα. ΕΙ. 587. ἠ. γὰρ μέγιστον ἡμῖν κέρδος, ὦ ποθουμένη.
ΕΙ. 595. τοῖς ἀγροίκοισιν γὰρ ἠ. χίδρα καὶ σωτηρία.
Ο. 1048. ἀληθὲς οὗτος; ἔτι γὰρ ἐνταῦθ' ἠ. σύ ;
Θ. 642. νῦν· τότε δὲ μήτηρ ἠ. παίδων ἐννέα.
Β 917. οὐχ ἧττον ἢ νυν οἱ λαλοῦντες. ΕΤ. ἠλίθιος γὰρ ἠ..
Εκ. 245. οὐκ ἐνδὸς ἄρ', ὦ μίλ', ἠ. δειγὴ καὶ σοφή·
499. πάλιν μετασκευάζε σαυτὴν αὖθις ἥπερ ἠ.,
Π. 869. ἢ τῶν πονηρῶν ἠ. καὶ τοιχωρύχων;
971. ἐν ταῖς γυναιξὶν ἠ. ; ΓΡ μὰ Δί' ἐγὼ μὲν οὐ.
ἠσθένετο. Π. 688. τὸ γρῄδιον δ' ὡς ἠ. μου τὸν ψόφον.
ᾐσθανόμεσθα. Α. 510. ἀλλ' ἠ. καλῶς ὑμῶν· καὶ πολλάκις ἔνδον
ἂν οὖσαι
ᾐσθείη. Λ. 201. ταύτην μὲν ἂν τις εὐθὺς ἠ. λαβών.
ᾐσθείς. Σ. 1532. ἠ. ἐπὶ τοῖσιν ἑαυτοῦ παισί, τοῖς τρυφῶοις.
ᾐσθένι'. Ι. 408. ἠ. ἰππαιωνίσας καὶ Βακχίβαγχον ᾄσαι.
ᾔσθην. Α. 2. ἠ. δὲ βαιά, πάνυ δὲ βαιὰ τέτταρα·
Λ. 4. φέρ' ἴδω, τί δ' ἠ. ἄξιον χαιρηδόνος ;
13. ἀλλ' ἕτερον ἠ. ἡνίκ' ἐπὶ μύσχῳ ποτὲ
Ι. 696. ἠ. ἀπειλαῖς, ἐγέλασα ψολοκομπίαις.
Ν. 174. ἠ. γαλεώτη καταχέσαντι Σωκράτους·
1240. ἐμοῦ καταπροίξαι. ΣΤ. θαυμασίως ἠ. θεοῖς,
ΕΙ. 1066. αἰβοῖ βοῖ. ΤΡ. τί γελᾷς ; Οἱ. ἠ. χαροποῖσι πιθήκοις.
Ο. 570. ἠ. σύρφῳ σφαγιαζομένῳ. βροντάτω νῦν ὁ μέγας Ζάν.
880. Χίοισιν ἠ. πανταχοῦ προπκειμένοις.
ᾔσθηνται. Σ. 673. οἱ δὲ ξύμμαχοι ὡς ἠ. τὸν μὲν σύρφακα τὸν
ἄλλον
ᾔσθην. Ν. 556. Φρύνιχος πάλαι πεποίηχ', ἣν τὸ κῆτος ἠ.
ΕΙ. 643. ἅττα διαβάλλει τις αὐτῇ, ταῦτ' ἂν ᾔδιστ' ἠ.
ᾔσθον. Ι. 606. ἠ. δὲ τοὺς παγαίους ἐντὶ ποίας Μηδικῆς,
ΕΙ. 1284. εἶεν· ἐπόρεσθεν τοῦ πολέμου κᾆτ' ἠ.
1285. ταῦτ' ᾖδε, ταῦθ', ὡς ἠ. κεκορημένοι,
Fr. 206. ἣν μάλβαν ἐκ τῶν γραμματείων ἠ.
ᾐσθώμεσθα Σ. 888. τὸν δῆμον ἠ. σου
ρσθόμην. Ι. 1282. ἐστὶ δ' οὐ μόνον πονηρός, οὐ γὰρ οὐδ' ἂν ἠ.,
Σ. 176. ταύτη γ'. ἐγὼ γὰρ ἠ. τεχνωμένου.
ΕΙ. 234. φέρ' αὐτὸν ἀποδρῶ· καὶ γὰρ ὥσπερ ἠ.
370, οὐκ ᾖ. ἀγαθὸν τοσαυτονὶ λαβών;
ᾔσθοντο. Ι. 672. ἠ. τὰς δαφνὰς παρ' ἡμῖν ἀξίας;
ᾔσθου. Ν. 292. ἠ. φωνῆς ἅμα καὶ βροντῆς μυκησαμένης θεοσέπ-
του;
Ἡσίοδος. Β. 1033. Μουσαῖος δ' ἐξακέσεις τε νόσων καὶ χρη-
σμοὺς, Ἡ. δὲ
ᾗσμεν. Fr. 198, 4. οἶς ἠ. ὄντας ᾀδαφοίτας καὶ θαμὰ
ᾐσοδόντω. Π. 743. τὸν Πλοῦτον ἠ. καὶ τὴν νυχθ' ὅλην
Π. 752. ἔχοντες ὀλίγον αὐτὸν ἠ. καὶ
ᾐσπέρ. ΕΙ. 714. ἀπάγαγε τῇ βουλῇ λαβών, ἠ. ποτ' ἦν.
ᾖστ'. ΕΙ. 821. μικροὶ δ' ὁρᾶν ἄνωθεν ἠ. ἐμοιγέ τοι
ᾔστην. Ι. 982. τῇ πόλει μέγας, οὐκ ἂν ἠ.
Ο. 19. τὼ δ' οὐκ ἄρ' ἠ. οὐδὲν ἄλλο πλὴν δάκνειν,
ᾐστραπτεν. Α. 531. ἠ., ἐβρόντα, ξυνεκύκα τὴν Ἑλλάδα.
ᾐσυχῇ. Ν. 324. ἠ. αὐτάς. ΣΤ. φέρε, πού; δεῖξον. ΣΩ. χωροῦσ'
αὗται πάνυ πολλαί.
Π. 692. κατέπινε δ' αὐτὴν ἐντυλίξας ἠ.
735. τοιαύτα δ' ὑπὸ τὴν φωνικὶδ' ὑπόδυνθ' ἠ.
ἡσυχίαν. Α. 1224. καθ' ἠ. ἀπίουσιν εὐσχημάνοι ;
Β. 321. κἀμοὶ δοκοῦσιν, ἠ. τοίνυν ἄγειν
Π. 921. ἐκεῖνο δ' οὐ βούλει ἂν, ἠ. ἔχων
Ἡσυχίας. Ο. 1321. τό τε τῆς ἀγανόφρονος Ἡ.
ἡσυχίας. Σ. 1517. ἵν' ἐφ' ἠ. ἡμῶν πρόσθεν βεμβικίζωσιν
ἑαυτοῖ.
Λ. 1289, ἠ. πέρι τῆς μεγαλοφρονος.
ᾐσυχον. Σ. 190. εἰ μή μ' ἐάσεθ' ἠ., μαχούμεθα.
ᾐσύχος. Ν. 1244. ἀνυπευθύνω ἀπονηνάμενος. ΣΤ. ἔχε νυν ἠ.
ΕΙ. 82. ἠ. ἠ., ἠρέμα, πάνθων·
Ο. 1199. αὕτη σὺ ποῖ σοῖ ποῖ πέτει ; μέν' ἠ.,
Θ. 925. ἐγὼ δ' ὁ κακοδαίμων τί δρῶ; ΕΤ. μέν' ἠ.
Εκ. 152. λέγεις τὰ βέλτισθ', ἵν' ἱκαθήμεθ' ἠ.
Π. 127. ἂ, μὴ λέγ', ὦ πονηρέ, ἀλλ' ἔχ' ἠ.. ΧΡ. ἔχ' ἠ.
ᾔσχυντο. Π. 981. οὐ πολλὰ καὶ γὰρ ἐνομίζομεν μ' ἠ.
Π. 988. εἰρήνης, ἀλλὰ δῆλον ὅτι σ' ἠ.
ᾐσωρηκότος. ΕΙ. 11. ἑτέραν ἑτέραν δὸς παιδὸς ἠ.
ἠτε. Α. 44. πάρω', ὡς ἂν ἐντὸς ἠ. τοῦ καθάρματος.

ἤτε. Εκ. 1086. χαλεπαί γ' ἂν ἠ. γενόμεναι πορθμῆς. ΓΡ. D. τίη;
ἠτέρα. Λ. 85. ᾐδὲ δὲ ποδαπή 'σθ' ἡ νεᾶνις ἠ. ;
Α. 90. τίς δ' ἠ. παῖς ; ΛΛ. χαία καὶ τῷ σιῷ,
ἤτης. Ι. 574. τῶν πρὸ τοῦ σίτησιν ἠ. ἐρόμενος Κλεαίνετον
Π. 982. ἀλλ' ἀργυρίου δραχμὰς ἂν ἠ. εἴκοσιν
1012. ἔπειτ' ἴσως ἠ. ἂν εἰς ὑποδήματα.
ᾐτησά. Β. 487. τῶν δεινῶς, ὥστε σπιγγηγὴν ἠ. σε;
Εκ. 157. τί δ' ἔστιν ; οὐ γὰρ δὴ τιεῖν γ' ἠ. σε
ᾔτησεν. Θ. 633. σκάφιον Ξίγυλλ' ἠ.· οὐ γὰρ ἦν ἀμίς.
Β. 544. χρωστρίδ', εἴτ' ἠ. ἀμίδ', ί.
ἤτιν. Ν. 960. ῥῆξαν φωνὴν ἠ. χαίρεις, καὶ τὴν σαυτοῦ φύσιν
εἰπέ.
ἥτις. Ι. 1301. καὶ μίαν λέξαι τιν' αὐτῶν, ἠ. ἦν γεραιτέρα· κ.τ.λ.
ἤτοι. Ι. 437. ὡς οὗτος ἠ. καικίας ἢ συκοφαντίας πνεῖ,
ᾔτουν. Fr. 20. ἔσειον, ἠ. χρήματ', ἠπείλουν, ἐσυκοφάντουν
Fr. 48. ᾗ.
ᾐτριαίαν. Fr. 421. 5. ἠ. φέρετε δεῦρο μετὰ κολλάβων
ᾐτριαίον. Fr. 302. 6. οὐδὲ σχαθῶνες, οὐδ' ἠ. δελφακος,
ᾔτρον. Θ. 509. τέξειν· τὸ γὰρ ἠ. τῆς χύτρας ἐλάκτισεν.
ᾐττᾶσθαι. Ι. 1230. φράζων, ὑφ' οὗ χρεὼν ἔμ' ἠ. μόνου.
ᾐττᾶσθε. Π. 482. τὸ γὰρ αὖτ', ἐὰν ἠ., καὶ σφὼ δεῖ παθεῖν.
ᾐττηθείς. Ν. 525. ἠ. οὐκ ἀξιος ὢν ταῦτ' οὖν ὑμῖν μέμφομαι
ᾐττήθης. Ο. 70. ὁρῶ· ἐγὼγε δοῦλος. ΕΤ ἠ. τινὸς
ᾔττηθη. Σ. 523, ἣν γὰρ ἠ. λέγων σου, περιπεσοῦμαι τῷ ξίφει.
ᾐττήμεθ'. Ν. 1103. ἠ., ὦ κινούμενοι,
ᾐττημένος. Ι. 658. κἀγωγ' ὅτι δὴ 'γωγ' τοῖς Βολίτοις ἠ.,
ᾐττητία. Λ. 450. ἀτὰρ οὐ γυναικῶν οὐδέποθ' ἔσθ' ἠ.
ᾗττον. Α. 256. σοῦ μηδὲν ἠ. βδεῖν, ἐπειδὰν ὄρθρος ᾗ.
Ν. 1419. ποφπερ ἐξαμαρτάνειν ἠ. δίκαιον αὐτούς.
1423. ᾗ. τί δ' ἢν ἐξαντι καμοί καινὸν αὖ τὸ λοιπόν
Σ. 918. θερμὸς γὰρ ἀνὴρ οὐδὲν ἠ. τῆς φακῆς.
ΕΙ. 1186. ἠ., οἱ θεοῖσιν οὗτοι κἀνθράσιν μιάσοιεθαι.
Ο. 762. εἰ δὲ τυγχάνει τις ὢν Φρὺξ μηδὲν ἠ. Σπινθάρου,
Λ. 795. κείνου, ἡμεῖς τ' οὐδὲν ᾗ.
Θ. 753. ἀλλ' οὐδὲν ᾗ. ᾔδ' ἀποσφαγήσεται.
Β. 300. Διώνυσε τοίνυν. ΔΙ τοῦτ' ἴσθ' ᾗ. θατέρου.
917. οὐχ ᾗ. ἢ νῦν οἱ λαλοῦντες. ΕΤ. ἠλίθιος γὰρ ᾖσθα,
949. ἀλλ' ἔλεγεν ἡ γυνὴ τε μοι χὼ δοῦλος οὐδὲν ᾗ.,
Π. 1118. καί τοι μηδὲν ἂν ἄλλων μοι δοκῶ ᾗ. εἰδέναι.
Fr. 397. 2. τοὺς νοῦς δ' ἀγοραίους ᾗ. ἢ 'κείνους ποιῶ.
ᾗττον. Π. 572. ἀτὰρ οὐχ ᾗ. γ' οὐδὲν κλαύσει, μηδὲν ταύτη γε
κομήσῃς.
ᾗττονα. Ν. 113.   τὸν κρείττον', ὅστις ἐστι, καὶ τὸν ᾗ.
883.
Ν. 114. τούτοιν τὸν ἕτερον τοῖν λόγοιν, τὸν ᾗ.,
1337. ποίων λόγων ; ΦΕ. τὸν κρείττον', ἢ τὸν ᾗ. ;
ᾗττονας. Ν. 1042. αἱρούμενον τοὺς ᾗ. λόγους ἔπειτα νικᾶν.
ᾗττονες. Π. 363. ἀλλ' εἰσι τοῦ κέρδους ἅπαντες ᾗ.
ᾗττων. Εκ. 434. ἀλλ' ᾖσαν ᾗ. ὁ δ' ἠ. δὲ κατεῖχε τῇ βοῇ,
ᾗττω. Ν. 1445. ταῦθ' ἕτερον αὖ μεῖζον κακόν. ΦΕ. τί δ', ἢν
ἔχων τὸν ᾗ.
Ν. 1452. καὶ τὸν λόγον τὸν ᾗ.
ᾗττων. Π. 893. ἀπολεῖς σύ· τίς ὦν ; ΑΔ. λύγος. ΔΙ ᾗ. γ' ὤν.
Ν. 1038. ἐγὼ γὰρ ᾗ. μὲν λόγος δι' αὐτὸ τοῦτ' ἐκλήθην
1081. κἀκεῖνος ὡς ᾗ. ἐραστός ἐστι καὶ γυναικῶν
Σ. 549. τῆς ἡμετέρας ἀρχῆς οὐδεμιᾶς ᾗ. εἶτε βασιλείας.
Θ. 804. Ναυσιμάχης μέν γ' ᾗ. ἐστιν Χαρμῖνος· δῆλα δὲ τᾆργα
Π. 944. ἀτέμφ' γιγνώσκων γὰρ ᾗ. ὢν πολύ
ηὐαινόμην. Fr. 514.   ὥστ' ἔγωγ' ᾖ.
ηὔδα. Σ. 582. ἐν φορβειᾷ τοῖσι δικασταῖς ἔξοδον η. αἰσιοῦσιν
ηὐξανόμην. Σ. 638. η. ἀπονῶν,
ηὔτε. Fr. 94. ὑσφὴν δ' ἐξ ἄκρων διακιγκλίσων ᾐ. κίγκλον
ηὐτρεπισμένα. Π. 626. καὶ πᾶλλ' ὅσ' ἐστὶν ἕτοίμα ᾐ.
Ἡφαίστου. Π. 661. καθωσιώθη, πίλαυες, Ἡ. φλογί,
ηφάνιστο. ΕΙ. 631. οὐκ εἴτ' ἠν οὐδεὶς ὁ πανίων, ᾗδε δ' ᾐ.
ηφάνισεν. Π. 741. ᾗ. αὐτῶν οὔ τ' ὕφεις ἐν τῶν οἰκίαν.
ᾐχεῖν. Ν. 164. τῶν προυτῶν ᾐ. ὑπὸ βίας τοῦ πνεύματος.
ᾐχθέσθε. Εκ. 1199. Κορινθίοις ᾐ., κἀκείνοι τοῖς γραπτίοις
ᾐχθοντο. Εκ. 195. ὅτι δὴ δ' ἐγένετ' ᾐ., τῶν δὲ μητρὸς
ἠχώ. Ο. 216. μίλακος ἢ πρὸς Διὸς ἕδρας,
Θ. 996. Κιθαιρώνιος ᾐ.,
1059. ᾐ. λύγων οὐδενὸς ἐπικοπκύστρα,
ᾐψε. Β. 505. ἔζεντεν ἄρτους, ᾐ. κατερυτὰς χύτρας
ᾐψει. Fr. 507. ἐν ᾖ τὰ κυδώνι' ᾐ. ἐζηριμηρίνα.
ᾐψην. Fr. 355. πρώπν ἐραυιστὰς ἑστιῶν ᾐ. ἔτνος.
ᾐψομεν. Fr. 100, 2. ᾐ. ταιρεῷ.
ᾐψομενοι. Σ. 239. ἐφ' οἷς ᾐ. τοῦ κορκύρου, κατασχίσαντες αὐτόν,
ᾐψον. Fr. 548. πολφοὺς δ' οὐχ ᾐ. ὁμοῦ βολβοῖς.

θ'—θαυμάζειν. 137

Θ

θ'. A. 85. εἶτ' ἐξένιζε, παρετίθει θ' ἡμῖν ὅλους κ.τ.λ.
θάγονται. Α. 1256. θ., οἴμ, τὸν Ὀδόντα·
θαῖμα. Λ. 205. εὔχρων γε θ. κἀποπυτίζει καλῶς.
θαιμάτι'. Λ. 1084. θ. ἀπαστέλλονται· ὥστε φαίνεται
θαιμάτια. Σ. 408. ἀλλὰ θ. βαλόντες ὡς τάχιστα, παιδία,
  Λ. 1093. εἰ σωφρονεῖτε, θ. λήψεσθ', ὅπως
  Εκ. 26. ἢ θ. τἀνδρεῖα κλείψασαι λαβεῖν
  75. καὶ θ. τἀνδρεῖα, καθάπερ εἴπαμεν.
  99. ξυστειλάμεναι θ.· τὸν πώγωνά τε
  275. καὶ θ. τἀνδρεῖα γ' ἅπερ ἐκλέγατε
θαιματίδια. Λ. 401. ἔλουσαν ἡμᾶς, ὥστε θ.
θᾶκον. Β. 1515. ταῦτα ποιήσω· σὺ δὲ τὸν θ.
  Β. 1522. μηδέποτ' ἐς τὸν θ. τὸν ἐμὸν
θάκων. Ν. 993. καὶ τῶν θ. τοῖς πρεσβυτέροις ὑπανίστασθαι προσ-
  ιοῦσιν,
θαλάμακι, Β. 1074. νὴ τὸν Ἀπόλλω, καὶ προσπαρδεῖν γ' ἐς τὸ
  στύμα τῷ θ.,
θαλαμιᾶν. El. 1232. τηδί, διεῖς τὴν χεῖρα διὰ τῆς θ.
θαλαμιῶν. Α. 553. τύλων ψοφούντων, θ. τροπουμένων,
θαλάμοις. Λ. 593. περὶ τῶν δὲ κορῶν ἐν τοῖς θ. γηρασκουσῶν
  ἀνιῶμαι.
θαλάσσης. Ι. 1088. καὶ γὰρ ἐμοί, καὶ γῆς καὶ τῆς ἐρυθρᾶς γε θ.
  Ν. 567. γῆς τε καὶ ἀλμυρᾶς θ. ἀγρίου μοχλευτὴν·
  Ο. 250. ὥ τ' ἐπὶ ποντίου οἶδμα θ.
  Β. 1309. ἀλκυώνες, αἳ παρ' ἀενάοις θ.
θαλασσίοιο. Α. 1519. τοῦ θ.
θάλατταν. Α. 195. κατὰ γῆν τε καὶ θ. ΔΙ. ὦ Διονύσια,
  Ι. 431. ὁμοῦ ταράττων τὴν τε γῆν καὶ τὴν θ. εἰκῇ.
  Ν. 1290. τί δῆτα; τὴν θ. ἔσθ' ὅτι πλείονα
  El. 507. πρὸς τὴν θ. ὀλίγον ὑποχωρήσατε.
  Ο. 118. καὶ γὴν ἐπενέτου καὶ θ. ἐν κύκλῳ,
  145. παρὰ τὴν ἐρυθρὰν θ. ΕΤ. οἴμοι, μηδαμῶς
  Π. 656. πρῶτον μὲν αὐτῶν ἐπὶ θ. ἤγομεν,
θαλάττῃ. Α. 534. μήτ' ἐν θ. μήτ' ἐν ἠπείρῳ μένειν.
  Ι. 610. μήτε τῇ γῇ μήτ' ἐν θ. διαφυγεῖν τοὺς ἱππέας.
  Σ. 23. κἀν τῇ θ. θηρίον τὴν ἀσπίδα.
  Π. 658. ἀνὴρ γέρων ψυχρᾷ θ. λούμενος.
θαλάττῃ'. Ο. 1333. τὰ θ. ἔπειτα δ' ὅσοι φρονίμως
θαλαττοκοπεῖς. Π. 396. νὴ τὸν Ποσειδῶ, ΒΛ. τὸν θ. λέγεις·
θαλαττοκοπεῖτε. Ι. 830. τί θ. καὶ πλατυγίζεις,
θαλεροῖς. Ι. 1270. καὶ γὰρ οὗτος, ὦ φίλ' Ἄπολλον, ἀεὶ πεινῇ, θ.
  δακρύοισιν
θαλῆν. Ν. 180. τί δῆτ' ἐκεῖνον τὸν Θ. θαυμάζομεν;
θαλῆς. Ο. 1009. ἀντίνες ἀπολάμπωσιν. ΠΕ. ἄνθρωπος Θ.
θαλίαι. Ν. 309. εὐστέφανοί τε θεῶν θυσίαι θ. τε.
θαλίας. El. 780. καὶ θ. μακάρων· σοὶ γὰρ τάδ' ἐξ ἀρχῆς μέλει.
  Ο. 733. νεότητα, γέλωτα, χοροὺς, θ.,
θάλλει. Θ. 1000. εὐπέταλος ἕλμι θ.
θαλλούς. Εκ. 743. κόμιζε, τοὺς θ. καθίστη πλησίον,
θαλλοφόροι. Σ. 543. θ. καλούμεθ', ἀν-
θάλπει. Ο. 1092. ἀκτὶς τηλαυγὴς θ.
θάλπεται. Ο. 1096. θ. μεσημβρινοῖς ἡλιομανὴς βοᾷ.
θαλψθῇ. Ι. 210. ἤδη κρατήσειν, αἴ κε μὴ θ. λόγοις.
θἀμ'. θ. 952. τοιαῦτα μίλει θ. ἐμπί.
θαμά. Ι. 990. μύττεσθαι θ. τὴν λύραν,
  Ο. 234. ὅσα τ' ἐν ἄλομι θ.
  Π. 1166. οὐκ ἐτὸς ἅπαντες οἱ δικάζοντες θ.
  Fr. 198, 4. αὐτ ἴαμεν ὄντας ἀδωφοίτας καὶ θ.
θάμβος. Ο. 781. εἶλε ἰδ θ. ἀναστὰς Ὀλυμπιάδες δὲ μέλος Χά-
  ριτες Μοῦ-
θαμίν'. Π. 292. ὑμᾶς ἄγειν. ἀλλ' εἶα τέκεα θ. ἐπαναβοῶντες
θάμνοις. Ο. 615. ἀλλ' ὑπὸ θ. καὶ πρινιδίοις
θάμνῳ. El. 1298. ἀσπιδι μὲν Σαίων τις ἀγάλλεται, ἣν παρὰ θ.
θάνατον. Α. 417. αὕτη δὴ θ., ἣν κακῶι λέξω, φέρει.
  El. 371. ἀρ' οἶσθα θ. ὅτι προεῖδ' ὁ Ζεὺς δε ἀν
  Π. 1394. θ. γὰρ εἰσέφανε βαρύτατον κακῶν.
  Fr. 390, 1. τὸ γὰρ φοβεῖσθαι τὸν θ. ληροὶ πολύς·
θάνατος. Ι. 84. ὁ Θεμιστοκλίους γὰρ θ. αἱρετώτερος.
  Σ. 898. ὁ μὲν οὖν κύνειος, ἣν ἄπαξ ἀλῇ.
  Β. 1392. μόνος θεῶν γὰρ θ. οὐ δώρων ἐρᾷ.
θανάτων. El. 170. ἐνθένδε πάθων, τοῦμοῦ θ.
  θ. 731. ἀπόδωθι ταχέως· τοῦ θ. δ', ὦ παιδίον,
  1072. θ. τλήμων, ΕΤ. θ. τλήμων·
  Εκ. 187. ὁ δ' οὐ λαβὼν εἶναι θ. φῆς' ἀξίους

Θανάτους. Π. 483. ἱκανοὺς νομίζεις δῆτα θ. εἴκοσιν;
θανάτῳ. Εκ. 905. τῷ θ. μέλημα.
  Θ. 592. ἀωρὶ θ. ἀπέθανεν.
θαιρῶν. Α. 893. ἀλλ' ἔσφερ' αὐτὴν· μηδὲ γὰρ θ. ποτε
θάρρει. Α. 830. θ. Μεγαρίκ'· ἀλλ' ἦς τὰ χοιρίδ' ἀπόδου
  El. 725. πῶς δῆτ' ἐγὼ καταβήσομαι; ΕΡ. θ., καλῶς·
  Θ. 243. θ. ΜΝ. τί θαρρῶ καταπεπυρπολημένος·
  Β. 302. τί δ' ἔστι; ΞΑ. θ.· πάντ' ἀγαθὰ πεπράγαμεν,
  Εκ. 796. θ., καταθήσεις, κἂν ἕνης ἔλθῃς. ΑΝ. Α. τιῆ;
  1002. ὑπὸ τοῦ δέους. ΓΡ. Β θ., βαδιζ'· ἔνδον χεσεῖ.
  Π. 328. θ.· βλέπειν γὰρ ἀντικρὺς δόξεις μ' Ἄρη
  452. θ.· μόνος γὰρ ὁ θεὸς οὗτος οἶδ' ὅτι
  1091. ἐγὼ δέ γ' οὐκ εἴσειμι, ΧΡ. θ., μὴ φοβοῦ.
  1188. θ.· καλῶς ἔσται γὰρ, ἢν θεὸς θέλῃ.
θαρρεῖτ'. Εl. 286. ἴσως ἂν εὖ γένοιτο· θ., ὦ βροτοί.
Θαρρελείδου. Ο. 17. κύπιδοτο τὸν μὲν θ. τουτονί
θαρρῆσαι. Εκ. 1060. ἐλθόντα θ. πρὸς ἐμαυτὸν· εἰ δὲ μὴ,
θαρρήσας. Ι. 623. τιστε, θ. λέγ', ὡς ἐ-
  Ο. 461. λέγε θ.· ὡς τὰς σπονδὰς σὺ μὴ πρότερον παραβῶμεν
  1512. ὑπόδυθι ταχὺ δὴ, κἆτα θ. λέγε.
θαρρῶ. Θ. 243. θάρρει. ΜΝ. τί θ. καταπεπυρπολημένος;
θαρρῶν. Ι. 15. ἀλλ' εἰπὲ θ., εἶτα κἀγώ σοι φράσω.
  Ν. 141. λέγε νυν ἐμοὶ θ.· λέγω γὰρ οὑτοσὶ
  422. ἀμέλει θ., οὕνεκα τούτων ἐπιχαλκεύειν παρέχοιμ' ἄν.
  427. λέγε νυν ἡμῖν ὅ τι σοι δρῶμεν θ., ὡς οὐκ ἀτυχήσεις,
  436. ἀλλὰ σεαυτὸν παράδος θ. τοῖς ἡμέτεροις προπόλοισι·
  990. πρὸς ταῦτ', ὦ μειράκιον, θ. ἐπὶ τὸν κρείττω λόγον
  αἱροῦ.
  Σ. 388. σαυτὸν θ. κἀπενεξάμενος τοῖσι πατρῴοισι θεοῖσιν.
  547. τῆς ἡμετέρας, νυνὶ θ. πᾶσαν γλῶτταν βασάνιζε.
  El. 159. ἰσὶ σαυτὸν θ. ἀπὸ γῆς,
  Β. 7. θ. γ'· ἐκεῖνο μόνον ὅπως μὴ 'ρεῖς, ΞΑ. τὸ τί;
  1005. ἂν κοσμήσας τραγικὸν λῆρον, θ. τὸν κρανοῦν ἀφίει.
θἂν'. El. 906. θ. ὡς προθύμως ὁ πρύτανις παρεδέξατο.
θᾶσαι. Θ. 280. ὦ θύγατερ, θ., καομένων τῶν λαμπάδων
θᾶσθε. Α. 770. οἳ δειρά· θ. τοῦδε τὰς ἀπιστίας·
Θᾶσι. Εκ. 1119. τούτων ἀπάντων τὰ θ. ἀμφορείδια.
Θασίαν. Α. 671. οἱ δὲ θ. ἀνακινδῦναι λιπαράμπυκα,
Θάσιον. Λ. 196. μηλοσφαγοῦσι θ. οἴνου σταμνίον,
  Π. 1021. εἰ θ. γενέσεις, εἰκότως γε νὴ Δία.
  Fr. 301, 2. οὐ Χῖον, οὐχὶ θ., οὐ Πεπορημένον,
Θασίον. Fr. 128. ὑποπρεσβύτεραι γραῖς θ. μέλανος μεστὸν * *
θάσσει. Σ. 1482. τίς ἐν' αὐλείοισι θύραις θ.;
θάσσεις. Θ. 880. τί δαὶ σὺ θ. τάσδε τυμβήρεις ἕδρας
θᾶτερα. Ν. 1108. εὖ μοι στομώσεις αὐτόν, ἐπὶ μὲν θ.
θατέρα. Α. 789. ὡς ἐνγυενὴς ὁ κύσθος αὐτῇ θ.,
θατέρᾳ. Ο. 1365. τὴν πτέρυγα, καὶ τουτὶ τὸ πλῆκτρον θ.,
θάτερον. Π. 295. νὴ τὸν Ποσειδῶ, καὶ βολίτινον θ.,
θάτερον. Ο. 109. μῶν ἡλιαστά; ΕΤ. μᾶλλα θ. τρόπου,
  Β. 300. Διόνυσε τοίνυν. ΔΙ. τοῦτ' εὖ θέρειν· τὸ δὲ
θατέρῳ. Σ. 497. ἢ λαχανόπωλις παραβλίψασά φησι θ.·
  Εκ. 498. παραβλέπουσα θ.,
θᾶττον. Ν. 506. ἀνύσας τι δεῦρι θ.· ΣΤ. ἐς τὼ χεῖρέ νυν
  Ν. 1253. οὔκουν ἀνύσας τι θ. ἀπολιταργιεῖς
  Σ. 180. βάδιζε θ. τί στένεις, εἰ μὴ φέρεις
  187. ὕπελκε θ. αὐτόν, ὦ μιαρώτατος,
  824. εἰ θ. ἐκοδίζου σὺ, θ. ἂν ἤγον
  El. 727. ἕπεσθον ἅμ' ἐμοὶ θ., ὡς πολλοὶ πάνυ
  1110. σπουδῇ. ΤΡ. καὶ ταυτὶ καθ' αὐτὴ τῆς σπανθὴς λαβὲ θ.
  1126. οὐκ ἀποπετήσει θ. εἰς Ἐλύμνιον·
  Ο. 1317. θ. φέρειν κελεύω.
  1324. οὗ θ. ἐγκονήσεις;
  Λ. 320. ὥσπερ πυρὸς καομένου σπευστέον ἐστί θ.
  686. ἀλλὰ χῃμεῖς, ὦ γυναῖκες, θ. νῦν ἀρώμεθα,
  Π. 1186. αὐλεῖ σὺ θ. ὅτι δίδοικας τὸν Σκύθην;
  Β. 94. ἡ ἀδὸς χῄμεῖς, ὧν μόνων ὀργᾷν λαβῇ,
  Εκ. 235. τίς τῆς τεκοῦσης θ. ἐπιμέλειαν ἂν;
  Π. 604. ἕρρ' ἐς κύρακας θ. ἀφ' ἡμῶν.
θαῦμα. Ο. 511. τουτὶ τοίνυν οὖν ἤδη 'γὼ καὶ δῆτα μ' ἐλάμ-
  βανε θ.,
θαῦμ'. Σ. 11:39. κοῦ θ. γ'· ἐς Σάρδεις γὰρ οὐκ ἐλήλυθας.
  Π. 99. καὶ θ. γ' οὐδὲν· οὐδ' ἐγὼ γὰρ ὦ βλέπων.
θαυμάζει. Σ. 1072. εἶτα θ. μ' ὁρῶν μέσον διεσφηκωμένον.
θαυμάζειν. Ι. 512. ὡ δὲ θ. ὑμῶν φησιν πολλοὺς αὐτῷ προσιόντας,

θαυμάζειν—θέλων.

θαυμάζειν. Ο. 1135. ἀλλ' αὐτόχειρες, ὥστε θ. ἐμέ.
Ο. 1255. τὴν Ἶριν αὐτήν, ὥστε θ. ὅπως
Π. 1008. ἀπύκρινα͜ί μοι, τίνος οὕνεκα χρῆ θ. ἄνδρα ποιητήν;
θαυμάζεις. Ο. 1164. οὗτος, τί ποιεῖς; ἆρα θ. ὅτι
Εκ. 992. οἶδ' ὅτι φιλοῦμαι· νῦν δὲ θ. ὅτι
θαυμάζετε. Εκ. 727. τὴν τῆς στρατηγοῦ τούτου οὗ θ.;
θαυμάζομεν. Ι. 598. ἀλλά γάν τῇ γῇ μὲν αὐτῶν οὐκ ἄγαν θ.,
Ν. 180. τί δῆτ' ἐκεῖνον τὸν Θαλῆν θ.;
θαυμάζον. Εἰ. 1292. ἢ γὰρ ἐγὼ θ. ἀκούων, εἰ σὺ μὴ εἴης
θαυμάζω. Ι. 211. τὰ μὲν λύγι' αἰκάλλει με· θ. δ' ὅπως
Ι. 985. ἀλλὰ καὶ τῶδ' ἔγωγε θ.
Β. 1257. θ. γὰρ ἔγωγ' ὅπῃ
θαυμάζων. Ν. 428. ἡμᾶς τιμῶν καὶ θ. καὶ ζητῶν δεξιὸς εἶναι.
θαυμάσαι. Π. 809. τὰ σκευάρια πλήρη 'στίν, ὥστε θ.
θαυμάσιον. Π. 340. ἔστιν δέ μοι τοῦτ' αὐτὸ θ., ὅπως
θαυμάσιον. Θ. 468. οὐ θ. ἔστ', οὐδ' ἐπιζεῖν τὴν χολήν.
θαυμασίως. Ν. 1240. ἐμοῦ καταπρούξει. ΣΤ. θ. ἥσθην θεοῖς,
θαυμασον. Σ. 1215. ὀροφὴν θέασαι, κρεκάδι αὐλῆς θ.·
θαυμάστ'. Ο. 1470. πολλὰ δὴ καὶ καινὰ καὶ θ.
θαυμαστά. Β. 207. βατράχων κύκνων θ. ΔΙ. κατανέλευε δή.
D. 1261. πάνυ γε μέλη θ. δείξει δὴ τάχα.
θαυμασταῖς. Ι. 1325. καὶ θ. πολυύμνοις, ἵν' ὁ κλεινὸς Δῆμος ἐνοικεῖ.
θαυμαστάς. Ι. 1322. καὶ πού 'στιν νῦν, ὦ θ. ἐξευρίσκεις ἐπινοίας;
θαυμαστήν. Σ. 13. καὶ δῆτ' ὄναρ θ. εἶδον ἀρτίως.
Εἰ. 696. εὐδαιμονεῖ· πάσχει δὲ θ. ΕΡ. τὸ τί;
Θ. 520. τουτὶ μέντοι θ.,
θάψαι. Εκ. 1107. θ. μ' ἐπ' αὐτῷ τῷ στόματι τῆς ἐσβολῆς
θαψίνη. Σ. 1413. γυναικὶ κληπευειν ἔοικας θ.,
θεά. Εἰ. 816. Μοῦσα θ. μετ' ἐμοῦ ξύμ-
Εἰ. 974. ὦ σεμνοτάτη βασίλεια θ.
Λ. 341. ἅς, ὦ θ., μή ποτ' ἐγὼ πιμπραμένας ἴδοιμι,
1290. ἣν ἐποίησε θ. Κύπρις.
θεᾷ. Β. 446. οὗ παινιχίζουσιν θ., φέγγος ἱρὸν οἴσων.
Fr. 23. τί δαί; κυνίδιον λευκὸν ἐπρίω τῇ θ.
θεαί. Ν. 265. λαμπροί τ' Αἰθήρ, σεμναί τε θ. Νεφέλαι Βροντησικέραυνοι,
Ν. 316. ἥκιστ', ἀλλ' οὐράνιαι Νεφέλαι, μεγάλαι θ. ἀνδράσιν ἀργοῖς·
365. αὗται γάρ τοι μόναι εἰσὶ θ.· τἄλλα δὲ πάντ' ἐστὶ φλύαρος.
Εἰ. 1070. εἰ γὰρ μὴ Νύμφαι γε θ. Βάκιν ἐξαπάτασκον,
θεαῖν. Θ. 285. τὸ πύπανον, ὅπως λαβοῦσα θύσω ταῖν θ.
Θ. 948. ὅταν ὄργια σεμνὰ θ. ἱεραῖς ὥραις ἀνέχωμεν, ἄπερ καὶ
1151. ὄργια σεμνὰ θ., ἵνα λαμπάσι φαίνετον ἄμβροτον ὄψιν,
θεαῖς. Θ. 1100. θ. ὁμοίαν ναῦν ὅπως ἁρμόσομεν·
θέαμα. Ο. 1716. χωρεῖ, καλόν θ.· θ. θυμαμάτων δ'
θεάν. D. 384. Δήμητρα θ., ἐπικοσμοῦντες ζαθέαις μολπαῖς κελαδεῖτε.
θέαν. Fr. 710. θ.
Fr. M. Δαιτ. 9, 1. ἐπιδείπνιον βασιλείς θ.
Θεωρίωνος. Fr. 199, 1. ἦπω θ. ἀρτοπώλιον.
θεάς. Ν. 329. ταύτας μέντοι σὺ θ. οὔσας οὐκ ᾔδεις οὐκ ἐνόμιζες;
Ν. 1121. ἦν δ' ἀτιμάσῃ τις ἡμᾶς θνητὰς ὢν οὔσας θ.,
θεάς. Ο. 1718. ὁδὶ δὲ καυτὸς ἔστιν. ἀλλὰ χρῆ θ.
Β. 441. νῦν ἱρὸν ἀνὰ κύκλον θ., ἀνθοφόρον ἂν' ἄλσος
θέασαι. Α. 366. ἰδοὺ θ., οὐ μ' ἐπίξηνον τοδὶ,
Ι. 997. ἰδού, θ., κοὺξ ἅπαντας ἐπιφρος.
Σ. 1215. ὀροφὴν θ., κρεκάδι' αὐλῆς θαύμασον
θεασάμενος. Β. 1022. ὁ θ. πῶς ἂν τις ἀνὴρ θράσθη δάϊος εἶναι.
θεάσασθε. Β. 1342. τάδε τέρατα θ.
θεᾶσθαι. Ι. 536. καὶ μὴ ληρεῖν, ἀλλὰ θ. λιπαρὸν παρὰ τῷ Διονύσῳ.
Σ. 578. παίδων τοίνυν δοκιμαζομένων ἀδοκία πάρεστι θ.
Θ. 234. βούλει θ. σαυτήν; ΜΝ. εἰ δοκεῖ, φέρε.
θεασώμεσθα. Ο. 664. καὶ νῷ θ. τὴν ἀηδόνα.
θεαταί. Ν. 575. ὦ σοφώτατοι θ., δεῦρο τὸν νοῦν πρόσχετε.
Σ. 1071. εἴ τις ὑμῶν, ὦ θ., τὴν ἐμὴν ἰδὼν φύσιν
1527. ζωσιν οἱ θ.
Εἰ. 1115. ἄγε δή, θ., δεῦρο συσπλαγχνεύετε
Ο. 753. εἰ μετ' ὀρνίθων τις ὑμῶν, ὦ θ., βούλεται
Θ. 391. εἰσὶν θ. καὶ τραγῳδοὶ καὶ χοροί,
θεαταί. Ν. 535. ζητοῦσ' ἠλθ', ἤν πού 'πιτύχῃ θ. οὕτω σοφοῖς.
Ν. 890. τοῖσι θ., καίπερ θρασὺς ὤν.
Σ. 54. φέρε νυν κατείπω τοῖς θ. τὸν λόγον,
1016. μιμήσασθαι γὰρ εἰωθε θ. ὁ ποιητὴς τὴν ἐπιθυμεῖ.
Εἰ. 732. ἀλλὰ φυλάττετε ταῦτ' ἀνδρεῖοι· ἡμεῖς δ' αὖ τοῖσι θ.,
962. καὶ τοῖς θ., δῶτε τῶν κριθῶν. ΟΙ. ἰδού.
Ο. 416. καὶ τοῖς θ. πᾶσιν, ΠΕ. ἔσται ταυταγί.
Εκ. 532. ὡς τὸ ταχύνειν χαρίτων μετέχει πλεῖστον παρὰ τοῖσι θ.

Θεαταῖσιν. Ι. 36. βούλει τὸ πρᾶγμα τοῖς θ. φράσω;
Ι. 1210. δέξομαι κρίνειν τοῖς θ. σοφῶς·
θεατάς. Α. 412. τοὺς μὲν θ. εἰδέναι μ' ὅς εἰμ' ἐγώ,
Ν. 521. ὡς ὑμᾶς ἡγούμενος εἶναι θ. δεξιοὺς
Β. 909. ὦν ἦν ὑλαξων καὶ φίναξ, οἴοις τε τοὺς θ.
Εκ. 583. καὶ μὴν ὅτι μὴ χρηστὰ διδάξω πιστεύω· τοὺς δὲ θ.
θεατής. Β. 919. ὑπ' ἀλαζονείας, ἵν' ὁ θ. προσδοκῶν καθοῖτο.
θέατρον. Α. 629. οὔπω παρέβη πρὸς τὸ θ. λέξων ὡς δεξιός ἐστιν·
Ι. 233. γνωσθήσεται· τὸ γὰρ θ. δεξιόν·
508. ἠνάγκαζεν λέξοντας εἴπῃ πρὸς τὸ θ. παραβῆναι,
1318. ἐπὶ καινοῖσιν δ' εὐτυχίαισιν παιωνίζειν τὸ θ.
Εἰ. 735. αὐτῶν ἐπῄνει πρὸς τὸ θ. παραβὰς ἐν τοῖς ἀναπαίστοις.
θεατροπώλης. Fr. 475. θ.
θεατων. Ι. 228. καὶ τῶν θ. ὅστις ἐστὶ δεξιός,
Ν. 1096. καὶ τῶν θ. ὑπότεροι
Σ. 1013. τοῦτο γὰρ σκαίων θ.
Εἰ. 43. οὐκοῦν ἂν ἤδη τῶν θ. τις λέγοι
Ο. 786. αὐτίχ' ὑμῶν τῶν θ. εἴ τις τὴν ὑπόπτερος,
Β. 1118. πάντ' ἐπέξειτον, θ. γ' οὕνεξ', ὡς ὄντων σοφῶν.
Εκ. 1141. καὶ τῶν θ. εἴ τις εὐνους τυγχάνει,
θεί. Εἰ. 1184. εἴδεν αὐτόν, κήπορῶν θ. τῷ καχῷ βλέπων ὀπόν.
Θ. 513. θ. μειδιώσα πρὸς τὸν ἄνδρα καὶ λέγει,
Ο. 222. θ. μανήρον ὑλολυγή.
Θεία. Ν. 250. βούλει τὰ θ. πράγματ' εἰδέναι σοφῶς
Ο. 961. ὦ δαιμόνιε, τὰ θ. μὴ φαύλως φέρε·
Π. 497. πάντας χρηστοὺς καὶ πλουτοῦντας δήπου τά τε θ. σέβονται.
Θείβαθεν. Α. 862. ὑμές δ', ὅσοι θ. αὐληταὶ πάρα,
Θείβαθι. Α. 868. θ. γὰρ φυσώντες ἐξέπυσσί μου
θείης. Εἰ. 1086. οὐδέποτ' ἂν θ. λεῖον τὸν τραχὺν ἐχῖνον.
θείκελος. Λ. 1252. πρόγκρον θ.
θείμεσθα. Λ. 307. οὔκουν ἂν εἰ τὼ μὲν ἐγὼ θ. πρῶτον αὐτοῦ,
θεῖμεν. Ο. 815. Σπάρτην γὰρ ἂν θ. ἐγὼ τῇμῇ πόλει;
θεῖν. Σ. 1360. ὁδὶ δὲ καυτός· ἐπὶ σὲ κᾀμ' ἔοικε θ.
Π. 259. σὺ δ' ἀξιοῖς ἴσως μὲ θ., πρὶν ταῦτα καὶ φράσαι μοι
θεῖναι. Ν. 1424. θ. νόμον τοῖς υἱέσιν· τοὺς πατέρας ἀντιτύπτειν·
θεῖναι. Σ. 386. ἀπελόντες καὶ κατακλαύσαντες θ. μ' ὑπὸ τοῖσι δρυφάκτοις.
θεῖν. Ι. 147. ὥσπερ κατὰ θ. εἰς ἀγοράν. ΔΙΛ ὦ μακάριε
Ο. 965. τηνὸ' οἰκίσαι· ΧΡ. τὸ θ. ἐνεπόδιζέ με.
Β. 1340. ἀλλ' ἂν δι θ. ὄνειρον ἀποκλύσω.
θεῖος. Ν. 124. ἀλλ' οὐ περιόψεταί μ' ὁ θ. Μεγακλέης
Ο. 1648. διαβάλλεταί σ' ὁ θ., ὦ πονηρὲ σύ.
Β. 1034. γῆν ἐργασίαι, καρπῶν ὥρας, ἀρδτους' ὁ β' θ. Ὅμηρος
θεῖον. Ο. 211. οὐς διὰ θ. στόματος θρηνεῖς,
θείς. Α. 365. θ. δεῦρο τοὐπίξηνον ἐγχείρει λέγειν.
Ν. 1136. θ. μοι πρυτανεῖ ἀπολεῖν μέ φησι καξολεῖν,
1421. οὔκουν ἀνὴρ ὁ τὸν νόμον θ. τοῦτον ἦν τὸ πρῶτον,
Α. 564. οὗτος σὺ ποῖ θ., οὗτος σὺ ποῖ σ'; ΒΔ. ἐπὶ καδίσκους. ΦΙ. μηδαμῶς.
Σ. 854. οὗτος σὺ ποῖ θ.; ΒΔ. ἐπὶ καδίσκους. ΦΙ. μηδαμῶς.
Λ. 728. αὕτη σὺ ποῖ θ.; ΓΤ. Α. οἴκαδ' ἐλθεῖν βούλομαι.
Θ. 224. οὗτος σὺ ποῖ θ.; ΜΝ. εἴ τὸ τῶν σεμνῶν θεῶν
1223. ὀρθὴν ἄνω δίωκε. ποῖ θ.; οὐ πάλιν
Εκ. 703. τουδὶ ἑράσων· ποῖ θ.; οὐ πάλιν
θεῖσα. Εκ. 122. ἐγὼ δὲ θ. τοὺς στεφάνους περιδήσομαι
θεῖσαι. Λ. 195. θ. μίλαιναν κύλικα μεγάλην ὑπτίαν,
θεῖτε. Σ. 409. θ. καὶ βοᾶτε, καὶ Κλέων' ταῦτ' ἀγγέλλετε·
Λ. 550. χωρεῖτ' ὀργῇ καὶ μὴ τέγγεσθ'· ἔτι γὰρ νῦν οὐρια θ.
θέλει. Θ. 412. χωρεῖθ'. ὦ γυναῖκα διὰ τοῦτον τοδί·
Β. 1468. αἱρήσομαι γὰρ ὅνπερ ἡ ψυχή θ.
θέλεις. Α. 198. κᾶν τῇ στόματι λέγουσι, βαῖν' ὅποι θ.
Α. 426. ἀλλ' ᾖ τὰ Βυσσινῇ θ. πεπλώματα
Ο. 920. τεῷ κεφαλᾷ θ.
Λ. 1216. παραχωρεῖν οὐ θ.;
θέλῃ. Ν. 801. ἀτάρ μέτιμι γ' αὐτόν· ἦν δὲ μὴ θ.
Σ. 923. ἤν μὲν μηγιαί τις ὀρθῶν, μεμβράδας δὲ μὴ θ.,
Εἰ. 939. ὡς πάνθ' ὅς' ἂν θεὸς θ. χῆ τύχη κατορθοῖ.
1187. ἄν' εἰ θέλεται ἐμοὶ δώσουσιν, ἢν θεὸς θ.
Εκ. 1017. τὴν γραὺν προκρούσῃ πρῶτον· ἢν δὲ μὴ θ.
Π. 347. ἔσομαι μὲν οὖν αὐτίκα μάλ', ἢν θεὸς θ.
1158. θάρρει· καλῶς ἔσται γάρ, ἢν θεὸς θ.
Θελήσω. Α. 318. ὑπὲρ ἐπιξήνου θ. τὴν κεφαλὴν ἔχων λέγειν.
θέλοι. Β. 533. ἐμοῦ δεηθείης ἂν, εἰ θεὸς θ.
θέλοντος. Α. 355. ἐμοῦ θ. ὑπὲρ ἐπιξήνου λέγειν
θέλω. Ι. 713. εὖ γε καὶ τουτοισί γ' ἐπιτρέψαι θ. ΒΔ. καὶ μὴν ἐγώ,
Σ. 521. πάνυ γε· καὶ τουτοισί γ' ἐπιτρέψαι θ. ΒΔ. καὶ μὴν ἐγώ.
Λ. 473. ἐπεὶ θ. γὰ σωφρόνως ὥσπερ κόρη καθῆσθαι,
Θ. 908. Ἑλληνίς· ἀλλὰ καὶ τὸ σὺν θ. μαθεῖν.
Β. 1442. ἐγὼ μὲν οἶδα, καὶ θ. φράξειν. ΔΙ. λέγε.
θέλων. Ο. 407. καλεῖτέ δὴ τοῦ κλύειν θ.;

θέλωσι—θεόν.

θέλωσι. Π. 405. ἀλλ' ἢν θεοὶ θ., νῦν ἀφίεται.
θεμελίους. Ο. 1137. γέρανοι, θ. καταπεπωκυῖαι λίθους.
θέμενος. Ο. 631. ἢν σὺ παρ' ἐμὶ θ.
'θέμην. Ο. 923. καὶ τοὔνομ' ὥσπερ παιδίῳ νῦν δὴ 'θ.;
θέμις. Ν. 140. ἀλλ' οὐ θ. πλὴν τοῖς μαθηταῖσιν λέγειν.
Ν. 295. καὶ θ. ἐστίν, νυνὶ γ' ἤδη, καὶ μὴ θ. ἐστί, χεσείω.
ΕΙ. 1018. σφάξεις τὸν οἶν. ΤΡ. ἀλλ' οὐ θ. ΟΙ. τιὴ τί δή;
Β. 857. ἔλεγχ', ἐλέγχου· λοιδορεῖσθαι δ' οὐ θ.
Θεμιστοκλεῖ. Ι. 813. ὦ πόλις Ἄργους, κλύεθ' οἷα λέγει. σὺ θ.
  ἀντιφερίζεις;
I. 818. διατειχίζων καὶ χρησμῳδῶν, ὁ θ. ἀντιφερίζων.
Θεμιστοκλέους. I. 84. ὁ θ. γὰρ θάνατος αἱρετώτερος.
I. 812. νὴ τὴν Δήμητρα θ. πολλῷ περὶ τὴν πόλιν ἤδη;
Θεμιστοκλῆς. Ι. 884. τωουτονὶ Θ. οὐπώποτ' ἐπενόησεν.
θεμιτόν. Θ. 1150. αὖ δὴ ἀνδράσιν οὐ θ. εἰσορᾶν
θένα. Ο. 54. ἀλλ' οἶσθ' ὃ δράσω; τῷ σκέλει θ. τὴν πέτραν.
θενεῖς. Α. 564. οὖτος ὃς ποῖ θεὶς, οὐ μενεῖς; ὡς εἰ θ.
θέντες. Ν. 1181. ἀπολοῦσ' ἄρ' αὖθ' οἱ θ.· αὖ γὰρ ἔσθ' ὅπως
Λ. 267. ὅπως ἂν αὐταῖς ἐν κύκλῳ θ. τὰ πρέμνα ταυτί,
θένα. Λ. 621. τὴν γνάθον βούλει θ.;
θενών. Ι. 640. κᾀγὼ προσέκυσα· κᾆτα τῷ πρωκτῷ θ.
Σ. 1384. ἤδη γέρων ὢν· εἶτα τῇ πυγμῇ θ.
Λ. 364. εἰ μὴ σιωπήσει, θ. ἐκκοκκιῶ τὸ γῆρας.
Β. 855. θ. ἐν' ὀργῆς ἐκχέῃ τὸν Τήλεφον·
θενῶν. Ο. 1613. προσπτάμενος ἐκκόψει τὸν ὀφθαλμόν θ.
Θεογένει. Ο. 1295. κορυδὸς Φιλοκλέει, χηναλώπηξ Θ.,
Θεογένης. Σ. 1183. ὦ σκαιὲ κἀπαίδευτε, Θ. ἔφη
Ο, 1127. καὶ θ. ἐναντίου δύ' ἅρματε,
Fr. 486. b. Θ.
Θεογένους. Fl. 926. ἵνα μὴ γένηται Θ. ἰηνία.
Ο. 822. ἵνα καὶ τὰ Θ. τὰ πολλὰ χρήματα
Λ. 63. γυναῖκας, οὐχ ἥκουσιν. ΚΛ. ἡ γοῦν Θ.
Θέογνι. Α. 11. ὁ δ' ἀνεῖπεν εἰσαγ', ὦ Θ., τὸν χορόν.
Θέογνις. Α. 140. ὅτ' ἔνδαδὶ Θ. ἠγωνίζετο.
Ο. 170. ὁ δ' ὥ. ψυχρός ὢν ψυχρῶς ποιεῖ.
θεόθεν. ΕΙ. 944. σαβαρδ θ. κατέχει
θεοί. Α. 51. ἀθάνατός εἰμ'· ἐμοὶ δ' ἐπέτρεψαν οἱ θ.
  Α. 223. ὅστις, ὦ Ζεῦ πάτερ καὶ θ., τοῖσιν ἐχθροῖσιν ἐσπείσατο,
  759. παρ' ἐμοὶ πολυτίμητος, ἥπερ τοὶ θ.
  1058. φέρε δή, τί σὺ λέγεις; ὡς γελοῖοι, ὦ θ.,
  Ι. 3. αὐτοῖσι βουλαῖς ἀπολέσειαν οἱ θ.
  194. ἅ σοι διδόασ' ἐν τοῖς λογίοισιν οἱ θ.
  1309. οὐδὲ Ναυφάντης γε τῆς Ναυσάινος, οὐ δῆτ', ὦ θ.,
  Ν. 247. ποίους θεοὺς ὀμεῖ σύ; πρῶτον γὰρ θ.
  Ν. 1001. ἀλλ', ὦ πολυτίμητοι θ., ξύγγνωτέ μοι·
  ΕΙ. 203. ἐξωμίσαντο δ' οἱ θ. τίνος οὕνεκα;
  Ο. 95. τίνες εἰσί μ' οἱ ζητοῦντες; ΕΤ. οἱ δώδεκα θ.
  191. ἢν μὴ φόρον φέρωσιν ὑμῖν οἱ θ.
  481. ὡς οὐχὶ θ. τοίνυν ἦρχον τῶν ἀνθρώπων τὸ παλαιόν,
  573. πέτεται θεὸς ὢν πτέρυγάς τε φορεῖ, κἄλλοι γε θ.
    πάνυ πολλοί.
  824. τὸ Φλέγρας πεδίον, ἵν' οἱ θ. τοὺς Γηγενεῖς
  1226. εἰ τῶν μὲν ἄλλων ἄρχομεν, ὑμεῖς δ' οἱ θ.
  1235. θ. γὰρ ὑμεῖς; IP. τίς γὰρ ἔστ' ἄλλος θεός;
  1236. ὄρνιθες ἀνθρώποισι νῦν εἰσιν θ.
  1509. ἄνωθεν, ὡς ἂν μὴ μ' ὀρῶσιν οἱ θ.
  1520. ἄνευ θυηλῶν· οἱ δὲ βάρβαροι
  1525. εἰσὶν γὰρ ἕτεροι βάρβαροι θ. τινες
  1571. εἰ τουτονὶ γ' ἐχειροτόνησαν οἱ θ.;
  1581. τὸν ἄνδρα χαίρειν οἱ θ. κελεύομεν
  1606. ἄληθες; οὐ γὰρ μείζον ὑμεῖς ὁ θ.
  1620. μεντοὶ θ., καὶ μαποδιοὴ μηστίαν,
  Λ. 777. σαφῆς γ' ὁ χρησμὸς νὴ Δί'. ὦ πάντες θ.,
  Θ. 905. ὦ θ., τίν' ὄψιν εἴσορῶ; τίς εἶ, γύναι;
  1009. ἴα· θ, Ζεῦ σῶτερ, εἰσὶν ἐλπίδες.
  1057. ὃν σ' ἐξέθησεν, ἀπολέσειαν οἱ θ.
  1098. ὦ θ., τιν' ἐς γῆν βαρβάρων ἀφίγμεθα
  Β. 483. ἰδοὺ λαβέ. ΔΙ. προσδοῦ. ΗΑ. ποῦ 'στιν; ὦ χρυσοῖ θ.,
  Εκ. 476. καὶ ξυμφέροι γ' ὦ πότνια Παλλὰς καὶ θ.
  779. ἡμᾶς μόνον δεῖ νὴ Δί'. καὶ γὰρ οἱ θ.
  947. εἶθ', ὦ θ., λάβοιμι τὴν καλὴν κόρην,
  1122. ὥστ' ἐστὶ πολὺ βέλτιστα, πολὺ δῆτ', ὦ θ.
  Π. 81. ὁ Φοῖβ' Ἄπολλον καὶ θ., ποῖ τις φύγῃ;
  405. ἀλλ' ἢν θ. θέλωσι, νῦν ἀφίξεται.
  438. ἄναξ Ἄπολλον καὶ θ., ποῖ τις φύγῃ;
  734. ὑπερφυεῖς τὸ μέγεθος. ΓΥ. ὦ φίλοι θ.
  854. Ἄπολλον ἀποτρόπαιε καὶ θ. φίλοι,
  898. ταῦτ' οὖν ἀνασχέτ' ἐστίν, ὦ Ζεῦ καὶ θ.,
  1050. ὦ Ποντοπόσειδον καὶ θ. πρεσβυτικοί,
θεοῖς. Ι. 577. προῖκα γενναῖως ἀμύνειν καὶ θ. ἐγχωρίοις.
  Ν. 127. ἀλλ' εὐξάμενος τοῖσιν θ. διδάξομαι

θεοῖς. Ν. 305. οὐρανίοις τε θ. δωρήματα,
  Ν. 573. γῆς πέδον, μέγας ἐν θ.
  904. παρὰ τοῖσι θ.
  1240. ἐμοῦ καταπροίξει. ΣΤ. θαυμασίως ἤσθην θ.,
  Σ. 862. ὅπως ἂν εὐξώμεσθα πρῶτα τοῖς θ.
  1085. ἀλλ' ὅμως ἀπωσάμεσθα ξὺν θ. πρὸς ἑσπέρα.
  1372. οὐκ, ἀλλ' ἐν ἀγορᾷ τοῖς θ. ὁψὶ κάεται.
  ΕΙ. 136. ὅπως ἱφαίνου τοῖς θ. τραγικώτερος.
  404. ὁ τοῖς θ. ἄπασιν ἐπιβουλεύεται.
  432. ἔργῳ φιαλοῦμεν, εὐξάμενοι τοῖσιν θ.
  Ο. 190. οὕτως, ὅταν θύσωσιν ἄνθρωποι θ.,
  563. κάπειτα θ. ὕστερον αὖθις' προσνείμασθαι δὲ πρεπόντως
  810. θέσθαι τι μέγα καὶ κλεινόν, εἶτα τοῖς θ.
  848. ἐγὼ δ' ἵνα θύσω τοῖσι καινοῖσιν θ.
  862. ἱερεῦ, σὸν ἔργον, θῦε τοῖς καινοῖς θ.
  903. θύασπερ ὠδύνασθα τοῖς Πτερίνοισι θ.
  1034. ἐς τὴν πύλην, πρὶν καὶ τεθύσθαι τοῖς θ.
  1231. φράσουσα θύειν τοῖς Ὀλυμπίοις θ.
  1233. κνισῶν τ' ἁγυιᾶς. ΠΕ. τί σὺ λέγεις; ποίοις θ.;
  1234. ποίοισιν; ἡμῖν, τοῖς ἐν οὐρανῷ θ.
  1528. ὄνομα δὲ τούτοις τοῖς θ. τοῖς βαρβάροις
  1592. ὑμεῖς τ' ἂν ἡμῖν τοῖς θ. ὄντες φίλοι
  1733. ἄρχοντα θ. μείζω
  Λ. 283. τοσδὲ δὲ τὸς Εὐριπίδῃ θ. τε πᾶσιν ἐχθρὰς
  371. τί δ', ὦ θ. ἐχθρέ, σὺ δεῦρ' ὕδωρ ἔχουσ' ἀφίκου
  622. τὰς θ. ἐχθρὰς γυναῖκας ἐξεναίρουσιν δόλῳ
  635. τῆς θ. ἐχθρὰς πατάξει τῇσδε γραῦς τὴν γνάθον
  Θ. 334. καὶ ταῖς Δηλίαισι, τοῖς τ' ἄλλοις θ.,
  Β. 529. καὶ τοῖς θεοῖσιν ἐπιτρέπω. ΔΙ. ποίοις θ.;
  889. ἕτεροι γάρ εἰσιν οἶσιν εὐχομαι θ.
  891. ἴθι νυν προσεύχου τοῖσιν ἰδιώταις θ.
  1199. τὸ ῥῆμ' ἕκαστον, ἀλλὰ σὺν τοῖσιν θ.
  Εκ. 171. τονδὶ λαβοῦσα· τοῖς θ. μὲν εὔχομαι
  Π. 1116. ἡμῖν ἔτι θύει τοῖς θ. ΚΛ. μὰ Δί', οὐδέ γε
  Fr. 723. σὺ δ' ὁμίστιοις θ. πύθεν;
θεοῦν. Ο, 1057. θύσαντες εἴσω τοῖς θ. τὸν τράγον
  Ο. 1206. ἥδε βροτῶν θ. πέμπειν ἀπόπεμπειν.
  Θ. 331. εὔχεσθε τοῖς θ. τοῖς Ὀλυμπίοις
θεοῦντν. Α. 934. κάλλων θ. ἐχθρόν.
  Ι. 34. ἀτιὴ θ. ἐχθρός εἰμ'. οὐκ εἰκότως;
  Ν. 581. εἶτα τὸν θ. ἐχθρὸν Βυρσοδέψην Παφλαγόνα
  Σ. 368. σαυτὸν θαρρῶν κἀπευξάμενος τοῖσι πατρῴοισι θ.
  ΕΙ. 854. παρὰ τοῖς θ. ἀμβροσίαν λείχειν ἄνω.
  1075. οὐ γάρ μοι τοῦτ' ἐστὶ φίλον μακαρέσιος θ.,
  1088. ποῖον γὰρ κατὰ χρησμόν ἑκοῦσαί μῆρα θ.,
  1186. ἀλλ' οὗτω τοῦτ' ἐστὶ φίλον μακαρέσιο θ.·
  1172. μᾶλλον ἡ θ. ἐχθρὸν ταξίαρχον προσβλέπων,
  1186. ἥττον, οἱ θ. οὕτοι κἀνδράσιν ψυχάσπιδες.
  1320. κἀπευξάμενον τοῖσιν θ.
  Ο. 556. ἱερόν πόλεμον προυιδᾶν αὐτῷ, καὶ τοῖσι θ. ἀπειπεῖν
  564. τοῖσι θ. τῶν ὀρνίθων ὃς ἂν ἁρπάξῃ καθ' ἕκαστον
  603. πῶς δ' ὑγίειαν δώσουσ' αὐτοῖς, οὖσαν παρὰ τοῖσι θ.;
  854. σεμνὰ προσιέναι θ.·
  1517. θ., οὐδὲ κνίσα μηρίων ἄπο
  Λ. 397. ὁ θ. ἐχθρὸς καὶ μιαρὸς Χολοζύγης.
  1277. ὀρχησάμενοι θ. εὐλαβώμεθα
  Β. 529. καὶ τοῖς θ. ἐπιτρέπω. ΔΙ. ποίοις θεοῖς;
  936. σὺ δ', ὦ θ. ἐχθρέ, ποῖ' ἅττ' ἐστὶν ἅττ' ἐνοίεις;
θεοίν'. Ι. 1161. ἅπιτον. ΚΑ. ἰδού. ΔΙΠΜ. ἄν. ΑΛ. ὑποθεῖν
  οὖν ἰὼ.
θεόμεν. Εκ. 109. νῦν μὲν γὰρ οὔτε θ. οὔτ' ἐλαίνομεν.
θεομιχίας. Ο. 1548. νὴ τὸν Δί' δεῖ δῆτα θ. ἔφυς.
θεόν. Ι. 1338. οὐδ' οἶ' Ἴσπερ ἁμὰ νῦν γὰρ νομίζοις ἂν θ.
  Ν. 423. ἄλλο τι δῆτ' οὖν νομιεῖς ἤδη, οὐδένα πλὴν ἄπερ
    ἡμεῖς,
  1474. ὅτε καὶ σὺ χυτρεοῦν ὄντα θ. ἡγησάμην.
  Σ. 261. ὕδωρ ἀναγκαίως' ἔχει τὸν θ. παίησαι.
  571. ὥσπερ θ. ἀντιβολεῖ με τραγῳδεῖν τὴν εὐθύνης ἀπολῦσαι·
  ΕΙ. 315. ἐμποδὼν ἡμῖν γένηται τὴν θ. μὴ 'ξελκύσαι.
  581. τὴν θ. προσείπατε.
  637. τήνδε μὲν διηρικῆς ἕωθιων τὴν θ. κεκράγμασιν,
  726. τηδὶ παρ' αὐτὴν τὴν θ. ΤΡ. δεῦρ', ὦ κύραι,
  1141. ὅν θ. ἐν ἀγορᾷ τὸ λοιπὸν ἰν' ἐπεῖν γείτονα,
  Ο. 520. ὧμνν τ' οὐδεὶς τότ' ἂν ἀνθρώπων θ., ἀλλ' ὄρνιθας
    ἅπαντες·
  586. ἢν δ' ἡγῶνται σὲ θ., σὲ βίον, σὲ δὲ Γῆν, σὲ Κρόνον,
    σὲ Ποσειδῶ,
  Β. 395. νῦν καὶ τὸν θραίον θ. παρακαλεῖτε δεῦρο
  400. πρὸς τὴν θ. καὶ δεῖξον ὡς
  479. οὕτως τί δέδρακας; ΔΙ. ἐγκέχοδα· κάλει θ.
  639. τνετύμενον, εἶναι τοῦτον ἡγοῦ μὴ θ.

T 2

140 θεόν—θεράποντας.

θεόν. Π. 32. ἐπιρησόμενος οὖν ῳχόμην ὡς τὸν θ.,
Π. 392. ἔχω. ΒΛ. σὺ Πλοῦτον; ποῖον; ΧΡ. αὐτὸν τὸν θ.
446. ἔργων ἁπάντων ἐργασαίμεθ᾽, εἰ τὸν θ.
620. ἐγὼ δὲ καὶ σύ γ᾽ ὡς τάχιστα τὸν θ.
653. ὡς γὰρ τάχιστ᾽ ἀφικόμεθα πρὸς τὸν θ.
684. ταλάντας ἀνδρῶν, οὐκ ἐδεδοίκεις τὸν θ.;
705. λέγεις ἄγροικόν ἄρα σύ γ᾽ εἶναι τὸν θ.
745. ἐγὼ δ᾽ ἐπήνουν τὸν θ. πάνυ σφόδρα,
823. ὅπου μετ᾽ ἐμοῦ παιδάριον, ἵνα πρὸς τὸν θ.
827. μάλιστ᾽· ΧΡ. ἔπειτα τοῦ δέει; ΔΙ πρὸς τὸν θ.
840. ἀλλ᾽ οὐχὶ νῦν. ΔΙ. ἀνθ᾽ ὧν ἐγὼ πρὸς τὸν θ.
842. τὸ τριβώνιον δὲ τί δύναται πρὸς τὸν θ.,
844. καὶ τοῦτ᾽ ἀναθήσων ἔρχομαι πρὸς τὸν θ.
858. διὰ τὸν θ. τυπτον, τὸν ἐσύμενον τυφλὸν
946. καὶ σύκινον, τοῦτον τὸν ἰσχυρὸν θ.
958. νὴ δ᾽ εἰσίωμεν, ἵνα προσείξῃ τὸν θ.
1197. ἐγὼ δὲ τί ποιῶ; ΧΡ. τὰς γύτρας, αἷς τὸν θ.
Θεονόη, Θ. 897. αὔτη Θ. Πρωτέως. ΓΤ. Η. μὰ τὼ θεὼ,
θέντες. 1. 556. νύκτωρ κατασπάσαντες ἂν τὰς ἀσπίδας θ.
θεοπλάστας. Fr. 617. θεοποιοὺς καὶ θ.
θεοποιοῦν. Fr. 617. θ. καὶ θεοπλάστας,
θεός. Α. 510. καυτοῖς ὁ Ποσειδῶν, οὑπὶ Ταινάρῳ θ.,
Ι. 200. κωλιοπώλησιν δὲ θ. μέγα κῦδος ὀπάζει,
220. κἀγὼ μετ᾽ αὐτῶν χὼ θ. ξυλλήψεται.
903. ἡ γὰρ θ. μ᾽ ἐκέλευσε νικῆσαί σ᾽ ἀλαζονείᾳ.
1042. ἔφραζεν ὁ θ. σοι σαφῶς σῴζειν ἐμέ·
1048. πῶς δῆτα τοῦτ᾽ ἔφραζεν ὁ θ.; ΑΛ. τουτονὶ
1173. ὦ Δῆμ᾽, ἐναργῶς ἡ θ. σ᾽ ἐπισκοπεῖ,
1185. ἐς τὰς τριήρεις ἐντερόνειαν ἡ θ.·
Ν. 85. οὗτος γὰρ ὁ θ. αἴτιός μοι τῶν κακῶν.
366. ὁ Ζεὺς δ᾽ ἡμῖν, φέρε, πρὸς τῆς Γῆς, οὑλύμπιος οὐ θ.
ἐστιν;
601. ἡ τ᾽ ἐπιχώριος ἡμετέρα θ.,
Σ. 158. σὺ δὲ τοῦτο βαρέως ἂν φέροις; ΦΙ. ὁ γὰρ θ.
ΕΙ. 501. μισεῖ γὰρ ὑμᾶς ἡ θ. μεμνημένη·
939. ὡς πάνθ᾽ ὅσ᾽ ἂν θ. θέλῃ χῇ τύχῃ κατορθοῖ,
1187. ὧν ἴτ᾽ εὐθέως ἐμοὶ διαρρύηδι, ἦν θ. θέλῃ.
Ο. 573. πέτεται θ. ὧν πτέρυγάς τε φορεῖ, κάλλος γε θεοῖς πάνυ πολλοί.
826. λιπαρόν τὸ χρῆμα τῆς πόλεως. τίς δαὶ θ.
830. ὅπου θ., γυνὴ γεγαμία, πανοπλίαν
836. ὡς δ᾽ ὁ θ. ἐπιτήδειος οἰκεῖν ἐπὶ πετρῶν.
1235. θεοὶ γὰρ ὑμεῖς; ΙΡ. τίς γάρ ἐστ᾽ ἄλλος ὁ θ.;
Λ. 1142. ὑμῖν ἐπέκειτο, χὼ θ. σείων ἅμα.
Θ. 685. θ. ἀποτίνεται,
Β. 504. ἡ γὰρ θ. σ᾽ ὡς ἐπύθεθ᾽ ἥκοντ᾽, εὐθέως
533. ἐμοῦ δεηθείης ἄν, εἰ θ. θέλεις.
634. εἴπερ θ. γάρ ἐστιν, οὐκ αἰσθήσεται.
635. τί δῆτ᾽, ἐπειδὴ καὶ σὺ φῂς εἶναι θ.
669. ὁπότερος ὑμῶν ἐστι θ. ἀλλ᾽ εἴσιτον·
Π. 40. πείσει. σαφῶς γὰρ ὁ θ. εἶπέ μοι τουδί·
347. ἔσομαι μὲν οὖν αὐτίκα μάλ᾽, ἦν θ. θέλῃ·
421. οὔτε θ. οὔτε ἄνθρωπος· ὥστ᾽ ἀπωλόλαστον.
452. θάρρει· μόνος γάρ ὁ θ. οὗτος οὐδ᾽ ὅτι
696. ὁ δὲ θ. ὑμῖν οὐ προσγίεν· ΚΑ. οὐδέπω.
732. καὶ πᾶν τὸ πρόσωπον· εἶθ᾽ ὁ θ. ἀπέλιπεν·
740. τὸν διανοῆτην τ᾽ ἡγέμον. ὁ θ. δ᾽ εὐθέως
878. ἅπασι τοῖς Ἕλλησιν ὁ θ. οὗτος, εἰ
968. ἀφ᾽ οὗ γὰρ ὁ θ. οὗτος ἤρξατο βλέπειν,
1025. ταῦτ᾽ οὖν ὁ θ., ὦ φιλ᾽ ἀνερ, οὐκ ὀρθῶς ποιεῖ,
1158. θάρρει· καλῶς ἔσται γάρ, ἢν θ. θέλῃ.
Fr. 332. μεγάλη θ.;
θεοσεβῆ. Ο. 897. χέρνιβι θ.
θεοσεβής. Π. 28. ἐγὼ θ. καὶ δίκαιος ὢν ἀνὴρ
θεόσεπτον. Ν. 292. ἡσθου φωνῆς ἅμα καὶ βροντῆς μυκησαμένης θ.;
θεοσεχθρία. Σ. 418, ὦ πόλις καὶ Θεῶρον θ.,
θεοῦ. 1. 152. ἴθι δή, κάθελ᾽ αὐτοῦ τουλεῖν, καὶ τοῦ θ.
Ι. 446. μὴ γεγωνῶναι τῶν τῆς θ.
1169. ὑπὸ τῆς θ. ῆ χειλῆ τηλεφαντίνη,
1203. τὸ μὲν νόημα τῆς θ., τὸ δὲ κλέμμ᾽ ἐμόν.
1233. εἴ τι ξυνοίσεις τοῦ θ. τοῖς θεσφάτοις.
1248. οἴμοι πέπρακται τοῦ θ. τὸ θέσφατον.
Ν. 1082. καίτοι σὺ θνητὸς ὢν πῶς μεῖζον ἂν δύναιο;
Σ. 1147. φιάλην ἐπίστο νὴ κλέψαι τοῦ θ.
ΕΙ. 1143. ἐμπιεῖν ἔμοιγ᾽ ἀρέσκει, τοῦ θ., δρῶντος καλῶς.
1158. τοῦ θ. τυφώματα.
Ο. 1183. αἰθὴρ δονείται τοῦ θ. ζητουμένου·
Λ. 241. αἱ γὰρ γυναῖκες τὴν ἀκρόπολιν τῆς θ.
Β. 593. τοῦ θ. μεμνημένων,
840. ἀληθὲς, ὦ παῖ τῆς ἀρουραίας θ.;

θεοῦ. Π. 45. εἴτ᾽ οὐ ξυνίης τὴν ἐπίνοιαν τοῦ θ.,
Π. 63. δέχου τὸν ἄνδρα καὶ τὸν ὄρνιν τοῦ θ.
327. ἐσεσθε καὶ σωτῆρες πάντες τοῦ θ.
358. παρὰ τοῦ θ., κάπειτ᾽ ἴσως σοι μεταμέλει.
664. ἦσαν δέ τινες κάλλοι πεύμενοι τοῦ θ.;
669. ἡμῖν παρηγγειλεν μισθεύσκειν τοῦ θ.
960. ἀφιγμέν᾽ ὄντων τοῦ νέου τούτου θ.,
1193. τοῦ ὑπισθεύδομοι ἀεὶ φυλάττων τῆς θ.
θεούς. Α. 766. ἦ ληζς ἀκοῦσαι φθεγγομένας; ΔΙ. νὴ τοὺς θ.
Ι. 32. ποῖον βρέτας* *; ἐτεῶν ἡγεῖ γάρ θ.;
156. ἔπειτα τὴν γῆν χρύσκυσον καὶ τοὺς θ.
185. μῶν ἐκ καλῶν εἰ κἀγαθῶν; ΑΛ. μὰ τοὺς θ.,
195. πῶς δῆτά φης᾽ ὁ χρησμός; ΔΗ. εὖ νὴ τοὺς θ.
235. οὔ τοι μὰ τοὺς δώδεκα θ. χαιρήσετον,
424. ἀποκρυπτόμενος ἐς τὰ κοχώνα τοὺς θ. ἀνώμυνν·
Ν. 226. ἔπειτ᾽ ἀπὸ ταρροῦ τοὺς θ. ὑπερφρονεῖς,
246. πράττῃ μ᾽ ὁμοῦμαί σοι καταθήσειν τοὺς θ.
247. ποίους θ. ὅμεῖ σύ; πρῶτον γὰρ θεοὶ
588. τῆδε τῇ πόλει προσεῖναι, ταῦτα μέντοι τοὺς θ.
617. ὥστ᾽ ἀπειλεῖν φησιν αὐτῇ τοὺς θ. ἐπλάτοτε
761. οὐδὲν λέγεις. ΣΤ. νὴ τοὺς θ. ἔγωγ᾽, ἐπεὶ
1098. πολὺ πλείονας, νὴ τοὺς θ.,
1227. καὶ νὴ Δι᾽ ἀποδώσειν γ᾽ ἐπώμυνε τοὺς θ.
1232. καὶ ταῦτ᾽ ἐθελήσεις ἀνωμόσαι μοι τοὺς θ.;
1233. πλέον θ.·
1239. οὔ τοι μὰ τὸν Δία τὸν μέγαν καὶ τοὺς θ.
1272. ἵππους ἐλαύνων ἐξίπεσον νὴ τοὺς θ.
1461. ὅπως ἂν εἰδῇ τοὺς θ. δεδοικέναι.
1477. ὅτ᾽ ἐξέβαλλον τοὺς θ. διὰ Σωκράτη.
1506. τί γάρ μαθόντ᾽ ἐς τοὺς θ. ὑβρίζετην,
1509. μάλιστα δ᾽ εἰδὼν τοὺς θ. ὡς ἠδίκουν.
Σ. 26. οὐδὲν γὰρ ἴσαι δεινὸν ὁ μὰ τοὺς θ.
ΕΙ. 128. ζεύξαντ᾽ ἐλαύνειν ἐς θ., ὦ παππία,
130. μόνος πετεινῶν ἐς θ. ἀφιγμένος.
132. ὅπως μάκοσμων ζῶν ἤλθεν ἐς θ.
Ο. 150. ἐλθώσ᾽· ΕΤ. ὀτιὴ νὴ τοὺς θ., ὃς οὐκ ἰδὼν
186. τοὺς δ᾽ αὖ θ. ἀπολεῖτε λιμῷ Μηλίῳ,
571. καὶ πῶς ἡμᾶς νομιοῦσι θ. ἄνθρωποι κοὐχὶ κολοιούς,
578. τούτους δὲ θ. τοὺς ἐν Ὀλύμπῳ, τότε χρὴ στρουθῶν νέφος ἀρθὲν
634. ἐπὶ θ. ἵῃς,
636. πολὺν χρόνον θ. ἔτι
843. κηρύκα δὴ πέμπω τὸν μὲν ἐς θ. ἄνω,
1026. μὴ πράγματ᾽ ἔχειν, ἀλλ᾽ ἀνιέναι; ΕΠΙ. νὴ τοὺς θ.
1166. νὴ τοὺς θ. ἔγωγε· καὶ γὰρ ἄξιον
1190. τοὺς δὲ θ. ἀπὸ θ. ἀλλὰ φυλάττε πᾶς
1219. ποίᾳ γὰρ ἄλλῃ χρὴ τέτεσθαι τοὺς θ.;
1262. ἀποκεκλήκαμεν διογενεῖς θ.
1547. μισεῖ δ᾽ ἄπαντας τοὺς θ., ὡς οἶσθα σύ.
1576. ὅστις ποτ᾽ ἐσθ᾽ ὁ τοὺς θ. ἀποτειχίσας.
Θ. 2. νὴ τοὺς θ. ἐγὼ πυθέσθαι βούλομαι
274. ὅμνυμι τοίνυν πάντας ἄρθην τοὺς θ.
350. δράσθε, ταῖς δ᾽ ἄλλαισιν ὑμῖν τοὺς θ.
369. ἡμῖν θ. παραστατεῖν,
451. τοὺς ἀνδρας ἀνακέινειν οὐκ εἶναι θ.·
672. φήσει δ᾽ εἶναί τε θ. φανερῶς,
Β. 152. νὴ τοὺς θ. ἄχρῇ τε πρὸς τούτοισι καὶ
930. ἆ ξυμβαλεῖν οὐ ῥᾴδιον. ΔΙ. νὴ τοὺς θ., ἐγὼ γοῦν
980. νὴ τοὺς θ., νῦν γοῦν Ἀθη-
Π. 74. νὴ τοὺς θ. ὀμεῖς γ᾽. ἴδι τὴν Βουλήν γε σύ.
234. ἀλλ᾽ ἀχθομαι μὲν εἰσιὼν νὴ τοὺς θ.
287. νὴ τοὺς θ. Μίδας μὲν οὖν, ἦν ὦτ᾽ ὄνου λάβητε.
343. ἀλλ᾽ οὐδὲν ἀποκρύψας ἔρῶ νὴ τοὺς θ.
380. καὶ μὴν φίλως γ᾽ ἄν μοι δοκεῖς νὴ τοὺς θ.
394. οὐκ ἐς κόρακας; Πλοῦτον παρὰ σοί; ΧΡ. νὴ τοὺς θ.
412. κρατίσσετόν ἐστι. ΒΑ. παλώ μὴν νὴ νὴ τοὺς θ.
685. νὴ τοὺς θ. ἔγωγε μὴ φθάσεις με
1148. ἔπειτ᾽ ἀπολιπὼν τοὺς θ. ἐνθάδε μενεῖ;
Fr. 476, 13. τούτους δ᾽ ὑπάρχει ταῦτ᾽, ἐπειδὴ τοὺς θ. σέβουσιν.
θεοῦσιν. ΕΙ. 539. οἰ καιμένον θ.; ΤΡ. ἀπὸ δείπνου τινὲς
θεοφιλοῦς. Β. 443. παίξοντες οἷς μετουσία θ. ἑορτῆς.
θεράπευε. Fr. 202. θ. καὶ χώρταζε τῶν μονῳδιῶν.
θεραπεύειν. Ι. 59. ἄλλον θ., ἀλλὰ Βυρσαίνην ἔχων
θεραπεύτε. Σ. 1054. στέργεις μᾶλλον καὶ θ.
θεραπεύων. 1.799, ἣν ἀναμείνῃ πάντας θ᾽ αὐτὸν θρέψω· ᾽γὼ καὶ θ.,
Ι. 1260. καὶ μὴν ἐγὼ σ᾽, ὦ Δῆμε, θ. καλῶς,
θεράποντ᾽. Ο. 721. ξύμβολον ὄρνιν, φαντὴν ὄρνιν, θ. ὄρνιν, ὄνον ὄρνιν.
θεράποντα. Π. 5. μετέχειν ἀνάγκη τὸν θ. τῶν κακῶν.
θεράποντας. Π. 518. οἱ θεράποντες μοχθήσουσιν, ΠΕ. πόθεν οὖν ἕξεις θ.;

θεράποντας—θεῶν. 141

θεράποντας. Π. 1105. ἔπειτα τοὺς θ., εἶτα τὴν κύνα;
θεράποντες. Ο. 913. Μουσάων θ. ὀτρηροί.
Π. 518. οἱ θ. μοχθήσουσιν. ΠΕ. πόθεν οὖν ἥξεις θεράποντας;'
816. στατήρσι δ' οἱ θ. ἀρτιάζομεν
θεράπων. Ο. 516. ἡ δ' αὖ θυγάτηρ γλαῦχ', ὁ δ' Ἀπόλλων ὥσπερ θ. ἱέρακα·
Ο, 909. Μουσάων θ. ὀτρηρός,
Θ. 37. θ. τις αὐτοῦ, πῦρ ἔχων καὶ μυρρίνας.
Π. 3. ἣν γὰρ τὰ βέλτισθ' ὁ θ. λέξας τύχῃ,
θέρει. Ο. 725. αὔραις, ὥραις, χειμῶνι, θ.,
θερίβδεν. Α. 947. μέλλων γέ τοι θ.
θερίζουσιν. Ο. 1697. οἱ θ. τε καὶ σπεί-
θερίσασθαι. Π. 515. ἡ γῆς ἀρότροις ῥήξας δάπεδον καρπὸν Δηοῦς θ.,
θερίστριαν. Fr. 618. θ. καὶ φρυγανίστριαν
θερμά. Ι. 354. θύννεια θ. καταφαγὼν, μἆτ' ἐπιπιὼν ἀκράτου
Ν. 1045. καίτοι τίνα γνώμην ἔχων γίγεις τὰ θ. λουτρά;
θέρμαιν'. ΕΙ. 843. καὶ τὴν πύελον κατάκλυζε, καὶ θ. ὕδωρ
θερμαίνεται. Fr. 316, τὸ χαλκίον θ.
θυρμαίνετα. Α. 1175. ὕδωρ ὕδωρ ἐν χυτριδίῳ θ.
θέρμετα. Β. 1339. κάλπισί τ' ἐκ ποταμῶν δρόσον ἄρατε, θ. δ' ὕδωρ,
θερμή. Ο. 1091. οὐδ' αὖ θ. πνίγους ἡμᾶς
θερμήν. Σ. 331. εἰς ὀξάλμην ἔμβαλε θ.·
Β. 119. καὶ μήτε θ. μήτ' ἄγαν ψυχρὰν φράσῃς.
θερμήνης. Β. 844. κπὶ μὴ πρὸτ' ὀργὴν σπλάγχνα θ. κότῳ.
θερμόβαυλον. Α. 119. ὦ θ. προικτὴν ἐξευρημένε.
θερμόν. Α. 693. πολλὰ δὴ ξυμπονήσαντα, καὶ θ. ἀπομορξάμενον ἀνδρικῶς ἱδρῶτα δὴ καὶ πολύν,
Σ. 1151. ὡς θ. ἡ μιαρά τί μου κατήργυγεν.
Ο. 536. κἄπειτα κατεπκέδασαν θ.
Α. 382. οἴμοι τάλας. ΧΟ. ΓΤ. μῶν θ. ἦν;
383. ποῖ θ.; οὐ παύσει; τί δρᾷς;
Π. 415. ὦ θ. ἔργον κἀνόσιον καὶ παράνομον
Fr. 423. τὸ δ' ἔτνος ἐν ταῖς κυλίχναις τουτὶ θ. καὶ τοῦτο παφλάζον.
θερμός. Σ. 918. θ. γὰρ ἀνὴρ οὐδὲν ἧττον τῆς φακῆς.
ΕΙ. 1069. ὤφελεν, ὦλαζών, οὑτωσὶ θ. ὁ πλεύμων.
Fr. 332. τὴν κρατίστην δαίμον', ἧς νῦν θ. ἐσθ' ὁ βωμός.
θερμόταται. Θ. 735. ὦ θ. γυναῖκες, ὦ πυτίσταται,
θερμότερα. Ι. 382. ἣν ἄρα πυρὸς γ' ἕτερα θ., καὶ λόγων ἐν πόλει
θερμούς. Fr. 178, 1. τουτὶ τί ἦν τὸ πρᾶγμα; Β. θ. ὦ πλεύσας
θερμῷ. Ν. 1044. ὅστις σε θ. φησι λοῦσθαι πρῶτον οὐκ ἐάσειν.
Ἐκ. 216. βάπτουσι θ. κατὰ τὸν ἀρχαῖον νόμον
θερμῶν. Π. 1130. σπλάγχνων τε θ. ὧν ἐγὼ κατήσθιον,
θέρος. Ι. 392. μᾶτ' ἀνὴρ ἔδοξεν εἶναι, τάλλότριον ἀμῶν θ.
θέραυ, Π. 953. ἥπειτ' ἐκεῖ κορυφαῖος ἱστηκὼς θ.
θέρανε. ΕΙ. 1134. δανόνατα τοῦ θ.
ΕΙ. 1171. τηνικαῦτα τοῦ θ.
Fr. 76, 1. κάμνοντα δ' αὐτοῦ τοῦ θ. ἰδών ποτε
θές. Α. 185. ὁ ἐν τῷ πρόσθεν ὑπτίαν τὴν ἀσπίδα,
θέσεις. Ν. 1191. ἵν' αἱ θ. γίγνοιντο τῇ νουμηνίᾳ.
θέσθαι. Ο. 810. θ. τι μέγα καὶ κλεινόν, εἶτα τοῖς θεοῖ'
Α. 318. τοῦ νῦν παρεστῶτοι θμάσυοι θ. πανουργίαν ἡμᾶς.
θεσμοθέτης. Σ. 775. αὐθεὶς σ' ἀπυπλείσει θ. τῇ μιγκλίδι.
Σ. 935. ὃ θ. ναῦ' σθ' οὗτοι; ἁμίδα μοι δότω.
Ἐκ. 290. ὁ θ. δὲ ἀν
θεσμούς. Ο. 331. παρέβην μὲν θ. ἀρχαίους,
Θεσμοφόροι. Ἐκ. 223. τὰ Θ. ἀγουσιν ὥσπερ καὶ πρὸ τοῦ
Θεσμοφορίαις. Ο. 1519. ἀλλ' ὡσπερεὶ Θ. νηστεύομεν
Θ. 182. ταῖς θ., ὅτι κακῶς αὐτὰς λέγω.
θεσμοφόριαν. Θ. 580. ληραήτα λήρον; θ. τουτογί.
Θεσμοφόριοις. Θ. 278. σημεῖον ἐν τῷ θ. φαίνεται.
θεσμοφοριῶν. Θ. 80. ἐπεὶ τρίτη 'στὶ θ. μέση.
θ. 375. τῶν θ., ᾗ μάλισθ' ἡμῖν σχολή,
Θεσμοφόρων. Θ. 83. νῦν θ. μέλλουσι πρὶ μου τήμερον
θ. 89. ἐν θ. ἰδεῖν. ΜΝ. τί δρόσοπι; εἰπέ μοι.
295, εὐφημία 'στω, εὐφημία 'στω. εὔχεσθε ταῖν Θ.
Ἐκ. 443. ἐκ θ. ἐφάπνοτ' αὐτὰς ἐκφέρειν.
Θεσμοφόρῳ. Θ. 282. ἀλλ', ὦ περικαλλῆ Θ., δέξασθέ με
θ. 1156. θ. πολυπστημία.
1230. τῷ θ. δ' ἡμῖν ἀγαθὴν
θεσπίσιοι. Ο. 1095. ἡνίκ' ἂν ὁ θ. ὀρθὸ μέλος ἀχίτας
θέσπει. Ο. 977. κἂν μὲν θ. κούρε, ποιῇς ταῦθ' ὡς ἐπιτέλλω.
Θέσπε. Σ. 1479. τάρχαῖ' ἐκεῖν' οἷς Θ. ἠγωνίζετο·
θεσπιρθεί. Π. 9. δέ θ. τρίποσθοι ἐκ χρυσηλάτων,
θεσφάτοι. Ι. 1233. εἴ τις ξυνοίσεις τοῦ θεοῦ τοῖς θ.
θέσφατον. Ι. 1248. οἴμοι πέπρακται τοὐμὸν ἐκ θεῶν τὸ θ.
ΕΙ. 1073. οὕτω θ. ἦν Εἰρήνης θέσμ' ἀναλῦσαι,
Θέτιν. Ν. 1067. καὶ τὴν Θ. γ' ἔγημα δὴ τὸ σωφρονεῖν ὁ Πηλεύς.
Θετταλή. Ν. 749. γυναῖκα φαρμακίδ' εἰ πριάμενος Θ.,

Θετταλίας. Π. 521. ἔμποροι ἧκων ἐκ Θ. παρὰ πλείστων ἀνδραποδιστῶν.
Θετταλικά. Fr. 413, 2. τὰ Θ. μὲν πολὺ καπανικώτερα.
Θετταλῶν. Σ. 1247. μοι μετὰ θ.
Σ. 1274. Θ., αὐτὸς πενέστης ὢν ἱλάρταν οὐδενός.
Λ. 1152. πολλοὺς μὲν ἀνδρας Θ. ἀπώλεσαν.
Fr. 413, 1. τί πρὸς τὰ Λυδῶν δεῖπνα καὶ τὰ Θ.;
θεύσει. Ι. 485. θ. γὰρ ἄξεις ἐς τὸ βουλευτήριον,
θεύσονται. Ο. 205. ἰάνπερ ἐπακούσωσι, θ. δρόμῳ.
θεώ. Σ. 1396. οὔ τοι μὰ τὼ θ. καταπροίξει Μυρτίας
Λ. 51. προκαπνῶν ἄρα νὴ θ. τὼ βαύομαι.
112. μετ' ἐμοῦ καταλύσαις τὸν πόλεμον; ΜΥ. νὴ τὼ θ.·
148. γίνοισ' ἀν εἰρήνη; ΛΥ. πολύ γε νὴ τὼ θ.
452. ξυντάξάμενα. ΛΤ. νὴ τὼ θ. γνώσεσθ' ἄρα
682. εἰ νὴ τὼ θ. με ζωπυρήσεις,
731. οὐκ εἰ πάλιν; Ι'Υ. Α. ἀλλ' ἦξω ταχίου νὴ τὼ θ.,
θ. 383. φιλοτιμίᾳ μὲν οὐδεμιᾷ μὰ τὼ θ.
566. οὔ τοι μὰ τὼ θ. σὺ καταπρ.ίξει λέγουσα ταυτί,
594. οὐκ οἴομαι 'γωγ', ὦ πολυτιμήτω θ.
718. ἀλλ' οὐ μὰ τὼ θ. τάχ' οὔ
875. ὦ τρισκακόδαιμον, γίνεται τῇ τὼ θ.,
897. αὕτη Θεονόη Προιτίον. ΓΤ. Η. μὰ τὼ θ.,
916. λαβὼν ταχὺ πίνυ. ΓΤ. Η. κλαύσετ' ἄρα νὴ τὼ θ.
Β. 671. χὴ Φερεφοῦττ', ἄτ' ὄντε κἀκείνω θ.
Ἐκ. 155. ὕδατος. ἐμοὶ μὲν οὐ δοκεῖ μὰ τὼ θ.
156. μὰ τὼ θ.· τάλαινα, τοῦ τὸν νοῦν ἔχεις,
158. μὰ Δί', ἀλλ' ἀνὴρ ὢν τὼ θ. κατώμοσας,
532. ἀλλ' ἔστιν ἐντευθὲ τὶ πακόν. ΠΡ. μὰ τὼ θ.,
Π. 1006. καὶ μὴν πρὸ τοῦ γ' ὑσημέραι νὴ τὼ θ.,
Σ. Α 262. σὺ Θ. γύναι, θ. μ' ἀπὸ τοῦ τέγους πρόβα.
Σ. 1170. ἰδού. θ. τὸ σχῆμα, καὶ σκέψαι μ' ὅτῳ
θεῷ. Ι. 656. εἰαγγέλια δεῖν ἐκατὸν θοῖν τῷ θ.
ΕΙ. 500. νῦν μὲν οὖν, ὥνδρες, προσευξώμεσθα πρῶτον τῇ θ.,
Ο. 1625. προβάτοιν δυοῖν τιμῇν ἄνοισει τῷ θ.
Λ. 303. καὶ βοήθει τῇ θ.
Β. 131. ἀφιεμένην τὴν λαμπάδ' ἐντεῦθεν θ.,
Π. 114. οἴμοι γάρ, ὡ θέοι αἴμοι, σὺν θ. δ' εἰρήσεται,
849. χαρίεντά γ' ἥκεις δῶρα τῷ θ. φέρων.
1088. ἀλλ' εἴσιθ' εἴσω τῷ θ. γὰρ βούλομαι
1195. ἵν' ἔχων προσηγῇ τῷ θ. νῦν. ΙΕ. πάνν μὲν οὖν
Θέωλος. Σ. 45. ὅλβῃ; θ. τὴν κεφαλὴν κόλακος ἔχει.
θεώμενοι. Α. 496. οἱ σοὶ δασκεύες, ὥνδρες οἱ θ.,
Ν. 518. ὦ θ., κατερῶ πρὸς ὑμᾶς ἐλευθέρως
Σ. 1267. αὐτοῖσιν ἐγέλων μέγα κεκραγότα θ.,
Β. 2. ἐφ' οἷς ἀεὶ γελῶσιν οἱ θ.,
132. κἄπειτ' ἐπειδὰν φῶσιν οἱ θ.
θεωμένας. Σ. 59. δούλω λαμπυντοῦντε τοῖς θ.,
Β. 926. ἄγνωτα τοῖς θ. ΑΙ. οἴμοι τάλας. ΔΙ. σιώπα.
1475. τί δ' αἰσχρόν, ἢν μὴ τοῖς θ. δοκῇ;
Ἐκ. 888. κεὶ γὰρ δι' ὄχλου τοῦτ' ἐστὶ τοῖς θ.
Π. 798. ἰσχάδια καὶ τραγάλια τοῖς θ.
θεωμένοισιν. Β. 1110. τοῖς θ., ὡς τὰ
θεωμένων. 1. 704. ἐκ τῆς προεδρίας ἐσχατον θ.
θεώμενες, 1. 327. πρῶτοι ὤν· ὁ δ' Ἱπποδάμου λείβεται θ.
Β. 16. μή πιν ποιήσῃς· ἐν ἐγὼ θ.,
Fr. 514, 2. θ.
θεωμένων. ΕΙ. 658. ἀλλ' οὐκ ἂν εἴποι πρός γε τοὺς θ.,
θεωμένῳ. ΕΙ. 513. καὶ τῶνδε τοίνυν τῶν θ. σκόπει
ΕΙ. 964. τούτων ὥσοιπέρ εἰσι τῶν θ.
θεωρῶν. Α. 95. πρὸς τῶν θ., ἀνθρωπε, ναύφαρκτον βλέπεις,
Ι. 31. θ. ἰόντε προσπενείν τοῦ πυρὶ βρέτας,
301. ἀδικατεύτυτοτ τῶν θ. ἱ-
341. πάρες πάρες πρὸς τῶν θ. αὐτῷ διαρραγήναι.
563. τῶν ἄλλων τε θ. Ἀθη
1312. εἴ τὸ Θησείαν πλεούσαις ἦ 'πὶ τῶν σεμνῶν θ.
1390. ὦ Ζεῦ πολυτίμηθ', ὡς καλαί· πρὸς τῶν θ.,
Ν. 200. πρὸς τῶν θ., τί γὰρ τάδ' ἐστίν; εἰπέ μοι.
297. ἀλλ' εὐφήμει· χόρει πρὸς τῶν θ, κινεῖται σμῆνος ἀοιδαῖς.
309. ηὐστεφανοί τε θ. θυσίαι θαλίαι τε,
461. τί δέ; τειχομαχεῖν διανοεῖ, πρὸς τῶν θ.;
563. ὑψιμέδοντα τὲ θ.
577. πλεῖστα γὰρ θ. ἀπάντων ὠφελούσαις τὴν πόλιν,
621. πολλάκις δ' ἡμῶν ἀγνύοτων τῶν θ. τοῦτο πέπονθε.
624. τύτης ἱερομηρονεῖν, κἄπειθ' ὑφ' ἡμῶν τῶν θ.
784. ὁτιή τι; καὶ πρὸς τῶν θ., ὦ Σώκρατες.
806. μόνας θ.· ὡς
1103. πρὸς τῶν θ. δέξασθέ μου
Σ. 378. θ. ψηφίσματα.
484. ἆρ' ὦν, ὦ πρὸς τῶν θ., ὑμεῖς ἀπαλλαχθεῖτέ μου;
733. σοι δὲ νῦν τις θ.
760. ἴθ' ὦ πάτερ, πρὸς τῶν θ., ἐμοὶ πιθοῦ.

142 θεῶν—θῆτες.

θεῶν. Σ. 919. πρὸς τῶν θ., μὴ προκαταγίγνωσκ', ὦ πάτερ,
Σ. 1136. τουτὶ τὸ κακὸν τί ἐστι πρὸς πάντων θ.;
  1218. πρὸς τῶν θ., ἐνύπνιον ἐστιώμεθα;
  1368. ἴθι μοι παράστηθ', ἀντιβολῶ πρὸς τῶν θ.
  1418. ὕβρισαι. ΠΔ. ὕβρισαι; μὴ, καλέσῃς πρὸς τῶν θ.
ΕΙ. 9. ἀνδρὸς κοπρολόγοι, προσλάβεσθε πρὸς θ.,
  177. ἀτὰρ ἐγγὺς εἶναι τῶν θ. ἐμοὶ δοκῶ,
  196. ὅτ' οὐδὲ μέλλεις ἐγγὺς εἶναι τῶν θ.·
  201. τὰ λοιπὰ τηρῶ σκευόρια τὰ τῶν θ.,
  308. τὴν θ. πασῶν μεγίστην καὶ φιλαμπελωτάτην.
  370. ὦ Ζεῦ κεραυνοβρόντα. ΤΡ. μὴ πρὸς τῶν θ.
  413. ἵνα τὰς τελετὰς λάβοιεν αὐτοὶ τῶν θ.
  419. πάσας τε τὰς ἄλλας τελετὰς τὰς τῶν θ.,
  428. ταῦτα δράσομεν· σὺ δ' ἡμῖν, ὦ θ. σοφώτατε,
  602. ἤδη, τουθ' ἡμᾶς δίδαξον, ὦ θ. εὐνούστατε.
  779. κλείουσα θ. τε γάμους ἀνδρῶν τε δαίτας
  819. ὡς χαλεπὸν ἐλθεῖν ἦν ἄρ' εὐθὺ τῶν θ.
  848. οὐκ ἂν ἔτι δοίην τῶν θ. τριωβόλου,
  917. καὶ πλὴν γε τῶν θ. ἀεί σ' ἡγησόμεσθα πρῶτον.
  1052. τίς ἡ θυσία ποθ' αὑτηὶ καὶ τῷ θ.;
  1064. ὡτινες ἀφραδίαις θ. νόον οὐκ ἀΐοντες
Ο. 69. ἀτὰρ σὺ τί θηρίον ποτ' εἶ πρὸς τῶν θ.;
  219. ἐλεφαντόδετον φόρμιγγα, θ.
  477. οὔκουν δῆτ' εἰ πρότεροι μὲν ἧτε, πρότεροι δὲ θ. ἐγένοντο,
  663. ἐκεβίβασον αὐτοῦ πρὸς θ. αὑτήν, ἵνα
  691. φύσιν οἰωνῶν γένεσίν τε θ. ποταμῶν τ' Ἐρέβους τε
      Χάους τε
  702. καὶ γῆ πάντων τε θ. μακάρων γένος ἄφθιτον, ὧδε
      μὲν ἐσμεν
  876. μητρί θ. καὶ ἀνθρώπων,
  996. ὑμῖν, διελεῖν τε κατὰ γύας, ΠΕ. πρὸς τῶν θ.,
  1172. τῶν γὰρ θ. τις ἄρτι τῶν παρὰ τοῦ Διὸς
  1176. τίς τῶν θ.; ΑΓ. Β. οὐκ ἴσμεν· ὅτι δ' εἶχε πτερά,
  1195. μή σε λάθῃ θ. τις ταύτῃ περῶν·
  1202. παρὰ τῶν θ. ἔγωγε τῶν Ὀλυμπίων.
  1238. ὦ μῶρε μῶρε, μὴ θ. κίνει φρένας
  1496. τίς οὑγκαλυμμός; ΠΡ. τάδε θ. ὁρᾷς τινα
  1546. μόνον θ. γὰρ διὰ σ' ἀναπεφασμένομεν.
  1573. ἑώρακα πώποτε βαρβαρώτατον θ.
  1588. παρὰ τῶν θ. περὶ πολέμου καταλλαγῆς.
  1618. ἐὰν τις ἀνθρώπων ἱερεῦσιν τῷ θ.
Α. 306. τουτὶ τὸ πῦρ ἐγρήγορον θ. ἕκατι καὶ ζῇ.
  850. πρὸς τῶν θ. νῦν ἐκκαλέσειών μοι Μυρρίνην.
  857. τουτὶ γένοιτο, φησίν. ΚΙ. ὦ πρὸς τῶν θ.
  1245. λαβὲ δῆτα τὰς φυσαλλίδας πρὸς τῶν θ.,
Θ. 172. ἐμαυτὸν ἐθεράπευσα. ΜΝ. ἐᾶ πρὸς τῶν θ.·
  224. οὗτος σὺ ποῖ θεῖς; ΜΝ. ἐς τὸ τῶν σεμνῶν θ.·
  228. ὀλίγον μέλει μοι. ΕΥ. μηδαμῶς, πρὸς τῶν θ.,
  312. δεχόμεθα καὶ θ. γένος
  715. τίς οὖν σοι, τίς ἂν ξύμμαχος ἐκ θ.
  960. γένος Ὀλυμπίων θ.
Β. 310. τίν' αἰτιάσομαι θ. μ' ἀπολλύναι;
  486. ὦ δειλότατε θ. σὺ κἀνθρώπων. ΔΙ. ἐγώ;
  1248. ἀλλ' ἐς τὰ μέλη πρὸς τῶν θ. αὐτοῦ τραποῦ.
  1392. μόνος θ. γὰρ θάνατος οὐ δώρων ἐρᾷ.
  1469. μεμνημένοι νυν τῶν θ., οἳθ' ὤμοσας,
Εκ. 562. οὐ συκοφαντεῖν. ΒΛ. μηδαμῶς πρὸς τῶν θ.
  1095. ξυνεκπεσοῦμαι γὰρ μετὰ σοῦ. ΝΕΑ. μὴ πρὸς θ.
Π. 130. αὐτίκα γὰρ ἀρχεῖ δὰ τίν' ὁ Ζεὺς τῶν θ.
  458. οὐδὲν γάρ, ὦ πρὸς τῶν θ., νομίζεις
  1118. καὶ τῶν μὲν ἄλλων μοι θ. ἥττον μέλει,
  1147. ἀλλὰ εὔνοικον πρὸς θ. δέξασθέ με.
  1176. ἡ δ' αἰτία τίς ἐστιν, ὦ πρὸς τῶν θ.;
Fr. 146, 1. πρὸς θ., ἔραμαι τέττιγα φαγεῖν
θεῶντας. Εκ. 581. πολλάκις θ.
θεωρεῖν. ΕΙ. 342. ἐν πανηγύρεις θ.,
Θεωρία. ΕΙ. 523. ὦ χαῖρ' Ὀπώρα, καὶ σὺ δ', ὦ Θ.
ΕΙ. 524. οἵον δ' ἔχεις τὸ πρόσωπον, ὦ θ.
  873. αὕτη θ. 'στίν, ἣν ἡμεῖς ποτε
Θεωρίαν. ΕΙ. 713. ἀλλ' ὡς τάχιστα τήνδε τὴν Θ.
ΕΙ. 871. ἴθι νυν ἀπολοῦμεν τήνδε τὴν θ.
  887. βουλή, πρυτάνεις, ὁρᾶτε τὴν θ.
  905. ἀλλ', ὦ πρυτάνεις, δέχεσθε τὴν Θ.
θεωρίαν. Σ. 1005. ἐπὶ δεῖπνον, ἐς ξυμπόσιον, ἐπὶ θ.,
Θεωρίας. ΕΙ. 715. ὦ μακαρία βουλή σὺ τῆς Θ.,
Θέωρον. Ν. 400. οὐδὲ Κλεώνυμον οὐδὲ Θ.· καίτοι σφόδρα γ'
      εἶσ' ἐπίορκοι·
Θέωρος. Α. 134. προσίτω Θ. ὁ παρὰ Σιτάλκους.
Α. 155. οἱ Θρᾷκες ἴτε δεῦρ', οὕς θ. ἤγαγεν.
Ι. 608. ὥστ' ἔφη. εἰπεῖν ναρκῶν Κορίνθιον·
Σ. 42. ἐδόκει δέ μοι Θ. αὐτῆς πλησίον

Θίωρος. Σ. 47. οὔκουν ἐκεῖν' ἀλλόκοτον, ὁ Θ. κόρηξ
Σ. 599. ἀλλὰ Θ., καίτοὐστὶν ἀνὴρ Εὐφημίου οὐδὲν ἐλάττων,
  1220. εἰσὶν Θ., Αἰσχίνης, Φανὸς, Κλέων,
  1236. τί δ', ὅταν Θ. πρὸς ποδῶν κατακείμενος
Θεώρου. Σ. 418. ὦ πύλις καὶ Θ. θεοσεχθρία,
Θηβαῖα. Λ. 697. ἦ τε Θ. φίλη παῖς εὐγενὴς Ἰσμηνία.
Θηβαίοισι. Β. 1623. τουτὶ μὲν σοι κακὸν εἴργασται· Θ. γὰρ πε-
      ποίηκας
Θήβας. Β. 1021. δρᾶμα ποιήσας Ἀρειόν μεστόν. ΔΙ. ποῖον;
      ΑΙ. τοὺς ἑπτ' ἐπὶ Θ.·
Θήγοντος. Β. 815. ἡνίκ' ἂν ὀξυλάλου περ ἴδῃ θ. ὀδόντας
Θηκάτῃ. Λ. 700. ὥστε κἀχθὲς θ. ποιοῦσα παιγνίαν ἐγὼ
Θῆλε'. Ν. 683. ἀλλ' οἶσθ' ἔγωγ' ἅ θ. ἐστίν. ΣΩ. εἰπὲ δή.
Θῆλεα. Ν. 682. ἅττ' ἄρρεν' ἐστίν, ἄττα δ' αὐτῶν θ.
Θήλεα. Λ. 708. κακῶν γυναικῶν ἔργα καὶ θ. φρὴν
Θήλειαι. Ο. 286. αἵ τε θ. προσεκτίλλουσιν αὐτοῦ τὰ πτερά.
Θήλειαν. Ν. 662. ὁρᾷς ὁ πάσχεις· τὴν τε θ. καλεῖς
  Ν. 671. ἄρρενα καλεῖς, θ. οὖσαν. ΣΤ. τῷ τρόπῳ
  679. τὴν καρδίνην θ.; ΣΠ. ὀρθῶς γὰρ λέγεις.
  Θ. 205. πλήττειν ὑφαρπάζειν τε θ. Κύπριν.
Θηλείας. Σ. 569. τὰς θ. καὶ τοὺς υἱεῖς, τῆς χειρός, ἐγὼ δ' ἀκρο-
      ῶμαι·
Θηλυδριώδες. Θ. 131. καὶ θ. καὶ κατεγλωττισμένον
Θηλύφρων. Εκ. 110. καὶ πῶς γυναικῶν θ. ξυνουσία
Θημῶνα. Ο. 1071. τῇδε μέντοι θ., μάλιστ' ἐπαναγορεύεται,
  Θ. 76. ποίῳ τι; ΕΥ. τῇδε θ. κριθήσεται
Θημέραν. Λ. 137. ὦ παγκατάπυγον θ. ἅπαν γένος.
Θημέτερον. Σ. 526. νῦν δὴ τὸν ἐκ θ.
Θήμων. Λ. 116. δοῦνἂν ἐμαυτῆς παρταμοῦσα θ.
Θηραμένης. Β. 967. σύμοι δὴ Κλειτοφῶν τε καὶ Θ. ὁ κομψός.
  Β. 968. Θ.; σοφός γ' ἀνὴρ καὶ δεινὸς ἐς τὰ πάντα,
Θηραμένων. Β. 540. καὶ φύσει θ.
  Fr. 466. ἐγὼ γὰρ ἀπὸ Θ. δίδοικα τὰ τρία ταυτί.
Θηρατά. Ν. 358. χαῖρ', ὦ πρεσβῦτα παλαιογενὲς, θ. λόγων φιλο-
      μούσων·
Θηρευσαμένη. Fr. 146, 2. καὶ κεκράτηκεν θ.
Θηρευτικαί. Π. 157. ὁ μὲν ἴσκοπον ἀγαθὸν, ὁ δὲ κύνας θ.
Θηρί'. Β. 143. μετὰ ταῦτ' ὄφεις καὶ θ. ὄψει μυρία
Θηρία. Ν. 184. ὦ Ἡράκλεις, ταντὶ ποδαπὰ τὰ θ.;
  Β. 278. οὐκ οἶσθα ὁ τύπος ἐστίν οὗ τὰ θ.
Θηρίοις. Λ. 468. τί τοιάδε σαυτῶν ἐς λόγον τοῖς θ. συνάπτεις;
  Εκ. 1104. ὅστις τοιούτοις θ. συνηξέομαι.
Θηρίον. Ν. 1286. ἀνυθὸς γε. ΣΤ. τοῦτο δ' ἔσθ' ὁ τόπος τί θ.;
  Σ. 23. κἂν γῇ θαλάττῃ θ. πτηνὸν ἢ τὸ ἀσπίδα·
  448. οὐκ ἀφήσεις οὐδὲ νυνί μ', ὦ κάκιστον θ.·
  Ο. 69. ἀτὰρ σὺ τί θ. ποτ' εἶ πρὸς τῶν θεῶν;
  87. τοῦ τὸ δίους. ΠΕ. ὦ δειλότατον σὺ θ.,
  93. ὦ Ἡράκλεις, τουτὶ τί ποτ' ἐστὶ θ.;
  Λ. 1014. οὐδέν' ἐστι θ. γυναικὸς ἀμαχώτερον,
  1025. κἂν με μὴ λύπῃς, ἐγώ σοῦ κἂν τόδε τὸ θ.
  Β. 288. καὶ μὴν ὁρῶ νὴ τὸν Δία θ. μέγα.
  Π. 439. οὗτος, τί δρᾷς; ὦ δειλότατον σὺ θ.
Θηρίων. Ι. 273. ὦ πύλις καὶ δῆμ', ὑφ' οἴων θ. γαστρίζομαι,
  Ο. 366. εἰπέ μοι τί μέλλετ', ὦ πάντων κάκιστα θ.,
Θηροφόνη. Θ. 320. καὶ πολυώνυμε, ὦ παῖ,
Θηρωμένοι. Ι. 607. εἴ τις ἐξέρποι θύραζε, κἀκ Βυθοῦ θ.
  Ι. 864. ὅτε γὰρ οἱ τὰς ἐγχέλεις θ. πίνονθας.
Θηρῶν. Ο. 777. πτῆξε δὲ ποικίλα φῦλά τε θ.
  Ο. 1064. δ., οἱ πάντ' ἐν γαίᾳ
  Θ. 47. θ. τ' ἀγρίων πύδες ὑλοδρόμων
Θηρῶον. Σ. 819. θ., εἴ πως ἐκκομίσαις τὸ τοῦ Λύκου.
Θησαυρόν. Ο. 601. οὐδείς οἶδεν τὸν θ., τὸν ἐμὸν πλὴν εἴ τις ἄρ'
Θησαυρούς. Ο. 599. τοὺς θ. τ' αὐτοῖς δείξους· οὓς οἱ πρότερον
      κατέθυον
Θήσειν. Λ. 772. ταῦτα κακὼν ἔσται, τὰ δ' ὑπέρτερα νέρτερα θ.
Θήσειν. Ν. 1180. εἰς ἣν γε θ. τὰ πρυτανεῖά φασί μοι.
Θησείοιο. Π. 627. ὦ πλείστα Θ. μεμυστιλημένοι
Θησείον. Ι. 1312. ἐς τὸ θ. πλεύσασι ἢ 'πὶ τῶν σεμνῶν θεῶν.
  Fr. 477, 2. κράτιστόν ἐστιν ἐς τὸ Θ. δραμεῖν,
Θησείοτριψ. Fr. 394. θ.·
Θησίς. Β. 142. πῶς ἤλθετη ἡκεῖσε; ΗΡ. Θ. ἤγαγεν.
Θησόμεσθ'. Ο. 181. τί δῆτ' ὄνομ' αὐτῇ. ΕΥ. ἐντευθενὶ
Θυσομῖζειν. Fr. 394. θ.
Θήσω. Ν. 1255. θ. πρυτανεῖ', ἢ μηκέτι ζῴην ἐγώ.
Θήσων. Εκ. 755. αὕτ', ἡ φέρεις ἐνέγκα θ.; ΑΝ. Α. οὐδαμῶς.
Θῆτ'. Εκ. 685. τὴν βασίλειον δειπνήσωντάς τὸ δὲ θ. ἐς τὴν παρὰ
      ταύτην,
Θῆτες. Fr. 41. θ.;

θίασος—θρῖον. 143

θίασος. Θ. 41. θ. Μουσῶν ἔνδον μελάθρων
θιάσους. Β. 156. καὶ μυρρινῶνας, καὶ θ. εὐδαίμονας
θιασώτας. Β. 327. ὁσίους ἐς θ.,
θῖν'. Σ. 1521. καὶ θ. ἁλὸς ἀτρυγέτου.
θῖνα. Σ. 696. ταυτί με ποιοῦσ' ; οἴμοι, τί λέγεις ; ὥς μου τὸν θ. ταράττεις,
θλαστάς. Fr. 345. θ. γὰρ εἶναι κρεῖττόν ἐστιν ἀλμάδος.
θλίβει. ΕΙ. 1239. θ. τὸν ὄρρον. ἀπόφερ', οὐκ ὠνήσομαι.
θλίβεται. Β. 20. ὅτι θ. μὲν, τὸ δὲ γέλοιον οὐκ ἐρεῖ.
θλίβομαι. Β. 5. μηδ' ἕτερον ἀστεῖόν τι ; ΔΙ. πλήν γ', ὥς θ.
Fr. 307, 2. σκευὴ τοσαῦτα καὶ τὸν ὦμον θ.
θλιβόμενος. Σ. 1280. σκωμμάτιον εἴποτέ τι Θ. ἐμβαλῶ.
θλιβονγά. Α. 314. ταυτὶ μὲν ἤδη τὴν ῥάχιν θ. μου πέπαυται.
θνῄταις. Ν. 341. εἴπερ Νεφέλαι γ' εἰσὶν ἀληθῶς, θ. εἴξασι γυναιξίν ;
θνητοί. ΕΙ. 1063. ὦ μέλεοι θ. καὶ νήπιοι. ΤΡ. ἐς κεφαλὴν σοί.
Ο. 1059. καὶ παντάρχᾳ θ. πάντες
θνητοῖς. Ο. 708. πάντα δὲ θ. ἐστὶν ἀφ' ἡμῶν τῶν ὀρνίθων τὰ μέγιστα.
θνητοῖσι. Ν. 574. ἐν θ. τε δαίμων.
θνητός. Ν. 1082. μαίνα σὺ θ. ὢν θεοῦ πῶς μεῖζον ἂν δύναιο ;
Ν. 1121. ἣν δ' ἀτιμάσῃ τις ἡμᾶς θ. ὢν οὔσας θεάς,
Β. 211. πῶς οὖν δυνήσει τοῦτο δρᾶσαι θ. ὤν ;
531. ὡς δοῦλος ὢν καὶ θ. Ἀλκμήνης ἔσει ;
583. υἱὸν γεναίμην, δοῦλος ἅμα καὶ θ. ὤν ;
θνητούς. ΕΙ. 1071. μηδὲ Βάκχι θ., μηδ' αὖ Νύμφαι Βάκχι αὐτόν,
θοαί. 1. 554. καὶ κυανέμβολοι θ.
θοαῖσιν. Β. 1233. θ. ἵπποις. ΑΙ. ληκύθιον ἀπώλεσεν.
θοάν. Ι. 1265. ἡ θ. ἵππων ἐλατῆρας δεῖξεν, μηδὶν ἐς Λυσίστρατον,
θόας. Fr. 324, 2. Θ., ὃς ὠκὺν πόδα τιθεὶς ἴσον πτεροῖς
θοἰμάτιον. Α. 1139. ἐγὼ δὲ θ. λαβὼν ἐξέρχομαι.
Ν. 54. ἐγὼ δ' ἂν οὖν θ. δεικνύς τοδὶ
179. ἐκ τῆς παλαίστρας θ. ὑφείλετο.
497. ἴθι νυν, κατάθου θ. ΣΤ. ἠδίκηκά τι ;
556. διὰ ταῦτα δὴ καὶ θ. ἀπώλεσας ;
1104. θ., αν
1498. ἐκεῖνος οὗπερ θ. εἰλήφατε.
Ο. 791. οὐκ ἂν ἐξέδισεν ἐς θ., ἀλλ' ἀνέστατο,
1416. ἐς θ. τὸ σκόλιον ᾄδειν μοι δοκεῖ,
1568. οὐ μεταβαλεῖς θ. ὡδ' ἐπὶ δεξιάν ;
Θ. 214. ἀποδοὺς τουτὶ θ. ΜΝ. καὶ μὴν ἰδού.
568. καὶ μὴν ἰδού. ΜΝ. καὶ μὴν ἰδού. ΓΤ. Γ. λαβὲ θ., Φιλίστη.
1181. φέρε θ. ἄνωθεν, ὦ τέκνον, τοδί·
1159. μαλοῦ ἔχει. λαβὲ θ. ὥρα 'στὶ νῷν
Εκ. 40. ὥστ' ἄρτι τουτὶ θ. αὐτοῦ λαβεῖν.
315. καὶ θ. ὕπε δὴ δ' ἐκεῖνο ψηλαφῶν
341. φροῦδη 'στ', ἔχουσα θ. οἴγω φόρουν.
353. ὕπερ λάβω θ., ὕπερ ἦν μοι μόνον.
512. ἰδίν, καταθοίσθω θ. αὐτοῦ πάλιν
527. ἔχων σιωπῇ θ. λαβοῦσά μου ;
544. ἵνα θ. σώσαιμι, μεθυπεθησάμην
Π. 881. ἐπεὶ πόθεν θ. εἴληφας τοδί ;
926. κατάδου ταχέως θ. ΚΑ. οὗτος, σοὶ λέγει.
θοἰμάτιόν. Ο. 498. κἀγὼ πίπτω, μέλλω τε βοᾶν· ὁ δ' ἀπέβλισε θ. μου.
θορυβεῖ. ΕΙ. 233. μέλλει θ. γοῦν ἔνδοθεν, ΤΡ. οἴμοι δείλαιος.
θορυβήσομεν. Σ. 622. ἦν γοῦν ἡμεῖς θ.
θορυβηγκοῦ. Ι. 1380. καταληπτικὸς τ' ἄριστα τοῦ θ.
θέρυβον. 1. 547. θ. χρηστὸν ληναΐτην,
θόρυβου. Β. 757. τίς οὗτος σύνδον ἐστὶ θ. χῇ βοή
θορύβου. Α. 546. θ. στρατιωτῶν, περὶ τριημάρχου βοῆς,
Λ. 328. μόγις ἀπὸ κρημνῆς ὑπ' ὄχλου καὶ θ. καὶ πατάγου χυτρείου,
Fr. 498, 2. χωρίς τε θ. καὶ φόβου ζήσεις καλῶς,
θορύβῳ. Εκ. 519. ἐν τῷ θ. καὶ τοῖς δεινοῖς ἀνδρειόταται γεγίνησθε.
θούβατος. Λ. 370. αἱρώμεθ' ἡμεῖς θ. τὴν κάλπιν, ὦ Ῥοδίππη.
θούκάτειον. Λ. 64. ὡς δεῦρ' ἰοῦσα θ. ἔχων
Θουκυδίδην. Α. 702. τῷ γὰρ εἰκὸς ἄνδρα κυφὸν ἡλίκον Θ.,
Θουκυδίδης. Α. 708. ὃς μὰ τὴν Δήμητρ', ἐκεῖνος ἠγίκ' ἦν Θ.,
Σ. 947. ὕπερ ποτὲ φεύγων ἔπαθε καὶ Θ.
Θούμαντιν. Ι. 1266. μηδὲ Θ. τὸν ἀνέστιον αὖ λυπεῖν ἑκούσῃ καρδίᾳ;
θουριομάντεις. Ν. 332. θ., ἰατροτέχνας, σφραγιδονυχαργοκομήτας,
Θούριον. Ι. 757. καὶ λῆμα θ. φορεῖν καὶ λόγοιν ἀφύκτοιν,
θούριοι. Β. 1289. σὺν δορὶ καὶ χερὶ πράκτορι θ. ὄρνις,
Θούφανος. 1. 1103. ἐξηπατήθην ὑπό τις σοῦ καὶ Θ.
Θούφραστον. Σ. 1316. ὁ γέρων δὲ τὸν Θ. ἤρετ', εἰπέ μοι,

Θούφραστον. Σ. 1302. Λυσίστρατον, Θ., οἱ περὶ Φρύνιχον.
Θονφράστου. Σ. 1314. οἱ δ' ἀνεκρότησαν, πλὴν γε Θ. μόνου
Θρᾷκας. Α. 172. τοὺς Θ. ἀπιέναι, παρεῖναι δ' εἰς ἕνην.
Θρᾷκες. Α. 155. οἱ Θ. ἴτε δεῦρ', οὓς Θεωρος ἤγαγεν.
Θρᾴκῃ. Α. 136. χρόνον μὲν οὐκ ἂρ ἦμεν ἐν Θ. πολύν,
Θρᾴκην. Α. 138. εἰ μὴ κατένιψε χιόνι τὴν Θ. ὅλην,
Θράκης. Α. 602. τοὺς μὲν ἐπὶ Θ. μισθοφοροῦντας τρεῖς δραχμάς,
Σ. 288. τῶν προδόντων τἀπὶ Θ.
ΕΙ. 283. πῶς, ὦ πανοῦργ' ; ΚΤ. ἐς τἀπὶ Θ. χωρία
Ο. 1369. ἐς τἀπὶ Θ. ἀποπέτου, κἀκεῖ μάχου.
Λ. 103. ἀπιέναι ἐπὶ Θ. φυλάττων Εὐκράτη.
Θρῃκοφοῖται. Fr. 198, 7. μάλιστά γ', ὥσπερ Θ. πάντ' ἔχεις.
Θρᾳκῶν. Α. 153. καὶ νῦν ὑπὲρ μαχιμώτατον Θ. ἔθνος
θρανεύεται. Ι. 369. ἡ βύρσα σου θ.
θρανίδια. Fr. 352. θ.
θρανίου. Β. 121. μία μὲν γάρ ἐστιν ἀπὸ κάλω καὶ θ.,
θρανίτης. Α. 162. ὑποστένοι μέντἂν ὁ θ. λεώς,
θράνους. Π. 545. ἀντὶ δὶ θ. στάμνου κεφαλὴν κατεαγότος, ἀντὶ δὲ μάκτρας
Θρᾷξ. Λ. 563. ἕτερος δ' αὖ Θ. πέλτην σείων κἀκόντιον, ὥσπερ ὁ Τηρεύς.
Θρᾷξί. Α. 170. τοῖς Θ. περὶ μισθοῦ· λέγω δ' ὑμῖν ὅτι
θρασεῖ. 1. 331. πανουργίᾳ τε καὶ θ.
θρασεῖ. Β. 330. στέφανον μύρτων· θ. δ' ἐγκαταρκούων
θρασεῖα. Β. 1402. θ. καὶ μεθύση τις ὑλάκτει κύων.
θρασεῖαν. Θ. 523. τήνδε τὴν θ. οὕτω.
Θρασέως. Σ. 1031. θ. ξυστὰς εὐθὺς ἀπ' ἀρχῆς αὐτῷ τῷ καρχαρόδοντι,
Α. 546. ἔνι θ., ἔνι δὲ τοῦ φιλόπολις
θράσους. 1. 304. ὦ μιαρὲ καὶ βδελυρὲ καὶ κατακεκράκτα, τοῦ σοῦ θ.
1. 429. ἐγώ σε παύσω τοῦ θ., οἴμαι δὲ μᾶλλον ἄμφω.
693. ὡς δὴ καταπιόμενός με. μορμῶ τοῦ θ.
Λ. 318. τοῦ νῦν παρεστῶτος θ. θέσθαι τρυπαίου ἡμᾶς.
379. ἥκουσα αὐτῆς τοῦ θ. ; ΧΟ. ΓΤ. ἐλευθέρα γάρ εἰμι.
Θρασύβουλος. Εκ. 203. θ. αὐτὸς οὐχὶ παρακαλούμενος.
Εκ. 356. μῶν ἦν θ. εἶπε τοῖς Λακωνικοῖς ;
Θρασυβούλῳ. Π. 550. ὑμεῖς γ' οἵπερ καὶ Θ. Διονύσιον εἶναι ὅμοιον
Θρασύμαχε. Fr. 1. οἴμ', ὦ Θ.,
θρασύνεται. Α. 330. τῶν παρόντων ἔνδον εἴρξας ; ἢ 'πὶ τῷ θ. ;
Ν. 1349. ἀλλ' ἔσθ' ὅτῳ θ.
Β. 486. τῶν χωλοποιῶν, οἷοι ὧν θ.
θρασύν. 1. 181. ὅτι πονηρὸν κύξ ἀγορᾶς εἶ καὶ θ.
Ν. 445. θ., εὔγλωττος, τολμηρός, ἴτης,
890. τοῖσι θρασεῖ, καίπερ θ. ὤν.
915. θ. εἶ πολλοῦ. ΑΔ. σὺ δὲ γ' ἀρχαῖος.
Θρᾷτθ'. Θ. 279. ἐγὼ δ' ἀπειμι. ΜΝ. δεῦρό νυν, ὦ Θ., ἔπου.
Θρᾷτθ'. Θ. 293. ἵν' ἰξανούω ; σὺ δ' ἀπιθ', ὦ Θ., ἐκποδών
Θρᾷττα. Θ. 828. ἡ Θ. προσπαίσασα πρώην τὴν χύτραν
Θ. 280. ὦ Θ., θᾶσαι, καομίνων τῶν λαμπάδων
284. ὦ Θ., τὴν κίστην κάθελε, κᾷτ' ἔξελε
Θρᾷτταν. Α. 273. τὴν Στρυμοδώρου Θ. ἐκ τοῦ Φελλέως,
ΕΙ. 1138. χἆμα τὴν Θ. κυνῶν,
θραυσάντινη. Ν. 1264. ὦ σκληρὲ δαῖμον, ὦ τύχαι θ.
θραύεις. Ο. 466. ἔς τι τὴν τούτων θ. ψυχὴν οὕτως ὑμῶν ὑπεραλγῶ,
θρέμμ'. Α. 369. οὐδὲν γὰρ ὡδὶ θ. ἀναιδές ἐστιν ὡς γυναῖκες.
θρέμμα. Εκ. 374. μέλιττα Μούσης. Χαρῖεν θ., Τρυφῆ πρόσωπον,
θραττεντελῆ. Π. 290. καὶ μὴν ἐγὼ βουλήσομαι θ. τὸν Κύκλωπα
Π. 296. ἡμεῖς δέ γ' αὖ ζητήσομεν θ. τὸν Κύκλωπα
θρέττε. Ι. 17. ἀλλ' οὐκ ἔτι μοι τὸ θ. πῶς ἂν αὖ ποτε
Β. 886. Δήμητερ ἡ θ. τὴν ἐμὴν φρένα,
θρέψεις. Εκ. 461. οὐδ' ἔτι σὺ θ. οὐδ' ἕξεις, ἀλλ' ἡ γυνή.
θρέψω. 1. 799. ἣν ἀναμείνῃς αὐτὸν θ. 'γὼ καὶ θεραπεύσω,
Σ. 737. ἀλλὰ θ. γ' αὐτὸν παρέχων
1004. θ. καλῶς, ἄγων μετ' ἐμαυτοῦ πανταχοῖ,
Θρηκία. Β. 681. θ. χελιδών,
θρηνεῖς. Ο. 211. οὓς διὰ θείου στόματος θ.,
θρηνῶν. Ν. 1303. θ., χορείαν. τάχα δὲ δηλωθήσεται.
θρηνῶν. Ν. 1260. εἰ τοῦτ' ἔσθ' ὑ θ., οὐ τί που
θρῖα. Σ. 1312. τὰ θ. τοῦ τρίβωνος ἀποβεβλήκοτι,
Εκ. 707. ὑμᾶς δὲ τέως θ. λαβόντας·
θριγκοῖς. Θ. 58. τίς ἀγροιώτας πελάθει θ. ;
θριγκοῦ. Θ. 60. τοῦ καλλιεπους, καὶ τοῦ θ.
θρίνακες. ΕΙ. 567. αἵ τε θ. διαστίλβουσι πρὸς τὸν ἥλιον
θρῖον. Α. 1101. θ. ταρίχους οἶσε δεῦρο, παῖ, σαπροῦ.
Α. 1102. κἀμοὶ σὺ δή, παῖ, θ. ὑπτήσω δ' ἐπεί.
1. 954. δημοῦ βοείου θ. ἐξοπτημένον·

θρίον—θύραζε.

θρίον. 1. 955. οὐ τοῦτ' ἔνεστιν. ΔΙΙΜ. οὐ τὸ θ.; ἀλλὰ τί;
Γr. 180, 2. περίκομμα, θ. ἐγκέφαλος, ὀρίγανον.
θριπήδεστ'. Θ. 427. ἐδίδαξέ θ. ἔχειν σφραγίδα
θρίω. Β. 134. ἀλλ' ἀπολέπαιμ' ἂν ἐγκεφάλου θ. δύο.
θρίων. Σ. 436. ὡς ἐγὼ πολλῶν ἀκούσας οἶδα θ, τὸν ψόφον.
θροεῖν. Β. 1276. κύριός εἰμι θ. ὅδιον κράτος αἴσιον ἀνδρῶν
θρόνων. Β. 765. θ. τε τοῦ Πλούτωνος ἔξης, ΞΑ. μινθάνω.
Β. 769. ἐκεῖνοι εἶχε τὸν τραγῳδικὸν θ.,
θρόνῳ. Β. 777. κάπειτ' ἐκαρθεὶς ἀντελάβετο τοῦ θ.,
Β. 787. οὐ καὶ Σωφοκλῆς ἀντελάβετο τοῦ θ.;
790. κἀκεῖνος ὑπεχώρησεν αὐτῷ τοῦ θ.·
830. οὐκ ἂν μεθείμην τοῦ θ., μὴ νουθέτει.
Θρόνων. Ο. 1732. τῶν ἡλιβάτων θ.
θρυαλλίδ'. Ν. 585. τὴν θ. εἰς ἑαυτὸν εὐθέως ξυνελκύσας
Σ. 251. τί δὴ μαθὼν τῷ δακτύλῳ τὴν θ. ὠθεῖς.
θρυαλλίδα. Α. 916. ἐκ τῶν πολεμίων γ' εἰσάγεις θ.
Α. 917. ἔπειτα φαίνεις δῆτα καὶ θ.;
θρυαλλίδας. Α. 874. ὀρίγανον, γλαχώ, φίδθλα, θ.,
θρυαλλίδος. Α. 826. τί δὴ μαθὼν φαίνεις ἄνευ θ.;
Α. 925. σελαγοῖντ' ἂν ὑπὸ τίφης τε καὶ θ.;
θρυαλλίδων. Ν. 59. ὅτι τῶν πηχείων ἐνετίθεις θ.
θρυαλλίς. Α. 919. νεώριον θ.; οἴμοι, τίνι τρόπῳ;
θρυλῶν. Ι. 348. τὴν νύκτα θ. καὶ λαλῶν ἐν ταῖς ὁδοῖς σεαυτῷ.
θρύμματα. Fr. 208. ἄλλοι δ' εἰσέφερε πλεκτῷ κανισκίῳ ἄρτων
περίλοιπα θ.
θρύψομαι. Ι. 1163. ὑπὸ τῶν ἐραστῶν νὴ Δί' ἢ 'γὼ θ.
θύγατερ. Α. 244. κατάβου τὸ κανοῦν, ὦ θ., ἵν' ἀπαρξώμεθα.
Α. 253. ἄγ', ὦ θ., ὅπως τὸ κανοῦν, καλὴ καλῶς
ΕΙ. 736. εἰ δ' οὖν εἰδώς τινα τιμήσαι, θ. Διός, ὅστις ἄριστος
Fr. 63. ἀλλ' ὦ θ. ἕλιξ' Ἴασοι πρικμενής.
θυγάτερ'. Ο. 1654. οὖσαν θ., ὄντων ἀδελφῶν γνησίων;
θυγάτερα. Θ. 289. καὶ τὴν θ. χορῶν ἀνδροῖ μοι τυχεῖν
θυγατέρος. Σ. 1397. τῆς Ἀγκυλίωνος θ. καὶ Σωστράτης.
θυγάτηρ. Σ. 607. ἀσπάζονται διὰ τἀργύριον, καὶ πρῶτα μὲν ἡ θ. μι
Ο. 516. ἡ δ' αὖ θ. γλαὺξ', ὁ δ' Ἀπόλλων ὥσπερ θεράπων ἱέρακα'
Α. 1193. τοῖς παισίν, ὑκοῦαν τε θ. τινὶ κρανοφάρῃ·
Fr. Μ. ΕΙ. Δ. 2, 3. θ., ἀδελφή, πάντα ταῦτ' ἐχρῆτό μοι.
θυγάτριον. Θ. 565. τοὖθ' ὑπεβάλου, τὸ σὸν δὲ θ. παρῆκας αὐτή.
θυγατρός. Σ. 573. εἰ δ' αὖ τοῖς χοιριδίοις χαίροι, θ. φανῇ με πιθέσθαι.
θύε. Ο. 862. ἱερῷ, ὃν ἔργον, θ. τοῖς καινοῖς θεοῖς.
θύε'. Π. 1138. ὢν θ. ὑμεῖς ἔνδον. ΚΑ. ἀλλ' οὐκ ἔκφορα.
θύει. Ο. 1516. θ. γὰρ οὐδεὶς οὐδὲν ἀνθρώπων ἔτι
Π. 1116. ἡμῖν ἔτι θ. τοῖς θεοῖς. ΚΑ. μὰ Δί', οὐδέ γε
1183. θ. τὸ παράπαν οὐδείς, οὐδ' εἰσέρχεται,
θυεία. Fr. 112. δοίδυξ, θ., τυρόκνηστις, ἐσχάρα.
θυείς. Ν. 676. ἀλλ' ἐν θ. στρογγύλῃ νεμάττετο.
ΕΙ. 229. τί δῆτα ταύτῃ τῇ θ. ἐργάζεται;
Π. 710. ἐν τῇ θ. συμπαραμιγνύων ὀπὸν
θυιῶν. Σ. 924. ὅστις περιπλεύσας τὴν θ. ἐν κύκλῳ
ΕΙ. 227. οὐκ οἶδα πλὴν ἓν, ὅτι θ. ἐσπέρας
θυείας. ΕΙ. 235. καινῆς θ. φθέγμα πολεμιστηρίας.
ΕΙ. 238. ὡσεὶ Ἀπόλλων, τῆς θ. τοῦ πλάτους.
Β. 124. ἦ διὰ θ. ΔΙ. ἆρα κώνειον λέγεις;
θυείδιον. Π. 710. ἔπειτα παῖς αὐτῷ λίθινον θ.
θύειν. Α. 792. κάλλιστος ἔσται χοῖρος Ἀφροδίτη θ.
Ι. 656. εὐάγγελιά θ. ἑκατὸν βοῦς τῇ θεῷ.
Ν. 620. καθ' ὅταν θ. δέῃ, στρεβλοῦσιν καὶ δικάζετε
Ο. 562. ὡς ὀρνίθων βασιλευόντων θ. ὀρνίσι τὸ λοιπόν·
565. ἢν Ἀφροδίτῃ θύῃ, πυροὺς ὄρνιθι φαληρίδι θ.·
856. προβατίων τι θ.
1231. φράσουσα θ. τοῖς Ὀλυμπίοις θεοῖς
Λ. 179. θ. δυκοπίαις καταλαβεῖν τὴν ἀκρόπολιν.
Θ. 288. θ. ἔχουσαν, εἰ δὲ μάλλα νῦν λαβεῖν.
Π. 1077. θ. ἐπ' οὐδεὶς ἀξιοῖ. ΧΡ. τίνος ἕνεκα;
Θυίλλας. Ν. 336. πλοκάμους θ' ἑκατογκεφάλα Τυφῶ, πρημαινούσας τε θ.,
Θυεστείων. Α. 433. κεῖται δ' ἄνωθεν τῶν θ. ῥακῶν,
θύετ'. Ν. 578. δαιμόνων μὴν μόναις οὐ θ. οὐδὲ σπένδετε,
ΕΙ. 1054. ὑπῳ δὲ θ. οὐ φράσεθ';
θύεται. Α. 793. ἀλλ' οὐχὶ χοῖρος τἀφροδίτῃ θ.
θύῃ. Ο. 565. ἢν Ἀφροδίτῃ θ., πυροὺς ὄρνιθι φαληρίδι θύειν·
Ο. 566. ἢν δὲ Ποσειδῶνί τις οἶν θ., νήττῃ πυροὺς καθαγίζειν·
567. ἢν δ' Ἡρακλέει θ. τις Δαοῦ, λαγῷ ναστοῦς μελιτοῦττας·
568. κἂν Διὶ θ. βασιλεῖ κριῶν, βασιλεύς ἐστ' ὀρχίλος ὄρνις,
θυηλῶν. Ο. 1520. ἄνευ θ. οἱ δὲ βάρβαροι θεοὶ
θυηπόλε. ΕΙ. 1124, οὐ καταβαλεῖτ' τὰ κώδι', ὦ θ.;
θυλάκιον. Β. 1203. καὶ νοδάριον καὶ ληκύθιον καὶ θ.,
θυλάκιον. Σ. 314. ἀνώνυτον ἄρ' ὦ θ. σ' εἶχον ἄγαλμα.
θυλακίσκον. Fr. 32. θ.,

θυλακίσκον. Fr. 464, 2. καὶ θ. καὶ τὸ μέγα βαλάντιον.
θύλακον. Ι. 370. δέρῳ σε θ. κλοπῆς.
Ο. 503. ὀβολοὺς κατεβρόχθισα κᾆτα κενὸν τὸν θ. οἴκαδ' ἀφεῖλκον.
Ἐκ. 382. μὰ τὸν Δί' οὐδεὶν ἄλλο γ' ἢ τὸν θ.
820. ἐπειθ' ὑπέχοντος ἄρτι μου τὸν θ.,
θυλάκους. Σ. 1087. εἶτα δ' ἐσπώμεσθα θυννάζοντες ἐς τοὺς θ.
Ἐκ. 733. πολλοὺς κύτω δὴ θ. στρίψας' ἐμούς.
θυλακοφορεῖν. Fr. 619. θ.
θυλάχῳ. Π. 763. ὡς ἀληπιτ' οὐκ ἔνεστιν ἐν τῷ θ.
θυλήματα. ΕΙ. 1040. ἐγὼ δ' ἐπὶ σπλάγχν' εἰμὶ καὶ θ.
θύμ'. Α. 450. ὦ θ., ὁρᾷς γὰρ ὡς ἀπωθοῦμαι δόμων,
Α. 480. ὦ θ., ἄνευ σκάνδικος ἐμπαρειντέα,
θυμάγροικος. Fr. 707. θ.
θυμαινέ. Ν. 1478. ἀλλ', ὦ φίλ' Ἑρμῆ, μηδαμῶς θ. μοι,
θυμαίνειν. Ν. 610. εἶτα θ. ἔρασκε δεινὰ γὰρ πεπονθέναι,
θυμαινέτω. Σ. 1138. ἐγὼ δὲ σισύραν χώμην θ.
θυμάλωπα. Θ. 729. κἀγώ σ' ἀποδείξω θ. τήμερον.
θυμάλωψ. Α. 321. οἷσε αὖ μέλιτι τις ὑμῖν θ. ἐνέξειεν.
θύραν'. Ο. 901. τὰ γὰρ παρόντα θ. οὐδὲν ἄλλο πλὴν
θυμβρεπιδείπνων. Ν. 421. καὶ φειδωλοῦ καὶ τρυπιβίου γαστρὸς καὶ θ.
θυμβροφάγον. Α. 254. οἴσεις, βλέπουσα θ. ὡς μακάριος
θυμέ. Α. 483. πρόβαινε νῦν, ὦ θ.· γραμμὴ δ' αὑτή.
Ι. 1194. ὦ θ., νυνὶ βωμολόχον ἔξευρέ τι.
θυμητιδῶν. Α. 772. αἱ λῇς, περίδου μοι περὶ θ. αὐλῶν,
θυμιαμάτων. Ο. 1716. χωρεῖ, καλὸ θίαμα. θ. δ'
θυμιδίῳ. Σ. 878. ἀντὶ σιραίου μέλιτος μικρὸν τὸ θ. παραμίξας
θυμίτας. Α. 1099. ἅλας θ. οἷσε, παῖ, καὶ κρύμμινα.
θυμοῖ. Β. 584. οἶδ' οἶδ' ὅτι θ., καὶ δικαίως αὑτοῦ δρᾷς·
θυμολέοντων. Β. 1041. Πατρόκλων, Τεύκρων θ., ἵν' ἐπαίροιμ' ἀνδρὸς πολίτην
θύμον. Π. 253. ὦ πολλὰ δὴ τῷ δεσπότῃ ταυτὸν θ. φαγόντες,
θυμόν. Α. 353. τὸν θ. ἀνδρῶν ὥστε βάλλειν καὶ βοῶν
Ν. 1369. ὅμως δὲ τὸν θ. δακὼν ἔφην, σὺ δ' ἀλλὰ τούτων
Ν. 383. ἀμυνοῦμαί σοι τὸν πρινώδη θ. ἅπαντες καλέσαντες,
567. οἱ δὲ σκώπτουσ', ἵν' ἐγὼ γελάσω καὶ τὸν θ. καταθῶμαι,
649. ἣν μή τι λέγῃς, ἥτις δυνατὴ τὸν ἐμὸν θ. κατερεῖσαι.
1082. ἐμαχομεσθ' αὐτοῖσι, θ. ὀξίνην πεπωκότες,
Ο. 401. καὶ τὸν θ. κατάθου κύψας
θυμός. Ι. 570; θρίβωμεν, ἀλλ' ὦ θ. εὐθὺς ἦν ἀμυνίαι
ΕΙ. 559. ἀσπάσασθαι θ. ἡμῖν ἐστι πωλιοστῷ χρόνῳ.
Β. 994. ἡμῖν σ' ὁ θ. ἀράσσει
θυμοσοφικώτατον. Σ. 1280. εἶτ' Ἀμφιάδην, καλῷ τι θ.
θυμόσοφός. Ν. 877. ἀμέλει, δίδασκε· θ. ἐστιν φύσει·
θύμου. ΕΙ. 1169. τοῦ θ. τρίβων κυκῶμα.
θυμοῦ. Fr. 398, 1. καὶ μὴν ἀκούσας, ὦ γύναι, θ. δίχα
θυμούμαι. Β. 1006, θ. μὲν τῇ ξυντυχίᾳ, καὶ μου τὰ σπλάγχν' ἀγανακτεῖ.
θυμούμεθα. Θ. 518. ἡμεῖς γε. θ. γὰρ Εἰρηνίδη θ.,
θυμούς. Β. 1017. καὶ πλήκτας καὶ κνημίδας καὶ θ. ἐπταβοείους.
θύνων. Π. 283. δεξιῶς θλάφαιεν, πολλοῦ θ. ῥίζαις διεπιπράντες.
θυννάζοντες. Σ. 1087. εἶτα δ' ἐσπώμεσθα θ. εἰς τοὺς θυλάκους,
θύννατα. Ι. 354. θ. θερμὰ καταφαγὼν, κᾆτ' ἐπιπίων ἀκράτου
θυννίδες. Fr. 365. σκόμβροι, κολίαι, λέβιοι, μύλλοι, σαπέρδαι, θ.
θυννοσκοπῶν. Ι. 313. κάτω τῶν πετρῶν ἀνωθεν τῶν φόρων θ.
θύννον. Fr. 292. οἱ ἐγγελῶν Βοιωτίαι, οὐ γλαῦκον, οὐχὶ θ.
θύμων. ΕΙ. 410. ἡμεῖς μὲν ὑμῖν θ., τούτοισι δὲ
ΕΙ. 1062. νῦν μηδέν· Εἰρήνη γὰρ ἱερὰ θ.
Fr. 214. αὐτὸν ἰχ' θ.
θύοντας. Ο. 984. λυπῇ θ. καὶ σπλαγχνεύων ἐπιθυμῇ.
θύοντες. Ο. 903. θ. εὐξώμεσθα τοῖς πτερίοισι θεοῖς.
θύουσι. ΕΙ. 411. οἱ βάρβαροι θ. διὰ τοῦτ' εἰκότως
Π. 133. θ.· αὐτῷ διὰ θ. οὐ τοιτοσι;
θύουσιν. Π. 143. τί λέγεις; δι' ἐμὲ θ. αὐτῷ; ΧΡ. φήμ' ἐγώ.
θύρα. Α. 127. τοὺς δὲ ξενίζει οὐδέποτέ γ' ἴσχει θ.
Λ. 1071. ἡ θ. κεκλείεται.
θύρα. Σ. 98. υἱὸν Πυριλάμπους ἐν θ. Δῆμον καλόν,
Χ. 142. σὺ δὲ τῇ θ. πρόσκεισο. ΣΠ. ταὐτ', ὦ δέσποτα
Ἐκ. 420. ἐς τῶν σκυλοδεψῶν ἢν δ' ἀπολείπῃ τῇ θ.
θύραξ'. Α. 359. τί οὖν οὐ λέγεις ἐπίξηνον ἐξενεγκὼν θ.
Α. 825. τοὺς συκοφάντας εἰ θ. ἐξείρξετε
Σ. 117. μηθ' ἐξίναι θ.· ὁ θ' οὐκ ἐπεθέτο.
Ο. 990. οὐκ εἴ θ. σὺ θᾶττον; ΧΡ. οἴμοι δείλαιος.
Ἐκ. 271. μέλλει βαδίζειν ἢ θ. ἐκάτοτε.
669. σύθ' ἧν γε θ., ὥσπερ πρότερον. Βίοτος γὰρ πᾶσιν ὑπάρξει.
Π. 244. γυμνὸς θ. ἐξέπεσεν ἐν ἀκαρεῖ χρόνῳ.
955. ἀλλ' ὁ θυλάκιος ἕλξει θ. αὐτὸν λαβών.
θύραζε. Ι. 365. ἐγὼ δέ γ' ἐξελῶ σε τῆς συτῆς θ. κύββα.
Ι. 607. εἴ τις ἐξέροιτο θ., κἂν βυθοῦ θηρώμενοι
Ν. 632. αὐτὸν καλῶ θ. δεωρὶ πρὸς τὸ φῶς.

θύραζε—Θωρυκίων. 145

θύραζε. Ν. 1384. κακπᾶν δ' ἂν οὐκ ἔφθης φράσαι, κᾀγὼ λαβὼν θ.
Σ. 70. ἔνδον καθείρξας, ἵνα θ. μὴ 'ξίῃ.
272. τοὐμοῦ μέλαυς ὑφ' ἡδονῆς ὀρπύσῃ θ.
1535. ἀλλ' ἐξάγετ', εἴ τι φιλεῖτ' ὀρχουμενοι, θ.
Ο. 1311. Μανῆς δὲ φερέτω μοι θ. τὰ πτερά·
Β. 748. πολλοὺς ἀπῆρε θ.; ΑΙ. καὶ τώθ' ἥδομαι.
752. τί δὲ τοῖς θ. ταῦτα καταλαλῶν ; Αl. ἐγώ ;
Εκ. 731. τῶν χρημάτων θ. πρώτη τῶν ἐμῶν,
Fr. 290. μήτε ποδάνιπτρον θ. ἐκχεῖτε μήτε λούτριον.
512, 1. οὐκ εἰ λαβὼν θ. τὰ ψηφίσματα
θύραξέ. Α. 1222. θ, μ' ἐξενέγκατ' ἐς τοῦ Πιττάλου
Ν. 1389. θ. μ', ἀλλὰ ἐνιγμένος
θύραις. Ν. 467. ὄψομαι; ΧΟ. ὥστε γε σοῦ πολλοὺς ἐπὶ ταῖσι θ. ἀεὶ καθῆσθαι.
Σ. 362. τῷ δὲ δῄ αὐτῶν ἐπὶ ταῖσι θ.
1482. τίς ἐπ' αὐλείοισι θ. θάσσει ;
Ο. 614. οὐδὲ θυρῶσαι χρυσαῖσι θ.,
Β. 163. ἐπὶ ταῖσι τοῦ Πλούταινος οἰκοῦσιν θ.
Εκ. 865. ἐπὶ ταῖς θ. ἐστὼς ΑΝ. Α. τί δράσεις ; εἰπέ μοι.
1114. ἐμεῖτ θ' ὅσαι παρέσταπ' ἐπὶ ταῖσιν θ.,
θυραισιν. ΕΙ. 179. τίς ἐν Διὸς θ. ; οὐκ ἀνοίξετε ;
Εκ. 997. ἀλλ' ἄπιθ', ὅπως μὴ σ' ἐπὶ θ. ὄψεται.
θύραν. Α. 403. οὐ γὰρ ἂν ἀπέλθοιμ', ἀλλὰ κόψω τὴν θ.
Α. 866. ἐπὶ τὴν θ. μοι Χαιριδῆς βομβαύλιοι ;
1189. ὀδὶ δὲ καὐτὸς. ἀλλ' ἀνοιγε τὴν θ.
Ν. 132. ἀλλ' οὐχὶ κόπτω τὴν θ.; παῖ, παιδίον.
133. βάλλ' ἐς κόρακας· τίς ἔσθ' ὁ κόψας τὴν θ. ;
136. ἀπεμμερίμνως τὴν θ. λελάκτικας
183. μαθητιῶ γάρ· ἀλλ' ἄνοιγε τὴν θ.
509. χώρει· τί νυπτάζεις ἔχων περὶ τὴν θ. ;
Σ. 152. * * τὴν θ. ὥθει· πίεζέ νυν σφόδρα
199. ὥθει σὺ πολλοὺς τῶν λίθων πρὸς τὴν θ.,
768. ὅτι τὴν θ. ἀνέῳξεν ἡ σηπὶς λάθρα,
957. ὅτι σοῦ προμήχεται καὶ φυλάττει τὴν θ.
Ο. 129. ἐπὶ τὴν θ. μου πρῴ τις ἐλθὼν τῶν φίλων
Α. 309. ἄψαντες εἴτ' ἐς τὴν θ. κριηδὸν ἐμπέσαιμεν ;
1214. πρός γε μέντοι τὴν θ.
1216. ἄνοιγε τὴν θ.
θ. 424. πρὸ τοῦ μὲν οὖν ἦν ἀλλ' ὑποίξαι τὴν θ.
481. οὗτος πύθου μου 'κνυεν ἐλθὼν τὴν θ.
Β. 38. τίς τὴν θ. ἐπάταξεν ; ὡς κενταυρικῶς
436. ἀλλ' ἴσθ' ἐπ' αὐτὴν τὴν θ. ἀφιγμένος.
460. ἄγε δὴ τίνα τρόπον τὴν θ. κόψω ; τίνα ;
Εκ. 34. τηνδ' ἐκπαλέσωμαι, τρυγονίων τὴν θ.
316. οὐκ ἐδυνάμην εὑρεῖν, ὁ δ' ἤδη τὴν θ.
361. νῦν μὲν γὰρ οὗτος βεβαλάνωκε τὴν θ.,
901. σα τὴν θ. ἄνοιγον
977. καὶ τὴν θ. γ' ἥραττες. ΝΕΑ. ἀποθάνοιμ' ἄρα.
990. ὅταν γε κρούσῃς τὴν ἐμὴν πρῶτον θ.
Π. 1007. ἐπὶ τὴν θ. ἐβάδιζεν ἀεὶ τὴν ἐμήν.
1097. τίς ἔσθ' ὁ κόπτων τὴν θ. ; τουτὶ τί ἦν ;
1101. σὺ τὴν θ. ἔκοπτες αὐτωσὶ σφόδρα ;
1153. παρὰ τὴν θ. στροφαῖον ἱδρύσασθέ με.
Fr. 259 a. οὐδεὶς βεβαλάνωκε τὴν θ.
331. μόχλωσον τὴν θ.
581. τὴν θ. ἀναζυγώσας.
θύρας. Ι. 728. τίνες οἱ βοῶντες ; οὐκ ἄπιτ' ἀπὸ τῆς θ.
Ι. 1026. ὥσπερ θ. σοῦ τῶν λογίων παρεινθίσι.
Ν. 1254. ἀπὸ τῆς θ. ; ΠΑ. ἄπειμι, καὶ τουτ' ἴσθ', ὅτι
Σ. 198. ἔνδον κέκραχθι τῆς θ. κεκλεισμένης.
334. ἀποκλείων τὰς θ. ; λέ-
ΕΙ. 30. τηδὶ παροίξας τῆς θ., ἵνα μή μ' ἴδη.
Λ. 311. ἐμπιπράναι χρὴ τὰς θ. καὶ τῷ καπνῷ πιέξειν.
Β. 35. κατάβα, ταυούργε, καὶ γὰρ ἐγγὺς τῆς θ.
462. οὐ μὴ διατρίψεις, ἀλλὰ γεύσει τῆς θ.,
604. τῆς δ. ἐπὶ ψόφου.
Εκ. 1033. ὕδατός τε καταθοῦ τοὔστρακον πρὸ τῆς θ.
1093. οἴμοι κακοδαίμων, ἐγγὺς ἤδη τῆς θ.
Π. 962. ἀλλ' ἴσθ' ἐπ' αὐτὰς τὰς θ. ἀφιγμένη,
Fr. 608. ἐπιπαττουν τὰς θ.
θύρασι. ΕΙ. 942. ὡς ταῦτα δῆλα γ' ἔσθ'· ὁ γὰρ βωμὸς θ. καὶ δή.
ΕΙ. 1023. σέ τοι θ. χρῇ * * μένοντα τοίνυν
Θ. 69. ἦν μὴ προΐῃ θ. πρὸς τὸν ἥλιον.
θύρασι. Εκ. 993. θ. μ' εὗρες ἀλλὰ πρόσαγε τὸ στόμα.
θύρωσιν. Σ. 891. εἴ τις θ. ἡλιαστής, ἐσίτω.
Λ. 353. ἰσμὸς γυναικῶν αὐτοσὶ θ. αὖ βοηθεῖ.
θ. 792. κἂν ἐξέλθῃ τὸ γυναίον ποι, κᾀθ' εὕρῃτ' αὐτὸ θ.,
θυρίδος. 379. ἀλλ' ἐξιψας διὰ τῆς θ. ἐπίληψον εἶτα καθίμα
θ. 797. κἂν ἐκ θ. παρακύπτωμεν, ζητεῖ τὸ κακὸν τεθεᾶσθαι·
θύριον. Ν. 92. ὁρᾷς τὸ θ. τοῦτο καὶ τῷκίδιον ;

θύριον. Θ. 26. ὁρᾷς τὸ θ. τοῦτο ; ΜΝ. νὴ τὸν Ἡρακλῆ
Θ. 27. οἴμαί γε. ΕΥ. σίγα νυν. ΜΝ. σιωπῶ τὸ θ.
28. ἄκου'. ΜΝ. ἀκύσω καὶ σιωπῶ τὸ θ. ;
Π. 1098. οὐδεὶς ἔοικεν· ἀλλὰ δῆτα τὸ θ.
θυρακοπῆσαι. Σ. 1254. καὶ θ. καὶ πατάξαι καὶ βαλεῖν,
θυρακδόαν. Λ. 1313. θ. καὶ παιδδοάν.
θύροισιν. Β. 1211. Διόνυσος, ὃς θ. καὶ νεβρῶν δοραῖς
Θυρσον. Fr. 353. θ. κινῇ ;
θυρῶν. Α. 864. παῦ' ἐς κόρακας. οἱ σφῆκες οὐκ ἀπὸ τῶν θ.;
Α. 989. τοῦ βίου δ' ἐξέβαλε δεῖγμα τάδε τὰ πτερὰ πρὸ τῶν θ.
Σ. 273. τί ποτ' οὐ πρὸ θ. φαίνετ' ἄρ' ἡμῖν ὁ γέρων οὐδ' ὑπακούει ;
804. ὥσπερ Ἑκάτειον, πανταχοῦ πρὸ τῶν θ.
871. ἐμπροσθεν οὗτος τῶν θ.,
Λ. 161. ἕλκωσιν ἡμᾶς ; ΛΤ. ἀντέχου σὺ τῶν θ.
Π. 767. ὡς ἄνδρες ἐγγύς εἰσιν ἤδη τῶν θ.
θῦσαι. Ο. 611. θ. μετὰ τοῦτο. ΕΤ. ταῦτα κἀμοὶ συνδοκεῖ.
Ο. 971. πρῶτον Πανδώρᾳ θ. λευκότριχα κριόν·
θύσαιμ'. Ν. 426. οὐδ' ἂν θ., οὐδ' ἂν σπείσαιμ', οὐδ' ἐπιθείην λιβανωτόν.
θύσαντα. Α. 249. πέμψαντα καὶ θ. μετὰ τῶν οἰκετῶν
θύσας. Ι. 1140. θ. ἐπιδειπνεῖς.
ΕΙ. 1021. θ. τὰ μηρί' ἐξελὼν δεῦρ' ἔκφερε,
θύσει. Π. 1117. θ. κακῶς γὰρ ἐπιμελεῖσθ' ἡμῶν τότε.
θύσειεν. Π. 137. ὅτι οὐδ' ἂν εἷς θ. ἀνθρώπων ἔτι,
θύσετε. Ν. 257. ὥσπερ ἂν τὸν Ἀθάμανθ' ὅπως μὴ θ.
θύσῃ. Fr. 559. οἶμ' ἐστιν, κενίβρινον ὗταν θ. τι, καλεῖν με.
θυσία. ΕΙ. 1052. τίς ἡ θ. ποθ' αὕτη καὶ τῷ θεῶν ;
θυσίαι. Ν. 309. εὐστιφανοί τε θεῶν θ. θαλίαι τε,
θυσίασιν. Fr. 396. καὶ σὺ θ. ἱ-
θυσίαν. Ν. 274. ὑπακούσατε δεξάμεναι θ. καὶ τοῖς ἱεροῖσι χαρεῖσα.
ΕΙ. 977. δέξαι θ. τὴν ἡμετέραν.
θυσίμας. Α. 784. ἀλλ' οὐδὶ θ. ἐστιν αὑτηγί. ΜΕ. σά μάν ;
Α. 785. πᾶ δ' οὐχὶ θ. ἐστι ; ΔΙ. κέρκον οὐκ ἔχει.
θύσομεν. ΕΙ 938. ἐγὼ δὲ ποριῶ βωμὸν ἐφ' ὅτου θ.
Ο. 620. ἀλλ' ἂν θυσίαν καμπροις
θύσοντες. Ο. 1057. θ. εἰσω τοῖς θεοῖσι τὸν τράγον.
θύσουσιν'. Ο. 1060. θ. εὐκταίαις εὐχαῖς.
θύσουσιν. ΕΙ. 422. ἀλεξικάκῳ θ. Ἑρμῇ πανταχοῦ.
θύω. Ο. 848. ἐγὼ δ' ἵνα θ. τοῖσι καινοῖσιν θεοῖς,
Ο. 854. ἐγὼ γὰρ αὑτοῖς τουτογὶ θ. μόνος.
Θ. 285. τὸ πόπανον, ὅπως λαβοῦσα θ. ταῖν θεαῖν.
θύων. Α. 240. ἀπικνοῦμ' θ. γὰρ ἀνήρ, ὡς ἔοικ', ἐξέρχεται,
θύσωμεν. Ο. 190. οὗτως, ὅταν θ. ἄνθρωποι θεοῖς,
θυτίον. Ο. 1237. οἷς θ. αὐτοὺς, ἀλλὰ μὰ Δί' οὐ τῷ Διί.
θύτην. Fr. 562. θ. μέλλει καὶ κελεύει δῆτα λέγειν.
θύω. Ο. 922. οὐκ ἄρτι θ. τὴν δεκάτην ταύτης ἐγώ,
θύων. Ο. 518. ὑ' ὅταν θ. τις ἐνεῖτ' αὐτοῖς ἐς τὴν χεῖρ', ὡς νόμος ἐστί,
Β. 1241. θ. ἀναρχὰς Αἱ. λημύθιον ἀπώλεσεν,
1242. μεταβῦ θ.; καὶ τίς αὐθ' ὑφείλετο ;
θώμεσθ'. Λ. 637. ἀλλὰ θ., ὦ φίλαι γρᾶες, ταδὶ πρῶτον χαμαί.
θώμεσθα. Α. 312. θ. θὴ τὸ φορτίον. φεῦ τοῦ καπνοῦ, βαβαιάξ.
θωμόν. Fr. 67. θ.
θωμός. Fr. 19. εἰ ἡ δικῶν τε γύργαθος ψηφισμάτων τε θ.
θωμούς. Α. 973. εἴθ' αὐτήν, ὥσπερ τοὺς θ.
θωπείαις. 1. 890. ἀλλ' οὐχ ὑπερβαλεῖ με θ. ἐγὼ γὰρ αὐτὸν
θώπευμ'. Σ. 563. φέρ' ἴδω, τί γὰρ οὐκ ἔστιν ἀκοῦσαι θ. ἐνταῦθα ἐκαστῇ ;
θωπευματίων. 1. 788. ὡς ἀπὸ μικρῶν εὔνους αὐτῷ θ. γεγένησαι.
θωπευόμενά. 1. 1116. θ. τε χαί-
θωπευομένους. Α. 635. κᾴθ' ἥδεσθαι θ. μήτ' εἶναι χαινοπολίτας.
θωπεύουσί. ΕΙ. 389. οὐκ ἀκούεις οἷα θ. σ', ὠναξ δέσποτα ;
θωπεύων. Α. 657. οὐ θ., οὐδ' ὑποτείνων μισθοὺς, οὐδ' ἐξαπατύλλων,
θωπικαί. Λ. 1037. ἀλλὰ μὴ ὥρασ' ἵκοισθ'· ὡς ἐστὲ θ. φύσει,
θωπλα'. Ο. 449. ἐκπολεμώσω θ. ἀπιέναι πάλιν οἴκαδε,
θώπλα. Α. 277. ἔχετω θ. παραδοὺς ἐμοί,
θώρασ'. Σ. 1194. θ. ἄριστον. ΦΙ. παῦε παῦ', οὐδὲν λέγεις.
Σ. 1195. ὡς δ' ἂν μαχέσαιτο παγκράτιον θ. ἔχων ;
θώρακα. Α. 1132. φέρε δεῦρο, παῖ, θ. πολεμιστήριαν.
Α. 1133. ἔξαιρε, παῖ, θ. ἐγὼ τὸν θ.
θώρακος. ΕΙ. 1224. τί δαὶ δεκάμνῳ τῷδε θ. κύτει
θωρήξομαι. Α. 1134. ἐν τῷδε πρὸς τοὺς πολεμίους θ.
Α. 1135. ἐν τῷδε πρὸς τοὺς συμπότας θ.
θωρήσσοντ'. ΕΙ. 1256. θ. ἄρ' ἔπειτα πεπαυμένοι, ΤΡ. ἄσμενοι, οἴμαι.
Θωρυκίων. Β. 363. ἐξ Αἰγίνης Θ. ὠν, εἰκοστολόγος κακοδαίμων,
Β. 381. κἂν Θ. μὴ βούληται.

U

Ι

ἰαί. Λ. 1292. αἴρεσθ' ἄνω, ἱ. κ.τ.λ.
Λ 1293. ὢς ἐπὶ νίκῃ, ἱ.
ἰαιβοῖ. I. 891. προσαμφιῶ τοδί· σὺ δ' οἴμωζ', ὦ πονήρ'. ΔΗΜ. ἱ.
Σ. 1338. δικῶν ; ἱ. αἰβοῖ.

Ἴακχ'. { Β. 316.
317.
325.
341. } Ἴ., ὦ Ἴακχε.

Β. 323. Ἴ., ὦ πολυτίμητ' ἐν ἵδραις ἐνθάδε ναίων,

Ἴακχε. { Β. 316.
317.
325.
341. } Ἴακχ', ὦ Ἴ.

Β. 397. Ἴ. πολυτίμητε, μέλος ἑορτῆς
402.
408. } Ἴ. φιλοχορευτά, συμπρόπεμπέ με.
413.
Ἴακχον. Β. 320. ᾄδουσι γοῦν τὸν Ἴ. ὑπὲρ Διαγόρας.
ἴακχον. Ο. 772. πτεροῖς κρέκοντες ἴ. Ἀπόλλω.
ἰαμβείοισιν. Β. 1133. πρὸν τριοὶν ἱ. προσοφείλων φανεῖ.
Ρ. 1204. ἐν τοῖς ἱ. δεῖξω δ' αὐτίκα.
ἴαμβον. Β. 661. ἱ. Ἱππώνακτος ἀπεμμνησκόμην.
ἰάονας. Α. 106. ὅ τι ; χαυνοπρώκτους τοὺς Ἰ λέγει,
Ἰαοναῦ. Α. 104. οὐ λῆψι χρῦσο, χαυνόπρωκτ' ἱ.
Ἰαπετόν. Ν. 998. μηδ' ἀντειπεῖν τῷ πατρὶ μηδὲν, μηδ' Ἰ. καλέσαντα
ἰαρταμάν. Λ. 100. ἱ. ἔξαρξ' ἀναπισσόνας σάτρα.
ἰάσασθαι. Σ. 651. ἱ. νόσον ἀρχαίαν ἐν τῇ πόλει ἐντετοκυῖαν.
ἰάσεται. Π. 1087. οὐκοῦν τρύγαινας ταῦτα πάντ' ἱ.
ἰάσθω. Ο. 584. εἴθ' ὅ γ' Ἀπόλλων ἰατρὸς γ' ὢν ἱ. μισθοφορεῖ δέ.
ἰασιν. Εκ. 615. καὶ παιδοποιεῖν τῷ βουλομένῳ. ΒΛ. πῶς οὖν οὐ πάντες ἱ.
Ἰασοῖ. Fr. 83. ἀλλ' ὦ θύγατερ ἴλες Ἰ. πρευμενής.
Ἰασώ. Π. 701. οὖν, ἀλλ' Ἰ. μὲν τις ἀκολουθούσ' ἅμα
ἰατρόν. Εκ. 363. τίς ἄν οὖν ἱ. μοι μετέλθοι καὶ τίνα ;
Π. 406. οὐκουν ἱ. εἰσαγαγεῖν ἐχρῆν τινά ;
ἰατρός. Ο. 584. εἴθ' ὅ γ' Ἀπόλλων ἰατρός ἱ. γ' ὢν ἰάσθω· μισθοφορεῖ δέ.
Π. 11. ἱ. ὢν καὶ μάντις, ὥς φασιν, σοφός,
407. τίς δῆτ' ἱ. ἐστι νῦν ἐν τῇ πόλει ;
ἰατροτύχης. Ν. 332. θυριομάντεις, ἱ. σφραγιδανυχαργοκομήτας,
ἰατρῷ. Fr. 181, 2. ἔπειθ' ὑπαλειφομένου παρ' ἱ.
ἰατραταῖ. 1. 1. ἰατταταιάξ τῶν κακῶν, ἱ. κ.τ.λ.
ἰατταταιάξ. Ι. 1. ἱ. τῶν κακῶν, ἰατταταῖ.
Θ. 945. ἱ. ὦ κροκώθ', οἷ' εἴργασαι
ἰαῦ. Ρ. 272. Ι. ΔΙ. βάδιζε δεῦρα. ΗΛ. χαῖρ', ὦ δέσποτα.
ἰαυοῖ. Β. 1029. ὁ χορὸς δ' εὐθὺς τῷ χεῖρ' ὠδὶ συγκρούσας εἴπεν ἱ.
ἴαχεν. I. 1016. ἱ. ἐξ ἀδύτοιο διὰ τριπόδων ἐριτίμων.
Ἰβήρας. Fr. 467. μανθάνωντες τοὺς Ἰ. τοὺς Ἀριστάρχου πάλαι
Fr. 467. τοὺς Ἰ. οὓς χορηγεῖ μοι Βοηθόος δρόμῳ,
ἴβις. Ο. 1296 Ἰ. Λυκούργῳ, Χαιρεφῶντι νυκτερίς,
Ἰβυκός. Θ. 161. Ἰ. ἐκεῖνος κἀνακρέων ὁ Τήιος
ἴβας. Β. 1350. ἀλλ', ὦ Κρῆτες, Ἰ. τέκνα,
ἰδέα. Ο. 993. τί δ' αὖ σὺ δράσων ; τίς δ' ἱ. βουλήματος ;
ἰδέαν. Ο. 1000. αὐτίκα γὰρ ἀὴρ ἐστι τὴν ἱ. ὅλος
Β. 382. ἄγε νυν ἑτέραν ὕμναν ἱ. τὴν καρποφόρον βασίλειαν.
Π. 559. καὶ τὴν γνώμην καὶ τὴν ἱ. παρὰ τῷ μὲν γὰρ ποδαγρῶντες
ἰδίας. Ν. 288. ἀθανάτας ἱ. ἐπιδώμεθα
Ν. 547. ἀλλ' ἀεὶ καινὰς ἱ. ἐσφέρων σοφίζομαι,
ἰδεῖν. Α. 644. ἥξουσιν, ἱ. ἐπιθυμοῦντες τὸν ποιητὴν τὸν ἀριστον,
I. 1262. ἱ. ἀμείνω τῇ Κεχηναίων πόλει.
Ν. 119. οὐδὲν ἄν πιθοίμην· σὺ γὰρ ἄν γλαίην ἱ.
322. ὥστ' εἴ πως ἐστιν, ἱ. αὐτὰς ἤδη φανερῶς ἐπιθυμῶ.
1172. νῦν μέν γ' ἱ. εἰ πρῶτον ἐξαρνητικὸς
Σ. 821. ὦ δέσποθ' ἥρων, ὡς χαλεπὸς ἄρ' ἦσθ' ἱ.
1084. ὑπ' ὁ δὲ τῶν τοξευμάτων οὐκ ἦν ἱ. τὸν οὐρανόν,
Εἰ. 346. εἰ γὰρ ἐπγένοιτ' ἱ. ταύτην μέ ποτε τὴν ἡμέραν,
857. βύτης, ὅσα γ' ὥδ' ἱ.
1003. κἀν Ποιωνῶν ἱ. φέρονται
Ο. 296. οὐδ' ἱ. ἴτ' ἐσθ' ὑπ' αὐτῶν πετομένων τὴν εἴσοδον.
1557. δεύμενος ψυχὴν ἱ., ἦ
1710. ἀστρψν ἱ. ἔλαμψε χρυσαυγεῖ δόμῳ,
Λ. 113. ἴλοιμ', ὅσα μέλλοιμί γ' εἰράναν ἱ.

ἰδεῖν. Λ. 352. τουτὶ τὸ πρᾶγμ' ἡμῖν ἱ. ἀπροσδόκητον ἥκει·
Λ. 1031. ἢ μήν', ὦ Ζεῦ, χρῆμ' ἱ. τῆς ἐμπίδος ἔνεστί σοι.
1209. ὁ δ' ἄρτος ὑπὸ χοίνικος ἱ. μάλα νεανίας.
Θ. 159. ἄλλως τ' ἄμουσόν ἐστι ποιητὴν ἱ.
102. γυναικόφωνος, ἁπαλός, εὑπρεπής, ἱ.
799. αὔθις παρακύψαν ἱ. τὸ κακόν. οὕτως ἡμεῖς ἐπιδήλως
Β. 441. πρίν τινά σ' ἱ. ἀλλύρισον ; ΔΙ ἀλλ' ὡρακιῶ.
706. εἰ δ' ἐγὼ ὁρθῶς ἱ. βίαν ἀνέρος ἢ τρόπον ὅστις ἐτ' οἰμώξεται.
Εκ. 387. ὡς λευκοπληθὴς ἦν ἱ. ἡκκλησία·
506. ἀλλ' ὡς τάχιστα, πρὶν τιν' ἀνθρώπων ἱ.,
512. ἱ., καταθέσθαι θοἰμάτιον αὐτοῦ πάλιν
Π. 241. ἐξαρνός ἐστι μηδ' ἱ. με πώποτε.
249. ἀλλ' εἰσίωμεν, ὦ ἱ. σε βούλομαι
ἰδέσθαι. Θ. 800. ὑμῶν ἐσμὲν πολὺ βελτίους· Βάσανός τε πάρεστιν.
Ἴβη. Ν. 536. γνώσεται γὰρ, ἤνπερ ἱ., τἀδελφοῦ τὸν Βέστρυχον.
Σ. 97. καὶ νή Δί' ἦν ἱ. γέ που γεγραμμένον
ΕΙ. 30. τῃδὶ παραλέξαι τῆς θύρας, ἴνα μή μ' ἱ.
951. ἢν Χαῖρις ὑμᾶς ἱ.,
Ο. 1550. φέρε τὸ σκιάδειον, ἴνα με κἄν ὁ Ζεὺς ἱ.
Β. 815. ἡνίκ' ἂν ὀξυλάλου περ ἱ. θήγοντος ὀδόντας
ἴδῃς. Β. 637. ἰδόντας ὁ λόγος· χώποτερον ἄν νῦν ἱ.
Β. 644. ἰδού, σκώπει νῦν ἡν μ' ὑποκινήσαντ' ἱ.
1178. κἄν που δὶς εἴπω ταυτόν, ἢ στοιβὴν ἱ.
ἴδῃτε. Α. 1012. ὠπωμένας ἱ.;
ἰδίᾳ. I. 467. ἱ. δ' ἐκεῖ Λακεδαιμονίους ξυγγίγνεται.
Β. 102. γλῶτταν δ' ἐπιορκήσασαν ἱ. τῆς φρενός.
Εκ. 207. ἱ. σκοπεῖσθ' ἕκαστος ὅ τι τις κερδανεῖ
ἰδίας. Ρ. 237. ξὺν πρωκτὸς ἱ. πάλαι,
ἴδιγε. ΕΙ. 85. πρὶν ἄν ἱ. καὶ διαλύσης
ἰδιοῖ. Β. 890. ἱ. τινὲς σου, κόμμα καινόν· ΕΤ. καὶ μάλα.
ἰδίαν. Β. 360. ἀλλ' ἀνεγείρει καὶ ῥινίζει, κερδαν' ἱ. ἐπιθυμῶν.
Π. 908. καὶ τοῦτ' ἱ. πάντων. ΧΡ. σύ ; τί μαθών ; ΣΤ. βούλομαι.
ἰδιώτας. Β. 891. ἴθι νυν προσεύχου τοῖσιν ἱ. θεοῖς.
Β. 1204. οὐκ ἱ. ἀνθρωπείοισιν κωμῳδῶν οὐδὲ γυναίκας,
Β. 459. καὶ τοῖς ἱ.
ἰδιώτων. I. 776. σὺ φροντίζων τῶν ἱ. οὐδενός, εἰ σοὶ χαρίσμην.
ἴδοι. Α. 1196. δικαιοῦμολις ἂν μ' Ἰ. τετρωμένον,
I. 423. καὶ ταῦτα δρῶν ἐλάνθανόν γ'· εἰ δ' οὖν ἱ. τις αὐτῶν,
ἴδοιεν. Α. 520. κεῖ πού σίκυον ἱ. ἢ λαγίδιον
ἰδοῖμεν. I. 1324. πῶς ἂν ἱ. ; ποίαν τιν' ἔχει σκευήν ; ποῖος γεγένηται ;
ἰδοῖμι. Α. 341. ἐς ἱ. ᾦ θεά, μή ποτ' ἐγὼ πιμπραμένας ἱ.
ἴδοις. ΕΙ. 351. ἀλλ' ἀναλυῶν ἄν μ' ἱ.
Λ. 85. ἀλλ' ὅμας ἄν οὖν ἱ.
Εκ. 218. ἱ. ἂν αὐτάς, ᾑ δ' Ἀθηναίων πόλις,
Fr. 476, 5. ὑμεσοὺς δ' ἱ. ἂν νιφομένους εὔκων ὁμοῦ τε μύρτων·
ἰδόντες. Σ. 1029. ἱ. ἄνω σκέλας ἱ.
ἰδόντι. Σ. 25. ἱ. τοιοῦτον ἐνύπνιον ; ΣΩ. μὴ φροντίσῃς
ἰδοὐ. Α. 366. ἱ. θέασαι, ἢν ἄν ἐπίξηνον ἰδέ, κ.τ.λ.
Α. 470. ἀπόλεις μ', ἱ. σοι, φρούδά μοι τὰ δράματα. κ.τ.λ.
ἰδοῦ. Β. 1205. ἱ., σὺ δείξεις· ΑΙ. φημί. ΔΙ. καὶ δὴ χρὴ λέγειν.
ἰδοῦσαν. Ν. 353. ταῦτ' ἄρα, ταῦτα Κλείνυμον αὐτὰς τὸν ῥίψασπιν χθές ἱ.
ἰδρύθη. Fr. 245, 2. μέθ' ὧν ὁ βωμὸς οὗτος ἱ. ποτὲ.
ἰδρυμένος. Π. 1192. τὸν Πλοῦτον, οὔπερ πρότερον ἦν ἱ.,
ἰδρύσασθ'. ΕΙ. 1021. εἰρήνην εἴλοντο καὶ ἱ. ἱερείῳ.
ἰδρυσάσθε. Π. 1153. παρὰ τὴν θύραν στροφαῖον ἱ. με.
ἰδρύσατο. Θ. 109. Φοῖβον, ὅς ἱ. χώραν
ἰδρύσομαι. Π. 1191. ἱ. οὖν αὐτίκα μάλ', ἀλλὰ περίμενε,
ἰδρυσόμεθα. Π. 1198. ἱ., λαβοῦσ' ἐπὶ τῆς κεφαλῆς φέρε
ἱδρῦντιν. ΕΙ. 923. τὶ δ' ἄλλο γ' ἢ ταύτην χύτραν ἱ. ;
ἰδρώοντα. ΕΙ. 1283. ἵκνυων ἱ., ἐπεὶ πολέμου ἐκορέσθην.
ἰδρῶτα. Α. 696. πολλὰ δὴ ἱ. στακτὸν καὶ θερμὸν ἀπομοργάμενον ἀνδρικόν ἱ. δὴ καὶ πολύν,
Εκ. 750. οὐ γὰρ τὸν ἐμὸν ἱ. καὶ φειδωλίαν
ἰδυίους. Fr. 1. 2, μέθ' ὧν σὺ, ἐμὸς δ' οὗτος ἀδελφὸς φρασάτω τι καλῶσιν ἱ.
ἴδω. Α. 4. φέρ' ἱ., τί δ' ἤσθην φέρε ἴδω χαιρηδόνας ;
I. 119. ἄνυσας τι. φέρ ἱ. τί ἀρ' ἔνεστιν αὐτόθι.
953. ἀλλ' ἢ σὺ καθορᾷς. φέρ' ἱ., τί σοι σημεῖον ἦν ;
1002. φέρ' ἱ., τίνος οὖς εἰσιν οἱ χρησμοί ποτε ;
1214. φέρ' ἱ., τί οὖν ἔνεστιν ; ΑΛ. οὐχ ὁρᾷς πενήν

ἴδω—ἰηπαιωνίσαι. 147

ἴδω. I. 1365. τὰ δ' ἄλλα, φέρ' ἴ., πῶι πολιτεύσει φράσον.
N. 21. φέρ' ἴ., τί ὀφείλω; δώδεκα μνᾶς Πασίᾳ.
494. φέρ' ἴ., τί δρᾷς, ἤν τίς σε τύπτῃ; ΣΤ. τύπτομαι.
757. φέρ' ἴ., τί μέντοι πρῶτον ἦν; τί πρῶτον ἦν;
847. φέρ' ἴ., οὐ τοῦτον τίνα νομίζεις; εἰπέ μοι.
Σ. 145. κακνός; φέρ' ἴ. ξύλιν τίνος οὗ. ΦΙ. συκίνου.
563. φέρ' ἴ., τί γὰρ οὐκ ἔστιν ἀκοῦσαι θώπευμ' ἐνταῦθα δικαστῇ;
762. ποίου; φέρ' ἴ. ΦΙ. τοῦ μὴ δικάζειν. τοῦτο δὲ
O. 649. φέρ' ἴ., φράσον νῶν, πῶι ἐγώ τε χοὖτοσὶ
812. φέρ' ἴ., τί δ' ἡμῖν τοὔνομ' ἔσται τῇ πόλει;
1153. φέρ' ἴ., τί δαί; τὰ ξύλινα τοῦ τείχους τίνες
Λ. 574. πῶς δή; φέρ' ἴ. ΛΥ. πρῶτον μὲν ἐχρῆν, ὥσπερ πόκον ἐν βαλανείῳ,
Θ. 603. φέρ' ἴ. τίς εἶ πρώτη σύ; ΜΝ. ποῖ τις τρέψεται;
630. φέρ' ἴ., τί μέντοι πρῶτον ἦν; ἐπίνομεν.
B. 17. ὅταν τι ταύτων τῶν σοφισμάτων ἴ.,
Ἐκ. 770. πρὶν ἄν γ' ἴ τὸ πλῆθος ὅ τι βουλεύεται.
Fr. 7. φέρ' ἴ., τί σοι δῶ τῶν μύρων; ψάψδαν φιλεῖς;
Ἴδωμαι. Σ. 183. ποίων; φέρ' ἴ. ΗΛ. τουτονί. ΒΔ. τουτὶ τί ἦν;
Ἴδωμεν. N. 1126. ἣν δὴ πλινθεύσαντ' ἴ., ὕσωμεν καὶ τοῦ τείχους
ἴδὼν. A. 5. ἐγᾦδ' ἐφ' ᾧ γε τὸ κέαρ εὐφράνθην ἰ.,
A. 15. τήτες δ' ἀπέθανον καὶ διεσγράφην ἰ.,
706. ὥστ' ἐγὼ μὲν ἠλίησα κἀπιμορξάμην ἰ.
1164. ὦ κλεινὸν ὄμμα, νῦν πανύστατόν σ' ἰ.
I. 425. ὥστ' οἷ' ἀνὴρ τῶν ῥητόρων ἰ. με τοῦτο δρῶντα'
569. οὐ γὰρ οὐδεὶς πώποτ' αὐτῶν τοὺς ἐναντίους ἰ.
N. 1171. ὡς ἡδομαί σου πρῶτα τὴν χροιὰν ἰ.
Σ. 1036. τοιοῦτον ἰ. τέρας οὔ φησιν δείσαι καταδωροδοκῆσαι,
1071. εἴ τις ὑμῶν, ὦ θεαταί, τὴν ἐμὴν ἰ. φύσιν
ΕΙ. 557. ἀσμενός σ' ἰ., προσειπεῖν βούλομαι τὰς ἀμπέλους'
703. ἰ. νίθον καταγνύμενον οἴνῳ πλέων.
759. τοιοῦτον ἰ. τέρας οὐ κατεῖδες', ἀλλ' ὑπὲρ ὑμῶν πολεμίζων
O. 150. ἐλθὼν'; ΕΥ. ὁτιὴ νὴ τοὺς θεούς, δς οὐκ ἰ.
502. ἐκυλινδούμην ἰκτίνον ἰ. καθ' ὕπτιος ὦν ἀναχάσκων
860. τουτὶ μὰ Δί' ἐγὼ πολλὰ δὴ καὶ δεῖν' ἰ.,
B. 307. οἴμοι τάλας, ὡς ὠχρίασ' αὐτὴν ἰ.'
714. χρόνον ἐνδιατρίψει· ἰ. δὲ τἆδ' οὖν
Ἐκ. 611. ἢν μείραχ' ἰ. ἐπιθυμήσῃ καὶ βούλεται σπαληθῆσαι,
722. τὰ χρήματ' εἰσίν; ΑΝ. Β. ἀλλ' ἰ. ἐπειθόμην.
Π. 956. τὸν ὀρχιπέδων' ἰ. γὰρ αὐτῶν γνώσεται
Fr. Μ. ΕΙ. Δ. 2, 6. ἀσμενός σ' ἰ. προσειπεῖν βούλομαι τὰς ἀμπέλους.
Fr. 76, 1. κάμνοντα δ' αὐτὸν τοῦ θέρους ἰ. ποτέ
Ἴδωσι. N. 348. γίγνονται πάνθ' ὅ τι βούλονται· κἆτ' ἢν μὲν ἴ. κομήτην.
Ἴδωσιν. I. 1408. ἵν' ἴ. αὐτόν, οἷς ἐλωβᾶθ', οἱ ξένοι.
Ἴει. ΕΙ. 159. ἴ. σαυτὸν θαρρῶν ἀπὸ γῆς.
Ἰεὶς. I. 522. πάσας δ' ὑμῶν φανὰς ἰ. καὶ ψάλλων καὶ στεριγγίζων
O. 908. ἐγὼ μελιγλώσσων ἐπέων ἰ. ἀοιδάν.
Ἱεὶς. Σ. 355. ἴ. σαυτὸν κατὰ τοῦ τείχους ταχέως, ὅτε Νάξος ἐάλω;
Ἱεμαι. Ἐκ. 346. ἐς τῷ κοσθόρνῳ τὼ πόδ' ἐνθείς ἴ.,
Ἱέμην. I. 625. εὐθὺς γὰρ αὐτοῦ κατωνῖν ἐνθένθ' ἰ.'
Ἱέναι. N 1494. σὺν ἔργον, ὦ δᾷς, ἰ. πολλὴν φλόγα.
Ἱέναι. Α. 1073. ἰ. σ' ἐκέλευον οἱ στρατηγοῖ τήμερον
I. 1395. αὐτάς ἰ. λαβόντα. ΔΗΜ. τὸν δὲ Παφλαγόνα,
O. 1e8. εἴθ' ὥσπερ ἡμεῖς, ἤν ἰ. βουλώμεθα
Λ. 543. ἐθέλω δ' ἐπὶ τῶν ἰ.
Β. 116. ὦ σχέτλιε, τολμήσεις γὰρ ἰ.; ΔΙ. καὶ σύ γε
Ἐκ. 419. ἰ. καθευδήσοντας ἀπονενυμμένους
530. φράσασαν ἰ.; ΠΡ. τῆς λεχοῦς δ' οὐ φραστέαι,
Ἱέντα. O. 233. ταχὺ πετόμενα, μαλθακὴν ἰ. γῆρυν·
Ἰέντων. Σ. 562. ἀλλ' ἀκροῶμαι πάσας φανὰς ἰ. εἰς ἀπόφυξιν.
ἱέρ'. O. 1118. ἡ μὲν ἰ. ἐστιν, ὥριθει, καλά·
Λ. 898. τὰ τῆς Ἀφροδίτης ἰ. ἐναρίγιαστά σοι
ἱερά. ΕΙ. 1062. νῶν μηδέν· Εἰρήνη γάρ ἰ. θύομεν.
Θ. 1065. ὦ Νὲξ ἰ.
Ἱεραῖς. I. 1037. ἔστι γυνή, τέξει τε λέοντ' ἐν ἰ. Ἀθήναις,
I. 1319. ὦ ταῖς ἰ. φέγγος Ἀθήναις καὶ ταῖς νήσοις ἐπίκουρε,
Ν. 270. εἶτ' ἐπ' Ὀλύμπου κορυφαῖς ἰ. χιονοβλήτοισι κάθησθε,
Θ. 948. ὅταν ὄργια σεμνὰ θεαῖν ἰ. ὥραις ἀνέχωμεν, ἅπερ καὶ
ἱεραῖσιν. ΕΙ. 396. καί σε θυσίαισιν ἰ.
ἱέρακα. I. 1052. ἀλλ' ἰ. φίλει, μεμνημένος ἐν φρεσίν, ὅτι σοι
O. 516. ᾗ δ' αὖ θυγάτηρ γλαῦξ', ὁ δ' Ἀπόλλων ὥσπερ θεράπων ἰ.
ἱέρακας. O. 1179. τρισμυρίοισιν ἰ. ἱππατάσας.
ἱεράκισκον. O. 1112. δξῖν ἰ. ἐς τὰς χεῖρας ὑμῖν δώσομεν.
ἱερᾶν. O. 1454. ἰ., ἡ κερχνήδοσι, ὡς ἂν τοὺς ξένους
ἱερᾶν. N. 262. καρπούς τ' ἀρδομέναν ἰ. χθόνα.

ἱερᾶν. ΕΙ, 1036. σε τὴν ἰ. πόλιν;
Λ. 751. ὦ καταγέλαστ' ἔχουσα τὴν ἰ. κυνῆν
Θ. 101. ἰ. χθονίαις δεξάμεναι
316. Δῆλον δὲ ἔχεις ἰ.,
Β. 335. χαρίτων πλεῖστον ἔχουσαν μέρος ἀγνὰν, ἰ.
ἱεράς. O. 303. νέφος, ἰ. φάττα, κόκκυξ, ἐρυθρόπους, κεβλήπυρις.
ἱεράς. Β. 349. ἰ. ὑπὸ τιμᾶς.
Π. 678. ἀπὸ τῆς τραπέζης τῆς ἰ. μετὰ τοῦτο δὲ
ἱερέα. O. 849. τὸν ἰ. πέμψαντα τὴν πομπὴν καλῶ.
Π. 676. ἔπειτ' ἀναβλέψας ὁρῶ τὸν ἰ.
1182. ἀμὴ γ' ἐπᾶλει τὸν ἰ.· νῦν δ' οὐδεεις
ἱερέας. Θ. 758. τουτὶ τὸ δέρμα τῆς ἰ. γίγνεται.
Θ. 759. τί τῆς ἰ. γίγνεται· ΜΝ. τουτὶ λοβέ.
ἱερεῖον. O. 890. ἐπὶ ποῖον, ὦ κακόδαιμον, ἰ. καλεῖ
Π. 1115. οὐ ψαιστόν, οὐχ ἰ., οὐκ ἀλλ' οὐδεὶν
O. 1618. ἐὰν τις ἀνθρώπων ἰ. τῷ θεῶν
Λ. 84. ὅπερ ἰ. τοί μ' ὑποψαλάσσετε.
Π. 1160. ἔθυσεν ἰ. τι σωθεὶς, ὁ δέ τις ἄν
ἱερείῳ. ΕΙ 1091. Εἰρήνην εἵλοντο καὶ ἱδρύσανθ' ἰ.
ἱερεῦ. Ν. 359. σύ τις, λεπτοτάτων ληρῶν ἰ., φράζε πρὸς ἡμᾶς ὅ τι χρῄζεις·
Ο. 862. ἰ. σὺν ἔργον, θῦε τοῖς καινοῖς θεοῖς.
Β. 297. ἰ., διαφυλάξῃ μ', ἵν' ᾧ σοι ξυμπότης.
ἱερεύς. Α. 1687. ὁ τοῦ Διονύσου γὰρ σ' ἰ. μεταπέμπεται.
Π. 687. ὁ γὰρ ἰ. αὐτοῦ με προυβιβάζετο·
1175. καὶ ταῦτα τοῦ σωτῆρος ἰ. ὢν Διός.
ἱερόθυτον. O. 1265. μηδέ τιν' ἰ. ἀνὰ δάπεδον ἔτι
ἱεροῖς. Ο. 525. Βάλλουσ' ὑμᾶς, κἂν τοῖς ἰ.
O. 1109. εἴτα πρὸς τούτοισιν ὥσπερ ἐν ἰ. οἰκήσετε.
ἱερεῖσι. Β. 1080. καὶ τικτοῦσαε ἐν τοῖς ἰ.
Β. 218. τοῖς ἰ. χύτροισι
Ἱεροκλῆς. ΕΙ. 1046. μάντις τίς ἐστιν; ΤΡ. οὐ μὰ Δί', ἀλλ' Ἱ.
Ἱερομνήμονα. Fr. 306, 3. καὶ τὸν ἰ.
ἱερομνημονεῖν. N. 624. ᾔτεις ἰ., κἄπειθ' ὑφ' ἡμῶν τῶν θεῶν
ἱερόν. I. 116. ὥσπερ' ἔλαβον αὐτὸν τὸν ἰ. χρησιμόν λαβὼν,
I. 1017. σωζέσθω σ' ἐκέλευσ' ἰ. κύνα καρχαρόδοντα,
Ν. 255. κάθιζε τοίνυν ἐπὶ τὸν ἰ. σκίμποδα.
271. εἶτ' Ἰκαιανοῦ πατρὸς ἐν νήποις ἰ. χορὸν ἵστατε Νύμφαις.
364. ὦ Γῆ τοῦ φθέγματος, ὡς ἰ. καὶ σεμνὸν καὶ τερατῶδες.
O. 556. ἰ. πόλεμον προυδᾶν αὐτῷ, καὶ τοῖσι θεοῖσιν ἀπειπεῖν
1719. Μοίσης ἀνοίγειν ἰ. εὔφημον στόμα.
Λ. 483. ἰ. τέμενος.
Θ. 1046. ἰ., ἔνθα γυναῖκες.
Β. 686. τὸν ἰ. χορὸν δίκαιόν ἐστι χρηστὰ τῇ πόλει
1300. Λειμῶνα Μουσῶν ἰ. ὀφθεῖεν δρέπων·
Π 937. μὴ δῆθ' ἰ. γάρ ἐστι τοῦ Πλούτου πάλαι.
Fr. 104. ἰ. ὀνυμβουλά
481. Ἀράς ἰ.
ἱερόν. Β. 652. ἀνθρώπων ἰ. δεῦρο πάλιν βαδιστέον.
ἱεροσυλήσας. Σ. 845. εἶθ' ἰ. φέρεις· ΒΔ. οὐκ ἀλλ' ἵνα
ἱεροσύλων. Π. 30. ἕτεροι δ' ἐπιλοίτουσ. Ἱ. ῥήτορες
ἱεροῦ. Λ. 775. ἐξ ἰ ναυῶ χελιδόνες, οὐκ ἔτι βύζει
ἱεροὺς. O. 745. Πανὶ νόμους ἰ. ἀναφαίνω
ἱερῷ. Β. 964. ἐν ἰ. γυναῖκά μ' οὖσαν ἄνδρας, οὐκ ὀρθῶς φρασεῖ.
ἱερῶν. Ν. 302. οὗ σέβας ἀρρήτων ἰ., ἵνα
Σ. 831. ὦ πρῶτον ἡμῖν τῶν ἰ. ἐφαίνετο·
O. 210. λύσον δὲ νόμους ἰ. ὕμνων,
927. ξενῶν ἰ. ὀμνύναι,
Θ. 627. ἐκ τῶν ἰ. τῶν νέρσοι; σὺ δ' ἀπόστηθί μοι,
629. ἐκ τῶν ἰ. τῶν νέρσοι ἰ. ἐδείκνυτο.
Β. 101. ἡ φρένα μὲν οὐκ ἐθέλουσαν ὁμόσαι καθ' ἰ.,
675. Μοῦσα χορῶν ἰ. ἐπίβηθι καὶ ἐλθ' ἐπὶ τέρψιν ἀοιδᾶς ἐμᾶς,
Ἱέρων. Ἐκ. 757. Ἱ. τῷ κήρυκι πομπὴν πέμπετε,
Ἱερώνυμος. Ἐκ. 201. Ἄργιος ἀμαθής, ἀλλ' Ἱ. σοφός·
Ἱερώνυμον. Α. 356. λαβὲ δ' ἐμοῦ γ' ἕνεκα παρ' Ἱ.
ἱερώτατα. Ν. 307. καὶ πρόσοδοι μακάρων ἰ.
ἱερώτατη. I. 582. τῆς ἰ. ἀπα-
ἶεσα. Σ. 423. δεῦρο καξοίμως τὸ κέντρον εἶτ' ἐπ' αὐτὸν ἰ.
ἴετυ. Λ. 1259. πολὺς δ' ἅμα ναττῶν σκελῶν ἴ.
ἰεῦ. Σ. 1335. ἰἠ ἰ., καλοῦμενον.
ἰζόμενος. O. 742. ἰ. μέλιας ἐπὶ φυλλοκόμου,
ἴζω. Β. 199. ἴ. 'πὶ κώπῃ, πάντα φιλευσά με σύ;
ἰζών. I. 403. δωροδόκοισιν ἐπ' ἄνθεσιν ἰ.
ἴῃ. Λ. 1206. ἰ. χαῖρε παχυκνήμιον. κ.τ.λ.
ΕΙ. 453. ἡμῖν δ' ἀγαθὸ γένοιτ'. ἰ. παιών, ἰ.
Ἰήιε. Σ. 874. Ἱ. Παιάν.
ἰήιον. Λ. 1282. ἰ.
ἰηπαιωνίσαι. I. 408. ἠσθέντ' ἰ. καὶ Βακχέβακχον ᾖσαι.

U 2

148 ἱησ'—ἱματίων.

ἱησ'. Ν. 397. τοῦτον γὰρ δὴ φανερῶς ὁ Ζεὺς ἱ. ἐπὶ τοὺς ἐπιόρκους.
ἴης. Ο. 634. ἐπὶ θεοὺς ἴ.,
ἰθ'. Α. 1031. ἴ. ἀντιβολῶ σ', ἥν πως κοιμίσωμαι τῶ βίε.
Ι. 1297. ἴ. ὦ ἄνα, πρὸς γονάτων, ἔξελθε καὶ σύγγνωθι τῇ τραπέζῃ.
  1389. σπονδὰς παραδὸς σοι. δεῦρ' ἴ. αἱ Σπονδαὶ ταχύ.
Ν. 110. ἴ., ἀντιβολῶ σ', ὦ φίλτατ' ἀνθρώπων ἐμοί,
  220. ἴ. οὗτος, ἀναβύησον αὐτόν μοι μέγα·
  891. ἴ. ὑποι χρήζεις, πολὺ γὰρ μᾶλλόν σ'
Σ. 162. ἴ. ἀντιβολῶ σ', ἔκφρες με, μὴ διαρραγῶ.
  780. ἴ. ὦ πάτερ, πρὸς τῶν θεῶν, ἐμοὶ πιθοῦ.
  975. ἴ., ἀντιβολῶ σ', σἰπτείρατ' αὐτόν, ὦ πάτερ,
  986. ἴ., πατρίδιον, ἴθι τὰ βελτίω τρέπου.
ΕΙ. 400. ἴ., ἀντιβολῶ σ', ἐλέησον αὐτῶν τὴν ὅπα,
Ο. 846. οἴμωξέ ταρ' ἐμ' ΠΕ. ἴ., ὦγάθ', οἱ πέμπω σ' ἐγώ.
Λ. 834. μεξέουσ', ἴ. ὀρθὴν ἥνπερ ἔρχει τὴν ὁδὸν.
Β. 301. ἴ. ᾖπερ ἔρχει. δεῦρο δεῦρ', ὦ δέσποτα.
Εκ. 737. ἴστω γὰρ αὐτήν, δεῦρ' ἴ. ἡ κομμώτρια·
  1084. δευρὶ μὲν οὖν ἴ. ὧτ' ἐμ'. ΝΕΑ. ἣν ἧδί μ' ἀφῇ.
Ἴθακος. Σ. 185. Οὖτις σύ; ποδαπός; ΦΙ. Ἰ. Ἀποδρασιππίδου.
ἴθ. Α. 489. τύλμησον, ἴ., χώρησον, ἄγαμαι καρδίας.
Ι. 105. ἴ. νυν, ἄκρατον ἐγκάναξόν μοι πολὺν
  152. ἴ. δή, κάθελ' αὐτοῦ τοὐλεῶν, καὶ τοῦ θεοῦ
  498. ἀλλ' ἴ. χαίρων, καὶ πρᾶξειας
Ν. 237. ἴ. νυν, καταβηθ', ὦ Σωκρατίδιον, ὡς ἐμέ,
  497. ἴ. νυν, κατάθου θοἰμάτιον. ΣΤ. ἠδίκηκά τι;
  510. ἀλλ' ἴ. χαίρων τῆς ἀνδρείας
  740. ἴ. νυν, καλύπτου καὶ σχάσας τὴν φροντίδα
  860. ἀλλ' ἴ., βάδιζ', ἴωμεν· εἶτα τῷ πατρὶ
  932. δεῦρ' ἴ., τοῦτον δ' ἔα μαίνεσθαι.
Σ. 843. ἴ. νυν, ἄγ' αὐτὼ δεῦρο. ΚΑ. ταῦτα χρὴ ποιεῖν.
  1154. φέρ', ἀλλ' ἰγὼ σε περιβαλῶ· σὺ δ' οὖν ἴ.
  1388. ἴ. μοι παράστηθ', ἀντιβολῶ πρὸς τῶν θεῶν,
ΕΙ. 195. ἴ. νυν, κάλεσόν μοι τὸν Δί'. ΕΡ. ἰὴ ἰὴ ἰή,
  405. ἴ. δή, κάτειπ'· ἴσως γὰρ ἂν πείσαις ἐμέ.
  538. ἄλλως τι πολλῶν κἀγαθῶν. ΕΡ. ἴ. νυν, ἄθρει
  550. ἴ. νυν, ἄνειπε τοὺς γεωργοὺς ἀπιέναι·
  662. ἴ. ὦ γυναικῶν μισοπονπρακιστάτη·
  670. ἴ. νυν, ἄκουσον οἷον ἄρτι μ' ἤρετο·
  706. ἴ. νυν, ἐπὶ τούτοις τὴν Ὀπώραν λάμβανε
  729. ἀλλ' ἴ. χαίρων· ἡμεῖς δὲ τέως τάδε τὰ σκεύη παραδόντες
  826. διηλυνθῶν. ΟΙ. ἴ. νυν, κάτειπέ μοι, ΤΡ. τὸ τί;
  871. ἴ. νυν ἀποδώμεν τήνδε τὴν Θεωρίαν
  937. ἴ. νυν, ἄγ' ἂν τάχιστα τὸ πρόβατον λαβών·
  1207. ἴ. νυν καταθέμενοι παρ' ἐμοὶ ταῦτ' εἴσιτε
  1238. ἴ. δή, 'ξένεγκε τἀργύριον. ΤΡ. ἀλλ', ὠγαθέ,
Ο. 12. οἴμοι. ΠΕ. σὺ μέν, ὦ τᾶν, ἰθι τὴν ὁδὸν ταύτην ἴ.
  647. ἴωμεν· εἰσηγοῦ σὺ λαβὼν ἡμᾶς. ΕΠ. ἴ.
  1686. ἀλλ' ἴ. μεθ' ἡμῶν αὐτὸς ἐς τὸν οὐρανόν,
Λ 861. ἴ. νυν, κάλεσον αὐτήν. ΛΥ. τί οὖν; δώσεις τί μοι;
  1120. ἴ. καὶ σὺ τούτους τοὺς Ἀθηναίους ἄγε·
  1271. δεῦρ' ἴ., δεῦρ', ὦ
Θ. 256. ἴ. νυν κατάστειλόν με τὰ περὶ τὼ σκέλη.
Β. 266. ποῦ ποῦ 'στιν; ΗΛ. ἐξιπνίσθι'. ΔΙ. ἐξιπνισθ' ἴ.
  287. ἀλλ' ἔστιν ἐν τῷ πρόσθε. ΔΙ. πρόσθε νυν ἴ.
  491. ἴ. νυν, ἐπειδὴ λημάτιός κἀνδρεῖός εἶ·
  519. ἴ. νυν, φράσον πρώτιστα ταῖς ὀρχηστρίσιν
  569. ἴ. δὴ κάλεσον τὸν προστάτην Κλέωνά μοι.
  871. ἴ. νυν λιβανωτὸν δεῦρό τις καὶ πῦρ δότω,
  888. ἴ. νυν ἐπίθες δὴ καὶ σὺ λιβανωτόν. ΕΤ. καλῶς·
  891. ἴ. νυν προσεύχου τοῖσιν ἰδιώταις θεοῖς.
  1170. πέραινε τοίνυν ἕτερον. ΔΙ. ἴ. πέραινε σὺ,
  1180. ἴ. δὴ λέγ' οὐ γὰρ μούστιν ἀλλ' ἀκουστέα
  1224. ἴ. δὴ λέγ' ἕτερον κἀπέχου τῆς ληκύθου.
  1283. ἴ. δὴ πέραινε, καὶ κύτον μὴ προστίθει.
  1378. ἴ. νυν παρίστασθον παρὰ τὼ πλάστιγγ'. ΑΙ. καὶ ΕΤ. ἰδού·
Εκ. 121. ἴ. δὴ σὺ περιβοῦ καὶ ταχέως ἀνθρώπινου·
  148. ἴ. δὴ στεφανοῦ· καὶ γὰρ τὸ χρῆμ' ἐργάζεται.
  1059. ἴ. νυν ἵασον εἰς ἄφοδον πρώτιστά με
Π. 222. ἀλλ' ἴ. σὺ μὲν ταχέως βραμῶν· ΚΑ. τί δρῶ; λέγε.
Fr. 288. ἴ. δὴ λαβὼν τὸν ῥόμβον ἀνακίνωισον.
ἱκανά. Α. 1047. καὶ δρᾶν ἴ. γὰρ τὰ κακὰ καὶ τὰ παρακείμενα.
ἱκανόν. ΕΙ. 829. ἐγὼ γὰρ ἴ. οὐσίαν παρὰ τοῦ πατρὸς
ἱκανόν. ΕΙ. 354. καὶ γὰρ ἴ. χρόνον ἀ-
  Ο. 900. ἴ. ἔξετ' ὄψον,
  Π. 1033. ἴ. γὰρ αὐτὴν πρότερον ὑπεπίττωσεν χρόνον.
ἱκανοὺς. Π. 483. ἴ. νομίζεις δῆτα θανάτους εἴκοσιν·
ἴκει. Α. 520. πολέμια καὶ σέ. ΜΕ. τοῦτ' ἐκεῖν', ἴ. πάλιν

ἴκει. Λ. 87. ἴ. ποθ' ὑμί. ΛΥ. νὴ Δί'; ὦ Βοιωτία
ἱκέλην. Ο. 575. Ἴριν δέ γ' Ὁμηροσ ἔφασκ' ἴ. εἶναι τρήρωνι πελείῃ.
ἱκέσθαι. { Εκ. 959. } τὴν ἐμὴν ἴ.
            { 968. }
ἱκέται. Ο. 120. ταῦτ' οὖν ἴ. νὼ πρὸς σὲ δεῦρ' ἀφίγμεθα,
ἱκέτευ'. Θ. 60. μηλόν ἴ. αὐτὸς γὰρ ἴξεισιν τάχα.
ἱκέτευε. Θ. 1002. ὦ τοξῶθ', ἱκέτευώ σε. ΤΟ. μὴ μ' ἴ. σύ.
ἱκετεύεις. ΕΙ. 1113. καὶ πρὸς τῶν γονάτων. ΤΡ. ἄλλωσ, ὦ τᾶν, ἴ.
ἱκετεύσω. Εκ. 915. ἀλλ' ὦ μαῖ', ἴ.,
ἱκετεύομεν. Θ. 1159. ἠλθετον, νῦν ἀφίκεσθον, ἴ., ἐνθάδ' ἡμῖν.
ἱκετύουσιν. Σ. 555. ἴ. θ' ὑποκύπτοντες, τὴν φωνὴν οἰκτρογοούντες·
ἱκέτης. Ι. 1100. μήπω γ', ἴ. σ', ἀλλ' ἀνάμεινον, ὡς ἐγὼ
  Ν. 696. μὴ δῆθ', ἴ. σ', ἐνθάδ'· ἀλλ' εἴπερ γε χρή,
  Θ. 751. μὴ δῆθ', ἴ. σ'. ἀλλ' ἐμ' ὅ τι χρήζεις ποίει·
           1002. ὦ τοξῶθ', ἴ. σε. ΤΟ. μὴ μ' ἱκέτευε σύ.
  Β. 11. μὴ δῆθ', ἴ., πλὴν γ' ὅταν μέλλω 'ξεμεῖν·
           167. μὴ δῆθ', ἴ., ἀλλὰ μίσθωσαί τινα
           299. ἄνθρωφ', ἴ., μηδὲ κατερεῖς τοὔνομα.
           745. χαίρετε ἴ.· ΑΙ. μἀλλ' ἐποπτεύειν δοκῶ,
  Εκ. 970. ἱρήμεν' ἐστιν. σὺ δέ μοι, φίλτατον, ὦ ἴ.
ἱκετηρίαν. Π. 383. ἴ. ἔχοντα μετὰ τῶν παιδίων
ἱκέτης. Α. 1139. ὁ Λίπων Ἀθηναίων ἴ. καθίζετο
  Θ. 180. ἴ. ἀφίγμαι πρὸς σέ. ΑΓ. τοῦ χρείαν ἔχων;
ἱκρίά. Ν. 236. ἡ φροντίς ἕλκει τὴν ἴ. ἐς τὰ κέρδαμα,
ἱκμάδα. Ν. 233. ἕλκει πρὸς αὐτὴν τὴν ἴ. τῆς φροντίδος.
ἱκνούμαι. { Εκ. 958. } μίθες, ἴ. σ', Ἔρως,
            { 966. }
ἵκοισθ'. Α. 1037. ἀλλὰ μὴ ὥρασ' ἴ.· ἂν ἐστὶ θωπικαὶ φύσει,
ἴκομες. Α. 750. τί· ἀνὴρ Μεγαρικός; ΜΕ. ἀγοράσοντες ἴ.
ἰκρίων. Θ. 395. ὥσπερ εὐθὺς εἰσιόντες ἀπὸ τῶν ἴ.
ἰκτίδας. Α. 880. ἴ., ἐνύδρους, ἐγχέλεις Κωπαῖδας.
ἴκτινα. Fr. 525. ἴ. παντύφθαλμον ἅρπαγα τρέφων.
ἰκτίνους. Ο. 501. προκυλινδεῖσθαι τοῖς ἴ. ΕΤ. νὴ τὸν Διόνυσον, ἐγὼ 'γουν
ἴκτινον. Ο. 502. ἰκυκλινδούμενα ἴ. ἰδὼν κάθ' ὕπτιος ὢν ἀνάσκων
ἴκτινος. ΕΙ 1100. ἴ. μάρψῃ. ΤΡ. τουτὶ μέντοι σὺ φυλάττου,
  Ο. 489. ἴ. δ' οὖν τῶν Ἑλλήνων ἤρχεν τότε κἀβασίλενε,
       713. ἴ. δ' αὖ μετὰ ταῦτα φανεὶς ἑτέραν ὥραν ἀνοφαίνει,
       892. ἴ. εἰς ἂν τοῦτό γ', οἰχοιθ' ἀρπάσαι·
       1024. κατεστάμινος ἴ., ἀρπάσαι λάβρα,
ἰκτίνῳ. Ο. 865. εὔχεσθε τῇ Ἑστίᾳ τῇ ὀρνιθείῳ. καὶ τῷ ἴ.
Ἴλαος. Θ. 1148. ἴρετ', εὐφρονες, ἴ.,
Ἰλιάδας. Fr. 459. ᾽Ι.
ἱλαρόν. Β. 455. καὶ φέγγος ἴ. ἐστιν,
Ἰλίγγιθ. Α. 581. ὑπὸ τοῦ δέους τὰρ τῶν ὅπλων ἴ.
  Α. 1218. ἴ. κάρα λίθῳ πεπληγμένος.
Ἰλλός. Θ. 846. ἴ. γεγένηται προσδοκῶν ὁ δ' οὐδέπω.
Ἰλλυριοί. Ο. 1521. πεινῶντες ὥσπερ Ἰ. κεκριγότες
ἰλύν. Fr. 697. ἴ.
Ἰμάντα. Fr. 472. καὶ τὸν ἴ. μου
Ἱμάντας. Α. 724. τρεῖς τοὺς λαχόντας τουσδ' ἴ. ἐκ Λεπρῶν,
Ἱμάς. Σ. 231. μὰ τὸν Δί', οὐ μέντοι πρὸ τοῦ γ', ἀλλ' ἠσθ' ἴ. κύνειος·
Ἱμάς. Εκ. 715. ταυτὶ γάρ ἔστι συνδετία. τοῦ μούσθ' ἴ.,
Ἱματίοις. Εκ. 447. ἴ., χρυσί', ἀργύριον, ἐκπώματα,
Fr. 124. παρέσω κατέτριβεν ἴ. β. κάπειτα τὼν ἱματιδίων. Fr. 64. ἴ.
Ἱματιδίοις. Α. 470. ἐν τοῖσιν ἴ. καὶ ταῦτ' ἄνευ κονίας·
Ἱματίδιον. Π. 985. ἐκέλευσεν ἄν, τῇ μητρὶ θ' ἴ.
Ἱματίοις. Π. 1061. καὶ γὰρ τοῖς ἴ. ἡμῶν χρῶνται πολὺ σεμνοτέροισιν.
Π. 940. Πλοῦτον δὲ κοσμεῖν ἴ. σεμνοῖς πρέπει.
Ἱματίοισι. Ν. 987. σὺ δὲ τοὺς νὺν εὐθὺς ἐν ἴ. διδάσκεις ἐντετυλίχθαι·
Ἱμάτιον. Ο. 973. τῷ δώμεν ἴ. καθαρὸν καὶ καινὰ πέδιλα,
  Θ. 250. Δλλ' ἴ. χρῆσον μὴν τουτγί
Εκ. 410. αὐτὸς γε μὴντοὐφασκεν ἴ. ἔχειν,
  535. εἶτ' οὐ τὸ σαυτῆς ἴ. χρῆν σ' ἔχειν·
  803. εἰς ἴ., οὐκῶν ὃ εἰ ὑποθήματα·
  991. ἵνα τοὔμον ἴ. φορῶν μεμνγτὺ μου.
Ἱμάτιον. Εκ. 333. ὁ ξ' ἴ. μου τοῦθ' ἔστιν· ΒΛ. οὐκ ἔχω φράσαι.
Ἱμάτιον. Π. 540. πρὸς δέ γε τούτοις δῆθ' ἴ. μὲν ἔχειν ῥᾶκος καταρρώξ,
Ἱμάτιον. Σ. 1059. τῶν ἴ.
  Θ. 656. ξυζωσαμένας εὖ κἀνδρείως τῶν θ' ἴ. ἀποδύσας
  Εκ. 653. περὶ δ' ἴ. τίς πύρος ἔσται; καὶ γὰρ τοῦτ' ἔστιν ἐρέσθαι.

ἱματίων—ἴσθ'. 149

ἱματίων Π. 530. οὔθ' ἱ. βαπτῶν δαπάναις κοσμῆσαι ποικιλομόρφων.
ἱμείρεις. Ν. 135. τεύξει τοίνυν ὧν ἱ.· οὐ γὰρ μεγάλων ἐπιθυμεῖς.
ἵμεν. Σ. 1250. ὅπαι δ' ἐπὶ δεῖπνον ἐς Φιλοκτήμονος ἵ.
ἵμερον. Λ. 552. ἵ. ἡμῶν κατὰ τῶν κύλων καὶ τῶν μηρῶν καταπνεύσῃ
ἱμερός. Β. 59. τοιοῦτος ἵ. με διαλυμαίνεται.
ἱμονίαν. Εκ. 351. ἀλλὰ σὺ μὲν ἱ. τιν' ἀποπατεῖς ἐμοὶ δ'
ἱμονιοστρόφων. Β. 1297. πόθεν συνέλεξας ἱ. μίλη ;
ἵν'. Α. 244. κατάθου τὸ κανοῦν, ὦ θύγατερ, ἵ. ἀπαρξώμεθα. κ.τ.λ.
ἵνα. Α. 112. ἵ. μή σε βιίψω βάμμα Σαρδιανικόν κ.τ.λ.
ἵνας. Ει. 86. ἄρθρων ἵ. ντερίγων ῥύμῃ.
ἰνδάλλεται. Σ. 188. ἵν' ὑποδίδυκεν· ὥστ' ἔμοιγ' ἱ.
Ἰνοῖ. Σ. 1414. Ἰ. κρεμαμένη πρὸς ποδῶν Εὐριπίδου,
Ἰνοῦς. Α. 434. μεταξὺ τῶν Ἰ. ΚΗ. ἰδοὺ τουτὶ λαβέ.
ἱξεῖν'. Α. 742. ὡς καὶ τὸν Ἑρμᾶν, εἴπερ ἱ. οἴκαδις,
ἱξοί. Fr. 620 ἱ. ῥυποκόνδυλοι.
Ἰόλαον. Α. 867. νεὶ τὸν Ἰ. ἐπιχαρίττας γ', ὦ ξένε·
ἰόν. Ει. 1294. ἄπερρε καὶ τοῖς λογχοφόροισιν ᾆδ' ἱ.
ἰόντε. Ι. 31. θεῶν ἱ. προσπεσεῖν τοῦ πρὸς βρέτας.
ἰόντες. Α. 524. πύργην δὲ Σιμαίθαν ἱ. Μεγαράδε
Ει. 972. ἐς ταὐτὸ τοῦθ' ἱστᾶσ' ἱ. χωρίον ;
1273. οἱ δ' ὅτε δὴ σχεδὸν ἦσαν ἐπ' ἀλλήλοισιν ἰ.,
ἰοστέφανοι. Ι. 1329. ὦ ταὶ λιπαραὶ καὶ ἰ. καὶ ἀριζήλωται Ἀθῆναι.
ἰοστεφάνους. Ι. 1323. ἐν ταῖσιν ἱ. οἰκεῖ τοῖς ἀρχαίοισιν Ἀθήναις.
ἰοστεφάνους. Α. 637. πρῶτον μὲν ἱ. ἐκάλουν· κἀπειδὴ τοῦτό τις εἴποι,
ἰού. Ι. 451. ταῖ' ἀνδρωθῇς. ΚΛ. ἱ. ἱ., κ.τ.λ.
Ι. 1096. ἰοὺ ἱ. κ.τ.λ.
ἰού. Ν. 1170. ἱ. ἱ. κ.τ.λ.
Ἰουλίου. Ι. 407. τὸν Ἰ. τ' ἂν οἴομαι, γέροντα πυρσοπώπην,
ἰαῦσ'. Π. 768. φέρε νυν ἱ. εἴπω κομίσω κατασχύσματα
ἰοῦσα. Α. 64. ὡς δεῦρ' ἱ. θουκάτειον ἥρετο.
Ἰσθμόν. Β. 73. τί δ'; οὐκ Ἰ. ζῇ ; ΔΙ. τοῦτο γὰρ τοι καὶ μόνον
Ἰσθμῶν'. Β. 78. οὐ, πρίν γ' ἂν Ἰ. ἀπολαβὼν αὐτῶν μόνων
ἴπνοισιν. Ει. 841. ἴπνους ἔχοντες, ἐν δὲ τοῖς ἱ. πῦρ.
ἴπνόν. Σ. 139. ὁ γὰρ πατήρ ἐς τὸν Ἰ. εἰσελήλυθεν
Σ. 837. ὁ κύων παρέξας ἐς τὸν ἱ. ἀρπάσας
Ο. 437. ἐς τὸν ἱ. εἴσω, πλησίον τοὐνιστέγου·
ἴπνος. Π. 815. ὁ δ' ἱ. γέγον' ἡμῖν ἐξαπίνης ἐλεφάντινος.
Fr. 132. ἱ. :
ἴπνους. Ει. 841. ἱ. ἔχοντες, ἐν δὲ τοῖς ἱπνοῖσι πῦρ.
ἰπούμενος. Ι. 924. ἱ. ταῖς ἐσφοραῖς.
ἱππαγωγοῖς. Ι. 599, ἐν δή' ἐς τὰς ἱ. εἰσεπήδων ἀνδρικῶς,
ἱππάζεται. Ν. 15. ἱ. τε καὶ ξυνωρικεύεται
ἱππαλεκτρυόνα. Β. 932. τὸν ξουθόν ἱ. ζητῶν, τίς ἐστιν ὄρνις.
ἱππαλεκτρυόνας. Β. 937. οὐχ ἱ. μὰ Δί' οὐδὲ τραγελάφους, ἄπερ σύ,
ἱππαλεκτρυόνι. Ει. 1177. κᾆτα φεύγει πρῶτος, ὥσπερ ξουθός ἱ.
Ο. 800. μεγάλα πράττει κἄστί νυνί ξουθὸς ἱ.
ἱππαπαῖ. Ι. 602. ἐμβαλόντες ἀνεβρυάζαι, ἱ., τίς ἐμβαλεῖ ;
ἵππαρχος. Ο. 799. ἠρέθη φύλαρχος, εἶθ' ἱ., εἶτ' ἐξ οὐδενός
ἱππασίας. Α. 1165. ἡνιελῶν γὰρ οἴκαδ' εἴ ἱ. βαδίζων,
ἱππίας. Α. 7. ταῦθ' ὡς ἐγανώθην, καὶ φιλῶ τοὺς ἱ.
Ι. 610. μήτε γῇ μήτ' ἐν θαλάττῃ διαφυγεῖν τοὺς ἱ.
Ν. 120. τοὺς ἱ. τὸ χρῶμα διακεκναισμένων.
Λ. 676. ἢν δ' ἐφ' ἱππικὴν τράπωνται, διαγράφω τοὺς ἱ.
Β. 653. ἰοὺ ἰού. ΑΙ. τί ἐστιν ; ΔΙ. ἱ. ὁρῶ.
Ἱππέας. Ν. 554. ἐπατρίψας τοὺς ἡμετέρους Ἰ. κακοὺς κακῶς.
ἱππερόν. Ν. 74. ἀλλ' ἱ. μου κατέχειν τὸν χρηματων
ἵππευ. Ν. 1406. ἱ. τοίνυν νὴ Δί', ὅτι ἔμοιγε κρεῖττόν ἐστιν
ἵππευμα. Θ. 1066. ὡς μακρόν ἱ. διώκεις.
ἱππεύσιν. Α. 301. κατατεμῶ τοῖσιν ἱ. κατύματα.
ἱππίων. Ι. 627. τερατευόμενον ἡρεία κατὰ τῶν ἱ.,
ἱππηδόν. Fr. 81. ἱ. ἐς τὸν ἀέρ' ἐπὶ τοῦ κάνθωνος.
ἱππηλάτειν. Ο. 1443. λέγων ἀνεπτέρωκεν ὥσθ' ἱ.
ἱππῆς. Ι. 225. ἀλλ' εἰσὶν ἱ. ἄνδρες ἀγαθοὶ χίλιοι
Ι. 242. ἄνδρες ἱ., μαργαίνεσθε· νῦν ὁ καιρός. ὦ Σίμων,
ἵππι'. Ι. 551. ἵ. ἄναξ Πόσειδον, ᾧ
ἱππικὴ. Ν. 243. κύσος μ' ἐπίτριψεν ἱ., δεινὴ φαγεῖν.
ἱππικῇ. Ν. 1401. ἐγὼ γὰρ ὅτε μὲν ἱ. τὸν νοῦν μόνῃ προσεῖχον,
ἱππικήν. Ν. 27. ὀνειροπολεῖ γὰρ καὶ καθεύδων ἱ.
Ν. 107. τούτων γινοῦ μοι, σχασάμενος τὴν ἱ.
1226. ὃν πάντες ὑμεῖς ἴστε μισοῦνθ' ἱ.
Λ. 676. ἢν δ' ἐφ' ἱ. τράπωνται, διαγράφω τοὺς ἱππέας.
Εκ. 846. Σμοῖος δ' ἐν νύταιι ἱ. στολὴν ἔχων
ἱππικῆς. Σ. 1429. ἐτύγχανεν γὰρ οὐ τρίβων ἱ.
ἱππικώτατον. Λ. 677. ἱ. γάρ ἐστι χρῆμα κάποχον γυνή.

ἵππον. Ν. 83. νὴ τὸν Ποσειδῶ τουτονὶ τὸν ἱ.
Ν. 84. μή μοί γε τοῦτον μηδαμῶς τὸν ἵ.·
Ἱππίου. Ι. 449. τῶν Βυρσίνης τῆς Ἱ.
Σ. 502. ἥρει' εἰ τὴν Ἰ. καθίσταμαι τυραννίδα.
Λ. 619. καὶ μάλιστ' ὀσφραίνομαι τῆς Ἰ. τυραννίδος.
1153. πολλαῖς δ' ἑταίρους Ἰ. καὶ ξυμμάχους,
ἱπποβάμονα. Β. 821. ῥῆμαθ' ἱ
Ἱπποβίνου. Β. 429. τοῦτον τὸν Ἰ.
Ἱπποδάμον. Ι 327. πρῶτος ὢν ὁ δ' Ἰ. λείβεται θεώμενος.
ἱπποδρομίαν. Ει. 899. τρίτῃ δὲ μετὰ ταῦθ' ἱ. ἄξετε,
ἵπποις. Ι. 595. ἐ ξυνιώμεν τοῖσιν ἵ., βουλόμεσθ' ἐναινέσαι.
Β. 1233. θοαῖσιν ἵ. ΑΙ. ληκύθιον ἀπώλεσεν.
ἱπποκάνθαρος. Ει. 181. τουτὶ τί ἐστι τὸ κακόν ; ΤΡ. ἱ.
ἱπποκλείδης. Fr. 621. Ἰ. :
ἱπποκομεῖν. Ει. 74. κἄπειτα τοῦτον ἱ. μ' ἠνάγκασεν,
Ἱπποκράτους. Ν. 1001. τοῖς Ἰ. υἱέσιν εἴξεις, καὶ σε καλοῦσι βλιτομάμμαν.
Θ. 273. τί μᾶλλον ἢ τὴν Ἰ. ξυνοικίαν ;
Fr. 177 c. τοῖς Ἰ. υἱέσιν—:
ἱππόκρημνα. Β. 929. γρυναίτους χαληπλάτους, καὶ ῥήμαθ' ἱ.,
Ἱππολύτους. Β. 818. ἔσται δ' ἱ. τε λόγων κορυφαίολα νείκη,
ἵππον. Ν. 32. ἄπαγε τὸν Ἰ. ἐξαλίσας οἴκαδε.
Ν. 63. ἢ μὴν ἐφ' ἱ. προσεσθει πρὸς τοὔνομα,
1225. τὸν ψαρὸν ἵ. ΣΤ. ἵ. ; οὐκ ἀκούετε,
Α. 192. ἵ. λαβοῦσαι τιμῶν ἐντεμοίμεθα,
193. τοῦ λευκοῦ ἵ. ; ΚΑ. ἀλλὰ πῶς ὁμούμεθα
Π. 157. ὁ μὲν ἵ. ἀγαθόν, ὁ δὲ κύνας θηρευτικάς.
Ἱππόνικος Ο. 283. Ἰ. Καλλίου κἄξ Ἱππονίκου Καλλίας.
Ἱππονίκου. Ο. 283. Ἱππονίκου Καλλίου κἄξ Ἰ. Καλλίας.
ἱππονώμαν. Ν. 571. τὸν θ' ἵ., ὃς ὑπερἱπποτοξόται. Ο. 1179. τρισμυρίους ἱέρακας ἱ.,
ἵππον. Λ. 561. νὴ Δί' ἐγὼ γοῦν ἄνδρα κομήτην φυλαρχοῦντ' εἶδον ἐφ' ἵ.
ἵππους. Ν. 16. ὀνειροπολεῖ θ' ἵ. ἐγὼ δ' ἀπόλλυμαι,
Ν. 438. διὰ τοὺς ἵ. τοὺς κοππατίας καὶ τὸν γάμον,
1272. Ι. ἐλαύνων ἐξέπεσον νὴ τοὺς θεούς.
Ἱππύλλος. Σ. 1301. καίτοι παρῆν Ἰ., Ἀντιφῶν, Λύκων,
ἵππων. Ι. 552. χαλκοφαλάρων ἱ. κτύπος
Ι. 1265. ἢ θυῶν ἵ. ἐλατήρας ἀείδειν, μηδὲν ἐς Λυσίστρατον,
Ν. 1265. ἵ. ἐμῶν ὦ Παλλάς, ὥς μ' ἀπώλεσας.
1407. ἵ. τρέφειν τέθριππον ἢ τυπτόμενον ἐπιτριβῆναι.
Ο. 925. οἱάπερ ἵ. ἀμαργυρᾷ.
1128. ἵ. ὑψηλον μέγεθος ὅσον ὁ δούριος,
Α. 679. ἐκ Μίκων ἔγραψ' ἐφ' ἵ. μαχομένας τοῖς ἀνδράσιν.
Ἱππώνακτος. Β. 661. ἰαμβοῖ Ἰ. ἀνεμιμνησκόμην.
ἰράς. Ι. 301. ἀδενατεύτους τῶν θεῶν ἱ.
Β. 1525. λαμπάδαι ἱ., χάμα προπέμπετε
ἱρᾶς. Θ. 1068. αἰθέρος ἱ.,
Ἴριδων. Ο. 1222 ἐικαίσταστ' ἂν ληφθεῖσα παπῶν Ἰ.
Ἴριν. Ο. 575. Ἰ. δί γ' Ὀμηροσέφασκ' ἱκέλην εἶναι τρήρωνι πελείᾳ.
Ο. 1255. τὴν Ἰ. αὐτήν, ὥστε θαυμάζειν ὅπως
Ἴρις. Ο. 1204. Ἰ. ταχεῖα. ΠΕ. Πάραλος, ἢ Σαλαμινία ;
ἱρόν. Σ. 306. πόδα χρηστὴν τινα νῦν ἢ πύρον Ἔλλας ἱ. εἰπεῖν ;
Θ. 113. γέρας ἱ. πορθοῦμαι.
Β. 441. νῦν ἱ. ἀνα μύκλον θεάς, ἀνθοφόρον ἂν ἄλσος
445. οὗ παννυχίζουσιν θεᾷ, φέγγος ἱ. οἴσων.
1391. οὐκ ἐστι Πειδοῦς ἱ. ἀλλὰ πλὴν λόγος.
ἴσα. Ο. 1167. ἵ. γὰρ ἀληθῶς φαίνεταί μοι ψεύδεσιν.
Β. 1059. μεγάλων γνωμῶν καὶ διανοιῶν ἵ. καὶ τὰ ῥήματα τίκτειν.
Εκ. 630. ἢ Λυσικράτους ἄρα νυνί ῥὶς ἵ. τοῖσι καλοῦσι φρονήσει.
ἴσαι. Β. 685. καὶ ἵ. γένονται.
ἴσας. Β. 636. οὐ καὶ σὺ τύπτει τὰς ἱ. πληγὰς ἐμοί;
Π. 1144. οὐ γὰρ μετείχες τὰς ἱ. πληγὰς ἐμοί,
Fr. 27. ὅτε τὰς ὁδς ἱ. ἐποιήσατο.
ἴσασι. Ο. 600. τῶν ἀργυρίων· οὗτοι γάρ ἵ. λέγουσι δέ τοι τάδε πάντες.
Εκ. 251. ἵ. πάντες. ΠΡ. ἀλλὰ καὶ μελαγχολᾶν.
ἴσασιν. Ν. 1186. ἵ ὄρθως ὅ τι νοεῖ. ΣΤ. νοεῖ δὲ τί ;
Εκ. 252. καὶ τοῦτ' ἵ. ΠΡ. ἀλλὰ καὶ τὰ γραμμάτια.
ἴσην. Ν. 1291. νυνὶ νομίζεις ἢ πρὸ τοῦ ; ΑΜ. μὰ Δί', ἀλλ' ἱ.
ἴσθ'. Α. 456. λυπηρὸς ἵ. ὢν ἀπαχώρησον δόμων.
Α. 460. φθείρου λαβὼν τάδ'· ἵ. ὀχληρὸς ὢν δόμοις
Ι. 948. ἐμοὶ ταμιεύσεις. ΚΛ. ἔχε· τοσούτον δ' ἵ. ὅτι,
Ν. 39. σὺ δ' οὖν κάθευδε· τὰ δὲ χρέα ταῦτ' ἵ. ὅτι
1254. ἀνὰ τῆς θύρας ; ΠΑ. ἄπειμι, καὶ τοῦτ' ἵ., ὅτι
Σ. 1336. ἀρχαῖά γ' ὑμῶν ἄρά γ' ἵ.
Ει. 373. ἄπαο' ἀντίψη 'στ' ἀνοθανεῖν ; ΕΡ. εὖ ἵ. ὅτι.
Ο. 1408. ἀλλ' οὖν ἔγωγ' οὐ παύσομαι, τοῦτ' ἵ. ὅτι,
Λ. 1138. οὐκ ἵ., ὅτ' ἐλθὼν δεῦρο Περικλείδας ποτὲ
1150. οὐκ ἵ. ὅθ' ὑμᾶς οἱ Λάκωνες αὖθις αὖ

ἴσθ'—ἰώγα.

Ἴσθ'. Θ. 12. τοῦ μήτ' ἀκούειν μήθ' ὁρᾶν, εὖ ἴ. ὅτι.
D. 436. ἀλλ' ἴ. ἐπ' αὐτὴν τὴν θύραν ἀφιγμένος.
Π. 183. καὶ τῶν κακῶν καὶ τῶν ἀγαθῶν, εὖ ἴ. ὅτι.
889. μὰ τὸν Δί' οὔκουν τῷ γε σῷ, σάφ' ἴ. ὅτι.
962. ἀλλ' ἴ. ἐπ' αὐτὰς τὰς θύρας ἀφιγμένη,
Ἴσθι. Α. 325. ὡς τεθνήξων ἴ. νυνί. ΔΙ. δήξομαι· ὑμᾶς ἐγώ.
Α. 490. τί δράσεις; τί φήσεις; ἀλλ' ἴ. νυν
783. σάφ' ἴ., ποττὰν ματέρ' εἰκασθήσεται,
Ι. 860. ὦ 'ταιμώνιε, μὴ τοῦ λέγοντος ἴ., μηδ' οἰηθῇς
Ν. 458. οὐκ ἄτολμον, ἀλλ' ἕτοιμον. ἴ. δ' ὡς
829. αἰβοῖ, τί ληρεῖς; ΣΤ. Γ. τοῦθ' οὕτως ἔχων.
ΕΙ. 875. σάφ' ἴ., κἀλήφθη γε μόλις. ΟΙ. ὦ δέσποτα,
Ο. 604. ἦν εὖ πράττωσ', οὐχ ὑγιεία μεγάλη τοῦτ' ἐστί; σάφ' ἴ.,
Θ. 1170. τὰ μὲν παρ' ἡμῶν ἴ. σοι πεπεισμένα·
Β. 296. σάφ' ἴ. ΔΙ. ποῖ δῆτ' ἂν τραποίμην; ΞΑ. ποῖ δ' ἐγώ;
918. σάφ' ἴ. ΔΙ. κάμαντῷ δοκῶ. τί δὲ ταῦτ' ἔδρασ' ὁ δείνα;
Π. 216. ἐγὼ γάρ, εὖ τοῦτ' ἴ., κἂν δὴ μ' ἀποθανεῖν,
Ἴσθμια. ΕΙ. 879. οὗτος, τί περιγράφεις; ΟΙ. τὸ δεῖν', εἰς 'Ι.
Ἰσθμιακά. Fr. 414, 2. εἴτ' ἴ. λαβόντες ὥσπερ οἱ χοροὶ
Ἰσθμῶν. Θ. 647. ἱ. τιν' ἔχεις, ὤνθρωπ'· ἄνω τε καὶ κάτω
Ἴσμεν. Ν. 693. ἀτὰρ τί ταῦθ' ἃ πάντες ἴ. μανθάνω;
Ο. 1176. τίς τῶν θεῶν; ΑΓ. Β. οὐκ ἴ.· ὅτι δ' εἶχε πτερά,
1177. τοῦτ' ἴ. ΠΕ. οὔκουν δῆτα περιπόλους ἐχρῆν
Β. 727. τῶν πολιτῶν θ' οὓς μὲν ἴ. εὐγενεῖς καὶ σώφρονας
Ἰσμηνία. Α. 861. κατάβου τὸ τὰν γλάχων' ἀτρέμας, 'Ι.·
Λ. 697. ἢ τε Θηβαία φίλη παῖς εὐγενής, 'Ι.
Ἰσμηνιχε. Α. 954. ὑπόκυπτε τὰν τύλαν ἰών, 'Ι.
Ἰσοκράτης. Fr. 566. 'Ι.
ἴσον. Α. 354. ἐθέλειν τ' ἀκοῦσαι μηδὲν ἴ. ἴσῳ φέρον,
Ἐκ. 173. ἐμοὶ δ' ἴ. μὲν τῇδε τῆς χώρας μέτα
Π. 225. ὅπως ἂν ἴ. ἕκαστος ἐντανθὶ παρὼν
510. εἰ γὰρ ὁ Πλοῦτος βλέψειε πάλιν διανείμειέν τ' ἴ. αὐτός,
1132. οἴμοι δὲ κυλίκος ἴ. ἴσῳ κεκραμένης.
Fr. 553. δύναται γὰρ ἴ. τῷ δρᾶν τὸ νοεῖν.
Ἴσον. Ι. 1160. ἵνα σ' εὖ ποιῶμεν ἐξ ἴ. ΔΗΜ. δρᾶν ταῦτα χρή·
Β. 867. οὐκ ἐξ ἴ. γάρ ἐστιν ἀνδρῶν. ΔΙ. τί δαί;
Ἱστάναι. ΕΙ. 1249. τὰ σύκ' ἐν ἀγρῷ τοῖς οἰκέταισιν ἴ.
Fr. 9. ἔγνωκ' ἐγὼ δὲ χαλκίον ἴ. καὶ μυρρίνα.
Ἰστάς. Fr. 445 a, 4. ὅταν γὰρ ἴ. τῷ πυλῶντι τὸ ῥῖνον
Ἰστάς. Α. 687. κἄτ' ἀνελίνυσαι ἐρωτᾷ, σκανδάληθρ' ἴ. ἐπῶν,
Ἵσταθ'. Fr. 47. ἴ. ἐμφερὴς πάντες τε τρεῖς ἁσπίδαι.
Ἴστατε. Ν. 271. εἶτ' Ὠκεανοῦ πατρὸς ἐν κήποις ἱερὸν χορὸν ἴ. Νύμφαις,
Ἴστε. Ν. 1228. ὃν πάντες ὑμεῖς ἴ. μισοῦνθ' ἱππικήν,
Ν. 1354. ἐγὼ φράσω· 'πειδὴ γὰρ εἱστιώμεθ', ὥσπερ ἴ.,
ΕΙ. 337. μή τι καὶ νυνί γε χαίρετ' οὐ γὰρ ἴ. πω σαφῶς·
Fr. Μ. Δαιδ. 4, 2. ἐν ἴ. πολλαὶ τῶν ἀλεκτρυόνων βίᾳ
Ἴστη. Σ. 40. ἴ. βύϊσον δημοῦ. ΞΑ. οἴμοι δείλαιος·
Ἰστησι. Ο. 219. ἴ. χορούς·
Ο. 527. ἴ. βρόχους, παγίδας, ῥάβδους,
Ἰστίεις. Β. 1000. χρώμενος τοῖς ἴ.
Ἰστίον. Τ. 918. ἂν ἴ. σαφρὸν λάβῃς.
Ἰστιορράφος. Θ. 935. ὀλίγον μ' ἀφείλετ' αὐτὸν ἴ.
Ἴστον. Π. 100. ἀφεστώς με νῦν. ἴ. γὰρ ἤδη τἀπ' ἐμοῦ.
Ἰστότονα. Β. 1315. ἴ. πηνίσματα,
Ἰστριανά. Fr. 44. 'Ι.
Ἴστω. Εκ. 737. ἴ. παρ' αὐτήν, δεῦρ' ἴθ' ἡ κομμώτρια·
Ἰσχάδας. Α. 802. τί δαί; φιβάλεως ἴ.; ΚΟ. καὶ κοῦ.
Α. 803. ὡς ὀξὺ πρὸς τὰς ἴ. κεκράγετε,
809. ἀλλ' οὐχὶ πᾶσας κατέφαγον τὰς ἴ.
Ι. 755. μίχνην ὥσπερ ἰμπονδίζω ἴ.
Σ. 296. μὰ Δί', ἀλλ' ἴ., ἂ ταππία· ἡδιον γάρ. ΧΟ. οὐκ ἂν
ΕΙ. 634. ἀλλ' ἄττ' ὢν ἄνευ γιγάρτων καὶ φιλῶν τὰς ἴ.
1219. ἔνεγκέ τοίνυν εἰσίων τὰς ἴ.
Π. 677. τοὺς φθοῖς ἀφαρπάζουσα κατὰ τὰς ἴ.
801. ἐνίσταθ' ὡς ἀρπασόμενοι τὰς ἴ.
1122. ἴ., ὅσ' εἰκὸς ἐστιν 'Ερμῆν ἐσθίειν·
Ἰσχάδια. Π. 798. ἴ. καὶ τραγάλια τοῖς θεαμένοις
Ἰσχαδόπωλιν. Α. 564. ἐδεδίηκτο τὴν ἴ. καὶ τὰς δρυπέπεις κατέπινε.
Ἰσχάδος. ΕΙ. 1223. οὐκ ἂν πριαίμην οὐδ' ἂν ἴ. μᾶς.
Ἰσχάδων. Α. 805. ἐνεγκάτω τις ἰσχάδων ἴ.
ΕΙ. 1217. δοίην ἂρ αὐτοῖν ἴ. τρεῖς χοίνικας,
Α. 647. ἴ. ὁρμαθὸν·
Π. 191. τιμῆς ΚΑ. πλακούντων ΧΡ. ἀνδραγαθίας ΚΑ. ἴ.
811. μύρον γέμουσι τὸ δ' ὑπερῷον ἴ.
Fr. 493. οὐδὲν γὰρ ὥντος γλυκύτερο γῇ ἴ. θύρα.
Ἴσχει. Α. 127. τοὺς δὲ ξενίζειν οὐδέποτέ γ' ἴ. θύρα.

Ἴσχει. ΕΙ. 949. καὶ πῦρ γε τουτί, κοὐδὲν ἴ. πλὴν τὸ πρόβατον ἡμᾶς.
Ἴσχειν. Ν. 983. οὐδ' ὑψοφαγεῖν, οὐδὲ κιχλίζειν, οὐδ' ἴ. τὼ πόδ' ἐναλλάξ.
Λ. 505. ὑνὼ τῆς ὁ γῆς αὐτὰς ἴ.
Ἰσχέτω. Ι. 724. ἰδού, βάδιζε, μηδὲν ἡμᾶς ἴ.
Σ. 1264. ἄγε νυν ἴωμεν· μηδὲν ἡμᾶς ἴ.
Ἰσχνά. Α. 469. ἐς τὸ σπυρίδιον ἴ. μοι φυλλεία δύς.
Ἴσχνανα. Β. 941. ἴ. μὲν πρώτιστον αὐτὴν καὶ τὸ βάρος ἀφεῖλον
Ἰσχνοί. Π. 561. παρ' ἐμοὶ δ' ἴ. καὶ σφηκώδεις καὶ τοῖς ἐχθροῖς ἀνιαροί.
Ἰσχνῶν. Π. 544. μαλάχης πτόρθους, ἀντὶ δὲ μάζης φυλλεῖ' ἴ. ῥαφανίδων.
Ἰσχύι. Ο. 488. οὕτω δ' ἴ. τε καὶ μέγας ἦν τότε καὶ πολύς, ὥστ' ἔτι καὶ νῦν
Ἰσχύειν. Ι. 182. οὐκ ἀξιῶ 'γὼ 'μαυτὸν ἴ. μέγα.
Α. 591. οὐ γὰρ κατ' ἴ. ἐστιν· εἰ δ' ἴσχυρὸς εἶ.
Ο. 706. διὰ τὴν ἴ. τὴν ἡμετέραν διεμήρισαν ἄνδρες ἐρασταί,
Ἰσχνάν. Σ. 357. ἥβων γὰρ κἀδυνάμην κλέπτειν, ἴ. τ' αὐτὸς ἐμαυτοῦ,
Ἰσχυρόν. Α. 943. ἴ. ἐστιν, ὠγάθ', ὥστ'
Π. 946. καὶ σώμικον, τούτου τὸν ἴ. θεάν
Ἰσχυρός. Α. 591. οὐ γὰρ κατ' ἰσχύν ἐστιν· εἰ δ' ἴ. εἶ,
Ἰσχύσετ'. Ο. 1007. ἴ. ἢν ὄρνιθες ἄρξωσιν κάτω·
Ἴσφ. Α. 354. ἐθέλειν τ' ἀκοῦσαι μηδὲν ἴσον ἴ. φέρον,
Π. 1132. οἴμοι δὲ κυλίκος ἴσον ἴ. κεκραμένης.
Ἰσωνίας. ΕΙ 1227. ἀλλ' αἱρεῖ μοι τοῦτο γε τῆς ἴ.
Ἴσως. Α. 993. ἡ πάνυ γερόντιον ἴ. νενόμικάς με σύ· κ.τ.λ.
Ἰσώσω. Σ. 505. κακὰ πρὸς τοῖς οὖσιν, ἕαν ἀνιῶν ἂν ἴ. τοῖσιν ἐμοῖσιν·
Ἴτ'. ΕΙ. 298. καὶ νησιῶται, δεῦρ' ἴ., ὦ πάντες λεῴ,
Ο. 258. ἀλλ' ἴ. ἐς λόγους ἅπαντα,
Εκ. 882. παρώντα. Μοῦσαι, δεῦρ' ἴ., ἐπὶ τοὐμὸν στόμα,
Π. 255. ἴ. ἐγκονεῖτε, σπεύδεθ', ὡς ὁ καιρὸς οὐχὶ μέλλειν,
Ἰταμαὶς. Β. 1291. κυρίοῦ παρασχὼν ἴ. κυσὶν ἀερμόντοιτε,
Ἴτε. Α. 155. οἱ Θρῇκες ἴ. δεῦρ', οὓς Θέωρος ἤγαγεν.
Α. 1143. ἴ. δὴ χαίροντες ἐπὶ στρατιάν.
Σ. 1009. ἀλλ' ἴ. χαίροντες ὅποι βούλεσθ'·
Ο. 252. δεῦρ' ἴ. πεινώμενοι τὰ νεώτερα,
1690. ὀπτῷ τὰ πρὰ ταντὶ μένων· ὁμεῖς δ' ἴ.
Α. 829. ἰοὺ ἰοὺ, γυναῖκες, ἴ. δεῦρ' ὡς ἐμέ
Β. 1368. ἴ. δεῦρά νυν, εἴπερ γε δεῖ καὶ τοῦτό με
Ἰτέαν. Fr. 720. ἄγνῳ ἠδὲ μυρίκαις ἴ. ἐνημμένος·
Ἴτης. Ν. 445. θρασύς, εὔγλωττος, τολμηρός, ἴ.,
Ἰτητέον. Ν. 131. ἴ. τί ταῦτ' ἔχων στραγγεύομαι,
Ἰτρία. Λ. 1092. ἄμυλοι, πλακοῦντες, σησαμοῦντες, ἴ.
Ἰφικλέους. Α. 860. ἴ. Ἡρακλέης, ἐκαμόν γα τὰν τύλαν κακῶς,
Ἴτυν. Ο. 212. τὸν σὸν πολυδάκρυν 'Ι.
ἰνώ. Ο. 225. ἰώ, ἰώ, ἴ. ἴ. ἴ.
Ἴνων. Ο. 229. ἴ. τις οἷδε τῶν ἐμῶν ὁμοστέρων
Ο. 754. διαπλέκειν ζῶν ἡδέως τὸ λοιπόν, ἐν ἡμᾶς ἴ.
857. ἴ. ἴ., ὦ Πνθιάς βοά·
Λ. 688. νῦν πρὸς ἐμ' ἴ. τις, ἵνα μή ποτε φάγῃ σκόροδα, μηδὲ κυάμους μέλανας.
1210. ὅστις οὖν βούλεται τῶν νενύπων ἴ.
Εκ. 507. μητεῦτε χλαίνας, ἐμβὰς ἰκποθὼν ἴ.
1143. ἴ. μεθ' ἡμῶν· πάντα γὰρ παρέξομεν
Ἴνγγι. Λ. 1110. ἐν οἱ χρῶντι τῶν Ἑλλήνων τῇ σῇ ληφθέντες ἴ.
Ἴωνα. Fr. 473, 2. ἴ. φύσαι
Ἴφνων. Θ. 910. ἐγὼ δὲ Μενέλεω σ', ὅσα γ' ἐκ τῶν ἴ.
Ἰχθύδια. Fr. 344, 8. καὶ μὴ περιμένειν ἐξ ἀγορᾶς ἴ.
Ἰχθυηρόν. Fr. 449. πινακίσκον μικρὸν ἴ.
Ἰχθυηρούς. Π. 814. τοὺς ἴ. ἀργυρούν πάρισθ' ὁρᾶν.
Ἰχθυῖεν'. Θ. 324. μυχῶν ἴ. ἐπιφανεὶς ἐμοί·
Ἰχθυολύμαι. ΕΙ. 814. γραπσύβαι, μιαροί, τραιγομάχαλεις, ἴ.·
Ἰχθυοπώλων. Fr. 344, 10. ἐν ἴ. χειρὶ παρανομωτάτῃ.
Ἰχθύς. Ι. 816. ἀφέντες τοὺς ἴ. οὓς τῶν ἀρχαίων ἴ. ἠκουσιαί ποτε
Β. 1068. κἂν ταῦτα λέγων ἐξαπατήσῃ, παρὰ τοὺς ἴ. ἀνέπεμψεν.
Fr. 302, 1. ἴ. ἐώνησαί τι ἢ σηπίδιον
Ἰχθύων. Fr. 524. καὶ τῶν πρὸς εἴλην ἴ. ὠπτημένων.
Ἴχνεσι. Θ. 663. ἴ. εἴα νυν ἴ., καὶ μάτευε ταχὺ πάντ'·
Ἰχνεύων. ΕΙ. 68. ἴθ' ἥξει σοι δριμὺς ἄγρουκος, κατὰ σοῦ τὴν ψῆφον ἴ.
Ἴχνη. Ν. 831. καὶ Χαιρεφῶν. ἴ. δὲ τῶν ἐμπίδων ὁρᾷς;
Ἰώ. Σ. 250. ὅταν οἶκαδ' ἴ., τὸν μισθὸν ἔχων, κἄτ' εἰσπνοῶθ' ἅμα
Β. 201. ὡμαιτοτάτη τις. ΔΙ. ποῦ 'στι; φέρ' ἴδ' αὐτὴν ἴ.
Ἰώ. Α. 566. ἴ. Λάμαχ', ὦ βλέπων ἀστραπάς, κ.τ.λ.
Ν. 1259. ἴ. μοί μοι. π τ λ.
Ἰώγα. Α. 598. ἴ. ταῦτα πάντα. ΔΙ. φέρε, βύσσον λέγεις;

ἴωμεν—καθείρξας. 151

ἴωμεν. Ι. 723. ἴ, ἐς τὸν δῆμον. ΑΛ. οὐδὲν κωλύει·
Ν. 860. ἀλλ' ἴθι, βάδιζ', ἴ.· εἶτα τῷ πατρὶ
Σ. 1264. ἄγε νυν ἴ.· μηδὲν ἡμᾶς ἰσχέτω.
ΕΙ. 851. ἄγε νυν ἴ. εἰπέ μοι, δῶ καταφαγεῖν
Ο. 647. ἴ.· εἰσηγοῦ σὺ λαβὼν ἡμᾶς. ΕΠ. ἴθι.
675. ἴ. ΠΕ. ἡγοῦ δὴ σὺ νῷν τύχἀγαθῇ,
Λ. 1187. ἄπεισ' ἕκαστος. ΑΘ. ἀλλ' ἴ. ὡς τάχος.
Θ. 728. ἴ. ἐπὶ τὰς κληματίδας, ὦ Μανία,
Π. 824. ἴ. ΧΡ. ἔα. τίς ἐσθ' ὁ προσιὼν οὑτοσί;
Ἴων. ΕΙ. 835. Ἴ. ὁ Χῖος, ὅσπερ ἐποίησεν πάλαι
ἰών. Α. 899. ἡ φορτί' ἕτερ' ἐνθένδ' ἐκεῖσ' ἄξεις ἰ.;
Α. 954. ὑπόκυπτε τὰν τύλαν ἰ., Ἰσμηνιχε.
Ι. 154. ἐγὼ δ' ἰ. προσκείψομαι τὸν Παφλαγόνα.
475. ἐγὼ μὲν οὖν αὐτίκα μάλ' ἐς βουλὴν ἰ.
970. καὶ μὴν ἔνεγκ' αὐτοὺς ἰ., ἵν' οὑτοσὶ
1211. ἐγὼ φράσω σοι. τὴν ἐμὴν κίστην ἰ.
Σ. 99. ἰ. παρέγραψε πλησίον "κημὸς καλός."

Ἰών. Σ. 391. ὤκησας γοῦν ἐπίτηδες ἰ. ἐνταῦθ', ἵνα ταῦτ' ἀκροῷο,
Ο. 983. αὐτὰρ ἐπὴν δκηστοι ἰ. ἀνέρωποις ἀλαξύν
1309. ἀλλ' ὡς τάχιστα σὺ μὲν ἰ. τὰς ἀρρίχους.
Εκ. 671. ἕτερον γάρ ἰ. ἐκ τοῦ κοινοῦ κρεῖττον ἐκείνου καμεῖται.
Π. 318. ἐγὼ δ' ἰ. ἤδη λάθρα
506. ὁδὸν ᾕντιν' ἰ. τοῖς ἀνθρώποις ἀγάθ' ἂν μείζω παρίσειεν.
874. σὺ μὲν εἰς ἀγορὰν ἰ. ταχέως οὐκ ἂν φθάνοις;
Fr. 6, 1. ἐγὼ δ' ἰ.
Ἰών. Fr. 476, 2. στεφάνους ἰ. * * * κονιορτὸν ἐκτινφλοῦντα.
Ἰωνιᾶς. ΕΙ. 577. τῆς ἰ. τε τῆς πρὸς
Ἰωνίας. Εκ. 918. ἤδη τὸν ἀπ' Ἰ.
Ἰωνικόν. Fr. 930. δί; ΧΟ. ναὶ μὰ Δί'· ΤΡ. ἀλλὰ τουτό γ' ἔστ' Ἰ.
Ἰωνικός. Εκ. 46. Ἰ. τίς φησι παρακαθήμενος·
Ἰωνικῶν. Εκ. 883. μελύδριον εὑρῦσαι τι τῶν Ἰ.
Ἰωνικῶς. ΕΙ. 933. ὑπὸ τοῦ δέους λέγω· Ἰ. ὠ,

Κ

κ. Α. 1103. ἔνεγκε δεῦρο τὼ πτερὼ τὼ 'κ τοῦ κράνους. κ.τ.λ.
κ'. Ο. 972. ὃς δέ μ' ἐμῶν ἐπέων ἔλθῃ πρώτιστα προφήτης, κ.τ.λ.
κα. Α. 737. δὶς ὑμέ κ. πρίαιτο, φανερὴν ζαμίαν ; κ.τ.λ.
κά. Α. 835. παίειν ἐφ' ἁλὶ τὰν μᾶδδαν, αἴ κ. τις διδῷ.
κάβασίλευε. Ο. 499. ἱκτῖνος δ' οὖν τῶν Ἑλλήνων ἦρχεν τότε κ.
κάβασίλευον. Ο. 482. ἀλλ' ὄρνιθες, κ., ἀλλ' ἐστὶ τεκμήρια τούτων.
κάβελτέρου. Θ. 290. πλουτοῦντος, ἄλλα τ' ἠλιθίου κ.,
κιβλεψι. Ι. 631. κ. νάπυ, καὶ τὰ μέτωπ' ἀνέσπασεν.
κάβουλήθης. Σ. 392. κ. μῶνος ἡρώων παρὰ τὸν κλάοντα καθῆσθαι.
κάβῶων. Α. 185. ἐγὼ δ' ἔφευγον· οἱ δ' ἐδίωκον κ.
κάγαθά. Θ. 351. εὔχεσθε πάσαις πολλὰ δοῦναι κ.
Εκ. 453. δῆμον καταλύειν, ἀλλὰ πολλὰ κ.
κάγαθήν. Β. 1236. λήψει γὰρ ὀβολοὺ πάνυ καλὴν τε κ.
κάγαθοί. Ι. 227. καὶ τῶν πολιτῶν οἱ καλοί τε κ.,
Ι. 735. ἄλλοι τε πολλοὶ καὶ καλοί τε κ.
Ν. 101. μεριμνοφροντισταὶ καλοί τε κ.,
ΕΙ. 968. τίς τῇδε ; ποῦ ποτ' εἰσὶ πολλοὶ κ.;
969. τοιοιδὶ φέρε δῶ· πολλοὶ γάρ εἰσι κ.
κάγαθοῖς. Σ. 1256. οὐκ, ἢν ξυνῇς γ' ἀνδράσι καλοῖς τε κ.
κάγαθόν. Ν. 797. ἀλλ' ἔστ' ἔμοιγ' υἱὸς πολὺς τε κ.
κάγαθούς. Ι. 738. τοὺς μὲν καλούς τε κ. σὺ προσδέχει,
Β. 719. ταυτὰ ἐς τε τῶν πολιτῶν τοὺς καλούς τε κ.,
728. ἄνδρας ὄντας καὶ δικαίους καὶ καλούς τε κ.,
Λ. 1059. ὁρᾶς καλούς τε κ.
κάγαθών. Ι. 185. μῶν ἐκ καλῶν εἶ κ.; ΑΛ. μὰ τοὺς θεούς,
Σ. 1304. εὐθὺς γὰρ ἂν ἐνέπληστο πολλῶν κ.,
ΕΙ. 436. Ἕλλησιν ἄρξαι πᾶσι πολλῶν κ.,
538. ἄλλων τε πολλῶν κ. ΕΡ. ἴθι νυν, ἄθρει
Λ. 1159. τί δῆθ' ὑπηργμένων γε πολλῶν κ.
κάγανώτερον. Λ. 886. πολλῷ γεγενῆσθαι κ. βλέπειν·
κάγαπητὴν. Α. 702. παῖδα χρηστὴν κ. ἐκ Βοιωτῶν ἐγχέλυν·
κάγειν. Fr. 26. κ. ἐκεῖθεν κακκάβην
κάγκαθεζομένας. Εκ. 23. δεῖ τὰς ἑτέρας πως κ. λαθεῖν.
κάγκεκύβασιν. Σ. 627. κ. μ' οἱ πλουτοῦντες
κάγκυλψας. Θ. 236. ἀνίσταο', ἵν' ἀφείσω σε, κ. ὦχε.
κάγχανεῖ. Σ. 1349. ἀλλ' ἐξαπατήσεις κ. τούτῳ μέγα·
κάγώ. Α. 1220. κ. καθεύδειν βούλομαι καὶ στύψαι κ.τ.λ.
Ι. 15. ἀλλ' εἰπὲ θαρρῶν, εἶτα κ. σοι φράσω. κ.τ.λ.
κάγωγε'. Ι. 434. κ., ἐάν τι παραχαλᾷ, τὴν αὐτίκα μάλ' ἀποχρίω. κ.τ.λ.
κάγωγε. Ι. 280. ναὶ μὰ Δία κ. τοῦτον, ὅτι κενῇ τῇ κοιλίᾳ κ.τ.λ.
κάδάμανα. ΕΙ. 593. κ. καὶ φίλα.
κάδενδροπόρηκε. ΕΙ. 747. ἐς τὰς πλευρὰς πολλῇ στρατιᾷ κ. τῷ ῥώτον ;
κάδηλήσει. Β. 1145. Ἑρμῆν χθόνιον προσεῖπε, κ. λέγως
κάδικα. Α. 373. ἀδίκῳ ἀλαζόνι καὶ δίκαια κ."
Ι. 256. οὐκ ἐγὼ βύσκω νεκραγὼς καὶ δίκαια κ.,
Ν. 99. λέγετω νικᾶν καὶ δίκαια κ.
κάδικουμένους. Α. 314. πύλλ' ἂν ἀποφήναιμ' ἐκείνους ἔσθ' ἃ κ.
κάδίκως. Π. 233. μεστὴν ποιήσαι πολλὰ κ.
κάδίσκου. Fr. 231 a. 2. ὥσπερ κ. περιέλειχε τὸ στόμα
κάδίσκου. Σ. 321. ἐλθὼν ἐπὶ τοῦ κ. τὴν ψῆφον φέρε.
Σ. 853. ὑπῇ 'πεκαθήμην τοὺς κ. ἐκφέρειν.
854. οὗτος σὺ ποῖ θεῖς; ΒΔ. ἐπὶ κ. ΦΙ. μηδαμῶς.

Κάδμος. Β. 1225. Σιδώνιόν ποτ' ἄστυ Κ. ἐκλιπὼν
κάδοις. Εκ. 1002. τί δῆτα κρέαγρας τοῖς κ. ὠνοίμεθ' ἄν,
κάδον. Fr. 262. ἀλλ' ἐς κ. λαβὼν τιν' οἴσει πίττινον.
κάδους. Α. 549. ἀσκῶν, τροπατήρων, κ. ὠνουμένων,
ΕΙ. 1202. ὁδὶ δὲ τριδράχμους τοὺς κ. ἐς τοὺς ἀγρούς.
Εκ. 1004. ἐκ τῶν ἀγορὼν τοὺς κ. ξυλλαμβάνειν·
κάδυνάμην. Σ. 357. ἦβαν γὰρ κ. κλέπτειν, ἰσχυόν τ' αὐτὸς ἐμαυτοῦ,
κάδυν. Ο. 1032. οὐκ ἀποσοβήσεις ; οὐκ ἀποίσεις τὼ κ.;
Ο. 1053. ἐγὼ δὲ σοῦ γε τὼ κ. διασκεδῶ.
κάδωρησάμαν. Ι. 1225. ἐγὼ δέ τυ ἐστεφάνιξα κ.
κἀε. Fr. 403. τὴν κακκάβην γὰρ κ. τοῦ διδασκάλου.
κάείων. Λ. 1243 ἱγ' ἐγὼ βιποδιάχῳ γε κ. καλῶν
κάεται. Σ. 1372. οὐκ, ἀλλ' ἐν ἀγορᾷ ταῖς θεοῖς δῷς κ.
καθ'. Α. 727. ἐγὼ δὲ τὴν στήλην κ. ἧν ἐσπεισάμην κ.τ.λ.
καθ'. Ο. 502. ἐκυλινδούμην ἐκεῖνον ἰδών· κ. ὕπτιος ὢν ἀναγάσκων
καθαγίζειν. Ο. 566. ἣν δὲ Ποσειδῶνί τις ὄϊν θύῃ, νήττῃ πυροῖς κ.
καθαίρει. Α. 238. φέρ' ἐγὼ κ. τήνδε. ΚΑ. ὦ φίλη,
καθαιμαμωσει. Φ. 695. κ. βωμόν. ΓΤ. Ζ. ὦ τάλαιν' ἐγώ.
καθαίρεις. Β. 10. εἰ μή κ. τι, ἀποπαρδήσομαι·
καθάπερ. Ι. 8. κακῶς κ. σύ. ΔΗ. δεύρο νυν πρόσελθ', ἵνα κ.τ.λ.
καθαπτέο. Β. 1212. κ. ἐν πεύκαισι Παρνασὸν κάτα
καθαρά. Ο. 215. κ. χωρεῖ διὰ φυλλοκόμων
καθαρεύῃ. Β. 355. ὅστις ἀπείρος τοιῶνδε λόγων, ἢ γνώμῃ μὴ κ.
καθάρματ'. Π. 454. γρύζειν δὲ καὶ τολμᾶτον, ὦ κ.;
καθάρματος. Α. 44. πάρμέ, ὡς ἂν ἐντὸς ἦτε τοῦ κ.
καθάρμα. Σ. 1015. νῦν αὖτε λεῷ πρόσχετε τὸν νοῦν, εἴπερ κ. τι φιλεῖτε
Ο. 973 τῷ δῶμεν ἱμάτιον κ. καὶ καινὰ πέδιλα,
Π. 729. ἔπειτα κ. ἡμιτύβιον λαβὼν
καθαρός. Ο. 1549. Τίμων κ. ἀλλ' ὡς ἂν ἀποτρέχω πάλιν,
καθαρτὴν. Σ. 1043. τοιών' εὑρόντες ἀλεξίκακον, τῆς χώρας τῆσδε κ.
καθαρῷ. Εκ. 61. ἐν κ. ποῦ ποῦ τις ἂν χέσας τύχοι;
καθαρῶς. Σ. 631. συνῳπόθ' οὕτω κ.
Σ. 1045. ἃς ὑπὸ τοῦ μὴ γνῶναι κ. ὑμεῖς ἐποιήσατ' εὐθέως·
Ο. 591. ἀλλ' ἀναλίξει πάντας κ. αὐθοῖς ἀγέλη μία μιχλῶν.
καθδεῖ. Β. 200. οὔκουν κ. δῆτ' ἐνθαδί, γάστρων ; ΔΙ. ἰδού.
καθδεῖσθαι. Β. 792. μέρος κ.· κἂν μὴ Αἰσχύλος κρατῇ,
καθδεῖται. Α. 841. μώζων κ.·
καθεδούμενοι. Ο. 727. κ. ἄνω σεμνυνόμενοι
Εκ. 297. σίον κ.
καθεδούμενον. Π. 382. ὁρῶ τιν' ἐπὶ τοῦ βήματος κ.,
καθεδοῦνται. Εκ. 617. αἱ φαυλότεραι καὶ σιμότεραι παρὰ τὰς σεμνὰς κ.
καθεύροι. Ο. 790. εἶτα βινήσας ἐκεῖθεν αὖθις αὖ κ.
Λ. 1139. ὁ Λάκων Ἀθηναίων ἱκέτης κ.
καθεζομένη. Σ. 611. κάπειτα κ. παρ' ἐμοὶ προσαναγκάζει, φάγε τοντί,
καθείλκετε. Α. 544. καὶ κάρτα μέντἂν εὐθέως κ.
καθείμενον. Ν. 538. οὐδὲν ἦλθε ῥαμμένη σκύτινον κ.,
καθεῖναι. Εκ. 397. γνώμας κ. τῆς πύλεως ; κᾆτ' εὐθέως
καθείρξαι. Ν. 751. αὑτὴν κ. ἐς λοφεῖον στρογγύλον,
καθείρξας. Ι. 794. κλέπτει κ. αὐτὸν βλίττειν· Ἀρχεπτολέμου δὲ φέροντος

152 καθείρξας—καθωσιώθη.

καθείρξας. Σ. 70. ἔνδον κ., ἵνα θύρηγε μὴ 'ξίη.
καθείρπυσεν. Β. 485. ἐς τὴν κότω μου κοιλίαν κ.
καθείσαν. Θ. 841. λευκὰ καὶ κώμας κ. πλησίον τῆς Λαμάχου.
κάθευ'. Ι. 152. ἴθι δή, κ. αὐτοῦ τοὐλεῶν, καὶ τοῦ θεοῦ
κάθελε. Θ. 254. ὦ πρᾶττα, τὴν κίστην κ., κἄτ' ἔξελε
καθέλκειν. Εκ. 197. ναῦς δεῖ κ.· τῷ πένητι μὲν δοκεῖ,
καθελκύσας. Ι. 1315. τὰς σκάφας, ἐν αἷς ἐπώλει τοὺς λύκους, κ.
καθέλξει. Β. 1398. ὅ τι σοι κ., πορτερόν τε καὶ μέγα.
καθέλοιμι. Ν. 750. κ. νύκτωρ τὴν σελήνην, εἶτα δὴ
καθελοῦ. Σ. 936. αὐτὸς κ.· τοὺς μάρτυρας γὰρ ἐσκαλῶ.
καθελών. Α. 1118 παῖ παῖ, κ. μοι τὸ δύρυ δεῦρ' ἔξω φέρε.
καθέλωσιν. Α. 492. ὅ τι βούλονται· τὸ γὰρ ἀργύριον τοῦτ' οὐκέτι μὴ π.
καθέμεθα. Ν. 67. κοινῇ ξυνέβημεν κ. Φειδιππίδην.
καθέντα. Εκ. 1003. ἐξὸν κ. γρᾴδιον τοιουτονὶ
καθέζει. Ο. 832. τίς δαὶ π. τῆς πύλεως τὸ Πελαργικόν;
καθέζεις. Ι. 838. μέγιστος Ἑλλήνων ἐστι, καὶ μόνος κ.
καθέζῃ. Β. 160. ἀτὰρ οὐ κ. ταῦτα τὸν πλεῖω χρόνον.
καθέρπυσον. Β. 129. κ. νυν ἐς Κεραμεικόν. ΔΙ. εἶτα τί;
κάθες. Ο. 364. ἐλελελεῦ, χώρει, π., τὸ ῥύγχος· οὐ μένειν ἐχρῆν.
καθεστήκασι. Ο. 1161. φυλακαὶ π. καὶ φρυκτωρίαι
καθεστηκός. Β. 1003. καὶ π. λάβρε.
καθεστώτων. Ν. 1400. καὶ τῶν π. νόμων ὑπερφρονεῖν δύνασθαι.
κάθευδ'. Ο. 842. κωδωνοφορῶν περίηχες, καὶ π. ἐκεῖ.
κάθευδε. Ν. 39. σὺ δ' οὖν π.· τὰ δὲ χρέα ταῦτ' ἴσθ' ὅτι
καθεύδει. Ι. 111. ἕως π. ΝΙ. ταῦτ', ἀτὰρ τοῦ δαίμονος
καθεύδειν. Α. 1147. τῷ δὲ π.
 Α. 1220. κἀγὼ π. βούλομαι καὶ στύομαι
 ΕΙ. 341. πλεῖν, μένειν, κινεῖν, π.,
  867. κινεῖν τε καὶ π.
 Ο. 711. καὶ πηδάλιον τότε ναυκλήρῳ φράζει κρεμάσαντι π.,
 Β. 1478. τὸ πνεῖν δὲ δεινὸν εἶν, τὸ δὲ π. κώδιον;
 Εκ. 700. πρότερον μέντοι δεῖ π. ἐπὶ τοῦ λυχνιδίου.
  894. θεῖν τι, παρ' ἐμοὶ χρῇ π.
  938. εἶθ' ἐξῆν παρὰ τῇ νέᾳ π.
  1039. παρὰ σοὶ π. τηλικοῦτον ὤν, ἐπεὶ
  1051. πρότερον π. αὐτόν· ΝΕΑ. οἴμοι δείλαιος.
 Π. 669. ἡμῖν παρήγγειλεν π. τοῦ θεοῦ
  672. κἀγὼ π. οὐκ ἐδυνάμην, ἀλλά μα
καθεύδεις. Ν. 732. οὗτος π.; ΣΤ. μὰ τὸν Ἀπόλλω 'γὼ μὲν οὔ.
 Ν. 1431. οὐκ ἐσθίεις καὶ τὴν νύχθ' ὅλην καθεὶ ξύλου π.;
καθεύδει. Θ. 479. ὁ δ' ἀνὴρ παρ' ἐμοὶ π.· ἦν δ' ἐμοὶ φίλος,
καθεύδει'. Γτ. 274, 2. ὁμοιότατα π. ἐπὶ τοῦ λυχνιδίου.
καθεύδετε. Σ. 136. ὦ Ξανθία καὶ Σωσία, π.;
καθεύδῃς. Σ. 816. ἵνα γ', ἢν π. ἀπολογουμένου τινὸς,
 Επ. 668. οὐδ' ἀποδύσους' ἄρα τῶν νυκτῶν· ΠΡ. σὺν, ἢν οἴκοι γε π.
καθευδήσοντας. Εκ. 419. ἱέναι π. ἀπενενιμμένους
καθεύδον. Ο. 495. κάρτι κ.· καὶ πρὶν δειπνεῖν τοὺς ἄλλους, οὗτος ἂρ ᾖσε.
καθεύδοντος. Εκ. 77. τὸ τοῦ Λαμίου τουτὶ π. λάθρα.
καθεύδων. Ν. 27. ὀνειροπολεῖ γὰρ καὶ π. ἱππικήν.
 Σ. 68. ἄνω π., ὁ μέγας, οὑτοσὶ τοῦ τέγους.
  337. οὑτοσὶ πρόσθεν π. ἀλλ' ὑφεσθε τοῦ τόνου.
 Λ. 282. ἐφ' ἱπταναίδων' ἀσπίδων πρὸς ταῖς πύλαις π.
καθεύκεις. Σ. 795. ταχὺ γοῦν π. τἀργύριον, ἔφ' ᾧ 'ος λέγειν.
καθεκεν. Σ. 174. οἴαν πρῶκασιν π. ἢν ἐγὼ λέγων.
καθηλον. Σ. 851. ἄλουτον ἐν π. ἕκτην ἡμέραν·
κάθημα. Α. 29. νοστῶν π.· κᾷτ' ἐπειδὰν ὦ μόνος,
 Ι. 1153. τρίπαλαι π., βουλόμενός σ' εὐεργετεῖν.
 Ν. 256. ἰδοὺ π. ΣΠ. τουτονὶ τοίνυν λαβὲ
 Σ. 825. ἰκάλουν. ΦΙ. κάλει νυν κἀμέ π. 'γὼ πάλαι.
 Π. 533. τὸν χειροτέχνην ὥσπερ δέσπου' ἐπαναγκάζουσα κ.
  643. ἔνδον π. περιμένουσα τουτονὶ.
καθήμεθ'. Α. 13. ἡ λαμπρόν, οἷ π. ἐξηνθισμέναι.
καθήμεθ'. Λ. 149. εἰ γὰρ π. ἔνδον ἐντετριμμέναι
καθήμεθα. Θ. 886. τοῦθ' ὅτιν' ὁ κῆρυξ ἀνηρώτα, ἐφ' ᾧ π.
καθήμενα. Ι. 1376. ἃ σταμηλεῖται τοιαδὶ π.'
καθήμενα. Εκ. 165. κατὰ γῆν ἃ γυναῖκες αἰ π.
 Εκ. 221. π. φρύγουσιν ὥσπερ καὶ πρὸ τοῦ
καθήμενα. ΕΙ. 642. ἡ πόλις γὰρ ὠχμιάσα κἂν φόβῳ κ.
καθήμενα. ΕΙ. 932. ἂν χρῇ πολεμεῖν λέγων τις οἱ π.
καθήμενος. Εκ. 94. οὐδὲν παραφήναι. τοῖς π. ἔδει.
καθήμενον. Ι. 396. καὶ τὸ τοῦ δήμου πρόσωπον μακκοᾷ π.
 Ι. 783. ἐπὶ ταῖσι πέτραις οὖ φροντίζει σκληρῶς σε κ. οὕτως,
καθήμενος. Α. 858. ἐν τἀγορᾷ π.
 Σ. 773. ἐὰν δὲ νίφῃ, πρὸς τὸ πῦρ π.,
 ΕΙ. 266. τούτῳ ταράξει, τὰς πόλεις π.
  473. ὦ Λάμας', ἀδικεῖς ἐμποδὼν π.
  1235. ἔσειτ' ἐπὶ δικάμης χεσεῖ π.;

καθήμενος. Π. 162, ὁ μὲν γὰρ αὐτῶν σκυτοτομεῖ π.,
καθημένους. Ν. 208. ἐπεὶ δικαστὰς οὐχ ὁρῶ π.
καθημένων. Π. 338. ἐπὶ τοῖσι κυυρείοισι τῶν π.,
κάθηνται. D. 677. μύρμη κ.,
κάθηνται. Γτ. 722. ἀργυλ κ. μοι γυναῖκες τέτταρες.
κάθηντο. Β. 991. Μιλησίδας κ.
 Εκ. 302 κ. Χαλκίδντις
κάθησ'. Εκ. 144. σὺ μὲν βιδέζε καὶ κ.· οἱδὲν γὰρ εἶ.
 Εκ. 169. ἄπερρε καὶ σὺ καὶ κ. ἐντευθενί·
κάθησθ'. Ν. 1201. εὖ γ', ὧ κακοδαίμονες, τί κ. ἀβέλτεροι,
καθῆσθ'. Α. 543. κ. ἂν ἐν δύμοισιν; ἤ πολλοῦ γε δεῖ
καθῆσθαι. Ν. 469. οἴμομαι· ΧΟ. ὥστε γε σοῦ πολλοὺς ἐπὶ ταῖσι θύραις δεῖ π.,
 Σ. 43. χαμαὶ π., τὴν κεφαλὴν κύρανος ἔχων,
  392. κυβουλήθη μύλος ἠρώων παρὰ τὸν κλάοντα κ.
 Α. 473. ἐπεὶ θέλω 'γὼ σωφρόνως ὥσπερ κύρη π.,
 Θ. 838. ὑστέραν αὐτῆν π., σκάφιον ἀποκεκαρμένην,
  840. τῆ Τπερβύλου κ. μητέρ' ὑφησμένην·
καθῆσθαι. Ι. 1311. ἣν δ' ἀρέσκῃ ταῦτ' Ἀθηναίοις, κ. μοι δοκεῖ
κάθησθε. Ν. 270. εἶτ' ἐπ' Ὀλύμπου κορυφαῖς ἱεραῖς χιονοβλήτοισι π.,
 Α. 1217. ὑμεῖς τί π.; μῶν ἐγὼ τῇ λαμπάδι
 Εκ. 57. κ. τυῶνιν, ὧς ἂν ἀνέρωμαι τάδε
καθήσθω. Β. 1103. ἀλλὰ μὴ 'ν ταυτῷ π.
καθῆσο. Β. 1409. ἐμβὰς π. συλλαβὼν τὰ βιβλία·
κάθησο. Α. 59. κ. σίγα. ΔΙ. μὰ τὸν Ἀπύλλω 'γὼ μὲν οὐ,
 Εκ. 554. κ. τοίνυν σησίας ματαμίνη.
 Π. 724. ἐντάυθα κ' καταπεπλασμένος
καθῆστο. Β. 778. ἵν' Αἰσχύλος κ. ΞΑ. κοὐκ ἐβάλλετο;
καθῆται. Ι. 754. ὅταν δ' ἐπὶ ταυτησὶ κ. τῆς πέτρας.
 Ο. 1623. ἄνθρωπος οὗτος, ἡ κ. λούμενος.
καθῆται. Α. 597. οὐδεὶς εἰδείη χῆμαι ταυτηνὶ, ὑπενυρμίνη δὲ κ.
καθηύδ'. Fr. M. Δρα. η Ν. 5. ὁμοιότατα κ. ἐπὶ τοῦ λυχνιδίου.
καθεδρωδίνετε. Ο. 15. ὅπου π. διαγνοιοῖμεθ' ἄν.
καθίει Σ. 387. οὐδεὶν πείσει· μηδέν δείσης. ἀλλ' ὦ βέλτιστε, κ.
 Ο. 387. τῷ τε τρωβλίῳ.
καθίεις. Ι. 430. ἔξιμι γάρ σοι λαμπρὸς ἤδη καὶ μέγας κ.,
κάθιζ'. Β. 197. κ. ἐπὶ κώπην, εἴ τις ἔτι πλεῖ, στευθέτω.
κάθιζε. Α. 123. σίγα, π.
 Ν. 255. π. τοίνυν ἐπὶ τὸν ἱερὸν σκίμποδα.
 Σ. 905. σίγα, π., σὺ δ' ἀναβὰς κατηγόρει.
 Θ. 221. κ.· φύσα τὴν γνάθον τὴν δεξιάν.
 Εκ. 130. κ. παρῶν. τίς ἀγορεύειν βυύλεται;
καθίζεις. Σ. 940. ἀλλ' ἵνα τί γ' αὑτεῖς καὶ κ. οὐδέπω;
καθίζηται. Σ. 90. ἢν μὴ 'πὶ τοῦ πρώτον κ. ξύλου.
καθιζομένη. Ι. 750. οἴα ἂν κ. ἐπ' ἀυλᾶς χωρίῳ·
καθιζομένη. Φ. 1182. π. δ' ἐπὶ τοῖσι γύνασι τοῦ Σκύθου,
καθίζοντας. Ν. 973. ἐν παιδοτρίβου δὲ π. τὸν μηρὸν ἔδει προβαλέσθαι
καθίζου. Ι. 785. νήτα π. μαλακῶς, ἵνα μὴ τρίβῃς τὴν ἐν Σαλαμῖνι.
καθίζωμ'. Φ. 292. ποῦ ποῦ π. ἐν καλῷ, τῶν ῥητόρων
καθίμα. Σ. 379. ἀλλ' ἐξάψας διὰ τῆς θυρίδος τὸ καλῴδιον εἶτα π.
καθιμᾷ. Σ. 396. μὴν ὁ γέρων πῃ διαδύεται π.; Βά. μὰ Δι' οὐ δῆτ', ἀλλά π.
καθίσετε. Β. 911. πρώτιστα μὲν γὰρ ἵνα τιν' ἂν κ. ἐγκαλύψας,
καθίσῃ. Σ. 305. κ. τῶν, πόθεν ὠνησοιμέ' ἄρστεν'; ἔχεις ἐλ-
καθίστσμαι. Α. 723. ἀγορανόμους δὲ τῆς ἀγορᾶς π.
 Ι. 1387. μακάροι π. τυρχαία δή π.
 Σ. 502. ἡρεῖ εἰ τὴν Ἰππίου π. τυραννίδα.
καθίστη. Εκ. 743. κόμιζε, τοὺς φαλλοὺς π. πλησίον·
 Εκ. 1065. ἀξιόχρως ΓΡ Β. μή μοι π.
καθίστησιν. Π. 917. ἄρχειν κ.· ΣΤ. κατηγορεῖ δὲ τίς;
καθοῖτο. Β. 919. ὑπ' ἀλαζονείας, ἵν' ὁ θεατὴς προσδοκῶν κ.,
καθοϱᾷ. Ι. 803. ὑπὸ τοῦ πολέμου καὶ τῆς ὁμίχλης ἃ πανουργεῖς μὴ κ. σου,
καθορᾶν. Λ. 319. λιγνὺν δοκῶ μοι π. καὶ καπνὸν, ᾧ γυναῖκες,
καθορᾷς. Ν. 327. νῦν γέ τοι ἤδη κ. αὐτὰς, εἰ μὴ λημᾷς καλοκύντοις.
καθορᾶτε. Β. 876. Μοῦσαι, λεπτολόγους ξυνετὰς φρένας αἳ π.
καθορῶ. Λ. 171. κ. ΔΙ. τί δαί; τύμπαρα καὶ τὰς ὀλκάδας;
 Ι. 953. ἀλλ' ἡ οὐ π'. ΑΛ. φέρ' ἴδω, τί σοι σημείόν ἦν;
 Ν. 326. ὡς σὺ π. ΣΠ. παρὰ τὴν εἴσοδον. ΣΤ. ἤδη νυνὶ μόλις οὗτως.
 Εκ. 178. καί κ, τὴν οἰκίαν τὴν τοῦ Διός.
καθυβρίζει. Α. 631. ὡς κωμῳδεῖ τὴν πόλιν ἡμῶν καὶ τὸν δῆμον κ.,
καθυβρίσαι. Ι. 722. οὐκ, ἂνγάθ', ἐν βουλῇ με δύξεις π.
καθυπερηκόντισαν. Ο. 825. ἀλαζονινύμενοι κ.
καθωσιώθη. Εκ. 100. ὅταν κ. ἐν περιδημίσμῷ ἐκεῖ.
καθωσιώθη. Π. 661. κ., πέλανος Ἡφαίστου φλογί,

καί—κἀκλέψουσι. 153

καί. Α. 7. ταῦθ᾽ ὡς ἐγανώθην, κ. φιλῶ τοὺς ἱππέας κ.τ.λ.
Α. 394. κ. μοι βαδιστέ᾽ ἐστὶν ἀπ Εὐριπίδην· κ.τ.λ.
καικίας. Ι. 437. ὡς οὗτος ἦτοι κ. ἢ συκοφαντίας πνεῖ.
καινά. Ο. 973. τῷ δώμεν ἱμάτιον καθαρὸν καὶ κ. πέδιλα,
Ο. 1470. πολλὰ δὴ καὶ κ. καὶ θαυ-
Θ. 1130. σκαιοῖσι γάρ τοι κ. προσφέρων σοφὰ
Β. 1107. τά τε παλαιὰ καὶ τὰ κ.,
Εκ. 927. οὐ δῆτα. ΝΕ. τί γὰρ ἂν γρῦ κ. τις λέγοι;
καιναῖς. Εἰ. 100. κ. πλίνθοισιν ἀνοικοδομεῖν,
καιναῖσιν. Ι. 1318. ἐπὶ κ. δ᾽ εὐτυχίαισιν παιωνίζειν τὸ θέατρον.
καινάς. Ν. 480. ἤδη 'πὶ τούτοις πρὸς σὲ κ. προσφέρω.
Ν. 547. ἀλλ᾽ ἀεί κ. ἰδίας ἐσφέρων σοφίζομαι,
696. γνώμας κ. ἐξευρίσκων.
Ο. 1384. ἀναπτόμενος ἐκ τῶν νεφελῶν κ. λαβεῖν
καινῇ. Θ. 179. ἐγὼ δὲ κ. ξυμφορᾷ πεπληγμένος
καινήν. Ν. 927. οὔ τε τὴν κ.
Σ. 346. ἀλλ᾽ ἐκ τούτων ὥρα τινά σοι ζητεῖν κ. ἐπίνοιαν,
876. δέξαι τελετὴν κ. ὦναξ, ἣν τῷ πατρὶ καινοτομοῦμεν·
Θ. 850. ἐγῷδα· τὴν κ. Ἑλένην μιμήσομαι.
καινοῖς. Ν. 943. ῥηματίοισιν κ. αὐτῶν
Ν. 1399. ὡς ἡδὺ κ. πράγμασιν καὶ δεξιοῖς ὁμιλεῖν,
Ο. 862. ἱερεῦ, σὺν ἔργῳ, θῦε τοῖς κ. θεοῖς.
καινοτόμον. Ο. 848. ἐγὼ δ᾽ ἵνα θύσω τοῖσι κ. θεοῖς,
καινόν. Ν. 1031. δεῖ σε λέγειν τι κ., ὡς εὐδοκίμηκεν ἀνήρ.
Ν. 1279. πότερα νομίζεις κ. δεῖ τὸν Δία
1423. ἧττον τί δῆτ᾽ ἔξεστι πόμοι κ. αὖ τὸ λοιπὸν
Σ. 528. κ., ὅπως φανῇσει
1053. κ. τι λέγειν κἀξευρίσκειν
Εἰ. 54. ὁ δεσπότης μου μαίνεται κ. τρόπον,
55. οὐχ ὕνπερ ὑμεῖς, ἀλλ᾽ ἕτερον κ. πάνυ.
Θ. 967. ὥσπερ ἔργον αὖ τι κ.
Β. 720. ἔς τε τάρχαῖον νόμισμα καὶ τὸ κ. χρυσίον,
890. ἰδίοι τινές σου, κύμμα κ.; ΕΥ. καὶ μάλα.
Εκ. 220. εἰ μή τι κ. ἄλλο περιειργάζετο·
926. οὔκουν ἐπ᾽ ἐκφορὰν γε. ΗΛ. γ´, ὦ σαπρά.
Καινῶν. Σ. 120. ὀξέας ἐδίωκες ἐς τὸ Κ. ἐμπεσών.
καινός. Ο. 256. κ. γνώμην,
καινοτάταις. Σ. 1044. πέρυσιν καταπροὔδοτε κ. σπείραντ᾽ αὐτὸν διανοίαις,
καινοτομεῖν. Εκ. 584. εἴ κ. ἐθελήσουσιν καὶ μὴ τοῖς ἤθεσι λίαν
Εκ. 586. περὶ μὲν τοίνυν τοῦ κ. μὴ δείσῃς· τοῦτο γὰρ ἡμῖν
καινοτομοῦμεν. Θ. 876. δέξαι τελετὴν καινὴν, ὦναξ, ἣν τῷ πατρὶ κ.
καινῷ. Fr. 114, 2. ὥσπερ ἐν κ. λυχνούχῳ
καινῶν. Ν. 1397. σὺν ἔργῳ, ὦ κ. ἐπῶν κινητὰ καὶ μοχλευτά,
Ο. 257. κ. τ᾽ ἔργων ἐγχειρητής.
Fr. 446. 2. ὥσπερ τέως ἦν, ἀλλὰ κ. πραγμάτων.
καίπερ. Ν. 890. τοῖσι θεαταῖς, κ. θρασὺς ὤν· κ.τ.λ.
καίρῳ. Εἰ. 941. τούτων κατὰ κ. ἀναντῇ.
Ο. 1658. ἔς κ. ἆρα κατεκόψαμεν οὑτοῒ
καιρός. Ι. 242. ἄνδρες ἱππῆς, παραγίνεσθε· νῦν ὁ κ. ὦ Σίμων,
Λ. 596. τῆς δὲ γυναικὸς μικρὸς ὁ π., κἂν τούτου μὴ 'πιλάβηται,
Θ. 661. μὴ βραδύνειν, ὡς ὁ κ. ἐστι μὴ μέλλειν ἔτι,
Εκ. 576. λοῦν ὅ τι περ δύναται. κ.
Π. 255. ἵτ᾽ ἐγκονεῖτε, σπεύδεθ᾽, ὡς ὁ κ. οὐχὶ μέλλειν,
καιρῷ. Β. 358. ἡ βωμολόχαι ἔπεσιν χαίρει μὴ 'ν κ. τοῦτο ποιοῦσιν,
καισχροῖσι. Ν. 1374. πολλοῖς κακοῖς κ.· κᾆτ᾽ ἐντεῦθεν, οἷον εἰκός,
καίτοι. Α. 357. κ. φιλῶ γε τὴν ἐμὴν ψυχὴν ἐγώ. κ.τ.λ.
καίτουστίν. Σ. 599. ἀλλὰ Θέωροι, κ. ἀνὴρ Εὐφημίου οὐδὲν ἐλάττων,
κάκ. Ι. 337. ἐὰν δὲ μὴ ταύτῃ γ᾽ ὑπείπῃ, λέγ᾽ ὅτι κ. πονηρῶν, κ.τ.λ.
κακά. Α. 461. οὔκουν μὰ Δί᾽ οἶσθ᾽ οἷ᾽ αὐτὸς ἐργάζει κ.
Α. 649. εἶτα δὲ τοῦτον τὸν ποιητὴν ποτέρους εἶποι κ. πολλά·
983. ἐργάσατο πάντα κ. κἀνέτρεπε καξέχει,
Ι. 189. πλὴν γραμμάτων, καὶ ταῦτα μέντοι κ. κακῶς.
190. τουτὶ μόνον σ᾽ ἔβλαψεν, ὦνκ. καὶ κ. κακόν.
1276. κ. ἀπ᾽ ἂν ἀνθρωποσι, ὃν δεῖ πόλλ᾽ ἀκούσαι καὶ κ.,
Ν. 363. κἀνυπόδητος κ. πόλλ᾽ ἀνέχει κἀφ᾽ ἡμῖν σεμνοπροσωπεῖ.
1122. προσγέται τὸν νοῦν, πρὸς ἡμῶν οἷα πείσεται κ.,
1329. ἆρ᾽ οἶσθ᾽ ὅτι χαίρω πόλλ᾽ ἀκούων κ. κ.;
Σ. 441. εἶτα δῆτ᾽ οὐ πόλλ᾽ ἔνεστι δεινὰ τῷ γήρᾳ κ.;
565. κ. πρὸς τοῖς οὖσιν, ἕως ἂν ὑμῶν ἂν ἰσώσῃ τοῖσιν ἐμοῖσιν·
Εἰ. 625. κᾆτα τἀκείνων γε κέρδη τοῖς γεωργοῖς ἦν κ.
748. τοιαῦτ᾽ ἀφελὼν κ. καὶ φόρτον καὶ βωμολοχεύματ᾽ ἀγεννῆ,
Λ. 1047. καὶ δρᾶν ἱκανά γὰρ τὰ κ. καὶ τὰ παρακείμενα.

κακά. Θ. 388. καὶ πολλὰ καὶ παντοῖ᾽ ἀκονούσας κ.
Θ. 399. ἔξεστι τοιαῦθ᾽ οὗτος ἐδίδαξεν κ.
455. ἄγρια γὰρ ἡμᾶς, ὦ γυναῖκες, δρᾷ κ.,
467. Εὐριπίδη, τοιαῦτ᾽ ἀκονούσας κ.,
475. κ. ξυνειδὼς εἶπε δράσας μυρία·
517. τοῦτ᾽ οὐ ποιοῦμεν τὰ κ.; νὴ τὴν Ἄρτεμιν,
545. ὑπὲρ ἀνδρὸς ἀντειπεῖν, ὃς ἡμᾶς πολλὰ κ. δέδρακεν
786. ποίτοι πᾶς τις τὸ γυναικεῖον φῦλον κ. πόλλ᾽ ἀγορεύει,
Β. 309. οἴμοι, πόθεν μοι τὰ κ. ταυτί προσέπεσεν·
Εκ. 179. ἐπίτρεψας ἑτέρῳ πλεῖον᾽ ἔτι δράσει κ.
436. πολλὰ κ. ΒΛ. καί τί εἶπε; ΧΡ. πρῶτον μέν σ᾽ ἔφη
Fr. 21, 2. πλύνων ἅπασιν ὅσα σύνοιδ᾽ αὐτῷ κ.
κάκάθαιρ᾽. Σ. 118. εἴτ᾽ αὐτῶν ἀπέλκον κ., ὁ δ᾽ οὐ μάλα.
κάκαις. Εκ. 1161. μηδὶ ταῖς κ. ἑταίραις τὸν τρόπον προσεικέναι
κάκανηφόρων. Λ. 646. κ. ποτ᾽ οὖσα παῖς καλή, 'χουσ᾽
κάκβάς. Β. 1075. καὶ μισθώσαι τὸν ξύσσιτον, κ. τινὰ λωποδυτῆσαι·
κάκεῖ. Σ. 770. πάντως γε κ. ταῦτ᾽ ἕδρας ἑκάστοτε κ.τ.λ.
κἀκεῖθεν. Ο. 845. κ. αὖθις παρ᾽ ἐμέ. ΕΥ. σὺ δέ γ᾽ αὐτοῦ μένων
κἀκεῖν᾽. Ι. 885. καίτοι σαφῶν κ. ὁ Πειραιεῦσ᾽ ἔμοιγε μέντοι
Θ. 775. ξύλον γέ τοι καὶ ταῦτα κ. ἦν ξύλον.
κἀκεῖνά. Α. 438. κ. μοι δὺς τἀκόλουθα τῶν ῥακῶν,
κἀκείνην. Θ. 602. ταύτην τε κ. ἔχρις. ὦ πρόξενε.
κἀκεῖνοι. Εκ. 199. Κορινθίοις ἤχθεσθε, κ. γέ σοι·
κἀκείνων. Ι. 1407. κ. ἐκριρέτω τις ὡς ἐπὶ τὴν τέχνην,
κἀκεινονί. Ν. 1100. γοῦν οἶδ᾽ ἐγὼ κ.
κἀκείνως. Α. 428. οὑ Βελλεροφόντης· ἀλλὰ κ. μὲν ἦν
Ι. 819. κ. μὲν φεύγει τὴν γῆν, σὺ δ᾽ Ἀχιλλείων ἀπομάττει.
Ν. 1081. κ. ὡς ἦττον ἐρωτός ἐστι καὶ γυναικῶν·
Β. 790. κ. ὑπεχώρησεν αὐτῷ τοῦ θρόνου
Π. 214. κ. οὖν σύνοιδε ταῦτα. ΧΡ. φῆμ᾽ ἐγὼ
520. ὅταν ἀργύρον κ. ἔχῃ. ΧΡ. κερδαίνειν βουλομένῳ τις
580. κ. γὰρ τὸν πλοῦτον ἔχει. ΒΛ. ταύτῃ δ᾽ ἡμῖν ἀπορήσει,
κἀκείνῳ. Β. 671. χῆ Φερσέφαττ᾽, ἄττ᾽ ὄντε κ. θεώ.
κἀκεῖσε. Β. 142. πῶς ἠλθέτην κ.; ΗΡ. Θησεὺς ἤγαγεν.
κἀκκέκραγε. Β. 426. κἄκλαε, κ.
κἀκερβάνομεν. Εἰ. 1205. ἀφ᾽ ὧν γὰρ ἀνεδόξασθε κ.
κἀκέροντιας. Ι. 1344. ἀναρτάλιζες κ. ΔΗΜ. ἐγώ,
κἀκή. Σ. 1351. ἐὰν γένῃ δὲ μή κ. νυνὶ γυνή,
κἀκήν. Ο. 541. πατέρων κ. κ.
κἀκης. Σ. 1404. εἰ μὴ Δί᾽ ἀντὶ τῆς κ. γλώττης ποθὴν
κακίαις. Σ. 1256. καὶ με κ. ἔκπεισ᾽ ἡδέ᾽ ὅτ᾽ ἐδυεδιρύμην,
κάκιον. Θ. 203. κ. ἀπολοίμαν ἂν ἢ σύ. ΕΥ. πῶς; ΑΓ. ὅπως
Θ. 532. οὐδὲν κ. εἰς ἅπαντα πλήν· ἆρ᾽ ἢ γυναῖκες.
κάκιστ᾽. Α. 151. κ. ἀπολοίμην, εἴ τί σ᾽ αἴτησαμ᾽ ἔτι,
Α. 476. κ. ἀπολοίμην, εἴ τί σ᾽ αἴτησαμ᾽ ἔτι,
756. ὅπως τάχιστα καὶ κ. ἀπολοίμεθα.
778. οὐ χρῇσθα σιγήν, ὦ κ. ἀπολουμένα.
924. σελαγοῖεν᾽ ἂν εὐθύς. ΔΙ. ὦ κ. ἀπολούμεν᾽,
Ν. 726. ἀπολεῖ κ. ΣΤ. ἀλλ᾽ ὡγάθ᾽, ἀπολοί᾽ ἀρτίως.
Εἰ. 2. ἰδού. ΟΙ. Α. δὸς αὐτῷ τῷ κ. ἀπολουμένῳ.
1288. κ. ἀπολοί᾽, παιδάριον, αὐταῖς μάχαις·
Ο. 1467. οὐκ ἀπολιβάξεις, ὦ κ. ἀπολούμενος;
Λ. 946. κ. ἀπόλοιθ᾽ ὁ πρῶτον ἐψήσας μύρον,
Β. 579. κ. ἀπολοίμην, Ξανθίαν εἰ μὴ φιλῶ.
588. κ. ἀπολοίμην, μὰρχέβημος ὁ γλάμων,
Εἰ. 1052. πόθεν κ. γένοι᾽ ἂν, ὦ κ. ἀπολούμενη;
Π. 456. σὺ δ᾽, ὦ κ. κ. ἀπολουμένη, τί λοιδορεῖ
713. οὐ δὴ τῶν ἱώρας, ὦ κ. κ. ἀπολούμενη;
κάκιστα. Ι. 6. κ. δήθ᾽ οὗτος γε πρῶτος Παφλαγόναν,
Ο. 366. εἰπέ μοι, τί μέλλετ᾽, ὦ πάντων κ. θηρίων,
Β. 1456. μισεῖ κ. ΑΙ. τοῖς πονηροῖς δ᾽ ἥδεται;
Π. 68. ἀπόλοι᾽ τὸν ἄνθρωπον κ. τουτονί.
κάκιστον. Ν. 1046. ὁτιὴ κ. ἐστι καὶ δειλοῦ ποιεῖ τὸν ἄνδρα.
κακίστῳ. Β. 726. χθές τε καὶ πρώην ποιεῖσι τῷ κ. κόμματι,
κακκαβαζούσιν. Λ. 761. ταῖς ἀγρυπνίαισι κ. ἀεὶ.
κακκάβην. Fr. 26. λέγειν ἐπείδων κ.
Fr. 241. κ.
403. τὴν κ. τῷ μᾶν τοῦ διδασκάλου,
κακκάν. Ν. 1384. κ. δ᾽ ἂν οὐκ ἔφθης φράσαι, κἀγὼ λαβὼν θύραζ᾽
Ν. 1390. αὐτοῦ 'ποίησα κ.,
κακκάσοντο. Ο. 1258. ἆπό μεν κ. ΕΥ. κ. μοι,
κάκκης. Εἰ. 162. ἀπὸ μὲν κ. τὴν ῥῖν᾽ ἀνέχων,
κἄκλαε. Β. 426. κ. κἀκκέκραγει
κἀκλέψουσι. Ο. 1108. ἐνεοττεύσουσι κ. μικρὰ κέρματα.

Χ

κἀκμιαίνομαι—κακόν.

κἀκμιαίνομαι. Β. 753. μὰ Δί', ἀλλ' ὅταν ὁρῶ τοῦτο, κ.
κακόβουλε. Ι. 1055. Κεκροπίδη κ., τί τοῦδ' ἡγεῖ μίγα τοὐργον;
κακοδαίμων. Ι. 7, αὑταῖς διαβολαῖς. ΔΠ. ὦ κ., πῶς ἔχεις;
 Ι. 1195. ὁρᾷς τάδ', ὦ κ.; ΑΛ ὀλίγον μοι μέλει·
 Ν. 1293. αὐτη μὲν, ὦ κ., οὐδὲν γίγνεται
 Σ. 1. οὗτος, τί πάσχεις, ὦ κ. Ξανθία;
 ΕΙ. 364. ἀπύλωλας, ὦ κ. ΤΡ. θυκοῦν, ἣν λάχῳ.
 746. ὦ κ., τί τὸ δέρμ' ἔπαθες ; μῶν ὑστριχὶς εἰσέβαλέν σοι
 1211. τί δ' ἔστιν, ὦ κ.; οὔ τι που λοφᾷς;
 Ο. 672. ἀλλ', ὦ κ., ῥύγχος ὀβελίσκωιν ἔχει.
 890. ἐπὶ ποίον, ὦ κ., ἱερεῖον καλεῖς
 1569. τί, ὦ κ.; Λαισποδίας εἰ τὴν φύσιν.
 1604. τί, ὦ κ.; ἠλίθιος καὶ γάστρις εἶ.
 Λ. 521. ὀρθῶς γε λέγων νὴ Δί' ἐκεῖνος. ΛΥ. πῶς ὀρθῶς, ὦ κ.,
 Θ. 892. τί, ὦ κ., ἐξαπατᾷς αὖ τὸν ξένον;
 1006. κακῶς ἀπόλοιο. ΤΟ. σίγα, ὦ. γέρον.
 1225. κ.· ἀλλὰ τρέξι Ἀρταμουξία.
 Β. 1058. ὃν χρὴ φράξειν ἀνθρωπείοις· ΑΙ. ἀλλ', ὦ κ., ἀνάγκη
 Π. 356. οὐκ, ὦ κ., ἀλλὰ τοῖς χρηστοῖσι μόνοις
 896. κ., ὀσφραίνει τι ; ΔΙ τοῦ μύχους γ' ἴσως.
κακοδαίμων'. Ν. 268. τὸ δὲ μηδὲ κυνῆν οἴκοθεν ἐλθεῖν ἐμὲ τὸν
 κ, ἔχοντα.
κακοδαίμονα. Ν. 1112. ὠχρὸν μὲν οὖν ἔγωγε καὶ κ.
 ΕΙ. 113. ἀλλ' ἀντιβολεῖτε τὸν πατέρ', ὦ κ.
κακοδαίμονᾶ. Π. 372. μῶν οὐ κέκλοφας, ἀλλ' ἥρπακας; ΧΡ. κ.
κακοδαίμονε. Π. 416. τολμῶντε δρᾶν ἀνθρωπαρίοιν κ.,
κακοδαίμονες. Ν. 1201. εὖ γ', ὦ κ., τί κάθησθ' ἀβέλτεροι,
κακοδαιμονίαν. Π. 501. τίς ἄν οὐχ ἡγοῖτ' εἶναι μανίαν, κ. τ' ἔτι
 μᾶλλον ;
κακοδαίμονες. Ι. 112. δέδοιχ' ὅπως μὴ τεύξομαι κ.
κακοδαίμων. Α. 105. οἴμοι κ., ὡς σαφῶς. ΠΡ. τί δαὶ λέγει ;
 Α. 473. οἴμοι κ., ὡς ἀπόλωλ'. ἐπελαθόμην
 1019. ἀνὴρ κ. ΔΙ. κατὰ σεαυτὸν νυν τρέπου.
 1036. οἴμοι κ. τοῦν γεωργοῦν Βοιδίων·
 1081. οἴμοι κ., καταγελᾷς ἤδη σὺ μου.
 1094. ἀλλ' ὡς τάχιστα σπεύδε. ΛΑ. κ. ἐγώ.
 Ι. 234. οἴμοι κ., ὁ Παφλαγὼν ἐξέρχεται.
 752. οἴμοι κ. ὡς ἀπόλωλ'· ὁ γὰρ γέρον
 1206. οἴμοι κ. ὑπερανῃδεύθησομαι·
 1243. οἴμοι κ. οὐκέτ' οὐδέν εἰμ' ἐγώ.
 Ν. 104. ὧν ὁ κ. Σωκράτης καὶ Χαιρεφῶν.
 504. οἴμοι κ., ἡμῶνἡ τεύξομαι;
 698. οὐκ ἔστι παρὰ ταῦτ' ἄλλα. ΣΤ. κ. ἐγώ,
 791. οἴμοι, τί οὖν δῆθ' ὁ κ. πείσομαι;
 1064. μάχαιραν ; ἀστείων γε κέρδος ἔλαβεν ὁ κ.
 1263. ἀνὴρ κ. ΣΤ. κατὰ σεαυτὸν νυν τρέπου.
 1324. οἴμοι κ. τῆς κεφαλῆς καὶ τῆς γνάθου,
 1505. ἐγὼ δὲ κ. γε κατακαυθήσομαι.
 Σ. 207. οἴμοι κ., στρουθὸς ἀνήρ γίγνεται·
 1166. οὐκ ἔστι παρὰ ταῦτ' ἄλλα. ΦΙ. κ. ἐγώ,
 1417. οἴμοι κ. προσκαλοῦμαί σ', ἀλλ' ἐγὼ τοῦ κ. οὐδέποτ' ἥλπισα,
 1501. τίς ὁ κ. ἔστίν ; ΒΔ. υἱὸς Καρκίνου
 Ο. 86. οἴμοι κ., χὼ κολοιὸς μ' οἴχεται
 1019. οἴμοι κ., ΠΕ. οὐκ ἐλεγον ἐγὼ πάλαι ;
 1051. οἴμοι κ., καὶ σὺ γὰρ ἐνταῦθ' ἦσθ' ἔτι ;
 Λ. 449. οἴμοι κ.· ἐπιλέλοιφ' ὁ ταξίγης.
 845. οἴμοι κ., οἶσς ὁ σπασμός μ' ἔχει
 Θ. 229. προδώς με, χώρει δεῦρο. ΜΝ. κ. ἐγώ,
 232. οἴμοι κ., ψιλὸς αὖ στρατεύσομαι.
 237. οἴμοι κ., δελφάκιον γενήσομαι.
 604. ζητήσεαι γάρ ἐστι ΜΝ. κ. ἐγώ.
 650. ἡμῖν ἐλοιδορεῖτο. ΜΝ. κ. ἐγώ.
 925. ἐγὼ δ' ὁ κ. τί δρῶ; ΕΤ. αὖθ' ἥσυχος.
 1004. οἴμοι κ., μᾶλλον ἐπικρούσεις σύ γε.
 Β. 33. οἴμοι κ.,· τί γὰρ ἐγὼ οὐκ ἐναυάγχυνν;
 196. οἴμοι κ., τῷ ξυνιτύχον ἐξίων;
 363. ἐξ Αἰγίνης Θωρυκίων ὥν, εἰκοστολόγος κ.,
 1183. μὰ τὸν Δί' οὐ δῆτ', ἀλλὰ κ. φύσει,
 Εκ. 323. οἴμοι κ., ὅτι γέρων ὢν ἠγόμην
 746. ἐγὼ κατασθήσω τάμά ; κ. ἄρα
 760. μέλλεις ἀποφέρειν ; ΑΝ. Λ. πάνυ γε. ΑΝ. Β. κ.
 ἀρ' εἰ·
 1093. οἴμοι κ., ἐγγὺς ἤδη τῆς θύρας
 1102. ἀρ' οὐ κ. εἰμί ; βορυδαίμων μὲν οὖν
 Π. 850. οἴμοι κ., ὡς ἀπώλωλα δείλαιος,
 851. καὶ τρὶς κ. καὶ τετράκις καὶ πεντάκις
 Fr. 193. κ. φησὶν λυχνοῦχος ἡμῖν οἴχεται.
 308,1. οἴμοι κ. τῆς τόθ' ἡμέρας, ὅτε
 366. ὦ κ. ὅστις ἐν ἄλμῃ πρῶτον τριχίδων ἀνεβάφη.
κακοηθείς. ΕΙ. 822. ἀπὸ τοὐρανοῦ φαίνεσθε κ. πάνυ,
κακοηθέστατα. Θ. 422. αὐτοὶ φοροῦσι κριτά, κ.

κακοηθέστεροι. ΕΙ. 823. ἐντευθενὶ δὲ πολύ τι κ.
κακοί. Β. 72. οἱ μὲν γὰρ οὐκέτ' εἰσίν, οἱ δ' ὄντες κ.
 Π. 110. ἔχει μὲν οὗτος, εἰσὶ δ' οὐ πάντες κ.
κακοῖν. Εκ. 1096. ἐνὶ γὰρ ξυνέχεσθαι κρεῖττον ἢ δυοῖν κ.
κακοῖς. Α. 856. ὁ περιαλουργὸς τοῖς κ.
 Ν. 720. κἄν πρὸς τούτοις ἐτι τοῖσι κ.
 1374. πολλοῖς κ. καὶσχροῖσι· κᾆτ' ἐντεῦθεν, οἷον εἰπὲς.
 Σ. 479. μᾶλλον ἢ κ. τοσούτοις ναυμαχεῖν ὑσημέραι.
 Β. 969. δι ἣν κ. που περιπέσῃ καὶ πλησίον παραστῇ,
κακοῖσιν. Fr. 116, 2. πᾶσι κ. ἡμᾶς
κακῶν. Α. 156. τοῦτί τί ἐστι τὸ κ.; ΘΕ. Ὀδομάνταν στρατός.
 Α. 829. οἷον τὸ κ. ἐν ταῖς Ἀθάναις τοῦτ' ἔνι.
 852. οἴζων κ. τῶν μασχαλῶν
 909. μικρόν γε μάκος οὗτος. ΔΙ. ἀλλ' ἄπαν κ.
 1162. τοῦτο μὲν αὐτῷ κ. ἓν· κᾆθ' ἔτερον νυκτερινὸν
 γίγνοιτο.
 Ι. 2. κακῶς Παφλαγόνα τὸν νεώνητον κ.
 1396. ἐν ταῦτ' ἔδρασεν, εἰφ' ὅ τι ποιήσεις κ.
 Ν. 26. τοῦτ' ἔστι τουτὶ τὸ κ. ὅ μ' ἀπολώλεκεν·
 907. χωρεῖ τὸ κ. ΔΙΚ. δύτε μοι λεκάνην.
 1055. ἤν δ' εὐρύσπωκτος ᾖ, τί πείσεται κ.;
 1266. τί δαί σε Τληπύλεμός ποτ' εἴργασται κ.;
 1310. ' ἤν μονωγγεῖν ἡμέρα', ἐξαίφνη λαβεῖν κ. τι.
 1362. καὶ τὸν Σιμωνίδην ἔφασκ' εἶναι κ. ποιητήν.
 1445. τοῦδ' ἔτερον αὖ μεῖζον κ. ΦΕ. τί δ', ἣν ἔχων τὸν
 ἥττω
 1460. ἔως ἂν αὐτῶν ἐκθλίψωμεν ἔτι κ.,
 Σ. 3. κ. ἄρα ταῖς πλευραῖς τὸ προυφείλεις μέγα.
 24. οἴμοι, τί δῆτά μοι κ. γενήσεται
 168. ἀνθρωπον οὗτος μέγα τι δρασείει κ.
 247. μή που λαθὼν τις ἐμποδίζῃ ἡμᾶς κ. τι δράσῃ.
 322. σκους κ. τι ποιήσεαι.
 340. οὐκ ἐᾷ μ', ἄνδρες, διαπράξειν οὐδὲ δρᾶν οὐδὲν κ.,
 827. τί τις κ. δέδρακε τὸν ἐν τφλκίᾳ;
 973. αἰβοῖ, τί κ. ποτ' ἔσθ' ὅτφ μαλάττομαι;
 974. κ. τι περιβαίνει με κάναπείθομαι.
 1136. τουτί τὸ κ. τί ἐστι πρὸς πάντων θεῶν;
 1253. κ. τὸ πίνειν· ἀπὸ γὰρ οἴνου γίγνεται
 1263. ἕτερ ἀποστίων μηδὲν, ἣν τι δρῷ κ.
 1299. οὐ γὰρ ὁ γέρων ἀτηρότατον ἀρ' ἦν κ.
 1483. τουτί καὶ δὴ χωρεῖ τὸ κ.
 ΕΙ. 64. τοῦτ' ἐστὶ τουτὶ τὸ κ., αὖθ' οὐγὼ 'λεγον.
 87. καὶ μὴ πνεῖ μοι κ., ἀντιβολῶ σ'·
 181. τουτί τί ἔστι τὸ κ.; ΤΡ. ἱπποκάνθαρος.
 239. ὅσον κ. καὶ τοῦ Πολέμου τοῦ βλέμματος.
 245. τὸ αὖλα κ. τοῦτ' ἔστι τῆς Λακωνικῆς.
 322. τί τὸ κ., τί πάσχετ', ἄνδρες; μηδαμῶς, πρὸς τῶν
 θεῶν,
 Ο. 294. ὦ Πόσειδον, οὐχ ὁρᾷς ὅσον συνείλεκται κ.
 931. τουτί παρέξει τὸ κ. ἡμῖν πράγματα.
 956. τουτί μὰ Δί' ἐγὼ τὸ κ. οὐδέποτ' ἤλπισα,
 992. ἥκω παρ' ὑμᾶς. ΠΕ. ἕτερον αὖ τουτὶ τὸ κ.
 1037. τουτί τί ἐστιν αὖ κ. τὸ βιβλίον.
 1207. τί ποτ' ἔστι τουτὶ τὸ κ.; ΠΕ. οἰμώξει μακρά.
 1213. σφραγῖδ' ἔχεις παρὰ τῶν πελαργῶν; ΙΡ. τί τὸ κ.;
 1412. τουτί τὸ κ. οὐ φαῦλον ἐξεγρήγορεν.
 Λ. 261. κατ' οἶκον ἐμφανὴς κ.,
 997. ἀπὸ τοῦ δὲ τουτί τὸ κ. ὑμῖν ἐνέπεσεν;
 Θ. 75. ἔστιν κ. μοι μέγα τι προπεφυραμένον.
 195. ἔγωγε. ΑΓ. μὴ νυν ἐλπίσῃς τὸ σὸν κ.
 271. πάσαις τέχναις, ἣν μοι τι περιπίπτῃ κ.
 335. εἴ τις ἐπιβουλεύει τι τῷ δήμῳ κ.
 394. τὰς οὐδὲν ἀγιές, τὸ δὴ λεγόμενον, ἀνδράσιν κ.
 496. μηδὲν κ. δρᾶν ὑποπτήσαι. ταυθ', ὁρᾷς,
 534. ἀλλ' ἡ πεφάρμακθ' ἣ κ. τι μέγα πεπώθασ' ἄλλο,
 610. αὕτη σὺ ποῖ στρέφει ; μέν' αὐτοῦ, τί τὸ κ.;
 713. λήψει τὸ κ.
 724. ἐπὶ κ. ἑτερότροπον ἐπέχει τις τύχη·
 737. ὦ μέγα καπήλοις ἀγαθὸν, ἡμῖν δ' αὖ κ.
 738. κ. δὴ καὶ τοῦτ σπενιαρίνει καὶ τῇ κρόκῃ.
 787. ὡς πᾶν ἐσμὲν κ. ἀνθρώποις κἄξ ἡμῶν ἐστιν ἅπαντα.
 789. κ. ἐσμέν, τί γαμεῖθ' ἡμᾶς, εἴπερ ἀληθῶς κ. ἐσμεν,
 791. ἀλλ' οὕτωσί πολλῇ σπουδῇ τὸ κ. βούλεσθε φυλάττειν·
 794. ἔνδωθεν εὕρετε φρούδον τὸ κ. καὶ μὴ κατελαμβάνετ'
 ἔνδον.
 796. πῶς τις τὸ κ. τοῦτο ζητεῖ περὶ τὰς κλίνας περινοστῶν
 797. κἂν ἐκ θυρίδος παρακύπτωσιν, ζητεῖ τὸ κ. τεθεᾶσθαι·
 799. αὖθι παρακύψαν ἰδεῖν τὸ κ. οὗτος ἡμεῖς ἐπιδήλοι
 837. ἡ τριήραρχον ποντρῶν, ἢ κυβερνήτην κ.,
 1080. τί κ.; ΕΤ. τί κ.; ΜΝ. ληρεῖς. ΕΥ. ληρεῖς.
 1085. σί κ.; ΕΤ. σί κ.,

κακόν—καλαθίσκοι. 155

κακόν. Θ. 1163. κ. τὸ λοιπὸν, ταῦτ' ἐπικηρυκεύομαι.
Β. 552. ἐκεῖνος αὐτὸς δήτα. ΗΑ. κ. ἥκει τινί.
606. ἵνα δῷ δίκην· ἀνύετον. ΔΙ. ἥκει τῳ κ.
1018. καὶ δὴ χωρεῖ τουτὶ τὸ κ.· κρανοποιῶν αὖ μ' ἐπιτρίψει·
1023. τουτὶ μέν σοι κ. εἴργασται· Θηβαίους γὰρ πεπαίηκας
1171. Αἰσχύλ', ἀνύσας· σὺ δ' ἐς τὸ κ. ἀπόβλεπε.
1249. καὶ μὴν ἔχω γ' ὡς αὐτὸν ἀποδείξω κ.
Εκ. 532. ἀλλ' ἔστιν ἐνταῦθά τι κ. ΠΡ. μὰ τὼ θεώ,
816. ἐψηφισάμεθ', οὐκ οἶσθα. ΑΝ. Α. καί κ. γέ μοι
1053. τοῦτο γὰρ ἐκείνου τὸ κ. ἐξωλέστερον.
1070. τοῦτ' αὖ πολὺ τούτου τὸ κ. ἐξωλέστερον.
Π. 65. εἰ μὴ φράξεις γὰρ, ἀπό σ' ὀλῶ κ. κακῶς.
73. κ. τί μ' ἐργάσεσθε κοὖκ ἀφήσετον.
86. τουτὶ δὲ τὸ κ. πῶς ἔπαθες; κάτειπέ μοι.
465. κ. ἐργάσασθαι μεῖζον ἀνθρώπους; ΧΡ. ὅ τι;
855. τί ποτ' ἐστὶν ὅ τι πέπονθεν ὥβρωπος κ.;
Fr. 476, 9. ὅταν τις ἐπιθυμεῖ λαβεῖν, α. κ. μὲν οὖν μέγιστον
505. τί τὸ κ.; ἀλλ' ἢ κοκκύμηλ' ἡκρατίσω;
κακόνει. ΕΙ. 496. ὧν κ. τινὲς εἰσιν ἐν ἡμῖν.
κακόνους. ΕΙ. 671. ὅστις κ. αὐτῇ μάλιστ' ἦν ἐνθάδε,
κάκόντων. Α. 563. ἕτεροι δ' αὖ Θρᾷξ πέλτην σείων κ., ὥσπερ
ὁ Τηρεὺὺ,
κάκοντίου. ΕΙ. 553. ὡς τάχιστ' ἄνευ δορατίου καὶ ξίφους κ.'
κακοποιεῖν. ΕΙ. 731. περὶ τὰς σκηνὰς πλεῖστοι κλέπται κυπτά-
ζουσι καὶ κ.
κάκόπτετ'. Β. 425. κ. ἐγκεκυφώς,
κακορροθεῖ. Α. 577. ἄπασαν ἡμῶν τὴν πόλιν κ.;
κακορροθοῦσά. Θ. 896. ξένη, τίς ἡ γραῦς ἡ κ. σε;
κακός. Ν. 554. ἐκστρέψεις τοὺς ἡμετέρους Ἱππέας κ. κακῶς,
Θ. 169. ὁ δὲ Ξενοκλέης ὧν κ. κακῶς ποιεῖ,
κάκοσμον. ΕΙ. 38. μιαρόν τὸ χρῆμα καὶ κ. καὶ βορόν,
ΕΙ. 132. ὅπως κ. ζῷον ἦλθεν ἐς θεούς.
κακάτροπον. Fr. 560. τί γὰρ ἐπὶ κ. ἐμόλετον βίον
κακοῦ. Σ. 77. οὐδ', ἀλλὰ φιλομεν ἐστιν ἀρχὴ τοῦ κ.
Λ. 889. ὦ γλυκύτατον σὺ τεκνίδιον κ. πατρός,
Fr. 246, 2. τουτὶ προσέξειν γὰρ κ. τοῦ μοι δοκεῖ.
κακουργοῦντ'. Ν. 1175. ἀδικοῦντ' ἀδικεῖσθαι καὶ κ., οἶδ' ὅτι.
κακουργοῦν. Σ. 961. ἵνα μὴ κ. ἐνέγραφ' ἡμῖν τὸν λόγον.
Fr. 378, 2. τὰς τῶν κ. οἰκίας.
κακούς. ΕΙ. 430. τἄλλα δ' εὑρήσεις ὑπουργεῖν ὄντας ἡμᾶς οὐ κ.
Π. 418. ἐγὼ γὰρ ὑμᾶς ἐξολῶ κ. κακῶς
879. τοὺς συκοφάντας ἐξολεῖ κ. κακῶς.
κἀκπέμψασα. Λ. 590. κ. παῖδας ὁπλίτας. ΠΡ. σίγα, μὴ μνησι-
κακήσῃς·
κάκπίομαι. Α. 199. ταύτας δέχομαι καὶ σπένδομαι κ.,
κάκποιήσεται. Α. 255. ὅστις σ' ὀνύσει, κ. γαλᾷς
κἀκπορίζομεν. Σ. 1113. πάντα γὰρ κεντοῦμεν ἄνδρα κ. βίον.
κάκτενεῖς. Β. 201. οὔκουν προβαλεῖ τὼ χεῖρε κ.; ΔΙ. ἰδού.
κάκτήσατο. Εκ. 603. καὶ μὴ καταθεὶς ψευδορκήσει. ΒΛ. κ. γὰρ
διὰ τοῦτο.
κάκυδοθόπα. ΕΙ. 1152. ἐψήφει γοῦν ἔνδον οὐκ οἶδ' ἅττα κ.'
κάκυκλοβόρει. Α. 381. κ. κάκλυνεν, ὥστ' ὀλίγου πάνυ
κάκφερε. Ν. 19. κ. τὸ γραμματεῖον, ἵν' ἀναγνῶ λαβών
κακῷ. Ν. 1060. καὶ σωφρονεῖν αὖ φησί χρῆναι· διὸ κ. μεγίστῳ.
κακῷ. ΕΙ. 1184. εἶδεν αὐτὸν, κἀπορῶν ἐπὶ τῷ κ. βλέπων ὀπόν.
Λ. 959. ἐν δεινῷ γ'. ὦ δύστηνε, κ.
κακῶν. Α. 201. ἐγὼ δὲ πολέμου καὶ κ. ἀπαλλαγεὶς
Α. 821. ὅθενπερ ἀρχὴ τῶν κ. ἁμὴ ἔφυ.
937. κρατήρ., τριετὴρ δικῶν,
1203. ὦ συμφορὰ τάλαινα τῶν ἐμῶν κ.
Ι. ἰαττᾶταϊἆ τῶν κ., ἰαττατaῖ.
Ν. 85. οὗτος γάρ ὁ θεὸς αἴτιός μου τῶν κ.
1162. λυσανίας πατρῷων μεγάλων κ.
Σ. 615. τάδε κέκτημαι πρίβηκα κ., σκεπὴν βελέων ἀλεωρήν·
ΕΙ. 303. τάξεων ἀπαλλαγέντες καὶ κ. φοινικινῶν·
421. ἄλλαι τέ σοι πόλεις πεπαυμέναι κ.
Ο. 143. ὦ δειλακρίων σὺ τῶν κ. οἷαν ἐρᾷς.
339. αἴτιος μέντοι σὺ νῷν εἶ τῶν κ. τούτων μόνος.
Λ. 708. κ. γυναικῶν ἔργα καὶ θήλεια φρήν
772. παῦλα κ. ἴσται, τὰ δ' ὑπέρτερα νέρτερα θήσει
Θ. 389. τί ποτ' Ἀνδρομέδα περίαλλα κ.
1049. πάθοσ' ἀμέγαρτον ἐπὶ κ. παρουσία ;
1070. τί ποτ' Ἀνδρομέδα περίαλλα κ.
Β. 185. τίς εἰσ διαναπαύλας ἐκ κ. καὶ πραγμάτων·
970. πέπτωκεν ἴξω τῶν κ., οὐ Χῖοσ, ἀλλὰ Κεῖοσ.
1078. ποίων δὲ κ. οὐκ αἴτιός ἐστ';
1394. θάνατον γὰρ εἰσέθηκε βαρύτατον κ.
Π. 5. μετέχειν ἀνάγκη τὴν θεράποντα τῶν κ.
183. καὶ τῶν κ. καὶ τῶν ἀγαθῶν, εὖ ἴσθ' ὅτι.
270. πρεσβυτικῶν μὲν οὖν κ. ἐγὼν' ἔχοντα σωρόν,
389. οὕτω πάνυ πολλὰ πέπλοφας ; ΧΡ. οἴμοι τῶν κ.,

κακῶν. Fr. 160. τί δῆτα τούτων τῶν κ. ὦ παῖ γλίχει ;
Fr. 244. κ. τοσούτων ξυνελέγη μου σώρακος.
κακῶς. Α. 417. αὕτη δὲ θάνατοι, ἢν κ. λέξω, φέρει.
Α. 503. ξένων παρόντων τὴν πόλιν κ. λέγω.
734. πότερα πεπράσθαι χρῇδδετ', ἢ πεινῆν κ. ;
743. τὰ πράτα πεπρασείσθε τὰς λιμῶ κ.
860. ἵπτω Ἡρακλῆς, ἐκαμόν γα τὰν τύλαν κ.,
865. πόθεν προσέπταθ' οἱ κ. ἀπολούμενοι
952. μόλις γ' ἐνέδησα τὸν κ. ἀπολούμενον.
1151. ὡς μὲν ἀπλῷ λόγῳ κ. ἐξολέσειεν ὁ Ζεὺσ·
Ι. 2. κ. Παφλαγόνα τὸν νεώντοποποιόν κακόν
8. κ. καθάπερ σύ. ΔΗ. δεῦρό νυν πρόσελθ', ἵνα
189. μήτην γραμμάτων, καὶ ταῦτα μέντοι κακὰ κ.
190. τουτὶ μόνον σ' ἔβλαψεν, ὅτι καὶ κακὰ κ.
218. φωνὴ μιαρὰ, γέγονας κ., ἀγόραιος εἶ·
716. καθ' ὥσπερ αἱ τιτθαὶ γε σιτίζεις κ.
1009. περὶ τῶν μετρούντων τἄλφιτ' ἐν ἀγορᾷ κ.,
1271. σᾶς ἀπτομενος φαρέτρας Πυθῶνι ἐν δια κ. πίνεσθαι.
Ν. 41. εἴθ' ὤφελ' ἡ προμνήστρι' ἀπολέσθαι κ.,
554. ἐκστρέψας τοὺς ἡμετέρους Ἱππέας κακὸς κ.,
899. οὐκ, ἀλλὰ σοφυσί. ΔΙ. ἀπολῶ σε κ.
1130. κἂν ἐν Αἰγύπτῳ τυχεῖν ἂν μᾶλλον ἢ κρίναι κ.
1269. ἄλλως τε κἀγὼν καὶ κ. νεκραγγυτίνους.
1271. κ. ἄρ' ὄνταν εἴχες, ὡς γ' ἐμοὶ δοκεῖς.
ΕΙ. 605. πρῶτα μὲν γὰρ ἤρεν ἄτης Φειδίας πράξας κ.·
Ο. 85. κ. σύ γ' ἀπόλοι, ὡς μ' ἀπέκτειναϛ δίει.
134. μή μοι τύτε γ' ἔλθῃς, ὅταν ἐγὼ πράττω κ.
605. ὧν ἀνθρωπός γε κ. πράττων ἀτεχνῶς οὐδεὶς ὑγιαίνει.
1362. σοὶ δ', ὦ πεαινοί, οὐ κ. ὑποθήσομαι,
Λ. 162. ἐὰν δὲ τύπτωμαι, τί ; ΛΤ. παρέξειν χρὴ κ.
227·
228 }
        κ. παρέξω κοὔχι προσκινήσομαι·
462. οἴμ' ὥς κ. πέπραγέ μου τὸ τοξίκον.
511. ἠκούσαμεν ἄν τι κ. ὑμᾶς βουλευσαμένους μέγα πράγμα·
522. εἰ μηδὲ κ. βουλευομένοις ἐξῆν ὑμῖν ὑποδεῖξαι ;
694. ὧν εἰ καὶ μῶνον κ. ἐρεῖ, ὑπερχολῶ γάρ,
1038. κάθ' ὥσπερ ἀπ' ἴσθιου ὀρθῶ κ. κοὔ κ. εἰρημένου,
1125. αὐτὴ δ' ἐμαυτῇ οὐ κ. γνώμης ἔχω·
1127. πολλοὺς ἀκούσας οὐ μεμούσωμαι κ.
Θ. 85. ὅτιὴ τραγῳδῶ καὶ κ. αὐτὰς λέγω,
169. ὁ δὲ Ξενοκλῆς ὧν κακὸς κ. ποιεῖ.
182. τοῖς θεσμοφορίοις, ὅτι κ. αὐτὰς λέγω.
349. κ. ἀπολέσθαι τοῦτον αὐτὸν κὠμοίαν
539. γυνὴ γυναῖκας οὖσαν μ. λέγειν τὸ λοιπὸν.
757. κ. ἀπύλοι· ὡς φθονερός εἰ καὶ δυσμενής.
879. πείθει τι τούτῳ τῷ κ. ἀπολουμένῳ
887. κ. τ' ἄρ' ἐξολοιο κἀξολεῖ γε τοι,
963. προσδοκᾷ κ. ἐρεῖν
1006. κ. ἀπολοῦ. ΤΟ. σίγα, κακυδαιμον γέρον,
1167. κ. ἀκούσητ' ἢν δὲ μὴ πείθησθέ μοι,
Β. 58. μὴ σκωπτέ μ', ὠδέλφ'· οὐ γὰρ ἀλλ' ἔχω κ.·
598. οὐ κ., ἄνδρες, παρανεῖ·
Εκ. 253. κ. κεραμεύσειν, τὴν δὲ πόλιν εὖ καὶ καλῶς,
1076. διασπάσεσθ μ', ὦ κ. ἀπολούμεναι.
1079. ἢν οὐν ὑφ' ὑμῶν πρῶτον ἀπόλωμαι κ.,
Π. 29. γέροντον καὶ πένης ὤν. ΚΑ. οἶδά τοι·
65. εἰ μὴ φράξεις γὰρ, ἀπό σ' ὀλῶ κακὸν κ.
418. ἐγὼ γὰρ ὑμᾶς ἐξολῶ κακοὺς κ.·
504. πράττουσι κ. καὶ πεινῶσιν μετὰ σοῦ τε τὰ πλεῖστα
συνείσι·
861. προσέξεται γὰρ τις κ. πράττων ἄνηρ,
879. τοὺς συκοφάντας ἐξολεῖ κακοὺς κ.
900. ὅτι χρηστὸς ὢν καὶ φιλόπολις πάσχω κ.
1117. θύσει. κ. γὰρ ἐπεμελεῖσθ' ἡμῶν τότε.
1172. τί δ' ἔστιν, ὦ βέλτιστε ; ΙΕ. τί γὰρ ἀλλ' ἢ κ. ;
Fr. 1. τί ὑποτεκμαίρεο κ. ἐν ἀνδράσι λέγεις
καλά. Α. 766. ἀντενων, αἱ λῆς, ὡς παχεῖα καὶ κ.
Α. 788. ἀλλ' αἱ τράφεν ἤδη, πᾶν ὅτι κ. τοῦ χοίρου κ.
Ι. 617. ὦ κ. λέγων, πολὺ δ' ἀμείνων ἔτι τῶν λόγων·
ΕΙ. 808. ἡ παῖς λέλουται καὶ τὰ τῆς πυγῆς κ.
Ο. 756. ταῦτα πάντ' ἐστὶν παρ' ἡμῖν τοῖσιν ὄρνισιν κ.,
918. τὰς ὑμετέρας κυκλίᾳ τε πολλὰ καὶ κ.,
1118. τὰ μὲν λίρ' ἡμῖν ἐστιν, ὦριοθεν, κ.·
Λ. 1063. καὶ τοῦτο τέθνς', ὥστε κρί' ἴδεσθ' ἀπαλὰ καὶ κ.
Θ. 166. διὰ τοῦτ' ἄρ' αὐτοῦ καὶ τὰ δράματ' ἦν κ.
Β. 1359. ΄Αρτεμι κ.
Εκ. 95. οὐκοῦν κ. γ' ἂν πάθοιμεν, εἰ πλήρης τύχοι
Fr. 171. κ. δὴ παταγεῖ.
καλά. Λ. 1253. ποττὰ κ., τὼς Μήδων τ' ἐνίκων
καλαζὸν. ΕΙ. 1120. κάγωγ', ὅτι τέθνηκε ζῇ σὺ κ. ἀνήρ.
καλαθίσκοι. Θ. 822. ταντίον, ὁ κανῶν, οἱ κ.,

X 2

καλαθίσκον—κάλλιστα.

καλαθίσκον. Λ. 535. καὶ τοῦτον τὸν κ.,
Λ. 579. εἶτα ξαίνειν ἐς κ. κοινὴν εὔνοιαν ἅπαντας,
κάλαθον. Ο. 1325. φερέτω κ. ταχύ τις πτερῶν,
καλαί Α. 765. καλῶς λέγεις· ἐπίδειξον. ΜΕ. ἀλλὰ μὰν κ.
   Α. 1093. ὀρχηστρίδες, τὰ φίλταθ᾽ Ἁρμοδίου, κ.
   Ι. 1390. ὦ Ζεῦ πολυτίμηθ᾽, ὡς κ. πρὸς τῶν θεῶν,
   Ο. 108. ποδαπὼ τὼ γένει δ᾽; ΕΤ. ὅθεν αἱ τριήρεις αἱ κ.
καλαμίνην. Fr. 622. κ. σύριγγα.
καλαμίνθης. Ἐκ. 648. οἰμώζοι γ᾽ ἂν καὶ κωκύοι. ΠΡ. σὺ δί γ᾽
   ὄζοις ἂν κ.
καλαμίνους. Fr. 622. κ. αὐλοὺς
καλαμίσκον. Λ. 1034. ἐς τὸν κ. ἐνστάλαξον τουτονί.
καλαμόφθογγα. Β. 230. καὶ κεροβάτας Πάν, ὁ κ. παίζων·
καλάμῳ. Ν. 1006. στεφανωσάμενοι κ. λευκῷ μετὰ σώφρονος
   ἡλικιώτου,
   Fr. 146, 3. κ. λεπτῷ.
καλάνι. Ο. 1678. κ. κόραννα καὶ μεγάλα βασιλιναῦ
κάλεγχον. Β. 786. κ. αὐτῶν τῆς τέχνης. ΕΛ. κᾆπειτα πῶς
κάλει. Σ. 825. ἐκάλουν, ΦΙ. κ. νυν, ὡς κάθημαι 'γὼ πάλαι.
   Ο. 1505. τί γάρ ἐστι; ΠΡ. σίγα, μὴ κ. μου τοὔνομα·
   Λ. 871. ὑπ᾽ ἐμοῦ φιλεῖσθαι. σὺ δ᾽ ἐμὲ τούτῳ μὴ κ.
   Ἐκ. 916. κ. τὸν Ὀρθαγόραν, ὅπως
   Π. 602. Παύσανα κ. τὸν εὔσαιτον·
   1196. δρᾶν ταῦτα χρή. ΧΡ. τὸν Πλοῦτον ἔξω τις κ.
   Fr. 22. τὸν Ἐρεχθέα μοι καὶ τὸν Αἰγέα κ.
καλεῖ. Α. 124. τὸν βασιλέως ὀφθαλμὸν ἡ βουλή κ.
   Α. 406. Δικαιόπολις κ, σε Χολλίδης, ἐγώ.
   Α. 606. ὁ Χάρων σε κ,
   Θ. 1145. δῆμός τοί σε κ. γυναι-
   Fr. 536, 1.   ψελλοῖς ἐστι καὶ κ.
   564. ἑπτάπους γοῦν ἡ σκιά 'στιν ἡ 'πὶ τὸ δεῖπνον· ὡς ἤδη
      κ. μ᾽ ὁ χορὸς ὁ φιλιστέφανος
καλεῖν. Ν. 665. νὴ τὸν Ποσειδῶ. νῦν δὲ πῶς με χρή κ.;
   Ν. 677. ἀτὰρ τὸ λοιπὸν πῶς με χρή κ.; ΣΩ. ὅπως;
   850. μή νυν τὸ λοιπὸν, ἀλλὰ τήνδε μὲν κ.
   Σ. 830. ἄνευ δρυφάκτου τὴν δίκην μέλλεις κ.,
   1148. οὔκουν ἐριώλην δῆτ᾽ ἐχρῆν αὐτῇν κ.
   1298. κ. δίκαιον ὅστις ἂν πληγὰς λάβῃ.
   Ο. 58. οὐκ ἀντὶ τοῦ παιδός σ᾽ ἐχρῆν ἐπαινοῦ κ.;
   898. ὅσιον ἐπιβοᾶν, κ. δὲ
   Λ. 1106. ἀλλ᾽ οὐδὲν ἡμᾶς, ὡς ἔοικε, δεῖ κ.
   Θ. 157. ὅταν σατύρους ποίνῃ τοίνυν ποιῇς, κ. ἐμέ,
   582. τί δ᾽ ἐστιν, ὦ παῖ; παῖδα γάρ σ᾽ εἰκός κ.,
   888. ὅστις γε τολμᾷς σῆμα τὸν βωμὸν κ.
   1137. δεῦρο κ. νόμος ἐκ χοροῦ,
   Ἐκ. 1146. κ. γέροντα, μειράκιον, παιδίσκον; ὡς
   Fr. 559. οὐκ ἔσται, πενεβρειον ὅταν θύσῃ τι, κ. με.
καλεῖς. Α. 1228. τήνελλα δῆτ᾽, εἶπερ κ., ὦ πρέσβυ, καλλίνικος.
   Ν. 223.   τί με κ., ὠφημερε.
   662. ὁρᾷς ὁ πάσχεις; τὴν τε θήλειαν κ.
   671. ἄρρενα κ., θήλειαν οὖσαν. ΣΤ. τῷ τρόπῳ
   678. τὴν καρδύπην, ὥσπερ κ. τὴν Σωστράτην.
   691. ὁρᾷς; γυναῖκα τὴν Ἀμυνίαν κ.
   ΕΙ. 255.   τί με κ.; ΠΟ. κλαύσει μακρά.
   Ο. 57. παῖ παῖ. ΠΕ. τί λέγεις, οὗτος; τὸν ἔπιτα παῖ κ.;
   407. κ. δὲ τοῦ κλύειν θέλων;
   658. οὗτος, σὲ καλῶ σὲ καλῶ. ΕΠ. τί κ.; ΧΟ. τούτους
      μὲν ἄγων μετὰ σαυτοῦ
   890. ἐπὶ ποῖον, ὦ κακύδαιμον ἱερεῖον κ.
   Λ. 878. ὑπάκουσον· οὗτος, οὐ κ. τὴν μαμμίαν.
   Β. 298. ἀπολουμεθ᾽, ὥναξ Ἡράκλεις. Δ. οὐ μή κ. μ';
   Π. 1127. ποθεῖς τὸν οὐ παρόντα καὶ μάτην κ.
καλεῖσθ᾽. Ν. 740. πρὶν τὴν ἐμήν κ., ἀπαγχαίμην τρέχων.
καλεῖσθαι. Σ. 1090, μηδὲν Ἀττικοῦ κ. σφηκὸς ἀνδρικώτερον.
   Α. 554. οἴμαι ποτε Λυσαμάχας ἡμᾶς ἐν τοῖς Ἕλλησι κ.
καλεῖται. Ο. 182. ἄπαντα, διὰ τοῦτό γε κ. νῦν πόλος·
   Ο. 485. ὥστε κ. Περσικὸς ὄρνις ἀπὸ τῆς ἀρχῆς ἔτ᾽ ἐκείνης.
   Θ. 1142. κληδοῦχός τε κ.
καλεῖται. Ι. 150. τί ἐστι; τί με κ.; ΔΙ. δεῦρ᾽ ἔλθ᾽, ἵνα πύθῃ
   Ο. 720. φήμι γ᾽ ὑμῖν ὄρνις ἐστὶ, πταρμὸν τ᾽ ὁρνίθα κ.,
καλείφου. Λ. 941. πρώτεις δὴ τὴν χεῖρα κ. λαβών,
κάλεκτρυόνα. Β. 935, εἶτ᾽ ἐν τραγῳδίαις ἐχρῆν κ. ποιῆσαι;
κάλεκτρυών. Ν. 664. πῶς δή; φέρε Ι2Ο. πῶς δ᾽ ἀλεκτρυών κ.
καλέσαι. Β. 1073. οὐκ ἠπίστανται ἀλλ᾽ ἢ μᾶζαν κ. καὶ ρυππαπαῖ
   εἰπεῖν.
καλεσάμενος. Ο. 1455. κ., κᾂτ᾽ ἐγκεκληκὼς ἐνθαδί,
καλέσαντα. Ν. 998. μηδ᾽ ἀντειπεῖν τῷ πατρὶ μηδὲν, μηδ᾽
   Ἰαπετόν κ.
καλέσαντες. Σ. 383. ἀμυνοῦμέν σοι τὸν πρινώδη θυμὸν ἅπαντες κ.,
καλέσαντος. Ν. 291. ὦ μέγα σεμναὶ Νεφέλαι, φανερῶς ἠκούσατέ μου κ.

'κάλεσας. Ν. 1258. ὁτιὴ 'κ. εὐηθικῶς τὴν κάρδοπον,
καλεσάτω. Ἐκ. 366. Ἀντισθένη τις κ. πάσῃ τέχνῃ.
καλέσειας. Ν. 689. πῶς ἂν κ. ἐντυχῶν Ἀμυνίᾳ;
καλέσειε. Ν. 1251. ὅστις κ. κάρδοπον τὴν καρδόπην.
καλέσειεν. Ν. 639. εἰ δέ τις ὑμᾶς ὑπυθαπεύσας λιπαρᾶς κ.
   Ἀθήνας,
καλέσῃς. Σ. 1418. ὕβρεως. ΒΔ. ὕβρεως; μή, μή κ. πρὸς τῶν
   θεῶν.
κάλεσον. Ν. 221. αὐτὸς μὲν οὖν σὺ κ. οὐ γάρ μοι σχολή.
   Ν. 1103. ὃν κ. τρέχων ἔνδοθεν ὡς ἐμέ.
   Ο. 81. ἡμῖν κ. ΤΡ. ἀλλ᾽ ἀρτίως νὴ τὸν Δία
   Λ. 861. ἴθι νυν, κ. αὐτήν. ΑΤ. τί οὖν; δώσεις τί μοι;
   1280. ἐπὶ δὲ κ. Ἄρτεμιν·
   Β. 569. ἴθι δὴ κ. τὸν προστάτην Κλέωνά μοι.
   Π. 223. τοὺς ξυγγεωργοὺς κ., εὑρήσεις δ᾽ ἴσως
καλέσοῦσιν. ΕΙ. 195. ἴθι νυν, κ. μοι τὸν ΔΙ. ΕΡ. ἰὴ ἰὴ ἰή,
καλέσω. Α. 851. ἰδού, κ. τὴν Μυρρίνην σοι· σὺ δὲ τίς εἶ;
   Λ. 864. φέρε νυν κ. καταβᾶσα σοι. ΚΙ. ταχύ νυν πάνυ.
   Θ. 1084. πρυτάνεις κ. ΕΤ. πρυτάνεις κ.
   Π. 964. φέρε νυν ἐγὼ τῶν ἔνδοθεν κ. τινά.
καλευθέρωσαν. Λ. 1155. κ., κἀντὶ τῆς κατανάκης
καλῇ. Α. 253. ἄγ᾽, ὦ θύγατερ, ὅπως τὸ κανοῦν κ. καλῶς
   ΕΙ. 1330. χώμως μετ᾽ ἐμοῦ κ.
   Λ. 646. κἀναινηφρούν πατ᾽ οὖσα παῖς κ., 'χους'
   Θ. 1188. εἶεν· κ. τὸ σκῆμα περὶ τὸ πύστιον,
   Ἐκ. 730. χώρει σὺ δεῦρο κινοχύρα κ. καλῶς
καλῇ. Α. 989. ὦ Κύπριδι τῇ κ. καὶ Χάρισι ταῖς φίλαις ξύν-
   τροφε Διαλλαγή,
   Σ. 483. ταῦτα ταῦτά σου καταντλῇ καὶ ξυνωμότας κ.
   1441. ὕβριζ᾽. ἕως ἂν τὴν δίκην ἄρχων κ.
καλήν. Ι. 923. δώσεις ἐμοί κ. δίκην,
   Ι. 1111. ὦ Λάμαχε, κ. γ᾽ ἔχεις
   Ν. 763. ταύτην εὔρακας, τὴν κ., τὴν διαφανῆ.
   Σ. 453. ἀλλὰ τούτων μὲν τάχ᾽ ἡμῖν δώσετον κ, δίκην,
   Β. 1236. λήψει γὰρ ὀβολοῦ πάνυ κ. τε κἀγαθήν.
   Ἐκ. 947. εἶθ᾽, ὦ θεοὶ, λάβοιμι τήν κ. μώρην,
   1080. φέρε νυν ἐπ᾽ ἐκείνην τὴν κ. ἀφέξομαι·
   Fr. 399, 2. τὴν ἐπτακύονιαν, τὴν χυτροίαν, τὴν κ.
κάληφόρω. ΕΙ. 875. σάφ᾽ ἴσθι, κ. γε μόλις. ΟΙ. ὦ δέσποτα,
κάλθοιεν. ΕΙ. 216. κ. οἱ Λάκωνες εἰρήνης πέρι,
κάλκαιος. Θ. 162. κ., οἵπερ ἁρμονίαν ἐχύμωσαν,
κάλλαι᾽. Ι. 497. χώμας τά κ. ἀπαφαγὼν ἤξεις πάλιν.
Καλλίαν. Β. 428. καὶ Κ. γί φασι
Καλλίας. Ο. 283. 'Ιππόνικος Καλλίου κἀξ 'Ιππονίκου Κ.
   Ο. 284. Κ. ἄρ᾽ οὗτος ὄρνις ἐστίν· ὡς πτεραρρυεῖ.
καλλιβόαν. Ο. 682. ἀλλ᾽, ὦ κ. κρέκουσ᾽
Καλλιγενεία. Θ. 299. Πλοῦτω καὶ τῇ Κ., καὶ τῇ Κουροτρόφ·
καλλιεπῆς. Θ. 49. μέλλει γάρ ὁ κ. Ἄγάθων,
καλλιεπούς. Θ. 60. τοῦ κ., κατὰ τοῦ θριγκοῦ,
καλλικόμων. ΕΙ. 798. τοιάδε χρὴ Χαρίτων δαμώματα κ.
Καλλίμαχος. Ἐκ. 809. οἴμωξ᾽, ΑΝ. Β. Κ. θ᾽ ὁ χοροδιδάσκαλος
καλλίνικε. Ι. 1254. ὦ χαῖρε κ., καὶ μέμησο᾽ ὅτι
καλλίνικος. Α. 1233. τήνελλα κ, ἁ-
καλλίνικος. Α. 1227. ὁρᾶτε τουτονὶ κενόν. τήνελλα κ.
   Α. 1228. τήνελλα δῆτ᾽, εἶπερ καλεῖς, ὦ πρέσβυ, κ.
   1231. ἐπεισθῇ νυν ἄδυντες ᾦ τήνελλα κ.
   Ο. 1764. τήνελλα κ., ὦ δαιμόνων ὑπέρτατε.
κάλλιον. Ι. 1263. τί κ. ἀρχομένοισιν
   Ο. 63. οὔτοι τι δεινὸν οὐδέ κ. λέγειν·
   Λ. 76. γυναῖκας ἐλθεῖν. ΜΤ. καλῶς γ᾽ οὖν κ. λέγεις.
   Π. 938. ἔπειτα τοῦ κ. ἀνατεθήσεται
καλλίονα. Λ. 1158. ὄψει δὲ κύσθον γ᾽ οὐδέπω κ.
   Ἐκ. 71. κάγων᾽ Ἐπικρίτους οὐκ ὀλίγω κ.
Καλλίου. Ο. 283. 'Ιππόνικος Κ. κἀξ 'Ιππονίκου Καλλίας.
   Ἐκ. 810. αὐτοῖσιν εἰσοίσει τις; ΑΝ. Α. πλείω Κ.
καλλίους. Ἐκ. 626. ἀλλὰ φυλάξουσ᾽ οἱ φαυλότεροι τοὺς κ.
καλλιπάρθενοι. Θ. 855. Νείλου μὲν αἴδε κ. ροαὶ,
καλλίπολιν. ΕΙ. 1299. ἔντος ἀμώμητον κ. τὰν ἐμὰν πατρίδα.
Καλλιπίδην. Ν. 64. Ξάνθιππον ἢ Χαίριππον ἢ Κ.,
καλλίπυργον. Ν. 1024. ὦ κ. σοφίαν κλειυτοτάτην ἐπασκῶν
καλλίσταθ᾽. Β. 206. κ., ἐπειδὴ καὶ σὺ δεξιώτατος. ΔΙ. τίνων;
καλλίστην. ΕΙ. 1072. ἐμοὶ δοκεῖ ἐμὲ μᾶλλον αὔτ᾽ ἤ σε κρίνειν.
   Π. 508. κ., ἐπαιρῶ. ΘΕ. μὰ τὸν Ἀπόλλω οὐ μή σ᾽ ἐγώ
   Ἐκ. 2. κ. ἐν εὐθυσίοις ἐξηρτημένον.
κάλλιστα. Σ. 856. κ. τοίνυν· πάντα γὰρ πάρεστι νῷν
   ΕΙ. 1225. ἐνημμένω κ. χρήσομαι τάλας·
   Ο. 1463. κ. Κορμυραία ταιαντὶ πτερά.
   Λ. 913. κ. δήπου, λουσαμένη τῇ Κλεψύδρᾳ,
   Θ. 301. ὅταν τῆνδε καὶ σύνοδον τὴν νῦν κ. καὶ
   Β. 953. οὐ σοὶ γάρ ἐστι περίπατος κ. περί γε τούτου.

κάλλιστα—καλῶν. 157

κάλλιστα. Β. 1255. καί κ. μέλη ποιή-
καλλίσταις. Θ. 111. χαῖρε κ. ἀοιδαῖς,
καλλίστην. Ο. 1537. τίς ἐστιν ἡ Βασίλεια; ΠΡ. κ. κόρη,
Εκ. 699. καὶ κ. καὶ λευκοτάτη·
καλλίστην. Σ. 580. ἐκ τῆς Νιόβης εἴπῃ ῥῆσιν τὴν κ. ἀπολέξας.
καλλίστης. Λ. 955. τῆς κ. πασῶν ψευθείη;
καλλίστους. Β. 722. ἀλλά κ. ἁπάντων, ὡς δοκεῖ, νομισμάτων.
κάλλιστον. Ν. 641. οὐ τοῦτ' ἐρωτῶ σ', ἀλλ' ὅ τι κ. μέτρον
Εἰ. 323. πρᾶγμα κ. διαφθείρητε διὰ τὰ σχήματα.
1069. ὄντερ κ. δῆπου πεποίηκεν "Ομηρος"
Ο. 1125. κ. ἔργον καὶ μεγαλοπρεπέστατον·
Β. 155. ὄψει τε φῶς κ., ὥσπερ ἐνθάδε,
κάλλιστος. Α. 792. κ. ἔσται χοῖρος 'Αφροδίτῃ θύειν.
καλλιχορώτατον. Β. 451. τὼν κ.
κάλλοι. Ο. 573. πέτεται θεὸς ὢν πτέρυγάς τε φορεῖ, κ. γε θεοὶ
πάνυ πολλοί.
Π. 664. ἦσαν δέ τινες κ. δεόμενοι τοῦ θεοῦ·
κάλλος. Ο. 1713. ἔχων γυναῖκος κ. οὐ φατὸν λέγειν,
Λ. 79. οἷον τὸ κ., γλυκυτάτη, σου φαίνεται.
κᾶλος. Εἰ. 511. οἵ τοι γεωργοὶ τοὔργον ἐξέλκουσι, κ. οὐδεὶς
Θ. 657. ζητεῖν, εἴ που κ. τις ἀνὴρ ἐσιλήλυθε, καὶ περιθρέξαι
Β. 1533. κ. ὁ βουλόμενος τούτων πατρίσιν ἐν ἀρούραις.
κάλλους. Ο. 1724. ὦ φεῦ φεῦ τῆς ὥρας, τοῦ κ.
κάλλῳ. Ν. 356. χαίρετε τοίνυν, ὦ δέσποιναι· καὶ νῦν, εἴπερ
τινὶ κ.,
κάλλως. Α. 934. κ. θεοῖσιν ἰχθρόν.
Σ. 1357. κ. κυμινοπριστοκαρδαμόγλυφον,
Λ. 164. κ. οὐδ᾽ ἂν χρῇ· πάμπελει ταχέως πάνυ
Β. 80. κ. ὁ μέν γ' Εὐριπίδης, πανοῦργος ὤν,
1060. κ. εἰκὸς τοὺς ἡμιθέους τοῖς ῥήμασι μείζοσι χρῆσθαι·
καλό. Θ. 1187. κ. γε τὸ πυγή. ΕΤ. κλαύσετ', ἢν μὴ 'νδον μένῃ.
καλογιζόμην. Α. 61. οὐδ᾽ ἂς προσέδοκων κ. γιλοῖ
καλοί. Α. 144. ἐν τοῖσι τοίχοις ἐγραφ', Ἀθηναῖοι κ.
Ι. 227. καὶ τῶν πολιτῶν οἱ κ. τε κἀγαθοί,
735. ἄλλοι τε πολλοὶ καὶ κ. τε κἀγαθοί·
Ν. 101. μεριμοφροντισταί κ. τε κἀγαθοί.
190. ἐγώ γὰρ οἶδ᾽ ἵν' εἰσὶ μεγάλοι καὶ κ.
καλοί. Ο. 1314. κ. τις ἀνθρώπων.
Εκ. 645. ἐν λευκολόφας, πάντων με κ., τοῦτ' ἤδη δεινὸν
ἀκούω.
καλούς. Σ. 1256. οὐκ, ἢν ξυνῇς γ' ἀνδράσι κ. τε κἀγαθοῖς.
Εκ. 628. [οἱ φαυλότεροι]· κοὐκ ἔξεσται παρὰ τοῖς κ. κατα-
δαρθεῖν
καλοῦσιν. Εκ. 630. ἡ Λυσικράτους ἅρα νυνὶ μὲν ἶσα τοῖσι κ. φρο-
νήσει.
καλοκἀγαθεῖν. Fr. Μ. Δαιτ. 16. κ. ἀσκοῦντες; Β. οἴμ᾽, ὦ Θρά-
σύμαχε,
καλοκἀγαθίαν. Fr. 1. κ. ἀσκοῦντας;
καλόν. Α. 247. καὶ μὴν κ. γ' ἔστ', ὦ Διόνυσε δέσποτα,
Α. 990. ὃν κ. ἔχουσα τὸ πρόσωπον ἆρ᾽ ἐλάνθανει
1106. κ. γε καὶ λευκῶν τὸ τῆς στρεχθοῦ στερόν.
1107. κ. γε καὶ ξανθὸν τὸ τῆς φάττης κρέας.
Ι. 184. ξυνειδέναι τί μοι δοκεῖς σαυτῷ κ.
1171. ἐγὼ δ' ἵνος γε πίσινον εὔχομαι καὶ κ.·
1321. τὸν Δήμον ἀφειψήσας ὑμῖν κ. ἐξ αἰσχροῦ πεποίηκα.
Ν. 614. μὴ πρῖν, ναί, δᾴδ', ἐπειδῆ φῶς Σεληναίης κ.
1020. τὸ μὲν αἰσχρὸν ἅπαν κ., ἡγεῖσθαι,
1021. τὸ κ., δ᾽ αἰσχρόν·
1340. μέλλεις ἀπανεῖσειν, ὡς δίκαιον καὶ κ.
Σ. 98. νίὸν Πυριλάμπους ἐν θύρᾳ Δῆμον κ.,
294. κ.; οἴμαι δέ σ' ἐρεῖν ἀστραγάλους δήπουθεν, ὦ παῖ.
Εἰ. 278. μεμνημένοις, νῦν ἐστιν εὔξασθαι κ.
292. νῦν ἐστιν ἡμῖν, ὤνδρες "Ελληνες, κ.
564. ὦ Πόσειδον, ὡς κ. τὸ στῖφος αὐτῶν φαίνεται
891. τουτί δ᾽ ὅρα τουτανίων ἡμῖν ὡς κ.
895. ταύτην ἔχουσιν αὔριον κ. πάνυ,
Ο. 667. ὦ Ζεῦ πολυτίμηθ', ὥς κ. τοὐρνίθιον,
758. τουτ᾽ ἐκεῖ κ. παρ᾽ ἡμῖν ἐστιν, ἔτι τῷ πατρὶ
820. κ. γὰρ ἀτεχνῶς καὶ μέγ᾽ εὗρες τοὔνομα.
Λ. 83. ὡς δὴ κ. τὸ χρῆμα τιτθίον ἔχει.
88. κ. γ᾽ ἔχουσα τὸ πεδίον. ΚΛ. καὶ νὴ Δία
911. δράσεις τοῦδ᾽; ΚΙ. ὅπου τὸ τοῦ Πανός, κ.
1243. ἵν᾽ ἐγὼ ἀπονδαῖζέ τε κάεἶσω κ.
Β. 1293. ἀλλ᾽ οὖν ἐγὼ μέν ἐς τὸ κ. ἐκ τοῦ καλοῦ
Εκ. 10. τὴν 'Εκάτην, κ. γ᾽ ἵνα τουτονί,
Π. 144. καὶ νὴ Δί᾽ εἴ τί γ᾽ ἐστι λαμπρὸν καὶ κ.
493. βούλημα κ. καὶ γενναῖον καὶ χρήσιμον εἰς ἅπαν
ἔργον.
976. πενιχρὸν μέν, ἄλλως δ᾽ εὐπρόσωπον καὶ κ.
1022. τὸ βλέμμα θ᾽ ὡς ἔχοιμι μαλακὸν καὶ κ.
Fr. 57. ὦ Ζεῦ, τὸ χρῆμα τῆς νεαλαίας ὡς κ.

Καλονίκη. Λ. 6. χαῖρ', ὦ Κ.
Λ. 9. ἀλλ᾽, ὦ Κ., κόσμει τὴν καρδίαν,
καλός. Ν. 797. ἀλλ᾽ ἔστ' ἐμοιγ' υἱὸς κ. τε κἀγαθός·
Σ. 99. ἰὼν ναρέγραφε πλησίον "κημὸς κ."
Ο. 272. ἀλλὰ λιμναῖος, ΠΕ. Βαβαί, κ. γε καὶ φοινικιοῦς.
Λ. 1148. ἀδικιόμεσθ᾽ ἀλλ᾽ ὁ προικτὸς ἄρατος ὡς κ.
Θ. 165. αὐτοῖ τε κ. ἦν καὶ καλῶν ἡμίσχετο·
καλοῦ. Β. 1298. ἀλλ᾽ οὖν ἐγὼ μέν ἐς τὸ καλὸν ἐκ τοῦ κ.
Fr. 213. ψίθυροί τε κ. καὶ ψωμοκόλαξ.
καλοῦμαι. Ν. 1221. ζῶν, ἀλλὰ κ. Στρεψιάδην ΣΤ. τίς οὑτοσί;
Ο. 1046. κ. Πεισθέταιρον ὕβρεως ἐς τὸν μοῦνυ-
καλούμεθ'. Σ. 543. θαλλοφόροι κ., ἀν-
Εκ. 864. κ. αὐτοί. ΑΝ. Α. ἦν δὲ καταγελῶσι, τί;
καλούμεν. Ο. 204. κ. αὐτούς· οἱ δὲ νῷν τοῦ φθέγματος
Λ. 1103. τί οὗ κ. δῆτα τὴν Λυσιστράτην,
καλούμενοι. Σ. 1335. ἰὴ ἰεῦ, κ.
καλούμενος. Ο. 1425. κύκλῳ περισοβεῖν τὰς πόλεις κ.
καλούμενος. Α. 1416. κ. σε᾽ τὸν γέ τοι κληπήρ᾽ ἔχει,
καλουμένους. Σ. 1445. κλητῆρες ἐπιλείψουσι τοὺς κ.
καλούντος. Α. 874. ἐμοὶ κ. οὐ κιταβήσει, Μυρρίνη;
καλοῦντων. Α. 310. πᾶν μή κ. τοὺς μοχλοὺς χαλῶσιν αἱ γυ-
ναῖκες,
καλοὺς. Ι. 778. τοὺς μὲν κ. τε κἀγαθοὺς οὐ προσδέχει,
Λ. 1059. δρᾶς κ. τε κἀγαθαῖς.
Ο. 705. πολλοὺς δὲ κ. ἀπομαμοκύτας παῖδας πρὸς τέρμασιν
ὥρας
Β. 710. ταυτὸν ἐς τε τῶν πολιτῶν τοὺς κ. τε κἀγαθοὺς,
728. ἄνδρας ὄντας καὶ δικαίους καὶ κ. τε κἀγαθοὺς.
Εκ. 625. φενέξεται γὰρ τοὺς αἰσχίους, ἐπὶ ταὶν δὲ κ. βαδι-
οῦνται.
Fr. 325. λήμικον κνάμους τρέφουσα τακερούς καὶ κ.
καλοῦσ'. Ν. 452. ταῦτ᾽ εἰ κ. ἀπαντῶντές,
Fr. 1. "τί κ. ἄμεινοῦ κάρηνα."
καλοῦσι. Εἰ. 120. ἡνίκ᾽ ἂν αἰτίζῃτ᾽ ἄρτον, πάππαν με κ.,
καλοῦσιν. Ν. 1001. τοῖς 'Ιπποκράτους υἱέσιν εἴξεις, καί σε κ.
Βλιτομάμμαν,
Σ. 1137. οἱ μὲν κ. Περσίδ᾽, οἱ δὲ καυνάκην·
Fr. 1. πρὸς ταῦτα σὺ λέξον 'Ομηρείους γλώττας, τί κ.
κόρυμβα.
402. τὴν τύρβαλον κ. τὴν κασαλβάδα
καλοῦσιν. Fr. 1. ὁ μὶν οὖν σὸς, ἐμὸς δ᾽ οὗτος ἀδελφὸς φρασάτω
κ.
κάλπιδας. Λ. 358. θώμισσα δὴ τὰς κ. χημεῖς χαμᾶς', ὅπως ἄν,
καλπίδων. Λ. 400. αἱ τάλλα θ᾽ ὑβρίσασι κἀκ τῶν κ.
Λ. 539. ἀναίρετ᾽, ὦ γυναῖκες, ἀπὸ τῶν κ., ὅπως ἂν
καλόν. Α. 370. αἰρώμεθ᾽ ἡμεῖς θυίδατος τήν κ., ὦ 'Ροδίπη,
καλπισί. R. 1339. κ. τ᾽ ἐκ ποταμῶν δρόσον ἅρατε, θέρμετε δ'
ὕδωρ,
Καλύκην. Α. 322. πρὶν ἐμπεπηρθαι Κ.
κάλυκος. Ο. 1065. ἐκ κ. αὐξανόμενα γένυσιν πολυφάγοις,
κάλυμμα. Λ. 530. σαί γ', ὦ κατάρατε, σιωπῶ 'γὼ, καὶ ταῦτα κ.
φοροῦσῳ
Λ. 532. παρ᾽ ἐμοῦ τσυντὶ τὸ κ. λαβῶν
Fr. 309, 5. κ. φύκοι, περιδέραι, ὑπογράμματα,
καλυμμάτιοις. Fr. 54. ὡς οὐ κ. τὸν οἶκον ἡρεφε.
κάλυξ. Fr. 74. σταθερὰ δὲ κ. νεαρὰς ἤβης.
καλυπτός. Θ. 890. φάρει κ., ὦ ξένη; ΜΝ. βήξομαι
καλύπτου. Ν. 740. ὕτι νυν, κ. καὶ σχάσας τὴν φροντίδα
Καλχηδόνα. Ι. 174. τὸν δεξιόν, τὸν δ᾽ ἕτερον ἐς Κ.
Ι. 1303. φασὶν αἰτεῖσθαί τιν᾽ ἡμῶν ἕκατὸν ἐς Κ.
κάλω. Β. 121. μὰ τὸν Δί᾽ ἐγὼ μὲν ἐπιτο κ. καὶ θρανίου,
καλῷ. Α. 968. ἦν δ᾽ ἀπολιγαίνῃ, τοὺς ἀγορανόμοις κ.
Ι. 1404. καί σ' ἀντὶ τούτων ἐς τὸ πρυτανεῖον κ.
Ν. 632. αὐτὸν κ. θύραζε δευρὶ πρὸς τὸ φῶς,
672. ἄρρενα κ. 'γὼ κάρδοπον· ΣΠ. μάλιστά γε,
Σ. 1497. φέρε νυν ἀνείπω κάνταγωνίστας κ.
Ο. 406. ἰὼ ἴπου, σί τοι κ.
658. οὗτος, σὲ κ. ἐγώ τοι. ΕΠ. τί καλεῖς; ΧΟ. τούτοις μὲν
ἅγαν μετὰ σαυτοῦ
849. τοῖς ἱεροῖς τοὺς πρέσβεις ἐπ᾽ ἄριστον κ.
1602. ἐπὶ τοῖσδε τοὺς πρέσβεις ἐπ᾽ ἄριστον κ.
Λ. 346. καί σε κ. ξύμμαχον, ὦ
καλῷ. Θ. 292. κὰν μοῦ καλῇ 'μοιγ' κ., τῶν ῥητόρων
Εκ. 321. ἡ πανταχοῦ τοι νυκτὸς ἐστιν ἐν κ.;
καλωδίον. Σ. 379. ἀλλ᾽ ἐξάψαι δεῖ τὸ σχοινίον ἐκ τοῦ κ. εἶτα καθίμα
καλώμεν. Εἰ. 992. ἵνα Λυσιμάχην σε κ.
Ο. 814. Σπάρτην ὄνομά κ. αὐτῆς· ΕΤ. 'Ηράκλεις·
καλῶν. Ι. 185. μῶν ἐκ κ. εἶ κἀγαθῶν; ΑΛ. μὰ τοὺς θεοὺς,
Σ. 1307. μάντευεν ἐμέ νεανικῶς, ναὶ ναὶ κ.
Ο. 389. παῦ᾽ εἴ κόρακας· ταῦσαί κ. ἰοῦ ἰοῦ.
Θ. 392. τὰς μοιχοτρόπους, τὰς ἀνδρεραστρίας κ.

κάλων. Ι. 756. νῦν δὴ σε πάντα δεῖ κ. ἐξιέναι σεαυτοῦ,
καλῶς. Α. 252. κ. ξυνενεγκεῖν τὰς τριακοντούτιδας.
Α. 253. ἄγ', ὦ θύγατερ, ὅπως τὸ κακὸν καλῆ κ.
306. τῶν δ' ἐμῶν σπουδῶν ἀκούσας', εἴ κ. ἐσπεισάμην.
307. πῶς δ' ἔτ' ἂν κ. λέγοις ἂν, εἴπερ ἐσπείσω γ' ἅπαξ
765. κ. λέγεις· ἐπίδειξον. ΜΕ. ἀλλὰ μὴν καλαί.
930. ξέφω κ. τὴν ἐμπολήν
947. ἤδη κ. ἔχει σοι.
1047. ὀπτᾶτε ταυτὶ καὶ κ. ξανθίζετε.
1050. ἐκ τῶν γάμων. ΔΙ. κ. γε ποιῶν, ὅστις ἦν.
Ι. 23. αὐτὼ φαθὶ τοῦ μύλωμεν. ΔΗ. αὐτώ. ΝΙ. πάνυ κ.
344. ἰδοὺ λέγειν. κ. γ' ἂν οὖν τι πρᾶγμα προσπεσὼν σοι
1180. κ. γ' ἐποίησε τοῦ πέπλου μεμνημένη.
1182. ἐλατῆρος, ἵνα τὰς ναῦς ἐλαύνωμεν κ.
1188. ὡς ἡδὺς, ὦ Ζεῦ, καὶ τὰ τρία φέρων κ.
1213. καὶ τὴν Παφλαγόνος· κάμηλος κρινεῖς κ.
1260. καὶ μὴν ἐγώ σ', ὦ Δῆμε, θεραπεύσω κ.,
Ν. 488. πῶς οὖν δυνήσει μανθάνειν· ΣΤ. ἀμέλει, κ.
848. ἀλεκτρυόνα. ΣΤ. κ. γε. ταυτηνὶ δὲ τί;
1289. ὑπορρέοντος τοῦ χρόνου· ΣΤ. κ. λέγεις.
Σ. 635. κ. γὰρ ἥδειν ὡς ἐγὼ ταύτῃ κράτιστός εἰμι.
779. πῶς οὖν διαγιγνώσκειν κ. δυνήσομαι
785. τὸν μισθὸν ὀσεῖεν λήψομαι. ΒΔ. παρ' ἐμοῦ. ΦΙ. κ.,
1004. θρίψω κ., ἄγαν μετ' ἐμαυτοῦ πανταχοῦ,
1191. 'Εφουδίων παγκράτιον 'Ασκώνδᾳ κ.,
1222. τούτοις ξυνῶν τὰ σκόλι' ὅπως δίξει κ.
1383. 'Εφουδίων ἐμαχέσατ' 'Ασκώνδᾳ κ.,
1498. εἴ τις τραγῳδὸς φησιν ὀρχείσθαι κ.,
ΕΙ. 568. ἡ κ. αὐτῶν ἀπαλλάξειεν ἂν μετόρχον.
725. πῶς δῆτ' ἐγὼ καταβήσομαι; ΕΡ. θάρρει, κ.·
1043. ὅπτα κ. νῦν αὑτά· καὶ γὰρ οὑτοσὶ
1055. κ. ΟΙ. κ. δῆτ', ὦ πότνι' Εἰρήνη φίλη.
1143. ἐμπιεῖν ἐμοιγ' ἀρέσκει, τοῦ θεοῦ δρῶντος κ.
1331. κ. κατακείσει.
1344. οἰκήσετε γοῦν κ.
Ο. 139. κ. γέ μου τὸν υἱὸν, ὦ Στιλβωνίδη,
651. κ. ΠΕ. ὅρα νῦν μὴ ἐν Αἰσώπου λόγοις
1614. νὴ τὸν Ποσειδῶ, ταῦτα γέ τοι κ. λέγεις.
Λ. 180. ταυτὰ κ' ἔχοι, καὶ τήδε γὰρ λέγεις, κ.
184. κ. λέγεις. τοῦ 'σθ' ἡ Σκύθαινα; ποῦ βλέπεις;
205. εὔχραν γε θαῦμα κάποσυντίζει κ.
510. ἀλλ' ᾐσθανόμεσθα κ. ὑμῶν καὶ πολλάκις ἔνδον ἂν οὖσαι
919. ἢ ται γυνὴ φιλεῖ μ', ἤδη στ' ἰν κ.
1102. πρέσβεις. ΑΘ. κ. δὴ λέγετε χἠμεῖς τουτογί.
1152. κ. λέγετε. νῦν οὖν ὅπως ἁγνιεῖτε,
1273. ἄγε νυν, ἐπειδὴ τἆλλα πεποίηται κ.,
Θ. 105. αὐτός τε καλὸς ἦν καὶ κ. ἠμπίσχετο
178. πολλοῖς κ. οἷός τε συντήμειν λόγοις.
231. μυμῦ. ΕΤ. τί μύζεις; πάντα πεποίηται κ.·
626. ἄπελθ', ἐγὼ γὰρ βασανιῶ ταύτην κ.
653. κ. ὅπως μὴ διαφυγὼν οἰχήσεται
666. καὶ τὰ τῇδε καὶ τὰ δεῦρο πάντ' ἀνασκόπει κ.
677. ἦ κ. ἔχει.
687. ἀλλ' ἔσιχ' ἡμῖν ἅπαντά πως διεσκέφθαι κ.
1189. κ. ἔχει. λαβὲ θοἰμάτιον· ὥρα 'στὶ νῷν
1202. Ἑρμῇ δίλιε, ταυτὶ μὲν ἔτι κ. ναεῖ.
Β. 169. ἐὰν δὲ μὴ 'χω; ΗΛ. τότε μ' ἄγειν. ΔΙ. κ. λέγεις.
512. ἀλλ' εἰσιὼ ἅμ' ἐμοί. ΗΛ. πάνυ κ. ΘΕ. ληρεῖς ἔχων,
532. ἀμέλει, κ. ἔχ' αὑτ'. ἴσως γάρ τοί ποτε
643. πληγὴν παρὰ πληγὴν ἑκάτερον. ΗΛ. κ. λέγεις.
695. κυνδὶ ταῦτ' ἔχων; ἔχειμ' ἂν μὴ οὗ κ. φάσκειν ἔχειν,
888. ἴδι νυν ἐπίθες δὴ καὶ οὐ λιβανωτὸν. ΕΤ. κ.·
1197. ληρεῖς· ἀλλ' ὁ τοῦς προλόγους κ. ποιῶ.
Εκ. 149. ἄγε νυν ὅπως ἀνδριστὶ καὶ κ. ἐρεῖς,
164. οἶμαι γὰρ ἤδη μεμελετηκέναι κ.
204. ὡς ξυνετὸς ἀνήρ. ΠΡ. νῦν κ. ἔφησας.
242. πύθεν, ὦ τάλανα, ταῦτ' ἐμαθες οὕτω κ.;
253. κακῶς κεραμεύεται, τὸ δὲ πόλιν εὖ καὶ κ.
262. ταυτὶ μὲν ἡμῖν ἐντεθύμηται κ.
272. ἔπειτ' ἐπειδὰν ταῦτα πάντ' ἔχῃ κ.,
730. χώρει σὺ δεῦρο κιναχύρα καλή κ.
804. κ. ποιήσεις. ΑΝ. Β. σὺ δ' ἐπιθυμήσεις φέρειν;
1150. ἔχω δὲ του καὶ ῥόδα πινυτά κ.
Π. 481. ἐὰν ἀλθῶ; ΠΕ. ὅ τι σοι δοκεῖ. ΧΡ. κ. λέγεις.
563. νὴ Δία, κ. τοίνυν ποιῶν ἀπόλλυται.
978. ἄπανγ' ἐποίει κοσμίως μοι καὶ κ.
1092. σοὺ γὰρ βιάσεται ΝΕ. πάνυ κ. τοίνυν λέγεις.
1188. θάρρει· κ. ἔσται γάρ, ἢν θεὸς θέλῃ.
Fr. 428. ὑποτετιμώμεν *, ὄνδρες, καὶ κ. ἡρίσταμεν.

καλῶς. Fr. 498. 2. χωρίς τε θορύβου καὶ φόβου ζήσεις κ.,
κάλως. ΕΙ. 458. ὑπότεινε δὴ πᾶς, καὶ κάταγε τοῖσιν κ.
κάμ'. Ι. 1144. κ. ἐξαπατύλλειν, κ.τ.λ.
κάμαξ. Fr. 357. λόγχαι δ' ἐπαυλίζοντο καὶ ξυστή κ.
Καμαρίνη. Α. 606. τοὺς δ' ἀν Κ. κἀν Γέλᾳ κἀν Καταγέλᾳ.
καματηρός. Λ. 542. οὐδὲ τὰ γύναια κῦκος ἴλει κ. μου.
κάμαντόν. Ο. 547. τά τε νοττία κ. οἰκήσω.
κάμαυτῷ. Β. 913. σάφ' ἴσθι. ΔΙ. κ. δοκῶ. τί δὲ ταῦτ' ἔδρασ'
ὠ δεινά;
κάμαχετο. Α. 984. κ., καὶ προσέτι πολλὰ προκαλουμένου,
καμέ. Α. 999. ξυν' ἀλείφεσθαι σ' ἂν' αὐτῶν κ. ταῖς νουμηνίαις.
κ.τ.λ.
Ν. 1411. οὐ κ. σοι δίκαιόν ἐστιν εὐνοεῖν ὁμοίως, κ.τ.λ.
κάμειψίας. Β. 14. εἴωθε ποιεῖν καὶ Λύκις κ.
κάμελει. Ι. 1213. καὶ τὴν Παφλαγόνος κ. κρινεῖς καλῶς.
Α. 164. κάλλως ὑδυνᾶν χρή· κ. ταχέως πάνυ
κάμηλον. Ο. 1559. σφάψ' ἔχων κ. ἀ-
καμήλου. Σ. 1035. φάκης δ' ὀσμήν, Λαμίας δ' ὄρχεις ἀπλύ-
ΕΙ. 758. τους, προικτὸν δὲ κ.
Ο. 278. εἶτα πῶς ἄνευ κ. Μήδος ὢν εἰσίπτατο;
1563. πρὸς τὸ λαῖμα τῇ κ.
κάμινον. Fr. 510. 2. βασκάινουν ἐπὶ κ. ἀνδρὸς χαλκέως.
Καμινείον
Fr. 623. κ. Βαλανεῖον
κάμνει. Θ. 405. κ. κόρη τις, εὐθὺς ἀδελφοὺς λέγει,
κάμνεις. Ν. 415. ἐν τῇ ψυχῇ, καὶ μὴ κ. μήθ' ἐστὼν μήτε βα-
δίζων,
Ν. 708. τί πάσχεις; τί κ.;
κάμνον. Fr. 76. 2. ἴτραγν', ἵνα κ., σῦκα τῆς μεσημβρίας.
κάμνοντα. Fr. 76. 1. κ. δ' αὐτὸν τοῦ θέρους ἰδὼν ποτε
κάμνοντας. Θ. 873. κ. ἐν χειμῶνι καὶ ναυαγίας·
κάμοι. Α. 512. κ. γὰρ ἐστιν ἀμπέλια κεκομμένα, κ.τ.λ.
Σ. 916. ἦν μή τι κ. τις προβάλλῃ τῷ κυνί·
κάμοιγ'. Β. 1364. παύσασθον ἤδη τῶν μελῶν. ΑΙ. κ. ἅλις.
κάμοιγιγ. Ν. 1438. κ. συγχωρεῖν δοκεῖ τούτοισι τὰπιεικῆ.
κάμου. Α. 541. ἔγω γὰρ οὔποτε κ. ἀν ὀρχουμένη,
κάμου. ΕΙ. 630. νὴ Δί', οὐ μέλ', ἐνδικῶς γε δῆτ', ἐπεὶ κ. λίθον
κ.τ.λ.
καμπαῖς. ΕΙ. 904. περὶ ταῖσι κ. ἡνίοχοι πεπτωκότες.
κάμπεδώσετε. Α. 211. ὑμεῖς δ' ἐπορείσθε ταῦτα κ.
καμπὴν. Ν. 970. εἰ δέ τις αὐτῶν βωμολοχεύσαιτ' ἢ κάμψειεν
τινα κ.
κάμποροι. ΕΙ. 296. ἀλλ', ὦ γεωργοὶ κ. καὶ τέκτονες
κάμπτει. Θ. 53. κ. Β. δὲ νέας ἀψίδας ἐμῶν.
κάμπτων. Θ. 9. πρὶν ἀκραν κ. νεώσοικον σκοπεῖς·
καμπύλης. Fr. Μ. Γηρ. 10, 2. βακτηρία δὲ Περαλὸ ἀντὶ κ.
καμπύλον. Ο. 1002. τοῦ κανὸν' ἀνάβων τουτονὶ τὸν κ.,
κάμυκάτω. Β. 562. ἐβλεψἴν εἴς με δριμὺ κ. γε.
κάμφοῖν. Ι. 826. καταβροχθίζει, κ. χειροῖν
κάμφορεῖδια. ΕΙ. 202. χυτρίδια καὶ σανίδια κ.
κάμψαις. Ν. 178. κ. ὀβελίσκον, εἶτα διαβήτην λαβών,
κάμψειεν. Ν. 970. εἰ δέ τις αὐτῶν βωμολοχεύσαιτ' ἢ κ. τινα καμπήν,
κάν. Α. 198. κ. τῷ στόματι λέγουσι, βαῖν' ὅπαι θέλεις, κ.τ.λ.
κάν. Α. 317. κ. τῷ μὴ λέγω δίκαια, μηδὲ τῷ πλῆθει δοκῶ, κ.τ.λ.
Α. 839. κ. εἰσίῃ τις Κτησίας, κ.τ.λ.
κάναγκασθῶν. Ν. 376. ὅταν ἐμπλησθῶσ' ὕδατος πολλοῦ κ. φέρεσθαι.
κάναβίδαξω. Fr. 563. περὶ σωφροσύνης ἤδη τοίνυν περαινῶ σφῶν κ.
κάνασχυντε. ΕΙ. 182. ὦ βδελυρὲ καὶ τολμηρέ κ. σὺ
Β. 465. ὦ βδελυρὲ κ. καὶ τολμηρὲ σὺ
κάνασχυντίας. Θ. 702. ἤν ἅπαν γὰρ ἐστὶ τόλμης ἔργα κ.
κάνασπεύσων. Ν. 909. καταπύγων εἰ κ.
κάνακάλασον. Ν. 1174. πρῶτον μὲν οὖν διελθέ κ.
κάνακρέοντος. Fr. 2. ἐκεῖθεν δή μοι σκόλιόν τι λαβὼν 'Αλκαίου κ.
κάνακρότων. Θ. 161. 'Ιβυκὸν ἐκεῖνον κ. ὁ Τήος
κάνακύπτε. Θ. 230. ἔχ' ἄτρεμα σαυτὸν κ. ποῖ στρέφει;
κάνακτεῖν. Λ. 126. αὐταί· κ. μοι μυᾶτε κ.;
κάναπαιδεύειν. Ι. 1099. γερουντοργοεῖν κ. πάλιν.
κάναπεπνύσας. Σ. 974. κακῶν τι τεμβαλεῖν εἰ κ.
κάναπενύσας. Ο. 792. κάνοσαρδὼν κ. αὖθις αὖ κατέπτατο
κάνααπτρώσαι. Α. 669. νῦν δεῖ, νῦν δνηθῆναι πάλιν κ.
κάνασωμεθα. Ο. 403. κ. τοίαδε, τίνες ποτέ,
κάνάρμοστος. Ν. 908. τυφογέρων εἰ κ.
κάνασκευάκεις. Β. 978. κ., οἴσει ποτέ τιν' ἔχει;
κάνάσπαστον. Σ. 382. κ. ποιεῖν εἶσω, τί ποιήσετε; φράζετε νυνί,
κάνατείναις. Λ. 799. κ. λακτίσαι.
κάναυμάχησας. Β. 49. κ.; ΔΙ. καὶ κατεδύσαμέν γε ναῦς
κάναφανήσει. Σ. 603. ἔμπλησο λέγων· πάντως γάρ τοι παύσει ποτέ κ.

κάναφοβοῦντες—καπηλικῶς. 159

κάναφοβοῦντες. Σ. 670. ἀπὸ τῶν πόλεων, ἐπαπειλοῦντες τοιαυτί κ.,
κάναχανῶν. Ι. 641. τὴν κιγκλίδ' ἐξήραξα, κ. μέγα
κάναχνοανθῆ. Α. 791. ἀλλ' ἂν παχινθῆ κ. τριχὶ,
κάνδραποδισταὶ. Θ. 518. καὶ βωμολόχους κ.
κάνδράσιν. Εἰ. 1186. ἧττον, οἱ θεοῖσιν οὗτοι κ. μιάσμιοδες.
κάνδρείος. Β. 494. ἴθι νυν, ἐπειδὴ λημάτιζε κ. εἶ·
κάνδρείως. Θ. 650. ξυζωσαμένας εὖ κ. τῶν θ' ἱματίων ἀποδύσας
κάνδρες. Λ. 594. οὐκοῦν κ. γηράσκουσιν; ΛΤ. μὰ Δί', ἀλλ' οὐκ εἶπας ὅμοιον.
κάνδρικῶς. 1. 379. τοῦ σκεψόμεσθ' εὖ κ.
Σ. 153. εὖ κ.' κἀγὼ γὰρ ἐνταῦθ' ἔρχομαι.
450. προσαγαγὼν πρὸς τὴν ἐλάαν ἐξέδειρ' εὖ κ.,
κάνδυλας. Fr. 624. κ.;
κανέβαλε. Β. 759. ὅτε δὴ κατῆλθε, κ. τὴν δεξιὰν,
κανέγειρε. Ο. 208. ἐσβαίνε κ. τὴν ἀηδόνα.
κανέκραγαν. Εκ. 431. εἶτ' ἐθορύβησαν κ. ὡς εὖ λέγοι,
κανέπειθον. Fl. 622. κ. τῶν Λακώνων τοὺς μεγίστους χρήμασιν.
κανέπληγ'. Σ. 911. κατεσικίλιζε κ. ἐν τῷ σκύτῳ,
κανέτρεπε. Α. 983. εἰργάσατο πάντα κακὰ κ. κάξέχει,
κάνευ. Σκ. 525. τί δ'; οὐχὶ βινεῖται γυνὴ κ. μύρου;
κανηφορῇ. Λ. 1194. τοῖς παισίν, ὁπόταν τε θυγάτηρ τινὶ κ.
κανηφορῆς. Εκ. 732. ὅπως ἂν ἐντετριμμένη κ.
κανηφόρος. Α. 242. προΐτω 'ς τὸ πρόσθεν ὀλίγον ἡ κ.·
κανηφόρον. Α. 260. ὁ φαλλὸς ἐξόπισθε τῆς κ.
κανηφόρῳ. Ο. 1551. ἄνωθεν, ἀκολουθεῖν δοκῶ κ.
κινδάδ'. Α. 1130. κατάχει σὺ τὸ μέλι. κ. εὔδηλος γέρων
κάνθάδε. Fl. 855. λείχειν ἄρ' αὐτῇ κ. σκευαστέον.
κάνθαρ' Εἰ. 720. ὦ κ., οἴκαδ' οἴκαδ' ἀποπετώμεθα.
κανθάροις. Σ. 1149. οἴμ' ὡς ἀπολῶ σ' αὐτοῖσι τοῖσι κ.
κάνθαραν. Fl. 73. εἰσῆγες Αἰτναῖον μέγιστον κ.,
Εἰ. 127. τίς δ' ἡ 'πίνοιά σουστίν ὥστε κ.
176. καὶ μὴ φυλάξεις, χορτάσω τὸν κ.
κάνθαρος. Fl. 45. ὁ κ. δὲ πρὸς τί; κῇτ' αὐτῷ γ' ἀνὴρ
Εἰ. 143. τὸ δὲ πλοῖον ἔσται Ναξιουργὴς κ.
κάνθαρος. Σ. 1448. ὁ δ' ἔλεγεν αὐτοῖς ὡς ὁ κ. ποτε
Λ. 695. δεινὸν τίκτοντα κ. σε μαιεύσομαι.
κανθάρου. Εἰ. 81. ἱπτοῦν ἴς τὸν ἀέρ' ἐπὶ τοῦ κ.
Εἰ. 865. ὄχημα κ. 'πιβδὰ
Κανθάρου. Εἰ. 145. ἐν Πειραεῖ δήπου 'στὶ Κ. λιμὴν
κανθάρῳ. Fl. 1. αἴρ' αἶρε μᾶζαν ὡς τάχιστα κ.
Εἰ. 23. ἡ κ. μάττοντα παρέχειν ἐσθίειν.
49. ἀλλ' εἰσιῶν τῷ κ. δώσω πιεῖν.
κανθηλίοις. Σ. 170. τὸν ὄνον ἄγων αὐτοῖσι τοῖς κ.·
κανθηλίου. Λ. 290. τυπτ' ἄνευ κ.
κάνθρακίζων. Fl. 1136. κ. τούρεβίνθου.
κάνδρώπων. Β. 486, ὦ δειλότατε θεῶν σὺ κ. ΔΙ. ἐγώ;
κάνθων. Σ. 179. κ., τί κλαίεις; ὅτι πεπράσει τήμερον;
Fl. 82. ἔγχος, ἤρυγχος, ἠρέμα, κ.'
κάνις. Α. 834. ὦ χοιρίδια, πειρῆσθε κ. τῷ πατρὸς
κανισκίῳ. Fr. 208. ἄλλος δ' εἰσίφερε πλεκτῷ κ. ἄρτων περίλοιπα θρύμματα.
κάννας. Σ. 394. κοὖ μή ποτέ σου παρὰ τὰς κ. οὐρήσω μηδ' ἀποπάρδω.
Καννῶνου. Εκ. 1089. τουτὶ τὸ πρᾶγμα κατὰ τὸ Κ. σαφῶς
κάνόμισαν. Β. 776. ὑπερεμάνησαν, κ. σοφώτατον
κανὸν'. Ο. 1002. τὸν κ. ἄνωθεν τουτονὶ τὸν καμπύλον,
κανόνος. Β. 799. καὶ κ. ἐξαίσουσι καὶ πήχεις ἐπῶν,
κανόνες. Ο. 999. ταυτὶ δέ σοι τί ἐστι; ΜΕ. κ. ἀέρος.
κανόνι. Ο. 1004. ὀρθῷ μετρήσω κ. προστιθεὶς, ἵνα
κανόνων. Β. 956, λεπτῶν τε κ. εἰσβολαὶ κ. τε γωνιασμοὺς,
κἀνόσιον. Π. 415. ὦ θερμὸν ἔργον κ. καὶ παράνομον
πανῶν. Α. 244. κατάθου τὸ κ., ὦ θύγατερ, ἵν' ἀπαρξώμεθα.
Α. 253. ἄγ', ὦ θύγατερ, ὅπως τὸ κ. καλῶ καλῶς
Εἰ. 948. τὸ κ. πάρεστ' ὁλὸς ἔχον καὶ στέμμα καὶ μάχαιραν,
956. ἄγε δὴ, τὸ κ. λαβὼν σὺ καὶ τὴν χέρνιβα
Ο. 43. κ. δ' ἔχοντε καὶ χύτραν καὶ μυρρίνας
850. καὶ ναὶ, τὸ κ. αἴρεσθε καὶ τὴν χέρνιβα.
864. δράσω τάδ'. ἀλλὰ ποῦ 'στιν ὁ τὸ κ. ἔχων;
κάνταγονισταὶ. Σ. 1497. φέρε νυν ἀντίνω κ. καλῶ,
κάντάξιά. Α. 374. κ. λανθάνουσ' ἀπεμπολώμενοι
Ν. 1368. κ. πῶς οἴεσθέ μου τὴν καρδίαν ὀρεχθεῖν;
Β. 796. κ. πῶς ἡ βδὰ μικινηθήσεται·
κάντίτρυμα. Εκ. 904. θεῖ' σὺ δ', ὦ γραῦ, παραλέξαι κ.
κάντεύθεν. Α. 528. κ. ἀρχὴ τοῦ πολέμου κατέραγη
Α. 529. κ. ἤδη πάτερον ἦν τῶν ἀσπίδαν.
κάνεὶ. Α. 1155. κάλευθέρωσεν, κ. τῆς καταψάλει·
Β. 694. καὶ Πλαταιᾶς εἰθὺς εἶναι κ. δυύλων δεσπότας.
κάντιβολεῖνε. Σ. 978. αἰτεῖτε κ. καὶ δακρύετε,
κάντιγραφάς. Ν. 471. πράγματι κ. πολλῶν ταλάντων
κάνπλογικές. Ν. 1173. κ., καὶ τοῦτο τοὐπίχωρον

κάντισωπᾶν. Λ. 528. κ. ὥσπερ χἡμεῖς, ἐπανορθώσαμεν ἂν ὑμᾶς.
κάντιστησάτω. Β. 1389. ἀλλ' ἕτερον εἰπάτω τι κ.
κάντιτιμῶμεν. Θ. 802. ὑμεῖς δ' ἡμᾶς. σκεψώμεθα δὴ κ. πρὸς ἕκαστον,
κάντιτιμωρούμενος. Εἰ. 134. ξ' ἐκκυλίνδων κ.
κάντονομάζει. Θ. 55. καὶ γνωμοτυπεῖ κ.
κάννπόθητος. Ν. 363. κ. κακὰ τύλλ' ἀνέχει κἀφ' ἡμῖν σεμνοπροσαπεῖ.
κάνύσαντε. Α. 438. καὶ σὺ μετὰ τούτου κ. δήσετον;
κάνις. Α. 21. οἱ δ' ἐν ἀγορᾷ λαλοῦσι, κ. καὶ κάτω
κανῶν. Θ. 822. τάντίον, ὁ κ. οἱ καλαβ.σκυι,
Θ. 825. ἀπόλωλεν μὲν καλλαῖ ὁ κ.
κάξ. Ι. 181. ὁτιὴ πονηρὸς κ. ἀγοραῖς εἶ καὶ θρασύς. κ.τ.λ.
κάξαιρεῖν. Fr. 425, 2. κ. τοὺς Δαρεικούς.
κάξαπατώμενος. Ι. 1117. ρεις κ.,
κάξαπατοῦντας. Εἰ. 742. τοῖς φεύγοντας κ. καὶ τυπτομένους ἐνίηθει,
κάξαρτώμαι. Εἰ. 470. οὔκουν ἕλκω κ.
κάξίβαλεν. Σ. 1390. τῇ ῥαδὶ παίων, κ. ἐντενθεντὶ
κάξέθριψάμην. Εἰ. 629. ἐξέκαψαν, ἣν ἐγὼ 'φύτευσα κ.
κάξείρας. Σ. 423. δεῦρο κ. τὸ κέντρον εἶτ' ἐπ' αὐτὸν ἵεσο,
κάξέλαύνιν. Α. 717. κ. χρῇ τὸ λοιπὸν, κἂν φύγῃ τις, ζημιοῦν
κάξετάσω. Εκ. 729. προχειριούμαι κ. τὴν οὐσίαν.
κάξεύρες. Β. 406. καὶ τὸ βακὸς, κ. ὥστ'
κάξενορίκων. Σ. 1053. καινόν τι λέγειν κ.
κάξεφύσπρεν. Εἰ. 610. κ. τεσσύτον, πύλεμον ὥστε τῷ καπνῷ
κάξεις. Α. 983. εἰργάσατο πάντα κακὰ κάνέτρεπε κ.
κάξιμάρπετε. Ν. 593. αὐθις ἐς τάρχαῖον ὑμῖν, εἴ τι κ.,
κάξηπεροπεύειν. Α. 840. κ. καὶ φιλεῖν καὶ μὴ φιλεῖν,
κάξιστασθαι. Β. 354. εὐφημεῖν χρὴ κ. τοῖς ἡμετέροισι χοροῖσιν
κάξελεῖ. Θ. 887. κακῶς τ' ἀπ' ἐξώλοιο κ. εἴ γοι,
κάξελεῖν. Ν. 1136. θείς μοι πρυτανεῖ ἀνωλεῖν μέ φησι κ.,
κάξἀν. Θ. 541. παρρησίας κ. λέγειν ὅσαι πάρεσμεν ἀσταὶ,
κάξαν. Θ. 658. κ. τούτου τὰ τέλη κοὐχ ὑπὸ τὰς πολλὰς ἱκατοστάς,
κάξωμίδων. Α. 1381. διφθεράν, κ. ἃς οὔτος αὐτοῖς ἠμπόλα,
κάομαι. Α. 9. ἀλλ', ὦ Καλονίκη, κ. τὴν καρδίαν,
Θ. 240. ἐμοὶ μελήσει νὴ Δί', πλὴν γ' ὅτι κ.
κάομνιαις. Α. 333. δημότισιν κ.
κάομένης. Σ. 1375. ἡ πίττα δήπου κ. ἐξέρχεται.
κάομένῳ. Εἰ. 830. κ. κ. θέουσιν· ΤΡ. ἀπὸ δείπνου τινὲς
κάομένου. Α. 320. ὥσπερ πυρὸς κ.' σκευστέον ἐστὶ θᾶττον.
κάομένων. Θ. 280. ὦ Θρᾶττα, θᾶσαι, κ. τῶν λαμπάδων
κάπ'. Β. 405. κ. εὐτελείᾳ τόν τε σανδαλίσκον
κάπαγ'. Εἰ. 1053. ὅπως σὺ ούτῇ, κ. ἀπὸ τῆς ὀσφύος.
κάπαργευρεύτε. Θ. 790. κ. μήτ' ἐξελθεῖν μήτ' ἐγκλῇσαν ἀλῶναι,
κάπόδειγεν. Σ. 885. ξυνεγχύομισθά σοι * * *.
κάπαιδεύσατε. Ν. 1183. ὦ σκαιὲ κ., θεογένιη ἔφη
κάπαίδλημ'. Ν. 729. κ. ΣΤ. οἴμοι, τίς ἂν δῆτ' ἐπιβάλοι
κάπακτώσαμεν. Σ. 128. ἐνεβύσαμεν βακίοισι κ.
κάπαναγκάζει. Ο. 1083. κ. πολεύειν δεδεμένας ἐν δικτύῳ.
κάπαναστρίφον. Ι. 244. ἐφρίξε ἐγγὺς· ἀλλ' ἀμύνου, κ., πάλιν.
καπανικιντύρα. Fr. 413, 2. τὰ Θετταλικά μὲν πολὺ κ.
κάπίθεον. Ο. 17. κ. τὸν ἂρ Θαρρελίδου τουτονὶ
καπειδὴ. Ν. 1036. καὶ μὴν πάλαι γ' ἐπνυγόμην τὰ σπλάγχνα, κ.
καπειδὴ. Α. 637. πρῶτον μὲν ἱοστεφάνους ἐκάλουν κ. τοῦτό τις εἴπαι,
κἀπειθ'. Α. 1172. τὸν μάρμαρον, κ. ἁμαρτὼν βάλοι Κρατῖνον. κ.τ.λ.
καπειλάς. Εἰ. 753. διαβᾶς βυρσῶν ὁσμὰς δεινὰς κ. βορβοροθύμου.
κάπειτ'. Α. 126. κ. ἐγὼ δῆτ' ἐνθάδ' στραγγεύομαι; κ.τ.λ.
κάπειτα. Α. 1075. κ. τηρεῖν νιφόμενον, τὰ ἐσβολὰς κ.τ.λ.
κάπιμαρέψαμην. Α. 706. ὥστ' ἐγὼ μὲν ἡλέησα κ. ἰδὼν
κάπιμιπτων. Fl. 471. κ. καὶ σπουδάζω;
κάπιππαρ'. Α. 522. ταῦτ' ἦν Μέγαρ καὶ κ. αὐθημερίν.
κάπιεπείσθοθαι. Β. 1102. ὁ δ' ἐνανεστρέψειν δυνητὰι, κ. τοροῦς.
κάπιτιλλ'. Θ. 590. ἀφείυσεν αὐτὸν κ. Εὐριπίδης
κάπιτρίβω. Ν. 1376. κἄπειτ' ἔφλα με μάσπωδει κάπνιγε κ.
κάπινκάμενος. Σ. 388. σαυτὸν θαρρῶν κ. τοῖσι πατρῴοισι θεοῖσιν,
κάπιωλεμίζοντο. Εἰ. 1320. κ. τοῖσι θεοῖσιν
κάπυχείρησεν. Εκ. 429. δημηγορήσαν, κ. λέγειν
κάπίχω. Β. 1224. ἴθι δὴ λέγ' ἕτερον κ. τῆς ληκύθου.
κάπέχω. Εἰ. 1057. ἐσθίω κ.,
καπηλείοισι. Εκ. 154. ἐν τοῖς κ. λάκκους ἐμποεῖν
καπηλίσιν. Λ. 427. οὐδὲν ποιῶν ἀλλ' ἢ κ. σκοπῶν
καπηλικῶς. Π. 1063. οὐ δῆτ', ἐπεὶ νῦν μὲν κ. ἔχει,

καπηλίς—κάρδοπος.

καπηλίς. Θ. 347. κεῖ τις κάπηλος ἢ κ. τοῦ χοὺς
Π. 435. ἆρ' ἐστὶν ἢ κ. ἠκ τῶν γειτόνων,
καπηλίσιν. Π. 1120. πρότερον γὰρ εἶχον μὲν παρὰ ταῖς κ.
καπηλοις. Θ. 737. ὦ μέγα κ, ἀγαθὸν, ἡμῖν δ' αὖ κπκὼν,
Fr. 265. ἐν κωμήτισι κ. ἐπίχαρτον.
κάπηλος. El. 447. κεῖ τις δορυξὸς ἢ κ. ἀσπίδων,
Ei. 1209. ὅπλων κ. ἀχθόμενος προσέρχεται.
Ο. 1292. πέρδιξ μὲν εἰς κ, ὠνομάζετο
Λ. 466. πολλήν γ', ἱάνπερ πλησίον κ. ᾖ.
Θ. 347. κεῖ τις κ. ἡ καπηλὶς τοῦ χοὺς
καπήλου. Εκ. 49. τὴν τοῦ κ. δ' οὐχ ὁρᾷς Γευσιστράτην,
κάπί. Ι. 169. ἀλλ' ἐπανάβηθι κ. τοὐλεὸν τοδὶ κ.τ.λ.
κάπιδακρύειν. Σ. 852. κ ἀντιβολούντων,
κἀπιδείκνυς. Ι. 349. ὕδωρ τε πίνων κ. τοὺς φίλους τ' ἀνιῶν,
κἀπιδώσειν. Λ. 660. πολλή ; κ. μοι δοκεῖ τὸ χρῆμα μᾶλλον.
κἀπιθήκην. Σ. 1391. ἄρτους δίν' ὀβολῶν κ. τέτταρας.
κἀπιθυμοῖεν. Λ. 152. στύσοντ' ἂν ἄνδρες κ. πλεκούν,
κἀπιθυμῶ. Ο. 1345. οἰκεῖν μεθ' ὑμῶν, κ. τῶν ν.μων.
κἀπικείμενος. Ι. 252. καὶ βδελύττου, καὶ γὰρ ἡμεῖς, κ. βόα·
κἀπιλήψομεν. Ν. 129. πῶς οὖν γέρων ὢν κ. καὶ βραδὺς
κἀπιμανδαλωτόν. Λ. 1201. τὸ περπιτεαστὸν κ.
κἀπιορκῶ. Ι. 298. κ. γε βλεπόντων.
κἀπιπεπεύσαι. Σ. 265. ὕδωρ γενέσθαι κ. βόρειον αὐτοῖς.
κάπισκώπτων. Β. 375. κ.
κἀπισταίην. Σ. 751. κ. ἐπὶ τοῖς κημοῖς
κἀπιστήσαι. Σ. 991. κ. μισεῖν ἀγορὰν καὶ βαλανείων ἀπέ- χεσθαι
κἀπιτέτριφεν. Λ. 952. ἀπολώλεκέν με κ. ἡ γυνή,
κἀπιτηδεία. Θ. 259. νὴ τὸν ΔΙ', ἀλλὰ κ. πάνυ.
κἀπιτίμωσι. Β. 702. κ. καὶ πολιτας, ὅστις ἂν ξυνναυμαχῇ.]
κἀπιτρέψαι. Α. 1115. βούλει περιδόσθαι κ. Λαμάχῳ,
κἀπιφορήσεις. El. 167. κ. τῆς γῆς πολλήν,
κἀπιφυτεύσεις. Fl. 168. κ. ἔρπυλλον ἄνω,
κἀπιχειρήσονα'. Λ. 674. ἀλλὰ καὶ ναῦς τεκταινούνται, κ. ἔτι
κἀπιχεσοῦνται. Εκ. 640. ἀγχουσι, τί δηθ', ὅταν ἀγνως ᾖ, πῶς οὐ τότε κ.;
κάπιχορεύειν. Εl. 1317. δᾳδάς τε φέρειν, καὶ πάντα λεὼν ξυγ- χαίρειν κ.
κἀπιχώρησον. Εκ. 890. τούτῳ διαλέγου κ.· σὺ δὲ,
κἀπιχώρια. Α. 523. καὶ ταῦτα μὲν δὴ σμικρά κ.,
κἀπιχωρίως. Σ. 859. εὖ γ' ἐκπορίζεις αὐτὰ κ.
κάπλυνεν. Ν. 618. ἠνίκ' ἂν ἐλνυσθῶσι δείνπου, κ. οἴκαδε
κάπλυνεν. Α. 381. κἀκυκλοβόρει κ., ὥστ' ὀλίγου πάνυ
κάπνη. Σ. 143. ἄναξ Πύσειλον, τί ποτ' ἄρ' ἡ κ. ψοφεῖ;
κάπνιγε. Ν. 1376. κάπειτ' ἔφλα με κάσπόδει κ. κάπέτριβεν.
Καπνίον. Σ. 151. ὅστις πατρὸς νῦν Κ. κεκλήσομαι.
καπνὸν. Ν. 330. μὰ Δί', ἀλλ' ὁμίχλην καὶ δρόσον αὐτὰς ἡγού- μην καὶ κ. εἶναι.
Σ. 324. ἤ με ποίησον κ. ἐξαίφνης,
Ο. 1266. τῇδε βροτῶν θεοῖσι πέμπειν κ.
Λ. 319. λιγνὺν δοκῶ μοι καθορᾷν καὶ κ. ὦ γυναῖκες,
καπνοὺ. Σ. 144. κ. ἐγωγ' ἐξέρχομαι.
Σ. 145. κ.; φέρ' ἴδω ξύλον τίνος σύ. ΦΙ. συκίνου.
Π. 821. ἐμὲ δ' ἐξέπεμψεν ὁ π. οὐχ ὅπως τε γὰρ
καπνοῦ. Ν. 320. καὶ λεπτολογεῖν ἤδη ζητεῖ καὶ περὶ κ. στενο- λεσχεῖν,
Ο. 1717. αὔρας διαψαίρουσι πλεκτάνην κ.
Λ. 295.} ἰοὺ ἰοὺ τοῦ κ.
305.}
312. θώμεσθα δὴ τὸ φορτίον, φεῦ τοῦ κ., βαβαιάξ.
καπνῷ. Σ. 457. ἀλλὰ δρῶ τοῦτ', ἀλλὰ καὶ σὺ τύφε πολλῷ τῷ κ.
Σ. 1079. τῷ κ. τύφων ἅπασαν τὴν πόλιν καὶ πυρπολῶν,
El. 610. ἐξεφύσησεν τοσοῦτον πόλεμον ὥστε τῷ κ.
Λ. 311. ἐμπιπρᾶναι χρὴ τὰς θύρας καὶ τῷ κ. πιέζειν.
καπνῶν. Σ. 146. νὴ τὸν Δι' ὥσπερ γ' ἐστὶ δριμύτατος κ.
κἀπὸ. Ι. 312. κ. τῶν πιτρῶν ἄνωθεν τοὺς φόρους θυννοσκοπῶν. κ.τ.λ.
κἀπόβαιν'. Σ. 1161. ἔνθες πύδ', ὦ τᾶν, κ. ἐρρωμένως.
κἀποδείρας'. Λ. 953. τά τ' ἄλλα πάντα κ. οἴχεται.
κἀποβόσθαι. 1. 394. ἐν ξύλῳ δῆσαι ἀφανεῖ κ. βούλεται.
κἀποδράς. Β. 468. ἀπῄξας ἀγχων κ. ᾤχου λαβών,
κἀποδυθῇ. Β. 715. εἰργάσεις ἴσθ', ἵνα μή ποτε κ. μεθύων ἁ-
κἀποσιοῦμεν. Ν. 583. κ. δεινὰ βροντῇ δ' ἐρράγη δι' ἀστραπῆς·
κἀποκινδυνεύετον. Β. 1108. κ. λεπτῶν τι καὶ σοφῶν λόγων,
κἀποκλάσαι. Fr. 163, 3. σκάψαι κ. τε καὶ λουσαμένῳ διελ-
κύσαι,
κἀποκλείων. Σ. 334. κ. τὰς θύρας; λί-
κἀπολεῖ. Θ. 81. τοῦτ' αὐτὸ γάρ τοι κ. με προσδακῶ.
κάπολεῖς. Σ. 849. οἴμοι, διατρίψεις κ. τρυμήμμρῶν
κἀπολιλυκεν. Σ. 992. ἐξηπάτησαι, κ. οὐχ ἑκών.

κἀπολούμενον. Σ. 412. ὄντα κ., ὅτι
κἀπόλυσον. Σ. 988. μύσαι παρᾷξον κ., ὦ πάτερ.
κἀποπαρδών. Ο. 792. κ. κὐναπευύσας αὖθις αὖ κατέπτατο.
κἀποπυτίζει. Λ. 205. εὔχρων γε θαῖμα κ. καλῶν.
κάποροῦντας. Fl. 636. τοὺς πένητας ἀσθενούντας κ. ἀλφίτων,
κάπορῶν. El. 1184. εἰδὲν αὐτῶν, κ. θεῖ τῷ κακῷ βλέπων ὑπον.
κάποσσείσασθαι. Λ. 670. πᾶν τὸ σῶμα κ. τὸ γῆρας τόδε,
κάποσεμνυνούμεθα. Β. 703. εἰ δὲ τοῦτ' ὀγκωσόμεσθα κ.
κάποσυνάζεις. Ι. 259. κ. πείζων τοὺς ὑπευθύνους σκοπῶν
κἀποτέτριμμαι. Π. 1119. ἐγὼ δ' ἀπώλωλα κ. ΚΑ. σωφρονεῖς.
κάποφωρῶν. Ν. 1331. τὸν πατέρα τύπτεις; ΦΕ. κ. γε νὴ Δία
κάποχον. Λ. 677. ἱππικώτατον γάρ ἐστι χρήμα κ. γυνή.
κάποχωρησον. Α. 456. λυπηρὸς ἴσθ' ὢν κ. δόμων.
κάπτ'. Εκ. 686. τουτὶ δ' ἐκ τοῦ κ. ἐς τὴν στοιὰν χωρεῖν τὴν ἀλφιτόπωλιν.
καπριβίου. Fr. 421, 2. ἀλλὰ φέρεθ' ἡσάτιον. ἢ κ. νέου
κάπρον. Σ. 1202. ἀπολεῖ με. ποίας χάρακας ; ἀλλ' ὢς ἡ κ.
Fr. 193. Μελιτέα κ.;
κάπρον. Λ. 202. καταβεῖσα τούτην προσλαβοῦ μοι τοῦ κ.
Fr. 302, 5. οὐ χόρων οὐδὲ πῦν, οὐδ' ἦπαρ κ.,
κάπρου. Π. 304. ἔπισεν ὢν ὄντας π.
κάππρων. Λ. 1255. ἄγει ἄπερ τῶς κ.
καπρώσηβ. Π. 1024. γραῦς κ. τἀφίδια κατεσθίειν.
κάπτιθ'. Ο. 245. ἐμπίδας κ., ὅσα τ' εὐδρόσους γῆς τύπους
κάπτοντά. Fr. 287. παύσειν ἔοιχ' ἡ πανισαίμη κ.
κάπτον. Fr. 421, 1. ἁλς ἀφύης μοι. παρατίταμαι γὰρ τὰ λιπαρά κ.
κάπτωσιν. Εκ. 687. ἵνα κ. ; ΠΡ. μὰ ΔΙ', ἀλλ' ἵν' ἐκεῖ δειπνῶ- σιν. ΒΛ. ὅτῳ δὲ τὸ γράμμα
κἀπύργως'. Εl. 749. ἐποίσσε τέχνῃ μεγάλην ἡμῖν κ. οἰκοδο- μήσας
κἀπὠλεσας. Ν. 1177. νῦν οὖν ὅπως σώσεις μ', ἐπεὶ κά.
Κάρ. Ο. 764. εἰ δὲ δοῦλός ἐστι καὶ Κ. ὥσπερ Ἐξηκεστίδης,
κάρα. Λ. 946. κάτω κ. κρέμαιτο.
Α. 1218. λιγγυὶ κ. λίθῳ πεπληγμένος,
El. 153. κάτω κ. ῥίψας με βουκολήσεται.
Θ. 1102. κ. κομίζων. ΤΟ. τί λέγι Γοργόνως πέρι ;
κάραβος. Fr. 200. δικροκώλι', ἄρτοι, κ.
κάραβον. Fr. 302, 7. οἶδ' ἐγχέλειον, οὐδὲ κ. μέγαν
Fr. 334. οὐ κρανίον λάβρακον, οὐχὶ κ. πρίασθαι
κάραβος. Fr. 529. ἡ μᾶζα γάρ σα καὶ τὰ κρέα χὼ κ.
κάργαίνης. Α. 611. ἀνίνευσε καίτοι γ' ἐστὶ κὐδρων κ.
κάργύριον. Ο. 115. κ. ὠφελήσας, ὥσπερ ῥῶ, ποτὲ
κάρδαμα. Ν. 234. πάσχεις δὲ ταυτὸ τοῦτο καὶ τὰ κ.
Ν. 236. ἡ φρωντὶς ἕλκει τὴν ἰκμάδ' ἐς τὰ κ.
Σ. 455. ὀξυθύμων καὶ δικαίων καὶ βλεπόντων κ.
Θ. 616. στραγγουρῶ γάρ· ἐχθὲς ἴφαγον κ.
καρβαμίζεις. Θ. 617. τί κ. ; οὐ βαδιεῖ δεῦρ' ὡς ἐμέ ;
καρδία. Α. 485. ἰσθύων· ἄγε νυν, ὦ τάλαινα κ.,
Fr. 329. ἡ κ. τε τίς; ἀλλὰ πῶς χρήσθαι ποιεῖν;
καρδία. Ι. 1266. μηδὲ θυμαίνειν τὸν ἄνέστιον αὖ λυπεῖν ἱκούση κ.;
καρδίαν. Α. 1. ὅσα δὴ δέδηγμαι τὴν ἐμαυτοῦ κ.,
Α. 12. πῶς τοῦτ' ἔσεισέ μου δοκεῖς τὴν κ.;
Ν. 1368. κάνταύθα πῶς οἴεσθε μου τὴν κ. ὀρεχθείν;
Σ. 375. κ. καὶ τὸν περὶ ψυ-
Λ. 9. ἀλλ', ὦ Καλονίκη, κάομαι τὴν κ.,
Θ. 869. ἀλλ' ὥσπερ αἰκάλλεί τις κ, ἐμήν,
Β. 54. τὴν κ. ἐπάταξε πῶς οἴει σφόδρα ;
482. πρὶν τινά σ' ἰδεῖν ἀλλότριον ; ΔΙ. ἀλλ' ὠρακιῶ.
494. ἐντανθ' ἔχεις τὴν κ.; ΔΙ. δείσασα γὰρ
καρδίας. Λ. 489. τόλμησον, ἴθι, χώρησον, ἄγαμαι κ.
Ν. 86. ἀλλ' εἴπερ ἓν τῆς κ. μ' ὄντως φιλεῖς,
1391. οἴμοι γε τῶν νεωτέρων τὰς κ.
El. 525. ὡς δὴ σὺ πνεῖς, ὡς ἡδὺ κατὰ τῆς κ.,
Ο. 1474. ἐκτισῶν τι, κ. ἀ-
καρδιώττεις. Fr. Μ. Δημ. 11. ἢ κ.; ἀλλὰ τῶν χρῆσται ποιεῖν.
καρδοπείῳ. Ν. 286. ἢ κ. περιπατῇ τὸν αὐχένα,
καρδόπη. Ν. 680. ἐκείνῳ δ' ἦν ἂν, κ., Κλεωνύμῃ.
καρδόπην. Ν. 678. τὴν κ. ὥσπερ καλεῖς τὴν Σωστράτην
Ν. 679. τὴν κ. θηλείαν; ΣΩ. ὀρθῶς γὰρ λέγεις.
1251. ὅστις καλέσεις κάρδοπον τὴν κ.
Καρδοπίων. Σ. 1178. ἔπειτα δ' ἀτ' ὁ Κ. τὴν μητέρα
κάρδοπον. Ν. 669. διαλφιτώσω σαν κύκλῳ τὴν κ.
Ν. 670. ἰδοῦ μάλ' αὖθις τοῦτ' Κάρδοπον,
672. ἄρρενα καλῶ 'γὼ κ.; ΣΠ. μάλιστά γε,
1251. ὅστις καλέσεις κάρδοπον τὴν κ.
1258. ὁτιῇ 'κάλεσας εὐηθικῶς τὴν κ.
Β. 1159. χρῆσον σὺ μάκτραν, εἰ δὲ βούλει, κ.
κάρδοπος. Ν. 674. ταυτὸν δύνασαι σὺ κ. Κλεωνύμῳ.
Ν. 675. ἀλλ', ὠγάθ', οὐδ' ἦν κ. Κλεωνύμῳ,

κάρδοπος—καταγέλαστος. 161

κάρδοπος. N. 1246. τουτί τί ἐστι; ΠΑ. τοῦθ' ὅ τι ἐστί; κ.
κάρεβίνθων. Εκ. 45. ἡμῶν ἀκοτίσειν κ. χοίνικα.
κάρεθίξῃ. Λ. 475. ἢν μή τις ὥσπερ σφηκιὰν βλίττῃ με κ.
Κάρες. Ο. 292. ἢ 'πὶ τὸν δίαυλον ἦλθον; ΕΠ. ὥσπερ οἱ Κ. μὲν οὖν
καρηβαριᾶν. Fr. 625. κ.
κάρηνα. Fr. 1. "τί καλοῦσ' ἀμενηνὰ κ."
Καρίαν. I. 173. ἔτι νῦν τὸν ὀφθαλμῶν παράβαλ' ἐς Κ.
καρίδων. Σ. 1522. κ. ἀδελφοί·
Fr. 302, 2. ἢ τῶν πλατειῶν κ. ἢ πουλύπους,
καρίεντά. Θ. 1210. ὦ γρᾴδι', ὡς κ. σοι τὸ τυγάτριον,
Καρικῶν. Β. 1302. σκολίων Μελήτου, Κ. αὐλημάτων,
κάρισο. Θ. 1195. ἐμοὶ κ. σὺ τοῦτα. ΕΤ. δώσει οὖν δραχμήν;
Καρίων. Π. 624. παῖ Κ., τὰ στρώματ' ἐκφέρειν σ' ἐχρῆν,
Π. 1100. ὦ Κ., ἀνάμεινον. ΚΑ. οὗτος, εἰπέ μοι,
Καρκίν'. Σ. 1512. ὦ Κ., ὦ μακάριε τῆς εὐπαιδίας·
Καρκινίτης. Σ. 1505. ἕτερος τραγῳδὸς Κ. ἔρχεται,
καρκίνον. I. 608. ὥστ' ἔφη Θέαρος εἰπεῖν κ. Κορίνθιον·
ΕΙ. 1083. οὔποτε ποιήσεις τὸν κ. ὀρθὰ βαδίζειν.
Καρκίνος. ΕΙ. 781. ἢν δὲ σε Κ. ἐλθὼν
Καρκίνον. Ν. 1261. τῶν Κ. τις δαιμόνων ἐφθέγξατο.
Σ. 1501. τίς ὁ κακοδαίμων ἐστίν; ΒΔ. υἱὸς Κ.
1508. προσέρχεται γὰρ ἕτερος αὖ τῶν Κ.
ΕΙ. 864. εὐδαιμονέστερος φανεῖ τῶν Κ. στροβίλων.
Θ. 440. Ξενοκλέης ὁ Κ., δο-
καρκίνοις. Σ. 1507. μὰ τὸν Δί' οὐδέν γ' ἄλλο πλὴν γε κ.
καρπαλίμων. Θ. 957. κ. ποδοῖν.
καρπεία. Fr. 220. τὰ δὲ κ.
καρπεύειν. Fr. 436. κ.
καρπίμους. I. 326. ἢ σὺ πιστεύων ἀμέλγεις τῶν ξένων τοὺς κ.,
καρπίμων. Σ. 264. δεῖται δὲ καὶ τῶν κ. ἄττα μή 'στι πρῴα
ΕΙ. 1154. μυρρίνας τ' αἴτησον ἐξ Αἰσχινάδου τῶν κ.
καρπόν. Ν. 1119. εἶτα τὸν κ. τε καὶ τὰς ἀμπέλους φυλάξομεν,
Ο. 1006. δένδρεσί τ' ἐφεζόμενα κ. ἀποβόσκεται·
Π. 515. ἡ γῆς ἀρότροις ῥήξας δάπεδον κ. Δηοῦς θερίσασθαι,
καρποῦ. Εκ. 14. στοὰς τε κ. Βακχίου τε νάματος
καρπουμένῳ. Σ. 520. ἥτις ἢ τιμή 'στι· σοι κ. τὴν Ἑλλάδα.
καρπούς. Ν. 282. κ. τ' ἀρδομένας ἱερᾷ χθόνα,
Ο. 1062. σώζω δ' εὐθαλεῖς κ.,
καρποφόρον. Β. 382. ἄγε νυν ἑτέραν ὕμνων ἰδέαν τὴν κ. βασίλειαν,
καρπῶν. Β. 1034. γῆς ἐργασίας, κ. ὥρας, ἀρότους· ὁ δ' θεῖος Ὅμηρος
καρπώσεται. Α. 837. τὸ πρᾶγμα τοῦ βουλεύματος· κ. γὰρ ἀνὴρ
κάρτα. Α. 544. καὶ κ. μέντἂν εὐθέως καθείλκετε
Ο. 342. κ.· πῶς κλαύσει γάρ, ἢν ἅπαξ γε τωφθαλμὼ 'κκοπῇς·
καρτερά. Θ. 639. ὡς καὶ στιβαρά τις φαίνεται καὶ κ.·
καρτερᾶν. Α. 393. ὥρα 'στιν ἆρα μοι κ. ψυχὴν λαβεῖν,
καρτεροῦ. Α. 622. καὶ ναυσὶ καὶ πεζοῖσι, κατὰ τὸ κ.
Β. 1395. δ τι σοι καθήλξεις, κ. τε καὶ κ. γὰρ
καρτερός. Θ. 31. ἔστιν τις Ἀγάθων. ΜΝ. μῶν ὁ μέλας ὁ κ.;
Β. 464. τίς οὗτος; ΔΙ. Ἡρακλῆς ὁ κ.
κάρτι. Ο. 495. κ. καθεύδον' καὶ πρὶν δειπνεῖν τοὺς ἄλλους, οὗτος ἄρ' ᾖσε, κ.τ.λ.
κάρυ'. Σ. 58. ἡμῖν γὰρ οὐκ ἔστ' οὔτε κ. ἐν φορμίδος
κάρυα. Π. 1056. αὐτοῦ, λαβοῦσα κ. ΓΡ. παιδίων τίνα;
καρυά. Fr. 509, 2. τὰ κ. μοὐξέπιπτεν.
καρυκοποιεῖν. I. 343. ὑτιὴ λέγειν οἵος τε κἀγὼ καὶ κ.
κάρυξ. Α. 983. κ. ἐγών, ὦ κυράνιε. ναὶ τὼ σιὼ
καρυξῶ. Α. 748. ἐγὼν δὴ κ. Δικαιόπολιν ὅπα.
Καρυστίοις. Α. 1181. ἀμοισί. ΑΘ. καὶ γὰρ ναὶ μὰ Δία Κ.
Καρυστίοισιν. Α. 1058. νυντὶ τῶν Κ., ἀν-
κάρφη. Ο. 643. καὶ τἀμά κ. καὶ τὰ παρόντα φρύγανα,
κάρφος. Σ. 249. κ. χαμᾶθέν νυν λαβὼν τὸν λύχνον πρόβυσον.
Λ. 474. κάτοπιν μηδὲν ἔνθαδί, κινοῦσα μηδέ κ.
καρχαρόδοντα. I. 1017. σώζεσθαί σ' ἐκέλευσ' ἱερὸν κύνα κ.,
καρχαρόδοντι. Σ. 1031. θρασείαις ξυστὰς εὐθὺς ἀπ' ἀρχῆς αὐτῷ τῷ κ.,
ΕΙ. 754. καὶ πρῶτον μὲν μάχομαι πάντων αὐτῷ τῷ κ.,
κάρχηθμος. Β. 588. κάκιστ' ἀπολοίμην, ὁ γλάμων.
κάρχιτεκτόνει. ΕΙ. 305, πρὸς τάδ' ἡμῖν, εἴ τι χρὴ δρᾶν, φράζε κ.,
κάς. Α. 184. κ. τοὺς τρίβωνας ξυνελέγοντο τῶν λίθων·
Ο. 949. κ. τὴν πυλίν γ' ἐλθὼν ποιήσω δὴ ταδί·
κασαλβάβα. Fr. 402. τὴν πυρβολὴν καλοῦσα κ.
κασαλβάζειν. Εκ. 1106. ὑπὸ ταινδε ταῖν κ., δεῦρ' ἐσπλύειν.
κασαλβάσων. I. 355. οἶνου χύα κ. τοὺς ἐν Πύλῳ στρατηγούς.
κασαυρίειν. I. 1285. κ. κ. λείχειν τὴν ὑπόπτυστον δρόσων,
κάσθ'. Α. 46. ταῦτ' αὐτὰ γάρ τοι κ. δ σώσειν προσδοκῶ,
κλσθενῆς. Εκ. 539. ψύχος γὰρ ἦν, ἐγὼ δὲ λεπτὴ κ.
κασιγνήτῳ. Θ. 900. οὐ γὰρ γαμοῦμαι σῷ κ. ποτέ,

κάσπενθεν. ΕΙ. 672. χῶστις φίλος κ., εἶναι μὴ μάχαι.
κάσπόδει. Ν. 1376. κάπειτ' ἔφλα με κ. κάπνιγε κάπέτριβεν.
κάστ'. Ν. 800. κ. ἐκ γυναικῶν εὐπτέρων τῶν Κοισύρας.
Ο. 1184. κ. οὐ μακράν ἀπωθεν, ἀλλ' ἐνταῦθά που
κάστη. Σ. 1356. τὸ γὰρ υἱίδιον τηρεῖ με κ. δύσκολον κ.τ.λ.
κάστιν. Α. 836. ὦ νὴ Δί' ἐστι δῆτα. τίς κ. ποτε;
Λ. 838. ἔγωγε· κ. οὑμὸς ἀνὴρ Κινησίας. κ.τ.λ.
κάστιν. Ν. 97. κ. περὶ ἡμᾶς οὗτος, ἡμεῖς δ' ἀν θρακεεῖς. κ.τ.λ.
κάστον. Ο. 326. κ. ἤδη που παρ' ἡμῖν; ΕΠ. εἰ παρ' ὑμῖν εἰμ' ἐγώ.
Κάστορα. Α. 208. καὶ μὰν ποτύδδει γ' ἀδὺ ναὶ τὸν Κ.
Λ. 988. ὑπὸ τῆς ὁδοῦ· ΚΗ. παλεύρῃ γα ναὶ τὸν Κ.
κάστρατηγήσειν. Β. 1196. εἰ κ. γε μετ' Ἐρασινίδου.
κάστωμυλάμην. Α. 580. εἰ πτωχὸς ὢν εἰπῶν τι κ.
κάστωμυλάτον. Θ. 461. οἷα κ.
κατ'. Α. 202. πέω τὰ κ. ἀγροὺς εἰσιὼν Διονύσια. κ.τ.λ.
κατ'. Α. 29. νοστῶν κάθημαι. κ. ἐπειδὰν ὧ μόνος. κ.τ.λ.
κατά. Α. 195. κ. γῆν τε καὶ θάλατταν. ΔΙ. ὦ Διονύσια, κ.τ.λ.
Α. 295. σοῦ γ' ἀκούσωμεν· ἀπολεῖ κ. σε χώσομεν τοῖς λίθοις. κ.τ.λ.
κάτα. Β. 1212. καθαπτῶς ἐν πεύκαισι Παρνασῶν κ.
κᾆτα. Α. 815. ἰδεσθ' ἐκεῖσε, κ. τὴν κιφαλὴν ἰδεῖ κ.τ.λ.
κᾳτά. Ο. 103. ὁρνις ἔγωγε. ΕΤ. κ. σοι ποῦ τὰ πτερά;
κατάβα. Β. 979. κ. κ. κ. κ. ΒΑ. καταβήσομαι.
Σ. 980. καίτοι τὸ κ. τοῦτο πυλλοῖς δὴ πάνυ
Β. 35. κ., πανοῦργε. καὶ γὰρ ἐγγὺς τῆς θύρας
καταβάδην. Α. 411. ἐγὼν κ.; οὐκ ἐτὸς χωλοὺς ποιεῖς.
καταβαίνειν. Α. 409. ἀλλ' ἐκκυκλήσομαι· κ. δ' οὐ σχολή.
καταβαίνεις. Ο. 483. ὁ δ' ἀνὴρ ἐρωτᾷ, ποῦ σὺ κ.; — ὕποι·
Εκ. 1152. ταδὶ λαβῶν· ἐν ὑσῳ δὲ κ., ἐγὼ
καταβαίνων. Θ. 482. καγὼ χαρας εἴτα κ. λάθρα.
καταβαίνων. Ν. 508. εἴσω κ. ὥσπερ ἐς Τροφωνίου.
καταβαλεῖν. Fr. 405. "τοίχον μοχλίσῳ κ."
καταβαλεῖς. ΕΙ. 1124. οὐ κ. ὦ θυηπόλε;
καταβαλεῖν. Α. 165. οὐ κ. τὰ σκύρωδ'. ΘΕ. ᾧ μοχθηρὲ σύ,
καταβαλλειν. ΕΙ. 897. πλαγίαν κ. ἐν γνώατα καθῆ' ἐσταίων.
καταβαλῶ. Σ. 727. ὥστ' ἤδη τὴν ὀργὴν χαλάσας τοὺς σκίπωνας κ.,
καταβαλόντα. Α. 274. μέσην λαβόντ', ἄραντ', κ.
καταβασά. Λ. 864. φέρε νυν καλίσω κ. σοι. ΚΙ. ταχύ νυν πάνυ.
καταβάσης. Σ. 1514. ἀτὰρ κ. γ' ἂν' αὐτοῦ μ', ὦζυρέ.
Λ. 884. οἷον τὸ τεκεῖν κ. τί γὰρ πάθω;
καταβέβληκεν. Fr. 86. τὴν μίλιναν κ. α. οἰμώζουσά γε.
κατάβηθ'. Ν. 237. ἴθι νυν, κ., ὦ Σωκρατίδιον, ὡς ἐμέ,
Λ. 883. ἔστιν. ΚΙ. κ., ὦ δαιμονία, τῷ παιδίῳ.
καταβήσθι. Λ. 873. κ. δεύρο. ΜΥ. μὰ Δί' ἐγὼ μὲν αὐτός' οὐ καταβήναι. Σ. 347. ἥτις σε λάθρα τἀνδρὸς τοὑδὶ κ. δεῦρο παιήσει,
καταβήσει. Σ. 397. αὐτὸν δῆσας. ΣΠ. ὦ μιαρώτατε, τι ποιεῖς; οὐ μὴ κ.
Λ. 874. ἐμοῦ καλοῦντός σὺ κ., Μυρρίνη;
καταβήσομαι. Σ. 979. κατάβα κατάβα κατάβα κατάβα. ΒΔ. κ.
Σ. 981. ἐξηπάτηκεν. ἀτὰρ ὅμως κ.
ΕΙ. 725. πῶς δῆτ' ἐγὼ κ.; ΕΡ. θάρρει, καλῶς·
καταβιώσῃ. Θ. 1215. ὁρτῶς δὲ συβίῃ 'στί κ. γάρ.
καταβοήσομαι. I. 286. κ. βοῶν σε.
καταβρεχθῶ. Ν. 267. μήπω μήπω γε, πρὶν ἂν τουτὶ πτύξωμαι,
καταβροχθίζει. I. 826. κ., καμφοῖν χειροῖν
καταβροχθίσας. I. 357. κ., κᾆτ' ἐπιπιὼν τὸν ζωμὸν ἀναπονίπτος
καταγαγείν. ΕΙ. 890. ταύτης μετέωρα κ. ἀνάρρυσιν.
καταγαγών. I. 262. κ. τὰς Χερρονήσου διαλαβὼν ψηγνύσσαις.
κάταγε. ΕΙ. 458. ὑπότινε δὴ πᾶς, καὶ κ. τοῖσιν κάλῳς.
Καταγείᾳ. Α. 944. οὐκ ἂν κ. ποτ', οὔ.
καταγελᾷ. Α. 606. τοῖς δ' κ. Καμαρίνῃ κἀν Γέλα κἀν Κ.
καταγελᾷς. Λ. 1081. οἴμοι κακοδαίμων, κ. ἤδη σύ μου.
I. 161. πωλεῖς τε τὰς ἀλλᾶντας, ἐμοῦ κ.
Ν. 1238. οἴμ' ὡς κ. ΣΤ. ἐξ χύας χωρήσεται.
Σ. 1406. καί κ. μον; προσπαλούμεν ὁ 'ιστιε εἴ κ.,
ΕΙ. 1245. οἴμοι κ. ΤΡ. ἀλλ' ἕτεραν παραινέσω.
Ο. 1407. Κεκροπίδα φυλήν; ΚΙ. κ. μον, δῆλοι εἶ.
Π. 880. οἴμοι τάλας· μῶν καὶ σύ μετέχων κ.;
καταγελᾶσθαι. Α. 680. ὑπὸ νεανίσκων ἐστὶ κ. ῥητόρων,
καταγέλαστ'. Λ. 751. δ κ. ᾤχουσα τὴν ἱερὰν κυνὴν
Λ. 907. ὦ κ., ἐναντίον τοῦ παιδίου·
Β. 480. ὦ κ., οὐκοῦν ἀναστήσει ταχὺ;
Λ. 968. ὦ κ. 125. ὡς καὶ κ. τὸ πρᾶγμα φαίνεται.
Εκ. 126. πῶς κ.; Γ Β. ὥσπερ εἴ τις σηπίας
καταγέλαστος. Ν. 849. δἰεκτρυον'. ΣΤ. ἀμφω ταυτί· κ. εἶ.
Α. 1020. γυμνῶν ὄντων' οὑτος. ὁρῶ γὰρ ὡς κ. εἶ.

Υ

καταγέλαστος—καταλάβοι.

καταγέλαστος. Λ. 1024. πρῶτα μὲν φαίνει γ' ἀνήρ. εἶτ' οὐ κ. εἶ.
Θ. 226. τεμνόμενος. ΕΥ. οὔκουν κ. δῆτ' ἔσει
καταγελῶ. Ι. 713. ἐγὼ δ' ἐκείνου κ. γ' ὅσον θέλω.
καταγελῶμιν. Ο. 98. ἄνθρωπος. ΕΤ. οὐ σοῦ κ. ΕΠ. ἀλλὰ τοῦ;
καταγελώμενος. Σ. 516. ἐξαμαρτάνω διπλῶν; ΒΛ. κ. μὲν οὖν
καταγελων. Α. 76. ἄρ' αἰσθάνει τῶν κ. τῶν πρέσβεων;
Ι. 319. ἢν δὴ ἁμὴ τοῦτ' ἔδρασε ταυτών, ὥστε κ.
καταγελῶν. Α. 1108. ἄνθρωπε, παῦσαι κ. μου τῶν ὅπλων.
καταγελῶς. Α. 1126. ταῦτ' οὐ κ. ἐστιν ἀνθρώποις πλατύς;
καταγελῶσι. Εκ. 864. καλούμεθ' αὐτάς. ΑΝ. Α. ἦν δὲ κ., τί;
καταγῇς. Fr. 502. ἵνα μὴ κ. τὸ σκώφιον πληγείς ξύλῳ.
καταγηράσομαι. Ι. 1308. ὑπὸ τερπνῶν σακκίω' ἐνταῦθα κ.
καταγιγαρτίσαι. Α. 275. βαλόντα κ.,
καταγλωττισμάτων. Ν. 51. ἡ δ' αὖ μύρου, κρόκου, κ.,
κάταγμα. Λ. 584. χωρὶς ἕκαστον· κᾆτ' ἀπὸ τούτων πάντων τὸ
κ. λαβοῦντας
κατάγματα. Λ. 583. διαγιγνώσκειν ὅτι ταῦθ' ἡμῖν ὥσπερ τὰ κ.
κεῖται
καταγνούς. Ι. 46. οὕτος κ. τοῦ γέροντος τοὺς τρόπους,
καταγνώμεν. Fl. 703. ἰδὼν τίθον κ. οἴνου πλέων.
καταγνώσεσθε. Ι. 1360. εἰ μὴ κ. ταύτην τὴν δίκην
καταγνωμένοις. Ι. 1367. κ. τὸν μισθὸν ἀποδώσω 'ντελῆ.
καταγορεύσῃ. ΕΙ. 107. ἐὰν δὲ μή σοι κ.; ΤΡ. γράφομαι
κατάγου. Fr. 60. κ. ῥαθιάζων
καταβακτυλικός. Ι. 1381. οὔκουν κ., σὺ τοῦ λαλητικοῦ;
καταβαρθεῖν. Ν. 38. ἔασον, ὦ δαιμόνιε, κ. τί με.
Εκ. 628. [οἱ φαυλότεροι] κοὐκ ἐξέστω παρὰ τοῖσι καλοῖς η.
Π. 527. ἔτι δ' οὐχ ἕξεις οὔτ' ἐν κλίνῃ κ.. οὐ γὰρ ἔσονται·
καταβαρθόντα. Π. 300. εἰκῇ δὲ κ. που,
καταβαρθῶ. Εκ. 37. ἆρ' οὐ κ. ὑ γὰρ ἀνήρ, ὦ φιλτάτη,
καταβάρθωμεν. Θ. 795. κἂν κ. ἐν ἀλλοτρίων παίζουσαι καὶ
κοπιῶσαι,
καταβεδυκώς. Σ. 140. καὶ μυσπολεῖ τι κ. ἀλλ' ἄθρει,
καταβείξαντος. Β. 1062. ἀμοῦ χρηστῶς κ. διελυμηνω σύ. ΕΥ.
τί δράσας;
κατάβηλα. Π. 1065. ὄψει κ. τοῦ προσώπου τὰ ῥάκη.
καταβηλλάγην. Σ. 1284. εἰσὶ τινες οἱ μ' ἔλεγον ὅτι κ.,
καταβραμοῦσα. Εκ. 961. καὶ σύ μοι κ.
καταβωροδοκεῖται. Β. 361. ἡ τῇς πόλεως χειμαζομένης ἀρχῶν κ.,
καταβωροδοκῆσαι. Σ. 1036. τοιοῦτον ἰδὼν τέρας οὐ φησιν
δείσας κ.,
καταθείην. Εκ. 795. ταῦτα κ. ΑΝ. Β. μὴ γὰρ οὐ λάβοις ὅποι.
καταθεῖναι. Εκ. 607. ὥστε τί κέρδος μὴ κ.; σὺ γὰρ ἐξευρῶν
ἀπύθειξον.
Εκ. 610. νὺν δ', ἔσται γὰρ βίος ἐκ κοινοῦ, τί τὸ κέρδος μὴ κ.;
769. οὐ δ' οὐ κ. διανοεῖ; ΑΝ. Β. φυλάξομαι.
Π. 597. τοὺς δὲ πένητας τῶν ἀνθρώπων ἁρπάζειν πρὶν κ.
καταθείς. Εκ. 603. καὶ μὴ κ. ψευδορκήσει. ΒΛ. κάπτήσατο
γὰρ διὰ τοῦτο.
Εκ. 855. καὶ ποῖ βαδιεῖ σὺ μὴ κ. τὴν οὐσίαν;
καταθεῖσα. Λ. 202. κ. ταύτην προσλαβοῦ μου τοῦ κάπρου.
καταθείσαν. Λ. 114. τουτὶ κ. ἐκεινεῖ αὐθημερίν.
καταθίμενοι. ΕΙ. 1207. ἴθι νυν, κ. παρ' ἐμοὶ ταῦτ' εἴσιτε
κατάθες. Σ. 661. διὰ τούτων νυν κ. μισθὸν τοῖσι δικασταῖς
ἐνιαυτοῦ,
καταθέσθαι. Β. 166. πρὶν καὶ κ.; ΔΙ. καὶ ταχέως μέντοι πάνυ.
Εκ. 512. ἰδεῖν, κ. θοἰμάτιον αὐτοῦ πάλιν
καταθήσει. Εκ. 602. καὶ Δαρεικοὺς, ἀφανῆ πλούτον; ΠΡ.
ταῦτ' ἐν τῷ μέσῳ κ.
καταθήσειν. Ν. 216. πρᾶττέ μ' ὁμοῦμαί σοι κ. τοὺς θεούς.
καταθήσεις. Β. 176. εἰ μή κ. οἴω βραχμάς, μὴ διαλέγου.
Εκ. 796. θάρρει, κ., κἂν ἔνης ἔλθῃς. ΑΝ. Α. τιή;
καταθήσομαι. Ι. 489. καὶ τὰς μαχαίρας ἐνθαδί κ.
ΕΙ. 882. κ. γὰρ αὐτὸς ἐς μέσους ἀγων.
καταθήσω. Εκ. 677. τὸ δὲ βῆμα τί σοι χρήσιμον ἔσται; ΠΡ.
τοὺς κρατῆρας κ.
Εκ. 681. τὰ δὲ κληρωτήρια ποῖ τρέψεις; ΠΡ. ἐς τὴν ἀγορὰν κ.
746. βλ. κ. τἀμά; γενναιότατα κ.
κατάθου. Α. 244. κ. τὸ πηνίον, ὦ θύγατερ, ἵν' ἀπαρξώμεσθα.
Α. 342. οὐτοσὶ σοι χαμαί, καὶ σὺ κ. πάλιν τὸ ξίφος.
345. ἀλλὰ μή μοι πρόφασιν, ἀλλὰ κ. τὸ βέλος.
861. κ. τὸν γλόχων' ἀτρέμας, ᾿Ισμηνία·
Ι. 155. ἄγε δὴ σὺ κ. πρῶτα τὰ σκεύη χαμαί,
1227. κ. ταχέως τὸν στέφανον, ἵν' ἐγὼ τουτονὶ
1228. αὐτὸν περιθῶ. ΑΛ. κ. ταχύς, μαστιγία.
Ν. 497. ἴθι νυν, κ. θοἰμάτιον. ΣΤ. ἠδίκηκά τι;
500. κ. τί ληρεῖς; ΣΤ. εἶπέ δή νύν μοι τουδί·
635. ἀνύσας τι κ., καὶ πρόσεχε τὸν νοῦν. ΣΤ. ἰδού.
Fl. 59. κ. τὸ κόρημα· μὴ 'κκύρει τὴν Ἑλλάδα.
66. ἄγε δὴ σὺ κ. πρῶτα τὰ σκεύη χαμαί,
Ο. 401. καὶ τὸν θυμὸν κ. πύψας

καταθου. Β. 528. κ. τὸ δέρμα. ΞΑ. ταῦτ' ἐγὼ μαρτύρομαι
Β. 627. κ. οὐ τὰ σκεύη ταχέως, χώπως ἐρεῖ
Εκ. 1033. ὕδατός τι κ. τοὔστρακον πρὸ τῇς θύρας.
Π. 926. κ. ταχέως θοἰμάτιον. ΚΑ. οὕτος, σοί λέγει.
καταθῶ. ΕΙ. 1214. τί δῆτα τουτονὶ κ. σοι τοῖν λύροιν;
κατάθωμαι. Σ. 567. οἱ δὲ σκώπτουσ', ἵν' ἐγὼ γελάσω καὶ τὸν
θυμὸν κ.
καταιβάτου. ΕΙ. 42. τοῦτ' ἐστι τὸ τέρας οὐ Διῒ κ.
καταιδέσθην. Ν. 1468. ναὶ καί, κ. πατρῷον Δία.
καταιθαλώσεις. Ο. 1261. κ. τῶν νεωτέρων τινός;
καταιθαλώσῃ. Ο. 1242. κ. σου Λικυμνίαις βολαῖς,
καταιθαλώσω. Ο. 1248. κ. πυρφόροισιν ἀετοῖς,
κάταιθε. Θ. 730. ὕφαπτε καὶ κ.· σὺ δὲ τὸ Κρητικὸν
καταίθειν. Θ. 727. καὶ κ. τὸν πανοῦργον, πυρπολεῖν θ' ὅσον
τάχος.
καταισχυνῶ. Ν. 1220. ἀτὰρ οὐδεποτέ γε τὴν πατρίδα κ.
Ο. 1451. τί δαὶ ποιήσεις; ΣΤ. τὸ γένος οὐ κ.
καταίτυος. Θ. 68. ὄντος κ. τὰς στροφᾶς οὐ ῥᾴδιον,
κατακανθήσομαι. Ν. 1505. ἐγὼ δὲ κακοδαίμων γε κ.
κατακάνω. Λ. 1218. ὑμᾶς κ.; φορτικόν τὸ χωρίον.
κατακάων. Ν. 407. ὑπὸ τοῦ ῥοίβδου καὶ τῇς ῥύμης αὐτοῖς ἑαυτὸν κ.
κατάκειμαι. Εκ. 313. ἐγὼ δὲ κ. πάλαι χεζητιῶν,
κατακείμενον. Α. 70. ἐφ' ἀρμαμαξῶν μαλθακῶς κ.,
κατακείμενον. Εκ. 541. σὺ δ' ἐν ἀλέᾳ κ. καὶ στρώμασιν
κατακείμενος. Α. 72. παρὰ τὴν ἔπαλξιν ἐν φορυτῷ κ.;
Σ. 1236. τί δ', ὅταν θέωρος πρὸς ποδῶν κ.
κατακεῖσ'. Α. 920. ἰδού, κ. ἀνύσας τι· κἀγὼ 'κδύομαι
κατακεῖσει. ΕΙ. 1331. καλῶς κ.
κατάκεισο. Α. 985. πίνε, κ., λαβὲ τήνδε φιλοτησίαν,
Λ. 925. ἰδοὺ ψίαθοσ' κ., καὶ δὴ 'κδύομαι.
948. ἀλλ' φίζεμά κ. καὶ μή μοι φέρε
κατακεισόμεθ'. Λ. 773. Ζεὺς ὑψιβρεμέτης, ΧΟ. ΓΤ. ἐπάνω κ.
ἡμεῖς;
κατάκειται. Εκ. 514. κ. δὴ πάνθ' ἅπερ εἶπας· σὺν δ' ἔργον τἆλλα
διδόαιεν,
κατακεκερματισμένα. Fr. Μ. Δαιτ. 30. οὐδ' ἀργύρι' ἐστί κ.
κατακεκλειμένα. Π. 206. εἴρων ἀπαξάπαντα κ.;
κατακεκοιμένα. Π. 973. σκώπτεις· ἐγὼ δὲ κ. δειλάκρα
κατακεκράκτα. Ι. 304. ὦ μιαρὲ καὶ βδέλυρε καὶ κ., τοῦ σοῦ
θράσους
κατακεκράξομαι. Ι. 287. κ. σε κρᾴζων.
κατακέλευε. Β. 207. βατράχων κύκνων θαυμαστά. ΔΙ. κ. δή.
κατακέλευσον. Ο. 1273. ὦ τρισμακάρι, ὦ κ. ΠΕ. τί σύ λέγεις;
κατακλαύσαντες. Σ. 386. ἀνελόντες καὶ κ. θεῖναί μ' ὑπὸ τοῖσι
δρυφάκτοις.
κατάκλεισθ. Σ. 154. καὶ τὴν κ. ἐπιμελοῦ καὶ τοῦ μοχλοῦ
κατακλεισθεῖς. Ν. 404. ὅταν ἐς ταύτους ἀνεμος ζηρὸς μετεωρισθείς
κατακλίνω
κατακλίνεο. Α. 910. σὺ δ' οὐ κ.; ΜΥ. ποῦ γὰρ ἂν τις καὶ
τάλαν,
κατακλίνειν. Π. 411. ἐγὼ, κ. αὐτὸν εἰς 'Ασκληπιοῦ
κατακλινεῖς. Ν. 694. οὐδὲν μὰ Δι', ἀλλὰ κ. δευρὶ ΣΤ. τί δρῶ;
Σ. 1208. ποῦ· ἀλλὰ δευρὶ κ. προσμάνθανε
κατακλίνηθι. Α. 904. σὺ δ' ἀλλὰ κ. μετ' ἐμοῦ διὰ χρόνου.
κατακλίνηθί. Σ. 1211. ὡδὶ κελεύεις κ.; ΒΔ. μηδαμῶς.
κατακλίνης. Σ. 906. φιλεῖς· τί οὐν οὐ κ. ὦ Μυρρίνον;
κατακλινήσομαι. Ι. 98. ἀγάθ' ἀλλ' ἕνεγκε' ἐγώ δὲ κ.
κατακλινόμενοι. Σ. 1040. κ. τ' ἐπὶ ταῖς κοίταις ἐπὶ τοῖσιν
ἀπράγμοσιν ὑμῶν
κατακλινῶ. Σ. 1210. πῶς οὖν κ.; φράζ' ἀνύσας. ΒΔ. εὐσχημόνως.
Λ. 918. καίπερ τοιοῦτον ὄντα, κ. χαμαί.
κατάκλυζε. ΕΙ. 843. καὶ τὴν πυέλον κ., καὶ θέρμαιν' ὕδωρ
κατακνήσαι. Σ. 966. φησί κ. ΦΙ. νὴ Δί', ἀλλὰ ψεύδεται.
κατακνηθέντων. Ι. 771. ἐπὶ ταυτησὶ κ. ἐν μυττωτῷ μετὰ τυροῦ
κατακοιμηθῶ. Θ. 46. πηνύν τε γένη κ.,
κατακοπτόμενα. Λ. 730. ὑπὸ τῶν σέων κ. ΛΥ. ποίων σέων;
κατακόπτουσα. Σ. 1473. κ. πράγμασι·
κατακρημνάμεναι. Ν. 377. κ. πλήρεις ὄμβρου δι' ἀνάγκην, εἶτα
βαρεῖαι
κατακρήσει. Ι. 1020. πολλοί γὰρ μίσει σφε κ. κολοιοί.
κατακτύν. Fl. 1244. γενήσεταί σοι τῶν κ. κοττάβων.
κατακύπτων. Fr. 554. ἔσθ' ἀνακύπτων καὶ κ. τοῦ σχήματος
οὕνεκα τοῦδε
κατακωλύεις. Α. 108. ἀλλ' ἐγκόνει· δειπνεῖν κ. πάλαι.
καταλαβεῖν. Λ. 179. θύσιν δοποιοῦσις κ. τὴν ἀκρόπολιν.
Α. 624. κ. τὰ χρήματ' ἡμῶν τῶν τε κοψίων,
Θ. 1209. ἥκοντα κ. ΜΝ. ἐγὼ δὴ τοῦτο δρῶ.
Εκ. 21. αὐτίκα μάλ' ἔσται· κ. δ' ἡμᾶς ἕδρας,
86. νὴ τὸν Δί', ὥστε δεῖ σὲ κ.
καταλάβοι. Α. 753. τί δῆτα ταύτην εἶχες; ΓΤ. Γ. ἵνα μ' εἰ κ.

καταλάβοιεν—κατάρχομεν. 163

καταλάβοιεν. Ι. 857. τὰς ἐσβολὰς τῶν ἀλφίτων ἂν κ. ἡμῶν.
καταλάβοις. Θ. 1221. ἔτ' ἄν κ., εἰ διώκοις ταυτηί.
καταλαβόντες. Π. 297. βληχώμενοι, σὲ τουτονὶ πιοῶντα κ.,
καταλαλεῖν. Fr. 197. κ.:
καταλαλῶν. Β. 752. τί δὲ ταῖς θύραις ταῦτα κ.; ΑΙ. ἐγώ;
καταλαμβάνετ'. Θ. 794. ἔνδοθεν εὕρετε φροῦδον τὸ κακὸν καὶ
  μὴ κ. ἔνδυν.
καταλαμβάνω. ΕΙ. 880. σκηνὴν ἐμαυτοῦ τῷ πέει κ.
καταλέγειν. Λ. 394. ἔλεγεν ὁπλίτας κ. Ζακυνθίων·
καταλέγωσι. Α. 1065. ὅταν στρατιῶτας κ., τουτῳὶ
καταλείπειν. Ν. 976. εἴδωλον τοῖσιν ἐρασταῖσιν τῆς ἥβης μὴ κ.
καταλείπεις. Θ. 1134. μέμνησο Περσεῦ μ' ὧν κ. ἀθλίαν.
κατάλειπτος. Ι. 1332. οὐ χοιρίων ὄζων, ἀλλὰ σπονδῶν,
  σμύρης κ.
ΕΙ. 862. μύρῳ κ.
καταλείπων. Σ. 583. κἂν ἀποθνήσκων ὁ πατὴρ τῳ δῷ κ. παῖδ'
  ἐπίκληρον,
κατάλειφ'. Ο. 660. κ. ἡμῖν δεῦρ' ἐκβιβάσας, ἵνα παίσωμεν μετ'
  ἐκείνης.
καταλείφθης. ΕΙ. 200. πῶς οὖν σὺ δῆτ' ἐνταῦθα κ. μόνος.
καταλείψει. Π. 556. εἰ φεισάμενος καὶ μοχθήσας κ. μηδὲ
  ταφῆναι.
καταλελειμμένον. Π. 680. εἴ που τύπανον εἴη τι κ.'
καταλλείπεται. Λ. 107. ἀλλ' οὐδὲ μοιχοῦ κ. φειφάλυξ.
καταλλοιτ'. Λ. 736. ἢν ἄλσπον οἴκοι κ. ΛΓ. αὕτη 'τέρα
καταλεπτολογήσει. Β. 828. ῥήματα δαιομένῳ κ.
καταλελυμένα. Α. 285. σὲ μὲν οὖν κ., ὦ μιαρὰ κεφαλή.
καταληπτικός. Ι. 1380. κ. τ' ἄριστα τοῦ θοριμβητικοῦ.
καταλήψεσθ'. Ι. 1060. τὰς πυέλους φησὶν κ. ἐν βαλανείῳ.
κατάληψιν. Ν. 318. καὶ τερατείαν καὶ περίλεξιν καὶ κρούσιν
  καὶ κ.
καταληψόμεσθα. Λ. 176. κ. γὰρ τὴν ἀκρόπολιν τήμερον.
καταλίπῃ. Ο. 1645. τὰ χρήμαθ', ὅσ' ἂν ὁ Ζεὺς ἀποθνήσκων κ.
καταλιπῶς.' Εκ. 537. ᾤχου κ. ὡσπερεὶ προκείμενον,
καταλιπῶν. Θ. 447. παιδάρια πέντε κ., ἀγὼ μόλις
Π. 69. διαβεῖς γὰρ ἐπὶ κρημνῶν τιν' αὐτῶν κ.
Fr. 347. κ. Παναίτιον
κατάλιφ', Λ. 214. τασδὶ δ' ὁμήρους κ. ἡμῖν ἐνθάδε'
καταλλαγῆς. Ο 1588. παρὰ τῶν θεῶν περὶ πολέμου κ.
καταλόγῳ. Ι. 1369. ἐπιθ' ὁ πολίτης ἐντεθεὶς ἐν κ.
καταλύει. Ν. 838. ὥσπερ τεθνεῶτος κ. μου τὸν βίον.
καταλύει. Β. 359. ἢ στάσιν ἐχθρὰν μὴ κ., μηδ' εὔκολός ἐστι
  πολίτας,
Π. 948. ὅτιἡ κ., περιφανῶς ἐστι κ.
καταλύειν. Σ. 2. φυλακὴν κ. νυκτερινὴν διδάσκομαι.
Εκ. 453. δῆμον κ., ἀλλὰ πολλὰ κἀγαθὰ,
καταλύσαι. Λ. 112. μετ' ἐμοῦ κ. τὸν πύλεμον ; ΜΓ. νὴ τὼ
  θεώ.
καταλύσεις. Π. 142. τὴν δύναμιν, ἣν λυπῇ τι, κ. μόνος.
καταλῶ. Fr. 267. πτίττω, βράττω, μάττω, δεύω, πέττω, κ.
καταμελίτωσε. Ο. 224. οἷον κ. τὴν λύχμην ὕλην.
καταμεμιτωτευμένα. ΕΙ. 247. ἀπαξάπαντα κ.
καταμηδῶν. Ι. 1150. κημῶν κ.
καταμιγνύντας. Λ. 580. κ. τοὺς τε μετοίκους κεἴ τις ξένος ἢ
  φίλος ὑμῖν,
καταμίξας. Ν. 230. λεπτὴν κ. ἐς τὸν ὅμοιον ἀέρα
καταμισθοφορῆσαι. Ι. 1352. κ. τοῦθ', ὃ τὸν μισθὸν λέγων
καταμύσῃς. Σ. 92. ἢν δ' οὖν κ. ἄκων λέγω,
κατανεύσων. Εκ. 72. ὑμεῖς δὲ τί φατέ ; ΓΤ. Δ. φασί' κ. γάρ.
κατάνευσον. Θ. 1020. κ., ἕασον ᾠ.
κατανίφει. Ν. 965. τοὺς κομῆτας γυμνοὺς ἀθρόους, κεὶ κριμ-
  νώδη κ.
κατάντη. Β. 127. βούλει ταχείαν καὶ κ. σοι φράσω;
καταντιβολείτον. Fr. 523. κ. αὐτὸν ὑποπιπτοκότες,
κατανιικρύ. Εκ. 57. ὑπὸ τῷ λίθῳ τῶν πρυντάνεων κ.,
κατανιλῇ. Σ. 483. ταῦτά ταῦτα σου κ. καὶ ξυνωμότας καλῇ.
καταξαίνειν. Α. 320. ἀμὴ οὗ κ. τῶν ἄνδρα τοῦτον τς φοινικίδα;
καταξειῶ. Λ. 1166. εἶτα κ. τις αὐτοῦ μεθύων τῆς κεφαλῆς
  'Ορέστης
κατάξῃ. Α. 931. ἂν μή φέρων κ.
κάτεξον. Fr. 488. τασδὶ κ. τῇ κεφαλῇ σαυτοῦ λίθῳ.
καταξῆσαι. Fr. 212. χαμευνίξει καὶ κ., ἡμῶν καὶ βωμολοχεύει.
καταπαρδεῖν. Π. 618. καὶ τῆς Πενίας κ.
καταπάσαι. Ν. 177. κατὰ τῆς τραπέζης κ. λεπτὴν τέφραν.
καταπάστοισ. Ι. 968. ἔχον κ. καὶ στεφάνην ἐφ' ἅρματος
καταπάστοις. Ι. 502. ἔλθοις στεφάνοις κ.
καταπάτῃ. Ι. 99. ἦν γάρ μεθυσθῇ, κῆτα ταντί κ.
καταπατουμένοις. Ν. 262. κ. γὰρ παπίλη γενήσομαι.
καταπανσυμενοισιν. Ι. 1264. ἢ κ.
καταπαῦσαι. Εκ. 718. ἔπειτα τὰς πόρνας κ. βούλομαι

καταπαύσω. Ο. 1397. νὴ τὸν Δί' ᾖ 'γώ σου κ. τὰς πνοάς.
καταπελτάσονται. Α. 160. κ. τὴν Βοιωτίαν ὕλην.
καταπεπλασμένη. Εκ. 878. ἰγὼ δὲ κ. ψιμυθίῳ
καταπεπλασμένος. Π. 724. ἐνταῦθα νῦν κάθησο κ.,
καταπεπυρπολημένος. Θ. 243. θάρρει. ΜΝ. τί θαρρῶ κ.;
καταπέπωκε. Σ. 1147. ἐρίων τάλαντον κ. ῥᾳδίως.
καταπέπωκεν. Fr. 601. γαλήν κ.:
καταπεπωκυῖας. Ο. 1137. γέρανοι, θεμελίους κ. λίθους.
καταπεπωκὼς. Ο. 1429. ἀνθ' ἅρματος πολλὰς κ. δίκας.
καπάπεσ'. Ο. 840. λεκάνην ἀνένεγκε, κ. ἀπὸ τῆς κλίμακος.
καταπίσῃ. Fr. 201. μηδὲ γεύσασθ' ἅττ' ἂν ἐντὸς τῆς τραπέζης κ.
καταπεσών. Ν. 1273. τί δῆτα ληρεῖς ὥσπερ ἀπ' ὄνου κ.,
  Ο. 89. οὐ δὲ τὴν κορώνην οὐκ ἀφήκας κ.;
Εκ. 962. τήνδ' εἰ δὲ μὴ, κ. κείσομαι.
καταπετάσαντες. Σ. 132. κ. ἐν κύκλῳ φυλάττομεν.
καταφρόντικα. Ν. 857. ἀλλ' οὐκ ἀπολώλεν', ἀλλὰ κ.
κατάπηξον. Ο. 360. εἶτα κ. πρὸ σαυτοῦ. ΕΤ. τοῖσι δ' ὀφθαλ-
  μοῖσί τί;
καταπίνει. Β. 1466. εὖ, πλὴν γ' ὁ δικαστὴς αὐτὰ κ. μόνος.
καταπίνη. Fr. 548. ἵν' ἐπαγλαίσῃ τὸ ταλμάτιον καὶ μὴ βήτ-
  των κ.
καταπόμενός. Ι. 693. ὡς δὴ κ. με. μορμὼ τοῦ θράσους.
καταπιτώσαντας. Εκ. 1109. ζῶσαν κ., εἶτα τὸ πυδε
καταπιῶν. Α. 484. ἕστηκας; οὐκ εἶ κ. Εὐριπίδην;
καταπλαγήσει. Fr. 1. τὸ κ. τοῦτο παρὰ τῶν ῥητόρων.
κατάπλασμα. Fr. 221. δισμὰ καὶ κ.
καταπλάσματα. Fr. 309. 12. σφραγῖδας, ἀλοίφεις, δακτυλίους, κ.,
καταπλεύσαντ'. Π. 717. κ. ἐνεχείρησε τρίβειν, ἐμβαλὼν
καταπλιγήσει. Fr. Μ. Δαιτ. 16, 4. τὸ κ. τοῦτο παρὰ τῶν
  ῥητόρων.
καταπλῦναι. Fr. 546, 2. καὶ κ. κατ' ἐκπλῦναι
καταπνεύσῃ. Λ. 552. ἵμερον ἡμῶν κατὰ τῶν κύλπων καὶ τῶν
  μηρῶν κ.
καταποθήσεται. Σ. 1502. ὁ μέσατος. ΦΙ. ἀλλ' οὐτός γε κ.'
καταποιεῖς. Ι. 435. οὐ τοι μὰ τὴν Δήμητρα κ. τάλαντα πολλὰ
Ν. 1240. ἐμοῦ κ. ΣΤ. θαυμασίας ἥσθην θεοῖς,
Σ. 1366. οὐ τοι μὰ τὼ θεὼ κ. Ἀυλλῶ ταῦτα δρῶν,
1390. οὐ τοι μὰ τὼ θεώ κ. Μυρτίας
Θ. 566. οὐ τοι μὰ τὼ θεὼ σὺ κ. λέγουσα ταντί.
καταπιός. Σ. 1044. πέρυσιν κ. καιανάταις σπείραντ'
  αὐτῶν διανοίαι,
καταπρώκτων. Εκ. 364. τίς τῶν κ. δεινὸς ἐστι τὴν τέχνην
καταπτάμενον. Σ. 16. κ. ἐς τὴν ἀγορὰν μέγαν πάνυ
καταπτάμενος. Ο. 1624. κ. Ιντίνου, ἁρπάσας λάθρα,
κατάπτυσον. Β. 1179. ἐνοῦπαν ἔξω τοῦ λόγου, κ.
κατάπυγον. Θ. 200. καὶ μὴν σύ γ', ὦ κ., εὐρύπρωκτός εἰ
καταπύγον. Σ. 687. ὕπαι εἰσελθῶν μειρακίοις σοι κ., Χαι-
  ρέου υἱός.
καταπύγανας. Α. 79. ἡμεῖς δὲ λαικαστάς τε καὶ κ.
καταπυγωνίστερον. Λ. 776. ὅρνεον οὐδ' ὁτιοῦν κ. εἶναι
καταπυγοσύνη. Fr. 180. κ. ταῦτ' ἐπὶ πρὸς κρέας μέγα.
καταπυγοσύνης. Ν. 1023. κ. ἀναπλῆσει.
καταπυγών. Ι. 639. ἐκ δεξιᾶς ἀνέπαρδ κ. ἀνήρ.
Ν. 529. ὁ σώφρων τε κ. ὧν κ. ἄριστ' ἠκουσάτην,
  909. κ. εἴ κἀναίσχυντος.
Σ. 84. ἐπεὶ κ. γέστιν ὅ γε Φιλόξενος.
καταρᾷ. Ν. 871. οὐκ ἐς κόρακας; κ. σὺ τῷ διδασκάλῳ ;
καταράκτη. Ο. 886. καὶ λιασῷ, καὶ ἐραδιῷ, καὶ κ., καὶ με-
καταράσαι. Σ. 614. κ. κὰ ταυθορύσαι. ἀλλ' ἢν μή μοι
  ταχὺ μάχῃ,
  Λ. 815. πολλὰ κ. ῥήματα πονηροί.
καταράσωμαι. Π. 746. ὅταν κ. λάθρα τῷ δεσπότῃ.
κατάρατε. ΕΙ. 1077. καὶ πῶς, ὦ κ., λύκος ποτ' ἂν οἶν ὑμεναιοῖ
  Λ. 530. σοί γ', ὦ κ., σιωπῶ 'γὼ, καὶ ταῦτα κάλυμμα φορούσῃ
  Θ. 1109. κ. τύλμασ' ἀνοσιουργοῦ καλᾷ;
κατάρατο. Θ. 1097. λίλο καὶ κ. γύναικο.
καταράτω. ΕΙ. 1272. εἰρήνης γ' οὕσης· ἀμαθεῖς γ' εἱ καὶ κ.
Εκ. 949. ἐξηπάτησο ἡ κ. γραβίου·
κατάρατοι. ΕΙ. 33. οἷον δὴ κνύμας ὁ κ. ἐσθίει,
  Θ. 1048. ὦ κ. ἐγὼ τίς ταῖς οὖν ἰνύφετατι
  Β. 178. ἔνγ' ἐγὼ μὰ Δἱ' οὐκ οἰμώξεται·
καταράτους. Σ. 1157. ἄγε νυν, ἀποδύου τὰς κ. ἰμβάδας,
κατάρδων. Α. 658. οὐδὲ πανουργῶν, οὐδὲ κ., ἀλλὰ τὰ βέλτιστα
  διδάσκων.
κατάρῃ. Ο. 959.
καταροῦσιν. Ο. 582. οἱ δ' αὖ κόρακες τῶν ζευγαρίων, οἷσιν τὴν
  γῆν κ.
καταρρέοντες. Α. 26. ἀθρόοι κ.· εἰρήνη δ' ὕπας
καταρρυεῖς. ΕΙ. 71. ἕως ξυνετρίβη τῆς κεφαλῆς κ.
κατάρρυης. ΕΙ. 146. ἐκεῖνο τήρει, μὴ σφαλεὶς κ.
κατάρχομεν. Λ. 638. ἡμεῖς γὰρ, ὦ πάντες ἀστοί, λόγων κ.

Υ 2

164 κατασβέσαιμι—κατέλαβες.

κατασβέσαιμι. Λ. 374. ἐγὼ δί γ', ἵνα τὴν σὴν πυρὰν τούτῳ κ.
κατασβέσεις. Λ. 375. τοὐμὸν σὺ πῦρ κ.; ΧΟ. ΓΥ. τοὔργον τάχ' αὐτὸ δείξει.
κατασέσηπας. Π. 1035. οὐκ, ἀλλὰ κ., ὡς γ' ἐμοὶ δοκεῖς.
κατασήμηναι. Fr. 95, 2. ἐν κίστῃ που κ.
κατάσκαπτ'. Ν. 1488. τὸ τέγος κ., εἰ φιλεῖς τὸν δεσπότην,
κατασκίους. Α. 965. πάλλει, κραδαίνων τριοὶ κ. λόφους.
κατάσκοπος. Θ. 588. ἐκεῖνος εἴη τῶν λόγων κ.
κατασπάσαντες. Ι. 856. νύκτωρ κ. ἂν τὰς ἀσπίδας θἄοντες
κατασπένδειν. Ι. 1094. εἶτα κ. κατὰ τῆς κεφαλῆς ἀρυβάλλῳ
κατασπέρχων. Α. 1188. λῃστὰς ἐλαύνων καὶ κ. δορί.
κατάστασιν. Θ. 958. πανταχῇ κυκλοῦσαν ὄμμα χρὴ χοροῦ κ.
κατάστειλόν. Θ. 256. ἴθι νυν κ. με τὰ περὶ τῶ σκέλη.
καταστῇ. Ι 865. ὅταν μὲν ἡ λίμνη κ., λαμβάνουσιν οὐδέν·
καταστῆσαι. Ο. 841. φύλακας κ., τὸ πῦρ ἔγκρυπτ' ἀεί,
καταστῆσαί. Εκ. 715. ἀρχειν, κ. τι τὰ ζυσσίτια,
καταστήσεσθε. Εκ. 1041. ὥστ' εἴ κ. τοῦτον τὸν νόμον,
καταστήσω. Ο. 1672. ἀλλ' ἦν μεθ' ἡμῶν ᾖς, κ. σ' ἐγὼ
 Εκ. 1064. ἀλλ' ἐγγυητὰς σοι κ. δύο
καταστρέφει. Ι. 274. καὶ κέκραγας, ὥσπερ ἀεὶ τὴν πόλιν κ.;
κατασχίσαντες. Σ. 239. κᾆθ' ἡγόμην τοῦ κορκόρου, κ. αὐτόν.
κατασχών. Β. 1208. Ἄργος κ., ΑΙ. ληπίθιον ἀπώλεσεν,
κατατιλούμενος. Λ. 965. κ.,
κατάτεμνε. ΕΙ. 1059. κ. ποῦ τράπεζα; τὴν σπονδὴν φέρε.
κατατεμῶ. Α. 301. κ. τοῖσιν ἱππεῦσι καττύματα.
κατατέτηκ'. Π. 1034. ὑπὸ τοῦ γὰρ ἀλγους κ., ὦ φίλτατε,
κατατετιλήκειν. Εκ. 330. Κινησίας σου κ. ποιεῖν·
κατατετμημένα. Ο. 1524. ἵν' εἰσάγοιτο σπλάγχνα κ.
κατατέτριμμαι. Fr. 4, 1. ὅστις αὐλοῖς καὶ λύραισι κ. χρώμενος,
κατατετρίμμεθα. ΕΙ. 355. πολλύμεθα καὶ κ.
κατατίθω. Εκ. 871. ὅταν κ., προσποιῇ τῶν χρημάτων.
καταπλῆ. Β. 366. ἡ κ. τῶν Ἑκαταίων, κυκλίοισι χοροῖσιν ὑψιδῶν,
καταπιλώμενοι. Ο. 1117. δώσεθ' ἡμῖν, πᾶσι τοῖς ὄρνισι κ.
καταπμηθείην. Ι. 768. ἀπολοίμην καὶ διαπρισθείην κ. τε λέπαδα.
καταπμηθεὶς. Ι. 769. κάγαγ', ὦ Δῆμ', εἰ μή σε φιλῶ καὶ μὴ στέργω, κ.,
κατατοξεύσω. Ν. 944. καὶ διανοίαισι κ.
κατατριακοντουτίσαι. Ι. 1391. ἐξεστιν αὐτῶν κ.;
καταφαγεῖν. Α. 78. τοὺς πλείστα δυναμένους κ. τε καὶ πιεῖν.
 Ι. 706. ὦν ὀρθυμος, φέρε τί σοι δῶ κ.;
 ΕΙ. 851. ἄγε νυν ἴωμεν. εἰπέ μοι, δῶ κ.
 Π. 1137. δοίης κ. καὶ κρέας νεανικὸν
 1174. ἀπόλωλ' ὑπὸ λιμοῦ. κ. γὰρ οὐκ ἔχω,
καταφάγῃς. Εκ. 1092. καλῶς, ἐπειδὰν κ. βολβῶν χύτραν.
καταφάγω. ΕΙ. 138. νῦν δ' ἅττ' ἂν αὐτὸς κ. τὰ σιτία,
καταφαγών. Ι. 354. θύννεια θερμὰ κ., κᾆτ' ἐπιπιὼν ἀκράτου
 Ι 361. ἀλλ' σὺ λάβρακας κ. Μιλησίους κλονήσεις.
 Ο. 82. εὔθει κ. μύρτα καὶ σέρφους τινός.
καταφανῶς. Ι. 942. κἱμοὶ δοκεῖ καὶ τίλλα γ' εἶναι κ.
καταφοβεῖσθον. Β. 1109. εἰ δὲ τοῦτο κ., μή τις ἀμαθία προσῇ
κατάφρυγει. Ν. 396. καὶ κ. βάλλων ἡμᾶς, τοὺς δὲ ζῶντας περιφλύει.
καταφυλάξῃ. Εκ. 482. μή πού τις ἐκ τοὐπισθεν ὧν τὸ σχῆμα κ.
καταχέασα. Θ. 487. ἐγὼ δὲ κ. τοῦ οἰφοῦμου ὕδωρ
καταχέει. Α. 1040. κ. σὺ τῆς χορδῆς τὸ μέλι·
 Α. 1128. κ, σὺ, παῖ, τοὐλαιον, ἐν τῷ χαλκίῳ
 1130. κ. σὺ τὸ μέλι. κάνδωδ' εὐθηλος γέρων
καταχεῖν. Ι. 1091. τοῦ δήμου κ. ἀρυταίνῃ πλουθυγίειαν.
καταχείσθαι. Ο. 463. ὂν διαμάττειν οὐ κωλύει· σφῷν παῖ στέφανον·
καταχεῖται. Σ. 7, κατὰ ταῖν κόραιν ὕπνου τι κ. γλυκύ.
 Σ. 713. οἴμοι, τί ποθ' ὥσπερ νάρκη μου κατὰ τῆς χειρὸς κ.,
καταχέοντων. ΕΙ. 971. ἡμῶν κ. ἡδὺν τοσσοντονὶ
καταχέσαντι. Ν. 174. ἡσθην γαλεώτῃ κ. Σωκράτους·
καταχέσονται. Fr. 207, 3. καὶ κ.
καταχέω. Α. 246. ἴν' ἔτνος κ. τουλατήροι τουτουί.
 Π. 790. ταυτί κ. σου λαβοῦσα. ΠΛ. μηδαμῶς.
καταχηνη. Σ. 575. ἆρ' οὐ μεγάλη τουτ' ἐστ' ἀρχὴ καὶ τοῦ πλούτου κ.
 Εκ. 631. νὴ τὸν Ἀπόλλων καὶ δημοτικὴ γ' ἡ γνώμη καὶ κ.
καταχημήν. Σ. 576. δεύτερον αὖ σοι τουτὶ γράφομαι, τὴν τοῦ πλούτου κ.
καταχρεμψαμένη. ΕΙ. 615. ὧν κ. μέγα καὶ πλατὺ
κατάχυσμ'. Ο. 535. κ. ἕτερον γλυκὺ καὶ λιπαρόν,
καχύχυσμα. Ο. 1637. μάγειρε, τὸ κ. χρὴ ποιεῖν γλυκύ.
καταχύσματα. Π. 768. φέρε νυν ἰοῦ· εἴσω κομίσω κ.
 Π. 789. φέρε νυν, νόμος γάρ ἐστι, τὰ κ.
 794. εἶτ' οὐχὶ δέξει δῆτα τὰ κ.;
καταχυτρίσαι. Fr. 626. κ.

καταψευδόμενος. ΕΙ. 533. ταύτης κ.· οὐ γὰρ ἥξεται.
καταψῶν. ΕΙ. 75. καύτοὺς κ. αὐτὼν ὥσπερ πωλίον,
κατίαγε. Α. 1180. καὶ τῆς κεφαλῆς κ. περὶ λίθον πεσών,
κατίαγεν. Θ. 403. ἀνὴρ ἱρατῷ, τῷ κ. ἡ χύτρα·
κατέαγη. Σ. 1428. καὶ ποτ κ. τῆς κεφαλῆς μέγα σφόδρα·
κατέαγότος. Π. 545. ἀντὶ δὲ θράνους στάμνου κεφαλὴν κ., ὀντὶ δὲ μάκτρας
κατίαξ'. Σ. 1436. κ. ἐχῖνον. ΚΑ. ταῦτ' ἐγὼ μαρτύρομαι,
κατίβαινον. Ο. 558. ὥσπερ πρότερον μοιχεύσοντες τὰς Ἀλκμήνας κ.
κατέβαλε. Σ. 1385. ὁ πρεσβύτερος κ. τὸν νεώτερον.
κατεβλακευμένως. Π. 325. καὶ συντεταμένως κού κ.
κατεβαυκάλισαί. Fr. 716. "κ. με."
κατεβόησε. Α. 711. κ. ἴδ' ἂν κεκραγὼς τοξότας τρισχιλίους,
κατεβρόχθισα. Ο. 503. ὀβολὸν κ.· κᾆτα κενὸν τὸν θύλακον οἴκαδ' ἀφείλκον.
κατεγέλα. Σ 1305. ἐνήλαθ', ἐπικίρτα, πεπόρδει, κ.,
κατεγέλων. ΕΙ. 476. ἀλλ' ἡ κ. τῶν ταλαιπωρουμένων,
 Π. 838. καὶ κ. δ', εἰ οἶδ' ὅτι. ΔΙ. κομιδῇ μὲν οὖν.
κατεγλωττίξ. Α. 380. διέβαλλε καὶ ψευδῇ κ. μου
κατεγλωττισμένῃ. Ι 352. ὑπὸ σοῦ μοναυτάτου π. σιωπᾶν·
κατεγλωττισμένον. Θ. 131. καὶ θηλυδριῶδες καὶ κ.
κατέδει. ΕΙ. 717. ὅσαι δὶ κ. χύλικας ἐφθὰς καὶ κρέα.
 Εκ. 595. πῶς οὖν ἔσται κοινὸς ἅπασιν; ΠΡ. κ. σπίλεθον πρότερός μου.
κατίδειξ'. Β. 1079. οὐ προαγωγοὺς κ. οὕτος,
κατίδειξε. Β. 1032. Ὀρφεὺς μὲν γὰρ τελετάς θ' ἡμῖν κ. φόνων τ' ἀπέχεσθαι,
κατίδειξέν. Ο. 500. τῶν Ἑλλήνων· ΠΕ. καὶ κ. γ' οὕτοι πρῶτοι βασιλεύων
κατίδεισο'. ΕΙ. 759. τοιοῦτον ἰδῶν τέρας οὐ κ., ἀλλ' ὑπὲρ ὑμῶν πολεμίζων
κατίδεσθον. ΕΙ. 1117. οὔ τοι μὰ τὴν Γῆν ταῦτα κ. μόνω,
κατεθήσομεν. Σ. 838. τροφαλίδα τυροῦ Σικελικὴν κ.;
κατεθοδοκὼς. ΕΙ. 387. μου γε κ.,
κατέδομαι. Α. 1112. ἀλλ' ἢ πρὸ δείπνου τὴν μίμαρκυν κ.
 Fr. 528. ἐπὶ τῷ ταρίχει τὸν γέλωτα κ.
κατέδονται. Ο. 588. πρῶτα μὲν αὐτῶν τὰς οἰνάνθας οἱ παρνόπες οὐ κ.,
 Ο. 590. εἴθ' οἱ κνῖπες καὶ ψῆνες ἀεὶ τὰς συκᾶς οὐ κ.;
κατεδύσαμέν. Β. 49. κάνανμάχησας; ΔΙ. καὶ κ. γε ναῦς
κατεδύσαμεν. Ο. 599. τοὺς θησαυροὺς τ' αὐτοῖς δείξουσ' οὓς οἱ πρότερον κ.
κατέθηκας. 1007. τὴν πεντακοσιοστὴν κ. τῇ πόλει.
κατέβης. Β. 274. κ. οὖν που τοῖς πατραλοίαις αὐτόθι
κατείδον. Β. 410. νῦν δὴ κ., καὶ μάλ' εὐπροσώπου,
κατειλήφασιν. Λ. 242. ἥδη κ. ἀλλ' ὦ Λαμπιτοῖ,
κατειληφώς. Ο. 279. ἕτερος αὖ λόφιον τις ὄρνις ουτοσί·
κατειλυσομένην. Λ. 722. τὴν δ' ἐν τροχιλίας αὖ κ.,
κάτειμ'. ΕΙ. 405. ἴθι δὴ, κ.· ἴσως γὰρ ἂν πείσαι ἐμέ.
κατειπάτω. ΕΙ. 20. ὑμῶν δέ γ' εἴ τις οἶδ' ἐμοὶ κ.
κάτειπε. Ι. 1339. τί δ' ἔδρων πρὸ τοῦ, κ., καὶ ποίὸς τις ἦ;
 Ν. 155. φρόντισμα; ΣΤ. ποίον· ἀντιβολῶ, κ. μοι.
 Ν. 170. ὑπ' ἀσκαλαβώτου. ΣΤ. τίνα τρόπον· κ. μοι.
 224. πρῶτον μὲν ᾦ τι δρᾶς, ἀντιβολῶ, κ. μοι.
 478. ἀγε δή, κ. μοι σὺ τὸν σαυτοῦ τρόπον,
 1278. εἰ μαποδώσει τἀργύριον. ΣΤ. κ. νυν,
 ΕΙ. 657. ἀλλ' ὅ τι σιωπᾷς, ὦ πότνια, κ. μοι.
 826. διελλυθώς. ΟΙ. ἴθι νυν, κ. μοι, ΤΡ. τὸ τί;
 Π. 86. τουτὶ δὲ τὸ κακὸν τίς ποθ' ἡμᾶς ἐπαθες; κ. μοι.
κατεῖπεν. Θ. 340. ὑποβαλλομένη κ., ἡ βουλὴ τινὸς
κατείπῃ. Σφ. 495. μή καὶ τις ἡμᾶς ὀψεται χλαμύν· ἴσως κ.
κατείπῃς. ΕΙ. 377. ἡμῶν κ., ἀντιβολῶ σε, δέσποτα.
κατεῖπον. Σ, 283. τῷ Σάμῳ πρῶτοι κ.,
κατελέω. Σ. 54. φέρε νυν κ. τοῖς θεαταῖς τὸν λόγον,
κάτειρε. Fr. 130, 2. κ. γὰρ οἶνος οὐ
κατείχες. Εκ. 434. ἀλλ' ἦσαν ἥττους· ὦ δὲ κ. τῇ βοῇ,
κατέκαυσεν. Ν. 411. τῇφεκαυμῷ μου προσετίλησεν καὶ κ. τὸ πρόσωπον.
κατεκείμεθα. Π 671. σιγᾶν, ἅπαντες κοσμίως κ.
κατέκειτ'. Β. 489. κ. ἂν σοφρονίμουσιν, ἔχεε δειλὸς ἦν
κατεκλίνομεν. Π. 692. κ. δ' αὐτὸν ἐντυλίξας ἡσυχῇ.
κατεκλίναμεν. Π. 662. κ. τὸν Πλοῦτον, ὥσπερ εἰκὸς ἦν
κατεκλίνη. Σ. 123. νύκτωρ κ. αὐτὼν εἰς Ἀσκληπιοῦ·
 Λ. 19. κ., ἡ δ' ἔλουσεν, ἡ δ' ἐψώμισεν.
κατεκλίνης. Α. 906. φιλεῖς· κ. ὦ Μύρριον, κατέκνησα. Σ. 965. εἰ μὴ κ. τοῖς στρατιώταις ἅλαβες.
κατεκόησαν. Ο. 1688. ἐς καιρὸν ἄρα κ. οὗτοι
κατεκοστάβιζον. Fr. 207, 1. τότε μὲν γε σου κ. **
κατελαβες. Π. 1146. μὴ μνησικακήσῃς, εἰ σὺ Φυλῆν κ.

κατέλαβον—κατόπιν. 165

κατέλαβον. Λ. 481. Κραναάν κ.,
Λ. 721. κ. ᾗ τοῦ Πανὸς ἐστι ταυλίον,
κατελάσαι. Fr. Μ. Δαιτ. 5. πρὶν κ. τὴν σπαθίδα, γεύσασθαι μύρου.
κατελάσας. ΕΙ. 711. ὦ δέσποθ' Ἑρμῆ, τῆς Ὀπώρας κ.;
Εκ. 1052. ποτέρας προτέρας οὖν κ. ἀπαλλαγῶ;
Fr. 8, 2. πρὶν κ. τὴν σπαθίδα γεύσασθαι μύρου.
κατελείφθη. ΕΙ. 200. πῶς οὖν σὺ δῆτ' ἐνταῦθα κ. μόνος;
κατέλεξα. Π. 517. λῆρον ληρεῖς. ταῦτα γὰρ ἡμῖν πάνθ' ὅσα νῦν δὴ κ.
Π. 555. ὡς μακαρίτης, ὦ Δήματερ, τὸν βίον αὐτοῦ κ.,
κατελθεῖν. Β. 1167. οὐ φημὶ τὸν Ὀρέστην κ. οἴκαδε·
Fr. 198, 2. ἔτλη κ.; β. ἵν' ἀφ' ἑκάστης τῆς τέχνης
κατέλιπε. Β. 1353. ἐμοὶ δ' ἄχε' ἄχεα κ.,
κατέλιπεν. ΕΙ. 694. πάμπολλα, καὶ τάρχαῖ' ἅ κ. τότε.
κατέλιπον. Εκ 542. κ., ὦνερ. ΒΛ. αἱ δὶς δὴ Λακωνικαὶ
Fr. 326, 1. ἀλλ' ἀρτίως κ. αὐτὴν σμωμένην
κατέλυσαν. Ο. 543. ἐπ' ἐμοῦ κ.
κατεμελίγωσε. Ο. 224. οἶον κ. τὴν λόχμην ὕλην.
κατεμαύση. Fr. 207, 2. νυνὶ δὲ καὶ κ., τάχα δ' εὖ οἶδ' ὅτι
κατένασθεν. Σ. 662. ἐξ χιλιάσιν, κούπω πλείους ἐν τῇ χώρᾳ κ.,
κατένιψε. Α. 138. εἰ μὴ κ. χιόνι τὴν Θράκην ὕλην,
κατεπᾴγων. Ι. 25. τὸ μάλωμεν, εἶτα δ' οἴμοι κ. κυκνόν.
κατεπάλαισεν. Α. 710. ἀλλά κ. ἂν μὲν πρῶτον Εὐάθλους δέκα,
κατέπαρδεν. Σ. 618. βρομησάμενος τοῦ σοῦ δίνου μέγα καὶ στράτιον κ.
ΕΙ. 547. κ. ἄρτι τοῦ ξιφουργοῦ 'κεινουί.
κατέπαυσεν. ΕΙ. 739. πρῶτον μὲν γὰρ τοὺς ἀντιπάλους μόνος ἀνθρώπων κ.,
κατεπείγων. Εκ. 294. ἔπου κ.,
κατέπεσεν. Σ 1513. ὅσον τὸ πλῆθος κ. τῶν ὀρχίλων.
κατεπέτασ'. Π. 731. κ. αὐτοῦ τὴν κεφαλὴν φοινικίδι
κατέπινε. Λ. 564. ἐδεδίσκετο τὴν ἰσχαδόπωλιν καὶ τὰς δρυπέτεις κ.
κατέπινον. Ν 338. ὄμβρους θ' ὑδάτων δροσερὰν Νεφελᾶν εἴτ' ἀντ' αὐτῶν κ.
κατεπίπτου. Εκ. 829. πάλιν κ. πᾶς ἀνὴρ Εὐριπίδου.
κατέπλασεν. Π. 721. κ. αὐτοῦ τὰ βλέφαρα ἑκατέρωθεν, ἵνα
κατέπτατο. Ο. 789. κᾆτ' ἂν ἐμπλησθεὶς ἐφ' ἡμᾶς αὖθις αὖ κ.
Ο. 792. κάπομαρδὼν κἀνανευσῃς αὖθις αὖ κ.
κατεργάσει. 1. 842. κ. γὰρ ῥᾳδίως, πλευρὰς ἔχων τοιαύτας.
κατεργάγῃ. 1. 933. τάλαντον, ἢν κ.,
Εκ. 247. αἱρουμεθ', ἢν ταῦθ' ἀπιούσης κ.
κατερείξει. Σ. 649. ἢν μή τι λέγῃς, ἥτις δυνατὴ τὸν ἐμὸν κ.
κατερεῖς. ΕΙ. 189. εἰ μὴ κ. μοι τοὔνομ' ὅ τι ποτ' ἐστί σοι.
Β. 299. ξύνθραψ', ἱκετεύω, μηδὲ κ. ταῦνομα,
κατερικτῶν. Β. 505. ἐπεττεν ἄρτους, ᾖνε κ. χύτρας
κατεροῦσιν. Ο. 594. τὰς τ' ἐμπορίας τὰς κερδαλέας πρὸς τὸν μάρτιν κ.
κατερράγη. Α 528. κἀντεῦθεν ἀρχὴ τοῦ πολέμου κ.
Ι. 644. ἐξ οὗ γὰρ ἡμῖν ὁ πόλεμος κ.,
κατερρινημένον. Β. 902. καὶ κ.,
κατερρύην. Fr. 143. δρμου παρόντος τὴν ἀτραπὸν κ.
κατέρυκεις. Σ. 601. σκέψαι δ' ἀπὸ τῶν ἀγαθῶν οἵων ἀποκλείεις καὶ κ.,
κατέρχεται. Β. 1165. φεύγων δ' ἀνὴρ ἥκει τε καὶ κ.
κατέρχομαι. } Β. 1128. } ἥκω γὰρ ἐς γῆν τήνδε καὶ κ.
                     1153.
Β. 1156. ἥκω γὰρ ἐς γῆν, φησί, καὶ κ.'
1157. ἥκω δὲ ταυτὸν ἐστί τῷ κ.
κατερῷ. Ν. 518. ὦ θεώμενοι, κ. πρὸς ὑμᾶς ἐλευθέρως
κατεσθίει. Σ. 956. τί οὖν ὄφελος, τὸν τυρὸν εἰ κ.;
κατεσθίειν. Α 975. ὧν τὰ μὲν ἐν οἰκίᾳ χρήσιμα, τὰ δ' αὖ πρέπει χλιαρὰ κ.,
Ι. 496. δάκνειν, διαβάλλειν, τοὺς λόφους κ.,
Π. 1024. γραὸς κωπρώσης τάφρια κ.
κατεσθίεις. Ι. 258. ἐν δίπῃ γ', ἐπεὶ τὰ κοινὰ πρὶν λαχεῖν κ.,
κατεσθίουσιν. Σ. 1116. τὸν γόνον κ., οὐ ταλαιπωρούμενοι.
κατεσκίλιζε. Σ. 911. κ. κατέπληττ' ἐν τῷ σκότῳ,
κατεσκέδασα. Ο. 536. κἄπειτα κ. θερμὸν
κατέσκηψ'. Fr. 471, 2. Ἄρης κ. ἐς τε μονομάχου πάλης
κατέσκαπτα. Ι. 718. αὐτὸς δ' ἐκείνου τριπλάσιον κ.
κατεσπάραξε. 1. 729. τὴν εἰρεσιώνην μου κ.
κατέσπασα. Λ. 725. εἰς 'Ορπιλόχου χθὲς τῶν τριχῶν κ.
κατέσπασας. Β. 576. δρέπανον λαβοῦσ', ᾧ τὰς χύλικας κ.
κατεσπόδησεν. Θ. 580. οὐδ' ὡς τὸν ἄνδρα τῷ πελέκει γυνή κ.,
κατεστρεφόμην. Σ. 1092. καί κ.
κατεστωμυλμένη. Β. 1160. οὐ δῆτα τοῦτό γ', ὦ κ.
κατέσχε Λ. 274. ἐπεὶ οὐδὲ Κλεομένης ὡς αὐτὴν κ. πρῶτος,
κατεσχίσω. Β. 404. σὺ γὰρ κ. μὲν ἐμὲ γέλωτι

κατετίλας. Ο. 1054. μέμνησ' ὅτε τῆς στήλης κ. ἑσπέρας;
κατέτραγον. Α. 809. ἀλλ' οὐχὶ πάσας κ. τὰς ἰσχάδας.
κατέτριβεν. Fr. 124, 1. παρέσω κ. ἱμάτια. β. κἄπειτα πῶς
κατεύδει. Θ. 1193. τί οὗ κ. παρ' ἐμέ; ΕΤ. χαῖρε, τοξότα·
κατευτρέπιζ'. Εκ. 510. ταύτας κ. ἐγὼ δὲ βούλομαι
κατέφαγ'. Β. 551. ἐκκαίδεκ' ἄρτους κ. ἡμῶν.
κατέφαγεν. ΕΙ. 6. οὐ κ.; ΟΙ. Β. μὰ τὸν Δί', ἀλλ' ἐξαρπάσας
κατέφαγες. Θ. 570. τὸν σησαμοῦνθ' ὃν κ. τοῦτον χεσεῖν ποιήσω.
Β. 573. κύττου' ἄν, οἶς μου κ. τὰ φορτία.
κατέφαγον. Α. 1111. ἀλλὰ' τραχύβρωτες τοὺς λόφους μου κ.
κατέχειν. Ν. 74. ἀλλ' ἱππικῶν μου κ. τῶν χρημάτων.
κατέχει. Ν. 572. λάμπροις ἀντίσιν κ.
ΕΙ. 944. σοβαρὰ θεύθεν κ.
κατέχεις. Σ. 714. καὶ τὸ ξίφος οὐ δύναμαι κ., ἀλλ' ἤδη μαλθακός εἰμι.
Λ. 504. καὶ τὰς χεῖρας πειρῶ κ. ΠΡ. ἀλλ' οὐ δύναμαι· χαλεπὸν γάρ
κατέχουσι. Ν. 173. ἀπὸ τῆς ὀροφῆς νύκτωρ γαλεώτης κ.
κατέχουσι. Ν. 328. νὴ Δί' ἔγωγ', ὦ πολυτίμηται, πάντα γὰρ ἤδη κ.
Ο. 1316. κ. δ' ἔρωτες ἐμὰς πόλεως,
1726. μεγάλαι μεγάλαι κ. τύχαι
κατεχρύσου. Εκ. 826. κευδεῖ κ. πᾶς ἀνὴρ Εὐριπίδην.
κατέχων. Ν. 603. Παρνασίαν θ' ὃς κ.
κατηγόρει. Σ. 840. εἰσακτέον μοι· σὺ δὲ κ. παρών.
Σ. 905. σῖγα, κάθιζε, σὺ δ' ἀνάβαθι κ.
κατηγορεῖ. Π. 917. ἄρχειν καθίστησιν; ΣΤ. κ. δὲ τίς;
Π. 1073. καὶ μὴν κ. γέ σου. ΝΕ τί κ.
κατηγορεῖς. Π. 376. κ. γὰρ πρὶν μαθεῖν τὸ πρᾶγμά μου.
κατηγορῇ. Σ. 489. ἤν κ. ἐχθρὸν ἤν τ' ἔλαττον πρᾶγμά τις κ.,
κατηγάρηκεν. Θ. 444. τὰ μὲν γὰρ ἀλλ' αὕτη κ. εὖ·
Β. 996. δεινά γάρ κ.
κατηγόρησε. Σ. 932. ὅσας κ. τὰς πανουργίας.
κατηγορήσειν. Σ. 842. κ., ἤν τις εἰσάγῃ γραφήν.
κατηγορούσα. Π. 1039. οὕπερ πάλαι κ. τυγχάνω·
κατήκουσα. Β. 312. οὗτος. ΔΙ. τί ἐστιν; ΞΑ. οὐ κ.; ΔΙ. τίνος;
κατῆλθ'. Β. 771. ὅτε δὴ κ. Εὐριπίδης, ἐπεδείκνυτο
κατῆλθε. Λ. 792. κοὐκέτι κ. πάλιν οἴκαδ' ὑπὸ μίσους.
Β. 789. ὅτε δὴ κ., κἀνέβαλε τὴν δεξιάν,
κατῆλθες. Β. 136. ἤμπερ σὺ τότε κ. ΗΡ. ἀλλ' ὁ πλοῦς πολύς.
κατῆλθον. Β. 1418. ἐγὼ κ. ἐπὶ ποιητήν. ΕΥ. τοῦ χάριν
κατήλιφ'. Β. 566. ἐπὶ τὴν κ. εὐθὺς ἀνεπηδησάμην·
κατῆραν. Ο. 1288. κάπειτ' ἂν αὐτὸν τῶν θεῶν τὸ βιβλίον
κατρίψασθε. Σ. 1294. ὡς εὖ κ. καὶ νουβυστικῶς
κατήργυεν. Σ. 1151. ὡς θερμὸν ἡ μιαρὰ τί μου κ.
κατήσθιεν. Σ. 923. ὃν τυφὸν ἀδικεῖν ὅτι μόνος κ.
Β. 560. ἢν οὗτος αὐτοῖς τοῖς ταλάροις κ.
κατησθιές. Π. 1143. ἔπειτα τούτων γ' αὐτὸς ἄν κ.
κατήσθιον. Π. 1128. οἴμοι δὲ κωλῆς ἣν ἐγὼ κ.'
Π. 1130, σπλάγχνων τε θερμῶν ὧν ἐγὼ κ.
ΕΙ. 627. οὐδεὶν αἴτιον ἂν ἀνδρῶν τὰς κράδας κ.
κάπησο. Θ. 1184. κ. κ., ναίκι ναί, τυγάτρισι.
κατησγχύναι. ΕΙ 1301. ἐγὼ κ. ἔψυχα δ' ἐξεάασας. ΤΡ. κ. δὲ τοκῆας.
κατθανεῖν. Β. 1477. τίς οἶδεν εἰ τὸ ζῆν μὲν ἐστι κ.,
κάτι. Σ. 806. ἄκαπερ γ' ἔρασκεν, κ. πωλφ πλειστα,
Β. 864. καὶ τὸν Μελάγγρον, κ. μάλα τὸν Τήλεφον,
κάτιδε. Ι. 170. καὶ τὰς νήσους ἀπάσας ἐν κύκλῳ.
κάτιδε. ΕΙ. 361. φέρε δὴ κ., ποῦ τοὺς λίθους ἀφέλομεν,
κατιδών. Π. 1290. ταῦτα κ. ὑπό τι μικρὸν ἐπιθηκισα·
κατίδωσι. Ν. 351. τί γάρ, ἤν ἅρπαγα τῶν δημοσίων κ. Σίμονα, τί δρῶσιν;
κατίναι. Fr. 539. ξίμηρ δ' ἔγωγε τὸν Κυκλοβόρον κ.
κατιούσαι. 1.520. τοῦτο μὲν εἰδὼς ἅπαφε Μάγνης ἅμα ταῖς πολίαις κ.,
κατιούσας. Ν. 323. βλέπε νυν δευρὶ πρὸς τὴν Πάρνηθ'. ἤδη γὰρ ὁρῶ κ.
κατιών. Ν. 1005. ἀλλ' εἰς 'Ακαδήμειαν κ. ὑπὸ ταῖς μορίαις ἀποθρέξει
κατοικείν. Ο. 153. ἵνα χρῇ κ. ΕΤ. ἀλλ' ἔγωγ' 'Οπούντιος
κατοικίζομι. Ο. 196. ὥστ' ἂν κ. μετὰ σοῦ τὴν πύλιν,
κατακτειρόν. Θ. 1107. ὦ ξένε, κ. με τὴν παναθλίαν·
κατοίσεις. Α. 955. χρήμα· κ. αὐτὸ τῷ δεσπότῃ.
κατομόσον. Ο. 441. διατίθεμαι 'γώ. ΠΕ. κ. νυν ταῦτά μοι.
κατόμοσον. Β. 305. ἡμοσον ἀφούδη. ΔΙ. ὀμόσον. ΒΑ. νὴ τὸν Δία.
Β. 306. κάθθι κ. ΞΑ. νὴ Δί'. ΔΙ. ὁμοσον. ΞΑ. νὴ Δία.
κατανόνα'. Εκ. 917. σαυτῇ κ., ἀντιβολῶ σε.
κατοφέλεις. Ι. 628. 'ἐσθ' ὅπως αὐτοῦ κ. μάχης καὶ τῆς κ. βοῆς
κατόπιν. 1. 625. εὐθὺς γάρ αὐτοῦ κ. ἠθείνδ' ἱέμην
Ο. 1150. ἐπάνου' ἔχουσαι, κ., ὥσπερ παιδία,
1497. ἐμοῦ κ. ἐνταῦθα; ΠΕ. μὰ Δί' ἐγὼ μὲν οὐ.

κατόπιν—κεκάπνικ'.

κατόπιν. Π. 13.   ὅστις ἀκολουθεῖ κ. ἀνθρώπου τυφλοῦ,
Π. 757.   οἱ δ' ἠκολούθουν κ. ἐστεφανωμένοι,
1094. Βάδιζ'· ἐγὼ δέ σαν κ. εἰσέρχομαι.
1209. ἐς τοὐπισθεν δεῖ γὰρ κ. τούταν ᾄδοντας ἵπεσθαι.
Fr. 415. ἐρείδετον, κἀγὼ κ. σφῷν ἕξομαι.
κατόπτα. Α. 435. ὦ Ζεῦ διώπτα καὶ κ. παντάχῃ.
κάτοπτρον. Ν. 752. ὥσπερ κ., κᾆτα τηροίην ἔχων,
Fr. 309, 1. ζωρὸν κ., ψαλίδα, κηρωτήν, λίτρον,
κατόπτρον. Θ. 140. τίς δαὶ κ. καὶ ξίφους κοινωνία;
κατορθοῖ. ΕΙ. 939. ὡς πάνθ' ὅσ' ἂν θεὸν θέλῃ χή τύχη κ..
κατορθώσασα. Εκ. 172. τυχεῖν κ. τὰ βεβουλευμένα.
κατορθώσασι. Β. 735. χρήσθε τοῖς χρηστοῖσιν αὖθις· καὶ κ. γὰρ
κατορθώσωμεν. Π. 350. ἤν μὲν κ., εὖ πράττειν ἀεί.
κατορύξαι. Ο. 475. ὑπ' ἀμηχανίας τὸν πατέρ' αὐτῆς ἐν τῇ κεφαλῇ κ.
κατορύξεις. ΕΙ. 166. ἀπολεῖς μ', ἀπολεῖς, οὐ κ.,
κατορύττειν. Fr. 251. πρὸς τὸν στροφία τῆς αὐλείας σχίνου κιφαλὴν κ.
κατορυχησόμεσθα. Ο. 394. κ. ποῦ γῆς;
κατουρήσωσι. Εκ. 832. νὴ τὸν Ποσειδὼ μὴ κ. μου.
καττύεται, Ι. 314. οἶδ' ἐγὼ τὸ πρᾶγμα τοῦθ' ὅθεν πάλαι κ.
κάττυμ', Ι. 315. εἰ δὲ μὴ σύ γ' οἶσθα κ., οὐδ' ἐγὼ χορδεύματα,
κάττυμα. 1. 869. ἔδωκας ἤδη τουτῳὶ κ. παρὰ σεαυτοῦ
καττύματα. Α. 301. καταπιεμῶ τοῖσιν ἱππεῦσι κ.
Σ. 1160. ἐχρῶν παρ' ἀνδρῶν δυσμενῆ κ.;
καττύς. Fr. 276. κ.
καττῶν. Α. 1259. πολὺς δ' ἅμα κ. σκελῶν ἵετο.
κάτωπτεν. Σ. 1307. κ. ἐπὶ νεανισκ', παῖ παῖ καλῶν.
κάτω. Α. 21. οἱ δ' ἐν ἀγορᾷ λαλοῦσι, κάνω καὶ κ. κ.τ.λ.
κάτωθεν. Ν 231. εἰ δ' ἂν χαμαὶ τάνω κ. ἐσκόπουν,
Ν. 1281. ἕλκειν κ. ταυτὸ τοῦθ' ὕδωρ πάλιν;
ΕΙ. 313. ξυλλαβεῖσθ' νῦν ἐκεῖνον τὸν κ. Κέρβερον,
Ο. 1140. ὕδωρ δ' ἐφ' ἱροῦν κ. ἐς τὸν ἀέρα
1502. κᾆτ' ἀνῄφθ' αὐτῷ κ.
κατῴκισαν. ΕΙ. 205. ἵν' ἦσαν αὐτοί, τὸν Πόλεμον κ.,
κατώμοσα. Ο. 630. ἐπηπείλησα καὶ κ.,
κατώμοσαν. Εκ. 158. μὰ Δί', ἀλλ' ἀνὴρ ὃν τῷ θεῷ κ.,
κατώμοσεν. Εκ. 43. οὔκουν ἐπείξεσθ'· ὡς Γλύκη κ.
κατωνάκας. 1.1151. κ. φορούνται λέδυντες ἐνορχὶ
κατωνάκης. Εκ. 724. κ. τὸν χοῖρον ἀποτετιλμένος,
κατωνάκης. Α. 105. καλευθέρωσαν, κάντὶ τῆς κ.
κατώρυξεν. Θ. 502. οὐδ' ὡς ὑπὸ τῷ πυέλῳ κ. ποτ'. ΓΤ. Γ. ἐξώλοισο.
Π. 238. εὐθὺς κ, με κατὰ τῆς γῆς κάτω
κατωτέρω. Β. 70. καὶ νὴ Δί' εἴ τι γ' ἔστιν ἔτι κ.
Β. 1384. κύκκω, μεθεῖτέ· καὶ πολύ γε κ.
κατωφαγᾶς. Ο. 288. τίς ὀνομάζεται ποθ' οὗτος; ΕΠ, οὑτοσὶ κ.
Ο. 259. ἔστι γὰρ κ. τις ἄλλος ἢ Κλεώνυμος;
καύθης. ΕΙ. 219. ἥξουτί κ., ἣν ἔχωμεν τὴν Πύλον.
Ο. 106. πτερορρυεῖ τε κ. ἕτερα φύομεν.
Β. 306. κ. κατόμοσον. ΞΛ. νὴ Δί'. ΔΙ. ὅμοσον. ΞΑ. νὴ Δία.
369. τοῦτος αὐδῶ κ. ἀπαυδῶ κ. τὸ τρίτον μάλ' ἀπαυδῶ
1077. καὶ πλεῖν δειρὶ κ. ἐκείσε.
καυλόν. I. 894. καὶ πρότερον ἐπιβεβούλευσί σοι, τὸν κ. οἴσθ' ἐκεῖνον
καυλοῦς. Ι. 824. ὁπόταν χασμᾷ, καὶ τοὺς κ.
καυνάκην. Σ. 1137. οἱ μὲν καλοῦσι Περσίδ', οἱ δὲ κ.
Σ. 1149. δικαιότερον ᾖ κ.·] ΒΔ. ἔχ', ὢγαθέ,
καῦνος. Fr. 543. πόσος ἔσθ' ὁ κ.;
καύστειαι. Π. 1054. ὥσπερ παλαιὰν εἰρεσιώνη κ.
Καΰστριον. Α. 68. καὶ δῆτ' ἐτρυχόμεσθα παρὰ Κ.
καΰφη. Θ. 443. ὀλίγον ἵνεκα κ. παρήλθον μυχόν.
Θ. 469. κ. γὰρ ἔγωγ', αὐτὸς ὑναίμην τῶν τέκνων.
1061. Εὐριπίδη κ. ξυνηγωνιζόμην.
Εκ. 123. κ. μεθ' ὑμῶν, ἦν τί μοι δόξῃ λέγειν.
Π. 645. κ. πέρι φιλεῖτε δὲ δρῶσ' αὐτῷ σφόδρα·
καΰτό. ΕΙ. 1248. πλάσαντα πρόσθεν, κ. σοι γενήσεται
καΰτον. Θ. 1117. ἅπασιν ἐστὶν ἐμὶ δὲ κ. τῆς κόρης
Β. 1047. ὥστε γε κ. σε κατ' οὖν ἔβαλεν. ΔΙ. νὴ τὸν Δία τουτῴ γέ τοι δή.
Εκ. 413. τετραστατήρων κ. ἀλλ' ὅμως ἐρῶ
καύτός. Α. 510. κ. ὁ Ποσειδῶν, αὑπὶ Ταινάρῳ θεός.
καὐτὸς. Α. 736. ἐγώνγα κ. φαμι. τίς δ' οὕτως ἄνους
Α. 1189. ὁδὶ δὲ κ.· ἀλλ' ἀκούειν τῷ θέραν·
Σ. 550. οἰκητῶν μ', ὦ πάτερ, αὐτοῦμαί σ', εἰ κ. πώποθ' ὑψεΐλου
680. μὰ Δί' ἀλλὰ παρ' Εὐχαρίδου κ. τρεῖς γ' ἀγλίθας μετὰ πέμψα.
820. πάρεστι τουτί, κ. ἄναξ οὑτοσί.
1060. ὁδὶ δὲ κ.· ἐπὶ σὲ κἀμ' ἔοικε θεῖν.

καυτός. Σ. 1531. κ. γὰρ ὁ ποντομέδων ἀναξ πατὴρ προσέρπει
ΕΙ. 75. κ. ναυψίαν αὑτῶν ὥσπερ πωλίων,
235. κ. θυσίας φθέγμα πολεμιστηρίας.
569. ὥστ' ἔγωγ' ἥδη πίθωμῷ κ. ἐλθεῖν εἰς ἀγρὸν
961. κ. τε χερνίτου, παραδοὺς ταυτην ἐμοὶ
Ο. 1718. ὀδὶ δὲ κ. ἐστιν· ἀλλὰ χρή θιᾶς
Θ. 920. οἴμ' ὡς πανοῦργος κ. εἶναί μοι δοκεῖς
Β. 598. ἀλλὰ κ. τυγχάνω ταῦτ'
755. καὶ δὴ κύσαι κ. κύσον, καί μοι φράσον,
Π. 1141. ἐφ' ᾧ τε μετέχειν κ., ὦ τοιχωρύχε.
1156. τὸν οὖν Δία τὸν σωτῆρα κ. μοι δοκῶ
καυτοῦ. Σ. 6. σὺ δ' οὖν παρακινδυνεῦ', ἐπεὶ κ. γ' ἐμοῦ
καυχένας. ΕΙ. 1282. ὡς οἱ μὲν δαίνυντο βοῶν κρέα, κ. ἵππων
κάφ'. Ν. 363. πλυνσθέντες κακὰ πόλλ' ἀνέξει κ. ἡμῶν σεμνοπροσωπεῖτ.
καφελεῖν. Β. 688. ἐξεισῶσαι τοὺς πολίτας κ. τὰ δείματα.
κάφωνον. Ν. 1320. ἴσως δ' ἴσως βουλήσεταί κ. αὐτῶν εἶναι.
κάχ'. Β. 958. κ. ὑποτοπεῖσθαι, περινοεῖν ἅπαντα ΑΙ. φημί καγώ.
καχάζων. Εκ. 619. ἔχων, κ. μεθ' ἑτέρου νεανίου·
καχαρίζομην. 1. 679. ἀπαροῦσιν αὐτοῖς προῖκα, κ.
καχασμῶν. Ν. 1073. παίδων, γυναικῶν, κοτταβῶν, ὄψων, πότων, κ.
κάχεζεν. Α. 82. κ. ὀκτὼ μῆνας ἐπὶ χρυσῶν ὀρῶν.
κάχθες. Α. 700. ὥστε κ. θηκάτη ποιοῦσα παιγνίαν ἐγὼ
κάχομεν. Α. 1054. κ. βαλάντια.
κάχρων. Ν. 1358. ᾄδειν τε πίνονθ', ὥσπερεί κ. γυναῖκ' ἀλοῦσαν
καχρύων. Σ. 1306. ὥσπερ κ. ὀνίδιον εὐωχημένον·
καχύποπτος. Fr. 627. κ.
κβάλλουσά. Α. 849. σὺ δ' εἴ τις ἤ ᾽κ. μ'· ΑΥ. ἡμεροσκύπυς
κγγίνηται, Ι. 851. τὸν ἄνδρα κολάσαι τουτονὶ, σοὶ τοῦτο μὴ κ.
κδύσομαι. 1.920. ἰδού, κατακεῖσθ' ἀνύσας τι· κἀγὼ κ.
Λ 925. ἱδοῦ ψίαθος κατάκειο, καὶ δὴ 'κ.
'κδύσεται. Σ. 141. κατὰ τῆς πυέλου τὸ τρῆμ' ἔχων μὴ 'κ.'
κε. Ι. 210. ἤδη κρατήσεις, αἴ κ. μὴ θαλφθῇ λόγοις. κ.τ.λ.
κέαρ. Α. 5. ἐγὼδ' ἐφ' ᾧ γε τὸ κ. εὐφράνθην ἰδών,
κεβλήπυρις. Ο. 303. νέρτες, ἱέραξ, φάττα, κύκνος, ἱρυθρόπους, κ.,
Κεβριόνα. Ο. 553. ᾧ Κ. καὶ Πορφυρίων, ὡς σμιρδαλέον τὸ πόλισμα,
κεβρίδας. Θ. 466. κᾄθ' ὁ μὲν ἔτριβεν κ., ἄννηθον σφάκον·
κεί. Ι. 770. ἐλοίμην ἐν περικομματίοις' κ. μὴ τούτοισι πίπεσθας, κ.τ.λ.
κεί. Α. 520. κ. που σίκνον ἴδοιεν ἢ λαγᾴδιον κ.τ.λ.
κείθι. Σ. 751. κείνων ἔραμαι, κεῖθι γενοίμαν,
κείμενα. Ο. 1291. πολλοῖσιν ὀρνίθων ὀνόματ' ἦν κ.
κειμένη. Α. 1158. σίζουσα πάραλος, ἐπὶ τραπέζῃ τὰ.,
Π. 673. ἀδάφρη κύττα τις ἐξέπλητε κ.
κειμένη. Β. 46. ὁρῶν λεοντῆν ἐπὶ κρόκωτῳ κ.
κειμένοις. Ν. 914. τὸ μὲν οὖν βοηθεῖν τοῖς νόμοις τοῖς κ.
κειμένος. Ν. 44. εὐρωτιῶν, ἀκόρητος, εἴη κ..,
Β. 761. ἐκ τοῦ κ. γ' αὐτοῦ τις ἐνθάδ' ἐστὶ κ.
κειμένος. Β. 146. καὶ σκῶρ ἀείνων ἐν δὴ τούτῳ κ.
κείμινο. Ν. 550. κοὐκ ἐτόλμησ' αὖθις ἐπεμπηδῆσ' αὐτῷ κ.
κείνη. Θ. 784. κ., ταύτῃ ταχίων χρή,
κείνο. Θ. 473. τί ταῦτ' ἔχουσαι, κ. αἰτιώμεθα
'κεῖνος. Ν. 1012. καὶ τὸν περὶ ἐμοῦ 'κ., ᾦπερ ἥδομαι,
'κεῖνος. Ν. 195. ἀλλ' εἴσιθ', ἵνα μὴ 'κ. ἡμῶν ἐντύχῃ·
Fr. 357. τὸν νοῦν δ' ἀγοραίοις ἥτταν ἦ 'κ. ποιῶ.
'κεινονί. ΕΙ. 547. κατέπαρδεν ἄρτε τοῦ ξιφουργοῦ 'κ.
ΕΙ. 1213. καὶ τουτουὶ καὶ τοῦ δορυφοῦ 'κ,
κείνων. Σ. 751. κ. ἔραμαι, κεῖθι γενοίμαν,
Κείος. Β. 970. πέπτωκεν ἔξω τῶν κακῶν, οὐ Χῖος, ἀλλὰ Κ.
κεῖπερ. Α. 923. κ. λάβοιτο τοῦ κορυσοῦ τις ἐν πῦρ ἀπαξ
κειρίαν. Ο. 816. οὔδ' ἂν χαμεύνῃ πάνυ γε κ. γ' ἔχων.
κειρύλος. Ο. 299. τίς γὰρ ἐσθ' οὐπισθεν αὐτή; ΠΕ. ὗστις ἐστί, κ.
κεῖσι. Ο. 425. τῷ τῆδε καὶ κ. γ' αὖ θιᾶ·
κείσεσθον. Fr. p. 509. κ. ὥσπερ πηνίω βινουμένω,
κείσεται. Β. 624. τὸν παῖδα τύπτων, τἀργυρῶν σοι κ.
κείσομαι. Ν. 126. ἀλλ' εἴπ' ὅπη μόντοι ποιήσω γε κ.
Εκ. 962. πηδ'· εἰ δὲ μή, καταπεσὼν κ.
κείσοντας. ΕΙ. 903. ἕτεροι δὲ κ. μ᾽ ἀιψαληνεμένοι
κεῖται. Α. 433. κ. δ' ἄνωθεν τῶν Θυεστείων ῥακῶν,
Α. 584. κ. ΔΙ. φέρε νυν ἀπὸ τοῦ κράνους μοι τὸ πτερόν,
Σ. 284. εἴτ' ἴσως κ. πυρέττον,
ΕΙ. 1118. ἀλλ' ἀρπάσομαι σφῶν αὐτά· κ. δ' ἐν μέσῳ.
Ο. 476. ὁ πατὴρ ἄρα τῆς κορυδοῦ ἐντί κ. τεθνεὼς Πελλαιάσι.
Α. 583. διαγηγώσωσιν ὅτι ταῦθ' ἡμῖν ὥσπερ τὰ καταγματα κ.
Εκ. 850. λαμβά δε κ. καὶ τράπεζαι ἐριμμένοι.
κεκαλλωπισμένοι. Α. 44. κρομητα φοροῦσαι καὶ κ.
κεκαλλωπισμένη. { Λ. 219. }
{ 220. } κρομυταφοροῦσα καὶ κ.,
κεκάπνικ'. ΕΙ. 892. διὰ ταῦτα καὶ κ. ἀρ' ἐντεῦθεν γὰρ ἢν

κεκαρμένος—κεντούμενοι. 167

κεκαρμένος. Α. 849. Κρατῖνος ἀεὶ κ. μοιχὸν μιᾷ μαχαίρᾳ.
κεκασμένον. Ι. 685. μείζοσι κ.,
κεκαυμένον. Fr. 75. 2. πῶς εἰσίδω ῥύγχος πέριξ κ.;
κεκερματισμένον. Fr. 24. οὐδ' ἀργυρίων ἔστιν κ.
κεκιβδηλευμένοις. Β. 721. οὔτε γὰρ τωύτοισιν οὖσιν οὐ κ.,
κεκίνηταί. Ο. 1013. ξενηλατοῦνται καί κ. τινες
κεκινῆσθαι. Λ. 68. ὁ γοῦν ἀνάγυρός μοι κ. δοκεῖ.
κεκίνηται. Β. 759. ἆ. ΑΙ. πρᾶγμα πρᾶγμα μέγα κ. μέγα
κεκλάγγω. Σ. 929. ἵνα μὴ κ. διὰ κενῆς ἄλλως ἐγὼ·
κεκλάγξομαι. Σ. 930 ἐὰν δὲ μὴ, τὸ λοιπὸν οὐ κ.
κεκλαύσεται. Ν. 1436. μάτην ἐμοί κ., σὺ δ' ἐγχανὼν τεθνήξεις.
κεκλείσεται. Λ. 1071. ἡ θύρα κ.
κεκλεισμένης. Σ. 198. ἔνδον κέκραχθι τῆς θύρας κ.
κεκλεμμένον. Σ. 57. μηδ' αὖ γέλωτα Μεγαρόθεν κ.
κέκληκα. } Π. 260. } ὕτου χάριν μ' ὁ δεσπότης ὁ σὸς κ. δεῦρο.
 } 281. }
κέκληκεν. Εκ. 349. κ. αὐτῆς τῶν φίλων ; ΒΛ. γνώμην γ' ἐμήν.
κεκλήμεθ'. Λ. 253. ἅμα χοι γυναῖκες καὶ μιαραί κ. ἄν.
κεκλήσεται. Ο. 184. ἐκ τοῦ πύλου τούτου κ. πόλις.
Ο. 761. ἀτταγᾶς υἷος παρ' ἡμῖν ποικίλος κ.
κεκλήσομαι. Σ. 151. ὕστις πατρὸς νῦν Καπνίου κ.
κέκλοφας. Π. 372. μῶν οὐ κ., ἀλλ' ἥρπακας ; ΧΡ. κακοδαιμονῆς.
Π. 389. οὑτω πάνυ πολλά κ.; ΧΡ. οἴμοι τῶν κακῶν.
κεκλοφότος. Π. 369. σὺ μὲν οἶδ' ὁ κρύξεις ; ἄν ἐμοῦ τι κ.
κεκλοφυῖαν. Σ. 554. ἐμβάλλει μοι τὴν χεῖρ' ἁπαλὴν, τῶν δημοσίαν κ.
κεκλοφώς. Π. 356. πῶς οὐδὲν ὑγιές ; ΒΛ. εἴ τι κ. νὴ Δία
κεκλόφασί. Ι. 1149. ἅττ' ἄν κ. μου,
κεκόκκινεν. Εκ. 31. ἡμῶν προσιόντων δεύτερον κ.
κεκομμένα. Α. 512. κἀμοὶ γάρ ἐστιν ἀμπέλια κ.
κεκονίμενος. Εκ. 291. ἥκῃ κ.,
κεκορημένοι. ΕΙ. 1285. ταῦτ' ᾧδε, ταῦθ', ὡς ᾐσθίον κ.
κέκραγα. Ι. 863. ἐν τῇ πύλει ξυνιστάμενον, ἀλλ' εὐθέας κ.
κέκραγας. Ι. 274. καί κ., ὥσπερ ἀεὶ τὴν πόλιν καταστρέφει ;
Θ. 222. ὤμοι. ΕΤ. τί κ.; ἐμβαλῶ σοι πάτταλον,
κέκραγας. Α. 803. ὡς ὑξὺ πρὸς τὰς ἰσχάδας; ΚΟ. καὶ κοί.
κέκραγε. Β. 982. κ. πρὸς τοὺς οἰκέτας
κέκραγεν. Ν. 389. χὤσπερ βροντὴ τὸ ξωμίδιον παταγεῖ καὶ δεινά κ.
Σ. 103. εὐθὺς δ' ἀπὸ δορπηστοῦ κ. ἐμβάδας,
κεκραγέναι. ΕΙ. 345. ἰοῦ ἰοῦ κ.
κεκράγατε. Σ. 415. ὤγαθοι, τὸ πρᾶγμ' ἀκούσατ', ἀλλὰ μὴ κ.
κεκράγμασιν. ΕΙ. 637. τήν δε μὲν δικροῖς ἐώθουν τὴν θεῶν κ.,
κεκραγώθ'. Ν. 1386. βοῶντα, καί κ. ὅτι
κεκραγότα. Σ. 1287. οἴκτος ἐγέλων μέγα κ. θεώμενοι,
κεκραγότες. Σ. 226. ὀξύτερον, ᾧ κεντοῦσι, καί κ.
ΕΙ. 310. τὸν Πόλεμον ἐκξωπυρήσετ' εἰ δοθεν κ.;
κεκραγώς. Α. 711. κατεβύησε δ' ἀν κ. τυξύτας τρισχιλίους,
Ι. 256. οὓς ἐγὼ βόσκω κ. καὶ δίκαια κάδικα.
1018. ὡς πρὸ σέθεν χάσκων καὶ ὑπὲρ σοῦ δεινά κ.
ΕΙ. 314. μὴ παφλάζων καί κ., ὥσπερ ἡνίκ' ἐνθάδ' ἦν,
Π. 722. ὀδυνᾶτο μᾶλλον. ὁ δὲ κ. καὶ βοῶν
κεκράκτης. Ι. 137. ἅρπαξ, κ., Κυκλοβόρου φωνὴν ἔχων.
κεκραμένη. Π. 1132. οἴμοι δὲ κύλικος ἴσον ἴσῳ κ.
κεκραμένον. Ι. 1187. ἔχε καὶ πιεῖν κ. τρία καὶ δύο.
κεκράξεται. Ι. 487. ἡμᾶς ἅπαντας καὶ κραγῶν κ.
κεκραξιδάμας. Σ. 596. αὐτὸς δ' ὁ Κλέων ὁ κ. μόνον ἡμᾶς οὐ
κεκράξομαι. Β. 264. οὐδέποτε· κ. γάρ,
κεκράξομαι. Ι. 285. τριπλάσιον κ. σοῦ
κεκραξόμεσθά. Β. 258. ἀλλὰ μὴν κ. γ'
κεκράξονταί. Fr. 45. ἢ που κατὰ στοίχους κ. τι βαρβαριστί·
κέκραχθ'. Α. 335. ὡς ἀποκτενῶ, κ. ἐγὼ γάρ ἀκούσομαι.
κέκραχθι. Σ. 198. ἔνδον κ. τῆς θύρας κ.
Θ. 692. κ.· τοῦτο δ' οὐδέποτε ὁ ψωμιεῖς,
κεκριγότες. Ο. 1521. πεινῶντες ὥσπερ Ἰλλυριοί κ.
Κεκροπίδα. Ο. 1407. Κ. φυλήν; ΚΙ. καταγελᾷς μου, δῆλος εἶ·
Κεκροπίδη. Ι. 1055. Κ. κακόβουλε, τί τοῦθ' ἡγεῖ μέγα ταύργος;
Κέκροπος. Ν. 301. Κ. ὀψόμεναι πολυήρατον·
Π. 773. χῶραν τε πᾶσαν Κ, ἣμ' ἐδέξατο.
Fr. 162. ὦ πύλι φίλη Κ., αὐτοφυὲς 'Αττική.
Κίκρυφ. Σ. 438. ὦ Κ. ἥρως ἄναξ, τὰ πρὸς ποδῶν Δροκοντίδη.
κεκρύφαλον. Fr. 309, 6. τρυφοκαλάσιριν, ἐλλίβορον, κ.,
κεκρύφαλα. Θ. 138. κ. δεῖ καὶ μίτρας. ΑΓ. ἠδὶ μὲν οὖν
κεκρυφάλ. Θ. 138. λαλεῖ προκαττώ· τί δὲ λύρα κ.
κεκρύφθαι. Λ. 119. λέγοιμ' ἄν· οὐ δεῖ γάρ κ. τὸν λόγον.
κέκτημαι. Θ. 615. τάδε κ. πρόβλημα κακῶν, σκευὴν βελείων ἀλεωμήν·
κεκτήμεθα. Θ. 155. ἔνεσθ' ὑπάρχον τοῦθ', ἁ δ' οὐ κ.,
κεκτημένης. Εκ. 1126. τὴν ἄνθῃ, ὅσον 'στι, τῆς ἐμῆς κ.

κεκτημένοι. Π. 755. οὐκ ἐκ δικαίου τὸν βίον κ.,
κεκτημένον. Fr. 344, 4. κ. ξευγάριον οἰκεῖον βοοῖν,
κεκτημένος. Εκ. 747. ἀνὴρ ἔσομαι καὶ νοῦν ὀλίγον κ.
κεκτημένῳ. Π. 4. δέξῃ δὲ μὴ δρᾶν ταῦτα τῷ κ.,
κεκτῆσεται. Ι. 1251. λείπω· ἀδ' δ' ἄλλος τις λαβὼν κ.,
κεκτῆσθαι. Ο. 379. ἐκποκνεῖν θ' ὑψηλὰ τείχη ναῦς τε κ. μακράς,
κέκτηται. Β. 1146. ὅτι ὁ πατρῷον τοῦτο κ., γέρας.
Εκ. 601. πῶς οὖν ἕστις μὴ κ. γῆν ἡμῶν, ἀργύριον δὲ
κεκωδωνισμένους. Β. 723. καὶ μόνοις ὀρθῶς ποπεῖσι καὶ κ.
κελαδεῖτε. Β. 383. Δήμητρα θεὰν, ἐπικωμοῦντες ξαθέαις μολπαῖς κ.
κελαδεῖτε. Θ. 44. κῦμα δὲ πόντου μὴ κ.
κελαδῇ. ΕΙ. 801. ἐξομένη κ., χορὸν δὲ μὴ 'χῃ Μόρσιμος
κελαδήματα. Ν. 283. καὶ ποταμῶν ξαθέων κ.,
κελαδοῦντες. Β. 1527. καὶ μολπαῖσιν κ.
κελαινοφαής. Β. 1331. ὦ Νυκτὸς κ.
Κελεοί. Α. 55. ὦ Τριπτολεμοί καὶ Κ., περιόψεσθέ με;
κελέοντες. Fr. 628. κ. :
Κελεός. Α. 48. καὶ Τριπτολέμον τούτου δὲ Κ. γίγνεται·
Α. 49. γαμεῖ δὲ Κ. Φαιναρέτην τήθην ἐμήν,
κέλευ'. Θ. 212. κλάειν κ., ἐμοὶ δ' ὅ τι βούλει χρῶ λαβών.
κέλευε. Θ. 940. κ. πρὸς τὴ σανίδι δεῖν τὸν τοξότην,
κελανεῖ. Ο. 432. λέγειν λέγειν κ. μοι.
κέλευει. Fr. 562. θύειν κ. μέλλει καί κ. βῆ λέγειν.
κελεύεις. Ν. 993. ὀργισθέντ' ἀπάγειν κ.
κελεύεις. Ν. 90. λέγε δὴ, τί κ.; ΣΤ. καὶ τι πείσει; ΦΕ. πείσομαι,
Σ. 1131. τί οὖν κ. δρᾶν με; ΒΔ. τὸν τρίβων' ἄφες·
1211. ἐδὶ κ. κατακλινῆναι; ΒΔ. μηδαμῶς.
Ο. 1. ὀρθῆν κ., ἧ τὸ δένδρον φαίνεται;
Fr. 4, 2. εἰτά με σκάπτειν κ.;
κελεύετ'. Σ. 410. καί κ. αὐτὸν ἥκειν
κελεύει. Ν. 809. δῦ' ἄν κ.
Fr. 110, 2. ἀπαξάπανθ' ὅσ' ἄν κ., ὦ γύναι.
κελεύειν. Ο. 1100. τέμνων κ., πόδας τιθῇς ὑπότερον,
'κέλευον. Σ. 501. ὅτι κελητίσαι κ. ὀξυδυηθεῖσά μοι
κελεύοντ'. Ν. 1360. βδεῖν κ. ὥσπερ γὰρ τέττιγας ἐστιῶντα :
κελεύσοντες. 746. ἁ σοῦ κ. οὐκ ἐπείθετο.
'κέλευσα. Ν. 1355. πρῶτον μὲν αὐτὸν τὴν λύραν λαβόντ' ἐγὼ 'κ.
κελεύσας. Ι. 433. κατὰ κύμ' ἐμαυτὸν ὄμριον, κλάειν σε μακρά κ.
κελεύσομεν. Εκ. 261. ἡμεῖς δὲ γ'. ἣν αἴρωσ', ἐὰν κ.
κελεύσον. Ν. 1268. τὸν υἱὸν ἀποδιῶναι κ. ἄλαβεν,
κελεύστῶν. Α. 554. αὐλῶν κ., νιγλάρων, συριγμάτων
κελεύω. Ο. 561. τοῖς δ' ἀνθρώποις ὅρνιν ἱερὸν πέμψαι κήρυκα κ.,
Ο. 1317. θῦττον φέρειν κ.
Εκ. 1157. σχεδὸν ἅπαντας οὖν κ. δηλαδὴ κρίνειν ἐμέ·
κελεύων. Α. 200. χαίρειν κ. πολλὰ τοὺς 'Αχαρνέας
Α. 1131. κλάειν κ. Λάμαχον τὸν Γαργινάον.
κέλης. ΕΙ. 900. ἵνα δὴ κ. κέλητα παρακελητιεῖ,
κέλητα. ΕΙ. 900. ἵνα δὴ κέλης κ. παρακελητιεῖ,
κελητίζεις. Θ. 153. οὐκοῦν κ., ὅταν Φαίδραν ποιῇς·
κελητίσαι. Σ. 501. ὅτι κ. 'κέλευον, ὀξυνηνθεῖσά μοι
κελίπταν. Α. 60. ἱέτ τοι κ. διαβεβηκῶς' ὄρθριαι,
κελύφη. Σ. 545. τωμοπιῶν κ.
κεν. Ι. 1056. καί κε γυνὴ φέροι ἄχθος, ἐπεί κ. ἀνὴρ ἀναθείη κ.τ.λ.
κενάς. Ν. 1054. πλῆγες τὸ Βαλανεῖον ποιεῖ, κ. δὲ ταῖς παλαίστρας.
ΕΙ. 1306. φιλῶν ταῦτα πάντα καὶ σπουδεῖν, καὶ μὴ κ. παρέλκειν
κενέβριον. Fr. 559. οὐκ ἔσται, κ. ὅταν θύσῃ τι, καλεῖν με.
κενεμβρεῖον. Ο. 439. αὐτῶν ὥσπερ κ.
κενή. Ι. 280. ναὶ μὰ Δία κάγωγε τούτου, ὅτι κ. τῇ κοιλίᾳ
κενή. Ι. 1214. φέρ' ἴδω, τί οὖν ἔνεστιν; ΑΛ. οὐχ ὁρᾷς κ.
κενῆς. Σ. 929. ἵνα μὴ κεκλάγγω διὰ κ. ἄλλως ἐγὼ·
κενόν. Α. 1227. ὁρᾶτε τουτονί κ. τηνελλα καλλίνικος.
Ο. 503. ὀβολῶν κατεβρόχθισα· κᾆτα κ. τὸν θύλακον οἴκαδ' ἀφείλκον.
Β. 530. τὸ δὲ προσδοκῆσαί σ' οὐκ ἀνύτων κ.
Εκ. 624. μηδεμιᾷς ᾖ τρύπημα κ. τὸ δὲ τῶν ἀνδρῶν τί ποιήσει;
Fr. 285, 1. τρίχ' εἴ τὸν αἶνον ἀμφορέᾳ κ. λαβὼν
445 α, 5. κάτω βαβίζει, κ. πὸν ᾀσκὸν, ἢ πρὸς τὸν Δία.
κενταυρίδας. Β. 38. τίς τὴν θύραν ἐπάταξε; ὡς κ.
Κένταυρος. Ν. 350. σκώπτουσαι τὴν μανίαν αὐτοῦ Κ. ἠκασαν αὐτάς.
Κενταύρῳ. Ν. 346. ἤδη ποτ' ἀναβλέψας εἶδες νεφέλην Κ. ὁμοίαν
κεντεῖτε. Σ. 432. οἱ δὲ τῇ βάκτρῳ κύκλῳ κ. καὶ τοῖς δακτύλοις.
κεντοῦμεν. Π. 1113. πάντα γάρ κ. ἀνδρὰ κἀπτορίζομεν βίον.
κεντούμενοι. Σ. 1088. οἱ δ' ἔφευγον τὰς γνάσους καὶ τὰς ὀφρῦς κ.

κεντούμενος. Ν. 917. κ. ώσπερ ὑπ' ἀνθρωπων
κεντοῦσι. Σ. 226. ὀξύτατον, ᾧ κ., καὶ νικηραγέντες
κέντρ'. Σ. 420. Ἡράκλεις, καὶ κ. ἔχουσιν. οὐχ ὁρᾷς, ὦ δέσποτα;
κέντρον. Ν. 1297. φέρε μοι τὸ κ. ΑΜ. ταῦτ' ἐγὼ μαρτύρομαι.
Σ. 225. ἔχουσι γὰρ καὶ κ. ἐκ τῆς ὀσφύος
407. μέσθα, κ. ἐντίτατ' ὀξύ.
423. δεῦρο κύξειρας τὺ κ. εἶτ' ἐν' αὑτὸν ἵεσο,
1115. οὐκ ἔχοντες κ.· οἱ μένοντες ἡμῶν τοῦ φόρου
1121. ὅστις ἂν μὴ 'χῃ τὸ κ., μὴ φέρειν τριώβολον.
κέντρων. Ν. 450. κ. μιαρὸν στρύφνις, ἀργαλέος,
κεντῶν. Ν. 1300. κ. ὑπὸ τὸν πρωκτὸν σε τὸν σειραφόρον.
κιπαλῇ. Θ. 1126. καὶ μὴν ποιήσω τοῦτο. ΤΟ. τὸ κ. σ' ἄρα
κέπφε. Π. 912. εὐεργετεῖν, ὦ κ., καθ' ὅσον ἂν σθένω·
κέπφοι. ΕΙ. 1067. καὶ κ. τρήρωνες ἁλωπεκιδεῦσι πέπεισθε,
κεραμείαν. Fr. 81. ἐν πίθῳ τὴν κ.
Κεραμεικόν. Ι. 772. καὶ τῇ κρεάγρᾳ τῶν ὀρχιπέδων ἑλκοίμην
εἰς Κ.
Β. 129. καθίρπυσόν νυν ἐς Κ. ΔΙ. εἶτα τί;
Κεραμεικός. Ο. 395. ὁ Κ. δέξεται νώ.
κεραμεύειν. Εκ. 253. κακῶς κ., τὴν δὲ πύλιν εὖ καὶ καλῶς.
κεραμευσιέναις. Fr. 128, 3. κ. κοτύλαις μεγάλαις [ἔγχεον ἐς]
σφέ·
κεραμῆς. Ο. 480. ἀνασηθῶσιν πάντες ἐπ' ἔργον, χαλκῆς, κ.,
σκυλοδίψαι,
Κεραμῆς. Β. 1093. καὶ δεινὰ ποιῶν· κᾆθ' οἱ Κ.
κεραμίδων. Σ. 206. ὑπὸ τῶν κ. ἠλαστρῆ ὀροφίας.
κεραμικῆς. Εκ. 4. τροχῷ γὰρ ἐλαθεῖς κ. ῥύμης ἄπο
κεράμιον. Fr. 511. λεπρᾶν κ. ὕξηρον
κ. ραμον. Α. 902. ἤ κ. ΒΟ. ἀφυᾶς ἦ κ.· ἀλλ' ἔντ' ἐκεῖ
Α. 905. ὥσπερ κ. ἐνδυσάμενος. ΒΟ. νεὶ τὼ σιὼ,
953. αἴρου λαβὼν τὸν κ., ὦ Βοιώτιε.
Ν. 1127. τὸν κ. αὐτοῦ χαλάζαις στρογγύλαις συντρίψωμεν.
κεράμῳ. Β. 1295. κ. τὸ νῶτον ὥστε τὰς πληγὰς στέγειν.
κεραμών. Α. 200. ὦ φίλταται γυναῖκες, ὡ κ. ὑσος.
κέρας. Ι. 243. ὦ Παναῖτι, οὐκ εἶλάτε πρὸς τὸ δεξιὸν κ.
Ο. 353. ποῦ 'σθ' ὁ ταξίαρχος; ἐπαγέτω τὸ δεξιὸν κ.
κέρασον. Εκ. 995. τινι προστέρῳ κ. τὸν νοῦν·
Εκ. 1123. κ. ἄκρατον, εὐφρανεῖ τὴν νύχθ' ὕλην
κέρατα. Ο. 902. γίνειν ἐστι καὶ κ.
κεραυνοβρόντα. ΕΙ. 376. ὦ Ζεῦ κ. ΤΡ. μὴ πρὸς τῶν θεῶν
κεραυνόν. Ο. 1538. ἧπερ ταμιεύει τὸν κ. τοῦ Διός
Ο. 1714. πάλλων κ., πτεροφόρον Διὸς βέλος
κεραυνός. Ν. 395. ἀλλ' ὅ κ. πύθεν αὖ φέρεται λάμπων πυρί,
τοῦτο δίδαξον,
Ν. 403. πῶς οἶδ'· ἀτὰρ εὖ σὺ λέγεις φαίνει. τί γάρ ἐστιν δῆθ'
ὁ κ.;
κεραυνούς. Π. 125. καὶ τοὺς κ. ἀξίους τριωβόλου,
κεραυνῷ. Σ. 328. ἢ με κ. διατινθαλέῳ
Κερβερίους. Β. 187. ἢ 'ς Κ., ἢ 'ς κόρακας, ἢ 'πὶ Ταίναρον;
Κέρβερον. Ι. 1030. φραξεῦ, Ἐρεχθείδη, κύνα Κ. ἀνδραποδιστὴν,
ΕΙ. 313. εὐλαβεῖσθαί νυν ἐκείνων τὸν κάτωθεν Κ.,
Β. 111. ἔχρω τύθ', ἡνίκ' ἦλθες ἐπὶ τὸν Κ.,
467. εἰ τὸν κιν' ἡμῶν ἐξελάσαι τὸν Κ.
κερδαίνειν. Π. 520. ὅταν ὀργύνοι κἀκεῖνός ἔχῃ; ΧΡ. κ. βουλόμενός τις
κερδαίνομεν. Ο. 1591. ἡμεῖς τε γὰρ πολεμοῦντες οὐ κ.,
κερδαλέας. Ο. 594. τάς τ' ἐμπορίας τὰς κ. πρὸς τὸν μάντιν
κατερύκει.
κερδανεῖ. Εκ. 207. ἰδίᾳ σκοπεῖσθ' ἕκαστον ὅ τι τις κ.
κερδανεῖν. Ι. 932. Μιλησίαν καὶ κ.
κερδανεῖς. Σ. 796. ὁρᾷς ὅσον καὶ τοῦτο δῆτα κ.;
κερδάνῃς. Α. 957. κᾶν τοῦτο κ. ἄγων τὸ φορτίον.
κερδανοῦσιν. Ν. 1115. τοὺς κριτὰς ὃ κ., ἢν τι τῶνδε τὸν χορὸν
κερδανῶ. Ν. 259. ἠμεῖς ποιοῦμεν. ΣΤ. εἶτα δὴ τί κ.;
κέρδη. Ν. 1202. ἡμέτερα κ. τῶν σοφῶν, ὄντες λίθοι,
ΕΙ. 625. κάτα τύκεινεν γε κ. τοῖς γεωργοῖς ἦν κακά·
κέρδος. Α. 108. λάβοιμι κερδᾶν κ. ἀγαγών καὶ πολύ.
Ν. 1064. μάχαιραν· ἀστείων γε κ. ἔλαβεν ὁ κακοδαίμων.
ΕΙ. 587. ἤσθα γὰρ μίγιστον ἡμῖν κ., ᾧ ποθούμενοι,
Ο. 417. ὁρᾷ τι κ. ἐνθάδ' ἄξιον μονῆς,
597. νῦν μὴ κακῶς, χείμων ἔσται νυνὶ πλεῖ, κ. ἐπίσται·
Εκ. 607. ὥστε τι κ. μὴ καταθεῖναι· σὺ γὰρ ἐξέχουν ἀπόδειξον.
610. νῦν δ', ἔσται γὰρ βία ἐκ κοινοῦ, τί τὸ κ. μὴ καταθεῖναι;
κέρδους. LT. 699. κ. ἔκατι κἂν ἐπὶ ῥιπὸς πλέοι.
Π. 363. ἀλλ' ἰσθι τύθ' κ. ἅπαντες ἤττονες.
κερδῶ. Ι. 1005. λαίθαργον, ταχύπνουν, δολίαν κ., πολύιδριν.
κερδῶν. Θ. 359. κ. οὔνεκ' ἐπὶ βλάβῃ,
Β. 360. ἀλλ' ὑνεγεῖρει καὶ ἐκίξει, κ. ἰδίαν ἐπιθυμῶν,
Κερκίδα. Ο. 831. ἱστηκ' ἔχουσα, Κλεισθένης κ.;

κερκίδος. Β. 1316. κ. ἀοιδοῦ μελέται,
κέρκον. Α. 785. νᾶ δ' οὐχὶ θύσιμός ἐστι; ΔΙ. κ. οὐκ ἔχει.
Ι. 909. ἰδοὺ δέχου κ. λαγῶ τώφθαλμιδίω περιψῆν.
Θ. 239. ἐπίκυντε τὴν κ. φυλάττου νυν ἄκραν.
κέρκος. ΕΙ. 1054. ὕτῳ δὲ θύετ' οὐ φράσεθ'; ΤΡ. ἢ κ. ποιεῖ
κέρκῳ. Ι. 1031. δὲ κ. σαίνων σ', ὑπόταν δειπνῇς, ἐπιτηρῶν,
κερκώπην. Γτ. 146. καὶ κ. θηρευσαμένη
κέρμανα. Π. 379. τὸ στύμ' ἐπιβύσας κ. τῶν ῥητόρων.
κέρματα. Ο. 1108. ἐννοστπτεύσουσι κἀκλίψουσι μικρὰ κ.
κεροβάτας. Β. 230. καὶ κ. Πὰν, ὁ καλαμόφθογγα παίζων·
κερχνίβδας. Ο. 1335. οὔ τοι μὰ τὰς κ. ἐπὶ σοῦ σχήσομαι,
κερχνῆδος. Ο. 1454. ἱέρακος, ἢ κ., ὡς ἂν τοὺς ξένους
κερχνῆδον. Ο. 589. ἀλλὰ γλαυκῶν λύχος εἰς αὐτοὺς καὶ κ.
ἐπιτρέψει.
κερχνῆς. Ο. 304. πορφυρίς, κ., κολυμβὶς, ἀμπελὶς, φήγη, δρύοψ.
Ο. 1181. κ., τριόρχης, γυὼψ, κύμινδις, ἀετὸς·
κεστράν. Ν. 339. κ. τεμάχη μεγάλων ἀγαθῶν, κρία τ' ὀρνίθεια
ἡβῶν.
κεστρέων. Σ. 790. κἄπειτ' ἐπήθηκε τρεῖς λοπίδας μοι κ.·
Fr. 203, 1. ἀρ' ἔνθον ἀνδρῶν κ. ἀποικία;
κεύδαίμονα. Ο. 37. τὸ μὴ οὐ μεγάλην εἶναι φύσει κ.
Π. 655. νῦν δ' εἴ τιν' ἄλλον μακάρων κ.,
κευθμῶνα. Fr. 198, 1. καὶ τὶς νεκρῶν κ. καὶ σκότου πύλας
κευθύς. Εκ. 826. κ. κατεχρίνειν πᾶς ἀνὴρ Εὐριπίδην.
κεψιπίδδου. Β. 758. χὼ ἰδιορησμός; ΑΙ. Αἰσχύλου κ.
κεψυνιπρωκτίαν. Σ. 1070. σχῆμα κ.
κεψυορίδης. Α. 612. τί δεῖ Δράκυλλος κ. ἢ Πρινίδης;
κεψυρανίων. ΕΙ. 291. ὡς ἡδοιμαι καὶ χαίρομαι κ.
κεφαλᾷ. Ο. 929. τεθ κ. θέλεις
κεφαλαί. $\left\{\begin{array}{l}\Sigma. 1033.\\ΕΙ. 756.\end{array}\right\}$ ἑκατὼν δὲ κύκλῳ κ. καλάκων οἰμωζομένων ἐλιχμῶντο
κεφάλαιον. Ν. 981. οὐδ' ἂν ἐλέσθαι δειπνοῦντ' ἐξῆν κ. τῆς
ῥαφανῖδος.
κεφαλαῖς. D. 854. ἵνα μὴ κ. τὸν κρόταφόν σου ῥήματι
κεφαλάς. Λ. 578. ἐπὶ ταῖς ἀρχαίαις διαιξῃ καὶ τὰς κ. ἀπονεῖλαι·
Π. 718. σκορπίσων κ. τρεῖς Τηνίων. ἐπειτ' ἔφλα
Fr. 380. κ. τ' ἐγχέλεων κάκιδ' ἐρίφων,
κεφαλᾷ. Α. 285. σὺ μὲν οὖν καταλεύσομεν, ὦ μιαρὰ κ.
Θ. 258. κ. περιβαλών. ἦν ἐγὼ νύκτωρ φορῶ,
κεφαλῇ. Ο. 55. σὺ δὲ τῇ κ. γ', ἵν' ᾗ διπλάσιος ὁ ψόφος,
Ο. 475. ὑπ' ἀμηχανίας τὸν πατέρ' αὐτῆς ἐν τῇ κ. κατορύξαι.
Εκ. 1120. ἐν τῇ κ. γὰρ ἐμμειεῖς πολὺν χρόνον·
Π. 543. λίθον τυμεγέθη πρὸς τῇ κ. σιτιεῖσθαι δ' ἀντὶ μὲν ἄρτων
Fr. 488, 2. ταχθ κάταξον τῇ κ. σαυτοῦ λίθω.
κεφαλή. Α. 439. τὸ πιλίδιον περὶ τὴν κ. τὸ Μύσιον.
Α. 458. ἀπελθ' ἐκεῖσε, κᾆτα τὴν κ. ἐκεῖ
833. πολυπραγμοσύνη νυν εἰς τὴν κ. τρέποιτ' ἐμοί.
Ι. 910. ἀναμυχθίσμενος ὦ Δῆμε μου πρὸς τὴν κ. ἀποψῶ.
Ν. 40. ἐν τῇ κ. ἅπαντα τὸν οἶκον μοι τρέψεται
147. ἐπὶ τὴν κ. τὴν Σωκράτους ἀφήλατο.
Σ. 43. χαμαὶ καθῆσθαι, τὴν κ. κύραπος ἔχων,
45. ὑλᾳς; Θέαλος τὴν κ. κόλακος ἔχει,
584. κλαίειν ἡμεῖς μακρὰ τὴν κ. εἰπόντες τῇ διαθήκῃ
679. οὐδεὶς οὐδὲ σκορύδοιν κ. τοῖς ἐγιτντιοι διδασιν.
1034. περὶ τὴν κ., φανὴν δ' εἶχεν χαράδρας ὄλεθρον
ΕΙ. 757. τετονίας.
ΕΙ. 35. καὶ ταῦτα τὴν κ. τε καὶ τὼ χεῖρέ μοι
682. αὐτῇ, τοῖς γ' αὐτοῖς· τὴν κ. τοῦ περιάγεις·
1063. ὦ μίλεσι θνητοὶ καὶ νήσιοι, ΤΡ. ἐς κ. σοί.
Ο. 1299. ὑπὸ στυφοκύτου τὴν κ. πεπληγμένο.
Α. 520. στουμέλεσθαι ἁαφνυ τὴν κ.· πύλεμον δ' ἄνδρεσσι μελήσει,
531. περὶ τὴν κ.· μὴ νυν ζηνη. ΑΤ. ἀλλ' εἰ τοῦτ' ἐμπεδίων
533. ἔχε καὶ περίδου περὶ τὴν κ.,
Β. 984. τίς τὴν κ. ἀπεδίδοκεν
Εκ. 1117. ἤτις μεμύρωμαι τὴν κ. μυρώμασιν
Π. 526. ὀδυνηρώτερον τρίψεις βίοτον πολὺ τοῦ νῦν. ΧΡ. ἐς κ.
σοί.
538. ὑπὸ τοῦ πλήθους, αἱ βομβοῦσαι περὶ τὴν κ. ἀνώσιν.
545. ἐπὶ δὲ θρόνοις στάμνου κ. κατεαγότος, ἀντὶ δὲ μάκτρας
612. οἱ δ' ἴαν κλαίειν μακρὰ τὴν κ.
650. οἰκ εἶν ἑκὼν τὴν κ. σοι σεύετ' ἐρῶ.
651. μὴ δήποτ' ἐμοιγ' ἐς τὴν Κ. ΚΑ. μὴ τάγαθὰ
731. νατεινίτασ' αὐτοῦ τὴν γ. φοινικία.
Fr. 251. πρὸς τὸν στροφία τῆς αὐλείας σχίνου κ. κατορύττειν.
κεφαλῇ. Α. 585. τουτὶ πτίλον σοι. ΔΙ. τὴν γ. νῦν μου λαβοῦ,
Α. 1106. εἶτα κατάξει τῷ αὐτοῦ μαθών τῆς κ. Ὀρέστης
1180. καὶ τῆς κ. κατέαγε περὶ λίθων πεσών,
Ι. 791. ἢ μᾶλλον ἐμοῦ σε φιλῶν, ἐθέλω περὶ τῇν κ. περιδύσσα
1094. εἶτα κατασπένδουσι κατὰ τῆς κ. ὀρυβάλλω

κεφαλῆς—Κιμβερικόν. 169

κεφαλῆς. Ν. 1324. οἴμοι κακοδαίμων τῆς κ. καὶ τῆς γνάθου.
Σ. 1221. ξένος τις ἕτερος πρὸς π. Ἀκέστορος.
1428. καί πως κατεάγη τῆς κ. μέγα σφόδρα·
ΕΙ. 71. ἕως ξυνετρίβη τῆς κ. καταρρυείς.
Ο. 437. ἐπὶ τῆς κ. τὴν κυρβασίαν τῶν ὀρνίθων μόνος ὀρθήν.
515. ἀετὸν ὄρνιν ἔστησεν ἔχων ἐπὶ τῆς κ., βασιλεὺς ὤν·
674. ἀπὸ τῆς κ. τὸ λέμμα καθ᾽ οὕτω φιλεῖν.
Εκ. 222. ἐπὶ τῆς κ. φέρουσιν ὥσπερ καὶ πρὸ τοῦ·
524. ἔξεστι. ΒΛ. πῶς; ΠΡ. εἰ τῆς κ. ὄζω μύρου.
Π. 674. ὀλίγον ἀπωθεν τῆς κ. του γραδίου,
728. καὶ πρῶτα μὲν δὴ τῆς κ. ἐφήγατο,
1198. ἱδρυσάμεσθα, λαβοῦσ᾽ ἐπὶ τῆς κ. φέρε
Fr. 453. ἀλφιτόχραστος κ.;
Κεφαλῆσιν. Ο. 476. ὁ πατὴρ ἅμα τῇς κυρυδοῦ συνὶ κεῖται τεθνεὼς Κ.
Κέφαλός. Εκ. 248. ἀνὴρ ἦν Κ. σοι λοιδορῆται προσφθαρείς,
κεχάρηκας. Σ. 764. σὺ δ᾽ οὖν, ἐπειδὴ τοῦτο κ. ποιῶν,
κεχάρησαι. Σ. 359. ὦ Λύκε δέσποτα, γείτων ἥρως· σὺ γὰρ οἶσπερ ἐγὼ κ.,
κεχάρισαι. Εκ. 1045. νὴ τὸν Δία τὸν σωτῆρα, κ. γέ μοι,
κεχαρισμένον. ΕΙ. 386. εἴ τι π.
κεχαρισμένως. Α. 248. κ. σοι τήνδε τὴν πομπὴν ἐμὲ
κεχάρισται. Ι. 54. Παφλαγὼν κ. τοῦτο. καὶ πρώην γ᾽ ἐμοῦ
κεχειροτόνημαι. Εκ. 517. περιμείνατέ νυν, ἵνα τῆς ἀρχῆς, ἣν ἄρτι κ.,
κεχεσμένον. Α. 1170. τῇ χειρὶ πέλεθον ἀρτίως κ.
κέχηνα. Α. 30. στένω, κ. σκορδινῶμαι, πέρδομαι,
κέχηνά. Ο. 264. καίτοι κ. γ᾽ ἐς τὸν οὐρανὸν βλέπων.
Κιχηναίων. Ι. 1262. ἰδεῖν ἁμεῖνω τῇ Κ. πόλει.
κέχηνας. Ι. 1119. κ.· ὁ νοῦς δέ σου
Ο. 20. καὶ τὸν τί κ.; ἔσθ᾽ ὅποι κατὰ τῶν πετρῶν
Λ. 426. τί π., ὦ δύστηνε; ποῖ δ᾽ αὖ σὺ βλέπεις,
κεχήνασίν. Ο. 308. ἄρ᾽ ἀπειλοῦσίν γε νῷν; οἴμοι, κ. γέ τοι
κέχηνεν. Ι. 755. κ. ὥσπερ ἐμπωδίζων ἰσχάδας.
Ο. 51. ἄνω κ. ὡσπερεὶ δεικνύς τί μοι·
κέχηνετε. Α. 133. ὑμεῖς δὲ πρεσβεύεσθε καὶ κ.
κεχήνη. Ο. 10. ὅτε δὴ κ. προσδοκῶν τὸν Αἰσχύλον,
κεχήνῃ. Ι. 804. ἀλλ᾽ ὑπ᾽ ἀνάγκης ἅμα καὶ χρείας καὶ μισθοῦ πρός σε κ.
κεχηνότα. Ι. 1261. κᾆν τιν᾽ αὐτῶν γνῷς ἀνράμον᾽ ὄντα καὶ κ.,
κεχηνότες. Ο. 165. μὴ περιπέτεσθε πανταχῇ κ.·
Β. 990. κ. Μαμμάκυθοι,
κεχηνότι. Λ. 629. οἷσι πιστὸν οὐδὲν, εἰ μή περ λύκῳ κ.
κεχηνότος. Ι. 380. κ.
Ν. 172. καὶ τὰς περιφορὰς. εἶτ᾽ ἄνω κ.
κεχηνώς. Ι. 956. λάρος κ. ἐπὶ πέτρας δημηγορῶν.
Ν. 996. ρήξ᾽ εἰς ὀρχηστρίδων εἰσάντειν, ἐὰν μὴ πρὸς ταῦτα κ.,
Σ. 617. οὔνον μεστῶν, κᾆτ᾽ ἐγχέομαι κλίνας· οὗτος δὲ κ.
ΕΙ. 57. ὡδὶ κ. λοιδορεῖταί τῷ Διί,
κεχόρευται. Ν. 1510. ἡγεῖσθ᾽ ἔξω· κ. γὰρ μετρίως τό γε τήμερον ἡμῖν.
κεχρισμένον. Fr. 231 a, 1. ὁ δ᾽ αὖ Σοφοκλέους τοῦ μέλιτι κ.
κηδει. Α. 1028. ἀλλ᾽ εἴ τι κ. Δερκέτου Φυλασίου,
Ν. 106. ἀλλ᾽ εἴ τι κ. τῶν πατρῴων ἀλφίτων,
κηδεμών. Σ. 242. χθὲς οὖν Κλέων ὁ κ. ἡμῖν ἐφεῖτ᾽ ἐν ὥρᾳ
Δ. 731. εἶθ᾽ ὥφελές μοι κ. ἢ ξυγγενής·
κηδεστά. Θ. 210. ὦ φίλτατ᾽, ὦ κ., μὴ σαυτὸν προδῷς.
Θ. 584. Εὐριπίδην φασ᾽ ἄνδρα κ. τινα
κηδεστής. Ι. 1165. σδ᾽ ἐστὶν, οὗν τῇ σανίδι, κ. ἐμός.
κηδεύσαι. Α. 332. εἴσομαι δ᾽ ὑμῶν τάχ᾽ εἰς τὴν ἀνδράκων τι κ.
κήδομαι. Ι. 1342. καὶ κ. σου καὶ προβουλεύω μόνος,
κηδόμενος. Ν. 1410. ἔγωγέ σ᾽, εὐνοῶν τε καὶ κ. ΦΕ. εἰπὲ δή μοι,
κηθαρίου. Σ. 674. ἐκ κ. λαγαρυζόμενον καὶ τραγαλίζοντα μηδέν,
κήξ. Α. 790. ὁμομητρία γάρ ἐστι κ. ταύτῳ πατρός.
Κηκείδου. Ν. 985. καὶ Κ. καὶ Βουφωνίων. ΔΙ. ἀλλ᾽ οὖν ταῦτ᾽ ἐστὶν ἐκεῖνα.
κηλωνείου. Fr. 554, 2. κ. τοῖς κηπουροῖς.
κημός. Σ. 754. κάπιστάιμην ἐπὶ τοῖς κ.
κημόν. Ι. 1150. κ. καταμηλῶν.
Θ. 1031. ψῆφον κ. ἔστηκ᾽ ἔχους.
κημός. Σ. 99. ἰὼν παρέγραφε πλησίον "π. καλός."
κημών. Σ. 1339. τάδε μ᾽ ἀρέσκει· βάλλε κ.
κηντιβόλουν. Fr. 460, 2. ἐπηκολούθουν κ. προσκείμενοι
κήπευεν. Α. 745. κ. ἐς τὸν σάκκον ᾡδ᾽ ἐσβαίνει
κηπεύματα. Ο. 1100. λευκότροφα μύρτα, Χαρίτων τε κ.
κηπιχαρίττα. Α. 884. ἔκβαθι τῇδε κ. τῷ ξένῳ.
κήποις. Ν. 271. εἶτ᾽ Ὠκεανοῦ πατρὸς ἐκ κ. ἱερὸν χορὸν ἵστατε Νύμφαις,

κήποις. Ο. 159. νεμόμεσθα δ᾽ ἐν κ. τὰ λευκὰ σήσαμα
κηπουροῖς. Fr. 554, 2. κηλωνείον τοῖς κ.
κήπους. Ο. 238. ὅσα θ᾽ ὑμῶν κατὰ κ. ἐπὶ κισσοῦ
Ο. 1067. κτείνω δ᾽ οἳ κ. εὐῴδεις
κηρία. Εκ. 742. ὁ τὴν σκάφην λαβὼν πρόιτω, τὰ κ.
κηρίνων. ΕΙ. 1035. νὴ τὸν Δι᾽, ἥνπερ ᾖ γέ που τῶν κ.
κηρίῳ. Θ. 506. ἵνα μὴ βοῄη, κ. βεβυσμένον·
κηρόν. Ν. 149. κ. διατήξας, εἶτα τὴν ψύλλαν λαβὼν
Ν. 150. ἐνέβαψεν ἐς τὸν κ. αὐτῆς τὼ πόδε,
Σ. 108. ὑπὸ τοῦ ὄνυχι κ. ἀναπεπλασμένοι.
κηροχυτεῖ. Θ. 56. καὶ κ. καὶ γογγύλλει
κηρύγματος. ΕΙ. 311. ἀλλ᾽ ἀκούσαντες τοιούτου χαίροιμεν κ.
κηρυθράν. Α. 787. ἐξεὶ μεγάλαν τε καὶ ταχεῖαν κ.
κήρυκα. Ο. 561. τοῖς δ᾽ ἀνθρώποις ὄρνιν ἕτερον πέμψαι κ. κιλεῷ,
Ο. 843. κ. δὲ πέμψον τὸν μὲν ἐς θεοὺς ἄνω,
1269. δεινόν γε τὸν κ. τὸν παρὰ τοὺς βροτοὺς
κηρύκαινα. Fr. 713. λαβοῦσα κ. εὐφανόν τινα.
κήρυκας. Θ. 780. κ. ἐμῶν μύχθων· οἴμοι,
κήρυκι. Fr. 757. Ἱέρωνι τῷ κ. πομπὴν πέμπετε;
Π. 1110. ἡ γλῶττα τῷ κ. ταύτων τέμεται.
κήρυκιον. Fr. 429. νεβρίδα, λίθους τοὺς σαγίρους, κ.
κήρυκος. Α. 1004. τί δρᾶτε; τοῦ κ. οὐκ ἀκούετε;
κήρυξ. Α. 1083. οἵαν ὁ κ. ἀγγελίαν, ἥγγειλέ μοι.
Ι. 668. ἵν᾽ ἅθ᾽ ὁ κ. οὐκ Λακεδαίμονος λέγει
Σ. 752. ἵν᾽ ὁ κ. φησί, τίς ἀψήφισα·
Επ. 30. ὥρα βαδίζειν, ὡς ὁ κ. ἀρτίως
821. ἀνέσπραγ᾽ ὁ κ., μὴ δέχεσθαι μηδένα
Fr. 308, 2. εἰπεῖν μ᾽ ὁ κ., οὕτος ἀλφανει.
κηρύξει. Εκ. 684. καὶ κ. τοὺς ἐκ τοῦ βῆτ᾽ ἐπὶ τὴν στοιὰν ἀκολουθεῖν
κηρύσσω. Β. 1172. τύμβου δ᾽ ἐπ᾽ ὄχθῳ τῷδε κ. πατρὶ
κηρύττω. Α. 623. ἐγὼ δὲ κ. γε Πελοποννησίοις
κηρυτήν. Α. 1176. ὑδόνια, κ. παρασκευάζετε,
Fr. 309, 1. ξυρῶν κάτοντρον, ψαλίδα κ., λίτρον,
κῆς. Α. 1244. ἐς τὰς Ἀσαναίοις τε κ. ἡμᾶς ἅμα.
κήτει. Θ. 1033. κυκλοῦμενην κ. Βορὰ
κῆτος. Ν. 556. Φρύνιχος πάλαι πεποίηχ᾽, ἦν τὸ κ. ἤσθιεν.
Κηφία. Θ. 1056. χαίρ᾽, ὦ φίλη παῖ τὸν δὲ πατέρα Κ.,
Κηφέως. Θ. 1113. αὐτὴ γὰρ ἐστιν Ἀνδρομέδα ταῖς Κ.
κηφήνες. Σ. 1114. ἀλλὰ γὰρ κ. ἡμῖν εἰσὶν ἐγκαθήμενοι,
Κηφισοδήμῳ. Α. 705. πρὸς Κ., τῷ λάλῳ ξυνηγόρῳ·
Κηφισοφῶν. Β. 1408. αὐτός, τὰ παιδί᾽, ἡ γυνή, Κ.,
Β. 1452. ταυτὶ πότερ᾽ αὐτὸν εὑρές ἢ Κ.
1453. ἐγὼ μόνος· τὰς δ᾽ ὀξίδας Κ.]
Fr. 231 b, 1. Κ. ἄριστε καὶ μελάντατε,
Κηφισοφῶντα. Β. 944. εἶτ᾽ ἀνέτρεφον μοσφοδίαις, Κ. μιγνύς.
κῆχος. Fr. 527. ποῖ κ.; β. εὐθὺ Σικελίας.
κιβδηλίαν. Ο. 158. πολλὴν γ᾽ ἀφεῖλες τοῦ βίου κ.
κιβώτιον. Π. 711. παρέθηκε καὶ δοίδυκα καὶ κ.
κιβωτός. Ι. 1000. καὶ νὴ Δί᾽ ἔτι γε μοῦστί κ. πλέα.
κιβωτός. Σ. 1056. ἐσβάλλετέ δ᾽ ἐς τὰς κ.
κιγκλίδ᾽. Ι. 641. τὴν κ. ἐψῆρξα, κάναχαγὼν μέγα
κιγκλίδα. Fr. 18. δ᾽ ἄλφατσὶ εἴρπε πρὸς τὴν κ.
κιγκλίδι. Σ. 124. ὁ δ᾽ ἀνεφαίνη κνεφαῖος ἐπὶ τῆς κ.
Σ. 775. ᾠδεῖς σ᾽ ἀποκλείσαι θεσμοθέτης τῇ κ.
κιγκλοβάταν. Fr. 191. λόρδου κ. ἀνθρών·
κίγκλος. Fr. Μ. Αμφ. 8, 1. ὑσφὴν δ᾽ ἐξ ἄκρων διακίγκλισον ἥτε κ.
κίγκλου. Fr. 94, 1. ὀσφὴν δ᾽ ἐξ ἄκρων διακίγκλισον ἥτε κ.
Κιθαιρώνιος. Θ. 996. Κ. ἠχώ,
κιθαρᾳσιδότατον. Σ. 1278. τὸν κ., ᾧ χάρις ἐφέσπετο.
κιθαρῳδόν. Ν. 1357. ὁ δ᾽ εὐθὺς ἀρχαῖον εἶν᾽ ἔφασκε τὸ κ.
Σ. 959. ξύγγραφή. π. γὰρ οὐκ ἐπίσταται.
989. οὐ δῆτα· κ. τις μάθῃς ὑμῶν
κιθαρίν. Θ. 124. κ. τε μάτερ᾽ ὑμνών
κιθαριστήν. Ι. 992. κάτα τὸν κ.
κιθαριστοῦ. Ν. 964. εἶτα βαδίζειν ἐν ταῖσιν ὁδοῖς εὐτάκτως ἐτι κ.
κιθαρφδιών. Β. 1282. ἐκ τῶν κ. νόμων εἰργασμένην
κιθαρῳδός. Εκ. 739. ἐντανθῖ· σὺ δὲ δεῦρ᾽ ἡ κ. ἔξιθι,
κικίννους. Σ. 1069. λαν κ. νανιῶν καὶ
Fr. 25. καὶ λεῖοι ὥσπερ ἔγχελυς, χρυσοῦς ἔχων κ.
κικκαβαῦ. Ο. 261. κ. κ.
κιλλήσιω. Ν. 565. πρῶτα μήγαν κ.
Κικυννη. Β. 210. κ. εἰσὶν οὑμοὶ δημόται,
Κικυννόθεν. Ν. 134. Φειδωνος υἱὸς Στρεψιάδης Κ.
κιλλίβαντας. Α. 1122. τοὺς κ. καὶ τὰς ἀσπίδος
Κιλλικῶν. ΕΙ. 363. οὐδὲν πονηρόν, ἀλλ᾽ ὅπερ καὶ Κ.
Κιμβερικά. Λ. 45. καὶ Κ. ὀρθοστάδια καὶ περιβαρίδας·
Κιμβερικόν. Λ. 52. μήτ᾽ ἀσπίδα λαβεῖν. ΚΑ. Κ. ἐνδύσομαι.

Z

170 Κιμωλίας—κλειδία.

Κιμωλίας. Π. 713. καὶ Κ. γῆς,
Κίμων. Λ. 1144. Κ. ὕλην ἔσωσε τὴν Λακεδαίμονα.
κιναβευμάτων. Fr. 561. πάντ' ὑπ' ἀκροφυσίων κἀπὸ κ.
κιναβρώντων. Π. 294. αἰγῶν τε κ. μέλη,
κίναβος. Ν. 418. μύρτις, κρόταλον, κ., τρύμη,
Ο. 430. πυκνότατον κ.,
κιναχύρα. Ἐκ. 730. χώρει σὺ δεῦρο κ. καλὴ καλῶς
κινδυνεύομεν. Λ. 655. ἀλλ' ὑφ' ὑμῶν διαλυθῆναι προσέτι κ.
κινδυνεύων. Σ. 1021. μετὰ τοῦτο δὲ καὶ φανερῶς ἤδη κ. καθ' ἑαυτόν,
Π. 524. κ. περὶ τῆς ψυχῆς τῆς αὐτοῦ τοῦτο ποιῆσαι;
κίνδυνον. Εἰ. 264. ὁρᾶτε τὸν κ. ἡμῖν ὡς μέγας·
κίνδυνος. Ν. 955. νῦν γὰρ ἅπας ἐνθάδε κ. ἀνεῖται σοφίας,
Ἐκ. 287. ἡμᾶς. ὁ κ. γὰρ οὐχὶ μικρὸς, ἢν ἀλῶμεν
Π. 348. ἔνι γάρ τις, ἔνι κ. ἐν τῷ πράγματι.
κίνει. Ο. 1238. ὦ μῶρε μῶρε, μὴ θεῶν κ. φρένας
Ἐκ. 1166. καὶ τὸ κ.
κινεῖν. Σ. 403. εἰπέ μοι, τί μέλλομεν κ. ἐκείνην τὴν χολήν,
Εἰ. 341. πλεῖν, μένειν, κ., καθεύδειν,
867. κ. τε καὶ καθεύδειν.
κινεῖται. Ν. 297. ἀλλ' εὐρήμει· μέγα γάρ τι θεῶν κ. σμῆνος ἀοιδαῖς,
κινηθήσεται. Β. 796. κἀνταῦθα δὴ τὰ δεινὰ κ.
κινήσειας. Ν. 1301. φεύγειν· ἔμελλον σ' ἄρα κ. ἐγὼ
Κινησία. Α. 856. κἂν φῶ ἡ μίαν λάβῃ, Κ.
Β. 1437. εἴ τις πτερώσαι Κλεόκριτον Κ.,
Κινησίαν. Ο. 1377. ἀσπαζόμεσθα φιλύμναν Κ.
Λ. 860. ὅτι ληρός ἐστι τἆλλα πρὸ Κ.
Κινησίας. Λ. 838. ἔγωγε· κάστιν οὐμὸς ἀνὴρ Κ,
Λ. 852. ἀνὴρ ἐκείνης, Παιονίδης Κ.
Ἐκ. 330. Κ. σου κατατετιληκὼς πυθων·
Fr. 198, 10. Μίλητος, ἀλλ' δὴ τῶν κωκλίων Κ.
Κινησίαν. Β. 153, τὴν πυρρίχην τις ἔμαθε τὴν Κ.
κινήσομεν. Λ. 1166. ἄφες, ἀγάθ', αὐτοῖς. Ἀθ. πᾴτα τίνα κ.;
κίνησον. Ν. 745. κ. αὖθις αὐτὸ καὶ ζυγώθμισον.
κινῆσαι. 1. 364. ἐγὼ δὲ κ. γέ σου τὸν πρωκτὸν ἀντὶ φύσεως.
κινητά. Ν. 1397. σὺν ἔργοις, ᾧ καινῶν ἐπῶν κ. καὶ μοχλευτά,
κινοῦμεν. Εἰ. 490. μικρὸν γε κ.
κινούμενα. Θ. 15. καὶ ζῷ' ἐν αὐτῇ ξυνετέκνον κ.,
κινούμενοι. Ν. 1103. ἡττήμεθ', ὦ κ.,
Σ. 1111. ὥσπερ οἱ σπώληκες ἐν τοῖς ἐντράροις κ.
κινοῦντες. Εἰ. 325. οὐκ ἐμοῦ κ. αὐτῶ τῶ σκέλη χορεύσαν.
κινοῦσα. Λ. 474. λυποῦσα μηδὲν' ἐνθαδί, κ. μηδὲ κάρφος,
Β. 827. γλῶσσ', ἀνελισσομένη φθονερούς κ. χαλινούς,
κινυρόμεθ'. Ι. 11. τί κ. ἄλλοι; οὐκ ἐχρῆν ζητεῖν τινα
κιών. Β. 148. ἡ παῖδα κ. τάργύρωον ὑφείλετο,
κίονας. Ν. 815. ἀλλ' ἔσθ' ἰλέων τοῖς Μεγακλέους κ.
κίονι. Σ. 105. ὥσπερ λευδὶ προσεχόμενοι τῷ κ.
Κίρκην. Π. 302. ἐγὼ δὲ τὴν Κ. γε τὴν τὰ φάρμακ' ἀνακυκῶσαν,
Π. 309. οὐκοῦν σε τὴν Κ. γε τὴν τὰ φάρμακ' ἀνακυκῶσαν
κιρνάντες. Fr. 555. κ. γὰρ τὴν πόλιν ἡμῶν ποτυλίζετε ταῖσι πίνησιν·
κίσηριν. Fr. 309, 4. μύρον, κ., στρόφαν, ὀπισθοσφενδόνην,
κισσός. Θ. 999. κύκλῳ δὲ περὶ σὲ κ.
κισσοῦ. Ο. 238. ὅσα δ' ὑμῶν κατὰ νήπεσιν ἐπὶ κ.
κισσοφόρε. Θ. 988. σὺ κ. Βακχεῖε
κίσταις. Λ. 1184. ξενίπαμεν ὧν ἐν ταῖσι κ. εἴχομεν.
κίστη. Ι. 1216. αὕτη μὲν ἡ κ. τὰ τοῦ δήμου φρονεῖ.
κίστῃ. Fr. 95, 2. ἐν κ. που κατασήμηναι·
κίστην. Α. 1086. βάδιζε, τὴν κ. λαβὼν καὶ τὸν χόα.
Α. 1098. παῖ παῖ, φέρ' ἔξω δεῦρο τὴν κ. ἐμοί.
Ι. 1211. ἐγὼ φράσω σοι. τὴν ἐμὴν κ. ἰὼν
Σ. 529. ἐνεγκάτω μοι δεῦρο τὴν κ. τις ὡς τάχιστα.
Εἰ. 606. σπονδὴν φέρουσα τῇ πόλει κ. πλέαν
Θ. 284. ὦ Θρᾷττα, τὴν κ. κάθελε, κἄπ' ἔξελε
κισπίδος. Α. 1137. τὸ δεῖπνον, ὦ παῖ, δῆσον ἐκ τῆς κ.
κίττα. Ο. 302. κ., τρυγών, κυρυδὸς, ἐλεᾶς, ὑποθυμίς, περιστερά,
Ο. 1297. Συρακοσίῳ δὲ κ.' Μειδίας δ' ἐκεῖ
κιττοῦ. Εἰ. 535. κ., τρυγαίων, προβατίων βληχωμίνων,
κιττῶ. Σ. 349. οὗτω κ. διὰ τῶν σανίδων μετὰ χοιρίνης περιελθεῖν,
κιττῶντες. Εἰ. 497. ὑμεῖς μὲν γ' οὖν οἱ κ.
κιχλᾶν. Ν. 339. πεστρᾶν ἀκριβές ἡδιόν ἐστιν, ἢ κ.;
ὀρνίθεια κ.
μίχλας. Α. 1116. πύτερον ἀκρίδας ἥδιόν ἐστιν, ἢ κ.;
μίχλας. Fr. 344, 7. ὕψῳ δὲ χρήσθαι σπινιδίοις τε καὶ κ.,
μίχλας. Α. 1007. ἐφὼ τοῦ ὑδελίσκουντ, ἵν' ἀναστρέψω τὰς κ.
Α. 1011. τί δῆτ', ἐπειδὰν τὰς κ.
1105. ἐμοὶ δὲ τὰς φάτται γε φέρε καὶ τὰς κ.
1109. ἄνθρωπε, βούλει μὴ βλέπειν ἐς τὰς κ.
Εἰ. 1195. ἔπειτ' ἐπίσφερε τοὺς ἁμάλους καὶ τὰς κ.

κίχλας. Εἰ. 1197. ποῦ ποῦ Τρυγαῖός ἐστιν; ΤΡ. ἀναβράττω κ.
Ο. 1080. εἶτα φυσῶν τὰς κ. δείπνυσι καὶ λυμαίνεται,
κίχλην. Εἰ. 1149. κᾆξ ἐμοῦ δ' ἐνεγκάτω τις τὴν κ. καὶ τὼ σπίνω·
κιχλίζειν. Ν. 983. οὐδ' ὀψοφαγεῖν, οὐδὲ κ., οὐδ' ἴσχειν τὼ πόδ' ἐναλλάξ,
κιχλῶν. Α. 961. ἐς τοὺς Χύας αὐτῷ μεταδοῦναι τῶν κ.,
Α. 970. εἴσειμ' ὑπαὶ πτερύγων κ. καὶ κοψίχων.
Εἰ. 531. αὐλῶν, τραγῳδῶν, Σοφοκλέους μελῶν, κ.,
Ο. 591. ἀλλ' ἀναλέξει πάντας καθαρῶς αὐτοὺς ἀγέλη μία κ.
κιχόρεια. Fr. 281. κ.:
'κκαφῆς. Ο. 342. κάρτα πῶς κλαύσει γάρ, ἢν ἅπαξ γε τυφθαμῷ 'κ.,
'κκάρει. Εἰ. 59. κατάθου τὸ μύρημα· μὴ 'κ. τὴν Ἑλλάδα.
κλᾶ. Fr. 135. μὴ κ. ἐγώ σοι βουκέφαλον ὠνήσομαι
κλάδεσιν. Ο. 239. κ. νομῶν ἔχει,
κλαδί. Λ. 632. καὶ φορήσω τὸ ξίφος τὸ λοιπὸν ἐν μύρτου κ.
κλᾶδε. Α. 1032. οὐκ ἔστιν, ἀλλά κ. πρὸς τοὺς Πιττάλου.
κλάει. Β. 1066. ἀλλὰ ῥᾳδίως περιειλιλόμενος κ. καὶ φησὶ πίνεσθαι.
κλαίειν. Α. 1131. κ. κελεύων Λάμαχον τὸν Γοργάσου,
1. 12. σωτηρίαν ῥῶν, ἀλλὰ μὴ κ. ἔτι·
433. κατὰ κῦμ' ἐμαυτὸν οὑρίον. κ. σε μακρὰ κελεύσας.
Ν. 1415. κλάουσι παῖδες, πατέρα δ' οὐ κ. δοκεῖς;
1418. εἰκὸς δὲ μᾶλλον τοὺς γέροντας ἢ νέους τι κ.,
1439. κ. γὰρ ἡμᾶς εἰκός ἐστ', ἢν μὴ δίκαια δρῶμεν.
Σ. 440. οὐκ ἐγὼ 'δίδαξα κ. τέτταρ' ἐς τὴν χοίνικα·
584. κ. ἡμεῖς μακρὰ τὴν κεφαλὴν εἴπόντες τῇ διαθήκῃ
Ο. 692. εἰδυῖες ὀρθῶς παρ' ἐμοῦ Προδίκῳ κ. εἴπητε τὸ λοιπόν.
Θ. 212. κ. κέλευ' ὅ,τι δ' ἂν τι βούλει χρῶ λαβών·
Ἐκ. 259. δείπνον παρέχειν ἅπασιν, ἢ κ. μακρά,
Π. 62. ἐμοὶ φράζων ΠΛ. κ. ἔγωγέ σοι λέγω.
612. σὺ δ' ἐὰν κ. μακρὰ τὴν κεφαλήν.
κλάεις. Σ. 179. πάνθων, τί κ.; ὅτι πενφράσει τήμερον;
Β. 654. τί δῆτα κ.; ΔΙ. κρουμνῶν ὀσφραίνομαι,
κλάετ'. Ν. 1155. βοᾶν. ἰὼ, κ. ὠβολοστάται,
κλαίετε. Fr. 17. ἢν μὴ μεταλάβῃ τοὐπίπεμπτον κ.
Κλαζομενάς. Fr. 160, 4. ἕτερος δ' ὅκως ἐς Κ., ἕτερος δ' ὕκαν
κλάῃς. Ν. 58. δεῦρ' ἔλθ', ἵνα κ. ΘΕ. διὰ τί δῆτα κλαύσομαι;
κλάῃ. 503. ἡμεῖς φράσωμεν. ΠΡ. λέγε δὴ ταχέως, ἵνα μὴ κ.
ΛΤ. ἀπρωὸ δὴ,
κλαίειν. Θ. 1063. κ. ἐλεινῶς. ΜΝ. σὲ δ' ἐπικλαίειν ὕστερον
κλάσιμι. Ο. 341. ἵνα μὲν οὖν κ. μεγάλα. ΠΕ. τοῦτο μὲν ληρεῖς ἔχων
κλάοντα. Σ. 392. κιθυσληθεὶς μόνος ἠρώων παρὰ τὸν κ. καθῆσθαι.
κλάοντας. Εἰ. 744. οὐκ ἐξῆγον κ. ἀεὶ, καὶ τούτουσι οὕνεκα τοῦδί,
κλάουσι. Ν. 1415. κ. παῖδες, πατέρα δ' οὐ κλάειν δοκεῖς;
κλαστάσεις. 1. 166. βουλῇ πατήσεις καὶ στρατηγοὺς κ,
κλαύμαθ'. Β. 813. ἱσσοσδάκωσι, κ. ἡμῖν γίγνεται.
κλαύματα. Εἰ. 249. τοῖσιν Μεγαρεῦσιν ἐνέβαλεν τὰ κ.
κλαύσαντα. Β. 838. κ. πρότερον ἢ προτιμήσαντά τι
κλαύσετα. Εἰ. 532. ἐπυλίων Εὐριπίδου, ΤΡ. κ. σὺ
κλαύσει. Ν. 933. κ., τὴν χεῖρ' ἢν ἐπιβάλλῃς.
Εἰ. 255. τί με καλεῖ; ΠΟ. κ. μακρά.
1277. ἀνδρῶν οἰμαρῆ· κ. ἡ τὸν Διώνισον
Ο. 342. κάρτα πῶς κ. γάρ, ἢν ἅπαξ γε τυφθαμῷ 'κκοσφῆς;
Λ. 505. κ. τοίνυν πολὺ μᾶλλον.
Θ. 1087. σὺ λαλῖ· ΕΤ. σὺ λαλῖ· ΤΟ. κ. ΣΤ. κ.
Π. 572. ἀνδρ' οὐχ εὑρίσκειν γ' οὐδὲν κ., μηδὲν ταύτῃ γε κομήσης.
κλαύσει'. Θ. 916. λαβὼν ταχὺ πάνυ. ΓΤ. ΙΙ. κ. ἄρα νὴ τωθεώ
Θ. 1187. καλῶ γε τὸ πυγῇ. ΕΤ. κ., ἢν μὴ 'νδον μένῃ,
κλαύσεται. Α. 436. ἄκραν προσιόπει, δημώσει ἐκ τῶν κ.
Β. 1209. τουτὶ τί ἢν τὸ ληκύθιον; οὐ κ.;
Π. 174. ὁ Πάμφιλος δ' οὐχὶ δεῖ τοῦτον κ.;
425. ἀλλ' οὐκ ἔχει γὰρ ὀβας. ΒΛ. οὐκοῦν κ.
κλαύσεται. Σ. 1327. κ. τῷ τῶν ὄπισθεν
κλαυσιᾷ. Π. 1099. φθεγγόμενον ἄλλως κ. ΕΡ. σέ τοι λέγω,
κλαυσιμάχου. Εἰ. 1293. ἀλλόφρονα βουλομάχου γε κ. τινὸς υἱέ,
κλαύσομαι. Ν. 58. δεῦρ' ἔλθ', ἵνα κλάῃς. ΘΕ. διὰ τί δῆτα κ.;
Εἰ. 262. ἐγωγε νὴ Δί'· εἰ δὲ μὴ γε, κ.
κλαυσούμεθα. Εἰ. 1081. ἡ διακανκεύσαιμαι πύτερα κ. μεῖζον,
κλαύσομεν. Ι. 9. ξυναυτλώσας κ. Οὐλόμενον νόμον.
κλᾶων. Α. 822. κ. μεγαριεῖς. οὖν ἀφήσει τὸν σάκον·
Α. 827. οὐ γὰρ φανῶ τοὺς πολεμίοις· ΔΙ. κ. γε σὺ,
Ἐκ. 1027. ἀλλ' ἕμπαροι εἶναι σκήψομαι. ΓΡ. Β. κ. γε σύ.
Κλεαίνετον. Ι. 574. τὸν πρὸ τοῦ σίτησιν ἥτρα' ἐρόμενος Κ.
Κλεαίγενης. Β. 709. Κ. ὁ μικρός,
Κλεισθενίζεσθα. Β. 791. νυνὶ δ' ἔμελλεν, ὥς ἔφη Κ.,
κλειδία. Θ. 421. ἔξεστιν. οἱ γὰρ ἄνδρες ἤδη κ.

κλειδίον—κλῇδας. 171

κλειδίον. Fr. 120. κ.
κλείε. Α. 479. ἀνὴρ ὑβρίζει· κ. πηκτὰ δωμάτων.
κλείειν. L 1316. εὐφημεῖν χρὴ καὶ στύμα κ., καὶ μαρτυριῶν ἀπέχεσθαι.
Κλειναρέτην. Εκ. 41. καὶ μὴν ὁρῶ καὶ Κ. καὶ Σωστράτην
Κλεινίον. Α. 716. τοῖς νέοισι δ' εὐρύπρωκτος καὶ λάλος χὠ Κ.
κλεινόν. Α. 1184. ὦ κ. ὄμμα, νῦν πανύστατόν σ᾽ ἰδὼν
Ο. 810. θέσθαι τι μέγα καὶ κ., εἶτα τοῖς θεοῖς
Π. 772. ἔπειτα σεμνὴς Παλλάδος κ. πέδον,
κ: ινός. 1. 1328. καὶ θαυμασταῖς καὶ πολυύμνοις ἵν' ὁ κ. Δῆμος ἐνοικεῖ.
Θ. 20. ἐνθάδ' Ἀγάθων ὁ κ. οἰκῶν τυγχάνει
κλεινότατ'. Ο. 1272. ὦ κ., ὦ σοφώτατ', ὦ γλαφυρώτατε,
κλεινοτάτην. Ν. 1024. ὦ καλλίπυργον σοφίαν κ. ἐπασκῶν,
Ο. 1277. ὦ κ. αἰθέριον οἰκίσας πόλιν,
κλεινότατος. ΕΙ. 737. κωμῳδοδιδάσκαλος ἀνθρώπων καὶ κ. γεγένηται,
κλείουσα. ΕΙ. 778. κ. θεῶν τε γάμους ἀνδρῶν τε δαῖτας
Κλεισθένει. Σ. 1167. ὣς ξυνεθεώρεις Ἀνδροκλεῖ καὶ Κ.
Π. 48. τοί γῆς ἀνεδήμεις ; ΔΙ. ἐπεβάτευον Κ.
57. ἀλλ' ἀνδρῶν ; ΔΙ. ὄτταται, ΠΡ. ξυνεγίνου Κ. ;
Κλεισθενες. Θ. 634. οὐδὲν λέγεις. δεῦρ' ἐλθὲ, δεῦρ', ὦ Κ.·
Κλεισθένη. Ν. 355. καὶ νῦν γ᾽ ὅτι Κ. εἶδον, ὁρᾷς, διὰ τοῦτ' ἐγένοντο γυναῖκες.
Λ. 1092. οὐκ ἔσθ' ὅπως οὐ Κ. βινήσομεν.
Θ. 235. ὁρᾷς σεαυτόν ; ΜΝ. οὐ μὰ Δί', ἀλλὰ Κ.
763. φύλαξον αὐτό, ἵνα λαβοῦσα Κ.
Β. 422. τὸν Κ. δ᾽ ἀκούω
Κλεισθένης. Α. 118. ἐγῷδ᾽ ὅς ἐστι, Κ. ὁ Σιβυρτίου·
Ι. 1374. πυῦ δῆτα Κ. ἀγοράσει καὶ Στράτων ;
Ο. 831. ἕστην ἔχουσα, Κ. δὲ κερκίδα ;
Θ. 929. 58' ἔσθ' ὁ πανοῦργος ὂν ἔλεγ' ἡμῖν Κ. ;
Κλεισθένους. Λ. 621. δύσιο συνεληλύθοτές ἐνδρες ἐς Κ.
Κλειτογόρα. Ν. 684. Λύσιλλα, Φίλιννα, Κ, Δημητρία.
Fr. 257. Κ.
Κλειταγόρας. Σ. 1246. Κ. τε κάΚλειτοφῶν. Β. 967. οὑμοὶ δὲ Κ. τε καὶ Θηραμένης ὁ κομψός.
κλίμμ'. I. 1203. τὸ μὲν νόημα τῆς θεοῦ, τὸ δὲ κ. ἐμόν.
Κλέκρινον. Β. 1437. [εἴ τις πτερώσει Κ. Κισησία,
Κληοκρίτου. Ο. 877. δίσπουν Κυβέλη, στρουθέ, μῆτερ Κ.
Κλεομήνης. Λ. 273. ἐπεὶ οὑδὶ Κ. ὃς αὑτὴν κατέσχε πρῶτος.
κλέος. Α. 646. οὔτω δ᾽ αὐτοῦ περὶ τῆς τόλμης ἤδη πυρρὸν κ. ἥκει.
Ν. 459. ταῦτα μαθὼν παρ' ἐμοῦ κ. οὐρανόμηκες
Β. 1035. ἀπὸ τοῦ τιμῆν καὶ κ. ἔσχεν πλὴν τοῦδ᾽ ὅτι χρηστ' εἴδαξε.
Fr. 629. κ.
Κλεοφῶν. Θ. 805. καὶ μὲν δὴ καὶ Κ. χείρων πάντως δήπου Σαλαβακχοῦς.
Β. 1532. ἀργαλέων τ᾽ ἐν ὅπλοις ξυνόδων. Κ. δὲ μαχέσθω
Κλεοφῶντι. Β. 1504. καὶ δότε τουτί Κ. φέρων,
Κλεοφῶντος. Β. 678. φιλοτιμότεροι Κ., ἐφ' οὗ δὴ χείλεσιν ἀμφιλάλοις
κλέπτα. Θ. 928. τρίφεσιν δύναιτ' ἂν μία λόχμη κ. δύο·
κλέπται. ΕΙ. 402. κ. τε γὰρ νῦν μᾶλλόν εἰσιν ἢ πρὸ τοῦ.
Fl. 731. περὶ τὰς σπηνὰς πλείσται κ. κυπτάζειν καὶ κακοποιεῖν.
κλέπτειν. I. 296. ὁμολογῶ κ.· σὺ δ' οὐχί.
Σ. 557. ἥβων γὰρ κάδυνάμην κ., ἰσχυόν τ᾽ αὐτὸς ἐμαυτοῦ,
Λ. 490. ἵνα γὰρ Πείσανδρος ἔχοι κ. χοὶ ταῖς ἀρχαῖς ἐπέχοντες,
Θ. 205. κ. ὑφαρπάζειν τε θήλειαν Κύπριν.
206. ἰδοὺ γε κ.· νὴ Δί, βινεῖσθαι μὲν οὖν,
Π. 565. πάνυ γοῦν κ. κόσμιόν ἐστιν καὶ τοὺς τοίχους διαρύττειν.
κλέπτην. Εκ. 436. κἄπειτα κ. ΒΛ. ἐμὲ μόνον ; ΧΡ. καὶ νὴ Δία
κλέπτης. I. 1252. κ. μὲν οὐκ ἂν μᾶλλον, εὐτυχὴς δ' ἴσως.
Σ. 953. κ. μὲν οὖν οὑτός γε καὶ ξυνωμότης.
1227. οὐχ οὕτω γε πανούργος ἢ κ.
Εκ. 667. οὐδ᾽ αὖ κ. οὐδείς ἔσται ; ΠΡ. πῶς γάρ κλέψει μετὺ αὑτῆς ;
κλεπτίστατον. Π. 27. πιστότατον ἡγοῦμαί σε καὶ κ.
κλέπτο. Θ. 1112. καὶ κ. καὶ πανοῦργος. ΕΤ. Ἀπρεῖς, ὦ Σκύθα.
κλέπτον. Ν. 900. ὦ μιαρὸς οὗτος· ὣς δὴ κ. βλέπει.
Σ. 933. κ. τὸ χρῆμα τἀνδρός· οὐ καὶ σοὶ δοκεῖ,
κλέπτον. Α. 828. οὐ χαιρήσεις, ἀλλά σε κ.
κλέπτοντα. Σ. 759. κ. Κλέοπνα λόβοιμι.
Β. 611. κ. πρὸς τάλλότρια; Μ. ἀλλ' ὑπερφυᾶ.
κλέπτοντά. I. 1127. κ. τι βούλομαι
Σ. 449. οὐδ' ὀνομασθεὶς ὅθ' εὗρον τοὺς βότρυς π. σε
κλέπτοντας. I. 1147. κ.· ἔπειτ' ἀναγ-

κλέπτουσ'. Εκ. 608. οὔκουν καὶ νῦν οὗτοι μᾶλλον κ., οἷς ταῦτα πάρεστι ;
κλέπτουσαν. Α. 272. κ. εὑρόνθ' ὡρικὴν ὑληφόρον,
κλέπτουσι. Α. 525. νεανίαι κ. μεθυσοκότταβοι·
κλέπτουσιν. Σ. 1100. τὸν φόρον δεῦρ᾽ ἰσμέν, ὃν κ.
κλέπτων. I. 102. κ. τὸν οἶνον. ΔΗ. εἰπὲ μοι, Παφλαγὼν τί δρᾷ ;
I. 1224. ὦ μιαρὶ, κ. δή με ταῦτ᾽ ἐξηπάτας ;
1239. κ. ἐπιορκεῖν καὶ βλέπειν ἐναντία.
ΕΙ. 1744. ἵνα μή γ᾽ ἀλῷ τρύπημα κ. τῆς νεώ.
Εκ. 601. ἐν τῷ κοινῷ πάντων ὄντων, κ. δήπου 'στ᾽ ἐπίδηλος.
Π. 666. κ. δὲ τοὺς βλέποντας ὑπερηπύντικεν·
'κλέψα. Β. 614. ἡ 'κ. τῶν σῶν ἀξίον καὶ τριχός.
κλέψαι. Σ. 1447. φύλαγν ἐξηρτώντο κ. τοῦ θεοῦ·
κλέψαντα. Σ. 1369. τῶν ξυμποτῶν κ. ΦΙ. ποίαν αὐλητρίδα ;
κλέψας. I. 110. κ. 'Αθηναίων. ΧΟ. ὅφει, καὶ τοῦ ποδὸς παρίει·
I. 436. κ. 'Αθηναίων. ΧΟ. ὅφει, καὶ τοῦ ποδὸς παρίει·
Σ. 354. μέμνημαι δῆθ', ὅτ' ἐπὶ στρατιᾶς κ. ποτὲ τοὺς ὀβελίσκους
κλέψω'. Θ. 813. φορμὸν πυρῶν τἀνδρὸς κ. αὐθήμερον αὖτ' ἀπέδωκεν.
κλέψασα. Θ. 811. οὐδ᾽ ἂν κ. γυνὴ ζεύγει κατὰ πεντήκοντα τάλαντα
κλεψάσαις. Εκ. 20. ἢ θοιμάτια τἀνδρεῖα κ. λαβεῖν
κλέψασιν. Σ. 363. ἔμενον μὴ γαλῆν κρέα τι.
κλέψει. Εκ. 667. οὐδ᾽ αὖ κλέπτης οὐδείς ἔσται ; ΠΡ. πῶς γὰρ κ. μετὺ αὑτῆς ;
Σ. 858. ἠδὲ δὴ δή τις ἔστιν ; οὐχὶ κ.
Κλεψύδρα. Ο. 1695. Κ. πανοῦργον ἐγ-
Λ. 913. κάλλιστα δήπου, Λουσαμένη τῇ Κ.
κλεψύδραν. Α. 692. ταῦτα πῶς εἰκότα γέροντ᾽ ἀπολέσαι, πολιὸν ἄνδρα, περὶ κ.
Σ. 93. ὁ νοῦς πέτεται τὴν νύκτα περὶ τὴν κ.
κλεψύδραν. Σ. 857. ὅσων δεόμεθα, πλὴν γε δὴ τῆς κ.
κλέμα. Λ. 1299. κ. τὸν 'Αμύκλαις ['Απόλλω] σιὼν
Κλίων. Α. 6. τοῖς πέντε ταλάντοις οἷς Κ. ἐξήμεσεν.
Α. 502. οὐ γάρ με νῦν γε διαβολεῖ Κ. ὅτι
659. πρὸς ταῦτα Κ. καὶ παλαμάσθω
I. 976. ἦν Κ. ἀπόληται.
Ν. 586. οὐ φανεῖν ἐφασκεν ὑμῖν, εἰ στρατηγήσει Κ.
Σ. 62. οὐδ᾽ εἰ Κ. γ᾽ ἔλαμψε τῆς τύχης χάριν,
197. ὦ ξυνδικασταὶ καὶ Κ. ἀμύνατε.
242. χθὲς οὖν Κ. ὁ κηδεμὼν ἡμῖν ἐφεῖτ' ἐν ὥρᾳ
596. αὐτοῖς δ᾽ ὁ Κ. ὁ κεκραξιδάμας μόνον ἡμᾶς οὐ περιτρώγει,
1220. εἰσὶν Θώρυος, Αἰσχίνης, Φανὸς, Κ.,
1224. ἐγὼ εἴσομαι· καὶ δὴ γάρ εἰμ' ἐγὼ Κ.,
1285. ἤνικα Κ. μ᾽ ὑπετάραττεν ἐπικείμενος
Κλέων. Ν. 549. ὃς μέγιστον ὄντα Κ. ἔπαισ᾽ ἐς τὴν γαστέρα,
Β. 577. ἀλλ' εἰ μὲν ἁνὴρ Κ., ὃς αὐτοῦ τήμερον
Κλέωνα. Ν. 591. ἢν Κ. τὸν λάρον δώρων ἑλόντες καὶ κλοπῆς,
Σ. 759. κλέπτοντα Κ. λάβοιμι.
ΕΙ. 47. δοκέω μέν, ἐς Κ. τοῦτ᾽ αἰνίττεται,
Β. 569. ἴθι δὴ κάλεσον τὸν προστάτην Κ. μοι.
Κλεωναῖς. Fr. 550. ἐν δὲ Κ. ὀξέβες ἰσεί.
Κλέων. Σ. 409. θεῖνε καὶ βοᾶτε, καὶ Κ. ταῦτ' ἀγγέλλετε,
Κλέωνι. Α. 300. ὡς μεμίσηκά σε Κ. ἔτι μᾶλλον, ὂν
Α. 377. αὐτός τ' ἐμαυτὸν ὑπὸ Κ. ἅπαθον
Σ. 1237. ᾄδῃ Κ. λαβόμενος τῆς δεξιᾶς,
Κλεωνύμη. Ν. 680. λέγοις δ᾽ ἢν ἄν, μαρθόνη, Κ.
Κλεώνυμον. Ν. 353. ταῦτ' ἄρα, ταῦτα Κ. οὗται τὸν βίμασιν χθὲς ἰδοῦσαι,
Ν. 400. οὐδὲ Κ. οὐδὲ Θέωρον ; καίτοι σφόδρα γ᾽ εἴσ᾽ ἐπίορκοι·
673. ὥσπερ γε καὶ Κ. ΣΤ. πῶς δή ; φράσον.
Σ. 19. κάπειτα ταύτην ἀποβαλεῖν Κ.
Κλεωνύμος. I. 1292. καὶ διεξήγχ' ὁπόθεν ποτὲ φαύλως ἐσθίει Κ.
Σ. 20. οὐδὲν ἄρα γρίφου παιδικὸν Κ.
822. οἰόσπερ ἡμῖν φαίνεται Κ.
FI. 446. πάσχω γὴ τοιοῦθ' οἷάπερ Κ.
Ο. 289. ἔστι γὰρ καταφαγᾶς τις ἄλλος ἢ Κ. ;
1475. πωτέρα, Κ.,
Κλεωνυμός. Ο. 290. πῶς ἂν οὖν Κ. γ᾽ ὢν οὐκ ἀπέβαλε τὸν λόφον ;
Κλεωνύμου. Α. 88. καί μοι μὰ Δί᾽ ὄρνιν τριπλάσιον
I. 958. οὐ τὸν ἐμὸν εἶχεν, ἀλλὰ τὸν Κ.
1372. τοῦτ' ἔβαχε τὸν πόρπακα τοῦ Κ.
EL 1295. ποῦ μοι τὸ τοῦ Κ. 'στὶ παιδίον ;
Θ. 605. ἐμ' ᾔτις εἴμ' ἤρου ; Κ. γυνή.
Κλεωνύμῳ. Α. 841. οὐδὲ Κ.·
Ν. 671. ταυτὸν δύναταί σοι Κάρδωπος Κ.
675. ἀλλ', ὠγάθ᾽, οὐδ᾽ ἦν κάρδοπος Κ.,
κλῇδας. Θ. 976. κ. γάμου φυλάττει.

κληδοῦχός —κοινήν.

κληδοῦχός. Θ. 1142. κ. τε καλεῖται.
κληξουσα. Θ. 116. έπομαι κ. σεμνὸν
κλῇξω. Ο. 921. πάλαι πάλαι δὴ τήνδ' ἐγὼ κ. πόλιν.
κληθείς. Ο. 494. ἐς δεκάτην γάρ ποτε παιδαρίου κ. ὑπέπινον ἐν ἄστει,
κλῆθρα. Σ. 1484. κ. χαλάσθω τάδε. καὶ δὴ γὰρ
κλήθροισιν. Λ. 264. μοχλοῖς δὲ καὶ κ.
κλῆμαθ'. Εκ. 1031. καὶ κ. ὑπόβου συγκλάσατα τέτταρα,
κληματίδας. Θ. 728. ἴωμεν ἐπὶ τὰς κ., ὦ Μανία.
Θ. 739. παράβαλλε πολλὰς κ., ὦ Μανία.
κλῆρον. Εκ. 1158. μηδὲ τὸν κ. γενέσθαι μηδὲν ἡμῖν αἴτιον,
κληρουμένη. Εκ. 999. μὰ τὴν 'Αφροδίτην, ἡ μ' ἔλαχε κ.,
κληρουμέναις. Εκ. 536. ὅπαις ἂν ὑμῖν ἡ τύχη κ.,
κληρουχικήν. Ν. 203. τὴν ἀναμετρεῖσθαι. ΣΤ. πότερα τὴν κ.;
κλήρῳ. ΕΙ. 365. 'Ερμῆς γὰρ ὢν κ. ποιήσεις οἶδ' ὅτι.
κληρώσω. Εκ. 682. κᾆτα στήσασα παρ' 'Αρμοδίῳ κ. πάντας. ἴωσ ἂν
κληρωτήρια. Εκ. 681. τὰ δὲ κ. ποῦ τρέψεις; ΠΡ. ἐς τὴν ἀγορὰν καταθῆσω.
κληρωτήριον. Fr. 194. κ.
κλῇσατε. Ο. 1745. καὶ τὰς χθονίας κ. βροντάς,
κλῇσιν. Ν. 875. ἡ κ. ἡ χαύνωσιν ἀναπεισπηρίαν;
Ν. 1189. ἐκείνος οὖν τὴν κ. ἐς δύ' ἡμέρας
κλῇσον. Ο. 905. κ., ὦ Μοῦσα,
Ο. 950. κ., ὦ χρυσόθρονε, τὰν
κλητεύειν. Σ. 1413. γυναικὶ κ. ἔοικας θαψίνῃ,
κλητεύοντα. Ν. 1218. ἕλκω σε κ., καὶ γενήσομαι
κλητήρ. Ο. 1422. μὰ Δί', ἀλλὰ κ. εἰμι νησιωτικὸς
κλητήρ'. Σ. 1408. κ. ἔχουσα Χαιρεφῶντα τουτονί.
Σ. 1416. καλουμένος σε· τὸν γέ τοι κ. ἔχει.
Ο. 147. κ. ἄγους' ἔσθιεν ἡ Σαλαμινία.
κλητῆρες. Σ. 1445. κ. ἐπιλείψουσι τοὺς καλουμένους.
κλητῆρι. Σ. 1310. κ. τ' εἰς σύμορον δεδορκότι.
κλητῆρος. Σ. 189. ὁμοιότατος κ. εἶναι πωλίῳ.
κλίμακα. Ν. 1486. κ. λαβὼν ἐξελθε καὶ σμινύην φέρων,
κλίμακι. Β. 618. καὶ πῶς βασανίζω; ΞΑ. πάντα τρόπον, ἐν κ.
κλιμάκια. ΕΙ. 69. ἔπειτα λεπτά κ. ποιούμενοι,
κλίμακος. Ο. 840. λεκάνην ἀνένεγκε, κατάπες' ἀπὸ τῆς κ.,
κλιμακτῆρες. Fr. 270. κ.
κλίναι. Λ. 1090. κ., τράπεζαι, προσκεφάλαια, στρώματα,
κλῖναι. Εκ. 640. κ. τε σισυρῶν καὶ δαπίδων νενασμέναι.
κλινάριον. Fr. 33. κ.
κλίνας. Σ. 617. οἴνῳ μεστὸν, κᾆτ' ἐγχείομαι κ.· οὕτος δὲ κεχηνὼς
Θ. 796. πᾶς τις τὸ κακὸν τοῦτο ζητεῖ περὶ τὰς κ. περινοστῶν.
κλίνῃ. Εκ. 418. ὅσαις δὲ κ. μή 'στι μηδὲ στρώματα,
κλίνῃ. Π. 527. ἔτι δ' οὐχ ἕξεις οὔτ' ἐν κ. καταδαρθεῖν· οὐ γὰρ ἔσονται·
κλίνης. Λ. 732. ὅσον διαπετάσασ' ἐπὶ τῆς κ. μόνον.
Εκ. 909. κἀπὶ τῆς κ. ὄφιν
Π. 540. πρὸς δὲ τούτοις ἀνθ' ἱματίου μὲν ἔχειν ῥάκος ἀντὶ κ.
κλινίδιον. Λ. 916. φέρε νυν ἐνέγκω κ. νῷν. ΚΙ. μηδαμῶς.
κλινίδος. Θ. 261. φέρ' ἔγκυκλον. ΑΓ. τουτὶ λάβ' ἀπὸ τῆς κ.
κλιντήριον. Fr. 342. "τί με ὦ πονηρέ ἐξορύξεις ὥσπερ κ."
κλονήσεις. I. 361. ἀλλ' οὐ λάβρακας καταφαγὼν Μιλησίους κ.
κλόνος. Ν. 387. τὴν γαστέρα, καὶ κ. ἐξαίφνης αὐτὴν διεκορκορύγησεν·
κλοπῇ. Θ. 894. ὡς τὰς γυναῖκας ἐπὶ κ. τοῦ χρυσίου.
κλοπῆς. I. 370. θερμὸν σε θύλακον κ.
I. 444. κ. δὲ πλεῖν ἡ χιλίας.
Ν. 501. ἦν Κλέανα τὸν λάρον δώρων ἑλόντες καὶ κ.
κλύεθ'. I. 813. ὦ πόλις 'Αργους, κ. οἷα λέγει. σὺ Θεμιστοκλεῖ ἀντιφερίζεις;
Π. 601. ὦ πόλις 'Αργους, κ. οἷα λέγει.
κλύεις. Ο. 407. καλεῖτε δὲ τοῦ κ. θέλον;
Ο. 416. ἀπιστα καὶ πέρα κ.
Β. 1173. κ., ἀκούσαι. ΕΥ. τοὐθ' ἕτερον αὖθις λέγει,
1174. κ., ἀκοῦσαι, ταυτὸν ὧν σαφέστατα.
κλύοις. Θ. 1018. κ. ὦ πρὸς Αἰδοῦς σέ τὰν ἐν ἄντροις
κλύων. Ο. 433. κ. γὰρ ἂν σύ μοι λέγεις
Ο. 1390. καὶ πτεροδόνητα· σὺ δὲ κ. εἴσει τάχα.
κλύφουσι. Σ. 897. τὸν Σικελικὸν. τίμημα κ. σύκινος.
Κλωπιδῶν. I. 79. τῷ χειρ' ἐν Αἰτωλοῖς, ὁ νοῦς δ' ἐν Κ.
κλωστῆρ'. Λ. 567. ὥσπερ κ., ὅταν ἡμῖν ᾖ τεταραγμένος, ὧδε λαβόντας,
κλωστῆρα. Β. 1349. κ. ποιοῦσ', ὅπας
κλωστήρων. Λ. 571. ἐξ ἐρίων δὴ καὶ κ. καὶ ἀτράκτων πράγματα δεινά
κναφεῖ. Σ. 1128. ἀπέδωκ' ὀφείλων τῷ κ. τριώβολον.
κναφῆς. Εκ. 415. ἦν γὰρ παρέχωσι τοῖς δεομένοις οἱ κ.
κνεφαῖα. Λ, 327. νῦν δὴ γὰρ ἐμπλησαμένη τὴν ὑδρίαν κ.

κνεφαῖος. Θ. 124. ὁ δ' ἀνεφάνη κ. ἐπὶ τῇ κιγκλίδι.
Β. 1350. κ. εἰς ἀγορὰν
κνέφαλλον. Fr. 84. κ. ἅμα καὶ προσκεφάλαιον τῶν λινῶν.
κνέφους. Εκ. 290. μὴ πρῷ πάνυ τοῦ κ.
κνήμαι. Π. 275. ὡς σεμναὶ οὐπίτριπτοσ· αἱ κ. δέ σου βοῶσιν
κνημῖδας. Β. 1017. καὶ πήληκας καὶ κ. καὶ θυμοὺς ἑπταβοείους.
κνημιοπαχῆς. Fr. 630. κ.
κνησιᾷς. Εκ. 919. τρόπον τάλαινα κ.
κνίπες. Ο. 590. εἶθ' οἱ κ. καὶ ψῆνες ἀεὶ τὰς συκᾶς οὐ κατέδονται,
κνῖσα. Ο. 1517. θεοῖσιν, οὐδὲ κ. μηρίων ἀπὸ
κνῖσαν. ΕΙ. 1050, ὀδμὴ, ἀλλὰ κατὰ τὴν κ. εἰσελήλυθεν.
Ο. 193. τῶν μηρίων τὴν κ. οὐ διαφρήσετε.
κνίσαις. Ο. 1233. κ. τ' ἀγυιᾶς. ΠΕ. τί σὺ λέγεις; ποίοις θεοῖς;
κνίσῃ. Λ. 1045. τοὺς γείτονας κ. τε καὶ
κνισμόν. Π. 974. οὔκουν ἰρεῖς ἀνύσασα τὸν κ. τίνα;
κνισώμενα. Σ. 977. ἀλιπαρῆ, ὢ πονηρά, καὶ κ.
κνύζα. Εκ. 36. ὑποδουμένη τὸ κ. σου τῶν δακτύλων,
κνισώ. Σ. 4. ἄρ' οἶσθά γ' οἷον κ. φυλάττομεν;
κοδέμον. I. 198. γαμφηλῇσι δράκοντα κ. αἱματοπώτην,
Κοαλέμῳ. I. 221. ἀλλὰ στεφανῶ, καὶ σπένδε τῷ Κ.
κοάξ. Β. 209. βρικεκεκὲξ κ. κ. κ.τ.λ.
κόβαλα. I. 418. καὶ νὴ Δί' ἄλλα γ' ἐστί κοι κ. παιδὸς ὄντος.
κοβαλά. Β. 104. ἡ μὴν κ. γ' ἐστὶν, ὦ· καὶ σοὶ δοκεῖ.
καβαλικεύμασιν. I. 332. καὶ κ.
Κόβαλοι. I. 635. Βερίσχεθοί τε καὶ Κ. καὶ Μόθων,
κόβαλος. I. 450. κ. εἶ. ΑΛ. πανοῦργος εἶ.
Π. 279. διαρραγείης. ὡς μόθων εἶ καὶ φύσει κ.,
κοβαλικοῖς. Β. 1015. μηδ' ἀγοραίους μηδὲ κ., ὥσπερ νῦν, μηδὲ πανούργους,
κόγχαισιν. Fr. 49, 2. ὠπτημένας κ. ἐπὶ τῶν ἀνθράκων.
κόγχη. Σ. 585. καὶ γ' ἂν κ. τῇ πάνυ σεμνῶν τοῖς σημιίοισιν ἐπούσῃ,
κογχυλίοις. Fr. 240. κ. λίθοι.
κάθαρσιν. Ο. 994. τίς ἡ 'πίνοια, τίς ὁ κ., τῆς ὁδοῦ;
Β. 47. τίς ὁ νοῦς; τί κ. καὶ ῥόπαλον ξυνηλθέτην;
κοθόρνου. Β. 557. ὁτιὴ κ. εἶχες, ἂν γνῶναί σ' ἔτι;
κοθόρνω. Εκ. 346. ἐς τὼ κ. τὼ πόδ' ἐνθεὶς ἕρμει,
κοθόρνῳ. Α. 657. τρβδέ γ' ἀθήκτῳ πατάξω τῷ κ. τὴν γνάθον.
Κοθωπιδῶν. Θ. 620. τὸν δεῖνα γιγνώσκεις, τὸν ἐκ Κ.;
κοῖ. Α. 780. κ., κ. κ.τ.λ.
κοικύλλεις. Θ. 852. τί αὖ σὺ κυκανᾷς. ἡ τί κ. ἔχων;
κοίλην. Θ. 937. κ. προτείνειν, ἀργύριον ἢν τις διδῷ,
κοιλίᾳ. I. 230. ναὶ μὰ Δία πάγχυ τοῦτον, ὅτι κενῇ τῇ κ.
κοιλίαν. I. 356. ἐγὼ δέ γ' ἥνυστρον βοῦς καὶ κ. ὑείαν
Σ. 794. δλικτρύσοσ μ' ἔφασκεν κ. ἔχειν.
Β. 485. ἐς τὴν κάτω μου κ. καθείρπυσεν.
Fr. 563. ἀναγεγνωσι τὰς οὐφοῖς τε καὶ τὴν κ.
κοιλίας. I. 160. τί μ', ὠγάθ', οὐ πλύνειν ἐᾷς τὰς κ.
I. 162. ὦ μῶρε, ποίας κ.; δεῦρὶ βλέπε.
302. ῥᾶτ' ἐχομένη κ.
488. ἀλλ' εἶμι· πρῶτον δ', ὃν ἔχω, τὰς κ.
Π. 1169. αὐτὸς προσελθὼν πρὸς τὸ φυδῖρα τὰς κ.
κοιλοπώλησιν. I. 200. Κ. δὲ θεὸς μέγα κῦδος ὑπάζει,
κοῖλοις. Ο. 1097. χειμάζω δ' ἐν κ. ἄντροισι,
κοῖλον. Ν. 163. ἔπειτα κ. πρὸς στενῷ προσκειμένου
ΕΙ. 1242. μόλυβδον ἐς τουτὶ τὸ κ. ἔγχεας,
Λ. 750. ἔχειν τι φαίνει κ.· εἴσομαι δ' ἐγώ.
κοῖλων. Ν. 325. διὰ τῶν κ. καὶ τῶν δασέων, αὐται πλάγιαι,
σύ τὸ χρῆμα
κοιμᾶσθ'. Λ. 758. ἀλλ' οὐ δύναμαι 'γαγ' οὐδὲ κ. ἐν πύλει,
κοιμᾶσθαι. Εκ. 419. μηδὲ παρὰ τοῖς δούλοισι κ. μόνον
κοιμῶ. I. 258. ἐν δίκῃ γ', ἐπεὶ τὰ κ. πὴρ λαχεῖν κατεσθίεις,
κοινᾶς. Εκ. 614. καὶ ταύτας γὰρ κ. ποιῶ τοῖς ἀνδράσι συγκατακεῖσθαι
κοινῇ. Ν. 67. κ. ξυνέβημεν κάθημεθα Φειδωνίδην.
ΕΙ. 1082. ἐξὸν σπεισαμένοις κ. τὴν 'Ελλάδα ἄρχειν·
Λ. 41. ἡμεῖς τε, κ. σώσομεν τὴν 'Ελλάδα.
525. μετὰ ταῦθ' ἡμῖν εὐθὺς ἔδοξεν σῶσαι τὴν 'Ελλάδα κ.
1042. ἀλλὰ, σὺ συνταλεντες τοῦ μέλλοντος βουλεύσομεθα.
1111. συνεχώρησατό σοι καὶ κ. τἀγκλήματα πάντ' ἐπιτρίψαω,
1129. κ. δικαίως, οἱ μιᾶς γε χέρνιβος
Β. 16. βούλεσθε δῆτα κ.
Εκ. 573. κ. γὰρ ἐπ' εὐτυχίαισιν
Fr. 198, 3. ἐλόμεθα κ., γενομένης ἐκκλησίας,
κοινήν. Ο. 38. καὶ πᾶσι κ. καταπτοῖσαι χρήματα.
Λ. 579. εἴτα ξαίνειν ἐς καλαθίσκον κ. εὔνοιαν ἄπαντας,

κοινήν—κομιδῆ. 173

κοινήν. Εκ. 598. κ. πάντων καὶ τἀργύριον καὶ τἆλλ' ὑπώ-
ἐστὶν ἑκάστῳ.
Εκ. 673. τὴν δὲ δίαιταν τίνα ποιήσεις; ΠΡ. κ. πᾶσιν. τὸ γὰρ
ἄστυ
κοινοθυλακεῖν. Fr. 631. κ.:
κοινόν. Ο. 316. κ., ἀσφαλῆ, δίκαιον, ἡδὺν, ὠφελήσιμον.
Ο. 457. οὐ δὲ τοῦθ' ὁρᾷς. λέγ' εἰς κ.
459. ἀγαθὸν πορίσας, τοῦτο κ. ἔσται.
Εκ. 208. τὸ δὲ κ. ὥσπερ Αἴσιμον κυλίνδεται.
309. πράττωσί τι κ. ὥσ-
594. ἀλλ' ἵνα ποιῶ κ., πᾶσιν βίοτον καὶ τοῦτον ὅμοιον.
κοινός. Εκ. 595. πῶς οὖν ἔσται κ. ἅπασιν; ΠΡ. κατέδει σπέλε-
θον πρότερός μου.
κοινοῦ. Εκ. 610. νῦν δ', ἔσται γὰρ βίος ἐκ κ., τί τὸ κέρδος μὴ
καταθεῖναι:
Εκ. 612. ἕξει τούτων ἀφελὼν δοῦναι· τῶν ἐκ κ. δὲ μεθέξει
671. ἕτερον γὰρ ἰὼν ἐκ τοῦ κ. κρεῖττον ἐκείνου κομιεῖται.
κανῷ. Ι. 775. ἐν τῷ κ., τοὺς μὲν στρεβλῶν, τοὺς δ' ἄγχων, τοὺς
δὲ μεταιτῶν,
Σ. 917. οὐδὲν μετέδωκεν; ΞΑ. οὐδὲ τῷ κ. γ' ἐμοί.
Εκ. 661. ἐν τῷ κ. πάντων ὄντων· κλιττῶν δήπου 'στ' ἐπί-
δηλος.
κοινῶν. Εκ. 599. εἶτ' ἀπὸ τούτων κ. ὄντων ἡμεῖς βοσκήσομεν
ὑμᾶς
Εκ. 656. πύθων ἐκτίσει ταύτην; οὐ γὰρ τῶν κ. γ' ἐστὶ δίκαιον.
Π. 569. πλοιτήσαντες δ' ἀπὸ τῶν κ. παραχρῆμ' ἄδικοι γεγέ-
νηνται.
Fr. 579. "ἀμετοχειρίσταν τῶν κ."
κοινωνεῖν. Εκ. 590. κ. γὰρ πάντας φήσω χρῆναι πάντων μετέ-
χοντας.
κοινωνία. Θ. 140. τίς δαὶ κατόπτρου καὶ ξίφους κ.;
κοινωνούμεν. Εκ. 596. καὶ τῶν στελίθων κ.; ΠΡ. μὰ ΔΙ', ἀλλ'
ἔφης μ' ὑποκροῦσαι.
Fr. 595. κ.
κοινωνῶν. Σ. 692. καὶ κ. τῶν ἀρχόντων ἑτέρῳ τινὶ τῶν μεθ'
ἑαυτοῦ,
κοινώσω. Ν. 197. αὐτοῖσι κ. τι πραγμάτιον ἐμῶν.
κοίξεις. Α. 746. ὅπως δὲ γρυλλιεῖτε καὶ κ.
κοιφάνους. Α. 472. ὑχληρός, οὐ δοκῶν με κ. στυγεῖν.
Καισύρας. Α. 614. οὐ φασιν. ἀλλ' ὁ Κ. καὶ Λάμαχος,
Ν. 800. κᾆστ' ἐκ γυναικῶν εὐπτέρων Κ.
κοίταις. Σ. 1040. κατακλινόμενοί τ' ἐπὶ ταῖς κ. ἐπὶ τοῖσιν ἀπράγ-
μοσιν ὑμῶν
κοιτῶν. Fr. 113. κ. ἀπάσαις εἷς, πύελος δὲ μί' ἀρκέσει.
κοκκιείς. Fr. 508. ὀξυγλυκεῖων τάρα κ. ῥόαν.
κάκκυ. Ο. 505. χὼμοῦ' ὁ κόκκυξ εἴποι κ., τότε γ' οἱ Φοίνικες
ἅπαντες
Ο. 507. τοῦτ' ἄρ' ἐκεῖν' ἦν τοὔπος ἀληθῶς' κ., ψωλοὶ πεδίονδε.
Β. 1384. κ., μεθεῖτε· καὶ πολύ γε καταιτέρω
κόκκυγα. Α. 598. ἐχειροτόνησαν γάρ με. ΔΙ. κ. γε τρεῖς.
κοκκύμηλ'. Fr. 505. τί τὸ κακόν; ἀλλ' ἦ κ. ἠκρατίσω;
κόκκυξ. Α. 303. νέρτος, ἱέραξ, φάττα, κ., ἐρυθρόπους, κεβλή-
πυρις,
Ο. 504. Αἰγύπτου δ' αὖ καὶ Φοινίκης πάσης κ. βασιλεὺς ἦν'
505, χὼποῦθ' ὁ κ. εἴποι κύκκυ, τότε γ' οἱ Φοίνικες ἅπαντες
κοκκύσω. Β. 1380. καὶ μὴ μεθύσθον, πρὶν ἂν ἐγὼ σφῷν κ.
κολᾷ. Ι. 456. χώπου κ. τὸν ἄνδρα.
κόλαξε. Ν. 1107. ἄδασκε καὶ κ., καὶ μέμνησ' ὅπως
κολάζειν. Ν. 1405. οἶμαι διδάξειν ὡς δίκαιον τὸν πατέρα κ.
Ν. 1434. καὶ πῶς; ΣΤ. ἐπεὶ σὺ μὲν δίκαιος εἰμ' ἐγὼ κ.,
κολαζόμεσθα. Σ. 406. τοὐτύθηων, ὦ κ.
κολάζει. Σ. 258. ἦ μὴν ἐγώ σου χἀτέρου μείζονας κ.,
Κολαινίς. Ο. 872. οὐκέτι Κ., ἀλλ' Ἀκαλανθὶς Ἄρτεμις.
κόλακας. Σ. 683. οὑτοσί τ' εἶναι καὶ τοὺς κ. τοὺς τούτων μισ-
θοφαροῦντας
κολακεύει. Fr. 360. εἰ τίς σε κ. παρὼν καὶ τὰς κροκύδας
ἀφαιρῶν,
κόλακος. Σ. 45 ὅλῃς; θέαλοιο τὴν κεφαλὴν κ. ἔχει.
κολάκων. Σ. 1033. } ἑκατὸν δὲ πύλῳ κεφαλαὶ κ. οἰμωζο-
ΕΙ. 756. } μένων ἐλιχμῶντο
κολακωνύμους. Σ. 592. εἶτ' Εὔαθλος χὼ μυσὸς οὑτος κ., ἀσπιδ-
αποβλὴς
κόλαξ. Ο. 419. κεῖ τις ἄλλος προέστηκεν ὑμῶν κ.
κολάν'. Ν. 7. ἕγ' οὐδὶ κ. ἔξεστί μοι τοὺς οἰκέτας.
κολάσει. Ι 851. τὸν ἄνδρα κ. τουτονί, σοὶ τοῦτο μὴ 'γκέηνται.
Θ. 454. τοῦτον κ. τὸν ἄνδρα πολλῶν οὕνεκα'
κολάσαντ'. Σ. 927. πρὸς ταῦτα τοῦτον κ. οὐ γὰρ ἂν ποτε
κολασθείς. Εκ. 666. οὐχ ὑβρίεται φαύλως οὕτως αὖθις τῇ
γαστρί κ.
κόλασμα. Fr. p. 510. κ.:
κολιτρῶσι. Ν. 552. τοῦτον δείλαιον κ. δεῖ καὶ τὴν μητέρα.

κολίαι. Fr. 365. σκόμβροι, κ., λέβιοι, μύλλοι, σαπέρδαι, θυν-
νίδες.
κάλλαβον. Fr. 420. λαμβάνετε κ. ἕκαστος.
καλλάβους. Ει. 1196. καὶ τῶν λαγῴων πολλὰ καὶ τοὺς κ.
Β. 507. πλακοῦντος ὤπτα, κ. ἀλλ' εἴσιθι.
καλλάβων. Fr. 421, 5. ἠτριαίαν φέρετε δεῦρο μετὰ κ.
καλλικάφαγε. Α. 872. ὦ χαῖρε, κ. Βοιωτίδιον.
καλλομελεῖ. Θ. 54. τὰ δὲ τορνεύει, τὰ δὲ κ.,
κάλλιον'. Σ. 574. χἡμεῖς αὐτῷ τότε τῆς ὀργῆς ὀλίγον τὸν κ.
ἀνεῖμεν.
κάλλοπα. Fr. 421, 3. κ. τιν' εἰ δὲ μή, πλευρὸν, ἢ γλῶτταν, ἢ
κάλλοπ. Fr. 526. οἶμαι γὰρ αὐτὸν κ.
καλλύβου. Ει. 1200. οὐδεὶς ἐπρίατ' ἂν δρέπανον οὐδὲ κ.,
καλλύραν. Ει. 123. κ. μεγάλην καὶ κόνδυλον ὄψον ἐπ' αὐτῇ.
Fr. 363. καὶ κ. τοῖς πέρυσιν διὰ τοὺς Μαραθῶνι τροπαίων.
καλλώμενα. Ι. 463. γομφοῦμεν' αὐτὰ πάντα καὶ κ.
καλλωπίνων. Ι. 470. εὖ γ' εὖ γε, χάλκειν' ἀντὶ τῶν κ.
κολοάρχους. Ο. 1212. πρὸς τοὺς κ. προσῆλθες· οὗ λέγεις;
κολοιοῖς. Ι. 1020. πολλοὶ γὰρ μίσει σφε κατακρύζουσι κ.
κολοιοῖς. Ι. 1022. τί γάρ ἐστ' Ἐρεχθεῖ καὶ κ. καὶ κυνί;
κολοιῶν. Ο. 18. κ. ὀβολοῦ, τηνδεδὶ τριωβόλου.
Ο. 88. δείσας ἀφῆκας τὸν κ.; ΕΤ. εἰπέ μοι,
κολοιός. Σ. 129. ὁ δ' ὥσπερ εἰ κ. αὐτῷ πασσάλους
Ο. 50. ἄνω τι φράζει. ΕΤ. χὼ κ. οὕτοσὶ
86. οἴμοι κακοδαίμον, χὼ κ. μ' οἴχεται
κολοιούς. Ο. 571. καὶ πῶς ἡμᾶς νομιοῦσι θεοὺς ἄνθρωποι
κοὐχὶ κ.,
Ο. 1174. λαθών κ. φύλακας ἡμεροσκόπους.
κάλοις. Ο. 455. καὶ τοῖς κ.,
κολοιῷ. Ο. 7. τὸ δ' ἐμὲ κ. πειθόμενον τὸν δύσμορον
κολοιούς. Α. 875. νέασσας, κ. ἀτταγᾶς, φαλαρίδας,
κολόκυμα. Ι. 692. ὑφῶν κ. καὶ ταράττων καὶ κυκῶν,
κολοκύνταις. Ν. 327. νῦν γέ τοι ἤδη καθορᾷς αὐτάς, εἰ μὴ
λημᾷς κ.
κολοκύντας. Fr. 476, 6. ἔπειτα κ. ὁμοῦ ταῖς γογγυλίσιν ἀρούσιν.
κολοσυρτόν. Σ. 666. ἐς τούτους τοὺς, οὐχὶ προσδώσω τὸν 'Αθη-
ναίων κ.,
Π. 536. καὶ παιδαρίων ὑποκινούντων καὶ γραϊδίων κ.;
Κολαφώνιος. Fr. 131. χρυσοῦς ὁ Κ.:
κόλποις. Ο. 694. γῇ δ' οὐδ' ἀὴρ οὐδ' οὐρανὸς ἦν' Ἐρέβους δ' ἐν
ἀπείροσι κ.
Ο. 1094. φύλλων ἐν κ. ναίω,
κόλπον. Λ. 1170. κ. τὸν ὄπισθεν καὶ τὰ Μεγαρικὰ σκέλη.
κόλπου. Ει. 526. κ. γυναικῶν διαπεριχουσῶν εἰς ἀγρόν,
κόλπους. Β. 373. ἐς τοὺς εὐανθεῖς κ.
κάλπῳ. Εκ. 963. βούλομαι κ.
κάλπων. Α. 552. ἵμερον ἡμῶν κατὰ τῶν κ. καὶ τῶν μηρῶν
καταικνύγει,
καλυμβίς. Ο. 304. πορφυρίς, κερχνῄς, κ., ἀμπελίς, φήνη, δρύοψ.
καλύμβων. Α. 870. τροχίλως, κ. ΔΙ. ὥσπερει χειμών ἅρα
καλυμένους. Σ. 244. ἐπ' αὐτόν, ὡς κ. ὧν ἠδίκησεν, ἀλλὰ
Κολωνῷ. Ο. 998. ὁν εἴπον Ἑλλὰς χὼ Κ. ΠΕ. εἰπέ μοι,
κομᾷ. Π. 170. μέγας δὲ βασιλεὺς οὐχὶ διὰ τοῦτον κ.;
κόμαι. Α. 1312. ταὶ δὲ κ. σείονθ' ἅπερ Βακχᾶν
κόμας. Ι. 1121. νοῦς οὐκ ἐν ταῖς κ.
κόμην. Α. 1316. ἀλλ' ἄγε κ. παραμνείσθων, χειρὶ ποδῶν τε πάθη
κομάροις. Ο. 620. θύσομεν, ἀλλ' ἐν ταῖσιν κ.
κομαροφάγα. Ο. 240. τά τε κατ' ὄρεα, τά τε κοτινοτράγα, τά
τε κ.,
κόμας. Α. 381. ἐμπρησον αὐτῆς τὰς κ. ΧΟ. ΓΥ. σὸν ἔργον,
ὤχέλων,
Θ. 841. λευκὴ καὶ κ. καθεῖσαν πλησίον τῆς Λαμάχου,
κομᾷς. Σ. 1317. ἐπὶ τῷ κ. καὶ κομιῷς εἶναι προσποιεῖ,
κάμην. Ν. 14. διὰ τουτονὶ τὸν υἱόν. ὁ δὲ κ. ἔχων
Ο. 911. ἔπειτα δῆτα δοῦλος ὢν κ. ἔχει;
κομήτης. Π. 572. γὰρ οὐχ ἧττον γ' οὐδὲν ἠλαύσει, μηδὲν
ταύτῃ γε κ.,
κομητικῶν. Σ. 466. εἰ σύ γ', ὦ νέῳ ποιητὴ καὶ κ.
καμήτην. Ν. 348. γίγνονταί πανθ' ὅ τι βούλονται· κᾆτ' ἦν μὲν
ἴδωσι κ.,
Ν. 1101. καὶ τὸν κ. τουτονί.
Λ. 561. νὴ Δι' ἐγὼ γοῦν ἄνδρα κ. φυλαρχοῦντ' εἶδον ἐφ' ἵππου
827. τὸν κ., ἀλλ' ἀπεψι-
κομιδῇ. Ν. 391. χᾷπαν χέζω, κ. βροντᾷ παπαππαξ, ὥσπερ
ἐκείνοι.
Ει. 820. ἐγαργέτοι πεπόνημαι κ. τῷ σκέλει.
Fr. 125. 1. ἀλλ' ἔστιν, ὦ πάτερ, κ. μεσημβρία,
Θ. 3. οἴμ' ὡς ἀπόλυλα τὴν σπλῆνα κ. μ' ἐκβαλεῖν,
Π. 833. κ. μὲν οὖν. ΧΡ. οὐκοῦν μετὰ ταῦτ' ἦσθ' ἄθλιοι.
834. κ. μὲν οὖν. κάγὼ μὲν ᾤμην οὐς τέως
838. καὶ κατεγέλων δ', εὖ οἶδ' ὅτι. ΔΙ. κ. μὲν οὖν.

κομιδῆ—κόραξ.

κομιδῆ. Π. 1086. ἀλλ' ἔστι κ. τρὺξ παλαιὰ καὶ σαπρά.
κομιεῖ. Ν. 1111. ἀμέλει, κ. τοῦτον σοφιστὴν δεξιόν.
κομιεῖται. Σ. 690. ὕστερος ἔλθῃ τοῦ σημείου, τὸ τριώβολον οὐ κ.
Εκ. 671. ἕτερον γάρ ἰῶν ἐκ τοῦ κοινοῦ κρείττον ἱκάνου κ.
κόμιζε. Εκ. 743. κ., τοὺς θαλλοὺς καθίστη πλησίον.
κομίζει. Ο. 410. τύχῃ δὲ τινὰ κ.
κομίζειν. ΕΙ 1316. εὑφημεῖν χρὴ καὶ τὴν νύμφην ἔξω τινὰ δεῦρο κ.,
FI. 1318. καὶ τὰ σκεύη πάλιν ἐς τὸν ἀγρὸν νυνὶ χρὴ πάντα κ.
κομίζεις. Θ. 1*. ἔπειτα κ. αὖθις. ΤΟ. ἀκολουτεῖ, τέκνον.
κομίζων. Θ. 1102. πάρα κ. ΤΟ, τί λέγι Γοργύλος νερι
κομιοῦμαι. Σ. 833. αὐτὸς κ. τό γε παραυτίκ' ἔνδοθεν
κομιούμεθα. Ο. 549. εἰ μὴ κ. παντὶ τρόπῳ τὴν ἡμετέραν βασιλείαν.
κομιοῦσιν. Εκ. 800. ἀμέλει κ. ΑΝ. Β. ἦν δὲ μὴ κομίσωσι, τί;
κομίσω. Π. 768. φέρε νυν ἰοῦσ' εἴσω κ. κατακύσματα
κομίσωμαι. Α. 1031. ἴθ' ἀντιβολῶ σ', ἢν πᾶς κ. τῷ βύε.
Θ. 1106, ἣν αὖν κ. τοῦτον, οὐδὲν μὴ ποτε
κομίσωσιν. Εκ. 790. οἴσουσιν, ὦ τᾶν. ΑΝ. Β. ἦν δὲ μὴ κ., τί;
Εκ. 800. ἀμέλει κομιοῦσιν. ΑΝ. Β. ἦν δὲ μὴ κ., τί;
κόμμ'. Εκ. 817. τὸ κ. ἐγένετ' ἐκεῖνο. παλῶν γὰρ βόρυς
κόμμα. Β. 890. ἰδίοι τινές σου, κ καινόν; ΕΤ. καὶ μάλα.
κόμματι. Β. 726. χθὲς τε καὶ πρώην κοινεῖσι τῷ κακίστῳ κ.,
κόμματος. Π. 802. ἔοικε δ' εἶναι τοῦ πονηροῦ κ.
Π. 957. ὅτι ἔστ' ἐκείνου τοῦ πονηροῦ κ.
κομμώτρια. Εκ. 737. ἴστω παρ' αὐτὴν, δεῦρ' ἴθ' ἡ κ.
κομμώτριον. Fr. 309, 8. χιτῶνα, βάραθρον, ἔγκυκλων, κ.
Κομπασεύς. Ο. 1126. ὥστ' ἂν ἐπαίνω μὲν Πραξενίθη ὁ Κ.
κομπασμάτων. Β. 940. οἴδουσαν ὑπὸ κ. καὶ ῥημάτων ἐπαχθῶν,
κομπολακύθου. Α. 589. ὀρνιθὲς ἐστίν; ἆρα κ.;
Λ. 1182. πτίλον δὲ τὸ μέγα κ. πεσὸν
κομποφακελορρήμονα. Β. 839. ἀπεριλάλητον, κ.
κομψά. Fr. 561. ῥήματά τε κ. καὶ παίγνι' ἐπιδεικνύναι
κομψευριπικῶς. Ι. 18. εἴποιμ' ἂν αὐτὸ δῆτα κ.;
κομψόν. Ν. 649. πρῶτον μὲν εἶναι κ. ἐν συνουσίᾳ,
Θ. 93. τὸ πρᾶγμα κ. καὶ σφόδρ' ἐκ τοῦ σοῦ τρόπου
κομψοπρεπῆ. Ν. 1030. πρὸς οὖν τάδ', ὦ κ. μουσῶν ἴχων,
κομψός. Σ. 1317. ἐπὶ τῷ κομψὸς καὶ κ. εἶναι προσποιεῖ.
Β. 967. οὑμὸ δὲ Κλειτοφῶν τε καὶ Θηραμένης ὁ κ.
κομψότατα. Α. 89. κ. τὴν βλῆχώ τε παρατετιλμένη.
κομψότερον. Ο. 195. μή 'γὼ νόημα κ. ἤκουσά πω
Θ. 460. κ. ἔστ' ἡ τὸ πρότερον ἀναείφην.
κομψῶν. Α. 1016. κ. τε καὶ διεπρητικαί
κομᾷ. Ν. 545. κἀγὼ μὲν τοιοῦτον ἀνὴρ ὢν ποιητὴς οὐ κ.,
κομῶσιν. Ι. 580. μὴ ἀφανεῖθ' ἡμῖν κ. μηδ' ἀπεσπλεγχισμένοις.
κονδύλοις. Ι. 1236. ἐν ταῖσιν εὐστρας. κ. ἡρμοττόμην.
Σ. 254. εἴτ' ἂν Δί' αὖθις κ. νουθετήσειθ' ἡμᾶς,
Λ. 366. τί δ', ἢν σποδῶ τοῖς κ., τί μ' ἐργάσει τὸ δεινόν;
κόνδυλον. ΕΙ. 123. κολλύραν μεγάλην καὶ κ. ὄψον ἐπ' αὐτῇ.
ΕΙ. 258. μῶν τῶν σκαρδῶν ἐνέβαλεν εἰς τὼ κ.;
κονδύλου. ΕΙ. 250. ἕστηκας ἀργός; οὗτοσί σοι κ.
κονδύλω. Σ. 1503. ἀπολῶ γὰρ αὐτὸν ἐμμελείᾳ κ.
κονδύλους. Ι. 411. ἔγωγε νὴ τοὺς κ., οὓς πολλὰ δὴ 'πὶ πολλοῖς
Κονδυλιώ. Χ. 233. ὦ Στρυμόδωρε Κ. βέλτιστε σινδικαστῶν,
κονίας. Α. 18. οὕτως ἐδήχθην ὑπὸ κ. τὰς ὄφρυς
Α. 470. ἐν τοῖσιν ἱματιδίοις, καὶ ταῦτ' ἄνευ κ.;
Β. 711. ψευδονίτρου κ.
κονιορτόν. Fr. 476, 2. στεφάνους ἰῶν * * * κ. ἐκτινφλοῦντα.
κονιορτός. Ι. 245. ὁ κ. δῆλος αὐτῶν ὡς ὁμοῦ προσκειμένων.
κονίποδα. Εκ. 848. ἱέρον δὲ χωρὶς χλανίδα καὶ κ.
κόνισαι. Εκ. 1176. εἶτα κ. λαβὼν
Κονίσαλος. Λ. 982. σὺ δ' εἰ πότερον ἄνθρωπος, ἢ Κ.;
Κοννᾶς. Ι. 534. ὥσπερ Κ., στέφανον μὲν ἔχων αὖον, δίψῃ δ' ἀπολωλὼς.
Κόννου. Σ. 675. σὲ μὲν ἡγοῦνται Κ. ψῆφον, τούτοισι δὲ δωροφοροῦσιν
κοπιῶσι. Β. 723. καὶ μόνοις ὀρθῶς κ. καὶ κεκαθωνισμένοις
Β. 726. χθὲς τε καὶ πρώην κ. τῷ κακίστῳ κύμματι,
κοπιῶν. Ο. 734. ὥστε παρίεται κ. ὑμῖν
κοπᾶν'. Fr. 409. ὑμνεῖτ' ἰδ' ὑμεῖς κ. ὀρχούμενοι.
κοπίδι. Fr. 184. κ. τῶν μαγειρικῶν.
κοπιῶμεν. Θ. 795. κἂν καταδάρθωμεν ἐν ἀλλοτρίαν παίζουσαι καί κ.
κοπιώσαιν. Fr. 302, 5. γυναιξὶ κ. ἐπικουρήσατε;

κόπον. { Β. 1265.
         { 1267.
         { 1271. } ἰὴ, κ. σὺ πελάθεις ἐπ' δραγάν·
         { 1275.
         { 1277.
Β. 1283. ἰθ δὴ πέραινε, καὶ κ. μὴ προστίθει.
κόπος. Λ. 542. οὐδέ τὰ γόνατα κ. ἑλεῖ καματηρός μου.

κόπος. Β. 1272. τρίτος, Αἰσχύλε, σοὶ κ. οὗτος.
κοπιατιάν. Ν. 23. ὅτ' ἐπριάμην τὸν κ. οἴμοι τάλας,
Fr. 135. ψήχει ἠρέμα τῶν βουκεφάλων καί κ.
κοππατίας. Ν. 438. διὰ τοὺς ἵππους τούς κ. καὶ τὸν γάμον, ὃς μ' ἐπέτριψεν.
κοπραγωγήν. Α. 1174. ἐγὼ δὲ κ. γα κρῷ καὶ τῷ σιῷ.
κοπραίοισιν. Εκ. 317. ἐπεῖχε κρούων ὁ κ., λαμβάνω
κόπρειος. Ι. 899, νὴ τὸν Ποσειδῶ καὶ πρὸς ἐμὲ τοῦτ' εἶπ' ἀνὴρ κ.
κοπρολόγοι. ΕΙ. 9. ἀνδρες κ., προσλάβεσθέ πρὸς θεῶν,
κοπρολόγῳ. Σ. 1184. τῷ κ., καὶ ταῦτα λι ρούμενοι,
κόπρον. Ν. 1431. οὐκ ἰσθίεις καὶ τὴν κ. κυπὶ ξύλου καθεύδεις;
κόπρος. Εκ. 360. ὅσοι βαδιεῖταί μοι τὸ λοιπὸν ἡ κ.
κοπροφόρημα. Ι. 295. κ. σ', εἰ λαθήσεται.
κοπρῶν'. Θ. 485. εἰς τὸν κ. οὖν ἔρχομαι. —βάδιζέ νυν
κοπρῶνας. ΕΙ. 99. τούς τε κ. καὶ τὰς λαύρας
κόπτε. Ο. 365. ἕλκε, τίλλε, παῖε, δεῖρε, κ. πρώτην τὴν χύτραν.
κόπτειν. Ο. 59. ἐποπεῖ. ποιήσεις τοί με κ. αὖθις αὖ;
κόπτεις. Εκ. 976. οὗτος, τί κ., καὶ μὴ ζητεῖς; ΝΕΑ. πώθεν;
κόπτισθ'. Λ. 396. κ. 'Άδωνιν, φησίν' ὁ δ' ἐβιάζετο
κόπτοιμ'. Β. 573. κ. ἂν, οἷς μου κατέφαγες τὰ φορτία.
κόπτουσιν. Β. 461. πῶς ἐνθάδ' ἆρα κ. οθι χωρίοι;
κόπτω. Ν. 132. ἀλλ' οὐχὶ τὴν θύραν· καί, παιδίον.
κόπτων. Π. 1097. τίς ἔσθ' ὁ κ. τὴν θύραν; τουτὶ τί ἦν;
κόπω. Β. 1268. δύο σοὶ κ., Αἰσχύλε, τοὐτώ.
κόπῳ. Π. 321. μασώμενος τὸ λοιπὸν οὗτω τῷ κ. ξυνεῖται.
κόπων. Β. 1278. ὦ Ζεῦ βασιλεῦ, τὸ χρῆμα τῶν κ. ὅσον.
Β. 1280. ὑπὸ τῶν κ. γὰρ τὼ νεφρὼ βουβωνιῶ.
κόρα. Θ. 317. καὶ σὺ παγκρατὴς κ.
κόραι. Ν. 600. οἴκων, ἐν ᾗ κ. σε Λυδῶν μεγάλαι σέβουσιν
κόραισιν. ΕΙ. 170. δοξάσαι ἔστι, κ.· τὸ δ' ὑπερῷον. ἄχθομαι ὑμῖν,
726. τρῇδ' παρ' αὐτὴν τὴν θ. ΤΡ. δεῦρ', ὦ κ.,
Α. 1308. εἴτ' σῶλοι δ' αἱ κι
Θ. 325. Νηρέει εἰναλίου τε κ.
κόραν. Σ. 7. κατὰ ταἰν κ. ὕπνου τι καταχεῖται γλυκύ.
κόρας. Β. 444. ἐγὼ δὲ σὺν ταῖσιν κ. εἶμι καὶ γυναιξίν,
κόραι'. Ο. 661. οὕτω κ. εἶδον ἐμπεφορβιωμένον.
κόρακας. Ο. 1611. ὅταν ὑμνῷ τις τὸν Δί' ἐξ ἀνθρώπων
κόρακες. Α. 864. παῖ' ἐς κ. οἱ σφῆκες οὐκ ἀπὸ τῶν θυρῶν;
Ι. 892. οὐκ ἐς κ. ἀποφθερεῖ, βύρσης κάκιστον ὄζων;
1314. ἀλλὰ πλείστω χωρὶς αὐτός ἐς κ., εἰ βούλεται,
Ν. 123. ἀλλ' ἐξολοῖ σ' ἐς κ. ἐκ τῆς οἰκίας.
133. βάλλ' ἐς κ. ὡς ὄντα κ' κύμα τὴν θύραν,
646. ἐς κ., ὡς ἀγροικος εἶ καὶ δυσμαθής.
789. οἴμοι, τίς ἦν; ΣΩ. οὐκ ἐς κ. ἀποφθερεῖ,
871. οὐκ ἐς κ.; καταρῶ σὺ τῷ διδασκάλῳ;
Σ. 51. ὁρθεὶς ἀφ' ἡμῶν ἐς κ. οἰχήσεται
458. οὐχὶ σοῦσθ', οὐκ ἐς κ.; οὐκ ἄπιτε; παῖε τῷ ξύλῳ.
835. βάλλ' ἐς κ. τοιουτονὶ τρέφειν μίνα.
852. ὁ πρῶτός ἐστιν· ΒΔ. ἐς κ. ἄχθομαι,
982. ἐς κ. ὡς οὐκ ἀγαθόν ἐστι τὸ ῥοφεῖν.
ΕΙ. 117. ἐς κ. βαδιεῖ μεταμώνιος;
500. ἄνδρες Μεγαρῆς, οὐκ ἐς κ. ἐρρήσετε;
1221. ἀνδρες ἀπόφερ' ἐς κ. ἀπὸ τῆς οἰκίας.
Ο. 28. ἐς κ. ἐλθεῖν καὶ παρεσκευασμενοι,
888. παῖ' ἐς κ. παῦσαι καλῶν ἰοὺ ἰού.
990. οὐκ εἰ θύρας ἐς κ.; ΧΡ. οἴμοι δείλαιος.
Θ. 1079. βάλλ' ἐς κ. ΕΤ. βάλλ' ἐς κ.
1226. τρέχε νυν τρέχε νυν κατὰ τοὺς κ. πουρίσας.
Β. 187. ἦ 'ς Κερβέριοις, ἢ 'ς κ., ἢ 'πὶ Ταινάρου;
189. ἐς κ. ὦντας· ΧΑ. καὶ μὰ Δία, σοῦ γ' οὔνεκα.
607. οὐκ ἐς κ., οὐ μὴ προσίτον; ΑΙ. εἶεν, κρέα;
Π. 394. οὐκ ἐς κ.; Πλοῦτον παρὰ σοί; ΧΡ. νὴ τοὺς θεούς·
604. ἔρρ' ἐς κ. θᾶττον ἀφ' ἡμῶν.
782. βάλλ' ἐς κ. ὡς χαλεπὸν εἰσὶν οἱ φίλοι
Fr. 80, 2. βάλλ' ἐς κ. πόθεν ἂν λάσανα γένοιτό μοι,
512, 2. καί τὴν ἀνάγκην ἐς κ. λυσίτερον.
κόρακας. ΕΙ. 19. νὴ τὸν Δί' ἐς κ. γε. καὶ σαυτόν γε πρός.
κόρακες. Ο. 528. οἱ δ' αὖ κ. τῶν ζενγαρίων, οἴσιν τὴν γῆν καταροῦσιν,
κορακίνους. Ι. 1053. ἤγαγε συνθήσας Λακεδαιμονίων κ.
Α. 560. ὅταν βοσθῇ Γοργόνα τις κατ' ἀνθήτα κ.
κορακῖνον. Fr. 452. μελανοστερύγων κ.
κόρακος. Σ. 43. χαμαὶ καθῆσθαι, τὴν κεφαλὴν κ. ἔχων.
κοράκων. Ο. 868. τί αὖν ἔτι ζῷ τῶν κ. πονηροῦ;
Σ. 1413. εἴθ' ὑπαβρίς εἶσιν ἐκ., εἰ καὶ τῶν κ.
Θ. 115. κ. ἀείσαι' Ἄρτεμιν ἀγροτέραν.
κοράν. Α. 883. πρέσβειρα πεντήκοντα Κορρδων κ.,
κόραξ. Α. 93. κ. οἴσομαι τῶν γε σὺν τοῦ κ. πρέσβεσι.
Σ. 47. οὐκοῦν ἐκείν' ἀλλόκοτον, ὁ Θέωρος κ.
49 ἄνθρωπος ὢν εἶτ' ἐγένετ' ἐξαίφνης κ.'
ΕΙ. 1125. ἤκουσας; ὁ κ. οἷος ἦλθ' ἐξ Ὠρίου.

κόραξ—κουρείοις. 175

κόραξ. O. 1294. Ὀποιντίῳ δ' ὀφθαλμὸν οὐκ ἔχων κ.,
O. 1612. ὁ κ. παρελθὼν τοὐπιορκοῦντος λάβρα
κόραξι. Θ. 1027. ὁλοῦν, ἄφιλον ἐκρέμασεν κ. δεῖπνον·
κόραξιν. Θ. 942. γέλωτα παρίχω τοῖς κ. ἐστιῶν.
κόρας. Θ. 902. γύναι, τί εἶπας ; στρέψον ἀντ' αὐγεῖς κ.
Π. 635. ἐξομμάτιται καὶ λελάμπρυνται κ.,
κόραυνα. O. 1078. καλάνι κ. καὶ μεγάλα βασιλικναῦ
κόρδακος. Ν. 555. προσθεὶς αὐτῷ γραῦν μεθύσην τοῦ κ.
σύνεχ', ἣν
κόρδαχ'. Ν. 540. οὐδ' ἔσκωψε τοὺς φαλακροὺς, οὐδὲ κ. εἵλκυσεν,
κόρεις. Ν. 634. ἀλλ' οὐκ ἐῶσί μ' ἐξενεγκεῖν οἱ κ.
Β. 115. κ. ὀλίγιστοι. ΞΑ. περὶ ἐμοῦ δ' οὐδεὶς λόγος.
κόρεση. Ν. 699. οἵαν δίκην τοῖς κ. δώσω τήμερον.
κόρεων. Ν. 725. ὑπὸ τῶν κ. εἰ μοῦ τι περιλειφθήσεται.
Π. 541. στιβάδα σχοίνων κ. μεστήν, ἣ τοὺς εὕδοντας ἐγείρει·
κόρη. O. 1537. τίς ἐστιν ἡ Βασίλεια ; ΠΡ. καλλίστη κ.,
Λ. 473. ἐπεὶ θέλω 'γὼ σωφρόνως ὥσπερ κ. καθῆσθαι,
Θ. 405. κάμνει κ. τις, εὐθὺς ἀδελφὸς λέγει,
733. τουτὶ τί ἐστιν ; ἀσκοῦ ἐγένεθ' ἡ κ.
Β. 337. ὦ πότνια πολυτίμητε Δήμητρος κ.,
Κόρη. Θ. 296. μοφόρουν, τῇ Δήμητρι καὶ τῇ Κ., καὶ τῷ
κόρημα. El. 59. κατάδυσο τὸ κ.' μὴ 'κκύρει τὴν Ἑλλάδα.
Fr. 408. τὸ κ.
κόρην. O. 1034. τὴν δὲ Βασίλειαν τὴν κ. γυναῖκ' ἐμοὶ
Λ. 595. ὁ μὲν ἥκων γὰρ, κἂν ᾖ πολιὸς, ταχὺ παῖδα κ. γεγά-
μηκεν
κόρης. O. 1675. περὶ τῆς κ. ; κήγωγε παραδίδωμί σοι.
Θ. 406. τὸ χρῶμα τοῦτό μ' οὐκ ἀρέσκει τῆς κ.
1115. φέρε δεῦρό μοι τὴν χεῖρ', ἵν' ἄψωμαι κ.
1117. ἅπασιν ἐστὶν ἐπὶ δὲ καυτὸν τῆς κ.
κοριάν'. Ι. 676. ἐγὼ δὲ τά κ. ἐπριάμην ὑποβραμὴν
κοριάννοις. Ι. 682. ὀβολοῦ κ. ἀναλαβὼν εἰλήλυθα.
Κορινθία. Α. 91. Κ. δ' αὖ. ΑΤ. χαῖα νὴ τὸν Δία
κορινθάζομαι. Fr. 133. κ.
Κορίνθιαι. Π. 149. καὶ τάς γ' ἑταίρας φασὶ τὰς Κ.,
Κορίνθιοι. Ν. 710. δάκνουσί μ' ἐξέρποντες οἱ Κ.,
Κορινθίοις. Εκ. 199. Κ. ἤχθεσθε, κἀκεῖνοί γε σοι·
Κορίνθιον. Ι. 608. ὥστ' ἔφη Θέωρος εἰπεῖν ναρκίνον Κ.'
Κορινθίῳ. Θ. 404. οὐκ ἔσθ' ὅπως οὐ τῷ Κ. ξένῳ,
Κορινθίων. 969. τί οὖν προσήκει δῆτ' ἐμοὶ Κ. ;
Θ. 648. τὸ πέος διέλκει πυκνότερον Κ.
Κόρινθον. Ι. 604. ἐξευρίδων τ' ἐς Κ.· εἶτα δ' οἱ νεώτατοι
Κόρινθος. Β. 439. ἀλλ' ἡ Διὸς Κ. ἐν τοῖς στρώμασιν ;
Εκ. 828. Κ. καὶ τὸ πρᾶγμ' οὐκ ἤρκεσεν,
Fr. 434. Διὸς Κ.
Κορίνθου. O 968. ἐν ταύτῃ τὸ μεταξὺ Κ. καὶ Σικυῶνος,
Κορίνθῳ. O. 173. τῷ δ' ἐν Κ. ξενικὸν οὐχ οὗτος τρέφει ;
Π. 303. ᾗ τοὺς ἑταίρους τοῦ Φιλωνίδου ποτ' ἐν Κ.
κορκόριον. Σ. 239. καθ' ἡμῶν τοῦ κ., καταχίσαντες αὑτόν.
κορκορυγάς. El. 991. λυόων δὲ μάχας καὶ κ.,
κορκορυγῇ. Λ. 491. δεῖ τινα κ. ἐκύκων, οἱ δ' οὖν τοῦδ'
οὕνεκα δρῶντων
Κορκυραῖα. O. 1463. μάλιστα Κ. τοιαυτὶ πτερά.
κορμοῦ. Α. 255. κ. τοσουτονὶ βάρος χλωρᾶς ὀρῶν ἐλάας.
Κορύβαντες. Α. 558. περιέρχονται κατὰ τὴν ἀγορὰν ξὺν ὅπλοις,
ὥσπερ Κ.
Εκ. 1069. ὦ Πάνες, ὦ Κ., ὦ Διοσκόρω,
κορυβαντίᾳς. Σ. 8. ἀλλ' ἢ παραφρονεῖς ἐτεὸν ἤ κ. ;
κορυδόν. O. 472. ὃς ἔφασκε λέγων κ. πάντων πρώτην ὄρνιθα
γενέσθαι,
κορυδός. O. 302. κίττα, τρυγών, κ., ἐλεᾶς, ὑποθυμὶς, περιστερά,
O. 1295. κ. Φιλονλέει, χηναλώπηξ Θεογένει.
κορυθοῦ. O. 476. ὁ πατὴρ ἄρα τῆς κ. νυνὶ κεῖται τεθνεὼς
κεφαληΐσιν.
κοριθαίολα. Β. 818. ἔσται δ' ἱπποκόφων τε λόχων κ. νείκη,
κόρυμβα. Fr. 1. πρὸς ταῦτα σὺ λέγων Ὁμηρείους γλώττας, τί
καλοῦσι κ.
κορυφαίσιν. Π. 953. ἐπεὶτ' ἐκεῖ κ. ἐστηκὼς θέρου.
κορυφαῖς. Ν. 270. εἶτ' ἐπ' Ὀλύμπου κ. ἱεραῖς χιονοβλήτοισι
κάθησθε,
O. 740. νάπαισι καὶ κ. ἐν ὀρείαις.
κορυφάς. Ν. 279 ὑψηλῶν ὀρέων κ. ἐπὶ
κόρυν. Fr. 471, 1. ἐς Οἰδίπου δὲ παῖδε, διπτύχω κ.,
κορῶν. Α. 593. περὶ τῶν δὶ κ. ἐν τοῖς θαλάμοις γηρασκουσῶν
ἀνιώμαι.
κορώναις. I. 1051. μὴ πείθου φθορεραί γὰρ ἐπικρόζουσί κ.
O. 967. Ἀλλ' ὅταν οἰκήσωσι λύκοι πολιαί τε κ.
El. 628. ἐν δίκῃ μὲν οὖν, ἐπεί τοι καὶ κ. γέ μου
κορώνῃ. O. 23. ἦ δ' ᾗ κ. τῆς ὑδοῦ τι λέγει πέρι ;
O. 49. οὗτος. ΕΤ. τί ἐστιν ; ΠΕ. ἡ κ. μοι πάλαι
609. οὐκ αἰσθ' ὅτι πέντ' ἀνδρῶν γενεὰς ζώει λακέρυζα κ. ;

κορώνην. O. 5. τὸ δ' ἐμὶ κ. πειθύμενον τὸν ἄθλιον
κορώνην. O. 89. σὺ δὲ τὴν κ. οὐκ ἀφῆκας καταπεσών ;
Fr. 727. Δαυλίαν κ.,
κόσκινον. Fr. 28. καί κ. ἠπήσασθαι.
Fr. 404. "ὥσπερ κ. αἱρμίνου τέτρηται."
κοσκίνου. Ν. 373. καίτοι πρότερον τὸν Δί' ἀληθῶς ᾤμην διὰ κ.
οὑρεῖν.
κοσκυλματίοις. Ι. 49. κ. ἄκροισι, τοιαυτὶ λέγων
κοσμεῖν. Π. 940. Πλοῦτον δὲ κ. ἱματίοις σεμνοῖς πρέπει.
κοσμήσαι. Π. 530. σύθ' ἱματίων βαπτῶν δαπάναις κ. ποικιλο-
μόρφων.
κοσμήσας. Β. 1005. καί κ. τραγικὸν λῆρον, θαρρῶν τὸν κρουνὸν
ἀφίει.
Β. 1027. νικᾷν δεῖ τοὺς ἀντιπάλους. κ. ἔργον ἄριστον,
κοσμόν. Π. 565. πάνυ γοῦν κλίττεις κ. ἐστιν καὶ τοὺς τοίχους
διορύττει.
κοσμότης. Π. 564. ὅτι κ. οἰκεῖ μετ' ἐμοῦ, τοῦ Πλούτου δ' ἐστὶν
ἀβρίζει.
κοσμίους. Π. 89. ὡς τοὺς δικαίους καὶ σοφοὺς καί κ.
κοσμίως. Θ. 573. σιγᾶθ', ἵν' αὐτῆς κ. πυθώμεθ' ἄττα λέγει.
Θ. 853. πικρὰν Ἑλένην ὄψει τάχ', εἰ μή κ.
Π. 671. σιγᾶν, ἅπαντες κ. κατεκείμεθα.
709. σκοπῶν περιῄει πάντα κ. πάνυ.
978. ἅπαντ' ἐποίει κ. μοι καὶ καλῶς·
κόσμον. Fr. 128, 4. τερον δέμας οὐδένα κ.
κόσμος. Ν. 914. νῦν δή γε κ. τοῦτ' ἐστὶν ἐμοί.
κοσμουμένας. Εκ. 721. καὶ τάς γε δούλας οὐχὶ δεῖ κ.
κόσμου. O. 1331. διάδες τάδε κ.·
Fr. 60. ναῦς δ' ἂν ἐκ πιτύλων βοθιάδῃ σώφρανι κ.
κοτίνοις. O. 021. καί τοί κ. στάντες ἔχοντες
κοτινοτράγα. O. 240. τά τε κατ' ὅρεα, τά τε κ., τά τε κομαρο-
φάγα,
κοτινῷ. Π. 589. κ. στεφάνῳ· καίτοι χρυσῷ μᾶλλον ἐχρῆν, εἴπερ
ἐπλούτει.
Π. 592. ἀλλά σί γ' ὁ Ζεὺς ἐξολέσειεν κ. στεφάνῳ στεφανώσας
943. ὥσπερ κ. προσπατταλεύων τουτῳί.
κοτταβίζειν. El. 343. ἐστιᾶσθαι, κ.,
κοττάβων. Ν. 1073. παίδων, γυναικῶν, κ., ὅψων, πότων, κα-
χασμῶν.
El. 1244. γενήσεταί σοι τῶν κατακτῶν κ.
κοτύλαις. Π. 436. ἡ ταῖς κ. δεῖ με διαλυμαίνεται ;
Fr. 128, 3. κιραμευομέναις κ. μεγάλαις [ἔγχεον ἐς] σφί.
κοτύλας. Π. 737. καὶ πρίν γε κ. ἐκπιεῖν οἴνου δέκα
κοτυληδόν. Σ. 1495. στρέφεται χαλαρά κ.
κοτύλης. Fr. 79, 2. κ. δευύσεας οἶκάδ' ἀπολογίζεται.
κοτυλίζετε. Fr. 555. μιρηάντες γὰρ τὴν πόλιν ἡμῶν κ. τοῖσι
πίνησιν,
κοτυλίσκιον. Α. 459. κ. τὸ χεῖλος ἀπονεκρούμενον.
κοτυλίσκους. Fr. p. 509. "μηδὲ στέψω κ."
κότυλον. Fr. 53. β. πόθεν οὖν γένωντ' ἄν ; α. τὸν κ. τοῦτον φέρε.
κοτυλωμάτ. Θ. 348. ἡ τῶν κ. τὸ νόμισμα διαλυμαίνεται,
κότῳ. Β. 844. καί μὴ πρὸς ὀργὴν σπλάγχνα θερμήνῃς κ.
κοῦ. Α. 468. τουτὶ λαβὼν ἄπειμι κ. πρόσειμ' ἔτι κ.τ.λ.
κούδ'. O. 531. κ. οἶν, εἴπερ ταῦτα δοκεῖ δρᾶν,
κούδε. Β. 695. κ. ταῦτ' ἔγωγ' ἔχοιμ' ἂν μὰ οὐ καλῶς φάσκεις
ἔχειν,
κούδείς. Σ. 358. κ. μ' ἐφίλατ', ἀλλ' ἐξῆν μοι
Β. 68. κ. γέ μ' ὃς πείσειεν ἀνθρώπων τὸ μή οὐκ
κούδεμί'. O. 472. αὐτὰί γὰρ ἔσμεν, κ. ἐκφορὰ λόγου.
κούδεν. Α. 561. δίκαια πάντα κ. αὐτῶν ψεύδεται.
Σ. 637. κ. παρῇδειν, ὥστ' ἔγωγ'
741. ἀλλ' ὅτι σιγᾷ κ. γρύξει.
1381. κ. δύνασθαι δρᾶν. ΦΙ. Ἄκουσόν νυν ἐμοῦ,
El. 949. καί πῦρ γε τουτί, κ. ἴσχει πλὴν τὸ πρόβατον ἡμᾶς
Π. 274. ἡγεῖσθέ μ' εἶναι κ. ἂν νομίζεθ' ὑγιὲς εἰπεῖν·
κούδεποθ'. ⎱ Α. 223. ⎰ κ. ἐκούσα τἀνδρὶ τὠμῷ πείσομαι
⎰ 224. ⎱
κούδέποτ'. Σ. 969. καὶ τὰς ἀκάνθας, κ. ἐν ταυτῷ μένει·
κούδείων. Ι. 168. ἐγώ ; ΔΗ. σὺ μέντοι κ. γε παθ' ὁρᾷς.
O. 1227. ἀκολαστανεῖτε, κ. γνώσεσθ' ὅτι
κούν. Α. 116. κ. ἐπὶ τὸν δῆμον οὐκ εἰσὶν ἐνθένδ' αὐτόθεν. κ.τ.λ.
κούκέτ'. El. 349. κ. ἄν μ' εὕροις δικαστήν δριμὺν οὐδὲ δύσκολον.
Β. 1076. κ.ἦν ὑπὸ τῆς ῥώμης κ. ἰκφορὰ λόγου.
κούκείνη. El. 173. οἴμ' ὡς δέδοικα κ. σκωπτόν λέγω.
Λ. 792. κ. κατῆλθε πάλιν οἴκαδ' ὑπὸ μίσους.
κούπω. Α. 505. κ. ξένοι πάροισιν ὡς γὰρ φύρσι
Σ. 862. ἔχ χιλιάσιν, κ. πλείους τε ἦ τῇ χώρᾳ κατένασθεν
Θ. 709. κ. κηλεῖ γε πίτωμαι.
κούρα. Θ. 102. λαμπάδα κ. ἕλευθέρᾳ
κούρε. O. 977. κἄν μὲν, θέσπιε κ., ποιρς ταῦθ' ὡς ἐπιτέλλω,
κουρείοις. O. 1441. τοῖς μειρακίοις ἐν τοῖσι κ. ταδί·

κουρείοισι. Π. 338. ἐπὶ τοῖσι κ. τῶν καθημένων.
κούρην. Θ. 1138. παρθένον, ἄζυγα κ..
κουρίδων. ΕΙ. 844. στύρυν τ' ἐμοὶ καὶ τῇδε κ. λέχοι.
Κουροτρόφῳ. Θ. 297. Πλούτῳ, καὶ τῇ Καλλιγενεία, καὶ τῇ Κ.
κοῦτε. Εκ. 442. καὶ χρηματοποιῶν κ. τάπόρρητ' ἔφη
κεῦφα. Λ. 1304. ὡῖα κ. πάλλων.
  Θ. 954. κ. ποσίν, ἅγ' ἐς κύκλον.
κούφαις. Ο. 1372. 'Αμπέτομαι δὴ πρὸς "Ολυμπον πτερύγεσσι κ.'
κουφιῶ. Ο. 1760. λαβοῦσα συγχ:ιρευσον· αἴρον δὲ κ. σ' ἐγώ.
κούφοις. Ο. 1453. ἀλλὰ πτέρου με ταχέσι καὶ κ. πτεροῖς
κούφον. Θ. 659. εἶα δὴ πρώτιστα μὲν χρή κ. ἐξορμᾶν πόδα.
κούφων. Β. 1396. πειθώ δὲ κ. ἐστι καὶ νοῦν οὐκ ἔχον.
κουφοτάταις. Β. 1352. ὁ δ' ἀνέπτατ' ἀνέπτατ' ἐς αἰθέρα κ.
  πτερύγων ἀκμαῖς·
κούχ. Ι. 997. ἰδού, θέασαι, κ. ἅπαντας ἐκφέρω. κ.τ.λ.
κούχί. Ν. 344. κ. γυναιξίν, μὰ Δί', οὐδ' ὑτιοῦν' αὖται δὲ ῥῖνας
  ἔχουσιν. κ.τ.λ.
κοφίνους. Ο, 1310. καὶ τοὺς κ. ἅπαντας ἐμπίπλη πτερῶν·
  Fr. 129.   κ. δὲ λίθων ἐκέλευες
κοχώνα. Ι. 424. ἀποκρυπτόμενος ἐς τὰ κ, τοὺς θεοὺς ἀπώμνυν·
  Ι. 484. ἐς τὰ κ. τὸ κρέας, ὡς αὐτοὺς λέγεις.
κοχώνας. Fr. 406. "ἀλλὰ συσπᾶσθαι δεῖ τὰς κ.
κόψαις. Ν. 133. βάλλ' ἐς κύρακας τίς ἐσθ' ὁ κ. τὴν θύραν;
  Ν. 1144. τάχα δ' εἴσομαι κ. τὸ φροντιστήριον·
κοψίκοισιν. Ο. 1081. τοῖς τε κ, ἐς τὰς ῥῖνας ἐγχεῖ τὰ πτερὰ
κοψίχῳ. Ο. 806. σὺ δὲ κ. γε σκάφιον ἀποτετιλμένῳ.
κοψίχων. Α. 970. εἴσειμ' ὑπαὶ πτερύγων κιχλῶν καὶ κ.
  Ο. 306. ἰοὺ ἰοὺ τῶν κ.
κόψον. Ο. 56. σὺ δ' οὖν λίθῳ κ. λαβών.   ΕΤ. πάνυ γ', εἰ δοκεῖ.
κόψω. Α. 403. οὐ γὰρ ἄν ἀπέλθοιμ', ἀλλὰ κ. τὴν θύραν.
  Β. 460. ἄγε δὴ τίνα τρόπον τὴν θύραν κ.; τίνα;
'κπειρωμένους. Α. 1113, ὀργώντας ἀλληλων τε μὴ 'κ.
'κποθῶν. Α. 909. ἰδού, τὸ μὲν σοι παιδίον καὶ δὴ 'κ.'
κραγόν. Ι. 487. ἡμᾶς ἅπαντας καὶ κ, κεκράξεται.
κραδαίνετω. Α. 967. ἀλλ' ἐπὶ ταρίχῳ ταῦτ λύφους κ.
κραδαίνων. Α. 965. πάλλει, κ, τριῖς κατασκίους λόφους.
κράδας. ΕΙ. 627. οὐδὲν αἴτιον ἄν' ἀνδρῶν τέι κ, κατῇσθιον,
κραδῶν. Ο. 40. ἐπὶ τῶν κ, ἔβουσ', 'Αθηναῖοι δ' ἀεὶ
κράζων. Ι. 287. κατακεκράξομαί σε κ.
κραιπάλης. Α. 277. ἐὰν μεθ' ἡμῶν ξυμπίῃς, ἐκ κ.
Σ. 1255. κἄπειτ' ἀποτίνειν ἀργύριον ἐκ κ.
κραιπαλόκωμος. Β. 217. ἠνίχ' ὁ κ.
κραιπαλῶντα. Β. 298. πήραν ἔχοντα λάχανά τ' ἄγρια δροσερά, κ.,
κραμβοτάτου. Ι. 539. ἀπὸ κ. στύματος μάττων ἀστειοτάτας
  ἐπινοίας
Κρανάα. Α. 75. ἀκραταν οἶνον ἡδύν.   ΔΙ. ὦ Κ. πόλις,
Κρανάων. Α. 481. Κ. σατίλαβον,
κρανάς. Fr. 173, 3. καὶ τὰς κ. ἀκαλήφας.
Κρανιῶν. Ο. 123. ἔπειτα μείζω τῶν Κ, ζητείς πόλιν ;
κράνεσιν. ΕΙ. 1257. ἔτ' ἐστὶ τοῖσι κ, ὃ τι τις χρήσεται;
κρανίον. Fr. 334. οὐ κ. λάβρακος, οὐχί κάρᾳβον πρίασθαι·
κρανοποί'. ΕΙ. 1255. οἴμ', ὦ κ., ὡ ἀθλίαι πεπράγαμεν.
κρανοποιών. Β. 1018. καὶ δὴ χωρεῖ τουτὶ τὸ κακόν' κ. αὖ μ'
  ἐπιτρίψει.
κράνος. Β. 1038. τὸ κ. πρῶτον περιδησάμενος τὸν λύφον ἡμελλ'
  ἐπιδήσειν.
κράνους. Α.584. κεῖται.   ΔΙ. φέρε νυν ἀπὸ τοῦ κ, μοι τὸ πτερόν.
ΕΙ. 1128. κ. ἀπηλλαγμένος
κράσπεδα. Σ. 475. καὶ ξυνῶν Βρασίδᾳ, καὶ φορῶν κ.
κράστις. Fr. 032. κ. :
κρατεῖ. ΕΙ. 680. ὅστις κ. νῦν τοῦ λίθου τοῦ 'ν τῇ πυκνί.
κρατεῖν. Ι. 134. κ., ἕως ἕτερος ἀνὴρ βδελυρώτερος
Ο. 419. κ. ἂψ τῶν ἰχθύῶν ἢ
Π. 7. κ. ὁ δαίμων, ἀλλὰ τὸν ἐωνημένον.
κράτι. | Β. 1126, | 'Ερμῇ χθόνιι, πατρῴ' ἐποπτεύων κ.,
        | 1138. |
κρατῇ. Β. 792. ἔφεδρος καθεδεῖσθαι· κἂν μὲν Αἰσχύλος κ.,
κρατῇρι. Α. 937. κ. κακῶν, τριπτῆρι δικῶν,
κρατῆρα. Εκ. 841. κ. συγκιρνᾶσιν, αἱ μυροπώλιδες
κρατῆρας. Εκ. 677. τὸ δὲ κράμα τί σοι χρήσιμον ἐσται ;   ΠΡ.
  τοὺς κ, καθυδρήσω
κρατῆρες. Fr. 437. κ.
  Κράτης. Ι. 537. οἴας δὲ Κ. ὀργὰς ὑμῶν ἠνέσχετο καὶ στυφελιγ
  μούς.
Fr. Μ. Βαβ. 36. Κ.
κρατήσει. Σ. 536. τύς σ' ἰθέλει κ.
κρατήσω. Ο. 1752. διὰ οὐ τὰ πάντα κ.,
κρατήσειν. Ι. 210. ἤδη κ., αἴ κε μὴ θαλφθῇ λόγοις.
κρατήσεις. Ν. 1346. τὸν ἄνδρα κ.,
κρατήτην. Σ. 539. τί γὰρ φαθ' ὑμεῖς, ἤν ὑδὲ μὲ τῷ λόγῳ κ.;
Κράτητι. Fr. 313, 2. ἡνίκα Κ. τε τάριχος ἐλεφάντινον

κρατί. Β. 329. περί κ, σῷ βρύοντα
Κρατῖνον. Λ. 1173. τὸν μάρμαρον, κἄπειθ' ἁμαρτὼν βάλοι Κ.
Κρατῖνος. Α. 849. Κ. ἀεὶ κεκαρμένος μοιχὸν μιᾷ μαχαίρᾳ,
ΕΙ. 700. τί δαί ; Κ. ὁ σοφός ἐστιν ;   ΤΡ. ἀπέθανεν,
Κρατῖνον. Ι. 400. εἴ σε μὴ μισῶ, γενοίμην ἐν Κ. κώδιον,
Ι. 526. εἶτα Κ. μεμνημένος, ὃς πολλῷ ῥεύσας ποτ' ἐπαίνῳ
Β. 357. μηδὶ Κ. τοῦ ταυροφάγου γλώττης βακχεῖ' ἐτελέσθη,
κράτιστ'. Ι. 73. κ, ἐκείνην τὴν μύλαμεν, ὦγαθέ.
κρατίστα. Ι. 30. κ, τοίνυν τῶν ταρῦντων ἐστὶ νῷν,
Λ. 1013. πωτάομαι κ. γὰρ πάντα λέγεις.
κρατίσται. Β. 1115. αἱ φύσεις τ' ἄλλως κ.
κρατίστη. Λ. 1320. καὶ τὰν σιᾶν δ' αὖ τὰν κ. χαλκίοικον
  ὑμνη
κράτιστε. Π. 230. σὺ δ', ὦ κ. Πλοῦτε πάντων δαιμόνων,
κρατίστην. Fr. 332, τὴν κ. δαίμον'. ἦτ νῦν θερμός ἐσθ' ὁ βωμός.
κρατίστον. Ι. 80. οἷν νῷν ἀποθανεῖν. ἀλλὰ σκόπει,
Σ. 367. διατραγεῖν τοίνυν κ. ἐστί μοι τὸ δίκτυον.
Π. 579. τὸν Δία φήσεις ἄρ' οὐκ ὀρθῶς διαγιγνώσκειν τὸ κ.
κρατιστόν. Π. 412. κ, ἐστι.   ΒΛ. πολὺ μὲν οὖν νὴ τοὺς θεούς.
Fr. 477, 2. κ. ἐστιν ἐς τὸ Θησεῖον δραμεῖν,
κράτιστος. Β. 770. ὡς ὧν κ. τὴν τέχνην.   ΕΛ. νυνὶ δὲ τίς ;
κράτιστος. Σ. 635. καλῶς γὰρ ᾔδειν ὡς ἐγὼ ταύτῃ κ. εἰμι,
κράτος. Σ. 1232. ἄνθρωφ', οὕτος ὁ μαιώμενος τὸ μέγα κ.,
Θ. 871. τὶς τῶνδ' ἐρυμνῶν δωμάτων ἔχει κ.,
1141. καὶ κ. φανερὸν μόνῃ.
Β. 1276. κύριος εἰμὶ θροεῖν ὅδιον κ. αἴσιον ἀνδρῶν.
1255. ὕπως 'Αχαιῶν δίθρονον κ., 'Ελλάδος ἤβας,
κρατούμενα. Ο. 755. ὅσα γὰρ ἐστιν ἐνθάδ' αἰσχρὰ τῷ νόμῳ κ.
κρατοῦσι. Β. 710. ὁ ποηρότατος βαλανεὺς ὑπόσοι κ. κυνησι
  τέφρου
Π. 184. κ. γοῦν κἄν τοῖς πολέμοισι ἑκάστοτε
κρατοῦσιν. Α. 648. ἠρώτησεν πρῶτα μὲν αὐτοὺς πότεροι ταῖς
  ναυσί κ.'
κρατῶ. Σ. 1354. νῦν δ' οὐ κ. 'γὼ τῶν ἐμαυτοῦ χρημάτων.
Σ. 1515. ἄλμην νύκα τούτοισιν, ἣν ἐγὼ κ.
κρέ'. Λ. 1002. καὶ τοῦτο τέθως, ὥστε κ. ἔβεσθ' ἀναλὰ καὶ
  καλά,
Θ. 558. ὥς τ' αὖ τὰ κ. ἐξ 'Απατουρίων ταῖς μαστροποῖς
  διδούσας,
Fr. 90. ταυτί τὰ κ. αὐτῷ παρὰ γυναικὸς τοῦ φέρω.
κρέα. Α. 1049. ἐπεμψέ τίς σοι νυμφίος ταυτὶ κ.
Α. 1054. ἄθεφ' ἀπόφερε τὰ κ. καὶ μή μοι δίδου,
Ν. 339. κιστρᾶν τεμάχη μεγάλαν ἀγαθᾶν, κ. τ' ὀρνίθεια
  κιχηλᾶν.
Σ. 363. ὥσπερ με γαλῆν κ. κλέψασαν
ΕΙ. 192. ἧκεις δὲ κατὰ τί ;   ΤΡ. τὰ κ. ταυτί σοι φέρων.
717. ἦκει δὲ κατέδει χόλικας ἐφθὰς καὶ κ.
1280. ὡς οἱ μὲν δαίνυντο βοῶν κ., καὶ τὰ τοιαυτί·
1282. ὡς οἱ μὲν δαίνυντο βοῶν κ., κηὔχνας ἴππων
Ο. 1583. τὰ δὲ κ. τοῦ ταῦτ' ἐστίν ;   ΠΕ. ὀρνίθες τινὲ
1690. ὑντὰς τὰ κ. ταυτὶ μένων· ὑμεῖς δ' ἴτε.
1691. ὑπτὰς τὰ κ.; πολλήν γε τενθείαν λέγεις.
Β. 509. περιμφομάπελθών', ἐπεί τοι καὶ κ.
553. καὶ κ. γε πρὸς τούτοισιν ἀνάβραστ' εἴκοσιν
κρεάγρα. Ι. 772. καὶ τὴν κ. τὴν ἀρχιπέθων ἁλκοίμην ἐς Κερα
  μεικόν,
κρεάγρας. Σ. 1155. παράθου γε μέντοι καὶ κ.   ΒΔ. τιὴ τί δή;
κρεᾶν. Εκ. 1002. τί δῆτα κ. τοῖς κάδοις ὠνοίμεθ' ἄν,
κρεάδι'. Fr. 507. κ.   τὴ ἡμίσι ἐξώμιμένα.
κρεάδιον. Π. 227. καὶ δὴ βαδίζω τουτοδὶ κ.
κρέας. Α. 1107. καλῶν γε καὶ ξανθῶν τὸ τῆς φάτγης κ.
Ι. 282. νὴ Δί', ἰξάρφον γε τὰπόρρητ', ἀμ' ἄρτον καὶ κ.
421. ὦ δεξιώτατον κ., σοφῶν γε προύνοψαι
428. ὀτιὴ 'πώρκεις θ' ἡπτακαὶ καὶ κ, τὸ πρωτέον εἴχες.
457. ὦ γενικώτατον κ, ψυχὴν τ' ἄριστε πάντων,
484. τί δὲ κακὸν οὐκ αὐτοῖς λέγεις.
1178. ἡ δ' 'Οβριμοπάτρα γ' ἑρθῶν ἐκ ζωμοῦ κ.
Π. 320. καταμνυγοσύνῃ ταυτὶ πάντ' ἔστι πρὸς κ, μέγα.
1137. δοίῃ καταφαγεῖν καὶ κ. νεανικὸν
Fr. 180. καταμνυγοσύνῃ ταυτὶ πάντ' ἔστι πρὸς κ.
379. ἀτταγᾶς ἥδιστον ὕψεν ἐν ἐπινικίοι κ.
κρεῖττον. Ν. 1215. οὐδέποτέ γ', ἀλλὰ κ. ἦν εὐθὺς τότε
Σ. 209. σοῦ σοῦ, πάλιν σοῦ.   ΒΔ. κ) ἦ μοι κ. ἦν
477. νὴ Δί' ἦ μοι κ. ἐστ' ἦτος τὸ πάρασαι τοῦ πατρός.
1068. πέπας εἶναι κ. ἢ νο-
ΕΙ. 1220. κ. γάρ, ὦ τᾶν, ἐστὶν ἦ μηδὲν λαβεῖν.
Ν. 947. τοῦ δράματος.   ΑΙ. κ. ἠώ ἠν σοι νὴ Δί' ἢ τὸ σαυτοῦ.
Εκ. 145. νὴ τὸν Δί', ἀλλὰ νὴ μὴ γενείαν κ. ἦν
671. ἕτερον γὰρ ἴαν ἐκ τοῦ κοινοῦ κ. ἐκείνου κομίεται.
1096. ἐνὶ γὰρ ξυνέχεσθαι κ. ἦ δυοῖν κακοῖν·
Π. 611. κ. γάρ μοι πλουτεῖν ἔστιν.

κρεῖττόν—κρομμύων. 177

κρεῖττόν. Ν. 1406. ἵππενε τοίνυν νὴ Δί', ὡς ἐμοιγε κ. ἐστιν
Fr. 345. θλαστὰς γὰρ εἶναι κ. ἐστιν ἀλμάδος.
κρεῖττον'. { Ν. 113. } τὸν κ., ὅστις ἐστί, καὶ τὸν ἥττονα,
{ 883. }
Ν. 1337. ποίοιν λόγοιν; ΦΕ. τὸν κ., ἢ τὸν ἥττονα;
κρείττονα. Ν. 884. ὃν τάδικα λέγων ἀνατρέπει τὸν κ.'
κρειττόνων. Ο. 1228. ἀκροατέον ὑμῖν ἐν μέρει τῶν κ.
κρείττους. Ο. 610. αἰβοῖ, ὡς πολλῷ κ. οὕτοι τοῦ Διὸς ἡμῶν βασιλεύειν.
Εκ. 801. μαχούμεθ' αὐτοῖς. ΑΝ. Β. ἢν δὲ κ. ὦσι, τί;
κρείττω. Ν. 894. ἀλλά σε νικῶ, ὡς ἐμοῦ κ.
Ν. 990. πρὸς ταῦτ', ὦ μειράκιον, θορρῶν ἐμὲ τὸν κ. λόγον αἱροῦ·
Ο. 1103. ὥστε κ. δῶρα πολλῷ τῶν 'Αλεξάνδρου λαβεῖν.
Fr. 445 a, 3. ὅσῳ τὰ κάτω κ. 'στιν ὧν ὁ Ζεὺς ἔχει.
κρείττων. Σ. 232. νυνὶ δὲ κ. ἐστὶ σοῦ Χαρικλῆς βαδίζειν.
Σ. 1471. οὐ κ. ἦν, βουλόμενος
Β. 831. κ. γὰρ εἶναί φημι τούτου τὴν τέχνην.
κρεκάδε'. Σ. 1215. ὀροφὴν θίασαι, κ. αὐλῆς θαυμάσων·
κρέκει. Ο. 1138. τούτους δ' ἐτύκιζεν αἱ κ. τοῖς ῥύγχεσιν.
κρέκουσ'. Ο. 772. πτεροῖς κ. ἴακχον 'Απόλλω.
κρέκουσ'. Ο. 682. ἀλλ', ὦ καλλιβόαν κ.
κρεμάθρας. Ν. 218. φέρε τίς γὰρ οὗτος οὑπὶ τῆς κ. ἀνήρ;
κρεμαθρῶν. Ν. 869. καὶ τῶν κ. οὐ τρίβων τῶν ἐνθάδε.
κρέμαι. Ν. 872. ἰδοὺ κ., ὡς ἡλίθιον ἐφθέγξατο
κρεμαῶ. Ν. 870. αὐτὸν τρίβων εἴπης ἄν, εἰ κ. γε.
κρεμαισθέ. Σ. 298. μὰ Δί', εἰ κ. γ' ὑμεῖς.
κρέμαλτα. Α. 846. κάτω κάρα κ.
κρεμαμένη. Σ. 1414. Ινοί κ. πρὸς ποδῶν Εὐριπίδου,
κρεμαμένη. Θ. 1110. ὦ παρθέν', αἰκτέρω σε κ. ὁρῶν.
κρεμάσαι. Α. 58. σπονδὰς ποιῆσαι καὶ κ. τὰς ἀσπίδας.
κρεμάσαντι. Ο. 711. καὶ πηδάλιον τότε ναυκλήρῳ φράζει κ. καθεύδειν,
Β. 122. κ. σαυτόν, ΔΙ. παῦε, πνιγηρὰν λέγεις.
κρεμάσας. Ν. 229. εἰ μὴ κ. τὸ νόημα καὶ τὴν φροντίδα
Β. 619. δῆσας, κ., ὑστριχίδι μαστιγῶν, δέραν,
κρεμάσαιων. Ο. 436. ταύτην λαβόντες κ. τυχάγαθῇ
κρέμαται. Ο. 1387. κ. μὲν οὖν ἐντειθὲν ἡμῶν ἡ τέχνη.
κρεμήσειν'. Σ. 808. παρὰ σοὶ κ. ἐγγὺς ἐπὶ τοῦ παττάλου.
κρεμήσεται. Α. 279. ἢ δ' ἀσπὶς ἐν τῷ φεψάλῳ κ.
κρεμώμεν. Π. 312. τὸν Λαρτίου μμούμενοι τῶν ὄρχεων κ.,
κρεοσταθμη. Fr. 633. κ.
κρεῶν. Α. 1051. ἐκέλευε δ' ἐγχέαι σε, τῶν κ. χάριν,
Α. 1110. κἀμοὶ λεκάνιον τῶν λαγώων δὸς κ.
Ι. 420. οἱ δ' ἔβλεπον, κἀγὼ 'ν τοσούτῳ τῶν κ. ἐκλεπτον.
ΕΙ. 378. οὐκ ἂν σιωπήσαιμι. ΤΡ. ναὶ, πρὸς τῶν κ.
Β. 191. εἰ μὴ νεναυμάχηκε τὴν περὶ τῶν κ.
338. ὡς ἡδύ μοι προσέπνευσε χοιρείων κ.
Π. 894. καλὸν χρῆμα τεμαχῶν καὶ κ. ὠπτημένων,
κρημνοπ.. Π. 69. ἀναθεὶς γὰρ ἐπὶ κ. τιν' αὐτὸν καταλιπών
κρημνοποιόν. Ν. 1367. ψύφουπλεῖαν, ἀξύστατον, στόμφακα, κ.;
κρημνούς. Ι. 628. κ. ἐρείδων καὶ ξυνωμότας λέγων
κρήνας. Β. 113. μορφεῖ, ἀναπαύλας, ἐκτροπάς, κ., ὁδούς,
κρήνῃ. Α. 328. μόγις ἀπὸ κ. ὑπ' ὄχλου καὶ θορύβου καὶ παταγόυ χυτρίου,
κρηνῶν. Β. 211. λιμναῖα κ. τέκνα,
κρήξ. Α. 795. καὶ γίγνεταί γα τάνδε τᾶν χοίρων τὸ κ.
κρησέραν. Εκ. 991. ἀλλ' αὐχὶ νυνὶ κ. αἰτούμεθα.
Κρήτες. Β. 1356. ἀλλ', ὦ Κ., Ἴδας τέκνα,
Κρητικά. Β. 849. ὦ Κ. μὲν συλλέγων μονῳδίας,
Κρητικόν. Θ. 730. ὕφαντε καὶ κάταιθ' οὐ δὲ δὴ τὸ Κ.
Κρητικῶς. Εκ. 1165. ἐπὶ τὸ δεῖπνον ὑπανακινεῖν. Κ. οὖν τῷ
κριβανίτας. Α. 87. βοῦς κ.; τῶν ἀλαζονευμάτων.
Α. 1123. καὶ τῆς ἐμῆς τοὺς κ. ἔνεφερε.
Fr. 178, α. ἀλλ' ἡ παραφρονεῖς; β. κ. ὦ τέκνον.
κρίβανον. Σ. 1153. εἴπερ γ' ἀνάγκη, κ. μ' ἀμπίσχετε.
κριβάνου, Α. 86. ἐκ κ. βοῦν. ΔΙ. καὶ τίς εἶδε πώποτε
κριβάνων. Fr. 199, 2. λιπῶν, ἵν' ἐστὶ κ. ἰδώλια.
κριβάνων. Π. 765. εὐαγγελιά σοι κ. ἀνάρρησιν κ.
κριηδόν. Α. 309. ἄφαντες εἴτ' ἐς τὴν θύραν κ. ἐμπέσοιμεν·
κριθᾶς. Ι. 1101. κ. πορίω σαι καὶ βίον καθ' ἡμέραν.
ΕΙ. 449. ληφθείς ὑπὸ ληστῶν ἐσθίει κ. μόνας.
1322. κ. τε ποιεῖν ἡμᾶς πολλὰς
Ο. 506. τοὺς πυρούς ἂν καὶ τὰς κ. ἐν τοῖς πεδίοις ἐθέριζον.
622. κ., πυρούς, ἐλέμψεθ' αὐτοῖς
κριθῶν. ΕΙ. 965. οὐκ ἔστιν οὐδεὶς ὅστις οὐ κ. ἔχει.
Θ. 76. παίων τι; ΕΥ. τῆδε θήμέρᾳ κ.
κριθοτράγων. Ο. 231. νέμεσθε, φῦλα μυρία κ.
κρίκων. Ι. 1102. οὐκ ἀνέχομαι κ. ἀκούων πολλάκις
Σ. 718. καὶ ταῦτα μόλις ξεν.ας φεύγων ἔλαβες κατὰ χοίνικα, κ.

κριθῶν. ΕΙ. 962. καὶ τοῖς θεαταῖς βίπτε τῶν κ. ΟΙ. ἰδού.
κριμνώδη. Ν. 965. τοὺς κωμήτας γυμνοὺς ἀθρόους, κεἰ κ. καταψίφοι.
κρίναι. Ν. 1130. κἂν ἐν Αἰγύπτῳ τυχεῖν ἂν μᾶλλον ἢ κ. κακῶς.
Σ. 590. ἔτι δ' ἡ βουλὴ χὠ δῆμος ὅταν κ. μέγα πρᾶγμ' ἀπορήσῃ,
Β. 873. ἀγῶνα κ. τόνδε μουσικώτατα·
κρίνας. Β. 938. ἀντιλέγοντος κ. φοιτᾷ.
κρίνει. Α. 1117. οἴμ' ὡς ὑβρίζεις. ΔΙ. τὰς ἀκρίδας κ. πολύ.
κρινεῖ. Β. 805. κ. δὴ δὴ τίς ταῦτα; ΑΙ. τοῦτ' ἦν δύσκολον·
κρίνειν. Ι. 1210. δύξαιμι κ. τοῖς θεαταῖσιν σοφῶς·
Εκ. 1155. τοῖς σοφοῖς μὲν, τῶν σοφῶν μεμνημένοις κ. ἐμέ.
1156. τοῖς γελῶσι δ' ἡδέως, διὰ τὸν γέλων κ. ἐμέ.
1157. σχεδὸν ἅπαντας οὖν κελεύω δηλαδὴ κ. ἐμέ·
1160. μὴ 'πιορκεῖν, ἀλλὰ κ. τοὺς χοροὺς ὀρθῶς ἀεί,
κρίνεις. Π. 48. τῷ τοῦτο κ.; ΚΑ. δῆλον ὑτιὴ καὶ τυφλῷ
κρίνεις. Ι. 1213. καὶ τὴν Παφλαγόνος' κάμέλει κ. καλῶς.
κρίνει. Ν. 911. κ. στεφανοῖς. ΔΙ. καὶ πατραλοίας,
κρίνης. Β. 1416. διοπτέρον ἂν κ., ἵν' ἐλθὼν μὴ μάτην.
κρίνητε. Ο. 1114. ἢν δὲ μὴ κ., χαλκεύεσθε μηνίσκους φορεῖν
κρίνοις. Β. 1467. κ. ἄν. ΔΙ. αὕτη σοφῶν κρίσις γενήσεται.
κρινόμενος. Ι. 1258. ἐν τάγορᾷ γὰρ μ. ἐβασκόμην,
κρίνον. Fr. 398. καὶ κ. αὐτὴ μὴ μέτ' ἀδρυπμίας.
κρίνω. Ι. 873. κ. σ' ὅσον ν'γώδα περὶ τὸν δῆμον ἀνήρ' ἄριστον
Ν. 1050. ἐγὼ μὲν οὐδέν' Ἡρακλέους βελτίον' ἄνδρα κ.
Β. 1415. ἐὰν δὲ κ.; ΠΛ. τὸν ἕτερον λαβὼν ἄπει,
1519. σοφίᾳ κ. δεύτερον εἶναι.
κρίνω. Β. 1411. ἄνδρες σοφοί, κἀγὼ μὲν αὐτοὺς οὐ κ.
κρίνωσιν. Ο. 1102. ὅσ' ἀγαθ', ἦν κ. ἡμᾶς, πᾶσιν αὐτοῖς δώσομεν,
Κρίον. Ν. 1356. ἄσαι Σιμωνίδου μέλος, τὸν Κ., ὡς ἐπέχθη.
κριόν. Ο. 568. κἂν Διί θύῃ βασιλεῖ κ., βασιλεύς ἐστ' ὀρχίλος ὄρνις,
Ο. 971. πρῶτον Πανδώρᾳ θῦσαι λευκότριχα κ.·
Π. 820. ἐν καὶ τράγον καὶ κ. ἐστεφανωμένοι,
κριοῦ. Ν. 661. κ., τράγου, ταύρου, κύων, ἀλεκτρυών.
κρίσιν. Β. 779. μὰ Δί', ἀλλ' ὁ δῆμος ἀνεβόα κ. ποιεῖν
Β. 785. ἀγῶνα ποιεῖν αὐτῇκα μάλα καὶ κ.
κρίσις. Β. 1467. κρίνοις ἄν. ΔΙ. αὔτη σοφῶν κ. γενήσεται.
κριταῖς. Ο. 445. ὕμνυμ' ἐπὶ τούτοις πᾶσιν νικᾶν τοῖς κ.
Ο. 1101. τοῖς κ. εἰπεῖν τι βουλόμεσθα τῆς νίκης πέρι,
κριταῖσιν. Εκ. 1154. σμικρόν δ' ὑποθέσθαι τοῖς κ. βούλομαι·
κριτάς. Α. 1224. ἐν τοῖς κ. μ' ἐκφέρετε τοῖς γ' ἔστιν ὁ βασιλεύς;
Ν. 1115. τοὺς κ. ἃ κερδανοῦσιν, ἢν τι τόνδε τὸν χορὸν
κριτῇ. Ο. 447. ἃ δὲ παραβαίνῃ, ἐν κ. νικᾶν αὐτόν.
κριτής. Ο. 1105. πρῶτα μὲν γὰρ οὐ μάλιστα πᾶς κ. ἐφίεται,
Κριτυλλᾶ. Θ. 898. εἰ μὴ Κ. γ' Ἀντιθέου Γαργηττόθεν·
Κριτυλλᾶν. Α. 323. τε καὶ Κ. περιφρούτην
κριτῶν. Εκ. 1142. καὶ τῶν κ. εἰ μή τις ἑτέρωσε βλέπει,
Κριώθεν. Ο. 645. Εὐελπίδης Κ. ΕΠ. ἀλλὰ τοῦ τρόπου;
κρόκῃ. Θ. 738. κακὸν δὲ καὶ τοῖς σκευαρίοις καὶ τῇ κ.
κρόκης. Σ. 1144. ἐν 'Εκβατάνοισι τρώγων κ. χόλιξ·
Λ. 896. ὀλίγον μέλει σοι τῆς κ. φορουμένης,
κροκόεντ'. Θ. 1044. ὅσ' ἐμὲ κ. ἐνέδυσεν·
κρόκον. Ν. 51. ἢ ξῦ αὶ μύρον, κ., καταγλωττισμάτων,
κροκύδα. Fr. 508. ἀνήρει κ. μαστιγούμενη·
κροκύδας. Fr. 360. εἴ τίς σε κολακεύει παρὼν καὶ τὰς κ. ἀφαιρῶν.
κροκώθ'. Θ. 945. ἱαττατακᾶ· ὦ κ. οἷ' εἴργασαι
κροκωθ'. Θ. 1220. κ. ἔκοντο τῇ γέροντι· ΧΟ. φήμ' ἔγω.
κροκωτά. Λ. 44. κ. φορούμεν καὶ κεκαλλωπισμέναι
κροκωτίδα. Λ. 47. τὰ κ. καὶ τὰ μύρα χαὶ περιβαρίδες
κροκωτίδιον. Εκ. 332. τὸ κ. ἀμπισχόμενος, οὐνδύεται.
κροκωτοῖς. Θ. 941. ἵνα μὴ κ. καὶ μίτραις γέρων ἀνὴρ
κροκωτόν. Λ. 51. κ. ἆρα νῷ τῷ θεῷ ᾠ βάψομαι.
Λ. 645. κᾀτ' ἔχουσα τὸν κ. ἄρκτος ἢ Βραυρωνίοις.
Θ. 253. ξέ τι· τὸν κ. πρῶτον ἐνδύου λαβών.
Εκ. 579. ἔστηκα καὶ κ. ἠμφιεσμένη,
κροκωτοφοροῦσα. { Λ. 219, } κ. καὶ κεκαλλωπισμένη,
{ 220. }
κροκωτῷ. Θ. 138. λαλεῖ κ.; τί δὲ λύρα κεκρυφάλῳ;
Β. 46. ὁρῶν λεοντῆν ἐπὶ κ. κειμένην.
κρομμύα. Α. 1099. ἅλας θυμίτας οἴσε, παῖ, καὶ κ.
Ι. 600. πρῶμενοι κίθωνας, εἰ δὲ μὴ καὶ πικρότα καὶ κ.
Π. 167. ὁ δὲ βυρσοδεψεῖ γ', ὁ δὲ νῇ πωλεῖ κ.,
κρομμύοις. Α. 1100. ἐμοὶ δὲ τεμάχη· κ. γὰρ ἄχθομαι.
κρομμύου. Α. 798. κ. τἄρ' οὐκ ἔδει.
κρομμυοξυρεγμίας. ΕΙ. 529. τοῦ μὲν γὰρ ὅζει κ.,
κρόμμυον. Εκ. 308. καὶ δύο κ.
κρομμύων. Α. 550. σκοροδων, ἐλαῶν, κ. ἐν δικτύοις,
Π. 1129. τυροῦ τὸ καὶ κ.
Β. 654. τί δῆτα κλαίεις; ΔΙ. κ. ὀσφραίνομαι.

Κρονίδῃ—κύκλῳ

Κρονίδη. Σ. 652. ἀτὰρ, ὦ πάτερ ἡμέτερε Κ. ΦΙ. παῦσαι καὶ μὴ πατέριζε.
Κρονικαῖς. Π. 581. ἀλλ' ὦ Κ. λήμαις ὄντως λημῶντες τὰς φρένας ἄμφω.
κρόνιππος. Ν. 1070. γυνὴ δὲ σιναμωρουμένη χαίρει· σὺ δ' εἶ κ.
Κρονίων. Ν. 398. καὶ πῶς, ὦ μῶρε σὺ καὶ Κ. ἐζων καὶ Βικκισέληνε.
Κρόνων. Α. 586. ἣν δ' ἡγῶνται σὲ θεῶν, σὲ βίον, σὲ δὲ Γῆν, σὲ Κ., σὲ Ποσειδῶ,
Κρόνος. Ν. 929. οὐχὶ διδάξεις τοῦτον Κ. ὤν.
Κρόνου. I. 561. ὦ Γεραίστιε παῖ Κ.,
  Ο. 469. ἀρχαιότεροι πρότεροί τε Κ καὶ Τιτάνων ἐγένεσθε
κρόνους. Σ. 1480. καὶ τοὺς τραγῳδοὺς φησιν ἀποδείξειν κ.
κρόταλον. Ν. 260. λέγειν γενήσει τρίμμα, κ. παιπάλη,
  Ν. 448. κύρβις, κ. κίναδος, τρύμη,
κρύταφον. Β. 854. ἵνα μὴ κεφαλαίῳ τὸν κ. σου ῥήματι
κράτον. Λ. 1318. ᾦ τις ἐλαφρός κ. δ' ἅμα πιῄ χοραγρειλήταν·
  Β. 157. ἀνδρῶν γυναικῶν, καὶ κ. χειρῶν πολύν.
κροτοῦσα. Β. 1306. αὕτη κ.; δεῦρο Μοῦσ' Εὐριπίδου,
κρούματά. Θ. 420. λατῶ τε, κ. τ' Ἀσιάδος
κρουμάτων. Ἐκ. 257. ἅτ' οὐκ ἄπειρος οὖσα πολλῶν κ. ἀφίει.
κρουνοῖς. Β. 105. καὶ κοσμήσας τραγικῶν λήρων, θαρρῶν τὸν κ.
κρουνοχυτρολήραιος. Ι. 89. ἀληθὲς, οὗτος; κ. εἶ.
κρούσῃς. Ἐκ. 990. ὅταν γε κ. τὴν ἐμὴν πρῶτον θύραν.
κρουσιθυμῶν. Ι. 559. ὅσῳ με παρεκιπτου χρόνον τοιαῦτα κ.
κρούσιν. Ν. 318. καὶ τερατείαν καὶ περίλεξιν καὶ κ. καὶ καταληψιν.
κρουστέον. Ἐκ. 959. οὐκ οἶδ' ὅ τι λέγει·ς· τηυδιδῖ μοι κ.
κρουστικός. Ι. 1379. καὶ γνωμοτυπικὸς καὶ σαφὴς καὶ κ.,
κρούσω. Λ. 823. ἀλλὰ κ. τῷ σκέλει·
κρούων. Ἐκ. 317. ἐπεῖχε κ. ὁ κουραεύς, λαμβάνω
κρύβδην. Σ. 1018. τὰ μὲν οὖν φανερῶς, ἀλλ' ἐπικουρῶν κ. ἐτέροισι ποιηταῖς,
κρυερά. Α. 1191. στυγερά τάδε κ. πάθεα.
  Ο. 955. τὰ κ. τουδὶ τὸν χιτωνίσκον λαβών.
κρυφῶν. Θ. 951. τρομερὰν, κ.,
κρυπτά. Θ. 422. αὑτοί φοροῦσι κ., κακοηθέστατα,
κρύπτειν. Θ. 74. οὐ χρῆν σε κ., ὄντα κηδεστὴν ἐμόν.
  Π. 77. λέγειν ἃ κ. ἡ παρεσκευασμένος.
κρυπτός. Θ. 600. λέληθεν ἡμᾶς κ. ἐγναθώμενος.
κρυφθείς. Σ. 351. εἴτ' ἐκδῦναι ῥάκεσιν κ., ὥσπερ παλύμητις Ὀδυσσεύς·
κρύψαιμι. Π. 264. ἀλλ' οὐκέτ' ἂν κ. τὸν Πλοῦτον γὰρ, ἄνδρες, ἥκει
κρύψῃς. Λ. 714. μὴ νῦν με κ. ὅ τι πεπύνθαμεν κακόν.
κρύψω. Π. 26. ἀλλ' οὔ σε κ. τῶν ἐμῶν γὰρ οἰκετῶν
Κρωβύλου. Σ. 1207. ἀλλ' Ἀμυνίας ὁ Σέλλων μᾶλλον οὐκ τῶν Κ.,
κρώξει. Ο. 2. διαρραγείης· ἥδε δ' αὖ κ. πάλιν.
  Ο. 24. οὗ ταῦτα κ. μὰ Δία νῦν τε καὶ τότε.
κρώξω. Π. 369. σὺ μὲν οἶδ' ὁ κ. ὧν ἐμῇ τι κεκλοφότες
κρώζουσ'. Ο. 710. σπείρειν μέν, ὅταν γέρανος κ. ἐς τὴν Λιβύην μεταχωρῇ,
κρώξαις. Λ. 506. τοῦτο μέν, ὦ γραῦ, σαυτῇ κ.· σὺ δέ μοι λέγε.
  ΛΥ. ταῦτα ποιήσω.
κτίσιν. Ο. 1067. κ. δ' αἱ νήσους εὐώδεις
κτείων. Ο. 1063. κ. παμφύλων γένναν
κτενῷ. Fr. 533. ἄκων κ. σε τέκνον·
Κτησίας. Α. 839. κἂν εἰσίῃ τις Κ.
κτήσιν. Ο. 718. πρὸς τ' ἐμπορίαν καὶ πρὸς βίοτου κ. καὶ πρὸς γάμον ἀνδρός·
Κτησιφῶντος. Α. 1002. πρώτιστος, ἀσκὸν Κ. λήψεται.
κτήσομαι. Λ. 55. μήτε ξιφόμαι. ΚΑ. περιβαρίδας
κτησώμεθα. Β. 701. πάντας ἀνθρώπους ἑκόντες συγγενεῖς κ.
κτίστορ. Ο. 926. σὺ δὲ πάτερ κ. Αἴτνας,
'στραφείς. Β. 1191. ἵνα μὴ 'κ. γίνοιτο τοῦ πατρὸς φονεύς.
κτυπεῖ. Α. 1072. τίς ἀμφὶ χαλκοφάλαρα δώματα κ.
κτυπείται. Θ. 995. ἀμφὶ δὲ σοὶ κ.
κτύπος. Ι. 552. χαλκοκρότων ἱππῶν κ.
  Ο. 1156. ἀπεκελησομεν τὰς πύλας· ἦν δ' ὁ κ.
  Λ. 1307. καὶ ποδῶν κ.,
κτυποῦσα. Ἐκ. 545. μιμουμένη σε καὶ κ. τοῖν ποδοῖν
κτώμαι. Ο. 598. γαῦλον κ. καὶ ναυκληρῶ, κοὐκ ἂν μείναιμι παρ' ὑμῖν.
  Ο. 602. πολλῷ γαῦλον, κ. σμινύην, καὶ τὰς ὑδρίας ἀνορύττω.
κυάθοις. Π. 542. ἀπεψύμασαι καὶ κ. προσκείμεναι.
  Α. 1053. ἐς τὸν δλάβαστον κ. ἐφῆκέ ἕνα.
  Λ. 444. ταύτη προσαείεσις, κ. αἴτησις τάχα.
κυαμίζουσιν. Fr. 500, 1. ἄλλαι δὲ κ. αὐτῶν.*
κυαμοτρώξ. 1. 41. ἄγροικος, ὀργήν, κ., ἀκράχολος,

κυάμους. Λ. 537. κ. τράγων·
  Λ. 691. νῦν πρὸς ἔμ' ἴτω τις, ἵνα μή ποτε φάγῃ σκόροδα, μηδὲ κ. μέλανας.
  Fr. 325. κύαμοις κ. τρέφουσα τακερούς καὶ καλούς.
κυάμῳ. Ο. 1022. ἐπίσκοπος ἥκω δεῦρο τῷ κ. λαχών
κυαναυγία. Ο. 1389. αἷμά τινα καὶ σκύτια καὶ κ.
κυανέμβολοι. Ι. 554. καὶ κ. θεαὶ
κυανεμβόλοις. Β. 1318. φὶς πρῴραις κ.
κυανοθρήκεις. Fr. 209, 3. ταχὺ προσφέρων παῖς ἐνίχεέν τε σφύδρα κ.
κυββ'. Εἰ. 897. πλαγίαν καταβάλλειν, ἐς γόνατα κ. ἑστάναι,
  Θ. 489. παρά τὴν Ἀγνιά. κ. ἐχομένη τῆς δάφνης.
κυββα. Ι. 305. ἐγὼ δὲ γ' ἐξελῶ σε τῆς πυγῆς θύραζε κ.
Κυβίλη. Ο. 877. δέσποινα Κ., στρουθὶ, μῆτερ Κλεοκρίτου.
κυβερνᾷ. Ι. 544. κᾆτα κ. αὑτὸν ἑαυτῷ, τούτων οὖν οὕνεκα
κυβερνήτην. Θ. 837. ἡ τριήραρχον πονηρόν, ἡ κ. κακόν,
κυβερνήσουσ'. Ἐκ. 672. πόλει κ. ἄρ' ἄνθρωποι; ΠΡ. περὶ τοῦ γὰρ τοῦτο παίζεις;
κύβοισιν. Π. 243. κύρναισι καὶ κ. παραβεβλημένος
κύβος. Fr. 545. φράζε τοίνυν. ὡς ἐγώ σοι πᾶς ἀνέριμμαι κ.
κύβῳ. Β. 1400. βιβλῃ χ' Ἀχιλλεὺς δύο κ. καὶ τέτταρα.
Κυδαθηναιεύς. Σ. 895. κύων Κ. Λάβητ' Αἰξονέα.
κύδιστ'. Β. 1270. κ. Ἀχαιῶν Ἀτρέως πολυκοίρανε μάνθανέ μου παῖ
κυδοιδοπᾶν. Ν. 616. οὐδεὶν ὀρθῶς, ἀλλ' ἄνω τε καὶ κάτω κ.
Κυδοιμέ. Εἰ. 255. παῖ παῖ Κ.
κυδοιμόν. Α. 573. ποῖ χρὴ βοηθεῖν; ποῖ κ. ἐμβαλεῖν;
κύδος. Ι. 200. κοιλιαινόμησιν δὲ θεὸς μὴ γε κ. ἀπάζει;
Κυδωνία. Α. 1199. τῶν τιτθίων, ὡς σκληρὰ καὶ κ.
Κυδώνια. Fr. 634. Κ. μῆλα.
κυεῖν. Λ. 752. κ. ἐράσκεις· ΓΓ. Γ. καὶ κυῶ γε νὴ Δία.
Κυζικηνικόν. Εἰ. 1176. τηνικοῦτ' αὐτὸς βέβαπται Βάμμα Κ.
Κυθήρων. Α. 833. ἢ πόντια, Κύπρου καὶ Κ. καὶ Πάφου
κύκα. Ι. 251. ἀλλὰ παῖς καὶ δίωκε καὶ τάραττε καὶ κ.
  Σ. 1515. ἀλλ' ἐγχ κ. τούτοισιν, ἢν ἐγὼ κρατῶ.
κυκᾶσι. Εἰ. 320. ὡς κ. καὶ πατεῖτε πάντα καὶ ταραττέτω,
κυκεῶν'. Εἰ. 712. οὖς εἴ γε κ. ἐπιοῖς βληχωνίαν.
κυκηθρον. Εἰ. 651. καὶ κ. καὶ τάρακτρον,
κυκησιτέφρου. Β. 710. ὁ πονηρότατος βαλανεὺς ὁπόσοι κρατοῦσι κ.
κυκήσω. Ι. 363. ἐγὼ δ' ἐπεισπηδῶν γε τὴν βουλὴν Βίᾳ κ.
κυκλεῖς. Ο. 1379. τί δεῦρο πόδα σὺ κυκλοῖν ἀνὰ κύκλον κ.;
κυκλιᾷ. Ο. 918. τὰς ὑμετέρας κ. τε πολλὰ καὶ καλὰ,
κυκλιοδιδάσκαλον. Ο. 1403. ταυτὶ πεποίηκας τὸν κ.,
κυκλίσιον. Π. 366. ἡ καταγλιὰ τῶν Ἑκαταῖον, κ. χοροῖσιν ὑμᾶλων,
κυκλίων. Ν. 333. κ. τε χορῶν ᾀσματοκάμπτας, ἄνδρας μετεωροφένακας,
  Fr. 198, 10. Μέλητος, ἀπὸ δὲ τῶν κ. Κινησίας.
Κυκλοβόρον. Fr. 539. ὤιμην δ' ἔγωγε τὸν Κ. κατιέναι.
Κυκλοβόρου. Fr. 275. τοῦ Κ. τοῦ ποταμοῦ,
  Ι. 137. ἄρπαξ, κεκράκτης, Κ. φωνὴν ἔχων.
κύκλον. Α. 1124. φέρε δεῦρο γοργόνωτον ἀσπίδος κ.
  Α. 1125. κἀμοὶ πλακοῦντος τυρόνωτον δὺς κ.
  Ο. 1379. τί δεῦρο πόδα σὺ κυκλοῖν ἀν' ἄ. κυκλεῖς;
  Β. 441. νῦν ἱρὸν ἀνὰ κ. θεᾶς, ἀνθοφόρον ὐπ' ἄλσος
κύκλος. Ο. 1005. κ. γένηταί σοι τετράγωνος, κἂν μέσῳ κυκλοσοβεῖτε. Σ. 1523. ταχὺν πόδα κ.
κυκλοτρούς. Ο. 1008. αὐτοῦ κ. ὄντος, ὀρθαὶ πανταχῇ
κύκλου. Εἰ. 415. καὶ νῦν κ. παρέτραγον ὑφ' ἀρματωλίας.
  Ο. 1715. ὀσμή δ' ἀνωνύμαστος ἐς βαθὸς κ.
  Θ. 954. κοῦφα ποσὶν, ἀγ' ἐς κ.
κυκλούμενοι. Β. 1358. τὰ κῶλά τ' ἀμπάλλετε, κ.
κυκλοῦσαν. Θ. 958. πανταχῇ κ. ὄμμα χρὴ χοροῦ καταστάσιν.
κύκλῳ. Α. 998. καὶ πιὲ τὸ χαρίον ἐλάβας ἅπαν ἐν κ.,
  Ι. 170. καὶ κάπιθε τὰς νήσους ἁπάσας ἐν κ.
  Ν. 669. ἀλεκτρυόνα καὶ κ. σκοπῶν * *,
  Σ. 132. κατωπτήσαντες ἐν κ. φυλάττομεν.
  482. οἱ δὲ τοξόται κ. κινγεῖτε καὶ τοὺς δακτύλους.
  924. ὅστις περιπλεύσεις τὴν θυσίαν ἐν κ.
  1033.] ἑκατὸν δὲ κ. κεφαλαί κολάκων οἰμωξομένων ἐλιχμῶντο
  Εἰ 756.]
  Σ. 1529. στρόβει, παράβαινε κ. καὶ γάστρισον σαυτόν,
  Ο. 118. καὶ γῆν ἀνοίξας καὶ θάλατταν ἐν κ.,
  551. κἄπειτε τὸν ἀέρα πάντα κ. καὶ πᾶν τουτὶ τὸ μεταξῦ
  1159. καὶ βεβαλώμεται καὶ φυλάττεται κ.,
  1196. ἄθρει δὲ καὶ κ. σκοπῶν * *,
  1423. κ. περισοβεῖν τὰς πόλεις καλούμενος.
  Α. 267. ὕπως ἂν αὐταῖς ἐν κ. θῖντές τὰς πρῖμα ταυτί,
  Θ. 662. ἀλλὰ τὴν πρώτην τρίχειν χρῆν ὡς τάχιστ' ἤδη κ.

κύκλῳ—κυρίους. 179

κύκλῳ. Θ. 999. κ. δὲ περὶ σὲ κισσὸς
Β. 193. οὐκουν περιθρίξει θῆτα τὴν λίμνην κ.;
Εκ. 379. γέλων παρέσχεν, ἣν προσέρραινον κ.
1110. μολυβδοχοήσαντας κ. περὶ τὰ σφυρά,
Π. 679. περῆλθε τοὺς βωμοὺς ἅπαντας ἐν κ.,
708. δείσας, ἐκεῖνος δ' ἐν κ. τὰ νοσήματα
Fr. 209. 1. τὸ πρᾶγμ' ἑορτή. περιέφερε δ' ἡμῖν κ. λεπαστὴν
Κύκλωπα. Π. 290. καὶ μὴν ἐγὼ βουλήσομαι θρεττανελὸ τὸν Κ.
Π. 296. ἡμεῖς δέ γ' αὖ ζητήσομεν θρεττανελὸ τὸν Κ.
κύκλωσαι. Ο. 346. περίβαλε περί τε κ.᾽
κύκνοι. Ο. 769. τοιάδε κ.
κύκνου. Σ. 1064. οἴχεται κ. τ' ἔτι πολιώτερος δὴ
Κύκνους. Β. 963. Κ. ποιῶν καὶ Μέμνονας κωδωνοφαλαροπώλους.
κύκνῳ. Ο. 570 καὶ κ. Πυθίῳ καὶ Δηλίῳ, καὶ Λητοῖ ᾽Ορτυ-
κύκνων. Β. 207. βατράχων ἡ. θαυμαστά. ΔΙ. κατακέλευε δή.
κυκώμαι. ΕΙ. 1169. τοῦ θυμὸν τρίβων κ.
κυκώμενον. Α. 707. ἄνδρα πρεσβύτην ὑπ' ἀνδρὸς τοξότου κ.,
κυκών. Α. 688. ἄνδρα Τιθωνῶν σπαράττων καὶ ταράττων καὶ κ.
Ι. 692. ᾠῶν κολύκυμα καὶ ταρίττων καὶ κ.
1286. καὶ μολύνων τὴν ὑπήνην, καὶ κ. τὰς ἰσχάδας,
κυκῶσιν. Ι. 566. ἐὰν δ' ἄνω τε καὶ κάτω τὸν βόρβορον π.,
κύλικα. Λ. 195. θείσας μέλαινον κ. μεγάλην ὑετίαν,
Λ. 197. ἐμβαλώσιν ἐς τὴν κ. μὴ 'πιχεῖν ὕδωρ.
Fr. 86, 2. τὴν κ. κατωβίβηκεν. α. οἰμώζουσά γε.
κύλικά. Α. 199. φερέτω κ. τις ἔνδοθεν καὶ οἰνοφόρον.
κυλικείου. Fr. 159 ὥσπερ κ. τοὐδώνιον προσπίπταται.
κύλικος. Α. 209. λάζυσθε πᾶσαι τῆς κ., ὦ Λαμπιτοῖ.
Π. 1132. οἵμοι δὲ κ. ἴσον ἴσῳ κεκραμένης.
κυλίνδετ᾽. Ι. 1249. κ. εἴσω τόνδε τὸν δυσδαίμονα.
κυλίνδεται. Σ. 492. ὥστε καὶ δὴ τοὔνομ᾽ αὐτῆς ἐν ἀγορᾷ κ.
Εκ. 208. τὸ δὲ κοινὸν ὥσπερ Αἴσιμος κ.
κυλινδόμενα. Ν. 375. αὗται βροντῶσι κ. ΣΤ. τῷ τρόπῳ, ὦ πάντα σὺ τολμῶν·
κύλιξ. Α. 938. χοῖ, καὶ κ.
Λ. 203. δίσποινα Πειθοῖ καὶ κ. φιλοτησία,
235. } εἰ δὲ παραβαίην, ὕδατος ἐμπλῇθ' ἥ κ.
236. }
841. καὶ πάνθ' ὑφέξειν πλὴν ὧν σύνοιδεν ἥ κ.
κυλίχναις. Fr. 423. τὸ δ' ἔτνος ἐν ταῖς κ. τουτὶ θερμόν καὶ τοῦτο παφλάζον.
κυλίχνιον. Ι. 906. ἐγὼ δὲ κ. γέ σοι καὶ φάρμακον δίδωμι
κυλλάστιν. Fr. 253. καὶ τὸν κ. φθέγξου καὶ τὸν Πετόσιριν.
κυλλῇ. Ι. 1083. Κυλλήνην ὀρθῶν, ὅτιη φησ', ἐμβαλεῖ κ.
Κυλλήνην. Ι. 1081. χρησμὸν Λητοΐδη, κ. μή σε δολώσῃ.
Ι. 1082. ποίαν Κ.; ΑΛ. τὴν τούτου χεῖρ' ἐποίησεν
1083. Κ ὀρθῶς, ὅτιη φησ', ἔμβαλε κυλλῇ
1084. οὐκ ὀρθῶς φράξεις· τὴν Κ. γὰρ ὁ Φοῖβος
κυλλόν. Ο. 1379. τί διὺρο πύθα σὺ κ. ἀνὰ κύκλων κυκλεῖς;
Κύλλου. Fr. 268. τὸ δὲ πορνείον Κ. πήρα.
κυλοιδιᾶν. Λ. 472. τὴν χεῖρ'· τὸ δὲ τοῦτο δρᾷς, κ. ἀνάγκη.
κύμ'. Ι. 433. κατὰ κ. ἐμαντὸν οὔμιον, κλάειν σε μακρὰ κελεύσας.
κῦμα. Θ. 44. κ. δὲ πύντον μὴ κελαδεῖτω
κύμασι. Β. 1310. κ. σταμυλλετε,
κύματά Ο. 778. κ. τ' ἔσβεσε νήνεμος αἴθρη,
κυμάτων. Β. 304. ἐκ κ. γὰρ αὖθις αὖ γαλήν' ὁρῶ.
Β. 704. τὴν κάλιν, καὶ ταῦτ' ἔχοντες κ. ἐν ἀγκάλαις,
κύμινθις. Ο. 1181. κερχνηίς, τριόρχης, γύψ, κ. ἀετύς
κυμινοπριστοκαρδαμόγλυφον. Σ. 1357. κάλλως κ.
κύν'. Σ. 83. μὰ τὸν κ., ὦ Νικόστρατ', οὐ φιλόξενος
Β. 467. ἐπ' τὸν κ. ἡμῶν ἐξελάσας τὸν Κέρβερον
κύνα. Ι. 1017. σωζεσθαί σ᾽ ἐκέλευσ᾽ ἱερὸν κ. καρχαρόδοντα,
Ι. 1024. σοὶ δ' εἶπε σώζεσθαί μ᾽ ὁ Φοῖβος τὸν κ.
1030. φράζει, 'Ερεχθεΐδη, κ. Κέρβερον ἀνδραποδιστὴν,
Σ. 835. βάλλ' ἐς κύρακας, τοιουτονὶ τρέφειν κ.
Λ. 158. τὸ τοῦ Φερεκράτους, κ. δέρειν δεδαρμένην.
791. μά μ. τιν' ἴχεν,
1215. εὐλαβεῖσθαι τὴν κ.
Β. 1827. Σφίγγα δυσαμερίαν, πρύτανιν κ., πέμπει,
Π 1105. ἔπειτα τοὺς θεράποντας, εἶτα τὴν κ.,
κυναγὶ Λ. 1272. κ. παρσένε.
κυναλώπεκα. Ι. 1067. Αἰγείδη, φράσσαι κ., μή σε δολώσῃ
κυναλώπηξ. Ι. 1069. οἶσθ' ὅ τί ἐστιν τοῦτο ΔΗΜ. Φιλόστρατος ἥ κ.
Ι. 1073. πῶς δὴ τριήρης ἐστί κ.; ΑΛ. ὅπως;
Κυναλώπηξ. Λ. 957. ποῦ Κ.;
κύνας. Θ. 417. τρέφουσι μορμολυκεῖα τοῖς μοιχοῖς κ.
Π. 157. ὁ μὲν ἵππον ἀγαθὸς, ὁ δὲ κ. θηρευτικός.
κυνᾶς. Σ. 445. καὶ κ., καὶ τοὺς πόδας χειμῶνος ὄντος ὠφέλει.
κύνεια. Ι. 1399. τὰ κ. μιγνύς τοῖς ὀνείοις πράγμασιν,
κύνειος. Σ. 231. μὰ τὸν Δί', οὐ μέντοι πρὸ τοῦ γ', ἀλλ' ἦσθ' ἱμᾶς κ.

κύνειος. Σ. 898. θάνατος μὲν οὖν κ., ἣν ἅπαξ ἁλῷ.
κυνεῖς. Α. 1208. τί με σὺ κ.;
κύνες. Β. 472. φρουροῦσι, Κωκυτοῦ τε περίδρομοι κ.,
κυνῇ. Ο. 1203. ὄνομα δέ σοι τί ἐστι, πλοῖον, ἥ κ.;
Fr. 353. θύρσου κ.;
κυνηγετεῖν. Ι. 1382. μὰ Δι΄, ἀλλ' ἀναγκάσω κ. ἐγὼ
κυνηδὸν. Ι. 1033. ἐσφοιτῶν τ' ἐς τοὐρτάνιον λήσει σε κ.
Ν. 491. τί δαί; κ. τὴν σοφίαν σιτήσομαι;
κυνῆν. Α. 390. σκοτοδασυπυκνότριχά τιν' ᾽Αιδος κ.'
Ν. 268. τὸ δὲ μηδὶ κ. οἴκοθεν ἐλθεῖν ἐμὲ τὸν κακοδαίμον' ἔχοντα.
Λ. 751. ὦ καταγέλαστ', ἔχουσα τὴν ἱερὰ κ.
754. ὁ τύκος ἰτ' ἐν πόλει, τέκοιμ' ἐς τὴν κ.
Fr. 465. καὶ τὴν κ. ἔχειν με κυρβασίαν ἐρεῖς.
κυνῆς. Λ. 757. οὐ τὶμφιβρώμια τῆς κ. αὐτοῦ μενεῖς;
Κυνίαν. Β. 596. Δηλίε, Κ. ἔχων
κυνὶ. Ι. 1022. τί γάρ ἐστ᾽ ᾽Ερεχθεῖ καὶ κολοιοῖς καὶ κ.;
Ι. 1075. τῶν οὖν ἀλύσῃς προσείθα πρὸς τῷ κ.,
Σ. 916. ἢν μὴ τι κὰμοὶ τις προβάλλῃ τῷ κ.,
κυνίδι. ΕΙ. 641. εἴτ' ἂν ὑμεῖς τοῦτον ὥσπερ κ. ἐσπαράττετε
κυνίδιον. ΕΙ. 482. γλισχρότατα σαρκάζοντες ὥσπερ κ.,
κυνίδιον. Α. 542. ἀπέδοτο φῆναι κ. Σεριφίων,
Fr. 23. τί δέ; κ. λευκὸν ἱερίω τῇ θεᾷ
κυνίσσας. Β. 1360. τὰς κ. ἔχουσ' ἰλθέτω διὰ δόμων πανταχῇ.
Κύνναν. Ι. 765. βέλτιστον ἀνὴρ μετὰ Λυσικλέα καὶ Κ. καὶ Σαλαβακχώ,
Κύννης. Σ. 1032. } οὐ δεινότατοι μὲν ἂν' ὀφθαλμῶν Κ. ἀκ-
ΕΙ. 755. } τῖνες ἐλαμπον,
κυνοκέφαλλος. Ι. 416. κυνῦν βορᾶν σιτούμενος μαχεῖ σὺ κ.;
κυνοκόλπων. Β. 605. ξυνθεῖτε ταχέως τουτονὶ τὸν κ.,
κυνοκοπήσω. Ι. 289. κ. σου τὸ νῶτον.
κυνός. Α. 863. τοῖς σκέλεσιν φυσᾶτε τὸν προκτὸν κ.,
Ι. 416. κ. βορᾶν σιτούμενος μαχεῖ σὺ κυνοκεφάλλω;
1027. ἐμοὶ γάρ ἐστ᾽ ὀρθὸς περὶ τούτου τοῦ κ.
1029. ἵνα μὴ μ' ὁ χρησμὸς ὁ περὶ τοῦ κ. δάκῃ.
Σ. 951 ὑπεραποκρίνεσθαι κ.· λέξω δ' ὅμως.
Εκ. 255. τούτῳ μὲν ὕπετ' οὐ πρὸς κ. πυγὴν ὑρᾶν.
κυνῶν. Σ. 923. κ. ἀπαντων ἀνδρα μονοφαγίστατον,
Σ. 954. μὰ Δί', ἀλλ' ἄριστός ἐστι τῶν νυνὶ κ.,
ΕΙ. 1138. χύμα τὴν πρᾶτταν κ.,
κύος. Ι. 1103. κάπειτ᾽ ἐκίνει τοὺς λόγους ὁ κ. κ.,
Β. 543. ἀνυτετριμμένον κ. ὀρ-
κύος. Fr. 458. ἤτις κύους' ἐφάνη κ. τοσουτονί.
Κύπασσιν. Fr. 438. κ.:
κυπείρου. Β. 243. ἠλάμεσθα διὰ κ.
Κύπρι. Fr. 965. Κ. τί' οἱ κἀμοίεις ἐπὶ ταύτῃ;
Κύπριδι. Α 989. ᾦ Κ. τῇ καλῇ καὶ Χάρισι ταῖς φίλαις ξύντροφι Δ.αλλαγῇ,
Κύπριδος. Εκ. 973. ᾧ χρυσοδαίβαλτον ἐμὸν μέλημα, Κ. ἔρνος,
Κύπριν. Θ. 205. κλέπτειν ὑφαρπάζειν τε θηλειαν Κ.
Εκ. 722. τὴν τῶν ἐλευθέρων ὑφαρπάζειν Κ.
Κύπριον. Fr. 513. τὸ παραπέτασμα τὸ Κ. τὸ ποικίλον.
Κύπρις. Α. 1290. ἥν τίποτε θεὰ Κ.
Κυπραγενεῖ. Α. 551. ἀλλ᾽ ἥνπερ ὑ τε γλυκύθυμος ᾽Ερος χὴ Κ. ᾽Αφροδίτη
Κύπρον. Α. 833. ᾦ πότνια, Κ. καὶ Κυθήρων καὶ Πάφου
Κύπρῳ. Θ. 446. ἐμοὶ γὰρ ἀνὴρ ἀπέθανεν μὲν ἐν Κ.,
κυπτάζεις. ΕΙ. 731. περὶ τάς σκηνὰς κἀντεῦθα πλάττει κ. καὶ κακοποιεῖ.
κυπτάζεις. Ν. 509. χωρεῖ τί κ. ἔχων περὶ τὴν θύραν;
κύπτει. Ι. 1354. οὗτος, τί κ.; οὐχί κατὰ χώραν μενεῖς;
Θ. 930. οὗτος, τί κ.; δῆσον αὐτὸν εἰσάγων,
κύπτων. Σ. 279. τις, κάτω κ. ἂν οὕτω,
κυρβασίαν. Ο. 487. ἐπὶ τῆς κεφαλῆς τὴν κ. τῶν ὀρνίθων μύνος ἔχοντα.
Fr. 465. καὶ τὴν κυνῆν ἔχειν με κ. ἐρεῖς.
κύρβεσιν. Ο. 1354. πολλοὶ ἐν ταῖς τῶν πελαργῶν κ.
κύρβις. Ν. 448. κ., κρόταλον, κίναδος, τρύμη,
κυρεῖν. Η. 1291. κ. παροσχῶν ἱπαμαῖ κυσῶν ἀεροφοίτοις,
κυρηβάσει. Ι. 273. ἣν δ' ὑπεικελίῃ γε δειρί, τὸ σκέλος κ.
κυρηθυσπόλια. Fr. 540. "καὶ οὐ κ. Ευφράτες στυπνέ."
κυρηβίων. Ι 254. ἄσπερ Εὐκράτης ἔφυγεν τὸν στύπεινον κ.
Κυρήνην. Θ. 98. ἀνδρ' οὑδεῖν' εἴσθαι ὄντα, Κ. δ' ὁρῶ.
Κυρήνης. Β. 1328. Κ. μιλούσης·
κυρίας. Λ. 19. οὐ νὺν, μὴν' οὔσης κ. ἐκκλησίας·
κύρσον. Ι. 909. χρυσῷ διώξει Σμικύθην καὶ κ.
Π. 6. τοῦ σωτῆρος γὰρ τὸν κ. ἀφεὶς κ.
κύριος. Εκ. 1024. ᾑ τῶν φίλων ἐλθών τις ; ΓΡ. Α. ἀλλ᾽ οὐ κ.
κυρίος. Η. 1276. κ. εἰμί φροσὶν ὅσιον κράτος αἴσιον ἀνδρῶν,
κυρίους. Β. 1168. λάθρα γὰρ ἦλθεν, οὐ πιθὼν τοὺς κ.

Λλ2

κυρκανᾶν. Θ. 429. ὐλεθρόν τιν' ἡμᾶς κ. ἀμωσγέπως,
κύρμα. Ο. 431. σόφισμα, κ., τρίμμα, παιπάλημ' ὅλον.
κυρσάνε. Λ. 983. κάμψέ ἐγών, ὦ κ., ναὶ τὼ σιὼ
κυρσανίως. Α. 1248. τὰν κ., ὦ Μναμύνα,
κυρώσειας. Θ. 368. Ζεῦ, ταῦτα κ., ὥσθ'
κῦσαι. Εἰ. 709. ὦ φιλτάτη, δεῦρ' ἐλθὲ καὶ δότ μοι κ.
  Λ. 797. βούλομαί σε, γραῦ, κ.,
        923. αἰσχρὸν γὰρ ἐπὶ τύνου γε. ΚΙ. δύς μοί νυν κ.
  Β. 755. καὶ δὺς κ. ναύτυς κύσον, καί μοι φράσον,
κύσθον. Λ. 1158. ἐγὼ δὲ κ. γ' οὐδέτω καλλίονα.
κύσθος. Α. 782. ἀτὰρ ἐκτραφεῖς γε κ. ἔσται. ΜΕ. πέντ' ἐτῶν,
  Α. 789. ἂν ξυγγενής ὁ κ. αὐτῆς θατέρᾳ.
κύσθων. Β. 430. κ. λεοντῆν ναυμαχεῖν ἐνημμένον.
κυσίν. Β. 1292. κυρεῖν παρασχὼν ἐντιμαῖς π. ἀερφοφώτοις,
κύσον. Ν. 81. κ. με καὶ τὴν χεῖρα δὺς τὴν δεξιάν.
  Β. 755. καὶ δὺς κύσαι ναύτυς κ., καί μοι φράσον,
κύστιν. Ν. 405. ἔνδοθεν αὐτὸς ὥσπερ κ. φυσᾷ, κάπειθ' ὑπ'
        ἀνάγκης
Fr. 425, 1. ὁ δὲ λίαν κ. ὑείαν
κύψω. Θ. 915. φέρε, σὺ κ. ἄπαγέ μ' ἄπαγ' ἄπαγ' ἄπαγέ με
κύτει. Εἰ. 1224. τί δαὶ δεκάμνῳ τῷδε θώρακος κ.
κυττάροις. Σ. 1111. ὥσπερ οἱ σκώπηκες ἐν ταῖς πινούμενοι.
κύτταρον. Εἰ. 190. ὑπ' αὐτῶν ἀτεχνῶς τοὐρανοῦ τὼν κ.
  Θ. 516. τῷ σῷ προσύμοιον, στρεβλῶν ὥσπερ κ.
κυφόν. Α. 702. τῷ γὰρ εἰκῶν ἄνδρα κ., ἡλίκον Θουκυδίδην,
  Π. 266. ῥυπῶντα, κ., ἄθλιον, ῥυσόν, μαδῶντα, νωθὸν
κύφων'. Π 606. ἐς τὸν κ.' ἀλλ' οὐ φθάνεις
κύφωνες. Π. 476. ὦ τύμπανα καὶ κ. οὐκ ἀφήξετε ;
κύψαντες. Ο. 1609. κ. ἐπιορκοῦσιν ὑμᾶς οἱ βροτοί·
κύψας. Εἰ. 33, ὅσον δὲ κ. ὁ κατάρατος ἐσθίει,
  Ο. 401. καὶ τὸν θυμὸν κατάθου κ.
  Β. 1601. βραδὺς ἀνθρωπός τις ἔσκε κ.,
  Εκ. 863. ὁμοῦ εἶμι κ. ΑΝ. Α. ἦν δὲ μαστιγῶσι, τί;
κύψασα. Fr. 349. ὡς ἐς τὴν γῆν κ. κάτω καὶ ξυννενοφυῖα
        βαδίζει.
κύψελην. Εἰ. 631. ἐμβαλόντες ἐξεμίδηιμων κ. ἀπώλεσαν.
κυώ. Α. 752. κυεῖν ἔφασκες | ΓΤ. Γ. καὶ κ. γε τῇ Δία.
κύων. Α. 1160. λοντος λαβεῖν αὐτοῦ κ. ἁρπάσασα φεύγοι.
  Ι. 415. ἀπομαγδαλίαις ὥσπερ κ. τ μαμέμπηρε, τὠν οὖν
        1023. ἐγὼ μὲν εἶμ' ὁ κ.· πρὸ σοῦ γὰρ ἀνύαι
        1025. οὐ τοῦτό φησ' ὁ χρησμός, ἀλλ' ὁ κ. δδὶ
        1074. ὅτι ἡ τριήρεις ἐστὶ χἠ κ., ταχυπλοῦν.
  Ν. 661. κιμώτ, τράγος, ταῦρος, κ., δλεκτρυών,
  Σ. 837. ὁ κ. καρφέας ἐν τῶν ἱππῶν ἁρπάσας
        841. μᾶ Δί' οὐκ ἔγωγ'· ἀλλ' ἄτερόν φησιν κ.
        895. κ. Κυδαθηναιεὺς Λάβητ' Αἰξωνέα,
        902. μοῦ μοῦ μύμκεν, ὁ Κυδαθηναιεὺς κ.,
        1402. θρασεῖα καὶ μεθύση τις ὑλάκτει κ.
  Εἰ. 24. ὡς μὲν γάρ, ὥσπερ ἂν χέσῃ τις, ἦ κ.,
  Λ. 298. ὥσπερ κ. λυττῶσα τύφοθαλμῷ δάκνει
        363. μοῦ μή ποτ' ἄλλη σου κ. τῶν ὄρχεων λάβηται.
  Β. 292. ἀλλ' οὐκέτ' αὖ γυνή 'στιν, ἀλλ' ἤδη κ.
  Fr. 535. καὶ κ. ἀκράχολος
'κφάγης. Ι. 700. εἰ μή 'κ.· ἐγὼ δέ γ', εἰ μή σ' ἑκνία,
'κφύγῃ. Ι. 253. εὐλαβοῦ δὲ μὴ 'κ. σε· καὶ γὰρ οἶδε τὰς ὀδοὺς,
κωδάριον. Β. 1203. καὶ κ. καὶ λτεκύδιον καὶ θυλάκιον,
κώδι'. Εἰ. 1124. οὐ καταβαλεῖτ τὰ κ., ὦ θνητόλε ;
κώδια. Π. 166. ὁ δὲ γναφεύτιν γ, ὁ δέ γε πλύνει κ.,
κωδία. Fr. 166. ἀγαθήν γε κ.
κῶδιο. Θ. 1180. ὣν ἐλαπρὸς, ὥσπερ ψύλλο κατὰ τὸ κ.
κῶδιον. Ι. 400. εἴ σε μὴ μισῶ, γενοίμην ἐν Κρατίνου κ.,
  Β. 1478. τὸ πνεῖν δὲ δεινεύιν, τὸ δὲ καθεύδειν κ.·
κωδίων. Εἰ. 1122. σὺ μὲν οὖν' ἐχε δὲ τουτουὶ τῶν κ.,
κωδύνη Θ. 484. στρύφνυ μ' ἔχει τὴν γαστέρ', ὤνηρ, κ.·
κώδων. Εἰ. 1079. χῇ κ. ἀναλαωθῆς ἐπειγομένη τυφλὰ τίκτει,
κωδωνίσω. Θ. 79. ἄνευ Σοφυκλέους ὑ τι ποιεῖ κ.
κωδωνοφαλαροπώλους. Β. 963. Κύννους ποιῶν καὶ Νέμμονας κ.
κωδωνοφορεῖται. Ο. 1160. φοδιεύεται, κ., πάντα ταχῇ.
κωδωνοφορῶν. Ο. 842. κ. περίτρυχε, καὶ κάθευδ' ἐκεῖ·
κώθωνα. Εἰ. 1094. μιμνησκόλιμψ δ' οὐδεὶς ἰδίοιν ν. φαεινοῖν,
κώθωνας. Ι. 600. πρωΐμενοι κ., οἱ δὲ καὶ σκ- ροδα καὶ κρύμμυα
κωκίαν. Θ. 349. κακῶς ἀπολέσθαι τοῦτον αὐτῶν κ.
κωκυτοῖσιν. Β. 34. ἧ τῶν σε κ. ἂν λέκινον χαρείμην
κωκύω. Εκ. 048. οἰμώξει γ' ἂν καὶ κ. ΠΡ. σὺ δέ γ' ὕζοις ἂν
        ἀναλαμβάνης.
κυκύσσθε. Λ. 1222. οὐκ ἄπιτε· κ. τὰς τρίχας μακρά.
Κώκυτοῦ. Β. 472. φρουροῦσί, κ. τε περίδρυμα κῶνες,
κωλᾷ. Β. 1358. τὰ κ. τ' ἀμπάλλεττε, κυ-
κωλαγρέτην. Σ. 695. σὺ δὲ χασκάζεις τὸν κ.· τὸ δὲ πραττύ-
        μενόν σε λέληθεν.
  Ο. 1541. τὴν λοιδορίαν, τὸν κ., τὰ τριώβολα.

κωλαγρέτου. Σ. 724. πλὴν κ. γάλα πίνειν.
κωλαί. Fr. 5. καὶ δελφακίων ἀπαλῶν κ. καὶ χναυμάτια πτερόεντα.
κωλᾶς. Fr. 380. κεφαλὸς τ' ἀρνῶν, κ. ἐρίφων.
κωλῆν. Ν. 1019. κ. μεγάλην, ψήφισμα μακρόν,
κωλῆς. Ν. 989. τὴν ἀσπίδα τῆς κ. προίχων ἀμελῇ τῆς Τριτο-
        γενείας,
  Π. 1128. οἴμοι δὲ κ. ἧς ἐγὼ κατήσθιον.
Κωλιάδ'. Α. 2. ἧ 'ς Πανός, ἦ 'πὶ Κ. ἦ 'ς Γενετυλλίδος,
Κωλιάδος. Ν. 52. δαπάνης, λαφυγμοῦ, Κ., Γενετυλλίδος.
κωλύει. Ι. 723. ἴωμεν ἐς τὸν δῆμον. ΑΛ. οὐδὲν κ.·
  Ι. 972. ἰδού. ΑΛ. ἰδοὺ νὴ τὸν Δί'· οὐδὲν κ.
  Ο. 463. ἐν διαμάττειν οὐ κ.· φέρε καὶ στέφανον· καταχεῖσθαι
  Fr. 156. ἐθέλω γεωργεῖν· β. εἶτα τίς σε κ.;
κωλύεις. Λ. 607. σὺ δὲ κ. ἀνάγεσθαι.
  Θ. 918. σὺ τὴν ἐμὴν γυναῖκα κ. ἐμέ,
κωλύει. Εἰ. 499. ἀλλ' εἶα' οἱ κ.
κωλύο'. Θ. 1179. ὀρήσει καὶ μελετήσει, οὐ κ. ἐγώ.
κωλύουαι. Εἰ. 295. πρὶν ἕτερον αὖ δωίνκα κ. τινα.
κωλύουεν. Ν. 1449. αὐδὲν σε κ. σταυ-
κωλύουσι. Εκ. 862. τοὺς εὖ φρονύνντας. ΑΝ. Α. ἦν δὲ κ., τί;
Κωμαρχίδη. Εἰ. 1142. εἰπέ μοι, τί τηνικαῦτα δρῶμεν, ὦ Κ.;
κωμαστῇ. Ν. 606. κ. Διόνυσοι,
κωμήτας. Ν. 965. τοὺς κ. γυμνούς ἀθρόους, κεὶ κριμυώδη κατα-
        νίφοι,
κωμῆτις. Λ. 5. πλὴν ἡ γ' ἐμὴ κ. ἥδ' ἐξέρχεται.
κωμῆτοι. Fr. 265. '' ἐν κ. πανήλοις ἐπίχαρτοι.''
Κωμία. Σ. 230. χώρει, πρόβαιν' ἐρρωμένως, ὦ Κ., βραδύνεις;
κῶμο. Θ. 1176. τί τὸ βύμφο τοῦτο; κ. τὶς ἀτεχνῶς μοι.
κώμοις. Θ. 988. δέσπωτ'· ἐγὼ δὲ κ.
κῶμον. Π. 1040. ἔοικε δ' ἐπὶ κ. βαδίζειν. ΧΡ. φαίνεται.
κῶμος. Θ. 104. τίνι δαιμόνων ὁ κ.;
κωμωδεῖ. Α. 631. ὃς κ. τὴν πύλιν ἡμῶν καὶ τὸν δῆμον καθυβρίζει,
κωμωδεῖν. Π. 557. σπώπτειν πειρᾷ καὶ κ. τοῦ σπυδάζειν ἀμε-
        λήσας,
κωμῳδεῖσθαι. Σ. 1026. κ. παιδέχ' ἑαυτοῦ μισῶν ἔσπευδε πρὸς
        αὐτόν,
κωμῳδηθείς. Β. 368. κ. ἐν ταῖς πατρίοις τελεταῖς ταῖς τοῦ
        Διονύσου·
κωμῳδήσει. Α. 655. ἀλλ' ὑμεῖς τοι μὴ ποτ' ἀφῆθ'· ὡς κ. τὰ
        δίκαια·
κωμῳδία. Ν. 534. νῦν οὖν 'Ηλέκτραν κατ' ἐκείνην ἦδ' ἧ κ.
κωμῳδίᾳ. Β. 15. [σκευὴ φέρουσ' ἐκάστοτ' ἐν κ.]
κωμῳδίαν. Α. 378. ἐπίσταμαι διὰ τὴν πέρυσι κ.
κωμωδίας. Σ. 66. κ. δὲ φορτικῆς σοφώτερον,
κωμῳδικά. Ν. 1020. εἰς ἀλλοτρίας γαστέρας ἐνδὺς κ. πολλὰ
        χίασθαι·
  Σ. 1047. μὴ τύπτων' ἀμεῖνον' ἔπη τούτων κ. μηδέν' ἀκοῦσαι.
κωμῳδικοῖ. Εκ. 371. ἵνα μὴ γένωμαι σκωρομῖς κ.
κωμῳδικόν. Fr. 889. ὕμως ἔχει τερπνύν τι καὶ κ.
  Fr. 97. ἀρ' οὔ κ. μορμωλυκείον ἔγνων.
κωμῳδοῖς. Σ. 920. καὶ ταύτην σοφίστατ' ἔχειν τῶν ἐμῶν κ.,
κωμῳδοδιδασκαλίαν. Ι. 516. κ. εἶναι χαλεπώτατον ἔργον
        ἀπάντων·
κωμῳδοδιδάσκαλος. Ι. 307. εἰ μέν τις ἀνὴρ τῶν ἀρχαίων κ.
        ἡμᾶς
  Εἰ. 737. κ. ἀνθρώπων καὶ κλεινύτατος γέγενται,
κωμῳδολοιχῶν. Σ. 1318. κ. περὶ τὸν εὖ πράττοντ' ἀεί;
κωμῳδοποιητήν. Εἰ. 734. Χρῆν μὲν τύπτειν τοὺς ῥαβδούχους,
        εἴ τις κ.
κωμῳδῶν. Εἰ. 751. οὐκ ἰδιώτας ἀνθρωπίσκους κ. οὐδὲ γυναῖκας,
κώνεια. Β. 1051. κ. πιεῖν, αἰσχυνθείσας διὰ τοὺς σοὺς Βελλερο-
        φώντας.
κώνειον. Β. 124. ἦ διὰ θυείας. ΔΙ. ἄρα κ. λέγεις;
κινήσαι. Fr. 439. κ.·
κώννον. Β. 511. ἔφριγε, κ. ἀνεκερίπτινυ γλυκύτατον,
κωνίωσιν. Π. 537. φθειρῶν τ' ἀθρώμν καὶ κ. καὶ ψυλλῶν οὐδὲ
        λέγω σοι
κώνωφι. Ι. 1038. ἐς περὶ τοῦ δήμου πολλοῖς κ. μαχεῖται,
Κωπᾷδ'. Α. 962. τρυῶν δραχμῶν δ' ἐκέλενεν Κ. ἐγχελιν.
Κωπᾳδῶν. Α. 883. πρέσβειρα πευτῆκοντα Κ. κοραν,
  Εἰ. 1005. καὶ Κ. ἐλθεῖν σπυρίδας,
Κωπαΐδας. Α. 880. ἱκτίδας, ἐνύδρους, ἐγχέλεις Κ.
κωπαΐας. Fr. 605. κ.
κώπαις. Ι. 546. αἵρεσθ' αὐτῷ πολὺ τὸ ῥύθιον, παρεπέμπατ' ἐφ'
κώπας. Ι. 601. εἶτα τὰς κ. λαβύντες ὥσπερ ἡμεῖς οἱ βροτοι
κωπέων. Α. 552. τὸ νεώριον δ' αὖ κ. πλατουμένων,
κώπην. Σ. 1119. κ. τε, μήτε λύγχνη μήτε φλύπταιναν λαβών,
  Β. 197. κάθιζ' ἐπὶ κ. εἴ τις ἔτι πλεῖ, σπυδότω,
        199. ἔξω 'πὶ κ., ὠκιρ ἐπιλειυαῖ με σύ·
κώπης. Λ. 422. κ. ἔσονται, τἀργυρίον νυνὶ δίον,

κωπίσω—λαβόντα. 181

κωπίσω. Λ. 434. ξυλλάμβαν' αὐτὴν κ. τὼ χείρε δεῖ.
κωπίῳ. Β. 269. ὼ παῦε παῦε, παραβαλοῦ τῷ κ.
κώρεωκόμων. Θ. 491. οὐδ' ἂν ὑπὸ τῶν δούλων τε κ.
κώρυ'. Α. 731. ἀλλ', ὦ ποιηρά κ. ἀθλίου πατρὸς,
κωρυκίς. Fr. 368. σπυρὶς οὐ μικρά καὶ κ., ἢ καὶ τοὺς μάττοντας
ἐγείρει.

κωρύκους. Λ. 1211. κ.. ὡς λήψεται πυ-
κώρχηστρίδες. Β. 514. ἤδη 'νδον ἔσθ' ὡραιοτάτη κ.
κωφιλοῦντος. ΕΙ. 1157. εὖ ποισῦντος κ.
κωφούς. Α. 681. οὐδὶν ὄντας, ἀλλὰ κ. καὶ παρεξηυλημένους,
κώψον. Σ. 301. τρίτον αὐτὸν ἔχειν ἄλφιτα δεῖ καὶ ξύλα κ.

Λ

λαβ'. Θ. 261. φέρ' ἔγκυκλον. ΑΓ. τουτὶ λ. ἀπὸ τῆς κλινίδος.
Β. 177. λ. ἐννέ' ὀβολούς. ΝΕ. δναβιφὴν νυν πάλιν.
λαβάς. ΕΙ. 1258. ἐὰν τοιαυτασὶ μάθῃ λ. ποιεῖν.
λάβδα. Εκ. 920. δοκεῖς δέ μοι καὶ λ. κατὰ τοὺς Λεσβίους.
λαβέ. Α. 389. λ. δ' ἐμοῦ γ' ἕνεκα παρ' Ἱερωνύμου
Α. 434. μεταξὺ τῶν Ἰνοῦς. ΚΗ. ἰδοὺ ταυτὶ λ.
831. τιμῆς, λ. ταυτὶ τὰ σκόροδα καὶ τοὺς ἅλας,
985. πίνε, κάτακεισο, λ. τήνδε φιλοτησίαν,
Ι. 106. σπονδήν. ΝΙ. λ. δὴ καὶ σπεῖσον ἀγαθοῦ δαίμονος·
1183. λ. καὶ ταδὶ νυν. ΔΗΜ. καὶ τί τούτοις χρήσομαι
1190. λ. νυν πλακοῦντος υἱονος παρ' ἐμοῦ τόμον.
Ν. 256. ἰδοὺ κάθημαι. ΣΠ. τουτονὶ τοίνυν λ.
1146. κάγαγε σ' ἀλλὰ τουτονὶ πρῶτον λ.
ΕΙ. 1017. λ. τὴν μάχαιραν· εἶθ' ὅπως μαγειρικῶς
1110. σπονδή. ΤΡ. καὶ ταυτὶ μετὰ τῆς σπονδῆς λ. θᾶττον,
Ο. 974. ἔνεστι καὶ τὰ πέδιλα; ΧΡ. λ. τὸ βιβλίον.
976. καὶ σπλάγχνα διδόν' ἔνεστι; ΧΡ. λ. τὸ βιβλίον.
980. καὶ ταῦτ' ἔνεστ' ἐνταῦθα; ΧΡ. λ. τὸ βιβλίον.
986. οὐδὲν λέγειν οἶμαί σε. ΠΕ. λ. τὸ βιβλίον.
9κ9. καὶ ταῦτ' ἔνεστ' ἐνταῦθα; ΠΕ. λ. τὸ βιβλίον.
Λ. 602. λ. ταυτὶ καὶ στεφάνωσαι.
604. καὶ τουτογνὶ λ. τὸν στέφανον.
947. λ. τόνδε τὸν ἀλάβαστον. ΚΙ. ἀλλ' ἕτερον ἔχω.
1242. ὦ πολυχαρίδα, λ. τὰ φυσατήρια,
1245. λ. δῆτα τὰς φυσαλλίδας πρὸς τῶν θεῶν,
Θ. 568. καὶ μὴν ἰδοὺ. ΜΝ. καὶ μὴν ἰδοὺ. ΓΤ. Γ. λ. θοἰμά-
τιον, Φιλίστη.
759. τί τῆς ἱερείας γίγνεται; ΜΝ. τουτὶ λ.
913. λ. με, λ. με, πόσι· περίβαλε δὲ χέρας.
1096. λ. τὴ μιαρά. ΕΤ. λ. τὴ μιαρά,
1189. καλῶς ἔχει. λ. θοἰμάτιον· ὥρα 'στὶ νῦν
1197. ἀλλ' οὐκ ἔκ' ὠδῖν' ἀλλά τὸ σοφώτερον λ.
Β. 483. ἰδοὺ λ. ΔΙ. προσθοῦ. ΞΑ. ποῦ 'στιν· ὦ χρυσοῖ θεοί,
Εκ. 1176. ταχὺ καὶ ταχέως λ. τρυβλίον.
λαβεῖν. Α. 393. ὥρα 'στὶν ἄρα μοι καρτερὰν ψυχὴν λ.,
Α. 455. χρέος μὲν οὐδὶν, βούλομαι δ' ὅμως λ.
1160. λοιπὸς λ. αὐτοῦ κύων ἁρπάσασα φεύγει.
1167. μαινόμενος· ὁ δὲ λίθον λ.
Ι. 938. μοι, καὶ σὺ τὸ τάλαντον λ.
991. ἄλλην δ' οὐκ ἐθέλειν λ.
Ν. 1310. + ἂν πανουργεῖν ἥρξατ', ἐξαίφνης λ. κακόν τι.
Σ. 791. κάγὼ 'νέκαψ' ὀβολοὺς τρεῖς λαβὼν λ.
1325. ἀλλ' ἐκποδὼν ἄπειμι πρὶν πληγὰς λ.
ΕΙ. 392. ὥστε τήνδε μὴ λ.
438. τοῦτον τὸν ἄνδρα μὴ λ. ποτ' ἀσπίδα.
1220. κρείττον γὰρ, ὦ ταῖ, ἐστὶν ἢ μήτην λ.
Ο. 946. ξυνίημ' ὅτι βούλει τὸν κατανίσκον λ.
1104. ὥστε κρείττω δῶρα πολλῶ τῶν Ἀλεξάνδρου λ.
1364. ἀναπτόμενος ἐκ τῶν νεφελῶν καινά λ.
Λ. 52. μήτ' ἀσπίδα λ. ΚΑ. Κιμβερικὸν ἐνδύσομαι.
203. κατὰ δ' ἀκροπόλων ἐμῶν λ.,
1052. ται, λ. μιᾶι ἢ δὺ' ἢ τρεῖς,
1206. εἰσι παρ' ἐμοῦ λ. πυρίδα λ. λεπτὰ μὲν,
Θ. 419. αὐταῖς ταμιεύεσθαι, προαιρούσαις λ.
726. ἀλλὰ τάδοδε μὲν λ. χρῆν σ', ἐκφέρει τε τῶν ξύλων.
1135. ἔτι γὰρ σὺ τὴ μάστιγα ἐπιτυμεῖς λ.
Β. 284. λ. τ' ἀγώνισμ' ἄξιόν τι τῆς ὁδοῦ.
674. πρότερον ποιήσαι, πρὶν ἐμὶ τὰς πληγὰς λ.
Εκ. 26. ἢ θαἰμάτια τἀνδρεῖα πλεψάσαις λ.
40. ὥστ' ἄρτι τουτὶ θοἰμάτιον αὐτοῦ λ.
302. μὲν, ἡνίκ' ἴδει λ.
314. τὰς ἐμβάδας ζητῶν λ. ἐν τῷ σκότῳ
324. γυναῖξ· ὅσαι εἰμ' ἄξιοι πληγάς λ.
343. οὐκουν λ. γ' αὐτὰς ἐδυνάμην οὐδαμοῦ.
Π. 195. πολὺ μᾶλλον ἐπιθυμεῖ λ. ἐλυμαίνετο
205. οὐκ εἶχες ἐς τὴν οἰκίαν οὐδὲν λ.,
240. αὐτῶν λ. τι μικρὸν ἀργυρίδιον.

λαβεῖν. Π. 331. αὐτὸν δὲ τὸν Πλοῦτον παρείην τῷ λ.
Π. 1009. ἐρῶν ἀκοῦσαι, ΧΡ. τοῦ λ. μὲν οὖν χάριν.
Fr. 242. τραπόμενον ἐς τοὐγὸν λ.
414. 1. τί οὖν ποιῶμεν ; χλανίδ' ἐχρῆν λευκήν λ.
476. 9. ὅτον τις ἐπιθυμεῖ λ. α. κακὸν μὲν οὖν μέγιστον.
λάβεσθε. Α. 1214. λάβεσθέ μου, λ. τοῦ σκίλουν· παπαῖ,
Σ. 434. καὶ λ. τουτουὶ καὶ μὴ μεθῆσθε μηδενί·
Β. 1390. λ. τοίνυν αὐταί. ΑΙ. καὶ ΕΤ. ἢν ἰδού. ΔΙ. λέγε.
Fr. 45β. λ. καὶ γάρ ἐσθ' ὁμοῦ.
λάβεσθέ. Α. 1214. λ. μου, λάβεσθε τοῦ σκίλουν· παπαῖ,
λαβέτω. Ο. 1055. αἰβοῖ λ. τις αὐτὸν, οὗτος, οὐ μενεῖς;
λάβῃ. Σ. 1208. καλεῖν δίκαιον ὅστις ἂν πληγὰς λ.
Λ. 856. κἂν ὀλίγῳ μῆλον λ., Κινησία
1057. ἂν λ. μηκέτ' ἀποδῶ
Β. 94. ὁ φροῦδος θᾶττον, ἢν κάνον χορὸν λ.,
Π. 194. ἀλλ' ἣν τάλαντα τις λ. τριακαιδέκα,
1053. ἐὰν γὰρ αὐτὴν εἰς μόνος σπινθὴρ λ.,
λαβήν. Ι. 841. καὶ μὴ βαλεῖν τὸν ἄνδρ', ἐπειδὴ σοι λ. δέδωκεν
Ι. 847. ἐπίσχες ἐν ταῖς ἀσπίσιν λ. γὰρ ἐνδέδωκας
Ν. 551. οὗτοι δ', ὡς ἅπαξ παρέδωκεν λ. Ὑπέρβολος,
Λ. 671. εἰ γὰρ ἐνδοίης τις ἡμῶν ταῖσδε κἂν σμικρὰν λ.,
Λάβης. Σ. 836. τί δ' ἔστιν ἐτεόν; ΞΑ. οὐ γὰρ ὁ Λ. ἀρτίως
Σ. 899. καὶ μὴν ὁ φεύγων οὑτοσὶ Λ. πάρα.
903. αὖ αὖ, ΣΠ. πάρεστιν, ἕτερος οὗτος αὖ Λ.,
968. οὗτος ὁ Λ. καὶ τραχήλ' ἔσθει
994. δείξειν ἔοικεν· ἐπηέξευγας, ὦ Λ.
λάβης. Ι. 918. ἂν ἱστίον σαπρὸν λ.
Ν. 1138. "ὦ δαιμόνιε, τὸ μέν τι νυνὶ μὴ λ.,
Σ. 1386. πρὸς ταῦτα τηροῦ μὴ λ. ὑπωπία.
Ο. 1087. ἵνα τὴν Βασίλειαν καὶ τὰ πάντ' ἔκει λ.
Β. 339. οὐκοῦν ἀτρὶμ' ἕξεις, ἢν τι καὶ χορδῆς λ.;
1004. καὶ μέθεσθαί λ.
Λάβητ'. Σ. 895. κύων Κυδαθηναιεὺς Λ. Αἰξωνέα,
λάβητας. Α. 363. κοὶ μή ποτ' ἀλλη σου κύων τὸν ὄρχεων λ.
λάβητε. ΕΙ. 225. ἵνα μὴ λ. μηδέποτ' αὐτήν. ΤΡ. εἰπέ μοι,
Π. 287. νὴ τοὺς θεούς, Μίδας μὲν οὖν, ἢν ὦτ' ὄνου λ.
λάβητι. Α. 1105. Βουλόμενοι ἐν σκότῳ λ.
Ι. 440. κόρια ἂν ἠδέως λ. τοὺς τερβψίου παρίει.
Ο. 1386. ἐκ τῶν νεφελῶν γὰρ ἂν τις ἀναβολάς λ.
Λ. 1112. ἀλλ' οὐχὶ χαλεπὸν τούργον, ἐν λ. γέ τις
Εκ. 417. πλευρίτις ἡμῶν οὐδὲν' ἂν λ. ποτέ.
Εκ. 795. ταῦτα καταθείην. ΑΝ. Β. μὴ γὰρ οὗ λ. ὅποι.
λάβοιτο. Α. 923. κατίστω λ. τῶν νεῶν τὸ πῦρ ἅπαξ.
λαβομένας. Εκ. 1020. κλείειν ἀπατι λ. τοῦ παττάλου.
λαβομένη. Σ. 1342. τῇ χειρὶ τουδὶ λ. τοῦ σχοινίου.
Λ. 1121. οὗ δ' ἂν διδῶσι, πρόσαγε τούτου λ,
λαβομένος. Σ. 1237. ἤδη Κλέωνος λ. τῆς δεξιᾶς,
λάβοιμεν. Β. 1139. καὶ λ. τὸ ῥῆμ' ἱκατέρῳ εἴπατον,
λαβόνθ'. Β. 538. εἰκὸν' ἑστάναι, λ. ἐν
λαβόντ'. Α. 274. μιάρην λ., ἄρανεα, κατα-
Ν. 1355. πρῶτον μὲν αὐτὸν τὴν λύραν λ. ἐγὼ 'κέλευσα
ΕΙ. 600. προηγελάσεται λ. δίφρον.
λαβόντα. Α. 1074. ταχέως λ. τοὺς λόχους καὶ τοὺς λόφους·
Ι. 1395. αὐτὸς ἰἐναι λ. ΔΗΜ. τὸν δὲ Παφλαγόνα,

182 λαβόντα—λαγῷ.

λαβόντα. Ν. 1364. ἔπειτα δ' ἐκέλευσ' αὐτὸν ἀλλὰ μυρρίνην λ.
λαβόντας. ΕΙ. 552. τὰ γεωργικὰ σκεύη λ. εἰς ἀγρὸν
Α. 584. χωρὶς ἕκαστον· κᾆτ' ἀπὸ τούτων πάντων τὸ κάταγμα λ.
681. ἐγκαθαρμύσαι λ. τουτονὶ τὸν αὐχένα.
Εκ. 707. ὑμᾶς δὲ τέως θρία λ.
Λαβόντε. Ο. 436. ταύτην λ. κρεμάσατον τύχἀγαθῇ
λαβόντες. Ι. 601. εἶτα τὰς κώπας λ. ὥσπερ ἡμεῖς οἱ βροτοὶ
ΕΙ. 299. ὡς τάχιστ' ἄμας λ. καὶ μοχλοὺς καὶ σχοινία·
Ο. 529. εἶτα λ. παιλοῦσ' ἀθρόουν·
Λ. 160. ἐὰν λ. δ' ἐς τὸ δωμάτιον βίᾳ
Π. 1357. τὰ τύξα λ. ἐπαμύνατε,
Εκ. 296. λ. ἔπειτα πλη-
Π. 301. μέγαν λ. ἡμμένον σφηκίσκον ἐκτυφλῶσαι.
311. λ. ὑπὸ φιληδίας
Fr. 414, 2. εἶτ' Ἰσθμιακὰ λ. ὥσπερ οἱ χοροὶ
λαβού. Α. 585. τουτὶ πτίλον σοι ΔΙ. τῆς κεφαλῆς νύν μου λ.,
λαβούσ'. Ν. 531. ἐξέθηκα, παῖς δ' ἑτέρᾳ τις λ. ἀνείλετο,
Σ. 1362. λ., ἵν' αὐτὸν τωθάσω νεανικῶς,
Λ. 1026. τουτὶ τὠφθαλμῷ λ. ἐξεῖλον ἄν, ὃ νυν ἔνι.
Π. 576. δρέπανον λ., ᾧ τὰς χυλίκας κατέσπασας.
Π. 1198. ἱδρυσώμεθα, λ. ἐπὶ τῆς κεφαλῆς φέρε
λαβούσα. Α. 675. ὡς ἐμὲ λ. τὸν δημότην.
Ι. 586. δεῦρ' ὑφικού λ. τὴν
Ο. 1760. λ. συγχώρευσον αἴρων δὲ κουφιῶ σ' ἐγώ.
Λ. 1115. πρόσαγε λ. πρῶτα τοὺς Λακωνικοὺς,
1128. λ. δ' ὑμᾶς λοιδορῆσαι βούλομαι
Θ. 285. τὸ πύπανον, ὅπως λ. θύσω ταῖν θεαῖν.
763. φύλαξον αὐτὸν, ἵνα λ. Κλεισθένη
Εκ. 173. τονδὶ λ. τοῖς θεοῖς μὲν εὔχομαι
713. λ. κηρίκαιναν εὐφωνόν τινα,
Π. 790. ταυτὶ καταχέω σου λ. ΠΛ. μηδαμῶς.
1056. αὐτοῦ, λ. κάρυα. ΓΡ. παιδίω τίνα;
λαβοῦσά. Εκ. 527. ᾤχου σιωπῇ θοἰμάτιόν λ. μου;
λαβοῦσαι. Λ. 192. ἵππον λ. τόμιον ἐντεμούμεθα.
Λ. 567. ὥσπερ κλωστῆρ', ὅταν ἠμῖν ᾖ τεταραγμένος, ὧδε λ.,
Θ. 537. αὑταὶ γε καὶ τὰ δουλάρια τέφραν πυθὶν λ.
556. ἔπειτά γ' οὐκ εἴρηχ', ὡς λ. στλεγγίδας λ.
λάβρακας. Ι. 361. ἀλλ' οὐ λ. καταφαγὼν Μιλησίου κλονήσεις.
λάβρακος. Fr. 334. οὐ κρανίον λ., οὐχὶ κάραβον πρίασθαι·
λάβραξ. Fr. 489. λ. ὁ πρῶτος σοφώτατος.
Λάβω. Θ. 252. λαμβάνετε καὶ χρῆσθ'. οὐ φονῶ. ΜΝ. τί
οὖν λ.;
Θ. 755. ἵν' οὖν τύ γ' αἷμα τοῦ τέκνου τοὐμοῦ λ.
Εκ. 353. ᾗπέρ λ. θοἰμάτιον, ὕπερ ἦν μοι μόνον.
Π. 945. ὑμῶν ἐὰν δὲ σύζυγον λ. τινὰ
λαβώμεθ'. ΕΙ. 508. ἄγ', ἄνδρες, αὐτοὶ δὴ μόνοι λ. οἱ γεωργοί.
λάβωμεν. ΕΙ. 338. ἀλλ' ὅταν λ. αὐτὴν, τηνικαῦτα χαίρετε
λαβῶν. Α. 81. ἀλλ' εἰς ἀκύπατον ᾤχετο, στρατιὰν λ.,
Λ. 130. ἐμοὶ σὺ ταυτασὶ λ. ὀκτὼ δραχμὰς
188. αὑταὶ μέν εἰσι πεντέτεις, γεῦσαι λ.
191. οὐ δ' ἀλλὰ τασδὶ τὰς δεκέτεις γεῦσαι λ.
327. ὡς ἔχω γ' ὑμῶν ὑμήρους, οὓς ἀποσφάξω λ.
449. τουτὶ λ. ἀπελθὲ λοίων σταθμῶν.
460. φθείρου λ. τυδ'· ἴσθ' ὀχληρὸν ὢν δόμοις.
465. ἀπελθὲ ταυτηνὶ λ. ΔΙ. ἀπέρχομαι.
468. τουτὶ λ. ἄπειμι καὶ πρόσειμ' ἔτι
949. τοῦτον λ. πρόσβαλλ' ὕπου
953. αἴρου λ. τὸν κέραμον, ὦ Βοιώτιε.
969. ἐγὼ δ' ἐμαυτῷ τυδὶ λ. τὸ φορτίον
991. πῶς ἂν ἐμὲ καὶ σί τις Ἔρως ξυναγάγοι λ.,
994. ἀλλά σε λ. τρία δοκῶ γ' ἂν ἔτι προσβαλεῖν·
1068. ἵν' οἴνου ἐγχέας λ. ἐς τοὺς χύας.
1086. βάδιζε, τὴν κίστην λ. καὶ τὸν χύα.
1138. ἐγὼ δ' ἐμαυτῷ τὸν γύλιον οἴσω λ.
1139. ἐγὼ δὲ θοἰμάτιον λ. ἐξέρχομαι.
1140. τὴν ἀσπίδ' αἴρου, καὶ βάδιζ', ὦ παῖ, λ.
1230. τήνελλα νυν, ὦ γεννάδα· χώρει λ. τὸν ἀσκόν.
Ι. 116. ὥστ' ἔλαθον αὐτῶν τὸν ἱερὸν χρησμὸν λ.,
439. τί δῆτα; βούλει τῶν ταλάντων λ. σιωπᾶν;
493. ἔχε νυν, ἐπέγκαψον λ. ταδί. ΑΛ. τί δαί;
959. παρ' ἐμοῦ δὲ τουτονὶ λ. ταμιεύ μοι.
1251. λείπω· σὺ δ' ἄλλοι τις λ. κεκτήσεται,
1406. ἵπου δὲ ταυτηνὶ λ. τὴν βατραχίδα·
Ν. 19. κάθερξε τὸ γραμματεῖον, ἵν' ἀναγνῶ λ.
149. κηροῦ διατήξας, εἶτα τὴν ψύλλαν λ.,
178. κάμψας ὀβελίσκον, εἶτα διαβήτην λ.,
633. ποῦ Στρεψιάδης· εἶτα τὸν ἀσκάντην λ.,
769. ἴγωγε, φέρε, τί δῆτ' ἄν, εἰ ταύτην λ.,
1047. ἐνίσχυε· εὐθὺς γάρ σε μέσον ἔχω λ. ἄφυκτον.
1105. τί δῆτα ῥύτερα τούτων ἀπάγεσθαι λ.
1169. ἄτιθι λ. τὸν υἱόν·

λαβών Ν. 1384. κακκᾶν δ' ἂν οὐκ ἔφθης φράσαι, κἀγὼ λ.
θύραζε
Ν. 1486. πλίμακα λ. ἐξελθὲ καὶ σμινύην φέρων,
Σ. 249. κάρφος χαμᾶθέν νυν λ. τὸν λύχνον πρόβυσον.
788. ὁ σκυπτώλης. δραχμὴν μετ' ἐμοῦ πρῶην λ.,
987. τηνδὶ λ. τὴν ψῆφον ἐπὶ τὸν ὕστερον
1119. μήτε κώπην μήτε λόγχην μήτε φλύκταιναν λ.
1135. ἔχ', ἀνιβαλοῦ τηνδὶ λ., καὶ μὴ λάλει.
1379. ἆ δ', τί μέλλεις δρᾶν; ΒΔ ἄγειν ταύτην λ.
ΕΙ. 77. ὅπως πετήσει μ' εὐθὺ τοῦ Διὸς λ.
287. ἀπόφερε τὰ σκεύη λ. ταυτὶ πάλιν·
370. οὐκ ᾐσθόμην ἀγαθῶν τοσοντωνὶ λ.;
714. ἀπάγαγε τῇ βουλῇ λ., ἠσπὲρ ποτ' ἦν.
842. ἀλλ' εἴσαγ', ὡς τάχιστα ταυτηνὶ λ.,
878. τίς διαφυλάξει τήνδε τῇ βουλῇ λ.;
937. ἴθι νυν, ἄγ' ὡς τάχιστα τὸ πρόβατον λ.,
956. ἄγε δὴ τὸ κανοῦν λ. σὺ καὶ τὴν χέρνιβα
959. φέρε δὴ, τὸ δαλίον τυδ' ἐμβάψω λ.
1039. ταυτὶ δέρμαται. τίθεσο τὸ μηρὸν λ.
Ο. 56. σὺ δ' οὖν λίθῳ κύψον λ. ΕΤ. πάνυ γ', εἰ δοκεῖ.
77. τρίχω 'π' αὐνόσι ἐγὼ λ. τὸ τρυβλίον.
361. ὀξύβαφον ἐντευθενὶ προσφού λ. ἢ τρυβλίον.
647. ἰωμεν· εἰσηγοῦ σὺ λ. ἡμᾶς. ΕΠ. ἴθι.
948. ἄπελθε τουτονὶ λ. ΠΟ. οἴφρχωμαι,
955. τὰ κριμερὰ τονδὶ τὸν χιτωνίσχω λ.
958. αὐθίς σὺ περιχώρει λ. τὴν χέρνιβα.
1025. Τελέου. ΠΕ. τί; βούλει δῆτα τὸν μισθὸν λ.
1029. ἀπιθι λ. ἔστιν δ' ὁ μισθὸς οὑτοσί.
1364. τὸν μὲν πατέρα μὴ τύπτε· ταυτηνδὶ λ.
1424. καὶ πραγματοδίφης. εἶτα δέομαι πτερὰ λ.
1508. τουτὶ λ. μου τὸ σκιάδιον ὑπέρχε
1552. καὶ τὸν δίφρον γε διφροφύρει τονδὶ λ.
Λ. 201. ταύτην μὲν ἂν τις εὐθὺς ᾐσθετὰ λ.
532. παρ' ἐμοῦ τουτὶ τὸ κάλυμμα λ.
705. τοῦ σκέλους ὑμᾶς λ. τις ἐκτραχηλίσῃ φέρων
941. προτεινε δὴ τὴν χεῖρα κάλειφου λ.
1186. κάπειτα τὴν αὐτοῦ γυναῖχ' ὑμῶν λ.
Θ. 212. κλάσιν κέλευ', ἐμοὶ δ' ὅ τι βούλει χρῶ λ.
253. ὅ τι· τὸν κροκωτὸν πρῶτον ἐνδύου λ.
1046. λ. ταχὺ πάνυ. ΓΤ. Π. κλαύσει' ἄρα νὴ τὸ θεὼ
Β. 140. ναύτης δάξει δὔ ὀβολὼ μισθὸν λ.
468. ἀσφίξει ἄγχων κάποφοδρᾷς χίου λ.,
495. σὺ μὲν γινοῦ 'γώ, τὸ ῥόπαλον τουτὶ λ.
567. ὑ δ' ἔχετ' ἐξάσει γε τοὺς μάρτυρας λ.
616. βασανίζε γὰρ τὸν παῖδα τουτονὶ λ.,
747. τί δὲ τονθορύζων, ἠνίκ' ἂν πληγὰς λ.
910. ἐχρυάτα, καθιζε λ. παρὰ Φρυνίχῳ τραφέντας.
1240. Οἰνεύς ποτ' ἐν γῇς πολυμέτρου λ. στάχυν,
1415. ἰὰν δὲ κρίνω· ΠΛ. τὸν ἕτερον λ., ἄπει,
Εκ. 186. ὁ μὲν λ. ἀργυρίου ὑπερεπῄνεσεν.
187. ὁ δ' αὖ λ. εἶναι θανάτου φησ' ἀξίους
305. κεῖν ἀργύριον λ.
375. ἐν τῷ σκότῳ γὰρ τοῦτ' ἔτυχεν ἔνδον λ.
602. μέτ' ἂν ὄτιαιοιον τὴν δᾷδα λ.
742. ὁ τὴν σκάφην λ. προίτωι, τὰ κηρία
891. φιλωττάρκον αὐλητᾶ, τοὺς αὐλοὺς λ.
1152. τασδὶ λ. ἐ ἴν ὅσῳ δὲ καταβαίνεις, ἐγὼ
1177. εἶτα κύνισαι λ.
Π. 124. ὁ δὲ χρυσοχοεῖ γε. χρυσίον παρὰ σοῦ λ.,
228. τῶν ἔνδοθέν τις εἰσενεγκάτω λ.
320. λ. τιν' ἄρτον καὶ κρέας
729. ἔπειτα καθαρῇν ἡμ-τύβιον λ.
830. ὀφνίκαιον τοῖς δεομένοις τῶν φίλων,
955. ἀλλ' ὁ βαλανεὺς ἔλξει θύρας αὐτῶν λ.
Fr. 2. αἶσον δή μοι σκιλίον τι λ. Ἀλκαίου κἀνακρέοντος.
262. ἀλλ' ἐς κάδον λ. τιν' οὔρει πίττινον.
285, 1. τρίχ' ἐς τὸν οἶνον ἀμφορέα κενῶν λ.
288. ἴθι δὴ, λ. μύμβαν ἀναικοβήσσον.
464, 1. ἔπειτ' ἐπὶ τοὔψον ἧκε τὴν σπυρίδα λ.
488, 1. παρὰ τοῦ σμικροῦ λ. ἀμυβαλᾶς λ.
512, 1. οὐκ εἶ λ. θύρας τὰ ψηφίσματα
λάβωσιν. Ο. 519. τὰ σπλάγχνα διδᾷ, τοῦ Διὸς αὐτοὶ πρότεροι
τὰ σπλάγχνα λ.
λαγαράς. Εκ. 1167. καὶ τάσδε νῦν λ.
λαγαρυζόμενον. Σ. 674. ἐκ νηθαρίου λ. καὶ τραγαλίζοντα τὸ
μηδίν,
λαγόνας. Σ. 1193. πλευρὰν βαθυτάτην καὶ χέρας λ. τε καὶ
Β. 1095. λαγόνας. πλευρὰς, λ., συγήν·
λαγώ. 1. 909. ἰδοὺ δέ χου κέρκον λ. τὠφθαλμιδίω περιμήρ,
λαγῷ. Ι. 1192. ἀλλ' οὐ λ. ἔξεις ὀπίσθεν ὀψ· ἀλλ' ἐγώ.

λαγῷ·—λαλεῖτε. 183

λαγῷ'. I. 1199. ὦ Δημίδιον, ὁρᾷς τὰ λ. ἅ σοι φέρω;
Ἐκ. 843. λ. ἀναπηγνύασι, πύπανα πέττεται,
λαγῷα. Α. 1006. τὰ λ., ταχέως τοὺς στεφάνους ἀνείρετε.
Εἰ. 1150. ἦν δὲ καὶ πυός τις ἔνδον καὶ λ. τέτταρα,
λαγῷδ. Ι. 1193. οἴμοι. πύθεν λ. μοι γενήσεται;
λαγῴδιον. Α. 520. κεῖ που σίκυον ἴδοιεν ἢ λ.
λαγών. Σ. 1203. ἰδιωπαθὶς ποτ', ἢ λ., ἡ λαμπάδα
Fr. 11. ἀφύλωλα· τίλλων τὸν λ. ὀρθώσομαι.
248. λύσας ἴσως ἂν τῶν λ. ξυναρπάσειεν ἡμῶν.
λαγῴοις. Σ. 709. δύο μυριάδες τῶν δημοτικῶν ἔζων ἐν πᾶσι λ.
λαγῴς. Α. 878. καὶ μὲν φέρω χάας. λ., ἀλώπεκες,
λαγῴων. Α. 1110. κύμοι λεκάνιον τῶν λ. δύε κρεῶν.
Εἰ. 1196. καὶ τῶν λ. πολλὰ καὶ τοὺς κολλάβους.
1312. ἀλλ', ὦ πρὸ τοῦ πεινῶντες, ἐμβάλλεσθε τῶν λ.
λάζυσθε. Α. 209. λ. πᾶσαι τῆς κύλικος, ὦ Λαμπιτοῖ
λαθεῖν. Π. 74. ἀλλ' οὐχ οἶόν τε τὸν Παφλαγόν' οὐδὲν λ.
Θ. 288. θύειν ἔχουσαι, εἰ δὲ μᾶλλά νῦν λ.
408. ἀπορούσα παίδων, οὐδὲ τοῦτ' ἔστιν λ.
Ἐκ. 23. δεῖ γὰρ τὰς ἑτέρας πως κἀγκαθεζομένας λ.
35. δεῖ γὰρ τὸν ἄνδρ' αὐτῆς λ.
λάθῃ. Ο. 1195. μή σε λ. θεῶν τις ταύτῃ περῶν·
Λ. 294. μή μ' ἀποσβεσθὲν λ. πρὸς τῇ τελευτῇ τῆς ὁδοῦ.
Θ. 667. ἢν γὰρ μή λ. δράσας ἀνύσαι,
λάθοι. Σ. 212. κοὐκ ἔσθ' ὅπως διαδύς ἂν ἡμᾶς ἔτι λ.,
λάθοιμι. Θ. 1017. τὸν Σκύθην λ.;
λάθοις. Εἰ. 32. τέως ἕως σαυτὸν λ. διαρραγείς.
λαθόντ'. Σ. 238. τῆς ἀρτοπώλιδος λ. ἐκλίψαιμεν τὸν ὅλμον,
λαθοῦσα. Ἐκ. 337. ἀλλ' ἐκτετρύπηκεν λ. μ' ἐκεῖθεν·
λάθρα. Σ. 347. ὅτις σε λ. τἀνδρὸς τυνδὶ καταβῆναι δεῦρο ποιήσει.
Σ. 465. ὦν λ. γ' ἐλάμβαν' ὑπιοῦσά με;
Εἰ. 112. ὑμᾶς ἐρήμους ἐς τὸν οὐρανὸν λ.
Ο. 1612. ὁ κύρας παρελθὼν τοὐπιορκοῦντος λ.
1624. καταπτάμενος ἰκτῖνος. ἁρπάσει λ.,
Θ. 91. λέξονθ' ὑπὲρ ἐμοῦ. MN πύτερα φανερόν, ἢ λ.;
92. λ., στολῆν γυναικὸς ἠμφιεσμένον.
184. ἢ πᾶσ' ἐὰν γὰρ ἐγκαθεζώμενος λ.
482. κᾆτ' εὐθὺς ἔγνων· εἶτα καταβαίνω λ.
Β. 746. ὅταν καταρίσωμαι λ. τῷ δεσπότῃ,
1168. λ. γὰρ δεῖν, σὺ πιθῶν τοὺς κυρίους.
Ἐκ. 77. τὸ τοῦ Λαμίου τουτὶ καθεύδοντος λ.
Π. 318. ἐγὼ δ' ἐὰν ἤδη λ.
λαθραίοις. Β. 1143. δυλοις λ., ταῦτ' ἐποπτεύειν ἔφη;
λαθών. Α. 258. μή τις λ. σου περιτράγῃ τὰ χρυσία.
Σ. 247. μή που λ. τις ἐμπνεῦον ἡμᾶς κακόν τι δράσῃ·
Ο. 1174. λ. κολοιοὺς φύλακας ἡμεροσκόπων·
λαίδαργον. I. 1068. λ. ταχύπουν, δολίαν κερδώ, πολυιδριν,
λαικάζει. Θ. 57. καὶ χοαρείει. MN. καὶ λ.
λαικάσει. I. 167. δήσεις, φυλάξεις, ἐν πρυτανείῳ λ.
λαικαστάς. Α. 79. ἡμεῖς δὲ λ. τε καὶ καταπύγονας.
λαικαστρίας. Θ. 537. μεταστραφείη τὸ διὰ τίς λ.'
λαικαστρῶν. Α. 529. Ἕλλησι πᾶσιν ἐκ τριῶν λ.
λαῖμα. Ο. 1563. πρὸς τὸ λ. τῆς καμήλου
λαιμάττουσι, Ἐκ. 1178. ἀλλὰ λ. σου.
λαιμόμητι'. Θ. 1054. λ. ἄχη δαιμονῶν, αἴολαν
λαιμούς. Ο. 1560. μνῶν τιν', ἦς λ. τεμῶν,
λαΐνων. Α. 449. τουτί λαβὼν ἄπελθε λ., σταθμῶν.
Λαΐου. Fr. 376. Λ.
Λαΐς. Π. 179. ἐρᾷ δὲ λ. οὐ διὰ σὲ Φιλωνίδην;
Λαισποδίας. Ο. 1569. τί, ὦ κακοδαίμον; Λ. εἰ τὴν φύσιν.
Λάκαινα. Α. 78. ψ φιλτάτη λ., χαῖρε. λαμπιτοῖ.
1298. Νῶα μύλε λ. πρεπτὸν ἀθλία
Λακαινᾶν. Fr. 3. 3. Συβαριτίδας τ' εὐωχίας καὶ Χῖον ἐκ Λ.
λακατανύγων. Α. 664. δειλὸς καὶ λ.
Λακεδαίμον. Fr. 354. Ἰὼ Λ., τί ἄρα πείσει τήμερα;
Λακεδαίμονα. Α. 1144. Κίμων ὅλην ἔσωσε τὴν Λ.
I. 1231. νῦν μὲν γὰρ ὅταν ἔλθωμεν ἐς Λ.
Λακεδαίμονι. Ο. 1012. τί δ' ἐστὶ δεινόν· ΠΕ. ὥσπερ ἐν Λ.
Α. 994. τί τὰ πράγμαθ' ὑμῖν ἐστι τὰν Λ.;
λακεδαιμονίᾳδε. Fr. 68. λ.,
Λακεδαιμονίοι. Α. 652. διὰ ταῦθ' ὑμᾶς Λ. τὴν εἰρήνην προκαλοῦνται,
Λακεδαιμονίοις. I. 467. ἰδίᾳ δ' ἔχει Λ. ξυγγίγνεται.
Λακεδαιμονίοισιν. Εἰ. 282. καὶ πίθεσθ' ἂν Λ. ἀλετρίβακον,
Λακεδαιμονίους. Α. 338. ἀλλὰ νυνὶ λέγ'. εἴ σοι δοκεῖ, τὸν Λ.
Λακεδαιμονίους. Α. 52. σπονδὰς ποιείσθαι πρὸς Λ. μόνῳ.
Α. 131. σπονδὰς ποιῆσαι πρὸς Λ. μόνῳ
509. ἐγὼ δὲ μισῶ μὲν Λ. σφόδρα,
Λακεδαιμονίων. Α. 356. ὑπὲρ Λ. ἄπυνθ' ὅσ' ἂν λέγω
Α. 389. λέξω δ' ὑπὲρ Λ. ἅ μοι δοκεῖ·

Λακεδαιμονίων. Α. 482. μέλλων ὑπὲρ Λ. ἀνδρῶν λέγειν;
Α. 536. Λ. ἰδέσντο τὸ ψήφισμ' ὕπως
541. φέρ', εἰ Λ. τις ἐκπλεύσας σκάφει
647. ὅτε καὶ βασιλεύς, Λ. τὴν πρεσβείαν βασανίζων,
I. 1008. περὶ Λ. περὶ σκύμβρων νέων,
1053. ἤγαγε συνήσασι Λ. κορακίνους.
Λακεδαιμόνιος. Α. 175. ἀλλ' ἐκ Λ. γὰρ Ἀμφίθεος ὁδί.
I. 668. ἵν' ἄτθ' ὁ κῆρυξ οὐκ Λ. λέγει
Εἰ. 274. οὐκοῦν ἕτερόν γέ τιν' ἐκ Λ. μέτει
Ο. 813. βούλεσθε τὸ μέγα τοῦτο τοὐν Λ.,
Λακεδαίμων. Α. 214. ἀλλ' ἡ Λ. ποῦ 'στιν; ΜΑ. ὅπου 'στὶν; αὑτηΐ.
Α. 995. ὑρσᾶ Λ. πᾶσα καὶ τοὶ σύμμαχοι
Fr. Μ Εἰ. Δ. 5. ἰὼ Λ. τί ἄρα πείσει. τήμερα,
λακέρυζα. Ο. 609. οὐκ οἶσθ' ὅτι πέντ' ἀνδρῶν γενεὰς ζώει λ. κορώνη;
λακήσεται. Εἰ. 384. ὦ πονηροί, μὴ σιωπᾶτ'· εἰ δὲ μὴ, λ.
λακήσης Εἰ. 3ο2. μή νιν λ., λίσσομαί σ', ὦρμίδιον.
λακήσομαι. Εἰ. 381. εἰ μὴ τετορήσω ταῦτα καὶ λ.
λακίδας. Α. 423. ποίας ποθ' ἀνὴρ λ. αἰτεῖται πέπλων·
λακκόπρωκτε. Ν. 1330. ὦ λ. ΦΕ. πάττε πολλοῖς τοῖς ῥόδοις.
λάκκους. Ἐκ. 154. ἐν τοῖς καπηλείοις λ. ἐμποιεῖν
λάκκοι Β. 97. ζητῶν ἀν. ὅστις δῆμα γεννάιον λ.
Λακρατίδῃ. Α. 220. καὶ παλαιῷ Λ. τὸ σκέλος βαρύνεται,
λακτίσαι. Α. 799. ἀδυατεῖ ἔτι λ.
Λάκων. Λ. 1139. ὁ Λ. Ἀθηναίων ἱκέτης καθέζετο
Α. 1295. Λ. πρύφαινε δὴ σὺ μοῦσαν
Λάκωνας. Α. 305. ἀργαλέοι, τοὺς μὴν Λ. ἐκποδὼν ἰάσατε,
Α. 309. οἶδ' ἐγὼ καὶ τοὺς Λ., οἷς ἀγαν ἐγκείμεθα,
514. τί ταῦτα τοὺς Λ. αἰτιώμεθα;
1743. πλεύσας ἐκεῖσε, τοὺς Λ. ἤγαγον.
Λάκωνες. Εἰ. 216. καλδοσιεν οἱ Λ. εἰρήνης πέρι,
Εἰ. 478. ἀλλ' οἱ Λ., ὦγάθ'. ἔλκωσ' ἀνδρικῶς.
701. ὑθ' οἱ Λ. ἐνέβαλον. ΕΡ. τί παθών; ΤΡ. ὅτι;
Λ. 1074. λέγουσιν οἱ Λ. ἐμοὶ μοι χαλεπά,
1097. ὦ χαῖρετ', ὦ Λ. αἰσχρά γ' ἐπάθομεν.
1100. ἄγε δή, Λ., ἀσθ' ἕκαστα χρή λέγειν.
1122. ἀνδρες Λ. στῆτε παρ' ἐμὲ πλησίον,
1137. εἶτ', ὦ Λ. πρὸς γὰρ ὑμᾶς τρέψομαι,
1150. οὐκ ἔσθ' ὑθ' ὑμᾶς οἱ Λ. αὖθις αὖ
1223. οἱκ ἀπυθ', ὅπως ἂν οἱ Λ. ἔνδοθεν
1274. ἀπάγεσθε ταύτας, ὦ Λ., τασδεδί
λακωνίζειν. Fr. 322. λ.
Λακωνικά'. Θ. 423. Λ. ἄττα, τρεῖς ἔχοντα γομφίους.
Λακωνικά. Λ. 991. τί δ' ἐστί σοι τοδί; ΚΗ σκυτάλα Λ.
Λακωνικαὶ. Θ. 142. καὶ ποῦ πέος; ποῦ χλαῖνα; ποῦ Λ.;
Ἐκ. 542. κατέλιπον, ὤνερ. ΒΛ. αἱ δὲ δή Λ.
Λακωνικάς. Σ. 1158. τασδὶ δ' ἀνύσας ὑπόδισε τὰς Λ.
Ἐκ. 74. Λ. γὰρ ἔχετε καὶ βακτηρίας
209. ὑποδεῖσθε δ' ὡς τάχιστα τὰς Λ.,
345. Λ., ἀλλ' ὡς ἔτυχον χείρατῶν,
508. χάλα συναστοὺς ἤνίκα Λ.,
Λακωνικῇ. Α. 993. ὕπερ γε χαύτη ὅτι σκυτάλη Λ.
Λακωνικήν. I. 55. μᾶζαν μεμαγότος ἐν Πύλῳ Λ.,
Σ. 1162. ἐς τὴν Λ. ἀνύσας. ΦΙ. δάκεις γέ με
Λακωνικῆς. Εἰ. 245. τὸ γὰρ κακὸν τοῦτ' ἐστὶ τῆς Λ.
Fr. 164. 1. συνᾶς φωτειώ πάντα πλήν Λ.'
Λακωνικοί. Εἰ. 212. σπονδὰς ποιούντων· κεὶ κίν οἱ Λ.
I. 1226. ἢ καὶ παρόντ' ἰσταῖσι Λ. τι ἐστὶ τῆς Λ.
Λακωνικοῖς. Ν. 168. τοῖς ἐκ Πύλου ληφθεῖσι. τοῖς Λ.
Α. 628. καὶ ταλάχιστ' ὑπὲρ ἡμᾶς ἀνδράσιν Λ.,
Ἐκ. 356. μῶν ἦν Θρασύβουλος εἶπε τοῖς Λ.,
Λακωνικῶν. Α. 276. ὁμεῖ Λ. πνίων
Λακωνικοῦ. Ἐκ. 405. τιθύμαλλον ἐμβαλόντα τοῦ Λ.
Λακωνικούς. Α. 1115. πρόσαγε λαβοῦσα πρῶτα τοὺς Λ.
Λακωνικῶν. Εἰ. 622. μίνθνειποιεν Λ. τοὺς μεγίστους χρήμασιν,
Α. 620. καὶ πάνυ δίδοσαι μὴ τῶν Λ. τινες
Λάκωσιν. Α. 303. ὅστις ἰσπείσαι λ., ἀλλὰ τιμωρήσομαι.
λαλδς. Θ. 1109. κατάρατο τύλμας· ἀποτανομυμένη λ.;
λάλει. Σ. 1135. ζ', ἀναβαλοῦ τηνδὶ λαβών, καὶ μὴ λ.
Ἐκ. 1058. ἴπον, μαλακῶν, δεῦρ' ὑνύσας καὶ μή λ.
Θ. 13. κροκωτῷ· τὸ δὲ λύρᾳ κεκρυφάλῳ·
λαλεῖ Λ. 442. ταύτην προτέραν ἐνώθησον, ὅτι καὶ λ.
Θ. 13. κροκωτῷ· τὸ δὲ λύρᾳ κεκρυφάλῳ·
λαλεῖν. Λ. 356. ὦ Φαιδρία. ταύτας λ. ἐάσωμεν τοσαυτί·
Λ. 627. καὶ λ. γυναίκας οὔσας ἀνόσιον λ. ἐδίδαξα. ΑΙ. φημὶ κἀγώ.
Β. 954. ἔπειτα τουτουσὶ λ. ἐδίδαξα. ΑΙ. φημὶ κἀγώ.
1492. παρακαθήμενον λ.
Ἐκ. 1030. ἆθλ' ὅσαι λ., μεμελετηκασί που·
120. τίς δ', ὦ μέλ', ἡμῶν οὐ λ. ἐπίσταται;
λαλεῖς. Ἐκ. 16. καὶ ταῦτα συνδρῶν ὑδ λ. τυῖὲ πλησίον.
λαλεῖτε. Θ. 717. μάτην λ.· τὴν δ' ἐγὼ οὐκ ἀφήσω.

184 λαλῆς—Λατώ.

λαλῇς. Θ. 267. τὸ γ' εἶδος· ἣν λ. δ', ὅπως τῷ φθέγματι
λαλήσεις. I. 295. κοπροφορήσω σ', εἰ λ.
 Ν. 505. οὐ μὴ λ., ἀλλ' ἀκολουθήσεις ἐμοὶ
λαλήσῃ. Θ. 1108. λῦσόν με δεσμῶν. ΤΟ. οὐκὶ μὴ λ. σύ.
λαλητικοῦ. I. 1381. οὔκουν καταδακτυλικὺς σὺ τοῦ λ.;
λαλιάν. Ν. 931. καὶ μὴ λ. μῶνον ἀσκήσαι.
 Β. 1069. εἶτ' αὖ λ. ἐπιτηδεῦσαι καὶ στωμυλίαν ἐδίδαξας.
λαλῖς. Θ. 1082. οὗτος, σί λ.; ΕΤ. οὗτος, σί λ.;
 Θ. 1087. σὺ λ.; ΕΤ. σὺ λ.; ΤΟ. κλαύσει. ΕΤ. κλαύσει.
λαλίστερα. Β. 91. Εὐριπίδου πλεῖν ἢ σταδίῳ λ.;
λάλο. Θ. 1097. λ. καὶ κατάρατο γύναικο.
λάλον. Α. 933. τοι καὶ ψοφεῖ λ. τι καὶ
λάλος. Α. 716. τοῖς νέοισι δ' εὐρύπρωκτος καὶ λ. χὠ Κλεινίου.
 ΕΙ. 653. καὶ λ. καὶ συκοφάντης
λαλούμενον. Θ. 578. ὀλίγφ τι πρότερον κατ' ἀγορὰν λ.,
λαλούντες. Β. 917. οὐχ ἧττον ἢ νῦν οἱ λ. ΕΤ. ἠλίθιοι γὰρ ἦσθα.
 Εκ. 302. καθῆντο λ.
λαλούντων. Ν. 1053, ἃ τῶν νεανίσκων ἀεὶ δι' ἡμίρας λ.
λάλους, Θ. 393. ταῖς οἰνοπώτισι, τὰς προβατίδας, τὰς λ.,
λαλοῦσι. Α. 21. οἱ δ' ἐν ἀγορᾷ λ., κάνω καὶ κάτω
λαλοῦσιν. ΕΙ. 539. οἷον πρὸς ἀλλήλαις λ. αἱ πόλεις
λάλῳ. Β. 787. τῷδε τῷ Κηφισοδήμφ, τῷ λ. ξυνηγόρῳ;
λαλῶν. I. 348. τὴν νύκτα θρυλῶν καὶ λ. ἐν ταῖς ὀδοῖς σεαυτῷ.
 Ν. 1394. λ. ἀναπείσει
 Εκ. 129. πάριθ' ἐς τὸ πρόσθεν. 'Αρίφραδες, παῦσαι λ.
λαλῶσιν, Β. 751. ἄττ' ἂν λ.; ΑΙ. μᾶλλά πλεῖν ἢ μαίνομαι.
Λάμαχ'. Α. 566. ἰὼ Λ., ὦ βλέπων ἀστραπάς,
 Α. 568. ἰὼ Λ., ὦ φίλ', ὦ φυλέτα·
 575. ὦ Λ. ἦρωπ, τῶν λόφων καὶ τῶν λόχων·
 576. ὦ Λ., οὐ γὰρ οὗτος ἄνθρωπος πάλαι
 579. ὦ Λ. ἦρως, ἀλλὰ συγγνώμην ἔχε,
 ΕΙ. 473. ὦ Λ. ἀδικεῖς ἐμποδὼν καθήμενος.
Λάμαχε. Α. 590. οἴμ' ὡς τεθνήξεις. ΔΙ. μηδαμῶς, ὦ Λ.·
Λαμαχίππιον. Α. 1206. ἰὴ ἰὴ χαῖρε λ.
Λάμαχον. Α. 1071. ἰὼ τύποι τε καὶ μάχαι καὶ Λ.
Λάμαχον. Α. 1131. κλαεῖν κελεύων Λ. τὸν Γοργάσον.
Λάμαχον. Α. 614. οὐ φασιν, ἀλλ' ὁ Κοισύρας καὶ Λ.,
 Α. 619. οὐ δῆτ', ἐὰν μὴ μισθοφορῇ γε Λ.
 Β. 1039. ἀλλ' ἄλλους τοι πολλοὺς ἀγαθούς, ὦν ἦν καὶ Λ. ἦρως·
Λάμαχόs. Α. 960. ἐκέλευσε Λ. σε ταυτησὶ δραχμῆς
Λαμάχου. Α. 1174. ὦ δμῶες οἱ κατ' οἶκόν ἐστε Λ.,
 ΕΙ. 1290. ἐγώ· ΤΡ. σὺ μέντοι νὴ Δί'. ΠΑ. Λ. υἱὸς Λ.
 Θ. 841. λευκὰ καὶ κύμος καθείσαι πλησίον τῆς Λ.
Λαμάχου. Fr. Μ. Γεω. 16. Λάχητας, Μεγακλέας καὶ Λ.
Λαμάχῳ. Α. 625. πωλεῖν ἀγοράζειν πρὸς ἐμέ, Λ. δὲ μή.
 Α. 722. ἐφ' ᾧτε πωλεῖν πρὸς ἐμέ, Λ. δὲ μή.
 1115. βούλει περιδόσθαι κἀπιτρέψαι Λ.,
Λαμάχων. Α. 270. καὶ Λ. ἀναλλαγείς.
λάμβανε. ΕΙ. 706. ἰδε νυν, ἐπὶ τούτοις τὴν Ὀπώραν λ.
 ΕΙ. 1203. ἀλλ', ὦ Τρυγαῖε, τῶν ὀριγάνων τι λ.
 Θ. 219. χρῆσόν τι νυν ἡμῖν ξυρόν. ΑΓ. αὐτός λ.
 262. ὑποδημάτων δεῖ. ΑΓ. τἀμὰ ταυτὶ λ.
 Β. 165. ὑγίαινε, σὺ δὲ τὰ στρώματ' αὖθις λ.
λαμβάνειν. Α. 1089. ἦ που πρὸς ὄρθρον σπασμὸς ὑμᾶς λ.;
λαμβάνεις. Ο. 357. ὅτι μόνος τε δεῖ μάχεσθαι λ. τε τῶν χυτρῶν.
 Ο. 1074. λ. τάλαντον, ἤν τε τῶν τυραννων τίς τινα
 1075. τῶν τεθνηκότων ἀποκτείνῃ, τάλαντον λ.
 1185. ἤδη στίν. ΠΕ. οὔκουν σφενδόνας δεῖ λ.
 Θ. 833. ταξίαρχον ἢ στρατηγόν, λ. τιμήν τινα,
 Β. 761. σίτησιν αὐτῶν ἐν πρυτανείῳ λ.,
 Εκ. 778. οὐ γὰρ πάτριον τοῦτ' ἐστίν, ἀλλὰ λ.
λαμβάνεις. I. 867. αἱροῦσι· καὶ σὺ λ., ἢν τὴν πύλην ταράττῃς.
 Π. 1185. οὔκουν τὰ νομιζόμενα σὺ τούτων λ.;
λαμβάνετε. Ο. 657. καὶ Μανόδωρε, λ. τὰ στρώματα.
 Θ. 252. λ. καὶ χρῆσθ' οὐ φθονῶ. ΜΝ. τί οὖν λάβω;
 Fr. 420. λ. κύλλαβον ἕκαστος.
λαμβανόμεσθ'. Fr. 110, 5. λ. ὑπ' αὐτῶν.
λαμβάνουσ'. Ν. 68. τούτων τὸν υἱὸν λ. ἐκορίζετο,
λαμβάνουσιν. I. 865. ἅπαξ μὴ ἐν λίμνῃ καταστῇ, λ. οὐδέν·
λαμβάνω. Β. 251. τουτὶ παρ' ὑμῶν λ.
 Β. 589. δέχομαι τὸν ὅρκον, κἀπὶ τούτοις λ.
 Εκ. 317. ἐπεῖχε κρούων ὁ κοιραῖος λ.
 Fr. 709, 2. τῇ μὲν δίδωμι χειρί, τῇ δὲ λ.
λαμβάνων. Ν. 1123. λ. οὔτ' οἶνον οὔτ' ἄλλ' οὐδὲν ἐν τοῦ χωρίου.
Λάμι'. Σ. 1177. πρῶτον μὲν οἱ τῆ. Λ. ἁλοῦσ' ὑπέρτυε,
Λαμίας. { ΕΙ. 1035. } φώκης δ' ὀσμήν, ὦ δ' ὄρχεις ἀπλύτους,
 { ΕΙ. 758. } πρωκτὸν δὲ καμήλου.
Λαμίου. Εκ. 77. τὸ τοῦ Λ. τουτὶ καθεύδοντος λάβρα.
λαμπάδ'. Λ. 316. τὴν λ. ἡμμένην ὕπως πρώτωι ἐμοὶ προσοίσεις.

λαμπάδ'. Β. 131. ἀφιεμένην τὴν λ. ἐντεῦθεν θεῶ,
 Β. 1098. φυσῶν τὴν λ. ἔφευγε.
λαμπάδα. Σ. 1203. ἐδιώκαθεῖς ποτ', ἢ λαγῶν, ἢ λ.
 Θ. 102. λ. κούραι ξὺν ἐλευθέρᾳ
 Β. 1087. λ. δ' οὐδεὶς οἷός τε φέρειν
 ΕΙ. 50. ἐχουσαν ἐν τῇ δεξίᾳ τὴν λ.,
λαμπάδας. Θ. 655. ἡμᾶς τοίνυν μετὰ τοῦτ' ἤδη τὰς λ. ἀψαμένας χρή.
 Β. 340. ἔγειρε φλογέας λ. ἐν χερσὶ τινάσσων,
 1362. λ. ὀξυτάταν χεροῖν, Ἑκάτα, παράφηνον
 1525. λ. ἱράς, χᾴμα προπέμπετε
λαμπαδηφόρων. Fr. 105. τῶν λ. τε πλείστων αἴτιον πλατειῶν
λαμπάδι. Λ. 376. οὐκ οἶδά σ' εἰ τῇδ' ἂν ἴχω τῇ λ. σταθεύσω.
 Λ. 1217. ὑμεῖς τί κάθησθε; μῶν ἐγὼ τῇ λ.
 Θ. 917. ὅστις σ' ἀπάξει, τυπτόμενος τῇ λ.
 Β. 350. ὦ δὲ λ. φέγγων
λαμπάδιον. Λ. 1177. ἔρι' οἰσυπηρά, λ. περὶ τὸ σφυρόν.
λαμπάδων. Θ. 280. ὦ Θράττα, θᾶσαι, καομένων τῶν λ.
λαμπάσι. Θ. 1153. ὅργια σεμνὰ θεαῖν, ἵνα λ. φαίνετον ἀμβροτον ὄψιν,
λάμπεις. Εκ. 13. λ. ἀφιὼν τὴν ἑωπθοῦσαν τρίχα·
λάμπεται. Β. 293. Ἔμπουσα τοίνυν ἐστί. ΞΑ. πυρὶ γοῦν λ.
Λαμπιτοῖ. Λ. 78. ὦ φιλτάτη Λάκαινα, χοῖρε, Λ.
 Λ. 181. τί δῆτα ταύτ' οὐχ ἂν τάχιστα, Λ.,
 209. λάζυσθε πᾶσαι τῆς κύλικος, Λ.·
 242. ἤδη κατειλήφασιν. ἀλλ', ὦ Λ.,
Λαμπιτοῖ. Λ. 77. ἠδὶ δὲ καὶ δὴ Λ. προσέρχεται.
 Λ. 696. οὐ γὰρ ὑμῶν φροντίσαιμ' ἄν, ἢν ἐμοὶ ζῇ Λ.
 998. ἀπὺ Πανός; ΚΗ. οὐκ, ἀλλ' ἀρχὲ μέν, οἰῶ, Λ.,
Λάμπουτι. I. 550. φαιδρὺς λ. μετώπῳ.
λαμπρά. Ο. 1358. τῶν διθυράμβων γὰρ τὰ λ. γίγνεται
λαμπράς. Εκ. 5. μυκτῆρσι λ. ἠλίου τιμᾶς ἔχεις·
λαμπρόν. ΕΙ. 566. νὴ Δί' ἢ γὰρ σφύρα λ. ἦν ἄρ' ἐξωπλισμένη,
 ΕΙ. 859. τί δῆτ', ἐπειδὴ νυμφίον μ' ὁρᾶτε λ. ὄντα;
 Λ. 43. ἢ λ., αἰ καθημεθ' ἐξηυθισμέναι,
 Π. 144. καὶ νὴ Δί' εἴ τί γ' ἐστι λ. καὶ καλὸν
 Fr. 313, 3. λ. ἐκόμιξεν ἀπίνως παραβιβλημένων,
Λαμπρόν. Εκ. 1. ὦ Λ. ὄμμα τοῦ τροχηλάτου λύχνον
Λαμπρός. I. 430. ξετιος γάρ σοι λ. ἤδη καὶ μέγας καθιεὶς.
 I. 760. πρὸς ταύθ' ὅπως ἔξει πολὺς καὶ λ. ἐς τὸν ἄνδρα.
 1331. δδ' ἐκεῖνον ὁρᾶν τεττιγοφόραι, ἀρχαίῳ σχήματι λ.,
 Ν. 265. λ. τ' Αἰθὴρ, σεμναί τε θεαὶ Νεφέλαι Βροντησικέραυνοι,
λαμπρουνομένου. I. 556. μειρακίων θ' ἁμιλλα λ.
Λαμπρτρός. Fr. 93. Λ. ἔγωγε τῶν κάτω.
Λάμπων. Ο. 521. Λ. δ' ὄμνυσ' ἔτι καὶ νυνὶ τὸν χῆν', ὅταν ἐξαπατᾷ τι·
 Ο. 983. μήτ' ἣν Λ. ᾖ μήτ' ἣν ὁ μέγας Διοπείθης
Λάμπων. Ν. 395. ἀλλ' ὁ κεραυνὸς πύθεν αὖ φέρεται λ. πυρί, τοῦτο δίδαξον,
 Ν. 1160. ἀμφήκει γλώττῃ λ.
λανθάνει. I. 465. οὔκ, ὦ Δί', ὦ Ἄργει οἷα πράττει λ.
 ΕΙ. 618. οὖσα συγγενὴς ἐκείνου. πολλά γ' ἡμᾶς λ.
λανθάνειν. Π. 1068. ἐφάπτεται σου λ. δοκῶν ἐμέ.
 Π. 1140. ὠφέλει, ἐγὼ σε λ. ἐποίουν ἀεί.
λανθάνουν'. Α. 374. κάνταυθα λ. δηιμπολώμενοι
λαρινόν. Ο. 465. μὰ Δί', ἀλλὰ λέγεις ζητῶ τι πάλαι μέγα καὶ λ. ἔπος τι,
λαρινός. ΕΙ. 925. τί δαὶ δοκεῖ; βούλεσθε λ. βοῖ;
λαρκίδιον. Α. 340. δότε τόδε τὸ λ. οὐ πρόδωσο ποτέ.
λάρκος. Α. 333. ὡς ἀπωλώμεσθ', ὁ λ. δημότης δδ' ἔστ' ἐμός.
 Α. 351. ὁ λ. ἀντείληπτεν ὥσπερ σηπία.
λάρον. Ν. 391. ἢν Κλέωνα τὸν λ. δώρων ἐλόντες καὶ κλοπῆς,
λάρος. I. 956. λ. κεχηνὼς ἐπὶ πέτρας δημηγορῶν.
Λαρτίου. Π. 312. τὸν Λ. μιμούμενοι τῶν ὄρχεων κρεμάμμεν,
λάρυγγ'. Β. 575. ἐγὼ δὲ τὸν λ. ἂν ἐκτετίωμί σου,
λάρυγγι. I. 358. λ. τοῖς ῥήτορας καὶ Νικίαν ταρίξω.
Λάρυγγος. I. 1363. ἐκ τοῦ λ. ἐκκρεμάσας Ὑπέρβολον
λάρφ. Ο. 567. ἦν δ' Ἡρακλέει θύῃ τις βοῦν, λ. ναστούς μελιτούττας·
λάσανα. ΕΙ. 893. πρὸ τοῦ πολέμου τε λ. τῇ βουλῇ ποτε.
 Fr. 80, 2. βάλλ' ἐς κύρακας. πύθεν ἄν λ. γένοιτό μοι;
λασιαύχενα. Β. 822. φρίξας δ' αὐτοκόμου λοφιᾶς λ. χαίτην,
λάσιον. Λ. 800. ἄγριόν τινα τῶν λ. τούτων, οἵυπερ τὸν Ξενοφάντου,
λασίαντα. Α. 1046. ὀρφῇ τοιαῦτα λ.
Λᾶσος. Σ. 1411. ἐπειδ' ὁ Λ. εἶπεν, ὀλίγον μοι μέλει.
Λάσου. Σ. 1410. Λ. ποτ' ἀντεδίδασκε καὶ Σιμωνίδης·
λατοῦς. Θ. 117. γόνον ὀλβίζουσα Λ.
 Θ. 129. χαῖρ', ὅλβιε καὶ Λ.
 321. Λ. χρυσώπιδος ἔρνος,
Λατώ. Θ. 120. Λ. τε, κρούματά τ' Ἀσιάδος

Λατώ—λέγειν. 185

Λατώ. Θ. 123. σέβομαι Λ. τ' ἄνασσαν
λαύρας. ΕΙ. 99. τούς τε κοπρῶνας καὶ τὰς λ.
ΕΙ. 158, τοὺς μυκτῆρας πρὸς τὰς λ. ;
Λαυριωτικαί. Ο. 1106. γλαῦκες ὑμᾶς οὔποτ' ἐπιλείψουσι Λ.΄
λαφυγμοῦ. Ν. 52. δαπάνης, λ., Κωλιάδος, Γενετυλλίδος.
λάχανα. Π. 295. ἧραν ἔχοντα λ. τ' ἄγρια δροσερά, κραιπαλῶντα,
λαχάνοις. Θ. 458. ἅτ' ἐν ἀγρίοισι τοῖς λ. αὑτὸς τραφείς.
λαχάνοισιν. Λ. 557. νῦν μὲν γὰρ δὴ καὶ ταῖς χύτραις καὶ τοῖς λ. ὁμοίας
λαχανοπωλητρίας. Θ. 387. Εὐριπίδου τοῦ τῆς λ.
λαχανοπώλις. Σ. 497. ἡ λ. παραβλέψασά φησι θατέρῳ·
λαχεῖν. Ι. 258. ἐν δίκῃ γ', ἐπεὶ τὰ κοινὰ πρὶν λ. κατεσθίεις,
Λάχης. Α. 304. ἢ πῦτ' αὐτῇ μᾶλλον ἢ νῦν, ὦ λ., ὁρήξομεν ;
λάχης. Α. 208. μὰ τὴν 'Αφροδίτην οὔχ, ἐάν γε μὴ λ.
Λάχητας. Fr. Μ. Γεω. 16. Λ., Μεγακλέας, καὶ Λαμάχους.
Λάχητι. Σ. 240. ἀλλ' ἐγκορύψων, ὦνδρες, ὡς ἔσται Λ. νυνί.
λαχών. Π. 277. ἐν τῇ σορῷ νυνὶ λ. τὸ γράμμα σου δικάζειν,
λαχόντας. Α. 724. τρεῖς τοὺς λ. τοὐσδ' ἱμάντας ἐκ Λεπρῶν.
λαχόντες. Ο. 1111. κἂν λ. ἀρχίδιον εἶθ' ἁρπάσαι βούλησθέ τι,
λαχοῦσι. Π. 972. ἀλλ' οὐ λ. ἔπινες ἐν τῷ γράμματι.
λάχω. ΕΙ. 364. ἀπώλωλας, ὦ κακόδαιμον. ΤΡ. οὔκουν, ἢν λ.
λαχών. Ν. 623. σύνδεθ' ὑμεῖς καὶ γελᾶτ' ἀνθ' ὧν λ. Ὑπέρβολος
Ο. 1022. ἐπίσκοπος ἥκω δεῦρο τῷ κυάμῳ λ.
Εκ. 683. εἴδως ὅ λ. ἀνὴρ χαίρων ἐν ὑτοίῳ γράμματι δειπνεῖ·
λαῶν. Ι. 163. τὰς στίχας ὑρᾷς τὰς τῶνδε τῶν λ. ; ΑΛ. ὑρῶ.
Β. 219. χωρεῖ κατ' ἐμῶν τέμενος λ. ὕχλος.
676. τὸν πολὺν ἰψομένη λ. ὄχλον, οὐ σοφίαι
λέαιν'. { Λ. 231. } οὐ στήσομαι λ. ἐπὶ τυροκνήστιδος.
          { 232. }
λεβηρίδος. Fr. 102. τυφλότερος λ.
λίβυες. Fr. 365. σκύμβροι, κολίαι, λ., μύλλοι, σαπέρδαι, θυννίδες.
λίγ'. Α. 338. ἀλλὰ νυνὶ λ., εἴ σοι δοκεῖ, τὸν Λακε-
Ι. 337. ἐὰν δὲ μὴ ταὐτῇ γ' ὑπείκῃ, λ. ὅτι κἂν πονηρῶν.
623. πιστέ, θαρρήσας λ., ὡς ἅ-
Σ. 761. τί σοι τίθωμαι ; λ. ὅ τι βούλει, πλὴν ἑνός.
Ο. 457. σὺ δὲ τοῦδ' ὑρᾷς. λ. εἰς ποινῶν.
Α. 769. λ. αὐτὸν ἡμῖν ὅ τι λέγει. ΑΤ. σιγᾶτε δή.
Β. 865. σὺ δὴ δὴ τί βουλεύει ποιεῖν λ., Αἰσχύλε.
1125. ἄγε δὴ σιώπα πᾶς ἀνήρ. λ., Αἰσχύλε.
1151. λ. ἕτερον αὐτῷ· σὺ δ' ἐπιτηρεῖ τὸ βλάβος.
1180. ἴθι δὴ λ.· οὐ γὰρ μουστὶν ἀλλ' ἀκουστέα
1210. λ. ἕτερον αὐτῷ πρόλογον, ἵνα καὶ γνῶ πάλιν.
1224. ἴθι δὴ λ. ἕτερον κἀπέχου τῆς ληκύθου.
Εκ. 213. εὖ γ', εὖ γε νὴ Δί', εὖ γε λέγε λ., ὦγαθέ.
1014. λ. αὐτό τί ποτε κἄστι,
Π. 127. ὃ, μὴ λ., ὦ πανηρέ, ταῦτ'. ΧΡ. ἔχ' ἡσυχος.
349. ποίός τις ; ΧΡ. οἶος, ΒΛ. λ. ἀνύσας ὅ τι φῂς ποτε.
λέγε. Α. 103. λ, δὴ σὺ μεῖζον καὶ σαφῶς τὸ χρυσίον·
Α. 299. οὐκ ἀνασχήσομαι· μηδέ λ. μοι σὺ λῦγον·
495. ἐπειδήπερ αὐτοῦ αἱρεῖ, λ.
812. πύσου πρίωμαί σοι τὰ χοιρίδια ; λ.
897. ἀλλ' εἴ τι πωλεῖς τῶνδε τῶν ἄλλων, λ.
Ι. 13. τίς οὖν γένοιτ' ἄν ; λ., σύ, ΔΙ. οὐ μὲν οὖν μοι λ.,
21. λ. δὴ μωλυμεν ξυνεχὲς ὡδὶ ξυλλαβών.
24. ὥσπερ διεψύμενος νῦν ἀτρέμα πρῶτον λ.
131. εἰς οὑτοσὶ πωλεῖς. τί τοὐντεῦθεν ; λ.
1028. λ. νυν· ἐγὼ δὲ πρῶτα λήψομαι λίθον,
Ν. 90. λ. δή, τι κελεύεις ; ΣΤ. καί τι πείσει ; ΦΕ. πείσομαι,
141. λ. νυν ἐμοὶ θαρρῶν· ἐγὼ γὰρ οὑτοσὶ
345. ἀπόκριναί νυν ἅττ' ἂν ἔρωμαι. ΣΤ. λ. νυν ταχέως ὅ τι βούλει.
427. λ. νυν ἡμῖν ὅ τι σοι δρῶμεν θαρρῶν, ὡς οὐκ ἀτυχήσεις,
737. αὐτὸς ὅ τι βούλει πρῶτος ἐξευρὼν λ.
786. ἐπεὶ τί νυνὶ πρῶτον ἐδιδάχθης, λ.
1247. τοῦ 'σθ' οὗτος ἀπαιτῶν με τἀργύριον ; λ.,
1328. αὐθις με ταὐτὰ ταῦτα καὶ πλεῖω λ.
Σ. 30. λ. νυν ἀνύσας τι τὴν τρόπιν τοῦ πράγματος.
37. αἰβοῖ, ΣΩ. τί ἐστι ; ΕΛ. παῖ παῦε, μὴ λ.΄
944. δυάβαιν', ἀπολογοῦ. τί σεσιώπηκας ; λ.
1426. σὺ λ. δικῶν γὰρ οὐ δεόμ' οὐδὲ πραγμάτων.
ΕΙ. 454. ἄφελε τὸ παῖσιν, ἀλλ' ἰῇ μόνον λ.
648. βυροστώλης. ΤΡ. παῦε παῦ', ὦ δέσποθ' Ἑρμῆ, μὴ λ.,
Ο. 452. πέφυκεν ἄνθρωπος· σὺ δ' ὅμως λ. μοι,
461. λ. θαρρήσας· ὡς τὰς σπονδὰς οὐ μὴ πρότερον παραβώμεν,
587. ἀγάθ' αὐτοῖσιν πάντα παρέσται. ΕΠ. λ. δὴ μοι τῶν ἀγαθῶν ἐν

λέγε. Ο. 1512. ὑπόδιθι ταχὺ δή, κᾆτα θαρρήσας λ.
Ο. 1513. ἄκουε δὴ νυν. ΠΕ. ὡς ἀκούοντος λ.
Λ. 73. ἀλλ' εἴ τι πᾶν δεῖ, ταῖς παρούσαισιν λ.
96. λ. δῆτα τὸ σπουδαῖον ὅ τι τοῦτ' ἐστί σοι.
214. ὅστις πρὸς ἐμὲ πρόσεισιν ἐστυνιώς. λ.
503. ἡμεῖς φράσομεν. ΠΡ. λ. δὴ ταχέως, ἵνα μὴ κλάῃς. ΑΤ. ἀκροῦ δή,
506. τοῦτο μὲν, ὦ γραῦ, σαυτῇ κρώξαις· σὺ δέ μοι λ. ΑΤ. ταῦτα ποιήσω.
993. ἀλλ' ὡς πρὸς εἰδότα με σὺ τἀληθῆ λ.
Θ. 105. λ. νυν εὐπίστως δὲ τοὐμῷ
176. ἀλλ' ἄνπερ σύνεκ' ἦλθον, ἔα μ' εἰπεῖν. ΑΓ. λ.
899. σὺ δ' εἰ πανούργος. ΜΝ. ὑπόσα τοι βούλει, λ.
Β. 835. ὦ δαιμόνι' ἀνδρῶν, μὴ μεγάλα λίαν λ.
1124. πρῶτον δέ μοι τὸν ἐξ 'Ορεστείας λ.
1137. τὸς φῇς μ' ἁμαρτεῖν ; ΕΤ. αὐθις ἐξ ἀρχῆς λ.
1390. λάβεσθε τοίνυν αὐθις. ΑΙ. καὶ ΕΤ. ἤν ἰδού. ΔΙ. λ.
1442. ἐγὼ μὲν οἶδα, καὶ θέλω φράζειν. ΔΙ. λ.
Εκ. 213. εὖ γ', εὖ γε νὴ Δί', εὖ γε λ. λέγ', ὦγαθέ.
Π. 222. ἀλλ' ἴθι σὺ μὲν ταχέως δραμὼν ΚΑ. τί δρῶ ; λ.
Fr. 234, 2. ἐὰν ὀνειδῇ λ., χαῖρε φέγγος ἡλίου.
λέγει. ΕΙ. 881. οὕτω λ. ὑμεῖς τίς ὁ φυλάξων ; δεῦρο σύ
λέγει. Α. 101. ξυνήκαθ' ὅ λ. ; ΔΙ. μὰ τὸν 'Απόλλω 'γὼ μὲν οὔ.
Α. 105. οἴμοι κακοδαίμων, ὡς σαφῶς. ΠΡ. τί δαὶ λ.
106. ὅ τι ; χαυνοπρώκτους τοὺς Ἰάονας λ.,
108. οὐκ, ἀλλ' ἰσχύσας ὅδε γε χρυσίου λ.
500. νὴ τὸν Ποσειδῶ, καὶ λ. γ' ἄκερ λ.
690. εἴτα λύξει καὶ δακρύει, καὶ λ. πρὸς τοὺς φίλους.
Ι. 128. καὶ πῶς ; ΔΙ. ὅπως ; ὁ χρησμὸς ἀντικρὺς λ.
177. γίγνει γάρ, ὡς ὁ χρησμὸς οὑτοσὶ λ.,
204. τί δ' ἀγκυλοχήλης ἐστίν ; ΔΙ. αὐτό που λ.,
334. νῦν δεῖζον ὡς ἀλκὴ λ. τὸ σωφρονεῖν τραφῆναι,
663. ἵν' ἄθ' ὃ κῆρυξ οὐκ Λακεδαιμονος λ.
813. ὦ πόλις 'Αργους, κλύεθ' οἷα λ. ὦ Θεμιστοκλεῖ ἀντιφερίζεις·
1021. ταυτὶ μὰ τὴν Δήμητρ' ἐγὼ οὐκ οἶδ' ὅ τι λ.
1041. ταῦτ' οἶσθ' ὅ τι λ. ; ΔΗΜ. μὰ τὸν 'Απόλλω 'γὼ μὲν οὔ.
1059. Ἔστι Πύλος πρὸ Πύλοιο ΔΗΜ. τί τοῦτο λ., πρὸ Πύλου ;
Σ. 75. εἶναι φιλόκυβον αὐτόν, ἀλλ' οὐδὲν λ.
Ο. 23. ᾐ δ' ἡ κορώνη τῆς ὁδοῦ τι λ. πέρι ;
25. τί δὴ λ. περὶ τῆς ὁδοῦ ; ΠΕ. τί δ' ἄλλο γ' ἢ
421. λ. κλάν' τοῦ' ἄβον οὗ.
1679. ὀρνίτο παραδίδωσιν. ΗΡ. παραδοῦναι λ.
1680. μὰ τὸν Δι' οὐχ οὑτός γε παραδοῦναι λ.,
1682. οὐκοῦν παραδοῦναι ταῖς χελιδοῦσιν λ.
Λ. 414. ἕτερος δέ τις πρὸς σκυτοτύμων ταδὶ λ.
749. λέγ' αὐτὸν ἡμῖν ὅ τι λ. ΑΤ. σιγᾶτε δή.
Θ. 405. κάμνει κόρη τις, εὐθὺς ἀδελφὸς λ.,
436. πάντα γὰρ λ. δίκαια,
492. σποδούμεθ', ἥν μὴ 'χωμεν ἕτερον, οὐ λ.΄
513. θεῖ μειδιῶσα πρὸς τὸν ἄνδρα καὶ λ.,
636. ἀπώθεσον αὐτῶν· οὐδὲν ὑγιὲς γὰρ λ.
Β. 1130. οὔκουν 'Ορέστος τοῦτ' ἐπὶ τῷ τύμβῳ λ.
1173. κλύεις, ἀκούεις. ΕΤ. τοῦθ' ἕτερον αὐθις λ.
Εκ. 440. τανδὶ τὸ πλήθος. ΒΛ. τίς δὲ τοῦτ' ἄλλος λ.
Π. 59. ὃ φησιν εἶναι ; ΧΡ. σοὶ λ. τοῦτ', οὐκ ἐμοί.
177. Φιλέψιος οὔ σοι ἕνεκα σοῦ μύθους λ. ;
601. ὦ πόλις Ἄργους, κλύεθ' οἷα λ.
926. κατάθου ταχέως θοἰμάτιον. ΕΛ. οὗτος, σοι λ.
927. ἐκεῖ' ὑπολύσω. ΚΑ. πάντα ταῦτα σοὶ λ.
1052. τὴν ὀζδα μὴ μοι πρόσφερ'. ΧΡ. εὖ μέντοι λ.
λέγειν. Α. 311. οὐχ ἀπάντων ὄντας ἡμῖν αἰτίους τῶν πραγμάτων
Α. 316. εἰ σὺ τολμήσεις ὑπὲρ τῶν πολεμίων ἡμῶν λ.
318. ὑπὲρ ἐπιχήνου πολλὴν τὴν κεφαλὴν ἔχων λ.
355. ἐμοὶ θέλοντι ὑπὲρ ἐπιχήνου λ.
365. θέις δεῦρο τοὐπίχηνον ἐγχειρεῖ λ.
383. νῦν οὖν με πρῶτον πρὶν λ. ἐάσατε
429. χωλός, προσαιτῶν, στωμύλος, δεινὸς λ.
482. μέλλων ὑπὲρ Λακεδαιμονίων ἀνδρῶν λ.
493. ἄπασι μέλλεις εἰς λ. τἀναντία.
498. εἰ πτωχὸν ὦν ἔπειτ' ἐν 'Αθηναίοις λ.
558. ταυτὶ σὺ τολμᾷς πτωχὸς ὢν ἡμᾶς λ.
563. ἀλλ' οὗτι χαίρων, ἤν γε μὴ 'πιτρίψωμεν λ.
578. οὗτος σὺ τολμᾷς πτωχὸς ὢν Λ. τάδε ;
1013. οἰμαί σε καὶ τοῦτ' εὖ λ.
Ι. 16. πῶς ἂν σύ μοι λέξειας, ἃ δεῖ με λ. χρή ;
267. ὅτι λ. γνώμην ἔμελλον ὡς δίκαιον ἐν πόλει
342. τῷ καὶ πεποιθὼς ἀξιοῖς ἐμοῦ λ. ἔναντα ;
343. ὑτιὴ λ. οἷός τε κἀγὼ καὶ κορυκοποιεῖν.

B b

λέγειν—λέγεις.

λέγειν. I. 344. ἰδοὺ λ. καλῶς γ' ἂν οὖν τι πρᾶγμα προσπεσόν σοι
I. 350. ᾤου δυνατὸς εἶναι λ. ὦ μῶρε τῆς ἀνοίας.
510. ὅτι τοὺς αὑτοὺς ἡμῖν μισεῖ, τολμᾷ τε λ. τὰ δίκαια.
810. οὔκουν δεινὸν ταυτί σε λ. δῆτ' ἔστ' ἐμὲ καὶ διαβάλλειν
N. 146. ἀλλ' οὐ θέμις πλὴν τοῖς μαθηταῖσιν λ.
239. ἦλθες δὲ κατὰ τί; ΣΤ. βουλόμενος μαθεῖν λ.
260. λ. γενήσει τρίμμα, κρόταλον, παιπάλη.
403. οὐκ οἶδ'· ἀτὰρ εὖ σὺ λ. φαίνει. τί γάρ ἐστιν δῆθ' ὁ κεραυνός;
• 430. τῶν Ἑλλήνων εἶναί με λ. ἑκατὸν σταδίοισιν ἄριστον.
433. μή μοί γε λ. γνώμας μεγάλας· οὐ γὰρ τούτων ἐπιθυμῶ.
486. ἔνεστι δῆτά σοι λ. ἐν τῇ φύσει;
487. λ. μὲν οὐκ ἔνεστ', ἀποστερεῖν δ' ἔνι.
528. ἰξ ὅτου γὰρ ἐνθάδ' ὑπ' ἀνδρῶν, οἷς ἡδὺ καὶ λ.,
613. ὥστε καὶ λ. ἅπαντα ἐξιόντας ἑσπέρας.
1031. δεῖ σε λ. τι καινῶν, ὡς εὐδοκίμηκεν ἀνήρ.
1077. ἀπόλωλας· ἀδύνατος γάρ εἶ λ. ἐμοὶ δ' ὁμιλῶν.
1084. ἕξει τινὰ γνώμην λ., τῷ μὴ εὐρίσκοντος εἶναι;
1106. βούλει τὸν υἱόν, ἢ διδάσκω σοι λ.;
1143. εἴπερ μεμάθηκεν εὖ λ. Φειδιππίδης.
1314. γνώμαι ἐναντίας λ.
1336. ἰδοὺ δ' ὁπότερον τοῖν λόγοιν βούλει λ.
1352. ἤδη λ. χρὴ πρὸς χορόν· πάντως δὲ τοῦτο δράσεις.
1398. πειθώ τινα ζητεῖν, ὅπως δόξεις λ. δίκαια.
1437. ἐμοὶ μὲν, ὦνδρες ἥλικες, δοκεῖ λ. δίκαια·
Σ. 344. σεν λ., εἰ
527. γυμνασίου λ. τι δεῖ
532. τύνδε λ. ὁρᾷς γὰρ ὡς
1053. καινόν τι λ. πἐξευρίσκειν
1174. ἄγε νυν, ἐπιστήσεις τὸν λόγον σεμνοὺς λ.
1186. ποίους τινὰς δὲ χρὴ λ.; ΠΔ. μεγαλοπρεπεῖς,
1190. ἀλλ' οὖν λ. χρή σ' ὡς ἐμάχετό γ' αὐτίκα
1409. μὰ Δί', ἀλλ' ἄκουσον, ἤν τί σοι δόξω λ.
O. 63. οὕτως τι δεινὸν οὐδὲ κάλλιον λ.
432. λ. λ. κέλευέ μοι.
956. οὐδὲν λ. οἴμαί σε. ΠΕ. λαβὲ τὸ βιβλίον.
1201. τίς εἶ; ποδαπή; λ. ἐχρῆν ὁπόθεν ποτ' εἶ.
1370. νὴ τὸν Διόνυσον, εὖ γέ μοι δοκεῖς λ.,
1419. ὁδὶ πάρεστιν· ἀλλ' ὅτου δεῖ χρὴ λ.
1629. βαυκαρικροῦσα. ΗΡ. φησὶν εὖ λ. πάνυ.
1674. δίκαι' ἔμοιγε καὶ μάλιν δοκεῖ λ.
1713. ἔχων γυναικὸς κάλλος οὗ φατὸν λ.,
Λ. 97. λέγοιμ' ἂν ἤδη πρὶν λ. δ', ὑμᾶς τοδὶ
1045. ἀλλὰ πολὺ τοὐμπαλιν λέγει πάντ' ἀγαθὰ καὶ λ.
1100. ἄγε δή, Λάκωνες, αὔθ' ἕκαστα λ. λ.
Θ. 380. ἐγῴ. ΚΗ. περίθου νυν τόνδε πρῶτον πρὶν λ.
442. ἀντικρυς μηδὲν λ.
539. γυνὴ γυναῖκας οὖσα μὴ κακῶς λ. τὸ λοιπόν.
541. παρρησίας κἀξὸν λ. ὅσαι πάρεσμεν ἀσταί.
Β. 303. ἔξεστί θ' ὥσπερ Ἡγέλοχος ἡμῖν λ.
869. τούτῳ δὲ συντέθηκεν, ὥσθ' ἕξει λ.
885. εὔχεσθε δὴ καὶ σφώ τι, πρὶν τἄπη λ.
905. ἀλλ' ὡς τάχιστα χρὴ λ. οὕτω δ' ὅπως ἐρεῖτον
1056. πάνυ δὴ δεῖ χρηστὰ λ. ἡμᾶς. ΕΤ. ἢν οὖν σὺ λέγῃς Λυκαβηττοὺς
1108. κἀποκινδυνεύτον λεπτόν τι καὶ σοφὸν λ.
1205. ἰδού, σὺ δείξεις; ΑΙ. φημί. ΑΙ. καὶ δὴ χρὴ λ.
1230. οὐ δῆτ', ἐπεὶ πολλοὺς προλόγους ἔχω λ.
Εκ. 113. πλεῖστα σποδοῦνται, δεινοτάτους εἶναι λ.·
117. ὅσαι προμελετήσαμεν ἀκεῖ δεῖ λ.
123. καὐτὴ μεθ' ὑμῶν, ἥν τι μοι δόξῃ λ.
152. λ. τὰ βέλτισθ', ἵν' ἐκαθήμην ἡσυχος·
168. ἔκεισε πρὸς γυναῖκας ᾤμην λ.
192. ἀλλ' οὐκ ἂν εἶπον. ΠΡ. μηδ' ἐθίζου νῦν λ.
286. μεμνημένας δεῖ λ., ὡς μὴ ποτ' ἐξολίσθῃ,
429. δημηγορήσων, κἀπεχείρησεν λ.
564. ὦ δαιμόνι' ἀνδρῶν, τὴν γυναῖκ' ἔα λ.
914. καὶ τἄλλ' οὐδέν με ταῦτα δεῖ λ.
Π. 57. ἡ τἀπὶ τούτοις ὁρῶ, λ. χρὴ ταχὺ πάνυ.
77. λ. ἃ πρώτην ἢ παρεκινεύασμένοι.
198. εὖ τοι λ. ἔμοιγε φαίνεσθον πάνυ·
432. ἀλλ' ἥτις εἶ λ. σ' ἐχρῆν αὐτίκα μάλα.
472. ταυτὶ σὺ τολμᾷς, ὦ μιαρώτιτι λ.,
487. ἀλλ' ἤδη χρῆν τι λ. ὑμᾶς σοφὸν ᾧ νικήσετε τηνδὶ
966. ἀλλ' ὅ τι μάλιστ' ἠβλήνθος λ. σ' ἐχρῆν.
1074. εἶναί σ' ὑβριστὴν φησι καὶ λ. δεῖ
Fr. 562. θύτην μέλλει καὶ πελεύειν βῆ λ.
λέγεις. Α. 359. τί οὖν οὐ λ. ἐπίξηνον ἐξενεγκὼν θύρας;
Α. 424. ἀλλ' ἢ Φιλοκτήτου τὰ τοῦ πτωχοῦ λ.;

λέγεις. Α. 593. ταυτὶ λ. σὺ τὸν στρατηγὸν πτωχὸς ὤν;
Α. 765. καλῶς λ.· ἐπιδείξον. ΜΕ. ἀλλὰ μὰν καλαί.
763. τί λ. σύ; ποδαπὴ χοῖρος ἥδε; ΜΕ. Μεγαρικά.
898. ἰῴγα ταῦτα πάντα. ΔΙ. φέρε, τίσου λ.;
1058. φέρε δή, τί σὺ λ.; ὡς γελοῖον. ὦ θεοί,
Ι. 464. οἴμοι, σὺ δ' οὐδὲν ἐξ ἀμφουργοῦ λ.;
484. ἐς τὰ κοχῶνα τὸ κρέας. ὡς αὐτὸς λ.
492. ἀλλ' εὖ λ. καὶ παιδοτριβικῶς ταυταγί.
1133. ἐν τῷ τρόπῳ, ὡς λ.,
1364. τουτὶ μὲν ὀρθῶν καὶ φρονίμως ἤδη λ.·
N. 103. τοὺς ὠχριῶντας, τοὺς ἀνυποδήτους λ.·
204. οὐκ, ἀλλὰ τὴν σύμπασαν. ΣΤ. ἀστεῖον λ.
207. αἰδὲ μὲν Ἀθῆναι. ΣΤ. τί σὺ λ.; οὐ πείθομαι.
367. ποίοσι Ζεύς; οὐ μὴ ληρήσεις· οὐδ' ἔστι Ζεύς. ΣΤ. τί λ. σύ;
644. καλῶς λ., ἄνθρωπε. ΣΤ. περίδου νυν ἐμοί,
679. τὴν καρδόπην θήλειαν; ΣΠ. ὀρθῶς γάρ λ.
768. ἀφ' ἧς τὸ πῦρ ἅπτουσι; ΣΩ. τὴν ὑαλον λ.;
781. οὐδὲν λ. ΣΤ. νὴ τοὺς θεοὺς ἔγωγ', ἐπεὶ
1092. ἐξ εὐρυπρώκτων. ΑΛ. εὖ λ.
1095. ἔγνωκας ὡς οὐδὲν λ.
1174. ἀτεχνῶς ἐπανθεῖ, τὸ τί λ. σύ; καὶ δοκεῖν
1289. ὑπορρέοντος τοῦ χρόνου; ΣΤ. καλῶν λ.
Σ. 216. τὸν πατέρα. ΣΠ. τί λ.; ἀλλὰ νῦν ὄρθρος βαθύς.
343. ὅτι λ. τὰ περὶ τῶν νε-
696. ταυτί με ποιοῦσ'· οἴμοι, τί λ.; ὡς μου τὸν θῖνα ταράττεις,
1194. θώρακ' ἄριστον. ΦΙ. παῦε παῦ', οὐδὲν λ.
1378. τί λ. σύ; ποῖος ὄζος; οὐκ εἰ δεῦρο σύ;
ΕΙ. 934. τί λ. σύ; ΧΟ. καὶ τἀλλα γ' ὦσιν ἥπιος.
1051. μή νυν ὁρᾶν δοκώμεν αὐτόν. ΟΙ. εὖ λ.
Ο. 57. ναὶ ναί. ΠΕ. τί λ., οὗτος· τὸν ἔσκοπα παῖ καλεῖς;
66. οὐδὲν λ. ΕΤ. καὶ μὴν ἐροῦ τὰ πρὸς ποδῶν.
323. πῶς λ.; ΕΠ. μήπω φοβηθῇς τὸν λόγον. ΧΟ. τί μ' εἴργασω;
433. κλύων γὰρ ἂν σύ μοι λ.
517. νὴ τὴν Δήμητρ' εὖ ταῦτα λ. τίνος οὔνεκα ταῦτ' ἀρ' ἔχουσιν
1124. ἐξηκοδόμηταί σοι τὸ τεῖχος. ΠΕ. εὖ λ.
1212. πρὸς τοὺς κολοιάρχους προσῆλθες; οὐ λ.
1233. κνισᾶν τ' ἀγυιάς. ΠΕ. τί λ.; ποίοις θεοῖς;
1273. ὦ τρισμακάρι, ὦ κατακέλευσον. ΠΕ. τί σὺ λ.;
1382. παύσαι μελῳδῶν, ἀλλ' ὅ τι λ. εἰπέ μοι.
1457. ὀδὶ λ.· ὕπων ἂν ὑφλήκῃ δίκην
1614. νὴ τὸν Ποσειδῶ, ταῦτά γέ τοι καλῶς λ.
1651. ἐγὼ νύθος; τί λ.; ΠΕ. σὺ μέντοι νὴ Δία,
1677. ἐν τῷ Τριβαλλῷ πᾶν τὸ πρᾶγμα. τί σὺ λ.;
1685. ἡμῖν ἃ λ. σὺ πάντα συγχωρεῖν δοκεῖς.
1691. ὀπτῇς τὰ κρέα· πολλήν γε τεθνεάσι λ.
Λ. 76. γυναίκας ἐλθεῖν. ΝΤ. πολὺ σὺ κάλλιον λ.
131. ταυτὶ σὺ λ., ὦ ψήττα; καὶ μὴν ἄρτι γε
146. εἰ δ' ὡς μάλιστ' ἀπεχοίμεθ' οὗ σὺ δὴ λ.,
180. παντὸς κ' ἔχοι, καὶ τῇδε γάρ λ., καλῶν.
184. καλῶς λ. ποῦ 'σθ' ἡ Σκύθαινα; ποῖ βλέπεις;
499. ὡς σωθήσει, κἂν μὴ βούλῃ. ΠΡ. δεινόν γε λ. ΛΥ. ἀγανακτεῖς·
529. ὑμεῖς ἡμᾶς; δεινόν γε λ. κοὐ τλητὸν ἔμοιγε. ΛΥ. σιώπα,
747. ἀπόπεμψόν μ' ὡς τάχιστα. ΛΥ. τίνα λόγον λ.;
756. τί λ.; προφασίζει· περιφανῆ τὰ πράγματα.
1013. πωτάμαι· κρατίστα γάρ παντὶ λ.
1095. νὴ τὸν Δί' οὐ μέντοι λ. ΛΛ. ναὶ τὸ σιώ
Θ. 6. ὄψει περιπατῶν. ΜΝ. πῶς λ., αἰθὴν φράσον.
9. πῶς μοι παραινεῖς; δεξιῶς μέντοι λ.
45. γλαυκόν. ΜΝ. βομβᾶξ. ΕΤ. σίγα, τί λ.;
625. οὐδὲν λ.
634. οὐδὲν λ. δεῦρ' ἐλθὲ, δεῦρ', ὦ Κλεισθένες·
635. ὅδ' ἐστὶν ὃν λ. ΚΛ. τί οὖν λ.;
Β. 122. κρεμάσαντι σαυτόν. ΔΙ. παῦε, πνιγηρὰν λ.
124. ἡ διὰ θυείας. ΔΙ. ἆρα κώνειον λ.,
169. ἐὰν δὲ μὴ 'χω; ΞΑ. τότε μ' ἄγειν· ΔΙ. καλῶς λ.
515. ἕτεραί θ' ἡ τρεῖς. ΞΑ. πῶς λ., ὀρχηστρίδες;
556. κοὐκ οἶσθ' ὅ τι λ. ΠΑΝ. λ. οὐ μὲν οὖν με προσέδωκας,
630. αὐτὸς σεαυτὸν αἰτιῶ. ΑΙ. δὲ τί,
643. πληγὴν παρὰ πληγὴν ἐπιτίσερον. ΞΑ. καλῶς λ.
672. ὀρθῶν λ. Ἀθηναίων γ' ἐμοὶ δ' αὐτοῦ λ.
1162. πῶς δή; δίδαξον γάρ με καθ' ὅ τι δὴ λ.
1166. εὖ νὴ τὸν Ἀπόλλω. τί σὺ λ., Εὐριπίδη;
1169. οὔ τί που τὸν Ἑρμῆν' ὅ τι λ. δ' οὗ καλῶς;
1454. τί δαὶ λ. σύ; ΑΙ. τὴν πόλιν νῦν μοι φράσον

λέγεις—λέγων. 187

λέγεις. Β. 1480. ἵνα ξενίσω σφὼ πρὶν ἀποελεῖν. ΔΙ. εὖ τοι λ.
Εκ. 166. γυναῖκας αὖ, δύστηνε, τυὺς ἄνδρας λ.;
189. νὴ τὴν Ἀφροδίτην, εὖ γε ταυταγὶ λ.
279. τὸν τῶν ἀγροίκων. ΓΤ. Β. εὖ λ.· ἡμεῖς δέ γε
644. τὰ μὲν ἄλλα λ, οὐδὲν σκαιῶν· εἰ δὲ προσελθὼν Ἐπίκουρος,
812. δεινά γε λ. ΑΝ. Β. τί δεινόν; ὥσπερ σὺχ ὁρῶν
989. οὐκ οἶδ' ὅ τι λ.· τηνδεδί μοι κρουστέον.
Π. 143. τί λ.; δι' ἐμὲ θύουσιν αὐτῷ; ΧΡ. φήμ' ἐγώ.
269. ὑφ' ἡδονῆς, εἴπερ λ. ὄντας σὺ ταῦτ' ἀληθῆ.
388. ἄναρτὶ πλουτῆσαι ποιῆσω. ΒΛ. τί οὖ λ.;
395. λ. ἀληθῆ; ΧΡ. φημί. ΒΛ. πρὸς τῆς Ἑστίας;
396. νὴ τὸν Ποσειδῶ. ΒΛ. τὸν θαλάττιον λ.
481. ἐὰν ἀλῶς; ΠΕ. ὅ τι σοι δοκεῖ. ΧΡ. καλῶς λ.
523. κατὰ τὸν λόγον ὃν σὺ λ. δήσων. τίς γὰρ πλουτῶν ἐθελήσει
552. πτωχοῦ μὲν γὰρ βίος, ὃν σὺ λ., ζῆν ἐστιν μηδὲν ἔχοντα·
637. λ, μοι χαρᾶν, λ. μοι βοάν.
648. πέραινε τοίνυν ὅ τι λ. ἀνύσας ποτέ.
705. λ. ἀγροικον ἄρα σύ γ' εἶναι τὸν θεόν.
800. εὖ πάνυ λ.· ὡς Δεξίνικος οὑτοσὶ
922. ζῆν ἀργύς; ΣΤ. ἀλλὰ προβατίου βίον λ.,
992. λ. ἐρῶντ' ἄνθρωπον ἐκτυπώτατα.
1092. οὐ γὰρ βιάσεται. ΝΕ. πάνυ καλῶς τοίνυν λ.
1190. αὐτόματος ἥκων. ΙΕ. πάντ' ἀγαθὰ τοίνυν λ.
Fr. 1. τί ὑποτεκμαίρει καὶ κακοὺς ἄνδρας λ.
343, 1. τί σὺ λ.; εἰσὶν δὲ ποῦ;
λέγεσθαι. Σ. 1011. νῦν μὲν τὰ μέλλοντ' εὖ λ.
λέγεται. Σ. 781. πολλῷ γ' ἄμεινον· καὶ λ. γὰρ τουτογί.
Ο. 834. ὅσπερ λ. δεινότατος εἶναι πανταχοῦ
λέγετε. Λ. 1102. πρέσβεις. Αθ. καλῶς δὴ λ.· χἠμεῖς τουτογί.
Λ. 1182. καλῶς λ. νῦν οὖν ὅπως ἀγγελεῖτε,
λέγετον. Ο. 144. ἀτὰρ ἔστι γ' ὁποίου λ. εὐδαίμων πύλις
Β. 1106. λ., ἔπειτον, ἀναδέρεσθον,
1381. καὶ ΕΤ. ἐχύμεθα. ΔΙ. τούτους νῦν λ. ἐς τὸν σταθμόν,
λεγέτω. Λ. 210. λ. δ' ὑπὲρ ὑμῶν μί' ἅπερ ἂν κἀγὼ λέγων
λέγῃ. Α. 39. ἐάν τις ἄλλο πλὴν περὶ εἰρήνης λ.
Ν. 1317. ξυγγένηται, κἄν λ. παμπόνηρ'.
Ν. 777 λ. μακρὰν τις, οὐχὶ πεινῶν ἀναμενεῖς,
945. ἀλλ' οὐκ ἔχειν οὑτοῖ γ' ἔοικεν ὅ τι λ.
Β. 626. αὑτουὶ μὲν οὖν, ἵνα σοὶ κατ' ὀφθαλμοὺς λ.
λέγῃς. Σ. 649. ἢν μή τι λ., ἤτις δυνατὴ τὸν ἐμὸν θυμὸν κατερεῖξαι.
ΕΙ. 651. ἄττ' ἂν οὖν λ. ἐκείνων,
Β. 1056. πάνυ δὴ δεῖ χρηστὰ λέγειν ἡμᾶς. ΕΤ. ἤν οὖν σὺ λ. Λυκαβηττοὺς
λέγῃ. Θ. 1102. κάρα κομίζων. ΤΟ. τί λ. Γοργόνος πέρι;
Θ. 1104. ἔγωγέ φημι. ΤΟ. Γοργώ τοι κἀγὼ λ.
λέγοι. ΕΙ. 43. λέγοις ἄν ἤδη τῶν θεατῶν τις λ.
Ο. 130. λ. ταδί· πρὸς τοῦ Διὸς τοὐλυμπίου,
Λ. 1080. ἄφατα. τί κἂν λ, τις; ἀλλ' ὅπα σέλει
Θ. 440. ὥστ' ἂν εἰ λ. παρ' αὐτήν
Εκ. 431. εἶτ' ἐθορύβησαν κἀνέκραγον ὡς εὖ λ,
927. οὐ δῆτα. ΝΕ. τί γὰρ ἂν γραῦ καινά τις λ.;
Π. 252. τί γὰρ ἂν τις οὐχὶ πρὸς σὲ τἀληθῆ λ.
λέγοιμι'. Ι. 40. λ. ἂν ἤδη. νῦν γὰρ ἔστι δεσπότης
Λ. 97. λ. ἂν ἤδη. πρὶν λέγειν δ', ὑμᾶς τοδὶ
119. λ. ἄν· οὐ δεῖ γὰρ κεκρύφθαι τὸν λόγον.
λέγοις. Α. 307. πῶς δ' ἔτ' ἂν καλῶς λ. ἄν, εἴπερ ἐσπεῖσω γ' ἅπαξ
Σ. 1176. ἔγαγε. ΒΛ. τίνα δῆτ' ἄν λ.; ΦΙ. πολλοὺς πάνυ.
ΕΙ. 958. ἰδού λ. ἂν ἄλλο περιελήλυθα.
Ο, 282. ἐξ ἔποπος, ἐγὼ δὲ τούτου πάππος, ὥσπερ οἱ λ.
Εκ, 132. ἰδού. ΠΡ. λ. ἄν. ΓΤ. Θ. εἶτα πρὶν πιεῖν λέγω;
λέγοιτ'. Β. 1401. λ. ἄν, ἂν αὔτη 'στι λοιπὴ σφῷν στάσις.
λεγοίτην. Ι. 1350. καὶ νὴ Δί' οἵ γε διὰ ὁ. τοὐλυμπίου,
λέγομεν. Σ. 1180. οἴονι λ. μάλιστα τοὺς κατ' οἰκίαν·
Λ. 407. οἵ λ. ἐν τῶν δημιουργῶν τοιαδὶ
λεγομένοις. Π. 647. καὶ ποῦ 'στιν; ΚΑ. ἐν τοῖς λ. εἰσαι τάχα.
λεγόμενον. Ο. 652. ἐστὶν λ. δή τι, τὴν ἀλώπεχ', ὡς
Λ. 653. τὸν ἔρανον τὸν λ. πανταχοῦ ἐκ τῶν Μηδικῶν
'Λεγον. Α. 41. οὐκ ἠγόρευον; τοῦτ' ἐκεῖν' οὑγὼ 'λ.'
ΕΙ. 64. τοῦτ' ἐστὶ τουτὶ τὸ κακὸν αὔθ' οὑγὼ 'λ.
Λ. 240. τίς ὀλολυγή; ΛΤ. τοῦτ' ἐκεῖν' οὑγὼ 'λ.'
λέγοντ'. Ι. 1118. πρὸς τὸν τε λ. ἀεὶ
λέγοντα. Ν. 99. λ. νικᾶν καὶ δίκαια κἄδικα.
λέγοντά. Ν. 115. νικᾶν λ. φασι τἀδικώτερα.
λέγονται. Fr. 235. πληγαὶ λ. πουλύπου πιλουμένου.
λέγοντας. ΕΙ. 635. ἔβλεπεν πρὸς τοὺς λ.' οἱ δὲ γιγνώσκοντες εὖ

λέγοντες. Ν. 96. λ. ἀναπείθουσιν ὡς ἔστιν πνιγεὺς
Β. 1176. οἱς οὐδὲ τρὶς λ. ἐξινυνύμεθα.
λέγοντι. Σ. 641. ἡδύμενος λ.
Σ. 647. μὴ πρὸς ἐμοῦ λ.
λεγόντοιν. Β. 1111. λεπτὰ μὴ γνῶναι λ.,
λέγοντος. Α. 302. σοῦ δ' ἐγὼ λόγους λ. οὐκ ἀκούσομαι μακροὺς,
Α. 337. οὐδ' ἐμοῦ λ. ὑμεῖς ἀρτίως ἠκούσατε.
Ι. 860. ὦ δαιμόνιε, μὴ τοῦ λ. ἴσθι, μηδ' οἰηθῇς
Σ. 633. δὲ ξυνετῶν λ.
λέγουσ'. Θ. 364. χθροῖς τοῖς ἡμετέροις λ..
λέγουσα. Ο. 1245. ταυτὶ λ. μορμολύττεσθαι δοκεῖς;
Θ. 566. οὔ τοι μὰ τὼ θεὼ σὺ καταπροίξει λ. ταυτί,
λεγούσαις. Θ. 356. νικᾶν λ. ὑεύσαι δ'
λεγούσης. Θ. 435. οὐδὲν δεινότερα λ.
λέγουσι. Α. 198. κἂν τῷ στόματι λ., βαίν' ὅπα θέλεις.
ΕΙ. 832. οὐκ ἦν ἄρ' οὐδ' ὁ λ. κατὰ τὸν ἄρα,
Ο. 415. λ. δὲ δὴ τίνας λόγους·
600. τὸν ἀργυρίων· οὕτοι γὰρ ἴσασι λ. δέ τοι τάδε πάντες,
Λ. 1234. ἁ δ' οὐ λ., ταῦθ' ὑπονενοήκαμεν,
Εκ. 112. λ. γὰρ καὶ τῶν νεανίσκων ὅσοι
773. λ. γοῦν ἐν ταῖς ὁδοῖς. ΑΝ. Β. λέξουσι γάρ.
Π. 107. ταυτὶ λ. πάντες· ἠνί' ἂν δέ μου
202. νὴ Δί' ἀλλὰ καὶ λ. πάντες ὡς
346. γίγνεσθ' δ' ἀληθῆ, ὡς λ. πλούσιος;
λέγουσιν. Ι. 965. ἀλλ' οἵ γ' ἐμοὶ λ. ὡς ἄρας σε δεῖ
Ι. 967. οὐμοὶ δέ γ' αὖ λ. ὡς ἀλουργίδα
Σ. 566. οἱ δὲ λ. μύθους ἡμῖν, οἱ δ' Αἰσώπου τι γέλοιον·
λεγουσῶν. Λ. 527. ἣν οὐν ἡμῶν χρηστά λ. ἐθελήσητ' ἀντακροάσθαι
λέγω. Α. 170. τοῖς Θρᾳξὶ περὶ μισθοῦ λ. δ' ὑμῖν ὅτι
Α. 317. κἄν γε μὴ λ. δίκαια, μηδὲ τῷ πλήθει δοκῶ,
356. τοῖς Λακεδαιμονίοιν ἀπανθ' ὅσ' ἂν λ.,
503. ξένων παρόντων τὴν πόλιν κακῶς λ.
508. τοὺς γὰρ μετοίκους ἄχυρα τῶν ἀστῶν λ.
515. ἡμῶν γὰρ ἄνδρες, οὐχὶ τὴν πόλιν λ.
516. μέμνησθε τοῦθ', ὅτι οὐχὶ τὴν πόλιν λ.,
Ι. 22. καὶ δή λ.· μώλωμεν. ΝΙ. ἐξίοιεσθε νῦν
96. τὸν νοῦν ἵν' ἄρδω καὶ λ, τι δεξιόν,
114. [τὸν νοῦν ἵν' ἄρδω καὶ λ, τι δεξιόν.]
1375 τὰ μειράκια ταυτί λ., τὰν τῷ μύρῳ,
Ν. 778. φαυλότατα καὶ ῥᾷστ', ΣΩ. εἰπέ δή, ΣΤ. καὶ δή λ.
Σ. 514. ἀλλ' εἶπε σιγῶν ἀκούση, ἵνα μάθης ἐγὼ λ.,
ΕΙ. 173. οἴμ' ὡς δέδοικα κοὐκέτι σκώπτων λ.
455. ἰή ἰή τοίνυν, ἰή μόνον λ.
503. καὶ τοῖς Ἀθηναίοισι ταυτάσθαι λ.
Ο. 356. ἐκφυγεῖν· ΕΤ. οὐκ οἶδ' ὅπως ἄν. ΠΕ. ἀλλ' ἐγὼ τοί σοι λ.
444. τὸν· οὐδαμῶς. ΠΕ. οὐκ, ἀλλὰ τὠφθαλμὼ λ.
847. οὐδὲν γὰρ ἄνευ σοῦ τῶνδ' ἀ λ. πεπράξεται.
945. ξύνες ὅ τοι λ.
1304. τοιαῦτα μὲν τἀκείδεν, ἐν δέ σοι λ.
1531. μάλιστα πάντων. ἐν δέ σοι λ. σαφές
Λ. 210. λεγέτω δ' ὑπὲρ ὑμῶν μί' ἅπερ ἂν κἀγὼ λ.]
1195. πᾶσιν ὑμῖν λ. λαμβάνειν τῶν ἐμῶν
Θ. 85. ὑτὴ τραγῳδῶν καὶ κακῶς αὐτὰς λ.
182. τοῖς Θεσμοφορείοις, ὅτι κακῶς αὐτὰς λ.
431. ὅπως ἀπολεῖται, ταῦτ' ἐγὼ φανερῶς λ.·
453. νῦν οὖν ἁπάσαισιν παραινῶ καὶ λ.
476. ἐγὼ γὰρ αὐτὴ πρῶτον, ἵνα μάλλην λ.,
Β. 171. οὗτος, οἱ λ. μέντοι, οἱ τὸν τεθνηκότα
1140. τῷ τοῦ πατρὸς τεθνεῶτος λ., καὶ οὗν ἄλλωι λ.
Εκ. 132. ἰδού. ΠΡ. λέγοις ἄν. ΓΤ. Θ. εἶτα πρὶν πιεῖν λ.;
299. καίτοι τί λ.; φίλοιν
1014. καὶ δὴ σοι λ.
Π. 58. ἐγὼ μὲν οἰμώζειν λ. σοι. ΚΑ. μανθάνεις
62. ἐμοὶ φράσον. ΠΛ. κλάειν ἐγωγέ σοι λ.
67. καὶ μὴν ὁ λ. βέλτιστόν ἐστ', ὦ δέσποτα.
261. οὔκουν πάλαι δήπου λ.· οὐ δ' αὐτὸς οὐκ ἀκούεις.
445. καὶ μὴν λ., δεινότατον ἔργον παρὰ πολὺ
637. φθείρειν τ' ἀριθμὸν καὶ κοπώπων καὶ ψυλλῶν οὐδὲ λ. σοι
1099. φθεγγόμενον ἄλλοις κλαυσιᾷ. ΕΡ. οἵ τοι λ.,
λέγων. Α. 313. οὐχ ἅπαντων οὐχ ἁπάντων· ἀλλ' ἐγὼ λ. διδὰ
Ι. 49. κοσκυλμάτιοίς ἄκροις, τοιαυτί λ.
66. αἰτεῖ, παμιτί, δωροδοκεῖ, λ. ὅτι
359. τὰ μὲν ἄλλα μ' ἥρεσας λ.· ἐν δ' οὐ προσίεταί με
617. ὦ καλὰ λ., πολὺ δ' ἀμείνων· ὅτι τῶν λόγων
628. κρημνοὺς ἐρείδων καὶ λ. ξυναρπάσας
669. πύθησθ' ἀδικέται γὰρ περὶ σπονδῶν λ.
1352. καταμαμβοφορήσαι τοῦθ', ὁ τὸν ἀειρίδα λ.
Ν. 541. οὐδὲ πρεσβύτης ὁ λ. τἀπη τῇ βακτηρίᾳ

Bb 2

188 λέγων—λέοντος.

λέγων. Ν. 884. ὃς τάδικα λ. ἀνατρέπει τὸν κρείττονα·
Ν. 892. ἐν τοῖς πολλοῖσι λ. ἀπολῶ.
900. εἰπέ, τί ποιῶν; ΔΙ. τὰ δίκαια λ.
951. ὑπότεροι αὑτοῖν λ. ἀμείνων φανήσεται.
962. ὃτ' ἐγὼ τὰ δίκαια λ. ἤθουν καὶ σωφροσύνη νενόμιστο.
1211. ζηλοῦντες ἡνίκ' ἂν πὺ νικᾷς λ. τὰς δίκας.
1334. ἔγωγ' ἀποδείξω, καί σε νικήσω λ.
1422. ὥσπερ σὺ κἀγώ, καὶ λ. ἔπειθε τοὺς παλαιούς ;
1446. λόγον σὲ νικήσω λ.
Σ. 21. πῶς δή, προσερεῖ τις τοῖσι συμπόταις λ.,
281. ἐξαπατῶν λ. ὡς
517. ἀλλὰ δουλεύων λέληθας. ΦΙ. παῦε δουλείαν λ.,
523. ἣν γὰρ ἡττηθῶ λ. σου, περιεσσοῦμαι τῷ ζίφει.
603. ἔμπλησο λ.· πάντως γάρ τοι παύσει ποτέ κἀναφανήσει.
1320. σκώπτων ἀγροίκως καὶ προσέτι λόγοις λ.
ΕΙ. 932. ὡς χρὴ πολεμεῖν λ. τις οἱ καθήμενοι
Ο. 426. τὸ δεῦρο προσβιβᾷ λ.
472. ὃς ἔφασκε λ. κορυδὸν πάντων πρώτην ὄρνιθα γενέσθαι,
962. ὡς ἔστι Βάκιδος χρησμὸν ἀντικρυς λ.
1437. νῦν τοι λ. πτερῷ σε, ΣΤ. καὶ πῶς ἂν λόγοις
1443. λ. ἀνεπτέρωκεν ὥσθ' ἱππηλατεῖν.
1619. οὐξάμενος εἶτα διασαφήζηται λ.,
Λ. 521. ὁρῶν γε λ. νὴ Δί' ἐκεῖνοι. ΑΤ. πῶς ὀρθῶς, ὦ κακόδαιμον,
1229. ἢν τοὺς Ἀθηναίους ἐγὼ πείσω λ.,
Θ. 343. ἡ μοιχὸς εἴ τις ἐξαπατᾷ ψευδῆ λ.,
Β. 1068. κἂν ταῦτα λ. ἐξαπατήσῃ, παρὰ τοὺς ἰχθῦς ἀνένιψεν.
1145. Ἑρμῇ χθόνιον προσεῖπε, κάθηλον λ.
Εκ. 435. τὰς μὲν γυναίκας πόλλ' ἀγαθὰ λ., σὲ δὲ
Fr. Μ. Θ. Δευτ. 6, 15. οὖδ' ἂν λ. λήξαι τις.
λεγωνήσαι. Fr. 636. λ.:
λέγωσ'. ΕΙ. 933. ὑπὸ τοῦ δέους λ, 'Ιωνικῶς δί,
λέγωσί, Εκ. 726. ἵν' ἀναβλέπωμαι καὶ λ. μοι ταδί·
λέγωσιν. Σ. 892. ὡς ἡνίκ' ἄν λ., οὐκ ἐσφρήσομεν.
Ο, 1440. ὅταν λ, οἱ πατέρες ἑκάστοτε
Λ. 1233. δεῖσθ' ὅ τι μὲν ἂν λ. οὐκ ἀπιλήσω.
λείβεται. Ι. 327. πρῶτος ὤν ὁ δ' ἱπποδάμου λ. θεώμενος,
λειμών. Β. 344. φλογὶ φέγγεται δὲ λ.
λειμῶνα. Η. 326. ἐλθὲ τόνδ' ἀνὰ λ. χορεύσων,
Β. 1300. λ. Μουσῶν ἱερὸν ὑφεσῖπε ὅρέπων
λειμωνά. Ο. 246. ἔχετε λ. τ' ἱρόεντα Μαραθῶνος,
λειμώνας. Β. 449. λ. ἀνθεμώδεις,
λειμώνων. Ο. 1093. ἀλλ' ἀνθρώπω λ.
Β. 374. λ. ἐγκροῦων
λείβεις. Ι. 103. ἐπίκαστα λ, δημιόπραθ' ὁ βάσκανος
λείον. ΕΙ. 1086. οὐδέποτ' ἂν θείης λ, τὸν τραχὺν ἐχῖνον.
ΕΙ. 1114. οὐ γὰρ ποιήσεις λ. τὸν τραχὺν ἐχῖνον.
Β. 1003. ἡνίκ' ἂν τὸ πνεῦμα λ.
λείος. Fr. 25. καὶ λ. ὥσπερ ἔγχελυς, χρυσοῦν ἔχων κικίννουτ.
λείπωμ'. Εκ. 912. μόνη δ' αὑτοῦ λ.· ἡ
λείπω. Λ. 1185. λ. φᾶος γε τοὐμόν, οὐκέτ' εἴμ' ἐγώ.
Ι. 1251. Λ.· σὺ δ' ἄλλος τις λαβὼν νικητάσεται,
λείχεις. Σ. 738. λ., χλαίναν μαλακήν, σισύραν,
ΕΙ. 854. παρὰ τοῖς θεοῖσιν ἀμβροσίαν λ. ἄνω.
855. λ. ἆρ' αὕτη κάνθάδε σπευσείτον.
λείχων. Ι. 1089. χώτις γ' ἐν Ἐμβατήνοις διαάσεις, λ. ἐπίκαστα,
Ι. 1285. ἐν κασανρίοισι λ. τὴν ἀπόπτυσον δρόσον,
λειψάνων. Σ. 1066. ἀλλὰ κἂν τῶν λ. δεῖ τῶνδε ῥώμῃ
Λειψύδριον. Λ. 665. ἀλλ' ἄγετε, λυκόποδες, οἵπερ ἐπ' Λ. ἠλθομεν, ἵν' ἤμεν ἔτι,
λεκάνοισι. Ο. 1143. λ. ΠΕ. τὸν δὲ πηλὸν ἐνεβάλλοντο πῶς
λεκάνας. Ο. 1146. ἐς τὰς λ. ἐκβάλλων αὑτὸν τοῖν ποδοῖν.
λεκάνην. Ν. 907. χωρεῖ τὸ κακὸν δῦτε μοι λ.
Ο. δὴ. λ. ἀνένεγκε, κατάκες· ὡς τῆς κλίμακος,
Fr. 344. ὁ τρυγὸς τε φωνὴν εἰς λ. ὠθουμένης,
λεκάνης. Σ. 600. τὸν σπόγγον ἔχων ἐκ τῆς λ. τἀμβάδι' ἡμῶν περίωφεῖ.
Fr. 335. πεντελίθοισί θ' ὁμοῦ λ. παραδραύμασι,
λεκάνου. Λ. 1110. κἀλλὰ λ. τῶν λαγχόω δὸς κρεῶν.
λεκανίσην. Fr. 637. λ.
λίκιθον. Λ. 562. ἐς τὸν χαλκοῦν ἐμβαλλόμενον πῖλον λ. παρὰ γραῦς·
Εκ. 1177. λ., ἵν' ἐπιδεινῇς.
λεκιθόπωλιν. Π. 427. ἧ λ. οὐ γάρ ἂν τοσουτονὶ
λεκτόν. Ο. 422. τε λ. οὔτε πιστόν, ὡς
λίλακας. Α. 410. Εὐριπίδη, ΕΤ. τί λ.; ΔΙ. ἀνάβαδην ποιεῖς,
λελάκτικος. Ν. 136. ἀνεπιμερίμνων τὴν θύραν λ.
λελάμπρυνται. Π. 635. λ. μάμματά μοι λ. κύραι,
λέλειπται. Fr. 492. τὸ δ' αἷμα λ. τοὐμὸν ὧνες δέσποτα.
λέλεκται. Β. 1244. Ζεύς, ὡς λ. τῆς ἀληθείας ὑπο,

λέληθ'. Fr. 96. οἶδα μὲν ἀρχαῖόν τι δρῶν κοὐχὶ λ. ἐμαυτόν,
λέληθας. Σ. 517. ἀλλὰ δουλεύων λ, ΦΙ. παῦε δουλείαν λέγων,
λέληθε. Εκ. 103. λ,· καίτοι πρότερον ἦν οὗτος γυνή·
λέληθεν. Ι. 862. ἔππυσα τοὺς ξυνωμότας, καί μ' οὐ λ. οὐδὲν
Σ. 695. σὺ δὲ χασκάζεις τὸν κωλαγρέτην· τὸ δὲ πραττόμενόν σε λ.
Θ. 589. καὶ πῶς λ, ἐν γυναιξὶν ἂν ἀνήρ;
600. λ. ἡμᾶς κρυπτοῖς ἐγκαθήμενος,
604. τί τις ἐν τόποις ἐδραίος ἄλλοι αὖ λ. ὤν.
λελουμένον. Ο. 140. εὑρὼν ἀπιόντ' ἀπὸ γυμνασίου λ.
λελουμένους. Α. 1066. τοῦτο δρῶν λ., αὖ·
Fr. 169. ἡμᾶς ἐπεὶ τῷ χαλκίῳ λ. σχολάζειν,
λέλουται. ΕΙ. 868. ἡ παῖς λ. καὶ τὰ τῆς πυγῆς καλά·
λέλυσο. Θ. 1208. λ. οὖν ἔργον, φεύγε, πρὶν τὸν ταξότην
λέλυται. Εκ. 377. ἤδη λ. γάρ; ΧΡ. νὴ Δί', ὄρθριον μὲν οὖν.
λέμμα. Ο. 674. ἀπὸ τῆς κεφαλῆς τὸ λ. κᾆθ' οὕτω φιλεῖν.
λέξαι. Α. 416. δεῖ γάρ με λ. τῷ χορῷ ῥήσιν μακράν·
Α. 1057. δεινὰ παρὰ τῆς νύμφης τί σοι λ. κόρη.
Ι. 1301. καὶ μίαν λ, τιν' αὐτῶν, ἥτις ἦν γεραιτέρα·
Ν. 1365. τὸν Αἰσχύλου λ. τί μοι· κᾆθ' οὗτος εὐθὺς εἶπεν,
Σ. 1198. πίνων, σεαυτοῦ ποιῶν ἂν λ. δοκεῖς
1400. λ. χαρίεντα, ΑΡ. μὰ Δία μή μοι γ', ὦ μέλε,
λέξαιμι. Θ. 441. τιν' ὑμῶν, ὅν ποτ' ἤκουσά
Θ. 445. ἃ δ' ἐγὼ πέπονθα, ταῦτα λ. Βούλομαι
Fr. 246, 1. ἀλλ' εἰσιν', ὡς τὸ πρᾶγμα λ. Βούλομαι
λέξας. Α. 1186. τοσαῦτα λ. εἰς ὑδρορρόαν πεσὼν
Π. 3. ἣν γὰρ τὰ βέλτιστ' ὁ θεράπων λ. τύχῃ,
λέξει. Ν. 940. φέρε δὴ πότερος λ. πρότερος;
Ν. 1392. πηδᾶν, ὅ τι λ.
ΕΙ. 1048. τί ποτ' ἄρα λ.; ΤΡ. δῆλός ἐσθ' οὗτος γ' ὅτι
Θ. 573. σιγᾶθ', ἵν' αὐτῆς κοσμίως πυθώμεθ' ἅττα λ.
λέξεως. Ι. 16. πῶς ἂν σὺ μοι λ. ἀμὴ χρὴ λέγειν;
Θ. 197. μόνος γὰρ ἂν λ. ἀξίως ἐμοῦ.
λέξειν. Σ. 1005. ῥῆσιν εὖ λ. ἐμέλλομεν νύν, οὐδὲ
Θ. 382. ὅπερ ποιοῦσ' οἱ ῥήτορες, μακρὰν ἔοικε λ.
Β. 901. τὸν μὲν ἀστείον τι λ.
Εκ. 170. αὐτὴ γὰρ ὑμῖν ἕνεκα μοι λ. δοκῶ,
597. τοῦτο γὰρ ἥμελλον ἐγὼ λ.· τὴν γῆν πρώτιστα ποιήσω
λέξεις. Ν. 1344. καὶ μὴν ὅ τι καὶ λ. ἀκούσαι βούλομαι
Σ. 1240. τούτῳ τί λ. σκόλιον; ΦΙ. ᾠδικῶς ἐγώ,
Θ. 711. φαύλως τ' ἀποδρᾶς οὐ λ.
720. λόγους τε λ. δυσοίσιν·
Β. 1003. σὺ δὲ τί, φέρε, πρὸς ταῦτα λ. ; μόνον ὅπως
Fr. 346. λ. ἆρα
λέξῃ. Ν. 942. κᾆτ' ἐν τούτων ὦν ἂν λ.
Σ. 537. καὶ μὴν ὅπως λ. γ' ἀπλῶν μνημόσυνα γραψόμεν 'γώ.
λέξομεν. Σ. 865. φήμην ἀγαθὴν λ. ὑμῖν,
λέξον. Ν. 340. δὲ ἂν μέντοι τἀσθ' οὐχὶ δίκαιος; ΣΤ. λ. δή μοι, τί καθοῦσαι,
Ν. 1370. λ. τις τῶν νεωτέρων ἅττ' ἐστὶ τὰ σοφὰ ταῦτα.
Σ. 15. ἀτὰρ σὺ λ. πρότερος. ΞΑ. ἰδοῦκων ἀετὸν
28. ἀτάρ σὺ τὸν αὖ λ. ΣΠ. ἀλλ' ἐστὶν μέγα.
335. κάτουκλείων τὰς θύρας λ.
963. ἀνάβηθι, τυρίννησι, καὶ λ. μέγα·
Ο. 1668. χείμων· ΠΕ. οὐ μέντοι μὰ Δία. λ. δέ μοι,
Β. 1020. Αἰσχύλε, λ., μηδ' αὐθαδῶς σεμνυνόμενος χαλέπαινε.
Fr. 1. πρὸς ταῦτα σὺ λ. Ὀμηρείους νήστας, τί καλούσι πλημμιμα.
λέξον. Θ. 91. λ. ὑπὲρ ἐμοῦ, ΜΝ. πότερα φανερόν, ἢ λάθρα
λέξοντ'. Α. 99. λ. Ἀθηναίοισιν, ὦ ψευδαρτάβα,
λέξοντας. Ι. 508. ἠνάγκεζεν λ, ἐφ' πρὶν τὸ θέατρον παραβῆναι,
λέξουσ'. Θ. 384. λ. ἀνίστησ', ὦ γυναῖκες· ἀλλὰ γὰρ
λέξουσι. Εκ. 773. λέγουσι γοῦν ἐν ταῖς ὁδοῖς. ΑΝ. Β. λ. γάρ.
λέξουσιν. Εκ. 695. τάδε λ. δεῦρο παρ' ἡμᾶς·
Α. 309. λ. δ' ὑπὲρ Λακεδαιμονίων ἅ μοι δοκεῖ.
Α. 417. αὕτη δὲ θάνατον, ἣν κακῶς λ., φέρει.
501. ἐγὼ δὲ λ. δεινὰ μὲν, δίκαια δέ·
Ν. 1243. λ. νομίσας οἱ τοῦθ' ὑπὸ μέθης σὸν μυστήρια.
961. λ. τοίνυν τὴν ἀρχαίαν παιδείαν, ὡς διέκειτο,
Σ. 951. ὑπεραπολοπήσεθαι κυνός λ. δ' ὅμως.
Εκ. 163. φέρε τὸν στέφανον· ἐγὼ γὰρ αὖ λ. πάλιν.
λέξων. Θ. 785. ἡμεῖς τοίνυν ἡμᾶς αὐτὰς εὖ λ. παραβᾶσαι,
Α. 367. ὁ δ' ἀνὴρ ὁ λ. οὐτοσὶ τυννουτοσί.
Α. 629. οὗτω παρέβη πρὸς τὸ θέατρον λ. ὡς δεξιός ἐστιν.
Ι. 1037. Ἔστι γυνὴ, τέξει τε λ. ἐπὶ φάττα ἐν Ἀθήναις,
λέοντα. Η. 1431. μάλιστα μὴ λ. μὴ 'ν πόλει τρέφειν.
λέοντας. ΕΙ. 1189. οὔτε οἶος ἂν λέγοι·
λέοντην. Β. 46. ὁρῶν λ. ἐπὶ κροκωτῷ κειμένην.
496. τις λεοντῆν ναυμαχεῖν ἡμμένον.
Β. 430. πύσθου λ. ναυμαχεῖν ἡμμένων.
λέοντος. Β. 1431. [οὐ χρὴ λ, σκύμνον ἐν πόλει τρέφειν]

λέοντός—Λήμνιον. 189

λέοντός. I. 1043. ἐγὼ γὰρ ἀντὶ τοῦ λ. εἰμί σοι.
λέπαδνα. I. 768. ἀπολοίμην καὶ διακριοθείην καταπμηθείην τε λ.
λεπαδνοτεμαχοσελαχογαλεο-. Εκ. 1169. λ.
λεπάς. Σ. 105. ὥσπερ λ. προσεχόμενος τῷ πίονι.
Π. 1096. ὥσπερ λ, τῷ μειρακίῳ προσίσχεται,
λεπαστήν. Εἰ. 916. φήσεις γ', ἐπειδὰν ἐκπίῃς οἴνου νέον λ.
Fr. 209. 2. τὸ πρᾶγμ' ἑορτή. περιέφερε δ' ἡμῖν κύκλῳ λ.
λεπρᾶν. Fr. 511. λ. κερήμιον ὄφρων
Λέπρεον. Ο. 149. τί οὐ τὸν Ἠλεῖον Λ. οἰκίζεται
Ο. 151. βδελύττομαι τὸν Λ. ἀπὸ Μελανθίου.
λεπρῶν. Fr. 23. τί δαί; λ. κυνίδιον ἱερῷ τῇ θεῷ.
Λεπρῶν. Α. 724. τρεῖς τοὺς λαχόντας τουσδ' ἱμάντας ἐκ Λ.
λεπτά. Α. 445. δώσω πιωσῇ γὰρ Λ. μηχανᾷ φρενί.
ΕΙ. 69. ἔπειτα λ. κλιμάκια ποιούμενος.
Λ. 1206. ἔστι παρ' ἐμοῦ λαβεῖν τυρίδα λ. μὲν,
Β. 1111. λ. μὴ γνώμας λεγόντων,
λεπταῖς. Ν. 1404. γνώμαισι δὲ λ. καὶ λόγοις ξύνειμι καὶ μερίμ-
ναις,
λεπτή. I. 1244. λ. τις ἐλπίς ἐστ' ἐφ' ἧς ὀχούμεθα.
Εκ. 539. ψύχας ὑπὸ ἦν, ἐγὼ δὲ λ. κάσθενής·
λεπτήν. Ν. 177. κατὰ τῆς τραπέζης κατακάσας λ. τέφραν,
Ν. 230. λ. καταμίξας ἐς τὸν ὅμοιον ἀέρα.
741. λ. κατὰ μικρὸν περιφρονεῖς τὰ πράγματα.
λεπταλογεῖν. Ν. 320. καὶ λ, ἤδη ζητεῖ καὶ περὶ καπνοῦ στενο-
λεσχεῖν,
λεπτολόγους. Β. 876. Μοῦσαι, λ. ξυνετὰς φρένας αἳ καθορᾶτε
λεπτόν. Ν. 1017. ὤμους μικρούς, στῆθος λ.,
Ο. 235. βώλιον ἀμφιτιττυβίζεθ' ὧδε λ.
Λ. 28. ᾖ πού τι λ. ἐστὶ τοὐρπιτασμένον.
29. οὕτω γε λ. ὡσθ' ὅλης τῆς Ἑλλάδος
Β. 1108. κἀποκινδυνεύετον λ. τι καὶ σοφὸν λέγειν.
Fr. Μ, Δακτ. 12, 1. τί δαί; κυνίδιον λ, ἱερῷ τῇ θεῷ
λεπτοτάτων. Ν. 359. σύ τε, λ. λήρων ἱερεῦ, φράζε πρὸς ἡμᾶς
ὅ τι χρῄζεις
λεπτότητος. Ν. 153. ὦ Ζεῦ βασιλεῦ, τῆς λ. τῶν φρενῶν.
λεπτοῦ. Ν. 161. στενῶν. διὰ λ. δ' ὄντος αὐτοῦ τὴν πνοὴν
λεπτούς. Fr. 205, 2. εἰς ὄξος ἐμβαπτόμενον ᾖ λ. ἅλας.
λεπτώ. Ο. 318. ἄνδρε γὰρ λ. λογιστὰ δεῦρ' ἀφίξεσθον ὡς ἐμέ.
λεπτῷ. Fr. 146, 3. καλάμῳ λ.
λεπτῶν. Β. 956. λ. τι καινῶν ἐσβολὰς ἐπῶν τε γωνιασμούς,
Fr. 198, 11. ἐν σφόδρ' ἐπὶ λ. ἐλπίδων ὠχεῖσθ' ἄρα·
λεσβίων. Σ. 1346. μέλλουσαν ἤδη λ. τοὺς ξυμπότας·
Λεσβίους. Εκ. 920. δοκεῖς δέ μοι καὶ λάβδα κατὰ τοὺς Λ.
λευκᾷ. Ο. 159. νεωμέσθα δ' ἐν κήποις τὰ λ. σήσαμα
Θ. 841. λ. καὶ κύμασι κάθεισαι πλησίον τῆς Λαμάχου,
λευκήν. Ν. 1012. χροιὰν λ., ὤμους μεγάλους,
Ο. 1116. ὅταν ἔχητε χλανίδα λ., τότε μάλισθ' οὕτω δίπην
Fr. 414, 1. τί οὖν ποιῶμεν· χλανίδ' ἔχρῆν λ. λαβεῖν.
λεύκης. Ν. 1007. μίλακος ὄζων καὶ ἀπραγμοσύνης καὶ λ. φυλ-
λοβολούσης,
λευκοῖς. Θ. 857. λ. νοτίζει μελανοσυρμαίῳν λεών.
λευκοῖς. Β. 942. ἐπυλλίοις καὶ περιπάτοις καὶ τευτλίοισι λ.,
Λευκολόφας. Εκ. 645. ἤ λ., πάνπαν με καλοῖ, τοῦτ' ἤδη δεινὸν
ἀκοῦσαι.
Λευκολόφων. Β. 1513. μετ' Ἀδειμάντου τοῦ Λ.
λευκολόφων. Β. 1016. ἀλλὰ νέοντας δόρυ καὶ λύγχας καὶ λ.
τριφαλείαν
λευκόν. Α. 1024. ὦ τρισκακοδαίμων, εἶτα λ. ἀμέχει;
Α. 1106. καλῶν γε καὶ λ. τὸ τῆς στρουθοῦ πτερόν.
Ι. 1279. ὅστις ᾖ τὸ λ. οἶδεν ᾖ τὸν ὅρθιον νόμον.
Ο. 668. ὡς δ' ἀπαλόν, ὡς δὲ λ. ΕΤ. ἀιά γ' οἶσθ' ὅτι
Λ. 191. τίς ἄρ οὖν γένοιτ' ἂν ὅρκος; ΚΑ. εἰ λ. ποθεν •
193. ναί Λ. ἵππον· ΚΑ. ἀλλὰ πῶς ὁμούμεθα
Fr. 23, 1. τί δαί; κυνίδιον λ. ἱερῷ τῇ θεῷ
λευκοπληθής. Εκ. 387. ὦ λ. ἦν ἰδεῖν ἐκκλησία·
λευκός. Θ. 191. σὺ δ' εὐπρόσωπος, λ., ἐξυρημένος,
Β. 1092. λ., πίων, ὑπολειπόμενος
Εκ. 428. λ. τίς ἀνενήθησ', ὅμοιος Νικίᾳ,
λευκοράτη. Εκ. 699. καὶ καλλίστη καὶ λ.·
Λευκότριχα. Ο. 971. πρῶτον Πανδώρᾳ θῦσαι λ. κριόν.
λευκότροφα. Ο. 1100. λ. μύρτα, Χαρίτων τε κηπεύματα.
λευκῷ. Ν. 1000. στεφανωσάμενοι καλάμῳ λ. μετὰ σώφρονος
ἡλικιῶτιν,
λευκῶν. ΕΙ. 1310. λ. ὀδόντων ἔργον ἔστ', ἤν μὴ τις καὶ μα-
σώνται,
Π. 806. ᾖ μὲν σιτνὴν μεστὴ 'στι λ. ἀλφίτων,
λεύσσειν. Θ. 1052. οὐ γὰρ ἔτ' ἀθανάταν φλόγα λ.
λεύσσετε. Β. 992. τάδε μὲν λ., φαιδίμ' Ἀχιλλεῦ.
λίχος. ΕΙ. 844. στόρνυ τ' ἐμοὶ καὶ τῇδε κουρίδιον λ.
Ο. 1756. πτεροφόρ', * ἐπὶ μέδον Διὸς καὶ λ. γαμήλιον,
Θ. 891. γάμοισι Πρωτέως παιδί συμμίξαι λ.

λίχος. Θ. 1122. πεσεῖν ἐς εὐνὴν καὶ γαμήλιον λ.;
λεχοῦς. Εκ. 530. φράσασαν ἰέναι· ΠΡ. τῆς λ, δ' οὐ φραντίσαι,
Λεῳ. Α. 1000. ἀκούετε λ.· κατὰ τὰ πάτρια τοὺς χύας
Σ. 1015. νῦν αὖτε λ. πρόσχετε τὸν νοῦν, εἴπερ καθαρόν τι
φιλεῖτε.
ΕΙ. 298. καὶ νησιῶται, δεῦρ' ἴτ', ὦ πάντες λ.,
551. ἀκούετε λ.· τοὺς γεωργοὺς ἀπιέναι
Ο. 448. ἀκούετε λ.· τοὺς ὁπλίτας νυνμενὶ
1275. στεφανοῦσι καὶ τιμῶσιν οἱ πάντες λ.
1276. δέχομαι, τί δ' οὕτως οἱ λ., τιμῶσί με;
Λεῳγόρας. Ν. 109. τοὺς φασιανοὺς οὓς τρέφει Λ.
Λεωγόρου. Σ. 1260. δειπνοῦντα μετὰ Λ
λέων. Θ. 514. λ. λ. σοι γέγονεν, ἀντέκμαγμα σύν,
λεών. ΕΙ. 62. ὦ Ζεῦ, τί δρασείεις ποθ' ἡμῶν τὸν Λ.
ΕΙ. 921. καὶ τὸν γεωργικόν λ.,
1317. δᾷδάς τε φέρειν, καὶ πάντα λ. ξυγχαίρειν κἀπιχο-
ρεύειν.
Θ. 857. λευκῆς νοτίζει μελανοσυρμαῖον λ.
Λεωνίδας. Λ. 1254. ἀμέ δ' αὖ Λ.
λεώς. Α. 162. ὑποστείνοι μεντἂν ὁ θρανίτης λ.
I. 224. διεβίασαν αὐτὸν ὅ τε πένης βδύλλει λ.
ΕΙ. 632. κᾆτα δ' ὡς ἐκ τῶν ἀγρῶν ξυνῆλθον οὑργάτης λ.,
Θ. 39. εὐφημοι πᾶς ἔστω λ.,
Λεωτροφίδῃ. Ο. 1406. Λ. χαρὸν πετομένων ὀρνέων
λῆ. Λ. 1163. λ. τοῦτ' ἀποδόμαι. ΑΥ. ποῖον, ὦ τᾶν; ΛΑ. τὰν
Πύλον,
λήγομεν. ΕΙ. 332. τὸ σκέλος ῥίψαντες, ἤδη λ. τὸ δεξιόν.
ληθάριον. Ο. 915. οὐκ ἔνδον ὀτρηρῶν καὶ τὰ λ. ἔχεις.
ληθάριόν. Ο. 715. ὅτε χρὴ χλαῖναν πωλεῖν ἤδη καὶ λ. τί
πρίασθαι.
Λήθας. Λ. 1314. ἀγῆται δ' ἁ Λ. παῖς ἀγνά
Λήθης. Β. 186. τίς ἐς τὸ Λ. πεδίον, ἤ 'ς ὄνου πόκας,
ληκύθιον. Β. 1203. καὶ κῳδάριον καὶ λ. κοὶ θυλάκιον,
Β. 1208. Ἄργος κατασχὼν ΑΙ. λ. ἀπώλεσεν.
1209. τουτὶ τί ἦν τὸ λ.· οὐ κλαύσεται;
1213. πηδᾷ χορεύων. ΑΙ. λ. ἀπώλεσεν,
1210. ἠ δυογενὴς ἦν ΑΙ. λ. ἀπώλεσεν.
1221. τὸ λ. γὰρ τοῦτο πνευσεῖται πολύ.
1226. Ἀγήνορος παῖς ΑΙ. λ. ἀπώλεσεν.
1233. θυσίαν ἱπποις ΑΙ. λ. ἀπώλεσεν.
1238. Οἰνεύς ποτ' ἐκ γῆς ΑΙ. λ. ἀπώλεσεν.
1241. θνῄσκειν ἀνάρχκῃ ΑΙ. λ. ἀπώλεσεν.
1245. ἀπολεῖ σ'· ἐρεῖ γὰρ, λ. ἀπώλεσεν.
1246. τὸ λ. γὰρ τοῦτ' ἐπὶ τοῖς προλόγοισί σου
ληκύθιον. Β. 1200. ἀπὸ λ. σου τοὺς προλόγους διαφθερῶ.
Β. 1201. ἀπὸ λ. σὺ τοὺς ἐμούς; ΑΙ. ἐνός μόνου.
ληκύθιον. Π. 810. τὸ γάρ ποθ' ὃ ἱλαίου ἐφυγεν ἐν δὲ λ.
ληκύθιον. Β. 1216. τὸν πρόλογον οὐκ ἔξει προσάψαι λ.
Β. 1227. ὦ δαιμόνι' ἀνδρῶν, ἀποπρίω τὴν λ.,
1231. ἴν' οὕτος οὐχ ἔξει προσάψαι λ.
1234. ὅρας, πριῶ πᾶς, πριῶ τὴν λ.
Εκ. 538. μόνον οὐ στεφανώσασ' οὐδ' ἐπιθεῖσά λ.
744. καὶ τῷ τρίποδ' ἐξένεγκε καὶ τὴν λ.
1101. Φρύνην ἔχουσαν λ. πρὸς ταῖς γνάθοις,
Fr. 399. λ.
ληκύθους. Θ. 139. τί λ. καὶ στρόφιον; ὡς οὐ ξύμφορον.
Fr. 14. οὐδ' ἐστὶν αὐτῇ στλεγγὶς οὐδὲ λ.
ληκύθῳ. Β. 1224. ἴθι δὴ λέγ' ἕτερον αὐθις λ.
Εκ. 1111. ἄνω 'πιθεῖναι πρόφασιν ἀντὶ λ.
Fr. 8. τὴν μυρηψὰ λ.
ληκύθων. Εκ. 996. οἱ τοῖς νεκροῖσι ζωγραφεῖ τὰς λ.
Εκ. 1032. καὶ ταινίασαι, καὶ παράθου τὰς λ.
ληκύθῳ. Ο. 1589. ἔλαιον οὐκ ἔνεστιν ἐν τῇ λ.
ληκώμεθα. Θ. 493. οὐδ' ὡς, ὅταν μάλισθ' ὑπὸ τοῦ λ.
λῆμ'. Ν. 1350. δύτ' ἰὼ πρὸς τἀνθρώπου.
Β. 463. καθ' Ἡρακλέα τὸ σχῆμα καὶ τὸ λ. ἔχων·
500. εἰ δειλὸς ἐσομαι καὶ κατὰ σὲ τὸ λ. λίαν.
λῆμα. Ι. 757. καὶ λ. θυμῷ φορεῖν καὶ λόγοις ἀφίκτου·
Ν. 457. λ. μὲν πάρεστι τῷδέ γ'
Θ. 459. ἕτερον αὖ τι λ. τοῦτο
Β. 603. 'μαντὸν ἀνδρεῖον τὸ λ.
899. λ. δ' οὐκ ἀτολμότατον λ.
Λήμαις. Π. 581. ἀλλ' ὦ Κρονικαῖς λ. ὄντας λημῶντες τὰς
φρένας ἁμᾶς,
λημᾶς. Λ. 301. οὐδέ γὰρ ποθ' ὡδ' ὀδὲξ ἔβρυκε τὰς λ. ἐμοῦ.
λημᾷς. Ν. 327. νῦν γέ τοι ἤδη καθορᾷς αὐτὰς, εἰ μὴ λ. κολο-
κύνταις.
λημαπώς. Β. 494. ἰθι νυν, ἐπειδῇ λ. κἀνδρεῖος εἶ·
Λημνίας. ΕΙ. 1162. τὰς Λ. ἀμπέλους.
Λήμνιον. Λ. 299. κύστιν γε Λ. τὸ πῦρ

Λῆμνος—λίθῳ.

Λῆμνος. Γε. 325. Λ. κυήμοις τρέφουσα τακερούς καὶ καλούς.
λημῶντες. Π. 581. ἀλλ' ὦ Κρονίαις λήμαις ὄντως λ. τὰς φρένας ἄμφω.
Λήναια. Α. 1155. δι γ' ἐμὶ τὸν τλήμονα Λ. χορηγῶν ἀπέλυσ' ἄδειπνον.
ληναΐτην. Ι. 547. θόρυβον χρηστὸν λ.,
Ληναίῳ. Α. 504. αὐτοὶ γάρ ἐσμεν οὑπὶ Λ. τ' ἀγῶν.
λήξαι. ΕΙ. 1076. φυλύπιδος λ., πρὶν κεν λύπος οἶν ὑμεναιοῖ.
λήξαι. ΕΙ. 1328. λ. τ' αἴθωνα σίδηρον.
λήξαι. Fr. Μ Θ. Δευτ. 6, 15. οὐδ' ἂν λέγων λ. τις.
ληπτέον. Ι. 603. λ. μᾶλλον, τί δρῶμεν; οὐκ ἐλᾶς, ὦ σαμφόρα;
ληρεῖν. Ι. 536. καὶ μὴ λ., ἀλλὰ θεάσθαι λιπαρὸν παρὰ τῷ Διονύσῳ.
Θ. 622. τὸν δεῖνα τὸν τοῦ δεῖνα ΚΛ. λ. μοι δοκεῖτ.
Β. 1377. αὐτὸν αὑτὰ λ.
Π. 508. δύο πρεσβύτα, ξυνθιασώτα τοῦ λ. καὶ παραπαίειν.
ληρεῖς. Ν. 500. κατάθου. τί λ.; ΣΤ. εἰπὶ δὴ νῦν μοι τοδὶ
Ν. 829. αἰβοῖ, τί λ.; ΣΤ. ἴσθι τοῦθ' οὕτως ἔχον.
1273. τί δῆτα λ., ὥσπερ ἀπ' ὄνου καταπεσών;
Σ. 767. περὶ τοῦ; τί λ.; ΒΔ. ταῦθ' ἅπερ ἐκεῖ πράττεται·
1370. τί ταῦτα λ., ὥσπερ ἀπὸ τύμβου πεσών;
Ο. 341. ἵνα μὲν οὖν κλάσιμι μεγάλα. ΠΕ. τοῦτο μὲν λ. ἔχων.
572. οἱ πετόμεσθα πτέρυγάς τ' ἔχομεν; ΠΕ. λ.· καὶ νὴ
Δί' ὅ γ' Ἑρμῆς
Α. 744. τί ταῦτα λ.; ΓΤ. Γ. αὐτίκα μάλα τέξομαι.
945. ἀγαθόν. ἴα αὐτ', ὦ δαιμονία. ΜΤ. λ. ἔχων.
Θ. 595. λ.· ἐγὼ γὰρ οὐκ ἂν ἦλθον ἀγγελῶν,
1080. τί κακόν; ΕΤ. τί κακόν. ΜΝ. λ. ΕΤ. λ.
1112. καὶ κλέπτο καὶ πανοῦργο. ΕΤ. λ., ὦ Σκύθα.
Β. 512. ἀλλ' εἴσιθ' ἅμ' ἐμοί. ΕΛ. ἀλλὰ καλῶς. ΘΕ. λ. ἔχων·
555. καὶ τὰ σπόροδα τὰ πολλά. ΔΙ. λ., ὦ γύναι.
1136. ὀρᾷς ὅτι λ. ΔΙ. ἀλλ' ὀλίγον γέ μοι μέλει.
1197. λ. ἐγὼ δὲ τοὺς προλόγους καλῶς ποιῶ.
Εκ. 833. οὐκ οἶδ' ὅ τι λ. φέρε σὺ τἀνύφορον ὁ παῖς.
1001. λ.· ἐγὼ δ' ἄξω σ' ἐπὶ τἀμὰ στρώματα.
Π. 517. λῆρον λ. ταῦτα γὰρ ἡμῖν πάνθ' ὅσα νῦν δὴ κατέλεξας
ληρήσεις. Β. 923. κάπειτ' ἐπειδὴ ταῦτα λ. καὶ τὸ δρᾶμα
ληρήσεις. Ν. 367. ποῖος Ζεύς; οὐ μὴ λ.· οὐδ' ἔστι Ζεύς. ΣΤ. τί λέγεις σύ;
λήροις. Π. 589. λ. ἀπαλῶν τοὺς νικῶντας τὸν Πλοῦτον ἐᾷ παρ' ἑαυτῷ.
λῆρον. Θ. 880. ληροῦντι λ.; Θεσμοφορίοιν ταυτογί.
Β. 1005. καὶ κοσμήσας τραγικῶν λ., θαρρῶν τὸν κρουνὸν ἀφίει.
Π. 517. λ. ληρεῖς. ταῦτα γὰρ ἡμῖν πάνθ' ὅσα νῦν δὴ κατέλεξας
λῆρον. Β. 809. λ. τε τἄλλ' ἡγεῖτο τοῦ γνώμοι πέρι
λῆρος. Π. 23. ἵνα μᾶλλον ἀλγῇς. ΚΑ. λ.· οὐ γὰρ παύσομαι
Fr. 390, 1. τὸ γὰρ φοβεῖσθαι τὸν θάνατον λ. πολύς·
ληρός. Λ. 860. ὅτι λ. ἐστι τἄλλα πρὸς Κινησίαν.
ληροῦντι. Θ. 880. λ. λῆρῳ; Θεσμοφορίοιν ταυτογί.
ληρῶ. Ν. 1274. λ., τὰ χρήματ' ἀπολαβεῖν εἰ βούλομαι,
ληρῶν. Ν. 359. σύ τε, λεπτοτάτων λ. ἱερεῦ, φράζε πρὸς ἡμᾶς ὅ τι χρῄζεις·
Β. 1497. καὶ σπαριμοῖσιν λ.
λῆς. Α. 749. Δικαιόπολι, ἦ λ. πρίασθαι χοιρία;
λῆς. Α. 766. ἄντεινον, αἰ λ.· ὡς παχεῖα καὶ καλά.
Α. 772. αἰ λ., περίδου μοι περὶ θυμητιδῶν ἁλῶν,
776. ἦ λ. ἀκοῦσαι φθεγγομένας; ΔΙ. νὴ τοὺς θεούς·
788. ἀλλ' αἰ τρίφην λ., δὸς ἐμὶν τὸς χοίρος καλά.
814. τὸ δ' ἕτερον, αἰ λ., χοίνικος μώνας ἁλῶν.
Λ. 95. ὅ τι λ. ποθ' ἁμί. ΛΥ. νὴ Δί', ὦ φίλα γύναι,
1188. ἄγ' ὅσα τυ λ. ΛΘ. νὴ τὸ Δί', ὡς τάχιστά γε.
λήσει. Ι. 1033. ἐσφοιτῶν τ' ἐς τοὐπτάνιον λ. σε κυνηδὸν
λήσεις. ΕΙ. 63. λ. σεαυτὸν τὰς πλίκας ἐκκοκκίσας.
λήσομεν. Εκ. 98. ἢν δ' ἐγκαθεζώμεσθα πρώτεαι, λ.
λῃσταί. Ο. 1427. μὰ Δί', ἀλλ' ἵν' οἱ λ. γε μὴ λυπῶσί με.
λῃστάς. Α. 1077. ἡγγειλά λ. ἐμβαλεῖν Βοιωτίους.
Α. 1188. λ. ἐλαύνων καὶ κατασπέρχων δορί.
λῃστῶν. ΕΙ. 449. ληφθείς ὑπό λ. ἐσθίοι κριθὰς μόνας.
λῆτε. Λ. 1105. καὶ τὼ σιώ, καὶ λ., τὸν Λυσιστρατον.
Λητοῖ. Ο. 870. καὶ κύκνῳ Πυθίῳ καὶ Δηλίῳ, καὶ Λ. Ὀρτυγομήτρᾳ.
Λητοσθεης. Ι. 1081. χρησμὸν Λ., Κυλλήνην μὴ σε δολώσῃ.
ληφθείην. Π. 1145. ὑπότε τι λ. πανουργήσας ἐγώ.
ληφθείς. ΕΙ. 449. λ. ὑπὸ λῃστῶν ἐσθίοι κριθὰς μόνας.
ληφθεῖσα. Ο. 1222. δικαιότατ' ἂν λ. πασῶν Ἰριδῶν
ληφθεῖσι. Ν. 186. τοῖς ἐν Πύλων λ., τοῖς Λακωνικοῖς.
ληφθέντες. Α. 1110. οἱ οἱ πρῶτοι τῶν Ἑλλήνων τῇ σῇ λ. ἴυγγι
ληφθῇ. Θ. 679. αὐτῶν ὅταν λ. τις ὅσια δρῶν.
ληφθησόμαι. Εκ. 260. ὡδὶ μέση γὰρ οὐδέποτε λ.
λήψει. Θ. 713. λ. δὲ κακόν·
Β. 1236. λ. γὰρ ὀβολοῦ πάνυ καλήν τε κἀγαθήν.
λήψεσθ'. ΕΙ. 493. πληγὰς λ., ὠργείοι.

λήψεσθ'. Λ. 1093. εἰ σωφρονεῖτε, θαἰμάτια λ., ὅπως
λήψεται. Α. 1002. πρώτιστος, ἀσκὸν Κτησιφῶντος λ.
Ο. 1078. λ. τάλαντον· ἢ δὲ ζῶντ' ἄγῃ τις, τέτταρα,
Α. 1212. κωρύκιον, ὡς λ. πυ-
Εκ. 783. οὐχ ἂν τι δώσοιτ', ἀλλ' ὅπως τι λ.
λήψεταί. Ν 1308. Λ. τι πρᾶγμ', ὃ τοῦ-
Λί.ψι. Α. 104 οὐ λ. χρῦσο, χαννυπμαντ' Ἰαοναῦ.
λήψομαι. Ι. 1028. λέγε νυν· ἐγὼ δὲ πρῶτα λ. λίθον.
Σ. 785. τὸν μισθὸν ὑπόθεν λ. ΒΔ. παρ' ἐμοῦ. ΦΙ. καλῶς,
786. ὅτιή κατ' ἐμαυτὸν κοῦ μιθ' ἑτέρου λ.
843. κἂν γὰρ πρίωντο, τόν γε μισθόν λ.
1167. ὅστις ἐπὶ γήρᾳ χίμετλον οὐδὲν λ.
Fr. 447, 3. καὶ πύθεν ἐγὼ τρίπουν τράπεζαν λ.
Ἀθοι. ΕΙ. 267. ἀλλ', ὦ Διόνυσ', ἀπόλοιτο καὶ μὴ λ. φέρον.
λίαν. Α. 634. παύσας ὑμᾶς ξενικοῖσι λόγοις μὴ λ. ἐξαπατᾶσθαι,
Ι. 1213. τοὐμόν γε φράζων ὄνομα καὶ λ. σαφῶς.
Ν. 55. πρόφασιν εὕρισκον, ὦ γύναι, λ. σπαθᾷς,
416. μήτε ριγῶν ἄχθει λ., μήτ' ἀριστᾶν ἐπιθυμεῖς,
716. μὴ νυν βαρέως ἀλγει λ.
Σ. 56. μηδὲν παρ' ἡμῶν προσδοκᾶν λ. μέγα,
877. παύσον τ' αὐτοῦ τοῦτο τὸ λ. στρυφνὸν καὶ πρίνινον ἦθος,
ΕΙ. 83. μή μοι σοβαρῶς χώρει λ.
Θ. 1076. λ. ΕΤ. λ.
Β. 835. ὦ βασιλεῦ' ἀνδρῶν, μὴ μεγάλα λ. λέγε.
Εκ. 584. εἰ καινοτιμεῖν ἐθελήσουσιν καὶ μὴ τοῖς ἤθεσι λ.
λιβανωτόν. Ν. 426. οὐδ' ἂν θύσαιμ', οὐδ' ἂν σπείσαιμ', οὐδ' ἐπιθείην λ.
Σ. 96. ὥσπερ λ. ἐπιτιθεὶς νουμηνία.
863. καὶ μυρρίνας καὶ τὸν λ. ἔνδοθεν,
Β. 871. ἴθι νυν λ. δεῦρό τις καὶ πῦρ δότω,
888. ἴθι νυν ἐπίθες δὴ καὶ σὺ λ. ΕΤ. καλῶς·
Π. 703. τὴν ἀν' ἐπιλαθοῦσ'· οὐ λ. γὰρ βδέει.
1114. ὁ Πλοῦτος, οὐδεὶς οὐ λ., οὐ δάφνην
λιβανωτοπωλεῖν. Fr. 638. λ.
Λιβύη. Ο. 710. σπείρειν μέν, ὅταν γέρανος κρώζουσ' ἐς τὴν Λ. μεταχωρῇ,
Λιβύης. Ο. 1136. ἐκ μίν γε Λ., ἥκον ὅτι τριεμάρμαι
Λιβυκῶν. Ο. 65. Ὑποδεδιὼς ἔγωγε, Λ. ὄρνεων,
λιγνύν. Α. 319. λ. δοκῶ μοι καθορᾶν καὶ καπνόν, ὦ γυναῖκες,
λιγνύος. Θ. 281. ὅσον τὸ χρῆμ' ἀνέρχεθ' ὑπὸ τῆς λ.
λιγνύος. Ο. 1241. Λ. δὲ σῶμα καὶ δόμων περιπτυχὲς
λιγυφθόγγους. Ο. 1381. λ. ἀηδῶν.
λίθινον. Π. 710. ἔπειτα παῖς αὐτῷ λ. θνείδιον
λιθίνους. Ο. 613. οἱνοδομεῖν δεῖ λ. αὐτοῖ,
λίθοι. Α. 343. ἀλλ' ὅπως μὴ 'ν τοῖς τρίβωσιν ἐγκάθηνταί που λ.
Ν. 1202. ἡμέτερα μέρδη τῶν σοφῶν, ὄντες λ.,
λίθοις Α. 236. ὡς ἐγὼ βάλλων ἐκεῖνον οὐκ ἂν ἐμπλήμην λ.
Α. 295. σοῦ γ' ἀκούσομεν ; ἀπολεῖ· κατά σε χώσομεν τοῖς λ.
Σ. 222. ἤδη ποτ' αὐτοὺς τοὺς λ. βαλλήσομεν,
Π. 817. χρυσοῖς, ἀπεψήμεσθα δ' οὐ λ. ἔτι.
λίθον. Α. 1167. μαινόμενος· ὁ δὲ λ. λαβεῖν
Α. 1168. τῇ νὺξ κεφαλῇς πατέαγε περὶ λ. πεσών,
Ι. 1028. λέγε νυν· ἐγὼ δὲ πρῶτα λήψομαι λ.
Ν. 767. ἤδη παρὰ τοῖσι φαρμακοπώλαις τὴν λ.
Σ. 280. λ. ἕψεις, ἕλεγεν.
332. ἦ δῆτα λ. μὲ ποιήσον ἐφ' οὗ
ΕΙ. 630. νὴ Δί', μὴ μὲλ', ἐνδόκως γε δῆτ', ἐπεὶ κάμοῦ λ.
Β. 194. ποῦ δῆτ' ἀναμενῶ; ΧΑ. παρὰ τὸν Αὐαίνου λ,
Π. 543. λ. εὐμεγέθη πρὸς τῇ κεφαλῇ· σιτεῖσθαι δ' ἀντὶ μὲν ἄρτων
λίθος. Fr. 240. κογχυλίατι λ.
Fr. 264. "λ. δεκατάλαντος."
538. λ. τις ὤξησιν τεθυμιαμένος.
λίθου. ΕΙ. 680. ὅστις κρατεῖ νῦν τοῦ λ. 'ν τῇ πυκνί.
λιθουργός. Ο. 1131. πλινθοφόρος, οὐ λ., οὐ τέκτων παρῆν,
λίθους. Α. 341. τοὺς οὖν λ. μοι χαμᾶζε πρῶτον ἐξεράσατε.
Σ. 228. μὴ φραντίσῃς ἐὰν ἐγὼ λ. ἔχω.
ΕΙ. 361. φέρι δὴ κατίδω, ποῖ τοὺς λ. ἀφέλξομεν,
427. εἰσιόντες ἂν τάχιστα τοὺς λ. ἀφέλκετε.
1230. ὡδί, παραθέντι τρεῖς λ. οὐ δεξιός;
Ο. 1137. γέρανοι, θεμελίους κατάπεπωκυῖαι λ.
Εκ. 546. καὶ τοὺς λ. παίουσα τῇ βακτηρίᾳ.
Fr. 429. νεβρίδα, λ. τοὺς ραινινίους, στροβίλους
λίθω. Α. 683. τονθορύζοντες δὲ γήρᾳ τῷ λ. προσέσταμεν,
Α. 1218. λιγυρᾷ πάρα λ. πεπληγμένοις.
Ν. 24. εἴθ' ἐξεκόπην πρότερον τὸν ὀφθαλμὸν λ.
Ο. 56. σὺ δ' οὖν λ. κόψον λαβών. ΕΤ. πάνυ γ', εἰ δοκεῖ.
Σ. 929. τὴν παλαιὰν ὑφὸν λ. γὰρ
Β. 572. ὡς ἡδέως ἄν σου λ. τοὺς γομφίους

λίθῳ—λόγον. 191

λίθῳ. Ἐκ. 87. ὑπὸ τῷ λ. τῶν πρυτάνεων κατοντικρύ.
  Fr. 488, 2. τασδὶ κάταξον τῇ κεφαλῇ σαυτοῦ λ.
λίθων. Α. 184. κἆς τοὺς τρίβωνας ξυνελέγου τε τῶν λ.·
  Α. 319. εἰπέ μοι, τί φειδώμεσθα τῶν λ., ὦ δημῶται,
  Σ. 199. ὦθει οὐ πολλοὺς τῶν λ. πρὸς τὴν θύραν,
  El. 225. ὅσους ἄνωθεν ἐπεφόρησε τῶν λ.,
  Fr. 129, 1. κοφίνους δὲ λ. ἐκέλευες
Λικυμνίαις. Ο. 1242. καταιθαλώσῃ σου Λ. βολαῖς.
λιμένα. Fr. 61. ἐς τὸν λ.:
λιμένας. Σ. 659. πρυτανεία, μέταλλ', ἀγοράς, λ., μισθοὺς καὶ δημόπρατα.
  Β. 112. τούτους φράσον μοι, λ., ἀρτοπώλια,
λιμένων. Ι. 165. καὶ τῆς ἀγορᾶς καὶ τῶν λ. καὶ τῆς πυκνός·
λιμήν. El. 144. λ. δὲ τίς σε δέξεται φορούμενον;
  El. 145. ἐν Πειραεῖ δήπου 'στὶ Κανθάρου λ.
λιμναῖα. Β. 211. λ. κρηνῶν τέκνα,
λιμναῖος. Ο. 272. ἀλλὰ λ. ΠΕ. βαβαί, καλὸς γε καὶ φοινικοῦς.
λίμναις. Β. 234. ἔνυδρον ἐν λ. τρέφω.
Λίμναισιν. Β. 217. Λ. ἀχήσαμεν,
λίμναν. Β. 1266. Ἑρμᾶν μὲν πρόγονον τίομεν γένος οἱ περὶ λ.,
λίμνας. Ο. 1339. κᾆτ' ἐπ' οἶδμα λ.
λίμνῃ. Ι. 865. ὅταν μὲν ἡ λ. καταστῇ, λαμβάνουσιν αὐδέν·
  Ο. 1553. πρὸς δὲ τοῖς Σκιάποσιν λ.
  Β. 81. τουτὶ τί ἐστι; ΔΙ. τοῦτο λ, νὴ Δία
λίμνης. Ν. 273. ἡ Μαιῶτιν λ. ἴχετ' ἢ σκύπελον νιφόεντα Μίμαντος
  Β. 137. εὐθὺς γὰρ ἐπὶ λ. μεγάλην ἥξεις πάνυ
  193. οὐκουν περιθρέξει δῆτα τὴν λ. κύκλῳ;
λιμοῦ. El. 483. ὑπὸ τοῦ γε λ. νὴ Δι' ἐξολωλότες.
  Π. 562. ἀπὸ τοῦ λ. γὰρ ἴσως αὐτοῖς τὸ σφηκῶδες σὺ πορίζεις.
  1174. ἀπώλωλ' ὑπὸ λ. καταφαγεῖν γὰρ τῶν λ. ἔχω,
λιμῷ. Α. 743. τὰ πρῶτα πειρασπίσθε τὰς λ. κακῶς.
  Α. 1044. ἀποκτενεῖς λ. με καὶ
  Ο. 186. τοὺς δ' αὖ θεοὺς ἀπολεῖτε λ. Μηλίῳ.
λίνα. Β. 364. ἀσκώματα καὶ λ. καὶ πίτταν διαπέμπων εἰς Ἐπίδαυρον,
λινόδετον. Ν. 764. λ. ὥσπερ μηλολόνθην τοῦ ποδός.
λινοπτώμενος. El. 1178. τοὺς λόφους σείων· ἐγὼ δ' ἕστηκα λ.
λίνου. Β. 1347. λ. μεστὸν ἄτρακτον
λινῶν. Fr. 54, 2. κνέφαλλον ἅμα καὶ προσκεφάλαιον τῶν λ.
λιπάρ'. Ο. 1590. καὶ μὴν τά γ' ὀρνίθεια λ. εἶναι πρέπει.
λιπαρὰ. Fr. 421, 1. ἅλις ἀφύης μοι, παρατίταμαι γὰρ τὰ λ.
λιπαραί. Ι. 1329. ὦ ταῖ λ. καὶ ἰοστέφανοι καὶ ἀριζήλωτοι Ἀθῆναι,
λιπαράμπυκα. Α. 671. οἱ δὲ Θασίαν ἀνακυκῶσι λ.,
λιπαρῶν. Ν. 300, Ἐλθωμεν λ. χθόνα Παλλάδος, εὔανδρον γᾶν
λιπαρὸς. Α. 639. εἰ δέ τις ὑμᾶς ὑποθωπεύσας λ. καλέσειεν Ἀθήνας,
  Α. 640. εὕρετο πᾶν ἂν διὰ τὰς λ., ἀφύων τιμὴν περιάψας.
λιπαρόν. Ι. 536. καὶ μὴ ληρεῖν, ἀλλὰ θεᾶσθαι λ. παρὰ τῷ Διονύσῳ.
  Ν. 1011. ἕξεις δεὶ στῆθος λ.
  Ο. 535. κατάχυσμ' ἕτερον γλυκὺ καὶ λ.
  826. λ. τὸ χρῆμα τῆς πυλεων, τίς δαὶ θεός
  Fr. 162, 2. χαῖρε λ. δάπεδον, οὔδαφ ἀγαθῆς χθονός.
  163, 4. τῆς τρυγὸς ἄρτον λ. καὶ ῥάφανον φέρουσι.
λιπαρός. Ν. 1002. ἀλλ' οὖν λ. γε καὶ εὐανθὴς ἐν γυμνασίοις διατρίψεις,
  Π. 616. λ. χωρῶν ἐκ βαλανείου
λιπαροῦς. Α. 672. οὐδὲν λ ἀλλείψουσιν αὗται λ. χειρουργίας,
λιπαρῶν. Α. 452. γλίσχρος προσαιτῶν λ. τ'. Εὐριπίδῃ,
λιπαρῶς. Εκ. 652. ὅταν ᾖ δεκάπουν τὸ στοιχεῖον, λ. χωρεῖν ἐπὶ δεῖπνον.
Λιποτάξιον. Fr. 728. Λ.
λιπῶν. Fr. 199, 2. λ. ἵν' ἐστὶ κριβάνων ἐδώλια.
λίσπη. Β. 826. ἔνθεν δὴ στοματουργὸς ἐπῶν βασανίστρια λ.
λίσσομαί. El. 382. μή νυν λακήσῃς, λ. σ', ὠρμίδιον.
λίστριον. Fr. 639. λ.
λιταργιοῦμεν. El. 562. εἶθ' ὅπως λ. οἴκαδ' ἐς τὰ χωρία,
λιτόμισθα. Θ. 313. λ. ταῖσθ' ἐπ' εὐχαῖς
λιτομένᾳν. Β. 1040. ὄνομα πάθεα φῶτα λ.
λίτρον. Fr. 309, 1. ξυρὸν, κάτοπτρον, ψαλίδα, κηρωτήν, λ., Ἀλίπωσιν. Π. 859. πάλιν αὖθις, ἥντερ μὴ 'λ, αἱ δίκαι·
λογάρια. Fr. 640. λ.:
λογγάζειν. Fr. 641. λ.:
λόγι'. Ι. 211. τὰ μὲν λ. αἰπόλεις με· θαυμάζω δ' ὅπως
  1050. τουτὶ τελεῖσθαι τὰ λ. ἤδη μοι δοκεῖ.
  Σ. 799. ὅρα τὸ χρῆμα· τὰ λ. ὡς περαίνεται.
λόγια. Ι. 120. ὦ λ. δός μοι δὸς τὸ ποτήριον ταχύ.
  Ι. 999. ταυτὶ τί ἐστι; ΚΛ. λ. ΔΗΜ. πάντ'; ΚΛ. ἐθαύμασας;

λογίδιον. Σ. 64. ἀλλ' ἐστὶν ἡμῖν λ. γνώμην ἔχον,
λογίζεται. Ι. 1275. ἀλλὰ τιμῇ τοῖσι χρηστοῖς, ὅστις εὖ λ.
λογίζεται. Σ. 745. λ. τ' ἐκεῖνα πάνθ' ἁμαρτίας
λογίζομαι. Α. 31. ἀπορῶ, γράφω, παρατίλλομαι, λ.,
λαγίοις. Ι. 122. ἐν τοῖς λ. ἔνεστιν ἑτέραν ἔγχεον·
λογίοισιν. Ι. 194. ἅ σοι δέδακ' ἐν τοῖς λ. οἱ θεοί.
  I 797. ἵνα γ' Ἑλλήνων ἀρξῃ πάντων. ἔστι γὰρ ἐν τοῖς λ.
λογιούμαι. Β. 1283. καὶ μὴν λ. ταῦτα τῶν ψηφων λαβών.
λόγισαι, Σ. 656. καὶ πρῶτον μὲν λ. φαύλως, μὴ ψήφοις, ἀλλ' ἀπὸ χειρός,
λογίσασθαι. Π. 381. τρεῖς μνᾶς ἀναλώσας λ. δώδεκα.
λογισμόν. Β. 973. λ. ἐνθεὶς τῇ τέχνῃ
λογιστά. Ο. 318. ἄνδρε γὰρ λεπτὼ λ. δεῦρ' ἀφῖχθον ὡς ἐμέ.
λογίσωμαι. Ν. 20. ὁπόσον ὀφείλω καὶ λ. τοὺς τόκους.
λαγύων. Ι. 1015. Φρίξιν, Ἐριχθείδη, λ. ὁδὸν, ἥν σοι Ἀπόλλων
  I. 1026. ὥσπερ θύρας σοῦ τῶν λ. παρεσθίει.
  1045. ἐν οὐκ ἀναδιδάσκει σε τῶν λ. ἐκών
λόγοι. Σ. 1394. λ. διαλλάξουσιν αὐτὰ δεξιοί·
λόγον. Ν. 114. τούτων τὸν ἕτερον τῶν λ., τὸν ἥττονα,
  Ν. 244. ἀλλά με δίδαξον τῶν ἕτερον τοῖν σοῖν λ.,
  886. αὐτὸς μαθήσεται παρ' αὐτοῖν τοῖν λ.
  1336. ἐλοῦ δ' ὁπότερον τοῖν λ. βούλει λέγειν.
  1337. ποίοιν λ.; ΦΕ. τὸν κρείττον', ἢ τὸν ἥττονα.
λόγος. Α 634. παύσας ὑμᾶς ξενικοῖσι λ. μὴ λίαν ἐξαπατᾶσθαι,
  I. 210. ἤδη κρατήσειν, αἴ κε μὴ θαρφῆ λ.
  Ν. 73. ἀλλ' οὐκ ἐπίθετο τοῖς ἐμοῖς οὐδεν λ.
  611. ὠφελοῦσ' ὑμᾶς ἅπαντας, οὐ λ., ἀλλ' ἐμφανῶς.
  1025. ἐν ἡδὺ σου ταῖσι λ. σωφρον ἔνεστιν ἄνθος.
  1404. γνώμαις δὲ λεπταῖς καὶ λ. ξυνείμι καὶ μερίμναις,
  Σ. 747. λ. εἴσθη·
  El. 129. ἐν τοῖσιν Αἰσώπου λ. ἐξευρέθη
  Ο. 438. σὺ δὲ ταυσδὶ ἐφ' οἴπερ τοῖσ λ. συνέλεξ' ἐγώ.
  629. ἐπαυχήσας δὲ τοῖσι σοῖς λ.
  651. κηλῶς. ΠΕ. ὅρα νυν ὡς ἐν Αἰσώπου λ.
  1437. νῦν τοι λέγων πτερῷ σε. ΣΤ. καὶ πῶς ἂν λ.
  1438. ἄνδρα πτερώσειας σῦ; ΠΕ. πάντες τοί λ.
  1449. ἀναπτερώσας βασιλικοὺς χρηστοί λ.
  Π. 488. ἐν τοῖσι λ. ἀντιλέγοντες μαλακῶν δ' ἐνδώσετε μηδέν.
λόγοισι. Ν. 051. λ. καὶ φροντίσι καὶ γνωμοτύποις μερίμναις,
  Σ. 115. καὶ πρῶτα μὲν λ. παραμυθούμενος
  729. πιθοῦ πιθοῦ λ., μηδ' ἄφρων γένῃ,
  Β. 1496. τὸ δ' ἐπὶ σεμνοῖσιν λ.
λόγοισι. Ο. 1446. λ. τἄρα καὶ πτερούντως; ΠΕ. φήμ' ἐγώ.
λόγοισιν. Α. 381. ἀγὼν νικῆ τοῖσι λ., καὶ τῶν δῆμον μεταπείθει
  Ι. 459. ἐν οὖ τὸν ἄνδρα ποικίλοις τ' ἐπῆλθες ἐν λ.
  Θ. 201. οὐ τοῖς λ., ἀλλὰ τοῖς παθήμασιν.
  Β. 903. τοῖς λ.
λόγον. Α. 299. οὐκ ἀνασχήσομαι· μηδὲ λέγε μοι σὺ λ.·
  Ι. 506. καὶ χέδρα φαγὼν ἀναρρηθῇ καὶ στεμφύλῳ ἐς λ. ἐλθῃ,
  1300. φασὶν ἀλλήλαις ξυνελθεῖν τᾶς τριηρεις ἐς λ.,
  Ν. 116. ἢν οὖν μάθῃς μοι τὸν ἄδικον τοῦτον λ.,
  470. βουλομένων ἀνακοινοῦσθαὶ τε καὶ ἐς λ. ἐλθεῖν,
  619. τῆς ἑορτῆς μὴ τυχόντες κατὰ λ. τῶν ἡμερων.
  657. ἐκεῖν' ἐκεῖνο, τὸν ἄδικώτατον λ.
  990. πρὸς ταῦτ', ὦ μειράκιον, θαρρῶν ἐμὶ τὸν κρείττω λ. αἱροῦ·
  1148. καὶ μοι τὸν υἱὸν, εἰ μεμάθηκε τὸν λ.
  1229. Φειδιππίδης μοι τὸν ἀκατάβλητον λ.
  1446. λ. οἱ νικήσω λέγων
  1452. καὶ τὸν λ. τὸν ἥττω,
  Σ. 54. φέρε νυν κατείπω τοῖς θεαταῖς τὸν λ.
  413. τόνδε λ. διέφρει,
  469. οὔτε λ. εὐτράπελον,
  961. ἵνα μὴ κακουργῶν ἐνέγραφ' ἡμῖν τὸν λ.
  1230. Ἀδμήτου λ., ὦταίρε, μαθὼν τοὺς ἀγαθοὺς φίλει,
  1258. ἡ λ. ἔλεξας αὐτὸς ἀστείαν τινα,
  1399. ἀκούσας, ὦ μέλ' λ. σοι βουλομαι
  El. 50. ἐγὼ δὲ λ. γε τοῖσι παιδίοι
  148. λ. παράσχες καὶ τραγῳδία γένῃ.
  Ο. 315. τιτιτιτιτιτιτιτιτιτι. λ. ἄρα ποτὲ πρὸς ἐμὲ φίλον ἔχων·
  323. πῶς λέγεις; ΕΠ. μήπω φοβηθῆς τὸν λ. ΧΟ. τί μ' εἴργασω;
  Λ. 119. λέγοιμ' ἄν· οὐ δεῖ γὰρ κεκρύφθαι τὸν λ.
  468. τί τοῖσδε σαυτὸν ἐς λ. τοῖς θηρίοις συνάπτεις;
  747. ἀνύπειμον ὡς τάχιστα. ΛΥ. τίνα λ. λέγεις;
  Θ. 471. ὅμως δ' ἐν ἀλλήλαισι χρὴ δοῦναι λ.
  1164. χρεία δὲ ποία τὸν λ. δεῦ' ἤγαγε λ.;
  Β. 1052. πότερον δ' οὐκ ὄντα λ. τοῦτον περὶ τῆς Φαίδρας ξυνέθηκα;
  Εκ. 1043. ὦ παμβδέλυρα, φθονοῦσά τόνδε τὸν λ.

192   λόγον—Λοξίας.

λάγαν. Π. 467. καὶ μὴν περὶ τούτου σφῶν ἐθέλω δοῦναι λ.
Π. 523. κατὰ τὸν λ. ὃν σὺ λέγεις δῆμου. τίς γὰρ πλουτῶν ἐθελήσει
Fr. 377, 1. ὁ μὲν ἠδὲν Ἀδμήτου λ. πρὸς μυρρίνην,
Fr. M. Δαιτ. 9, 2. τοῖς δαιταλεῦσιν, ὥσπερ ἀξίον λ.,
λόγος. N. 893. ἀπολεῖς σύ; τίς ὦν; ΑΛ. λ. ΔΙ. ἥττων γ᾿ ὤν.
N. 1038. ἐγὼ γὰρ ἥττων μὲν λ. δι᾿ αὐτὸ τοῦτ᾿ ἐκλήθην
O. 336. ἀλλὰ πρὸς τοῦτον μὲν ἡμῖν ἐστιν ὕστερος λ.
   462. καὶ μὴν ὀργὼ νὴ τὸν Δία καὶ προσεφύρμαται λ. εἷς μοι,
Λ. 559. λ. τις, εἴρηκ᾿ εὐθέως ἡ σὴ γυνὴ
   1135. εἷς μὲν λ, μοι δεῦρ᾿ ἀεὶ περαίνεται.
Θ. 906. σὺ δ᾿ εἰ τίς; αὐτὸς γὰρ σε κάμ᾿ ἔχει λ.
Β. 87. Πυθάγγελος δί; ΞΑ. περὶ ἐμοῦ δ᾿ οὐδεὶς λ,
   167. δειπνεῖν με δίδασκε. ΞΑ περὶ ἐμοῦ δ᾿ οὐδεὶς λ.
   115. μώρεις ὀλίγιστοι. ΞΑ. περὶ ἐμοῦ δ᾿ οὐδεὶς λ.
   623. δίκαια ὁ λ.᾿ κἄν τι πηρώσω λέ σοι
   637. δίκαιος ὁ λ.᾿ χαιμότερον ἂν ῥῷν ἴδῃς
   1206. Αἴγυπτοι. ὡς ὁ κλεῖστος ἐσπαρται λ.,
   1391. οὐκ ἐστι Πειθοῦς ἱρὸν ἄλλο πλὴν λ.
Εκ. 473. λ. γί ταί τις ἐστι τῶν γεραιτέραν,
Π. 337. καίτοι λ. γ᾿ ἦν νὴ τὸν Ἡρακλέα πολὺς
λόγων. N. 1408. ἐκεῖνε δ᾿ ὅθεν ἀπίσχισθῆ με τοῦ λ. μέτειμι,
O. 1206. ὦ παντ᾿ ἀγαθὰ πράττοντες, ὦ μείζω λ.,
Λ. 715. βιηητώμεν, ᾗ βράχιστον τοῦ λ.
Θ. 472. αὑταὶ γὰρ ἐσμεν, κουδεμι᾿ ἰαφορὰ λ.
Β. 580. οἶδ᾿ οἶδα τὸν νοῦν᾿ παῦε παῦε τοῦ λ.
   832. Αἰσχύλε, τί σιγᾷς; αἰσθάνει γὰρ τοῦ λ.
   1179. ἐνοῦσαν ἔξω τοῦ λ., κατάπτυσον.
Π. 760. ἀλλ᾿ εἴ ἀπαράπαντες ἐξ ἑνὸς λ.
λόγους. Α. 302. σαῦ δ᾿ ἐγὼ λ. λέγοντοσ οὐκ ἀκούσομαι μακρούς,
  I. 632. κάγωγ᾿ ὅτι δὴ ᾽γνων ἐνδεχομένην τοὺς λ.
   642. ἀνέκραγον᾿ ὦ βουλή, λ. ἀβούλους φέρων
   757. καὶ λῆμα θούριον φορεῖν καὶ λ. ἀφύκτοις,
N. 252. καὶ ξυγγενέσθαι ταῖς Νεφέλαισιν ἐς λ.
   1042. αἱρούμενος τοὺς ἥττονας λ., ἕτερα νικᾶν.
Σ. 472. εἰ λ. ἔλθωμεν ἀλλήλοισι καὶ διαλλαγῶ᾿
   473. σοὶ λ., ὦ μισόδημε καὶ μοναρχίας ἐρῶν,
   1174. ἄγε νυν, ἐπιστήσει. λ. σεμνοῖς λέγειν
   1320. σκώπτειν ἀγροίκως καὶ προσέτι λ. λέγων
O. 258. ἀλλ᾿ ἴν᾿ ἐς λ. ἔπαστα,
   415. λέγουσι δὲ δὴ τίνας λ. ;
   539. νὴν δὴ πολὺ δὴ χαλεπωτάτους λ.
   632. ὑμῖκρονας λ, δικαίοις,
Λ. 1126. τοὺς δ᾿ ἐκ πατρὸς τε καὶ γεραιτέραν λ.
Θ. 178. πολλοὺς καλῶν οἷόν τε συντέμνειν λ.
   439. ποικίλους λ. ἀνεῦραν
   546. ἐπίτηδες εὑρήκασι λ., ὅπου γυνὴ πονηρὰ
   720. λ. τε λέξεις ἀνοσίους.
   1128. αἰαῖ᾿ τί δράσω; πρὸς τίνας στρεφθῶ λ.;
Εκ. 411. κάκειτ᾿ ἔλεξε δημοτικωτάτους λ.᾿
λόγχαι. Fr. 357. λ. δ᾿ ἐπαυλίζοντο καὶ ξυστὴ κάμαξ.
λόγχας. Β. 1016. ἀλλὰ πνέωντας δόρυ καὶ λ. καὶ λευκαλόφοις τρυφαλείαις
λόγχη. A. 1226. λ. τις ἐμπέπηγέ μοι δι᾿ ὀστέων ὀδυρτά.
λόγχῃ. Θ. 826. ἐκ τῶν οἴκων αὑτῇ λ,
λόγχην. Σ. 1119. μήτε κώπην αἴρειν λ., μήτε φλύκταιναν λαβὼν
λογχαφόρωισιν. Εἰ. 1284. ἄπερρε καὶ τοῖς λ. ᾑδ᾿ ἰών.
λόγω. N. 112. εἶναι παρ᾿ αὑτῶ φασιν ἄμφω τὼ λ.,
N. 842. ὕπως δ᾿ ἐκείνω τὼ λ. μαθήσεται,
Λ. 1005. ἰοῦντι, πρὶν ἅπαντες ἐξ ἑνὸς λ.
λόγω. Α. 513. οὐθὲ, φίλοι γὰρ οἱ παρόντες ἐν λ,
Α. 1151. ὡς μὲν ἁπλῶ λ, κακῶν ἐξαλείσειν ὁ Ζεύς᾿
N. 321. καὶ γνωμιδίῳ γνώμην νύξασ᾿ ἑτέρῳ λ. ἀντιλογῆσαι᾿
   372. νὴ τὸν Ἀπόλλω, τουτυί γέ τοι τῷ νυνί λ. εὖ προσέψωσαν᾿
Σ. 539. τί γάρ φάθ᾿ ὑμεῖς, ἢν ὁδὶ με τῷ λ. κρατήσῃ;
O. 30. ἡμεῖς γάρ, ὦνδρες οἱ παρόντες ἐν λ,
λόγων. Ι. 382. ἣν ἄρα πυρὸς γ᾿ ἕτερα θερμότερα, καὶ λ. ἐν πύλει
I. 617. ὦ καλὰ λέγων, πολὺ δ᾿ ἀμείνον᾿ ἔτι τῶν λ.
N. 130. λ. ἀκριβῶν σχινδαλάμους μαθήσομαι;
   358. χαῖρ᾿, ὦ πρεσβῦτα παλαιογενές, θηρατὰ λ. φιλομούσων᾿
Σ. 1262. μαθητέον τάρ᾿ ἐστὶ πολλοὺς τῶν λ.
Εἰ. 733. ἦν ἔχωμεν ὁδὸν λ. εἴπωμεν, ὅσα τε νοῦς ἔχει,
O. 3. ι. ἔστι μὲν λ. ἀκούσαι πρῶτον, ὡς ἡμῖν δοκεῖ.
   434. λ. ἀνεντέρμαι,
   1447. ὑπὸ γὰρ λ. μετεωρίζεται
   1714. ἀγαμαι δὲ λ. ἄγε νυν αὐτοῦ
Λ. 638. ἡμεῖς γάρ, ὦ πάντες ἀστοί, λ. κατάρχομεν
   1123. ἐνθένδε θ᾿ ὑμεῖς, καὶ λ. ἀκούσατε.
Θ. 294. δούλοις γὰρ οὐκ ἔξεστ᾿ ἀκούειν τῶν λ.

λόγων. Θ. 588. ἐκείνος εἴη τῶν λ. κατάσκοπος.
Θ. 1059. Ἠχὼ, λ. ἀντῳδὸς ἐπικοκκάστρια,
   1084. ἐμοὶ μελήσει ταῦτά γ᾿. ἀλλ᾿ ἄρχου λ.
Β. 355. ὅστις ἄπειρος τοιῶδε λ, ἢ γνώμῃ μὴ καθαρεύει,
   818. ἔσται δ᾿ ἱπποφλοφων τε λ. κορυθαιολα νεῖκη,
   894. ὀρθῶν μ᾿ ἐλέγχειν ὧν ἂν ἅπτωμαι λ.
   896. παρὰ σοφοῖν ἀνδροῖν ἀκοῦσαι τίνα λ.
λοιδαρεῖ. Θ. 497. οὐπώποτ᾿ εἶπεν. εἰ δὲ Φαίδραν λ.,
Π. 456. σὺ δ᾿, ὦ κάκιστ᾿ ἀπολουμένη, τί λ.
λοιδαρεῖν. Α. 3*. Βοᾶν, ἐνοκροῦειν, λ. τοὺς ῥήτορας,
I. 90. οἴνον σὺ τολμᾷς εἰς ἐπίνοιαν λ.;
λοιδαρεῖς. Εἰ. 656. τοὺς σεαυτοῦ λ.
Fr. 87. ὅστις φαυλῆν ἥδιστον ὕψον λ.
λοιδαρεῖσθαι. N. 1353. καὶ μὴν ὅθεν γε πρῶτον ἠρξάμεσθα λ.
Β. 857. ἔλεγχ᾿, ἐλέγχου᾿ λ. δ᾿ οὐ θέμις
Εκ. 567. ἀρὰ λ., μὴ νεχυραζόμενον φέρεις.
λοιδαρεῖται. Εἰ. 57. ᾠδὲ κεχηνὼς λ. τῷ Διὶ,
λοιδαρῇ. Εκ. 254. τί δ᾿, ἢν Νεοκλείδης ὁ γλαμῶν σε λ.;
λοιδαρημάτων. Fr. 64. λ.
λοιδαρῆσαι. I. 1272. λ. τοὺς πονηρούς, οὐδέν ἐστ᾿ ἐπίφθονον,
Λ. 1128. λαβοῦσα δ᾿ ὑμᾶς λ. βούλομαι
λοιδαρῆσεῖ. Λ. 460. οὐ λ., οὐκ ἀναισχυντήσετε;
λοιδαρήσεται. I. 1400. μισθῶν τε ταῖς τόρναις λ.,
λοιδαργοραῖς. Β. 759. χὼ λ.; ΑΙ. Αἰσχύλου κευρηπίδου.
λοιδαρῆτον. Εκ. 248. ἀτὰρ ἣν Κέφαλός σοι λ. προσφαρεῖς,
λοιδαρία. Fr. 126. λ. τὶ ἐγένεθ᾿ ὑμῖν; β. πῶμαλα᾿
λοιδαρίαν. O. 1541. τὴν λ., τὸν καλαγρέτην, τὰ τρίωβολα.
λοιδαρίας. N. 934. ταυσασθε μάχης καὶ λ.
Σ. 1207. εἶδον διώκειν λ. ψήφου δυοῖν.
λοιδαρούμενα. Θ. 571. παύσασθε λ.᾿ καὶ γὰρ γυνή τις ἡμὶ
λοιδαρούμενος. Σ. 1164. τῷ κονφόλοιγος, καὶ ταῦτα λ.,
λοιδαρούμεσθα. Εκ. 142. καὶ λ. γ᾿ ὥσπερ ἐμπενικότες,
λοιδαρῇσι. N. 1140. οὕτως ἀπολῆξεσθ᾿, ἀλλὰ λ. μὲ
λουπά. Εἰ. 201. τὰ λ. τηρῶ σκινάρια τὰ τῶν θεῶν,
λοιπῇ. Β. 1401. λέγοιτ᾿ ἄν, εἰ αὐτὴ ᾽στιν λ. σφῶν στάσις.
λαιπῶν. Α. 717. κάξελαύνειν χρὴ τὸ λ., κἂν φύγῃ τις, ζημιοῦν
I. 848. ἔως ἂν ᾖ τῶν ἀσπίδων τῶν ἐκ Πύλου τὸ λ.
N. 677. ἀτάρ τὸ λ., πῶς με χρὴ καλεῖν; ΣΠ. ὅπως;
   850. μὴν σὺ τὸ λ. ἀλλὰ τήνδε μὲν καλεῖν
   1423. ἧττον τί δῆτ᾿ ἔξεστι κάμοί κακῶν αὖ τὸ λ.
Σ. 295. πάρεσ᾿, ὦ δὴ λ. γ᾿ ἔτ᾿ ἐστὶν, ἄσπασαί παπαίδε,
   299. μή Δί᾿, οὐ τάρα προπίμψω σε τὸ λ.
   425. οὐκ εἰ εἴδῃ τὸ λ. σμήνος οἷον ὤργησεν,
   488. σύδκιποτί γ᾿, οὔχ, ἕως ἄν τι μου λ. ᾖ,
   748. στάτ᾿ εἰς τὸ λ. τὸν τρύπον
   930. ἐὰν δὲ μὴ, τὸ λ. οὐ κεκλάξομαι,
   1006. ὥσθ᾿ ἡδέως διάγειν σε τὸν λ. χρόνον
   1051. ἀλλὰ τὸ λ. τῶν ποιητῶν,
   1120. ἀλλ᾿ ἱμοὶ δοκεῖ τὸ λ., παῦε καλυτῶν ἐμβραχὺ
   1425. εἶναι φίλον τὸ λ., ᾖ σύ μοι φράσεις᾿
Εἰ. 222. τὸ λ. ὑψεσθ᾿. ΤΡ. ἀλλὰ πᾶι᾿ γὰρ οἴχεται᾿
   1305. ὑμῶν τὸ λ. ἔργον ἤδη ᾽νταῦθα τῶν μενώντων
O. 479. νὴ τὸν Ἀπόλλων᾿ πάνυ τοινυν χρὴ ῥύγχος βόσκειν σε τὸ λ.
   562. ὣς ὀρνίθων βασιλευόντων θύειν ὀρνίσι τὸ λ.᾿
   692. εἰδότες ὀρθῶς παρ᾿ ἐμοῦ Προδίκῳ κλαίειν εἴπητε τὸ λ.
   754. διαπλέκειν ζῶν ἡδέως τὸ λ., ὣς ἡμᾶς ἴτω,
Λ. 287. λ. ἔστι χωρίον
   632. καὶ φορήσω τὸ ξίφος τὸ λ. ἐν μύρτου κλαδί,
   1040. ἀλλὰ νυνὶ σπένδομαί σοι, καὶ τὸ λ. οὐκέτι
   1278. τὸ λ. οὐθὲν μὴ ξαμπρτάνειν ἔτι.
Θ. 539. γυνὴ γυναῖκας οὖσα μὴ κακῶς λέγειν τὸ λ.
   1160. γυναῖκες, εἰ βούλεσθε τὸν λ. χρόνον
   1163. κακῶν τὸ λ., ταῦτ᾿ ἐπικρινευόμαι.
Β. 74. ἴτ᾿ ἐστὶ λ. ἀγαθόῦ, εἰ καὶ τοῦτ᾿ ἄρα᾿
Εκ. 559. ὕσαι βαδισίαί σοι λ. εἶναι ἡμᾶς μηποτε.
   559. ἔσται τὸ λ. ΒΑ. κατά τί; ΠΡ. πολλῶν οὔνεκα.
   561. ἔσται τὸ λ., οὐδαμοῦ δὲ γνώριμος
   822. χαλκών τὸ λ.᾿ ἀργύρῳ γὰρ χρώμεθα.
Π. 321. μυσώμενοι τὸ λ. οὕτω τῷ κύμῳ ξυνεῖναι.
   780. δείξω τὸ λ. πᾶσιν ἀνθρώποισ ὅτι.
Fr. 111. ὅπερ λ. μώνων
λαισπόι. Εἰ. 1084. οὔπστε ποιήσεις τὸν καρκίνον ὀρθὰ βαδίζειν.
Β. 586. ἀλλ᾿ ἢν σε τοῦ λ. ποτ᾿ ἀφέλωμαι χρόνου,
λοιπῶν. Εἰ. 929. τῷ δὴ δοκεῖ σοι δῆτα τῶν λ., XO. ὑφ.
λοιφ᾿. Εκ. 654. τὰ μὲν δὴ δύθ᾿ ὑμῖν πρώτων ὑπάρξει, τὰ δὲ λ. ἡμεῖς ὑφανούμενα.
Λακρίδαι. O. 152. ἀλλ᾿ εἰσὶν ἕτεροι τῆς Λ. Ὀπουντίοι
Λαξία. Π. 8. καὶ ταῦτα μὲν δὴ ταῦτα. τῷ δὲ Λ.
Λοξίαι. I. 1047. ἐν ᾧ σε σὠζεῖν τοῦθ᾿ ἐκλεινε᾿ ὁ Λ.
I. 1072. ταύτας ἀπαυδᾷ μὴ διδόναι σ᾿ ὁ Λ.

λοπάδας—Λύσιλλ'. 193

λοπάδας. I. 1034. νύκτωρ τὰς λ. καὶ τὰς νήσους διαλείχων.
λοπάδι. Σ. 511. δικίδιον σμικρὸν φάγοιμ' ἂν ἐν λ. πεπνιγμένον.
λοπάδιον. Π. 812. ὑξὶς δὲ πᾶσα καὶ λ. καὶ χύτρα
λοπάδος. Fr. 273. οὐδὲν μὰ Δί' ἐρῶ λ. ἑψητῶν.
λοπάς. Fr. 147. οὐχ ἑψητῶν λ. ἐστιν.
λοπίδας. Σ. 790. κἄπειτ' ἐπέθηκε τρεῖς λ. μοι κεστρέων·
λορδός. Fr. 496. χωρεῖ 'πὶ γραμμὴν λ. ὡς εἰς ἐμβολήν.
λόρδου. Fr. 191. λ. μιγκλοβάταν ῥυθμῶν.
λορδουμένων. Εκ. 10. λ. σωμάτων ἐπιστάτην
λουμένης. Εί. 1139. τῆς γυναικὸς λ.
λούμενος. Ο. 1623. ἄνθρωπος οὗτος, ἢ καθῆται λ.,
Π. 658. ἀνὴρ γέρων ψυχρῷ θαλάττῃ λ.
λοῦσαι. Ι. 50. ὦ Δῆμε, λ. πρῶτον ἐνδικάσας μίαν,
λουσάμενα. Ο. 132. λ. πρῴ· μέλλω γὰρ ἑστιᾶν γάμους·
λουσαμένη. Λ. 913. κάλλιστα δήπου, λ. τῇ Κλεψύδρᾳ.
λουσάμενος. Π. 615. τῆς τε γυναικός, καὶ λ.
λουσαμένῃ. Fr. 163, 3. σκάψαι κἀποκλάσαι τε καὶ λ. διελκύσαι
λούσησθε. Fr. 501. λ. καὶ κτενίσησθε πρὸς τὸν ἥλιον.
λοῦσθαι. Ν. 1044. ὅστις σε θερμῷ φησι λ. πρῶτον οὐκ ἐάσειν.
λουσόμενος. Ν. 837. οὐδ' ἐς βαλανεῖον ἦλθε λ.· ἂν δὲ
λουτρά. Ν. 1045. καίτοι τίνα γνώμην ἔχων ψέγεις τὰ θερμὰ λ.;
Ν. 1051. ποῦ ψυχρὰ δῆτα πώποτ' εἶδες Ἡράκλεια λ.;
λουτρίδες. Fr. 642. λ.:
λουτρίον. I. 1401. κἀν τῶν βαλανείων νίκταια τὸ λ.
Fr. 290. μήτε ποδάνιπτρον θύρας ἐκχεῖτε μήτε λ.
λουτροῦ. Λ. 377. εἰ ῥύμμα τυγχάνεις ἔχων, λ. γ' ἐγὼ παρέξω.
Λ. 378. ἐμοὶ σὺ λ., ὦ σαπρά; ΧΟ.ΓΥ. καὶ ταῦτα νυμφικῶν γε.
469. οὐκ οἶσθα λ. οἷον αἵδ' ἡμᾶς ἔλουσαν ἄρτι
λουτροῦ. Σ. 604. προικτὸς λ. περιγιγνόμενος τῆς ἀρχῆς τῆι περισεύμου.
λοφᾶς. ΕΙ. 1211. τί δ' ἐστιν, ὦ κακόδαιμον; οὔ τί που λ.;
λοφεῖον. Α. 1109. τὸ λ. ἐξένεγκε τῶν τριῶν λόφων.
Ν. 751. αὑτὴν καθείξαιμ' ἐς λ. στρογγύλον,
λοφιάς. Β. 822. φρίξας δ' αὐτοκόμου λ. λασιαύχενα χαίτην,
λόφοιν. ΕΙ. 1214. τί δῆτα τουτοινὶ καταδῦ σοι τοῖν λ.
λόφον. Ο. 279. ἕτερος αὖ λ. κατειλήφασί τις ὄρνις οὑτοσὶ
Ο. 290. πῶς ἂν οὖν Κλεώνυμός γ' ὢν οὐκ ἀπέβαλε τὸν λ.;
1306. νομίσας ἀλεκτρυόνος ἔχειν τονδὶ λ.
Β. 1038. τὸ κράνος πρῶτον περιδησάμενος τὸν λ., ἡμελλ' ἐπιθήσειν,
λοφοποιόν. ΕΙ. 545. ἐκεινονὶ γοῦν τὸν λ. οὐχ ὁρᾷς
λοφοπωλεῖν. Fr. 643. λ.
λόφους. Α. 587. ἵν' ἐξεμέσω βδελύττομαι γὰρ τοὺς λ.
Α. 965. πάλαι, κραδαίνων τρεῖς κατασκίους λ.
967. ἀλλ' ἐπὶ ταρίχη τοὺς λ. κραδαίνετω·
1074. ταχέως λαβόντα τοὺς λόχους καὶ τοὺς λ.·
1111. ἀλλ' ἡ τριχόβρωτές τοὺς λ. μου κατέφαγον.
I. 486. δάκνειν, διαβάλλειν, τοὺς λ. κατεσθίειν,
ΕΙ. 395. εἴ τι Πεισάνδρου βδελύττει τοὺς λ. καὶ τὰς ὀφρῦς.
561. ἤπερ ἡμῶν τοὺς λ. ἀφειλε καὶ τὰς Γοργόνας·
1173. τρεῖς λ. ἔχοντα καὶ φοινικίδ' ὀξεῖαν φάνυ,
1178. τοὺς λ. σείων· ἐγὼ δ' ἕστηκα λινοπτώμενος.
Β. 925. ὀφρῦς ἔχοντα καὶ λ., δεῖν' ἅττα μορμορωπά,
λόφω. ΕΙ. 1228. τρχοφρυεῖτον οὐδὲν εἶον τῶν λ.
λόφων. Α. 575. ὦ Λάμαχ' ἥρως, τῶν λ. καὶ τῶν λόχων·
Α. 1109. τὸ λοφεῖον ἐξένεγκε τῶν τριῶν λ.
Ο. 293. ἐπὶ λ. οἰκοῦσιν, ὠγάθ', ἀσφαλείας σύνεκα.
λόφωσις. Ο. 291. ἀλλὰ μέντοι τίς ποθ' ἡ λ. ἡ τῶν ὀρνέων;
λοχευομένης. ΕΙ. 1014. τὰς ἐν τεύτλοισι λ.
λοχμαία. Ο. 737. Μοῦσα λ.,
λόχμη. Σ. 929. τρέφειν δύναιτ' ἂν μία λ. κλέπτα δύο·
λόχμην. Ο. 202. δευρὶ γὰρ ἐμβὰς αὑτίκα μάλ' ἐς τὴν λ.
Ο. 207. ἀλλ' ἀντιβολῶ σ', ἄγ' ὦ τάχιστ' ἐς τὴν λ.
224. οἷον κατεμελίτωσε τὴν λ. ὅλην.
265. ἄλλοι ἄρ' οὕπω, ὡς ἔοικ', ἐς τὴν λ.
Λ. 800. τὴν λ. πολλὴν φορεῖ.
λόχμης. Εν. 61. λ. δασυτέρας, καθάπερ ἦν ξυγνκείμενον·
λόχοι. Λ. 453. ὅτι καὶ παρ' ἡμῖν εἰσὶ τέτταρες λ.
λόχος. Ο. 589. ἀλλὰ γλαυκῶν λ. εἰς αὐτοὺς καὶ κερχνῃδῶν ἐπιτρίψει.
λόχους. Α. 1074. ταχέως λαβόντα τοὺς λ. καὶ τοὺς λόφους·
λόχων. Α. 575. ὦ Λάμαχ' ἥρως, τῶν λόφων καὶ τῶν λ.
λυγίσαντος. Σ. 487. πλευρὰν λ. ὑπὸ ῥώμης,
λυγισμῶν. Β. 775. τῶν ἀντιλογιῶν καὶ λ. καὶ στροφῶν
Λυγκεύς. Fr. 258. λ.,
Λυγκεύς. Π. 210. βλέπουτ' ἀποδείξω σ' ὀξύτερον τοῦ Λ.
λυδίζων. Ι. 523. καὶ λ. καὶ ψηνίζων καὶ βαπτόμενος βατραχειοῖς
Λυδῶν. Ο. 1244. ἐξ' ἄτρεμα, φέρ' ἴδω, καθάπερ ἡ φρύγα
Λυδῶν. Ν. 600. οἶκον, ἐν ᾧ κόραι σε Λ. μεγάλαις σέβουσιν·
Fr. 413. τί πρὸς τὰ Λ. δεύπνια καὶ τὰ Θετταλῶν;
λυσθῶν. Θ. 48. μὴ λ. MN. βομβαλοβομβάξ.

λύξει. Α. 690. εἶτα λ. καὶ δακρύει, καὶ λέγει πρὸς τοὺς φίλους,
λυθέν. Fr. 509, 1. ἀλλὰ τὸ στρύφιον λ.
λυθῇς. Θ. 1205. ὅταν λ. τάχιστα, φεύξει, καὶ τενεῖς
λυθῶ. Θ. 1207. ἐμοὶ μελήσει ταῦτά γ', ἥν ἅπαξ λ.
Λυκαβηττόν. Fr. p. 509. ἐς τὴν Πάρνηθ' ὀργισθεῖσαι φροῦδαι κατὰ τῶν Λ.
Λυκαβηττούς. Β. 1056. πάνυ δὴ δεῖ χρηστὰ λέγειν ἡμᾶς. ΕΥ.
ἢν οὖν σὺ λέγῃς λ.
Λύκε. Σ. 389. ὦ Λ. δέσποτα, γείτων ἥρως· σὺ γὰρ οἷσπερ ἐγὼ κεχάρησαι,
Λυκείου. Ο. 356. ἐς Λ. κἀκ Λυκείου σὺν δόρει σὺν ἀσπίδι.
Λυκείου. ΕΙ. 356. ἐς Λύκειον κἀκ Λ. σὺν δόρει σὺν ἀσπίδι.
Λύκιε. I. 1240. ὦ Φοῖβ' Ἄπολλον Λ., τί ποτέ μ' ἐργάσει ;
Λυκίνος. Α. 50. ἐξ ἧς Λ. ἐγένετ'· ἐκ τούτου δ' ἐγὼ
Λύκις. Β. 14. εἴωθε ποιεῖν καὶ Λ. κἀμεψίας·
λύκοι. Ν. 352. ἀποφαίνουσαι τὴν φύσιν αὐτοῦ λ. ἐξαίφνης ἐγένοντο.
Ο. 967. 'Ἀλλ' ὅταν οἰκήσωσι λ. πολιαί τε κορῶναι
λυκόποδες. Α. 664. ἀλλ' ἄγετε, λ., οἷπερ ἐπὶ Λειψύδριον ἤλθομεν, ὅτ' ἦμεν ἔτι,
λύκος. ΕΙ. 1076. φυλοπίτοιν λήξαι, πρίν κεν λ. οἶν ὑμεναιοῖ.
ΕΙ. 1077. καὶ πῶς, ὦ κατάρατε, λ. ποτ' ἂν οἶν ὑμεναιοῖ ;
1112. ἡμῖν προσδιδόναι, πρίν κεν λ. οἶν ὑμεναιοῖ.
Fr. 319. λ. ἔχανεν·
Λύκον. Σ. 819. Θήραμαι εἴ πως ἐκκομίσαις τὸ τοῦ Λ.
Λυκουργίας. Θ. 135. ἐκ τῆς Λ. ἐρέσθαι βούλομαι,
Λυκοῦργε. Ο. 1296. ἴδιε Λ., Χαιρεφῶντι νυκτερίς,
Λύκους. Σ. 952. ἀγαθὸς γάρ ἐστι καὶ διώκει τοὺς λ.
Λύκφ. Ν. 347. ἡ παρδάλει ἢ λ. ἢ ταύρῳ; ΣΤ. νὴ Δί' ἔγωγ'.
εἶτά τι τοῦτο;
Λύκων. Ι. 1301. καίτοι παρῇν Ἵππυλλος, Ἀντιφῶν, Λ.,
Λύκων. Ο. 369. φεισόμεσθα γὰρ τί τῶνδε μᾶλλον ἡμεῖς ἢ λ. ;
Λύκωνος. Α. 270. πάσας ὑπὸ ψήφου μιᾶς, πρώτην δὲ τὴν Λ.
λυμαίνεται. I. 1284. τὴν γὰρ αὑτοῦ γλώτταν αἰσχραῖς ἡδοναῖς λ.,
Ο. 100. τοιαῦτα μέντοι Σοφοκλέη λ.
1080. εἶτα φυσῶν τὰς κίχλας δείκνυσι καὶ λ.,
λυμαινόμενον. Ν. 928. λ. τοῖς μειρακίοις.
Λύμαις. Ο. 1068. φθείρουσιν λ. ἐχθίσταις·
λύομαι. Α. 931. ἐς στρύφιον ἤδη λ. μέμψαό νυν·
Λυόμενος. Fr. 303. φάσκωλος εὐθὺς λ. καὶ τοῦ μύρου
λύουσαν. Α. 173. οἱ γὰρ πρυτάνεις λ. τὴν ἐκκλησίαν.
λύπας. Β. 346. ἀποσείσεταί λ.
λυπεῖ. Α. 893. αὑτὴ τέ λ.; ΜΥ. μὴ πρόσαγε τὴν χεῖρά μοι.
Εκ. 342. καὶ τοῦτο γέ μ' ἕν λ. μόνον.
λυπεῖν. I. 1266. μηδὲ θυμάντιν τὸν ἀνέστιον αὖ λ. ἑκούσῃ καρδίᾳ,
ΕΙ. 333. ἐπιδίδωμι τοῦτό γ' ὑμῖν, ὥστε μὴ λ. ἔτι.
λύπεις. Α. 1025. κἂν με μὴ λ., ἐγὼ σοῦ κἂν τόδε τὸ θηρίον
λύπη. Θ. 788. ἔριδες, νείκη, στάσις, ἀργαλέα λ., πόλεμος. φέρε δή νυν,
λυπῇ. Ο. 984. λ. θυόντας καὶ σπλαγχνεύειν ἐπιθυμῇ,
Π. 142. τὴν δύναμιν, ἣν λ. τι, καταλύσει μόνος.
λυπηρός. Α. 458. λ. ἴσθ' ὢν κἀποχώρησον δόμων.
λυπῇς. Π. 22. μὰ Δί', ἀλλ' ἀφελῶν τὸν στέφανον, ἢν λ. τί με,
Λυπιτρεῖ. Ο. 1246. ἆρ' οἶσθ' ὅτι Ζεύς εἰ μέ λ. πέρα,
λυπήσεις. Ο. 1253. σὺ δ' εἴ με λ. τι, τῆς διακόνου
Λ. 656. ἆρα γρυκτόν ἐστιν ὑμῖν; εἰ δὲ λ. τι με,
λυπουμένην. Π. 1010. καὶ νὴ Δί', αἰσθοιτό γε,
λυπούμενος. Εν. 359. μόνον τῷ λ. ἴσον, ἀλλ' ὅταν φάγῃς,
λυπούμενον. Ο. 1427. μὰ Δί', ἀλλ' ὅταν λ. ἀγαλμά μ' ἔχῃ λ. με,
λυπούσα. Α. 474. λ. μηδέν' ἰσθαδί, κινεύω μηδὲ κάρφος.
λύρα. Θ. 138. λαλεῖ κροκωτῷ· τί δὲ λ. κεκρυφάλῳ·
Λύραισιν. Fr. 4, 1. ὅστις αὐλοῖς καὶ λ. καταστέτριμμαι χρῶμενος,
λύραν. Ι. 990. μόττεσθαι θαμὰ τὴν λ.,
Ν. 1355. πρῶτον μὲν αὐτὸν τὴν λ. λαβόντ' ἐγὼ 'κέλευσα
Λύρας. Β. 1305. λ. ἐπὶ τούτου· καὶ γὰρ ἐσθ' ὅτῳ τῶν σκράποιοις
λύριον. Β. 1304. ἐνεγκάτω τις τὸ λ. καίτοι τί δεῖ
λύσαι. Fr. 34. λ.
λύσας. Β. 691. αἰτίαι ἐκθεῖσί λ. τὰς πρότερον ἁμαρτίας.
λυσάμενος. Σ. 1353. λ. ἔφη παλλακῆν ᾠς ἄμ' εἰσίδω
λυσανίας. Ν. 1162. λ. πατρὸφων μεγάλων κακῶν·
λύσαντό. Θ. 1121. τί δ' οὐκ ἔφη λ. μ' αὑτήν, ὦ Σκύθα.
λύσας. Fr. 248. λ. ἴσων τὸν τῶν λαγῶν γρυμεαίοντον ἐκ ποδῶν.
Λυσικλέα. I. 765. βέλτιστος ἀνὴρ μετὰ Λ. καὶ Κύννα καὶ Σαλαβακχώ,
Λυσικράτη. Ο. 513. ὁ δ' ἔστ' ἄρ' εἰστήκει τὸν Λ. τηρῶν ὅ τι δωροδοκεῖ.
Λυσικράτης. Εν. 736. ἴψους ἔτυχες ᾧ Λ. μελαίνεται.
Λυσικράτους. Εν. 630. ἡ Λ. ἄρα νυνὶ ῥὶς ἴσα τοῖσι καλοῖσι φρονήσει,
Λύσιλλ'. Θ. 373. Λ. ἐγραμμάτευεν, εἶπε Σωστράτη·

C C

Λύσιλλα. Ν. 684. Λ., Φίλιννα, Κλειταγόρα, Δημητρίο.
Λυσιμάχας. Λ. 554. οἴμαί ποτε Λ. ἡμᾶς ἐν τοῖς "Ελλησι καλεῖσθαι.
Λυσιμάχην. ΕΙ. 992. ἵνα Λ. σε καλῶμεν.
Λυσιστράτη. Λ. 6.   καὶ σύ γ', ὦ Λ.
Λ. 21.   αὐταῖς. ΚΑ. τί δ' ἐστίν, ὦ φίλη Λ.,
  69.   μῶν ὕστεραι πάρεσμεν, ὦ Λ.;
  135.   οὐδὲν γὰρ οἷον, ὦ φίλη Λ.,
  186.   καί μοι δύτω τὰ τύμά τις. ΚΑ. Λ.,
  191.   μηλοσφαγούσας. ΚΑ. μὴ σύ γ', ὦ Λ.,
  216.   ὑποκλύεταί μου τὰ γύνατ', ὦ Λ.
  746.   ἀλλ' οἴκαδέ μ' ὡς τὴν μαῖαν, ὦ Λ.,
  1046.   τίς ἂν φράσειε ποῦ 'στιν ἡ Λ.;
  1147.   ἀδικοῦσιν οὗτοι νὴ Δί', ὦ Λ.
Λυσιστράτην. Λ. 1103. τί οὐ καλοῦμεν δῆτα τὴν Λ.,
Λυσίστρατον. Ι. 1265. ἡ θοᾶν ἵππων ἐλατῆρας ἀείδειν, μηδὲν ἔς Λ.
Λ. 1105. καὶ τὼ σιὼ, κἂν λήγε, τὸν Λ.
Λυσίστρατος. Σ. 787. αἴσχιστα γάρ τοι μ' εἰργάσατο
Σ. 1302. Λ., Θεόφραστοι, οἱ περὶ Φρύνιχον.
  1308. εἰτ' αὐτὸν ὡς εἶδ', ᾔκασεν Λ.'
Λυσίστρατος. Α. 855. Λ. τ' ἐν ἀγορᾷ, Χολαργέων ὄνειδος,
Λυσιστράτου. Fr. 1. ἰδοὺ σορέλλη' τοῦτο παρὰ Λ.
λυσιτελεῖν. Π. 509. εἰ ταῦτα γέναιθ' ὃ ποθεῖθ' ὑμεῖς, οὗ φημ' ἂν λ. σφῷν.
λῦσον. ΕΙ. 991. λ. δὲ μάχας καὶ κορκορυγὰς,
Ο. 210. λ. δὲ νόμους ἱερῶν ὕμνων,
λῦσόν. Θ. 1108. λ., με δεσμῶν. ΤΟ. οὐκὶ μὴ λαλῇσι σύ.
λυσσάνιε. Λ. 1171. οὐ τὼ σιώ, οὐχὶ πάντα γ', ὦ λ.
λύσωμεν. Θ. 681. λ. παράκοπος,
λύσω. Λ. 683. λ. τὴν ἐμαυτῆς ὗν ἐγὼ δή, καὶ ποιήσω
Θ. 1125. μὰ Δί', ἀλλὰ λ. δεσμά. ΤΟ. μαστιγῷ σ' ἄρα,
  1204. ἐγὼ δὲ λ. τόνδε. σὺ δ' ὅπως ἀνδρικῶς,
λυπτῶσα. Α. 298. ὥσπερ κύων λ. τώφθαλμὼ δάκνει·
λυχνείῳ. Fr. 470, 3. λ.'
λυχνιδίου. Fr. 115. "δυαῖν λ.,"
λυχνιδίου. Fr. 274, 2. ὁμοιότατα καθεύδετ' ἐπὶ τοῦ λ.
λύχνοις. Σ. 262. ἔπειπι γοῦν τοῖσιν λ, οὗτοὶ μύκητες'
λύχνον. Ν. 18. οἱ γὰρ τύποι χωροῦσιν. ἄπτε, παῖ, λ.,
Ν. 57. οἴμοι τί γάρ μοι τὸν πότην ἧπτές λ.;
Σ. 249. κάρφος χαμάθεν νῦν λαβὼν τὸν λ. πρόβυσον.

λύχνον. ΕΙ. 692. νινὶ δ' ἅπαντα πρὸς λ. βουλεύσομεν,
Θ. 238. ἐνεγκάτω τις ἔνδοθεν δᾷδ' ἢ λ.
Β. 1338. ἀλλά μοι ἀμφίπαλοι λ. ἅψατε
Εκ. 27. ἣν χαλεπὸν αὑταῖς; ἀλλ' ὁρῶ τονδὶ λ.
λυχνοποιός. ΕΙ. 690. ὅτι τυγχάνει λ. ὤν. πρὸ τοῦ μὲν οὖν
λυχνοπώλαισι. Ι. 739. σαυτὸν δὲ λ. καὶ νευρορράφοις
λύχνος. Fr. 274.   ἀλλ' ὥσπερ λ.
Fr. Μ. Δραμ, η Ν. 3. οἴμοι κακοδαίμων ὁ λ. ἡμῖν οἴχεται,
λύχνου. Εκ. 1. ὦ λαμπρὸν ὄμμα τοῦ τροχηλάτου λ.
λύχνους. Ι. 1315. τὰς σπάφας, ἐν αἷς ἐπώλει τοὺς λ., καθειλκύσας,
Σ. 219. λ. ἔχοντες καὶ μινυρίζοντες μέλη
  255. ἀποσβίσαντες τοὺς λ. ἄπιμεν οἴκαδ' αὑτοῖ·
Π. 608. ἐχαντες' ὡς δὲ τοὺς λ. ἀποσβέσας
λυχνούχον. Fr. Μ. Δραμ, η Ν. 4, καὶ πῶς ἀπορραίσας τὸν λ.
λυχνοῦχος. Α. 938. φαίνειν ὑπευθύνους λ.
Fr. 274. οἴμοι κακοδαίμων φησὶν λ. ἡμῖν οἴχεται.
λυχνούχῳ. Fr. 114, 2. ὥσπερ ἐν καινῷ λ.
λυχνοφορίοντες. Α. 1003. ᾄπερ λ. ἀποκεκύφαμες.
λύχνῳ. Α. 453. δός μοι σπυρίδιον διακεκαυμένον λ.
Ν. 56. ἔλαιον ἡμῖν οὐκ ἔνεστ' ἐν τῷ λ.
Σ. 246. χωρίζομεν, ἄμα τε τῷ λ. πάντα διασκοπῶμεν,
Λ. 828. λωμίσω τῷ λ.
λύχνων. Ν. 1065. 'Υπέρβολοι δ' οὐκ τῶν λ. πλεῖν ἢ τάλαντα πολλὰ
Ο. 1484. τῇ λ. ἐρημίᾳ.
λύων. Fr. 425. ὁ δὲ λ. κύστιν ὑείαν
λῶ. Λ. 981. ἡ τοὶ πρυτάνεις; λ. τι μυσίξαι νέαν.
λώβηται. Β. 93. χελιδόνων μουσεῖα, λ. τέχνης.
λώμες. Λ. 1162. ἁμές γε λ., αἴ τις ἀμὶν ταῦγνικλον
λωποδύτοισι. Β. 772. τοῖς λ. καὶ τοῖς βαλαντιητόμοις
λωποδύτας. Θ. 817. ὄντας μᾶλλον καὶ λ.
λωποδύτες. Π. 165. ὁ δὲ λ. γε νὴ Δί', ὁ δὲ τοιχωρυχεῖ,
λωποδύτης. Ο. 497. ἐξεί τι καινὸν ἄλλ' λ. παῖοι ῥοφάλῳ με τὸ νῶτον'
λωποδυτήσων. Β. 1075. καὶ μινθώσαι τὸν ξύσσιτον, κὰν βαῖς τιμά λ.
Εκ. 565. μὴ λ., μὴ φθονεῖν τοῖς πλησίον,
λῷστον. Ο. 823. τά τ' Αἰσχίνου γ' ἅπαντα; ΠΕ. καὶ λ. μὲν οὖν

Μ

μ'. Α. 159. αἰβοῖ. ΑΜ. τί ἐστιν; ΔΙ. οὐκ ἀρέσκουσίν μ', ὅτι κ.τ.λ.
μά. Α. 59. κάθησο σῖγα. ΔΙ. μ. τὸν Ἀπόλλω 'γὼ μὲν οὔ, κ.τ.λ.
μαγγανεύουσαν. Π. 310. καὶ μ. μολύνουσῶν τε τοὺς ἑταίρους,
μάγειρε. Ο. 1637. μ., τὸ κατάχυσμα χρὴ ποιεῖν γλυκύ.
μαγειρικοῖς. Ι. 216. ὑπογλυκαίνων ῥηματίοισι μ.
μαγειρικῶς. Fr. 184.   κοπὶς τῶν μ.
μαγειρικῶν. Α. 1015. ἤκουσας ὡς μ.
Ι. 376. τῷ πάτταλον μ.
ΕΙ. 1017. λαβὲ τὴν μάχαιραν' εἶθ' ὅπως μ.
μάγειρος. Β. 517. ἀλλ' εἴσιθ', ὡς ὁ μ. ἤδη τὰ τεμάχη
μάγειρους. Ι. 418. ἐξηπάτων γὰρ τοὺς μ. ἐπιλέγων τοιαυτί'
μάγειρες. Fr. 614. μ.;
Μάγνης. Ι. 520. τοῦτο μὲν εἰδὼς ἀπαθὲς Μ. ἅμα ταῖς πολιαῖς κατιούσαις,
Π. 965. τουτονυμενὶ Φορμίσιος Μεγαίνετός θ' ὁ Μ.,
μάθδων. Α. 732. ἀμβάτε ποττάν μ., αἴ χ' ὑπρῄ πα.
Α. 835. παίειν ἐφ' ἁλὶ τὰν μ., αἱ κά τις διδῷ,
μαθόντα. Π. 266. ῥυπῶντα, κυφόν, ἄθλιον, ῥυσὸν, μ., νωδόν'
μᾶζα. ΕΙ. 565. καὶ πυκνὴν καὶ γοργὸν ἄσπερ μ. καὶ πανδαισία.
Fr. 529. ἡ μ. γὰρ σὰ καὶ τὰ κρέα χὠ κάραβος.
μᾶζαν. Ι. 55. μ. μεμαχότος ἐν Πύλῳ Λακωνικήν,
Σ. 610. καὶ τὸ γύναιόν μ' ὑποθωπεῦσαν φυστὴν μ. προσενέγκῃ,
ΕΙ. 1. αἷρ' αἷρε μ. ὡς τάχιστα κανθάρῳ.
      3. καὶ μήποτ' αὐτῆς μ. ἡδίω φάγοι.
      4. δὸς μ. ἑτέραν ἐξ ὀνίδων πεπλασμένην.
      853. οὔτ' ἄρτον οὔτε μ., νύστει μᾶλ' ἀεί·
Β. 1073. οὐκ ἠπίσταντ' ἀλλ' ἢ μ. καλέσαι καὶ ῥυπάραι εἰσίν.
Εκ. 551. πρὸς ταύτα χωρεῖθ', ὡς ἂν ἡμῖν ἡ μ. φέρῃν
μᾶζας. Εκ. 606. ἄρτους, τεμάχη, μ., χλαίνας, οἶνον, στεφάνους, ἐρεβίνθους.
μάζης. Εκ. 665. ἀπὸ τῆς μ. ἧς σιτεῖται ταύτην γὰρ ὅταν τις σφαιρίσῃ,

μάζης. Π. 192. φιλοτιμίας. ΚΑ. μ. ΧΡ. στρατηγίας ΚΑ. φακῆς.
Π. 544. μαλάχης πτόρθους, ἀντὶ δὲ μ. φυλλεῖ' ἰσχνῶν ῥαφανίδων,
μαζίσκας. Ι. 1105. ἐγὼ δὲ μ. γε διαμαγομένας
μαζίσκην. Ι. 1166. ἰδοὺ φέρω σοι τήνδε μ. ἐγὼ
μαζονομεῖα. Fr. 367. σκαφίδας, μάκτρας, Νοσσυνικὰ μ.
μάθε. Ο. 938. ἢν τῷ πάδ φρενί μ.
μαθεῖν. Ι. 995. οὗτος οὐ δύναται μ.
Ν. 239. ἠλθές ἐπὶ κατὰ τί; ΣΤ. Βουλόμενος μ. λέγειν.
  631. ταυτ' ἐπιλήπεαι πρὶν μ.' ὅμως γε μὴν
  681. ἴθ' ἐν τι περὶ τῶν ὀνομάτων μ. σε δεῖ,
Θ. 908. Ἐλληνίς, ἀλλὰ καὶ τὸ σὸν θῆλον μ.
Β. 667. οὗ τοι μὰ τὴν Δήμητρα δύναμαί πω μ.
  1484, πάδε δὴ παλλοῖσι μ.
Π. 376. κατηγορεῖς γὰρ πρὶν μ. τὸ πρᾶγμά μου.
μάθῃ. ΕΙ. 1258. ἐὰν τοιαυτασί μ. λαβὼν ποιεῖν,
μάθημα. Ο. 380. τὸ δὲ μ. τοῦτο σώζει παῖδας, οἶκον, χρήματα.
μαθήματος. Ν. 1231. τί γὰρ ἄλλ' ἂν ἀπολαύσαιμι τοῦ μ.;
Ν. 116. ἦν σὺ μ., μοι τὸν ἄδικον τοῦτον λόγον,
Ν. 785. ἀλλ' εὐθὺς ἐπιλήθει σύ γ' ἅττ' ἂν καὶ μ.'
Σ. 514, ἄλλ' ἰδε μ. οὐκ ἀνάσχει καὶ μ. ἀγὼ λέγω,
Π. 477. οὐ δεῖ σχετλιάζειν, καὶ βοῶν πρὶν ἂν μ.
μαθήσεται. Ν. 882. ὅπως δ' ἐκεῖνο τὸ λόγω μ.,
Ν. 586. αὑτὸς μ. παρ' αὑτοῦν τοῖν λόγοιν.
μαθήσομαι. Ν. 111. ἐλθὼν διδάσκου. ΦΕ. καί τί σοι μ.;
Ν. 130. λόγων ἀκριβῶν σχινδαλάμους μ.;
μαθησίων. Ν. 140, ἀλλ' οὐ θέμις πλὴν τοῖς μ. λέγειν.
μαθητάς. Β. 964. γνώσει δὲ τοὺς τούτου τε κἀμοῦ γ' ἑκατέρου μ.
μαθητῶν. Σ. 1262. μ., τάρ' ἐστὶ πολλοὺς τῶν λύγων,
μαθητῇ. Ν. 142. ἧκω μ. ἐς τὸ φροντιστήριον.
μαθητιῷ. Ν. 183. μ. γάρ ἀλλ' ἄνοιγε τὴν θύραν.

μαθητῶν—μάλιστα. 195

μαθητῶν. Ν. 502. τῷ τῶν μ. ἐμφερὴς γενήσομαι;
μάθοι. Ν. 840. τί δ' ἂν παρ' ἐκείνων καὶ μ. χρηστόν τις ἄν;
Ν. 874. πῶς ἂν μ. ποθ' οὗτος ἀνάφευξιν δίκης
Ο. 382. χρήσιμον· μ. γὰρ ἄν τις κάτω τῶν ἐχθρῶν σαφάν.
μάθοιμ'. Ν. 854. χάτερά γε πολλ'· ἀλλ' ὅ τι μ. ἑκάστοτε,
μάθοις. Ο. 377. οὐ μ. ἂν τοῦθ', ὁ δ' ἐχθρὸς εὐθὺς ἐξηνάγκασεν,
μαθόντ'. Ν. 1506. τί γὰρ μ. ἐς τοὺς θεοὺς ὑβρίζ' την.
μαθόντα. Σ. 1281. ὄντινά ποτ' ὤμοσε μ. παρὰ μηδενός,
μάθος. Fr. 645. μ.:
μαθών. Α. 826, τί δὴ μ. φαίνεις ἄνευ θρυαλλίδος;
Ν. 402. καὶ τὰς δρῦς τὰς μεγάλας τί μ.; οὐ γὰρ δὴ δρῦς γ' ἐπιορκεῖ.
459. ταῦτα μ. παρ' ἐμοῦ κλέος οὐρανόμηκες
792. ἀπὸ γὰρ ὀλοῦμαι μὴ μ. γλωττοστροφεῖν.
823. καί σοι φράσω πρᾶγμ' ὃ σὺ μ. ἀνὴρ ἔσει.
Σ. 251. τι δὴ μ. τῷ δακτύλῳ τὴν θρυαλλίδ' ὠθεῖς,
1239. Ἀδμήτου λόγον, ὦταῖρε, μ. τοὺς ἀγαθοὺς φίλει,
Λ. 599. σὺ δὲ δὴ τί μ. οὐκ ἀποθνῄσκεις;
Π. 908. καὶ τῶν ἰδίων πάντων. ΧΡ. σύ; τί μ.; ΣΤ. Βούλομαι.
μαῖ', Εκ. 915. ἀλλ', ὦ μ., ἱκετεύομαι,
μαῖαν. Α. 746. ἀλλ' αἰκαδί μ' ἂν τὴν μ., ὦ Λυσιστράτη,
μαιεύσομαι. Λ. 695. δεινῶν τίκτοντα κανθάρους σε μ.
Μαινάσι. Λ. 1283. ὡς μετὰ Μ. Βάκχιος ὄμμασι
μαίνεσθ'. Θ. 793. μανίας μ., οὓς χρὴν σπένδειν καὶ χαίρειν, εἴπερ ἀληθῶς
μαίνεσθαι. Ν. 932. δεῦρ' ἴθι, ταύτην δ' ἔα μ.
Β. 564. καὶ τὸ ξίφος γ' ἔσπατο, μ. δακών,
μαίνεται. Ει. 54. ὁ δεσπότης μου μ. καινὸν τρόπον,
μαινίδια. Fr. 242. ὀσμύλια καὶ μ. καὶ σηπίδια,
μαινίδες. Β. 945. τῆς μ.; τὸ τρυβλίον
μαινοίμεθ'. Θ. 196. ἡμᾶς ὑφέξειν, καὶ γὰρ ἂν μ. ἄν.
μαινομένην. Π. 1070. μὰ τὴν Ἑκάτην, οὐ δῆτα· μ. γὰρ ἄν.
μαίνοιτο. Β. 41. ὡς σφόδρα μ' ἔδεισε. ΕΛ. νὴ Δί', μ' ἂν μ. γε.
μαίνομαι. Ν. 660, ἀλλ' οἶδ' ἔγωγε τἄρρεν', εἰ μὴ μ.
Ο. 470. μῶσ' τὸν ἄνθρ' ἐκεῖνον, εἰ μὴ μ.
Β. 103. σὺ δὲ ταῦτ' ἀρέσκει; ΔΙ. μάλλὰ πλεῖν ἢ μ.
751. ἆττ' ἂν λαλῶσι; ΑΙ. μάλλα πλεῖν ἢ μ.
μαινόμενος. Α. 1167. μ. ὑ δὲ λίθον λαβεῖν
Ο. 427. πότερα μ.;
μαινομένους. Ο. 524, ὥσπερ δ' ἤδη τοὺς μ.
Λ. 556. ἀγοράζοντας καὶ μ. ΓΤ. νὴ τὴν Παφίαν Ἀφροδίτην.
μαιδρυσες. Σ. 1234. ἄνθρωφ', αὕτη ὁ μ. ὑ γάρ· μ. οὐκέτι·
Μαλθτιν. Ν. 273. ἡ Μ. λίμνην ἔχει ἡ σκόπελον νιφόεντα Μίμαντος·
μάκαιρα. Ν. 598. ἡ τ' Ἐφέσου μ. πάγχρυσον ἔχεις
Ο. 1759. δρέξον, ὦ μ., σὴν χεῖρα καὶ πτερῶν ἐμῶν
μάκαρ. Ν. 1206, ὦ Στρεψιάδες,
Β. 352. χοροποιόν, μ., ἥβαν.
μάκαρο. Ο. 1722. μ. μάκαρι σὺν τύχᾳ.
μάκαρας. Ο. 898. μ., ἵνα τινὰ μόνον, εἶπερ
μακάρεσσι. Ει. 1075. οὐ γὰρ πω τοῦτ' ἐστὶ φίλον μ. θεοῖσιν,
Ει. 1106. ἀλλ' οὕπω τοῦτ' ἐστὶ φίλον μ. θεοῖσιν·
μάκαρι. Ο. 1722. μάκαρα μ. σὺν τύχᾳ.
μακάρι'. Ι. 157. Ιδού· τί ἔστιν; ΔΙ. ὦ μ., ὦ πλούσιε,
Σ. 1275. ὦ μ. Αὐτόμενες, ὥς σε μακαρίζομεν,
Ο. 1271. ὦ Πεισθέταιρ', ὦ μ., ὦ σοφώτατε,
μακαρία. Ει. 715. ὦ μ. βουλή σοὶ τῆς Θωμᾶς.
Εκ. 558. νὴ τὴν Ἀφροδίτην, μ. γὰρ ἡ πόλις
μακάριαι. Σ. 1292. ἰὼ χελώναι, ὡς τοῦ δέρματος,
μακαρίαν. Ι. 1151. ἀπαγ' ἐς μ. ἐκποδών. ΑΛ. σύ γ', ὦ φθόρε.
μακάριε. Ι. 147. ὥσπερ κατὰ θεῖον εἰς ἁγοράν. ΔΙΙ. ὦ μ.
Ι. 186. ἡ κ' νοησωμ γ'. ΔΗ. ὦ μ. τῇ τύχῃ,
Ι. 1512. ὦ Καρεῖν', ὦ μ. τῆς εὐπαιδίας·
Ο. 1423. καὶ συνοφάντης. ΠΕ. ὦ μ. τῆς τέχνης.
Εκ. 1129. ὦ δύσπον', ὦ μ. καὶ τρυσύβιε.
μακαρίσαι. Σ. 429. τὰς χελώνας μ. σε τοῦ δέρματος
μακαρίζομεν. Σ. 1275. ὦ μακάρι' Αὐτόμενες, ὥς σε μ.,
μακάριον. Σ. 588. τουτὶ γάρ τοι σε μόνον τούτῳ μ. ὧν εἴρηκας μ.·
μακάριον. Π. 655. νῦν δ' εἴ τιν' ἄλλον μ. πεύδαιμονα,
μακάριος. Α. 254. οἴσεις, βλέπουσα θυμβροφάγον, ὥς μ.
Ι. 1387. μ. ἐτ τάρχαια δὴ καθίσαμαι.
Εκ. 1112. ὦ μ. μὲν δῆμος, εὐδαίμων δ' ἐγώ,
Β. 1482. μ. γ' ἀνὴρ ἔχων
μακαριστόν. Σ. 550. τί γὰρ εὔδαιμον καὶ μ. μᾶλλον νῦν ἐστι δικαστοῦ,
Ο. 1725. ὦ μ. σὺ γάμων τῆσδε πόλει γήμας,
μακαρίτην. Π. 555. ὡς μ., ὦ Δάματερ, τὸν βίον αὐτοῦ κατέλεξας,
μακαρίων. Π. 629. ὡς εὐτυχεῖθ', ὅτ μ. πεπράγατι,
μακαριωτάτη. Εκ. 1113. αὐτή τέ μοι δέσποινα μ.,
μακάρων. Ν. 307. καὶ πρόσοδοι μ. ἱερώταται,

μακάρων. Σ. 639. κἂν μ. δικάζειν
Ει. 780. καὶ θαλίας μ.· σοὶ γὰρ τάδ' ἐξ ἀρχῆς μέλει.
Ο. 222. θεία μ. ὑλοὑγή.
702. καὶ γῇ πάντων τε θεῶν μ. γένος ἄφθιτον, ὧδε μὲν ἔσμεν
703. πολὺ πρεσβύτατοι πάντων μ. ἡμεῖς δ' ὡς ἐσμὲν Ἔρωτας
Β. 85. παῖ γῆς ὁ τλήμων· ΔΙ. ἐς μ. εὐωχίαν,
μακέλλῃ. Ο. 1240. Διὸς μ. πᾶν ἀναστρέψῃ Δίκῃ,
μαπκεφ. Ι. 398. καὶ τὸ τοῦ δήμου πρόσαπαν μ. καθήμενον.
μάκος. Α. 909. μικρός γα μ. οὗτος. ΔΙ. ἀλλ' ἄπαν κακόν.
μακρά. Ι. 433. κατὰ κύμ' ἐμαυτὸν οὖριον, κλαίειν σε μ. κελεύσας.
Ν. 212. ἤδη παρατέταται μ. πύρρω πάνυ.
Σ. 584. κλάειν ἡμεῖς μ. τὴν κεφαλὴν εἰπόντες τῇ διαθήκῃ
Ει. 255. τί με καλεῖ; ΠΟ. κλαύσει μ.
Ο. 207. τί ποτ' ἐστὶ τουτὶ τὸ κακόν; ΠΕ. οἰμώξει μ.
Λ. 520. ὑποτύξεσθαι μ. τὴν κεφαλὴν πόλεμος δ' ἀνδρεσσι μελήσει.
1222. οὐκ ἄπιτε· κωκύσεσθε τὰς τρίχας μ.
Θ. 211. πῶς οὖν ποιήσω δῆτα; ΜΝ. τοῦτον μὲν μ.
Β. 34. ἢ τάν σε κωκύειν ἂν ἐκέλευον μ.
Εκ. 425. δεῖπνον παρέχειν ἅπασιν, ἢ κλάειν μ.
Π. 111. ἐὰ Δί', ἀλλ' ἀπαξάπαντες. ΚΑ. οἰμώξει μ.
612. σὺ δ' ἐὰν κλάειν μ. τὴν κεφαλήν.
μακράν. Α. 416. δεῖ γάρ με λέξαι τῷ χορῷ ῥῆσιν μ.·
Ι. 621. κἄν μ. ὁδὸν διελθεῖν
Σ. 777. λέγῃ μ. τις, οὐχὶ πεινῶν ἀναμενεῖς,
Ει. 825. τί δ' ἔπαθες; ΤΡ. ἡλγουν τὸ σκέλῃ μ. ὁδὸν
Ο. 1184. κᾶστ' οὐ μ. ἀπωθεν, ἀλλ' ἐνταυθὶ που
Θ. 382. ὅπερ παιοδα οἱ ῥήτορες. μ. ἔοικε λέξειν.
Β. 434. μηδὲν μ. ἀπιλήθη.
μακρά. Ι. 1351. ὁ μὲν ποιεῖσθαι νοῦς μ., ὁ δ' ἕτεροι αὖ
Ι. 1306. πρῶτον μὲν ἀπόσοι ναῦς ἐλαίνουσιν μ.,
Ο. 379. ἐκπονεῖν θ' ὑψηλὰ τείχη ναῦς τε κεκτῆσθαι μ.
μακρόν. Α. 995. πρῶτα μὲν ἂν ἀμπελίδος ὄρχον ἐλάσαι μ.,
Ι. 207. ὁ δράκων γάρ ἐστι, μ. τ' ἀλλᾶς αὖ μ.·
Ν. 1019. κωλῆν νεηνικὴν, ψήφισμα μ.
Θ. 1066. μ. ἵπτευμα διώκεις,
μακρούς. Ο. 1131. ἐκατανταρύγνιον. ΠΕ. ὦ Πόσειδον, τοῦ μ.
μακρού. Ο. 200. σοῦ δ' ἐγὼ λόγους λέγοντος οὐκ ἀκούσομαι μ.,
μακρῷ. Σ. 1303. ταύτων ἀπώντων ἦν ὑβριστότατος μ.
Ει. 675. εὐνούστατος μὲν ἦν μ. Κλεινίμοι.
Λ. 256, ἢ πολλ' ἀέλπτ' ἔνεστιν ἐν τῷ μ. βίῳ, φεῦ,
Β. 931. ἤδη ποτ' ἐν μ. χρόνῳ νυκτὸς διηγηπνησα
μάκτραν. Β. 1159. χρῆσον σὺ μ., εἰ δὲ βούλει, κάρδοπον.
μάκτρας. Π. 545. ἀντὶ δὲ θράνων σταμνών κεφαλὴν κατεαγότος, ἀντὶ δὲ μ.
Fr. 367. σκαφίδας, μ., Μοσσυνικὰ μαζονομεῖα.
μάλ'. Ι. 475. ἐγὼ μὲν αὐτίκα μ. ἐς βουλὴν ἰὼν κ.τ.λ.
μάλα. Ι. 284. ἀποθανεῖσθον αὐτίκα μ. κ.τ.λ.
μαλακῇ. Λ. 155. ὁ γῶν Μενέλαος τὰς Ἑλένας τά μ. πο
μαλακήν. Ν. 979. ᾠδῆς μ. φυρασάμενος τὴν φωνὴν πρὸς τὸν ἐραστήν
Σ. 738. λείχειν, χλαίναν μ., σισύραν,
μαλακίων. Εκ. 1058. ἔπου, μ., δεῦρ' ἀνύσας καὶ μὴ λαλεῖ.
μαλακόν. Σ. 1455. ἐπὶ τὸ τρυφῶν καὶ μ.
Π. 488. ἐν τοῖς λόγοις ἀντιλέγοντες· μ. δ' ἐνδόσετε μηδέν.
1022. τὸ βλέμμα θ' ὡς ἔχοιμι, καὶ καλόν.
μαλακός. 1.785. κᾷτα καθίζου μ., ἴνα μὴ τρίβῃ τὴν ἐν Σαλαμῖνι.
μαλάξεις. Ι. 389. ὡς ἐὰν νυνὶ μ. αὐτὸν ἐν τῇ προσβολῇ,
μαλάττομαι. Σ. 973. αἰβοῖ τί κακὸν ποτ' ἐσθ' ὑγὼ μ.·
μαλάχης. Π. 544. μ. πτόρθους, ἀντὶ δὲ μάζης φυλλεῖ' ἰσχνῶν ῥαφανίδων,
μαλάχιον. Fr. 309, 10. δίωπας, διάλιθον, πλάστρα, μ., βύτρον,
μάλης. Α. 985. κάπειτα δώρν ἦσθ' ὑπ' μ. ἥκεις ἔχων·
μαλθακήν. Ο. 122. ὥσπερ σισύραν ἐγκαταλινῆναι μ.,
Ο. 233. ταχὺ πετόμενα, μ. ἱέντα γήρυν
μαλθακιστί. Ν. 727. οὔ μ., ἀλλὰ περικαλυπτέα.
μαλθακόν. Β. 595. καὶ βαλεῖ τί μ.
Fr. 646. μ.
μαλθακός. Σ. 714. καὶ τὸ ξίφος οὐ δύναμαι κατέχειν, ἀλλ' ἤδη μ. εἰμι.
μαλθακῶς. Α. 70. ἐφ' ἀρμαμαξῶν μ. κατακείμενοι,
Λ. 1200. φιλοφρόνως μ. μ. χρυσῳ,
μαλθανώτερον. Β. 539. πρὸς τὸ μ.
μάλθαν. Fr. 206. τὴν μ. ἐκ τῶν γραμματείων ἤσθιον.
μάλιστ'. Ο. 1116. ὅταν ἔχητε χλαινίδα κιχλῶν, τύτε μ. οὕτω δίηφιν κ.τ.λ.
μάλιστ'. Ι. 117. ὅπερ μ. ἐφύλαττεν. ΔΙΙ. ὦ σοφώτατε, κ.τ.λ.
μάλιστα. Ι. 653. ὡς ἡδέωσ' ἡ βουλή μ. ἤθμασιν, κ.τ.λ.

C C 2

196 *μάλιστά—μαστιγίαι.*

μάλιστά. Ν. 253. ταῖς ἡμετέραισι δαίμοσιν; ΣΤ. μ. γε κ.τ.λ.
μάλλ'. Β. 611. πλήττοντα πρὸς τἀλλότρια ; ΕΛ. μ. ὑπερφυᾶ.
μάλλά. Λ. 458. ἀπελθέ νῦν μοι. ΔΙ. μ. μοι δὸς ἕν μόνον
  Θ. 288. θύιμ' ἔχουσαν, εἰ δὲ μ. νῦν λαθεῖν. κ.τ.λ.
μάλλην. Β. 476. ἐγὼ γὰρ αὐτὴ πρῶτον, ἵνα μ. λέγω.
μάλλε. Θ. 1005. ἔτι μ. βούλει. ΜΝ. ἀτταταῖ Ιατταταῖ.
μάλλον. Λ. 300. ὡς μεμίσηκά σε Κλέωνος ἔτι μ., ἣν κ.τ.λ.
μάλλόν. Ν. 891. ἴθ᾽ ὅποι χρῄζεις. πολὺ γὰρ μ. σ᾽ κ.τ.λ.
Μαμμάκυθοι. Β. 990. πεχηνότες Μ.,
μαμμᾶν. Ν. 1383. μ. δ᾽ ἂν αἰτήσαντος ἥκων σοι φέρων ἂν ἄρτον·
μαμμία. Λ. 879. μ., μ., μ.
μαμμία. Λ. 890. φέρε σε φιλήσω γλυκύτατον τῇ μ.
μαμμίαν. Λ. 878. ὑπάκουσον· οὗτος, οὐ καλεῖς τὴν μ. ;
μάν. Λ. 757. αὐτίκ᾽ ἄρ᾽ ἀπαλλάξεσθε πραγμάτων. ΜΕ. σά μ.,
  κ.τ.λ.
  Λ. 765. καλῶν λέγεις· ἐπιδείξω. ΜΕ. ἀλλά μ. καλαί. κ.τ.λ.
μάναν. Fr. 647. μ.
Μανᾶς. Ο. 523. νῦν δ᾽ ἀνδράποδ᾽, ἡλιθίων, Μ.
μανδαλωτόν. Θ. 132. καί μ., ὥστ᾽ ἐμοῦ γ᾽ ἀκροωμένου
Μανή. Λ. 908. μὰ Δί᾽, ἀλλὰ τοῦτό γ᾽ οἰκαδ᾽, ὦ Μ., φέρε.
Μανῆν. ΕΙ. 1146. τόν τε Μ. ἡ Σύρα βωστρησάτω 'κ τοῦ χωρίου.
  Fr. 647. M. :
Μανῆς. Ο. 1311. Μ. δὲ φερέτω μοι θύραζε τὰ πτερά.
  Ο. 1329. Μ. γάρ ἐστι δειλός.
  Λ. 1212. ῥοῦν᾽ ὁ Μ. δ᾽
μάνθαν'. Ν. 89. καί μ., ἐλθὼν ἂν ἐγὼ παραινέσω.
μάνθανε. Ν. 839. ἀλλ᾽ ὡς τάχιστ᾽ ἐλθὼν ὑπὲρ ἐμοῦ μ.
μάνθανέ. Β. 1270. κυθιστ᾽ Ἀχαιῶν Ἀτρέως πολυκοίρανε μ.
  μου παῖ,
μανθάνει. Β. 1114. βιβλίον τ᾽ ἔχων ἕκαστος μ. τὰ δεξιά.
μανθάνειν. Ν. 488. πῶς οὖν δυνήσει μ. ; ΣΤ. ἀμέλει, καλῶς.
  Ν. 636. ἄγε δή, τί βούλει πρῶτα νυνὶ μ.
  647. ταχύ γ᾽ ἂν δύναιο μ. περὶ ῥυθμῶν.
  656. τούτων ἐπιθυμῶ μ. οὐδέν. ΣΩ. τί δαί ;
  658. ἀλλ᾽ ἕτερα δεῖ σε πρότερα τούτων μ.,
  796. πέμπειν ἐκεῖνον ἀντὶ σαυτοῦ μ.
  798. ἀλλ᾽ οὐκ ἐθέλει γάρ μ., τί ἐγὼ πάθω ;
  826. ἔγωγ᾽. ΣΤ. ὁρᾷς οὖν ὡς ἀγαθὸν τὸ μ. ;
μανθάνεις. Ο. 1003. ἐνθεὶς διαβήτην—μ. ; ΠΕ. οὐ μανθάνω.
  Ο. 1458. ἐνθάδε πρὶν ἥκειν ὁ ξένος. ΣΤ. πάνυ μ.
  Β. 195. ἐπὶ ταῖς ἀναπαύλαις. ΔΙ. μ. ; ΕΛ. πάνυ μανθάνω.
  Π. 58. ἢν μὴν οἰμώζειν λέγω σοι. ΚΛ. μ.
μανθάνει ’. Σ. 385. δράσω τοίνυν ὑμῖν πίσυνος· καί μ.᾽ ἤν τι
  πάθω γώ,
μανθάνοντες. Fr. 467. μ. τοὺς Ἴβηρας τοὺς Ἀριστάρχῳ πάλαι
μανθάνουσιν. Ο. 375. ἀλλ᾽ ἀπ᾽ ἐχθρῶν δῆτα πολλὰ μ. οἱ σοφοί.
μανθάνω. Ν. 501. ἢν ἐπιμελὴς ὦ καὶ προθύμως μ.,
  Ν. 693. ἀτὰρ τί ταῦθ᾽ ἃ πάντες ἴσμεν μ.,
  ΕΙ. 663. εἶεν, ἀκούω. ταῦτ᾽ ἐπιμελεῖς μ.
  Ο. 1003. ἐνθεὶς διαβήτην—μανθάνεις ; ΠΕ. μ.
  1456. κᾆτ᾽ αὖ πέτομαι πάλιν ἐκεῖσε. ΠΕ. μ.
  1461. βέμβικος οὐδὲν διαφέρειν δεῖ. ΠΕ. μ.
  1529. τί ἐστιν ; ΠΡ. ὅ τι ἐστίν ; Τριβαλλοί. ΠΕ. μ.
  Λ. 1008. ὑπὸ τῶν γυναικῶν ἄρτι νυνί μ.
  Β. 65. μὴ δῆτα περί γ᾽ ἐμοῦ γε· πάνυ γάρ μ.
  195. ἐπὶ ταῖς ἀναπαύλαις. ΔΙ. μανθάνεις. ΕΛ. πάνυ μ.
  765. θρόνων τε τοῦ Πλουτῶνος ἑξῆς. ΕΛ. μ.
  1109. εὖ ἡ τὸν Ἑρμῆν ὅ τι λέγεις δ᾽ οὐ μ.
  1444. τὰ δ᾽ ὄντα πίστ᾽ ἄπιστα. ΔΙ. πῶς ; οὐ μ.
μανθάνων. Ν. 630. ὅστις σκαλαθυρμάτι᾽ ἄττα μικρὰ μ.,
Μανία. Θ. 728. ἴωμεν ἐπὶ τὰς κληματίδας, ὦ Μ.,
  Θ. 739. παριβάλλε πολλὰς κληματίδας, ὦ Μ.,
  754. οἴμοι, τέκνον. δὸς μοι σφαγεῖον, Μ.,
  Π. 1345. ὦ Μ. ξύλλαβε.
μανίαις. Θ. 680. μ. φλέγων,
μανίαν. Ν. 350. σκώπτουσας τὴν μ. αὐτοῦ Κενταύροις ᾔκασαν
  αὑταί.
  Ν. 846. ἢ τοῖς σοροπηγοῖς τὴν μ. αὐτοῦ φράσω;
  Π. 501. τίς ἂν οὐχ ἡγοῖτ᾽ εἶναι μ., κακοδαιμονίαν τ᾽ ἔτι
  μᾶλλον ;
μανίας. Ν. 925. ὤμοι σοφίας. ΔΙ. ὤμοι μ.,
  Σ. 1486. μᾶλλον δέ γ᾽ ἴσως μ. ἀρχή.
  Ο. 793. μ. μαίνεσθ᾽, οὓς χρῆν σπένδειν καὶ χαίρειν, εἴπερ
  ἀληθῆ
  Β. 816. ἀντιτέχνου· τότε δὴ μ. ὑπὸ δεινῆς
μανικά. Σ. 1496. οὐκ εὖ μὰ Δί᾽ οὐ δῆτ᾽, ἀλλὰ μ. πρήγματα.
μανικῶν. Π. 424. βλέπει γέ τοι μ. τι καὶ τραγῳδικόν.
μανιῶν. Ν. 832. σὺ δ᾽ ἐς τοσοῦτον τῶν μ. ἐλήλυθας
  ΕΙ. 65. τὸ γὰρ παράδειγμα τῶν μ. ἀκούετε·
  Λ. 342. ἀλλὰ πολέμιον καί μ. μυσαμένας Ἑλλάδα καὶ πολίτας
Μανόδωρε. Ο. 657. καὶ Μ., λαμβάνετε τὰ στρώματα.

μαντεῖα. Β. 1319. μ. καὶ σταθίους.
μαντείαν. Σ. 1019. μιμησάμενος τὴν Εὐρυκλέους μ. καὶ διά-
  νοιαν,
μαντείας. Ο. 719. ὄρνιν τε νομίζετε πάνθ᾽ ὅσαπερ περὶ μ.
  διακρίνει·
μαντεῖος. Ο. 722. ἆρ᾽ οὐ φανερῶς ἡμεῖς ὑμῖν ἐσμὲν μ. Ἀπόλλων;
μάντεσι. Ο. 724. ἐξετε χρῆσθαι μ. Μούσαις,
μαντεύματος. Σ. 161. Ἀπόλλων ἀποτρύπαιε, τοῦ μ.
μαντευομένοις. Ο. 593. τὰ μέταλλ᾽ αὐτοῖς μ. οὕτω δώσουσι τὰ
  χρηστά
μαντευσμένῳ. Σ. 159. μ. μοῦχρησεν ἐν Δελφοῖς ποτέ,
  Ο. 596. προερεῖ τις δεῖ τῶν ὑμῖθων μ. περὶ τοῦ πλοῦ·
μαντικά. Ο. 1332. τά τε μουσίχ᾽ ὁμοῦ τά τε μ. καὶ
μαντικῆς. ΕΙ. 1026. οὐκουν δοκῶ σοι μ. τὸ φρύγανον τίθεσθαι;
μάντιν. Ο. 594. τὰς τ᾽ ἐμπορίας τὰς κερδαλέας πρὸς τὸν μ.
  κατερούσιν,
μάντις. ΕΙ. 1046. μ. τίς ἐστιν. ΤΡ. οὐ μὰ Δί᾽, ἀλλ᾽ Ἱεροκλῆς.
  Π. 11. ἰατρὸς ἂν καί μ., ὃς φασιν, σοφός.
μάξη. Σ. 614. καταρασάμενος καὶ τονθορύσας, ἀλλ᾽ ἢν μή μοι
  ταχὺ μ.,
μάξω. Λ. 601. μελιτοῦτταν ἐγὼ καὶ δὴ μ.
μἀποδιέρης. Λ. 740. μὴ μ. ἤν γὰρ ἄρχῃ ταυτουί,
μἀποδιδῷ. Ο. 1620. μανετοὶ θεοί, καί μ. μισητίαν,
μἀποδώσεις. Ν. 1278. εἴ μ. τἀργύριον. ΣΤ. κάτειπέ νυν,
Μαραθῶνι. Α. 697. ἄνδρ᾽ ἀγαθὸν ὄντα Μ. περὶ τὴν πόλιν ;
  Λ. 698. εἶτα Μ. μὴν δῆτ᾽ ἦμεν, ἰδιώκομεν·
  Ι. 781. σὲ γάρ, ὃς Μήδοισι διεξιφίσω περὶ τῆς χώρας Μ.,
  1334. τῆς γὰρ πύλεως ἀξία πράττεις καὶ τοῦ Μ. τροπαίου.
  Σ. 711. ἄξιε τῆς γῆς ἀπολαύοντες καὶ τοῦ Μ. τροπαίου.
  Θ. 806. πρὸς Ἁριστομάχην δὲ χρόνου πολλοῦ, πρὸς ἐκείνην
  τὴν Μ.,
  Fr. 363. καὶ κολλύραν τοῖσι περῶσιν διὰ τοῦ Μ. τροπαίου.
Μαραθωνομάχαι. Α. 181. ἀτεράμονες, Μ., σφενδάμνινοι.
Μαραθωνομάχας. Ν. 986. ἐξ ὧν ἄνδρας Μ. ἡμὴ παίδευσις
  ἔθρεψεν.
μαραθῶνος. Ο. 246. ἔχετε λειμῶνά τ᾽ ἐρύεντα Μ.,
  Β. 1296. τί ὁ φλαττόθρατ᾽ τοῦτ᾽ ἐστίν ; ἐκ Μ. ἂν
Μαρικᾶν. Ν. 553. Εὔπολις μὲν τὸν Μ. πρώτιστον παρείλκυσεν
Μαριλάδη. Α. 609. τανδὲ δὲ μηδείν᾽ ; ἐτοῦν, ὦ Μ.
μαρίλης. Α. 350. ὑπὸ τοῦ δέους δὲ τῆς μ. μοι συχνὴν
μαρμαρέαις. Ν. 286. μ. ἐν αὐγαῖς.
μαρμάρων. Α. 1172. τόν μ., κἄπειθ᾽ ἁμαρτὼν βάλοι Κρατῖνον,
μάρτυρα. Π. 933. ἀλλ᾽ οἴχεται φεύγων ὃν ἤγες μ.
μάρτυρας. Σ. 936. αὐτὸν καθελών· τοῖς μ. γὰρ ἐσκαλώ,
  Σ. 937. Λάβητι μ. παριέναι, τρυβλίον,
μαρτυρεῖν. Εκ. 561. ἐστω τὸ λοιπὸν, οὐδαμοῦ δὲ μ.,
  Εκ. 569. ἀλλ᾽ ἀνοφανώ τοῦθ᾽· ὥστε σὺ γέ μοι μ.,
μάρτυρες. Ν. 1152. καί μ. πάρησαν, δι᾽ ἐδανειζόμην ;
μαρτύρια. Σ. 1439. τὴν μ. ταύτην ᾔδεις ἂν τάχες
μαρτυρίας. Σ. 1041. ἀνταμοσίας καὶ προσκλήσεις καὶ μ. συνε-
  κύλλων,
μαρτυρίαν. Ι. 1316. εὐφημεῖν χρὴ καὶ στόμα κλείειν καὶ μ.
  ἀπέχεσθαι
μαρτύρομαι. Α. 927. μ. ΔΙ. ξυλλάμβαν᾽ αὐτοῦ τὸ στόμα·
  Ν. 1222. ἐς τὴν ἔνην τε καὶ νέαν. ΣΤ. μ.
  1297. ὁρᾶς μοι τὸ κέντρον. ΑΜ. ταῦτ᾽ ἐγώ μ.
  Σ. 1436. καντάς᾽ ἐχίνου. ΚΛ. ταῦτ᾽ ἐγώ μ.
  ΕΙ. 1119. ὦ μιᾶ παῖς τὸν Βάκιν. ΙΕ, μ.
  Ο. 1031. μ. τυπτόμενος ὢν ἐπίσκοπος.
  Β. 528. κατάθου τὸ δέρμα. ΕΛ. ταῦτ᾽ ἐγὼ μ.
  Π. 932. ὄρῇς δὲ ταῦτ᾽ ἐγώ ; ταῦτ᾽ ἐγώ μ.
  Fr. 245. 1. μ. δὲ Ζηνὸς ἑρκείου χυτραι,
μαρτύρων. Π. 891. ὃν δὴ ‘ν᾽ ἀληθείᾳ σὺ μετὰ τοῦ μ.
μαρτύρων. Ν. 777. μέλλων ὀφλήσειν, μὴ παρόντων μ.
  Σ. 782. ὡς οἱ δικασταὶ ψευδομένων τῶν μ.
  962. ἀκούσον ᾦ δαιμόνιέ μου τῶν μ.
  Εκ. 448. μόνας μόναις οὖ μ. γ᾽ ἐναντίον,
  451. ἣν τὸν Ποσειδῶ, μ. γ᾽ ἐναντίον,
μάρτυς. Π. 499. οὐδεὶς ἂν ἐγὼ τούτου μ.· μηδὲν ταύτην μ
  ἀνεγρω;
μάρψῃ. Ι. 197. Ἀλλ᾽ ὁπόταν μ. βυρσαίετος ἀγκυλοχῆλης
  ΕΙ. 1100. ἰκτίνοι μ. ΤΡ. ταυτὶ μέντοι σὺ φυλάττου,
Μαρψίας. Α. 701. ὅπότε πρὸς τί ἀντερεῖ Μ. ;
μάσθλην. Ι. 269. ὧν δ᾽ ἁλαζών, ὃς δὴ μ. εἶδες οἷ᾽ ὑπέρχεται ;
  Ν. 449. μ. εἴρων, γλοιός, ἀλαζών,
μασταρύξει. Α. 680. ἐς δ᾽ ὑπὸ γήρως μ., κᾆθ᾽ ὀφλὼν ἀπέρχεται
μάστιγ'. Ο. 1464. οἴμοι πάλαι μ. ΠΕ. πτερῷ μὲν οὖν,
  Ο. 933. ἓν καρῶν καλῶν, ἀλλὰ τὴν μ. ἔχων
μάστιγα. Θ. 1135. ἔτι γάρ σὺ ἡ μ. ἐπιτυμεῖς λαβεῖν.
μαστιγία. Ι. 1228. αὐτόν περιδοῦ. ΑΛ. κατάδου τἀχέως, μ.
μαστιγίαι. Λ. 1240. ὡς ταυτόν, οὐκ ἔρρησετ᾽, ὦ μ. ;

μαστιγίας—μεγάλας. 197

μαστιγίας. Β. 501. μὰ Δί' ἀλλ' ἀληθῶς οὐκ Μελίτης μ.
μαστιγούμεθα. I. 64. ψευδῆ διαβάλλει· κατα μ.
μαστιγουμένη. Fr. 508. ὠνήσεις κρακύδα μ.
μαστιγούμενον. I. 67. ὁρᾶτε τὸν Ὕλαν δι' ἐμὶ μ.;
μαστιγούμενος. El. 452. ἐπὶ τοῦ τροχοῦ γ' ἕλκοιτο μ.'
μαστιγῷ. Θ. 1125. μὰ Δί', ἀλλὰ λύσω δεσμά. TO. μ. σ' ἄρα.
μαστιγῶν. Β. 619. δήσας, κρεμάσας, ὑστριχίδι μ., δέρων.
μαστιγῶσι. Εκ. 663. ὁμόσ' εἰμί κύψαι. ΑΝ. Α. ἢν δὲ μ., τί;
μαστιγωντίος. Β. 633. καὶ πολύ γε μᾶλλόν ἐστι μ.'
μαστροποός. Θ. 558. ὣς τ' αὖ τὰ κρέ' ἐξ Ἀπατουρίων ταῖς μ. διδοῦσαι.
Μασυντία. Σ. 433. ὦ Μίδα καὶ Φρὺξ βοήθει δεῦρο καὶ Μ.,
μασχάλας. Εκ. 60. ἔγαγε. πρῶτον μὲν γ' ἔχω τὰς μ.
μασχαλῶν. Α. 852. ὄζων κακῶν τῶν μ.
μασωμένη. Εκ. 554. κάθησο τοίνυν σησίας μ.
μασώμενος. I. 717. μ. γὰρ τῷ μὲν ὀλίγον ἐντίθης,
Σ. 780. ὥσπερ πρότερον τὰ πράγματ' ἔτι μ.;
Π. 321. μ. τὸ λοιπὸν οὕτω τὸ κόμμι ξυνεῖναι.
μασώμεθ'. Θ. 494. τὴν νύχθ', ἴαθεν σκορόδια μ., ἵνα
μασῶνται. Ει. 1310. λευκῶν ὀδόντων ἔργον ἔστ', ἣν μή τι καὶ μ.
μάταιε. Σ. 338. τοῦ δ' ἕφεξιν, ὦ μ., ταῦτα δρᾶν σε βούλεται;
ματέρ'. Α. 753. σάφ' ἴσθι, κοττὰν μ. εἰκασθήσεται.
Θ. 124. κιθαρίν τε μ. ὑμνων
ματέρα. Α. 730. ἐπίθου τι καὶ τὸν φίλον ᾧπερ μ.
Α. 817. οὕτω μ' ἀποδύσθαι τάν τ' ἐμαυτῶ μ.
μάτευε. Θ. 663. εἶα νυν ἴχνευε, καὶ μ. ταχὺ πάντ'
μάτην. I. 413. ὑπερβαλεῖσθαί σ' οἴομαι τούτοισιν, ἢ μ. γ' ἂν
Ν. 1436. μ. ἐμοὶ κεκλαύσεται, σὺ δ' ἐγχανὼν τεθνήξει.
Ει. 95. τί πίνει; τί μ. οὐχ ὑγιαίνει;
Θ. 717. μ. λαλεῖτε· τὴν δ' ἐγὼ οὐκ ἀφήσω.
1131. μ. ἀναλίσκοις ἄν. αλλ' ἄλλην τινὰ
Β. 1416. ὑπότερον ἂν κρίνῃς, ἵν' ἔλθῃς ἐμ μ.
Π. 1127. ποθεῖς τὸν οὐ παρόντα καὶ μ. καλεῖς.
ματτόμεθα. Ν. 788. τίς ἦν ἐν ᾗ μ. μέντοι τάλφιτα;
ματτομένων. Εκ. 574. τῶν μ. καινῇ μεθίζω πῶς ἐγώ.
μάττουτ'. Ει. 14. οὐδείς γὰρ ἂν φαίη μ. μ. ἐσθίειν.
μάττοντα. Ει. 23. ᾗ κανθάρῳ μ. παρέχειν ἐσθίειν.
μάττοντας. Ει. 741. τούτ θ' Ἡρακλέας τούτ μ., καὶ τοὺς πεινῶντας ἐκείνους,
Fr. 368. στυρίς οὐ μικρὰ καὶ κωρυκὶς, ἤ καὶ τοὺς μ. ἐγείρει.
ματτυολοιχός. Ν. 451. μ.
μάττω. Fr. 267. πέττω, βράττω, μ., δεύω, πέττω, καταλῶ,
μάττων. I. 539. ἀπὸ κραμβοτάτου στόματος μ. ἀστειοτάτας ἐπινοίας'
μάττωσιν. Α. 672. οἱ δὲ μ., οὕτω σοβαρὸν ἔλθὴ μέλος εὔτονον, ἀγροικότερον,
'μαυτόν. I. 182. οὐκ ἀξιῶ 'γὼ 'μ. ἰσχύειν μέγα.
Β. 603. 'μ. ἀνδρεῖον τὸ λῆμα
'μαυτῷ. I. 113. φέρε νυν ἐγὼ 'μ. προσαγάγω τὸν χία.
Ει. 1103. ἀλλ' εἰ ταῦτα δοκεῖ, κἄγὼ μ. βαλανεύσω.
μάχαι. Α. 1071. ἰὼ πόνοι τε καὶ μ. καὶ Λάμαχοι.
μάχαιρα. Α. 849. Κρατῖνος ἀεὶ κεκαρμένος μοιχὸν μιᾷ μ.,
Θ. 694. πληγὴν μ. τῆδε φοινίας φλέβας
μάχαιραν. Ν. 1063. πολλοῖς, ᾠ γοῦν Πηλεὺς ἔλαβε διὰ τοῦτο τὴν μ.
Ν. 1064. μ.; ἀστεῖον γε κέρδος ἔλαβεν ὁ κακοδαίμων.
1066. εἴληφε διὰ πονηρίαν, ἀλλ' οὐ μὰ Δί' οὐ μ.
Ει. 948. τὸ κακοῦν πάρεστ' ὀλὰς ἔχων καὶ στέμμα καὶ μ.,
1017. λαβὲ τὴν μ.· εἰδ' ὅπως μαγειρικῶς
μαχαίρας. I. 489. καὶ τὰς μ. ἐνθαδὶ καταθήσομαι.
Fr. 152. 2. Φοίβε μ.,
μαχαιρίδων. I. 412. ἠνεσχόμην ἐκ παιδίου, μ. τε πληγὰς,
μαχαιροποιός. O. 442. ὁ μ., μήτε δάκνειν τούτους ἐμέ
μάχαις. I. 587. ἐν στρατιαῖς τε καὶ μ.
Σ. 1061. ἀλκιμοι δ' ἐν μ.,
Ει. 445. ἐς φῶς ἀνελθεῖν, ὦ πότνι', ἐν ταῖσιν μ.
1130. οὐ γὰρ μ μεληθω μ.,
1288. κάκιστ' ἀπόλοιο, παιδάριον, αὐταῖσ μ.
μάχαισιν. I. 587. οἵτινες πεζαῖς μ. ἐν τε ναυφάρκτῳ στρατῷ
Σ. 1078. ἀδελφίσαν ἐν μ., ἠνίκ' ἦλθ' ὁ βάρβαρος,
μάχαν. Α. 913. ὀρφανετίοισι πόλεμον ἦρα καὶ μ.,
μαχανά. Α. 738. ἀλλ' ἔστι γάρ μοι Μεγαρικά τις μ.
μάχας. I. 597. ξυνδιήνεγκαν μεθ' ἡμῶν, ἐβδαλὲς τε καὶ μ.
Ει. 672. χώστις φίλος κάσπευδεν εἶναι μὴ μ.
991. ὥστε δὴ μ. καὶ κορκορυγὰς,
μαχεῖ. I. 416. κυνὸς βοράν σιτούμενος μ. σὺ κυνοκεφάλλῳ;
O. 759. προσδραμὼν εἴπῃ πατάξας, αἶρε πλῆκτρον, εἰ μ.
Β. 607. οἷς ἐξ ἀνάγκης· οὐ μὴ πρύσιτω; ΑΙ. εἶεν, ὦ μ.
μαχεῖσθαι. Σ. 593. οὐχὶ προδώσειν ἡμᾶς φασιν, περὶ τοῦ πλήθους δὲ μ.
μαχεῖσθαι. I. 576. οὐ μ. φασιν. ἡμεῖς δ' ἀξιοῦμεν τῇ πόλει

μαχεῖται. I. 1038. ὃς περὶ τοῦ δήμου πολλοῖς κάκοσή μ.,
Εκ. 643. μὴ αὑτὸν ἐκεῖνον τύπτῃ δεδιὼς, τοῖς δρῶσιν τοῦτο μ.
μαχέσαιτο. I. 1057. ἀλλ' οὐκ ἂν μ.' χέσαιτο γάρ, εἰ μ.'
Σ. 1195. πῶς δ' ἂν μ. παγκρατίου θύρας ἔχων;
μάχεσθ'. Ει. 1175. ἣν δέ που δέῃ μ. ἔχοντο τὴν φοινικίδα,
μάχεσθαι. Α. 1062. βούλει μ. Γηρυόνῃ τετραπτίλῳ;
Σ. 1080. γλαυξ γὰρ ἡμῶν πρὶν μ. τὸν στρατὸν διέπτατο.
O. 357. ὅτι μίναντε δεῖ μ. λαμβάνειν σε τῶν χυτρῶν.
Εκ. 670. ἣν δ' ἀπολύῃ γ', αὐτὸς δώσει, τί γὰρ αὐτῷ πράγμα μ.
μάχεσθε. Α. 1160. μ. κοὺ παύεσθε τῆς μοχθηρίας,
Β. 609. χωρεῖτε δευρὶ καὶ μ. τουτψί.
μαχέσθω. Β. 1532. ἀργαλέων τ' ἐν ὅπλοις ξυνόδων. Κλεοφῶν δὲ μ.
μάχῃ. Ν. 1351. ἀλλ' ἐξ ὅτου τὸ πρῶτον ἠρξάθ' ἤ μ. γενέσθαι
μάχῃ. I. 494. ἴν' ἄμεινον, ὦ τᾶν, ἐσκοροδισμένος μ.
I. 571. εἰ δέ που πίσουσιν ἐν τὸν ὠμὸν ἐν μ. τινὶ,
Ει. 1190. ἐν μ. δ' ἀλώπεκες.
μάχης. Ν. 934. παύσασθε μ. καὶ λοιδορίας.
Σ. 471. ἔσθ' ὅπως ἄνευ μ. καὶ τῆς κατοξείας βοῆς
μάχιμον. Β. 251. εἴδωμεν μ. ὄντα, φιλοτιμούμενος.
μάχιμος. O. 1368. τὸν πατέρ' ἔα ζῆν· ἀλλ' ἐπειδή μ. εἶ,
μαχίμων. Α. 454. μ. γυναικῶν ἔνδον ἐξωπλισμένων.
μαχημώτατον. Α. 153. καὶ νῦν ὅπερ μ. Θρᾳκῶν ἔθνος
μαχήμων. I. 767. εἰ δέ σε μισῶ καὶ μὴ περὶ σοῦ μ. μόνος ἀντιβεβηκώς,
Ει. 754. καὶ πρῶτον μὲν μ. πάντων αὐτῷ τῷ καρχαρόδοντι,
μαχομένας. Α. 679. ἆς Μίκων 'γραψ' ἐφ' ἵππων μ. τοῖς ἀνδράσιν.
μαχομένοις. Ει. 208. ἵνα μὴ βλέπωσιν μ. ὑμᾶς ἔτι
μαχομένου. O. 398. μ. τοῖς πολεμίοισιν
μάχου. O. 1369. ἐς τάπι Θράμης ἀπιοῦσιν, κἀκεῖ μ.
μάχοι. Σ. 667. ἀλλὰ μ. περὶ τοῦ πλήθους ἀεί. ΒΔ. σὺ γὰρ, μ.,
μαχοῦμαι. Π. 1076. ἐγὼ περὶ ταύτης οὐ μ. σοι. ΧΡ. τὸ τί;
μαχούμεθ'. Εκ. 801. μ. αὐτοῖς. ΑΝ. Β. ἢν δὲ κρείττους ὦσι, τί;
μαχούμεθα. Σ. 190. εἰ μὴ μ.' ἐάσεθ' ἡσυχον μ.
Σ. 426. τοῦτο μέντοι δεινὸν ἤδη νή Δί', εἰ μ.'
μαχοῦνται. Εκ. 621. οὐχὶ μ. ΒΛ. περὶ τοῦ; ΠΡ. θάρρει, μὴ δείσῃς, οὐχὶ μ.
μάχομαι. I. 14. ἵνα μὴ μ. ΝΙ. μὰ τὸν Ἀπόλλω 'γὼ μὲν οὔ
μαχων. Α. 269. τῷ, πυργματων τε καὶ μ.
Ει. 293. ἀπαλλαγείη πραγμάτων τε καὶ μ.
448. ὦ' ἐμπολῇ βέλτιον, ἐνώπι εἰ μ.
μὲ. Α. 55. ὦ Τριπτόλεμε καὶ Κελεέ, περιόψεσθέ μ.; κ.τ.λ.
μέ. Ν. 1136, θεῖς μοι προύττεινε τὴν μ. φησι καξολεῖν μ. κ.τ.λ.
μέγ'. I. 1307. οὐδὲν μ. ἀλλ' ἡ τὴν ἐμὴν ἔξει τέχνη. κ.τ.λ.
μέγα. Α. 128. ἀλλ' ἐργάσομαι τι δεινὸν ἔργον καὶ μ. κ.τ.λ.
Μεγαβάζου. O. 484. ἤρχε τε Περσῶν πρώτων πάντων, Δαρείου καὶ Μ.
Μεγαίνετόν. Β. 965. τουτουμενὶ Φορμίσιον Μ. θ' ὁ Μάγνης,
Μεγακλέης. Fr. Μ. Γεω. 16. Λάχητας, Μ. καὶ Λαμάχους.
Μεγακλέης. Ν. 70. ὥσπερ Μ., ξυστίδ' ἔχων. ἐγὼ δ' ἔφην,
Ν. 124. ἀλλ' οὐ περιόψεταί μ' ὁ θεῖος Μ.
Μεγακλέους. Ν. 46. ἐπεῖτ' ἔγχυμα Μ. τοῦ Μ.
Ν. 815. ἀλλ' ἐδεῖ' ἐλθὼν τοῖς Μ. κίονας,
μεγάλ'. I. 115. ὡς μ. ὁ Παφλαγὼν πέρδεται καὶ ῥέγκεται,
Ει. 418. καί σοι τὰ μ. ἡμεῖς Παναθήναι' ἄγομεν,
O. 1503. οἴμωζε μ. ΠΡ. οὕτω μὴν ἐκκεκαλύφομαι.
μεγάλα. O. 988. * * * * ταί τ' ἐπὶ τὸ δεῖπνον ἅμα καὶ μ. δὴ φροσεῖ,
Ει. 248. βαβαῖ βαβαιάξ, ὡς μ. καὶ δριμέα
O. 341. ἵνα μὲν οὖν κλάσιμ μ. ΠΕ. τοῦτο μὲν ληρεῖς ἔχων
860. μ. πράττει κἄστι νυνὶ ξουθοῖς ἱππαλεκτρυῶν.
ε53. προσῷδια μ.
1678. μαλάνι κύρανοα καὶ μ. βασιλινανῷ
Β. 835. ὦ δαιμόνι' ἀνδρῶν, μὴ μ. λίαν λέγε.
Εκ. 568. νὴ τὸν Ποσειδῶ, μ. γ' ἡμῖν ψεύσεται.
Π. 845. μῶν ἐνεμήσης δῆτ' ἐν αὐτῷ τὰ μ.
Fr. 306, 1. μεγάλα μ. ψευσμένη.
μεγάλαι. Ν. 316. ἥμιστ', ἀλλ' οὐράνιαι Νεφέλαι, μ. θεαι ἀνδράσιν ἀργοῖς
O. 1726. μ. κατέχουσι τύχαι
Β. 762. ἀπὸ τῶν τειχῶν, ὅσαι μ. καὶ δεξιαί,
μεγάλαις. O. 552. περιτειχίζειν μ. πλίνθοις ὀπταῖς ὥσπερ Βαβυλῶνα.
Fr. 128, 3. κεραμοκομήσαι νοτίμαις μ. [ἔγχεον ἐς] σφεκίσκους.
μεγάλαισι. Ει. 397. ῥαϊσι προσόδοις τε μ.
μεγάλαν. Α. 787. ἔξει μ. τε καὶ παχεῖαν κηρυβράν,
μεγάλας. Ν. 339. κεστράν τεμάχη μ. ἀγαθὰν, κρέα τ' ὀρνίθεια μιχηλαν,
μεγάλας. Ν. 402. καὶ τὰς δρύς τὰς μ.' τί μαθὼν; οὐ γὰρ δὴ δρύς γ' ἐπιορκεῖ.

198 μεγάλας—μεθέξω.

μεγάλας. Ν. 433. μή μοί γε λέγειν γνώμας μ.· οὐ γὰρ τούτων ἐπιθυμῶ.
μεγάλῃ. Σ. 575. ἆρ' οὐ μ. τοῦτ' ἐστ' ἀρχὴ καὶ τοῦ πλούτου κατασχῆνη ;
Σ. 682. οὐ γὰρ μ. δουλεία 'στὶν τούτους μὲν ἅπαντας ἐν ἀρχαῖς
Ο. 604. ἣν εὖ πράττωσ', οὐχ ὑγιεία μ. τοῦτ' ἐστί ; σάφ' ἴσθι,
Fr. 332. μ. θεοί;
μεγάλῃ. Εl. 927. ἀλλ' ὑὶ παχείᾳ καὶ μ.; ΧΟ. μὴ μή. ΤΡ. τιή ;
Ο. 875. καὶ φρυγίλῳ ΣπΒαξίῳ, καὶ στρουθῷ μ.
μεγάλην. Α. 1095. καὶ γὰρ σὺ μ. ἐπεγρίφου τὴν Γοργύνα.
Ν. 169. πρώην δέ γε γνώμην μ. ἀφῃρέθη
1013. γλῶτταν βαιάν, πυγὴν μ.,
1018. γλῶτταν μ., πυγὴν μικρὰν,
1019. κωλῆν μ., ψήφισμα μακρὸν,
Σ. 619. ἆρ' οὐ μ. ἀρχὴν ἄρχω
Εl. 123. κολλύραν μ. καὶ κύνδυλον ὄψον ἐπ' αὐτῇ.
749. ἐποίησε τέχνην μ. ἡμῖν κάπύργωσ' οἰκοδομήσας
Ο. 37. τὸ μή οὗ μ. εἶναι φύσει κεὐδαίμονα
Λ. 195. θείσαι μέλαιναν κύλικα μ. ὑπτίαν,
586. τολύπην μ., κᾆτ' ἐκ ταύτης τῷ δήμῳ χλαῖναν ὑφῆναι.
Β. 137. εὐθὺς γὰρ ἐπὶ λίμνην μ. ἥξεις τἀὐν
Εκ. 1048. μ. ἀποδώσω καὶ παχεῖάν σοι χάριν.
μεγάλης. Ν. 412. ὦ τῆς μ. ἐπιθυμήσας σοφίας ἄνθρωπε παρ' ἡμῶν,
Εl. 738. ἄξιος εἶναι φησ' εὐλογίας μ. ὁ διδάσκαλος ἡμῶν.
Μεγάλλον. Fr. 451. Μ.
μεγαλοθυμότατε. Εl. 394. θρασύτατε καὶ μ.
μεγάλοι. Ν. 190. ἐγὼ γάρ οἴδ' ἴν' εἰσὶ μ. καὶ καλοί.
Σ. 553. ἄνδρες μ. καὶ τετραπήχεις· κάπειτ' εὐθὺς προσιόντι
μεγάλοις. Ν. 369. αὔται δήπου μ. δέ σ' ἐγὼ σημείοις αὐτῷ διδάξω.
Εl. 750. ἔπεσίν μ. καὶ διανοίαις καὶ σκώμμασιν οὐκ ἀγοραίοις,
Π. 1013. μυστηρίοις δὲ τοῖς μ. ὀχουμένην
μεγαλόπτερον. Α. 482. ἐφ' ὅ τι τε μ., ἄβατον ἀκρόπολιν.
μεγαλοπρεπεῖς. Σ. 1186. ποίους τινὰς δὲ χρὴ λέγειν ; ΒΔ. μ.,
μεγαλοπρεπίστατον, Ο. 1125. κάλλιστον ἔργον καὶ μ.
μεγάλους. Ν. 1012. χροιὰν λευκὴν, ὤμοιν μ.,
Ο. 522. οὕτως ὑμᾶς πάντες πρότερον μ. ἁγίους τ' ἐνόμιζον,
D. 1337. μ. ὄνυχας ἔχοντα.
μεγαλόφρονος. Α. 1269. ἡσυχίαι νέρι τῆς μ.,
μεγάλῳ. Λ. 974. μ. τυφῷ καὶ πρηστῆρι
μεγάλων. Ν. 435. τεύξει τοίνυν ὧν ἱμείρεις· οὐ γὰρ μ. ἐπιθυμεῖς.
Ν. 1162. λυσανίας πατρῴαν μ. κακῶν·
Εl. 1000. ἐμπλησθῆναι μ., σκορυλῶν.
Β. 1059. μ. γνωμῶν καὶ διανοίας ἴσα καὶ τὰ ῥήματα τίκτειν.
1531. πάγχυ γὰρ ἐκ μ. ἀχέων παυσαίμεθ' ἂν οὕτως
Π. 828. ἥσω μ. γὰρ μούστιν ἀγαθῶν αἴτιος.
μεγαλώνυμα. Σ. 1518. ἄγ', ὦ μ. τέκνα
μεγαλώνυμε. Θ. 315. Ζεῦ μ. χρυσολύρα τε,
μεγαλώνυμον. Ν. 569. καὶ μ. ἡμέτερον πατέρ',
μεγάλως. Ι. 151. ὡς εὐτυχεῖς εἶ καὶ μ. εὐδαιμονεῖς.
1. 172. ἔγωγε, ΔΙl. πῶς οὖν οὐ μ. εὐδαιμονεῖς ;
782. καὶ νικήσας ἡμῶν μ. ἐγγλωττοτυπεῖν παρέδωκας.
1102. ἀλλ' ἦ μ. εὐδαιμονήσω τήμερον
Ν. 600. οἴκοι, ἐν ᾧ κύραι σε Λυδῶν μ. σίβουσιν
μέγαν. Α. 65. ἐπίψαθ' ἡμᾶς ὡς βασιλέα τὸν μ.,
Α. 922. δι' ὑδρορρύας, βαρίαν ἐπιτηρῶν, καὶ
Ι. 1170. ὡς ἐμ. ἁρ' εἶχες, ὦ πότνια, τὸν δάκτυλον.
Ν. 565. πρῶτα μ. νικήσας·
1239. οὔ τοι μὰ τὸν Δία τὸν μ. καὶ τοὺς θεοὺς
Σ. 16. καταπτάμενον ἐς τὴν ἀγορὰν μ. πάνυ
201. καὶ τῇ δοκῷ προσθεὶς τὸν ὕλμον τὸν μ.
Ο. 421. λέγει μ. τιν' ὅλβον οὐ-
1733. ἄρχοντα θεαῖς μ.
Π. 301. μ. λαβόντες ἡμίονον σφηκίσκον ἐκτυφλῶσαι.
Fr. 302, 7. οὔ ἐγχέλεισιν, οὐδὶ κάραβον μ.
Μέγαρ'. Εl. 246. ὦ Μέγαρα μ., ὡς ἐπιτερίψεσθ' αὐτίκα
Μέγαρα. Εl. 246. ὦ Μ. Μέγαρ', ὡς ἐπιτερίψεσθ' αὐτίκα
Μεγαράδε. Α. 524. πόρνην δὲ Σιμαίθαν ἰόντες Μ.
Μεγαρίας. Α. 533. ὡς χρὴ Μ. μήτε γῇ μήτ' ἐν ἀγορᾷ
Μεγαρέοισι. Α. 624. ἅπασι καὶ Μ. καὶ Βοιωτίοις
Α. 721. ἔξεστι καὶ Μ. καὶ Βοιωτίοι
Μεγαρεῦσιν. Α. 729. ἀγορὰ 'ν Ἀθήναις χαίρε, Μ. φίλα.
Εl. 249. ταίσιν Μ. ἐνέβαλεν τὰ κλώματα.
Μεγαρική. Α. 519. ἐσυκοφάντει Μ. τὰ χλανίσκια
Μεγαρῆς. Α. 526. κᾆθ' οἱ Μ. ὀδύνεις πεφυσιγγωμένοι
Α. 535. ἐντεῦθεν οἱ Μ., ὅτε δὴ 'πείνων βάδην
753. τί δ' ἄλλο πρᾶττοέ' οἱ Μ. νῦν ; Μ... οἷα δή.
Εl. 481. οὐδ' οἱ Μ. δρῶσ' οὐδὲν ἴλκουσιν δ' ὅμως
500. ὤνδρες Μ., οὐκ ἐς μύρακας ἐρρήσετε ;
μεγαρίζεις. Α. 822. κλάον μ. οὐκ ἀφήσεις τὸν σάκον ;
Μεγαρίκ'. Α. 830. θάρρει, Μ.· ἀλλ' ἧς τὰ χωρίδ' ἀπίδοιι

Μεγαρικά. Α. 522. ταῦτ' ἦν Μ. κἀπέπρατ' αὐθημερόν.
Α. 738. ἀλλ' ἔστι γάρ μοι Μ. τις μαχανά.
768. τί λέγεις σύ ; ποδαπὴ χοῖρος ἥδε ; ΜΕ. Μ.
Λ. 1170. κὐλπον τὸν ὄπισθεν καὶ τὰ Μ. σκέλη.
Μεγαρικός. Α. 750. τί ; ἀνὴρ Μ. ; ΜΕ. ἀγοράσοντες ἵκομες.
Α. 818. ἄνθρωπε, ποδαπός ; ΜΕ. χοιροπώλας Μ.
Μεγαρικοῦ. Εl. 609. ἐμβαλὼν σπινθῆρα μικρὸν Μ. ψηφίσματος.
Μεγαρόθεν. Σ. 57. μηδ' αὖ γέλωτα Μ. κεκλεμμένον
Μεγαροῖ. Α. 758. τί δ' ἄλλο Μ. ; πῶς ὁ σῖτος ὤνιος ;
μέγας. Α. 109. ποῖαι ἀχάναι ; σὺ μὲν ἀλαζὼν εἶ μ.
Α. 113. βασιλεὺς ὁ μ. ἡμῶν ἀποπέμψει χρυσίον ;
1. 180. δι' αὐτὸ γάρ τοι τοῦτο καὶ γίγνει μ.,
430. ἕξεις γάρ σοι λαμπρὸν ἤδη καὶ μ. καθιεὶς,
952. τῇ πύλει μ., οὐκ ἂν ἥ-
Ν. 69. ὅταν σὺ μ. ὢν ἄρμ' ἐλαύνῃς πρὸς πύλιν,
573. τῆς πέδων, μ. ἐν θεοῖς
Σ. 68. ἄνω καθεύδων, ὁ μ., οὐπὶ τοῦ τέγους.
533. σοι μ. ἐστιν ἀγὼν
592. εἶτ' Εὐαθλος χὠ μ. οὗτος κολακώνυμος ἀσπιδαποβλῆς
1023. ἀρθεὶς δὲ μ. καὶ τιμηθεὶς ὡς οὐδεὶς πώποτ' ἐν ὑμῖν,
1124. ὅθ' ὁ Βορέας ὁ μ. ἐπεστρατεύσατο,
Εl. 264. ὁρᾶτε τὸν κίνδυνον ἡμῶν ὡς μ.·
276. ὤνδρες, τί πεισόμεσθα ; νῦν ἀγὼν μ.
Ο. 486. διὰ ταῦτ' ἄρ' ἔχων καὶ νῦν ὥσπερ βασιλεὺς ὁ μ. διαβάσκει
488. οὕτω δ' ἰσχυέ τε καὶ μ. ἦν τότε καὶ πολύς, ὥστ' ἔτι καὶ νῦν
570. ἤσθην σέρφῳ σφαγιαζομένῳ. Βροντάτω νῦν ὁ μ. Ζάν.
988. μήτ' ἦν Λάμπων ἦ μήτ' ἦν ὁ μ. Διοπείθης.
Β. 884. νῦν γάρ ἀγὼν σοφίας ὁ μ. χωρεῖ πρὸς ἔργον ἤδη.
Π. 170. μ. δὲ βασιλεὺς οὐχὶ διὰ τοῦτον καμᾷ ;
μεγασφαρῆ. Ν. 566. τὸν μ. τε, τρυαίνης ταμίαν,
μιγέθη. Β. 1057. καὶ Παρνασῶν ἡμῖν μ., τοῦτ' ἐστὶ τὸ χρηστὰ διδάσκειν,
μέγεθος. Εl. 228. ὑπερφυῶς τὸ μ. εἰσηνέγκατο.
Ο. 1128. ἵππων ὑπήντων μ. ὅσον ὁ Δούριος,
Fr. 734. ὑπερφυές τὸ μ. ΓΥ. ᾧ φίλοι θεοί.
μέγισθ'. Θ. 812. ἐς πύλιν ἔλθοι τῶν δημοσίαν· ἀλλ' ἦν τὰ μ. βάσινει
μέγιστ'. Εκ. 104. νυνὶ δ', ὁρᾶς, πράττει τὰ μ. ἐν τῇ πύλει.
μέγιστα. Ο. 128. ὅπου τὰ μ. πράγματ' εἴη τοιαδί.
Ο. 708. πάντα δὲ θνητοῖς ἐστιν ἀφ' ἡμῶν τῶν ὀρνίθων τὰ μ.
Β. 1494. τά τε μ. παραλιπόντα
Fr. 309, 9. ἃ μ. δ' οὐκ εἴρηκα τούτων. Β. εἶτα τί ;
μεγίστας. Εl. 308. τὴν θεῶν πασῶν μ. καὶ φιλαμπελωτάτην.
μεγίστη. { Σ. 1030. } ἀλλ' Ἡρακλέους ὀργὴν τιν' ἔχων τοῖσι
{ Εl. 752. } μ. ἐπιεικῶς
μέγιστον. Ι. 836. ὦ πᾶσιν ἀνθρώποις φανεὶς μ. ὠφέλημα,
Ν. 549. δὲ μ. ὄντα Κλέων' ἔπαισ' ἐς τὴν γαστέρα,
Εl. 73. εἰσήγαγ' Αἰτναῖον μ. κάνθαρον,
587. ἤσθα γάρ μ. ἡμῶν κέρδος, ὦ ποθουμένη,
Ο. 322. ὦ μ. ἐξαμαρτὼν ἐξ ὅτου 'τράφην ἐγώ,
Fr. 237. ἀιῶν μ. τέτοκεν, ὡς ἀλεκτρυών.
476. δ μ. ἀγαθῶν εἶπες, εἴπερ ἔστι δι' ἐνιαυτοῦ
9. ὅτου τις ἐπιθυμεῖ λαβεῖν, ἀ κακὸν μὲν οὐδὲ μ.
μεγίστος. 1. 178. ἀνὴρ μ. ΑΛ. εἰπέ μοι, καὶ πῶς ἐγὼ
Ι. 838. μ. Ἑλλήνων ἔσει, καὶ μόνος καθέξεις
Ν. 956. ᾗ πεις τοῖς ἐμοῖ φίλοις ἐστὶν ἀγὼν μ.
μεγίστων. Εl. 622. κάνέπεισε τῶν Λακώνων τοὺς μ. χρήμασιν.
μεγίστων. Ν. 1000. καὶ σωφρονεῖν αὖ φησι χρῆναι· δύο κακὼ μ.
μέδεις. Β. 665. ὃς Αἰγαίου πρῷνας ἡ γλαυκᾶς μ.
μεδεούσης. Α. 634. μ., τῇ ὁρθὴν ἥμπερ ἔρχει τὴν ὁδόν.
μεθύουσα. 1. 585. στὴς μ. χῶρας,
μεθύσουν. 1. 763. τῇ μὲν δισπαίνῃ Ἀθηναίᾳ, τῇ τῇ πύλεως μ.,
μ. 1. 560. δελφίνων μ., Σαυνιάρετε,
μεδίμνον. Εκ. 1025. ὑπὲρ μ. ἐστ' ἀνὴρ οὐδεὶς ἔτι.
μεδίμνους. Σ. 716. ὑμῖν καὶ σίτον ὑφίστανται κατὰ πεντήκοντα μ.
Σ. 717. ποριεῖν' ἔδοσαν δ' οὐπώποτέ σοι, πλὴν πρώην πέντε μ.
μεδίμνων. Π. 986. πυρῶν τ' ἂν ἐλήφθη μ. τεττάρων.
μεθ'. Α. 277. ἡμῶν ξυμπίης, ἐκ κραιπάλης κ.τ.λ.
μεθέιμην. Β. 830. οἴκοι σέρων, μ. ἡ νουθέτει.
μεθείετε. Β. 1384. κακοί, μ. πρὸς τῶν θεῶν μ' ἀν κατωτέρω
Β. 1393. μ.· καὶ τὸ τοὐδέ γ' αὖ ῥέπει·
μεθιέντας. Α. 485. ὡς αἰσχρὸν ἀκωδώνιστον ἐᾶν τὸ τοιοῦτον πρᾶγμα μ.
μεθέξει. Εκ. 612. ἕξει τούτων ἀφελὼν δοῦναι· τῶν ἐκ κοινοῦ μ.
μεθέξω. Εκ. 874. τῶν ματτομένων κοινῇ μ. πως ἐγώ.

μέθες—μέλε. 199

μίθες. } Εκ. 958. } μ. Ικνοῦμαί σ' "Ερως,
         966.
μίθεσθί. Π. 75. μ. νῦν μου πρῶτον. ΧΡ. ἤν, μεθίεμεν.
μεθέστηκεν. Π. 994. τὸν αὑτὸν, ἀλλὰ πολὺ μ. πάνυ.
μεθίστηχ'. Π. 365. ὡς πολὺ μ. ὦν πρότερον εἶχεν τρόπον.
μεθῆκί. Εκ. 534. ἡμερ μ. μ' ἐξιέναι πάσῃ τέχνῃ·
μεθῆκοι. Ι. 937. τα πρὶν φαγεῖν, ἀνὴρ μ.
μεθῇς. Ι. 841. καὶ μή μ. τὸν ἀνδρ', ἐπειδὴ σοι λαβὴν δέδωκεν·
μεθήσεις. Σ. 437. εἰ δὲ μὴ τοῦτον μ., ἔν τί σοι παγήσεται.
μεθήσθε. Σ. 434. καὶ λάβεσθε ταυτουὶ καὶ μή μ. μηδενί·
μεθήσθον. Β. 1380. καὶ μή μ., πρὶν ἂν ἐγὼ σφῷν κοκκύσω.
μεθήσομαι. Σ. 416. νὴ Δί' ἐς τὸν οὐρανόν γ'· ὡς τἄνδ' ἐγὼ
        οὐ μ.
μεθίεμεν. Π. 75. μέθεσθέ νύν μου πρῶτον. ΧΡ. ἤν, μ.
μεθιέναι. Ο. 1085. εἱργμένους ὑμῶν ἐν αὐλῇ, φράξομεν μ.
μεθίεσθαι. Π. 42. ἐκέλευσε τούτου μὴ μ. ἔτι,
μεθυστάς. Σ. 748. καὶ σωφρονεῖ μέντοι μ.
μεθίστησι. Ι. 397. ὡς δὲ πρὸς πᾶν ἀναιδεύεται κοὐ μ.
μίθυκν. Σ. 1322. ἔπειτ' ἐπειδή 'μ., οἴκαδ' ἔρχεται
μεθύοντα. Λ. 1230. μ. ἀεὶ πανταχοῦ πρεσβεύσομεν.
μεθυόντων. Εκ. 139. ὥσπερ μ. ἐστὶ παρακεκλημένα.
μεθυούσης. ΕΙ. 537. δούλης μ., ἀνατετραμμένου χοός,
μεθυπεβησάμην. Εκ. 544. ἵνα θοἰμάτιον σώσαιμι, μ.
μεθύσῃς. Σ. 1402. θρασεῖα καὶ μ. τις ὑλάκτει κύων.
μεθύσω. Ν. 555. προσθεὶς αὑτῷ γραῦν μ. τοῦ κύρβακος σύνεχ,' ἣν
μεθυσθεῖς. 1. 1054. τοῦτό γε τοι Παφλαγὼν παρεκινδύνευσε μ.
Εκ. 691. ὥστε μ. αὑτῷ στεφάνῳ
μεθυσθῶ. Ι. 99. ἢν γὰρ μ., πάντα ταυτὶ καταπάσω
μεθυσθῶμεν. Σ. 1252. ἵνα καὶ μ. διὰ χρόνου. ΦΙ. μηδαμῶς.
μεθυσκόπτσμα. Α. 525. νεανίαι κλέπτουσι μ.'
μεθύων. Λ. 1166. εἶτα κατάξειέ τις αὑτοῦ μ. τῆς κεφαλῆς
        'Ορέστης
Ι. 88. πῶς δ' ἂν μ. χρηστόν τι βουλεύσαιτ' ἀνήρ;
104. ῥέγκει μ. ἐν ταῖσι βύρσαις ὕπτιος
1400. μ. τι ταῖς πύρναισι κιδαφήσεται,
Π. 715. εἰρηνικῆς ἔσθ', ἵνα μή ποτε κἀκοδυθῇ μ. ἄ·
Π. 1048. μ. γὰρ, ὡς ἔοικεν, ὀξύτερον βλέπει.
Fr. 186. ὁ δὲ μ. ἥκει παρὰ τοὺς ἀρχηγέτας.
μειαγωγήσουσι. Β. 798. τί δέ; μ. τὴν τραγῳδίαν;
Μειδίας. Ο. 1297. Συρακοσίῳ δὲ κίττα' Μ. δ' ἐκεῖ
μειδιᾶσα. Θ. 513. θεί μ. πρὸς τὸν ἄνδρα καὶ λέγει,
μεῖζον. Α. 103. λέγε δὴ σὺ μ. καὶ σαφῶς τὸ χρυσίον.
Ι. 318. καὶ πρὶν ἡμέραν φορῆσαι, μ. ἢν δυοῖν δοχμαῖν.
886. οὐ μ. εἶναι φαίνετ' ἐξεύρημα τοῦ χιτῶνος.
Ν. 1082. καίτοι σὺ θνητὸς ὢν θεοῦ πῶς μ. ἂν δύνασο;
1086. τί μὲν οὖν ἂν ἔτι μ. πάθω τούτου ποτέ;
1145. τοῦθ' ἕτερον αὖ μ. κακόν. ΦΕ. τί δ', ἢν ἔχων τὸν
        ἥττω
Σ. 489. ἤν τε μ. ἤν τ' ἔλαττον πρᾶγμά τις κατηγορῇ,
ΕΙ. 1081. ἡ διακωνιᾶσαι πότεροι κλαυσούμεθα μ.,
Ο. 1606. ἀληθές; οὐ γάρ μ. ὑμεῖς οἱ θεοὶ
Θ. 519. οὐδὲν παθοῦσαι μ. ἢ δεδράκαμεν
Β. 1147. ἔτι μ. ἐξήμαρτες ἢ 'γὼ 'βουλόμην·
Εκ. 937. κάγωγ', ἵνα γνῷς ὡς πολὺ σοῦ μ. φρονῶ.
Π. 52. ἀλλ' εἰς ἕτερόν τι μ., ἢν δ' ἡμῖν φράσῃ
129. μ. δυνάμενον. ΠΛ. ἐμὶ σύ; ΧΡ. νὴ τὸν σἰρανόν,
465. κακῶν ἐργάσεσθαι μ. ἀνθρώπους; ΧΡ. ὅ τι;
μείζονα. Ι. 1223. αὑτὸς δ' ἑαυτῷ παρετίθει τὰ μ.
Fr. 183. ὑδρίαν δανείζειν πεντέχουν ἢ μ.
μείζονας. Σ. 258. ἢ μὴν ἐγὼ σοῦ χἀτέρους μ. κολάζω.
μείζονος. Σ. 650. χαλεπὸν μὲν καὶ δεινῆς γνώμης καὶ μ. ἢ 'πὶ
        τρυγῳδοῖς,
μειζόνων. Α. 616. ἤδη γὰρ ὄξεις ταδὶ μ. καὶ πλειόνων
μεῖζον. Ι. 685. μ. κεκραμένον.
Β. 1060. κἄλλως εἰκὸς τοὺς ἡμιθέους τοῖς ῥήμασι μ. χρῆσθαι
μεῖζω. Ν. 1110. στόμωσον οἵαν εἰς τὰ μ. πράγματα.
Ο. 123. ἔπειτα μ. τῶν Κραναῶν ζητεῖς πόλιν;
124. μ. μὲν οὐδέν, προσφορωτέραν δὲ νῷν.
455. δύναμίν τινα μ.
1706. ὦ πάντ' ἀγαθὰ πράττοντες, ὦ μ. λόγου,
Π. 506. ὁδὸν ἥντιν' ἰὼν τοῖς ἀνθρώποις ἀγαθ' ἂν μ. πορίσειεν.
μεῖναι. Ι. 687. ὁ δ' ἡντιβόλει γ' αὐτοὺς ὀλίγον μ. χρόνον,
μείναιμι. Ο. 593. γαῦλον κτώμαι καὶ ναυκληρῶ, κοὐκ ἂν μ.
        παρ' ὑμῖν.
μείνον. ΕΙ. 89. αὑτοῦ μ. τοὺς πέμπτους.
μείρακ'. Εκ. 611. ἢν μ. ἰδὼν ἐπιθυμήσῃ καὶ βούληται σκαλα-
        θύραι,
μείρακα. Π. 1071. ἀλλ', ὦ νεανίσκ', οὐκ ἐῶ τὴν μ.
Π. 1079. νῦν δ' ἄπιθι χαίρων συλλαβὼν τὴν μ.
μείρακας. Θ. 410. πρὸς τοὺς γέροντάς θ', οἱ πρὸ τοῦ τὰς μ.
Εκ. 1138. ἅγιὸν σε καὶ τασδὶ μετὰ σοῦ τὰς μ.

μειράκια. Ι. 1375. τὰ μ. ταυτὶ λέγω, τἀν τῷ μύρῳ,
μειρακίοις. Ν. 928. λυμαινόμενον τοῖς μ.
Ο. 1441. τοῖς μ. ἐν τοῖσι κουρείοις ταδὶ·
Εκ. 703. καὶ μ. οἱ φαυλότεροι
μειράκιον. Ν. 990. πρὸς ταῦτ', ὦ μ., θαρρῶν ἐμὲ τὸν κρείττω
        λόγον αἱροῦ·
Ν. 1000. εἰ ταῦτ', ὦ μ., πείσει τούτῳ, νὴ τὸν Διόνυσον
1071. σκέψαι γάρ, ὦ μ., ἐν τῷ σωφρονεῖν ἅπαντα
Ο. 1442. δεινῶς γέ μου τὸ μ. Διιτρέφες
Εκ. 1146. καλεῖν γέροντα, μ., παιδίσκον· ὡς
Π. 88. ἐγὼ γάρ μ., ἠπείλησ' ὅτι
975. ἄκουέ νυν· ἢν μοί τι μ. φίλον,
1038. καί μην τὸ μ. τοδὶ προσέρχεται,
Fr. 541. ἐβάδιζέ μοι τὸ μ. ἐξ ἀποτρύχων.
μειραμιόν. Σ. 687. ὅταν εἰσελθὼν μ. σοι καταπύγων, Χαιρίου
        υἱός,
μειρακίσκη. Π. 963. ὦ μ.· συνθάνει γάρ ὡρικῶς.
μειρακίσκος. Β. 409. καὶ γὰρ παραβλέψας τί μ.
μειρακίῳ. Π. 1096. ὥσπερ λεπάς τῷ μ. προσίσχεται.
μειρακίων. Ι. 556, μ. θ' ἅμιλλα λαμ-
Ν. 917. οὐδεὶς ἐθέλει τῶν μ.
Β. 1071. τῶν μ. στωμυλλομένων, καὶ τοὺς παράλους ἀνέπεισεν
μειρακύλλια. Β. 89. εὔκουν ἔτερ' ἔστ' ἐνταῦθα μ.
μείραξ. Εκ. 696. ἔνθάδε μ. ἐσθ' ὡραία.
μέλ'. 1. 1337. ἀλλ', ὦ μ., οὐκ οἶσθ' οἷος ἦσθ' αὐτὸς πάρος,
Ν. 33. ἀλλ', ὦ μ., ἐξήλεικας ἐμέ γ' ἐκ τῶν ἐμῶν,
ΕΙ. 137. ἀλλ', ὦ μ. ἂν μοι σιτίων διπλῶν ἔδει·
380. ἀλλ', ὦ μ., ὑπὸ τοῦ Διὸς ἀμαλδυνθήσομαι,
630. νὴ Δί', ὦ μ., ἐνδίκως γε δῆτ' ἐπεὶ κἀμοῦ λίθον
Ο. 1257. διαρραγείης, ὦ μ., αὑτοῖς ῥήμασιν.
Λ. 56. ἀλλ', ὦ μ., ὄψει τοι σφόδρ' αὐτὰς Ἀττικάς,
471. ἀλλ', ὦ μ., οὐ χρὴ πρασφέρειν ταῖς πλησίοισιν εἴλη
Εκ. 120. τίς δ', ὦ μ., ἡμῶν οὐ λαλεῖν ἐπίσταται;
133. ἰδοὺ πιεῖν. ΓΤ. Θ. τί γάρ, ὦ μ., ἐστιφανωσάμην;
245. οὐκ εἶτσ ἄρ', ὦ μ., ἠσθα δεινὴ καὶ σοφή·
994. ἀλλ', ὦ μ., ὀρρωδῶ τὸν ἐραστὴν σου. ΓΡ. Α. τίνα;
μελαγκορύφω. Ο. 886. καὶ ἐλασᾷ, καὶ ἐραλδῷ, καὶ καταράκτῃ,
        καὶ μ.
μελαγχολᾶν. Εκ. 251. ἴσασι πάντες. ΠΡ. ἀλλὰ καὶ μ.
Π. 903. γεωργοῖ εἰ· ΣΤ. μ. μ'· οὗτος οἵσι·
μελαγχολῶν. Ο. 14. ὁ γιακοπώλης Φιλοκράτης μ.,
μελαγχολῶντ'. Π. 12. μ. αἰνέσαιμί μου τὸν δεσπότην,
μέλαθρα. Ο. 1247. μ. μὲν αὐτοῦ καὶ δόμους Ἀμφίονος
Θ. 874. Πρωτέαν τάδ' ἐστὶ μ. ΕΤ. ποίου Πρωτέως,
μελάθρων. Θ. 41. θίασος Μουσῶν ἔνδον μ.
μέλαινα. Fr. 719. μ. δεινὴ γλῶσσα Βρεττία παρῆν.
μέλαιναν. Εκ. 735. νὴ Δία μ. γ', οἷδ' ἄν τι τὸ φάρμακον
μέλαιναν. Α. 195. θεῖσαι μ. κυλικα μεγάλην ὑπίαν,
Β. 847. ἄρν' ἄρν' μέλαιναν, ὦ παῖδες ἐξενέγκατε·
μελαίνης. Β. 1335. μ. Νυκτὸς παῖδα,
μελαίνιτι. Εκ. 736. ἔχουσ' ἐγὼ 'ν τῇ σκιᾷ σὲ Λ. μ.·
μελάμπυγος. Λ. 802. τραχὺς ἐντεῦθεν μ.
μελαμφυλλά. Θ. 997. μ. τ' ὄρη
μέλαν. Σ. 1374. τί δ' ὦ μ., τοῦτ' ἔστιν αὐτῆς τοὐν μέσῳ;
Ο. 693. Χάος ἦν καὶ Νὺξ Ἔρεβός τε μ. πρῶτον καὶ Τάρταρος
        εὐρύς·
μελανάων. Fr. dub. 8. μ.:
μίλανας. Λ. 691. νῦν πρὸς ἐμ' ἴτω τις, ἵνα μή ποτε φάγῃ
        σκόρδα, μηδὲ κυάμους μ.
Μελάνθιον. ΕΙ. 1009. τίνδαις πολλοῖς· κᾆτα Μ.
Μελάνθιος. ΕΙ. 804. μηδὲ Μ., οὗ δή
Μελανθίου. Ο. 151. βδελύττομαι τὸν Λέπρεον ἀπὸ Μ.
Μελανίππας. Θ. 547. ἐγένετο, Μ. ποιῶν Φαίδρας τε Πην-
        ελόπην δέ
Μελανίων. Λ. 785. ἢν νεανίσκος Μ. τις, ὃς
Μελανίων. Λ. 807. τῷ Μ.
Μελανίωνος. Α. 796. τοῦ Μ. οἱ σώφρονες.
μελανοκάρδιος. Β. 470. τοία Στυγός σε μ. πέτρα
μελανονεκυείμονα. Ρ. 1337. μ.
μελανόπτερος. Ο. 695. τίκτει πρώτιστον ὑπηνέμιον Νὺξ ἡ μ.
        ᾠόν,
μελανοπτερύγων. Fr. 452. μ. κορακίνων·
μελάνουρον. Π. 807. οὐδ' ἀμφορθὶς οἴνου μ. ἀνθοσμίου.
Fr. 128, 4. [ἔρωτι βιαζόμεναι μ. οἴνου ἀκράτου.]
μελανοσυρμαῖον. Θ. 857. λευκῆς νοτίζει μ. πλάτῃ.
μελάντατε. Fr. 231 b, 1. Κηφισοφῶν ἄριστε καὶ μ.,
μέλας. Α. 321. οἶσν αὖ μ. τις ὑμῖν θυμάλωψ ἐπέζεσεν
Θ. 31. ἔστιν τις Ἀγάθων Μ. ἁδρὸς μ. ὁ μακαρτέρος;
μέλε. Ι. 671. νυνὶ περὶ σπονδῶν· ἐπειδή γ', ὦ μ.,
Ν. 1192. ἵνα δὴ τί τὴν ἔνην προσέθηκεν; ΦΕ. ἵν', ὦ μ.,
1338. ἐδιδαξάμην μέντοι σε νὴ Δί', ὦ μ.,

μέλε—μέλλουσι.

μέλε. Σ. 1400. λέξαι χαρίεντα. ΑΡ. μὰ Δία μή μοί γ', ὦ μ.
ΕΙ. 259. οἴσεις ἀλετρίβανον τρέχων; ΚΥ. ἀλλ', ὦ μ.,
884. ἄγειν παρ' αὐτὸν ἀντιβολῶν. ΤΡ. ἀλλ', ὦ μ.,
Ο. 1216. μὴ Δί' οὐκ ἔμοιγ' ἐπέβαλεν οὐδεὶς ὦ μ.
1360. οὐδέν γ'. ἐπειδήπερ γὰρ ἦλθες, ὦ μ.,
Λ. 157. τί δ', ἣν ἀφίωσ' ἄνδρες ἡμῖς, ὦ μ.;
Θ. 615. πολύ γε χρόνον οὐρεῖς σύ. ΜΝ. νὴ Δί'. ὦ μ.'
Ἐκ. 520. αὕτη, πόθεν ἥκεις, Πραξαγόρα; ΠΡ. τί δ', ὦ μ.,
μελέα. Σ. 312. τί με δῇτ', ὦ μ. μήτερ, ἔτικτες,
Θ. 1037. μ. μὲν πέπονθα, μέλεος,
Μελέαγρος. R. 864. καὶ τὸν Μ., κᾆτι μάλα τὸν Τήλεφον.
μέλει. 1. 1195. ὁρᾷς τάδ', ὦ κακοδαιμον; ΑΛ. ὀλίγον μοι μ.'
Ν. 1142. νῦν οὖν δικαζέσθων ὀλίγον γάρ μοι μ.,
1282. οὐκ οἶδ' ἔγωγ' ὑπότερον, οὐδέ μοι μ.
Σ. 1411. ἐπειδ' ὁ Λᾶσος εἶπεν, ὀλίγον μοι μ.
FI. 7x0. καὶ θαλίαι μακάρων σοὶ γάρ τάδ' ἐξ ἀρχῆς μ.
Ο. 1636. ἀνίωμεν οἴκαδ' αὖθις. ΠΕ. ὀλίγον μοι μ.
Λ. 248. τοὺς ἄνδρας εὐθύς; ΛΥ. ὀλίγον αὐτῶν μοι μ.
895. χεῖρον διατίθης. ΜΥ. ὀλίγον αὐτῶν μοι μ.
896. ὀλίγον μ. σοι τῆς πράκτης φαρσυμένη
Θ. 228. ὀλίγον μ. μοι. ΕΤ. μηδαμῶς, πρὸς τῶν θεῶν,
Β. 224. ὑμῖν δ' ἴσως οὐδὲν μ.
257. οἰμώζετ' οὐ γάρ μοι μ.
655. ἐπεὶ προτιμᾷς γ' οὐδέν. ΔΙ. οὐδέν μοι μ.
1136. ὁρᾷς ὅτι ληρεῖς. ΔΙ. ἀλλ' ὀλίγον γέ μοι μ.
Ἐκ. 463. μὰ Δί', ἀλλὰ ταῖς γυναιξὶ ταῦτ' ἤδη μ.
Π. 1118. καὶ τῶν μὲν ἄλλων μοι θεῶν ἧττον μ.,
Fr. 520. οὕτως τι τἀπόρρητα δρᾶν ἔστι μ.
μέλει. Θ. 952. τοιαῦτα μ. θαμ' ἑαυτῷ.
μέλεει. ΕΙ. 1063. ὦ μ. θνητοὶ καὶ νήπιοι, ΤΡ. ἐς κεφαλὴν σοί.
μέλεος. Θ. 1037. μέλεα μὲν πέπονθα, μ.,
μέλεσιν. Ο. 213. ἐλελιζομένη διεροῖς μ.
Β. 245. ἐν πολυκαλύμβοισι μ.
1526. τοῖσιν τούτου τοῦτον μ.
μελέτας. Β. 1316. κερπίδεσι δοιδοῦ μ.,
μελετήσω. Θ. 1179. δρπήσι καὶ μ., οὐ κωλύσ' ἐγώ.
μελέτω. Π. 208. μὴ νῦν μ. σοι μηδέν' ὑπ' ἐμὲ ἂν γένῃ
μελετῴη. Π. 511. οὔτε τέχνην ἂν τῶν ἀνθρώπων οὔτ' ἂν σοφίαν μ.
μελεῴν. Λ. 1150. Ἀντίμαχον τὸν Ψακάδος τὸν ξυγγραφῆ, τὸν μ. ποιητήν,
Ο. 744. δι' ἐμῆς γέννος ξουθῆς μ.
750. Φρύνιχος ἀμβροσίαν μ. ἀπεβόσκετο καρπόν, ἀεὶ φέ-
1374. πέτομαι δ' ὁδὸν ἄλλον' ἐπ' ἄλλαν μ.
μέλη. Σ. 219. λύχνους ἔχοντες καὶ μινυρίζοντες μ.
Ο. 917. μ. πεποίηκ' ἐς τὰς Νεφελοκοκκυγίας
1300. ᾖδον δ' ὑπὸ φιλορνιθίας πάντα μ.,
Β. 205. ὦν, εἶτ' ἐλαύνεις; ΧΑ. ἀᾷστ' ἀκούσει γάρ μ.
862. τάσῃ, τὰ μ., τὰ νεύρα τῆς τραγῳδίας,
1248. ἀλλ' ἐς τὰ μ. πρὸς τῶν θεῶν αὐτοῦ τραποῦ.
1255. καὶ κάλλιστα μ. ποιεῖ.
1261. πάνυ γε μ. θαυμαστά. δείξει δὴ τάχα.
1262. εἰς ἐν γὰρ αὐτοῦ πάντα τὰ μ. ξυντεμῶ.
1297. πόθεν συνέλεξας ἱκανοστρόφου μ.
1307. πρὸς ἥντε' ἐπιτηδεια ταδ' ἐστ' ᾄδειν μ.
1326. τυλμᾷς ταμά μ. ψέγειν,
1329. τὰ μὲν μ. σου ταῦτα· βούλομαι δ' ἔτι
Π. 294. αἰγῶν τε κιναβρῶντα μ.,
μέλημα. Ἐκ. 905. τῷ θανάτῳ μ.
μελήσει. Λ. 933. ἐμοί μ. ταῦτ', ἐπεὶ
ΕΙ. 149. ἐμοί μ. ταῦτά γ'. ἀλλὰ χαίρετε.
1041. ἐμοί μ. ταῦτά γ'. ἀλλ' ᾔειν ἐχρῆν.
1311. ἡμῖν μ. ταῦτά γ' εὖ ποιεῖς δὲ καὶ σὺ φράζων
Λ. 520. ὑποτιλεῖσθαι μαυρὰ τὴν κεφαλὴν πύλεμος δ' ἀν-δρέσσι μ.
538. πόλεμος δὲ γυναιξί μ.
Θ. 240. ἐμοί μ. νὴ Δί'. πλὴν γ' ὅτι κέρομαι.
1064. ἐμοί μ. ταῦτά γ'. ἀλλ' ἄρχου λύχαν.
1207. ἐμοί μ. ταῦτά γ', ἢν ἅπαξ λυθῶ.
Ἐκ. 651. τὴν γῆν δὲ τίς ἔσθ' ὁ γεωργήσων; ΠΡ. οἱ δοῦλοι. σοὶ δὲ μ.,
Π. 229. ἐμοί μ. τούτο γ'. ἀλλ' ἀνύσας τρέχε.
Μελησίας. Ν. 686. Φιλιζένη, Μ. Ἀμυνίας.
μελητέον. Fr. 170. αὐτῷ μ., ἀλλ' ἐπὶ τὸν οἶνον·
Μελητίδαι. D. 991. Μ. καθῄττο.
Μίλητος. Fr. 176. Μ.
Fr. 198, 10. Μ., ἀπὸ δὲ τῶν κυκλίων Κινησίας.
376. Μ.
Μελήτων. D. 1302. σκολιῶν Μ., Καρικῶν αὐλημότων,
μίλι, Α. 1040. κατάχει σὺ τῆς γλώττης μ.
Α. 1130. κατάχει σὺ τὸ μ. κώπαδ' εὔηλος γέρων

μίλι. Σ. 676. ὕρχας, οἶνον, δάπιδας, τυρόν, μ., σήσαμα, προσκεφάλαια,
ΕΙ. 252. φέρ' ἐπιχέω καὶ τὸ μ. τουτὶ τύπτικόν.
Π. 1121. πάντ' ἀγάθ' ἔωθεν εὐθὺς, οἰνοῦττων, μ.,
μελίας. Ο. 742. ἰζόμενον μ. ἐπὶ φυλλοκόμων,
μελιγλώσσων. Ο. 908. ἐγὼ μ. ἱπέων ἱεὶς ἀοιδῶν,
μέλις. Θ. 1192. ὡς γλυκερὸ τὸ γλῶσσο', ὥσπερ Ἀττικὸν μ.
μελισσανόμαι. Β. 1273. εὐφαμείτε μ. δώμον Ἀρτέμιδος πέλας οἴγειν.
Μελιστίχην. Ἐκ. 46. τὴν Σμικυθίωνος δ' οὐχ ὁρᾷς Μ.
Μελιτέα. Fr. 193. Μ. κάπρον·
μελιτήριον. Fr. 440. μ. ἄγγος.
Μελίτης. Β. 501. μὰ Δί' ἀλλ' ἀληθῶς οὐκ Μ. μαστιγίας.
μέλιτι. ΕΙ. 253. οὗτος, καραινῶ σοι μ. χρησθάτέρῳ.
Fr. 231, 1. ὁ δ' αὖ Σοφοκλέους τοῦ μ. κεχρισμένον
μελιτοποιία. 1. 853. νεανίων· τούτους δὲ περιοικοῦσι μ.
μέλιτος. Σ. 878. ἀντὶ σιραίου μ. μικρὸν τῷ θυμιδίῳ παραμίξας·
μελιτοῦτταν. Ν. 507. δὸς μοι μ. πρότερον· ὡς δέδοικ' ἐγὼ
Α. 601. μ. ἐγὼ καὶ δὴ μάξω.
μελιτοῦττας. Ο. 567. ἣν δ' Ἡρακλείει θύῃ τις βοῦν, λάρῳ ναστοὺς μ.·
μέλιτ'. Σ. 107. ὥσπερ μ. ἡ βομβυλιός εἰσέρχεται.
μίλιττα. Ο. 748. ἔνθεν ὥσπερ ἡ μ.
Ἐκ. 973. μ. Μούσης, Χαρίτων θρέμμα, Τρυφῆς πρόσωπον,
μελίττεται. Ν. 45. βρύων μ. καὶ προβάτοις καὶ στεμφύλοις.
μέλλ'. Π. 766. τοιαῦτ' ἀπαγγείλαντα. ΚΑ. μή νυν μ. ἔτι,
μέλλει. ΕΙ. 233, μ.' θορυβεῖ γοῦν ἔνδοθεν. ΤΡ. οἴμαι δείλαιος
Θ. 49. μ. γὰρ ὁ καλλιεπὴς Ἀγάθων,
79. μ. δικάζειν οὔτε βουλῆς ἐσθ' ἕδρα,
Π. 551. ἀλλ' οὐχ οὑμὸς τοῦτο πέπονθεν βίος οὐ μὰ Δί', οὐδέ γε μ.
Fr. 562. θύειν με μ. καὶ κελεύει βῆ λέγειν.
590. "μ. δὲ πέμπειν τοῦτον εἰς ἀφορμήν."
μέλλειν. Θ. 661. μὴ βραδύνειν, ὡς ὁ καιρός ἐστι μὴ μ. ἔτι,
R. 1509. ὡς ἐμὲ δευρὶ καὶ μὴ μ."
Ἐκ. 581. ἀλλ' οὐ μ. ἀλλ' ἀπτεσθαι καὶ δὴ χρὴ ταῖς διανοίαις.
Π. 255. ἴγ' ἐγκονεῖτε, σπεύδεθ', ὡς ὁ καιρὸς οὐχὶ μ.
608. εἰς ἓν τοίνυν εἰκὸς μ. οὐδ' ἡμᾶς, ἀλλ' ἀναχωρεῖν
1208. οὐκ ἐπὶ τοῦ κύφαν' ἀλλ' οὐ μ.
Fr. 110, 1. ἀλλ' ἀνύσαν· οὐ μ. ἐχρῆν· ἐν ἀγορᾷσω
μέλλεις. Α. 334. ἀλλὰ μὴ δράσῃς ὁ μ.· μηδαμῶς, ὦ μηδαμῶς.
Α. 493. ἅπασι μ. εἰς ὁ λέγειν τἀναντία.
587. οὗτος τί δράσεις; τῷ πτίλῳ μ. ἐμῖν;
Ν. 476. ἀλλ' ἐγχείρει τὸν πρεσβύτην ὅ τι περ μ. προδιδάσκειν,
995. αἰσχρὸν ποιεῖν, ὅτι τῆς Αἰδοῦς μ. τάγαλμ' ἀναπλάττειν·
1072. ἀνεστιν, ἡδονῶν θ' ὅσων μ. δυσστερέϊσθαι,
1298. ὕσαγε, τί μ.· οὐκ ἐλᾷς, ὦ σαμφορἄς·
1340. μ. ἀναπείσειν, ὡς δίκαιον καὶ καλὸν
Σ. 797. οὐ πάνυ τι μικρόν. ἀλλ' ὅπερ μ. ποιεῖ.
830. ἄνευ δρυφάκτου τὴν δίκην μ. καλεῖν,
1185. μῦς καὶ γαλᾶς μ. λέγειν ἐν ἀνδράσιν·
1379. ἃ δ', τί μ. δρᾶν; Ρᾄ. ἄγειν ταύτην λαβὼν
ΕΙ. 196. ὅτ' οὐδὲ μ. ἐγγὺς εἶναι τῶν θεῶν
Θ. 215. δρᾷρ τί μ. δρᾶν; ΕΤ. ἀποξυρεῖν ταδί,
Β. 77. μ. ἀνάγειν, εἴπερ γ' ἐπείδεν δεῖ σ' ἄγειν·
Ἐκ. 760. ἀναφόρειν· ΑΝ. Α. πάνυ γε. ΑΝ. Β. κακοδαίμων ἆρ' εἶ
μέλλετ'. Ο. 366. εἰπέ μοι τί μ., ὦ πάντων κάκιστα θηρίων,
μέλλετε. Α. 128. ποιήσετ', ἢ οὐ ποιήσετ'; ἢ τί μ.;
μέλλῃ. Β. 1421. μ. τι χρησστόν, τούτον ἄξειν μοι δοκῶ.
Π. 7. οὐ δεῖ μ' ἀκούειν· ΕΤ. οὐχ ἃ γ' ἂν μ. ὁρᾶν.
μελήθωρ. Ἐκ. 876. ὁμόσ' ἐστὶ δειπνήσοντα κοῦ μ.
μελλοδειπνικόν. Ἐκ. 1153. ὑπάσομαι μέλλος τι μ.
μέλλοι. Ἐκ. 271. μ. βαδίζειν ἢ θύρας' ἐκάστοτε.
μέλλοιμι. Λ. 118. ἔλσοιμ', ὑπα μ. γ' εἰράναν ἰδεῖν.
μέλλοιντε. Θ. 587. Γν' ἄττα βουλεύσιησθε καὶ μ. δρᾶν,
μέλλοιντε. Σ. 403. εἰπέ μοι, τί μ. κινεῖν ἐκείνην τὴν χολήν,
Ο. 464. κατὰ χειρὸς ὕδωρ φερέτω ταχύ τις. ΧΟ. δειπνήσειν μ. ἦ τί μ.
Α. 120. ἡμῖν γάρ, ὦ γυναῖκες, εἴπερ μ.
1058. ἐστιᾶν δὲ μ.
Ἐκ. 1164. ὦ φίλαι γυναῖκες, εἴπερ μ. τὸ χρῆμα δρᾶν,
μελλονικιᾶν. Ο. 640. ὥρα 'στὶν ἡμῖν μ.
μέλλοντ'. Σ. 1011. νῦν μὲν τὰ μ. εὖ λέγειν
μέλλοντα. 1. 931. γνώμην ἐρεῖν μ. περὶ
μέλλοντε. Fr. 466. εἰ τοῦτο δρᾶν μ. ἐπιλαθόμεθα,
μέλλοντες. Α. 1159. ἀκέλλοι' κήτα μ.
μέλλοντες. Σ. 1346. μ. ἤδη λεσβιεῖν τοὺς ξυμπότας
μέλλουσι. Θ. 83. καν Θεσμοφόροιν μ. περί μου τήμερον

μέλλουσί—Μενίππῳ. 201

μέλλουσί. Θ. 181. μ. μ' αἱ γυναῖκες ἀπολεῖν τήμερον
μέλλουσιν. Σ. 400. οὐ ξυλλήψεσθ' ὑπόσοισι δίκαι τῇτες μ. ἔσεσθαι,
Εκ. 231. τί ποτ' ἄρα δρᾶν μ., ἀλλ' ἁπλῷ τρόπῳ
μέλλω. Α. 499. μ. περὶ τῆς πόλεως, τρυγῳδίαν ποιῶν.
Α. 947. μ. γέ τοι θεριδεῖν.
Ο. 132. λουσάμενος πρῷ· μ. γὰρ ἑστιᾶν γάμοις·
498. κἀγὼ πίπτω, μ. τε βοᾶν· ὁ δ' ἀνέβλισε θοἰμάτιόν μου.
Β. 11. μὴ δῆθ', ἱκετεύω, πλήν γ' ὅταν μ. ᾽ζεμεῖν.
Εκ. 758. μὰ Δί', ἀλλ' ἀποφέρειν αὐτὰ μ. τῇ πόλει
μέλλωμεν. Ο. 352. ἀλλὰ μὴ μ. ἤδη τῷδε τίλλειν καὶ δάκνειν.
μέλλων. Α. 482. μ. ὑπὲρ Λακεδαιμονίων ἀνδρῶν λέγειν;
Ν. 777. μ. ὀφλήσειν, μὴ παρόντων μαρτύρων.
Σ. 546. ἀλλ' ὦ περὶ τῆς πάσης μ. βασιλείας ἀντιλογήσειν
μέλον. Σ. 1288. οὐδὲν ἄρ' ἐμοῦ μ., ὅσον δὲ μόνον εἰδέναι
μέλοντι. Λ. 1306. τῷ σιῶν χοροὶ μ.,
μελοποιεῖν. Θ. 67. καὶ γὰρ μ. ἄρχεται· χειμῶνος οὖν
μελοποιῶν. Β. 1250. μ. ὄντα καὶ ποιοῦντα ταῦτ' ἀεί.
μελοποιῶν. Θ. 42. τῶν δεσποσύνων μ.
Β. 1328. Κυρήνης μ.;
μέλος. Α. 672. οἱ δὲ μάττωσιν, οὗτω σοβαρὸν ἦλθέ μ. εὐίυπαν, ἀγροικότερον,
Α. 1183. πρὸς ταῖς πέτραισι δεινὸν ἐξηύδα μ.,
Ν. 1356. ὅσαι Σιμωνίδου μ., τὸν Κριὸν, ὡς ἐπέχθη·
Ει. 289. νῦν τοῦθ' ἱκεῖν' ἥκει τὸ Δατίδος μ.,
Ο. 782. εἶλε δὲ θάμβος ἄνακτας· Ὀλυμπιάδες δὲ μ. Χάριτες Μοῦ-
896. δεῖ με δεύτερον μ.
1095. ἡνίκ' ἂν ὁ θεσπέσιος ὀξὺ μ. ἀχέτας
Θ. 130. ὡς ἡδὺ τό μ., ὦ πότνιαι Γενετυλλίδες,
Β. 397. Ἴακχε πολυτίμητε, μ. ἑορτῆς
874. ὑμεῖς δὲ ταῖς Μούσαις τι μ. ὑπάσατε.
Εκ. 277. ἐπερειδόμεναι βαδίζετ', ᾀδουσαι μ.,
880. ἀργὸς, μινυρομένη τι πρὸς ἐμαυτὴν μ.,
892. ἀξιον ἐμοῦ καὶ σοῦ προσαυλῆσαι μ.
1153. ἐπᾴσομαι μ. τι μελλοδειπνικόν.
Fr. 377. 2. ὁ δ' αὐτὸν ἠνάγκαζεν Ἀρμοδίου μ.
μίλους. Σ. 272. τοὔμον μ. ὑφ' ἡδονῆς ἑρπύση θύραζε.
Α. 1042. ἀλλὰ κοινῇ συσταλέντες τοῦ μ. ἀρξώμεθα.
Θ. 144. τί φῇς; τί σιγᾷς; ἀλλὰ δῆτ' ἐκ τοῦ μ.
μέλπει. Θ.961. μ. καὶ γέραιρε φωνῇ πᾶσα χορομανεῖ τρόπῳ
μέλπουσα. Θ. 970. μ. καὶ τὴν παρσίον τὰς μ.
μελύδριον. Εκ. 883. μ. εὑρούσαί τι τῶν Ἰωνικῶν.
μίλη. Θ. 959. ὁ δὲ φιλοχόροισι μ.
μελίψωμεν. Θ. 974. μ. ὥσπερ εἰκός,
μελῳδεῖν. Ο. 226. οὔπωψ μ., αὖ παρασκευάζεται.
Θ. 99. σίγα· μ. πῦ παρασκευάζεται.
μελῳδεῖν. Fr. 231 b, 3. καὶ συνεποίεις, ὥς φασι, τὴν μ.
μελῳδοῦσι. Fr. 713. παῦσαι μ., ἀλλὰ πεζῇ μοι φράσον,
μελῶν. Σ. 462. εἴπερ ἔτυχον τῶν μ. τῶν Φιλοκλέους βεβρωκότες,
Ει. 531. αὐλῶν, τραγῳδῶν, Σοφοκλέους μ., κιχλῶν,
Β. 915. μ. ἐφεξῆς τέτταρας ξυνεχῶς ἄν· οἱ δ' εἴσγων·
1281. μὴ, πρίν γ' ἂν ἀκούσῃς χἀτέρων στάσιν μ.
1364. παύσασθον ἤδη τῶν μ. ΑΙ. κάμοιγ' ἅλις.
μεμαγμένην. Ι. 57. αὑτὸς παρέθηκε τὴν ὑπ' ἐμοῦ μ.
Ι. 1167. ἐκ τῶν ὁλῶν τῶν ἐκ Πύλου μ.
Εκ. 28. ὥσπερ γυναικὶ γογγύλην μ.
μεμαγμένων. Π. 305. μ. σκῶρ ἐσθίειν, αὑτὴ δ' ἔματτεν αὐτοῖς,
μεμάθηκα. Ν. 1148. καὶ μαὶ τὸν υἱὸν, εἰ μ. τὸν λόγον
μεμάθηκεν. Ν. 1143. εἴπερ μ. οἷς λέγεις φειδωπίδης.
Ν. 1150. μ. ΣΤ. εὖ γ', ὦ παμβασιλεῦ 'Αποιόλια.
μεμακκοηκότα. Ι. Ο. δ' αὐτῶν ὡς ὁρᾷ μ.,
μεμαχέτω. Ι. 55. μάζαν μ. ἐν Πύλῳ Λακωνικήν,
μεμβράδας. Σ. 493. ἡν μὲν ὠνῆταί τις ὀρφῶν, μ. δὲ μὴ θέλῃ,
Σ. 494. εὐθέως εἴρηχ' ὁ πωλῶν πλησίον τὰς μ.'
μεμελετηκασί. Εκ. 119. ἄλλαι θ' ὅσαι λαλεῖν μ. που·
μεμελετηκέναι. Εκ. 164. οἶμαι γὰρ ἤδη μ. ταῦτα.
μεμιλωμένον. Α. 22. τὸ σχοινίον φεύγουσι τὸ μ.·
μεμιμημένα. Α. 159. φλυαρία ταῦτ' ἐστί τὰ μ.
μεμίσηκα. Σ. 672. μὴ μ. σε Κλέωνος ἔτι μᾶλλον, ὃν
μεμνήμεθα. Ει. 1060. ἡ γλῶττα χωρὶς τέμνεται. ΤΡ. μ.
Εκ. 651. ἀλλ' οὐτοσὶ γὰρ αὐτὸς σύ μ.
μεμνημένας. Εκ. 286. μ. ἀεὶ λέγειν, ὡς μή ποτ' ἐξολίσθῃ
μεμνημένη. Ι. 1180. παλαῖς γ' ἐποίησε τοῦ πέπλου μ.
Ει. 501. μισεῖ γὰρ ὑμᾶς ἡ θεὸς μ.
μεμνημένοι. Σ. 443. πρὸς βίαν χειροῦσιν, οὐδὲν τῶν πάλαι μ.
μεμνημένος. Εκ. 1155. τοῖς σοφοῖς μὲν, τῶν σοφῶν μ. κρίνει ἐμὶ·
μεμνημένων. Ει. 1275. ἀσπίδας· οὐ παύσει μ. ἀσπίδος ἡμῖν·
Β. 593. τοῦ θεοῦ μ.

μεμνημένος. Ι. 526. εἶτα Κρατίνου μ., ὃς πολλῷ ῥεύσας ποτ' ἐπαίνῳ
Ι. 1052. ἀλλ' ἱέρακα φίλει, μ. ἐν φρεσίν, ὅς σοι
Β. 1469. μ. νῦν τῶν θεῶν, οἷς ὤμοσας,
μεμνημένους. Εκ. 1159. ὅτι προσίληχ' ἀλλ' ἅπαντα ταῦτα χρή μ.
μέμνησ'. Ι. 1254. ὦ χαῖρε καλλίνικε, καὶ μ. ὅτι
Ν. 887. ἐγὼ δ' ἀπέσομαι· τοὐτί νυν μ., ὅπως
1107. δίδασκε καὶ κόλαζε, καὶ μ. ὅπως
Σ. 577. καὶ τἀγαθά μοι μ. ἄχεις φάσκων τῆς Ἑλλάδος ἄρχειν.
1434. ἀλλ' οὖν σύ μ. αὐτὸς ἀπεκρίνατο.
Ο. 1054. μ. ὅτε τῆς στήλης κατερίλας ἐσπέρας·
Σ. 354. μ. δῆθ', ὅτ' ἐπὶ στρατιᾶς κλέψας ποτὲ τοὺς ὀβελίσκους
μέμνησθ'. Εκ. 22. ἆς Φυρόμαχός ποτ' εἶπεν, εἴ μ. ἔτι,
μεμνήσθε. Β. 1173. καθ' ὁδὸν ἔφραζον, ταῦτά μ. ποιεῖν,
μεμνήσθω. Α. 516. μ. τοῦθ', ὅτι οὐχὶ τὴν πόλιν λέγω,
μεμνήσω. Θ. 1201. μ. τοίνυν τοὐμοῦ· Ἀρταμουξία.
μέμνησο. Θ. 275. μ. τοίνυν ταῦθ', ὅτι ἡ φρὴν ὤμοσεν,
Θ. 1134. μ. Περσεῦ μ' ὡς καταλείπεις ἀθλίαν.
Β. 1520. μ. δ', ὅπως ὁ πανοῦργος ἀνὴρ
μεμνησό. Ι. 495. καὶ σπεῖδε ταχέως. ΑΛ. ταῦτα δρῶ. ΧΟ. μ. νυν
Ει. 719. ὤνθρωπε, χαίρων ἄπιθι καὶ μ. μου.
Α. 931. τὸ στρόφιον ἤδη λύομαι. μ. νυν·
μεμπτό. Π. 991. ἵνα τοὐμὸν ἱμάτιον σάφα μ. μου.
Μέμνον'. Ν. 622. ἠνίκ' ἂν πενθῶμεν ἢ τὸν Μ. ἢ Σαρπηδόνα,
Μέμνονας. Β. 963. Κύκνους ποιῶν καὶ Μ. κῳδωνοφαλαροπώλους.
μεμουσωμαι. Λ. 1127. πυλλοὺς ἀκούσας· οὐ μ. κακῶς,
μεμνημό. Β. 456. ὅσοι μ. εὐ-
μεμνημένοι. Β. 158. οὗτοι δὲ δὴ τίνες εἰσίν; ΗΡ. οἱ μ.
μεμνημένοι. ΕΙ. 278. μ., νῦν ἔστιν εὐξασθαι καλῶν
μεμύρωμαι. Εκ. 1117. ἥτις μ. τὴν κεφαλὴν μυρώμασιν
μεμνυστιλημένας. Ι. 1168. ἐγὼ δὲ μυστίλας μ.
μεμνυστιλημένας. Π. 627. ὦ πλεῖστα Θησείοις μ.
μίμφομαι. Ν. 525. ἡττηθείς, οὐκ ἄξιος ὢν ταῦτ' οὖν ὑμῖν μ.
Π. 10. μέμψιν δικαίαν μ. ταύτην, ὅτι
μεμφόμενοι. Ει. 924. χύτρουσιν, ὥσπερ μ. Ἐρμιδίου·
μεμφόμεσθ'. Ν. 576. ἐβλήμμεναι γὰρ ὑμῖν μ. ἐναντίον·
μεμφόμεσθα. Α. 676. οἱ γέροντες οἱ παλαιοὶ μ. τῇ πόλει,
μεμψίμοιρος. Θ. 830. πολλ' ἄν αἱ γυναῖκες ἡμεῖς ἐν δίκῃ μ. ἄν
μέμψασθαι. Σ. 1018. μ. γὰρ τοῖς θεαταῖς ὁ ποιητὴς νῦν ἐπιθυμεῖ
μίμψεται. Ο. 137. ὅπου ξυνάντῳν μοι ταδί τις μ.
μέμψεται. Β. 1358. μ. ποτε τοῦτον
μέμψιν. Β. 1253. τίν' ἄρα μ. ἐποίσει
Π. 10. δικαίαν μέμφομαι ταύτην, ὅτι
μέν. Α. 33. στυγῶν μ. ἄστυ, τὸν δ' ἐμὸν δῆμον ποθῶν, κ.τ.λ.
Α. 154. ἐπεμψεν ὑμῖν. ΔΙ. τοῦτο μ. γ' ἤδη σοφόν. κ.τ.λ.
μεμψ'. Ο. 1199. αὕτη σὺ ποῖ ποῖ πέτει; μ. ἤσυχος,
Θ. 610. αὕτη σὺ ποῖ στρίφει; μ. αὐτοῦ. τί τὸ κακόν;
925. ἐγὼ δ' ὁ κακοδαίμων τί δρῶ; ΕΤ. μ. ἤσυχος.
μένει. Α. 309. οἷσιν οὔτε βωμὸς οὔτε πίστις οὔθ' ὅρκος μ.;
Σ. 969. καὶ τὰς ἀκάνθας, κούδέποτ' ἐν τοῦτῳ μ.
μένειν. Α. 534. μήτ' ἐν θαλάττῃ μήτ' ἐν ἠπείρῳ μ.
Ει. 341. στῇς μ., κινεῖν, καθεύδειν,
Ο. 364. ἐλελελεῦ, χώρει, κάθες τὸ ῥύγχος· οὐ μ. ἐχρῆν.
Εκ. 950. φρούδη γάρ ἐστιν οἴομηνη μ' ἐᾶν μ.
Π. 822. ἔνδον μ. ἤν. ἰδακνε γὰρ τὰ βλίφαρά μου.
Fr. 477. 2. ἐκεῖ δ' ἔαν πρᾶσιν εὑρωμεν μ.
μενεῖς. Α. 584. οὗτος οὐ ποῖ θεῖς, οὐ μ., ὡς εἰ θενεῖς
Ι. 240. οὗτος, τί φεύγεις, οὐ μ.; ὦ γεννάδα
1354. οὗτος, τί κύπτεις; οὐχὶ κατὰ χώραν μ.;
Ν. 814. οὗτοι μὰ τὴν Ὁμίχλην ἔτ' ἐνταυθὶ μ.·
Σ. 1142. οὗ τοι μὰ τὴν Δήμητρ' ἔτ' ἐνταυθί μ.,
Θ. 689. τοῦτ' ἐκεῖνο· ποῖ φύγω δύστηνος; ΠΕ. οὗτος, οὐ μ.
1055. αἰβοῖ λαβέτω τις αὐτόν. οὗτος, οὐ μ.;
Α. 757. οὐ τἀμφιδρύματα τῆς κεφαλῆς αὑτοῦ μ.
Θ. 689. ποῖ ποῖ σὺ φεύγεις· οὗτος οὗτος, οὐ μ.;
Εκ. 464. οὐ δ' ἀστενακτὶ περδόμενοι οἶκα μ.
Π. 440. οὐ παραμενεῖς; ΒΛ. ἥκιστα πάντων. ΧΡ. οὐ μ.;
1148. ἔπειτ' ἀπολιπὼν τοὺς θεοὺς ἐνθάδε μ.;
μενοῦσιν. Π. 417. ποῖ ποῖ· τίς φεύγει· οὐ μ.; ΒΛ. Ἡράκλεις.
Μενέλαος. Ο. 509. ἐν ταῖς πόλεσιν τῶν Ἑλλήνων, Ἀγαμέμνων ἦ Μ.,
Α. 155. ὁ γοῦν Μ. τὰς Ἑλένας τὰ μαλά πο
Μενέλαον. Θ.901. πραθέντα Μ. τῆς ἐρήμης ἐν Τροίᾳ πόσιν.
Μενέλεῳ. Θ. 910. ἐγὼ δὲ Μ. σ', ὅσα γ' ἐκ τῶν ἱερῶν.
Μενέλεως. Θ. 867. σίμως Μ. οὐδέπω προσέρχεται
μενέτω. Ο. 1020. μ. θεοί, καὶ τἀνδρόμεως ταμηυστίαν,
μένη. Θ. 1187. καλό γε τὸ πυγή. ΕΤ. πλωύσει', ἥν μὴ 'νδον μ.
μένης. Π. 112. σοὶ δ' ἄν ἐν εἴδῃς ὅσα, παρ' ἡμῖν ἤν μ.,
Μενίππῳ. Ο. 1293. χωλός, Μ, δ' ἡν χελιδὼν τοὔνομα,

D d

202   μενοινῶν—μετεγγραφήσεται.

μενοινῶν. Σ. 1080. ἐξελεῖν ἡμῶν μ. πρὸς βίαν τἀνθρήνια,
μίναντα. Ει. 1023. σέ τοι θύρασι χρή ° * μ. τοίνυν
μίνοντε. Ο. 357. ὅτι μ. δεῖ μάχεσθαι λαμβάνειν τε τῶν χυτρῶν.
μίνοντες. Σ. 1115. οὐκ ἔχοντες κέντρον· οἱ μ. ἡμῶν τοῦ φύρου
 μινόντων. Ει. 1305. ὑμῶν τὸ λοιπὸν ἔργον ἤδη 'νταῦθα τῶν μ.
μίνος. Α. 665. δεῦρο Μοῦσ' ἐλθὲ φλεγυρὰ πυρὸς ἔχουσα μ.,
        ἔντονος Ἀχαρνική.
μίνους. Σ. 424. ξυσταλεὶς, εὔτακτος, ὀργῆς καὶ μ. ἐμπλήμενος,
μίνουσ'. Εκ. 1127. αὐτοῦ μ. ἡμῖν γ' ἂν ἐξευρεῖν δοκεῖς.
μίντα΄. Α. 162. ὑποστείνοι μ. ὁ θρανίτης λεώς, κ.τ.λ.
μίνται. Α. 1025. καὶ ταῦτα μ. νὴ Δί' ὥπερ μ. ἐτρεφέτην κ.τ.λ.
μίντοῦγώ. Β. 971. τοιαῦτα μ. φρονεῖν
μίντοῦφασκεν. Εκ. 410. αὐτός γε μ. ἱμάτιον ἔχεις,
μενῶ. Θ. 225. οὐ γὰρ μὰ τὴν Δήμητρ' ἔτ' ἐνταυθὶ μ.
μίνων. Α. 1052. ἵνα μὴ στρατεύοιτ', ἀλλὰ βινοίη μ.,
  Σ. 706. αὐτοῦ μ. δίκαζε τοῖσιν οἰκέταις.
    814. αὐτοῦ μ. γὰρ τὴν φακῆν ῥοφήσομαι.
    971. αὐτοῦ μ. γὰρ ἄττ' ἂν εἴσω τις φέρῃ,
  Ο. 170. ἀτέκμαρτος, οὐδὲν οὐδέποτ' ἐν ταύτῳ μ.
    845. κάμεῖθεν αὖθις παρ' ἐμέ. ΕΤ. σὺ δέ γ' αὐτοῦ μ.
    1027. ἐκκλησιάσαι δ' οὖν ἐδεόμην οἴκοι μ.
    1405. βούλει διδάσκειν καὶ παρ' ἡμῖν οὖν μ.
    1690. ὑπώ τὰ κρέα ταυτὶ μ.· ὑμεῖς δ' ἴτε.
μίρει. Σ. 1319. τοιαῦτα περιυβριζειν αὐτούς ἐν μ.,
  Λ. 540. ἐν τῷ μ. χήμεῖς τι ταῖς φίλαισι συλλάβωμεν.
  Β. 32. ἐν τῷ μ. σὺ τὸν ὄνον ἀράμενος φέρε.
    497. ἐγὼ δ' ἔσομαι σοι σκευοφόρος ἐν τῷ μ.
μερίμναις. Ν. 950. λύγοισι καὶ φροντίσι καὶ γνωμοτύποις μ.,
  Ν. 1404. γνώμαις δὲ λεπταῖς καὶ λύγοις ξύνειμι καὶ μ.,
μερίμνης. Ν. 420. ἀλλ' ἕνεκέν γε ψυχῆς στερρᾶς δυσκολοκοίτου
            τε μ.,
μεριμνοφροντισταί. Ν. 101. μ. καλοί τε κἀγαθοί.
μέρος. Σ. 972. τούτων μεταιτεῖ τὸ μ.· εἰ δὲ μή, δάκνει.
  Ο. 624. διδόναι τι μ.· καὶ ταῦθ' ἡμῖν
  Λ. 238. φέρ' ἐγὼ καθαγίσω τήνδε. ΚΑ. τὸ μ. γ', ὦ φίλη,
    355. καὶ μὴν μ. γ' ἡμῶν ὁρᾷς οὔπω τὸ μυριοστόν,
  Θ. 1071. μ. ἐξέλαχον· ΕΤ. μ. ἐξέλαχον·
  Β. 335. χαρίτων πλεῖστον ἔχουσαν μ., ἀγνὸν, ἱερὸν
    1120. ὅπως τὸ πρῶτον τῆς τραγῳδίας μ.
  Π. 226. ἡμῖν μετάσχῃ τοῦδε τοῦ Πλούτου μ.
μίσατος. Σ. 1502. ὁ μ. ΦΙ. ἀλλ' οὗτός γε καταποθήσεται·
μεσαύχενας. Fr. 648. μ.:
μίση. Θ. 80. ἐπεὶ τρίτη 'στὶ Θεσμοφορίων ἡ μ.
Εκ. 260. ᾠδί· μ. οὐδέποτε ληφθήσομαι.
μίση. Θ. 374. ἐκκλησίαν ποιεῖν ἕωθεν τῇ μ.
μεσημβρία. Fr. 125. 1. ἀλλ' ἔστιν, ὦ πάτερ, κωμῳδῇ μ.,
μεσημβρίαν. Ο. 1499. ὑπηνίκα; σμικρόν τι ἐντὸς μ.
μεσημβρίας. Σ. 500. κἀμέ γ' ἡ πόρνη χθὲς εἰσελθόντα τῆς μ.,
  Ει. 290. ὁ διεφόμενός ποτ' ἦδε τῆς μ.,
  Λ. 418. ἀθ' ἀπαλὸν ὄν τοῦτ' οὖν οὐ τῆς μ.
  Fr. 76. 2. ἔτραγ', ἵνα κάμνοι, οὕκα τῆς μ.
μεσημβρινὸς. Α. 40. ἀλλ' οἱ πρυτάνεις γὰρ οὑτοιὶ μ.
μεσημβρινὸς. Ο. 1096. θάλπεσι μ. ἡλιωμανῆς βοᾷ.
μεσημβρινός. Σ. 774. ὑοντος, εἴπερ· κἄν ἔγρῃ μ.,
μίσην. Α. 274. μ. λαβόντ', ἄραντα, κατα-
  Α. 437. ἔδεισας, οὗτος· οὐ ξυναρπάσει μ.
  Fr. 55.   μ. ἐρεῖδε πρὸς τὸ σιμόν,
    552. 1. διάλεκτον ἔχοντα μ. πόλεως
μεσοίη. Β. 924. ἤδη μ., ῥῆμ' ἂν βύεια δώδεκ' εἴπεν,
μίσον. Ν. 1047. ἐπίσχες· εὐθὺς γάρ σε μ. ἔχω λαβὼν ὀφυκτον.
  Ο. 1072. εἶτα θαυμάζει, μ. γῆρων μ., διεσφηκωμένον,
  Ο. 1007. ὑρθαὶ πρὸς αὐτὸ τὸ μ., ὥσπερ δ' ἀστέρες,
  Εκ. 602. καὶ Δαρικοὺς, ἀφανῆ πλοῦτον; ΠΡ. τοῦτ' ἐς τὸ μ.
            καταθήσει,
μίσος. Α. 571. τίς ἀνύσας. ἐγὼ γάρ ἔχομαι μ.
  Ι. 387. μέλον ἐλαφρὸν ποιεῖ. οὔκα τῆς μ.
  Β. 469. ὃν ἐγὼ 'φύλαττον. ἀλλὰ νῦν ἔχει μ.
    955. ὡς πρὶν διδάξαι γ' ὠφελεῖ μ. ἀφαρπαγῆναι.
μίσου. Α. 1216. ἐμοῦ δέ γε σφῷ τοῦ πέους ἀμφω μ.
  Θ. 1099. ταχεῖ πεδίλῳ· διὰ μ. γὰρ αἰθέρος
Fr. 469 α. διὰ μ. τείχος·
    476. 1. ὁψεῖ δὲ χειμῶνος μ. σικυοῦς, βότρυς, ὁπώραν,
μίσους. Ει. 882. καταθήσομαι γὰρ αὐτοὶ ἐς μ. ἀγων.
Μεσσήνη. Λ. 1141. στρατιὰν προσαιτῶν· ἢ δὲ Μ. τότε
μεστά. Ει. 554. ἄν ἅπαντ' ἤδη ἐνὶ Λ. τἀνθάδ' εἰρήνης σαπρᾶς.
μεστὸν. Ν. 383. οὐκ ἤκουσάς μου τὰς Νεφέλας ὕδατος μ. ὅτι
            φημὶ
μεστή. Π. 806. ἡ μὲν σιπύη μ. 'στι λευκῶν ἀλφίτων,
μεστήν. Ι. 814. ὃς ἐποίησεν τὴν πόλιν ἡμῶν μ. εὑρὼν ἐπι-
            χειλῆ,
  Εκ. 818. μ. ἀπῆρα τὴν γνάθον χαλκῶν ἔχων.

μεστήν. Π. 233. μ. ποιῆσαι καὶ δικαίως κάδίκως.
  Π. 541. στιβάδα σχοίνων κύρεων μ., ἢ τοὺς εὔδοντας ἐγείρει·
  Fr. 400. 2. μ. βοάκων ἀνεβάδιζον οἴκαδε.
μεστόν. Σ. 617. οἶνον μ., κᾷτ' ἐγχίυμαι κλίνας· οὗτος δὲ
            κεχηνὼς
  Β. 1021. δρᾶμα ποιῆσας Ἄρειος μ. ΔΙ. ποῖον; ΑΙ. τοὺς ἕπτ'
            ἐπὶ Θήβας·
    1348. λίνου μ. ἄτρακτον
  Π. 810. τὸ φρέαρ δ' ἐλαίον μ.· αἱ δὲ λήκυθοι
  Fr. 128. 2. ὑποπρεσβύτερας γραῦς Θασίου μέλανος μ. ° *
μεστός. Π. 188. ὤστ' οὐδὲ μ. σοῦ γέγον' οὐδεὶς πώποτε.
  Π. 193. σοῦ δ' ἐγένετ' οὐδεὶς μ. οὐδεπώποτε.
    605. ἔπειτ' ἐπειδὴ μ. ἦν, ἀνεπαυόμην
μέσω. Σ. 1374. τί δὲ τὸ μέλαν τοῦτ' ἐστὶν αὐτῆς τοῦν μ.;
  Ει. 1138. ἀλλ' ἁρπάσομαι σφῷν αὐτά· κεῖται δ' ἐν μ.
  Ο. 187. μίσ.   ΠΕ. ἐν μ. δήπυθεν ἀήρ ἐστι γῆς.
    1005. ὁ κύκλος γένηται σοι τετράγωνος, κἄν μ.
  Fr. 69. "ναυλύχιον ἐν τῷ μ."
μέσων. Σ. 218. ὡς ἀπό μ. νυκτῶν γε παρακαλοῦσ' ἀεὶ,
μετ', Α. 661. τὸ γὰρ εὖ μ. ἐμοῦ καὶ τὸ δίκαιον κ.τ.λ.
μετά. Α. 141. τούτων μ. Σιτάλκους ἔπινον τὸν χρόνον· κ.τ.λ.
μέτα. Εκ. 173. ἐμοὶ δ' ἴσον μὲν τῆσδε τῆς χώρας μ.
μεταβαλεῖς. Ο. 1568. οὐ μ. θυἱμάτιον ὦδ' ἐπὶ δεξιάν;
μεταβαλλόμενος. Β. 8. μ. τἀνάφορον ὅτι χέζητιαι.
μεταβαλόντι. Π. 36. πινοσύμενος εἰ χρή, μ. τοὺς τρόπους
μεταβαλόντες. Β. 734. ἀλλὰ καὶ νῦν, ὠνήτοι, μ. τοὺς τρόπους,
μεταβαλοῦσ'. Θ. 723. τάχα δέ σε μ.
μεταβάξει. Ει. 947. εἰς ἀγαθὰ μ.
μεταβουλεύς. Α. 632. ἀποκρίνεσθαι δεῖται νυνὶ πρὸς 'Αθη-
            ναίων μ.
μεταδώσεις. Α. 961. ἐς τοὺς Χύας αὐτῷ μ. τῶν κιχλῶν.
  Π. 400. οὐ τῷ μ.· ΧΡ. μὰ Δία, δεῖ γάρ πρῶτα. ΒΛ. τί;
μεταδώσειν. Α. 1039. κεν οὐδενὶ μ.
μεταθέξει. Ει. 261. οὔκουν παρ' 'Αθηναίων γε μ. ταχύ;
μεταιτεῖ. Σ. 972. τούτων μ. τὸ μέρος· εἰ δὲ μὴ, δάκνει.
μεταιτῶν. Ι. 775. ἐν τῷ κοινῷ, τοὺς μὲν στρεβλῶν, τοὺς δ'
            ἄγχων, τοὺς δὲ μ.,
μετακυλινδεῖν. Β. 536. μ. αὑτὸν δεῖ
μεταλάβῃ. Fr. 17. ἢν μὴ μ. τοὐπιπεμπτον, κλαίειν.
μέταλλ'. Σ. 659. πρυτανεῖα, μ., ἀγοράς, λιμένας, μισθοὺς καὶ
            δημιόμηνια
  Ο. 583. τὰ μ. αὐτοῖς μαντενυόμενοι οὕτοι δώσουσι τὰ χρηστὰ
μέταλλα. Ι. 362. ἄλλα σχελίδας ἐδηδοκὼς ἀνήσομαι μ.
μεταλλάξας. Ο. 117. εἶτ' αὖθις ὀρνίθων μ. φύσιν,
Μετάλλον. Fr. 451. μετακέμπου νῦν ταῦτα σπουδῇ καὶ μύρον,
μεταμάθοις. Π. 924. οὐδ' ἂν μ.· ΣΤ. οὐδ' ἂν εἰ δοίης γέ μοι
μεταμέλει. Π. 358. παρὰ τοῦ θεοῦ, κάκειτ' ἴσως σοι μ.
μεταμελήσειν. Ν. 1114. χωρεῖτέ νυν. ἐμοὶ δέ σοι ταῦτα μ.
  Ει. 1315. πρὸς ταῦτα βρυκέτ', ἡ τάχ' ὑμῖν φημι μ.
μεταμώνιος. Ει. 117. ἐς κόρακας βαδιεῖ μ.,
μεταξύ. Α. 434. μ. τῶν Ἴνοῦς. Κ11. ἰδοὺ ταυτὶ λαβέ.
  Ο. 551. κάπειτα τὸν ἀέρα πάντα κύκλῳ καὶ πᾶν τουτὶ τὸ μ.
    968. ἐν ταυτῷ τὸ μ. Κορίνθου καὶ Σικυῶνος,
    985. δὴ τότε χρὴ τύπτειν αὐτὸν πλευρῶν τὸ μ.,
  Β. 1242. μ. θύων· καί τίς ἀνθ' ὑψείλετο
μεταπειραμίνη. Α. 626. ἀνὴρ νικᾷ τοῖσι λόγοισιν, καὶ τὸν δῆμον μ.
μεταπεπραμένας. Εκ. 217. ἀπαξάπασαι, κοὐχὶ μ.
μεταπέμπετα. Α. 1087. ὁ τοῦ Διονύσου γάρ σ' ἱερεὺς μ.
μεταπέμπετε. Π. 341. χρηστόν τι πρᾶττον τοὺς φίλους μ.
μεταπέμπου. Fr. 451. μ. νῦν ταῦτα σπουδῇ καὶ μύρον, εὕρημα
            Μετάλλου.
μεταπεμψάμην. Π. 609. μ.
μεταπίπτον. Ο. 627. ὦ φίλτατ' ἐμοὶ πολὺ πρεσβυτῶν ἐξ ἐχ-
            θίστου μ.,
μετάρσιον. Ο. 1383. ὑπὸ σοῦ πτερωθεὶς βούλομαι μ.
μετασκενάζε. Εκ. 499. πάλιν μ. σαυτὴν αὖθις ἥπερ ἦσθα,
μεταστραφῇ. Α. 837. μ. τῷ διὰ τὰς λαικαστρίας·
μεταστραφῆσθα. Α. 986. οὐ τὴν Δί' οὐκ ἐγώγε· μηδ' αὖ πλαδῶγ'·
μεταστρέφεσθα. Β. 538. σχῆμα· τὸ δὲ μ.
μεταστρέφεσθε. Λ. 125. τί μοι μ.; ποῖ βαδίζετε;
μεταστραφῆ. Π. 265. τὴν Δί' οὐκ ἐγὼ τοῦ Πλούτου μέγαν.
μετάσχοι. Ει. 601. εἶτα Περικλῆς φοβηθεὶς μ. τῆς τύχης,
μετάσχω. Ει. 945. πολέμου μ. αὖρα.
μέταυλος. Fr. 338. μ.
μεταχειρίσαιο. Ι. 345. ὑμοσπάρακτον παραλαβὼν μ. χρηστῶς.
μεταχωρεῖ. Ο. 710. στείρειν μὲν, ὅταν γέρανος κρώζουσ' ἐς τὴν
            Λιβύην μ.,
μεταβάλλοντε. Σ. 1461. μ. τοὺς τρόπους
μετεγγραφήσεται. Ι. 1370. οὐδεὶς κατὰ σπουδὰς μ.,

μετέδωκ'—μῆκος. 203

μετέδωκ'. Σ. 914. ὁ βδελυρὸς οὗτος. ΕΛ. κού μ. αἰτοῦντί μοι.
μετέδωκεν. Σ. 917. οὐδὲν μ.; ΕΛ. οὐδὲ τῷ κοινῷ γ' ἐμοί.
μέτει. ΕΙ. 274. οὔκουν ἕτερόν γέ τιν' ἐκ Λακεδαίμονος μ.
μέτειμ'. Α. 728. μ., ἵνα στήσω φανερὰν ἐν τάχρᾳ.
μέτειμι. Ν. 1408. ἐκεῖσε δ' ὅθεν ἀπεσχισάς με τοῦ λόγου μ.,
μέτειμί. Ν. 801. ἀνὴρ μ. γ' αὐτόν· ἢν δὲ μὴ θέλῃ,
μετεῖναι. Ο. 1666. ἐγγυτάτω γένους μ. τῶν χρημάτων.
μετείχες. Π. 1144. οὐ γὰρ μ. τὰς ἴσας πληγὰς ἐμοί,
μετέλθοι. Εκ. 363. τίς ἂν οὖν ἰατρόν μοι μ. καὶ τίνα;
μετέπεμψα. Σ. 680. μὰ Δί' ἀλλὰ παρ' Εὐχαρίδου καὐτὸς τρεῖς γ' ἀγλίθας μ.
μετεπέμψατ'. Εκ. 529. μ. ᾠδίνουσα. ΒΛ. κᾆτ' οὐκ ἦν ἐμοὶ
μέτεσθ'. Λ. 652. τοῖς δὲ δυστήνοις γέρουσιν οὐ μ. ὑμῖν, ἐπεὶ
μετέστη. Σ. 1415. τὸν πρέσβυν, οἱ μ.
μέτεστι. Λ. 651. τοὐράνου γάρ μοι μ. καὶ γὰρ ἄνδρας ἐσφέρω,
Π. 630. ἀλλοι θ' ὅσοις μ. τοῦ χρηστοῦ τρόπου.
μέτεστί. Ο. 1649. τῶν γὰρ πατρῴων οὐδ' ἀκαρῆ μ. σοι
μέτεστιν. Ο. 1668. μ.; ΠΕ. οὐ μέντοι μὰ Δία. λέγων δέ μοι,
μετέχει. Εκ. 582. ἅτε τὸ ταχύνειν χαρίτων μ. πλεῖστον παρὰ τοῖσι θεαταῖς.
μετέχειν. Π. 5. μ. ἀνάγκη τὸν θεράποντα τῶν κακῶν.
Π. 345. ὥστε μ. ἔξεστιν· εἰ γὰρ τῶν φίλων.
1141. ἐφ' ᾧ τε μ. καυτός, ὦ τοιχωρύχε.
μετέχοντας. Εκ. 590. κοινωνεῖν γὰρ πάντας φησὶ χρῆναι πάντων μ.,
μετέχω. ΕΙ. 1095. οὐ μ. τούτων· οὐ γὰρ ταῦτ' εἶπε Σίβυλλα.
μετέχων. Ο. 510. ἐπὶ τῶν σκήπτρων ἐκάθητ' ὅρνις, μ. ὅ τι δαιροδοκοίη·
Π. 880. οἴμοι τάλας· μῶν καὶ σὺ μ. καταγελᾷς;
μετέωρα. Ν. 228. ἐξεύρου ὀρθῶς τὰ μ. πράγματα.
ΕΙ. 690. ταύτῃ μ. καταγαγεῖν ἀνάρρυσιν.
μετεωρίζεται. Ο. 1447. ὑπὸ γὰρ λύγων ὁ νοῦς τε μ.
μετεωρίζων. Ι. 762. τοὺς δελφῖνας μ. καὶ τὴν ἕκατον παραβόλλου.
μετεωρισθείς. Ν. 404. ὅταν ἐς ταύτας ἄνεμος ξηρὸς μ. καταπλεισθῇ,
μετέωρον. Εκ. 266. ἄρθητε, φάνητ', ὦ δέσποιναι, τῷ φροντιστῇ μ.
μετεωροκοπεῖς. ΕΙ. 92. ποῖ ζῆτ' ἄλλον μ.;
μετέωρον. Ι. 1362. ἄρας μ. ἐς τὸ βάραθρον ἐμβαλῶ,
Ν. 264. ὦ δέσποτ' ἄναξ, ἀμέτρητ' Ἀὴρ, ὃς ἔχεις τὴν γῆν μ.,
μετέωρος. ΕΙ. 80. ὁ δεσπότης γάρ μου μ. αἴρεται
ΕΙ. 152. ὅτι εἰ μ. οὗτος ἂν ὀσφρήσεται,
μετεωροσοφιστῶν. Ν. 360. οὐ γὰρ ἂν ἄλλῳ γ' ὑπακούσαιμεν τῶν νῦν μ.
μετεωροφένακας. Ν. 333. κυκλίων τε χορῶν ᾀσματοκάμπτας, ἄνδρας μ.
μετεώρων. Ν. 490. περὶ τῶν μ., εὐθέως ὑφαρπάσει.
Ν. 1284. εἰ μηδὲν οἶσθα τῶν μ. πραγμάτων.
Ο. 690. ἵν' ἀκούσαντες πάντα παρ' ἡμῶν ὀρθῶς περὶ τῶν μ.,
818. ἐκ τῶν νεφελῶν καὶ τῶν μ. χωρίων
μετῇ. Β. 1163. ἐλθεῖν μὲν ἐς γῆν ἔσθ' ὅτε μ. πάτερ·
μετῆλθον. Λ. 268. ὅσπι τὸ πρᾶγμα τοῦτ' ἐνεστήσαντο καὶ μ.,
μετὴν. Λ. 588. αἷς οὐδὲ μ. πάνυ τοῦ πολέμου ; ΛΤ. καὶ μὴν, ὦ παγκατάρατε,
μετῆσαν. Ι. 605. ταῖς ὁπλαῖς ὤρυττον εὐνὰς καὶ μ. στρώματα·
μετιόντος. ΕΙ. 279. ἀποστραφῆναί τοῦ μ., τῷ πόδε.
ματοικεῖν. Ο. 1319. καλὸν ἀνδρὶ μ.;
μετοικιζόμενος. Εκ. 754. πότερον μ. ἐξενήνοχας
μέτοικοι. ΕΙ. 297. καὶ δημιουργοί καὶ μ. καὶ ξένοι
μετοίκου. Ι. 347. εἴ που δικιδίων εἶπες ὦ κατὰ ξένου μ.,
μετοίκους. Α. 508. τοὺς γὰρ μ. ἄχυρα τῶν ἀστῶν ἢ φημὶ
Λ. 580. καταμεγνύντας τούς τε μ. κεὶ τις ξένος ἢ φίλος ὑμῖν,
μετὸν. Εκ. 667. οὐδ' αὖ ἐπίληπτος οὐδεὶς ἔσται; ΠΡ. πῶς γὰρ μ. αὐτῷ;
μετόρχιον. ΕΙ. 568. ἢ καλῶν αὐτῶν ἀπαλλάξειν ἄν μ.
μετουσία. Β. 442. παίζοντες οἷς μ. θεοφιλοῦς τύχης.
μετουσίαν. Θ. 152. μ. δεῖ τῶν τρόπων τὸ σῶμ' ἔχειν.
μέτοχος. Fr. 222. μ.:
μετρεῖν. ΕΙ. 1254. ἔστιν γὰρ ἐπιτήδεια συρμαίων μ.
μετρείτω. Ο. 560. κἄπειτ' αὐτοῖς ἡ Δημήτηρ πυροὺς πεινῶσι μ.
μετρῆσον. Α. 1021. μ. εἰρήνης τί μοι, κἂν πέντ' ἔτη
μετρῆσον. Ο. 1004. ὀρθῷ μ. κανόνι προστιθεὶς, ἵνα
μέτρι. Ν. 1137. ἐμοῦ μ. ἄττα καὶ δίκαι' αἰτουμένων
μετρίου. Π. 245. μ. γὰρ ἀνδρὸς οὐκ ἐπίτυχες πώποτε.
μετρίως. Ν. 1510. ἡγεῖσθ' ἔξω μεχρείντα γὰρ μ. τῷ γε τήμερον ἡμᾶν.
Θ. 1227. ἀλλὰ τέπεισται μ. ἡμῖν·
Εκ. 969. καὶ ταῦτα μέντοι μ. πρὸς τὴν ἐμὴν ἀνάγκην
μέτροισι. Ο. 1040. Χρῆσθαι Νεφελοκοκκυγιᾶ τοῖσδε τοῖς μ.
μέτρον. Ν. 641. οὐ τοῦτ' ἐρωτῶ σ', ἀλλ' ὅ τι κάλλιστον μ.
μετρουμένων. Α. 548. στοιὰς στεναχούσης, σιτίων μ.,

μετρούντων. Ι. 1009. περὶ τῶν μ. τάλφιτ' ἐν ἀγορᾷ κακῶς,
μέτρων. Ν. 638. πότερα περὶ μ. ἢ περὶ ἐπῶν ἢ ῥυθμῶν;
Ν. 639. περὶ τῶν μ. ἔγωγ' ἔναγχος γάρ ποτε
Μίνων. Ο. 997. οὐ δ' εἰ τίς ἀνδρῶν; ΜΕ. ὅστις εἴμ' ἐγώ; Μ.,
Ο. 1010. Μ., ΜΕ. τί ἐστιν; ΠΕ. οἶσθ' ὁτιὴ φιλῶ σ' ἐγώ;
μένωπ'. Ι. 631. κάβλεψε πᾶπυ, καὶ τὰ μ. ἀνέσασεν.
μέτωπον. Σ. 655. ἀκρύασαί νυν, ὦ πακκίδιον, χαλάσας ὀλίγον τὸ μ.·
ΕΙ. 774. ἀνδρὸς τὸ μ. ἔχοντος.
Π. 942. καὶ ταῦτα πρὸς τὸ μ. αὐτίκα δὴ μάλα
μεώπῳ. Ι. 550. φαιδρὸς λάμποντι μ.
μέχρι. Ι. 964. ψωλὸν γενέσθαι δεῖ σε μ. τοῦ μυρρίνου.
Σ. 700. ὅστις πόλεων ἄρχων πλείστων, ἀπὸ τοῦ Πόντου μ. Σαρδοῦς,
μή. Α. 60. ἦν μ. περὶ εἰρήνης γε πρυτανεύσητέ μοι. κ.τ.λ.
Α. 112. ἵνα μ. σε βάψω βάμμα Σαρδανικόν. κ.τ.λ.
μηχαναῖς. Ο. 363. ὑπερακοντίζεις σὺ γ' ἤδη Νικίαν ταῖς μ.
μηδ'. Α. 1079. οὐ σύνθ' ᾖμεν 'ξείναὶ με μ. ἑορτάσαι· κ.τ.λ.
μηδαμᾶ. Ο. 1162. ἐφ' ᾧ τ' ἀκούσας μηδὲν ὑπ' ἐμοῦ μ.
μηδαμῇ. Λ. 733. μὴ ἐκαιτάπυ, μηδ' ἀπλήθῃ μ.
μηδαμοῦ. Ν. 754. εἰ μηκέτ' ἀνατέλλοι σελήνη μ.,
μηδαμῶν. Α. 296. μ., πρὶν ἂν γ' ἀκούσητ'· ἀλλ' ἀνάσχεσθ', ὠγαθοί. κ.τ.λ.
μηδέ. Α. 222. μ. περ γέροντας ὄντας ἐκφυγεῖν Ἀχαρνέας. κ.τ.λ.
Α. 299. οὐκ ἀνασχήσομαι· μ. λέγε μοι σὺ λόγον· μ. κ.τ.λ.
Μηδείας. ΕΙ. 1012. εἶτα μοιχοδεῖν ἐκ Μ.
Μηδείς. Εκ. 588. μή νυν πρότερον μ. ὑμῶν ἀντείπῃ μηδ' ὑποκρούσῃ,
μηδεμιᾶς. Εκ. 624. μ., ᾗ τρύπημα κενόν· τὸ δὲ τῶν ἀνδρῶν τί ποιήσει;
μηδέν. Α. 256. σοῦ μ. ἦττον βδεῖν, ἐπειδὰν ἄρθρος ᾖ. κ.τ.λ.
Σ. 372. μ., ὦ τᾶν, δίδιθι, μ. κ.τ.λ.
μηδέν'. Α. 609. τανδὶ δὲ μ.; ἐτούν, ὦ Μαριλάδη,
Ι. 1261. ὥσθ' ὁμολογεῖν σε μ. ἀνθρώπων ἐμοῦ
Ν. 963. πρῶτον μὲν ἔδει παιδὸς φωνὴν γρύξαντος μ. ἀκοῦσαι·
Σ. 1047. μὴ πώποτ' ἀμείνων ἔπη τούτων κωμῳδικὰ μ. ἀκοῦσαι.
Α. 474. λυπούσαα μ. ἐνθάδ', κινοῦσα μηδὶ κάρφος,
Θ. 643. καὶ τύκον πράττοιτο, διδῷκαι μ. ἀνθρώπων τόκον,
Β. 692. εἴτ' ἀτιμόν φημι χρῆναι μ. εἴν' ἐν τῇ πόλει.
Α. 1145. μηδὲ μ. παραλείψεις μ., ἀλλ' ἐλευθέρως
μηδένα. Ν. 824. ὅπως δὲ τοῦτο μὴ διδάξεις μ.
Α. 49. τίνα δὴ τρόπον ποθ'; ΛΤ. ὥστε τῶν νῦν μ. 1068, μηδ' ἐρέσθαι μ.,
Θ. 932. στήσας φυλάττε καὶ προσιέναι μ.
Εκ. 566. μὴ γυμνῶν εἶναι, μὴ πένητα μ.,
821. ἀνέκραγ' ὁ κῆρυξ, μὴ δέχεσθαι μ.
Π. 91. ἵνα μὴ διαγιγνώσκοιμι τούτων μ.
μηδενί. Ν. 580. μ. ξὺν νῷ, τοῦτ' ᾖ βροντῶμεν ἢ ψακάζομεν
Ν. 739. περὶ τῶν τύκων, ὅπως ἂν ἀπολῷ μ.
Σ. 434. καὶ λάβεσθε τουτουὶ καὶ μὴ μεθῆσθε μ.
μηδενός. Σ. 1281. ὀντινά ποτ' ᾤμασε μαθώντα παρά μ.
Π. 892. διαρρυγείης, μ. γ' ἐμπλήμενος.
μηδέποτ'. ΕΙ. 31. ἔρειδε, μὴ παύσαιο μ. ἐσθίων κ.τ.λ.
μηδέποτε. Σ. 525. μ. πίομαί ἀκράτον μισθὸν ἀγαθοῦ δαίμονος κ.τ.λ.
μηδεποτέ. Π. 1000. ἐφ' ᾧ τ' ἐκεῖσε μ. μ' ἐλθεῖν ἔτι,
Μηδικῇ. Ι. 606. ἥσθιον ἐκ τῶν παγονχους ἀντὶ ποίας Μ.,
Μηδικοῖς. Β. 938. ἄν τοῖσι παραπετάσμασιν τοῖς Μ. γράφουσιν·
Μηδικόν. Εκ. 70. τὸν ξανὸν τὸν λεγόμενον παπύον ἐκ τῶν Μ.
Μῆδοι. Ι. 478. καὶ πανθ' Α. Μ. καὶ βασιλεῖ ξυνόμυντε,
Θ. 337. Εὐριπίδῃ Μ. τ' ἐπὶ βλάβῃ τινὶ
Μήδοισι. Ι. 761. σὰ γὰρ, ἔτι Μ. διεξιφίσω περὶ τῆς χώρας Μαραθῶνι,
Μήδοισιν. ΕΙ. 108. Μ. αὐτὸν προδιδόναι τὴν Ἑλλάδα.
μηδομένων. Ο. 689. τοῖς οὐδέκσιν, τοῖσιν ἀγήροις, τοῖς ὀφθιτα μ.
Μῆδος. Θ. 676. ὅσα καὶ νόμιμα μ. ποιεῖν
Μῆδος. Σ. 277. ὄνομα τούτῳ Μῆδός ἐστι. ΠΕ. Μ.; ὦναξ Ἡράκλεις·
Ο. 278. εἶτα πῶς ἄνευ καμήλου Μ. ὢν εἰσέπτατο;
Μῆδος. Σ. 12. Μ. τις ἐπὶ τὰ βλέφαρα νυστακτης ὕπνος·
Ο. 277. ὄνομα τούτῳ Μ. ἐστι. ΠΕ. Μῆδος; ὦναξ Ἡράκλεις·
Μῆδος. Θ. 364. ἦ Μ. ἐπάγουσί τις
Μήδων. Σ. 1098. τοιγαροῦν καλλὼς πόλεις Μ. ἐλόντες,
Μῆδος. Λ. 1253. ποττά κᾶλα, τὼς Μ. τ' ἐνίκων.
μῆθ'. Α. 635. μ. ἡδοσσαι θωπευομένους μήτ' εἶναι χαυνοπολίτας. κ.τ.λ.
μηκέτ'. Ν. 754. εἰ μ. ἀνατέλλοι σελήνη μηδαμοῦ. κ.τ.λ.
μηκέτι. Ν. 1255. θήσω πρυτανεῖ', ἢ μ. ζῴην ἐγώ. κ.τ.λ.
μῆκος. Ο. 1130. τὸ δὲ μ. ἐστί, καὶ γὰρ ἐμέτρησ' αὐτ' ἐγώ.

Dd 2

204 μηκύνειν—μιαρό.

μηκύνειν. Λ. 1132. εἴποιμ' ἂν ἄλλοις, εἴ με μ. δέοι ;—
μήκωνα. Ο. 160. καὶ μύρτα καὶ μ. καὶ σισύμβρια.
Μηλιᾶ. Λ. 1169. πρώτιστα τὸν Ἑλινοῦντα καὶ τὸν Μ.
Μήλιον. Ο. 1072. ἣν ἀποκτείνῃ τις ὑμῶν Διαγόραν τὸν Μ.,
Μήλιος. Ν. 830. τίς φησι ταῦτα ; ΣΤ. Σωκράτης ὁ Μ.
Μηλίῳ. Ο. 186. τοὺς δ' αὖ θεοὺς ἀπολεῖτε λιμῷ Μ.
μήλοις. Εκ. 903. κἀπὶ ταῖς μ. ἵπαν-
μήλοισιν. Ν. 978. τοῖς αἰδοίοισι δρόσος καὶ χνοῦς ὥσπερ μ.
 ἐπήνθει·
μηλολόνθην. Ν. 764. λινόδετον ὥσπερ μ. τοῦ ποδός.
μῆλον. Α. 856. κἂν ᾠὸν ἡ μ. λάβῃ. Κινησία
μηλοσφαγεῖν. Ο. 1232. μ. τε βουθύτους ἐπ' ἐσχάραις
μηλοσφαγοῦσαι. Λ. 196, μ. Θάσιον οἶνον σπαμνίων,
μηλοσφαγούσας. Λ. 188. μ. ΚΑ. μὴ σύ γ', ὦ Λυσιστράτη,
μήλου. Σ. 1268. οὑτὸς ἰν γ' ἰγώ ποτ' εἶδον ἀντὶ μ. καὶ ῥοιᾶς
μήλῳ. Ν. 997. μ. βληθεὶς ὑπὸ πορνιδίου, τῆς εὐκλείας ἀπο-
 θραυσθῇς·
μήλων. Σ. 1057. μετὰ τῶν μ.
 Ει. 1001. σικύων πράων, μ., ροιῶν,
 Fr. 515. τὴν φάρυγα μ. δύο δραχμᾶς ἕξει μόνας.
μήν. Α. 247. καὶ μ. καλῶν γ' ἔστ', ὦ Διόνυσι δέσποτα, κ.τ.λ.
 Ι. 1232. καὶ μ. σ' ἰλίγγαι βούλομαι τεκμηρίῳ, κ.τ.λ.
μῶν'. Ο. 39. οἱ μὲν γὰρ οὖν τέττιγες ἕνα μ. ἢ δύο
 Ο. 1115. ὥσπερ ἀνδριάντες· ὧν ὑμῶν ὅς ἂν μὴ μ. ἔχῃ,
 Π. 596. τοὺς μὲν ἔχοντας καὶ πλουτοῦντας δεῖπνον κατὰ μ.
 ἀποπέμπειν,
μῆνα. Ν. 756. ὁτιὴ κατὰ μ. τἀργύριον δανείζεται,
 Ν. 1287. τί δ' ἄλλο γ' ἢ κατὰ μ. καὶ καθ' ἡμέραν
 Ο. 1047. χιόνα μ.
μῆνας. Α. 82. κἀχιζεν ὀκτὼ μ. ἐπὶ χρυσῶν ὁρῶν.
 Λ. 102. ὁ γοῦν ἐμὸς ἀνὴρ πέντε μ., ὦ τάλαν,
 104. ὁ δ' ἐμός γε τελέους ἱπτὰ μ. ἐν Πύλῳ.
 Θ. 741. τουτὶ τεκεῖν φής ; ΓΥ. Ζ. καὶ δέκα μ. αὕτ' ἰγώ
μηνίσκαυς. Ο. 1114. ἢν δὲ μὴ κρίνητε, χαλκεύεσθε μ. φορεῖν
μηνός. Α. 859. τὸ μ. ἱκάστου.
 Ν. 612. πρῶτα μὲν τοῦ μ. ἰς δᾷδ' οὐκ ἔλαττον ἢ δραχμὴν,
μηνύετε. Α. 206. ξυλλαβεῖν τὸν ἄνδρα τοῦτον, ἀλλά μοι μ.,
μήποτ'. ΕΙ. 3. καὶ μ. αὐτῆς μᾶζαν ἡδίω φάγοι.
μήποτε. Α. 232. μ. πατώσιν εἰς τὰς ἱμὰς ἀμπέλους. κ.τ.λ.
μήπω. Α. 176. χαῖρ', Ἀμφίθεε. ΑΜ. μ. γε, πρὶν ἂν στῶ τρέ-
 χων, κ.τ.λ.
μῆρ'. ΕΙ. 1092. αὐτὰρ ἐπεὶ κατὰ μ. ἰκάη καὶ σπλάγχν' ἐπά-
 σαντο,
μῆρα. Ο. 1088. ποῖον γὰρ κατὰ χρησμὸν ἰκαύσατε μ. θεοῖσιν ;
μηρί'. ΕΙ. 1021. θύσας τὰ μ. ἰξελὼν δεῦρ' ἴκφερε,
μηρινθίον. Θ. 928. μήν μὴν ἡ μ. οὐδὶν ἴσπασεν.
μηρίον. Ο. 193. τῶν μ. τὴν κνῖσαν οὐ διαφρήσετε.
 Ο. 1517. θεοῖσιν, οὐδὲ κνῖσα μ. ἄπο
 Θ. 693. ἢν μ) μ' ἀφῆτ' ἀλλ' ἴκτάδ' ἐπὶ τῶν μ.
μηροῖς. Εκ. 902. τοῖς ἀπαλοῖσι μ.,
μηροῖσιν. Λ. 1073. χωροῦς', ὥσπερ χοιροκομεῖον περὶ τοῖς μ.
 ἴχοντες,
μηρόν. Ν. 973. ἐν παιδοτρίβου δὲ καθίζοντας τὸν μ. ἴδει προ-
 βαλίσθαι
μηρῷ. Ν. 966. εἶτ' αὖ προμαθεῖν ᾆσμ' ἐδίδασκεν, τὼ μ. μὴ ξυνέ-
 χοντας,
 ΕΙ. 1039. ταυτὶ δέδρακας. τίθεσο τὸ μ. λαβών.
μηρῶν. Λ. 552. ἵμερον ἡμῶν κατὰ τῶν κόλπων καὶ τῶν μ.
 καταπνεύσῃ,
 Εκ. 12. μόνος δὲ μ. εἰς ἀπορρήτους μυχοὺς
μήτ'. Α. 533. ὡς χρὴ Μεγαρέας μήτε γῇ μ. ἐν ἀγορᾷ κ.τ.λ.
μήτε. Α. 533. ὡς χρὴ Μεγαρέας. μ. γῇ μήτ' ἐν ἀγορᾷ κ.τ.λ.
μήτερ. Α. 245. ὦ μ., ἀνάδος δεῦρο τὴν ἐτνήρυσιν,
 Σ. 312. τί με δῆτ', ὦ μελία μ., ἴτικτες,
 Ο. 877. δέσποινα Κυβέλη, στρουθί, μ. Κλεοκρίτου,
μητέρ'. Ν. 1444. τὴν μ. ὥσπερ καὶ σὶ τυπτήσω. ΣΤ. τί φής ;
 τί φής σύ ;
 Ν. 1447. τὴν μ. ὂς τύπτειν χρεῶν ;
 Θ. 840. τὴν Ὑπερβόλου καθίσθαι μ. ἠμφιεσμένην
 Β. 149. ἢ μ. ἠλόησεν, ἢ πατὴρ γνάθον
μητέρα. Ν. 42. ἦτις μ. γῆμ' ἐπῆρε τὴν σὴν μ.
 Ν. 552. τοῦτον δειλαίων κολετρῶς' ἀεὶ καὶ τὴν μ.
 Σ. 1178. ἔπειτα δ' ἐν ὁ Καρδοπίων τὴν μ.
 Θ. 637. κάπειτ' ἀποδύσαντ' ἰνιδὰ παῖδων μ.
 732. μήτην γυναικῶν αἰτίαι τὴν μ.
 Β. 1194. καὶ πρός γε τούτοις τὴν ἰαυτοῦ μ.
μητέρες. Εκ. 233. ὅτι τοῖς στρατιώτας πρῶτον οὖσαι μ.
μήτηρ. Α. 457. εὐδαιμονοίης, ὥσπερ ἡ μ. ποτί.
 Θ. 642. νῦν τύτε δὲ μ. ἦσθα παίδων ἰννέα.
 Εκ. 913. γὰρ μοι μ. ἄλλη βίβηκε
 1040. μ. ἂν αὐτῷ μᾶλλον εἴπη ἡ γυνή.

μητρί. Ο. 746. σεμνά τι μ χορεύματ' ὀρείᾳ,
 Ο. 876. μ. θεῶν καὶ ἀνθρώπων,
 Π. 308.   ἴπεσθε μ. χοίροι,
 315,
 985. ἐκέλευσεν ἄν, τῇ μ. θ' ἱματίδιον
μητριδίων. Λ. 549. ἀλλ', ὦ τηθῶν ἀνδρειοτάτη καὶ μ. ἀκα-
 ληφῶν,
μητρόθεν. Α 478. σκάνδικά μοι δὸς, ὦ διδεγμίνος.
μητρός. Α. 797. ἤδη δ' ἄνευ τῆς μ. ἐσθίειν ἄν ;
μηχανᾷ. Α. 445. δώσω πυκνή γὰρ λεπτά μ. φρενί.
μηχαναί. Θ. 927. ἤν μὴ προλείπω αἱ μυρίαι με μ.
μηχαναῖς. Ο. 363. ὑπερακοντίζεις σύ γ' ἤδη Νικίαν ταῖς μ.
μηχανιᾶσιν. ΕΙ. 307. πρὶν μοχλοῖς καὶ μ. ἐς τὸ φῶς ἀνελκύσαι
μηχανάς. Α. 391. εἴτ' ἰξάπυγε μ. τὰς Σισύφου,
 Ν. 479. ἵν' αὐτὴν εἰδὼς ὅστις ἐστὶ μ.
μηχανᾶσαι. Σ 870. τὸ πρᾶγμ' ὁ μ.
μηχανή. Θ. 765. ἄγε δὴ τίς ἔσται μ. σωτηρίας ;
μηχανῇ. Ο. 300. τοῦτο πᾶση μ.
μηχάνημ'. Ι. 850. ἀλλ' ἔστι τοῦτ', ὦ Δῆμε, μ., ἵν', ἣν σὺ
 βούλῃ
μηχάνημα. Ι. 901. καὶ νὴ Δί' ἤν γε τοῦτο Πυρρήνδρου τὸ μ.
μηχανημάτων. Εκ. 872. νὴ τὸν Δία δεῖ γοῦν μ. τινὸς,
μηχανήν. Σ. 149. ἐνταῦθά νυν ζήτει τιν' ἄλλην μ.
 Σ. 366, μ. ὅπως τάχιστ' ἔ-
 Λ. 111. ἴθέλοιs' ἄν οὖν, εἰ μ. εὔροιμ' ἰγώ,
 Θ. 87. ἀτὰρ τίν' ἐκ ταύτης σὺ μ. ἔχεις ;
 1132. τούτῳ πρόπουσαν μ. προσειστίον.
μηχανοβίφας. ΕΙ. 790. ναννοφυείς, σφυράδων ἀποκνίσματα, μ.
μηχανοποιοί. ΕΙ. 174. ὦ μ., πρόσεχε τὸν νοῦν ὡς ἐμέ·
μηχανοποιός. Fr. 234, 1. ὁ μ., ὁπότε βούλει τὸν τροχὸν
μηχανώμεθα. Σ. 1106. εἶτα τἄλλ' ὁμοία πάντα σφηχὶ μ.
μηχανώμενος. Θ. 736. κἀκ παντὸς ὑμεῖς μ. πιεῖν,
μί'. Ν. 1182. μ. ἡμέρα γένοιτ' ἂν ἡμέρα δύο.
 Λ. 210. λεγούσῃ δ' ὑπὲρ ὑμῶν μ. ἄπερ ἂν κἀγὼ λέγω·
 Fr. 113. κοινῶν ἀπάσαις εἴς, πύλαις δὲ μ. δρκέσαι.
μία. Σ. 928. τρέφειν δύναιτ' ἂν μ. λόχμῃ κλέπτα δύο·
 Ο. 591. ἀλλ' ἀναλίξει πάντας καθαροῖς αὐτοῖς ἀγέλῃ μ. κιχλῶν,
 Β. 121. μ. μὲν γὰρ ἐστιν ἀπὸ κάλω καὶ θρανίου,
μιᾷ. Α. 849. Κρατῖνος δὲ κεκαρμένος μοιχὸν μ. μαχαίρᾳ,
 Ν. 1193. παρόντες οἱ φεύγοντες ἡμέρᾳ μ.
 1200. διὰ τοῦτο προυτίθεσαν ἡμέρᾳ μ.
 Θ. 430. ἡ φαρμακωσιν, ἢ μ. γέ τῃ τέχνῃ,
μίαν. Α. 810. ἐγὼ γὰρ αὐτῶν τήνδε μ. ἀνειλόμαν.
 Ι. 50.   ὦ Δῆμε, λοῦσαι πρῶτον ἐκδικάσας μ.,
 1301. καὶ μ. λέξαι τιν' αὐτῶν, ἥτις ἦν γεραιτέρα·
 Ν. 76. μ., εὗρον ἀτραπῶν δαιμονίως ὑπερφυᾶ,
 Σ. 595. εἴπῃ τὰ δικαστήρι' ἀφεῖναι πρώτιστα μ. δικάσαντας·
 769. ταύτη ἐπιβουλὴν ψηφίσι μ. μόνην.
 Ο. 172. τί ἄν οὖν ποιοῖμεν ; ΠΕ. οἰκίσατε μ. πόλιν.
 550. καὶ δὴ τοίνυν πρῶτα διδάσκω μ. ὀρνίθων πόλιν εἶναι,
 Λ. 269. μ. πυρφορήσαντες ἰμπρήσωμεν αὐτούχεφ·
 723. τὴν δ' αὐτομολοῦσαν, τὴν δ' ἐπὶ στρουθοῦ μ.
 Θ. 549. ἐγὼ γὰρ οἶδα ταίτιον, μ. γὰρ οὐκ ἂν εἴποι·
 Β. 693. καὶ γὰρ αἰσχρόν ἐστι τοὺς μὲν ναυμαχήσαντας μ.
 699. τὴν μ. ταύτην παρεῖναι ξυμφορὰν αἰτούμενοι.
 1435. ἀλλ' ἔτι μ. γνώμην ἰκατέρος εἴπατον
 Εκ. 153. νῦν δ' οὐκ ἐάσω, κατά γε τὴν ἰμήν, μ.
 177. δεὶ προυφεῖν· κἄν τις ἡμέραν μ.
 μ. οἰκησίαν φημὶ ποιῆσαι συρφήξας' εἰς ἓν ἅπαντα,
 Π. 441. ἀλλ' ἄνδρε δύο γυναῖκα φεύγουσιν μ.;
μιαρά. Α. 285. οἱ μὲν οὖν καταλεύσιμεν, ὦ μ. κεφαλή.
 Ι. 218. φωνή μ., γίγνωσι κακῶς, ἀγόραιος εἶ·
 Σ. 39.   εἶθ' ἡ μ. φάλαιν' ἴχουσα τρυτάνην
 1151. ὅτι θερμὸν ἡ μ. τί μου κατηρνεῖ;
 Λ. 433. ἀληθες, ὦ μ. σύ ; ποῦ 'σθ' ὁ τοξότης ;
 972. μ., μ. δῆτ'· ὦ Ζεῦ Ζεῦ,
 Θ. 512. εἴθ' ἡ μ. γραῦς, ἣ 'φερε τὸ παιδίον
 1092. ποῦ 'σθ' ἡ μ.; καὶ δὴ φεύγει.
 1096. λαβὶ τὴ μ. ΕΤ. λαβὲ τὴ μ.
 Β. 571. ὑ' αὐτὴν ἐπιτρίψωμεν. ΠΑΝ. Α. ὦ μ. φάρυγξ,
μιαραί. Λ. 253. ἄμαχα γυναῖκες καὶ μ. πεκλήμιθ' ἄν.
μιαροί. Ι. 125. ὦ μ. Παφλαγῶν, ταῦτ' ἄρ' ἐφυλάττου πάλαι,
 Ι. 304. ὦ μ. καὶ βδελυρὲ καὶ κατακεκρακτα, τοῦ σοῦ θράσους
 1224. ὦ μ. κλέπτον δῆμ' ταῦτ' ἴχηκατας.
 Ν. 1325. ὦ μ. καὶ πατραλοία καὶ τοιχωρύχε.
 1327. ὦ μ. καὶ πατραλοία καὶ τοιχωρύχε.
 ΕΙ. 183.   καὶ μ. καὶ παμμίαρι καὶ μιαρώτατε·
 Β. 466.
 ΕΙ. 362. ὦ μ. καὶ τολμηρὲ, τί ποιεῖν διανοεῖ ;
 Fr. 92. ὦ μ. καὶ Φρυνώνδα καὶ πονηρὶ σύ.
μιαρό. Θ. 1222. ὦ μ. γραῦ· ποτέρα τρέξι τὴν ὁδό ;

μιαροί—μισθόν. 205

μιαροί. ΕΙ. 811. γρασσόβαι, μ., τραγομάσχαλοι, ἰχθυολῦμαι·
μιαρόν. Α. 282. παῖ παῖ τὸν μ.
Ν. 1465. τὸν Χαιρεφῶντα τὸν μ. καὶ Σωκράτη
ΕΙ. 38. μ. τὸ χρῆμα καὶ κάκοσμον καὶ βορόν.
μιαρός. Ν. 450. πέντρων, μ. στρόφις, ἀργαλέος.
Σ. 342. τοῦτ' ἐτόλμησ' ὁ μ. χα-
900. ὦ μ. οὗτος· ὡς δὲ καὶ κλέπτον βλέπει.
Λ. 397. ὁ θεοῖσιν ἐχθρὸς καὶ μ. Χολοζύγης.
Θ. 649. ὦ μ. οὗτος· ταῦτ' ἄρ' ὑπὲρ Εὐριπίδου
1133. μ. ἀλώπηξ, οἶον ἐπιτηκίζ μοι.
Fr. 303, 1. ὦ Ζεῦ πολυτίμηθ', οἷον ἐνέπνευσ' ὁ μ.
μιαρῶν. ΕΙ. 184. πῶς δεῦρ' ἀνῆλθες, ὦ μ. μαρώτατε.
μιαρῶς. Ι. 800. ἐξευρίσκων εὖ καὶ μ. ὁπόθεν τὸ τριώβολον ἕξει.
μιαρώτατ'. Β. 1472. τί δέδρακες, ὦ μ. ἀνθρώπων; ΔΙ. ἐγώ;
μιαρώτατε. Α. 182. ἔπειτ' ἀνέκραγον πάντες, ὦ μ.
Α. 557. ἀληθες, ὠπίτριπτε καὶ μ.;
Ν. 1332. ὡς ἐν δίκη σ' ἔτυπτον. ΣΤ. ὦ μ.
Σ. 397. αὐτὸν θήσας. ΣΠ. ὦ μ, τί ποιεῖς; οὐ μὴ καταβήσει;
ΕΙ. 183. } καὶ μιαρὲ καὶ παμμίαρε καὶ μ.
Β. 466. }
ΕΙ. 184. πῶς δεῦρ' ἀνῆλθες, ὦ μιαρῶν μ.;
Λ. 989. ὤνθρωπος. ΠΡ. ἀλλ' ἕστυκας, ὦ μ.
Π. 78. ἐγὼ γάρ εἰμι Πλοῦτος. ΧΡ. ὦ μ.
μιαρωτάτη. Ο. 1209. εἰσῆλθες ἐς τὸ τεῖχος, ὦ μ.;
Π. 451. οὐκ ἐνέχυρον τίθησιν ἡ μ.;
472. ταυτὶ οὐ τολμᾷς, ὦ μ., λέγειν;
μιαρώτατοι. Σ. 156. τί δράσετ'; οὐκ ἐκφθήσετ', ὦ μ.,
μιαρώτατος. 1.823. μ., ὦ Δημαείδιον, καὶ πλεῖστα πανοῦργα δεδρακώς.
Ι. 831. μ. ὢν περὶ τὸν δῆμον
Σ. 187. ὕφελκε θᾶττον αὐτόν. ὦ μ.,
ΕΙ. 185. τί σοι ποτ' ἐστ' ὄναρ; οὐκ ἐρεῖς; ΤΡ. ὦ μ.
186. ποδαπὸς τὸ γένος δ' εἶ; φράζε μοι. ΤΡ. μ.
187. πατὴρ δέ σοι τίς ἐστιν; ΤΡ. ἐμοί; μ.
194. οὐκ οὐκέτ' εἶναι σοι δοκῶ μ.;
μιαρωτάτω. Ι. 239. ἀνολεῖσθον, ἀποθανεῖσθον, ὦ μ.
Π. 893. ἀφανίεσθον· ἔνδον ἐστίν, ὦ μ.,
μιαρώτερος. Ι. 329. σοῦ μ., ὥστε με χαίρειν,
μιᾶς. Ν. 779. εἰ πρόσθεν ἔτι μ. ἐνεστώσης δίκης,
ΕΙ. 1223. οὐκ ἂν πριαίμην οὐδ' ἂν ἰσχάδος μ.
Ο. 1639. ἡμεῖς περὶ γυναικὸς μ. πολεμήσομεν;
Λ. 270. πάσας ὑπὰ ψήφου μ., πρώτην δὲ τὴν Λύκωνος.
1000. γυναῖκες ἅπερ ἀπὸ μ. ὑσπλαγίδος
1129. ποινῆ δικαίως, οἵ μ. γε χλαίνης
Fr. 463. ἀλαβαστροθήκας τρεῖς ἔχουσαν ἐκ μ.
μιγείς. Ο. 698. οὗτος δὲ Χάει πτερωτεὶς μ. νυχίῳ κατὰ Τάρταρον εὐρύν
Fr. 130, 3. μ. Ἀχελώῳ.
μιγνυμένας. Β. 10×1. καὶ μ. τοῖσιν ἀδελφοῖς,
μίγνυς. Ι. 1399. τὰ κύπια μ. τοῖς ὁπείοις πράγμασιν,
Β. 944. εἶτ' ἀνέτρεφον μονῳδίαις. Κηφισοφῶντα μ.
Μίδα. Σ. 433. ὦ Μ. καὶ Φρὺξ βοήθει δεῦρο καὶ Μασυντία,
Μίδαι. Π. 287. νὴ τοὺς θεούς, Μ. μὲν οὖν, ἣν ὦτ' ὄνου λάβητε.
Μίκα. Θ. 760. ταλαντάτη Μ., τίς ἐξεκόρησέ σε·
μικκές. Α. 909. μ. γα μᾶκος οὗτος. ΔΙ. ἀλλ' ἅπαν κακόν.
μικρά. Ν. 630. ὅστι σκαλαθυρμάτι' ἄττα μ. μανθάνων,
Ο. 1108. ἐννεοττεύσουσι κἀκλέψουσι μ. γέρματα.
Fr. 368. σπυρὶς οὐ μ. καὶ κωρυκίς, ἡ καὶ τοὺς μάττοντας ἐγείρει,
422. μηδὲ τὰ Φαληρικὰ τὰ μ. τάδ' ἀφύδια.
μικράν. Ν. 1014. πόσθην μ.
Ν. 1018. γλῶτταν μεγάλην, πυγὴν μ.,
μικροί. ΕΙ. 821. μ. δ' ὁρᾶν ἄνωθεν ἧστ'. ἐμοιγέ τοι
μικροῖς. Ἐκ. 629. ταῖσι γυναιξὶν πρὶν τοῖς αἰσχροῖς καὶ τοῖς μ. χαρίσωνται.
μικρόν. Ι. 1222. σοὶ μὲν προσεδίδου μ. ὧν ἐλάμβανεν,
Ν. 429. ὦ δέσποινα, δέομαι τοίνυν ὑμῶν τουτὶ πάνυ μ.,
741. λεπτὴν κατὰ μ. περιφρόντι τὰ πράγματα,
Σ. 702. ἐνστάζουσιν κατὰ μ. ἀεί, τοῦ ζῆν ἕνεχ', ὥσπερ ἔλαιον
797. αὖ πάνυ τι μ. ἀλλ' ὅπερ μέλλεις ποιεῖ.
803. αὐτῇ δικαστηρίδιον ἐν μ.
878. ἀντὶ σιραίου μέλιτος μ. τῷ θυμιδίῳ παραμίξας·
1200. ταῦτα κατιδὼν ὑπό τι μ. ἐπιθήκιασ'
ΕΙ. 213. ὑπερβάλοιτό μ., ἔλεγον ἂν ταδί·
490. μ. γε κινοῦμεν.
609. ἐμβαλὼν σπινθῆρα μ. Μεγαρικοῦ ψηφίσματος,
660. ἡ δ' ἀλλὰ πρὸς σὲ μ. εἰπάτω μόνον.
Λ. 98. ἐτερέμβωσαί τι μ. ΜΤ. ὅ τι βούλει γε σύ.
Θ. 745. τυννοῦτον ὄν. ΜΝ. τυννοῦτο; ΓΤ. Ζ, μ. νὴ Δία.
Π. 126. ἐὰν ἀναβλέψῃς σὺ κἂν μ. χρόνον;
147. ἔγωγέ τοι διὰ μ. ἀργυρίδιον

μικρόν. Π. 240. αἰτῶν λαβεῖν τι μ. ἀργυρίδιον,
Fr. 164, 3. οὐ γάρ ἦν ἂν μ., εἰ μὴ μεσύδημον ἦν σφίδρα.
505. " ἀκρατιοῦμαί μ."
μικροπολίτας. Ι. 817. σὺ δ' Ἀθηναίους ἐζήτησας μ. ἀποφῆναι
μικροπολιτικόν. Fr. 649. μ.
μικρός. Λ. 596. τῆς δὲ γυναικὸς μ. ὁ καιρός, κἂν τούτου μὴ 'πιλάβηται,
Β. 55. πόσος; πόσοσ τις; ΔΙ. μ., ἡλίκοι Μόλων.
709. Κλειγένης ὁ μ.
Ἐκ. 287. ἡμᾶς, ὁ κίνδυνος γάρ οὐχὶ μ. ἣν ἁλῶμεν
μικροτέροις. Ι. 789. καὶ σὺ γὰρ αὐτῶν πολύ μ. τούτων δελεάσμασιν εἷλες.
μικρούς. Ν. 1017. ὤμους μ., στῆθος λεπτόν,
μικρών. Ι. 788. ὡς ἀπὸ μ. εὐνους αὐτῷ θωπευματίων γεγένησαι,
ΕΙ. 1002. δούλοισι χλανισκιδίων μ."
μικρῶν. Θ. 1114. σκέψαι τὸ κύστιγ' μή τι μ. φαίνεται;
Μίκων. Λ. 679. δε Μ. ἔγραψ' ἐφ' ἵππων μαχομένης τοῖς ἀνδράσιν.
μίλακος. Ν. 1007. μ. ὄζων καὶ ἀπραγμοσύνης καὶ λεύκης φυλλοβολούσης.
Ο. 216. μ. ἠχὼ πρὸς Διὸς ἕδρας,
Μιλησία. Α. 729. οἴκοι γάρ ἐστιν ἐμά μοι Μ.
Μιλησίαι. Α. 108. ἐξ οὗ γὰρ ἡμᾶς προὔδοσαν Μ.,
Π. 1002. } πάλαι ποτ' ἦσαν ἄλκιμοι Μ.
1075. }
Μιλησίοις. Β. 542. στρώμασιν Μ.
Μιλησίους. Ι. 361. ἀλλ' οὐ λάβρακας καταφαγὼν Μ. κλονήσεις.
Μιλησίων. Ι. 932. Μ. καὶ κερδανεῖν
Μιλτιάδη. Ι. 1325. εἴπέ περ' Ἀριστείδη πρότερον καὶ Μ. ξυνεσίται.
μίλτος. Ἐκ. 378. καὶ δῆτα πολὺν ἡ μ., ὦ Ζεῦ φίλτατε,
μιμαίκυλα. Fr. 556. ἐν τοῖς ὄρεσιν αὐτομάτοισιν τὰ μ. φύεται πολλά.
Μίμαντος. Ν. 273. ἡ Μαιώτιν λίμνην ἔχετ' ἣ σκόπελον νιφόεντα Μ.
μίμαρκυν. Α. 1112. ἀλλ' ἢ πρὸ δείπνου τὴν μ. κατέδομαι.
μιμεῖ. Ν. 1430. τί δῆτ', ἐπειδὴ τοῖσιν ἀλεκτρυόσιν ἅπαντα μ.,
μιμησάμενος. Σ. 1019. μ. τὴν Εὐρυκλέους μαντείας καὶ διάνοιαν,
μίμησιν. Β. 109. ἥλθον κατὰ σὴν μ., ἵνα μοι τοὺς ξένους
μίμησις. Θ. 156. μ. ἤδη ταῦτα συνθηρεύεται,
μιμήσομαι. Θ. 850. ἐγᾦδα· τὴν καινὴν Ἑλένην μ.
Π. 306. μ. κέλευθον περὶ
μιμούμεναι. Ἐκ. 278. πρεσβυτικόν τι, τὸν τρόπον μ.
μιμουμένη. Ἐκ. 545. μ. σε καὶ κτυπούσα τοῖν ποδοῖν
μιμούμενοι. Ν. 559. τὰς εἰκοὺς τῶν ἐγχέλεων τὰς ἐμὰς μ.
Π. 312. τὸν Λαρτίου, μ. τῶν ὄρχεων μηδαμῶς μ.
μιμούμενος. Ο. 266. ἰμβάς ἐπὼς, χαράδριόν μ.
Π. 291. μ., καὶ τοῖν ποδοῖν ὡδί παρενσαλεύων
μινθώσαι. Β. 1075. καὶ μ., τὸν ξύσσιτον, κάκβᾶς τινα λωποδύτησαι,
μινθώσομέν τι. Π. 313. μ. θ' ὥσπερ τράγου
μινυρίζοντες. Σ. 219 λύχνους ἔχοντες καὶ μ. μέλη
μινυρίζειν. Ο. 1414. ὥδ' αὖ μ. δεῖρο τις προσέρχεται
μινυρομένη. Ἐκ. 880. ἀργυ̂, μ. τι πρὸς ἐμαυτὴν μέλος,
μίξον. ΕΙ. 996. μ. δ' ἡμᾶς τοὺς Ἕλληνας
ΕΙ. 1145. τῶν τι πυρῶν μ. αὐτοῖς. τῶν τε σύκων ἕξελε,
μίσει. Ι. 1020. πολλοὶ γάρ μ. σφε καταρρέζουσι κολοιοί.
Ἐκ. 502. ἄπασα καί μ. ἄκων πρὸς ταῖν γνάθοιν ἔχουσα·
μισεῖ. Ι. 510. ὅτι τοὺς αὐτούς ἡμῖν μ., τολμᾷ τε λέγειν τὰ δίκαια,
ΕΙ. 501. μ. γὰρ ὑμᾶς ἡ θεὸς μεμνημένη·
Β. 1456. μ. κάκιστα. ΑΙ. τοῖς πονηροῖς δ' ἥδεται;
μισεῖν. Ν. 991. μισοπόνηρι, μ. ἀγοραν καὶ βαλανείων ἀπέχεσθαι
Π. 1072. μ. σε τούτῳ. ΝΕ. ἀλλ' ἔγωγ' ὑπερφιλώ.
μισητίαν. Ο. 1620. μεντοί θεοὶ, καὶ μαλθοδῶ μ..
μισητίας. Π. 989. καὶ ταῦτα τοίνυν οὐχ ἕνεκεν μ.
μισθάριον. Σ. 300. ἀπὸ γὰρ τουδὲ μέ τοῦ μ.
μισθαρχίδη. Α. 397. οὐ δ' ἐξ ὅτου περ ὁ πόλεμος μ.
μισθοῖτο. Ο. 1152. τί δῆτα μισθωτοὺς ἂν ἔτι μ. τις;
Α. 137. μὰ Δι' οὐκ ἄν, εἰ μ. γε μὴ φέρες πολύν.
159. ταυτοσὶ ἐὰν τις δύο δραχμὰς μ. διδῷ,
Ι. 1019. σοί μ. πορεῖ, πᾶν μή βρᾷ ταῦτ', ὁλοεῖται.
1352. καταμισθοφορῆσαι τοῦθ'. ὁ τὸν μ. λέγων
1367. καταγραμεῖν τὸν μ. ἐπιδῶ 'ντελῆ.
Ν. 245. μηδὲν ἀποδιδόντα. μ. δ' ὑντιν' ἂν
Σ. 525. πρέπουσαν πίσυ' ἀκράτου μ. ἀγαθῷ δαίμονος.
606. ὅταν οἴκαδ' ἴω τὸν μ. ἔχων, κᾷτ' εἰσηκονθ' ἅμα πάντες
661. ἀπὸ τούτων νυν καταθές μ., τοῖσι δικασταῖς ἐνιαυτοῦ.
712. τὸν μ. ὅπερ ἐλακωτόγη λαμβάνειν καὶ μὴ ἀποδῷ μ.
735. τὸν μ. ὑπόθεν λήψομαι. ΒΔ. παρ' ἐμοῦ. ΦΙ. καλῶς,
813. κἂν γὰρ πυρέτῳ, τὸν γε μ. λήψομαι.
1118. ἐκροφῇ τὸν μ. ἡμῶν, τῆσδε τῆς χώρας ὕπερ

μισθόν—μόλωμεν.

μισθόν. Ο. 1025. Τελέου. ΠΕ. τί; βούλει δῆτα τὸν μ. λαβὼν
Λ. 624. καταλαβεῖν τὰ χρήμαθ' ἡμῶν τῶν τε μ.,
Β. 140. ναύτης διάξει δύ' ὀβολῶ μ. λαβών.
173. πῦσ' ὄντα; ΔΙ. ταυτί. ΝΕ. δύο δραχμὰς μ. τελεῖς;
μισθός. Ι. 1066. ὅπως ὁ μ. πρῶτον ἀποδοθήσεται.
I. 1078. τούτοις ὁ μ. τοῖς ἀλωπεκίοισι ποῦ;
Σ. 664. οὐδ' ἡ δεκάτη τῶν προσιόντων ἡμῖν ἄρ' ἐγίγνεθ' ὁ μ.
Ο. 1029. ἄπιθι λαβὼν· ἔστιν δ' ὁ μ. οὑτοσί.
Π. 408. αὑτὸς γὰρ ὁ μ. οὐδὲν ἔστ' οὔθ' ἡ τέχνη.
μισθοῖ. Λ. 170. τοῖς θροῖςὶ περὶ μ. λέγω δ' ὑμῖν ὅτι
Α. 547. μ. διδομένου. Παλλαδίων χρυσανμένων,
Ι. 804. ἀλλ' ὑπ' ἀνάγκης ἅμα καὶ χρείας καὶ μ. πρός σε κεχήνῃ.
905. ὦ Δῆμι, μηδεὶν δρῶντι μ. τρυβλίον ῥοφῆσαι.
Fr. 285, 3. κἄπειτα μ. σαυτὸν ἀμφοραφορεῖν.
μισθούς. Α. 657. οὐ θωπεύων, οὐδ' ὑποτείνων μ., οὐδ' ἐξαπατύλλων,
Σ. 659. πρυτανεῖα, μέτᾰλλ', ἀγορὰς, λιμένας, μ. καὶ δημιόπρατα.
Β. 367. ἡ τοὺς μ. τῶν ποιητῶν ῥῆτωρ ὢν εἶτ' ἀπορρώγει,
μισθοφορᾷ. I. 807. γνώσεται οἵων ἀγαθῶν αὑτὸν τῇ μ. παρεκόπτου,
μισθοφορεῖ. Ο. 584. εἴθ' ὁ γ' Ἀπόλλων Ἰατρός γ' ὢν ἰάσθω μ. δέ.
μισθοφορεῖν. Α. 608. ὑμᾶς μὲν δεῖ μ. ἀμηγέπη,
Ek. 188. τοὺς μ. ζητοῦνται ἐν τἠκκλησίᾳ.
μισθοφορῇ. Α. 619. οὐ δῆτ', ἐὰν μὴ μ. γε Λάμαχος.
μισθοφοροι, I. 555. μ. τριήρεις,
μισθοφοροῦντας. Α. 602. τοὺς μὲν ἐπὶ θρᾷκης μ. τρεῖς δραχμὰς,
Σ. 683. αὐτούς τ' εἶναι καὶ τοὺς κόλακας τοὺς τούτων μ.;
μισθοφοροῦντες. ΕΙ. 477. καὶ ταῦτα διχόθεν μ. ἄλφιτα.
Ek. 206. τὰ δημόσια γὰρ μ. χρήματα
μισθοφόρον. Ο. 1367. φρούρει, στρατεύου, μ. σαυτὸν τρέφε,
μίσθωσαι, Β. 167. μὴ δῆθ', ἱκετεύω σ', εἴτ' ἐθελήσῃς μ. τινα
μισθώσομαι. Σ. 52. εἶτ' οὐκ ἐγὼ δοὺς δύ' ὀβολὼ μ.
μίσθωσόν. Λ. 954. μ. μοι τὴν τιτθήν.
μισθωτούς. Ο. 1152. τί δῆτα μ. ἐπὶ μισθοῖνῦ τις;
μισάθημα. Σ. 474. σοὶ λόγοις, ὦ μ. καὶ μοναρχίας ἐρῶν,
μισάδημον. Fr. 164, 3. οὐ γὰρ ἦν ἂν μικρόν, εἰ μὴ μ. ἦν σφόδρα.
μισολάκων. Ι. 1165. πάνυ μ. αὐτοῦ 'στιν εἷς τῶν δακτύλων.
μισολάμαχος. ΕΙ. 304. ἡμέρα γὰρ ἐξέλαμψεν ἥδε μ.
μισόπολιν. Σ. 411. ὡς ἐμ' ἄνδρα μ.
μισοπορπακιστάτη. ΕΙ. 662. ἴθ' ὦ γυναικῶν μ.
μισοῦθ'. Ν. 1226. ὃν πάντες ὑμεῖς ἴστε μ. ἐστιτήν.
μισοῦντ'. Ο. 36. αὐτὴν μὲν οὐ μ. ἐκείνην τὴν πόλιν
μισοῦντες. I. 226. μ. αὐτῶν, οἳ βοηθήσουσί σοι,
μίσους. Λ. 792. κοὐκέτι κατηλθεν πάλιν οἴκαδ' ὑπὸ μ.
Λ. 814. ψυχεθ' ὑπὸ μ.
μισῶν. Ek. 579. ῥημάτια νεω πρότερον· μ.
μισύλλοντα. Fr. 359. δάπτοντα, μ., διαλείχοντά μου
μισῶ. Α. 509. ἐγὼ δὲ μ. μὲν Λακεδαιμονίους σφόδρα,
I. 400. εἴ σε μὴ μ., γενοίμην ἐν Κρατίνου κῴδιον,
767. εἰ δέ σε μ. καὶ μὴ περὶ σοῦ μάχομαι μόνος ἀντιβεβηκὼς,
Ο. 1547. μ. δ' ἅπαντας τοὺς θεοὺς, ὡς οἶσθα σύ.
Θ. 470. μ. τὸν ἄνδρ' ἐκεῖνον, εἰ μὴ μαίνομαι.
Β. 1427. μ. πολίτην, ὅστις ὠφελεῖν πάτραν
μισῶν. Σ. 1026. κωμῳδεῖσθαι παιδίχ' ἑαυτοῦ μ. ἔσπευδε πρὸς αὐτὸν,
Λ. 1018. ὡς ἐγὼ μ. γυναῖκας οὐδέποτε παύσομαι.
μίτραις. Θ. 941. ἵνα μὴ ὁ κροκωτός καὶ μ. γίγνων ἀνὴρ
μίτρας. Θ. 257. κεκρυφάλου δεῖ καὶ μ. ΑΓ. ἡδὶ μὲν οὖν
Fr. 309, 2. προκώμιον, ὀγκοίβοσιν, μ. διακτήματα,
'μμέντες. Σ. 524. εἶπέ μοι, τί δ' ἦν, τὸ δεῖνα, τῇ διαίτῃ μὴ 'μ.;
μναῖ. Ν. 31. τρεῖς μ. διφρίσκου καὶ τροχοῖν Ἀμυνία·
Μναμνόνα. Λ. 1248. τὰν ἐκνυρσανίαν, ὦ Μ.
μνᾶν. ΕΙ. 1251. ὅτ' ἀντέδωκά γ' ἀντὶ τῶνδε μ. ποτέ·
μνᾶς. I. 835. πλείν ἢ μ. τεττρράκοντα.
Ν. 21. φέρ' ἴδω, τί ὀφείλω; δώδεκα μ. Πασίᾳ.
22. τοῦ δώδεκα μ. Πασίᾳ; τί ἐχρησάμην;
Λ. 1052. τω λαβεῖν, μ. ἢ δύ' ἢ τρεῖς,
Π. 381. τρεῖς μ. ἀναλῶσαι λογίσασθαι δώδεκα.
μνείαν. I. 876. ἐμοῦ δὲ μὴ μ. ἔχειν ὅσων πέπονθας· ὅστις
μνημεῖον. I. 268. ἱστάναι μ., ὑμῶν ἐστιν ἀνδρείας χάριν.
μνήμην. Fr. 1162. αἱ μνῖον μ. ἔχουσι τῶν τελευταῖον ἀεί.
μνήμονας. ΕΙ. 761. ἀποδοῦναί μοι τὴν χάριν ὑμᾶς εἰκὸς καὶ μ. εἶναι.
μνημονεύσομεν. Ek. 264. τὰς χεῖρας αἴρειν μ. τότε.
μνημονικός. Ν. 483. εἰ μ. εἶ. ΣΤ. δύο τρόπω νὴ τὸν Δία
μνημόσυνα. Σ. 537. καὶ μὴν ὅσ' ἂν λέξῃ γ' ἁπλῶς μ. γράφομαι 'γώ.
μνημόσυνόν. Σ. 559. τουτὶ περὶ τῶν ἀντιβολοῦντων ἔστω σοι μ. μοι,
μνήμων. Ν. 414. εἰ μ. εἶ καὶ φροντιστὴς καὶ τὸ ταλαίπωρον ἔνεστιν
Ν. 484. ἢν μέν γ' ὀφείληταί τί μοι, μ. πάνυ,

μνήσθην. Ο. 1632. καὶ νὴ ΔΓ' ἕτερον γ' ἐστὶν οὗ 'μ. ἐγώ.
μνησικακῆσαι. Ν. 999. μ. τὴν ἡλικίαν, ἐξ ἧς ἐνεοττοτροφήθης.
μνησικακήσῃς. Λ. 590. κἀνπνίμψασαι παῖδας ὁπλίτας. ΠΡ. σίγα, μή μ.
Π. 1146. μή μ., εἰ σὺ Φυλὴν κατέλαβες.
μνοῦς. Fr. 254. "τῶν χειρῶν ἔργα μ. ἐστιν."
μνῶν. Ν. 1224. τῶν δώδεκα μ., ἃς ἔλαβες ὠνούμενος
μογερός. Λ. 1207. μ. ἐγώ.
μογίομες. Λ. 1002. πῶς οὖν ἔχετε; ΚΗ. μ. ἂν γὰρ τὰν πύλιν
μόγις. Λ. 328. μ. ἀπὸ κρήνης ὑπ' ὄχλου καὶ θορύβου καὶ κατάγων χυτρείον,
Μόθων. Ι. 635. Βερίσχεθοί τε καὶ Κύβαλοι καὶ Μ.,
μόθων. Π. 279. διαρραγείης. ὡς μ. εἶ καὶ φύσει κύβαλος,
μόθωνα. Ι. 697. ἀντενυδρίσμα μ., περιεκόνκασα·
μοι. Α. 60. ἢν μὴ περὶ εἰρήνης γε πρυτανεύσῃ τί μ. κ.τ.λ.
μοί. Ν. 84. μή μ. γε τούτων μηδαμῶς τῶν ἵππων κ.τ.λ.
Μεῖραι Ο 1734. Μ. ξυνεκοίμισαν
Θ. 709. ὦ πότνιαι Μ., τί τῷδε δέρκομαι
Β. 453. Μ. ξυνάγουσιν.
Θ. 555. μὰ Δί' οὐδέ νω τὴν μυριοστὴν μ. ὧν ποιοῦμεν,
μοίρας. Θ. 1047. ἰώ μοι μ. ἀτεγκτε δαῖμον
μοιχέ. Α. 265. τε, μ., παιδεραστά,
μοιχευόμεναι. ΕΙ. 980. μ. δρῶσι γυναῖκες,
μοιχεύσοντες. Θ. 558. ὥσπερ πρότερον μ. τὰς Ἀλκμήνας κατέβαινον
μοιχεύων. Ο. 793. εἴ τε μ. τις ὑμῶν ἐστιν ὅστις τυγχάνει,
μοιχαῖς. Θ. 417. τρέφουσι μορμολυκεῖα τοῖς μ. κύνας·
μοιχόν. Α. 849. Κρατίνου ἀεὶ κεκαρμένον μ. μιᾷ μαχαίρᾳ,
Θ. 488. ἐξῆλθον ὡς τὸν μ. εἴτ' ἠρειδόμην
501. τὸν μ. ἐξέπεμψεν, οὐκ εἰρηκέ πω.
μοιχὸς. Ν. 1079. μ. γὰρ ἢν τύχης ἁλούς, τάδ' ἀντερεῖς πρὸς αὐτόν,
Λ. 212.
213. οὐκ ἔστιν οὐδεὶς οὔτε μ. οὔτ' ἀνήρ
Θ. 343. ἡ μ. εἴ τις ἐξαπατᾷ ψευδῆ λέγων,
397. μή μ. ὁρθῶν ἢ τις ἀποκεκρυμμένον.
Π. 168. ὁ δ' ἁλοὺς γε μ. διὰ σέ που παρατίλλεται
Fr. 236, 2. ὥσπερ παροψὶς μ. ἐσκευασμένος.
μοιχοτρόπον. Θ. 392. τὰς μ., τὰς ἀνδρεραστρίας καλῶν,
μοιχοῦ. Λ. 107. ἀλλ' οὐδὲ μ. καταλείπεται ψεφάλυς.
Ek. 522. οὐ τοι παρὰ τοῦ μ. γε φῇσεις. ΒΛ. οὐκ ἴσως
μαχνοῖς. Ek. 225. μ. ἔχουσιν ἔνδον ὥσπερ καὶ πρὸ τοῦ
μοιχῷ. Θ. 345. ἢ θράτει τις βίβωσι μ. γραῦς γυνή,
μολγοί. Fr. 157. μή μοι Ἀθηναίαι αἰνεῖν· μ. γὰρ ἔσονται
μολγόν. Fr. 152, 2. εἰαὶ μὲν ἐπὶ τῶν μ. εἶναι οὐκ ὀκήκοαι;
I. 963. μ. γενήσεσθ' δεῖ σε. ΑΛ. πάν γε τουτῳΐ,
μόλε. Λ. 1263. μ. δεῦρο, παρσένε σιᾷ,
Λ. 1298. Μῶα μ. Λάκαινα πρεπτὸν ἅμιν
μόλετον. Θ. 1155. μ., ἔλθετον, ἀντομεθ', ὦ
μόλις. Α. 890. ἠκονσαν ἐκτώ μ. ἔτι πολυσμύνης·
Α. 952. μ. γ' ἐνίδησα τὸν κακὸν ἀπολούμενον,
Ν. 326. ὡς οὐ καθορῶ. ΣΠ. παρὰ τὴν εἴσοδον. ΣΤ. ἤδη νυνὶ μ. αὕτας,
1363. κἀγώ μ. μέν, ἀλλ' ὅμως ἠνεσχόμην τὸ πρῶτον
Σ. 718. καὶ ταῦτα μ. ξενίας φεύγων ἔλαβες κατὰ χοίνικα, κριθῶν.
783. μ. τὸ πρᾶγμ' ἐγνωσαν ἀναμασώμενοι.
1110. ξυμβεβυσμένοι, πυκνῶν νεύοντες ἐς τὴν γῆν, μ.
ΕΙ. 875. σαφ' ἴσθι, καλήφῃσθῇ γε μ. ΟΙ. ὦ δέσποτα,
Λ. 72. μ. γὰρ εὕρον ἐν σκότῳ τὸ ξώνιον.
Θ. 447. παιδάρια πέντε καταλιπὼν, ἁγὼ μ.
1024. μ. δὲ χαρίαν ἀποφυγὼν
Π. 492. τούτ' οὖν ἡμεῖς ἐπιθυμοῦντες μ. εὔρομεν ὥστε γενέσθαι
μόλοις. Θ. 1146. κῶν' ἔχουσα δὲ μοι μ.
Μολοττικούς. Θ. 416. τηροῦντες ἡμᾶς, καὶ προσέτι Μ.
μολπάζει. Β. 379. τῇ φωνῇ μ.,
μολπαῖς. Β. 383. Δήμητρα θεάν, ἐπικοσμοῦντες ξαθέαις μ. κελαδεῖτε,
μολπαίειν. Β. 1527. καὶ μ. παλαδοῦντες.
μολπὴν. Β. 370. ἐξίστασθαι μύσταιι χοροῖς· ὑμεῖς δ' ἀνεγείρετε
μόλυβδον. ΕΙ. 1242. μ. ἐς τουτὶ τὸ κοῖλον ἐγχέας,
ΕΙ. 1246. τὸν μὲν μ., ὥσπερ εἶπον, ἔγχεον,
μολυβδοχοήσαντας. Ek. 1110. μ. κύκλῳ περὶ τὰ σφυρᾶ,
μολύβδῳ. Ν. 913. οὐ δῆτα πρὸ τοῦ γ', ἀλλὰ μ.
μολυνοπραγμονούμενος. Α. 382. ἀπολόγην μ.
μολύνοντές. Π. 310. καὶ μαγγανεύσαμεν μ. τε τοὺς ἑταίρους,
μολύνες. Ι. 1286. καὶ μ. τὴν ὑψίιν, καὶ κυνῶν τὰς ἐσχάρας.
μόλων. Λ. 743. ἔως ἂν εἰς ὅσον μ. 'γὼ χωρίον,
μόλωμεν. Ι. 21. λέγε δὴ μ. ξυνεχεῖς ὡδὶ ξυλλαβών.

μόλωμεν—μόνω. 207

μόλωμεν. I. 22. καὶ δὴ λέγων μ. Ν1. ἐξόπισθε νῦν
I. 23. αὐτό φαθὶ τοῦ μ. ΔΗ. αὐτό. ΝΙ. πάνυ καλῶς
25. τὸ μ., εἶτα δ᾽ αὐτό, κατεπάγων συκνόν.
26. μ. αὐτὸ μ. αὐτομολῶμεν. ΝΙ. ἦν,
73. κράτιστ᾽ ἐκείνην τὴν μ., ὦγαθέ.
μολών. Β. 1232. Πίλαφ ὁ Ταντάλειος ἐς Πίσαν μ.
Μόλων. Β. 55. πίθος; πόσος τις; ΔΙ. μικρός, ἡλίκος Μ.
μομφήν. Εἰ. 664. ἀκούσαθ᾽ ὑμεῖς ὧν ἕνεκα μ. ἔχει.
μόνα. Β. 696. ἀλλ᾽ ἐπωμό μ. γὰρ αὐτὰ νοῦν ἔχοντ᾽ εἰδράσατε.
Β. 1410. ἐγὼ δὲ δύ᾽ ἔφη τῶν ἐμῶν ἑρῶ μ.
Εκ. 232. ἰώμεν ἄρχειν, σκεψάμενοι ταυτὶ μ.,
μόνῳ. Α. 791. οὗ χοῖρος Ἀφροδίτῃ ; μ. γε δαιμόνων.
μόναι. Ν. 365. αὗται γάρ τοι μ. εἰσὶ θεαὶ· τἆλλα δὲ πάντ᾽ ἐστὶ φλύαρον.
μόναις. Ν. 578. δαιμόνων ἡμῖν μ. οὐ θύετ᾽ οὐδὲ σπένδετε,
Εκ. 448. μόνας μ. οὐ μαρτύρων γ᾽ ἐναντίον·
μοναρχίας. Σ. 474. σοι λέγοιμ᾽, ὦ μισόδημε καὶ μ. ἐρῶν,
μόναρχον. Ι. 1330. δείξατε τὸν τῆς Ἑλλάδος ἡμῶν καὶ τῆς γῆς τῆσδε μ.
μόνας. Α. 814. τὸ δ᾽ ἕτερον, αἱ λῇς, χοίνικος μ. ἀλῶν,
Ν. 806, μ. θεῶν ; ὥς
Εἰ. 449. ληφθεὶς ὑπὸ λῃστῶν ἐσθίοι κριθὸς μ.
Λ. 143. γυναικὸς ἔσθ᾽ ὑπνῶν ἄνευ ψωλᾶς μ.
Εκ. 448. μ. μόναις οὐ μαρτύρων γ᾽ ἐναντίον·
Fr. 515. τὴν φάρυγα μηλῶν δύο δραχμὰς ἕξει μ,
μόνῃ. Ι. 323. δειαι, ἥπερ μ. προστατεῖ ῥητόρων μ.
Εἰ. 588. ******** μ. γὰρ ἡμᾶς ὠφελεῖς
Λ. 141. μ. μετ᾽ ἐμοῦ, τὸ πρᾶγμ᾽ ἀνασωσαίμεσθ᾽ ἔτ᾽ ἄν,
145. ὦ φιλτάτη σὺ καὶ μ. τούτων γυνή,
1104. ἥπερ διαλλάξειεν ἡμᾶς ἂν μ.
Θ. 544. οὐ γάρ σε δεῖ δοῦναι δίκην ; ἥτις μ. τέτληκας
1141. καὶ κράτος φανερῶν μ.,
Εκ. 48. κατὰ σχολὴν παρὰ τἀνδρὸς ἐξελθεῖν μ.
912. μ. δ᾽ αὐτοῦ λείπωμ᾽· ἡ
μόνῃ. Α. 1061. φέρε δεῦρο τὰς σπονδάς, ἵν᾽ αὐτῇ δῶ μόνῃ,
Ν. 1401. ἐγὼ γὰρ ὅτε μὲν ἱππικῇ τὸν νοῦν μ. προσεῖχον,
μόνην. Ι. 929. τὴν μ. Δωριστὶ μ. ἐναρ—
Σ. 769. ταύτης ἐπιβολὴν ψηφιεῖ μίαν μ.
Θ. 614. μ. γὰρ αὐτήν, ὥνηρ, οὐ γιγνώσκομεν,
732. μ. γυναικῶν αἰτιῶ τὴν μητέρα.
Εκ. 947. εἴθ᾽, ὦ θεοί, λάβοιμι τὴν καλὴν μ.,
Π. 468. τὸ πρῶτον αὐτοῦ· κᾆν μὲν ἀπαφήσω μ.
μανθῇ. Ο. 417. ὁρᾷ τι κέρδος ἐνθάδ᾽ ἄξιον μ.
μόνοι. Σ. 1076. Ἀττικοὶ μ. δικαίως αὐτοῖς αὐτόχθονες,
Εἰ. 480. μ. προθυμοῦντ᾽· ἀλλ᾽ ὁ χαλκεὺς οὐκ ἐθ.
508. ἄγ᾽, ἄνδρες, αὐτοὶ δὴ μ. λαβώμεσθ᾽ οἱ γεωργοί.
Λ. 1154. ξυνεκμαχοῦντες τῇ τοῦθ᾽ ἡμέρᾳ μ,
μόνοις. Σ. 1272. μόνος μ.
Β. 454. μ. γὰρ ὑμῖν ἥλιος
723. καὶ μ. ὀρθῶς κοπεῖσι καὶ κεκαθαρσιμένοις
μονοκοιτοῦμεν. Λ. 592. μ. διὰ τὰς στρατιάς. καὶ θήμιτερον μὲν ἔστι,
μονομάχων. Fr. 171, 2. "Ἄρης κατεσκηψ᾽ ἔς τε μ. πάλης
μόνον. Α. 458. ἄπελθε νῦν μοι. ΔΙ. μᾶλλά μοι δὸς ἓν μ.
Α. 462. ἀλλ᾽, ὦ γλυκύτατ᾽ Εὐριπίδιον, τουτὶ μ.,
477. πλὴν ἓν μ., τουτὶ μ., τουτὶ μ.,
I. 190. τουτὶ μ. σ᾽ ἔβλαψεν, ὅτι καὶ κακὰ κακῶς.
405. ὅσαιμι γάρ τοι τ᾽ ἂν μ.
578. καὶ πρὸς οὐκ αἰτοῦμεν οὐδέν. πλὴν τοσουτονὶ μ.·
1046. ὁ μ. σιδηροῦν τεῖχος ἐστι καὶ ξύλον,
1282. ἐστι δ᾽ οὐ μ. πονηρός, οὐ γὰρ οὐδ᾽ ἂν ᾐσθόμην,
Ν. 931. καὶ μὴ λαλιᾷ μ. ἀσκήσαι.
Σ. 517. οὐκ ἐπαίεις ὑπ᾽ ἀνδρῶν, οὓς σὺ μ. οὐ προσκυνεῖς.
588. τουτὶ γάρ τοί σε μ. τούτων ὧν εἴρηκας μακαρίζω·
596. αὐτόν θ᾽ ὁ Κλέων ὁ κεκραξιδάμας μ. ἡμᾶς οὐ περιτρώγει,
970. ὁ δ᾽ ἕτερος οὔς ἐστιν οἰνοῦρόν μ.
1062. καὶ κατ᾽ αὐτὸ δὴ μ. τοῦτ᾽ ἄνδρες ἀνδρικώτατοι,
1208. οὐδέν ἄρ᾽ ἐμοῦ μέλον, ὅσον δὴ μ. εἰδέναι
Εἰ. 454. ἄφελε τὸ ποιεῖν, ἀλλ᾽ ἴθι μ. λέγε.
455. ἴθι δὴ τοίνυν, ἴθι μ. λέγω,
660. ἢ δ᾽ ἀλλὰ πρός οἱ μικρὸν εἰσάτω μ.
Ο. 447. εἰ δὲ παραβαίνω, ἑνὶ κριτῇ νικᾶν μ.
489. ὑπὸ τῆς ῥώμης τῆς τότ᾽ ἐκείνης, ὁπόταν μ. ὀρθρίον ᾄσῃ,
798. ὡς Διιτρέφης γε συντυσία μ. ἔχων πτερά
899. μάκαροι, ἵνα τινὰ μ., εἴπερ
1315. τύχῃ μ. προσείη.
1546. μ. θεῶν γὰρ διὰ σ᾽ ἀναυπραείζομεν
Λ. 365. ἄττον μ. Στρατυλλίδος τῷ δακτύλῳ προσελθών.
439. εἴ τἄρα νὴ τὴν Πάνδροσον ταύτῃ μ,
693. ὡς εἰ καὶ μ. κακῶς ἐρεῖς, ὑπερχολῶ γάρ,

μόνον. Λ. 732. ὅσον διαπετάσας᾽ ἐπὶ τῆς κλίνης μ.
Θ. 569. πρόσθες μ., κᾀγώ σε νὴ τὴν Ἄρτεμιν. ΓΥ. Γ. τί δράσεις ;
660. καὶ διασκοπεῖν σιωπῇ πανταχῇ· μ. δὲ χρῇ
Β. 7. θαρρῶν γ᾽· ἐκεῖνο μ. ὅπως μή ῥεῖς, ΕΛ. τὸ τί ;
73. τί δ᾽ ; οὐκ Ἴοφῶν ζῇ ; ΔΙ. τοῦτο γάρ τοι καὶ μ.
78. οὐ, πρίν γ᾽ ἂν Ἰοφῶντ᾽, ἀπολαβὼν αὐτὸν μ.,
94. ἃ φροῦδα θᾶττον, ἢν μ. χορὸν λάβῃ,
740. ὅστις γε πίνειν οἶδε καὶ βινεῖν μ.,
993. σὺ δὴ τί, φέρε, πρὸς ταῦτα λέξεις ; μ. ὅπως
Εκ. 258. ἐκεῖνο μ. ἀσκεπτον, ἢν σ᾽ οἱ τοξόται
302. ἐλθόντ᾽ ὑβαλῶ μ.,
353. ἤνπερ λάβω θοἰμάτιον, ὕπερ ἦν μοι μ.
359. μ. τὸ λυποῦν ἐστιν, ἀλλ᾽ ὅταν φάγω.
438. κᾄπειτα κλέπτην. ΒΛ. ἐμὲ μ. ; ΧΡ. καὶ νὴ Δία
439. καὶ συκοφάντην. ΒΛ. ἐμὲ μ. ; ΧΡ. καὶ νὴ Δία
456. τούτοις, ἐδόκει γὰρ τοῦτο μ. ἐν τῇ πύλῃ
538. μ. οὐ στεφανώσασ᾽ οὐδ᾽ ἐπιθεῖσα λήκυθον
578. ἀλλὰ πέρανε μ.
723. ἀλλὰ παρὰ τοῖς δαύλοισι κοιμᾶσθαι μ.
779. ἡμᾶς μ. δεῖ νὴ Δί. καὶ γάρ ἐπ᾽ ἐκεῖνο
1162. αἱ μ. μνήμην ἔχουσι τῶν τελευταίων ἀεί.
Π. 185. ἐφ᾽ οἷς εἰ θεὸς ἐπικαθίζηται μ.
199. πλὴν ἐν μ. δέδοικα· ΧΡ. φράζε τοῦ πέρι.
250. καὶ τὴν γυναῖκα καὶ τὸν υἱὸν τὸν μ,
1008. ἐπ᾽ ἐκφορᾷ· ΓΡ. μὰ Δί᾽, ἀλλὰ τῆς φανῆς μ.
1059. ἀπότισον· ἵνα γὰρ γόμφιον μ. φορεῖ.
Fr. 111. ὅπερ λοιπὸν μ.
μόνος. Α. 29. νοστῶν κάθημαι· κᾆτ᾽ ἐπειδὰν ὦ μ,
Α. 110. ἀλλ᾽ ἐπ᾽ ἰθ᾽· ἐγὼ δὲ βασανιῶ τοῦτον μ.
290. ὦ προδοντὰ τῆς πατρίδος, ὅστις ἡμῶν μ.
Ι. 140. πόθεν οὖν ἂν ἔτι γένοιτο πώλης εἷς μ.·
360. τοιαῦτα πράγματ᾽, ὀτιὴ μ. τὸν γέμον ἐκροφήσει.
540. χοὖτος μέντοι μ. ἀντήρκει, τοτὲ μὲν πίπτων, τοτὲ δ᾽ οὐχί.
767. εἰ δέ σε μισῶ καὶ μὴ περὶ σοῦ μάχομαι μ. ἀντιβεβηκώς,
838. μέγιστος Ἑλλήνων ἔσει, καὶ μ. καθέξεις
1342. καὶ κήδομαί σου καὶ προβουλεύω μ.,
1398. ἐπὶ ταῖς πλίαις ἀλλαντοπωλήσει μ.,
Σ. 278. καὶ μ. οὐκ ἂν ἐπείθετ᾽,
392. ἀβουλήσῃς μ. ἠρῶων παρὰ τὸν ἡλάοντα καθῆσθαι.
470. αὐτὸς ἀρχων μ.
896. τὸν τυρὸν ἀδικεῖν ὅτι μ. κατηρόθει
1123. ἐπεὶ μ. ἢ ἴσως παρατεταγμένον,
1272. μ. μόνοις
1500. φησίν τις, ἡ οὐδείς ; ΒΔ. εἰς γ᾽ ἐκεινοσὶ μ.
Εἰ. 130. μ. πετεινῶν ἐς θεοὺς ἀφιγμένος.
200. πῶς οὖν οὐ δῆτ᾽ ἐνταῦθα κατελείφθης μ.;
739. πρῶτον μὲν γὰρ τοὺς ἀντιπάλους μ. ἀνθρώπων κατεπαυσεν
Ο. 280. τί τὸ τέρας τοντί ποτ᾽ ἐστίν ; οὐ σὺ μ. ἄρ᾽ ἦσθ᾽ ἔποψ,
339. αἴτιος μέντοι σὺ νῶν εἶ τῶν κακῶν τούτων μ.
487. ἐπὶ τῆς κεφαλῆς τὴν κυρβασίαν τῶν ὀρνίθων μ. ὀρθήν.
894. ἐγὼ γὰρ ἀρτίον τουτογὶ θύσω μ.
Θ. 187. μ. γὰρ ἂν λέξειας ἀξίως ἐμοῦ.
Β. 1366. ὅσπερ γ᾽ ἐλέγχει τὴν ποίησιν νῷν μ.·
1392. μ. θεῶν γὰρ θάνατον οὐ δῶρον ἐρᾷ.
1453. ἐγὼ μ. τὰς δ᾽ ἐδίδαξ Κηφισοφῶν.]
1466. οὐ, πλὴν γ᾽ ὁ δικαστὴς αὐτὰ καταπίνει μ.
Εκ. 12. μ. θεῶν γὰρ εἰς ἀποφρήτους μυχοὺς
1133. ὄντων τὸ πλῆθος οὐ δεδειπνηκας μ. ;
Π. 35. τὸν δ᾽ υἱόν, ὅσπερ ἦν μ. μοι γινόμενος,
142. τὴν δύναμιν, ἣν λυπῇ τι, καταλύσει μ.
452. θάρρει· μ. γὰρ ὁ θεὸς οὗτος οἶδ᾽ ὅτι
864. ποῦ ποῦ ὁ μ. ἀπαντας ἡμᾶς πλουσίους
934. αἰμοι περιειλημμαι μ. ΚΑ. νυνὶ βοᾷς.
948. ὁτιὴ καταλιτεῖς περιφανῶς εἰς ἐὼν μ.,
1017. μ. γὰρ ἡδύ, ὡς ἔοικεν, ἐσθίων.
1053. ἐὰν γὰρ αὐτὴν εἷς μ. σπινθήρ λάβῃ,
μόνον. Ν. 668. ὥσπερ ἀντὶ τούτου τοῦ διδάγματος μ.
Σ. 1314. οἱ δ᾽ ἀνεκρότησαν. πλὴν γε Θαυφράστου μ.·
Θ. 697. στήσεσθαι καὶ τροπαῖον, ἀλλὰ τοῖς μ.
Β. 1201. οὐτὸς κινδυνεύει σοὺς υἱοὺς ἱμάντι. ΔΙ. ἐνώ μ.
μόνους. Α. 77. οἱ βάρβαροι γὰρ ἄνδρας ἡγούνται μ.
Π. 90. μ. βαδίσιμην· ὁ δὲ μ. ἐποίησεν τυφλόν,
93. καὶ ὁπ᾽ ἐμοῦ τοὺς χρηστούς γε νομίσαι μ.
386. οὐκ, ὦ κακοδαιμον, ἀλλὰ τοὺς χρηστοὺς μ.
μονοφαγίστατων. Σ. 923. κυνῶν ἀπάντων ἄνδρα μ.,
μόνω. Εἰ. 1117. οὔ τοι μὰ τὴν Γῆν ταῦτα κατέδεσθον μ.,

μόνω—'μπειρία.

μόνω. Π. 484. ταύτῃ γε' νῦν δὲ δύ' ἀποχρήσουσιν μ.
μόνῳ. Α. 52. σπονδὰς ποιεῖσθαι πρὸς Λακεδαιμονίοις μ.
Α. 131. σπονδὰς πυῆσαι πρὸς Λακεδαιμονίοις μ.
1020. ὦ φίλτατε, σπονδαί γὰρ εἰσι σοὶ μ.,
1057. δεῖται παρὰ τῆς νύμφης τί σοι λέξαι μ.
Εκ. 7. σοὶ γὰρ μ. δηλοῦμεν, εἰπόντες, ἐπεὶ
μονψδεῖν. ΕΙ. 1012. εἶτα μ. ἐν Μηδείας,
μονψδῆσαι. Θ. 1077. ὤγάθ', ἐασόν με μ.,
μονψδίαις. Β. 944. εἶτ' ἀνέτρεφον μ, Κηφισοφῶντα μ.
μονψδίας. Β. 849. ὦ Κρητικὰς μὲν συλλέγων μ.,
μονῳδῶν. Β. 1330. τὸν τῶν μ. διεξελθεῖν τρόπον.
Fr. 202. θεράπευε καὶ χόρταζε τῶν μ.
μονώτατος. Π. 182. μ. γὰρ εἶ σὺ πάντων αἴτιος.
μονώτατον. Ι. 352. ὑπὸ σοῦ μ. κατεγλωττισμένην σιωπᾶν·
μορίαις. Ν. 1005. ἀλλ' εἰς 'Ακαδήμειαν κατιὼν ὑπὸ ταῖς μ. ἀποθρέξει
μορμολυκεῖα. Θ. 417. τρέφουσι μ. τοῖς μοιχοῖς κύνας.
Fr. 187, 2. ὅσου τὰ μ. προσκρεμάννυται.
μορμολυκείον. Fr. 97. ἀφ' οὗ νωμιδικῶν μ. ἔγνων.
μορμολύττεσθαι. Ο. 1245. ταυτὶ λέγουσα μ. δοκεῖς·
μορμόνα. Α. 582. ἀλλ' ἀντιβολῶ σ', ἀπένεγκέ μου τὴν μ.
μορμόνος. ΕΙ. 474. οὐδὲν δτομεθ', ἄνθρωπε, τῆς σῆς μ.
μορμορωπά. Β. 925. ὀφρῦς ἔχοντα καὶ λύφωνα, δεῖν' ἄττα μ.,
μορμῶ. Ι. 693. ὡς δὴ καταπιούμενός με. μ. τοῦ θράσους.
Μόρσιμος. ΕΙ. 801. ἐξομίνη πελάθῃ, χορόν δὲ μὴ 'χῃ Μ.
Μορσίμου. Ι. 401. καὶ διδασκοίμην προσᾴδειν Μ. τραγῳδίαν.
Β. 151. ἢ Μ. τις ῥήσιν ἐξεγράψατο.
Μέρυχες. Σ. 506. ζῆν βίον γενναῖον ὥσπερ Μ., αἰτίαν ἔχω
Μορύχου. Σ. 1142. ἐοικέναι μάλιστα Μ. σάγματι.
Μορύχῳ. Α. 887. φίλη δὲ Μ. δμωὲς, ἐξενέγκατε
ΕΙ. 1008. Μ. Τελέᾳ, Γλαυκέτη, ἄλλοις
Μοσσυνικά. Fr. 367. σναφίδας, μάκτρας, Μ. μαζανομεῖα.
μοσχίδια. Α. 996. εἶτα παρὰ τύνδε τίς μ. συκίδων,
μόσχῳ. Α. 13. ἀλλ' ἕτερον ἥσθην, ἡνίκ' ἐπὶ μ. ποτὲ
μου. Α. 12. πῶς τοῦτ' ἐσεῖσέ μ. δοκεῖς τὴν καρδίαν· κ.τ.λ.
μοῦ. Ν. 725. ὑπὸ τῶν κύρεων εἴ μ. τι περιλειφθήσεται. κ.τ.λ.
μοῦ. Ι. 1237. πῶς εἶπας; ὡς μ. χρησμὸς ἄπτεται φρενῶν.
Σ. 902. ποῦ μ. διώκων, ὁ Κυδαθηναιεὺς κύων·
μούγκωμον. Ν. 1205. ἐπ' εὐτυχίαισιν ᾄσεισν μ.
μούδκει. Ι. 1090. ἀλλ' ἐγὼ εἶδον ὄναρ, καί μ. ἡ θεὸς αὐτὴ
Ι. 1092. νὴ Δία καὶ γὰρ ἐγὼ καί μ. ἡ θεὸς αὐτὴ
Σ. 34. κἄπειτα τούτοισι τοῖσι προβάτοις μ.
μασυνιχώνα. Ο. 1046. καλούμαι Πεισθέταιρον ὕβρεως ἐς τὸν μ.
μούξεις. ψε. Β. 547. πὺξ πατάξας μ.
μουέπικπεν. Fr. 509. τὰ κάρυά μ.
Μοῦσ'. Α. 665. δεῦρο Μ. ἐλθὲ φλεγυρά πυρὸς ἔχουσα μένος, ἔντονος 'Αχαρνικὴ,
Β. 1306. αὕτη προτεύσας; δεῦρο Μ. Εὐριπίδου,
1308. αὕτη πυθ' ἡ Μ. οὐκ ἐλεσβίαζεν, οὔ.
Μοῦσα. Ν. 313. καὶ Μ. βαρύβρομος αὐλῶν.
ΕΙ. 775. Μ., σὺ μὲν πολέμους ἀπωσαμένη μετ' ἐμοῦ 816. Μ. θεά μετ' ἐμοῦ ξύμ-
Ο. 737. Μ. λοχμαία,
905. κλήσον, ὦ Μ,
937. Μ. τόδε δῶρον δέχεται·
Θ. 107. ἅγε νυν ὕπλιζε Μ.
Β. 675. Μ. χορῶν ἱερῶν ἐπίβηθι καὶ ἐλθ' ἐπὶ τέρψιν ἀοιδᾶς ἐμᾶς,
Μοῦσαι. Β. 229. τῶν' ἐμὲ γὰρ ἔστερξαν εὔλυροι τε Μ.
Β. 876. Μ., λεπτολόγους ξυνετὰς φρένας αἱ καθοράτε
Εκ. 882. χαρίτα. Μ., δεῦρ' ἴτ' ἐπὶ τούμὸν στόμα,
Μούσαι. Ο. 781. εἶλε δὲ θάμβος ἄνακτας· 'Ολυμπιάδες δὲ μέλος Χάριτές Μ.
Μουσαίου. Π. 1033. Μ. δ' ἐξακίσαις τε νόσων καὶ χρησμοὺς, 'Ησιόδος δὲ
Μούσαις. Ο. 659. ἀρίστισον εὐ' τὴν δ' ἡδυμελῆ ξύμφωνον δηδοῦ Μ.
Ο. 724. ἕξετε χρῆσθαι μάντεσι Μ.,
Β. 874. ὑμεῖς δὲ ταῖς Μ. τι μέλος ὑπᾴσατε
μούσαν. Ν. 1030. πρὸς οὖν τάδ', ὦ κομψοπρεπὴ μ. ἔχων,
Λ. 1295. Λάκαιν πρόφανε δὴ σὺ μ.
Μούσας. Ν. 972. ἐπειρίβετο τυπτόμενος πολλὰς ὡς τὰς Μ. δφανίζων,
Σ. 1028. ἵνα τὰς Μ. αἴσιν χρῆται μὴ προαγωγοὺς ὑποφήνῃ·
Fr. 314, 1. μήτε Μ. ἀνακαλεῖν ἐλικοβοστρύχους
Μουσάων. Ο. 909. Μ. θεράπων ὀτρηρός,
Ο. 913. Μ. θεραπόντε ὀτρηρώ,
924. ἀλλά τις ὠκείη Μ. φάτις
μουσεία. Β. 93. χελιδόνων μ., λωβηταί τέχνης,
μούσης. Ι. 505. ὦ παντοίαι ἥδη μ.
Μούσης. Ο. 1719. Μ. ἀνοίγειν ἱερόν εὔφημον στόμα.

Μούσης. Εκ. 973. μέλιττα Μ., Χαρίτων θρέμμα, Τρυφῆς πρόσωπον,
μοῦσθ'. Εκ. 785. ταυτὶ γάρ ἐστι σινδετία. ποῦ μ. ἱμᾶς;
μουσικῆ. Β. 797. καὶ γὰρ ταλάντῳ μ. σταθμήσεται.
μουσικῇ. Β. 729. καὶ τραφέντας ἐν παλαίστραις καὶ χοροῖς καὶ μ.,
μουσικῇ. Α. 851. ὁ ταχὺς ἄγαν τὴν μ.,
Ι. 188. ἀλλ', ὦγάθ', οὐδὲ μ. ἐπίσταμαι,
Β. 1493. ἀποβαλόντα μ.,
μουσικῆς. Π. 190. ἔρωτος, ΚΑ. ἄρτων. ΧΡ. μ. ΚΛ. τραγημάτων
μουσικός. Σ. 1244. ἀνὴρ σοφὸς καί μ. κᾆτ' ᾄσεται·
μουσικοῦ. Ι. 191. ἡ δημαγωγία γὰρ οὗ πρὸς μ.
μουσικούς. Π. 1163. ποιεῖν ἀγῶνας μ. καὶ γυμνικοὺς,
μουσικὼν. Β. 873. ἀγῶνα κρίνει τὑνδε μ.
μουσικώτερος. Fr. 712. ἤδη γάρ εἰμί μ. τρύχων.
μουσίχ'. Ο. 1332. τά τε μ. ὁμοῦ τά τε μαντικά καὶ
μουσόμαντις. Ο. 276. τίς πος' ἐσθ' ὁ μ. ἄτοπος ὅρνις ὀριβάτης·
μουσοποιοῦσιν. Ν. 334. οὐδὲν δρῶντας βύσκινον' ἀργούς, ὅτι ταῦτα μ.
μοῦστ'. ΕΙ. 334. ἀλλὰ καὶ τάρατερῶν τοί μ. ἀναγκαῖον ἔχον.
μοῦστι. Ι. 1000. καί νή Δί' ἔτι γε μ. κιβωτός πλέα,
μοῦστί. Β. 1999. φέρε ποῦ τοιοῦτο δητά μ.· ποῦ· ΔΙ. φράσω.
Εκ. 1029. καί ταῦτ' ἀνάγκη μ.· ΓΡ. Α. Διομήδειά γε.
Fr. 78, 1. ὧρα βαδίζειν μ. πρὸς τὸν δεσπότην·
μοῦστιν. Β. 1180. ἔθι δὴ λέγ'· οὐ γάρ μ. ἀλλ' ἀκουστέα
Εκ. 1006. ἀλλ' οὐκ ἀνάγκη μ., εἰ μή τῶν ἐτῶν
Π. 828. ἦκαν μεγάλων γάρ μ. ἀγαθῶν αἴτιος.
Μουσῶν. Σ. 1022. οὐκ ἀλλοτρίων, ἀλλ' οἰκεῖαν Μ. στόμαθ' ἠνιοχήσαι.
Θ. 41. θίασος Μ. ἔνδον μελάθρων
Β. 356. ἡ γενναίων ὄργια Μ. μήτ' εἶδεν μήτ' ἐχόρευσεν, 1300. Λείμωνα Μ. ἱερὸν ὀφθείην δρέπων·
μούταιρος. Εκ. 911. οὐχ ἥκει μ.·
μοχθεῖν. Σ. 159. μαντευόμενός μ. ἐν Δελφοῖς ποτε,
μοχθεῖν. Π. 525. ὥστ' αὐτοῦ ἀροῦν ἐπαναγκασθείς καὶ σκάπτειν τάλλα τε μ.
μοχθηρὰ. Α. 517. ἀλλ' ἀνδράρια μ., παρακεκομμένα,
μοχθηρά. Α. 165. οὐ καταβαλεῖτε τὰ σκύρος; ΘΕ. ὦ μ. σὺ,
Β. 1175. τεθνηκότος γάρ λέγεν. ὦ μ. σὺ,
Π. 391. οὐ δῆτ'. ἐπεὶ τὸν Πλοῦτον, ὦ μ. σὺ,
μοχθηρά. Π. 109. ἀτεχνῶς ὑπερβάλλουσα τῆς μ.
μοχθηρά. Ν. 189. ὀνόματι περικείτυσαι τὴν μ.
μοχθηρίας. Ο. 1160. μάχεσθε μου παύεσθε τῆς μ.,
Β. 421. κέστιν τὰ πρῶτα τῆς ἐκεῖ μ.
μοχθηρὸν. Ι. 1304. ἄνδρα μ. πολίτην, ὑψίνη 'Υπέρβολον'
Θ. 781. ταυτί τὸ βῶ μ.'
μοχθηρός. Ο. 493. χλαῖναν γάρ ἀπώλεσ' ὁ μ. Φρυγίων ἐρίων διὰ τούτων,
Π. 1003. δῆλον ὅτι τοῦτ' τρόπουσι τις οὐ μ. ἦν.
μοχθηροτάτους. Β. 1011. ἀλλ' ἐκ χρηστῶν καὶ γενναίων μ. ἀπέδειξας,
μοχθηροῦ. Ι. 316. ὅστις ὑποτέμνων ὑπώλεις δέρμα μ. βοὸς
μοχθηρούς. Α. 576. ἐκραββίζειν τοὺς μ. καὶ τοὺς τριβόλους ἀπολέξαι,
μοχθήσαντες. Π. 282. οἱ πολλὰ μ., οὐκ οὔσης σχολῆς, πρυθύμων
μοχθήσας. Π. 556. εἰ φεισάμενος καί μ. καταλείψει μηδὲ ταφῆναι.
μοχθήσουσιν. Π. 518. οἱ θεράποντες μ. ΠΕ. πόθεν οὖν ἕξεις θεράποντας;
μόχθων. Θ. 780. μήρινσα ἔμων μ.· οἴμοι,
μοχλευτά. Ν. 1397. σὺν ἔργον, ὦ καινῶν ἐπῶν κινητά καί μ.
μοχλευτήν. Ν. 567. γῆς τε καὶ ἁλμυρᾶς θαλάσσης ἄγριον μ.
μοχλεύφῳ. Ο. 405. "τοῖχον μ. καταβαλεῖν."
μοχλοῖς. ΕΙ. 507. πρίν μ. καὶ μηχαναῖσιν εἰς τὸ φῶς ἀνελκύσαι
Λ. 264. μ. δὲ καὶ πληθροῖσιν
μοχλεύετιν. Σ. 198. ἐνθάντες, εἰς ἂν μὴ ἔῃ.
Λ. 487. ὁ τι βουλόμενοι τὴν πόλιν ἡμῶν ἀπεκλείσατε τοῖσι μ.
μοχλόν. Σ. 200. καὶ τὸν μ. βάλωσιν ἐμβαλὲ κατὰ τῆς μ. μ.,
μοχλοῦ. Σ. 154. καὶ γὰρ καταπελείσωι ἐπιμελοῦ καὶ τοῦ μ.
μοχλούς. ΕΙ. 289. ὡς τάχιστ' ἅμας λαβόντες καί μ. καὶ σχοινία μ. ξυνεμβάλωμεν εἰσιοῦσα τοὺς μ.
310. κἂν μή καλοῦντων τοὺς μ. χαλῶσιν αἱ γυναῖκες,
424. ἀλλ' οὔχι φέρειν ἰστάναι. φέρε τοὺς μ.
428. οὔχ ὑποβαλόντες τοὺς μ. ὑπὸ τὰς πύλας
Θ. 415. σφραγίδας ἐπιβάλλουσιν ἤδη καὶ μ.
μοχλῶν. Α. 431. ἐξέρχομαι γάρ αὐτομάτῃ· τί δεῖ μ.·
Α. 432. οὐ γάρ μ. δεῖ μᾶλλον ἢ νοῦ καὶ φρενῶν.
μύχλωσιν. Fr. 331. "μ. τῶν θύραν"
'μπειρία. Εκ. 115. οὐκ οἶδα· δεινὸν δ' ἐστὶν ἡ μή μ.

'μπολαῖε—μῶν. 209

'μπολαῖε. Α. 816. Ἑρμᾶ 'μ., τὰν γυναῖκα τὰν ἐμὰν
μνᾶτε. Λ. 126. αὗται; τί μοι μ. κάνανεύετε;
μίνες. Α. 762. ὁκκ' ἐσβάλητε, τῶν ἀρουραίοι μ.,
μίξεις. Θ. 231. μυμῦ. ΕΥ. τι μ.; πάντα πεποίηται καλῶς.
μνηθῆναί. ΕΙ. 375. δεῖ γὰρ μ. με πρὶν τεθνηκέναι.
μύθον. Σ. 725. ἤ που σαφὴς ἦν ὅστις ἔφασκεν, πρὶν ἂν ἀμφοῖν
    μ. ἀκούσῃς.
ΕΙ. 131. ἄπιστον εἶπας μ., ὦ πάτερ πάτερ,
Λ. 781. μ.
μύθον. Λ. 806. βούλομαι μ. τιν' ὑμῖν ἀντιλέξαι
μύθους. Σ. 566. οἱ δὲ λέγουσιν μ. ἡμῖν, οἱ δ' Αἰσώπου τι γέ-
    λοιον.
Σ. 1179. μή μοί γε μ., ἀλλὰ τῶν ἀνθρωπίνων,
Π. 177. Φιλίππιος δ' οὐχ ἕνεκα σοῦ μ. λέγει;
μνῖαν. Fr. 10. ἡ χόνδρον ἔψων, εἶτα μ. ἐμβαλών
μνίας. Σ. 597. ἀλλὰ φυλάττει διὰ χειρὸς ἔχων καὶ τὰς μ. ἀπα-
    μύνει.
μυκᾶται. Σ. 1488. οἷον μυκητήρ μ. καὶ
μυκησαμένης. Ν. 292. ἤσθου φανεὶς ἅμα καὶ βροντῆς μ. θεο-
    σέπτου;
μύκητες. Σ. 262. ἔπεισι γοῦν τοῖσιν λύχνοις οὑτοὶ μ.
μυκτήρ. Σ. 1488. οἷον μ. μυκᾶται καὶ
μυκτῆρας. ΕΙ. 158. τοὺς μ. πρὸς τὰς λαύρας;
μυκτῆρες. Β. 893. καὶ ξύνεσι καὶ μ. ὀσφραντηρίοι,
μυκτῆρος. Εκ. 5. μ. λαμπρὰς ἡλίου τιμὰς ἔχεις·
μυλακρίδας. Fr. 503. σκώληκας ἐσθίοντε καὶ μ.
μύλην. Σ. 648. πρὸς ταῦτα μ. ἀγαθὴν ὥρα ζητεῖν σοι καὶ νεό-
    κοπτον,
μύλλοι. Fr. 365. σπόμβροι, κολίαι, λέβιοι, μ., σαπέρδαι, θυν-
    νίδες.
μυμῦ. Ι. 10. καὶ ΝΙ. μ. μ. μ. μ. μ.
Θ. 231. μ. ΕΥ. τί μύζεις; πάντα πεποίηται κολῶς.
μύξαν. Fr. 650. μ.:
μύρα. Α. 47. τὰ προκοττίδια καὶ τὰ μ. χαὶ περιβαρίδες
μύραινα. Β. 475. Ταρτησία μ.· τῷ νεφρῷ δέ σου
μυρηρά. Fr. 8. ἄγγη μ.
μυρηρᾶς. Fr. 8. τῆς μ. ληκύθου
μυρί. Fr. 313, 4. ἀλλά τε τοιαῦθ' ἕτερα μ. ἐπιχλίζετο.
μυρία. Ν. 685. ἄρρενα δὲ ποῖα τῶν ὀνομάτων ; ΣΤ. μ.
Ο. 231. νέμεσθε, φῦλα μ. κριθατράγων
Θ. 475. κακὰ ξυνειδὼς εἶπε δρώσας μ.;
Β. 90. τραγῳδίας ποιοῦντα πλεῖν ἢ μ.,
143. μετὰ ταῦτ' ὄφεις καὶ θηρί' ὄψει μ.
μυριάδας. Ι. 829. ἀλρήσω 'γὼ τρεῖς μ.
μυριάδες. Σ. 709. δύο μ. τῶν δημοτικῶν ἔζων ἐν πᾶσι λαγῴοις
Σ. 1010. ὑμεῖς δὲ τέως, ὦ μ.
μυρίαι. Θ. 927. ἦν μὴ προλίπωσ' αἱ μ. με μηχαναί.
Β. 677. μ. κάθηντοι,
μυριάκισιν. Εκ. 576. μ. ὠφελίασις Βίου, δη-
μυριάκις. Ν. 738. ἀπήκοσα μ. ἀγὼ βούλομαι,
Β. 63. ἔνους; βαβαιάξ, μ. ἐν τῷ βίῳ.
Π. 852. καὶ δωδεκάκις καὶ μ.· ἰοὺ ἰού.
μυριάμφορον. ΕΙ. 521. πύθεν ἂν λάβοιμι ῥῆμα μ.
μυρίας. Ο. 1052. ἀπολῶ σε, καὶ γράφω σε μ. δραχμάς.
μυρίδιον. Fr. 441. μ.
μυρίοι. Ο. 1139. ἕτεροι δ' ἐπλινθοποίουν πελαργοὶ μ.·
Ο. 1305. ἤρουσ' ἐπειδὰν δεῦρο πλεῖν ἢ μ.
μυρίοι. Π. 1184. πλὴν ἀνοσιατρεόμενοί γε πλεῖν ἢ μ.
μυριοσόφῳ. Θ. 555. μὰ Δί' οὐδέ πω τὴν μ. μοῖραν ὧν ποιοῦμεν.
μυριοστόν. Λ. 355. καὶ μὴν μέρος γ' ἡμῶν ὁρᾷ· οὕτω τὸ μ.
μυρίσαι. Π. 529. οὔτε μύροισιν μ. στακτοῖς, ὁπόταν νύμφην
    ἀγάγησθον·
μυρίσω. Λ. 938. βούλει μ. σε; ΚΙ. μὰ τὸν Ἀπόλλω μή μέ γε.
μυρίων. Ν. 1041. καὶ τοῦτο πλεῖν ἢ μ. ἔστ' ἄξιον στατήρων,
Π. 1083. ὑπὸ μ. ἐτῶν τε καὶ τρισχιλίων.
Μύρμηκι. Β. 1506. Μ. θ' ὁμοῦ καὶ Νικομάχῳ·
μύρμηκος. Θ. 100. μ. ἀτραπούς, ἢ τι διαμινύρεται;
μύροισιν. Π. 529. οὔτε μ. μυρίσαι στακτοῖς, ὁπόταν νύμφην
    ἀγάγησθον·
μύρον. Λ. 1091. στέφανοι, μ., τραγήματ', αἱ πόρναι πάρα.
ΕΙ. 169. καὶ μ. ἐπιχεῖς· ἂν ἦν τι πεσών·
Λ. 940. εἴθ' ἐχχυθείη τὸ μ., ὦ Ζεῦ δέσποτα.
942. οὐχ ἥδυ τὸ μ. μὰ τὸν Ἀπόλλω τουτογί,
944. τάλαιν' ἐγώ, τὸ Ῥόδιον ἥγειχον μ.
946. κάπιστ' ἀπόλοιθ' ὁ πρῶτον ἐψήσας μ.
Fr. 1. ἀλλ' εἰ σοράλια καὶ μ. καὶ ταινίας.
309, 4. μ., κίσηριν, στρόφιον, ὀπισθοσφενδόνην,
448. οἴνου τε Χίου στάμνον πλέων καὶ μ.
451. μετασείπου νῦν ταῦτα σπουδῇ καὶ μ., εὕρημα Με-
    τάλλου.
μυροπωλεῖν. Fr. 651. μ.

μυροπώλιδες. Εκ. 841. κρατῆρα συγκιρνᾶσιν, αἱ μ.
μύρον. Ν. 51. ἡ δ' αὖ μ., πρόκον, καταγλωττισμάτων,
ΕΙ. 526. γλυκύτατον, ὥσπερ ἀστρατείας καὶ μ.
Εκ. 524. ἔξεστι. ΒΛ. πῶς; ΠΡ. εἰ τῆς κεφαλῆς ὄζω μ.
    525. τί δ'; οὐχὶ βινεῖται γυνὴ κἄνευ μ.;
Π. 811. μ. γέμουσι, τὸ δ' ὑπερῷον ἰσχάδων.
Fr. 8. 2. πρὶν κατελάσας τὴν σπαθίδα γεύσασθαι μ.
    303, 2. φάσκωλος εὐθὺν λυόμενός μοι τοῦ μ.
μυροφορικά. Fr. 8. ἄγγη μ.
μυρρίναις. Θ. 448. στεφανηπλοκοῦσα' ἔβοσκον ἐν ταῖς μ.
μυρρίνας. Σ. 861. καὶ μ. καὶ τὸν λιβανωτὸν ἐνδυθέν,
ΕΙ. 1154. μ. τ' αἴτησον ἐξ Αἰσχινάδου τῶν καρπίμων·
Ο. 43. κανοῦν δ' ἔχοντε καὶ χύτραν καὶ μ.
Θ. 37. θεράπων τις αὐτοῦ, πῦρ ἔχων καὶ μ.
Fr. 9. "ἔγνωσ' ἐγὼ δὲ χαλκίον ἱστάναι καὶ μ."
Μυρρίνη. Λ. 70. τί φής; τί σιγᾷς; ΛΥ. οὐκ ἐπαινῶ, Μ.,
Λ. 874. ἐμοῦ καλοῦντος οὐ καταβήσει, Μ.;
μυρρίνην. Ν. 1364. ἔπειτα δ' ἐκέλευσ' αὐτὸν ἀλλὰ μ. λαβόντα
Fr. 377. ὁ μὲν ᾔδεν Ἀδμήτου λόγον πρὸς μ.
Μυρρίνην. Λ. 850. πρὸς τῶν θεῶν νυν ἐκκάλεσόν μοι Μ.
Λ. 851. ἰδού, καλέσω τὴν Μ. σοι· σὺ δὲ τίς εἶ;
Μυρρινίδιον. Λ. 872. ὦ γλυκύτατον Μ., τί ταῦτα δρᾷς;
μυρρίνου. Ι. 964. ψωλὸν γενέσθαι δεῖ σε μέχρι τοῦ μ.
μυρρινῶνας. Β. 156. καὶ μ., καὶ θιάσους εὐδαίμονας
Μυρρίνων. Α. 906. φιλεῖς; τί οὖν οὐ κατεκλίνης, ὦ Μ.;
μύρτα. Ο. 82. εὔδει καταφαγὼν μ. καὶ σέρφους τινάς.
Ο. 160. καὶ μ. μηκωνα καὶ σισύμβρια.
1100. λευκότροφα μ., Χαρίτων τε νηπνεύματα.
Μυρτίας. Σ. 1396. οὔ τοι μὰ τὼ θεὼ καταπροίξει Μ.;
μύρτου. Λ. 632. καὶ φορήσω τὸ ξίφος τὸ λοιπὸν ἐν μ. κλαδί,
μύρτων. Λ. 1004. ταὶ γὰρ γυναῖκες οὐδὲ τῶ μ. σιγῇν
μύρτων. ΕΙ. 575. τῶν τε κάρυων, τῶν τε μ.,
Β. 330. στέφανον μ. θρασεῖ δ' ἐγκατακρούων
Fr. 476, 5. ὑμισαντὶ δ' ἴδοις ἂν νιφομένους σύκων ὁμοῦ τε μ.·
μύρῳ. 1. 1375. τὰ μαιρίσια ταυτὶ λέγω, τὰν τῷ μ.,
ΕΙ. 862. μ. κατάλειπτος.
μυρώμασιν. Εκ. 1117. ἦτις μεμύρωμαι τὴν κεφαλὴν μ.
μύρων. Fr. 7. φέρ' ἴδω τί σοι δῶ τῶν μ.; ψάγδαν φιλεῖς;
Μυρωνίδης. Α. 801. καὶ Μ. γὰρ ἦν
Εκ. 304. ἀλλ' οὐχὶ, Μ.
μῦς. Σ. 204. ἴσως ἄνωθεν μ. ἐνέβαλέ σοί ποθεν.
Σ. 205. μ., μ. οὐ μὰ Δί', ἀλλ' ὑπεδύμενός τις οὑτοσὶ
    1182. ἐκεῖνον, ὡς οὕτω πυτ' ἦν. μ. καὶ γαλῆ
    1145. μ. καὶ γαλῆ μέλλεις λέγειν ἐν ἀνδράσιν·
μυσαρᾶς. Λ. 340. τὸν πυρὶ χρῆ τὰς μ., γυναῖκας ἀνθρακεύειν·
μύσας. Σ. 988. μ. ποράξον κἀπύλυσον, ὦ πάτερ.
μυσϑδεῖ, Λ. 94. τὸν τᾶν γυναικῶν; ΛΥ. ἡδ' ἐγώ. ΛΑ. μ. τοι
μυσίδδειν. Λ. 1076. τί δεῖ ποθ' ὕμμε πολλὰ μ. ἔπη;
μυσίζειν. Λ. 981. ἢ τί πρυτάνιες; ἡδ' ἐν μ. νίον.
Μύσιον. Α. 439. τὸ πιλίδιον περὶ τὴν κεφαλὴν τὸ Μ.
Μυσῶν. Α. 430. οἶδ' ἀληθῶς, Μ. Τήλεφον. ΔΙ. ναὶ, Τήλεφον
Μυσός. Ν. 922. Τήλεφος εἶναι Μ. φάσκων,
μυσπολεῖ. Σ. 140. καὶ μ. τι καταδεδυκώς, ἀλλ' ὅρει,
Β. 336. δοίοις μ. χορείαν
μύσταισιν. Β. 370. ἐξίστασθαι μ. χοροῖς· ὑμεῖς δ' ἀνεγείρετε
    μολπὴν
Μυστηρί'. ΕΙ. 420. Μ. Ἑρμῇ, Διιπύλει', Ἀδώνια·
μυστήρια. Ν. 143. λέξω, νομίσαι δὲ ταῦτα χρὴ μ.
Β. 159. νὴ τὸν Δί' ἐγὼ γοῦν τὴν μ. ὄνου ἄγων μ.
μυστηρικών. Α. 747. χρήσειτε φωνὰν χοιρίαν.
μυστηρίοις. Π. 1013. μ. δὲ τοῖς μεγάλοις οἰχουμένη
μυστηρίος. Ι. 1363. οἵοις ποθ' οὗτος ἐπὶ μὲ πρὸ τῶν μ.
Β. 887. εἶναί με τῶν σῶν ἄξιον μ.
μυστικάς. Α. 764. τί δαὶ φέρεις; ΜΕ. χοίραν ἐγώνγα μ.
μυστικωτάτη. Β. 314. αὔρα τις εἰσέπνευσε μ.
μυστικαῖσιν. Ι. 1168. ἡγῇ μ. μυστιπλημένας
μυστιλᾶται. Ι. 827. μ. τῶν δημοσίων.
μυστοδόκος. Ν. 303. μ. δόμος
Μυτιλήνης. Ι. 834. δωροδοκήσαντ' ἐκ Μ.
μυττωτευσομαι. Σ. 63. αὐτὸς τὸν αὐτὸν ἄνδρα μ.
μυττωτόν. Α. 174. οἷμαι τάλας, μ. ὅσον ἀπώλεσα.
ΕΙ. 273. ἡ πρὶν γε τὸν μ. ἡμῖν ἐγχέαι.
μυττωτῷ. Ι. 771. δεῖ ταυτασὶ καταμυττωθῆναί μ. μετὰ τυροῦ
μηχόν. Θ. 324. μ. ἰχθυύων' οἰστρορύνητον,
μυχοῖς. Εκ. 12. καὶ τούτων νὺν φέρομέν εἰς ἀπορρήτους μ.
Μύα. Α. 1298. Μ. μόλε Λάκαινα πρεπτὸν ἁμῖν
μῶν. Λ. 1249. τὰν τεάν μ., ἅτις
Ο. 171. νῆ τὸν Δί' ἀπολώλεχ'. οὐ γε μ. ταυταγί.
μῶν. Α. 329. τοῖς Ἀχαρνικοῖσιν ἡμῖν· μ. ἔχει του παιδίον
Α. 418. τὰ ποῖα τρύχη; μ. ἐν οἷς Οἰνεὺς ὅδε
Ι. 135. μ. ἐκ καλῶν εἰ κἀγαθῶν; ΑΛ. μὰ τοὺς θεούς,

Ε ε

μῶν. I. 786. ἄνθρωπε, τίς εἶ; μ. ἔκγονος εἶ τῶν Ἁρμοδίου τις ἐκείνων;
Ν. 315. αἱ φθεγξάμεναι τοῦτο τὸ σεμνόν; μ. ἠρῴναί τινές εἰσιν;
Σ. 274. μ. ἀπολώλεκεν τὰς
396. μ. ὁ γέρων πη διαδύεται αὖ; ΒΔ. μὰ Δί' οὐ δῆτ', ἀλλὰ καθιμᾷ
ΕΙ. 258. μ. τῶν σκορόδων ἐνέβαλεν ἐς τὸν κύνδυλον;
281. τί ἐστι; μ. οὐκ αὖ φέρεις; ΚΤ. ἀπώλωλε γὰρ
527. μ. οὖν ὅμοιον καὶ γυλίου στρατιωτικοῦ;
746. ὦ κακόδαιμον, τί τὸ δέρμ' ἔπαθες; μ. ὑστριχὶς εἰσέβαλέν σοι
1042. ἰδού, πάρειμι. μ. ἐπισχεῖν σοι δοκῶ;
Ο. 96. εἴξασιν ἐπιτρίψαί σε. ΕΠ. μ. με σκώπτειτον
109. μ. ἠλιαστά; ΕΥ. μᾶλλά θατέρου τρόπον,
1014. πληγαὶ συχναὶ κατ' ἄστυ. ΜΕ. μ. στασιάζετε;
1421. μ. εὐθὺ Πελλήνης πέτεσθαι διανοεῖ;
Λ. 23. τί τὸ πρᾶγμα; πηλίκον τι; ΛΥ. μέγα. ΚΑ. μ. καὶ παχύ;
69. ὑστέραι πάρεσμεν, ὦ Λυσιστράτη;
326. ἀλλὰ φοβοῦμαι τόδε. μ. ὑστερούσης βοηθῶ;
382. οἴμοι τάλας. ΧΟ. ΓΤ. μ. θερμὸν ἦν;
611. μ. ἐγκαλεῖς ὅτι οὐχὶ προυθέμεσθά σε;

μῶν. Λ. 1217. ὑμεῖς τί κάθησθε; μ. ἐγὼ τῇ λαμπάδι
Θ. 31. ἔστιν τις Ἀγάθων ΜΝ. μ. ὁ μέλας ὁ καρτερός;
33. μ. ὁ δασυπώγων; ΕΥ. οὐχ ἑόρακας πώποτε;
50. πράμος ἡμέτερος ΜΝ. μ. βινεῖσθαι;
Β. 650. μ. ᾠδυνήθης; ΞΑ. οὐ μὰ Δί', ἀλλ' ἐφρόντισα
Εκ. 348. τί δῆτ ἂν εἴη; μ. ἐπ' ἄριστον γυνή
356. μ. ἢν Θρασύβουλος εἴπε τοῖς Λακωνικοῖς;
976. οὗτος, τί κύπτεις; μ. ἐμὲ ζητεῖς; ΝΕΑ. πόθεν;
Π. 271. μ. ἀξιοῖς φενακίσας ἡμᾶς ἀπαλλαγῆναι
372. μ. οὐ κέκλοφας, ἀλλ' ἥρπακας; ΧΡ. κακοδαιμονᾷς.
845. μ. ἐνεμνήθης δῆτ' ἐν αὑτῷ τὰ μεγάλα;
880. οἴμοι τάλας' μ. καὶ σὺ μετέχων καταγελᾷς;
Fr. 145, 2. ὑπὸ τωπικλίντρου. Β. μ. τις αὖτ' ἀνείλετο;
μώρ'. Π. 119. ὁ Ζεὺς μὲν οὖν οἶδ' ὡς τὰ τούτων μ. ἐμ' εἰ
μῶρα. Εκ. 474. ὑσ' ἂν ἀνύητ' ἡ μ. βουλευσώμεθα,
μώρα. Π. 162. ὦ μ., ποίας κοιλίας; δευρὶ βλέπε.
Ι. 350. ξον δυνατὸν εἶναι λέγειν. ὦ μ. τῆς ἀνοίας.
Ν. 398. καὶ πῶς, ὦ μ. σὺ καὶ Κρονίων ὔξων καὶ βεκκεσέληνε,
Ο. 1238. ὦ μ. μ, μὴ θεῶν κίνει φρένας
μωρίας. Ν. 818. ἰδοὺ γ' ἰδοὺ Δί' Ὀλύμπιον τῆς μ.·
Εκ. 787. τωδὶ ξυνάντω τὼ τρίποδε. ΑΝ. Β. τῆς μ.,
μώρους. Π. 910. ἐξηπάτα, μ. λαβὼν παρὰ Φρυνίχῳ τραφέντας.

Ν

'ν. Α. 343. ἀλλ' ὅπως μὴ 'ν τοῖς τρίβωσιν ἐγκάθηνταί που λίθοι. κ.τ.λ.
ναβαισατρεῦ. Ο. 1615. κἀμοὶ δοκεῖ. ΠΕ. τί δαὶ σὺ φῄς; ΤΡΙ. ν.
ναί. Α. 88. καὶ ν. μὰ Δί' ὅρνιν τριπλάσιον Κλεωνύμου κ.τ.λ.
Π. 82. καὶ Ζεῦ, τί φῄς; ἐκεῖνος ὄντως εἶ σύ; ΠΛ. ν.
ναίκι. Θ. 1183. τῷ πόδε πρότεινον, ἵν' ὑπαλύσω. ΤΟ. ν. ναί
Θ. 1184. κάτησο κάτησο, ν. ναί, τυγάτριον.
1196. ναί ν. δῶ σοι. ΕΥ. τἀργύριον τοίνυν φέρε.
1218. ναί ν. εἶδες αὐτό; ΧΟ. φήμ' ἐγώ.
Ναΐς. Fr. 230. "ἱρὰ δὲ Ν. οὐ διὰ δὲ Φιλωτίδου";
ναίω. Ο. 1094. φύλλων ἐν κόλποις ν.,
ναίων. Β. 324. 'Ίακχ', ὦ πολυτίμητ' ἐν ἕδραις ἐνθάδε ν.,
νάματος. Εκ. 14. στοάς τε καρποῦ βακχίου τε ν.
ναυκήν. Σ. 1067. ν. σχεῖν' ὡς ἐγὼ τυμβὸν νομίζω
νανίον. Γ. 1069. λων κικίννους ν. καὶ
νάννος. Fr. 134. ν.
νανοφυεῖς. ΕΙ. 790. ν., σφυράδων ἀποκνίσματα, μηχανοδίφας.
Ναξιουργής. ΕΙ. 143. τὸ δὲ πλοῖον ἐσται Ν. κάνθαρος.
Νάξος. Σ. 355. ἴεις σαυτὸν κατὰ τοῦ τείχους ταχέως, ὅτε Ν. ἰάλω;
ναοί. Ν. 306. ν. θ' ὑψερεφεῖς καὶ ἀγάλματα,
ναοῖο. Α. 775. ἐξ ἱεροῦ ν. χελιδόνει, οὐκέτι δόξει
νάπαι. Θ. 998. δάσκια καὶ ν. πετρώδεις " ^ βρέμονται
νάπαισι. Ο. 740. ν. καὶ κορυφαῖς ἐν ὀρείαις,
νάπυ. Ι. 631. κάβλιψέ ν., καὶ τὰ μέτωπ' ἀνέσπασιν.
νάρκη. Σ. 713. οἴμοι, τί ποθ' ὥσπερ ν. μου κατὰ τῆς χειρὸς κατασχέτω,
νάσσας. Α. 875. ν., κολοιούς, ἀτταγᾶς, φαλαρίδας.
ναστός. Π. 1142. ἥκεν γὰρ ἂν σου ν. τις πεπλεγμένος.
ναστοὺς. Ο. 567. ἣν δ' Ἡρακλέει θύῃ τις βοῦν, λάρῳ ν. μελιτοῦττας'
ναυαγίαις. Θ. 873. κάμνοντας ἐν χειμῶνι καὶ ν.;
ναυκλήρῳ. Ο. 598. γαῦλον κτῶμαι καὶ ν., κοὐκ ἂν μείναιμι παρ' ὑμῖν.
ναυκλήρῳ. Ο. 711. καὶ πηδάλιον τύτε ν. φράζει κρεμάσαντι καθευδειν,
ναυκλήρων. Ο. 595. ὥστ' ἀπολεῖται τῶν ν. οὐδείς. ΕΠ. πῶς οὖν ἀπολεῖται;
ναῦλον. Π. 270. ἔκβαιν'· ἀπόδος τὸν ν. ΔΙ. ἔχε δὴ τώβολώ.
ναυλόχων. Fr. 69. "ν. τῶν μέσω."
ναυμαχίας. Σ. 479. μᾶλλον ἢ κακοῖς τοσούτοις ν. ὁσημέραι.
Λ. 675. ν. καὶ πλεῖν ἐφ' ἡμᾶς, ὥσπερ Ἀρτεμισία
Β. 430. κύσθου λεοντῆν ν. ἐνημμένον.
ναυμαχήσαντας. Β. 693. καὶ γὰρ αἰσχρόν ἐστι τοὺς μὲν ν. μίαν
ναυμαχεῖν. Β. 1440. εἰ ν., ηὗ' ἔχοντες ὀξίδας
ναῦν. Ι. 914. σαυτοῦ, παλαιὰν ν. ἔχοντ'.
Α. 605. τοῦ δεῖ; τί ποθεῖς; χώρει ἐ τὴν ν.'
Θ. 1106. θεαῖς ὁμοίαν ν. ὕπως ἁρμασμένη;
ναυπηγεῖν. Π. 513. τίς χαλκεύειν ἤ ν. ἢ ῥάπτειν ἢ τροχοποιεῖν
ναυπηγῷ. Ο. 1157. αὐτῶν πελεκώντας ὥσπερ ἐν ν.
ναυπηγούμενος. Ι. 916. ξεις οὐδὲ ν.

ναῦς. Α. 545. τριακοσίας ν., ἢν δ' ἂν ἡ πόλις πλέα
Ι. 1070. οὐ τοῦτό φησιν, ἀλλὰ ν. ἑκάστοτε
1182. ἐλαστρος, ἵνα τὰς ν. ἐλαύνωμεν καλῶς.
1351. ὁ μὲν ποιεῖσθαι ν. μακράς, ὁ δ' ἕτεροι αὖ
1366. πρῶτον μὲν ὁπόσοι ν. ἐλαύνουσιν μακράς,
Ν. 879. ἐπλάττεν ἔνδον οἰκίας ν. τ' ἐγλυφεν.
ΕΙ. 125. ν. μὲν γὰρ οὐκ ἄξει σε ταύτην τὴν ὁδόν.
Ο. 379. ἐπιπονεῖν θ' ὑψηλὰ τείχη ν. τε κεκτῆσθαι μακράς.
Λ. 674. ἀλλὰ καὶ ν. τεκτανοῦνται, κἀπιχειρήσουσ' ἔτι
Β. 49. καναυμάχησας; ΔΙ. καὶ κατεδύσαμέν γε ν.
362. ἡ προδιδοὺσιν φρούριον ἤ ν., ἢ τἀπόρρητ' ἀποπέμπει
1465. πύρον δὲ τὰς ν., ἀπορίαν δ' ὦν τὴν πύρον,
Εκ. 197. ν. δεῖ καθέλκειν· τῷ πένητι μὲν δοκεῖ.
Fr. 60. ν., ὑτ' ἂν ἐν πιτύλοισι ῥοθιάζῃ σκάφος τι κύσμῳ.
ναυπλώσομαι. ΕΙ. 126. πτηνῆς πορεύσει πώλοις οὐ ν.
ναυσί. Α. 622. καὶ ν. καὶ πεζοῖσι, κατὰ τὸ καρτερόν,
Α. 648. ἡρώτησαν πρῶτα μὲν αὐτοὺς πότερον ταῖς ν. κρατοῦσιν
Ναυσικύδους. Εκ. 426. ἵνα τοῦτ' ἀπέλαυσαν Ν. τἀγαθόν,
Ναυσιμάχης. Θ. 804. Ν. μέν γ' ἥττων ἐστὶν Χαρμῖνος δῆλα δὲ τἄργα.
ναυσίν. Β. 365. ἢ χρήματα ταῖς τῶν ἀντιπάλων ν. παρέχειν τινὰ πείθει,
Β. 933. σημεῖον ἐν ταῖς ν., ὠμαβέστατ', ἐνεγέγραπτο.
ναυστολεῖς. Ο. 1229. φράσον δέ τοί μοι, τὼ πτέρυγε ποῖ ν.;
ναυστολῶ. Ο. 1101. Περσεὺς, πρὸς Ἄργος ν., τὸ Γοργόνος
Ναύωνος. Ι. 1309. οὐδὲ Ναυφάντης γε τῆν Ν., οὐ δῆτ', ὦ θεοί,
ναύταισι. Ι. 1065. προσέχων σὺ δ' ἀναγιγνώσκε, τοῖς ν. μου
ναύτης. Β. 140. ν. διάξει εὐ ὀβολὼ μισθὸν λαβών,
ναυτίας. Θ. 882. οὐκ ἔσθ' ὅπως οὐ ν. ἔτ', ὦ ξένε,
ναυτικῆς. Ι. 1186. ἐπισκοπεῖ γὰρ περιφανῶς τὸ ν.
ναυτικοῦ. Ι. 1063. ἀλλ' οὑτοσὶ γὰρ ἐστι περὶ τοῦ ν.
ναυτίλῃ. Β. 1207. ξὺν παισὶ πεντήκοντά ν. πλάτῃ
ναυτοδίκας. Fr. 16. ἐθίλω βάψας πρὸς ν. πλεῖν ἐξαίφνης . . .
ναύτριαι. Fr. 652. ν.
Ναυφάντης. Ι. 1309. οὐδὲ Ν. γε τῆς Ναύσωνος, οὐ δῆτ', ὦ θεοί,
ναύφαρκτον. Α. 95. πρὸς τῶν θεῶν, ἄνθρωπε, ν. βλέπεις,
ναυφάρκτῳ. Γ. 607. οἴτινες πεζαῖς μάχαισιν ἔν τε ν. στρατῷ
ναυφύλαξ. Fr. 339. ν.
'νδείκνυμι. Ι. 278. τουτονὶ τὸν ἄνδρ' ν., καὶ φήμ' ἐξάγειν
'νδον. Ο. 1187. καλό γε τὸ πυγή. ΕΥ. κλαύσει, ἢν μὴ 'ν. μένῃ.
Β. 514. ἤδη 'ν. ἔσθ' ὡραιοτάτη κόρη χορηστρίδες
νέα. Α. 786. ν. γάρ ἐστιν ἀλλὰ δελφακουμένα
Α. 996. εἶτα παρὰ ταύτῃ ν. μοσχίδια συκίδων,
Ι. 419. σκέψασθε, παῖδες· οὐχ ὁρᾷθ', ὥρα ν., χελιδών
Ν. 1134. οὔδε μετὰ ταύτην ἕαστ' ἔνη τε καὶ ν.
1179. ἔνη γάρ ἐστι καὶ ν. τις ἡμέρα;
1184. αὐτὴ γένοιτ' ἂν γραῦς τε καὶ ν. γυνή.
ΕΙ. 597. καὶ τὰ ν. συκίδια
νέα. Ν. 1197. ἀρχαὶ τὰ πρυτανεῖ', ἀλλ' ἔνη τε καὶ ν.;

νέᾳ—Νεφέλαι. 211

νέᾳ. Λ. 1296. ἐπὶ ν. νέαν.
Εκ. 938. εἴθ' ἐξῆν παρὰ τῇ ν. καθεύδειν.
νέαις. Εκ. 895. οὐ γὰρ ἐν ν. τὰ σοφὸν ἐν-
νέαισιν. Εκ. 900. μὴ φθόνει ταῖς ν.
νέαισιν. Σ. 886. ν. ἀρχαῖς, ἕνεκα τῶν προλελεγμένων.
νεαλής. Fr. 330. ἔσκ ν. ἐστιν αὐτὴν τὴν ἀκμήν.
νέαν. Ν. 1178. φοβεῖ δὲ δὴ τί; ΣΤ. τὴν ἔνην τε καὶ ν.
Ν. 1188. τουτὶ μὲν οὐδέν τω πρὸς ἔνην τε καὶ ν.
1190. ἔθηκεν, ἐς γε τὴν ἔνην τε καὶ ν.,
1222. ἐς τὴν ἕνην τε καὶ ν. ΣΤ. μαρτύρομαι.
Ο. 1376. ἀφύλῳ φρενὶ σώματί τε ν. ἐφίπων
Λ. 1296. ἐπὶ νέᾳ ν.
νεάν. Ν. 1117. πρῶτα μὲν γὰρ, ἦν ν. βούλησθ' ἐν ὥρα τοὺς ἀγροὺς.
νεανίαι. Α. 525. ν. πλείστουσι μεθυσοκότταβοι·
νεανίαν. Σ. 531. μὴ κατὰ τὸν ν.
Λ. 415. ν. καὶ νέος ἔχοντ' οὐ παιδικόν·
νεανίας. Α. 601. ν. δ' οἷος σὺ διαδεδρακυίας
Α. 685. ὁ δὲ ν. ἑαυτῷ σπουδάσας ξυνηγορεῖν
Ν. 8. ἀλλ' οὐδ' ὁ χρηστὸς οὑτοσὶ ν.
Σ. 1333. ἡμῖν ἅπασι, κεὶ σφόδρ' εἶ ν.
Εἰ. 44. ν. δοκησίσοφοι, τὸ δὲ πρᾶγμά τι·
Ο. 1431. ν. ἂν συκοφαντεῖς τοὺς ξένους·
Λ. 1209. ὁ δ' ἄρτος ἀπὸ χοίνικος ἰδεῖν μάλα ν.
Εκ. 427. μετὰ τοῦτο τοίνυν εὐπρεπὴς ν.
νεανίδων. Θ. 1030. ὑφ' ἡλίκων ν.
νεανιεύεσθαι. Fr. 653. ν.
νεανικόν. Π. 1137. δοίης καταφαγεῖν καὶ κρέας ν.
νεανικῶς. Σ. 1307. κάτυπτες ἐμὶ ν., παῖ παῖ καλῶν.'
Σ. 1362. λαβοῦσ', ἵν' αὐτὸν ταθίσω ν.,
Εἰ. 898. καὶ παγκρατίου γ' ὑπαλειψαμένοις ν.
νεανικώτατε. Ι. 611. ὦ φίλτατ' ἀνδρῶν καὶ ν.
νεανικώτατον. Σ. 1204. ἔδραμες, ἀνευρῶν ὅ τι ν.
Σ. 1205. ἐγῷδα τοίνυν τύ γε ν.
νεανίου. Εκ. 849. ἔχων, παχάξων μεθ' ἑτέρου ν.·
νεᾶνις. Α. 85. ἠδὲ δὲ ποδαπή 'σθ' ἡ ν. ἡτέρα;
νεανίσκ'. Ο. 1362. σοὶ δ', ὦ ν., οὐ κακῶς ὑποθήσομαι,
Π. 1071. ἀλλ', ὦ ν., οὐκ οἶο τὴν μείρακα
νεανίσκος. Λ. 785. ἥν ν. Μελανίων τις, ὃς
Π. 1016. οὕτω σφόδρα ζηλότυπος ὁ ν. ἦν.
1201. ἥξει γὰρ ὁ ν. ὡς σ' εἰς ἑσπέραν.
νεανίσκων. Α. 680. ὑπὸ ν. ἐᾶτε καταγελᾶσθαι ῥητόρων.
Ι. 731. ὑπὸ τουτουὶ καὶ τῶν ν. ΔΙΙΜ. τιή·
Ν. 1053. ἃ τῶν ν. ἀεὶ δι' ἡμέρας λαλούντων
Εκ. 112. λέγουσι γὰρ καὶ τῶν ν. ὅσοι
νεανίσχ'. Θ. 134. καὶ σ', ὦ ν., ὅστις εἶ, κατ' Αἰσχύλον
νεανῶν. Ι. 853. ν.· τούτους δὲ περιοικοῦσι μελιτοπώλαι
νεαρᾶς. Fr. 74. σταθερὰ δὲ κύλιξ ν. ἥβης.
νέας. Θ. 53. κάμπτει δὲ ν. ἁψῖδας ἐπῶν.
Εκ. 1016. ν. ἐπιθυμῇ, μὴ σπουδεῖν αὐτὴν πρὶν ἂν
1018. πρότερον προκρούειν, ἀλλ' ἐπιθυμῇ τῆς ν.
νεβάριτοι. Fr. 35. ν.·
νεβρίδα. Fr. 429. ν., λίθοις τοὺς πωρίνους, κηρύκιον
νεβρῶν. Β. 1211. Διώνυσος, ὃτ θύρσοισι καὶ ν. δοραῖς
νεῖ. Α. 867. ν. τὸν Ἴυλαον, ἐπιχαίρετον γ', ὦ ξένε·
Α. 905. ὥσπερ κέραμον ἐνδησάμενος. ΒΟ. ν., τὰ σιῶ,
νείκη. Θ. 788. ἔριδος, ν., στάσις, ἀργαλέα λύπη, πόλεμος, φέρε δή ν.
Β. 818. ἔσται δ' ἱπποδάμων τε λόγων κορινθαίολα ν.,
νεῖκος. Β. 1099. μέγα τὸ πρᾶγμα, πολὺ τὸ ν., ἁδρὸς ὁ πόλεμος ἔρχεται.
νείκους. Σ. 867. καὶ τοῦ ν. ξυνέβητον.
Νείλου. Ν. 272. εἴτ' ἄρα Ν. προχοαῖς ὑδάτων χρυσίαις ἀρύτεσθε πρόχουσιν,
Θ. 855. Ν. μὲν αἶδε καλλιπάρθενοι ῥοαί,
νεῖν. Fr. 654. ν. δ' ἐξ ὑπτίας
'νίκαψ'. Σ. 791. κἀγὼ 'ν.· ὀβολοὺς γὰρ φίομην λαβεῖν·
νεκρόθεν. Β. 420. ἐν τοῖς ἄνω ν.,
Β. 760. ἐν ταῖς ν. καὶ στάσιν πολλὴ πάνυ.
Εκ. 996. ὃς τοῖς ν. ζωγραφεῖ τὰς ληκύθους.
νεκρόν. Β. 170. καὶ γάρ τιν' ἐκφέρουσι τουτονὶ ν.,
νεκρός. Β. 1403. ἐφ' ἅρματος γὰρ ἅρμα καὶ νεκρῷ ν.
νεκρῷ. Β. 1405. δύ' ἅρματ' εἰσήνεγκε καὶ ν. δύο.
νεκρῷ. Β. 1403. ἐφ' ἅρματος γὰρ ἅρμα καὶ ν. νεκρός.
νεκρῶν. Fr. 198, 1. καὶ τίς ν. κευθμῶνα καὶ σκότου πύλας
νέκταρ. Α. 196. αὗται μὲν ὄζουσ' ἀμβροσίας καὶ ν.
νεκταροσταγεῖ. Fr. 563. ἀλλ' ἀνθοσμία καὶ πίπων ν.
νέκυων. Θ. 1055. ν. ἐπὶ ποοείᾳν.
'νεμάττετο. Ν. 676. ἀλλ' ἐν θυίᾳ στρογγύλῃ 'ν.
νέμειν. Ο. 384. καὶ δίκαιόν γ' ἐστὶ, κἀμοὶ δεῖ ν. ὑμᾶς χάριν.
νέμεσθε. Ο. 231. ν., φύλα μυρία κριθοτράγων

νέμεται. Ο. 310. παποποποποπού μ' ἄρ' ὃς ἐκάλεσε; τίνα τόπον ἄρα ν.;
νεμόμεσθα. Ο. 159. ν. δ' ἐν κήποις τὰ λευκὰ σήσαμα
'νεμύμεν. Fr. Μ. Ανα. 17. καὶ μὴν σκάφη 'σθ', ὡς ἂν τι ᾖ σπονδεῖον, ᾧ ν.
νενασμένας. Εκ. 840. πλῖναί τε σισυρῶν καὶ δαπίδων ν.
νεναυάχηκε. Β. 191. εἰ μὴ ν. τὴν περὶ τῶν κρεῶν.
νενεύρωται. Λ. 1078. βαβαί ν. μὴν ἤδε συμφορὰ
νενησμένοι. Ν. 1203. ἀριθμὸς, πρόβατ' ἄλλως, ἀμφορῆς ν.;
νενόμικας. Ι. 714. ὡς σφόδρα σὺ τὸν δῆμον σεαυτοῦ ν.
νενόμικάς. Α. 993. ἢ νέων γερόντιον ἴσως ν. με σύ·
νενόμισμεθα. Α. 10. ὃτι ἡ παρὰ κὸν τοῖς ἀνδράσιν ν.
νενομισμένους. Θ. 358. ὅρκους τοὺς ν.
νενόμισται. Ο. 1049. ὁ δὲ ποιητὴς οὐδὲν χεῖρον παρὰ τοῖσι σοφοῖς ν.,
νενόμισται. Ν. 1185. καὶ μὴν ν. γ'. ΦΕ. σὺ γὰρ, οἶμαι, τὸν νόμον
νενόμισται. Ν. 962. ὅτ' ἐγὼ τὰ δίκαια λέγων ἤνθουν καὶ σωφροσύνη ν.
νενονθέτηκεν. Σ. 743. ν. αὐτὸν ἐς τὰ πράγμαθ', οἷς
νένοφεν. Fr. 142. ν.·
νέοις. Fr. 362. * * ὥσπερ Εὔαθλος παρ' ὑμῖν τοῖς ν.
νέοις. Α. 716. τοῖς ν. ἐξέμπρωκτος καὶ λάλοι χὼ Κλεινίου.
Νεολείδη. Π. 716. πρῶτον εἰ πάντων τῷ Ν. φάρμακον
Νεολείδην. Ν. ὁ Μ. μᾶλλον ἐποίησεν τυφλόν.
Νεολείδης. Εκ. 254. τί δ', ἦν ὑπακρούωσίν σε; ΠΡ. προσκινήσομαι.

Εκ. 398. πρῶτον Ν, ὁ γλάμων παρείρησεν.
Π. 665. εἰς μέν γε Ν., ὅς ἐστι μὲν τυφλός,
Fr. 357. Ν.
νεόκοπτον. Σ. 648. πρὸς ταῦτα μύλην ἀγαθὴν ὥρα ζητεῖν σοι
νεολαίας. Fr. 47. ὦ Ζεῦ, τὸ χρῆμα τῆς ν. ὡς καλόν.
νέον. Λ. 718. τὸν γέροντα τῷ γέροντι, τὸν ν. δὲ τῷ νέῳ.
Ι. 908. ἐγὼ δὲ τὰς πολιὰς γε σοὐκλέγων ν. ποιήσω.
Εἰ. 94. τόλμημα ν. καλαμησάμενος.
Λ. 981. ἢ τοι πορεύεις· λῷ τι μυσίξαι ν.
Εκ. 1019. ταῖς πρεσβυτέραις γυναιξὶν ἔστω τὸν ν.
νεοπλούτῳ. Λ. 1309. ἐνικώ, ὦ πρεσβῦτα, ν. τρυγί
νέος. Λ. 1355. ν. γάρ εἰμι καὶ φυλάττομαι σφόδρα.
Εἰ. 861. αὐθις ν. ἂν πάλιν.
Θ. 63. ἣν τοι ν. ἦν ἡσθ' ὑβριστής, ὦ γέρον.
Β. 1193. ἔπειτα γραῦν ἔγημεν αὐτὸς ὢν ν.,
Εκ. 1015. ἔσῳ γὰρ ταῖς γυναιξίν, ἢν φιλῇ ν.
Fr. 123. καὶ κ' ἐπιθυμήσεις ν. νῆς ἀμφικεύλοιο.
νεότητα. Ο. 733. ν., γέλωτα, χορούς, θαλίας.
νεότητος. Α. 211. οὐκ ἂν ἐν' ἐμῆς γε ν., ὅτ' ἐγὼ φέρων ἂν θρίακα φορτίον
Σ. 1109. ἐπὶ ν. ἔργον ἀνδρικώτατον·
νεοττέ. Ο. 835. Ἄρεως νεοττέ, ΕΤ. ὦ ν. δέσποτα·
νεοττιάν. Ο. 642. εἰσέλθετ' ἐς ν. τε τὴν ἐμὴν
νεοττίον. Ο. 767. βούλεται, φέρθι γενέσθω, τοῦ πατρός ν.·
νεοττός. Ο. 1350. ὃς ἂν πεπληγὼς τὸν πατέρα ν. ὤν.
νεοττῶν. Ο. 1357. δεῖ τοὺς ν. πατέρα πάλιν τρέφειν.
νέον. Εἰ. 916. φήσεις γ', ἐπειδὰν ἐκπίῃς οἴνου ν. λεπαστήν.
Π. 1060. ἀφύγμεθ' ἂντων τοῦ ν. τούτου θεοῦ,
Fr. 421, 2. ἀλλὰ φέρεθ' ἡπάτιον, ἢ καπρίδιον ν.
νέους. Ν. 1059. οὗ φησι χρῆναι τοὺς ν. ἀσκεῖν· ἐγὼ δέ φημι.
Ν. 1418. εἰκὸς δὲ μᾶλλον τοὺς γέροντας ἢ ν. τι κλαειν,
Ο. 1038. ψηφισματοπώλης εἰμί, καὶ νόμους ν.
νεοχμόν. Θ. 701. ν. αὖ τέρας·
Β. 1372. ν., ἀτοπίας πλέων,
νέρτερα. Λ. 772. ταῦτα κακῶν ἔσται, τὸ δ' ὑπέρτερα ν. θήσει
νέρτος. Ο. 303. ν., ἱέραξ, φάττα, κόκκυξ, ἐρυθρόπους, κεβλήπυρις,
'νεσκεύασα. Ν. 523. ὅτι σε παίζων 'Ηρακλέα 'ν.;
Νέστορ'. Ν. 1057. τὸν Ν. ἀγορητὴν ἂν οὐδὲ τοὺς σοφοὺς ἅπαντας
νεύα. Εἰ. 883. ἐκεινοσὶ ν. ΤΡ. τίς; ΟΙ. ὅστις; 'Αριφράδης,
νεύοντες. Σ. 1110. ξυμβεβρωκότες ν. ἐν τῇ γῇ, μόλις
νεῦρα. Β. 862. ῥήμ, τὰ μίλη, τὰ ν. τῆς τραγωδίας,
νευρορράφος. Ι. 739. σαυτὸν δὲ λυχνοπώλαισι καὶ ν.
Νεφέλαι. Ν. 265. λαμπραὶ τ' λίθρῳ, σεμναί τε θεαὶ Ν. βροντησικέραυνοι,
Ν. 269. ἔλθετε δῆτ', ὦ πολυτίμητοι Ν., τῷδ' εἰς ἐπίδειξιν
275. ἀέναοι Ν,
291. ὦ μέγα σεμναὶ Ν., φανερῶς ἠκούσατέ μου καλέσαντος.
316. ἤρισ', ἀλλ' οὐράνιαι Ν., μεγάλαι θεαὶ ἀνδράσιν ἀργοῖς·
341. εἴπερ Ν. γ' εἰσὶν ἀληθῶς, θνηταῖς εἴξασι γυναιξίν·

E C 2

212 Νεφέλαι—νικήσειν.

Νεφέλαι. Ν. 793. ἀλλ', ὦ Ν., χρηστόν τι συμβουλεύσατε.
Ν. 1453. ταυτὶ δι' ὑμᾶς, ὦ Ν., πέπονθ' ἐγώ,
1462. ὤμοι, πονηρά γ', ὦ Ν.. δίκαια δέ.
νεφέλαις. Ο. 728. παρὰ ταῖς ν. ὥσπερ χὠ Ζεύς·
Νεφέλαισιν. Ν. 252. καὶ ξυγγενέσθαι ταῖς Ν. ἐς λόγους,
νεφέλαισιν. Ι. 1013. ὡς ἐν ν. ἀετὸν γεινόσομαι.
Ο. 1608. νῦν μὲν γ' ὑπὸ ταῖς ν. ἐγκεκρυμμένοι
Νεφιλᾶν. Ν. 335. ταῦτ' ἄρ' ἐπαίουν ὑγρᾶν Ν. στρεπταιγλᾶν
  δαΐων ὁρμάν,
Ν. 338. ὀμβροισι θ' ὑδάτων δροσερᾶν Ν.· εἶτ' ἀντ' αὐτῶν
  κατέπινον
νεφέλας. Ο. 178. εἶδές τι; ΕΠ. τὰς ν. γε καὶ τὸν οὐρανόν.
Ο. 194. μὰ γῆν, μὰ παγίδας, μὰ ν., μὰ δίκτυα,
528. ἕρκη, ν., δίκτυα, πηκτάς·
1502. ἀπαιθριάζει τὰς ν., ἢ ξυννεφεῖ;
νεφέλην. Ν. 346. ἤδη ποτ' ἀναβλέψας εἶδες ν. Κενταύρῳ ὁμοίαν
νεφέλῃσι. Ο. 978. αἰετὸς ἐν ν. γενήσεαι· αἱ δέ κε μὴ δῷς,
Ο. 987. καὶ φείδου μηδὲν μηδ' αἰετοῦ ἐν ν.,
Fr. 28. αἰετὸς ἐν ν. γενήσεαι ἤματα πάντα,
Νεφελοκοκκυγία. Ο. 821. ἄρ' ἐστὶν αὕτηγί Ν..
Νεφελοκοκκυγίαν. Ο. 819. χαῦνόν τι πάνυ. ΠΕ. βούλει Ν.;
Ο. 904. Ν. τὰν εὐδαίμονα
Νεφελοκοκκυγίας. Ο. 917. μέλη πεποίηκ' ἐς τὰς Ν.
Ο. 963. ἐς τὰς Ν. ΠΕ. κἄπειτα πῶς
1023. ἐς τὰς Ν. ΠΕ. ἐπίσκοπος;
1565. τὸ μὲν πόλισμα τῆι Ν.
Νεφελοκοκκυγιᾶς. Ο. 1040. Χρῆσθαι Ν. τοῖσδε τοῖς μέτροισι
Νεφελοκοκκυγιεύς. Ο. 1035. Ἑὰν δ' ὁ Ν. τὸν Ἀθηναῖον
Νεφελοκοκκυγιῶσιν. Ο. 878. διδόναι Ν. ὑγίειαν καὶ σωτη-
Νεφελῶν. Ν. 370. φέρε, ποῦ γὰρ πώποτ' ἄνευ Ν. ὕσαντ' ἤδη
  τεθέασαι;
νεφελῶν. Ο. 818. ἐκ τῶν ν. καὶ τῶν μετεώρων χωρίων
Ο. 1384. ἀναπτόμενος ἐκ τῶν ν. καινὰς λαβεῖν
1350. ἐκ τῶν ν. γὰρ ἄν τις ἀναβολὰς λάβοι;
νέφος. Ν. 287. ἀλλ' ἀποσεισάμεναι ν. ὄμβριον
Εἰ. 1090. ὡς οἱ μὲν ν. ἐχθρὸν ἀπωσάμενοι πολέμοιο
Ο. 349. οὔτε γὰρ ὄρος σκιερὸν οὔτε ν. αἰθέριον
578. τούτους δὲ θεοὺς τοὺς ἐν Ὀλύμπῳ, τότε χρὴ στρουθῶν
  ν. ἀρθὲν
νέφους. Ο. 295. ὁρνέων; ΕΤ. ὦναξ Ἄπολλον, τοῦ ν. ἰοὺ ἰού·
νέφρος. Λ. 962. ποῖος δ' ἄν ν. ἀντίσχοι,
νεφρῶ. Β. 475. Ταρτησία μύραινα· τῷ ν. δέ σου
Β. 1280. ὑπὸ τῶν κύπων γὰρ τὼ ν. βουβωνιᾷ.
'νεχυραζόμενον. Εκ. 567. κἀν εἰλοδορεύσθαι, μὴ 'ν. φέρειν.
νέῳ. Α. 718. τὸν γέροντα τῷ γέροντι, τὸν νέαν δὲ τῷ ν.
Β. 622. μὴ τύπτε τοῦτον μηδὲ γητείῳ ν.
νεῶν. Α. 190. ὄξουσι πίττης καὶ παρασκευῆς ν.
Α. 923. κείτω λάβοιτο τῶν ν. τὸ πῦρ ἅπαξ,
Σ. 343. ὅτι λέγεις τι περὶ τῶν ν.
νεῶν. 1. 1008. περὶ Λακεδαιμονίαν, περὶ σκόμβρων ν.,
Εκ. 720. ἵνα τῶν ν. ἔχωσιν αὐταὶ τὰς ἀκμὰς,
νεῶν. Ν. 401. ἀλλὰ τὸν αὐτοῦ γε ν. βάλλει καὶ Σούνιον ἄκρον
  Ἀθηναίων
Π. 741. ὑφάνισεν αὐτὸν οἱ τ' ὄφεις ἐς τὸν ν.
νεωνησοιν. Π. 769. ὥσπερ ν. ὀφθαλμοῖς ἐγώ.
νεώντρον. 1. 2. κακῶς Παφλαγόνα τὸν ν. ἀπολέσαι
νεώρια. Ο. 1540. τὴν εὐνομίαν, τὴν σωφροσύνην, τὰ ν.,
νεώριον. Α. 552. τὸ ν. δ' αὖ κλαίειν πλατουμένων,
Α. 918. αὕτη γὰρ ἐμπρήσειεν ἂν τὸ ν.
919. ν. θρυαλλίς· οἴμοι, τίνι τρόπῳ;
921. ἆρας ἂν ἐσπείσιτ' ἐς τὸ ν.
νεώς. Εἰ. 1234. ἵνα μὴ γ' ἀλῷ τρώνημα κλέπτων τῆς ν.
Ο. 612. καὶ πρῶτα μὲν οὐχὶ ν. ἡμᾶς
618. ὁ ν. ἔσται· ποῖοι ἐς Δελφοὺς
Β. 52. καὶ δῆτ' ἐπὶ τῆς ν. ἀναγιγνώσκοντί μοι
νεωσοίκων. Α. 96. ἡ περὶ ἄκραν κλήστων ν. σκοπεῖς;
νεφέται. Εκ. 845. χύτρας ἕττους ὕφωσιν αἱ ν.·
νεώτατοι. 1. 604. ἐξεπήδων τ' ἐκ Κύρινθον· εἶτα δ' οἱ ν.
νεώτερα. Ο. 252. δεῦρ' ἔτι πευσούμενοι τὰ ν.,
νεωτέρα. Α. 885. ἐμοὶ ταφὴ αὔτη καὶ ν. δοκεῖ
νεώτεροι. Σ. 1100. πτουσὶν οἱ ν.
νεωτέροις. Ν. 515. ν. τὴν φύσιν αὐ-
νεώτεροτ. Σ. 1355. ὁ πρεσβύτερος κατέβαλε τόν ν.
Εἰ. 352. καὶ πολὺ ν., ἁ-
Εκ. 338. ὁ καὶ δίδουκα μή τι δρᾷ ν.
νεώτερος. Fl. 558. τὰς τε συκᾶς, ἃς ἐγὼ 'φύτευον ὢν ν.,
νεωτέρους. Fr. 125, 2. ἤνικα γε τοὺς ν. δεικνύει χρεών,
νεωτέρων. Ν. 1370. λέξον τι τῶν ν. ἅττ' ἐστὶ τὰ σοφὰ ταῦτα.
Ν. 1391. οἶμαί γε τῶν ν. τὰς καρδίας
Σ. 890. τῶν γε ν.
Ο. 1261. καταιθαλώσεις τῶν ν. τινά;

νή. Α. 560. ν. τὸν Ποσειδῶ, καὶ λέγει γ' ἅπερ λέγει κ.τ.λ.
νήνεμος. Ο. 778. κύματά τ' ἔσβισε ν. αἴθρη,
Θ. 43. ἐχέτω δὲ πνοὰς ν. αἰθήρ,
51. τίς ὁ φωνήσας; ΜΝ. ν. αἰθήρ.
νήπιοι. ΕΙ. 1063. ὦ μέλεοι θνητοὶ καὶ ν., ΤΡ. ἐς κεφαλὴν σοί.
νήπιον. Ν. 105. ἢ ἢ. σιώπα· μηδὲν εἴπῃς ν.
νηπύτιος Ν. 868. ἄκουτ' ἀναπείσας. ΣΩ. ν. γάρ ἔστ' ἔτι
Νηρέος. Θ. 325. Ν. εἰναλίου τε κόραι,
νῆς. Fr. 123. καί κ' ἐπιθυμήσειε νίος ν. ἀμφιπόλοιο.
νήσαντες. Λ. 269. μίαν πυρᾶν ν., ἐμπρήσωμεν αὐτόχειρες
νήσας. Λ. 373. ἐγὼ μὲν, ἵνα ν. πυρὰν τὰς σὰς φίλας ὑφάψω.
νησώται. ΣΙ. 298. καί ν., δεῦρ' ἴτ', ὦ πάντες λεῷ,
νησιωτικός. Ο. 1422. μὰ Δί'. ἀλλὰ κλητήρ εἰμι ν.
νήσοις. 1. 1319. ὦ ταῖς ἱεραῖς φέγγος Ἀθήναις καὶ ταῖς ν. ἐπί-
  κουρε,
Σ. 640. αὐτὸς ἕλοξα ν.,
νήσον. Α. 653. καὶ τὴν Αἴγιναν ἀπαιτοῦσιν· καὶ τῆς ν. μὲν
  ἐκείνης
νήσους. 1. 170. καὶ κάτεδε τὰς ν. ἀπάσας ἐν κύκλῳ.
1. 1034. νύκτωρ τὰς λοπάδας καὶ τὰς ν. διαλείχων.
νηστεύει. Θ. 949. Παύσων σέβεται, καὶ ν.,
νηστεύομεν. Ο. 1519. ἀλλ' ὥσπερει Θεσμοφορίοις ν.
Θ. 984. ν. δὲ πάντως.
νήστιδες. Fr. 203, 2. ἂν μὲν γάρ εἰσι ν. γιγνώσκετε.
νήστιν. Fr. 421, 4. σπληνός, ἢ ν., ἢ δελφακιον ὑπαρηγτε
νήστις. Fr. 302, 3. ἢ ν. ὑπτᾶτ', ἢ γαλεός, ἢ τευθίδες·
νήσῳ. Λ. 519. ὁ δέ μ' εὐθὺς ὑποβλέψας ἂν ἔφασκ', εἰ μὴ τὸν
  στήμονα ν.,
νήσων. ΕΙ. 760. ἀντείχον ἀεὶ καὶ τῶν ἄλλων ν. ὦν οὔνεκα νυνὶ
νήτται. Ο. 1148. καὶ νῆ. Δί' αἱ ν. γε περιεζωσμέναι
νηπτάριον. Π. 1011. ν. ἂν καὶ φάττιον ὑπεκοίζετο.
νήτταις. ΕΙ. 1004. χῆναι, ν., φάτται, τροχίλοι·
νήττη. Ο. 566. ἦν δὲ Ποσειδῶνί τις οὖν θύῃ, ν. πυροὺς καθα-
  γιζειν·
νήφοντες. Λ. 1228. ὀρθῶς γ', ὅτιῃ ν. οὐχ ὑγιαίνομεν·
Λ. 1232. ν., εὐθὺς βλέψομεν ὅ τι ταράξομεν·
νθδδ. Β. 432. Πλούτων' ὅπου 'ν. οἰκεῖ·
νθαδί. ΕΙ. 1269. αὐτοῦ παρ' ἐμὲ στᾶν πρότερον ἀναβαλοῦ 'ν.
νιαντῷ. Β. 18. κλεῖν ἢ 'ν. πρεσβύτερον ἀπέρχομαι.
νιγλάρων. Α. 554. αὐλῶν κελευστῶν, ν., συριγμάτων·
νικᾶ. Α. 626. ἀνήρ ν. τοῖσι λόγοισιν, καὶ τὸν δῆμον μεταπείθει
1. 271. ἀλλ' ἐάν ταύτῃ γε ν., ταυτηΐ πεπήξεται·
Σ. 581. κἂν αὐληγτή γε δίκην ν., ταύτης ἡμῖν ἐπίχειρα
νικᾶν. Ν. 99. λέγοντα ν. καὶ δίκαια κἄδικα.
Ν. 115. ν. λέγοντά φασι τἀδικώτερα.
419. ν. πράττειν καὶ βουλεύειν καὶ τῇ γλώττῃ πολεμίζων·
1042. αἰρούμενον τοὺς ἥττονας λόγους ἔπειτα ν.
1315. τοῖσιν δικαίοις, ὥστε ν.
Σ. 726. οὐκ ἂν δικάσαις, σὺ γὰρ οὖν νῦν μοι ν. πολλῷ δεδό-
  κηται·
Ο. 447. εἰ δὲ παραβαίην, ἐνὶ κριτῇ ν. μόνον.
Θ. 310. ταύτην ν. ταῦτ' εὐχέσθε, καὶ ὑμῖν αὐταῖς
356. ν. λεγούσαις, ὑπάσαι δ'
Β. 1027. ν. δὲ τοὺς ἀντιπάλους, κοσμήσας ἔργον ἄριστον·
1473. ἔκρινα ν. Αἰσχύλον. τιὴ γὰρ οὔ;
Νίκαρχος. Α. 908. καὶ μὴν ἰδὼ Ν. ἔρχεταί φανῶν.
νικᾷς. 1. 535. ὃν χρὴν διὰ τὰς προτέρας ν. πίνειν ἐν τῷ πρυ-
  τανείῳ,
νικᾷς. 1. 276. ἀλλ' ἐὰν μέντοι γε ν. τῇ βοῇ, τήνελλοι εἶ·
Ν. 1211. ζηλοῦντές ἠνίκ' ἂν σὺ ν. λέγων τὰς δίκας.
Νίκη. Ο. 574. αὐτήν Ν. πέτεται πτερύγοιν χρυσαῖν, καὶ νὴ Δί'
  Ἔρας γε·
Λ. 317. δίσπαινα Ν. ξυγγενοῦ, τῶν τ' ἐν πύλει γυναικῶν
νίκῃ. Α. 1293. ὁ ἐπὶ ν. ἰαί.
Εκ. 1181. εὐαί, ὡς ἐπὶ ν.
νικηθῇς. Ν. 1087. τί δῆτ' ἐρεῖς, ἢν τοῦτο ν. ἐμοῦ;
Νίκην. 1. 589. Ν. ἢ χορικῶν ἐστιν ἐταίρα,
νίκην. 1. 593. σῃ τέχνῃ πορίσαι σε ν.
Θ. 973. ὕπαξε δὲ ν.
νίκης. 1. 521. ἐς πλεῖστα χορῶν τῶν ἀντιπάλων ν. ἔστησε
  τροπαῖα·
ΕΠ. 768. ξυσπουδάζειν περὶ τῆς ν.
Ο. 1101. τοῖς κριταῖς εἰπεῖν τι βουλόμεσθα τῆς ν. πέρι.
νικῆσαι. 1. 903. ἢ γὰρ θεῶν μ. ἐπελευσε ν. σ' δλαξαονία.
νικήσαιμι. Ν. 520. οὔτω ν. τ' ἐγὼ καὶ νομιζοίμην σοφός,
νικήσαντα. Β. 392. παίσαντα καὶ σκώψαντα ν.
νικήσαντι. 1. 500. ταῦτ' ἀγοραίοις· καὶ ν,
1. 782. καὶ ν. ἡμῖν ἀγαθοῖς ἐγγλωττοτυπεῖν παρέδωκας,
νικήσει. Ν. 432. ἐν τῷ δήμῳ γνώμας οὐδεὶς ν. πλείονας ἢ σύ.
νικήσειν. Α. 651. καὶ τῷ πολέμῳ πολὺ ν. τοῦτον ξύμβουλον
  ἔχοντας.

νικήσεις—νόμους. 213

νικήσεις. Ι. 904. ἀλλ' οὐχὶ ν. ἐγὼ γάρ φημί σοι παρέξειν,
Ν. 1335. τουτὶ σὺ ν.; ΦΕ. πολύ γε καὶ ῥᾳδίως.
νικήσετε. Β. 262. τούτῳ γὰρ οὐ ν.
Π. 457. ἀλλ' ἤδη χρῆν τι λέγειν ὑμᾶς σοφὸν ᾧ ν. τηνδὶ
νικήσω. Ν. 1334. ἔγωγ' ἀποδείξω, καί σε ν. λέγων.
Ν. 1446. λόγον οἱ ν. λέγων
νικητήριον. Ι. 1253, Ἑλλάνιε Ζεῦ, σὸν τὸ ν.
Νικίᾳ. Ἐκ. 428. λευκός τις ἀνεπήδησ', ὅμοιος Ν.,
Νικίαν. Ι. 358. λαρυγγιῶ τοὺς ῥήτορας καὶ Ν. παράξω.
Ο. 363. ὑπερακοντίζεις σὺ γ' ἤδη Ν. ταῖς μηχαναῖς.
Νικίου. Fr. 156. δισχίλιαι γάρ εἰσι σὺν ταῖς Ν.
νικόβουλος. Ι. 615. τί δ' ἄλλο γ' εἰ μὴ ν. ἐγενόμην;
Νικοδίκη. Λ. 321. πίτου πέτου, Ν.,
Νικομάχῳ. Β. 1506. Μύρμηκί θ' ὁμοῦ καὶ Ν.
Νικόστρατ'. Σ. 83. μὰ τὸν κύν', ὦ Ν., οὐ φιλόξενοι,
Νικόστρατος. Σ. 81. Ν. δ' αὖ φησιν ὁ Σκαμβωνίδης
νικῶ. Ν. 894. ἀλλά σε ν., τὸν ἐμοῦ κρείττω
νικῶντας. Π. 585. ἀνεκήρυττεν τῶν ἀσκητῶν τοὺς ν. στεφανώσαι
Π. 589. λήροις ἀνάδων τοὺς ν. τὸν πλοῦτον ἰᾷ παρ' ἑαυτῷ.
νικῶντες. Ι. 568. πανταχοῦ ν. διὰ τήνδ' ἐκόσμησαν πόλιν·
νικῶντος. ΕΙ. 709. πᾶς γάρ τις ἐρεῖ ν. ἐμοῦ
νικῶσιν. Ι. 93. πλουτοῦσι, διαπράττουσι, ν. δίκας,
νιν. Α. 775. ἐμά γα. σὺ δὲ ν. εἴμεναι τίνος δοκεῖς;
Θ. 105. λέγε ν. εὐπίστως δὲ τοὐμὸν
Νιόβη. Β. 920. ὑπὸθ' ἡ Ν. τι φθέγξεται· τὸ δρᾶμα δ' ἂν διῄει.
Νιόβην. Β. 912. Ἀχιλλέα τιν' ἢ Ν., τὸ πρόσωπον οὐχὶ δεικνύς,
Νιόβης. Σ. 580. ἐν τῆς Ν. εἴρη ῥῆσιν τὴν καλλίστην ἀπολέξας.
νίφει. Α. 1141. ν. βαβαιάξ· χειμέρια τὰ πράγματα
νίφῃ. Σ. 773. ἐὰν δὲ ν., πρὸς τὸ πῦρ καθήμενος,
νιφοβόλα. Ο. 952. ν. πεδία πολυσπορά τ'
νιφοβόλους. Ο. 1385. ἀεροδονήτους καὶ ν. ἀναβολάς.
νιφόεντα. Ν. 273. ἡ Μαιῶτιν λίμνην ἔχετ' ἢ σκόπελον ν. Μίμαντος·
νιφόμενον. Λ. 1075. κάπειτα τηρεῖν ν. τὰς ἐσβολάς.
νιφομένους. Fr. 476, 5. ὑμισοὺς δ' ἴδοις ἂν ν. σύκων ὁμοῦ τε μύρτων·
νοεῖ. Ν. 1186. ἴσασιν ὀρθῶς ὅ τι ν. ΣΤ. ν. δὲ τί;
Π. 55. συθοίμηθ' ἂν τῶν χρησμῶν ἡμῶν ὅ τι ν.
νοεῖν. Β. 957. ν. ὁρᾶν, ξυνιέναι, στρέφειν, ἐρᾶν, τεχνάζειν,
Β. 974. καὶ σκέψιν, ὥστ' ἤδη ν.
Fr. 553. δύνανται γάρ ἴσον τῷ δρᾶν τὸ ν.
νοεῖς. ΕΙ. 661. εἴφ' ὅ τι ν. αὑτοῖσι πρὸς ἐμ', ὦ φιλτάτη.
νοεῖτον. Β. 1426. ἀλλ' ὅ τι ν., εἴπατον τούτου πέρι.
νόημ'. Θ. 463. καὶ πολύπλοκον ν., οὐδ' ἀσύνετ', ἀλλὰ
νόημα. Ι. 1203. τὸ μὴν ν. τῆς θεοῦ, τὸ δὲ πλέγμ' ἐμόν.
Ν. 229. ἢ μὴ κριμάσας τὸ ν. καὶ τὴν φροντίδα
705. ν. φρενός· ὕπνος δ' ἀπέστω γλυκύθυμος ὀμμάτων.
Ο. 195. μὴ 'γὼ ν. κομψότερον ἠκουσά πω·
νοήματα. Σ. 1055. καὶ τὰ ν. σώζεσθ' αὐτῶν·
νοημάτων. Ν. 743. ἔχ' ἀτρέμα· πᾶν ἀπορής τι τῶν ν.,
νόθος. Ο. 1650. κατὰ τοὺς νόμους· ν. γὰρ εἰ κοῦ γνήσιος.
Ο. 1651. ἐγὼ ν.; τί λέγεις; ΠΕ. σὺ μέντοι νὴ Δία,
Νόθῳ. Ο. 1664. Ν. δὲ μὴ εἶναι ἀγχιστείαν, παίδων ὄντων
νόθῳ. Ο. 1656. ν. 'ξαπωθήσκων; ΠΕ. ὁ νόμος αὐτῶν οὐκ ἐᾷ.
νοιδίων. Ι. 100. βουλευματίων καὶ γνωμιδίων καὶ ν.
νομάδεσσι. Ο. 941. ν. γάρ ἐν Σκύθαις
νομιεῖς. Ν. 423. ἄλλο τι δῆτ' οὖν ν. ἤδη θεῶν οὐδένα πλὴν ἅπερ ἡμεῖς,
νόμιζ'. ΕΙ. 388. τοῦτο μὴ φαύλον ν. ἐν τουτῳὶ τῷ πράγματι.
νόμιζε. Ν. 1078. χρῶ τῇ φύσει, σκίρτα, γέλα, ν. μηδὲν αἰσχρόν.
ΕΙ. 787. ἀλλὰ ν. πάντας
νομίζεθ'. Π. 274. ἡγεῖσθέ μ. εἶναι κούδὲν ἂν ν. ὑγιὲς εἰπεῖν;
νομίζειν. Ν. 819. τὸ Δία ν., ὄντα τηλικουτονί.
νομίζεις. Ν. 418. καὶ βέλτιστον τοῦτο ν., ὅπερ εἰκὸς δεξιὸν ἄνδρα,
Ν. 847. φέρ' ἴδω, σὺ τοῦτον τίνα ν.; εἰπέ μοι.
1049. ψυχήν ν., εἰπέ, καὶ πλείστους πόνους πονήσας;
1279. πότερα ν. καινὸν ἀεὶ τὸν Δία
1291. νυνὶ ν. ἢ πρὸ τοῦ; ΑΜ. μὰ Δί', ἀλλ' ἴσην.
Σ. 499. ἢ ν. τὰς Ἀθήνας σοι φέρειν ἡδύσματα ;
Λ. 494. ὑμεῖς ταμιεύσετε τἀργύμορ; ΛΤ. τί δὲ δεινὸν τοῦτο ν.;
Π. 483. ἱκανούς ν. δῆτα θανάτους εἰποεῖν ;
νομίζεσθαι. Ν. 1416. φήσεις ν. σὺ παιδός τοῦτο τοὔργον εἶναι·
νομίζεται. Ι. 1123. ν. ἐγὼ δ' ἐκὼν
νομίζετε. Ν. 498. οὖν, ἀλλὰ γυμνοὺς εἰσιέναι ν.
Ν. 1420. ἀλλ' οὐδαμοῦ ν. τὸν πατέρα τοῦτο πάσχειν.
Ο. 1347. φαύλων· μάλιστα δ' ὅτι καλὸν ν.
Π. 625. αὐτὸν τ' ἄγειν τὸν Πλοῦτον, ὃν ν.,

νομίζετε. Ο. 719. ὄρνιν τε ν. πάνθ' ὅσαπερ περὶ μαντείας διακρίνει·
Π. 458. οὐδὲν γάρ, ᾧ πρὸς τῶν θεῶν, ν.
νομίζετον. Π. 464. ἐμ' ἐκβαλόντες ; καὶ τί ἂν ν.
νομιζοίμην. Ν. 520. οὕτω νικήσαιμί τ' ἐγὼ καὶ ν. σοφός,
νομίζοις. Ι. 1338. οὐδ' οἵ ἔδρασ' ἐμὲ γάρ ν. ἂν θεῶν.
νομίζομεν. Ο. 1349. καὶ νὴ Δι' ἀνδρεῖόν γε πάνυ ν.
νομιζόμενα. Π. 1185. σύκουν τὰ ν. σὺ τούτων λαμβάνεις ;
νομίζουσ'. Σ. 1196. οὕτως διηγεῖσθαι ν. οἱ σοφοί.
νομίζω. Ν. 1366. ἐγὼ γὰρ Αἰσχύλον ν. πρῶτον ἐν ποιηταῖς
Σ. 1067. νανικήν σχεῖν· ὡς ἐγὼ τοὐμὸν ν.
νομίζω. Ι. 515. οὐχ ὑπ' ἀνοίας τοῦτο πεπονθὼς διατρίβειν, ἀλλά ν.,
Π. 34. ἤδη ν. ἐκπετοξεῦσθαι βίον,
831. εἶναι ν. χρήσιμον πρὸς τὸν βίον.
νόμιμα. Θ. 676. ὅσια καὶ ν. μηδαμίνοις ποιεῖν
νόμιμον. Ο. 1450. τρέψαι πρὸς ἔργον ν. ΣΤ. ἀλλ' οὐβούλομαι,
Νόμιλον. Θ. 977. Ἑρμῆν τε Ν. ἀντομαι
νομισθῇς. Ο. 571. καὶ πῶς ἡμᾶς ν. θεοὺς ἄνθρωποι κοὐχὶ κολοιούς,
νομισθῶν. Ἐκ. 637. τοὺς πρεσβυτέρους αὑτῶν εἶναι τοῖσι χρόνοισιν ν.
νομίσαι. Ν. 143. λέξω. ν. δὲ ταῦτα χρὴ μυστήρια.
νομίσας. Σ. 1360. ἀφελόμενός σε καὶ ν. εἶναι σαπρὸν
Ο. 496. κἀγὼ ν. ὄρθρον ἐχώρουν Ἁλιμοῦντάδε, χάρτι προκύπτω
1366. ν. ἀλεκτρυόνος ἔχειν τονδὶ λόφον,
Π. 38. ν. τῷ βίῳ τοὐλ' ὑπὸ ν. συμφέρειν.
682. κἀγὼ ν. πολλὴν ὁσίαν τοῦ πράγματος
νομίσητε. Ο. 723. ἢν οὖν ἡμᾶς ν. θεούς,
νομίσω'. Ν. 248. ἡμῖν ν. οὐκ ἔπτι. ΣΤ. τῷ γὰρ ὄμνυτ'; ἢ
νόμισμα. Θ. 348. ἡ τῶν κοτυλῶν ὑγ ν. διαλυμαίνεται,
Β. 720. ἔς τε τάρχαῖόν ν. καὶ τὸ καινὸν χρυσίον.
νομισμάτων. Β. 722. ἀλλὰ καλλίστοις ἀπάντων, ὡς δοκεῖ, ν.,
νομίσωσιν. Ο. 577. ἢν δ' οὖν ὑμᾶς μὲν ἰσ' θρυοῖας εἶναι ν. τὸ μηδὲν,
Β. 1463. τὴν γῆν ὅταν ν. τὴν τῶν πολεμίων,
νόμοι. Ο. 1346. ποίων νόμων; νομολοί γὰρ ὄρνιθές ν. οἱ πάλαι.
νόμοις. Ν. 1040. καὶ τοῖς ν. καὶ ταῖς δίκαις τιὐναντί' ἀντιλέξαι.
Ἐκ. 609. πρότερόν γ', ὦταῖρ', ὅτε τοῖσι ν. διεχρώμεθα τοῖς προτέροισιν·
1022. τοῖς γάρ ν. τοῖς ἡμετέροισι πειστέον.
Π. 914. τὸ μὲν οὖν βοηθεῖν τοῖς ν. τοῖς κειμένοις
νόμοισι. Ἐκ. 762. τί δ'; οὐχὶ πειθαρχεῖν με τοῖς ν. δεῖ ;
νόμον. Ι. 9. ξυναυλίαν κλαύσωμεν Οὐλύμπου ν.
Ι. 1279. ὕστις ἢ τὸ λευκὸν οἶδεν ἢ τὸν ὄρθιον ν.
Ν. 1185. καὶ μὴν νενόμισταί γ'. ΦΕ. οὐ γάρ, οἶμαι, τὸν ν.
1421. σύκουν ἀνὴρ ὁ τὸν ν. θεὶς τοῦτον ἦν τὸ πρῶτον,
1424. εἶναι ν. τοῖς υἱέσιν, τοὺς πατέρας ἀντιτύπτειν ;
1425. ὅσας δὴ πληγὰς εἴχομεν πρὶν τὸν ν. τεθῆναι,
ΕΙ. 1160. ᾄδη τὸν ἡδὺν ν.
Ο. 1660. ἐγὼ δ' αὖ τὸν Σόλωνός σοι ν.
Θ. 360. ἡ ψηφίσματα καὶ ν.
Β. 684. ῥύξαι δ' ἐπίκλαυτον δηδύνιον ν., ὡς ἀπολεῖται,
Ἐκ. 216. βάπτοντα θερμῷ κατὰ τὸν ἀρχαῖον ν.
741. ὁπὸ νυκτὸς δὲ τὸν ὄρθριον ν.
944. κατὰ τὸν ν. ταῦτα ποιεῖν
987. τῷ βουλομένῳ γε. κατὰ τὸν ἐν πεττοῖς ν.
988. ἀλλ' οὐδὲ δειπνεῖς κατὰ τὸν ἐν πεττοῖς ν.
1041. ὥστ' εἰ καταστήσεσθε τοῦτον τὸν ν.,
1049. αὕτη σύ, ποῖ παραβᾶσα τοῦδε τὸν ν.,
1077. ὑμεῖς γάρ ἀκολουθεῖν σ' ἔδει κατὰ τὸν ν.
νομόν. Ο. 239. κλάδεσι ν. ἔχει,
Ο. 1287. ἐπίτονθ' ἕωθεν ὥσπερ ἡμῖν ἐπὶ ν.
νόμος. Ο. 518. ἵν' ὅταν θύων τις ἐπειπ' αὐτοῖς ἐς τὴν χεῖρ', ὡς ν. ἐστί,
Ο. 1353. ἀλλ' ἔστιν ἡμῖν τοῖσιν ὄρνισιν ν.
1656. νόθῳ 'ξαποθνήσκων; ΠΕ. ὁ ν. αὐτῶν οὐ ἐᾷ.
Θ. 947. γε νυν ἡμεῖς παίξωμεν οἷόν ν. ἐνθάδε ταῖσι γυναιξίν,
983. παίσωμεν, ὦ γυναῖκες, οἷάπερ ν.
1137. δεῦρο καλεῖν ν. ἐς χορόν,
Β. 761. τε ν. ἔστιν· ΑΙ. ν. τίς ἐνθάδ' ἐστὶ κείμενος
Ἐκ. 1056. ἀλλ' οὐχ ὁ ν. ἔλεξεν'. ΝΕΑ. οὐκ ἐμέγ', ἀλλ' ἐμποὺσά τις
Π. 789. φέρε νυν τὸν ν. ἀναγνώσομαι
795. ἔνδον γε παρὰ τὴν ἑστίαν, ὥσπερ ν.·
νόμους. Α. 532. ἐνθῆν ν. ὥσπερ σκύλια γεγραμμένους,
Ο. 210. λύσον δὲ ν. ἱερῶν ὕμνων,
745. Πανί ν. ἱεροὺς ἀναφαίνω
1038. ψηφισματοπώλην εἰμί, καὶ ν. νέους
1044. οὗτος, τί πάσχεις ; ΠΕ. οὐκ ἀποίσεις τοὺς ν.;
1045. πικρούς ἐγώ σοι τήμερον δείξω ν.
1650. κατὰ τοὺς ν. νόθος γάρ εἶ κοῦ γνήσιος.

214 *νόμους—νυκτῶν.*

νόμους. Εκ. 759. *ἐς τὴν ἀγορὰν κατὰ τοὺς δεδογμένους ν.*
νόμῳ. Α. 773. *αἱ μή 'στιν οὗτος χοῖρος Ἑλλάνων ν.*
   Ο. 755. *ὅσα γάρ ἐστιν ἐνθάδ' αἰσχρὰ τῷ ν. κρατούμενα,*
   757. *εἰ γὰρ ἐνθάδ' ἐστὶν αἰσχρὸν τὸν ν πατέρα τύπτειν ν.,*
νόμων. Ν. 1400. *καὶ τῶν καθεστώτων ν, ὑπερφρονεῖν δύνασθαι.*
   Σ. 467. *τῶν ν. ἡμᾶς ἀπείργει ὧν ἔθηκεν ἡ πόλις.*
   Ο. 1343. *ἐρῶ δ' ἐγὼ τοι τῶν ἐν ὑμνίσιν ν.*
   1345. *οἰκεῖν μεθ' ὑμῶν, καθ'θυμὰ τὸν ν.*
   1346. *ποίων ν.; πολλοὶ γὰρ ὀρνίθων ν. νόμοι.*
   Λ. 324. *ὑπὸ τε ν. ἀργαλέων*
   Β. 1282. *ἐκ τῶν κιθαρῳδικῶν ν. εἰργασμένην.*
νοσίης. Ν. 1351. *αἰσθανομένου σου πάντα τραυλίζοντος, ὅ τι ν.*
νόσον. ΕΙ. 1064. *οἵτινες ἀφραδίησι θεῶν ν. οὐκ ἀίοντες*
νοσεῖ. Σ. 71. *νόσον γὰρ ὁ πατὴρ ἀλλόκοτον αὑτοῦ ν.,*
νοσήματα. Θ. 1110. *φέρε, Σκύθ' ἀνθρώποισι γὰρ ν.*
   Π. 667. *ἕτεροί τε πολλοὶ παντοδαπά ν.*
   708. *δείσας, ἐκεῖνοι δ' ἐν κύκλῳ τι ν.*
νοσημάτιον. Fr. 64. ν.
νοσήματος. Λ. 1085. *ἀσκητικὸν τὸ χρῆμα τοῦ ν.*
νόσον. Σ. 71. *ν. γὰρ ὁ πατὴρ ἀλλόκοτον αὑτοῦ ν.,*
   Σ. 76. *μὰ Δί', ἀλλ' ἀφ' αὑτοῦ τὴν ν. τεκμαίρεται.*
   87. *φράσω γὰρ ἤδη τὴν ν. τοῦ δεσπότου.*
   114. *ὁ γὰρ υἱὸς αὐτοῦ τὴν ν. Βαρέως φέρει.*
   651. *ἰάσασθαι ν. ἀρχαίαν ἐν τῇ πόλει ἐντετοκυῖαν.*
   Ο. 31. *ν. νοσοῦμεν τὴν ἐναντίαν Σάκᾳ·*
νόσος. Ν. 243. *ν. μ' ἐπέτριψεν ἱππικὴ, δεινὴ φαγεῖν.*
   Σ. 80. *αὕτη γε χρηστῶν ἐστιν ἀνδρῶν ἡ ν.*
νόσου. Ο. 104. *ἐξερρύηκε.* ΕΥ. *πότερον ὑπὸ ν. τινός;*
Fr. 725. *"ἀναβιῶν ἐκ τῆς ν."*
νοσοῦμεν. Ο. 31. *νόσοι ν. τὴν ἐναντίαν Σάκᾳ·*
νοσήσει. Ο. 1270. *οἰχομένων, εἰ μηδήποτε ν. πάλιν.*
νοσήσεις. Π. 610. *τότε ν.· νῦν δὲ φεύγεις*
νοστῶν. Α. 29. *ν. κάθημαι· κᾆτ' ἐπειδὰν ὦ μόνος,*
νόσφ. Ο. 473. *προτέραν τῆς γῆς, κἄπειτα ν. τὸν πατέρ' αὐτῆς ἀποθνήσκειν*
   Λ. 1088. *χαύτῃ ξυνάδει χἀτέρα ταύτῃ ν.*
   Fr. 91. *ν. Βιασθεὶς ἢ φίλων ἀχνυίᾳ*
νόσων. Β. 1033. *Μυσσάλον δ' ἐξακέσεις τε ν. καὶ χρησμοῖς,*
   Ἡσιόδου δὲ
νοτίαις. Β. 1311. *τέγγουσαι ν. πτερῶν*
νοτίαν. Ο. 1398. *τοτὲ μὲν ν. στείχων πρὸς ὁδὸν,*
νοτίξει. Θ. 857. *λευκῆς ν. μελανοσύρμαιον λεών.*
νότιον. Fr. 469 a. *ν. τεῖχος*
νοττία. Ο. 547. *τά τε ν. κάμαυτὸν οἰκήσω.*
νοῦ. Λ. 432. *οὐ γὰρ μοχλῶν δεῖ μᾶλλον ἢ ν. καὶ φρενῶν.*
νουβυστικόν. Εκ. 441. *γυναῖκα δ' εἶναι πρᾶγμ' ἔφη ν.*
νουβυστικῶς. Σ. 1294. *ὡς εὖ κατηρίφασθε καὶ ν.*
νουθεσίας. Β. 1009. *δεξιότητος καὶ ν., ὅτι βελτίους τε ποιοῦμεν*
νουθέτει. Ο. 1436. *ᾧ διαμένει, μὴ ν. μ', ἀλλὰ πτέρου.*
   Β. 530. *οὐκ ἂν μεθείμην τοῦ θρόνου, μὴ ν.*
νουθετεῖν. Α. 626. *δεινὰ γάρ τοι τάαδε γ' ἤδη τοὺς πολίτας ν.,*
Εκ. 180. *χαλεπὸν μὲν οὖν ἄνδρας δυσαρέστους ν.,*
νουθετήσομ'. Σ. 254. *εἰ ν ἢ Δί' αὖθις κονδύλοις ν. ἡμᾶς,*
νουθετούμενος. Σ. 111. *τοιαῦτ' ἀλύει· ν. δ' ἀεὶ*
νουμηνία. Σ. 171. *ν. γάρ ἐστιν.* ΒΔ. *οὔκουν κἂν ἐγὼ*
νουμηνίᾳ. Ι. 43. *ὑπόκωφον, οὗτος τῇ προτέρᾳ ν.*
   Ν. 1191. *ἵν' αἱ θέσεις γίγνοιντο τῇ ν.*
   1195. *ἔωθεν ὑπανιῷντο τῇ ν.*
   1196. *πῶς οὐ δέχονται δῆτα τῇ ν.*
νουμηνίαις. Α. 999. *ὥστ' ἀλείφεσθαι ἀπ' αὐτῶν κύμε ταῖς ν.*
νοῦν. Ι. 96. *τὴν ν. ἵν' ἄρδω καὶ λέγω τι δεξιόν.*
   Ι. 114. [*τὸν ν. ἵν' ἄρδω καὶ λέγω τι δεξιόν*]
   482. *ἄγε δὴ σὺ τίνα ν. ἢ τίνα ψυχὴν ἔχεις;*
   499. *κατὰ ν. τὸν ἐμόν, καὶ σε φυλάττοι*
   503. *ὑμεῖς δ' ἡμῖν πρόσχετε τὸν ν.*
   549. *κατὰ ν. πρᾶξας,*
   1014. *ἄκουε δὴ νυν καὶ πρόσεχε τὸν ν. ἐμοί.*
   1064. *ὁ χρησμὸς, ᾧ σε δεῖ προσέχειν τὸν ν. πάνυ.*
   Ν. 317. *αἴπερ γνώμην καὶ διάλεξιν καὶ ν. ἡμῖν παρίχουσι*
   477. *καὶ διοικήσεις τὸν ν. αὐτοῦ καὶ τῆς γνώμης ἀποπειρῶ.*
   575. *ὦ σοφώτατοι θεαταί, δεῦρο τὸν ν. πρόσχετε.*
   635. *ἀνύσας τι κατάθου, καὶ πρόσεχε τὸν ν.* ΣΤ. *ἰδού.*
   835. *καὶ ν. ἔχοντας· ἂν ὑπὸ τῆς φειδωλίας*
   1010. *καὶ πρὸς τούτοις προσέχῃς τὸν ν.*
   1122. *προσχέτω τὸν ν. πρὸς ἡμῶν οἷα πείσεται κακά.*
   1401. *ἐγὼ γὰρ ὅτε μὲν ἱππικῇ τὸν ν. μόνῃ προσεῖχον,*
   Σ. 697. *καὶ τὸν ν. μου προσάγεις μᾶλλον, κοὐκ οἶδ' ὅ τι χρῆμα με ποιεῖς.*
   1015. *νῦν αὖτε λεῷ πρόσχετε τὸν ν., εἴπερ καθαρόν τι φιλεῖτε.*
   1440. *ἐπιδεσμον ἐπρίω, ν. ἂν εἶχες πλείονα.*

νοῦν. ΕΙ. 104. *ὡς τὸν Δί' ἐς τὸν οὐρανόν;* ΟΙ. Α. *τίνα ν. ἔχων ;*
   ΕΙ. 174. *ὦ μηχανοποιὲ, πρόσεχε τὸν ν. ὡς ἐμέ.*
   762. *καὶ γὰρ πρότερον πράξας κατὰ ν. οὐχὶ παλαίστρας περινοστῶν*
   940. *χωρεῖ κατὰ ν., ἕτερον δ' ἑτέρῳ*
   953. *κἄν τις πρασέχῃ τὸν ν. αὐταῖς,*
   998. *τινὶ προστέρᾳ κέρασον τὸν ν.*
   Ο. 371. *εἰ δὲ τὴν φύσιν μέν ἐχθροί, τὸν δὲ ν. εἰσὶν φίλοι,*
   688. *πρόσχετε τὸν ν. τοῖς ἀθανάτοις ἡμῖν, τοῖς αἰὲν ἐοῦσι,*
   1371. *καὶ πείσομαί σοι.* ΠΕ. *ν. ἄρ' ἕξεις νὴ Δία.*
   Θ. 25. *Βάδιξε δευρὶ καὶ πρόσεχε τὸν ν.* ΜΝ. *ἰδού.*
   291. *καὶ ποσβαλίσκου ν. ἔχειν μοι καὶ φρένας.*
   381. *σίγα, σιώπα, πρόσεχε τὸν ν.· χρέμπτεται γὰρ ἤδη,*
   Β. 105. *μὴ τὸν ἐμὸν οἴκει ν.· ἔχεις γὰρ οἰκίαν.*
   534. *ν. ἔχοντος καὶ φρένας καὶ*
   580. *οἶδ' οἶδα τὸν ν." ποῦ παῦε τοῦ λόγου.*
   696. *ἀλλ' ἐπαινῶ. μῶνα γὰρ αὐτὰ ν. ἔχοντ' ἐδράσατε.*
   1396. *πειθοῖ δὲ χρῶμαι ν. ἔχων.*
   1439. *γέλοιον ἂν φαίνοιτο· ν. δ' ἔχει τινά.*
   Εκ. 156, *μὰ τὼ θεώ· τάλαινα, ποῦ τὸν ν. ἔχεις;*
   433. *ἀνεβορβόρυξαν.* ΒΛ. *ν. γὰρ εἶχον νὴ Δία.*
   747. *ἀνὴρ ἔσομαι καὶ ν. ὀλίγον κεκτημένος.*
   777. *οἴσειν δοκεῖτε τιν' ὕστις αὐτῶν ν. ἔχει;*
   Π. 113. *γενήσετ' ἀγαθὰ, πρόσεχε τὸν ν., ἵνα πύθῃ.*
   151. *οὐδὲ προσέχειν τὸν ν., ἐὰν δὲ πλούσιοι,*
   993. *ἀλλ' οὐχὶ νῦν ἔθ' ὁ βδελυρὸς τὸν ν. ἔχει*
   1080. *οἶδ' οἶδα τὸν ν.· οὐκέτ' ἀξιοῖς τινεῖν*
νοῦς. Α. 398. *ὁ ν. μὲν ἔξω ξυλλέγων ἐτώλια*
   Α. 556. *οὐκ οἴόμεσθα; ν. ἄρ' ἡμῖν οὐκ ἔνι.*
   Ι. 79. *τῷ χεῖρ' ἐν Αἰτωλοῖς, ὁ ν. δ' ἐν Κλωπιδῶν.*
   1119. *κέχηνας· ὁ ν. δέ σου*
   1121. *ν. οὐκ ἐν ταῖς κύμαις*
   Ν. 728. *ἐξευρετέος γάρ ν. ἀποστερητικὸς*
   Σ. 93. *ὁ ν. πέτεται τὴν νύκτα περὶ τὴν κλεψύδραν.*
   ΕΙ. 669. *ὁ ν. γὰρ ἡμῶν ἦν τότ' ἐν τοῖς σκύτεσιν.*
   733. *ἣν ἔχωμεν ὁδὸν λώγων εἴπωμεν, ὅσα τε ν. ἔχει.*
   Ο. 1447. *οὐδ' γὰρ λόγων ὁ ν. με πείθει·*
   Λ. 572. *παύσεις οἴεσθ', ὦ ἀνόητοι;* ΑΥ. *κἂν ὑμῖν γ' εἴ τις ἐνῆν ν.,*
   1124. *ἐγὼ γυνὴ μέν εἰμι, ν. δ' ἔνεστί μοι·*
   Β. 47. *τίς ὁ ν. ; τί κόθορνος καὶ ῥύπαλον ξυνηλθέτην ;*
   Εκ. 856. *ἐπὶ δεῖπνον.* ΑΝ. Α. *σὺ δῆτ', ἦν γ' ἐκείνοισι ν. ἐνῇ.*
   Fr. 397. *τοὺς ν. δ' ἀγροαίους ἧττον ἢ μεῖνοι ποιῶ.*
'νταῦθ'. Σ. 234. *Εὐεργίδης ἄρ' ἐστί νου 'ν., ἢ Χάβης ὁ Φλυεύς;*
'νταῦθα. ΕΙ. 1305. *ὑμῶν τὸ λοιπὸν ἔργον ἤδη 'ν. τῶν μενούντων*
'νταῦθεν. Ν. 62. *περὶ τοὐνύματος δὴ 'ν. ἐλοιδορούμεθα*
'ντεῦθενί. Σ. 991. *ὅδ' ἔσθ' ὁ πρότερος;* ΒΔ. *οὗτος.* ΦΙ. *αὕτη 'ν.*
'ντελῇ. Ι. 1307. *καταγραμμένοι τῶν μισθῶν ἀποθεσιν.*
νύκτα. Ι. 348. *τὴν ν. θρυλῶν καὶ λαλῶν ἐν ταῖς ὁδοῖς σεαυτῷ,*
   Ν. 75. *τὴν οὖν ὕπην τὴν ν. φρονίζων, ὁδοῦ*
   1069. *οὐδ' ἡδὺς ἐν τοῖς στρώμασιν τὴν ν. παννυχίζειν·*
   1129. *ὕσομεν τὴν ν. πᾶσαν· ὥστ' ἴσως βουλήσεται*
   Σ. 93. *ὁ νοῦς πέτεται τὴν ν. περὶ τὴν κλεψύδραν.*
   Εκ. 33. *τὴν ν. πᾶσαν, ἀλλὰ φέρε, τὴν γείτονα*
   1099. *βινεῖν ὅλην τὴν ν. καὶ τὴν ἡμέραν*
   Π. 1031. *οὔκουν καθ' ἑκάστην ἀπεδίδου τὴν ν. σοι ;*
   Fr. 410. 1. *στίλβη ᾖ, ἢ κατὰ ν. μοι*
νύκτας. Λ. 765. *ἄγουσι ν. ἀλλ' ὑπάσχεσθ', ὦγαθαί,*
νυκτερησία. Θ. 204. *δοκῶν γυναικῶν ἔργα.*
νυκτερινάς. Ι. 477. *καὶ τὰς ξυνύδους τὰς ν. ἐν τῇ πύλει,*
νυκτερινάς. Σ. 2. *φυλακῆν καταλύειν ν. διδόσκομαι.*
νυκτερινόν. Α. 1162. *τοῦτο μὲν αὐτῷ κακόν ἔν' καθ' ἕτερον ν. γένοιτο.*
νυκτερίς. Ο. 1296. [*Ἰδὶτ Λυκούργῳ, Χαιρεφῶντι ν.,*
   Ο. 1564. *Χαιρεφῶν ὁ ν.*
νυκτέρου. Π. 342. *ν. τελετῆς φωσφόρος ἀστὴρ*
νυκτοπεριπλάνητε. Α. 264. *ξύγκωμε, ν.*
νυκτός. Ν. 9. *ἐγείρεται τῆς ν., ἀλλὰ πέρδεται*
   Σ. 91. *χειμῶνος δ' ὁρᾷ τῆς ν. οὐδὲ πασσάλῳ.*
   1478. *ὀρχούμενος τῆς ν. οὐδὲν παύεται*
   Β. 931. *ἤδη ποτ' ἐν μακρῷ χρόνῳ ν., διηγρύπνησα*
   Εκ. 321. *ἦ παντάχοῦ γε ν. ἐστιν ἐν καλῷ,*
   Fr. 118. *διὰ ν.*
   486. *Χαιρεφῶντα ν. παῖδα,*
Νυκτός. Β. 1331. *ὦ Ν. κελαινοφαῆς*
   Β. 1335. *μελαίνας Ν. παῖδα,*
νυκτῶν. Ν. 2. *ὦ Ζεῦ βασιλεῦ, τὸ χρῆμα τῶν ν. ὅσον*
   Σ. 218. *ὡς ἀπὸ μέσων ν. γε παρακαλοῦσ' ἀεί,*
   Εκ. 668. *οὐδ' ἀποδύσουσ' ἄρα τῶν ν.;* ΠΡ. *οὔκ, ἢν οἴκοι γε καθεύδῃς,*

νύκτωρ—ξένοις. 215

νύκτωρ. Α. 1066. ν. ἀλειφέτω τὸ πέος τοῦ νυμφίου.
Ι. 856. ν. κατασπάσαντες ἂν τὰς ἀσπίδας θέοντες
 1034. ν. τὰς λοπάδας καὶ τὰς νήπους διαλείχων.
Ν. 173. ἀπὸ τῆς ὀροφῆς ν. γαλεώτης κατέχεσεν.
 750. καθέλοιμι ν. τὴν σελήνην, εἶτα δὲ
Σ. 123. ν. κατέκλινεν αὐτὸν εἰς 'Ασκληπιοῦ·
 237. φρουροῦντ' ἐγώ τε καὶ σὺ· κᾆτα περιπατοῦντε ν.
 πνιγον,
 1039. οἱ τοὺς πατέρας γ' ἦγχον ν. καὶ τοὺς πάππους ἀπέ-
 πνιγον.
Ο. 492. οἱ δὲ βαδίζουσ' ὑποδησάμενοι ν. ΕΥ. ἐμὲ τοῦτό γ'
 ἐρώτα.
 1491. τῶν βροτῶν ν. 'Ορέστη.
Θ. 258. κεφαλὴ περίθετος, ἣν ἐγὼ ν. φορῶ.
Ἐκ. 528. γυνὴ μέ τις ν. ἐταίρα καὶ φίλη
 741. ἀωρὶ ν. διὰ τὸν ὄρθριον νόμον.
Fr. 724. οὔτε ν. παύεται
Νύμφαι. Εἱ. 1070. εἰ γὰρ μὴ Ν. γε θεαὶ Βάκιν ἐξαπάτασκον,
Εἱ. 1071. μηδὲ Βάκις θνητούς, μηδ' αὖ Ν. Βάκιν αὐτόν,
Θ. 326. Ν. τ' ὀρειπλαγκτοι.
Β. 1344. Ν. ὀρεσσίγονοι,
Νύμφαισι. Ν. 271. εἴτ' 'Ωκεανοῦ πατρὸς ἐν κήποις ἱερὸν χορὸν
 ἵστατε Ν.,
Ο. 1098. Ν. οὐρείαις ξυμπαίζων·
Νυμφᾶν. Θ. 993. * * κατ' ὄρεα Ν. ἐρατοῖς ἐν ὕμνοις
Νύμφας. Θ. 978. καὶ Πᾶνα καὶ Ν. φίλας
νυμφεύτρια. Α. 1056. ἀλλ' αὑτηὶ τίς ἐστίν; ΠΑ. ἡ ν.
νύμφη. Θ. 478. δεινότατον, ὅτε ν. ἐὰν ᾖ τρεῖς ἡμέρας.
νύμφῃ. Α. 1064. οἷσθ' ἃν ποιεῖτε τοῦτο; τῇ ν. φράσων,
νύμφην. Εἱ. 1316. εὐφημεῖν χρὴ καὶ τὴν ν. ἔξω τινὰ δεῦρο κομ-
 ίζειν,
Π. 529. οὔτε μύροισιν μυρίσαι στακτοῖς, ὁπόταν ν. ἀγάγησθον·
νύμφης. Α. 1057. δεῖται παρὰ τῆς ν. τί σοι λέξαι μόνῃ,
Α. 1059. τὸ δεῖγμα τῆς ν., ὃ δεῖταί μου σφόδρα.
νυμφίδιοισι. Ο. 1729. καὶ ν. δέχεσθ' ᾠδαῖς
νυμφικὰν. Α. 378. ἐμοὶ σὺ λουτρὸν, ὦ σαπρὰ; ΧΟ. ΓΥ. καὶ
 ταῦτα ν. γε.
νυμφίον. Εἱ. 859. τί δῆτ', ἐπειδὰν ν. μ' ὁρᾶτε λαμπρὸν ὄντα;
Εἱ. 1341. τὸν ν., ἄνδρες.
Fr. 192. ἀποκλευστέον ἐπὶ τὸν ν., ᾧ γαμοῦμαι
νυμφίος. Α. 1049. ἐπεμψέ τίς σοι ν. ταυτὶ κρέα
νυμφίου. Ο. 1660. ὅπως ἂν εἴπουσῇ τὸ πέος τοῦ ν.
Α. 1066. νύκτωρ ἀλειφέτω τὸ πέος τοῦ ν.

νυμφίῳ. Θ. 413. δέσποινα γὰρ γέροντι ν. γυνή.
νυμφίων. Ο. 161. ὑρεῖν μὲν ἆρα ζῆτε ν. βίον.
νυν. Α. 485. ἐπήνεσ'· ἆγε ν., ὦ τάλαινα καρδία, κ.τ.λ.
νῦν. Α. 585. ταυτὶ πτίλον σοι. ΔΙ. τῆς κεφαλῆς ν. μου λαβοῦ,
νῦν. Α. 19. ὦν ν., ὁπωτ' οὔσης κυρίας ἐκκλησίας κ.τ.λ.
νυνί. Α. 325. ἀλλ' τεθνήξων ἴσθι ν. ΔΙ. δήξομάρ' ὑμᾶς ἐγώ.
 κ.τ.λ.
Α. 338. ἀλλά ν. λέγ', εἴ σοι δοκεῖ, τὸν Λακε- κ.τ.λ.
Ο. 448. ἀκούετε λεώ· τοὺς ὁπλίτας ν.
Νύξ. Ο. 693. Χάος ἦν καὶ Ν. 'Ερεβός τε μέλαν πρῶτον καὶ
 Τάρταρος εὐρύς·
Ο. 695. τίκτει πρώτιστον ὑπηνέμιον Ν. ἡ μελανόπτερος ᾠόν,
Θ. 1065. ὦ Ν. ἱερά,
νύξασ'. Ν. 321. καὶ γνωμιδίῳ γνώμην ν. ἑτέρῳ λόγῳ ἀντιλο-
 γῆσαι·
Νυσήιον. Β. 215. ἣν ἀμφὶ Ν.
Νύστον. Α. 1282. εὕρουν, ἐπὶ δὲ Ν.,
νυστάξειν. Ο. 639. καὶ μὴν ἀδ τὸν Δί' οὐχὶ ν. γ' ἔτι
νυστακτὴς. Σ. 12. Μῆδ' εἰ τις ἐπὶ τὰ βλέφαρα ν. ὕπνος·
νύττουσι. Π. 784. ν. γὰρ καὶ φιλῶσι τἀντικνήμια,
νυχθ'. Ν. 36. τί δυσκολαίνεις καὶ στρέφει τὴν ν. ὅλην;
Θ. 494. τὴν ν., ἕωθεν σκυρδία μασώμεσθ', ἵνα
Ἐκ. 39. τὴν ν. ὅλην ἠλαυνέ μ' ἐν τοῖς στρώμασιν,
 55. ἐκδρᾶσα παρίδον· ὁ γὰρ ἀνήρ τὴν ν. ὅλην
 1123. κίρασον ἄκρατον, εὐφρανεῖ τὴν ν. ὅλην
νυχίῳ. Ο. 698. οὕτος δὲ Χάει πτερόεντι μιγεὶς ν. κατὰ Τάρταρον
 εὐρὺν
νῶ. Ι. 72. ποίαν ὁδὸν ν. τρεπτέον καὶ πρὸς τίνα. κ.τ.λ.
Ο. 107. ἀλλ' εἴπατόν μοι, σφὼ τίν' ἐστόν; ΕΥ. ν.; βροτώ.
 κ.τ.λ.
νῷ. Ν. 580. μηδενὶ ξὺν ν., τότ' ἢ βροντῶμεν ἢ ψακάζομεν.
νῳδὸν. Π. 206. ῥυπῶντα, κυφὸν ἄθλιον ῥυσὸν, μαδῶντα, ν.
νῳδοὺς. Α. 715. τῷ γέροντι μὲν γέρον καὶ ν. ὁ ξυνήγορος,
νῶν. Ι. 12. σωτηρίαν ν., ἀλλὰ μὴ κλάειν ἔτι· κ.τ.λ.
Νωναπρεύν. Fr. 655. Ν.
νῶτα. Θ. 1067. ἀστερωειδέα ν. διφρεύουσ'
νῶτον. Ι. 289. κινοκοπήσω σου τὸ ν.
Σ. 1295. κεράμω τὸ ν. ὥστε τὰς πληγὰς στέγειν.
Εἱ. 747. ἐς τὰς πλευρὰς πολλῇ στρατιᾷ κάδονδορτύμησε τὸ ν.;
Ο. 497. εἴτε τύχοιμι, καὶ λωποδύτης παίει ῥοπάλῳ με τὸ ν.
 697. στίλβων ν. πτερύγοιν χρυσαῖν, εἰκὼς ἀνεμώκεσι δίναις.
νωταπλῆγα. Fr. 656. ν.

Ξ

ξαίνειν. Α. 536. κᾆτα ξ. συζωσάμενος,
Α. 579. εἶτα ξ. ἐς καλαθίσκον κοινῇ εὔνοιαν ἅπαντας,
ξαίνουσι. Ἐκ. 89. πληρουμένης ξ. τῆς ἐκκλησίας.
ξαίνουσα. Ἐκ. 92. ξ.· γυμνὰ δ' ἐστί μοι τὰ παιδία.
ξαίνουσαν. Ἐκ. 93. ἰδού γί σε ξ., ἢν τοῦ σώματος
ξαμαρτάνειν. Λ. 1278. τὸ λοιπὸν αὖθις μὴ 'ξ. ἔτι
Ξανθία. Α. 259. ὦ Ξ., σφῷν δ' ἐστὶν ὀρθὸς ἐκτέος
Ν. 1485. τῶν ἀδολεσχῶν. δεῦρο δεῦρ', ὦ Ξ.,
Σ. 1. Οὗτος, τί πάσχεις, ὦ κακόδαιμον Ξ.;
 136. ὦ Ξ. καὶ Σωσία, καθεύδετε;
 456. παῖε παῖ', ὦ Ξ., τοὺς σφῆκας ἀπὸ τῆς οἰκίας.
Ο. 656. οὗτω μὲν εἰσίωμεν. ἄγε δή, Ξ.
Β. 524. οὐ μὴ φλυαρήσεις ἔχων, ὦ Ξ.
Ξανθίαν. Β. 579. κνίεστ' ἀπολοίμην, Ξ. εἰ μὴ φιλῶ.
Ξανθίας. Α. 243. ὁ Ξ. τὸν φαλλὸν ὀρθὸν στησάτω.
Β. 271. ὁ Ξ. πουθί; ἡ Ξ.;
 542. Ξ. μὲν δοῦλος ὢν ἐν
Ξανθίδιον. Β. 582. ὦ Ξ. ΞΑ. καὶ πῶς ἂν 'Αλκμήνης ἐγὼ
ξανθίζετε. Α. 1047. ὑπάτε ταυτὶ καὶ καλῶς ξ.
Ξάνθιππον. Ν. 64. Ξ. ἢ Χαίρεπον ἢ Καλλιπίδην,
ξανθῶν. Α. 1106. καλᾶς τὰ ν. ὑπὸ τῆς φάτγης κρέας.
ξανοῦσιν. Ο. 827. πολιοῦχος ἔσται· τῷ ξ. τὸν πέπλον;
ξαπατᾶν. Ν. 546. οὐδ' ὑμᾶς ζητῶ ξ. δὶς καὶ τρὶς ταῦτ' εἰσά-
 γων,
ξαποθνήσκων. Ο. 1656. νόθῳ 'ξ.· ΠΕ. ὁ νόμος αὐτὸν οὐκ ἐᾷ.
ξαρπάσας. Θ. 706. δεινὰ δῆθ'. οὔτοι μὰ τὴν ν. μ' 'ξ. τὸ παιδίον·
ξεῖναι. Λ. 1079. οὐ δεινὰ μή 'ξ. με μηδ' ἑορτάσαι;
ξειρῖς. Fr. 658. ξ.:
ξεκίνωσεν. Β. 1070. ἡ 'ξ. τάς τε παλαίστρας καὶ τὰς εὐγὰς
 ἐνέτριψε
ξελκύσαι. Εἱ. 315. ἐμποδῶν ἡμῖν γένηται τὴν θεὸν μὴ 'ξ.

ξελκυσθῇ. Ἐκ. 688. μὴ 'ξ. καθ' ὁ δειπνήσῃς, τούτους ἀπελῶσιν
 ἅπαντες.
ξεμεῖν. Β. 11. μὴ δῆθ', ἱκετεύω, πλὴν γ' ὅταν μέλλω ξ.
ξένε. Α. 867. νεὶ τὸν 'Ιόλαον, ἐπιχαρίττος γ', ὦ ξ.·
Θ. 582. οὐκ ἔσθ' ὅπως οὐ ναυτιᾷς ἔτ'. ὦ ξ.·
 893. οὗτος πανουργῶν δεῦρ' ἀνῆλθεν, ὦ ξ.,
 1107. ὦ ξ., κατοίκτειρόν με τὴν παναθλίαν·
ξένεγκε. Εἱ. 1238. ἴθι δή, ξ. ταργύριον. ΤΡ. ἀλλ', ὦγαθέ,
ξενεγκεῖν. Ν. 1358. ἔξω 'ξ. ὦ μαρέ,
ξένη. Θ. 890. φάρει καλυπτῶς, ὦ ξ.; ΜΝ. βιάζομαι
Θ. 896. ξ., τίς ἡ γραῦς ἡ κακορροθοῦσά σε;
ξενηλατοῦμαι. Ο. 1013. ξ. καὶ κεκίνηταί τινες
ξένης. Α. 892. ὑμὶν παρέξω τῆσδε τῆς ξ. χάριν.
Ο. 1052. ὦν γε ξ. γυναικός. ἡ ἀθαλ ἐπιτρεπ
ξενίας. Σ. 718. καὶ ταῦτα μόλις ξ. φεύγων ἔλαβες κατὰ χοίνικα.
 κριθῶν.
'Ξενύκλῃ. Θ. 1007. πέρ' ἐγὼ 'ξ. θορμός, ἵνα πυλάξει σοι.
ξενίζειν. Α. 127. τοὺς δὲ ξ. οὐδέτινι γ' ἴσχει θύρα.
ξενίζεται. Α. 928. ἀλλ' ἐς τοῦτο πέβ' Ἡρακλῆς ξ.
ξενιζόμενοι. Α. 73. ξ. δὲ πρὸς βίαν ἐπίνομεν
ξενικὸν. Α. 634. παύσας τάδ' ἔφη, λόγοις μὴ λίαν ἐξαπατᾶσθαι,
ξενικὸν. Π. 173. τὸ δ' ἐν Κορίνθῳ ξ. οὐχ οὗτος τρέφει;
ξενίσω. Β. 1460. ἵνα ξ. σφῶ μὴν ἀποπλεῖν. ΔΙ. ξ. ἴθι τοι λέγεις
ξενίσωμεν. Λ. 1184. ξ. ὧν ἐν ταῖσι κίσταις εἴχομεν,
ξένοι. Α. 505. κοῦπω ξ. πάρεισιν· οὔτε γὰρ φοροὶ
 Ι. 1408. ἵν' Ἱππονίκῳ ξ. ὦσιν οἱ ἐλωθάθ', οἱ ξ.
Εἱ. 297. καὶ δημιουργοὶ καὶ μέτοικοι καὶ ξ.
 644. ἐς τὰς πληγὰς ὑρύντει ἀτ' ἐνύπτονθ', οἱ ξ.
Ο. 97. ὁρῶντε τὴν πτέρωσιν; ἡ γάρ, ὦ ξ.
Fr. 460, 1. ἐπειθ' ὅσοι παρῆιαν ἐπίστημοι ξ.

ξένοις. Σ. 1197. ἀλλ' ἕτερον εἰπέ μοι· παρ' ἀνδράσι ξ.

ξένοις—ξύλων.

ξένοις. Ο. 666. ἔκβαινε, καὶ σαιτὴν ἐπιδείκνυ τοῖς ξ.
Β. 730. προυσελοῦμεν, τοῖς δὲ χαλκοῖς καὶ ξ. καὶ συρρίαις
Ξενοκλέης. Θ 169. ὁ δὲ Ξ. ὧν κακὸς κακῶς ποιεῖ.
Θ. 440. Ξ. ὁ Καρκίνου, δο-
Β. 86. ὁ δὲ Ξ.; ΔΙ. ἐξύλοιτο νὴ Δία.
ξένον. Θ. 892. τί, ὦ κακόδαιμον, ἐξαπατᾷς αὖ τὸν ξ.;
Β. 147. εἴ που ξ. τις ᾠκήκει πώποτε,
ξένος. Σ. 1221. ξ. τις ἕτερος πρὸς κεφαλῆς Ἀκέστορος.
Ο. 1458. ἐνθάδε πρὶν ἥκειν ὁ ξ. ΣΤ. πάνυ μανθάνεις.
Λ. 580. καταμιγνύνται τούς τε μετοίκους κεἴ τις ξ. ἢ φίλος ὑμῖν,
ξένου. Ι. 347. εἴ που δικίδιον εἶπας εὖ κατὰ ξ. μετοίκου,
ξένους. Ι. 1198. ποῦ ποῦ; ΑΛ. τί δέ σοι τοῦτ'; οὐκ ἐάσεις τοὺς ξ.;
Ο. 1431. νεανίας ὢν συκοφαντεῖς τοὺς ξ.;
1454. Ἱέρακος. ἢ κερχνῄδος, ὡς ἂν τοὺς ξ.
Λ. 1058. ἐστιᾶν δὲ μέλλομεν ξ.
Θ. 872. ὅστις ξ. δέξαιτο ποντίου σάλῳ
Β. 109. ἦλθον κατὰ σὴν μίμησιν, ἵνα μοι τοὺς ξ.
458. τρόπον περὶ τοὺς ξ.
Ξενοφάντου. Ν. 349. ἀγρίων τινα τῶν λασίων τούτων, οἷόνπερ τὸν Ξ.
Ξένυλλ'. Θ. 633. σκάψιον Ξ. ᾔτησεν· οὐ γὰρ ἦν ἁμίς.
ξένω. Ο. 409. ξ. σοφὼ ἀφ' Ἑλλάδος.
Π. 433. ξ. γὰρ ἐσμεν ἀρτίως ἀφιγμένω.
ξένῳ. Α. 854. ἐκβαθι τῷδε κηπιχαρίττα τῷ ξ.
Α. 930. ξ. καλῶν τὴν ἐμπολὴν
Θ. 404. οὐκ ἔσθ' ὅπως σὺ τῷ Κορινθίῳ ξ.
ξένων. Α. 503. ξ. παρόντων τὴν πόλιν κακῶς λέγω.
Α. 948. ἀλλ', ὦ ξ. βέλτιστε, καὶ
Ι. 326. ἢ σὺ πιστεύων ἀμέλγεις τῶν ξ. τοὺς καρπίμους,
ἔρχεται. ΕΙ. 1265. νὴ τὸν Δί', ἂν τὰ παιδί' ἤδη 'ξ.
ἔσοτων. Σ. 70. ἔνδον καθείρξας, ἵνα θύραζε μὴ 'ξ.
Σ. 113. μοχλοῖσιν ἐνθέαντες, ὡς ἂν μὴ 'ξ.
ἐσπομάκαιραν. Θ. 1127, τὸ ξ. ἀποκεκίψει τουτοΐ.
ἐσέφει. Σ. 523. ἢν γὰρ ἡττηθῶ λέγων σου, περιπεσοῦμαι τῷ ξ.
ἐοξίδιον. Λ. 53. μήτε ξ. ΚΑ. κτήσομαι περιβαρίδας.
ἔοίφος. Α. 342. οὑτοσί σοι χαμαί, καὶ σὺ κατάδου πάλιν τὸ ξ.
Σ. 166. πῶς ἂν σ' ἀποκτείναιμι; πῶς; δότε μοι ξ.
522. ἀφεῖτέ νυν ἄπαντες αὐτόν. ΦΙ. καὶ ξ. γε μοι δότε·
714. καὶ τὸ ξ. οὐ δύναμαι κατέχειν, ἀλλ' ἤδη μαλθακύς εἰμι.
Λ. 156. τυχῶν καρενιδῶν ἐξέβαλ', οἷον, τὸ ξ.
632. καὶ φορήσω τὸ ξ. τὸ λοιπὸν ἐν μύρτου κλαδί,
Β. 564. καὶ τὸ ξ. γ' ἐσπᾶτο, μαίνεσθαι δοκῶν.
ἐεφουργοῦ. ΕΙ. 547. κατεναρδόν ἄρτι τοῦ ξ. 'κεινουΐ.
ἔοφος. ΕΙ. 553. ἂν τάχιστ' ἄσευ δορατίου καὶ ξ. κἀκονιτίσον·
Θ. 140. τίς δαὶ κατύπτρον καὶ ξ. κοινωνία;
ἔσοδος. ΕΙ. 1181. ἐξαλείφοντες δὶς ἢ τρίς, αὔριον δ' ἐσθ' ἡ 'ξ.'
ξονθῇ. Ο. 676. ὦ φίλη, ὦ ξ.,
ξονθῆς. Ο. 214. γένυος ξ.·
Ο. 744. δι' ἐμῆς γένυος ξ. μελέων
ξουθῶν. Β. 932. τὸν ξ. ἱππαλεκτρυόνα ζητῶν, τίς ἐστιν ὄρνις.
ξουθός. ΕΙ. 1177. κάρα φεύγεις πρῶτος, ὥσπερ ξ. ἱππαλεκτρυῶν
Ο. 800. μεγάλα πράττει κἀστι νυνὶ ξ. ἱππαλεκτρυών.
ἐσυγγένεια. Α. 712. περιπέγνευσεν δ' ἂν αὐτοῦ τοῦ πατρὸς τοὺς ξ.
Ν. 1322. ὦ γείτονες καὶ ξ. καὶ δημόται,
Λ. 1130. βωμοὺς περιρραίνοντες, ὥσπερ ξ.,
Θ. 574. φίλαι γυναῖκες, ξ. τοὐμοῦ τρόπου,
ξυγγενείαι. Ν. 252. καὶ ξ. τοῖς Νεφέλαισιν ἐν λόγοις,
Ο. 113. σαὶ ξ. βουλομένῳ. ΕΠ. τίνος πέρι;
ξυγγενείη. Β. 1469. ξ. τε καὶ φίλοισι,
ξυγγενή. Ο. 368. τὴν ἐμὴν γυναικὸς ὄντε ξ. καὶ φυλέτα·
ξυγγενῆς. Α. 789. ὡς ξ. ὁ κύσθος αὐτῇ θατέρα.
Σ. 731. εἶθ' ὠφελεῖν μοι κηδεμὼν ἤ ξ.
ξυγγένηται. Ν. 1317. ξ., κἂν λέγῃ παμπόνηρ'.
ξυγγενοῦ. Α. 317. δέσποινα Νίκη, τὴν τ' ἐν πόλει γυναικῶν
ξυγγενῶν. Ν. 1128. κἂν γαμῇ ποτ' αὐτοῦ ἢ τῶν ξ. ἢ τῶν φίλων,
ξυγγεώργους. Π. 223. τούς ξ. ἐκπέμψαι, καὶ εὑρήσεις δ' ἴσως
ξυγγεγενῆσθαι. 1. 467. ἰδίᾳ δ' ἐπεὶ Λακεδαιμονίοις ξ.
ξύγγνωθι. Σ. 959. ξ. κιθαρίζειν γὰρ οὐκ ἐπίσταται.
ξυγγνώσθ'. Θ. 418. καὶ ταῦτα μὲν ξ.· ἃ δ' ἦν ἡμῖν πρὸ τοῦ,
ξυγγνωτέ. Σ. 1001. ἀλλ', ὦ πολυτίμητοι θεοί, ξ. μοι·

ξυγγογγυλίσας. Λ. 975. ξυστρέψας καὶ ξ.
ξυγγραφή. Α. 1150. 'Αντίμαχον τὸν Ψακάδος τὸν ξ., τὸν μελέων ποιητήν,
ξυγκαθεύδουσ'. Εκ. 1009. τοῖς τηλικούτοις ξ. ἡδομαι.
ξυγκαλέσειας. Ο. 201. πῶς δῆτ' ἂν αἰτοῖς ξ.; ΕΠ. ᾁδίως.
ξυγκαταδαρθεῖν. Εκ. 613. ξυγκαταδαρθών. ΠΡ. ἀλλ' ἐξέσται πρὶν αὐτῷ ξ.
Εκ. 622. περὶ τοῦ; ΠΡ. τοῦ μὴ ξ. καὶ σοὶ τοιοῦτον ὑπάρχει.
ξυγκαταδαρθών. Εκ. 613. ΠΡ. ἀλλ' ἐξέσται πρόκιν' αὐτῷ ξυγκαταδαρθεῖν.
ξυγκαταπλινείς. Α. 981. ξ., ὅτι παροίνιος ἀνὴρ ἔφυ,
ξυγκείμενα. Εκ. 6. ὅρμα φλογὸς σημεῖα τὰ ξ.
ξυγκείμενον. Εκ. 61. λύχμης δασυτέρας, καθάπερ ἦν ξ.
ξυγκροτοῦσιν. Ι. 471. καὶ ξ. ἀνδρὲς αὐτ' ἐκείνοι αὖ,
ξύγκωμε. Α. 264. ξ., νυκτοπεριπλάνη·
ξυγχαίρειν. ΕΙ. 1317. δᾷδάς τε φέρειν, καὶ πάντα λεὼν ξ. κάπιχορεύειν.
ξυγχαίρομεν. Ι. 1333, χαῖρ', ὦ βασιλεῦ τῶν Ἑλλήνων· καί σοι ξ. ἡμεῖς
ξυγχωρήσωμεν. Σ. 1516. φέρε νυν ἡμεῖς αὑτοῖς ὀλίγον ξ. ἅπαντες,
ξυζωσαμένας. Θ. 656. ξ. εὖ κἀνδρείως τῶν θ' ἱματίων ἀποδύσας
ξῦλα. Σ. 301. τρίταιν αὑτὸν ἔχειν ἄλφιτα δεῖ καὶ ξ. κώψον·
Fr. 356. ἐπεὶ δ' ἐγινόμην οἴκοι ᾖ' ἐπὶ ξ.
ξύλινα. Ο. 1153. φέρ' ἴδω, τί δαί; τὰ ξ. τοῦ τείχους τίνες
ξύλινον. Ι. 1040. τείχος ποιήσας ξ. πύργων τε σιδηροῦς.
ξύλλαβε. Ι. 1212. ξ. σιωπῇ, καὶ βασάνισον ἄττ' ἔνι,
ΕΙ. 416. καὶ μὰ Δία. πρὸς τοῦτ', ὦ φίλ' Ἑρμῆ, ξ.
Β. 1345. ὦ Μανία, ξ.
ξυλλαβεῖν. Α. 206. ξ. τὸν ἄνδρα τοῦτον. ἀλλά μοι μηνύετε.
Ι. 650. τῶν δημιουργῶν ξ. τὰ τρυβλία.
ξυλλάβη. ΕΙ. 450. κεῖ τις στρατηγιᾷν βουλόμενος μὴ ξ.,
ΕΙ. 437. χώσειν προθύμως ξ. τῶν σχοινίων.
ξυλλάβοιτ'. Λ. 313. τίς ξ. ἂν τοῦ ξύλου τῶν ἐν Σάμῳ στρατηγῶν;
ξυλλαβόντες. Ο. 1469. ἀπίωμεν ἡμεῖς ξ. τὰ πτερά.
ξυλλαβών. Ι. 21. ἔγω' δὴ μύλωμεν ξυνεχὲς ὡδὶ ξ.
Σ. 122. διέπλευσεν εἰς Αἴγιναν' εἶτα ξ.
Ο. 1082. τὸν περιστερῶν θ' ὁμοίως ξ. εἵρξας ἔχει,
Fr. 198. 12. τούτους γάρ, ἣν πολλῷ ξυνέλθῃ, ξ.
ξυλλάμβαν'. Α. 926. μαρτύρομαι. ΔΙ. ξ. αὐτοῦ τὸ στόμα·
Α. 434. ξ. αὐτὴν κώκυσον τῷ χειρὶ δεῖ.
ξυλλαμβάνει. Σ. 734. ξ. τοῦ πράγματος.
ξυλλαμβάνειν. Εκ. 861. τὰ δυνατὰ γάρ δεῖ τῇ πόλει ξ.
Εκ. 1004. ἐκ τῶν φρεάτων τοὺς κάδους ξ.·
ξυλλεγέντες. Σ. 1107. ξ. γὰρ καθ' ἐσμούς, ὥσπερει τἀνθρήνια,
ξυλλέγων. Α. 398. ὃ νοῦς μὲν ἔξω ξ. ἐπύλλια
ξυλλεξαμένοι. Π. 503. δῆσαν αὐτὰ ξ.· πολλοὶ δ' ὄντες πάνυ χρηστοὶ
ξυλληφιθῇ. Σ. 400. οὐ ξ. ὑπόσσαις δίκαις τῆτες μέλλουσιν ἔσεσθαι,
ΕΙ. 465. οὐ ξ., οἳ ὀγκύλλεσθ'
ξυλλήφεται. Ι. 229. κἀγὼ μετ' αὐτῶν χὠ θεὸς ξ.
Ο. 1205. τὸ δὲ τοῦτο; ΠΕ. ταυτηνὶ τίς σὺ ξ.
ξύλον. Ι. 1046. ὃ μόνον σιδηροῦν τεῖχος ἐστὶ καὶ ξ.
Σ. 148. δύου πάλιν· φέρ' ἐπανάθω σοι καὶ ξ.
Λ. 357. οὐ περιπατάξαι τὸ ξ. τυπτόντ' ἐχρὴν τιν' αὐτάς·
680. ἀλλὰ τούτων χρὴν ἀπασῶν, ἐν τετρημένῳ ξ.
Θ. 775. ξ. γέ τοι καὶ ταῦτα κἀκεῖν' ἦν ξ.
Β. 1402. σιδηροβριθές τ' ἵλαβι δεξιᾷ ξ.
ξύλων. Α. 25. ἀδύνατοι τοῖς ἀλληλοισι περὶ πρώτου ξ.,
Ν. 1431. οὐκ ἐσθεῖσι καὶ τὴν κύπρον κἀκὶ ξ. καθεύδεις·
Σ. 90. ἢν μὴ 'πὶ τοῦ πρώτου καθίζηταί ξ.
145. κοσυνὸς; φέρ' ἴδω ξ. τίνος σύ. ΦΙ. συκίνου.
ΕΙ. 479. ἆρ' οἰσθ'; ὅσαι γ' αὐτῶν ἔχουσαί τοῦ ξ.,
Λ. 313. τίς ξυλλάβοιτ' ἂν τοῦ ξ. τῶν ἐν Σάμῳ στρατηγῶν;
Β. 716. νυν ξ. βαδίζων
736. εὐλόγον κἂν τι σφαλῇτ', ἐξ ἀξίον γοῦν τοῦ ξ.
ξύλῳ. Ι. 367. οἷόν σε δήσω τῷ ξ.
1. 394. ἐν ξ. δήσας ἀφανεῖ καποδόσθαι βούλεται.
705. ἐν τῷ ξ. δῆσω σε νὴ τὸν οὐρανόν.
1049. δῆσαί σ' ἐκέλευε πεντεσυρίγγῳ ξ.
Ν. 592. εἶτα φιμώσατε τοῦτον τῷ ξ. τὸν αὐχένα,
Σ. 458. οὐχὶ σοῦσθ', οὐκ εἰς κόρακας; οὐκ ἄπιτε; παῖε τῷ ξ.
ΕΙ. 1121. καί' αὐτῶν ἐπέχων τῷ ξ. τὴν τονθένα.
Λ. 291. οἱ ἐμοῦ γε τῷ ξ. τὸν ὦμον ἐξιμάσατο·
307. ούκουν ἂν, εἰ τοῦ μὲν ξ. θείμεσθα πρῶτον αὐτοῦ,
Fr. 502. ἵνα μὴ καταγῇς τὸ σκαφεῖον πληγείς ξ.
ξύλων. 1. 1310. εἰπες ἐκ σεωυτῆς γε κἀγὼ καὶ ξ. ἐηγνύμην.
ΕΙ. 1134. τῶν ξ. ἄττ' ἂν ᾖ
Θ. 726. ἀλλὰ τάσδε μὲν λαβεῖν χρῆν σ', ἐκφέρειν τε τῶν ξ.

ξυμβαίνετε. Ο. 1683. σφὼ νῦν διαλλάττεσθε καὶ ξ.·
ξυμβαλεῖν. Β. 930. ἆ ξ. οὐ ῥᾴδιον. ΔΙ. ἡ τοὺς θεούς, ἐγὼ γοῦν
ξυμβάλοι. Σ. 72. ἢν οὐδ' ἂν εἰς γνοίη ποτ' οὐδ' ἂν ξ.,
ξυμβεβωσμένοι. Σ. 1110. ξ., πυκνὸν νεύοντες ἐς τὴν γῆν, μόλις
ξυμβοηθήσειν. Α. 247. οὔκουν ἐφ' ἡμᾶς ξ. οἷει
ξυμβολάς. Α. 1211. τοῖς Χουσὶ γάρ τις ξ. ἐπράττετο;
ξυμβολῆς. Α. 1210. τάλας ἐγὼ ξ. βαρείας.
ξύμβολον. Ο. 721. ξ. ὄρνιν, φωνὴν ὄρνιν, θεράποντ' ὄρνιν, ὄνον ὄρνιν.
Π. 278. σὺ δ' οὐ βαδίζεις; ὁ δὲ Χάρων τὸ ξ. δίδωσιν.
ξυμβούλοισιν. Εκ. 518. ξ. πάσαις ὑμῖν χρήσωμαι, καὶ γὰρ ἐκεῖ μοι
ξύμβουλον. Α. 651. καὶ τῷ πολέμῳ πολὺ νικήσειν, τοῦτον ξ. ἔχοντας.
ξύμβουλος. Ν. 1481. καί μοι γενοῦ ξ., εἴτ' αὐτοὺς γραφὴν
Θ. 921. καὶ τοῦδέ τις ξ. οὐκ ἐτὸς πάλαι
ξυμβα. D. 175. ἀνάμεινον, ὦ δαιμόνι', ἐὰν ξ. τί σοι.
ξυμμαχία. Π. 178. ἡ ξ. δ' οὐ διὰ σὲ τοῖς Αἰγυπτίοις·
ξύμμαχοι. Α. 506. ἥκουσιν οὔτ' ἐκ τῶν πόλεων οἱ ξ.·
Σ. 673. οἱ δὲ ξ. ὡς ᾔσθηνται τὸν μὲν σύρφακα τὸν ἄλλον
Λ. 456. ὦ ξ. γυναῖκες, ἐκθεῖτ' ἔνδοθεν.
Π. 218. πολλοὶ δ' ἔσονται χἅτεροι νῶν ξ.
ξυμμάχοις. Ν. 609. πρῶτα μὲν χαίρειν Ἀθηναίοισι καὶ τοῖς ξ.·
Λ. 1177. τοῖς ξ. ἐλθόντες ἀνακοινώσατε.
1178. τοίοισιν, ὦ τᾶν, ξ.· ἐστύκαμεν.
ξύμμαχον. Α. 662. ξ. ἔσται, κοὐ μὴ ποθ' ἁλῷ
Δ. 346. καὶ σε καλῶ ξ., ὦ
ξύμμαχος. Ι. 222. χώπων ἀμνύει τὸν ἄνδρα. ΑΛ. καὶ τίς ξ.
Θ. 715. τίς οὖν σοι, τίς ἂν ξ. ἐκ θεῶν
ξυμμάχους. Α. 1153. πολλοὺς δ' ἑταίρους Ἱππίου καὶ ξ.,
ξυμμάχων. Α. 193. ὀρύταον, ὥσπερ διατριβῆς τῶν ξ.
Ι. 839. τᾶν τῇ πόλει, τῶν ξ. τ' ἄρξεις ἐγὼ τρίαινα,
ξυμμιγνυμένων. Ο. 701. ξ. δ' ἑτέρων ἑτέροις γίνετ' οὐρανὸς ὠκεανός τε
ξυμμίξας. Εκ. 516. οὐδεμιᾷ γὰρ δεινοτέρᾳ σου ξ. οἶδα γυναικί.
ξύμπαιζε. ΕΙ. 616. Μοῦσα θεὰ μετ' ἐμοῦ ξ.
ξυμπαίζων. Ο. 1098. Νύμφαις οὐρείαις ξ.·
ξυμπαραινεῖν. Β. 687. ξ. καὶ διδάσκειν. πρῶτον οὖν ἡμῖν δοκεῖ
ξύμπαντα. Β. 600. καὶ πλαίσια ξ. πλινθευόμενοί γε
ξύμπης. Α. 277. ἐὰν μεθ' ἡμῶν ξ., ἐκ κραιπάλης
ξυμπλάττεται. ΕΙ. 869. ὁ πλανοὺς πέπεται, σησαμῆ ξ.·
ξυμποτηρευάμεθα. Ο. 404. ὅταν γὰρ αὐτοὶ ξ.
ξυμπονήσαντα. Α. 694. πολλὰ δὴ ξ. καὶ θερμὸν ἀπομορξάμενον ἀνδρικῶν ἱδρῶτα δὴ καὶ πολὺν,
ξυμποσίοις. ΕΙ. 770. κἀπὶ τραπέζῃ καὶ ξ.
Σ. 1005. ἐπὶ δείπνοις, ἐς ξ., ἐπὶ θεωρίαν,
Λ. 1225. οὔπω τοιοῦτον ξ. ὅπων' ἐγώ.
ξυμπόσιῳ. Ι. 529. ᾄσαι δ' οὐκ ἦν ἐν ξ. πλὴν Δωροῖ συκοπέδιλε,
ξυμπόται. Α. 1227. ἡμεῖς δ' ἐν οἴνῳ ξ. σοφώτατοι.
ξυμπότας. Σ. 1346. μέλλουσαν ἤδη λεσβιεῖν τοῖς ξ.·
ξυμπότης. Β. 297. ἱερεῦ, διαφύλαξόν μ', ἵν' ὦ ξ. σοι ξ.·
ξυμποτικός. Σ. 1209. ξ. εἶναι καὶ ξυνουσιαστικός.
ξυμποτῶν. Σ. 1369. τῶν ξ. κλέψαντα· ΦΙ. ποίαν αὐλητρίδα ;
ξυμφέρεις. Εκ. 475. ἅπαντ' ἐπὶ τὸ βέλτιον ὑμῖν ξ.
ξυμφέροι. Εκ. 476. καὶ ξ. γ' ὦ πότνια Παλλὰς καὶ θεοί.
ξυμφέρα. Εκ. 569. φέρε νῦν ἐγώ σοι ξ. ΑΝ. Α. μή, μηδαμῶς.
ξύμφορα. Σ. 737. ὅσα πρεσβύτῃ ξ. χἡνδρον
ξύμφορα. Α. 684. τὰς δεξιὰς, μὴ ξ. γενήσεται τὸ πρᾶγμα.
ξυμφορά. Θ. 179. ἐγὼ δὲ ποινὴ ξ. πεπληγμένος
ξυμφοράν. D. 699. τὴν μίαν ταύτην παρεῖναι ξ. αἰτουμένοις.
ξύμφορον. Σ. 1126. μὰ τὸν Δί', οὐ γὰρ οὐδαμῶς μοι ξ.
Θ. 139. τί λήκυθος καὶ στρόφιον; ὡς οὐ ξ.
Εκ. 515. ὁ τι σι σοι δρῶσαι ξ. ἡμεῖς δόξομεν ὀρθῶς ὑπακούειν.
Ο. 659. ἀρίστισον εὖ· τὴν δ' ἡδυμελῆ ξ. ἀηδόνα Μούσαι
ξύμφωνος. Ο. 221. ξ. ὁμοῦ
ξυμφήσαιμι. Α. 142. ξ. μοι. ΛΑ. χαλεπὰ μὲν καὶ τῶ σιώ
ξύν. Ν. 580. μηδενί ξ. νῷ, τότ' ἡ βροντώμεν ἡ ψακάζομεν. κ.τ.λ.
ξυναγάγοι. Α. 991. πῶς ἂν ἐμὲ καὶ σέ τις Ἔρως ξ. λαβών,
ξυνάγειν. Λ. 585. δεῦρο ξ. καὶ συναθροίζειν εἰς ἓν, κἄπειτα ποιῆσαι
ξυναγείρει. Π. 584. ἵνα τοὺς Ἕλληνας ἅπαντας ἀεὶ δι' ἔτους πέμπτου ξ.
ξυνάγουσιν. Β. 453. Μοῦραι ξ.
ξυνάγων. Β. 823. δεινὸς ἐπισκύνιον ξ. βρυχώμενος ἦσει
ξνᾴδει. Λ. 1088. χαύτη ξ. χαἅτερα ταύτῃ νόσῳ.
ξυνακολουθεῖν. Ι. 3. πείθειν δ' ἐμαυτῷ ξ. οἴκαδε.
ξυναλίαξε. Α. 93. τίς δ' αὖ ξ. τῶνδε τὸν στέλεαν
ξυνάντᾳ. Α. 1187. ἀνίσταταί τε καὶ ξ. δραπέταις
ξυνάντᾳς. Π. 44. καὶ τῷ ξ. δῆτα πρῶτῳ· ΧΡ. τουτῳί.
ξυναντήσαιμι. Π. 41. ὅτῳ ξ. πρῶτον ἐξιών,

ξυναντῶν. Ο. 137. ὅπου ξ. μοι ταδί τις μέμφεται
ξυναποδράναι. Β. 81. κἂν ξ. δεῦρ' ἐπιχειρήσειέ μοι
ξυνάπτω. Εκ. 787. τωδὶ ξ. τὼ τρίποδε. ΑΝ. D. τῆς μωρίας,
ξυνάπτων. Α. 686. ἐς τάχος παίει ξ. στρογγύλοις τοῖς ῥήμασι·
ξυναριστῶσι. Ο. 1486. ποι ξ. καὶ ξυν--
ξυναράσαι. Α. 437. ἔβεισας, οὕτος; οὐ ξ. μέσην
ξυναράσειεν. Fr. 248. λύσας ἴσως ἂν τὸν ληγῶν ξ. ἡμῶν.
ξυνάρπασον. Ν. 775. ἄγε δὴ ταχέως τουτὶ ξ. ΣΤ. τὸ τί ;
ξυναυλίαν. Ι. 9. ξ. κλαύσωμεν Οὐλύμπου νόμον,
ξύναυλον. Β. 212. ξ. ὕμνων βοὰν
ξυνδεῖτε. Β. 605. ξ. ταχέως τουτονὶ τὸν κυνοκλόπον,
ξύνδησον. Λ. 442. ταύτην προτέραν ξ., ὅτιἡ καὶ λαλεῖ.
ξυνδιηνέγκαι. Ι. 597. ξ. μεθ' ἡμῶν, ἐσβολάς τε καὶ μάχας.
ξυνδικασταί. Σ. 197. ὦ ξ. καὶ Κλέων, ἀμύνετε.
Σ. 215. οἱ ξ. παρακαλοῦντες τουτονί
430. εἷά νυν, ὦ ξ., σφῆκες ὀξυκάρδιοι,
ξυνδοκεῖ. Λ. 167. εἴ τοι δοκεῖ σφῷν ταῦτα, χἡμῖν ξ.
ξυνδοκοῦν. Ο. 197. εἰ ξ. τοῖσιν ἄλλοις ὄρνισιν.
ξυνέβαλεν. Ι. 427. εὖ γε ξ. αὔτ'· ἀτὰρ δῆλόν γ' ἀφ' οὗ ξυνέγνω·
ξυνέβημεν. Ν. 67. κοινῇ ξ. κάθέμεθα Φειδωπίδην,
ξυνέβητον. Σ. 867. καὶ τοῦ νείκους ξ.
ξυνεγενόμην. Σ 1468. ξ., οὐδὲ τρόποις
ξυνεγένου. Β. 57. ἀλλ' ἀνδρός; ΔΙ. ἄττατταί. ΗΡ. ξ. Κλεισθένει·
ξυνέγνω. Ι. 427. εὖ γε ξυνέβαλεν αὔτ'· ἀτὰρ δῆλόν γ' ἀφ' οὗ ξ.·
ξυνεδικάζετε. Σ. 1187. ὥτε ξ. Ἀνδροκλεῖ καὶ Κλεισθένει.
ξυνέθηκα. Β. 1052. πότερον δ' οὐκ ὄντα λόγον τοῦτον περὶ τῆς Φαίδρας ξ.
ξυνειδέναι. Λ. 184. ξ. τί μοι δοκεῖς σαυτῷ καλόν.
ξυνειδότες. Β. 960. ἐξ ὧν γ' ἂν ἐξηλεγχόμην ξ. γὰρ οὗτοι
ξυνειδώς. Θ. 475. κακὰ ξ. εἶπε δρώσας μυρία;
ξυνείην. Εκ. 599. ψπερ ξ.·
ξύνειμ'. Εκ. 38. Σαλαμίνιος γὰρ ἐστιν ᾧ ξ. ἐγώ.
Εκ. 340. ἐμοὶ πέπονθας. καὶ γὰρ ᾖ ξ. ἐγὼ
ξύνειμι. Ν. 1404. γνώμαις δὲ λεπταῖς καὶ λόγοις ξ. καὶ μερίμναις,
ξυνεῖναι. Ο. 414. καὶ ξ. τὸ πᾶν.
Π. 321. μασώμενος τὸ λοιπὸν οὕτω τῷ μύτῳ ξ.
ξύνεισι. Ο. 1486. ποι ξυναριστῶσι καὶ ξ.·
ξυνείσομαι. Σ. 999. πῶς οὖν ἐμαυτῷ τοῦτ' ἐγὼ ξ.
ξυνεκραδαύνοτες. Λ. 1154. ξ. τῇ τῷ ἡμέρᾳ μόνοι,
ξυνεκμοχλεύσω. Λ. 430. ξ. ΑΥ. μηδὲν ἐκμοχλεύετε·
ξυνεκοίμισαν. Ο. 1734. Μοῖραι ξ.
ξυνεκποτῖ. Π. 1085. πίνειν ξ. ἐστί σοι καὶ τὴν τρύγα.
ξυνεκύκα. Α. 531. ἤστραπτεν, ἐβρόντα ξ. τὴν Ἑλλάδα,
ξυνελέγην. Εκ. 20. οὕτως ἐν ὥρᾳ ξ.· ΧΡ. τί δ' ἄλλο γ' ἢ
Fr. 244. κακῶν τοσούτων ξ. μοι σωρικός.
ξυνελέγμεν. Εκ. 116. οὐκοῦν ἐπίτηδες ξ. ἐνθάδε,
ξυνελέγοντ'. ΕΙ. 830. τί δ' ἴδραν; ΤΡ. ξ. ἀποβολὰς ποτωμέναι,
ξυνελέγοντο. Α. 184. πᾶς τοὺς τρίβωνας ξ. τῶν λίθων·
ξυνελθείν. Fr. 198. 12. τούτους γὰρ, ἡν πολλῷ ξ. ξυλλαβών·
ξυνέλθων'. Α. 39. ἡν δ' αἱ γυναῖκες ἱνθάδε,
ξυνελκύσας. Ν. 585. τὴν θρυαλλίδ' εἰς ἑαυτὸν εὐθέως ξ.
ξυνέλκυσον. ΕΙ. 417. ἡμῖν προθύμως τήνδε καὶ ξ.
ξυνεμβάλλων. Α. 246. ξ. εἰσιοῦσαι τοὺς μοχλοῦς.
ξυνέμιξεν. Ο. 700. πρότερον δ' οὐκ ἦν γένος ἀθανάτων, πρὶν Ἔρως ξ. ἅπαντα·
ξυνέμπορον. Β. 396. ᾠδαῖσι, τὸν ξ. τῆσδε τῆς χορείας.
ξυνενεγκεῖν. Α. 252. καλῶς ξ. τὰς τριακοντούτιδας.
ξυνεξέγοι. Θ. 601. καὶ ξ. ἡμῖν, ὡς ἂν τὴν χάριν
ξυνεπευχόμενος. Θ. 951. ἐς τὰς ὥρας ξ.
ξυνετιπεισοθ'. Ι. 266. ξ. ὑμεῖς· ἐγὼ δ', ἄνδρες, δι' ὑμᾶς τύπτομαι,
ξυνετομνύθ'. Σ. 1247. ξ. ὑμεῖς ταῦτα πάσαι; ΜΤ. νὴ Δία.
ξυνεργῷ. Ι. 588. ἡμετέρᾳ ξ.
ξύνες. Ο. 945. ξ. ὅ τοι λέγω.
ξύνες. Β. 893. καὶ ξ. μοι μυκτῆρες ὀσφραντήριοι,
ξύνεσιν. Β. 1483. ξ. ἠκριβωμένην.
ξυνέσκει. Ι. 1325. οὓς περ Ἀριστείδῃ πρότερον καὶ Μιλτιάδῃ ξ.
ξυνέσμεν. Β. 959. οἰκεῖα πράγματ' εἰσάγων, οἷς χρώμεθ', οἷς ξ.
ξυνεσόμεθ'. Ο. 650. ξ. ὑμῖν πετουμένοις οὐ πιτομένοις.
ξυνεσπούμαι. Εκ. 1095. ξ. γὰρ μετὰ σοῦ. ΝΕΑ. μὴ πρὸς θεῶν.
ξυνετάς. Β. 876. Μοῦσαι, λεπτολόγους ξ. φρένας αἱ καθορᾶτε
ξυνετίκνον. Θ. 15. καὶ ξῷ' ἐν αὐτῷ ξ. κινούμενα,
ξυνέτις. Ι. 330. ὦ ξ. ἀνήρ. Π. νῦν καλῶν ἐπήνεσας.
ξυνετρίβη. ΕΙ. 71. τῆς κεφαλῆς καταρρυείς.
ξυνέτριψεν. Σ. 1050. εἰ παρελαύνων τοὺς ἀντιπάλους τὴν ἐπίνοιαν ξ.
ξυνέτυχον. Β. 196. οἴμοι κανοδαίμων, τῷ ξ. ἐξιών;
ξυνεύσει. Σ. 633. δὲ ξ. λέγοντος.
ξύνευνος. Εκ. 953. πρόσελθε καὶ ξ. μοι

217

F f

218 ξυνευχόμεσθα—ὀβολοῦ.

ξυνευχόμεσθα. Θ. 352. ξ. τέλια μὲν
ξυνευχόμεσθά. Σ. 685. ξ. σοι * * κάσφδομεν
ξυνεφοίτων. I. 988. παῖδες οἱ ξ.
ξυνεχές. I. 21. λέγε δὴ μόλωμεν ξ. ὡδὶ ξυλλαβών.
ξυνέχεσθαι. Εκ. 1096. ἐνὶ γὰρ ξ. κρεῖττον ἢ δυοῖν κακοῖν.
ξυνέχοντας. Ν. 966. εἶτ' αὖ προμαθεῖν φαμ' ἰδίδασκεν, τὼ μηρὼ μὴ ξ.,
ξυνέχων. Σ. 95. τοὺς τρεῖς ξ. τῶν δακτύλων ἀνίσταται,
ξυνεχῶς. Β. 915. μελῶν ἐφεξῆς τέτταρας ξ. ἄν' αἱ δ' ἐσίγων.
ξυνήγαγεν. Α. 83. πόσου δὲ τὸν προικτὸν χρόνου ξ.;
ξυνήγετο. I. 1348. ὥσπερ σκιάδειον καὶ πάλιν ξ.
ξυνηγορεῖν. Α. 685. ὁ δὲ νεανίας ἑαυτῷ σπουδάσας ξ.
ξυνήγορον. I. 1361. τούτον τί δράσεις, εἰπέ, τὸν ξ.;
ξυνήγορος. Α. 715. τῷ γέροντι μὲν γέρων καὶ νωδὸς ὁ ξ.,
I. 1358. ἐάν τις εἴπῃ βωμολόχος ξ.'
Σ. 482. ἀλλὰ νῦν μὲν οὐδὲν ἀλγεῖ. ἀλλ' ὅταν ξ.
ξυνηγάρῳ. Α. 705. τῷδε τῷ Κηφισοδήμῳ, τῷ λάλῳ ξ.;
ξυνηγόρων. Fr. 1. τίς τούτο τῶν ξ. γηρύεται;
ξυνήκαθ'. Α. 101. ξ. ὃ λέγει; ΔΙ. μὰ τὸν Ἀπόλλω 'γὼ μὲν οὔ.
ξυνῆλθεν. Εl. 632. κᾆτα δ' ὡς ἐκ τῶν ἀγρῶν ξ. οὑργάτης λεώς,
ξυνηλθέτην. Β. 47. τίς ὁ νοῦς; τί κύθορνος καὶ ῥώπαλον ξ.;
ξυνήλθομεν. Λ. 25. οὐχ οὗτος ὁ τρόπος· ταχὺ γὰρ ἂν ξ.
ξυνῆμεν. Σ. 236. ᾔδης ἐκείνης, ἡνίκ' ἐν Βυζαντίῳ ξ.
ξυνήν. Σ. 1273. τοῖς Πενέσταισι ξ. τοῖς
ξυνῆς. Σ. 1256. οὐκ, ἢν ξ. γ' ἀνδράσι καλοῖς τε κἀγαθοῖς.
ξυνθέντε. Σ. 693. ἦν τίς τι διδῷ τῶν φευγόντων, ξ. τὸ πρᾶγμα δύ' ὄντε
ξυνθασώτα. Π. 509. δύο πρεσβύτα, ξ. τοῦ ληρεῖν καὶ παρασαίειν,
ξυνιείς. Λ. 1016. ταῦτα μέντοι σὺ ξ. εἶτα πολεμεῖς ἐμοί,
ξυνιέναι. R. 957. νοεῖν, ὁρᾶν, ξ., στρέφειν, ἐρᾶν, τεχνάζειν,
ξυνιέτε. Εl. 603. ὦ σοφώτατοι γεωργοί, τἀμὰ δὴ ξ.
ξυνίῃ'. Ο. 947. ξ. ὅτι βούλει τὸν χιτωνίσκον λαβεῖν,
ξυνίης. Π. 45. εἶτ' οὐ ξ. τὴν ἐνίουσαν τοῦ θεοῦ,
ξύνιμεν. I. 595. ἃ ξ. τοῖσιν ἵπποις, βουλόμεσθ' ἐπωσίσαι.
ξυνιστάμενον. I. 863. ἐν τῇ πύλει, ξ., ἀλλ' εὐθέως κέκραγα.
ξυναιμαγή. Β. 702. κάπιτίμων καὶ πολίτας, ὅστις ἂν ξ.
ξυννένοφε. Fr. 142. καὶ ξ. καὶ χειμέρα βροντᾷ μάλ' εὖ.
ξυννενοφυῖα. Fr. 349. ὡς ἐς τὴν γῆν κύψασα κάτω καὶ ξ. βαδίζει.
ξυννεφεῖ. Ο. 1502. ἀναιθριάζει τὰς νεφέλας, ἤ ξ.;
ξύνομα. Ο. 678. πάντων ξ. τὸν ξ.
ξυνόδους. I. 477. καὶ τὰς ξ. τὰς νυκτερινὰς ἐν τῇ πόλει,
ξυνόδων. Β. 1532. ὀργαλέων τ' ἐν ὅπλοις ξ. Κλεοφῶν δὲ μαχίσθω
ξύνοιδ'. Θ. 477. ξ. ἐμαυτῇ πολλὰ δείν'· ἐκεῖνο δ' οὖν
Θ. 553. εἴρηχ' ὅσα ξ. ἐπεὶ βούλεσθε πλείον' εἴπω;
ξυνοικεῖν. Ο. 413. σοῦ ξ. τί σοι
ξυνοικεῖα. I. 1001. ἐμοὶ δ' ὑπερῷον καὶ ξ. δύο.
ξυνοικίαν. Θ. 273. τί μᾶλλον ἢ τὴν Ἱπποκράτους ξ.;
ξύνοικοι. Β. 1341. τοῦτ' ἐκεῖν'· ἰὼ ξ.,
ξύνοικον. Π. 1147. ἀλλά ξ. πρὸς θεῶν δέξασθέ με.
ξυνοικῶ. Π. 437. Πενία μὲν οὖν, ἢ σφῷν ξ. πόλλ' ἔτη.
ξυνοικῶν. Εl. 708. ταύτῃ ξ. ἐκποιοῦ οὑτῳ βρύχι.
ξυνοίσει. Ν. 590. ὡς δὲ καὶ τοῦτο ξ. Λαβὼν διδάξομεν.
Εl. 688. πῶς οὖν ξ. ταῦτ', ἐρωτᾷ, τῇ πόλει;
Εκ. 472. τοῦτο ξ., ταῦτα χρὴ πάντ' ἄνδρα δρᾶν.
ξυνοίσεις. I. 1233. εἴ τι ξ. τοῦ θεοῦ τοῖς θεσφάτοις.
ξυνόμνυντι. I. 479. καὶ πάνθ' ἃ Μῆδοι καὶ βασιλεὺς ξ.,
ξυνόμνυντον. I. 236. ὁτιὴ 'πὶ τῷ δήμῳ ξ. πάλαι.
ξυνομώμοσται. Λ. 1007. τουτὶ τὸ πρᾶγμα πανταχόθεν ξ.
ξυνάντες. Σ. 1160. ξ. γνώμαις ἑτέρων

ξυνόντων. Σ. 1300. καὶ τῶν ξ. πολὺ παροινικώτατος;
ξυνουσία. Εκ. 110. καὶ πῶς γυναικῶν θηλύφρων ξ.
ξυνωσίαν. Θ. 21. οἵων τί που 'στὶν αἱ σοφαὶ ξ.
ξυνουσίας. Ο. 324. ἄνδρ' ἰδεξάμην ἐραστὰ τῆσδε τῆς ξ.
ξυνουσιαστικός. Σ. 1209. ξυμποτικὸς εἶναι καὶ ξ.
ξυνταλαιπωρήσομεν. Λ. 1221. χἠμεῖς γε μετὰ σοῦ ξ.
ξυνταξάμενοι. Λ. 452. ξ. ΛΤ. νὴ τὼ θεὼ γνώσεσθ' ἄρα
ξυντεμῶ. Β. 1262. εἰς ἓν γὰρ αὐτοῦ πάντα τὰ μέλη ξ.
ξύντομος. Β. 123. ἀλλ' ἔστιν ἀτραπὸς ξ. τετριμμένη,
ξύντροφ'. Ο. 679. ὕμνων ξ. ἀηδοί,
ξύντροφε. Α. 989. ὦ Κύπριδι τῇ καλῇ καὶ Χάρισι ταῖς φίλαις ξ. Διαλλαγή,
ξυντυγχάνειν. Ο. 1489. ἀσφαλὲς ξ.
ξυντύχῃ. Σ. 1323. τύπτων ἅπαντας, ἢν τις αὐτῷ ξ.
ξυντυχίᾳ. Β. 1006. θυμούμαι μὲν τῇ ξ., καί μου τὰ σπλάγχν' ἀγανακτεῖ,
ξυντυχών. Α. 546. κοὐ ξ. σ' Ὑπέρβολοι
ξυνφδά. Ο. 635. ἐμοὶ φρονῶν ξ., ἣ
ξυνωμόσαμεν. Α. 182. ξ., ὅπως ἂν ἀρρήκτως ἔχῃ;
ξυνωμοσίας. I. 476. ὑμῶν ἁπάντων τὰς ξ. ἐρῶ,
ξυνωμόται. I. 452. ξύντασοί μ' οἱ ξ.
Σ. 488. ὡς ἅπανθ' ὑμῖν τυραννίς ἐστι καὶ ξ.
ξυνωμότας. I. 628. κρημνοὺς ἐρείδων καὶ ξ. λέγων
I. 862. ἔπαυσα τοὺς ξ., καὶ μ' οὐ λέληθεν οὐδὲν
Σ. 483. ταὐτὰ ταῦτα σου κατατατλῇ καὶ ξ. καλῇ.
ξυνωμότης. Σ. 345. μὴ ξ. τις ἦν.
Σ. 507. ταῦτα δρᾶν ξ. ὢν καὶ φρονῶν τυραννικά.
953. κλέπτης μὲν οὖν οὗτός γε καὶ ξ.
ξυνωμοτῶν. I. 257. παραβοηθεῖθ', ὡς ὑπ' ἀνδρῶν τύπτομαι ξ.
ξυνών. I. 1267. καὶ Πολυμνήστεια ποιῶν, καὶ ξ. Οἰωνίχῳ.
Σ. 475. καὶ ξ. Βρασίδᾳ, καὶ φορῶν κράσπεδα
1222. τούτοις ξ. τὰ ἀκόλα' ὅπως δίξει καλῶς.
Εl. 863. οἴμοι, τί δηθ', ὅταν ξ. τῶν τιτθῶν ἔχωμαι;
Ο. 200. ἰδίδαξε τὴν φωνήν, ξ. πολὺν χρόνον.
418. ὅτῳ πέποιθέ μοι ξ.
Π. 775. οἴοις ἄρ' ἀνθρώποισι ξ. ἐλάνθανον,
Ν. 15. ἱπάζεταί τε καὶ ξ.
ξυνωρίοιν. Ν. 1302. αὐτοῖς τροχοῖς τοῖς σοῖσι καὶ ξ.
ξυνώσιν. Fr. 503. ἵνα ξ. ὥπερ ἡδεσθον βίῳ,
ξυροδόκης. Θ. 220. ἐντιθεῖεν εἰς τῆς ξ. ΕΤ. γενναῖος εἶ·
ξυρόν. Θ. 219. χρήσον τι νῦν ἡμῖν ξ. ΑΓ. αὐτὸς λάμβανε
Εκ. 65. ξυρόν. ξ. οὐ ξ. δί γ' ἐν τῇ σικίᾳ.
Fr. 309, 1. ξ., κάτοπτρον, ψαλίδα, κηραντήν, λίτρον,
ξυροφαρεῖν. Θ. 218. Ἀγάθων, σὺ μέντοι ξ. ἑκάστοτε,
ξυσπονδάζειν. Εl. 768. ξ. περὶ τῆς νίκης.
ξυσσίτια. Εκ. 715. ἀρχεῖν, κατακτῆσαί τε τὰ ξ.
ξυσσίτους. Σ. 557. ἀρχὴν ἄρξας ἤ 'ν στρατιαῖς τοῖς ξ. ἀγοράζων·
ξύσσιτον. Β. 1075. καὶ μινθώσαι τὸν ξ., κἀκβὰς τινά λωποθυτῆσαι
Π. 602. Παύσωνα κάλει τὸν ξ.
ξυσταθεῶσω. Λ. 844. καὶ ξ. τοῦτον, ἀλλ' ἀπέλθετε.
ξυσταλείς. Σ. 424. ξ., εὔτακτος, ὀργῆς καὶ μίνους ἐμπλήμενος,
ξυστάς. Σ. 1031. θρασύες ξ., εὐθὺ ἀπ' ἀρχῆς αὐτῷ τῷ καρχαρόδοντι,
ξυστειλάμεναι. Εκ. 99. ξ. θαιμάτια· τὸν πώγωνά τε
ξυστῇ. Fr. 357. λόγχαι δ' ἐπανέξοντο καὶ ξ. κἀμφέ,
ξυστίδ'. Ν. 70. ὥσπερ Μεγακλῆς, ξ. ἔχων. ἐγὼ δ' ἔφην.
ξυστίδα. Fr. 309, 7. ζῶμ', ἀμπέχονον, τρύφημα, παρυφές, ξ.,
ξυστίδων. Λ. 1189. χλανίδιόν καὶ ξ. καὶ
ξυστρίψας. Λ. 975. ξ. καὶ ξυγγογγυλίσας
ξάσπις. Θ. 881. αὐτὸς δὲ Πρατείς ἔνδον ἔστ', ἢ ξ.;
Θ. 884. ἐπειτ' ἐρωτᾷς, ἔνδον ἔστ', ἤ ξ.

Ο

ὅ. Α. 11. ὁ δ' ἀνεῖπεν εἰσαγ', ὦ Θέογνι, τὸν χορόν. κ.τ.λ.
ὅ. Α. 101. ξυνήκαθ' ὃ λέγει; ΔΙ. μὰ τὸν Ἀπόλλω ᾽γὼ μὲν οὔ. κ.τ.λ.
Α. 360. ὅ τι ποτ', ὦ σχέτλιε, τὸ μέγα τοῦτ' ἔχεις; κ.τ.λ.
ἑάς. Fr. 27. "ὅτε τὰς ὑ. ἴσας ἐποιήσατο."
ὁβελίαν. Fr. 158. εἶτ' ἄρτον ὑπτῶν τυγχάνει τις ὁ.
ὁβελίας. Fr. 384. ὁ. ἄρτους·
ὁβελίσκων. Ο. 672. ἀλλ', ὦ κακόδαιμον, μύγχος ὁ. ἔχει.
ὁβελίσκων. Ν. 178. κάμψας ὁ., εἶτα διαβήτην λαβών,
Ο. 359. τοῖς δὲ γαμψῶνυξι τοιαδέ· ΠΕ. τὸν ὁ. ἁρπάσας
358. καὶ τὸ δίρυ χρὴ τὸν ὁ.,

ὁβελίσκους. Α. 1007. φέρε τοὺς ὁ., ἵν' ἀναπείρω τὰς κίχλας.
Σ. 354. μίμησαι δή θ', ὅτ' ἐπὶ στρατιᾶς κλέψας ποτὲ τοὺς ὁ. 3σὶ. τηρούμεν ἔχοντ' ὁ.
ὁβολῶν. Ν. 118. οὐκ ἂν ἀποδοίην οὐδ' ἂν ὁ. οὐδενί.
Ν. 863. ἐν πρώτον ὁ. ἔλαβον Ἡλιαστικόν, 1250. οὐκ ἂν ἀποδοίην οὐδ' ἂν ὁ. οὐδενί.
Ο. 503. ὁ. κατεβρόχθισα· κᾆτα κενὸν τὸν θύλακον οἴκαδ' ἀφικών.
Εκ. 302. ἐλθὼν θ' ὁ. μόνον,
ὁβολοῦ. I. 682. ὁ. κοφίνοισι ἀναλαβὼν ἐλήλυθα.
Ο. 18. κολοιὸν ὁ., τηνδεδὶ τριωβόλου.

ὀβολοῦ—οἶά. 219

ὀβολοῦ. Β. 1236. λήψει γὰρ ὁ. πάνυ καλήν τε κἀγαθήν.
ὀβολούς. Σ. 684. σοὶ δ᾽ ἦν τις ὀψ᾽ τοὺς τρεῖς ὀ., ἀγαπᾷς οἷς αὑτοῦ ἐλαύνων
Σ. 791. αἰγὼ 'νέκαψ'· ὁ. γὰρ ᾠόμην λαβεῖν·
Β. 177. λάβ᾽ ἐννέ᾽ ὁ. ΝΕ. ἀναβιῴην νυν πάλιν.
ὀβολῶ. Σ. 52. εἶτ᾽ οὐκ ἐγὼ δοὺς δύ᾽ ὁ. μισθώσομαι
Σ. 1189. πλὴν ἐς Πάρον, καὶ ταῦτα δύ᾽ ὁ. φέρων.
Β. 140. ναύτης διάξει δύ᾽ ὁ. μισθὸν λαβών.
141. φεῦ. ὡς μέγα δύνασθον πανταχοῦ τὼ δύ᾽ ὁ.
Fr. 145, I. τοῦτ᾽ αὐτὸ πράττω, δύ᾽ ὁ. καὶ σύμβολον
ὀβολῶν. Σ. 1391. ἄρτους δεκ᾽ ὁ. κἀπιθήκην τέτταρας.
Fr. 293. "ὁ. δ᾽ ἴσως τεττάρων καὶ τῆς φορᾶς.
Ὀβριμοπάτρα. I. 1178. ἡ δ᾽ Ο. γ᾽ ἐφθὸν ἐκ ζωμοῦ κρέας
ὄγδοον. I. 793. καὶ γυναρίοις καὶ πυργιδίοις ἕτος ὀ. οὐκ ἐλεαίρεις.
ὀγκύλλεσθ'. ΕΙ. 465. οὐ ξυλλήψεσθ'; οἷ ὀ.·
ὀγκῶσαι. Σ. 1024. οὐκ ἐκτελέσαι φησὶν ἐπαρθεὶς οὐδ᾽ ὁ. τὸ φρόνημα,
ὀγκωσόμεσθα. Β. 703. εἰ δὲ τοῦτ᾽ ὁ. κάποσεμνυνούμεθα
δδ'. Α. 333. ὢν ἀπωλόμεσθ'. ὁ λάρκος δημύττῃ ὁ. ἐστ᾽ ἐμός. κ.τ.λ.
ὀδάξ. Σ. 164. διατρώξομαι τοίνυν ὀ. τὸ δίκτυον.
Σ. 943. καὶ ταῦτα ταῖς φεύγουσιν, ἀλλ᾽ ὀ. ἔχει;
Α. 301. οὐδὲ γὰρ ποθ᾽ ὧδ᾽ ὀ. ἔβρυκε τὰς λήμας ἐμοῦ.
Π. 690. ὁ. ἐλαβόμην, ἂν παρείας ὤν ὄφις.
ὅδε. Α. 108. οὐκ, ἀλλ᾽ ἀχάνης ὁ. γε χρυσίου λέγει. κ.τ.λ.
ὀδελόν. Α. 796. ἄπαστον ἂν τὸν ὁ. ἀμπεπαρμένον.
ὁδί. Α. 122. ὁ δὲ τίς ποτ᾽ ἐστίν; οὐ δήπου Στράτων; κ.τ.λ.
Α. 184. ὁ.
ὅδιον. Β. 1276. κύριός εἰμι θροεῖν ὁ. κράτος αἴσιον ἀνδρῶν.
ὁδό. Θ. 1222. ὦ μαρὸ γράδο' πότερα τρέξι τὴν ὁ.;
ὁδοί. Ο. 1006. ἀγορά, φέρουσαι δ᾽ ὦσιν εἰς αὐτὴν ὁ.
ὁδοιπλανοῦντες. Α. 69. πεδίον ὁ. ἱσπηγυεντοι,
ὁδοιπόρων. Α. 205. τῶν ὁ. ἀπάντων' τῇ πόλει γὰρ ἄξιον
ὁδοῖς. I. 348. τὴν νύκτα θρυλῶν καὶ λαλῶν ἐν ταῖς ὁ. σεαυτῷ,
Ν. 362. ὅτι βρενθύει τ᾽ ἐν ταῖσιν ὁ. καὶ τώφθαλμὼ παραβάλλεις,
964. εἶτα βαδίζειν ἐν ταῖσιν ὁ. εὐτάκτως ἐς κιθαριστοῦ
Σ. 542. σκωπτόμενοι δ᾽ ἐν ταῖς ὁ.
Λ. 523. ὅτε δὴ δ᾽ ὑμῶν ἐν τοῖσιν ὁ. φανερῶς ἠκονῶμεν ἤδη,
Ἐκ. 773. λέγουσι γοῦν ἐν ταῖς ὁ. ΑΝ. Β. λέξουσι γάρ.
Ὀδομάντων. Α. 156. τουτὶ τί ἐστι τὸ κακόν; ΘΕ. Ὀ. στρατός.
Α. 157. πυῖων Ὀ.; εἰπέ μοι, τουτὶ τί ἦν;
158. τίς τῶν Ὀ. τὸ πέος ἀποτεθρίακεν;
164. ὑπὸ τῶν Ὀ. τὰ σκόρυδα πορθούμενος.
ὁδόν. Α. 1144. ἐπ᾽ ἀνομοίαν ἔρχεσθον ὁ.·
I. 72. ποίαν ὁ. νῷ τρεπτέον καὶ πρὸς τίνα.
621. κἄν μακρὰν ὁ. διελθὼν
1015. Φράξις, Ἐριχθείδη, λογίων ὁ., ἥν σοι Ἀπόλλων
ΕΙ. 125. ναῦς μὲν γὰρ οὐκ ἄξει σε ταύτην τὴν ὁ.
733. ἣν ἔχωμεν ὁ. λόγων εἴπωμεν, ὅσα τε νοῦς ἔχει.
825. τί δ᾽ ἔπαθες; ΤΡ. ἤλγουν τὰ σκέλη μακρὰν ὁ.
1093. ἔσπευδον διαπέσσειν· ἐγὼ δ᾽ ὁ. ἡγεμόνευον·
Ο. 4. ἀπολούμεσθ᾽ ἄλλως τὴν ὁ. προφορουμένοι.
12. οἴμοι. ὁ. σὺ μὲν, ὦ τᾶν, τὴν ὁ. ταύτην ἴθι.
29. ἔπειτα μὴ 'ξευρεῖν δύνασθαι τὴν ὁ.;
1374. πέτομαι δ᾽ ὁ. ἄλλοτ᾽ ἐπ᾽ ἄλλαν μελέων
1398. τοτὲ μὲν νοτίαν στείχων πρὸς ὁ.,
Θ. 1173. καθ᾽ ὁ. ἔφραζον, ταῦτα μεμνῆσθαι ποιεῖν.
Α. 834. εὑδόκως, ἴθ᾽ ὑμῖν ἥνπερ ἔρχει ὁ.
Β. 135. οὐκ ἂν βαδίσαιμι τὴν ὁ. ταύτην. ΗΡ. τί δαί;
162. οὗτοι γὰρ ἐγγύτατα παρ᾽ αὐτὴν τὴν ὁ.
401. ἄντυ πυνον πολλὴν ὁ. περαίνεις.
697. ἥτις δαίαν ὁ.
Π. 506. ὁ. ἥτιν᾽ ἰὼν τοῖς ἀνθρώποις ἀγαθ᾽ ἂν μεῖζω πορίσειεν.
ὀδόντα. Λ. 1258. θάγοντας, οἷῳ, τὸν ὁ.·
ὀδόντας. Σ. 165. ἀλλ᾽ οὐκ ἔχεις ὁ. ΦΙ. οἴμοι δείλαιος·
Β. 815. ἡνίκ᾽ ἂν ὀξυλάλου περ᾽ ἴδῃ θήγοντος ὁ.
927. σαφὲς δ᾽ ἂν εἴπων οὐδεὶν ΔΙ. μὴ πρὶξ τοὺς ὁ.
Π. 1057. πυσουν ἔχεις ὁ. ΧΡ. ἀλλὰ γιγνώσκω
ὀδόντων. ΕΙ. 1310. λευκῶν ὁ. ἔργων ἔστ᾽, ἥν μή τι καὶ μασῶνται.
ὀδός. Ο. 22. ὁ. ΠΕ. οὐδὲ μὰ Δί᾽ ἐνταῦθά γ᾽ ἀτραπὸς οὐδαμοῦ.
ὀδού. Ν. 75. νῦν οὖν ὕλην τὴν νύκτα φροντίζων, ὁ.
ΕΙ. 124. καὶ τίς πύρος σοι τῆς ὁ. γενήσεται;
1155. χάμα τῇς αὑτῆς ὁ. Χαρινάδην τις βωσάτω,
Ο. 6. ὁ. περιελθεῖν στάδια πλεῖν ἢ χίλια.
23. ἡ δ᾽ ἡ κορώνη τῆς ὁ. τί λέγει χέρι;
25. τί δὴ λέγεις περὶ τῆς ὁ., ΠΕ. τί δ᾽ ἄλλο γ᾽ ἢ
994. τίς ἡ 'πίνοια, τίς ὁ κόθορνος, τῆς ὁ.;
1011. κάμοι πιθόμενος ὑπακούπιει τῆς ὁ.
Λ. 286. ἀλλ᾽ αὐτὸ γάρ μοι τῆς ὁ.

ὁδοῦ. Λ. 294. κἄν μ᾽ ἀποσβεσθὲν λάθῃ πρὸς τῇ τελευτῇ τῆς ὁ.
Λ. 988. ὑπὸ τῆς ὁ.; ΚΙΙ. παλεόρ γα ναὶ τῶν Κάστορα
Β. 174. μὰ Δί᾽, ἀλλ᾽ ἔλαττον. ΝΕ. ὑπήγεθ᾽ ὑμεῖς τῆς ὁ.
284. λαβεῖν τ᾽ ἀγώνισμ᾽ ἀξιόν τι τῆς ὁ.
Π. 961. ἡ τῆς ὁ. τὸ παράπαν ἡμαρτήκαμεν;
ὁδούς. I. 253. εὐλαβοῦ δὲ μὴ 'κρύγῃ σε' καὶ γὰρ οἶδα τὰς ὁ.
I. 291. ὑποστειυόμαι τὰς ὁ. σοῦ
Ν. 171. ζητοῦντος αὐτοῦ τῆς σελήνης τὰς ὁ.
584. ἡ σελήνη δ᾽ ἐξέλειπε τὰς ὁ.· ὁ δ᾽ ἥλιος
Θ. 783. βάσκεπ᾽, ἐπείγετε πάσας καθ᾽ ὁδοὺς,
Β. 113. πορνεῖ᾽, ἀναπαύλας, ἐκτροπάς, κρήνας, ὁ.,
ὀδύναις. Α. 526. κἀθ᾽ οἱ Μεγαρῆς ὁ. πεφυσιγγωμένοι
ὀδυνῶν. Α. 164. κάλλως ὁ. χρῇ· κάμπλει ταχέως πάνυ
ὀδύνη. Π. 1131. ὁ. σε πρὸς τὰ σπλάγχν᾽ ἔοικ᾽ ἐπιστρέφειν.
ὀδυνηθείς. Σ. 283. διὰ τοῦτ᾽ ὁ.
ὀδύνης. Α. 231. ὀξύς, ὁ., *** ἐπίκωπος, ἵνα
ὀδυνηρότερον. Π. 526. ὁ. τρίψεις βίοτον πολὺ τοῦ νῦν. ΧΡ. ἐς κεφαλὴν σοί.
ὀδυνήσει. Ἐκ. 928. οὐ τοὐμὸν ὁ. σε γῆρας, ΝΕ. ἀλλά τί;
ὀδύψατα. Π. 222. ὁ. μᾶλλον. ἡ δὲ κικραγὼς καὶ βοῶν
ὀδυρτά. Α. 1226. λύγχη τις ἐμπέπηγέ μοι διὰ' ὀστέων ὁ.
Ὀδυσσεία. Σ. 181. Ὀ. τιν· ΗΛ. ἀλλὰ καὶ μὰ Δία φέρει
Ὀδυσσεύς. Σ. 351. εἴτ᾽ ἐκδῦναι ῥάκεσιν κρυφθείς, ὥσπερ πολύμητις Ὀ.·
Β. 117. μηδὲν ἐπὶ πρὸς ταῦτ᾽, ἀλλὰ φράζε τῶν ὁ.
ὁδῷ. Fr. 460, 5. ἐς Ἐφέσου, οἷ δ᾽ εἰς Ἀβυδοῦ. ἢν δὶ πάνθ᾽ ὁ.
ὄξει. Σ. 38. ὁ. κάκιστον τοὐννύπνιον βύρσης σαπρᾶς.
ΕΙ. 529. τοῦ μὲν γὰρ ὁ. κρομμυοξυργμίας,
Θ. 254. νὴ τὴν Ἀφροδίτην, ἠδὺ γ᾽ ὁ. πισθίου.
ὄζειν. Ἐ. 616. ἠδη γὰρ ὁ. ταδὶ μειζόνων καὶ πλειόνων
Λ. 663. ἀνδρὸς ὁ. εὐθὺς, ἀλλ᾽ οὐκ ἐντεθριώσθαι πρέπει.
Π. 1020. ὁ. τε τῆς χρόας ἔφασκεν ἡδύ μου,
ὄζηθεε. Σ. 1059. ὁ. δεξιότατος
ὄζοις. Ἐκ. 648. οἰμώζοιν γ᾽ ἂν καὶ κωκύοι. ΠΡ. σὺ δί γ᾽ ὁ. ἂν καλαμίνθης.
ὄζον. Λ. 943. εἰ μὴ διατριπτικόν γε, κοὖκ ὁ. γάμων.
ὄζος. Σ. 1377. ὁ. μὲν οὖν τῆς βαδὸν αὑτὸς ἐξεχι.
Σ. 1378. τί λέγεις σύ; ποῖος ὁ. οὐκ εἰ δεῦρο σύ;
ὄζουσ'. Α. 196. αὗται μὲν ὁ. ἀμβροσίας καὶ νέκταρος,
ὀζουσιν. Α. 190. Ἁ. τίττης καὶ παρασκευῆς τῆν,
Α. 192. ὁ. χαῦται πρέσβεων ἐς τὰς πύλεις
ὄζω. Ἐκ. 524. ἔξεστι. ΒΑ. μὴν· ΠΡ. εἰ τῆς κεφαλῆς ὁ. μύρου.
ὄζωμεν. Α. 687. ὥν ἂν Ὀ. γυναικῶν αὐτοδὸξ ὠργισμένων
ὄζων. Α. 852. ὁ. κακὸν τῶν μασχαλῶν
Ι. 892. οὐκ ἐς κόρακας ἀποφέρει, βύρσης κάκιστον ὁ.;
1332. οὐ χοιρινῶν ὁ. ἀλλὰ σπουδῶν, σμύρνης κατάλειπτος.
Ν. 50. ὁ. τρυγός, τρασιᾶς, ἐρίων περιουσίας,
308. καὶ πῶς, ὦ μόχθ᾽ οὐ καὶ Κρονίων ὁ. καὶ Βεκκεσέληνε,
1007. μίλακος ὁ. καὶ ἀπραγμοσύνης καὶ λεύκης φυλλοβολούσης,
ὄθ'. Α. 401. ὁ. ὁ δοῦλος οὑτωσί σοφῶς ὑποκρίνεται. κ.τ.λ.
ὄθεν. I. 314. οἶδ᾽ ἐγὼ τὸ πρᾶγμα τοῦθ᾽ ὁ. πάλαι ματτύεται. κ.τ.λ.
ὀθνεινέ. Α. 821. ὁ. ἀρχὴ τῶν κακῶν ἀμῖν ἔφυ. κ.τ.λ.
ὀθόνια. Α. 1176. ὁ., κηρωτὴν παρασκευάζετε,
οἱ. Α. 21. ὁ. δ᾽ ἐν ἀγορᾷ λαλοῦσι, κἄνω καὶ κάτω κ.τ.λ.
οἱ. Α. 1174. ὁ. θωμὲν ὁ. κατ᾽ οἰκόν ἐστι Λαμάχου. κ.τ.λ.
οἱ. Α. 536. εὐδαιμονεῖ γ᾽ ἄνθρωπος, οὐκ ἤκουσας ὁ. προβαίνει
οἵ. ΕΙ. 929. τῷ δὴ δοκεῖ σοι δῆτα τῶν λοιπῶν; ΧΟ. ὁ. κ.τ.λ.
οἵ. Α. 461. οἴμ᾽ ὡς ἀπόλωλ᾽ ὁ.· οἱοθ᾽ ὁ. αὐτὸς ἔργάζει κακά.
Α. 973. ὁ. ἔχει στειαάμενον ἐμπαρκὼ χρήματα διεμπολᾶν,
I. 269. ὦ δ᾽ ἀλαζῶν, ὃν δὴ φήμαι μάλιστ᾽ εἶδες ὁ. ὑπέρχεται
1338. οὐδ᾽ ὁ. ἵδρας' ἐμὲ τοῦ νομίζοι ἂν θεόν.
ΕΙ. 465. οὐ ξυλλήψεσθ'; ὁ, ὀγκύλλεσθ'
651. οὐ ξυλλήψεσθ'; ὁ. γυναῖκες, ὁ. γίργηεν ἡ πανούργοι
651. εἰς ο. ἐμαυτὸν εἰσεκύλισα πράγματα.
651. ἱατταταιάξ. ὁ. κροκῶθ᾽, ὁ. εἴργασαι
Β. 906. ἀστεία καὶ μήτ᾽ εἰκόνας μήθ᾽ ὁ. ἂν ἄλλος εἴπῃ.
921. ὁ. κυκλοβορεῖ ὁ., ἀρ᾽ ἐφενακιζύμην ὑπ᾽ αὑτοῦ.
ὁδοῦ. Α. 753. τί δ᾽ ἄλλο παπέθ᾽ οἱ Μεγαρῆς νῦν; ΜΕ. ο. δή.
I. 465. οὔκουν μ᾽ ἐν Ἄργει ο. πρέπτει λανθάνει.
683. πάντα του πέπραγαι ο. χρὴ τὸν εὐτυχοῦντα·
727. ἐξελθ᾽, ἵν᾽ εἰδῇς ο. περιυβρίζομαι,
813. ᾧ πόλις Ἀργοῦς, κλῦθ᾽ ο. λέγει. σὺ Θεμιστοκλῆς ἀντιφερίζεις;
ΕΙ. 389. οὐκ ἀκούεις ο. θωπεύουσί σ᾽, ὦναξ δέσποτα;
Ο. 307. ο. ὕβριζε καὶ πρὶ χουσι ἀπεκαραγότες,
Ο. 461. ο. κάστομάλαγο
Π. 601. ᾧ πόλις Ἄργους, κλῦθ᾽ ο. λέγει.
οἰά. ΕΙ. 693. ο. μ᾽ ἐκέλευσεν ἀσπυθίσθαι σου. ΤΡ. τὰ τί;

F f 2

οἷα—οἴκαδ'.

οἶα. ΕΙ. 251. ο. πόλις τάλαινα διακναισθήσεται.
Λ. 719. ο. τ' ἀπὸ τῶν ἀνδρῶν ἀποδιδράσκουσι γάρ.
Οἴαγρος. Σ. 579. πἂν Ο. εἰσέλθῃ φεύγων, οὐκ ἀποφεύγει πρὶν ἂν ἡμῖν
οἴαν. Α. 1083. ο. ὁ κῆρυξ ἀγγελίαν ἡγγειλέ μοι.
Ν. 699. ο. δίκην τοῖς κύρεσι δώσω τήμερον.
1109. ο. δικιδίοις, τὴν δ᾽ ἑτέραν αὐτοῦ γνάθον
1110. στύμασον ο. ἐς τὰ μείζω πράγματα.
Σ. 174. ο. πρόφασιν καθῆκεν, ὡς εἰρωνικῶς.
οἶπερ. Ν. 1003. οὐ στωμύλλων κατὰ τὴν ἀγορὰν τριβολεκτράπελ᾽, ο. οἱ νῦν,
Ν. 1361. τοιαῦτα μέντοι καὶ τύτ᾽ ἔλεγεν ἔνδον, ο. νῦν,
ΕΙ. 446. πάσχαι γε τοιαῦθ᾽ ο. Κλεώνυμος.
Ο. 925. ο. ἵππων ἀμαργυρά.
1363. ἀλλ᾽ ο. αὐτὸς ἔμαθον ὅτε παῖς ἦ. σὺ γὰρ
Θ. 983. παίσωμεν, ὦ γυναῖκες. ο. νύμος·
οἴας. Ι. 537. ο. δὲ Κράτης ὀργὰς ὑμῶν ἠνέσχετο καὶ στυφελιγμούς·
Ν. 971. ο. οἱ νῦν τὰς κατὰ Φρύνιν ταύτας τὰς δυσκολοκάμπτους,
οἴγειν. Β. 1273. εὐφαμεῖτε μελισσονόμοι δόμον Ἀρτέμιδος πέλας ο.
οἷδ'. Ο. 373. πῶς δ᾽ ἂν ο. ἡμᾶς τι χρήσιμον διδάξειάν ποτε,
οἷδ'. Α. 207. εἴ τις ο. ὅπου τέτραπται γῆς ἢ τὰς σπονδὰς φέρων,
Α. 309. ο. ἐγὼ καὶ τοὺς Λάκωνας, οἷς ἄγαν ἐγκείμεθα,
430. ο. ἄνδρα, Μυσῶν Τήλεφον. ΔΙ. ναί, Τήλεφον·
555. ταῦτ᾽ ο. ὅτι ἂν ἔδρατε· τὸν δὲ Τήλεφον
Ι. 314. ο. ἐγὼ τὸ πρᾶγμα τοῦθ᾽ ὅθεν πάλαι καττύεται.
1021. ταυτὶ μὰ τὴν Δήμητρ᾽ ἐγὼ οὐκ ο. ὅ τι λέγει.
Ν. 100. εἰσὶν δὲ τίνες; ΣΤ. οὐκ ο. ἀκριβῶς τοὔνομα·
190. ἐγὼ γὰρ ο. ἵν᾽ εἰσὶ μεγάλοι καὶ καλοί.
213. ο.· ὑπὸ γὰρ ἡμῶν παρετάθη καὶ Περικλέους.
403. οὐκ ο.· ἀτὰρ εὖ σὺ λέγεις φαίνει. τί γάρ ἐστιν δὴ ὁ κεραυνός;
652. κατὰ δάκτυλον· νὴ τὸν Δί᾽ ἀλλ᾽ ο. ΣΩ. εἰπὲ δή.
660. ἀλλ᾽ ο. ἔγωγε τἄρρεν᾽, εἰ μὴ μαίνομαι·
683. ἀλλ᾽ ο. ἔγωγ᾽ ἃ θῆλε᾽ ἐστίν. ΣΩ. εἰπὲ δή.
761. ὕπως· ὅπως· οὐκ ο.· ἀτὰρ ζητητέον.
862. ο. ἐξέτει σοι τραυλίσαντι πιθόμενος,
1100. γοῦν ο. ἐγὼ κἀκεινονὶ
1175. ἀδικοῦντ᾽ ἀδικεῖσθαι καὶ κακουργοῦντ᾽, ο. ὅτι.
1282. οὐκ ο. ἔγωγ᾽ ὑπότερον, οὐδ᾽ ὅστις ὁ μέλεις.
Σ. 5. ο.· ἀλλ᾽ ἐπιθυμῶ σμικρὸν ἀπομερμηρίσαι.
309. ἀπαπαῖ, φεῦ, ἀπαπαῖ, φεῦ, μὰ Δί᾽ οὐκ ἔγωγε νῦν ο.
356. ο.· ἀλλὰ τί τοῦτ᾽; οὐδὲν γὰρ τοῦτ᾽ ἐστὶν ἐκείνῳ προσόμοιον.
697. καὶ τὸν νοῦν μου προσάγεις μᾶλλον, κοὐκ ο. ὅ τι χρῆμά με ποιεῖς.
699. ὑπὸ τῶν ἀεὶ δημιζόντων οὐκ ο. ὅπῃ ἐγκεκύκλησαι·
1348. ἀλλ᾽ οὐκ ἀποδώσεις οὐδὲ φιαλεῖς, ο. ὅτι,
1395. ὥστ᾽ ο. ὅτι ἦ ταύτῃ διαλλαχθήσομαι.
ΕΙ. 20. ὑμῶν δὲ γ᾽ εἴ τις ο. ἐμοὶ κατεινάτω
40. οὐκ ο. Ἀφροδίτη μὲν γὰρ οὔ μοι φαίνεται,
72. ἰχθῦς δὲ μετὰ ταῦτ᾽ ἰκφθαρείτ οὐκ ο. ὅποι
221. ἂν οὔνεκ᾽ οὐκ ο. εἴ ποτ᾽ Εἰρήνην ἔτι
365. Ἑρμῆς γὰρ ὢν κλήρῳ ποιήσεις ο. ὅτι.
953. ο. κἆτα σάφ᾽ ο. ὅτι
1152. ἰψύρει γοῦν ἔνδον οὐκ ο. ὅττα κλινδοιδόπα·
1296. ἆπον πρὶν εἰσιέναι τι· σὺ γὰρ εὖ ο. ὅτι
1302. ἀλλ᾽ εἰσίωμεν. εὖ γὰρ ο. ἐγὼ σαφῶς
Ο. 9. ἀλλ᾽ οὐδ᾽ ὅπου γῆς ἐσμὲν ο. ἔγωγ᾽ ἔτι.
356. ἐκφυγεῖν· ΕΥ. οὐκ ο. ὅπως ἄν. ΠΕ. ἀλλ᾽ ἐγὼ τοί σοι λέγω.
1017. ὑπάγοιμί τἄρ᾽ ἄν. ΠΕ. νὴ Δί᾽, ὡς οὐκ ο. ἄρ᾽ εἰ
Λ. 59. οὐδ᾽ ἐκ Σαλαμῖνος. ΚΑ. ἀλλ᾽ ἐκείναί γ᾽ ο. ὅτι
100. ἐπὶ στρατιᾶς ἀπόντες, ο. ὅ γὰρ ο. ὅτι
154. σπονδὰς ποιήσαιντ᾽ ἂν ταχέως, εὖ ο. ὅτι.
764. ποθεῖν ἐκείνους· ἀργαλέαι εὖ ο. ὅτι.
869. χάριν οὐδεμίαν ο. ἐσθίων· ἔστυκα γάρ.
Θ. 769. ἰψάλαιμ᾽ ἐπ᾽ αὐτόν· ο. ἐγὼ καὶ δὴ πύρον
Β. 30. οὐκ ο.· ὁ δ᾽ ὤμος αὐτοσὶ πιέζεται.
75. οὐ γὰρ σάφ᾽ ο. οὐδ᾽ αὐτὸ τοῦθ᾽ ὅπως ἔχει.
580. ο. οἶδα τὸν νοῦν· παῦε παῦε τοῦ λόγου.
584. ο. ο. ὅτι θυμοῖ, καὶ δικαίως αὐτὸ δρᾷ·
601. ῥάσεταί μ᾽ εὖ ο. ὅτι.
749. τί δὲ πολλὰ πράττων; ΑΙ. ὦι μὰ Δί᾽ οὐδὲν ο. ἐγώ,
1044. οὐκ ο. ὅ τι λέγεις· ἐρῶσαν εἴπασν ἐποίησα γυναῖκα,
Εκ. 365 ἄρ᾽ ο. Ἀμύνων· ἀλλ᾽ ἴσως δρήσειται.
833. οὐκ ο. ὅ τι ληρεῖς. φέρε σὺ τἀναφορον ὁ παῖς,
939. οὐκ ο. ὅ τι λέγεις· τηνδεδὶ μοι προυστέον.
992. ο. ὅτι φιλοῦμαι· νῦν δὲ θαυμάζεις ὅτι.

οἶδ'. Εκ. 998. ο. ο. ὅ τι βούλει. ΝΕΑ. καὶ γὰρ ἐγὼ σε νὴ Δίπ.
Π. 72. ἀλλ᾽ ἦν πύθησθέ μ᾽ ὅστις εἰμ᾽, εὖ ο. ὅτι
119. ὁ Ζεὺς μὲν οὖν ο. ὡς τὰ τούτων μῶν᾽ ἴμ᾽ εἰ
122. οὐκ ο.· ἐγὼ δ᾽ ἐκεῖνον ὁρρωδῶ πάνυ.
369. σὺ μὲν ο. ὃ κρύζεις· ὡς ἐμοῦ τι κεκλοφότος
452. θάρρει· μόνος γάρ ὁ θεὸς οὗτος ο. ὅτι
838. καὶ κατεγέλων δ᾽, εὖ ο. ὅτι. ΔΙ. κομιδῆ μὲν οὖν.
1080. ο. οἶδα τὸν νοῦν· οὐκέτ᾽ ἄξιον ἴσως
Fr. 207. νυνὶ δὴ καὶ κατεμοῦσι, τάχα δ᾽ εὖ ο. ὅτι
476. 7. ὥστ᾽ οὐκ ἔτ᾽ οὐδεὶς ο. ὑπηνίκ᾽ ἐστὶ τοὐνιαυτοῦ.
οἶδα. Α. 371. τοὺς τῶν δηροίκων ο. χαίροντας σφόδρα
Α. 375. τῶν τ᾽ αὖ γερόντων ο. τὰς ψυχὰς ὅτι
Ι. 438. σὺ δ᾽ ἐκ Ποτιδαίας ἔχοντ᾽ εὖ ο. δέκα τάλαντα.
895. τοῦ σιλφίου τὸν ἄξιον γενόμενον; ΔΙΜ. ο. μέντοι.
Ν. 102. αἰβοῖ, πονηροί γ᾽, ο. τοὺς δλαζύνας,
343. ο. σοφῶν· εἴξασιν δ᾽ οὖν ἰρίοισιν πεπταμένοισι,
Σ. 436. ὧν ἐγὼ πολλῶν ἀκούσας ο. θρίον τὸν ψόφον.
ΕΙ. 227. οὐκ ο. πλὴν ἕν, ὅτι θυσίαν ἐσπέρας
Ο. 83. ὅμως ἐπέγειρον αὐτόν. ΤΡ. ο. μὲν σαφῶς
1210. οὐκ ο. μὰ Δί᾽ ἔγωγε κατὰ ποίας πύλας,
1220. οὐκ ο. μὰ Δί᾽ ἔγωγε· τῇδε μὲν γὰρ οὔ.
Θ. 549. ἐγὼ γὰρ ο. ταῖσιν, μίαν γὰρ οὐκ ἂν εἴποις
Β. 580. οἷδ᾽ ο. τὸν νοῦν· παῦε παῦε τοῦ λόγου.
648. οὐκ ο.· ταυδὶ δ᾽ αὖθις ἀποπειράσομαι.
1442. ἐγὼ οἷδ᾽ ο., καὶ θέλω φράζειν. ΔΙ. λέγε.
Εκ. 115. οὐκ ο.· δεινὸν δ᾽ ἐστὶν ἡ μὴ 'μπειρία.
516. σύδεμιᾷ τῇδε δεινοτέρᾳ σου ξυμμίξας᾽ ο. γυναικί.
Π. 369. παῦσαι φλυαρῶν, ὠγάθ᾽· ο. γὰρ σαφῶς.
1080. οἶδ᾽ ο. τὸν νοῦν· οὐκέτ᾽ ἄξιον ἴσως
Fr. 90. ο. μὲν ἀρχαῖόν τι δρῶν κοὐχὶ κλέπθ᾽ ἐμαυτόν.
εἶδα. Α. 580. τί δ᾽ εἶπας ἡμᾶς· οὐκ ἐρεῖς; ΔΙ. οὐκ ο. πω·
Π. 29. κακῶς ἔπραττον καὶ πένης ἦν. ΚΑ. ο. τοι.
οἰδάνει΄. ΕΙ. 1165. ληχ᾽ ὑρῶν ο.
εἶδας. Α. 292. οὐκὶ δ᾽ ὧν ἐπεπείσδημην οὐκ ο.· ἀλλ᾽ ἀκούσατε.
εἴδε. Α. 500. τὸ γὰρ δίκαιον ο. καὶ τραγῳδία.
Ι. 253. εὐλαβοῦ δὲ μὴ ἑφρύπῃ σε· καὶ γὰρ ο. τὰς ὁδοὶς,
Ν. 831. καὶ Χαιρεφῶν, ὡς ο. τὰ ψυλλῶν ἴχνη,
Β. 740. ὅστις γε πίνειν ο. καὶ βινεῖν μόνον·
εἴδε. Α. 719. ὅροι μὲν ἀγορᾶς εἰσιν ο. τῆς ἐμῆς. κ.τ.λ.
εἴδεν. Ι. 1279. ὅστις ἢ τὸ λευκὸν ο. ἢ τὸν ὄρθον νόμον.
Ο. 601. οὐδεὶς ο. τὸν θησαυρὸν τὸν ἐμὸν πλὴν εἴ τις ἄρ᾽ ὄρνις.
998. ὦν ο. Ἕλλας χὠ Κολωνός. ΠΕ. εἰπέ μοι,
Α. 1250. ο. ἀμὶ τῶν τ᾽ Ἀσπαίαων,
Β. 1477. τίς ο. εἰ τὸ ζῆν μέν ἐστι κατθανεῖν,
Εκ. 368. ο. τι προτέρον βούλεται χεξητίαν.
εἶδεν. Α. 613. ο. τις ὑμῶν τάνβάταν᾽ ᾖ τοὺς Χαόνας;
εἰδί. Λ. 1072. καὶ μὴν ἀπὸ τῆς Σπάρτης ο. πρέσβεις ἕλκοντες ὑπήνα
Οἰδίποδον. Εκ. 1042. τὴν γῆν ἅπασαν Ο. ἐμπλήσεις.
Οἰδίπου. Fr. 471. 1. ἐς Ο. δὲ παῖδε, διπτύχω χόροι,
Οἰδίπους. Β. 1182. ἦν Ο. τὸ πρῶτον εὐδαίμων ἀνήρ.
οἴδμα. Ο. 250. ὧν τ᾽ ἐπὶ πόντιον ο. θαλάσσης
Ο. 1339. κἂτ᾽ ἐπ᾽ ο. λίμνας.
οἰδοῦσαν. Β. 940. ο. ὑπὸ κομπασμάτων καὶ ῥημάτων ἐπαχθῶν,
εἰδών. Β. 1192. εἴδ᾽ εἰς Πυλαθὸν ἥρπησέν ο. τῷ πάδει·
οἴει. Ι. 1175. ο. γὰρ οἰκεῖσθ᾽ ἂν ἔτι τήνδε τὴν πόλιν,
ΕΙ. 704. χάτερα πόλλ᾽ ἔτι᾽ ο. γεγενῆσθ᾽ ἐν τῇ πόλει;
1236. ἔγωγε νὴ Δί᾽, ὡπίτριπτ᾽. ο. γὰρ ἂν
Α. 247. οὐκοῦν ἐφ᾽ ἡμᾶς ξυμβοηθεῖν ο.
464. ἥκειν ἐνύμασα, ἢ γυναιξὶν οὐκ ο.
763. ποθεῖν᾽ ἴσως τοὺς ἄνδρας· ἡμᾶς δ᾽ οὐκ ο.
1149. ὑμᾶς δ᾽ ἀφῆσειν τοὺς Ἀθηναίους ο.;
Β. 54. τὴν καρδίαν ἐπάταξε πῶς ο. σφόδρα;
Π. 124. ο. γὰρ εἶναι τὴν Διὸς τυραννίδα
903. γεωργοῦ εἰ; ΣΤ. μελαγχολᾶν μ᾽ οὕτως ο.;
οἴσθ᾽. Λ. 572. παύσειν ο., ὦ ἀνόητε; ΛΥ. κἂν ὑμῖν γ᾽ εἴ τις οἴσεται.
οἴσθεις. Π. 426. ο. δ᾽ εἶναι τίνα με; ΧΡ. πανδοκεύτριαν,
Ν. 1368. κἀντάδθα πῶς ο. τὴν καρδίαν ὀρεχθεῖν·
οἶεται. Σ. 901. οἴαν σεσηρὼς ἐξαπατήσειν μ᾽ οἴεται.
Π. 1033. ὁρθῶς γε νυνδὶ σ᾽ σύκέτι ζῆν ο.
οἴηθῃς. Ι. 860. ὦ λαμώιε, μὴ τοῦ λέγοντος ἴσθι, μηδ᾽ ο.
οἴκαδ'. Α. 977. οὐδέποτ᾽ ἐγὼ πόλεμον ο. ὑποδέξομαι,
Α. 1165. ἠπιαλῶν ᾠφ᾽ ἐξ Ἱπαασίας βαδίζων,
Σ. 255. ἀποσβέσαντες τοὺς λύχνους ἄπιμεν ο. αὐτοί·
606. ὅταν ο. ἴω τὸν μισθὸν ἔχων, κᾷτ᾽ εἰσήκονθ᾽ ἅμα πάντες·
1322. ἔπειτ᾽ ἐπειδὴ 'μέθυεν, ο. ἔρχεται
ΕΙ. 562. εἶδ᾽ ὅπως λιταργιοῦμεν ο. ἐς τὰ χωρία,
720. ὦ πάνθυρ᾽, ο. ο. ἀποσιτώμεσθα.

οἴκαδ—οἶμαι. 221

οἴκαδ'. Ο. 503. ὀβολὸν κατεβρόχθισα· κᾆτα κινῶν τὸν θύλακον ο. ἀφεῖλκον.
Ο. 1636. ἀπίωμεν ο. αὖθις. ΠΕ. ὀλίγον μοι μέλει.
Λ. 636. οὐ γὰρ εἰσιόντας ο. ἡ τεκοῦσα γνώσεται.
728. αὕτη οὐ ποῖ θεῖ ; ΓΤ. Α. ο. ἐλθεῖν βούλομαι.
792. κοὐκέτι κατῆλθε πάλιν ο. ὑπὸ μίσους.
908. μὰ Δί', ἀλλὰ τουτί γ' ο., ὦ Μανῆ, φέρε.
1070. ὥσπερ ο. εἰς ἑαυτῶν.
Θ. 1229. ο. ἑκάστῃ.
Β. 1470. ἦ μὴν ἁπάξειν μ' ο., αἱροῦ τοὺς φίλους.
1486. πάλιν ἄπεισιν ο. αὖ.
Fr. 79, 2. κοτύλης δεούσας ο. ἀπολογίζεται.
οἴκαδε. Α. 84. τῇ πανσελήνῳ· κᾆτ' ἀπῆλθεν ο.
Ν. 32. ἄπαγε τὸν ἵππον ἐξαλίσας ο.
618. ἠνίκ' ἂν ψευσθῶσι δείπνου, κἀπίωσιν ο.
Ο. 449. ἀνελομένους θώπλ' ἀπιέναι πάλιν ο.,
788. ἱκπτόμενος ἂν οὗτος ἡρίστησεν ἐλθὼν ο.,
Λ. 726. πάσας τε προφάσεις ὥστ' ἀπελθεῖν ο.
Θ. 283. ἀγαθῇ τύχῃ καὶ δεῦρο καὶ πάλιν ο.
1206. ὡς τὴν γυναῖκα καὶ τὰ παιδί' ο.
Β. 1167. οὔ φημι τὸν Ὀρέστην κατελθεῖν ο.·
Εκ. 1148. ἀναξέαασιν, ἣν ἀπίωσιν ο.
Π. 43. πείθειν δ' ἐμαυτῷ ξυνακολουθεῖν ο.
Fr. 58. ἐννεῦσαι με φεύγειν ο.
400, 2. μιστὴν βοάκων ἀπεβάδιζον ο.
οἰκάδι. Α. 746. ἀλλ' ο. μ' ἀπ τὴν μίαν, ὦ Λυσιστράτη,
οἰκαδις. Α. 742. ἐν καὶ τὸν Ἑρμᾶν, εἴπερ ἰξεῖτ' ο.,
Α. 779. πάλιν τ' ἀποισῶ καὶ τὸν Ἑρμᾶν ο.
οἰκεῖ. Ι. 1323. ἐν ταῖσιν ἰοστεφάνοις ο. ταῖς ἀρχαίαισιν Ἀθήναις.
Β. 432. Πλούτων' ὅσου 'νθάδ' ο.,
Π. 564. ὅτι κοσμιότης ο. μετ' ἐμοῦ, τοῦ Πλούτου δ' ἐστὶν ἐβρίζειν.
οἴκει. Β. 105. μὴ τὸν ἐμὸν ο. νοῦν ἔχεις γὰρ ο.
οἰκεῖα. Β. 959. ο. πράγματ' εἰσάγων, οἷς χρώμεθ', οἷς ξύνεσμεν,
οἰκεῖν. Ο. 836. ἀν δ' ὁ θεὸς ἐπιτήδειος ο. ἐν πέτρων.
Ο. 1345. ο. μεθ' ὑμῶν, καπιθύμῳν τῶν νόμων.
Β. 977. ο. ἄμεινον ἢ πρὸ τοῦ,
Fr. 344, 2. ο. μὲν ἐν τῷ ἀγρῷ τοῦτον ἐν τῷ γηδίῳ
οἰκείον. Fr. 344, 4. κεκτημένον ζευγάριον ο. βοοῖν,
οἰκείσθ'. Ι. 1175. οἴει γὰρ ο. ἂν ἔτι τήνδε τὴν πόλιν,
οἰκείων. Σ. 1022. οὐκ ἀλλοτρίαν, ἀλλ' ο. Μουσῶν στύμαθ' ἡνιοχήσας.
οἰκέως. Α. 1118. ἀλλ' ὡς γυναῖκας εἰσιών ο. πάνυ.
Θ. 197. ἀλλ' αὑτῷ δ' γε σύν ἐστιν ο. φέρε.
οἰκέται. Ν. 5. οἱ δ' ο. ῥέγκουσιν· ἀλλ' οὐκ ἂν πρὸ τοῦ.
οἰκέταις. Ι. 5. πληγὰς ἀεὶ προστρίβεται τοῖς ο.
Σ. 766. αὐτοῦ μένων δίκαζε τοῖσιν ο.
οἰκέταισιν. ΕΙ. 1249. τὰ οὐκ' ἐν ἀγρῷ τοῖς ο. ἱστάναι.
οἰκέτας. Ι. 65. ἡμεῖς Παφλαγόνα δὲ περιθέων τοὺς ο.
Ν. 7. ὅτ' οὐδὲ κολάσ' ἔξεστί μοι τοὺς ο.
Λ. 1204. ἔστι, βόσκει δ' ο. καὶ
Β. 982. κέκραγε πρὸς τοὺς ο.
οἰκέτην. Λ. 18, ἢ δ' ο. ἡγείρειν, ἢ δὲ παιδίον.
Α. 249. πέμψαντα καὶ θύσαντα μετὰ τῶν ο.
Π. 26. ἀλλ' οὐ σε κρύψω τῶν ἐμῶν γὰρ ο.
οἰκέτες. ΕΙ. 1344. ο. γοῦν καλῶς
Ο. 1109. εἶτα πρὸς τούτοισιν ὥσπερ ἐν ἱερῷς ο.
οἴκησιν. Εκ. 272. ὕμνυμι τοίνυν αἰθέρ' ο. Διός.
οἴκησιν. Εκ. 674. μίαν ο. φημὶ ποιήσειν συρρήξας' εἰς ἓν ἅπαντα,
οἰκήσουσιν. Ο. 616. ο. τοῖς δ' αὖ σεμνοῖς
οἴκησον. Ο. 547. τά τε νοττία καμάντων ο.
οἰκήσωσι. Ο. 967. Ἀλλ' ὅταν ο. Λύκει πολιαί τε κορώναι
οἰκία. Π. 231. εἴσω μετ' ἐμοῦ δεῦρ' εἰσιῶ· ἢ γάρ ο.
οἰκίᾳ. Α. 973. ὧν τὰ μὲν ἐν ο. χρήσιμα, τὰ δ' αὖ πρέπει χλιαρὰ κατεσθίειν.
οἰκίαις. Εκ. 211. ἡμᾶς παραδοῦναι, καὶ γὰρ ἐν ταῖς ο.
οἰκίαισι. Σ. 801. διοικοῦσιν ἐπὶ ταῖς ο. τὰς δίκας.
οἰκίαν. Α. 942. κατ' ο.
1. 4. ἐξ οὗ γὰρ εἰσήρρησεν ἐς τὴν ο.
Ν. 1484. ἀλλ' ὡς τάχιστ' ἐμπιπράναι τὴν ο.
1489. ἔστ' ἂν αὐτοῖς ἐμβάλῃς τὴν ο.'
1497. οἴμοι, τις ἡμῶν πυρπολεῖ τὴν ο. ;
Σ. 196. ὤθει τὸν ὄνον καὶ σαυτὸν ἐς τὴν ο.
1180. οἴους λέγομεν μάλιστα τοὺς κατ' ο.
1181. ἐγῴδα τοίνυν τῶν γε πάνυ κατ' ο.
1475. δαίμων τις ἐσκεκύκληκεν ἐς τὴν ο.
ΕΙ. 178. καὶ δὴ καθορῶ τὴν τοῦ Διός.
Θ. 402. σκειδοῖ τι κατὰ τὴν ο. πλανωμένῃ.
Β. 105. μὴ τὸν ἐμὸν οἴκει νοῦν· ἔχεις γὰρ ο.
1358. κλούμενοι τὴν ο.
Εκ. 491. τὴν δ' ο. ἔξεσθ' ὁρᾶν ὕθενπερ ἢ στρατηγός
Π. 205. οὐκ εἶχεν ἐς τὴν ο. οὐδὲν λαβεῖν,

οἰκίαν. Π. 235. εἰς ο. ἑκάστοτ' ἀλλοτρίαν πάνυ·
Π. 791. ἐμοῦ γὰρ εἰσιόντος ἐς τὴν ο.
804. ἡμῖν γὰρ ἀγαθῶν σωρὸς ἐς τὴν ο.
959. ἀρ', ὦ φίλοι γέροντες, ἐπὶ τὴν ο.
οἰκίας. Α. 511. σείσας ἅπασιν ἐμβάλοι τὰς ο.·
Ν. 123. ἀλλ' ἐξελῶ σ' ἐκ κόρακας ἐκ τῆς ο.·
802. οὐκ ἔσθ' ὅπως οὐκ ἐξελῶ 'κ τῆς ο.
879. ἔκλαττεν ἔνδον ο. ναῦν τ' ἐγλυφεν,
1296. οὐκ ἀποδιώξει σαυτὸν ἀπὸ τῆς ο. ;
1496. διαλεπτολογοῦμαι ταῖς δοκοῖς τῆς ο.
Σ. 266. τί χρῆμ' ἄρ' οὐκ τῆς ο. τῆσδε συνδικαστῆς
456. παῖε παῖ', ὦ Ξανθία, τοὺς σφῆκας ἀπὸ τῆς ο.
ΕΙ. 1221. ἀπόφερ' ἀπόφερ' ἐς κόρακας ἀπὸ τῆς ο.
Ο. 1110. τὰς ὑφ' ὑμῶν ο. ἐρίψομεν πρὸς ἀετόν·
Λ. 866. ἐξ οὕπερ αὑτὴ 'ξῆλθεν ἐκ τῆς ο.
Β. 976. τά τ' ἄλλα καὶ τὰς ο.
Εκ. 65. μάγαγε· τὸ ξυρὸν δὲ γ' ἐκ τῆς ο.
Π. 857. ἀπουλικῶν ἅπαντα τῶν τῆς ο.
Fr. 378, 2. τὰς τῶν κακούργων ο.
οἰκίζετον. Ο. 149. τί οὐ τὴν Ἠλείων Λέπρεον ο.
οἰκίσαι. Ο. 965. τήνδ' ο.; ΧΡ. τὰ θεῖον ἐνευθιζί μι.
Ο. 1280. πρὶν μὲν γὰρ ο. σε τήνδε τὴν πόλιν,
οἰκίσαιμες. Ο. 173. ποίαν δ' ἂν ο. ὄρνιθες πόλιν;
οἰκίσας. Ο. 1277. ὦ κλεινοτάτην αἰθέριον ο. πόλιν,
οἰκίσατε. Ο. 172. τί ἂν οὖν ποιοῖμι; ΠΕ. ο. μίαν πόλιν.
οἰκίσητε. Ο. 183. ἣν δ' ο. τοῦτο καὶ φράξηθ' ἅπαξ,
οἰκίσκον. Fr. 358. τί δὲ τὸν ὀρνίθειον ο. φέρεις;
οἰκίσκος. Fr. 385. ο.·
οἰκογενεῖς. ΕΙ. 759. ὄρτυγας ο., γυλιαύχενας ὀρχηστὰς
οἰκοδομεῖν. Ο. 613. ο. δεῖ λιθίνους αὐτοῖς,
οἰκοδομήσας. ΕΙ. 749. ἐποίησε τέχνην μεγάλην ἡμῖν κἄπυρ-
γωσ' ο.
οἰκοδόμων. Fr. 223. ο.
οἰκοθεν. Ν. 263. τὸ δὲ μηδὲ κνήμη ο. ἐλθεῖν ἐμὲ τὸν κακοδαίμον'
ἔχοντα.
ΕΙ. 522. ὅτῳ προσίκειν σ' · ο. γὰρ εἶχον ο.
Π. 803. καὶ ταῦτα μηδὲν ἐξενεγκόντ' ο.
οἴκοι. Ι. 753. ο. μὲν ἀνθρώπ ἐστι δεξιώτατος.
ΕΙ. 1179. ἡνίκ' ἂν δ' ο. γένωνται, δρῶσιν οὐκ ἀνασχετά,
1189. οὔκουν γὰρ ο., ἄν λέοντες,
Ο. 1027. ἐκκλησιάσαι δ' οὖν ἐδούμην ο. μένων.
Λ. 127.
218. } ο. δ' ἀταυρώτη διάξω τὸν βίον
729. ο. γὰρ ἐστιν ἱρά μοι Μιλησία
736. ἣν οὐ πάνυ ο. καταλέλοιπ'. ΛΤ. αὕτη 'τέρα
Εκ. 464. σὺ δ' ἀστενακτὶ περδόμενος ο. μενεῖς.
668. οὐδ' ἀποδύσουσ' ἄρα τῶν νυκτῶν ; ΠΡ. οὐκ, ἢν ο. γε καθεύδῃς.
οἴκοι'. Ο. 127. ποίαν τῶν 'ὧν ἤδεστ' ἂν ο. ἄν πύλιν ;
οἶκον. Ν. 600. ο., ἐν ᾧ κόραι σε Λυδῶν μεγάλαι σέβουσιν·
Ο. 380. τὸ δὲ μάθημα τοῦτο σώξει παῖδας, ο., χρήματα.
Α. 261. κατ' ο. ἐμφανές κακόν,
Fr. 54. ὡς οὐ καλυμματίοις τὸν ο. ἤρεφε.
170. μελιτίαν ο.
οἶκον. Α. 1174. ὦ δῶμοι οἱ κατ' ο. ἐστε Λαμάχου,
Ι. 792. καὶ πῶς σὺ φιλεῖς, ὃς τοῦτον ὁρῶν ο. ἐν ταῖς πιθάκναις
οἰκουρῇ. Α. 1060. ὅπως ἂν ο. τὸ πέσι τοῦ νυμφίου.
οἰκουρόν. Λ. 759. ἐξ οὗ τὸν ὄφιν εἶδον τὸν ο. ποτε.
οἰκουρός. Σ. 970. ὁ δ' ἕτερος οἶός ἐστιν ο. μόνων.
οἴκους. ΕΙ. 88. εἰ δή κεφοῖεν τούτο, κατ' ο.
οἰκούσα. Θ. 319. ο. περιμάχητον, ἐλθὲ δεῦρο.
οἰκοῦσιν. Ο. 293. ἐπὶ λύφων ο., ὠγάθ', ἀσφαλείας οὕνεκα.
Β. 163. ἐπὶ ταῖς τοῦ Πλούτωνος ο. θύραις.
οἰκτείρας. Σ. 328. πάθος ο.
οἰκτείρατ'. Σ. 975. ἰθ', ἀντιβολῶ σ', ο. αὐτόν, ὦ πάτερ,
οἰκτείρον. Σ. 556. ο. μ', ὦ πάτερ, αἰτοῦμαι σ', εἰ καυτὸς πώπο¤' ὑφείλου.
οἰκτείρω. Λ. 961. κάγωγ' ο. σ', αἰαῖ.
Θ. 1110. ὦ παρθέν', ο. σε κρεμαμένην ὁρῶν.
οἰκτροχοοῦντες. Σ. 555. ἱκετεύουσίν θ' ὑποκύπτοντες, τὴν φωνὴν ο.·
οἴκῳ. Ν. 138, συγγνωθί μοι· τηλοῦ γὰρ ο. τῶν ἀγρῶν.
οἴκων. Ν. 1165. ᾧ τέκνον, ᾧ παῖ, ἐξελθ' ο.
Θ. 826. ἀν τὸ . αὐτῆ λόγχῃ.
οἴμον. Θ. 29. ἰνθάδ' Ἀγάθων ὁ κλεινὸς ο. τυγχάνει.
οἴμ'. Σ. 941. τοῦτον δέ γ' ο. ἐγὼ χεσείσθαι τήμερον.
οἶμαι. Ι. 429. ἐγὼ σε παύσω τοῦ θράσους, ο. δὲ μᾶλλον ἀμφω.
Ν. 1114. χωρεῖτε νυν. ο. δέ σοι ταῦτα μεταμελήσειν.
1185. καὶ μὴν νενόμισται γ'. ΦΕ. οὐ γάρ, ο., τὸν νόμον

οἶμαι—οἴσεις.

οἶμαι. Ν. 1311. ο. γὰρ αὐτὸν αὐτίχ' εὑρήσειν ὅπερ
Ν. 1405. ο. διδάξειν ἂν δίκαιον τὸν πατέρα κολάζειν.
Σ. 295. καλῶν; ο. δέ σ' ἐρεῖν ἀστραγάλους δήπουθεν, ὦ παῖ.
ΕΙ. 863. ο. τί δῆθ', ὅταν ξυνῶν τῶν τιτθίων ἔχωμαι;
1286. Θωρήσσουντ' ἆρ' ἔπειτα πεπαυμένοι, ΤΡ. ἄσμενοι, ο.
Ο. 75. οὔτις γ', ἄτ', ο. πρότερον ἀνθρωπὸς ποτ' ὤν,
Π. 491. ἀνδρειά γ', ὦ Πόσειδον. ΔΙ. ο. νὴ Δία.
803. ἦ που βαρέως ο. τὸν Αἰσχύλον φέρειν.
Εκ. 164. ο. γὰρ ἤδη μεμελετηκέναι καλῶς.
1036. ο. γὰρ ἔνδον διατετεῖσθαί σ' αὐτίκα.
Π. 114. ο. γάρ, ο., σὺν θεῷ δ' εἰρήσεται,
267. ο. δέ νὴ τὸν οὐρανὸν καὶ ψωλὸν αὐτὸν εἶναι.
173. καὶ σύ γε διδάσκου πάνυ γὰρ ο. ῥᾳδίως
469. φανερὸν μὲν ἐγωγ' ο. γνῶναι τοῦτ' εἶναι πᾶσιν ὁμοίως.
Fr. 526. ο. γὰρ αὐτὸν κύλλοσι
οἴμαι. Α. 1013. ο. σε καὶ τοῦτ' εὖ λέγειν.
Ν. 1391. ο. γε τῶν νεωτέρων τὰς καρδίας
Ο. 986. οἰδεῖν λέγεις ο. σε. ΠΕ. λαβὲ τὸ βιβλίον.
Λ. 554. ο. ποτε Λυσιμάχας ἦμας ἐν τοῖς Ἕλλησι καλεῖσθαι.
Θ. 97. ο. γε. ΕΥ. αἴγα νυν. ΜΝ. σιωνῶ τὸ θύμιον.
Εκ. 664. εὐωχηθέντες ὑβρίζωσιν; τοῦτο γάρ ο. σ' ἀπαρήσειν.
οἴμοι. Α. 67. ἐπ' Εὐθυμένους ἄρχοντος. ΔΙ. ο. τῶν δραχμῶν.
κ.τ.λ.
οἰμωγάς. ΕΙ. 1278. ο. ᾆδον, καὶ ταύτας ὀμφαλοέσσας.
οἰμωγῇ, ΕΙ. 1276. Ἔνθα δ' ἅμ' ο. τε καὶ εὐχωλὴ πέλεν ἀνδρῶν.
ΕΙ. 1277. ἀνδρῶν ο.; ἠλαύσει νὴ τὸν Διόνυσον
οἴμωξ'. Ι. 891. προσαμφιῶ τοδί· σὺ δ' ο., ὦ πονήρ'. ΔΗΜ.
ἰαιβοῖ.
Θ. 1081. ο. ΕΤ. ο. ΜΝ. ὁτότυξ'. ΕΥ. ὁτότυξ',
οἴμωζε. Εκ. 809. ο. ΑΝ. Β. Καλλίμαχος δ' ὁ χοροδιδάσκαλος
Ο. 846. ο. παρ' ἐμ'. ΠΕ. ἰθ', ἀγάθ', οἱ πέμπω σ' ἐγώ.
1503. ο. μεγάλ'. ΠΡ. οὕτω μὲν ἐκκεκαλύψομαι.
1572. ἔξει ἀτρέμας; ΠΟΣ. ο. πολὺ γὰρ δή σ' ἐγὼ
οἴμωξί. Α. 1035. οὐδ' ἂν στριβιλικίγξ' ἀλλ' ἀπιὼν ο. ποι.
Ο. 960. σὺ δ' εἴ τις; ΧΡ. ὅστις; χρησμολόγος. ΠΕ. ο, νυν.
οἰμώξειν. Ο. 347. ὡς δεῖ τῷδ' ο. ἀμφω
Ο. 1828. ὁ Τριβαλλὸς, ο. δοκεῖ σοι; ΤΡΙ. σαυνάκα
Π. 58. ἐγὼ μὲν ο. λέγω σοι. ΚΑ. μανθάνεις
οἰμώξετ', Β. 257. ο.· οὐ γὰρ μοι μέλει.
οἰμώξοι. Εκ. 648. ο. γ' ἂν καὶ κωκύοι. ΠΡ. σὺ δὲ γ' ὅζοις ἂν
καλαμίνθης.
οἰμώζουσα. Fr. 86, 2. τὴν κύλικα καταβέβληκεν. α. ο. γε.
οἰμώζων. Α. 840. ἢ συκοφάντης ἄλλος, ο.
Εκ. 942. ο. ἄρα νὴ Δία σποδήσει.
οἰμώζφα. Π. 876. εἰπεῖν ἅ πεπονονόηκας. ΚΑ. ο. σύ.
οἰμώζει, ΕΙ. 1207. τί ποτ' ἐστὶ τουτὶ τὸ κακόν; ΠΕ. ο. μακρά.
Π. 111. μὰ Δί', ἀλλ' ἀπαξάπαντες. ΚΑ. ο. μακρά.
οἰμώζεσθ'. Ν. 217. ἀλλ' οὐχ οἵων τε νὴ Δί'. ΣΤ. ο. ἄρα.
ΕΙ. 406. ο. οἱ Βοιωτοί.
οἰμώζεται. Β. 178. ὡς σεμνὸς ὁ κατάρατος· οὐκ ο.;
Β. 279. τὰ δεῖν' ἔφασκ' ἐκεῖνος. ΔΙ. οὐκ ο.;
706. εἰ δ' ἐγὼ ὀρθῶς ἰδεῖν βίον ἀνέρος ἢ τρόπον ὅστις ἔτ' ο.,
οἰμώξεταρ'. Θ. 248. ο. εἴ τις τῶν ἐμῶν πρωκτὸν πλυνεῖ.
οἴμωξι. Θ. 1001. ἐνταῦθα νῦν ο. πρὸς τὴν αἰτρίαν.
οἰμωζομένων. { Σ. 1033. } ἑκατὸν δὲ κύλιξ κεφαλαῖ κολάκων
{ ΕΙ. 756. } ο. ἐλιχμώντο
οἰν. ΕΙ. 1018. σφάξεις τὸν ο. ΤΡ. ἀλλ' οὐ θέμις. ΟΙ. τιὴ
τί δῆ;
ΕΙ. 1076. φυλωπιδος λῆξαι, πρίν κεν λύκος ο. ὑμεναιοῖ.
1077. καὶ πῶς, ὦ κατάρατε, λύκος ποτ' ἄν ο. ὑμεναιοῖ;
1112. ἡμῖν προσδιδόναι, πρίν κεν λύκος ο. ὑμεναιοῖ.
Ο. 566. ἣν δὲ Ποσειδῶνί τις ο. θύῃ, νήττῃ πυροὺς καθαγίζειν·
οἰνάνθας. Ο. 588. πρῶτα μὲν αὐτῶν τὰς ο. οἱ πόρνοπες οὐ κατίδονται,
Β. 1320. ο. γάνος ἀμπέλου,
οἰναρίζειν. ΕΙ. 1147. οὐ γὰρ οἴω τ' ἐστὶ πάντες ο. τήμερον
Οἰνεύς. Α. 418. τὰ ποῖα τρύχη; μῶν ἐν οἷς Ο. ὁδὶ
Β. 1238. Ο. ποτ' ἐκ γῆς. ΑΙ. ληκύθιον ἀπώλεσεν.
1240. Ο. ποτ' ἐκ τῆς πολυμέτρου λαβὼν στάχυν,
Οἰνέως. Α. 420. αὐτὸν Ο. ἤν, ἀλλ' ἔτ' ἀθλιωτέρου.
οἰνήρυσιν. Α. 1067. ἀπόφερε τὰς σπονδάς, φέρε τὴν ο.
οἴνας. Fr. 563. οὔτε Πραμνίος σκληροῖσιν ο. συνάγουσι
οἴνου. Α. 75. ἄκρατον ο. ἡδύν. ΔΙ. ὦ Κραναὰ πόλις,
Α. 987. ἥξει θ' ἡμῶν βίᾳ τὸν ο. ἐκ τῶν ἀμπέλων.
1068. Ο'. ο. ἐγχέω λαβὼν ἐκ τῶν ἀμφορέων.
Ι. 85. μὰ Δί' ἀλλ' ἄκρατον ο. ἀγαθοῦ δαίμονος.
90. ο. οὐ τολμᾷς τις ἐπίνοιαν τοιούτου ο.
102. κλίτατον τὸν ο. ΔΠ. εἰπέ μοι, Παφλαγὼν τί δρῇ;
Ν. 1123. λαμβάνων οὔτ' ο. οὔτ' ἀλλ' οὐδὲν ἐκ τοῦ χωρίου.
Σ. 676. ὄρχας, ο., δάσιδας, τυρόν, μέλι, σήσαμα, προσκεφάλαια.

οἴνου. Σ. 1393. ἔχειν διὰ τὸν σὺν ο. ΦΙ. οὐδαμῶς γ', ἐπεὶ
Θ. 420. ἀλφιτον, ἔλαιον, ο., οὐδὲ ταῦτ' ἔτι
557. ἔπειτα σιφωνίζομεν τὸν ο. ΓΥ. Γ. ἐπιτριβείης.
Β. 1150. Διόνυσε, πίνεις ο. οὐκ ἀνθοσμίαν.
Εκ. 227. τὸν ο. εὔζωρον φιλοῦσ' ὥσπερ πρὸ τοῦ·
606. ἄρτους, τεμάχη, μᾶζας, χλαίνας, ο., στεφάνους, ἰριβίνους.
Π. 644. ταχέως ταχέως φέρ' ο., ὦ δίσποιν', ἵνα
1084. ὅμως δ' ἐπειδὴ καὶ τὸν ο. ἠξίους
Fr. 13. ταχὺ νυν πέτου καὶ μὴ τρανεῖαν ο. φέρε.
285, 1. τρέχ' ἐς τὸν ο. ἀμφορέα κενὸν λαβὼν
301, 1. ο. δὲ πίνειν οὐκ ἐάσω Πράμνιον,
191. μικρότατον ο. τήμερον πίει τάχα.
οἰνόν. Σ. 616. κᾶν ο. μοι μὴ 'γχῇς σὺ πιεῖν, τὸν ὀνον τόνδ'
ἐσκεκύμμαι
ΕΙ. 1323. πάντας ὁμοίως ο. τε πολύν,
1352. ο. τε πίῃς πολύν.
οἰνοπώλισα. Θ. 393. τὰς ο., τὰς προδότιδας, τὰς λάλους.
οἰνος. Εκ. 141. τοσαῦτά γ' εὔχονπ', εἴπερ ο. μὴ παρήν;
Εκ. 1139. ὁ Χιὸς ἐστι περιλελειμμένος
Fr. 130, 2. κάτειρε γὰρ ο. οὐ
301. ο. ἀνθοσμίας;
490. ἡδύς γε πίνειν ο. Ἀφροδίτης γάλα.
οἰνον. Ι. 91. ο. γὰρ εὕροις ἂν τι πρακτικώτερον;
Ι. 95. ἀλλ' ἐξένεγκε μοι ταχέως ο. χόα,
355. ο. χόα κασαλβάσω τοὺς ἐν Πύλῳ στρατηγούς.
Ν. 417. ο. τ' ἀνέχει καὶ γυμνασίων καὶ τῶν ἄλλων ἀνόητων,
Σ. 617. ο. μεστόν, κἄτ' ἐγχέαμαι κλίνος· οὔτος δὴ κεχηνὼς
1253. κακὸν τὸ πίνειν· ἀπὸ γὰρ ο. γίγνεται
ΕΙ. 703. ἰδὼν πίθον καταγνυμένον ο. πλέων.
916. φήσεις γ', ἐπειδὰν ἐκπίῃς ο. νέον λεπαστήν.
Λ. 196. μηλοσφαγοῦσαν Θάσιον ο. σταμνίον,
Θ. 734. ο. πλέων, καὶ ταῦτα Περσικὰς ἔχων.
Εκ. 14. τὴν ὑστάτην ἤκουσαν ο. τρεῖς χόας
Π. 737. καὶ πρὶν σὺ κοτύλας ἐκπιεῖν ο. δύω
807. οἱ δ' ἀμφορέας ο. μέλανος ἀνθοσμίου.
Fr. 367. "ὕψας ο.
448. ο. Χίου στάμνον ἦκειν καὶ μύρον.
Π. 1121. πάντ' ἀγαθ' ἔνθεν εἶνθες, ο., μέλι,
οἰνοπ. Λ. 1227. ἡμεῖς δ' ἐν ο. ξυμπιέται σοφώτατοι.
οἰοι. Ι. 737. ἀλλ' οὐχ ο. τ' ἐσμὴν διὰ τουτονί. σὺ γάρ
οἴος. Ι. 887. οἴος τάλας, ο. πιθηκισμοῖς με περιελαύνεις.
Σ. 1363. ο. σποῦ οὐτος ἐμὲ πρὸ τῶν μυστηρίων,
Β. 909. ὡς ἢν δλαξον καὶ φύνας, ο. τε τοὺς θεατάς
Π. 775. ο. ἄρ' ἀνθρώπους ξυνὼν ἐλάνθανον,
οἴοισι. Ι. 902. ο. μ', ὦ πανοῦργε, βωμολοχεύμασιν ταράττεις.
Ι. 407. τὸν Ἰουλίου ο. γέροντα τυρροπόνην,
Ι. 413. ὑπερβαλείσθαί σ' ο. τούτοισιν, ἢ μάτην γ' ἂν
Ν. 1342. ἀλλ' ο., μέντοι σ' ἀναπείσειν, ὥστε γε
Θ. 594. οὐκ ο. 'γωγ', ὦ πολυτιμήτω θεώ.
Εκ. 280. περιμένειν αὐτῶν, καὶ γὰρ ἕτερος ο.
Fr. 78, 2. ἤδη γὰρ αὐτοὺς ο. δεδειπνήκει.
οἰόμαι. Σ. 515. ἀναδιδάξειν ο. σ' ὡς πάντα ταῦθ' ἁμαρτάνεις.
οἰομένη. Εκ. 950. φροῦδη γάρ ἐστιν ο. μ' ἔνδον μενεῖν.
οἰόμενος. Σ. 519. ο. ἄρχειν ἐπὶ δίδαξω ἡμᾶς, ὦ πάτερ,
οἰομένους. Ι. 1143. ποτὶ ο. φρονεῖν
οἰόμεσθα. Α. 556. οὐκ ο.; νοῦς ἄρ' ἡμῖν οὐκ ἔνι.
οἴον. Α. 384. ἐπισκενάσασθαί μ' ο. ἀθλιώτατον. κ.τ.λ.
οἰόν. Ι. 74. ἀλλ' οὐχ ο. τε τὸν Παφλαγών' οὐδὲν λαθεῖν κ.τ.λ.
οἴονπερ. Ν. 349. ἀγρίον τινα τῶν λασίων τούτων, ο. τὸν Ξενοφάντον,
οἴος. Α. 321. ο. αὖ μέλας τις ὑμῖν θυμαλωψ ἐπέζεσεν. κ.τ.λ.
οἰός. Ν. 1402. οὐδ' ἂν τρί' εἰπεῖν ῥῆμά' ο. τ' ἦ πρὶν ἐξαμαρτεῖν· κ.τ.λ.
οἰόσπερ. Σ. 822. ο. ἡμῖν φαίνεται Κλεώνυμος,
οἴους. Σ. 1180. ο. λέγομεν μάλιστα τοὺς κατ' οἰκίαν
Β. 1033. σκέψαι τοίνυν ο. αὐτοὺς παρ' ἐμοῦ παρεδέξατο πρῶτον,
οἴπερ. Ι. 333. ἀλλ' ὦ τραφεῖς ὕβενπερ εἰσὶν ἄνδρες α. εἰσί, κ.τ.λ.
οἰς. Α. 6. τοῖς πέντε ταλάντοις ο. Κλέων ἐξήμεσεν. κ.τ.λ.
οἰσε. Α. 1099. ἅλας θυμιτας ο., παῖ, καὶ κρόμμυα.
Α. 1101. θρίον ταρίχους ο. δεῦρο, παῖ, σαπροῦ.
1122. τοὺς κιλλιβάντας ο., παῖ, τῆς ἀσπίδος.
Α. 452. ἀλλ' ο. ἀπελθὼν αὐτὰ πρὸς τὴν καρδίαν μου σπογγιῶ.
οἰσει. Ι. 1385. καὶ παῖδ' ἐνόρχην, ὥσπερ ο. τυνδε σοι
Β. 995. ἐκτὸς ο. τῶν ἐλαῶν
οἴσειν. Εκ. 774. καί φασιν ο. δράμινος. ΑΝ. Β. φήσουσι γάρ.
Εκ. 777. ο. δοκεῖς τις ο. τόπον ἐκεῖνος νῶν ἔχει;
οἴσεις. Α. 254. ο., βλέπουσα θυμβροφάγιον· ὡς μακάριος
Α. 956. πάντες μέν ο. οὐδὲν ὑγιές, ἀλλ' ὅμως·
ΕΙ. 259. ο. ἀλετρίβανον τρέχων; ΚΤ. ἀλλ', ὦ μέλε,
Β. 525. ἀλλ' ἀράμενος ο. πάλιν τὰ στρώματα;

οἴσεις—ὀλίγον. 223

οἴσεις. Εκ. 786. ὄντως γὰρ ο.; ΑΝ. Α. ναὶ μὰ Δία, καὶ δὴ μὲν οὖν
οἰσθ'. Α. 461. οὔπω μὰ Δί' ο. οἴ αὐτὸς ἐργάζει κακά.
Α. 481. ἆρ' ο. ὅσον τὸν ἀγῶν' ἀγωνιεῖ τάχα,
1064. ο. ὡς ποιεῖτε τοῦτο; τῇ νύμφῃ φράσον,
I. 346. ἀλλ' ο. ὅ μοι πεπανθέναι δοκεῖς; ὕπερ τὸ πλῆθος.
894. καὶ πρότερον ἐπεβούλευσέ σοι. τὸν παυλὸν ο. ἐκεῖνον
1041. ταῦτ' ο. ὅ τι λέγει; ΔΗΜ. μὰ τὸν Ἀπόλλω 'γὼ μὲν οὔ.
1069. ο. ὅ τί ἐστιν τοῦτο; ΔΗΜ. Φιλόστρατος ἡ κυναλώπηξ.
1158. ο. οὖν ὃ δράσον; ΔΗΜ. εἰ δὲ μή, φρήσεις γε σύ.
1337. ἀλλ', ὦ μέλ', οὐκ ο. οἷος ἧσθ' αὐτὸς πάρος,
Ν. 331. οὐ γὰρ μὰ Δί' ο. ὁτιὴ πλείστους αὐτοι βόσκουσι σοφιστάς,
1329. ἆρ' ο. ὅτι χαίρει πόλλ' ἀκούων καὶ κακά;
ΕΙ. 479. ἆρ' ο.; ὅσοι γ' αὐτῶν ἔχονται τοῦ ξύλου,
1061. ἀλλ' ο. ὃ δράσον; ΙΕ. ἦν φράσῃς. ΤΡ. μὴ διαλέγου
Ο. 54. ἀλλ' ο, ὃ δράσον; τῷ σκέλει θένε τὴν πέτραν.
80. ο. οὖν ὃ δράσον, ὦ τροχίλε; τὸν δεσπότην
156. σὺ γὰρ ο. ἀκριβῶς. ΕΠ. οὐκ ἄχαρις ἐς τὴν τριβήν
609. οὐκ ο. ὅτι πέντ' ἀνδρῶν γενεὰς ζώει λακέρυζα κορώνη;
668. ὡς δ' ἁπαλὸν, ὡς δὲ λευκόν. ΕΤ. ἆρά γ' ο. ὅτι
804. ο. ᾧ μάλιστ' ἔοικας ἐπτερωμένος.
1010. Μέτων. ΜΕ. τί ἔστιν; ΠΕ. ο. ὁτιὴ φιλῶ σ' ἐγώ;
1246. ἆρ' ο. ὅτι Ζεὺς εἴ με λυπήσει πέρα,
1278. οὐκ ο. ὅσην τιμὴν παρ' ἀνθρώποις φέρει,
1641. τί, ᾦζύρ'; οὐκ ο. ἐξαπατώμενος πάλαι;
Θ. 35. καὶ μὴν βεβίνηκας σύ γ', ἀλλ' οὐκ ο. ἴσως.
Β. 556. κοῦκ ο. ὅ τι λέγεις. ΠΑΝ. Α. οὐ μὲν οὖν με προσεδόκας.
Εκ. 547. ο. οὖν ἀπολωλεκυῖα πυρῶν ἐκτέα,
814. οὐκ ο. ἐπεὶν' οὐδος, τὸ περὶ τῶν ἁλῶν;
816. ἐφηφισάμεθ', οὐκ ο.; ΑΝ. Α. καὶ κακόν γέ μοι
οἴσθα. Ι. 314. εἰ δὲ μὴ σύ γ' ο. κάττυμ', οὐδ' ἐγὼ χορδεύματα,
Ν. 1284. εἰ μηδὲν ο. τῶν μετεώρων πραγμάτων,
Σ. 193. ἐγὼ ποιηρός; οὐ μὰ Δί', ἀλλ' οὐκ ο. σὺ
ΕΙ. 371. ἆρ' ο. ὅτι θάνατον ὅτι προεῖφ' ὁ Ζεὺς ὃς ἂν
387. χαιρίδιον ο. γαρ' ἱ-
Ο. 1221. ἀδικεῖ δὲ καὶ νῦν. ἆρά γ' ο. τοῦθ', ὅτι
1547. μισῶ δ' ἅπαντας τοὺς θεοὺς, ὡς ο. σύ.
Λ. 469. οὐκ ο. λουτρὸν οἷον αἰδ' ἡμᾶς ἔλουσαν ἄρτι
Εκ. 553. οὐδ' ἄρα τὰ δύξαντ' ο.; ΠΡ. μὰ Δί' ἐγὼ μὲν οὔ.
1083. οὐκ ο.; βαδιεῖ δεῦρ'. ΝΕΑ. ἀφέτω νύν μ' αὐτή.
οἰσθά. Σ. 4. ἆρ' ο. γ' οἷον κνώδαλον φυλάττομεν;
οἴσι. Α. 226. ο. παρ' ἐμοῦ πόλεμος ἐχθοδοπὸς αὔξεται τῶν ἐμῶν χωρίων κ.τ.λ.
οἰσί. Ο. 1465. ο, σε ποιήσω τήμερον βεμβικιᾶν. κ.τ.λ.
οἴσιν. Α. 308. ο. οὔτε βωμὸς οὔτε πίστις οὔθ' ὅρκος μένει; κ.τ.λ.
οἴσομαι. ΕΙ. 1033. καὶ τὴν τράπεζαν ο., καὶ παιδὸς οὐ δεήσει.
οἴσουσιν. Εκ. 799. ο., ὦ τᾶν. ΑΝ. Β. ἦν δὲ μὴ κομίσωσι, τί;
οἴσπερ. Σ. 388. ὦ Λύκε δέσποτα, γείτων ἥρως' σὺ γὰρ ο. ἐμῇ κεχάρησαι, κ.τ.λ.
οἰσπώτην. Λ. 575. ἐκπλύναντας τὴν ο., ἐκ τῆς πόλεως ἐπικλινεῖς
οἴστισι. ΕΙ. 1279. ἀλλὰ τί δῆτ' ἤδω; σὺ γὰρ εἰπέ μοι ο. χαίρεις,
οἰστροδόνητον. Θ. 324. μυχὸν ἰχθυόεντ' ο.,
οἴσωπηρά. Α. 1177. ἔγ' ο., λαμπάδιον περὶ τὸ σφυρόν.
οἴσω. Α. 1138. ἐγὼ δ' ἐμαυτῷ τὸν γύλιον ο. λαβών,
ΣΤ. 18. αὐτὴν ἆρ' ο. συλλαβὼν τὴν ἀντλίαν.
Π. 1203. ἥξει ἐκεῖνον ὡς ἐμ', ο. τὰς χύτρας.
οἴσων. Β. 447. οὐ παννυχίζουσιν θεᾷ, φέγγος ἱρὸν ο.
οἵτινες. Α. 679. ο. γέροντας ἄνδρας ἐμβαλόντες ἐς γραφὰς
I. 567. ο. πεζαῖς μάχαισιν ἔν τε ναυφάρκτῳ στρατῷ
ΕΙ. 970. τούτους ἀγαθοὺς ἐνόμισας; ΟΙ. οὐ γάρ, ο.
1064. ο. ἀφραδίησι θεῶν νόον οὐκ ἀΐοντες
Ο. 467. ο. ὄντες πρότερον βασιλῆς. ΧΟ. ἡμεῖς βασιλῆς; τίνος; ΠΕ. ὑμεῖς
οἴχεται. Α. 208. ἐκπέφευγ', ο. φροῦδος. οἴμοι τάλας τῶν ἐτῶν τῶν ἐμῶν.
Α. 221. ο. διωκτέος δέ· μὴ γὰρ ἐγχάνῃ ποτε
Σ. 1064. ο. κύκνου τ' ἔτι πολιώτερας δή
ΕΙ. 222. τὸ λοιπὸν ᾤχεσθ'. ΤΡ. ἀλλὰ ποῖ γὰρ ο.;
721. οἰκ ᾤχεθ', ὦ τᾶν, ἔστι. ΤΡ. ποῖ γὰρ ο.;
Ο. 86. οἴμοι κακοδαίμων, χὠ κολοιὸς μ' ο.
Λ. 953. τά τ' ἄλλα πάντα κἀποδείρας ο.
Θ. 469. καὶ ποῦ 'στιν; ΓΥ. Ε. αὑθίς ἐς τὸ πρόσθεν ο.
1218. ναὶ ναίκι. εἶδες αὐτό; ΧΟ. ταῦτα γ' ο.
Π. 619. αὕτη μὲν ἡμῖν ἠπίτρεπτος ο.
933. ἀλλ' ο. φεύγων ὃν ἤγες μάρτυρα.

οἴχεται. Fr. 274. οἶμαι κακοδαίμων φησὶν λυχνοῦχος ἡμῖν ο.
οἰχήσεται. Σ. 51. ἀρθεὶς ἀφ' ἡμῶν ἐς κόρακας ο.;
Θ. 653. καλῶς, ὅπως μὴ διαφυγὼν ο.
Fr. 108, 13. ὁ. τῆς διαρροίας ποταμὸς ο.
οἴχωθ'. Ο. 292. ἰκτῖνος εἰς ἂν τοῦτό γ' ο. ἁρπάσας;
οἴχοιο. Λ. 976. ο. φέραν, εἶτα μεθείης,
οἰχόμενον. Ο. 1270. ο., εἰ μηδέποτε νοστήσει πάλιν.
οἴχετε. Εκ. 82. ἐπειδ' ὁπῖσθ' ἀνὴρ εἰς ἀγορὰν ο. μου,
οἰδ. Λ. 81. μάλα γ' ο. ναὶ τῷ σιῶ
Λ. 156. γυμνὰς παρενιδὼν ἐξέβαλ', ο., τὸ ξίφος.
998. ἀπὸ Πανός; ΚΙΙ. οὐκ, ἀλλ' ἄρχε μὲν, ο., Λαμπιτώ,
1256. θάγοντας, ο., τὸν ὀδόντα·
οἴων. Ι. 274. ᾧ πόλις καὶ δῆμ'. ὑφ' ο. θηρίων γαστρίζομαι, κ.τ.λ.
Οἰωνίχῳ. Ι. 1287. καὶ Πολυμνήστεια ποιῶν, καὶ ξυνὼν ο.
οἰωνῶν. Ι. 28. δέδοικα τουτονὶ τὸν ο. ΝΙ. τί δαί;
οἰωνῶν. Ν. 337. εἶτ' ἀερίας, διερὰς, γαμψοὺς ο. ἀερονηχεῖς,
οἰωνῶν. { Ο. 254. } ο. ταναοδείρων.
{ 1394. }
Ο. 691. φύσιν ο. γένεσίν τε θεῶν ποταμῶν τ' Ἐρέβους τε Χάους τε
1089. ο., οἱ χειμῶνος μὲν
ὄκα. Α. 754. δ. μὲν ἐγὼν τηνῶθεν ἐμπορευόμαν,
Λ. 1251. δ. τοὶ μὲν ἐγ' Ἀρτοπιτίᾳ
ὀκέλλοι. Α. 1159. ὀ. κατὰ μέλδκκ'. Α. 762. δ. ἰσβάλητε, τὼς ἀραραῖα μύες,
ὀκλαβίαν. Ι. 1384. ἔχε νυν ἐπὶ τούτοις τουτωνὶ τὸν ὀ.
Ι. 1386. κἄν πον δοκῇ σοι, τούτον ὀ. ποίει.
ὀκρυόεντος. ΕΙ. 1098. ὃς πολέμου ἔρατι ἐπιδημίου ὀ.
ὀκτοπλάσια. Ι. 70. ὑπὸ τοῦ γέροντι ὀ. χίζαμεν.
ἀκτώ. Α. 82. κάχεζεν ὀ. μῆνας ἐπὶ χρυσῶν ὀρῶν.
Α. 130. ἐμοὶ σὺ ταυτασὶ λαβὼν ὀ. δραχμᾶς
Π. 983. ἐς ἱμάτιον, ὀ. δ' ἂν εἰς ὑποδήματα
ὀκτωδάκτυλον. Α. 109. οὐκ εἶδον οὐδ' ὀλίζαν ὀ.
ὅκως. Fr. 460. ἕτερον δ' ὀ. ἐς Κλαζομενὰς, ἕτερος δ' ὅ.
ὁλάς. ΕΙ. 948. τὸ κανοῦν πάρεστ' ὀ. ἔχον καὶ στέμμα καὶ μάχαιραν,
ὁλάς. Σ. 45. ὀ.; Θέολος τὴν κεφαλὴν κύλακος ἔχει.
ὀλβίαι. Β. 452. ὀ. σαίζοντες ὑν ὀ.
ὀλβίαν. Λ. 1286. πότνιαν ἄλοχον ὀ.,
ὄλβιε. Θ. 129. χαῖρ', ὀ. παῖ Λατοῦς·
ὀλβίζευσα. Θ. 117. γύνον ὀ. Λατοῦς
ὀλβίοις. Ο. 1708. δέχεσθε τὸν τύραννον ὀ. δόμοις.
ὀλβιώτερος. Εκ. 1131. τίς γὰρ γένοιτ' ἂν μᾶλλον ὀ.,
ὅλβον. Ο. 1618. μέγαν τιν' ὅ. οὔ-
ὄλεθρον. { Σ. 1034. } περὶ τὴν κεφαλήν, φανὴν δ' εἶχεν χαράδρας ὅ., τετοκυίας,
{ ΕΙ. 757. }
Fr. 309, 3. ἐγχουσαν, ὅ. τὸν βαθὺν, ψιμύθιον,
ὀλεθρόν. Θ. 429. δ. τιν' ἡμᾶς κυρκανᾷν ἁμοσγέπως,
ὀλέθρῳ. Θ. 84. ἐκκήσσιμες ἐπ' ὅ. ΝΙ. τιὴ τί δή;
ὀλέθρων. Α. 325. ὑπὸ τε γερόντων ὀ.
ὀλεῖ. Ο. 1506. ἀπὸ γάρ ὀ. μ', ἄν' ἐνθάδ' ὁ Ζεὺς ὀψεται.
ὀλεκράνων. ΕΙ. 443. ἐκ τῶν ὀ. ἀκίδας ἐξαιρουμένων.
ὄλη. Εκ. 66. ἔρριψα πρῶτον, ἵνα δασυνθείην ὅ.
ὅλην. Α. 138. εἴ με κείρειν χιὼν τὴν Θράκην ὅ.
Α. 160. καταπελτάσονται τὴν Βοιωτίαν ὅ.
Ι. 681. ἅπαντες οὕτως ὥστε τὴν βουλὴν ὅ.
Ν. 36. τί δυσκολαίνεις καὶ στρέφεις τὴν νύχθ' ὅ.;
75. νῦν οὖν ὅ. τὴν νύκτα φροντίζων, ὀδῷ
ΕΙ. 7. ὅ. ἐνέκαψε περικυλίσας τοῖν ποδοῖν.
987. μὰ Δί', ἀλλ' ἀπόφηυσον ὅ σαυτὴν
Ο. 224. οἵον κατεμελίτωσε τὴν λυχμήν ὅ.
Λ. 1144. Κίμων ὅ. ἔσωσε τὴν Λακεδαίμονα.
Εκ. 39. τὴν νύχθ' ὅ. ἤλαυνέ μ' ἐν τοῖς στρώμασιν,
55. ἐκφράσα παρέδυν. ὁ γὰρ ἀνὴρ τὴν νύχθ' ὅ.
1099. βίνειν ὅ. τὴν νύκτα καὶ τὴν ἡμέραν,
1123. κέρασον ἄκρατον, εὐφρανεῖ τὴν νύχθ' ὅ.
Π. 743. τὸν Πλοῦτον θασάζοντα, καὶ τὴν νύχθ' ὅ.
1015. εὐθέων διὰ τοῦθ' ὅ. τὴν ἡμέραν
ὄλης. ΕΙ. 27. ἥν μὴ παραδῷ τρίψας δι' ἡμέρας ὅ.
Λ. 29. οἵτε γὰρ τὴν νύκτ' ὡσ' ὅ. τὴν Ἑλλάδος
ὀλίγ'. Σ. 55. δ. ἀτθ' ὑπειπὼν πρώτων αὐτοῖσιν ταδί,
ὀλίγαις. Π. 715. ὅπας γὰρ εἶχεν οὐκ ὅ. μὰ τὸν Δία.
Fr. 188. " οὐ δ' οὐχ ἥγη μ' οὐκ ἂν ὅ. πιεῖν·"
ὀλίγιστον. Β. 115. κόρεις ὅ. ἘΑ. περὶ ἐμοῦ δ' οὐδεὶς λόγος.
ὀλιγίστοις. Π. 628. ὀλιγίστων ἀνδρῶν δεόμενοι
ὀλιγοβρανέις. Ο. 686. ὅ., πλάσματα πηλοῦ, σκιοειδέα φυλ' ἀμενηνά,
ὀλίγοις. Ι. 517. πολλῶν γὰρ δὴ πειρασάντων αὐτὴν ὀ. χαρίσασθαι
ὀλίγον. Α. 242. προῖτα 'ς τὸ πρόσθεν ὀ. ἡ κανηφόρος·
Ι. 667. ὁ δ' ἠντιβόλει γ' αὐτοὺς ὀ. μεῖναι χρόνον,

ὀλίγον—ὅμοια.

ὀλίγον. Ι. 717. μασώμενος γάρ τῷ μὲν ὀ. ἐντίθης,
Ι. 1195. ὁρᾷτ τάδ', ὦ κακοδαίμον· ΑΛ ὀ. μοι μέλει·
Ν. 495. κἄπειτ' ἐπισχὼν ὀ. ἐπιμαρτύρομαι,
804. ἀλλ' ἐπανάμεινόν μ' ὀ. εἰσελθὼν χρόνον.
843. ἀλλ' ἐπαναμεινόν μ' ὀ. ἐνταυθὶ χρόνον.
1142. νῦν οὖν δικαζέσθων· ὀ. γάρ μοι μέλει,
Σ. 214. ἀλλ', ὦ πονηρ', ἡξουσιν ὀ. ὕστερον
574. χημεῖς αὑτῷ τοὺς τῆς ὀργῆς ὀ. τὸν κόλλοπ' ἀνείμεν.
655. ἀκρόασαί νυν, ὦ κασπίδιον, χαλάσας ὀ. τὸ μίτωπον·
1411. ἐπεὶδ' ὁ Λᾶσος εἶπεν, ὀ. μοι μέλει,
1446. Αἴσωπον οἱ Δελφοί ποτ' ΒΔ. ὀ. μοι μέλει,
1481. τυὶ νῦν, διορχησάμενος ὀ. ὕστερον,
1516. φέρε νυν ἡμεῖς αὐτεῖς ὀ. ξυγχωρήσωμεν ἅπαντες,
Εἰ. 507. πρὸς τὴν θάλατταν ὀ. ὑποχωρήσατε,
Ο. 111. τὸ σπέρμ'· ΕΤ. ὀ. ζητῶν ἄν ἐξ ἀγροῦ λάβοις.
1636. ἀπίωμεν οἴκαδ' αὐθις. ΠΕ. ὀ. μοι μέλει.
Λ. 240. τοὺς ἄνδρας εὐθύς; ΑΓ. ὀ. αὐτῶν μοι μέλει,
706. καὶ προσταλαιπωρήσατ' ἔτ' ὀ. χρόνον,
895. χείρον διατίθης. ΜΤ. ὀ. αὐτῶν μοι μέλει.
896. ὀ. μέλει σοι τῆς κρούης φωρωμένης
Θ. 228. ὀ. μέλει μοι ΕΤ. μηδαμῶς, πρὸς τῶν θεῶν,
Β. 783. ὀ. τὸ χρηστόν ἐστιν, ὥσπερ ἐνθάδε.
795. τί χρῆμ' ἄρ' ἔσται; ΑΙ. νὴ Δί', ὀ. ὕστερον
1136. ὁρᾷς ὅτι ληρεῖς. ΔΙ. ἀλλ' ὀ. γέ μοι μέλει.
Εκ. 747. ἀνὴρ ἐτομαι καὶ νοῦν ὀ. κεκτημένος.
Π. 674. ὀ. ἄνωθεν τῆς κεφαλῆς του γρφδίου,
752. ἔχοντες ὀ. αὐτῶν ἡσπάζοντο καὶ
Fr. 476, 11. ἐγὼ δὲ τοῦτ' ὀ. χρόνον φήσας ἀφειλόμην ἄν.
ὀλίγου. Α. 348. ὀ. τ' ἀπέθανον ἄνθρακες Παρνήσιοι,
Α. 381. κακυκλοθάρει κάπλυνεν, ὥστ' ὀ. πάνυ
Ν. 722. ὀ. φροῦδος γεγένημαι.
Σ. 829. ἐπίσχες οὗτος· ὦ ὀ. μ' ἀνώλεσας·
Α. 31. ἐν ταῖς γυναιξίν· ἐπ' ὀ. γὰρ εἴχετο.
74. μὰ Δί' ἀλλ' ἐπανωμείνωμεν ὀ. γ' οὕνεκα
Θ. 935. ὀ. μ' ἀφείλετ' αὐτὸν ἱστιογράφος.
ὀλίγους. Ο. 626. πυρῶν ὀ. προβαλοῦσιν,
ὀλίγψ. Θ. 578. ὀ. τι πρότερον κατ' ἀγορὰν λαλούμενον,
Εκ. 71. πάγωψ' Ἐπικράτους οὐκ ὀ. καλλίονα.
ὀλίγων. Ο. 1417. δεῖσθαι δ' ἔοικεν οὐκ ὀ. χελιδόνων.
Θ. 443. ὀ. ἕνεκα καυτὴ παρῆλθον δημάτων.
ὀλίσβων. Λ. 109. οὐκ εἶδον οὐδ' ὀ. ὀκτωδάκτυλον,
ὀλίσβους. Fr. 309, 13. παμφλύγως, ἀπυδέσμους, ὀ., σάρδια,
ὀλισθοῦσιν. Β. 690. ἐγγενέσθαι φημὶ χρῆναι τοῖς ὀ. τύτε
ὀλκάδας. Ι. 171. καθορῶ. ΑΛ. τί δαὶ· τάμπύρα καὶ τὰς ὀ.;
Εἰ. 37. τὰ παχέα συμβάλλοντες ἐς τὰς ὀ.
ὀλκάδες. Θ. 375. δρομάδες ὀ.
ὀλκοὺς. Θ. 779. δέξασθε αμίλης ὀ.,
ὀλλύναιι. Ο. 1070. ἔστιν ὑπ' ἐμᾶς πτέρυγος ἐν φοναῖς ὀ.
ὄλμον. Σ. 201. καὶ τῇ δοκῷ προσθεὶς τὸν ὀ. τὸν μέγαν
Σ. 238. τῆς ἀρτοπώλιδος λαθόντ' ἐκλίψαμεν τὸν ὀ.,
ὀλολυγή. Ο. 222. θεία μακάρων ὀ.
ὀλολύζειν. Εἰ. 97. μηδὲν γρύξειν, ἀλλ' ὀ.
ὀλολύξατε. Ι. 1327. ἀλλ' ὀ. φαινομέναισιν ταῖς ἀρχαίαισιν Ἀθήναις
ὀλόμαν. Εἰ. 1013. ὀ. ὀ., ἀπογραφθείς
ὅλον. Ι. 1192. παρ' ἐμοῦ δ' ὀ. γε τὸν πλακοῦντα τουτανί.
Ο. 431. σύφισμα, κύρμα, τρίμμα, παιπάλημ' ὀ.
Β. 506. ἔννους δὺ' ἡ τρεῖς, βοῦν ἀπηφράκις' ὀ.,
1239. ἴασον εἰπεῖν πρῶθ' ὀ. με τὸν στίχον.
Εκ. 63. ἀλειψαμένη τὸ σῶμ' ὀ. δι' ἡμέρας
Fr. 124, 2. φῴδας τοσαύτας ἐξ τὸν χειμῶν' ὀ.;
ὀλοόν. Θ. 1027. ὀ., ἄβιον ἐκρίνασεν κύρας δεικνόν·
ὅλος. Ο. 1000. αὑτίκα γάρ ἀὴρ ἐστι τὴν ἰδέαν ὀ.
ὅλου. Σ. 29. περὶ τῆς πόλεως γάρ ἐστι τοῦ σκάφους ὀ.
ὀλόψιμαι. Ν. 792. ἀτὰρ γάρ ὀ. μὴ μαθὼν γλωττοστροφεῖν.
Ν. 1440. σκέψαι δὲ χάτέραν ἔτι περίοδον. ΣΤ. ἀπὸ γὰρ ὀ.
ὅλους. Λ. 85. εἶτ' ἐξένιζε, παρετίθει θ' ἡμῖν ὀ.
Ὀλοφύξιοι. Ο. 1041. καὶ σταθμοῖσι καὶ ψηφίσμασι, καθάπερ Ὀ.
ὀλοφυρμοῖς. Σ. 390. ταῖς δακρύοισιν τῶν φεινύντων ἀεὶ καὶ τοῖς ὀ.
Ὀλυμπία. Ο. 1731. Ἥρα ποτ' Ὀ.
Ὀλυμπάδες. Ο. 781. εἶτα δὲ θάμβος ἄνακτας Ὀ. δὲ μέλος Χάριτες Μοῦ-
Ὀλυμπίασιν. Θ. 332. καὶ ταῖς Ὀ., καὶ τοῖς Πυθίοις
Ὀλυμπίαν. Σ. 1367. νὴ τὸν Δί' ἐξίμαθές γε τὴν Ὀ.
Ὀλυμπίας. Fr. 314, 2. μήτε Χάριτας βοῶν εἰς χορὸν Ὀ.
Ὀλυμπίασιν. Σ. 1382. Ὀ. ἡνίκ' ἐθεώρουν ἐγώ,
Λ. 1131. Ὀ. ἐν Πύλαις, Πυθοῖ, πύσους
Ὀλυμπιεῖον. Fr. 659. τὸ ἱερὸν Ὀ.
Ὀλυμπίησιν. Ο. 866. τῷ ἑστιούχῳ, καὶ ὄρνισιν Ὀλυμπίοισι καὶ Ὀ.

Ὀλυμπικόν. Π. 583. εἰ γὰρ ἐπλούτει, πῶς ἄν ποιῶν τὸν Ὀ. αὐτὸς ἀγῶνα,
Ὀλυμπίοισι. Ο. 866. τῷ ἑστιούχῳ, καὶ ὄρνισιν Ὀ. καὶ Ὀλυμ-
Ο. 1231. φράσουσα θύειν τοῖς Ὀ. θεοῖς
Θ. 331. εὔχεσθε τοῖς θεοῖσι τοῖς Ὀ.
Ὀλυμπίων. Ν. 817. οὐκ εὖ φρονεῖς μὰ τὸν Δία τὸν Ὀ.
Ν. 818. ἰδού γ' ἰδού Δί' Ὀ. τῆς μωρίας·
Ὀλυμπίων. Ο. 1202. παρὰ τῶν θεῶν ἔγωγε τῶν Ὀ.
Θ. 960. γένος Ὀ. θεῶν
Ὀλυμπον. Ο. 1372. Ἀμφίτομαι δὴ πρὸς Ὀ. πτερύγεσσι κούφαις·
Ὀλυμπος. Ο. 780. πῶς δ' ἐπεκτύπησ' Ὀ.·
Ὀλύμπου. Ν. 270. εἴτ' ἐπ' Ὀ. κορυφαῖς ἱεραῖς χιονοβλήτοισι κάθησθε,
Θ. 1069. τοῦ σεμνοτάτου δι' Ὀ.
1070. δι' Ὀ.
Ὀλύμπῳ. Ο. 578. τούτους δὲ θεοὺς τοὺς ἐν Ὀ., τότε χρὴ στρουθῶν νέφος ἀρθὲν
Ο. 606. πῶς δ' ἐς γῆράς ποτ' ἀφίξονται; καὶ γὰρ τοῦτ' ἔστ' ἐν Ὀ.
ὀλῶ. Π. 65. εἰ μὴ φράσεις γάρ, ἀπό σ' ὀ. κακὸν κακῶς.
ὀλῶν. Ι. 1167. ἐκ τῶν ὀ. τῶν ἐκ Πύλου μεμαγμένην.
Εἰ. 960. σεῖον σὺ ταχέως. σὺ δὲ πρότεινε τῶν ὀ.
ὀμβρον. Ν. 287. ἀλλ' ἀποσεισάμεναι νέφος ὀ.
Ο. 1593. δ. ὕδωρ ἄν εἴχετ' ἐν τοῖς τέλμασιν,
ὀμβρον. Β. 246. ἡ Διὸς φεύγοντες ὀ.
ὀμβρου. Ν. 377. καταπρημαδίζειναι πλήρεις ὀ. δι' ἀνάγκην, εἶτα βαρεῖαι
ὀμβρους. Ν. 338. ὀ. θ' ὑδάτων δροσεράν Νεφελᾶν εἶτ' ἀντ' αὐτῶν κατέπινον
ὀμβροφόροι. Ν. 298. παρθένοι ὀ.,
ὀμεί. Ν. 247. ποίους θεοὺς ὀ. σύ; πρῶτον γάρ θεοί
ὁμέστιος. Fr. 723. σὺ δ' ὀ. θεοῖς πίθεν;
Ὁμηρείους. Fr. 1. πρὸς ταῦτα σὺ λέγον Ὀ. γλώττας, τί καλοῦσι κόρυμβα,
Ὁμήρου. Ο. 910, κατὰ τὸν Ὀ. 914.
Ὁμήρου. Ν. 1056. εἰ γάρ ποιηρὸν ἦν, Ὀ. οὐδέποτ' ἄν ἐποίει
Εἰ. 1089. ὥσπερ κάλλιστον δῆπου πεποίηκεν Ὀ.
1096. ἀλλ' ὁ σοφὸν τοι νὴ Δί' Ὀ. δεξιὸν εἶπεν·
Ο. 575. Ἴριν δέ γ' Ὀ. ἐφασκ' ἐπέλην εἶναι τρήρωνι πελείᾳ.
Β. 1034. τῆς ἐργασίας, κορμῶν ὥρες, ἀρότυων· δ' Ὀ. θεῖον Ὀ.
Ὁμήρου. Fr. Μ. Δοιτ. 15. πρὸς ταῦτα σὺ λέγων Ὀ. ἐμοὶ γλότταις, τί καλοῦσι κόρυμβα,
ὀμήρους. Α. 327. ἀν ἔχω γ' ὑμῶν ὀ., οὐκ ἀποσφάξω λαβών.
Α. 244. ταοθί δ' ὀ., κατάλιφ' ἡμῖν ἐνθάδε·
ὀμιλεῖν. Ν. 1399. ὡς ἡδὺ καινοῖς πράγμασιν καὶ δεξιοῖς ὀ.,
ὀμιλίας. Π. 776. τοὺς ἀξίους δὲ τῆς ἐμῆς ὀ.
ὀμιλεῖν. Ν. 1077. ἀδύκολος· ἀδύνατοι τῆφ' ἐπ' ἐλίγειν. ἐμοὶ δ' ὀ.,
ὀμίχλην. Ν. 330. μὰ Δί', ἀλλ' ὀ. καὶ δρόσον αὑτὰς ἡγούμην καὶ καπνὸν εἶναι.
Ὁμίχλην. Ν. 814. οὖτος μὰ τὴν Ὀ. ἴτ' ἐνταυθὶ μενεῖτ·
ὀμίχλης. Ι. 803. ὑπὸ τοῦ πολέμου καὶ τῆς ὀ. ἃ πανουργεῖς μὴ καθορᾷ που,
ὀμώμεθα. Α. 183. πάρφαινε μὰν τὸν ὅρκον, ὡς ὀ.
ὄμμα. Α. 1184. ὦ κλεινὸν Ὀ., νῦν πανύστατόν σ' ἰδών
Ν. 285. ὀ. γὰρ αἰθέρος ἀκάματον σελαγείσω
Θ. 665. πανταχῇ διάδραμε ὀ.
958. πανταχῇ κυκλοῦσαν ὀ. χρὴ χοροῦ κατάστασιν.
Εκ. 1. ὦ λαμπρὸν ὀ. τοῦ τροχηλάτου λύχνου
ὄμμασι. Α. 1283, ὃς μετὰ Μαινάδος ὀμμάτων ὀ.
ὄμμασιν. Θ. 126. τῷ φῶν ἔσσυτο δαιμονίας ὀ.
ὄμματα. Β. 817. ὀ. στρογβήσεται,
ὄμματα. Ν. 290. τηλεσκύπῳ ὀ. γαίαν,
ὀμμάτων. Ν. 705. ψύρμα φρενός· ὕπνος δ' ἀπείστω γλυκύθυμος ὀ.
Β. 1454. δάκρυα δακρύσ' ἀπ' ὀ.
ὀμνύω. Ι. 1011. ὅταν ὀ. τις τὸν κόρακα καὶ τὸν Δία,
Ο. 445. ὀ. ἐπὶ τυύτοις πᾶσι νικᾶν τοῖς κριταῖς
ὀμνύμενος. Ν. 1241. καὶ Ζεὺς γέλοιος ὀ. τοῖς εἰδόσιν
ὄμνυμι. Θ. 272. ὀ. τοίνυν αἰθέρ' οἴκησιν Διός.
Θ. 274. ὀ. τοίνυν πάντας ἄρδην τοὺς θεούς.
ὀμνύμεν. Α. 207. ἴστε πρώτην μ', ὦ γυναίκες, ὀ.
ὄμνυσ'. Ν. 1235. κατὰ ὀ. νῦν εὑρίσκῳ τυγχάνει,
Ο. 521. Λάμπων δ' ὀ. ἔτι καὶ νυνὶ τὸν χῆν', ὅταν ἐξαπατῷ τι·
ὄμνυσιν. Σ. 1046. καίτοι σπένδων πόλλ' ἐπὶ πολλοῖς ὀ. τὸν Διώνυσον
ὄμνυντ'. Ν. 248. ἡμῖν νόμισμα· οὐκ ἔστιν. ΣΤ. τῷ γάρ ὀ.; ἤ
ὀμόγνιε. Β. 750. ὦ Ζεῦ· καὶ παρακολούθων δεσποτῶν
ὀμοθυμαδόν. Εἰ. 484. οὐδὲν ποιούμεν, ὦνδρες,
Ο. 1015, μὰ τὸν Δί' οὐ δῆτ'· ΜΕ, ἀλλὰ πῶς; ΠΕ. ὀ.
ὅμοια. Σ. 1106. τὰ τάλλ' ὀ. πάντα σφηξὶ μηχανώμεθα.

ὅμοια—ὄντα. 225

ὅμοια. Θ. 167. δ. γὰρ ποιεῖν ἀνάγκη τῇ φύσει.
ὁμοιά. Σ. 1433. δ. σου καὶ ταῦτα τοῖς ἄλλοις τρόποις.
ὁμοίαν. Ν. 346, ἤδη ποτ' ἀναβλέψας εἶδες νεφέλην Κενταύρῳ ὁ
  Θ. 909. Ἑλένῃ σ' ὅ. δὴ μάλιστ' εἶδον, γύναι.
  1106. θεαῖν ὅ. ναῦν ὅπως ὡρμισμένην;
ὁμοιάς. Ν. 548, οὐδὲν ἀλλήλαισιν ὅ. καὶ πάσας δεξιᾶς
ὅμοιον. Ν. 230. λεπτὴν καταμίξας ἐς τὸν ὅ. ἀέρα.
  Σ. 224. τὸ τῶν γερόντων, ἔσθ' ὅ. σφηκιᾷ.
  ΕΙ. 527. μῶν οὖν ὅ. καὶ γυλίον στρατιωτικοῦ ;
  Λ. 594. οὔκουν κάνδρας γηράσκουσιν ; ΑΤ. μὰ Δί', ἀλλ' οὐκ
    εἶπας ὅ.
  Ἐκ. 594. ἀλλ' ἕνα ποιῶ κοινὸν πᾶσιν βίοτον καὶ τοῦτον ὅ.
  Π. 550. ὑμεῖς γ' οἵπερ καὶ Θρασυβούλῳ Διονύσιον εἶναι ὅ.
ὅμοιος. Ι. 737. ὅ. εἶ τοῖς παισὶ τοῖς ἐρωμένοις·
  Ἐκ. 428. λευκός τις ἀνενήθης', ὅ. Νικίᾳ.
ὁμοιός. Ο. 981, οὐδὲν ἄρ' ὅ. ἔσθ' ὁ χρησμὸς τουτῳί.
ὁμοιότατο. Fr. 274. ὁ. καθεύδει' ἐπὶ τοῦ λυχνιδίου.
ὁμοιότατος. Σ. 169. ὁ. πληπρός εἶναι κωλύω.
ὁμοίω. Ν. 394. ταῦτ' ἄρα καὶ τὠνύματ' ἀλλήλοιν, βροντὴ καὶ
  πορδή, ὅ.
ὁμοίως. Ι. 1295. οὐκ ἂν ἐξελθεῖν ἀπὸ τῆς σιπύης· τοὺς δ' ἀντι-
  βολεῖν ἂν ὅ.
  Ν. 1411. οὐ κἀμέ σοι δίκαιόν ἐστιν εὐνοεῖν ὅ.,
  ΕΙ. 464. ἀλλ' οὐχ ἕλκτινα' ἄνδρες ὅ.
  1323. πάντες ὅ. οἴνῳ τε πολύν,
  Ο. 1082. τὰς περιστερὰς θ' ὅ. ξυλλαβὼν εἵρξας ἔχει.
  Λ. 557. νῦν μὲν γὰρ δὴ καὶ ταῖσι χύτραις καὶ τοῖς λαχάνοισιν ὅ.
  Π. 489. φανερὸν μὲν ἔγωγ' οἶμαι γιγνώσκειν τοῦτ' εἶναι πᾶσιν ὅ.,
ὁμολογεῖν. Ι. 1261. ὡσθ' ὅ. σε μηδὲν' ἀνθρώπων ἐμοῦ
  Ν. 766. ὥστ' αὐτὸν ὁ. σ' ἐμοί. ΣΩ. ποῖαν τινα ;
ὁμολογοῦνθ'. Ν. 1326. ἐρᾶθ' ὁ. ὅτι με τύπτεις, ΦΕ. καὶ μάλα.
  Σ. 1296. ὁ. κλέπτειν· σὺ δ' οὔχι·
  Σ. 1422. ἐκών ὁ. γὰρ πατάξαι καὶ βαλεῖν.
  Π. 94. καὶ τοὺς δικαίους. ΠΛ. ὁ. σοι. ΧΡ. φέρε, τί οὖν ;
ὁμομαστιγίας. Β. 756. πρὸς Διός, ὁ. ἡμῖν ἐστιν ὁ.,
ὁμομαστρία. Α. 790. ὁ. γάρ ἐστι κήμε τουτῳὶ πατρός.
ὁμομητρίαν. Ν. 1372. ἀδελφοῦς, ὠλεξίκακε. τί γ' ὁ. ἀδελφήν.
ὁμοπτέρων. Ο. 229. ἴτω τις ὧδε τῶν ἐμῶν ὁ.
ὁμορροθῶ. Ο. 851. ὁ., συνθέλω,
ὁμοῦ. Εκ. 863. ὁ. εἴμι κύψας. ΑΝ. Α. ἣν δὲ μαστιγῶσι, τί ;
  Εκ. 878. ὁ. ἐστι δειπνήσοντα πού μελλήτεον.
ὁμόσαι. Ν. 1235. κἂν προσκατασθείην γ', ὥστ' ὁ., τριώβολον.
  Β. 101. ἡ φρένα μὲν οὐκ ἐθέλουσαν ὁ. καθ' ἱερῶν,
ὁμόσας. Α. 914. ἔπειτ' ὁ. δῆτ' εἰσαγγελεῖς;
ὁμόσε. Λ. 451. ἠμῖν ὁ. χωρῶμεν αὐταῖς, ὦ Στρύθαι.
ὁμόσης. Α. 192. εἰς ἀσπίδ' ὁ. μηδὲν εἰρήνης πέρι.
  Θ. 270. ὁ. ἐμοὶ ἐτ. τί χρήμα ; ΜΝ. συσσώσειν ἐμέ
ὁμοσον. Β. 305. καθύει κατώμοσον. ΞΑ. νὴ Δί', ΔΙ. ὁ. ΞΑ.
  νὴ Δία.
ὁμόσωμεν. Λ. 197. ὁ. ἐς τὴν κύλικα μὴ 'πιχεῖν ὕδωρ.
ὁμότροφά. Ο. 329. δὲ γὰρ φίλος ἦν, ὁ θ' ἡμῖν
ὁμοῦ, Ι 214. τάραττε καὶ χόρδευ' ὁ. τὰ πράγματα
  Ι. 245. ὁ. κονιορτὸς δῆλος αὐτῶν ὡς ὁ. προσκειμένων.
  431. ὁ. ταραττεον τήν τε γῆν καὶ τὴν θάλατταν εἰκῇ.
  ΕΙ. 513. καὶ μὴν ὁ. 'στιν ἤδη,
  898. παίειν, ὀρύττειν, πὺξ ὁ. καὶ τῷ πέει·
  Ο. 221. ξύμφανος ὁ.
  771. συμμιγῆ βοὴν ὁ.
  1332. τά τε μουσῶν' ὁ. τά τε μαντικὰ καὶ
  Θ. 572. ἱσπουδακυῖα προστρέχει. πλὴν οὖν ὁ. γενέσθαι.
  Β. 1506. Μύρμηκι θ' ὁ. ποὶ Νικομάχῳ
  Εκ. 404. τί δαὶ μ' ἐχρῆν δρᾶν ; ΒΛ. σκύρρῷ ὁ. τρίψαντ' ὀπῷ
  Fr. 88.   ἔπειτ' ἐρείφον ἐπιβαλοῦσ' ὁ. πίσσον.
  335. πανρελίθοιός θ' ὁ. λεκάνη παραθραύμασι.
  158. λάβεσθε· καὶ γάρ ἐσθ' ὁ.
  476, 5. ὁμόσους δ' ἰδοὺς ἂν νιφομένων σύκων ὁ. τε μύρταν'
  6. ἔπειτα κολοκύντας ὁ. τοῖς γογγυλίσιν ἀρούσιν.
  548.   πολφοὺς θ' οὐχ ἥψον ὁ. βολβοῖς.
ὁμοῦμαι. Ν. 246. τράττῃ μ' ὁ. σοι καταφθήσειν τοὺς θεούς.
ὁμόψυθα. Α. 193. ποῖ λευκὸν τρέμειν ; ΚΑ. ἀλλὰ πῶς ὁ.
ὁμόφρονας. Ο. 632. ὁ. λόγοις δικαίοις,
ὄμφακα. Fr. 522. ὁρῶ γὰρ ὁ. διασαυλούμενον,
ὀμφακίαν. Α. 352. δεινὸν γὰρ οὕτως ὁ. πεφυκέναι με,
ὀμφαλοίσασι. ΕΙ. 1274. σύν β' ἔβαλον μινοὺς τε καὶ ἀσπίδας ὁ.
  ΕΙ. 1278. οἰμῳγὰς δ' εἶχον. αἱ ταύτας ὁ.
ὀμφαλόν. Εκ. 175. ἤδη στροφεῖ τι πνεῦμα περὶ τὸν ὁ.
ὀμώμοκ'. Θ. 276. ἡ γλῶττα δ' οὐκ ὁ., οὐδ' ὥρκωσ' ἐγώ.
  Β. 1471. ἡ γλῶττ' ὁ., Αἰσχύλον δ' αἱρήσομαι.
ὀμώννυμι. Ο. 927. ζαθέων ἱερῶν ὁ.
ὅμως. Α. 402. ἐκκαλέσῳς αὐτόν. ΚΗ. ἀλλ' ἀδύνατον. ΔΙ. ἀλλ'
  ὁ. κ.τ.λ.

ὄν. Α. 145. ὁ δ' υἱός, ὁ. Ἀθηναῖον ἐπεποιήμεθα, κ.τ.λ.
  Α. 1156. ὁ. ἐτ' ἐπίδοιμι τευθίδος
ὄν. Ι. 1138. μή σοι τύχῃ ὕψον ὁ.,
  Ν. 878. εὐθὺς γέ τοι παιδάριον ὁ. τυννουτανί
  Λ. 418. ὅθ' ἄπαλον ὁ. τοῦτ' οὖν σὺ τῆς μεσημβρίας
  881. ἀλουτον ὁ. κάθηλον ἕπτην ἡμέραν·
  Θ. 745. τυννοῦτον ὁ. ΜΝ. τυννοῦτο· ΓΓ. Ζ. μικρὸν νὴ Δία.
  Β. 1174. κλύειν, ἀκούσαι, ταυτὸν ὁ. σαφέστατα.
ὀναίμην. Θ. 469. καύτή γάρ ἔγωγ', οὕτως ὁ. τῶν τέκνων,
ὄναιο. Π. 1062. ὁ. μέντἂν, εἴ τις ἐπηλύνειέ σε.
ὄναιτ'. Ν. 1237. ἀλκὴν διασμηχθεὶς ὁ. ἂν οὐτοσί.
ὄναρ. Ι. 1090. ἀλλ' ἐγὼ εἶδον ὁ. καὶ μοῦδοκει ἡ θεὸς αὐτὴ
  Σ. 13. καὶ δῆτ' ὁ. θαυμαστὸν εἶδον ἀρτίως.
ὀνέδως. Α. 855. Λυσίστρατός τ' ἐν τἀγορᾷ, Χολαργέων ὁ.,
ὀνείοις. Ι. 1399. τὰ ἐννεα μιγνῦς τοῖς ὁ. πράγμασιν,
ὀνείρατα. Σ. 53. οὕτως ὑποκρυόμενον σοφῶς ὁ.;
ὄνειφον. Β. 1332. δύστανον ὁ.
  Β. 1340. ὦς ἄν θείον ὁ. ἀποκλύσω.
ὀνειροπωλεῖ. Ν. 16. ὁ. θ' Ἴππους· ἐγὼ δ' ἀπώλλυμαι,
  Ν. 27. ὁ. γάρ καὶ καθεύδων ἱππικήν.
ὀνειροπολεῖς. Ι. 809. ὁ. σὺ γιγνώσκων τόνδ' ἐξαπατᾷς, καὶ ὁ.
  περὶ σαυτοῦ.
ὀνηλατεῖν. Fr. 598. καὶ βονλατεῖν καὶ ὁ.
ὄνθ'. Λ. 1020. γυμνὸν ὁ. οὕτως, ὁρῶ γάρ ὡς καταγίλαστος εἶ.
ὀνίδιον. Σ. 1306. ὄνσπερ καχρίων ὁ. εὐκηγμένον·
ὄνιδων. ΕΙ. 4. δυὲ μᾶζαν ἐτέραν ἐξ ὁ. πεπλασμένην.
ὄνομ'. ΕΙ. 185. τί σοί ποτ' ἐστ' ὁ. ; οὐκ ἐρεῖς ; ΤΡ. μαρώτατος.
  Ο. 273. εἰνοῦσιν· σφυ αὐτῷ γ' ἐστὶ φοινικόπτερος.
  817. τί δῆτ' ὁ. αὐτῇ θησόμεσθ' ; ΕΤ. ἐντευθενὶ
ὄνομα. Β. 49. παρέβηκεν ἡμῖν ὁ. δ' ἦν αὐτῷ φένωξ,
  Ι. 1231. τοὐμὸν γε φράζον ὁ. καὶ λίαν σαφῶς.
  Σ. 133. ἐστιν δ' ὁ. τῷ μὲν γέροντι Φιλοκλέων,
  Ο. 277. ὁ. τούτῳ Μῆδος ἐστι. ΠΕ. Μῆδος ; ὤναξ Ἡράκλεις·
  644. ἐμοὶ μὲν ὁ. Πεισθέταιρος. ΕΠ. τῳδεδί,
  809. ἀγε δὴ τί μοι ὄνομ' ἔσται ; ΠΕ. σὐστε δὴ πύλει
  814. Σπάρτην ὁ. καλώμεν αὐτήν ; ΕΤ. Ἡράκλεις
  1203. ὁ. δέ σοι τί ἐστι, πλοῖον, ἢ κύν;
  1528. ὁ. δὲ τούτοις τοῖς θεοῖς τοῖς βαρβάροις
  Θ. 1200. ὁ. δέ σοι τί ἐστιν ;   ΕΤ. Ἀρτεμεσία.
  Fr. Μ. ΕΙ. Δ. 2, 4. σοῦ δ' ὁ. δὴ τί ἐστιν ; Α δ τι ; Γεωργία.
ὀνομάζειν. Εκ. 299. γὰρ χρῆν μ' ὁ.
ὀνομάζεται, Ο. 294. τίς ὁ., νοσθ' οὗτος ; ΕΠ. οὑτοσὶ καταφαγής.
ὀνομάτ'. Ο. 1291. πολλοῖσιν ὀρνίθων ὁ. ἦν κείμενα.
ὀνόματ'. Π. 159. ὁ. περιπιττοντας τὴν μοθωνίαν δεῖ,
ὀνομάτων. Ν. 681. ἔθ' ἵν τε περὶ τῶν ὁ. μαθεῖν σε δεῖ,
  Ν. 685. ἄρρενα δὲ ποῖα τῶν ὁ. ; ΣΤ. μυρία.
ὄνον. Ν. 1273. τί δῆτα ληρεῖς ὥσπερ ἀπ' ὁ. καταπεσών ;
  Σ. 170. τὸν ὁ. ἐγὼν αὐτοῖσι τοῖς κανθηλίοις·
  Σ. 173. μὰ Δί', ἀλλ' ἄμεινον, ἀλλὰ τὸν ὁ. ἔξαγε.
  177. ἀλλ' εἰσίων καὶ τὸν ὁ. ἐξάγειν δοκῶ.
  196. ὤφει τὸν ὁ. καὶ σαυτὸν ἐς τὴν οἰκίαν.
  616. κἄν οὔτοι μοι μὴ 'γχῇς σὺ πιεῖν, τὸν ὁ. τόνδ' ἐσκεκό-
    μισμαι
  Ο. 721. ξύμβολον ὄρνιν, φωνὴν ὄρνιν, θεράπαντ' ὄρνιν, ὁ. ὄρνιν.
  Β. 31. σὺ δ' οὖν ἐπειδὴ τὸν ὁ. οὐ φῂς ὁ. ὠφελεῖν,
  32. ἐν τῷ μέρει σὺ τὸν ὁ. ἀράμενος φέρε.
ὄνος. Ο. 1328. τοῦτ' ἀφ' ὁ. βραδύς ἐστί τις ὥσπερ ὁ.
  Β. 159. νὴ τὸν Δί' ἐγὼ γοῦν ὁ. ἄγων μυστήρια,
ὄνου. Ν. 1273. τί δῆτα ληρεῖς ὥσπερ ἀπ' ὁ. καταπεσών ;
  Σ. 191. περὶ τοῦ μαχεῖ νῷν δῆτα ; ΦΙ. περὶ ὁ. σκιᾶς.
  Π. 267. τὸν τοῦ θεοῦ, Μίδας μὲν οὖν, ἦν ὑπ' ὁ. λάβητε.
  Fr. 238. νῦν ἔστι· θ. περὶ ὁ. σκιᾶς.
ὀντέπ. Ι. 117. δ. μάλιστ' ὁφίχαττεῖν. ΔΗ. ὦ σφαδύτατε, κ.τ.λ.
  Ν. 393. τὸν δ' ἀέρα τόνδ' ὁ. ἀπέραντον, πῶς οὐκ εἰκὸς μέγα
    βροντᾶν ;
  Ν. 1409. καὶ νοσθ' ἐφησμαί σε τουτί παῖδά μ' ὁ. ἔτυπτες·
  1459. γνώμων πονηρὸν ὁ. ἐραστὴν πραγμάτων,
  Σ. 194. νῦν δ' ἀφῇ γ' αὐτόν, ὡς δ. αὖ πολὺ
  922. μὴ νῶν ἀφῇς γ' αὐτόν, ὡς ὁ. αὖ πολὺ
  Ο. 607. ἢ παῖδας ὁ. ἀποθνήσκειν δεῖ· ΠΕ. μὰ Δί', ἀλλὰ τρια-
    κόσι' οὔντἀτ·
  Α. 826. καίπερ πύστιν γραῦς ὁ. αὐ-
  Θ. 848. οὐ τὸν Παλαμήδου ψυχρόν ὁ. αἰσχύνεται,
  Β. 76. εἴτ' οὐ Σοφοκλέα, πρ. τερον ὁ., Εὐριπίδου,
  629. ἀλλὰ βασανίζειν ἀθάνατον ὁ., εἰ δὲ μή,
  1053. μὰ Δί', ἀλλ' ὁ. ἀλλ' ἀποκρύπτειν χρὴ τὸ πονη·ὸν
    τόν γε ποιητήν,
ὄντα. Α. 697. ἀγαθοὺς ὁ. Μπραθῶνι περὶ τὴν πύλην ;
  Ι. 261. κἄν τιν' αὐτῶν γνῷς ἀπράγμον' ὁ. καὶ κεχηνότα,
  881. τουθὶ δ' ὁρῶν ἀνεν χιτῶνος ὁ. τηλικοῦτον,
  Ν. 549. ὡς μέγιστον ὁ. Κλέων' ἔπαισ' ἐς τὴν γαστέρα,

Gg

όντα—ὅπλοις.

όντα. Ν. 819. τὸ Δία νομίζειν. ὁ. τηλικουτονί.
Ν. 1474. ὅτε καὶ σὺ χυτρεών ὁ. θεῶν ἡγησάμην.
Σ. 412. ὁ. κ.ἀπιλούμενον, ὅτι
Εἰ. 859. τί δῆτ', ἐπειδὰν νυμφίον μ' ὁρᾶτε λαμπρὸν ὁ. ;
Ο. 1336. οὕτως ὑρῶν σε δειλὸν ὅ. καὶ βραδύν.
Λ. 894. τὰ δ' ἔνδον ὅ. τἀμὰ καὶ σὰ χρήματα
  948. καίπερ τοιοῦτον ὁ., κατακλιῶ χαμαί.
Θ. 74. οὐ χρῆν σε κρύπτειν. ὁ. μηδοστὴν ἡμῶν.
  98. ἀνδρ' οὐδέν' ἔνθάδ' ὁ., Κυρήνην δ' ὀρῶ.
  160. ἀγρείαν ὁ. καὶ βασὺν σκέψαι δ' ὅτι
D. 281. εἰδὼς με μάχιμον ὁ. φιλοτιμούμενος.
  763. τὸν ἄριστον ὁ. τῶν ἑαυτοῦ συντέχνων
  1052. πότερον δ' οὐκ ὁ. λύγον τοῦτον περὶ τῆς Φαίδρας ξυνέθηκα;
  1250. μελοποιῶν ὁ. καὶ ποιοῦντα ταῦτ' ἀεί.
  1444. τὰ δ' ὁ. πίστ' ἄπιστα. Δι. πῶς ; οὐ μανθάνω.
Εκ. 639. διὰ τὴν ἄγνοιαν, ἐπεὶ καὶ νῦν γιγνώσκοντες πατέρ' ὅ.
  873. ὅπως τὰ μὲν ὁ. χρήμαθ' ἕξω, τοιάδε δὲ
ὄντας. Α. 222. μηδὶ περ γέροντας ὁ. ἐκφυγών Ἀχαρνέας.
Α. 310. οὐχ ἀπόντων ὁ. ἡμῶν αἰτίους τῶν πραγμάτων.
  681. οὐδὲν ὅ., ἀλλὰ κωφοὺς καὶ παρεξηυλημένους.
Ι. 518. ὑμᾶς τε πάλαι διαγιγνώσκων ἐπετείους τὴν φύσιν ὅ.,
ΕΙ. 430. τύλλα δ' εὑρήσεις ὑπουργεῖν ὅ. ἡμᾶς οὐ κακούς.
  807. ἅπαντας ὁ. ἀσφαλῶς
Ο. 199. ἐγὼ γὰρ αὐτοὺς βαρβάρους ὁ. πρὸ τοῦ
Θ. 817. ὁ. μᾶλλον καὶ λαπυῶντας
D. 728. ἄνδρας ὁ. καὶ δικαίους καὶ καλοὺς τε κάγαθούς,
Π. 304. ἔπεισεν ὡς ὁ. κάπρους
Fr. 198. 4. οὐκ ἤσμεν ὁ. ἀδοφοίτας καὶ θαυμ
ὄντε. Σ. 693. ἣν τις τι διδῷ τῶν φευγόντων, ξυνθέντε τὸ πρᾶγμα δύ' ὅ.
Ο. 985. τὼ ἐμὴ γυναικὸς ὁ. ξυγγενῆ καὶ φυλέτα ;
Β. 671. χὴ Φερσέφατθ', ἅττ' ὁ. κάκείνω θεῶ.
ὄντες Ν. 1202. ἡμέτερα κέρδη τῶν σοφῶν, ὁ. λίθοι,
Σ. 1060. ὦ πάλαι ποτ' ὁ. ἡμεῖς ἄλκιμοι μὲν ἐν χοροῖς,
ΕΙ. 623. οἱ δ' ἄττ' ὅ. αἰσχροκερδεῖς καὶ δικαιρανώξενοι
  1189. ὅ. οἶκοι μὲν λέοντες,
Ο. 374. ἡ φράσειεν, ὁ. ἐχθροὶ τοῖσι πάντοις τοῖς ἐμοῖς ;
  467. οἵτινες ὁ. πρότερον βασιλῆς. ΧΟ. ἡμεῖς βασιλῆς ;
  τίνος ; ΠΕ. ὑμεῖς
  1582. τρεῖς ὅ. ἡμεῖς. ΠΕ. ἀλλ' ἐπικινῶ τὸ σίλφιον.
Β. 72. οἱ μὲν γὰρ οὐκέτ' εἰσίν, οἱ δ' ὅ. κακοί.
Π. 502. πολλοὶ μὲν γάρ τῶν ἀνθρώπων ὁ. πλονητοῦσι ποιηροί,
  503. ἀδίκως αὐτὰ ξυλλεξάμενοι πολλοὶ δ' ὁ. πάνυ χρηστοὶ
  751. οἱ γὰρ δίκαιοι πρότερον ὁ. καὶ βίον
ὄντιν'. Ν. 245. τὸν μηδὲν ἀποδιδόντα, μισθὸν δ' ὁ. ἀν
Ν. 1458. ἡμεῖς ποιοῦμεν ταῦθ' ἑκάστοθ' ὁ. ἄν
ὄντινά. Σ. 1281. ὁ. ποτ' ὥμοσας μαθόντα παρὰ μηδενός,
Β. 1184. ὅ. γε, πρὶν φῦναι μέν, ἀυτλλων' ἔφη
ὄντος. Ι. 417. καὶ νὴ Δι' ἄλλα γ' ἐστί μοι κίβαλα παιδὸς ὅ.
Ι. 883. χειμῶνος ὁ. ἀλλ' ἐγώ σοι τουτονὶ δίδωμι.
Ν. 161. στενὸν διὰ λεπτοῦ δ' ὁ. αὐτοῦ τὴν πνοὴν
  454. προ τοῦ μὲν, ἔτ' ἐμοῦ παιδὸς ὁ. οὑτασί,
Σ. 276. τὸ σφυρὸν γέραντος ὁ.;
  445. καὶ κυνός, καὶ τοὺς πόδας χειμῶνος ὁ. ὠφελεῖ,
Ο. 1008. αὐτοῦ κυκλοτερούς ὁ., ὀρθαὶ παντάχη
Θ. 8. ὁ. κατακάμπτειν τὰς στροφάς οὐ ῥᾳδίον,
Β. 128. νὴ τὸν Δι', ὡς ὁ. γε μὴ βαδιστικοῦ,
  1190. χειμῶνος ὁ. ἐξέθισαν ἐν ὀστράκῳ,
Εκ. 421. χειμῶνος ὁ., τρεῖς σισύρας ὀφειλέτω.
Π. 528. οὔτ' ἐν βάπισιν' τί γὰρ ὑφαίνειν ἐθλήσει χρυσίου ὁ. ;
ὄντων. Ο. 478. ὧν πρεσβυτάτων ἀτρῶν ὁ. ὑρῶν ἐσθ' ἡ βασιλεία ;
Ο. 1654. πᾶσαν θυγατέρ', ὑ. ἀδελφῶν γησίαιν,
  1661. Νύθη δὲ μή εἶναι ἀγχιστείαν, παίδων ὅ.
Β. 1118. πάντ' ἐπέξιτον, θεατῶν γ' οὐνὶξ', ὡς ὅ. σοφῶν.
Εκ. 599. εἶτ' ἀπὸ τούτων κοινῶν ὅ., ἡμεῖς βοσκήσωμεν ὑμᾶς
  661. ἐν τῷ κοινῷ πάντων ὅ. ; κλέπτων δήπου 'στ' ἐπίδηλος.
  1133. ὅ, τὺ πλήθει οὐ δεδεινηκὰς μόνος;
ὄντως. Ν. 86. ἀλλ' εἴπερ ἐκ τῆς κορδίας μ' ὁ. φιλεῖς, κ.τ.λ.
ὄνυξι. Ι. 708. ἐξάρπασομαί σευ τοῖς ὁ. τάντερα.
ὄνυξιν. Σ. 17. ἀναρπάσαντα τοῖς ὁ. ἀσπίδα
ὀνύχας. Ο. 8. ἀποσποδήσας τοὺς ὁ. τῶν δακτύλων.
Ο. 1180. χωρεῖ δ' κἄς τις ὁ. ἠγκυλωμένος,
Β. 1338. μεγάλους ὅ. ἔχοντα.
ὀνυχίζεται. Fr. 660. ὁ. ;
ὀνωνίκα. Fr. 537. 2. ἐς τὴν πόλιν ἄξεις τήνδε τὴν ὁ.
ὀξάλμην. Σ. 331. εἰς ὁ. ἐμβαλε θερμήν
ὄξει. Π. 720. καὶ σχίνῳ ὅ. διέμενος Σφηττίῳ.
ὀξεῖαν. ΕΙ. 1173. τρεῖς λόφους ἔχοντα καὶ φοινικίδ' ὁ. πάνυ.

ὀξηρόν. Fr. 511. λεπρὰν κεράμιον ὁ. ἀντὶ τοῦ μυδὰν
ὀξίδας. Β. 1440. εἰ ναυμαχοῖεν, κᾳτ' ἔχοντες ὁ.
  Β. 1453. ἐγὼ μύνος τὰς δ' ὁ. Κηφισοφῶν.]
ὀξίδες. Fr. 550. ἐν δὲ Κλεωναῖς ὁ. εἰσί.
ὀξίνην. Ι. 1304. πύδρα μοχθηρῶν πολίτην, ὁ. Ὑπέρβολον·
  Σ. 1082. ἐμαχόμεσθ' αὐτοῖσι, θυμὸν ὁ. πεπωκότες,
ὀξίς. Σ. 1509. τουτὶ τί ἦν τὸ προσίρπον ; ὁ. ἡ φάλαγξ ;
  Π. 812. ὁ. δὴ πᾶσα καὶ Λοπάδιον καὶ χύτρα
ὄξος. Α. 35. οὐκ ὅ., οὐκ ἔλαιον, οὐδ' ἤδει πρῖαι,
Ο. 534. σίλφιον, ὅ., καὶ τρίψαντες
D. 620. στρεβλῶν. ἔτι δ' ἐς τὰς ῥῖνας ὁ. ἐγχέων,
  Fr. 205. 2. εἰς ὁ. ἐμβαπτύμενος ἡ λεπτοὺς ἄλας.
ὄξους. Σ. 1367. ἀν ἡδέως φάγοις ἀν ἐξ ὁ. δίκην.
ὀξύ. Α. 803. ὡς ὁ. πρὸς τὰς ἰσχάδας κεκράγαμ.
  Σ. 407. μέσθα, κέντρον ἐντίτατ' ὁ.
  Ο. 1095. ἥνιχ' ἂν ὁ θεσπέσιος ὁ. μέλος ἀχέτας
ὀξύβαφον. Ο. 361. ὁ. ἐντευθενὶ προσθοῦ λαβὼν ἢ τρυβλίον.
  Fr. 48. ὁ.
ὀξυγλύκειαν. Fr. 506. ὁ. τάρα κοκκιεῖς ῥύαν.
ὀξυνεῖσθαι. Θ. 466. τὸ μὲν δ' γυναῖκες, ὁ. σφόδρα
ὀξυθυμηθεῖσά. Σ. 501. ὅτι κελήτισαι κέλευον, ὁ. μοι
ὀξύθυμος. Σ. 1105. μᾶλλον ὁ. ἐστιν οὐδὲ δυσκολώτερον·
ὀξύθυμος. Ι. 706. ἀν ὁ. φέρε τί σου δῶ καταφαγεῖν ;
ὀξυθύμων. Σ. 455. ὁ. καὶ δικαίων καὶ βλεπόντων κάρδαμα.
ὀξυκάρδιοι. Σ. 430. εἴα νυν, ὠ ξυνδικασταί, σφῆκες ὁ.,
ὀξυλάλου. Β. 815. ἡνίκ' ἂν ὁ. περ ἴδῃ θήγοντος ὀδύντας
ὀξυμερίμνους. Β. 877. ἄνδρων γνωμοτυτῶν, ὅταν εἰς ἔριν ὁ.
ὀξύν. Ο. 1112. ὁ. ἱερακίσκον ἐς τὰς χεῖρας ὑμῶν δώσομεν,
ὀξυρεγμίας. Fr. 398. καὶ κρῖνον αὐτῇ μὴ μετ' ὁ.
ὀξύς. Α. 231. ὁ., ὀδυνηρός, * * * πιλεύταν, ἵνα
ὀξυστόμους. Ο. 244. οἵ θ' ἐλείας παρ' αὐλῶνες ὁ.
ὀξυτάταιν. Β. 1362. λαμπάδας ὁ. χεροῖν, Ἑκάτα παράφηνον
ὀξύτατον. Α. 193. ὁ., ὥσπερ διατριβῇ τῶν ξυμμάχων.
  Σ. 226. ὅ., ᾧ κεντοῦσι, καὶ νεκραγύτες
ὀξύτερος. Λ. 1203. ὁ. ἐμοῦ βλέπει.
  Π. 210. βλέποντ' ἀποδείξω σ' ὁ. τοῦ Λυγκέως.
  1048. μεθύων γάρ, ὡς ἔοικεν, ὁ. βλέπει.
ὀξωτά. Fr. 180. ὁ. σιλφιωτά, βολβύς, τεύτλιον,
ὀπ'. Β. 208. αὐτὸ δ' ὠ᾽π᾽ ὁ.
ὄπα. Α. 748. ἐγὼ δὲ καρυξῶ Δικαιόπολιν ὁ.
  Λ. 118. ἔλοσιμ', ὁ., μέλλοιμί γ' εἰράναν ἰδεῖν.
  1080. ἄφατα, τί πὰν λέγοι τις ; ἀλλ' ὁ. σίλει
  1188. ἀγ' ὁ. τυ λῇς. Αθ. νὴ τὸν Δι' ὡς τάχιστά γε.
ὅπα. ΕΙ. 400. ἰδ', ἀντιβολῶ σ', ἐλίησον αὐτῶν τὴν ὁ.,
  ΕΙ. 805. πικροτάτην ὁ. γηρύσαντος ἥσως·
ὄπαξε. Θ. 973. ὁ. δὲ νίκην
ὀπάξει. Ι. 200. κοιλιοπωλήσων δὲ θεὸλ μέγα κῦδος ὁ.,
ὀπάς. Π. 715. ὁ. γὰρ εἴχεν οὐκ ὀλίγας μὰ τὸν Δία.
ὄπερ. Α. 153. καὶ νὴ Δι' ἂξ μαχιμώτατον Ὀδρυκῶν ἔθνος κ.τ.λ.
ὅπῃ. Ν. 1345. σὸν ἔργον, ὠ πρεσβύτα, φροντίζειν ὁ. κ.τ.λ.
ὀπῇ. Σ. 350. ἔστιν ὁ. δῇδ' ἡντιν' ἂν ἐνδοθεν οὖς τ' εἴης διορύξαι.
ὀπήν. Λ. 720. τὴν μὲν γὰρ πρώτην διαλέγουσαν τὴν ὁ.
ὀπηνίκ'. Fr. 499. ὁ. ἀνθ' ὑμεῖς κοπιᾶτ' ὀρχουμενοι.
ὀπηνίκα. Ο. 1499. ὁ. ; σμικρόν τι μετὰ μεσημβρίαν.
  Fr. 476. 7. ὥστ' οὐκ ἔτ' οὐδεὶς οἶδ' ὁ. ἐστι τοὐναυτού.
ὀπῆς. Σ. 318. κκἂν διὰ τῆς ὁ.
  Σ. 352. πάντα πέφαρκται κοὐκ ἔστιν ὁ. οὐδ' εἰ σέρφῳ διαδῦναι.
  Fr. 117. καὶ δι' ὁ. κἀπὶ τέγους.
ὀπίαν. Σ. 353. ἀλλ' ἄλλο τι δεῖ ζητεῖν ὑμᾶς ὁ. δ' οὐκ ἔστι γενέσθαι.
ὄπισθεν. Σ. 1327. κλαύσεταί τις τῶν ὁ.
  Σ. 1376. ὁ δ' ὁ. οὐχὶ πρωκτός ἐστιν οὑτοσί·
  Α. 1170. κύλτον τοὺ ὁ. καὶ τὰ Μεγαρικὰ σκέλη.
ὀπισθόδομον. Π. 1193. τὸν ὁ. αἰεὶ φυλάττειν τῆς θεοῦ.
ὀπισθοσφενδόνην. Fr. 309. 4. κέρχνον, κίσηρον, στρόφον, ὁ.,
ὅπλα. Σ. 27. δεινόν γε τοῦστ' ἀνθρωπος ἀποβαλὼν ὁ.
ὁπλαῖς. Ι. 605. ταῖς ὁ. ὤρυττον εὐνὰς καὶ μετῆσαν στρώματα
  Α. 740. περίθεσθε τάσδε τὰς ὁ. τῶν χοιρίων.
ὅπλιζε. Θ. 107. ἄγε νυν ὁ. Μοῦσα
ὁπλίσεις. D. 1036, ἔφεις, ἀρετάς, ὁ. ἄνδρων ; Δι. καὶ μὴν οὐ Παντακλέα γε
ὁπλίτας. Σ. 360. ἀνέρες ὁ. διαταξάμενοι
ὁπλίται. Α. 1143. ἐλθὸν ὁ. τετραχισχιλίοι
ὁπλίτας. Ο. 448. ἀπούετε λεψ' τοῖς ὁ. νυνμενί
  Α. 394. ἔλεγεν ὁ. καταλέγειν Ζακυνθίων·
  590. κἀπιπήμασεν παῖδας ὁ. ΠΡ. σίγα, μή μησιακήσης.
ὁπλίτης. Ο. 402. παρὰ τὴν ὁπλὴν ὥσπερ ὁ.·
ὅπλοις. Σ. 359. φεύγειν ἀδεῶς. νῦν δὲ ξὺν ὁ.
  Λ. 558. περιέρχονται κατὰ τὴν ἀγορὰν ξὺν ὁ., ὥσπερ Κορυβάντες,
  633. ἀγοράζων τ' ἐν τοῖς ὁ. ἐξῆς Ἀριστογείτονι,

ὅπλοις—ὁρᾷς. 227

ὅπλοις. Β. 1532. ἀργαλέων τ' ἐν ὅ. ξυνόδων. Κλεοφῶν δὲ μεχέσθω
ὅπλοισιν. Λ. 555. τί ποιησάσας; ΛΤ. ἢν παύσωμεν πρώτιστον μὲν ξὺν ὅ.
Π. 449. ποίαις ὅ. ἡ δυνάμει πεποιθότες;
ὁπλοτέρους. Εἰ. 1271. ὅ. ᾄδον καὶ ταῦτ', ὦ τρισκακόδαιμον.
ὁπλοτέρων. Εἰ. 1270. Νῦν αὖθ' ὅ. ἀνδρῶν ἀρχώμεσθα ΤΡ. παῦσαι
ὅπλων. Α. 581. ὑπὸ τοῦ δέους γὰρ τῶν ὅ, ἰλιγγιῶ.
Α. 1108. ἄνθρωπε, παῦσαι καταγελῶν μου τῶν ὅ.
Εἰ. 678. ἀνομβαλιμαῖος τῶν ὅ, ἐγίγνετο.
1209, ὅ. κάπηλος ἀχθόμενος προσέρχεται.
Ο. 390. τῶν ὅ. ἐντὸς, παρ' αὐτὴν
ὁποῖθ'. Β. 651. ὅ. Ἡράκλεια τὸν Διομείοις γίγνεται. κ.τ.λ.
ὁπόθεν. Ἰ. 800. ἐξευρίσκων εὖ καὶ μαρμῶς ὅ. τὸ τριώβολον ἕξει. κ.τ.λ.
ὅποι. Λ. 198. κἄν τῷ στόματι λέγουσι, βαῖν' ὅ. θέλεις. κ.τ.λ.
ὁποίαν. Ο. 144. ἀτὰρ ἔστι γ' ὅ. λέγετον εὐδαίμων πόλις
ὁποῖσδε. Ν. 650. ἐναίσιμ' ὅ. ἔστι τῶν ῥυθμῶν
ὁποίῳ. Ἐκ. 683. εἶδον ὁ λαχὼν ἀπῇ χαίρων ἐν ὅ. γράμματι δεινηοί
ὁπῶν. Εἰ. 1184. εἶδεν αὐτὸν, κἄπορῶν θεὶ τῷ κακῷ βλέπων ὅ.
Π. 719. ἐν τῇ θυσίᾳ συμπαραμιγνύων ὅ.
ὀπός. Θ. 127. ἡμετέρας τε δι' αἰφνιδίου ὅ.
ὁπὸς'. Ο. 468. πάντων ὅ. ἐστιν, ἐμοῦ πρῶτον, τουδὶ, καὶ τοῦ Διὸς αὐτοῦ.
Ἐκ. 298. ἅπανθ' ὅ. ἂν δέῃ
598. κοινὴν πάντων καὶ τἀργύριον καὶ τἄλλ' ὅ. ἐστὶν ἑκάστῳ.
Εἰ. 598. τἄλλα θ' ὅ. ἐστὶ φυτὰ
ὁπόσα. Εἰ. 1029. σὺ φρανεῖς, ὅ. χρεὼν τὸν
Θ. 899. ὅ δ' εἶ πανοῦργος. ΜΝ. ὅ, τοι βούλει, λέγε.
Ἐκ. 924. ᾄδ' ὅ, βούλει καὶ πορἀκιψφθ' ὥσπερ γαλῇ
ὁπόσαις. Λ. 582. καὶ νὴ Δία τάς γε πόλεις, ὅ. τῆς γῆς τῆσδ' εἰσὶν ἄποικοι,
Θ. 356. νικῶν λεγούσαις. ὅ. δ'
ὁπόσοι. Ι. 1366. πρῶτον μὲν ὅ. ναῦς ἐλαύνουσιν μακράς,
Εἰ. 589. πᾶσιν ὅ, βίον ἐ-
Β. 710. ὅ πονηρότατος βαλανεὺς ὅ. κρατοῦσι κυκησιτέφρου
ὁπόσοις. Ν. 20. ὅ. ὀφείλω καὶ λογίσομαι τοὺς τόκους.
ὁπόσοισι. Σ. 400. οὐ ξυλλήψεσθ' ὅ. δίκαι ἥττες μέλλουσιν ἔσεσθαι,
ὁπόσαν. Β. 259. ὅ. ἡ φάρυγξ ἂν ἡμῶν
ὁπόσων. Ν. 145. ψύλλαν ὅ. ἄλλοιτο τοὺς αὐτῆς πόδας
ὁπότ'. Α. 19. ὡς νῦν, ὅ. οὔσης κυρίας ἐκκλησίας κ.τ.λ.
ὁπόταν. Ι. 197. Ἀλλ' ὅ. μάρψῃ Βυρσαίετος ἀγκυλοχήλης κ.τ.λ.
ὁπότε. Ι. 1343. τούτοις ὅ. χρήσαιτό τις προσιμίοις, κ.τ.λ.
ὁπότερα. Ν. 157. ὅ. τὴν γνώμην ἔχοι, τὰς ἐμπίδας
ὁπότερος. Ν. 1096. καὶ τῶν θεατῶν ὅ.
ὁπότερον. Ν. 1282. οὐκ οἶδ' ἔγωγ' ὅ., οὐδέ μοι μέλει.
Ν. 1336. ἐλοῦ δ' ὅ. τοῖν λόγοιν βούλει λέγειν.
Β. 1416. ὅ. ἂν κρίνῃς, ἵν' ἔλθῃς αἱ μάτην.
ὁπότερός. Ι. 747. ὦ Δῆμ', ἵν' εἰδῇς ὅ. νῷν ἐστί σοι
Ι. 1108. ὅ. ἂν σφῷν εὖ γε μᾶλλον ἂν ποιῇ,
Ν. 951. ὅ. αὐτοῖν λέγων ἀμείνων φανήσεται.
Β. 669. ὅ. ὑμῶν ἐστι θεός. ἀλλ' εἴσιτον·
780 ὅ. εἴη τὴν τέχνην σοφώτερος.
1420. ὅ. οὖν ἂν τῇ πόλει ταρανύσειν
ἀπότερός. Ι. 1207. τί σὺ διακρίνεις, Δῆμ', ὅ. ἐστι νῷν
ὅπου. Α. 949. τοῦτον λαβὼν πρόσβαλλ' ὅ. κ.τ.λ.
Ὁπούντιος. Ο. 152. ἀλλ' εἰσὶν ἕτεροι τῆς Λοκρίδος Ὀ.
Ο. 153. ἵνα χρὴ κατοικεῖν. ΕΤ. ἀλλ' ἔγωγ' Ὀ.
Ὀπουντίῳ. Ο. 1294. Ὀ. θ' ὀφθαλμὸν οὐκ ἔχων πυραξ,
ὅπουντερ. Θ. 390. ποῦ δ' οὐχὶ διαβέβληχ', ὅ, ἐμβραχὺ
ὅπτα. Εἰ. 1043. ὅ. καλῶς νυν αὐτὰ· καὶ γὰρ οὑτοσὶ
Εἰ. 1053. ὅ. σὺ σιγῇ, κάπαγ' ἀπὸ τῆς τροφῆς.
ὀπτά. Εἰ. 1058. ἤδη 'στιν ὅ. ΤΡ. πολλὰ πράττεις, ὅστις εἶ.
ὁπταῖς. Ο. 552. περιτειχίζειν μεγάλαις πλίνθοις ὅ. ὥσπερ Βαβυλῶνα.
ὀπτᾶν. Εἰ. 1057. ὅ. ἀμείνων πρώτων. ΙΕ. ἀλλὰ τανταγὶ
Λ. 839. σὸν ἔργον εἴη τούτων ὅ. καὶ μετιέναι,
ὀπτᾷς. Ο. 1691. ὅ. τὰ κρέα· παλλήν γε τεθυείαν λέγεις.
ὀπτᾶν'. Fr. 302, 3. ἡ νῆστις ὅ, ἡ γαλεός, ἡ τευθίδες·
ὀπτάς. Α. 1043. ὅ. ταγχέλεια.
Α. 1047. ὅ. ταυτὶ καὶ καλῶν ξανθίζεται,
ὀπτεύω. Ο. 1061. πᾶσαν μὲν γὰρ γᾶν ὅ,
ὀπτησάμενοι. Ο. 532. ὅ. παρέθενθ' ὑμᾶς,
ὁπτῶν. Α. 1102. κἀμοὶ σὺ θὶς, παῖ, θρῖον' ὅ. δ' ἐκεῖ.
ὁπτῶν. Ι. 1106. καὶ τούτων ὅ· μηδὲν ἀλλ' εἰ μὴ 'σθιε.
ὁπτῶ. Ο. 1690. ὅ. τὰ κρέα ταυτὶ μένων· ὑμεῖς δ' ἔτε.
ὁπτωμένας. Fr. 49. ὅ. σύγχαισιν ἐπὶ τῶν ἀνθράκων.

ὁπτωμένας. Α. 1012. ὅ. ἴδητε;
ὀπτῶν. Fr. 158. εἴτ' ἄρτον ὅ. τυγχάνει τις ὀβελίαν.
ὀπυίειν. Fr. p. 528. τὸ ὅ.
ὁπύσει. Α. 255. ὅστις σ' ὅ., κάκτιωθήσεται γαλᾶς
ὀπῷ. Ἐκ. 404. τί δαί μ' ἐχρῆν δρᾶν; ΒΛ. σκύρὸδ' ὁμοῦ τρίψαντ' ὅ.
ὁπῶν. Σ. 127. καὶ τῶν ὅ. ἡμεῖς δ' ὅσ' ἦν τετρημένα
ὅπως'. Λ. 1225. οὔπω τοιοῦτον ξυμπόσιον ὅ. ἐγώ.
ὅπωπα. Α. 1157. οὔπω ξυναΐκ' ὅ. χαϊωτέραν.
Ὀπώρα. Εἰ. 523. ὦ χαῖρ' Ὀ., καὶ σὺ δ', ὦ Θεωρία.
Ὀπώραν. Εἰ. 706. ἰδὶ νυν, ἐπὶ τούτοις τὴν Ὀ. λάμβανε
ὀπώραν. Fr. 476, 1. ὕψει δὲ χειμῶνος μέσου σικυούς, βότρυς, ὅ.,
Ὀπώρας. Εἰ. 711. ὦ δίσπυθ' Ἐρμῆ, τῆς Ὀ. κατελάσας·
ὀπώρας. Εἰ. 530. ταύτῃς δ' ὅ., ὑποδοχῆς, Διονυσίων,
ὀπωρινὴς. Fr. 421, 4. στληνός, ἡ νῆστιν, ἡ δέλφακος ὅ.
ὅπως. Α. 26. ἀφροπα καταρρέοντες· ὅ. γὰρ ὅ. κ.τ.λ.
ὁρᾷ. Σ. 799. ὅ. τὸ χρῆμα· τὰ λόγι' ἄρη περαίνεται.
Σ. 1493. προκτὸς χάσκει. ΗΑ. κατὰ σαυτὸν ὅ.
Εἰ. 891. τουτὶ δ' ὅ. τουτ' τἀνιον ἡμῖν οὐ καλόν.
Ο. 651. καλῶς. ΠΕ. ὅ. νυν ὡς ἐν Αἰσώπου λόγοις
Ἐκ. 300. ὅ. δ' ὅταν ὀθήσσωμεν τούσδε τοὺς ἐξ ἀστέων
ὁρᾷ. Ἰ. 62. ὅ. δ' αὐτὸν ὦν ὅ. μεμακκοηκότα,
Σ. 91. ὅπνου δ'. τῆς νυκτὸς οὐδὲ πασσάλου.
Ο. 417. ὅ. τι κέρδος ἐνθάδ' ἄξιον μοθεῖς,
794, ὁρᾷ δ' ἄνδρα τῆς γυναικὸς ἐν βουλευτικῷ.
ὁρᾷθ'. Ι. 419. σκέψασθε, παῖδες· οὐχ ὅ.· ὥρα νέα, χελιδών,
Ν. 1326. ὅ. ὁμολογοῦνθ' ὅτι με τύπτει. ΦΕ. καὶ μάλα.
Ο. 271. οὗτος οὐ τὸν ἠθάδων τῶν ὅ' ὧν ὅ. ὑμεῖς δεί,
ὁρᾶν. Ι. 1146. τοὺς, οὐδὲ δοκῶν ὅ.,
Ι. 1331. ὕβ' ἐκεῖνος ὅ. τοιγράφορας, ἀρχαίῳ σχήματι λαμπρὸς.
Εἰ. 821. μικροῖ δ' ὅ. ἄνωθεν ἦσθ'· ἐμιγή τοι
1051, μὴ νυν ὅ. δοκώμεν αὐτῶν, Ο. εὖ λέγεις.
Ο. 1506. ὅ. τοδὶ πάρεστιν, εἰ πρεσβεύομεν.
Θ. 7. οὐ δεῖ μ' ἀκούειν· ΕΥ. οὐχ ἅ γ' ἂν μέλλῃς ὅ.
8. οὐδ' ἄρ' ὅ. δεῖ μ'; ΕΥ. οὐχ ἅ γ' ἂν ἀκούειν δέῃ.
10, οὐ φῂς σὺ χρῆναί μ' οὔτ' ἀκούειν οὔθ' ὅ.
12. τοῦ μήτ' ἀκούειν μήθ' ὅ., εὖ ἴσθ' ὅτι.
682, εἴ τι δρῷη, πᾶσιν ἐμφανὴς ὅ. ἔ-
Β. 957. νοεῖν, ὅ., ξυνιέναι, στρέφειν, ἐρᾶν, τεχνάζειν,
Ἐκ. 255. τούτῳ μὲν εἶπον τὰς κυνὸς πυγὴν ὅ.
491. τὴν δ' οἰκίαν ἔξεσθ' ὅ., ὅθενπερ ἡ στρατηγὸς
Π. 814. τοῖς ἰχθυπόλοις ἀργυροῦν πάρεσθ' ὅ.
837. οἱ δὲ ἐξετρέπουντο κουὴν ἐδώκουν ὅ. μ' ἔτι.
ὁρᾷς. Α. 341. ἐκκέσισται χαμάζ', οὐχ ὅ. στειώμενοι;
Α. 450. ὅ. θύμ'. ὅ. γὰρ ὧν ἀπυδόυμαι δύμων,
Ι. 92. ὅ.· ὅταν πίνωσιν ἄνθρωποι, τότε
163. τὰς στίχας ὅ. τὰς τῶνδε τῶν λαῶν· ΑΛ. ὁρῶ.
168. ἐγὼ· ΔΗ. οὐ μεῖ τοι· κούδείω γε πάνθ' ὅ.
852. ὅ. γὰρ αὐτῷ σπέσιν οἷον ἐστι βυρσοπωλῶν
1164. ὅ.· ἐγὼ σοι πρύτερον ἐσφέρω δίφρον,
1195. ὅ. τάδ', ὅ. κακύδαιμον; ΑΛ. ὀλίγον μοι μέλει·
1199. ὦ Δημίδιον, ὅ. τὰ λαγῷ' ἄ σοι φέρω;
1214. φέρ' ἴδω, τί σίν' ἔνεστιν· ΑΛ. οὐχ ὅ. κενὴν
1215. ὅ. δ'· ΔΗΜ. σίμως ποτ' ἤμεν; σίμων ὅ., ὅσον πλέα.
Ν. 92. ὅ. τὸ θύριον τοῦτο καὶ τοκίδιον·
206. αὕτη βα σοι γῆς περίοδος πάσης· ὅ.,
211. ἔνταιθ' ἔνεσιν. ἡ δέ γ' Εὔβοι', ὡς ὅ.
355. καὶ νῦν γ' ὅτι Κλεισθένη εἶδον, ὅ., διὰ ταῦτ' ἐγίγνοντο γυναῖκες.
662. ὅ. δ πάσχεις· τὴν τε θήλειαν καλεῖς
691. ὅ.· γυναῖκα τὴν Ἀμυνίαν καλεῖς.
826. ἔγωγ'. ΣΤ. ὅ. οὖν ὡς ἀγαθὸν τὸ μανθάνειν·
1098. τί ἠφθ' ὅ.·
Σ. 420. Ἡράκλεις, καὶ κέντρ' ἔχουσιν. οὐχ ὅ., ὦ δέσποτα;
532. τόνδε λέγειν. ὅ. γὰρ ὡς
796. ὅ. γὰρ καί τοῦτο πότω δήτα κερδανεῖς;
1345. ὅ. ἐγὼ σ' ἐκ δεξιοῦ ὑφειλόμην
1373. δείς ἰδή· Φ1. ἰδής δῆτ'. οὐχ ὅ. ἐστιγμένη·
1392. ὅ. ἃ δέδρακας· πράγμαθ'· ὡς δεῖ καὶ δίκας
Εἰ. 193. ὦ δειλακρίων, τὸν ἤλθες· ΤΡ. ὡς γλίσχρων, ὅ.
224. ἐκείνο· ΕΡ. ἐς τουτὶ καὶ σὺ μικρὸν ὑφάβλεπε·
545. ἐκεινοϊ γοῦν τὸν λοφοποιὸν οὐχ ὅ.
611. ὦ δρεπανουργὸς οὐχ ὅ. χαίρει πέπτων;
Ο. 263. ὅ. τιν ὄρνιν· ΕΤ. μὰ τὸν Ἀπόλλω 'γὼ μὲν οὔ·
294. ὅ. Πόσειδον, οὐχ ὅ. ὅσον συνείλεκται κακόν·
457. σὺ δὲ τοῦ' ὅ. λέγ' εἰς κοινόν.
891. ἁλιαέτους καὶ γύπας· οὐχ ὅ. ὅτι
1496. τίς οὐγναλυμμός·. ΠΡ. τῶν θεῶν ὅ. τινα
1616. ὅ. ἔναινες χοῦτος. Ἕτερον νῦν ἔτι
Λ. 1032. οὐχ ὅ.· οὔκ ἐμρὶς ἐστιν ἥδε Τρικορυσία,
Θ. 26. ὅ. τὸ θύριον τοῦτο· ΜΝ. νὴ τὸν Ἡρακλῆ

Gg 2

ὁρᾷς. Θ. 235. ὁ σεαυτόν: ΜΝ. οὐ μὰ Δί' ἀλλὰ Κλεισθένη.
 Θ. 496. μηδὲν κακὸν δρᾶν ὑπιτοπηται. ταῖθ᾽, ὁ.,
 556. ἐπειτά γ᾽ οὐκ εἴρηχ᾽, ὁ., ὡς συλιγγίδας λαβυῦσαι
 1029. ὁ.: οὐ χορυῖσιν οὖδ᾽
Β. 1136. ὁ. ὅτι ληρεῖς. ΔΙ. ἀλλ᾽ ὑλίγον γέ μοι μέλει.
 1234. ὁ., προσῆμεν αὖθις αὖ τὴν λήκυθον.
 1323. ὁ. τὸν πύθα τοῦτον; ΔΙ. ὁρῶ.
 1324. τί δαί; τουτον ὁ.; ΔΙ. ὁρῶ.
 Εκ. 46. τὴν Σμικυθίωνυς δ᾽ οὐχ ὁ. Μελιστίχην
 49. τὴν τοῦ καπήλου δ᾽ οὐχ ὁ. Γευσιστράτην,
 104. νυνὶ δ᾽, ὁ., πράττει τὰ μέγιστ᾽ ἐν τῇ πόλει.
Π. 257. οὐκοῦν ὁ. ὁρμωμένους ἡμᾶς πάλαι προθύμως,
 932. ὁ. ἅ ποιεῖ; ταῦτ᾽ ἐγὼ μαρτύρομαι.
Fr. 401. καὶ τῶν πλατυλύγχων, ὡς ὁ. ἀκοντίων.
ὁρᾶτ᾽. ΕΙ. 331. ἀλλ᾽ ὁ., οὔπω πέπαυσθε. ΧΟ. τουτογὶ νὴ τὸν Δία
Λ. 355. καὶ μὴν μέρος γ᾽ ἡμῶν ὁ. οὔπω τὸ μυριοστόν.
Θ. 490. ταῦτ᾽ οὐδεπώποτ᾽ εἶφ᾽, ὁ., Εὐριπίδης
ὁρᾶτε. Α. 1227. ὁ. τουτονὶ κινῶν, τηρελλα καλλίνικος.
 1. 67. ὁ. τὸν Ἵλαν δι᾽ ἐμὲ μαστιγούμενον;
ΕΙ. 264. ὁ. τὸν κίνδυνον ἡμῖν ὡς μέγας
 859. τί δῆτ᾽, ἐπειδὰν νυμφίου μ᾽ ὁ. λαμπρὸν ὄντα;
 887. βουλή, πρυτάνεις, ὁ. τὴν Θεωρίαν.
Α. 387. ὁ. γιγνώσκει τις ὑμῶν; ΜΤ. νὴ Δία,
Εκ. 412. ὁ. μέν με δεόμενος σωτηρίας
Π. 215. ὁ. ΧΡ. μὴ φρόντιζε μηδέν, ὠγαθέ.
ὀργάς. Ι. 537. οἶας δὲ Κράτης ὁ. ὑμῶν ἠνέσχετο καὶ στυφελοὺς
ὄργασον. Ο. 839. χάλικας παραφύρει, πηλὸν ἀπυδὺς ὁ.,
ὀργῇ. Α. 530. ἐντεῦθεν ὁ. Περικλέης οὐλύμπιος
Λ. 550. χωρεῖτ᾽ ὁ. καὶ μὴ τέγγεσθ᾽ εἴς γὰρ νῦν οὔρια θεῖτε.
ὀργήν. Ι. 41. ἀγροικος ὁ., νυπμοτρώξ, ἀκράχολος,
Σ. 243. ἥσιεν ἔχοντας ἡμερῶν ὁ. τρυῶν πονηράν
 580. εἶτ᾽ εἰσελθὼν ἀντιβοληθεὶς καὶ τὴν ὁ. ἀπομορφθείς,
 646. τὴν γὰρ ἐμὴν ὁ. πεφά-
 727. ὥστ᾽ ἤδη τὴν ὁ. χαλάσας τοὺς σκίπωνας καταβάλλω.
 1030. ἀλλ᾽ Ἡρακλείους ὁ. τιν᾽ ἔχων τοῖσι μεγίστοις ἐπιχειρεῖ,
ΕΙ. 659. ὁ. γὰρ αὐτοῖς ὧν ἔπαθε πολλὴν ἔχει.
 752. ἀλλ᾽ Ἡρακλείους ὁ. τιν᾽ ἔχων τοῖσι μεγίστοις ἐπιχείρει,
Ο. 402. παρὰ τὴν ὁ, ὥσπερ ὁπλίτης·
Β. 844. καὶ μὴ πρὸς ὁ. σπλάγχνα θερμήνης κύτῳ.
 856. σὺ δὲ μὴ πρὸς ὁ., Αἰσχύλ᾽, ἀλλὰ πρᾴνως
 998. μὴ πρὸς ὁ. ἀντιλέξεις,
ὀργῇς. Σ. 424. ξυσταλεῖς, εὔτακτος, ὁ. καὶ κάνους ἐμπλήμενος,
Σ. 574. ὑμεῖς αὐτῷ τότε τῆς ὁ. ὀλίγον τὸν κόλλων᾽ ἀνεῖμεν,
 883. ἀπὸ τῆς ὁ.
 1083. στὰς ἀνὴρ παρ᾽ ἀνδρ᾽, ὑπ᾽ ὁ. τὴν χελώνην ἐσθίων·
ΙΙ. 613. καὶ πίθος πληγεὶς ὑπ᾽ ὁ. ἀντελάκτισεν πίθῳ,
Ο. 383. οἶδε τῆς ὁ. χαλᾶν εἴξασιν. ἄναγ᾽ ἐπὶ σκέλος.
Λ 505. ὑπὸ τῆς ὁ. αὐτὰς ἴσχειν.
 1023. ἀλλ᾽ ὑπ᾽ ὁ. γὰρ πονηρᾶς καὶ τύτ᾽ ἀπεῖδον ἐγώ.
Β. 700. ἀλλὰ τῆς ὁ. ἀνίνεις, ὦ φυσᾶτως φύσει,
 855. θεινῶν ὑπ᾽ ὁ. ἰαχέη τὸν Τήλεφον
ὄργια. Θ. 948. ὅταν ὁ. σεμνὰ θεαῖν ἱεραῖς ὥραις ἀνέχωμεν, ἅπερ καὶ
Θ. 1151. ὁ. σεμνὰ θεαῖν, ἵνα λαμπάδι φαίνετον ἄμβροτον ὄψιν,
Β. 356. ἡ γενναῖας ὁ. Μουσᾶν μήτ᾽ εἶδεν μήτ᾽ ἐχόρευσεν,
ὀργίοις. Λ. 832. τοῖς τῆς Ἀφροδίτης ὁ. εἰλημμένοι.
ὀργίων. Σ. 223. ἀλλ᾽, ὁ. πονηρέ, τὸ λύγον ἣν τις ὁ.
 Σ. 401. ἤνπερ, ἠνίκ᾽ ἂν τις ἡμῶν ὁ. τὴν σφηκιάν·
ὀργισθεῖσα. Fr. p 509. ἐς τὴν Πάρνηθ᾽ ὁ. φρυῦδαι κατὰ τὸν Λυκαβηττόν.
ὀργισθέντ᾽. 1. 993. ὁ. ὑπάγειν κελεύ-
ὀργισθέντες. ΕΙ 204. Ἕλλησιν ὁ. εἰτ᾽ ἐνταῦθα μὲν,
ὀργίων. Β. 384. Δήμητερ, ἀγνῶν ὁ.
ὀργῶ. Ο. 462. καὶ μὴν ὁ. νὴ τὸν Δία καὶ πρυπεφύραται λόγοι εἴς μοι,
ὀργώντας. Α. 1113. ὁ. ἀλλήλοισι τε μὴ 'κπειρωμένους.
ὄρεα. Ο. 240. τά τε κατ᾽ ὁ., τά τε κυτιυστράγη, τά τε κομαροφάγα.
Θ. 993. * * κατ᾽ ὁ. Νυμφᾶν ἐρατοῖς ἐν ὕμνοις
Fr. 557. τίς ὁ. βαθύκομα τάδ᾽ ἐπέσυτο βροτῶν;
ὀρείαις. Ο. 740. νάπαισι καὶ κορυφαῖς ἐν ὁ.
ὀρείπλαγκτοι. Θ. 326. Νύμφαι τ᾽ ὁ.
ὀρέξον. ΕΙ. 1105. ἔγχει δὴ κάμοι καὶ σπλάγχνων μοῖραν ὁ.
Ο. 1759. ὁ. ὦ μάκαιρα, σὴν χεῖρα καὶ πτερῶν ἐμῶν
ὄρεσι. Θ. 114. τὰν τ᾽ ἐν ὁ. δρυογόνοισι
ὄρεσιν. Λ. 787. τοῖς ὁ. ᾤκει·
Fr. 556. ἐν τοῖς ὁ. αὐτομάτοισιν τὰ μιμαίκυλα φύεται πολλά.

ὀρεσσίγονοι. Β. 1344. Νύμφαι ὁ.,
Ὀρεστείας. Β. 1124. πρῶτον δὲ μοι τὸν ἐξ Ὀ. λέγε.
Ὀρέστη. Ο. 712. εἶτα δ᾽ Ὀ. χλαῖναν ὑφαίνειν, ἵνα μὴ ῥιγῶν ἀποδύῃ.
Ο. 1491. τῶν βροτῶν νύκτωρ Ὀ.,
Ὀρέστην. Β. 1167. οὐ φημὶ τὸν Ὀ. κατελθεῖν οἴκαδε·
Ὀρέστης. Α. 1166. εἶτα καταξεῖέ τις αὐτοῦ μεθύων τῆς κεφαλῆς Ὀ.,
Β. 1139. οὐκοῦν Ὀ. ταῦτ᾽ ἐπὶ τῷ τύμβῳ λέγει
ὀρεύς. Β. 290. ποτὲ μὲν γε βοῦς, νυνὶ δ᾽ ὁ., ποτὲ δὲ γυνὴ
ὀρεχθεῖν. Ν 1368. κἀνταῦθα πῶς οἴεσθέ μου τὴν καρδίαν ὁ.;
ὀρεωκόμους. Fr. 531. ἱστῶτας ὥσπερ τοὺς ὁ. ἄθρυνε.
ὀρέων. Ν. 278. ὑψηλῶν ὁ. κορυφὰς ἐπὶ
ὅρη. Θ. 997. μελαμφυλλά τ᾽ ὁ.
ὁρήν. Λ. 1077. ὁ. γὰρ ἔξεσθ᾽ ὡς ἔχοντες ἥκομες,
ὁρθά. ΕΙ. 1083. οὔποτε ποιήσεις τὸν καρκίνον ὁ. βαδίζειν.
Ὀρθαγόραν. Εκ 916. κάλει τὸν Ὀ., ὅπως
ὁρθαί. Ο. 1007. ὁ. πρὸς αὐτὸ τὸ μέσον, ὥσπερ δ᾽ ἀστέρος,
Ο. 1008. αὐτοῦ κυκλοτερὴς ὄντος, ὁ. πανταχῇ
ὀρθήν. Ο. 1. ὁ. κελεύεις, ἥ τὸ δένδρον φαίνεται·
Ο. 487. ἐπὶ τῆς κεφαλῆς τὴν κυρβασίαν τῶν ὀρνίθων μόνος ὁ.
Λ. 834. μεθύουσ᾽, ἴθ᾽ ὁ. ἥνπερ ἔρχει τὴν ὀδόν.
Θ. 1223. ὁ. ἄνω δίωκε, τοῦ θεῖς· οὐ πάλιν
ὀρθιασμάτων. Α. 1042. ἥκουσα ὁ.;
ὄρθρον. Α. 16. ὅτε δὴ παρέσκωψ Χαῖρις ἐπὶ τὸν ὄ.
Ι. 1279. ὥστις ἢ τὸ λευκὸν οἶδεν ἢ τὸν ὁ. νόμον.
Α. 243. ὁ Ξανθίας τὸν φαλλὸν ὁ. στησάτω
ὀρθοπλήξ. Fr. 136. ὡς δ᾽ ὁ. πέφυκε γὰρ βοιοτυάγραλις.
ὀρθός. Α. 259. ὦ Ξανθία, σφῷν δ᾽ ἐστὶν ὁ. ἐκτέος
Β. 706. εἰ δ᾽ ἐγὼ ὁ. ἰδεῖν βίον ἀνέρος ἢ τρόπον ὥστις ἔτ᾽ οἰμώξεται,
Θ. 643. ἀνίστασ᾽ ὁ. ποῖ τὸ πέος ἀθρεῖς κάτω·
ὀρθοσταδία. Λ. 45. καὶ Κιμμερίκ᾽ ὁ. καὶ περιβαρίδας;
ὀρθότητος. Β. 1181. τῶν σῶν προλόγων τῆς ὁ. τῶν ἐπῶν.
ὄρθρια. Α. 80. ἐπὶ τῶν κελήτων διαβεβηκώς·
ὀρθρίοις. Εκ. 283. τοῖς μὴ παροῦσιν ὁ. ἐς τὴν πύκνα
ὄρθρον. Ο. 489. ὑπὸ τὴν ῥώμην τῆς τύτ᾽ ἐκείνης, ὑπόταν μύνον ὁ. ἄδῃ.
Εκ. 377. ἤδη καλέσουσα γάρ· ΧΡ. νὴ Δί᾽, ὁ. μὲν οὖν.
 526. οὐ δὴ τάλαιν᾽ ἔγωγε. ΒΛ. πρὸς τὸν ὁ.
 741. ἀωρὶ νύκτωρ διὰ τὸν ὁ. νόμον.
ὄρθρος. Ν. 772. εἴλη κατ᾽ ὁ., ἡλιάσει πρὸς ἥλιον
Ο. 496. νυμφὴ νομίσας ὁ. ἐχώρουν Ἁλιμοῦντάδε, κἄρτι προκύπτω
Λ. 1089. ἢ που πρὸς ὁ. σπασμὸς ὑμᾶς λαμβάνει;
Εκ. 20. καίτοι πρὸς ὁ. γ᾽ ἐστὶν ἡ δ᾽ ἐκκλησία
 162. οὐδὲ στένειν τὸν ὁ. ἔτι πρᾶγμ᾽ ἄρά μοι;
ὄρθρος. Α. 256. σοῦ μηδὲν ἧττον βδεῖν, ἐπειδὰν ὁ. ᾖ.
Σ. 216. τὸν πατέρα. ΣΠ. τί λέγεις; ἀλλὰ νῦν ὁ. βαθύς.
ὄρθρους. Λ. 966. καὶ μὴ βινῶν τοὺς ὁ.
ὀρθροφοιτοσυκοφαντοδικοταλαιπώρων. Σ. 505. ὁ. τρόπων
ὀρθῶ. Ο. 1004. ὁ. μετρήσω κανόσι προστιθείς, ἵνα
ὀρθῶς. Α. 397. πῶς ἔνδον, εἶτ᾽ οὐκ ἔνδον; ΚΗ. ὁ., ὦ γέρον.
Ι. 1027. ἐμοὶ γὰρ ἐστ᾽ ὁ. περὶ τούτου τοῦ κυνός.
 1083. Κυλλήνην ὁ. ὅτιῆ φησ᾽, ἐμβαλε κυλλῆ.
 1084. κυλλήν αὐτῷ τὴν Κυλλήνην φησ᾽ ὁ φοῖβος
 1085. ἐς τὴν χεῖρ᾽ ὁ. ἠνίξατο τὴν Διοπείθους.
 1364. τουτὶ μὲν ὁ. καὶ φρονίμως ἤδη λέγεις·
Ν. 228. ἐξεύρον ὁ. τὰ μετέωρα πράγματα,
 251. ἅττ᾽ ἐστὶν ὁ.; ΣΤ. νὴ Δί᾽, εἴπερ ἔστι γε,
 616. οὐδὲν ὁ., ἀλλ᾽ ὡς νῦν ἡμᾶς καὶ κυβοιδοσᾷν·
 659. τῶν τετραπόδων ἅττ᾽ ἐστὶν ὁ. ἄρρενα.
 679. τὴν καρδόπην θήλειαν; ΣΤ. ὁ. γὰρ λέγεις.
 742. ὁ. διαιροῦ καὶ σκοπῶν. ΣΤ. οἴμοι τάλας.
 1186. ἴσασιν ὁ. ὅ τί νοεῖ; ΣΤ. νοεῖ δὴ τί;
 1483. ὁ. παραινεῖς οὐδὲν διακορρυήσαι,
Σ. 46. ὁ. γε τοῦτ᾽ Ἀλκιβιάδης ἐτραύλισεν.
ΕΙ. 161. ὁ. ὑφοῦ Διὸς εἰς αὐλάς,
Ο. 478. ὡς πρεσβυτάτων αὐτῶν ὄντων ὁ. ἐσθ᾽ ἡ βασιλεία·
 690. ἵν᾽ ἀκούσαντες πάντα παρ᾽ ἡμῶν ὁ. περὶ τῶν μετεώρων,
 692. εἰδότες ὁ. παρ᾽ ἐμοῦ Προδίκῳ κλάειν εἴπητε τὸ λοιπόν.
Λ. 521. ὁ. γὰρ λέγων νὴ Δί᾽ ἐκείνος. ΛΤ. πῶς ὁ., ὦ κακόδαιμον,
 1038. μάστ᾽ ἐκεῖνο τοὔπος ὁ. καὶ κακῶς εἰρημένον,
 1328. ὁ. γ᾽, οὑτὴ νήφοντες ὁ. ὑγιαίνομεν·
Θ. 911. ἔγνως ἄρ᾽ ὁ. ἀνδρα δυστυχέστατον.
 905. ὁ λέγω γυναῖκα μ᾽ οὖσαν ἄδικα, ὁ. φράσει.
Β. 672. ὁ. λέγεις· ἐβουλόμην δ᾽ ἂν τοῦτο σε
 723. καὶ μόνοις ὁ. κοπεῖσι καὶ κεκωδανισμένοις
 894. ὁ. μ᾽ ἱκέτευσέ τις τῶν ἀπτυμαι λόγων,
Εκ. 515. ὅ τι σοι δρώσαις ξύμφυρον ἡμεῖς δόξομεν ὁ. ὑπακούειν.

ὀρθῶς—ὄρνις. 229

ὀρθῶς. Εκ. 875. ὃ. ἔμοιγε φαίνεται· βαδιστέον
Εκ. 1160. μὴ 'νιορκεῖν, ἀλλὰ κρίνειν τοὺς χοροὺς ὀ. ἀεί,
Π. 579. τὸν Δία φῄσεις ἆρ' οὐκ ὀ. διαγιγνώσκειν τὸ κράτιστον·
778. ὡς οὔτ' ἐκεῖν' ἆρ' οὔτε ταῦτ' ὀ. ἔδραν·
1025. ταῦτ' οὖν ὁ θεός, ὦ φίλ' ἄνερ, οὐκ ὀ. ποιεῖ.
1033. ὁ. γε· νυνὶ σ' οὐκέτι ζῆν οἴεται.
ὀριβάτης. Ο. 276. τίς ποτ' ἔσθ' ὁ μουσόμαντις ἄτοπος ὄρνις ὀ. ;
ὀρίγανον. Α. 874. ὁ., γλαχὺ, ψιάθως, θρυαλλίδας,
Β 603. καὶ βλίπουτ' ὁ.
Fr. 180, 2. περίκομμα, θρῖον, ἐγκέφαλος, ὁ.,
ὀριγάνου. Εκ. 1030. ὑποστόρεσαί νυν πρῶτα τῆς ὁ.,
ὀρίζεται. Εκ. 202. σωτηρία παρίκιψεν ἀλλ' ὁ.
ὀρκήση. Θ. 1179. ὁ. καὶ μελετῆσι, οὐ καλύσ' ἐγώ.
ὅρκια. Ν 533. ἐκ τούτου μοι πιστὰ πορ' ὑμῶν γνώμης ἔσθ' ὁ.
ὅρκον. Λ. 183. μάφραιτε μὰν τὸν ὁ. ἂν ὁμιόμεθα.
Λ. 187. τιν' ὁ. ὁρκώσεις ποθ' ἡμᾶς ; ΛΥ. ὄντινα ;
198. φεῦ δᾶ, τὸν ὁ. ἄφατον ἂν ἐπαινιῶ.
Β. 150. ἐπάραξεν, ἢ 'νιορκων ὁ. ὤμοσεν,
589. δέχομαι τὸν ὁ., κἀπὶ τούτοις λαμβάνω.
Fr. 479. διέφθοραν τὸν ὁ. ἡμῶν.
ὅρκος. Α. 308. οἷσιν οὔτε βωμὸς· οὔτε πίστις οὐθ' ὁ. μένει ;
Λ. 191. τίς ἂν οὖν γένοιτ' ἂν ὁ. ; ΚΛ. εἰ λευκὴν ὀρφνη.
ὅρκου. Α. 915. εἰς ἐμὲ τράποιτο· μηδὲν ὁ. φροντίσης,
ὅρκους. Ο. 332. παρίβη δ' ὁ. ὀρνίθων·
Λ. 1185. ὁ. δ' ἐπεὶ καὶ πίστιν ἀλλήλοις δῶτε.
Θ. 358. ὁ. τοὺς νενομισμένους
ὀρκωμοτεῖν Fr. 70. ὁ. :
ὀρκώσεις. Λ. 187. τίν' ὅρκον ὁ. ποθ' ἡμᾶς ; ΛΥ. ὄντινα ;
ὅρμα. Θ. 953. ὁ., χώρει
Εκ. 6. ὁ. φλογὸς σημεῖα τὰ ξυγκείμενα.
ὁρμαθὸν. Α. 647. ἰσχάδων ὁ.·
ὁρμαθοὺς. Β. 914. μὰ τὸν Δί' οὐ δῆθ'. ΕΤ. ὁ δὲ χορός γ' ἥρειδεν ὁ. ἂν
ὁρμαθῷ. Π. 765. εὐαγγέλιά σε κριβανωτῶν ὁ.,
ὁρμάν. Ν. 335. ταῦτ' ἄρ' ἐποίουν ὑγρὰν Νεφελᾶν στρεπταιγλᾶν δαΐον ὁ.,
Ο. 345. ὁ. φονίαν, πτέρυγά τε παντὰ
ὅρμαον. Λ. 1247. ὁ.
ὁρμήσω. Β. 478. ἐφ' ἅς ἐγὼ δρομαῖον ὁ. πόδα.
ὅρμον. Λ. 408. ὦ χρυσοχὁε, τὸν ὁ. ὃν ἐπεσκεύασας,
ὅρμου. Fr. 143. ὁ. παρώτου τὴν ἀτραιὸν κατερρύην.
ὅρμους. Σ. 677. φιάλας, χλανίδας, στεφάνους, ὁ., ἐκπώματα, κωθωνίσιαν·
Fr. 309, 11. χλίδωνα, περόνας, ἀμφιδέας, ὁ., πέδας,
ὁρμωμένους. Π. 257. οὔκουν ὁρᾷς ὁ. ἡμᾶς καὶ προθύμως,
ὀρναπετίουσιν. Α. 913. ὁ. πύλεμον ἦρα καὶ μάχαν·
ὅρνεα. Ο. 52. νοὺκ ἔσθ' ὅπως οὐκ ἔστιν ἐνταῦθ' ὁ.
Ο. 1141. οἱ χαραδριοὶ καὶ τἆλλα ποτάμ' ὁ.
Ὀρνείας. Ο. 399. ἀποθανεῖν ἐν Ὀ.
ὀρνέων. Ο. 197. εἰ ξυνδοκοίη τοῖσιν ἄλλοις ὁ.
Ο. 1584. ἐπωιστάμενοι τοῖς δημοτικοῖσιν ὁ.
ὄρνεων. Ο. 65. Ὑποδεδιὰν ἔγωγε, Λιβυκῶν ὁ.
Λ. 776. ὁ. οὐδ' ὁτιοῦν καταινγωνέστερον εἶναι.
ὀρνέων. Ο. 13. ἢ δεινὰ νὼ δέδρακεν οὐκ τῶν ὁ.
Ο. 16. τὸν ἔποφ', ὃς ὄρνις ἐγένετ' ἐκ τῶν ὁ. ;
291. ἀλλὰ μέντοι τίς ποθ' ἡ λύφρωσις ἡ τῶν ὁ. ;
295. ὁ. ; ΕΤ. ὦναξ Ἄπολλον, τοῦ νέφους. ἰοὺ ἰού·
305. ἰοὺ ἰοὺ τῶν ὁ.,
677. ὦ φίλτατον ὁ..
1086. ἢν δὲ μὴ πείθησθε, συλληφθέντες ὑπὸ τῶν ὁ.
1406. Λεωτροφίδῃ χορῶν πετομένων ὁ.
ὄρνιθα. Ο. 472. ὃς ἔφασκε λέγων κορυδὸν πάντων πρώτην ὁ. γενέσθαι,
Ο. 720. φήμη γ' ὑμῖν ὄρνις ἐστι, πταρμόν τ' ὁ. καλεῖτε,
ὀρνίθαρχος. Ο. 1215. ἐνέβαλεν ὁ. οὐδείς σοι παράν·
ὄρνιθας. Ο. 411. ζει ποτ' αὐτὰ πρὸς ὁ.
Ο. 520. ὤμνυ τ' οὐδεὶς τότ' ἂν ἀνθρώπων θεόν, ἀλλ' ὁ. ἅπαντες·
1084. ταῦτα βουλομέσθ' ἀκεινεῖν. καὶ τις ὁ. τρέφει
ὀρνίθεια. Ν. 339. νεστρὰν τεμάχη μεγαλᾶν ἀγαθῶν, κρέα τ' ὁ. κιχλᾶν·
Ο. 1590. καὶ μὴν τά γ' ὁ. λιπάρ' εἶναι κρίνει.
Β. 510. ἀνίδραττεν ὁ., καὶ τραγήματα
ὀρνίθειον. Fr. 358. τί δὶ τὸν ὁ. οἰκίσεων φέρεις ;
ὀρνιθείῳ. Ο. 865. εὔχεσθε τῇ Ἑστίᾳ τῇ ὁ. καὶ τῷ Ἱκτίνῳ
ὄρνιθες. Ο. 173. ποῖαν δ' ἂν οἰκήσαιμεν ὁ. πόλιν ;
Ο. 482. ἀλλ' ὁ. κάβασίλευσαν, πόλλ' ἐστὶ τεκμήρια τούτων.
608. ἔτι προσθήσουσ' ὁ. ἔτη. ΕΠ. παρὰ τοῦ ; ΠΕ. παρὰ τοῦ ; παρ' ἑαυτῶν.
1133. ὁ., οὐδεὶς ἄλλος, οὐκ Αἰγύπτιοι

ὄρνιθες. Ο. 1154. ἀπειργάσαντ' ; ΑΓ. Α. ὁ. ἦσαν τέκτονες
Ο. 1236. ὁ. ἀνθρώποισι νῦν εἰσιν θεοί,
1285. παιοῦσιν ἄπερ ὁ. ἐκμιμούμενοι,
1607. ἰσχύσετ', ἢν ὁ. ἀρξωσιν κάτω·
ὄρνιθες. Ο. 1410. ὁ. τινες οὐδ' οὐδὲν ἔχοντες πτεροποίκιλοι,
Ο. 1553. τὰ δὲ κρέα τοῦ ταῦτ' ἐστίν· ΠΕ. ὁ. τινες
ὀρνίθευντος. Ο. 526. πᾶς τις ἐφ' ὑμῶν ὁ.
ὄρνιθι. Ο. 565. ἢν Ἀφροδίτῃ θύῃ, πυροὺς ὁ. φαληρίδι θύειν·
ὀρνίθιας. Α. 877. ὁ. ἐς τὴν ἀγορὰν ἐλήλυθας,
ὀρνιθοθήρα. Ο. 62. οἴμοι τάλας, ὁ. τουτοί.
ὀρνιθομανοῦσι. Ο. 1284. ὁ., πάντα δ' ὑπὸ τῆς ἡδονῆς
ὀρνιθομανῶ. Ο. 1344. ὁ. γὰρ καὶ πέτομαι, καὶ βούλομαι
ὄρνιθες. Α. 589. ὁ. ἐστιν· ἆρα κομπολακυθώσ·
ὀρνίθων. Σ. 508. νὴ Δί' ἐν δίκῃ γ'· ἐγὼ γὰρ οὐδ' ἂν ὁ. γάλα
ΕΙ. 116. ὡς σὺ μετ' ὁ. προλιπὼν ἐμέ
Ο. 117. εἴτ' αὖθις ὁ. μεταλλάξας φύσιν,
155. οὗτος δὲ δὴ τίς ἔσθ' ὁ μετ' ὁ. βίος ;
162. ἢ μεγ' ἐνορῶ βούλευμ' ἐν ὁ. γένει,
179. οὐχ οὗτος σὺν δήπου 'στὶν ὁ. πόλις ;
206. ὦ φίλταττ' ὁ. σὺν, μὴ νυν ἕσταθι·
332. παρέβη δ' ὅρκους ὁ.
487. ἐπὶ τῆς κεφαλῆς τὴν κυρβασίαν τῶν ὁ. μόνος ὀρθήν.
550. καὶ δὴ τοίνυν πρῶτα δίδαξαι μίαν ὁ. πόλιν εἶναι,
582. ὡς ὁ. βασιλεύοντας θύειν ὄρνισι τὸ λοιπὸν·
564. ταῦσι θεοῖσιν τῶν ὁ. ὡς ἂν ἁρμόξῃ ποθ' ἑκαστον·
596. προερεῖ τις ἀεὶ τῶν ὁ. μαντευομένῳ περὶ τοῦ πλοῦ·
617. τῶν ὁ. δεόμενοι ἐλάας
705. πάντα δὲ θνητοῖς ἐστὶν ἀφ' ἡμῶν τῶν ὁ. τὰ μέγιστα.
733. γάλα τ' ὁ.
753. εἰ μετ' ὁ. τις ὑμῶν, ὦ θεαταί, βούλεται
1201. πολλοῖσιν ὁ. ὀνύματ' ἦν κείμενα.
1346. ποίων νόμων ; πολλοὶ γὰρ ὁ. νόμοι.
1673. τύραννος, ὁ. παρέψου σοι γάλα.
1707. ὦ τρισμακάριον πτηνὸν ὁ. γένος,
1727. γίνου ὁ.
ὄρνιν. Α. 88. καὶ ναὶ μὰ Δί' ὁ. τριπλάσιον Κλεωνύμου
Σ. 815. ἀτὰρ τί σοι δῆθ' ὡς ἐμ' ἐξηνέγκατε ;
Ο. 73. ὁ., ἵν' ἀκόλουθον διάκονόν τ' ἔχῃ.
263. ὑρᾶς τιν' ὁ. ; ΕΤ. μὰ τὸν Ἀπόλλω 'γὼ μὲν οὔ.
512. ἐνότ' ἐξέλθοι Πρίαμός τις ἔχων ὁ. ἐν τοῖσι τραγῳδοῖς·
515. ἐστὸν ὁ. ἔστηκεν ἔχων ἐπὶ τῆς κεφαλῆς, βασιλεὺς ὢν·
561. τοῖς δ' ἀνθρώποις ὁ. ἕτερον πέμψαι κήρυκα κελεύω,
707. ὁ μὲν ὄρτυγα δοὺς, ὁ δὲ πορφυρίων', ὁ δὲ χῆν', ὁ δὲ Περσικόν·
719. ὁ. τε νομίζετε πάνθ' ὅσαπερ περὶ μαντείας διακρίνει·
721. ξύμβολον ὁ., φωνὴν ὁ., θεράπονθ' ὁ., ὄνον ὁ.
1361. ἔνιους, πτερώσω σ' ὥσπερ ὁ. ὀρφανὸν,
Π. 63. ὅίχου τὸν ἄνδρα καὶ τὸν ὁ. τοῦ θεοῦ.
ὄρνις. Ο. 16. τὸν ἔποφ', ὃς ὁ. ἐγένετ' ἐκ τῶν ὀρνέων·
Ο. 67. υὑδ' ὁ δὴ τίς ἐστίν ὁ. ; οὐκ ἐρεῖς ;
70. ὁ. ἔγωγε δοῦλος· ΕΤ. ἡττήθης τινὸς
74. δεῖται γὰρ ὁ. καὶ διακόνου τινός ;
79. τρέχω 'πὶ τορύνην. ΕΤ. τροχίλος ὁ. οὑτοσί.
102. Τηρεὺς γὰρ εἶ σὺ ; πότερον ὁ. ἢ ταώς ;
103. ὁ. ἔγωγε. ΕΤ. κατά σοι τοῦ τὰ πτερά ;
119. καὶ πῶθ' ὅσαπερ ἄνθρωπος ὅσα τ' ὁ. φρονεῖς.
168. τίς ὁ. οὗτος ; ὁ Τηλέας ἐρεῖ ταδί·
169. ἄνθρωπος ὁ., ἀστάθμητος πετόμενοι,
247. ὁ. τε πτεροποίκιλοι
268. ὠγάθ', ἀλλὰ χοὐτοσὶ καὶ δή τις ὁ. ἔρχεται.
269. νὴ Δί. δῆτα. τίς ποτ' ἐστίν ; ὁ δὴ ὄρνιν ταυτί ;
270. οὗτος αὑτὸς πρῶν φράσει· τίς ἐστιν ὁ. οὑτοσί ;
274. οὗτος. Ὠ σέ τοι. ΠΕ. τί βωστρεῖς ; ΕΤ. ἕτερος ὁ. οὑτοσί.
276. τίς ποτ' ἔσθ' ὁ μουσόμαντις ἄτοπος ὁ. ὀριβάτης ;
279. ἐστιν αὖ λόφων τινὰ λελεφιέ τις ὁ. οὑτοσί.
287. ὦ Πόσειδον, ἕτερος αὖ τις βαπτὸς ὁ. οὑτοσί.
300. κεκρύλος γάρ ἐστιν ὁ. ; ΠΕ. οὗ γὰρ ἔστι Σπορύλος ;
485. ὥστε καλεῖται Περσικὸς ὁ. ἀπὸ τῆς ἀρχῆς ἐπ' ἐκείνης
510. ἐπὶ τῶν σκήπτρων ἐκάθηθ' ὁ., μετέχων ὅ τι δωροδοκοίη,
568. κἂν Διὶ θύῃ βασιλεῖ κριόν, βασιλεύς ἐστ' ὀρχίλος ὁ.,
601. οὐδεὶς οἶδεν τὸν θησαυρὸν ὅν πλὴν εἴ τις ἄρ' ὁ.
717. ἐλθόντες γὰρ πρῶτον ἐπ' ὁ., οὕτω πρὸς ἅπαντα τρέπεσθε,
720. φήμη γ' ὑμῖν ὁ. ἐστί, πταρμὸν τ' ὄρνιθα καλεῖτε,
763. φρυγίλοι ὁ. ἐνθάδ' ἴσται, τοῦ Φιλήμονος γένους.
833. ὁ. ἀφ' ἡμῶν τοῦ γένους τοῦ Περσικοῦ,
1250. ὁ. ἐπ' αὐτὸν, πυρβαλέας ἐνημμένους,
1380. ὁ. γενέσθαι βούλομαι,
1610. ἐὰν δὲ τοὺς ὁ. ἔχητε συμμάχους,

ὄρνις—ὀσέτη.

ὄρνις. Β. 932. τὸν ξουθὸν ἱππαλεκτρυόνα ζητῶν, τίς ἐστιν ὅ.
Π. 1289. σὺν δορὶ καὶ χερὶ πλάκτορι θυύριοι ὅ.,
ὄρνισι. Ο. 562. ὡς ὀρνίθων βασιλευόνταν θύειν ὅ. τὸ λοιπόν
Ο. 881. καὶ ἥρωσι [καὶ ὅ.] καὶ ἡρώων παισί, κορφυ-
1117. δώσεσθ' ἡμῖν, πᾶσι τοῖς ὅ, καταπιλώμενοι.
ὄρνισιν. Ο. 756. ταῦτα πάντ' ἐστὶν παρ' ἡμῖν τοῖσιν ὅ. καλά.
Ο. 866. τῷ ἱστιούχῳ, καὶ ὅ. Ὀλυμπίοις καὶ Ὀλυμ-
1343. ἱρῷ δ' ἐγώ τοι τῶν ἐν ὅ. νόμων.
1348. τὸν πατέρα τοῖς ὅ. ἄγχειν καὶ δάκνειν.
1353. ἀλλ' ἔστιν ἡμῖν τοῖσιν ὅ. νόμος
1535. τὸ σκῆπτρον ὁ Ζεὺς τοῖσιν ὅ. πάλιν,
1600. τὸ σκῆπτρον ἡμῖν τοῖσιν ὅ. πάλιν
ὄρνιτο. Ο. 1679. ὅ. παραδίδωμι. ΠΡ. παραδοῦναι λέγει,
ὀρνιμένῳ. Β. 1529. ἐκ φάος ὅ. ὅτε, δαίμονες οἱ κατὰ γαίας.
ὀρυγυίας. Fr. 661. ὅ.
ὄρος. Α. 719. ὅ. μὲν ἀγοραῖς εἰσιν οἶδε τῆς ἐμῆς.
ὄρος. Ο. 349. οὔτε γὰρ ὅ. σκιερὸν οὔτε νέφος αἰθέριον
ὀροφήν. Σ. 1215. ὅ. θέασαι, κρεκάδι' αὐλῆς θαύμασον·
ὀροφῆς. Ν. 173. ἀπὸ τῆς ὅ. νύκτωρ γαλιώτης κατέχεσεν.
ὀροφίας. Σ. 206. ὑπὸ τῶν κεραμίδων ἡλιαστής ὅ.
ὄροφον. { Λ. 229. } οὐ πρὸς τὸν ὅ. ἀνατενῶ τὰ Περσικά.
            { 230. }
ὄρρος. ΕΙ. 1239. θλίβει τὸν ὅ. ἀπόφευ', οὐκ ὠνήσομαι
Β. 222. τὸν ὅ., ὦ κοσέ κοσέ·
ὄρρος. Λ. 964. ποῖα δ' ὀσφύς; ποῖος ἂν ὅ.
ὀρρωδεῖτε. Β. 1112. μηδὲν ὅ. τοῦθ'· ὡς οὐκ ἔθ' οὕτω ταῦτ' ἔχει.
ὀρρωδῶ. Ἐκ. 904. ἀλλ', ὦ μέλ', ὅ. τὸν ἐραστήν σου. ΓΡ. Α. τίνα;
Π. 122. οὐκ οἶδ'· ἐγὼ δ' ἐκεῖνον ὅ. πάνυ.
ὀρρωδῶν. Ι. 126. τὸν περὶ σεαυτοῦ χρησμὸν ὅ.; ΝΙ. τιή;
Ι. 541. ταῦτ' ὅ. διέτριβεν δεῖ, καὶ πρὸς τούτοισιν ἔφασκεν
ὀρσά. Λ. 995. ὅ. Λακεδαίμων πᾶα καὶ τοὶ σύμμαχοι
Ὀρσιλόχου. Α. 725. εἰς Ὀ. ἦλθε τῶν τριχῶν κατέπασσα.
ὀρταλίχων. Α. 871. τῶν ὅ. ἢ τῶν τετραπτερυλλίδων.
ὄρτυγα. Ο. 707. ὁ μὲν ὅ. δούς, ὁ δὲ πορφυρίων', ὁ δὲ χῆν', ὁ δὲ
    Περσικὸν ὄρνιν.
ὄρτυγας. ΕΙ. 789. ὅ. οἰκογενεῖς, γυλιαύχενας ὀρχηστὰς
Fr. 36. ὅ.;
ὄρτυγι. Ο. 1298. ὄρτυξ ἐκαλεῖτο· καὶ γὰρ ἦκεν ὅ.
ὀρτυγοκόμων. Fr. 36. ὅ.
Ὀρτυγομήτρα. Ο. 870. καὶ πύκνῳ Πυθίῳ καὶ Δηλίῳ, καὶ Λη-
    τοῖ Ὀ.
ὄρτυξ. Ο. 1298. ὅ. ἐκαλεῖτο· καὶ γὰρ ἦκεν ὄρτυγι
ὀρύαν. Θ. 1215. ὅ. δὲ συβίνη 'στὶ καταβινῆσι γάρ.
ὀρύττειν. ΕΙ. 898. παίειν, ὅ., ὠνεῖν, νὺξ ἡμοῦ καὶ τῷ πέει·
Ο. 442. μήτ' ὀρχεῖσθ' ἕλκειν μήτ' ὅ. ΧΟ. οὔ τί που
ὀρφανόν. Ο. 1361. εὔνους, πτερώσω σ' ὥσπερ ὄρνιν ὅ.
Ὀρφέα. Β. 1032. Ὀ. μὲν γὰρ τελετάς θ' ἡμῖν κατέδειξε φόνων
    τ' ἀπέχεσθαι,
ὀρφνα. Β. 1332. ὅ., τίνα μοι
ὀρφύς. Σ. 493. ἢν μὲν μνηταί τις ὅ., μεμβράδας δὲ μὴ θέλῃ,
ὄρχεις. Ν. 713. καὶ τοὺς ὅ. ἐξίλκουσιν.
Σ. 1035.} φάκτη δ' ὀσμή, Λαμίας δ' ὅ. ἀπλύτους, προκτὸν δὲ
ΕΙ. 758.}   καμήλου.
Λ. 963. ποία ψυχή, ποῖοι δ' ὅ.
ὀρχεῖσθαι. Ν. 988. ὥστε μ' ἀπάγχεσθ', ὅταν ὅ. Παναθηναίοις
    δέον αὐτοὺς
Σ. 1498. εἴ τις τραγῳδὸς φησιν ὅ. καλῶς,
ὀρχεῖσθε. Π. 761. ὅ. καὶ σκιρτᾶτε καὶ χορεύετε·
ὄρχεων. Λ. 363. κοὺ μή ποτ' ἄλλη σου κύων τῶν ὅ. λάβηται.
Π. 312. τὸν Λαερτίου μιμούμενοι τῶν ὅ. κρεμῶμεν.
ὀρχήσασι. Fr. 523. 2. ἐκβαίνετον τῶν ὅ. πατέρα τοῖς ὅ.
ὀρχησαίμεθ'. ΕΙ. 330. οὐκ ἂν ὅ., εἴπερ ὠφελήσαιμέν τί σε.
ὀρχησάμενος. Λ. 1277. ὅ. θεοῖσιν εὐλαβώμεθα
ὀρχησαμένους. ΕΙ. 1319. ὅ. καὶ σπείσαντας καὶ Ὑπέρβολον
    ἐξελάσαντας,
ὀρχησθ'. ΕΙ. 329. τουτὶ νυν, καὶ μηκέτ' ἄλλο μηδὲν ὅ. ἔτι,
ὀρχησομένῳ. Θ. 1178. ὅ. γὰρ ἔρχεθ' ὡς ἄνδρας τινάς.
ὀρχηστάς. ΕΙ. 789. ὄρτυγας οἰκογενεῖς, γυλιαύχενας ὅ.
ὀρχηστρίδ'. Β. 543. ἀνατετραμμένος ὀρχηστρίδι.
ὀρχηστρίδας. Α. 1093. ὅ. τὰς ἐκβεβλημένας
ὀρχηστρίδες. Β. 515. ἕτεραι δύ' ἡ τρεῖς. ΗΑ. τῶν λέγεις; ὅ.;
ὀρχηστρίδος. Ν. 990. μηδ' εἰς ὅ. εἰσᾴττειν, ἵνα μὴ πρὸς ταῦτα
    κεχηνώς,
ὀρχηστρίοιν. Β. 519. ἴθι νυν, φράσον πρώτιστα ταῖς ὅ.
ὀρχίλου. Ο. 568. κἂν Διὶ θύῃ βασιλεῖ κριόν, βασιλεύς ἐστ' ὅ.
    ὄρνις,
ὀρχίλων. Σ. 1513. ὅσον τὸ παῖδας κατέσεισν τῶν ὅ.
ὀρχίπεδ'. Ο. 442. μήτ' ὅ. ἕλκειν μήτ' ὀρύττειν. ΧΟ. οὔ τί που
ὀρχιπέδων. Ι. 772. καὶ τῇ κρεάγρᾳ τῶν ὅ. ἐλκομένην ἐς Κερα-
    μεικόν,
Π. 956. τῶν ὅ.· ἰδὼν γὰρ αὐτὸν γνώσεται

ὄρχον. Α. 995. πρῶτα μὲν ἂν ἀμπελίδος ὅ. ἐλάσαι μακρόν,
ὀρχουμένη. Λ. 392. πλεῖν ἐς Σικελίαν, ἡ γυνὴ δ' ὅ.,
Λ. 541. ἐγὼ γὰρ " οὔποτε κάμοιμ' ἂν ὅ.,
ὀρχουμένης. Α. 409. ὅ. μου τῆς γυναικὸς ἐσπέρας
ὀρχούμενοι. Σ. 1535. ἀλλ' ἐξάγετ', εἴ τι φιλεῖτ' ὅ., θύραζ'
Fr. 499. ὀσηγίκ' ἄτθ' ὑμεῖς κοπιᾶτ' ὅ.
ὀρχούμενον. Σ. 1537. ὅ, ὅστις ἀψηλλαξεν χορῶν τραγῳδῶν.
ὀρχουμένῳ. Σ. 1478. ὅ. τῆς νυκτὸς οὐδὲν παύεται
ΕΙ. 326. μή τι καὶ νυνὶ γ' ἔτ', ἀλλὰ παῦε παῦ' ὅ.
ὀρχουμένους. Λ. 1246. ὡς ἥδομαί γ' ὑμᾶς ὁρῶν ὅ.
ὀρῶ. Ι. 163. ταῖς στίχαις ὁρᾷς τὰς τῶνδε τῶν λαῶν; ΑΛ. ὅ.
Ν. 93. ὅ. τί οὖν τοῦτ' ἐστὶν ἐτεόν, ὦ πάτερ;
208. ἐπεὶ δικαστὰς οὐχ ὅ. καθημένους.
323. βλέπε νυν δευρὶ πρὸς τὴν Πάρνηθ'· ἤδη γὰρ ὅ. κατι-
    ούσας
Λ. 831. ἄνδρ' ἄνδρ', ὅ. προσιόντα παραπεπληγμένον,
1020. γυμνὸν ὄνθ' οὕτως. ὅ. γὰρ ἂν καταγελαστοι εἶ.
1082. καὶ μὴν ὅ. γε τούσδε τοὺς αὐτόχθονας
Θ. 19. διὰ τὴν χοάνην οὖν μήτ' ἀκούω μήθ' ὅ.
97. ἀλλ' ἦ τυφλός μέν εἰμ'· ἐγὼ γὰρ οὐχ ὅ.
98. ἀλλ' ἄνδρ' οὐδὲν' ἐνθάδ' ὄντα, Κυρήνην δ' ὅ.
1105. ἴα· τίν' ὄχθον τόνδ' ὅ. καὶ παρθένον
Β. 182. αὐτή 'στὶν ἣν ἔφραζε, καὶ πλοῖόν γ' ὅ.
276. νὴ τὸν Ποσειδῶ 'γωγε, καὶ νυνὶ γ' ὅ.
288. καὶ μὴν ὅ. νὴ τὸν Δία θηρίον μέγα.
304. ἐκ κυμάτων γὰρ αὖθις αὖ γαλήν' ὅ.
653. ἰοὺ ἰοὺ. ΑΙ. τί ἔστιν; ΔΙ. ἱππέας ὅ.
1323. ὁρᾷς τὸν πόδα τοῦτον; ΔΙ. ὅ.
1324. τί δαί; τοῦτον ὁρᾷς; ΔΙ. ὅ.
Ἐκ. 79. ἣν χαλκοῦν αὑταῖς; ἀλλ' ὅ. τονδὶ λύχνον
41. καὶ σὴ ὅ. καὶ Κλειναρέτην καὶ Σωστράτην
52. ὅ. προσιούσας χατέρας πολλὰς μέν πάνυ
58. ὑμᾶς, ἐπειδὴ συλλελεγμένας ὅ.,
73. καὶ μὴν τά γ' ἀλλ' ὑμῖν ὅ. πεπραγμένα,
176. ὅ. γὰρ αὐτὴν προστάταισι χρωμένην
805. ὅ. φέρουσας. ΑΝ. Β. πάνυ γ' ἄρ οὖν Ἀντισθένης
Π. 332. καὶ μὴν ὅ. καὶ Βλεψιδημον τουτονὶ
382. ὅ. τιν' ἐπὶ τοῦ βήματος καθεδούμενον,
676. ἐπεὶτ' ἀναβλέψας ὅ. τὸν ἱερέα
Fr. 522. ὅ. γὰρ ὡς ἔμφακα διασωλούμενον,
ὁρῶμεν. Θ. 688. οὐχ ὅ. γοῦν ἔτ' ἄλλον οὐδὲν' ἐγκαθήμενον·
Ἐκ. 501. χωρούσας ἐξ ἐκκλησίας ὅ. ἀλλ' ἐπείγου
Fr. 111. 1. καὶ διαστύλβονθ' ὅ.
ὁρῶν. Α. 82. κάχεζεν ὀκτὼ μῆνας ἐπὶ χρυσῶν ὅ.
Α. 600. ὅ. πολιοὺς μὲν ἄνδρας ἐν ταῖς τάξεσιν,
Ι. 792. καὶ πῶς σὺ φιλεῖς, ὃς τοῦτον ὅ. οἰκοῦντ' ἐν ταῖς πι
    θάκναισι
881. τονδὶ δ' ὅ. ἄνευ χιτῶνος ὄντα τηλικοῦτον,
Ν. 17. ὅ. ἄγουσαν τὴν σελήνην εἰκάδας·
Σ. 427. ὡς ἔγωγ' αὐτῶν ὅ. δίδοικα τὰς ἐγκεντρίδας.
1072. εἶτα θαυμάζει μ' ὅ. μέσον διεσφηκωμένον,
ΕΙ. 1165. ληχ' ὅ. οἰδάνοντ'
Ο. 1334. πρὸς ἄνδρ' ὅ. πτερώσειε.
1336. ούτως ὅ., σε δειλὸν ὄντα καὶ βραδύν.
Λ. 1246. ὡς ἥδομαί γ' ὑμᾶς ὅ. ὀρχουμένους.
Θ. 194. χαίρεις ὅ. φῶς, πατέρα δ' οὐ χαίρειν δοκεῖς;
1110. ὦ παρθέν', οἰκτείρω σε κρεμαμένην ὅ.
Β. 46. ὅ. λεοντῆν ἐπὶ κροκωτῷ κειμένην.
Ἐκ. 101. τίς οὖν ἂν ἡμᾶς ἀσφαλῶς ἡγήσαιθ' ὅ.;
812. δεινά γε λέγεις. ΑΝ. Β. τί δεινόν; ὥσπερ οὐχ ὅ.
ὁρῶντε. Ο. 391. τὴν χύταν ἄκραν ὅ.
ὁρῶντες. Α. 864. οἰχ ὅ. οὐδὲν ὅ. ἀπὸ τῆς δίκης τὴν ἠλύγην.
Ι. 531. νυνὶ δ' ὑμεῖς αὐτὸν ὅ. παραλυποῦντ' οὐκ ἐλεεῖτε,
ΕΙ. 644. οἱ δὲ τᾶ πληγαὶ ὅ. ἂν ἐτύπτονθ', οἱ ξένοι
Ἐκ. 386. ὅ. αὐταῖς. οὐ γὰρ ἀλλ' ἀνάγκη καθήν' ὅ.
ὁρώσιν. ΕΙ. 1257. πύργων δ' ἐξεχέοντο, βοὴ δ' ἄσβεστος ὅ.
ὁρῶσιν. Ο. 1509. ἄνωθεν, ἂν μη μή γ' ὅ., οἱ θεοί.
Α. 118. ἐγᾦδ' ὅ. ἐστι, Κλεισθένης ὁ Σιβυρτίου. κ.τ.λ.
ὅσ'. Α. 356. ὑπὲρ Λακεδαιμονίων ἄπανθ' ὅ. ἂν λέγω κ.τ.λ.
ὅσα. Α. 1. ὅ. δὴ δέδηγμαι τὴν ἐμαυτοῦ καρδίαν, κ.τ.λ.
ὅσαι. Λ. 268. ὅ. τὸ πρᾶγμα τοῦτ' ἐνεστήσαντο καὶ μετῆλθον,
    κ.τ.λ.
ὅσαις. Θ. 355. τὰ δ' ἄρισθ' ὅ. προσήκει
ὅσαπερ. Ν. 841. ἀληθες; ὅ. ἐστ' ἂν ἀνθρώποις σοφά· κ.τ.λ.
ὁσαπέρ. Σ. 806. ὅ. γ' ἔφασκον, ἐστὶ πολλῷ πλείονα.
ὅσας. Ν. 1425. ὅ. δὶ πληγὰς εἴχομεν πρὶν τὸν νόμον τεθῆναι,
    κ.τ.λ.
ὀσέτη. Θ. 624. ὅ. γε.   ΚΛ. καὶ τίς ωοῦτι συσκηνήτρ. α;

ὁσημέραι—οὐδείς. 231

ὁσημέραι. Σ. 479. μᾶλλον ἢ κακοῖς τοσούτοις ναυμαχεῖν ὁ.
Π 1006. καὶ μὴν πρὸ τοῦ γ' ὁ, νὴ τὼ θεώ
ὅσην. Ι. 612. ὁ, ἀπῶν παρέσχες ἡμῖν φροντίδα· κ.τ.λ.
ὅσια. Θ. 676. ὅ. καὶ νόμιμα μηδομένους ποιεῖν
Θ. 679. αὐτῶν ὅταν ληφθῇ τις ὅ. δρῶν,
ὁσίαν. Π. 682. κἀγὼ νομίσαι πολλὴν ὁ. τοῦ πράγματος
ὁσίοις. Β. 336. ὁ. μύσταις χορείαν.
ὅσων. Ο. 898. ὅ. ἐπιβοῶν, καλεῖν δὲ
Λ. 743. ἕως ἂν εἰς ὅ. μύλω 'γὼ χωρίον.
ὁσίους. Ο. 633. ἀδόλους, ὁ,
Β. 327. ὁ. ἐς θιασώτας,
ὁσμάς. Ει. 753. διαβὰς βυρσῶν ὁ. δεινὰς κἀπειλὰς βορβορούμους.
ὀσμή. Ο. 1715. ὁ. δ' ἀνανεμώμαστοι ἐς βάθος κύκλον
ὀσμήν. { Σ. 1035. } φώκης δ' ὁ, λαμίας δ' ὅρχεις ἀπλύτους,
        { Ει. 758. } πρωκτὸν δὲ καμήλου.
Εκ. 1124. ἐκλιγομένας ὅ τι ἂν μάλιστ' ὁ. ἔχῃ·
ὀσμύλια. Fr. 242, 2. ὁ. καὶ μαινίδια καὶ σηπίδια,
ὅσοι. Α. 862. ὑμεῖς δ', ὅ. Θείβαθεν αὐληταὶ πάρα, κ.τ.λ.
ὅσωιπέρ. Ει. 964. τούτων ὅ. εἰσι τῶν θεωμένων
ὅσοις. Εκ. 418. ὅ. δὲ κλίνῃ μὴ 'στι μηδὲ στρώματα, κ.τ.λ.
ὅσον. Α. 150. ὅ. τὸ χρῆμα παρνύων προσέρχεται κ.τ.λ.
ὅσονπερ. Εκ. 174, ὅ. ὑμῖν. ἄχθομαι δὲ καὶ φέρω
ὅσος. Λ. 200 ὦ φίλταται γυναῖκες, ὁ κεραμῶν ὅ. κ.τ.λ.
ὅσους. Ει. 225. ὅ. ἄνωθεν ἐπεφόρησε τῶν λίθων, κ.τ.λ.
ὥσπερ. Α. 441. εἶναι μὲν ὁ. εἰμὶ, φαίνεσθαι δὲ μή. κ.τ.λ.
ὀστέων. Α. 1226. λόγχη τις ἐμπέπηγέ μοι δι' ὁ. ὑθρπά.
ὀστίνοις. Α. 863. τοῖς ὁ. φυσᾷτε τῶν πρωκτῶν κυνῶς.
ὅστις. Α. 57. τὸν ἄνδρ' ἀπάγοντες, ὅ. ἡμῖν ἤθελε κ.τ.λ.
ὀστρακίνδα. Ι. 855. ὥστ' εἰ οἱ βριμήσαιο καὶ βλέψειας ὁ.
ὀστράκοις. Β. 1305. λύραι ἐπὶ τούτων; ποῦ 'στιν ἢ τοῖς ὁ.
ὀστράκῳ. Β. 1190. χειμῶνος ὄντος ἐξέθεσαν ἔν ὁ.
ὀσφραλέοι. Π. 896. κακοδαίμων, ὁ. τι ; ΔΙ. τοῦ ψύχους γ' ἴσως,
ὀσφραίνομαι. Α. 619. καὶ μάλιστ' ὁ. τῆς Ἱππίου τυραννίδος·
Β. 654. τί δῆτα κλάεις ; ΔΙ. κρομμύων ὁ.
ὀσφραινόμενος. Θ. 495. ὁ. ἀνὴρ ἀπὸ τείχους εἰσιὼν
Β. 489. κατέπιπτ' ἂν ὁ, εἴπερ δειλὸς ἦν·
ὀσφραντήριοι. Β. 893. καὶ ξύνεσι καὶ μυκτῆρες ὁ.,
ὀσφρήσεται. Ει. 152. ὡς εἰ μετέωρος ὀσφρεῖ ὁ.
ὀσφρόμενος. Σ. 792. κᾆτα βδελυχθεὶς ὁ. ἐξήτισα·
ὀσφύν. Σ. 740. καὶ τὴν ὁ.
Fr. 94, 1. ὁ. δ' ἐξ ἄκρων διακίγκλισον ἠΰτε κίγκλου
ὀσφύος. Σ. 225. ἔχουσι γὰρ αἱ κίνυγοι ἐν τῇς ὁ.
Ει. 1053. ὄντα σὺ συγῇ, κάτωγ' ἀπὸ τῆς ὁ.
ὀσφύς. Λ. 964. ποῖα δ' ὁ. ; ποῖοι ἂν ὄρροι
ὅσχον. Ν. 997. καὶ τὸ τρίτον ἡμερίδος ὅ., ὁ γέρων ὑδεῖ,
ὅσῳ. Ει. 943. ἐπείγετε νῦν ἐν ὅ. κ.τ.λ.
ὅσων. Ι. 673. κρίνω σ' ὅ. ἐγὼδα περὶ τὸν δῆμον ἄνδρ' ἄριστον κ.τ.λ.
ὅσωσπερ. Ν. 1419. ὅ. ἐξαμαρτάνειν ἧττον δίκαιον αὐτούς.
ὅτ'. Α. 140. ὅ. ἐνθάδι Θέαρυις ἡγωνίζετο. κ.τ.λ.
ὅταν. Α. 1065. ὅ. στρατιῶτας καταλέγωσι, τουτγὶ κ.τ.λ.
ὅτε. Α. 10. ὅ. δὴ τεχήμην προσδοκῶν τὸν Αἰσχύλων. κ.τ.λ.
ὁτιή. Α. 1062. ὁ. τοῦτ' ὅτι τοῦ πολέμου τ' οὐκ ἀξία. κ.τ.λ.
Β. 523. ὁ. σε παίζων Ἡρακλέα 'νεσκεύασα.
ὁτιοῦν. Ν. 344. κοὐχὶ γυναιξὶν, μὰ Δί', οὐδ' ὁ. αὗται δὲ ῥῖνας ἔχουσιν. κ.τ.λ.
ὅτοισι. Ι. 758. ὁ. τόνδ' ὑπερβαλεῖ. ποικίλος γὰρ ἀνὴρ
ὀτότυξ'. Θ. 1081. οἴμως'. ΕΤ. οἴμως, ΜΝ. ὁ. ΕΤ. ὁ.
ὀτοτύξει. Ει. 1011. τᾶς δὲ πενηάδας, ὁ. τόνδ' ὁ.,
ὀτοτύξεσθαι. Α. 520. ὁ. μακρὰ τὴν κεφαλήν· πύλεμος δ' ἀνδράσσι μελήσει.
ὅτου. Α. 17. ἀλλ' οὐδεπώποτ' ἐξ ὅ. 'γὼ ῥύπτομαι κ.τ.λ.
ὅτουπερ. Π. 85. ὃς οὐκ ἐλούσατ' ἐξ ὅ. ἐγίνετο.
ὀτρηροί. Ο. 913. Μουσᾶων θεράποντες ὁ.
ὀτρηρούς. Ο. 915. οὐκ ἐτὸς ὁ. καὶ τὸ λυδάριον ἔχεις.
ὀτρηρός. Ο. 909. Μουσᾶων θεράπων ὁ,
ὀτιευυνομήπω. Α. 597. οὐδεὶς ἐθέλει γῆμαι ταύτην, ὁ. δὲ κάθηται.
ὅτῳ. Ι. 1320. τὸν' ἔχων φήμην ἀγαθὴν ἥκεις, ἐφ' ὅ. κνισώμεν ἀγυιάς· κ.τ.λ.
ὀτῳπερ. Ο. 460. ἀλλ' ἐφ' ὅ. πράγματι τὴν σὴν ἥκεις γνώμην ἀνασείσας,
οὐ. Α. 54. ὁ. γὰρ δίδοασιν οἱ πρυτάνεις. κ.τ.λ.
οὐ. Α. 46. ἐγώ. ΚΗ. τίς ὤν ; ΑΜ. Ἀμφίθεος. ΚΗ. οὐκ ἄνθρωπος; ΑΜ. ὁ. κ.τ.λ.
οὐ. Α. 466. καίτοι τί δράσω ; δεῖ γὰρ ἑνὸς, ο. μὴ τυχὼν κ.τ.λ.
οὐγά. Α. 41. οὐκ ἠγόρευον ; τοῦτ' ἐκεῖν' ὁ. 'λεγον·
Ει. 64. τοῦτ' ἔστι τουτὶ τὸ κακὸν αὐθ' ὁ. 'λεγον.
Α. 240. τίς ὡλολυγά; ΛΤ. τοῦτ' ἐκεῖν' ὁ. 'λεγον·
Εκ. 341. φροῦδη 'στ', ἔχουσα θοἰμάτιον ὁ. 'φόρουν.

οὐγκαλύμμος. Ο. 1496. τίς ὁ. ; ΠΡ. τῶν θεῶν ὁρᾷς τινα
οὐδ'. Α. 23. ὁ. οἱ πρυτάνεις ἥκουσιν, ἀλλ' ἀωρίαν κ.τ.λ.
οὐδαμᾷ. Fr. 662. ὁ. :
οὐδαμοῖ. Σ. 1188. ἐγὼ δὲ τεθεώρηκα πώπυτ' ὁ.
οὐδαμοῦ. Ν. 1420. ἀλλ' ὁ. νομίζεται τὸν πατέρα τοῦτο πάσχειν.
Ο. 22. ὁδός. ΠΕ. οὐδὶ μὰ Δί' ἐνταυθά γ' ἀτραπὸς ο.
Εκ. 343. οὔκουν λαβεῖν γ' αὐτὰς ἐδυνάμην ο.
561. ἔσται τὸ λοιπὸν, ο. δὲ μαρτυρεῖν,
Π. 442. Πενία γάρ ἐστιν, ὦ πονῆρ', ἧς ο.
οὐδαμῶς. Ν. 688. οὐκ ἄρρεν' ὑμῖν ἐστιν ; ΧΠ. ο. γ', ἐπεὶ
Σ. 79. εἶναι φιλοκέπην αὐτόν. ΧΠ. ο. γ', ἐπεὶ
1126. μὰ τὸν Δί', οὐ γάρ ο. μοι ξύμφορον.
1393. ἔχειν διὰ τὸν σὸν οἶνον. ΦΙ. ο. γ'. ἐπεὶ
Ο. 443. τόν ; ο. ΠΕ. οὐκ, ἀλλὰ τώφθαλμὼ λέγω.
Β. 56. γυναικός ; ΔΙ. οὐ δῆτ'. ΗΡ. ἀλλὰ παιδὸς ; ΔΙ. ο.
Εκ. 755. αὔτ', ἢ φέρεις ἐνέχυρα θήσων ; ΑΝ. Α. ο.
οὐδέ. Α. 563. ἀλλ' ο. χαίρων ταῦτα τολμήσει λέγειν. κ.τ.λ.
Ν. 1262. οὐκ οἶδ' ὅ τῳσγ' ὁπότερον, ο. μοι μέλει. κ.τ.λ.
οὐδετείς. Π. 1162. κάμέ γ' ἐκάλει τὸν ἱερέα· νῦν δ' ο.
οὐδενί. Β. 927. σαφὲς δ' ἂν εἴπει ο. ΔΙ. μὴ πρίν τοὺς ὀδόντας.
Α. 1044. φλαύρον εἰπεῖν ο.
Π. 138. οὐ βοῦν ἂν, οὐχὶ ψαιστόν, οὐκ ἀλλ' ο.,
οὐδείς. Ι. 158. ὦ νῦν μὲν ο., αὔριον δ' ὑπέρμεγας·
Ι. 231. ὑπὸ τοῦ δέους γὰρ αὐτῶν ο. ἤθελε
569. οὐ γὰρ ο. πώποτ' αὐτῶν τοὺς ἐναντίους ἰδὼν
944. ἀγαθὸς πολίτης. οἷος ο. πω χρόνῳ
1097. οὐκ ἦν ἄρ' ο. τοῦ Γλάνιδος σοφώτερος.
1278. νῦν δ' Ἀρίγνωτον γὰρ ο, ὅστις οὐκ ἐπίσταται,
1370. ο. κατὰ σπουδὰς μετεγγραφήσεται,
1373. οὐδ' ἀγοράσας γενείσει ο. ἐν ἀγορᾷ,
Ν. 432. ἐν τῷ δήμῳ γνώμαις ο. νικήσει πλείονας ἢ σύ.
742. ο. κατ' ἐμοῦ τεθνεῶτος εἰσάξει δίκην.
836. ἀπωλείσατ' ο. πώποτ' οὐδ' ἠλείψατο
917. ο. ἐθέλει τῶν μειρακίων·
977. ἠλείψατο δ' ἂν τοὐμφαλοῦ ο. παῖς ὑπένερθεν τοτ' ἂν, ὥστε
Σ 88. φιλιλιαστῆ ἐστιν ἂν ο. ἀνήρ,
150. ἀτὰρ ἀθλιός γ' εἴμ' ὡς ἕτερος ο. ἀνήρ,
594. κἂν τῷ δήμῳ γνώμην ο. πώποτ' ἐνίνησεν, ἐὰν μὴ
679. ο. οὐδὲ σκορδίου κεφαλὴν τῶν βλεπόντων δίδωσιν,
775. ο. σ' ἀπωλείσει θεομαθήτην τῇ κινηλίδι,
889. φιλούντων ο.
1023. ὀρθεὶς δὲ μέγας καὶ τιμηθεὶς ὡς ο. πώποτ' ἐν ὑμῖν,
1223. ἀληθες; ὦς ο. δικαίων δίξεται,
1226. ο. πώποτ' ἀνὴρ ἐγένετ' Ἀθηναίοις
1359. ο. πατὴρ γάρ ἐστιν αὐτῷ πλὴν ἐμοῦ.
1500. φησίν τις, ἧς ο.; ΒΔ. εἶς τῶν' ἐκεινοσὶ μόνος,
1536. ἡμᾶς ταχύ. τοῦτο γὰρ ο. πω πάρος δέδρακεν,
ΕΙ. 14. ο. γὰρ ἂν φαίη μι ματτον' ἐσθίειν.
511. οἵ του γεωργοὶ τούργον ἐξέλκουσι. κάλλος ο.
614. οὐκέτ' ἦν ο. ὁ παύσων. ἦδε δ' ἠφανίζετο
905. οὐκέτ' ἐστιν ο. ἔστι οὐ κρωθὴν ἔχει,
1091. χρησμολόγῳ δ' ο. ἐδίδου κύθανα φαεινόν.
1111. ο. προσέσχεν ὡς σπλάγχνων ; ΤΡ. οὐ γὰρ οὖν τε
1200. ο. ἐπρίατ' ἂν δρέπανον οὐδὲ κολλύβου,
Ο. 520. ὤμνυ τ' ο. τότ' ἂν ἀνθρώπων θεῶν, ἀλλ' ὄρνιθας ἅπαντες.
595. ὥστ' ἀπολεῖται τῶν ναυκλήρων ο. ΕΠ. πῶς οὐκ
601. ο. οἶδεν τὸν θησαυρὸν τὸν ἐμὸν πλὴν εἴ τις ἄρ' ὄρνις.
605. ἂν ἄσφρωνεις γε κακὼς κράττων ἄτεγνως ο. ὑγιαίνει.
1120. ο. ὕτου πευσώμεθα τάδεὶ πράγματα.
1133. ὄρνιθες, ο. ἄλλος, οὐκ Αἰγύπτιος
1216. μὰ Δί' οὐκ ἔμοιγ' ἐπίβαλεν ο. ὦ μέλε.
1516. θύει γὰρ ο. οὐδεὶς ἀνθρώπων ἔτι
Λ. 212. } οὐκ ἔστιν ο. οὔτε μοιχὸς οὔτ' ἀνὴρ
213. }
597. ο. ἐθέλει γῆμαι ταύτην, ὑπτευομένη δὲ κάθηται.
Θ. 411. ἡγούντο, διαβίβληκεν, ὥστ' ο. γέρων
807. καὶ Στρατονίκην ὑμῶν ο. οὐδ' ἐγχειρεῖ πολεμίζειν.
Β. 87. Πυθάγγελος ΒΕ. ; ΣΑ. καὶ ο. οἶδέ μ' ο. λόγοι.
107. δειπνεῖ σίν με διδάσκω. ΞΑ. περὶ ἐμοῦ δ' ο. λόγος.
115. κύρεις ὀλίγιστος ΣΑ. περὶ ἐμοῦ δ' ο. λόγος.
1044. ο. ο. ᾖσιν' ἱερῶσαν πώποτ' ἐποίησα γυναῖκα.
1065. οὐκ οἶδεν ο. τις τριηραρχεῖν πλουτῶν ο. διὰ ταῦτα,
1087. λαμπάδα δ' ο. οἷός τε φέρειν
Εκ. 11. ὀφθαλμὸν ο. τὸν σὸν ἐξείργει ὕμνων.
304. ο. γὰρ με νῦν χέσοντά γ' ο. ὄψεται,
322. οὐ γάρ με νῦν χέσοντά γ' ο. ὄψεται.
423. προσέθηκεν, ο. ἀντεχειροτόνησεν ἄν,
605. ο. οὐδὲν πενίᾳ δράσει· πάντα γὰρ ἕξουσιν ἅπαντες.

οὐδείς—οὔρει.

οὐδείς. EI. 667. οὐδ' αὖ κλέπτης σ. ἔσται; ΠΡ. πῶς γὰρ
    κλέψει μετ ὼν αὐτῷ;
EI. 925. ο. γάρ ὣς σὲ πρότερον εἴσεισ' ἀντ' ἐμοῦ.
   1025. ὑπὲρ μέδιμνόν ἐστ' ἀνὴρ ο. ἔτι.
   1130. ἐγώ; ΘΕ. σὺ μέντοι νὴ Δί' ὦς γ' ο. ἀνήρ.
Π. 188. ὥστ' οὐδὲ μεστὸς σοῦ γέγον' ο. πώποτε.
  193. σοῦ δ' ἐγένετ' ο. μεστὸς οὐδεπώποτε.
  247. χαίρω τε γὰρ φειδόμενος ὡς ο. ἀνὴρ
  420, ἀλλ' οἷον ο. ἄλλος οὐδεπώποτε
  499. ο. ἄν ἐγὼ τούτου μάργιτ' μηδὲν ταύτην γ' ἀνεράτω.
  512. ο.' ἐμφοῖν δ' ὑμῖν τούτοιν ἀφανισθέντοιν ἐθελήσει
  522. ἀλλ' οὐδ' ἔσται πρώτον ἁπάντων σ. οὐδ' ἀνδραποδιστὴς
  762. ο. γὰρ ὑμὶν εἰσιούσιν ἀγγελεῖ
  901. σὺ φιλόπολις καὶ χρηστὸς ; ΣΤ. ὣς ο. γ' ἀνήρ.
 1098. ο. ἔοικεν· ἀλλὰ δῆτα τὸ θύριον
 1114. ὁ Πλοῦτος, ο. οὐ λιβανωτόν, οὐ δάφνην,
 1177. θύειν ἔτ' ο. ἀξιεῖ. ΧΡ. τίνος οὕνεκα ;
Fr. 476, 7. ὥστ' οὐκ ἔτ' ο. οἶδ' ὑπηγὼ ἐστι τοὐνιαυτοῦ.
οὐδεμί'. Σ. 587, καὶ ταῦτ' ἀνυπεύθυνοι δρῶμεν τῶν δ' ἄλλων
  ο. ἀρχή.
οὐδεμία. Λ. 4. νῦν δ' ο. πάρεστιν ἐνταυθὶ γυνή,
Λ. 58. ἀλλ' οὐδὲ Παράλων ο. γυνὴ πάρα,
 1015. οὐδὲ πῦρ, οὐδ' ὦδ' ἀναιδὴς ο. πυρδαλις.
Θ. 946, κοὐκ ἔστιν ἔτ' ἐλπὶς ο. σωτηρίας.
Εκ. 19. ἀλλ' ο. πάρεστιν ἅς ἥκειν ἐχρῆν.
οὐδεμιᾶ. Θ. 383. φιλοτιμία μὲν ο. μὰ τὼ θεώ
Εκ. 516. ο. γὰρ δεινοτέρᾳ σου ξυμμίξας' οἶδα γυναικί.
οὐδεμίαν. Α. 865. ἐς ο. ἔχω γε τῷ βίῳ χάριν,
Λ. 869. χάριν ο. εἶδ' ἐσθίων' ἔστυκα γάρ.
οὐδεμιᾶς. Σ. 549. τῆς ἡμετέρας ο. ο. ἥττων ἐστὶν βασιλείας.
οὐδέν. Α. 27. ἔσται προτιμῶσ' ο.' ὦ πόλις πόλις. κ.τ.λ.
  376. ο. βλέπονεσιν ἄλλο πλὴν ψήφῳ δακεῖν, κ.τ.λ.
Ν, 1050. ἐγὼ μὲν ο. Ἡρακλέους βελτίον' ἄνδρα κρίνω.
Λ. 1044, τῶν πολιτῶν ο., ἀνδρες,
Θ. 846, οὐ γ' ἐνθάδ' ὄντα, Κυρήννη δ' ὑρῶ.
Εκ. 417. πλευρῖτις ἡμῶν ο. ἂν λάβοι ποτέ.
οὐδένα. Ν. 423. ἄλλο τι δῆτ' οὖν νομιεῖς ἤδη θεὸν ο, πλὴν ἄπερ
  ἡμεῖς,
Ν, 628. οὐκ εἶδον οὕτω ἀνδρ' ἄγροικον ο.
Π. 373. ἀλλ' οὐδὲ μὴν ὑπεστέρηκάς γ' ο. ;
Fr. 128, 4. τίρον δίμας ο. κύσμον.
οὐδενί. Α, 1039. κέν ο. μεταδώσειν.
Ν. 118. οὐκ ἂν ἀποδοίην οὐδ' ἂν ὀβολὸν ο.
 1250, οὐκ ἂν ἀποδοίην οὐδ' ἂν ὀβολὸν ο.
Σ. 1027. ο. πώποτέ φησι πιθέσθαι, γνώμην τιν' ἔχων ἐπιεική,
 1467. ο. γὰρ οὕτως ἀγανῷ
Π. 888. οὐκ ἔπ' ἀγαθῷ γὰρ ἐνθάδ' ἐστὶν σ.
οὐδενός. I. 776. οὐ φροντίζων τῶν ἰδιωτῶν ο., εἰ σοὶ χαριοίμην.
Σ. 632. ο. ἠκούσαμεν αὐ-
 1274. Θετταλῶν, αὐτὸς πενέστης ὤν ἐλάττων ο.
EI. 615. ταῦτα τοίνυν ἂν τὸν 'Απόλλω 'γὼ πεπύσμην ο.,
Ο. 34. ἀστοὶ μετ' ἀστῶν, οὐ σοβοῦντος ο.
 799. ἡρέθη φύλαρχος, εἶθ' ἵππαρχος, εἶτ' ἐξ ο.
Π. 362. ἄν οὐδὴν ἀτεχνῶς ὑγιὲς ἔστιν ο.
 870. μὰ Δί', οὐ μὲν οὖν ἐσθ' ὑγιὲς ὑμῶν ο,
οὐδέποθ'. Ν. 3. ἀπέραντον· ο. ἡμέρα γενήσεται;
οὐδέποτ'. Α. 979. ο. ἐγὼ πόλεμον οἴκαδ' ὑποδέξομαι, κ.τ.λ.
οὐδέποτέ. EI. 109. μὰ τὸν Διόνυσον ο. ζῶντός γ' ἐμοῦ κ.τ.λ.
οὐδέποτέ. Α. 127. τοῦς δὲ ξενίζειν ο. γ' ἴσχει θύρα, κ.τ.λ.
οὐδεῖ. Σ. 940. ἀλλ' ἔτι σύ γ' οὐδεῖς κοὺ καθίζεις ο. κ.τ.λ.
οὐδεπώποτ'. Α. 17. ἀλλ' ο. ἐξ ὅτου 'γὼ ῥύπτομαι κ.τ.λ.
οὐδεπώποτε. Σ. 14. κάγωγ' ἀληθῶς οὐτο ο. κ.τ.λ.
οὐδετέρῳ, Β, 1412. σὺ γὰρ δι' ἔχθρας ο. γενήσομαι.
οὐδεξῆ. Εκ. 814. οὐκ οἶσθ' ἐκεῖν' ο., τὸ περὶ τῶν ἄλων;
οὐδυσσεύς. Ο. 1561. ὥσπερ ο. ἀπῆλθε,
οὐθ'. Α. 308. οἷσιν οὔτε βωμὸς οὔτε πίστις ο. ὅρκος μένει ; κ.τ.λ.
οὐθαρ. Fr. 162, 2. χαῖρε λιπαρὸν δάπεδον, ο. ἀγαθῆς χθονός.
οὐκ. Α. 35. ο. ὕφοσ, ο. ἔλμιον, οὐδ' ἤλει πύλαι, κ.τ.λ.
  Α. 108. ο., ἀλλ' ἀχάνας ὅδε γε χρυσίου λέγει, κ.τ.λ.
οὐκ. Ι. 668. ἴν' ἄσθ' ὁ κῆρυξ ο. Λακεδαιμόνοις λέγει κ.τ.λ.
οὐκέθ'. Π. 1004. ἐπεὶτα πλουτῶν ο. ἥδεται φακῇ
οὐκέτ'. Α. 471. ἀλλ' ο., ἀλλ' ἄπειμι. καὶ γὰρ εἰμ' ἄγαν κ.τ.λ.
οὐκεῖτ. I. 947. καὶ νῦν ἀπόδος τὸν δακτύλιον, ὡς ο. κ.τ.λ.
οὐκί. Θ. 1108. λυόων με δεσμῶν. ΤΟ. ο. μὴ λαλῆσι σύ. κ.τ.λ.
οὐκκικλούμενος. Θ. 96. καὶ σεῖσι ὁμωνύμους σὸς εἶτοσ ; ΕΤ. ο.
οὔκουν. Ι. 465. ο, μ' ἐν 'Αργει οἷα πράττει λανθάνει, κ.τ.λ.
οὔκτος. EI. 43. ο. ἂν ἤδη τῶν θεατῶν τις λέγει κ.τ.λ.
οὔκτός. Σ. 1287. ο. ἐγίλων ὑμᾶ νεκραγνία θεώμενος,
εὐλύμπας. Α. 530. ἐντεῦθεν ὁργὴ Περικλέης ο.
  Ν. 366. ὁ Ζεὺς δ' ἡμῖν, φέρε, πρὸς τῆς Γῆς, ο. οὐ θεός ἐστιν ο.
Οὐλύμπου. I. 9. ξυναυλίαν κλαύσομεν Ο. νύμων

οὐλων. Β. 1067. νὴ τὴν Δήμητρα, χιτωνά γ' ἔχων ο. ἐρίων
  ὑπένερθε·
οὐμοί. Ι. 967. ο. δέ γ' αὖ λέγουσιν ὣς ἁλουργίδα
 Ι. 1003. ο. μὲν εἰσι Πάκιδος. ΔΗΜ. οἱ δὴ ποῖ τίνος ;
 Ν. 210. καὶ ποῦ Κικυννηθ εἰσίν ο. δημόται ;
 Π. 967. ο. δὲ Κλειτοφῶν τε καὶ Θηραμένης ὁ κομψός.
οὑμός. I. 721. χὼ πρωκτός ο. τουτογὶ σοφίζεται.
 I. 952. ο.' τὸ γοῦν σημεῖον ἕτερον φαίνεται.
 Σ. 336. ο. υἱός. ἀλλὰ μὴ βοᾶτε· καὶ γὰρ τυγχάνει
 1352. ἐγώ σ', ἐπειδὰν ο. υἱὸς ἀποθάνῃ,
 Ο. 1259. ἡ μήν ἐστι ναύσει τῆς ὕβρεως ο. πατήρ.
Λ. 838. ἔγωγε· κάστιν ο. ἀνὴρ Κινησίας.
Θ. 867. ο. Μενέλαως οὐδέπω προσέρχεται.
Π. 551. ἀλλ' οὐχ ο. τοῦτο πέπονθεν βίος οὐ μὰ Δί', οὐδέ γε
  μέλλει.
οὔν. Α. 37. νῦν οὖν ἀτεχνῶς ἥκω παρεσκευασμένος κ.τ.λ.
οἴνδον. Β. 757. τίς οὗτος σ. ἐστὶ θόρυβος χὴ βοὴ
οὐνδύεται. Εκ. 332. τὸ κροκωτίδιον ἁμπισχόμενος, ο.
οὔνεκ'. Ν. 238. ἵνα με διδάξης ὥνπερ ο. ἐλήλυθα. κ.τ.λ.
οὔνεκα. Α. 958. εὐδαιμονήσεις συκοφαντῶν γ' ο. κ.τ.λ.
οὔνεχ'. Ν. 555. προσθεὶς αὐτῷ γραῦν μεθύσην τοῦ κόρδακος ο.,
  ἥν κ.τ.λ.
οὔνος. Β. 27. οὐκοῦν τὸ βάρος τοῦθ', ὃ σὺ φέρεις, σ. φέρει ;
οὔντος. Λ. 847. τίς οὗτος ο. τῶν φυλάκων ἐστὶν ; FI. ἐγώ.
οὐξ. EI. 1047. οὗτος γε πού 'σθ' ὁ χρησμολόγος ο. 'Ιρκοῦ.
οὐξιών. Β. 946. ἀλλ' ο. πρώτιστα μέν μοι τὸ γένος εἴπ' ἂν εὐθὺς
οὔρα. Λ. 1157. ο. γυναῖκ' ὅπωπα χαϊωτέρην.
οὖραι. Σ. 1108. οἱ μὲν ἡμῶν ο. ἄρχων, οἱ δὲ παρὰ τοῖς ἕνδεκα,
  κ.τ.λ.
οὐπέρ. I. 1402. εὖ γ' ἐπενύησας ο. ἐστὶν ἄξιος. κ.τ.λ.
οὐπί. Α. 504. αὐτοῖ γάρ ἐσμεν ο. Ληναίῳ τ' ἀγών, κ.τ.λ.
οὐμβάτης. Fr. 51. νῦν γ' ἐξεκολύμβησ' ο., ὣς ἐξοίσω πίτυρα.
οὔπισθεν. Ο. 299. τίς γὰρ ἔσθ' ο. αὑτῆς ; ΠΕ. ὅστις ἐστί ; κει-
  ρύλος.
οὐπίτριπτος. Π. 275. ὣς σεμνῶς ο.· αἱ κνημαι δέ σου βοῶσιν
οὐπιχώριοι. Β. 461. πῶς ἐνθάδ' ἄρα κύπτουσιν ο. ;
οὔποτ'. Ο. 1106. γλωξίκες ὑμᾶς ο. ἐπιλείψουσι Λαυριωτικαί· κ.τ.λ.
οὔπω. EI. 1083. ο. ποιήσεις τὸν καρκίνον ὀρθὰ βαδίζειν, κ.τ.λ.
οὔπωψ. Ο. 226. ο. μελῳδεῖν αὐ παρασκευάζεται
Ο. 265. ἄλλως ἄρ' ο., ὣς ἔοικ', ἐς τὴν λόχμην
οὔπω. Α. 461. ο. μὰ Δί' οἶσθ' οἵ αὐτὸς ἐργάξει κακά. κ.τ.λ.
οὔπωποτ'. Σ. 631. ο. οὐδὲν ποιεῖν κ.τ.λ.
οὔπωποτέ. I. 645. ο. ἀφυᾶς εἶδον ἀξιωτέρας, κ.τ.λ.
οὔπωποτέ. Β. 717. πορίειν· ἔδοσαν δ' ο. σοι, πλὴν πρῴην πέντε
  μέδιμνους,
σύραναι. Ν. 316. ἥκιστ', ἀλλ' ο. Νεφέλαι, μεγάλαι θεαὶ ἀνδρά-
  σιν ἀργοῖς·
οὐρανίοις. Ν. 305. ο. τε θεοῖς δωρήματα,
οὐρανίοις. Σ. 1530. μήτε σκέλος ο.· αἰβιβικές ἐγγενήσθων.
οὐρανόν. Β. 781. ὁ τῶν πανούργων ; ΑΙ. νὴ Δί', ο. γ' ὅσον.
Π. 1135. οὐδεὶς γὰρ, ἡμάρτηκεν ο. γ' ὅσον
Σ. 1492. σκέλος ο. γ' ἐκλακτίζων,
οὐρανόθηκες. Ν. 459. ταῦτα μαθὼν παρ' ἐμοῦ κλέος ο.
οὐρανούμην. Ν. 357. ο. ζήτατε κἀμοὶ φωνήν, ὦ παμβασίλειαι.
οὐρανοῦ. I. 705. ἐν τῷ ξύλῳ δῆσω σε νὴ τὸν ο.
Ν. 95. ἐντανθῖ ἀνοικοῦσ' ἄνδρες οἵ τὸν ο.
 193. τί δήθ' ὁ πρωκτὸς ἐς τὸν ο. βλέπει ;
Σ. 18. φέρειν ἐμίχαλκον ἀνεκὰς ἐς τὸν ο.,
 416, νὴ Δί' ἐς τὸν ο.' ἢν τυνδ' ἐγὼ οὐ μεθήσομαι.
 1084. ὑπὸ δὲ τῶν ταξιαρχῶν οὐκ ἦν ἰδεῖν τὸν ο.
EI 56. δι' ἡμέρας γὰρ ἐς τὸν ο. βλέπων
 70. πρὸς ταῦτ' ἀνερχιχάτ' ἂν ἐς τὸν ο.
 104. ὁκν εὖ Δί' ο.· ΟΙ. Α, τίνα νοῦν ἔχων ;
 112. ὑμῖς ἐρήμους ἐς τὸν ο. λάβρα.
Ο. 178. εἰδές τι; ΕΠ. τὰς νεφέλας γε καὶ τὸν ο.
 264. καύλει κίχνηιά γ' ἐς τὸν ο. βλέπων,
 1240, πέμψω δὲ πορφυρίωνας ἐς τὸν ο.
 1686. ἀλλ' ἔτι ἔσθ' ἁρπαγῆς κ.τ.λ.
Εκ. 83. ἔως ἐτ' ἔστιν ἄστρα κατὰ τὸν ο.
Π. 129. μείξον ξυνήμεον. ΠΛ. ἐμὶ σύ; ΧΡ. νὴ τὸν ο.
 267. οἶμαι δὲ νὴ τὸν ο. καὶ ψωλὸν αὐτὸν εἶναι.
 366. μελαγχολᾷς, ὤνθρωπε. νὴ τὸν ο.
 403. τυφλὸς γὰρ ὢν ο. ἐστιν. ΧΡ. νὴ τὸν ο.
 1043. πολιὰ γεγένησαι ταχὺ γὲ νὴ τὸν ο.
οὐρανός. Ο. 694. τῇ δ' οὐδ' ἀὴρ οὐδ' ο. ἦν. 'Ερέβους δ' ἐν ἀπεί-
  ροσι κόλποις
Ο. 701. ξυμμιγνυμένων δ' ἑτέρων ἑτέροις γένετ' ο. ὠκεανός τε
οὐρανῷ. Σ. 22. ὅτι ταυτὶν ἔτ' ἀνέβαλεν κἀν ο.
Ο. 1234. ποιοῦσιν ; ἡμῖν, τοῖς ἐν ο. θεοῖς.
οὐργάτης. EI. 632. κατὰ δ' ὡς ἐκ τῶν ἀγρῶν ξυνῆλθον ο. λεώτ,
οὔρει. Fr. 262. ἀλλ' ἐς κάδον λαβών τιν' ο. πίττινον.

οὐρείαις—ὄχλος. 233

οὐρείαις. Ο. 1098. Νύμφαις ο. ξυμπαίζων·
οὐρεῖν. Ν. 373. καίτοι πρότερον τὸν Δί' ἀληθῶς ὤμην διὰ κοσκίνου ο.
οὐρεῖς. Σ. 940. ἀλλ' ἔτι σύ γ' ο. καὶ καθίζεις οὐδέπω;
Θ. 615. πολὺν γε χρόνον ο. σύ. ΜΝ. νὴ Δί, ὦ μίλε·
οὐρῆσαι. Θ. 611. ἔασσω ο. μ'. ΚΛ. ἀναισχυντό τις εἶ.
οὐρησόμενα. Ο. 1266. ο. τὰ τῶν ἐπικλήτων δεῦρ'. ἵνα
οὐρήσω. Σ. 394. κοὔ μή ποτέ σου παρὰ τὰς κάπι ας ο. μηδ' ἀποπάρδω.
οὐρητιάσης. Σ. 807. ἁμῆ μὲν, ἦν ο., αὐτηῆ
οὐρία. Λ. 550. χωρεῖτ' ὀργῇ καὶ μὴ τέγγεσθ'· ἔτι γὰρ νῦν ο. θεῖτε.
οὐρίᾳ. Λ. 669. οἷον ἐξ ἀνθρώπων τρινίνων φέψαλος ἀνήλατ', ἐρεθιζόμενος ο. ῥιπίδι.
οὔριον. Ι. 433. κατὰ κῦμ' ἐμαυτὸν ο., κλάειν σε μακρὰ κελεύσας.
οὔρις. Ο. 284. Καλλίας ἄρ' οὗτος ο. ἐστίν· ὡς πτερορρυεῖ.
οὖς. Α. 156. οἱ Θρᾷκες ἴτε δεῦρ', ο. Θάψοι ἡγασην, κ.τ.λ.
οὖσ'. Θ. 341. προαγαγοῦ ο. ἐνετρύλισεν τῷ δεσπότῃ.
οὖσα. ΕΙ. 618. ο. συγγενὴς ἐκείνου. πολλά γ' ἡμᾶς λανθάνει.
Λ. 92. βύλη 'στὶν ο. ταυταγὶ τάντεκθεῖ.
644. εἶτ' ἀλετρὶς ἢ δεκέτις ο. τάρχηγέτι·
646. κάκαπηφόρουν ποτ' ο. παῖς καλή, χουσ'
Θ. 539. γυνὴ γυναικας ο. μὴ κακῶς λέγειν τὸ λοιπόν.
Εκ. 257. ἅτ' οὐκ ἄπειρος ο. πολλῶν προιμάτων.
336. μὰ τὸν Δί' οὐ γὰρ ἔνδον ο. τυγχάνει.
Π. 571. ἀλλ' οὐ ψεύδει τούτων γ' οὐδὲν, καίπερ σφόδρα βάσκανος ο.
οὖσαι. Λ. 510. ἀλλ' ἠσθανόμεσθα καλῶς ὑμῶν· καὶ πυλλάκις ἔνδον ἄν ο.
Εκ. 233. ὡς τοὺς στρατιώτας πρῶτον ο. μητέρες
οὔσαις. Θ. 370. καίπερ γυναιξὶν ο.
οὖσαν. Ν. 671. ἄρρενα καλεῖς, θήλειαν ο. ΣΤ. τῷ τρόπῳ
Σ. 602. ἣν δουλείαν ο. ἔφασκες χύπηρεσίαν ἀποδείξειν.
Ο. 603. πῶς δ' ὑγίειαν δώσουσ' αὑτοῖς, ο. παρὰ τοῖσι θεοῖσιν;
1654. ο. θυγατέρ', ὕττων ἀδελφῶν γηησίοιν;
Θ. 480. ὥσπερ με διεκόρευσεν ο. ἐπτέτιν.
965. ἐν ἱερῷ γυναικὰ μ' ο. ἀνδρὸς, οὐκ ὀρθῶς φρονεῖ.
Π. 469. ἀγαθῶν ἀπάντων ο. αἰτίαν ἐμὲ
547. ἀγαθῶν πᾶσιν τοῖς ἀνθρώποις ἀποφαίνω σ' αἴτιον ο.;
οὔσας. Ν. 329. ταύτας μέντοι σὺ θεὰς ο. οὐκ ἤσῃ οὐδ' ἐνόμιζες;
Ν. 1121. ἣν δ' ἀτιμάσῃ τις ἡμᾶς θνητῶν ὢν ο. θεᾶς,
Λ. 627. καὶ λαλεῖν γυναῖκας ο. ἀσπίδος χαλκῆς πέρι,
οὔσης. Α. 19. ὡς τὴν, ὑπότ' ο. κυρίας ἐκκλησίας
Ν. 904. ὣς δῆτα δίκης ο. ὁ Ζεὺς
ΕΙ. 1272. εἰρήνης γ' ο. ἀμαθές γ' εἴ καὶ κατάρατον.
Λ. 826. καίπερ ο. γραῦς ὄντ' αὑ-
Θ. 540. μὴ δῆτα τῶν γε χοίρων, ὦ γυναῖκες. εἰ γὰρ ο.
Π. 282. οἱ πολλὰ μοχθήσαντες, οὖσιν ο. σχολῆς. προθύμως
οὐσίαν. Εκ. 729. προχειρισώμαι κἀξετάσω τὴν ο.
Εκ. 811. ἄνθρωπος οὗτος ἀποβαλεῖ τὴν ο.
855. καὶ τοῖ βαδιεῖ σὺ μὴ καταθεὶς τὴν ο.;
Π. 754. ὅσοι δ' ἐπλούτουν ο. τ' εἶχον συχνὴν
829. ἐγὼ γὰρ ἱκανὴν ο. παρὰ τοῦ πατρὸς
οὔσιν. Σ. 565. κακὰ πρὸς τοῖς ο., ἕως ἀνίῳ ἂν ἰσώσῃ τοῖσιν ἐμαῖσιν·
Β. 721. οὔτε γὰρ τούτοισιν ο. οὐ νεκιβθηλευμένοις.
Π. 219. ὅσοι δικαίοις ο. οὐκ ἦν ἄλφιτα.
οὔτ'. Α. 506. ἥκουσιν ο. ἐκ τῶν πύλεων οἱ ξύμμαχοι· κ.τ.λ.
οὔτε. Α. 308. ὑῖσιν ο. βωμοῖσ ο. πίστις ὑθ' ὅρκος μένει ο.· κ.τ.λ.
οὔτε. ΕΙ. 316. ο. καὶ νῦν ἔστιν αὐτὴν ὅστις ἐξαιρήσεται· κ.τ.λ.
Οὔτις. Σ. 184. τίς εἶ ποτ', ἄνθρωπε', ἐτεόν· ΦΙ. Ο. νὴ Δία·
Σ. 185. Ο, σύ; ποδαπός· ΦΙ. Ἰθακος Ἀποδρασιππίδου·
186. Ο, μὰ τὸν Δί' οὐ τε χαιρήσων γε σύ.
οὗτοι. Ν. 814. ο. μὰ τὴν Ὁμίχλην ἔτ' ἐνταῦθι μενεῖς· κ.τ.λ.
οὗτοι. Ν. 98. ο. διδάσκουσ', ἀργύριον ἢν τις διδῷ, κ.τ.λ.
οὗτοι. Α. 40. ἀλλ' οἱ πρυτανεῖς γὰρ ο. μεσημβρινοί, κ.τ.λ.
Ν. 187. ἀτάρ τί ποτ' ἐς τὴν γῆν βλέπουσιν ο.;
οὗτος. Α. 135. ἕτερος ἀλαζὼν ο. ἰσκηρύττεται, κ.τ.λ.
οὗτοσ. Σ. 704. ἵνα γιγνώσκῃς τὸν τιθασευτήν· κάθ' ὅταν ο. γ' ἐπείζῃ, κ.τ.λ.
οὑτοσί. Α. 129. ἀλλ' Ἀμφιθεύς μοι πού 'στιν; ΑΜ. ο. πάρα. κ.τ.λ.
Α. 427. ὁ Βελλεροφόντης εἶχ' ὁ χωλὸς ο.; κ.τ.λ.
οὕτω. Α. 646. ο. δ' αὐτοῦ περὶ τῆς τόλμης ἤδη πόρρω κλέος ἥκει, κ.τ.λ.
οὕτως. Α. 18. ἐδήχθην ὑπὸ κονίας τὰς ὀφρῦς κ.τ.λ.
οὐχ. Α. 401. ὅθ' ὁ δοῦλος ο. σφάσι τὰ φορτία, κ.τ.λ.
οὐχ. Α. 310. ο. ἀπάντων ὄντας ἡμιναιτίους τῶν πραγμάτων, κ.τ.λ.
οὐχ. Ν. 1252. οὐκ ἄρ' ἀποδώσεις; ΣΤ. ο., ὅσον γέ μ' εἰδέναι.
οὐχί. Α. 515. ἡμῶν γὰρ ἄνδρες ο., τὴν πύλιν λέγω, κ.τ.λ.

οὐχί. ΕΙ. 1027. πῶς δ' ο. ; τί γάρ σε πέφευγ'
εὐχῖνος. Σ. 1437. ο. οὖν ἴχων τιν' ἐπεμαρτύρατο·
ὀφείλει. Λ. 581. κεἴ τις δ. τῷ δημοσίῳ, καὶ τούτους ἐγκαταμίξαι·
ὀφείλεται. Fr. 390, 2. πᾶσιν γὰρ ἡμῖν τοῦτ' ὀ. παθεῖν.
ὀφειλέτω. Εκ. 421. χειμῶνος ὄντος, τρεῖς σισύρας ὀ.
ὀφείληται. Ν. 484. ἢν μέν γ' ὀ. τί μοι, μνήμων πάνυ.
ὀφειλω. Ν. 20. ὀπόσοις ὀ. καὶ λογίσωμαι τοὺς τόκους.
Ν. 21. φέρ' ἴδω, τί ὀ.; δώδεκα μᾶς Πασίᾳ.
117. ἁ νῦν ὀ. διὰ σέ, τούτων τῶν χρεῶν
485. ἐὰν δ' ὀ., σχέτλιος, ἐπιλήσμων πάνυ.
ὀφείλων. Ν. 1135. πᾶς γάρ τις ὁμνυσ', οἷς ὀ. τυγχάνω,
Σ. 1128. ἀνάθωκ' ὁ. τῷ κναφεῖ τριώβολον.
Εκ. 660. ἢν τις ὀ. ἐξαρνῆται. ΠΡ. πόθεν οὖν ἰδάνεισ' ὁ δανείσας
ὄφεις. Β. 143. μετὰ ταῦτ' ὄ. καὶ θηρί' ὄψει μυρία
Π. 741. ὑφάπτειν αὐτῶν οἱ τ' ὄ. ἐκ τῶν νεῶν·
Fr. 95, 1. καὶ τοὺς μὲν ὄ. οὐς ἐπιπέμπεις
ὄφελός. Εκ. 956. τί οὖν ὄ. τὸν τυρὸν εἰ κατεσθίει;
Εκ. 53. γυναῖκας, ὅ τι πέρ ἐστ' δ. ἐν τῇ πόλει.
Π. 1152. τί δῆτ' ἂν εἴη ὄ. ἡμῖν ἐνθάδ' ὤν;
ὄφελες. ΕΙ. 1194. αὐτος γὰρ οὐδὲν ὄ. ἔστ' αὐτῆς ἔτι.
ὄφεων. Fr. 426, 2. σπείρας ὄ. ἐλελιζομένη.
ὀφθαλμίας. Π. 115. ταυτης ἀπαλλάξει σε τῆς ὀ.
ὀφθαλμιάσας. Fr. 181, 1. ὁ. νέρυσιν εἴτ' ἔσχον κακῶς,
ὀφθαλμὸν. Α. 92. μὴ τὸν βασιλέως ὀ. ΔΙ. ἐκκύψει γε
ὀφθαλμοῖς. Ν. 980. αὐτοῦ ἑαυτὸν προσαγαγὼν τοῖς ὀ. ἐβάδιζεν,
Β. 1247. ὥσπερ τὰ σῦκ' ἐπὶ τοῖσιν ὀ. ἐφυ.
Π. 769. ὥσπερ νεωνήτοισιν ὀ. ἐγῷ.
ὀφθαλμοῖσι. Ο. 360. ἵτα κατάφηξον πρὸ σαυτοῦ. ΕΥ. τοῖσι δ' ὀ. τί;
ὀφθαλμοῖσιν. Σ. 447. οὐδ' ἐν ο. αἰδὼς παλαιῶν ἐμβάδων.
ὀφθαλμὸν. Α. 92. τὸν βασιλέως ὀ. ΔΙ. ἐκκύψει γε
Α. 97. δοκιμ' ἔχεις που περὶ τὸν ὀ. κάτω.
124. τὸν βασιλέως ὀ. ἡ βουλὴ καλεῖ
Λ. 173. ἔν τῷ τῶν ὀ. παράβαλλ' ἐν Καρίαν
Ν. 24. εἴθ' ἐξεκύπη πρότερον τὸν ὀ. λίθῳ.
Ο. 1294. Ὀπουντίῳ δ' ὁ. οὐκ ἔχων κόρας,
1613. προσπτόμενος ἐκκύψει τὸν ὀ. θενών.
Λ. 1029. ὡς τὸν ὀ. γέ μου νὴ τὸν Δία πάλαι δάκνει.
Θ. 17. ὁ. ἐκκόψειας αὐτοῦ τῷ τυχῷ,
Εκ. 11. ὀ. οὐδεὶς τὸν σὸν ἐξείρει δύμων.
ὀφθαλμῶ. Α. 93. ὀφθαλμὸς οὗτος; Α. πη' τῷ ' Ἡρακλεῖς·
ὀφθαλμῶν. Ο. 583. καὶ τῶν προβάτων τοῖς ὀ. ἐκκοψέσθωσαν ἐπὶ πείρα·
Β. 626. αὐτοῦ μὲν οὖν, ἵνα συἰ κατ' ὀ. λέγω.
ὀφθαλμῶν. { Σ. 1032. } οὐ διιπότατα μὲν ὑπ' ὁ. Κύννης ἀκ-
                          { ΕΙ. 755. }   τῖνες ἐλάμπον,
ὀφθίην. Β. 1300. λειμῶνα Μουσῶν ἱερὸν ὁ. δρέπων·
ὀφθήσομαι. Fr. 11. ἀπόλωλα· τάλλων τὸν λαγὼν ὁ.
ὄφιν. Λ. 759. ἐξ ο΄. εἶδον τὸν σἰκουρόν ποτε·
Εκ. 909. κἀπὶ τῆς κλίνης ὄ.
ὄφις. Π. 690. ὅσις ἐλαβύμην, ὡς παρείας ὢν ὄ.
ὄφλῃ. Εκ. 655. ἐν ἔτι ζητῶ· πῶς, ἢν τις ὁ. παρὰ τοῖς ἄρχουσι δίκην τῷ,
ὄφλήσει. ΕΙ. 172. διὰ τὸν σὸν πρωκτὸν ὀ.
ὀφλήσεις. Ν. 777. μἢ λλ̈αν ὀ., μὴ χρήσω μάρτυρον.
ὀφλήσεις. Ν. 1035. εἴπερ τὸν ἄνδρ' ὑπερβαλεῖ καὶ μὴ γέλωτ' ὁ.
ὀφλών. Α. 689. ὁ δ' ὑπὸ γήρως μοστωρύζει, κᾆτ' ὁ. ὑπέρχομαι.
Α. 691. οὔ μ' ἐχρῆν σορὸν πριάσθαι, πρὶν ὁ. ὑπέρχομαι.
ὀφρῦν. Ν. 146. δακνύσα γὰρ τοῦ Χαιρεφῶντος τὴν ὁ.
ὀφρῦς. Α. 18. οὖτες ἐδήχθην ὑπὸ κονίας τὰς ὁ.
Λ. 1069. καὶ μὴν ὑῖ τις τὰς ὁ. ἀνεσπακὰς·
Ν. 582. ἡνίχ' ἡρεῖσθε στρατηγὸν, τὰς ὁ. συνήγομεν
Ν. 1038. οἱ δ' ἔπευγον τὰς ὀφρύας καὶ τὰς ὁ. πεντούμενοι·
ΕΙ. 395. εἴ τι Πεισάνδρου βδελύττει τοὺς λόφους καὶ τὰς ὁ.
Α. 8. οὐ γὰρ πρέπει ἀεὶ τοσαυτοσποιεῖν τὰς ὁ.
Β. 925. ὁ. ἵχοντα καὶ λόφους, δείν' ἄττα μορμοροντά,
Π. 756. ὁ. συνηγον, καὶ χαλίβωσεν θ' ἅμα.
Fr. 563. τὰς ὁ. τε καὶ τὴν κοιλίαν,
ὀχεῖ. Β. 25. οὐ γὰρ φέρω 'γώ, ΔΙ. πῶς φέρεις γὰρ, ὃς γ' ὁ.
ὄχημα. ΕΙ. 865. ὁ. καυδάρου 'νιβᾶς
ὀχθείβους. Fr. 309, 2. προκώμιον, ο., μίτρας, ἀναδήματα
ὄχθον. Θ. 1105. ἐν' τὴν ὁ. εἰδ̔ ὁρῶ ῥαχίαν ἐναλίαν·
ὄχθῳ. Ο. 774. ὁ. ἐφιζόμενω παρ' Ἔβρον ποταμόν,
Β. 1172. τύμβου δ' ἐπ' ὁ. τόδε κηρύσσω πατρὶ
ὀχληρά. Ο. 1075. νὴ Δί' ο. γ' εἰσήρρηκας
ὀχληρός. Α. 460. ὑφείρου λαβὼν τόδ'· ἴσθ' ὁ. ὢν δόμοις.
Α. 472. ὁ. οὐ μεθήσομαι στυγεῖν.
ὄχλον. Β. 676. τὸν πολὺν ὑφιμενὴν λαμβ δ., οὗ σοφίαι
Εκ. 745. τὸ χυτρίδι' ἤδη καὶ τοὺ ὁ. ἀφίεις
ὄχλος. Σ. 540. οὐκέτι πρεσβυτῶν ὁ.

II h

ὄχλος—παῖ.

ὄχλος. Γ 219. χωρεῖ κατ' ἐμὸν τέμενος λαῶν ὅ.
 Εκ. 383. τὸ δ' αἴτιον τί; ΧΡ. πλεῖστος ἀνθρώπων ὅ.,
 Π. 750. ἀλλ' ἢν περὶ αὐτὸν ὅ. ὑπεκφυνῇς ὅσος.
  786. ἐμὲ γὰρ τίς οὐ προσεῖπε; ποῖος οὐκ ὅ.
ὄχλου. Λ. 328. μόγις ἀπὸ κρήνης ὑπ' ὅ. καὶ θορύβου καὶ παταγου χυτρίου.
 Εκ. 394. ἀτὰρ τί τὸ πρᾶγμ' ἦν, ὅτι τοσοῦτον χρῆμ' ὅ.
  888. κεῖ γὰρ δι' ὅ. τοῦτ' ἐστὶ τοῖς θεωμένοις,
ὀχούμεθα. Ι. 1244. λεπτῇ τις ἐλπίς ἐστ' ἐφ' ἧς ὅ.
ὀχυρωμένη. Π. 1013. μυστηρίοις δὲ τοῖς μεγάλοις ὑ.
ὀχῶ. Β. 23. αὐτὸς βαδίζω καὶ πονῶ, τοῦτον δ' ὁ.,
ὀψ'. Σ. 101. ὅ. ἐξεγείρειν αὐτὸν ἀναπεπεισμένον,
ὀψαρίοις. Fr. 140. εἰ μὴ παραμυθεῖ μ' ὁ. ἑκάστοτε,
ὀψέ. Σ. 217. νὴ τὸν Δί', ὁ. νῦν ἀνεστήκασι γάρ.
ὄψει. Ο. 581. οὐκ ἐθελήσει μὰ Δί', ἀλλ' ὁ. προφάσεις αὐτὴν παρέχουσαν.
 Ο. 1468. πικρὰν τάχ' ὁ. στρεψοδικοπανουργίαν.
 Λ. 56. ἀλλ', ὠ μέλ', ὁ. τοι σφόδρ' αὐτὰς 'Αττικὰς,
 Θ. 6. ὁ. παριστᾶν. ΜΝ. πῶς λέγεις; αὖθις φράσον.
  853. πικρὰν 'Ελένην ὁ. τάχ', εἰ μὴ κοσμίως
 Β. 143. μετὰ ταῦτ' ὄψεις καὶ θηρί' ὁ. μυρία
  155. ὁ. τε φῶν κάλλιστον, ὥσπερ ἐνθάδε,
 Εκ. 1061. αὐτοῦ τι δρῶντα πυρρὸν ὁ. μ' αὐτίκα
 Π. 1065. ὁ. κατάδηλα τοῦ προσώπου τὰ ῥάκη.
 Fr. 476. 1. ὁ. δὲ χειμῶνος μέσου σικυοὺς, βότρυς, ὑπώραν,
ὄψεσθ'. ΕΙ. 222. τὸ λοιπὸν ὁ. ΤΡ. ἀλλὰ ποῖ γὰρ οἴχεται;
ὄψεσθε. Ι. 1326. ὁ. δέ' καὶ γὰρ ἀνοιγνυμένων ψόφοι ἤδη τῶν προπυλαίων.
ὄψεται. Ο. 1494. οἴμοι τάλας, ὁ Ζεὺς ὅπως μή μ' ὁ.
 Ο. 1506. ἀπὸ γὰρ ὀλεῖ μ', εἰ μ' ἐνθάδ' ὁ Ζεὺς ὁ.

ὄψεται. Λ. 1094. τῶν ἑρμοκοπιδῶν μή τις ὑμᾶς ὁ.
 Λ. 1202. ὁ. δ' οὐδὲν σκοπῶν, εἰ
 Εκ. 322. οὐ γάρ με νῦν χέζοντά γ' οὐδεὶς ὁ.
  495. μηδ' ἡμᾶς ὁ. χ' ἡμῶν ἴσως κατείπῃ.
  997. ἀλλ' ἀπιθ', ὅπως μή σ' ἐπὶ θύραισιν ὁ.
ὄψιν. Θ. 905. ὠ θεοί, τὴν' ὁ. εἰσορῶ; τίς εἶ, γύναι;
 Θ. 1154. ὄργια σεμνὰ θεῶν, ἵνα λαμπάσι φαίνεται ἄμβροτον
 Β. 1335. φρικώδη δεινὰν ὁ.,
ὄψομαι. Ι. 703. ἰδοὺ προσδρᾶν' οἷον ὁ. σ' ἐγὼ
ὄψομαι. Ν. 466. ὁ. ΧΟ. ὥστε γε σοῦ πολλοὺς ἐπὶ ταῖσι θύραις
  δεῖ καθῆσθαι,
ΕΙ. 78. ἀλλ' ὅ τι ποιεῖ τηδὶ διακύψας ὁ.
ὀψόμενοι. Ν. 301. Κέκροπος ὁ. πολυήρατον
ὀψομένη. Β. 676. τὸν πωλὺν ὁ. λαῶν ὄχλον, οὐ σοφίαι
ὄψον. Ι. 1138. μή σοι τύχῃ ὁ. ὤν,
 ΕΙ. 123. καλλύραν μεγάλην καὶ κόνδυλον ὁ. ἐπ' αὐτῇ.
 Ο. 900. ἱκανὸν ἕξει' ὁ.
ὀψοφαγεῖν. Ν. 983. οὐδ' ὁ. οὐδὲ κιχλίζειν, οὐδ' ἴσχειν τὼ πόδ' ἐναλλάξ,
ὀψοφάγοι. ΕΙ. 810. Γοργύνες ὁ., βατιδοσκύποι. ἁρπυιαι,
ὄψῳ. Fr. 344, 7. ὁ. δὲ χρῆσθαι σπινιδίοις τε καὶ κίχλαις,
ὄψων. Ν. 1073. παίδων, γυναικῶν, κοτταβων, ὁ., πότων, καχασμῶν.
 Fr. 87. ὅστις φακὴν ἥδιστον ὁ. λοιδορεῖ.
ὀψωναθάκαν. Fr. Μ. Ἀμφι. 16. καὶ σπυρίδα δὲ ὁ. πλεκτὴν σχοῖνον
ὀψωνεῖν. Σ. 495. οὗτος ὁ. ἔοιχ' ἄνθρωπος ἐπὶ τυραννίδι.
ὀψώνης. Fr. 424. ὡς ὁ. διατρίβειν
ὀψωνοῦντας. ΕΙ. 1007. ὁ. τυρβάζεσθαι

Π

π'. Ο. 77. τρέχω 'π' ἀφύας ἐγὼ λαβὼν τὸ τρυβλίον. κ.τ.λ.
πα. Λ. 732. ἀμβᾶτε ποττὰν μάδδαν, αἴ χ' εὕρητέ π.
πᾶ. Π. 785. π. δ' οὐχὶ θυσιμός ἐστι; ΔΙ. κέρκον οὐκ ἔχει.
 Α. 895. ἐμοὶ δὲ τιμᾶ τάσδε π. γενήσεται;
 Ο. 319. ποῦ; π.; πῶς φῄς;
 Λ. 171. π. καί τις ἂν πείσειεν αὖ μὴ πλαδδιῆν;
  980. π. τᾶν 'Ασαναῖς ἐστιν ὁ γεραία
πᾶα. Λ. 995. ὁρᾷς Λακεδαίμων π. καὶ τοὶ σύμμαχοι
παγγλυκερᾷ. Λ. 970. μὰ Δί' ἀλλὰ φίλη καὶ π.
πάγησεται. Σ. 437. εἰ δὲ μὴ τοῦτον μισθοῦσιν, ἔν τί σοι π.
παγίδας. Ο. 194. φρὰ γῆν, μὰ π., μὰ νεφέλας, μὰ δίκτυα,
 Ο. 527. ἴστησι βρόχους, π., ῥάβδους,
παγίδες. Fr. 663. αἱ τῶν γυναικῶν π.
παγκάλους. Π. 1018. καὶ τάς γε χεῖρας π. ἔχειν μ' ἔφη.
παγκατάπυγων. Α. 137. ὠ π. θηρίευρον ἅπαν γένος.
παγκατάρατε. Λ. 588. αἷς οὐδὲ μετὴν πάνυ τοῦ πολέμου; ΛΤ. καὶ μὴν, ὠ π.,
παγκρατές. Θ. 367. ἀλλ' ὠ π.
παγκρατῆς. Θ. 317. καὶ σὺ π. κύρα
παγκράτιον. Σ. 1191. 'Εφουδίων π. 'Ασκώνδα καλῶς,
 Σ. 1195. πῶς δ' ἂν μαχέσαιτο π. τηλικοῦτος ὤν;
παγκρατίων. ΕΙ. 898. καὶ π. γ' ὑπαλειψαμένοις νεανικῶς
πάγκυφος. Fr. 664. π. ἐλάα.
παγούρους. Ι. 606. ἡσθου δὲ τοὺς π. ἀντὶ ποίας Μηδικῆς.
πάγχρηστον. Α. 936. π. ἄγγος ἔσται,
πάγχρυσον. Ν. 599. ἡ τ' 'Εφέσου μάκαιρα π. ἔχεις
πάγχυ. Β. 1531. π. γὰρ ἐκ μεγάλων ἀχέων παυσαίμεθ' ἄν οὕτως
πάδη. Λ. 1317. ἀλλ' ἄγε κώμαν παραμινικάδη, χηρὶ ποδοῖν τε π.
πάθεα. Λ. 1191. στυγερὰ τάδε κνιερὰ π.'
 Θ. 1040. ὄνομα π. φῶτα λιτομένας,
παθεῖν. Ι. 133. δύο τώδε ψέλια. καὶ τί τόνδε χρή π.;
 Ν. 1257. καίτοι σε τοῦτό γ' οὐχὶ βούλομαι π.,
 Σ. 1125. ἀγαθῶν ἔοικας οὐδὲν ἐπιθυμεῖν π.
 ΕΙ. 608. πρὶν π. τι δεινόν, αὐτὸς ἐξέφλεξε τὴν πύλιν.
 Θ. 377. ὅ τι χρή π. ἐκείνην' ἐκείνοις γὰρ δοκεῖ
 Β. 1012. τι π. φησὶν ἄξιος εἶναι; ΔΙ. τεθνάναι' μὴ τοῦτον ἐρώτα.
 Εκ. 693. εἰ τις ἀγαθὸν βούλεται π.
 Π. 482. τὸ γὰρ αὖτ', ἐὰν ἡττᾶσθε, καὶ σφῷ δεῖ π.
 Fr. 390, 2. πᾶσιν γὰρ ἡμῖν τοῦτ' ὀφείλεται π.
παθήμασιν. Θ. 199. φέρειν δίκαιον, ἀλλὰ τοῖς π.
 Θ. 201. οὐ τοῖς λύγοισιν, ἀλλὰ τοῖς π.
πάθαι. Ν. 1056. τί μὲν οὖν ἄν τις μεῖζον π. τούτου ποτέ;

πάθαιμ'. Εκ. 794. χαρίεντα γοῦν π. ἄν, εἰ μὴ 'χοιμ' ὅποι
πάθαιμεν. Εκ. 95. οὐκοῦν καλά γ' ἄν, εἰ πλήρης τύχοι
πάθους. Θ. 86. νὴ τὸν Ποσειδῶ καὶ Δία δίκαι' ἄν π.
παθὼν. Π. 1029. τὸν εἶ π. ὑπ' ἐμοῦ πάλιν μ' ἀντευποιεῖν
παθόντες. Ο. 367. ἀπολέσαι, π. οὐδὲν, ἄνδρε καὶ διασπάσαι
 Λ. 1145. ταυτί π. τῶν 'Αθηναίων ὕπο
πάθος. Σ. 1226. π. σίκταφαι'
 Λ. 478. τόδε σοι τὸ π. μετ' ἐμοῦ
 Θ. 1049. π. ἀμέγαρτον ἐπὶ κακῶν παρουσίᾳ;
  1058. σὺ δ' εἰ τίς, ἥτις τοὐμὸν ᾤκτειρας π.,
παθοῦσαι. Ν. 340. διὰ μέντοι τάσδ' οὐχὶ δικαίως ΣΤ. λέξον δή μοι, τί π.,
 Θ. 519. οὐδὲν π. μεῖζον ἢ δεδράκαμεν;
πάθω. Ν. 798. Δἰκ' οὖν ἐθέλεις γὰρ ἀμαθάνειν, τί ἐγὼ π.;
 Σ. 385. δρᾶσω τοίνυν ὑμῖν πίσυνος' καὶ μανθάνετ'' ἥν τι π. 'γώ,
 ΕΙ. 170. ἐντεῦθεν π., τοὐμοῦ θανάτου
 Ο. 1432. τί γάρ π.; σκάπτειν γὰρ οὐκ ἐπίσταμαι.
 Α. 884. οἴον τῷ τεκεῖν καταβατέον. τί γάρ π.;
  954. οἴμοι τί π.; τίνα βινήσω,
 Εκ. 60. βαδιεῖ δὲ ποίησιν ὑμᾶς; ΑΝ. Β. τί γάρ π.;
  1105. ὑμᾶς δ' ἐὰν τι πολλὰ πολλάκις π.
 Π. 603. τί π., ἱκέτευω
παθών. Α. 912. φαίνω πολέμια ταυταγί. ΒΟ. τί δαὶ π.
 Ν. 1441. καὶ μὴν ἴσως γ' οὐκ ἀχθέσει π. ἃ νῦν πέπονθας.
 ΕΙ. 701. ὅσ' οἱ Λάκωνες ἐνέβαλον. ΕΡ. τί π.; ΤΡ. ὅ τι;
παῖ. Α. 395. π. π.
 Α. 432. ὠ π., φέρ' ἔξω δεῦρο τὸν γύλιον ἐμοί.
  1097. π. π., φέρ' ἔξω δεῦρο τὸν γύλιον ἐμοί.
  1098. π. π., φέρ' ἔξω δεῦρο τὴν κίστην ἐμοί.
  1099. ἅλας θυμίτας οἶσε, π., καὶ κρόμμυα.
  1101. θρῖον ταρίχους οἶσε δεῦρο, π., σαπροῦ.
  1102. κάμοί σὺ δὴ π., δεῦρο τὸν ἱμάντα φέρε.
  1118. π. π., καθελών μοι τὸ δόρυ δεῦρ' ἔξω φέρε.
  1119. π. π., σὺ δ' ἀφελὼν δεῦρο τὴν χορδὴν φέρε.
  1121. ἔχ', ἀντέχου, π. ΔΙ. καὶ σὺ π., σφόδρ' ἀντέχου.
  1122. τοὺς κιλλίβαντας οἶσε, π., τῆς ἀσπίδος.
  1128. κατάχει σύ, π., τοὐλαίου, π. τῇ χαλκίψ
  1132. φέρε δεῦρο, π. θώρακα πολεμιστήριον
  1133. ἔξαιρε, π., θώρακα κἀμοί τὸν χοᾶ,
  1136. τὸ δεῖπνον, ὠ π., δῆσον ἐκ τῆς ἀσπίδος.
  1137. τὸ δεῖπνον, ὠ π., δῆσον ἐκ τῆς κιστίδος.
  1140. τὴν ἀσπίδ' αἶρου, καὶ βάδιζ', ὠ π., λαβών.

παῖ—παιδίχ'. 235

παῖ, I. 561. ὦ Γεραίστιε π. Κρόνου,
N. 18. οἱ γὰρ τύποι χωροῦσιν, ἄπτε, π., λύχνον,
87. ὦ π., πιθοῦ, ΦΕ. τί οὖν πίθωμαι δῆτά σοι;
132. ἀλλ' οὐχὶ κύπτω τὴν θύραν; π., παιδίον.
614. μὴ πρίῃ, π., δᾶβ', ἐπειδὴ Φῶτ Σεληναίης καλῶν.
1145. π., ἠμί, π. π. ΣΠ. Στρεψιάδην ἀσπάζομαι.
1165. ὦ τέκνον, ὦ π., ἔξελθ' οἴκων.
Σ. 290. ὕπαγ', ὦ π., ὕπαγε.
295. καλόν; οἴμαι δέ σ' ἐρεῖν ἀστραγάλους δήπουθεν, ὦ π.
1251. π. π., τὸ δεῖπνον, Χρυσέ, συσκεύαζε νῶν,
1297. τί δ' ἔστιν, ὦ π.; παῖδα γάρ, κἂν ᾖ γέρων,
1307. κάπνηπεν ἐμὲ νεανικῶς, π. π. καλῶν.
ΕΙ. 255. π. π. Κυδοιμέ.
1153. ὧν ἕνεγκ', ὦ π., τρί' ἡμῖν, ἐν δὲ δοῦναι τῷ πατρί·
Ο. 57. π. π. ΠΕ. τί λέγεις, οὗτος; τὸν ἕπομα π. καλεῖ;
463. ὃν διαμάττειν οὐ κωλύει· φέρε π. στέφανον καταχεῖσθαι
850. π. π., τὸ κανοῦν αἴρεσθε καὶ τὴν χέρνιβα.
Θ. 129. χαῖρ', ὄλβιε π. Λατοῦς.
141. τίς δ' αὐτὸς ὦ π.; εὕτερον ὣς ἀνὴρ τρέφει·
320. καὶ πολυάνυμε, θηροφόνη π.,
582. τί δ' ἐστιν, ὦ π.; παῖδα γάρ σ' εἰκὸς καλεῖν,
991. Βρόμιε καὶ Σεμέλας π.,
1056. χαῖρ', ὦ φίλη π.· τὸν δὲ πατέρα Κηφέα,
Β. 37. ἔδει τραπίσθαι. παιδίον, π., ἠμί, π.
190. ἴσβαινε δή. ΔΙ. π., δεῦρο, ΧΛ. δοῦλον οὐκ ἄγω.
437. αἴρου' ὦν αὖθις, ὦ π.
464. π. π.
840. ἀληθες, ὦ π. τῆς ἀρουραίας θεοῦ·
1270. κύδιστ' Ἀχαιῶν Ἀτρέως πολυκοίρανε μάνθανέ μου π.
Π. 624. π. Καρίων, τὰ στρώματ' ἐκφέρειν σ' ἐχρῆν,
Fr. 160. τί δῆτα τούτων τῶν κακῶν ὦ π. γλίχει;
427. 1. φέρε π. ταχίως κατὰ χειρὸς ὕδωρ
παῖ. Α. 282. παῖέ π. τὸν μιαρόν,
παῖ'. Ι. 451. π. ἀνδρικῶς. ΚΛ. ἰοὺ ἰού,
Ι. 453. π. αὐτὸν ἀνδρικώτατα,
Σ. 456. παῖε π., ὦ Ξανθία, τοὺς σφῆκας ἀπὸ τῆς οἰκίας.
ΕΙ. 1121. π. αὐτὸν ἐπέχων τῷ ξύλῳ τὸν ἐλαξόνα.
Θ. 934. π., ἢν προσίῃ τις. ΓΤ. Η. νὴ Δί', ὡς τὸν δῆτ' ἀνὴρ
Παιάν. Α. 1212. ἰὼ ἰὼ Π. Π.
παίγνι'. Fr. 561. ῥήματά τε κομψὰ καὶ π. ἐπιδεικνύναι
παίγνια. Εκ. 922. τἀμά π.· τὴν δ' ἀμὴν
παιγνίαν. Λ. 700. ὥστε κάχθες θύμᾳτρὶ ποιοῦσα π. ἐγὼ
παῖδ'. Ι. 1385. καὶ π. ἐνώρχην, ζαπλουτε τύνδε σοι·
Σ. 583. κἂν ἀποθνήσκων ὁ πατὴρ τῳ δῷ καταλιπὼν π. ἐπίπληρον
Θ. 919. τὴν Τυνδάρειον π., ἐπὶ Σπάρτην ἄγειν;
Fr. p. 514. ὅτε τῷ Πριάμῳ συλλυσόμενοι τὸν π. ἦλθον τε θεωρτα,
παῖδα. Σ. 1297. τί δ' ἔστιν, ὦ παῖ; π. γάρ, κἂν ᾖ γέρων,
Λ. 595. ὁ μὲν ἥκων γάρ, κἂν ᾖ πολιός, ταχὺ π. κόρην γεγάμηκεν·
702. π. χρηστὴν κἀγαψητὴν ἐκ Βοιωτῶν ἐγχέλυν·
Θ. 582. τί δ' ἔστιν, ὦ παῖ; π. γάρ σ' εἰκὸς καλεῖν,
Β. 148. ἡ π. κινῶν τἀργύριον ὑφείλετο,
616. βασάνιζε γάρ τὸν π. τουτονὶ λαβών,
624. τὸν π. τύπτων, τἀργύριόν σοι κείσεται.
1335. μελαίνας Νυκτὸς π.,
Fr. 460, 3. ὅπως ἔχων τὸν π. παιλήσει 'ς Χίον,
παῖδά. Ν. 1409. καὶ πρῶτ' ἀρήσομαί σε τουτί· π. μ' ὄντ' ἔτυπτες·
Θ. 761. τίς τὴν ἀγαπητὴν π. σοὐξήρπασε;
παιδάρι'. Ν. 568. κἂν μὴ τούτοις ἀναπειθώμεσθα, τὰ π. εὐθὺς ἀνέλκει,
Ο. 607. ἡ π. ὄντ' ἀποθνήσκειν δεῖ; ΠΕ. μὰ Δί', ἀλλὰ τριακοστ' αὐτοῖς
παιδάρια. Θ. 447. π. πέντε καταλιπών, ἀγὼ μόλις
παιδαρίοις. Fr. 189. εἰ π. ἀκολουθεῖν δεῖ σφαῖραν καὶ στλεγγίδ' ἔχοντα.
παιδαρίοισιν. Β. 1054. καὶ μὴ παράγειν μηδὲ διδάσκειν. τοῖς μὲν γὰρ π.
Εκ. 678. καὶ τὰς ὑδρίας, καὶ ῥαψωδεῖν ἔσται τοῖς π.
παιδαρίοισιν. Ν. 821. ὅτι π. εἰ καὶ φρονεῖς ἀρχαϊκά.
Ν. 878. εὐθύς γέ τοι π. ὂν τυννουτονὶ
ΕΙ. 1288. κάκιστ' ἀπόλοιο, π., αὐταῖς κάμαις
Ο. 1203. σὺ μὲν οὖν ἀπόρεχις, π. τουτὶ λαβών·
Π. 823. ἔσω μετ' ἐμοῦ π., ἵνα πρὸς τὸν θεὸν
843. ὁ φέρει μετὰ σοῦ τὸ π.· φράσον,
Fr. 514. ἐνταῦθα δή π. ἐξαυαίνεται.
παιδαρίων. Ο. 494. ἐς δεκάτην γάρ ποτε π. κληθεὶς ὑπέπινον ἐν ἄστει,

παιδαρίων. Π. 536. καὶ π. ὑποπεινώντων καὶ γραιδίων κολοσυρτόν;
παῖδας. Ν. 974. τοὺς π., ὅπως τοῖς ἔξωθεν μηδὲν δείξειαν ἀπηνές·
Σ. 1133. ἔπειτα π. χρὴ φωτεύειν καὶ τρέφειν,
1276. π. ἐφύτευσας ὅτι χειροτεχνίωτάτους,
ΕΙ. 763. π. ἐπείρων, ἀλλ' δράμενος τὴν σκευὴν εὐθὺς ἐχώρουν,
766. καὶ τοὺς ἄνδρας καὶ τοὺς π.·
Ο. 380. τὸ δὲ μάθημα τοῦτο σώζει π., οἶκον, χρήματα.
705. πολλοὺς δὲ καλῶν ἀπομαμοκύτας π. πρὸς τέρμασιν ὥραις
Λ. 590. κἀκπέμψασαι π. ὁπλίτας. ΠΡ. σίγα, μὴ μνησικακήσῃς.
Εκ. 635. πῶς οὖν οὕτω ζώντων ἡμῶν τοὺς αὐτοῦ π. ἔκαστος
Π. 153. καὶ τοὺς γε π. φασὶ τωὐτὸ τοῦτο δρᾶν,
παιδδοᾶν. Λ. 1313. θυρσοδοᾶν καὶ π.
παῖδε. Fr. 471. ἐς Οἰδίπου δὲ π., διπτύχω κόρω,
παιδεῖαν. Ν. 961. Λέξω τοίνυν τὴν ἀρχαίαν π., ὡς δίεκειτο,
παιδεραστά. Α. 265. τε, μοιχὲ, π.,
παῖδες. Α. 889. σκέψασθε, π. τὴν ἀρίστην ἔγχελυν,
Α. 1003. ὦ π., ὦ γυναῖκες, οὐκ ἠκούσατε,
Ι. 419. σκέψασθε, π.· οὐχ ὁρᾶθ'; ὥρα νία, χελιδὼν
988. π. οἱ ξυνεφοίτων·
Ν. 1415. κλάουσι π., πατέρα δ' οὐ κλάειν δοκεῖς;
1417. ἐγὼ δέ γ' ἀντείπουμ' ἂν ὡς δὶς π. οἱ γέροντες.
Ο. 1665. γνήσιοι. ἐὰν δὲ π. μὴ ὦσι γνήσιοι, τοῖς
Β. 847. ἆρρ' ἆρα μέλαιναι π. ἐξενέγκατε
Fr. 361. π. ἀγένειοι, Στρατῶν.
παιδεύσεως. Θ. 175. μὰ τὸν Δί', οὐ ζηλῶ σε τῆς π.
παιδεύοντ. Ν. 938. π., ὅπως ἂν ἀνδύσας σφῶν
Ν. 1043. σκέψαι δὲ τὴν π. ἢ πέποιθεν ὡς ἐλέγξω·
παιδεύσιε. Ν. 986. ἐξ ὧν ἄνδρες Μαραθωνομάχας ἡμὴ π. ἔθρεψεν.
παιδεύσωι. Β. 1502. γνώμαις ἀγαθαῖς, καὶ π.
παιδί. Θ. 891. γάμοις; Πρωτέως π., συμμίξαι λέχος.
παιδί'. ΕΙ. 111. ὦ π., ὃ πατὴρ ἀπολιπὼν ἀπέρχεται
ΕΙ. 1265. νὴ τὸν Δί', ὡς τὰ π. ἤδη ἔρχεται
Λ. 1067. τούς τε καὶ τὰ π. εἴτ' εἰ·
Θ. 1206. ὡς τὴν γυναῖκα καὶ τὰ π. οἴκαδε.
Β. 1408. αὐτός, τὰ π., ἡ γυνή, Κηφισοφῶν,
Fr. 346. ὥσπερ τὰ π. ἕξις', ὦ φίλ' ἥλιε.
παιδία. Σ. 408. ἀλλὰ θαυμαστὰ βαλόντες ὡς τάχιστα, π.,
Σ. 976. καὶ μὴ διαφθείρητε. ποῦ τὰ π.,
Ο. 131. ὅπως παρέσει μοι καὶ σὺ καὶ τὰ π.
1150. ἐπίτουτ' ἔχουσαι κατύπα, ὥσπερ π.
Λ. 1205. σμικρὰ πολλὰ π.
Β. 587. πρόρριζος αὐτός, ἡ γυνή, τὰ π.,
Εκ. 92. ξαίνουσα; γυμνὰ δ' ἐστί μου τὰ π.
Π. 1104. ἔπειτα τὴν γυναῖκα καὶ τὰ π.
παιδιὰν. Π. 1056. αὐτοῦ, λαβοῦσα κάρμα. ΓΡ. π. τίνα;
παιδικόν. Λ. 415. ἐρανίων καὶ νίος ἐχοντ' οὐ π.
παιδίοις. Ν. 539. ἐρεθίζων ἐξ ἄκρου, ταχύ, τοῖς π. ἵν' ᾖ γέλως.
ΕΙ. 50. ἐγὼ δὲ τὸν λύχνον γε τοῖσι π.
παιδίοισιν. Α. 329. τοῖς Ἀχαρνικοῖσιν ἡμῖν· ὧν ἔχει τοῦ π.
Ν. 132. ἀλλ' οὐχὶ κύπτω τὴν θύραν· παῖ, π.
Σ. 293. πάνυ γ', ὦ π. ἀλλ' εἰπέ τί βούλει με πρίασθαι
ΕΙ. 1268. ἀλλ' ὅ τι περ ἔρδειν ἐπινοεῖς, ὦ π.,
1295. κατὰ τοῦ π. τοῦ Κλιωνύμου ὅτι π.,
Λ. 18. ἡ δ' οἰκέτην ἤγυρεν, ἡ δὲ π.
748. τοῦτ' ἔχω τὸ συληρόν; ΓΤ. Γ. ἄρρεν π.
880. αὕτη, τί πάσχεις; οὐδ' ἐλεεῖς τὸ π.
909. ἰδού, τὸ κἂν σοι π. καὶ δὴ 'κνοδάν·
Θ. 339. ἢ τὸν τύραννον συγκατάγειν, ἢ π.
503. δέχ' ἡμέρας, ἕως ἐπίπατο π.·
505. τὸ δ' ἐλέφθερε γραῦν ἐν χύτρᾳ τὸ π.,
512. εἶθ' ἡ μιαρὰ γραῦς, ἢ φέρει τὸ π.,
608. ἐδὶ δὲ δὴ τίς ἐστιν ἢ τὸ π.
690. τάλαιν' ἐγώ, τάλαινα, καὶ τὸ π.
706. δεινὰ δῆθ', ὅστις γ' ἔχει μου ξαρπάσας τὸ π.
731. ἀνέδωκα ταχίως· τοῦ θανάτου δ', ὦ π.,
744. ἀπέθυσον ὠναίσχυντέ μου τὸ π.
Β. 37. ἔδει τραπέσθαι. π., παῖ, ἠμί, παῖ
Εκ. 549. μὴ φροντίσῃς ἄρρεν γὰρ ἔτεκε π.
παιδίου. Ι. 412. ἠσυχόμην π., μαχομένων τε πληγάς,
Λ. 907. ὦ καταγέλαστ', ἱματίου τοῦ π.
Θ. 511. ἐκ τοῦ στόματος τοῦ π. τὸ δ' ἀνέπραγεν.
παιδίοισις. Α. 1148. κατὰ τὸ π. δέ γε
παιδίσκον. Εκ. 1146. καλεῖν γέροντα, μειράκιον, π.· ὡς αὐτόν,
παιδίχ'. Σ. 1026. κωμφδεῖσθαι π. ἑαυτοῦ μισῶν ἔσπευδε πρὸς αὐτόν,

H h 2

παιδίω—πάλαι.

παιδίω. Fr. 487, 2. αίσχύνομαι τώ τ' ού φρονοΰντε π.
παιδίῳ. Ο. 923. καὶ τοὐνομ' ὥσπερ π. νῦν δή θέμην;
Λ. 877. ἄπειμι. ΚΙ. μὴ δῆτ', ἀλλὰ τῷ γοῦν π,
    883. ἔστιν. ΚΙ. κατάβηθ', ὦ δαιμονία, τῷ π.
παιδίων. Λ. 99. τοὺς πατέρας οὐ ποθεῖτε τοὺς τῶν π.
Π. 383. ἱκετηρίαν ἔχοντα μετά τῶν π.
παιδοποιεῖν. Εκ. 615. καὶ π. τῷ βουλομένῳ. ΒΛ. πῶς οὖν οὐ
    πάντες ἴασιν
παιδός. Ι. 417. καὶ νὴ Δί' ἄλλα γ' ἐστί μου κύβαλα π. ὄντος.
Ν. 054. πρὸ τοῦ μὲν, ἔτ' ἐμοῦ π. ὄντος, οὑτοσί.
    963. πρῶτον μὲν ἔδει π. φωνὴν γρύξαντος μηδέν' ἀκοῦσαι·
    1416. φήσεις νομίζεσθαι σὺ π. τοῦτο τοὔργον εἶναι·
Σ. 572. εἰ μὲν χαίρεις ἀρνὸς φωνῇ, π. φωνὴν ἐλεήσαις·
ΕΙ. 11. ἑτέραν ἑτέραν δὺς π. ἠταιρηκότος·
    1033. καὶ τὴν τράπεζαν οἴσομαι, καὶ π. οὐ δεήσει.
Ο. 58. οὐκ ἀντὶ τοῦ π. σ' ἐχρῆν ἱποποῖ καλεῖν·
    138. ὥσπερ ἀδικηθεὶς π. ὡραῖου πατήρ·
Β. 56. γυναικός; ΔΙ. οὐ δῆτ'. ΗΡ. ἀλλὰ π.; ΔΙ. οὐδαμῶς.
παιδοσπόρους. Fr. 328. τοὺς ἄνδρας ἀπεχμήσαντο τοὺς π.
παιδοτριβικῶν. Ι 492. ἀλλ' εὖ λέγεις καὶ π. ταυταγί.
παιδοτρίβου. Ι. 1238. ἐν π. δὲ τίνα πάλην ἐμάνθανες·
Ν. 973. ἐν π. δὲ καθίζοντας τὸν μηρὸν ἔδει προβαλέσθαι
παιδοτροφήσω. Λ. 956. πῶς ταύτην π.;
παίδων. Ν. 1048. καί μοι φράσον, τῶν τοῦ Διὸς π. τίν' ἄνδρ'
    ἄριστον
Ν. 1073. π., γυναικῶν, κοττάβων, ὄψων, πότων, καχασμῶν.
Σ. 578. π., τοίνυν δοκιμαζομένων αἰδοῖα πάρεστι θεᾶσθαι.
ΕΙ 784. ἀντιβολῇ μετὰ τῶν π. χορεῦσαι,
Ο. 730. αὑτιαί, ταισίν, π. παιδίν.
    1661. Κύθῳ δὶ ή εἶναι ἀγκιστείαν, π. ὄντων
Θ. 408. ἀπορούσα π., οὐδὲ τοῦτ' ἔστιν λαθεῖν.
    637. κάπειτ' ἀποδύσειτ' ἐννέα π. μητέρα;
    642. νῦν· τύτε δὲ μήτηρ ἤσθα π. ἐννέα.
Π. 577. ἀπὸ τῶν π.· τοὺς γὰρ πατέρας φεύγουσι φρονοῦντας
    ἄριστα
    614. εὐωχεῖσθαι μετὰ τῶν π.
παῖς. Α. 282. π. παῖ τὸν μιαρόν.
Ι. 247. π. π. τὸν πανοῦργον καὶ ταραξιπεύστρατον
    251. ἀλλὰ π. καὶ δίωκε καὶ τάραττε καὶ κύκα
Ν. 1508. διώκε, βάλλε, π., πολλῶν οὕνεκα,
Σ. 398. ἀνάβαιν' ἀνύσας κατὰ τὴν ἑτέραν καὶ ταισιν φυλ-
    λάσι π.
    456. π. παῖ', ὦ Ξανθία, τοὺς σφήκας ἀπὸ τῆς οἰκίας.
    458. οὐχὶ σοῦσθ', οὐκ ἐς κόρακας; οὐκ ἄπιτε; π. τῷ ξύλῳ.
ΕΙ. 1119. ὦ π. π. τὸν Βάκιν. ΙΕ. μαρτύρομαι.
Ο. 365. ἵλαε, τίλλε, π., δεῖρε, κόπτε πρῶτην τὴν χύτραν.
    1187. τύξευε, π., σφενδόνην τίς μοι δότω.
παίει. Α. 686. ἐς τάχος π. ξυνάπτων στρογγύλοις τοῖς ῥήμασι·
Ο. 497. ἔξω τείχους, καὶ λωποδύτης π. ῥοπάλῳ με τὸ νῶτον·
παίειν. Λ. 835. π. ἐφ' ἁλὶ τὰν μᾶδδαν, καὶ π. καί τις διδῷ.
ΕΙ. 454. ἄφελε τὸ π., ἀλλ' ἴῃ μόνον λέγε.
παίζειν. Β. 407. ἀξημίους π. τε καὶ χορεύειν.
παίζοντες. Β. 442. π. οἷς μετουσία θεοφιλοῦς ἑορτῆς.
Β. 456. π., ἐν ὕλβιαι
παίζουσ'. Εκ. 881. π., ὅπως ἄν περιλάβοιμ' αὐτῶν τινά
παίζουσαι. Θ. 795. κἄν καταδάρθωμεν ἐν ἀλλοτρίων π. καὶ
    κυπῶσαι,
παίζουσιν. Β. 319. ἐνταῦθά που π., οὔτ' ἔφραξέ νῷν.
παίζων. Β. 230. καὶ κερωβάταν Πᾶν, ὁ καλαμόφθογγα π.·
Β. 376. καὶ π. καὶ χλευάζων.
    415. π. χορεύειν Βούλομαι. ΞΑ κάγωγε πρός.
    523. ὀτιὴ σε π. Ἡρακλέα νεοσκεύασα;
παίησει'. Λ. 459. οὐχ ἕλξειτ', οὐ π., οὐκ ἀρήξετε;
παιησόμεν. Ν. 1125. ἀποπεκόψομεν τοισαύτας σφενδόναις π.
παιηῶν. Λ. 1291. ἀλαλαί ἰὴ π..
παίνεται. Θ. 1114. σκέψαι τὸ πύστις' μή τι μικτὸν π.;
Παιονίδης. Λ. 852. ἀνὴρ ἐκεινι, Π. Κινησίας.
παίουσ'. Β. 1094. ἐν ταῖς πύλαις π. αὐτοῦ
παίουσα. Εκ. 546. καὶ τοὺς λίθους π. τῇ βακτηρίᾳ.
παιπάλη. Ν. 260. λέγεις γενήσει τρῖμμα, κρότολον, π.
Ν. 262. καταπαστύμενος γάρ π. γενήσομαι.
παιπάλημ'. Ο. 431. σύφισμα, κύρμα, τρῖμμα, π. ὅλον.
παῖς. Α. 1114. οὐκ, ἀλλ' ἐγώ χώ π. λέγομεν πάλαι.
    Ι. 426. οὐκ ἔσθ' ὅπως ὁ π. ἐδ' οὐ τὸν δῆμον ἐπιτροπεύσει.
    636. ἀγορᾷ τ', ἱὴ ἢ π. ὃν ἐπαιδεύθην ἐγώ,
    994. εἰν, ὡς ἁρμονίαν ὁ π.
    1235. π. ὤν ἐφοίτας ἐς τίνος διδασκάλου;
Ν. 531. ἐξῆρκα, π. ἐτέρα τις λαβοῦσ' ἀνείλετο.
    977. ἠλείψατο δ' ἄν τοὐμφαλοῦ οὐδεὶς π. ὑπένερθεν τύτ'
    ἄν, ὥστε
    1159. τοισδ' ἐνὶ δώμασι π.,

παῖς. Σ. 1466. ὁ π. ὁ Φιλοκλέωνος.
ΕΙ. 508. ὁ π. λέλουται καὶ τὰ τῆς πυγῆς καλά·
Ο. 1363. ἀλλ' οἴσπερ αὐτὸς ἐμάθον ὅτε π. ἦ. σὺ γὰρ
Λ. 90. τίς δ' ἡτέρα π.; ΛΑ. χαῖα καὶ τώ σιώ,
    646. κώμαγηθ᾽φροῦν ποτ' οὗπα π. καλὴ, 'χουα·
    697. ἡ τε Θηβαία φίλη π. εὐγενὴς Ἰσμηνία.
    783. αὑτοῖς ἔτι π. ὤν,
    1314. δήτται δ' ὁ Λήβας π. ἀγνά
Θ. 1113. αὑτὴ γάρ ἐστιν 'Ανδρομέδα π. Κηφέως.
    1177. ἡ π. ἐμίλλε προμελετᾶν, ὤ ταγύτα.
Β. 40. ὁ π. ΞΑ, τί ἐστιν; ΔΙ. οὐκ ἐνεθυμήθης; ΞΑ.
    τὸ τί;
    521. ὁ π., ἀκολούθει δεῦρο τὰ σκεύη φέρων.
    1226. 'Αγήνορος π. ΑΙ. ληηύθιον ἀπώλεσεν.
    1359. ἅμα δὲ Δίκτυννα π.
Εκ. 833. οὔκ οἶδ' ὅ τι λαρεῖ. φέρε σὺ τἀνάφορον ὁ π.
Π. 710. ἔπειτα π. αὑτῷ λίθινον θυείδιον
Fr. 209, 3. ταχὺ προσφέρων π. ἐνέχεειν τε σφόδρα κυανο-
    βενθῆ.
παῖσαι. Π. 1055. βούλει διὰ χρόνου πρός με π.; ΓΡ. ποῖ,
    τάλαν;
παῖσαι. Β. 388. π. τε καὶ χορεῦσαι·
παίσαντα. Β. 392. π. καὶ σκώψαντα νι-
παιοί. Ι. 737. ὅμοιος εἰ τοῖς π. τοῖς ἐραμένοις·
Σ. 1532. ἠσθεῖς ἐνὶ τοῖσιν ἑαυτοῦ π., τοῖς τρίυρχοις.
Ο. 881. καὶ ἥρωσι [καὶ ὄρνισι] καὶ ἡρώων π., πυρφυ-
Λ. 701. τοῖσι π. τὴν ἑταίραν ἐκάλεσ' ἐκ τῶν γ.,
Β. 1207. ξὴν π. πεντήκυντα ναυτίλῳ πλάτῃ
παιαίν. Ο. 730. αὐτοῖς, π. παιδῶν π.
Λ. 1192. τοῖς π., ὅπυταν τε θυγάτηρ τινὶ κατηφορῇ.
παίσωμεν. Ο. 660. κατάλειφ' ἡμῖν δεῦρ' ἐκβιβάσας, ἵνα π. μετ'
    ἐκείνης.
Θ. 947. ἄγε νυν ἡμεῖς π. ἅπερ νόμος ἐνθάδε ταῖσι γυναιξίν,
    983. π., ὦ γυναῖκες, οἴαπερ νόμος·
παιών. Σ. 1390. τῇ δ᾽ ιβ π., καξίβαλεν ἐντευθενί
παιῶν. ΕΙ. 453. ἡμῖν δ' ἀγαθὰ γένοιτ'. ἰή π., ἰή.
Θ. 311. τάγαθά, ἱὴ π., ἱὴ. χαίρωμεν.
Παιών. Ο. 1763. ἀλαλαλαί, ἱὴ Π.,
παιών. Θ. 1035. π., δεσμίῳ δέ,
Παιώνια. Α. 1213. ἀλλ' οὐχί νυνὶ τήμερον Π.
παιωνιάσει. Α. 1223. π. χερσίν.
παιωνίζειν. Ι. 1318. ἐπὶ καινασιν δ' εὐτυχιασιν π. τὸ θέατρον
παιωνίσαι. ΕΙ. 555. ἀλλὰ πᾶς χώρει πρὸς ἔργον εἰς ἀγρὸν π.
παιῶνος. Π. 636. 'Ασκληπιοῦ π. ληηυοῦ τυχών.
'πακούσῃς. Θ. 628. ἵνα μὴ 'π. ὤν ἀνήρ. σὺ δ' εἰπέ μοι
πακτοῦν. Λ. 265. τὰ προσύλαια π.,
πάλαι. Α. 576. ὦ Λάμαχ', ὀ γὰρ οὗτοσ ἄνθρωποσ π.
Α. 885. ὦ φιλτάτη σὺ καὶ π. ποθουμένη,
    1088. ἀλλ' ἐγκάνει· δειπνεῖν κατακωλύεις π.
    1114. οὐκ, ἀλλ' ἐγὼ χὡ παῖς ἐρίζομεν π.
Ι. 125. ὦ μαρέ Παφλαγόν, ταῦτ' ἄρ' ἐφυλάττον π.,
    236. ὁτιὴ τί ἂν δήμῳ ξυνώμνυτον π.;
    314. οἶσθ' ἐγὼ τὸ πρᾶγμα τοῦθ' ὅθεν π. καττύεται.
    513. καὶ βασανίζειν, ὡς οὐχὶ π. χρόνον αὐτοῖς καθ' ἑαυτόν,
    518. ὑμᾶς τε π. διαγιγνώσκων ἐκετείοις τὴν φύσιν ὅντας,
    690. νουν ἐπίστασαι π.
    734. ἱρῶν π. σου, βουλόμενός τί σ' εὖ ποιεῖν,
    1155. καὶ χιλιόπαλαι καὶ τρόπαλαι, π. π.
    1157. βδελύττυμαι μὲν σφώ, καὶ πρόπαλαι, π. π.
Ν. 4. καὶ μὴν π. γ' ἀλεκτρυόνος ἤκουσ' ἐγώ.
    556. Φρύνιχος π. πεποίηχ', ἣν τὸ κῆτος ἥσθιεν,
    1036. καὶ μὴν π. γ' ἐπνιγόμην τὰ σπλάγχνα, κἀπεθύμουν
    1312. π. ποτ' ἐνιζει,
Σ. 318. π. διὰ τῆς ὀπῆς
    320. Βούλομαί γε π. μεθ' ὑ-
    443. πρὸς βίαν ἐχρυθοῦσιν, οὐδὲν τῶν π., μεμνημένοι
    825. ἐκάλουν. ΦΙ. κάλει νυν, ὡν κάθημαι 'γὼ π.
    1060. ὦ π. ποτ' ὄντες ἡμεῖς ἄλκιμοι μὲν ἐν χοροῖς,
ΕΙ. 133. ᾔθεεν κατ' ἐχθραν ἀστοῦ π. ποτί,
    414. ταῦτ' ἄρα π. τῶν ἡμερῶν παρεκλεπτέτην,
    475. οὐδ' ὅσῃ γ' ἐλπίς οὐδὲν ἀργεῖαι π.
    835. Ἰων ὁ Χῖος, ὅσπερ ἐποίησεν π.
Ο. 49. ἐστιν. ΕΤ. τί ἔστιν; π. ἦ κορώνη μοι π.
    311. οὑτοσὶ π. πάριμι κοὔκ ἀποστατῶ φίλων,
    465. μὰ Δί', ἀλλὰ λέγειν ζητῶ τι π. μέγα καὶ λαρινὸν
    ἔπος π.,
    921. π. π. τῆνδ' ἐγὼ κλήζω πόλιν.
    1019. οἴμοι πακοθαίμων. ΠΕ. οὐκ ὄλεγον ἐγὼ π.;
    1641. τί, ὧ'ξύρ'; οὐκ οἶσθ' ἐξαπατώμενος π.;
    1670. οὐ δῆτ' ἐμέ γε, καὶ δῆτ' ἐθαύμαζον π.
Λ. 55. σὺ γὰρ μὰ Δί' ἀλλὰ πετομάτες ἥκεν π.

πάλαι—πανοῦργα. 237

πάλαι. Λ. 1029 ὡς τὸν ὀφθαλμόν γέ μου νὴ τὸν Δία π. δάκνει.
Λ. 1033. νὴ Δί' ὤκησάς γέ μ', ὡς π. γέ μ. ἐφρεωρύχει,
1164. ἄσπερ π. δεύμεθα καὶ Βλιμάδδομες.
Θ. 921. καὶ τοῦδέ τις ξύμβουλος. οὐκ ἐτὸς π.
1026. ὕδε γὰρ ὁ Σκύθης π. φύλαξ ἐφέστηκ',
Β. 237. χὼ προικτὺς ἰδίει π.,
836. ἐγῷδα τοῦτον καὶ διέσκεμμαι π.,
Εκ. 313. ἐγὼ δὲ κατάκειμαι π. χεζητιῶν,
503. χαῦται γὰρ ἥκουσιν π. τὸ σχῆμα τοῦτ' ἔχουσαι
877. τί ποθ' ἄνδρες οὐχ ἥκουσιν; ὥρα δ' ἦν π.'
948. ἐφ' ᾗν πεπωκὼς ἔρχομαι π. ποδῶν.
Π. 169. οἴμοι τάλας, ταυτί μ' ἐλάνθανεν π.
257. οὐκουν ὁρᾷς ἑρμωμένους ἡμᾶς π. προθύμως,
261. οὐκουν π. δήπου λέγω; σὺ δ' αὐτοὺς οὐκ ἀκούεις.
410. μὰ Δί', ἀλλ' ὅπερ π. παρεσκευαζόμην.
642. χρησόν τι· τοῦτο γὰρ πυθοῦσ' ἐγὼ π.
937. μὴ δῆθ' ἱερὸν γάρ ἐστι τοῦ Πλούτου π.
1002. } π. ποτ' ἦσαν ἄλκιμοι Μιλήσιοι.
1075.
1039. οὔπερ π. κατηγοροῦσα τυγχάνω·
Fr. 169. ἐξ ἀστέως νῦν εἰς ἀγρὸν χωρῶμεν, ὡς π. δεῖ
467. μανθάνοντες τοὺς Ἴβηρας τοὺς Ἀριστάρχου π.
παλαιά. Β. 1107. τά τε π. καὶ τὰ καινά.
Εκ. 580. σοῦσι γὰρ ἦν τὰ π.
Π. 1086. ἀλλ' ἔστι κομιδῇ τρύφ π. καὶ σαπρά.
παλαιάν. Ι. 914. σαυτοῦ, π. ναῦν ἔχοντ',
Θ. 529. τὴν π.' ὑπὸ λίθῳ γὰρ
Π. 1054. ὥσπερ π. εἰρεσιώνῃ καύσεται.
παλαιᾶς. ΕΙ. 572. τῆς διαίτης τῆς π.,
παλαίειν. ΕΙ. 896. ἐπὶ γῆς π., τετραποδηδὸν ἕσταται.
παλαιογενές. Ν. 358. χαῖρ', ὦ πρεσβῦτα π., θηρατὰ λόγων φιλομούσων·
παλαισοί. Α. 676. οἱ γέροντες οἱ π. μεμφόμεσθα τῇ πόλει.
παλαιόν. Σ. 442. δηλαδή· καὶ νῦν γε τούτω τὸν π. δεσπότην
Ο. 481. ὡς οὐχὶ θεοὶ ταινυν ἦρχον τῶν ἀνθρώπων τὸ π.,
παλαιός. Ν. 1187. ὁ Σόλων ὁ π. ἦν φιλόδημος τὴν φύσιν.
Ο. 1354. π. ἐν ταῖς τῶν πελαργῶν κυρβέσιν·
παλαιοῦ. Α. 415. δύς μοι ῥάκιόν τι τοῦ π. δράματος.
παλαιοῦσιν. Ν. 1122. ὥσπερ σὺ κἀγώ, καὶ λέγων ἕπειθε τοὺς π.;
παλαίσμασιν. Β. 689. κεἰ τις ἡμαρτε σφαλείς τι Φρυνίχου π.,
Β. 878. ἐλθῶσι στρεβλοῦσί π. ἀντιλογοῦντες,
παλαιστάς. Α. 1083. ὥσπερ π. ἄνδρας ἰσχὺ τῶν γαστέρων
παλαιστήν. ΕΙ. 34. ὥσπερ π., παραβαλῶν τοὺς γομφίους,
παλαίστραν. Fr. 603. γερόντειαί π.
παλαίστραις. Σ. 1025. οὐδὲ π. περικωμάζειν πειρῶν' οὐδ' εἴ τις ἐρασθείς,
Β. 729. καὶ τραφέντας ἐν π. καὶ χοροῖς καὶ μουσικῇ.
παλαίστρας Ν. 179. ἐκ τῆς π. θοἰμάτιον ὑφείλετο.
Ν. 1054. κλῆρος τὸ βαλανείον ποιεῖ, κενὰς δὲ τὰς π.
ΕΙ. 762. καὶ γὰρ πρότερον πράξας κατὰ νοῦν οὐχὶ π. περινοστῶν
Β. 1070. ἡ ξεκίνωσεν τάς τε π. καὶ τὰς πυγὰς ἐνέτριψε
παλαιῷ. Α. 220. καὶ π. Λακρατίδῃ τὸ σκέλος βαρύνεται.
παλαιῶν. Σ. 447. οὐδ' ἐν ὀφθαλμοῖσιν αἰδὼς τῶν π. ἐμβάδων.
Β. 347. χρονίους τ' ἐτῶν π. ἐνιαυτούς.
παλάμαι. Σ. 645. εἰς ἀνόφυξιν π.
παλαμάσθω. Α. 659. πρὸς ταῦτα Κλέων καὶ π.
Παλαμήδες. Β. 1451. εὖ γ', ὦ Π., ὦ σοφωτάτη φύσις.
Παλαμήδην. Θ. 848. οὐ τὸν Π. ψυχρὸν εἶν' αἰσχύνεται.
Παλαμήδους. Θ. 770. ἐκ τοῦ Π. ὡς ἐκεῖνος, τὰς πλάτας
παλαμνηράμενος. ΕΙ. 94. τόλμημα νέον π.
παλασίων. ΕΙ. 574. τῶν τε π. ἐκείνων,
παλεόρ. Λ. 988. οὔτε τῆς ὁδοῦ· ΚΗ. π. γα καὶ τὸν Κάστορα
παλεύειν. Ο. 1083. κἀναναγκάζεις π. δεδεμένας ἐν δικτύῳ.
παλεύσεις. Ο. 1087. αὖθις ὑμεῖς αὖ παρ' ἡμῖν δεδεμένοι π.
παλημάτιον. Fr. 548. ἵν' ἐπαγλαΐσῃ τὸ π. καὶ μὴ βήττειν καταακινῃ.
πάλιν. Ι. 1238. ἐν παιδοτρίβου δὲ τίνα π. ἐμάνθανες;
πάλης. Fr. 471, 2. Ἄρης κατέστη ἐς τε μονομάχου π.
παλιγκάπηλον. Π. 1156. Ἑρμῇ π. ἡμᾶς δεῖ τρέφειν·
παλίγκοτος. ΕΙ. 390. ἀφ' γένη π.
παλίμβολος. Fr. 718. τὸ π. τρίπρατος.
πάλιν. Α. 342. οὑτοσὶ σοι χαμαί, καὶ σὺ κατάθου π. τὸ ξίφος.
κ.τ.λ.
παλίνορρον. Α. 1179. καὶ τὸ σφυρὸν π. ἐξεκόκκισε,
παλιντόνους. Ο. 1739. εὔθυνε π.,
Παλλάδα. Β. 967. ἡ Π. περσέπολιν δεινάν, ἢ Τηλέπορόν τι βόαμα,
Θ. 1136. Π. τὴν φιλόχορον ἐμοὶ
Παλλαδίῳ. Fr. 533. ἐπὶ Π. τάρ' ὦ πάτερ δώσεις δίκην.
Παλλαδίων. Α. 547. μισθοῦ διδομένου, Π. χρυσαυμένων.

Παλλάδος. Ν. 300. ἔλθωμεν λιπαρὰν χθόνα Π., εὔανδρον γᾶν
Π. 772. ἔπειτα σεμνῆς Π. κλεινὸν πέδον,
παλλακήν. Σ. 1353. λυσάμενος ἔξω π., ὦ χοιρίαν.
Παλλάς. Ι. 581. ὦ πολιοῦχε Π., ὦ
Ι. 1172. ἐτύμνυκε δ' αὖθ' ἡ Π. ἡ Πυλαιμάχος.
Ν. 1265. ἔσταων ἐμῶν· ὦ Π., ὦς μ' ἀπώλεσας.
Εκ. 476. καὶ ξυμφέροι γ' ὦ πότνια Π. καὶ θεοί.
πάλλει. Α. 965. π., κραδαίνων τρεῖς κατασκίους λόφους.
πάλλεται. Β. 345. γόνυ π. γερόντων·
πάλλων. Ο. 1714. π. κεραυνόν, πτεροφόρον Διὸς βέλος·
Α. 1304. οἶα κοῦφα π.,
παμβασίλει'. Ν. 1150. μεμάθηκεν ΣΤ. εὖ γ', ὦ π. Ἀπιόλη.
παμβασίλειαν. Ν. 357. οὐρανομήκη ῥήξατε κάμοι φωνήν, ὦ π.
παμβδελυρά. Λ. 969. ἡ π. καὶ παμμυσαρί.
Εκ. 1043. ὦ π., φθονοῦσα τόνδε τὸν λόγον
Παμβωταδῶν. Fr. 685. Π. :
παμμάχον. Λ. 1321. τὰν π.
παμμιαρε. { ΕΙ. 183. } καὶ μιαρὲ καὶ π. καὶ μιαρώτατε,
             { Β. 466. }
παμμυσαρά. Λ. 969. ἡ παμβδελυρὰ καὶ π.
πάμπαν. ΕΙ. 121. ἔνδον δ' ἀργυρίου μηδὲ ψακὰς ᾖ πάνυ π.
παμπησίαν. Εκ. 868. καὶ Παρμένων, αἱρεσάτε τὴν π.
πάμπολλα. ΕΙ. 694. π., καὶ τύρχαζ' ἃ κατέλιπεν τότε
πάμπολυν. Ι 320. π. τοῖς δημότοισι καὶ φίλος παρασχεθείν.
παμπόνηρον'. Ν. 1317. ξυγγίνηται, κἂν λέγῃ π.
παμπόνηρα. Β. 106. καὶ μὴν ἀτιχνῶς γε π. φαίνεται.
παμπονήρας. Ι. 415. ἀπομαγδαλίας ὥσπερ κύων· ὦ π., πῶς οὖν
παμπονήρου. Α. 854. οὐδ' αὖθις αὖ σε σκάψεται Παύσων ὁ π.,
Ι. 1283. οὐδέ π.. ἀλλὰ καὶ προσεξεύρηκέ τι.
Β. 921. Σ., οὐ γὰρ ἄρ' ἐφεικαῖς ζύμην ὑπ' αὐτοῦ.
παμφαές. Ο. 1709. προσέρχεται γὰρ οἷος οὔτε π.
Παμφίλου. Π. 174. ὦ Π. δ' οὐχὶ διὰ τούτων καλούνται·
Παμφίλου. Π. 175. ὁ βελονοπώλης δ' οὐχὶ μετὰ τοῦ Π.;
Π. 385. τῶν Ἡρακλειδῶν οὐδ' ὁτιοῦν τῶν Π.
παμφύλων. Ο. 1003. κτείνων π. γίνναα
πᾶν. Λ. 640. εὔφερο π. ἂν διὰ τὰς λιπαράς, ὀφρύων τιμήν
Πάν. Β. 230. καὶ κεροβάτας Π., ὁ καλαμόφθογγα παίζων·
Πᾶνα. Θ. 978. καὶ Π. καὶ Νύμφας φίλας
Παναθηναίοις. ΕΙ. 418. καί σοι τὰ μεγάλ' ἡμεῖς Π. ἄξομεν,
Ν. 988. ὥστε μ' ἀπαγχεσθ', ὅταν ὀρχεῖσθαι Π. δέον αὐτούς
Παναθηναίων. Β. 1090. Π. γελῶν, ὅτε δὴ
παναθλίων. Θ. 1107. ὦ ξένε, κατοίκτειρόν με τῆς π. βίου.'
Παναίτι'. Ι. 243. ὦ Π., οὐκ ἐλᾷτε πρὸς τὸ δεξιὸν κέρας;
Παναίτιον. Fr. 347. καταλιπὼν Π.
Πανάκει'. Π. 702. ὑπηρυθριάσε χὴ Π. ἀνεστράφη
Πανάκεια. Π. 730. τὰ βλέφαρα περιήψεν· ἡ Π. δὲ
πανδαικία. ΕΙ. 565. καὶ πυκνὸν καὶ γοργὸν ὥσπερ μᾶζα καὶ π..
Πανδελετείους. Ν. 924. γνώμας τρώγων Π.
Πανδίονος. ΕΙ. 1183. εἶτα προστᾶς πρὸς τὸν ἀνδριάντα τὸν Π.,
πανδοκεῖαν. Β. 550. ἐς τί π. π. εἰσελθὼν τότε
πανδοκεύτρα. Σ. 35. δημηγορεῖν φαλαινα π.,
πανδοκεύτριαν. Π. 426. οὐδὲ σὺ δ' εἶναί τινα μ'· ΧΡ. π.,
πανδοκευτρίας. Β. 114. πόλεις, διαίτας, π., ὅπου
Πάνδροσον. Λ. 439. εἴ τάρα νὴ τὴν Π. ταύτη μόνον
Πανδώρᾳ. Ο. 971. πρῶτον Π. θύσαι λευκότριχα κριόν·
Πανέλληνες. ΕΙ. 302. ὦ Π., βυνθῆσωμεν, εἴπερ πώποτε,
Πάνες. Εκ. 1069. ὦ Π., ὦ Κορύβαντες, ὦ Διοσκόρω,
πανηγύρεις. ΕΙ. 342. ἐς π. θεωροῦν,
πανηγυρίσαι π. Β. 387. καί μ' ἴδω π. θεωροῦν.
πάνθ'. Λ. 799. τί δ' ἐσθίει μάλιστα; ΜΕ. ὦ. ἄ κα διδῷς, κ.τ.λ.
Πανί. Ο. 745. Π. νόμους ἱερούς ἀναφαίνω·
παννυχίδας. Β. 371. καὶ τε τὰς ἡμετέρας, αἵ τῇδε πρέπουσιν ἑορτῇ.
παννυχίζειν. Ν. 1069. οὐδ' ἡδὺς ἐν τοῖς στρώμασιν τὴν νύκτα π.'
παννυχίζουσιν. Β. 445. οὔ π. θεᾷ, φέγγος ἱρὸν οἴσων.
πανούργε. Fr. 116. στρώμασι π.
πανοπλίαν. Ο. 435. ἄγε δὴ σὺ καὶ σὺ τὴν π. μὲν πάλιν
Ο. 830. ὅπου θεός, γυνὴ γεγονυῖα, π.
Π. 951. καὶ μὴν ξυνάψω γ' αὐτὸν εἰς τὴν π.
Fr. 42. ἐρπέτ π.
Πανόπτου. Εκ. 80. τὴν τοῦ Π. διφθέραν ἐνημμένος
Πανός. Λ. 2. ἢ 'ς Π., ἢ 'πὶ Κωλιάδ', ἢ 'ς Γενετυλλίδος
Α. 911. ἀχρείως ἂνεῖκαρ ἁρπάζεις τοῦ Π. καλόν.
Πονός. Λ. 721. κατέλαβον ᾗ τοῦ Π. ἐστι ταύλιον.
Λ. 998. ἀπὸ Π.· ΚΗ. οὐκ, ἀλλ' ἄρχε μὲν σύ, Λαμπιτοῖ.
πανός. Fr. 666. π.
πανοῦργ'. ΕΙ. 283. πῶς, ὦ π.; ΚΤ. ἐς τοδὲ Θρᾴκης χωρία
πανοῦργα. Ι. 823. μιαρώτατε, ὦ Δημασίδιον, καὶ πλεῖστα π. δεδρακώς,

238 πανοῦργε—παραβεβλημένος.

πανοῦργε. Α. 311. οὐχ ἁπάντων, ὦ π.; ταῦτα δὴ τολμᾷς λέγειν
Ι. 902. οἰοισί μ', ὦ π.. βωμολοχεύμασιν ταράττεις.
Β. 35. κατάβα, π. καὶ γὰρ ἐγγὺς τῆς θύρας
πανουργεῖν. Ν. 1310. * ὦν π. ᾔρξατ', ἐξαίφνης λαβεῖν κακύν τι.
πανουργεῖς. Ι. 803. ὑπὸ τοῦ πολέμου καὶ τῆς ὁμίχλης ἅ π. μὴ καθορᾷ σου,
πανουργήσας. Π. 1145. ὑπότε τι ληφθείην π. ἐγώ.
πανουργίᾳ. Ι. 331. π. τε καὶ θράσει
πανουργίαις. Ι. 684. εὑρὲ δ' ὁ πανοῦργος ἕτερον πολὺ π.
πανουργίας. Σ. 932. ὅσας κατηγόρησε τὰς π.
Πανουργιπαρχίδας. Α. 603. Τισαμενοφαινίππους, Π.·
πανοῦργο. Θ. 1112. καὶ κλέπτο καὶ π. ΕΥ. ληρεῖς, ὦ Σκύθα.
πανοῦργοι, Λ. 11. εἶναι π. ΚΛ. καὶ γὰρ ἐσμὲν νὴ Δία.
Εκ. 4Ν1. φύλαττε σαυτὴν ἀσφαλῶς, πολλοὶ γὰρ οἱ π..
πανοῦργον. 1. 247. ταῖς ταῖς τὸν π. καὶ παραξιπαόστρατον
Ι. 249. καὶ π. καὶ π.· πολλάκις γὰρ αὔτ' ἐρῶ.
Ο. 1695. Κλειςύδρᾳ π. ἐγ-
Θ. 524. τάδε γὰρ εἰπεῖν τὴν π.
727. καὶ καταίθειν τὸν π., πυρπολεῖν θ' ὅσον τάχος.
Εκ. 437. εἶναι π. DΛ. καὶ σέ ; ΧΡ. μή που τοῦτ' ἔρῃ.
Π. 37. εἶναι π., ἄδικον, ὑγιὲς μηδὶ ἔν,
πανοῦργος. Ι. 250. καὶ γὰρ οὕτος ἦν π. πολλάκις τῆς ἡμέρας.
Ι. 450. κύβαλος εἶ. ΑΛ. π. εἶ.
684. εὑρὲ δ' ὁ π. ἕτερον πολὺ πανουργίαις
Σ. 1227. οὐχ οὕτω γε π. κλέπτης
ΕΙ. 406. ἡ γὰρ Σελήνη χὠ π. Ἥλιος,
652. καὶ π. ἦν, εἴπ' ἔξῃ,
Θ. 551. ἀκούετ', ὦ γυναῖκες, οἷ' εἴρηκεν ἡ π.
762. ὁ π. οὗτος. ἀλλ' ἐπειδήπερ πάρει,
858. π. εἴ νὴ τὴν Ἑκάτην τὴν φωσφόρον.
599. σὺ δ' εἶ π. ΜΝ. ὁπόσα του βούλει, λέγε.
920. οἴμ' ὡς π. καθτὸς εἶναι μοι δοκεῖς
929. ὕδ' ἔσθ' ὁ π. ὃν ἔλεγ' ἡμῖν Κλεισθένης;
944. ἵνα τοῖς παριοῦσι δῆλον ᾖς π. ὤν.
Β. 80. κάλλιον ὁ μέν γ' Εὐριπίδης, π. ὤν,
546. τος δ' ἄτ' ὢν αὐτὸς π.
549. Πλαθάνη, Πλαθάνη, δεῦρ' ἐλθ', ὁ π. οὐτοσί,
1520. μέμνησο δ', ὅπως ὁ π. ἀνὴρ
πανουργότατά. Ι. 56. π. τῶν περιδρομῶν ὑφαρπάσας
πανουργότατον. Ι. 45. π. καὶ διαβολώτατον τινα
πανουργότερος. Ι. 950. ἐμοῦ π. τις ἀναφανήσεται.
πανούργου. Β. 1015. μηδ' ἀγοραίους μηδὲ κοβάλους, ὥσπερ νῦν, μηδ' π.,
πανούργων. Β. 781. ὁ τῶν π.; ΑΙ. ν ᾗ Δί', οὐρανίου γ' ὅσον.
πανουργῶν. Α. 658. οὐδὲ π., οὐδὲ κατάρδων, ἀλλὰ τὰ βέλτιστα διδάσκων.
πανούργως. Ι. 317. τοῖς ἀγροίκοισιν π., ὥστε φαίνεσθαι ταχύ,
πανσελήνῳ. Α. 84. τῇ π.· κᾆτ' ἀπῆλθεν οἴκαδε.
πάντ'. Α. 976. αὐτόματα π. ἀγαθὰ τῷδέ γε ποριζεται. κ.τ.λ.
πάντα. Α. 36. ἀλλ' αὐτὸς ἐφερε π. χὠ πρίων ἀπήν. κ.τ.λ.
παντά. Ο. 340. ὁρμᾷν φονίαν, πτέρυγά τε π. κ.τ.λ.
Παντακλέα. Β. 1036. τάξεις, ἀρετὰς, ὁπλίσεις ἄνδρας· ΔΙ. καὶ μὴν οὐ Π. γε
πανταρχῶν. Ο. 1059. καὶ π. θνητοῖς πάντες
πάντας. ΕΙ. 412. βούλοιντ' ἂν ὑμᾶς π. ἐξολωλέναι. κ.τ.λ.
πανταχῇ. Α. 435. ὦ Ζεῦ διόπτα καὶ κατόπτα π.
Α. 621. ἀεὶ πολεμήσω, καὶ ταράξω π,
Ι. 675. εἴθ' ὑπερενήθων τοὺς ὀρυφάκτους π.
695. ψευδῶν ἐνείη, διαπέσοιμι π.
Ο. 165. μὴ περιπέτεσθε π. πεχηνότες·
1008. αὐτοῦ κυκλωτέρους ὄντος, ὀρθοῦ π.
1160. ἐφοδεύεται, κωδωνοφορεῖται, π.
Θ. 660. καὶ διασκοπεῖν σιωπῇ π.· μῶνον δὲ χρὴ
665. π. διαρρίψον ὅμμα,
959. π. κυκλοῦσαν ὄμμα χρὴ χοροῦ κατάστασιν.
Β. 1360. τὰς κυνίσσας ἴχους' ἴλθῃτο δὰ δύμων π.
πανταχόθεν. Λ. 1007. τουτὶ τὸ πρᾶγμα π. ξυνομώμοται
πανταχοῦ. Σ. 1004. θρίψω καλῶς, ἔχων μ' π. κ.τ.λ.
πανταχοῦ. Ι. 568. π. νικῶντες ἀεὶ τῇ νῦ' ἐκύψησαν πύλην
Σ. 804. ὥσπερ Ἐκάτειον, π. πρὸ τῶν θυρῶν.
ΕΙ. 422. ἀλεξίκακῳ θύσουσιν Ἑρμῇ π.
Ο. 834. ὅσπερ λέγεται δεινότατος εἶναι π.
880. Χίοισιν ἤσθην π. προσκειμένοις.
1704. π. τῆς Ἀττικῆς ἡ
Λ. 1230. μεθύοντες ἀεὶ π. πρεσβεύσομεν,
Β. 141. φεῦ, ὡς μέγα δύνασθον π. τὼ δύ' ὀβολώ.
563. τούτου πάνυ τοῦργου, οὗτος ὁ γόμφος π.
724. ἕν τε τοῖς Ἕλλησι καὶ τοῖς βαρβάροισι π.,
Εκ. 321. ἢ π. τοι νυκτὶς ἐστιν ἐν καλῷ·
πάντες. Α. 1^2. ἔπειτ' ἀνέλκηγον π., μαμάτε, κ.τ.λ.
πάντῃ. Σ. 216. χωρῶμεν, ἅμα τε τῷ λύχνῳ π. διασκοπῶμεν,

παντί. Ι. 549. εἰ μὴ κομούμεθα π. τρόπῳ τὴν ἡμετέραν βασιλείαν.
Θ. 529. π. του χρῇ
παντοδαπά. Π. 667. ἕτεροί τε πολλοὶ π. νοσήματα
παντοδαπαῖς. Ν. 310. π. ἐν ὥραις.
παντοδαποῖσιν. Σ. 710. καὶ στεφάνοισιν π. καὶ πυῷ καὶ πυριάτῃ,
παντοδαποῖσιν. Β. 249. ποίων τι; ΕΛ. δεινόν· π. γοῦν γίγνεται·
παντοῖ'. Θ. 3:8. καὶ πολλὰ καὶ π. ἀκουούσαι κακά.
παντοίας. Ι. 505. ὦ π. ἤδη μούσης
Σ. 644. δεῖ δή σε π. πλέκειν
παντοπτα. Ο. 1058. ἤδη μοι τῷ π.
παντός. Ο. 797. ἆρ' ὑπόπτερον γενέσθαι π. ἐστιν ἄξιον;
ΕΙ. 398. λαοὶ διὰ π., ὦ
Θ. 736. κὰν π. ὑμεῖς μηχανώμεναι πιεῖν,
παντοφθαλμον. Fr. 525. ἰκτῖνα π. ἅρπαγα τρέφων.
πάντων. Ι. 457. ὦ γεννικώτατον κρέας ψυχῆν τ' ἄριστε π., κ.τ.λ.
πάντως. Α. 956. π. μὲν οἴσεις οὐδὲν ὑγιὲς, ἀλλ' ὅμως· κ.τ.λ.
πάνυ. Α. 2. ἤσθην δὲ βαιά, π. δὲ βαιὰ τέτταρα· κ.τ.λ.
πανύστατον. Α. 1184. ὦ κλεινὸν ὄμμα, νῦν π. σ' ἰδὼν
πανωλέθρον. Λ. 1039. οὔτε σὶν π. οὔτ' ἄνευ πανωλέθρον.
πανωλέθρον. Ο. 1239. δεινὰς, ὅπως μὴ σου γένος π.
πανωλέθρον. Λ. 1039. οὔτε σὺν πανωλέθροισιν οὔτ' ἄνευ π.
παπαῖ. Α. 1214. λάβισθέ μου, λάβεσθε τοῦ σκέλους· π.,
Α. 215. ὕστις πρὸς ἐμὲ πρόεσιν ἐστιν εἰπ. π.,
Π. 220. π., πονηρός γ' εἶπας ἡμῖν συμμάχους.
παπαιάξ. Σ.235. πάρεσθ', ὁ δὴ λοιπῶν γ' ἐστ' ἐστιν, ἀπαταί π.,
Λ. 924. Ζεῦ). ΚΙ. π. ἡνί νιν ταχίοη πάνυ.
παπαπαῖ. Θ. 1191. πάνυ γε' φίλησον αὐτόν. ΤΟ. οὐ ὄ, π.,
παπαπαπαῖ. Ν. 390. ἀτρέμας πρῶτον παπαῖ παπαῖ, κἄπειτ' ἐπάγει π.
Ν. 391. χρὼν χίζω, κομιδῇ βροντᾷ π., ὥσπερ ἐκείνα.
πάππων. ΕΙ. 120. ἠνίκ' ἂν αἰτῆτ' ἄρτον, π. με καλοῦσαι,
Εκ.645. ἡ Λευκολόφας, π. με καλοί, τοῦτ' ἤδη δεινὸν ἀκούσαι.
παππᾴζ. Ν. 390. ἀτρέμας πρῶτον π., κἄπειτ' ἐπάγει παπαπαπαί,
παππία. Σ. 296. μὰ Δί', ἀλλ' ἰσχάδας, ὦ π. ἥδιον γάρ. ΧΟ. οὖν ἂν
ΕΙ. 128. ζεῦξαντ' ἐλαύνειν ἐς θεοὺς, ὦ π.,
παππιδίον. Ι. 1215. ὦ π.; ἅπαντα γάρ σοι παριφόρουσιν.
Σ. 655. ἀκριασαὶ πάνυ, ὦ π., χαλάσας ὀλίγον τὸ μέταποῦ
παππίζουσ'. Σ. 609. καὶ π. ἅμα τῇ γλῶττη τὸ τρώβολον ἐκκαλαμᾶται,
πάππος. Ο. 374. ἡ φράσειεν, ὄντες ἐχθροὶ τοῖσι π. τοῖς ἐμοῖς ;
πάππον. Ι. 447. τὸν π. εἶναι φημί σου
πάππες. Ο. 252. ἐξ ἐκεῖνος, ἐγὼ δὲ τούτου π., ὥσπερ εἰ λέγοις
πάππον. Ν. 65. ἐγὼ δὲ τοῦ π. τιθέμην Φειδωνίδην.
πάππους. Σ. 1039. οἱ τοὺς πατέρας τ' ἤγχον νύκτωρ καὶ τοὺς
π. ἀπέπνιγον,
Ο. 765. φυσᾶτω π. παρ' ἡμῖν, καὶ φανοῦνται φράτορες.
πάππφον. Λ. 653. τὴν ἔρανον τὸν λεγόμενον π. ἐκ τῶν Μηδικῶν
παππφος. Ο.1452. π. ὁ βίος σνκοφαντεῖν ἐστί μοι.
πάρ. Λ. 1309. π, τὴν Εὐρώταν
παρ'. Α. 226. οἴσι π. ἐμοῦ πόλεμος ἐχθοδοπὸς αὔξεται τῶν ἐμῶν χωρίων· κ.τ.λ.
πάρ'. Εκ. 700. αὐτῆς π. ἐμοί
παρά. Α. 61. οἱ πρέσβεις οἱ π. βασιλέως. κ.τ.λ.
πάρα. Α. 129. ἀλλ' Ἀμφίθεύς μοι τοῦ 'στιν; ΑΜ. οὑτοσὶ π. κ.τ.λ.
παραβαίην. Ο. 417. εἰ δὲ π., ἐπὶ κρητῇ νικᾶν μένον.
Α. 235. } εἰ δὲ π., ὕδατος ἐμπλῇσθ' ἡ κύλιξ.
236. }
παραβάσει. Σ. 1529. στρόβει, π. κύκλῳ καὶ γάστρισον σεαυτόν,
παραβαίνουσί. Θ. 357. ἐξαπατῶσίν π. τε τοὺς
παραβαλ'. Ι. 173. ἔτι νῦν τὸν ὀφθαλμόν π. ἐς Καρίαν
παραβαλλε. Θ. 739. π. πολλὰς κλημαίιδας, ὦ Μανία.
Θ. 740. π. δῆτα σὺ δ' ἀπόκριναί μοι τοδί.
παραβάλλεις. Ν. 362. ὅτι βρενθύει τ' ἐν ταῖσιν ὁδοῖς καὶ τὠφθαλμὼ π.,
παραβάλλειν. Ι. 762. τοὺς δελφῆσι μετιωρίζου καὶ τήν ἄκατον π.
παραβάλλουσαι. Θ. 803. π. τῆς τε γυναικός καὶ τὰνδρὸς τοὔνομ' ἕκαστον.
παραβαλῶ. Β. 180. αὐτὲ, π.
Β. 269. ὦ παῖ παῖ, π. τῷ παππίῳ.
παραβάς. ΕΙ. 34. ἐμπρος παλαιστήν, π. τοὺς γομφίους,
παραβᾶς. ΕΙ. 735. αὐτῶν ἐπηνει πρὸς τὸ θέατρον π., ἐν τοῖς ἀνατπάτστοις.
παραβᾶσαν. Εκ. 1049. αὕτη σύ, ποῖ π., τόνδε τὸν νόμον π.
παραβᾶσαι. Θ. 785. ἥμεις τοίνυν ἡμᾶς αὐτὰς ὑ ἐξίζωμεν π.
παραβεβάσι. Fr. 313, 3. λαμπρόν ἐκύμιζεν ἀπαύσε π.,
παραβεβλημένος. Π. 243. πύρασαι καὶ κύβοισι π.

παραβῆναι—παραπέτασμα. 239

παραβῆναι. Ι. 508. ἠνάγκαζεν λέξοντας ἔπη πρὸς τὸ θέατρον π.,
παραβλέπουσα. Εκ. 498. π. θατέρῳ,
παραβλίψας. Β. 409. καὶ γάρ π. τι μειρακίσκης
παραβλέψασά. Σ. 497. ἡ λαχανόπωλις π. φησι θατέρῳ·
παραβοηθεῖθ'. Ι. 257. π., ὡς ὑπ' ἀνδρῶν τύπτομαι ξυνωμοτῶν.
παράβολος. Σ. 192. πονηρὸς εἶ πύρρω τέχνης καὶ π.
παραβῶμεν. Ο. 461. λέγε θαρρήσας· ὡς τὰς σπονδὰς οὐ μὴ
πρότερον π.
πάραγε. Ο. 1720. ἄναγε, δίεχε, π. πάρεχε,
παράγει. Β. 1054. καὶ μὴ π. μηδὲ διδάσκειν, τοῖς μὲν γὰρ
παιδαρίοισιν
παραγένεσθε. Ι. 242. ἄνδρες ἱππῆς, π.· νῦν ὁ καιρός. ὦ Σίμων,
παραγενοίμην. Ι. 410. ἢ μή ποτ' ἀγοραίου Διὸς σπλάγχνοισι π.
παραγράψαι. Λ. 513. τί βεβούλευται περὶ τῶν σπονδῶν ἐν τῇ
στήλῃ π.
παραδεδόσθαι. Εκ. 555. ὑμῖν δὲ φασι π. τὴν πόλιν.
παραδίδωκας. Σ. 1130. ἐμοὶ σεαυτὸν π. εὖ ποιεῖν.
παράδειγμ'. Θ. 670. π. ὕβρεως ἀδίκων τ' ἔργων,
παράδειγμα. ΕΙ. 65. τὸ γάρ π. τῶν μανιῶν ἀκούετε·
παραδιακόνει. Θ. 838. καὶ τοῖσι τειχίζουσι π.,
παραδίδῳ. Ο. 1534. ὑμεῖς δὲ μὴ σπένδεσθ', ἐὰν μὴ π.
παραδίδωμ'. Ι. 1394. νῦν οὖν ἐγώ σοι π. εἰς τοὺς ἀγροὺς
παραδίδωμ. Ι. 1260. καὶ τὸν Παφλαγόνα π. τουτονί.
Ο. 1633. τὴν μὲν γὰρ Ἥραν π. τῷ Διί,
1679. ὄρνιτο π. ΙΡ. παραδοῦναι λέγει.
παραδίδωμι. Ο. 1675. περὶ τῆς κόρης; κἀγωγέ π. σοι.
παράδεθ'. Λ. 1168. τὸ δεῖνα τοίνυν π. ἡμῖν τουτονὶ
παραδιακόνει. ΕΙ. 206. ὑμᾶς π. δρᾶν ἀτεχνῶς ὅ τι βούλεται·
ΕΙ. 729. ἀλλ' ἴθι χαίρων· ἡμεῖς δὲ τέως τάδε τὰ σκεύη π.
Εκ. 229. ταύταισιν οὖν, ὦνδρες, π. τὴν πόλιν
παραδόντων. Ο. 542. τάσδε τὰς τιμὰς προγόνων π.
πάραδος. Ν. 436. ἀλλὰ σεαυτὸν π. θαρρῶν τοῖς ἡμιτέροις
προπλόοισι.
Β. 1516. τὸν ἐμὸν π. Σοφοκλεῖ τηρεῖν,
παραδοῦναι. Σ. 591. ἐψήφισται τοὺς ἀδικοῦντας τοῖσι δικασ-
ταῖς π.·
Ο. 1679. ὄρνιτο παραδίδωμι. ΗΡ. π. λέγει.
1680. μὰ τὸν Δί' οὐχ οὗτός γε π. λέγει,
1682. οὐκοῦν π. ταῖς χελιδόσιν λέγει.
Εκ. 211. ἡμᾶς π. καὶ γὰρ ἐν ταῖς οἰκίαις
430. ὣς χρὴ π. ταῖς γυναιξὶ τὴν πόλιν.
παραδούς. ΕΙ. 961. ναύτας τε χερήστους, π. ταύτην ἐμοί,
Ο. 1643. ὃ Ζεύς, π. πύργοισι τὴν τυραννίδα,
Λ. 777. ᾤχετο θώπλα π. ἐμοί,
Θ. 809. π. ἑτέρῳ τὴν βουλείαν· οὐδ' αὐτὸς τουτί γε φήσει.
παραδραμών. Ι. 1353. τὸν τὰς τριηρεις π. ἂν ᾤχετο.
παράδ. Ι. 1389. σπονδὰς π. διῦπ' ἰθ' αἱ Σπονδαὶ ταχύ.
Εκ. 634. ὅταν ἤδη 'γὼ διαπραξάμενος π. σοι δευτεραγεῖν.
παραδοῦσα. Ι. 1109. τούτῳ π. τῆς πυκνὸς τὰς ἡνίας.
ΕΙ. 888. σκεύασθ' ὅσ' ὑμῖν ἀγαθὰ π. φέρων,
παραθέντι. ΕΙ. 1230. ὠδί, π. τρεῖς λίθους. οὐ δεξιῶς·
παραθέντος. Ι. 1205. ἀπιθ' οὐ γὰρ ἀλλὰ τοῦ π. ἡ χάρις.
παραθέντων. Ν. 456. τοῖς φροντισταῖς π.
παράθες, Α. 583. ἰδού. ΔΙ. π. νυν ὑπτίαν αὐτὴν ἐμοί.
Fr. p. 505. ἀσπίδα ἐπίθημα τῷ φρέατι π. εὐθέως,
παραθέσεις. Σ. 613. ἐς σὲ βλέψαι καὶ τὸν ταμίαν, ὁπόι' ἄριστον π.
παραθέσεις. Εκ. 675. ὥστε βαδίζειν εἰς ἀλλήλους. ΒΛ. τὸ δὲ
δεῖπνον τοῦ π. ;
παραθήσω. Ι. 778. ἀρπάζων γὰρ τοὺς ἄρτους σοι τοὺς ἀλλο-
τρίους π.
παράθου. Σ. 1155. π. γε μέντοι καὶ κρεάγραν. ΒΔ. τιὴ τί δή ;
Εκ. 1032. καὶ ταινιῶσαι, καὶ π. τὰς ληκύθους,
παραθραύμασι. Fr. 335. πεντελίθοισί θ' ὁμοῦ λεκάνης π.
παραθῶ. Ι. 52. βούλει π. σοι δόρπον ; εἶτ' ἀναρπάσας
ΕΙ. 27. ἢν μὴ π. τρίψας δι' ἡμέρας ὅλης
παραινεῖς. Ν. 1483. ὀρθῶς π. οὐκ ἐῶν δικορραφεῖν,
Θ. 9. πῶς μοι π. ; δεξιῶς μέντοι λέγεις.
παραινεῖτ'. Β. 598. οὐ κακῶς, ὠνδρες, π.
παραινέσαι. Α. 648. ἆρα προὐφείλει τι χρηστὸν τῇ πόλει π. ;
παραινέσειν. Β. 1420. ὁπότερος ἂν τῇ πόλει π.
παραινέσω. Ν. 89. καὶ μάνθανε' ἐλθὼν ἄν π.
ΕΙ. 1245. οἴμοι καταγελᾷς. ΤΡ. ἀλλ' ἕτερον π.
παραινοῦμεν. ΕΙ. 767. καὶ τοῖς φαλακροῖσι π.
παραινῶ. ΕΙ. 253. οὗτος, π. σοι μέλιτι χρησθά τέρῳ.
Θ. 453. νῦν οὖν ἀτάσαιον π. καὶ λέγω
Β. 1132. Αἰσχύλε, π. σοι σιωπᾶν· εἰ δὲ μή,
παραιτησώμεθα. Ι. 37. οὐ χεῖρον· ἐν δ' αὐτοῖς π.,
παρακαθήμενος. Β. 1492. π. λαλεῖν.
παρακαθήμενος. ΕΙ. 46. Ἰανικός τίς φησι π.·
παρακαθῆνται. Θ. 409. ἄνδρες γὰρ ἤδη π. πλησίον·
παρακαλεῖτε. Β. 395. νῦν καὶ τὸν ὡραῖον θεόν π. δεῦρο

παρακαλούμενος. Εκ. 203. Θρασύβουλος αὐτὸν οὐχὶ π.
παρακαλοῦντες Σ. 215. οἱ ξυνδικασταί π. τουτωνὶ
παρακαλοῦσ'. Σ. 218. ὡς ἀπὸ μέσων νυκτῶν γε π. ἀεί,
παρακείμενα. Λ. 1048. καὶ δρᾶν ἱκανὰ γὰρ τὰ κακὰ καὶ τὰ π.
παρακείμενα. Α. 670. ἡνίκ' ἂν ἐπαιθραιόθες ὦσι π.,
παρεκεκινδυνευμένον. Β. 99. τοιοντωνί τι π.,
παρεκκεκομμένα. Α. 517. ἀλλ' ἀνδράρια μοχθηρά, π.,
παρακελεύῃ. Σ. 530. ἄν ἵπ φανεῖ ποιῶ τις ὦν, ἣν ταῦτα π.
παρακελητεῖ. ΕΙ. 990. ἵνα δὴ κέλης κέλητα π.
παρακινδύνευ'. Σ. 6. σὺ δ' οὖν π., ἐπεὶ καὐτοῦ γ' ἐμοῦ
παρακλίνασαι. ΕΙ. 981. καὶ γὰρ ἐκείναι π.
παρακλίνεις. ΕΙ. 157. τί ποιεῖς, τί ποιεῖς ; ποῖ π.
παρακολουθῶ. Εκ. 725. φέρε νυν ἐγώ σοι π. πλησίον,
παράκοπος. Θ. 681. Λύσσω π.,
παρακαύων. Β. 750. ὁμόγνιε Ζεῦ· καὶ π. δεσποτῶν
παρακύπτουσιν. ΕΙ. 982. τῆς αὐλείας π.
ΕΙ. 985. κᾆτ' ἦν ἀπῇ π.
παρακύπτωμεν. Θ. 797. κἂν ἐκ θυρίδος π., ζητεῖ τὸ κακὸν
τεθεᾶσθαι·
παρακύφθ'. Εκ. 924. ᾇδ' ὁπόσα βούλει καὶ π. ὥσπερ γαλῇ·
παρακύψαν. Θ. 799. αὕθις π. ἰδεῖν τὸ κακόν, οὕτως ἡμεῖς ἐπι-
δήλως
παρακύψασα. Εκ. 884. νῦν μὲν ἄν π. προὔψηθης, ὦ σαπρά.
παρακύψῃ. Σ. 178. ὅπως ἂν ὁ γέρων μηδὲ π. πύλιν.
παραλάβῃς. Εκ. 107. ἤν νυν π. τῆς πόλεως τὰ πράγματα
παραλάβω. Ο. 1543. ἢν γ' ἤν σὺ παρ' ἐκείνου π., πάντ' ἔχεις.
παραλαβοῦσαι. Εκ. 466. μὴ π. τῆς πόλεως τὰς ἡνίας
παραλαβών. Ι. 345. ὁμοσπάσακτον π. μεταχειρίσαιο χρηστῶς.
παραλειπομένην. Ο. 456. π. ὑπ' ἐμῆς φρενὸς ἀξυνέτου·
παραλείψειν. Εκ. 406. σαυτοῦ π. τὰ βλέφαρα τῆς ἑσπέρας,
παραλείψεις. Εκ. 1145. καὶ μή π., μηδέ, ἀλλ' ἐλευθέρως
παραλείξας. Εκ. 904. θεῖ σὺ δ' ὦ γραῦ, π. κάντιτρίψαι,
παραληρούντ'. Ι. 531. νυνὶ δ' ὑμεῖς αὐτὸν ὁρῶντες π. οὐκ
ἐλεῖτε,
παραληρῶν. Β. 504. εἰ δὲ π. ἁλώσει
παραλιπόντα. Β. 1494. τά τε μέγιστα π.
πάραλοι. Α. 1158. σίζουσα π. ἐπὶ τραπέζης κειμένη,
Πάραλος. Ο. 1204. Ἴρις ταχεῖα, ΠΕ. Π. ἢ Σαλαμινία ;
παραλοῦς. Β. 1071. τῶν μειρακίων στωμυλλομένων, καὶ τοὺς π.
ἀνέπεισεν
παραλοῦσθαι. Fr. 150. ἀλλὰ πάντας χρὴ π. καὶ τοὺς σπόγ-
γους ἐᾶν,
παραλοῦται. Fr. 436. π.
παραλύσασα. Fr. 312. τὴν πτέρυγα π. τοῦ χιτωνίου
Πάραλων. Λ. 58. ἀλλ' οὐδὲ Π. οὐδεμία γυνὴ πάρα,
παράμεινον. ΕΙ. 1108. ὦ πότνι' Εἰρήνη, π. τὸν βίον ἡμῖν.
παραμενεῖς. Π. 440. οὔ π.; ΒΛ. ἥκιστά πάντων. ΧΡ. οὐ μενεῖς
παραμινούσα. Α. 843. συνηπεροπεύσω π. γ' ἐνθάδι,
παραμίζα. Σ. 878. ἀντὶ σιτίων τάλας πικρὸν τῷ κυλίδῳ π.
παραμπύκισδε. Α. 1316. ἀλλ' ἄγε πύμαν π., χερὶ ποδοῖν τε
πάδα
παραμυθεῖ. Fr. 140. εἰ μή π. μ' ὁφαρίαις ἑκάστοτε,
παραμυθούμενος. Σ. 115. καὶ πρῶτα μὲν λόγοισι π.
παρανοήσετε. Ν. 1480. ὑπὸ π. ἀδολεσχίᾳ.
παρανοία. Fr. 29. ὦ π. καὶ ἀναιδεία.
παρανοοῦμεν. Ν. 845. πότερα π. αὐτὸν εἰσαγαγὼν ἴλω,
Ν. 1476. οἴμοι π.· ὡς ἐμαινόμην ἄρα,
παράνομ'. Π. 967. πέπονθα δεινὰ καὶ π., ὦ φίλτατε·
παράνομα. Θ. 684. ὅτι τὰ π. τά τ' ἀνόσια
παράνομον. Π. 415. ὦ θερμὸν ἔργον κἀνόσιον καὶ π.
παρανομωτάτη. Fr. 344, 10. ἐπ' ἐχθροπλοίου χειρί π.
παράξας. Σ. 837. δ κύων π. ἐς τὸν ἰσπὸν ἀδράσας
παράξενα. Α. 988. ἄτιμα καὶ παράσημα καὶ π.,
παράξενα. Σ. 988. μύσας π. κάπολυσον, ὦ πάτερ.
παραξόνια. Β. 819. σχινδαλάμων τε π., σμιλεύματά τ' ἔργων·
παραπαίειν. Π. 508. διὰ πρεσβύτα, ξυνηισσᾶτο τοῦ ληρεῖν
καὶ π.
παράπαν. Σ. 477. νὴ Δί' ἦ μοι κρεῖττον ἐκστῆναι τὸ π. τοῦ
πατρός.
Εκ. 184. οὐδὲν τὸ π.· ἀλλὰ τῶν γ' Ἀγύρριον
Π. 17. καὶ ταῦτ' ἀποκρινομένῳ τὸ π. οὐδὲ γρῦ.
351. ἢ δὶ σφαλώμεν, ἐπιτετρίφθαι τὸ π.
961. ἢ τῇ αὐλοῦ τὸ π. ἡμαρτήκαμεν.
1143. θύει τὸ π. αὐδεῖν, οὐδὲ φθέγχεται,
παράπεμπε. Fr. 427. τὸ π. χειρίμακτρον.
παραπέμψαι'. Ι. 546. αἵρεσθ' αὐτῷ πολὺ τὸ βύθιον. π. ἐφ'
ἕνδεκα κώπαις
παραπεπληγμένα. Εκ. 139. ὥσπερ μεθυόντων ἐστι π.
παραπεπληγμένων. Α. 831. ἀνδρὸς ἀνδρ', ὁρῶ προσιόντα π.,
παραπέτασμα. Fr. 513. τὸ π. τοῦ Κύπριον τὸ ποικίλον.

240 παραπετάσμασιν—παρεσκευασμένα.

παραπετάσμασιν. Β. 938. ἂν τοῖσι π. τοῖς Μηδικοῖς γράφουσιν·
παραπλήγ'. Π. 242. ἦν δ' ὣς π. ἄνθρωπον εἰσελθὼν τύχω.
παραπολεῖ. Σ. 1228. τουτὶ σὺ δράσεις; π. βουλομενος·
παραπρίσματ'. Β. 881. ῥήματα καὶ π. ἐπῶν.
παραρραγέντος. Η. 412. π. τιτθίπ· προκύψαν.
παράρυθμ'. Θ. 121. ποδὶ π. εὔρυθμα Φρυγίων
παράσημα. Α. 518. ἄτιμα καὶ π. καὶ παράξενα,
παρασκευάζεται. ΕΙ, 226. ἡμᾶς δὲ δὴ τί δρᾶν π.;
Ο. 226. οὔκουν μελῳδεῖν αὖ π.
Θ. 99. σίγα· μελῳδεῖν αὖ π.
Η. 784. τί δῆθ' ὁ Πλοῦταν δρᾶν π.;
848. τυφῶν γὰρ ἐσβαίνειν π.
παρασκευάζετε. Α. 1176. ὑθύνα, κηρωτὴν π.,
παρασκευαζόμισθα. Λ. 1043. οὗ π.
παρασκευῆς. Α. 190. ὄξουσι νίττης καὶ π. νεῶν.
παραστατεῖν. Θ. 369. ἡμῖν θεοὺς π.,
παραστατεῖς. Εκ. 9. πειραμμένασι πλησίον π.,
παραστῇ. Β. 969. ὃς ἂν κακοῖς που περιπέσῃ καὶ πλησίον π.,
παράστηθ'. Σ. 1388. ἴθι μοι π., ἀντιβολῶ πρὸς τῶν θεῶν·
παραστόρου. Ι. 481. ἐγώ σε νὴ τὸν Ἡρακλέα π.
παρασύρων. Ι. 527. διὰ τῶν ἀφελῶν πεδίων ἔρρει, καὶ τῆς στάσιος π.
παρασχεθεῖν. Ι. 320. πάμπολυν τοῖς δημόταισι καὶ φίλοις π.
παράσχες. Α. 487. π., εἰπούσ' ἅττ' ἂν αὑτῇ σοι δοκῇ.
παράσχῃ. ΕΙ. 148. λόγον π. καὶ τραγῳδία γίνῃ.
παρασχὼν. Α. 492. ὅστις π. τῇ πύλει τὸν αὐχένα
ΕΙ. 754. παῖρ' ἀνιάσαι, πόλλ' εὔφρανας, πάντα π. τὰ δέοντα.
Β. 1291. κυρεῖν π. ἱταμαῖς κυσὶν ἀεροφοίτοις,
παρατεμεῖν. Λ. 132. ἔφησθα σαυτῆς κᾶν π. θῆμισυ.
παρατεταγμένον. Σ. 1123. ἐπεὶ μόνος μ' ἔσωσε π.,
παρατέταμαι. Fr. 421. 1. ἅλις ἀφύης μοι, π. γὰρ τὰ λιπαρὰ κάπτων.
παρατέτεται. Ν. 212. ᾔδι π. μακρὰ πόρρω πάνυ.
παρατετιλμένα. Λ. 151. γυμναὶ παρίεμεν, δέλτα π.,
Β. 516. ἐβυλλώσαι κάρτι π.
παρατετιλμένη. Λ. 89. κομψότατα τὴν βληχώ γε π.
παρατίλλεται. Π. 168. ὁ δ' ἁλούς γε μοιχὸν διὰ σέ σου π.
παρατίλλομαι. Α. 31. ἀπορῶ, γράφω, π., λογίζομαι,
παρατιλᾶ. Ι. 373. τὰς βλεφαρίδας σου π.
παρἀτρεχ'. Σ. 1432. οὕτω δὴ καὶ σὺ π. γε τὰ Πιττάλου.
παραυτίκ'. Σ. 833. αὐτοὺς καμοῦμαι τό γε π. ἐνδόθεν.
παραφέρειν. Fr. 77. τί οὐκ ἐκέλευσας π. τὰ ποτήρια,
παραφθῆναι. Εκ. 94. οὐδεὶς π. τὴν ὑμετέραν εἶδε.
παράφηνον. Β. 1362. λαμπάδας ἐξετάταιν χεροῖν. Ἑκάτα, π.
παραφόρει. Ο. 839. χάλικας π., πηλὸν ἀποδοῦ ὀργασαν,
παραφορόνει. Ν. 1475. ἐνταῦθα σαυτῷ π. καὶ ῥήξεις
παραφρανεῖν. Εκ. 250. φήσω π. αὐτόν.   ΓΤ. Α. ἀλλὰ τουτί γε
παραφρονεῖς. Σ. 5. ἀλλ' ᾖ π. ἐτεὸν ἢ κορυβαντιᾷς·
Εκ. 1000. μὴ 'γώ σ' ἄφήσω.   ΝΕΑ. ᾖ, ὦ γρᾴδιω,
Fr. 178. ἀλλ' ἦ γ'· β. ἡριβαντίγαι ὦ τίκνον.
παραφρονοῦντος. Ν. 844. οἴμοι τί δράσω π. τοῦ πατρός;
Β. 1498. π. ἀνδρός,
Π. 2. δοῦλον γενέσθαι π. δεσπότου.
παραχαλᾷ. Ι. 434. κάγων', ἐάν τί π., τὴν ἀντλίην φυλάξω.
παραχορδεῖς. Εκ. 295. μηδέν π.
παραχρῆμ'. Ο. 625. π. ἔσται
Π. 509. πλουτήσαντες δ' ἀπὸ τῶν κοινῶν π. ἄδικοι γεγένηνται,
783. οἱ φαινόμενοι π. ὅταν πρόιττῃ τις εὖ.
παραχρῆμα. Σ. 1048. τοῦτο μὲν οὖν ἔσθ' ὑμῖν αἰσχρὸν τοῖς μὴ γνοῦσιν π.,
παραχρῆμά. Θ. 686. π, τε τίνεται.
παραχωρεῖν. Εκ. 633. ὅταν ἐμβάδ' ἔχων εἴπῃ, πρότερος π., κᾆτ' ἐπιτρέπω.
παραχωρεῖν. Λ. 1216.   π. οὐ θέλεις;
Η. 767. ἕτερός τις αὐτοῦ· τότε δὲ π. ἴδει.
Η. 607. ἐπόκτ τιν' αὐτοῦ· τότε δὲ π. ἴδει.
παρδακόν. ΕΙ. 1148. οὐδὲ τυντλάξει, ἐπειδὴ π. τὸ χωρίον·
παρδαλῆς. Ο. 1250. ὑρνις ἐπ' αὐτὸν π. ἐνημμένος.
παρδάλει. Ν. 347. ἤ π. ἢ λύκῳ ἢ ταύρῳ· ΣΤ. νὴ Δί' ἔγωγ'. εἶτα τί ταῦτο;
Παρδόκας. Β. 608. ὁ Διτύλας χὡ Σκεβλίας χὡ Π.
παριβάλι. Ο. 333. ἐς δὲ δόλον ἐκάλεσε, π. τ' μὴ παρὰ
παρίβη. Α. 629. οὔπω π. πρὸς τὸ θέατρον λέξων ὣς δεξιός ἐστιν·
Ο. 331. π. μὴν θεσμοῖς ἀρχαίοις,
παρίγραψε. Σ. 99. ἰῶν π. πλησίον "ἔπμι·ε καλώς."
παρεδείξατε. ΕΙ. 906. θᾶσ' ὡς προθύμως ὁ πρώταν π.
Β. 1013. σκέψαι ταίνυν ὄρους αὐτῶν ἡμῶν π. πρῶτον,
πάρεδρον. Ο. 1753. καὶ π. Βασίλειαν ἔχει Διός.
παρίδων. Εκ. 55. ἐδδράσα π. ὁ γὰρ ἀνὴρ τὴν νύχθ' ὅλην
παρέδωκαν. Ν. 968. ἐντειναμένους τὴν ἁρμονίαν, ἦν οἱ πατέρες π,

παρέδωκας. Ι. 782. καὶ νικήσας ἡμῖν μεγάλοις ἐγγλωττυτυπεῖν π.,
παρέδωκεν. Ν. 551. οὗτος δ', ὡς ἅπαξ π. λαβὴν Ὑπέρβολος,
παρέδωχ'. Ο. 532. ὑπτηθάμενοι π. ὑμᾶς,
παρέθηκε. Ι. 57. αὐτὸς π. τὴν ὑπ' ἐμοῦ μεμαγμένην.
Ι. 816. ἀφελὼν τ' οὐδὲν τῶν ἀρχαίων ἰχθῦς καινοὺς π.
Π. 711. π. καὶ δαίδυκα καὶ κιβώτιον.
παρέθηκεν. Α. 89. π. ἡμῖν ὅνυμα δ' ἦν αὐτῷ φέναξ.
πάρει. Θ. 762. ὁ πανοῦργος οὗτος. ἀλλ' ἐπειδήπερ π.,
παρείας. Π. 690. ὁδὰς ἐλαβόμην, ὡς π. ἂν ὑρίς.
παρείην. Π. 331. αὐτὸν δὲ τὸν Πλοῦταν π. τῷ λαβεῖν.
παρεληνωσεν. Ν. 553. Εὔπολις μὲν τὸν Μαρικᾶν πρώτιστον π.
πάρειμ'. Ν. 1075. τίεν. π., ἐντεύθεν ἐς τὰς τῆς φύσεως ἀνάγκας.
πάρειμι. ΕΙ. 1042. ἰδού, π., μῶν ἐπισχεῖν σοι δοκῶ;
Ο. 313. οὑτοσὶ πάλαι π. κοὐκ ἀποστατῶ φίλων.
παρεῖν'. Ι. 751. ἀλλ' ἐς τὸ πρόσθε χρή π. ἐς τὴν πύκνα.
παρείναι. Α. 172. τοὺς Θράκας ἀπιέναι, π. δ' εἰς ἔνην.
Σ. 937. λιάβητε μάρτυρας π., τρυβλίον,
Λ. 54. ἂρ' οὖ π. τὰς γυναίκας δῆτ' ἱ χρῆν·
Β. 699. τήν μίαν ταυτην π. ξυμφοραν αἰτουμένοις
παρείρπυσεν. Εκ. 398. πρῶτος Νεοκλείδης ὁ γλάμων π.
πάρεισι. Ι. 330. ὅτι σε παύσει καὶ π., δηλοῦς ἐστιν αὐτόθεν,
πάρεισί. Θ. 771. ῥῖψω γράφαν. ἀλλ' οὖ π. μοι πλάται.
πάρειαιν. Α. 505. κούπω ξένοι π. οὔτε γὰρ φυροὶ
παρείξ'. ΕΙ. 573. ἦν π. αὐτῇ παθ' ἡμῖν,
παρεκαθίξετο. Π. 727. μετὰ τοῦτο τῷ Πλούτωνι π.
παρεκαττυντο. Π. 663. ἡμῶν δ' ἕκαστος στιβάδα π.
παρεκινδύνευσε. Α. 645. ὅστις π., εἰπεῖν ἐν Ἀθηναίοις τὰ δίκαια,
παρεκινδύνευσεν. Ι. 1054. τουτό γε τοι Παφλαγόν π. μεθυσθείς.
παρελεπτήντηγ. ΕΙ. 414. ταῦτ' ἄρα πάλαι τὴν ἡμερᾶν π.,
παρέκοντον. Ν. 640. ὑπ' ἀλφιταμοιβοῦ π. διχωνίας,
παρεκόπτον. Ι. 807. γνωσεταί οἴαν ἀγαθῶν αὐτῶν τῇ μισθοφορᾷ π.,
Ι. 859. ὅσον με π. χρύνον τοιαῦτα προσωσιδημῶν,
παρέκυψ. Α. 16. ὅτε δὴ π. ἐδεῖ τὸν ὀρθρον.
παρέκυψεν. Εκ. 202. σωτηρία π., ἀλλ' ὑρίς·ται·
παρέλαβον. Β. 939. ἀλλ' ἐπ. τὴν τέχνην παρὰ σοῦ τὸ πρῶτον εὐθὺς
παρελασαίτην. Ο. 1129. ὑπὸ τοῦ πλάτους ἂν π. ΠΕ. Ἡράκλεις.
παρελαύνων. Σ. 1050. εἰ π. τοὺς ἀντιπάλους τὴν ἐπίουσαν ξυνιτρίψεν,
παρίλθῃς. Ι. 277. ἢν δ' ἀναιδείᾳ π., ἡμέτερος ὁ πυραμοῦς.
παρέλθων. Ν. 853. ἐπεὶ π. ἄρτι παρὰ τοῖν γηγενεῖς·
Ο. 1612. ὁ κύραξ π. τοὐντορκοῦντο λάβρα
παρέλικεν. ΕΙ. 1306. φλᾶν ταῦτα πάντα καὶ σποδεῖν, καὶ μὴ κενὰς π.,
παρέλυσεν. ΕΙ. 743. ἐξήλασ' ἀτιμώσαι πρῶτος, καὶ τοὺς δούλους π.,
παρεμβαλοῦμιν. Σ. 481. τοῦτο γὰρ π. τῶν τριχοινίκων ἐσὼν·
παρεινῦθιν. Λ. 156. γυμνᾶς π. ἐξέβαλ', οὐδ, τῷ ξῖφος.
παρεσσαλεύων. Π. 291. μιμούμενος καὶ τοῖν ποδοῖν ὡδὶ π.
παρέξει. Ο. 931. τουτὶ τὸ κακὸν ἡμῖν πράγματα,
Ο. 1523. εἰ μή π., ταμπύρι' ἀνεργμένα,
παρέξειν. Ι. 904. ἀλλ' οὐχὶ νικήσεις. ἐγὼ γάρ φημί σοι π.,
Π. 102. οὐκ ἠγούμενον ὅτι π. πράγματα
παρελεγχιμένον. Α. 681. οὐδὲν ὄντας, ἀλλὰ κοφοὺς καὶ π.
παρεμέραν. Εκ. 690. πᾶσι γὰρ ἄρθονα πάντα π.·
Εκ. 1143. ἴνα μεθ' ἡμῶν πάντα γάρ π.
παρέω. Α. 892. ὑμῖν. π. τῆσδε τῆς ξένης χάριν
Ο. 1673. τυραννοι, ὑρνίθαν π. σοι γάλα.
Λ. 227. }
     228. } κακῶς π. κοὐχὶ προσκινήσομαι,
     362. καὶ μήν ἰδοὺ παταγάτω τισ· στᾶσ' ἐγώ π.
     377. εἰ ῥύμμα τυγχάνεις ἔχων, λουτρόν γ' ἐγώ π.
Β. 602. δῆτ' ὅπωσ' ἐγώ π.
Π. 20. ὦ δίσποτ', ἀλλά σοι π. πράγματα.
παρέπταρεν. Θ. 1014. ᾔξις με σῶσαν· οὐ γὰρ ἂν π.
παρεπῦσασα. Εκ. 511. εἴσω π., πρὶν τὸν ἄνδρα μ'
πάρες. Ι. 341. π. πρὸς τῶν θεῶν αὐτῷ διαρραγῆναι.
Σ. 751. π., ὦ σκιερέ, μὰ τὸν Ἡρακλέα.
Ft. Μ. Κωμ. 1, 1. π., ὦ κατέτριβεν ἱμάτια κἄπειτα πως
παρέσονται. Ο. 131. ἐπεί π. μοι καὶ σὺ καὶ τὸ παιδία
παρείσασθα. Α. 62. πρῶτος π. δεῦρο τὰς Ἀχαρνέων
πάρεσθ'. Σ. 235. π., ἢ δὴ λοιπόν γ' ἔτ' ἐστίν, ἀπαναί ταταιάξ,
Π. 814. τοὺς ἰχθυηροὺς ἀργυροῦς π. ὁρᾶν.
παρέσται. Ι. 1026. κόσμον σύρας σοῦ τῶν λογίων π.
παρεσκευαζόμην. Π. 410. μὰ Δί', ἀλλ' ὕπερ πάλαι π.,
παρεσκευαζόμεθα. Ν. 607. ἡνίχ' ἡμεῖς δεῦρ' ἀφορμᾶσθαι π.,
Εκ. 84. ἠκκλησία δ', εἰς ἣν π.
παρεσκευασμένα. Α. 1089. τὰ δ' ἄλλα πάντ' ἐστίν π.,

παρεσκευασμέναι—παρόντων. 241

παρεσκευασμέναι. Εκ. 839. ἀγαθῶν ἀπάντων καὶ π.,
παρεσκευασμένα. Εκ. 771. τί γὰρ ἄλλο γ' ἢ φέρειν π.
παρεσκευασμένον. Λ. 175. ἀλλ' ἔστι καὶ τοῦτ' εὖ π.·
παρεσκευασμένος. Α. 37. νῦν οὖν ἀτεχνῶς ἥκω π.
Ι. 1152. ὦ Δῆμ', ἐγὼ μέντοι π.
ΕΙ. 451. ἢ δοῦλος αὐτομολεῖν π.,
Π. 77. λέγειν ἃ κρύπτειν ἢ π.
παρεσκευασμένους. Ο. 28. ἐς κόρακας ἐλθεῖν καὶ π.,
πάρεσμεν. Λ. 69. μῶν ὕστεραι π., ὦ Λυσιστράτη;
Θ. 541. παρρησίας κἀξὸν λέγειν ὅσαι π. ἀσταί,
παρέσω. Fr. 124, 1. π. κατέγμβεν ἱμάτια. β. κάπειτα πῶς
πάρεστ'. ΕΙ. 948. τὸ κανοῦν π. ὀλὰς ἔχον καὶ στέμμα καὶ μά-
  χαιραν,
παρέσται. Ο. 587. ἀγάθ' αὑτοῖσιν πάντα π. ΕΠ. λέγε δή μοι
  τῶν ἀγαθῶν ἕν.
Ο. 734. ὥστε π. κοπιᾶν ὑμῶν
παρεστάναι. Α. 143. τοὺς δ' αὖ χορευτὰς ἠλιθίους π.,
παρέστατ'. Εκ. 1114. ὑμεῖς θ' ὅσαι π. ἐπὶ ταῖσιν θύραις,
πάρεστε. Λ. 1101. ἐπὶ τί π. δεῦρο; ΛΛ. περὶ διαλλαγῶν
παρεστηκότος. Ι. 398. στῆσι τοῦ χρώματος τοῦ π.
πάρεστιν. Ν. 457. λῆμα μὲν π. τῷδέ γ'
Σ. 578. παιδῶν τοίνυν δοκιμαζομένων αἰδοῖα π. θεᾶσθαι.
820. π. τουτὶ, καυτὸς ἀναξ οὑτοσί.
856. κάλλιστα τοίνυν πάντα γὰρ π. νῷν
Εκ. 603. οὐκοῦν καὶ νῦν οὗτοι μᾶλλον κλέπτους', οἷς ταῦτα π.,
Π. 638. π. χαίρειν, ἤν τε βούλησθ' ἤν τε μή.
πάρεστιν. Σ. 832. μὰ τὸν Δί' οὐ π.· ἀλλ' ἐγὼ δραμὼν
Σ 903. αὖ αὖ. ΣΠ. π. ἕτερος οὗτος αὖ Λάβης,
ΕΙ. 300. νῦν γὰρ ἡμῖν ἁρπάσαι π. ἀγαθοῦ δαίμονος.
Ο. 1119. ἀλλ' ὡς ἀπὸ τοῦ τείχους π. ἄγγελος
1419. ὑξὶ π.· ἀλλ' ὅτου δεῖ χρὴ λέγειν,
1566. ὁρᾷν τυδὶ π., οἱ πρεσβεύομεν.
Λ. 4. νῦν δ' οὐδεμία π. ἐνταυθὶ γυνή,
402. σείειν π. ὥσπερ ἐνεουρηκότας.
Θ. 800. ὑμῶν ἐσμὲν πολὺ βελτίους· βάσανός τε π. ἰδέσθαι.
Εκ. 19. ἀλλ' οὐδεμία π. ἃς ἥκειν ἐχρῆν.
Π. 1189. ὁ Ζεὺς ὁ σωτὴρ γὰρ π. ἐνθάδε,
παρεστώς. Ι. 564. ναίοις πρὸς τὸ π.
παρεστώς. Θ. 6. ὄψει π. ΜΝ. πῶς λέγεις; αὖθις φράσον.
Εκ. 641. ἀλλ' ὁ π. οὐκ ἐπιτρέψει τότε δ' αὐτοῖς οὐκ ἐμέλ'
  οὐδὲν
παρεστῶτος. Α. 318. τοῦ νῦν π. θράσους θεσθοῦ τροπαίον ἡμᾶς.
παρέσχε. Ν. 523. πρώτους ἠξίως' ἀναγεῦσ' ὑμᾶς, ἢ π. μοι
Ο. 1252. εἰς Πορφυρίων αὐτῷ π. πράγματα.
παρέσχεν. Εκ. 379. γέλων π., ἦν προσέρραινον κύκλῳ
παρέσχες. Ι. 612. ὅσην ἀπῶν π., ἡμῖν φροντίδα·
παρεσχόμην. Θ. 147. ἤκουσα, τὴν δ' ἀλγηδιν' οὔ π.
παρετάθη. Ν. 213. οἶδ'· ὑπὸ γὰρ ἡμῶν π. καὶ Περικλέους.
παρετέθη. Α. 85. εἶτ' ἐξένιζε, π. θ' ἡμῖν ὅλους
Ι. 1223. αὑτοὶς δ' ἑαυτῷ π. τὰ μείζονα.
παρέτραγον. Β. 988. τίς τῆς ἐλάας π.;
παρέτρωγον. ΕΙ. 415. καὶ τοῦ κύκλου π. ὑφ' ἁρματωλίας.
παριφόρουν. Ι. 1215. ὦ παντεῖδον· ἅπαντα γάρ σοι π.
πάρεχ'. Σ. 949. π. ἐκποδών· ἐγὼ γὰρ ἀπολογήσομαι.
πάρεχε. Σ. 1326. ἄνεχε, π.·
Ο. 1720. ἔναγε, δίεχε, πάραγε, π.,
Β. 663, μὰ τὸν Δί', ἀλλ' ἤδη π. τὴν γαστέρα.
παρέχειν. Σ. 722. καὶ νῦν ἀτεχνῶς ἐθέλω π.
ΕΙ. 23. ἢ κανθάρῳ μάττοντα π. ἐσθίειν.
Λ. 162. ἐὰν δὲ τύπτωσιν, τί; ΛΥ. π. χρὴ κακῶς.
1191. οὐ φθόνος ἐνεστί μοι διὰ π. φέρειν
Β. 365. ἢ χρήματα ταῖς τῶν ἀντιπάλων ναυσὶν π. τινὰ πείθει,
Εκ. 425. δεῖπνον π. ἅπασιν, ἢ κλίσιν μακρά,
Fr. p. 502. ... τῇδὶ μὴ π. σε πράγματα.
παρέχης. Σ. 313. ἵν' ἐμοὶ πράγματα βύσκειν π.;
παρέχοιμ'. Ν. 422. ἀμέλει θάρρων, οὔνεκα τούτων ἐπιχαλκεύειν
  π. ἀν.
παρέχοιμεν. Α. 488. ἵνα τἀργύριον σῶν π. καὶ μὴ πολεμοῖτε δι'
  αὐτό.
παρέχουσαν. Ο. 581. οὐκ ἐθελήσει· μὰ Δί', ἀλλ' ὄψει προφάσεις
  παρέχειν π.
παρέχουσι. Ν. 317. αἵπερ γνώμην καὶ διάλεξιν καὶ νοῦν ἡμῖν π.
παρέχω. Ν. 441. π. τύπτειν, πεινῆν, διψῆν,
Θ. 942. γέλωτα π. τοῖς κόραξιν ἐστιών,
Π. 558. οὐ γιγνώσκων ὅτι τοῦ Πλούτου π. βελτίονας ἄνδρας
παρέχων. Σ. 737. καὶ μὴν θρέψω γ' αὐτὸν π.
Π. 132. τίς οὖν ὁ π. ἐστιν αὐτῷ τοῦθ'; ΚΑ. ὁδί.
παρέχων. Εκ. 415. ἢν γὰρ π. τοῖς δεομένοισι κναφὴς
παρῇ. Α. 752. ἀλλ' ἠδύ τοι νὴ τὸν Δί', ἦν αὐλὸς π.
παρηγγέλμι. Π. 669. ἡμῖν π. καθευδῆσαι τοῦ θεοῦ
παρῇμ'. Β. 948. ἔπειτ' ἀπὸ τῶν πρώτων ἐπῶν οὐδὲν π. ἂν ἀργόν,

παρῆκας. Θ. 565. ταῦθ' ὑπεβάλου, τὸ σὸν δὲ θυγάτριον π. αὐτῇ.
παρηκόνηνται. Β. 1116. νῦν δὲ καὶ π.
παρῆλθε. Εκ. 409. π. γυμνός, ὡς ἐδόκει τοῖς πλείοσιν·
παρῆλθεν. Σ. 637. κοὐδὲν π., ὥστ' ἔγωγ'
παρῆλθον. Θ. 443. ὀλίγων ἕνεκα καυτὴ π. ῥημάτων.
παρήμαρτον. Fr. 283. "ἀλλ' εἰς ἦραν τι π."
παρήν. Σ. 1301. καίτοι π. Ἵππυλλος, Ἀντιφῶν, Λύκων,
Ο. 1134. πλινθοφόρος, οὐ λιθουργός, οὐ τέκτων π.,
Εκ. 141. τοσαῦτά γ' εὔχοντ', εἴπερ οἶνος μὴ π.;
Fr. 719. μέλαινα διωτὴ γλῶσσα Βρεττία π.
παρήνεσα. Ι. 600. τῇ δ' Ἀγροτέρᾳ κατὰ χιλίων π.
παρήνουν. Α. 617. ἄπαντες ἐξίστως π. οἱ φίλοι.
παρῆς. Ι. 193. ἀλλ' εἰς ἀμαθῇ καὶ βδελυρόν, ἀλλὰ μὴ π.
παρῆσαν. Ν. 1152. καί μάρτυρες π., ὅτ' ἐδανειζόμην·
Fr. 460. ἐπειδ' ὅσοι π. ἐπίσημοι ξένοι
παρῆσω. Ι. 340. οἶμοι, διαρραγήσομαι. ΑΛ. καὶ μὴν σ' ἐγὼ
  οὔ π.
παρηγήσαντο. Σ. 1257. ἡ γὰρ π. τὸν πεπονθότα,
παρθέν'. Θ. 1110. ὦ π., οἰκτείρω σε κρεμαμένην ὁρῶν.
παρθένεια. Ο. 919. καὶ π. καὶ κατὰ τὰ Σιμωνίδου.
παρθένια. Ο. 1099. ἠμικὰ τε βοσκώμεθα π.
παρθένοι. Ι. 1302. οὐδὲ πυνθάνεσθε ταῦτ', ὦ π. τῶν τῇ πύλει,
Ν. 298. π. ὀμβροφόροι,
Θ. 1015. φίλαι π., φίλαι,
Β. 875. ὦ Διὸς ἰννέα π. ἀγναὶ
παρθένον. Ο. 1105. ἴα· τίν' ὕχθον τύνδ' ὁρῶ καὶ π.
Θ. 1139. π., ἄζυγα κούρην,
παρθένος. Ν. 530. κἀγὼ, π. γὰρ ἔτ' ἢ, κοὐκ ἐξὴν πώ μοι τεκεῖν.
Ο. 670. ὅσον θ' ἔχει τὸν χρυσὸν, ὥσπερ π.
Β. 950. χἀ δεσπότης χὴ π. χὴ γραῦς ἄν. ΑΙ. εἶτα δῆτα
Πάρι. Fr. 442. Π. ἐξήρυσσον,
παρίει. Ι. 436. κλέψας Ἀθηναίων. ΧΟ. ἄθρει, καὶ τοῦ ποδὸς π.·
Ι. 440. ὀργὴν ἂν ἠδέως λάβοι, τοὺς τερθρίους π.
πάρῃς. Α. 44. π., ὡς ἂν ἐντὸς ἧτε τοῦ καθάρματος.
Εκ. 129. π. ἐς τὸ πρόσθεν. Ἀρίφραδες, κακῶς ἀλῶν.
παρίοιμεν. Λ. 151. γυμναὶ π., δέλτα παρατετιλμέναι,
παρίοντα. Εκ. 882. π. Μυσσαί, δεῦρ' ἰθ' ἐπὶ τούμον στόμα,
παρίοντων. Α. 623. πᾶς τίς φησιν τῶν π.
παριοῦσαν. Σ. 42. π. ἢδη τῇδε καὶ Φιλαινέτην.
παριοῦσι. Θ. 944. ἴνα τοῖς π. δῆλος ᾖς πανοῦργος ὤν.
παρίστασθον. Β. 1378. ἴθι νυν π. παρὰ τῷ πλάστιγγ', ΑΙ. καὶ
  ΕΥ. ἰδού·
πάριτ'. Α. 43. π. ἐς τὸ πρόσθεν,
παριών. Εκ. 130. κάθιζε π. τίς ἀγορεύειν βούλεται;
Παρμένων. Εκ. 868. καὶ Π. αἴρεσθε τὴν κάμψηθίαν.
Παρνασίαν. Ν. 603. Π. θ' ὃς πέτραν
Παρνασόν. Β. 1212. καθαντοῦ ἐν ἀκροῖς τοῖς καινύσιν. Π. κάτα
Παρνασσόν. Β. 1057. καὶ Π. ἡμῖν μεγέθη, τοῦτ' ἐστί τὸ χρηστὰ
  διδάσκειν,
Πάρνηθ'. Ν. 323. βλέπε νυν δευρὶ πρὸς τὴν Π.· ἤδη γὰρ ὁρῶ
  κατιούσας
Fr. p. 509. ἐν τῆν Π. ὀργισθεῖσαι φροῦδαι κατὰ τὸν Λυκα-
  βηττόν.
Παρνηθίαν. Α. 348. ὀλίγων τ' ἀπέθανον ἄνθρακες Π.,
πάρνοπες. Α. 588. πρῶτα μὲν αὐτῶν τὰς οἰνάνθας π. οὐ κατέ-
  δονται,
πάρνοπι. Ε. 1311. ὁ δ' ἀνακραγὼν ἀντήκασ' αὐτῶν π.
πάρνοψαν. Α. 150. ὅσον τὸ χρῆμα π. προσέρχεται.
Ο. 185. ὥστ' ἄρξεν' ἀνθρώπων μὲν ὥσπερ π.
παροιμία. Fr. Μ. Ἀμφ. 22. π.
παροιμίαν. Θ. 528. τὴν Π. δ' ἐπαινῶ
παροινεῖς. Fr. 243. ἤδη π. εἰς ἐμὲ πρὶν δεδειπνάναι.
παρώνικότες. Σ. 1300. καὶ τῶν ξυνόντων μακρῷ πολὺ π.·
παροίνιος. Α. 981. ξυγκατακλινεῖς, ὅτι π. ἀνὴρ ἔφυ,
παροινοῦντ'. Ε. 143. καὶ τῶν π. ἀτέλειαν τῷ τάξιται.
παρώξας. ΕΙ. 30. τῇδὶ π. τὰς θύρας, ἵνα μή μ' ἴδῃ
Πάρον. Σ. 1169. μᾶψν ἐπὶ Π., καὶ ταῦτα δύ' ὀβολῶ φέρων,
παρόντ'. Ν. 542. τύπτες τὸν π., ἀφανίζων πονηρὰ σκώμματα.
Π. 256. ἀλλ' ἔστ' ἐπ' αὐτῇς τῆς ἀκμῆς, ὦ π. ἀμύνειν.
Ο. 642. καὶ ταῦτα κήφρη καὶ τὰ π. φρύγανα,
Ο. 901. τὰ δὲ π. θύμαι' οὐδὲν ἄλλο πλὴν
Π. 1127. ποθεῖς τὸν οὐ π. καὶ μάτην καλεῖς.
παρόντα. Α. 513. ἀτὰρ, φίλοι γὰρ οἱ π. ἐν λόγῳ.
Ν. 1193. π. οἱ φεύγοντος ἡμέρᾳ μιᾷ
Ο. 30. ἡμῖν γὰρ ὄντοιν τοῖν ἐν π. ἐν λόγῳ,
729. ἀλλὰ π. δώσομεν ὑμῖν.
παρόντας. Ε. 1139. ὅρμον π. τὸν ἔνδον ὑρξει· ἢ 'π' τῷ θρασύνεται;
Α. 503. ξένων π. τὴν πόλιν κακῶς λέγω.
Ι. 30. κράτιστα τοίνυν τῶν π. ἐστι νῷν,

I i

242 παρόντων—πατέρα.

παρόντων. Ν. 777. μέλλων ὀφλήσειν, μὴ π. μαρτύρων.
Σ. 1175. ἀνδρῶν π. πολυμαθῶν καὶ δεξιῶν;
Λ. 650. ἢν ἀμείνω γ' εἰσενέγκω τῶν π. πραγμάτων.
1133. ἐχθρῶν π. βαρβάρων στρατεύμασιν
παρορᾷς. Ο. 454. χρηστὸν ἐξευρὼν ὅ τι μοι π., ἤ
πάρος. 1. 1337. ἀλλ', ὦ μίλ', οὐκ οἶσθ' οἷος ἦσθ' αὐτὸς π.,
Σ. 1536. ἡμᾶς ταχύ· τοῦτο γὰρ οὐδείς πω π. δίδρακεν,
παραύσασιν. Λ. 73. ἀλλ' εἴ τι πάνυ δεῖ, ταῖς π. λέγε.
παρούσης. Α. 1010. ἀνδραπε, τῆς π.
Εκ. 885. φῶν δ' ἐρήμαις οὔ π. ἐνθάδε
παροῦσι. Ι. 974. ἔσται τυῖσι π. πά-
παρουσία. Θ. 1049. πάθος ἀμέγαρτον ἐπὶ κακῶν π.;
παροῦσιν. Θ. 1169. ἀπὸ τῆς στρατιᾶς π. ὑμῶν διαβαλῶ
Εκ. 283. τοῖς μὴ π. ὀρθρίοις ἐς τὴν πύκνα
πάρoxoς. Ο. 1740. Ζηνός π. γάμων
παροψίς. Fr. 236, 2. ὥσπερ π. μαιχὸς ἐσκευασμένος.
παρῳψινούσιν. Εκ. 226. αὐταῖς π. ὥσπερ καὶ πρὸ τοῦ·
παρρησίας. Θ. 541. π. μέζον λέγειν ὅσαι πάρεσμεν ἀσταὶ,
παρσένε. Λ. 1263. μόλε δεῦρο, π. σιὰ,
Λ. 1272. πυναγὶ π.
παρταμοῦσα. Λ. 116. δοῦνάν ἐμαυτῆι π. θήμιαι.
μαρτέν'. Θ. 1111. οὔ π. ἐστὶν, ἀλλ' ἀμπρωλὴ γέρων.
παρυφίς. Fr. 309, 7. ζῶμ', ἀμπέχωνον, τρύφημα, π., ξυστίδα.
μάρφαινι. Λ. 183. π. μὲν τὺν ὅρκον, ὡς ὑμώμεθα.
παρών. Ι. 1120. π. ἀπωθηκεῖ.
Σ. 733. π. ἐμφανὴς
736. σὺ δὲ π. δέχου.
840. εἰσακτέον μοι· σὺ δὲ κατηγόρει π.
Ο. 548. ἀλλ' ὅ τι χρὴ δρᾶν, σὺ δίδασκε π.· ὡς ζῆν οὐκ ἄξιον ἡμῖν,
1215. ἐπέβαλεν ὀρνίθαρχος οὐδεὶς σοι π.;
Λ. 284. ἐγὼ οὐκ ἄρα σχήσω π. τολμήματος τοσούτου;
Εκ. 407. ἔγωγ' ἂν εἴπον, εἴ π. ἐτύγχανον.
Θ. 188. ἔπειτα πῶς οὐκ αὐτὸς ἀπολογεῖ π.;
Π. 140. μνήσεται δηπουθεν, ἢν σὺ μὴ π.
225. ὅπως ἂν ἴσον ἕκαστος ἐνταυθὶ π.
παρῶν. Ν. 1153. πολλῷ γε μᾶλλον, κἂν π. χίλιοι
πᾶς. Α. 42. ἐς τὴν προεδρίαν π. ἀνὴρ ὡστίζεται. κ.τ.λ.
πᾶς'. Θ. 184. ἡ π.· ἐὰν γὰρ ἐγκαθεζόμενος λάθρα
πᾶσα. Α. 971. εἶδες ὦ εἶδες ὦ π. πόλι τὸν φρόνιμον ἄνδρα, τὸν ὑπέρσοφον, κ.τ.λ.
πάσαι. Λ. 209. λάξυσθε π. τῆς πύλικος, ὦ Λημνιτοὶ κ.τ.λ.
πάσαις. Θ. 271. π. τέχναις, ἢν μοί τι περιπίπτῃ κακόν. κ.τ.λ.
πάσαισι. Εκ. 485. π. παρὰ τοῖς ἀνδράσιν τὸ πρᾶγμα τοῦτ' ἐλεγχθέν.
πάσαισιν. Λ. 101. π. ὑμῖν ἐστιν ἀποδημῶν ἀνὴρ. κ.τ.λ.
πᾶσαν. Ν. 1129. ὑσομεν τὴν νύκτα π.· ὥστ' ἴσως βουλήσεται κ.τ.λ.
πάσας. Α. 809. ἀλλ' οὐχὶ π. κατέγαγον τὰς ἰσχάδας. κ.τ.λ.
πάσασθαι. Ει. 1281. Ἄριστον προτίθεντο καὶ ἅτθ' ἥδιστα π.
πάσῃ. 1 592. γὰρ τοῖς ἀνδράσι τοῖσδε π. κ.τ.λ.
πάσῃσι. 1. 1087. αἰετὸς οὑ γίγνει καὶ π. γῆς βασιλεύσεις. κ.τ.λ.
πάσχων. Ο. 868. πήμα πᾶσι καὶ π.
πᾶσι, Α. 620. ἀλλ' οὖν ἐγὼ μὲν π. Πελοποννησίοις κ.τ.λ.
πᾶσί, 1. 402. ὦ περὶ πάντ' ἐπὶ π. τε πράγμασι
Πασίᾳ. Ν. 21. φέρ' ἴδω, τί ὀφείλω; πέδιμνα μνᾶς Π
Ν. 22. τοῦ δώδεκα μνᾶς Π.; τί ἐχρησάμην;
Πασίαν. Ν. 30. ἀτὰρ τί χρέος ἔβα με μετὰ τὸν Π.;
πᾶσιν. Α. 529. Ἕλλησι π. ἐκ τριῶν λαιμαστρίων, κ.τ.λ.
πασπάλην. Σ. 91. ὕπνον δ' ὁρᾷ τῇ νυκτρὶ οὐδὲ π.
πάσσακι. Α. 763. π. τὰς ἀγλιθας ἐξαρύσαιτε
πάστα. Fr. 547. χορδαὶ, φύσκαι, π., ζωμοί.
παστέα. Ει. 1074. ἀλλὰ τῳδὶ πρότερον ΤΡ. τοῖς ἀλσί γε π. ταυτί.
πάσχει. Ν. 234. π. δὲ ταυτὸ τοῦτο καὶ τὰ νάρδαμα.
Ει. 696. εὐδαιμονεῖ π. δι θαυμαστόν. ΕΡ. τί γε;
πάσχειν. Ν. 1420. ἀλλ' οὐδαμῶς νομίζεις τὸν πατέρα τοῦτο π.
Σ. 1014. ἔστι π., κοῦ πρὸς ὑμῶν,
Λ. 608. εἴτ' οὐχὶ ταῦτα δεινά π. ἐστ' ἐμέ;
Β. 737. ἢν τι καὶ πάσχητε π. τοὺς σοφοῖς δοκήσετε.
πάσχεις. Ν. 662. ὁρᾷς δ π.; τὴν τε θήλειαν καλεῖς
Ν. 708. τί π.; τί κάμνεις;
816. ὦ δαιμόνιε, τί χρῆμα π., ὦ πάτερ;
Σ. 1. Οὗτος, τί π., ὦ κακοδαῖμον Ξανθία;
Ο. 1044. οὗτος, τί π.; ΠΕ. οὐκ ἀπωδίσεις τοὺς νόμους;
Λ. 880. αὕτη, τί π.; οὐδ' ἐλκεῖς τὸ παιδίον
πάσχετ'. Ει. 322. τί τὸ κακόν; τί π., ἄνδρες; μηδαμῶς, πρὸς τῶν θεῶν,
Ει. 383. εἴπέ μοι, τί π., ἄνδρες; ἔσται' ἐκτεπληγμένοι.
πάσχητε. Β. 737. ἢν τι καὶ π., πάσχειν τοῖς σοφαῖς δοκήσετε
πάσχοι. Ει. 446. τί γε τοιαῦθ' οἵαπερ Κλεώνυμος.

πάσχομεν. Α. 678. γηροβοσκούμεσθ' ὑφ' ὑμῶν, ἀλλὰ δεινά π.,
πάσχοντα. Α. 167. ταυτὶ περιείδεθ' οἱ πρυτάνεις π. με
πάσχω. Π. 900. ὅτι χρηστός ὢν καὶ φιλόπολις π. κακῶς,
πασῶν. Ν. 1132. εἴθ' ἦν ἐγὼ μάλιστα π. ἡμερῶν π.λ.
παταγεῖ. Ν. 389. χώσπερ βροντή τὸ ζωμίδιον π. καὶ δεινά κέκραγεν
παταγεῖν. Ν. 384. ἐμπιπτούσας εἰς ἀλλήλας π. διὰ τὴν πυκνότητα;
παταγεῖς. Fr. 171. καλά δή π.
πάταγον. Fr. 155. χρυσαχάλινων π. ψαλίων
πάταγος. Α. 539. ἀνταιδεῖν ἤδη π. ἢν τῶν ἀσπίδων.
πατάγου. Ν. 382. ἀτὰρ οὐδεὶν πω περὶ τοῦ π. καὶ τῆς βροντῆς μ' ἐδίδαξας.
Λ. 329. μύγις ἀπὸ κρήπης ὑπ' ὄχλον καὶ θορύβου καὶ π. χυτρείου,
παταγοῦσιν. Ν. 378. εἰς ἀλλήλας ἐμπίπτουσαι ῥήγνυνταί καὶ π.
πάταξα. Β. 647. καὶ δή π. ΔΙ. κᾆτα πῶς οὐκ ἔπταρον;
πάταξά. Β. 645. ἤδη 'π. σ'. ΕΑ. οὐ μὰ ΔΙ'. ΑΙ. οὐδ' ἐμοὶ δοκεῖς.
πατάξαι. Σ. 1254. καὶ θυροκοπῆσαι καὶ π. καὶ βαλεῖν,
Σ. 1422. ἐμὼν ὑμολογῶ γὰρ π. καὶ βαλεῖν.
Λ. 635. τῆς θεοῖς ἐχθρὰς π. τῆσδε γραῦν τὴν γνάθον.
Β. 741. τὸ δὲ μή π. σ' ἐξελεγχθέντ' ἀντικρυς,
πατάξας. Α. 93. κύρας π. τὴν γυν σὺν τοῖ πρέσβιος.
Ο. 759. προσδραμὼν εἴπῃ π., αἰρε πληκτρον, εἰ μάχει.
Β. 547. πύξ π. μοῦξίκοψε
παταξάτω. Λ. 362. καὶ μὴν ἰδού π. τις· στάσ' παρέξω,
πατάξω. Λ. 657. τφδὶ γ' ὑψήπτω π. τῷ κοθόρνῳ τὴν γνάθον.
Β. 646. ἀλλ' εἶμ' ἐπὶ τουδὶ καὶ π. ΔΙ. πρηνία;
πατεῖν. Σ. 377. μή π. τὰ
πατεῖσθαι. Ν. 1359. οὐ γὰρ τότ' εὐθὺς χρῆν σε τύπτεσθαί τε καὶ π.
πατεῖτω. Ει. 320. ἐν κυκάτω καὶ π. πάντα καὶ ταρυττέτω,
πάτερ. Α. 223. ὅστις, ὦ Ζεῦ π. καὶ θεοὶ, τοῖσιν ἐχθροῖσιν ἐσπεῖσατο,
1. 725. ὦ Δῆμ. δεῦρ' ἔξελθε. ΑΛ. νὴ Δί', ὦ π.,
Ν. 35. ἐνεχυράσασθαί φασιν. ΦΕ. ἔτεόν, ὦ π.,
80. Φειλιππίδη, Φειλιππίδιον. ΦΕ. τί, ὦ π.;
93. ὁρῷ. τί οὖν τοῦτ' ἐστὶν ἐτεόν, ὦ π.;
816. ὦ δαιμόνιε, τί χρῆμα πάσχεις, ὦ π.;
1325. ὦ μιαρέ τύπτεις τὸν πατέρα; ΦΕ. φήμ', ὦ π.
Σ. 248. τὸν πηλὸν, ὦ π., τουτονὶ φύλαξα.
291. ἐθελήσεις τί μοι, ὦ π., ἢν σοῦ τι δεηθῶ;
303. ἄγε νυν, ὦ π., ἢν μὴ τὸ δικαστήριον ἄρχῃ
519. οἰόμενον ἄρχειν· ἐπεὶ δίδαξον τοῦτ', ὦ π.,
556. οἴκτειρόν μ', ὦ π., αἰτοῦμαι σ', εἰ καυτὸς πώπτος ὀφεῖλον
652. ἀτάρ, ὦ π. ἡμέτερε Κρονίδη ΦΙ. παῦσαι καὶ μὴ πάτερίζε,
667. ἀλλὰ μαχοῦμαι περὶ τοῦ πλήθους ἀεί. ΒΔ. σὺ γάρ, ὦ π., αὐτοῖς·
760. ἴθ' ὦ π., πρὸς τῶν θεῶν, ἐμοὶ πιθοῦ.
919. πρὸς τῶν θεῶν, μὴ προκαταγίγνωσκ', ὦ π.,
975. ἴθ', ἀντιβολῶ σ', οἰκτείρατ' αὐτόν, ὦ π.,
988. μύσας παρέξον κἀπιλυσον, ὦ π.,
995. π., π., τί κίνουσας; ΦΙ. οἴμοι, ποῦ 'σθ' ὕδωρ;
1003. καὶ μηδέν' ἀγανάκτει η'. ἐγὼ γάρ σ', ὦ π.,
ΕΙ. 114. ὦ π., ὦ π., ἢ β' ἐτυμόν γε
118. ἐστί τι ταῦθ' ἐτύμως; εἴπ', ὦ π., εἴ τι φιλεῖς με.
131. ἄπιστον εἶπας μῦθον, ὦ π. π.,
Ο. 926. σὺ δὲ π. κτίστορ Αἴτνας,
Fr. 125. ἀλλ' εἴπ' ὦ π., κωμῳδὴ μεσημβρία,
533. ἐπὶ Παλλαδῳ τήρ' ὦ π. δώσεις δίκην.
πατέρ'. Α. 147. καὶ τῷ π. ἠντιβόλει βοηθεῖν τῇ πάτρᾳ
Ν. 29. μιὰ μὴν οὐ πολλοῦ τὸν π. ἐλαύνεις δρόμους.
569. καὶ μεγαλώνυμον ἡμέτερον π.,
905. οὐκ ἀπεκλεισεν τὸν αὑτοῦ π.;
ΕΙ. 113. ἀλλ' ἀντιβολεῖτε τὸν π., ὦ κακοδαίμονα.
1300. εἰπέ μοι, ὦ πόσθων, ἐπὶ τὸν σαυτοῦ π. ᾄδεις;
Ο. 473. προτέρα τῆς γῆς, κάπειτα νύσω τὸν π. αὐτὴν ἀποθνῇσκειν·
475. ὑπ' ἀμηχανίας τὸν π. αὐτῆς ἐν τῇ κεφαλῇ κατορύξαι,
1368. τὸν π. ἔα ζῆν· ἀλλ' ἐπειδὴ μάχιμος εἶ,
Εκ. 639. διὰ τὴν ἄγνοιαν, ἐπεὶ καὶ πρὶν ὦ γιγνώσκοντες π. ὄντα
647. εἴ σε φιλήσειεν Ἀριστύλλος, φάσκων αὐτοῦ π. εἶναι.
πατέρα. Ν. 1325. ὦ μιαρέ τύπτεις π. ; ΦΕ. φήμ', ὦ πάτερ
Ν. 1331. τὸν π. τύπτεις. ΦΕ. μίσοφαρῶ γε νὴ Δία
1333. καὶ πῶς τύπτειν' ὦ π. τύπτεν' ἐν βίῳ;
1341. τὸν π. τύπτεσθ' ἔστιν ὑπὸ τῶν υἱέων.
1405. οἶμαι διδάξειν μὴ δίκαιον τὸν π. κολάζειν.
1415. κλᾴουσι παῖδες, π. δ' οὐ κλᾳείν δοκεῖς;
1420. ἀλλ' οὐδαμοῦ νομίζεται τὸν π. τοῦτο πάσχειν.

πατέρα—παῦε. 243

πατέρα. Σ. 216. τὸν π.   ΧΠ. τί λέγεις ; ἀλλὰ νῦν ὄρθρος βαθύς.
Ο. 757.   εἰ γὰρ ἐνθάδ' ἐστὶν αἰσχρὸν τὸν π. τύπτειν νόμῳ,
1348.   τὸν π. τοῖς ὄρνισιν ἄγχειν καὶ δάκνειν.
1350.   ὃς ἂν πεπληγῇ τὸν π. νεοττὸς ὤν.
1352.   ἄγχειν ἐπιθυμῶ τὸν π. καὶ πάντ' ἔχειν.
1357.   δεῖ τοὺς νεοττοὺς τὸν π. πάλιν τρέφειν.
1359.   εἶπερ γέ μοι καὶ τὸν π. βοσκητέον.
1364.   τὸν μὲν π. μὴ τύπτε· ταυτηνδὶ λαβὼν
1605.   δυοστερεῖς τὸν π. τῆς τυραννίδος ;
Θ. 194.   χαίρεις ὁρῶν φῶς, π. δ' οὐ χαίρειν δοκεῖς ;
563.   Ἀχαρνικὴ τὸν π.   ΓΤ. Γ, ταυτὶ δῆτ' ἀνέκτ' ἀκούειν·
1056.   χαῖρ', ὦ φίλη παῖ· τὸν δὲ π. Κηφία,
Β. 1185.   ἀποκτενεῖν τὸν π., πρὶν καὶ γεγονέναι,
Fr. 523.   ἐκβαίνετον τὸν π. τοῖς ὀρχήμασι.
πατέρες, I. 565.   εὐλογῆσαι βουλόμεσθα τοὺς π. ἡμῶν, ὅτι
Ν. 1424.   θεῖναι νόμον τοῖς υἱέσιν, τοὺς π. ἀντιτύπτειν·
1428.   ὡς τοὺς π. ἀμύνεται· καίτοι τί διαφέρουσιν
Σ. 1039.   οἱ τοὺς π. τ' ἦγχον νύκτωρ καὶ τοὺς πάππους ἀπέπνιγον,
Λ. 99.   τοὺς π. οὐ ποθεῖτε τοὺς τῶν παιδίων
Εκ. 636.   ἔσται δυνατὸς διαγιγνώσκειν ;   ΠΡ. τί δὲ δεῖ ;   π. γὰρ ἅπαντας
Π. 577.   ἀπὸ τῶν παίδων· τοὺς γὰρ π. φεύγουσι, φρονοῦνται ἄριστα
πατέρες. Ν. 968.   ἐντειναμένους τὴν ἁρμονίαν, ἣν οἱ π. παρέδωκαν,
Ο. 1440.   ὅταν λέγωσιν οἱ π. ἐκάστοτε
Β. 698.   χοῖ π. ἐνωυμάχησαν καὶ προσήκουσιν γένει,
πατερίζε, Σ. 652.   ἀτάρ, ὦ πάτερ ἡμέτερε Κρονίδη   ΦΙ. παῦσαι καὶ μή,
πατέρων. Ο. 541.   π. νάκην, οἷ
πατήρ. Ν. 72.   ὥσπερ ὁ π. σου, διφθέραν ἐνημμένος.
Σ. 71.   νόσον γὰρ ὁ π. ἀλλόκοτον αὐτοῦ νοσεῖ,
139.   ὁ γὰρ π. ἐς τὸν ἰκνὸν εἰσελήλυθεν
570.   τὰ δὲ συγκύψανθ' ἅμ βληχᾶται· κἄπειθ' ὁ π. ὑπὲρ αὐτῶν,
583.   κἂν ἀποθνήσκων ὁ π. τῷ ᾠ̂ καταλείπων παῖδ' ἐπίκληρον,
1359.   π. γὰρ οὐδείς ἐστιν αὐτῷ πλὴν ἐμοί.
1531.   καὐτὸς γὰρ ὁ ποντομέδων ἄναξ π. προσέρπει
ΕΙ. 111.   ὦ παιδί', ὁ π. ἀπολιπὼν ἀνέρχεται
187.   π. δέ σοι τίς ἐστιν ;   ΤΡ. ἐμοί ; μαρώτατος.
793.   καὶ γὰρ ἔφασχ' ὁ π. ὁ παρ' ἐλπίδας
Ο. 138.   ὥσπερ ἀδικηθεὶς παιδὸς ἐμαυτοῦ π.
476.   ὦ π. ἆρα τῆς κορυδοῦ νυνὶ κεῖται τεθνεὼς Κεφαλῆσιν.
1259.   ἢ μὴν σε παύσει τῆς ὕβρεως οὑμὸς π.
1355.   ἐπὴν ὁ π. ὁ πελαργὸς ἐκπετησίμους
1655.   τί δ', ἣν ὁ π. ἐμοὶ διδῷ τὰ χρήματα
1669.   ἤδη σ' ὁ π. εἰσήγαγ' ἐς τοὺς φράτορας ;
Λ. 882.   ἐγὼγ' ἱλεῳ δῆτ' ἀλλ' ἀμελῇς αὐτῷ π.
Θ. 860.   Σπάρτη, π. δὲ Τυνδάρεως,   ΓΤ. Π. σοί γ', ὤλεθρε.
861.   π. ἐκεῖνός ἐστι ;   Φρυνώνδας μὲν ὁ π.
Β. 1141.   πότερ' οὖν τὸν Ἑρμῆν, ὡς ὁ π. ἀπώλετο
Fr. 324.   ἐνταῦθ' ἐτυράννευεν ποθ' Ὑψιπύλης π.
πατήσεις, I. 166.   βουλὴν π. καὶ στρατηγοὺς ἐλαστάσεις,
πατούμενοι, I. 69.   ἡμεῖς δὲ δίδομεν· οἱ δὲ π.
πατούμενος. Λ. 440.   τὴν χεῖρ' ἐπιβαλεῖς, ἐπιχεσεῖ π.,
πατοῦντι. Σ. 259.   ἀλλ' οὑτοσί μοι βόρβορος φαίνεται π.·
πάτρα. Θ. 136.   ποδαπὸς ὁ γύννις ; τίς π. ; τίς ἡ στολή ;
πάτρα. Α. 147.   καὶ τὸν πατέρ' ἀντιβόλει βοηθεῖν τῇ π.
πατραλοία, Ν. 1327.   ὦ μιαρὲ καὶ π. καὶ τοιχωρύχε,
πατραλοίαις. Β. 773.   καὶ τοῖσι π. καὶ τοιχωρύχοις,
πατραλοίας. Ν. 911.   κρίνεσι στεφανοῖς.   ΔΙ. καὶ π.
Δ. 284.   ἐλεεινὸν ὁῶν σου τοῦτο π. αὐτόθι
πάτραν. Β. 1427.   μισῶ πολίτην, ὅστις ὠφελεῖν π.
πάτρας. Β. 1163.   ἐλθεῖν μὲν ἐς γῆν ἐσθ' ὅτῳ μετῇ π.·
πατρί. Ν. 860.   ἀλλ' ἴθι, βάδιζ', ἴωμεν· εἶτα τῷ π.
Ν. 998.   μηδ' ἀντειπεῖν τῷ π. μηδέν, μηδ' Ἰαπετὸν καλέσαντα
Σ. 295.   τοῦτ' ἄρα πρῶτον τἀδίκημα τῷ π.·
876.   δέξαι τελετὴν καινήν, ὦναξ, ἣν τῷ π. καινοτομοῦμεν·
ΕΙ. 1153.   ὢν ἕνεγκ', ὦ παῖ, τῷ π. ἡμῖν, ἵν' ὁ π. μάθῃ τί τις τῷ π.
Ο. 758.   τοῦτ' ἐπεὶ καλὸν παρ' ἡμῖν ἐστιν, ἣν τις τῷ π.
Β. 1172.   τύμβον δ' ἱε' ὄχθῳ τῷδε κηρύσσω π.
πάτρια. Α. 1000.   ἀκούσετε λέῳ· κατὰ τὰ π. τοὺς χύας
πατριδί. Ο. 10.   ἐντευθενὶ τὴν π. ἂν ἐξεύροις σύ που·
πατρίδα. Ν. 1220.   ἀτὰρ οὐδέποτέ γε τὴν π. καταισχυνῶ
πατρίδα. Α. 168.   ἐν τῇ π. καὶ ταῦθ' ὑπ' ἀνδρῶν Βαρβάρων
Ο. 103. π. εὐφυοῦσθαι βοᾷν.
πατρίδων. Σ. 986.   ἴθ', ὦ π., ἐπὶ τὰ βελτίω τρέπου.
πατρίδος. Α. 290.   ὦ προδότα τῆς π., ὅστις ἡμῶν μόνος
Ο. 35.   ἀνεστύμεσθ' ἐκ τῆς π. ἀμφοῖν ποδοῖν,

πατρικός. Ο. 142.   οὐκ ἀρχιπέδησαι, ὧν ἐμοὶ π. φίλος.
πατρίοις. Β. 368.   καιμφθηδεὶς ἐν ταῖς π. τελεταῖς ταῖς τοῦ Διονύσου·
Β. 1533.   κάλλον ὁ βουλόμενος τούτων π. ἐν δροίραις.
πάτριον. Εκ. 778.   οὐ γάρ π. τοῦτ' ἐστὶν ἀλλὰ λαμβάνειν
πατρίς. Θ. 859.   ἐμοὶ δὲ γῆ μὲν π. οὐκ ἀνώνυμος,
Π. 1151.   π. γάρ ἐστι πᾶσ' ἵν' ἂν πράττῃ τις εὖ.
Πατροκλείδης. Ο. 790.   εἴ τε Π τις ὑμῶν τυγχάνει χεζητιῶν,
Πατροκλέους. Π. 84.   αὐχμῶν βαδίζεις ;   ΠΛ. ἐκ Π. ἔρχομαι,
Fr. 386. Π.
Πατροκλῆς. Fr. 386. Π.
Πατροκλῶν. Β. 1041. Π., Τεύκρων θυμολεόντων, ἵν' ἐπαίροιμ' ἄνδρα πολίτην
πατρός. Α. 712.   περιπτύξευσεν δ' ἂν αὐτοῦ τοῦ π. τοὺς ξυγγενεῖς.
Α. 731.   ἀλλ', ὦ πονηρὰ κώμη' ἀθλίου π.,
790.   ὁμομητρία γάρ ἐστι μὴν ταυτοῦ π.
798.   καὶ τὸν Ποτειδᾶ, κἂν ἄνευ τῳ τῷ π.
834.   ὦ χοιρίδια, πείρησθε πάνις τῷ π.
853.   π. τραγασαίου
Ν. 271.   εἴτ' Ὠκεανοῦ π. ἐν κήποις ἱερὸν χορὸν ἵστατε Νύμφαις,
277.   π. ἀπ' Ὠκεανοῦ βαρυαχέος
844.   οἴμοι, τί δράσω παραφρονοῦντος τοῦ π.;
1100.   αἴε σοῦ π.
Σ. 151.   ὅστι π. νῦν Καπνίου κεκλήσομαι.
210.   τηρεῖν Σκιώπην ἀντὶ τούτου τοῦ π.
477.   νὴ Δί' ἦ μοι κρεῖττον ἐκστῆναι τὰ παράπαν τοῦ π.
ΕΙ. 676.   οὐκ ἦν ἄρ' οὐνὲρ φησιν εἶναι τοῦ π.
1297.   οὐ πράγματ' ἄσει· σώφρονος ἐφυ τοῦ π.
Ο. 767.   βούλεται, πέρδιξ γενέσθαι, τοῦ π. νεοττίου·
1230.   ἐγώ; πρὸς ἀνθρώπων πέτομαι παρὰ τοῦ π.
Λ. 889.   ὦ γλυκύτατον σὺ τεκνίδιον κακοῦ π.,
1126.   τοῦτο δ' ἐκ π. τε καὶ γεραιτέραν λόγοις
Β. 149.   ἡ μήτηρ' ἠλόησεν, ἡ π. γνάθον
1140.   τῷ τοῦ π. τεθνεώτος ;   ΑΙ. οὐκ ἄλλοσι λέγω.
1149.   οὔτω γ' ἂν εἴη παρὰ τοῦ π. συμβαρμύχος.
1191.   ἵνα μὴ 'ντραφεὶς γένοιτο τοῦ π. φανεύς.
Π. 829.   ἐγὼ γὰρ ἴκανην οὐσίαν παρὰ τοῦ π.
πατρῷ'. { Β. 1126. } 'Ἑρμῇ χθόνιε, π. ἐποπτεύων κράτη
         { 1138. }
πατρῴᾳ. Θ. 819.   καὶ μὴν δήπου καὶ τὰ π. γε
πατρῴασι. Σ. 388.   σαυτὸν θαρρῶν κάπιευξάμενος τοῖσι θεοῖσιν,
πατρῴαν. Ν. 1468.   καὶ καί, καταιδέσθητι π. Δία.
Ν. 1469.   ἰδοῦ γε Δία π.· ὡς ἀρχαῖος εἶ.
Β. 1146.   ὅτιν π. τοῦτο κέκτηται γέρας.
1148.   εἰ γὰρ π. τὸ χθύνιον ἔχει γέρας.
πατρῴος. Ο. 1527.   ὅθεν ὁ π. ἐστιν Ἐξηκεστίδη·
πατρώαν. Ν. 106.   ἀλλ' εἴ τι κήδει τῶν π. ἀλφίτων,
Ν. 1162.   λυσανίας π. μεγάλων κακῶν·
Ο. 1649.   τῶν γὰρ π. οὐδὲ λαμβ μέτεστί σοι
1658.   ἀνοίξεται σοῦ τῶν π. χρημάτων
1607.   ἐμοὶ δ' ἄρ' οὐδὲν τῶν π. χρημάτων
πάτταλον. I. 376.   τῷ π. μαγειρικῷ
Θ. 222.   ὤμοι,   ΓΤ. τί πέκρυσας ; ἐμβαλῶ σοι π.,
Εκ. 284.   ὑπαποτρέχειν ἔχουσι μηδὲ π.
Εκ. 1020.   ἥλκειν ἀναγκάζουσιν τοῦ π.
πατταλον. Σ. 129.   ὁ δ' ὥσπερ κολοιὸς αὐτῷ π.
Fr. 372. καὶ π. ἐκκρούσει καὶ σκύταλον,
πάττε. Ν. 1330.   ὦ λακκόπρωκτε.   ΦΕ. π. πολλοῖς τοῖς ῥόδ...
πάττων. Ν. 912.   χρυσῷ π. μ' οὐ γιγνώσκεις.
πατώνυν. Α. 232.   μήποτε π. ἔτι τὰς ἐμὰς ἀμπέλους.
παῦ. I. 821. ὁτιὴ σε φιλῶ ;   ΔΗΜ. π. παῦ', οὗτος, καὶ μὴ σκέρβολλε πονηρά.
παῦ. Λ. 864.   π. δὲ κόραμας. οἱ σφῆκες οὐκ ἀπὸ τῶν θυρῶν ;
I. 821.   ὁτιὴ σε φιλῶ ;   ΔΗΜ. παῦ π., οὗτος, καὶ μὴ σκίρβολλε πονηρά.
919.   ἀνὴρ παφλάζει, παῦε π.,
Σ. 1194.   θώρακ' ἄριστον.   ΦΙ. παῦε π., οὐδὲν λέγει.
1208.   π.· ἀλλὰ δευρὶ καταλινεῖς προσμάνθανε
ΕΙ. 648.   μή τι καὶ νυνὶ γ' ἔτ', ἀλλὰ π. τῆς ὀρχούμενος.
Ο. 888.   π. δὲ κόραμας· παῦσαι κἀλῶν ἱὲν τοῦ·
Β. 843.   ἀλλ' οὔ τι χαίρων αὔτ' ἐρεῖς.   ΔΙ. π., Αἰσχύλε,
παῦε. I. 919.   ἀνὴρ παφλάζει, π. παῦ',
Σ. 37.   αἰβοῖ,   ΒΔ.   ΞΑ. π. π., μὴ λέγε
518.   ἀλλὰ δουλεύων λέληθας.   ΦΙ. π. δουλείαν λέγων,
ΕΙ. 326.   μή τι καὶ νυνὶ γ' ἔτ', ἀλλὰ π. ὑπ' ὀρχούμενος.
648.   βυρσοπώλης.   ΤΡ. π. παῦ' ὦ δέσποθ' Ἑρμῆ, μὴ λέγε.

I i 2

παῦε—πέδον

παῦε. Ο. 1243. ἄκουσον αὕτη· π. τῶν παφλασμάτων·
Ο. 1504. ὦ φίλε Προμηθεῦ. ΠΡ. π. π., μὴ βύα.
Β. 122. κρεμάσαντε σαυτόν. ΔΙ. π., πνιγηρὰν λέγεις.
209. ὦ π. π., παραβαλοῦ τῷ κωπίῳ.
580. οἶδ' οἶδα τὸν νοῦν· π. π. τοῦ λόγου.
Εκ. 160. ὦ νὴ τὸν Ἀπόλλω. ΠΡ. π. τοίνυν, ὡς ἐγὼ
παύει. Ει. 327. ἦν ἰδού, καὶ δὴ πέπαυμαι. ΤΡ. φής γε, π. δ' οὐδέπω.
παύεσθ'. Λ. 461. π., ἐπαναχωρεῖτε, μὴ σκυλεύετε.
παύεσθε. Λ. 1160. μάχεσθε κού π. τῆς μοχθηρίας;
παύεται. Σ. 1478. ὑρχούμενος τῆς νυκτὸς οὐδὲν π.
Fr. 724. οὔτε νύκτωρ π.
παῦλα. Λ. 772. π. κακῶν ἔσται, τὰ δ' ὑπέρτερα νέρτερα θήσει
παῦρ'. Ει. 764. π. ἀνιάσας, πύλλ' εὐφράνας, πάντα παρασχὼν τὰ δέοντα.
παῦσαι. Α. 1107. ὦι θρωπε, π. καταγελῶν μου τῶν ὕπλων.
Σ. 652. ἀτάρ, ὦ πάτερ ἡμέτερε Κρονίδη ΦΙ. π. καὶ μὴ πατέριζε.
Ει. 1270. νῦν αὖθ' ὁπλοτέρων ἀνδρῶν ἀρχώμεθα ΤΡ. π.
Ο. 209. ἄγε σύννομά μοι, π. μὲν ὕπνον,
859. π. σὺ φυσῶν. Ἡρίκλεις, τουτί τί ἦν;
888. παῦ' ἐς κόρακας· π. καλῶν ἰοὺ ἰού,
1382. π. μελῳδῶν, ἀλλ' ὅ τι λέγεις εἰπέ μοι.
Λ. 65. πῶς οὖν ὑμεῖς δύναται π. πεταρμένα πράγματα πολλὰ
Θ. 173. π. βαΰζων· καὶ γὰρ ἐγὼ τοιοῦτος ἢ
1078. καὶ χαριεῖ μοι. π. ΕΤ. π.
Εκ. 129. πάρηθ' ἐς τὸ πρόσθεν, Ἀρίφραδες, π. λαλῶν.
Π. 360. π. φλυαρῶν, ὦγάθ'· οἶδα γὰρ σαφῶς.
505. οὐκοῦν εἶναι φημ', εἰ π. ταύτην Βλέψας ποθ' ὁ Πλοῦτος,
Fr. 95, 3. καὶ π. φαρμακοπωλῶν.
713. π. μελῳδοῦσ', ἀλλὰ πεζῇ μοι φράσον,
παῦσαι, Ι. 879. π. τε τοὺς βινουμένους· κοὐκ ἔσθ' ὅπως ἐκείνους
Ει. 1229. π. μ' ὑβρίζων τοῖς χοιρίοις χρήμασιν.
παυσαίμηθ'. Ει. 321. οὐ γὰρ ἂν χαίροντες ἡμεῖς τήμερον π. ἄν.
Λ. 1270. π.· ὦ
Β. 1531. πάγχυ γὰρ ἐκ μεγάλων ἀχέων π. ἂν οὕτως
παύσαιντ'. Εκ. 793. π. ἂν ἐσφέροντες, ὦμβρότητε σύ.
παύσαιο. Ει. 31. ἐρεῖδε, μὴ π. μηδέπωτ' ἐσθίων
Ει. 1072. ἐξώλης ἀπύλοι, εἰ μὴ π. βακίζων.
παυσαμένοις. Σ. 873. π. πλάνων.
παυσάμενον. Σ. 883. καὶ π. τῆς δυσκολίας
παυσαμένους. Ι. 1383. τούτους ἅπαντας, π. ψηφισμάτων.
παυσαμένῳ. Fr. 163, 2. γὰρ πώτ' ἐμοί π. τοῦ πολέμου γένοιτο
παύσας. Α. 694. π. ὑμᾶς ξενικοῖσι λόγοις μὴ λίαν ἐξαπατᾶσθαι,
Ει. 921. Ὑπέρβολόν τε π.
παύσασθ'. Ει. 442. μηδέποτε π. αὐτόν, ὦ Διόνυσ' ἄναξ,
παύσασθαι. Ει. 503. καὶ τοῖς Ἀθηναίοισι π. λέγω
Ει. 1080. ἀλλά τί χρῆν ἡμᾶς· οὐ π. πολεμοῦντας,
παύσασθε. Ν. 934. π. μάχης καὶ λοιδορίας.
Λ. 762. ὦ δαιμόνιαι, π. τῶν τεραττευμάτων.
Θ. 571. π. λοιδορούμεναι· καὶ γὰρ γυνή τις ἡμῶν
Β. 241. π. ΒΛ. μᾶλλον μὲν οὖν
παύσασθον. Β. 1364. π. ἤδη τῶν μελῶν. ΑΙ. κάμοιγ' ἅλις.
παύσει. Ι. 330. ὅτ σε π. καὶ μύριοις, δῆλος ἐστιν αὐτόθεν,
Σ. 603. ἐμπλησο λέγων· πάντως γάρ τοι π. ποτὲ κἀναφανήσει
942. οὐκ ἂν σὺ π. χαλεπὸς ὢν καὶ δύσκολος,
Ει. 1037. ὦστ' οὐχὶ μὴ π. ποτ' ἂν
1087. ἆρα φενακίζειν ποτ' Ἀθηναίους ἔτι π.;
1275. ὑσπίδας; οὐ π. μεμνημένων ἀσπίδος ἡμῖν;
Ο. 1259. ἢ μήν σε π. τῆς ὕβρεως ὑμᾶς πατήρ.
Λ. 383. ποῖ θερμήν; οὐ π.; τί δρᾶς;
παύσει'. Π. 136. π. ἄν, εἰ βούλοιτο, ταῦθ'· ΠΛ. ὁτιὴ τί δή;
παύσεις. Α. 572. π. οἶεσθ', ὦ ἀνόητοι· ΔΥ. κἂν ὑμῖν γ' εἴ τις ἐνῆν νοῦς,
Β. 268. ἐμέλλον ἄρα π. ποθ' ὑμεῖς τοῦ κοάξ.
Fr. 287. π. ἴοις· ἡ παυσικάπη κάπτοντά σε
παύσεσθε. Λ. 704. πούχι μὴ π. τοῦ ἀφλογάρετον τούτων, πρὶν ἂν
Λ. 961. καὶ τοῦ πολέμου π. ΚΙ. τοιγάρ, ἦν δοκῇ
παυσικάπη, Fr. 287. παύσειν ἴοις' ἡ π. κάπτοντά σε.
παυσίπανον. Β. 1321. Βύτρυος ἕλικα π.
παύσομαι. Ο. 1408. ΔΥ. οὔ τ'έγωγ' οὐ π., τοῦτ' ἰσθ' ὅτι,
Λ. 1018. ὡς ἐγὼ μισῶν γυναῖκας οὐδέποτε π.,
Π. 23. ἵνα μᾶλλον ἀλγῇς. ΚΑ. λῆρος· οὐ γάρ π.
παῦσον. Ει. 993. π. δ' ἡμῶν τᾶς ἀνοιας
παῦσον. Σ. 877. π. δ' αὐτοῦ τοῦτο τὸ λίαν στρυφνὸν καὶ πρίνινον βίον,
παύσω. Ι. 429. ἐγὼ σε π. τοῦ θράσους, οἶμαι δὲ μᾶλλον ἀμφώ
Λ. 46. π. τῷ ὑμῶν τῆσδ' ἐγὼ τῆς ἐξόδου.
Π. 725. ἴν' προαγορεύω π. σε τῆς ἐκκλησίας.
παυσώμεθα, Ι. 579. ἥν ποτ' εἰρήνη γένηται καὶ πόνων π.,
παύσωμεν. Λ. 555. τί ποιησάσας; ΛΥ. ἤν π. πρώτιστον μὲν ξὺν ὕπλοισιν

Παύσων. Α. 854. οὐδ' αὖθις αὖ σε σκώψεται Π. ὁ παμπόνηρος,
Θ. 949. Π. σέβεται, καὶ νηστεύει.
παύων. Ει. 614. οὐκέτ' ἦν οὐδεὶς ὁ π., ἥδε δ' ἠφανίζετο.
Παύωνα. Π. 602. Π. καλεῖ τὸν ἑύσσιτον.
Παφίαν. Λ. 556. ἀγοράζοντας καὶ μωνομένους. ΓΥ. νὴ τὴν π. Ἀφροδίτην,
Παφλαγών'. Ι. 74. ἀλλ' οὐχ οἶόν τε τὸν Π. οὐδὲν λαθεῖν·
Παφλαγόνα. Ι. 2. κακῶς Π. τὸν νεώνητον κακῶν
Ι. 44. ἐπρίατο δοῦλον, Βυρσοδέψην Π.,
154. ἐγὼ δ' ἰὼν προσκέψομαι τὸν Π.
1260. καὶ τὸν Π. παραδίδωμι τουτονί.
1395. αὐτὰς ἱέναι λαβόντα. ΔΗΜ. τὸν δὲ Π.
Ν. 581. εἶτα τὸν θεοῖσιν ἐχθρὸν Βυρσοδέψην Π.
Παφλαγόνος. Ι. 110. κλέψας ἔνεγκε τοῦ Π. ἔνδοθεν,
Ι. 1213. πῇ τὴν Π. κάμέλει κρινεῖς καλῶτ.
1217. Βάκχες γοῦν καὶ δεῦρο πρὸς τὴν Π.
Παφλαγόνων. Ι. 6. κάκιστα δήῳ' οὑτός γε πρῶτος Π.
Ι. 199. δὴ τότε Π. μὴν ἀπόλλυταί ἡ σκοροδάλμῃ,
Παφλαγών. Ι. 54. Π. κεχάρισται τ' υπο. καὶ πρώην γ' ἐμοῦ
Ι. 65. ἡμεῖς· Π. δὲ περιθέων τοὺς οἰκέτας
102. κλέπτων τὸν οἶνον. ΔΗ. εἰπέ μοι, Π. τί δρᾷ;
115. ὡς μεγάλ' ὁ Π. πέρδεται καὶ ῥέγκεται,
125. ὦ μαρὲ Π., ταῦτ' ἄρ' ἐψυλάττον πάλαι,
136. ἐπιγίγνεται γὰρ Βυρσοπώλης ὁ Π.
203. Βυρσαῖετον μὲν ὁ Π., ἐσθ' οὑτοσί.
234. οἴμοι κακοδαίμον, ὁ Π. ἐξέρχεται.
652. ὁ δ' ὑπονοήσας, ὁ Π., εἰδὼς θ' ἅμα
691. καπὰ φαῖτο τοῦ Π. οὐτωσὶ προσέρχεται,
730. τίς, ὦ Π., ἀδικεῖ σε; ΚΛ. διὰ σὲ τύπτομαι
946. σὺ δ', ὦ Π., φήσκων φιλεῖν μ' ἐσκοροδίζουσας.
1054. τοῦτο γέ τοι Π. παρεκινδύνευσε μεθυσθείς.
1392. πῶν ἔλαβες αὐτὰν ἐτὼν· ΑΓ. οὐ γὰρ ὁ Π.
παφλάζει. Ι. 919. ἀνὴρ π.. παῦε παῦ',
παφλάζον. Fr. 423. τὸ δ' ἴγνος ἐν ταῖς κυλίχναις τουτὶ θερμὸν καὶ τοῦτο π.
παφλάζων. Ει. 314. μὴ π. καὶ κεκραγὼς, ὥσπερ ἡνία' ἔνθαδ' ἦν,
παφλασμάτων. Ο. 1243. ἄκουσον αὕτη· ταῦθ' ὁ Π.
Πάφου. Λ. 833. ὦ πότνια, Κύπρου καὶ Κυθήρων καὶ Π.
παχεῖα. Fr. 37. τὰ π. συμβάλλοντές ἐς τὰς ὀλκάδας
παχεία. Α. 766. ἄντεινον, αἱ λῆς· ὡς π. καὶ καλά.
παχεία. Ει. 927. ἀλλ' οἱ π. καὶ μεγαλή· ΧΟ. μὴ μή. ΤΡ. τιή;
παχείαις. Σ. 435. οἱ δὲ μή, ὑ π. ἡδέσιν π. οὐδεὶν ἀριστήσετε.
παχείαν. Α. 787. ἐξεῖ μεγάλαν τε καὶ π. κηνφόμαι.
παχείαν. Ει. 639. τῶν δὲ συμμείχων ἔστιον τοὺς π. καὶ πλουσίους,
παχειῶν. Ν. 59. ὅτι τῶν π. ἐντιθεὺς θριαλλίδων.
παχύ. 1. 317. τοῖς ἀγροίκουσιν πανούργως, ὦστε φαίνεσθαι π.,
Ν. 539. ἐρυθρὸν ἐξ ἄκρον, π., τοῖς παιδίοις ἴν' ᾗ γέλας·
Ει. 1349. οὐ μὴν μέγα καὶ π.,
Λ. 23. τί τὸ πρᾶγμα· πηλίκον τι; ΛΥ. μέγα. ΚΑ. μῶν καὶ π.;
24. καὶ νὴ Δία π. ΚΑ. κάπα πῶς οὐχ ἥκομεν;
παχύνημι. Π. 560. καὶ γαστρώδεις καὶ π. καὶ πίονες εἰσιν ἐσθι᾽ ἀγάς,
παχυνθή. Α. 791. ἀλλ' ἂν π. κἀναχναναθῇ τριχί,
παχύς. Ι. 1139. τούτων ὅς ἂν ᾖ π.
Ν. 842. γνώσει δὲ σαυτὸν ὡς ἀμαθῆς εἶ καὶ π.
Σ. 287. καὶ γὰρ ἀνὴρ π. ἥκει
Ει. 1170. ἀρέα γίγνομαι.
πέδας. Σ. 435. εἰ δὲ μή, ὑ π. παχείας οὐδὲν ἀριστήσετε.
πεδαρτῶν. Ο. 1197. ὦτ ἐγγὺς ἤδη δαίμονες π.
πέδας. Π. 276. ἰοὺ ἰού, τᾶς χοίνικας καὶ τὰς π. ποθοῦσαι.
Fr. 309, 11. χαλκᾶν, περίνας, ἀμφιδέας, ὅρμους, π.,
πεδήτης. Fr. 720. ἀνὴρ π. ἱτέων ἐνημμένος.
πεδία. Ο. 330. ἐνέμετο π. παρ' ἡμῖν
Ο. 952. νιφόβολα π. πολύσπορά τ'
πεδίλα. Ο. 973. τῷ δύμεν ἡμάτιον καθαρὸν καὶ καινὰ π.
Ο. 974. ὀνεῖαι· καὶ τὰ π.· ΧΡ. λαβὶ τὸ βιβλίον
πεδίλῳ. Ει. 1099. ταχεῖ π.· διὰ μέσου τοῦ αἰθέρος
πεδίλων. Ο. 506. τοὺς πυροὺς ἂν καὶ τὰς κριθὰς ἐν τοῖς π. ἰθυίζον.
πεδίον. Α. 69. π. ὑδοιπλανοῦντες ἐσκηνημένοι,
Ο. 824. τὸ Φλέγρας π., ἵν' οἱ θεοὶ τοὺς Γηγενεῖς
Α. 88. καλῶν γ' ἔχουσά τὸ π. ΚΑ. καὶ νὴ Δία
Β. 186. τίς ἐς τὸ Λήθης π., ἢ 'ς ὄνου πόκας,
πεδίονδε. Ο. 507. τοῦτ' ἄρ' ἐκεῖν' ἦν τοὔπος ἀληθὼς· κύκκυ, ψολοί π.
πεδίων. 1. 527. διὰ τῶν ἀφελῶν π. ἔρρει, καὶ τῆς στάσεως παρασύρων
πέδον. Ν. 573. γῆς π., μέγας ἐν θεοῖς
Ο. 1756. πτεροφορ', ἐπὶ π. Διὸς καὶ λέχος γαμήλιον

πέδον—πελαργῶν. 245

πέδον. Θ. 856. ὃς ἀντὶ δίας ψακάδος Αἰγύπτου π.
Π. 772. ἔπειτα σεμνῆς Παλλάδος ἀλεινὸν π.,
πέδων. Fr. 46. στίγων καὶ π.
πέει. Σ. 1347. ἂν οὕνεκ' ἀπώδοσ τῷ π. τρφδὶ χάριν.
ΕΙ. 880. σηπηὴν ἐμαυτοῦ τῷ π. καταλαμβάνω,
   899. παίειν, ὁρύττειν, πὺξ ὁμοῦ καὶ τῷ π.
πεζαῖς. Ι. 567. οἵτινες π. μάχαισιν ἔν τε ναυφάρκτῳ στρατῷ
πεζῇ. Fr. 713. παῦσαι μελῳδοῦσ', ἀλλά π. μοι φράσαν,
πεζίδα. Fr. 400. π.:
πεζοῖσι. Α. 622. καὶ ναυσὶ καὶ π., κατὰ τὸ καρτερόν.
πεζομαχῶν. Σ. 685. καὶ π. καὶ πολιορκῶν ἐκτήσω, πολλὰ πονήσας.
'πειδή. Ν. 1354. ἐγὼ φράσω 'π. γὰρ εἰστιώμεθ', ὥσπερ ἴστε,
'πειδήπερ. Α. 437. Εὐριπίδη, 'π. ἐχαρίσω μοι ταδί,
πειδαρχεῖν. Εκ. 762. τί δ'; οὐχὶ π. με τοῖς νόμοισι δεῖ;
πείθε. Θ. 1171. τὸν βάρβαρον δὲ ταῦτον αὐτὸς π. σύ.
πείθει. Ν. 633. ὥστ' ἀνδράσιν π. χολῶσιν; ΣΤ. εὐστόμει,
Λ. 692. π. γυναιξί, κἀμέ τ' ἄχθεσθαι ποιεῖς
Θ. 879. π. τι τούτῳ τῷ κακῶς ἀπολομένῳ
Β. 365. ἢ χρήματα ταῖς τῶν ἀντιπάλων ναυσὶν παρέχειν τινά π.,
πείθειν. Π. 43. π. δ' ἐμαυτῷ ξυνακολουθεῖν οἴκαδε.
πείθεις. Σ. 784. ἀνά τοί με π. ἀλλ' ἐκείν' οὕτω λέγεις,
πείθεσθε. Θ. 592. π. τούτῳ ταῦτα; τίς δ' οὗτος ἀνὴρ
πείθεται. Ι. 712. ἀλλ', ὦ πονηρέ, σοὶ μὲν οὐδὲν π.
Σ. 747. λόγοις π.,
πείθῃ. Β. 1134. ἐγὼ σιωπῶ τῷδ'; ΔΙ. ἐὰν π. γ' ἐμοί.
Β. 1229. ἐγὼ πρίωμαι τῷδ'; ΔΙ. ἐὰν π. γ' ἐμοί.
πείθησθε. Ο. 1086. ἢν δὲ μὴ π., συλληφθέντες ὑπὸ τῶν ὀρνέων
Εκ. 209. ἢν οὖν ἐμοὶ π., σωθήσεσθ' ἔτι.
πείθησθε. Θ. 1167. κακῶς ἀκούσετ'. ἢν δὲ μὴ π. μοι,
Εκ. 239. τὸ δ' ἀλλ' ἐάσω ταῦτα δ' ἢν π. μοι,
Πειθοῖ. Λ. 203. δέσποινα Π. καὶ κύλιξ φιλοτησία,
πείθωμαι. Α. 151. κάκιστ' ἀπωλοίμην, εἴ τι τούτων π.
Ν. 207. αἰδὲ μὲν 'Αθῆναι. ΣΤ. τί σὺ λέγεις; οὐ π.
   1090. ἐξ εἰρηνώντων. ΑΔ. π.
Π. 31. καὶ συκοφάνται καὶ πονηροί. ΚΑ. π.
   251. ὃν ἐγὼ φιλῶ μάλιστα μετὰ σέ. ΠΛ. π.
   336. Χρεμύλος πεπλούτηκ' ἐξαπίνης; οὐ π.
πειθόμενος. Ο. 5. τὸ δ' ἐμὲ κορώνῃ π. τὸν δύσμορον
Ο. 7. τὸ δ' ἐπὶ κολοιῷ π. τὸν δύσμορον
πειθομένος. Σ. 749. π. τί σοι.
πείθου. Ι. 1051. μὴ π. φθονεραὶ γὰρ ἐπικρώζουσι κορώναι.
Λ. 484. ἀλλ' ἀνερώτα, καὶ μὴ π., καὶ πρόσφερε πάντας ἐλέγχους.
Πειθοῦς. Β. 1391. οὐκ ἔστι Π. ἱερὸν ἄλλο πλὴν λόγος.
πείθω. Π. 1398. π. τινα ζητεῖν, ὅπως δόξεις λέγειν δίκαια.
Β. 1395. ἐγὼ δὲ π. γ', ἔπος ἄριστ' εἰρημένον.
   1396. π. δὲ καυφῶν ἐστι καὶ νοῦν οὐκ ἔχων.
πεινῇ. 1. 1270. καὶ γὰρ οὗτος, ὦ φίλ' Ἄπολλον, ἀεὶ π. θαλεροῖς δακρύοισιν
Σ. 1270. π. γὰρ ὑπὲρ 'Αντιφῶν,
πεινήν. Α. 734. πότερα πεπρᾶσθαι χρῄζδεσ', ἢ π. κακῶς;
Ν. 441. παρέχω τύπτειν, π. διψῆν,
Π. 595. εἴτε τὸ πλουτεῖν εἴτε τὸ π. βέλτιον. φησὶ γὰρ αὕτη
πεινήσεις. Π. 539. ἐπεγείρουσαι καὶ φράζουσαι, π., ἀλλ' ἐπανίστω.
πεινῶν. Α. 857. μιγῶ τε καὶ π. ἀεὶ
Σ. 777. λίγῃ μακράν τις, οὐχὶ π. ἀναμενεῖς,
Ο. 787. εἴτα π. τοῖς χοροῖσι τῶν τραγῳδῶν ἤχθετο,
Π. 1123. νυνὶ δὲ π. ἀναβάδην ἀναπαύομαι.
'πείνων. Α. 535. ἐντεῦθεν οἱ Μεγαρῆς, ὅτε δὴ 'π. βάδην,
πεινῶντας. ΕΙ. 741. τούς θ' 'Ἡρακλέας τοὺς μάττοντας, καὶ τοὺς π. ἐκείνους,
πεινῶντες. ΕΙ. 1312. ἀλλ', ὦ πρὸ τοῦ π., ἐμβάλλεσθε τῶν λαγῴων
Ο. 1521. π. ὥσπερ 'Ιλλυριοὶ κεκραγότες
πεινῶσιν. Ο. 580. κάπειτ' αὐτοῖς ἡ Δημήτηρ πυροὺς π. μετρείτω.
πεινώσων. Π. 504. πράττουσι κακῶς καὶ π. μετὰ σοῦ τε τὰ πλεῖστα σύνεισιν.
'πείξομαι. Εκ. 1149. δὲ πρὸς τὸ δεῖπνον ἤδη 'π.,
πείρα. Θ. 766. τίς π., τίς ἐπίνοι'; ὁ μὲν γὰρ αἴτιος
Ο. 583. καὶ τῶν προβάτων τοὺς ὀφθαλμοὺς ἐκκοψάντων ἐπὶ π.
πείρᾳ. Π. 557. σκώπτειν π. καὶ κωμῳδεῖν τοῦ σπονδάζειν ἀμελήσας,
Π. 1067. π. μὲν οὖν ἴσον σε καὶ τῶν τιτθίων
Πειραεῖ. ΕΙ. 145. ἐν Π. δῆσον 'στὶ Κανθάρου λιμέν,
ΕΙ. 165. ἐν Π. παρά ταῖς θύραις.
πειραθέντες. Ι. 506. π. καθ' ἑαυτούς.
Πειραιᾶ. Ι. 815. καὶ πρὸς τούτοις ἀριστώησν τὸν Π. προσίμαξεν,

Πειραιεύς. Ι. 885. καίτοι σοφὸν κἀκεῖν' ὁ Π.· ἔμοιγε μέντοι
πειρασάντων. Ι. 517. πολλῶν γὰρ δὴ π. αὑτὴν ὀλίγαις χαρίσασθαι
πειρασεῖσθε. Α. 743. τὰ πρᾶτα π. τὰς λιμῷ κακῶς.
πειράσεται. Β. 600. ταῦτ' ἀφαιρεῖσθαι πάλιν π.
πειράσομαι. Θ. 268. γυναικιεῖς εὖ καὶ πιθανῶς. ΜΝ. π.
πείρησθε. Α. 834. ὦ χαιρίδια, π. κάπις τῷ πατρὸς
πειρῶ. Λ. 504. καὶ τὰς χεῖρας π. κατέχειν. ΠΡ. ἀλλ' οὐ δύναμαι· χαλεπὸν γὰρ
πειρώμεναι. Εκ. 9. π. πλησίον παραστατεῖς,
πειρωμένῳ. Π. 459. ἀδικεῖν με τὸν Πλοῦτον ποιεῖν π.
πειρῶν. Σ. 1025. οὐδὲ παλαίστρας περικωμάζειν π. αὐδ' εἴ τις ἐραστής,
Π. 150. ὅταν μὲν αὑτάς τις πένης π. τύχῃ,
πείσαι. Θ. 88. 'Αγάθωνα π. τὸν τραγῳδοδιδάσκαλον
πείσαις. ΕΙ. 405. ἴθι δή, κάτειπ' ἴσως γὰρ ἂν π. ἐμέ.
Πείσανδρος. Ο. 1556. ἔνθα κἀι Π. ἦλθε
Λ. 490. ἵνα γὰρ Π. ἔχοι κλέπτειν χαὶ ταῖς ἀρχαῖς ἐπέχοντες,
Πείσανδρον. ΕΙ. 395. εἴ τι Π. βδελύττει τοὺς λόφους καὶ τὰς ὀφρῦς.
Fr. 50. ἡ δῷρ' αἰτοῦντες ἀρχὴν πολέμου πορίσειεν μετὰ Π.
πείσει. Ν. 90. λέγε δή, τί κελεύεις; ΣΤ. καὶ τί π.; ΦΕ. πείσομαι,
Ν. 1000. εἰ ταῦτ', ὦ μειράκιον, π. τούτῳ, νὴ τὸν Διόνυσον
Σ. 387. οὐδὲν π. μηδὲν δείσης. ἀλλ', ὦ βέλτιστε, καθίει
Fr. 354. ἰὼ Λακεδαίμον, τί ἄρα π. τήμερα.
Μ. ΕΙ. Δ. 5. ἰὼ Λακεδαίμων, τί ἄρα π. τήμερα.
πείσειεν. Α. 171. πά καί τις ἂν π. αὖ μὴ πλαδδῆν;
Β. 68. κούδεὶς γέ μ' ἂν π. ἀνθρώπων τὸ μὴ οὐκ
πείσεις. Π. 600. οὐ γάρ π. οὐδ' ἢν πείσῃς.
πείσεται. Ν. 1085. ἢν δ' εὐρύπρωκτος ᾖ, τί π. κακόν;
πείσεταί. Σ. 1451. ἢ μίγα π. τι
πείσῃς. Π. 600. οὐ γάρ πείσεις, οὐδ' ἢν π.
Πεισθέταιρ'. Ο. 1271. ὦ Π., ὦ μακάρι', ὦ σοφώτατε,
Πεισθέταιρον. Ο. 1046. καλοῦμαι Π. ὕβρεως ἐς τὸν μουνυ-
Πεισθέταιρος. Ο. 644. ἐμοὶ μὲν ὄνομα Π. ΕΠ. τῳδεδί;
Πεισθέταιρός. Ο. 1123. ποῦ Π. ἐστιν ἄρχων; ΠΕ. οὑτοσί.
Ο. 1495. ποῦ Π. ἐστιν; ΠΕ. ἕα, τουτὶ τί ἦν;
πείσομαι. Α. 323. οὐκ ἀκουσόμεσθα δῆτα. ΔΙ. δεινά τάρα π.
Ν. 90. λέγε δή, τί κελεύεις; ΣΤ. καὶ τί πείσει; ΦΕ. π.,
461. τί π.;
791. οἴμοι, τί οὖν δῆθ' ὁ κακοδαίμων π.;
Σ. 763. Ἄιδης διακρινεῖ πρότερον ἢ 'γὼ π.
1000. φεύγοντ' ἀπαλύσας ἄνδρα; τί ποτε π.;
Α. 223.
224. κοὐδένσθ' φλαύρον τανδρὶ τῷμῷ π.
1041. οὔτε δράσω φλαῦρον οὐδὲν οὔθ' ὑφ' ὑμῶν π.
Εκ. 911. αἰαῖ, τί ποτε π.,
πείσομαί. Ο. 1371. καὶ π. σοι. ΠΕ. νοῦν ἀρ' ἕξεις νὴ Δία.
Α. 172. ἡμεῖς ἀμέλει σοι τά γε παρ' ἡμῖν π.
πείσομες. Λ. 168. καὶ τῶν μὲν ἀμὼν ἁνδρας ἁμὶς π.
πεισόμεσθ'. Ο. 1225. δείνιτατα γάρ τοι π., ἐμοὶ δοκεῖ,
πεισόμεσθα. ΕΙ. 276. ἄνδρες, τί π.; νῦν ἀγὼν μέγας.
Β. 252. δεινά τάρα π.
πεισστέον. ΕΙ. 218. νὴ τὴν 'Αθηνᾶν, νὴ Δί', οὑχὶ π.
Β. 498. φέρε δὴ ταχέως αὔτ' οὑ γὰρ ἀλλὰ π.
Εκ. 1022. τοῖς γὰρ νόμοις τοῖς ἡμετέροις π.
πείσω. Λ. 1229. ἢν τοὺς 'Αθηναίους ἐγὼ π. λέγων,
'πειτα. Σ. 1365. μὰ Δί' οὐ μέντοι μοὶ ποῖ τρέπεται δὴ 'π. τὰ χρήματα τάλλα;
πεκτεῖν. Ο. 714. ἡνίκα π. ὥρα προβάτων πόκον ἠρινόν
πεκτουμενον. Α. 685. τήμερον τοὺς δημότας Βωστρεῖν σ' ἐγὼ π.
πελαγίαν. Β. 1438. αἴρουεν αὔραι π. ὑπὲρ πλάκα.
πέλαγος. Ο. 350. οὔτε πολιὸν π. ἔστιν ὅ τι δέχεται
πελάθω. Ε1. 1399. τοτὲ δ' αὖ βυρίᾳ σῶμα π.
πελάθει. Β. 1265. τίς ἀγρσιώτας π. θριγκοῖς;
πελάθεις. 1267.
1271. ἰὴ κύπον οὐ π. ἐπ' ἀρωγάν.
1275.
1277.
'πελαθόμην. Σ. 553. ὁτιὴ 'π. τοὺς καδίσκους ἐκφέρειν.
πίλανον. Π. 661. καθωσιώθη, π. 'Ησαΐστου φλογί,
πελαργιδῆς. Ο. 1356. πάντες ποιητής. τοὺς π. τρέφειν.
Πελαργικὸν. Ο. 869. ᾧ Ξουνιέραει, χαίρ' ἀνιξ Π.
Πελαργικόν. Ο. 832. τίς δαὶ καθέξει τῆς πύλεως τὸ Π.
πελαργοί. Ο. 1139. ἕτεροι δ' ἐπλινθοποίουν π. μύριοι
πελαργοῖς. Ο. 1355. ἐνφθ' ὅ τι περ γέγραπται τοῖς 'πλισιμοις
πελαργῶν. Ο. 1213. σφραγῖδ' ἔχεις παρὰ τῶν π. ; ΙΡ. τί τὸ κακόν;
Ο. 1354. παλαιὸς ἐν ταῖς τῶν π. κύρβεσιν

πέλας—πέπαυσθε.

πέλας. Β. 1274. εὐφαμεῖτε μελισσονόμοι δόμον Ἀρτέμιδος π. οἴγειν.
πέλεθον. Α. 1170. τῇ χειρὶ π. ἀρτίως κεχεσμένον·
πελείῃ. Ο. 575. Ἶριν δὲ γ' Ὅμηρος ἔφασκ' ἴκελην εἶναι τρήρωνι π.
πελεκάντες. Ο. 1155. σοφώτατοι π., οἱ τοῖς ῥύγχεσιν
πελεκᾶντι Ο. 822. ῥίωνι, καὶ π., καὶ πελεκίνῳ, καὶ φλέξι-
πελέκει. Θ. 560. οὐδ' ὡς τὸν ἄνδρα τῷ π. γυνὴ κατεσπόδησεν,
πελεκίνῳ. Ο. 882. ῥίωνι, καὶ πελεκᾶντι, καὶ π., καὶ φλέξι-
πελεκώντων. Ο. 1157. αὐτῶν π. ὥσπερ ἐν ναυπηγίῳ.
πέλεν. ΕΙ. 1276. Ἔνθα δ' ἄμ' οἰμωγῇ τε καὶ εὐχωλῇ π. ἀνδρῶν.
Πελλάνας. Λ. 996. ἅπαντες ἐστυκαντι· Π. δὲ δεῖ.
Πελλήνης. Ο. 1421. μῶν εὐθὺ Π. πέτεσθαι διανοεῖ;
Πελοποννησίοις. Α. 620. ἀλλ' οὖν ἐγὼ μὲν πᾶσι Π.
Α. 623. ἐγὼ δὲ κηρύττω γε Π.
720. ἐνταῦθ' ἀγοράζειν πᾶσι Π.
Πελοποννησίους. Λ. 33. ἢ μηκέτ' εἶναι μήτε Π.
Πελοποννησίων. Ι. 279. ταῖσι Π., τριήρεσι ζωμεύματα,
Λ. 40. αἱ τ' ἐκ Βοιωτῶν αἵ τε Π.
75. τὰς τ' ἐκ Βοιωτῶν τάς τε Π.
Πίλοψ. D. 1232. Π. ὁ Ταντάλειος ἐς Πῖσαν μολὼν
πίλτην. Α. 563. ἕτερος δ' αὖ Θρᾷξ π. σείων κώκύντιον, ὥσπερ ὁ Τηρεύς,
πιλωρίον. Ο. 321. ἥκετον δ' ἔχοντε πρέμνον πράγματος π.
πίμπει. Β. 1287. Σφίγγα δυσαμερίαν, πρύτανιν κύνα, π..
πίμπει. Ν. 796. π. ἐπείνου ἀντὶ σαυτοῦ μανθάνει.
Ο. 1266. τῆδε βροτῶν θεοῖσι π. καπνόν.
Fr. 590. "μέλλει δὲ π. τοὺς εἰς ἀφορμήν."
πίμπεις. Β. 1333. π. ἐξ ἀφανοῦς,
πίμπετε. Εκ. 757. Ἱέρωνι τῷ κήρυκι πομπὴν π.;
πιμπομένη. Θ. 342. ἥ π. τις ἀγγελίας ψευδεῖς φέρει.
πέμποντος. Fr. 3, 1. ἀλλ' οὐ γὰρ ἔμαθε ταῦτ' ἐμοῦ π., ἀλλὰ μᾶλλον
πίμπουσιν. Ο. 1033. οὐ δεινά; καὶ π. ἤδη πισκόπουσ
περιπταῖον. Ο. 474. γῆν δ' οὐκ εἶναι, τὸν δὲ προκεῖσθαι π.· τὴν δ' ἀπορρῆσαι
πίμπτη. Ν. 1131. π., τετράς, τρίτη, μετὰ ταύτην δευτέρα,
πέμπτον. Π. 584. ἵνα τοὺς Ἕλληνας ἅπαντας ἀεὶ δι' ἔτους π. ξυναγείρει,
πέμπω. Ο. 846. οἴμαζε παρ' ἔμ'. ΠΕ. Ἰθ', ὤγάθ', οἷ π. σ' ἐγώ.
πίμψαι. Ο. 561. τοῖς δ' ἀνθρώποις ὄρνιν ἕτερον π. κήρυκα κελεύω.
Ο. 1178. π., κατ' αὐτὸν εὐθύς· ΑΓ. Β. ἀλλ' ἐπέμψαμεν
πέμψαιμι. Θ. 769. π. ἐπ' αὐτόν· οἷδ' ἐγὼ καὶ δὴ πῦρον
πέμψαντα. Α. 249. π. καὶ θύσαντα μηδὲν τῶν οἰκετῶν
πεμψάσης. Π. 997. ἐπόντα π. ὑπεπούσης θ' ὅτι
πέμψειν. Ο. 578. ὁ Ζεὺς δ' ἡμῖν οὐ βροντήσας π. πτερόεντα κεραυνόν;
πέμψειν. Α. 102. π. βασιλέα φησὶν ὑμῖν χρυσίον.
Λ. 703. οἱ δὲ π. οὐκ ἔφασκον διὰ τὰ σὰ ψηφίσματα.
πέμψουσιν. Ο. 1113. ἢν δὲ που δειπνῆτε, πρηγορεῶνας ὑμῖν π..
πέμψον. Ο. 843. κήρυκα δέ π. τὸν μὲν ἐς θεοὺς ἄνω,
πέμψοντα. Ο. 849. τὸν ἱερέα π. τὴν πομπὴν καλῶ,
πέμψω. Ο. 1249. π. δὲ πορφυρίωνας ἐς τὸν οὐρανόν·
Fr. 612. π. πλακοῦντ' εἰς ἐσπέραν χαρίσιον.
πένεσθαι. Ι. 1271. σᾶς ἀπτομένος φαρέτρας Πυθῶνι ἐν δίᾳ κακῶς π.
Β. 1066. ἀλλὰ ῥακίοις περιειλλόμενος κλάει καὶ φησὶ π.
Πενίαισιν. Ε. 1273. τοῖς Π. ξυνῇν τοῖς
πενίεσθε. Σ. 1274. Θετταλῶν, αὐτοῖς π. ὧν ἐλάττων οὐδενός.
πίνεται. Π. 582. ὁ Ζεὺς δήπου π., καὶ τοῦτ' ἤδη φανερῶς σε διδάξω,
πένης. Ι. 224. δεδίασιν αὐτὸν ὥ τε π. βδύλλει λεώς.
Ο. 1644. π. ἴσει σύ. σοῦ γὰρ ἅπαντα τυγχάνει
Π. 29. κακῶς ἔπραττει καὶ π. ἦν, ΚΛ. οἶδά τοι.
150. ὅταν μὲν αὐτὰς τις π. πειρῶν τύχῃ.
πένησιν. Σ. 464. τοῖς π., ἢ τυραννίς·
Fr. 555. κιρνάντες γὰρ τὴν πύλην ἡμῶν κοτυλίζετε τοῖσι π.
πένητ'. Σ. 703. Βούλυνται γάρ σε π. εἶναι· καὶ τοῦθ' ὧν οὕνεκ', ἐρῶ σοι,
πένητα. Εκ. 566. μὴ γυμνὸν εἶναι, μὴ π. μηδένα,
πένητας. ΕΙ. 636. τοὺς π. ἀσθενιόντας κἀπορούντας ἀλφίτων,
Π. 597. τοὺς δὲ π. τῶν ἀνθρώπων ἁρπάζειν πρὶν καταθεῖναι.
πένητες. Π. 567. ὅσα π., περὶ τὸν δῆμον καὶ τὴν πόλιν εἰσὶ δίκαιοι,
πένητι. Εκ. 197. ναῦς δεῖ καθέλκειν· τῷ π. μὲν δοκεῖ,
πένητος. Π. 553. τοῦ δὲ π. ζῆν φειδόμενον καὶ τοῖς ἔργοις προσέχοντα,
πενήτων. Ι. 1210. ὅστις οὖν βούλεται τῶν π. ἴτω
πενθῶμεν. Ν. 622. ἠνίκ' ἂν π. ἢ τὸν Μέμνον' ἢ Σαρπηδόνα,
Πενία. Π 437. Π. μὲν οὖν, ἢ σφῶν ξυνοικῶ πόλλ' ἔτη.
Π. 442. Π. γάρ ἐστιν, ὦ πονηρ', ἧς οὐδαμοῦ

πενία. Π. 574. π. πλούτου. ΠΕ. καὶ σύ γ' ἐλέγξαι μ' οὔπω δύνασαι περὶ τούτου,
πενία. Εκ. 605. οὐδεὶς οἰδῖν π. δράσει πάντα γὰρ ἔξουσιν ἅπαντες,
πενίαν. Σ. 564. οἱ μέν γ' ἀποκλάονται π. αὐτῶν καὶ προστιθέασιν
Π 534. διὰ τὴν χρείαν καὶ τὴν π. ζητεῖν ὁπόθεν βίον ἕξει.
549. οὐκοῦν δῆπου τῆς πτωχείας π. φαμὲν εἶναι ἀδελφήν.
Πενίαν. Π. 594. διὰ τὴν Π. ΧΡ. παρὰ τῆς Ἑκάτης ἐξεστιν τοῦτο πυθέσθαι,
πενία. Π. 590. πολὺ τῆς π. πρᾶγμ' αἴσχιον ζητεῖς αὐτῷ περιάψαι,
Π. 1005. πρὸ τοῦ δ' ὑπὸ τῆς π. ἅπαντ' ἐπήσθιεν.
Πενίας. Π 618. καὶ τῆς Π. καταφαρδεῖν.
πεινηχρόν. Π. 976. π. μὲν, ἄλλως δ' εὐπρόσωπον καὶ καλὸν
πίντ'. Α. 782. ἀτὰρ ἐκτραφείς γε κύσθος ἔσται. ΜΕ. π. ἐτῶν,
Α. 1021. μέτρησον εἰρήνης τί μοι, κἄν π. ἔτη.
Ο. 600. οὐκ οἶσθ' ὅτι π. ἀνδρῶν γενεὰς ζώει λακέρυζα κορώνη;
πεντάκις. ΕΙ. 242. ἰδὺ Προσαῖοι τρισάθλιαι καὶ π.
Π. 851. καὶ τρὶς κακοδαίμων καὶ τετράκις καὶ π.
πεντακόσια. Εκ. 824. τάλαντ' ἔσεσθαι π. τῇ πύλει
πεντακοσιοστῆν. Εκ. 1007. τὴν π. κατέθηκας τῇ πόλει.
πέντε. Α. 6. τοῖς π. ταλάντοις οἷς Κλέων ἐξήμεσεν
Ν. 10. ἐν π. σισύραις ἐγκεκορδυλημένος.
Σ. 717. πορεύσιν ἔδωσαν δ' οὑτωσποτί σοι, πλὴν τρῶν π. μεδίμνων,
ΕΙ. 171. π. τάλαντ' ἡ πύλις ἡ Χίων
Λ. 102. ὁ γοῦν ἐμὸς ἀνὴρ π. μῆνας, ὦ τάλαν,
Θ. 447. παιδάρια π. καταλιπών, ἁγὼ μόλις
πεντελίθοισι. Fr. 335. π. θ' ὁμοῦ λιπώνη παραθρώμασι.
πεντεσύριγγα. Ι. 1049. δῆσαί σ' ἐκέλευε π. ξύλῳ.
πεντετάλαντος. Ν. 758. εἴ σοι γράφοιτο π. τις δίκη,
Ν. 774. ὅτι π. διαγέγραπται μοι δίκη.
πεντετεύς. Α. 185. αὗται μέν εἰσι π. γεῦσαι λαβών,
πεντήκοντ. Fr. 183. ὑδρίαν δανείζειν ὦ π. μείζονα.
πεντήκοντ'. Σ. 490. ἧς ἐγὼ οὐκ ἤκουσα τοὔνομ' οὐδὲ π. ἐτῶν·
πεντήκοντα. Α. 883. πρέσβεσιν π. Κοπᾷδων κορᾶν,
Σ. 663. γίγνεται ἡμῖν ἑκατὸν δήπου καὶ π. τάλαντα.
669. κᾀθ' οὗτοι μὴν δωροδοκοῦσιν κατὰ π. τάλαντα
716. ὑμῖν καὶ σῖτον ὑφίσταντι κατὰ π. μεδίμνους
ΕΙ. 1201. νυνὶ δὲ π. δραχμῶν ἐμπολῶ·
Θ. 811. οὐδ' ἂν κλίψασα γυνὴ ζεύγει κατὰ π. τάλαντα
Β. 1207. ξὺν παισὶ π. ναυτίλῳ πλάτῃ
πεντώβολον. Ι. 798. ἂν τούτων δεῖ ποτ' ἂν τ' Ἀρκαδίᾳ π. ἡλιάσασθαι,
πέος. Α. 158. τίς τῶν Ὀδομάντων τὸ π. ἀποπεθρίακεν·
Α. 1060. ὅπως ἂν οἰκουρῇ τὸ π. τοῦ νυμφίου,
1066. νύκτωρ δλειφέτω τὸ π. τοῦ νυμφίου.
Ι. 1010. περὶ σοῦ, περὶ ἐμοῦ. τὸ π. οὗτοὶ δάκοι,
Ν. 734. οὐδὲν γε πλὴν ἤ τὸ π. ἐν τῇ δεξίᾳ.
Σ. 739. πύρνην, ἦτις τὸ π. τρίψει,
Λ. 415. νεανίας καὶ π. ἔχοντ' οὐ παιδικόν·
928. ἀλλ' ἤ τὸ π. τόδ' Ἡρακλῆς ξενίζεται·
1012. πρέσβεις ἐλίσθαι, τὸ π. ἐπιδείξας τοδί.
Θ. 62. τουτὶ τὸ π. χοαλεύεαι,
142. καὶ τοῦ π.; ποῦ χλαῖνα; ποῦ Λακωνικαί;
643. ἀνίστας' ὀρθόν. ποῦ τὸ π. ὠθεῖς κάτω;
δεῦρ' αὖ π. διέλκεις πυκνότερον Κορινθίων.
Εκ. 620. οὐκ ἐπιλείψει τὸ π., πρότερον πρὶν ἐκεῖσ' οἱ φρεῖς ἀφικέσθαι
πέων. Α. 1216. ἐμοὶ δὲ γε σφῶ τοῦ π. ἄμφω μέσου
ΕΙ. 870. καὶ τἄλλ' ἀπαξάπαντα, τοῦ π. δὲ δεῖ.
Α. 124. ἀφιιστέα τοίνυν ἡμῖν ἐστι τοῦ π.
134. ἐθέλω βαδίζειν τούτο μᾶλλον τοῦ π.
πεπαίνουσιν. ΕΙ. 1163. εἴ π. ἡ-
πέπαισται. Θ. 1227. ἀλλὰ π. μετρίως ἡμῖν·
πέπαυαι. Σ. 646. τὴν γὰρ ἐμὴν ὀργὴν π.
πεπανουργήκασι. Π. 876. εἰπεῖν ἀ π. ΚΑ. οἰμώξει σύ.
πεπανουργηκότι. Π. 368. ἀλλ' ἔστιν ἐπιδηλὸν τι π.
Πεπαρήθιον. Fr. 301, 2. οὐ Χίον, οὐχὶ Θισίων, οὐ Π.,
πέπαται. Ο. 943. ὃ ὑφαντοδινήτον ἔσθος οὐ π.
πεπάτηκας. Ο. 471. ἀμαθὴς γὰρ ἔφυς κοῦ πολυπράγμων, οὐδ' Αἴσωπον π.
πέπαυμαι. ΕΙ. 327. ἢν ἰδοῦ, καὶ δὴ π. ΤΡ. φῄς γε, παύει δ' οὐδένω,
Θ. 709. κοὔμω μέντοι γε π.
πεπαυμένοι. ΕΙ. 421. ἀλλά τε σοι πόλεις π. κακῶν
πεπαυμένος. ΕΙ. 1286. θαρρήσοντ' ἄρ' ἔπειτα π., ΤΡ. ἀσμενοι, οἶμαι,
πέπαυσθε. ΕΙ. 331. ἀλλ' ὁρᾶτ', οὔπω π. ΧΟ. τουτογὶ τὴ τὸν Δία

πέπαυται—περιαλείφειν. 247

πέπαυται. ΕΙ. 29. ἀλλ' εἴ π. τῆς ἐδωδῆς ἐπείψομαι
Λ. 314. ταυτὶ μὲν ἤδη τὴν ῥάχιν θλίβοντά μου π.
πεπειράσθω. Σ. 1129. ἀλλ' οὖν π. γ', ἐπειδήπερ γ' ἅπαξ
ψηπείρους. Εκ. 696. ἐστιν, ἀλλ' ἐν ταῖς π.'
πέπεισθε. ΕΙ. 1067. καὶ κέπφοι τρήρωνες ἀλωπεκιδεῦσι π.,
πεπεισμένα. Θ. 1170. τὰ μὲν παρ' ἡμῶν ἴσθι σοι π.'
πεπεμμένον. Π. 1136. εἴ μοι πορίσας ἄρτον τιν' εὖ π.
πεπεμμένος. Π. 1142. ἧκεν γὰρ ἄν σοι ναστὸν εὖ π.
πεπεμμένου. Π. 1126. οἴμοι πλακοῦντος τοῦ ψ'ν τετράδι π.
πέπεπται. ΕΙ. 869. ὁ πλακοῦς π., ὀησαμῆ ξυμπλάττεται
πεπλασμένην. ΕΙ. 4. ὃς μᾶζαν ἑτέραν' ἐξ ὀνίδων π.
πεπληγῇ. Ο. 1350. ὃς ἄν π. τὸν πατέρα νεοττὸς ὤν
πεπλήγμεθ'. Β. 1214. οἴμοι π. αὐθις ὑπὸ τῆς ληκύθου.
πεπληγμένος. Α. 1218. ἰλυγγιῶ κάρα λίθῳ π.
Θ. 179. ἐγὼ δὲ καινῇ ξυμφορᾷ π.
πεπληγμένα. Ο. 1299. ὑπὸ στυφοκόπου τὴν κεφαλὴν π.
πεπλήξεται. Ι. 271. ἀλλ' ἐὰν ταύτῃ γε νικᾷ, τουτῳὶ π.'
πέπλον. Ο. 827. πολιούργος ἐστωι ; τῷ ξανοῦμεν τὸν π.;
πέπλων. Ι. 566. ἄνδρες ἦσαν τῆσδε τῆς γῆς ἄξιοι καὶ τοῦ π..
Ι. 1180. καλῶν γ' ἐποίησε τοῦ π. μεμνημένη.
πεπλούτηκ'. Π. 336. Χρεμύλος π. ἐξαπίνης ; οὐ πείθομαι.
πεπλύκαμεν. Θ. 878. Αἴγυπτον. ΕΥ. ὦ δύστηνος, οἱ π.
πεπλύμενα. Α. 426. ἀλλ' ἦ τὰ δυσωιβῇ θέλεις π.
πέπλων. Α. 423. ποίας ποθ' ἀνὴρ Λακίδας αἰτεῖται π ;
πεπνευμένον. Σ. 511. δικίδιον σμικρὸν φάγοιμ' ἂν ἐν λοπάδι π.
πεποίηκα. Ο. 917. μίλη π. ἐς τὰς Νεφελοκοκκυγίας
πεποίηκα. Ι. 1321. τὸν Δῆμον ἀφεψήσας ὑμῖν καλὸν ἐξ αἰσχροῦ π.
Σ. 561. ἔνδον τούτων ὧν ἂν φάσκω πάντων οὐδὲν π.,
πεποίηκας. Ι. 351. τί δαὶ σὺ πίνων τὴν πόλιν π., ὥστε νυνὶ
Ο. 1403. ταυτὶ π. τὸν κυκλιοδιδάσκαλον,
Β. 744. εὖθίς π., ὅπερ ἐγὼ χαίρω ποιῶν.
1010. τοὺς ἀνθρώπους ἐν ταῖς πόλεσιν. ΑΙ. τοῦτ' οὖν εἰ
μὴ π.,
1023. τουτὶ μέν σοι κακὸν εἴργασται. Θηβαίους γὰρ π.
Fr. 476, 15. Αἴγυπτον αὐτῶν τὴν πόλιν π. ἐπ' Ἀθηνῶν.
πεποίηκε. Π. 969. ἀβίωτον εἶναί μοι π. τὸν βίον.
πεποίηκεν. ΕΙ. 1089. ὅνπερ κάλλιστον δῆμον π. Ὅμηρος
πεποιηκότα. Ι. 811. πρὸς Ἀθηναίους καὶ τὸν δῆμον, π. πλείονα
χρηστά
πεποιηκώς. Σ. 1017. ἀδικεῖσθαι γάρ φησιν πρότερος ψύλλ' αὐ-
τοὺς εὖ π.,
πεποίησθ'. ΕΙ. 1065. συνθήκας π. ἀνδρες χαροποῖσι πιθήκοις.
πεποιῆσθαι. Ο. 1079. τουτάκις οὕτω χρῆν τὴν εἰρήνην π.
πεποίηται. Ι. 63. τέχνην π. τινὰ γὰρ ἔνδον ἀντικρυς
Λ. 1273. ἄγε νυν, ἐπειδὴ τάλλα π. καλῶς.
Θ. 230. μυμῦ. ΕΥ. τί μύζεις ; πάντα π. καλῶς.
πεποίηχ'. Ν. 556. Φρύνιχος πάλαι π.. ἣν τὸ κῆτος ἤσθιεν.
Θ. 764. τοίσιν πρυτάνεσιν δ' π. αὐτὸς φράσω.
πεποίσθε. Ι. 770. ἐφαίμην ἐν περικομματίοισ· κεὶ μὴ τούτοισι π.,
πέποιθ'. Ο. 418. ὅτῳ π. μοι ξυνῶν
πέποιθεν. Ν. 1043. σκέψαι δὲ τὴν παίδευσιν ᾗ π. ὡς ἐλέγχω
πεποίθειν. Ν. 1347. ὡς οὗτος, εἰ μὴ τῳ π., οὐκ ἂν ἦν
πεποιθοίη. Α. 940. πῶς δ' ἄν π. τις ἀγ-
πεποιθότες. Π. 449. ποίοις ὅπλοισιν ἣ δυνάμει π.;
πεπαιθώς. Ι. 342. τῷ καὶ π. ἀξιοῖς ἐμοῦ λέγειν ἔναντα ;
πεπόνηκα. ΕΙ. 820. ἔγωγέ τοι π. κομιδῇ τὰ σκέλη.
πέπονθ'. Ι. 888. οὐκ. ἀλλ' ὑπὲρ πίνων ἀνὴρ π., ὅταν χεσείῃ.
Ν. 1453. ταυτὶ δι' ὑμᾶς. ὦ Νεφέλαι, π. ἐγώ.
πέπονθα. Θ. 445. ἃ δ' ἐγὼ π., ταῦτα λέξαι βούλομαι.
Θ. 1037. μέλεα μὲν π., μέλεος.
Π. 856. οὗ γὰρ σχέτλια π. νυνὶ πράγματα,
967. π. δεινὰ καὶ παράνομ', ὦ φίλατε.
πεπόνθαμεν. Ο. 1171. τί τὸ πρᾶγμα τουτί ; ΑΓ. Β. δεινότατα π.
Λ. 714. μὴ νῦν με κρύψῃς ὅ τι π. κακόν.
πέπονθας. Ι. 187. ὅσον π. ἀγαθὸν ἐς τὰ πράγματα
Ι. 864. ὅπερ γὰρ οἱ τὰς ἐγχέλεις θηρώμενοι π.
876. ἐμοῦ δὲ μὴ μνείαν ἔχων ὅσων π. : ὅστις
Ν. 1441. καὶ μὴν ἴσως γ' οὐκ ἀχθέσει ἀκούσας ἃ νῦν π.
Σ. 995. πάτερ πάτερ, τί π. : ΦΙ οἴμοι, ποῦ 'σθ' ὕδωρ ;
Εκ. 340. ἐμοί π. καὶ γὰρ ᾗ ξύνειμ' ἐγὼ
πεπόνθατ'. Θ. 534. ἀλλ' ἦ πεφόραμχθ' ἡ κοπόν τι μέγα π.
ἄλλο.
πεπόνθει. Α. 1146. ὀηοῦτε χώραν, ᾗ ε ὑπ' εὖ π.;
πέπονθε. Π. 1047. τοὐναντίον π. τοῖς πολλοῖς ἄρα ;
πέπονθεν. Σ. 267. π., ὡς οὐ φαίνεται ὀλίγου πρὸς τὸ πλῆθος ;
ΕΙ. 1256. οὗτος μὲν οὖ π. οὐδέν. ΔΟ. ἀλλά τὶ π.
Π. 551. ἀλλ' οὐχ οὑμὸς τοῦτο π. βίος οὐ μὰ Δί', οὐδέ γε
μέλεις..
πεπονθέναι. Ι. 346. ἀλλ' οἶσθ' ὅ μοι π. δοκεῖς ; ὅπερ τὸ πλῆθος.
Ν. 610. εἶτα θυμαίνειν ἔφασκε' δεινὰ γάρ π.,
Σ. 946. οὐκ, ἀλλ' ἐκείνοι μοι δοκεῖ π.,

πεπονθέναι. Β. 718. πολλάκις γ' ἡμῖν ἔδοξεν ἡ πόλις π.
πεπονθότα. Σ. 1257. ἡ γὰρ παρρησάντο τὸν π.,
πεπονθώς. Ι. 515. οὐχ ὑπ' ἀνοίας τοῦτο π. διατρίβειν.
πέπον. Fr. 563. ἀλλ' ἀνθοσμίᾳ καὶ π. νεκταροσταγεῖ.
πέπορδα. ΕΙ. 335. ἤδομαι γὰρ καὶ γέγηθα καὶ π. καὶ γελῶ
πέπορδας. Ν. 392. σκέψαι τοίνυν ἀπὸ γαστριδίου τυννουτουὶ
οἷα π.'
πέπορθε. Σ. 1305. ἐνήλατ', ἐσκίρτα, π., κατεγέλα,
πεποτίσθαι. Ο. 1445. ὠνεπτερῶσθαι καὶ π. τὰς φρένας.
πεπότηται. Ν. 319. ταῦτ' ἄρ' ἀκούσας' αὐτῶν τὸ φθέγμ' ἡ
ψυχή μου π.,
πεπράγαμεν. ΕΙ. 1255. οἴμ', ὦ κρανωσοί, ὡς ἀθλίως π.
Β. 302. τί δ' ἔστι ; ΞΑ. θάρρει' ἄριστ' ἀγαθὰ π.,
πέπραγας. Ι. 683. πάντα τοι π. οἷα χρὴ τὸν εὐτυχοῦντα'
πεπράγατε. Π. 629. ὡς εὐτυχεῖθ', ὡς μακαρίως π.
πέπραγε. Α. 462. οἴμ' ὡς κακῶν π. καὶ τὸ τοξικόν.
πέπραγεν. Π. 633. ὁ δεσπότης π. εὐτυχέστατα,
πεπραγμένα. Εκ. 73. καὶ μὴν τά γ' ἀλλ' ὑμῶν ὁρῶ π.
πεπραγότι. Ν. 1269. ἄλλως τε μέντοι καὶ κακῶς π.
πέπρακται. Ι. 1248. οἴμοι, τίς τὸν θεοῦ τὸ θέσφατον.
Ο. 1028. ἔστιν γὰρ ἃ δι' ἐμοῦ π. φαρνάκῃ.
πεπράξεται. Ο. 847. οὐδὲν γὰρ ἄνευ σοῦ τῳδ' ἃ λέγω π.
Π. 1027. τί γὰρ ποιήσεις ; φράζε, καὶ π.
1200. ὦν δ' οὔνεκ' ἦλθον ; ΧΡ. πάντα σοι π.
πεπράχει. Σ. 179. μάνθων, τί κλάεις ; ὅτι π. τήμερον'
πεπράσθαι. Α. 734. πότερα π. χρῄζδετ', ἢ πεινὴν κακῶς;
Α. 735. π. π.
ΕΙ. 1011. τὰς δὲ π.. τὸν δ' ὑποτύξειν,
πεπρίβευκας. Α. 610. ἤδη π. σὺ πολιὸς ὤν ; ἐνί,
πεπταμένον. Ν. 343. οὐκ οἶδα σαφῶς' εἴξασιν δ' οὖν ἐρι-
οισιν π.,
'πέπτατο. Ο. 48. εἴ που τοιαύτην εἶδε πόλιν ᾗ π.
πέπτωκεν. Β. 970. π. ἔξω τῶν κακῶν, οὐ Χῖος, ἀλλὰ Κεῖος.
πεπυκνέναι. Ι. 572. τοῦτ' ἀπεψήσαντ' ἄν, εἴτ' ἠρνοῦντο μὴ π.
πεπτωκότες. ΕΙ. 904, καί ταῖς ναμπεῖς ἡνίοχοι π.
πεπλώται. Ο. 1158. καὶ νῦν ἄκαντ' ἐκεῖνα π. πύλαις,
πεπύσθαι. Ο. 957. οὕτω ταχέως τοῦτον π. τὴν πόλιν.
πεπύσμην. ΕΙ. 615. ταῦτα τοίνυν καὶ τὸν Ἀπόλλω 'γὼ π.
οὐδέποτε,
πεπύσμεθα. Ο. 596. εἰ μὴ π. ταῦτα τῶν σαφ' εἰδότων.
πεπωκότες. Σ. 1082. ἐμαχόμεσθ' αὐτοῖσι, θυμὸν ὀξίνην π.,
πεπωκώς. Εκ. 948. ἐφ' ᾧ π. ἔρχομαι πάλαι ποθῶν,
πέπων. Ι. 260. ὅστις αὐτῶν ὠμός ἐστιν ἣ π. ἢ μὴ π.,
ΕΙ. 1166. εἴθ' ὑπέταν ἢ π.,
περ. Α. 222. μήδ' π. γέροντας ὄντας ἐκφυγὼν Ἀχαρνέας. κ.τ.λ.
πέρ. Ν. 1183. οὐκ ἂν γένοιτο ; ΦΕ πῶς γάρ: εἰ μή π. γ' ἁμα
περ'. Θ. 1037. ἃμ γ' ξενίγαι πορμοῖ, ἵνα πυλάξι σοι.
πίρα. Ο. 416. ἄπιστα καὶ π. κλύειν.
Ο. 1246. ἀρ' οἴσθ' ὅτι Ζεὺς εἴ με λυπήσει π,
πέρανε. Β. 1170. π. τοίνυν ἕτερον. ΔΙ ἴθι π. σὺ,
Β. 1283. ἴθι δὴ π., καὶ κῦπον μὴ προστίθει.
Εκ. 578. ἀλλὰ π. μόνον
Π. 648. π. τοίνυν ὅ τι λέγεις ἀνύσας ποτέ.
περαίνεις. Α. 801. ἄνευ γινυν πολλὴν ἰδὼν π.
περαίνεται. Σ. 799. ὁρα τὸ χρῆμα· τὸ λόγχ' ὡς π.
Α. 1135. εἰ μὲν λόγοι μοι δεῖ τοῦ π.
περαιτέρω. Ο. 1500. ἀλλὰ σὺ τίς εἰ ; ΠΡ. βουλυτός, ἢ π.
Θ. 765. ταῦτα δῆτ' οὐ δεινὰ πράγματ' ἐστί καὶ π.
περαιωθήσομαι. Β. 138. ἄθυσσον. ΔΙ. εἶτα π. ;
περαντικά. Ι. 1378. συνερκτικοὺς γάρ ἐστι καὶ π.
περανῶ. Π. 563. περὶ σωφροσύνης ἤδη τοίνυν π. σφὼν κἀναδι-
δάξω
Περγασῆσιν. Ι. 321. πρὶν γὰρ εἶναι Π., ἴνεον ἐν ταῖς ἐμβάσιν.
πέρδεται. Ι. 115. ὡς μεγάλ' ὁ Παφλαγὼν π. καὶ ῥέγκεται,
Ν. 9. ἐγείρεται τῆς νυκτός, ἀλλὰ π.
Εκ. 78. οὔτι γὰρ π. κύθων τῶν σκυτάλων ὧν π.
Π. 176. Ἀγύρρως δ' οὐχὶ διὰ τούτου π.;
Πέρδιξ. Fr. 148. καὶ μὴν χθὲς γ' ἦν Π. χωλός,
πέρδιξ. Ο. 297. οἱτοσί π.. ἐκεινοσὶ δὲ νὴ Δί' ἀτταγᾶς.
Ο. 767. βούλεται π. γενέσθαι, τοῦ πατρὸς νεοττίον'
1292. π. μὲν ἢ π. κάπηλοι ὠνομάζετο
πέρδομαι. Α. 30. στένω, κέχηνα, σκορδινῶμαι, π.,
πέρδομενος. Εκ. 464. ὡς δ' ἀστενακτί π., ικοι απιτίς.
περί. Α. 25. ἐλθόντες ἀλλήλοισι π. πρῶτοι ξύλου, κ.τ.λ.
Σ. 1358. περὶ ψ. μου διδόντος μὴ διαφθαρῇ. κ.τ.λ.
πέρι. Ν. 956. ἣν π. λεπτῶν φιλίες ἐστὶν ἀγῶν μέγιστος. κ.τ.λ.
περιαγε. Ο. 176. βλέπω. ΠΕ. π. τὸν τράχηλον. ΕΠ νὴ Δία,
περιάγεις. ΕΙ. 202. καζ', αὔτη, τὴν κεφαλὴν ποῖ π.;
περιάγων. Σ. 990. φέρε νῦν σε τηδὶ τὴν ταχίστην π.
περιάγων. ΕΙ 36. ὡδὶ π., ὥσπερ οἱ τὰ σχοινία
περιαλείφειν. Π. 907. τὴν τοῖσιν ἀντικνημίοις ἰλύσπρα π.

248 περίαλλα—περιπεταστόν.

περίαλλα. Θ. 1070. τί ποτ' 'Ανδρομέδα π. κακῶν
περιαλουργός. Α. 856. ὁ π. τοῖς κακοῖς.
περιάψαι. Π. 590. κυλὺ τῆς πενίας πρᾶγμ' αἴσχιον ζητεῖς αὐτῷ π.,
περιάψας. Α. 640. εὕρετο πᾶν ἂν διὰ τὰς λιπαρὰς καλέσειεν Ἀθήνας,
περιβαίη. Λ. 979. περὶ τὴν ψωλὴν π.
περιβαίνει. Σ. 974. κακῶν τι π. μὲ κάκαπείθομαι.
περιβαλε. Ο. 346. π. περί τε κύκλοισαι·
Θ. 914. λαβέ με, λαβέ με, πῶς· π. δὲ χέρας.
περιβάλλ'. Β. 1322. π., ὦ τέκνον, ὠλένας.
περιβαλῶ. Σ. 1154. φέρ', ἀλλ' ἐγώ σε π.· σὺ δ' οὖν ἴθι.
περιβαρίδας. Λ. 45. καὶ Κιμβερίκ' ὀρθοστάδια καὶ π.·
Λ. 53. μήτε ξιφίδιον. ΚΑ κτήσομαι π.
περιβαρίδες. Α. 47. τὰ κροκωτίδια καὶ τὰ μύρα χαὶ π.
περιβλέψας. Εκ. 403. ὁ δ' ἀναβοήσας καὶ π. ἔφη·
περιγενόμενος. Σ. 604. πρωκτὸς λουτροῦ π. τῆς ἀρχῆς τῆς περισέμνου.
περιγίγνεσθαι. Π. 554. π. δ' αὐτῷ μηδὲν, μὴ μέντοι μηδ' ἱπιλείπειν.
περιγράφεις. Εἰ. 879. οὗτος, τί π.; ΟΙ. τὸ δεῖν', εἰς Ἴσθμια
περιδεῖσθε. Εκ. 273. π. τοὺς πώγωνας. ἠνίκ' ἂν δέ γε
περιδεξίοισι. Ν. 949. νῦν δείξετον τὼ πισίνω τοῖς π.
περιδέραι'. Fr. 300, 5. κάλυμμα, φύκος, π., ὑπογδώματα.
περιδησάμενος. Β. 1038. τὸ κράνος πρῶτον π. τῶν λώρων ἡμιλλ' ἐπιδήσειν.
περιδήσειεν. Εκ. 127. πώγωνα π. ἐσταθευμέναις,
περιδήσομαι. Εκ. 122. ἐγὼ δὲ θεῖσα τοὺς στεφάνους π.
περιδητρομεσθ'. Εκ. 100. ὅταν καθῶμεν, ὧν π. ἐκεῖ,
περιδόσθαι. Α. 1115. βούλει π. κάπιτρίψαι Λαμίχῳ,
Ι. 791. ἢ μᾶλλον ἐμοῦ σε φιλῶν, ἐθέλω περὶ τῆς κεφαλῆς π.
περίδου. Α. 772. αἰ ληί. π. μοι περὶ θυμητιδα ἁλῶν,
Ν. 644. οὐδὲν λέγεις, ἄνθρωπε. ΣΤ. π. νυν ἐμοί,
περιδοῦ. Εκ. 121. ἴθι δὴ σὺ π. καὶ ταχέως ὑπὴρ γενοῦ·
περιδουμίνη. Εκ. 118. οὐκ ἂν φθόνοις τὸ γένειον ἂν π..
περιδραμεῖται. Σ. 138. οὐ π. σφῷ ταχέως δεῦρ' ἕτερος;
περιδράμοις, Ι. 56. πανουργότατά πω π. ὑφαρπάσας
περιδραμών. Π. 472. φρουρνωσι, Κωκυτοῦ τε π., κύνες,
περιδρόμον. Fr. 182. ἐπὶ τοῦ π. στᾶσα τῆς συνοικίας.
περιείσατω. Εἰ. 687. τούτον τέως τὸν ἄνδρα π.
περιεζωσμένα. Ο. 1148. καὶ νὴ Δί' αἱ νῆτταί γε π.
περιεῖθθ'. Α. 167. ταυτί π. οἱ πρυτάνεις πάσχοντά με
περιεῖδες. Εκ. 168. ὅτι μ' οὗ π. ἐπιτριβέντ', ὦ Ἡράκλεις,
περιείλημμαι. Π. 934. οἶμοι π. μόνος. ΚΑ. νυνὶ βοᾷς·
περιειλλόμενος. Β. 1060. ἀλλὰ ῥακίοι π. κλάει καὶ φησὶ πένεσθαι.
περιειργάζετο. Εκ. 220. εἰ μή τι καινὸν ἄλλο π.;
περιειργμένος. Α. 810. σκώλοισι τὰ πέρυσιν π.,
περίεισιν. Β. 154. ἐντεῦθεν αὐλῶν τίς σε π. πνοῇ,
περιεκόκκασα. Ι. 697. ἀπεπυδάρισα κἄθυσα, π.
περιελείχε. Ι. 887. οἴμοι τάλας. οἴνις μισθωσιμοῖς με π.
περιέλειχε. Fr. 231 α, 2. ὥσπερ κάδισκον π. τὸ στόμα.
περιέλιχον. Π. 736. τὰ βλέφαρα π., ὡς γ' ἐμοῦδόκει·
περιελήλυθα. Εἰ. 958. ἰδού· λέγεις ἂν ἄλλο' π.
περιελθεῖν. Σ. 349. οὕτω κιττῷ διὰ τῶν σανίδων μετὰ χοιρίνης π.
Ο. 6. ὁδοῦ π. στάδια πλεῖν ἢ χίλια.
περιελῶ, ἰ. 290, π. σ' ἀλαζονείας.
περιεπτισμένον. Α. 507. ἀλλ' ἐσμὲν αὐτοὶ νῦν γε π.·
περίεργ'. Fr. 310. ὅσ' ἦν π. αὐτοῖσι τῶν φρρημάτων
περιέρρει. Ι. 533. τῶν θ' ἁρμονιῶν διαχασκουσῶν ἀλλὰ γέρων ὢν π.,
περιέρχεται. Ι. 1142. αὐτούς π.,
περιέρχονται. Α. 558. π. κατὰ τὴν ἀγορὰν ξὺν ὅπλοις, ὥσπερ Κορύβαντες.
περιεστεφάνωσεν. Π. 787. π. ἐν ἀγορᾷ πρεσβυτικοῖς·
περιεστραμμένον. Θ. 1119. ἀτὰρ εἴ τὸ πρωκτὸ δεῦρο π..
περιεστῶσιν. Α. 915. ἐγὼ φράσω σοι τὴν π. χάριν.
περιετόξευσεν. Α. 712. τι δ' ἂν αὐτοῦ τοῦ πατρός τοὺς ξυγγενεῖς.
περιέφερε. Fr. 209. τὸ πρᾶγμ' ἑορτή, π. δ' ἡμῖν κύκλῳ λεπαστὴν
περιέφυσαν. Ν. 151. κάτα ψυγείση π. Περσικαί.
περιέψησεν. Π. 730. τὰ βλέφαρα π.· ἡ Πανδκεια δὲ
περίερι. Π. 709. σκοπῶν π. πάντα κοσμίου πάνυ.
περιῆλθε. Π. 679. π. τοὺς βωμοὺς ἅπαντας ἐν κύκλῳ,
περιημυνεν. Ι. 893. καὶ τουτὶ γ' ἱστιν ἐς π., ἵν' ἀπονίψει
περιηρμοσμένοι. Εκ. 274. τουτουὶ ἀκριβῶσης π.,
περίηρχει·. Θ. 504. ὁ δ' ἀνήρ π. ὠκυτόκι' ὠνούμενος·
περίθες. Fr. 137. π. σεαυτῷ τὸν πνιγέα.
περίεσθε. Α. 740. π. τῆσδε τὰς ὁπλὰς τῶν χοιρίων.
περίθετον. Fr. 224. π.
περίθετον. Θ. 258. κεφαλή π., ἣν ἐγὼ νύκτωρ φορῶ.

περιθέων. Ι. 65. ἡμεῖς Παφλαγὼν δὲ π. τοὺς οἰκέτας
περίθου. Α. 533. ἔχε καὶ π. περὶ τὴν κεφαλὴν,
Θ. 380. ἐγὼ. ΚΗ. π. νυν τυνδὶ πρώτον πρὶν λέγειν.
Εκ. 131. ἐγώ. ΠΡ. π. δὴ τὸν στέφανον τυχάγαθῇ.
περιθρέξαι. Θ. 657. ζητεῖν, εἴ που κάλλος τις ἀνὴρ εἰσελήλυθε, καί π.
περιθρέξει. Β. 193. οὐκουν π. δῆτα τὴν λίμνην κύκλῳ·
περιθῶ. Ι. 1228. αὐτῶν π. ΑΛ. κατάθου ταχέως, μαστιγία.
περιιδεῖν. Εκ. 10. εἴ μὴ με βούλεσθ' ἀποπνιγέντα π.
περιίβης. Εκ. 369. ὦ πύτνι' Εἰλείθυια, μή με π.
Εκ. 1054. βαδίζε δεῦρο. ΝΕΑ, μηδαμῶς με π.
περίθη. Ει. 957. π. τῶν βωμῶν ταχέως ἐπιδέξια,
περικαλλή. Θ. 282. ἀλλ', ὦ π. Θεσμοφόρω, δέξασθέ με
περικαλυπτέα. Ν. 727. οὐ μαλθακιστέ', ἀλλὰ π.
περικατέβαι. Α. 357. οὐ π. τὸ ξύλον τύπτοντ' ἐχρῆν τιν' αὐτός;
Περικλέης. Α. 530. ἐντεῦθεν ὀργῇ Π. οὑλύμπιος
Ι. 283. καὶ τέμαχος, οὐ Π. οὐκ ἡμύθη πώποτε.
Ν. 859. ὥσπερ Π. ἐς τὸ δέον ἀπώλεσα.
Εἰ. 606. εἶτα Π. φοβηθεὶς μὴ μετάσχοι τῆς τύχης,
Περικλείδας. Λ. 1138. οὐκ ἔσθ', ὅπ' ἐλθὼν δεῦρο Π. ποτὲ
Περικλίους. Ν. 213. ὀδδ' ὑπὸ γὰρ ἡμῶν παρετάθη καὶ Π.
περίκομμα. Fr. 180, 2. π., θρίον, ἐγκέφαλος, ὀρίγανον.
περικόμματ'. Ι. 372. π. ἔκ σου σκευάσω.
περικομματίοις. Ι. 770. ἐψοίμην ἐν π.· κεἰ μὴ τούτοισι πέποιθα,
περικόμψως. Ει. 994. τὰς π.,
περικύλισας. Ει. 7. ὕλην ἐνίκαψέ π. τοῖν ποδοῖν.
περικωμάξειν. Σ. 1025. οὐδὲ παλαίστρας π. πειρῶν· οὐδ' εἴ τις ἐρᾳστής,
περικωνεῖ. Σ. 600. τὸν σπόγγον ἔχων ἐκ τῆς λεκάνης τὰμβάδι ἡμῶν π.
περιλάβοιμ'. Εκ. 881. παίζουσ', ὅπως ἂν π. αὐτῶν τινα
περιλαλῶμεν. Εκ. 230. μή π. μηδὲ πινθανώμεθα
περιλειφθήσεται. Ν. 725. ὑπὸ τῶν κύρεων εἴ μού τι π.
περιλελείμμένοις. Εκ. 1139. οὔπος δὲ Χίοι ἐστι π.
περίλεξιν. Ν. 318. καὶ τερατείας καὶ π. καὶ κρούσιν καὶ κατάληψιν.
περίλοιπα. Fr. 208. "ἄλλος δ' εἰσέφερε πλεκτῷ κανισκίῳ ἄρτων π. θρύμματα,"
περιμάχητος. Θ. 319. οἰκοῦσα π., ἐλθὲ δεῦρο.
περιμάχητος. Ο. 1404. ὃς ταῖσι φυλαῖς π. εἰμ' ἀεί;
περιμείνατε. Εκ. 758. τὸ μηδὶ π. τοὺς ἄλλους ὅ τι
περιμείνατέ. Εκ. 517. π. νυν, ἵνα τῆς ἀρχῆς, ἣν ἄρτι κεχειροτόνημαι,
περιμεν'. Α. 815. ὠνήσομαί σοι· π. αὐτοῦ. ΜΕ. ταῦτα δή.
Θ. 70. τί οὖν ἐγὼ δρῶ; ΣΤ. π., ὡς ἐξέρχεται.
περίμενε. Π. 1191. ἰδρνσόμεσθ' οὖν αὐτίκα μάλ', ἀλλά π.,
περιμένειν. Fr. 344, 8. καὶ μὴ π. ἐξ ἀγορᾶς ἰχθύδια
περιμίνοντι. Π. 643. ὄντον κάθημαι π. τουτονί.
περινεσίν. Β. 958. κάχ' ὑποτοπεῖσθαι, π. ἅπαντα ΑΙ. φημὶ κἀγώ.
περινέφελον. Ο. 1191. ἀέρα π., ἵν' Ἔρεβος ἰτέπετο,
περινοστεῖν. Π. 121. ὅστις σε προσπταίωντα π. ἐξ;
περινοστῇ. Π. 494. ἢν γὰρ ὁ Πλοῦτος νυνὶ βλέψῃ καὶ μὴ τυφλὸς ὢν π.
περινοστῶν. Ει. 762. καὶ γὰρ πρότερον πράξας κατὰ νοῦν οὐχὶ παλαίστρας π.
Θ. 796. πᾶς τις τὸ κακὸν τοῦτο ζητεῖ περὶ τὰς κλίνας π.
πέριξ. Fr. 75. πῶς εἰσίδω ῥύγχος π. κεκαυμένον·
περίοδος. Ν. 206, αὕτη δέ σοι γῆς π. πάσης. ὑρᾷς·
περιοικοῦσι. Ι. 853, νεανίδων τούτους δὲ π. μελιτοπώλαι
περιοράς. Σ. 439. π. οὕτω μ' ὑπ' ἀνδρῶν βαρβάρων χειρούμενον,
περιόψιας. Ν. 50. ζώων τρυγός, τρασίας, ἐρίων π.,
περιόψεις. Β. 1470. ὦ σχέτλιε, π. με δὴ τεθνηκότα;
περιόψεσθ'. Θ. 698. τέκνον με π. ἀποστερουμένη;
περιοψόμεθα. Α. 65. ὦ Τριπτύλεμε καὶ Κελεέ, π. με;
περιόψεται. Ν. 124. ἀλλ' οὐ π. μ' ὁ θεῖος Μεγακλῆς
περιόψηται. Α. 1019. ἀλλ' ὅταν βούλῃ σύ· νυνὶ δ' οὐ σε π.
περιωψομαλεθόν'. Β. 309. π., ἐπεὶ τοῦ καὶ κρέα
περιπαγῆ. Fr. 286. ἡ ναρδωπείῳ π. τὸν αὐχένα.
περιπατεῖν. Θ. 496. ἔχοντας ἡμᾶς
Λ. 709. ποιεῖ μ' ἀθυμον π. τ' ἄνω κάτω.
περιπατοῦς. Β. 942. ἐνύαλλοι καὶ π. καὶ τευτλίοισι λευκοῖς.
περίπατος. Β. 953. οὐ σοί γάρ ἐστι π. κάλλιστα περί γε τούτου.
περιπατοῦντε. Σ. 237. φρουροῦντ' ἐγώ τε καὶ σύ· κἀτα π. νύκτωρ
περιπατῶν. Ι. 744. ἐγώ δὲ π. γ' ἐν ἐργαστηρίου
περιπελεκινοῦτος. Β. 535. πολλά π.,
περιπέση. Π. 969. ὅτ' ἦν κακείς που π. καὶ πλησίον παραστῇ,
περιπεσούμαι. Σ. 523. ἢν γὰρ ἡττηθῶ λέγων σου, π. τῷ ξίφει.
περιπεταστόν. Α. 1201. τὸ π. κάπιμανδαλωτόν·

περιπέτεσθε—πέττω. 249

περιπέτεσθε. Ο. 165. μὴ π. πανταχῇ κεχηνότες·
 Ο. 1721. π.
περιπέττουσι. Π. 159. ὀνόματι π. τὴν μοχθηρίαν.
περιπέττουσιν. Fr. 310, 2. ὅσαις τε π. αὐτὰς προσθέτοις.
περιπεφθείς. Σ. 668. ἄρχειν αἱρεῖ σαυτοῦ, τούτοις τοῖς ῥηματίοις π.
περιπήπτη. Θ. 271. πάσαις τέχναις, ἥν μοί τι π. κακόν.
περιπλεύσας. Σ. 924. ὅστις π. τὴν θυσίαν ἐν κύκλῳ
περιπλέοντι. Ο. 1177. τοῦτ' ἴσμεν. ΠΕ. οὔκουν δῆτα π. ἐχρῆν
πεπιπάντρος. Α. 850. ὁ π. ᾽Αρτέμων,
περιπτυχής. Ο. 1241. λιγνὺς δὲ σῶμα καὶ δόμων π.
περιρραίνοντες. Λ. 1130. βωμοὺς π., ὥσπερ ξυγγενεῖς,
περισέμνον. Σ. 604. πρωκτὸς λουτροῦ περιγιγνόμενος τῆς ἀρχῆς τῆς π.
περισκοπανυμένη. Ἐκ. 487. τὴν, καὶ π.
περισοβεῖν. Ο. 1425. κύκλῳ π. τὰς πύλεις καλουμένος.
περισοφίζεται. Ο. 1646. οἴμοι τάλας, οἷόν σε π.
περιστερῷ. Ο. 302. κίττα, τρυγών, κορυδός, ἐλεᾶς, ὑποθυμίς, π.,
 Ο. 1302. ἡ τηνίλαφ' ἡ χήν τις ἡ π.
περιστεραί. Λ. 755. ἐσβᾶσα ταύτην, ὥσπερ αἱ π.
περιστερᾷ. Ο. 1082. τὰς π. θ' ὁμοίως, ξυλλαβὼν εἴρξας ἔχει,
περιστίαρχος. Ἐκ. 128. ὁ π., περιφέρειν χρὴ τὴν γαλῆν,
περιτειχίζειν. Ο. 552. π. μεγάλαις πλίνθοις ὑπταῖς ὥσπερ Βαβυλῶνα.
περιτελλομέναις. Ο. 696. ἐξ οὗ π. ὥραις ἐβλαστεν Ἔρως ὁ ποθεινὸς,
περιτραγῇ. Α. 258. μή τις λαβὼν σου π. τὰ χρυσία.
περιτρέχς. Ο. 842. κωδωνοφορῶν π., καὶ κάθευδ' ἐκεῖ·
περίτριμμα. Ν. 447. εὑρησιεπής, π. δικῶν,
περιτρώγει. Σ. 596. αὐτὸς δ' ὁ Κλέων ὁ κεκραξιδάμας μόνον ἡμᾶς οὐ π.,
περιτρώγων. Σ. 672. σὺ δὲ τῆς ἀρχῆς ἀγαπᾷς τῆς σῆς τοὺς ἀργελόφους π.
περιυβρίζειν. Θ. 535. ταύτην ἰῶσαι τὴν φθορὸν τοιαῦτα π.
περιυβρίζει. Σ. 1319. τοιαῦτα π. αὐτοὺς ἐν μέρει,
περιυβρίζομαι. Ι. 727. ἔξελθ', ἵν' εἴδῃς οἷα π.
περιφανίσταται. Ι. 200. ὁ δράκων δὲ πρὸς τί, ΔΗ. τοῦτο π.
περιφανῆ. Λ. 756. τί λέγεις; προφασίζει π. τὰ πράγματα,
περιφανῶς. Ι. 1186. ἐπισπασεῖ γάρ μ. τὸ ναυτικόν,
 Ο. 1290. ὠρνιθομάνουν δ' οὕτω π. ὥστε
 Θ. 465. τῆς ὕβρεος ἡμῖν τὸν ἄνδρα π. δοῦναι δίκην.
 Π. 948. ὅτιὴ καταλύει π. εἰς ὢν μόνος
περιφέρειν. Ἐκ. 128. ὁ περιστίαρχος, π. χρὴ τὴν γαλῆν,
περιφερής. Ν. 172. καὶ τὰς π., εἶτ' ἄνω περιηγύτος
περιφλύει. Ν. 396. καὶ καταφρύγει βάλλων ἡμᾶς, τοὺς δὲ ζῶντας π.
περιφρονεῖ. Ν. 741. λεπτὴν κατὰ μικρῶν π. τὰ πράγματα,
περιφρονῶ. { Ν. 225.
                 { 1503. } ἀεροβατῶ καὶ π. τὸν ἥλιον.
περιφυσήσω. Λ. 323. τε καὶ Κρίτυλλαν π.
περιχαρείς. ΕΙ. 309. οὐ σιωπήσεσθ', ὕπαν μὴ π. τῷ πράγματι
περιχαρής. Σ. 1477. ἡκουσέ τ' αὐλοῦ, π. τῷ πράγματι
περιχέαι. Ο. 958. αὐθις οὐ π. λαβὼν τὴν χέρνιβα.
περιψῇν. Ι. 909. ἰδοὺ δέχου κέρνον λαγὼ τώφθαλμιδίω π.
Πέρην. Fr. 416. δυασκαρίζειν ὥσπερεὶ Π. χαμαί.
πέρναται. Ι. 176. οἶδα, ἀλλὰ διὰ σοῦ ταῦτα πάντα π.
περόνας. Fr. 309, 11. χλιδῶνα, π., ἀμφιδέας ὅρμους, πέδας,
Πέρσαι. Λ. 1261. τὰς ψάμμας, τοὺς Π.
Πέρσας. Β. 1026. εἶτα διδάξαι Π. μετὰ τοῦτ' ἐπιθυμεῖν ἐξεβίδαξα
περσέπολιν. Ν. 967. ἡ Παλλάδα π. δεινὰν, ἡ Τηλέφρων τι βόαμα,
Περσῶν. Θ. 1134. μέμνησο Π. μ' ὡς καταλείπεις ἀθλίαν,
Περσῶν. Β. 1011. σημεῖον ὑπεδηλοῦσε Π. ἀνδρασμόν,
 Θ. 1101. Π., πρὸς Ἄργος ναυστολῶν, τὸ Γοργυῖος
Περσῖδ'. Σ. 1137. οἱ μὲν καλοῦσιν Π., οἱ δὲ κανυάκην.
Περσικά. { Λ. 229.
            { 230. } οὐ πρὸς τὸν ὀροφὸν ἀνατενῶ τὰ Π.
Περσικαί. Ν. 151. κᾆτα ψυχίσῃ περιέφκιον Π.
Περσικαί. Θ. 734. οἴνου πλέως, καὶ ταῦτα Π. ἔχων.
Ἐκ. 319. καὶ τὰς ἐκείνης Π. ὑφέλκομαι.
Περσικάν. Ο. 707. ὁ μὲν ὄρτυγα δοὺς, ὁ δὲ πορφυρίων', ὁ δὲ χῆν', ὁ δὲ Π. ὄρνιν.
 Θ. 1175. σὺ δ', ὦ Τερηδὼν, ἐπαναφύσα Π.
Περσικός. Ο. 485. ὥστε κάλεῖται Π. ὄρνις ἀπὸ τῆς ἀρχῆς ἔτ' ἐκείνης.
Περσικοῦ. Ο. 833. ὀρνις ἀφ' ἡμῶν τοῦ γένους τοῦ Π.,
Περσίς. Fr. Μ. Γηρ. 10. βακτηρία δὲ Π. ἀντὶ καμπύλης.
Περσῶν. Ο. 484. ἀρχε τε Π. πρώτον πάντων, Δαρείου καὶ Μεγαβάζου,
πέρυσι. Α. 379. ἐπίσταμαι διὰ τὴν π. κωμῳδίαν.
 Θ. 627. ἐκ τῶν ἱερῶν τῶν π. σὺ δ' ἀπύστηθί μοι,

πέρυσιν Σ. 1038. τοῖς ἠπιάλοις ἐπιχειρῆσαι π. καὶ τοῖς πυρετοῖσιν,
 Σ. 1044. π. καταπρούδοτε καινοτάταις σπείραντ' αὐτὸν διανοίαις,
 Θ. 1060. ἦπερ π. ἐν τῷδε ταὐτῷ χωρίῳ
 Fr. 181, 1. ὀφθαλμιάσας π. εἶτ' ἔσχον κακῶς,
πέρυσιν. Θ. 808. ἀλλ' Εὐβούλης τῶν π. τις βουλευτής ἐστιν ἀμείνων,
πέρυσινόν. Β. 986. τὸ π. τιθυμηδί μοι·
πέρων. Ο. 1195. μή σε λάθῃ θεῶν τις ταύτῃ π.
πέρωον. Fr. 363. καὶ κολλύραν τοῖσι π. διὰ τοὺν Μαραθῶνι τροπαῖον.
πεσεῖν. Θ. 1122. π. ἐς εὐνὴν καὶ γαμήλιον λέχος;
πέσῃ. Σ. 1012. σθαι μὴ π. φαύλως χαμαῖ·
 ΕΙ. 140. τί δ', ἤν ἐς ὑγρῶν πόντιον π. βάθος;
πέσῃς. Ν. 702. ταχὺς δ', ὅταν εἰς ἄπορον π.,
πέσοιμι. Ι. 571. εἰ δὲ που π. ἐν τῷδε ὑμῖν ἐν μάχῃ τινί,
πέσοιν. Α. 1182. πτίλον δὲ τὸ μέγα κομπολακύθαν π.
πέσων. Α. 1180. καὶ τῆς κεφαλῆς κατέαγε περὶ λίθον π.,
 Α. 1186. τοσαῦτα λέξας εἰς ὑδρορρόαν π.
 Ν. 126. ἀλλ' οὐδ' ἐγὼ μέντοι π. γε κείσομαι·
 1501. ἡ 'γὼ πρότερον πως ἐκτραχηλίσθω π.
 Σ. 1370. τί ταῦτα ληρεῖς, ὥσπερ ἀπὸ τύμβου π.;
 ΕΙ. 169. καὶ μόνον ἐπιχεῖς; ὡς ἤν τι π.
 Π. 70. ἄπειμ', ἵν' ἐκεῖθεν ἐκτραχηλισθῇ π.;
πέταλον. Β. 682. ἐπὶ βάρβαρον ἱζόμενόν π.
πεταχνῶντας. Fr. 279. πάντες δ' ἔνδον π.
πέτει. ΕΙ. 95. τί π.; τί μάτην αὐχ ὑγιαίνεις;
 Ο. 1199. αὔτη σὺ σοῦ π. μὴν ἥσυχος,
 1459. κάπευθ' ὁ μὲν πλεῖ δεῦρο, σὺ δ' ἐκεῖσ' αὖ π.
πετεινῶν. ΕΙ. 130. μόνος π. εἰς θεοὺς ἀφιγμένος.
 Ο. 1393. εἴδωλα π.
πίτεσθαι. ΕΙ. 103. ὄκω π. διανοεῖ. ΤΡ. τί δ' ἄλλο γ' ἢ
 Ο. 1219. ποίᾳ γὰρ ἄλλῃ χρὴ π. τοὺς θεούς;
 1342. οὐκ ἔστιν οὐδὲν τοῦ π. γλυκύτερον·
 1421. μῶν εὐθὺ Πελλήνης π. διανοεῖ;
 Λ. 724. ἤδη π. διανοουμένη κάτω
πέτεται. Ν. 93. ὁ οντὶ π. τὴν νύκτα περὶ τὴν πλιεύδραν.
 Ο. 573. π. θεὸν ἄν πτερύγες τε φορεῖ, κάλλος γε θεοὶ πάνυ πολλοί.
 574. αὐτίκα Νίκη π. πτερύγοιν χρυσαῖν, καὶ νὴ Δί' Ἔρως γε.
πέτευρον. Fr. 667. π.
πετήσει. ΕΙ. 77. ὅπως π. μ' εὐθὺ τοῦ Διὸς λαβών,
πέτεσθαι. Ἐκ. 899. ἀλλ' ἐφ' ἕτερον ἂν π.
πέτεσθαι. ΕΙ. 93. ὑπὲρ Ἑλλήνων πάντων π.,
 Ο. 1230. ἐγὼ; πρὸς ἀνθρώπους π. παρὰ τοῦ πατρὸς
 1344. ὀρνιθομανῶ γὰρ καὶ π., καὶ βούλομαι
 1374. π. δ' ὁδὸν ἀλλοτ' ἐπ' ἄλλην μελέων
πετάμενα. Ο. 233. ταχὺ π., μιλδρωπιν ἰόντα γῆρυν·
πτομίνους. Λ. 55. οὐ γὰρ μὰ Δί' ἀλλὰ π. ἤκειν κάλαι.
πεταμίνη. Ο. 1200. οἴμοι τάλας. οὔκουν ὑπέρους π.
πτομίνους. Ο. 650. ξυνεσμέθ' ὑμῖν π. οὐ πετόμενα
πετομένους. Ο. 169. ἀφθρώπω ὄρνις ἀστάθμητον π.
πτομίνους. Ο. 167. ἐκεῖ παρ' ἡμῖν τοὺς π. ἡν ἔρῃ,
πετομένω. Ο. 650. ξυνεσμέθ' ὑμῖν π. οὐ πετόμενα οὐ π.;
πετομένων. Ο. 296. οὐδ' ἰδεῖν ἔτ' ἔσθ' ὑπ' αὐτῶν π. τὴν εἴσοδον
 Ο. 1406. λεωτροφίδῃ χορῷ π. ὀρνέων
πετόμεσθα. Ο. 572. οἱ π. πτέρυγες τ' ἔχομεν; ΠΕ. ληρεῖς καὶ νὴ Δί' ὁ γ' Ἑρμῆς
πετόμεσθα. Ο. 704. πολλοὶ δῆλον π. τε γὰρ καὶ τοῖσιν ἐρῶσι αἴνεσμεν·
Πετέσρυιν. Fr. 253. καὶ τὸν κυλλάστειν φθίγγον καὶ τὸν Π.
πίτου. Λ. 321. π. π., Νικοδίκη,
 Fr. 13. ταχύ νυν π. καὶ μὴ τροσίαν οἶνον φέρι.
πέτρα. Β. 470. τοία Στύγος σε μελανοκάρδιος π.
πέτραι. Ι. 783. ἐπὶ ταῖσι π. οὐ φροντίζεις σκληρὸς σε καθημένοι οὕτως,
πέτραισι. Α. 1183. πρὸς ταῖς π. δεινὸν ἐξηῦδα μέλος·
 Ν. 597. ἐφίγματα π.
 Ο. 54. ἀλλ' αἶσθ' ὁ δρᾶσον; τῷ σκίλει θένε τὴν π.
πέτρας. 754. ὅταν δ' ἐπὶ ταυτησὶ καθίσῃς τῆς π.
 Ι. 956. λάρος σκηνωσιν ἐπί π. δημηγορῶν.
πετρωδεσι. Θ. 998. δάπαις καὶ πέταισι π. * * βρέμονται
πετρῶν. Ι. 312. κἀπό τῶν π. ἀνωθεν τοὺς φύρους θυννοσκόπων.
 Ο. 20. τούς τε νι κέχηνας· ἔσθ' ὅποι κατὰ τῶν π.
 836. ὡς δ' ὁ θεὸς ἐπιτήδειος οἴκειν ἐπὶ π.
πέτταται. Ἐκ. 843. λαγῷ' ἀναπηγνύασι, πύπανα π.,
πεττεῖς. Ἐκ. 987. τῷ βουλομένῳ γε, κατὰ τὸν ἐν π. νόμον,
 Ἐκ. 988. ἀλλ' οὐδὲ δεινυείς κατὰ τὸν ἐν π. νόμον.
πέττουσι. Ἐκ. 224. π. τοὺς πλακοῦντας ὥσπερ καὶ πρὸ τοῦ·
πέττω. Fr. 267. πτίττω, βράττω, μάττω, δεύω, κατάλω.

K k

πέτωμαι. Ο. 1456. κᾆτ' αὖ π. πάλιν ἐκεῖσε. ΠΕ. μανθάνω.
πεύκαις. Ν. 604. πέργαν σὺν π. σελαγεῖ
πεύκαισιν. Β. 1212. καθαπτὸς ἐν π Παρνασὼν κάτα
πεύκας. Fr. 494. ἐκφέρετε π. κατ' Ἀγ.θαινα φωσφόρους.
πεύκης. Ι. 1310. εἴπερ ἐκ π γε κἀγὼ καὶ ξύλων ἐπηγνύμην.
πεύσει. Π. 40. π. σαφῶς γὰρ ὁ θεὸς εἶπέ μοι τοδί
πευσεσθ'. ΕΙ. 67. π. ἐφασκε γὰρ πρὸς αὐτὸν ἐνθαδί.
πευσόμεθα. Ο. 1120. οὐδεὶς ὅτου π τἀκεῖ πράγματα.
πευσόμενοι. Ο. 252. δεῦρ' ἴτε π τὰ νεώτερα,
πευσόμενος. Π. 36. π. εἰ χρὴ μεταβαλοντα τοὺς τρόπους
πεφάρμαχθ'. Θ. 534. ἀλλ' ἦ π. ἦ κακόν τι μέγα πεπόνθατ' ἄλλο.
πέφευγ'. ΕΙ. 1027. πῶς δ' οὐχί; τί γάρ σε π.
πέφευγας. Ο. 954. νὴ τὸν Δί', ἀλλ' ἤδη π. ταυταγὶ
πεφόβημαι. Ν. 294. πρὸς τὰς βροντάς· οὕτως αὐτὰς τετρεμαίνω καὶ π·
πέφρακται. Σ. 352. πάντα π. κοὐκ ἔστιν ὑπῆς οὐδ' εἰ σέρφῳ διαδῦναι.
πέφρικα. Ν. 1133. δέδοικα καὶ π. καὶ βδελύττομαι,
πεφροντίκαμεν. Εκ. 263. ἐκεῖνο δ' οὐ π., ὕτῳ τρόπῳ
πέφυκα. Λ. 649. εἰ δ' ἐγὼ γυνή π., τοῦτο μὴ φθονεῖτέ μοι,
πέφυκε. Π. 443. οὐδὲν π. ζῷον ἐξωλέστερον.
Fr. 136. ὡς δ' ὀρθοπλήξ· π. γὰρ δυσγάργαλις.
πέφυκεν. Ο. 452. π. ἄνθρωπος· σὺ δ' ὅμως λέγε μοι,
πεφυκέναι. Α. 352. δεινῶν γὰρ ἔργων ὀρφανίαν π.
Σ. 1265. πολλάκις δὴ 'δοξ' ἐμαυτῷ δεξιὸς π.,
πεφυκός. Ο. 1473. ἔστι γὰρ δένδρον π.
πεφυκώς. Β. 1218. ἦ γὰρ π. ἐσθλοὺς οὐκ ἔχει βίον,
πεφυσιγγωμένοι. Α. 526. κᾆθ' οἱ Μεγαρῆς ὀδύναις π.,
πέψω. Fr. Μ. Δαιτ 2. π. πλακοῦντ' εἰς ἑσπέραν χαρίσιον.
πῆ. Ι. 35. εὖ προυβιβάζεις μ', ΝΙ. ἀλλ' ἕτερα π. σκεπτέον, κ.τ.λ.
πηγάνῳ. Σ. 480. οὐδὲ μήν γ' οὐδ' ἐν σελίνῳ σουστὶν οὐδ' ἐν π.
Πήγασε. ΕΙ 154. ἀλλ' ἄγε, Π., χώρει χαίρων,
Πηγάσιον. Fr. 76. ὦ Π. μοί φησι, γενναῖον πτερὸν,
Πηγάσου. ΕΙ. 135. οὐκοῦν ἐχρῆν σε Π. ζεῦξαι πτερὸν,
πηδᾶ. Ν. 704. ἐπ' ἄλλο π.
πηδᾷ. Β. 1213. π. χορεύων, ΑΙ. ληκύθιον ἀπώλεσεν.
πηδαλίοις. Ι. 542. ἐρέτην χρῆναι πρῶτα γενέσθαι, πρὶν π. ἐπιχειρεῖν,
πηδαλίου. ΕΙ. 142. ἐπίτηδες εἶχον π., ᾧ χρήσομαι·
Ο. 711. καὶ π. τότε ναυκλήρῳ φράζει κρεμάσαντι καθεύδειν,
πηδᾶν. Ν. 1392. π., ὅ τι λέξει.
πηδᾶτε. Ι. 1520. π. παρὰ ψάμαθον
πηδῶσι. Σ. 227. π. καὶ βάλλουσιν ὥσπερ φέψαλοι.
πηκτά. Α. 479. ἀνὴρ ὑβρίζει· κλεῖς π. δωμάτων.
πηκτάς. Ο. 528. ἔρκη, νεφέλας, δίκτυα, π.
πηκτίδας. Θ. 1217. τὴν γραῦν ἐραστής, ἢ φέρει τὰς π.;
Πηλέα. Β. 863. καὶ νὴ Δί τὸν Π. γε τὸν Αἴολον
Πηλεύς. Ν. 1063. πολλοῦ. ὁ γοῦν Π. ἔλαβε διὰ τοῦτο τὴν μάχαιραν.
Ν. 1067. καὶ τὴν Θέτιν γ' ἔγημε διὰ τὸ σωφρονεῖν ὁ Π.
πήληκας. Β. 1017. καὶ π. καὶ κνημῖδας καὶ θυμοὺς ἑπταβοείους.
πηλίκον. Α. 23. τί τὸ πρᾶγμα; π. τι; ΛΥ. μέγα. ΚΑ. μῶν καὶ παχύ;
πηλόν. Σ. 248. τὸν π., ὦ πάτερ πάτερ, τουτονὶ φύλαξαι.
Σ. 257. τὸν π. ὥσπερ ἀτταγᾶς τυρβάσεις βαδίζων.
Ο. 830. χάλικας παραφόρει, π. ἀποδὺς ὅργανε,
1143. λεκάναισι. ΠΕ. τὸν δὲ π. ἐνεβάλλοντο πῶς;
1151. τὸν π. ἐν τοῖς στόμασιν αἱ χελιδόνες.
πηλοῦ. Ο. 686. ὀλιγοδρανέες, πλάσματα π., σκιοειδέα φῦλ' ἀμενηνά,
πηλοφορούντες. Εκ. 310. περ π.
πημανεῖ. Λ. 842. αὐθ' ἄλλος ἀνθρώπων ὑφαψανών σε π. τι·
Πηνελόπην. Θ. 547. ἐγένετο, Μελανίππας ποιῶν Φαίδρας τε· Π. δὲ
Θ. 550. τῶν νῦν γυναικῶν Π., Φαίδρας δ' ἀπαρπάσας.
πηνελόψ. Ο. 298. οὗτοσί δέ π., ἐκεινοσὶ δὲ γ' ἀλκυῶν.
Ο. 1302. ἡ π. ἡ χὴν τις ἡ περιστερά
πηνίκ'. Ο. 1498. τίς δ' εἴ σύ; ΠΡ. π. ἐστιν ἄρα τῆς ἡμέρας;
Ο. 1514. ἀπόλωλεν ὁ Ζεύς. ΠΕ. π. ἄττ' ἀπώλετο;
Fr. 499. πυθοῦ χελιδών π. ἄττα φαίνεται·
πηνίκα. Β. 646. ἀλλ' ἄν' εἶμ' ἐπὶ τοῦδι καὶ πατάξω. ΔΙ. π.;
Εκ. 857. πρὶν γ' ἂν ἀπενέγκῃς. ΑΝ.Β.ἀλλ' ἀπείσω ΑΝ. Α. π.;
πηνίσματα. Β. 1315. ἱστότονα π.,
πηνίῳ. Fr. p. 509. κείσεσθον ὥσπερ π. βινουμένα,
πήρα. Fr. 268. τὸ δὲ πορνεῖον Κύλλου π.
πήραν. Ρ. 298. π. ἔχοντα λάχανα τ' ἄγρια δροσερά, κραιπαλῶντα,
πηριδίον. Fr. 410. π.
πηριδίων. Ν. 923. ἐκ π.

πηρώσω. Β. 623. δίκαιος ὁ λόγος· κἂν τί π γέ σοι
πήχεις. Β. 799. καὶ κω..ὰς ἐξισοῦσαι καὶ π. ἐπῶν,
'πί. Α. 330. τῶν παρόντων ἔνδον εἴρξας· ἢ 'π. τῷ θρασύνεται; κ.τ.λ
πιβᾶς. ΕΙ. 865 ὄχημα κανθάρου 'π.
πιβιδῶ· Θ. 217. ἢ μή 'π. ἐμαυτὸν ὠμιλόν ποτε.
πιεζεῖ. Σ. 152. ** τὴν θύραν ὠθεῖ π. νυν σφόδρα
πιέζει. Ν. 437. γρίπω τυῷθ' ὑμῖν πιστεύσας· ἡ γὰρ ἀνάγκη με π.
ΕΙ. 1031. ἡ σχίζα γοῦν ἐνημμένη τὸν Στιλβίδην π.,
Λ. 417. τὸ δακτυλίδιόν π. τι ζυγῶν.
πιέζειν. Ν. 1120. ὥστε μήτ' αὐχμὼν π. μήτ' ἄγαν ἐπομβρίαν.
Λ. 311. ἐμπιπράναι χρή τὰς θύρας καὶ τῷ καπνῷ π.
πιέζεται. Β. 30. οὐκ οἶδ' ὅ δ' ὦμος οὑτωσὶ π.
πιέζομαι. Β. 3. ἢ τὸν Δί' ὅ τι βούλει γε, πλὴν π.,
πιέζων. Ι. 259. κάπουνάζεις π. τοὺς ὑπευθύνους σκοπῶν
πίει. Fr. 491. πικρότατον οἴνον τήμερον π. τάχα,
πιεῖν. Α. 78. τοῖς πλεῖστα δυνημένους καταφαγεῖν τε καὶ π.
Ι. 83. Βελτιστον ἡμῖν αἷμα ταυρείον π.
118. φέρ' αὐτόν. ἴν' ἀναγνῶ· σὺ δ' ἔγχεον π.
1187. ἔχε καὶ π. κεκραμένον τρία καὶ δύο.
Ν. 1382. εἰ μέν γε βρῦν εἴποις, ἐγὼ γνοῦς ἂν π. ἐπίσχον
Σ. 616. κἄν οἶνόν μοι μή 'γχῇς σὺ π., τὸν ὄνον τόνδ' ἐσκεκόμισμαι
ΕΙ. 49. ἀλλ' εἰσιών τῷ κανθάρῳ δώσω π.
Θ. 736. κἄκ παντὸς ὑμεῖς μηχανώμεναι π.,
Β. 1051. πώνεια π., αἰσχυνθείσας διὰ τοὺς σοὺς Βελλεροφόντας.
Εκ. 132. ἰδού. ΠΡ. λέγοις π. ΓΥ. Θ. εἶτα πῶς π. λέγω;
133. ἰδοὺ π. ΓΥ. Θ. τί γάρ, ὦ μέλ', ἐστεφανωσάμην;
157. τί δ' ἐστιν; οὐ γὰρ δὴ π. γ' ᾐτησά σε.
307. π. ἅμα τ' ἄρτον π
πίεται. Ι. 1289. οὐ ποτ' ἐκ ταυτοῦ μεθ' ἡμῶν π. ποτηρίου.
Ι. 1400. κἂν τῶν βαλανείων π. τὸ λούτριον.
πιῇς. ΕΙ. 1352. οἰνον τε π. πολύν.
Π. 645. καυτή π. φιλεῖς δὲ δρῶσ' αὐτὸ σφόδρα
πίθ'. Σ. 1489. σφονδύλος ἀχεῖ. ΒΑ. π. ἐλλέβορον,
πιθάκνησιν. Ι. 792. καὶ πῶς σὺ φιλεῖς, ὃς τοῦτον ὁρῶν οἰκοῦντ' ἐν ταῖς π.
πιθάκνης. Π. 546. π. πλευρὰν ἐρρωγυῖαν καὶ ταύτην. ἆρά γε πολλοῦ
πίθακον. Α. 907. ἅπερ π. ἀλιτρίας πολλὰς πλέων.
πιθανά. Θ. 464. π. πάντα. δεῖ δὲ ταύτης
πιθανάς. Ο. 28. γυναικεῖς εὖ καὶ π. ΜΝ. πειρήσομαι,
πιθανώταθ'. Ι. 629. π. ἡ βουλή δ' ἅπασ' ἀκροωμένη
'πιθεῖναι. Εκ. 1111. ἄνω 'π. πρόφασιν ἀντὶ ληκύθου,
πιθέσθαι. Σ. 573. εἰ δ' αὖ τοῖς χοιριδίοισι χαίρων, θυγατρὸς φανῇ με π.
Σ. 1027. οὐδενὶ πώποτέ φησι π., γνώμην τιν' ἴχων ἐπιεικῆ,
πίθῃ. Ι. 962. καὶ τῶν ἐμῶν νυν. ΚΛ. ἀλλ' ἐὰν τούτῳ π.,
πιθηκα. Α. 120. τοιόνδε δ', ὦ π., τὸν πώγων' ἔχων
πιθηκισμοῖς. Ι. 887. οἱμοι τάλας, οἷσί π. με περιελαύνεις.
πιθήκοις. ΕΙ. 1065. συνθήκας πεποίησθ' ἀνδρὲς χαροποῖσι π.,
ΕΙ. 1066. αἰθοῖ βοῖ. ΤΡ. τί γελᾷς; ΟΙ. ἡσθην χαροποῖσι π.
πίθηκον. Fr. 347. π.
Β. 707. οὐ πολὺν οὐδ' ὁ π. οὗτος ὁ νῦν ἐνοχλῶν,
Εκ. 1072. π. ἄνωθεν. ἀνάπλεως γίμμθίσι,
πίθηφθ. Ο. 164. τί σοι πιθώμεσθ'; ΠΕ. ὅ τι π.; πρῶτα μὲν
πιθώμην. Ν. 119. οὐκ ἄν π.· οὐ γάρ ἄν πιθοίμην ἄν
Εκ. 1011. κώμ ἄν π. σὐθέπετ'. ΓΡ. Α. ἀλλά νή Δία
πιθώσθ. Ο. 163. καὶ δύναμιν ἢ γένοιτ' ἄν, εἰ π. μοι.
πιθάμαρτε. Ν. 861. π. γίγνωμαι κἀγώ τοί ποτε
πιθού. Ο. 862. οἶδ' ἐξέτει σοι τραυλίσαντι π.,
Ο. 1011. κᾆμοί π. ὑπαποκίνει τῆς θύρας.
πιθόμενοι. Ν. 1083. τί δ' ἦν ῥαφανιδωθῇ π. σοι τέφρᾳ τε τιλθῇ
πίθον. ΕΙ. 703. ἰδὼν π. καταγνυομένον νέον πίθῳ π.
πίθος. ΕΙ. 613. καὶ π. πληγεὶς ὑπ' ὀργῆς ἀντελάκτισεν πίθῳ,
πιθοῦ. Ν. 87. μὴ π., ΦΕ. τί οὖν πίθωμαι δῆτά σοι;
Σ. 729. π., π., ἐμοί π. καὶ μή 'κ νοῦν λάβης
760. ἴθ' ὦ πάτερ, πρὸς τῶν θεῶν, ἐμοί π.
Ο. 661. ὦ τοῦτον οὐτοσὶ νὴ Δί' αὐτοῖσιν π.
Π. 103. ἐμίελετόν μοι, ΧΡ. καὶ σὺ γ', ἀντιβολῶ, π.
'πιθυμεῖτ'. Σ. 89. εἰ δὴ 'π. εἰδέναι, σιγᾶτε νῦν.
πίθῳ. ΕΙ. 613. καὶ πίθος πληγεὶς ὑπ' ὀργῆς ἀντελάκτισεν π.,
Fr. 81. ἐν π. τῇ κεραμίαν
πιθώμαι. Ν. 87. ὦ παῖ, πιθού. ΦΕ. τί οὖν π. δῆτά σοι;
Σ. 761. τί σοι π. δῆτα; τί τ' ἐμοὶ βούλει, εἶπέ μοι.
πιθώμεσθ'. Σ. 164. τί σοι π.; ΠΕ. ὅ τι πίθησθ'; πρῶτα μὲν
πίθων. Π. 1168. λάθρα γὰρ ἦλθεν, οὐ π. τοὺς κυρίους,
Π. 940. τὴν δημοκρατίαν, οὔτε τῶν βουλῇ π.
'πικαθῆσθαι. Ι. 1093. ἐκ πύλεως ἐλθεῖν καὶ γλαύξ αὐτῇ 'π.

'πικαθῆτο—πλάστρα. 251

'πικαθῆτο. Β. 1046. ἀλλ' ἐπί τοι σοὶ καὶ τοῖς σοῖσιν πολλὴ πολλοῦ 'π.,
'πικηρυκεύεται. Θ. 336. τῷ τῶν γυναικῶν, ἡ 'π.
'πικλίντρῳ. Γг. Μ. Ava. 16, 2. ὑπὸ τῷ 'π. Β. μῶν τίς οὗτ' ἀνείλετο;
'πικουρία. Λ. 110. ὃς ἦν ἂν ἡμῖν σκυτίνη 'π.
πικράν. Ο. 1468. π. τάχ' ὄψει στρεψοδικοπανουργίαν.
Θ. 853. π. Ἑλένην ὄψει τάχ', εἰ μὴ κοσμίως
πικροτάτην. Εl. 805. π. ὅσα γηρύσαντος ἤκους',
πικρότατον. Fr. 491. π, οἶνον τήμερον πίει τάχα.
πικρούς. Ο. 1045. π. ἐγώ σοι τήμερον δείξω νόμους.
πικτίδας. Α. 879. σκάλοπας, ἐχίνους, αἰελούρους, π.,
'πιλάβηται. Λ. 596. τῆς δὲ γυναικὸς μικρὸς ὁ καιρός, κἂν τούτου μὴ 'π.
'πιλάθῃ. Εl. 1304. οὐ μὴ 'π. ποτ', ἂν ἐκείνου τοῦ πατρός.
'πιλελήσμην. Σ. 605. ὦ δή γ' ἥδιστον τούτων ἐστὶν πάντων, οὗ 'γὼ π.,
πιλήσει. Θ. 1190. ἤδη βαδίζειν. ΤΟ. οὐκὶ π. πρῶτα με;
πιλίβανον. Α. 439. τὸ π. περὶ τὴν κεφαλὴν τὸ Μύσιον.
πῖλον. Λ. 562. ἐς τὸν χαλκοῦν ἐμβαλλόμενον π. λέκιθον παρὰ γραῦ'
πιλουμένου. Fr. 235. πληγαὶ λέγονται πουλύπου π.
πλοῦντας. Α. 577. καὶ τούς γε συνισταμένους τούτους καὶ τοὺς π. ἑαυτοῖς
πιμπραμένας. Α. 341. ἄς, ὦ θεά, μή ποτ' ἐγὼ π. ἴδοιμι,
πῖν'. Ι. 406. πῖνε π. ἐπὶ συμφοραῖς
πινακηδόν. Β. 824. ῥήματα γομφοπαγῆ, π. ἀποσπῶν
πινακίοις. Ο. 450. σκοπεῖτέ δ' ὅ τι ἂν πυργώραψεμεν ἐν τοῖς π.
πινάκιον. Σ. 167. ὅπως τάχιστ', ἢ π. τιμητικόν
πινακίσκον. Fr. 449. π. ἀπύραν ἰχθυηρόν.
πινακίσκους. Π. 813. χαλκῆ γέγονε· τοῖς δὲ π.
πινακοπώλης. Ο. 14. ὁ π. Φιλοκράτης μελαγχολῶν.
πίνακος. Π. 996. καὶ τάλλα τἀπὶ τοῦ π. τραγήματα
πινάκων. Θ. 778. ἄγε δὴ π. ξεστῶν δέλτοι,
Πινδαρείου. Ο. 939. Π. ἔπος
πίνε. Λ. 985. π., κατάκεισο, λαβὲ τήνδε φιλοτησίαν.
Ι. 406. π. πῖν' ἐπὶ συμφοραῖς
πίνειν. Α. 1001. π. ὑπὸ τῆς σάλπιγγος· ὃς δ' ἂν ἐκπίῃ
Α. 1145. τῷ μὲν π. στεφανωσαμένῳ.
Ι. 535. ὃν χρῆν διὰ τὰς προτέρας νίκας π. ἐν τῷ πρυτανείῳ,
Σ. 724. πλὴν κωλαγρέτου γάλα π.
1253. κακὸν τὸ π. ἀπὸ γὰρ οἴνου γίγνεται
Β. 740. ὅστις γε π. οἶδε καὶ βινεῖν μόνον;
Π. 1085. π., ξυνεικοστ' ἐστί σοι τοῦτο τρύγα.
Fr. 3, 2. π., ἔπειτ' ᾄδειν καψῆ, Συρακοσίαν τράπεζαν,
301, 1. οἶνον δὲ π. οὐκ ἐάσω Πράμνιον,
490. ἡδὺ γε π. οἶνος Ἀφροδίτης γάλα.
πίνεις. Β. 1150. Διόνυσε, π. οἶνον οὐκ ἀνθοσμίαν.
πινοτήρης. Α. 1510. ὁ π. οὗτός ἐστι τοῦ γένους.
'πίνοια. Σ. 1073. ἢ τίς ἡμῶν ἐστιν ἡ 'π. τῆς ἐγκεντρίδος.
Ο. 994. τίς ἡ 'π., τίς ὁ κόθορνος, τῆς ὁδοῦ;
'πίνοιαί. Εl. 127. τίς δ' ἡ 'π. σοῦστὶν ὥστε κάνθαρον.
πίνονθ'. Ν. 1358. ᾄδειν τε π., ὡσπερεὶ κάχρυς γυναῖκ' ἀλούσαιν.
πίνουσι. Εκ. 135. κυκεῖ. ΓΤ. Θ. τί δέ; οὐ π. κἂν τίγκυλησία;
Εκ. 136. ἰδού γέ σοι π. ΓΤ. Θ. νὴ τὴν Ἄρτεμιν.
πίνων. Ι. 349. ὕδωρ τε π. κἀπιδεικνύσι τοὺς φίλους τ' ἀνίων,
Ι. 351. εἰ δαὶ σὺ π. τὴν πόλιν πεπώηκας, ὥστε νυνὶ
888. οὐκ, ἀλλ' ὅπερ π. ἀνὴρ πίνονθ', ὅταν χεσείῃ,
Σ. 1198. π., σεαυτοῦ ποῖον ἂν λέξαι δοκεῖς
Λ. 279. π., ῥυπῶν, ἀπαράτιλτος
πινῶντα. Π. 297. βληχώμενοι, σὲ τοῦτο νὴ π. καταλαβόντες,
πίνωσιν. Ι. 92. ὀρᾷς· ὅταν π. ἄνθρωποι, τότε
πίομ'. Σ. 525. μηδέποτε π. ἀκράτου μισθὸν ἀγαθοῦ δαίμονος.
Λ. 233. } ταῦτ' ἐμπεδοῦσα μὲν π. ἐντευθενί·
234.
πίομαι. Fr. 294. "σὺ π.;"
πιονές. Π. 560. καὶ γαστρώδεις καὶ παχύκνημοι καὶ π. εἰσιν ἀσελγῶς,
πίονος. Ι. 1190. λαβὲ νυν πλακοῦντος π. παρ' ἐμοῦ τύμου.
'π.ορκεῖν. Εκ. 1160. μὴ 'π., ἀλλὰ κρίνειν τοὺς χοροὺς ὀρθῶν ἀεί,
'πίορμου. Β. 150. ἐπάταξεν, ἡ 'π. δρκον ὤμοσεν.
πιππίζουσι. Ο. 307. οἷα π. καὶ τρέχουσι διακεκραγότες.
πίπτω. Ο. 493. κάψω π., μέλλω τε βοᾶν δ' δ' ἀπέβλισε θοἰμάτιόν μου.
πίπτων. Ι. 540. χοὗτος μέντοι μόνος ἀντήρει, τοτὲ μὲν π., τοτὲ δ' οὐχί.
Πῖσαν. Β. 1232. Πέλοψ ὁ Ταντάλειος ἐς Π. μολών
πίσθ'. Β. 1443. ὅταν τὰ νῦν ἄπιστα π. ἡγώμεθα,
πίσυνον. Ι. 1171. ἐγὼ δ' ἔπνος 'π. εὐχῇ καὶ καλόν·
Πισῶον. Ο. 766. εἰ δ' ὁ Π. προδοῦναι ταῖς ἀπίμοις τὰς πύλας
πισκόπους. Ο. 1033. οὐ δεινά; καὶ πέμπουσιν ἤδη 'π.

πίσους. Fr. 88. ἔπειτ' ἔρε ξον ἐπιβαλοῦσ' ὁμοῦ π.
πίστ'. Β. 1444. τὰ δ' ὄντα π. ἄπιστα. Δl. πῶς; οὐ μανθάνω.
πιστά. Ν. 533. ἐκ τούτου μοι π. παρ' ὑμῖν γνώμῃ ἴσθ' ὅρκια.
πιστεύειν. Ν. 385. φέρε τοντὶ τῷ χρὴ π.; ΣΠ. ἀπὸ σαυτοῦ 'γώ σε διδάξω.
πιστεύομεν. Β. 1446. εἰ τῶν πολιτῶν οἷσι νῦν π.,
πιστεύουσ'. Ν. 544. ἀλλ' αὐτῇ καὶ τοῖς ἔπεσιν π. ἐλήλυθεν,
πιστεύσας. Ν. 437. δράσω τοῦθ' ὑμῖν π.· ἡ γὰρ ἀνάγκη με πιέζει
πιστεύω. Εκ. 583. καὶ μὴν ὅτι μὲν χρηστὰ διδάξω π.· τοὺς δὲ θεατάς,
πιστεύων. Ι. 326. ᾗ σὺ π. ἀμέλγεις τῶν ξένων τοὺς καρπίμους,
πιστή. Fr. Μ. Εl. Δ. 2, 2. π. τροφός, ταμία, συνεργός, ἐπίτροπος,
πίστιν. Λ. 1185. ὅρκους δ' ἐκεῖ καὶ π. ἀλλήλοις δότε.
πίστις. Α. 308. οἷσιν οὔτε βωμὸς οὔτε π. οὔθ' ὅρκος μένει·
πιστόν. Ο. 422. τε λεκτὸν οὔτε π., ἂν
Λ. 629. οἷσι ν. οὐδὲν, μὴ περ λύκῳ κεχηνότι.
πιστότατον. Π. 27. ἡγούμαί πε καὶ πλεπτίστατον.
πίσυνος. Σ. 385. δράσω τοίνυν ὑμῖν π.· καὶ μανθάνετ' ἢν τι πάθω 'γώ,
Εl. 84. εὐθὺν ἀπ' ἀρχῆς ῥώμῃ π.,
πιούν. Ν. 949. νῦν δείξετον τὼ π. τοῖς περιδεξίοισι
'πιτηρεῖν. Α. 197. καὶ μὴ π. σιτί' ἡμεραν τριῶν,
'πιτηρήσειν. Π. 915. καὶ μή π. ἐάν τις ἐξαμαρτάνῃ.
πίττα. Σ. 1375. ἡ π. δήπου καομένης ἐξέρχεται.
Πιττάλου. Α. 1032. οὐκ ἔστιν, ἀλλὰ κλᾶε πρὸς τοὺς Π.
Α. 1222. θύραξέ μ' ἐξενέγκατ' ἐς τοῦ Π.
Σ. 1432. οὕτω δὲ καὶ σὺ παράτρεχ' ἐς τὰ Π.
πίτταν. Β. 364. ἀσώματα καὶ λίνα καὶ π. διαπέμπωσι εἰς Ἐπίδαυρον,
πίττῃ. Α. 190. ὄζουσι π. καὶ παρασκευῆς νεῶν,
πίττινον. Fr. 262. ἀλλ' ἐς κάδον λαβὼν τιν' οὕρει π.
πιτυλεύσας. Σ. 678. σοὶ δ' ὧν ἄρχεις πολλὰ μὲν ἐν γῇ, πολλὰ δ' ἐφ' ὑγρᾷ π.,
πιτύλων. Fr. 60. ναῦς ὃτ' ἂν ἐκ π. ῥοθιάζῃ σώφρονι κώμῃ.
'πιτύχῃ. Ν. 535. ζητοῦσ' ἦλθ', ἤν που 'π. θεαταῖς οὕτω σοφοῖς·
'πιχεῖν. Α. 197. ὁμόσκυεν ἐς τὴν κύλικα μὴ 'π. ὕδωρ,
'πιχωρία. Θ. 907. Ἕλληνές εἴ τις ἢ 'π. γυνή;
πίων. Β. 1092. λευκὸς, π., ὑπολειπόμενος
πιών. Fr. 366. καὶ γὰρ πρότερον δὶς ἀνθρωπίδων ἅλμην π.
'πιώρκεις. Ι. 428. ὅτι π. θ' ἡρπακῶς καὶ κρέας ὁ πρακτὸς εἴχεν,
πλάγιαι. Ν. 325. καὶ τῶν κοίλων καὶ τῶν δασείων, αὐταὶ π. ΣΤ. τί τὸ χρῆμα;
πλαγίαν. Εl. 897. π. καταβάλλειν, ἐς γόνατα κύββ' ἑστάναι,
πλαθθείη. Α. 990. οὐ γὰρ Δί' οὐκ ἐγώγε μ' ηβδ' αὖ π.
πλαθθείην. Α. 171. τᾶ καί τις ἂν πείσειεν αὖ μή π.;
Πλαθάνη. Β. 549. Π., Π., δεῦρ' ἐλθ', ὁ πανοῦργος οὑτοσί,
πλαίσια. Β. 800. καὶ π. ξύνπτυκτα πληνθευσουνεί γε
πλάκα. Β. 1438. αἴρειν αὐρὰν πελαγίαν ὑπὲρ π.
πλακοῦντ'. Fr. 6. πέμψω π. ἐπὶ τὸ γαμικὸν χαρίσιον
πλακοῦντα. Ι. 1191. παρ' ἐμοῦ δ' ὅλον γε τὸν π. τουτονί.
Π. 995. ἐμπὶ ἀφε αὐτῷ τὸν π. τουτονί
πλακοῦντας. Εl. 1357. π. ἐδεσθε.
Β. 507. π. ᾦπτα, κολλάβους, ἄλλ' εἰσιθι.
Εκ. 224. πέττουσι τοὺς π. ὥσπερ καὶ πρὸ τοῦ
πλακοῦντες. Α. 1092. ἄμυλοι, π., σησαμοῦντες, ἰτρία,
πλακοῦντος. Α. 1125. κάμοί π. τυρώνντον δὸς κύκλον.
Ι. 1190. λαβὲ νυν π. πίονος παρ' ἐμοῦ τύμου.
1219. ὅσον τὸ χρῆμα ἐπὶ τοῦ π.
Π. 1126. οἴμοι π. τοῦ 'ν τετράδι πεπεμμένον,
πλακοῦντων. Π. 191. τιμῆς ΚΑ. π. ΧΡ. ἀνδραγαθίας ΚΑ. ἰσχάδων
πλακοῦς. Α. 1127. ταῦτ' οὖ π. δῆτ' ἐστὶν ἀνθρώποις γλυκύς·
Εl. 869. ὁ π. πέπεπται, σησαμῆ συμπλάττεται,
πλακοῦσιν. Εl. 1314. π. ἐστιν ἐντυχεῖν πλανωμένοις ἐρήμοις.
πλανιττομεν. Ο. 3. τί, ὦ πονῆρ', ἐπὶ τῷ στροβοῦμεν;
πλανώμεθα. Ο. 44. π. ζητοῦντε τύπον ἀπράγμονα,
πλανομένη. Θ. 402. σκεύοι τι κατὰ τὴν οἰκίαν π.,
πλανωμένοις. Εl. 355. τράμμέθα π.
πλανωμένοις. Εl. 1314. πλακοῦσίν ἐστιν ἐντυχεῖν π. ἐρήμοις.
πλανωμένου. Π. 1. ἀνδρὶ π. τὴν πλὴν σαυτοῦ· ΤΡ. οὐκ, εἰ μή γέ που
πλάνων. Σ. 873. παυσαμένοις π.
πλάσαι. Σ. 926. ἐμοὶ δὲ γ' οὐκ ἔστ' οὐδὲ τὴν ἰδρίαν π.
πλασάμενο. Ο. 686. ὀλιγοδρανέες π. πηλοῦ, σκιοειδέα φῦλ' ἀμενηνά,
πλάσιγγ'. Β. 1378. ἴθι νυν παρίστασθον παρὰ τὼ π., ΑΙ. καὶ ΕΤ. ἰδού·
πλάσιγγα. Εl. 1248. π. πρόσθες, καυτὸ σοι γενήσεται
πλάστρα. Fr. 309, 10. διώμας, διάλιθον, π., μαλάχιον, βύτριν,

Κ k 2

252 πλάται—πληγάς.

πλάται. Θ. 771. λήψω γρόφων, ἀλλ' οὐ πάρεισί μοι π.
 Θ. 772. πόθεν οὖν γένοιντ' ἄν ἀθλίῳ π.; π. θεν;
Πλαταιᾶς. Β. 694. καὶ Π. εὐθὺς εἶναι κύντί δούλων δεσπότας.
πλάτανον. Fr. 162. ἐν ἀγορᾷ δ' αὖ π. ἰδ διαφντεύσημεν.
πλάτανος. Ν. 1008. ἦρος ἐν ὥρᾳ χαίρων, ὁπόταν π. πτελέᾳ ψιθυρίζῃ.
πλάτανους. 1. 528. ἐφύρει τὰς δρῦς καὶ τὰς π. καὶ τοὺς ἐχθροὺς προσελύμνους.
πλάτας. Θ. 770. ἐκ τοῦ Παλαμήδους ὡς ἐκεῖνος, τὰς π.
πλατεῖαις. Β. 1096, ὃ δὲ τυπτόμενος ταῖσι π.
πλατειῶν. Fr. 105. τῶν λαμπαδηφόρων τε πλείστων αἰτίαν π.
 Fr. 302. 2. ἡ τῶν π. ναρίδων ἡ πουλύπους.
πλάτῃ. Β. 1207. ξὺν παισὶ πεντήκοντα ναυτίλῳ π.
πλάτιδι. Α. 132. καὶ τοῖσι παιδίοισι καὶ τῇ π.·
πλανουμένων. Α. 552. τὸ νεώριον δ' αὖ νωπέων π.,
πλάτους. Εί. 238. ὦναξ Ἀπόλλων, γῆς θυσίας τοῦ π.
Ο. 1129. ὑπὸ τοῦ π. ἂν παρελασαίτην. ΠΕ. Ἡράκλεις.
πλάττοντες. Fr. 540. εἰκοβολοῦντες καὶ π.
πλατύ. Εί. 815. ὧν καταχρεμψαμένη μέγα καὶ π.
πλατυγίζεις. 1. 830. τί θαλαττοκοπεῖς καὶ π.
πλατυλόγχων. Fr. 401. καὶ τῶν π., ὧν ὁρᾶς, ἀκοντίων.
πλατύς. Α. 1126. ταῦτ' οὐ καταγελᾶν ἐστιν ἀνθρώποις π.;
πλατῶν. Θ. 773. τί δ' ἄν, εἰ ταδὶ τιγγάλματ' ἀντὶ τῶν π.
πλέα. Α. 545. τριακοσίας ναῦς, ἣν δ' ἂν ἡ σύλη π.
1. 305. πόσα μὲν γῇ π., πόσα δ' ἐκκλησία, καὶ τέλη
630. ἐγένεθ' ὑπ' αὐτοῦ ψευδαγραφάξου π.,
1000, καὶ νὴ Δί' ἔτι γέ μοῦστι κιβωτὸς π.
1218. ὁρᾷς τόδ'; ΔΗΜ. οἶμοι τῶν ἀγαθῶν, ὅσων π.
πλέᾳ. 1. 281. ἐσδραμὼν ἐς τὸ πρυτανεῖον, εἶτα πάλιν ἐκθεῖ π.
πλέαν. 1. 1174. καὶ νῦν ὑπερέχει σου χύτραν ζωμοῦ π.
Εί. 666. σπονδῶν φέρουσα τῇ πόλει κίστην π.
πλεῖ. Ο. 597. νυνὶ μὴ π., χειμῶν ἔσται· νυνὶ π., κέρδος ἐπίσται.
Ο. 1459. κάπειθ' ὁ μὲν π. δεύρο, σὺ δ' ἐκεῖσ' αὖ πέτει
Β. 197. κάθιζ' ἐπὶ κώπην. εἴ τις ἔτι π., σπευδέτω.
πλεῖν. Α. 858. π. ἢ τριάκονθ' ἡμέρας
1. 444. κλοπῆς δὲ π. ἢ χιλίας.
835. π. ἢ μνᾶς τετταράκοντα.
Ν. 1041. καὶ τοῦτο π. ἢ μυρίων ἔστ' ἄξιον στατήρων,
1065. 'Υπέρβολος δ' οὑν τῶν λύχνων π. ἢ τάλαντα πολλά
Εί. 341. π., μένειν, κινεῖν, καθεύδειν.
Ο. 6. ὁδοῦ περιελθεῖν στάδια π. ἢ χίλια.
1251. π. ἑξακοσίαιν τὸν ἀριθμόν· καὶ δὴ ποτε
1305. ἥξουσ' ἐκεῖθεν δεῦρο π. ἢ μυρίοι.
Λ. 392. π. ἐς Σικελίαν, ἡ γυνὴ δ' ὀρχουμένη,
589. ἢ διπλοῦν αὐτῶν φέρομεν. πρῶτιστον μὲν γε τε-
   νούσας
675. ναυμαχεῖν καὶ π. ἐφ' ἡμᾶς, ὥσπερ 'Αρτεμισία·
Β. 18. π. ἢ 'νιαυτῷ πρεσβύτεροι ἀπέρχομαι.
90. τραγῳδίας ποιοῦντα π. ἢ μυρία,
91. Εὐριπίδου π. ἢ σταδίῳ λαλίστερα ;
103. σύ δὲ ταῦτ' ἀρέσκει ; ΔΙ. μᾶλλά π. ἢ μαίνομαι,
751. ἅττ' ἄν λαλῶσι; ΑΙ. μᾶλλά π. ἢ μαίνομαι,
1077. καὶ π. δευρὶ καθίστ' ἐκεῖσε.
Εκ. 808. πρότερον χέσαι π. ἢ τριάκονθ' ἡμέρας
Π. 1184. πλὴν ἀποπατησόμενοί γε π. ἢ μυρίοι.
Fr. 16. ἰθέλω βάψαι πρὸς ναυτοδίκας π. ἐξαίφνης. . .
721. οὗτοι δ' ἀφεστήκασι π. ἢ δύο δοχμά.
πλεῖον. Ν. 1295. ζητεῖς ποιῆσαι τἀργύριον π. τὸ σόν;
Εκ. 1132. ὥστε πολιτῶν π. ἢ τρισμυρίων
πλεῖον'. Ν. 1292. οὐ γὰρ δίκαιον π. εἶναι. ΣΤ. πῶτα πῶς
Θ. 953. εἴρηχ' ὅσα ξυνοιδ'· ἐπιβουλέσθε π. εἴπω ;
Εκ. 179. ἐπίτρεψαι ἐτέρῳ· π. ἔτι δράσει κακά.
πλείονα. 1. 711. κἀγὼ δέ σ' ἔλέγω καὶ δημαγωγεῖ. π. χρηστά
1. 811. πρὸς 'Αθηναίοις καὶ τὸν δῆμον, πεποιηκότα π. χρηστά
Ν. 822. ὅμως γε μὴν πρόσελθ', ἵν' εἰδῇς π.,
1290. τί δῆτα ; τὴν θάλατταν ἔσθ' ὅτι π.
Σ. 806. ὅσαπερ γ' ἔφασκον, κάτι πολλῷ π.
1440. ἐπίδεσμον ἐπρίω, τοῦτο μοι π. ἔτχει π.
Π. 187. καὶ ναὶ μὰ Δία τούτων γε πολλῷ π.
πλείονας. Ν. 432. ἐν τῷ δήμῳ γνώμας οὐδεὶς νικήσει π. ἢ σύ.
Ν. 1095. πολύ π., ὧν ἡ τοὺς θεούς,
πλείονες. Α. 1078. Ἰὼ στρατηγοὶ π. ἢ βελτίονες.
πλείονων. Α. 616. ἤδη γὰρ ὥξει ταδὶ μειζόνων καὶ π.
Εκ. 1073. ἡ γραῦς ἀνεστηκυῖα παρὰ τῶν π. ;
πλείοσιν. Fr. 400. παρθξὼς γυμνός, ὡς ἰδοῦσι τοῖς π.·
πλείους. Ν. 1097. π. σκόπει. ΔΙ. καὶ δὴ σκοπῶ.
Σ. 662. ἐξ χιλιάσιν, κοὔπω π. ἐν τῇ χώρᾳ κατένασθεν.
πλεῖσυ'. 1. 774. ἐς πρᾶτα μέν, ἥνικ' ἐβουλήθην σοι, χρήματα π. ἀνέδειξα
πλείστονα. Α. 78. τοὺς π. δυναμένους καταφαγεῖν τε καὶ πιεῖν.
1. 521. ἐς π. χορῶν τῶν ἀντιπάλων νίκης ἔστησε τροπαῖα·

πλεῖστα. 1. 823. μιαρώτατοι, ὦ Δημακίδιον, καὶ π. πανοῦργα δεδρακώς.
Ν. 577. π. γὰρ θεῶν ἀπάντων ὠφελούσαις τὴν πόλιν,
805. ἄρ' αἰσθάνει π. δι' ἡμᾶς ἀγάθ' αὐτίχ' ἕξων
Σ. 1077. ἀνδρικώτατον γένος καὶ π. τήνδε τὴν πόλιν
Θ. 244. ἀλλ' οὐκέτ' οὐδέν πράγμά σοι· τά π. γὰρ
Β. 1254. ἀνδρὶ τῷ πολὺ π. δή
Εκ. 113. π. σποδοῦνται δεινοτάτους εἶναι λέγειν·
154. ἕτερά τε π. τὰς γυναῖκας εὐλόγει.
Π. 504. πράττουσι κακῶν καὶ πεινῶσιν μετὰ σοῦ τε τὰ π. συνεισιν.
627. ὦ π. Θησείοις μεμνστιλημένοι
πλείστας. Fr. 551. ἀλλ' ὦ Δελφῶν π. ἀκονῶν
πλειστσχόθεν. Fr. 668. π.'
πλεῖστοι. Εί. 731. περὶ τὰς σηπίας π. κλέπται νυκτάζειν κακονόμιν.
πλεῖστον. Ν. 524. ἔργον π.· εἶτ' ἀνεχώρουν ὑπ' ἀνδρῶν φορτικῶν
Ν. 811. γνοὺς ἀπολλψεις. ὅ τι π. δύνασαι,
Σ. 260. ποίη ἔσθ' ὅπη οὐχ ἡμέραν τεττάρων τὸ π.
Β. 335. χαρίτων π., ἔχουσαν μέρος, ἀγνὰν, ἱερὰν
Εκ. 582. ὡς τὸ ταχύνειν χαρίτων μετέχει π. παρὰ τοῖσι θεαταῖς.
Π. 131. διὰ τἀργύριον· π. γάρ ἐστ' αὐτῷ. ΧΡ. φέρε,
πλείστος. Β. 1206. Αἴγυπτος, ὡς ὁ π. ἔσπαρται λόγος,
Εκ. 383. τὸ δ' αἴτιον τί ; ΧΡ. π. ἀνθρώπων ὄχλος,
Ν. 331. σὺ γὰρ μὰ Δι' οἶσθ' ὅτιη π. αὗται βόσκουσι σοφιστάς,
Ν. 1049. ψυχὴν νομίζεις, εἰπέ, καὶ π. πόνους ποιῆσαι;
πλεῖστων. Σ. 790. ὥστις πύλεων ἄρχων π., ἀπὸ τοῦ Πόντου μέχρι Σαρδοῦς,
Π. 521. ἔμπορος ἥκων ἐκ Θετταλίας παρὰ π. ἀνδραποδιστῶν·
Fr. 105. τῶν λαμπαδηφόρων τε π. αἰτίαν πλατειῶν
πλείτω. 1. 1314. ἀλλὰ π. χωρὶς αὐτῶν ἐκ κύπακας, εἰ βούλεται,
πλέω. Ν. 1328. αἰθεῖ με ταῦτα ταῦτα καὶ π. λέγε.
Β. 160. ἀτάρ, οὐ καθίζω ταῦτα τὸν π., λέγεις.
Εκ. 810. αὐτάσιν εἰσάσει τί ; ΑΝ. Α. π. Καλλίου,
πλέων. Ν. 1204. ἐπιρρεόντων τῶν ποταμῶν π., σὺ δὲ
πλήκειν. Σ. 644. δεῖ δέ σε ναυτσίας π.
πλήγη. Θ. 400. τοὺς ἄνδρας ἡμῶν· ὥστ', ἐάν γέ τις π.
πλήκαντι. Εκ. 844. στέφανον π., φρύγεται τραγήματα,
πλῆκος. Εί. 528. ἀπήντων' ἐχθροῦ φωτὸς ἐχθίστων π.
πλῆκον. Λ. 152. στυγνοὶ ἂν ἄνδρες κἀπιθυμοῖεν π.,
πλῆκους. Α. 454. τί δ', ὦ τάλας, σε τοῦδ' ἔχει π. χρέος;
πλεκτάνῃ. Ο. 1717. αὔραι διαψαίρουσι π. καπνοῦ.
πλεκτήν. Fr. 89. π., σχοίνων.
πλεκτῷ. Fr. 208. "άλλος δ' εἰσέφερε π. κανισκίῳ ἄρτων περιλοιπα θρύμματα.
πλέξαι. Θ. 458. π. στεφάνους συνθηματιαίων εἴκοσιν.
πλεξάμενος. Λ. 790. π. ἄρκυν,
πλόοι. Εί. 699. κέρδους ἕκατι κἂν ἐπὶ ῥιπός π.
πλέον. Ν. 1288. π. τἀργύριον δεῖ γίγνεται,
Εκ. 1063. δέδοικα κἀγὼ μή π. ἥπερ βούλομαι.
1094. ἀλουόμενος εἴμ'. ΓΡ. Γ. ἀλλ' οὐδὲν ἔσται σοι π.
Π. 531. ναίτοι τί π. πλουτείν ἐστιν πάντων τούτων ἀποροῦντα;
πλειούσαις. 1. 1312. ἐν τὸ Θησεῖον π. ἢ 'πὶ τῶν σεμνῶν θεῶν.
πλεύμονα. Α. 367. βρύκοιμι σου τούτ π. καὶ τάντερ' ἐξαμήσω.
πλευμόνων. Β. 474. διασπαράξαι, π. τ' ἀνθάψει
πλευρᾶς. Σ. 3. κακὸν ἄρα ταῖς π. τι προύφείλεις μέγα.
Σ. 1293. καὶ τρισμακάριαι τοῦ κι ταῖς π. τέγονι.
πλευράν. Σ. 1193. π. Βαθυνάτην καὶ χέρας λαγύνας τε καὶ
1. 1487. π. λυγίσαντσι ὑπὸ ῥώμη,
Π. 546. πενίαν π., ἐρρωγυῖαν καὶ ταύτην, ἀρά γε πολλῶν
πλευράς. 1. 842. κατεργάσει τῷ ῥαβδίοι, π. ἔχων τοιαύτας,
Ν. 711. καὶ τὰς π. δαρδάπτουσιν
Εί. 747. ἐς τὰς π. πολλῇ στρατιᾷ κἀδενδροτόμησε τὸ νῶτον ;
Β. 1095. γαστέρα, π., λαγόνας, πυγήν·
Εκ. 417. π., ἡμῶν οὐδείν' ἄν λάβοι ποτέ.
πλευρόν. Fr. 421, 3. κύλλοπα τιν' εἰ δὲ μή, π., ἢ γλώττηαν, ἢ
πλευρῶν. Ο. 935. δη τότε χρή τύπτειν αὐτῶν π. τὸ μεταξύ,
πλεύσας. 1. 743. π., ἐκεῖσε, τοὺς πολέμιους ἥγαγον.
πλευστέα. Α. 411. ἐμοὶ μὲν οὐν ἔστ' ἐς Σαλαμῖνα π.·
πλέων. Α. 907. ᾥπερ πίθακον ἀλιτρίας πολλῆς π.
Ν. 1367. ψύφου π., ἀξύστατον, στύμφακα, κρημνοποιῶν·
Σ. 1093. τοὺς ἐναντίους, π. ἐκεῖσε ταῖς τρήφεσιν
Εί. 703. ἰδὼν πόθων ναυτίλλομενον οἶνον π.
Β. 1372. νεοχμών, ἀτοπίαι π.,
πλέως. 1. 1129. τοῦτον δ'. ὅταν ἤ π.,
Θ. 734. οἴνον π., καὶ ταῦτα Περσικὴν ἔχων.
πληγαί. Ο. 1014. π. συχναὶ κατ' ἄστυ. ΜΕ. μῶν στασιάζετε ;
Fr. 235. π. λέγονται πουλύτου πιλουμένου.
πληγᾶς. 1. 5. π. ἀεί προστρίβεται τοῖς οἰκέταις.

πληγάς—Πλοῦτος. 253

πληγάς. Ι. 412. ἠνεσχόμην ἐκ παιδίου, μαχαιρίδαν τε π.,
Ν. 1425. ὅσας δὲ π. εἴχομεν πρὶν τὸν νόμον τεθῆναι,
Σ. 1295. κεράμῳ τὸ νῶτον ὥστε τὰς π. στέγειν,
1298. καλεῖν δίκαιον ὅστις ἂν π. λάβῃ.
1325. ἀλλ' ἱκποδὼν ἄτειμι πρὶν π. λαβεῖν.
ΕΙ. 493. π. λήψεσθ', ὠργεῖοι.
644. οἱ δὲ τὰς π. ὁράντες ἃς ἐτύπτονθ', οἱ ξένοι
745. ἵν' ὁ σύνδουλος σκέψαι αὐτοῦ τὰς π. εἶτ' ἀνέραιτο,
Β. 636. οὐ καὶ οὐ τύπτει τὰς ἴσας π. ἐμοί;
674. πρότερον ποιῆσαι, πρὶν ἐμὲ τὰς π. λαβεῖν.
747. τί δὲ τανθορύζων, ἠνίκ' ἂν π. λαβὼν
Εκ. 324. γυναῖξ'· ὅσας εἰμ' ἄξιος π. λαβεῖν,
Π. 1144. οὐ γὰρ μετείχες τὰς ἴσας π. ἐμοί,
πληγαῖς. Σ. 399. ἥν ποτ πρύμνην ἀνακρούσηται π. ταῖς εἰρεσιώναις.
ΕΙ. 613. καὶ πίθος π. ὑπ' ὀργῆς ἀντελάπτισεν πίθῳ,
Ο. 1492. γυμνὸς ἦν π. ὑπ' αὐτοῦ
Γτ. 502. ἵνα μὴ καταγῇς τὸ σκάφιον π. ξύλῳ.
πληγίν. Θ. 694. π. μαχαίρα τῆδε φοινίας φλέβας
πληγέντος. Εκ. 842. τῶν ἀλλοτρίων, ὅστις τύπτοι· νῦν δ' ἢν π. ἀκούσῃ,
πληγήν. Β. 643. π. παρὰ π. ἐκατέρων. ΗΛ. καλῶς λέγεις.
πληγῶν. Ν. 493. δέδοικά σ'. ὦ πρεσβῦτα, μή π. δέῃ.
Ν. 1413. πῶς γὰρ τὸ μὲν σὸν σῶμα χρὴ π. ἀθῶον εἶναι,
πλήθει. Α. 317. κἄν γε μὴ λέγω δίκαια, μηδὲ τῷ π. δοκῶ.
Π. 570. ἐπιβουλεύουσί τε τῷ π. καὶ τῷ δήμῳ πολεμοῦσιν.
πλῆθος. Ι. 346. ἀλλ' οἶσθ' ὅ μοι πεπονθέναι δοκεῖς; ὅπερ τὸ π.
Σ. 267. πέπονθεν, ὡς οὐ φαίνεται δεῦρο πρὸς τὸ π.;
1513. ὅσον τὸ π. κατέπεσεν τῶν ὀρχίλων.
Β. 774. ὅπερ ἔστ' ἐν Ἅιδου π., οἱ δ' ἀκρούμενοι
Εκ. 432. τὸ σκυτοτομικὸν π.· οἱ δ' ἐκ τῶν ἀγρῶν
440. τωυδὶ τὸ π. ΒΛ. τίς δὲ τοῦτ' ἄλλως λέγει;
770. πρὶν ἂν γ' ἴδω τὸ π. ὅ τι βουλεύεται.
1133. ὄντων τὸ π. οὐ δεδείπνηκας μόνος;
πλήθους. Ν. 855. ἐπελανθανόμην ἂν εὐθὺς ὑπὸ π. ἐτῶν.
Σ. 593. οὐχὶ προδώσειν ἡμᾶς φασὶν, περὶ τοῦ π. δὲ μαχεῖσθαι.
667. ἀλλὰ μαχούμαι περὶ τοῦ π. ἀεί. ΒΔ. σὺ γὰρ, ὦ πάτερ, αὐτοῖς
Π. 538. ὑπὸ τοῦ π., αἱ βομβοῦσαι περὶ τὴν κεφαλὴν ἀνώυσιν,
πληκτίζεσθαι. ΕΙ. 964. π. μετὰ τῆς σῆς πυγῆς.
πλῆκτρον. Ο. 759. προσδραμὼν εἴπῃ πατάξας, αἶρε π., εἰ μάχει.
Ο. 1365. τὴν πτέρυγα, καὶ τουτὶ τὸ π. θάτερᾳ,
πλὴν. Α. 39. ἐάν τις ἄλλο π. περὶ εἰρήνης λέγῃ, κ.τ.λ.
Ι. 27. οὐχ ἡδύ; ΔΗ. νὴ Δί'· π. γε περὶ τῷ δέρματι κ.τ.λ.
πλήρεις. Ν. 377. κατακρημνάμεναι π. ὄμβρου δι' ἀνάγκην, εἶτα βαρεῖαι
Εκ. 15. π. ὑποιγνύσαισι συμπαραστατεῖ·
πλῆρες. Ν. 1054. π. τὸ βαλανεῖον ποιεῖ, κενὰς δὲ τὰς παλαίστρας.
πλήρη. Π. 809. τὰ σκευάρια π. 'στὶν, ὥστε θαυμάσαι.
πλήρης. Εκ. 95. οὐκοῦν καλά γ' ἂν πάθοιμεν, εἰ π. τύχοι
πληροῖ. Π. 172. τί δὲ; τὰς τρηῆρεις οὐ σὺ π., εἰπέ μοι,
πληρουμένης. Εκ. 89. π. ξαίνοιμι τὴς ἐκκλησίας.
Εκ. 90. π., τάλαινα; ΓΥ. Η. νὴ τὴν Ἄρτεμιν,
πλήρωμα. Σ. 660. τούτων τε, τάλαντ' ἐγγὺς δισχίλια γίγνεται ἡμῖν.
πλησιαίσιν. Λ. 471. ἀλλ', ὦ μέλ', οὐ χρὴ προσφέρειν τοῖς π. εἰπῃ
πλησίον. Σ. 42. ἐδόκει δέ μοι Θέωρος αὐτῆς π.
Σ. 99. ἰὼν παρέγραψε π. "κημὸς καλύς."
494. εὐθέως εἴρηχ' ὁ πωλῶν π. τὰς μεμβράδας·
Ο. 437. ἐς τὸν ἱππόν εἴσω, π. τουπιστατίων·
Α. 466. πολλὴν γ', ἱάππερ π. κάπηλος ᾗ.
1122. ἄνδρες Λάκωνες, στῆτε παρ' ἐμὲ π.,
Θ. 409. ἄνδρες γὰρ ἤδη παραπόθηνται π.
841. λευκὰ καὶ κόμας καθεῖσαν π. τῆς Λαμάχου,
1090. μὰ Δί' ἀλλὰ γυνή π. αὕτῃ.
1091. π. αὐτῇ.
Β. 969. ὃς ἢν κακοῖς που περιπέσῃ καὶ π. παραστῇ,
Εκ. 9. πειρωμένοισι π. παραστατεῖν,
16. καὶ ταῦτα συνδρῶν οὐ λαλεῖς τοῖς π.
296. λαβόντες ἕπεται π.
565. μὴ λαπαθυνῆσαι, μὴ φθονεῖν τοῖς π.
725. φέρε νυν ἐγὼ σοι παρακολουθῶ π.,
743. κόμιζε, τοὺς θαλλοὺς καθίστη π.,
πλησιόχωρον. Σ. 393. ἐλέησον καὶ σῶσον νυνὶ τὸν σαυτοῦ π.
πλησμονή. Π. 189. τῶν μὲν γὰρ ἄλλων ἐστὶ πάντων π.·
πλινθεῖον. Γτ. 275. ὁ δ' ἔς τὸ π. γενόμενος ἐξέτρεψε.
πλινθεύειν. Ν. 1126. ἢν δὴ π. ἴδωσιν, ὑδρήσομεν καὶ τοῦ τέγους
πλινθεύσουσι. Β. 800. καὶ πλαίσια ξύμπηκτα π. γε
πλίνθοις. Ο. 552. περιτειχίζειν μεγάλαις π. ὀπταῖς ὥσπερ Βαβυλῶνα.

πλίνθοισιν. ΕΙ. 100. καιναῖς π. ἀνοικοδομεῖν.
πλινθουργεῖν. Π. 514. ἢ σκυτοτομεῖν ἢ π. ἢ πλύνειν ἢ σκυλοδεψεῖν·
πλίνθους. Β. 621. π. ἐπιτιθεὶς, πάντα τἆλλα, πλὴν πράσῳ
πλινθοφόρος. Ο. 1134. π., οὐ λιθουργός, οὐ τέκτων παρῶν,
πλοιαρίῳ. Β. 139. ἐν π. τυννουτῳί σ' ἀνὴρ γέρων
πλοῖον. ΕΙ. 143. τὸ δὲ π. ἔσται Ναξιουργὴς κάνθαρος.
Ο. 1203. ὄνομα δέ σοι τί ἐστι, π., ἢ κυνῆ;
Β. 180. χωρῶμεν ἐπὶ τὸ π.
πλοῖον. Β. 182. αὕτη 'στὶν ἣν ἔφραζε, καὶ π. γ' ὁρῶ.
πλοκάμους. Ν. 336. π. θ' ἑκατογκεφάλα Τυφῶ, πρημαινούσας τε θυέλλας,
πλοῦ. Ο. 596. προιερεῖ τις ἀεὶ τῶν ὀρνίθων μαντευομένῳ περὶ τοῦ π.
πλουθυγίειαν. Ι. 1091. τοῦ δήμου καταχεῖν δρυπαίνη π.
Σ. 677. φιάλας χλανίδας, στεφάνους, ὅρμους, ἐκπώματα, π.·
Ο. 731. π.,
πλοῦς. Β. 136. ἥνπερ σὺ τότε κατῆλθες. ΗΡ. ἀλλ' ὁ π. πολύς.
πλοῦσιε. Ι. 157. ἰδοὺ τί ἔστιν· ΔΗ. ὦ μακάρι', ὦ π.,
πλοῦσιοι. Ι. 223. γενήσεταί μοι· καὶ γὰρ οἵ τε π.
Π. 108. τύχωσ' ἀληθῶν καὶ γένωνται π.,
1178. ὅτι πάντες εἰσὶ π.· καίτοι τότε,
πλουσίοις. Εκ. 198. τοῖς π. δεῖ γεωργεῖ οὐ δοκεῖ.
Π. 256. ὄντων γάρ ἐστι π. ἅπασιν ἡμῖν εἶναι;
πλούσιον. Ι. 265. π. καὶ μὴ ποιηροῖς καὶ τρόπων τὰ πράγματα
Π. 151. οὐδὲ προσέχειν τὸν νοῦν, ἐὰν δὲ π.,
339. ἐπ' ἐξαπίνης ἀνὴρ γεγένηται π.
346. γέγονας δ' ἀληθῶς, ὡς λέγουσιν, π.;
591. εἰ π. ἂν ἀνελευθερός ἐσθ' οὑτοσὶ καὶ φιλοκερδής.
πλουσίους. Ι. 925. ἐγὼ γὰρ ἐς τοὺς π.
Γτ. 639. τῶν δὲ συμμάχων ἔσειον τοὺς παχεῖς καὶ π.,
Π. 285. ἀγων ὁ δεσπότης, ὃς ὑμᾶς π. ποιήσει.
475. καὶ τοὺς δικαίους φησὶ ποιήσειν π.
864. τοῦ ποῦ 'σθ' ὁ μύρος ἄπαντας ἡμᾶς π.
πλουσίων. Σ. 1171. ἀλλ᾽ ἤξεις' ἴσως τὴν βάδισιν τῶν π.
ΕΙ. 840. π., οὕτω βαδίζουσ' ἀστέρων,
πλουσίως. Β. 1168. ἀνυσόν ποθ' ὑποδυσάμενος· εἶτα π.
Πλοῦτε. Π. 230. σὺ δ', ὦ κράτιστε Π. πάντων δαιμόνων,
πλουτεῖν. Σ. 698. σκέψαι τοίνυν ὡς ἐξόν σοι π. καὶ τοῖσιν ἄπασιν,
Ο. 592. π. δὲ πόθεν δώσομεν αὐτοῖς; καὶ γὰρ τούτου σφόδρ' ἐρῶσι.
Εκ. 591. κἀκ τούτου ζῆν καὶ μὴ τὸν μὲν π., τὸν δ' ἄθλιον εἶναι,
Π. 134. καὶ νὴ Δί' εὔχονταί γε π. ἀντικρύς.
146. ἅπαντα τῷ π. γὰρ ἐσθ' ὑπήκοα.
148. δοῦλος γεγένημαι, διὰ τὸ μὴ π. ἴσως.
531. καίτοι τί πλείον π. ἐστιν πάντων τούτων ἀποροῦντα;
595. εἴτε τὸ π. εἴτε τὸ πενιχὴν βέλτιον. φησὶ γὰρ αὕτη
611. κρεῖττον γὰρ μα π. ἐστίν,
πλουτῆσαι. Π. 388. ἀπαρτί π. ποιήσω. ΒΛ. τί σὺ λέγεις;
πλουτήσαντες. Π. 569. π. δ' ἀπὸ τῶν κοινῶν παραχρῆμ' ἄδικοι γεγένηται,
πλουτοῦντα. Ο. 736. οὕτω π. πάντες.
πλουτήσωσιν. Π. 221. οὐκ, ἤν γε π. ἐξ ἀρχῆς πάλιν.
Πλοῦτον. Π. 284. ἀλλ' οὐκέτ' ἂν κρύψαιμι· τὸν Π. γὰρ ἄνδρες, ἥκει
Π. 331. αὐτὸν δὲ τὸν Π. παρείην τῷ λαβεῖν.
391. οὐ δῆτ', ἐπεὶ τὸν Π., ᾦ μοχθηρὰ σύ,
392. ἔχω. ΒΛ. σὺ Π.; ποῖον; ΧΡ. αὐτὸν τὸν θεόν.
402. τὸν Π. ὥσπερ πρότερον ἐπὶ γέ τῳ τρόπῳ,
459. ἀδικεῖν με τὸν Π. ποιεῖν πειραμένοις
625. αὐτὸν τ' ἄγειν τὸν Π., οὐ νομίζεται,
662. κατικλίναμέν τε τὸν Π., ὥσπερ εἰκὸς ἦν
743. τὸν Π. ἠσπάζοντο, καὶ τὴν νύχθ' ὅλην
746. ὅτι βλέπειν ἐποίησε τὸν Π. ταχύ,
925. τὸν Π. αὐτὸν καὶ τὸ Βάττου σίλφιον
940. Π. δὲ κοσμεῖν ἱματίοις πολίταις πρέπει.
1192. τὸν Π., οὕπερ πρότερον ἦν ἱδρυμένος·
1196. βάπα ταῦτα γνῇ. ΧΡ. τὸν Π. ἔξω τις κάλει.
πλοῦτον. ΕΙ. 1321. διδόναι π. τοῖς Ἕλλησιν.
Εκ. 602. καὶ Δαρεικούς, ἀφανῆ π.· ΠΡ. τοῦτ' ἐς τὸ μέσον καταθήσει,
Π. 580. κἀκεῖνος γὰρ τὸν π. ἔχει. ΒΛ. ταύτην δ' ἡμῶν ἀποπέμπεις.
587. οὐκοῦν τούτῳ δήπου δηλοῖ τιμῶν τὸν π. ἐκεῖνος·
589. λήροις ἀναβῶν τοὺς νικῶντάς τον π. ἐᾷ παρ' ἑαυτῷ.
Πλοῦτος. Π. 78. τίς ὢν γὰρ εἰμί Π. ΧΡ. ὦ παμμιάρωτάτε
Π. 79. ἀνδρῶν ἁπάντων, εἶτ' ἐσίγας Π. ὤν;
80. σὺ Π., οὕτως ἀθλίως διακείμενος;
394. οὐκ ἐς κόρακας; Π. παρὰ σοί; ΧΡ. νὴ τοὺς θεούς.

Πλοῦτος—ποθέν.

Πλοῦτος. Π. 491. ἦν γὰρ ὁ Π. νυνὶ βλέψῃ καὶ μὴ τυφλὸς ὧν περινοστῇ,
Π. 505. οὐκοῦν εἶναί φημ', εἰ παύσαι ταύτην βλέψαι ποθ' ὁ Π.,
510. εἰ γὰρ ὁ Π. βλέψειε πάλιν διανείμειέν τ' ἴσον αὑτόν,
634. μᾶλλον δ' ὁ Π. αὑτός ἀντὶ γὰρ τυφλοῦ
738. ὁ Π., ὦ δέσποιν', ἀνέστηκει βλέπων·
749. ἀτὰρ φράσον μοι, ποῦ 'σθ' ὁ Π.; ΚΛ. ἔρχεται.
1114. ὁ Π., οὐδεὶς οὐ λιβανωτὸν, οὐ δάφνην,
1173. ἀφ' οὗ γὰρ ὁ Π. οὗτος ἤρξατο βλέπειν,
πλούτος. Π. 203. δεικνύτατον ἴσθ' ὁ π. ΠΛ. ἥκιστ', ἀλλὰ καὶ
Πλοῦτον. Π. 226. ἡμῖν μετάσχῃ τοῦδε τοῦ Π. μέρος.
Π. 556. οὐ γιγνώσκων ὅτι τοῦ Π. παρέχω βελτίονας ἄνδρας
564. ὅτι κοσμιότης οἰκεῖ μετ' ἐμοῦ, τοῦ Π. δ' ἐστὶν ὑβρίζειν.
937. μὴ δῇς· ἱερὸν γάρ ἐστι τοῦ Π. πάλαι.
πλούτου. Σ. 575. ἆρ' οὐ μεγάλη ταῦτ' ἔστ' ἀρχὴ καὶ τοῦ π. καταχήνη;
Σ. 576. δεύτερον αὖ σου τουτὶ γράψομαι τὴν τοῦ π. καταχήνην·
Π. 574. πενία π. ΠΕ. καὶ σύ γ' ἐλέγξαι μ' οὕτω δύνασαι περὶ τούτου,
πλουτοῦμεν. Π. 1155. ἀλλ' ἐμπαλαῖον. ΚΑ. ἀλλὰ π.· τί οὖν
πλουτοῦντας. Π. 497. πάντας χρηστοὺς καὶ π. δήπου τά τε θεῖα σέβοντας.
Π. 596. τοὺς μὲν ἔχοντας καὶ π. δείπνων κατὰ μῆν' ἀποπέμπειν,
πλατοῦντες. Σ. 627. κάγχεχύδασίν μ' οἱ π.
πλατοῦντος. Θ. 290, π , ἄλλως τ' ἡλιθίου κάθελτέρου,
πλουτοῦσι. Ι. 93. π., διαπράττουσι, νικῶσιν δίκας,
Π. 502. πολλοὶ μὲν γάρ τῶν ἀνθρώπων ὄντες πάνυ χρηστοὶ
Πλοῦτῳ. Θ. 299. Π., καὶ τῇ Καλλιγενείᾳ, καὶ τῇ Κουροτρό-
Π. 1182. Π. γάρ ἐστι τοῦτο συμφορώτατον,
Πλοῦτων. Β. 784. τί δῆθ' ὁ Π. δρᾶν παρασκευάζεται;
Fr. 445 a, 1. καὶ μὴν πύθοι Π. γ' ἂν ὠνομάζετο,
πλουτῶν. Β. 1065. οὔκουν ἐθέλει γε τριηραρχεῖν π. οὐδεὶς διὰ ταῦτα,
Π. 523. κατὰ τὸν λόγον ὃν σὺ λέγεις δήπου, τίς γὰρ π. ἐθελήσει
613. νὴ Δί' ἔγωγ' οὖν ἐθέλω π.
1004. ἔπειτα π. οὐκέθ' ἥδεται φαγῇ.
Πλούτων'. Β. 432. Π. ὅπου 'νθάδ' οἰκεῖ;
Πλούτωνι. Π. 727. μετὰ τοῦτο τῷ Π. παρεκαθίζετο,
Πλούτωνος. Β. 163. ἐπὶ ταῖσι τοῦ Π. οἰκούσιν θύραις.
Β. 785. θρόνον τε τοῦ Π. ἑξῆς. ΑΙ. μανθάνω.
πλυνῶ. Π. 1168. οὐκοῦν ἐπὶ τούτοις εἰσίω; ΚΛ. καὶ π. γε
πλυνεῖ. Θ. 248. οἰμώξεταρ' εἴ τις τὸν ἐμὸν πρωκτὸν π.
πλύνει. Π. 166. ὁ δὲ γναφεύει γ', ὁ δέ τις π. σκέα,
πλύνειν. Υ. 160. τί μ', ἀγάθ', οὐ π. ἐᾷς τὰς κοιλίας
Π. 514. ἡ σκυτοτομεῖν ἢ πλινθουργεῖν ἢ π. ἢ σκυλοδεψεῖν
πλυνῶν. Π. 1061. π. με ποιῶν ἐν τοσούτοις ἀνδράσιν.
πλυντρίβες. Fr. 642. π.
πλύνων. Fr. 21, 2. π. ἅπασιν ὅσα σύροιδ' αὐτῷ κακά.
πλυντῆρας. Εκ. 1087. ἔλκοντε τοὺς π. ἂν ἀπεκναίετε.
πνεῖ. Ι. 437. ὡς οὗτος ἦπαι καικίας ἢ συκοφαντίας π.
Ει. 87. καὶ μὴ π. μοι κακόν, ἀντιβολῶ σ'·
πνεῖν. Β. 1478. νὴ π. δὲ δεινινεῖν, ἢ δὲ καθεύδειν κώδιον;
πνεῖς. Ει. 525. οἷον δὲ π., ὡς ἡδὺ κατὰ τῆς καρδίας,
πνέοντα. Ει. 902. φυσῶντα καὶ π. προσκινήσεται,
πνέοντας. Β. 1016. ἀλλὰ π. δώρυ καὶ λόγχας καὶ λευκαλόφους τρυφαλείας
πνεῦμ'. Ι. 441. τὸ π. ἔλαττον γίγνεται.
πνεύματα. Ει. 175. ἤδη στροφεῖ τι π. περὶ τὸν ὀμφαλὸν,
Β. 1003. ἤνίκ' ἂν τὸ π. λεῖον
πνεύματος. Ν. 164. τὸν πρωκτὸν ἠχεῖν ὑπὸ βίας τοῦ π.
πνευσεῖται. Β. 1221. τὸ ληκύθιον γὰρ τοῦτο π. πολύ.
πνίων. Ο. 1121. ἀλλ' οἴτοσι τρίχες τις Ἀλφειόν π.
Λ. 276. ὅμως Λακωνικὸν π.
πνιγέα. Ο. 1001. κατὰ π. μάλιστα. προσθεὶς οὖν ἐγὼ
Fr. 137. περίδες σεαυτῷ τὸν π.
πνίγει. Ο. 726. μετρίῳ π. κοὺκ ἀποβρήντες
πνιγηρόν. Ν. 96. λέγοντες ἀναπείθουσιν ὥς ἐστιν π.
πνιγηράν. Β. 122. κρεμάσαντι σαυτόν. ΔΙ. παῦε, π. λέγεις.
πνιγήμενος. Ν. 1389. θύραζ' μ', ἀλλὰ π.
πνίγοντες. Ο. 1091. οὐδ' αὖ θερμῇ π. ἡμᾶς
πνοαῖσιν. Ο. 1396. ἅμ' ἀνέμων π. βαίνω.
πνοάς. Ο. 1397. νὴ τὸν Δί' ἦ 'γώ σου καταπαύσω τὰς π.
πνοῇ. Β. 154. ἐντεῦθεν αὐλῶν τίς σε περίεισιν π..
πνοήν. Ν. 161. στενῶν· διὰ λεπτοῦ δ' ὄντος αὐτοῦ τὴν π.
πνοῆς. Β. 313. αὐλῶν π. ΔΙ. ἔγωγε, καὶ δᾴδων γέ με
πνιξ. Λ. 20. ἰωθινῆς ὄρημοσ ἢ π. αὐτῇ·
πο. Λ. 155. ὁ γῶν Μενέλαος τὰς Ἑλένας τὰ μᾶλά π.

ποθ'. Ν. 983. οὐδ' ὀψοφαγεῖν, οὐδὲ κιχλίζειν, οὐδ' ἴσχειν τὼ π. ἐναλλάξ.
Σ. 808. ἀπονίζῃ καὶ τὼ π. ἀλείφῃ καὶ προσκύψασα φιλήσῃ,
1161. ἔνθες π., ὦ τᾶν, κἀνύβασιν' ἐρρωμένως
Εκ. 346. ἐς τὼ κοθύρνω τὼ π. ἐνθεὶς ἕζομαι,
ποδα. Σ. 1163. ἐς τὴν πολεμίαν ἀποβιβάζων τὸν π.
Σ. 1523. ταχὺν π. κυκλοσοβεῖτε,
Ο. 1379. τί δεῦρο π. σὺ κυλλὸν ἀνὰ κύκλον κυκλεῖς;
Θ. 659. εἶα δὴ πρώτιστα μὲν χρὴ κοῦφον ἐξορμᾶν π.,
1100. τέμνων κέλευθον, π. τίθημ' ὑπώτερον,
Β. 100. | αἰθέρα Διὸς δωμάτιον, ἢ χρόνου π.,
311. |
478. ἐφ' ὃς ἐγὼ δρομαῖσιν ὁρμήσω π.
1323. ὀρᾷς τὸν π. τοῦτον; ΔΙ. ὀρῶ.
Εκ. 161. ἐκκλησιάσουσ' οὐκ ἂν προβαίην τὸν π.
Fr. 71. καὶ π. δὲ βαλαντίου.
ποδαγρῶντες. Π. 559. καὶ τὴν γνώμην καὶ τὴν ἰδίαν. παρὰ τῷ
ποδάνιπτρον. Fr. 290. μήτε π. θύρας ἐκχεῖτε μήτε λούτριον.
ποδαπά. Α. 808. π. τὰ χαιρί; ὡς τραγασαῖα φαίνεται.
Ν. 184. ὦ Ἡράκλεις, ταυτὶ π. τὰ θηρία;
ποδαπή. Α. 788. τί λέγεις σύ; π. χοῖρος ἥδε; ΜΕ. Μεγαρικά.
Ο. 1201. τίς π.; λέγειν ἐχρῆν ὀπόθεν ποτ' εἴ.
Α. 55. ἠδὶ δὲ π. 'σθ' ἡ νεᾶνις ἡτέρα;
ποδαπόν. Ο. 907. ταυτὶ τὸ πρᾶγμα π.; εἰπέ μοι, τίς εἶ;
ποδαπός. Α. 818. ἄνθρωπος π. ΜΕ. χοιροπώλας Μεγαρικός,
Ει. 186. οὗτις σύ; π. Φι. Ἴθακος Ἀποδρασιππίδου.
Θ. 136. π. τὸ γένος δ' εἶ; φράζε μοι. ΤΡ. μαριώτατος.
Θ. 136. π. ὁ γύννις; τίς πάτρα; τίς ἡ στολή;
ποδαπῷ. Ο. 108. π. τὸ γένος δ'; ΕΤ. ὅθεν αἱ τριήρεις αἱ καλαί.
πόδας. Ν. 145. φύλλαο ὀπύσου ἀλλοιτο τοὺς αὐτῆς π.
Σ. 445. καὶ κοινᾶ, καὶ τοὺς π. χειμῶνος ὥντος ὠφέλει,
Λ. 416. ὁ σκυτοτόμε, τῆς μου γυναικὸς τοὺς π.,
Fr. 447, 2. τρεῖς π. ἔχουσαν, τέτταρας δὲ μὴ 'χέτω.
πόδες. Ν. 150. ἐνίβαψεν ἐς τὰν ἡμῶν αὐτῆς τὼ π.,
Ει. 279. ἀποστραφῇναι τοῦ μετιόντος τὼ π.
Θ. 1183. τὼ π. πρότεινον, ἵν' ὑπολύσω. ΤΟ. ναίκι καὶ
Β. 1192. εἶθ' ὑπὸ Πύλυθρον ἤρπασεν οἰδῶν τὼ π.·
Εκ. 1109. ζώσαν κατακιντώσαντας, εἶτα τὼ π.
1165. ἐπὶ τὸ δεῖπνον ὑπανακινεῖν. Κρητικῶς οὖν τὼ π.
πόδες. Ο. 1147. τί δῆτα π. ἂν οὐκ ἂν εἰργασίατο·
Θ. 47. θηρῶν τ' ἀγρίων π. ὑλοβρόμων
ποδί. Θ. 121. π. παράρυθμ' εὐρυθμα Φρυγίων
Ο. 955. ἀλλ' εἴ τ' ἴσ' ἀλλ' ἀνάστρεφ' εὐρύθμῳ π.,
Β. 331. π. τὰν ἀκύλαστον
ποδοῖν. Ει. 7. δώρυ ἐνέκαψε περικύλλαιε τοῖν π.
Ει. 319. ἐκδραμῶν γὰρ πάντα ταυτὶ συνταράξει τοῖν π.
Ο. 35. ἀνεστύμωσθ' ἐσ' τὴν πατρίδος ἀμφοῖν π.,
1146. ἐς τὰς λικνάδας ἐνέβαλλον αὐτῶν τοῖν π.
Λ. 1310. ἀμφλάκουτι πυκνά π.
1316. ἀλλ' ἄγε κώμα παραμπυκίδδε, χερὶ π. τε πάδη
Θ. 957. παρπαλίμοιν π.,
Εκ. 483. ἀλλ' ὡς μάλιστα τοῦ π. ἐπικτυπῶν βάδιζε.
545. μιμουμένη σε καὶ κτυπώσα τοῖν π.
Π. 291. μιμούμενοι καὶ τοῖς π. ὧδι παρεσαλεύων
ποθὸς. Ι. 436. κλέψας' Ἀθηναίων. ΧΟ. ὅθρει, καὶ τοῦ π. παρίει.
Ν. 764. λυόδετον ὥσπερ μηλολόνθον τοῦ π.
ποθών. Α. 945. περὶ π.
Σ. 438. ὦ Κίκραψ ἤρων ἄναξ, τὰ πρὸς π. Δρακοντίδη,
1236. τί δ', ὅταν Θέωρις πρὸς π. κατακείμενος
1414. Ἰνοῖ κρεμαμένην πρὸς π. Εὐριπίδου,
Ο. 66. δοὐλὸν λέγεις. ΕΤ. καὶ μὴν ἱέρου τὰ πρὸς π.
Λ. 1307. καὶ π. κτύπος,
Π. 650. ἱὰ τῶν π. ἐς τὴν κεφαλήν σοι πάντ' ἐρῶ.
ποθ'. Α. 423. ποίας π., ἐχαίρες δὲ, βούλεται δ' ἔχειν.
ποθεῖ. Β. 1425. π. μὲν, ἐχθαίρει δὲ, βούλεται δ' ἔχειν.
ποθείθ'. Π. 509. εἰ τοῦτο γένοιθ' ὁ π. ὑμεῖς, οὐ φημ' ἂν λυσιτελεῖν σφῷν.
ποθεῖν. Α. 764. π. ἐκείνους; ἀργαλέας εὖ οἶδ' ὅτι
ποθεινή. Α. 886. ἥδιστ' π. μὲν τρυγχδοικοῖς χοροῖς,
Ει. 556. ὦ π. τοῖς δικαίοις καὶ γεωργοῖς ἡμέρα,
ποθεινός. Ο. 696. ἐξ οὗ περιτελλομέναις ὥραις ἐβλάστεν Ἔρως ὁ π.,
Β. 84. ἀγαθὸς ποιητὴς καὶ π. τοῖς φίλοις,
ποθεῖς. Σ. 1365. π. ἐρῶν τ' ἐχαίρες ὁμμάσι σοροῦ.
Α. 605. τοῦ δεῖ' τίς π. χῶρει 'ς τὴν ναῦν
Π. 1127. π. τὸ νὸ πατριαι καὶ μάτην κολεῖς.
ποθεῖτ'. Λ. 763. π. ἴσως τοὺς ἀνδρας· ἡμᾶς δ' οὐκ οἴει
ποθεῖτε Λ. 99. τοὺς πατέρας οὐ π. τοὺς τῶν παιδίων
ποθέν. Σ. 204. ἴσαν ἀνωθεν μὲν ἐνεβαλεῖ ὁδ κ. τ. λ.
ποθέν. Σ. 1104. εἰ νὴ Δί' ἀντὶ τῇ κακῆς γλώττης π. κ. τ. λ.

πόθεν—ποίη. 255

πόθεν. A. 572. π. βεῆς ἤκουσα πολεμιστηρίας: κ.τ.λ.
πόθος. B. 361. πάνυ γὰρ ἱμέ γε π. ὅ τι φρονεῖς ἔχει.
B. 53. τὴν Ἀνδρομέδαν πρὸς ἐμαυτὸν ἐξαίφνης π.
55. π.; πόσοι τις; ΔΙ. μικρὸς, ἡλίκος Μόλων.
66. τοιουτοσὶ τοίνυν με δαρδαπτει π.
Εκ. 956. ἄτοπος δ' ἔγκειται μοί τις π.,
Πόθος. O. 1320. Σοφία, Π., ἀμβρόσιαι Χάριτες,
ποθοῦμεν. EI. 578. ὦν π.,
ποθουμένη. A. 8r5, ὦ φιλτάτη σὺ καὶ πάλαι π.,
EI. 587. ἦσθα γὰρ μέγιστον ἡμῖν κέρδος, ὦ π.,
ποθουμένην. A. 890. ἤκουσαν ἔκτω μόλις ἔτει π.
ποθοῦντες. EI. 728. π. ὑμᾶς ἀναμένονσ' ἐστυκότες.
ποθοῦσ'. Π. 642. χρηστόν τι; τοῦτο γὰρ π. ἐγὼ πάλαι
ποθοῦσαι. Π. 276. ἰοὺ ἰοὺ, τὰς χοίρικας καὶ τὰς πέδας π.
ποθῶ. Σ. 818. ἐν ὅτι π., τὸ δ' ἀλλ' δρέσκει μοι. ΒΔ. τὸ τί;
Πόθῳ. EI. 456. Ἐρμῆ, Χάρισιν, Ὥραισιν, Ἀφροδίτῃ, Π.
πόθῳ. EI. 584. σῷ γὰρ ἐδάμην π.,
EI. 638. πολλάκις φανείσαν αὐτὴν τῆσδε τῆς χώρας π.,
Λ. 888. ταῦτ' αὐτὰ δὴ 'σθ' ἃ κἄμ' ἐπιτρίβει τῷ π.
Θ. 461. οὗτος π. μον 'κινων ἐλθὼν τὴν θύραν·
ποθῶν. A. 33. στυγῶν μὲν ἀστυ, τὸν δ' ἐμὸν δῆμον π.,
Εκ. 948. ἐφ' ἣν πεπωκὼς ἔρχομαι πάλαι π.
ποι. EI. 926. Βοῖ; μηδαμῶς, ἵνα μὴ βοηθεῖν π. δέοι. κ.τ.λ.
ποῖ. Fr. 1. ἀνοβήσεταί σοι ταῦτα π. τὰ βήματα
ποῖ. A. 564. οὗτος σὺ π. θεῖς, σὺ μενεῖς; ὡς εἰ θενεῖς π.τ.λ.
ποῖ'. Β. 936. σὺ δ', ὦ θεοῖσιν ἐχθρά, π. ἅττ' ἐστὶν ἅττ' ἐποίεις;
ποῖα. O. 410. τύχῃ δὲ π. κομί-
Λ. 922. π. ψίαθος; μή μοί γε. ΜΤ. νὴ τὴν Ἄρτεμιν,
963. π. ψυχῇ, ποῖοι δ' ὄρχεις,
964, π. δ' ὀσφὺς· ποῖος ἂν ὄρρος
971. π. γλυκερά;
ποῖα. A. 418. τὰ π. τρυχη; μῶν ἐν οἷς Οἰνεὺς ὁδὶ
A. 761. οὐδὲ πκύριαδα; ΜΕ. π. σκύρσθ'; ὑμεῖς τῶν ἀεὶ,
N. 685. ἄρρενα δὲ π. τῶν ὀνομάτων; ΣΤ. μυρία.
1270. τὰ π. ταῦτα χρήμαθ'; ΑΜ. ἀδανείσατο.
ποίᾳ. EI. 1231. π. δ' ἀναφήσει ποτ', ὠμαθέστατε;
O. 1219. π. γὰρ ἄλλῃ χρὴ πέτεσθαι τοὺς θεούς;
Θ. 1164. χρεία δὲ π. τόνδ' ἐπεσφέρεις λόγον;
ποῖαι. N. 342. οὐ γὰρ ἐκεῖναί γ' εἰσὶ τοιαῦται. ΣΩ. φέρε, π.
γὰρ τινές εἰσιν;
ποίαν. 1. 72. π. ὁδὸν νῷ τρεπτέον καὶ πρὸς τίνα
I. 1082. π. Κυλλήνην; ΑΛ. τὴν τούτου χεῖρ' ἐποίησεν
1324. πῶν ἂρ ἴδωμεν; π. τιν' ἔχει σκευήν; ποῖος γεγένηται;
N. 786. ὥστ' αὐτῶν ὁμαλογεῖν π' ἀδικῶ. ΣΠ. π. τινά;
Σ. 1369. τῶν ξυμπστῶν πλέψαντα; ΦΙ. π. αὐλητρίδα;
O. 127. π. τιν' οὖν ἥδιστ' ἂν οἰκοῖτ' ἂν πόλιν;
173. π. δ' ἂν οἰκίσαιμεν ὄρνιθες πόλιν;
Θ. 782. χωρεῖ χωρεῖ π. αὔλακα,
877. π. δὴ χώραν εἰσεκέλσαμεν σκάφει;
Π. 450. ποῖον γὰρ οὐ θώρακα, π. δ' ἀσπίδα
ποίας. A. 109. π. ἀχάνας; σὺ μὲν δαλῶν εἰ μέγας.
A. 286. ἀντὶ π. αἰτίας, ὠγαρνέων γεραίτατοι;
423. π. ποθ' ἁνὴρ Λακιάδαι αἰτεῖται πέπλων;
I. 162. ὦ μῶρε, π. κωλίας; δευρὶ βλέπε.
606. ἡσθέσιν δὲ τοὺς παγοὔρους ἀντὶ π. Μηδικῆς,
Σ. 1202. ἀπολεῖς με, π. χάρακας; ἀλλ' ὡς ἢ κόπρον
O. 1208. ἄτοπόν γε τουτὶ πρᾶγμα. ΠΕ. κατὰ π. πύλας;
1210. οὐκ οἶδα μὰ Δί' ἔγωγε κατὰ π. πύλας.
ποίει. 1. 213. φαυλότατον ἔργον· ταῦθ' ἅπερ ποιεῖς π.'
I. 387. μηδὲν ἰλαφρὸν π. νῦν γὰρ ἔχεται μέσοι·
1386. κἂν νου δαχῇ σοι, τοῦτον ὑκλαδίαν π.
Σ. 797. οὐ πάνυ τι μικρὸν, ἀλλ' ὕπερ μέλλεις π.
EI. 979. νὴ Δία, καὶ μή π. γ' ἅπερ αἱ
986. τούτων οὖν π. μηδὲν ἔθ' ὑμᾶς.
Θ. 612. σὺ δ' αὖν π. τοῦτ'. ἀναμένω γὰρ ἐνθάδε
751. μὴ δῆθ', ἱκετεύω σ'· ἀλλ' ἐμ' ὅ τι χρῇζεις π.
ποιεῖ. A. 399. σύκ ἔνδον, αὐτὸς δ' ἔνδον ἀναβάδην π.
I. 466. πρόφασιν μὲν Ἀργείοισι φίλους ἡμᾶς π.
N. 374. ἀλλ' ὅστις ὁ βροντῶν ἐστι φράσον· τοῦτό με π. τε-
τραμαίνειν,
388. νὴ τὸν Ἀπόλλω, καὶ δεινά π. γ' εὐθὺς μοι, καὶ πε-
τάρακται
1046. ὅτι κακίστην ἐστι καὶ δειλόν π. τὸν ἄνδρα.
1054. πλήρει τὸ βαλανεῖόν π. κενὰς δὲ τὰς παλαίστρας.
Σ. 1511. ὁ σμμαρότατος ὅς τὴν τραγῳδίαν π.
EI. 78. ἀλλ' ὅ τι π. τῃδὲ διακύψαι ὑψομαι,
1054. ὕπῳ δὲ θύετ' οὐ φράζεις; ΤΡ. ἡ πέρκος π.
O. 1501. οἴμ' ὡς βδελυύτομαί σε. ΠΡ. τί γὰρ ὁ Ζεύς π.;
Λ. 709. π μ' ἄθυμον περιπατεῖν τ' ἄνω κάτω.
Θ. 168. ταῦτ' ἄρ' ὁ Φιλοκλέης αἰσχρὸς ὢν αἰσχρῶς π.,
169. ὁ δὲ Ξενοκλέης ὢν κακὸς κακῶς π.,

ποιεῖ. Θ. 170. ὁ δ' αὖ Θέογνις ψυχρὸς ὢν ψυχρῶς π.
B. 79. ἄνευ Σοφοκλέους ὅ τι π. κωδωνίσω.
522. ἐνίσχες οὗτος. οὐ τί που σπουδήν π.,
Π. 932. ὁρᾶς δ π.; ταῦτ' ἐγὼ μαρτύρομαι.
1025. ταυτ' οὖν ὁ θεὸς, ᾧ φίλ' ἄνερ, οὐκ ὀρθῶς π.,
ποιεῖν A. 169. ἀλλ' ἀναγορεύω μή π. ἐκκλησίαν
1. 38. ἐπιβήλον ἡμῖν τοῖς προσώποισιν π.,
720. δύναμαι π. τὸν δῆμον εὑρὺν καὶ στενόν
734. ἐρῶ πάλαι σου, βουλόμενός τί σ' εὖ π.,
N. 995. αἰσχρὸν π. ὅτι τῆς Αἰδοῦς μέλλεις τἄγαλμ' ἀνα-
πλάττειν·
1198. ὕπερ οἱ πατένδαι γὰρ δοκοῦσί μοι π.·
Σ. 263. φιλεῖ δ', ὅταν ταῦτ' ἢ, π. υἰετὸν μάλιστα.
382. κἀνάσπαστον π. εἴσω, τί ποιήσετε; φράζετε νυνί.
843. ἴθι νυν, ἄγ' αὐτὼ δεῦρο. ΗΛ. ταῦτα χρή π.
915. καίτοι τίς ὑμᾶς εὖ π. δυνήσεται,
1130. ἐμοὶ σεαυτὸν παραδέδωκας εὖ π.
EI. 58. καί φησιν, ὦ Ζεῦ, τί ποτε βουλεύει π.;
106. ἀναπαινόντων ὅ τι π. βουλεύεται.
362. ὦ μιαρὲ καὶ τολμηρέ, τί π. διανοεῖ;
429. ἄττα χρή π. ἐφεστὼς φράζε δημουργικῶν·
894. ἔπειτ' ἀγάνω δ' εὐθὺς ἐξέσται π.
1258. ἐὰν τοιαυταοὶ μάθῃ λαβὼν π.,
1322. κριθὰς τε π. ἡμᾶς πολλὰς
O. 1637. μαγείρα, τὸ κατάγχωμα χρή π. γλυκύ.
Λ. 741. ἐτέρα γυνή ταυτὸν π. βουλήσεται.
Θ. 150. ἃ δεῖ π. πρὸς ταῦτα τοὺς τρόπους ἔχειν.
167. ὅμοια τῇδέ π. ἀνάγκη τῇ φύσει.
174. ὢν τηλικοῦτος, ἥλικ' ἠρχύμην π.
376. ἐκκλησίαν π. ἕωθεν τῇ μέσῃ
676. ὅσια καὶ νόμιμα μηδομένοις π.
1062. ἀλλ', ὦ τέκνον, σὶ μὲν τοσαῦτα χρή π.,
1173. καθ' ὁδόν ἐφράσου, ταῦτα μεμνῆσθαι π.
B. 14. εἴωθε π. καὶ Λύκις κάμινείδης·
779. μὰ Δί', ἀλλ' ὁ δῆμος ἀνεβδᾳ κρίσιν π.
785. ἀγῶνα π. αὐτίκα μάλα καὶ κρίσιν
865. σὺ δὲ δὴ τί βουλεύει π.; λέγ', Αἰσχύλε.
Εκ. 767. τὸ τατπύμενος γὰρ δεῖ π. τὸν σώφρονα·
944. κατὰ τὸν νόμον ταῦτα π.
Π. 14. τοὐναντίον δρῶν ἡ προσῆκ' αὐτῷ π.
186. ἐγὼ τοσαῦτα δυνατός εἰμ' ἐπὶ ὢν π.;
459. ἀδικεῖν με τὸν Πλοῦτον π. πειραμένιν
623. ἐλθὼν διακωλύση τι τῶν προύργου π.
1078. οὐκ ἂν ποτ' ἀλλὰ τοῦ τ' ὁ γ' ἐπέτρεπον π.
1111. ἀνὴρ διὰ τί δὴ ταῦτ' ἐπιβουλεύει π.
1163. π. ἀγῶνας μουσικοὺς καὶ γυμνικούς.
Fr. 329. ἡ καρδία τι π.; ἀλλὰ πῶς ἐρήσθε π.;
450. φέρε δὴ τοίνυν ταῦθ' ὅταν ἔλθῃ, τί π. χρή μ' ὦ
Τελησικρατές;

ποιεῖς. A. 410. Εὐριπίδη, ΕΤ. τί λέλακας; ΔΙ. ἀναβάδην π.,
A. 411. ἐξὸν καταβάδην· οὐκ ἐτὸς χωλοὺς π.
413. ἔσθητ' ἐλεινήν· οὐκ ἐτὸς πτωχοὺς π.
I. 213. φαυλότατον ἔργον· ταῦθ' ἅπερ π. ποίει·
N. 723. οὗτος, τί π.; οὐχὶ φροντίζεις; ΣΤ. ἐγώ;
1495. ἄνθρωπε, τί π.; ΣΤ. ὅ τι ποιῶ; τί δ' ἄλλο γ' ἢ
1502. οὗτος, τί π. ἐτεόν, οὑπὶ τοῦ τέγους;
Σ. 397. αὑτὸν ἥσας. ΣΩ. ὦ μιαρώτατε, τί π.; οὐ μὴ κατα-
βήσει;
697. τὸν νοῦν μου προσάγεις μᾶλλον, κοὔκ οἶδ' ὅ τι
χρῆμά με π.
1443. ἀλλ' ἀρδμένον ἐγὼ σε. ΦΙ. τί π.; ΒΔ. ὅ τι ποιῶ;
EI. 157. τί π., τί π.; ποῖ παρακλίνεις
682. αὕτη, τί π.; τὴν κεφαλὴν ποῖ περιάγεις
1311. ἡμῖν μελήσει ταῦτά γ'. εὖ π. δὲ καὶ σὺ φράζον·
O. 1164. οὗτος, τί π.; ἄρα θαυμάζεις ὅτι
Λ. 161. ἡ π. σου πρηδά, ταῦτα π. χάτραιε
892. πείθει γυναιξί, κἀμέ τ' ἄχθεσθαι π.
Θ. 1202. Ἑρμῆ δόλιε, ταυτὶ μὲν ἔτι καλῶς π.
B. 198. οὗτος, τί π.; ΔΙ. ὅ τι ποιῶ; ἐγὼ, τί δ' ἄλλο γ' ἢ
602. σύδὲν π. γὰρ, ἀλλὰ τὰ λαγόνα σπόδει.
1202. π. γὰρ οὗτος ὥσπερ ἐναρμόττειν ἅπαν,
Εκ. 372. οὗτος, τί π.; τί που χέζεις; ΒΑ. ἐγώ;
ποιεῖσθαι. A. 52. σπονδὰς π. πρὸς Λακεδαιμονίους μόνῳ.
I. 1351. ὁ μέν π. ναῦς μακράς, ὁ δ' ἕτερος ἂν
O. 1599. σπονδὰς π. ποιησόμεσθα πρὸς σὲ π.
Λ. 951. σπονδὰς π. ψηφεῖ. ΚΙ. βουλεύσομαι.
Β. 1498. διατριβὴν ἀργόν π.,
ποιεῖτε. Θ. 262. οὗτος, τί π. τοῦτο· τῇ νύμφῃ φράσον,
ποιεῖτον. Π. 471. νῦν τοῦθ' ὅ τι ἂν ὑμῖν δυκῇ
Π. 587. ὅ τι δὲ π. ἐνθάδ' οὐκ εἴρηκατον.
ποίη. Λ. 1317. ᾇ τις ἔλαφος· κρότον δ' ἀμᾶ π. χοροφελήταν

ποιῇ—ποιητοῦ.

ποιῇ. I. 1108. ὑπότερος ἂν σφῷν εὖ με μᾶλλον ἂν π.,
 Θ. 151. αὐτίκα γυναικεῖ' ἦν π. τις δρίματα,
  154. ἀνδρεία δ' ἦν π. τις, ἐν τῷ σώματι
ποιῇδ'. Σ. 1058. κἂν ταῦτα π., ὑμῖν δι' ἔτους
ποιῇς. Ν. 1009. ἢν ταῦτα π. ἀγὼ φράζω,
 Ν. 1448. τί δ' ἄλλο γ'; ἢν ταυτί π.,
 Ο. 977. κἂν μὲν, θέσπιε κοῦρε, π. ταῦθ' ὡς ἐπιτέλλω.
 Θ. 153. οὐκοῦν κελητίζεις, ὅταν Φαίδραν π. ;
  157. ὅταν σατύρους τοίνυν π., καλεῖν ἐμὲ,
ποίησα. Ν. 1390. αὐτοῦ 'π. κακκᾶν,
ποιῆσαι. Α. 58. σπονδὰς π. καὶ κρεμάσαι τὰς ἀσπίδας.
 Λ. 131. σπονδὰς π. πρὸς Λακεδαιμονίους μόνῳ
 Ν. 1295. ζητεῖς π. τἀργύριον πλεῖον τὸ σόν ;
 Σ. 261. ὕδωρ ἀναγκαίως ἔχει τὸν θεὸν π.
  322. σκους κακῶν τι π.
 Εἰ. 640. ὥστ' ἐκείνους μὲν π. πλουσίους, ἡ δ' Ἑλλὰς ἂν
 Λ. 585. δεῦρο ξυνάγειν καὶ συναθροίζειν εἰς ἓν, κἄπειτα π.
 Θ. 302. ἄριστα π., παλνωφελῶν μὲν πόλει τῇ Ἀθη-
 Β. 673. πρότερον π., πρὶν ἐμὲ τὰς πληγὰς λαβεῖν.
  935. εἴτ' ἐν τραγῳδίαις ἐχρῆν κάλεκτρυόνα π. ;
 Π. 233. μεστὴν π. καὶ δικαίως κἀδίκως,
  401. βλέψαι π. νῶ ΒΛ. τίνα βλέψαι ; φράσον.
  524. κινδυνεύων περὶ τῆς ψυχῆς τῆς αὑτοῦ τοῦτο π. ;
ποιήσαιμ'. Λ. 1219. οὐκ ἂν π. ΘΕ. εἰ δὲ πάνυ δεῖ τοῦτο δρᾶν,
ποιήσαιντ'. Λ. 154. σπονδὰς π. ἂν ταχέως, εὖ οἶδ' ὅτι.
ποιησαμέναισιν. Θ. 425. π. δακτύλιον τριωβόλου,
ποιησάμενος. Α. 268. σπονδὰς π. ἐμαυ-
 Ι. 648. αὐτοῖς ἀπόρρητον π. ταχύ,
ποιήσαντες. Εἰ. 285. εὖ γ', εὖ γε π., ὦ Διοσκύρω.
ποιήσαντι. Β. 1235. καὶ κάλλιστα μέλη π.
ποιήσας. Α. 641. ταῦτα π. πολλῶν ἀγαθῶν αἴτιος ὑμῖν γε-
   γένηται,
 Ι. 746. καὶ μὴν π. αὐτίκα μάλ' ἐκκλησίαν,
  1040. τεῖχος π. ξύλινον πύργους τε σιδηροῦς.
 Εἰ. 1199. δίδρακας, εἰρήνην π.' ὡς πρὸ τοῦ
 Β. 1021. δρᾶμα π. Ἄρχιν μεστόν. ΔΙ. ποῖον ; ΑΙ. τοὺς ἔστ'
   ἐπὶ Θήβας'
  1387. ὑγρόν π. τοὔπος ὥσπερ τάριο.
 Π. 116. βλέψαι π. ΠΛ. μηδαμῶς τοῦτ' ἐργάσῃ.
 Γγ. 450. ὡς ἄν τις ἂν οὖν ᾖ τι π., ὧν Τελεμισσεύς.
ποιησάσας. Λ. 555. τί π. ; ΑΥ. ἢν παύσωμεν πρώτιστον μὲν
   ξὺν ὅπλοισιν
ποιησάσθαι. Ι. 661. εὐχὴν π. χίμαρον εἰσαύριον,
 Θ. 1161. σπονδὰς π. πρὸς ἐμὲ, νυνὶ πάρα,
ποιήσειθ'. Ι. 1107. δυνάσεν, ὅ τι περ π.· ὡς ἐγὼ,
ποιήσειν. Ν. 1309. τὸν π. τὸν σοφιστήν *
 Σ. 347. ἥτις σε λάθρα τἀνδρὸς τοῦδε καταβῆναι δεῦρο π.
 Εἰ. 1226. οὗτος μὲν οὐ μή σοι π. ζημίαν.
 Εκ. 626. μηδεμιᾷ ᾖ τρύπημα κενὸν' τὸ δὲ τῶν ἀνδρῶν τί π. ;
  672. οὐδὲ κυβεύσους' ἀρ' ἄνθρωποι ; ΠΡ. περὶ τοῦ γὰρ
   τοῦτο π. ;
 Π. 285. ἀγων ὁ δεσπότης, ὃς ὑμᾶς πλουσίους π.
  496. τοὺς δὲ πονηροὺς καὶ τοὺς ἀθέους φευξεῖται' κᾆτα π.
  1027. τί γὰρ π. ; φρόζε, καὶ πεπράξεται,
ποιήσειν. Εκ. 674. μίαν οἴκησίν φημι π. συρρήξασ' εἰς ἓν
   ἅπαντα,
 Π. 475. εἰ τοὺς δικαίους φῂς π. πλουσίους,
  865. ὑποσχώμενον οὗτος π. εὐθέως,
ποιήσεις. Ι. 1390. ἐν ταῦτ' ἔδρασες, εἶφ' ὅ τι π. κακόν.
 Ν. 296. οὐ μὴ σκώψει μηδὲ π. ἅπερ οἱ τρυγοδαίμονες οὗτοι,
 Εἰ. 88. εἰ δεῖ π. τοῦτο, κατ' οἴκους
  365. 'Ερμῆς γὰρ ὧν κλήρῳ π. οἶδ' ὅτι
  1083. οὔποτε π. τὸν καρκίνον ὀρθὰ βαδίζειν.
  1085. οὐδ' ἐπὶ τῷ πραχθέντι π. ὑστερον οὐδέν.
  1114. μὴ π. λεῖον τὸν τραχὺν ἐχῖνος.
 Ο. 59. ἰαπταῖ. π. τοί με κύπτειν αὐθις ἀῦ ;
  1451. τί δαὶ π. ΣΤ. τὸ γένος οὐ καταισχυνῶ.
 Α. 935. ἀμέλει, π. τοῦτο' ταχὺ γὰρ ἔρχομαι.
 Θ. 208. τί π.' π. ταῦτα ; ΑΓ. μὴ δύκει γε σύ.
 Εκ. 673. τὴν δὲ δίαιταν τίνα π. ; ΠΡ. κοινὴν πᾶσιν. τὸ γὰρ
   ἄστυ
  804. καλῶν π. ΑΝ. Β. ὧν δ' ἐπιθυμήσεις φέρειν,
ποιήσετ'. Λ. 122. ἀφεικτ' ἐστὶ ΜΤ. τοῦ ; φράσον. ΛΥ. π. οὖν;
 Λ. 128. π., εἰ δ' π. ; ἤ τί μέλλετε ;
ποιήσετε. Σ. 382. νάνάσπαστον ποιεῖν εἴσω, τί π. ; φράζετε
   νυνί.
ποιήσεως. Θ. 35. προθυσόμενοι ἡκει τῇ π.
ποιήσῃ. Ο. 1356. πάντας π. τοὺς πελαργιδῆς τρέφων,
ποιήσῃς. Ο. 133. καὶ μηδαμῶς ἄλλως π.' εἰ δὲ μὴ,
 Β. 16. μὴ νυν π.' ὡς ἐγὼ εἰρημένος,
 Εκ. 563. τουτὶ π. μηδ' ἀφέλῃ μου τὸν βίον.

ποίησιν. Β. 907. καὶ μὴν ἐμαυτὸν μέν γε, τὴν π. οἷός εἰμι,
 Β. 1366. ὥσπερ γ' ἐλέγχει τὴν π. νῶν μόνος'
ποίησις. Β. 868. ὅτι ἡ π. οὐχὶ συντέθηκέ μοι,
 Γγ. 250. οὕτως αὐτοῖς ἀταλαιπώρως ἡ π. διέκειτο.
ποιήσομαι. Εἰ. 288. ἐγὼ δὲ δαίδυκ' εἰσιῶν π.
ποιήσομεν. Σ. 384. ὥστ' οὐ δυνατῶν σ' εἴργειν ἔσται· τοιαῦτα
   π. ἡμεῖς.
 Ο. 1617. ἀκούσαθ' ὅσων ὑμᾶς ἀγαθῶν π.
 Λ. 123. π., κἂν ἀποθανεῖν ἡμᾶς δέῃ.
  902. π. καὶ ταῦτα. ΜΤ. τοιγάρ, ἢν δοκῇ,
ποίησον. Σ. 324. ἤ με π. μανιὼν ἐξαίφνης,
 Σ. 332. ἡ δῆτα λίθον μέ π. ἐφ' οὗ
 Εκ. 958.
  967. } καὶ π. τύνδ' ἐς εὐνὴν
ποιήσω. Ι. 908. ἐγὼ δὲ τὰς πολιάς γέ σουλέγων πέον π.
 Ι. 912. ἐγὼ σε π. τριη-
 Ν. 1492. ἐμοὶ π., καὶ σφόδρ' εἰσ' ἀλαζόνες.
 Σ. 319. ᾴδειν. τι π.;
  374. ἔρ τι, π. δακεῖν τὴν
 Ο. 949. καὶ τὴν πύλιν γ' ἔλθων π. δὴ ταδί·
  1465. οἷαί σε π. τήμερον βεμβικιᾶν,
 Λ. 506. τοῦτο μὲν, ὦ γραῦ, σαυτῇ κρώξαις· σὺ δέ μοι λέγε.
   ΛΥ. ταῦτα π.
  684. λύσω τὴν ἐμαυτῆς ὑν ἐγὼ δὴ, καὶ π.
  842. ἀμέλει, π. ταῦτ' ἐγώ. ΛΥ. καὶ μὴν ἐγὼ
  949. μηδὲν, ΜΤ. π. ταῦτα νὴ τὴν Ἄρτεμιν.
 Θ. 211. πῶς οὖν π. δῆτα; ΜΝ. τοῦτον μὲν μακρὰ
  570. τὸν σησαμοῦνθ' ὃν κατέφαγες, τοῦτον χεσεῖν π.
  1126. καὶ μὴν π. τοῦτο. ΤΟ. τὸ κεφαλή σ' ἄρα
 Β. 13. εἴπέ π. μηδὲν ὥπερ Φρύνιχος
  615. καὶ σοι π. πρᾶγμα γεννοῖον πάνυ
  1515. ταῦτα π.' σὺ δὲ τὸν Βάκον
 Εκ. 597. τοῦτο γὰρ ἡμέλλον ἐγὼ λέξειν' τὴν γῆν πρώτιστα π.
  676. τὰ δικαστήρια καὶ τὰς στοὰς ἀνδρῶνας πάντα π.
 Π. 388. ἀπαρτὶ πλουτήσαι π. ΒΛ. τί σὺ λέγεις ;
  433. ἡ σφώ π. τήμερον δοῦναι δίκην
  947. ἐγὼ π. τήμερον δοῦναι δίκην,
ποιήσωμεν. Ο. 53. εἰσιώμεσθα δ' αὐτίκ', ἦν π. ψόφον.
ποιησώμεσθα. Α. 1006. σπονδὰς π. πρὸς τὸν' Ἑλλάδα.
ποιητά. Ο. 916. ἀτάρ, ὦ π., κατὰ τί δεῦρ' ἀνεφθάρης ;
ποιηταί. Β. 1055. ἔστι διδάσκαλος ὅστις φράζει, τοῖς ἡβῶσιν
   δὲ π.
ποιηταῖς. Ι. 583. σῶν πολέμῳ τε καὶ π.
 Ν. 1366. ἐγὼ γὰρ Αἰσχύλον νομίζω πρῶτον ἐν π.
 Σ. 1018. τὰ μὲν οὖ φανεροῖ, ἀλλ' ἐπικουρῶν κρύβδην ἐτέ-
   ροισι π.
 Γγ. 563. οὔτε π. ἡδεσθαι σκληροῖς καὶ ἀστεμφέσιν
ποιητάς. Β. 858. ἄνδρας π. ὥσπερ ἀρτοπωλίδας.
 Β. 1030. ταῦτα γὰρ ἄνδρας χρὴ π. ἀσκεῖν. σκέψαι γὰρ ἀπ'
   ἀρχῆς,
ποιητέα. Λ. 500. ἀλλὰ π. ταῦτ' ἔστιν ὅμως. ΠΡ. νὴ τὴν Δή-
   μητρ' ἀδικήν γε.
ποιητέον. Εἰ. 922. ἄγε δὴ, τί νῦν ἐντευθενὶ π. ;
 Εκ. 1081. αὐτὸς σκύψει σύ' τάδε δέ σοι π.
ποιητῇ. Εἰ. 534. αὕτη π. δηματίου δικανικῶν.
 Ο. 934. ἀπόδυθι καὶ δὸς τῷ π. τῷ σοφῷ.
 Β. 1528. πρῶτα μὲν εὐοδίαν ἀγαθὴν ἀπιόντι π.
ποιητήν. Α. 644. ἥξουσιν, ἰδεῖν ἐπιθυμοῦντες τὸν π. τὸν ἄριστον
 Α. 649. εἶτα δὲ τοῦτον τὸν π. πότερον εἶποι κακὰ πολλά·
  654. οὐ φροντίζους', ἀλλ' ἵνα τοῦτον τὸν π. ἀφέλωνται.
  1150. 'Αντίμνημον τὸν Ψακάδος τὸν ξυγγραφῆ, τὸν μέ-
   λέων π.,
 Ν. 1362. καὶ τὸν Σιμωνίδην ἔφασαν' εἶναι κακὸν π.
 Εἰ. 799. τὸν σοφὸν π.
 Ο. 947. ἀπόδυθι' δεῖ γάρ τῷ π. π.
 Θ. 149. χρὴ γὰρ π. ἄνδρα πρὸς τὰ δράματα
  159. ἄλλως τ' ἀμουσόν ἐστι π. ἰδεῖν
 Β. 96. γόνιμον δὲ π. ἂν οὐχ εὕροις ἔτι
  1008. ἀπόκριναί μοι, τίνος οὕνεκα χρὴ θαυμάζειν ἄνδρα π.;
  1053. μὰ Δί', ἀλλ' ὄντ'. ἀλλ' ἀποκρύπτειν χρὴ τὸ πονηρὸν
   τὸν γε π.,
  1418. ἐγὼ κατῆλθον ἐπὶ π. ΕΥ. τοῦ χάριν ;
ποιητής. Α. 633. φησὶν δ' εἶναι πολλῶν ἀγαθῶν ἄξιος ὑμῖν ὁ π.
 Ι. 509. οὐκ ἂν φαύλως ἔτυχεν τούτου νῶν δ' ἀξιός ἐσθ' π.,
  548. ἵν' ὁ π. σήμερον χαίρειν,
 Ν. 545. κἀγὼ μὲν τοιοῦτος ἀνὴρ ὢν π. οὐ κομῶ,
 Α. 368. οὐδὲ γάρ' ἐστ' ἀνὴρ Εὐριπίδου σοφώτερος π.'
 Σ. 1016. μιμήσασθαι γὰρ τοῖσι θεαταῖς ὁ π. νῦν ἐπιθυμεῖ.
  1049. ὁ δὲ π. οὐδὲν χεῖρον παρὰ τοῖσι σοφαῖς νενόμισται,
 Β. 84. ἀγαθὸς π. καὶ ποθεινὸς τοῖς φίλοις.

ποιητοῦ. Θ. 59. ἔτοιμος σοῦ τοῦ τε π.

ποιητοῦ—πόλει. 257

ποιητοῦ. Β. 71. τί βουλόμενος; ΔΙ δέομαι π. δεξιοῦ.
ποιητῶν. Ι. 519. καὶ τοὺς προτέρους τῶν π. ἅμα τῷ γήρᾳ προδιδόντας·
Σ. 1051. ἀλλὰ τὸ λοιπὸν τῶν π.,
ΕΙ. 773. γεννσιοτάτου τῶν π.
Β. 367. ἢ τοὺς μισθοὺς τῶν π. ῥήτωρ ἂν εἴτ' ἀποτρώγει,
810. φύσει π.· εἶτα τῷ σῷ δεσπότῃ
1031. ὣς ὠφέλιμοι τῶν π. οἱ γενναῖοι γεγένηνται.
1369. ἀνδρῶν π. τυρσευλήσαι τέχνην.
ποικίλα. Ο. 777. πτῆξέ δὲ π. φῦλά τε θηρῶν,
Ο. 1411. ταινιοῦντες π. χελιδοῖ.
1415. ταινιοῦντες π. μάλ' οὑσίς.
Π. 1199. σεμνῶτ' ἔχουσα δ' ἦλθες αὕτη π.
ποικίλη. Ο. 739. π., μεθ' ἧς ἐγὼ
ποικίλοις. Ι. 686. καὶ δόλοισι π.,
ποικιλομόρφων. Π. 530. οὐθ' ἱματίων βαπτῶν δαπάνοις κοσμήσαι π.
ποικίλων. Fr. 513. τὸ παραπέτασμα τὸ Κύπριον τὸ π.
ποικίλος. Ι. 758. ὅτοισι τόνδ' ὑπερβαλεῖ. π. γὰρ ἀνὴρ
Ο. 761. ἀτταγᾶς οὗτος παρ' ἡμῖν π. κεκλήσεται.
ποικίλους. Θ. 438. π. λύγοις ἀνείρεν
ποικίλων. Λ. 1189. στρωματῶν δὲ π. καὶ
ποικίλοις. Ι. 196. καὶ π. πῶς καὶ σοφῶς ᾐνιγμένος.
Ι. 459. ἂν εὖ τὸν ἄνδρα π. τ' ἐπῆλθες ἐν λύγοισιν.
ποιός. Α. 963. ποῖα ψυχή, π. δ' ὄρχεις,
ποιήνν. Σ. 348. τίς ἂν οὖν εἴη; ζητεῖθ' ὑμεῖς, ὡς τᾶν ἂν ἔγωγε δ.
ποιοῦμεν. Ο. 172. τί ἂν οὖν π.; ΠΕ. οἰκίσατε μίαν πόλιν.
ποίον. Ν. 1337. π. λόγου; ΦΕ. τὸν κρείττον', ἢ τὸν ἥττονα;
ποίοις. Ο. 1233. κνισᾶν τ' ἀγυιάς. ΠΕ. τί σὺ λέγεις; π. θεοίς;
Β. 529. καὶ τοῖς θεοῖσιν ἐπιτρέπω. ΔΙ. π. θεοῖς;
Π. 449. π. δηλοισιν ἢ δυνάμει πεποιθότες;
ποιοῖς. Ι. 1131. χοῦτω μὲν ἂν εὖ π.,
ποίοισιν. Ο. 1234. π.; ἡμῖν, τοῖς ἐν οὐρανῷ θεοῖς.
Λ. 1178. π., ὦ τᾶν, ξυμμάχοις; ἐστύκαμεν.
Εκ. 763. π., ὦ δύστηνε; ΑΝ. Α. τοῖς δεδογμένοις,
ποίον. Ι. 32. π. βρέτας **; ἐτεὸν ἡγεῖ γὰρ θεοίς;
Ν. 155. φρόντισμα; ΣΤ. π.; ἀντιβολῶ, κάτειπέ μοι,
Σ. 183. π.; φέρ' ἴδωμαι. ΒΑ. τουτονί. ΒΑ. τουτὶ τί ἦν;
1198. τίνων, σεαυτοῦ π. ἂν λέξαι δοκεῖς
ΕΙ. 224. ἔτ π.; ΕΡ. ἐς τουτὶ τὸ κάτω. κάπειθ' ὀρᾷς
1088. π., ὦ γὰρ κατὰ χρησμὸν ἐκαύσατε π. μῆρα θεοῖσιν;
Ο. 890. ἐπὶ π., ὦ κακόδαιμον, ἱερεῖον καλεῖς
Λ. 1163. λῆ τοῦτ' ἀποδόμεν. ΑΥ. π. ᾧ λῆν; ΑΛ. τὰν Πύλον,
Θ. 586. πρὸς π.· ἔργων, ἢ τίνος γνώμης χάριν;
621. τὸν δεῖνα; π.; ΜΝ. ἴσθ' ὁ δεῖν', ὃς καί ποτε
Β. 1021. δρᾶμα ποιήσας Ἄρειαν μεστόν. ΔΙ. π.; ΑΙ. τοὺς ἕπτ' ἐπὶ Θήβας·
1123. καὶ π. αὐτοῦ βασιλεύεις; ΕΤ. πολλοῖς πάνυ.
Εκ. 646. πολὺ μέντοι δεινοτέραν τούτου τοῦ πράγματός ἐστι ΒΑ. τὸ π.;
Π. 392. ἔχε. ΒΑ. σὺ Πλοῦτον; π.; ΧΡ. αὐτὸν τὸν θεόν.
450. π. γὰρ οὐ θώρακα, ποίαν δ' ἀσπίδα
ποίον. Θ. 76. π. τί; ΕΤ. τῆδε θημέρᾳ κριθήσεται
Β. 289. π. τί; ΞΑ. δεινῶς παντοδαπὸν γοῦν γίγνεται·
ποῖος. Α. 963. ὁ π. οὗτος Λάμαχος τῶν ἐγχέλειν;
Ι. 1324. πῶν ἂν ἴδοιμεν; ποῖαν τιν' ἔχει σκευήν; π. γεγένηται;
Ν. 367. π. Ζεύς; οὐ μὴ ληρήσεις· οὐδ' ἔστι Ζεύς. ΣΤ. τί λέγεις σύ;
Σ. 1378. τί λέγεις σύ; π. ὄζος; οὐκ εἰ δεῦρο σύ;
Λ. 462. π. δ' ἂν νέφρος ἀντίσχοι,
964. ποῖα δ' ὀσφύς; π. ἂν ὄρρος
Θ. 30. ὁ τραγῳδοποιός. ΜΝ. π. οὗτος ἀγαθῶν;
Π. 786. ἐμὶ γὰρ τίς οὐ προσεῖπε; π. οὐκ ὄχλος
ποιός. Ι. 1339. τί δ' ἵδρων πρὸ τοῦ, κάτειπε, καὶ π. τις ἦ;
ΕΙ. 674. π. τις οὖν εἶναι δοκεῖ τὰ πολεμικὰ
Θ. 90. καὶ π. ἐστιν οὗτος; ΕΤ. οὐκκυκλούμενος.
Β. 60. π. τις, ὠδελφίδιον; ΔΙ. οὐκ ἔχω φράσαι.
Π. 349. π. τις; ΧΡ. οἷος, ΒΑ. λέγ' ἄνυσας ὅ τι φῄς ποτε.
ποιός. Σ. 530. ἀτὰρ φανεῖ π. τις ὤν, ἢν ταῦτα παρακελεύῃ·
ποίου. Α. 62, π. βασιλέως; ἄχθομαι γὼ πρέσβεσι
Σ. 762. π.; φέρ' ἴδω. ΦΙ. τοῦ μὴ διακέλει. τοῦτο δὲ
Ο. 920. τουτὶ σὺ ποτ' εἰσοιήσεσθ' ἀπὸ π. χρόνου;
Θ. 874. Πρωτέου τάδ' ἐστὶ μέλαθρα. ΕΤ. π. Πρωτείου;
Π. 1046. π. χρόνου, ταλαίτερ', ὃς παρ' ἐμοὶ μὴ ξῶθι ἦν;
ποιού. Ι. 246. ἀλλ' ἀμύνου καὶ δίωκε καὶ τρυπῶν αὐτοῦ π.
ποιοῦμεν. Ν. 259. ἡμεῖς π. ΣΤ. εἶτα δὴ τί κερδανῶ;
Ν. 1458. ἡμεῖς π. ταῖς ἑκάστου' ὄντω· ὣ
ΕΙ. 484. οἰδὲν π., ἄνδρες, ἀλλ' ὁμοθυμαδὸν
Θ. 517. ταῦτ' οὐ π. τὰ κακὰ π. τὴν Ἄρτεμιν,
555. μὰ Δι' οὐδέ πω τὴν μυριοστὴν μοῖραν ἐν π.

ποιοῦμεν. Β. 1009. δεξιότητος καὶ νουθεσίας, ὅτι βελτίους τε π.
ποιοῦμενος. ΕΙ. 69. ἔπειτα λεπτὰ κλιμάκια π.,
ποιοῦντα. Β. 90. τραγῳδίας π. πλεῖν ἢ μύρια,
Β. 1250. μελοποιὸν ὄντα καὶ π. ταῦτ' ἀεί.
ποιοῦντας. Θ. 815. ἀποδείξαμεν ταῦτα π.
ποιοῦντες. ΕΙ. 358. οὐμεθα π. ἄγε
ποιοῦντος. ΕΙ. 1157. εὖ π. κωφελοῦντος
ποιοῦντων. ΕΙ. 212. σκονίδε π.· καὶ μὴν οἱ Λακωνικοὶ
ΕΙ. 645. χρυσίῳ τῶν ταῦτα π. ἐθύνουν τὸ στόμα,
ποίους Ν. 247. π. θεοὺς ὀμεῖ σύ; πρῶτον γὰρ θεοὶ
Ν. 1233. π. θεούς;
Σ. 1186. π. τινὰς δὲ χρὴ λέγειν; ΒΔ. μεγαλοπρεπεῖς.
ποιοῦσ'. Σ. 696 τουτί με π.; οἴμοι, τί λέγεις; ὣς μου τὸν θῖνα ταράτσεις,
Θ. 382. ὕπερ π. οἱ ῥήτορες, μακρὰν ἔοικε λέξειν.
Β. 1349. κλωστῆρα π., ὅπως
ποιοῦσα. Λ. 700. ὥστε καχθὶς θήκατῃ π. παιγνίαν ἐγὼ
ποιοῦσι. Π. 1205. αὐταί π.· ταῖς μὲν ἄλλαις γὰρ χύτραι
ποιοῦσιν. Ο. 1285. π. ἄπερ ὁρνίθες ἐκμιμούμενοι,
Β. 358. ἢ βωμολόχοις ἔπεσιν χαίρει μὴ 'ν καιρῷ τοῦτο π.,
ποίῳ. Ι. 33. ἔγωγε. ΔΙΙ. π. χρώμενος τεκμηρίῳ;
ποιῶ. Ι. 741. εὖ γὰρ π. τὸν δῆμον. ΑΛ. εἰπέ τῳ, τί δρῶν;
Ν. 1495. ἄνθρωπε. τί ποιεῖς; ΣΤ. ὅ τι π.; τί δ' ἄλλο γ' ἢ
Σ. 1443. ἀλλ' ἀράμενος ἐγώ σε ΦΙ. τί ποιεῖς; ΒΔ. ὅ τι π.
Θ. 635. ὅδ' ἐστὶν ἀνὴρ ὃν λέγεις. ΚΑ. τί οὖν π.;
Β. 198. οὗτος, τί ποιεῖς; ΔΙ. ὅ τι π.; τί δ' ἄλλο γ' ἢ
527. ἀδωκας αὐτοῖς; ΔΙ. οὐ τάχ', ἀλλ' ἤδη π.
1197. ληρεῖτ' ἔχων δὲ τοὺς προλόγους καλῶς π.
Εκ. 594. ἀλλ' ἕνα π. κοινῶν πᾶσιν βίοτον καὶ τοῦτον ὅμοιον.
614. καὶ ταῦτα γὰρ κοινὰς π. τοῖς ἀνδράσι συγκατακείσθαι
766. ἀναξαπάντων. ΑΝ. Α. ὅτι τὸ ταττόμενον π.
Π. 576. ὅτι βελτίους αὐτούς π. σκέψασθαι δ' ἐστὶ μάλιστα
1197. ἐγὼ δὲ τί π.; ΧΡ. τὰς χύτρας, αἷς τὸν θεὸν
Fr. 397, 2. τοὺς νόθ' δ' ἀγοραίους ἤττω π 'κείνος π.
ποιῶμεν. Ι. 1160. ἵνα σ' εὖ π. ἐξ ἴσου. ΔΗΜ. δρᾶν ταῦτα χρή.
Ο. 1640. τί δαὶ π.; ΗΡ. ὅ τι; διαλλαττώμεθα.
Fr. 414, 1. τί οὖν π.; χλωῖδ' ἐχρῆν λευκὴν λαβεῖν
ποιῶν. Α. 157. π. Ὀδομάντων; εἰπέ μοι, τουτὶ τί ἦν;
Ι. 448. τῶν δημοφόρων. ΚΛ. π.; φρῖνον.
Ο. 1346. π. νόμων; πολλοὶ γὰρ ὑρνίθων νόμοι.
Λ. 730. ὑπὸ τῶν ῥἴων καταπυπτομένη. ΑΥ. π. σίων;
Β. 1078. π. δὲ κακῶν οὐκ αἴτιός ἐστ';
ποιῶν. Α. 499. χελιδώ περὶ τῆς πόλεως, τρυγῳδίαν π.
Α. 1050. ἐκ τῶν γάμων. ΔΙ. καλῶν γε π., ὅστις τὸν
Ι. 1287. καὶ Πολυμνηστεια π., καὶ ξυνὼν Οἰωνίχῳ.
Ν. 895. φάσκων· εἶναι, ΔΙ. τὰ δίκαια λέγων.
900. εἶπε, τί π.; ΔΙ. τὰ δίκαια λέγων.
Σ. 735. καὶ δηλοῖς ἐστιν εὖ π.·
764. σὺ δ' οὖ, ἐπειδὴ τοῦτο κεχάρηκα π.,
ΕΙ. 271. εὖ γ', ὦ πότνια δέσποιν' Ἀθηναία, π.
546. τίλλων' ἑαυτόν; ὁ δὲ γε τὰς σιμύας π.
Λ. 427. οὐδὲν π. ἀλλ' ἡ καπηλείον σκοπῶν;
Θ. 450. νῦν δ' οὗτος ἐν ταῖσιν τραγῳδίαις π.
547. ἐγένετο, Μελανίππας π. Φαίδρας τε Πηνελόπην δὲ
708. ταυτὶ π. ἴδ' ἀνοίσχυντεί;
Β. 744. εὐθὺς πεποίηκα. ὕπερ ἐγὼ χαίρω π.
963. Κύκνους π. καὶ Μέμνονας κωδωνοφαλαροπώλους.
1093. καὶ π. κᾆθ' οἱ Κεραμῆς.
1325. τοιαυτὶ μέντοι σὺ π.
Π. 583. εἰ γὰρ ἐπλούτει, πῶς ἂν π. τὸν Ὀλυμπικὸν αὐτὸς ἀγῶνα,
863. νὴ Δία, καλῶν τοίνυν π., σθάλλυται.
906. ποιεῖ. ΕΙ. διδῇς ἢ πύθειν μηδὲν π.;
1061. πλυνῶν με π. ἐν τοσούτοις ἀνδράσιν.
Fr. 149. ἐν δὲ τῇς χαλκίσιν τρεὶς ἀλαγχίδας π.
ποιῶσι. Θ. 678. κἂν μὴ π. ταῦτα, τοιάδ' ἔσται·
πόκα. Α. 105. ὁ δ' ἄλλος γα, κῶν ἐν τῷ τας ταγᾶς ἔλσῃ π.,
πόκαβας. Θ. 567. ἀλλ' ἐκποκῶ σου τὰς π. ΜΝ. οὐ δὴ μὰ Δία σύ γ' ἄψει.
πόκας. Β. 186. τίς ἐς τὸ Λήθης πεδίον, ἢ 'ς ὄνου π.
πόκον. Ο. 714. ἡνίκα πεκτεῖν ὥρα προβάτων π. ἡρινῶν· εἶτα χελιδῶν,
Λ. 574. πῶς δή; φέρ' ἴδω. ΑΤ. πρῶτον μὲν ἐχρῆν, ὥσπερ π.
πόλει. Α. 205. τῶν ὁδοισύρων ἀπάντων τῇ π. γὰρ ἄξιον
Α. 492. ὅστις παρασχὼν τῇ π. τὸν αὐχένα
676. οἱ γέροντες οἱ παλαιοὶ μεμφόμεσθα τῇ π.
755. ἄνδρες πρόβουλοι τοῦτ' ἔπραττον τῇ π.
Ι. 149. ἀνάβαινε σωτὴρ τῇ π. καὶ νῷν φανείς.
267. ὅτι λέγεις γνώμην ἐμέλλον τῇ π. οὐ δίκαιον ἐν π.

L l

πόλει—Πολέμου.

πόλει. Ι. 382. ἦν ἄρα πυρός γ' ἕτερα θερμότερα, καὶ λύχων ἐν π.
Ι. 458. καὶ τῇ π. σωτῆρ φανεὶς ἡμῖν τε τοῖς πολίταις,
477. καὶ τὰς ξυνόδους τὰς νυκτερινὰς ἐν τῇ π.,
576. οὐ μαχεῖσθαί φασιν. ἡμεῖς δ' ἀξιοῦμεν τῇ π.
839. τὰν τῇ π., τῶν ξυμμάχων τ' ἀρέεις ἔχων τρίαιναν,
863. ἐν τῇ π. ξυνιστάμενον, ἀλλ' εὐθέως κέκραγα.
874. εὐνούστατόν τε τῇ π. καὶ τοῖσι δακτύλοισιν.
982. τῇ π. μέγας, οὐκ ἂν ἤ-
1226. ἐγὼ δ' ἐκλεκτὸν ἐπ' ἀγαθῷ γε τῇ π.
1263. ἰδεῖν ἀμείνω τῇ Κεχηναίων π.
1302. οὐδὲ κινθάνεσθε ταῦτ', ὦ παρθένοι, τὰν τῇ π.;
1313. οὐ γὰρ ἡμῶν γε στρατηγῶν ἐγχανεῖται τῇ π.
Ν. 588. τῇδε τῇ π. προσεῖναι, ταῦτα μέντοι τοὺς θεοὺς
594. ἐπὶ τὸ βέλτιον τὸ πρᾶγμα τῇ π. συνοίσεται.
Σ. 651. ἰάσασθαι νόσον ἀρχαίαν ἐν τῇ π. ἐντετοκυῖαν.
ΕΙ. 272. ἀπόλωλ' ἐκεῖνος κἂν δέοντι τῇ π.
666. σπανῶν φύρουσα τῇ π. κίστην πλέων
688. πῶς οὖν ξυνοίσει ταῦτ', ἔρωτά, τῇ π.,
704. χείτερα πίσ' ἄττ' οἷς γεγένησθ' ἐν τῇ π.;
Ο. 809. ἄγε δὴ τί χρὴ δρᾶν; ΠΕ. πρῶτον ὄνομα τῇ π.
812. φέρ' ἴδω, τί δ' ἡμῖν τοὔνομ' ἔσται τῇ π.;
815. Σπάρτην γὰρ ἂν θείμην ἐγὼ τἠμῇ π.;
1725. ὦ μακαριστὸν σὺ γάμον τῇδε π. γήμας.
Λ. 245. ἡμεῖς δὲ ταῖς ἄλλαισι ταῖσιν ἐν π.
317. δέσποινα Νίκη ξυγγενοῦ, τῶν τ' ἐν π. γυναικῶν
639. τῇ π. χρησίμων·
648. ἆρα προυφείλω τι χρηστὸν τῇ π. παραινέσαι;
754. ὁ τόκος ἔτ' ἐν π., τέκοιμ' ἐς τὴν κυνῆν
758. ἀλλ' οὐ δύναμαι 'γωγ' οὐδὲ κοιμᾶσθ' ἐν π.,
1183. ὕπων ἂν αἱ γυναῖκες ὑμᾶς ἐν π.
Θ. 304. ἄριστα ποιήσαι, πολυωφελῶν μὲν π. τῇ Ἀθη-
353. π., τέλεα δὲ δήμῳ
832. χρῆν γάρ, ἡμῶν εἰ τέκοι τις ἄνδρα χρηστὸν τῇ π.,
Β. 686. τὸν ἱερὸν χορὸν δίκαιόν ἐστι χρηστὰ τῇ π.
692. εἶτ' ἀτιμῶν φημι χρῆναι μηδέν' εἶν' ἐν τῇ π.
1420. ὑπότερος οὖν ἂν τῇ π. παραινέσειε
1429. καὶ νόριμον αὑτῷ, τῇ π. δ' ἀμήχανον.
1431. [οὐ χρὴ λέοντος σκύμνον ἐν π. τρέφειν.]
1432. μάλιστα μὲν λέοντα μὴ 'ν π. τρέφειν,
1530. τῇ τε π. μεγάλων ἀγαθῶν ἀγαθὰς ἐπινοίας.
Γκ. 53. γυναῖκας, ὅ τι πέρ ἐστ' ὄφελος ἐν τῇ π.
104. νυνὶ δ', ὁρᾷς, πράττει τὰ μέγιστ' ἐν τῇ π.
456. ταύτας, ἰδοίκει γὰρ τοῦτο μόνον ἐν τῇ π.
471. τὸ πρὸς βίαν δεινότατον. ΧΡ. ἀλλ' εἰ τῇ π.
758. μὰ Δί', ἀλλ' ἀποφέρειν αὐτὰ μέλλω τῇ π.
824. τάλαντ' ἔσεσθαι πεντακόσια τῇ π.
854. ἐνταυθ', ἐπειδὴ ταῦτα τῇ π. δοκεῖ,
861. τὰ δυνατὰ γὰρ δεῖ τῇ π. ξυλλαμβάνειν
1007. τὴν πεντακοσιοστὴν κατέθηκας τῇ π.
Π. 407. τίς δῆτ' ἰατρός ἐστι νῦν ἐν τῇ π.;
Fr. 157, 1. ὅτῳ δοκεῖ σοι δεῖν μάλιστα τῇ π.;
306, 1. ἀγαθὰ μεγάλα τῇ π.
πόλεις. Α. 192. ὕζουσι χαῦται πρέσβεων ἐς τὰς π.
Σ. 707. εἰσὶν γε π. χίλιαι, αἳ νῦν τὸν φόρον ἡμῖν ἀπάγου-
σιν·
1098. τοιγαροῦν πολλὰς π. Μήδων ἑλόντες,
FI. 63. λήσεις σεαυτὸν τὰς π. ἐκκοκκίσας.
230. τρίβειν ἐν αὐτῇ τὰς π. βουλεύεται,
260. τοὐντῷ ταράξει τὰς π. καθήμενος.
421. ἄλλαι τί σοι π. πεπανωμέναι κακῶν
539. οἷον πρὸς ἀλλήλας λαλοῦσιν αἱ π.
619. κᾆτ' ἐπειδὴ 'γνωσαν ὑμᾶς αἱ π. ὧν ἤρχετε
Ο. 378. αὑτίχ' αἱ π. παρ' ἀνδρῶν γ' ἐμαθον ἐχθρῶν κοὐ φίλων
1425. κύκλῳ περισοβεῖν τὰς π. καλούμενος.
Λ. 582. καὶ νὴ Δία τάς γε π., ὑσαῦσαι τῆς γῆς τῆσδ' εἰσὶν
ἄποικοι,
1134. Ἕλληνας ἄνδρας καὶ π. ἀπόλλυτε.
Β. 114. π., διαίτας, πανδοκευτρίας, ὅπου
πολεῖται. Ο. 181. ὑπὸ δὲ π. τοῦτο καὶ διέρχεται
πολέμαρχον. Σ. 1042. ὥστ' ἀναπηδῶν δειμαίνοντας πολλοὺς ὡς
τὸν π.
πόλεμε. Ν. 6. ἀπόλοιο δῆτ', ὦ π., πολλῶν οὕνεκα,
πολεμεῖ. Σ. 1037. ἀλλ' ὑπὲρ ὑμῶν ἔτι καὶ νυνί π. φησίν τε μετ'
αὐτοῦ
πολεμεῖν. ΕΙ. 211. ὑπῇ π. ῥηθήσαν' ἐπείπαν πολλάκις
ΕΙ. 932. ὣς χρὴ π. λέγων τις οἱ καθήμενοι
Α. 497. ἀλλ' οὐδὲν δεῖ πρῶτον π. ΠΡ. πῶς γὰρ σωθησόμεσθ'
ἄλλως;
πολεμεῖς. Λ. 1016. ταῦτα μέντοι σὺ ξυνιεὶς εἶτα π. ἐμοί,
πολεμήσομεν. Ο. 1639. ἡμεῖς περὶ γυναικὸς ὑμᾶς π.;
πολεμήσω. Α. 621. ἀεὶ π., καὶ ταράξω παντοχῇ,

πολεμητέον. Α. 496. ἀλλ' οὐ ταυτόν. ΛΥ. πῶς οὐ ταυτόν; ΠΡ.
π. ἔστ' ἀπὸ τούτου.
πολέμια. Α. 820. π. καὶ σέ. ΜΕ. τοῦτ' ἐκεῖν', ἵκει πάλιν
Α. 912. φαίνω π. ταυταγί. ΒΟ. τί δαὶ παθὼν
πολεμίαν. Σ. 1163. ἐς τὴν π. ἀποβιβάζων τὸν πόδα.
πολεμίζειν. Θ. 807. καὶ Στρατονίκην ὑμῶν οὐδεὶς οὐδ' ἐγ-
χειρεῖ π.
πολεμίζων. Ν. 419. νικᾶν πράττων καὶ βουλεύων καὶ τῇ γλώτ-
τῃ π.;
ΕΙ. 759. τοιοῦτον ἰδὼν τέρας οὐ κατέδεισ', ἀλλ' ὑπὲρ ὑμῶν π.
πολεμικά. ΕΙ. 674. ποῖός τις οὖν εἶναι δοκεῖ τὰ π.
πολεμίοισιν. Ο. 398. μαχομένων τοῖς π.
πολέμιον. Ο. 335. π. ἐτράφη,
Ο. 344. ἔπαγ', ἔπιθ', ἐπίφερε π.
πολεμίου. Α. 1193. δορὸς ὑπὸ π. τυπείς.
πολεμίους. Α. 827. οὐ γὰρ φανῶ τοὺς π. ; ΔΙ. πλέον γε σύ,
Α. 1134. ἐν τῷδε πρὸς τοὺς π. θωρήξομαι.
πολεμιστήρια. Ν. 28. πόσους δρόμους ἐλᾷ τὰ π.
πολεμιστηρίας. Α. 572. πόθεν βοῆς ἤκουσα π.;
ΕΙ. 235. παύτοὶ θνείας φθέγμα π.
πολεμιστήριον. Α. 1132. φέρε δεῦρο, παῖ, θώρακα π.
πολεμίων. Α. 316. εἰ σὺ τολμήσεις ὑπὲρ τῶν π. ἡμῖν λέγειν.
Α. 016. ἐκ τῶν π. γ' εἰσάγεις θρυαλλίδα.
Β. 50. τῶν π. ἢ δώδεκ' ἢ τρισκαίδεκα.
1463. τὴν γῆν ὅταν νομίσωσι τὴν τῶν π.
1464. εἶναι σφετέραν, τὴν δὲ σφετέραν τῶν π.,
πολέμοιο. ΕΙ. 1000. ὡς οἱ μὲν νέφος ἐχθρὸν ἀπωσάμενοι π.
πολέμοις. Π. 184. κρατοῦσι γοῦν κἀν τοῖς π. ἑκάστοτε
πολεμοῖτε. Λ. 488. ἵνα τἀργύριον σῶν παρέχοιμεν καὶ μὴ π. δι'
αὐτό.
πολεμολαμαχαικόν. Α. 1080. ἰὼ στράτευμα π.
πολέμον. Α. 913. ὀρνιπετίοισι· ἡ ἅρα καὶ μάχαν·
Α. 977. οὐδέποτ' ἐγὼ π. οἴκαδ' ὑποδέξομαι,
ΕΙ. 441. ὅστις δὲ π. μᾶλλον εἶναι βούλεται,
610. κᾳξεύδοησεν τοσοῦτον π. ὥστε τῷ καπνῷ
624. τηρῶ ἀπορρίψαντες αἰσχρῶν τὸν π. ἀνήρπασαν·
Ο. 556. ἱερόν π. προινθὰν αὑτῷ, καὶ τοῖσι θεοῖσιν ἀνεγκώμεθα.
Α. 112. μετ' ἐμοῦ καταλύσαι τὸν π.; ΜΤ. νὴ τὼ θεώ.
507. ἡμεῖς τὸν μὲν κρότερον. κ. καὶ τὸν χρόνον ἡνεχόμεσθα,
569. οὗτως καὶ τὸν π. τοῦτον διαλύσομεν, ἤν τις ἐάσῃ,
Β. 1024. ἀνδριστέρους ἐς τὸν π. καὶ τούτου γ' οὕνεκα τύπτον.
Πόλεμον. ΕΙ. 205. ἵν' ἦσαν αὐτοί, τὸν Π. κατῳκίσαν,
ΕΙ. 310. τὸν Π. ἐκσπνηρήσειτ' ἔνδοθεν κεκραγότες;
πόλεμος. Α. 226. οἷσι παρ' ἐμοῦ π. ἐχθοδοπὸς αὔξεται τῶν
χωρίων·
Α. 596. ἀλλ' ἐξ ὅτου περ ὁ π. στρατωνίδης,
597. σὺ δ' ἐξ ὅτου περ ὁ π. μισθαρχίδης,
Ι. 644. ἐξ οὗ γὰρ ἡμῖν ὁ π. κατερράγη,
673. οὐ δεύμεθα σπονδῶν ὁ π. ἐρπέτω.
Ο. 1188. π. αἴρεται, π. οὐ φατὸς
Α. 190. οὐκ ἂν ποιήσαιμ', ἀλλ' ὁ π. ἐρπέτω.
130. μὰ Δί' οὐδ' ἐγὼ γάρ, ἀλλ' ὁ π. ἐρπέτω.
520. ὑποτίξεσθαι μακρὰ τὴν κεφαλὴν π. δ' ἀνδράσι με-
λήσει,
538. π. δὲ γυναιξὶ μελήσει.
Θ. 788. ἔριδες, νείκη, στάσις, ἀργαλέα λύπη, π. φέρε δὴ νυν,
Β. 1099. μέγα τὸ πρᾶγμα, πολὺ τὸ νεῖκος ἀδρὸς ὁ π. ἔρχεται.
Fr. 23b, 1. περὶ τοῦ τῷ ὑμῖν ὁ π.
Πόλεμος. ΕΙ. 223. ὁ Π. αὐτὴν ἐνέβαλ' εἰς ἄντρον βαθύ.
πολέμου. Α. 201. ἐγὼ δὲ π. καὶ κακῶν ἀπαλλαγεὶς
Α. 528. κάντεύθεν ἀρχὴ τοῦ π. κατερράγη
1062. ὑτῇ γυνῇ 'στι τοῦ π. τ' οὐκ ἀξία.
1. 803. ὑπὸ τοῦ π. καὶ τῆς ὁμίχλης δ πανουργεῖς μὴ καθορᾷ
σου,
Σ. 866. ὅτι γενναίως ἐκ τοῦ π.
ΕΙ. 945. πρὸ τοῦ π. τὰ λάσανα τῇ βουλῇ ποτέ.
945. π. μετάτροπος πύρα,
1098. ἐν π. ἐπιδημίου ὀφρυόεντος,
1283. ἔκλυον ἰδρώσοντας, ἐπεὶ π. ἐκύρισθεν,
1284. εἶπ' ἰδρώσοντας, ἐπεὶ π. ἡγάγετ' ἔσθειν·
Ο. 1588. παρὰ τῶν θιῶν περὶ π. καταλλαγῇ.
1597. π. πρὸς ὑμᾶς, νῦν τ' ἰθέλομεν, π. δοκεῖ,
Α. 342. ἀλλὰ π. καὶ μανιῶν μυσαμένας Ἑλλάδα καὶ πολίτας,
502. ὑμῶν δὲ πόθεν περὶ τοῦ π. τῇ τ' εἰρήνης ἐμίλησαν·
588. αἷς οὐδὲ μετῇ π. τοῦ π. ; ΛΥ. καὶ μήν, ὦ παγκα-
τάρατε,
901. καὶ τοῦ π. παυσύμεσθ'. ΚΙ. τοιγάρ, ἢν δοκῇ,
Fr. 50. ἡ δωρ' αἰτοῦντες ἀρχὴν π. ποιήσειαν μετὰ Πει-
σάνδρου.
163, 2. γὰρ ποτ' ἐμοὶ παυσαμένῳ τοῦ π. γένοιτο
Πολέμου. ΕΙ. 239. ὅσον κακῶν καὶ τοῦ Π. τοῦ βλέμματος.

πολεμοῦμεν—πολιοῦχος. 259

πολεμοῦμεν. Λ. 489. διὰ τἀργύριον π. γάρ; ΛΥ. καὶ τἆλλα γε πάντ' ἐκνικῆθη.
πολεμοῦντας. Ει. 710. ἐς τὰ ῥάκια σκώπτωντας ἀεὶ καὶ τοῖς φθείρσιν π.'
Ει. 1080. ἀλλὰ τί χρῆν ἡμᾶς; οὐ παύσασθαι π.,
πολεμοῦντες. Ο. 1591. ἡμεῖς τε γὰρ π. οὐ κερδαίνομεν,
πολέμους. Ει. 775. Μοῦσα, σὺ μὲν π. ἀπωσαμένη μετ' ἐμοῦ
Ει. 1289. οὐδὲν γὰρ ᾄδεις πλὴν π. τοῦ καί ποτ' εἰ
πολεμοῦσιν. Π. 570. ἐπιβουλεύουσί τε τῷ πλήθει καὶ τῷ δήμῳ π.
πολέμῳ. Α. 651. καὶ τῷ π. καλῶ νικήσειν, τοῦτον ξύμβουλον ἔχοντας.
L 583. σῶν π. τε καὶ ποιη-
Εκ. 679. τοὺς ἀνδρείους ἐν τῷ π., κεἴ τις δειλὸς γεγένηται, 'πολέσθαι. Α. 734. ἀλλ' ἐῶ 'π. τάρ|· ΛΥ. ἦν τούτου δέῃ.
πόλεσι. Fr. 476. 12. κάγαγε ταῖς ἄλλαις π. ὁρῶ ταῦτα πλὴν 'Αθηνῶν
πόλεσιν. Α. 642. καὶ τοὺς δήμους ἐν ταῖς π. δείξας, ὡς δημοκρα-τοῦνται,
Ο. 509. ἐν ταῖς π. τῶν Ἑλλήνων, Ἀγαμέμνων ἢ Μενέλαος,
Β. 1010. τοὺς ἀνθρώπους ἐν ταῖς π. ΑΙ. τοῦτ' οὖν εἰ μὴ πε-ποίηκας,
Π. 506. σκέψαι τοίνυν ἐν ταῖς π. τοὺς ῥήτορας, ὡς ὁπόταν μὲν
πόλεων. Α. 506. ἥσουσιν οὔτ' ἐκ τῶν π. οἱ ξύμμαχοι·
Α. 636. τρυγερον δ' ὑμᾶς ἀπὸ τῶν π. οἱ πρέσβεις ἐξαπα-τῶντες
643. τοιγάρτοι νῦν ἐκ τῶν π. τὸν φόρον ὑμῖν ἀπάγοντες
Ι. 802. σὺ μὲν ἁρπάζῃς καὶ δωροδοκῇς παρὰ τῶν π. ὁ δὲ δῆμος
Σ. 657. τὸν φόρον ἡμῖν ἀπὸ τῶν π. συλλήβδην τὸν προσιόντα·
670. ἀπὸ τῶν π. ἐπανιοῦντες τοιαυτὶ κἀναφοβοῦντες,
700. ὅστις π. ἄρχων πλείστων, ἀπὸ τοῦ Πόντου μέχρι Σαρ-δοῦς,
925. ἐκ τῶν π. τὸ σκῆρον ἐξεδήδοκεν,
πόλεως. Α. 499. μέλλω περὶ τῆς π., τρυγῳδίαν ποιῶν.
Ι. 130. ὃς πρῶτος ἔξει τῆς π. τὰ πράγματα.
763. τῇ μὲν δεσποίνῃ 'Αθηναίᾳ, τῇ τῆς π. μεδεούσῃ,
796. ἐν τῇ π. ῥαβασυγίζων, αἱ τὰς σπονδὰς προκαλοῦνται,
1093. ἐκ π. ἐλθεῖν καὶ γλαῦξ αὐτὴ 'κικαθῆσθαι·
1334. ἠς τῆς π. ἄξια πράττεις καὶ τοῦ Μαραθῶνι τροπαίου,
Σ. 29. περὶ τῆς π. γάρ ἐστι τοῦ σκάφους ὅλου.
Ο. 192.
1218. } διὰ τῆς π. τῆς ἀλλοτρίας καὶ τοῦ χάους
826. λιπαρόν τὸ χρῆμα τῆς π. τίς δαὶ θεῶν
832. τίς δαὶ καθέξει τῆς π. τὸ Πελαργικόν;
1316. κατίχουσι δ' ἔρωτες ἐμᾶς π.
Λ. 32. ὡς ἔστ' ἐν ἡμῖν τῆς π. τὰ πράγματα,
575. ἐκπλύνωμεν τῆς οἰσπώτην, ἐκ τῆς π. ἐπικλινεῖς
Β. 361. ἡ τῆς π. χειμαζομένης ἄρχων καταδωροδοκεῖται,
1436. περὶ τῆς π. ἡντιν' ἔχετον σωτηρίαν.
Εκ. 107. ἢν πως παραλαβεῖν τῆς π. τὰ πράγματα
175. τὸ τῆς π. ἄπαντα βαρέως πράγματα.
305. τὰ τῆς π. δια-
397. γνώμας καθεῖναι τῆς π.; κᾆτ' εὐθέως
466. μὴ παραλαβοῦσαι τῆς π. τὰς ἡνίας
Π. 919. ὥστ' εἰς ἐμ' ἥκει τῆς π. τὰ πράγματα.
Fr. 552, 1. διάλεκτον ἔχοντα μέσην π.
πόλεως. Ν. 926. ἧς ἐμνήσθης. ΔΙ. τῆς σῆς π. θ',
Π. 907. τῶν τῆς π. εἰμ' ἐπιμελητής πραγμάτων
πόλι. Α. 971. εἶδες ὦ εἶδες ὦ πᾶσα π. τὸν φρόνιμον ἄνδρα, τὸν ὑπέρσοφον,
Fr. 162, 1. ὦ π. φίλη Κέκροπος, αὐτοφυὲς Ἀττική,
πολιά. Π. 1043. π. γεγένησαι ταχύ γε ὑπ τὸν οὐρανοῦ.
πολιάδα. Ο. 828. τί δ' οὐκ Ἀθηναίαν ἐῶμεν π.,
πολιαί. Ο. 967. Ἀλλ' ὅταν οἰκήσωσι λύκοι π. τε κορῶναι
πολιαῖς. Ι. 520. τοῦτο μὲν εἰδὼς ἄπαθε Μάγνης ἅμα ταῖς π. κατιούσαις,
πολιάς. Ι. 908. ἐγώ δὲ τὰς π. γέ σοὐκλέγαν νέον ποιήσω.
Fr. 360. ἀδαχεῖ γὰρ αὐτοῦ τὸν ἀχώρα ἐκλέγεται ἐκ τοῦ γεν-νείου τὰς π. τοῦ Διός.
πόλιν. Α. 372. ἐὰν τις αὐτοῦ εὐλογῇ τὴν π.
Α. 503. ξένων παρόντων τὴν π. κακῶς λέγω.
515. ἡμῶν γὰρ ἄνδρες, οὐχὶ τὴν π. λέγω,
516. μέμνησθε τοῦθ', ὅτι οὐχὶ τὴν π. λέγω,
577. ἄπασαν ἡμῶν τὴν π. μακηροδιεῖ,
631. ὃς κωμῳδεῖ τὴν π. ἡμῶν καὶ τὸν δῆμον καθυβρίζει,
663. περὶ τὴν π. ἂν ὥσπερ ἐκείνου
694. ἀνδρ' ἀγαθὸν ὄντα Μαραθῶνι περὶ τὴν π.,
Ι. 274. καὶ κίκραγας, ὥσπερ ἀεὶ τὴν π. καταστρέφει·
310. τὴν π. ἅπασαν ἡμῶν ἀνατετυρβακώς,
351. τί δαὶ σὺ πίνων τὴν π. πεποίηκας, ὥστε νυνὶ
568. πανταχοῦ νικῶντες ἀεὶ τήνδ' ἐκόσμησαν π.·

πόλιν. Ι. 812. νὴ τὴν Δήμητρα Θεμιστοκλέους πολλῷ περὶ τὴν ἥβη·
Ι. 814. ὃς ἐποίησεν τὴν π. ἡμῶν μεστὴν εὑρὼν ἐπιχειλῆ,
867. αἱροῦσι καὶ σὺ λαμβάνεις, ἢν τὴν π. ταράττῃς.
1175. οἴει γὰρ οἰκείσθ' ἂν ἔτι τήνδε τὴν π.,
Ν. 69. ὅταν σὺ μέγας ὢν ἅρμ' ἐλαύνῃς πρὸς π.,
577. πλεῖστα γὰρ θεῶν ἁπάντων ὠφελούσαις τὴν π.
Σ. 671. δώσεις τὸν φόρον, ἢ βροντήσας τὴν π. ὑμῶν ἀνα-τρέψω.
1077. ἀνδρωπόπαταν γένος καὶ πλεῖστα τήνδε τὴν π.
1079. τῷ κανθῷ τύφων ἅπασαν τὴν π. καὶ πυρπολῶν,
1235. ἀντρέψεις ἔτι τὰν π.· ἁ δ' ἔχετω ῥοπᾶς.
Ει. 608. πρὶν καθεῖν τι δεινόν, αὐτὸς ἐξέφλεξε τὴν π.,
1036. σε τὴν ἱερὰν π.—
Ο. 36. αὐτὴν μὲν οὐ μισοῦντ' ἐκείνην τὴν π.
48. τοῦ τοιαύτην πόλιν· δεῖ π. ᾗ 'κίττατο.
121. εἴ τινα π. φράσειας ἡμῖν εὔορον,
123. ἐπεῖτα μεῖζον τῶν Κραναῶν ζητεῖς π.;
127. ποίαν τιν' οὖν ἤδιστ' ἂν οἰκοῖτ' ἂν π.;
148. Ἑλληνικὴν δὲ π. ἔχεις ἡμῖν φράσαι;
172. τί ἂν οὖν ποιοῖμεν; ΠΕ. οἰκήσατε μίαν π.
173. ποίαν δ' ἂν οἰκίσαιμεν ὄρνιθες π.;
196. ὥστ' ἂν κατοικίζοιμι μετὰ σοῦ τὴν π.,
550. καὶ δὴ τοίνυν πρῶτα διδάσκω μίαν ὀρνίθων π. εἶναι,
921. πόλεις πόλεις δὴ τήνδ' ἐγὼ κλῄζω π.
957. οὗτω ταχέως τοῦτον πεπύσθαι τὴν π.
964. τοῦτ' οὐκ ἐχρησμολόγεις σὺ πρὶν ἐμὲ τὴν π.
1034. ἐς τὴν π., πρὶν καὶ τεθύσθαι ταῖς θεοῖς.
1263. μηκέτι τὴν ἐμὴν διανέμῃ π.
1277. ὦ κλεινοτάτην αἰθέριον οἰκίσας π.,
1280. μέγαν γὰρ οἰκίσας σε τήνδε τὴν π.
1313. ταχύ δ' ἂν πολυάνορα τὰν π.
Λ. 266. ἀλλ' ὡς τάχιστα πρὸς π. σπεύσαιμεν, ὦ Φιλούργε,
268. τὸ πρὸς π. τὸ σιμόν, οἱ σπουδὴν ἔχω·
302. σπεύδε πρόσθεν ἐς π.,
487. ὃ τι βουλόμεναι τὴν π. ἡμῶν ἀπεκλείσατε τοῖσι μοχλοῖσιν.
912. καὶ μὰς ἐθ' ἀγνή δῆτ' ἂν ἔλθοιμ' ἐς π.;
1002. ΜΕ. μογίωμες. ἂν γὰρ τὰν π.
Θ. 318. γλαυκώπι χρυσόλογχέ π.
366. ἀσεβοῦσ', ἀδικοῦσί τε τὴν π.
812. ἐς π. ἐλθὼν τῶν δημοσίων· ἀλλ' ἢν τὰ μέγισθ' ὑφέ-ληται,
1140. π. ἡμετέραν ἔχεις,
Β. 704. τὴν π., καὶ ταῦτ' ἔχοντες κυμάτων ἐν ἀγκάλαις,
1049. καὶ τί βλάπτουσ', ὦ σχέτλι' ἀνδρῶν, τὴν π. ἁμαὶ Σθενέβοιαι;
1454. τί δαὶ λέγεις σύ; ΑΙ. τὴν π. νῦν μοι φράσον
1458. πῶς οὖν τις ἂν σώσειε τοιαύτην π.,
1501. καὶ σῷζε π. τὴν ἡμετέραν
Επ. 108. δυνώμεθ', ὥστ' ἀγαθόν τι πρᾶξαι τὴν π.'
194. εἰ μὴ γένοιτ', ἀπολεῖν ἔφασκον τὴν π.
210. ταῖς γὰρ γυναιξὶ φημὶ χρῆναι τὴν π.
229. ταυτασὶν οὖν, ἄνδρες, παραδοῦντες τὴν π.
253. κακῶς κεραμένην, τὴν δὲ π. εὖ καὶ καλῶς.
414. ἂν τὴν π. τοῦτό ποτε πολίτας σώσειε.
430. ὡς χρὴ παραδοῦναι ταῖς γυναιξὶ τὴν π.
455. τί δῆτ' ἔδοξεν; ΧΡ. ἐπιτρέψειν γε τὴν π.
555. ὑμῖν δὲ φασι παραδεδόσθαι τὴν π.
557. ἀναξαπάντων τῶν κατὰ π. πραγμάτων.
Π. 378. ἐθέλω διαπράξαι πρὶν πυθέσθαι τὴν π.,
567. ὥσι πένητες, περὶ τὸν δῆμον καὶ τὴν π. εἰσὶ δίκαιοι,
911. οὐ γὰρ προσήκει τῇ π. ἐμαυτοῦ τὴν π.
Fr. 476, 15. Αἴγυπτον αὐτῶν τὴν π. πεποίηκας ἀντ' Ἀθηνῶν
537. ἐς (τὴν) π. ἄξεις τήνδε τὴν ὑψύνιδα·
555. κιρνώντες γὰρ τὴν π. ἡμῶν κοτυλίζετε τοῖσι πένησιν.
πολιόν. Α. 692. ταυτὶ τῶν ἐνάνα γέροντ' ἀπολέσαι, π. ἄνδρα, περὶ κλεψύδρα,
Ο. 350. οὔτε π. πέλαγος ἐστὶν ὃ τι δέξεται
πολιορκῶν. Σ. 685. καὶ πεζομαχῶν καὶ π. ἐκτήσω, πολλὰ πονήσας.
πολιός. Α. 610. ἤδη πεπρέσβευκας σὺ π. ὤν; ἐνί,
Σ. 1192. ἤδη γέρων ὢν καὶ π., μὰν τὸν Δία.
Λ. 595. ὁ μὲν ἥκων γὰρ, κἂν ᾖ π., ταχὺ παῖδα κόρην γεγά-μηκεν
Θ. 190. ἔπειτα π. εἰμὶ καὶ πώγων' ἔχω,
πολιούς. Α. 600. ὁρῶν π. μὲν ἄνδρας ἐν ταῖς τάξεσιν,
πολιούχε. Ι. 581. ὦ π. Παλλάς, ὦ
Λ. 345. π., σὰς ἴσχων ἕδρας.
πολιούχος. Ν. 602. αἰγίδος ἡνίοχος, π. Ἀθάνα·
Ο. 827. π. ἔσται; τῷ ξανούμεν τὸν πέπλον;

L l 2

260 πολιόχρωσι—πολλάκις

πολιόχρωσι Fr. 179. ταῖς π. βεμβράσιν τεθραμμένη.
πόλις. Α. 27. ἔσται πρατιμῶς' οὐλὶν' ὦ π. π.
Α. 75. ἄκρατον οἶνον ἡδύν. ΔΙ. ὦ Κραναὰ π.,
545. τριακοσίαις ναῦς, ἣν δ᾽ ἂν ᾖ π. πλέα
1. 273. ὦ π. καὶ δῆμ᾽, ὑφ᾽ οἵων θηρίων γαστρίζομαι,
813. ὦ π. "Ἄργους, ἠλύισθ᾽ οἷα λέγει. σὺ Θεμιστοκλεῖ ἀντιφερίζεις ;
1317. καὶ τὰ δικαστήρια συγκλείειν, οἷς ἡ π. ἥδε γέγηθεν,
Σ. 418. ὦ π. καὶ Θεώρου θεοσεχθρία,
467. τῶν νόμων ἡμᾶς ἀπείργεις ὧν ἔθηκεν ἡ π.,
ΕΙ. 171. πέντε τάλανθ᾽ ἡ π. ἡ Χίων
251. οἷα π. τάλαινα διανενισθήσεται.
642. ἡ π. γὰρ ὠχρίωσα κἂν φύβῳ καθημένη
Ο. 144. ἀνὴρ ἔστι γ᾽ ὁποίαν λέγετον εὐδαίμων π.
184. ἐκ τοῦ πύλου τούτου κεκλήσεται π.
829. καὶ πῶς ἂν ἔτι γένοιτ᾽ ἂν εὐτακτος π..
Θ. 839. τῆς τῶν ἀνδρείων τεκούσης. τῷ γὰρ εἰκός, ὦ π.,
Β. 718. πολλάκις γ᾽ ἡμῖν ἔδοξεν ἡ π. πεπονθέναι
732. ὑστάτοις ἀφιγμένοισιν, οἷσιν ἡ π. πρὸ τοῦ
1083. μᾷτ᾽ ἐκ τούτων ἡ π. ἡμῶν
1419. ἵν᾽ ἡ π. σωθεῖσα τοὺς χοροὺς ἄγῃ.
1423. γνώμην ἱκέτερος ; ἡ π. γὰρ δυστοκεῖ.
Εκ. 218. ἴδοις ἂν αὐτάς. ἡ δ᾽ Ἀθηναίων π.,
558. νὴ τὴν Ἀφροδίτην, μακαρία γὰρ ἡ π.
577. ῥήματος ἡ π. ἡμῶν,
Π. 601. ὦ π. Ἄργους, ἠλύισθ᾽ οἷα λέγει.
916. οὔκουν δικαστὰς ἐξετίπηδες ἡ π.
Fr. 529. οὕτω παρ᾽ (γὰρ) ἡμῖν ἡ π. μάλιστα σῶς ἂν εἴη.
πόλισμα. Ο. 553. ὦ Κεβριόνα καὶ Πορφυρίων, ὡς σμερδαλέον τὸ π.
Ο. 1565. τὸ μὲν π. τῆς Νεφελοκοκκυγίας
πολίτας. Ι. 458. καὶ τῇ πόλει σαυτῷ φανεῖς ἡμῖν τε τοῖς π.,
Β. 359. ἡ στάσιν ἐχθρὴν μὴ καταλύει, μηδ᾽ εὐκολός ἐστι π.,
1487. ἐπ᾽ ἀγαθῷ μὲν τοῖς π.,
Εκ. 492. ἔσθ᾽ ἢ τὸ πρᾶγμ᾽ εὑροῦσ᾽ ὃ νῦν ἔδοξε τοῖς π.
πολίτας. Λ. 342. ἀλλὰ πολέμου καὶ μανιῶν ῥυσαμένας Ἑλλάδα καὶ π.,
Λ. 626. δεινὰ γὰρ τοῦ τάσδε γ᾽ ἤδη τοὺς π. νουθετεῖν,
Β. 688. ἐξισῶσαι τοὺς π. πάφελεῖν τὰ δείματα.
702. καπιτίμους καὶ π., ὅστις ἂν ξυνναυμαχῇ.
Εκ. 414. ὡς τὴν πύλον καὶ τοὺς π. σώσετε.
πολίτειαν. Ι. 219. ἔχεις ἄπαντα πρὸς π. ἃ δεῖ.
πολιτεύσει. Ι. 1365. τὰ δ᾽ ἀλλὰ φέρ᾽ ἴδω, πῶς π. φράσον.
πολίτην. Ι. 1304. ἄνδρα μοχθηρῶν π., ὀλίγην Ὑπέρβολον
Β. 1041. Πατρόκλων, Τεύκρων θυμολεόντων, ἵν᾽ ἐπαίροιμ᾽ ἄνδρα π.
1427. μισῶ π., ὅστις ὠφελεῖν πάτραν
Εκ. 574. ἔρχεται γλώττης ἐπίνοια, π.
πολίτης. Α. 595. ὅστις ; π. χρηστὸς, οὐ σπουδαρχίδης,
1. 335. καὶ μὴν ἀκούσαθ᾽ οἷός ἐστιν οὑτοσὶ π.
773. καὶ πῶς ἂν ἐμοῦ μᾶλλόν σε φιλῶν, ὦ Δῆμε, γένοιτο π. ;
943. ἀγαθὸς π., οἷος οὐδείς πω χρόνου
1369. ἔπειθ᾽ ὁ π. ἐντεθεὶς ἐν καταλόγῳ
ΣΙ. 909. ἢ χρηστὸς ἀνὴρ π.
πολιοῦχε. Ι. 227. καὶ τῶν π. οἱ καλοί τε κἀγαθοί.
1. 264. καὶ σκοπεῖς γε τῶν π. ὅστις ἐστὶν ἀμνοκῶν,
Σ. 1120. ἀλλ᾽ ἐμοὶ δοκεῖ τὸ λοιπὸν τῶν π. ἐμβραχὺ
Λ. 1043. τῶν π. οὐδέν᾽, ἄνδρες,
Β. 719. ταυτὸν ἐν τε τῶν π. τοὺς καλοὺς τε κἀγαθοὺς,
727. τῶν π. θ᾽ οἳδε μὲν ἴσμεν εὐγενεῖς καὶ σώφρονας
1446. εἰ τῶν π. αἰεὶ νῦν πιθοίμεθα,
Εν. 1132. ὅστις π. πλείον ἢ τρισμυρίων
Π. 950. τὴν τῶν π. οὔτε τὴν ἐκκλησίαν.
πολιώτεραι. Σ. 1064. αἴχεται νύκτων δ᾽ ἔτι π. δὴ
πόλλ᾽. Α. 314. π. ἂν ἀποφηναιμ᾽ ἐκείνουσ ἴσθ᾽ ἃ κἀδικούμενος.
Α. 832. καὶ χαῖρε π. ΜΕ. ἀλλ᾽ ἀμὶν οὐκ ἐπιχώριον.
Ι. 1276. εἰ μὲν οὖν ἄνθρωπος, ὧν δεῖ π. ἀκούσαι καὶ κακά,
Ν. 363. κἀντυλόθησα κακὰ π. ἀνέχει καφ᾽ ἡμῖν σεμνοπροσαπεῖς.
854. χάτερά γε π.· ἀλλ᾽ ὅ τι μάθοιμι ἐκάστοτε,
1329. ἆρ᾽ οἶσθ᾽ ὅτι χαίρω π. ἀκούων καὶ κακά;
Σ. 441. εἶτα δῆτ᾽ οὐ π. ἔνεστι δεινὰ τῷ γήρα κακά ;
1017. ἀδικεῖσθαι γάρ φησιν πρότερος π. αὐτοῦς εὖ πεποιηκὼς,
1046. καίτοι σπάνδων π. ἐπὶ πολλαῖς ὄμνυσιν τὸν Διόνυσον
FI. 423. χάτερ᾽ ἔτι π. ἔξεις ἀγαθά. πρῶτον δὲ σοι
764. ταῦρ᾽ ἀνιάσας, π. εὐφράνας, πάντα παρασχὼν τὰ δέοντα.
1035. τις π. ἀναγκαῖς ἴσω-
Ο. 482. ἀλλ᾽ ὄρνιθες, κὐβασίλευον, π. ἐστὶ τεκμήρια τούτων.
Λ. 10. καὶ π. ὑπὲρ ἡμῶν τῶν γυναικῶν ἄχθομαι,

πόλλ᾽. Λ 256. ἡ π. πέλπτ᾽ ἔνεστιν ἐν τῷ μακρῷ βίῳ, φεῦ,
Λ. 467. ὦ π. ἀναλώσαι ἔπη, πρόαυυλε τῆς δε τῆς γῆς,
1053. π. ἔσω στί
Θ. 22. π. ἂν μύθοις τοιαῦτα παρ᾽ ἐμοῦ. ΜΝ. πῶς ἂν οὖν
786. καίτοι πῶς τις τὸ γυναικεῖον φύλον κακὰ π. ἀγορεύει.
830. π. ἂν αἱ γυναῖκες ἡμεῖς ἐν δίκῃ μεμψαίμεσθ᾽ ἂν
Β. 164. καὶ χαῖρε π., ὠδελφέ. ΔΙ. νὴ Δί καὶ σύ γε
Εκ. 435. τὰς μὲν γυναίκας π. ἀγαθὰ λέγων, σὺ δὲ
1097. ἀτὰρ ἤτις εἴ γε. π. ἀγαθὰ γένοιτό σοι,
Π. 437. Πενία μὲν οὖν ἡ σφῷν ξυνοικῶ π. ἔτη
Fr. 231 b, 2. σὺ δὴ συνέξης εἰς τὰ π. Εὐριπίδη
πολλαὶ. Α. 200. χαίρειν κελεύων π., τοὺς Ἀχαρνέας·
Α. 370. καίτοι διδοικα π.· τοὺς τε γὰρ τρόπους
649. εἶτα δὴ τούτων τὸν ποιητὴν ποτέρους εἶπε κακὰ π.
656. φησὶν δ᾽ ὑμᾶς π. διδάξειν ἀγαθ᾽, ὥστ᾽ εὐδαίμονας εἶναι,
694. π. δὴ ξυμπονήσαντα, καὶ θερμὸν ἀπομορφάμενον ἀνδρικὸν ἱδρῶτα δὴ καὶ πολύν,
954. ὠμώξατε, καὶ προσέτι π. προκαλουμένου,
Ι. 411. ἤγαγε νὴ τοὺς κονδύλους, οὐ π. δὴ μὲ πολλοῖς
435. οὐ τὰς μὰ τὴν Δήμητρα καταπροίξει τάλαντα π.
596. ἄξιαι δ᾽ εἰσ᾽ εὐλογεῖσθαι· π. γὰρ δὴ πράγματα
840. ἡ π. χρήματ᾽ ἐργάσει σιεῖον τε καὶ ταράττων.
Ν. 1065. Ὑπερβλοθεὶς δ᾽ οὐκ τῶν Λύκεων πλείν ἢ τάλαντα π.
Σ. 678. σοὶ δ᾽ ὧν ἄρχει π. μὲν ἐν γῇ, π. δ᾽ ἐφ᾽ ὑγρᾷ πιτυλεύσατ,
685. καὶ πεζομαχῶν καὶ πολιορκῶν ἐπίτησον, π. ποιήσας.
1020. εἰς ἀλλοτρίας γαστέρας ἐνδὺς κωμῳδικὰ π. χέασθαι·
1248. π. δὴ διεκόμασα σὺ κἀγὼ.
ΕΙ. 347. π. γὰρ ἀνεσχύμην
591. π. γὰρ ἐπάσχομεν
618. αὖσα συγγενὴς ἐκείνου. π. γ᾽ ἡμᾶς λανθάνει.
718. ἀλλ᾽, ὦ φίλ᾽ Ἑρμῆ, χαῖρε π. ΕΡ. καὶ σύ γε,
1058. ἤδη στὶν ὑστά. ΤΡ. π. πράττεις, ὅστις εἶ.
1188. π. γὰρ δὴ μ᾽ ἡδίνησαν,
1196. καὶ τῶν λαχμῶν π. καὶ πολλάβους.
Ο. 375. ἀλλ᾽ ἀν᾽ ἐχθρῶν δῆτα π. μανθάνουσιν οἱ σοφοί.
822. ἴνα καὶ τὰ Θεογένους τὰ π. χρήματα
860. τουτί μὰ Δί᾽ ἐγὼ π. δὴ καὶ δεῖν᾽ ἰδών,
918. ταὶ ὑμετέρας κύκλαά τε π. καὶ καλά,
1470. π. πὴ καὶ καινὰ καὶ θαυ-
Λ. 565. πῶς οὖν ὑμεῖς δυναταὶ πᾶσαι τεταραγμένα πράγματα π.
815. π. καταρασάμενος ἀνδράσι πονηροῖς·
1076. τί δεῖ σοῦ ὕμμε π. μυσίδδειν ἔπη|
1205. σμικρὰ π. παιδία,
Θ. 287. καὶ Φερσέφαττα, π. πολλάκις μέ σοι
351. εὐχεσθε πᾶσαι π. δοῦναι κἀγαθά.
388. καὶ π. καὶ παντοῖ᾽ ἀκινούσας κακά.
477. ξυνωδ᾽ ἐμαυτῇ π. δεῖν᾽. ἐκεῖνο δ᾽ οὖν
545. ὑπὲρ ἀνδρῶν ἀντεινιλ, ὃς ἡμᾶς π. κακὰ δέδρακεν
Β. 228. εἰκότως γ᾽, ὦ π. πρᾶτ-
389. καὶ π. μὲν γέλοιά μ᾽ εἰ-
390. πεῖν, π. δὲ σπουδαῖα, καὶ
535. π. περιπεπλευκότος,
555. καὶ τὰ σκόροδα τὰ π. ΔΙ. ληρεῖς, ὦ γύναι,
697. πρὸς δὲ τούτοις εἰκὸς ὑμᾶς, οἱ γὰρ σοφοὶ π.
749. τί δὲ π. πράττον ; ΑΙ. ὡς μὰ Δί᾽ οὐδὲν οἷδ᾽ ἐγώ.
Εκ. 436. π. κακά. ΒΛ. καὶ τί εἶπε ; ΧΡ. πρῶτον μέν σ᾽ ἔφη
453. δῆμον καταλύειν, ἀλλὰ π. κἀγαθὰ,
1105. ὕμας δ᾽ ἐὰν νι π. πολλάκις πάθω
Π. 253. ἃ π. δὴ τῷ δεσπότῃ ταυτὸν θύμον φαγόντες,
282. οἱ π. μοχθήσαντες, οὐκ οὔσης σχολῆς, προθύμως
369. οὕτω πᾶσιν π. πέκπωφας ; ΧΡ. αὐτῶν τῶν κακῶν,
961. οὐ π. καὶ γὰρ ἐνομίζομ᾽ μ᾽ ῥαχύνετο.
987. οὐ π. τοίνυν μὰ τὸν Ἀπόλλω ταῦτά γε.
Fr. p 514. π. τοιαυτί καὶ τοσαυτί κακὰ τῶν θεῶν σχηματίσαντες.
10. ἐν ταῖς ὄρεσιν αὐτομάτοισιν τὰ μιμαίσκυλα φύεται π.
πολλαί. Ν. 324. ἡσυχῆ αὐτῆς, ΣΤ. φέρε, πῶς ; δεῖξον. ΣΠ. χωροῦσ᾽ αὗται πινῳ π..
Α. 354. τί βδύλλεθ᾽ ἡμᾶς ; οὔ τί που π. δοκοῦμεν εἶναι ;
Θ. 884. ψυχαὶ δὲ π. δ᾽ ἐμ᾽ ἐπὶ Σκαμανδρίαις
Β. 1104. ἰσβολαὶ γάρ εἰσι π. χἄτεραι σοφισμάτων.
Fr. 237. π. τῶν ἀλεκτρυόνων βίᾳ
πολλαὶς. Σ. 1146. ὑφαίνεται π. δαπάναις, αὕτη γέ του
πολλαλεί. Α. 27. π. γ᾽ ἀγρυναίνισιν ἐρχομένοις π.
πολλάκις. Α. 538. νοῦς ἠθέλομεν ἡμῖν δεομένων π.,
Ι. 249. καὶ πανοῦργον καὶ πανοῦργον π. γὰρ αὐτ᾽ ἐρῶ.
250. καὶ τριπ. οὕτιν ἦν πανοῦργον π. τῆς ἡμέρας.
1102. οὐκ ἀνέχομαι κριθῶν ἀκούων π.
1200. ἢ π. ἰγγιαία
Ν. 621. π. δ᾽ ἡμῶν ἀγιώντον τῶν θιῶν ἀπαστίαν,

πολλάκις—πολλῶν.

πολλάκις. Σ. 1265. π. δὴ 'δοξ' ἐμαυτῷ δεξιὸς πεφυκέναι,
ΕΙ. 211. ὅτιἡ πολεμεῖν ᾔρεῖσθ' ἐκείνων π.
638. π. φανεῖπαν αὐτὴν τῆσδε τῆς χώρας πύθῳ,
Λ. 510. ἀλλ' ᾐσθανόμεσθα καλῶς ὑμῶν καὶ π. ἔνδον ἂν οὔσαι
Θ. 287. καὶ Φερσέφαττα, πολλὰ π. μέ σοι
950. π αὐταῖν ἐκ τῶν ὤμων
Β. 715. π. γ' ἡμῖν ἔδοξεν ἡ πόλις πεπονθέναι
Εκ. 580. π. θεῶνται.
  740. π. ἀναστήσασά μ' εἰς ἐκκλησίαν
  749. πρώτιστον αὐτά π. καὶ σκέψομαι.
  791. ἵνα δὴ τί; ΑΝ. Β. σεισμὸς εἰ γένοιτο π.,
  1105. ὅμως δ' ἐὴν τι πολλὰ π. πάθω
Fr. 237, 2. ὑπηνέμια τίκτουσιν ᾠὰ π.
πολλάς. I. 649. ἵνα τὰς ἀφύας ὠνοῖντο π. τοὐβολοῦ.
Ν. 972. ἐπετρίβετο τυπτόμενος π. ὡς τὰς Μούσας ἀφανίζων.
Σ. 658. κάξω τούτου τὰ τέλη χωρὶς καὶ τὰς π. ἑκατοστάς,
ΕΙ. 8. ἀλλ' ὡς τάχιστα τρίβε π. καὶ πυκνάς.
  1322. μηθάς τε ποιεῖν ἡμᾶς π.
Ο. 1429. ἀνθ' ἕρματος π. κατασκευκὼς δίκας.
Θ. 739. παράβαλλέ π. κληματίδας, ὦ Μανία.
Β. 748. π. ἀνοίγε θύραςέ; ΑΙ. καὶ τύθ' ἤδομαι.
  904. ἐμπεσόντα συσκεδῶν π.
  1040. ὅθεν ἡμή φρὴν ἀνομαξαμένη π. ἀρετὰς ἐποίησεν.
Εκ. 52. ὁρῶ προσιούσας χάτέρας π. πάνυ
Π. 1164. ὡς ἀγαθῶν ἰστ' ἐνανυμίας π. ἔχειν·
πολλάξ. Α. 907. ὅπερ πίθακον ἀλιτρίαι π. πλέον.
πολλαχοῦ. Σ. 1101. π. σκοπούντες ἡμᾶς εἰς ἀπανθ' εὑρήσετε
πολλή. I. 1134. τούτῳ πάνυ π.,
Β. 21. εἶτ' οὐχ ὕβρις ταῦτ' ἐστὶ καὶ π. τρυφή,
  760. ἐν τοῖς νεκροῖσι καὶ στάσις π. πάνυ.
  1046. ἀλλ' ἐπί τοι σοὶ καὶ τοῖς σοῖσιν π. πολλοῦ 'πεκαθήτο,
Λ 660. π.; κἀπιδώπειν μοι δοκεῖ τὸ χρῆμα μᾶλλον.
Εκ. 632. τῶν σεμνοτέρων ἐστωι π. καὶ τῶν σφραγῖδας ἐχίντων,
Π 886. ἆρ' οὐχ ὕβρις ταῦτ' ἐστὶ π.; σκώπτειον.
πολλῇ. ΕΙ. 747. ἐς τὰς πλευρὰς π. στρατιᾷ κάδεινδροτόμησε τὸ νῶτον·
Θ. 791. ἀλλ' οὐτωσὶ π. σπουδῇ τὸ κακὸν βούλεσθε φυλάττειν·
πολλήν. Ν. 1494. σὺν ἔργον, ὦ δᾷς, ἱέναι π. φλόγα.
ΕΙ. 167. κἀπιφορήσεις τῆς γῆς π.,
  659. ὀργήν γάρ αὐτοῖς ἂν ἔπαθε π. ἔχει.
Ο. 158. π. γ' ἀφεῖλες τοῦ βίου κιβδηλίαν.
  1691. ὀπτῆς τὰ κρέα; π. γε τενθείαν λέγεις.
Λ 466. π. γ', ἱάντερ πλησίον κάπηλος ᾖ.
  800. τὴν λόχμην π. φορεῖ.
Θ. 696. γυναῖκες, οὐκ ἀσήξετ'· οὐ π. βοήν
Β. 401. ἀνέυ πόνου π. ὁδὸν περαίνεις.
Εκ. 592. μηθὶ γεωργεῖν τὸν μέν π., τῷ δ' εἶναι μηδὲ ταφῆναι·
Π 682. κἀγὼ νομίσας π. ὡσίαν τοῦ πράγματος
  694. κἀγὼ τότ' ἤδη τῆς ἀθάρης π. ἐφλων·
πολλοσθεμεί. ΕΙ, 243. καὶ π., ὡς ἀπολεῖσθε τήμερον.
πολλοί. I. 735. ἄλλοι τε π, καὶ καλοί τε κἀγαθοί.
I. 1020. π. γὰρ μίσει σφε πατακρώζουσι κολοιοί.
Σ. 1459. καίτοι π. ταῦτ' ἔπαθον·
ΕΙ. 727. ἔπεισθον ἄμ' ἐμοὶ θάττον, ὡς π. πάνυ
  968. τί τῇδε; τοῦ πατ' εἰσί π. κάγαθοί·
  969. τοιοδὶ φέρε δὼ π. γὰρ εἰσὶ κάγαθοί.
Ο. 573. πίτεται θεὸς ὢν πτέρυγάς τε φορεῖ, κάλλος γε θεοὶ πάνυ π.
  1346. ποίων νόμων; π. γὰρ ὀρνίθων νόμοι.
Β. 1503. τοὺς ὀνοήτους· π. δ' εἰσίν·
Εκ. 481. φύλαττε σαυτὴν ἀσφαλῶς, π. γὰρ οἱ πανοῦργοι,
Π. 218. π. δ' ἔσονται χἅτεροι νῷν ξύμμαχοι,
  502. π. μὲν γὰρ τῶν ἀνθρώπων ὄντες πλουτοῦσι πονηροί,
  503. ἀδίκως αὐτὰ ξυλλεγάμενοι· π. δ' ὄντες πάνυ χρηστοὶ
  667. ἕτεροι τε π. παντοδαπὰ νοσήματα·
πολλοῖς. I. 945. ἀνήρ γεγένηται τοῖσι π. τοὐβολοῦ,
I. 1038. ὃς περὶ τοῦ δήμου π. κάνοψὶ μαχεῖσαι,
  1368. π. γ' ὑπολίσουσι πυνηδίουσιν ἱχαρῶσω,
Ν. 959. ἀλλ' ὦ π. τοὺς πρεσβυτέρους ᾔθεσι χρηστοὶ στεφανώσας,
  1063. π. ὁ γοῦν Πηλεὺς ἔλαβε διὰ τοῦτο τὴν μάχαιραν.
  1330. ὦ λακκόπρωκτε. ΦΕ. πάττε π. τοῖς ῥόδοις.
  1374. π. κακοῖς καίσχροῖσι· κᾆτ' ἐντεῦθεν, οἷον εἰκός.
Σ. 955. οἷοί τε π. προβατίοις ἐφεστάναι·
  1046. καίτοι σπίνδων πολλ' ἐπὶ π. ὁμνυσιν τὸν Διόνυσον
  1350. π. γὰρ ἤδη χάτέροις αὐτ' εἰργάσω.
ΕΙ. 1009. τένθαις π. κἆτα Νεἐλάνθην.
Ο. 704. π. δῆλον· πετούμεθά τε γὰρ καὶ τοῖσιν ἐρῶσι σύνεσμεν·
Θ. 825. ἀπόλωλεν μέν π. ὁ κανῶν
  827. π. δ' ἑτέροις ἀπὸ τῶν ὤμων

πολλοῖς. Εκ. 593. μηθ' ἀνδραπόξοις τὸν μὲν χρῆσθαι π., τὸν δ' οὐδ' ἀκολουθῷ·
Π. 1047. τοὐναντίον πέπονθε τοῖς π. ἄρα·
  1167. σπεύδουσιν ἐν π. γεγράφθαι γράμμασιν.
πολλοῖσι. Ν. 892. ἐν τοῖς π. λέγων ἀπολῶ.
πολλοῖσιν. Ο. 1291. π. ὀρνίθων ὀνόματ' ἦν κείμενα.
Β. 1484. πάρα δὲ π. μαθεῖν.
πολλοστῷ. ΕΙ. 559. ἀσπάσασθαι θυμὸς ἡμῖν ἐστι π. χρόνῳ.
πολλοῦ. Α. 543. καθῆσθ' ἂν ἐν δύμοισιν· ἤ π. γε δεῖ·
I. 822. π. δὲ πολύν με χρῦνον καὶ νῦν ἐλελήθης ἐγκρυφιάζων.
Ν. 376. ὅταν ἐμπλησθῶσ' ὕδατος π. κἀναγκασθῶσι φέρεσθαι,
  915. θρασύς εἶ π. ΑΔ. σὺ δὲ γ' ἀρχαῖος.
Σ. 1462. π. δ' ἐναίνου παρ' ἐμοὶ
  1476. ὁ γὰρ γέρων ὡς ἐπι διὰ π. χρόνου
Θ. 806. πρὸς Ἀριστομάχην δὲ χρόνου π., πρὸς ἐκείνην τὴν Μαραθώνι,
Β. 1046. ἀλλ' ἐπί τοι σοὶ καὶ τοῖς σοῖσιν π. πολλή π. 'πεκαθῆτο,
Π. 98. π. γὰρ αὐτοῖν οὐχ ἱύρακά πω χρόνου.
  877. νὴ τὸν Δία τὸν σωτῆρα, π. γ' ἄξιος
  1045. ἔοικε διὰ π. χρόνου σ' ἑορακέναι.
πολλούς. I. 512. ἃ δὴ θαυμάζω ὑμῶν φησιν π. αὐτῷ προσιόντας,
Ν. 29. ἐμὲ μὲν σὺ π. τὸν πατέρ' ἐλαύνεις δρόμους.
  467. ὄψομαι· ΧΟ. ὥστε γε σοῦ π. ἐπὶ ταῖσι θύραις ἀεὶ καθῆσθαι,
Σ. 199. ὥφει σὺ π. τῶν λίθων πρὸς τὴν θύραν,
  980. καίτοι τὸ κατάβα ταῦτο π. δὴ πάνυ
  1042. ὥστ' ἀναπηδᾶν δειμαίνοντα π. ὡς τὸν πολέμαρχον.
  1176. ἔγωγε. ΒΔ. τίνο δῆτ' ἂν λέγοις; ΦΙ. π. πάνυ.
  1262. μαθητέος ταρ' ἐστί π. τῶν λόγων,
Ο. 705. π. δὲ καλοὺς ἀπομειμονοῦτας παῖδας πρὸς τέρμασιν ὥρας
Α. 1127. π. ἀκούσας π. οὐ μεμώνημαι κακῶς.
  1152. π. μὲν ἄνδρας θετταλῶν ἀπώλεσαν,
  1153. π. δ' ἑταίρους 'Ἱππίου καὶ ξυμμάχους,
Θ. 178. π. καλῶς οἷς τε συντέμνειν λόγους.
  814. ἀλλ' ἡμεῖς ἂν π. τούτων
Β. 808. π. νομίζεις τοὺς τοιχωρύχους.
  1039. ἀλλ' ἄλλους τις π. ἀγαθοὺς, ὦν ἦν καὶ Λάμαχος ἡρως·
  1123. καὶ ποίον αὐτῷ βασανίεις; ΕΥ. π. πάνυ.
  1230. οὐ δῆτ' ἐγὼ π. προλώγους ἔξω λέγειν
Εκ. 450. ἡμῶν δὲ τοὺς π. ἔφασκε τοῦτο δρᾶν.
  733. π. κάτω δὴ θυλάκους στρέψαι λέγεις.
πολλῷ. Α. 271. π. γὰρ ἔσθ' ἥδιον, ὦ Φαλῆς Φαλῆς,
I. 124. π. γ' ἄμεινον ἰχάηρτο τῷ ποτηρίῳ.
  526. εἶτα Κρατίνου μεμνημένος, ὃς π. ῥεύσας ποτ' ἐπαίνῳ
  812. νὴ τὴν Δήμητρα Θεμιστοκλέους π. περὶ τὴν πόλιν ἥδη·
Ν. 1153. π. γε μᾶλλον, κἂν ταρῷσι χίλιοι.
Σ. 457. ἀλλὰ δρῶ τοῦτ' ἀλλὰ καὶ σὺ τύπτε π. τῷ καπνῷ.
  491. νῦν δὲ π. τοῦ ταρίχους ἐστὶν ἐξωτέρα·
  726. οὐκ ἂν δικάσαις. σὺ γὰρ οὖν νῦν μοι νικῶν π. δεδύκησαι·
  781. π. γ' ἄμεινον· καὶ λέγεται γὰρ τουτογί,
  806. ὅσαπέρ γ' ἔφασκον, κᾶτι π. πλείονα.
ΕΙ. 509. χωρεῖ γέ τοι τὸ πρᾶγμα π. μᾶλλον, ὦνδρες, ὑμῖν.
  912. ὅταν τρυγᾶν', χαίρωσι π. μᾶλλον οἷοι γάμῳ.
Ο. 610. αἰβοῖ, ὥς π. κρεῖττον οὗτοι τοῦ Διὸς ἡμῖν βασιλεύειν.
  611. οὐ γάρ π.; . . . .
  1104. ὥστε κρείττα δῶρα π. τῶν 'Ἀλεξάνδρου λαβεῖν.
Λ. 886. π. γεγενῆσθαι μαγανώτερον βλέπειν·
Π. 101. μά Δί', ἀλλά π. μᾶλλον ἐξομείσθαι σου.
  187. καὶ ναὶ μὰ Δία τούτων γε π. πλείονα·
Fr. 198, 12. τούτων γάρ, ἦν π. ξυνέλθῃ, ξυλλαβῶν
πολλῶν. Α. 451. π. δεόμενος σκευαρίων· νῦν δὴ γενοῦ
Α. 633. φησίν δ' εἶναι π. ἀγαθῶν ἄξιος ὑμῖν ὁ ποιητής,
  641. ταῦτα ποιήσας π. ἀγαθῶν αἴτιος ὑμῖν γεγένηται,
I. 517. π. γὰρ δὴ πειρασάντων αὐτὴν ὀλίγοις χαρίσασθαι·
Ν. 6. ἀπόλοιο δῆτ', ὦ πόλεμε, π. οὕνεκα,
  471. πράγματα κάντιγραφὰς π. ταλάντων
  1508. δίωκε, βάλλε, παῖς, π. οὕνεκα,
Σ. 229. π. δικασπῶν φρεκιμἂ διαπεκεδώ·
  436. ἐτ' ἐγώ π. ἀκούσας οἶδα θρίων τὸν ψόφον,
  1068. γήρας εἶναι κρεῖττον ἢ π.
  1304. κᾆθ' ὡς ἂν εἰς ἐνέφατο π. κάγαθων.
ΕΙ, 436. Ἕλλησιν ἄρξαι πᾶσι π. κἀγαθῶν,
  538. ἄλλων τε π. κάγαθῶν. ΕΡ. ἴθι νυν, ἄθρει
  918. π. γὰρ ὑμῖν ἄξιος
Λ. 1159. π.ὶ ὑπηρχμένων π. κἀγαθων.
Θ. 454. τούτον κολάσαι τὸν ἄνδρα π. οὕνεκα·
Ε. 257. ἄτ' οὐκ ἀπείρος οὖσα π. προυμάθων.
  559. ἔστω τὰ λοιπῶν. ΒΛ. κατὰ τί; ΠΡ. π. οὕνεκα.

262 πολλῶν—πολυτίμητοι.

πολλῶν. Εκ. 659. π. ἕνεκεν· νὴ τὸν Ἀπόλλω· πρῶτον δ' ἑνὸς
 οὕνεκα δήπου,
Π. 283. δεῦρ' ἤλθομεν, π. θύμον ῥίζας διεκπερῶντες.
 546. πιθήκνης πλευρὰν ἐρραγυίαν καὶ ταύτην. ἀρά γε π.
πόλος. Ο. 179. οὐχ οὗτος οὖν δήπου 'στὶν ὁρνίθων π.;
 Ο. 180. π.; τίνα τρόπον; ΠΕ. ὥσπερ εἴποι τις τύπος.
 182. ἅπαντα, διὰ τουτὶ γε καλεῖται νῦν π.
Fr. 210. π. τόδ' ἐστί· κατὰ πύστην ἥλιος τέτραπται;
πόλου. Ο. 184. ἐκ τοῦ π. τούτου κεκλῆσεται πόλις.
πολύ. Α. 425. οὐκ, ἀλλὰ τούτου π. π. πτωχιστέρου.
 Α. 650. τούτους γὰρ ἔφη τοὺς ἀνθρώπους π. βελτίους γεγε-
 νῆσθαι
 651. καὶ τῷ πολέμῳ π. νικήσειν, τούτων ξύμβουλον
 ἔχοντας.
 903. ἀλλ' ὅ τι παρ' ἁμὶν μή 'στι, τηδὶ δ' αὖ π.
 908. λάβοιμι μένταν κέρδος ἀγαγὼν καὶ π.
 986. τὰς χάρακας ἧπτε π. μᾶλλον ἔτι τῷ πυρί,
 1117. οἶμ' ὡς ὑβρίζεις. ΔΙ. τὰς ἀσπίδας κρίνει π.
Ι. 325. ἀλλ' ἐφάνη γὰρ ἀνὴρ ἕτερος π.
 546. αἱρέσθ' αὐτῷ π. τὸ ῥύθιον, παραπέμψατ' ἐφ' ἕνδεκα
 κώπαις
 617. ὦ καλὰ λέγων, π. δ' ἀμεῖνον' ἔτι τῶν λόγων
 684. εὗρε δ' ὁ πανοῦργος ἕτερον π. πανουργίαις
 729. καὶ σὺ γὰρ αὐτὸν π. μικροτέρους τούτων δελεάσμασιν
 εἷλες.
 1035. νὴ τὸν Ποσειδῶ π. γ' ἄμεινον, ὦ Γλάνι.
Ν. 891. ἴθ' ὅποι χρῄζεις. π. γὰρ μᾶλλόν σ'
 1098. π. πλείονας, νὴ τοὺς θεούς,
 1335. τουτὶ σὺ νικήσεις; ΦΕ. π. γε καὶ ῥᾳδίως.
Σ. 278. ἢ μὴν π. δριμύτατός γ' ἦν τῶν παρ' ἡμῖν,
 922. μή νυν ἀφῇτί γ' αὐτόν, ὡς ὄντ' αὖ π.
 1280. εἶτ' Ἀμφιράδη, π. τι θυμοσοφικώτατον,
 1300. καὶ τῶν ξυνόντων π. παροινικώτατος;
ΕΙ. 352. καὶ π. νεώτερον, ἅ-
 823. ἐντευθενὶ δὴ π. τι κακοηθέστεροι.
 936. καὶ τοῖσι συμμάχοισι πρᾳότεροι π.
 1259. ἄμεινον ἦ νῦν αὔτ' ἀποδώσεται π.
Ο. 539. π. δὴ π. δὴ χαλεπωτάτοιν λόγοιν
 627. ὦ φίλτατ' ἐμοὶ π. πρεσβυτῶν ἐξ ἐχθίστου μεταπίπτων,
 703. π. πρεσβύτατοι πάντων μακάρων, ἡμεῖς δ' ὣς ἐσμὲν
 Ἔρωτος
 1572. ἕξεις ἀτρέμας; ΠΟΣ. οἴμωζε· π. γὰρ δὴ σ' ἐγὼ
Λ. 76. γυναῖκας ἐλθεῖν. ΜΤ. π. σὺ κάλλιον λέγεις.
 148. γένοιτ' ἂν εἰρήνη; ΛΥ. π. γε νὴ τὼ θεώ.
 501. σωστέον, ὦ τάν. ΠΡ. κεί μὴ δίωμαι; ΛΥ. τοῦδ'
 οὕνεκα καὶ π. μᾶλλον
 505. κλαύσει τοίνυν π. μᾶλλον.
 1034. ὥστ' ἐπειδὴ 'ξερίθη, ῥεῖ μου τὸ δάκρυον π.
 1045. ἀλλὰ π. τοὔμπαλιν κάντ' ἀγαθὰ καὶ λέγειν
Θ. 774. γράφων διαρρήκτοιμι; Βέλτιον π.
 798. κἂν αἰσχυνθείσ' ἀναχωρήσῃ, π. μᾶλλον πᾶς ἐπιθυμεῖ
 800. ὑμῶν ἐσμὲν π. βελτίους· βάσανός τε πάρεστιν ἰδέσθαι.
 810. οὔτως ἡμεῖς π. βελτίους τῶν ἀνδρῶν εὐχόμεθ' εἶναι.
Β. 558. τί δαί; τὸ π. τάρχος οὐκ ἱερκά πω.
 633. καὶ π. γε μᾶλλόν ἐστι μαστιγωτέος·
 1061. καὶ γὰρ τοῖς ἱματίοις ἡμῶν χρῶνται π. σεμνοτέροισιν.
 1221. τὸ ληκύθιον γὰρ τοῦτο πνευσεῖται π.
 1254. ἀνδρὶ τῷ π. πλεῖστα δὴ
 1384. κύκνῳ, μεθεῖτε· καὶ π. γε κατωτέρω
Εκ. 111. δημηγορήσει; ΠΡ. π. μὲν οὖν ἄριστά που.
 646. π. μέντοι δεινότερον τούτου τοῦ πράγματός ἐστι
 ΒΛ. τὸ ποῖον;
 807. αὖτ' εἰσενέγκοι· π. γὰρ ἐμμελέστερον
 937. πάγιγ', ἵνα γηρῶ ὡς π. σοῦ μείζον φρονῶ.
 1070. τοῦτ' αὖ π. τούτου τὸ κακὸν ἐξαλέστερον.
 1118. ἀγαθοῖσιν, ὦ Ζεῦ· π. δ' ὑπερπέπαικεν αὖ
 1122. ὥστ' ἐστὶ π. βέλτιστα, π. δῆτ', ὦ θεοί.
 1136. νὴ τὴν Ἀφροδίτην, π. γ' ἁπάντων ὕστατος,
Π. 128. ἐγὼ γὰρ ἀποδείξω σε τοῦ Διὸς π.
 195. π. μᾶλλον ἐπιθυμεῖ βέλτιον ἐκκαίδεκα·
 365. ὁπ π. μεθιστὴχς' ὧν πρότερον εἶχεν τρόπων.
 412. κράτιστόν ἐστι. ΒΑ. π. μὲν οὖν νὴ τουσδὶ θεούς.
 445. καὶ μὴν λέγω, δεινότατον ἔργον παρὰ π.
 526. ὀδυνηρότερον τρίψεις βίοτον π. τοῦ νῦν. ΧΡ. ἐς
 κεφαλὴν σοί.
 590. π. τῆς πενίας πρᾶγμ' αἴσχιον ζητεῖς αὐτῷ περιάψαι.
 867. π. μᾶλλον ἐνίους ἐστὶν ἐξολωλεκώς.
 894. π. χρῆμα τεμαχῶν καὶ κρεῶν μεμιμμένων,
 944. ἀπειμι· γιγνώσκω γὰρ ἥττων ὢν π.
 994. τὸν αὐτόν, ἀλλὰ π. μεθιστηκεν πάνυ.
 1149. τὰ γὰρ παρ' ὑμῖν ἐστι βελτίω π.

πολύ. Π. 1204. καὶ μὴν π. τῶν ἄλλων χιτρῶν τἀναντία
 Fr. 413. τὰ Θετταλικὰ μὲν π. καπανιώτερα,
πολυάνορα. Ο. 1313. ταχὺ δ' ἂν π. τὰν πόλιν.
Πόλυβον. Β. 1192. εἶθ' ὡς Π. ἤρρησεν οἴδων τὼ πόδε·
πολυγράμματος. Fr. 43. Σαμίων ὁ δῆμός ἐστιν· ὡς π.
πολυδάκρυν. Ο. 212. τὸν ἐμὸν καὶ σὸν π. Ἴτυν
πολυδάκρυτον. Θ. 1041. π. Ἀλβα γύον φλέγουσαν,
πολυήρατον. Ν. 301. Κέκροπος ὀψόμεναι π.
πολυίδριν. Ι. 1068. λαίθαργον, ταχύπουν, δολίαν κερδώ, π.
πολύκαρπον. Β. 325. π. μὲν τινάσσων
πολικοίρανε. Β. 1270. κύδιστ' Ἀχαιῶν Ἀτρέως π. μάνθανέ
 μου παῖ.
πολυκολύμβοισι. Ν. 245. ἐν π. μέλεσιν,
πολυμαθῶν. Σ. 1175. ἀνδρῶν παρόντων π. καὶ δεξιῶν·
πολύμετρον. Β. 1240. Οἰνεύς ποτ' ἐκ γῆς π. λαβὼν στάχυν,
πολύμητις. Σ. 351. εἶτ' ἐκδῖναι ῥάκεσιν κρυφθείς, ὥσπερ π.
 'Οδυσσεύς·
Πολυμνήστεια. Ι. 1287. καὶ Π. ποιῶν, καὶ ξυνῶν Οἰωνίχῳ.
πολύν. Α. 136. χρόνον μὲν οὐκ ἂν ἥμιν ἐν Θρᾴκῃ π.
 Α. 137. μὰ Δί' οὐκ ἂν, εἰ μισθόν γε μὴ φέρει π.
 694. πολλὰ δὴ ξυμπονήσαντα, καὶ θερμῶν ἀπομορξάμενον
 ἀνδρικὸν ἱδρῶτα δὴ καὶ π.,
Ι. 105. ἴθι νυν, ἄκρατον ἐγκάναξόν μοι π.
 822. πολλοῦ δὲ π. με χρόνον καὶ νῦν ἐλελήθης ἐγκρυφιάζων,
Ν. 199. ἔξω διατρίβειν π. ἀγαν ἐστιν χρόνον.
Σ. 910. ἀποδυτᾶς γὰρ ἐς τὴν γωνίαν τυρῶν π.
ΕΙ. 407. ὑμῖν ἐπιβουλεύοντε π. ἤδη χρόνον,
 601. ἀλλά που ποτ' ἤν ἀφ' ἡμῶν τὸν π. τοῦτον χρόνον
 1216. ὅμως δ' ὅτι τὰ σφήκωμ' ἔχει πόνον π.,
 1323. πάντας ὁμοίως αἰνῶ τε π.,
 1352. οἴνου τε πίῃς π.
Ο. 200. ἰδέσατε τὴν φωνὴν, ξυνῶν π. χρόνον.
 635. π. χρόνον θεοὺς ἔτι
Λ. 1265. ὡς συνέχης π. ἀμφὶ χρόνον,
Θ. 385. βαρέως φέρω τάλαινα π. ἤδη χρόνον
 615. π. γε χρόνον οὐρεῖς σύ. ΜΝ. νὴ Δί', ὦ μέλε·
Β. 145. οὗ ἀφ' μ' ἀποτρέψεις. ΗΡ. οἷτα βύρβορον π.
 157. ἀνδρῶν γυναικῶν, καὶ κρότον χειρῶν π.
 676. τὸν π. ὑδρομένη λαῶν ὄχλον, οὗ σοφίαι
 707. οὐ π. οὐδ' ὁ πίθηκος οὗτος ὁ νῦν ἐνοχλῶν,
 829. πλευμίνων π. πύνων.
Εκ. 378. καὶ δήτα π. ἢ μίλτος, ὦ Ζεῦ φίλτατε,
 1120. ἐν τῇ κεφαλῇ γὰρ ἐμμένει π. χρόνον·
πολύπειρον. Α. 1109. δεινὴν, ἀγαθὴν, φανλήν, σεμνὴν, ἀγανὴν,
 * * π.
πολύπλοκον. Θ. 463. καὶ π. νύμῃ, οὐδ' ἀσύνετ', ἀλλὰ
πολυπλοκωτέρας. Θ. 435. π. γυναικὸς
πολυπονώτατον. Θ. 1023. π. Βροτῶν,
πολυτίμα. Θ. 1156. Θεσμοφύρω π.
πολυπραγμονεῖν. Π. 913. εὐεργετεῖν οὖν ἔστι τὸ π.;
πολυπραγμοσύνη. Α. 833. π. νυν ἐς κεφαλὴν τρέποι· ἐμοὶ
πολυπράγμων. Ο. 471. ἀμαθὴς γὰρ ἔφυς κοὐ π., οὐδ' Αἴσωπον
 πεπάτηκας,
πολυρρόδους. Β. 448. χωρῶμεν ἐς π.
πολύς. Ι. 760. πρὸς ταῦθ' ὅπως ἕξει π. καὶ λαμπρὸς ἐς τὸν ἄνδρα.
Ο. 488. οὕτω δ' ἰσχυὲ τε καὶ μέγας ἦν τότε καὶ π., ὥστ' ἔτι
 καὶ νῦν
Λ. 1257. π. δ' ἀμφὶ τὰς γένυας ἀφρὸς ἤνθει,
 1258. π. δ' ἅμα καττῶν σκελῶν ἵστο.
Β. 136. ἥνπερ σὺ τότε κατῆλθες. ΗΡ. ἀλλ' ὁ πλοῦς π.
Π. 317. καίτοι ἰσχύσαντά γ' ἦν νὴ τὸν Ἡρακλέα π.
Fr. 390, 1. τὸ γὰρ φοβεῖσθαι τὸν θάνατον λῆρος π.
πολυσπορῶ. Ο. 952. νιφόβολα πεδία π. τ'
πολυτίματος. Α. 759. παρ' ἀμὲ π., ἀγαπατοί τοι θεοί.
πολυτιμήθ. Α. 807. οἷον ῥοθιάζους', ὦ π. Ἡράκλεις.
 Ι. 1390. ὦ Ζεῦ π., ὡς καλαί· πρὸς τῶν θεῶν,
 Ο. 667. ὦ Ζεῦ π., ὡς καλὸν τοὐρνίθιον,
 Fr. 303, 1. ὦ Ζεῦ π., οἷον ἐνέπνευσ' ὁ μαρὸς
πολυτίμητ'. ΕΙ. 1016. ταῦτ', ὦ π., εὐχομένοις ἡμῖν δίδου.
 Β. 323. Ἰακχ', ὦ π. ἐν ἕδραις ἐνθάδε ναίων,
 851. ἐπίσχες οὗτος, ὦ π. Αἰσχύλε.
πολυτίμητα. Fr. 344, 9. τραπαῖα π. βεβασανισμένα
 638. δέσποινα π. Δημῆτερ φίλη
Β. 337. ὦ πότνια π. Δήμητρος κόρη,
 397. Ἴακχ' π., μέλος ἑορτῆς
πολυτίμητοι. Ν. 269. ἔλθετε δῆτ', ὦ π. Νεφέλαι, τῷδ' εἰς ἐπί-
 δειξιν·
Ν. 293. καὶ σέβομαί γ', ὦ π., καὶ βούλομαι ἀνταποπαρδεῖν
 328. νὴ Δί' ἔγωγ', ὦ π., πάντα γὰρ ἤδη κατέχουσι.
 Σ. 1001. ἀλλ', ὦ π. θεοί, ξύγγνωτέ μοι·

πολυτιμήτω—πορίμω.

πολυτιμήτω. Θ. 594. νύκ οίομαι 'γωγ', ώ π. θεώ.
πολυτλήμονες. EI. 236. Ιώ βροτοί βροτοί βροτοί π.,
πολύμναις. I. 1328. καί θαυμασταίς καί π., ίν' ό κλεινός Δῆμος ἐναικεί.
πολυφάγοις. Ο. 1065. ἐκ κάλυκος αὐξανόμενα γίγνωω π.,
πολυφόρῳ. Π. 853. οὕτω π. συγκεκραμαι δοίμονι.
πολυχαρίδα. Λ. 1098. ὦ π., δεινά τάν ἐπεπύνθεμες.
Λ. 1242. ὦ π., λαβέ τά φυσατήρια,
πολυώνυμε. Θ. 320. καὶ π., θηροφόνη παῖ,
πολυωφελῶς. Θ. 304. ἄριστα ποιήσαι, π. μὲν πόλει τῇ Ἀθηποίφαύς. Fr. 548. π. δ' οὐχ ἥξον ὁμοῦ βολβοῖς.
πομπήν. Α. 248. κεχαρισμένως σοι τήνδε τὴν π. ἐμὲ
Ο. 849. τόν ἱερέα πέμψοντα τὴν π. καλῶ.
Εκ. 757. Ἱέρανι τῷ κήρυκι π. πέμπετε;
πομφόλυγας. Fr. 309, 13. π., ἀποδεσμούς, ὁλίσθους, σάρδια,
πομφολυγοπαφλάσμασιν. Β. 249. π.
πανεῖν. Π. 254. ἄνδρες φίλοι καί δημόται καί τοῦ π. ἐρασταί,
πονήρ'. Α. 1030. ἀλλ', ὦ π., αὖ δημοσιεύων τυγχάνει,
Ι. 891. προσαμφοῖν τοδί· σὺ δ' οἴμωζ', ὦ π. ΔΗΜ. ἰαιβοῖ.
Σ. 214. ἀλλ', ὦ π., ἥξουσιν ὀλίγον ὕστερον
ΕΙ. 263. ἄγε δή, τί δρῶμεν, ὦ π. ἀνθρώπια;
Ο. 3. τί, ὦ π., ἄνω κάτω πλανύττομεν;
Β. 552. ἀπό τῶν χαλαζῶν δ'. ὦ π. Εὐριπίδη,
Π. 442. Πενία γάρ ἐστιν, ὦ π., ἧς οὐδαμοῦ
πονηρά. Α. 731. ἀλλ', ὦ π. κώρι' ἀθλίου πατρός,
1. 821. ὁτιή σε φιλῶ; ΔΙΙΜ. ταῦ ταῦ', οὗτος, καὶ μὴ σκέρβαλλε π.
Ν. 542. τύπτει τὸν παρόντ', ἀφανίζων π. σκώμματα,
1455. στρέψας σεαυτόν ἐς π. πράγματα,
1462. ὤμοι, π. γ', ὦ Νεφέλαι, δίκαια δέ.
Σ. 977. ἀναβαίνετ', ὦ π., καὶ κινυζόμενα
Λ. 891. τί, ὦ π., ταῦτα ποιεῖς χάτέρας
Θ. 546. ἐπιτρέψεις ὑβρίσκων λύγους, ὅπου γυνὴ π.
Εκ. 350. οὔκουν π. γ' ἐστίν ὅ τι κἄμ' εἰδέναι.
πονηράν. Σ. 243. ἥκειν ἔχοντας ἡμερῶν ὀργὴν τριῶν π.
πονηρᾶς. Λ. 1023. ἀλλ' ὑπ' ὀργῆς γάρ π. καί τότ' ἀπέδην ἐγώ.
πονηρί. Ι. 712. ἀλλ', ὦ π., σοί μέν οὐδέν πείθεται·
I. 858. οἴμοι τάλας· ἔχουσι γὰρ πόρπακας· ὦ π.
Ν. 687. ἀλλ', ὦ π., ταῦτά γ' ἐστ' οὐκ ἄρρενα,
Σ. 223. ἀλλ', ὦ π., τό γένος ἥν τις ὑργίᾳ
466. εἰ σύ γ', ὦ πόνῳ π. καί καμπταμυνία,
Ο. 1648. διαβαλλέταί σ' ὁ θεῖος, ὦ π. σύ,
Λ. 1017. ἐρῶ, ὦ π., σοί βέβαιον ἐμ' ἔχειν φίλην;
Π. 127. ᾀ, μή λίγ', ὦ π., ταῦτ'. ΧΡ. ἔχ' ἥσυχος
1107. τί δ' ἔστιν; ΕΡ. ὁ Ζεὺς, ὦ π., βούλεται
Fr. 92. ὦ μαρή καί Φρυνώνδα καί π. σύ.
342. "τί με ὦ π. ἐξουρίζεις ὥσπερ κλιντήριον."
πονηρία. Θ. 868. τί οὖν ἔτι ζῶ τῶν κοράκων π.
πονηρίαν. Ν. 1066. εἴληφε διά π., ἀλλ' οὐ μὰ Δί' οὐ μάχαιραν.
πονηρίσι. Ν. 102. αἰβαῖ, π. γ', οἰδα. τοὺς δλαζύνας,
Σ. 1330. ὦ π., ταντηί τῇ
ΕΙ. 384. ὦ π., μή σιωπάτ' · εἰ δὲ μή, λακήσεται,
1309. καὶ σμώκετ' ἀμφοῖν ταῖν γνάθοιν· οὐδὲν γάρ, ὦ π.,
Λ. 350. ἔασον ὦ, ταυτί τί ἦν· ὦνδρες πόνω π.·
Π. 31. καί συκοφάνται καί π. ΚΑ. πείθομαι.
265. ἔχων ἀφίκται δεῦρα πρεσβύτην π.
502. πολλοί μὲν γὰρ τῶν ἀνθρώπων ὅντες πλουτοῦσι π.,
πονηροῖς. Λ. 815. πολλά καταρασάμενος ἀνδράσι π.
Β. 725. χοροῖς μὲν οὐδέν, ἀλλά τούτοις ταῖς π. χαλκίοις,
731. καί π. κάκ πονηρῶν εἰς ἄπαντα χρώμεθα
1456. μισεῖ κάκιστα. ΑΙ. ταῖς π. δ' ἥδεται;
Εκ. 177. δεὶ π.· κἄν τις ἡμέρᾳν μίαν
Π. 781. ἄπων ἐμαυτόν ταῖς π. ἐνεδίδουν.
πονηρόν. Ν. 1056. εἰ γάρ π. ἦν, Ὅμηρος οὐδέποτ' ἄν ἐποίει
ΕΙ. 363. οὐδέν π., ἀλλ' ὑπέρ καὶ Κιλλίκων.
684. αὐτῷ π. προστάτην ἐπεγράψατο.
Λ. 1022. τοῦτο μέν μά τόν Δί' αὖ π. ἐποιήσατε·
Θ. 836. εἰ δέ δειλόν καί π. ἄνδρα τις ἴδοι τῶν τινά γυνή,
837. ἢ πηξίαρχον π., ἢ κυβερνήτην κακόν,
924. τουτί π.· ἀλλ' ὑπαπουχητέον.
Β. 1053. μά Δί', ἀλλ' ὄντ'· ἀλλ' ἀνακρύπτειν χρή τὸ π. τῶν γε ποιητῶν,
Εκ. 185. π. ἡγούμεσθα· νῦν δὲ χρωμίνων
Π. 352. τουτί π. φαίνεται τὸ φορτίον,
920. ἡ Δία, π. γάρα προστάτην ἔχει,
939. ἢ περί π. ἄνδρα καί παχύμορον.
πονηρός. Ι. 181. ὁτιή π. κἀξ ἀγοράς εἰ καί θρασύς.
Ι. 265. πλούσιος καί μή π. καί τούτων θρασύς.
336. ὁδν αὖ μ' ἐάσεις; ΑΛ. μὰ Δί', ἐπεί κἀγώ π. εἰμι.
1281. Ἀριφράδης π. ἀλλά τοῦτο μέν καί βούλεται·
1282. ἐστί δ' οὖν μόνον π., οὗ γάρ οὐδ' ἄν ἠσθόμην,

πονηρός. Σ. 192. π. εἰ πύρρω τέχνης καί παράβολος.
Σ. 193. ἐγώ π.; οὐ μὰ Δί', ἀλλ' οὐκ οἶσθα σύ
Λ. 1035. ἀλλ' ἀποψήσω σ' ἐγώ, καίτοι πάνυ π. εἰ,
Εκ. 178. χρηστόν γένηται, δίκα π. γίγνεται.
Fr. 362. ἐστι τις π. ἡμῖν τοξότης συνήγορος
πανηρότατον. ΕΙ. 1077. ὡς ἡ ἀφαυδύλη φεύγουσα π. βδεῖ,
πονηρότατος. Β. 710, ὁ π. Βαλανεύς ὑπόσοι κρατοῦσι κυκνσιτέφρου
πονηρότερον. Λ. 517. ἕτερον τι π. δήπου βαύλευμ' ἐπεπύσμεθ' ἄν ὑμῶν·
πανηρού. Π. 862. ἔοικε δ' εἶναι τοῦ π. κύμματος.
Π. 857. ὅτι ἐστ' ἐκείνου τοῦ π. κύμματος.
πανηραύς. Ι. 1272. λιαβρήσαι τούς π. αὐδέν ἐστ' ἐπίφθονον,
Λ. 819. τούς π. ἄνδρας ἀεί,
Π. 96. φεύγοις ἄν ἥδη τούς π.; ΠΛ. φήμ' ἐγώ.
220. παπαῖ, π. γ' εἶπας ἡμῖν συμμάχους.
491. τούς δὲ π. καί τούς ἀθέους τούτων τἀναντία δήπου.
496. ταὺς δὲ π. καί τούς ἀθέους φευξεῖται κάτα ποιήσει
πανηρῶν. Α. 700. νῦν δ' ὑπ' ἀνδρῶν π. σφόδρα διωκόμεθα, κᾆτα πρός ἁλισκύμεθα.
I. 166. εἰ μή 'κ π. γ'. ΔΗ. ὦ μακάριε τῆς τύχης,
337. ἐὰν δὲ μή ταύτη γ' ὑπείκῃ, λέγ' ὅτι κάκ π.
N. 1459. πανηρῶν. ὄντ' ἐραστήν πραγμάτων
Β. 731. καί πανηροῖς κἀκ π. εἰς ἄπαντα χρώμεθα
Π. 869. ἤ τῶν π. ἦσθα καί τοιχωρύχων·
πονηζεί. Ν. 1049. ψυχὴν νομίζεις, εἰπέ, καί πλείστους πόνους π.·
πανήσας. Σ. 685. καί πεζομαχῶν καί πολιορκῶν ἐκτήσω, πολλά π.
πόνοι. Α. 1071. ἰώ π. τε καί μάχαι καί Λάμαχοι,
πόνον. ΕΙ. 140. τίς δ', ἥν ἐς ὑγρὸν π. πέσῃ βάθος
Ο. 250. ὄχν τ' ἐπί π. αἶδμα θαλάσσης
παντίς. Θ. 872. ὅστις ἔχουν δέφαιτο π. σάλῳ
παντομέδων. Σ. 1531. καντρίς γάρ ὁ π. ἄναξ πατήρ προσίρπει
πάντων. Ν. 284. καί μελάδυνα βαρυβραμον·
Ποντομέσινδος. Π. 1050. ὦ Π. καί θεοί πρεσβυτικοί,
Πόντου. Σ. 700. ὅστις πόλεων ἄρχων πλείστων, ἀπό τοῦ Π. μέχρι Σαρδοῦς,
πάντῳ. Θ. 44. κῦμα δὲ π. τὴ π. κελαδεῖτω
πονῶ. ΕΙ. 150. ὑμεῖς δέ γ', ὑπέρ ὦν τούς πόνους ἐγώ π.,
Β. 23. αὐτός βαδίζω καί π., τοῦτον δ' ὑχῶ,
πόνῳ. Σ. 466. εἰ σύ γ', ὦ π. πονηρέ καί καμπταμυνία,
Λ. 350. ἔασον ὦ. τουτί τί ἦν· ὦνδρες π. πονηροί·
πόνων. Ι. 579. ἥν νοτ' εἰρήνη γένηται καί π. παυσώμεθα,
ΕΙ. 920. δεινῶν ἀπαλλάξας π.
πόπανα. Εκ. 843. λαχῷ ἀπαντηγνύασι, π. πέττεται,
Π. 660. ἐπεὶ δέ βωμῷ π. καὶ θρυθύματα
πόπανον. Θ. 285. τὸ π. ὅπως λαβοῦσα θύσω ταῖν θεαῖν.
Π. 680. εἴ περ π. εἴη τι κατελελειμμένον·
ποποτατοποποπού. Ο. 310. π. μ' ἂρ' ὄς ἐκάλεσε· τίνα τύπαν ἄρα νέμεται;
πόρδαλιν. Fr. 402. τὴν π. καλοῦσί τήν κασαλβάδα
πάρδαλις. Λ. 1015. οὐδέ πῦρ, οὐδ' ὤδ' ἀναιδής αὐθεμία π.
παρδή. Ν. 394. ταῦτ' ἄρα καί τῶνόματ' ἀλλήλοιν, βροντή καί π., ὁμοῖω.
παρείαν. Θ. 1055. κάνεμία π.
πάρευται. Π. 1041. στεφάνους γέ ται καί δᾴδ' ἔχων π.
παρεύσει. ΕΙ. 126. πτηνός οὐ π. ψυχήν ναυσθλώσομαι,
παρθμῆς. Εκ. 1086. χαλεπαί γ' ἦτε γεινόμεναι π. ΓΡ.Β. τίη
παρθούμενος. Α. 164. ὑπό τῶν Ὀδομάντων τά ἀκρότα π.
παρῖεί. Ι. 1019. σοί μαοθύν π. ὅπως ἂν μή ταῦτ', ἀλούσης,
παριεῖν. Σ. 717. π.' ἔδοσαν δ' αὐτῶπετί σοι, πλήν τρώπη πέντε μεδίμνων,
παρίξειν. Εκ. 236. χρήματα π. εὐπαρώτατον γυνή,
παρίξει. Α. 385. τί ταῦτα στρίφεις τεχνάζεις τε καί π. τριβάς;
Π. 562. αὐτοῦ τοῦ λιμοῦ φής ὅπως αὐτοῖς τό σφηνώδες σύ π.
πορίζεται. Α. 976. αὐτόματα πάντ' ἀγαθά τῷδέ γε π.
παρίζων. I. 759. καὶ νῦν πλεῖστ' ἀνθρώπων πόρους εὐμηχάνους π.
πόριμον. Β. 1429. κἀν π. αὐτῷ, τῇ πόλει δ' ἀμήχανον·
πορίμω. ΕΙ. 1030. φρενί π. τε τύλμῃ·
Θ. 777. ἐγχειρεῖν χρή ἔργῳ π.

πορίσαι—ποτέ.

πορίσαι. I. 593. σῇ τέχνῃ π. σε νι-
Σ. 706. εἰ γὰρ ἐβούλοντο βίον π. τῷ δήμῳ, ῥᾴδιον ἦν ἄν.
Π. 535. σὺ γὰρ ἂν π. τί δύναι' ἀγαθόν, πλὴν φῴδων ἐκ βαλανείου
πορίσας. Ο. 459. ἀγαθόν π., τοῦτο κοινὸν ἔσται.
Π. 1136. εἴ μοι π. ἄρτον τιν' εὖ πεπεμμένον
πορίσασθαι. Β. 880. δεινοτάτοιν στομάτοιν π.
πορίσειεν. Π. 506. ὁδὸν ἥντιν' ἰὼν τοῖς ἀνθρώποις ἀγάθ' ἂν μείζω π.
Fr. 50. ᾗ δώρ' αἰτοῦντες ἀρχὴν πολέμου π. μετὰ Πεισάνδρου.
πορισταῖς. Β. 1505. καὶ τουτὶ τοῖσι π.,
πορίῶ, I. 1079. ἐγὼ π. καὶ τοῦτον ἡμερῶν τριῶν.
Ι. 1101. κριθὰς π. σοι καὶ βίον καθ' ἡμέραν.
1104. ἀλλ' ἀλφιτ' ἤδη σοι π. 'σκευασμένα.
ΕΙ. 938. ἐγὼ δὲ π. βωμὸν ἐφ' ὅτου θύσομεν.
πορμός. Θ. 1007. πέρ' ἐγὼ 'ξενίγκι π., ἵνα πολήξι σοι.
πόρνα. Α. 527. ἀντελκέκυὲν 'Ασπασίας π. δύο·
πόρναι. Α. 1091. στέφανοι, μύρον, τραγήμαθ', αἱ π. πάρα,
πόρναις. ΕΙ. 165. ἐν Πειραεῖ παρὰ ταῖς π.,
πόρναισιν. Ι. 1400. μεθύων τε τοῖς π. λοιδορήσεται,
Ι. 1403. καὶ Βολανεῦσι διακεκραγέναι,
Π. 243. π. καὶ κύβοισι παραβεβλημένον
πόρνας. Π. 1043. ἀλλ' οὐ μὰ Δί' οὐ Φαίδρας ἐποίουν π. οὐδὲ Σθενεβοίας,
Εκ. 718. ἔπειτα τὰς π. καταπαῦσαι βούλομαι
πορνεῖ'. Σ. 1283. γλωττοποιεῖν ἐς τὰ π. εἰσιώνθ' ἑκάστοτε.
Β. 113. π., ἀναπαύλας, ἐκτροπὰς, κρήνας, ὁδοὺς,
πορνεῖα. Fr. M. Δαιτ. 14. π.
πορνεῖον. Fr. 268. τὸ δὲ π. Κύλλου πήρα.
πορνεύτριαν. Fr. 172. π.
πόρνη. Σ. 500. κἀμέ γ' ἡ π. χθὲς εἰσελθόντα τῆς μεσημβρίας,
πόρνην. Α. 524. π. δὲ Σιμαίθαν ἰόντες Μέγαράδε
Σ. 739. π., ἥτις τὸ πέος τρίψει,
πορνίδιον. Ν. 997. μήλῳ βληθεὶς ὑπὸ π., τῆς εὐκλείας ἀποθραυσθῇς
πορνιδίων. Β. 1301. οὗτος δ' ἀπὸ πάντων μὲν φέρει π.,
πορνοβοσκούσ'. ΕΙ. 849. εἴ π. ὥσπερ ἡμεῖς οἱ βρυτοί.
πόρνος. Π. 155. οὐ τούτ γε χρηστοὺς, ἀλλὰ τοὺς π.· ἐπεὶ
Θ. 306. πίδα χρησστήν τινα νῶν ἦ π. Ἕλλας ἱρὸν εἰπεῖν·
Θ. 769. πέμψαιμ' ἐπ' αὐτόν; οἶδ' ἐγὼ καὶ δὴ π.
Β. 1465. π. δὲ τὰς νοῦν, ἀπορίαν δὲ τὸν π.
πόρος. ΕΙ. 124. καὶ τίς π. οὐ θεοῦ γενήσεται;
Εκ. 653. περὶ δ' ἱματίων τίς π. ἔσται· καὶ γὰρ τοῦτ' ἔστιν ἐρέσθαι.
πόρους. I. 759. κἀκ τῶν ἀμηχάνων π. εὐμηχάνους πορίζων.
πόρπακα. I. 1372. τοῦτ' ἔδακε τὸν π. τὸν Κλεωνύμου.
πόρπακας. I. 858. οἴμοι τάλας· ἔχουσι γάρ π.· ὦ πονηρὰ
πορπακισάμενος. Λ. 106. π. φρούδος ἀμπτάμενος ἔβα.
πόρπαξιν. I. 849. ταύτας ἐὰν αὐτοῖσι τοῖς ἀνατεθῆναι.
πόρρω. Α. 646. οὕτω δ' αὐτοῦ περὶ τῆς τόλμης ἤδη π. κλέος ἥκει,
N. 212. ἥδ' παρατέταται μακρὰ π. πάνυ.
216. ταύτην ὑφ' ἡμῶν ἀπαγαγεῖν π. πάνυ.
Σ. 192. πονηρόν εἶ π. τέχνης καὶ παράβολον.
ΕΙ. 198. ποῖ γῆς; ΕΡ. ἰδοὺ γῆς. ΕΡ. ἀλλὰ ποῖ; ΕΡ. π.
Ο. 1483. τῷ σκότῳ π. τις ἐν
πορφυρῖς. Ο. 304. π., κερχνηὴς, κολυμβὶς, ἀμπελὶς, φήνη, δρύοψ.
Πορφυρίων. Ο. 553. ὦ Κεβριώνα καὶ Π., ὡς σμερδαλέον τὸ πόλισμα.
Ο. 1252. εἶς Π. αὐτῷ παρέχει πράγματα.
πορφυρίων'. Ο. 707. ὁ μὲν ὄρτυγα δοὺς, ὁ δὲ π., ὁ δὲ χῆν', ὁ δὲ Πανπίκαν ὄρνιν.
πορφυρίωνας. Ο. 1249. πέμψω δὲ π. ἐς τὸν οὐρανὸν
πορφυρίωνα. Ο. 881. καὶ ἥρωσι [καὶ ὄρνισι] καὶ ἡρῶων παισί, π.
πόσ'. ΕΙ. 704. χάτερα π. ἄττ' οὔς εὐγενηθῇ ἐν τῇ πόλει;
Θ. 746. π. ἔτη δὲ γέγονε; τρεῖς χόας ἢ τέτταρας;
Β. 173. π. ἄττα; ΔΙ. ταυτί. ΝΕ. δύο δραχμὰς μισθὸν τελεῖς;
Πόσειδον. I. 144. ἀλλαντοπώλης· ὦ Π. τῆς τέχνης.
I. 551. ἰππί' ἄναξ Π., ᾧ
609. δεινά γ', ὦ Π., εἰ μηδ' ἐν βυθῷ δυνήσομαι,
Σ. 143. ἄναξ Π., τί ποτ' ἄρ' ἡ πολνὴ ψοφεῖ;
ΕΙ. 564. ὦ Π., ὡς καλὸν τὸ στίφος αὐτῶν φαίνεται
Ο. 294. ὦ Π., οὐχ ὁρᾷς ὅσον συνείλεκται κακῶν
1131. ἑκατονταρόγυον. ΠΕ. ὦ Π., τοῦ μάκρους.
1638. ὦ δαιμόνι' ἀνθρώπων Π., ποῖ φέρει;
Θ. 322. σύ τε πόντιε σεμνὲ Π.,
Β. 491. ἀνδρεῖά γ', ὦ Π. ΔΙ. οἴμαι νὴ Δία.
664. Π., ΞΑ. ἡλγησέν τις.
1430. εὖ γ', ὦ Π.· σὺ δὲ τίνα γνώμην ἔχεις;

Ποσειδῶ. Α. 560. νὴ τὸν Π., καὶ λέγει γ' ἅπερ λέγει
I. 338. οὐκ αὖ μ' ἐάσεις; ΑΛ. μὰ Δία. ΚΛ. ναὶ μὰ Δία. ΑΛ. μὰ τὸν Π.,
366. νὴ τὸν Π. κάμέ γάρ, ἥνπερ γε τοῦτον ἕλκῃς.
409. οὔ τοί μ' ὑπερβαλεῖσθ' ἀναιδείᾳ μὰ τὸν Π.,
843. οὐκ, ὑγαθοί, τοὺς' ἐστί πω ταυτῃ μὰ τὸν Π.
890. νὴ τὸν Π. καὶ πρὸς ἐμέ τοῦτ' εἶπ' ἀνὴρ κυπρειος.
1035. νὴ τὸν Π. πολύ γ' ἄμεινον, ὦ Γλάνι.
1201. νὴ τὸν Π. καὶ σὺ γὰρ τοὺς ἐν Πύλου.
Ν. 83. νὴ τὸν Π. τουτονὶ τὸν ἵππιον.
605. νὴ τὸν Π. νῦν δὲ πῶς με χρὴ καλεῖν;
724. νὴ τὸν Π. ΣΩ. καὶ τί δῆτ' ἐφρόντισας;
1234. τὸν Δία, τὸν Ἑρμῆν, τὸν Π. ΣΤ. νὴ Δία,
Σ. 163. μὰ τὸν Π. Φιλοκλέων, οὐδέποτέ γε.
Ο. 586. ἦν δ' ἡγῶνται σὲ θεόν, σὲ βίον, σὲ δὲ Γῆν, σὲ Κρόνον, οὐ Π.,
1614. νὴ τὸν Π., ταῦτά γέ τοι καλῶς λέγεις.
Λ. 403. νὴ τὸν Π. τὸν ἀλυκόν, δικαιά γε.
1165. μὰ τὸν Π., τοῦτο μὲν γ' οὐ δράσετε.
Θ. 86. νὴ τὸν Π. καὶ Δία δίκαι' ἂν πάθοις.
Β. 183. νὴ τὸν Π., κάστι γ' ὁ Χάρων οὑτοσί.
276. νὴ τὸν Π. 'γωγε, καὶ σὺν γ' ὁρῶ.
295. νὴ τὸν Π., καὶ βολίτινον θάτερον,
Εκ. 339. νὴ τὸν Π., ταῦτα τοίνυν ἀντίκρυς
451. νὴ τὸν Π., μαρτύρων γ' ἐναντίον.
568. νὴ τὸν Π., μεγάλα γ', εἰ μὴ ψεύσεται.
748. μὰ τὸν Π. οὐδέποτέ γ', ἀλλὰ βασανιῶ
832. νὴ τὸν Π. μὴ κατουρήσῃ μου.
Π. 396. νὴ τὸν Π. ΒΛ. τὸν θαλάττιον λέγεις;
Ποσειδῶν. Α. 510. κουτοῖς ὁ Π., οὐχὶ Ταιναρῷ θεός,
Α. 682. οἷς Π. ἀσφαλείος ἐστιν ἡ Βακτηρία·
Ο. 1657. οὗτος ὁ Π. πρῶτος, ὃς ἐπαίρει σε νῦν,
Λ. 139. οὐδὲν γάρ ἐσμεν πλὴν Π. καὶ σκάφη.
Π. 397. εἰ δ' ἔστιν ἕτερός τις Π., τὸν ἕτερον.
Ποσειδῶνι. Ο. 566, ἦν δὲ Π. τις οἷν θύῃ, νήττῃ πυροὺς καθαγίζειν·
Ποσειδῶνος. Fr. 348. Π.
πόσθην. Ν. 1014. π. μικράν,
ποσθαλίσκον. Θ. 291. καὶ π. νοῦν ἔχειν μοι καὶ φρένας.
πόσθων. Θ. 515. τά τ' ἀλλ' ἀπαξάπαντα καὶ τὸ π.
πόσθιον. Θ. 254. νὴ τὴν 'Αφροδίτην, ἡδύ γ' ὄζει π.
πόσθων. ΕΙ. 1300. εἰπέ μοι, ὦ π. σὺ τὸν σαυτοῦ πατέρ' ᾔδεις;
πόσι. Θ. 914. λαβέ με, λαβέ με, π. περίβαλε δὲ χέρας,
ποσί. Θ. 969. προβαίνε π. τὸν εὐλύραν
πόσιν. Θ. 901. προδοῦσα Μενέλεων τὸν ἐμὸν ἐν Τροίᾳ π.
Θ. 954. κοῦφα π., ἄγ' ἐς κύκλον.
πόσις. Θ. 868. κἀγὼ μὲν ἐνθάδ' εἴμ'· ὁ δ' ἄθλιος π.
πόσον. ΕΙ. 1202. π. δίδως δῆτ'; ΤΡ. εἰ διωρησθείς δίχα,
Εκ. 399. κάπειθ' ὁ δῆμος ἀναβοᾷ π. δοκεῖς,
πόσος. Β. 55. πίθος; π. τις; ΔΙ. μικρός, ἡλίκος Μόλων.
Fr. 543. "π. ἴσθ' ὁ καῖνος;"
πόσον. Α. 812. π. πρίωμαί σοι τὰ χοιρίδια; λέγε.
898. ἰώγα ταῦτα πάντα. ΔΙ. φέρε, π. λέγεις;
πόσους. Ν. 28. π. δρόμους ἐλᾷ τὰ πολεμιστήρια;
Α. 1131. 'Ολυμπίασιν, ἐν Πύλαις, Πυθοῖ—π.
Εκ. 657. ἀλλ' οὐδὲ δίκαι πρῶτον ἔσονται. ΒΛ. τουτὶ δὲ π. ἐπιτρίψει·
Π. 1057. π. ἔχεις ὀδύντας. ΧΡ. ἀλλὰ γνώσομαι
Fr. 54. π. ἔχεις στρωτήρας ἀνδρῶν οὑτασί;
πόστην. Θ. 1114. σκίψαι τὸ π. μή τι μικτὸν παίνεται;
πόστην. Fr. 210. πύλος τῷδ' ἐστί· κᾆτα π. ἥλιος τέτραται·
πόστιον. Θ. 1188. εἶεν· καὶ Δία δίκαι ἂν πάθοι π.
ποτ'. Α. 122. ἐὰν δὲ τις π. ἐστίν· οὐ δήπου Στράτων· κ.τ.λ.
ποτ'. Ο. 920. ταυτὶ σὺ π. ἐποίησας ἀπὸ πιοῦν χρόνου; κ.τ.λ.
ποταπέτιν. Ο. 1338. ὡς ἀν π. ὑπὲρ ἀτρυγέτοιο γλαυ-
ποταμοῦ. Β. 1383. Σπερχειὲ π. βουνόμοι τ' ἐπιστροφαί.
ποταμῶν. Ο. 1141. οἱ χαραδριοὶ καὶ γάλλα π. ὄρνεα.
ποταμόν. Ο. 774. ὄχθῳ ἐφεζόμενον παρ' Ἔβρον π.
Β. 1386. ὅτι εἰσέβαινεν π., ἐριοπωλικώς
ποταμούς. Fr. 198, 13. ὁ τῆς διαρροίας π. σιχήσεται.
ποταμῶν. Ν. 283. καὶ π. ζαθέων κελαδήματα,
Ν. 1294. ἐπιρρεόντων τῶν π. πλείων, σὺ δὲ
Ο. 691. φύσιν οἰωνῶν γένεσίν τε θεῶν π. τ' Ἐρέβους τε Χάους τε
Β. 1339. κόλπωσι τ' ἐν π. δροῦσαι ἀραττε, θέρμετε δ' ὕδωρ,
ποτᾶται. Ο. 251. φῦλα μετ' ἀλκυόνεσσι π.,
ποτέ. Α. 893. ἀλλ' ἔσφερ' αὐτὴν μηδὲ γὰρ θανῶν π. κ.τ.λ.
ποτέ. Α. 13. ἀλλ' ἔσχιν ἥσθην, ἡνίκ' ἐπὶ μύζου π. κ.τ.λ.
Α. 235. καὶ διώκειν γῆν πρὸ γῆς, ἕως ἂν εὑρεθῇ π. κ.τ.λ.

πότε—πρᾶγμα. 265

πότε. Σ. 402. π. δ', εἰ μὴ νῦν, ἐπαρήξετέ μοι, πρὶν μ' εἴσω μᾶλλον ἄγεσθαι;
Ποτειδᾶ. Α. 798. ναὶ τὸν Π., κἂν ἄνευ γα τῶ πατρός.
πότερ'. Β. 1141. π. οὖν τὸν Ἑρμῆν, ὡς ὁ πατὴρ ὑπώλετο
Β. 1452. ταυτί π. αὐτὸς εὗρες ἢ Κηφισοφῶν;
πότερα. Α. 734. π. πεπρᾶσθαι χρῄδεις', ἢ πεινῆν κακῶς;
Ν. 203. γῆν ἀναμετρεῖσθαι. ΣΤ. π. τὴν κληρουχικήν;
638. π. περὶ μέτρων ἢ περὶ ἐπῶν ἢ ῥυθμῶν;
845. π. παρανοίας αὐτὸν εἰσαγαγὼν ἕλω,
1105. τί δῆτα; π. τοῦτον ἀπάγεσθαι λαβὼν
1279. π. νομίζεις καινὸν ἀεὶ τὸν Δία
Ο. 427. π. μαινόμενος;
1244. ἐχ' ἀτρέμα. φέρ' ἴδω, π. Λυδὸν ἢ Φρύγα
Θ. 91. λέξονθ' ὑπὲρ ἐμοῦ. ΜΝ. π. φανερόν, ἢ λάθρᾳ;
1222. ὦ μιαρὸ γρᾶσ π. τρίβει τὴν ὁδύ;
Β. 1455. πρῶτον τίσι χρῆται π. τοῖς χρηστοῖς; ΔΙ. πύθεν;
Fr. 190. ὦ πρεσβῦτα π. φιλεῖς τὰς δρυπετεῖς ἐταίρας,
ποτέρας. Εκ. 1082. π. προτέρας οὖν καταλάσας ἀναλλαγῶ;
ποτέρους. Λ. 648. ἠρώτησεν πρῶτα μὲν αὐτοὺς π. ταῖς ναυσὶ κρατοῦσιν
ΕΙ. 1081. ἢ διακαινιάσαι π. ηλαυσούμεθα μεῖζον,
Θ. 801. βάσανον δῶμεν, π. χείρους. ἡμεῖς μὲν γάρ φαμεν ὑμᾶς,
πότερον. Α. 1116. π. ἀκρίδες ἥδιον ἐστιν, ἢ κίχλαι;
Ι. 1245. καί μοι τοσοῦτον εἰπέ· π. ἐν ἀγορᾷ
Ν. 642. ἡγεῖ· π. τὸ τρίμετρον, ἢ τὸ τετράμετρον;
Σ. 498. εἰπέ μοι, γήτειον αἰτεῖς, π. ἐπὶ τυραννίδι;
Ο. 102. Τηρεύς γὰρ εἶ σύ; π. ὄρνις ἢ ταῶς;
104. ἐξερρύηκε. ΕΥ. π. ὑπὸ νόσου τινός·
Λ. 433. ἀλλὰ τί γὰρ φου; π. ἐπὶ δούλαις τινὰς
982. σὺ δ' εἶ π. ἄνθρωπος, ἢ Κονίσαλος;
Θ. 141. τίς δ' αὐτός, ὦ παῖ; π. ὡς ἀνὴρ τρέφει;
Β. 69. ἐλθεῖν ἐπ' ἐκείνον. ΗΡ. π. εἰς Ἄιδου κάτω;
1052. π. δ' οὐκ ὄντα λόγον τούτου περὶ τῆς Φαίδρας ξυνέθηκα;
Εκ. 24. τί δῆτ' ἂν εἴη; π. οὐκ ἐρραμμένοις
754. π. μετοικιζόμενος ἐξενήνοχας
1072. π. πίθηκος ἀνάπλεως ψιμυθίου,
πότερος. Ν. 940. φέρε δὴ π. λέξει πρότερος;
ποτέρους. Α. 649. εἶτα δὲ τούτου τὸν ποιητὴν π. εἴποι κακὰ πολλά·
ποτέχει'. Α. 733. ἀκουέτων δή, π. ἐμὶν τὰν γαστέρα·
πότην. Ν. 57. οἴμοι· τί γάρ μοι τὸν π. ἧπτες λύχνον;
ποτήρια. Fr. 77. τί οὐκ ἐκέλευσας παραψῆσαί τῳ π.,
ποτήριον. Ι. 120. ὦ λῷστε, δός μοι δὺς τὸ π. ταχύ·
Ι. 123. ὦ Βάκι. ΝΙ. τί ἐστι; ΔΗ. δὺς τὸ π. ταχύ.
237. τουτὶ τὸ δρᾷ τὸ Χαλκιδικὸν π.·
ποτηρίων. Ι. 1289. οὐ ποτ' ἐκ ταυτοῦ μεθ' ἡμῶν πίεται π.
ποτηρίῳ. Ι. 124. πολλῷ γ' ὁ Βάκις ἐχρῆτο τῷ π.
ποτί. Λ. 82. γυμναδδομαί γα καὶ π. πυγὰν ἅλλομαι.
Ποτιδαίας. Ι. 438. σὺ δ' ἐκ Π. ἔχοντ' εὖ οἶδα δέκα τάλαντα.
ποτίσταται. Θ. 735. ὦ θερμόταται γυναῖκες, ὦ π.,
πότνι'. ΕΙ. 445. ἐς φῶς ἀνελθεῖν, ὦ π., ἐν ταῖσιν μάχαις
ΕΙ. 975. π. Εἰρήνη,
1055. καλῶς. ΟΙ. καλῶν δῆτ', ὦ π. Εἰρήνη φίλη.
1108. ὦ π. Εἰρήνη, παρόμεινον τὸν βίον ἡμῖν.
Α. 742. ὦ π. Εἰλείθυι', ἐπίσχες τοῦ τόκου.
Εκ. 369. ὦ π. Εἰλείθυια, μή με περιίδῃς
πότνια. Ι. 1170. ὡς μέγαν ἀρ' εἶχες, ὦ π., τὸν δάκτυλον.
ΕΙ. 271. εὖ γ', ὦ π. δέσποιν' Ἀθηναία, ποιῶν
520. ὦ π. βοτρυόδωρε, τί προσείπω σ' ἔπος;
657. ἀλλ' ὅ τι σιωπᾷς, ὦ π., κάτειπέ μοι.
Λ. 833. ὦ π. Κύπρον καὶ Κυθήρων καὶ Πάφου
Θ. 337. ὦ π. πολυτίμητε Δημήτρος κόρη,
Εκ. 476. καὶ ξυμφέροι γ' ὦ π. Παλλὰς καὶ θεοί.
πότνια, Θ. 130. ἐν ᾑδὺ τὸ μέλος, ὦ π. Γενετυλλίδες·
Θ. 700. ὦ π. Μοῖραι, τί τόδε δέρκομαι
1149. π., ἄλσος ἐς ὑμέτερον
πότνιαν. Λ. 1286. π. ἄλοχον ὀλβίαν,
ποτόδδει. Λ. 206. καὶ μὰν π. γ' ἁδὺ ναὶ τὸν Κάστορα.
ποτόν. Fr. Μ. Δαιτ. 6. ταχύ νυν π. καὶ μὴ τροπίαν οἴνου φέρε
ποτοῦ. Ι. 87. ἰδού γ' ἄκρατον. περὶ π. γοῦν ἐστί σοι;
ποττά. Λ. 1253. π. κᾶλα, τὼς Μήδως τ' ἔχοντι.
ποττάν. Α. 732. ὑμβᾶτε π. μάδδαν, αἴ χ' εὑρητέ τα.
Λ. 783. σάφ' ἴσθι, π. ματέρ' εἰκασθήσεται.
Λ. 1006. σπουδὰς ποιησώμεσθα π. Ἑλλάδα.
ποττάς. Λ. 1264. π. σπουδάς.
ποττὼ. Λ. 751. πῶς ἔχεις; ΔΙΕ. διαπεινάδες ἀεὶ π. πῦρ.
Λ. 117. ἐγὼ δὲ καί κα π. Ταυγετόν γ' ἄνω
ποτῷ. Ι. 97. οἴμοι, τί ποθ' ἡμᾶς ἐργάσει τῷ σῷ π.;
ποτώμεναι. ΕΙ. 830. τί δ' ἔδραν; ΤΡ. ξυνελέγοντ' ἀναβολὰς π.,

πότων. Ν. 1073. παίδων, γυναικῶν, κοττάβων, ὄψων, π., καχασμῶν.
που. Α. 97. ὕσκωμ' ἔχεις π. περὶ τὸν ὀφθαλμὸν κάτω, κ.τ.λ.
ποθ. Α. 129. ἀλλ' Ἀμφιθεύς μοι π. 'στιν; ΑΜ. οὑτοσὶ πάρα. κ.τ λ.
πού. Ι. 790. καὶ μὴν εἰ π. τις ἀνὴρ ἐφάνη τῷ δήμῳ μᾶλλον ἀμύνων κ.τ.λ.
πουλύπου. Γτ. 235. πληγαὶ λέγονται π. πιλουμένου.
πουλύπουν. Fr. 235. "τὸν π. καὶ ἔθηκε"
πουλύπους. Fr. 235. καὶ ταῦτ' ἔχοντα π. καὶ σηπίαι.
πρᾶγμα'. Α. 494. ἀνὴρ οὗ πρᾶγμά το π. εἶά νιν,
Ι. 385. τῶν ὑναίδων ἀναιδέστεροι καὶ τὸ π. ἢν ἄρ' οὐ
614. ἀγγειλον ἡμῖν πῶς τὸ π. ἠγωνίσω.
Ν. 823. καί σοι φράσω π. ὃ σὺ μαθὼν ἀνὴρ ἔσει.
1308. λήψεται π. π., ὃ τοῦ—
Σ. 395. οὗτος, ἐγείρου. ΣΠ. τί τὸ π.; ΒΔ. ὥσπερ φωνή μέ τις ἐγκεκύκλωται.
415. ὦγαθοί, τὸ π. ἀκούσατ', ἀλλὰ μὴ κεκράγετε.
590. ἔτι δ' ἡ βουλὴ χὼ δῆμος ὅταν κρίνῃ μέγα π. ἀπορήσῃ,
783. μόλις τὸ π. ἔγνωσαν ἀναμασώμενοι.
870. τὸ π. ὁ μηχανᾶται
1261. τὸ π. ἐγρεγας, ὥστ' ἀφεὶς σ' ἀποίχεται.
Ο. 198. τίς ἂν οὖν τὸ π. αὐτοῖς διηγήσαιτο; ΕΠ. σύ.
385. ἀλλὰ μὴν οὐδ' ἄλλο σοί πω π. ἐνηντιώμεθα.
Λ. 26. ἀλλ' ἔστιν ὑπ' ἐμοῦ π. ἀνεζητημένον,
141. μόνη μετ' ἐμοῦ, τὸ π. ἀνασωσαίμεσθ' ἔτ' ἄν,
352. τουτὶ τὸ π. ἡμῖν ἰδεῖν ἀπροσδόκητον ἥκει·
661. ἀλλ' ἀμυντέον τὸ π. ὅστις γ' ἐνόρχης ἐστ' ἀνήρ.
Εκ. 266. χαλεπὸν τὸ π.· ὅμως δὲ χειροτονητέον·
394. ἀτὰρ τί τὸ π. ἦν, ὅτι τοσοῦτον χρῆμ' ὄχλου
441. γυναῖκα δ' εἶναι π. ἔφην νουθυστικὸν
462. οὐδὶ στένειν τὸν ὄρθρον ἔτι π. ἀρά μοι,
492. ἔσθ' ἡ τὸ π. εὑροῦσ' ὃ νῦν ἔδοξε τοῖ πολίταις.
752. πρὶν ἐκπύθωμαι πᾶν τὸ π. ὅπως ἔχει.
828. ὁ Διὸς Κύρινθος καὶ τὸ π. οὐκ ἥρκεσεν.
1071. ἀτὰρ τί τὸ π. ἐστ', ἀντιβολῶ, τουτί ποτε;
Π. 1. ὡς ἀργαλέον π. ἐστιν, ὦ Ζεῦ καὶ θεοί,
335. τί ἂν οὖν τὸ π. εἴη; πόθεν καὶ τίνι τρόπῳ
342. οὐκοῦν ἐπιχωρίοις τὸ π. ἐργάζεται.
578. αὐτοῖς, οὕτω διαγνώσκουσι χαλεπὸν π. ἐστὶ δίκαιον.
590. πολὺ τῆς πενίας π. αἴσχιον (ζητεῖς αὐτῷ περιάψαι,
Fr. 209. τὸ π. ἑορτῆς περιέρχεο δ' ἡμῖν κύκλῳ λεπαστὴν
πρᾶγμα. Α. 767. τουτὶ τὸ π. π. ΜΕ. χοῖρος ναὶ Δία.
Α. 537. τὸ π. τοῦ βουλεύματος· καρπώσεται γὰρ ἀνὴρ
Ι. 36. βούλει τὸ π. τοῖς θεαταῖσιν φράσω;
312. οἶδ' ἐγὼ τὸ π. τοῦδ' ὅθεν πάλαι καττύεται.
314. ἰδοὺ λέγειν. καλῶν γ' ἄν οὖν τι π. προσπεσόν σοι
Ν. 139. ἀλλ' εἰπέ μοι τὸ π. τοὐξηαμβλωμένον.
594. ἐπὶ τὸ βέλτιον τὸ π. τῇ πόλει συνοίσεται.
Σ. 693. ἥν τίς τι διδῷ τῶν φευγόντων, ξυνθέντε τὸ π. δύ' ὄντε
921. τὸ π. φανερόν ἐστιν· αὐτὸ γὰρ βοᾷ.
ΕΙ. 44. νεανίας δοκησίσοφος, τὸ δὲ π. τί·
323. π. καλλιστον ἀξιόλυπον διά τὰ σχήματα.
403. καί σοι φράσω τι π. δεινὸν καὶ μέγα.
500. χωρεῖ γέ τοι τὸ π. πολλῷ μᾶλλον, ὦνδρες, ὑμῖν.
Ο. 907. τουτὶ τὸ π. ποδαπόν; εἰπέ μοι, τίς εἶ;
1171. τί τὸ π. τουτί; ΑΓ. D. δεινότατα πεπόνθαμεν.
1208. ἄτονον γέ τουτί π. ΠΕ. κατὰ ποίας πύλας
1375. τουτὶ τὸ π. φορτίον δεῖται πτερῶν.
1677. ἂν τῷ Τριβαλλῷ πᾶν τὸ π. οὗ σὺ λέγεις;
Λ. 23. τί τὸ π.; πηλίκον τι; ΛΥ. μέγα. ΚΛ. μῶν καὶ παχύ;
268. ὅσαι τὸ π. τοῦτ' ἐνεστήσαντο καὶ μετῆλθον,
485. ὡς αἰσχρὸν ἀκωδώνιστον ἐᾶν τὸ τοιοῦτον π. μεθέντας.
511. ἠκούσαμεν ἄν τὸ κακῶς ὑμᾶς βουλευσαμένους μέγα π.
559. νὴ Δία· χρὴ γὰρ τοὺς ἀνδρείους. ΛΥ. καὶ μὴν τύ γε π. γέλοιον,
1007. τουτὶ τὸ π. πανταχόθεν ξυνομώμοται
Θ. 73. τί τὸ π. τουτί. τί στένεις; τί δυσφορεῖς;
93. τί τὸ π. τουτί· ποῦ ᾗγμαι; τί τοῦ σοῦ τρόπου
577. καὶ νῦν ἀκούσας π. περὶ ὑμῶν μέγα
581. ὑμῖν ἀφράκτοις π. δεινὸν καὶ μέγα.
597. τὸ π. τουτὶ δεινόν εἰσαγγέλλεται.
Β. 438. τουτί τί ἢν π.
615. καί σοι ποιήσω π. γενναῖον πάνυ·
658. τί τὸ π. τουτί· δεῦρο πάλιν βαδιστέον.
750. Δ. ΑΙ. π., π. μέγα κεκίνηται αὖ π.
1009. μέγα τὸ π., πολὺ τὸ νεῖκος, ἀδρὸς ὁ πόλεμος ἔρχεται.
1215. ἀλλ' οὐδὲν ἔσται π. πρὸς γὰρ τουτονί
1251. τί ποτε π. γενήσεται;

M m

πρᾶγμα—πράττει

πρᾶγμα. Εκ. 125. ὡς καὶ καταγέλαστον τὸ π. φαίνεται.
Εκ. 311. τί τὸ π.; ποῖ πυθ' ἡ γυνὴ φρούδη 'στί μοι;
    485. πάσαισι παρὰ τοῖς ἀνδράσιν τὸ π. τοῦτ' ἐλεγχθέν.
    488. τὰς δεξιάς, μὴ ξυμφορά γενήσεται τὸ π.
    670. ἢν δ' ἀκούῃ γ', αὐτὸς δώσει. τί γὰρ αὐτῷ π. μά-
      χεσθαι;
   1089. τουτὶ τὸ π. κατὰ τὸ Καννώνου σαφῶς
Π. 264. ἔστιν δὲ δὴ τί καὶ πύθων τὸ π. τοῦθ' ὅ φησιν;
   860. ἐγὼ σχεδὸν τὸ π. γιγνώσκειν δοκῶ.
Fr. 178, 1. τουτὶ τί ἦν τὸ π.; β. θυρμαὶς ὦ τέκνον.
   246. ἀλλ' εἴσιθ', ὡς τὸ π. λέξαι βούλομαι
   516. τὸ π. τοῦτο συλλαβεῖν ὑπίσχομαι.
πράγμά. Σ. 489. ἤν τε μεῖζον ἤν τ' ἔλαττον π. τις κατηγορῇ.
ΕΙ. 244. τουτὶ μέν, ἄνδρες, οὐδέν ἡμῶν π. πω
   510. χωρεῖν τὸ π. φησιν· ἀλλὰ πᾶς ἀνὴρ προθυμοῦ.
Ο. 801. ταυτὶ τοιαυτί· μὰ Δί' ἐγὼ μὲν π. πω
Θ. 244. ἀλλ' οὐκέτ' οὐδὲν π. σοι· τὰ πλείστα γὰρ
Π. 376. κατηγορεῖς γὰρ πρὸ γυναικῶν τὸ π. μου.
πράγμαθ'. Σ. 743. νενυνθέτηκεν αὐτὸν ἐς τὰ π., οἷς
Λ. 994. τί τὰ π. ὑμῖν ἐστι τῶν Λακεδαίμονι;
πράγμασι. 1. 39. ἢν τοῖς ἔπεσι χαίρωσι καὶ τοῖς π.
1. 402. ὧ περὶ πάντ' ἐπὶ πᾶσί τε π.
1473. κατακοσμήσαι π.;
πράγμασιν. 1. 1399. τὰ κύκεια μηγνὺς τοῖς ὀνείοις π.,
Ν. 516. τοῦ π. χρονίζεται
   1399. ὡς ἡδὺ καινοῖς π. καὶ δεξιοῖς ὁμιλεῖν,
Σ. 512. νὴ Δί' εἰθίσθης γὰρ ἡδέεσθαι τοιούτοις π.·
πράγματ'. Α. 939. τὰ π. ἐγκυκλᾶσθαι.
1. 402. τεκταινόμενα τὰ π., ἀλλ' ἡπιστάμην
Ν. 250. βούλει τὰ θεῖα π. εἰδέναι σαφῶς
ΕΙ. 1297. οὐ π. ᾄσει· σώφρονος γὰρ εἶ πατρός.
   1345. οὐ π. ἔχοντες, ἀλ-
Ο. 128. ὅπου τὰ μέγιστα π. εἴη τοιαδί.
   1026. μή π. ἔχειν, ἀλλ' ἀπιέναι; ΕΠΙ. νὴ τοὺς θεούς.
   1472. δεινά π. εἴδομεν.
Λ. 658. ταῦτ' οὖν οὐχ ὕβρις τὰ π. ἐστί
Θ. 705. ταῦτα δῆτ' οὐ δεινὰ π. καὶ περαιτέρω;
Β. 959. οἰκεῖα π. εἰσάγων, οἷς χρώμιθ', οἷς ξύνεσμεν,
Εκ. 505. τὰ π. ἐκβέβηκεν ἀβουλεύσαμεν.
Π. 181. τὰ δὲ π. οὐχὶ διὰ σὲ πάντα πράττεται;
   399. οὐκ ἔστι πω τὰ π. ἐν τούτῳ. ΒΛ. τί φῄς;
πράγματα. Α. 174. ἐν ψιλῷ ἐστι πάντα μοι τὰ π.
Λ. 1141. νίφει. βαβαιάξ' χειμέρια τὰ π.
   1142. ὅχου τὸ δεῖπνον· συμποσιακά τὰ π.
1. 130. ὃς πρῶτος ἕξει τῆς πύλεως τὰ π.
   187. ὅσον πέπονθας ἀγαθὸν ἐς τὰ π.
   214. τάραττε καὶ χύρδην' ὁμοῦ τὰ π.
   241. ἀλλαντοπώλα, μὴ προσδῇς τὰ π.
   265. πλούσιοι καὶ μὴ πονηροὶ καὶ τρέμων τὰ π.
   596. ἄξιοι δ' εἰσ' εὐλογεῖσθαι· πολλὰ γὰρ δὴ π.
Ν. 228. ἐξεῦρον ὀρθῶς τὰ μετέωρα π.,
   471. π. κάντιγραφὰς πολλῶν ταλάντων
   741. λεπτὴν κατὰ μικρὸν περιφέρει τὰ π.,
   1110. στύμασον οἷαν εἰ τὰ μεῖζω π.
   1216. ἀπεριμερίδσαι μᾶλλον ἢ σχεῖν π.
   1453. ὑμῖν ἀναθεὶς ἄπαντα τἀμὰ π.
   1455. στρέψας σεαυτὸν ἐς πονηρὰ π.
Σ. 313. ἵν' ἐμοὶ π. βόσκειν παρέχῃς·
   1474. νὴ τὸν Διόνυσον, χαρίεντά γ' ἡμῖν π.
   1496. οὐκ εὖ μὰ Δί' οὐ δῆτ', ἀλλὰ μανικὰ π.
ΕΙ. 691. ἐψηλαφώμεν ἐν σκότῳ τὰ π.
Ο. 931. τουτὶ παρέξει τὸ κακὸν ἡμῖν π.,
   1120. οὐδεὶς ὅτου πεινώμεθα τιμᾷ π.
   1252. εἰς Πορφυρίων αὐτῷ παρέσχε π.
   1507. ἀλλ' ἵνα φρίσω σοι πάντα τάνω π.,
Λ. 32. ὡς ἔστ' ἐν ἡμῖν τῆς πύλεως π.,
   420. τοιαῦτ' ἀφήγητοι' ἐς τοιαυτί π.,
   565. πῶς οὖν ὑμεῖς δύνασαι παῦσαι τεταραγμένα π. πολλὰ
   571. ἐξ ἐρίων δὴ καὶ κλωστήρων καὶ ἀτράκτων π. δεινὰ
   756. τί λέγεις; προφασίζει· περιφανῆ τὰ π.
Θ. 651. ἐς οἷ' ἐμαυτὸν εἰσεκύλισα π.
   767. κἄμ' ἐσκυλίσας ἐς τοιαυτί π.
Εκ. 107. ἡν πῶς παραλαβεῖν τῆς πύλεως τὰ π.
   175. τὰ τῆς πύλεως ἅπαντα βαρέα π.
Π. 20. ὦ δέσποτ', ἀλλά σοι καρίζω π.
   102. οὐκ ἠγούμουν ὅτι παρέξειν π.
   209. ἀνὴρ πρόθυμος αὐτός ἐς τὰ π.
   649. ἀκούει τοίνυν, ἀν᾽ ἐδῇ καὶ π.
   652. ἄ νῦν γεγένηται· ΓΤ. μὴ μὲν οὖν τὰ π.
   856. οὐ γὰρ σχέτλια πέπονθα νυνὶ π.,
   919. ὥστ' εἰς ἔμ' ἥκει τῆς πύλεως τὰ π.

πράγματα. Fr. p. 502. ... τηδὶ μὴ παρέχειν σε π.
πράγματά. ΕΙ. 348. π. τε καὶ στιβάδας,
πράγματι. Σ. 1321. ἀμαθέστατ', οὐδὲν εἰκέναι τῷ π.
   Σ. 1477. ἠκουσὶ τ' αὐλοῦ, περιχαρὴς τῷ π.
   ΕΙ. 309. οὐ σιωπήσεσθ', ὅπως μὴ περιχαρεῖς τῷ π.
   388. τωὐτὸ μὴ φαῦλον νόμιζ' ἐν τουτῳὶ τῷ π.
Ο. 460. ἀλλ' ἐφ' ὑγιεῖ σε π. τὴν σὴν ἥκεις γνώμην ἀναπείσας,
Λ. 615. ἀλλ' ἐπαποδυώμεθ', ἄνδρες, τουτῳὶ τῷ π.
Β. 1481. νὴ τὸν Δί'· οὐ γὰρ ἀχθόμαι τῷ π.
Π. 348. ἕνι γὰρ τις, ἔνι κίνδυνος ἐν τῷ π.
πραγμάτιν. Ν. 197. αὐτοῖσι κοινώσω τι π. ἐμόν.
πραγματίου. Ν. 1004. οὐδ' εἱλκύμενος περὶ π. γλισχραντιλογ-
   ἐξεπιτρίπτου'
πραγματοβλήτης. Ο. 1424. καὶ π. εἶτα δέομαι στερρὰ λαβὼν
πράγματος. Σ. 30. λέγε νυν ὀνύσας τι τὴν τρόπιν τοῦ π.
   Σ. 734. ξυλλαμβάνει τοῦ π.,
   1424. ὅ τι χρή μ' ἀναστίσαντ' ἀργύριον τοῦ π.,
Ο. 321. ἥκετον δ' ἔχοντε πρίμωνι π. πελωρίου.
Λ. 14. βουλευσομέναισιν οὐ περὶ φαύλου π.
   71. ἤκουσαν ἄρτι περὶ τοιούτου π.,
Π. 333. προσιόντα' δῆλος δ' ἐστὶν ὅτι τοῦ π.
   652. κἀγὼ νομίσας πολλὴν ὁσίαν τοῦ π.
πράγματός. Εκ. 646. πολὺ μέντοι δεινότερον τούτου τοῦ π.
   ἐστι ΒΛ. τὸ ποῖον;
πραγμάτων. Α. 269. τῷ π. τε καὶ μαχῶν
Α. 310. οὐχ ἀπάντων ὄντας ἡμῖν αἰτίους τῶν π.
   757. αὐτίκ' ἄρ' ἀπαλλάξεσθε π. ΜΕ. σά μάν,
Ι. 360. τῶν π., ὑτιὴ μόνος τῶν ζωμῶν ἐκροφήσει.
   624. καὶ μὴν ἀκούσας γ' ἄξιον τῶν π.,
   1006. περὶ σοῦ, περὶ ἐμοῦ, περὶ ἁπάντων π.,
Ν. 895. ἐκφροντισών τι τῶν σεαυτοῦ π.
   1284. εἰ μηδὲν οἶσθα τῶν μετεώρων π.,
   1303. οἷον τὸ π. ἐρᾶν φλαύρων· ὁ γὰρ
   1459. γνώμεν πονηρῶν ὄντ' ἐραστὴν π.,
Σ. 1426. ἐν κύκλῳ. δεινῶν γὰρ οὐ δίομ' οὐδὲ π.
ΕΙ. 191. οὐ συκοφάντης, οὐδ' ἐραστὴς π.
   293. ἀπαλλαγείσιν π. τε καὶ μαχῶν
   353. παλλαγέντα π.
Ο. 135. νὴ Δία ταλαιπώρων γε π. ἐρᾷς.
Α. 617. π. μοι δοκεῖ,
   650. ἢν ἀμείνω γ' εἰσενέγκω τῶν παρόντων π.
Β. 185. τίς εἰς ἀναπαυλας ἐκ κακῶν καὶ π.;
   1122. ἀσαφῆ γὰρ ἦν ἐν τῇ φράσει τῶν π.
Εκ. 557. ἀταξαντίνων τῶν κατὰ πόλιν π.
Π. 907. τῶν τῆς πόλεως εἴμ' ἐπιμελητὴς π.
   1112. ἡμᾶς; ΕΡ. ὑτιὴ δεινότατα πάντων π.
Fr. 344, 3. ἀπαλλαγέντα τῶν κατ' ἀγορὰν π.,
   446. ὥσπερ τέως ἦν, ἀλλὰ καινῶν π.
πράγους. Ο. 112. π. δὲ δὴ τοῦ δεομένου δεῦρ' ἦλθετον;
Λ. 706. ἄνασσα π. τοῦδε καὶ βουλεύματος.
πρακτικώτερον. Ι. 91. οἴνου γὰρ εὗρες ἄν τι π.;
πρᾶκτρος. Β. 1229. σὺν δορὶ καὶ χερὶ π. θούριος ὄρνις.
Πραμνίου. Fr. 503. οὔτε Π. σκληροῖσιν οἴνοις συνάγουσι
Πραμνίῳ. Fr. 301, 1. οἴνον δὲ πίνειν οὐκ ἐάσω Π.
Πραμνίων. Ι. 107. ἔλχ' ἔλκει τὴν τοῦ δαίμονος τοῦ Π.
πράμος. Θ. 50. π. ἡμέτερος ΜΝ. μῶν βινεῖσθαι;
Πραξαγόρας. Εκ. 124. δεῦρ', ὦ γλυκυτάτη Π., σκέψαι, τάλαν,
Εκ. 241. εὖ γ', ὦ γλυκυτάτη Π., καὶ δεξιῶς.
   520. αὕτη, πύθεν ἥκεις, Π.; ΠΡ. τί δ', ὦ μέλε,
πρᾶξαι. Εκ. 108. δυνώμεθ', ὥστ' ἀγαθόν τι π. τὴν πύλιν.
πρᾶξαντι. ΕΙ. 215. εἰ δ' ἀν τι π. ἀγαθὸν Ἀττικιωνικὸν
πρᾶξαντι. D. 1450. τἀναντία π. οὐ σωζοίμεθ' ἄν;
πρᾶξας. 1. 549. κατὰ νοῦν π.
ΕΙ. 122. ἢν δ' ἐγώ εὐ π. ἔλθω πάλιν, ἕξετ' ἐν ὥρᾳ
   605. πρῶτα μὲν γὰρ ἦρξε δῆτε Φειδίας π. κακῶς·
   762. καὶ γὰρ πρότερον π. κατὰ νοῦν οὐχὶ παλαίστρας περι-
   νοστῶν
πρᾶξεις. Ι. 498. ἀλλ' ἴθι χαίρων, καὶ π.
πρᾶξειν. Β. 1414. οὐδὲν ἄρα π. ὥσπερ ἦλθες σύπενα;
πρᾶξωσιν. Εκ. 138. αὐτῶν ὅσ' ἂν π. ἐνθυμουμένοισι
πρᾶο. Θ. 1211. ποῦ δύσκολ', ἀλλά π. —ποῦ τὸ γρᾳδιο.
πρανοῦς. Β. 856. σὺ δὲ μὴ πρὸς ὀργὴν, Αἰσχυλ', ἀλλὰ π.
προστέρα. ΕΙ. 198. τινὶ π. μέγασον τὴν νοῦν·
προτέρων. ΕΙ. 936. καὶ τοῖσι συμμάχοισι π. πολύ.
Πρασιαί. Εκ. 242. ἐν Π. τρισάθλιοι καὶ πενταχεῖ
πρᾶον. Fr. 277, 3. ἐκεῖ δ' ὃς ἂν π. εἴραμεν μένειν.
πράσῳ. Β. 621. κλίνοισιν ἐπιτιθεὶς, πάντα τἆλλα, πλὴν π.
πρᾶτα. Λ. 711. οὐ μαρεείσθε τὰς λαμὰ κακῶν.
πρᾶττ'. Θ. 216. τὰ κάτω δ' ἀφνεῖς. ΜΝ. ἀλλά π., εἴ σοι δοκεῖ·
πρᾶττει. Α. 753. τί δ' ἄλλο π. οἱ Μεγαρῆς τῶν; ΜΕ. οἷα δὴ
πράττει. 1. 467. οὔκουν μ' ἐν Ἄργει οἷα π. λανθάνει.

πράττει—Πριάμῳ.

πράττει. ΕΙ. 695. πρῶτον δ' ὅ τι π. Σοφοκλέης ἀνήρετο.
ΕΙ. 858. τὰ νῦν τάδε π.
Ο. 800. μεγάλα π. κἄστι νυνὶ ξουθὺς ἱππαλεκτρυών.
Ἐκ. 104. νυνὶ δ' ὁρᾷς, π. τὰ μέγιστ' ἐν τῇ πόλει.
πράττειν. Ο. 637. ἀλλ' ὅσα μὲν δεῖ ῥώμῃ π., ἐπὶ ταῦτα τεταξόμεθ' ἡμεῖς
Π. 350. ἢν μὲν καταρθώσωμεν, εὖ π. δεῖ
490. ὅτι τοὺς χρηστοὺς τῶν ἀνθρώπων εὖ π. ἐστὶ δίκαιον.
πράττεις. Ι. 1334. τῆς γὰρ πόλεως ἄξια π. καὶ τοῦ Μαραθῶνι τροπαίου.
Ν. 920. αὐχμεῖς αἰσχρῶς. ΔΙ. σὺ δέ γ' εὖ π.
ΕΙ. 1058. ἤδη 'στὶν ὄντά. ΤΡ. πολλὰ π., ὅστις εἶ.
πράττεται. Σ. 767. περὶ τοῦ; τί ληρεῖς; ΒΔ. ταῦθ' ἅπερ ἐκεῖ π.
Π. 181. τὰ δὲ πράγματ' οὐχὶ διὰ σὲ πάντα π.;
πράττῃ. Ν. 246. π., μ' ὁμοῦμαί σοι καταθήσειν τοὺς θεούς.
Π. 783. οἱ φαινόμενοι παραχρῆμ' ὅταν π. τις εὖ.
1151. πατρὶς γάρ ἐστι πᾶσ' ἵν' ἂν π. τις εὖ.
πράττοιτο. Θ. 843. καὶ τόκον π., διδόναι μηδέν' ἀνθρώπων τόκον.
πράττομεν. Π. 344. ὦ Βλεψίδημ', ἀμεινον ἢ χθὲς π.,
πραττομένων. Σ. 695. σὺ δὲ χασκάζεις τὸν κωλακρέτην· τὸ δὲ π. σε λέληθεν.
πράττουσ'. Σ. 1318. κωμῳδολοιχῶν περὶ τὸν εὖ π. ἀεί;
Π. 485. οὐκ ἂν φθάνοιτον τοῦτο π.· ἢ τί γὰρ
πράττοις. Β. 537. πρὸς τὸν εὖ π, τοῖχον
πράττοντες. Ο. 1706. ὦ πάντ' ἀγαθὰ π., ὦ μείζω λόγου,
πράττουσι. Π. 504. π. κακῶς καὶ πεινῶσιν μετὰ σοῦ τε τὰ πλεῖστα συνεισιν.
πράττω. Ο. 134. μή μοι τότε γ' ἔλθῃς, ὅταν ἐγὼ κακῶς.
Fr. 145, 1. τοῦτ' αὐτὸ π., δύ' ὀβολὼ καὶ σύμβολον
πράττων. Ν. 419. νικᾶν π. καὶ βουλεύων καὶ τῇ γλώττῃ πολεμίζων;
Ο. 605. ὡς ἀνθρωπός γε κακῶς π. ἀτεχνῶς οὐδεὶς ὑγιαίνει.
Β. 228. εἰκότως γ', ὦ πολλὰ π.
749. τί δὲ πολλὰ π.; ΑΙ. ὡς μὰ Δί' οὐδὲν οἶδ' ἐγώ,
Π. 341. χρηστόν τι π. τοὺς φίλους μεταπέμπεται.
413. μή νυν διάτριβ', ἀλλ' ἄνυε π. ἕν γέ τι.
802. ὡς ἡδὺ π., ὦνδρες, ἔστ' εὐδαιμόνως,
861. προσέρχεται γάρ τις κακῶν π. ἀνήρ,
931. οὐδ' ἄξιος ταλλύτρια π. ἔλαβες.
πράττωσ'. Ο. 604. ἢν εὖ π., οὐχ ὑγιεία μεγάλα τοῦτ' ἐστί; σάφ' ἴσθι,
πραχθέντι. ΕΙ. 1085. οὐδ' ἐπὶ τῷ π. ποιήσεις ὕστερον οὐδέν.
πρέμνα. Λ. 267. ὅπη ἂν αὐταῖς ἐν κύκλῳ θέντες τὰ π. ταυτί,
πρέμνον. Ο. 321. ἥκετον δ' ἔχοντε π. πράγματος πελωρίου.
πρέπει. Α. 974. ὧν τὰ μὲν ἐν οἰκίᾳ χρήσιμα, τὰ δ' αὖ π. χλιαρὰ κατεσθίειν.
Ο. 1590. καὶ μὴν τά γ' ὀρνίθεια λιπάρ' εἶναι π.
Λ. 8. οὐ γάρ π. σοι τοξοποιεῖν τὰς ὀφρῦς.
663. ἄνδρος ὄζειν εὐθὺς, ἀλλ' οὐκ ἐντεθριῶσθαι π.
Π. 940. Πλοῦτον δὲ κοσμεῖν ἱματίοις οὐ πρέπει.
Πρέπει. Α. 843. οὐδ' ἐξορμύξεται Π. τὴν εὐρυπρωκτίαν σοι,
πρεπόντως. Ο. 563. κἄπειτα θεοὶ ὕστερον αὖθις προσνείμασθαι δὲ π.
πρέπουσαν. Θ. 1132. τούτῳ π. μηχανὴν προσοιστέον.
πρέπουσιν. Β. 371. καὶ παννυχίδες τὰς ἡμετέρας, αἳ τῇδε π. ἑορτῇ.
πρεπτάν. Λ. 1298. Μῶα μόλε Λάκαινα π. ἀμῖν
πρεπώδὲς. Π. 793. π. ἐστιν, ἀλλὰ μᾶλλον ἐσφέρειν.
Π. 797. οὐ γάρ π. ἐστι τῷ διδασκάλῳ
πρεσβείαν. Α. 647. ὅτε καὶ βασιλεὺς, Λακεδαιμονίων τὴν π. βασανίζων,
πρεσβείας. Ι. 795. τὴν εἰρήνην ἐξεσκέδασας, τὰς π. τ' ἀπελαύνεις
πρέσβειρα. Α. 883. π. τεντήκοντα Κοπᾴδων κοράν,
πρέσβιρά. Λ. 86. π. τοι καὶ τὼ σιὼ Βοιωτία
πρέσβυς. Α. 61. οἱ π. οἱ παρὰ βασιλέως.
Α. 636. πρότερον δ' ὑμᾶς ἀπὸ τῶν πύλεων οἱ π. ἐξαπατῶντες
Ι. 1197. π. ἔχοντες ἀργυρίου θαλάντια
Ο. 1532. ἥξουσι π. δεῦρο περὶ διαλλαγῶν
1578. π. ΗΡ. διπλασίοῦ μᾶλλον ἄγχειν μοι δοκεῖ.
1602. ἐπὶ τοῖσδε τοὺς π. ἄφ' ἄριστον καλῶ.
Α. 1010. αὐτοκράτορας π. ἀποπέμπειν ἐνθαδί.
1012. π. ἐλίσθαι, τὸ πέος ἐπιδείξας τοδί.
1072. π. καὶ μὴν ἀπὸ τῆς Σπάρτης οἱδὶ π. ἕλκοντες ὑπήνας
1102. π. Αθ. καλῶν δὴ λέγετε χἠμεῖς τουτογί.
πρεσβεύων. Α. 570. διενεγκοῦσαι διὰ π. τὸ μὲν ἐνταυθί, τὸ δ' ἐκεῖσε.
πρέσβεσι. Α. 62. ποίων βασιλέως; ἄχθομαι 'γὼ π.
πρεσβεύεσθε. Α. 133. ὑμεῖς δὲ π. καὶ κεχήνετε.

πρεσβεύομεν. Ο. 1566. ὁρᾶν τοδὶ πάρεστιν, οἱ π.
πρεσβεύοντες. Ο. 1587. τί ἐστι; ΗΡ. π. ἡμεῖς ἥκομεν
πρεσβεύσομεν. Α. 1230. μεθύοντες ἀεὶ πανταχοῦ π.
πρεσβεύων. Σ. 1271. ἀλλὰ π. γὰρ ἐς Φάρσαλον ᾤχετ'· εἶτ' ἐκεῖ
πρέσβεων. Α. 76. ἆρ' αἰσθάνει τὸν καταγέλων τῶν π.;
Α. 114. ἄλλως ἄρ' ἐξαπατώμεθ' ὑπὸ τῶν π.;
192. ὄζουσι χαύται π. ἐς τὰς πύλεις
πρέσβεως. Α. 93. κύραξ πατάξαι τόν γε σὸν τοῦ π.
πρέσβῃ. Fr. 495. καὶ πρός γε τούτοις ἥκετον π. δύο.
πρέσβυ. Α. 1228. τήνελλα δῆτ', εἴπερ καλεῖς, ὦ π., καλλίνικος.
Θ. 146. ὦ π. π., τοῦ φθόνου μὲν τὸν ψόγον
πρέσβυν. Σ. 1451. τὸν π., οἱ μετίστη
πρέσβυς. Ο. 255. ἥκει γάρ τις δριμὺς π.,
πρεσβῦτ'. Ο. 1401. χαρίεντά γ', ὦ π., ἐσοφίσω καὶ σαφᾶ.
πρεσβῦτα. Ν. 358. χαῖρ', ὦ π. παλαιογενὲς, θηρατὰ λόγων φιλομούσων
Ν. 493. δίδοικά σ', ὦ π., μὴ πληγῶν δέῃ.
794. ἡμεῖς μὲν, ὦ π., συμβουλεύομεν,
1345. σὸν ἔργον, ὦ π. φροντίζειν ὅπῃ
Σ. 1309. ἔοικας, ὦ π., νεοπλούτῳ τρυγί
Fr. 190. ὦ π. πύτερα φιλεῖς τὰς δρυπετεῖς ἑταίρας,
πρεσβύτα. Ο. 320. φήμ' ἀπ' ἀνθρώπων ἀφῖχθαι δεῦρο π. δύο
Ο. 337. τῷ δὲ π. δοκεῖ μοι τῷδε δοῦναι τὴν δίκην
Π. 508. δύο π., ξυνθιασώτα τοῦ ληρεῖν καὶ παραπαίειν,
πρεσβύται. Α. 179. ἐσπευδον· οἱ δ' ὥσφροντο π. τινες
Εκ. 619. καὶ πῶς ἡμῖν τοὺς π., ἢν ταῖς αἰσχραῖς συνῶμεν,
πρεσβύταις. Λ. 177. ταῖς π. γὰρ προστετακται τοῦτο δρᾶν,
πρεσβύτας. Ο. 703. πολὺ π. πάντων μακάρων, ἡμεῖς δ' ὡς ἐσμεν Ἔρωτος
πρεσβυτάτων. Ο. 478. ὡς π. αὐτῶν ὄντων ὀρθῶς ἐσθ' ἡ βασιλεία.;
πρεσβυτέροις. Εκ. 1019. ταῖς π. γυναιξὶν ἔστω τὸν νέον
πρεσβυτέραν. Εκ. 940. ἀνάστωμεν ἢ π.'
πρεσβυτέροι. Ν. 993. καὶ τῶν βάκων τοῖς π. ὑπανιστασθαι προσιοῦσιν,
πρεσβύτερος. Σ. 1385. ὁ π. κατέβαλε τὸν νεώτερον.
Β. 18. πλεῖν ἢ 'νιαυτῷ π. ἀπέρχομαι.
πρεσβυτέρους. Ν. 959. ἀλλ' ὦ πολλοῖς τοὺς π. ἤθεσι χρηστοῖς στεφανώσας,
Εκ. 637. τοὺς π. αὐτῶν εἶναι τοῖσι χρόνοισιν νομιοῦσιν.
πρεσβυτέρῳ. Ι. 977. καίτοι π. τινῶν
Ν. 982. οὐδ' ἀννηθον τῶν π. ἀρπάζειν οὐδὲ σέλινον,
πρεσβύτῃ. Σ. 738. ὅσα π. ξύμφορα, χόνδρον
πρεσβύτην. Α. 707. ἄρχῃ π. ὄν', μηδὲν τοξότου κυκώμενον,
Ν. 263. εὐφημεῖν χρὴ τὸν π. καὶ τῆς εὐχῆς ὑπακούειν.
476. ἀλλ' ἐγχείρει τὸν π. ὅ τι περ μέλλεις προδιδάσκειν,
Π. 265. ἔχων ἀφίκται δεῦρο π. τιν', ὦ πονηρέ,
πρεσβύτης. Ι. 525. ἐξελήφθη π. ὤν, ὅτι τοῦ σκώπτειν ἀπελείφθη·
Ν. 541. οὐδὲ π. ὁ λέγων τάπη τῇ βακτηρίᾳ
ΕΙ. 856. εὐδαιμονικῶν γ' ὁ π.
Fr. 497. αἰσχρὸν νέᾳ γυναικὶ π. ἀνήρ.
πρεσβυτικοί. Π. 1050. ὦ Ποντοπόσειδον καὶ θεοὶ π.,
πρεσβυτικὸν. Εκ. 278. π. τι, μὴν ὑπὸ τρόπον μιμούμενα
πρεσβυτικῆς. Π. 787. περιεστεφάνωσεν ἐν ἀγορᾷ π.;
πρεσβυτικῶν. Π. 270. π. μὲν οὖν κακῶν ἔγωγ' ἔχοντα σωρόν.
πρεσβύτου. Fr. 94, 2. ἀνδρὸς π. πειθὼ δ' ἀγαθὴ ἐπαοιδήν.
πρεσβύτων. Σ. 540. οὐκέτι π. ὄχλος
Ο. 627. ὦ φίλταθ' ἐμοὶ πολὺ π. ἐξ ἐχθίστου μεταπίπτων,
πρευμενής. Fr. 83. ἀλλ' ὦ θύγατερ ἔλεγ' Ἰασοῖ π.
πρηγορεώνι. Ι. 374. τὸν π. σοὐκτεμῶ,
πρηγορεῶνος. Ο. 1113. ἢν δὲ που δειπνῇτέ, π. ὑμῖν πέμψομεν.
πρημαινούσας. Ν. 336. πλοκάμους θ' ἑκατογκεφάλα Τυφῶ, π. τε θυέλλας,
πρηστῆρι. Λ. 974. μεγάλῳ τυφῷ καὶ π.
πρίαμην. ΕΙ. 21. πύθευ ἂν π. μνᾶ μὴ τετριμμένην.
ΕΙ. 1223. οὐκ ἂν π. οὐδ' ἂν ἰσχάδος μιᾶς.
πρίαιο. Σ. 1405. πρωρᾶς π., σωφρονεῖν ἂν μοι δοκοῖς.
πρίατο. Α. 737. δὲ ὑμέ κα π., φανερὰν ζαμίαν·
Fr. 510. πλὴν εἴ τις π. δεύμενος
πριάμενος. Ι. 600. π. κάθανας, εἰ δὲ καὶ σκόροδα καὶ κρόμμυα
πριάμενος. Α. 901. ἀφύας ἄρ' ἄξεις ἢ φαληρικάς
Ι. 572. ξένιφε π. ἐμβάδοιν τουτὶ φορεῖν δίδωμι,
Ν. 749. γυναῖκα φαρμακίδ' εἰ π. Θετταλήν,
Π. 883. οὐδὲν προτιμῶ σου. φορῶ γὰρ π.
Fr. 79, 1. ὁ δ' ἀξίωτον γε π. τρεῖς χοίνικας
'πριάμην. Ν. 864. τοῦτον 'π. σοι Διασίοις ἁμαξίδα.
Πρίαμος. Ο. όσύτ' ἐξέλθοι Π. τις ἔχων ὅρνιν ἐν τοῖσι τραγῳδοῖς·
Πριάμῳ. Fr. p. 514. ὅτε τῷ Π. συλλυσόμενα τὸν παῖδ' ἦλθον τεθνεῶτα,

268 πρίασθαι—προθύμως.

πρίασθαι. Α. 691. οὗ μ' ἐχρῆν σορὸν π., τοῦτ' ὀφλὼν ἀπέρχομαι.
Α. 740. Δικαιόπολι, ᾖ λῆς π. χοιρία;
Σ. 253. οὐ γὰρ δοκνεί σ', ὅταν δέῃ τίμων π.
Ο. 715. ὅτε χρὴ χλαῖναν πωλεῖν ἤδη καὶ ληδάριόν τι π.
Υτ. 334. οὐ κρανίον λάβρακος, οὐχὶ κέραβον π.
πρίασο. Α. 870. ἀλλ' εἴ τι βούλει, π., τῶν ἐγὼ φέρω.
πρίε. Β. 927. σαφὲς δ' ἂν εἶπεν οὐδεὶν ΔΙ. μὴ π. τοὺς ὀδόντας.
πρίη. Ν. 614. μὴ π., παῖ, δὴδ', ἐπειδὴ φῶς Σεληναίης καλόν.
πρίν. Α. 176. χαῖρ', 'Αμφίθες. ΑΜ. μήπω γε, π, ἂν στῶ τρίχων κ.τ.λ.
Σ. 402. πύτε δ', εἰ μὴ νῦν, ἐπαρήξετέ μοι, π. μ' εἴσω μᾶλλον ἄγεσθαι; κ.τ.λ.
Πρινίδης. Α. 612. τί δαὶ Δράκυλλος κεὐφορίδης ἢ Π.;
πρινιδίοις. Ο. 615. ἀλλ' ὑπὸ θαμνοις καὶ π.
πρίνινοι. Α. 180. Ἀχαρνικοί, στιπτοὶ γέροντες, π.,
πρίνινον. Σ. 877. ταῦρόν τ' αὐτοῦ τοῦτο τὸ λίαν στρυφνὸν καὶ π. ἦθος,
πρινίνων. Α. 666. οἷον ἐξ ἀνθράκων π. φέψαλος ἀνῆλατ', ἐρεθιζόμενος οὐρίᾳ ῥιπίδι,
πρῖνος. Β. 859. σὺ δ' εὐθὺς ὥσπερ π. ἐμπρησθεὶς βοᾷς.
πρινώδη. Σ. 383. ἀμυνοῦμέν σοι τὸν π. θυμὸν ἅπαντες καλέσαντες,
πριονωτά. Fr. 139. στόμια δὲ π.
πρίω. Α. 34. ὃς οὐδεπώποτ' εἶπεν, ἄνθρακας π.,
Α. 35. οὐκ ὄψει, οὐκ ἔλαιον, οὐδ' ἥδει π.,
πρίωμαι. Β. 1229. ἐγὼ π. τῷδ'; ΔΙ. ἐὰν πείθῃ γ' ἐμοί.
πρίωμαί. Α. 812. πόσου π. σοι τὰ χοιρίδια; λέγε.
πρίων. Α. 36. ἀλλ' αὐτὸς ἔφερε πάντα χὼ π. ἀπὴν.
πρίων'. Σ. 694. ἐσπουδάκατυν, καθ' ὡς π. ὁ μὲν ἕλκει, ὁ δ' ἀντενέδωκε
πρό. Α. 235. καὶ διώκειν γῆν π. γῆς, ἕως ἂν εὑρεθῇ ποτέ. κ.τ.λ.
προαγορεύω. Λ. 1214. π. μὴ βαδίζειν
προαγωγεύων. Ν. 980. αὐτοὺς ἑαυτῶν π. τοῖς ὀφθαλμοῖς ἐβάδιζεν,
προαγωγός. Θ. 341. π. οὖσ' ἐνετρύλισεν τῷ δεσπότῃ,
προαγωγούς. Σ. 1028. ἵνα τὰς Μούσας αἶσιν χρῆται μὴ π. ἀποφήνῃ,
Β. 1079. οὐ π. κατίδοιθ' οὗτος,
προαιρούσαις. Θ. 419. αὐταῖς ταμιεύεσθαι, π. λαβεῖν
προαναβλητοί. Εἰ. 1267. ἅττ' ἄσεται π. μοι δοκεῖ.
πρᾶβα. Α. 262. σὺ δ', ὦ γύναι, θεῶ μ' ἀπὸ τοῦ τέγους π.
προβάδην. Β. 351. π. ἔξαγ' ἐπ' ἀνθρῶν ἴλεσιν δάπεδον
προβαίνῃ. Εκ. 161. ἐκκλησιάσουσ' οὐκ ἂν π. τὼ πόδα
προβαίνω. Σ. 230. χῶρει, π. ἐρρωμένως. ὦ Κωμία, βραδύνεις;
προβᾶνε. Α. 257. π., μὴν τὠλῷ φυλάττεσθαι σφόδρα
Α. 483. π. νῦν, ὦ θυμέ· γραμμὴ δ' αὑτηΐ.
Θ. 969. π. ποσὶ τὸν εὑλύραν
προβαίνει. Α. 836. εὐδαιμονεῖ γ' ἄνθρωπος. οὐκ ἤκουσας οἱ π.
προβαίνειν. Εκ. 285. ὥρα π., ὥνδρες, ἡμῖν ἐστι· τοῦτο γὰρ χρὴ
προβαλεῖ. Β. 201, οὔκουν π. τὼ χεῖρε κἀπιτείς; ΔΙ. ἰδού.
προβαλέσθαι. Ν. 973. ἐν παιδοτρίβου δὲ καθίζοντας τὸν μηρὸν ἔδει π.
προβάλλε. Λ. 987. τί δὴ π. τὴν χλαμύδ'; ἢ Βουβωνιᾷς
προβάλλῃ. Σ. 916. ἢν μή τι κύμιά τις π. τῷ κυνί;
προβαλοῦντ'. Π. 799. π., ἐπὶ τούτοις εἶτ' ἀναγκάζειν γελᾶν.
προβαλῶν. Ο. 826. πυροὺς ὀλίγους π.
προβαλῶ. Ν. 757. εὖ γ'· ἀλλ' ἕτερον αὖ σοι π. τι δεξιόν,
προβάλωμαι. Ν. 489. ἄγε νυν ὅπως, ὅταν τι π. σοφὸν
προβάς. Σ. 1169. ὦδί π. τρυφερόν τι διασαλακώνισον.
πρόβατ'. Ν. 1203. ἀριθμός, π. ἄλλως, ἀμφορῆς κενεμένοι;
πρόβατα. Σ. 32. ἐκκλησιάζειν π. συγκαθήμενα,
Π. 299. ἡγούμενον τοῖς π.
προβατίου. Ο. 856. π. τι θύειν.
προβατίων. Π. 922. ζῆν ἀργός; ΣΤ. ἀλλὰ π. βίον λέγεις,
προβατίων. ΕΙ. 535. κιττοῦ, τρυγιπίου, π. βληχωμένων,
Π. 293. βληχώμενοι τε π.
Fr. 344, 5. ἐπεῖτ' ἀκούειν π. βληχωμένων,
προβάτοιν. Ο. 1625. π. δυοῖν τιμὴν ἀνοίσει τῷ θεῷ.
προβάτοις. Ν. 45. βρύον μελίτταις καὶ π. καὶ στεμφύλοις.
Σ. 34. κάπειτα τούτοις τοῖσι π. μεύδοκεῖ
πρόβατον. ΕΙ. 937. ἴθι νυν, ἄγ' εἰς τάχιστα τὸ π. λαβών·
ΕΙ. 949. καὶ πῦρ γε τουτὶ, κοὐδεὶς ἴσχει πλὴν τὺ π. ἡμᾶς.
1022. χοῦτω τὸ π. τῷ χορηγῷ φαίνεται,
προβατοπώλης. Ι. 138. τὸν π. ἦν ἄρ' ἀπολέσθαι χρεὼν
προβατοπώλης. Ι. 132. μετὰ τοῦτον αὖθις π. δεύτερος,
πρόβατων. Ο. 583. καὶ τῶν π. τοὺς ὀφθαλμοὺς ἐκνυφάντων ἐπὶ πείρᾳ·
Ο. 714. ἡνίκα πεκτεῖν ὥρα π. πόκον ἠρινόν· εἶτα χελιδών,
προβεβούλευται. Εκ. 623. τὸ μὲν ὑμέτερον γνώμην τιν' ἔχει π. γὰρ ὅπως ἂν
προβήμασιν. Π. 759. ἐμβὰς γερόντων εὐρύθμοις π.

προβιβᾷς. Ο. 1570. ὦ δημοκρατία, ποῖ π. ἡμᾶς ποτε,
πρόβλημα. Σ. 615. τάδε κέκτημαι π. κακῶν, σκευὴν βελέων ἀλεωρήν·
πράβολος. Ν. 1161. π. ἐμός, σωτὴρ δόμοις, ἐχθροῖς βλάβη,
πρόβουλε. Α. 467. ὦ πόλλ' ἀναλώσας ἔφη, π. τῆσδε τῆς γῆς,
πραβουλεύω. Ι. 1342. καὶ πήδωμαί σου καὶ π. μόνος,
πρόβουλοι. Α. 755. ἄνδρες π. τοῦτ' ἔπραττον τῇ πόλει;
πραβούλους. Λ. 609. νὴ τὸν Δί' ἀλλὰ τοῖς π. ἀντικρυς
πρόβουλος. Λ. 421. ὅτε γ' ὧν ἐγὼ π., ἐκποριῶας ὅπως
προβύσην. Σ. 250. οὐκ, ἀλλὰ τῳδί μοι δοκῶ τὸν λύχνον π.
πρόβυσον. Σ. 249. κάρφος χαμᾶθέν νυν λαβὼν τὸν λύχνον π.
πρόγονον. Β. 1266. Ἑρμᾶν μὲν π. τίομεν γένος οἱ περὶ λίμναν,
προγόνων. Ο. 542. τάσδε τὰς τιμὰς π. παραδόντων,
προγράφωμεν. Ο. 450. σκοπεῖν δ' ὅ τι ἂν π. ἐν τοῖς πινακίοις.
προδεδωμῶθ'. Ο. 328. π. ἀνύσιά θ' ἐπάθωμεν
προδέδωκεν. Ν. 476. ἀλλ' ἐγχείρει τὸν πρεσβύτην ὅ τι περ μάλλις π.,
προδιδάσκων. Fr. 551, 3. καὶ π. τοὺς σοὺς προσώπους.
προδιδόναι. Ει. 108. Μήδοισιν αὐτὸν π. τὴν Ἑλλάδα.
προδιδόντας. Ι. 519. καὶ τοὺς πρωτέρους τῶν ποιητῶν ἅμα τῷ γήρᾳ π.
προδίδοταν. Ει. 408. τοῖς βαρβάροισι π. τὴν Ἑλλάδα
προδιδοῦσ'. Θ. 346. ἢ καὶ δέχεται π. ταῦτα τὸν φίλων,
προδίδωσιν. Β. 362. ἢ π. φρούριον ἢ ναῦν, ἢ τἀπόρρηθ' ἀποπέμπει
πρόδικον. Fr. 260, 2. δοῦναι π. ἐν τῶν φίλων τῶν σῶν ἐνί.
Πρόδικος. Fr. 418, 2. ἢ Π. τῶν ἀδολεσχῶν εἰς γέ τις.
Προδίκῳ. Ν. 361. πλὴν ἢ Π., τῷ μὲν σοφίας καὶ γνώμης εἵνεκα, σοὶ δὲ
Ο. 692. εἰδότες ὀρθῶν παρ' ἐμοῦ Π. κλέειν εἴπητε τὸ λοιπόν.
προδόντων. Σ. 288. τῶν π., τιμὴ Θρᾴκης·
πρόδοτα. Α. 290. ὦ π. τῆς πατρίδος, ὅστις ἡμῶν μόνος
προδότιδας. Θ. 393. τὰς οἰνοπότιδας, τὰς π., τὰς ἀλλους,
προδοῦναι. Ο. 760. εἰ δ' ὁ Πισίου π. τοῖς ἀτίμοις τὰς πύλας
προδοῦσα. Θ. 901. π. Μενέλεων τὸν ἐμὸν ἐν Τροίᾳ πόσιν.
πρόδρομος. Fr. 315. ἅμα δ' ἠπίαλος πυρετοῦ π.
πρόδῳ. Ν. 1500. ἦν π. γενηθῇ μοι μὴ π. τὰς ἐλπίδας,
πρόδῳς. Ι. 241. ἀλλαντοπῶλα, μή π. τὰ πράγματα.
Θ. 210. ὦ φίλτατ', ὦ κηδεστά, μὴ σαυτὸν π.
229. π. μ. χώρει δεῦρο. ΜΝ. κακοβαδίμων ἐγώ.
προδώσειν. Σ. 593. οὐχὶ π. ἡμᾶς φασίν, περὶ τοῦ πλήθους δὲ μαχιέσθαι.
Θ. 1010. ἀνὴρ ἔοικεν οὐ π., ἀλλά μοι
προδώσομεν. Α. 780. ὦ φίλτατοι, τὸν χρησμὸν εἰ π.
προδώσω. Α. 340. ὡς τάδε τὸ λαρκίδιον οὐ π. ποτέ.
Ν. 527. ἀλλ' οὐδ' ὣς ὑμῶν πεθ' ἐκὼν π. τοὺς δεξιούς.
Σ. 666. ἐκ τούτων τοὺς, οὐχὶ π. τῶν Ἀθηναίαν κολοσύρτων,
Θ. 926. οὐ γὰρ π. οὐδέποτε σ', ἤνπερ ἐμπνέω.
προεδρίαν. Α. 42. ἐς πῶν π., πᾶς ἀνὴρ ὠστίζεται.
Ι. 575. νῦν δ' ἐὰν μή π. φέρωσι καὶ τὰ σιτία,
Θ. 834. π. τ' αὐτῇ δίδοσθαι Στηνίοισι καὶ Σκίροις
προεδρίας. Ι. 704. ἐν τῆς π. ἐσχατον πάλιν ὄψει.
προείληχ'. Εκ. 1159. ὅτι π. ἀλλ' ἅπαντα ταῦτα χρὴ μεμνημένους
προείφ'. ΕΙ. 371. ἆρ' οἶσθα θάνατον ὅτι π. ὁ Ζεὺς ὃς ἂν
πρωερεῖ. Ο. 596. π. τις ἀεὶ τῶν ὀρνίθων μαντευομένῳ περὶ τοῦ πλοῦ·
προΐστηκεν. Σ. 419. κεί τις ἄλλος π. ὑμῶν κόλαξ.
προέχων. Ν. 989. τὴν ἀσπίδα τῆς κωλῆς π. ἀμελῇ τῆς Τριτογενείας.
προηγῇ. Π. 1195. ἴν' ἔχων π. τῷ θεῷ σύ. ΙΕ. πάνυ μὲν οὖν
προήκων. Ν. 513. θρύμῳ, ὅτι π.
προθίλυμνόν. Ει. 1210. οἴμ' ὡς π. μ', ὦ Τρυγαῖ', ἀπώλεσας.
προθελύμνους. Ι. 528. ἐφύπει τὰς δρῦς καὶ τὰς πλατάνους καὶ τοὺς ἐχθροὺς π.
προθύματα. Π. 660. ἐπεὶ δὲ βωμῷ πύπανα καὶ π.
πρόθυμος. Π. 209. ἀνὴρ π. αὐτός ἐς τὰ πράγματα,
προθυμοῦ. ΕΙ. 510. χωρεῖν τὸ πράγμά φησιν· ἀλλὰ πᾶς ἀνὴρ π.
προθυμοῦμαι. Α. 1173. καὶ μὴν π. γε σαυλοπρωκτιᾶν.
προθυμούντ'. ΕΙ. 489. μόνοι π. ἀλλ' ὁ χαλκεὺς οὑκ ἐᾷ.
προθύμως. Ν. 361. ἢν ἐπιμελῇς ᾖ καὶ π. τῆς σωτηρίας.
ΕΙ. 301. δεῦρο πᾶς χώρει π. εὐθὺ τῆς σωτηρίας.
379. ἀγὼ π. σοι φέρων προσήκομεν,
417. ἡμῖν π. τήνδε καὶ ξυνέλυσον.
437. χὥστις π. ξυλλαβάβει τῶν σχοινίων,
906. θᾶσσ' ὧν π. πρύτανις παριδέχατο.
Θ. 979. ἐπιγελάσαι π.
981. ζεύξαι π.
Β. 203. ἐλᾷς π.; ΔΙ. κᾆτα πῶς δυνήσομαι,
Π. 257. οὔκουν ὀρῷς ὡρμωμένους ἡμᾶς πᾶλαι π.
252. οἱ πολλὰ μωχθήσαντες, οὐκ οὔσης σχολῆς, π.

προθύμως—προσεδόκας. 269

προθύμως. Π. 324. ἀσπάζομαι δ', ὁτιὴ π. ἥκετε
προθύμοις. Σ. 802. κἂν τοῖς π. ἐνοικοδομήσει πᾶς ἀνὴρ
προθύμοισι. Εκ. 709. ἐν τοῖς π. δέφεσθαι,
προθύρων. Σ. 275. ὦ δέσποτ' ἄναξ, γεῖτον ἀγυιεῦ τοὐμοῦ π. προπύλαιε,
προθυσόμενος. Θ. 38. π. ἔοικε τῆς ποιήσεως.
προϊέναι. Ν. 1214. εἶτ' ἄνδρα τῶν αὑτοῦ τι χρὴ π.;
B. 277. ἄγε δή, τί δρῶμεν; ΞΑ. π. Βέλτιστα νῦν,
προίξ. Θ. 69. ἣν μὴ π. θύρασι πρὸς τὸν ἥλιον.
προῖκ'. Εκ. 613. ξυγκαταδαρθών. ΙΙΡ. ἀλλ' ἐξέσται π. αὑτῷ ξυγκαταδαρθεῖν.
προῖκα. Ι. 577. π. γενναίως ἀμύνειν καὶ θεοῖς ἐγχωρίοις.
Ι. 679. ἀπορούσιν αὐτοῖς π., κἀχαριζόμην.
Ν. 1426. ἀφίεμεν, καὶ δίδομεν αὐτοῖς π. συγκεκύφθαι.
ΕΙ. 907. ἀλλ' οὐκ ἄν, εἴ τι π. προσυναγεῖν σ' ἔδει·
1204. καὶ τῶνδ' ὅ τι βούλει π.· καὶ ταυτὶ δέχου·
προϊτω. Α. 242. π. 'ς τὸ πρόσθεν ὀλίγον ἡ κωηφόρος·
Εκ. 742. ὁ τὴν σκάφην λαβὼν π., τὰ κηρία
προίωμεν. Εκ. 280. π. αὐτῶν, καὶ γὰρ ἑτέρας οἴομαι
προκαθεύδει. Σ. 104. κᾆπειτ' ἐκεῖσ' ἐλθὼν π. πρῷ πάνυ,
προκαλουμένου. Α. 984. κώμαχετο, καὶ προσῆτι πολλά π.,
προκαλοῦνται. Α. 652. διὰ ταῦθ' ὑμᾶς Λακεδαιμόνιοι τὴν εἰρή-
Ι. 796. ἐκ τῆς πύλεως ῥαθαπυγίζων, αἱ τὰς σπονδὰς π.
προκαταγίγνωσκ'. Σ. 919. πρὸς τῶν θεῶν, μή π., ὦ πάτερ,
προκείμαι. Θ. 1033. Γλαυκέτῃ π.
προκειμένων. Εκ. 537. ᾤχου καταλιπoῦσ' ὥσπερεί π.,
προκειμένου. Εκ. 401. καὶ ταῦτα περὶ σωτηρίας π.,
προκεῖσθαι. Ο. 474. γῆν δ' οὐκ εἶναι, τὸν δὲ π. πεμπταῖον τὴν δ' ἀνορούσαν
Πρόκνη. Ο. 665. ἀλλ' εἰ δοκεῖ σφῷν, ταῦτα χρὴ δρᾶν. ἡ Π.
προκόμιον. Fr. 309, 2. π., ὀχθοίβους, μίτρας, ἀναδήματα,
πρόκροον. Λ. 1252. π. θείκελοι
προκρούειν. Εκ. 1018. πρότερον π., ἀλλ' ἐπιθυμῇ τῆς νέας,
προκρούοντα. Εκ. 1017. τὴν γραῦν π. πρώτον· ἢν δὲ μὴ θέλῃ
Προκρούστης. Εκ. 1021. οἴκοι· Π. τήμερον γενήσομαι.
προκυλινδεῖσθαι. Ο. 501. π. τοῖς ἰκτίνοις. ΕΥ. μὴ τὸν Διόνυ-
σον, ἐγὼ γοῦν
προκύπτω. Ο. 496. κἀγὼ νομίσας ὄρθρον ἐχώρουν Ἁλιμοῦντάδε, κάρτι π.
προκύψαν. Θ. 412. παραρραγέντος τιτθίον π.
προλελεγμένων. Σ. 886. νίασιν ἀργοῖς, ἕνεκα τῶν π.
προλιπεῖν. ΕΙ. 116. ὡς σὺ μετ' ὀρνίθων π. ἐμὲ
Θ. 323. ὀλιμέδον, π.
προλιπῶσ'. Θ. 927. ἢν μὴ π. αἱ μυρίαι με μηχαναί.
προλέγοισί. Β. 1248. τὸ ληκύθιον γὰρ τοῦτ' ἐπὶ τοῖς π. σου
προλόγων. Β. 1210. λέγ' ἕτερον αὐτῷ π., ἵνα καὶ γνῶ πάλιν.
Β. 1216. τὸν π. οὐκ ἔξει προσάψαι λήκυθον.
προλόγους. Β. 1119. καὶ μὴν ἐπ' αὐτοῖς τοῖς π. σου τρέψομαι,
Β. 1177. σὺ δὲ πῶς ἐποίεις τοὺς π.; ΕΥ. ἐγὼ φράσω.
1197. ληρεῖς· ἐγὼ δὲ τοὺς π. καλῶς ποιῶ.
1200. ἀπὸ ληκυθίου συν τοὺς π. διαφθερῶ.
1228. ἵνα μὴ διακναίσῃ τοὺς π. ἡμῶν. ΕΥ. τὸ τί,
προλόγους. Β. 1181. τῶν σῶν π. τῆς ὀρθότητος τῶν ἐπῶν.
προμαθεῖν. Ν. 966. εἶτ' αὖ π. ἀσμ' ἐδίδασκεν, τὼ μηρὼ μὴ ξυνέ-
χοντας,
προμάχεται. Σ. 957. ὅτι σοῦ π. καὶ φυλάττει τὴν θύραν
προμελετᾶν. Θ. 1177. ἡ παῖς ἔμελλε π., ὦ ταξίτα.
προμελετήσαιμεν. Εκ. 117. ὅπως π. ἀκεῖ δεῖ λέγειν.
Προμηθέ. Ο. 1504. ὦ φίλε Π. ΠΡ. ποῦ ποῦ, μὴ βόα.
προμηθικώς. Ο. 1511. εὖ γ' ἐπενόησας αὐτὸ καὶ π.
προμηγορήτωρ. Ν. 41. εἶθ' ὤφελ' ἡ π. ἀπολέσθαι κακῶς,
Προνάπους. Σ. 74. Ἀμυνίας μὲν ὁ Π. φησ' οὑτοσὶ
προνοεῖσθαι. Ν. 975. εἴτ' αὖ πάλιν αὖθις ὑνισταμένων συμφῆσαι, καὶ π.
πρόνοια. Fr. 29. "ὦ π. καὶ ἀναιδεία."
προνοίαν. Π. 207. εἴτ' ὠνόμασέ μου τὴν π. δειλίαν.
προνοίαις. Ι. 848. οὐ γὰρ σ' ἐχρῆν, εἴπερ φιλεῖς τὸν δῆμον, ἐκ π.
Προνόμου. Εκ. 102. Ἀγύρριος γοῦν τὸν Π. πώγων' ἔχων
προνοουμένος. Ι. 801. οὐχ ἵνα γ' ἄρῃ μὰ Δί' Ἀρκαδίας π., ἀλλ' ἵνα μᾶλλον
πρόξενε. Θ. 602. ταύτην τε κἀκείνην ἔχεις, ὦ π.
Προξενίδην. Σ. 325. ἢ Π., ἢ τὸν Σέλλου
Προξενίδης. Ο. 1126. ὥστ' ἂν ἐπάνω μὲν Π. ὁ Κομπασεὺς
πρόξενος. Ο. 1021. πού π.; ΠΕ. τίς ὁ Σαρδανάπαλλος οὑτοσί;
πρόξενῳ. Θ. 576. γυναικομάνῳ γάρ π. θ' ὑμῶν ἐπί.
προοιμίοις. Ι. 1343. τούτοις ὅπως χρήσαιτό τις π.,
προὔλαβε. Ι. 1155. καὶ χιλιόπαλαι καὶ π., πάλαι πάλαι.
Ι. 1157. βδελύττομαι σφώ, καὶ π., πάλαι πάλα.
προπέμπετε. Β. 1525. λαμπάδας ἱρὰς, χἄμα π.
προπέμψω. Σ. 299. μὰ Δί' οὐ τἄρα γ'. σε τὸ λοιπόν,

προπέπταται. Fr. 159. ὥσπερ κυλικεῖον τοιθύνιον π.
προπεφυραμένον. Θ. 75. ἔστιν κακῶν μοι μέγα τι π.
προπεφύραται. Ο. 462. καὶ μὴν ὀργῶ νὴ τὸν Δία καὶ π. λόγος εἴς μοι,
προπηλακιζομένας. Θ. 386. π. ὁρῶσ' ὑμᾶς ὑπὸ
προπόλοισι. Ν. 436. ἀλλὰ σεαυτὸν πάραδος θαρρῶν τοῖς ἡμε-
τέροις π.
πρόπολον. Β. 1333. Ἀΐδα π.,
προπόλων. Π. 670. ὁ π., εἰπών, ἤν τις αἴσθηται ψόφου,
προπόλους. Fr. 551, 3. καὶ προδιδάσκων τοὺς σοὺς π.
προπύλαια. Λ. 205. τὰ π. ταυτοΐ·
προπύλαιε. Σ. 875. ὦ δέσποτ' ἄναξ, γείτον ἀγυιεῦ τοὐμοῦ προ-
θύρου π.,
προπυλαίων. Ι. 1326. ὄψεσθε δέ· καὶ γὰρ ἀνοιγνυμένων ψόφῳ ἤδη τῶν π.
προπώλην. Fr. 669. π.
πρόρριζος. Β. 587. π. αὐτός, ἡ γυνή, τὰ παιδία,
πρός. Α. 52. σπονδὰς ποιείσθαι π. Λακεδαιμονίους μόνῳ. κ.τ.λ.
Α. 1229. καὶ π. γ' ἄκρατον ἐγχέας ἄμυστιν ἐξέλαψα. κ.τ.λ.
προσαγαγεῖν. ΕΙ. 907. ἀλλ' οὐκ ἄν, εἴ τι προῖκα π. σ' ἔδει·
προσαγαγοίμην. Θ. 849. τῷ δῆτ' ἂν αὐτὴν π. δράματι;
προσαγάγῃ. Ι. 113. φέρε νῦν ἐγὼ 'μαυτῷ π. τὸν χύα.
προσαιγάγω. Σ. 450. π. πρὸς τὴν ἐλάαν ἐξέδειρ' οἱ κώνδυλοι,
πρόσαγε. Λ. 893. αὐτή τε λυπεῖ; ΜΥ. μή π. τὴν χεῖρά μοι.
Α. 1115. π. λαβοῦσα πρῶτα τοὺς Λακωνικούς,
1121. οὐ δ' ἂν διδῷς, π. τούτοις λαβομένη.
1279. π. χορόν, ἴσαγε χάριτας.
Ερ. 993. θύρασί μ' εὕρες· ἀλλὰ π. τὸ στόμα.
προσάγεις. Σ. 697. καὶ τὸν νοῦν μου π. μᾶλλον, κοὐκ οἶδ' ὅ τι χρῆμά με ποιεῖς.
προσαγορεύειν. Α. 1113. ἄνθρωπε, βούλει μή π. ἐμέ;
Π. 323. ἀρχαῖον ἤδη π. καὶ σαπρόν·
προσᾴδειν. Ι. 491. καὶ διδασκοίμην π. Μορσίμου τραγῳδίαν,
προσαίτη. Σ. 496. ἢν δὲ γήτειον π. τις ἀφνυῆς ἠδυομᾶ τι,
προσαίτων. Α. 429. χωλὸς π., στωμύλος, δεινὸς λέγειν.
Α. 452. γλίσχρου π. λιπαρῶν τ'. Εὐριπίδη,
Α. 1141. στρατιὰν π.· ἣ δὲ Μισσηνὴ πέλας.
προσαμφιῶ. Ι. 891. π. τοδί. σὺ δ' οἴμωξ', ὦ πονηρ'. ΔΗΜ. ἰαιβοῖ.
προσαναγκάξῃ. Σ. 611. κᾄπειτα καθεζομένη παρ' ἐμοὶ π., φαγε τουτί,
προσαξένων. Εκ. 886. ἐμοῦ τρυγήσειεν καὶ π. τινα
προσαπέπεμψεν. Π. 999. ἄμητα π. ἡμῖν τουτονί,
προσαπέστειλεν. Ν. 1256. καὶ π. δὴ' αὐτῷ πρὸς τοῖς δώδεκα.
προσαυλησον. Εκ. 892. ἄξιον ἐμοῦ καὶ σοῦ π. μέλος.
προσάψαι. Β. 1210. τὸν πρόλογον οὐχ ἕξει π. λήκυθον.
Β. 1231. ἵν' οὗτος οὐχ ἕξει π. λήκυθον.
προσβαλεῖν. Α. 994. ἀλλὰ σὲ λαβὼν τρία δοκῶ γ' ἂν ἔτι π.
πρόσβαλλ'. Α. 949. τούτων λαβὼν π. ὅπου
προσβάζεται. Π. 16. οὗτος δ' ἀκολουθεῖ, κώμε π.,
προσβιβᾷ. Ο. 426. τὸ δεῦρο π. λέγων.
προσβλέψετε. Ι. 35. εὖ π. μ'. ΝΙ. ἀλλ' ἑτέρα πῃ σκεπτέον.
προσβλέπειν. Β. 1474. αἰσχιστον ἔργον π. μ' εἰργασμένος·
προσβλέπων. ΕΙ. 1172. μᾶλλον ἢ θεοῖσιν ἐχθρῶν ταξίαρχον π.,
προσβολή. ΕΙ. 39. χώτοις ποτ' ἐστὶ δαιμόνων π.
προσγελάσῃ. Ι. 389. ἐὰν τῷ νυνὶ μαλάξῃς αὐτὸν ἐν τῷ π.,
προσδέχει. ΕΙ. 600. π. λαβών; ἄσμενα.
προσδέχθεται. ΕΙ. 1112. ἡμῖν π., πρίν κεν λύκος οἶν ὑμεναιοῖ.
προσδοκᾷ. Θ. 963. π. καλῶς ἐρεῖν
προσδοκᾶν. Θ. 1180. λαβὼν παρ' ἡμῶν π. λίαν μέγα,
Β. 900. π. οὖν εἰκός ἐστι
προσδοκᾷς. Εκ. 980. οὐ τὸν Σεβῖνον, ὅν σὺ π. ἴσως.
προσδοκᾷν. Β. 530. ὁ δ' ἂν ἀνύπτον καὶ κενὸν
προσδοκῶν. Λ. 46. ταῦτ' αὐτὰ γάρ τοι κἆσθ' ἃ σώσειν π.,
Θ. 81. τοῦτ' οὖν ἀφιγμαι τοι κάπολεῖν με π.
προσδοκῶν. Α. 10. ὅτε δὴ κεχήνη π. τὸν Αἰσχύλον·
Ι. 1156. ἐγὼ δὲ π. γε τρισμυρίψπαλαι
Θ. 846. ἴλλὼς γεγένημαι, ἢ ὁ δ' οὐδένω.
Β. 919. ὑπ' ἰλαρυείας, ἵν' ὁ θεατὴς π. καθοῖτο,
προσδόκων·. Εκ. 32. ἐγὼ δέ γ' ὑμᾶς π. γύρην τρίψω
προσδώκων. Α. 107. εἰ π. χρυσᾶν ἐκ τῶν βαρβάρων.
προσδραμῶν. Σ. 99. εἴπῃ πατέρας, αἴρε πλῆκτρον, εἰ μάχει·
προσδώσει. ΕΙ. 1111. σύδείς π. μοι σπλάγχνων; ΤΡ. οὐ γὰρ οὖν τε
προσδώσετε. ΕΙ. 955. π. δήπου.
προσέβαλ'. ΕΙ. 180. πόθεν βροτοῦ με π.; ὥναξ Ἡράκλεις,
προσεβίβαζον. Π. 1014. εἶτ' ὠφέλιμοί ἤσαν π. τι π. αὐτί,
προσεδίδουν. Ι. 1222. σοὶ μὲν π. μικρὸν ὧν ἐλάμβανεν,
προσεδόκας. Β. 556. κοὐκ οἶσθ' ὅ τι λέγεις. ΠΑΝ. Α. σὺ μὲν οὖν με π.,

προσεδόκων—προσιόντα.

προσεδόκων. Λ 61. οὐδ᾽ ἄν π. καλογιζόμην ἐγώ
προσέθηκεν. Ν. 1192. ἵνα δὴ τί τὴν ἔνην π.; ΦΕ. ἵν᾽, ὦ μέλε,
Εκ. 423. π., οὐδεὶς ἀντεχειροτόνησεν ἄν,
πρᾶσιν. Α. 166. οὐ μὴ π. τούταισιν ἐακοροδισμένοις·
Λ. 447. εἰ τάρα νὴ τὴν Ταυροπόλον ταύτῃ π.,
προσεῖη. Ο. 1315. τύχη μόνον π.
προσεικέναι. Εκ. 1161. μηδὲ ταῖς κακαῖς ἑταίραις τὸν τρόπον π.,
προσειμί. Α. 468. τουτὶ λαβὼν ἄπειμι κοὐ π. ἔτι·
προσεῖναι. Ν. 588. τῇδε τῇ πόλει π., ταῦτα μέντοι τοὺς θεοὺς
προσεῖπας. Ο. 141. οὐκ ἔκυσας, οὐ π., οὐ προσηγάγου,
προσεῖπας᾽. Α. 891. π. αὐτὴν, ὦ τέκν᾽· ἄνθρακας δ᾽ ἐγὼ
προσείπατε. ΕΙ. 581. τὴν θεὸν π.
προσεῖπε. Β. 1145. Ἑρμῆν χθόνιον π., κᾀδήλου λέγων
Π. 786. ἐμὲ γὰρ τίς οὐ π.; ποῖος οὐκ ὄχλος
προσειπεῖν. Α. 882. δός μοι π., εἰ φέρεις τὰς ἐγχέλεις.
ΕΙ. 557.
Fr. Μ. ΕΙ. Δ. 2. ἀσμενότ᾽ ἰδὼν π. βούλομαι τὰς ἀμπέλοις·
προσείπων. Α. 266. ἔκτρε σ᾽ ἔτει π. ἐν
προσείπω. ΕΙ. 520. ὦ πότνια βατρυόδωρε, τί π. σ᾽ ἔπος;
ΕΙ. 522. ὅτῳ π. σ᾽· σὺ γὰρ εἶχον οἴκοθεν,
πρᾶσιοι. Ο. 358. τί δὲ χύτραι νῷ ᾗ ὠφελήσει; ΠΕ. γλαῦξ
μὲν οὐ π. νῷν.
πρέσιοι. Α. 848. οὐδ᾽ ἐντυχὼν ἐν τάγορᾳ π. σοι βαδίζων
πρόσιων. ΕΙ. 952. π. αὐλῶν ἀκλη-
Λ. 214. ὅστις πρὸς ἐμέ π. ἐστιν κεῖ, λέγε.
215. ὅστις πρὸς ἐμέ π. ἐστηκώς. παπαῖ,
προσείχων. Ν. 1401. ἐγὼ γὰρ ὅτε μὲν ἱππικῇ τὸν νοῦν μόνῃ π.
προσίκοψ᾽. Σ. 275. ἐμβάδας, ἡ π. ἐν
προσεκτίλλουσιν. Ο. 286. αἵ τε θήλειαι π. αὐτοῦ τὰ πτερά.
προσέλκυσα. Ι. 640. κἀγὼ π.· κᾆτα τῷ πυκτῷ θενῶν
πρόσελθ᾽. Ι. 8. κακῶν καθάπερ σύ, ΔΙΙ. δεῦρό νυν π., ἵνα
Ν. 822. ὅμως γε μὴν π. ἵν᾽ εἰδῇς πλείονα.
προσέλθη. Β. 44. ὦ δαιμόνιε, π.· δέομαι γὰρ τί σου.
Εκ. 953. π. καὶ ξύνευνός μοι
προσελθέτω. Π. 928. καὶ μήν π., πρὸς ἐμ᾽ ὑμῶν ἐνθαδί
προσέλθῃ. Π. 239. κἄν τις π. χρηστὸς ἄνθρωπος φίλοις
προσελθοῦσ᾽. Π. 457. ἡμῖν π. οὐδ᾽ ὁτιοῦν ἀδικουμένη·
προσελθών. Εκ. 644. τὰ μὲν ἀλλὰ λέγεις οὐδὲν σκαιῶς· εἰ δὲ π.
Ἐπίκουρος,
Λ. 365. ἅπτου μόνον Στρατυλλίδος τῷ δακτύλῳ π.
Π. 1169. αὐτὸς π. μὸν τὸ φρέαρ τὰς κοιλίας,
προσελκύσαιε. Εκ. 910. εἴροιε καὶ π.
προσίμαξεν. Ι. 815. καὶ πρὸς τούτοις ἀριστῶσῃ τὸν Πειραιᾶ π.,
προσεμφερής. Fr. 396. π.
προσενέγκῃ. Σ. 610. καὶ τὸ γύναιόν μ᾽ ὑποθωπεύσαν φυστὴν
μᾶζαν π.,
προσεξεύρηκέ. Ι. 1283. οὐδὲ σαμπόνηρος, ἀλλὰ καὶ π. τι.
προσεπίεσαν. Β. 309. οἶμοι, πύθεν μοι τὰ κακὰ ταυτὶ π.;
προσεπιτέρπεται. Β. 232. π. δ᾽ ὁ φαρμακτὰρ Ἀπόλλων,
προσεπιωρφήσαμεν. Λ. 1238. ἐσγινάαμεν ἄν καὶ π.
προσέπνανθ᾽. Β. 338. ὡς ἡδὺ μοι π. χοιρείαν κρεῶν.
προσέπταθ᾽. Α. 865. πόθεν π. οἱ κακῶς ἀπολούμενοι
προσεπεῖ. Σ. 21. πῶς δή, π. τις τοῖσι συμπόταις λέγων,
προσέρπει. Σ. 1531. καὺτὸς γὰρ ὁ πυντωμέδων ἄσσα πατὴρ π.
προσέρπων. Π. 1509. τουτὶ τί ἤν π. οὐ· ὀξὶς, ἢ φάλαγξ;
προσέρραννον. Εκ. 379. γέλων παρέσχεν, ἦν π. κύκλῳ.
προσέρχεται. Α. 150. ὅσον τὸ χρῆμα παρνόπων π.
Ι. 146. ζητῶμεν αὐτόν. ΝΙ. ἀλλ᾽ οὗ π.
691. καὶ μὴν ὁ Παρλαγὼν οὑτοσὶ π.,
Σ. 1324. ὁδὶ δὴ καὶ σφαλλόμενος π.
1508. π. γὰρ ἕτερος αὖ τῶν Καρκίνου.
ΕΙ. 1044. π. δάφνην τις ἐστεφανωμένος π.
1209. ὅπλων κάπηλος ὀχθωμενος π.
Ο. 1341. ἰδοὺ γὰρ ὁδέ τις ἀετοὺς π.
1414. ὁδ᾽ αὖ μινυρίζων δεῦρό τις π.
1709. π. ὁρᾷς οὖτος σαμφαίη·
Λ. 77. ἠδὶ δὲ καὶ δὴ Λαμπιτώ π.
Θ. 867. σόμιλ Μενέλεως οὐδέπω π.
923. π. γὰρ ὁ πρύτανις χὠ τοξότης.
Π. 861. π. γὰρ τις κακῶς πράττων ἀνήρ,
1038. καὶ μὴν τὸ μειρακίου τοδὶ π.,
προσέρχονται. Λ. 65. ἀτὰρ αἱδε καὶ δὴ σοι π. τινες·
προσέσθαι. Σ. 742. τοῦτ᾽ οὐ δύναταί με π.
προσέσταμεν. Α. 683. τονθορύζοντες ἐν γήρᾳ τῷ λίθῳ π.,
προσέστηκεν. Σ. 811. καὶ πῦρ γε τουτί, καὶ π. φακῆ.
πρόσεστι. Ι. 217. τὰ δ᾽ ἄλλα σοι π. δημαγωγικά,
Σ. 1075. ἰσμὲν ἠμεῖς, οἷς π. τοῦτο τοὐρρωπύγιον,
προσεῖ᾽. Β. 490. ἐγὼ δ᾽ ἀνίστην καὶ π. σημαίμην,
προσέταξεν. Σ. 708. τούτων εἴκοσιν ἄνδρας βόσκειν εἴ τις π.
ἑκάστῃ,
προσετίθη. Ι. 1075. τῶν οὖν ἀλώπηξ π. πρὸς τῷ κυνί;

προσίη. Ι. 984. κλιμάχετο, καὶ π. πολλὰ προκαλουμένου.
Σ. 1320. σκώπτων ἀγροίκωσ καὶ π. λύγους λέγων
Ο. 855. ἄμα δὲ π. χρῆστος ἕνεκα
Λ. 655. ἀλλ᾽ ὑφ᾽ ὑμῶν διαλυθῆναι π. κινδυνεύομεν,
Θ. 416. τηροῦντες ἡμᾶς, καὶ π. Μολοττινοὺς
προσετίδει. Ν. 63. ἡ μὲν γὰρ ἕστων π. πρὸς ταῦτοαμ,
προσετίλησεν, Ν. 411. τὠφθαλμώ μου π. καὶ κατέκαυσεν τὸ
πρόσωπον.
προσεύξῃ. Π. 958. νὼ δ᾽ εἰσίωμεν, ἵνα π. τὸν θεόν.
προσευξόμενος. Π. 841. π. ἥκω δικαίως ἐνθάδε,
προσευξώμεσθα. ΕΙ. 560. νῦν μὲν οὖν, ὦνδρες, π. πρῶτον τῇ
θεῷ,
προσεύχου. Β. 891. ἴθι νυν π. τοῖσιν ἰδιώταις θεοῖς,
προσέφυσας. Ν. 372. νὴ τὸν Ἀπόλλω, τοῦτό γέ τοι τῷ νυνὶ
λόγῳ εὖ π.
πρόσεχε. Ι. 1014. ἄκουε δὴ νυν καὶ π. τὸν νοῦν ἐμοί.
Ν. 635. ἀνύσας τι κατάθυ, καὶ π. τὸν νοῦν. ΣΤ. ἰδού,
ΕΙ. 11. ὦ μηχανοποιέ. π. τὸν νοῦν εὖ ἐμί
Θ. 25. βλέψῃ δεῦρί καὶ π. τὸν νοῦν. ΜΝ. ἰδού.
361. σίγα, σιώπα, π. τὸν νοῦν· χρίματεται γὰρ ἤδη,
Π. 113. γενήσετ᾽ ἀγαθά, π. τὸν νοῦν, ἵνα πύθῃ·
προσέχων. Ι. 1064. ὁ χρησμός, ᾧ σε δεῖ π. τὸν νοῦν πάνυ,
Π. 151. οὐδ᾽ ἂν τὸν νοῦν, ἐὰν δὲ πλησίοι.
προσέχῃ. ΕΙ. 983. κἄν τις π. τὸν νοῦν αὐταῖς,
προσέχῃς. Ν. 1010. καὶ πρὸς τούτοις π. τὸν νοῦν,
προσεχόμενος. Σ. 105. ὥσπερ λεπὰς π. τῷ κίονι,
προσέχοντα. Π. 553. τοῦ δὲ πένητος ζῆν φειδόμενον καὶ τοῖς
ἔργοις π.,
προσέχουσ᾽. Β. 1346. ἐγὼ δ᾽ ἁ τάλαινα π. ἔτυχον
προσέχουσα. Εκ. 600. ταμιευόμεναι καὶ φειδόμεναι καὶ τὴν
γνώμην π.
προσέχω. Ι. 1065. π.· σὺ δ᾽ ἀναγίγνωσκε, τοῖς ναύταισί μου
προσέχων. Εκ. 294. σαντῷ π. ὅπως
προσῇ. Β. 1100. εἰ δὲ τοῦτο καταφοβεῖσθον, μή τις ἀμαθία π.
προσηγάγου. Ο. 141. οὐκ ἔκυσας, οὐ προσεῖπας, οὐ π.·
προσιών. Π. 696. ὁ δὲ θεὸν ὑμῖν οὐ π.· ΚΑ. οὐδένως.
προσῇκ᾽. Π. 14. τοιούτων ὁρᾶν ἡ π. σθίη ποιείν.
προσῆκει. Ο. 969. τί οὖν π. δῆτ᾽ ἐμοὶ Κορινθίων;
Θ. 355. τὰ δ᾽ ἄριθ᾽ ὅσαις π.
Π. 911. οὐ γὰρ π. τὴν ἐμαυτοῦ μοι πύλιν
προσήκει. ΕΙ. 616. οὐδ᾽ ὕπω αὑτῇ π. Φειδίας ψέτηεύη.
προσήκον. Π. 910. εἴ σοι π. μηδὲν εἴτ᾽ ἀσχήμνει·
προσήκοντα. Θ. 698. χοὶ πατέρες ἐναμιμάχησαν καὶ π. γένει,
προσήκοντι. Ο. 1212. πρὸς τοὺς κολοιάρχοις π.; ἀδ᾽ λέγεις·
προσήλωσεν. Ο. 1303. ἡ πτέρυγει, ἡ πτερού τι καὶ σμικρὸν π.
προσήψεν. Β. 1234. ὑράς, π. αὑθις αὖ τὴν λήκυθον.
πρόσθε. Ι. 751. ἀλλ᾽ ἐς τὸ π. χρὴ παριέν᾽ ἐς τὴν τύκνα.
Β. 287. ἀλλ᾽ ἐστὶν ἐν τῷ π. ΔΙ. π., νυν ἰθι.
προσθείς. Ν. 555. π. αὐτῷ γραῦν μεθύσην τοῦ κόρδακος οὐ-
νεχ᾽, ἣν
Σ. 201. καὶ τῇ δοκῷ π. τὸν ὅλμον νὺν τάχυ
459. καὶ σὺ π. Αἰσχίνην ἔντυφα τὸν Σελλαρτίον.
Ο. 1001. κατὰ πνιγέα μάλιστα, π. οὖν ἐγώ
πρόσθεν. Α. 43. χάρτι᾽ ἐς τὸ π.,
Λ. 242. προίτω 'ς τὸ π. ὀλίγον ἡ κανηφόρος·
Ν. 779. εἰ π. ἐτι μιᾶς ἐνεσπώσης δίκης,
Σ. 337. αὐτοσὶ π. καθεύδω· ἀλλ᾽ ὑφεσθ᾽ τοῦ τύπου,
1517. ἵν᾽ ἐφ᾽ ἠσυχίας ἡμῶν π. βεμβικίζωσιν ἑαυτούς.
Λ. 185. θὲς ἐς τὸ π. σαυτὸν ὑπὸ τὴν ἀσπίδα,
302. σπεύδε π. ἐς πόλιν,
Θ. 645. καὶ σοῦ 'στιν' ΓΤ. Ε. αὐθις ἐς τὸ π. οἴχεται.
Εκ. 129. πάριθ᾽ ἐς τὸ π. Ἀρίφραδες, παῦσαι λαλῶν.
πρόσθες. ΕΙ. 1248. ἀλλ᾽ ἄστιγγα π., καὐτό σοι γράψεται
Θ. 569. π. μόνον, κἀγὼ σε νὴ τὴν Ἄρτεμιν. ΓΤ. Γ. τί δράσεις;
προσθέτους. Fr. 310, 2. ὅσαις τε περιπέπτουσιν αὐταὶ π.
προσθήσουσ᾽. Ο. 608. ἔτι π. ὁρνίθων ἔτη. ΕΠ. παρὰ τοῦ; ΠΕ.
παρὰ τοῦ; παρ᾽ ἑαυτοῦ.
προσθίους. Β. 548. τοὺς χοροῦς τοῦς π.
πρόσθου. Ο. 361. ὀξύβαφον ἐντευθενὶ π. λαβὼν ἢ τρυβλίον,
Β. 83. ἰδού λαβέ. ΔΙ. π. ΕΑ. τοῦ 'στιν· ὦ χρυσοῖ θεοί,
προσιέναι. Ο. 854. σεμνά π. θεοῖσιν·
Θ. 932. στήσας φύλαττε καὶ π. μηδένα
προσιέναι. Ι. 359. τὰ μὲν ἄλλα μ᾽ ἤρεσας λέγων· ἐν δ᾽ οὐ π. με
προσίῃ. Θ. 934. παῖ᾽, ἤν π. τις. ΓΤ. Π. νὴ ΔΙ᾽, ὡς νῦν δῆτ᾽
ἀνὴρ
προσικέσθαι. Ι. 761. ἀλλὰ φυλάττου, καὶ πρὶν ἐκεῖνον π. σοι,
πρότερον π.
προσίομεν. Α. 153. ἡμεῖς δὲ μὴ π., ἀλλ᾽ ἀπεχοίμεθα.
προσιόντα. Σ. 657. τὸν φόρον ἡμῖν ἀπὸ τῶν πόλεων συλλήβδην
τὸν π.·
Λ. 831. ἄνδρ᾽, ἀνδρ᾽, ὁρῶ π. παρεσπληγμένον,

προσιόντα—προτείνοιέν. 271

προσιόντα. Εκ. 28. π. φέρε νυν ἐπαναχωρήσω πάλιν,
Εκ. 712. ἵν᾿ ἀποδέχωμαι τὰ π. χρήματα,
Π. 333. π.· δῆλοι δ᾿ ἐστὶν ὅτι τοῦ πράγματος
προσιόντας. Ι. 512. ἃ δὲ θαυμάζειν ὑμῶν φησιν πολλοὺς αὐτῷ π.,
Ο. 1312. ἐγὼ δ᾿ ἐκείνων τοὺς π. δέξομαι.
προσιόντι. Σ. 553. ἄνδρες μεγάλοι καὶ τετραπήχεις· πάπειτ᾿ εὐθὺς π.
προσιόντος. Π. 698. ἐποίησα. π. γὰρ αὐτοῦ μέγα πάνυ
προσιόντων. Σ. 664. οὐδ᾿ ἡ δεκάτη τῶν π. ἡμῖν ἄρ᾿ ἐγίγνεθ᾿ ὁ μισθός.
Εκ. 31. ἡμῶν π. δεύτερον κεποήνικεν.
προσιοῦσ᾿. Λ. 1021. ἀλλὰ τὴν ἐξωμίδ᾿ ἐνδύσω σε π. ἐγώ,
προσιούσας. Εκ. 52. ὁρῶ π. χἀτέρας πολλὰς πάνυ
προσιοῦσιν. Ν. 993. καὶ τῶν θακων τοῖς πρεσβυτέροις ὑπανίστασθαι π.,
προσίσχεται. Π. 1096. ὥσπερ λεπὰς τῷ μειρακίῳ π.
πρόσιτον. Η. 807. οὐκ ἐς κίρακας· οὐ μή π.; ΑΙ. εἶεν, μαχεῖ·
προσίτω. Λ. 134. π. θέωρος ὁ παρὰ Σιτάλκους.
προσιών. Εκ. 29. μὴ καί τις ὢν ἀνὴρ ἅ π. τυγχάνῃ.
Π. 824. ἴωμεν. ΧΡ. ἴα, τίς ἔσθ᾿ ὁ π. οὑτοσί;
προσκαλεῖ. Ο. 1426. ὑπὸ πτερύγων τί π. σοφώτεραν;
προσκαλοῦμαι. Σ. 1406. καὶ καταγελᾶς μου; π. σ᾿ ὅστις εἶ,
Σ. 1417. οἴμοι κακοδαίμων" π. σ᾿, ὦ γέρον,
προσκαλούμενοι. Σ. 1334. ἀφρύει γὰρ ἥξομέν σε π.
προσκαλούμενος. D. 578. ἐκπηνιεῖται ταῦτα π.
προσκαταδείην. Ν. 1235. κἄν π. γ᾿, ὥστ᾿ ὀμόσαι, τριώβολον.
προσκαύσασα. Σ. 828. ἢ Θρᾷττα π. πρώην τὴν χύτραν
προσκείμεναι. ΕΙ. 542. ἀπαλάπασαι καὶ κυάθοις π.
προσκείμενοι. Fr. 460, 2. ἐπηκολούθουν κηντιβύλοιν π.
προσκείμενος. Ο. 880. Χίοισιν ᾔσθην πανταχοῦ π.
προσκείμενον. Ν. 163. ἔπειτα κοῖλον πρὸς στερέῳ π.
προσκείμενων. Ι. 245. ἃ κονιορτὸν δῆλος αὐτῶν ὢν ὁμοῦ π.
πρόσκεισο. Σ. 142. σὺ δὲ τῇ θύρᾳ π. ΣΠ. ταῦτ᾿, ὦ δέσποτα.
προσκεκλήσεσθαι. Ν. 1277. σὺ δὲ νὴ τὸν Ἑρμῆν π. γέ μοι,
προσκεκαμένα. Σ. 939. καὶ τἄλλα τὰ σκεύη τὰ π.
προσκεφάλαια. Λ. 1090. κλίναι, τράπεζαι, π., στρώματα.
Σ. 676. ὕρχας, οἶνον, δάπιδας, τυρόν, μέλι, σήσαμα π.,
Fr. 381. " χαλκώματα, π."
προσκεφάλαιον. Λ. 926. κοίτοι, τὸ δεῖνα, π. οὐκ ἔχεις.
Fr. 84, 2. κνέφαλλον ἅμα καὶ π. τῶν λίνων.
προσκεφαλαίον. Π. 512. καὶ φορμὸν ἔχειν ἀντὶ τάπητος σακρῶν ἀντὶ δὲ π.,
προσκέψομαι. Ι. 154. ἐγὼ δ᾿ ἰὼν π. τὸν Παφλαγόνα.
προσκινήσεται. ΕΙ. 902. φυσῶντα καὶ πνέοντα π.,
προσκινήσομαι. Λ. 227. 228. } κακῶς παρέξω κοὐχί π.
Εκ. 256, τί δ᾿, ἢν ὑποκρούωσίν σε; ΠΡ. π.,
προσκλήσεις. Σ. 1041. ἀντωμοσίας καὶ π. καὶ μαρτυρίας συνεκύλλων,
προσκρεμάννυται. Fr. 187, 2. ὅπου τὰ μυρμυλυκεῖα π.
προσκυλίει. Σ. 202. ἀνύσας τι π. γ᾿. ΣΠ. οἴμοι δείλαιος"
προσκυνεῖς. Σ. 517. οὐκ ἐπαίεις ὑπ᾿ ἀνδρῶν, οὓς σὺ μόνον οὐ π.
προσκυνῶ, Π. 771. καὶ π. γε πρῶτα μὲν τὸν Ἥλιον,
προσκύνησον. Ι. 156. ἔπειτα τὴν γῆν π. καὶ τοὺς θεούς.
προσκύψασα. Σ. 608. ἀπονίζῃ καὶ τὸ πῶδ᾿ ἀλείφῃ καὶ π. φιλήσῃ,
προσλάβεσθ᾿. Λ. 1215. π., ὦ φίλοι.
Λ. 1217. π., ὦ φίλαι.
προσλάβεσθε. ΕΙ. 9. ἄνδρες κοπρολόγοι, π. πρὸς θεῶν.
προσλαβὼν. Λ. 202. καταβεῖσα ταύτην π. μοι τοῦ κάπρου.
προσμαθών. Θ. 24. ἔτι π. χαυλὸς εἶναι τῷ σκέλῃ.
προσμαθών. Θ. 20. νὴ τὸν Δί᾿ ἥδομαί γε τουτί π.
προσμιλήσας. Σ. 1208. παῖ· ἀλλὰ δευρὶ κατακλινείς π.
προσνείμασθαι. Ο. 563. κἄπειτα θεοῖς ὕστερον αὖθις π. δὲ πρεπόντως
πρόσοδια. Ι. 853. π. μεγάλα
πρόσοδοι. Ν. 307. καὶ π. μακάρων ἱερώταται,
πρόσοδοις. ΕΙ. 397. ῥᾶισί τε π. μεγα-
πρόσοξειν. Fr. 246, 2. τουτί· π. γὰρ κακοῦ τοῦ μοι δοκεῖ.
προσοίσει. Α. 436. ἄκραν π., δημοσιοὶ ἂν κλαύσεται.
πρόσοσεις. Λ. 316. τὴν λαμπὰδ᾿ ἡμμένην ὅπως πρώτως ἐμοὶ π.
Λ. 444. ταύτῃ π., κύαθον αἰτήσεις τάχα.
προσοιστόν. Θ. 1132. τοῦτο τρίπουσαν μηχανὴν π.
πρόσομοιοι. Ο. 685. Ἄγε δὴ φύσιν ἄνδρες ἀμαυρόβιοι, φύλλων γενεᾷ π.,
πρόσομοιον. Σ. 356. οἶδ᾿· ἀλλὰ τί τοῦτ᾿; οὐδὲν γὰρ τοῦτ᾿ ἐστὶν ἐκείνῳ π.
Θ. 516. τῷ σῷ π. στρωβλὸν ὥσπερ κύτταρον.
προσουρήσαντα. Β. 95. ἄπαγ π. τῇ τραγῳδίᾳ.
προσοφείλων. Β. 1133. πρὸς τρισὶν λαμβείοισι π. φανεῖ.

προσπαρδεῖν. Β. 1074. νὴ τὸν Ἀπόλλω, καὶ π. γ᾿ ἐς τὸ στόμα τῷ θαλάμαξι,
προσπατταλεύσω. Π. 943. ὥσπερ κοτίνῳ π. τουτῳί.
προσπέμπων. Ι. 473. διδοὺς ἀναπείσεις, οὔτε π. φίλους,
προσπεσεῖν. Ι. 31. θεῶν ἰῶτέ π. τῶν πρὸς βρίτας.
προσπίσω. Θ. 580. σκοπῆτε καὶ τηρῆτέ μὴ καὶ π.
προσπισών. Ι. 344. ἰδοὺ λέγειν. καλῶς γ᾿ ἂν οὖν τι πρᾶγμα π. σοι
Λ. 297. π., μ᾿ ἐκ τῆς χύτρας
προσπεσών. ΕΙ. 885. τὴν ζωμὸν αὐτῆς π. ἐκλάψεται.
προσπίπτουσαι. Εκ. 694. π. τοῖς ἀπὸ δείπνου
προσποιεῖ. Σ. 1317. ἐπὶ τῷ κομζῇ καὶ κομψὸς εἶναι π.
προσπαιῇ. Εκ. 871. ὅταν καταπηθῇ, π. τῶν χρημάτων.
προσπομπηί. Ι. 215. ἄναντα, καὶ τὸν δῆμον ἀεὶ π.
προσπράτγων. Fr. 277. ἵνα μή με π. γραῦν οἱ φράτορες.
προσπταίοντα. Π. 121. ὅστις σε π. περικοστεῖν ἐᾷ·
προσπτάμενος. Ο. 1613. π. ἐκνύξει τὸν ὀφθαλμὸν θενών.
προσταλαιπωρήσατ᾿. Α. 766. καὶ π. ἰτ᾿ ὀλίγον χρόνον,
προστάς. ΕΙ. 1183. εἶτα π. πρὸς τὸν ἀνδριάντα τὸν Πανδίονος,
προστάταισι. Εκ. 176. ὁρῶ γὰρ αὐτῆς π. χρωμένην
προστατεῖ. Ι. 323. δειπ, ἥπερ ἡμῖν π. ῥητόρων;
προστατῶν. Ι. 1128. τρέφειν ἵνα π.᾿
ΕΙ. 684. αὐτῷ πυπρῶν π. ἐνεγράψατο.
Β. 569. ἴθι δὴ κάλεσον τὸν π. Κλεωνῦ μοι.
Π. 920. νὴ Δία, πονηρὸν τάρα π. ἔχεις.
προστεταγμένα. Εκ. 458. ἅπαντά τ᾿ αὐτοῖς ἐστι π.
προστέτακται. Λ. 177. ταῖς πρεσβυτάταις γάρ μ π. τοῦτο δρᾶν·
προσθιάσων. Σ. 564. οἱ μέν γ᾿ ἀποκλάοντες πενίαν αὑτῶν καὶ π.
προστίθει. Β. 1283, ἔτι δὴ πέραινε, καὶ κόπον μὴ π.
προστίθεις. Ο. 1004. ὀρθῷ μετρήσω κανόνι π., ἵνα
προστίθεντες. ΕΙ. 640. αἰτίας ἂν π. ὡς φρονοῖ τὰ Βρασίδα.
προστρέχει. Α. 1084. αἰαῖ, τίνα δ᾿ αὖ μοι π. τις ἀγγελῶν;
Θ. 572. ἰσπουδακυία π. πρὶν οὖν λαβῦ γενέσθαι,
προστρίβεται. Ι. 5. πληγαὶ ἀεὶ π. τοῖς οἰκέταις.
πρόσφερ᾿. Π. 1052. τὴν βάβα μή μοι π. ΧΡ. εὖ μέντοι λέγεις
πρόσφερε. ΕΙ. 1109. π. τὴν γλῶτταν. ΤΡ. σὺ δὲ τὴν σαυτοῦ γ᾿ ἀπένεγκον.
Λ. 484. ἀλλ᾿ ἀνέρωτα, καὶ μὴ πείθου, καὶ π. πάντας ἐλέγχοις.
προσφέρειν. Α. 471. ἀλλ᾿, ὦ μέλ᾿, οὐ χρῆ π. τοῖς πλησίοισιν εἰπῇ
προσφέρῃ. Λ. 359. ἤν π. τὴν χεῖρά τις, μὴ τουτὶ μ᾿ ἐμποδίζῃ·
προσφέρει. Εκ. 67. καὶ μηδὲν εἴπῃ ἐτὶ γυναικί π.
προσφέρω. Ν. 480. ἤδη ᾿πὶ τούτοις πρὸς σὲ καινός π.
προσφέρων. Β. 1130. σκαιοῖσι γάρ τοι καινὰ π. σοφὰ
Fr. 209, 2. ταχὺ π. καὶ ἐνέχειν τὸ σφοδρα κνανορθεθῇ.
προσφθαρείς. Εκ. 248. ἀτὰρ ἣν Κέφαλος σοι λοιδορῆται π.,
πρόσφορα. ΕΙ. 1025. τά τε π. πῶτ᾿ ἐπὶ τούτοις.
πρόσφορον. Σ. 809. σφαρίν γε τουτὶ καὶ γέροντι π.
προσφορωτέραν. Ο. 124. μείζω μὲν οὐδέν, π. δὲ νῷν,
πρόσχετε. Ι. 503. ὑμεῖς δ᾿ ὑμῖν π. τὸν νοῦν
Ν. 575. ὦ σοφώτατοι θεαταί, δεῦρο τὸν νοῦν π.
Σ. 1015. νῦν αὖτε λεῴ π. τὸν νοῦν, εἴπερ καθαρόν τι φιλεῖτε.
Ο. 688. π. τὸν νοῦν τοῖς ἀθανάτοις ἡμῖν, τοῖς αἰὲν ἐοῦσιν,
πρόσχημα. Β. 913. π. τῆς τραγῳδίας, γρύζοντας οὐδὲ τοῦτι·
προσχέτω. Ν. 1122. π. τὸν νοῦν, πρὸς ἡμῶν οἷα πείσεται κακά,
προσχίσματα. Fr. 670. π.·
πρόσχορον. Fr. 399. π.
πρόσωπα. Ι. 646. εἰ δ᾿ εὐθέως τὰ π. διεγαλήνισαν
Λ. 810. σκύλοισι τὰ π. περιειργμένος,
προσωπίδων. Fr. 256, π.
προσώποισιν. Ι. 38. ἐπίδηλον ἡμῖν τοῖς π. ποιεῖν,
πρόσωπον. Α. 900. ὡς καλὸν ἔχουσα τὸ π. ἆρ᾿ ἐλάνθανες
Ι. 396. καὶ τὸ π. καίνω καθημένου.
Ν. 411. τὠφθαλμῷ μου προσετίλησει καὶ κατίκαυσεν τὸ π. 946, τὸ π. ἅπαν καὶ τώφθαλμώ
ΕΙ. 524. οἷον δ᾿ ἔχεις τὸ π., ὦ θεωρία.
Ο. 1322. εὐήμερον π.
Β. 294. ἅπαν τὸ π. ΔΙ. καὶ σκέλος χαλκοῦν ἔχει.
912. ᾿Αχιλλέα τιν᾿ ἢ Νιόβην, τὸ π. οὐχὶ δεικνύς,
Εκ. 974. μιλττᾶ Μούσης, γλυκὺν θρόαμα, Τρυφῇ π.,
Π. 732. καὶ πῶν τὸ π.᾿ εἴθ᾿ ὁ θεὸς ἐπώπτυεν.
προσώπων. Ν. 1176. ἐπὶ π. τ᾿ ἀστὸν Ἀττικῶν βλέπος.
Π. 1065. ὡς κατάδηλα τοῦ π. τὰ λάπη
προσώπων. Π. 1051. ἐν τῷ π. τῶν ῥυτίδων ὄσας ἔχει.
πρόσωφ᾿. ΕΙ. 544. π. ἄ, ἵνα γνῷς τὰς τέχνας. ΕΡ. αἰσχ. τάλας,
πρότεινε. ΕΙ. 684. σεῖον σὺ ταχέας. σὺ δὲ π. τῶν ὑλῶν.
Λ. 941. δὴ τὴν χεῖρα πιλυτέρων λαβών.
προτείνειν. Θ. 937. κώληψ π., ἀργύριον ἤν τις διδῷ,
προτείνοιεν. Π. 1019. ὁπότε π. γε δραχμὰς εἴκοσιν.

272 πρότεινον—πρυτάνεις.

πρότεινον. Θ. 1183, τῷ πόδε π., ἵν' ὑτολύπω. ΤΟ. ναίκι ναί
προτίνθαι. Ν. 1198. ὕπερ οἱ π. γὰρ δοκοῦσί μοι ποιεῖν·
πράτερα. Ν. 658. ἀλλ' ἕτερα δεῖ σε π. τούτων μανθάνειν,
προτερᾷ. Ι. 43. ὑπόκωφον οὗτος τῇ π. νουμηνίᾳ
πρότεραι. Εκ. 98. ἢν δ' ἐγκαθεζώμεσθα π., λήσομεν
προτεραίτερος. Ι. 1165. ἀλλ' οὐ τράπεζαν, ἀλλ' ἐγὼ π.
προτέραν. Σ. 558. ὃς ἐμ' οὐδ' ἂν ζῶντ' ἤδειν, εἰ μὴ διὰ τὴν π.
   ἀπέφυξιν.
   Ο. 473. π. τῆς γῆς, κἄπειτα νύσῳ τὸν πατέρ' αὑτῆς ἀπο-
      θνήσκειν·
Λ. 442. ταύτην π. ξύνδησαν, ὑτιὴ καὶ λαλεῖ.
πρατέρας. Ι. 535. ὃν χρῆν διὰ τὰς π. νίκας πίνειν ἐν τῷ πρυ-
      τανείῳ.
   Εκ. 985. ἐπὶ τῆς π. ἀρχῆς γε ταῦτ' ἦν, ὦ γλύκων·
   1082. νοτέρας π. σὺν κατελάσας ἀπαλλαγῷ;
πρότερος. Ο. 477. οὔκουν δῆτ' εἰ π. μὲν γῆς, π. δὲ θεῶν
      ἐγένοντο,
   Ο. 519. τὰ σπλάγχνα διδῷ, τοῦ Διὸς αὐτοῦ π. τὰ σπλάγχνα
      λάβωσιν,
πρότεροί. Ο. 469. ἀρχαιότεροι π. τε Κρόνου καὶ Τιτάνων
      ἐγένεσθε
προτέροις. Εκ. 706. ἐψήφισται π. βινεῖν,
πρατέροισιν. Εκ. 609. πρότερόν γ', ὦταῖρ', ὅτε τοῖσι νόμοις
      διεχρώμεθα τοῖς π.·
πρότερον. Λ. 636. π. δ' ὑμᾶς ἀπὸ τῶν πόλεων οἱ πρέσβεις
      ἐξαπατῶντες
Ι. 894. καὶ π. ἐπεβούλευσαί σοι, τὸν καυλὸν οἶσθ' ἐκεῖνον
   1221. τοιαῦτα μέντοι καὶ π. εἰργάζετο·
   1325. οἷός περ Ἀριστείδης π. καὶ Μιλτιάδης ξυνεσίτει.
   1355. αἰσχύνομαί τοι ταῖς π. ἁμαρτίαις.
Ν. 24. εἶθ' ἐξέπηνε π. τὸν ὀφθαλμὸν λίθῳ.
   373. καίτοι π. τὸν Δί' ἀληθῶς ᾤμην διὰ κοσκίνου οὐρεῖν.
   507. δύς μοι μελιτοῦτταν π.· ὡς δέδοικ' ἐγὼ
   648. ἐγὼ μὲν οὐδέν π. ἡμιεκτέου,
   1194. π. ἀναλλάτεινθ' ἰκόντες, εἰ δὲ μή,
Σ. 763. Λίθῃ διακρινεῖ π. ἢ 'γὼ πείσομαι.
   780. ὥσπερ π. τὰ πράγματ' ἔτι μασώμενος,
   1127. καὶ γὰρ π. ἐπανδρακίδων ἐμπλήμενος
   1423. ἀλλ' ἐλθὲ δευρί π., ἐπιτρέπεις ἐμοί,
ΕΙ. 762. καὶ γὰρ π. πράξας κατὰ τοὖν οὐχὶ παλαίστρας περι-
      νοστῶν
   1107. ἀλλά τόδε π., σκινδεῖν ἡμᾶς, ἐς δ' ἀπελθεῖν.
   1269. αὐτοῦ παρ' ἐμὲ στᾶν π. ἀναβαλοῦ 'νθαδί.
Ο. 75. οὕτως γ', ἂρ', οἶμαι, π. ἀνθρώποι πον' ἂν,
   461. ἐγὼ θαρρήσας· ὡς τὰς σπονδὰς οὐ μὴ π. παραβῶμεν.
   467. οἵτινες ὄντες π. βασιλῆς ΧΟ. ἡμεῖς βασιλῆς; τίνος;
   ΠΕ. ὑμεῖς
   522. οὕτων ὑμᾶς πάντες π. μεγάλους ἁγίους τ' ἐνόμιζον,
   558. ὥσπερ π. μοιχεύσαντες τὰς Ἀλκμήνας κατέβαινον
   700. π. δ' οὐκ ἦν γένος ἀθανάτων, πρὶν Ἔρως ξυνέμιξεν
      ἅπαντα·
   1586. ἐπινᾶς π. αὐτοῖσιν· ΠΕ. ὦ χαῖρ', Ἡράκλεις.
   1596. ἀλλ' οὔτε π. πώποθ' ἡμεῖς ἡρξαμεν
Λ. 507. ἡμεῖς τὸν μὲν π. πόλεμον καὶ τὸν χρόνον ἠνεχόμεσθα,
Θ. 460. κομψότερον ἔτ' ἢ τὸ π. ἀναείρηκεν.
   578. ὀλίγῳ τι π. κατ' ἀγορὰν λαλούμενον,
   623. ἀνῆλθες ἤδη δεύρο π.; ΜΝ. νὴ Δία,
Β. 76. εἶτ' οὐ Σοφοκλέα π. ὄντ' Εὐριπίδου,
   638. κλαύσαντα π. ἢ προτιμησαντά τι
   674. π. ποιήσαι, πρὶν ἐμὲ τὰς πληγὰς λαβεῖν.
   691. αἰτίαν ἐκθεῖσι λῦσαι τὰς π. ἁμαρτίας,
Εκ. 103. λίληθε· καίτοι τὸ π. οὕτος γυνή.
   579. ῥημία πω π. μι·
   588. μή νυν π. μηδεὶς ὑμῶν ἀντείπῃ μηδ' ὑποκρούσῃ,
   620. οὐκ ἐπιλείψει τὸ πίος π., πρὶν ἐκεῖσ' οἱ φὴς ἀφικέσθαι·
   649. ἀλλ' οὕτως καὶ π. γέγονεν, πρὶν τὸ ψήφισμα γενέσθαι,
   669. οὐδ' ἦν γε θύρας, ὥσπερ π. βίοτος γὰρ πᾶσιν
      ὑπῆρξε.
   700. π. μέντοι δεῖ σε καθεύδειν
   808. π. χέσαι πλεῖν ἢ τριάκονθ' ἡμέρας.
   925. οὐδεὶς γὰρ ἂν σέ π. εἴσεισθ' ὅτι ἐμοῦ.
   939. καὶ μὴ δεῖ π. διασπασθῆναι,
   1018. π. προκρούειν, ἀλλ' ἐπιθυμῇ τῆς νέας,
   1051. π. καθεύδειν αὐτόν· ΝΕΛ. οἴμοι δείλαιος·
Π. 50. ἅγε δή, σὺ π. σαυτὸν ὅστις εἶ φράσον,
   365. οὐ πολὺ μεθέστηχ' ὢν π. εἶχες τρόπον.
   751. οἱ γὰρ δίκαιοι π. ὄντες καὶ βίον
   825. πόνῳ π. μὲν ἀθλίοις, νῦν δ' εὐτυχής·
   1093. ἱκανῶν γὰρ αὐτὴν π. ὑπενείπτουν χρόνον.
   1120. π. γὰρ εἶχον μὲν παρὰ ταῖς καπηλίσιν
   1192. τὸν Πλοῦτον. οὕπερ π. ἦν ἱδρυμένος,

πρότερόν. Ν. 921. καίτοι π. γ' ἐπτώχευες.
   Ν. 1501. ἢ 'γὼ π. πως ἐκτραχηλισθῶ πεσών.
   Θ. 1157. εἰ καὶ π. ποτ' ἵππικῳ
   Εκ. 609. π. γ', ὦταῖρ', ὅτε τοῖσι νόμοις διεχρώμεθα τοῖς
      προτέροισιν·
πρότερος. Ι. 330. ἀλλ' αὐτῷ περὶ τοῦ π. εἰπεῖν πρῶτα δια-
      μαχοῦμαι.
   L 1110. τρίχοιμ' ἂν εἴσω π. ΑΛ. οὐ δῆτ', ἀλλ' ἐγώ.
   1164. ὁρᾷς; ἐγὼ σοι π. ἐκφέρω δίφρον.
   Ν. 940. φέρε δὴ πότερος λέξει π.;
   Β. 861. δάκνειν, δάκνεσθαι π., εἰ τούτῳ δοκεῖ,
   Εκ. C33. ὅταν ἐμβάδ' ἔχων εἴπῃ, π. παραχώρει, κᾆτ' ἐπιτήρει,
πρότερός. Εκ. 595. πῶς οὖν ἔσται κοινὸς ἅπασιν; ΠΡ. κατίδει
      σπίλεθον π. μου.
πρότερους. Ι. 519. καὶ τοὺς π. τῶν ποιητῶν ἅμα τῷ γήρᾳ
      προδιδ'ντας·
   Ν. 936. σύ τε τοὺς π. ἅττ' ἐλάβακες,
προτέρῳ. Ο. 569. ὦ π. δεῖ τοῦ Διὸς αὐτοῦ σίρφον ἐνόρχην
      σφαγιάζειν.
προτέρων. Ν. 1026. εὐδαίμονές τ' ἦσαν ἀρ' οἱ ζῶντες τότ' ἐπὶ τῶν π.
προτεταγμένοις. ΕΙ. 1340. μὲν οἱ π.
προτίθεντο. ΕΙ. 1281. Ἄριπτον π. καὶ ἄτθ' ἥδιστα πάσασθαι,
προτιμᾷς. Β. 655. ἐπεὶ π. γ' οὐδέν. ΔΙ. οὐδέν μοι μέλει.
προτιμήσαντά. Β. 638. κλαύσαντα πρότερον ἢ π. τι
προτιμῶ. Π. 883. οὐδέν π. σου, φορῷ γὰρ πριάμενος
προτιμῶ. Α. 27. ἐστεῖ π. οὐδέν· ὦ πόλις πόλις.
προϋδιβάξατο. Π. 687. ὁ γὰρ ἱερεὺς αὐτοῦ με π.
προύδωκαν. Α. 108. εἴ οὐ γὰρ ἡμᾶς π. Μιλησίοι,
προϋθέμεσθα. Α. 611. μῶν ἐγκαλεῖς ὅτι οὐχὶ π. σε;
προὔλιπες. Ο. 1558. ζῶντ' ἐκεῖνον π.
προϋνόησα. 1. 421. ὦ δεξιώτατον κρέας, σοφῶς γε π.
προυπίνομεν. Θ. 631. τί δὲ μετὰ τοῦτο δεύτερον; ΜΝ. π.
προὐργιαίτερα. Α. 20. ἀλλ' ἕτερ' γὰρ ἦν τῶνδε π.
προὔργον. Εκ. 784. ὦ δαιμόνι' ἀνδρῶν, ἴτα με τῶν π. τι δρᾶν.
   Π. 623. ἐλθὼν διακωλύσῃ τις τῶν π. ποιεῖν.
προυσελούμεν. Β. 730. π., τοῖς δὲ χαλκοῖς καὶ ξένοις καὶ πυρρίαις
προυσχόμην. Ν. 1385. ἐξήνεγκον ἂν καὶ π. σε· σὺ δ' ἐμὲ νῦν
      ἀπάγχων
προυτένθευσαν. Ν. 1200. διὰ τοῦτο π. ἡμέρᾳ μιᾷ.
προὔφειλες. Σ. 3. κακῶν ἄρα ταῖς ετλυραῖς τι π. μέγα.
προὔφηλω. Α. 648. ἆρα σ, τι χρηστὸν τῇ πόλει παραινέσαι;
προὔφηρε. Εκ. 884. νὖν μὲν π. παρακεχάκα π., ὦ σαπρά.
προφαίνε. Α. 1295. Λάκων π. δὴ σὺ μοῦσαν
προφάσεις. Ο. 581. οὐκ ἐθελήσει μὰ Δί', ἀλλ' ὄψει π. αὐτὴν
      παρίχουσαν.
   Λ. 726. πάσας τι π. ὥστ' ἀπελθεῖν οἴκαδε
προφασίζει. Α. 756. τί λέγεις; π.· περιφανῆ τὰ πράγματα.
πρέφασιν. Α. 345. ἀλλὰ μή μοι π., ἀλλὰ κατάθου τὸ βέλος.
   1. 466. π. μὲν Ἀργείους φίλους ἡμῖν ποιεῖν
   Ν. 55. π. ἴφασκον, ὦ γύναι, λίαν σπαθῆς.
   Σ. 174. οἴαν π. καθῆκεν, ὡς εἰρωνικῶς,
   339. τίνα π. ἔχων·
   468. οὔτε τιν' ἔχων π.
   Εκ. 1111. ὡσ' νυθεῖναι π. ἀντὶ ληκύθου.
   Fr. 318. ἀγὼν π. οὐ δέχεται,
προφάσει. Θ. 207. ἀτὰρ ἢ π. γε νὴ Δί' εἰκότως ἔχει.
προφέρων. Θ. 113. γέρας ἱρόν π.
προφήτης. Ο. 972. ἐς δὲ κ' ὑμῶν ἑπέων ἔλθη πρώτιστα π.,
προφερούμενω. Ο. 4. ἀπολούμεθ' ἄλλως τὴν ὁδὸν π.
πρέφρων. Ο. 930. π. δύμιν ἐμὶν τεῖν.
προφυλάττειν. Α. 1146. σοὶ δὲ μιγῶν καὶ π.,
προχειρισώμαι. Εκ. 729. π. κάξετάσω τὴν οὐσίαν.
προχοαῖς. Ν. 272. εἴτ' ἄρα Νείλου π. ὑδάτων χρυσίαις δρύτεσθε
      πρόχουσιν,
πρόχοαυσιν. Ν. 272. εἴτ' ἄρα Νείλου προχοαῖς ὑδάτων χρυσίαις
      δρύτεσθε π.,
πρύμνην. Σ. 399. ἢν πως π. ἀνακρούσηται πληγεὶς ταῖς εἰρε-
      σιώναις.
πρυτανεῖ. Ν. 1136. θεῖς μοι π. ἀπολεῖ μέ φησι κάξολεῖν.
   Ν. 1197. ἀρχαῖά τε π., ἀλλ' ἴνη τε καὶ νέᾳ·
   1199. ἵν' μὲ τάχιστα τὸ π. ὑφελοίατο.
   1255. θήσω π. ἢ μηκέτι ζῴην ἐγώ.
πρυτανεῖα. Σ. 659. π., μέταλλ', ἀγοράς, λιμένας, μισθοὺς καὶ
      δημιόρατα.
πρυτανεῖον. Ν. 1180. εἰς ἥν τε θέσειν τὸ π. φασί μοι.
πρυτανεῖον. Α. 125. εἰς τὸ π. ΔΙ. ταῦτα δῆτ' οὐκ ἀγχόνη·
   I. 281. ἐσβραμὼν ἐς τὸ π., εἶτα πάλιν ἐκθεῖ πλέῳ.
   1404. καί σ' ἀντὶ τούτων εἰς τὸ π. καλῶ.
πρυτάνεις. Α. 23. οὐδ' οἱ π. ἥκουσιν, ἀλλ' ἀωρίαν
   Α. 40. ἀλλ' οἱ π. γὰρ οὑτοοὶ μεσημβρινοὶ
   54. οὐ γὰρ διδόασιν οἱ π.

πρυτάνεις—πρώτην. 273

πρυτάνεις. Α. 56. ἄνδρες π., ἀδικεῖτε τὴν ἐκκλησίαν
Α. 167. ταυτὶ περιείδεθ᾽ οἱ π. πάσχοντά με
173. οἱ γὰρ π. λύουσι τὴν ἐκκλησίαν.
Ι. 655. καθ᾽ εἷλκον αὐτὸν οἱ π. χαὶ τυξόται.
674. ἐκεκράγεισάν τε τοὺς π ἀφεῖναι·
Εἰ. 627. βουλή, π., ὁρᾶτε τὴν θεωρίαν.
905. ἀλλ᾽, ὦ π., δέχεσθε τὴν θεωρίαν·
Θ. 1083. π. καλέσω. ΕΤ. π. καλέσω.
πρυτανείῳ. Ι. 167. δήσεις, φυλάξεις, ἐν π. λαικάσει.
Ι. 535. ὃν χρὴν διὰ τὰς προτέρας νίκας πίνειν ἐν τῷ π.,
709. ἀπονυχιῶ σου τὰν π. σιτία.
766. ὥσπερ νυνὶ μηδὲν δράσας δειπνεῖν ἐν τῷ π.·
Εἰ. 1084. οὔποτε δειπνήσεις ἔτι τοῦ λοιποῦ ᾿ν π.,
Β. 764. σίτησιν αὐτῷν ἐν π. λαμβάνειν,
πρυτάνεις. Εκ. 396. ἔδοξε τοῖς π. περὶ σωτηρίας
πρυτάνεσιν. Ι. 300. καί σε φανῶ τοῖς π.,
Θ. 654. ἐγὼ δὲ ταῦτα τοῖς π. ἀγγελῶ.
764. τοῖσιν π. ἃ πεποίηχ᾽ οὗτος φράσω.
πρυτανεύσητέ. Α. 60, ἢν μὴ περὶ εἰρήνης γε π. μοι.
πρυτάνεων. Εκ. 87, ὑπὸ τῷ λίθῳ τῶν π. καταντικρύ.
πρυτάνεσιν. Θ. 854. ἕξεις, ἕως ἂν τῶν π. τις φανῇ.
πρύτανι. Θ. 936. ὦ π., πρὸς τῆς δεξιᾶς, ἥνπερ φιλεῖς
πρυτάνιες. Α. 961. ἡ τοί π. · λῶ τι μυσίξαι νέων.
πρύτανιν. Β. 1287. Σφίγγα δυσαμερίαν, π. κύνα, πέμπει,
πρύτανις. Θ. 923. προσέρχεται γὰρ ὁ π. χὠ τοξότης.
Σί. 908. θᾶσ᾽ ὡς προθύμως ὁ π. παρεδέξατο.
πρῷ. Σ. 104. κάνειπ᾽ ἐπειδ᾽ ἐλθὼν πρικαθευδεῖς π. πάνυ,
Σ. 689. ἥκει εἴπῃ π. κἂν ὥρᾳ δικάσονθ᾽, ὡς ὅστις ἂν ὑμῶν
Ο. 129. ἐπὶ τὴν θύραν μου π. τις ἐλθὼν τῶν φίλων
132. λουσαμενα π.· μίλλω γὰρ ἐστιὰν γάμους·
Λ. 612. ἀλλ᾽ ἐς τρίτην γοῦν ἡμέραν σοὶ π. πάνυ
1065. ἥκει᾽ οὖν εἰς ἐμοῦ τήμερον· π. δὲ χρὴ
1174. ἵν᾽ ἐς κοπραγωγὴν γα π, καὶ τῷ σιῴ.
Εκ. 290. μή π. πάνυ τοῦ κνέφους
πρῷα. Σ. 264. δείται δὲ καὶ τῶν καρπίμων ἄττα μή ᾽στι π.
πρῴην. Α. 615. οἵς ὑπ᾽ ἐρώου τε καὶ χρεῶν π. ποτέ.
Ι. 54. Παφλαγὼν κεχάρισται τοῦτο. καὶ π. γ᾽ ἐμοῦ
Ν. 169. π. δέ γε γνώμην μεγάλην ἀφῃρέθη
Σ. 717. πορίειν᾽ ἔδωσαν δ᾽ οὐπώποτέ σοι, πλὴν π. κεντε μεδίμνους,
788. ὁ σκαπτήλης. δραχμὴν μετ᾽ ἐμοῦ π. λαβών,
825. ἡ Θρᾷττα προσκύσασα π. τὴν χύτραν
Β. 726. χθὲς τε καὶ π. κυπίσιν τῷ κακίστῳ κύμματι,
1037. ἐδίδαξεν ὑμᾶς τὸν σκαυτατον᾽ π. γοῦν, ἡνί᾽ ἔπεμπεν,
Fr 355. π. ἐρανιστὰς ἐστιῶν ἤχησ᾽ ἴχνος
πρῳδόσω. Σ. 666. ἐν ταύτους τοὺς, οὐχί π. τὸν Ἀθηναίων κολοσυρτόν,
πρῷθ᾽. Β. 1239. ἔασον εἰπεῖν π. ὅλον με τὸν στίχον.
Εκ. 618. πρῶτ᾽ ἢν ταύτης ἐπιθυμήσῃ, τὴν αἰσχρὰν π. ὑποκρούσει.
πρώκτισον. Θ. 1124. τῇ σανίδι τρήσας ἐξόπιστα π.
πρωκτῷ. Θ. 1119. ἀτὰρ εἴ τό π. δεῦρο περιεστραμμένον,
πρωκτόν. Α. 53. πόσου δὲ τὸν π. χρόνου ξυνήγαγεν;
Λ. 119. ὦ θερμόβουλον π. ἐξυρημένε·
863. τοῖς ὀστίνοις φυσῆτε τὸν π. κυνός.
Ι. 364. ἐγὼ δὲ κινήσω γέ σου τὸν π. ἀντὶ φύσκης.
381. τὸν π., εἰ χαλᾷζ.
Ν. 164. τὸν π. ἠχεῖν ὑπὸ βίας τοῦ πνεύματος.
714. καὶ τὸν π. διορύττουσιν,
1300. κεντῶν ὑπὸ τὸν π. σε τὸν σειραφόρον.
Σ. 431. οἱ μὲν ἐς τὸν π. αὑτῶν ἱαπέτεσθ᾽ ὠργισμένοι,
1035.] φώκης δ᾽ ὀσμήν, Λαμίας δ᾽ ὄρχεις ἀπλύτους, π. δὲ καμήλου.
Εἰ. 758.]
172. διὰ τὸν αὑτὸν π. ὀφλήσει.
1237. τὸν π. ἀποδόσθαι με χιλίων δραχμῶν;
Θ. 242. πρὶν ἀντιλαβέσθαι τόν γε π. τῆς φλογός.
248. οἰμώξεταρ᾽ εἴ τις τὸν ἐμόν π. πλυνεῖ.
Β. 423. ἐν ταῖς ταφαῖσι π.
Π. 152. τὸν π. αὐτὰς εὐθὺς ὡς τοῦτον τρέπειν.
πρωκτοτευτετηρίδα. ΕΙ. 876. ὁσην ἔχει τὴν π.
πρωκτός. Ι. 78. ὁ π. ἔστιν αὐτὸς χρῂ τῷ Χλωσί,
Ι. 428. ὁτιῇ ᾽πώρκεις θ᾽ ἡρπακὼς καὶ κρέας ὁ π. εἶχεν.
721. ἐν π. σύμως τοντογὶ σοφίζεται.
Ν. 165. σάλπιγξ ὁ π. ἐστιν ἄρα τῶν ἐμπίδων.
193. τί δῆθ᾽ ὁ π. ἐς τὸν οὐρανὸν βλέπει;
Σ. 1376. λουτροῦ περιηγγυόμενος τῆς ἀρχῆς τῆς περισίμου.
1376. ὁ δ᾽ ὅπισθεν οὐχὶ π. ἐστιν οὐτοσί;
1493. π. χάσκει. ΣΑ. κατὰ σαντῶν ὅρα,
Α. 1148. ἀδικοίμεσθ᾽ ἀλλ᾽ ὁ π. ἄφατος ὡς καλός.
Β. 237. χὠ π. ἰδεῖ πάλαι,
Εκ. 368. οἶδεν τί π. βούλεται χέζητιν.

πρωκτοτηρεῖν. Ι. 878. οὔκουν σε δῆτα ταῦτα δεινόν ἐστι π.,
πρωκτοῦς. Εἰ. 101. καὶ τοὺς π. ἐπικλείειν.
πρωκτῷ. Ι. 640. κᾀγὼ προσέπαισα· κᾆτα τῷ π. θενών
Fr. 85. πόθεν ἂν λάβοιμι βύσμα τῷ π. φλέων;
πρώμν. Fr. 340, π.
πρῶνας. Β. 605. ἐκ Αἰγαίου π. ἢ γλαυκὰς μέδεις
πρῴων. Εἰ. 1164. δή᾽ τό γὰρ φίτν π.
πρῴρᾳις. Β. 1318. φὴ π. κυαν᾿μβόλοις
πρῴρατεύσαι. Ι. 543. κᾷτ᾽ ἐντεῦθεν π. καὶ τοὺς ἀνέμους διαθρῆσαι,
πρῶτ᾽. Ν. 1409. καὶ π. ἐρήσομαί σε τουτί· παιδά μ᾽ ὄντ᾽ ἔτυπτες·
Ο. 483. αὐτίκα δ᾽ ὑμῶν π. ἐπιδείξω τὸν ἀλεκτρυών᾽, ὡς ἐτυράννει
Β. 908. ἐν τοῖσιν ὑστάτοις φράσω, τοῦτον δὲ π. ἐλέγξω,
Θ. 16. ᾧ μὲν βλέπειν χρή π. ἐμηχανήσατο,
πρῶτα. Α. 648. ἠρώτησεν π. μὲν αὐτοὺς πότεροι ταῖς ναυσὶ κρατοῦσιν·
Α. 995. π. μὲν ἂν ἀμπελίδος ὄρχον ἐλάσαι μακρόν,
Ι. 129. ὡς π. μὲν στυππειοπώλης γίγνεται,
155. ἄγε δὴ σὺ κατάθου π. τὰ σκεύη χαμαί,
275 ἀλλ᾽ ἐγὼ σε τῇ βοῇ, ταύτῃ γε π. τρέψομαι.
339. ἀλλ᾽ αὑτῷ περὶ τοῦ πρότερος εἰπεῖν π. διαμαχοῦμαι.
542. τρίτην χρῆναί π. γενέσθαι, πρὶν πηδαλίοις ἐπιχειρεῖν.
774. ὡς π. μὲν, ἡνίκ᾽ ἐβούλευόν σοι, χρήματα πλεῖσ᾽ ἀπέδειξα
779. ὡς δ᾽ οὐχὶ φιλεῖ σ᾽ οὐδ᾽ ἔστ᾽ εὔνους, τοῦτ᾽ αὐτό σε π. διδάξω,
1028. λέγε νυν· ἐγὼ δὲ π. λήψομαι λίθον,
Ν. 537. ὡς δὲ σώφρων ἐστὶ φύσει σκέψασθ᾽· ἥτις π. μὲν
465. π. μέγαν κικλήσκω
609. π. μὲν χαίρειν Ἀθηναίοισι καὶ τοῖς ξυμμάχοις·
612. π. μὲν τοῦ μηνὸς ἐς δᾷδ᾽ οὐκ ἔλαττον ἢ δραχμήν,
636. ἄγε δή, τί βούλει π. νυνὶ μανθάνειν
1016. π. μὲν ἕξεις χραιὰν ὠχράν,
1117. π. μὲν γάρ, ἢν νεὰν Βούληθ᾽ ἐν ὥρᾳ τοὺς ἀγρούς,
1171. ὡς ἡδομαί σου π. τὴν χροιὰν ἰδών.
Σ. 115. καὶ π. μὲν λύγοισι παραμυθούμενος
552. ὃν π. μὲν ἕρποντ᾽ ἐξ εὑνῆς τηρῶσ᾽ ἐπὶ τοῖσι δρυφάκτοις
607. ἀσπάζονται διὰ τἀργύριον, καὶ π. μὲν ἡ θυγάτηρ με
862. π. μὲν εὐξώμεσθα π. τοῖς θεοῖς.
866. εὐφημία π. π. νῦν ὑπαρχέτω.
1104. π. μὲν γὰρ οὐδὲν ἡμῶν ζῴων ἠρεθισμένον
1277. π. μὲν γὰρ αὐτὸν ἄνδρα τε σοφώτατον.
Εἰ. 605. π. μὲν γὰρ ἠρέον ἄτης Φειδίας πρᾶξας κακῶς·
886. ἄγε δὴ σὺ κατάθου π. τὰ σκεύη χαμαί,
Ο. 114. ὅτι π. μὲν δεῖθ᾽ ἅπ᾽ ἄνθρωπος, ὥσπερ νῴ, ποτέ,
157. οὐ π. μὲν δεῖ ζῆν ἄνευ βαλαντίου.
164. τί σοι πιθώμεσθ᾽; ΠΕ. ὅ τι πίθησθε; π. μὲν
550. καὶ δὴ τοίνυν π. διδάσκω μίαν ὀρνίθων πόλιν εἶναι,
585. π. μὲν αὐτῷ τὰς οἰωνοὺς οἱ μύρμηκες οὐ κατέδονται,
709. π. μὲν ὥρας φαίνομεν ἡμεῖς ἦρος, χειμῶνος, ὀπώρας
Α. 486. καὶ μὴν φράσαι τοί᾽ ἐπιθυμῷ πῇ τὸν Δία π. πυθέσθαι,
1024. π. μὲν φαίνει γ᾽ ἀνήρ᾽ εἶτ᾽ οὐ καταγελαστός εἰ.
1074. ἀνδρες Λάκωνες π. μέν, χαίρετε,
1115. πρόσαγε λαβοῦσα π. τοὺς Λακωνικούς.
Θ. 14. αἰθὴρ γὰρ ὅτε τὰ π. διεχωρίζετο,
189. ἐγὼ φράσω π. μὲν γιγνώσκομαι
376. καὶ χρηματίζειν π. περὶ Εὐριπίδου,
Β. 421. κάστιν τὰ π. τῆς ἑκεῖ μοχθηρίας.
1528. π. μὲν εὐοδίαν ἀγαθὴν ἀπιόντι ποιητῇ
Εκ. 215. ἐγὼ διδόξω. π. μὲν γὰρ τἄρια
1030. ὑποστρόρσαι νυν π. τὴν ὑμιχάνου.
Π. 400. σύ τῷ μεταδοῦναι· ΧΡ. μὰ Δία, δεῖ γάρ π. · ΒΛ. τί;
728. καὶ π. μὲν δὴ τῆς κεφαλῆς ἐφήψατο,
771. καὶ προσκυνῶ γε π. μὲν τὸν ἤλιον,
Fr. 198. 8. καὶ τίνες ἄν εἰεν ; β. π. μὲν Σαννυρίων
πρῶτα. Α. 1190. ἤδη βαδίζειν. ΤΟ. οὐκὶ πλῆσι π. μι ;
Β. 36. ἤδη βαδίζων εἰμὶ τηθ᾽, οἱ π. μὰ
πρῶτα. Α. 62. π. παρέσσσθαι σιτᾶ πολλὰ τοῖς Ἀχαρνέων
Πρώτεα. Β. 876. ἐπεὶ τέθνηκι Π. ἔτη δέκα.
Πρώτεως. Β. 881. ὥστις γ᾽ ἀκοῦσας ὅτι τέθνηκε Π.
Πρωτέα. Β. 874. Π. τὰ δ᾽ ἐστὶ μέλαθρα. ΕΤ. τοίου Π.·
Σ. 891. γάμοισι Π. παιδὶ συμμίξει λέχος.
897. αὐτὴ Θεσίνῃ Π. ΓΤ. Π. μὰ τὼ θεώ,
πρώτῃ. Θ. 603. φέρ᾽ ἴδω· τίς ἐπ᾽ ἐμ᾽ οἶ; ΜΝ. πᾷ τις τρίψεται,
Εκ. 731. τῶν χρησμάτων θυραξ π. τῶν ἐμῶν,
πρώτην. Ο. 365. ἕλκε, τίλλε, παῖε, δεῖρε, κόπτε π. τὴν χύτραν·
Ο. 472. δε ἔφασκε λέγων κορυδὸν πάντων π. ὄρνιθα γενέσθαι,

N n

274   πρώτην—πρῶτός.

πρώτην. Λ. 207. ἴατε π. μ', ὦ γυναῖκες, ὑμνύναι.
Λ. 270. πάσας ὑπὸ ψήφου μιᾶς, π. δὶ τὴν Λύκωνος.
720. τὴν μὲν γε π. διαλέγουσαν τὴν ὑκὴν
Θ. 662. ἀλλὰ τὴν π. τρέχειν χρὴν ὡς τάχιστ' ἤδη κύκλῳ
Β. 120. φέρε δὴ, τιν' αὑτῶν σοι φράσω π.; τίνα;
πρώτης. Ο. 1254. π. ἀνατείνας τὼ σκέλη διαμηρῶ
πρώτιστ'. Ο. 585. μὴ, πρὶν γ' ἂν ἐγὼ τῷ βοιδαρίῳ τῳμῷ π. ἀποδῶμαι.
πρώτιστα. Σ. 595. εἴπῃ τὰ δικαστήρι' ἀφεῖναι π. μίαν δικάσαντας
Ο. 972. δὲ δέ κ' ἐμῶν ἐπέων ἔλθῃ π. προφήτης,
Λ. 1169. π. τὸν Ἐχινοῦντα καὶ τὸν Νηλιῶ
Θ. 659. εἷα δὴ π. μὲν χρὴ κοῦφον ἐξορμᾶν πόδα,
Β. 519. ἴθι νυν, φράσον π. ταῖς ὀρχηστρίσιν
911. π. μὲν γὰρ ἕνα τιν' ἂν καθίσειν ἐγκαλύψας,
946. ἀλλ' οὐξιῶν π. μέν μοι τὸ γένος εἴπ' ἂν εὐθὺς
Εκ. 597. τοῦτο γὰρ ἠμέλλον ἐγὼ λέξειν τὴν γῆν π. ποιῆσαι
Π. 792. π. καὶ βλέψαντος οὐδὲν ἐκφέρειν
πρώτιστά. Εκ. 1059. ἴθι νυν ἴασον εἰς ἄφοδον π. με
πρώτιστον. Ν. 553. Εὔπολις μὲν τὸν Μαρικᾶν π. παρείλκυσεν
Ο. 695. τίκτει π. ὑπηνέμιον Νὺξ ἡ μελανόπτερος ᾠόν.
Λ. 555. τί ποιησόμας; ΛΥ. ἦν παύσωμεν π. μὲν ξὺν ὅπλοισιν
589. πλεῖν ᾔδ διπλοῦν αὐτῶν φέρομεν. π. μὲν γε τεκοῦσαι
Β. 941. ἴσχναινα μὲν π. αὐτὴν καὶ τὸ βάρος ἀφεῖλον
1121. π. αὐτοῦ βασανιῶ τοῦ δεξιοῦ.
Εκ. 749. π. αὐτά πολλάκις καὶ σκέψομαι.
πρώτιστος. Α. 23. ἐγὼ δ' ἀεὶ π. εἰς ἐκκλησίαν
Α. 1002. π, δοκῶ Κησιφῶντος λήψεται.
Ν. 1039. ἐν τοῖσι φροντισταῖσιν, ὅτι π. ἐπενίησα
πρῶτον. Ει. 502. π. γὰρ οὑτηνὶ τοῖς σκοχάδος ἠλεώματε.
Λ. 1110. ὡς οἱ π. τῶν Ἑλλήνων τῇ σῇ ληφθέντες ἴυγγι
πρώτοισιν. Ν. 1118. ὑσομεν π. ὑμῖν, τοῖσι δ' ἄλλοις ὕστερον.
πρῶτον. Α. 341. τοὺς λίθους νῦν μοι χαμᾶζε π. ἐξεράσατε
Α. 383. νῦν οὖν μὲ π. πρὶν λέγειν ἰάσατε
637. π. μὲν ἰοστεφάνους ἐκάλουν· κἀπειδὴ τοῦτό τις εἴποι,
710. ἀλλὰ κατεπάλαισεν ἂν μὲν π. Εὐάβλους δέκα,
1. 24. ὥσπερ διεφόμενοι νῦν ἀτρέμα π. λέγε
50. ὦ Δῆμε, λοῦσαι π. ἐκδικάσας μίαν,
488. ἀλλ' εἴμι· π. δ', ὡς ἔχω, τὰς κοιλίας
643. εὐαγγελίσασθαι π. ὑμῖν βούλομαι·
1066. ὅπως ὁ μισθὸς π. ἀπολοθήσεται.
1234. καὶ σοῦ τοσοῦτο π. ἐκπειρίσομαι·
1340. π. μέν, ὑπόψ' εἴπες τις ἦν τηκελησία,
1366. π. μὲν ὑπώσει ναῦς ἐλάκουσαν ἀμκράτ,
1371. ἀλλ' ὥσπερ ἦν τὸ π. ἐγγεγράψεται.
Ν. 78. ἀλλ' ἐξεγείραι π. αὑτὸν βούλομαι.
224. π. μὲν ὅ τι δρᾷς. ἀντιβολῶ, ἀντειπέ μοι.
247. ποίους θεοὺς ὀμεῖ σύ; π. γὰρ θεοὶ
368. ἀλλὰ τίς ὕει; τουτὶ γάρ ἐμοιγ' ἀνόφηναι π. ἀπάντων.
390. ἀτρέμας π. παππᾷξ παππᾷξ, κᾄπειτ' ἐπάγει παπαπαππᾷξ,
649. π. μὲν εἶναι κομψόν ἐν συνουσίᾳ,
731. φέρε νυν. ἀθρήσω π... ὅ τι δρᾷ, τουτονί.
786. π. τί νυνὶ π. ἐδιδύχθης; λέγε.
787. φέρ' ἴδω, τί μέντοι π. ἦν; τί π. ἦν;
803. ὡ π. ὀβολὸν ἔλαβον Ἰλιαστιῶν,
963. π. μὲν ἔδει παιδὸς φωνὴν γρύξαντος μηδὲν' ἀκοῦσαι·
1044. ὅστις σε θερμῷ φησι λοῦσθαι π. οὐκ ἰάσειν.
1146. κάγωγε σ'· ἀλλὰ τουτονὶ π. λαβέ.
1172. νὺν μή γ' ἰδεῖν εἴ π. ἐξαρπήτικός
1212. ἀλλ' εἰσάγων σε βουλόμαι π. ἑστιᾶσαι.
1355. π. μὲν αὐτοῦ τὴν λύραν λαβὼν ἐγὼ 'κέλευσα
1366. ἐγὼ γὰρ Αἰσχύλον νομίζω π. ἐν ποιηταῖς
Σ. 31. ἐδοξέ μοι περὶ π. ὕπνου ἐν τῇ πυκνῇ
55. ὀλίγ' ἀτθ' ὑπεινιῶν π. αὑτοῖσιν ταδί,
656. καὶ π. μὲν λόγουσι π. μὴ ψήφοις, ἀλλ' ἀπὸ χειρός,
826. φέρε νυν, τίν' αὐτῷ π. εἰσαγάγω δίκην;
831. ὁ π. ἡμῖν τῶν ἱερῶν ἱραίνετο·
839. τοῦτ' ἄρα π. τἀδίκημα τῷ πατρὶ
1177. π. μὲν ὡς ᾖ Λάμι' ἔδωκεν ὑπέρβετο,
Ει. 66. Α. δ' εἶπε π. ἠνίκ' ἤρχεθ' ἡ χολή.
423. χάτερ' ἔτι πολλ' ἕξεις ἀγαθά. π. δέ σοι
560. νῦν μὲν οὖν, ἄνδρες, προσευξώμεσθα π. τῇ θεῷ,
612. μὲν δ' ἅπαξ τὸ π. ἄκουσ' ἐψόφησεν ἄμπελος
695. π. δ' ὅ τι πράττει Σοφοκλέης ἀπόργετο,
739. π. μὲν γὰρ τοὺς ἀντιπάλους μόνος ἀνθρώπων κατέπαυσεν
754. καὶ π. μὲν μάχομαι πάντων αὑτῷ τῷ κηρχαρδόντι,
917. καὶ πλὴν γε τῶν θεῶν δεῖ σ' ἡγησόμεθα π.
1057. ὁπτᾶν ἄμεινον π. ΙΕ. ἀλλὰ ταυταγὶ
1074. ἀλλὰ τυδε π. ΤΡ. τοὶς ἀλσὶ γε παστέα ταυτί.

πρῶτον. Ο. 381. ἐστι μὲν λόγων ἀκοῦσαι π... ὡς ἡμῖν δοκεῖ,
Ο. 468. πάντων ὑπόσ' ἔστιν, ἐμοῦ π., τουδὶ. καὶ τοῦ Διὸς αὐτοῦ,
484. ἠρχέ τε Περσῶν π. πάντων, Δαρείου καὶ Μεγαβάζου,
641. ἀλλ' ὡς τάχιστα δεῖ τι δρᾶν· π. δέ γε
693. Χάος ἦν καὶ Νὺξ Ἔρεβός τε μέλαν π. καὶ Τάρταρος εὐρύς·
699. ἐνεόττευσεν γένος ἡμέτερον, καὶ π. ἀνήγαγεν ἐς φῶς·
717. ἰχθύντες γάρ π. ἐπ' ὄρνις. οὕτω πρὸς ἅπαντα τρέπεσθε.
809. γὰρ δὴ τί χρὴ δρᾶν; ΠΕ. π. ὄνομα τῇ πόλει
971. π. Πανδώρᾳ θῦσαι λευκότριχα κριόν·
1286. π. μὲν εὐθὺς πάντες ἐξ εὐνῆς ἅμα
1330. σὺ δὲ τὰ πτερὰ π.
Λ. 307. οὐκοῦν ἀν, εἰ τῷ μὲν ξύλῳ θείμεσθα π. αὑτοῦ,
497. ἀλλ' οὑδὲ δεῖ π. πολεμεῖν. ΠΡ. πῶς γὰρ σωθησόμεθ' ἄλλως;
637. ἀλλὰ θύμεσθ', ὦ φίλαι γρᾶες, ταδὶ π. χαμαί,
946. κάκιστ' ἀπολοίθ' ὁ π. ἐψήσας μύρον.
Θ. 253. ὅ τι; τὸν κροκωτὸν π. ἐνδύου λαβών.
380. ἐγὼ. ΚΗ. περίδου νυν τονδὶ π. πρὶν λέγειν.
476. ἐγὼ γὰρ αὐτὴ π., ἵνα μάλληπ' λέγω,
629. ὅ τι π. ἡμῶν τῶν ἱερῶν ἰδείκνυτο,
630. φέρ' ἴδω, τί μέντοι π. ἦν; ἐπίνωμεν.
968. π. εὐκόλων χορείας εὐφυᾶ στῆσαι βάσιν.
1043. ὡς ἔμ' ἀπεῴχησε π.,
1174. π. μὲν οὖν διελθὲ κανακύλπασον.
Β. 687. ξυμπαραινεῖν καὶ διδάσκειν. π. οὖν ἡμῖν δοκεῖ
633. ἀποσκευνύνειται π., ἅπερ ἑκάστοτε
1013. σκέψαι τοίνυν οἵους αὐτοὺς παρ' ἐμοῦ παρεδέξατο π.,
1038. τὸ κράνος π. περιδησάμενος τὸν λόφον ἡμελλ' ἐπιθήσειν.
1063. π. μὲν τοὺς βασιλεύοντας ῥάκι' ἀμπισχών, ἵν' ἐλεινοὶ
1120. ὅπως τὸ π. τῆς τραγῳδίας μέρος
1124. π. δέ μοι τὸν ἐξ Ὀρεστείας λέγε.
1189. πῶς γάρ· ὅτε δὴ π. μὲν αὐτὸν γενόμενον
1422. π. μὲν οὖν περὶ Ἀλκιβιάδου τὶν' ἔχετον
1455. π., τίσι χρῆσαι πότερα τοῖς χρηστοῖς; ΔΙ. πόθεν;
Εκ. 60. ἔγωγε. π. μέν γ' ἔχω τὰς μασχάλας
66. ἔρρυψα π. ἵνα δασυνθεῖμ' ὅλη
233. ὡς τοὺς στρατιώτας π. οὔσας μητρὶες
416. χλαίνας, ἐπειδὰν π. ψίλος τραφῇ,
436. πολλὰ κακά. ΒΛ. καὶ τί εἶπε; ΧΡ. π. μέν σ' ἔφη
654. τὰ μὲν ὄνθ' ὑμῖν π. ὑπάρξει, τὰ δὲ λοιφ' ἡμεῖς ὀφανοῦμεν.
657. ἀλλ' οὐδὲ δίκαι π. ἔσονται. ΒΛ. τουτί δὲ πώσους ἐπιτρέψεις;
659. πολλῶν ἕνεκεν· δὴ τὸν Ἀπόλλων π., δ' ἐνὸς οὕνεκα δήπου,
716. π. δὲ πάντων τῷ Νικοκλείδη φάρμακον
Fr. 473. ᾖ κακοδαίμων ὅστις ἐν ἀλμῃ π. τριχίδαν ἀπεβάφθη
1. εἶδος δήπου π. ἀπάντων
πρῶτόν. Σ. 1029. οὑδ' ὄτε π. γ' ἦρξε διδάσκειν, ἀνθρώποις φησὶ ἐπιθέσθαι,
πρῶτος. Α. 1202. τὸν γὰρ χύα π. ἐκπέπωκα.
Ι. 6. κάκιστα δῆθ' οὐτὺς γε π. Παρλαγύφον
130. ἐν ἐπὶ τῆς πόλεως τὰ πράγματα.
237. π. ἀν ὁ δ' Ἱπποδάμου λείβεται θεώμενος.
Ν. 737. αὐτὸς ὅ τι βοῦλει π. ἐξευρῶν λέγε.
Σ. 268. οὑ μὴν πρὸ τοῦ γ' ἐψόφεικεν ἤν, ἀλλὰ π. ἡμῶν
283. τὴν Σάμῳ π. κατεῖπτοι,
1225. ἔδω δὲ π. Ἁρμοδίου δέξει δὲ σύ.
Ει. 743. ἕξλας' ἀτιμώσατ π., ὑμῶν τοὺς δούλους παρέλυσεν,
1177. κατα φεύγει π., ὥσπερ ξουθὸς ἱππαλεκτρυῶν
Ο. 500. τῶν Ἑλλήνων; ΠΕ. καὶ κατέδειξέν γ' οὗτος π. βασιλεύειν
1657. οὗτοί Ποσειδῶν, ὡς ἐναίρει σε νῦν.
Λ. 274. ἐπεὶ οὐδὲ Κλεομένης, ὃς αὐτὴν κατέσχε π.
Β. 1004. ἀλλ' ὦ π. τῶν Ἑλλήνων πυργώσας ῥήματα σεμνὰ
Εκ. 393. π. Νεοκλείδης ὁ γλάμων παρείπησεν.
πρώτος. Σ. 852. ὅ π. ἔστιν; ΒΔ. ὁ ὡς κόρακας, ὡς ἄχθομαι.

πρώτου—πυέλῳ. 275

πρώτου. Α. 25. ἐλθόντες ἀλλήλοισι περὶ π. ξύλου,
Σ. 90. ἦν μὴ 'πὶ τοῦ π. καθίζηται ξύλου.
πρώτους. Ν. 523. π. ἡξίωσ' ἀναγεύσ' ὑμᾶς. ἡ παρίσχε μοι
πρώτῳ. Π. 44. καὶ τῷ ξυναντᾷς δῆτα π.; ΧΡ. ταυτῳί
πρώτων. Β. 948. ἔπειτ ἀπὸ τῶν π. ἐτῶν οὐδεὶν παρῆκ' ἂν ἀργὸν
πρώτως. Λ. 316. τὴν λαμπάδ' ἡμμένην ὅπως π. ἐμοὶ προσοίσεις.
πρωυδάν. Ο. 556. ἱερὸν πύλεμον π. αὐτῷ, καὶ ταῖσι θεοῖσιν ἀπειπεῖν
πρῴων. ΕΙ. 1001. συκίων π., μήλων, ῥοιῶν,
πταρμῶν. Ο. 720. φημὶ γ' ὑμῖν ὄρνις ἐστί, π. τ' ὄρνιθα καλεῖτε,
πτελέᾳ. Ν. 1008. ἦρος ἐν ὥρᾳ χαίρων, ὁπόταν πλάτανος π. ψιθυρίζῃ
πτερά. Α. 989. τοῦ βίου δ' ἐξέβαλε δεῖγμα τάδε τὰ π. πρὸ τῶν θυρῶν.
Ο. 103. ὄρνις ἔγωγε. ΕΤ. κᾆτα σοι ποῦ τὰ π.;
286. αἱ ' τε θήλειαι προσεπτίλλουσιν αὐτοῦ τὰ π.
785. οὐδέν ἐστ' ἄμεινον οὐδ' ἥδιον ἢ φῦσαι π.
798. ὡς Διιτρέφης γε πυτιναῖα μόνον ἔχων π.
1051. τοῖς τε κοψίχοισιν ἐς τὰς ῥῖνας ἐγχεῖ τὰ π.,
1176. τίς τῶν θεῶν; ΑΓ. Β. οὐκ ἴσμεν· ὅτι δ' εἶχε π.
1311. Μανῆς δὲ φερέτω μοι θύραζε τὰ π.'
1330. σὺ δὲ τὰ π. πρῶτον
1424. καὶ πραγματωδίφης· εἶτα δέομαι π. λαβὼν
1463. μάλιστα Κορκυραῖα τοιαυτὶ π.
1469. ἀπίωμεν ἡμεῖς ξυλλαβόντες τὰ π.
πτερίνοις. Ο. 903. θύοντες εὐξώμεσθα τοῖς π. θεοῖς.
πτεροβόνητα. Ο. 1390. καὶ π.· σὺ δὲ κλύων εἴσει τάχα.
πτεροδόνητος. Ο. 1402. οὐ γὰρ σὺ χαίρεις ὁ. γενόμενος ;
πτερόεντα. Ο. 576. ὁ Ζεὺς δ' ἡμῖν οὐ βροντήσας πέμψει π. κεραυνόν ;
Fr. 5. καὶ δελφακίων ἀπαλῶν κωλαῖ καὶ χναυμάτια π.'
πτερόεντι. Ο. 698. οὗτος δὲ Χάει π. μιγεὶς νυχίῳ κατὰ Τάρταρον εὐρὺν
πτεροῖς. Ο. 772. π. κρέκοντες Ἴακχον Ἀπόλλω,
Ο. 808. τάδ' σύχ ἐπ' ἄλλων, ἀλλὰ τοῖς αὐτῶν π.
1453. ἀλλὰ πτέρου με ταχέσι καὶ κούφοις π.
πτεροῖσιν. Ο. 1182. ῥύμῃ τε καὶ π. καὶ πτερύγων
πτερόν. Α. 584. κεῖται. ΔΙ. φέρε νυν ἀπὸ τοῦ κράνους μοι τὸ π.
Α. 1105. καλόν γε καὶ λευκὸν τὸ τῆς στρουθοῦ π.
ΕΙ. 76. ἡ Πηγάσιόν μοί φησι, γενναῖον π.,
135. οὐκοῦν ἔχοιμ' ἄν σε Πηγάσω ζεῦξαι π.,
πτεροποίκιλοι. Ο. 1410. ὄρνιθες τινὲς οἷδ' οὐδὲν ἔχοντες π.,
πτεροποίκιλος. Ο. 247. ὄρνις τε π.
πτερορρυεῖ. Ο. 106. π. τε καθεὶς ἕτερα φύομαι
Ο. 284. Καλλίας ἄρ' οὗτος σύρης ἐστὶν ὧν π.
πτέρου. Ο. 1436. ὦ δαιμόνιε, μὴ νουθέτει μ', ἀλλὰ π.
Ο. 1453. ἀλλὰ π. με ταχέσι καὶ κούφοις πτεροῖς
πτεροῦ. Ο. 1303. ἡ πτέρυγα. ἢ π. τι καὶ σμικρὸν προσῆν.
πτεροῦνται. Ο. 1446. λόγοισί τάρα καὶ π.; ΠΕ. φημ' ἐγώ.
πτεροφόρ'. Ο. 1756. π., " ἐπὶ πέδον Διὸς καὶ λέχος γαμήλιον,
πτεροφόρον. Ο. 1714. κάλλων κεραυνόν, π. Διὸς βέλος.
πτέρυγ'. ΕΙ. 160. κᾆτα δρομαῖαν π. ἐκτείνων
πτέρυγα. Ο. 1365. τὴν π., καὶ τουτὶ τὸ πλῆκτρον θατέρᾳ,
Fr. 312. τὴν π. παραλύσασα τοῦ χιτωνίου
πτέρυγα. Ο. 345. ὁρμᾶν φονίαν, π. τε παντᾶ
πτέρυγας. Ο. 573. πέτεται θεὸς ὢν π. τε φορεῖ, κάλλοι γε θεοὶ τῶν πολλοί.
πτέρυγι. Ο. 1229. φράσον δὲ τοί μοι, τῷ π. ποῖ ναυστολεῖς ;
πτέρυγι. Ο. 1303. ἡ π., ἢ πτεροῦ τι καὶ σμικρὸν προσῆν.
πτερύγεσσι. Ο. 1372. 'Αμπέτομαι δὴ πρὸς 'Ολύμπον π. κούφαις·
πτερύγεσσιν. Α. 774. ἦν δὲ διαστῶσιν καὶ ἀναπτῶσι π.
πτερυγίζει. Ο. 1466. οἴμοι τάλας. ΠΕ. οὖ π. ἐντευθενί·
πτερυγίζεις. Π. 575. ἀλλὰ φλυαρεῖς καὶ π. ΧΡ. καὶ πῶς φεύγοισί γ' ἅπαντες·
πτερυγίζων. Ι. 522. πάσας δ' ὑμῶν φωνὰς ἱεὶς καὶ ψίλλων καὶ π.
πτερυγίσαι. Ο. 795. οὗτος ἂν πάλιν παρ' ὑμῶν π. ἀνέπτατο.
πτερύγοιν. Ο. 574. αὐτίκα Νίκη πέτεται π. χρυσαῖν, καὶ νὴ Δί'
Ἔρως γε'
Ο 697. στίλβων νώτων π. χρυσαῖν, εἰκὼς ἀνεμώκεσι δίναις.
πτέρυγος. Ο. 1070. ἔστιν ὑπ' ἐμῆς π. ἐν φοναῖς ὄλλυται.
πτερύγων. Α. 970. εἴσειμ' ὑπαὶ π. κιχλῶν καὶ κοψίχων.
ΕΙ. 86. ἄρθρων ἵνας π. ῥύμῃ.
Ο. 1426. ὑπὸ π. τί προσκαλεῖ σοφώτερον·
Β. 1352. ὁ δ' ἀνίπταθ' ὑπόπτατ' ἐς αἰθέρα κουφοτάτοις π. ἀκμαῖς·
πτερυγωτές. Ι. 1086. ἀλλὰ γάρ ἐστιν ἐμοὶ χρησμὸς περὶ σοῦ π.,
πτερῶ. Α. 1104. τοντί δεῦρο τῷ π. τῷ κ τοῦ κράνους.
Ο. 1464. μόνον τάλας' μάστιν' ἔχεις. ΠΕ. π. μὲν οὖν,
πτερῶν. Ο. 1437. νῦν τοι λέγωσι π. σπ. ΣΤ. καὶ πῶς ἂν λόγοις
πτερωθείς. Ο. 1383. ὑπὸ σοῦ π., βούλομαι μετάρσιος
Ο. 1409. πρὶν ἂν π. διαδράμω τὸν ἀέρα.
πτερῶν. Ο. 1306. π. δεόμενοι καὶ τρόπων γαμψωνύχων·

πτερῶν. Ο. 1307. ὥστε π. σοι ταῖς ἐποίκοις δεῖ ποθεῖν.
Ο. 1310. καὶ τοὺς νοσφίνους ἅπαντας ἐμπίπλη π.'
1325. φερέτω κάλαθον ταχύ τις π.,
1375. τουτὶ τὸ φράγμα φορτίον δεῖται π.
1418. τίς ὁ π. δεῦρ' ἐστὶ τοὺς ἀφικνουμένους ;
1420. π. π. δεῖ μὴ πύθῃ τὸ δεύτερον.
1759. ὄρεξον, ὦ μάκαιρα, σὴν χεῖρα καὶ π. ἐμῶν
Β. 1311. τίγγουσαι νοτίαις π.
πτερώσας. Β. 1437. [εἴ τις π. Κλεόκριτον Κινησίᾳ,
πτερώσεις. Ο. 1438. ἄνδρα π. σύ ; ΠΕ. πάντες τοῖς λόγοις
πτερώσεις. Ο. 1334. πρὸς ἀνδρ' ὁρῶν π.
πτερώσιν. Ο. 97. ὁρῶντέ τὴν π.; ἢ γὰρ ὦ ξένοι,
πτερώσω. Ο. 94. τις ἡ π.; τίς ὁ τρόπος τῆς τριλοφίας ;
πτερώσω. Ο. 1361. εὔνους, π. σ' ὥσπερ ὄρνιν ὀρφανόν,
πτερωτός. Ο. 1198. δίνης π. φθόγγος ἐξακούεται.
πτηνόν. Ο. 1707. ὦ τρισμακάριον π. ὀρνίθων γένος.
πτηνός. ΕΙ. 126. π. παρεύσει πώλος' οὐ νανοθλώσομαι.
πτηνῶν. Ο. 1088. εὐδαίμων φῦλον π.
Θ. 46. π. τε γένη κατακοιμάσθω,
πτήξαντες. Β. 315. ἀλλ' ἠρέμα π. ἀκροασώμεθα.
πτήξει. Ο. 777. π. δὲ ποικίλα φῦλα τε θηρῶν,
πτήξωμεν. Θ. 36. ἀλλ' ἐκποδὼν π. αἱ ἐξέρχεται
πτήσεων. Α. 770. ἀλλ' ὑπότων π. χελιδόνες εἰς ἵνα χῶρον,
πτήσσει. Σ. 1490. π. Φρύνιχος ὡς ἀλέκτωρ,
πτίλον. Ο. 685. τουτὶ π. σοι. ΔΙ. τῆς κεφαλῆς νῦν μου λαβὼν,
Α. 588. π. γάρ ἐστιν· εἰπέ μοι, τίνος ποτὶ
1182. π. ὅτι μέγα κομπολακύθου πεσὼν
πτίλῳ. Α. 587. οὗτος, τί δράσεις ; τῷ π. μέλλεις ἐμεῖν ;
πτισάνην. Fr. 201. π. διδάσκεις αὐτὸν ζειὰς, πυρούς,
Fr. 364. ἀράκους, πυρούς, π., χόνδρον, ζειὰς, αἴρας, σεμιδάλιν.
πτισσουσῶν. Fr. 323. π. (ᾠδὴ),
πτίττω. Fr. Μ Δραμ, Κ. 4. π., βράττω, μάττω, δείω, πέττω, παταλῶ.
πτίττω. Fr. 267. π., βράττω, μάττω, δεύω, πέττω, παταλῶ.
πτόρθον. Π. 544. μαλάχης π., ἀντὶ δὲ μάζης φυλλεῖ ἰσχνῶν ῥαφανίδων,
πτύξωμα. Ν. 267. μήπω μήπω γε, πρὶν ἂν τουτὶ π., μὴ καταβρεχθῶ.
πτωχείας. Π. 549. οὐκοῦν δήπου τῆς π. πενίαν φαμὲν εἶναι ἀδελφήν.
πτωχικοῦ. Α. 448. ἀτὰρ δέομαί γε π. βακτηρίου.
Fr. Μ, Γηρ. 10, π. βακτηρίου,
πτωχιστέρου. Α. 425. οὐκ ἀλλὰ τούτου πολὺ πολὺ π.
πτωχόν. Α. 440. δεῖ γάρ με δόξαι π. εἶναι τήμερον,
πτωχοποιέ. Β. 842. καὶ π. καὶ ῥακιοσυρραπτάδη ;
πτωχός. Α. 498. εἴ π. ὢν ἔπειτ' ἐν Ἀθηναίοις λέγειν
Α. 558. ταυτὶ σὺ τολμᾷς π. ὢν λέγειν λέγεις,
578. ταυτὶ σὺ τολμᾷς π. ὢν λέγειν τάδε ;
580. εἰ π. ὢν εἶπον τι κἀσταμυλόμην.
593. ταυτὶ λέγεις σὺ τὸν στρατηγὸν π. ὢν ;
πτωχῶ. Α. 424. ἀλλ' ἡ Φιλοκτήτου τὰ τοῦ π. λέγεις ;
Π. 552. π. μὲν γὰρ βίος, σὺ λέγεις, ζῆν ἐστιν μηδὲν ἔχοντα·
πτωχούς. Α. 413. ἐσθῆτ' ἐλεινὴν· οὐκ ἐτὸς π. ποιεῖς,
πτωχῶν. Π. 548. σὺ μὲν οὖν τὸν ἐμὸν βίον εἴρηκας, τὸν τῶν π. δ' ὑπεκρούσω.
πυγαλ. Α. 82. γυμναδόσμαί γα καὶ ποτὶ π. ἄλλομαι,
πυγάς. Β. 1070. ἡ 'ξεκένωσεν τὰς τε παλαίστρας καὶ τὰς π.
πυγή. Θ. 1187. καλό γε τὸ π. ΕΤ. κλαύσει', γὴν μὴ 'νδον μίνῃ.
πυγήν. Ν. 1013. γλύστραν βαιάν, π. μεγάλην,
Ν. 1018. γλῶττὰν μεγάλην, π. μικράν,
Β. 1095. γαστέρα, πλευράς, λαγόνας, π.'
Εκ. 255. τούτῳ μὲν ὦντις ἐς κυρὸν π. ὁρᾶν.
πυγῆς. Ι. 365. ἐγὼ δέ γ' ἐξελῶ σε τῆς π. θύραζε πύβδα.
ΕΙ. 865. εἰς δεῖ μὴ λελουται καὶ τὸ τῆς π. καλά.
Εκ. 964. πληκτίζεσθαι μετὰ τῆς σῆ π.
πυγιδίοισιν. Ι. 1365. πολλαῖς γ' ὑπαλίπτοις π. ἐχαρίσω.
πυγιδίων. Α. 638. εὐθὺς διὰ τοὺς στεφάνους ἐπ' ἄκρων τῶν π. ἐκάθησθε.
πυγίζει. Θ. 1120. οὐκ ἐπτύγησά σ' αὐτῇ, π. ἄγων.
πύγισο. Ο. 1123. εἰ σφοδρ' ἐπιτυμεῖς τῇ γέροντο π.,
πυγμῇ. Σ. 1384. ἤδῃ γέρων ὢν π. τῷ θάνατον πέσῃς.
πυέλᾳ. Fr. 297. π.'
πύελον. ΕΙ. 843. καὶ τὴν π. κατέλυσε, καὶ θέρμαιν' ὕδωρ·
πύελοs. Fr. 113. κοινὸν ἀπάσαις εἰς, π. δὲ μί' ἀρκέσει.
πύελον. Σ. 141. κατὰ τῆς π. τὸ τρῆμ' ὅπως μὴ 'κδύσεται·
πυέλῳ. Ι. 1060. τὰς π. μὴ λελοιπὼς τὰς ἐν Βαλανείῳ·
Ι. 1062. οὗτος γὰρ ἡμῶν τὰς π. ἀφήρπασεν.
πυέλῳ. Θ. 562. οὐδ' ὡς ὑπὸ τῇ π. κατωρύξθη ποτ'. ΓΤ. Γ. ἱερόλαιο.

276 πυέλῳ—πυρέττω.

πυέλῳ. Fr. 326, 2. ἐν τῇ π.
Πυθάγγελοs. Θ. 87. Π. δέ; ΞΑ. περὶ ἐμοῦ δ' οὐδεὶς λόγος
πυθέσθαι. Ν. 482. οὐκ, ἀλλὰ βραχέα σου π. βούλομαι.
Ο. 47. τὸν ἔποπα. παρ' ἐκείνου π. δεομένων.
Λ. 486. καὶ μὴν αὐτῶν τοῦτ' ἐπιθυμῶ νὴ τὸν Δία πρῶτα π..
Θ. 4. παρὰ σου π., ποῖ μ' ἄγεις. Εὐριπίδη;
72. νὴ τοὺς θεοὺς ἐγὼ π. βούλομαι
Π. 378. ἐθέλω διαπρᾶξαι πρὶν π. τὴν πύλιν,
594. διὰ τὴν Πενίαν. ΧΡ. παρὰ τῆς Ἑκάτης ἔξεστιν τοῦτο π.,
πιθεσθέ. Β. 1417. εὐδαιμονοίης. φέρε, π. μου ταδί.
πύθη. Ι. 150. τί ἐστι; τί με καλεῖτε; ΔΗ. δεῦρ' ἐλθ', ἵνα π.
Ο. 1420. πτερῶν πτερῶν δεῖ· μὴ π. τὸ δεύτερον.
Π. 113. γενήσετ' ἀγαθά, πρόσεχε τὸν νοῦν, ἵνα π.
πύθησθ'. Ι 669. π. ἀφίκται γὰρ περὶ σπονδῶν λέγων.
πύθησθέ. Π. 72. ἀλλ' ἦν π. μ' ὅστις εἴμ', εὖ οἶδ' ὅτι
Πύθι'. Σ. 889. ὦ φοῖβ' Ἄπολλον Π., ἐπ' ἀγαθῇ τύχῃ
Πυθίαισι. Θ. 333. καὶ ταῖσι Π., καὶ τοῖς Δηλίοις
Πυθιάς. Ο. 857. ἴτω ἴτω, τὸ δὴ Π. βοά·
Πυθικήν. Π. 213. ὁ Φ ἴδοι αὐτὸς Π. σείσας δάφνην.
Πυθικόν. Ι. 220. χρησμοί τε συμβαίνουσαι καὶ τὸ Π.
Πυθικός. Ι. 1229. οὐ δῆτ', ἐπεί μοι χρησμός ἐστι Π.
Πυθίοις. Θ. 332. καὶ ταῖς Ὀλυμπίασι, καὶ τοῖς Π
Πύθιω. Ο. 870. καὶ κύκνῳ Π. καὶ Δηλίῳ, καὶ Λητοῖ Ὀρτυ-
Πύθοι. Λ. 1131. Ὀλυμπίασιν, ἐν Πύλαισι Π.—πόσους
πύθοιθ'. Σ. 73. εἰ μὴ π. ἡμῶν· ἐπεὶ τοσάζετε.
πυθοιμέθ'. Π 55. π. ἂν τὸν χρησμὸν ἡμῶν ὅ τι νοεῖ.
πύθοιο. Ν. 154. τί δῆτ' ἂν, ἕτερον εἰ π. Σωκράτους
Λ. 399. τί δῆτ' ἂν, εἴ π καὶ τὴν τῶν ὕβριν·
πύθοιτ'. Π. 120. π. ἂν ἐπιτρίψειε. ΧΡ. νῦν δ' οὐ τοῦτο δρᾷ,
'πυθόμην. FI. 824. ὦ δέσποθ', ἥκεις· TP. ὡς ἐγὼ 'π. τινός.
πυθοῦ. Fr. 499. π. χελιδὼν πηνίκ' ἄττα φαίνεται
Πυθῶδε Ο. 189. Π. Βοιωτοὺς ἕλκον αὐτουμεθα.
πυθώμεθ'. Θ. 573. σιγᾶθ', ἵν' αὐτῆς κοσμίως π. ἄττα λέγει.
Πύθων'. Β. 659. Ἄπολλον, ὅτι που Δῆλον ἤ Π. ἔχεις.
Πυθῶνι. Ι. 1271. σᾶς ἁπτόμενος φαρέτρας Π. ἐν διὰ κακῶς
πίνεσθαι

πύκν'. Εκ. 281. ἐκ τῶν ἀγρῶν ἐς τὴν π. ἥξειν ἀντικρυς
πύκνα. Ι. 751. ἀλλ' ἐς τὸ πρόσθε χρὴ παρεῖν' ἐς τὴν π.
Θ. 658. τὴν π. πᾶσαν καὶ τὰς σκηνὰς καὶ τὰς διόδους διαβῆναι·
Εκ. 35. τί μὴ πορούσιαι ὀρθρίαις ἐς τὴν π.
πυκνά. Λ. 1310. ἀμφάλλοντί π. ποδοῖν
πυκνός. Ει. 8. ἀλλ' ὡς τάχιστα τρίβε πολλὰς καὶ π.
πυκνῇ. Λ. 445. δώσω π. γὰρ λεπτὰ μηχανᾷ φρενί
πυκνήν. Εκ. 571. νῦν δὴ δεῖ σε π. φρένα καὶ φιλόσοφον ἐγείρειν
πυκνί. Ι. 749. καὶ νυὶ διέκρινον δῆτα, πλὴν μὴ 'ν τῇ Π.
Σ. 31. ἐδαξέ μοι περὶ πρώτων ὕπνον ἐν τῇ π.
ΕΙ. 680. ὥστε κρατεῖ νῦν τοῦ λίθου τοῦ 'ν τῇ π.
Εκ. 243. ἐν ταῖς φυγαῖς μετὰ τἀνδρὸς ᾠκησ' ἐν π.
πυκνίτης. Ι 42. Δῆμος π., δύσκολον γερόντιον
πυκνοί. Λ. 388. χὠ τυμπανιομὸς χοῖ κ. Σαβάζιοι,
πυκνοίς. Θ. 1032. ἀλλ' ἐν π. δεσμοῖσί π.
πυκνόν. Ι. 25. τὸ μύλωμεν, εἶτα δ' αὐτὸ, κατενήγων π.
Σ. 1110. ἐμβεβυσμένοι. π. νεώνετε ἐς τὴν γῆν, μόλις
ΕΙ. 565. καὶ π. καὶ γοργὸν ὥσπερ μᾶζα καὶ πανδαισία.
πυκνός. Ι 165. καὶ τῆς ἀγορᾶς καὶ τῶν λιμένων καὶ τῆς π.
πυκνότατον. Ο. 430. π. κίναδος,
πυκνότερον. Θ. 648. τὸ πέος διέλκεις π. Κορινθίων.
πυκνότης. Ι 1132. εἴ ποι π. ἕνεστ'
πυκνότητα. Ν. 384. ἐμπιπτούσας εἰς ἀλλήλας παταγεῖν διὰ
τὴν π.
Ν. 406. ῥήξας αὐτὰς ἔξω φέρεται σοβαρῶς διὰ τὴν π.,
πυκνώς. Θ. 439. πάντα δ' ἐβάστασεν φρενὶ π. τε
πυκνώσεις. Ν. 701. στρύβευ π.
Πυλαγόρας. Fr. 305, 2. ἥκειν φέρονταί φασι τοὺς Π.
πύλαι. Fr. 454. π.:
Πυλαιμάχος. Ι. 1172. ἐπώνυμε δ' αὖθ' ἡ Παλλὰς ἡ Π.
πύλαις. Ι. 1246. ἠλλαντοπώλεις ἐτῶν ἢ 'πὶ ταῖς π.:
Ι 1398. ἐπὶ ταῖς π. ἀλλαντοπωλήσει μόνος.
Ο. 1158. καὶ νῦν ἄπανθ' ἕκεινα πευώλακται,
Λ. 282. ἐφ' ἑπτακαίδεκ' ἀσπίδων πρὸς ταῖς π. καθεύδων.
Β. 1094. ἐν ταῖς π. παίουσ' αὐτοῦ
Πύλαις. Λ. 1131. Ὀλυμπίασιν, ἐν Π., Πυθοῖ—πόσους
πύλαισιν. Ι. 1247. ἐπὶ ταῖς π., οὗ τὸ τάριχος ὤνιον.
πυλᾶξι. Θ. 1007. πέρ' ἐγὼ ξενίγει πορμώς ἵνα π. σοι.
πύλας. Ο. 766. ἐλθ' ὦ Πισίου προδούναι τοῦ ἀτίμοις τὰς π.
Ο. 1150. ἀπεπελίκησαν τάδ π. ἦν δ' ὁ κτύφος
1208. ἀτομὺν γε τουτὶ πρᾶγμα. ΠΕ. κατὰ ποίας π.
1210. μὲν οἶδα μὰ Δί' ἔγωγε κατὰ ποίας π.
Λ. 250. ἥξουσ' ἔχοντες ὥστ' ἀνοῖξαι τὰς π.
425. σιχ ὑποβαλόντες τοὺς μοχλοὺς ὑπὸ τὰς π.
Fr. 198, 1. α. Καί τις νεκρῶν κευθμῶνα καὶ σκότου π.

Πύλοιο. Ι. 1059. Ἔστι Πύλος πρὸ Π. ΔΗΜ. τί τοῦτο λέγει,
πρὸ Π.;
Πύλον. Ι. 1058. ἀλλὰ τόδε φράσσαι, πρὸ Πύλου Π. ἦν σοι
ἐφραξε.
ΕΙ. 219. ἥξουσι καθίτι, ἦν ἔχωμεν τὴν Π.
Λ. 1163. λῇ τοῦτ' ἀποδυών ΑΤ. ποίον, ὦ τᾶν; ΛΑ. τὰν Π.,
Πύλος. Ι. 1059. Ἔστι Π. πρὸ Πύλοιο ΔΗΜ. τί τοῦτο λέγει,
πρὸ Πύλοιο;
Πύλου. Ι. 702. ἀπολῶ σε νὴ τὴν προεδρίαν τὴν ἐκ Π.
Ι 742. ὅτι τῶν στρατηγῶν ὑποδραμὼν τῶν ἐκ Π.,
846. ἴσον ἂν ᾖ τῶν ἀσπίδων τῶν ἐκ Π. τι λοιπῶν.
1005. εἰσὶν δὲ περὶ τοῦ· ΚΛ. περὶ Ἀθηνῶν, περὶ Π.,
1058. ἀλλὰ τόδε φράσσαι, πρὸ Π. Πύλον ἦν σοι ἔφραξεν.
1167. ἐκ τῶν ὅλων τῶν ἐκ Π μεμαγμένην.
1201. νὴ τὸν Ποσειδῶ, καὶ σὺ γὰρ τοὺς ἐκ Π.
Ν. 186. τοῖς ἐκ Π. ληφθεῖσι, τοῖς Λακωνικοῖς.
Πύλῳ. Ι. 55. μάζαν μεμαχυιῶς ἐν Π. Λακωνικήν,
Ι. 76. τὸ μὲν ἐν Π., τὸ δ' ἕτερον ἐν τηκκλησία.
355. οἴνου χόα καπαλβάσω τοὺς ἐν Π. στρατηγούς.
ΕΙ. 665. ἐλθοῦσά φησιν αὐτομάτη μετὰ τὸν Π.
Λ. 104. ὁ δ' ἡμῖν γε τελέους ἑπτὰ μῆνας ἐν Π.
πυλῶν. Ο. 1173. διὰ τῶν Π. εἰσέντας' ἐς τὸν ἀέρα,
Α. 423. ὑπὸ τῶν γυναικῶν ἀποκεκλεισμαι τῶν π.
πίνδακας. Fr. 263. ἐκκρουσαμένους τοὺς π.
πυνθάνει. Θ. 619. τίς ἔστ' ἀνήρ σοι; ΜΝ. τὸν ἐμὸν ἄνδρα π.;
Π. 963. ὦ μειρακίσκη π. γὰρ ὥρκων.
πυνθάνεσθε Ι. 1302. οὐδὲ π ταυτ', ὦ παρθένοι, τὰν τῇ πύλει;
πυνθάνεσαι. Π. 25. εὔνους γάρ ἐιν σοι π. παιν σφόδρα.
πυνθάνου. Α. 204. τῇδε πᾶς ἕπου. δίωκε, καὶ τὸν ἄνδρα π.
πυνθανόμεθα. Εκ. 230. μὴ περιλαλῶμεν, μηδὲ π.
πύξ. ΕΙ. 899. παίειν, ὀρύττειν, π. ὁμοῦ καὶ τῷ πέει
Β. 547. π. πατάξαι μούξάκοψε
πυξίδιον. Fr 671. καὶ πυξίον καὶ π.
πυξίον. Fr. 671. καὶ π. καὶ πυξίδιον.
πύον. Fr. 476, 4. π. χόρια, χελιδόνια, τέττιγας, ἐμβρύεια.
πυὸς. ΕΙ. 1150. ἣν δὲ καὶ π. τις ἔνδον καὶ λαγῷα τέττερα,
Fr. 302, 5. οὐ χορτοπίνοι δ', οὐδ' ἦπαρ κάπρου,
πῦρ. Α. 751. πῶς ἔχετε; ΜΕ. διαπεινᾶμες δεὶ ποττὸ π.
Α. 923. κάἵπερ λάβοιτο τῶν νεῶν τὸ π. ἅπαξ.
1014. τὸ π. ὑποσκάλευε.
Ν. 769. ἀφ' ἧς τὸ π. ἅπτουσι; ΣΠ. τὴν ὕαλον λέγεις;
Σ. 773. ἐὰν δὲ νέφῃ, πρὸς τὸ π. καθήμενος,
811. καὶ π. τις τουτί, καὶ προσέστηκεν φακῆ
860. ἀλλ' ἂν τάχιστα π. τις ἐγχειρικάτω
ΕΙ. 841. ἵπνοὺς ἔχοντες, ἐν δὲ τοῖς ἰπνοῖσι π.
949. καὶ π. γε τουτί, κοὐδὲν ἴσχει πλὴν τὸ πρόβατον
ἡμᾶς.
1131. ἀλλὰ πρὸς π. διέλ-
Ο. 841. φύλακας καταστήσαι, τὸ π. ἐγκρυπτ' δεῖ π.,
Λ. 249. οὗ γὰρ τοσαύτας οὔτ' ἀπειλὰς οὔτε π.
293. καὶ τὸ π. φυσητέον.
299. κάστιν γε Λήμνιον τὸ π.
306. τουτὶ τὸ π. ἐγρήγορεν θεῶν ἕκατι καὶ ζῇ
372. τί δαὶ σὺ π., ὦ τύμβ', ἦλθες; ἢ σαυτὸν ἐμπυρεύσων;
375. τοὐμόν σὺ π. νατασβέσεις; ΧΟ. ΓΤ. τοὔργον τάχ'
αὐτὸ δείξει.
386. οὐκοῦν ἐπειδή π. ἔχεις, σὺ χλιανεῖς σεαυτὸν.
1015. οὐδὲ π., οὐδ' αὖ' ἀναιδὴς οὐδεμία πόρδαλις.
Θ. 37. θεράπων τις αὐτοῦ, π. ἔχων καὶ μύρρινας
Β. 871. ἴθι νῦν λιβανωτὸν δεῦρό τις καὶ π. δότω.
Εκ. 792. ᾗ π. ἀπύροπον, ἢ διαξέειεν γαλῇ,
Fr. 66. π.
389. Φαίδραν τε π. δὲ π. ἴσως' ἥξειν ἄγαν
πυραμοῦς. Ι 277. ἥν δ' ἀναδοτῇ παρέλθῃ, ἡμίτεροι· π.
Θ. 94. τοῦ γὰρ τεχνάζειν ἡμέτερος ὁ π.
πυράν. Α. 269. ἁλω π. νήσαντες ἐμπρήσωμεν αὐτόχειρες
Λ. 373. ἐγὼ μὲν, ἵνα νήσας π τὰς σὰς φίλας ὑφάψω.
374. ἐγὼ δ' ἵνα τὴν π. τούτῳ καταβρέξαιμι.
πυργιδίοις. Ι. 793. καὶ γυναρίοις καὶ π. ἐτος ὄγδοον οὐκ ἐλεαί-
ρεις,
πύργον. Ο. 1162. ἐν τοῖσι π. ἀλλ' ἐγὼ μὲν ἀποτρέχων
πύργον. Β. 130. ὤπαθεν ἐπὶ τὸν π. τὸν ὑψηλὸν ΔΙ. τί δρῶ;
πύργους. Π. 180. ὁ Τιμοθέου ἐπὶ π. ΧΡ. ἐμπέσοι τῷ οἴκ.
πύργων. Ι. 1040. τείχος ποιήσας ξύλινον π. τε σιδηρῶν.
πύργων. ΕΙ. 1287. π. Ὁλυμπίων βοῇ δ' ἀμετέριων ὑμιρεῖ.
πυργώσας. Β. 1004. ἀλλ' ὦ πρῶτος τῶν Ἑλλήνων π. ῥήματα
πυρετοῖσιν. Σ. 1038. τοῖς ἡπιάλοις ἐπιχειρῆσαι πέρυσιν καὶ
τοῖς π.,
πυρετοῦ. Fr. 315. ἅμα δ' ἠπίαλος π. πρόδρομος.
πυρέττω. Σ. 813. κῶν γὰρ π., τὸν γε μισθὸν λήψωμαι.

πυρέττων—ρακίοισι. 277

πυρέττων. Σ. 284. εἶτ' ἴσως κεῖται π.
πυρί. Α. 986. τὰς χάρακας ἤντε πολὺ μᾶλλον ἔτι τῷ π.,
N. 395. ἀλλ' ὁ κεραυνὸς πόθεν αὖ φέρεται λάμπων π.,
Λ. 340. ὡς π. χρὴ τὰς μυσαρὰς γυναῖκας ἀνθρακεύειν
1285. Δία τε π. φλεγόμενον, ἐπί τε
Β. 293. Ἔμπουσα τοίνυν ἐστί. ΞΛ. π. γοῦν λάμπεται
πυριάτῃ. Σ. 710. καὶ στεφάνοισιν παντοδαποῖσιν καὶ πυῷ καὶ π.,
πυρίδια. Λ. 1206. ἔστι παρ' ἐμοῦ λαβεῖν π. λεπτὰ μέν,
Πυριλάμπους. Σ. 98. υἱὸν Π. ἐν θύρᾳ Δῆμον κολῶν,
πυρορραγές. Α. 933. π.
πυρός. Α. 665. δεῦρο Μοῦσ' ἐλθὲ φλεγυρὰ π. ἔχουσα μένος,
  ἔντονος Ἀχαρνικἡ.
Λ. 133. ἀλλ' ἀλλ' ὅ τι βούλει· κἄν με χρῇ, διὰ τοῦ π.
πυρές. Ι. 382. ἦν ἄρα η. γ' ἕτερα θερμότερα, καὶ λόγων ἐν πόλει
Λ. 136. τί δαί σύ; ΜΤ. κἀγὼ βούλομαι διὰ τοῦ π.
πυροῦς. Σ. 1405. π. πρίαιο, σωφρονεῖν ἄν μοι δοκεῖς.
Ο. 506. τοὺς π. ἂν καὶ τὰς κριθὰς ἐν τοῖς πεδίοις ἐθέριζον.
  565. ἣν Ἀφροδίτῃ θύῃ, π. ὀρνιθι φαληρίδι θύειν·
  566. ἣν δὲ Ποσειδῶνί τις οἷν θύῃ, νήττῃ π. καθαγίζειν·
  580. κἄπειτ' αὐτοῖς ἡ Δημήτηρ π. πεινῶσι μετρείτω.
  622. κριθὰς π., εὑρόμεθ' αὐτοῖς
  626. π. ὀλίγους προβαλοῦσιν.
Λ. 1212. καιρίους, ὡς λήψεταί π.
Fr. 364. ἀράκους, π., πτισάνην, χόνδρον, ζειάς, αἴρας, σεμί-
  δαλιν.
πυρπολεῖ. Ν. 1497. οἴμοι, τίς ἡμῶν π. τὴν οἰκίαν;
πυρπολεῖ. Ο. 1580. πυρὸν φέρεταί τις· π. τοὺς ἄνθρωπας.
πυρπολεῖν. Θ. 727. καὶ καταίθειν τὸν πανοῦργον, Π. δ' ὅσον
  τάχος.
πυρπολοῦν. Σ. 1079. τῷ καπνῷ τύφων ἅπασαν τὴν πόλιν καὶ π.,
  Παρράνθρον. Ι. 901. καὶ νὴ Δί' ἦν γε τοῦτο Π. τὸ μηνάνημα.
πυρρίας. Π. 730. προυσελοῦμεν, ταῖς δὲ χαλκαῖς καὶ ξένοις
  καί π.
πυρρίχην. Α. 1169. ἐσθεῖ πρὸς ἡμᾶς δεῦρο, π. βλέπων.
Β. 153. τὴν π. τις ἔμαθε τὴν Κινησίου.
πυρροί. Ι. 900. οὐ γὰρ τύθ' ὑμεῖς ἐθεύμενοι δήπου 'γένεσθε π.;
πυρρόν. Εκ. 329. τί τοῦτό σοι τὸ π. ἐστιν; οὔ τί που
Εκ. 1061. αὐτοῦ τι δρῶντα π. ὄψει μ' αὐτίκα
πυρροπίνην. Ι. 407. τὸν Ἰουλίου τ' ἂν οἴομαι, γέροντα π.,
πυρφόροισιν. Ο. 1248. καταιβαλῶσω π. ἀπαλοῖς
πυρφόρον. Ο. 1749. ὦ Διὸς ἄμβροτον ἔγχυς π.,
πυρφόρες. Θ. 1050. εἶθε με π. αἰθέρος ἀστραπὰ
πυρώδεις. Ο. 1746. τάς τε π. Διὸς ἀστεροπὰς,
πυρῶν. Εἰ. 1145. τῶν τε π. μίξον αὐτοῖς, τῶν τε σύκων ἔξελε,
  Θ. 813. φορμῶν π. τἀνδρὸς κλέψας' αὐθημερὸν αὔτ' ἀπέδωκεν.
Εκ. 547. οἴσθ' οὖν ἀπολωλεκυῖα π. ἑπτά.
Π. 986. π. τ' ἂν ἐδείθη μεδίμνων τετταρων,
πυτιναῖα. Ο. 798. ὡς Διιτρέφης γε π. μόνον ἔχων πτερὰ
πυτίνῃ. Fr. 672. π.:
πῶ. Α. 580. τί δ' εἶπας ἡμᾶς; οὐκ ἐρεῖς; ΔΙ. οὐκ οἶδά π.' κ.τ.λ.
πώ. Ι. 960. μὴ δῆτα π. γ', ὦ δέσποτ', ἀντιβολῶ σ' ἐγώ, κ.τ.λ.

πώγων'. Α. 120. τοιόνδε δ', ὦ πίθηκε, τὸν π. ἔχων
  Θ. 190. ἔπειτα πολιός εἰμι καὶ π. ἔχω,
  Εκ. 102. Ἀγύρριος γοῦν τὸν Προνόμου π. ἔχων
πώγωνα. Εκ. 127. π. περιδήσειν ἐσταθευμέναις.
πώγωνά Εκ. 99. ἐυστειλάμεναι θαἰμάτια· τὸν π. τε
πώγωνας. Εκ. 25. ἔχουσι τοὺς π., οὓς εἴρηθ' ἔχειν·
  Εκ. 68. ἔχετε δὲ τοὺς π. οὓς εἴρηθ' ἔχειν
  273. περιδεῖσθε τοὺς π. ἡνίκ' ἂν δή γε
  494. π. ἐξηρτημένα,
πώλα. Ι. 133. δύο τώδε π. καὶ τί τυνδε χρὴ παθεῖν;
πωλεῖ. Εἰ. 1253. π. βαδίζων αὐτὰ τοῖς Αἰγυπτίοις
πωλεῖ. Ο. 1079. ὅτι συνείρων τοὺς σπίνους π. καθ' ἑπτὰ του-
  βολοῦ,
Π. 167. ὁ δὲ βυρσοδεψεῖ γ', ὁ δέ γε π. κρόμμυα,
Fr. 476, 3. αὐτὸς δ' ἀνὴρ π. κίχλας, ἀπίους, σχαδόνας, ἐλάας,
πωλεῖν. Α. 625. π. ἀγοράζειν πρὸς ἐμέ, Λαμάχῳ δὲ μή.
Α. 722. ἐφ' ᾧτε π. πρὸν ἐμέ, Λαμάχῳ δὲ μή.
Ι. 161. π. τε τοὺς ἀλλάντας. ἀλλὰ καταγελᾶς·
  201. αἵ κα μή π. ἀλλάντας, μᾶλλον ἔλαντα.
Ο. 715. ὅτε χρὴ χλοῦναν π. ἤδη καὶ ἀρδριῶν τι πρίασθαι.
πωλεῖς. Α. 807. ἀλλ' εἴ τι π. τῶνδε τῶν ἄλλων, λέγε.
πώλης. Ι. 131. εἰς οὑτοσί π. τί τοὐντεῦθεν; λέγε.
  1. 140. πώθεν οὖν ἂν τις γένοιτο π. εἰς ἑαυτόν;
πωλήσει. Fr. 460. 3. ὅκως ἔχων τὸν παῖδα π. 'ς Χίον,
πωλήσων. Ο. 1039. ἥκω παρ' ὑμᾶς δεῦρο π. ΠΕ. τὸ τί,
πωλίον. Εἰ. 75. καὐτὸς καταψῶν αὐτὸν ὥσπερ π.,
πωλίῳ. Σ. 189. ὁμοιότατος κλητῆρος εἶναι π.
πωλεῖν. Α. 1308. ἄν π. δ' αἱ κόραι
πώλος. Εἰ. 126. πτηνὸς πορεύσει π.· οὐ ναυσθλώσομαι.
πωλούμενος. Εἰ. 633. τὸν τρόπον π. τὸν αὐτὸν οὐκ ἐμάνθανεν,
πωλοῦσ'. Ο. 529. εἶτα λαβόντες π. ἁθρόους·
πωλῶ. Ο. 602. π. γαύλον, πτῶμα σμινύην, καὶ τὰς ὑδρίας
  ἀνορύττω.
πωλῶν. Ι. 868. ἐν δ' εἰπέ μοι τοσουτονί· σκύτη τοσαῦτα π..
Σ. 494. οὐδέις εἴρης' ὅ π. πλησίον τὰς μεμβράδας·
Εκ. 817. τὸ κύμμ' ἐγένετ' ἐκεῖνο. π. γὰρ βότρυς
Π. 519. συνήμεθ' ἀργυρίου δήπου, ΠΕ. τίς δ' ἔσται πρῶτον
  ὁ π..
πωλῶσ'. Εκ. 802. ἄπειμ' ἰάσας. ΑΝ. Β. ἦν δὲ π. αὐτά, τί;
πώμαλα. Π. 1248. καταλαλάσηθων ἀπ' ἐμοῦ. ΧΡ. π.
πώποθ'. Σ. 556. οἰκτείρουν μ', ᾧ πάτερ, αἰτοῦμαί σ', εἰ καυτὸς
  κ.τ.λ.
πώποτ'. Α. 405. ὑπάκουσον, εἴπερ π. ἀνθρώπων τινί· κ.τ.λ.
πώποτε. Α. 36. ἐκ κρηθοῦ βοῦς. Δι. καὶ τίς εἶδε π. κ.τ.λ.
πώποτέ. Σ. 1027. οὐδενὶ π. φησι πιθέσθαι, γνώμην τιν' ἔχων
  ἐπιειή,
πωρίνοις. Fr. 429. νεβρίδα, λίθους τοὺς π., κηρύκιον.
πως. Α. 1031. ἰθ' ἀντιβολῶ σ', ἤν π. κομίσωμαι τὼ βῦε, κ.τ.λ.
πῶς. Εἰ. 1099. φράζεο δή, μή π. σε δόλῳ φρένας ἐξαπατήσας
πῶς. Α. 12. π. τοῦτ' ἔσειοσε μου δοκείς τὴν καρδίαν; κ.τ.λ.
πωτάομαι. Λ. 1013. π.· κράτιστα γὰρ πάντα λέγεις.
πωτετοπωνή. Θ. 1086. π.; ΕΤ. π.;

Ρ

ρ'. Εἰ. 1274. σὺν ρ' ἔβαλον ῥινούς τε καὶ ἀσπίδας ὀμφαλοέσσας.
ρα. Α. 336. ἀπολεῖς ρ. τὸν ἥλικα τόνδε φιλανδρόκια;
ῥᾳδίζειν. Λ. 587. οὔκουν δεινὸν ταυτὶ ταῦτας ρ. καὶ πολυ-
  πεύειν,
ῥάβδον. Εἰ. 1243. ἔπειτ' ἄνωθεν ρ. ἐνθεὶς ὑπόμακρον,
ῥάβδους. Ο. 527. ἵστησι βρόχους, παγίδας, ρ.,
ῥαβδοῦχος. Εἰ. 734. Χρὴν μὲν τύπτειν τοὺς ρ., εἴ τις κωμῳ-
  δοποιητής
ραγδαίους. Fr. 37. ρ.:
ῥᾴδιον. Σ. 706. εἰ γὰρ ἠβούλοντο βίον πορίσαι τῷ δήμῳ, ρ.
  ἦν ἄν.
Ο. 643. καὶ τοὔνομ' ἡμῖν φράσατον. ΠΕ. ἀλλὰ ρ.
Θ. 68. ὄντος κατακάμπτειν τὰς στροφὰς οὐ ρ.,
Β 930. ἃ ξυμβαλεῖν οὐ ρ. ΔΙ. νὴ τοὺς θεούς, ἐγὼ γοῦν
ῥᾳδίως. Α. 709. οὐδ' ἂν αὐτὴν τὴν Ἀχαίαν ρ. ἠνέσχετο,
Ι. 842. κατεργάσαι γὰρ ρ., πλευρὸν ξύλων τοσαύτας.
Ν. 167. ἦ ρ. φεύγων ἂν ἀπέφυγεν, δίκην
  590. ὡς δὲ καὶ τοῦτο ξυνοίσειν ρ. διδάξομεν,
  1335. τουτὶ σὺ νικήσεις; ΦΕ. πολλῷ γε καὶ ρ.
Σ. 461. ἀλλὰ μὰ Δί' οὐ ρ. οὕτως ἂν αὐτοὺς διέφυγες,
  634. οὐκ, ἀλλ' ἐρήμας φίεθ' οὕτος π. τρυγήσειν
  1074. ρ. ἐγὼ διδάξω, κἂν ἄμουσος ᾖ τὸ πρίν

ῥαδίως. Σ. 1147. ἐρίων τάλαντον καταπέπωκε ρ.
Ο. 201. πῶς δή τ' ἂν αὐτὸς ξυγκαλέσειας; ΕΠ. ρ.
Β. 642. πῶς οὖν βασανιεῖς νῶ δικαίως; ΑΙ. ρ.
  733. οὐδὲ φαρμακοῖσιν εἰκῇ ρ. ἐχρήσατ' ἄν.
Εκ. 761. νὴ τὸν Δία τὸν σωτῆρα. ΑΝ. Α. πῶς; ΑΝ. Β.
  πῶς; ρ.
Π. 135. οὔκουν δὴ' ἐστὶν αἴτιος. καὶ ρ.
  473. καὶ σύ γε διδάσκου· πάνυ γὰρ οἶμαι ρ.
ραθαπυγίζειν. Ι. 796. ἐκ τῆς πύλεως ρ., αἱ τὰς σπονδὰς προ-
  κεπλούντα.
ῥαίνουσιν. Β. 1441. ρ. ἐς τὰ βλέφαρα τῶν ἐναντίων.]
ῥάκεσιν. Σ. 351. σίτ' ἐκδῦναι ρ. κρυφεῖς, ὥσπερ πολυμήτις
  Ὀδυσσεύς·
ῥάκη. Π. 1065. ὄψει κατάδηλα τοῦ προσώπου τὰ ρ.
ῥάκια. Α. 412. ἀτὰρ τί τὰ ρ. ἐκ τραγῳδίας ἔχεις,
Β. 1063. πρῶτον μὲν τοὺς βασιλεύοντας ρ. ἀμπισχων, ἱν'
  ἐλεινοί
ῥάκια. Εἰ. 740. ἐς τὰ ρ. σκώπτοντας ἀεὶ καὶ τοῖς φθειρσὶν
  πολεμοῦντας·
Π. 1066. ἀλλὰ ρ. περιειλάμενος κλάει καὶ φησὶ
  πένεσθαι.
ῥακίοισι. Σ. 128. ἐνεβύσαμεν ρ. κὠπαπτώσαμεν

278 ῥακιόν—ῥόμβον.

ῥακιόν. A 415. δύς μοι ῥ. τι τοῦ παλαιοῦ δράματος.
ῥακιοσυρραπτάδη. B. 842. καὶ πτωχοποιὲ καὶ ῥ.;
ῥάκος. B. 406. καὶ τὸ ῥ., κάξεύρες ὥστ'
Π. 540. πρὸς δέ γε τούτοις ἀνθ' ἱματίου μὲν ἔχειν ῥ. ἀντὶ δὲ χλαίνης
ῥακώματα. A. 432. ὦ παῖ, δὸς αὐτῷ Τηλέφου ῥ.
ῥακῶν. A. 433. κεῖται δ' ἄνωθεν τῶν Θυεστείων ῥ.,
A. 438. κἀκεινά μοι δὸς τἀκόλουθα τῶν ῥ.
ῥάμφος. O. 99. τὸ ῥ. ἡμῖν σου γέλοιον φαίνεται.
ῥανίς. A. 171. διοσημία 'στὶ καὶ ῥ. βέβληκέ με.
ῥανίσι. B. 1312. ῥ. χρόα δροσιζύμεναι·
ῥάπτειν. Π. 513. τις χαλκεύειν ἢ ναυπηγεῖν ἢ ῥ. ἢ τροχοποιεῖν
ῥᾷστ'. N. 778. φαυλότατα καὶ ῥ. ΣΠ. εἰπὲ δή. ΣΤ. καὶ δὴ λέγω.
B. 205. ὤν, εἴτ' ἐλαύνειν; ΧΛ. ῥ. ἀκούσει γὰρ μέλη
Π. 507. ἀλλ' ὦ πάντων ῥ. ἀνθρώπων ἀναπεισθεῖν οὐχ ὑγιαίνειν
ῥαφανίδος. N. 981. οὐδ' ἂν ἐλίσθαι δεινποῦντ' ἐξῆν κεφάλαιον τῆς ῥ.,
ῥαφανιδωθῇ. N. 1083. τί δ' ἦν ῥ. πιθωμένος σοι τέφρᾳ τε τιλθῇ;
ῥαφανίδων. Π. 544. μαλάχης πτόρθους, ἀντὶ δὲ μάζης φυλλεῖ' ἰσχίων ῥ.
ῥαφανῖσιν. Fr. 249, 2. διαμασχαλίσας αὐτὸν σχελίσιν καὶ φύσκαις καὶ ῥ.
ῥάφανον. Fr. 183, 4. τῆς τρυγὸς ἄρτον λιπαρὸν καὶ ῥ. φέροντι.
ῥάχιν. A. 314. ταυτὶ μὲν ἤδη τὴν ῥ. θλίβοντά μου πίνουται.
ῥαψαμένη. N. 538. οὐδὲν ἦλθε ῥ. σκύτινον καθειμένον.
ῥαψῳδινός. I. 784. οὐχ ὥσπερ ἐγὼ ῥ. σοι τουτὶ φέρω, ἀλλ' ἐναναίρου.
ῥαψῳδεῖν. Εκ. 678. καὶ τὰς ὑδρίας, καὶ ῥ. ἔσται τοῖς παιδαρίοισιν
ῥέγκει. I. 104. ῥ. μεθύων ἐν ταῖσι βύρσαις ὕπτιος.
ῥέγκεται. Π. 115. ὡς μεγάλ' ὁ Παφλαγὼν πέρδεται καὶ ῥ.
ῥέγκουσιν. N. 5. οἱ δ' οἰκέται ῥ. ἀλλ' οὐκ ἂν πρὸ τοῦ.
ῥέγκωμεν. N. 11. ἀλλ' εἰ δοκεῖ, ῥ. ἐγκεκαλυμμένοι.
ῥεῖ. Λ. 1034. ὥστ' ἐπειδὴ 'ξηρέθη, ῥ. μου τὸ δάκρυον πολύ.
ῥεῖς. B. 7. θαρρῶν γ'· ἐκεῖνο μόνον ὅπως μή ῥ. ΕΛ. τὸ τί;
ῥέπει. B. 1393. μεθεῖτε μεθεῖτε· καὶ τὸ τοῦδέ γ' αὖ ῥ.
Π. 51. οὐκ ἔσθ' ὅπως ὁ χρησμὸς ἐς τοῦτο ῥ.
ῥέπον. Fr. 445 n. 4. ὅταν γὰρ ἰστᾷς, τοῦ ταλάντου τὸ ῥ.
ῥεύσας. I. 526. εἶτα Κρητίνου μεμνημένος, ὃς πολλῷ ποτ' ἐπαίνῳ
ῥήγνυνται. N. 378. εἰς ἀλλήλας ἐμπίπτουσαι ῥ. καὶ καταψοφοῦσι.
ῥήμ'. B. 1155. πῶς δίς· ΕΤ. σκοπεῖς τὸ ῥ. ἐγὼ δέ σοι φράσω.
B. 1199. ὁ ῥ. ἔκαστον, ἀλλά σὺν τοῖσιν θεοῖς
1379. καὶ λαβωμένοι τῷ ῥ. ἐκάτερος εἴπατον,
ΕΙ. 931. τὸ ῥ. ἐπίτρεδες οὖν, ἵν' ἐν τῇκκλησίᾳ
ῥῆμα. ΕΙ. 521. πόθεν ἂν λάβοιμι ῥ. μυριάμφορον
B. 97. ζητῶν ἄν, ὅστις ῥ. γενναῖον λάκοι.
ῥῆμαθ'. N. 1402. οὐδ' ἂν τρί' εἰπεῖν ῥ. οἷός τ' ἢ πρὶν ἐξαμαρτεῖν·
B. 821. ῥ. ἱπποβάμονα.
929. γρυπαέτους χαλκηλάτους, καὶ ῥ. ἱππόκρημνα.
ῥήμασι. A. 686. ἐς τάχος παῖεις ξυνάπτων στρογγύλοις τοῖς ῥ.·
B. 1060. μάλλων εἰκὸς τοὺς ἡμιθέους τοῖς ῥ. μείζοσι χρῆσθαι·
ῥήμασιν I. 653. οἱ ἥδισθ' ἡ βουλὴ μάλιστα ῥ.
O. 1257. διαρραγείης. ὦ μέλ', αὑτοῖς ῥ.
ῥήματα I. 687. β. θ' αἱμυλίοις.
ῥῆματ'. ΕΙ. 604. ῥ., εἰ βούλεσθ' ἀκοῦσαι τῆνδ' ὅπως ἀπώλετο.
B 924. ἤδη μεσοίη, ῥ. ἂν βύεια δώσειν εἴπεν,
ῥήματα. Π. 824. ῥ. γομφοπαγῆ, πινακηδὸν ἀποσπῶν
B. 828. ῥ. δαιμόνιον κατελετολογήσαι
881. ῥ. καὶ παραπρίσματ' ἐπῶν,
1004. ἀλλ' ὡ πρῶτος τῶν Ἑλλήνων πυργώσας ῥ. σεμνὰ
Fr. 1. ἀνοθήσεται σοι ταῦτα ποι τὰ ῥ.
205. καὶ πῶς ἐγὼ Σθενέλου φάγοιμ' ἂν ῥ.;
551. ῥ. τε κομψὰ καὶ παίγνι' ἐπιδεικνύναι
ῥήματι. B. 854. ἵνα μὴ κεφαλαίῳ τὸν κρόταφόν σου ῥ.
ῥήματίοις. Α. 444. ὅπως ἂν αὑτοὺς ῥ. σκιμαλίσω.
Ι. 216. ὑπολυκαίων ῥ. μαγειρικοῖς.
Σ. 668. ἄρχειν αἱρεῖ σαυτοῦ, τούτοις τοῖς ῥ. περιπεφθείς.
ῥηματίοισιν. N. 943. ῥ. καινοῖς αὐτὸν
ῥηματίοις. Α. 447. εὐ γ'· ὅτων ἤδη ῥ. ἐμπίπλαμαι.
ΕΙ. 534. αὕτη ποιητῇ ῥ. δικανικῶν,
ῥηματίων. ΕΙ. 220. ὑ γοῦν χαρακτῇρ ἡμεδαπὸς τῶν ῥ.
Θ. 443. ὀλίγον ἐκεῖνα κομψά παρῆλθον ῥ.
B. 492. δ' οὐκ ἔδεισας τὸν ψόφον τῶν ῥ.
940. οἰδοῦσαν ὑπὸ κομπασμάτων καὶ ῥ. ἐπαχθῶν,
1367. τὸ γὰρ βάρος νῷν βασανιεῖ τῶν ῥ.
ῥήξας. N. 406. ῥ. αὑτὰς ἔξω φέρεται σοβαρὸς διὰ τὴν πυκνότητα.
Π. 515. ἡ γῆς ἀρότροις ῥ. δάπεδον καρπὸν Δηοῦς θερίσασθαι,
ῥήξατε. N. 357. οὐρανομήκη ῥ. κίμοι φωνήν, ὦ παμβασίλειαι,
ῥῆξον. N. 960. ῥ. φωνὴν ἥτις χαίρεις, καὶ τὴν σαυτοῦ φύσιν εἰπέ.

ῥήσιν. A. 416. δεῖ γάρ με λέξαι τῷ χορῷ ῥ. μακράν·
Σ. 580. ἐκ τῆς Νιόβης εἰπὲ ῥ. τὴν καλλίστην ἀπολέξας.
1095. ῥ. εὖ λέξειν ἐμέλλομεν τότ', οὐδὲ
B. 151. ἡ Μοράψιον τις ῥ. ἐξεγράψατο.
ῥῆσιν. N. 1371. ὁ δ' εὐθὺς ἠσ' Εὐριπίδου ῥ. τιν', ὡς ἐβίνει
ῥήτορα. Fr. 673. ῥ.·
ῥήτορας. A. 38. βυᾶν, ὑποκρούειν, λοιδορεῖν τοὺς ῥ.,
I. 60. δεινούντος ἰσταῦτ' ἀνοσαθεῖ τοὺς ῥ.
358. λαρυγγιῷ τοὺς ῥ. καὶ Νικίαν ταράξω.
Π. 566. σκέψαι τοίνυν ἐν ταῖς πύλεσιν τοὺς ῥ., ὡς ὁπόταν μὲν
ῥήτορε. 1. 1350. καὶ νὴ Δί' εἴ γε δύο λεγοίτην ῥ.,
ῥήτορες. Ι. 880. οὐχὶ φθονῶν ἔπαυσας, ἵνα μὴ ῥ. γένοιντο.
Θ. 382. ὑπὲρ ποιοῦμ' οἱ ῥ. μακρὰν ἔοικε λέξειν.
Π. 30. ἕτερος δ' ἐπλούτουν, ἱερόσυλοι, ῥ.
ῥητόρων. A. 680. ὑπὸ νεανίσκων ἐᾶτε καταγελᾶσθαι ῥ.
1. 323. δεινς, ἤκερ μόνη προστατεῖ ῥ.;
425. ὥστ' εἰπ' ἀνήρ τῶν ῥ. ἰδὼν με τοῦτο δρῶντα·
Θ. 292. ποῦ τοῦ καθίζωμ' ἐν καλῷ, τῶν ῥ.
Εκ. 195. ὅτε δὴ δ' ἐγίνετ', ἤχθοντο, τῶν δὲ ῥ.
244. ἔπειτ' ἀκούσω' ἐξέμαθον τῶν ῥ.
Π 379. τὸ στόμ' ἐπιβύσας κέρμασιν τῶν ῥ.
Fr. 1. τὸ καταπλαγῆσαι τοῦτο παρὰ τῶν ῥ.
ῥήτωρ. Θ 530. ἢ βάῃ ῥ. ἀθρυῖν.
B 307. ἢ τοὺς μαθοῦς τῶν ποιητῶν ῥ. ἂν εἴτ' ἀποτρέχει,
ῥιγῶν Α. 857. ῥ. τε καὶ πεινῶν ἀεί
Α. 1146. σοὶ δὲ ῥ. καὶ προφυλάττειν.
Ν. 416. μήτε ῥ. ἄχθει λίαν, μήτ' ἀριστᾶν ἐπιθυμεῖς,
442. αὐχμεῖν, ῥ., ἀσκὼν δαίρειν,
Σ. 446. ὥστε μὴ ῥ. ἱμάστυττ'· ἀλλὰ τούτοις γ' οὐκ ἔνι
O. 772. εἶτα δ' Ὀρέστῃ χλαῖναν ὑφαίνειν, ἵνα μὴ ῥ. ἀποδύῃ.
935. ὅγε τὴν σπολάδα· πάντως δέ μοι ῥ. δοκεῖς.
ῥίζας. Π. 283. δεῦρ' ἥλθομεν, πολλῶν θύμων ῥ. διεκπερῶντες
Fr. 122. ῥ. ἐχούσας σκορπιόμιμητον φύσιν.
ῥίζων. Ο. 654. μηδὶν φοβηθῇς· ἔστι γὰρ τι ῥ.,
ῥῖν'. ΕΙ. 162. ἀκτὶν μὴν κάκεης τὴν ῥ. ἀπέχαν,
Π. 703. τὴν ῥ. ἐπιλαβοῦσ'· οὐ λιβανωτὸν γὰρ βδέω.
ῥῖνα. ΕΙ. 21. πόθεν ἂν πριαίμην ῥ. μὴ τετριμμένην;
Π. 314. τὴν ῥ. σὺ δ' Ἀρίστυλλος ὑποχάσκων ἐρεῖς·
ῥίνας. N. 344. κοὐχὶ γυναιξίν, μὰ Δί', οὐδ' ὁπιοῦν' αὗται δὲ ῥ. ἔχουσιν,
O. 1081. τοῖς τὰ κοψίχοισιν ἐς τὰς ῥ. ἐγκεῖ τὰ πτερά,
B 620. στρεβδᾷν, ἴτε δ' ἐς τὰς ῥ. ἔρει ἔγχεαν,
ῥινούς. ΕΙ. 1274. σὺν ῥ' ἔβαλον τὰ τε καὶ ἀσπίδας ὀμφαλοέσσας.
ῥιπιδα. A. 888. τὴν ἐσχάραν μοι δεῦρο καὶ τὴν ῥ.
ῥιπίδι. A. 669. οἷον ἐξ ἀνθρώπων πρινίνων ψέψαλος ἀνῆλατ'. ἐρεθιζόμενον οὐρίᾳ ῥ.
ῥιπίζει. Β. 360. ἀλλ' ἀνεγείρει καὶ ῥ. κερδῶν ἰδίαν ἐπιθυμῶν,
ῥιπίζεται. Εκ. 842. ἰστᾶσ' ἐφεξῆς· τὰ τεμάχη ῥ.,
ῥιπός. ΕΙ. 699. κέρδους ἕκατι κἄν ἐπὶ ῥ. πλέοι.
ῥίπτε. Σ. 1530. ῥ. σκέλος οὐράνιον· βέμβικες ἐγγενέσθων.
ΕΙ. 962. καὶ τοῖς θεαταῖς ῥ. τῶν κριθῶν. ΟΙ. ἰδού.
ῥιπτεῖτε. Εκ. 507. ῥ. χλαίνας, ἐμβὰς ἐκποδὼν ἔτω,
ῥίς. Εκ. 630. ἡ Λυσικράτους ἄρα νυνὶ ῥ. ἴσα τοῖσι καλοῖσι φρονήσει.
ῥίψαντες. ΕΙ. 332. τὸ σκέλος ῥ. ἤδη λήγωμεν τὸ δεξιόν,
ῥίψας. ΕΙ. 153. κάτω κάρα ῥ. με βουκολήσεται.
ῥίψασπιδες. ΕΙ. 1186. ἤττορ, οἱ θεοῖσιν οὗτοι κἀνδράσιν ῥ.
ῥίψασπιν. Ν. 353. ταῦτ' ἄρα, ταῦτα Κλεώνυμον αὐταὶ τὸν ῥ. χθὲς ἰδοῦσαι,
ῥίψω. Θ. 771. ῥ. γράφων. ἀλλ' οὐ πάρεισί μοι πλάται.
ῥοαί. Θ. 855. Νείλου μὲν αἴδε καλλιπάρθενοι ῥ.,
ῥοαῖσιν. Θ. 865. ῥ. ὑγραῖς. ΓΥ. Ἡ ὤφελες δὲ καὶ σύ γε.
ῥοάν. Fr. 506. ὀξυγλυκεῖαν τἄρα κοκκιεῖς ῥ.
ῥόας. Fr. 141. "πλὴν ἀλεύρου καὶ ῥ."
ῥόδα. Ν. 910. ῥ. μ' εἴρηκας. ΕΙ. καὶ βωμολόχος.
Ῥόδιον. Α. 944. τάλαιν' ἐγώ, τὸ Ῥ. ἡγεγκον μύρον.
Ῥοβίτην. Α. 370. αἰσῖμαεῖ· μηδὲ θοιδατος τὴν κάλπιν, ὦ Ῥ.
ῥόβδοις. Ι. 966. χώρας ἀπάσης ἐστεφανωμένον ῥ.
Ν. 1330. ΦΕ. πάττε πολλοῖς τοῖς ῥ.
ῥοθιάζει. Fr. 60. ναῦν ὅτ' ἂν ἐν πιτύλων ῥ. σώφροσι μύσμῳ,
ῥοθιάζουσ'. Α. 807. οἷον ῥ., ὦ πολυτιμήθ' Ἡράκλεις.
ῥοθιάζων. Fr. 60. κατάγου ῥ.
ῥόθων. Ι. 546. αἰρεσθ' αὐτῷ πολὺ τὸ ῥ., παραπέμψατ' ἐφ' ἕνδεκα κώπαις
ῥοιάς. Σ. 1268. οὗτος ἰὼν γ' ἐγώ ποτ' εἶδον ἀντὶ μήλων καὶ ῥ.
ῥοιβδον. Ν. 407. ὑπὸ τοῦ ῥ. καὶ τῆς ῥύμης αὐτὸς ἑαυτὸν κατακάων.
ῥοιζημάτων. Ο. 1182. ῥύμη τε καὶ πτεροῖσι καὶ ῥ.
ῥοιῶν. ΕΙ. 1001. σικύων πρῳῶν, μήλων, ῥ.
ῥόμβον. Fr. 288. ἴθι δὴ λαβὼν τὸν ῥ. ἀνακωδώνισον.

ροπαλισμούς—Σαρδιανακόν. 279

ροπαλισμούς. Λ. 553, κᾆτ' ἐντέξη τέτανον τερηνὸν τοῖς ἀνδράσι καὶ ῥ.,
ῥάπαλον. R. 47. τίς ὁ νοῦς ; τί κόθορνος καὶ ῥ. ξυνηλθέτην ;
Β. 495. σὺ μὲν γενοῦ ' γὼ, τὸ ῥ. τουτὶ λαβὼν
ροπάλῳ. Ο. 497. ἔξω τείχους, καὶ λωποδύτης παίει ῥ. μὲ τῷ νώτων'
ροπᾶς. Σ. 1235. ἀντρέψεις ἔτι τὰν πύλιν· ἀ δ' ἔχεται ῥ.
ρόπτρον. Fr. 103. ῥ. :
ροφεῖν. Σ. 812. ῥ. ἐὰν δέῃ τι. ΦΙ. τοῦτ' αὖ δεξιόν·
Σ. 982. ἐς κύρακας. ὡς οὐκ ἀγαθόν ἐστι τὸ ῥ.
ροφῆσαι. I. 905. ὦ Δῆμε, μηδὲν δράσῃς μισθοῦ τρυβλίον ῥ.
ροφήσει. Α. 278. ἴσθεν εἰρήνης ῥ. τρυβλίων·
ΕΙ. 716. ὅσον ῥ. ζωμὸν ἡμερῶν τριῶν,
ροφήσομαι. Σ. 814. αὑτοῦ μίνων γὰρ τὴν φακῆν ῥ.
ρόφησον. I. 51. ἐνθοῦ, ῥ, ἔντραγ', ἔχε τριώβολον.
ροφῶ. Σ. 906. φέρε νυν, ἅμα τήνδ' ἐγχεάμενος κἀγὼ ῥ.
ροῶν. { Fr. 165. 228. } τῶν γὰρ ἀπυρήνων (ῥ.)
'ρρήισθ'. Σ. 1329. οἷον, εἰ μὴ 'ρ., ὑμᾶς,
ῥυάχετον. Λ. 170. τὸν τῶν Ἀσαναίων γα μὰν ῥ.
ῥύγχει. Ο. 348. καὶ δοῦναι ῥ. φορβάν.
ῥύγχεσιν. Ο. 1138. τούτων δ' ἐτυκίζον αἱ κρέκες τοῖς ῥ.
Ο. 1155. σαφώταται πελεκάντες, οἱ τοῖς ῥ.
ῥυγχία. Α. 744. ἀλλ' ἀμφιθεσθε καὶ ταδὶ τὰ ῥ.,
ῥύγχος. Ο. 364. ἐλελελεῦ, χώρει, κάθες τὸ ῥ. οὐ μένειν ἐχρῆν.
Ο. 479. νὴ τὸν Ἀπόλλω πάνυ τοίνυν χρή ῥ. βύσκειν σε τὸ λοιπόν·
672. ἀλλ', ὦ κακόδαιμον, ῥ. ὀβελίσκοιν ἔχει.
Fr. 75. πῶς εἰσίδω ῥ. πέριξ πεκαυμένον ;
ῥύζει. Β. 683. ῥ. δ' ἐπίκλαυτον ἀηδόνιον νόμων, ὡς ἀπολεῖται.
ῥυθμοί. Ν. 648. τί δέ μ' ὠφελήσεσω· οἱ ῥ. πρὸς τάλφιτα,
ῥυθμόν. Θ. 956. ῥ. χορείας ὕπαγε πᾶσα· βαῖνε

ῥυθμόν. Εκ. 1168. τοῖν σκιλίσκοιν τὸν ῥ. τάχα γὰρ ἐπεισι
Fr. 191. λόρδου κιγκλοβάταν ῥ.
ῥυθμῷ. Σ. 1504. ἐν τῷ ῥ. γὰρ οὐδέν ἐστ'. ΒΔ. ἀλλ' ᾤζυρέ,
ῥυθμῶν. Ν. 638. πότερα περὶ μέτρων ἢ περὶ ἐπῶν ἢ ῥ. ;
Ν. 647. ταχύ γ' ἂν δύναιο μανθάνειν περὶ ῥ.
650. ἐπαίνοιθ' ὁποῖός ἐστι τῶν ῥ.
ῥύμῃ. ΕΙ. 86. ἄρθρων ἶνας πτερύγων ῥ.
Θ. 1182. ῥ. τε καὶ πτεροῖσι καὶ ῥοιζήμασιν
ῥύμης. Ν. 407. ὑπὸ τοῦ ῥυίβδου καὶ τῆς ῥ. αὐτὸς ἑαυτὸν κατακάων.
Εκ. 4. τροχῷ γὰρ ἐλαθεὶς κεραμικῆς ῥ. ἀπὸ
ῥύμμα. Λ. 377. εἰ ῥ. τυγχάνεις ἔχων, λουτρὸν γ' ἐγὼ παρέξω.
ῥυποκόνδυλοι. Fr. 620. " ἐξοὶ ῥ.
ῥύπους. Α. 1200. τούς ῥ. ἀναοπάσαι,
ῥυπαπαί. Σ. 909. ἔργων διδρακε κἀμὲ καὶ τὸ ῥ.
Β. 1073. οὐκ ἡκίστα τ' ἀλλ' ἢ μάζαν καλέσας καὶ ῥ. εἰπεῖν.
ῥυπτρομαι. Α. 17. ἀλλ' οὐδεπώποτ' ἐξ ὅτου 'γὼ ῥ.
ῥυπῶν. Σ. 279. πινῶν, ῥ., ἀπαράτιλτος,
ῥυπῶντα. Π. 266. ῥ., κυφῶν, ἀθλιον, ῥυσῶν, μαδῶντα, νωδὸν·
ῥυσαμένας. Α. 342. ἀλλὰ πολέμου καὶ μανιῶν ῥ. Ἑλλάδα καὶ πολίτας,
ῥυσάν. Π. 266. ῥυσῶντα, κυφῶν, ἄθλιον, ῥ., μαδῶντα, νωδὸν·
ῥυτίδων. Π. 1051. ἐν τῷ προσώπῳ τῶν ῥ. ὅσας ἔχει.
ῥύταρα. Θ. 10s. χρυσόιαν ῥ. τόξον
ῥυφήσαι. Fr. 10n a, ῥ. :
ῥῶ. Θ. 781. τουτὶ τὸ ῥ. μοχθηρόν·
ῥώμη. ΕΙ. 84. εὐθὺς ἀπ' ἀρχῆς ῥ. πίσυνος,
Ο. 638. ἀλλ' ὅσα μὲν δεῖ ῥ. πράττειν, ἐπὶ ταῦτα τεταξόμεσθ' ἡμεῖς·
ῥώμην. Σ. 1006, ἀλλὰ κἂν τῶν λειφάνων δεῖ τῶνδε ῥ.
ῥώμης. Σ. 1487. πλευρῶν λυγίσαντος ὑπὸ ῥ.,
Ο. 459. ὑπὸ τῆς ῥ. τῆς τύτ' ἐκείνης, ὁπόταν μόνον ὀρθριον ᾄσῃ,

Σ

'ς. Α. 242. προίτω 'ς τὸ πρόσθεν ὀλίγον ἢ κανηφόρος κ.τ.λ.
σ'. Α. 98. ἄγε δὴ σύ, βασιλεὺς ἅττα σ' ἀπέπεμψεν φράσον κ.τ.λ.
σά. Α. 757. αὐτὴν ἄρ' ἀπαλλάξεσθε πραγμάτων. ΜΕ. σ. μάν ;
Α. 784. ἀλλ' οὐδὲ θύσιμός ἐστιν αὑτηγί. ΜΕ. σ. μάν ;
Ο. 423. σ. ταῦτα πάντα καὶ
Λ. 703. οἱ δὲ πέμψειν οὐκ ἔφασκον διὰ τὰ σ. ψηφίσματα.
894. τὰ δ' ἔνδον ὄντα τἀμὰ καὶ σ. χρήματα
σᾶ. Fr. 529. ἡ μᾶζα γὰρ σ. καὶ τὰ κρέα χὠ κάραβοι.
Σαβαζίοι. Λ. 388. χὼ τυμπανισμὸς χοὶ συνενοὶ Σ.,
Σαβαζίον. Σ. 10. τὸν αὐτὸν ἄρ' ἐμοὶ βουκολεῖς Σ.
Fr. 478. τὸν Φρύγα, τὸν αὐλητῆρα τῶν Σ.
Σαβαζίου. Σ. 9. οὐκ, ἀλλ' ὕπνος μ' ἴχει τις ἐκ Σ.
Σαβαζίῳ. Ο. 875. καὶ φρυγίλῳ Σ., καὶ στρουθῷ μεγάλῃ
σάγματ. Π. 1142. ἐοικέναι μάλιστα Μορύχου σ.
σάγματος. Α. 574. τίς Γοργόν' ἐξήγειρεν ἐκ τοῦ σ. ;
σίφης. Α. 1119. ἢν μὴ διδῷ τὴν χεῖρα, τῆς σ. ἄγε.
σαικωνίασα. Fr. 674. σ. :
σαίνων. I. 1031. ὡς νέρψω σ. σ', ὁπόταν δειπνῇς, ἐπιτηρῶν,
Σαίων. ΕΙ. 1298. Ἀσπίδι μὲν Σ. τις ἀγάλλεται, ἣν παρὰ θάμνῳ
Σάκα. Ο. 31. νύσον νοσοῦμεν τὴν ἐναντίαν Σ.·
σάκανδρον. Α. 824. τὸν σ. ἐκφανεῖς.
σακίον. Fr. 305. σ„ ἐν οἷσπερ τἀργύριον ταμιεύεται.
σάκκον. Α. 745. νήψειτεν ἐς τὸν σ. ᾧδ' ἐσβαίνετε.
σάκον. Α. 822. κλάων μεγαριεῖς. οὐκ ἀφήσεις τὸν σ. ;
Εκ. 502. ἅπασα καὶ μίσει σ. πρὸς ταῖν γνάθοιν ἔχουσα·
σάκους. Λ. 1211. εἰς ἐμοῦ σ. ἔχων καὶ
σάκταν. Π. 681. ἔπειτα ταῦθ' ἡγεῖγόν ἐς σ. τινά·
Σαλαβαχχούς. Θ. 805. καὶ μὲν δὴ καὶ Κλεοφῶν καὶ Σ. χειρῶν πάντως δήμον Σ.
Σαλαβαχχώ. I. 765. βέλτιστος ἀνὴρ μετὰ Λυσικλέα καὶ Κύνναν καὶ Σ.,
Σαλαμῖνα. Λ. 411. ἐμοὶ μὲν οὖν ἐστ' ἐς Σ. πλευστέα·
I. 785. κᾆτα καθίζου μαλακῶς, ἵνα μὴ τρίβῃς τὴν ἐν Σ.
Σαλαμῖνα. Ο. 147. πλητῆρ' ἄγους' ἴσθεν ἢ Σ.
Ο. 1204. Ἴρις ταχεῖα. ΠΕ. Πάραλος ἢ Σ. ;
Σαλαμίνιος. Εκ. 38. Σ. γάρ ἐστιν ᾧ ξύνειμ' ἐγώ,
Σαλαμίνος. Ο. 59. οὐδ' ἐκ Σ. ΚΑ. ἀλλ' ἐκείναί γ' οἶδ' ὅτι
σάλπιγγι. ΕΙ. 1240. τί δ' ἄρα τῇ σ. τῇδε χρήσομαι,
σαλπιγγολογχυπηνάδαι. Β. 966. σ., σαρμασμοπιτυοκάμπται,
σάλπιγγος. Α. 1001. πίνειν ὑπὸ τῆς σ. ἐς δ' ἀρ ἐπείγ
R. 1042. ἀντεντείνωσιν αὑτὸν ταύτης, ὁπόταν σ. ἀκούσῃ
σάλπιγξ. Ν. 165. σ. ὁ πρωκτός ἐστιν ἀρὰ τῶν ἐμπίδων.

σάλῳ. Θ. 872. ὅστις ξένους δέξαιτο ποντίας σ.
Σαμίων. Fr. 43. Σ. ὁ δῆμός ἐστιν· ὡς πολυγράμματος.
Σαμοθράκης. ΕΙ. 277. ἀλλ' εἴ τις ὑμῶν ἐν Σ. τυγχάνει
σαμφόρα. I. 603. λητῆρ' μᾶλλον, τί δρᾴμεν ; οὐκ ἐλᾷς, ὦ σ. ;
Ν. 1298. ὕπαγε, τί μέλλεις ; οὐκ ἐλᾷς, ὦ σ. ;
σαμφόρας. Ν. 122. οὔθ' αὑτοὺς οὔθ' ὁ ζύγιος οὔθ' ὁ σ.·
Σάμῳ. Σ. 283. τὸν Σ. πρῶτος κατέπτοι,
Α. 313. τίς ξυλλάβοιτ' ἂν τοῦ ξύλου τῶν ἐν Σ. στρατηγῶν ;
σανδαλίσκον. Β. 405. κἀν' εὐτελεῖᾳ τῶν τε σ.
σανίδας. Σ. 818. φέρε νυν, ἐνέγκω τάς σ. καὶ τὰς γραφάς.
σανίδι. Θ. 931. ὦ τοῦρ', ἐν τῇ σ., κάπειτ' ἐνθαδὶ
Θ. 940. κέλευε πρὸς τῇ σ. δεῖν τοῦ τοξότην,
1165. ὅδ' ἐστίν, οὗν τῇ σ., κηδεστής ἐμός.
σανίδια. ΕΙ. 202. χυτρίδια καὶ σ. κάμφορεῖδια.
σανίδα. Θ. 1124. τῇ σ. τρῆσας ἐξύπιστο πρώκτισαν,
σανίδων. Σ. 349. ὁδύνα κιττῷ διὰ τῶν σ. μετὰ χοιρίνης περιελθείν.
Σαννυρίων. Fr. 198. Σ. καὶ τίνες ἂν εἶεν ; Β. πρῶτα μὲν Σ.
σαπείσ'. I. 1308. ὑπὸ τερηδόνων σ. ἐντάυθα κατεγηράσαμεν·
σαπέρδαι. Fr. 305. σαπέρμβροι, κολίαι, λέβιοι, μύλλαι, σ., θυννίδες.
σαπέρδην. Fr. 546, 1. τὸν σ. ἀποτίλαι χρή
σαπρά. Α. 378. ἐμοὶ σὺ λοντρόν, ᾦ σ. ; ΧΟ. ΓΤ. καὶ ταῦτα νυμφαίον γε.
Εκ. 884. νὺν μέν με παρακίψασα προύφησε, ὦ σ.
926. οὐκοῦν ἐπ' ἐκφορὰν γε, ΝΕ. καινόν γ', ὦ σ.
Π. 1086, ἀλλ' ἴστιν αὐδὴ τὴν' παλαιὰ καὶ σ.
σαπρά. Ο. 1025. σ., ἀπωλόμην γυναί.
Εκ. 1098. ὦ τρισκακοδαίμον, εἰ γυναῖκα δεῖ σ.
σαπράς. Σ. 38. ὄζει κάκιστον τούννυνιον Βύρσης σ.
ΕΙ. 554. ἂν ἅπαντ' ἤδη 'στὶ μεστὰ τἀνθάδ' εἰρήνης σ.
σαπρόν, I. 918. ἂν Ἰανίον σ. λάβῃς.
Σ. 1343. ἔχουν φυλάττω δ', ὡς σ. τὸ σχοινίον
1380. ἀφελομενός σε καὶ νομίσας εἶναι σ.
Π. 323. ἀρχαίον ἤδη προσαγορεύειν καὶ σ.·
542. καὶ φορμὸν ἔχειν ἀντὶ τάπητος σ.· ἀντὶ δὲ προσκιφαλαίου,
σαπρός. ΕΙ. 698. Σιμωνίδης ; πῶς ; ΤΡ. ὅτι γέρων ὢν καὶ σ.
σαπρού. Λ. 1101. ὄζων σαπροῦ υἱός ἐσθνω, μοῦ σ.
σαπρούς. Π. 813. χαλκῆ γέγονε· τοὺς δὲ πινακίσκους τοὺς σ.
Σαρβανάπαλλος. Ο. 1021. ποῦ πρόξενοι ; ΠΕ. πῇ Σ. οὐτοσί ;
Σάρδεις. Σ. 1139. κοῦ μἀρχή γ' ; ἐς Σ. ἦλθες οὐκ ἐλήλυθασι.
σάρδια. Fr. 309, 13. κομφολύγας, ἀποδεσμους, ὁλίσβονς. σ.,
Σαρδιανακόν. Fr. 445 b. Σ.

280 Σαρδιανικόν—σεαυτοῦ.

Σαρδιανικόν. Α. 112. ἵνα μή σε βάψω βάμμα Σ.·
Σαρδοῦς. Σ. 700. ὅστις πύλεων ἄρχων πλείστων, ἀπὸ τοῦ
    Πόντου μέχρι Σ.,
σαρκάζοντες. ΕΙ. 482. γλισχρότατα σ. ὥσπερ κινίδια,
σαρκασμοπιτυοκάμπται. Β. 966. σαλπιγγολογχυπηνάδαι, σ.,
σάρκινον. Fr. 504. ὡς οὐχ ἕτερον ἄνδρα σ.
Σαρπηδόνα. Ν. 622. ἡνίκ' ἂν πιθώμεν ἢ τὸν Μέμνον' ἢ Σ.,
σᾶς. Ι. 1271. σ. ἀπτόμενος φαρέτρας Πυθῶσι ἐν ᾧ κακῶς
    πένεσθαι.
σᾶς. Λ. 345. πολιοῦχε, σ. ἴσχον ἕδρας.
Λ. 373. ἐγὼ μὲν, ἵνα νήσας πυρὰν τὰς σ. φίλας ὑφάψω.
Εκ. 3. γονάς τε γὰρ σ. καὶ τύχας δηλώσομεν·
σάτρα. Α. 100. λαμπομὰν ἔξαρξ' ἀναπισσύναι σ.
σατυρους. Θ. 157. ὅταν σ. τοίνυν ποιῇς, καλεῖν ἐμέ,
σαυλοπρωκτιᾶν. Σ. 1173. καὶ μὴν προθυμοῦμαί γε σ.
σαυνάκα. Ο 1628. ὁ Τριβαλλός, οἰμώζειν δοκεῖ σοι; ΤΡΙ. σ.
σαυτῇ. Λ. 506. τοῦτο μὲν, ὦ γραῦ, σ. κρώξαις· σὺ δὲ μοι λέγε.
    ΛΤ. ταῦτα ποιήσω.
Θ. 564. οὐδ' ὣς σὺ τῆς δούλης τεκούσης ἄρρεν' εἶτα σ.
σαυτῇν. ΕΙ. 937. μὰ Δί', ἀλλ' ἀπόφηνον ὅλην σ.
Ο. 666. ἐμβαίνε, καὶ σ. ἐπιδείκνυ τοῖς ξένοις.
Εκ. 481. φύλαττε σ. ἀσφαλῶς, πολλοὶ γὰρ οἱ πανοῦργοι,
    499. πόλιν μετασκευάζε σ. αὖθις ἥνεμι ἦσθα,
σαυτῇ. Λ. 132. ἐφησθα σ., κᾶν παρατεινεῖν θήμισυ.
Λ. 712. τί δ' ἐστί δεινόν; φράξε ταῖς σ. φίλαις.
Η 386. καὶ σῷζε τὸν σ. χορόν·
917. σ. κατύναι', ἀντιβολῶ σε.
Εκ. 535. εἶτ' οὐ τὸ σ. ἱμάτιον ἐχρῆν σ' ἔχειν;
σαυτον. Ι. 183. οἴμοι, τί ποτ' ἔσθ' ὅτι σ. οὐ φῇς ἄξιον;
Ι. 739. σ. δὲ λυχνοπώλαισι καὶ νευροραφάσιν
Ν. 242. πόθεν δ' ὑπόχρεως σ. ἔλαβες γενόμενος;
760. φρόντιζε δὴ καὶ διάθρει, πάντα τρόπον τε σ.
762. μὴ νυν περὶ σ. εἴλλε τὴν γνώμην εἰσ.,
842. γνώσει δέ σ· ὡς ἀμαθὴς εἶ καὶ παχύς.
889. χώρει δευρί, δεῖξον σ.
1296. οὐκ ἀποδιώξει σ. ἀπὸ τῆς οἰκίας;
1433. πρὸς ταῦτα μὴ τύπτ'· εἰ δὲ μή, σ. ποτ' αἰτιάσει.
Σ. 196. ὤθει τὸν ὄνον καὶ σ. ἐς τὴν οἰκίαν.
355. ἴει σ. κατὰ τοῦ τείχους ταχέως, ὅτε Νάξος ἑάλω;
380. δήσω σ. καὶ τὴν ψυχήν ἐμελησάμην Διονοείθυιν.
888. σ. θορρῶν κάπινεμόμενος τοῖσι πατρῴοισι θεοῖσιν·
996. ἔπαιρε σ. ΦΙ. εἰπέ νυν ἐκεῖνό μοι,
1493. πρωκτὸς χάσκει. ΕΑ. κατὰ σ. ὅρα.
ΕΙ. 19. νὴ τὸν Δί' ἐς κόρακάς γε, ἀλλὰ σ. γε πρός.
32. τέως ἕως σ. λάθοις διαρραγείς.
159. ἴει σ. θαρρῶν ἀπὸ γῆς,
828. πλανώμενον πλὴν σ.; ΤΡ. οὐκ, εἰ μή γέ πον
Ο. 1020. οὐκ ἀναμετρήσεις σ. ἀπιὼν ἀλλαχῇ;
1367. φρούρει, στρατεύου, μισθοφόρει σ. τρέφε,
1642. βλάπτεις δέ τοι σὺ σ. ἢν γὰρ ἀποθάνῃ
Λ. 372. τί δαὶ σὺ πῦρ, ὦ τύμβ', ἔχων; εἰς σ. ἐμπυρεύσων;
468. τί τοῖσδε σ. ἐς λόγον τοῖς θηρίοις συνάπτεις;
937. ἔπαιρε σ. ΚΙ. ἀλλ' ἐπῆρται τοῦτό γε
Θ. 210. ὦ φίλταπ', ὦ κηδεστά, μή σ. προδῷς.
213. ἄγε νυν, ἐπειδὴ σ. ἐπιδίδως ἐμοί,
230. ἰξ' ἀτρέμα σ. κάνάκυπτε. τοῦτ' ἐκεῖνο.
234. βούλει θεᾶσθαι σ.; ΜΝ. εἰ δοκεῖ, φέρε·
249. Ἀγάθων, ἐπειδὴ σ. ἐπιδοῦναι φθονεῖς,
Β. 222. κρεμάσαντά σ. ΔΙ. παῦε, πνιγηρὰν λέγεις.
133. εἶναι, τόθ' εἶναι καὶ σ. ΔΙ. ποῖ; ΗΡ. κάτω.
Π. 56. ἄγε δὴ σὺ πρότερον σ. ὅστις εἶ φράσον,
1106. ἔπειτα σ., εἶτα τὴν ἴν. ΚΑ. εἰπέ μοι,
Fr. 285. ἔπειτα μίσθον σ. ἀμφοραφορεῖν.
σαυτόν, Ι. 809. ἃ σὺ γιγνώσκων τυνδ' ἐξαπατᾷς, καὶ ὑπεριπολεῖς περὶ σ.
Ι. 914. σ., καλοῦν ναῦν ἔχοντ',
Ν. 25. Φίλων, δόκει·ς ἔλουνε τὸν σ. δρόμον.
88. ἑκατρέφου δι ταχιστα τοῦς σ. τρόπους,
385. φέρε τουτὶ τῷ χρὴ πιστεύειν; ΣΠ. ἀπὸ σ. 'γὼ σε διδάξω.
478. ἄγε δὴ, κάτειπέ μοι σὺ τὸν σ. τρόπον,
796. πέμπειν ἐκεῖνον ὑντὶ σ. μανθάνεις.
960. ῥῆξον φωνὴν ἥτινι χαίρεις, καὶ τὴν σ. φύσιν εἰπέ.
994. καὶ μὴ περὶ τοὺς σ. τρόπους σπουδάργυσαι. ἄλλο τε μηδέν
Σ. 393. ἐλέγχον καὶ σώσον νυνὶ τὸν σ. πλησιόχωρον·
598. σὺ δὲ τὸν πατέρ' οὐδ' ὅτιοῦν τουτων τὸν σ. πώποτ' ἔδρασας.
668. ἄρχειν αἱρεῖ σ. τούτοις τοῖς ῥήμασιν περιπεφθείς.
ΕΙ. 1169. πρόσφερε τὴν γλῶτταν. ΤΡ. σὺ δὲ τὴν σ. γ' ἀπένεγκον.
1300. εἰπέ μοι, ὦ πύσθων, ἐς τὸν σ. πατέρ' ᾄδεις;
Ο. 360. εἰτα κατάπηχον πρὸς σ. ΕΤ. τοῖσι δ' ὀφθαλμοῖσι τί;

σαυτοῦ. Ο. 658. οὗτος, σὺ καλῷ οἳ καλῷ. ΕΠ. τί καλεῖς; ΧΟ. τοῦτον μὲν ἄγαν μετὰ σ.
Β. 947. τοῦ βρώματος. ΑΙ. κρεῖττον γὰρ ἦν σοι νὴ Δί' ἦ τὸ σ.
Εκ. 406. σ. παραλείφειν τὸ βλέφαρα τῆς ἑσπέρας,
Π. 631. τί δ' ἐστίν ὦ βέλτιστε τῶν σ. φίλων;
1134. ἆρ' ὠφελήσαις ἄν τι τὸν σ. φίλον;
Fr. 488. 2. τασδὶ κατάζων τῇ κεφαλῇ σ. λίθῳ.
σαυτῷ. 1. 184. ξυνειδέναι τί μοι δοκεῖτε σ. καλῶν.
Ν. 1454. αὐτὸς μὲν οὖν σ. σὺ τούτων αἴτιος,
1475. ἐνταῦθα σ. παραφρόνει καὶ φληνάφα.
ΕΙ. 717. γονοίκη σ. τηδε· κατ' ἐν τοῖς ἀγροῖς
708. ταύτῃ ξυνοικῶν ἐκποιοῦ σ. βότρυς.
Εκ. 294. σ. προσέχων ὕπαρ
σάφ'. Α. 783. σ. ἴσθι, πυττλὸν ματέρ' εἱακοσθήσεται.
ΕΙ. 875. σ. ἴσθι, κιλλήρφη γε μύλις. ΟΙ. ὦ δέσποτα.
953. τοσ. κάτα σ. οἴδ' ὅτι
Ο. 604. ἣν εὖ πράττως', οὐχ ὑγιεῖα μεγάλη τοῦτ' ἐστί; σ. ἴσθι,
9. 596. εἰ μὴ 'πεπώσμην ταῦτα τῶν σ. εἰδότων.
Β. 75. οὐ γὰρ σ. οἶδ' οὐδ' αὐτὸς τοῦθ' ὅπαι ἔχει.
296. σ. ἴσθι. ΔΙ. ποῖ δῆτ' ἂν τραποίμην; ΞΑ. πυὶ δ' ἐγώ;
918. σ. ἴσθι. ΔΙ. κἀμαυτῷ δοκῶ. τί δὲ ταῦτ' ἔδρασ' ὁ δείνα;
Π. 889. μὰ τὸν Δί' οὔκουν τῷ γε σ., σ. ἰσθ' ὅτι.
σαφές. Α. 154. ἐπέμψεν ὑμῖν. ΔΙ. τοῦτο μὲν γ' ἤδη σ.
Β. 64. ἄρ' ἐκδιδάσκοι τὸ σ., ἦ 'τέρα φράσω;
927. σ. δ' ἂν εἶπεν οὐδεὶς· ΔΙ. μὴ πρὶν τοὺς ὀδόντας.
Ο. 1531. μάλιστα πάντων. ἐν δέ σοι λέγω σ.·
σαφέστατα. Β. 1174. κλυει̇ν, ἀκοῦσαι, τοῦτον ὄν σ.
Π. 46. φράζουσαν ὦ σκαιότατέ σοι σ.
σαφέστερον. Β. 1445. ἀμαθέστερόν πως εἰπέ καὶ σ.
σαφῆ. Ι. 1379. καὶ γνωμοτευικὸς καὶ σ. καὶ κρουστικός,
Λ. 777. σ. γ' ὁ χρησμός νὴ Δί', ὦ πάντες θεοί,
σαφῶς. Α. 163. λέγε δὴ σὺ μεῖζον καὶ σ. τὸ χρυσίον.
Α. 105. οἴμοι κακοδαίμων, ὡς σ. ΠΡ. τί ἐμὲ λέγει;
111. ἄγε δὴ σὺ φράσον τ' ἐμοὶ σ., πρὸς τουτουί,
Ι. 619. φαις ἅπαντά μοι σ.·
1042. ἐφραξεν ὁ θεός σοι σ. σώζειν ἐμέ.
1231. τοὔμον γε φράζων ὄνομα καὶ λίαν σ.
Ν. 250. βούλει τὰ θεῖα πράγματ' εἰδέναι σ.,
343. οὐκ οἶδα σ.· εἴχασιν δ' οὖν ἐρίοισιν πεπταμένοισι,
1245. λέγε μὰ αὐτὴν ἀποκρινόμιαί σοι σ.
Σ. 964. σὺ γὰρ ταμιεύουσ' ἔτυχες. ἀνύπναιες σ.
ΕΙ. 337. μή τι καὶ νυνὶ γε χαίρετ'· οὐ γὰρ ἴστε πω σ.·
1302. ἀλλ' εἰσίωμεν. εὖ γὰρ οἰδ' ἐγώ σ.
Ο. 83. ὑμαῖν ἐπίτηδες ταῦτ' ἐγώ. ΠΟ. οἶδα μὲν σ.
Θ. 186. ὑπεραποκρινη μου, σ. σώσεις ἐμέ.
Β. 322. βέλτιστόν ἐστιν, ὡς ἂν εἰδῶμεν σ.
845. ὦ βῆτα, πρὶν γ' ἂν τοῦτο ἀποφθήνω σ.
1434. ὁ μὲν σοφῶς γὰρ εἶπεν, ὁ δ' ἕτερος σ.
Εκ. 1105. τοῦτ' τὸ πρᾶγμα κατὰ τὸ Καννώνου σ.
1134. εὐδαιμονικῶν γ' ἀνθρώπων εἴρησαι σ.
Π. 40. τεύσει. σ. γὰρ ὁ θεὸς εἶπέ μοι τοδί
360. παῦσαι φλυαρῶν, ὠγάθ'· οἰδα γὰρ σ.
1171. τίς ἂν φράσειε ποῦ 'στι Χρεμύλος μοι σ.·
σέ. Α. 112. ἵνα μή σ. βάψω βάμμα Σαρδιανικόν κ τ λ
σέ. Α. 285. σ. μὲν οὖν καταλύσομεν, ὦ μιαρὰ κεφαλή, κ.τ.λ.
Χ. 422. καὶ σ. γ' αὖθις ἐξολούμεν· ἀλλ' ἅπας ἐπίστρεφε κ.τ.λ.
σεαυτόν. Εκ. 486. πρὸς ταῦτα συστίλλου σ.
σεαυτόν. Α. 1019. ἀνὴρ κακοδαίμων. ΔΙ. κατὰ σ. νυν τρέπου.
Ν. 436. ἀλλά σ. παράδος θαρρῶν τοῖς ἡμετέροις προπόλοισιν,
1263. ἀνὴρ κακοδαίμων. ΣΤ. κατὰ σ. νυν τρέπου.
1449. οὐδὲν σε κωλύσει σ.
1455. στρέψεις σ. εἰς πονηρὰ πράγματα
Σ. 256. ἀλλ', ὠγάθ', δοίμον πρὸς σ. οὔτοιν σ.
778. δάκνων σ. καὶ τὸν ἀπολογούμενον·
1130. ἐμοὶ σ. παραδίδωκαι εὖ ποιεῖν.
1213. ὑγρὸν χύτλασον σ. ἐν τοῖς στρώμασιν.
1529. στρόβει, παράβαινε κύκλῳ καὶ γάστρισον σ.,
Λ. 386. ὑποὶιν ἐπειδὴ πῦρ ἔχεις, σὺ χλιανεῖς σ.
Θ. 335. ὀρᾷς σ. ΜΝ. οὐ μὰ Δί', ἀλλὰ Κλεισθένη.
Β. 594. ὥπερ εἰκάζεις σ.
630. αὐτός σ. αἰτιᾶ. ΑΙ. λέγεις δέ τί;
853. ἅπαγε σ. ἐκποδῶν, ὦ πανύρ' Εὐριπίδη,
Π. 390. ὑπουλεῖ. ΒΛ σὺ μὲν οὖν σ., ὡς γ' ἐμοὶ δοκεῖς.
Ι. 714. ὑπ σοφόδρα σὺ τὸν δῆμον σ. νενόμικας.
756. νῦν δή σε πάντα δεῖ κάλων ἐξιέναι σ.,
826. ἱδακας ἥδη πονηρᾷ κάντυχα παρὰ σ.
Ν. 695. ἐκφροντίσω τι τῶν σ. πραγμάτων.
Σ. 1198. πίνων, σ. ποῖον ἂν λέξαι δοκεῖς
ΕΙ. 656. τοῖς σ. λοιδορεῖς.

σεαυτῷ—Σθενέβοιαι. 281

σεαυτῷ. I. 348. τὴν νύκτα θρυλῶν καὶ λαλῶν ἐν ταῖς ὁδοῖς σ.,
Fr. 137. περίθες σ. τὸν πηγία.
σίβας. N. 302. οὗ σ. ἀρρήτων ἱερῶν, ἵνα
σίβεται. Θ. 949. Παύσων σ., καὶ νηστεύει,
σεβίζειν. Θ. 674. πᾶσιν ἀνθρώποις σ. δαίμονας,
Σεβίνον. B. 427. Σ., ὅστις ἐστὶν ἀναφλύστιος.
Εκ. 980. οὐ τὸν Σ., ἐν σῷ προσδοκᾷς ἴσωτ.
σεβίσαι. Θ. 106. δαίμονας ἔχει σ.
σίβομαι. Θ. 123. σ. Λατῷ τ' ἄνασσαν
σίβομαί. N. 293. καί σ. γ', ὦ πολυτίμητοι, καὶ βούλομαι ἀντα-
ποπαρθεῖν
σέβοντας. Π. 497. πάντας χρηστοὺς καὶ πλουτοῦντας δήπου τά
τε θεῖα σ.
σέβοντες. Fr. 476, 14. ἀπέλαυσεν ἄρα σ. ὑμῖν, ὅτι σὺ φῇς. β.
τιὴ τί;
σέβουσιν. N. 600. οἴκῳ, ἐν ᾧ κύρια σε Λυδῶν μεγάλοις σ.
Fr. 476, 13. τούτοις δ' ὑπάρχει ταῦτ', ἐπειδὴ τοὺς θεοὺς σ.
σίθεν. I. 1018. ὃς πρὸ σ. χάσκων καὶ ὑπὲρ σοῦ δεινὰ κεκραγὼς
σείει. O. 1751. αἷς ὕει νῦν χθόνα σ.
σείειν. Λ. 402. σ. πάρεστιν ὥσπερ ἰνεουρηπύτας.
σείν. Fr. 675, σ.;
σειδμενον. A. 344. ἐκσέσεισται χαμᾶζ, οὐχ ὑρᾷς σ.;
σέλονθ'. Λ. 1312. ταὶ δὲ κόμαι σ. ἅπερ Βακχᾶν
σείου. EI. 960. σ. σὺ ταχέως· σὺ δὲ πρότεινε τῶν ὑλᾶν,
σειραφόρον. N. 1300. κέντων ὑπὸ τὸν πρωκτύν σε τὸν σ.
σείσας. A. 511. σ. ἅπασιν ἐμβαλεῖς τὰς οἰκίας·
Π. 213. ὁ Φοῖβος αὐτὸς Πυθιμήν σ. δάφνην.
σεισμός. Εκ. 791. ἵνα δὴ τί; AN. B. σ. εἰ γένοιτο πολλάκις,
σειστός. A. 346. ὅτι δὶς γε σ. ἅμα τῇ στροφῇ γίγνεται.
σείων. I. 840. ᾗ πυλλὰ χρήματ' ἐργώσει σ. τε καὶ ταράττων.
EI. 1178. τοὺς λόφους σ.· ἐγὼ δ' ἕστηκα λινοπτώμενοι.
Λ. 563. ἕτερος δ' αὖ Θρᾷξ πέλτην σ. κάκόντιον, ὥσπερ ὁ
Τηρεύς,
1142. ὑμῖν ὑπέκειτο, χὠ θεὸς σ. ἅμα.
σιλαγεῖ. N. 604. πίγμαν σὺν πεύκαισ σ.
σιλαγεῖται. N. 285. ὄμμα γὰρ αἰθέρος ἀνάματον σ.
σιλαγεῖντ'. A. 925. σ. ἂν εὐθύς. ΔΙ. ὦ κάκιστ' ἀπολούμενε,
A. 926. σ. ἂν ὑπὸ τύφης τε καὶ θρυιαλλίδος,
σίλας. O. 1711. οὔθ' ἡλίου τηλαυγὲς ἀντίνων σ.
σίλαι. A. 1080. ἄφατα. τί κἄν λέγοι τις; ἀλλ' ὅπα σ.
Σεληναίης. N. 614. μὴ κρίῃ, ποῖ, ὁρᾷθ', ἐπειδὴ φῶς Σ. καλόν.
σελήνη. N. 584. ἡ σ. δ' ἐξέλειπε τὰς ὁδοὺς· ὁ δ' ἥλιος
N. 754. εἰ μηκέτ' ἀνατέλλοι σ. μηδαμοῦ.
Σελήνη. N. 608. ἡ Σ. συντυχοῦσ' ἡμῖν ἐπέστειλεν φράσαι,
EI. 406. ᾗ γὰρ Σ. χὼ πανοῦργος Ἥλιος,
σελήνην. N. 17. ὁρῶν ἄγοιυσαν τὴν σ. εἰκάδας·
N. 626. κατὰ σ. ὡς ἄγειν χρὴ τοῦ βίου τὰς ἡμέρας.
750. καθέλοιμι νύκτωρ τὴν σ., εἶτα δὴ
σελήνης. N. 171. ζητούντος αὐτοῦ τῆς σ. τὰς ὁδοὺς
Σελήνης. N. 1507. καὶ τῆς Σ. ἐσκοπεῖσθαο τὴν ἕδραν·
σίλινον. N. 982. οὐδ' ἀννήσον τῶν πρεσβυτέρων ἀρπάζειν οὐδὲ σ.,
σελίνῳ. Σ. 480. οὐδὲ μὴν γ' οὐδ' ἐν σ. σοῦστιν οὔδ' ἐν πη-
γάνῳ·
Σελλαρτίον. Σ. 459. καὶ σὺ προσθεὶς Αἰσχύνην ἔννυφε τὸν Σ.
Σίλλον. Σ. 325. ἢ Προξενίδην, ἢ τὸν Σ.
Σ. 1243. μετὰ τούτων Αἰσχύνης ὁ Σ. ἔχοντες,
1267. ἀλλ' Ἀμυνίας ὁ Σ. μᾶλλον σὺν τῶν Κρωβύλου,
Σεμέλας. O. 559. καὶ τὰς Ἀλύπας καὶ τὰς Σ.· ἤνπερ δ' ἐπίσω',
ἐνεβάλλειν
Θ. 991. Βρόμιε καὶ Σ. παῖ,
σεμίδαλιν. Fr. 364. ἀράκους, πυρούς, πτισάνην, χόνδραν, ζειάς,
αἶρας, σ.
σεμνά. O. 746. σ. τε μητρὶ χορεύματ' ὀρεία,
O. 854. σ. προσιέναι θεοῖσιν·
Θ. 948. ὅταν ὄργια σ. θεαῖν ἱεραῖς ὥραις ἀνέχωμεν, ἅπερ καὶ
1151. ὄργια σ. θεαῖν, ἵνα λαμπάσι παλέγεται ἀμβρόσιον ὄψιν,
B. 1004. ἀλλ' ὦ πρῶτος τῶν Ἑλλήνων πυργώσας ῥήματα σ.
σεμναί. N. 265. λαμπρὸς τ' Αἰθήρ, σ. τε θεαὶ Νεφέλαι βραντη-
σικέραυνοι,
N. 291. ὦ μέγα σ. Νεφέλαι, φανερῶς ἠκούσατέ μου καλέ-
σαντος.
σεμνάς. Εκ. 617. αἱ φαυλότεραι καὶ σιμότεραι παρὰ τὰς σ. καθε-
δοῦνταί·
σεμνέ. Θ. 322. σύ γε πόντιε σ. Πόσειδον,
σεμνήν. N. 48. σ., τρυφῶσαν, ἐγκεκοισυρωμένην.
Λ. 1109. δεινήν, ἀγαθήν, φαύλην, σ., ἀγανήν, * * παλύπειρον
σεμνῆς. Π. 772. ἔπειτα σ. Παλλάδος κλεινῶν πέδον,
σεμνοί. Σ. 627. καὶ πάνυ σ.
σεμνοῖς. Ο. 616. οἰκήσουσι. τοῖς δ' αὖ σ.
Π. 940. Πλούτων δὲ κοσμεῖν ἱματίοις σ. πρέπει,
σεμνοῖσιν. B. 1496. τὸ δ' ἐπὶ σ. λόγοισι

σεμνόν. I. 777. τοῦτο μὲν, ὦ Δῆμ', οὐδὲν σ.· κἀγὼ γὰρ τουτί
σε δράσω.
N. 315. αἱ φθεγξάμεναι τοῦτο τὸ σ.; μῶν ἡρῷναί τινές εἰσιν;
364. ὦ τῇ τοῦ φθέγματος, ὡς ἱερὸν καὶ σ. καὶ τερατῶδες.
Θ. 116. ἕπομαι κληζουσα σ.
σεμνοπροσωπεῖς. N. 363. κἀνυπόδητος κακὰ πύλλ' ἀνέχει κἀφ'
ἡμῶν σ.
σεμνῶς. B. 178, ὡς σ. ὁ κατάρατος· οὐκ οἰμώξεται;
Π. 275. ὡς σ. οὐντίμπτος· αἱ κνῆμαι δέ σου Βοῶσιν
σεμνοτάτη. EI. 974. ὦ σ. Βασίλεια θεά,
σεμνότατον. N. 570. Αἰθέρα σ., βιοθρέμμονα πάντων·
σεμνοτάτου. Θ. 1069. τοῦ σ. δι' Ὀλύμπου.
σεμνοτέροις. Σ. 1472. τὸν φύσαντα σ.
σεμνοτέρους. B. 1061. καὶ γὰρ τοῖ ἱματίοις ἡμῶν χρῶνται
πολὺ σ.
σεμνοτέρων. Εκ. 632. τῶν σ. ἔσται πολλὴ καὶ τῶν σφραγῖδας
ἐχόντων,
σεμνούς. B. 1174. ἄγε νυν, ἐπιστήσει λόγοισ σ. λέγειν
σεμνυνόμενοι. O. 727. καθηδόμμεθ' ἄνω σ.
σεμνυνόμενος. B. 1020. Αἰσχύλε, λέξον, μηδ' αὐθάδει σ. χαλί-
ταινε.
σεμνῶν. I. 1312. ἐς τὸ Θησεῖον πλευύσας ἢ 'πὶ τῶν σ. θεῶν.
Θ. 224. οὗτος σὺ ποῖ θεῖς; MN. ἐς τὸ τῶν σ. θεῶν·
σεμνῶς. Σ. 585. καὶ τῇ κόγχῃ τῇ πάνυ σ. τοῖς σημείοισιν
ἐποίσῃ,
Π. 1199. σ.· ἔχουσα δ' ἤλθες αὐτῇ ποικίλα.
Σεριφίων. Α. 542. ἀπέδοτο φῆσας κυνίδιον Σ.,
Σέριφος. Fr. 676, Σ.;
σέρφον. O. 569. ᾧ προτέρῳ δεῖ τοῦ Διὸς αὐτοῦ σ. ἐνύρχην
σφαγίαξειν.
σέρφους. Ο. 82. εὑδεῖ καταφαγῶν μύρτα καὶ σ. τινάς.
σέρφῳ. Σ. 352. πάντα πέφρακται νουκ ἔστιν ὀπὴ· οὐδ' εἰ σ.
διαδῦναι.
Ο. 570. ἡσθη σ. σφαγιαζομένῳ. Βροντάτω νῦν ὁ μέγας
Ζάν.
σεσεῖσθαι. N. 1276. τὸν ἐγκέφαλον ὥσπερ σ. μοι δοκεῖς.
σεσμάνθαι. I. 1197. μηδὲν οὗτως εὖ σ.
σεσιπρός. EI. 620. ἡγριωμένους ὑπ' ἀλληλοισι καὶ σ.
σεσιπρός. Σ. 901. οἶων σ. ἐξαπατήσειν μ' οἴεται.
σεσωμηκας. Σ. 944. ὑπάβαιν', ἀπολογοῦ. τί σ.; λέγε.
σεσοβήκασιν. Σ. 211. ἄγε νυν, ἐπειδὴ τουτονὶ σ.,
σίτω. Λ. 1081. μετὰ τοῦ σ. εἴδωμ ἀμὶν εἰράναν σ.
σίων. Λ. 730. ὑπὸ τῶν σ. καταοστυπέκα. AT. ποίαν σ.;
σή. Α. 859. λίγου τις, εἴρη' εὐθέως ἡ σ. γυνή
N. 475. ἄξια σ. φρενὶ συμβουλευσομένοις μετὰ σοῦ. κ.τ.λ.
σηκίς. Σ. 768. ὅτι τὴν θύραν ἀνέῳξέν ἡ σ. λάθρα,
σῆμ'. Θ. 856. τόδ' ἐστὶν αὐτοῦ σ., ἐφ' ᾧ καθημέθα.
σῆμα. Θ. 888. ὅστις γε τολμᾷς σ. τὸν βωμὸν καλεῖν.
σήματος. EI. 1108. καὶ τὴν ἄνωθεν ἐπιπολῆς τοῦ σ.
σημεῖα. Εκ. 6. ὅρμα φλογρὸν σ. τὰ ξυγκείμενα.
σημείοις. N. 369. αὗται δῆπου μεγάλοις δέ σ' ἐγὼ σ. αὐτὸ
διδάξω·
σημείοισιν. Σ. 585. καὶ τῇ κόγχῃ τῇ πάνυ σεμνῶς τοῖς σ.
σημείοις. I. 952. σύμοι· τὸ ὑμῶν σ. ἔτερον φαίνεται,
I. 953. ἀλλ' ἡ σὺ καθορᾷς. ΑΛ. φέρ' ἴδω, τί σοι σ. ἦν;
Ο. 278. σ. ἐν τῷ Θεσμοφορίῳ φαίνεται.
1011. σ. ὑπεδήλωσε Περσεὺς ἐκδραμῶν,
B. 933. σ. ἐν ταῖς ναυσίν, ᾠμαθέεσται, ἐνεγέγραπτο.
σημεῖον. Σ. 690. ὕστερος ἔλθῃ τοῦ σ., τὸ τρωβόλον οὐ κο-
μιεῖται·
σήν. Α. 1232. ἀλλ' ἰψώμεσθα σ. χάριν κ.τ.λ.
σηπία. Α. 351. ὁ λάρκος ἐντιλήσειν ὥσπερ σ.
σηπίας. Εκ. 126. πῶς καταγέλαστον· ΓΤ. B. ὥσπερ εἴ τις σ.
σηπίας. Α. 1041. τὰς σ. στάθευε·
Εκ. 554. κάθητο τοίνυν σ., μοσωμμένη,
Fr. 235. καὶ ταῦτ' ἔχοντα πουλύπους καὶ σ.
σηπίβια. Fr. 242, 2. ὀσμύλια καὶ μαινίδια καὶ σ.,
Σηράγγον. Fr. 173. Σ.;
σηροκτόνε. Λ. 1262. ἀγρότερ' Ἀρταμι σ.
σῆς. N. 926. ἢν ἐντύχῃ σ. ΔΙ. τῆς σ. πόλεώς θ', κ.τ.λ.
σήσαμα. Σ. 676. ὕρχας, οἶνον, δάπιδας, τυρόν, μέλι, σ. προσ-
κεφάλαια,
O. 159. νεμόμεθα δ' ἐν κήποις τὰ λευκὰ σ.
σησαμῆ. EI. 869. ὁ πλακοῦς πέπεπται, σ. ξυμπλάττεται,
σησαμοῦντος. N. 570. τὸν σ. ἂν κατέφαγες, τούτον χεσεῖν
ποίησο.
σησαμοῦντες. Α. 1092. ἄμυλοι, πλακοῦντες, σ., ἰτρία,
'σθ'. N. 1247. ποῖ 'σ. οὗτος δικαιῶν μὲ τἀργύριον ; λέγε, κ.τ.λ.
Σθενέβοιαι. B. 1049. καὶ τί βλάπτουσ', ὦ σχέτλι' ἀνδρῶν, τὴν
πόλιν ἀμαὶ Σ. ;

O O

Σθενεβοίας—σιώ.

Σθενεβοίας. Β. 1043. ἀλλ' οὐ μὰ Δί' οὐ Φαίδρας ἐποίουν πόρνας οὐδὲ Σ.,
Σθενέλου. Fr. 205, 1. καὶ πῶς ἐγὼ Σ. φάγοιμ' ἂν ῥήματα;
Σθενέλῳ. Σ. 1313. Σ. τε τὰ σκευάρια διακεκορμένῳ.
σθένω. Π. 912. εὐεργετεῖν, ᾦ κήπερ, καθ' ὅσον ἂν σ.;
'σθι. Ι. 1106. καὶ τοὔψον ὑπτόν· μηδὲν ἄλλ' εἰ μή 'σ.
σι. Θ. 1118. ταύτης ἔρως εἴληφεν. ΤΟ. οὐ ζηλῶ σ. σέ·
σί. Θ. 1082. οὗτος, σ. λαλῖς; ΕΥ. οὗτος, σ. λαλῖς;
Θ. 1085. σ. κακόν; ΕΥ. σ. κακόν;
σιά. Λ. 1263. μόλε δεῦρο, παρσένε σ.,
σιαγόνας. Fr. 278. αὑτοῖς σταθμοῖς ἐξέβαλε τὰς σ.·
σιᾶν. Λ. 1320. καὶ τᾶν σ. δ' αὖ τὰν κρατίσταν χαλκίοικον ὕμνῳ
Σίβυλλα. Εἰ. 1095. οὐ μετέχω τούτων· οὐ γὰρ ταῦτ' εἶπε Σ.
Σίβυλλαν. Ἐκ. 1116. μετὰ νῷν. ΙΕ. τί ἐγὼ δί; ΤΡ. τὴν Σ. ἴσθι·
σιβυλλιᾷ. Ι. 61. ᾄδει δὲ χρησμούς· ὁ δὲ γέρων σ.
Σιβυρτίου. Α. 118. ἐγᾦδ' ὅς ἐστι, Κλεισθένης ὁ Σ.
σίγα. Α. 59. κάθησο σ. Δί. μὰ τὸν 'Απόλλω 'γὼ μὲν οὔ,
Α. 238. σ. πᾶς, ἠκούσατ', ἄνδρες, ἆρα τῆς εὐφημίας;
Θ. 1006. κακῶν ἀπόλοιο. ΤΟ. σ., κακόδαιμον γέραν.
σίγα. Α. 64. σ. Δί. βαβαιάξ, ᾠκβάτανα, τοῦ σχήματος.
Α. 123. σ., κάθιζε,
Σ. 905. σ., κάθιζε, σὺ δ' ἀναβὰς πατηγόρει.
ΕΙ. 91. σ. σ.
Ο. 1505. τί γάρ ἐστι; ΠΡ. σ., μὴ κάλει μου τοὔνομα·
Λ. 590. κἀκπέμψασαι παῖδας ὑπλίτας. ΠΡ. σ., μὴ μνησικακήσῃς.
Θ. 27. οἴμαί γε. ΕΥ. σ. νυν. ΜΝ. σιωπῶ τὸ θύριον·
45. γλαυκόν. ΜΝ. βομβάξ. ΕΥ. σ. τί λέγεις;
95. σ. ΜΝ. τί δ' ἔστιν; ΕΥ. ἀγάθων ἐξέρχεται.
99. σ.· μελῳδεῖν αὖ παρασκευάζεται.
381. σ. σιῶμα, πρόσεχε τὸν νοῦν· χρέμπτεται γὰρ ἤδη,
σιγᾷ. Σ. 741. ἀλλ' ὅτι σ. κουδὲν γρύζει,
σιγᾷ. Θ. 573. σ., ἵν' αὐτῇ κοσμίας πυθώμεθ' ἄττα λέξει.
σιγᾷν. ΕΙ. 98. τοῖς τ' ἀνθρώποισι φράσον σ.,
Π. 671. σ., ἅπαντες κοσμίαν κατεκείμεθα.
σιγᾷς. Α. 70. τί φῄς; τί σ.; ΛΤ. οὐκ ἐπαινῶ, Μυρρίνη,
Θ. 144. τί φῄς; τί σ.; ἀλλὰ δῆτ' ἐκ τοῦ μέλους
Β. 832. Αἰσχύλε, τί σ.; αἰσθάνει γὰρ τοῦ λόγου.
'σίγας. Λ. 516. κἂν ᾠμωξάς γ', εἰ μὴ 'σ. ΛΤ. τοιγὰρ ἔγωγ' ἔνδον 'σίγων.
σιγᾶτε. Σ. 86, τί δὴ 'πιθυμεῖτ' εἰδέναι, σ. νῦν
Λ. 709. λέγ' αὐτὴν ἡμῖν ὅ τι λέγει. ΛΤ. σ. δή.
σιγῇ. ΕΙ. 1053. ὅπα σὺ σ., κάπαγ' ἀπὸ τῆς ὀσφύος.
Ἐκ. 1088. σ. βάδιζε δεῦρο. ΓΡ. Γ. μὰ Δί' ἀλλ' ὡς ἐμέ.
σιγῇν. Α. 778. οὐ χρῆσθα σ., ᾦ κάκιστ' ἀπολουμένα.
Λ. 1004. ταὶ γὰρ γυναῖκες οὐδὲ τῶ μύρω σ.
σιγήσει. ΕΙ. 61. σ., ὡς φωνῇς ἀνοίειν μοι δοκῶ.
σιγήσει. Α. 515. οὐ σ.; κἀγὼ 'σίγων. ΓΤ. ἀλλ' οὐκ ἂν ἐγὼ ποτ' ἐσίγων.
σιγήσεμ'. ΕΙ. 102. οὐκ ἔσθ' ὅπως σ., ἢν μή μοι φράσῃς
σιγήσομαι. Ν. 1088. σ. τί δ' ἄλλο; ΑΔ. φέρε δή μοι φράσον·
Ο. 1684. ἐγὼ δ', ἐπειδὴ σφῷν δοκεῖ, σ.,
Π. 18. ἐγὼ μὲν οὖν οὐκ ἔσθ' ὅπως σ.,
σιγῶν. Σ. 514. ἀλλ' ἐὰν σ. ἀνάσχῃ καὶ μάθῃς ἀγὼ λέγω,
'σίγων. Λ. 515. οὐ σιγήσει; κἀγὼ 'σ. ΓΤ. ἀλλ' οὐκ ἂν ἐγὼ ποτ' ἐσίγων.
σιδαρέοισιν. Ν. 249. σ., ὥσπερ ἐν Βυζαντίῳ·
σιδηροβριθές. Β. 1402. σ. τ' ἔλαβε δεξιᾷ ξύλον,
σίδηρον. ΕΙ. 1328. λῆξαί τ' αἴθωνα σ.
σιδηροῦν. Ι. 1046. δ μόνον σ. ἔστιν ἔτι καὶ ξύλον.
σιδηρούς. Α. 491. ἀναίσχυντος ὤν σ. τ' ἀνήρ.
Ι. 1040. τεῖχος ποιήσαι σιδηροῦν πυργωτὸν τε σ.
σιδίων. Ν. 881. κἂν τῶν σ. βατρόχειον ἐποίει πῶς δοκεῖς.
Σιδωνιάν. Β. 1225. Σ. ποτ' ἄστυ Κάδμος ἐκλιπὼν
σίζον. Ι. 930. ἐφεστάναι σ., σὲ δὲ
σίζουσα. Α. 1158. σ. πάραλος, ἐπὶ τραπέζης νειμένῃ,
Σικελία. ΕΙ. 250. ἰὼ Σ., καὶ σὺ δ' ὡς ἀπόλλυσαι·
Σικελίαν. Α. 392. πλεῖν ἐς Σ., ἡ γυνὴ δ' ὀρχουμένη,
Σικελίας. Fr. 527. ποῦ μὲν ὁ Σ. τυρὸς καὶ βρῦς;
Σικελικήν. Σ. 838. τροφαλίδα τυροῦ Σ. κατεδήδοκεν·
Σικελικόν. Σ. 897. τὸν Σ. τίμμα κλῳὸς σύκινος.
σίκινον. Α. 520. καί που σ. ἰδεῖν ἢ λαγῴδιον
σικυούς. Fr. 476, 1. ὕψει δὲ χειμῶνος μέσου σ., βότρυς, ὀπώραν,
σικύων. ΕΙ. 1001. σ. προῖαν, μήλων, ῥοῶν,
Σικυῶνος. Ο. 968. ἐν ταὐτῷ τὸ μεταξὺ Κορίνθου καὶ Σ.,
Σίκων. Ἐκ. 867. βάδιζε τοίνυν ὕστερον· σὺ δ', ᾦ Σ.
σίλφιον. Ο. 534. σ., ὄξος, καὶ τρίψαντες
Ο. 1579. τὴν τυρόκνηστιν μοι δότω· φέρε σ.
1582. τρεῖς ὄντες ἡμεῖς. ΠΕ. ἀλλ' ἐπικνῶ τὸ σ.
1585. ἔδοξαν ἀδικεῖν. ΠΡ. εἶτα δῆτα σ.

σίλφιον. Π. 925. τὸν Πλοῦτον αὐτὸν καὶ τὸ Βάττου σ.
σιλφίου. Ι. 895. τοῦ σ. τὸν ἄξιον γενόμενον; ΔΙΠΜ. οἶδα μέντοι.
σιλφιωτά. Fr. 180, 1. ὀξωτά, σ., βολβοῖς, τεύτλοισιν,
Σιμαίθαν. Α. 524. πόρνην δὲ Σ. ἰόντες Μέγαραδε
σίμβλον. Σ. 241. σ. δέ φασι χρημάτων ἔχειν ἄπαντες αὐτόν.
σιμοῖς. Ἐκ. 705. τοῖς γὰρ σ. καὶ τοῖς αἰσχροῖς
σιμῶν. Λ. 288. τὸ πρὸς πόλιν, τὸ σ., οἷ σπουδὴν ἔχω·
Fr. 55. μέσην ἔρειδε πρὸς τὸ σ.
σιμότεραι. Ἐκ. 617. αἱ φαυλότεραι καὶ σ. παρὰ τὰς σεμνὰς καθεδοῦνται·
Σιμωνίδη. Θ. 110. γυαλα Σ. γῇ.
Σίμων. Ι. 242. ἄνδρες ἱππῆς, παραγίνεσθε· νῦν ὁ καιρός. ὦ Σ.,
Σίμων'. Ν. 399. εἴπερ βάλλει τοὺς ἐπιόρκους, πῶς οὐχὶ Σ. ἐνέπρησεν
Σίμωνα. Ν. 351. τί γὰρ, ἢν ἅρπαγα τῶν δημοσίων κατίδωσι Σ., ἢ Θέωρον;
Σιμωνίδην. Ν. 1362. καὶ τὸν Σ. ἔφασκέ εἶναι κακὸν ποιητήν.
Σιμωνίδης. Σ. 1410. Λασός ποτ' ἀντεδίδασκε καὶ Σ.
ΕΙ. 697. ἐκ τοῦ Σοφοκλέους γίγνεται Σ.
698. Σ.; πῶς; ΤΡ. ὅτι γέρων ὢν καὶ σαπρὸς
Σιμωνίδου. Ν. 1356. ᾆσαι Σ. μέλος, τὸν Κριὸν, ὡς ἐπέχθη.
Ο. 919. καὶ παρθένεια, καὶ κατὰ τὰ Σ.
σιναμωρουμένη. Ν. 1079. γυνὴ δὲ σ. χαίρει· σὺ δ' εἰ πρόνιππος.
σιᾶν. Λ. 1299. κλειῶ τὸν Ἀμύκλαις [Ἀπόλλω] σ.
σιπύη. Π. 806. ἡ μὲν σ. μεστή 'στι λευκῶν ἀλφίτων,
Fr. 455. σ. ὁμοίαν
σιπύης. Ι. 1296. οὐκ ἂν ἐξελθεῖν ἀπὸ τῆς σ. τοὺς δ' ἀντιβολεῖν
σιραίου. Σ. 878. ἀντὶ σ. μέλιτος μικρὸν τῷ θυμιδίῳ παραμίξας·
σισύμβρια. Ο. 160. καὶ μύρτα καὶ μήκωνα καὶ σ.
σισύρα. Β. 1459. ᾗ μήτε χλαῖνα μήτε σ. συμφέρει·
σισύραις. Ν. 10. ἐν πέντε σ. ἐγκεκορδυλημένος.
σισύραν. Σ. 738. λείχειν, χλαῖναν μαλακὴν σ.,
Σ. 1138. ἐγὼ δὲ σ. φόμην Θυμαιτίδα.
Ο. 122. ὥσπερ σ. ἐγκατακλινῆναι μαλθακήν,
Λ. 933. νὴ Δί' ἀπολοίμην ἄρα. ΜΤ. σ. οὐκ ἔχεις.
Ἐκ. 347. ἵνα μή 'γχέσωμ' εἰς τὴν σ. φανῇ γὰρ ἦν
σισύρας. Ἐκ. 421. χειμῶνος ὄντος, τρεῖς σ. ὀφειλέτει,
σισυρῶν. Ἐκ. 840. κλίναί τε σ. καὶ δαπίδων νενασμέναι.
Σισύφου. Α. 391. εἴτ' ἐξάνοιγε μηχανὰς τὰς Σ.,
Σιτάλκους. Α. 134. προσίτω Θέωρον ὁ παρὰ Σ.
Α. 141. τούτων μετὰ Σ. ἐπινον τὸν χρόνον·
σιτεῖσθαι. Π. 543. λίθον εὐμεγέθη πρὸς τῇ κεφαλῇ· σ. δ' ἀντὶ μὲν ἄρτων
σιτεῖται. Ἐκ. 665. ἀπὸ τῆς μάζης ἧς σ.· ταύτην γὰρ ὅταν τις ἀφαιρῇ,
σιτήσεται. ΕΙ. 724. τὴν τοῦ Γανυμήδους ἀμβροσίαν σ.
σίτησιν. Ι. 574. τῶν πρὸ τοῦ σ. ἥτησ' ἐρόμενοι Κλεαίνετον·
Β. 764. σ. αὐτῶν ἐν πρυτανείῳ λαμβάνειν,
σιτήσομαι. Ν. 491. τί δαί; κινηδὸν τὴν σουίαν σ.;
σιτί. Α. 197. καὶ μή 'πιτηρεῖν σ. ἡμερῶν τριῶν,
ΕΙ. 312. οὐ γὰρ ἦν ἔχοντας ἥκειν σ. ἡμερῶν τριῶν,
1182. τῷ δὲ σ. οὐκ ἰάντη'· οὐ γὰρ ᾔδειν ἐξίων·
σιτία. Ι. 575. νῦν δ' ἐὰν μὴ προεδρίαν φέρωσι καὶ τὰ σ.,
Ι. 709. ἀπονυχιῶ σου τὰν πρυτανείῳ σ.
ΕΙ. 138. νῦν δ' ἄττ' ἂν αὐτὸς καταφάγῃ τὰ σ.,
723. πόθεν οὖν ὁ πλήμων ἱνάδῃ 'ξει σ.,
Ἐκ. 234. σώζειν ἐπιθυμήσουσιν· εἶτα σ.
355. ἀχρεῖς τις ἐγκλείσας' ἔχει τὰ σ.
866. τῶν ἐσφερόντων ἁρπάσομαι τὰ σ.
σιτίζεις. Ι. 716. κᾆθ' ὥσπερ αἱ τιτθαί γε σ. κακῶς,
σιτίοις. Α. 808. εἶναι δοκεῖ μοι πάντα, τοῖς δὲ σ.
σιτίων. Α. 548. στενὰ στεναχούσης, σ. μετρουμένων,
ΕΙ. 137. ἀλλ' ὦ μέλ' ἐν μοι σ. διπλῶν ἔδει·
σῖτον. Σ. 716. ὑμῖν καὶ σ. ὑφίστανται κατὰ πεντήκοντα μεδίμνους
σῖτος. Α. 758. τί δ' ἄλλο Μεγαροῖ; πῶς ὁ σ. ὤνιος;
Λ. 1203. εἰ δέ τῳ μὴ σ. εἴη
σιτούμενος. Ι. 414. ἀπομαγδαλίας σ. τοσοῦτον ἐκτραφείην·
Ι. 416. κυνὸς βορὰν σ. μαχεῖ οὖν κυνοκεφάλλῳ·
σίτων. Ἐκ. 163. ἀπὸ δ' ἡμερινῶν σ. πάντων.
σφενάξας. ΕΙ. 558. αὑτοὺς δείξας ἐν θ' ἁρμονίαις χιάζων ἢ σ.
σιφωνίζομεν. Θ. 557. ἥπειτα σ. τὸν οἶνον. ΓΤ. Γ. ἐπιτριβείς.
σιώ. Α. 905. ὥσπερ κίραμον ἐνδησάμενος. ΒΟ. ναὶ τὼ σ.
ΕΙ. 214. ναὶ τὼ σ., νῦν ἀττικίζειν δώσει δίκην,
Λ. 81. μάλα γ' οἰῶ ναὶ τὼ σ.
86. πρέσβειρά τοι ναὶ τὼ σ. Βοιωτία
90. τίς δ' ἡτέρα παῖς; ΑΛ. χαΐα ναὶ τὼ σ.,
142. ἐνυμφήσαιμί μοι. ΑΛ. χαλεπὰ μὲν ναὶ τὼ σ.
983. κάρυξ ἐγὼν, ᾦ κυρσάνι, ναὶ τὼ σ.
1095. νὴ τὸν Δί' εὖ μέντοι λέγεις. ΑΛ. ναὶ τὼ σ.

σιώ—σκέψαι. 283

σιώ. Λ. 1105. ναὶ τὼ σ., κἂν λῆτε, τὸν Λυσίστρατον.
Λ. 1171. οὐ τὼ σ., οὐχὶ πάντα γ', ὦ λυσσάνιε.
1174. ἐγὼ δὲ κοπραγωγὴν γα πρὶν ναὶ τὼ σ.
1180. βινεῖν ἅπασιν ; ΛΛ. τοῖσι γοῦν ναὶ τὼ σ.
σιῷ. Λ. 174. καὶ τἀργύριον τώβυσσον ᾗ παρὰ τᾷ σ.
σιῶν. Λ. 1306. τᾷ σ. χοροὶ μέλοντι.
σιώπα. Ν. 105. ἡ ἡ, σ.' μηδὲν εἴπῃς νήπιον.
Λ. 529. ὑμεῖς ἡμᾶς ; δεινόν γε λέγεις ποῦ τλητὸν ἔμοιγε. ΛΥ. σ.
534. κάτω σ.,
Θ. 381. σίγα, σ., πρόσεχε τὸν νοῦν· χρέμπτεται γὰρ ἤδη.
Β. 926. ἄγροντα τοῖς θεωμένοις. ΑΙ. οἴμοι τάλας. ΔΙ. σ.
1125. ἄγε δὴ σ. πᾶς ἀνήρ. λέγ', Αἰσχύλε.
σιωπᾶν. Ι. 352. ὑπὸ σοῦ μονωτάτου κατεγλωττισμένη σ. ;
Ι. 439. τί δῆτα; βούλει τῶν ταλαντων ἐν λαβὼν σ.;
Β. 1132. Αἰσχύλε, παραινῶ σοι σ.' εἰ δὲ μή,
σιωπᾷ. Ει. 657. ἀλλ' ὅ τι σ., ὦ πότνια, κάτειπέ μοι.
Θ. 223. ἠν μὴ σ. ΜΝ. ἀττἀταῖ ἰατταταῖ.
σιωπᾶτ'. Ει. 384. ὦ πονηροί, μή σ. εἰ δὲ μή, λακήσεται.
σιωπῇ. Ι. 1205. ξύλλαβε σ., καὶ βασάνισον ἄττ' ἔνι,
Ο. 1217. κἄπειτα δῆτ' οὕτω σ. διανέγει
Θ. 660. καὶ διασκοπεῖν σ. πανταχῇ μόνον δὲ χρὴ
Β. 916. ἐγὼ δ' ἔχαιρον τῇ σ., καί με τοῦτ' ἔτερπεν
Εκ. 527. ψύχου σ. θοἰμάτιον λαβοῦσά μου ;
σιωπήραιμι. Α. 713. ἀλλ' αἰσχρόν εἰπεῖν καὶ βαρύ.
σιωπήραιμι. Ει. 378. οὐκ ἂν σ. ΤΡ. ναί, πρὸς τῶν θεῶν
σιωπήσει. Ο. 225. οὗτος. ΠΕ. τί ἐστιν; ΕΤ. οὔ σ.; ΠΕ. τί δαί;
Λ. 364. εἰ μή σ., θενών ἐκποκιῶ τὸ γῆρας.
σιωπήσεσθ'. Ει. 309. οὔ σ., ὅπως μὴ περιχαρεῖς τῷ πράγματι
σιωπῶ. Λ. 530. σοί γ', ὦ κατάρατε, σ. 'γώ, καὶ ταῦτα κάλυμμα φοροῦσα
Θ. 27. οἰμοί γε. ΕΤ. σίγα νυν. ΜΝ. σ. τὸ θύριον.
28. ἄκου'. ΜΝ. ἀκούσω καὶ σ. τὸ θύριον ;
Β. 1134. ἐγὼ σ. τῷδ'; ΔΙ. ἐὰν πείθῃ γ' ἐμοί.
σκαιέ. Σ. 1183. ὦ σ. κἀπαίδευτε, Θεογένης ἔφη
σκαιοῖσι. Θ. 1130. σ. γάρ τοι καινὰ προσφέρων σοφά
σκαιῶν. Ν. 629. οὐδ' ἀπορον οὐδὲ σ. οὐδ' ἀπισημένα·
σκαιῶς. Ν. 655. ἀγρεῖος εἰ καὶ σ. ΣΤ. οὐ γὰρ, ᾧ 'ζυρέ,
Σ. 1266. καὶ σ. οὐδενὸπον·
Π. 1023. οὐ σ. ἦν ἀνθρωπος, ἀλλ' ἠπίστατο
σκαιοτατέ. Π. 16. φράζουσαν ὦ σ. σοι σαφέστατα
σκαιότατον. Ν. 790. ἐπιλησμότατον καὶ σ. γερύντιον·
Ο. 174. ἀληθες, ὦ σ. εἰρηκὼς ἔπος,
Β. 1037. ἐδίδαξεν ὅμως τὸν σ.' πρῶην γοῦν, ἡνίκ' ἔπεμπεν,
σκαιουργεῖν. Ν. 994. καὶ μὴ περὶ τοὺς σαυτοῦ γονίας σ., ἀλλό τε μηδὲν
σκαιῶν. Σ. 1013. τοῦτο γάρ σ. θεατῶν
σκαιῶς. Εκ. 644. τὰ μὲν ἄλλα λέγεις οὐδὲν σ.' εἰ δὲ προσελθὼν Ἐπίκουρος,
Π. 60. σ. γὰρ αὐτοῦ καὶ χαλεπῶς ἐκπυνθάνει.
σκαλαθῦραι. Εκ. 611. ἣν μείρακ' ἰδὼν ἐπιθυμήσῃ καὶ βούληται σ.,
σκαλαθυρμάτι'. Ν. 630. ὥστις σ. ἄττα μικρὰ μανθάνων,
σκαλιεύσητ'. Ει. 440. ἔχων δ' ἑταίραν καὶ σ. ἄνθρακας.
σκαλμίδα. Fr. 714. δσπαζόμεσθ' ἐρετμία καὶ σ.,
σκάλοπας. Α. 879. σ., ἐχίνας, αἰελύρας, νικτίδας,
Σκαμανδρίαις. Θ. 564. ψυχαὶ δὲ πολλαὶ δι' ἐμ' ἐπὶ Σ.
Σκαμάνδρους. Β. 928. ἀλλ' ἡ Σ., ἡ τάφρους, ἤ 'σ' ἀσπίδων ἐόντας
Σκαμβωνίδης. Σ. 81. Νικόστρατος δ' αὖ φησιν ὁ Σ.
σκανδάληθρ'. Α. 687. κᾇτ' ἀνεκκύσας ἐρωτᾷ, σ. ἱστάς ἐπῶν,
σκάνδικα. Α. 478. σ. μοι δός, μητρόθεν δεδεγμένος.
σκάνδικος. Α. 480. ὦ θύμ', ἄνευ σ. ἐμπορευτέα.
σκάπτειν. Ο. 1432. τί γὰρ πάθω; σ. γὰρ οὐκ ἐπίσταμαι.
Π. 525. ὥστ' αὑτὸς ἀροῦν ἐπαναγκασθεὶς καὶ σ. τἆλλα τε μοχθεῖν
Fr. 4, 2. εἶτά με σ. κελεύεις ;
σκαραφισμοῖσιν. Β. 1497. καὶ σ. λήρων
σκατοφάγον. Π. 706. μὰ Δί' οὐκ ἔγωγ', ἀλλά σ. ΓΥ. αἱ τάλαν,
σκάφας. Ι. 1315. τὰς σ., ἐν αἷς ἐπώλει τοὺς λύχνους, καθελκύσας.
σκάφε. Λ. 541. φέρ', εἰ Λακεδαιμονίαν τις ἐκπλεύσας σ.
Θ. 877. ποίαν δὲ χώραν εἰσεκέλσαμεν σ. ;
σκάφῃ. Λ. 139. οὐδὲν γάρ ἐσμεν πλὴν Ποσειδῶν καὶ σ.
Fr. Μ. Ἀνα. 17. καὶ μὴν σ. 'σθ', ἐν ἄν τι ᾗ σπονδεῖσιν, ᾧ 'νεμόμων,
σκάφῃν. Εκ. 742. ὁ τὴν σ. λαβὼν προίτω, τὰ κηρία
Fr. 154. σ.
σκαφίδας. Fr. 367. σ., μάκτρας, Μοσσυνικὰ μαζονομεία.
σκάφου. Ο. 806. σὺ δὲ ναίχαν γε σ., ἀποτετιλμένῳ
Θ. 633. σ. Ξιυυλλ' ᾔτησεν· οὐ γὰρ ἦν ἀμίς.
838. ὑστέραν αὐτὴν καθῆσθαι, σ. ἀποκεκαρμένην,

σκάφιον. Fr. 195. σ. :
Fr. 502. ἴνα μὴ κατάγῃς τὸ σ. πληγεὶς ξύλῳ.
σκάφος. Β. 1382. εἴθ' ὤφελ' Ἀργοῦς μὴ διαπτάσθαι σ.
σκάφους. Σ. 29. περὶ τῆς πύλεως γάρ ἐστι τοῦ σ. ὅλου.
σκάψαι. Fr. 163, 3. σ. κἀποκλύσαι τε καὶ λουσαμένῳ διελκύσαι
ΣκεβλίΑς. Β. 608. ὁ Διτύλας χὼ Σ. χὼ Παρδόκας
σκέλει. Ο. 54. ἀλλ' εἶσθ' ὃ δράσον ; τῷ σ. θένε τὴν πέτραν.
Λ. 823. ἀλλὰ κροῦσω τῷ σ.;
σκελετεύεσθαι. Fr. 677. σ.
σκέλη. Ει. 325. οὐκ ἐμοὶ κινοῦντοι αὐτὼ τὼ σ. χορεύετον.
Ει. 820. ἐγωγε τοῦ πεπόνηκα κομιδῇ τὼ σ.
825. τί δ' ἔπαθες ; ΤΡ. ἥλγουν τὼ σ. μακρὰν ὁδὸν
889. ὥστ' εὐθέως ἄραντας ὑμᾶς τὼ σ.
Ο. 1254. πρώτης ἀναστείνας τὼ σ. διαμηριῶ
Λ. 1170. κύλιον τὸν ὄπισθεν καὶ τὰ Μεγαρικὰ σ.
Θ. 24. ἔτι προσμάθοιμι χωλοῖς εἶναι τὼ σ.
256. ἴθι νῦν κατάστειλόν με τὰ περὶ τὼ σ.
Εκ. 265. κλίνωμεν γὰρ ἰσμεν αἴρειν τὼ σ.
σκελίσκοιν. Επ. 1168. τοῖν σ. τὸν ῥυθμόν. τάχα γὰρ ἔπεισι
Σκελλίον. Ο. 126. ἤκιστα· καὶ τὸν Σ. βδελύττομαι.
σκελοῖν. Ει. 241. ὁ δεινός, ὁ ταλαύρινος, ὁ κατὰ τοῖν σ.;
Λ. 1172. ἐστε, μηδὲν διαφέρου περί σ.
σκέλος. Α. 220. καὶ καλωῷ Λακρατείδ τὸ σ. βαρύνεται,
Ι. 75. ἐφορῶ γὰρ αὐτὸ πάντ'. ἔχει γὰρ τὸ σ.
272. ἢν δ' ἀνακλίνῃ γε δευρί, τὸ σ. νυρηβάσει.
Σ. 1492. σ. οὐράνιόν γ' ἐπλακτίζων.
1526. ἰδόντες ἄνω σ. ὤ-
1530. ῥίπτε σ. οὐράνιον βίμβικες ἐγγενέσθων.
Ει. 332. τὸ σ. ῥίψαντες ἤδη λήγομεν τὸ δεξιόν.
Ο. 383. οἶδε τῆς ὀργῆς χαλᾶν εἴξασιν. ἄναγ' ἐπὶ σ.
Β. 294. ἅπαν τὸ πρόσωπον. ΔΙ. καὶ σ. χαλκοῦν ἔχει.
σκέλους. Α. 1214. λαβέσθί μου, λάβεσθε τοῦ σ. παπαῖ,
Λ. 705. τοῦ σ. ὑμᾶς λαβὼν τις ἐκτραχηλίσῃ φέρων.
σκελῶν. Λ. 1259. πολὺ δ' ἅμα καττὼν σ. ἵετο.
σκεπτέον. Ι. 35. εἰ προσβιβάζεις μ'. ΝΙ. ἀλλ' ἑτέρα πῃ σ.
σκέρβολλε. Ι. 821. ὅτιή σε φιλώ ; ΔΗΜ. παῦ παῦ, οὗτος, καὶ μή σ. πονηρά.
σκευάρι'. Β. 172. ἄνθρωπε, βούλει σ. εἰς Ἄιδου φέρειν
σκευάρια. Σ. 1313. Σθενέλῳ τε τὰ σ. διακεκαρμένῳ.
Ει. 201. τὰ λοιπὰ πηρῷ σ. τὰ τῶν θεῶν,
Επ. 753. οὗτος, τί τὰ σ. ταυτὶ βούλεται ;
Π. 809. τὰ σ. πήρῳ 'στίν, ὥστε θαυμάσαι.
σκευαρίοις. Θ. 738. κακὼν δὲ καὶ τοῖς σ. καὶ τῇ κρόκῃ
σκευαρίον. Π. 1139. καὶ μὴν ὀκτώ τι σ. τοῦ δεσπότου
σκευαρίου. Α. 451. πολλῶν δεόμενός σ.' νῦν δὴ γενοῦ
Π. 539. αὐχμὸς γὰρ ἦν τῶν σ. μ' ἀπώλεσεν.
σκευάσω. Α. 739. χοίρου τὰ σ. φασὶν φέρειν,
σκευάσῃ. Ι. 53. ὅ τι ἂν τις ἡμῶν σ. τῷ δεσπότῃ
'σκευασμένα. Ι. 1104. ἀλλ' ἀλέπτ' ἤδη σοι κορμ' ὦ σ.
σκευαστικόν. Ει. 555. λείχειν ἄρ' αὐτῷ κἀνθάδε σ.
σκευασμα. Ι. 372. περικόμματ' ἔκ σου σ.
Ι. 1331. ἀπὸ φρυκτοῦ σ.
σκεύη. { Ι. 155. } ἄγε δὴ σὺ κατάθου πρῶτα τὰ σ. χαμαί
{ Ει. 886. }
Ει. 953. στὴν σ. δύο χρησίμω,
Σ. 939. καὶ τἆλλα τὰ σ. τὰ προσκεκαυμένα.
Ει. 287. ἀνύφερε τὰ σ. λαβὼν ταυτὶ πάλιν·
552. τὰ γεωργικὰ σ. λαβόντας εἰς ἀγρόν
729. ἀλλ' ἴθι χαῖρων· ἡμεῖς δὲ τέως τάδε τὰ σ. παραδόντες
1318. καὶ τὰ σ., πάλιν ἐς τὸν ἀγρὸν νυνὶ χρὴ πάντα κομίζειν
Β. 12. τί δῆτ' ἔδει με ταῦτα τὰ σ. φέρειν
15. [σ. φέρουσ' ἕκαστον' ἐν κωμῳδίᾳ]
521. ὁ παῖς, ἀκολούθει δεῦρο τὰ σ. φέρων.
627. κατάθου τὰ σ. ταχέως, χὤπως ἐρεῖς
Επ. 728. ἐγὼ δ', ἵν' εἰς ἀγροῖν γε τὰ σ. φέρω,
Fr. 307, 2. σ. τοσαῦτα καὶ τῶν ὥμων θλίβομαι.
σκευή. Ι. 1324. πῶς ἂν ἴδωμει, ποίαν τιν' ἔχει σ.; ποῖος γεγένηται ;
Σ. 615. τῆδε πλέκτυμα πρόβλημα κακῶν, σ. βελέων ἀλεωρήν
Ει. 763. παῖδας ἐπείρων, ἀλλ' ἀράμενοι τὴν σ. εὐθὺς ἐχώρουν.
Β. 108. ἀλλ' ὥσπερ ἐγὼ τήνδε τὴν σ. ἔχων
σκευοποιῶν. Ι. 232. τῶν σ. εἴκαται πάντως γε μὴν
σκεύος. Θ. 402. σ. τι κατὰ τὴν οἰκίαν πλανωμένη,
σκευοφόρει. Β. 497. ἐγὼ δ' ἔσομαί σοι σ. ἐν τῷ μέρει.
σκέψαι. Ν. 392. σ. τοίνυν ἀπὸ γαστριδίου τυννουτουὶ οἷα πέπορδεν·
Ν. 1043. σ. δὲ τὴν παίδευσιν ᾗ πέποιθεν ὡς ἐλέγξω·
1071. σ. γὰρ, ὦ μειράκιον, ἐν τῷ σωφρονεῖν ἅπαντα
1427. σ. δὲ τοὺς ἀλεκτρυόνας καὶ τἆλλα τὰ βοτὰ ταυτί,

O O 2

284 σκέψαι—σκότος.

σκέψαι. Ν. 1440. σ. δὲ χατέρω ἔτι γνώμην. ΣΤ. ἀπὸ γὰρ ὁλοῦμαι.
Σ. 601.   σ. δ' ἀπὸ τῶν ἀγαθῶν οἵων ἀποκλείεις καὶ κατερύκεις,
69*.   σ. τοίνυν ὡς ἐξὸν σοι πλουτεῖν καὶ τοῖσιν ἅπασιν,
1170. ἰδού. θεῶ τὸ σχῆμα, καὶ σ. μ' ὅτῳ
Θ. 160.   ἀγρεῖον ὄντα καὶ δασύν· σ. δ' ὅτι
1114. σ. τὸ πίστην· μή τι μικτὸν παίνεται;
Β. 1013. σ. τοίνυν οἴους αὐτοὺς παρ' ἐμοῦ παρεδέξατο πρῶτον,
1030. ταῦτα γὰρ ἄνδρας χρὴ ποιητὰς ἀσκεῖν. σ. γὰρ ἀπ' ἀρχῆς,
Εκ. 124. δεῦρ', ὦ γλυκυτάτη Πραξαγόρα, σ., τάλαν,
Π. 526. σ. τοίνυν ἐν ταῖς πόλεσιν τοὺς ῥήτορας, ὡς ὁπόταν μὲν
σκεψάμενος. Εκ. 232. ἴωμεν ἄρχειν, σ. ταυτὶ μόνα,
σκεψασθ'. Ν. 537. ὡς δὲ σώφρων ἐστὶ φύσει σ.· ἥτις πρῶτα μὲν
ΕΙ. 588. σ. ὃς ὑμῖν ἀγαθὰ παραδώσω φέρων,
σκέψασθαι. Π. 576. ὅτι βελτίους αὐτοὺς ποιῶ. σ. δ' ἔστι μάλιστα
σκέψασθε. Α. 889. σ., παῖδες, τὴν ἀρίστην ἔγχελυν,
Ι. 419. σ., παῖδες· οὐχ ὁρᾶθ'· ὥρα νέα, χελιδών.
1141. σ. δέ μ', εἰ σοφῶς
σκέψιν. Β. 974. καὶ σ. ὥστ' ἤδη νοεῖν
σκέψομαι. ΕΙ. 29. ἀλλ' εἰ πώπαντα τῆς ἐδωδῆς σ.
Εκ. 749. πρῶτιστον αὐτὰ πολλάκις καὶ σ.
σκεψόμεσθ'. Ι. 379. τοῦ σ. εὖ κἀνδρικῶν
σκεψόμεθα. Θ. 802. ὑμεῖς δ' ἡμᾶς. σ. δὴ κἀντιτιθῶμεν πρὸς ἕκαστον,
σκῆμα. Θ. 1188. εἶεν· καλὴ τὸ σ. περὶ τὸ πόστιον.
σκηνάς. ΕΙ. 731. περὶ τὰς σ. πλείστοι κλέπται κυττάζειν καὶ κακοποιεῖν.
Θ. 658. τὴν πύκνα πᾶσαν καὶ τὰς σ. καὶ τὰς διόδους διαθρῆσαι.
σκηνήν. ΕΙ. 880. σ. ἐμαυτοῦ τῷ πέει καταλαμβάνω.
σκηπτομαί. Π. 904. ἀλλ' ἔμπορος· ΣΤ. ναί, σ. γ', ὅταν τύχω.
σκήπτρῳ. Ο. 636. σ. τἀμὰ τρίψειν.
σκῆπτρον. Ο. 480. οὐκ ἀποδώσει ταχέως ὁ Ζεὺς τὸ σ. τῷ δρυκολάπτῳ.
Ο. 1535. τὸ σ. ὁ Ζεὺς τοῖσιν ὄρνισιν πάλιν,
1600. τὸ σ. ἡμῶν τοῖσιν ὄρνισιν πάλιν
1626. τὸ σ. ἀποδοῦναι πάλιν ψηφίζομαι
σκήπτρων. Ο. 1631. οὗτος, δοκεῖς δρᾶν ταῦτα τοῦ σ. πέρι.
σκήπτρων. Ο. 510. ἐπὶ τῶν σ. ἐκάθητ' ὄρνις, μετέχων δ τι δωροδοκοίη.
σκήψιν. Α. 392. ὡς σ. ἀγὼν οὗτος οὐκ ἐσθέεται.
σκήψομαι. Εκ. 1027. ἀλλ' ἔμποροι εἶναι σ. ΓΡ. Β. ηλᾶον γε σύ.
σκιά. Fr. 564. ἐστάποιν γοῦν ἢ σ. 'στιν ἢ 'πὶ τὸ δεῖπνον
σκιάδειον. Ι. 1348. ὥσπερ σ. καὶ πάλιν ξυνήγετο.
Ο. 1508. τουτὶ λαβὼν μου τὸ σ. ὑπέρεχε
1550. φέρε τὸ σ. ἵνα με κἂν ὁ Ζεὺς ἴδῃ
Θ. 823. τὸ σ.·
829. ἔρρηπται τὸ σ.
σκιάν. Fr. 82. τὴν αὐτοῦ σ. δέδοικεν·
Σκιάποσιν. Ο. 1553. πρὸς δὲ τοῖς Σ. λίμνη
σκιᾶς. Σ. 191. περὶ τοῦ μαχεῖσθων δῆτα; ΦΙ. περὶ ὄνου σ.
Εκ. 496. ἀλλ' εἶα δεῦρ' ἐπὶ σ.
Fr. 238, 2. νῦν ἐστι· β. περὶ ὄνου σ.
σκιερᾷ. Σ. 757. πάρες, ὦ σ. μὰ τὸν Ἡρακλέα,
σκιερόν. Ο. 349. οὔτε γὰρ ὄρος σ. οὔτε νέφος αἰθέριον
σκιμαλίσω. Α. 444. ὅπαι ἂν αὐτοῖς ῥηματίοις σ.
σκιμβάζειν. Fr. 678. σ.:
σκίμποδα. Ν. 255. κάθιζε τοίνυν ἐπὶ τὸν ἱερὸν σ.
σκίμποδος. Ν. 709. ἀπόλλυμι δείλαιος· ἐκ τοῦ σ.
σκιοειδία. Ο. 686. ὀλιγοδρανέες, πλάσματα πηλοῦ, σ. φῦλ' ἀμενηνά.
σκίπωνας. Σ. 727. ὥστ' ἤδη τὴν ὀργὴν χαλάσας τοὺς σ. καταβάλλω,
Σκίροις. Θ. 834. προεδρίαν τ' αὐτῇ δίδοσθαι Στηνίοισι καὶ Σ.
Εκ. 18. ὅσα Σ. ἔδοξε ταῖς ἐμαῖς φίλαις.
59. ὅσα Σ. ἔδοξεν εἰ δεδράκατε.
σκίρον. Σ. 925. ἐκ τῶν πόλεων τὸ σ. ἐξεδήδοκεν,
σκίρτα. Ν. 1078. χρῶ τῇ φύσει, σ., γέλα, νόμιζε μηδὲν αἰσχρόν.
σκιρτᾶτε. Π. 761. ὀρχεῖσθε καὶ σ. καὶ χορεύετε·
Σκίταλος. Ι. 634. ἄγε δὴ Σ. καὶ Φάναιες, ἦν δ' ἐγώ,
Σκιώνην. Σ. 210. τηρεῖν Σ. ἀντὶ τούτου τοῦ πατρός.
σκληρᾷ. Α. 1199. τῶν τιτθίων, ὡς σ. καὶ κυδώνια.
σκληρέ. Ν. 1264. ὦ σ. δαῖμον, ὦ τύχαι θραυσάντυχες
σκληροῖς. Fr. 563. οὔτε ναυτίαις ἡδείαθαι σ. καὶ ἀστεμφέσιν
σκληροῦσιν. Fr. 563. οὔτε Πραμνίαις σ. οἴνοις συναύχουσι
σκληρόν. ΕΙ. 350. οὐδὲ τοὺς τρόπους γε δήσω σ., ὥσπερ καὶ πρὸ τοῦ,
Λ. 748. τί τοῦτ' ἔχεις τὸ σ.; ΓΥ. Γ. ἄρρεν παιδίον.

σκληράς. Ι. 783. ἐπὶ ταῖσι πέτραις οὐ φροντίζει σ. σε καθήμενον οὕτως,
σκόλι'. Σ. 1222. τούτοις ξυνὼν τὰ σ. ὅπως δέξει καλῶς.
σκόλια. Α. 532. ἐτέθει νόμους ὥσπερ σ. γεγραμμένους,
σκόλιον. Σ. 1240. τούτῳ τί λέξεις σ.; ΦΙ. φδικῶς ἐγώ,
Ο. 1416. ἐς θοἰμάτιον τὸ σ. ᾆδειν μοι δοκεῖ,
σκόλιον. Fr. 2. αἶσον δή μοι σ. τι λαβὼν Ἀλκαίου κἀνακρέοντος.
σκολίων. Β. 1302. σ. Μελήτου, Καρικῶν αὐλημάτων.
σκόμβροι. Fr. 365. σ., κωλίαι, λέβιοι, μύλλοι, σαπέρδαι, θυννίδες.
σκόμβρος. Fr. 225. σ.:
σκόμβρων. Ι. 1008. περὶ Λακεδαιμονίων, περὶ σ. νέων,
σκοπᾶν. Fr. 679. σ.
σκοπεῖ. Α. 80. κράτιστον οὖν νῶν ἀποθανεῖν. ἀλλὰ σ.,
Ν. 1096. πλείους σ. ΔΙ. καὶ δὴ σκοπῶ.
ΕΙ. 543. καὶ τῶνδε τοίνυν τῶν θεωμένων σ.
Λ. 678. κοὐκ ἂν ἀπολίσθοι τρέχοντος· τὰς δ' Ἀμαζόνας σ.,
Θ. 613. ἀνάμεις δῆτα, καὶ σ. γ' αὐτὴν σφόδρα
Β. 644. ἰδού, σ., νυν ἣν ὑποκινήσαντ' ἴδης,
1155. πῶς δίς; ΕΥ. σ. τὸ ῥῆμ'· ἐγὼ δέ σοι φράσω.
Εκ. 480. στρέφου, σ.,
1081. αὑτὸς σ. σύ. τάδε δέ σοι ποιητέον.
σκοπεῖν. Ο. 450. σ. δ' ὅ τι ἂν προγράφωμεν ἐν τοῖς πινακίοισι.
Θ. 509. ἀλλὰ σ. τὸν ἄνδρα καὶ ζητεῖν ὅπου
σκοπεῖς. Α. 96. ἢ περὶ ἄκραν κάμπτων νεώσοικόν σ.;
Ι. 264. καὶ σ. γε τῶν πολιτῶν ὅστις ἐστὶν ἀμνοκῶν,
σκοπεῖσθ'. Εκ. 207. ἰδίᾳ σ. ἕκαστος ὅ τι τις κερδανεῖ
σκόπελον. Β. 1344. Μαιώτιν λίμνην ἔχει· ἢ σ. νιφόεντα Μίμαντος·
σκόπελος. Β. 473. Ἀχερόντιός τε σ. αἱματοσταγὴς
σκοπῆτε. Θ. 580. σ. καὶ τηρῆτε μὴ καὶ προσπέσῃ
σκοπιάς. Ν. 281. τηλεφανεῖς σ. ἀφορώμεθα,
σκοπιωρούμενα. Σ. 361. κατὰ τὰς διόδους σ.
σκοποῦνται. Θ. 396. ὑποβλέπουσ' ἡμᾶς, σ. τ' εὐθέως,
σκοποῦντές. Σ. 1101. παλλαχοῦ σ. ἡμᾶς εἰς ἄκανθ' εὑρήσετε
σκοπῶ. Ν. 1096. πλείους σκόπει. ΔΙ. καὶ δὴ σ.
σκοπώμεν. Π. 409. σ. ΧΡ. ἀλλ' οὐκ ἔστιν. ΒΛ. οὐδ' ἐμοὶ δοκεῖ.
σκοπῶν. Ι. 259. κάποσυκάζεις πιέζων τοὺς ὑπευθύνους σ.
Ν. 742. ὀρθῶς διαιρῶν καὶ σ. ΣΤ. οἴμοι τάλας.
Ο. 1196. ἄρει δὲ πᾶς κύκλῳ σ. * *;
Λ. 427. οὐδὲν ποιῶν ἀλλ' ἢ κασηλικόν σ.;
1202. ὄψεται δ' οὐδὲν σ., εἰ
Π. 709. σ. περιέει πάντα κοσμίως πάνυ.
σκορβινᾶται. Β. 922. τί σ. καὶ δυσφορεῖς; ΕΥ. ὅτι αὐτὸν ἐξελέγχω.
σκορβινᾶται. Σ. 642. ὥσθ' οὗτος ἤδη σ. κίστιν οὐκ ἐν αὑτοῦ,
σκορβινᾶται. Α. 30. στένω, κέχηνα, σ., πέρδομαι,
σκορδῶ. Α. 165. οὐ καταβαλεῖτε τὰ σ.; ὦ Ζεῦ, ὦ μοχθηρὲ σύ,
Α. 761. οὐδὲ σκόροδα; ΜΕ. ποῖα σ.; ὑμεῖς τῶν ἀεὶ,
Εκ. 404. τί δαί μ' ἐχρῆν δρᾶν; ΒΛ. σ. ὁμοῦ τρίψαντ' ὑπώ σκόροδα. Α. 164, ὑπὸ τῶν Ὀδομάντων τὰ σ. πυρδοπίμενος.
Α. 761. οὐδὲ σ.; ΜΕ. ποῖα σπυρόδ'; ὑμεῖς τῶν ἀεί,
Ι. 600. πριάμενος κάθωνας, οἱ δὲ καὶ σ. καὶ κρόμμυα
Λ. 689. νῦν πρὸς ἔμ' ἵνα τις, ἵνα μὴ ποτε φάγῃ σ., μηδὲ κυάμους μέλανας.
Β. 555. καὶ τὰ σ. τὰ πολλά. ΔΙ. ληρεῖς, ὦ γύναι,
σκοροδάλμῃ Ι. 199. δὴ τότε Παφλαγόνων μὲν ἀπώλλυται ἡ σ.,
σκοροδίλμη. Εκ. 292. στέγνως σ.
σκοροδάλμην. Ι. 1095. ἀμβροσίαν κατὰ σοῦ, κατὰ τούτου δὲ σ.
σκορόδια. Θ. 494. τὴν νύχθ', ἴωθεν σ. μασώμασθ', ἵνα
σκορδίοις. Π. 818. ἀλλὰ σ. ὑπὸ τριφῆς ἐκάστοτε
σκόροδον. ΕΙ. 502. πρῶτον μὲν ἀμύην τοῦ σ. πελέγατε·
σκοροδομιμητον. Fr. 122, 2. ῥίζας ἰχοῦσας σ. φύσιν,
σκόροδον. Α. 521. ἡ χειρίδιον ἢ σ. ἢ χόνδρους ἅλας,
Σ. 1172. ὅτῳ· ὀσθήσιν σ. ἠφιεσμέτῳ.
Β. 987. ὀσῳ τὸ σ. τὸ ψηζόνιν·
σκοροδοπανδοκευτριαρτοπωλίδες. Α. 458. ὦ σ.
σκόροδον. Σ. 679. οὐδεὶς οὐδὲ σ. κεφαλὴν τοῖς ἱζητῖσι δίδωσιν.
σκορόδων. Α. 550. σ., ἐλαῶν, κρομμύων ἐν δικτύοις,
Α. 813. τὸ μὲν ἕτερον τούτων σ. τροπαλίδιον,
ΕΙ. 258. μῶν τῶν σ. ἐνεβάλετ' ἐς τὸν κύθωλον;
1000. ἐμπλησθῶμεν μεγάλων, σ.
Π. 718. σ. κεφαλὰς τρεῖς Τηρίων, ἔπεστ' ἔφλα
σκότει. Ο. 1349. ἀέρι τινα καὶ σ. καὶ κυαναυγέα
σκοτοβινῶ. Α. 1221. καὶ σ.
σκοτοβασυνκνοπρίχα. Α. 390. σ. τιν' Αἰδος κυνῆν
σκοτοδίνιῶ. Α. 1219. καὶ σ.
σκότον. Εκ. 288. ἐνδυόμενοι κατὰ σ. τόλμημα τηλικοῦτον·
σκότος. Β. 273. τί ἐστι τἀνταυθί; ΞΑ. σ. καὶ βόρβορος.
Fr. 565. σ.

σκότου—σουκλέγων. 285

σκότου. Fr. 198, 1. καὶ τίς νεκρῶν κενθμῶνα καὶ σ. πύλας
σκότῳ. Α. 1169, Βουλόμενος ἐν σ. λάβοι
Σ. 256. κἄπειτ' ἴσως ἐν τῷ σ. τουτουὶ στερηθεὶς
 276. τῷ σ. τὸν δάκτυλόν που,
 911. κατεσικίλιζε κἀνέπληττ' ἐν τῷ σ.,
Εἰ. 691. ἐψηλαφῶμεν ἐν σ. τὰ πράγματα,
Ο. 1483. τῷ σ. πύρρω τις ἐν
Λ. 72. μόλις γὰρ εὗρον ἐν σ. τὸ ζώνιον.
Εκ. 314. τὰς ἐμβάδας ζητῶν λαβεῖν ἐν τῷ σ.
 375. ἐν τῷ σ. γὰρ τοῦτ' ἔτυχον ἔνδον λαβών.
Σκύθ'. Θ. 1116. φέρε, Σ.· ἀνθρώποισι γὰρ νοσήματα
Σκύθα. Θ. 1112. καὶ κλέπτο καὶ πανούργο. ΕΤ. ληρεῖς, ὦ Σ.
Θ. 1121. τί δ' οὐκ ἴᾳς λύσαντά μ' αὑτήν, ὦ Σ..
Σκίθαι. Λ. 451. ἡμῖν· ὁμόσε χωρῶμεν αὐταῖς, ὦ Σ.,
Λ. 455. ἀποστρέφετε τὰς χεῖρας αὐτῶν, ὦ Σ.
Σκύθαινα. Λ. 184. καλῶς λέγεις. ποῦ 'σθ' ἡ Σ.; ποῖ βλέπεις;
Σκύθαις. Ο. 941. νομάδεσσι γὰρ ἐν Σ.
Σκύθης. Θ. 1017. τὸν Σ. λάθοιμι·
Θ. 1186. αὐλεῖ σὺ θᾶττον· ἔτι δέδοικας τὸν Σ.;
Σκύθης. Θ. 1026. ὅδε γὰρ ὁ Σ. πάλαι φύλαξ ἐφέστηκ',
Σκύθαι. Θ. 1182. καθιζομένη δ' ἐπὶ ταῖσι γώναισι τοῦ Σ.
σκυθρώπαζ'. Α. 7. τί συνετάραξαι; μή σ., ὦ τέκνον.
σκυθρωπός. Λ. 707. τί μοι σ., ἐξελήλυθας δόμων·
Σκύθων. Λ. 704. ἐξολέσθαι συμπλακέντα τῇ Σ. ἐρημίᾳ,
σκυλεύετε. Λ. 461. παύεσθ', ἐπαναχωρεῖτε, μὴ σ.
σκυλοδέψαι. Ο. 490. ἀναπηδῶσιν πάντες ἐπ' ἔργον, χαλκῆς,
 κεραμῆς, σ.,
σκυλοδεψίαν. Π. 514. ἡ σκυτοτομεῖν ἢ πλινθουργεῖν ἢ πλύνειν
 ἤ σ.
σκυλοδεψῶν. Εκ. 420. ἐς τῶν σ.· ἣν δ' ἀποκλείῃ τῇ θύρᾳ
σκύμνοισι. Ι. 1039. ὥστε περὶ σ. βεβηκὼς· τὸν σὺ φίλασσε,
σκύμνον. Β. 1431. [οὗ χρὴ λέοντος σ. ἐν πόλει τρέφειν.]
σκυτάλῃ. Α. 991. τί δ' ἐστί σοι τοδί; ΚΗ. σ. Λακωνικά.
σκυτάλη. Λ. 992. εἴπερ γε χαὑτη 'στι σ. Λακωνικής,
σκυτάλῃ. Ο. 1283. σ. ἐφύρουν· νυνὶ δ' ὑποστρέψαντες αὖ
σκυτάλιον. Fr. 372. σ.
σκυτάλου. Εκ. 74. ἐγωγέ τοι τὸ σ. ἐξηνεγκάμην
σκυτάλων. Εκ. 78. τοῦτ' ἔστ' ἐκεῖνο τῶν σ. ὧν πέρδεται.
σκυτεύσιν. Εἰ. 669. ὁ νοῦς γὰρ ἡμῶν ἦν τότ' ἐν τοῖς σ.
σκύτη. Ι. 808. ἐν δ' εἰπέ μοι τοσουτονί· σ. τοσαῦτα πωλῶν,
 Σ. 643. ἢ μὴν ἐγώ σε τήμερον σ. βλέπειν ποιήσω,
σκυτῆς. Ο. 491. σ., βαλανῆς, ἀλφιταμοιβοί, τορνευτολυρα-
 σπιδοπηγοί
σκυτίνας. Ν. 660. ἀμαξίδας ἐν σ. εἰργάζετο,
σκυτίνη. Λ. 110. ὁ γὰρ ἂν ἡμῖν σ. 'πικουρία.
σκύτινον. Ν. 538. οὐδὲν ἦλθε ῥαψαμένη σ. καθειμένον,
σκυτοτόμε. Α. 416. ὦ σ., τῆς μου γυναικὸς τοὺς πόδας,
σκυτοτομεῖ. Π. 162. ὁ μὲν γὰρ αὐτῶν σ. καθήμενος,
σκυτοτομεῖν. Π. 514. ἡ σ. ἢ πλινθουργεῖν ἢ πλύνειν ἢ σκυλο-
 δεψεῖν
σκυτοτομικόν. Εκ. 432. τὸ σ. πλῆθος· οἱ δ' ἐκ τῶν ἀγρῶν
σκυτοτόμοις. Ι. 740. καὶ σ. καὶ βυρσοπώλαισιν δίδως,
Εκ. 385. καὶ δῆτα πάντας σ. ψήξομεν
σκυτοτόμων. Α. 414. ἕτερος δέ τις πρὸς σ. ταδὶ λέγει
σκώληκας. Fr. 503, 2. σ. ἐσθίοντε καὶ μυλακρίδας.
σκώληκες. Σ. 1111. ὥσπερ οἱ σ. ἐν τοῖς κυττάροις κινούμενοι.
σκώλοισι. Α. 810. σ. τὰ πρόσωπα περιειργμένος,
σκώμμασιν. Εἰ. 750. ἔπεσιν μεγάλοις καὶ διανοίαις καὶ σ. οὐκ
 ἀγοραίοις,
σκώμματα. Ν. 542. τύπτει τὸν παρόντ', ἀφανίζει πονηρὰ σ.,
σκωμμάτων. Σ. 1289. σ. εἴποντί τι θλιβόμενοι ἐκβολαῖ.
σκωμμάτων. Π. 316. ἀλλ' εἶα νῦν τῶν σ. ἀπαλλαγέντες ἤδη
σκύπφε'. Ν. 1267. μή σ, μ', ὦ τᾶν, ἀλλά μοι τὰ χρήματα
Εκ. 1005. μή σ. μ', ὦ τάλαν, ἀλλ' ἔπου δεῦρ' ὡς ἐμέ.
 1074. μή σ. μ', ἀλλὰ δεῦρ' ἴτων. ΓΡ. Β. δεῦρὶ μὲν οὖν.
σκώπτειν. Ι. 525. ἐξεβλήθη πρεσβύτης ὢν, ὅτι τοῦ σ. ἀπελείφθη
Π. 557. σ. πειρῷ καὶ κωμῳδεῖν τοῦ σπουδάζειν ἀμελήσας,
σκώπτεις. Π. 973. σ.· ἐγὼ δὲ κατακέκνισμαι δειλάκρα.
σκώπτετον. Ο. 96. εἴξασιν ἐπιτρίψαί σε. ΕΠ. μῶν με σ.
Π. 880. ἆρ' οὐχ ὕβρις ταῦτ' ἐστὶ πολλή; σ.,
σκώπτῃ. Ν. 992. καὶ τοῖς αἰσχροῖς αἰσχύνεσθαι, κἄν σ. τίς σε,
 φλέγεσθαι·
σκωπτόλης. Σ. 788. ὁ σ. δραχμὴν μετ' ἐμοῦ πρῴην λαβών,
σκωπτόμενοι. Σ. 542. ὁ σ. ἐν ταῖς ὁδοῖς
σκώπτοντας. Εἰ. 740. ἐς τὰ ῥάκια σ. ἀεὶ καὶ τοῖς φθεροῖν
 πολεμοῦντας.
σκώπτουσ'. Σ. 567. οἱ δὲ σ., ἵν' ἐγὼ γελάσω καὶ τὸν θυμὸν
 κατάθωμαι.
σκώπτουσαι. Ν. 350. σ. τὴν μανίαν αὐτοῦ Κενταύροις ἤκασαν
 αὐτάς.

σκώπτων. Σ. 1320. σ. ἀγροίκως καὶ προσέτι λύγους λέγων
Εἰ. 173. οἴμ' ὡς δέδοικα κοὐκέτι σ. λέγω.
σκώρ. Β. 146. καὶ σ. δείνων· ἐν δὲ τούτῳ κειμένους
Π. 305. μεμαγμένον σ. ἐσθίειν, αὐτῇ δ' ἡμάττεν αὐτοῖς,
σκωραμίς. Εκ. 371. ἵνα μὴ γένωμαι σ. κωμῳδική.
σκώψαντα. Β. 392. παίσαντα καί σ. νι-
σκώψας. Εἰ. 745. ἵν' ὁ σύνδουλος σ. αὐτοῦ τὰς πληγὰς εἶτ'
 ἀνέροιτο,
σκώψας. Ν. 296. οὐ μή σ. μηδὲ ποιήσεις ἅπερ οἱ τρυγοδαίμονες
 οὗτοι,
σκώψεται. Α. 854. οὐδ' ἀνθεὶς αὖ σε σ. Παύσων ὁ παμπόνηρος,
σκώψωμεν. Β. 417. σ. Ἀρχέδημον·
σμερδαλέον. Ο. 553. ὦ Κεβριόνα καὶ Πορφυρίων, ὡς σ. τὸ
 πόλισμα.
σμῆνος. Ν. 297. ἀλλ' εὐφήμει· μέγα γάρ τι θεῶν κινεῖται σ.
 δοιδαῖς.
Σ. 425. ὡς ἂν εἰ εἴδῃς τὸ λοιπὸν σ. οἷον ὤργισεν.
σμικρά. Α. 523, καὶ ταῦτα μὲν δὴ σ. κἀπιχώρια,
Λ. 1205. σ. πολλὰ παιδία,
σμικρόν. Λ. 671. εἰ γὰρ ἐνδώσει τις ἡμῶν ταῖσδε κἂν σ. λαβήν,
σμικράς. Ι. 538. δι' ἀπὸ σ. δαπάνης ὑμᾶς ἀριστῶν ἀπέπεμπεν,
σμικρόν. Σ. 5. οἶδ'· ἀλλ' ἐπιθυμῶ σ. ἀνομερμηρίσαι.
Σ. 511. δικιδίου σ. φάγοιμ' ἂν ἐν λοπάδι πεπνιγμένου
Ο. 1303. ἢ πτέρυγες, ἢ πτεροῦ τι καὶ σ. προσῆν.
Λ. 278. σ. ἔχων πάνυ τριβώνιον,
Εκ. 1154. σ. δ' ὑποθέσθαι τοῖς κριταῖσι βούλομαι
σμικρόν. Ο. 1499. δηνίκα σ. τι μετὰ μεσημβρίαν.
σμικρότατος. Σ. 1511. ὅ σ. ὃς τὴν τραγῳδίαν ποιεῖ,
σμικρού. Π. 377. ὦ τᾶν, ἐγώ τοι τοῦτ' ἀπὸ σ. πάνυ
Σμικυθ. Εκ. 294. καὶ Σ. καὶ Δράκης
Σμικυθην. Ι. 969. χρυσοῦ διώξει Σ. καὶ κύριον·
Σμικυθίων. Σ. 401. ὦ Σ. καὶ Τισιάδα καὶ Χρήμων καὶ Φερέδειπνε·
Σμικυθίωνι. Σ. 46. πρὸ Σ. δ' μοὐ ὀρᾷς Μελιστίχην
σμιλεύματά. Β. 819. σχινδαλάμων τε παραξύεια, σ. τ' ἔργων,
σμίλης. Θ. 779. δέξασθε σ. ὁλκούς,
σμινύας. Εἰ. 546. τίλανοθ' ἑαυτόν· ὁ δέ γε τὰς σ. ποιῶν
σμινύδιον. Fr. 372. σ.
σμινύη. Ν. 1500. ἢν ἡ σ. μοι μὴ προδῷ τὰς ἐλπίδας,
σμινύην. Ν. 1486. κλίμακα λαβὼν ἔξελθε καὶ σ. φέρων.
Ο. 602. πωλῶ γαύλον, κτῶμαι σ., καὶ τὰς ὑδρίας ἀνορύττω.
Σμοῖος. Εκ. 846. Σ. δ' εἰ αὐταῖς ἱππικὴν στολὴν ἔχων
σμύρνη. Ι. 1332. οὐ χοιρινῶν ὄζων, ἀλλὰ σπονδῶν, σ. κατά-
 λειπτος.
σμωμένην. Fr. 326. ἀλλ' ἀρτίως κατέλιπον αὐτὴν σ.
σμώχετ'. Εἰ. 1309. καί σ. ἀμφοῖν ταῖν γνάθοιν· οὐδὲν γάρ, ὦ
 πονηροί,
σοβαρά. Εἰ. 944. σ. θεόθεν κατέχει
σοβαρόν. Α. 673. οἱ δὲ μάττουσιν, οὕτω σ. ἐλθὲ μέλος εὔτονον,
 ἀγροικότερον,
σοβαρός. Ν. 406. ῥήξας αὐτὰς ἔξω φέρεται σ. διὰ τὴν πυκ-
 νότητα.
Π. 872. ὦ Σ. ὦ Δάματερ, εἰσελήλυθεν
σοβαρῶς. Εἰ. 83. μή μοι σ. χώρει λίαν
σοβούντος. Ο. 34. δοταὶ μετ' ἐμοῦ σ. οὐ σ. οὐδενός
σοι. Α. 178. τί δ' ἔστιν; ΑΜ. ἐγὼ μὲν δεῦρό σ. σπονδὰς φέρων
 κ.τ.λ.
σοί. Α. 1020. ὦ φίλτατε, σπονδαί γάρ εἰσι σ. μόνῳ, κ.τ.λ.
Ν. 795. εἴ σ. τις υἱὸς ἔστιν ἐκτεθραμμένος, κ.τ.λ.
σοίν. Ν. 244. οὐδὲν ἀξίων τὸν ἕτερον τοῖν σ. λόγοιν,
σοῖς. Σ. 747. νῦν δ' ἴσως τοῖσι σ. κ.τ.λ.
σοῖσι. Ν. 1302. αὐτοῖς τροχοῖς τοῖς σ. καὶ ξυνωρίσιν.
σοῖσιν. Ι. 589. τοῖσιν τρόποις τοῖς σ. ὥσπερ βλαυτίοισι χρῶμαι.
Β. 1046. ἀλλ' ἐπὶ τοι σοὶ καὶ τοῖς σ. πολλὴ πολλοῦ 'πικάθητο,
Σόλων. Ν. 1187. ὁ Σ. ὁ παλαιὸς ἦν φιλόδημος τὴν φύσιν
Σόλωνές. Ο. 1660. ἐγὼ δὲ δὴ καὶ τὸν Σ. σοι νόμον·
σόν. Α. 93. κύρας πατάξαι τὸν σ. τὸ σφ πρέσβεων, κ.τ.λ.
Ν. 1295. ζητεῖς ποιῆσαι τἀργύριον πλεῖον τὸ σ., κ.τ.λ.
σαρίλητα. Π. 529. ἰδοὺ σ.· τοῦτο παρὰ Λυσιστράτου.
Fr. 1, p. 529. ἰδοὺ σ.· τοῦτο παρὰ Λυσιστράτου.
σορόν. Α. 691. οὗ μ' ἐχρῆν σ. πρίασθαι, τοῦτ' ὀφλὼν ἀπέρχομαι.
Λ. 600. χοιρίον ἔστιν· σ. ὠνήσει
σοροπηγοῖς. Ν. 846. ἢ τοὺς σ. τὴν μανίαν αὐτοῦ φράσω;
σοροῦ. Σ. 1365. ποδεῖς ἐφάπτ' τἀιλευκ ὀμμάτια
σορῷ. Π. 277. εἴ γε σ. νυνὶ λαχὼν τὸ γράμμα σου δικάζειν.
σός. Ι. 732. ὁτιὴ σαυτὸν σ. Δῆμ', ἐραστής τ' εἰμὶ σ. κ.τ.λ.
Π. 260. ὅτου χάριν μ' ὁ δεσπότης σ. κέκληκε δεῦρο, κ.τ.λ.
σου. Α. 258. μή τις λαθών σ. περιπράγῃ τὰ χρυσία, κ.τ.λ.
Σ. 291. ἐθελήσεις τι μοι οὖν, ὦ πάτερ, ἢν σ. τι δεηθῶ;
σοῦ. Α. 256. σ. μηδὲν ἧττον βδεῖν, ἐπειδὰν ὄρθρος ᾖ. κ.τ.λ.
σοσίασιν. Ι. 1177. τουτὶ τέμαχός σ. ἡ Φαθεσισοράτη,
σουκλέγων. Ι. 908. ἐγὼ δὲ τάς πολιάς γέ σ. νέον ποιῆσω·

σούκτεμῶ—σπασμός.

σούκτεμῶ. I. 374. τὸν πρηγορῶνά σ.
Σουνιάρατε. I. 560. δελφίνων μεδέων Σ.,
Σουνιέρακε. Ο. 868. ὦ Σ., χαῖρ' ἄναξ Πελαργικέ.
Σούνιον. Ν. 401. ἀλλὰ τὸν αὐτοῦ γε νεῶν βάλλει καὶ Σ. ἄκρον Ἀθηνέων
σούξηρήσατο. Θ. 761. τίς τὴν ἀγαπητὴν παῖδά σ.
σούπισθεν. Θ. 158. ἵνα συμποιῶ σ. ἱστυκὰς ἐγώ.
σοῦς. Β. 110. τοὺς σ. φράσειας, εἰ δεοίμην, οἷαι σὺ
Β. 1051. κώνεια πιεῖν, αἰσχυνθείσαι διὰ τοὺς σ, Βελλεριφόντας.
σοῦσθ'. Σ. 458. οὐχὶ σ., οὐκ ἐς κόρακος; οὐκ ἄπιτε; παῖς τῷ ξύλῳ.
σουστί. Α. 339. δαιμόνιον αὐτὸν ὅτι τῷ τρόπῳ σ. φίλος· κ.τ.λ.
σούστίν. Σ. 480. οὐδὲ μέν γ' οὐδ' ἐν πελίκῳ σ. οὐδ' ἐν πηγάνῳ
σοφά. Ν. 841. ἀληθες ; ὥσαπερ ἔστ' ἐν ἀνθρώποις σ.·
Ν. 1370. λέγον τι τῶν νεωτέρων ἅττ' ἐστί τὰ σ. ταῦτα.
Ο. 1401. χαρίεντά γ', ὦ πρεσβῦτ', ἐσοφίσω καὶ σ.
Θ. 1130. σκαιοῖσι γάρ τοι καινὰ προσφέρων σ.
σοφαί. Θ. 21. οἴυν τί που 'στὶν αἰ σ. ξυνουσίαι.
σοφή. Εκ. 245. οὐκ ἰτοὶ ἄρ', ὦ μέλ', ἦσθα δεινὴ καὶ σ.·
σοφῇ. FI. 1030. σ. * * δύκιμον
σοφῆς. Σ. 1282. ἀλλ' ἀπὸ σ. φύσεως αὐτόματον ἐκμαθεῖν
Ο. 409. ξένω σ. ἀφ' Ἑλλάδος.
Σοφία. Ο. 1320. Σ., Πύθοῦ, ἀμβρόσιαι Χάριτες,
σοφία. Β. 1519. σ. κρίνω δεύτερον εἶναι.
σοφίαι. Β. 676. τὸν πολὺν ὁψοπίειν λαῶν ὄχλων, οὗ σ.
σοφίαν. Ν. 491. τί δαί ; κυνηδὸν τὴν σ. σιτήσομαι ;
Ν. 517. καὶ σ. ἐπασκεῖ.
1024. ὦ καλλίπυργον σ. κλεινοτάτην ἐπασκῶν,
Σ. 1465. φιλοσοφρίαν καὶ σ.
Π. 511. οὔτε τέχνης ἂν τῶν ἀνθρώπων οὔτ' ἂν σ. μελετῃή
Ν. 361. πλὴν ἡ Προδίκῳ, τῷ μὲν σ. καὶ γνώμης οὔνεκα, σοὶ δὲ,
Ν. 412. ὦ τῆς μεγάλης ἐπιθυμήσας σ. ἄνθρωπε παρ' ἡμῶν,
925. ὤμοι σ. ΔΙ. ὤμοι μανίας,
955. νῦν γὰρ ἅπας ἐνθάδε κίνδυνος ἄνειται σ.,
Ο. 1274. στεφάνω σε χρυσῷ τῷδε σ. οὔνεκα
Β. 883. νῦν γὰρ ἀγὼν σ. ὁ μέγας χωρεῖ πρὸς ἔργον ἤδη.
σοφίζει. Ι. 299. ἀλλότρια τοίνυν σ.,
σοφίζεται. Ι. 721. χὼ πρωκτὸς οὑμὸς τουτογὶ σ.
σοφίζομαι. Ν. 547. ἀλλ' ἀεὶ καινὰς ἰδέας ἐσφέρων σ.,
σόφισμα. Ν. 205. τὸ γὰρ σ. δημοτικὸν καὶ χρήσιμον,
Ο. 431. σ., νύρμα, τρίμμα, παιπάλημ' ὅλον.
σοφίσματα. Π. 160. τέχναι δὲ πᾶσαι διὰ δὲ καὶ σ.,
σοφισμάτων. Β. 17. ὅταν τι τούτων τῶν σ. ἴδω,
Β. 872. ὅπως ἂν εὔξωμαι πρὸ τῶν σ.,
1104. ἐσβολαὶ γάρ εἰσι πολλαὶ χἄτεραι σ.
σοφιστάς. Ν. 331. οὐ γὰρ μὰ Δί' οἶσθ' ὅτιὴ πλείστους αὐταὶ βόσκουσι σ.,
σοφιστήν. Ν. 1111. ἀμέλει, κομιεῖ τοῦτον σ. δεξιόν.
Ν. 1309. τὸν ποιητοί τὸν σ.*
σοφοί. Σ. 1196. οὕτως διηγεῖσθαι νομίζουσ' οἱ σ.
Ο. 375. ἀλλ' ἐπ' ἐχθρῶν δῆτα πολλὰ μανθάνουσιν οἱ σ.
Β. 1411. ἄνδρες σ., κἀγὼ μὲν αὐτοὺς οὐ κρινῶ.
Fr. 269. " σ. τύραννοι τῶν σοφῶν συνουσίᾳ."
σοφοῖν. Β. 896. παρὰ σ. ἀνδροῖν ἀκούσαι τίνα λόγων
σοφοῖς. Ν. 526. τοῖς σ., ὦν οὑνεκ' ἐγὼ ταύτ' ἐπραγματευόμην.
Ν. 535. ζητοῦσ' ἦλθ', ἥν που 'πιτύχῃ θεαταῖς οὕτω σ.·
Σ. 1049. ὁ δὲ ποιητὴς οὐδὲν χείρων παρὰ τοῖσι σ. νενόμισται,
Β. 737. ἤν τι καὶ πάσχητε, πάσχειν τοῖς σ. δοκήσετε.
Εκ. 1155. τοῖς σ. μὲν, τῶν σοφῶν μεμνημένοις κρίνειν ἐμέ·
Σοφοκλέα. Π. 76. εἶτ' οἱ Σ., πρότερον ὄντ' Εὐριπίδου,
Σοφοκλεῖ. Β. 1516. τὸν ἐμὸν παράδος Σ. θρηεῖν,
Σοφοκλῆς. ΕΙ. 695. πρῶτον δ' ὑ τι πράττει Σ. ἀνήρετο.
Ο. 100. τοιαῦτα μέντοι Σ. λυμαίνεται
Β. 787. οὐ καὶ Σ. ἀντελάβετο τοῦ θρόνου ;
Σοφοκλέους. ΕΙ. 531. αὐλῶν, τραγῳδοῖς Σ., μελῶν, κιχλῶν,
ΕΙ. 697. ἐκ τοῦ Σ. γίγνεται Σιμωνίδης.
Β. 79. ἆρα Σ. ὕ τι ποιεῖ κωδώνισμα.
Fr. 231 a, 1. ὁ δ' αὖ Σ. τοῦ μέλιτι κεχρισμένου
σοφόν. I. 885. καίτοι σ. κἀκεῖν' ὁ Πειραιεύς' ἔμοιγε μέντοι
Ν. 489. ἄγε νυν ὅπως, ὅταν τι προβάλωμαι σ.,
895. φάσκουτ' εἶναι. ΔΙ. τί σ. ποιῶν ;
Σ. 809. σ. γε τουτί καὶ γέροντι πρόσφορον
1279. τὸν δ' ὑποκριτὴν ἕτερον, ἀργαλέος ὥς σ.·
ΕΙ. 799. τὸν σ. ποιητὴν
1028. ὅσα χρὴ σ. ἄνδρα ; τί δ' οὐ
Ο. 382. χρήσιμον μάθοι γὰρ ἄν τις κἀπὸ τῶν ἐχθρῶν σ.
429. ἴτε σ. φρενί ;
Λ. 546. ἔνι θράσος, ἔνι δὲ σ., ἔνι δὲ φιλόπολις
Π. 1108. κάποκινδυνεύτον λεπτόν τι καὶ σ. λέγειν.
1413. τὸν μὲν γὰρ ἡγοῦμαι σ., τῷ δ' ἤδομαι.

σοφόν. Εκ. 895. οὐ γὰρ ἐν νίαις τὸ σ. ἐν·
Π. 457. ἀλλ' ἤδη χρὴν τι λέγειν ὑμᾶς σ. ᾦ νικήσετε τηνδὶ
σοφός. I. 1377. σ. γ' ὁ Φαίαξ, δεξιῶς τ' οὐκ ἀπέθανε.
Ν. 520. οὕτω νικήσαιμί τ' ἐγὼ καὶ νομιζοίμην σ.
1207. αὐτοί τ' ἔφυς ὤς σ.,
Σ. 725, ἦ που σ. ἦν ὅστις ἔφασκεν, πρὶν ἂν ἀμφοῖν μῦθον ἀκούσῃς.
1244. ἀνὴρ σ. καὶ μουσικός· κἂν' ἅσεται·
ΕΙ. 700. τί δαί ; Κρατῖνος ὁ σ. ἔστιν ; ΤΡ. ἀπέθανεν,
1096. ἀλλ' ὁ σ. τοι νὴ Δί' "Ομηρος δεξιὸν εἴπεν·
Β. 968. Θηραμένης ; σ. γ' ἀνὴρ καὶ δεινὸς ἐς τὰ πάντα,
1154. δὶς ταυτὸν ἡμῖν εἶπεν ὁ σ. Αἰσχύλος.
Εκ. 201. Ἀργεῖος ἀμαθὴς, ἀλλ' Ἱερώνυμος σ.
Π. 11. ἰατρός ὣν καὶ μάντις, ὡς φασιν, σ.,
726. ὡς φιλοπόλις τίς ἐσθ' ὁ δαίμων καὶ σ.
σοφῶ, Θ. 177. 'Αγάθων, ὦ πρὸς ἀνδρὸς, ὅστις ἐν βραχεῖ
Εκ. 577. ῥὸς δὲ δεῖται γάρ τι σ. τινὸς ἐξευ-
σοφῶς. Ν. 899. οὔν, ἀλλά σ. ΔΙ. ἀπολῶ σε κακῶς.
Ν. 1057. τὸν Νέστορ' ἀγορητὴν ἂν οὐδὲ τοὺς σ. ἅπαντας.
Π. 89. ὡς τοὺς δικαίους καὶ σ. καὶ κοσμίους
σοφῷ. Ο. 934. ἀπόδυθι καὶ δὸς τῷ ποιητῇ τῷ σ.
σοφῶν. Ν. 94. ψυχῶν σ. τοῦτ' ἐστὶ φροντιστήριον.
Ν. 1202. ἡμέτερα κέρδη τῶν σ., ὄντες λίθοι,
Β. 806. σ. γὰρ ἀνδρῶν ἀπορίαν εὑρηκέτην.
1118. ἀλλ' ἀξίπιστοι, θεατῶν γ' οὔνεχ', ὡς ὄντων σ.
Εκ. 1155. τοῖς σοφοῖς μὲν, τῶν σ. μεμνημένοις κρίνειν ἐμέ·
Fr. 289. " σοφοὶ τύραννοι τῶν σ. συνουσίᾳ."
σοφῶν. Α. 401. ὑθ' ὁ δοῦλος οὕτωσί σ. ὑποκρίνεται.
I. 196. καὶ ποικίλαις πως καὶ σ. ψηγμένος.
421. ὦ δεξιώτατον κρέας, σ. γε προύνησας·
1141. σκίψασθε δή μ', εἰ σ.
1210. δέξαιμι κρείττον τοῖς θεαταῖσιν σ.;
Ν. 773. σ. γε νὴ τὰς Χάριτας. ΣΤ. οἶμ' ὡς ἤδομαι
Σ. 53. οὕτως ὑποκρινόμενον σ. ὀνείρατα ;
Β. 1434. ὁ σ. σ. γὰρ εἴπεν, ὁ δ' ἕτερος σαφῶς.
σοφῶταυ'. Ν. 522. καὶ ταύτην σ. ἔχειν τῶν ἐμῶν κωμῳδιῶν,
Ο. 362. ὦ σ., ὃ γ' ἀνεῦρες αὐτὸ καὶ στρατηγικὸν·
σοφώτατον. Ο. 1144. τοῦτ', ὠγάθ', ἐξεύρηται καὶ σ.
σοφώτατος. Ι. 117. ὅπερ μάλιστ' ἐφύλαττεν. ΔΗ. ὦ σ.,
ΕΙ. 428. ταῦτα δράσομεν σὺ δ' ἡμῖν, ὦ θεῶν σ.,
Ο. 1271. ὦ Πεισθέταιρ', ὦ μακάρι, ὦ σ.,
σοφωτάτη. Β. 1451. εὖ γ', ὦ Παλάμηδες, ὦ σ. φύσις.
Ν. 765. εὕρηκ' ἀφάνισιν τῆς δίκης σ.,
σοφώτατον. Ν. 575. ὦ σ. θεαταί, δεῦρο τὸν νοῦν πρόσχετε.
ΕΙ. 603. ὦ σ. γεωργοί, τἀμὰ δὴ ξυνίετε
Ο. 1155. σ. πελεκάντες, οἱ τοῖς ῥύγχεσιν
Α. 1227. ἡμεῖς δ' ἐν οἴνῳ ξυμπόται σ.
Β. 700. ἀλλὰ τὴν ὀργὴν ἀνέντες, ὦ σ. φύσει,
σοφώτατον. Ν. 1378. σ.; ΣΤ. σοφώτατον γ' ἐκεῖνον, ὦ τί σ' εἴπω ;
Σ. 1277. πρῶτα μὲν ἅπασι φίλων ἄνδρα τε σ.,
Β. 776. ὑπερεμάνησαν, κἀνόμισαν σ.
σοφώτατόν. Ν. 1378. σοφώτατον ; ΣΤ. σ. γ' ἐκεῖνον, ὦ τί σ' εἴπω ;
σοφώτατος. Fr. 489. λάβραξ ὁ πάντων ἰχθύων σ.
σοφώτερος. Σ. 66. κωμῳδίας δὴ φορτικῆς σ.
σοφώτερος. I. 1097. οὐκ ἦν ἂρ' οὐδεὶς τοῦ Γλανίδος σ.
Λ. 368. οὐκ ἔστ' ἀνὴρ Εὐριπίδου σ. ποιητής·
Β. 706. ἴσα ἀφίκετο τὴν τέχνην σ.
780. ὁπότερος εἴη τὴν τέχνην σ.
σοφώτερον. Ο. 1426. ὑπὸ πτερύγων τί προσκαλεῖ σ. ;
σπαθῆς. Ν. 55. πρόφασις ἔφασκον, ὦ γύναι, λίαν σ.
σπαθίζε. Fr. 8. 2. ἥμιν κατελάσας τὴν σ. γεύσασθαι μύρου.
σπανίζεις. Ν. 1285. ἀλλ' εἴ σ., τἀργυρίου μοι τὸν τόπον
σπανίζοντος. Σ. 252. καὶ ταῦτα τοὐλαίου σ., ὦνῆτε·
σπαράττει. Α. 688. τίλλειν ἑαυτοῦ καὶ σ. τὰς γνάθους·
σπαράττων. Α. 688. ἄνδρα Τιθωνὸν σ. καὶ ταράττων καὶ κυκῶν.
σπάργανα. Α. 431. τούτου δὸν ἀντιβολῶ οἱ μοι τὰ σ.
'σπαρμένα. ΕΙ. 1140. οὐ γὰρ ἔσθ' ἥδιον ἢ τυχεῖν μὲν ἤδη 'σ.,
Σπάρταν. Α. 999. σπέτε δ' ἄλλαι ταὶ κατὰ Σ. ἅμα
Α. 1305. σ. ὑμνίωμες,
Σπάρτας. Λ. 984. ἐμολον ἀπὸ Σ. περὶ τᾶν διαλλαγᾶν.
Σπάρτῃ. Θ. 860. Σ., πατὴρ δὲ Τυνδάρεως. ΓΤ, Η. σέ γ' , ὦλεθρε,
Σπάρτῃ. Ο. 814. Σ. ὄνομα καλῶμεν αὐτήν ; ΕΤ. Ἠράκλεις·
Ο. 815. Σ. γὰρ ἂν θείμην ἐγὼ τοὐμῷ πότε ;
Θ. 919. τῷ Τυνδάρειον παῖδ', ἐπί Σ. ἄγειν;
Σπάρτης. Λ. 1072. καὶ μὴν ἀπὸ τῆς Σ. οἰδὶ πρέσβεις ἤκοντες ὑπῆκας
σπαρτίοις. ΕΙ. 1247. ἐντεθένδι δὲ σ. ἠρτημένη
σπασμός. Λ. 845. οἴμοι κακοδαίμων, οἶος ὁ σ. μ' ἔχει
Λ. 1089. ἦ που πρὸς ὀρθρον σ. ὑμᾶς λαμβάνει

σπᾶτ'—Σπόργιλος. 287

σπᾶτ'. ΕΙ. 408. τῆι εἰρήνης σ. ἀνδρείως.
σπαταγγην. Fr. 359. τὸν κάτω σ.
σπατίλην. ΕΙ. 48. ὡς κεῖνος ἀναιδέως σ. ἐσθίει.
σπείραντ'. Σ. 1044. πέρυσιν καταπρούδοτε καινοτάταις σ. αὐτὸν διανοίαις.
σπείρας. Fr. 426, 2. σ. ὀφεων ἐλελιζομένη·
σπείρειν. Ο. 710. σ. μὲν, ὅταν γέρανος κρώζουσ' ἐς τὴν Λιβύην μεταχωρῇ,
σπείρεται. Ο. 110. ἀπηλιαστά. ΕΠ. σ. γὰρ τοῦτ' ἐκεῖ
σπείρουσι. Ο. 1697. οἱ θερίζουσίν τε καὶ σ.
σπείσαιμ'. Ν. 426. οὐδ' ἂν θύσαιμ', οὐδ' ἂν σ., οὐδ' ἐπιθείην λιβανωτόν.
σπεισαμένοις. ΕΙ. 1082. ἐξὸν σ. κοινῇ τῆς Ἑλλάδος ἄρχειν;
σπεισάμενος. Α. 291. σ. εἶτα δυνάσαι πρὸς ἔμ' ἀποβλέπειν.
Α. 973. εἰ ἔχει σ. ἐμπορικὰ χρήματα διεμπολᾶν,
σπείσαντας. ΕΙ. 1319. ὀρχησαμένοις καὶ σ. καὶ Ὑπέρβολον ἐξελάσαντας,
σπείσον. Ι. 106. σπονδήν. ΝΙ. λαβὲ δὴ καὶ σ. ἀγαθοῦ δαίμονος·
σπίλεθον. Εκ. 595. πῶς οὖν ἔσται κοινὸς ἅπασιν; ΠΡ. κατίδει σ. πρότερός μου.
σπιλέθων. Εκ. 596. καὶ τῶν σ. κοινωνοῦμεν; ΠΡ. μὰ Δί', ἀλλ' ἔφθης μ' ὑποκρούσας.
σπινθ. Ι. 221. ἀλλὰ στεφανοῖ, καὶ σ. τῷ Κωλέμφ
σπένδεθ'. Ν. 623. σ. ὑμεῖς καὶ γελᾶτ' ἀνθ' ὧν λαχὼν Ὑπέρβολος
σπένδειν. ΕΙ. 424. δῶρον δίδωμι τήνδ'. ἵνα σ. ἔχῃς.
ΕΙ. 1107. ἀλλὰ τόδε πρότερον, σ. ἡμεῖς, σὲ δ' ἀπελθεῖν.
Θ. 793. μανίας μαίνεσθ', οὓς χρῆν σ. καὶ χαίρειν. εἶπερ ἀληθῶς
σπένδεθ'. Ο. 1534. ὑμεῖς δὲ μή σ., ἐὰν μή παραδιδῷ
σπένδειν. Ν. 578. δαιμόνων ἡμῖν μόναις οὗ θύετ' οὐδὲ σ.,
σπένδομαι. Α. 190. ταύτας δέχομαι καὶ σ. κἀπτίομαι,
σπένδομαί. Λ. 1040. ἀλλὰ νυνὶ σ. σοι, καὶ τὸ λοιπὸν οὐκέτι
σπένδομεν. Ι. 1217. δειπνοῦμεν· ἀπονενίμμεθ'· ἤδη σ.
σπένδοντες. ΕΙ. 435. σ. εὐχώμεσθα τὴν νῦν ἡμέραν
σπίνδουσί. Εκ. 140. καὶ νὴ Δία σ. γ'· ἡ τίνος χάριν
σπένδων. Α. 148. ἃ δ' ὤμοσε σ. Βοηθήσειν, ἔχων
Σ. 1046. καίτοι σ. πόλλ' ἐπὶ πολλοῖς ἔμνυσιν τὸν Διόνυσον
σπέρμ'. Ο. 111. τὸ σ.; ΕΥ. ὀλίγων ζητῶν ἂν ἐξ ἀγροῦ λάβοι.
Ο. 579. καὶ σπερμολόγων ἐκ τῶν ἀγρῶν τὸ σ. αὐτῶν ἀνακάψω·
σπερμαγοραιολεκιθολαχανοπώλιδες. Α. 457. ὦ σ.,
σπερμολόγων. Ο. 232. σ. τε γένη
Ο. 579. καὶ σ. ἐκ τῶν ἀγρῶν τὸ σπέρμ' αὐτῶν ἀνακάψω·
Σπερχειὸς. Β. 1383. Σ. τυτομὰ Βουνόμοι τ' ἐπιστροφαί.
σπευδ'. Σ. 750. σ., ὦ ψυχή. ποῦ μοι ψυχή;
σπεύδε. Α. 1094. ἀλλ' ὡς τάχιστα σ. ΑΛ. κακοδαίμων ἐγώ.
Ι. 495. καὶ σ. ταχέως. ΑΛ. ταῦτα δρῶ. ΧΟ. μίμνησό νυν
Α. 302. σ. πρόσθεν ἐς πόλιν,
σπεύδει. Π. 414. καὶ μὴν βαδίζω. ΒΛ. σ. νυν. ΧΡ. τοῦτ' αὐτὸ δρῶ.
σπεύδεθ'. Π. 255. ἵτ' ἐγκονεῖτε, σ., ὡς ὁ καιρὸς οὐχὶ μέλλειν,
σπεύδειν. Ι. 934. σ., ὅπως τῶν τευθίδων
σπεύδετα. Β. 197. καθίζ' ἐπὶ κώπην. εἴ τις ἔτι πλεῖ, σ.
σπεύδουσαν. Εκ. 47. σ. ἐν ταῖς ἐμβάσιν· καί μοι δοκεῖ
σπεύδουσιν. Π. 1167. σ. ἐν πολλοῖς γεγραφθαι γράμμασιν.
σπεύδωμεν. Σ. 245. σ., ἄνδρες ἥλικες, πρὶν ἡμέραν γενέσθαι
σπεύσαθ'. Εκ. 282. γυναίκας. ΠΡ. ἀλλὰ σ., ὡς εἰωθ' ἐκεῖ
σπευστέον. Λ. 320. ὥσπερ πυρὸς καομένου· σ. ἐστὶ θᾶττον.
σπεύσωμεν. Λ. 266. ἀλλ' ὡς τάχιστα πρὸς πύλιν σ., ᾧ Φιλούργε,
Σπινθάρου. Ο. 762. εἰ δὲ τυγχάνει τις ὢν Φρὺξ μηδὲν ἥττων Σ.,
σπινθήρ. Π. 1053. ἐὰν γὰρ αὐτῇν εἷς μόνος σ. λάβῃ,
σπινθήρα. Εκ. 609. ἐμβαλών σ. μικρὸν Μεγαρικοῦ ψηφίσματος,
σπινθῆσιν. Fr. 344, 7. ὄψῳ δὲ χρῆσθαι σ. τε καὶ κίχλαις,
σπινοῦς. Fr. 443. σ.,
σπίνους. Ο. 1079. ὅτι συείρων τοὺς πωλεῖ καθ' ἑπτὰ τοὐβολοῦ,
σπίνω. ΕΙ. 1149. κᾄξ ἐμοῦ δ' ἐνεγκάτω τὰ τῆν μίχλην καὶ τῷ σ.
σπλάγχν'. ΕΙ. 1040. ἐγὼ δ' ἐπὶ σ. εἶμι καὶ θυλήματα.
ΕΙ. 1092. αὐτάρ ἐπεί κατά μῆρ' ἐκάη καὶ σ. ἐπάσαντο,
Β. 1006. θυμούμαι μὲν τῇ ξυντυχίᾳ, καί μου τὰ σ. ἀγανακτεῖ,
Π. 1131. ὀδύνη σε πρὸς τὰ σ. ἕοικ' ἐπιστρέφειν.
σπλάγχνα. Ν. 1036. καὶ μὴν πάλαι γ' ἐπνιγόμην τὰ σ., κάπεθύμουν
Ο. 519. τὰ σ. διδῷ, τοῦ Διὸς αὐτοῦ πρότεροι τὰ σ. λάβωσιν,
976. καὶ σ. διδόν' ἔνεστι· ΧΡ. λαβὲ τὸ βιβλίον
1524. ἵν' εἰσάγοιτο σ. κατατετμημένα.
Β. 473. Ἐχιδνά θ' ἑκατογκέφαλος, ἢ τά σ. σου
844. καὶ μὴ πρὸς ὀργὴν σ. θερμῆνας νότῳ.
σπλαγχνεύειν. Ο. 984. λυπεῖ θύμενος καὶ σ. ἐπιθυμῇ.
σπλάγχνοις. ΕΙ. 1101. ὡς οὗτος φοβερὸς τοῖς σ. ἐστὶν ὁ χρησμός.
σπλάγχνοισι. Ι. 410. ἢ μή ποτ' ἀγοραίου Διὸς σ. παραγενοίμην.
σπλάγχνων. Σ. 654. οὐκ ἔστιν ὅπως οὐχὶ τεθνήξεις, κἂν χρῇ σ. μ' ἀπέχεσθαι
ΕΙ. 1102. ἔγχει δὴ σπονδὴν καὶ τῶν σ. φέρε δευρί.
1105. ἔγχει δὴ κἀμοὶ καὶ σ. μοῖραν ὄρεξον.
1111. οὐδεὶς προσδώσει μοι σ.; ΤΡ. οὐ γὰρ οἷόν τε
Ο. 975. καὶ φιάλην δοῦναι, καὶ σ. χεῖρ' ἐπιελῆσαι.
Π. 1130. σ. τε θερμῶν ὧν ἐγὼ κατήσθιον·
σπλῆνα. Θ. 3. οἴων τε, πρὶν τὸν σ. κομιδῇ μ' ἐκβαλεῖν,
σπληνός. Fr. 421, 4. σ., ἡ νῆστις, ἢ δέλφακος ὑωμερής
σπογγιά. Β. 482. ἀλλ' οἶσέ πρὸς τὴν καρδίαν μου σ.
Β. 487. πῶς δαί, ὅστις σ. ἡτμᾶ σε;
σπογγιεῖ. Θ. 247. μὴ φροντίσῃς· ἕτερος γὰρ αὐτά σ.
σπόγγον. Σ. 600. τὸν σ. ἔχων ἐκ τῆς λεκάνης τύμβάδ' ἡμῶν περικωνεῖ.
σπόγγους. Fr. 150. ἀλλὰ πάντας χρὴ παραλοῦσθαι καὶ τοὺς σ. ἴαν.
σποδᾶς. Λ. 173. οὐχ ἃς σ. ἐχωντι ταὶ τμήρεις
σποδεῖ. Β. 662. οὐδὲν ποιεῖ γὰρ, ἀλλὰ τὰς λαγόνας σ.
σποδεῖν. ΕΙ. 1306. φιλῶ ταῦτα πάντα καὶ σ., καὶ μὴ κενὰς παρέλκειν,
Ο. 1016. σ. ἅπαντας τοὺς ἀλαζόνας δοκεῖ.
Εκ. 1016. νέας ἐπιθυμῇ μὴ σ. αὐτὴν πρὶν ἂν σποδεῖσθαι. Εκ. 908. βουλομένη σ.
σποδήσεις. Εκ. 942. οἰμώζων ἅμα νὴ Δία σ.
σπόδισον. Σ. 329. σ. ταχέως·
σποδούμεθ'. Θ. 492. σ., ἥν μή 'χωμεν ἕτερον, οὐ λέγει·
σποδοῦνται. Επ. 113. πλεῖστα σ., δεινοτάτους εἶναι λέγειν
σπόδω. Α. 306. τί δ', ἤν σ. τοῖς κανδύλοις, τί μ' ἐργάσει τὸ δεινόν;
σπαλάδα. Ο. 933. οὗτος, σὺ δ μέντοι σ. καὶ χιτῶν' ἔχεις,
Ο. 935. ἔχε τὴν σ. πάντως δέ μοι βιγῶν δοκεῖς.
σπολάς. Ο. 944. δικλεῖς δ' ἷβα σ. ἄνευ χιτῶνος
σπονδαί. Α. 1020. ὦ φίλταταί σ. γὰρ εἰσι σοὶ μόνῳ,
Σπονδαί. Ι. 1389. σπονδὰς παραῖσ' σοι, δεύρ' ἴθ' αἱ Σ. ταχύ.
Σ. 863. καὶ γὰρ ἡμεῖς ἐπὶ ταῖς σ.
σπονδαῖσιν. Α. 1038. σ. ἡδύ, καὖε ἔοι·
σπονδαῖς. Α. 52. σ. ποιεῖσθαι πρὸς Λακεδαιμονίους μόνοις.
Α. 58. σ. ποιῆσαι καὶ κρεμάσαι τὰς ἀσπίδας,
131. σ. ποιῆσαι πρὸς Λακεδαιμονίους μόνῳ·
178. τί δ' ἔστιν; ΑΜ. ἐγὼ μὲν δεῦρό σοι σ. φέρων
183. σ. φέρεις, τῶν ἀμπέλων τετμημένων;
186. οἱ δ' οὖν βοώντων· ἀλλὰ τὰς σ. φέρεις,
251. στρατιᾶν ἀπαλλαχθέντα· τὰς σ. δέ μοι
268. σ. ποιησάμενος ἐμαυτῷ.
1061. φέρε δεῦρο τὰς σ., ἵν' αὐτῇ δῶ μόνῃ,
1067. ἀπόφερε τὰς σ. φέρε τὴν οἰνήρυσιν,
Ι. 798. ἐκ τῆς πόλεως ῥαβανγίζων, αἳ τὰς σ. προκαλοῦνται.
13€9. σ. παραδῶ σοι, δεύρ' ἴθ' αἱ Σπονδαὶ ταχύ.
ΕΙ. 212. σ. ποιοῦντων· κεῖ μὲν οἱ Λακωνικοί
Ο. 461. λέγε θαρρήσας· ὡν τὰς σ. οὐ μὴ πρότερον παραβῶμεν.
1599. σ. ποιεῖσθαι, τὰ δὲ δίκαι' ἐστὶν ταδί·
Λ. 154. σ. ποιήσαιντ' ἂν ταχέως, εὖ οἶδ' ὅτι.
951. σ. ποιεῖσθαι ψηφισεί. ΚΙ. βουλεύσομαι.
1006. σ. ποιησώμεσθα ποττᾶν Ἑλλάδα.
1264. ποττάς σ.,
Θ. 1161. σ. ποιησάσθαι πρὸς ἐμέ, νυνὶ πάρα,
σπονδείον. Fr. Μ. Ἀνα. 17. καὶ μὴν σκάφη 'σθ', ὡς ἄν τι ᾖ σ., ᾧ 'ικωτικόν.
σπονδῇ. ΕΙ. 433./1104. } σ. σ.
ΕΙ. 1110. σ. ΤΡ. καὶ ταυτὶ μετὰ τῆς σπονδῆς λαβὲ θᾶττον.
σπονδῇν. Ι. 106. σ. ΝΙ. λαβὲ δὴ καὶ σπεῖσον ἀγαθοῦ δαίμονος·
ΕΙ. 1059. κατάτεμνε. ποῦ τράπεζα; τὴν σ. φέρε.
1102. ἔγχει δὴ σ. καὶ τῶν σπλάγχνων φέρε δευρί.
σπονδῆς. ΕΙ. 1110. σπονδή. ΤΡ. καὶ ταυτὶ μετὰ τῆς σ. λαβὲ θᾶττον,
σπονδοφόρος. Α. 216. σ. οὗτος ὑπ' ἐμοῦ τότε διωκόμενος
σπονδῶν. Α. 306. τῶν δ' ἐμῶν σ. ἀκούσατ', εἰ καλῶς ἐσπεισάμην.
Α. 627. περὶ τῶν σ. ἀλλ' ἀποδύντες τοῖς ἀναπαίστοις ἐπίωμεν.
Ι. 669. πύθησθ' ἀφίεται γὰρ περὶ σ. λέγων.
671. νυνὶ περὶ σ.; ἐπεισβῇ γ', ὦ μέλε,
673. οὐ δεόμεθά σ. ὁ πόλεμος ἑρπέτω.
1332. οὐ καταβαλεῖς τὰς σ., σμύρνῃ κατάληπτος.
ΕΙ. 666. σ. φέρουσα τῇ πόλει κίστην πλέαν
Λ. 513. τί βεβούλευται περὶ τῶν σ., ἐν τῇ στήλῃ παραγέγραπται;
σπορά. Fr. Μ. ΕΙ. Δ. 1. πύθεν τὸ φύτν, τί τὸ γένος, τίς ἡ σ.;
Σπόργιλος. Ο. 300. κειρύλος γάρ ἐστιν ὄρνις; ΠΕ. οὐ γὰρ ἐστί Σ.;

σπουδάζειν—στεφανώσας.

σπουδάζειν. Π. 557. σκώπτειν πειρᾷ καὶ κωμῳδεῖν τοῦ σ. ὑμελήσας.
σπουδάζω. ΕΙ. 471. κἀπεμπίπτω καὶ σ.
σπουδαία. Β. 390. πεῖν, πολλὰ δὲ σ., καὶ
σπουδαῖον. Λ. 96. λέγε δῆτα τὸ σ. ὅ τι τοῦτ' ἐστί σοι.
σπουδαρχίδης. Α. 595. ὅστ.ς; πολίτης χρηστὸς, οὐ σ.,
σπουδάς. Ι. 1370. οὐδεὶς κατὰ σ. μετεγγραφήσεται.
σπουδάσας. Α. 685. ὁ δὲ νεανίας ἑαυτῷ σ. ξυνηγορεῖν
σπουδῇ. Θ. 791. ἀλλ' οἴκοισι πολλῇ σ. τὸ κακὸν βούλεσθε φυλάττειν;
Fr. 451. μετανέμπου νῦν ταῦτα σ. καὶ μύρον, εὕρημα Μετάλλου.
σπουδήν. Α. 288. τὸ πρὸς πύλιν, τὸ σιμὸν, οἶ σ. ἔχω·
Β. 522. ἐπίσχες οὗτος. οὖ τί που σ. ποιεῖ,
σπυρίβζειν. Fr. 681. σ.:
σπυρίδα. Fr. 89. καὶ σ. δὲ ὀψωαδύπον πλεκτὴν σχοῖνον
Fr. 464. ἔπειτ' ἐπὶ τούψον ἧκε τὴν σ. λαβὼν
σπυρίδας. ΕΙ. 1005. καὶ Καιπίδων ἐλθεῖν σ.,
σπυρίδιον. Α. 453. δύς μοι σ. διακεκαιμένου λύχνῳ.
Α. 469. ἐς τὸ σ. ἰσχυά μοι φυλλεῖα δύς.
σπυρίς. Fr. 36ς. σ. οὐ μικρὰ καὶ κωρικὶς, ᾗ καὶ τοὺς μάττοντας ἐγείρει,
'στ'. Εκ. 341. φρούδη 'σ., ἔχουσα θείμάτιον οὑγὼ 'φόρουν. κ.τ.λ.
στάδια. Ο. 6. ὁδοῦ περιελθεῖν σ. πλεῖν ἢ χίλια.
σταδιοδρόμης. Fr. 682. σ.
σταδίοισιν. Ν. 430. τῶν Ἑλλήνων εἶναί με λέγειν ἕκατόν σ. ἄριστον
σταδίους. Β. 1319. μαντεία καὶ σ.
σταδίῳ. Β. 91. Εὐριπίδου πλείν ἢ σ. λαλίστερα;
σταθερά. Fr. 74. σ. δὲ κάλυξ νεαρᾶς ἥβης.
στάθευε. Α. 1041. τὰς σημίας σ.·
σταθεύσω. Α. 376. οἶνον οἶδά σ· εἰ τήδ' ὡς ἔχω τῇ λαμπάδι σ.
σταθμήσεται. Β. 797. καὶ γὰρ ταλάντῳ μουσικὴ σ.
σταθμοῖς. Fr. 278. αὐτοῖς σ. ἐξέβαλε τὰς διαγόνας·
σταθμοῦσι. Ο. 1041. καὶ σ. καὶ ψηφίζομαι καθάπερ Ὀλο-
σταθμόν. Β. 1365. ἐπὶ τὸν σ. γὰρ αὐτὸν ἀγαγεῖν βούλομαι,
Β. 1381. καὶ ΕΤ. ἐχύμεθα. ΔΙ. τούτος τὴν λέγετον ἐς τὸν σ.
1407. καὶ μηκέτ' ἔμοιγε κατ' ἔπος, ἀλλ' ἐς τὸν σ.
Fr. 277. 1. ἀλλ' εὔχομαι 'γωγ' ἑλκύσαι σε τὸν σ.,
σταθμῶν. Α. 449. τουτί λαβὼν ἄπελθε λαῖνον σ.
στακτοῖς. Π. 529. οὔτε μύροισιν μυρίσας σ., ὁπόταν νύμφην ἀγάγηπθον·
σταλαγμῶν. Α. 1033. σὺ δ' ἀλλά μοι σ. εἰρήνης ἕνα
σταμνίον. Α. 196. μηλοσφαγοῦσαι Θάσιον οἶνον σ.,
Λ. 199. φερέτω κύλικά τις ἔνδοθεν καὶ σ.
Σταμνίον. Β. 22. ὅτ' ἐγὼ μὲν ὢν Διόνυσος, υἱὸς Σ.,
στάμνον. Fr. 448. οἶνου τε Χίου σ. ἥκειν καὶ μύρον.
στάμνον. Π. 545. ἀντὶ δὲ θρᾶνους σ. κεφαλὴν καταγνύτος, ἀντὶ δὲ μάκτρας
στάν. ΕΙ. 1269. αὐτοῦ παρ' ἐμὲ σ. πρότερον ἀναβαλοῦ 'νθαδί.
στάντες. Σ. 270. φιλωθὸς, ἀλλὰ μοι δοκεῖ σ. ἐνθάδ', ἄνδρες,
Ο. 621. καὶ τοῖς κοτίνοις σ. ἔχοντες
στάς. Ν. 771. ἀπωτέρω σ. ὧδε πρὸς τὸν ἥλιον
Σ. 1093. σ. ἀνὴρ παρ' ἀνδρ', ὑπ' ὀργῆς τὴν χελύνην ἐσθίων·
στάω. Λ. 362. καὶ μὴν ἰδοὺ παταχθέτω τις· σ. ἐγὼ παρίζω.
στάσα. Fr. 182, ἐπὶ τοῦ περιδρόμου σ. τῆς συνοικίας.
στάσεις. 1. 527. διὰ τῶν ἀφελῶν πεδίων ἔρρει, καὶ τῆς σ. παρασύρων
στασιάζει. Ι. 590. τοῖς τ' ἐχθροῖσι μεθ' ἡμῶν σ.
στασιάζετε. Ο. 1014. πληγαὶ συχναὶ κατ' ἄστυ. ΜΕ. μῶν σ.;
στασιάσωμεν. Α. 768. μὴ σ· ἔστιν ὁ χρησμὸς οὑτοσί.
στάσιν. Β. 359. ἢ σ. ἐχθρὰν μὴ καταλύσῃς, μηδ' εὔκολος ἔστι πολίταις,
Β. 1281. μὴ, πρίν γ' ἂν ἀκούσῃς χἀτέραν σ. μελῶν
Π. 954. κἀγὼ γὰρ εἶχον τὴν σ. ταύτην ποτέ.
στάσις. Θ. 788. ἔριδες, νείκη, σ. ἀργαλέα λύπη, πύλεμος. φέρε δὴ νυν,
Β. 760. ἐν τοῖς νεκροῖσι καὶ σ. πολλὴ πάνυ·
1401. λέγοιτ' ἂν, ὡς αὕτη 'στὶ λοιπὴ σφῷν σ.
Fr. 683. σ.
στατῆρσι. Π. 816. σ. δ' οἱ θεράποντες ἀρτίζομεν
σταχρῶν. Ν. 1041. καὶ τοῦτο πλεῖν ἢ μυρίων ἐστ' ἄξιον σ.,
στάχυς. Β. 1240. Οἰνεὺς ποτ' ἐν γῇ πολυμέτρου θύων σ.
στάχυς. Ι. 393. νῦν δὲ τοὺς σ. ἐκείνους, οὖς ἐκεῖθεν ἤγαγεν,
στείχειν. Σ. 1295. κεράμῳ τὸ νῶτον ὥστε τὰς πληγὰς σ.
στείχων. Ο. 1398. ποτὲ μὲν νοτίαν σ. πρὸς ὁδὸν,
στελέχη. Α. 336. τὰς ἀνδραξ ἔρρει, σ.
στέμμα. ΕΙ. 948. τὸ κακῶν πρεσβευτ' ὁλᾶς ἔχων καὶ σ. καὶ μάχαιραν,
στέμματα. Ο. 893. ἄπελθ' ἀφ' ἡμῶν καὶ σὺ καὶ τὰ σ.·
Π. 656. ἐπὶ τὴν χύτραν ἐλθὼν ἔχων τὰ σ.

στεμμάτων. Σ. 476. σ., τὴν θ' ὑσθήνην ἀκουρον τρέφων;
Π. 39. τί δῆτα Φοῖβος ἔλακεν ἐκ τῶν σ.;
στέφυλα. Fr. 345. οὐ ταυτὸν ἐστιν ἀλμάδες καὶ σ.
στεμφύλοις. Ν. 45. Βρύων μελίτταις καὶ προβάτοις καὶ σ.
στεμφύλῳ. Ι. 806. καὶ χλῶρα φαγῶν ἀναθαρρήσῃ καὶ σ. ἐς λόγου ἔλθῃ,
στεναγμάτων. Εκ. 367. οὗτος γὰρ ἀνὴρ ἔνεκά γε σ.
στενάζειν. Σ. 316. πάρα νῷν σ.
στενάζουσης. Λ. 838. στοιάς σ., σιτίων μετρουμένων,
στένει. Σ. 89. ἐρᾷ τε τοῦτο, τοῦ δικάζειν, καὶ σ.,
Fr. 715. ἀκούει ὧς σ.;
στένειν. Εκ. 462. οὐδὲ σ. τὸν ὄρθρον ἔτι πράγμ' ἀρά μοι;
στένεις. Θ. 180. βαδίζε θᾶττον, τί σ., εἰ μὴ φέρεις
Θ. 73. τί τὸ πρᾶγμα τουτί. τί σ.; τί δυσφορείς;
στενοκωκύτους. Λ. 448. ἐκκοκκιώ σου τὰς σ. τρίχας.
στενολεσχείν. Ν. 320. καὶ λεπτολογεῖν ἤδη ζητεῖ καὶ περὶ καπνοῦ σ.,
στενῶν. 1. 720. δύναμαι ποιεῖν τὸν δῆμον μέγαν σ.
Ν. 161. σ. διὰ λεπτοῦ δ' ὄντος αὐτοῦ τὴν πνοὴν
στένω. Α. 30. σ., κέχηνα σκορδινῶμαι, πέρδομαι,
στέργειν. Εκ. 897. οὐδὲ τις σ. ἂν ἰθέλοι
στέργετε. Σ. 1054. σ. μᾶλλον καὶ θεραπεύετε,
στέργω. 1. 769. κάγωγ', ὦ Δῆμ', εἰ μή σε φιλῶ καὶ μὴ σ., καταμηθείς,
στέργων. Εκ. 292. σ. σκοροδάλμη,
στερηθείς. Σ. 256. κάπειτ' ἴσως ἐν τῷ σκότῳ τουτουί σ.
στερηθῇς. Ν. 1074. καίτοι τί σοι ζῆν ἄξιον, τούτων ἐὰν σ.;
στέριπο. Θ. 1185. οὗ μ' ὧς σ. τὸ τιττί', ὥσπερ γογγύλη.
στεριφή. Θ. 641. σ. γὰρ εἰμι πούκ ἐκύησα πώποτε.
στερρᾶς. Ν. 420. ἀλλ' ἔνεκά γε ψυχῆς σ. δυσκολοκοίτου τε μεριμνης,
στερφών. Α. 219. νῦν δ' ἐπειδὴ σ. ἤδη τοῦμὸν ἀντικνήμιον
στέφανε. Ι. 1250. ὦ σ., χαίρων ἄπιθι, καί σ' ἄκων ἐγὼ
στεφάνην. Ι. 968. ἔχων κατάπαστον καὶ σ. ἐφ' ἅρματος
Εκ. 131. ἐφ' ᾧ τ' ἂν ἥκητε καὶ σ. ἐμοί.
στεφανηπλοκοῦ'. Θ. 448. σ. ἴβοσκον ἐν ταῖς μυρρίναις.
στεφάνοι. Α. 1091. σ., μύρον, τραγήμαθ', αἱ πύρναι πάρα,
Εκ. 844. σ. πλέκονται, φρύγεται τραγήματα,
στεφάνοις. Ι. 502. ἔλθοις σ. κατάπαστος.
στεφάνοισιν. Ν. 911. κρίνες σ. ΔΙ. καὶ πατραλοίας.
στεφάνοισιν. Σ. 710. καὶ σ. παντοδαποῖσιν καὶ συφ καὶ πυριάτῃ,
στεφάνος. Α. 992. ὥσπερ ὁ ἐγγραμμένος, ἔχων σ. ἀνθέξμαι·
1. 534. ὥσπερ Κοννᾶς, σ. μὲν ἔχων αὖον, δίψῃ δ' ἀπολωλώς,
1227. καταθοῦ ταχέως τὰς σ., ἵν' ἐγὼ τουτηί
Ν. 257. τὸν σ. ΣΤ. ἐπὶ τί σ.; οἴμοι, Σώκρατες,
625. τὸν σ. ἀφηρέθη· μᾶλλον γὰρ οὕτως εἴσεται
Ο. 463. ὃν διαμάττειν οὐ κωλύει· φέρε καί σ· καταχεῖσθαι
Λ. 604. καὶ τουτονγὶ λαβὲ τὸν σ.
Θ. 401. γυνή σ., ἐρᾷν δοκεῖ· κἀν ἐκβάλῃ
Β. 330. σ. μύρτων· θρανεῖ δ' ἐγκαταπρούων
Εκ. 131. ἐγώ. ΠΡ. περίθου δὴ τὸν σ. τύχάγαθῇ.
163. φέρε τὸν σ.· ἐγὼ γὰρ αὖ λέξω πάλιν.
Π. 21. οὐ γάρ με τυπτήσεις σ. ἔχωντά γε.
22. μὴ Δί', ἀλλ' ἀφελὼν τὸν σ., ἤν λυπῇς τί με,
στεφανοῦ. 1. 221. ἀλλά σ., καὶ σπένδε τῷ Κοαλέμῳ·
στεφανοῦν. Α. 638. εὐθὺς διὰ τοὺς σ. ἐπ' ἄκρων τῶν πυγιδίων ἐκάθητο.
Α. 1006. τὰ λαγῷα, ταχέως τοὺς σ. ἀνείρετε.
Fr. 677. φιάλας, χλανίδας, σ., ὅρμους, ἐκπώματα, πλουθυγίειαν
Θ. 458. πλέξαι σ. συνθηματιαίους εἴκοσιν.
Εκ. 122. ἐγὼ δὲ θεῖσά τοὺς σ. περιδήσομαι
606. ἄρτους, τεμάχη, μάζας, χλαίνας, οἶνον, σ., ἐρεβίνθους
Π. 1041. σ. γέ τοι καὶ δῷδ' ἔχων τουοσδ' ἔρχομαι.
1089. ἐλθὼν ἀναθίνιναι τοὺς σ. τουσδ' οὑς ἔχω.
Fr. 476, 2. σ. ἰων * * * κονιορτὸν ἐκτυφλοῦντα.
στεφάνου. Ο. 1275. σ. καὶ τιμαῖσιν οἱ πάντες λεῴ.
στεφάνῳ. Ο. 1274. σ. τε χρυσῷ τῷδε σοφίας οὐνεκα
Εκ. 601. ὥστε μεθυσθεὶς αὐτῷ σ.
Π. 586. κοτινῷ σ., καίτοι χρυσῷ μᾶλλον ἐχρῆν, εἴπερ ἐπλούτει.
592. ἀλλὰ σέ γ' ὁ Ζεὺς ἐξολέσειεν κοτίνῳ σ. στεφανώσας.
στεφανύμμων. Εκ. 303. ἐν τοῖς σ.
στεφανύμμων. Α. 551. σ., τριχίδων, αὐλητρίδων, ὑπωπίων,
στεφάνωσα. Α. 602. λαβὲ ταυτὶ καὶ σ.
Fr. 417. ἀλλά σ. καὶ γὰρ ἡλικίαν ἔχεις
στεφανωσάμενος. Ν. 1006. σ. καλάμῳ λευκῷ μετὰ σώφρονος ἡλικιώτου,
στεφανωσάμενῳ. Α. 1145. τῷ μὲν πίνειν σ.,
στεφανώσαι. Ν. 959. ἀλλ' ὦ πολλοῖς τοὺς πρεσβυτέρους ἤθεσι χρηστοῖς σ.
Π. 585. ἀνεκήρυττεν τῶν ἀσκητῶν τοὺς νικώντας σ.

στεφανώσας—στρατιᾶς. 289

στεφανώσας. Π. 592. ἀλλὰ σέ γ' ὁ Ζεὺς ἐξολέσειεν κοτίνῳ στεφάνῳ σ.
στεφανώσασ'. Εκ. 538. μόνον οὐ σ. οὐδ' ἐπιθεῖσα λήκυθον.
στέψω. Fr. p. 509. " μηδὲ σ. κοτυλίσκους."
στῇ[ϊ. Ο. 1200. ἐχ' ἀτρέμας· αὐτοῦ σ.· ἐπίσχες τοῦ δρόμου.
Π. 444. σ., ἀντιβολῶ σε, στῆθι. ΒΛ. μὰ Δί' ἐγὼ μὲν οὔ.
στῆθι. Σ. 1361. ἀλλ' ὡς τάχιστα σ. τάσδε τὰς θεὰς
Π. 444. στῆθ', ἀντιβολῶ σε, σ. ΒΛ. μὰ Δί' ἐγὼ μὲν οὔ.
στῆθί. Σ. 1150. καὶ σ. γ' ἁμισχόμενος. ΦΙ. οἴμοι δείλαιος·
στῆθος. Ν. 1011. ἐξεις ἀεὶ σ. λιπαρόν,
Ν. 1017. ἴσχουσ μικροῦς, σ. λεπτόν,
στήλη. Λ. 513. τί βεβούλευται περὶ τῶν σπονδῶν ἐν τῇ σ. παραγράψαι
στήλην. Α. 727. ἐγὼ δὲ τὴν σ. καθ' ἣν ἐσπεισάμην
Ο. 1050. δέχηται κατὰ τὴν σ.,
στήλης. Ο. 1054. μέμνησ' ὅτε τῆς σ. κατετίλας ἑσπέρας;
στήμονα. Λ. 519. ὁ δὲ μ' εὐθὺς ὑποβλέψας ἂν ἔφασκ', εἰ μὴ τὸν σ. νήσω,
Fr. 684. σ. δὲ ἐξεσμένον.
Στηνίοισι. Θ. 834. προεδρίαν τ' αὐτῇ δίδοσθαι Σ. καὶ Σκίροις
στήσαι. Θ. 968. πρῶτον εὐκύκλου χορείας εὐφυᾶ σ. βάσιν.
στήσαιτο. Π. 453. τροπαῖον ἂν σ. τῶν ταύτης τρόπων.
στήσας. Θ. 932. σ. φύλαττε καὶ προσίεναι μηδένα
στήσασα. Εκ. 682. κᾆτα σ. παρ' Ἀρμοδίῳ κληρώσω πάντας, ἔστ' ἂν
στησάτω. Α. 243. ὁ Ξανθίας τὸν φαλλὸν ὀρθὸν σ.
στήσεσθε. Θ. 697. σ. καὶ τροπαῖον, ἀλλὰ τοῦ μόνου
στήσομαι. { Λ. 331, 232. } οὐ σ. λέαιν' ἐπὶ τυροκνήστιδος.
στήσω. Α. 728. μίτειμ', ἵνα σ. φανερὸν ἐν τἀγορᾷ.
στῆτε. Λ. 1122. ἄνδρες Λάκωνες, σ. παρ' ἐμὲ πλησίον,
στήτω. Λ. 1276. σ. παρ' ἄνδρα, κᾆτ' ἐπ' ἀγαθαῖς συμφοραῖς
'στι. Α. 903. ἀλλ' ὅ τι παρ' ὁμῖν μή 'σ., τἀδε δ' αὖ πολύ. κ.τ.λ.
'στί. Α. 781. αὕτα 'σ. χοῖρος; ΔΙ. νῦν γε χοῖρος φαίνεται κ.τ.λ.
Σ. 208. ἱκετηθεεται, πού τοῦ 'σ. μοι τὸ δίκτυον ; κ.τ.λ.
στιβάδα. Π. 541. σ. σχοίνων κύρεων μιστήν, ἢ τοὺς εὕδοντας ἐγείρει·
Π. 663. ἡμῶν δ' ἕκαστος σ. παρεκαττύετο.
στιβάδας. ΕΙ. 348. πράγματά τε καὶ σ.,
στιβαρά. Θ. 639. ὣς καὶ σ. τις φαίνεται καὶ καρτερά·
στιγματίαις. Α. 331. σ. θ', ἁπσαλίσαι
στιγῶν. Fr. 46. σ.;
στιβόμενος. Σ. 1296. ἐγὼ δ' ἀπόλωλα σ. βακτηρίᾳ.
στίλβη. Fr. 470, 1. σ. θ', ἡ κατὰ νύκτα μοι
στίλβων. Ο. 697. σ. νώτων πτερύγων χρυσαῖν, εἰκὼς ἀνεμώκεσι
Σιλβηδη. Ο. 139. καλῶς γέ μου τὸν υἱόν, ὦ Σ.,
στίλπη. Σ. 213. τί οὖν ἀπενεαμήθημεν ὅσαν ὅσον σ.;
'στιν. Α. 129. ἀλλ' Ἀμφιθεός μοι ποῦ 'σ.; ΑΜ. οὑτοσὶ πάρα. κ.τ.λ.
'στίν. Α. 393. ὧρα 'σ. ἆρα μοι καρτερὰν ψυχὴν λαβεῖν, κ.τ.λ.
Ν. 214. ἀλλ' ἡ Λακεδαίμων ποῦ 'στιν; ΜΛ. ὅπου 'σ.; αὕτη.
στίξας. Β. 1511. νὴ τὸν Ἀπόλλω σ. αὐτοὺς
στιπτοί. Α. 180. Ἀχαρνικοί, σ. γέροντες, πρίνινοι,
στίφος. Ι. 852. ὀρᾷς γὰρ αὐτῷ σ. οἷν ἐστι φρουραλῶν
ΕΙ. 564. ὦ Πόσειδον, ὡς καλὸν τὸ σ. αὐτῶν φαίνεται
στίφος. Fr. 190, 3. σ.;
στίχας. Ι. 163. τὰς σ. ὁρᾷς τὰς τῶνδε τῶν λαῶν ; ΑΛΛ. ὁρῶ.
στίχον. Β. 1239. ἔασον εἰπεῖν πρῶθ' ὅλον με τὸν σ.
Fr. 189. εἰ παιδαρίοις ἀπολουθεῖν δεῖ σφαῖραν καὶ σ., ἔχοντα.
στλεγγίδας. Θ. 556. ἐπειτά γ' οὐκ εἴρηχ', ὀρᾷς, ὡς σ. λαβοῦσαι
στλεγγίς. Fr. 10, οὐδ' ἐστὶν αὐτῇ σ. οὐδὲ κάτοπτρον
στοάς. Εκ. 14. σ. τε καρποῦ Βακχίου τε νάματος
στοιάν. Εκ. 684. καὶ κηρύξει τοὺς ἐν τοῦ βῆτ' ἐπὶ τὴν σ. ἀκολουθεῖν
στοιάς. Α. 548. σ. στεναχούσης, σιτίων μετρουμένων,
στοιάς. Εκ. 676. τὰ δικαστήρια καὶ τὰς σ. ἀνδρῶνας πάντα ποιήσω.
στοιβήν. Β. 1178. κἄν που δῖς εἴπω ταυτόν, ἡ σ. ἴδης
στοιχείων. Εκ. 652. ὅταν ᾖ δεκάτουν τὸ σ., λιπαρῶς χωρεῖν ἐπὶ δεῖπνον.
στοῖχον. Εκ. 756. τί δῆτ' ἐπὶ σ. 'στιν οὑτωσ; οὔ τι μὴ
στοίχους. Fr. 45. ᾖ που κατὰ σ. κεκράξονταί τι βαρβαριστί.
στολή. Θ. 136. ποδαπὸς ὁ γύννις; τίς πάτρα; τίς ἡ σ.;
Θ. 851. πάντως ὑπάρχει μοι γυναικεία σ.
στολήν. Θ. 92. λάθρα, σ. γυναικὸς ἠμφιεσμένον.
Β. 591. τὴν σ. εἴληφας, ἤνπερ
Εκ. 846. ὁμοίως δ' ἐν αὐταῖς ἱστηκη σ. ἔχων
στόλον. Λ. 93. τίς δ' αὖ ξυναλίαξε τόνδε τὸν σ.

στόλος. Ο. 46. ὁ δὲ σ. νῷν ἐστὶ παρὰ τὸν Τηρέα
στόμ'. Ι. 377. εἰ τὸ σ., εἶτα δ' ἔνδοθεν
Ν. 158. κατὰ τὸ σ. ᾅδειν, ἢ κατὰ τοὐρροπύγιον
Π. 379. τὸ σ. ἐπιβύσας κέρμασιν τῶν ῥητόρων.
στόμα. Α. 927. μαρτύρομαι ΔΙ. ξυλλάμβαν' αὐτοῦ τὸ σ.·
Ι. 1316. εὐφημεῖν χρὴ καὶ σ. κλείειν, καὶ μαρτυριῶν ἀπέχεσθαι,
ΕΙ. 645. χρυσίῳ τῶν ταῦτα ποιούντων ἐβίνουν τὸ σ.,
Ο. 1719. Μούσης ἀνοίγειν ἱερὸν εὔφημον σ.
Α. 855. ἀεὶ γὰρ ἡ γνή σ' ἔχει διὰ σ.
Θ. 40. σ. συγκλείσασ' ἐπιθμεῖ γὰρ
Β. 838. ἔχοντ' ἀχάλινον ἀκρατὲς ἀθύρωτον σ.,
1074. νὴ τὸν Ἀπόλλω, καὶ προσπαρδεῖν γ' ἐς τὸ σ. τῷ θαλάμακι,
Εκ. 882. παριόντα, Μοῦσαι, δεῦρ' ἴτ' ἐπὶ τοὐμὸν σ.,
993. θύρασί μ' εὗρες· ἀλλὰ πρόσαγε τὸ σ.
Fr. 231 a, 2. ὥσπερ καδίσκου περιέλειχε τὸ σ.
στόμωθ'. Σ. 1022. οὐκ ἀλλοτρίων, ἀλλ' οἰκείαν Μουσῶν σ. ἡνιοχήσας.
στόμασιν. Ο. 1151. τὸν πηλὸν ἐν τοῖς σ. αἱ χελιδόνες.
στόματι. Α. 198. κᾆν τῷ σ. λέγουσι, βαῖν' ὅπα θέλεις.
Εκ. 1107. θαύμαι μ' ἐπ' αὐτῷ τῷ σ. τῆς εἰσβολῆς·
Fr. 144. ἐν τῷ σ. τριημωβόλιον ἔχων.
στοματουν. Β. 880. δεινοτάτου σ. πορίσασθαι
στόματος. Ι. 539. ἀπὸ κραμβοτάτου σ. μάττων ἀστειοτάτας ἐπινοίας
Ι. 670. οἱ δ' ἐξ ἑνὸς σ. ἅπαντες ἀνέκραγον·
Ο. 211. οὐ διὰ θείου σ. θρηνεῖς,
Θ. 511. ἐκ τοῦ σ. τοῦ παιδίου, τὸ δ' ἀνέκραγεν.
Fr. 397. χρώμασι γὰρ αὐτοῦ (φησὶ) τοῦ σ. τῷ στρογγύλῳ,
στοματουργός. Β. 826. ὥσπερ δὴ σ. ἐπῶν βασανίστρια λίσπη
στοματων. Ο. 220. διὰ δ' ἀθανάτων σ. χωρεῖ
στόμωμα. Fr. 139. σ. δὲ περωατὸ
στομφάζοντας. Σ. 721. ἐγχάσκειν σοι σ.
στόμφακα. Ν. 1367. ψόφον πλέων, δζύπατον σ., κρημνοποιοῦ·
στομφόσει. Ν. 1108. εὖ μοι σ. αὐτόν, ἐπὶ μὲν θάτερα
στόμωσον. Ν. 1110. σ. οἴαν ἐς τὰ μείζω πράγματα
στόρνυ. ΕΙ. 844. σ. τ' ἐμοὶ καὶ τῇδε νουρίβλο λέχος.
στραγγεύομαι. Α. 126. κἄπειτ' ἐγὼ δῆτ' ἐνθαδί σ.;
Ν. 131. ἰητέον, τί ταῦτ' ἔχων σ.
στραγγεύσαι. Fr. Μ. Κωμ. 12. καὶ σ.
στραγγουρίας. Σ. 810. ἐξεῦρες ἐπίτεχνῶς φάρμακον σ.
στραγγουριῶ. Θ. 616. σ. γάρ, ἐχθὲς ἴσχων κάρδαμα,
στρατεύματα. Ν. 692. οὐκουν δικαίως ἤτις οὐ σ.;
στρατεύματα. Α. 1080. ἰὼ σ. πολυμολομαχαικίνιν,
στρατεύμασιν. Α. 1133. ἰχθύων παρόντων βαρβάρων σ.
στρατεύουσ'. Α. 1052. ἴνα μὴ σ., ἀλλὰ βινοῦσι μένον,
στρατεύσομαι. Ο. 1367. φροῦρει, σ., μισθοφόρων σαυτὸν τρίφε,
στρατεύσομαι. Θ. 232. οἴμοι κακοδαίμων, φιλως αὖ σ.
στρατηγεῖ. ΕΙ. 450. κεἴ τις σ. βουλόμενος μὴ ξυλλάβῃ,
στρατηγῇ. Ι. 288. διαβαλῶ σ', ἐὰν σ.
στρατηγήσει. Ν. 586. οὐ φανεῖν ἐφασκὸν ὑμῖν, εἰ σ. Κλέων,
στρατηγίας. Ι. 792. ΧΡ. φιλοτιμίαι ΚΛ. μάζης ΧΡ. σ. ΚΛ. φακῆς
στρατηγίδος. Εκ. 870. δέδοικα γὰρ μὴ καὶ παρὰ τῆ σ.,
στρατηγίδος. Εκ. 835. χωρεῖν', ἐπείγεσθ' εὐθὺ τῆς σ.,
στρατηγικῶν. Ο. 362. ὦ σοφώτατ', εὖ γ' ἀνεῦρες αὐτὸ καὶ σ.
στρατηγοί. Λ. 1073. ἵνας σ' ἐκέλευον οἱ σ. τήμερον
Α. 1078. ἰὼ σ. πλείονες ἢ βελτίονες.
στρατηγόν. Α. 593. ταυτὶ λέγεις σὺ τὸν σ. πτωχὸς ὤν ;
Ν. 582. ἡνίχ' ᾡρεῖσθε σ., τὰς ὀφρύς συνηγμένοι
Θ. 833. ταξίαρχον ἢ σ., λαμβάνειν τιμήν τινα,
Εκ. 246. καὶ σε σ. αἱ γυναῖκες αὐτόθεν
500. καὶ μὴ βράδυν'· ὡς τῆνδε καὶ δὴ τὴν σ. ἡμῶν
στρατηγοῖς. Ι. 573. ἀλλὰ διατέλειν αὐτὸς, καὶ σ. οὐδ' ἂν εἷς
Ει. 491. δ' οἰκεῖαν ἐξισθ' ὁρᾶν ἀθενπερ ἡ σ.
στρατηγοῦ. Ι. 166. βουλὴν πατήσεις οἱ σ. κλαστάσεις,
Ι. 355. οἴνῳ χύα κασβαλάθω τοὺς ἐν Πύλῳ σ.
Ο. 397. φήσομεν πρὸς τοὺς σ.
στρατηγῶν. Ι. 742. ὅτι τῶν σ. ὑποδραμὼν τὸν ἐκ Πύλου,
Ι. 1313. ὅτι τοῖς σ. σ. ἐγχανεῖται τῇ πόλει·
Λ. 313. τίς ξυλλάβοιτ' ἂν τοῦ ξύλου τῶν εἰ Σάμῳ σ.;
στρατιά. ΕΙ. 747. ἐς τὰς πλευρὰς πολλῇ σ. κάδενδροτόμησε τὸ σ.
στρατιαῖς. Ι. 587. ἐν σ. τε καὶ μάχαις
Θ. 828. ἐν σ.
στρατιάν. Α. 81. ἀλλ' εἰς ἀπύπατον ᾤχετο, σ. λαβών,
Α. 149. στρατιώτης ὤστ' Ἀθηναίοισιν ἐρεῖν,
1143. ὅτι δὴ χαίροντες ἐπὶ σ.
Α. 1141. σ. προσαιτῶν· ἡ δὴ Μεσσήνη τότε
στρατιᾶς. Α. 251. σ. ἀπαλλαχθέντα τᾶς σπονδᾶς δέ μοι

Ρ ρ

στρατιᾶς—στωμυλλομένη.

στρατιᾶς. Σ. 354. μέμνησαι δῆθ᾽, ὅτ᾽ ἐπὶ σ. κλέψας ποτὲ τοὺς ὀβελίσκους
Σ. 557. ἀρχὴν ἄρξας ἡ 'πὶ σ. τοῖς ξυσσίτοις ἀγοράζων·
Λ. 100. ἐπὶ σ. ἀκούντας ; εὖ γὰρ οἶδ᾽ ὅτι
Θ. 1169. ἀπὸ τῆς σ. παροῦσιν ὑμῶν διαβαλῶ.
στρατιᾶς. Λ. 592. μονοποιτοῦμεν διὰ τὰς σ. καὶ θημέτερον μὲν ἔστι,
στράτιον. Σ. 618. βρυμησάμενος τοῦ σοῦ δίνου μέγα καὶ σ. κατέπαρδεν.
στρατιώταις. Σ. 965. εἰ μὴ κατέκνησας τοῖς σ. ἄλαβες.
στρατιώτας. A. 1065. ὅταν σ. καταλέγωσι, τουτῳὶ
I. 1076. ἀλωπεκίοισι τοὺς σ. ἤκασεν,
Εκ. 233. ὡς τοὺς σ. πρῶτον οὖσαι μητέρες
στρατιώτης. Ει. 677. εἰ γάρ ποτ᾽ ἐξέλθοι σ., εὐθέως
στρατιωτικοῦ. Ει. 527. μῶν οὖν ὅμοιον καὶ γυλίου σ. ;
στρατιωτῶν. A. 546. θορύβου σ., περὶ τριηράρχων βοῆς,
στρατόν. Σ. 1066. γλαῦξ γὰρ ἡμῶν πρὶν μάχεσθαι τὸν σ. διέπτατο
Στρατονίκην. Θ. 807. καὶ Σ. ὑμῶν οὐδεὶς οὐδ᾽ ἐγχειρεῖ πολεμίζειν.
στρατός. A. 156. τουτὶ τί ἐστι τὸ κακόν ; ΘΕ. 'Οδομάντων σ.
Στρατυλλίδος. Λ. 365. ἄστου μόνον Σ. τῷ δακτύλῳ προσελθών,
στρατῷ. I. 567. οἵτινες πεζαῖς μάχαισιν ἔν τε ναυφράκτῳ σ.
Στράτων. A. 122. ὁδὶ δὲ τίς ποτ᾽ ἐστίν ; οὐ δῆπου Σ. ;
I. 1374. πῶς δῆτα Κλεισθένης ἀγοράσει καὶ Σ. ;
O. 942. ἀλᾶται Σ.,
Fr. 361. Σ. :
στρατωνίδης. A. 596. ἀλλ᾽ ἐξ ὅτου περ ὁ πόλεμος σ.,
στρεβλοῖσι. Β. 878. ἔλθωσι σ. παλαίσμασιν ἀντιλογοῦντες,
στρεβλόν. Θ. 516. τῷ σῷ προσώμιλον, σ. ὥσπερ μύτταραν.
στρεβλούμενον. Α. 846. χὼ τέτανος ὥσπερ ἐπὶ τροχοῦ σ.
Π. 875. ἐπὶ τοῦ τροχοῦ γὰρ δεῖ σ᾽ ἐκεῖ σ.
στρεβλοῦτε. Ν. 620. κᾆθ᾽ ὅταν θύειν δέῃ, σ. καὶ δικάζετε·
στρεβλῶν. I. 775. ἐν τῷ κοινῷ, τοὺς μὲν σ., τοὺς δ᾽ ἄγχων, τοὺς δὲ μεταιτῶν,
Β. 620. ., ὅτι δ᾽ ἐς τὰς ῥῖνας ὕξος ἐγχέων,
στρειπταιγλᾶν. Ν. 335. ταῦτ᾽ ἄρ᾽ ἐποίουν ὑγρᾶν Νεφελᾶν σ. δάϊον ὁρμάν,
στρέφει. A. 385. τί ταῦτα σ. τεχνάζεις τε καὶ πορίζεις τριβάς ;
Ν. 36. τί δυσκολαίνεις καὶ σ. τὴν νύχθ᾽ ὅλην;
Θ. 230. ἔχ᾽ ἀτρέμα σαυτὸν κἀνάκυπτε. ποῖ σ. ;
610. αὐτη σὺ ποῖ σ. ; μὲν᾽ αὐτοῦ. τί τὸ κακόν ;
Fr. 80, 1. οἴμοι τάλας, τί μου σ. τὴν γαστέρα ;
στρέφειν. Λ. 539. σὺν ἔργῳ εἴη τούτων ὁπτᾶν καὶ σ.,
Β. 957. νοεῖν, ὁρᾶν, ξυνιέναι σ., ἐρᾶν, τεχνάζειν,
στρέφεται. Σ. 1495. σ. χαλαρᾷ κοτυληδών.
στρεφθῶ. Θ. 1128. αἰαῖ· τί δράσω ; πρὸς τίνας σ. λύγοις ;
στρίφον. Εκ. 480. σ., σκύπει,
στρεψαῖος. Fr. 174. σ. Ἑρμῆς
Στρεψαίους. Fr. 174. Σ. :
στρέψας. Ν. 1455. σ. σεαυτὸν ἐς πονηρὰ πράγματα.
στρέψας'. Εκ. 733. πολλοὺς κάτω δὴ θυλάκους σ. ἐμούς.
Στρεψιάδες. Ν. 1206. μάκαρ ὦ Σ.,
Στρεψιάδης. Ν. 1145. παῖ, ἠμί, παῖ παῖ. ΣΩ. Σ. ἀσπάζομαι.
Ν. 1221. ζῶν, ἀλλὰ καλοῦμαι. ΣΤ. τίς οὑτοσί ;
Στρεψιάδης. Ν. 134. Φείδωνος υἱὸς Σ. Κικυννόθεν.
Ν. 633. ποῦ Σ. ; ἔξει τὸν ἀσκάντην λαβών,
στρεψίμαλλος. Fr. 542. σ. τὴν τέχνην Εὐριπίδης.
στρεψοδικῆσαι. Ν. 434. ἀλλ᾽ ὅσ᾽ ἱμαντῷ σ. καὶ τοὺς χρήστας διολισθεῖν.
στρεψοδικοπανουργίαν. Ο. 1468. πικρὰν τάχ᾽ ὄψει σ.
στρίψον. Θ. 902. γύναι, τί εἶπας ; σ. ἀνταυγεῖς κόρας.
στριβιλλικίγξ. Λ. 1035. οὐδ᾽ ἂν σ. ἀλλ᾽ ἀπιὼν οἰμωξέ ποι.
στρόβει. I. 386. φαῦλον ὧδ᾽. * * * ἀλλ᾽ ἅπιθι καὶ σ.,
Ν. 701. σ. πυκνώσας.
Σ. 1529. σ., παράβαινε κύκλῳ καὶ γάστρισον σεαυτόν,
στροβήσεται. Β. 817. ὄμματα σ.
στροβίλαισι. Ει. 864. εὐδαιμονέστερος φανεῖ τῶν Καρκίνου σ.
στρογγύλας. Ν. 1127. τὸν κέραμον αὐτοῦ χαλάζαις σ. συντρέψομεν,
στρογγύλη. Ν. 676. ἀλλ᾽ ἐν θυίᾳ σ. 'νεμάττετο,
στρογγύλος. A. 686. ἐς τάχος παίει ξυνάπτων σ. τοῖς ῥήμασι·
στρογγύλων. Ν. 751. αὕτην καθείρξαιμ᾽ ἐς λοφεῖον σ.,
στρογγυλοναύτας. Fr. 685. σ.
στρογγύλῳ. Fr. 397. χρῶμαι γὰρ αὐτοῦ (φησὶ) τοῦ στόματος τῷ σ.,
στρουθί. Θ. 877. δέσποινα Κυβέλη, σ., μῆτερ Κλεονρίτου.
στρουθίζειν. Fr. 717. σ.,
Στρούθιον. Ο. 1077. ἢν ἀποκτείνῃ τις ὑμῶν Φιλοκράτη τὸν Σ.,
στρουθός. Σ. 207. οἴμοι κοκοδαίμων, σ. ἀνὴρ γίγνεται.
στρουθοῦ. A. 1106. καλόν γε καὶ λευκὸν τὸ τῆς σ. πτερόν.

στρουθοῦ. A. 723. τὴν δ᾽ αὐτομολοῦσαν, τὴν δ᾽ ἐπὶ σ. μίαν
στρουθῷ. O. 875. καὶ φρυγίλῳ Σαβαζίῳ, καὶ σ. μεγάλῃ
στρουθῶν. O. 578. τούτους δὲ θεοὺς τοὺς ἐν Ὀλύμπῳ, τότε χρὴ σ. νέρσι ὀρθὲν
στροφαῖον. Π. 1154. σ. ; ἀλλ᾽ οὐκ ἔργον ἔστ᾽ οὐδὲν στροφῶν.
στροφᾶς. Θ. 68. ὄντος κατακάμπτειν τὰς σ. οὐ ῥᾴδιον,
στροφία. Ϝ. 251. πρὸς τὸν σ. τῆς αὐλείας σχίνου κεφαλὴν κατορύττειν.
στροφεῖ. Εἰ. 175. ἤδη σ. τι πνεῦμα περὶ τὸν ὀμφαλόν,
στροφίως. Θ. 487. ἐγὼ δὲ καταχέασα τοῦ σ. ὕδωρ
στροφῇ. A. 346. ὡς ὅδε γε σεισστὸς ἅμα τῇ σ. γίγνεται.
στροφῆς. Εκ. 1026. ἐξωμοσία δ᾽ οὐκ ἔστιν ; ΓΡ. A. οὐ γὰρ δεῖ σ.
στρόφ'. Fr. Μ. Θ. Δευτ. 6, 4. μύρον, κίσηριν, σ., ὀπισθοσφενδόνην,
στροφιγξ. B. 892. αἰθήρ. ἐμὸν βύσκημα, καὶ γλώττης σ.,
στρόφιον. A. 931. τὸ σ. ἤδη λύομαι, μέμνησό νυν·
Θ. 139. τί ήλικῶσι καὶ σ. ; ὡς οὐ ξύμφορον.
251. καὶ σ.. οὐ γὰρ ταῦτά γ᾽ ὡς οὐκ ἔστ᾽ ἐρεῖς.
255. σύζωσον ἀνύσας. αἶρε νυν σ. ΕΥ. ἰδού.
638. χάλα ταχέως τὸ σ., ὡναίσχυντε σύ.
Fr. 509, 1. . . . . ἀλλὰ τὸ σ. λυθὲν
στρόφις. Fr. 309, 4. μύρον, κίσηριν, σ., ὀπισθοσφενδόνην,
στρόφος. Θ. 484. σ. μ᾽ ἔχει τὴν γαστέρ᾽, ὦνερ, κὠδύνη·
Στροφῶν. B. 775. τῶν ἀντιλογιῶν καὶ λυγισμῶν καὶ σ.
Π. 1154. στροφαῖον ; ἀλλ᾽ οὐκ ἔργον ἔστ᾽ οὐδὲν σ.
Στρυμόδωρ'. Λ. 259. ἐπεὶ τίς ἂν ποτ᾽ ἤλπισ᾽, ὦ Σ., ἀκοῦσαι
Στρυμοδώρᾳ. Ϝ. 233. ὦ Σ. Κονθυλεῦ, βέλτιστε συνδικαστῶν,
Στρυμοδώρου. A. 273. τὴν Σ. Θρᾷτταν ἐκ τοῦ Φελλέως,
στρυφνόν. Σ. 877. παῦσόν τ᾽ αὐτοῦ τοῦτο τὸ λίαν σ. καὶ πρίνινον ἦθος,
στρώμασι. Fr. 116. σ. παννυχίζων
στρώμασιν. Ν. 1069. οὐδ᾽ ἡδὺς ἐν τοῖς σ. τὴν νύκτα παννυχίζειν·
Σ. 1213. ὑγρὸν χύτλασον σεαυτὸν ἐν τοῖς σ.
B. 439. ἀλλ᾽ ἡ Διὸς Κόρινθος ἐν τοῖς σ. ;
542. σ. Μιληρίοις
Εκ. 39. τὴν νύχθ᾽ ὅλην ἡλαυνέ μ᾽ ἐν τοῖς σ.,
334. ζητῶν γὰρ αὐτ᾽ οὐχ εὗρον ἐν τοῖς σ.,
541. ὅτι δ᾽ ἐν ἀλέᾳ κατακείμενον καὶ σ.
στρώμων'. A. 1136. τὰ σ., ὦ παῖ, δῆπον ἐκ τῆς ἀσπίδος.
B. 165. ὑγίαινε. σὺ δὲ τὰ σ. αὖθις λάμβανε.
502. φέρε νυν, ἐγὼ τὰ σ. αἴρωμαι ταδί.
Π. 624. παῖ Καρίων, τὰ σ. ἐκφέρειν σ᾽ ἐχρῆν,
στρώματα. A. 1090. κλῖναι, τράπεζαι, προσκεφάλαια, σ.,
I. 605. ταῖς ὁπλαῖς ὥριττον εὑνὰς καὶ μετῆσαν σ.
Ο. 657. καὶ Μανόδωρε, λαμβάνετε τὰ σ.
A. 936. ἄνθρωποι ἐπιτρίψει με διὰ τὰ σ.
B. 525. ἀλλ᾽ δράμενος οἴσεις πάλιν τὰ σ. ;
596. 'στιν πάλιν τὰ σ.
Εκ. 418. ὅσοις δὲ κλίνη μή 'στι μηδὲ σ.,
1001. ληρεῖς· ἐγὼ δ᾽ ἄξω σ᾽ ἐπὶ τἀμὰ σ.
στρωματόδεσμα. Fr. 249. ὁ χορὸς δ᾽ ὠρχεῖτ᾽ ἂν ἐναψάμενος δάπιδας καὶ σ.
στρωμάτων. Ν. 37. δάκνει με δήμαρχός τις ἐκ τῶν σ.
A. 1159. σ. δὲ ποικίλων καὶ
στρωτῆρας. Fr. 54. πύσους ἔχει σ. ἀνδρῶν (ἀνδρῶν) οὑτοσί ;
στυγεῖν. A. 472. ὀχληρός, οὐ δοκῶν με κοιράνους σ.
στυγερά. A. 1191. σ. τάδε κρυερά πάθεα.
στυγερῆς. A. 1207. σ. ἐγώ.
στυγοῦς. B. 470. τοία Σ. σε μελανοκάρδιος πέτρα
στυγοῦσ᾽. Θ. 1144. ἀνήρ, ὦ τυρανοσιν σ., βέπερ εἰκός.
στυγῶν. A. 33. σ. μὲν ἄστυ, τὸν δ᾽ ἐμὸν δῆμον ποθῶν,
στύοντ᾽. Λ. 152. σ. ἂν ἄνδρες κἀπιθυμοῖεν πλεκοῦν,
στύομαι. A. 1220. κἀγὼ καθεύδειν βούλομαι καὶ σ.
Ο. 1256. οὕτω γέρων ὢν σ. τριέμβολον.
στύπαξ. Fr. 540. "καὶ σὺ κυρηβιοπῶλα Εὔκρατες σ."
στυππειοπώλης. I. 129. σὺ πρῶτα μὲν σ. γίγνεται,
στύσωμι. A. 598. ἀλλ᾽ ὅστις ἔτι σ. δυνατὸς
στυφελιγμούς. I. 537. οἵας δὲ Κράτης ὀργὰς ὑμῶν ἠνέσχετο καὶ σ.
στυφοκόντων. Ο. 1299. ὑπὸ σ. τὴν κεφαλὴν πεπληγμένῳ.
στώ. A. 176. χαῖρ᾽, Ἀμφίθεε. ΑΜ. μήπω γε, πρὶν ἄν σ. τρέχων· στω. Ο. 959. εἰρήνῃ σ.
στωμυλεῖται. I. 1376. ἃ σ. τοιαδὶ καθήμενα·
στωμυλίαν. B. 1069. εἶτ᾽ αὖ λαλιὰν ἐπιτηδεύσαι καὶ σ. ἐδίδαξας,
στωμυλοσυλλεκτάδη. B. 841. σὺ δὴ με ταῦτ᾽, ὦ σ.
στωμύλλετε. B. 1310. κύμασι σ.
στωμυλλόμεθ᾽. Εἰ. 995. αἶς σ. εἰς ἀλλήλους
στωμυλλομένη. Ο. 1073. ἀπολεῖς μ᾽, ὦ γραῦ, σ.

στωμυλλομένη—συμμιγῇ.

στωμυλλομένη. Θ. 1074. σ.
στωμυλλομένων. Β. 1071. τῶν μειρακίων σ., καὶ τοὺς παράλους ἀνέσεισεν
στωμύλλων. Ν. 1003. οὐ σ. κατὰ τὴν ἀγορὰν τριβολεκτράπελ', οἷάπερ οἱ νῦν,
στωμύλματα. Β. 92. ἐπιφυλλίδες ταῦτ' ἐστὶ καὶ σ.,
στωμυλμάτων. Β. 943. χυλὸν διδοὺς σ., ἀπὸ βιβλίων ἀπηθῶν·
στώμυλος. Α. 429. χωλός, προσαιτῶν, σ., δεινὸς λέγειν.
σύ. Α. 90. ταῦτ' ἄρ' ἐφενάκιζες σ., δύο δραχμὰς φέρων. κ.τ.λ.
Α. 768. τί λέγεις σ.; ποδαπὴ χαῖρος ἥδε; ΜΕ. Μεγαρικά. κ.τ.λ.
Συβάρει. Σ. 1435. ἄκουε, μὴ φεῦγ'. ἐν Σ. γυνή ποτε
συβαρίξειν. ΕΙ. 344. σ.,
Συβαρίτης. Σ. 1427. ἀνὴρ Σ. ἐξέπεσεν ἐξ ἅρματος.
Συβαριτιδάς. Fr. 3, 3. Σ. τ' εὐωχίας καὶ Χῖον ἐκ Λακαινᾶν.
Συβαριτικόν. Σ. 1259. Αἴσωπικὸν γέλοιον ἢ Σ.,
Συβαρῖτις. Σ. 1438. εἶθ' ἡ Σ. εἶπεν, εἰ ναὶ τὸν κύραν
συβίνη. Θ. 1215. ὀρθῶς δὲ σ. 'στί· καταβινῆσι γάρ.
συβίνην. Θ. 1197. ἀλλ' οὐκ ἔα' ὠδίν· ἀλλά τὸ σ. λαβέ.
συγγεγένημαι. Ι. 1291. φροντίσι σ.,
συγγεγραμμένω. Ο. 805. εἰς εὐτέλειαν χρή σ.
συγγενές. Β. 701. πάντας ἀνθρώποισι ἐοικότες σ. πτησώμεθα
συγγενέσιν. Ν. 409. ὥστων γαστέρα τοῖς σ., κἆτ' οὐκ ἔσχων ἀμελῆσαι·
συγγενής. ΕΙ. 618. οὖσα σ. ἐκείνου, πολλά γ' ἡμᾶς λανθάνει.
Fr. 532. πόθεν δ' ἐγώ σαι σ. ὦ φαρμακί,
σύγγνωθι. Ι. 1297. ἴθ' ὦ ἄνα, πρὸς γονάτων, ἔξελθε καὶ σ. τῇ τραπέζῃ·
σύγγνωθί. Ν. 138. σ. μοι· τηλοῦ γὰρ οἰκῶ τῶν ἀγρῶν.
συγγνώμη. ΕΙ. 997. φιλίαι χυλῷ, καὶ σ.
συγγνώμην. Α. 579. ὦ Λάμαχ' ἥρως, ἀλλὰ σ. ἔχε,
Ν. 1479. μηδέ μ' ἐπιτρίψῃς, ἀλλὰ σ. ἔχε
Σ. 368. ἡ δέ μοι Δικτύννα σ. ἔχοι τοῦ διπτύου.
ΕΙ. 668. ἡμάρτομεν ταῦτ'· ἀλλὰ σ. ἔχε·
συγγεγυλίσας. Θ. 61. σ. καὶ συστρέψας
συγγόνων. Θ. 1039. ἀπὸ δὲ σ., ἀλλ' ἄν·
συγγραφόμαι. Θ. 432. τὰ δ' ἀλλὰ μετὰ τῆς γραμματέως σ.
συγκαθήμενα. Σ. 32. ἐκκλησιάζειν πρόβατα σ.
συγκαλεῖς. Λ. 22. ἐφ' ὅ τι ποθ' ἡμᾶς τὰς γυναῖκας σ.;
συγκατάγειν. Θ. 339, ἢ τῶν τυράννων σ., ἢν τις δαίμονι
συγκατακείσθαι. Εκ. 614. καὶ ταύτας γὰρ κοινὰς ποιῶ τοῖς ἀνδράσι σ.
συγκατεκλινόμην. Ν. 49. ταύτην ὕτ' ἐγάμουν. σ. ἐγὼ
συγκεκόφθαι. Ν. 1426. ἀφίεμεν, καὶ δίδομεν αὐτοῖς προῖκα σ.
συγκέκραμαι. Π. 853. οὕτω πολυφώρω σ. δαίμονι.
συγκεκυφὸς. Ι. 854. καὶ τυροπώλαι· τοῦθ' ἓν ἐστι σ.
συμικρυνᾶσιν. Εκ. 841. κρατῆρα σ., καὶ μυροπώλιδες
συγκλάσασα. Εκ. 1031. καὶ κλῆμαθ' ὑπόθου σ., τέτταρα.
σύγκλεις. Α. 1096. σ., καὶ δειπνοῦν τις ἐνσεεναζέτω.
συγκλείειν. Ι. 1317. καὶ τὰ δικαστήρια σ., οἷς ἡ πόλις ἥδε γέγηθεν,
συγκλείσας θ. 40. στόμα σ.· ἐπιδρμεῖ γάρ
συγκλινής. Β. 1294. τὸ σ. τ' ἐπ' Αἴαντι,
σύγκοιτον. Fr. 399. σ.
συγκολλητὴς. Ν. 446. βδελυρός, ψευδῶν σ.,
συγκρούσας. Β. 1029. ὁ χορὸς δ' εὐθὺς τὼ χεῖρ' ὡδὶ σ. εἶπεν λαυοῖ.
συγκυκήσας. Π. 1108. ἐς ταυτὸν ὑμᾶς σ. τρυβλίον
συγκύψανθ'. Σ. 570. τὰ δὲ σ. ἂμ βληχᾶται· κἀπειθ' ὁ πατὴρ ὑπὲρ αὐτῶν
συγχορεύσων. Ο. 1760. καλοῦσα σ.· αἴρων δὲ κουφῶ σ' ἐγώ.
συγχορεντριαν. Fr. 399. σ.
συγχωρεῖν. Ν. 1438. κάμοιγε σ. δοκεῖ τούτοισι ταπιεικῆ,
Ο. 1685. ἡμῖν δὲ λέγεις σὺ πάντα σ. δοκεῖ.
σύζυγον. Π. 945. ὑμῶν· ἐὰν δὲ σ. λάβω τινὰ
συξωσάμενος. Λ. 536. κᾆτα ξαίνειν σ.,
σύζωσον. Θ. 255. σ. δνύσας. αἷρέ νυν στρόφιον. ΕΤ. ἰδού.
σύκ'. ΕΙ. 1249. τὰ σ. ἐν ἀγρῷ τοῖς οἰκέταισιν ἰστάναι.
Β. 1247. ὥσπερ τὰ σ. ἐπὶ τοῖσιν ὀφθαλμοῖς ἔφυ,
σῦκα. Fr. 76, 2. ἔτραγ', ἵνα κάμοι, σ. τῆς μεσημβρίας.
Fr. 53, 3. τὸ δ' ἄστυ σ.
σύκα. Σ. 302. σὺ δὲ σ. μ' αἰτεῖς.
ΕΙ. 1324. σ. τε τράγημα,
συκάζουσιν. Ο. 1699. ταῦσι σ. τε·
συκᾶς. ΕΙ. 558. τάς τε σ., ἃς ἐγὼ 'φύτευσεν ὢν νεώτερος,
Ο. 590. εἶθ' οἱ κνίπες καὶ ψῆνες δεῖ τὰς σ. οὐ κατέδονται.
Fr. 146, 1. σ. φυτεύω πάντα πλὴν Λακωνικῆς·
συκῆς. Εκ. 708. διφόρου σ.
συκῆ. Fr. 340. σ.
συκίδας. ΕΙ. 597. καὶ τὰ νέα σ.
συκίδων. Α. 996. εἶτα παρὰ τόνδε νέα μοσχίδια σ.,

σύκινον. Π. 946. καὶ σ., τοῦτον τὸν ἰσχυρὸν θεὸν
σύκινος. Σ. 897. τὸν Σικελικόν. τίμημα κλῳδὸς σ.
συκίνου. Σ. 145. κακνυῖ· φέρ' ἴδω ξύλου τίνος σύ. ΦΙ. σ.
σύκινον. Fr. 469 c. σ.
συκολογοῦντες. ΕΙ. 1346. λὰ σ.
σύκων. ΕΙ. 1350. τῆς δ' ἡδὺ τὸ σ.
Fr. 164, 2. τοῦτο γὰρ τὸ σ. ἰχθρόν ἐστι καὶ τυραννικόν·
συκοπέδιλε. Ι. 529. ᾄσαι δ' οὐκ ἦν ἐν ξυμποσίῳ πλὴν, Δωροῖ σ.,
συκοφάντει. Π. 31. καὶ σ. καὶ πονηροί. ΚΑ. πείθομαι,
συκοφάντας. Α. 825. τοὺς σ. οὐ θύρας" ἐξείρξετε;
Π. 879. τοὺς σ. ἐξολεῖ κακοὺς κακῶς.
συκοφαντεῖ. Ο. 1479. βλαστάνει καὶ σ.
συκοφαντεῖν. Ο. 1452. παππῷος ὁ βίος σ. ἐστί μοι.
Εκ. 452. οὐ σ., οὐ διώκειν, οὐδὲ τὸν
562. οὐ σ. ΒΛ. μηδαμῶς πρὸς τῶν θεῶν
συκοφαντεῖν. Ο. 1431. νεανίας ὢν σ. τοὺς ξένους·
συκοφαντῶν. Α. 904. ἐγᾦδα τοίνυν· σ. ἐξαγε
Α. 951. πρὸς πάντα σ.
Εκ. 439. καὶ σ. ΒΛ. ἐμὲ μόνον· ΧΡ. καὶ νὴ Δία
Π. 936. ἵν' ἀμφιέσω τὸν σ. τουτονί.
συκοφάντης. Α. 559. καὶ σ. εἴ τις ἦν, ὠνείδισας;
Α. 725. ἐνταῦθα μήτε σ. εἰσίτω
840. ἢ σ. ἄλλος, οἱ—
ΕΙ. 191. οὐ σ., οὐδ' ἐραστῆς πραγμάτων,
653. καὶ λάλος καὶ σ.
Ο. 1423. καὶ σ., ΠΕ. ὦ μακάριε τῆς τέχνης.
Π. 873. ὁ σ. δῆλον ὅτι βουλιμιᾷ.
συκοφαντήσειν. Σ. 1098. σ. τινὰ
συκοφαντήσεις. Α. 828. εἰ μὴ 'γέρωσε σ. τρέχων.
συκοφαντίας. Ι. 437. ὅτ' οὔτος ἤτοι κακίας ἢ σ. πνεῖ.
συκοφάντου. Π. 885. ἀλλ' οὐκ ἔνεστι σ. δήγματος.
συκοφάντρια. Π. 970. τί δ' ἐστίν; ἢ που καὶ σὺ σ.
συκοφάντων. Α. 958. εὐδαιμονήσεις, εἴ γ' οὕτεινα.
Ο. 285. ὅτι γὰρ ἂν γενναῖος ὑπὸ τῶν σ. τίλλεται,
σύκων. ΕΙ. 575. τῶν τε σ., τῶν τε μύρτων,
ΕΙ. 1145. τῶν τε πυρῶν μιξον αὐτοῖς, τῶν τε σ. ἔξελε,
Fr. 476, 5. ὑρισοῦς δ' ἴδω ἀπ' ἀκρεμόνων σ. ὁμοῦ τε μύρτων·
συλλαβεῖν. Fr. 516. τὸ πρᾶγμα τοῦτο σ. ὑπίσχομαι.
συλλαβοῦσαν. Εκ. 1137. ὅμως δ' ἐκέλευε σ. μ' ἡ γυνὴ
συλλάβωμαι. Α. 540. ἐν τῷ μέρει χημεῖς τι ταῖς φίλαισι σ.
συλλαβὼν. ΕΙ. 18. αὐτὴν ἄρ' οἴσω σ. τὴν ἀντλίαν.
Β. 1409. ἐμβὰς καθήσω σ. τὰ βιβλία·
Π. 1079. νῦν δ' ἀπιθι χαίρων σ. τὴν μείρακα.
συλλεγοίμεθα. Εκ. 69. πάσασιν ἡμῖν, ὁπότε σ.;
συλλέγων. Β. 849. ὦ Κρητικὰς μὲν σ. μονῳδίας,
συλλελεγμένας. Εκ. 58. ὑμᾶς, ἐπειδὴ σ. ὁρῶ,
συλλέξασθαι. ΕΙ. 1327. σ. πάλιν ἐξ ἀρχῆς,
συλλεχθείσαις. Α. 526. ταῖσι γυναιξίν σ. ποῖ γὰρ καὶ χρῆν ἀναμεῖναι;
συλλήβδην. Σ. 657. τὸν φόρον ἡμῖν ἀπὸ τῶν πόλεων σ. τὸν προσιόντα·
Π. 646. ὡς ἀγαθὸς σ. ἅπαντά σοι φέρω.
συλλήστριαν. Fr. 399. σ.
συλληφθέντες. Ο. 1086. ἢν δὲ μὴ πείθησθε, σ. ὑπὸ τῶν ὀρνέων
συλλήψεται. Ο. 1206. ἀναπτάμενος τρίορχος; ΙΡ. ἐμὲ σ.
συλλυσόμενος. Fr. p. 514. ὅτε τῷ Πριάμῳ σ. τὸν παῖδ' ἦλθον
συμβαίνουσιν. Ι. 220. χρησμοί τε σ. καὶ τὸ Πυθικόν.
συμβάλλει. Σ. 50. οὐκουν ἐναργὲς τοῦτό σ., ὅτι
συμβάλλειν. Εκ. 146. ἔπειτα σ. πρὸς ἀλληλαῖ ἔφη
συμβάλλοντες. ΕΙ. 37. τὰ παχέα σ. ἐς τὰς ὀλπάδας·
σύμβολον. Ο. 1214. οὐκ ἔλαβες; ΙΡ. ὑγιαίνεις μέν; ΠΕ. οὐδὲ σ.
Εκ. 296. δεῖς δὴ τὸ σ.
Fr. 145, 1. α. Τοῦτ' αὐτὸ πράττω, δύ' ὀβολοῦ καὶ σ.
συμβουλεύσομεν. Ν. 794. ἐρεῖς, ὦ πρεσβῦτα, σ.,
συμβουλεύσατε. Ν. 793. ἀλλ', ὦ Νεφέλαι, χρηστόν τι σ.
συμβουλή. Ν. 475. ἀξία σῇ φρενὶ σ. μετὰ σοῦ.
συμβουλή. Fr. 104. σ.
συμμαχικόν. Εκ. 193. τὸ σ. αὖ τοῦθ', ὅτ' ἐσκοπούμεθα,
σύμμαχοι. Ο. 199. ὁρᾷ λαμπραῖν πᾶα καὶ τοῦ σ.
Β. 782. μετ' Αἰσχύλου δ' οὐκ ἦσαν ἕτεροι σ.;
συμμαχοῦσι. ΕΙ. 936. καὶ τοῖς σ. προύτερον πολύ.
Α. 1179. οὐ ταῦτα δόξει τοῖς σ. ἡμῶν,
σύμμαχος. { Β. 1127. } σωτὴρ γενοῦ μοι σ. τ' αἰτουμένῳ.
            { 1152. }
συμμάχους. Ι. 689. σ. δ' ἡμᾶς ἔχων εὔ-
Ο. 1610. εἴθ' οὕτω ὁρῖς ἔχητε σ.,
Π. 220. παπαί, πονηροὺς γ' εἶσας ἡμῖν σ.
συμμάχων. ΕΙ. 639. τῶν δὲ σ. ἔσειον τοὺς παχεῖς καὶ πλουσίους,
συμμιγῇ. Ο. 771. σ. βοὴν ὁμοῦ

συμμῖξαι—σφαγιαζομένῳ.

συμμῖξαι. Θ. 891. γάμοισι Πριαμέως παιδὶ σ. λέχοι.
συμμιχθείς. Fr. Μ. Κωκ. 6, 3. μὴ σ. Ἀχελώῳ.
συμπαιστρίας. Β. 411. σ. χιτωνίου
συμπαραινέσας. Ο. 852. σ. ἔχω
συμπαραμιγνύων. Π. 719. ἐν τῇ θυσίᾳ σ. ὑπῶν
συμπαραστάται. Π. 320. ὅπως δή μοι καὶ τἆλλα σ.
συμπαραστατείς. Εκ. 15. πλήρεις ὑποιγνύσαισι σ.
σύμπασαν. Ν. 204. οὐκ, ἀλλὰ τὴν σ. ΣΤ. ἀστεῖόν λέγεις.
συμπλακέντα. Α. 704. ἐξολέσθαι σ. τῇ Σκυθῶν ἐρημίᾳ.
συμποδίσας. Β. 1512. καὶ σ.
συμποιῶ. Θ. 158. ἵνα σ. σούπισθεν ἰστιωὰς ἐγώ.
συμποσίῳ. Σ. 1260. ὧν ἔμαθες ἐν τῷ σ. κᾆτ' ἐς γέλων
συμπόται. Σ. 1219. αὐλητρὶς ἐνεφύσησεν. οἱ δὲ σ.
συμπόταις. Σ. 21. πῶν δή, προσερεῖ τις τοῖσι σ. λέγων.
συμπότας. Α. 1135. ἐν τῷδε πρὸς τοὺς σ. θωρήξομαι.
συμποτικά. Α. 1142. ᾄρου τὸ δεῖπνον σ. τὰ πράγματα.

συμπρόπεμπί. { Β. 402. } Ἴακχε φιλοχορευτὰ, σ. με.
{ 408. }

συμφέρει. Β. 1459. ἢ μήτε χλαῖνα μήτε σισύρα σ.;
συμφέρειν. Π. 38. ὡς τῷ βίῳ τοῦτ' αὐτὸ νομίσας σ.
συμφέρῃ. Α. 166. ἀνήρ, ἐὰν μὴ τῇ γυναικὶ σ.
συμφέραν. Π. 49. γνῶναι δοκεῖ τοῦδ', ὡς σφόδρ' ἐστί σ.
συμφορά. Α. 1203. ὦ σ. τάλαινα τῶν ἐμῶν κακῶν,
Λ. 1078. βαβαί· νενεύρωται μὲν ἤδε σ.
συμφοραῖς. 1. 406. πῖνε πῖν' ἐπὶ σ.
Ι. 655. ἐπὶ σ. ἀγαθαῖσιν εἰσηγγελμέναι
Λ. 1276. στήσω παρ' ἄνδρα, κᾆτ' ἐπ' ἀγαθαῖς σ.
συμφοράς. Θ. 198. τὰς σ. γὰρ οὐχὶ τοῖς τεχνάσμασιν
Π. 774. αἰσχύνομαι δὲ τὰς ἐμαυτοῦ σ.,
συμφοράσι. Β. 1164. χωρὶς γὰρ ἄλλης σ. ἐλήλυθεν
συμφορώτατον. Π. 1162. Πλούτῳ γάρ ἐστι τοῦτο σ.,
συμφυσώμενα. 1. 468. καὶ ταῦτ' ἐφ' οἷσίν ἐστι σ.
συμψήσαι. Ν. 975. εἶτ' αὖ πάλιν μᾶλλον διιστάμενον σ., καὶ προνοεῖσθαι
σύν. Ν. 604. πέτραν σ. πεύκαις σελαγεῖ κ.τ.λ.
ΕΙ. 1274. σ. ῥ' ἔβαλον μινοῦς τε καὶ δαπίδας ὀμφαλοέσσας.
συνάγουσι. Fr. 563. οὔτε Πραμνίοις σκληροῖσιν οἴνοις σ.
συναθέτω. Ο. 858. σ. δὲ Χαίρις φίλων.
συναθροίζειν. Λ. 585. δεῦρο ξυνάγειν καὶ σ. εἰς ἓν, κἄπειτα ποιῆσαι
συνακολουθεῖ. Β. 399. ἥδιστον εὑρών, δεῦρο σ.
σύναπτε. Θ. 955. χεῖρί σ. χεῖρα,
συνάπτεις. Α. 468. τί τοῖσδε σαυτὸν ἐς λόγον τοῖς θηρίοις σ.;
συναπτούς. Εκ. 508. χάλα σ. ἡμίας Λακωνικάς,
συναρπάσασα. Β. 1343. τὸν ἀλεκτρυόνα μου σ.
συνδεῖπνοις. Fr. 204. ἐν τοῖσι σ. ἐπαινῶν Αἰσχύλον.
συνθεῖτα. Εκ. 785. ταυτί γάρ ἐστι σ. τοῦ μουσθ' ἱμάς·
συνδήσας. Ι. 1053. ἤγαγε σ. Λακεδαιμονίων ποραλίνους.
συνδικαστής. Σ. 266. τί χρῆμ' ἄρ' οὐκ ἦσι οἰκίαι τῆσδε σ.
συνδικαστῶν. Σ. 233. ὦ Στρυμόδωρε Κονθυλεύ, βέλτιστε σ.,
συνδοκεῖ. Ο. 811. θύσαι μετὰ τοῦτο. ΕΤ. ταῦτα κάμοί σ.
Ο. 1630. εἴ τοι δοκεῖ σφῷν ταῦτα, κἀμοί σ.
σύνδουλος. ΕΙ. 745. ἵν' ὁ σ. σκώψας αὐτοῦ τὰς πληγὰς εἶτ' ἀνέροιτο,
συνεδρῶν. Εκ. 16. καὶ ταῦτα σ. οὐ λαλεῖς τοῖς πλησίον.
συνίβαιν'. Β. 807. οὔτε Ἀθηναίοισι σ. Αἰσχύλος,
συνίζῃς. Fr. 231 b. σὺ δὴ σ. εἰ τὰ κύλλ' Εὐριπίδῃ
συνείλεκται. Ο. 294. ὦ Πόσειδον, οὐχ ὁρᾷς ὅσον σ. κακόν
συνείπω. Ο. 1079. ὅτι σ. τοὺς σπίνους πολλάκι καθ' ἑπτὰ τοὐβολοῦ,
συνείσει. Εκ. 17. ἀνθ' ὧν σ. καὶ τὰ ὑπ' βουλεύματα,
σύνεισιν. Π. 504. πράττουσι κακῶς καὶ πεινῶσιν μετὰ σοῦ τε τὰ πλεῖστα σ.
συνεκόλλων. Σ. 1041. ἀντωμοσίας καὶ προσκλήσεις καὶ μαρτυρίας σ.,
συνέλεξ'. Ο. 438. σὺ δὲ τουσδ' ἐφ' οἷσπερ τοῖς λύγοις σ. ἐγώ,
συνέλεξας. Β. 1207. πύθευ σ. ἰμονιοστρόφων μέλη
συνεληλυθότις. Λ. 621. δεῦρο σ. ἀνδρες ἐς Κλεισθένοινι
συνεπόεις. Fr. 231 b, 3. καὶ σ., ᾗς φασι, τὴν μελῳδίαν.
συνεργός. Fr. Μ. ΕΙ. Δευτ. 2. πιστὴ τρόφος, ταμία, σ., ἐπίτροπος.
συνίριθος. ΕΙ. 786. θῆς σ. αὐτοῖς,
συνεκτικός. Ι. 1378. σ. γὰρ ἐστι καὶ περαντικός,
σύνεσμεν. Α. 704. πυλλοῖς δῆλον· πετύμεσθά τε γὰρ καὶ τοῖσιν ἔρωσι σ.
συνετός. Β. 1490. διὰ τὸ σ. εἶναι.
συνεχιμάζετο. Π. 847. τὰ δ' ἐμβάδια,— ΔΙ. καὶ ταῦτα σ.
συνέχης. Δ. 1265. ἐν σ. πολίῃ καὶ χρόνῳ,
συνεχωρησεν. Λ. 1111. σ. σοι καὶ κοινῇ τἀγκλήματα πάντ' ἐπέτρεψαι.
συνήγομεν. Ν. 582. ἡνίχ' ᾐρεῖσθε στρατηγόν, τὰς ὀφρῦς σ.

συνῆγον. Π. 756. ὀφρῦς σ. ἐσκυθρώπαζόν θ' ἅμα.
συνηγορικόν. Σ. 691. αὐτὸς δὲ φέρει τὸ σ., δραχμήν, κἂν ὕστερος ἔλθῃ.
συνήγορος. Fr. 362, 1. ἔστι τις πονηρὸς ἡμῖν τοξότης σ.
συνηγοροῦσιν. Ν. 1089. σ. ἐν τίνων;
συνηπεροπεύσω. Λ. 843. σ. ναραμίνουσά γ' ἐνθαδί,
συνθεάτριαν. Fr. 399, 3. ἣν ἐφιρύμην, ἵν' ἔχοιμι σ.
συνθίλω. Ο. 851. ὀμορροθῶ σ.,
συνθήκαις. Λ. 1268. ταῖς σ.
συνθήκας. ΕΙ. 1065. σ. πεποίησθ' ἄνδρες χαρτοῖσι τιθήκοις,
συνθηματαίοις. Θ. 458. πλέξαι στεφάνους σ. οἴκοσιν.
συνθηρεύτας. Θ. 156. μίμησαι ἤδη ταῦτα σ.
συνθιασώτα Σ. 728. ἀλλ' ὦ τῆς ἡλικίας ἡμῖν τῆς αὐτῆς σ.,
συνιστάμενους. Α. 577. καὶ τοὺς γε σ. τούτους καὶ τοὺς πιλοῦντας ἑαυτοὺς
συνήξομεν. Εκ. 1104. ὥστε τοιούτοις θηρίοις σ.
σύννομί. Ο. 209. ἄγε σ. μοι, παῦσαι μὲν ὕπνου,
συνάμων. Ο. 1755. ἕπεσθε νῦν γάμοισιν, ὦ φῦλα πάντα σ.
συναυόμενος. Β. 599. ἄρτι σ.
σύνοδον. Θ. 301. σίαν τήνδε καὶ σ. τὴν νῦν κάλλιστα καὶ
σύνοιδ'. Fr. 21, 2. κλύνων ἅπασιν ὅσα σ. αὐτῷ κακά.
σύνοιδε. Π. 214. κάκεῖνος οὖν σ. ταῦτα; ΧΡ. φήμ' ἐγώ.
σύνοιδεν. Α. 841. καὶ πάνθ' ὑπέχειν πλὴν ὧν σ. ἡ κοιλίξ.
συνοικίας. Fr. 182. ἐπὶ τοῦ περιδρόμου στάσα τῆς σ.
συνοίσεται. Ν. 594. ἐπὶ τὸ βέλτιον τὸ πρᾶγμα τῇ πόλει σ.
συνουσίᾳ. Ν. 649. πρῶτον μὲν εἶναι κομψὸν ἐν σ.,
Fr. 289. σοφοὶ τύραννοι τῶν σοφῶν σ.
συνταράξει. Ν. 1037. ἅπαντα ταῦτ' ἐναντίαις γνώμαισι σ.
συνταράξῃ. ΕΙ. 319. ἐμβραμὼν γὰρ πάντα ταυτὶ σ. τοῖν ποδοῖν.
συντέθνηκε. Β. 868. ὅτι ἡ ποίησίς σύγε σ. μοι,
συντέθηκεν. Β. 869. τοῦτο δὲ σ., ὥσθ' ἔξει λέγειν.
συντέμνειν. Θ. 178. πολλοὺς καλῶς οἶυς τε σ. λόγους.
συντεταμένως. Π. 325. καὶ σ. κοὐ κατεβλακεύμην.
συντετάραξαι. Λ. 7. τί σ. ; μὴ σκυθρώπαζ', ὦ τέκνον·
σύντεχνοι. Fr. 226. σ.
συνέχγων. Β. 763. τὸν ἄριστον ὅντα τῶν ἑαυτοῦ σ.
συντιθύμεθα. Λ. 178. ἐὰν ἄρ' ἡμῖν ξυντιθῶμεθα σ.
συντρίψεις. Α. 284. Ἱράκλεις τουτὶ τί ἐστι; τὴν χύτραν σ.
συντρίψομεν. Ν. 1127. τὸν κέραμον αὐτοῦ χαλάξαι στρογγύλαις σ.
συντυρούμενης. 1. 479. καὶ τὰκ Βοιωτῶν ταῦτα σ.
συντύχων. Ο. 544. ὡς δὴ μοι κατὰ δαίμονα καὶ κατὰ σ.
συντυχοῦν'. Ν. 608. ἡ Σιλήνη ἡμῖν ἐπέστειλεν φράσαι,
συνώμεν. Εκ. 610. καὶ τῶν ἡμᾶς τοὺς πρεσβύτας, ἣν ταῖς αἰσχραῖσι σ.
Σύρα. ΕΙ. 1146. τόν τε Μανῆν ἡ Σ. βωστρησάτω 'κ τοῦ χωρίου.
Συρακοσίων. Fr. 3, 2. πίνειν, ἐπεὶ χθὲς οἶνος τις Σ. τράπεζαν,
Συρακοσίῳ. Ο. 1297. Σ. δὲ κίττα Μειδίας δ' ἐκεῖ
σύριγγα. Fr. 622. καλαμίνην σ.
συριγμάτων. Α. 554. αὐλῶν κελευστῶν, νιγλάρων, σ.
σύριξας. Π. 689. τὴν χεῖρ' ὑφαίρει· κᾆτα σ. ἐγὼ
συρμαίαν. ΕΙ. 1254. ἔστιν γὰρ ἐπιτηδεία σ. μετρεῖν.
συρμαιοπωλαι. Fr. 252. σ.
συρρήξας'. Εκ. 674. μίαν οἴκησιν φημὶ ποιήσειν σ. εἰς ἓν ἅπαντα,
σύρφακα. Σ. 673. οἱ δὲ ξύμμαχοι ὡς ᾔσθηνται τὸν μὲν σ. τὸν ἄλλον
συσκεδάν. Β. 904. ἐμπεσόντα σ. πολ—
συσκευάζε. Σ. 1251. ταῖ ναί, τὸ δεῖπνον, Χρυσὲ, σ. νῶν,
συσκηνήτρια. Θ. 624. ὁσίτη γε. ΚΛ. καὶ τίς σανθσί σ.·
συσπάσθαι. Fr. 406. " ἄλλα σ. δεῖ τὰς ὀφρύας."
συσπλαγχνεύετε. ΕΙ. 1115. ἄγε δή, θεατά, δεῦρο σ.
συσπρῶν. Θ. 270. ὁμόσης ἱμοῦ ΕΤ. τί χρῆμα; ΜΝ. σ. ἐμὲ
συσταλέντες. Α. 1042. ἄλλα κοινῇ σ. τῇ μιλλους ἀρξώμεθα.
συστείλας. Ι. 432. ἐγὼ δὲ σ. γε τοὺς ἀλλάντας εἶτ' ὑφήσω Β. 999. ἄλλα σ., σίαυρον
συστέλλου. Εκ. 486. πρὸς ταῦτα σ, σιανσυστρέψμαι. Θ. 61. ξυγγυγγυλίσας καὶ σ.
συχναί. Ο. 1014. πληγαί σ. κατ' ἄστυ. ΜΕ. μῶν στασιάζεις;
συχνήν. Α. 350. ὑπὸ τοῦ δέους δὲ τῆς μαρίλης μοι σ.
Π. 754, δέος δ' ἐπλούτουν οὐσίαν τ' εἶχον σ.
συχνοί. Β. 1237. μὰ τὸν Δί' οὕτω γ'· ἔτι γάρ εἰσί μοι σ.
Fr. 358. ὅσοι σοὺν τοῦ δεῖν ὑπ' αὐτῶν οὔτ' ἄλλοι σ.
σφαγεία. ΕΙ. 1019. οὐχ ᾔσθεται δημοκὸπὶ Εἰρήνῃ σ.,
σφαγείου. Θ. 754. οἵμοι, τέκνον. δύς μοι σ., Μανία,
σφάγι'. Ο. 1559. σ. ἔχων κάμπλον δ.
σφάγια. Λ. 204. τὰ σ. δέξαι ταῖς γυναιξίν εὐμενῆ.
σφαγιάζει. Ο. 509. ᾧ προτέρῳ δεῖ τοῦ Διὸς αὐτοῦ σίρφον ἱνόρχην σ.
σφαγιαζομένῳ. Ο. 570. ἠσθην σίρφῳ σ., βροντάτω νῦν ὁ μέγας Ζάν.

σφαῖραν—σχοινίνῳ. 293

σφαῖραν. Fr. 169. εἰ παιδαρίοις ἀκολουθεῖν δεῖ σ. καὶ στλεγγίδ᾽ ἔχοντα.
σφάκον. Θ. 486. κᾆθ᾽ ὁ μὲν ἔτριβεν κεδρίδας, ἄννηθον, σ.·
σφαλεῖς. ΕΙ. 146. ἐκεῖνο τήρει, μὴ σ. καταρρυῇς
σφαλῇτ᾽. Β. 736. εὔλυγον᾽ κἄν τι σ., ἐξ ἀξίου γοῦν τοῦ ξύλου,
σφαλλόμενος. Σ. 1324. ὁδὶ δὲ δὴ καὶ σ. προσέρχεται.
σφαλῶμεν. Π. 351. ἢν δὲ σ., ἐπιτετρίφθαι τὸ παράπαν,
σφάξεις. ΕΙ. 1018. σ. τὸν οὖν. ΤΡ. ἀλλ᾽ οὐ θέμις. ΟΙ. τιὴ τί δή;
σφε. Ι. 1020. πολλοὶ γὰρ μίσει σ. κατακρύζουσι κολοιοί.
σφενδάμνινοι. Α. 181. ἀτεράμονες, Μαραθωνομάχαις, σ.
σφενδόναις. Ν. 1125. ἀποκεκόψονται᾽ τοιαύταις σ. παίησομεν,
σφενδόνας. Ο. 1185. ἤδη 'στίν. ΠΕ. οὐκοῦν σ. δεῖ λαμβάνειν
σφενδόνην. Ο. 1187. τύξενε, παῖε, σ. τίς μοι δώτω.
σφετέραν. Β. 1464. εἶναι σ., τὴν δὲ σ. τῶν πολεμίων,
σφέτερον. Fr. 128, 3. κεραμευομέναισι κοτύλαις μεγάλαις [ἔγχεον ἐς] σ.
σφῆκας. Σ. 456. παῖε παῖ", ὦ Ξανθία, τοὺς σ. ἀπὸ τῆς οἰκίας.
σφῆκες. Α. 864. παῦ᾽ ἐς κόρακας. οἱ σ. οὐκ ἀπὸ τῶν θυρῶν;
Σ. 430. εἶά νυν, ὦ ξυνδικασταί, ὁ ὀξυκάρδιοι,
σφηκιᾷ. Σ. 224. τὸ τῶν γερόντων, ἔσθ᾽ ὅμοιον σ.
σφηκιᾷν. Α. 404. ἤμνεφ, ἠνί᾽ ἄν τις ἡμῶν ὀργίσῃ τὴν σ.;
Σ. 229. πολλῶν δικαστῶν σ. διασκεδῶ.
Λ. 475. ἢν μή τις ὥσπερ σ. βλίττῃ με κάρκείζῃ,
σφηκίσκον. Π. 301. μέγαν λαβόντες ἡμιμίνον σ. ἐκτυφλῶσαι.
σφηκός. Σ. 1090. μηδὲν᾽ Ἀττικοῦ καλεῖσθαι σ. ἀνδρικώτερον.
σφηκώδεις. Π. 561. παρ᾽ ἐμοὶ δ᾽ ἰσχυοὶ καὶ σ. καὶ τοῖς ἐχθροῖς ἀνιαροί.
σφήκωμ᾽. ΕΙ. 1216. ὕμας δ᾽ ὅτι τὸ σ. ἔχει πόνον πολύν,
σφήνας. Β. 801. καὶ διαμέτρους καὶ σ. ὁ γὰρ Εὐριπίδης
σφηξί. Σ. 1106. εἶτα τἀλλ᾽ ὅμοια πάντα σ. μηχανώμεθα.
σφηξίν. Σ. 1102. τοὺς τρόπους καὶ τὴν δίαιταν σ. ἐμφερεστάτους.
Σφήττιος. Ν. 156. ἀνήρει᾽ αὐτὸν Χαιρεφῶν ὁ Σ.
Σφηττῷ. Π. 720. καὶ σχίνον᾽ εἶτ᾽ ὄζει διέμενος Σ.,
Σφίγγα. Π. 1287. Σ. δυσαμερίαν, πρύτανιν κύνα, πέμπει,
σφαγγίᾳ. Α. 463. δὸς μοι χυτρίδιον σ. βεβυσμένον.
σφάβρ᾽. Ν. 191. τί γὰρ οἶδε δρῶσιν οἱ σ. ἐγκεκυφότες;
Ν. 1492. ποιῶ ποιήσω, καὶ σ. εἴσ᾽ ἀλαζόνες,
Σ. 1333. ἡμῖν ἄπασι, κεἰ σ. εἰ νεανίας.
Ο. 599. πλουντεῖν δὲ πόθεν δώσομεν αὐτοῖς; καὶ γὰρ τούτου σ. ἐρῶσι.
Λ. 56. ἀλλ᾽, ὦ μέλ᾽, ὄψει τοι σ. αὐτὰς Ἀττικάς,
Θ. 93. τὸ πρᾶγμα κομψὸν καὶ σ. ἐκ τοῦ σοῦ τρόπου
1123. εἰ σφόδρ᾽ ἐπιτυμεῖτι τῇ γέροντε πύγισο,
Π. 49. γυνῶναι δοκεῖ τοῦδ᾽, ὡς σ. ἐστὶ συμφόρον
Fr. 198, 11. ὡς σ. ἐπὶ λεπτῶν ἐλπίδων ὀχεῖσθ᾽ ἄρα·
σφόδρα. Α. 71. ἀπολλύμενοι. ΔΙ. σ. γὰρ ἐσωζόμην ἐγὼ
Α. 257. πρόβαινε, κᾆν τώχλῳ φυλάττεσθαι σ.
371. τοὺς τῶν ἀγροίκων οἶδα χαίροντας σ.
509. ἐγὼ δὲ μισῶ μὲν Λακεδαιμονίους σ.,
700. νῦν δ᾽ ὑπ᾽ ἀνδρῶν πονηρῶν σ. διακόμεθα, κᾆτα πρὸς ἀλισκόμεθα,
1059. τὸ δεῖγμα τῆς νύμφης, ὁ δεῖταί μου σ.,
1714. ὡς σ. σὺ τὸν δῆμον σεαυτοῦ πονῶμαι
1288. ὅστις οὖν τοιοῦτον ἄνδρα μὴ σ. βδελύττεται,
Ν. 135. ἀμαθής γε νὴ Δί᾽, ὥστις οὑτωσὶ σ.
400. οὐδὲ Κλεώνυμον οὐδὲ Θέωρον; καίτοι σ. γ᾽ εἴσ᾽ ἐπίορκοι·
Σ. 152. * τὴν θύραν ὤθει· πίεζέ νυν σ.
1355. νέος γὰρ εἰμὶ καὶ φυλάττομαι σ.·
1428. καί πως κατεάγη τῆς κεφαλῆς μέγα σ.·
Ο. 508. ἦρχον δ᾽ οὕτω σ. τὴν ἀρχήν, ὥστ᾽ εἴ τις καὶ βασιλεύοι
Θ. 465. τὸ μὲν, ὦ γυναῖκες, ὀξυθυμεῖσθαι σ.
613. ἀδικεῖμεν δῆτα, καὶ σκοπεῖ γ᾽ αὐτὴν σ.
Β. 41. ὡς σ. μ᾽ ἔδεισε. ΗΛ. νὴ Δί, μὴ μαινοιό γε.
54. τὴν καρδίαν ἐπάταξε πῶς οἴει σ.;
88. ἐπιτριβομένου τὸν ὦμον οὑτωσὶ σ.;
Εκ. 357. νὴ τὸν Διόνυσον, ἐνέχεται τοῦτό μοι σ.
Π. 25. εὔνους γὰρ ὤν σοι πυνθάνομαι πάνυ σ.
571. ἀλλ᾽ οὐ ψεύδει τούτων γ᾽ οὐδέν, καίπερ σ. βάσκανος οὖσα.
645. καυτὴ πίρ᾽ φιλεῖς δὲ δρῶσ᾽ αὐτὸ σ.·
745. ἐγὼ δ᾽ ἐπῄνουν τὸν θεὸν ἰδὼν σ.
1016. οὕτω σ. ζηλωτὸς ὁ νεανίσκος ἦν.
1101. σὺ τὴν θύραν ἔκοπτες οὑτωσὶ σ.;
Fr. 164, 3. οὐ γὰρ ἂν μικρὸν, εἰ μὴ μισόδημον ἦν σ.
209, 2. ταχὺ προσφέρειν ναῖς ἐνίγκεν τε σ. κυανοβενθῆ.
σφονδύλη. ΕΙ. 1078. ὡς ἡ σ. φεύγουσα πονηρότατον βδεῖ,
σφόνδυλος. Σ. 1489. σ. ἀχεῖ. ΗΛ. πίθ᾽ ἐλλέβορον.
σφραγῖδ᾽. Ο. 560. σ. αὐτοῖς ἐπὶ τὴν ψωλήν, ἵνα μὴ βινῶσ᾽ ἔτ᾽ ἐκείνας.

σφραγῖδ᾽. Ο. 1213. σ. ἔχεις παρὰ τῶν πελαργῶν; ΙΡ. τί τὸ κακόν;
σφραγῖδας. Θ. 415. σ. ἐπιβάλλουσιν ἤδη καὶ μοχλοὺς
Εκ. 632. τῶν σεμνοτέρων ἔσται πολλὴ καὶ τῶν σ. ἐχόντων,
Fr. 309, 12. σ., ἀλύσεις, δακτυλίους, καταπλάσματα,
σφραγίδια. Θ. 427. ἀλίδαξε θριπήδεστ᾽ ἔχειν σ.
σφραγιδονυχαργοκομῆτας. Ν. 332. θουριομάντεις, ἰατροτέχνας, σ.,
σφραγῖδ. Ν. 799. σὺ δ᾽ ἐπιτρέπεις; ΣΤ. εὐσωματεῖ γὰρ καὶ σ.,
Λ. 80. δ᾽ εὐχροεῖς, ὡς δὲ σ. τὸ σῶμά σου.
σφυρά. Εκ. 1110. μολυβδουχήσαντας κύκλῳ περὶ τὰ σ.
σφύρα. Εἰ. 566. νὴ Δί᾽ ἡ γὰρ σ. λαμπρὸν ἦν ἄρ᾽ ἐξωπλισμένη,
σφυράδων. ΕΙ. 790. ναννοφυεῖς, σ. ἀποκνίσματα, μηχανοδίφας.
σφυρόν. Α. 1177. ἔρ᾽ οἰσυπηρά, λαμπάδιον περὶ τὸ σ.
Α. 1179. καὶ τὸ σ. παλίνορον ἐξεκόκκισε,
Σ. 276. ἐς σ. γέροντας ὄντες σ.
σφῶ. Α. 1216. ἐμοῦ δέ γε σ. τοῦ πέους ἄμφω μέσου κ.τ.λ.
ΕΙ. 469. ἀλλ᾽ ἄγεθ᾽ ἕλκετον * * καὶ σ.
σφῷν. Α. 259. ὦ Ξανθία, σ. δ᾽ ἐστὶν ὀρθὸς ἐκτιὸς κ.τ.λ.
σχαδόνας. Fr. 476, 3. αὐτὸν δ᾽ ἀνὴρ πωλεῖ κίχλας, ἀπίους, σ., ἐλάας,
σχαδόνες. Fr. 302, 6. οὐδὲ σ., οὐδ᾽ ἡτριαίον δέλφακος,
σχασάμενος. Ν. 107. τούτων γενοῦ μοι, σ. τὴν ἱππικήν.
σχάσας. Ν. 740. ἴθι νυν, καλύπτου καὶ σ. τὴν φροντίδα
σχεδόν. ΕΙ. 1273. οἱ δ᾽ ὄτε δὴ σ. ἦσαν ἐπ᾽ ἀλλήλοισιν ἰόντες,
Θ. 747. σ. τοσοῦτον χῶσον ἐκ Διονυσίαν.
Εκ. 1157. σ. ἅπαντες οὖν μελενῶ δηλαδὴ κρίνειν ἐμέ.
Π. 33. τὸν ἐμὸν μὲν αὐτοῦ τοῦ ταλαιπώρου σ.
860. ἐγὼ σ. τὸ πρᾶγμα γιγνώσκειν δοκῶ,
Fr. 500, 2. πρὸς ἀνδρας εἰσὶν ἐπιτετριμμένοι σ.
σχέθω. Λ. 425. ὅπως ἂν αὐτὰς τῆς ὕβρεως ἐγὼ σ.
σχεῖν. Ν. 1216. ἀπερυθριάσαι μᾶλλον ἢ σ. πράγματα,
Σ. 1067. νανικῇν σ. ἂν ἐγὼ τοὐμὸν νομίξ
σχελίσι. 1, 362. ἀλλὰ σ. ἐδηδοκὼς ψηψίσμαι μέταλλα.
σχελίσιν. Fr. 249, 2. διαμασχαλίσας αὐτὸν σ. καὶ φύσκαις καὶ ῥαφανίσιν.
σχέτλι᾽. Β. 1049. καὶ τί βλάπτουσ᾽, ὦ σ., ἀνδρῶν, τὴν πόλιν ἁμαὶ Σθενέβοιαι;
σχέτλια. Β. 612. σ. μὲν οὖν καὶ δεινά. ΗΛ. καὶ μὴν νὴ Δία,
Π. 856. οὐ γὰρ σ. πέπονθα νυνὶ πράγματα,
σχετλιάξειν. Π. 477. οὐ δεῖ σ. καὶ βοῶν πρὶν ἂν μάθῃς,
σχέτλιε. Α. 360. δ᾽ τι ποτ᾽, ὦ σ., τὸ μέγα τοῦτ᾽ ἔχεις;
Β. 116. ὦ σ., τολμήσεις γὰρ ἰέναι; ΔΙ. καὶ σύ γε
139. ὦ σ., περιύψει με δὴ τεθνηκότα.
σχέτλιον. Ο. 1175. ὦ θεόπιν ἔργον καὶ σ. εἰργασμένον.
σχέτλιον. Ν. 498. ἡμεῖς ἡμᾶς σώσομεν. ΠΡ. ὑμεῖς; ΛΥ. ἡμεῖς μέντοι ΠΡ. σ. γε.
σχέτλιος. Ν. 485. ἔαν δ᾽ ὑφείλω, σ., ἐπιλήσομαι πάνυ.
σχῆμα. Σ. 1070. σ. κεὐρυπρωκτίαν.
Σ. 1170. ἰδοῦ, θεῶ τὸ σ., καὶ σκέψαι μ᾽ ὕτῳ
Β. 463. καθ᾽ Ἡρακλέα τὸ σ. καὶ τὸ λῆμ᾽ ἔχων;
539. σ.· τὸ δὲ μεταστρέφεσθαι
Εκ. 150. διερεισαμένη τὸ σ. τῇ βακτηρίᾳ
482. μὴ ποῦ τις ἐν τοὐπισθεν ὢν τὸ σ. καταφυλάξῃ
503. χαῦτα γὰρ ἤκουσεν πάλαι τὸ σ. τοῦτ᾽ ἔχουσαι.
σχήματ᾽. Fr. p. 514. τοῖσι χοροῖς αὐτὸς τὰ σ. ἐποίουν.
σχήματα. ΕΙ. 323. πρᾶγμα κάλλιστον διαφθείρητε διὰ τὰ σ.
σχήματι. 1. 1331. ὅθ᾽ ἐκεῖνον ὀρᾶν τεττιγοφόρας, ἀρχαίῳ σ. λαμπρόν,
σχηματίζειν. ΕΙ. 324. ἀλλ᾽ ἔγωγ᾽ οὗ σ. βούλομ᾽, ἀλλ᾽ ὑφ᾽ ἠδονῆς
σχηματίσαντος. Fr. p. 514. πολλὰ τοιαυτὶ καὶ τοιαυτὶ καὶ δεῦρο σ.
σχήματος. Α. 64. σίγα. ΔΙ. βαβαιάξ, ᾠκβάτανα, τοῦ σ.
Σ. 1485. σ. ἀρχή
Fr. 554. ὥστ᾽ ἀνακύπταιν καὶ κατακύπτειν τοῦ σ. οὕνεκα τοῦδε
σχήσεις. Β. 188. ἐγώ. ΧΑ. ταχέως ἔμβαινε. ΔΙ. ποῖ σ. δοκεῖς;
σχήσομαι. Ο. 1335. οὗ τοι ἂν τὰ κερχνῄδας ἔτι σοῦ σ.,
σχῆσω. Λ. 284. ἐγὼ οὐκ ἄρα σ. παρὼν τολμήματος τοσούτου;
Λ. 380. σ. σ᾽ ἐγὼ τὴν γὴν βοῆς. ΧΟ. ΓΥ. ἀλλ᾽ οὐκ ἰσθ᾽ ἡλικίας.
σχίζα. ΕΙ. 1032. ἡ σ. γοῦν ἐνημμένη τὸν Στιλβίδην πιέζει,
σχίζαι. ΕΙ. 1024. σ. δευρὶ ταθεῖσα ταχέως
σχινδαλάμους. Ν. 130. λόγων ἀκριβῶν σ. μαθήσομαι;
σχινδαλάμων. Β. 819. σ. τε παραζόνια, σιμιλεύματά τ᾽ ἔργων,
σχίνον. Π. 720. καὶ σ᾽ εἶτ᾽ ὄζει διέμενος Σφηττίῳ,
σχίνου. Fr. 251. πρὸς τὸν στροφέα τῆς αὐλείας σ. κεφαλὴν ὄζων.
σχοινία. ΕΙ. 36. οὐδὶ περιάγων, ὥσπερ οἱ τὰ σ.
ΕΙ. 299. ὡς τάχιστ᾽ ἅμας λαβόντες καὶ μοχλοὺς καὶ σ.·
σχοινίνῳ. Fr. 227. φορμῷ σ.

σχοινίον. Α. 22. τὸ σ. φεύγουσι τὸ μεμιλταμένον·
Σ. 1343. ἔχουσ φυλάττου δ', ὡς σαπρὸν τὸ σ.·
σχοινίον. Σ. 1342. τῇ χειρὶ τουδὶ λαβομένη τοῦ σ.
σχοινίων. Ει. 437. χώστις προθύμως ἐγλλάβοι τῶν σ.,
σχοῖνον. Fr. 89. καὶ σπυρίδα δὲ ὑφανοδόκον πλεκτὴν σ.
σχοῖνος. Α. 230. κοὐκ ἀνήσω πρὶν ἂν σ. αὑτοῖσιν ἀντεμπαγῶ
σχοίνων. Π. 541. στιβάδα σ. κύριαν μιστήν, ἢ τοὺς εὔδοντας ἐγείρει·
σχολάζειν. Fr. 169. ἡμῖς ἐπεὶ τῷ χαλκίῳ λελουμένους σ.
σχολάσης. Λ. 412. σὺ δ' ἢν σ., πάσῃ τέχνῃ πρὸς ἑσπέραν
σχολῇ. Α. 407. ἀλλ' οὐ σ.
Α. 409. ἀλλ' ἱκπυκλήσομαι· καταβαίνειν δ' οὐ σ.
Ν. 221. αὑτὸς μὲν οὖν σὺ μάλισον· οὐ γάρ μοι σ.
Θ. 375. τῶν Θεσμοφορίων, ᾗ μάλισθ' ἡμῖν σ.,
σχολήν. Εκ. 48. κατὰ σ. παρὰ τἀνδρὸς ἐξελθεῖν μόνη·
σχολῆς. Π. 282. οἱ πολλὰ μοχθήσαντες, οὐκ οὔσης σ., προθύμως
σῷ. Ι. 97. οἴμοι, τί ποθ' ἡμᾶς ἐργάσει τῷ σ. ποτῷ; κ.τ.λ.
σῴζε. Β. 386. καὶ σ. τὸν σαυτῆς χορόν·
Β. 1501. καὶ σ. πόλιν τὴν ἡμετέραν
σῴζει. Ο. 376. ἡ γὰρ εὐλάβεια σ. πάντα. παρὰ μὲν οὖν φίλου
Ο. 380. τὸ δὲ μάθημα τοῦτο σ. παῖδας, οἴκον, χρήματα.
σῴζειν. Ι. 1042. ἐφρησεν ὁ θεὸς σοι σαφῶς σ. ἐμί·
Ι. 1047. ἵν' ᾧ σε σ. τῷνδ' ἐκέλευσ' ὁ Λοξίας.
Ει. 730. τοῖς ἀκολούθοις δώμεν σ., ὡς εἰώθασι μάλιστα
Θ. 820. χείρους ἡμῶν εἰσὶν σ.
Β. 381. σ. φῂς' ἐς τὰς ὥρας,
1517. κάμοί σ., ἦν ἄρ' ἐγὼ ποτε
Εκ. 234. σ. ἐπιθυμήσουσιν εἶτα σιτία
σῴζεσθ'. Σ. 1055. καὶ τὰ νοήματα σ. αὑτῶν·
σῴζεσθαι. Ι. 1017. σ. σ' ἐκέλευσ' ἱερὸν κύνα καρχαρόδοντα,
Ι. 1024. σοὶ δ' εἶπε σ. μ' ὁ Φοῖβος τὸν κύνα.
σῴζεται. Ι. 1022. χοὕτω τὸ πρόβατον τῇ χορηγῷ σ.
σωζοίμεθ'. Β. 1450. χοὕτω τὰ ἐναντία πράξαντες οὐ σ. ἄν;
σῴζω. Ο. 1062. σ. δ' εὐθαλεῖς καρπούς,
σωθείημεν. Β. 1448. τούτοισι χρησαίμεσθα, σ. ἄν.
σωθεῖς. Π. 1180. ἔθυσεν ἱερεῖόν τι σ., ὃ δή τε ἐν
σωθεῖσα. Β. 1419. ἵν' ἡ πόλις σ. τοὺς χοροὺς ἄγῃ·
σωθῆναι. Ν. 930. εἴπερ γ' αὐτὸν σ. χρή
σωθήσει. Λ. 499. ἂν σ., κἂν μὴ βούλῃ· ΠΡ. δεινόν γε λέγεις. ΛΤ. ἀγανακτεῖς·
σωθήσεσθ'. Εκ. 209. ἢν μὴ πείθησθε, σ. ἔτι.
σωθήσομαι. Ν. 77. ἢν ἦν ἀνωστείσω τουτονί, σ.
σωθησόμεθ'. Λ. 497. ἀλλ' οὐδὲν δεῖ πρῶτον πολεμεῖν. ΠΡ. πῶς γάρ σ. ἄλλως;
Σωκράτει. Ν. 1432. οὐ ταυτόν, ᾦ τᾶν, ἐστιν, οὐδ' ἄν Σ. δοκοίη.
Β. 1491. χαρίεν οὖν μὴ Σ.
Σωκράτει. Ν. 219. αὑτός. ΣΤ. τίς αὑτός; ΜΑ. Σωκράτης.
Ν. 222. ὦ Σ.,
257. τὸν στέφανον· ΣΤ. ἐπὶ τί στέφανον· οἴμοι, Σ.,
314. πρὸς τοῦ Διὸς ἀντιβολῶ σε, φράσον, τίνες εἰσ', ᾦ Σ., αὗται·
736. περὶ τοῦ; σὺ γάρ μοι τοῦτο φράσον, ᾦ Σ.
784. ὁτιὴ τί; ναὶ πρὸς τῶν θεῶν, ᾦ Σ.
866. εὖ γ' ὅτι ἐκείσησθα. δεῦρο δεῦρ', ᾦ Σ.,
Σωκράτη. Ν. 182. καὶ δεῖξον ὅτι τάχιστά μοι τὸν Σ.
Ν. 1465. τὸν Χαιρεφῶντα τὸν μιαρὸν καὶ Σ.
1477. ὅτ' ἐξέβαλλον τοῦτον θεοὺς διὰ Σ.
Σωκράτης. Ν. 104. ὧν ὁ κακοδαίμων Σ. καὶ Χαιρεφῶν.
Ν. 144. ἀνάμμετ' ἄρτι Χαιρεφῶντι Σ.
219. αὑτός. ΣΤ. τίς αὑτός; ΜΑ. Σ. ΕΤ. ὦ Σώκρατες.
830. τίς φησι ταῦτα; ΣΤ. ὁ Μήλιος
Ο. 1555. ψυχαγωγεῖ Σ.
Σωκρατίδιον. Ν. 223. ὦ Σ.,
Ν. 237. ἴθι νυν, κατάβηθ', ᾦ Σ., ὡς ἐμέ
746. ᾦ Σ. φίλτατον, ΣΩ. τί, ᾦ γέρον;
Σωκράτους. Ν. 147. ἐπὶ τῆς κεφαλῆς τὴν Σ. ἀφήλατο.
Ν. 154. τί δῆτ' ἂν ἕτερον εἰ πύθοιο Σ.·
174. ἡσθην γαλεώτῃ καταχέσαντι Σ.·
1451. μετὰ Σ.
σῶμ'. Ν. 440. τουτὶ τό γ' ἐμὸν σ. αὑτοῖσιν
Θ. 152. μιτουσίαν δεῖ τῶν τρόπων τὸ σ. ἔχειν.
Εκ. 63. ἀλειψαμένη τὸ σ. ὅλον δι' ἡμέρας
σῶμα. Ν. 1413. μὴν ἐὰν ᾖ μὴν σᾶν σ., οὐχ πληγῶν ἄθρων εἶναι,
Ο. 1241. λιγνὸς σ. καὶ δόμων περιπτυχὰς
1399. τοῦτ δ' αὖ βορέα σ. πελάζαν
Α. 670. τῶν σ. σ. νάκεσσι ταῦρα τὸ γήρας τόδε.
Θ. 895. βαύζε, τοὐμὸν σ. βάλλωσα ψόγῳ.
σῶμά. Λ. 80. ὡς δ' εὐδρωδές, ὡς δὲ σφριγᾷ τὸ σ. σου.
σώματι. Σ. 688. ὡθὶ διαβὰς, διακινηθεὶς τῷ σ. καὶ τριφεραντθείς,

σώματι. Θ. 154. ἀνδρεία δ' ἦν ποιῇ τις, ἐν τῷ σ.
σώματί. Ο. 1376. ἀφίξῃ φρεῖ ἐς τε νέον ἱφίπων
σώματος Εκ. 93. ἰδοὺ γέ σι ξαίνουσαν, ἢν τοῦ σ.
Π. 6. τοῦ σ. γὰρ οὐκ ἐξ τὸν κύριον
σωμάτων. Εκ. 10. ληρδουμένων τε σ. ἐπιστάτην
σῶν. Λ. 488. ἵνα τἀργύριον σ. παρέχοιμεν καὶ μὴ πολεμοῖτε δι' αὐτό. κ.τ.λ.
σώρακος. Fr. 244. κακῶν τοσούτων ξυνελέγη μοι σ.
σωρόν. Π. 269. δηλοῖς γὰρ αὑτὸν σ. ἡμεῖν χρημάτων ἔχοντα.
Π. 270. πρεσβυτικῶν μὲν οὖν κακῶν ἔχων ἔχοντα σ.
σωρός. Π. 804. ἡμῖν γὰρ ἁγαθῶν σ. ἐς τὴν οἰκίαν
σῶς. Ι. 613. καὶ τὸν ἐπίθθ σ. ἐλήλυθας πάλιν,
Fr. 529. οὔτω παρ' (γάρ) ἡμῖν ἡ πόλις μάλιστα σ. ἂν εἴη.
σῶσαι. Λ. 525. μετὰ ταῖσδ' ἡμῖν εὐθὺς ἔδοξεν σ. τὴν Ἑλλάδα κοινῇ
σώσαιμι. Σ. 369. ἵνα θοιμάτιον σ., μεθυπεδησάμην
σώσειε. Β. 1458. πῶς οὖν τις ἂν σ. τοιαύτην πόλιν,
σώσειεν. Α. 16. ταῦτ' αὑτὰ γάρ τοι κᾶσθ' ἃ σ. προσδοκῶ,
σώσεις. Ν. 1177. νῦν οὖν ὅπως σ. μ', ἐπεὶ κἀπώλεσας.
Θ. 186. ὑπεραποκρίνῃ μου, σαφῶς σ. ἐμέ.
σώσετε. Εκ. 414. ἂν τὴν πόλιν καὶ τοὺς πολίτας σ.
Σωσία. Σ. 136. ὦ Ξανθία καὶ Σ., καθεύδετε;
Σωσίας. Σ. 78. ὁδὶ δέ φησι Σ. πρὸς Δερκύλον
σωσίπολις. Λ. 163. ὁ σ. οἴμοι τάλας, ἀπόλλυμαι,
σώσομεν. Λ. 41. ἡμεῖς τε, κοινῇ σ. τὴν Ἑλλάδα,
Λ. 498. ἡμεῖς ὑμᾶς σ. ΠΡ. ὑμεῖς; ΛΤ. ἡμεῖς μέντοι. ΠΡ. σχέτλιόν γε.
σῶσον. Σ. 393. ἐλέησον καὶ σ. νυνὶ τὸν σαυτοῦ πλησιόχωρον·
σωστέον. Λ. 501. ὁ. ὦ τᾶν. ΠΡ. κεὶ μὴ δέομαι; ΛΤ. τοῦδ' οὕνεκα καὶ πολὺ μᾶλλον
Σωστράτη. Θ. 373. Λύσιλλ' ἐγραμμάτευεν, εἶπε Σ.
Σωστράτην. Ν. 678. τὴν καρδώπην, ὥσπερ καλεῖς τὴν Σ.
Εκ. 41. καὶ μὴν ὁρῶ καὶ Κλειναρέτην καὶ Σ.
Σωστράτης. Σ. 1397. τῆς Ἀγκυλίωνος θυγατέρος καὶ Σ.,
σώσων. Θ. 1014. ἥξει με σ. παῖ· ἂν ψε παρέστατα.
Σώτειραν. Β. 378. τὴν Σ. γενναίαν
σῶτερ. Θ. 1009. ἴα· θεοί, Ζεῦ σ., εἰσὶν ἐλπίδες.
σωτήρ. Ι. 149. ἀνάβαινε σ. τῇ πόλει καὶ νῷν φανείς
Ι. 458. καὶ τῇ πόλει σ. φανεὶς ἡμῖν τε τοῖς πολίταις,
Ν. 1161. πρόβολος ἐμοῖς, σ. δόμοις, ἐχθροῖς βλάβη,
Ει. 914. σ. γὰρ ἥπασιν ἄν-
Ο. 545. ἀγαθῇ ἥκεις ἐμοὶ σ.
Β. 1127. } σ. γενοῦ μοι συμμαχός τ' αἰτουμένῳ.
1152.
Π. 1189. ὁ Ζεὺς ὁ σ. γὰρ πάρεστιν ἐνθάδε,
σωτήρ'. Εκ. 79. νὴ τὸν Δία τὸν σ. ἐπιτηδεῖός γ' ἂν ἦν
σωτῆρα. Β. 738. νὴ τὸν Δία τὸν σ., γεννάδας ἀνὴρ
Β. 1433. νὴ τὸν Δία τὸν σ., δυσκρίτως γ' ἔχω·
Εκ. 761. νὴ τὸν Δία τὸν σ. ΑΝ. Α. πῶς; ΑΝ. Β. πῶς; ῥᾳδίως.
1045. νὴ τὸν Δία τὸν σ., κεχάρισαί γέ μοι,
Π. 878. νὴ τὸν Δία τὸν σ., πολλοῦ γ' ἄξιος
1186. τὸν οὖν Δία τὸν σ., καυτός μοι δοκῶ
σωτῆρες. Σ. 327. ἔσεσθε καὶ σ. ὕντωι τοῦ θεοῦ,
σωτηρία. Ει. 595. τοῖς ἀγροίκοισιν γάρ ἡσθα χῶρα καὶ σ.
Λ. 30. ἐν ταῖς γυναιξὶν ἔστιν ἡ σ.
Εκ. 202. σ. παρέκυψεν, ἀλλ' ὁρίζεται
σωτηρίαν. Ι. 2. σ. νῷν, ἀλλὰ μὴ κλάειν ἔτι·
Σ. 369. ταῦτα μὲν ἡμῖν ἀνδρὸς ἔστ' ἄνοντος ἐς σ.
Ο. 878. διδόναι Νεφελοκοκκυγιεῦσιν ὑγιείαν καὶ σ.
Β. 1436. περὶ τῆς πόλεως ἥντιν' ἔχετον σ.
σωτηρίας. Ει. 301. δεῦρο πᾶς χώρει προθύμως εὐθὺ τῆς σ.
Θ. 765. ἄγε δὴ τίν' ἴστω μηχανή σ.;
946. ποίαν ἔστιν ἔτ' ἐλπὶς οὐδεμία σ.
Εκ. 396. ἔδοξε τοῖς πρυτάνεσι περὶ σ.
401. καὶ πόρος ψηφῷ σ. προκειμένου,
412. ὁρᾶτε μέν με δεύμενον σ.
σωφρονεῖν. Π. 1175. καὶ ταῦτα τοῦ σ. ἱερεύς ὤν Διός·
σώφρον. Ο. 1025. ὡς ἡδύ σου τοῦπι λόγοις σ. ἐπεστιν ἄνθος.
σώφρονα. Ο. 1433. ἀλλ' ἔστιν ἕτερα νὴ Δί' ἔργα σ.,
Εκ. 767. τὸ ταττομενον γὰρ δεῖ ποιεῖν τὸν σ.
σώφρονας. Β. 727. τῶν πολιτῶν θ' οὓς μὲν ἴσμεν εὐγενεῖς καὶ σ.
Π. 387. ἔγωγε καὶ τοὺς δεξιοὺς καὶ σ.
σώφροσιν. Σ. 748. καὶ σ. μέντοι μεθ-
σωφρονεῖν. Ν. 1060. καὶ σ. αὖ σκεφ ὡς χρήσαι δύο κακῶν μεγίστω
Ν. 1061. ἐπεὶ σὺ διὰ τὸ σ. τῷ πώποτ' εἶδες ἤδη
1067. καὶ τὴν Θέτιν γ' ἔγημε διὰ τὸ σ. ὁ Πηλεύς.
1071. σκέψαι τῳ σ. μειράκιον, ἐν τῷ σ. ἅπαντα
Σ. 1405. πυρῶν πρίομαι, σ. ἄν μοι δοκοῖς.
σωφρονεῖς. Β. 853. ἄπαγε σιαυτὸν ἐκποδών, εἰ σ.,
Π. 1119. ἐγὼ δ' ἀπόλωλα κάκοτέτριμμαι. ΚΑ. σ.

σωφρανεῖτε—ταλάντατ'. 295

σωφρανεῖτε. Λ. 1093. εἰ σ., θαιμάτια λήψεσθ', ὅπως
σώφρονες. Λ. 796. τοῦ Μελανίωνος οἱ σ.
σώφρονι. Fr. 60. ναῦς ὅτ᾽ ἂν ἐκ πιτύλων ῥοθιάζῃ σ. κόσμῳ.
σωφρανικῶς. Ι. 545. ὅτι σ. κούκ ἀνοήτως ἐσπηρήσας ἐφιλυάρει.
σώφρονας. Ν. 1006. στεφανωσάμενος καλάμῳ λευκῷ μετά σ. ἡλικιώτων,
ΕΙ. 1297. οὐ πράγμασι ᾄσεις σ. γὰρ εἰ πατρός.
σωφρανοῦσᾶ. Ἐκ. 1038. οὐ σ. γ'. οὐ γὰρ ἡλικίαν ἔχει
σωφρονεῖν. Ι. 334. νῦν δεῖξον ὢν οὐδὲν λέγει τὸ σ. τραφῆναι.
Λ. 473. ἐπεὶ θέλω 'γὼ σ. ὥσπερ κόρη, καθῆσθαι,

σωφροσύνη. Ν. 962. ὁτ᾽ ἐγὼ τὰ δίκαια λέγων ἤθουν καὶ σ. νενόμισται.
σωφροσύνη. Ο. 1540. τὴν εὐνομίαν, τὴν σ., τὰ νεώρια,
σωφροσύνης. Λ. 508. ὑπὸ σ. τῆς ἡμετέρας, τῶν ἀνδρῶν, ἄττ᾽ ἐποίεῖτε.
Π. 563. περὶ σ. ἤδη τοίνυν τεραστὶ σφῷν κἀναδιδάξω
σώφρων. Α. 611. ἀνένευσε καἴπαι γ᾿ ἐστὶ σ. κάργάτης.
Ν. 529. ὁ σ. τε χὠ καταπύγων ἄριστ' ἠκουσάτην,
537. ὢν δὲ σ. ἐστὶ φύσει σκείασθ᾽ ἥτις πρῶτα μὲν
Θ. 548. οὐπώποτ᾽ ἐποίησ᾽, ὅτι γυνὴ σ. ἔδοξεν εἶναι.

Τ

τ'. Α. 63. καὶ ταῖς ταῶσι τοῖς τ᾽ ἀλαζονεύμασιν. κ.τ.λ.
τά. Α. 60. ἔτει τετάρτῳ δ᾽ ἐς τ. βασιλεῖ᾽ ἤλθομεν κ.τ.λ.
ΕΙ. 596. ὥστε σὺ τ. τ᾽ ἀμπέλια κ.τ.λ.
τᾷ. Λ. 174. καὶ τἀργύριον τωδυσσαν ᾖ παρά τ. σιᾷ.
Λ. 1306. τ. σιῶν χορᾷ μέλοντι,
Θ. 126. τ. φῶτ᾽ ἔσσυτο δαιμονίοις ὄμμασιν,
τἀγαθά. Σ. 577. καὶ τ. μοι μίμνησ᾽ ἄχεις φάσμων τῆς Ἑλλάδος ἀρχεῖν,
ΕΙ. 1198. ὦ φίλτατ᾽, ὦ Τρυγαῖ, ὅσ᾽ ἡμᾶς τ.
1326. καὶ τ. πάνθ᾽ ὅσ᾽ ἀπαλέσαμεν
1333. ὡς τ. νῦν ἔχεις.
Θ. 311. τ. ἰὴ παιών, ἰὴ παιών. χαίρωμεν.
Β. 1462. μὴ δῆτα σύ γ᾽, ἀλλ᾽ ἐνθενδὶ ἀνίει τ.
Ἐκ. 781. ὅταν γὰρ εὐχώμεσθα διδόναι τ.,
Π. 651. μὴ δῆτ᾽ ἔμοιγ᾽ ἐς τὴν κεφαλήν. ΚΑ. μὴ τ.
τἀγαθῇ. Ν. 61. ἐμοί τε δὴ καὶ τῇ γυναικί τ.,
τἀγαθόν. Ἐκ. 426. ἵνα τοῦτ᾽ ἀπέλαυσαν Ναυσικύδους τ.
τἀγαλμ᾽. Ν. 995. αἰσχρὸν ποιεῖν, ὅτι τῆς Αἰδοῦς μέλλεις τ. ἀπαλλάττειν
τἀγάλματ᾽. Θ. 773. τί δ᾽ ἄν, εἰ ταδὶ τ. ἀντὶ τῶν πλατῶν
ταγᾶς. Λ. 105. ὁ δ᾽ ἐμός γα, κἂν ἐκ τᾶς τ. ἔλσῃ πύκα,
ταγί. Ι. 159. ὦ τῶν Ἀθηνῶν τ. τῶν εὐδαιμόνων.
τάγηνον. Ι. 929. τὸ μὲν τ. τευθίδων
τἀγκλήματα. Λ. 1111. συνεχώρησάν σαι καὶ κοινῇ τ. πάντ᾽ ἐπέτρεψαν.
τἀγορᾷ. Α. 728. μέτειμ᾽, ἵνα στήσω φανερὰν ἐν τ.
Α. 838. ἐν τ. καθήμενος·
848. οὐδ᾽ ἔντυχὼν ἐν τ. πρόσσεισί σοι βαδίζων
855. Λυσίστρατός τ᾽ ἐν τ., Χολαργέων ὄνειδος,
Ι. 677. ἅπαντα τά τε γῄτεῖ δσ᾽ ἦν ἐν τ.
1258. ἐν τ. γὰρ κρινόμενος ἐβοσκόμην.
τάγχιλεια. Α. 1043. ὀπτᾶτε τ.
τάδ᾽. Ι. 622. ὥστ᾽ ἀκοῦσαι. πρὸς τ., ὦ Βέλ- κ.τ.λ.
τάδε. Α. 578. αὐτὸς σὺ τολμᾷς πτωχὸς ὢν λέγειν τ.; κ.τ.λ.
τῇδε. Α. 903. ἀλλ᾽ ὅ τι παρ᾽ ἁμῖν μή 'στι, τε δ᾽ αὖ πολύ.
τάδελφοῦ. Ν. 536. γνώσεται γάρ, ἤνπερ ἴδῃ, τ. τὸν Βύστρυχον.
ταδί. Κ. 437. Εὐριπίδη, 'πειδήπερ ἐχαρίσω μοι τ., κ.τ.λ.
ΕΙ. 213. ὑπερβαλοίμετο μικρὸν, ἔλεγον δ᾽ ἂν τ. κ.τ.λ.
τάδικα. Ν. 884. ὅν τ. λέγων ἀνατρέπει τὸν κρείττονα·
τάδικώτερα. Ν. 115. νικᾶν λέγοντά φασι τ.
τάδίκημα. Σ. 839. τοῦτ᾽ ἄρα πρῶτον τ. τῷ πατρί
ταί. Α. 988. * * * * τ. τ᾽ ἐπὶ τὸ δεῖπνον ἅμα καὶ μεγάλα δὴ φρασεί,
Λ. 173. οὐχ ἃς σποδὰς ἐχαντί τ. τρηφρεις κ.τ.λ.
ταίν. Σ. 7. κατὰ τ. κόραιν ὕπνου τι κατακεῖται γλυκύ. κ.τ.λ.
Ταίναρον. Β. 187. ᾗ 'ς Κερβερίοιν, ᾗ 'ς κόραινας, ᾗ 'πὶ Τ.;
Ταίναρψ. Α. 510. ναυτικὸς ὁ Ποσειδῶν, οὑπὶ Τ. θεός,
ταἴνδε. Ἐκ. 1106. ὑπὸ τ. ταῖν κασαλβάδοιν, δεῦρ᾽ ἐσπλέων,
ταινίαι. Fr. 1. ἀλλ᾽ εἰ σορέλλη καὶ μύρον καὶ τ.
ταινιοῦσθαι. Β. 393. στήσαντα τ.
ταινιώσαι. Ἐκ. 1032. καὶ τ., καὶ παραδοῦ τὰς ληκύθους,
ταῖς. Α. 600. ὁρῶν πολιοὺς μὲν ἄνδρας ἐν τ. τάξεσιν, κ.τ.λ.
ταῦσθ᾽. Θ. 313. λιτώμεθα τ. ἐπ᾽ εὐχαῖς
ταῦσθε. Λ. 671. εἰ γὰρ ἐνδώσει τις ἡμῶν τ., κἂν σμικρὸν λαβήν,
ταῖσι. Ι. 104. φέρμακ᾽ μεθύων ἐν τ. Βύρσαις ὕπτιος κ.τ.λ.
ταίσιν. Ι. 1236. ἐν τ. εὔστραις κονδύλοις ἡρμοττόμην. κ.τ.λ.
ταίτην. Θ. 549. ἐγὼ γὰρ οἶδα τ., ἐν ᾧ γὰρ ἂν εἴποις
Β. 1385. χωρεῖ τὸ τοῦθε. ΣΤ. καὶ τί ποτ᾽ ἐστί τ.;
τάκ. Ι. 479. καὶ τ. Βοιωτῶν ταῦτα συντυρούμενα. κ.τ.λ.
τἀκβάτων᾽. Α. 613. οἴδεν τις ὑμῶν τ. ἢ τοὺς Χαύνας;
τἀκεῖ. Ο. 1120. οὐδεὶς ὅτου πευσύμεθα τ. πράγματα.
τάκεῖθεν. Ο. 1304. τοιαῦτα μὲν τ. ἐν δέ σοι λέγω·
τάκεῖνον. ΕΙ. 625. κᾆτα τ. γε πίρθη τοῖς γεωργοῖς ἦν κακά·

τάκεῖσε. Ἐκ. 487. * * τ. καὶ
τακερά. Fr. 109, 2. ᾔησα τ.
τακερούη. Fr. 325. λήμνοι κυάμους τρέφουσα τ. καὶ καλούς.
τάκιστα. Θ. 1214. διέβαλά μ᾽ ὦ γραῦς. οἰότρεε᾽ ὡς τ. σύ
τἀκόλουθα. Α. 438. κἀκεῖνά μοι δὺς τ. τῶν ῥαιῶν,
τάλαιν᾽. Λ. 735. τ. ἐγώ, τάλαινα τῆς ἀμόργηθος,
Λ. 760. ἐγὼ δ᾽ ὑπὸ γλαυκῶν γε τ. ἀπόλλυμαι
944. τ. ἐγώ, τὸ Ῥόδιον ἠνέγκαν μύρον·
Θ. 559. ἔπειτα τὴν γαλῆν φαμίν ΓΤ. Γ. τ. ἐγώ, φλυαρεῖς.
690. τ. ἐγώ, τάλαινα, καὶ τὸ παιδίον
695. καθαιματῶσει βωμόν. ΓΤ. Ζ. ὦ τ. ἐγώ.
Ἐκ. 190. τ., Ἀφροδίτην ὠνόμασας. χαριεντά γ᾽ ἂν
526. οὐδ᾽ ἐστ᾽ ἔγωγε. ΒΛ. πῶς οὖν ὄρθρου
Π. 1044. τ. ἐγὼ τῆς ὕβρεος ἧς ὑβρίζομαι.
τάλαινα. Α. 465. χωρήσομαι γὰρ νυν, ᾧ τ. καρδία,
Α. 1203. ὦ συμφορὰ τ. τῶν ἐμῶν κακῶν.
ΕΙ. 251. οἷα πόλις τ. διακυναυσθήσεται.
Λ. 735. τάλαιν᾽ ἐγώ, τ. τῆς ἀμόργηθος,
Θ. 385. βαρέος φέρω τ. πολὺν ἤδη χρόνον
690. τάλαιν᾽ ἐγώ, τ., καὶ τὸ παιδίον
Β. 565. νὴ Δία, τ. ΠΑΝ. Β. νὴ δὴ δείσασαί γέ που
1346. ἐγὼ δ᾽ τ. προσείχουσ᾽ ἔτυχον
Ἐκ. 90. πληρουμένης, τ.· ΓΤ. Η. νὴ τὴν Ἄρτεμιν,
156. μὰ τὼ θεώ· τ., πού τὸν νοῦν ἔχεις·
242. πίθεν, ὦ τ., ταῦτ᾽ ἔμαθες οὕτω καλῶς;
919. τρύπον τ. κνησιᾷς
ταλαιπωρήσομεν. Α. 1220. ὑμῖν χαρίζεσθαι, τ.
ταλαιπωροῖτο. Β. 24. ἵνα μὴ τ. μηδ᾽ ἄχθος φέροι·
ταλαίπωρον. Ν. 414. εἰ μήμαν εἰ καὶ φροντιστὴς καὶ τὸ τ. ἔνεστιν
ταλαιπώρου. Π. 33. τὸν ἐμὸν μὲν αὐτοῦ τοῦ τ. σχεδὸν
ταλαιπωρούμενα. Α. 778. μὴ νυν ἀπείπωμεν τ.,
ταλαιπωρούμενα. Σ. 1116. τὸν γύπον κατιεσθίουσιν, οὑ τ.
ταλαιπωρουμένων. Π. 224. ἐν τοῖς ἄγροις αὐτοὺς τ.,
ταλαιπωρουμένων. ΕΙ. 476. ἀλλ᾽ ἡ κατεγέλων τῶν τ.,
ταλαιπωρον. Ο. 135. νὴ Δία. τ. γε σκαπανέαν ἔρῂς.
ταλαιπωρος. Ἐκ. 54. καὶ πάνυ τ. ἐγώγ᾽, ὦ φίλτατε
τάλαν. Α. 102. ᾧ γοῦν ἐμὸν ἀνὴρ πέντε μῆνας, ὦ τ.,
Λ. 910. σὺ δ᾽ οὐ κατακλίνει· ΝΤ. πού γὰρ ἄν τις καί, τ.,
914. ἔπειτ᾽ ὁμόσασα δῆτ᾽ ἐπιορκήσω, τ.;
Θ. 644. τοδὶ τίδρας; ᾧ μανικὸν ὦ μαλ᾽ εὐχρων, ὦ τ.
Β. 559. μὰ Δί᾽, οὐδὲ τὸν τυρὸν γε τὸν χλωρόν, τ.,
Ἐκ. 124. δεῦρ᾽, ᾧ γλυκυτάτη Πραξαγόρα, σκέψαι τ.
658. κἀγὼ ταύτῃ γνώμῃ ἐθέμην. τοῦ γάρ, τ., οὔνεκ᾽ ἔσεται;
1005. μὴ σκώπτεί μ᾽, ὦ τ., ἀλλ᾽ ἔσου δεῦρ᾽ ὡς ἐμέ.
Π. 706. μὰ Δί᾽ οὐκ ἔγωγ᾽, ἀλλὰ σκατοφάγον. ΓΤ. αἱ τ.
1055. Βούλει σὺ χρόνου πρός με παῖσαι· ΓΡ. ποῖ, τ.;
τάλανθ᾽. ΕΙ. 171. πέντε τ. ἡ πόλις ἡ Χίαν
τάλαντ᾽. Σ. 660. τούτων πλήρωμα τ. ἐγγὺς δισχίλια γίγνεται ἡμῖν
Ἐκ. 824. τ. ἔσεσθαι πεντακόσια τῇ πύλει
τάλαντα. Ι. 435. οὔ μοι ἂν τὴν ἀρμονίαν καταπροίξει τ. πολλά
Ι. 438. σὺ δ᾽ ἐν Ποτιδαίαι ἔχοντ᾽ εὖ οἶδα δέκα τ.
Ν. 1065. Ὑπέρβολος δ᾽ ὢν τῶν λύχνων πλεῖν ἢ τ. πολλά
Σ. 663. γίγνεται ἡμῖν ἑκατὸν δήτου καὶ πεντήκοντα τ.
669. κᾆδ᾽ οὗτοι μὲν δωροδοκοῦσιν κατὰ πεντήκοντα τ.
Θ. 811. οὐδ᾽ ἂν κλέψασα γυνὴ ζεύγει κατὰ πεντήκοντα τ.
Fr. 711. τὰ Ταντάλου τ. ταντάλιζεται.
τάλαντά. Π. 194. Δὶς τ᾽ ἢ τ. λάβῃ τριακαϊδεκα,
ταλάνθ᾽. Π. 1046. ποίου χρόνου, τ., ὃς παρ᾽ ἐμοὶ χθὲς ἦν;
ταλάντατ᾽. Π. 684. τ. ἀνδρῶν, οὐκ ἐδεδοίκεις τὸν θεόν·
Π. 1060. τ. ἀνδρῶν, οὐχ ὑγιαίνειν μοι δοκεῖς,

ταλαντάτη—τἀνδρεῖά.

ταλαντάτη. Θ. 760. τ. Μίκα, τίς ἐξεκόρησέ σε;
ταλάντοις. Α. 6. τοῖς πέντε τ. οἶς Κλέων ἐξήμεσεν.
τάλαντον. Ι. 933. τ., ἢν κατεργάσῃ,
Ι. 938. κοι, καὶ σὺ τὸ τ. λαβεῖν
Σ. 1147. ἐρίων τ., καταπέπακε ῥᾳδίως.
Ο. 1074. λαμβάνειν τ., ἥν τε τῶν τυράννων τίς τινα
1075. τῶν τεθνηκότων ἀποκτείνῃ, τ. λαμβάνειν.
1078. λήψεται τ.· ἢν δὲ ζῶντ' ἄγῃ τις, τέτταρα.
ταλάντου. Ν. 876. καίτοι τ. τοῦτ' ἐμαθεν Ὑπέρβολος.
Fr. 445, 4. ὅταν γὰρ ἱστᾷς, τοῦ τ. τὸ ῥέπον
ταλάντῳ. Ο. 154. οὐκ ἂν γενοίμην ἐπὶ τ. χρυσίου.
Β. 797. καὶ γὰρ τ. μουσικὴ σταθμήσεται.
ταλάντων. Ι. 439. τί δῆτα; βούλει τῶν τ. ἐν λαβὼν σιωπᾶν;
Ν. 471. πράγματα κἀντιγραφὰς πολλῶν τ.
ταλαοί. Ο. 687. ἀητῆνες ἐφημέριοι, τ. βροτοί, ἀνέρες εἰκελόνειροι,
ταλάροις. Β. 560. ὃν οὗτος αὐτοῖς τοῖς τ. κατήσθιεν.
τάλας. Α. 163. ὁ σωσίπολις. οἴμοι τ., διόλλυμαι,
Α. 174. οἴμοι τ., μυτταυτὸν ὅσον ἀπώλεσα.
210. ἐκπέφευγ', οἴχεται φροῦδος. οἴμοι τ. τῶν ἐτῶν τῶν ἐμῶν·
454. τί δ', ὦ τ., σε τοῦδ' ἔχει πλέιους χρέος;
1018. οἴμοι τ. ΔΙ. ὦ Ἡράκλεις, τίς οὑτοσί;
1192. τ. ἐγὼ διόλλυμαι
1210. τ. ἐγὼ ξυμβολὴ Βαρείας.
Ι. 858. οἴμοι τ.· ἔχουσι γὰρ πύρπακας; ὦ πονηρέ
887. οἴμοι τ., οἵοις τισθνιοῖς μὲ περιελαύνεις.
957. αἰβοῖ τ. ΑΛ. τί ἔστιν; ΔΗΜ. ἀπύφερ' ἐκποδών.
1200. οἴμοι τ., ἀδίκων γε τἀμ' ὑφήρπασας.
Ν. 23. ὑπ' ἱππικῆην τὸν κοπιατίαν. οἴμοι τ.
742. ὀρθοὶ διαιροῦ καὶ σκοπῶν. ΣΤ. οἴμοι τ.
1504. οἴμοι τ., δείλαιος ἀπονιγήσομαι.
ΕΙ. 79. οἴμοι τ.· ἴτε δεῦρο δεῦρ', ὦ γείτονες
257. ὡς δριμύν. ΚΤ. οἴμοι μοι τ., ὦ δέσποτα.
280. οἴμοι τ., οἴμοι γε, κἄτ' οἴμοι μάλα.
544. τὰ πρόσωφ', ἵνα γνῷς τὰς τέχνας. ΕΥ. αἰβοῖ τ.,
1225. ξυνημμένῳ κάλλιστα γρήσομαι τ.;
Ο. 62. οἴμοι τ., ὀρνιθοθήρα τουτωί.
1260. οἴμοι τ. οὔκουν ἐντάρωσε πετομένη
1464. οἴμοι τ.· μάστιγ' ἔχεις. ΠΕ. στερῷ μὲν οὖν,
1466. οἴμοι τ. ΠΕ. οὐ πτερυγιεῖς ἐντευθενί;
1494. οἴμοι τ., ὁ Ζεὺς ὅπως μὴ μ' ὄψεται.
1646. οἴμοι τ., οὕν σε περισοφίζεται.
Λ. 382. οἴμοι γε τ. ΧΟ. ΓΥ. μῶν θερμὸν ἦν;
Θ. 241. οἴμοι τ. ὕδωρ ὕδωρ, ὦ γείτονες,
625. ἡ δεῖν' ἔμοιγ'. οἴμοι τ.
1038. ὦ τ. ἐγώ, τ.,
Β. 307. οἴμοι τ., ὡς ὠχρίασ' αὐτὴν ἰδών·
926. ἄγνωτα τοῖς θεαμένοις. ΑΙ. οἴμοι τ. ΔΙ. σιώπα.
Π. 169. οἴμοι τ., ταυτί μ' ἐλάνθανεν πάλαι
880. οἴμοι τ.· μῶν καὶ σὺ μετέχων καταγελᾷς;
930. οἴμοι τ., ἀποδυόμαι μεθ' ἡμέραν.
1125. ἐνίοτε τοιαῦτ' ἀγάθ' ἔχων; ΕΡ. οἴμοι τ.,
Fr. 80, 1. οἴμοι τ., τί μου στρέφει τὴν γαστέρα;
ταλαύρινος. Α. 964. ὁ δεινὸς, ὁ τ., ὃς τὴν Γοργόνα
ΕΙ. 241. ὁ δεινός, ὁ τ., ὁ κατὰ τοὺ σκελοὺς·
τἀληθές. Π. 375. τράποιτο· τ. γὰρ οὐκ ἐθέλεις φράσαι.
τἀληθῆ. Ν. 519. τ., ἢν τῶν Διόνυσον τὸν ἐκθρέψαντά με.
Λ. 993. ἀλλ' ὡς πρὸς εἰδότα με οὐ τ. λέγε.
Π. 252. τί γὰρ ἂν τις οὐχὶ πρὸς σὲ τ. λέγοι;
τἀληθ'. Σ. 958. καὶ τ. ἀριστοῦς λέγειν· εἰ δ' ὀφείλετο,
Σ. 1106. εἶτα τ. ὁμοια πάντα σφηξὶ μηχανώμεθα.
ΕΙ. 820. καὶ τ. ἀπαξάπαντα, τοῦ πέους δὲ δεῖ.
Ο. 1539. καὶ τ. ἀπαξάπαντα, τὴν εὐβουλίαν,
Θ. 591. καὶ τ. ἀπανθ' ὥσπερ γυναῖκ' ἰσκεύασεν.
Β. 800. λήρων τε τ. ἡγεῖτο τῆς ἑαυτῶν μέρη
Εκ. 598. ποιήσω πάντων καὶ τἀργύριον καὶ τ. ὁπόσ' ἔστιν ἑκάστῳ.
914. καὶ τ. οὐδέν με ταυτα δεῖ λέγειν,
1110. καὶ τ. ἀγαθά. πρὸς ταῦτα μὴ βραδύνετε.
Π. 626. καὶ τ. δσ' ἐστὲν ἀγαθὰ τῶν ἡυπερισμάτων
τἀλλα. Ι. 942. κἀμοὶ δοκεῖ καὶ τ. ἅ' εἶναι καταφανῶς
Ν. 365. αὗται γάρ τοι μόναι εἰσὶ θεαί· τ. δὲ πάντ' ἐστὶ φλύαρος.
1427. σκέψαι δὲ τοὺς ἀλεκτρυόνας καὶ τ. τὰ βοτὰ ταυτί,
Σ. 665. μὰ Δί' οὐ μέντοι καὶ ποῦ τρέπεται δὴ 'πειτα τὰ χρήματα τ.;
ΕΙ. 430. τ. δ' εὑρήσεις ὑπουργεῖν ὄντας ἡμᾶς οὐ κακούς.
598. τ. θ' ὁπόσ' ἐστὶ φυτά
934. εὖ τοι λέγεις. ΧΟ. καὶ τ. γ' ὦσιν ἤπιοι.
1141. οἱ χαραδριοὶ καὶ τ. ποτάμι' ὄρνεα.

τἄλλα. Ο. 1163. ἀπονίψομαι· σὺ δ' αὐτὸς ἤδη τ. δρᾶ.
Λ. 400. αἴ τ. θ' ὑβρίκασι κἀκ τῶν καλπίδων
489. διὰ τἀργύριον πολεμοῦμεν γάρ; ΛΤ. καὶ τ. γε πάντ' ἕκνινήθη.
860. ὅτι λήρῃς ἐστὶ τ. πρὸς Κινησίαν.
1273. ἄγε νυν, ἐπειδὴ τ. πεποίηται καλῶς,
Β. 621. πλίνθους ἐπιτιθεὶς, πάντα τ., πλὴν πράσῳ
Εκ. 513. ἔθινπερ ἔλαβον τ. θ' ἀξηνιγκάμην.
514. κατάκειται δὴ πάνθ' ἄπερ εἶπας. σὺν δ' ἔργον τ. διδόσκειν,
Π. 326. ὅπως δέ μοι καὶ τ. συμπαραστάται
525. ὥστ' αὐτὰς ἁρῶν ἐπαναγκασθεὶς καὶ σκάπτειν τ. τε μοχθεῖν
996. καὶ τ. τἀπὶ τοῦ πίνακυς τραγήματα
τἀλλότρα. Β. 611. κλέπτοντα πρὸς τ.; ΞΑ. μᾶλλ' ὑπερφυᾶ.
Π. 911. σὺ γὰρ ἀξιος τ. πράττειν ὁσθίειν.
τἀλλότριον. Ι. 392. κἀτ' ἀνὴρ ἔδοξεν εἶναι, τ. ἀμῶν θέρος.
τἀλλότρι'. Ι. 1009. περὶ τῶν μετρούντων τ. ἐν ἀγορᾷ κακῶς,
Ν. 176. εἶεν· τί οὖν πρὸς τ. ἐπαλαμήσατο;
τάλφιτα. Ν. 648. τί δέ μ' ἀφελήσουσ' οἱ ῥυθμοὶ πρὸς τ.;
Ν. 788. τὴν μὲν ἐν ᾗ ματτύμεθα μέντοι τ.;
τἀμ'. Ι. 1200. οἴμοι τάλας, ἀδίκως γε τ. ὑφήρπασας,
τἀμά. Ν. 1453. ὑμῖν ἀυαθεῖς ἅπαντα τ. πράγματα.
ΕΙ. 603. ὦ σοφώτατοι γεωργοί, τ. δὴ ξυνίετε
Ο. 636. σκέπτετα τ. τρίψειν.
Λ. 894. τὰ δ' ἔνδον ὅντα τ. καὶ σὰ χρήματα
Θ. 262. ὑποδημάτων δεῖ. ΑΓ. τ. ταυτὶ λάμβανε.
Β. 1326. ταλαρς τ. μέλη ψέγειν,
Εκ. 393. τὸν ζῶντα μᾶλλον. τ. γὰρ διοίχεται.
746. ἐγὼ καταθήσω τ.· κακοδαίμων ἄρα
922. τ. παίγνια· τὴν δ' ἐμὴν
1001. ληρεῖτ' ἐγὼ δ' ἄξω σ' ἐπὶ τ. στρώματα.
τἀμβάδι'. Σ. 600. τὸν στοῦγγον ἔχων ἐκ τῆς λεκάνης τ. ἡμῶν περικονεῖ.
ταμία. Fr. Μ. ΕΙ. Δευτ. 2, 2. πιστὴ τροφός, τ., συνεργὸς, ἐπίτροπος,
ταμίεσαν. Εκ. 212. ταῦταις ἐπιτρόποις καὶ τ. χρώμεθα.
ταμίαν. Ν. 566. τὸν τε μεγασθενῇ τριαίνης τ.,
Σ. 613. ἐν σοὶ βλέψαι καὶ τὸν τ., ὁπότ' ἄριστον παραθήσει
ταμιεῖ. Ι. 959. γάρ' ἐμοὶ δὲ τουτωνὶ λαβὼν τ. μοι.
ταμιεύει. Ο. 1538. ᾔπερ τ. τὸν κεραυνὸν τοῦ Διὸς
Ο. 1542. ἀπαντα τάρ' αὑτῷ τ. ΠΡ. φήμ' ἐγώ.
ταμιεύεσθαι. Θ. 419. αὐταῖς τ., προαιρούσαις λαβεῖν
ταμιεύειν. Fr. 305. σακίον, ἐν οἶσπερ τἀργύριον
ταμιεύομαι. Λ. 495. σὺ καὶ τἀνδον χρήματα πάντως ἡμεῖς τ. ὑμῖν·
ταμιεύομενα. Εκ. 600. τ. καὶ φειδόμενα καὶ τὴν γνώμην προσέχουσα.
ταμιεύσας. Σ. 904. σὺ γὰρ τ. ἔτυχες. ἀπύκριναι σαφῶς,
ταμιεύσεις. Ι. 948. ἐμοί τ. ΚΛ. ἔχε· τωσούτων δ' ἰσθ' ὅτι,
ταμιεύσετε. Λ. 494. ὑμεῖς τ. τἀργύριον; ΛΥ. τί δὲ δεινὸν τοῦτο νομίζεις;
ταμιεύσομεν. Λ. 493. ἀλλὰ τί δράσεις; ΛΤ. τοῦτό μ' ἐρωτᾷς; ἡμεῖς τ. αὐτό.
τἄμπορι'. Ο. 1523. εἰ μὴ παρέξει τ. ἀνεῳγμένα,
τἐμπόρια. Ι. 171. καθορῶ. ΔΗ. τί δαί; τ. καὶ τὰς ὑλκάδας;
τἀμφιδρόμια. Λ. 757. ὦ τ. τῆς κυνῆς αὐτοῦ μινεῖ;
τάν. Α. 733. ἀκοίετον δή, ποτίχετ' ἐμίν τ. γαστέρ' κ.τ.λ.
Α. 817. οὕτω μ' ἀπόσδασθαι τ. τ' ἐμαντῶ ματέρα, κ.τ.λ.
τἀν. Α. 795. καὶ γίγνεταί γα τἀνδε τ. χοίρων τὸ κρῆς κ.τ.λ.
τἀν. Ι. 598. ἀλλα τ. τῇ γῇ μὲν αὐτῶν οὐκ ᾖσαν θαυμάζομεν κ.τ.λ.
τἀν. Λ. 1098. ὦ πολυχαρεῖδα, δεινα τ. ἐπεπόνθειμες. κ.τ.λ.
τἀναντί'. Ν. 1040. καὶ τοῖς νόμοις καὶ ταῖς δίκαις τ. ἀντιλέξαι.
τἀναντία. Α. 493. ἅπαξ μέλλεις εἶς λέγειν τ.
Ο. 1676. τί δαὶ σὺ φής; ΠΟΣ. τ. ψηφίζομαι.
Β. 1450. τ. πράξαντες οὐ σωζοίμεθ' ἄν;
Π. 491. τοὺς δὲ μοχηροὺς καὶ τοὺς ἀθέους τούτων τ. δήπου.
1204. καὶ μὴν πολὺ τῶν ἄλλων χυτρῶν τ.
τἀναοθείρων. Ο. 254. οἰωνῶν τ.
1394.
τἀνάφορον. Β. 8. μεταβαλλόμενος τ. ὅτι χεζητιᾳς.
Εκ. 833. οὐκ εἴπ' ὁ τ. ἦ τι ληρεῖς. φέρε σὺ τ. ὁ παῖ.
Fr. 472, 2. ἔχουσα καὶ τ.
τἄνδε. Λ. 771. οὐ φατί τ. χοῖρον ἥμιν. ἀλλὰ μαν,
Α. 795. καὶ γίγνεταί γα τ., τῶν χοίρων τὸ κρῆς
τἄνδοθεν. Λ. 512. εἴτ' ἀλγούσας τ. ὑμᾶς ἐπανηρόμεθ' ἂν γελάσασαι,
τἀνδον. Λ. 495. οὐ καὶ τ. χρήματα πάντως ἡμεῖς ταμιεύομεν
τἀνδρεῖα. Εκ. 26. ἢ θαιμάτια τ. κλεψάσαις λαβεῖν
Εκ. 75. καὶ θαιμάτια τ., καθάπερ εἴπαμεν.
τἀνδρεῖά. Εκ. 275. καὶ θαιμάτια τ. γ' ἄπερ ἐκλέψατε

τἀνδρί—Ταυροπόλον. 297

τἀνδρί. { A. 223.
           224. } κοὐδέποθ' ἱκοῦσα τ. τὠμῷ πείσομαι.
Θ. 499. ὡς ἡ γυνὴ δεινύουσα τ. τοῦ γ κυκλον
τἀνδρός. Σ. 347. ἥτις σε λάθρα τ. τουδὶ καταβῆναι δεῦρο ποιήσει.
  Σ. 933. κλέπτον τὸ χρῆμα τ.· οὐ καὶ σοὶ δοκεῖ.
  Θ. 603. παραβάλλουσαι τῆς τε γυναικὸς καὶ τ. τοὐνομ' ἕκαστον.
  813. φορμὸν πυρῶν τ. κλέψασ' αὐθημερὸν αὔτ' ἀπέδωκεν.
  Εκ. 48. κατὰ σχολὴν παρὰ τ. ἐξελθεῖν μύπη.
  243. ἐν ταῖς φυγαῖς μετὰ τ. ᾤμησ' ἐν πυκνί.
τἀνδῶς. Εl. 554. ὡς ἄσωπτ' ἤδη 'στὶ μετὰ τ. εἰρήνης σαπρᾶς.
τἄνθεια. Λ. 869. τ. τὰς γλάχανος ἀνίκιζμε χαμαί
τἀνθρήινα. Σ. 1080. ἐξελεῖν ἡμῶν μενοινῶν πρὸς βίαν τ.,
  Σ. 1107. ξυλλεγέντες γὰρ καθ' ἐσμοὺς, ὡσπερεὶ τ.,
τἀνθρώπου. Ν. 1350. δῆλον τὸ λῆμ' ἐστί τ.
τἀνθρώπῳ. Ν. 512. εὐτυχία γένοιτο τ.
Ταντάλειος. Β. 1232. Πέλωψ ὁ Τ. ἐς Πίσαν μολὼν
ταντάλίζεται. Fr. 711. τὰ Ταντάλου τάλαντα τ.
Ταντάλου. Fr. 711. τὰ Τ. τάλαντα τανταλίζεται,
τἀνταῦθί. Β. 273. τί ἐστι τ. ; ΕΛ. σκότος καὶ βύρβορος.
τἄντερ'. Λ. 367. βρύκουσά σου τοὺς πλεύμονας καὶ τ. ἐξαμήσω.
τἄντερα. Ι. 708. ἐξαρπάσομαί σου τοῖς ὄνυξί τ.
τἀντευθενί. Α. 92. θηλὴ 'στὶν οὖσα ταυταγὶ τ.
τἀντικνήμια. Β. 126. εὐθὺς γὰρ ἀποπήγνυσί τ.
τἀντίον. Θ. 822. τ.· ὁ κανὼν, οἱ καλαθίσκοι,
τανυσίπτερε. Ο. 1411. τ. ποικίλα χελιδοῖ·
  Ο. 1415. τ. ποικίλα μάλ' αὖθις.
τάνω. Ο. 1507. ἀλλ' ἵνα φράσω σοι πάντα τ. πράγματα,
  Ν. 231. εἰ δ' ὧν χαμαὶ τ. κάτωθεν ἐσκόπουν,
τάξεις. Β. 1036. τ. ἀρετὰς, ὁπλίσεις ἀνδρῶν ; ΔΙ. καὶ μὴν οὐ Πανταλέα γε
τάξεων. Α. 600. ὁρῶν πυλιοὺς μὲν ἄνδρας ἐν ταῖς τ.,
τάξεων. El. 303. Ἀπαλλαγέντες καὶ κακῶν φοινικικῶν·
τάξῃς. Σ. 1420. ἢν ἂν σὺ τ., καὶ χάριν πρὸς εἴσομαι,
ταξιαρχεῖν. El. 444. κεῖ τις ἐπιθυμεῖ τ. σοὶ φθονεῖ
ταξίαρχον. El. 1172. μᾶλλον ἡ θεοῖσιν ἐχθρῷ τ. προσβλέπον.
  Θ. 833. ἢ στρατηγῶν, λαμβάνειν τιμὴν τινα.
ταξίαρχος. Ο. 353. τοῦ 'σθ' ὁ τ.· ἐπαγέτω τὸ δεξιὸν κέρας.
ταξίαρχός. Α. 569. εἴτε τις ἐστι τ. τις ἢ
τάξιν. Ο. 400, ἄναγ' ἐπ. πάλιν ἐς ταυτόν,
τἀπ'. Π. 100. ἀφεντὸς με νῦν. ἔστιν γὰρ ἤδη τ. ἐμοῦ.
τἀφάρματα. El. 1058, ἄγε νυν ἀπάρχου, κᾴτα δὺς τ.
τἄπη. Ν. 541. οὐδὲ πρεσβύτης ὁ λέγων τ. τῇ βακτηρίᾳ
  Β. 862. τ., τὰ μέλη, τὰ νεῦρα τῆς τραγῳδίας,
  885. εὔχεσθε δὴ καὶ σφῷ τι, πρὶν τ. λέγειν.
τάπητος. Π. 542. καὶ φορμὸν ἔχειν ἀντὶ τ. σαπρὸν· ἀντὶ δὲ προσκεφαλαίου.
τἀπί. Σ. 288. τῶν προδοτῶν τ. Θράκης κ.τ.λ.
τἀπιδέξια. Ο. 1493. πάντα τ.
τἀπιεική. Ν. 1438. κἄμοιγε συγχωρεῖν δοκεῖ τούτοισι τ.
τἀπίλοιπ'. Ι. 688. πίζε τ. ἄριστα
τἀποβήσεται. Fr. 1. παρ' Ἀλκιβιάδου τοῦτο τ.
τἀποβύσεται. Fr. M. Δαιτ. 16. παρ' Ἀλκιβιάδου τοῦτο τ.
τἀπαλλαγωα. Ο. 982. ἐν ἐγὼ παρὰ τ. ἐξευραμένην·
τἀπόρρηθ'. Ι. 282. νὴ Δι', ἐξαύγει γε τ., ἄμ' ἄρτον καὶ κρέας
τἀπόρρητ'. Β. 362. ἢ προδιδῶσιν φρούριον ἢ ναῦς, ἢ τ. ἀποπέμπει
  Εκ. 442. καὶ χρηματοποιῶν· κύπτε τ. ἔφη
τἀπόρρητα. Fr. 520. οὕτως τι τ. δρᾷν ἔστι μέλει.
τἀπόρρητά. Θ. 362. τ. τε τοῖσιν ἐ-
τάρ'. Ι. 1262. μαθητέον τ. ἐστὶ πολλοὺς τῶν λόγων, κ.τ.λ.
τάρα. Α. 323. οὐκ ἀκουσόμεσθα δῆτα, ΔΙ. δεινά τ. πείσομαι, κ.τ.λ.
τάρακτρον. El. 654. καὶ μύκηθρον καὶ τ,
ταράξει. El. 268. τούτῳ τ. τὰς πόλεις καθήμενος.
ταρακικάρδιον. Α. 315. τοῦτο τυβρίς δεινῶν ἤδη καὶ τ.
ταραξιππόστρατον. Ι. 247. παῖε παῖε τὸν πανοῦργον καὶ τ.
τάρβεις. Θ. 137. τίς ἡ τ. τοῦ βίου; τί ἄραβιτος
ταράξομαι. Λ. 1232. ὑφορντει, εὐθὺς βλέπομεν ὅ τι τ.·
ταράφα. Α. 621. δεῖ πολεμῆσαι, καὶ τ. πανταχῇ,
  Ι. 358. λαυγχότορόν τουτ· ῥήτορας καὶ Νικίαν τ.
τάραττε. Ι. 214. τ. καὶ χύρδευ' ὁμοῦ τὰ πράγματα
  Ι. 251. ἀλλὰ παῖε καὶ δίωκε καὶ τ. καὶ κύκα
ταράττει. Ι. 66. αἰνεῖ, τ. βορφοβικεῖ, λέγων τάδε
ταράττει. Ι. 902. οἴσσοί μ', ὡ πανοῦργε, βωμολοχεύσαμεν τ.
  Σ. 696. ταυτί με ποιοῦσ'· οἴμοι, τί λέγεις ; ὡς μου τὸν θυμὸν τ.,
ταραττέτω. El. 320. ὃς κυκάτω καὶ πατείτω πάντα καὶ τ.,
ταράττης. Ι. 867. αἰροῦσιν· καὶ ὡς λαμβάνεις, ἢν τὴν κεφαλὴν τ.
ταράττων. Α. 688. ἀνδρα Τιθωνὸν σπαρίτων καὶ τ. καὶ κυκῶν·
  Ι. 431. ὁμοῦ τ. τήν τε γῆν καὶ τὴν θάλατταν εἰκῇ.
  692. ὠθῶν κύλυκμα καὶ τ. καὶ κυκῶν,

ταράττων. Ι. 840. ᾗ πολλὰ χρήματ' ἐργάσει σείων τε καὶ τ.
τάργα. Θ. 604. Ναυσιμάχης μὲν γ' ἥττων ἐστὶν Χαρμίνος· δῆλα δὴ τ.
τάργυρίον. Ν. 756. ὅτη κατὰ μῆνα τ. δανείζεται.
  Ν. 1247. ποῦ 'σθ' οὗτος ἀπαιτῶν με τ.; λέγε,
  1249. ἔκειτ' ἀπαιτεῖν τ. τοιοῦτος ὤν·
  1278. εἰ μἀποδώσεις τ. ΣΤ κάτειπέ νυν,
  1283. πῶς οὖν ἀπολαβεῖν τ. δίκαιος εἶ,
  1288. πλέον πλέον τ. ἀεὶ γίγνεται,
  1295. ζητεῖ ποιῆσαι τ. πλέον τὸ σόν·
  Σ. 607. ἀσπάζονται διὰ τ., καὶ πρῶτα μὲν ἡ θυγάτηρ καὶ
  795. ταχὺ γοῦν καθίζεις τ., ἢ δ' ὃς λέγων.
  El. 1238. ἰθὶ δὴ, 'ξένεγκέ τ. ΤΡ. ἀλλ', ἀγαθέ,
  Λ. 174. καὶ τ. γύθυσσον ᾗ παρὰ τῷ σῷ.
  488. ἵνα τ. σῶν παρίχουμεν καὶ μὴ πολεμοῖτε δι' αὐτό.
  489. διὰ τ. πολεμοῦμεν γάρ; ΛΤ. καὶ τἆλλα γε πάντ' ἐκινήθη.
  494. ἐμεῖς ταμιευόετε τ.; ΛΤ. τί δὲ δεινὸν τούτῳ νομίζεις;
  Θ. 1196. ναὶ ναὶ δῶ σοι. ΕΤ. τ. τοίνυν φέρε.
  Β. 148. ἡ παῖδα κινῶν τ. ὑφείλετο,
  561. κἄπειτ' ἐπειδὴ τ. ἐπραττύμην,
  624. τὸν παῖδα τύπων, τ. σοι κείσεται.
  Εκ. 598. κοινήν πάντων καὶ τ. καὶ τἆλλ' ὁπός' ἐστὶν ἑκάστῳ.
  Π. 131. διὰ τ. πλεῖστον γάρ ἔστ' αὐτῷ. ΧΡ. φέρε,
  141. αὐτὸς δειξει τ., ὥστε τοῦ Διὸς
  Fr. 305. σακίαν, ἐν οἰσπερ τ. ταμιεύεται.
τἀργυρίον. Ν. 1285. ἀλλ' εἰ σπανίζεις, τ. μοι τὸν τύπον
  Λ. 422. κοπῇς ἐσποντε, τ. νυνὶ δέον,
  Π. 154. οὐ τῶν ἐραστῶν, ἀλλὰ τ. χάριν.
τάρδ'. Λ. 734. ἀλλ' ἰὼ 'πολέσθαι τ.; ΛΤ. ἢν τούτου δέρ·
τάρια. Β. 1387. ὑγρὸν ποιήσας τοὔνος ὥσπερ τ.
  Εκ. 215. ἐγὼ διδάξω. πρῶτα μὲν γὰρ τ.
ταρίστερἀν. El. 334. ἀλλὰ καὶ τ. τοῦ μοῦστ' ἀναγκαίοις ἔχον.
ταρίχει. Fr. 528. ἐπὶ τῷ τ. τὸν γέλωτα κατέδομαι.
ταρίχη. Α. 967. ἀλλ' ἐπί τ. τοὺς κυφοὺς κραδαινέτω·
ταρίχιον. El. 563. ἐμπολήσαντές τι χρίσότιν εἰς ἀγρὸν τ.
τάρίχων. Fr. 21, 1. οὐκ αἰσχύνοις μαι τῶν τ. τουτονὶ
τάριχος. Ι. 1247. ἐπὶ ταῖς πύλαισιν, οὗ τὸ τ. ὤνιον.
  Β. 558. τί δαί; τὸ πολὺ τ. οὐκ εἰρηκέ πω.
  Fr. 313, 2. ἡνίκα Κράητί τε τ. ἐλεφάντινον
τάριχων. Α. 1101. θρίον τ. οἴσε δεῦρο, παῖ, σαπρού.
  Σ. 491. νῦν δὲ πολλῷ τοῦ τ. ἐστὶν ἀξιώτερα·
τάρρεν'. Ν. 660. ἀλλ' οἶδ' ἔγωγε τ., εἰ μὴ μαίνομαι·
τάρρου. Ν. 226. ἔπειτ' ἀπὸ τ. τοὺς θεοὺς ὑπερφρονεῖς,
τάρρωμα. Fr. 686. τ.
Τάρταρον. Ν. 192. οὗτοι δ' ἐρεβοδιφῶσιν ὑπὸ τὸν Τ.
  Ο. 698. οὗτοι δὲ Χάει πτερύεντι μιγείς νυχίῳ κατὰ Τ. εὐρὺν
Τάρταρος. Ο. 693. Χάος ἦν καὶ Νὺξ Ἔρεβός τε μέλαν πρῶτον καὶ Τ. εὐρύς·
Ταρτησία. Β. 475. Τ. μύραινα. τὼ νεφρὼ δέ σου
τάρχαἴ'. El. 604. πάμπολλα, καὶ τ. ἃ κατέλιπεν τὕχε.
  Σ. 1479. τ. ἐκεῖν' οἶς θέωπις ἠγωνίζετο.
τάρχαἴα. Ι. 1387. μακαρίον ἐς τ. δή καθίσταμαι.
τάρχαἴον. Ν. 1156. αὐτοί τε καὶ τ. καὶ τύκοι τύκων·
τάρχαῖον. Ν. 593. αὗθις ἐς τ. ὑμῖν, εἴ τι καθημάρτετε,
  Β. 720. ἔς τε τ. νόμισμα καὶ τὸ καινὸν χρυσίον·
τάρχηγέτ. Λ. 644. εἶτ' ἀλετρὶς ᾖ δεκέτις οὖσα τ.·
τάρχωματα. El. 1158. τοῦ θεοῦ τ.
τάς. Α. 18. οὕτιν ἔσθ'χθηρ ὑπὸ κονίας τ. ὀφρὺς κ.τ.λ.
  El. 558. τ. τε συκᾶς, ἃς ἐγὼ 'φίτευον ὢν νεώτερος, κ.τ.λ.
τάς. Α. 608. ἔπειτα τ. γλώγανας ἀνίκμζε χαμαί.
  Α. 155. ὁ γοῦν Μενέλαος τ. Ἑλένας τὸ μαλά πο
τᾷσδ'. Ν. 340. διὰ μέντοι τ. οὐχὶ δικαίως; ΣΤ. λέξον δὴ μιν, τί σαθύζει,
τάσδε. Λ. 695. ἐμοὶ δὲ τιμᾷ τ. να γενήσεται;
τάσδε. Λ. 740. περίθεσθε τ. τὰς στολὰς τὴν ὑπλὴν λαβών, κ.τ.λ.
ταοδεδί. Λ. 1274. ἀνάγεσθε ταύτας, ὦ Λάκωνες, τ.
τάσδι. Α. 191. οὐ δ' ἀλλὰ τ. τὰς δεκέτεις γεύσαι λαβών, κ.τ.λ.
τάττεται. Β. 649. κἀνοῦ ἀνύσεις· ἱαπτεταί. ΑΙ. τί τ.
τάττικόν. El. 252. φέρ' ἐπιχεσι καὶ τὸ μέλι τουτὶ τ.
τάττικοῦ. El. 254. πολυπραγμονον τοῦτ' ἔστι· σβήσω τ.
ταττόμενον. El. 766. ἀναξανάντων. ΑΝ. Α. ὅτι τὸ τ. πιωῖ;
  El. 707. τὸ τ. γὰρ δεῖ ποιεῖν τὸν σώφρονα.
Ταυγέτων. Λ. 1297. Τ. αὗτ' ἐρανοῖν ἰκλιτάσα,
Ταυγέτων. Λ. 117. ἐγὼ δὲ καὶ κα πότι τὸ Τ. γ' ἄνω
ταυθ'. Α. 7. τ. οἷν ἐγανάθην, καὶ φιλῶ τοῦ ἱσπείῦς κ.τ.λ.
ταυλίον. Λ. 721. κατιλαβον ᾖ τοῦ Πανὸς ἐστί τ.,
ταύρειον. Ι. 83. βλέπιστον τοῦτ' εἶναί μοι δοκεῖ
ταυρηδὸν. Β. 804. βλέψε δ' οὖν τ. ἐγκύψας κάτω.
ταύρων. Λ. 81. κᾶν τ. ἄγοις.
Ταυροπόλον. Λ. 447. εἰ τύρα νὴ τὴν Τ. ταύτῃ πρόσει,

Q q

ταῦρος—τάχιστα.

ταῦρος. Ν. 661. κριὸς, τράγος, τ., κύων, ἀλεκτρυών.
ταυροφάγου. Β. 357. μηδὲ Κρατίνου τοῦ τ. γλώττης Βακχεῖ' ἐτελέσθη,
ταύρῳ. Ν. 347. ἢ παρδάλει ἢ λύκῳ ἢ τ.; ΣΤ. νὴ Δί᾽ ἄγωγ'. εἶτα τί τοῦτο;
ταῦτ'. Α. 90. τ. ἆρ᾽ ἐφενάκιζες σὺ, δύο δραχμὰς φέρων, κ.τ.λ.
ταῦτα. Α. 125. εἰς τὸ πρυτανεῖον. ΔΙ. τ. δῆτ᾽ οὐκ ἀγχόνη; κ.τ.λ.
ταυτά. Ν. 1339. τοῖσιν δικαίοις ἀντιλέγειν, εἴ τ. γε κ.τ.λ.
ταῦτα. ΕΙ. 847. πόθεν δ᾽ ἔλαβές τ., σύ; ΤΡ. πόθεν; ἐκ τοὐρανοῦ
ταυτά. Σ. 483. τ. ταῦτά σου καταυτλῇ καὶ ξυνωμόται καλῇ. κ.τ.λ.
ταυταγί. Α. 912. φαίνω πολέμια τ. ΗΟ. τί δαὶ παθὼν κ.τ.λ.
ΕΙ. 1057. ὑσταῦ ἀμείνων πρώτον. ΙΕ. ἀλλά τ. κ.τ.λ.
ταύταις. Σ. 121. ὅτε δῆτα τ. ταῖς τελεταῖς οὐκ ὠφέλει, κ.τ.λ.
ταύταισιν. Εκ. 229. τ., οὖν, ὦνδρες, παραδόντες τὴν πύλιν
ταύτας. Α. 199. τ. δέχομαι καὶ σπένδομαι κἀμπίομαι, κ.τ.λ.
ταυτασί. Α. 130. ἐμοὶ σὺ τ. λαβὼν ὀκτὼ δραχμὰς
Λ. 603. καὶ τ. δέξαι παρ᾽ ἐμοῦ.
ταύτῃ. Ι. 271. ἀλλ᾽ ἐὰν τ. γε νικᾷ, ταυτηῒ πεπλήξεται κ.τ.λ.
ταυτηΐ. Ι. 271. ἀλλ᾽ ἐὰν ταύτῃ γε νικᾷ, τ. πεπλήξεται κ.τ.λ.
Ι. 922. τί τῶν ἀπειλῶν τ. κ.τ.λ.
ταύτην. Α. 896. ἀγορᾶς τέλος τ. γέ που δώσεις ἐμοί κ.τ.λ.
ταυτηνί. Α. 465. ἄπελθε τ. λαβών. ΔΙ. ἀπέρχομαι, κ.τ.λ.
ταυτηνδί. Ο. 1364. τὸν μὲν πατέρα μὴ τύπτε· τ. λαβὼν
ταύτης. Ν. 511. οὔνεκα τ. κ.τ.λ.
ταυτησί. Α. 960. ἐκέλευσε Λαμαχὸς σε τ. δραχμῆς
Ι. 754. ὅταν δ᾽ ἐπὶ τ. καθῆται τῆς πέτρας,
771. ἐπὶ τ. κατακνησθείην ἐν μυττωτῷ μετὰ τυροῦ
ταυτί. Α. 167. τ. περιεῖδεθ᾽ οἱ πρυτάνεις πάσχοντά με κ.τ.λ.
Ι. 1346. τ. μ᾽ ἔδρων, ἐγὼ δὲ τοῦτ᾽ οὐκ ᾐσθόμην; κ.τ.λ.
ταυτό. Ν. 234. πάσχει δέ τ. τοῦτο καὶ τὰ κάρδαμα, κ.τ.λ.
ταὐτό. Ν. 663. ἀλεκτρυόνα κατά τ. καὶ τὸν ἄρρενα. κ.τ.λ.
ταὐτομάτου. Π. 1150. τί δέ; τ. δοκεῖν εἶναι σοι δοκεῖ;
ταυτόν. Ι. 319. νὴ Δί᾽ κἀμὲ τοῦτ᾽ ἔδρασέ τ., ὥστε κατάγελων κ.τ.λ.
Λ. 496. ἀλλ᾽ οὔ τ. ΛΥ. πῶν οὔ τ.; ΠΡ. πολεμητέον ἐστ᾽. ἀπὸ τούτου, κ.τ.λ.
ταυτοῦ. Ι. 1289. οὐ ποτ᾽ ἐκ τ. μεθ᾽ ἡμῶν πίεται ποτηρίου.
ταύτῳ. Χ. 909. καὶ τὰς ἀκάνθας, ποὐδέποτ᾽ ἐν τ. μένει. κ.τ.λ.
ταφαίσι. Β. 423. ἐν ταῖς τ. πρωκτὸν
ταφῆναι. Εκ. 592. μηδὲ γεωργεῖν τὸν μὲν πολλήν, τῷ δ᾽ εἶναι μηδὲ τ.
Π. 556. ὁ φειδόμενος καὶ μοχθήσας καταλείψει μηδὲ τ.
τάφοδια. Π. 1024. γραῦς καπρώσης τ., κατεσθίειν.
τάφροσδίτῃ. Α. 793. ἀλλ᾽ οὐχὶ χοῖρος τ. θύεται.
τάφρους. Α. 1178. ἀνὴρ τέτρωται χάρακι διαπηδῶν τ.,
τάφρους. Β. 928. ἀλλ᾽ ἡ Σκαμάνδρους, ἢ τ., ἢ ᾽π᾽ ἀσπίδων ἐῤῥύπας
τάφῳ Θ. 885. αἰαῖ, τίθηκας. τοῦ δ᾽ ἐτυμβεύθη τ.;
ταφώμεν. Ο. 396. δημόσια γὰρ ἵνα τ.,
τάχ᾽. Α. 332. εἴσομαι δ᾽ ὑμῶν τ. ὅστις ἀνθρώπων τι κήδεται.
Σ. 277. καί τ. ἂν βουβωνιῴη.
453. ἀλλὰ τούτων μὲν τ. ἡμῖν δώσετον καλὴν δίκην,
ΕΙ. 1315. πρὸς ταῦτα βρύκετ᾽, ἤ τ. ὑμῖν φημι μεταμελήσειν
Ο. 1468. πικρὰν τ. ὄψει στρεφοδινοπαισουργίαν.
Λ. 375. τοὐμὸν σὺ πῦρ κατασβέσεις; ΧΟ. ΓΥ. τοὔργον τ. αὐτὸ δείξει.
Θ. 718. ἀλλ᾽ οὐ μὰ τὼ θεὼ τ. οὐ
853. πικρὰν Ἑλένην ὄψει τ., εἰ μὴ κοσμίως
Β. 527. ὕδωκάς αὐτώ; ΔΙ. οὔ τ., ἀλλ᾽ ἤδη ποιῶ
Εκ. 936. δείξει τ. αὑτός, ὡς ἔγωγ᾽ ἀπέρχομαι.
τάχα. Α. 481. ἆρ᾽ οἶσθ᾽ ὅσον τὸν ἀγῶν᾽ ἀγωνιεῖ τ.,
Α. 565. τὸν ἄνδρα τοῦτον, αὐτὸς ἀρθρεῖ τ.
Ν. 1144. τ. δ᾽ εἴσομαι κύψας τὸ φροντιστήριον.
Σ. 281. τ. δ᾽ ἂν διὰ τὸν χθιζινὸν ἄνθρωπον, ὃς ἡμᾶς διεδίετ'
1444. εἴσω φέρω σ᾽ ἐντεῦθεν· εἰ δὲ μή, τ.
1456. τ. δ᾽ ἂν ἴσως οὐκ ἐθέλοις.
1491. τ. βαλλήσεις.
Ο. 953. τ. γὰρ τύχοις ἄν
1043. σὺ δέ γ᾽ ὥσπερ ὠτοτύξει χρήσει τ.
1390. καὶ πτεροδόνητος σὺ δὲ κώπων εἶσει τ.
Λ. 444. ταύτῃ προσοίσεις, κύαθον αἰτήσει τ.
1114. τ. δ᾽ εἴσομαι ᾽γώ. ποῦ ᾽στιν ἡ Διαλλαγή;
Θ. 6. μηδὲν ἱκέτευ᾽· αὑτὸς γὰρ ἔξεισιν τ.
723. τ. δέ σε μεταβαλοῦσ᾽
Β. 1261. δείξει γε μέλη θαυμαστά. δείξει δὴ τ.
1303. θρῆνον, χορεῖον· τ. δὲ δηλωθήσεται.
Εκ. 933. δείξει γε καὶ σοί. τ. γὰρ εἴσιν ὡς ἐμέ.
1108. τοῖν σκελίσκοιν τὸν ῥυθμόν. τ. γὰρ ἔπεισι
Π. 647. καὶ ποῦ ᾽στιν; ΚΑ. ἐν τοῖς λεγομένοις εἶσει τ.
Fr. 207. 2. νυνὶ δὲ καὶ νατεμοῦσι, τ. δ᾽ εὖ οἶδ᾽ ὅτι
491. πικρότατον οἶνον τήμερον πίει τ.

τάχας. Fr. 687. τ. :
τάχει. Σ. 1439. τὴν μαρτυρίαν ταύτην ἐάσας ἐν τ.
Π. 334. ἀκήκοέν τι τῇ βαδίσει καὶ τῷ τ.
ταχεῖ. Θ. 1099. τ. πεδίλῳ· διὰ μέσου γὰρ αἰθέρος
ταχεῖα. Ο. 1204. Ἶρίς τ. ΠΕ. Πάραλος, ἢ Σαλαμινία:
ταχεῖαν. Β. 127. βούλει τ. καὶ κατάντη σοι φράσω;
ταχείας. Ι. 1071. αἰτεῖ τ. ἀργυρολόγους οὑτοσί·
ταχεῖς. Ο. 1453. ἀλλὰ πτέρου με τ. καὶ κούφοις πτεροῖς
ταχεῖα. Α. 777. ἔγωγε. ΝΕ. φώνει δὴ τὸ τ., χοιρίον.
Α. 1006. τὰ λαγῷα, τ. τοὺς στεφάνους ἀνείρετε.
1074. τ. λαβόντα τοὺς λύχους καὶ τοὺς λύφοις·
Ι. 95. ἀλλ᾽ ἐξένεγκέ μοι τ. οἴνου χόα,
495. καὶ σπεύδε τ. ΑΛ. ταῦτα δρῶ. ΧΟ. μίμνησό νυν
1227. κατάθου τ. τὸν στέφανον, ἵν᾽ ἐγὼ τουτῳὶ
1228. αὐτὸν περιῶ. ΑΛ. κατάθου τ., μαστιγία.
Ν. 345. ἀπόκριναί μ᾽ ἅττ᾽ ἂν ἔρωμαι. λέγε νυν τ. ὅ τι βούλει.
775. ἄγε δὴ τ. τουτὶ ξυνάρπασον. ΣΤ. τὸ τί;
812. τ. φιλεῖ γάρ πως τὰ τοιαῦθ᾽ ἑτέρᾳ τρέπεσθαι.
Σ. 138. οὐ περιδραμεῖται σφῷν τ. δεῦρ᾽ ἅτερος;
329. σπόδισον τ.·
355. ἵειτ σαυτὸν κατὰ τοῦ τείχους τ., ὅτε Νάξος ἑάλω;
653. εἰ μὴ γὰρ ὅπως δουλεύω 'γώ, τουτί τ. με διδάξεις,
ΕΙ. 431. ἄγε δή, σὺ δ᾽ ὑπέχε τὴν φιάλην, ὅπως
957. περιιδὼ τὸν βωμὸν τ. ἐπιδέξια.
960. σείου σὺ τ.· σὺ δὲ πρότεινε τῶν ὀλῶν,
1024. σχίζας δευρὶ τιθέναι τ.
Ο. 480. οὐκ ἀποδώσει τ. ὁ Ζεὺς τὸ σκῆπτρον τῷ δρυκολάπτῃ.
957. οὕτω τ. τούτου πεπύθαι τὴν πόλιν.
1258. οὐκ ἀποσοβήσεις; οὔ τ.; εὐρὲ πατάξ.
Λ. 154. σπονδαὶ ποιήσαιντ᾽ ἂν τ., εὖ οἶδ᾽ ὅτι.
164. κάλλιον ὑδωμὰν χρή· κἀμέλει τ. πάνυ
503. ἡμεῖς φράσομεν. ΠΡ. λέγε δὴ τ., ἵνα μὴ πλήξῃ. ΛΥ. ἄκρου δή,
731. οὐκ εἶ πάλιν; ΓΥ. Α. ἀλλ᾽ ἥξω τ. νὴ τὼ θεώ,
830. τ. ΓΥ. Α. τί δ᾽ ἐστιν; εἰπέ μοι, τίς ἡ βοή;
924. ἰδού. ΚΙ. ψαπαιάξ. ἡκέ νυν τ. πάνυ.
Θ. 277. ἐκπονοῦμε τ. ὑπὸ τῆς ἐκκλησίας
638. χάλα τ. τὸ στρόφιον, ὠναίσχυντε σύ
731. ἀπόδωθί τ.· τοῦ θανάτου δ᾽, ὦ παιδίαν,
784. κείψῃ, ταύτῃ· τ. χρή.
Β. 146. πρὶν καὶ καταβῆσθαι; ΔΙ. καί τ. μέντοι πάνυ.
188. ἔγωι. ΧΑ. τ. ἔμβανε. ΔΙ. πῶς σχήσεις δοκεῖς;
498. φέρε δὴ τ. αὐτ᾽· οὐ γὰρ ἀλλὰ πειστέον.
605. ξυνδείτε τ. τουτονὶ τὸν κυνοκλόπον,
827. κατάθου σὺ τὰ σκεύη τ., χὤπως ἐρεῖς
1508. καὶ φράζ᾽ αὐτοῖς τ. ἥκειν
1510. πᾶν μή τ. ἥκωσιν, ἐγὼ
1514. κατὰ τῆς τ. ἀποπέμψω.
Εκ. 121. ἴθι δὴ σὺ περιδοῦ καί τ. πότερον γενοῦ
1175. ταχὺ καὶ τ. λαβὲ τρυβλίον.
Π. 71. ἀλλ᾽ αἶρε τ. ΠΛ. μηδαμῶς. ΧΡ. οὔκουν ἐρεῖς;
222. ἀλλ᾽ ἴθι σὺ μὲν τ. δραμὼν ΚΑ. τί δρῶ; λέγε.
644. τ. τ. φέρ᾽ οἶνον, ὦ δέσποιν᾽, ἵνα
832. ᾗ ποῦ σε τ. ἐπίλιπεν τὰ χρήματα.
874. ὦν εἰς ἀγορὰν ἰὼν τ. οὐκ ἂν φθάνοις·
926. κατάθου τ. θοιμάτιον. ΚΑ. οὔτοι, σαὶ λέγει.
Fr. 427. 1. φέρε παῖ τ. κατὰ χειρὸς ὕδωρ
τάχισθ᾽. Σ. 365. μηχανήν ὅπως τ. ἕ-
τάχιστ᾽. Ν. 839. ἀλλ᾽ ὡς τ. ἐλθὼν ὑπὲρ ἐμοῦ μάνθανε
Ν. 1484. ἀλλ᾽ ὡς τ. ἐμπιπράναι τὴν οἰκίαν
Σ. 167. ὑπων τ., ἢ πινάκιον τιμητικόν·
ΕΙ. 299. ὡς τ. ἅμας λαβόντες καὶ μοχλοὺς καὶ σχοινία
955. ὡς τ. ἄνευ δρατίου καὶ ξίφους κάκοντίου
973. ἀλλ᾽ ὡς τ. εὐχώμεθ᾽, εὐχώμεσθα δή.
Ο. 207. ἀλλ᾽ ἀντιβολῶ σ᾽, ἄγ᾽ ὡς τ. εἰς τὴν λόχμην
1056. ἀπίωμεν· μηκεῖς ὡς τ. ἐντευθενί
Θ. 662. ἀλλὰ τὴν πρώτην τρέχεις χρῆ ὡς τ. ἤδη κύκλῳ.
Β. 118. ὑπέρ τ. ἀφιξώμεθ᾽ ὡς "Ἀιδου κάτω"
Π. 653. ὡς γὰρ τ. ἀφικνεῖσθα πρὸς τὸν θεὸν
τάχιστα. Α. 756, ὅπως τ. καὶ κάκιστ᾽ ἀπολοίμεθα.
Λ. 1094. ἀλλ᾽ ὡς τ. σπεῦδε. ΛΑ. κακοδαίμων ἐγώ.
Ν. 88. ἐκστρέψον ὡς τ. τοὺς σαυτοῦ τρόπους,
1199. ἴν᾽ ὡς τ. πρυτανεῖ ὠφελίσατο.
Σ. 408. ἀλλὰ θοἰμάτια βαλόντες ὡς τ., παιδία,
529. ἐνεγκάτω μοι δεῦρο τὴν κίστην τις ὡς τ.
860. ἀλλ᾽ ὡς τ. πῦρ τις ἐξενεγκάτω
1361. ὡς τ. τήνδε τάσδε τᾶς δετὰς
ΕΙ. 8. αἶρ᾽ αἶρε μᾶζαν ὡς τ. καθάρῳ.
3. ἀλλ᾽ ὡς τ. τρίβε πολλὰς καὶ πυκνάς,
427. εἰσιόντες ὡς τ. τοὺς λίθους ἀφέλκετε
713. ἀλλ᾽ ὡς τ. τήνδε τὴν Θεωρίαν

τάχιστα—τέκνα. 299

τάχιστα. ΕΙ. 842. ἀλλ' εἴσαγ' ὥς τ. ταυτηνὶ λαβὼν,
ΕΙ. 937. ἴθι νυν, ἄγ' ὡς τ. τὸ πρόβατον λαβών·
 1208. ἐπὶ δεῖπνον ὡς τ.· καὶ γὰρ οὑτοσὶ
Ο. 541. ἀλλ' ὡς τ. δεῖ τι δρᾶν· πρῶτον δέ γε
 1309. ἀλλ' ὡς τ. σὺ μὲν ἰὼν τὰς ἀσφίχους
Λ. 181. τί δῆτα ταῦτ' οὐχ ὡς τ., Λαμπιτοῖ,
 266. ἀλλ' ὡς τ. πρὸς πύλιν σπεύσωμεν, ὦ Φιλουργέ,
 747. ἀπόπεμψον ὡς τ. ΛΤ. τίνα λόγον λέγεις;
 1009. ἀλλ' ὡς τ. φράζε περὶ διαλλαγῶν
Θ. 1205. ὅταν λυθῇς τ., φιυξει, καὶ τενεῖς
Β. 905. ἀλλ' ὥς τ. χρὴ λέγειν· οὕτω δ' ὅπως ἐρεῖτον
Εκ. 269. ὑποδεῖσθε δ' ὡς τ. τὰς Λακωνικάς,
 506. ἀλλ' ὡς τ., πρὶν τιν' ἀνθρώπων ἰδεῖν,
Π. 620. ἐγὼ δὲ καὶ σύ γ' ἅπ τ. τὸν θεὸν
τάχιστά. Ν. 182. καὶ δεῖξον ὡς τ. μοι τὸν Σωκράτη.
Λ. 1188. ἄγ' ὅπα τυ λῇς. ΑΘ. νὴ τὸν Δί' ἅπ τ. γε.
Θ. 265. εἴσω τις ὡς τ. μ' ἰσκκυκλησάτω.
ταχίστην. Σ. 990. φέρε νῦν σε τρόπῳ τὴν τ. περιάγω.
τάχος. Α. 686. ἐν τ. παῖες ξυνάπτων στρογγύλοις τοῖς ῥήμασι·
Λ. 1187. θεῖος ἕκαστος. ΑΘ. ἀλλ' ἰτέον ἐν τ.
Θ. 727. καὶ κατάθειν τὸν πανοῦργον, πυρπολεῖν θ' ὅσον τ.
ταχύ. Α. 1029. ὑπάλειψον εἰρήνῃ με τὠφθαλμὼ τ.
Α. 1085. Δικαιόπολι, ΔΙ. τί ἐστιν· ΔΗ. ἐπὶ δεῖπνον τ.
Ι. 109. εἶπ', ἀντιβολῶ, τί ἐστι· ΔΠ. τοὺς χρησμοὺς τ.
 120. ὦ λῷνα. δὸς μοι δὸς τὸ ποτήριον τ.
 123. ὦ Βάκι. ΝΙ. τί ἐστι· ΔΗ. δὸς τὸ ποτήριον τ.
 648. αὐτοῖς ἀπόρρητον ποιησάμενος τ.,
 1074. ὅτι ἡ τριήρης ἐστὶ χὼ κύων τ.
 1389. σπονδὰς παραδῶ σοι, δεῦρ' ἴθ' αἱ Σπονδαὶ τ.
Ν. 647. τ. γ' ἂν δύναια μανθάνειν περὶ ῥυθμῶν.
Β. 614. καταρασάμενος καὶ τονθορύσας, ἀλλ' ἣν μὴ μοι τ. μάξῃ,
 795. τ. γοῦν καθέψεις πυργύριον, ἢ δ' ὅς λέγων.
 1536. ἡμᾶς τ.· τοῦτο γὰρ οὐδείς πω πάρος δέδρακεν.
ΕΙ. 261. οὔκουν παρ' Ἀθηναίων γε ματαφρέξει τ.
 275. ἀνύσας τι· ΚΤ. ταυτ', ὦ δέσποθ'. ΠΟ. ἥκέ νυν τ.
Ο. 233. τ. τετόμικα, μαλθακὴν λέντα γῆρυν·
 1165. οὕτω τὸ τεῖχος ἐκτετείχισται τ.;
 1313. τ. δ' ἂν πολυάνορα τὰν πύλιν
 1325. φερέτω κάλαθον τ. τις πτερῶν,
Λ. 25. οὐχ αὑτὸς ὁ τρύπει· τ. γὰρ ἂν ξυνῆλθομεν.
 595. ὃ μὲν ἥκων γάρ, κἂν ᾖ πολιὸς, τ. παῖδα κύρην γεγάμηκεν·
 864. φέρε καὶ καλίσω καταβᾶσά τοι. ΚΙ. τ. νυν πάνυ.
 935. ἀμέλει, ποιήσεις τοῦτό τ. ἀψ' ἔρχομαι.
 1091. ὥσγ' εἴ τις ἡμᾶς μὴ διαλλάξαι τ.
Θ. 663. εἶά νυν ἴχνευε, καὶ μάτευε τ. πάντ'
 916. λαβὼν τ. πάνυ. ΓΤ. Η. κλαύσει ἄρα νὴ τὼ θεώ
Β. 4ºΟ. ὦ καλαγέλαστ', οὔκουν ἀναστήσει τ.
Εκ. 797. ἐγῷδα τούτους χειροτασοῦντας μὲν τ.,
 1175. τ. καὶ ταχέως λαβὲ τρυβλίον.
Π. 57. ἢ τᾀὲ τούτοις δρῶ. λέγειν χρὴ τ. πάνυ.
 746. ὅτι βλέπειν ἐποίησε τὸν Πλοῦτον τ.
 1043. πολιὰ γεγένησαι τ. γε νὴ τὸν οὐρανόν.
 1103. ἀλλ' ἱκκάλει τὸν δεσπότην τρέχων τ.,
Fr. 13. τ. νυν πίτου καὶ μὴ τροπίαν οἶνον φέρε.
 209. τ. προσφέρων ταῖς ἐνέχεις τε σφιβρα κυανοβενθῆ,
ταχυβούλοις. Α. 630. διαβαλλόμενος δ' ὑπὸ τῶν ἐχθρῶν ἐν Ἀθηναίοις τ.,
ταχύν. Σ. 1523. τ. πῦθα κυκλοσοβεῖτε,
ταχύνειν. Εκ. 582. ὡς τὸ τ. χαρίτων μετέχει πλεῖστον παρὰ τοῖσι θεαταῖς·
ταχύνωσιν. L. 1068. λαίθαργον, τ., δολίαν περδώ, πολυίδριν·
ταχύς. Α. 851. ὅ τ. ἄγαν τὴν μουσικήν,
Ν. 702. τ. δ', ὅταν εἰς ἄπορον πέσῃς,
Β. 1428. βραδὺς φανεῖται, μεγάλα δὲ βλάπτειν τ.
ταῶν. Ο. 885. δι, καὶ τέτρακι, καὶ τ., καὶ ἑλέᾳ, καὶ βασκᾷ,
ταῶς. Ο. 102. Τηρεύς γάρ εἶ σύ; πότερον ὄρνις ἢ τ.;
Ο. 262. ὁ Δἴ ὄρνις ὄδητα. τίς ποτ' ἐστίν· οὐ ψηοῦ τ.
ταῶσιν. Α. 63. καὶ ταῖς τ. ταῖς τ' ἀλαζονεύμασιν.
τέ. Α. 78. τοὺς πλείστα δυναμένους καταφαγεῖν τ. καὶ πιεῖν, κ.τ.λ.
τέ. Σ. 870. πειθόμενος τ. σοι. κ.τ.λ.
τεᾷ. Ο. 929. τ. κεφαλᾷ θέλεις
Ο. 938. τῶ δὲ τ. φρενὶ μάθε
τεαῖς. Ο. 906. τ. ἐν ὕμνων ἀοιδαῖς.
τεάν. Λ. 1249. τὰν τ. μῶαν ὅτις
τεγγέσθ'. Λ. 550. χωρεῖτ' ὀργῇ καὶ μὴ τ.· ἔτι γὰρ νῦν οὔρια θεῖτε.
τέγγουσαι. Β. 1311. τ. νοτίαις πτερῶν
τέγος. Ν. 1458. τ. τ. κατάσκαπτ'· εἰ φιλεῖς τὸν δεσπότην.
τέγους. Α. 262. σὺ δ', ὦ γύναι, θεῶ μ' ἀπὸ τοῦ τ. πρόβα.
Ν. 1126. ἣν δὲ πλινθίουντ' ἴδωμεν, ὑσομεν καὶ τοῦ τ.
 1502. οὗτος, τί ποιεῖς ἐτεόν, οὐπὶ τοῦ τ.;

τέγους. Σ. 68. ἄνω καθεύδων, ὁ μέγας, οὑπὶ τοῦ τ.
Σ. 1293. καὶ τρισμακάριαι τοῦ πὶ ταῖς πλευραῖς τ.
Λ. 395. ἡ δ' ὑποπεπωκυῖ', ἡ γυνή 'πὶ τοῦ τ.,
Fr. 117. καὶ δι' ὀπῆς κἀπί τ.
τεγῶν. Α. 3ο9. δ τ' Ἀθωνιασμὸς οὕτος σύπὶ τῶν τ.,
τεθέασαι. Ν. 370. φέρε, ποῦ γὰρ πώποτ' ἄνευ Νεφελῶν ὕοντ' ἤδη τ.;
τεθεᾶσθαι. Θ. 797. κἂν ἐκ θυρίδος παρακύπτωμεν, ζητεῖ τὸ τεθεᾶσθαι.
τεθεῖσθαι. Fr. 304. ἄμφοδον ἐχρῆν αὐτῷ τ. τοὔνομα.
τεθερμωδσθαι. Λ. 1079. δειπνῶν· τ. γε χεῖρον φαίνεται.
τεθεώρηκα. Σ. 1188. ἐγὼ δὲ τ. πώποτ' οὐδαμοῦ
τεθνάναι. Β. 1012. τί παθεῖν φήσεις ἄξιος εἶναι; ΔΙ. τ. μὴ τοῦτον ἐρώτα.
τεθνεώς. Ο. 476. ὁ πατὴρ ἄρα τῆς κορυδαλλοῦ νυνὶ κεῖται τ. Κεφαλῆσιν.
τεθνεῶτα. Fr. p. 514. ὅτε τῷ Πριάμῳ συλλυσόμενος τὸν παῖδ' ἦλθον τ.,
τεθνεῶτος. Ν. 782. οὐδεὶς κατ' ἐμοῦ τ. εἰσάξει δίκην.
Ν. 838. ὥσπερ τ. καταλόει μου τὸν βίαν,
Β. 1028. ἐχάρην γοῦν, ἠνίκ' ἀπηγγέλθη περὶ Δαρείου τ.,
 1140. τῷ τοῦ πατρὸς τ.· ΑΙ. σὺν ἄλλῳ λέγω.
τέθνηκε. Θ. 876. ἐπεὶ τ. Πρωτέας ἔτη δέκα.
Θ. 883. ὅστις γ' ἀκούσας ὅτι τ. Πρωτέας
 855. αἰαῖ, τ. ποῦ δ' ἐτυμβεύθη τάφῳ;
τέθνηκέ. Β. 956. τὸ περυσινόν τ. μοι·
τεθνηκέναι. ΕΙ. 375. δεῖ γὰρ μυηθῆναί με πρὶν τ.
Β. 613. εἰ πώποτ' ἦλθον δεῦρ', ἐθέλω τ.
τεθνηκότων. Β. 1175. τ. γὰρ λέγων, ὦ μοχθηρὲ σύ,
τεθνηκότα. Β. 171. εἰπτόν, σε λέγω μέντοι, σὲ τὸν τ.
Β. 1476. ὦ σχέτλιε, περιιδὼν με δὴ τ.
τεθνηκότος. Β. 67. Εὐριπίδου, καὶ ταῦτα τοῦ τ.
Ο. 1075. τῶν τ. ἀποπτείνω, τάλαντον λαμβάνειν.
τεθνήξεις. Α. 590. οἴμ' ὡς τ. ΔΙ. μηδαμῶς, ὦ Λάμαχε·
Ν. 1436. μάτην ἐμοὶ κεκλαύσεται, σὺ δ' ἐγχανῶν τ.
Σ. 654. οὐκ ἔστιν ὅπως οὐχὶ τ., κἂν χρῇ σπλάγχνων μ' ἀπέχεσθαι.
τεθνήξων. Α. 325. ὡς τ. ἴσθι νυνί. ΔΙ. βήξομάθ' ὑμᾶς ἐγώ.
τεθορύβηκεν. Β. 768. τί δῆτα τουτὶ τ. Αἰσχύλει;
τεθράμμαι. L 293. ἐν ἀγρῷ κἀγὼ τ.
τεθραμμένη. Fr. 179. ταῖς παλυόχρωσι βεμβράσιν τ.
τεθραμμένον. Ν. 1407. ἵππων τρέφειν τ. ἡ τυπτόμενον ἐπιτριβῆναι.
τεθραμμένοις. Fr. 538. λίθοις τις ᾐσεν τ.
τεθράφθαι. Ο. 334. ἐν τὴν πόλιν, πρὶν καὶ τ. τοῖς θεοῖς.
τέθυχ'. Λ. 1061. καὶ τοῦτο τ., ὥστε πρέ' ἔσθ' ἁπαλὰ καὶ καλά.
τείν. Ο. 930. πρόφρον θύμει ὑμὶν τ.
τείνειν. ΕΙ. 492. τοῦτο μὴ τ., τοῖν δ' ἀντισπᾶν·
τείνῃ. Β. 1101. ὅταν ὁ μὲν τ. βιαίως,
τείρα. Λ. 960. τ. ψυχῆν ἐξαπατηθείς.
τείχη. Ο. 379. ἱκανοιεῖν θ' ὑψηλά τ. ναῦς τε κεκτῆσθαι μακράς.
Fr. 15. εἰς τὰς τριήρεις δεῖ μ' ἀναλοῦν ταῦτα καὶ τὰ τ.
τειχίζουσι. Ο. 838. καὶ τοῖς τ. παραδαλούσιν,
Σ. 1169. αἱ δ' ἐν φιδείᾳ δικάζουσ', οἱ δὲ πρὸς τοῖς τ.
τειχίον. Εκ. 497. ἑδοθία πρὸς τὸ τ.,
τειχομαχεῖν. Ν. 481. τί δέ; τ. μοι διανοεῖ, πρὸς τῶν θεῶν;
τειχομάχας. Α. 570. τ. ἀνήρ, βοηθησάτω
τεῖχος. L 1040. τ. ποιήσας ξύλινον πύργων τε σιδηραῖς,
Ο. 1124. ἐξῳκοδόμηταί σοι τὸ τ. ΠΕ. εὖ λέγεις.
 1165. οὕτω τὸ τ. ἐκτετείχισται ταχύ;
 1209. εἰσῆλθες δὲ τὸ τ., ὦ μιαρωτάτη;
Fr. 469 a. 16. τὸ τ.
τείχος. I. 1046. ὁ μόνον σιδηροῦν τ. ἐστι καὶ ξύλον.
Σ. 355. θεὶς σαυτὸν κατὰ τοῦ τ. ταχέως, ὅτε Νάξος ἐάλω·
Ο. 497. ἔξω τ., καὶ λωποδύτης παίει ῥοπάλῳ με τὸ νῶτον·
 1119. ἀλλ' εἴσω τ. οὑτοσὶ τ. παρεστὼ ἄγγελος
 1153. φέρ' ἴδω, τί δαί; τὰ ξύλινα τοῦ τ. τίνες
Σ. 495. ὑσφραινόμενος ἀνὴρ ἀπὸ τ. εἰσίων
τέκει. Π. 292. ὑμᾶς ἄγειν· ἀλλ' εἶα τ. θαμίν' ἐπαναβαῶντες
τεκεῖν. Ν. 530. κἀγὼ, παρθένος γὰρ ἔτ' ἦ, κοὐκ ἐξῆν πώ μοι τ.
Λ. 8ε4. οἴσιν τὸ τ. καταβάντιν. τί γὰρ πάθω;
Θ. 741. τουτὶ τ. φῇς· ΓΤ. Ζ. καὶ δέκα μῆνας αὐτ' ἐγὼ
τεκμαίρεται. Σ. 76. μὰ Δἴ, ἀλλ' ἀφ' αὐτοῦ τὴν νόσον τ.
τεκμήρια. Ο. 482. ἀλλ' ὄρνιθες, κυβασίλευον, πύλλ' ἐστὶ τ. τούτων.
τεκμηρίῳ. I. 33. ἔγωγε. ΔΙΙ. ποίῳ χρώμενος τ.;
I. 1209. τῷ δῆτ' ἂν ὑμᾶς χρησάμενος τ.
 1292. καὶ νῦν σ' ἐλέγξαι βούλομαι τ.
τέκν'. Α. 891. προσεῖπαί αὐτήν. ὦ τ.' ἄνθρακας δ' ἐγὼ
τέκνα. Σ. 1518. ἄγ', ὦ μεγαλώνυμα τ.
Β. 211. λιμναία κρηνῶν τ.,

Q q 2

τέκνα—τετραποδηδόν.

τέκνα. Β. 1356. ἀλλ', ὦ Κρῆτες. Ἴδος τ.,
τεκνίδιον. Λ. 889. ὦ γλυκύτατον οὐ τ. κακοῦ πατρός,
τέκνον. Ν. 1165. ὦ τ., ὦ παῖ, ἔξελθ' οἴκων,
Ν. 1170. ἰὼ ἰὼ τ.
Λ. 7. τί συντετάραξαι; μὴ σκυθρώπαζ', ὦ τ.
Θ. 754. οἴμοι, τ. δύς μοι σφαγείον, Μανία.
1062. ἀλλ', ὦ τ., σὲ μὲν τοσαῦτα χρὴ ποιεῖν,
1181. φέρε θυλήτιον ἄνωθεν, ὦ τ., τοδὶ
1198. ἔπειτα κομίζεις αὐθις. ΤΟ. ἀκολούτει, τ.
Β. 1322. περίβαλλ', ὦ τ., ὠλένας.
Fr. 178, 1. α. Τουτὶ τί ἦν τὸ πρᾶγμα; β. θερμοὺς ὦ τ.
2. α. ἀλλ' ἢ παραφρονεῖς; β. κριβανίτας ὦ τ.
533. ἄκων κτενῶ σε τ.
τέκνου. Θ. 695. τ. με περιύβεσθ' ἀποστερουμένην;
Θ. 755. ἵν' οὖν τὸ γ' αἷμα τοῦ τ. τυμβῷ λάβω.
τέκνων. Θ. 469. καυτὴ γὰρ ἔγωγ'. οὕτως ὀναίμην τῶν τ.,
Fr. 75, 1. ἐγενεάμην χορθῆς ὁ δύστηνος τ.'
τέκοι. Θ. 832. χρῆν γάρ, ἡμῶν εἴ τ. τις ἄνδρα χρηστὸν τῇ πόλει,
τέκοιμ'. Λ. 755. ὦ τύκνοι ἴτ' ἐν πόλει, τ. ἐς τὴν κυνῆν
τεκοῦσα. Λ. 636. οὐ γὰρ εἰσιόντας οἴκαδ' ἦ τ. γνώσεται.
Θ. 845. ἀξία γοῦν εἶ τύκνου, τ. τοιοῦτον τύκον.
τεκοῦσαι. Λ. 589. πλεῖν ἢ διπλοῦν αὐτῶν φέρομεν. πρώτιστον μὲν γε τ.
τεκούσης. Θ. 564. οὐδ' ὡς σὺ τῆς δούλης τ. ἄρρεν' εἶτα σαυτῇ
Θ. 839. τῆς τὸν ἀνδρεῖον τ. τῷ γὰρ εἰκός, ὦ πόλις,
Εκ. 235. τίς τῆς τ. θᾶττον ἐπιπέψειεν ἄν;
τεκταινέσθω. Λ. 660. καὶ πᾶν ἐπ' ἐμοὶ τ.
τεκταίνεται. Π. 163. ἕτερος δὲ χαλκεύει τις, ὁ δὲ τ.
τεκτανόμενα. Ι. 462. τ. τὰ πράγματ', ἀλλ' ἠπιστάμην
τεκτανοῦνται. Α. 674. ἀλλὰ καὶ ναῦν τ., κἀπιχειρήσουσ' ἔτι,
τέκτονες. Ι. 530. καὶ τ. εὐπαλάμων ὕμνων· οὕτως ἥνθησεν ἐκεῖνος.
ΕΙ. 296. ἀλλ', ὦ γεωργοὶ κήμποροι καὶ τ.
Ο. 1154. ἀπειργάσαντ'· ΑΓ. Α. ὄρνιθες ἦσαν τ.
τίκτων. Ο. 1134. πλινθοφόρος, οὐ λιθουργός. οὐ παι-ἥν,
Τελαμῶνος. Λ. 1237. ᾆδοι Τ., Κλειταγόρας ᾆδειν δέον.
τίλαα. Θ. 352. ξυνευχόμεσθα τ. μὲν
Θ. 353. πόλει, τ. δὲ δήμῳ
Τελίῳ. ΕΙ. 1008. Μυρίχῳ. Τ. Γλαυκέτῃ, ἄλλοις
Τελέας. Ο. 168. τίς ὄρνις οὗτος; ὑ Τ. ἐρεῖ ταδί.
τελεῖς. Fr. 94, 2. ἀνδρὸς πρεσβύτου. τ. δ' ἀγαθὴν ἐπαοιδήν.
τελεῖον. Θ. 973. Ἥραν δὲ τὴν τ.
τελείῳν. Fr. 437. τ.
τελεῖς. Β. 173. πόσ' ἄττα; ΔΙ. ταυτί. ΝΕ. δύο δραχμὰς μισθὸν τ. ;
τελεῖσθαι. Ι. 1050. ταυτί τ. τὰ λόγι' ἤδη μοι δοκεῖ.
Τελεμισσεῖς. Fr. 450. ὡς ἄν τις ἄν οὖν ἦν τι ποιήσας ὡς Τ. (ὦ Τελεμησῆς.)
Τελέου. Ο. 1025. Τ. ΠΕ. τί; βούλει δῆτα τὸν μισθὸν λαβὼν
τελέους. Λ. 104. ὃ δ' ἐμός γε τ. ἑπτὰ μῆνας ἐν Πύλῳ.
τελεταῖς. Ν. 304. ἐν τ. ἀγίαις ἀναδείκνυται.
Σ. 121. ὅτε δῆτα ταύταις ταῖς τ. οὐκ ὠφέλει,
Β. 368. κωμῳδηθεὶς ἐν ταῖς πατρίοις τ. ταῖς τοῦ Διονύσου·
τελετάς. ΕΙ. 413. ἵνα τὰς τ. λάβοισιν αὐτοὶ τῶν θεῶν.
ΕΙ. 419. πάσας τε τὰς ἄλλας τ. τὰς τῶν θεῶν,
Β. 1032. 'Ορφεὺς μὲν γὰρ τ. θ' ἡμῖν κατέδειξε φόνων τ' ἀπέχεσθαι,
τελετήν. Σ. 876. δέξαι τ. καινήν, ὦναξ, ἣν τῷ πατρὶ καινοστομοῦμεν·
τελετῆς. Β. 342. νυκτέρου τ. φωσφόρος ἀστήρ.
τελευταίον. Ν. 915. τὺ τ. δ', ἣν ἀναγρύζῃ,
τελευταῖος. Σ. 755. ψηφιζομένων ὁ τ.
τελευταίων. Εκ. 1162. αἱ μόνον μνήμην ἔχουσι τῶν τ. ἀεί.
τελευτῇ. Λ. 294. μή μ' ἀποσβεσθῆν λάβρῃ πρὸς τῇ τ. τῆς ἑζοῦ.
τελευτῶν. Ι. 524. οὐκ ἐξήρκεσεν, ἀλλὰ τ. ἐπὶ γήρως, οὐ γὰρ τ.
τελέως. Θ. 329. ἡμιτέραις τ. δ' ἐκκλησιάσαιμεν 'Αθηνῶν
τίλῃ. Ι. 305. πᾶσα μὲν γῆ πλέα, πᾶσα δ' ἐκκλησία, καὶ τ.
Σ. 658. κάβων τοῦ τον τὰ τ. χωρὶς καὶ τὰς πολλὰς ἑκατοστάς,
τίλμασιν. Ο. 1593. ὀμβρίον ὕδωρ ἂν εἴχετ' ἐν τοῖς τ.,
τίλος. Α. 896. ἀγοράς τ. ταύτην γ' ἐπὶ πω δώσεις ἐμοί·
τελουμένους. Ν. 258. οὐκ, ἀλλὰ ταῦτα πάντα τοὺς τ.
τελῶντιν. Ι. 248. καὶ τ. καὶ φόραγγα καὶ Χορωβὶον ἁρπαγῆς,
τεμάχη. Α. 1100. ἐμοὶ δὲ τ. κρομμύοισι γὰρ ἄχθομαι.
Ν. 339. κεσπρᾶν τ. μεγάλων ἀγαθῶν, κρέα τ' ὀρνίθεια κιχηλᾶν.
Π. 517. ἀλλ' εἰσίθ', ὡς ὁ κηρύκιος ἤδη τά τ.
Εκ. 606. ἄρτους, τ., μᾶζας, χλαίνας, οἴνας, στεφάνους, ἐρεβίνθους,
842. ἱστάσ' ἐφεξῆς· τά τ. μνίζεται,
τέμαχος. Α. 881. ὦ περινόματον σὺ τ. ἀνθρώποισι φέρων,
Ι. 283. καὶ τ., οὗ Περικλῆς οὐκ ἠξιώθη πώποτε.

τέμαχος. Ι. 1177. τουτὶ τ. σούδωκεν ἡ Φοβεσιστράτη.
τεμαχῶν. Π. 894. πολὺ χρῆμα τ. καὶ κρεῶν ὠπτημένων.
τέμενος. Λ. 483. ἱερόν τ.
Β. 219. χωρεῖ κατ' ἱμῶν τ. λαῶν ὄχλος.
Π. 659. ἔπειτα πρὸς τὸ τ. ἠμεν τοῦ θεοῦ.
τέμνεται. ΕΙ. 1060. ἡ γλῶττα χωρὶς τ. ΤΡ. μεμνήμεθα.
Ο. 1705. γλῶττα χωρὶς τ.
Π. 1110. ἡ γλῶττα τῷ κήρυκι τοι'των τ.
τεμνόμενος. Θ. 226. τ. ΕΤ. οὔκουν καταγέλαστος δῆτ' ἔσει
τέμνων. Ο. 1400. ἀλίμενον αἰθέρος αὔλακα τ.
Θ. 1100. τ. κίλευθον, πόδα τίθημ' ὑπόπτερον,
τεμῶν. Ο. 1560. μυῶν τιν', ἧς λαιμούς τ.,
τενεῖς Θ. 1205. ὅταν λυθῇς τάχιστα, φεύξει, καὶ τ.
τένθαις. ΕΙ. 1009. τ. πολλοῖς κάτα Μελάνθιον
τενθείαν. Ο. 1691. ὀπτῷς τὰ κρέα· πολλήν γε τ. λέγεις.
τίνθης. ΕΙ. 1120. κάγων', ὅτι τ. εἰ σὺ μάλαζων ἀνήρ.
τέξει. Ι. 1037. Ἔστι γυνή, τ. τε λέσωθ' ἱεραῖς ἐν 'Αθήναις,
τέξειν. Θ. 509. τ. τί γὰρ ἥτρον τῆς χύτρας ἐλάπτισεν.
τέξομαι. Λ. 744. τί ταῦτα ληρεῖς; ΓΤ. Γ. αὐτίκα μάλα τ.
'έρα. Λ. 736. ἣν ἄλοσον οἴκοι καταλέλοιπ'. ΛΤ. αὕτη 'τ.
'τέρα. Β. 64. ἄρ' ἐπειδάκων τὸ σαφὶς, ἤ 'τ. φράσω·
τέρας. Σ. 1036. τοιοῦτον ἰδὼν τ. οὔ φησιν δείσας καταδωροδοκῆσαι,
ΕΙ. 42. τοῦτ' ἔστι τὸ τ. οὐ Διὸς καταιβάτου.
759. τοιοῦτον ἰδὼν τ. οὐ κατέδεις', ἀλλ' ὑπὲρ ὑμῶν πολεμίζαν
Ο. 280. τί τὸ τ. τουτί ποτ' ἐστίν; οὐ σὺ μόνος ἄρ' ἦσθ' ἔποψ,
Θ. 701. νεοχμὸν αὖ τ. ;
Β. 1371. τόδε γὰρ ἕτερον αὖ τ.
τέρατα. Β. 1342. τάδε τ. θεάσασθε,
τερατείαν. Ν. 318. καὶ τ. καὶ περίλεξιν καὶ κρούσιν καὶ κατάληψιν.
τερατευόμεναι. Λ. 762. ὦ δαιμόνιαι, παύσασθε τῶν τ.
τερατευόμενος. Ι. 627. τ. ἤρειδε κατὰ τῶν ἱππέων.
τερατώδες. Ν. 364. ὦ Γῆ τοῦ φθέγματος, ὡς ἱερὸν καὶ σεμνὸν καὶ τ.
τερηδόνων. Ι. 1308. ἐπὶ τ. σαπεῖσ' ἰντασία καταγηράσομαι·
Τηρηθᾷ. Π. 1175. σὺ δ', ὦ Τ., ἐπαναφύσα Περσικόν,
τερθρεύεται. Fr. Μ. Δαιτ. 16. τίς τοῦτο τῶν ξυνηγόρων τ. ;
τερθρέους. Ι. 440. ἀνὴρ δὲ γλίσχρος τοὺς τ. παρίει,
τερμασιν. Ο. 705. πολλοὺς δὲ κακοὺς ἀνομαιμονέους παῖδας ἐφ' ὥρας
τέρμ'. Λ. 553. κἄτ' ἐντέξῃ τίτανον τ. τοῖς ἀνδράσι καὶ ῥοπαλισμοῖς,
τερπνόν. Εκ. 889. ὅρας ἔχει τ. τι καὶ κωμῳδικόν.
τερπνότατον. Α. 881. ὦ τ. σὺ τέμαχος ἀνθρώποισι φέρον,
τέρποιμαι. Π. 288. ὡς ἥδομαι καὶ τ. καὶ βούλομαι χορεῦσαι
τερπομένων. Θ. 992. χοροῖς τ.
τέρφωντ. Λ. 828. εἰ μή τ. συκοφαντήσειν τρέχων.
τέρψιν. Β. 675. Μοῦσα χορῶν ἱερῶν ἐπίβηθι καὶ ἐλθ' ἐπὶ τ. δοιδᾶς ἐμᾶς.
τέτανον. Λ. 553. κἄτ' ἐντέξῃ τ. τερπνὸν τοῖς ἀνδράσι καὶ ῥοπαλισμοῖς·
τέτανος. Α. 846. χώ τ. ὥσπερ ἐπὶ τροχῷ στρεβλούμενον,
τεταξόμεθ'. Ο. 638. ἀλλ' ὅσα μὲν δεῖ ῥώμῃ πράττειν, ἐπὶ ταῦτα τ. ἡμεῖς·
τεταραγμένα. Α. 565. πῶς οὐν ὑμεῖς δύνασαι παῦσαι τ. πράγματα πολλά
τεταραγμένα. Λ. 567. ὥσπερ κλωστήρ', ὅταν ἡμῖν ᾖ τ., ὦδε λαβοῦσαι,
τετάρακται. Ν. 388. νὴ τὸν 'Απόλλω, καὶ δεινὰ ποιεῖ γ' εὐθὺς μοι, καὶ τ.
τετάρτῃ. Α. 80. ἔτει τ. δ' ἐς τὰ βασίλει' ἥλθομεν
τετάρτας. Θ. 844. οὐ γὰρ σε δεῖ δυῖναι δίκην ; ἥτις μόνη τ.
Π. 280. ὅστις φενακίζει, φράσαι δ' οὕτω τ. ἡμῖν
τετιμημένων. Α. 183. σπονδὰς φίρεις, τῶν ἀμπέλων τ.;
τέτοκεν. Fr. 237. ᾠῶν μέγιστον τ., ὧν ἐκτρώο-
Σ. 1034.) περὶ τὴν κεφαλήν, φωνήν δ' εἶχεν χαρακτῆρα.
τετοκυίας. ΕΙ. 757. ἢστ' ὀλέθρου τ.
τετοφήσω. ΕΙ. 381. εἰ μὴ τ. ταῦτα καὶ λακήσομαι.
τετράγωνοις. Ο. 1005. ἐ κύκλος γίνηται σοί τ., κἀν μέσῳ
τέτραβδ. Π. 1126. οἴμαι πλακοῦντος τοῦ 'ν τ. πεπεμμένου.
τέτρακι. Ο. 845. δι, καὶ τ. καὶ πολλάκι, καὶ ἑλέξ, καὶ βασκᾷ,
τετράκις. Π. 851. καὶ τρὶς κανοδαίμων καὶ τ. καὶ πεντάκις
τετραπισχιλίους. Λ. 1143. ἐλθὼν δὲ σὺν τ. ὁπλίταισιν τ.
τετράμετρον. Ν. 642. ἤγεῖ τύτερον τὸ τρίμετρον ἤ τὸ τ.
τετράμετρον. Ν. 645. εἰ μὴ τ. ἔστιν ἡμιεκτέον.
τετραπήχεις. Σ. 553. ἄνδρες μεγάλοι καὶ τ. κἄπειτ' εὐθὺς προσιόντι
Β. 1014. εἰ γενναίους καὶ τ. καὶ μὴ διαβρασιναλίσας,
τετραποδηδόν. ΕΙ. 896. ἐπὶ γῆς παλαίειν, τ. ἑστάναι.

τετραπόδων—Τηλέφῳ. 301

τετραπόδων. Ν. 659. τῶν τ. ἅττ' ἐστὶν ὀρθῶν ἄρρενα.
τετραπόλει. Α. 285. μὴ νῦν ἔτ᾽ ἐν τ. τοὐμὸν τροπαῖον εἴη.
τέτραπται. Α. 207. εἴ τις οἶδ᾽ ὅποι τ. γῆς ὁ τὰς σπονδὰς φέρων.
Α. 127. τί χρῶς τ.; τί δάκρυον κατείβεται;
Fr. 210. πόλος τόδ᾽ ἐστὶ· κατὰ πόστην ἥλιοι τ.;
τετραπτερυλλίδων. Α. 871. τῶν ὀρταλίχων ἢ τῶν τ.
τετραπτίλῳ. Α. 1052. βούλει μάχεσθαι Γηρυόνη τ.;
τετράς. Ν. 1131. πέμπτη, τ., τρίτη, μετὰ ταύτην δευτέρα.
τετρασταπήρου. Εκ. 413. τ. καυτόν· ἀλλ᾽ ὅμως ἐρῶ
τετραχίζειν. Fr. 688. τ.:
τετρεμαίνει. Ν. 374. ἀλλ᾽ ὅστις ὁ βροντῶν ἐστι φράσον· τοῦτο
με ποιεῖ τ.
τετραμαίνω. Ν. 294. πρὸς τὰς βροντὰς οὕτως αὐτὰς τ. καὶ πε-
φόβημαι·
τετρημένα Σ. 127. καὶ τῶν ὑπὼν· ἡμεῖς δ᾽ ὅσ᾽ ἦν τ.
τετρημένη. ΕΙ. 21. πόθεν ἂν πριαίμην ῥῖνα μὴ τ.·
τετρημένον. Α. 680. ἀλλὰ τούτων χρῆν ἁπασῶν ἐς τ. ξύλον
τέτρηται. Fr. 404. " ὥσπερ κύσκινον αἰρόπινον τ."
τετριμμένη. Β. 123. ἀλλ᾽ ἔστιν ἀτραπὸς ξύντομος τ.,
τετριμμένης. ΕΙ. 12. τ. γάρ φησιν ἐπιθυμεῖν. ΟΙ. Β. Ἰδού.
τέτροφας. Ν. 858. τὰς δ᾽ ἐμβάδας ποῖ τ., ὠνόητε σύ;
τετρώβολον. ΕΙ. 254. τ. τοῦτ᾽ ἔστι· φεῖδοῦ τἀντευθού.
τετρωμένον. Α. 1196. Δικαιόνπολις ἂν μ᾽ ἴδοι τ.,
τέτρωται. Α. 1178. ἀνὴρ τ. χάρακι διαπηδῶν τάφρον.
τέτταρ'. Σ. 440. οὐκ ἐγὼ 'δίδαξα κλᾷειν τ. ἐς τὴν χοίνικα·
τέτταρα. Α. 2. ἤσθην δὲ βαιά, πάνυ δὲ βαιά τ.,
ΕΙ. 1150. ἢ δὲ καὶ νυὸς τις ἔνδον καὶ λαγῴα τ.,
Ο. 1078. λήψεται τάλαντον· ἦν δὲ ζῶντ᾽ ἀγρῇ τις, τ.,
Π. 1400. βέβληκ᾽ Ἀχιλλέως δύο κύβω καὶ τ.
Εκ. 1031. καὶ πλήμαθ᾽ ὑπόθου συγκεκλάσια τ.,
Fr 109. 1. καὶ μὴν τὸ δεῖν᾽, ἀκροκώλια δέ σοι τ.
τετταράκοντα. Ι. 835. πλεῖν ἢ μιᾶς τ.
Π. 196. κᾶν ταῦτ᾽ ἀνύσηται, τ. βούλεται,
τετταρακοστῇς. Εκ. 825. τῆς τ., ἣν ἐπῆρσ᾽ Εὐριπίδης ;
τέτταρας. 1. 442. φεύξει γραφὰς ἑκατονταλάντους τ.
Σ. 1391. ἄρτους δίκ᾽ ὠβολῶν κάπιθήκεν τ.
Θ. 746. πόσ᾽ ἔτη δὴ γέγονε; τρεῖς χοὰς ἤ τ.,
Β. 915. μελῶν ἐφεξῆς τ. ξυνεχῶς ἄν· οἱ δ᾽ ἐσίγων.
Π. 1058. κάγαγγ᾽ ἔχει γὰρ τρεῖς ἴσως ἢ τ.
Fr. 447. 2. τρεῖς πόδας ἔχουσαν, τ. δὲ μὴ 'χέτω.
τέτταρες. Α. 453. ὅτι καὶ παρ᾽ ἡμῖν εἰσι τ., λόχοι
Fr. 722. ἀργοὶ κάθηνταί μοι γυναῖκες τ.
τετταρῶν. Σ. 260. κούκ ἔσθ᾽ ὅπως οὐχ ἡμερῶν τ. τὸ πλεῖστον
Π. 986. πυρῶν τ᾽ ἂν ἐδεήθη μεδίμνων τ.
Fr. 293. "ὀβολῶν δ᾽ ἴσως τ. καὶ τῆς φοράς."
τέττιγας. Ν. 1360. ᾄδειν μελεινόν, ὥσπερεὶ τ. ἑστιῶντα ;
Fr. 476. 1. τυῶν, χίμαι, χελιδόνια, τ., ὠβρύκια.
τέττιγες. Ο. 39. οἱ μὲν γὰρ οὖν τ. ἕνα μῆν᾽ ἢ δύο
τεττιγοφόρας. 1. 1331. ὅδ᾽ ἐκεῖνος ὁρῶν τ., ἀρχαίῳ σχήματι
λαμπρός,
τεττίγων. Ν. 984. ἀρχαίά γε καὶ Διπολιώδη καὶ τ. ἀνάμεστα
τευθίδες. Fr. 302. 3. ἢ νήστεις ὑπταί᾽, ἢ γαλεοῖ, ἢ τ. ;
τευθίδος. Α. 1156. ὃν ἔτ᾽ ἐπίδοιμι τ.
τευθίδων. 1. 929. τὸ μὲν τάγηνον τ.
Ι. 934. στεύθειν ὕπως τῶν τ.
Τεύκρων. Β. 1041. Πατρόκλοιν, Τ. θυμολείοντοιν, ἵν᾽ ἐπαίροιμ᾽
ἐμὸν πολίτην
τεύξει. Ν. 435. τ. τοίνυν ὧν ἱμείρεις· οὐ γὰρ μεγάλων ἐπιθυμεῖς.
τεύξομαι. 1. 112. δίδοιχ᾽ ὕπως μὴ τ. Παφλαγόνος.
τευτλίοισι. Β. 942. ἐπυλλίοις καὶ περιπάτοις καὶ τ. λευκοῖς,
τεύτλιον. Fr. 180, 1. ὀξωτά, σιλφιωτά, βολβούς, τ.,
τεύτλοισιν. ΕΙ. 1014. τὰς ἐν τ. λοχευομένας·
τέφρα. Ν. 1083. τί δ᾽ ἢν ῥιφανιδωθῇ πιθόμενός σοι τ. τε τιλθῇ ;
τέφραν. Ν. 177. κατὰ τῆς τραπέζης καταπάσας λεπτὴν τ.,
Θ. 537. αὑταί γε καὶ τὰ δουλάρια τ. πόθεν λαβοῦσαι
τεχνάζειν. Θ. 94. τοῦ γὰρ τ. ἡμέτερος ὁ πυραμοῦς.
Β. 957. νοεῖν, ὁρᾶν, ξυνιέναι, στρέφειν, ἐρᾶν, τ.,
τεχνάζεις. Α. 385. τί ταῦτα στρέφει τε καὶ πορίζεις τριβάς ;
τέχναι. Π. 160. τ. δὲ πᾶσαι διὰ σὲ καὶ σοφίσματα,
τέχναις. Θ. 271. πάσαις τ., ἣν μοί τι περιπίπτῃ κακόν,
τέχνας. ΕΙ. 514. τὰ πρόσωφ᾽, ἵνα τρυφῶν τ. ΕΡ. αἰβοῖ τάλας,
τεχνάσμασιν. Θ. 198. τὰς συμφορὰς γὰρ οὐχὶ τοῖς τ.
τέχνη. Ο. 1397. κρέμαται μὲν οὖν ἐντεῦθεν ἡμῶν ἡ τ.
Π. 408. οὔτε γὰρ ὁ μισθὸς οὐδὲν ἔστ᾽ οὐθ᾽ ἡ τ.
τέχνῃ. 1. 593. σῃ τ. πορίσαι σε νί-
Ν. 885. ἐὰν δὲ δὴ, τὸν γοῦν ἄδικον πάσῃ τ.
1323. ἀμυνάθετέ μοι τυπτομένῳ πάσῃ τ.
Α. 12. σὺ δ᾽ ἦν σχολάσῃς, πάσῃ τ. πρὸς ἑσπέραν
Θ. 65. 'Αγάθωνά μοι δεῦρ᾽ ἐκπλέσον πάσῃ τ.
430. ἡ φαρμακοῖσιν, ἢ μιᾷ γέ τῳ τ.,
Β. 973. λογισμῶν ἐνθεὶς τῇ τ.
τέχνῃ. Β. 1235. ἀλλ᾽, ὠγάθ᾽, ἔτι καὶ νῦν ἀπόδου πάσῃ τ.·
Εκ. 366. 'Αντισθένη τις καλεσάτω πάσῃ τ.
534. ἥπερ μεθήκέ μ᾽ ἐξιέναι πάσῃ τ.
Fr. 560, 2. ἀδικομηχάνῳ τ.;
τέχνης. Ι. 63. τ. πεπόηται. τοὺς γὰρ ἔνδον ἄντικρυς
141. ἔτ᾽ ἐστὶν εἰς, ὑπερφυά τ. ἔχων.
1241. τ. δὲ τίνα ποτ᾽ εἶχες ἐξανδρούμενος ;
1397. οὐδὲν μέγ᾽ ἀλλ᾽ ἢ τὴν ἐμὴν ἕξει τ.·
1407. ἠλκεῖνον ἐκφερέτω τις ὡς ἐπὶ τὴν τ.,
Σ. 1431. ἔρδοι τις ἣν ἕκαστος εἰδείη τ.
ΕΙ. 749. ἐποίησε τ. μεγάλην ἡμῖν κἀπίγραιο᾽ οἰκοδομῆσαι
1212. ἀπώλεσάς μου τὴν τ. καὶ τὸν βίον,
Β. 766. ἕως ἀφίκοιτο τὴν τ. σοφώτερος
770. ὧν κρατίστοτο τὴν τ. ΑΛ. νυνὶ δὲ τίς ;
780. ὁπότερος εἴη τὴν τ. σοφώτερος.
831. κρείττονα γὰρ εἶναί φημι τούτου τὴν τ.
850. γάμων δ᾽ ἀνασίσου ἐσφέραν ἐς τὴν τ.,
939. ἀλλ᾽ ὡς παρέλαβον τὴν τ. παρὰ σοῦ τὸ πρῶτον εὐθὺς
961. ἤλεγχον ἂν μου τὴν τ. ἀλλ᾽ οὐκ ἐκομπολάκουν
1369. ἀνδρῶν ποιητῶν τυρσπωλῆσαι τ.
Εκ. 364. τίς τῶν καταρρώκτων πεινῶν ἱεστι τὴν τ.;
Π. 511. οὔτε τ. ἂν τῶν ἀνθρώπων οὔτ᾽ ἂν σοφίαν μελετῷ
905. τί δαί; τ. τὴν ἐμὴν οὐ μὰ τὸν Δία.
Fr. 542. στρεψίμαλλος τὴν τ. Εὑριπίδης.
τέχνης. 1. 144. ἀλλαντοπώλης· ὦ Πόσειδον τῆς τ.
Σ. 192. ποηπρός εἰ πόρρω τ. καὶ παραβαλσι.
Ο. 1423. καὶ συκοφάντης, ΠΕ. ὦ μακάριε τῆς τ.
Β. 93. χελιδόνων μουσεῖα, λωβηταί τ.,
788. κᾴλεγχον αὐτῶν τῆς τ. ΞΑ. κᾆπειτα πῶς
793. ἔξεισι κατὰ χώραν· εἰ δὲ μὴ, περὶ τῆς τ.
811. ἐπίτρεψαι, ὅτῃ τῆς τ. ἔμπειρος ἦν,
1495. τῆς τραγικῆς τ.
Fr. 198, 2. ἐτάη κατελθεῖν· β. ἔν᾽ ἀφ᾽ ἑκάστης τῆς τ.
τεχνωμάνου. Σ. 176. ταύτη γ᾽ ἐγὼ γὰρ ᾐσθόμην τ.
τεχνῶν. Β. 762. αὐτῶν ὅσαι μεγάλαι καὶ δεξιαί,
τέως. Ν. 66. τ. μὲν οὖν ἐκρινόμεθ᾽ εἶτα τῷ χρόνῳ
Σ. 1010. ὑμεῖς δὲ τ., ὦ μυριάδες
ΕΙ. 32. τ. ἕως σαυτὸν λίθοις διαρραγείς,
687. τοῦτον τ. νῦν πέριε περιεζώστο.
729. ἀλλ᾽ ὅτι χαίρουν᾽ ἡμεῖς δὲ τ. τάδε τὰ σκεύη παραδώντες
846. ἐγὼ δ᾽ ἀπόδυσο τηνδὶ τῇ βουλῇ τ.
Ο. 1889. εἰ τ. νεμὴν. ΙΡ. βούλεσθε δῆτ᾽ ἐγὼ τ.
Θ. 449. τ. μὲν οὖν ἀλλ᾽ ἡμικάκως ἐβοσκόμην
Β. 989. τ. δ᾽ ἀβελτερώτατοι.
Εκ. 707. ὑμᾶς δὲ τ. θρία λαβόντας
Π. 834. τ. μιφθῆ μὲν οὖν, κἀγὼ μὲν ῴμην οὐν τ.
Fr. 446, 2. ὥσπερ τ. ἦν, ἀλλ᾽ καινῶν πραγμάτων,
τῇ. Ο. 1096. λαβὲ τ. μιαρά. ΓΤ. λαβὲ τ. μιαρὰ. κ.τ.λ.
τῇ. Α. 84. τ. πανσελήνῳ· κᾆτ᾽ ἀπῆλθεν οἴκαδε. κ.τ.λ.
τῇδ᾽. ΕΙ. 1233. καὶ τ. ΘΠ. ἆμ᾽ ἀμφοῖν ὄθεν᾽; ΤΡ. ἴγωγε νὴ
Δία, κ.τ.λ.
τῇδε Α. 204. τ. πᾶς ἴπου, δίωκε, καὶ τὸν ἄνδρα πινθάνου κ.τ.λ.
τηδί. Fr. p. 502. . . τ. μὴ παρέχειν σε πράγματα
τηδί. Σ. 990. φέρε νῦν σε τ. πρυτανείῳ περιάγω. κ.τ.λ.
τήθην. Α. 49. γαμεῖ δὲ Κελεὼ Φαιναρέτην τ. ἐμήν.
τηθῶν. Λ. 549. ἀλλ᾽, ὦ τ. ἀνδρειστάτη καὶ μητριδίων ἀκαληφῶν
Τήιος. Θ. 161. 'Ιβυκὸς ἐκείνοις κἀνακρέων ὁ Τ.
τηκεδία. Ι. 76. τὸ μὲν ἐν Πύλῳ, τὸ δ᾽ ἕτερον ἐν τ.
1. 1340. πρῶτον μὲν, ὅπῃ τ. οὖν᾽ εἶπει τις ἐν τ.,
ΕΙ. 667. ἀποχειροτονηθῆναι τρὶς ἐν τ.
Α. 390. οὐ 'γὼ ποτ᾽ ὢν ἥκουσον ἐν τ.
Εκ. 135. νάκει. ΓΤ. θ. τῇ τ. Δ. ΔΙ. ναὶ, Τ.
Α. 555. ταῦτ᾽ οἶδ᾽ ὅτι ἂν ἔπρατε· τὸν δὲ Τ.
Β. 855. θενῶν ὑπ᾽ ὀργῆς ἐκχέῃ τὸν Τ.
864. καὶ τὸν Μελέαγρον, εἶτα μάλα τὸν Τ,
Τηλεφον. Ν. 992. Τ. εἶναι Μυσῶν φάσκων,
Τηλέφῳ. Α. 432. ὦ ταί, δὸς αὐτῷ Τ. ῥακώματα.
Τηλέφῳ. Α. 446. εὐδαιμονοίης, Τ. δ᾽ ἀγὼ φρονῶ.

τηλία—τιμήν.

τηλία. Σ. 147. ἀτὰρ, οὐ γὰρ ἐρρήσεις γε, ποῦ ʼσθ' ἡ τ.;
Π. 1037. εἰ τυγχάνοι γ' ὁ δακτύλιος ὢν τ.
τηλικαύταις. Εκ. 1010. ἐγὼ δὲ ταῖς γε τ. ἄχθομαι,
τηλικούτοις. Εκ. 1009. τοῖς τ. ξυγκαθεύδουσ' ἥδομαι.
τηλικούτον. Ι. 881. τονδὶ δ' ὁρῶν ἄνευ χιτῶνος ὄντα τ.,
Εκ. 288. ἐνδυόμεναι κατὰ σκότον τύλμημα τ.
τηλικουτονί. Ν. 819. τὸ Δία νομίζειν, ὄντα τ.
Ο. 1132. τίνες ἐμυθύμησαν αὐτὸ τ.;
τηλικοῦτος. Θ. 174. ὢν τ., ἡνίκ' ἠρχύμην ποιεῖν.
Εκ. 1039. παρὰ σοὶ καθεύδειν τ. ὤν, ἐπεὶ
τηλοῦ. Ν. 138. σύγγνωθί μοι· τ. γὰρ οἰκῶ τῶν ἀγρῶν.
τήμερα. Fr. 354. ἰὼ Λακεδαῖμον, τί ἄρα πείσει ς τ.;
τήμερον. Α. 440. δεῖ γάρ με δόξαι πτωχὸν εἶναι τ.,
Α. 1073. ἵνα ς σ' ἐκέλευον οἱ στρατηγοὶ τ.
1213. ἀλλ' οὐχὶ νυνὶ τ. Παιώνια.
Ι. 68. εἰ μή μ' ἀναπείσει ς', ἀποθανεῖσθε τ.
1061. ἐγὼ δ' ἄλουτος τ. γενήσομαι.
1162. ἀλλ' ἡ κεφαλὴ εὐδαιμονήσει τ.
Ν. 699. οἵαν δίκην τοῖς κύρεσι δώσω τ.
1307. κοὐκ ἔσθ' ὅπως οὐ τ.
1491. κἀγώ τιν' αὐτῶν τ. δοῦναι δίκην
1510. ἡγεῖσθ' ἔξω· κεχόρευται γὰρ μετρίως τό γε τ. ἡμῖν.
Σ. 179. κάνδων, τί κλαίει ς; οὐκ πεπράσει τ.;
643. ἡ μὴν ἐγώ σε τ. σκύτη βλέπειν ποιήσω.
941. τοῦτον δέ γ' οἶμ' ἐγὼ χεσείσθαι τ.
Ει. 243. καὶ πολλοδεκάκις, ὥς ἀπολεῖσθε τ.
306. οὐ γὰρ ἔσθ' ὅπως ἀπειινεῖν ἂν δοκῶ μοι τ.,
321. οὐ γὰρ ἂν χαίροντες ἡμεῖς τ. παυσαίμεθ' ἄν.
1147. οὐ γὰρ οἷόν τ' ἐστὶ πάντων οἰναρίζειν τ.
Ο. 1045. πικρὸν τ' ἐγώ σοι τ. δείξω νόμους.
1465. οἵσί σε ποιήσω τ. βεμβικιᾶν,
Λ. 176. καταληψόμεθα γὰρ ἰὼν ἀκρόπολιν τ.
514. ἐν τῇ δήμῳ τ. ὑμῖν; τί δὲ σοι ταῦτ'; ἢ δ' ὃς ἀν ἀνήρ,
685. τ. τοὺς δημότας βιωστρεῖν σ' ἐγὼ πεπτούμενον,
745. ἀλλ' οὐκ ἐκνύεις σύ γ' ἐχθές. ΓΤ. Γ. ἀλλὰ τ.
1065. ἥκετ' οὖν εἰς ἐμοῦ τ.· πρὸ ἔτ χρή
Θ. 71. ὦ Ζεῦ τί δράσαι διανοεῖ με τ.;
83. κἂν Θεσμοφόρον μέλλουσι περὶ μου τ.
181. μέλλουσί μ' αἱ γυναῖκες ἀπολεῖν τ.
585. αὐτόῦ, γέροντα, δεῦρ' ἀνασείσαι τ.
729. κἀγώ σ' ἀποδείξω θυμάλωπα τ.
Β. 577. ἀλλ' εἷμ' ἐπὶ τὸν Κλεῶν', ὃς αὐτοῦ τ.
Εκ. 716. ὅπως ἂν εὐωχηθῶ πρῶτον τ.
1021. οἴμοι· Προκρούστης τ. γενήσομαι.
Π. 232. ἀπὴν ʼστὶν ἢν δεῖ χρημάτων σε τ.
433. ἢ σοφῷ ποιήσω τ. δοῦναι δίκην
947. ἥν ποιήσω τ. δοῦναι δίκην,
Fr. 192, 2. τ.
491. πικρότατον οἶνον τ. πίει τάχα.
τιμή. Ο. 815. Σπάρτην γὰρ ἄν θείρην ἐγὼ τ. πύλει·
τήν. Α. 1. ὅσα δὴ δέδηγμαι τ. ἐμαυτοῦ καρδίαν, κ.τ.λ.
Ν. 662. ὀρᾶς ὃ πάσχεις; τ. τε θήλειαν καλεῖς κ.τ.λ.
τήνδ'. Ι. 568. πανταχοῦ νικώντες δεῖ τ. ἐκόσμησαν πόλιν· κ.τ.λ.
τήνδε. Α. 248. κεχαρισμένη σοι τ. τὴν πομπὴν ἐμὶ κ.τ.λ.
Ο. 18. κολοιὼν ἰόβολοῦ, τ. τριαβύλιον,
Εκ. 989. οὐκ οἶσθ' ὅ τι λέγεις· τ. μοι προσατέον.
Σ. 987. τ. λαβὼν τὴν ψῆφον ἐπὶ τὸν ὕστερον κ.τ.λ.
τήνελλα. Α. 1227. ὁρᾶτε τουτονὶ κενόν. τ. καλλίνικος.
Α. 1228. τ. δῆτ', εἴπερ καλεῖς. ὦ βέλτιστε, καλλίνικος.
1230. τ. νυν, ὦ γενναῖοι χώρει λαβὼν τὸν ἀσκόν,
1231. ἐπειδὴ νυν ἔβωνοις ὦ τ. καλλίνικος.
1233. τ. καλλίνικον ᾁ·
Ο. 1764. τ. καλλίνικος, ὢ δαιμόνιον ὑπέρτατε.
τήνελλος. Ι. 276. ἀλλ' ἐὰν μέντοι γε νικᾷς τῇ βοῇ, τ. εἶ·
τηνικαῦτ'. Ει. 1176. τ. αὐτοὺς βέβαπται βάμμα Κυζικηνικόν·
Εκ. 269. δράσουσιν, εἶτα τ. ἤδη ΑΝ. Α. τί δρᾶν·
τηνικαῦτα. Ει. 338. ἀλλ' ὅταν λάβωμεν αὐτήν, τ. χαίρετε
Ει. 1121. εἰπέ μοι, τί τ. δρώμεν, ὦ Κωμαρχίδη
1171. τ. τοῦ θέρους
Ο. 1488. τ. δ' οὐκέτ' ἦν
Τηνίων. Π. 71ὴ. σκορδύνων κεφαλὰς τρεῖς Τ. ἔπειτ' ἐφλα
τηνόθεν. Α. 754. ὅκα μὲν ἐγὼν τ. ἐμπορευόμαι,
Τηρία. Ο. 15. ὃς ἐμὲ ὕβρισε τηρεῖ τὴν φράσειν τὸν Τ.
Ο. 46. ὁ δὲ στολὲς νῶν ἐστι παρὰ τὸν Τ.
Ι. 1. ἐν ταῖς τραγωδίαισιν ἱκέλη τὸν Τ.
τήρει. Ει. 140. ἐκείνω τ., μὴ σφαλεῖς καταρρυῇς
Θ. 1190. σὺ δὲ τύρα τ. τῇ γέροντο γρᾳδίω.
Σ. 1358. τὸ γὰρ ὕδιον τ. με, κᾆτ' ἄτιν δύσκολον
τυρεῖν. Α. 1075. κἄπειτα τ. νιφόμενον τὰς ἐσβολάς.
Σ. 210. τ. Σκιαρὴν ἀντὶ τούτου τοῦ πατρός.
Β. 1516. τὸν ἐμὸν παρῶδει Σοφοκλεῖ τ.,

Τηρεύς. Ο. 102. Τ. γὰρ εἶ σύ; πότερον ὄρνις ἢ ταῶς;
Λ. 563. ἕτερον δ' αὖ Θρᾷξ πέλτην σείων κακόντιον, ὥσπερ ὁ Τ.
τηρήσουσ'. Εκ. 627. ἀπὸ τοῦ δείπνου καὶ τ. ἐπὶ τοῖσιν δημοσίοισιν
Εκ. 916. ἀλλ' εἶμί τ., ὅ τι καὶ δράσει ποτέ.
τηρῆτε. Θ. 580. σκοπῆτε καὶ τ. μὴ καὶ προσπέσῃ
τηροίην. Ν. 752. ὥσπερ κάτοπτρον, πήτα τ. ἔχων,
τηροῦ. Σ. 1380. πρὸς ταῦτα τ. μὴ λάβῃς ὑπωσία.
τηροῦμαι. Σ. 319. τ. δ' ὑπὸ τῶνδ', ἐπεὶ
τηροῦμεν. Ν. 579. αἵτινες τ. ὑμᾶς, ἢν γὰρ ᾖ τις ἔξοδος
τηροῦντες. Θ. 416. τ. ἡμᾶς, καὶ προσέτι Μολοττικοὺς
τηροῦσ'. Σ. 552. ὂν πρῶτα μὲν ἕρπων' ἐξ εὐνῆς τ. ἐπὶ τοῖσι δριφάκτοι
τηροῦσιν. Σ. 364. τ. ἔχοντ' ὀβελίσκοις,
τηρῶ. Ι. 1145. τ. γὰρ ἑκάστοτ' αὐτόν.
Ει. 201. τὰ λοιπὰ τ. σκευάρια τὰ τῶν θεῶν.
τηρώμεσθ'. Σ. 372. ἀλλὰ τ. ὅπως μὴ Βδελυκλέων αἰσθήσεται.
τηρῶν. Ι. 513. ὁ δ' ἄρ' εἰστήκει τὸν Λυσικράτη τ. ὅ τι δωροδοκοίη.
τῆς. Α. 66. μισθὸν φέροντας δύο δραχμὰς τ. ἡμέρας κ.τ.λ.
τῆσδ'. Α. 146. παύσω τιν' ὑμῶν τ. ἐγὼ τῆς ἐξόδου, κ.τ.λ.
τῆσδε. Α. 892. ὑμῖν παρέξει τ. τῆς ξένης χάριν. κ.τ.λ.
τήτες. Α. 15. τ. δ' ἀπέθανον καὶ διεσπάρην ἰδών,
Ν. 624. τ. ἱεροποιηνεῖν, κἀπειθ' ὑφ' ἡμῶν τῶν θεῶν
Σ. 400. οὐ ξυλλήψεσθ' ὑπόσοισι δίκαι τ. μέλλουσιν ἔσεσθαι,
Fr. 196. τ.·
τι. Α. 128. ἀλλ' ἐργάσομαί τ. δεινὸν ἔργον καὶ μέγα, κ.τ.λ.
τί. Α. 4. φέρ' ἴδω, τ. δ' ἥσθην ἀξίον χαιρηδόνος; κ.τ.λ.
τίξειν. Ει. 695. τ.
τιῇ. Ι. 126. τὸν περὶ σεαυτοῦ χρησμὸν ὀρρωδῶν; ΝΙ. τ.; κ.τ.λ.
Σ. 1155. παράδου γε μέντοι καὶ κρεάγραν. ΒΔ. τ. τί δή; κ.τ.λ.
τιβασεύτη. Σ. 704. ἵνα γιγνώσκης τὸν τ. πῶθ' ὅταν οὑτός γ' ἐκεῖγζῃ,
τίθει. Α. 243. οὐ μὴν βάδιζε καὶ τὰ παρ' ὑμῶν εὖ τ.,
τίθεμεν. Fr. 446. 1. οὐ γὰρ τ. τὸν ἀγῶνα τῶνδε τὸν τρόπον
τιθέμην. Ν. 65. ἐγὼ δὲ τοῦτ' ἐμὸν τ. Φειδωνίδην,
τιθέναι. Ει. 1024. σχίζας δευρὶ τ. ταχέως
Θ. 52. δρυόχους τ. δράματος ἀρχάς.
τιθέσθαι. Ει. 1026. οὔκουν δοκῶ σοι μαντικῶς τὸ φρύγανον τ.;
τίθεσι. Ει. 1039. ταυτὶ δέδρακται, τ. τῷ μηρῷ λαβών.
τίθημ'. Θ. 1100. τίμενον πέλενθον, εὔδα τ. ὑπώτερον,
τίθησιν. Π. 451. οὐκ ἐνέχυρον τ. ἢ μαρωτάτη
Τιθράσιαν. Β. 477. διασπάσονται Γοργυλεί τ.
τιθύμαλλον. Εκ. 405. τ. ἐμβαλόντα τοῦ Λακωνικοῦ
Τιθωνόν. Α. 688. ἄνδρα Τ. σπαράττειν καὶ ταράττειν καὶ κυκᾶν·
τίκτει. Ει. 1079. χὴ κώδων ἀπαλαγεῖς ἐπεισγομήνη τυφλὰ τ.,
Ο. 695. τ. πρώτιστον ὑπηνέμιον Νὺξ ἡ μελανόπτερος ᾠόν,
τίκτειν. Ει. 1325. τάς τε γυναῖκας τ. ἡμῖν,
Β. 1059. μεγάλων γνωμῶν καὶ διανοιῶν ἴσα καὶ τὰ ῥήματα τ.
τικτικόν. Fr. 690. τ.·
τίκτοντα. Λ. 695. ἀετὸν τ. κάνθαρός σε μαιεύσομαι.
τικτούσας. Β. 1080. καὶ τ. ἐν τοῖς ἱεροῖς,
τίκτουσιν. Fr. 237. ὑπηνέμια τ. ᾠὰ πολλάκις.
τιλᾶθ. Ν. 1083. τί δ' ἢν ῥαφανιδωθῇ πιθόμενός σοι τέφρα τε τ.;
τίλλει. Ο. 365. ἕλκε, τ., παῖε, δείρε, κόπτε πρῶτον τὴν χύτραν.
Ο. 352. ἀλλὰ μὴ μέλλωμεν ἤδη τῶδε τ. καὶ δάκνειν.
Β. 424. τ. ἑαυτοῦ καὶ σπαράττειν τὰς γνάθους·
τίλλεται. Ο. 285. ἅτε γὰρ ὑπὸ γενναῖος ὑπὸ τῶν συκοφαντῶν τ.,
τιλλομένην. Θ. 543. διὰ τοῦτο τ. με δεῖ δοῦναι δίκην ὑφ' ὑμῶν
τιλλόμενος. Θ. 593. ἠλίθιός ὅστις τ. ἡνείχετ' ἄν·
τίλλονθ'. Ει. 546. τ. ἑαυτῶν· ὁ δέ γε τᾶς σμινύας ποιῶν
τίλλων. Fr. 11. ἀπόλεσι τ. τὴν λαγὺν ὑφθήσομαι.
τιμά. Α. 895. ἐμοὶ δέ τι τᾶσδε πᾷ γενήσεται,
τιμᾷ. Θ. 128. ὦν χάριν ἄνακτ' ἀγαλλε Φοῖβον [τ.].
τιμαῖς. Θ. 129. ἔν τ' εὐμούσοισι τ.
τιμᾶν. Σ. 847. ἀλλ' εἴσαγ' ἀνύσας· ἂν ἐγὼ τ. βλέπω.
τιμᾶν. Β. 332. χρειμίζομενα τ.,
τιμᾶς. Ο. 542. τάσδε τὰς τ. προγόνων παραβάντων,
Εκ. 5. μυστηρίοι λαμπρᾶς ἡλίου τ. ἔχεις·
τιμᾶς. Β. 348. ἱερᾶς ὑπὸ τ.
τιμασεα. Π. 93. καὶ μὴν διὰ τοὺς χρηστοὺς γε τ. μύνους
τιμῇ. Ι. 1275. ἀλλὰ τοῖσι χρηστοῖς, ὅστις εὖ λογίζεται.
Σ. 520. ἥτις ᾖ τ. ʼπί σοι καρπουμένῳ τὴν Ἑλλάδα.
τιμηθείς. Σ. 1023. ὀρθεὶς δὲ μέγας καὶ τ. ὡς οὐδεὶς πώποτ' ἐν ὑμῖν,
τίμημ'. Π. 480. τί δῆτά σοι τ. ἐπιγράψω τῇ δίκῃ,
τίμημα. Σ. 897. τῶν Σικελικῶν· τ. μὴν λάβρης ὁμοῦ.
τιμήν. Α. 640. εὗρετο πᾶν ἂν διὰ τὰς λιπαράς, ἀφύων τ. περιάψας.
Ο. 1278. οὐκ οἴσθ' ὅσην τ. παρ' ἀνθρώποις φέρει,

τιμήν—τοιχωρύχε. 303

τιμήν. Ο. 1625. προβάτοιν δυοίν τ. ἀνοίσει τῷ θεῷ.
Β. 1035. ἀπὸ τοῦ τ. καὶ κλέος ἔσχεν πλὴν τοῦδ᾽ ὅτι χρῆστ᾽ ἐδίδαξε.
Θ. 333. ταξίαρχος ἡ στρατηγῶν, λαμβάνειν τ. τινα.
τιμῆς. Α. 831. τ., λαβὲ τουτὶ τὰ σκύροκα καὶ τοὺς ἅλας.
Π. 191. τ. ΚΑ. πλακοῦντας ΧΡ. ἀνδραγαθίας ΚΑ. ἰσχάδων
τιμήσαι. ΕΙ. 736. εἰ δ᾽ οὖν εἰκὸς τινα τ., θύγατερ Διός, ὅστις ἄριστος
τιμητικόν. Σ. 167. ὕπαγ᾽ τάχιστ᾽, ἢ πινάκιον τ.
τίμιον. Σ. 253. οὐ γὰρ δάκνει σ᾽, ὅταν δέῃ τ. πρίασθαι.
Τιμοθέον. Π. 180. ὁ Τ. δὲ πύργος ΧΡ. ἐμπέσοι γέ σοι.
Τιμόκλει᾽. Θ. 372. τῇ τῶν γυναικῶν Τ. ἐπιστάτει
τιμώμενοι. Ο. 33. ἡμεῖς δὲ φυλῇ καὶ γένει τ.,
Τίμων. Ο. 1549. Τ. καθηρός. ἀλλ᾽ ἂν ἂν ἀποτρέχω πάλιν,
Λ. 808. Τ.
812. οὗτος ἄρ᾽ ὁ Τ.
τιμῶν. Ν. 128. ἡμᾶς τ. καὶ θαυμάζων καὶ ζητῶν δεξιός εἶναι.
Σ. 106, ὑπὸ δυσκολίας δ᾽ ἅπασι τ. τὴν μακρὰν
Π. 587. οὐκοῦν τοῦτῳ δήπου δηλοῖ τ. τὸν πλοῦτον ἐκεῖνος
τιμωρηθήσομαι. Α. 304. ὅστις ἐσπείσω Λάκωσιν, ἀλλά τ.
Εκ. 1044. ἐξεύρες· ἀλλ᾽ ἐγώ σε τ.
τιμώσι. ΕΙ. 401. ἐπεὶ σε καὶ τ. μᾶλλον ἢ πρὸ τοῦ.
τιμῶσί. Ο. 1276. δέχομαι. τί δ᾽ οὕτως οἱ λεῴ τ. με;
τιμῶσιν. Ο. 1275. στεφανοῦσι καὶ τ, οἱ πάντες λεῴ.
τίν', Α. 390. σκοτοδασυπυκνότριχά τ. Ἀίδει κυνῆν᾽ κ.τ.λ.
τίν᾽. Ι. 20, ἀλλ᾽ εὑρέ τ. ἀπόκινον ἀπὸ τοῦ δεσπότου. κ.τ.λ.
τινα. Ι. 11. τί κινυρόμεθ᾽ ἄλλως; οὐκ ἐχρῆν ζητεῖν τ. κ.τ.λ.
τίνα. Α. 1084. αἰαῖ, τ. δ᾽ αὖ μοι προστρέξει τις ἀγγελῶν; κ.τ.λ.
τινά, Ν. 766. ὥστ᾽ αὐτὸν ὁμολογεῖν σ᾽ ἐμοί. ΣΠ. ποίαν κ.τ.λ.
Σ. 1096. συκοφαντήσειν τ. κ.τ.λ.
τινές. Σ. 135. ἔχων τρύπανο φρυγμοσεμνάκους τ. κ.τ.λ.
Σ. 1186. νυδωσί τ. δὲ χρὴ λέγειν; ΒΔ. μεγαλοπρεπεῖς, κ.τ.λ.
τινάσσων. Β. 328. πολύκαρπον μὲν τ.
Β. 340. ἤγειρε φλογέας λαμπάδας ἐν χερσί τ.,
τινές. Α. 179. ἐσπευδον᾽ οἱ δ᾽ ὥσφροντο πρεσβύταί τ. κ.τ.λ.
τινές. Ν. 100. εἰσὶν δέ τ.; ΣΤ. οὐκ οἶδ᾽ ἀκριβῶς τοὔνομα᾽ κ.τ.λ.
τινές. Ν. 315. αἱ φθενγάμεναι τοῦτο τὸ σεμνόν; μῶν ἡρῴναί τ. ; κ.τ.λ.
τίνεται. Θ. 686. παραχρῆμά τε τ.
τίνι. Θ. 842. καὶ δανείζειν χρήμαθ᾽, ᾗ χρῆν, εἰ δανείσειεν τ. κ.τ.λ.
τίνι. Α. 919. νεώριον θρυαλλίς; οἴμοι, τ. τρόπῳ; κ.τ.λ.
τινί. Α. 405. ὑπἀκουσον, εἴπερ πώποτ᾽ ἀνθρώπων τ. κ.τ.λ.
Ι. 571. εἰ δέ που πέσοιεν ἐς τὸν ὠμὸν ἐν μάχῃ τ., κ.τ.λ.
τίνος. Ι. 588. πτίλον γάρ ἐστιν· εἰπέ μοι, τ. ποτέ κ.τ.λ.
τινός. Σ. 816. ἵνα γ᾽, ἢν καθευδῆτ᾽ ἀπολογουμένῳ τ., κ.τ.λ.
ΕΙ. 824. ὦ δέσποθ᾽, ἥκεις· ΤΡ. ὡς ἐγὼ ᾽νεθύμει τ.
τινῶν. Ι. 977. καίτοι πρεσβυτέρων τ.
τίνων. Ν. 1089. συνηγορούσιν ἐκ τ. κ.τ.λ.
τιό. Ο. 237. τ. τ. τ. τ. τ. τ. τ. τ. τ.
τίομεν. Β. 1266. Ἑρμᾶν μὲν πρόγονον τ. γένος οἱ περὶ λίμναν.
ποτίξ. Ο. 738. τιὸ τιὸ τιὸ τιὸ τιὸ τ.
τις. Α. 39. ἐάν τ. ἄλλο πλὴν περὶ εἰρήνη λέγῃ᾽ κ.τ.λ.
τίς. Α. 45. ἤδη τις εἶπε; ΚΗ. τ. ἀγορεύειν βούλεται;
τισαίμεθ᾽. Ο. 370. ἢ τίνας τ. ἄλλους τῶνδ᾽ ἂν ἥδιον ἔτι;
Τισαμενοφαινίππους. Α. 603. Τ., Πανουργιπαρχίδας᾽
τίσι. Β. 1455. πρῶτον, τ. χρῆται· τύτερα τοῖς χρηστοῖς; ΔΙ. πόθεν; κ.τ.λ.
Τισιάδη. Σ. 401. ὦ Σμικυθίων καὶ Τ. καὶ Κρήμων καὶ Φερέδειπνε ;
Τιτάνων. Ο. 469. ἀρχαιότεροι πρότεροί τε Κρόνου καὶ Τ. ἐγένεσθε
πιθαί. Ι. 716. καθ᾽ ὥσπερ αἱ τ. γε σιτίζεις κακῶς.
πιθῆ. Θ. 609. ἔχουσα; ΓΤ. Δ. τ. νὴ Δί᾽ ἐμή. ΜΝ. διοίχομαι.
πιθήν. Λ. 958. μίσθωσόν μοι τὴν τ.
πιθία. Θ. 143. ἀλλ᾽ ὡς γυνὴ δῆτ᾽· εἶτα ποῦ τὰ τ.;
Fr. 312, 2. καὶ τῶν ἀποδέσμων, οἷς ἐνῆν τὰ τ.
πιθίδια. Fr. Μ Θ. Δευτ. 14, 2. καὶ τῶν ἀποδέσμων, οἷς ἐνῆν τ.
πιθίων. Β. 412. παρμαραγίντος τ. πρακνύμαν.
πιθίου. Θ. 891. ἐξαρπάσαι μοι φροῦδος ἀπὸ τοῦ τ.
πιθνύοι. Α. 1199. τῶν τ., ὡς σκληρὰ καὶ κυδώνια.
ΕΙ. 863. οἴμοι, τί δῆθ᾽, ὅταν ξυνῶν τῶν τ. ἔχωμαι;
Λ. 83. ἂν δὴ καλὸν τὸ χρῆμα τ. ἔχεις.
Π. 1067. πεῖρά μὲν οὖν ἴσως σε καὶ τῶν τ.
πιθοῦς. Θ. 640. καὶ νὴ Δί τ. γ᾽ ὥσπερ ἡμεῖς οὐκ ἔχει.
πιπινπιπιπιπινπίνα. Ο. 315. τ. λόγον ἄρα ποτὲ πρὸς ἐμὲ φίλον ἔχων ;
πιτί᾽. Θ. 725. οἵμ᾽ ὡς στίριπο τ., ὥσπερ γογγύλη.
πίφη. Α. 920. ἐπεῖδέ τ. εἶ τ. ἀνδρὶ Βοιωτίοις
τίφης. Α. 925. σελαγοῦντ᾽ ἂν ὑπὸ τ. τε καὶ θρυαλλίδος ;
πλαίην. Ν. 119. οὐκ ἂν πιθοίμην. οὐ γὰρ ἂν τ. ἰδεῖν
Σ. 1159. ἐγὼ γὰρ ἂν τ. ὑποδύσασθαί ποτε

πλάμων. Β. 1355. ἔβαλον ἔβαλον ἅ τ.
πλήμονα. Α. 1155. δι᾽ γ᾽ ἐμὴ τὸν τ. Λήναια χορηγῶν ἀπέλυσ᾽ ἀδικεινον.
πλήμων. ΕΙ. 725. πύθεν οὖν ὁ τ. ἐνθάδ᾽ ἕξει σιτία;
Θ. 1072. θανάτου τ. ΣΤ. θανάτου τ.
Β. 85. ποῖ γῆς ὁ τ. ΔΙ. ἐς μακάρων εὐωχίαν.
Π. 603. τί πάθω τ.;
777. ἔφευγον, εἰδὼς οὐδὲν᾽ ὦ τ. ἐγώ.
Τληπόλεμός. Ν. 1206, τί δαί σε Τ. ποτ᾽ εἴργασται κακόν ;
πλητέν. Λ. 529. ὑμεῖς ἡμᾶς; δεινῶν γε λέγεις κοῦ τ. ἔμοιγε.
ΛΤ. σιώπα.
τό. Α. 5. ἐγῴδ᾽ ἐφ᾽ ᾧ γε τ. κέαρ εὐφράνθην ἰδών, κ.τ.λ.
Ν. 440. τουτὶ τ. γ᾽ ἐμὸν σῶμ᾽ αὐτοῖσιν κ.τ.λ.
τόδ᾽. Α. 460. φθείρου λαβὼν τ.᾽ ἴσθ᾽ ὀχληρὸς ὢν δόμοις. κ.τ.λ.
τόδε. Α. 340. ὣς τ. τὸ λαρκίδιον οὐ προδώσω ποτέ. κ.τ.λ.
τοδί. Α. 366. ἰδοὺ θέασαι, τὸ μὲν ἐπίξηνον τ., κ.τ.λ.
Ν. 500. κατάθου. τί ληρεῖς; ΣΤ. εἰσὶ δὴ νῦν μοι τ. κ.τ.λ.
τάθ᾽. Ι. 900. οὐ γὰρ τ. ὑμεῖς βδεόμενοι δήπου ᾽γίνεσθε πυρροί; κ.τ.λ.
τοι. Α. 655. ἀλλ᾽ ὑμεῖς τ. μή ποτ᾽ ἀφῆθ᾽· ὡς κωμῳδήσει τὰ δίκαια. κ.τ.λ.
τοί. Α. 759. παρ᾽ ἐμὶ πολυτίματος, ἅπερ τ. θεοί. κ.τ.λ.
Ι. 409. οὔ τ. μ᾽ ὑπερβαλεῖσθ᾽ ἀναιδείᾳ μὰ τὸν Ποσειδῶ, κ.τ.λ.
τοία. Β. 470. τ. Στυγός σε μελανοκάρδιον πέτρα
τοιάδ᾽. Θ. 678. κἂν μὴ ποιῶσι ταῦτα, τ. ἔσται κ.τ.λ.
τοιάδε. ΕΙ. 797. τ. χρὴ Χαρίτων δαμώματα καλλικόμων κ.τ.λ.
τοιαδί. Ι. 1376. ἂ στωμυλεῖταί τ. καθημένα·
Ο. 128. ὅπου τὰ μέγιστα πράγματ᾽ εἴη τ.᾽
τοιαύθ᾽. Ν. 812. ταχέως᾽ φιλεῖ γάρ πως τις τ. ἑτέρᾳ τρέπεσθαι. κ.τ.λ.
τοιαῦτ᾽. Σ. 111. τ. ἀλύει· νουθετούμενος δ᾽ ἀεὶ κ.τ.λ.
τοιαῦτα. Α. 1046, φωνῇ τ. λάσκων. κ.τ.λ.
τοιαυτά. Ν. 1393. εἰ γὰρ τ. γ᾽ οὗτος ἐξειργασμένοι
τοιαῦται. Ν. 342. οὐ γὰρ ἐκεῖναί γ᾽ εἰσί τ. ΣΠ. φέρε, ποῖαι γάρ τινές εἰσι;
τοιαύτας. Ν. 1125. ἀποκεκόψονται᾽ τ. σφενδύαις παιήσομεν᾽
τοιαύτας. Ι. 842. κατεργάσει γὰρ ῥᾴδιως, πλευραὶ ἔχων τ.
τοιαυτασί. ΕΙ. 1258. ἐὰν τ. μάθῃ λαβὼν ποιεῖν.
τοιαύτην. Ο. 48. εἴ που τ. εἴδε πόλιν ᾗ ᾽πίπτατο. κ.τ.λ.
τοιαυτί. Ι. 49. κοσκυλμάτιαις ἄκροισι, τ. λέγων᾽ κ.τ.λ.
ΕΙ. 1280. "Ὂτ οἱ μὲν δαίνυντο βοῶν κρέα, καὶ τά τ.᾽
τοιγάρ. Α. 516. κἂν ψιμέξας γ᾽, εἰ μὴ ᾽σίγας. ΛΤ. Τ. ἐγωγ᾽ ἐνθοῦν ἐσίγων.
τοιγαροῦν. Σ. 1098. τ. πολλὰς πόλεις Μήδων ἑλόντες,
τοιγάρτοι. Α. 643. τ. οἱ τῶν πόλεων τὸν φόρον ὑμῖν ἀπάγοντες
τοῖν. Α. 117. καί τ. μὲν εὐνούχων τὸν ἕτερον τουτονὶ
τοίνυν. Α. 819. τὰ χοιρίδια τ. ἐγὼ φανῶ ταδὶ κ.τ.λ.
τοιόνδ᾽. Σ. 1043. τ. εὑρόντες ἀλεξίκακον, τῆς χώρας τῆσδε καθαρτήν.
τοιόνδε. Α. 120. τ. δ᾽, ὦ πίθηκε, τὸν πώγων᾽ ἔχων
τοιοῦτο. Β. 1399. φέρε ποῦ τ. δῆτά μούστι; ποῦ; ΔΙ. φράσω κ.τ.λ.
τοιουτοί. Λ. 1087. ἄν ἄνδρες ἡμεῖς οὐτοῖ τ.
τοιούτοις. Σ. 512. νὴ Δί᾽ εἰθίσθη γὰρ ᾕδεισθαι τ. πράγμασιν᾽ κ.τ.λ.
τοιοῦτον. Ι. 844. ἐμοὶ γάρ ἐστ᾽ εἰργασμένον τ. ἔργον ὥστε κ.τ.λ.
τοιοῦτόν. Π. 897. ἐπεὶ τ. γ᾽ ἀμφέχεται τριβώνιον.
τοιοῦτον. Ι. 851. τ. Θεμιστοκλῆς οὐπώποτ᾽ ἐμηχανήσεν. κ.τ.λ.
Ι. 391. ἀλλ᾽ ὅμως οὗτος τ. ὢν ἅπαντα τὸν βίον, κ.τ.λ.
τοιουτοσί. Β. 66. τ. τοίνυν με δαρδάπτει πόθος
τοιούτου. ΕΙ. 311. ἀλλ᾽ ἀκούσαντες τ. χαίρομεν κηρύγματος. κ.τ.λ.
τοιούτῳ. Α. 941. γεῖῳ τ. χρώμενος
τοῖς. Α. 6. τ. οὔτε ταλαντιοῖς οὐκ Κλέων ἐξήμεσεν. κ.τ.λ.
τοῖσδ᾽. Ν. 1159. τ. ἐπὶ δώμασι παῖς,
τοῖσδε. Α. 914. καὶ σέ γε φανῶ πρὸς τ. ΒΟ. τί ἀδικειμένος; κ.τ.λ.
τοισδί. Α. 161. τ. δύο δραχμὰς τοῖς ἀπεψολημένοις;
Ο. 359. τοῖς δὲ γαμψύνυξί τ.᾽ ΠΕ. τὸν ὀβελίσκον ἁρπάσας
τοῖσι. Α. 132. καί τ. παιδίοισι καὶ τῇ πλάτιδι᾽ κ.τ.λ.
τοῖσιν. Α. 225. ὅστις, ὦ Ζεῦ πάτερ καὶ θεοί, τ. ἐχθροῖσιν ἐσπείσατο, κ.τ.λ.
τοίχοις. Α. 144. ἐν τοῖσι τ. ἔγραφ᾽, Ἀθηναῖοι καλοί.
τοῖχον. Σ. 130. ἐνήκρουεν ἐς τὸν τ., εἶτ᾽ ἐξήλλετα.
Β. 537. πρὸς τὸν εὖ πράττοντα τ.
Fr. 405. "τ. μοχλίσκῳ καταβαλῶν."
τοίχου. Π. 565. πᾶν γοῦν κλέπτειν κύσμων ἐστιν καὶ τοὺς τ. διορύττειν.
τοιχωρύχε. Ν. 1327. ὦ μιαρὲ καὶ πατραλοῖα καὶ τ.

τοιχωρύχε—του.

τοιχωρύχε. Π. 909. πῶς οὖν ἂν εἴης χρηστός, ὦ τ.,
Π. 1141. ἐφ' ᾧ τε μετίχειν καυτός. ὦ τ.
τοιχωρυχεῖ. Π. 165. ὁ δὲ λωποδυτεῖ γε νὴ Δί', ὁ δὲ τ.,
τοιχωρύχοις. Β. 773. καὶ τοῖσι πατραλοίαισι καὶ τ.
τοιχωρύχον. Π. 939. ἡ περὶ πονηρῶν ἀνδρα καὶ τ.;
τοιχωρύχος. Π. 204. τ. τις διέβαλ'. ἐσθὺν γάρ ποτε
τοιχωρύχους. Π. 808. πολλοὺς ἴσαν ἐνόμιζε τοὺς τ.
τοιχωρύχων. Π. 869. ἡ τῶν πονηρῶν ἦσθα καὶ τ.;
τοιφδ΄. Ο. 1735. ἐν τ. ὑμεναίῳ.
τοιῶνδε. Β. 355. ὅστις ἄπειρος τ. λόγων, ἢ γνώμῃ μὴ καθαρεύει,
τακῆας. ΕΙ. 1301. Ψυχὴν δ᾿ ἐξεσάωσα, ΤΡ. κατρὀχυνας δὲ τ.
τάκοι. Ν. 18. οἱ γὰρ τ. χωροῦσιν. ἅπτε, καὶ, λύχνον,
Ν. 1156. αὑτοί τε καὶ τάρχαῖα καὶ τ. τύκων'
τάκον. Ν. 1285. ἀλλ' εἰ σπανίζεις, τύργυρίου μοι τὸν τ.
Θ. 843. καὶ τ. πράττοιτο, διδῶναι μηδὲν᾿ ἀνθρώπων τ.,
845. ἀξία γοῦν εἶ τύκων, τεκοῦσα τοιοῦτον τ.
τόκας. Ν. 1286. ἀπύδος γε. ΣΤ. τοῦτο δ᾿ ἔσθ᾿ ὅ τ. τί θηρίον ;
Λ. 754. ὁ τ. ἵν᾿ ἐν πύλει, τόκοιμ᾿ ἐς τὴν κυνῆν
τόκου. Ν. 34. ὅτε καὶ δίκαι ὤφληκα χἄτεροι τ.
Ν. 747. ἔχω τ. γνώμην ἀποστερητικήν.
Λ. 742. ὦ πύτνι᾿ Εἰλείθυι᾿, ἐπίσχες τοῦ τ.
Θ. 845. ἀξία γοῦν εἶ τ., τεκοῦσα τοιοῦτον τόκον.
τόκους. Ν. 20. ὑψώσοις ὀφείλεις καὶ λογίσωμαι τοῖς τ.
Ν. 755. οὐκ ἂν ἀποδοίην τοὺς τ. ΣΠ. ὑτιὴ τί δή;
τόκων. Ν. 240. ὑπὸ γὰρ τ. χρήστων τε δυσκολωτάτων
Ν. 739. περὶ τῶν τ., ὅπως ἂν ἀποδῷς μηδενὶ,
1156. αὑτοί τε καὶ τάρχαῖα καὶ τύκοι τ.
τολμᾷ. Ι. 510, ὅτι τοὺς αὑτοὺς ἡμῖν μισεῖ, τ. τε λέγειν τὰ δίκαια,
τολμᾷν. Εκ. 400. οὐ δεινά τ. τουτονὶ δημηγορεῖν,
Π. 593. τὸ γὰρ ἀντιλέγειν τ. ὑμᾶς ὡς οὐ πάντ᾿ ἔστ᾿ ἀγαθ᾿ ὑμῖν
τολμᾷς. Α. 311. σὺχ ἁπάντων ὄντας ἡμῖν αἰτίους τῶν πραγμάτων.
Α. 558. ταυτὶ σὺ τ. πτωχὸς ὢν ἡμᾶς λέγειν,
578. οὗτος σὺ τ. πτωχὸς ὢν λέγειν τάδε ;
1. 90. οἶνον σὺ τ. εἰς ἐπιινοων λοιδορεῖν;
Θ. 889. ὅστις γε τ. σῆμα τὸν βωμὸν καλεῖν,
Β. 1326. τ. τάμά μέλη ψέγειν,
Π. 472. ταυτὶ σὺ τ., ὦ μιαρωτάτη, λέγεις ;
τάλμας. Θ. 1109. κατάρατο τ.' ὑποτανουμένη λαλῇς ;
τολμᾷτον. Π. 419. τύλμημα γάρ τ. οὐκ ἀνασχετόν,
Π. 454. γρύζειν δὲ καὶ τ., ὦ καθάρματα,
τάλμῃ. ΕΙ. 1030. φρενὶ τολμᾷτ᾿,
τόλμημα. Ε. 194. τ. νέον παλαμησάμενος.
Εκ. 106. τ. τολμῶμεν τοσοῦτον σύνεκα,
288. ἐνδυόμεναι κατὰ σκότον τ. τηλικοῦτον.
Π. 419. τ. γὰρ τολμᾷτον οὐκ ἀνασχετόν,
τολμήματος. Α. 284. ἐγὼ οὐκ ἄρα σχήσω παρῶν τ. τοσούτου ;
τολμηρέ. ΕΙ. 182. ὦ βδελυρέ καὶ τ. κάναίσχυντε σὺ
ΕΙ. 302. ὦ μαρὲ καὶ τ., τί ποιεῖν διανοεῖ;
Η. 465. ὦ βδελυρέ κάναίσχυντε καὶ τ. σὺ
τολμηρός. Ν. 445. θρασύς, εὔγλωττος, τ. ἴτης.
τάλμης. Α. 646. οὕτω δ᾿ αὑτοῦ περὶ τῆς τ. ἤδη πύρρω κλέος ἥκει,
Θ. 702. ὡς ἅπαν γάρ ἐστι τ. ἔργα κἀναισχυντίας.
τολμήσαί. Θ. 526. οὐδὲ τ. πότ᾿ ἀν᾿
τολμήσαι. Α. 563. ἀλλ᾿ οὐδὲ χαίρειν ταῦτα τ. λέγειν.
τολμήσεις. Α. 316. εἰ σὺ τ. λέγειν τὸν πολεμίον ἡμῖν λέγειν.
Β. 116. ὦ σχέτλιε, τ. γὰρ ἱέναι ; ΔΙ. καὶ σύ γε
τάλμητσον. Α. 488. τ., ἵθι, χώρησον, ἄγαμαι καρδίας.
Σ. 326. τ., ἄναξ, χαρίσασθαί μοι,
τολμῶμεν. Εκ. 106. τύλμημα τ. τοσοῦτον οὔνεκα,
τολμῶν. Ν. 375. αὕται βρονταῖσι κυλινδύμεναι. ΣΤ. τῷ τρόπῳ, ὦ πάντα σὺ τ. ;
τολμῶντα. Β. 951. οὐκ ἀπυθανεῖν σε ταῦτ᾿ ἐχρῆν τ. ; ΕΥ. μά τὸν Ἀπόλλω
τολμῶντε. Π. 416. τ. δρᾷν ἀνθρωπαρίου κακοδαίμονα,
τολμῶσιν. Εκ. 500. οὐ γάρ ἔτι τοῖς τ. αἰσχρὰ δρᾷν
τολυπεύειν. Λ. 587. σὐκουν δεινὸν ταυτὶ ταύτας ῥαβδίζειν καὶ τ.,
τολυπην. Λ. 586. τ. μεγίλην, κἀτ᾿ ἐκ ταύτης τῷ δήμῳ χλαῖναν ὑφῆναι.
τάμαλ. Λ. 186. καί μοι δύτω τὰ τ. τις. ΚΑ. Λυσιστρατη,
τόμιον. Λ. 192. ἵππον λαβοῦσα τ. ἐντεμούμεθα.
τόμον. 1. 1179. καὶ χύλικοι ἡνύστρου τε καὶ γαστρὸς τ.
I. 1190. λαβὲ νυν πλακοῦντος πίονος παρ᾿ ἐμοῦ τ.
τὸν. Α 10. ὅτε δὴ κεχήνη προσδωκῶν τ. Αἰσχύλον, κ.τ.λ.
Α. 93. κύρας πατάξας τ. γε σὺν τοῦ πατβέους, κ.τ.λ.
τανδ΄. Ι. 758. ὅσοιπι τ. ὑπερβαλεῖ. ποικίλος γὰρ ἀνὴρ κ.τ.λ.
τὸνδε. Α. 330. ἀπολεῖς μα τὸν ἥλικα τ. φιλανθρακία ; κ.τ.λ.
τονδὶ. Ο. 955. τὰ κρυερὰ τὸν χιτωνίσκον λαβών, κ.τ.λ.

τονθορύζοντες. Α. 683. τ. δὲ γήρᾳ τῷ λίθῳ προσίσταμεν,
τονθορύζων. Β. 747. τί δὲ τ., ἡνίκ᾿ ἂν πληγὰς λαβὼν
τονθορύσας. Σ. 614. καταρασάμενος καὶ τ. ἀλλ᾿ ἦν μή μοι ταχὺ μάζῃ.
τόνον. 1. 532. ἐκπίπτουσῶν τῶν ἠλέκτρων, καὶ τοῦ τ. οὐκ ἔτ᾿ ἐνόντος
Σ. 337. οὐτωσὶ πρόσθεν καθεύδων. ἀλλ᾿ ὑφεσθε τοῦ τ.
Λ. 923. αἰσχρὸν γὰρ ἐπὶ τ. γε. ΚΙ. δὺς μοί νυν κύσαι.
τόξα. Ο. 1186. καὶ τ. χώρει δεῦρο πᾶς ὑπηρέτης'
Β. 1357. τὰ τ. λαβόντες ἐπαμύνατε,
τόξενε. Ο. 1187. τ., παῖε, σφενδόνην τίς μοι δότω.
τοξευμάτων. Σ. 1084. ὑπὸ δὲ τῶν τ. οὐκ ἦν ἰδεῖν τὸν οὐρανὸν
τοξικόν. Λ. 462. οἴμ᾿ ὡς κακῶς πέπραγέ μου τὸ τ.
τοξόθ᾿. Θ. 1002. ὦ τ., ἱκετεύω σε. ΤΟ. μὴ μ᾿ ἱκέτευε σύ.
τοξοποιεῖν. Λ. 8. οὐ γὰρ πρέπει σοι τ. τὰς ὀφρῦς.
τοξότ᾿. Θ. 931. ὦ τ., ἐν τῇ σανίδι, κάπειτ᾿ ἐνθαδὶ
τοξότα. Θ. 1177. ἡ παῖς ἔμελλε προμελετᾷν, ὦ τ.
Θ. 1193. τί οὐ κατεύδει παρ᾿ ἐμέ ; ΕΥ. χαῖρε, τ.'
τοξότα. Α. 54. οἱ τ.
1. 665. καβ᾿ εἷλκον αὑτὸν οἱ πεντάνεις χοὶ τ.
Εκ. 143. καὶ τὸν παρανοῦντ᾿ ἐκφίρους οἱ τ.
258. ἐκεῖνο μῶνον ἄσκειτον, ἦν σ᾿ οἱ τ.
τοξόταις. Α. 711. κατεβύησε δ᾿ ἂν κικραγὼν τ. τρισχιλίους,
τοξότην. Θ. 940. κέλευε πρὸς τῇ σανίδι δεῖν τὸν τ.,
Θ. 1208. λέλνφσο σὺν ἔργον, φεύγε, πρὶν τὸν τ.
τοξότης. Λ. 433. ἀληθες, ὦ μιαρὰ σύ ; ποῦ 'σθ᾿ ὁ τ. ;
Λ. 441. ἰδοὺ γ᾿ ἐπιχεσεῖ. ποῦ 'στιν ἕτερος τ.;
445. τουτὶ τί ἦν ; ποῦ τ. ; ταύτῃ ἔχου,
449. οἴμοι κακοδαίμων᾿ ἐπιλέλοιφ᾿ ὁ τ.
Θ. 923. προσέρχεται γάρ ὁ πρύτανις χοὶ τ.
Fr. 362, I. ἔστι τις πονηρὸς ἡμῖν τ. συνήγορος
τοξότων. Α. 707. ἄνδρα πρεσβύτην ὑπ᾿ ἀνδρὸς τ. κυκώμενον,
ταξαφόρον. Θ. 970. μέλπουσα καὶ τὴν τ.
τόξων. Θ. 108. χρυσέων ῥύτορα τ.
ταπάξετε. Σ. 73. εἰ μὴ πυθωθ᾿ ἡμῶν᾿ ἐπεὶ τ.
τόπος. Θ. 664. εἴ τις ἐν τ. ἑδραίοις ἄλλος αὖ λέληθεν ὦν.
τόπον. Ο. 44. πλανώμεθα ζητοῦντε τ. ἀπράγμονα,
Ο. 310. ποτοποτοποτοποτοποῦ μ᾿ ἄρ᾿ ὁ ἐκάλεσε ; τίνα τ. ἄρα νέμεται ;
τόπος. Ο. 180. πυλος ; τίνα τρόπον ; ΠΕ. ὥσπερ εἶποί τις τ.
Β. 278. ἆὡ οὑτοσὶ ὁ τ. ἐστὶν οὗ τὰ θηρία
τόπου. Εκ. 489. ἀλλ᾿ ἐγκοψώμεν τὸν τ. γὰρ ἐγγὺς ἐσμὲν ἤδη
τόπους. Ο. 245. ἐμβάδας κύπτεθ᾿, ὅσα τ᾿ εὐθρύσονς γῆς τ.
τόρευε. Θ. 986. τ. πᾶσαν ῴδήν᾿
τορνεύει. Θ. 54. τὰ δὲ τ. τὰ δὲ κολλομελεῖ,
τορνευταλυρασπιδοπηγοί. Ο. 491. σκυτῆς, βαλανῆς, ἀλφιταμοιβοί, τ.'
τόροιξ. Ο. 267. τ.
τοροτοροτοροτορελιλιλιλιξ. Ο. 262. τ.
τοροτοροταροταροτίξ. Ο. 260. τ.
τορύνη. Ι. 984. δοίδυξ οὐδὲ τ.
τορύνην. Ο. 79. τρέχω 'πὶ τ. ΕΥ. τροχίλος ὄρνις οὑτοσὶ
ταρύνης. Ο. 78. ἵττους δ᾿ ἐπιθυμεῖ, δεῖ τ. καὶ χύτρας'
τορῶς. Β. 1102. ὁ δ᾿ ἐπαναστρέφειν δύνηται κἀπερείδεσθαι τ.
τοσαῦτα. Ι. 1186. λέξαι εἰς ὑφρορφαν πεσὼν κ.τ.λ.
τοσαῦτά. Εκ. 141. τ. γ᾿ εὔχοντ᾿, εἴπερ οἶνος μὴ παρῇν'
τοσαύτη. Α. 249. οὐ γὰρ τ. οὔτ᾿ ἀπειλὰς οὔτε νῦρ
τοσαύτη. Α. 149. στρατιαὶ τ. ὥστ᾿ Ἀθηναίοις ἐρεῖν,
τοσαύτην. Α. 356. ὦ Φαιδρία, ταυτασὶ λαλεῖν ἐἀσομεν τ. ;
τοσανδ᾿. Α. 943. τ. ἀεὶ ψοφοῦντι᾿
τοσόνδε. Ι. 77. τ. δ᾿ αὑτοῦ βῆμα διαβεβηκύτος
τοσοῦτο. 1. 1234. καί σου τ. πρῶτον ἐκπειράσομαι᾿ κ.τ.λ.
τοσούτοις. Σ. 479. μᾶλλον ἤ κακοῖς τ. ναυμαχείν δεημέραι. κ.τ.λ.
τοσοῦτον. 1. 948. ἐμοὶ ταμιεύσεις. ΚΛ. ἔχε᾿ τ. δ᾿ ἐσθ᾿ ὅτι,
Λ. 899. χρώνον τ. ἐστιν. ὑὰ βαδιεῖ πάλιν ;
τοσαυτονί. 1. 578. καὶ πρὸς οὐκ αἰτοῦμεν οὐδέν, πλὴν τ. μόνον κ.τ.λ.

Fr. 458. ἥτις μύνου᾿ ἐφάνη κύσι τ.
τοσούτου. 1. 414. ἀπομαγδαλιὰς σιτούμενος τ. ἐκτραφείην.
Α. 284. ἐγὼ οὐκ ἄρα σχήσω παρὼν τολμήματος τ. ;
τοσαύτῃ. Ι. 420. οἱ δ᾿ ἔβλεπον, κύγὼ 'ν τ. τῶν κρέων ἔκλεπτον
τοσαύτῳ. Fr. 244. κακῶν τ. γιγγλυμοι μοι σώρακοι.
τότ᾿. Ι. 465. ᾐσαιμι γάρ τ. ἂν μόνων᾿ κ.τ.λ.
τότε. Α. 216. σπονδοφόρος οὗτος ὑπ᾿ ἐμοῦ τ. διωκόμενος κ.τ.λ.
τατί. Ι. 540. χυιτος μέντοι μῶνος ἀντῆρκει, τ. μὲν πίπτει, τ. δ᾿ οὐχί. κ.τ.λ.
τοτοβρῖξ. Ο. 242. τρατὺ τραστὶ τ.'
τοτοτοτοτοτοτοτοτίξ. } Ο. 747.} τ.,
779.
ταν. Ι. 31. θεῶν ἰύντε προσπεσεῖν τ. πρὸς βρέτας. κ.τ.λ.

τοῦ—τοφλαττόθρατ. 305

τοῦ. Α. 44. πάριθ', ὡς ἂν ἐντὸς ᾖτε τ. καθάρματος. κ.τ.λ.
τοὐβολοῦ. I. 649. ἵνα τὰς ὀφρῦς ὠνοῖντο πολλᾶὶς τ.,
I. 945. ἀνὴρ γεγένηται τοῖσι πολλαῖς τ.,
O. 1079. ὅτι συνείρων τοὺς σπίνους πωλεῖ καθ᾿ ἑπτὰ τ.,
τοὐγκυκλον. Λ. 113. ἐγὼ δὲ γ᾿ ἂν κἂν εἴ με χρείη τ.
Λ. 1162. ἀμές γε λῶμες, αἴ τις ἀμῶν τ.
Θ. 499. ὡς ἡ γυνὴ δεικνῦσα τἀνδρὶ τ.
τουδ'. A. 454. τί δ᾿, ὦ τάλας, σε τ. ἔχει πλέκους χρέος; κ.τ.λ.
τοῦδε. Α. 770. οὐ δεινά; θᾶσθε τ. τὰς ἀπιστίας· κ.τ.λ.
τοὐδί. Σ. 300. ἀπὸ γὰρ τ. με τοῦ μισθαρίου
τουδί. Ν. 431. ἀλλ᾿ ἔσται σοι τοῦτο παρ᾿ ἡμῶν· ὥστε τὸ λοιπὸν
γ᾿ ἀπὸ τ. κ.τ.λ.
τοῦθ'. A. 516. μέμνησθε τ., ὅτι οὐχὶ τὴν πόλιν λέγω,
τοὐθόνιον. Fr. 159. ὥσπερ κυλικείου τ. προπέπταται.
τοὐκ. Ο. 813. βούλεσθε τὸ μέγα τοῦτο τ. Λακεδαίμονος,
τοὐλαιον. Α. 1128. κατάχει σύ, παῖ, τ. ἐν τῷ χαλκίῳ
τοὐλαίον. Σ. 252. καὶ ταῦτα τ. σπανίζοντος, ὠνόητε·
τοὐλατῆρος. A. 246. ἵν᾿ ἔγνως κοταχύω τ. τουτουί.
τοὐλεόν. Ι. 152. ἴθι δή, κάθελ᾿ αὐτοῦ τ., καὶ τοῦ θεοῦ
I. 169. ἀλλ' ἐπανάβηθι κάπι τ. τοδί
τοὐλυμπίου. Ο. 130. λέγοι ταδί· πρὸς τοῦ Διὸς τ.,
τοὐλυντηρα. Α. 1120. φέρε, τοῦ δόρατος ἀφελκύσωμαι τ.
τοὐμὸν. Α. 219. νῦν δ᾿ ἐπειδὴ στερρὸν ἤδη τ. ἀντικνήμιον κ.τ.λ.
I. 1231. τ. γε φράζων ὄνομα καὶ λίαν σαφῶς.
τοὐμοῦ. Σ. 272. τ. μέλους ὑφ᾿ ἡδονῆς ἐρηνέῳ θύραις. κ.τ.λ.
τοὐμπαλιν. Α. 1045. ἀλλὰ πολὺ τ. πάντ᾿ ἀγαθὰ καὶ λέγειν
Θ. 1224. τηδὶ διώξει· τ. τρέχεις σύ γε.
τοὐμποδών. Λ. 1161. τί δ᾿ οὐ διηλλάγητε; φέρε, τί τ.;
Θ. 847. τί δῆτ᾿ ἂν εἴη τ.; οὐκ ἔσθ᾿ ὅπως
τοὐμφαλοῦ. Ν. 977. ἠλείψατο δ᾿ ἂν τ. οὐδεὶς παῖς ὑπένερθεν
τῶτ᾿ ἄν, ὥστε
τοῦν. Σ. 1374. τί δὲ τὸ μίλαν τοῦτ᾿ ἐστὶν αὐτῆς τ, μέσῳ; κ.τ.λ.
τοὐνανίον. Π. 14. τ. δρῶν ἡ προσῆκεν αὑτῷ ποιεῖν.
Π. 1047. τ. πέπονθε τοῖς πολλοῖς ἄρα·
τοὐνειροῦ. Fr. 476, 7. ὥστ᾿ οὐκ ἔτ᾿ οὐδεὶς οἶδ᾿ ὑπηνίκ᾿ ἐστί τ.
τοὔνεμ'. Ι. 1257. ἐμοὶ δέ γ᾿ ὅ τι σοι τ. εἰπ᾿. ΑΛ. ᾿Αγοράκριτος·
Σ. 490. ἦν ἐγὼ οὐκ ἤκουσα τ. οὐδὲ πεντήκοντ᾿ ἐτῶν
492. ὥστε καὶ δὴ τ. αὐτῆς ἐν ἀγορᾷ κυλίνδεται,
El. 189. εἰ μὴ κατερεῖς μοι τ. ὅ τι ποτ᾿ ἔστι σοι.
Ο. 644. καὶ τ. ἡμῖν φράσατον. ΠΕ. ἀλλὰ ῥᾴδιον.
812. φέρ᾿ ἴδω, τί δ᾿ ἡμῖν τ. ἔσται τῇ πόλει;
923. καὶ τ. ὥσπερ παιδίῳ τὴν δὴ Ψάφην.
Θ. 803. παραβάλλουσαι τῆς τε γυναικὸς καὶ τἀνδρὸς τ. ἕκασ-
τον,
1201. μεμνῆσει τοίνυν τ.᾿ Ἀρταμουξία.
τοὔνομα. Ν. 63. ἡ μὲν γὰρ ἵππον προσετίθει πρὸς τ.,
Ν. 100. εἰσὶν δὲ τίνες; ΣΤ. οὐκ οἶδ᾿ ἀκριβῶς τ.·
Ο. 820. καλῶν γὰρ ἀτεχνῶς καὶ μέγ᾿ εὑρές τ.
1293. χαυλὸς, Μενίππῳ δ᾿ ἦν χελιδὼν τ.,
1505. τί γὰρ ἔστι; ΠΡ. σίγα, μὴ κάλει μου τ.
Α. 853. ὦ χαῖρε φίλτατ᾿· οὐ γὰρ ἀκλεές τ.
Β. 299. ἰνθῶραφ᾿, ἱκετεύω, μηδὶ κατερεῖς τ.
Fr. 304. ἀμφόδου ἰχρῆν αὐτῷ τεθεῖσθαί τ.
τοὐνόματος. Ν. 62. περὶ τ. δὴ ᾿ντεῦθεν ἐλοιδορούμεθα·
τοὔνεκρος. Ν. 160. ἐφάσκεν εἶναί τ. τῆς ἐμπίδος
Ν. 168. ὅστις διοῖδε τ. τῆς ἐμπίδος.
τοὐνταθεν. Ι. 131. εἶτ' οὑτοσὶ πώλης. τί τ.; λέγε.
τοὐνυπνιον. Σ. 38. ὅξει κάκιστον τ. βύρσης σαπρᾶς.
τοὐξάλειπτρον. Α. 1063. ὕπεχ᾿ ὧδε δεῦρο τ., ὦ γύναι.
τοὐξεμβρυωμένον. Ν. 139. ἀλλ᾿ εἰπέ μοι τὸ πρᾶγμα τ.
τοὐξεύρημον. Α. 406. τ., ᾦ κολαζόυ·
τοὐπί. Λ. 1026. τ. τῳφθαλμῷ λαβοῦσ᾿ ἐξεῖλον ἄν, ὅ νυν ἔνι.
τοὐπίβλητον. A. 365. θεὶς δεῦρο τ. ἐξεπίτηδες λέγειν.
τοὐπιορκοῦντος. Ο. 1612. ὁ κόρας παρελθὼν τ. λάθρα
τοὐπίπεμπτον. Fr. 17. ἢν μὴ μεταλάβῃ τ., κλαίτω.
τοὐπίσοθεν. Εκ. 482. μὴ πού τις ἐκ τ. ἢ τὸ σχῆμα καταφυλάξῃ·
Π. 1209. ἐς τ. δεῖ γὰρ κατόπιν τούτων ᾄδοντας ἐπεῖσθαι.
τοὐπιστάτου. Ο. 437. ἐς τὸν ἱππόν εἶναι, τ.
τοὐπιτριβείης. Ο. 1530. ἐντεῦθεν ἄρα τ. ἐγένετο.
τοὐπιτρίβιον. Α. 1027. τοῦτ᾿ ἄρ᾿ ἦν τ., δακτύλιος οὑτοσί·
τοὐπιχώριον. Ν. 1173. κάντιλογικῆς, καὶ τοῦτο τ.
τοὔπος. Α. 315. τοῦτο τ. δεινόν ἤδη καὶ παραξεικάρδιον,
Α. 328. εἰπέ μοι, τί τοῦτ᾿ ἀτεῖλεῖ τ., ἀνδρες δημόται,
Ο. 507. τοῦτ᾿ ἄρ᾿ ἐκεῖν᾿ ἦν τ. ἀληθῶς· κόκκυ, ψαλοὶ πεδίονδε.
Α. 1038. κᾶστ᾿ ἐκεῖνο τ. ὀρθῶς καὶ καινὸν εἰρημένον,
Θ. 412. γαμεῖν θέλει γυναῖκα διὰ τ. τοδί.
Β. 1381. καὶ ΕΤ. ἐχόμεθα. ΔΙ. τ. νῦν λέγετόν ἐς τὸν στα-
θμόν.
1387. ὑγρὸν νοήσας τ. ὥσπερ τἄρια,
1388. σὺ δ᾿ εἰσάγκας τ. ἐπτερωμένον.
Fr. 307, 1. ὡς διὰ γε τοῦτο τ. οὐ δύναμαι φέρειν

τοὐπτάνιον. Ι. 1033. ἐσφοιτῶν τ᾿ ἐς τ. λήσει σε κινηδὸν
El. 891. τουτὶ δ᾿ ὅρα τ. ἡμῖν ὡς καλόν,
τοὐρανοῦ. El. 199. ὑπ᾿ αὐτὸν ἀτεχνῶς τ. τὸν κύτταρον,
El. 822. ἀπὸ τ. 'φαίνεσθε κακοήθεις πάνυ,
847. πόθεν δ᾿ ἔλαβες ταῦτα σύ; ΤΡ. πόθεν; ἐκ τ.
τοὐράνιον. Λ. 651. τ. γάρ μοι μέτεστι· καὶ γὰρ ἄνδρας ἐσφέρω.
τοὐργον. Α. 8. διὰ τοῦτο τ.᾿ ἀξίον γὰρ Ἑλλάδι.
I. 787. τοῦτό γέ τοί σου τ. ἀληθῶς γενναῖον καὶ φιλόδημον·
1055. Κεκροπίδη κακόβουλε, τί τοῦθ᾿ ἡγεῖ μέγα τ.;
Ν. 1416. φήσεις νομίζεσθαι σὺ παιδὸς τοῦτο τ. εἶναι·
El. 472. πῶς οὖν οὐ χωρεῖ τ.;
511. οἵ τοι γεωργοί τ. ἐξέλκουσι, κάλλος οὐδείς.
Ο. 166. ὡς τοῦτ᾿ ἄτιμον τ. ἐστίν. αὐτίκα
325. καὶ δέδρακας τοῦτο τ.; ΕΠ. καὶ δεδρακώς γ᾿ ἥδομαι.
1430. τουτὶ γὰρ ἐργάζει σὺ τ.; εἰπέ μοι,
Λ. 375. τοὐμὸν σὺ πῦρ κατασβέσεις; ΧΟ. ΓΤ. τ. τάχ᾿ αὐτὸ
δείξει.
1112. ἀλλ᾿ οὐχὶ χαλεπόν τ., εἰ λάβοι τις τ.
Β. 563. τούτου πάνυ τ., οὗτός ὁ τρόπος πανταχοῦ.
568. καὶ τοῦτο τούτου τ. ἀλλ᾿ ἐχρῆν τι δρᾶν.
τοὐρεβίνθου. El. 1136. κἀνθρακίζων τ.,
Β. 545. τ. ᾿δραττύμην· εὖ-
τοὐρνίθιον. Ο. 662. ἐκβίβασον ἐκ τοῦ βουτόμου τ.,
Ο. 667. ὦ Ζεῦ πολυτίμηθ᾿, ὡς καλὸν τ.
τοὐρνίθιον. Ο. 224. ὦ Ζεῦ βασιλεῦ, τοῦ φθέγματος τ.·
τοὐρριπτασμένον. Λ. 28. ἢ πού τι λεπτόν ἐστί τ.
τοὐρροπύγιον. Ν. 158. κατὰ τὸ στόμ᾿ ᾄδειν, ἢ κατὰ τ.
Σ. 1075. ἰαμῖν ἡμεῖς, οἷς πρόσεστι τοῦτο τ.,
τοὐρροπυγίου. Ν. 162. βίᾳ βαδίζειν εὐθὺ τ.·
τοὺς. Α. 7. τοῖσ᾿ ἂν ἐγανώθην, καὶ φιλῶ τ. ἱππέας κ.τ.λ.
Λ. 577. καὶ τ. γε συνισταμένους ταύτους καὶ τ. πιλούντας
ἑαυτοὺς κ.τ.λ.
τοὔσθ'. I. 1135. εἴ τ. ἐπίτηδες ὧσ- κ.τ.λ.
τοὔσθε. Σ. 855. ἐγὼ γὰρ εἶχον τ. τοὺς ἀρυστίχους. κ.τ.λ.
Σ. 27. διοτίον ὑφ᾿ τ. ἀνθρωποι ἀποβαλῶν ἴσθα.
τοὔστρακον. Εκ. 1033. ὕδατίς τε κατάθου τ. πρὸ τῆς θύρας.
τοῦτ'. Α. 12. πῶς τ. ἰσειισὶ μου δοκεῖς τὴν καρδίαν; κ.τ.λ.
τοντάκις. El. 1079. τ. οὕτω χρῆν τὴν εἰρήνην πεποιῆσθαι.
τουτί. Α. 156. τ. τί ἐστι τὸ κακόν; ΘΕ. Ὀδομάντων στρατός.
κ.τ.λ.
Ν. 408. μὴ Δί᾿, ἐγὼ γοῦν ἀτεχνῶς ἔπαθον τ. ποτε Διασίοισιν.
κ.τ.λ.
τοῦτο. Α. 8. διὰ τ. τοὔργον· ἄξιον γὰρ Ἑλλάδι. κ.τ.λ.
τοῦτο. Ν. 372. ἰὴ τὸν Ἀπόλλω, τ. γέ τοι τῷ νυνὶ λόγῳ εὖ
προσέφυσάς τ.
τουτογί. Ι. 721. χῷ πρωκτὸς οὑμὸς τ. σοφίζεται. κ.τ.λ.
Λ. 1102. πρῶτον μέν. Ω. καλῶν δὴ λέγετε· χημεῖς τ.
τουτοδί. Π. 227. καὶ δὴ βαδίζω τ. κρεᾴδιον
τουτοί. Θ. 1127. τὸ ἐπιαμακαίρεαν ἀποκεκινήκῃ τ.
τουτοιν. Ν. 114. τὸν ἕτερον τοῖν λόγοιν, τὸν ἥττονα, κ.τ.λ.
τουτοινί. El. 1214. τί λέγει τ. κοταθῶ σοι τοῖν λόφοιν;
τούτοις. Α. 159. τ. ἐὰν τις δύο δραχμάς μισθὸν διδῷ, κ.τ.λ.
τούτοισι. Ι. 770. ἐφοίμην ἐν περικομματίοις· κεῖ μὴ τ. νέπαι-
ρεσι, κ.τ.λ.
τούτοισι. Σ. 521. πάνυ γε· καὶ τ. γ᾿ ἐπιτρέψαι θέλω, ΒΔ. καὶ
μὴν ἐγώ.
τούτοισιν. Α. 166. οὐ μὴ πρόσει τ. ἐσκοροδισμένοις; κ.τ.λ.
τούτῳ. Α. 110. ἀλλ᾿ ἀπίθ᾿· ἐγὼ δὲ βασανιῶ τ. μόνος, κ.τ.λ.
τούτω. Σ. 374. ὡς ἐγὼ τ. γ᾿ ἰδὼν κ.τ.λ.
τουτυγί. Λ. 604. καὶ τ. λαβὲ τὸν στέφανον.
τουτονί. Ει. 213. ἦ δὴ σὺ φράσον ἐμοὶ σαφῶς, πρὸς τ., κ.τ.λ.
Ν. 731. φέρε νυν, ἀθρήσω πρῶτον, ὅ τι δρᾷ, τ. κ.τ.λ.
Α. 48. καὶ Τριπτόλεμον καὶ δὴ Κελεὸν γίγνεται· κ.τ.λ.
τουτονί. Α. 246. δι᾿ ἔννος κατεχέω ταλατῆρός τ. κ.τ.λ.
I. 731. ὑπό τ. καὶ τῶν νεανίσκων. ΔΗΜ. τιῆ, τιή τ.
τουτουμενί. Β. 965. τ. Φορμίσιος Μεγαίνετός θ᾿ ὁ Μάγνης,
τούτου. Α. 650. τ. γὰρ ἔφη τῶν ἀνθρώπων πολὺ βελτίους
γεγενῆσθαι κ.τ.λ.
τουτουσί. Ν. 597. ταῦτα γὰρ ἀνθεῖ διὰ τ. κ.τ.λ.
τούτω. Σ. 381. ἀγε νυν, ἢν αἰσθομένω τ. ζητητόν μ᾿ ἐσκαλα-
μᾶσθαι
τούτω. Ι. 962. καὶ τῶν ἐμῶν νυν. ΚΛ. ἀλλ᾿ ἐὰν τ. πίθῃ, κ.τ.λ.
τουτωΐ. Α. 1065. ὅταν στρατιώτας καταλέγωσι, τ. κ.τ.λ.
Ει. 1218. ἵν᾿ ἀνοιοδαιρον τὴν τράπεζαν τ. κ.τ.λ.
τούψον. Α. 151. κείσεταί τ᾿ ἐπὶ τ. πεῖθομαί τ. κ.τ.λ.
τούψον. Ι. 1032. ἐξέλεταί σου τ., ὅταν σύ που ἄλλοσε χάσκῃς·
Fr. 242, 1. τραπώμενον ἐς τ. λαβεῖν
464. ἔπειτ᾿ ἐπὶ τ. ἤει τὴν σπυρίδα λαβὼν

τοφλαττόθρατ. { Β. 1286.
1288.
1290. } τ. τ.

R r

τοφνεί—τρέπου.

τοφνεί. Fr. 702. τ.:
τραγαλίζοντα. Σ. 674. ἐκ κηβαρίου λαγαρυζόμενον καὶ τ. τὸ μηδέν,
τραγασαία. Α. 808. ποδαπὰ τὰ χοιρί'; ὡς τ. φαίνεται.
τραγασαίου. Α. 553. πατρὸς τ.'
τραγελάφους. Β. 937. οὐχ ἱππαλεκτρυόνας μὰ Δί' οὐδὲ τ., ἅπερ σύ,
τραγήμαθ'. Α. 1091. στέφανοι, μύρον, τ., αἱ πόρναι πάρα,
τραγήματα. Β. 510. ἀνέβραττεν ὀρνίθεια, καὶ τ.
Εκ. 544. στέφανοι πλέκονται, φρύγεται τ.,
Π. 996. καὶ τἆλλα τἀπὶ τοῦ πίνακος τ.
τραγημάτων. Π. 190. ἔρωτος ΚΑ. ἄρτων ΧΡ. μουσικῆς ΚΑ. τ.
τραγικόν. Β. 1005. καὶ κοσμήσας τ. λῆρον, θαρρῶν τὸν κρουνὸν ἀφίει,
τραγικῶν. Fr. 198, 9. ἀπὸ τῶν τρυγῳδῶν, ἀπὸ δὲ τῶν τ. χορῶν
τραγικώτερος. El. 136. ὅπως ἐφαίνου τοῖς θεοῖς τ.
τράγον. Π. 295. ἤνεσθ' ἀπεψωλημένος' τ. δ' ἀκρατίσασθε.
τραγομάσχαλοι. El. 813. γρασσύβαι, μιαροί, τ, ἰχθυολύμαι·
τράγον. Ο. 1057. θύσαντες εἴσιν τοῖς θεοῖς· τῶν τ.
Π. 820, ὃν καὶ τ. καὶ κριὸν ἐστεφανωμένος,
τράγος. Ν. 661. κριός, τ., ταῦρος, κύων, ἀλεκτρυών.
τράγου. Ο. 959. μὴ κατάρξῃ τοῦ τ.
Π. 313. μινθώσομέν θ' ὥσπερ τ.
τραγῳδεῖν. Fr. 691. τ.:
τραγῳδία. El. 148. λέγων παράσχης καὶ τ. γένῃ.
τραγῳδία. Ο. 1444. ὁ δέ τις τὸν αὐτοῦ φησιν ἐπὶ τ.
Β. 95. ἀπαξ προσουρήσαντα τῇ τ.
τραγῳδίας. Α. 138. οὐκ ἐνδυ' ἀφ' ἡμῶν εἰσιν αἱ τ.
τραγῳδίας. Θ. 450. νῦν δ' οὗτος ἐν ταῖσιν τ. ποιῶν
Β. 935. εἶτ' ἐν τ. ἐχρῆν κἀλεκτρυόνα ποιῆσαι ;
τραγῳδίασιν. Ο. 101. ἐν ταῖς τ. ἐμὲ τὸν Τηρέα.
Β. 834. ἐν ταῖς τ. ἐτεραπεύετο.
τραγῳδίαν. Α. 400. τ. ΔΙ. ὦ τρισμακάρι' Εὐριπίδη,
I. 401. καὶ διδασκοίμην προσαδεῖν Μορσίμου τ.
Σ. 1511. ὁ σμικρότατος, ὃς τὴν τ. ποιεῖ.
Β. 798. τί δέ ; μειαγωγήσουσι τὴν τ. ;
τραγῳδίας. Α. 412. ἀτὰρ τί τὰ βακί' ἐκ τ. ἔχεις,
Β. 90. τ. ποιοῦντα πλεῖν ἢ μύρια,
802. κατ' ἔπος βασανιεῖν φησι τὰς τ.
862. τάφη, τὰ μέλη, τὰ νεῦρα τῆς τ.,
913. πρόσχημα τῆς τ., γρύζοντας οὐδὲ τουτί·
1120. ὅπως τὸ πρῶτον τῆς τ. μέρος
Π. 423. ἴσαν Ἐρινύς ἐστιν ἐκ τ.'
τραγῳδικῆς. D. 1495. τῆς τ. τέχνης.
τραγῳδικόν. Α. Ρ. δλλ' ᾠδυνήθην ἕτερον αὖ τ.,
D. 769. ἐπεινως εἶχε τὸν τ. θρόνον.
Β. 424. βλέπεις γέ τοι μανικῶν τι καὶ τ.
τραγῳδοδιδάσκαλον. Θ. 88. Ἀγάθωνα πεῖσαι τὸν τ.
τραγῳδοί. Θ. 391, εἰσὶν θεαταί καὶ τ. καὶ χοροί.
τραγῳδοῖς. Ο. 512. ὁπότ' ἐξέλθοι Πρίαμός τις ἔχων ὄρνιν ἐν τοῖς τ.'
τραγῳδοποιός. Θ. 30. ὁ τ. ΜΝ. ποῖος οὗτος ἀγάθων ;
τραγῳδός. Σ. 1498. εἴ τις τ. φησιν ὀρχεῖσθαι καλῶς,
Σ. 1505. ἕτερος τ. Καρκινίτης ἔρχεται,
τραγῳδοὺς. Σ. 1480. καὶ τοὺς τ. φησιν ἀποδείξειν κρούους
τραγῳδῶσι'. Ν. 1091. τί δαί ; τι ἔκ τίνων ;
τραγῳδῶ. Θ. 55. ὁτιὴ τ. καὶ κακῶν αὐτὰς λέγω,
τραγῳδῶν. El. 531. αὐλῶν, τ., Σοφοκλείους μελῶν, κιχλῶν,
Ο. 787. εἶτα πεινῶν τοῖς χοροῖς τῶν τ. ἤχθετο,
τράμιν. Θ. 246. αἰθὼ γεγένημαι πάντα τὰ περὶ τὴν τ.
τράπες'. Β. 518. ἐμελλ' ἐμβαλεῖν χή τ. εἰσήρετο.
τράπεζα. El. 1059. κατάτεμνε. ποῦ τ. ; τὴν σπονδὴν φέρε.
τράπεζαι. Α. 1090. κλῖναι, τ., προσκεφάλαια, στρώματα,
τραπέζαι. Εκ. 838. ὡς αἱ τ. γ' εἰσὶν ἐπινενησμέναι
τράπεζαν. I. 1165. ἀλλ' οὐ τ., ἀλλ' ἐγὼ προτεραίτερος.
El. 1032. καὶ τὴν τ. οἴσομαι, καὶ παιδίον οὐ δεήσει.
1218. ἵν' ἀποκαθαίρω τὴν τ. τουτητ.
Fr. 3, 2. πίνειν, ἔπειτ' ᾅδειν κακῶς, Συσκοσίαν τ.,
447, 1. τ. ἡμῖν φέρε
447, 3. καὶ πόθεν ἐγὼ τρίπουν τ. λήψομαι ;
τραπέζαν. Σ. 1216. ὕδωρ κατὰ χειρός· τὰς τ. ἐσφέρειν
El. 1193. ἔχ', ἀποκάθαιρε τὰς τ. ταυτηί·
τραπέξῃ. L 1297. ἴθ' ὦ ἄνα, πρὸς γονάτων, ἔξελθε καὶ σύγγνωθι τῇ τ.
El. 770. κἀπὶ τ. καὶ ξυμπόσιοις,
τραπέξης. Α. 1158. σίζουσα πάραλος, ἐπὶ τ. νειμένη,
Ν. 177. κατὰ τῆς τ. καταπάσας λεπτὴν τέφραν,
Π. 678. ἀπὸ τῆς τ. τῆς ἑαυτοῦ· μετὰ τοῦτο δὲ
Fr. 291. μηδὲ γεύεσθ' ἄττ' ἂν ἐντὸς τῆς τ. καταπίῃ·
292. κἀπὸ τῆς Διατράβου τ.'
τραπεζοφόρον. Fr. 175, τ.:
τραπέσθαι. Β. 37. ἔδει τ. παιδίον, παῖ, ἠμί, παῖ.

τραπῇ. Εκ. 416. χλαῖνας, ἐπειδὰν πρῶτον ἥλιος τ.,
τραποίμην. Π. 290. σάφ' ἴσθι. ΔΙ. ποῖ δῆτ' ἂν τ. ; ΞΑ. ποῖ δ' ἐγώ;
τραπόντο. Λ. 915. εἰς ἐμέ τ. μηδὲν ὅρκου φροντίσῃς.
τραπόμενον. Fr. 242. τ. ἐς τοὔψον λαβεῖν
τραποῦ. Β. 1248. ἀλλ' ἐς τὰ μέλη πρὶν τῶν θεῶν αὐτοῦ τ.
τράπωνται. Α. 676. ἣν δ' ἐφ' ἱππικὴν τ., διαγράφω τοὺς ἱππέας.
τρασιᾶς. Ν. 50. ὕζων τρυγός, τ., ἐρίων περιουσίας,
τραυλίζοντος. Ν. 1381. αἰσθανόμενός σου πάντα τ., ὅ τι νοοίης.
τραυλίσαντι. Ν. 862. οἶδ' ἐξέτι σοι τ. πιθόμενος,
τραυλίσας. Σ. 44. εἶτ' Ἀλκιβιάδης εἶπε πρὸς με τ.
τραυμάτων. Α. 1205. ἰὼ ἰὼ τ. ἐναιδύνων.
τραφεῖς. I. 333. ἀλλ' ὦ τ. ὅθενπέρ εἰσιν ἄνδρες οἵπερ εἰσί,
Θ. 456. ἅτ' ἐν ἀγρίοισι τοῖς λαχάνοις αὐτὸς τ.
τράφεν. Α. 788. ἀλλ' αἱ τ. λῆς, ἆδέ τοι χοῖροι καλά.
τραφῆναι. Π. 729. καί τ. ἐν παλαίστραις καὶ χοροῖς καὶ μουσικῇ,
Β. 910. ἐξηπάτα, μώρους λαβὼν παρὰ Φρυνίχῳ τ.
τράφην. Ο. 322. ᾧ μέγιστον ἐξαμαρτὼν ἐξ ὅτου τ. ἐγώ,
τραφῆναι. I. 334. νῦν δεῖξον ὡς οὐδὲν λέγει τὸ σωφρόνως τ.
τραχηλι'. Σ. 968. οὗτος γὰρ ὁ Λάβης καὶ τ. ἐσθίει
τράχηλον. I. 490. ἔχε νυν, ἄλειψον τὸν τ. τουτῳί,
Ο. 176. βλέψω. ΠΕ. περίαγε τὸν τ. ΕΠ. νὴ Δία,
τράχηλος. Β. 19. ὦ τρισκακοδαίμων ἄρ' ὁ τ. οὑτοσί,
τραχύν. Ει. 1056. οὐδένεστ' ἂν δείης λείον τὸν τ. ἐχῖνον.
El. 1114. οὐ γὰρ ποιήσεις λεῖον τὸν τ. ἐχῖνον.
τραχύς. Λ. 802. τ. ἐντεῦθεν μελάμπυ-
τρεῖς. Α. 598. ἐγειροτάνησαν γάρ με. ΔΙ. κόκκυγές γε τ.
Α. 602. τοὺς μὲν ἐπὶ Θρᾴκης μισθοφορούντας τ. δραχμάς,
724. τ. τοὺς λαχόντας τουσδὶ ἱμάντας ἐκ Λεπρῶν,
965. πάλλει, κραδαίνει τ. κατασκίους λόφους.
I. 529. αἱρήσω 'γώ τ. μυριάδας.
Ν. 31. τ. μναῖ διφρίσκου καὶ τροχοῖν Ἀμυνίᾳ,
Σ. 95. τοὺς τ. ξυνέχων τῶν δακτύλων ἀνίσταται,
680. μὰ ΔΙ' ἀλλὰ παρ' Εὐχαρίδου καυτὸς τ. γ' ἀγλίθας μετένειμα.
684. σοὶ δ' ἦν τις ὀφ' τοὺς τ. ὀβολοὺς, ἀγαπᾷς οἷς αὐτὸς ἐλαύσων
790. κἄπειτ' ἐπέθηκε τ. λοπίδας μοι κεστρέων·
El. 374. ἐς χοιρίδιόν μοί νυν δάνεισον τ. δραχμάς·
829. ψυχὰς δύ' ἢ τ. διθυραμβοδιδασκάλων.
1144. ἀλλ' ἄφυε τῶν φασιλων, ὦ γύναι, τ. χοίνικας,
1173. τ. λόφους ἔχοντα καὶ φοινικιδ' ὀξεῖαν πάνυ,
1217. δοίην ἂν αὐτοῖν ἰσχάδων τ. χοίνικας,
1230. ᾠδί, παραθέντι τ. λίθους, οὐ δεξιῶς ;
Ο. 1582. τ. ὄντες ἡμεῖς. ΠΕ. ἀλλ' ἐπεινὼ τὸ σίλφιον·
Λ. 1052. τοι λαβεῖν, μνᾶς ἢ δύ' ἢ τ.,
Θ. 423. Λακωνίν' ὄντα, τῆς ἔχοντα γομφίους.
478. δεινύτατον, ὅτε νύμφη μὲν ἦ τ. πάρος,
746. πόσ' ἔτη δὲ γέγονε ; τ. χόας ἢ τέτταρας ;
Β. 506. ἔννους δὲ ἢ τ. βοῦν ἀπηνθακίς ὅλον,
515. ἕτεραι δὺ' ἢ τ. ΞΑ. πῶς λέγεις ; ὀρχηστρίδες ;
Εκ. 44. τὴν ὑστάτην ἥκουσαν οἴνου τ. χόας
308. καί τ. ἂν ἰλάδες,
421. χειμῶνος ὄντος, τ. σισύρας ὀφειλέτω·
424. τοὺς ἀλφιταμοιβοὺς τοῖς ἀπόροις τ. χοίνικας
Π. 381. τ. μνᾶς ἀναλώσας λογίσασθαι δώδεκα,
718. σκορόδου κεφαλὰς τ. Τηρίαν. ἔπειτ' ἔφλα
1058. κάτρινγ' ἔχει γάρ τ. Ἴσας ἢ τέτταρας.
Fr. 47. ἴσταθ' ἐφεξῆς πάντες ἐπὶ τ. ἀσπίδας.
79. ὁ δ' ἀλφίτων γε πριάμενος τ. χοίνικας
149. ἐν τῇς ἐμῆς χλανίδος τ. διηπηρίδω ποιῶν.
447, 2. τ. πόδας γυναίξιν, ἄνδρι δὲ μή χίτω.
463. ἀλαβαστροθήκας τ. ἔχουσαν ἐκ μιᾶς.
τρέμει. Α. 494. ἀνήρ οὐ τ. τὸ πρᾶγμ'. εἶ' ἄνυν,
τρέμων. I. 26. πλούσιος καὶ μὴ πονηρὸς καὶ τ. τὰ πράγματα.
Σ. 571. ὥσπερ θεῶν ἀντιβολεῖ με τ. τῆς εὐθύνης ἀπολῦσαι·
Λ. 355. ἀλλ' οὔς γὰρ τ. τῆς γυναῖκας ἤδη τ.
τρέξι. Ο. 1222. ᾧ μιαρὸν γρᾷδ'· πότερα τ. τὴν ὀδ ;
Θ. 1225. ἀνατρέχει. τὰ δ' ἄλλα τί, Ἀρταμουξία.
τρέπειν. Ν. 589. ἄττ' ἂν ὑμεῖς ἐξαμάρτητ', ἐπὶ τὸ βέλτιον τ.
Π. 152. τὸν πρωκτὸν αὐτοῖς εὐθὺ ὡς τοῦτον τ.
τρέπεσθ'. Π. 317. ὑμεῖς ἴτ' ἐπ' ἐκεῖνο τ.
τρέπεσθαι. Ν. 812. ταχέως· φιλεῖ γάρ πως τὰ τοιάυθ' ἕτερα τ.
τρέπεσθε. Ο. 717. ἰλθύντες γὰρ πρῶτον ἐπ' ὄρνις, οὔτω πρὸς ἅπαντα τ.,
τρέπετ'. Α. 1005. ἀναβράττετ', ἐξοπτᾶτε, τ. ἀφέλκετε
τρέπουσα. Σ. 665. μὰ ΔΙ' σὺ μέντοι καὶ ποῖ τ. δὴ 'πειτα τὸ χρήματα τάλλα,
τρέπου. Α. 833. κομψοπρεπουσόνην νυν ἐς κεφαλὴν τ. ἐμοί.
τρέπου. Α. 1019. ἀνὴρ κακοδαίμων. ΔΙ. κατὰ σεαυτόν νυν τ.
Ν. 1263. ἀνὴρ κακοδαίμων. ΣΤ. κατὰ σεαυτόν νυν τ.

τρέπου—τριόδους. 307

τρέπου. Σ. 986. ΊΩ', ὦ πατρίδιον, ἐπὶ τὰ βελτίω τ.
τρεπτέον. Ι. 72. ποίαν ὁδὸν νῶ τ. καὶ πρὸς τίνα.
τρέφε. Ο. 1367. φρούρει, στρατεύοι, μισθοφορῶν σαυτὸν τ.,
τρέφει. Ν. 109. τοὺς φασιανοὺς οὓς τ. Λεωγόρας.
Ν. 927. ἥτις σε τ.
Σ. 110. ἵν' ἔχοι διαόζειν, αἰγιαλὸν ἔνδον τ.
Ο. 1064. ταῦτα βουλόμεσθ' ἀνειπεῖν· κεῖ τις ὄρνιθας τ.
Θ. 141. τίς δ' αὐτός, ὦ παῖ; πότερον ὢν ἀνήρ τ. ;
Π. 173. τὸ δ' ἐν Κορίνθῳ ξενικὸν οὐχ οὗτος τ. ;
τρέφειν. Ι. 1128. τ. ἕνα προστάτην·
Ν. 1407. ἵππων τ. τέθριππον ἢ τυπτόμενον ἐπιτριβῆναι.
Σ. 835. βάλλ' ἐς πόρακας. τοιουτονί τ. κύνα.
928. τ. δύναιτ' ἂν μία λόχμη κλέπτα δύο.
1133. ἔπειτα παῖδας χρὴ φυτεύειν καὶ τ.,
Ο. 1357. δεῖ τοὺς νεοττοὺς τὸν πατέρα πάλιν τ.
Β. 1431. [οὐ χρὴ λέοντος σκύμνον ἐν πόλει τ.]
1432. μάλιστα μὲν λέοντα μὴ 'ν πόλει τ.,
Π. 1156. Ἑρμῆν παλιγκάπηλον ἡμᾶς δεῖ τ. ;
τρέφεις. L 1136. περ δημοσίους τ.
Ν. 1208. χοῖον τὸν υἱόν τ.,
τρέφεται. Ν. 1158. οἷος ἐμοί τ.
τρέφουσα. Fr. 325. Λήμνιος κυάμους τ. τακεροὺς καὶ καλούς.
τρέφουσι. Θ. 417. τ. μορμολυκεῖα τοῖς μοιχοῖς κύνας.
τρέφω. Β. 234. ἔνυδρον ἐν λίμναις τ.
τρέφων. Σ. 476. στεμμάτων, τὴν δ' ὑπήνην ἄκουρον τ. ;
Ο. 1356. πάντας ποιήσῃ τοὺς πελαργιδῆς τ.,
Fr. 525. ἱστία παντόφθαλμον ἅρπαγα τ.
τρίχ'. Fr. 285, 1. τ. ἐς τὸν οἶνον ἀμφορέα κενὸν λαβὼν
τρέχε. Θ. 1226. τ. νῦν τ. νῦν κατὰ τοὺς κόρακας ἐπουρίσας.
Π. 229. ἐμοὶ μελήσει τοῦτό γ'· ἀλλ' ἀνύσας τ.
952. ἔχων βαδίζεις, ἐς τὸ βαλανεῖον τ.·
τρέχει. Ο. 1121. ἀλλ' οὑτοσὶ τ. τις Ἀλφειὸν πνέων.
τρέχειν. Θ. 662. ἀλλὰ τὴν πρώτην τ. χρῆν ὡς τάχιστ' ἤδη κύκλῳ.
τρέχεις. Θ. 1224. τρθὶ διώξει ; τούμπαλιν τ. σύ γε.
τρέχοιμ'. Ι. 1110. τ. ἂν εἴσω πρότερος. ΑΛ. οὐ δῆτ', ἀλλ' ἐγώ.
τρέχοντος. Λ. 678. κοὐκ ἂν ἀπολέσθαι τ.· τὰς δ' Ἀμαζύνας σκόπει,
τρέχουσι. Ο. 307. οἷα νιπτίζουσι καὶ τ. διακεπραγότες.
τρέχω. Ο. 77. τ. 'π' ἀφύας ἐγὼ λαβὼν τὰν ὀβολόν.
Ο. 79. τ. 'πὶ τορύνην. ΕΤ. τροχίλος ὄρνις οὑτοσί.
Fr. 391. τ. διὰ τῆς ἀγορᾶς ἀναριστητος ὤν.
τρέχων. Α. 176. χαῖρ', Ἀμφίθεε. ΑΜ. μήπω γε, πρὶν ἂν στῶ τ.,
Α. 215. ἠκολούθουν Φαύλλῳ τ., ὧδε φαύλως ἂν ὁ
828. εἰ μὴ 'τέρωσε συκοφαντήσεις τ.
Ν. 780. πρὶν τὴν ἐμὴν καλεῖσθ', ἀπαγξαίμην τ.
1164. ὃν κάλεσον τ. ἔνδοθεν ὡς ἐμέ.
ΕΙ. 259. οἴσεις ἀλετρίβανον τ. ; ΚΤ. ἀλλ', ὦ μέλε,
Π. 1103. ἀλλ' ἐκκαλεῖ τὸν δεσπότην τ. ταχύ,
τρέψαι. Ο. 1450. τ. πρὸς ἔργον νόμιμον. ΣΤ. ἀλλ' οὐ βούλομαι.
τρέψεις. Ἐκ. 681. τὸ δὲ κληρωτήριον ποῖ τ. ; ΠΡ. ἐς τὴν ἀγορὰν καταθῷσω.
τρέψεται. Ν. 40. ἐς τὴν κεφαλὴν ἅπαντα τὴν σὴν τ.
Θ. 603. φέρ' ἴδω· τίς εἶ πρώτη σύ ; ΜΝ. ποῖ τις τ. ;
τρέψομαι. 1. 275. ἀλλ' ἐγὼ σε τῇ βοῇ ταύτῃ γε πρῶτα τ.
Λ. 1137. εἶτ', ὦ Λάκωνες, πρὸς γὰρ ὑμᾶς τ.,
Β. 1119. καὶ μὴν ἐπ' αὐτοὺς τοὺς προλόγους σου τ.,
τρῆμ'. Σ. 141. κατὰ τῆς κυνίλου τὸ τ. ὅπως μὴ 'κδύσεται·
τρῆμα. Ἐκ. 906. ἐκπέσοι σου τὸ τ.,
τρήματα. Fr. 692. "τ. ἔχει."
τρήματος. Λ. 410. ἡ βάλανος ἐκπέπτωκεν ἐκ τοῦ τ.
τρήμονες. ΕΙ. 1067. καὶ πέπφοι τ. ἀλωπεκιδεύσι πένεισθε,
τρήμων. Ο. 575. Ἶριν δέ γ' Ὅμηροι ἔφασκ' ἰκέλην εἶναι τ. πελείᾳ.
τρήσας. Θ. 1124. τῇ σανίδι τ. ἐξόπιστο πρώκτισον.
τρί'. Ν. 1402. οὐδ' ἂν τ. εἰπεῖν ῥήμαθ' οἷός τ' ἦ πρὶν ἐξαμαρτεῖν·
ΕΙ. 1153. ὧν ἕνεχ', ὦ παῖ, τ. ἡμῖν, ἐν δὲ δοῦναι τῷ πατρί·
τρία. Α. 187. ἔρχομαί φημι, τ. γε ταυτὶ γεύματα.
Α. 994. ἀλλά σε λαβὼν τ. δοκῶ 'γ' ἂν ἔτι προσβαλεῖν
Ι. 1187. ἔχε καὶ πιεῖν κεκραμένον τ. καὶ δύο.
1188. ὣς ἡδύς, ὦ Ζεῦ, καὶ τά τ. φέρων καλῶς.
Ν. 424. τὸ Χάος τουτὶ καὶ τὰς Νεφέλας καὶ τὴν γλῶτταν, τ. ταυτί ;
Θ. 474. βαρέαν τε φέρομες, εἰ δυ' ἡμῶν ἢ τ.
Β. 1130. ἀλλ' οὐδὲ πάντα ταυτά γ' ἐστ' ἀλλ' ἢ τ.
Fr. 466. τρία γὰρ ἀπὸ θηραμένους δίδοται τά τ. ταυτί.
dub. 1, 2. συνδοῦντες ὀρθὰ τ. λυχνείῳ χαμεύδα.
τρίαιναν. Ι. 839. τῶν τῇ πόλει, τῶν ξυμμάχων τ' ἄρξεις ἔχων τ.,
τριαίνης. Ν. 566. τῶν τε μεγασθενῆ τ. ταμίαν,

τριαινοῦν. ΕΙ. 570. καὶ τ. τῇ δικέλλῃ διὰ χρόνου τὸ γῄδιον.
τριακαιδέκα. Π. 194. ἀλλ' ἢν τάλαντά τις λάβῃ τ.,
Π. 846. οὐκ, ἀλλ' ἐνεργήσω' ἔτη τ.
τριάκις. Fr. 607. τὸ δικαὶς καὶ τ.
τριάκονθ'. Α. 858. πλεῖν ἢ τ. ἡμέρας
Ἐκ. 808. πρότερον χέσαι πλεῖν ἢ τ. ἡμέρας.
τριακοντούτιδας. Α. 252. καλῶς ξυνενεγκεῖν τὰς τ.
Ι. 1388. φήσεις γ', ἐπειδὰν τὰς τ.
τριακοντούτιδες. Α. 194. ἀλλ' αὖται τοί σοι τ.
τριακόσι'. Ο. 607. ἢ παιδάρι' ὄντ' ἀποθνήσκειν δεῖ; ΠΕ. μὰ Δί', ἀλλά τ. αὐτοῖς
τριακοσίας. Α. 545. τ. ναῦς, ἦν δ' ἂν ἡ πόλις πλέα
τριβ'. ΕΙ. 16. καὶ τ. ἰθ' ἑτέρας. ΟΙ. Β. μὰ τὸν Ἀπόλλω 'γὼ μὲν οὔ.
Τριβαλλοί. Ο. 1529. τί ἐστιν; ΠΡ. ὅ τι ἐστίν; Τ. ΠΕ. μανθάνω.
Τριβαλλῶν. Ο. 1627. τούτοις ἐγώ. ΠΟΣ. καὶ τὸν Τ. νυν ἐροῦ.
Τριβαλλός. Ο. 1628. ὁ Τ., οἰμώζειν δοκεῖ σοι ; ΤΡΙ. σαυνάκα
Τριβαλλῷ. Ο. 1677. ἐν τῷ Τ. πᾶν τὸ πρᾶγμα. τί σὺ λέγεις ;
Τριβαλλῶν. Ο. 1533. παρὰ τοῦ Διὸς καὶ τῶν Τ. τῶν ἄνω
τριβῆς. Α. 385. τί ταῦτα στρέφει τεχνάζεις τε καὶ πορίζεις τ. ;
τριβ. ΕΙ. 8. ἀλλ' ὡς τάχιστα τ. πολλαὶ καὶ πυκναί,
τρίβειν. ΕΙ. 230. τ. ἐν αὑτῇ τὰς πόλεις βουλεύεται.
Π. 717. καταπλαστὸν ἐνεχείρησε τ. ἐμβαλὼν
τρίβην. Ο. 156. σὺ γὰρ οἷος' ἀκριβῶς. ΕΠ. οὐκ ἄχαρις ἐς τὴν τ.
τρίβης. Ι. 785. κᾆτα καθίζου μαλακῶς, ἵνα μὴ τ. τὴν ἐν Σαλαμῖνι.
τριβολεκτράπελ'. Ν. 1003. οὐ στωμύλλων κατὰ τὴν ἀγορὰν τ., οἷάπερ οἱ νῦν,
τριβόλους. Α. 576. ἐκραβδίζειν τοὺς μοχθηροὺς καὶ τοὺς τ. ἀπολέξει,
τριβόμενον. Σ. 1344. ὅμως γε μέντοι τ. οὐκ ἄχθεται.
τρίβων. Ν. 869. καὶ τῶν κρεμαθρῶν οὗ τ. τῶν ἐνθάδε.
Ν. 870. αὐτός τ. εἶπε ἂν, εἰ κρεμαίο γε.
Σ. 1429. ἐτύγχανεν γάρ οὗ τ. ὤν ἱππικῆς.
ΕΙ. 1169. τοῦ θύμου τ. κινώμαι.
Ἐκ. 850. ἰμβὰς δὲ κεῖται καὶ τ. ἐρρημμένος.
τρίβων'. Σ. 1131. τί οὖν κελεύεις δρᾶν με ; ΒΔ. τὸν Τ. ἄφες·
τρίβωνας. Α. 184. πᾶς τοὺς τ. ξυνελέγοντο τῶν λίθων·
τριβώνια. Σ. 33. βακτηρίας ἔχοντας καὶ τ.
τριβωνικῶς. Σ. 1132. τηνδὶ δὲ χλαῖναν ἀναβαλοῦ τ.
τριβωνίου. Σ. 116. ἀνέπεισεν αὐτὸν μὴ φορεῖν τ.
Λ. 278. σμικρὸν ἔχων πίνυ τ.,
Π. 842. τὸ τ. δὲ τί δύναται πρὸς τὸν θεόν,
582. ἰχθὺς δ' ἔχων' εἴδων σ' ἐγὼ τ.
597. ἐπεὶ τοιοῦτόν γ' ἀμπέχεται τ.
935. οἴμοι μάλ' αὖθις. ΚΑ. δὸς οὗ μοι τὸ τ.
τριβωνίου. Π. 714, ἐς ἐγκεκαλύφθαι φῄς: ΚΑ. διὰ τοῦ τ.
τρίβωντος. Σ. 1312. τὰ θρία τοῦ τ. ὅτι διαβέβληνται,
τρίβων. Α. 343. ἀλλ' ὅπως μὴ 'ν τοῖς τ. ἐγκάθηταί που λίθοι.
τριγώνου. Fr. 38. δὲ τοῦ τ. τοὐτου—
τρίβωλον. Fr. 484. "ξύγος τ."
τριβράχμους. ΕΙ. 1202. δεῖ δὲ τ. τοὺς κάδους ἐς τοὺς ἀγροὺς.
τριέμβολον. Ο. 1204. ὅπου γέρων ἂν στύομαι τ.
τριημιωβόλιον. Fr. 144. ἐν τῷ στόματι τ. ἔχων.
τριηραρχεῖν. Ι. 912. ἐγώ πε ποιήσω τ.
Β. 1066. οὐκοῦν ἐθέλει γε τ. πλουτῶν οὐδεὶς διὰ ταῦτα,
τριήραρχον. Θ. 837. ἢ τ. πονηρόν, ἢ κυβερνήτην κακόν,
τριηράρχου. Α. 546. θορύβου στρατιωτῶν, περὶ τ. βοῆς,
τριήρεις. Α. 173. οὐχ ἐς σποδός ἔχοντι ταί τ.
τριήρεις. Ι. 555. μισθοφόροι τ.,
Ι. 1185. ἐς τὰς τ. εἰσπεσούσας ἡ θεός·
1300. φασιν ἀλλήλαις ξυνελθεῖν τὰς τ. ἐς λόγον,
1353. τῶν τὰς τ. παραδραμὼν ἂν ᾤχετο.
ΕΙ. 626. αἱ γὰρ ἐνθένδ' αὖ τ. ἀντιτιμωροῦμεναι
Ο. 108. ποθαπὼ τὸ γένος θ' ; ΕΤ. ὅθεν αἱ τ. αἱ καλαί.
Π. 172. τί δέ; τὰς τ. οὗ σὺ πληροῖς; εἰπέ μοι.
Fr. 15. εἰς τὰς τ. δεῖ μ' ἀναλοῦν ταῦτα καὶ τὰ τείχη.
τριῆρες. Ι. 279. ναῖσι Πελοποννησίων τ. ζωμεύματα.
τριῆρεσιν. Σ. 1093. τοὺς ἐναντίους, πλέων ἐκεῖσε ταῖς τ.
τριῆρης. Ι. 1073. ὥσπερ ἢ τ. ἐστὶ κυλινδουμένη; ΑΛ. ὅπως ;
Ι. 1074. ὅτι ἢ τ. ἐστι χῶ κύων ταχύ·
τρικέφαλος. Fr. 168. "Ἐρμῆς τ. :
τρίκλυστος. Fr. 693. τ. :
Τρικορυσία. Α. 1032. οὐχ ὁρᾷς; οὐκ ἐμός ἐστιν ἥδε Τ.,
τρικόντυλα. Ο. 743. τ., ἢ παῖς: εἰπέ μοι. ΓΤ. Ζ. τί μ' εἰργάσω;
τριλοφίας. Ο. 94. τίς ἡ πτέρωσις ; τίς ὁ τρόπος τῆς τ.
τρίμετρον. Ν. 642. ἡγεῖ τοῦτον τ. σοφόν; ἢ τὸ τετράμετρον;
τρῆμα. Ν. 260. λέγειν γενήσει τ., κρόταλον, παιπάλη,
Ο. 431. σόφισμα, κύρμα, τ., παιπάλημ' ὅλον.
τριόδους. Fr. 23, 2. εἰς τὰς τ.

τριόρχης. Ο. 1181. περχνής, τ., γὺψ, κύμινδις, ἀετός·
τριόρχοις. Σ. 1532. ἡσθεὶς ἐπὶ τοῖσιν ἐαυτοῦ παισί, τοῖς τ.
τρίορχος. Ο. 1206. ἀναπτάμενος τ.; ΙΡ. ἐμὲ συλλήψεται;
τριοτά. Ο. 242. τ. τ. τοτοβρίξ·
τρίπαλαι. Ι. 1153. τ. κάθημαι, βουλόμενός σ᾽ εὐεργετεῖν.
τριπλάσιον. Α. 88. καὶ ναὶ μὰ Δί᾽ ὄρνιν τ. Κλεωνύμου
 Ι. 285, τ. κεκράξομαί σου.
 718. αὐτὸν δ᾽ ἐκεῖνου τ. κατέσπακας.
τρίποδ'. Ειι. 744. καὶ τῷ τ. ἐξένεγκε καὶ τὴν λήκυθον·
τρίποδε. Ειι. 787. τωδὶ ξυνᾴττω τῶ τ. ΑΝ. Β. τῆς μωρίας.
τρίποδος. Π. 9. δς θεσπιῳδεῖ τ. ἐκ χρυσηλάτου.
τριπέδων. Ι. 1016. ἴαχεν ἐξ ὀδυντίου διὰ τ. ἐριτίμων.
τρίπουν. Fr. 447. 3. καὶ πόθεν ἐγὼ τ. τράπεζαν λήψομαι;
τρίψατος. Fr. 718. σαλίμβολος τ.
τριπτήρ. Α. 937. κρατὴρ κακῶν, τ. δικῶν,
Τριπτόλεμ. Α. 55. ὦ Τ. καὶ Κελεέ, περιόψεσθέ με;
Τριπτολέμου. Α. 48. καὶ Τ. τούτου δὴ Κελεὸς γίγνεται·
τρίς. Ν. 546. οὐδ᾽ ὑμᾶς ζητῶ ᾽ξαπατᾶν δὶς καὶ τ. ταῦτ᾽ εἰσάγων,
 ΕΙ. 667. ἀποχειρατονηθῆναι τ. ἐν τήκκλησίᾳ.
 1181. ἐξαλείφοντες δὶς ἢ τ. αὔριον δ᾽ ἔσθ᾽ ἡ ᾽ξοδος·
 Α. 360. εἰ νὴ Δί᾽ ἤδη τὰς γνάθους τούτων τις ἢ δὶς ἢ τ.
 Β. 1176. οἷς αὐδὲ τ. λέγοντες ἐξεικνούμεθα.
 Π. 851. καὶ τ. κακοδαίμων καὶ τετράκις καὶ πεντάκις
τρισάθλιαι. ΕΙ. 242. ἰὼ Πρασιαὶ τ. καὶ πεντάκις
τρισίν. Β. 1133. πρός τ. ἰαμβείοισι προσοφείλων φανεῖ.
τρισκαίδεκα. Β. 50. τῶν πολεμίων ἡ δώδεκ᾽ ἢ τ.
τρισκακόδαιμον. ΕΙ. 1271. ὑπλοτέρους ᾁδον, καὶ ταῦτ᾽, ὦ τ.,
 Θ. 875. ὦ τ., ψεύδεται νὴ τὼ θεώ,
τρισκακοδαίμων. Α. 1024. ὦ τ., εἶτα λευκὸν ἀμπέχει;
 Θ. 209, ὦ τ., ὡς ἀπόλωλ᾽. ΜΝ. Εὐριπίδη,
 Β. 19. ὦ τ. ἆρ᾽ ὁ τράχηλος οὑτοσί,
 Εκ. 1098. ὦ τ., εἰ γυναῖκα δεῖ σαπρὰν
τρισμάκαρ᾽. ΕΙ. 1332. ὦ τ., ὦ δικαί-
τρισμακάρι᾽. Α. 400. τραγῳδίαν, ΔΙ. ὦ τ. Εὐριπίδη,
 Ο. 1273. ὦ τ., ᾧ κατακέλευσον. ΠΕ. τί σὺ λέγεις;
τρισμακάριαι. Σ. 1293. καὶ τ. τοῦ ᾽πὶ ταῖς πλευραῖς τέγους.
τρισμακαρίαν. Ο. 1707. ὦ τ. πτηνὸν ὀρνίθων γένος,
τρισμακαρίας. Ν. 166. ὦ τ. τοῦ διεντερεύματος.
τρισμυρίαι. Ο. 1136. ἐκ μέν γε Λιβύης ἥσαν ὥτ τ.
τρισμυριόπαλαι. Ι. 1156. ἐγὼ δὲ προσδοκῶν γε τ.
τρισμυρίοις. Ο. 1179. τ. ἱέρακας ἱππιτοφόγας,
τρισμυρίων. ΕΙ. 1132. ὅστις πολιτῶν πλεῖον ἢ τ.
τρισόλβιε. Ειι. 1129. ὦ δέσποτ᾽, ὦ μακάριε καὶ τ.
τρισχιλίους. Α. 711. κατειβύησε δ᾽ ἂν πεκραγὼς τοξότας τ.,
τρισχιλίων. Π. 1083. ὑπὸ μυρίων ἐτῶν τε καὶ τ.
τρίτ'. Α. 613. ἤξει παρ᾽ ἡμῶν τὰ τ. ἐνεσκευασμένα.
τριταῖα. Fr. 344, 9. τ. πολυτίμητα βεβασανισμένα
τριτάλαντον. Α. 338. ὥς τ. τὸ βάρος,
τρίτη. Ν. 1131. πέμπτη, τετράς, τ., μετὰ ταύτην δευτέρα,
 Θ. 80. ἐπεὶ τ. ᾽στὶ Θεσμοφορίων ἡ μέση.
τρίτῃ. ΕΙ. 899. τ. δὲ μετὰ ταῦθ᾽ ἱππδρομίαν ἄξετε,
τρίτην. Α. 612. ἀλλ᾽ ἐς τ. γοῦν ἡμέραν σοὶ πρῷ πάνυ
Τριτογένει'. Α. 347. Τ., ἣν τις ἐκεί-
Τριτογενείᾳ. Ν. 989. τὴν ἀσπίδα τῆς κωλῆς προέχων ἀμελῆ
 τῆς Τ.
Τριτογενής. Ι. 1189. ἡ Τ. γὰρ αὐτὸν ἱνετριτώνισεν.
τρίτον. Α. 997. καὶ τὸ τ. ἡμερίδος ἴσχον, ὢ γέρων ὁδί,
 Σ. 301. τ. αὐτὸν ἔχειν ἄλφιτα δεῖ καὶ ξύλα κώψαι·
 Ο. 632. ταυτὶ μὲν ἡκούσατε τινος· τί δαὶ τ.;
 D. 369. τούτοις αὐδῶ καῦθις ἀπαυδῶ καῦθις τὸ τ. μάλ᾽ ἀπαυδῶ
τρίτος. Β. 1272. τ., Αἰσχύλε, σοὶ κύπος οὗτος.
τριτοστάτις. Fr. 411. τ.:
τρίχα. Εκ. 13. λάμπει, ἀφειῶν τὴν ἐπανθοῦσαν τ.·
τρίχας. Α. 448. ἐκκοκκιῶ σου τὰς στοκωκινύτων τ.
 Α. 1222. οὑκ ἀπιτε; κωκύεσθε τὰς τ. μακρά.
 Fr. 360. τ.
τρίχες. Σ. 1065. αἷθ᾽ ἐπανθοῦσιν τ.
τριχί. Α. 791. ἀλλ᾽ ἂν παχυνθῇ κἀναχρωανθῇ τ.,
τριχίδες. Ι. 662. αἱ τ. εἰ γεννοιᾶθ᾽ ἱκατὸν τοὐβολοῦ.
τριχίδων. Α. 551. στεφάνων, τ., αὐλητρίδων, ὑπωπίων.
 Εκ. 56. ἴβηττε, τ. ἐκπέρας ἐμπλήματος.
 Fr. 366. ὦ κακοδαίμων ὅστις ἐν ἅλμῃ πρῶτον τ. ἀπεβάφθη.
τριχοβρωτες. Α. 1111. ἀλλ᾽ ἢ τοὺς λύφουν μου κατέφαγον.
τριχοινίκους. Σ. 481. τοῦτο γὰρ παρεμβαλοῦμεν τῶν τ. ἐπῶν.
τριχαρρενείτων. ΕΙ. 1222. τ., ὁθὲν ἔστον τὼ λόφω.
τριχῶν. Β. 614. ἡ ᾽κλεψία τῶν σῶν ἀξίων τις καὶ τ.
τριχῶν. Α. 725. εἰς ᾽Ορσιλόχους χθὲς τῶν τ. κατέσπασα.
τρίψαντ'. Εκ. 404. τί δαὶ μ᾽ ἐχρῆν δρᾶν; ΒΛ. σκύροδ᾽ ὑμοῦ τ.
 ὑπῷ
τρίψαντες. Ο. 534. σίλφιον, ὄξος, καὶ τ.
τρίψαι. ΕΙ. 27. τ. μὴ παραθῶ τ. δι᾽ ἡμέρας ὅλης

τρίψει. Σ. 739. πύρνην, ἥτις τὸ πέος τ.,
τρίψειν. Ο. 636. σκῆπτρα τάμὰ τ.
τρίψεις. Π. 526. ὀδυνηρότερον τ. βίοτον πολὺ τοῦ νῦν. ΧΡ. ἐτ
 κεφαλὴν σοί,
τρυψημέρων. Σ. 849. οἴμοι, διατρίψεις καπολεῖς τ.·
τριώβολα. Ο. 1541. τὴν λοιδορίαν, τὸν κωλαγρίτην, τὰ τ.
τριώβολον. Ι. 51. ἐνθοῦ, ῥύφησαν, ἔντραγ᾽, ἔχε τ.
 Ι. 800. ἐξηύρισκον οἳ καὶ μαρῶν ὑπόθεν τὸ τ. ἔξει.
 Ν. 1235. κἂν προσκαταθείην γ᾽, ὥστ᾽ ὁμόσαι, τ.
 Σ. 609. καὶ παππίζουσ᾽ ἅμα τῇ γλώττῃ τὸ τ. ἐκκαλαμᾶται,
 690. ὥστερος ἔλθῃ τοῦ σημείου, τὸ τ. οὐ κομιεῖται·
 1121. ὥστις ἂν μὴ ᾽χῃ τὸ κέντρον, μὴ φέρειν τ.
 1128. ἀπίδωκ᾽ ὑφείλων τῷ κναφεῖ τ.
 ΕΙ. 848. οὐκ ἂν ἔτι δοίην τῶν θεῶν τ.,
 Εκ. 292. δώσειν τὸ τ.
 308. νυνὶ δέ τ.
 380. τὸ τ. δῆτ᾽ ἔλαβες; ΧΡ. εἰ γὰρ ὤφελον.
τρωβόλου. Ι. 255. ᾧ γέραντες ἡλιασταί, φράτορες τ.,
 Ο. 18. πολοιὸν ὀβολοῦ, τηνδεδὶ τ.
 Θ. 425. ποιησαμέναισι δακτυλίου τ.
 Εκ. 392. ᾽Αντίλοχ᾽, ἀπαίμωξόν με τοῦ τ.
 Π. 125. καὶ τοῦτι περαπνυθι ἀξίους τ.
 329. δεινῷ γὰρ; τ. οὑ μὴν οὔνεκα
τριμῶν. Α. 197. καὶ μὴ ᾽πιτηρεῖν σιτί᾽ ἡμερῶν τ.
 Α. 529. ᾽Ελλησι πᾶσιν ἐκ τ. λαικαστρών,
 962. τ. δραχμῶν δ᾽ ἐκέλενε Κωπᾷδ᾽ ἔγχελυν.
 1109. τὸ λοιρεῖον ἐξένεγκε τῶν τ. λύφων.
 Ι. 1079. ἐγὼ παρέξω τοῦ τῶν τ. ἡμερῶν τ.
 Σ. 243. ἥκειν ἔχαντας ἡμερῶν ὀργὴν τ. πονηρὰν
 ΕΙ. 151. κἂν ὑμῖν πίθησθε μηδὲ χέζεθ᾽ ἡμερῶν τ.
 312. οὐ γὰρ ἦν ἔχωντας ἥκειν σιτί᾽ ἡμερῶν τ.
 716. ὅσον λοφήσει ζωμοῦ ἡμερῶν τ.,
Τροία. Θ. 901. προδοῦσα Μενέλειων τὸν ἐμὸν ἐν Τ. πόσιν.
τρομεράν. Ο. 951. τ., κριπεράν·
τροπαῖα. Ι. 521. δι᾽ πλεῖστα χορῶν τῶν ἀντιπόλων νίκης
 ἔστησε τ.
τροπαίον. Λ. 25. μὴ νῦν ἔτ᾽ ἐν τετραπόλει τοὐμὸν τ. ἔῃ.
 Λ. 318. τοῦ νῦν παρεστώτος θράσους θέσθαι τ. ἡμᾶς.
 Θ. 697. στήσεσθε καὶ τ., ἀλλὰ τοῦ μόνου
 Π. 453. τ. ἂν στήσαιτο τῶν ταύτης τρόπων.
 Fr. 363. καὶ καλλύραν τοῖσι περώσιν διὰ τῶν Μαραθῶνι τ.
τροπαίου. Ι. 1334. τῆς γὰρ πύλεαν ἄξια πράττεις καὶ τοῦ
 Μαραθῶνι τ.
 Σ. 711. ἄξια τῆς τῆς ἀπολαύοντές καὶ τοῦ Μαραθῶνι τ.
τροπαλίδα. Α. 613. τὸ μὲν ἀτέρον ταυτων σκορόδων τ.,
τροπὴν. Ι. 246. ἀλλ᾽ ἄμινον καὶ δίωκε καὶ τ. αὐτοῦ ποιοῦ.
τροπίαν. Fr. 13. ταχὺ νυν πίτου καὶ μή τ. οἶνον φέρε.
τρόπον. Σ. 30. λέγε νυν ἄνύσας τὸ τὴν τ. τοῦ πράγματος.
τρόπους. Ι. 889. ταίπι τ. τοῖς σοῖσιν ὥσπερ βλανίοισι χρώμαι.
 Σ. 1433. ὁμοιά σου καὶ ταῦτα τοῖς ἄλλοις τ.
 1468. ξυνεγευάμην, οὐδὲ τ.
 Β. 1433. ἢν δ᾽ ἐκτρέφῃ τις, τοῖς τ. ὑπηρετεῖν.
 Π. 61. ἀλλ᾽ εἴ τι χαίρεις ἀνδρὸς εὐόρκου τ.,
τρόπων. Ν. 170. ὑτ᾽ ἀσκαλαβώτον, ΣΤ. τίνα τ.; κάτειπέ μοι.
 Ν. 478. ἄγε δὴ, κάτειπέ μοι σὺ τὸν σαυτοῦ τ.,
 700. φρύντιζε δὴ καὶ διάθρει, πάντα τ. τε σαυτὸν
 Σ. 748. στᾶς ἐς τὸ λοιπὸν τὸν τ.
 ΕΙ. 54. ὁ δισπότης μου μαίνεται καινὸν τ.,
 607. τὰς φύσεις ὑμῶν διδοικὼς καὶ τὸν αὐτοῦθ᾽ τ.,
 633. τί τ. παυλούμενος τῶν αὐτῶν ὑλκ ἐμίνθανεν,
 Ο. 180. ψύλοι; τίνα τ.; ΠΕ. ὥσπερ εἴπαι τις τύπος.
 451. δαλερόν ἂν δεῖ κατὰ πάντα δὴ τ.
 Λ. 49. τίνα δὴ τ. ποθ᾽; ΑΥ. ὥστε τῶν νῦν μηδένα
 Β. 26. φερῶν γε ταυτί, ΔΙ τίνα τ.; ΞΑ. βαρίαπ πάνυ.
 450. τὸν ἡμέτερον τ.
 458. τ. περὶ τοὺς ξένους
 460. ἄγε δὴ τίνα τ. τὴν θύραν κύψω; τίνα;
 818. καινοὺς τ. ἐκβάλλουσ᾽· ΞΑ. κάντα τ. ἐν κλίμακι
 706. τί δ᾽ ἐγὼ ὀρθῶς ἰδεῖν βίον ἀνέρος ἢ τ. ὥστις ἴτ᾽ οἰμώ-
 ξεται,
 1330. τὸν τῶν μονῳδιῶν διεξελθεῖν τ.
 Εκ. 278. πρεσβυτικόν τι, τὸν τ. μιμούμενοι
 919. τ. καλαμία κηύσίς·
 1161. μηδὲ ταῖς κακαῖς ἐταίραις τὸν τ. προσεικέναι,
 Π. 47. ἀξεὶν τὸν τ. τοῦτον τοῦ βίου ἐπιχώρον τ.·
 Fr. 446, 1. οὐ γὰρ τίθεμεν τὸν ἀγῶνα τόνδε τὸν τ.
τρόπος. Σ. 454. οὑκέτ᾽ ἐστὶ μακράν, ἵν᾽ εἰδῇθ᾽ οἷόν ἐστ᾽ ἀνδρῶν τ.
 Ο. 94. ἐς τὴ πτέρυσσι· τίς ὁ τ. τῆς πτήσεως;
 Λ. 25. οὑχ οὗτος ὁ τ.· ταχὺ γὰρ ἄν ξυνῆλθομεν.
 Β. 563. τούτου πάνυ τοὔργον, αὐτὸς ὁ τ., πανταχοῦ.
τρόπου. Σ. 1002. ἄκων γὰρ αὔτ᾽ ἔδρασα κοὺ τοὐμοῦ τ.

τρόπου—τυγχάνει. 309

τρόπου. Ο. 109. μῶν ἠλιαστά; ΕΤ. μάλλά θατέρου τ.,
Θ. 93. τὸ πρᾶγμα κομψὸν καὶ σφόδρ' ἐκ τοῦ σοῦ τ.·
    574. φίλαι γυναῖκες, ξυγγυνεῖ τούμοῦ τ.,
Π. 246. ἐγὼ δὲ τούτου τοῦ τ. πῶς εἰμ' ἀεί.
    630. ἄλλου θ' ὅσοις μέτεστι τοῦ χρηστοῦ τ.
Fr. 236. πάσαις γυναιξὶν ἐξ ἐνὸς γέ του τ.
τροπουμένων. Α. 553. τύλων ψοφούντων, θαλαμιῶν τ.,
τρόπους. Α. 370. καίτοι δέδοικα πολλά· τούς τε γὰρ τ.
Ι. 46. οὗτος καταγνοὺς τοῦ γέροντος τοὺς τ.,
    192. ἴτ' ἐστὶν ἀνδρὸς οὐδὲ χρηστοῦ τοὺς τ.
    390. δειλὸν εἰρήσεις· ἐγὼ γὰρ τοὺς τ. ἐπίσταμαι.
    1260. ἔστιν οὖν ἀδελφὸς αὐτῷ τοὺς τ. οὐ ξυγγενής,
Ν. 88. ἐκστρέψω ὣς τάχιστα τοὺς σαυτοῦ τ.,
Σ. 135. ἔχων τ. φρυαγμοσεμνάκους τινάς.
    1102. τούς τ. καὶ τὴν δίαιταν σφηξὶν ἐμφερεστάτους.
    1461. μετεβάλλοντο τοὺς τ.
Ει. 350. οὐδὲ τοὺς τ. γε δήμου σκληρόν, ὥσπερ καὶ πρὸ τοῦ,
    935. ὥστ' ἰσόμεθ' ἀλλήλοισιν ἀμφοῖ τοὺς τ.
Θ. 150. ἃ δεῖ ποιεῖν, πρὸς ταῦτα τοὺς τ. ἔχειν.
Β. 734. ἀλλὰ καὶ νῦν, ὤνοητοι, μεταβαλόντες τοὺς τ.,
Εκ. 214. ὡς δ' εἰσὶν ἡμῶν τοὺς τ. βελτίους·
Π. 36. πευσόμενος εἰ χρὴ μεταβαλόντα τοὺς τ.
    105, ζητῶν ἔτ' ἄνδρα τοὺς τ. βελτίονα·
    306. μιμήσομαι πάντας τ.·
    1003. δῆλον ὅτι τούς τ. τις οὐ μοχθηρὸς ἦν.
    1049. οὐκ, ἀλλ' ἀπυλαστύς ἐστιν ἡεὶ τοὺς τ.
τρόπῳ. Ν. 483. εἰ μνημονικῶς εἶ. ΣΤ. δύο τ. νὴ τὸν Δία·
τρόπῳ. Α. 339. δαιμόνιον αὐτῶν ὅτι τῷ τ. σοὺστὶ φίλος·
Α. 919. νεώριον θυμαλλίς; οἴμοι, τίνι τ.;
Ι. 1133. ἐν τῷ τ., ὣς λέγεις,
Ν. 375. αὐταὶ βρόντωσι κυλινδόμεναι. ΣΤ. τῷ τ. ὦ πάντα σὺ
    τυλμῶν;
    671. ἄρρενα καλεῖς, θήλειαν οὖσαν. ΣΤ. τῷ τ.
Ει. 369. καὶ μὴν ἐπιτέτριψαί γε. ΤΡ. κᾆτα τῷ τ.
    689. εὐβιουλότεροι γενησόμεσθα. ΚΡ. τίνι τ.,
Ο. 549. εἰ μὴ κομιούμεθα παντὶ τ. τὴν ἡμετέραν βασιλείαν.
    1621. ἀναπράξομεν καὶ ταῦτα. ΠΟΣ. φέρ' ἴδω, τῷ τ.;
Θ. 961. μέλπε καὶ γέραιρε φωνῇ πᾶσα χορομανεῖ τ.
Β. 1404. ἐξηπάτηκεν αὖ σε καὶ νῦν. ΕΤ. τῷ τ.;
Εκ. 231. τί ποτ' ἄρα δρᾷν μέλλουσιν, ἀλλ' ἀπλῷ τ.
    263. ἐκεῖνο δ' οὐ πεφρόντικαμεν, ὅτῳ τ.
Π. 335. τί ἂν οὖν τὸ πρᾶγμ' εἴη· πόθεν καὶ τίνι τ.
    402. τὸν Πλοῦτον ὥσπερ πρότερον ἐνὶ γέ τῳ τ.
τρόπων. Σ. 505. ὀρθροφοιτοσυκοφαντοδικοταλαιπώρων τ.
Σ. 1452. ξηρῶν τ. καὶ βιοτῆς
Ο. 1306. πτερῶν δεύμενοι καὶ τ. γαμψωνύχων·
Θ. 152. μεττιουσίας δεῖ τῶν τ. τὸ σῶμ' ἔχειν.
    671. ἀθέλων τε τ.·
Εκ. 8. κἀν τοῖσι δωματίοισιν Ἀφροδίτης τ.
Π. 365. ὡς πολὺ μεθέστηχ' ὧν πρότερον εἶχεν τ.
    453. τροπαῖον ἂν στήσατο τῶν ταύτης τ.
    1158. οὐ γὰρ δόλου νῦν ἔργον, ἀλλ' ἀπλῶν τ.
τραπωτήρων. Α. 549. δοκιῶν τ., κάδους ὀνωμένοιν,
τροφαλίδα. Σ. 838. τ. τυροῦ Σικελικὴν κατεδήδοκεν·
Fr. 536, 2. τὴν ἀριστον ἄρτον, τὴν δὲ Τυρῷ τ.
τροφῆς. Fr. Μ. Δευτ. 2, 2. πιστὴ τ., ταμία, συνεργός, ἐπίτροπος,
Τροφωνίου. Ν. 508. εἴσω καταβαίνειν ὥσπερ ἐς Τ.
τροχηλάτου. Εκ. 1. ὦ λαμπρὸν ὄμμα τοῦ τ. λύχνου
τροχίλε. Ο. 80. οἶσθ' οὖν ὃ δρᾶσον, ὦ τ.; τὸν δεσπότην
τροχιλία. Fr. 373. τ.
τροχιλίδα. Α. 722. τὴν δ' ἐκ τ. αὖ κατειλυσπωμένην,
τρόχιλος. Ο. 79. τρέχω 'πὶ τορύνην. ΕΤ. τ. ὄρνις οὑτοσί.
τρόχιλους. Ει. 1004. χῆνας, νήττας, φάττας, τ.·
τροχιμάλλῳ. Α. 876. τ., κολύμβοις. ΔΙ. ὥσπερεὶ χειμὼν ἄρα
τροχιμάλλων. Fr. 694. τ.:
τροχόειν. Ν. 31. τρεῖς μναῖ διφρίσκου καὶ τ. Ἀμυνίᾳ.
τροχόν. Fr. 234. ὦ μηχανοποιός, ὁπότε βούλει τὸν τ.
τροχοποιεῖν. Π. 513. τίς χαλκεύειν ἢ ναυπηγεῖν ἢ ῥάπτειν ἢ τ.
τροχοῦ. Ει. 452. ἐπὶ τοῦ τ. γ' ἕλκειν μαστιγούμενος·
Α. 846. χὼ τέτανος ὥσπερ ἐπὶ τ. στρεβλούμενος.
Π. 875. ἐπὶ τοῦ τ. γὰρ δεῖ σ' ἐκεῖ στρεβλούμενον
τροχῷ. Θ. 17. ὀφθαλμῷ ἀντίμιμον ἡλίου τ.,
Εκ. 4. τ. γὰρ ἐλαθεὶς κεραμικῆς ῥύμης ἄπο
τρυβλία. 1. 650. τῶν δημιουργῶν ἐκβαλόντες τὰ τ.
Εκ. 252. καὶ τούτ' ἴσασιν. ΠΡ. ἀλλὰ καὶ τὰ τ.
    847. τὰ τῶν γυναικῶν διαπαθήσει τ.
τρυβλίου. Α. 278. ἴωθεν εἰρήνης ῥοφήσαις τ.·
Ι. 905. ὦ Δῆμε, μηδὲν δρῶντι μισθοῦ τ. ῥοφήσαι.
Σ. 937. λάβητε μάρτυρας παρεῖναι, τ.,
Ο. 77. τρέχω 'σ' ἀφύας ἐγὼ λαβὼν τὸ τ.

τρυβλίον. Ο. 361. ὀξύβαφον ἐντευθενὶ προσθοῦ λαβὼν ἢ τ.
Β. 985. τῆς μαινίδος; τὸ τ.
Εκ. 1176. ταχὺ καὶ ταχέως λαβὲ τ.
Π. 1108. ἐς ταυτὸν ὑμᾶς συγκυκήσας τ.
τρυβλίοις. Ο. 387. τῷ τε τ. καθίει·
τρύγα. Π. 1055. πίνειν, ὑγιεινοποτέ' ἐστί σοι καὶ τὴν τ.
Τρυγαῖ. Ει. 1198. ὦ φίλτατ', ὦ Τ., ὅσ' ἡμᾶς τἀγαθὰ
Ει. 1210. οἴμ' ὡς προθέλυμνόν μ', ὦ Τ., ἀπώλεσας.
Τρυγαῖε. Ει. 1203. ἀλλ', ὦ Τ., τῶν δρεπάνων τε λάμβανε
Τρυγαῖος. Ει. 190. Τ. Ἀθμονεύς, ἀμπελουργὸς δεξιός,
Τρυγαῖος. Ει. 1197. ποῦ ποῦ Τ. ἐστιν; ΤΡ. ἀναβράττω κίχλας.
τρυγᾷτ'. Ει. 912. ὅταν τ., εἴσεσθε πολλῷ μᾶλλον οἷς εἰμι,
τρυγήσειν. Σ. 634. οὖν, ἀλλ' ἔρημαι φέθ' οὕτως ῥᾳδίως τ.·
Εκ. 886. ἐμοῦ τ. καὶ προσάξεσθαι τινα
τρυγήσομεν. } {Ει. 1338.} τ. αὐτήν,
            {   1339.}
τρυγί. Σ. 1309. ἴοικας, ὦ πρεσβῦτα, νεοπλούτῳ τ.
τρυγικοῖς. Α. 628. ἐξ οὗ γε χοροῖσιν ἐφέστηκεν τ. ὁ διδάσκαλος
    ἡμῶν,
τρυγοδαίμονες. Ν. 296. οὐ μὴ σκώψει μηδὲ ποιήσεις ἄπερ οἱ τ.
    οὗτοι,
τρύγοικος. Π. 1087. οὐκοῦν τ. ταῦτα πάντ' λάσεται.
τρυγοίπου. Ει. 535. κιττοῦ, τ., προβατίων βληχωμένων.
τρυγογῶσα. Εκ. 34. τήνδ' ἐκπαλέσωμαι, τ. τὴν θύραν.
τρυγός. Ν. 50. ὕζων τ., τρασίαι, ἐρίων περιουσίας,
Ει. 576. τῆς τ. τε τῆς γλυκείας,
Fr. 163, 4. τῆν τ. ἄρτων λιπαρὸν καὶ ῥάφανον φέρωντι.
    344, 6. τ. τε φανῆν εἰς λεκάνην ᾠδουμένης,
τρυγῳδία. Α. 500. τὸ γὰρ δίκαιον οἶδε καὶ τ.
τρυγῳδίαν Α. 498. μέλλω περὶ τῆς πόλεως, τ. ποιῶν.
τρυγῳδικοῖς. Α. 886. ἠδὺς ποθεινῇ μὲν τ. χοροῖς,
τρυγῳδοῖς. Σ. 650. χαλεπὸν μὲν καὶ δεινῆς γνώμης καὶ μείζονος
    ἢ 'πὶ τ.
τρυγῳδοποιομουσική. Fr. 313, 1. ἢ μέγα τι βρῶμ' ἐστὶν ἡ τ.
τρυγῳδῶν. Σ. 1537. ὀρχούμενον ὅστις ἀπηλλάξεν χορῶν τ.
Fr. 198, 9. ἀπὸ τῶν τ., ἀπὸ δὲ τῶν τραγικῶν χυρῶν
τρυγῶν. Ο. 302. κίττα, τ., κορυδὸς, ἐλεᾶς, ὑποθυμὶς περιστερά,
Ο. 979. οὐκ ἔστι οὐ τ. οὐδ' αἰετὸς, οὐ δρυοκολάπτης.
τρυγῶσι. Ο. 1698. ῥυουσι καὶ τ. ταῖς γλώτ-
τρύμη. Ν. 448. κύρβις, κρόταλον, κίναδος, τ.,
τρύξ. Π. 1086. ἀλλ' ἐστι κομιδῇ τ. παλαιὰ καὶ σαπρά.
τρύπημα. Ει. 1234. ἵνα μή γ' ἀλῷ τ. κλέπταν τῆς νεώς.
Εκ. 624. μηδεμιᾷ ἢ τ. κεινον' τὸ δὲ τῶν ἀνδρῶν τί ποιήσει;
τρυσιβίου. Ν. 421. καὶ φειδωλοῦ καὶ τ. γαστρὸς καὶ θυμβρεπι-
    δείννου,
τρυτάνῃ. Σ. 39. εἰδ' ἡ μιαρὰ φάλαιν' ἔχουσα τ.
τρυφαλείας. Β. 1016. ἀλλὰ πνέοντας θύρο καὶ λόγχαι καὶ λευ-
    κολόφους τ.
τρυφᾶν. Α. 405. ταῦσιν γυναιξὶ καὶ διδάσκομεν τ.
τρυφερανθείς. Σ. 688. διῇ διαβάς, διακινηθεὶς τῷ σώματι καὶ τ.
τρυφεροῦν. Σ. 1169. ὡδὶ προβᾶς τ. τι διασαλακώνισον.
Εκ. 901. τὸ τ. γὰρ ἱμιφόνυε
τρυφερώτερον. Σ. 551. ἡ τ., ἡ δεινότερον ζῷον, καὶ ταῦτα
    γέραντος;
τρυφή. Α. 387. ἀρ' ἐξέλαμψε τῶν γυναικῶν ἡ τ.
Β. 21. εἶτ' οὐχ ὕβρις ταῦτ' ἐστὶ καὶ πολλὴ τ.,
τρύφημα. Fr. 309, 7. ζῶμ', ἀμφίχανον, τ., παρυφὶς, γυστίδα,
Τρυφῆς. Εκ. 974. μέλιττα Μούσης, Χαρίτων θρέμμα, Τ. πρόσ-
    ωπον,
τρυφῆς. Π. 818. ἀλλὰ σκορωδίους ὑπὸ τ. ἑκάστοτε.
τρυφακαλύπτειν. Fr. 309, 6. τ., λεκίβωρον, κεκρύφαλον,
τρυφῶν. Σ. 1455. ἐπὶ τὸ τ. καὶ μαλακὸν.
τρυφώντων. Ν. 48. ξυννῶν, τ. ἐγκεκοισυρωμένην.
τρύχη. Α. 418. τὰ ποῖα τ.; μῶν ἐν οἷς Οἰνεὺς ὁδὶ
Fr. 712. ἤδη γάρ εἰμι μυσικιώτερος τ.
τρυχόμεθ'. Ει. 969. ἡμῖν, οἵ σου τ. ἤδη
τρωγάλια. Π. 798. ἰσχάδα καὶ τ. τῆς θεωμένοις
τρωγαλλίοιν. Ει. 772. τῶν τ., τρασιᾶί, καὶ μὴ ἀφαῖρει
τρώγειν. Ει. 1324. σῦκά τε τ.,
τρωγοιμέθ'. Ει. 801. τ. ἂν ἐρεβίνθους; ΚΟ. κοῖ κοῖ κοῖ.
τράγωσιν. 1. 1077. ὁπῇ βῦτρυί τ. ἐν τοῖς χωρίοις.
τρώγων. Ν. 924. γνώμας τ. Πανδελετείους,
Λ. 537. κύαμους τ.
τρώκτης. Α. 808. τοῖς χοιριδίοισιν, ἀρα τ.; βαβαί,
τυ. Α. 730. ἐσθίειν τυ καὶ τῶν φίλων ᾤπερ ματέρα. κ.τ.λ.
τύ. Α. 777. ἔγων. ΜΕ. φώνει ὅτι τ. ταχίες, χοιρίον. κ.τ.λ.
τυγάτριον. Θ. 1184. κάτησο κάτησο, ναῖκι ναῖ, τ.
Ο. 1210. φέρ' ἴδω, σὺ καρίερτο σε' τ. τ.;
τυγχάνει. Σ. 336. οὐμὸν υἱός, ἀλλὰ μὴ βοᾶτε· καὶ γὰρ τ.
Ει. 277. ἀλλ' εἴ τις ὑμῶν ἐν Σαμοθράκῃ τ.
    690. ὅτι τ. λυχνοποιὸς ὤν, πρὸ τοῦ μὲν οὖν

310   τυγχάνει—τυφλότερος.

τυγχάνει. Ο. 760. εἰ δέ τ. τις ὑμῶν δραπέτης ἐστιγμένος,
   Ο. 762. εἰ δέ τ. τις ὧν Φρὺξ μηδὲν ἧττον Σπινθάρου,
   790. εἴ τε Πατροκλείδης τις ὑμῶν τ. χεζητιῶν,
   793. εἴ τε μοιχεύων τις ὑμῶν ἐστιν ὅστις τ.,
   Θ. 29. ἐνθάδ᾿ Ἀγάθων ὁ κλεινὸς οἰκῶν τ.
   Εκ. 336. μὰ τὸν Δί᾿· οὐ γὰρ ἔνδον οὖσα τ.,
   1141. καὶ τῶν θεατῶν εἴ τις εὔνους τ.,
   Π. 35. τὸν δ᾿ υἱόν, ὅσπερ ἂν μόνος μοι τ.,
   Fr. 158. εἶτ᾿ ἄρτον ὑπτῶν τ. τις ὑβελίαι.
   348.   ἀλλ᾿ οὗ τ.
τυγχάνεις. Λ. 377. εἰ ῥύμμα τ. ἔχων, λουτρόν γ᾿ ἐγὼ παρέξω.
τυγχάνῃ. Εκ. 29. μὴ καί τις ὧν ἀνὴρ ὁ προσιὼν τ.
τυγχάνοι. Π. 1037. εἰ τ. γ᾿ ὁ δακτύλιος ὢν τηλία.
τυγχάνω. Α. 1030. ἀλλ᾿, ὦ πονήρ᾿, οὐ δημοσιεύων τ.
   Ν. 1135. πᾶς γάρ τις ὄμνυσ᾿, οἷς ὑφείλων τ.
   Β. 598. ἀλλὰ καὐτὸς τ. ταῦτ᾿
   Π. 1039. οὗπερ πάλαι κατηγοροῦσα τ.·
τύλαν. Α. 860. ἵττω Ἡρακλῆς, ἔκαμόν γα τὰν τ. κακῶς,
   Α. 954. ὑπόκυπτε τὰν τ. ἰών, Ἰσμήνιχε.
τύλων. Α. 553. τ. ψοφούντων, θαλαμιῶν τροπουμένων,
τύμβ᾿. Λ. 372. τί δαὶ σὺ πῦρ, ὦ τ., ἔχων· ἂν σαυτὸν ἐμπυρεύ-
       σαν;
τυμβίτεις. Θ. 889. τί δαὶ σὺ θάσσεις τάσδε τ. ἕδρας
τύμβον. Σ. 1370. τί ταῦτα ληρεῖς, ὥσπερ ἀπὸ τ. πεσών;
   Β. 1172. τ. δ᾿ ἐπ᾿ ὄχθῳ τῷδε κηρύσσω πατρὶ
τύμβῳ. Β. 1139. οὔκουν Ὀρέστης τοῦτ᾿ ἐπὶ τῷ τ. λέγει
τυμβωρύχος. Π. 1149. οὕτω γ᾿ ἂν εἴη πρὸς πατρός τ.
τύμπανα. Π. 476. ὦ τ. καὶ κύφωνες οὐκ ἀφήξετε·
τυμπανισμός. Λ. 388. χὼ τ. χοὶ πυκνοὶ Σαβάζιοι,
τυμπάνῳ. Σ. 119. μετὰ ταῦτ᾿ ἐκορυβάντιζ᾿· ὁ δ᾿ αὐτῷ τ.
τυμπάνων. Λ. 3. οὐδ᾿ ἂν διελθεῖν ἦν ἂν ὑπὸ τῶν τ.
Τυνδάρειον. Θ. 919. τὴν Τ. παῖδ᾿, ἐπὶ Σπάρτην ἄγειν·
Τυνδάρεως. Θ. 860. Σπάρτη, πατήρ δὲ Τ. ΓΥ. Π. σοί γ᾿,
       ὤλεθρε,
Τυνδαρίδας. Λ. 1301. Τ. τ᾿ ἀγασὼν,
τυννοῦτο. Θ. 745. τυννοῦτον ὤν. ΜΝ. τ.; ΓΥ. Ζ. μικρὸν νὴ
       Δία.
τυννοῦτον. Θ. 745. τ. ὄν. ΜΝ. τυννοῦτο; ΓΥ. Ζ. μικρὸν νὴ
       Δία.
τυννουτονί. Ι. 1220. ἐμοὶ δ᾿ ἔδωκεν ἀποτεμὼν τ.
   Ν. 878. εὐθύς γέ τοι παιδάριον ὂν τ.
τυννουτονί. Α. 367. ὁ δ᾿ ἀνὴρ ὁ λέγων οὑτοσὶ τ.
τυννουτονί. Ν. 392. σκέψαι τοίνυν ἀπὸ γαστριδίου τ. οἷα πέ-
       πορδας·
τυννουτφί. Β. 139. ἐν πλοιαρίῳ τ. σ᾿ ἀνὴρ γέρων
τυντλάζειν. Εἰ. 1148. οὐδὲ τ., ἐπειδὴ παρβακὼν τὸ χωρίον·
τυπείς. Α. 1193. δορὸς ὑπὸ πολεμίου τ.
τύπτ᾿. Ν. 1433. πρὸς ταῦτα μή τ.· εἰ δὲ μή, σαυτόν ποτ᾿
       αἰτιάσει
τύπτε. Ο. 1304. τὸν μὲν πατέρα μή τ.· ταυτηνδὶ λαβὼν
   Β. 622. μή τ. τοῦτον μηδὲ γητείῳ νέῳ.
τύπτει. Ν. 542. τ. τὸν παρόντ᾿, ἀφανίζων πονηρὰ σκώμματα,
   Ν. 1326. ὁραθ᾿ ὁμολογοῦνθ᾿ ὅτι με τ. ΦΕ. καὶ μάλα.
   Β. 636. οὐ καὶ σύ τ. τὰς ἴσας πληγὰς ἐμοί;
τύπτειν. Ν. 441. παρέχω τ. πεινῆν, διψῆν,
   Ν. 1333. καὶ πῶς γένοιτ᾿ ἂν πατέρα τ. ἐν δίκῃ;
   1412. τ. τ᾿, ἐπειδήπερ γε τοῦτ᾿ ἔστ᾿ εὐνοεῖν ὁμοίως,
   1447. τὴν μητέρ᾿ ὣς τ. χρεών;
   ΕΙ. 734. Χρῆν μέν τ. τοὺς ῥαββδούχους, εἴ τις κωμῳδοποιητής
   Ο. 757. εἰ γὰρ ἐνθάδ᾿ ἐστιν αἰσχρὸν τὸν πατέρα τ. νύμφῳ,
   985. δὴ τότε χρῆ τ. αὐτῶν πλευρῶν τὸ μεταξύ,
   Β. 610. εἶτ᾿ οὐχὶ δεινὰ ταῦτα, τ. τουτονὶ
τύπτεις. Ν. 1325. ὦ μιαρέ, τ. τὸν πατέρα; ΦΕ. φήμ᾿, ὦ πάτερ.
   Ν. 1331. τὸν πατέρα τ.; ΦΕ. κἀποφανῶ γε ἐν δίκῃ
τύπτεσθ᾿. Ν. 1341. τὸν πατέρα τ. ἐστὶν ὑπὸ τῶν υἱέων.
τύπτεσθαι. Ν. 1359. οὐ γὰρ τύπτ᾿ εὐθὺς χρῆν σε τ. τε καὶ πα-
       τεῖσθαι,
τύπτῃ. Ν. 494. φέρ᾿ ἴδω, τί δρᾷς, ἢν τίς σε τ.; ΣΤ. τύπτομαι,
   Εκ. 643. μὴ αὐτῶν ἐκείνων τ. δεδιώς, τοῖς δρῶσιν τοῦτο μα-
       χεῖται.
τυπτήσεις. Π. 21. οὐ γάρ με τ. στέφανον ἔχοντά γε.
τυπτήσομαι. Ν. 1379. ἀλλ᾿ αὖθις αὖ τ. ΦΕ. νὴ τὸν Δί᾿, ἐν
       δίκῃ γε.
τυπτήσω. Ν. 1443. τὴν μητέρ᾿ ὥσπερ καὶ σὲ τ. ΣΤ. τί φῇς
   τί φῇς σύ;
τύπτοι. Εκ. 642. τῶν ἀλλοτρίων, ὅστις τ.· νῦν δ᾿ ἢν πληγέντος
       ἀκούσῃ,
τύπτοις. Β. 585. κἂν εἴ με τ., οὐκ ἂν ἀντείποιμί σοι.
τύπτομαι. Ι. 257. παραβοηθεῖσθ᾿, ὅτ᾿ ὑπ᾿ ἀνδρῶν τ. ξυνωμοτῶν.
   Ι. 266. ξυνεπίκεισθ᾿ ὑμεῖς· ἐγὼ δ᾿, ἄνδρες, δι᾿ ὑμᾶς τ.,
   730. τίς, ὦ Παφλαγών, ἀδικεῖ σε; ΚΛ. διὰ σέ τ.

τύπτομαι. Ν. 494. φέρ᾿ ἴδω, τί δρᾷς, ἢν τίς σε τύπτῃ; ΣΤ. τ.,
τυπτόμενον. Ν. 1407. ἵππων τρέφειν τέθριππα ἥ τ. ἐπιτριβῆναι.
   Β. 639. τ., εἶναι τούτων ἡγοῦ μὴ θεόν.
τυπτόμενος. Ν. 972. ἐπετρίβετο τ. πολλὰς ὡς τὰς Μούσας ἀφα-
       νίζων,
   Ο. 1031. μαρτυρόμεθ᾿ ὦν ἐπίσκοπος.
   Θ. 917. ὅστις σ᾿ ἀπάξει, τ. τῇ λαμπάδι,
   Β. 1096. ὁ δὲ τ. ταῖσι πλατείαις
τυπτομένους. ΕΙ. 742. τοὺς φεύγοντας κἀξαπατῶντας καὶ τ.
       ἐπίτηδες,
τυπτομίνῳ. Ν. 1323. ἀμυνάθετέ μοι τ. πάσῃ τέχνῃ.
τύπτοντ᾿. Λ. 357. οὐ περικατάξει τὸ ξύλον τ. ἐχρῆν τιν᾿ αὐτός;
τύπτοντες. Εκ. 663. τῆς αἰκίας οἱ τ. πόθεν ἐκτίσουσιν, ἐπειδὰν
τύπτου. Β. 1024. ἀνδρειοτέρους ἐς τὸν πόλεμον· καὶ τούτου γ᾿
       οὕνεκα τ.
τύπτουσί. Ι. 452. τ. μ᾿ οἱ ξυνωμόται.
τύπτων. Σ. 1323. τ. ἅπαντας, ἢν τις αὐτῷ ξυντύχῃ.
   Ο. 1327. τ. γέ τοῦτον ἀδῶς.
   Β. 624. τὸν παῖδα τ., πέργυρίον σοι κείσεται.
τύπτωσιν. Λ. 162. ἐὰν δέ τ., τί; ΛΥ. παρέχειν χρὴ κακῶς.
τυραννεῖν. Θ. 338. τῇ τῶν γυναικῶν, ἥ τ. ἐπινοεῖ,
τυραννήσουσ᾿. Α. 631. ἀλλ᾿ ἐμοὶ μὶν οὖ τ., ἐπεὶ φυλάξομαι,
τυραννίδ᾿. Σ. 487. ὅστις ἡμῶν ἐπὶ τ. ὧδ᾿ ἰσπάλη.
τυραννίδα. Σ. 502. ᾗρεϊ εἰ τὴν Ἱππίου καθίσταμαι τ.
   Ο. 1643. ὦ Ζεῦ, καραδοκῶ τοὐντὸς τὴν τ.,
   Π. 124. οἴει γὰρ εἶναι τὴν Διὸς τ.
τυραννίδι. Σ. 495. οὗτος ὀψωνεῖν ἔοιχ᾿ ἄνθρωπος ἐπὶ τ.
   Σ. 498. ἐπεὶ μοι, γήτειον αἰτεῖς, πότερον ἐπὶ τ.;
   Λ. 630. ἀλλὰ ταῦθ᾿ ὕφηναν ἡμῖν, ἄνδρες, ἐπὶ τ.
τυραννίδος. Ο. 1605. ἀποστερεῖν τὸν πατέρα τῆς τ.·
   Λ. 619. καὶ μάλιστ᾿ ὀσφραίνομαι τῆς Ἱππίου τ.
τυραννικά. Σ. 507. ταῦτα δρᾶν ξυνωμότας ἐμ καὶ φρονῶν τ.
τυραννικόν. Fr. 164, 2. τοῦτο γὰρ τὸ σύκον ἐχθρόν ἐστι καὶ τ.
τυραννίς. Σ. 417. ταῦτα δὴτ᾿ οὐ δεινὰ καὶ τ. ἐστιν ἐμφανής;
   Σ. 464. τοῖς πένησιν, ἤ τ.
   488. ὡς ἅπανθ᾿ ἡμῖν τ. ἐστι καὶ ξυνωμόται,
τυράννων. Fr. 289. " σοφοὶ τ., τῶν σοφῶν συνουσίᾳ."
τύραννον. Ι. 1114. περ ἀνδρὰ τ.
   Ν. 564. Ζῆνα τ. ἐς χορῶν
   Ο. 1673. τ., ὀρνίθων παρέξω σοι γάλα.
   1708. δέχεσθε τὸν τ. ὀλβίοισι δόμοις.
   Θ. 339. ἤ τιν τ. συγκατάγειν, ἢ παιδίον
τύραννος. Θ. 1143. φάνηθ᾿, ὦ τ. στυγούσ᾿, ὥσπερ εἰκός.
τυράννων. Ο. 1074. λαμβάνειν τάλαντον, ἤν τε τῶν τ. τις τινὰ
τυρβάζεσθαι. ΕΙ. 1007. ὑψωνοίμεθά τ.
τυρβάσεις. Σ. 257. τὸν πηλὸν ὥσπερ ἀτταγᾶς τ. βαδίζων.
τυρεκνῆσαι. Σ. 963. ἀνάβηθι, τ., καὶ λέξον αἰμίν·
τυροκνήστιδος. { Α. 231. } οὐ στήσομαι λέαιν᾿ ἐπὶ τ.
                  { 232. }
τυροκνῆστιν. Σ. 938. δοίδυκα, τ., ἰσχάραν, χύτραν,
τυροκνηστίν. Ο. 1579. τήν τ. μοι δὐτω· φέρε σίλφιον,
τυροκνήστις. Fr. 112. δοίδυξ, θυεία, τ., ἐσχάρα.
τυρόν. Σ. 676. ὑχας, οἶνον, δάπιδας, τ., μέλι, σήσαμα, προσκε-
       φάλαια,
   Σ. 896. τὸν τ. ἀδικεῖν ὅτι μόνος κατήσθιεν
   910. ἀσοῦρα γὰρ ἐς τὴν γωνίαν τ. πολὺν
   956. τί οὖν ὄφελος, τὸν τ. εἰ κατέσθιει·
   368. οὔτ᾿ ἄλφιτ᾿ οὔτε τ., ὡς ἀπολούμενος.
   Β. 559. μὰ Δί᾿, οὐδὲν τόν τε γε τὸν χλωρὸν, τάλαν,
   Ο. 533. ἀλλ᾿ ἐπικνῶσιν τ., ἔλαιον,
   1580. τ. φερέτω τις· πυρπόλει τοὺς ἄνθρακας.
τυρόνωτον. Α. 1125. κάμοὶ πλακοῦντος τ. δὸς κύκλον.
τυροπώλαισι. Ι. 854. καί τ.· τοῦτο δ᾿ εἰς ἕν ἐστι συγκεκυφός.
τυροπωλῆσαι. Β. 1369. ἀνδρῶν ποιητῶν τ. τέχνῃ.
τυρός. Ι. 480. πῶν οὖν ὁ τ. ἐν Βοιωταῖσ᾿ ὤνιος;
τυροῦ. 1. 771. ἐπί ταυτησὶ καταικνηθῆναι ἐν μνυτωτῷ μετὰ τ.
   Σ. 838. τροφαλίδα Σικελικὴν κατεδήδοκεν
   913. τ. κάκιστον ἀρτίως ἐνήρυγεν
   ΕΙ. 1129. τ. τε καὶ κρομμύου.
Τυρώ. Fr. 536, 2. τὴν δ᾿ ἄρτων ἄρτων, τὴν δὲ Τ. τροφαλίδα,
τυφλή. Σ. 457. ἀλλὰ δρᾷ τοῦτ᾿ ἀλλὰ καὶ σὺ τ. πολλῷ τῷ καπνῷ.
τυφλά. ΕΙ. 1079. χῇ κώδων ἀκαλανθὶς ἐπειγομένη τ. τίκτει,
τυφλοῖς. Π. 15. οὐ γὰρ βλέποντι τοὺς τυφλοὺς τ. ἡγούμεθα·
τυφλοῖσ᾿. Π. 90. μόνους βαδιοιῶιμ᾿ ὁ δὲ μ᾿ ἐποίησεν τ.
   Π. 747. τὸν δὲ Νεοκλείδην μᾶλλον ἐποίησεν τ.
   858. διὰ τὸν θεὸν τοῦτον, ὃν ἰούμενον τ.
τυφλός. Θ. 97. ἀλλ᾿ ἤ τ., μέν εἰμ᾿· ἐγὼ γὰρ οὐχ ὁρῶ
   Π. 403. τ. γὰρ γίγνεται; ΧΡ. νὴ τὸν οὐρανόν.
   494. ἢν γὰρ ὁ Πλοῦτος νυνὶ βλέψῃ καὶ μὴ τ. ὢν περινοστῇ,
   665. εἰς μὲν γε Νεοκλείδην, ὃς ἐστι μὲν τ.,
τυφλότερος. Fr. 102. τ. λεβηρίδος,

τυφλοῦ—ὑγιαίνειν. 311

τυφλοῦ. Α. 421. τὰ τοῦ τ. Φοίνικος; ΔΙ. οὐ Φοίνικος, οὔ,
Π. 13. ὅστις ἀκολουθεῖ κατόπιν ἀνθρώπου τ.,
634. μᾶλλον δ' ὁ Πλοῦτος αὑτόν ἀντὶ γὰρ τ.
τυφλῷ. Π. 48. τῷ τοῦτο κρίνεις; ΚΑ. δῆλον ὁτιὴ καὶ τ.
τυφογέροντας. Λ. 335. ἤκουσα γὰρ τ.
τυφογέρων. Ν. 908. τ., εἶ κἀνάρμοστος.
Τυφώ. Ι. 511. καὶ γεννναίαν πρὸς τὸν Τ. χωρεῖ καὶ τὴν ἐριώλην.
Ν. 336. πλοκάμους θ' ἑκατογκεφάλα Τ., πρημαινούσας τε θυέλλας,
τυφῷ. Λ. 974. μεγάλῳ τ. καὶ πρηστῆρι
τύφων. Σ. 1079. τῷ καπνῷ τ. ἅπασαν τὴν πόλιν καὶ πυρπολῶν,
τυφῶς. Β. 848. τ. γὰρ ἐκβαίνειν παρασκευάζεται.
τύχα. Ο. 1722. μάκαρα μάκαρι σὺν τ.
τύχἀγαθῇ. Ο. 436. ταύτην λαβόντε κρεμάσατον τ.
Ο. 675. ἴωμεν. ΠΕ. ἡγοῦ δὴ σὺ νῦν τ.
τύχαι. Ν. 1264. ὦ σκληρὰ δαίμον, ὦ τ. θραυσάντυγες
Ο. 1726. μεγάλαι μεγάλαι κατέχουσι τ.
τύχαισιν. Α. 1197. κᾆτ' ἐγχανεῖται ταῖς ἐμαῖς τ.
τύχας. Εκ. 3. γοναί τε γὰρ σὰς καὶ τ. δηλώσομεν·
τυχεῖν. Α. 713. ἀλλ' ἐπειδὴ τοὺς γέροντας οὐκ ἐᾶθ' ὕπνου τ.,
Ν. 1130. κἄν ἐν Αἰγύπτῳ τ. ὤν μᾶλλον ἢ κρῖναι κακῶς.
Ει. 1140. οὐ γάρ ἐσθ' ἥδιον ἢ τ. μὲν ἤδη 'σπαρμένα,
Θ. 289. καὶ τὴν θυγατέρα χοῖρον ἀνδρός μοι τ.
Εκ. 172. τ. κατορθώσασα τὰ βεβουλευμένα.
τύχη. ΕΙ. 360. εἴλευ' ἀγαθῇ τις ἡμῖν τ.
ΕΙ. 939. ὡς πάνθ' ὅσ' ἂν θεὸς θέλῃ χἠ τ. κατορθοῖ,
Ο. 410. τ. δὲ ποία κομί-
1315. τ. μόνον προσείη.
Θ. 724. ἐπὶ κακῷ ἑτερότροπον ἐπέχει τις τ.
Εκ. 836. ὅπως ἂν ὑμῖν ἡ τ. κληρουμένοις
τύχῃ. 1. 1138. μή σοι τ. ὄψον ὄν,
Σ. 869. ὦ Φοῖβ' Ἄπολλον Πύθι', ἐπ' ἀγαθῇ τ.
Ο. 1622. ὅταν διαρθώμεν ἀργυρίδιον τ.
Θ. 283. ἀγαθῇ τ. καὶ δεῦρο καὶ πάλιν οἴκαδε.
Π. 3. ἢν γὰρ τὰ βέλτισθ' ὁ θεράπων λέξας τ.,
150. ὅταν μὲν αὐτάς τις πένης πειρῶν τ.,
τύχην. Εκ. 114. ἡμῖν δ' ὑπάρχες τοῦτο κατὰ τ. τινά.
τυχηρᾶ. Α. 250. ἀγαγεῖν τ. τὰ κατ' ἀγροὺς Διονύσια,
Θ. 305. ναίαν, τ. δ' ἡμῖν αὐταῖς. καὶ τῶν θέων
τύχης. Ι. 186. εἰ μὴ 'κ πονηρῶν γ'. ΔΗ. ὦ μακάριε τῆς τ.,
Σ. 62. οὐδ' εἰ Κλέων γ' ἔλαμψε τῆς τ. χάριν,
ΕΙ. 606. εἶτα Περικλέης φοβηθεὶς μὴ μετάσχοι τῆς τ.,
τύχης. Ν. 1079. μοιχὸς γὰρ ἢν τ. ἁλούς, τάδ' ἀντερεῖς πρὸς αὑτόν,
Ο. 458. ὁ γὰρ ἂν σὺ τ. μοι
τύχοι. ΕΚ. 95. οὐκοῦν καλά γ' ἂν πάθοιμεν, εἰ πλήρης τ.
Εκ. 320. ἀλλ' ἵν καθαρῷ τοῦ τοῦ τις ἂν χέσαι τ.;
τύχοιμι. Β. 945. εἶτ' οὐκ ἐλήρουν ὅ τι τ., οὐδ' ἐμπεσὼν ἔφυρον,
τύχοις. Ο. 453. τάχα γὰρ τ. ἂν
τυχόντες. Ν. 619. τῆς ἑορτῆς μὴ τ. κατὰ λόγον τῶν ἡμερῶν.
τύχω. Π. 237. ἢν μὲν γὰρ ἐς φειδωλὸν εἰσελθὼν τ.,

τύχω. Π. 242. ἢν δ' ὡς παραπλῆγ' ἄνθρωπον εἰσελθὼν τ.,
Π. 904. ἀλλ' ἔμπορος; ΣΤ. ναί, σαπητομαί γ', ὅταν τ.
τυχών. Α. 460. καίτοι τί δράσω; δεῖ γὰρ ἑνός, οὗ μὴ τ.
Σ. 1464. τ. ἀπεισιν διὰ τὴν
Π. 636. Ἀσκληπιοῦ παιῶνος εὐμενοῦς τ.
τύχωσ'. Π. 108. τ. ἀληθῶς καὶ γένωνται πλούσιοι,
τῳ. Ν. 1347. ὡς οὗτος, εἰ μή τ. πεπείθειαι, οὐκ ἂν ἠν κ.τ.λ.
τῴ. Α. 811. ἱῇ τὸν Δί' ἀστεῖον γε τ. Βοσκήματε' κ.τ.λ.
Ο. 387. τ. τοῦ τρυβλίου καθίει·
τῷ. Α. 198. κἄν τ. στόματι λέγουσι, βαῖν' ὅποι θέλεις. κ.τ.λ.
τῷ. Α. 798. ναὶ τὸν Ποτειδᾶ, κἄν ἄνευ γα τ. πατρός. κ.τ.λ.
τωβολῷ. Β. 270. ἔκβαιν'· ἀπώδου τὸν ναῦλον. ΔΙ. ἔχε δὴ τ.
τῷδ'υσσον. Α. 174. καὶ τάργύριον τ. ᾖ παρὰ τῷ σιῷ.
τῳδί. Α. 910. ταυτὶ τίνος τὰ φορτί' ἐστί; ΒΟ. τ. ἐμά κ.τ.λ.
τῷδε. Α. 705. τ. τῷ Κηφισοδήμῳ, τῷ λάλῳ ξυνηγόρῳ; κ.τ.λ.
τῷδί. Α. 457. λῆμα μὴ κάρεστι τ. γ' κ.τ.λ.
τῷδ'. Ο. 15. ὅς τ. ἔφασκε νῷν φράσειν τὸν Τηρέα. κ.τ.λ.
τῳδέ. Ι. 133. δύο τ. πώλα, καὶ τί τόνδε χρὴ παθεῖν; κ.τ.λ.
τῷδεδί. Ο. 644. ἐμοὶ μὴν ὄνομα Πεισθέταιρος. ΕΠ. τ.;
τῳδί. Σ. 134. ναὶ μὰ Δία, τῷ δ' υἱεῖ γε τ. Βδελυκλέων, κ.τ.λ.
τῷδί. Σ. 250. οὐκ, ἀλλὰ τ. μοι δοκῶ τὸν λύχνον πρέβνειν.
τυθάζειν. Ν. 1368. οὐ δεινά τ. σε, τὴν αὐλητρίδα
τωθάσω. Σ. 1362. καλῶς, ἵν' αὐτὸν τ. νεανικῶς,
τῳκία. Σ. 827. τί τις κακὸν δέδρακε τῶν ἐν τ.;
τῳκήδιον. Ν. 92. ὁρᾷς τὸ θύριον τοῦτο καὶ τ.;
τῳμῷ. Ο. 585. μή, πρὶν γ' ἂν ἐγὼ τὼ βοιδαρίω τ. πρώτιστ' ἀποδώμαι,
τῶν. Α. 67. ἐπ' Εὐθυμένους ἄρχοντος. ΔΙ. οἴμοι τ. δραχμῶν. κ.τ.λ.
τῶνδ'. Σ. 319. τηροῦμαι δ' ὑπό τ., ἐπεὶ κ.τ.λ.
τῶνδε. Α. 897. ἀλλ' εἴ τι πωλεῖς τ. τῶν ἄλλων, λέγε. κ.τ.λ.
τωνδί. Α. 609. τ. δὲ μηδέν'· ἔνδον, ὦ Μαριλάδη, κ.τ.λ.
τῶνπερ. Α. 1099. αἱ κ' εἴδον ἐμέ τ. ἀπεγλαφοίμαν,
τῶνδ'ματ'. Ν. 394. τοῦτ' ἄρα καὶ τ. ἀλλήλοιν, βροντῇ καὶ πορδῇ, ὁμοίω.
τῳκικλίντρῳ. Fr. 145. ὑπό τ. β. μῶν τις αὐτ' ἀνείλετο;
τῶρνεα. Ο. 1056. οἶα, ἀλλὰ τὸν χειρῶνα πάντα τ.
τῶς. Α. 762. ὅπα' οἰβάλητι τ. ἀρουραῖοι μύες, κ.τ.λ.
Λ. 1250. οἶδεν ἀμέ τ. τ' Ἀσαναίαν,
τωττᾶ. Α. 790. ὁμομάτριά γάρ ἐστι κἠκ τ. πατρός.
τωφθαλμίδιω. Ι. 809. ἰδοὺ δέχου κέρκιον λαγῷ τ. περιψῆν.
τωφθαλμώ. Α. 1027. ἀνύλαιλα τ. δακρύων τῷ βύε.
Α. 1029. ὑπάλειφον εἰρήνη με τ. ταχύ.
Ν. 946. τὴν πρόσωπον ἄπαν καὶ τ.
Σ. 432. οἱ δὲ τ. κύλῳ κεντεῖτε καὶ τοὺς δακτύλους.
Ο. 342. κάρτα πῶς κλαύσει γάρ, ἢν ἄπαξ γε τ. 'κκοπῇς;
Α. 298. ὥσπερ κύων λυττῶσα τ. βλέπεις;
τῶφθαλμοί. Ν. 411. τ. μου προσετίλησεν καὶ κατέκαυσεν τὸ πρόσωπον.
τωφθαλμῷ. Λ. 1026. τουτί τ. λαβοῦσ' ἐξεῖλον ἄν, ἃ νῦν ἔνι.
τώχλῳ. Α. 257. πρόβαινε, κἄν τ. φυλάττεσθαι σφόδρα

Υ

ὒ. Π. 895. ὒ ὒ ὒ ὒ ὒ ὒ ὒ ὒ ὒ ὒ.
ὖ. Π. 895. ὖ ὖ ὖ ὖ ὖ ὖ ὖ ὖ ὖ ὖ.
ὑαλίνων. Α. 74. ἐξ ὑ. ἐκπωμάτων καὶ χρυσίδων
ὕαλον. Ν. 769. ἀφ' ἧς τὸ πῦρ ἅπτουσι; ΣΠ. τὴν ὕ. λέγεις;
ὕβρεος. Θ. 465. τῇς ὕ. ἡμῖν τὸν ἄνδρα περιφανῶς δοῦναι δίκην.
Π. 1044. ὑβρίζοντ' ἐγὼ τῆς ὕ. ἥε ὑβρίζομαι.
ὕβρεσιν. Σ. 1418. ὕ. ΒΔ. ὕ.; μὴ, μὴ καλέσῃς πρὸς τῶν θεῶν.
Ο. 1046. καλούμαι Πεισθέταιρον ὕ. ἐς τὸν μουνν-
1259. ἢ μήν σε παύσει τῆς ὕ. οὑμὸς πατήρ.
Λ. 425. ὅπως ἂν αὐτὰς τῆς ὕ. ἐγὼ σχέθω.
Θ. 670. παράδειγμ' ὕ. ἀδίκων τ' ἔργων,
ὑβρίεται. Εκ. 666. οὐχ ὑ. φαύλως οὑτοσί αὖθις τῇ γαστρὶ κολασθείς,
ὕβριζ'. Σ. 1441. ὕ., ἕως ἂν τὴν δίκην ἄρχων καλῇ.
ὑβρίζει. Α. 479. ἀνήρ ὑ. κλείε πηκτὰ δωμάτων.
ὑβρίζειν. Π. 564. ὅτι κοσμιότης οἰκεῖ μετ' ἐμοῦ, τοῦ Πλούτου δ' ἐστὶν ὑ.
Π. 899. τούτους ὑ. εἰς ἐμ'; οἴμ' ὡς ἄχθομαι
ὑβρίζεις. Λ. 1117. οἴμ' ὡς ὑ. ΔΙ. τὰς ἀκρίβας κρίνεις πολύ.
ὑβρίζετον. Ν. 1506. τί γὰρ μαθόντ' ἐς τοὺς θεοὺς ὑ.;
ὑβρίζεται. Π. 1044. τάλαν' ἐγὼ τῆς ὕβρεος ἥε ὑ.
ὑβριζόμεσθα. ΕΙ. 1264. ὑ. χωρῶμεν, ὦ τάν, ἐκποδών.

ὑβρίζων. ΕΙ. 1229. παυσαί μ' ὑ. τοῖς ἐμοῖσι χρήμασιν.
ὑβρίζωσιν. Εκ. 664. εὐωχηθέντες ὑ.; τοῦτο γὰρ οἶμαί σ' ἀπορήσειν.
ὕβρικασι. Λ. 400. αἱ πάλλα θ' ὕ. κἀκ τῶν καλοῖδίων
ὕβριν. Λ. 399. τί δῆτ' ἄν, εἰ πύθοιο καὶ τὴν τῶνδ' ὕ.;
ὕβρις. Π. 1299. καίτ' οὐχ ὕ. δῆτ' ἐστίν; ΣΤ. ἄξεις· ἐπιαλῶ
Λ. 658. ταῦτ' οὖν οὐχ ὕ. τὰ πράγματ' ἐστί
Β. 21. εἶτ' οὐχ ὕ. ταῦτ' ἐστὶ καὶ πολλὴ τρυφή,
Π. 886. ἀρ' οὐχ ὕ. ταῦτ' ἐστὶ πολλή; σκώπτετον,
ὑβρισμένη. Θ. 903. ἀὐξύνομαί σε τὰς γνάθους ὑ.
ὑβριστήν. Π. 1074. εἶναί σ' ὑ. φησι καὶ λέγω ὅτι
ὑβριστῆ. Ν. 1068. κᾆτ' ἀναλιοοῦδά γ' αὐτὸν ᾤχετ'· οὐ γὰρ ἡν ὑ.
Θ. 63. ἡ που νέος γ' ἀν ᾖσθ' ὑ., ὦ γέρον.
ὑβριστότατος. Σ. 1303. τούτων ἁπάντων ἠν ὑ. μακρῷ.
ὑγίαινε. Β. 165. ὑ. σὺ δὲ τὰ στρώματ' αὖθι λάμβανε.
Εκ. 477. ἀλλ' εἶμι· σὺ δ' ὕ. ΒΛ. καὶ σύ γ', ὦ Χρέμης.
ὑγιαίνειν. Ο. 605. ἐν ἀνθρώποις γε κακῶς πράττειν ἀτεχνῶς οὐδείς ὑ.
ὑγιαίνειν. Π. 364. οὔ γ' ἂν μὰ τὴν Δήμητρ' ὑ. μοι δοκεῖς.
Π. 507. ἀλλ' ὦ πάντων ῥᾷστ' ἀνθρώπων ἀναπεισθέντ' οὐχ ὑ.
1060. ταλάντατ' ἀνθρών, οὐχ ὑ. μοι δοκεῖς,

312 ὑγιαίνειν—Ὑμήν.

ὑγιαίνειν. Π. 1066. γέρων ἀνὴρ ὢν οὐχ ὑ. μοι δοκεῖς.
ὑγιαίνεις. Ν. 1275. οὐκ ἔσθ' ὅπως σύ γ' αὐτὸς ὑ. ΑΜ. τί δαί;
 ΕΙ. 95. τί πέτει; τί μάτην οὐχ ὑ.;
 Ο. 1214. οὐκ ἔλαβες; ΙΡ. ὑ. μέν; ΠΕ. οὐδὲ σύμβολον
ὑγιαίνομεν. Λ. 1228. ὀρθῶς γ', ὅτιη νήφοντες οὐχ ὑ.
ὑγιεία. Ο. 604. ἢν εὖ πράττως, οὐχ ὑ. μεγάλη τοῦτ' ἐστί;
 σάφ' ἴσθι.
ὑγίειαν. Ο. 603. πῶς δ' ὑ. δώσουσ' αὐτοῖς, οὖσαν παρὰ ταῖσι
 θεοῖσιν;
Ο. 878. διδῶναι Νεφελοκοκκυγιεῦσιν ὑ. καὶ σωτη-
ὑγιής. Α. 956. πάντως μὲν οἴσεις οὐδὲν ὑ., ἀλλ' ὅμως
 Θ. 394. τὰς οὐδὲν ὑ., τὰς μέγ' ἀνδράσιν κακόν.
 636. ἀπώδυσαν αὐτὸν οὐδὲν ὑ. γὰρ λέγει.
 Εκ. 325. οὐ γάρ ποθ' ὑ., οὐδὲν ἐξεληλυθεν
 Π. 37. εἶναι πανοῦργον, ἄδικον, ὑ. μηδὲ ἕν,
 50. τὸ μηδὲν δοκεῖν ὑ. ἐν τῷ νῦν χρόνῳ.
 274. ἡγεῖσθέ μ' εἶναι κοὐδὲν ἂν νομίζεθ' ὑ. εἰπεῖν;
 355. πρὸς ἀνδρὸς οὐδὲν ὑ. ἔστ' εἰργασμένου
 356. πῶς οὐδὲν ὑ.; ΒΛ. εἴ τι κεκλοφὼς νὴ Δία
 362. ὡς οὐδὲν ἀνεχνῶς ὑ. ἐστιν αὐθενικός,
 870. μὰ Δί', οὐ μὲν οὖν ἔσθ' ὑ. ὑμῶν οὐδενός,
ὑγρά. Σ. 678. σοὶ δ' ἂν ἀρχεῖς πολλὰ μὲν ἐν γῇ, πολλὰ δ' ἐφ'
 ὑ. πιτυλεύσας,
ὑγρᾶν. Ν. 335. ταῦτ' ἄρ' ἐπαίνουν ὑ. Νεφελᾶν στρεπταιγλᾶν
 δαίων ὁρμάν,
ὑγρόν. Σ. 1213. ὑ. χύτλασαν σεαυτὸν ἐν τοῖς στρώμασιν.
 ΕΙ. 140. τί δ', ἣν ἐς ὑ. πόντιον πέσῃ βάθος;
 Β. 1387. ὑ. ποιήσας τοῦ σοῦ ὥσπερ τάρια,
ὕδατος. Ν. 376. ὅταν ἐμπλησθῶσ' ὑ. πολλοῦ κἀναγκασθῶσι
 φέρεσθαι,
 Ν. 383. οὐκ ἤκουσάς μου τὰς Νεφέλας ὕ. μεστὰς ὅτι φημὶ
 Λ. 235. } εἰ δὲ παραβαίην, ὕ. ἐμπλῇσθ' ἡ κύλιξ.
 236. }
 Εκ. 155. ὕ. ἐμοὶ μὲν οὐ δοκεῖ μὰ τὼ θεώ.
ὕδατος. Εκ. 1033. ὕ. τε κατάβου τοὔστρακον πρὸ τῆς θύρας.
ὑδάτων. Ν. 272. εἶτ' ἄρα Νείλου προχοαὶ ὑ. χρυσέαις ἀρύτεσθε
 πρόχουσιν,
 Ν. 338. ὄμβρους θ' ὑ. δροσεράν Νεφελᾶν· εἶτ' ἀντ' αὐτῶν
 κατέπινον
ὑδρίαν. Σ 926. ἐμοὶ δὲ γ' οὐκ ἔστ' οὐδὲ τὴν ὑ. πλάσαι.
 Λ. 327. νῦν δὴ γὰρ ἐμπλησαμένη τὴν ὑ. κνεφαία
 Εκ. 738. φέρε δεῦρο ταύτην τὴν ὑ., ὑδριαφόρε,
 Fr. 183. ὑ. δανείζειν πεντέχουν ἢ μείζονα.
ὑδρίας. Ο. 602. πωλῶ γαύλους, κτώμαι σμινύην, καὶ τὰς ὑ.
 ἀνορύττω.
 Εκ. 678. καὶ τὰς ὑ., καὶ ῥαψῳδεῖν ἔσται ταῖς παιδαρίοισιν
ὑδριαφόρε. Εκ. 738. φέρε δεῦρο ταύτην τὴν ὑδρίαν, ὑ.,
ὑδρορρόαν. Α. 1186. τοσαῦτα λέξας εἰς ὑ. πεσών
ὑδρορρόας. Α. 922. δι' ὑ., βορέαν ἐπιτηρήσας μέγαν.
ὑδρορρόων. Σ. 126. ὁ δ' ἐξελίσθασκε διὰ τε τῶν ὑ.
ὕδωρ. Α. 1175. ὕ. ὕ. ἐν χυτριδίῳ θερμαίνετε·
 Ι. 349. ὕ. τε πίνων πωπίδικνυς ταῖς φίλοις τ' ἀνιῶν,
 Ν. 1280. ὕειν ὕ. ἑκάστου', ἢ τὸν ἥλιον
 1281. ἕλκειν κάτωθεν ταυτὶ τοῦθ' ὕ. πάλιν;
 Σ. 261. ὕ. ἀναγκαίως ἔχει τὸν θεὸν ποιῆσαι.
 265. ὕ. γενέσθαι κἀπινεῦσαι βόρειον αὐτοῖς.
 995. πάτερ πάτερ, τί πέπονθας; ΦΙ. οἴμοι, ποῦ 'σθ' ὕ.;
 1216. ὕ. κατὰ χειρῶν· τὰς τραπέζας ἐσφέρειν·
 ΕΙ. 843. καὶ τὴν πύελον κατάκλυζε, καὶ θέρμαιν' ὕ.·
 971. ἡμῶν καταχεόντων ὕ. τοσαυτονὶ
 Ο. 464. κατὰ χειρὸς ὕ. φερέτω ταχύ τις. ΧΟ. δειπνήσειν
 μέλλομεν, ἢ τί;
 1140. ὕ. δ' ἱφόραυν κάτωθεν ἐς τὴν δέρα
 1593. ὄμβριον ὕ. ἂν εἴχετ' ἐν τοῖς τέλμασιν,
 Λ. 197. ὀμόσωμεν ἐς τὴν κύλικα μὴ 'πιχεῖν ὕ.
 334. φέρουσ' ὕ. βοηθῶ.
 349. φέρειν ὕ. μεθ' ἡμῶν.
 371. τί δ', ὦ θεοῖσιν ἐχθρά, σὺ δεῦρ' ὕ. ἔχουσ' ἀφίκου;
 Θ. 241. οἴμοι τάλας. ὕ. ὕ. ὦ γείτονες,
 487. ἐγώ δὲ κακίζουσα τοῦ στροφέως ὕ.
 Β. 1339. κάλπισί τ' ἐκ ποταμῶν δρόσον ἄρατε, θέρμετε δ' ὕ.,
 Fr. 98. ἀκραιφνὲς ὕ.·
 427. 1. φέρε παῖ ταχέως κατὰ χειρὸς ὕ.
ὕει. Ν. 368. ἀλλὰ τίς ὕ.; τουτὶ γὰρ ἔμοιγ' ἀπόφηναι πρῶτον
 ἀπάντων.
ὑείαν. Ι. 356. ἐγὼ δέ γ' ἡνυστρον βοὸς καὶ κοιλίαν ὑ.
Fr. 425. ὁ δὲ λύων νῆστιν ὑ.
ὕειν. Ν. 371. καίτοι πρότερον αἰθρίας ὕ. αὐτόν, ταύτας δ' ἀποδημεῖν.
 Ν. 1280. ὕ. ὕδωρ ἑκάστοτ', ἢ τὸν ἥλιον
ὑῶν. Σ. 263. φιλεῖ δ', ὅταν τοῦτ' ᾖ, ποιεῖν ὕ. μάλιστα.
ὑηνία. Ι. 923. ἵνα μὴ γένηται Θεογένους ὕ.

Ὑης. Fr. 478. Ὑ.
ὑθλεῖς. Ν. 783. ὑ. ἄπερρ', οὐκ ἂν διδαξαίμην σ' ἔτι.
ὕ. ΕΙ. 927. ἀλλ' ὑ. παχεῖα καὶ μεγάλη; ΧΟ. μὴ μή. ΤΡ. τιή;
ὑθλον. Σ. 1356. τὸ γάρ υ. τηρεῖ με, πάστι δύσκολον
ὑιεῖ. Σ. 134. ναὶ μὰ Δία, τῷ δ' υ. γε τῳδὶ Βδελυκλέωνι,
ὑιεῖς. Σ. 569. τὰς θηλείας καὶ τοὺς υ., τῆς χειρός, ἐγὼ δ' ἀκρωμίας
ὑιέσιν. Ν. 1001. τοὺς Ἱπποκράτους υ. εἴξεις, καὶ σε καλοῦσι
 βλιτομάμμαν.
Ν. 1424. θεῖναι νόμον τοῖς υ., τοὺς πατέρας ἀντιτύπτειν;
Fr. 177 c. Ἱπποκράτους υ.—:
υἱέων. Ν. 1341. τὸν πατέρα τύπτεσθ' ἐστὶν ὑπὸ τῶν υ.
υἱόν. Ν. 14. διὰ τουτονὶ τὸν υ. ὁ δὲ κύμην ἔχων
Ν. 68. τοῦτον τὸν υ. λαμβάνουσ' ἐκορίζετο,
 867. ἔξελθ'· ἄγω γάρ σοι τὸν υ. τουτονί,
 1106. βούλει τὸν υ., ἢ διδάσκω σοι λέγειν;
 1148. καί μοι τὸν υ., εἰ μεμάθηκε τὸν λόγον
 1169. ἀπιθι λαβὼν τὸν υ.
 1204. ὥστ' εἰς ἐμαυτὸν καὶ τὸν υ. τουτονί
 1208. χοῖον τὸν υ. τρέφεις,
 1268. τὸν υ., ἀποδύσας κέλευσον ἄλαβειν,
 1313. εἶναι τὸν υ. δεινόν οἱ
 1435. σὺ δ', ἢν γένηταί σοι, τὸν υ. ΦΕ. ἢν δὲ μὴ γένηται,
Σ. 98. υ. Πυσιλάμπους ἐν θύρᾳ δήμον καλῶν,
 452. ἀλλ' ἄνες με καὶ σὺ καὶ σύ, πρὶν τὸν υ. ἐκδραμεῖν.
Ο. 139. καλῶς γέ μου τὸν υ., ὦ Στιλβωνίδη,
Π. 35. τὸν δ' υ., ὥσπερ ὢν μόνος μοι τ.,
 47. δακεῖν τὸν υ. τὸν ἐπιχώριον τρόπον·
 250. καὶ τὴν γυναῖκα καὶ τὸν υ. τὸν μόνον,
υἱός. Α. 145. ὁ δ' υ., ὃν 'Αθηναῖων ἐπιτασήμεθα,
Ν. 60. μετὰ ταῦθ', ὅπως νῷν ἐγένεθ' υ. αὑτοσί,
 134. Φειδωνος υ. Στρεψιάδης Κικυννόθεν,
 795. εἴ σοί τις υ. ἐστιν ἐκτεθραμμένος,
 797. ἀλλ' ἔστ' ἔμοιγ' υ. καλός τε κἀγαθός·
Σ. 114. ὁ γὰρ υ. αὐτοῦ τὴν νόσον βαρέαν φέρει.
 336. οὔμοι υ. ἀλλὰ μὴ βοάτε· καὶ γὰρ τ.
 687. ὅταν εἰσέλθῃν μειράκιόν σοι κατατίγον, Χαιρέου υ.,
 1352. ἐγὼ δ', ἐπειδὰν οὑμὸς υ. ἀποθάνῃ,
 1501. τὸ ὁ κακοδαίμων ἐστίν; ΒΔ. υ. Καρκίνου
 ΕΙ. 1290. ἐγὼ; ΤΡ. σὺ μέντοι νὴ Δἰ, ΠΑ. Λ. υ. Λαμάχου,
 1293. ἀνδρὸς βουλομένου καὶ κλαυσιμάχου τινὸς υ.
Β. 22. δτ' γ' υ. ὦν Διονύσου, υ. Σταμνίου,
 583. υ. γενοίμην, δοῦλος ἅμα καὶ θνητὸς ὤν·
ὑλάκτει. Σ. 1402. θρασεῖα καὶ μεθύση τις υ. κύων.
ὑλακτεῖν. Σ. 904. ἀγαθός γ' υ. καὶ διαλείχειν τὰς χύτρας.
Ὕλαν. Ι. 67. ὁρᾶτε τὴν Ὑ. δ' ἐμὲ μαστιγούμενον
ὕλην. Ο. 92. ἀνοιγε τὴν Ὕ., ἵν' ἐξέλθω ποτέ.
Fr. 697. ὕ.
ὑληφόρον. Α. 272. κλέπτουσαν εὐρὼν ὑρικὴν ὑ.,
ὑλοδρόμων. Θ. 47. θηρᾶν τ' ἀγρίαις πύθες ὑ.
ὑμᾶς. Α. 325. οὑ τεθνήξειν ἴσθι νυνί. ΔΙ. δησομᾶθ' ὑ. ἐγώ. κ.τ.λ.
ὑμί. Α. 737. ἐς ὑ. να πρίατο, φανερὰν ζαμίαν·
Α. 739. χοίραν γὰρ ὑ. σκευάσας φασῶ φέρειν. κ.τ.λ.
ὑμεῖς. Α. 133. ὑ. δὲ πρεσβεύεσθε καὶ κεχήνετε. κ.τ.λ.

Ὑμέναι'. { ΕΙ. 1334.
 1335.
 1342.
 1343.
 1347.
 1348.
 1353.
 1354. } Ὑμήν, Ὑ. ὦ.

Ο. 1736. }
 1742. } Ὑμὴν ὦ, Ὑ. ὦ.
 1754. }

ὑμεναιοῖ. ΕΙ. 1077. καὶ πῶς, ὦ κατάρατε, λύκος ποτ' ἂν οὖν ὑ.;
 ΕΙ. 1076. φυλοπίδος λήξαι, πρὶν κεν λύκος οἶν ὑ,
 1112. ἡμῖν προσδιδύναι, πρὶν κεν λύκος οἶν ὑ.
ὑμεναίοις. Ο. 1728. διὰ τυνὸς τὸν ἄνδρ'. ἀλλ' ὑ.
ὑμεναίῳ. Ο. 1735. ἐν τοιῷδ' ὑ.
ὑμᾶς. Α. 760. ἅλας οὖν φέρεις; ΜΕ. οὐχ ὑ. αὐτῶν ἄρχετε; κ.τ.λ.
ὑμέτέρας. Ο. 557. διὰ τῆς χώρας τῆς ὑ. ἐστηκυῖαι μὴ διαφαιτᾶν,
 Ο. 918. τὰς ὑ. κοινὰς τοῖς θεοῖς καὶ καλά,
ὑμέτερον. ΕΙ. 426. ὕ. ἐντεῦθεν ἔργον, ἄνδρες. ἀλλὰ ταῖς ἅμαις
 Θ. 1170. ὑμῖν, ἄλσοι ἐς ὕ.
 Εκ. 623. τὸ μὲν ὕ. γνώμην τιν' ἔχει· προβεβούλευται γὰρ ὅπως ἂν

Ὑμήν. { ΕΙ. 1334.
 1335.
 1342.
 1343.
 1347. } Ὑ., Ὑμέναι' ὦ.

Ὑμήν—ὑπερφυῶς. 313

Ὑμήν. { ΕΙ.' 1348,
1353. } Ύ., Ὑμέναι' ὦ.
1354.
Ο. 1736. } Ύ. ὦ, Ὑμέναι' ὦ.
1742.
1754.
ὑμῖν. Α. 102. πέμψειν βασιλέα φησὶν ὑ. χρυσίον. κ.τ.λ.
ὕμμι. Λ. 1076. τί δεῖ ποθ' ὑ. πολλὰ μυσίδδειν ἔτη;
ὑμνεῖν. ΕΙ. 800. ὁ., ὅταν ἠριπᾶ μὲν φωτῇ χελιδὼν
ὕμνη. Α. 1320. καὶ τᾶν σιᾶν δ' αὖ τᾶν κρατίσταν χαλκίοικον ὑ.
ὑμνίωμες. Λ. 1305. ἀν Σπάρταν ὑ,
ὕμνοις. Ο. 1743. ἐχάρην ὑ., ἐχάρην ᾠδαῖς
Θ. 993. ** κατ' ὄρεα Νυμφᾶν ἐρατοῖς ἐν ὑ.
ὕμνων. Ι. 530. καί, τέκτονες εὐπαλάμων ὑ.· οὕτως ἤνθησεν ἐκεῖνος.
Ο. 210. λύσαν δὲ νόμους ἱερῶν ὑ.,
679. ὑ. ξύντροφ' ἀηδοῖ,
906. τεαῖς ἐν ὑ. ἀοιδαῖς.
Θ. 124. κιθαρίν τε ματέρ' ὑ.
Β. 212. ξύναυλον ὑ. βοᾶν
382. ἄγε νυν ἑτέραν ὕ. ἰδέαν τὴν καρποφόρον βασίλειαν,
ὑμῶν. Α. 143. ὑ. τ' ἐριστὴς ἦν ἀληθής, ὥστε καὶ κ τ λ.
ὕν. Λ. 683. λύσω τὴν ἐμαυτῆς ὑ. ἐγὼ δή, καὶ ποιήσω
ὑομουσίας. Ι. 986. μάζω τῆς ὑ.
ὕοντ'. Ν. 370. φέρε, ποῦ γὰρ πώποτ' ἄνευ Νεφελῶν ὕ. ἤδη
τεθέασαι;
ὕοντος. Σ. 774. ὕ. εἴσει· κἂν ὑγρῇ μεσημβρινός,
ὑόσ. Α. 741. ὅπως δὲ δοξεῖτ' ἡμὶν ἐξ ἀγαθῆς ὑ.'
Σ. 36. ἔχουσα φωνὴν ἐμπεπασμένη ὑ.
ὑπ'. Α. 159. καὶ τοὺς ποταμοὺς ἔπηξ' ὑ. αὐτὸν τὸν χρόνον, κ.τ.λ.
ὑπ'. Α. 1146. ὀρούτε χώραν, ἢ ὕ. εὖ πεπόνθατε;
ὕπαγ'. Σ. 290. ὕ., ὦ παῖ, ὕπαγε.
ὕπαγε. Ν. 1298. ὕ., τί μέλλεις; οὐκ ἐλᾷς, ὦ σαμφόρα;
Σ. 290. ὕπαγ'. ὦ παῖ, ὕ.
Θ. 956. ῥυθμὸν χορείας ὕ. πᾶσα βαῖνε
ὑπάγῃ* Β. 174. μὰ ΔΓ, ἀλλ' ἴλαττον. ΝΕ ὑ. ὑμεῖς τῆς ὁδοῦ.
ὑπάγοιμι. Ο. 1017. ὑ. τἄρ' ἂν ΠΕ. νὴ Δί', ὡς οὐκ οἶδ' ἄρ' εἰ
ὑπαγροικοτέραν. Fr. 552, 3. οὔτ' ἀνελινθεροι ὑ.
ὑπαγωγέα. Ο. 1149. ἐπλινθοφόρουν' ἄνω δὲ τὸν ὑ.
ὑπέβων. Β. 366. ἡ καταπιλᾷ τῶν Ἑκαταίων, κυκλίοισι χοροῖσιν ὑ.,
ὕπαι. Α. 670. εἴσειμι ὑ. πτερύγων κιχλᾶν καὶ κοψίχαν.
ὑπάκουε. ΕΙ 785. μηθ' ὑ. μήτ' ἔλ-
Σ. 273. τί ποτ' οὐ πρὸ θυρῶν φαίνετ' ἄρ' ἡμῖν ὁ γέρων
οὐδ' ὑ.;
ὑπακούει. Ν. 263. εὐφημεῖν χρὴ τὸν πρεσβύτην καὶ τῆς εὐχῆς ὑ.
Ἐκ. 515. ὃ τι σοῦ δρῶσαι ξύμφορον ἡμεῖς δόξομεν ὀρθῶς ὑ.
ὑπακούσαμεν. Ν. 360. οὐ γὰρ ἂν ἄλλῳ γ' ὑ. τῶν νῦν μετεωρο-
σοφιστῶν
ὑπακούσατε. Ν. 274. ὑ. δεξάμεναι θυσίαν καὶ τοῖς ἱεροῖσι χαρεῖσαι.
ὑπακούσον. Α. 405. ὑ., εἴπερ πώποτ' ἀνθρώπων τινί·
Λ. 878. ὑ.' οὗτος, οὐ καλεῖτ τὴν μαμμίαν;
ὑπακούων. Σ. 318. ὑμῶν ὑ.
ὑπαλειφόμενοε. Fr. 181, 2. ἐπειθ' ὑ. παρ' ἰατρῷ.
ὑπαλειψαμένοις. ΕΙ. 898. καὶ παγκρατίων γ' ὑ. νεανικῶν
ὑπάλειψον. Α. 1029. ὑ. εἰρήνῃ με τώφθαλμὼ ταχύ,
ὑπανακινεῖν. Ἐκ. 1165. ἐπὶ τὸ δεῖπνον ὑ. Κρητικῶν οὖν τὼ πόδε
ὑπανίστασθαι. Ν. 993. καὶ τῶν θάκων τοῖς πρεσβυτέροις ὑ. προσ-
ιοῦσιν,
ὑπαπῆντο. Α. 1195. ἔλθων ὑ. τῇ νουμηνίᾳ,
ὑπαντᾷς. Fr. 534. ἔφευγε, πάγω τῆς ὑ. εἶχομην·
ὑπαπονίκει. Ο. 1011. κἀμοὶ πιθόμενος ὑ. τῆς ὁδοῦ.
ὑπαπονιχώμεθα. Θ. 924. τούτι πονηρόν· ἀλλ' ὑ.
ὑπαποτρέχειν. Ἐκ. 284. ὁ. ἔχουσι μηδὲ πάττολον,
ὑπάρξει. Ἐκ. 654. ἐὰν ὑπὸ' ὑμῖν πρῶτον ὑ., τὸ δὲ λοιπ'
ὑμεῖς ὑφανοῦμεν.
Ἐκ. 669. οὐδ' ἤν γε θύραξ', ὥσπερ πρότερον, βίοτος γὰρ πᾶσιν ὑ.
ὑπάρχει. Θ. 851. πάντως ὑ. μοι γυναικεία στολή.
Θ. 1013. τὰ δέσμ' ὑ. δῆλον οὖν ἔτ' ἔσθ' ὅτι
Ἐκ. 111. ἡμῖν ὁ ὑ, τοῦτο κατὰ τύχην τινά.
622. περὶ τοῦ; ΠΡ. τοῦ μὴ ξυγκαταδαρθεῖν. καὶ σοὶ
τοιοῦτον ὑ.
Fr. 476, 13. τούτοις δ' ὑ. ταῦτ', ἐπειδὴ τοὺς θεοὺς σέβουσιν.
ὑπαρχέτω. Σ. 868. εὐφημίᾳ μὲν πρῶτα νῦν ὑ.
ὑπάρχον. Θ. 155. ἐνεσθ' ὑ. τοῦθ'. Δ δ' οὐ κεκτήμεθα,
ὑπασατε. Β. 874. ὑμεῖς δὲ τοῖς Μούσαις τί μέλος ὑ.
ὑπεβάλομεν. Θ. 565. τοῦθ' ὑ., τῷ σὺν δὲ θυγατέρων παρῆκας αὐτῇ
ὑπεδήλωσεν. Θ. 1011. σημεῖα ὑ. Περσεῖν ἐκδραμών,
ὑπείκῃ. Ι. 337. ἐὰν δὲ μὴ ταύτῃ γ' ὑ., λέγ' ὅτι κὰκ πονηρῶν.
ὑπεινούσης. Π. 997. ἰπούτα πεμψάσης θ' ὅτι
ὑπειπον. Σ. 55. ὀλίγ' ἄτθ' ὑ. πρῶτον αὐτοῖσι ταδί,
ὑπεκκλίνη. Ι. 272. ἣν δ' ὑ. γε δευρί, τὸ σκέλος κυρηβάσει.
ὑπεκορίζεται. Π. 1011. νηττάριον ἂν καὶ φάττιον ὑ.

ὑπεκρούσω. Π. 548. σὺ μὲν οὐ τὸν ἐμὸν βίον εἴρηκας, τὸν τῶν
πτωχῶν δ' ὑ.
ὑπανεγκύσαι. Λ. 568. ὑ. τοῖσιν ἀτράκτοις τὸ μὲν ἐνταυθί, τὸ
δ' ἐκεῖσε,
ὑπίνερθε. Β. 1067. νὴ τὴν Δήμητρα, χιτωνά γ' ἔχων οὔλων
ἐρίων ὑ.
ὑπένερθεν. Ν. 977. ἠλείφατο δ' ἂν τοὐμφαλοῦ οὐδεὶς παῖς ὑ.
τότ' ἄν, ὥστε
ὑπέπινον. Ο. 494. ἐκ δεκάτην γάρ ποτε παιδαρίου κληθεὶς ὑ.
ἐν ἄστει,
ὑπεπίπτον. Π. 1093. ἱκανὼν γὰρ αὐτὴν πρώτερον ὑ. χρόνον.
ὑπέρ. Α. 316. εἰ οὐ τολμήσεις ὑ. τῶν πολεμίων ἡμῖν λέγειν. κ.τ.λ.
Θ. 752. ὑ. γε τούτου. ΜΝ. φιλότεκνός τις εἶ φύσει.
ὑπερ. Σ. 1118. ἐκροφῇ τὸν μισθὸν ἡμῶν, τῆσδε τῆς χώρας ὑ.
ὑπερακοντίζεις. Ο. 363. ὑ. σὺ γ' ἤδη Νικίαν ταῖς μηχαναῖς.
ὑπεραλγῶ. Ο. 466. ὅ τι τὴν τούτων θραύσει ψυχὴν οὕτως
ὑμῶν ὑ.
ὑπεραναιθώσομαι. Ι. 1206. οἴμοι κακοδαίμων, ὑ.
ὑπεραποκρίνεσθαι. Σ. 951. ὑ. κινδῶ λέξω δ' ὅμως.
ὑπεραποκρίνῃ. Θ. 186, ὑ. μου, σαφῶν σώσεις ἐμέ.
ὑπερβαίνουσα. Ἐκ. 96. ὁ δῆμος ἄν, κἀπειδ' ὑ. τις
ὑπερβαλεῖ. Ι. 758. ὅτοισι τοῦθ' ὑ. ποικίλος γὰρ ἀνὴρ
Ι. 890. ἀλλ' οὐχ ὑ. με θωπείαισ· ἐγὼ γὰρ αὐτὸν
Ν. 1035. εἴπερ τὸν ἀνδρ' ὑ. καὶ μὴ γέλωτ' ὀφλήσεις.
ὑπερβαλέσθαι. Ι. 409. σὺ τοί ὑ. ὦ. ὠναιδείᾳ μὰ τὸν Ποσειδῶ.
ὑπερβαλέσθαι. Ι. 413. ὑ. σ' οἶομαι τούτοισιν, ἢ μάτην γ' ἂν
ὑπερβάλλουσι. Π. 109. ἀτεχνῶν ὑ. τῇ μοχθηρίᾳ.
ὑπέρβαλον. ΕΙ. 213. ὑ. μικρόν, ἔλεγον ἂρ ταδί·
Ὑπέρβολον. Ι. 1304. ἀνδρα μοχθηρὸν πολίτην, ὀξίνην Ὑ.'
Ι. 1363. ἐκ τοῦ λάρυγγος ἐκκρεμάσας Ὑ.'
Ν. 557. εἴθ' Ἕρμιππος αὐθις ἐποίησεν εἰς Ὑ.
558. ἄλλοι τ' ἤδη πάντες ἐρείδουσιν εἰς Ὑ.
ΕΙ. 1319. ὑρχησαμένους καὶ σπείσαντας καὶ Ὑ. ἐξελάσαντας,
Β. 570. σὺ δ' ἔμοιγ', ἐάνπερ ἐπιτύχῃ, Ὑ.
Ὑπέρβολόν'. ΕΙ. 921. Ὑ. τε παύσας
Ὑπέρβολος. Α. 846. κού ξυντυχών σ' Ὑ.'
Ν. 551. οὗτος δ', ὡς ἅπαξ παρέδωκεν λαβὴν Ὑ.,
623. σπένδειθ' ὑμεῖς καὶ γελᾶτ' ἀνθ' ὧν λαχὼν Ὑ.
876. καίτοι ταλάντου τοῦτ' ἔμαθεν Ὑ.
1065. Ὑ. δ' οὑν τῶν λύχνων πλεῖν ἢ τάλαντα πολλὰ
Σ. 1007. νυνὶ δ' ἐγχανεῖ ταί σ' ἐξαπατῶν Ὑ.
ΕΙ. 681. Ὑ. νῦν τοῦτ' ἔχει τὸ χωρίον.
Ὑπέρβολον. Θ. 840. τὴν Ὑ. καθηύδει μητέρ' ἠμφιεσμένη
ὑπερέχει. Ι. 1176. εἰ μὴ φανερὰν ἡμῶν ὑ. τὴν χύτραν·
ὑπερεμαίνεσαν. Β. 776. ὑ., κἀνθώμισαν σοφώτατ' ν
ὑπερεξηκοντέτεις. Ἐκ. 982. ἀλλ' οὐχὶ νυνὶ ταῖς ὑ.
ὑπερεπήνεσα. Ι. 675. εὖθ' ὑ. τὸν δριμφάτονον πανταχῇ.
ὑπερεπήνεσεν. Ἐκ. 186. ὁ μὲν λαβὼν ἀργύριον ὑ.
ὑπερεπύθοιντο. Ι. 680. οἱ δ' ὑ. ὑπερεπυπμάξ' οἱ τί με
ὑπερεπυπάζοιν. Ι. 680. οἱ δ' ὑπερεπήγουν ὑ. τί με
ὑπερεπυρρίασι. Β. 308. οὐδὶ δὲ δεῖσαι ὑ. μου.
ὑπέρεχε. Ο. 1508. τουτὶ λαβὼν μου τὸ σκιάδειον ὑ.
ὑπέρσχει. Ι. 1174. καὶ νῦν ὑ. σου χύτραν ζωμοῦ πλέαν.
ὑπέρσχες. ΕΙ. 17. σὺ ἠρ ἰδ' οἷός τ' εἴμ' ὑ. τῆς ἀντλίας.
ὑπερζέον. Ι. 920. ὑ. ὑφελκτέον
ὑπαρηκόντισα. Ι. 659. διακοσίαισιν βουσὶν ὑ.
ὑπερηκόντικα. Π. 666. κλέπτων δὲ τοὺς βλέποντας ὑ.
ὑπερηνορέουσιν. ΕΙ. 53. καὶ τοῖς ὑ. ἔτι τούτοις μάλα.
ὑπερλάμπροις. Ν. 571. τότ' ἐθ' ἱππονώμαν, ἐν ᾧ ὑ.
ὑπερλέγεις. Ι. 158. ὦ ὑπὲρ ὦν οὐδεῖς, αὔμων δ' ὑ.
ὑπερλέγειν. Ἐκ. 1118. ὀγαθοῖσιν, ἃ λέγουσιν ὑπ' ἰδὲν δ' ὑ. αὖ
ὑπερλοντεῖν. Π. 354. οὗτως ὑ, τὸ τ' αὖ δεδοικέναι
ὑπέρσωφον. Α. 972. εἶδες ὦ εἶδες ὦ πᾶσα πόλι τὸν φρόνιμον
ἄνδρα, τὸν ὑ.
ὑπέρτατε. Ο. 1764. τηνελλα καλλίνικος, ὦ δαιμόνων ὑ.
ὑπέρτατον. ΕΙ. 52. καὶ τοῖς ὑ. ἀρχαῖον φράσω
ὑπέρτερα. Α. 772. ταῦτα κακῶν ἔσται, τὰ δ' ὑ. νέρτερα θήσει
ὑπερτέρων. Ν. 1154. βοάσομαι τᾶρα τᾶν ὑ.
ὑπερφυεῖς. Ι. 584. ταῖς δωρεαῖς ὑ.
ὑπερφυλῶ. Π. 1072. μισεῖν σε ταύτην. ΝΕ, ἀλλ' ἔγωγ' ὑ.
ὑπερφυοῦσιν. Ν. 1400. καὶ τὰν κακῶν σάτων ὑμῶν ὑ. δύνασθαι.
ὑπερφυονεῖς. Ν. 226. ἔπειτ' ἀπὸ ταρροῦ τοὺς θεοὺς ὑ.,
ὑπερφυᾶ. Ι. 141. ἔτ' ἐστὶν εἰς, ὁ ὑ. τέχνην ἔχων.
Ν. 76. μίαν ἐγᾦσιν ἀτραπὸν δαιμονίως ὑ.
ΕΙ 228. ὁ. τὸ μέγεθος εἰσπεφώνηκα.
Β. 611. κλέπτοντα πρὸς τάλλοτρια. ΗΛ. μᾶλλ' ὑ.
ὑπερφυῶς. Π. 734. ὁ. τὸ μέγεθος. ΓΤ. ὦ φίλοι θεοί.
ὑπερφυῶς. Θ. 831. τοσοῦτοι φανῆμεν ἄκαιοί ἐν δ' ὑ.
ὑπερφυῶς. Π. 750. ἀλλ' ἦν περὶ αὐτὸν ὄχλος ὑ. ὥσει.
ὑπερφυῶς. Α. 142. καὶ δῆτα φιλαθηναῖος ἦν ὑ.,
Ἐκ. 386. ὁρῶντες αὐτούς. οὐ γὰρ ἀλλ' ὑ.

S s

ὑπέρχεται—ὑποτύπτοντες.

ὑπέρχεται. Ι. 269. ὡς δ' ἀλαζὼν, ὡς δὲ μάσθλης· εἶδες οἷ ὑ.;
ὑπερχολῶ. Λ. 693. ὡς εἰ καὶ μόνον κακῶς ἐρεῖς, ὑ. γάρ,
ὑπερῷ. Fr. 479. ἐγὼ δ' ὑ. τὸν ὅρκον.
ὑπερῷον. Ι. 1001. ἐμοὶ δ' ὑ. καὶ ξυνοικία δύο.
Π. 811. μύρου γέμουσι, τὸ δ' ὑ. ἰσχάδων.
ὑπερῷου. Εκ. 698. φῆσί τις ἄνωθ' ἐξ ὑ.,
ὑπετάραττεν. Σ. 1285. ἡνίκα Κλέων μ' ὑ. ἐπικείμενος
ὑπεύθυνος. Α. 938. φαίνειν ὑ. λυχνοῦ—
Ι. 259. κἀποσυκάζεις πιέζων τοὺς ὑ. σκοπῶν
ὑπευθύνων. Σ. 102. παρὰ τῶν ὑ. ἔχοντα χρήματα.
ὕπεχ'. Λ. 1063. ὕ. ὧδε δεῦρο τοὐξάλειπτρον, ὦ γύναι.
Θ. 756. ὕ. αὐτό, χαριούμαι γὰρ ἔν γε τοῦτό σοι.
ὕπεχε. Εἰ. 431. ἄγε δὴ, σὺ ταχέως ὕ. τὴν φιάλην, ὅπως
ὑπέχειν. Α. 841. καὶ πάνθ' ὕ. πλὴν ὧν σύνοιδεν ἡ κύλιξ.
ὑπέχοντα. Εἰ. 908. ἀλλ' εὗρον ἄν σ' ὕ. τὴν ἐπιχειρίαν.
ὑπέχοντος. Εκ. 820. ἐπειθ' ὑ. ἄρτι μου τὸν θύλακον,
ὑπεχώρησεν. Β. 790. κἀκεῖνος ὑ. αὑτῷ τοῦ θρόνου
ὑπήκοα. Π. 146. ἅπαντα τῷ πλουτεῖν γὰρ ἐσθ' ὑ.
ὑπῆλθε. Θ. 133. ὑπὸ τὴν ἕδραν αὐτὴν ὑ. γάργαλος.
ὑπήνας. Λ. 1072. καὶ μὴν ἀπὸ τῆς Σπάρτης οἱδὶ πρέσβεις ἕλκοντες ὑ.
ὑπηνέμια. Fr. 237, 2. ὑ. τίκτουσιν ᾠὰ πολλάκις.
ὑπηνέμιον. Ο. 695. τίκτει πρώτιστον ὑ. Νὺξ ἡ μελανόπτερος ᾠόν,
ὑπήνην. 1. 1286. καὶ μολύνων τὴν ὑ.. καὶ κυκῶν τὰς ἐσχάρας,
Σ. 476. στεμμάτων, τὴν θ' ὑ. ἄκουρον τρέφων·
ὑπηργμίνων. Λ. 1159. τί δῆθ' ὑ. πολλῶν κἀγαθῶν
ὑπηρετεῖν. Β. 1432. θν δ' ἐπιρέφῃ τις, τοῖς τρόποις ὑ.
ὑπηρετεῖς. Σ. 518. ὅστις ἄρχω τῶν ἀπάντων. ΒΔ. οὐ σύ γ', ἀλλ' ὑ.
ὑπηρέτης. Ο. 1186. καὶ τόξα· χώρει δεῦρο πᾶς ὑ.
ὑπηρέτουν. Π. 979. ἐγὼ δ' ἐκείνῳ ταῦτα πάνθ' ὑ.
ὑπηρυθρίασε. Π. 702. ὑ, χἠ Πανάκει' ἀπεστράφη
ὑπαῦσά. Σ. 465. ὡς λάθρα γ' ἱλάμβαν' ὑ. με;
ὑπισχνοῦ. Σ. 750. μή μοι ταῦτ' ων μηδὲν ὑ.
ὑπίσχομαι. Fr. 516. τὸ πρᾶγμα τοῦτο συλλαβεῖν ὑ.
ὕπνον. Σ. 31. ἔδοξέ μοι περὶ πρῶτον ὕ. ἐν τῇ πυκνὶ
ὕπνος. Ν. 705. νύμφα φρόνως' ὕ. δ' ἀπέστω γλυκύθυμος ὀμμάτων.
Σ. 9. οὐκ, ἀλλ' ὕ μ' ἔχει τις ἐκ Σαβαζίου.
12. Μήδυς τις ἐπὶ τὰ βλέφαρα νυσταυντέο ὕ.
ὕπνον. Α. 713. ἀλλ' ἐπειδὴ τοὺς γέροντας οὐκ ἔαθ' ὕ. τυχεῖν,
Σ. 7. κατὰ ταῖν κόραιν ὕ. τι κατακχέεται γλυκύ.
91. ὕ. δ' ὁρᾷ τῆς νυκτὸς οὐδὲ πασπάλην.
Ο. 209. ἄγε σύννομέ μοι, παῦσαι μὲν ὕ.,
ὕπνων. Α. 143. γυναῖκες ἐσθ' ὕ. ἄνευ ψόλας μόνας.
ὕπο. Β. 1244. Ζεύς, ὡς λέλεκται τῆς ἀληθείας ὕ.
ὑπό. Α. 18. οὕτως ἐδήχθην ὕ. κονιᾶς τὰς ὀφρύος κ.τ.λ.
Σ. 1290. ταῦτα κατιδὼν ὑ. τι μικρὸν ἐπιθήσαα κ.τ.λ.
ὑποβαλλόμαι. Θ. 407. εἶεν· γυνή τις ὑ. βούλεται,
ὑποβαλλομένης. Θ. 340. ὑ. κατεῖπεν, ἡ δούλη τινος
ὑποβαλόντες. Λ. 428. οὐχ ὑ. τοὺς μοχλοὺς ὑπὸ τὰς πύλας
ὑποβλήπουσ'. Θ. 396. ὑ. ἡμᾶς. σκοπουντί τ' εὐθέως,
ὑπιβλέψας. Α. 519. ἃ δέ μ' εὐθὺς ὕ. ἂν ἔφασκ', εἰ μὴ τὸν στήμονα νήσω,
ὑπογάστριον. Σ. 195. ὑ. γέροντος ἡλιαστινοῦ.
Fr. 333, 2. ὑ.
ὑπογλυκαίνων. 1. 216. ὑ. ῥηματίοις μαγειρικοῖς.
ὑπογράμματα. Fr. 309, 5. κάλυμμα, ψέλιον, περιδέραι, ὑ.,
ὑπογραφεύς. Ι. 1256. ὕπαι ἔσομαι σοῦ παρὰ ὑ. διπῶν·
Ὑποδεῖ ὥς. Ο. 65. Υ. ἔγωγε, Λιβυκῶν ὀρνων.
ὑποδέδυκεν. Σ. 188. ἵν' ὑ. ὥσπ' ἱμαίγ' ἰνδάλλεται
ὑποδεδυκότα. Σ. 182. κάτω γε τουτυνὶ τοῦ ὑ.
ὑποδέεσθε. Εκ. 269. ὑ. δ' ὡς τάχιστα τὰς Λακωνικάς,
ὑποδέξομαι. Α. 979. οὐδέποτ' ἐγὼ πολέμιον οἴκαδ' ὑ.,
ὑποδείξας. Fr 309. 14. ὑ. ἑλικτῆρσι.
ὑποδήματα. Π. 983. εἰς ἱμάτιον, ὀκτὼ δ' ἂν εἰς ὑ.
Π. 1012. ἐπείτ' ἴσως ζητης' ἂν εἰς ὑ.
ὑποδησάμενος. Θ. 262. ὑ. δεῖ. Α' ἤδη ταυτὶ λάμβανε,
ὑποδησαμένω. Ο. 492. οἱ δὲ βαδίζουσ' ὑ. νύκτωρ. ΕΤ. ἐπὶ τοῦτ῾ γ' ἐφῶτα.
ὑπακουμένη Εκ. 36. ὑ. τὸ κνῆμά σου τῶν δακτύλων,
ὑποδοχῆς. Εἰ. 530. ταύτης δ' ὑπώρας, ὑ., Διονυσίαν,
ὑποδραμών. 1. 676. ἐγὼ δὲ τὰ κυρίαιν' ἐπίραμην ὑ.
1 742. ὑτι τῶν στρατηγῶν ὑ. τῶν ἐκ Πύλου,
ὑπέδυθ. Σ. 1158. τασδὶ δ' δυύσας ὑ. τὰς Λακωνικάς,
Ο 1512. ὑ. τιχὺ δή, κᾆτα θαρρήσας λέγε.
ὑποδ'νθ'. Π. 735. τουτα δ' ὑπὸ τὴν φοινικίδ' ὑ. ἡσυχῇ
ὑποδυόμενος. Σ. 265. μέϊς; οἳμ᾽ ὡς ἀλλ' ἀλλ' ὕ. τις οὑτοσὶ
ὑποδυσάμενος. Σ. 1168. ἀνυσόν ποθ' ὑ.· εἶτα πλουσίας
ὑποδύσασθαι. Σ. 1159. ἐγὼ γὰρ ἂν τλαίην ὑ. ποτε
ὑποζυγιώδες. Fr. 696. ὑ.

ὑποθεῖν. Ι. 1161. ἄνιταν. ΚΛ. ἰδού. ΔΗΜ. θίοιτ' ἄν. ΑΛ. ὑ. οὐκ ἐῶ.
ὑποθέσθαι. Λ. 522. εἰ μηδὲ κακῶς βουλευομέναις ἐξῆν ὑμῖν ὑ.;
Εκ. 1154. σμικρὸν δ' ὑ. τοῖς κριταῖσι βούλομαι·
ὑποθηλυτέραν. Fr. 552, 2. οὔτ' ἀστείαν ὑ.
ὑποθησομαι. Ο. 1362. σοὶ δ', ὦ νεανίσκ', οὐ κακῶς ὑ.
ὑπόθου. Εκ. 1031. καὶ κλήμαθ' ὑ. συγκλάσασα τέτταρα,
ὑποθυμίς. Ο. 302. νίττα, τρυγών, κορυδὸς, ἐλεᾶς, ὑ., περιστερά,
ὑποθωπεύσαι. Σ. 610. καὶ τὸ γύναιόν μ' ὑ. φυστὴν μᾶζαν προσενέγκῃ,
ὑποθωπεύσας. Α. 639. εἰ δέ τις ὑμᾶς ὑ. λιπαρὰς καλέσειεν Ἀθήνας,
ὑπογνύσαιον. Εκ. 15. πλήρεις ὑ. συμπαραστατεῖ·
ὑποικουρεῖτε. Ο. 1168. ἃ νῦν ὑ., τοῖσιν ἀνδράσιν
ὑποίξας. Θ. 424. πρὸ τοῦ μὲν οὖν ἦν ἀλλ' ὑ. τὴν θύραν
ὑποκινήσαντ'. Β. 644. ἰδού, σκώπει τοῦ ἦν μ' ὑ. ἴδῃς.
ὑποκρίνεται. Α. 401. ὅθ' ὁ δοῦλος οὑτωσὶ σοφῶς ὑ.
ὑποκρινόμενον. Σ. 53. οὕτως ὑ. σοφῶς ὀνείρατα.
ὑποκριτῆς. Σ. 1279. τὸν δ' ὑ. ἕτερον, ἀργαλέον ὡς σοφυν.
ὑποκρούειν. Α. 38. βοᾶν, ὑ., λοιδορεῖν, τοὺς ῥήτορας,
ὑποκρούσας. Εκ. 618. κᾆτ' ἦν ταύτης ἐπιθυμήσῃ, τὴν αἰσχρὰν πρῴδ' ὑ.
ὑποκρούσας. Α. 596. καὶ τῶν σπελίθων κοινωνοῦμεν; ΠΡ. μὰ Δί', ἀλλ' ἔφθης μ' ὑ.
ὑποκρούσῃ. Εκ. 588. μή νυν πρότερον μηδεὶς ὑμῶν ἀντείπῃ μηδ' ὑ.,
ὑποκρούωσίν. Εκ. 256. τί δ', ἢν ὑ. σε; ΠΡ. προσκινήσομαι,
ὑποκύπτειν. Α. 954. ὑ. τὰν τύλαν ἰῶν. Ἱσμήνιας.
ὑποτύπτοντες. Π. 555. ἱκετεύουσίν θ' ὑ., τὴν φωτὴν οἰκτροχοοῦντες·
ὑπόκωφον. Ι. 43. ὑ. οὗτος τῇ προτέρᾳ νουμηνίᾳ
ὑπαλειπόμενος. Β. 1092. λευκὸς, πίων, ὑ.
ὑπολίσπιον. Ι. 1368. πολλοῖς γ' ὑ. πυγιδίοισιν ἐχαρίσω.
ὑπέλο.πον. Π. 431. οὔκουν ὑ. τὸ βάρβαρόν σοι γίγνεται;
ὑπολύεται. Α. 216. ὑ. μαν τὰ γόνατ', ᾦ Λυσιστράτη.
ὑπαλύομαι. Α. 950. ὑ. γοῦν. ἀλλ' ὅπως, ὦ φίλτατε,
ὑπολύων. Β. 233. ἔνεκα δύνακος, ὃν ὑ.
ὑπάλυσας. Π. 927. ἐπεὶ δὲ ὑ. ΚΑ. πάντα ταῦτα σοὶ λέγει.
ὑπολύσας. Ν. 152. ταύτας ὑ. ἀνεμέτρει τὸ χωρίον.
ὑπαλύσω. Θ. 1183. τῷ πόδε πρύτινον, ἵν' ὑ. ΤΟ. ναίκι ναὶ
ὑπόμακρον. Εἰ. 1243. ἔπειτ' ἄνωθεν ῥάβδον ἐνθεὶς ὑ.,
ὑπανενυέκαμεν. Α. 1234. ἃ δ' εὖ λέγουσί, ταυθ' ὑ.
ὑπονοεῖ. Π. 361. σὺ μηδὲν εἰς ἔμ' ὑ. τοιυῦτο; ΒΛ. φεῦ οὐκ ἐῶ.
ὑπονοῶν. Ι. 652. ἐδ' ὑ., ὁ Παφλαγὼν, εἰδὼς θ' ἅμα
ὑπονόησαν. Α. 38. τοιαύταν οἰδὶν ἀλλ' ὑ. σύ μοι.
ὑπονοίας. Εἰ. 993. παῦτον δ' ἡμῶν τὰς ὑ.
ὑπόνων. Ο. 1128. Ὕπνον δ'᾿, μέγεθος ὅσον ὁ δούριος,
ὑπόξυλος. Fr. dub. 4. ὑ.
ὑποπαρθένους. Fr. 190, 2. ἡ καὶ τὰς ὑ. ἀλμάδας ὡς ἐλάας
ὑποπεινώντων. Π. 536. καὶ παιδαρίων ὑ. καὶ γραϊδίων κολοσυρτῶν·
ὑπαπεπτωκότες. Fr. 523, 1. κατανηβολεῖτον αὐτὸν ὑ.,
ὑποπεπώκαμεν. Fr. 428. ὑ. °. ἄνδρες, καὶ καλῶς ἠρίσταμεν.
ὑπαπεπωκότες. Εἰ. 874. ἐπαίμοιν Βραυρῶνάδ' ὑ.
ὑπαπεπωκυτ'. Α. 395. ᾖ δ' ὑ., ἡ γυνὴ 'πὶ τοῦ τέγους,
ὑποπερβόμενος. Β. 1097. ὑ.
ὑποπεσῶν. 1. 17. ὁ βυρσοπαφλαγών, ὑ. τὸν δεσπότην
ὑποπίμπρησιν. Α. 348. ναι ὑ. ἀνήρ.
ὑποπρεσβύτερα. Fr. 128, 2. ὑ. γραές Θασίον μέλανος μεστῶν °° ὑ.
ὑπόπτερον. Ο. 797. ἀρ' ὑ. γενέσθαι παντὸς ἐστιν ἄξιον;
Θ. 1100. τέμνων κέλευθον, πόδα τίθημ' ὑ.
ὑπόπτερος. Ο. 786. αὐτίχ' ὑμῶν τῶν θεατῶν εἴ τις ἦν ὑ.,
ὑπορρέονος. Ν. 1029. τὸν ὑ. τοῦ χρόνον· ΣΤ. καλῶς λέγεις.
ὑπασκάλευε. Α. 1014. τὸ πῦρ ὑ.
ὑποστείνει. Α. 162. ὑ. μένταν οἱ θρανῖται λεῶς,
ὑποστρέφουσαι. Εκ. 1030. ὑ. νῦν πρῶτα τῆν ὀμηχάνου,
ὑποστρέψαντες. Ο. 1283. σκυτάλι' ἐφόρουν· νυνὶ δ' αὖ
ὑποσχόμενος. Π. 865. ὑ. οὗτος ποιήσειν εὐθέως,
ὑπάτεινε. Εἰ. 458. ὑ. δὴ πᾶς, καὶ κάταγε τοῖσι νεύροις κάλως.
ὑποτείνων. Α. 657. ὑ. μικρὸν εἰπὼν οὐδ' ὑ. μαθεῖν, οὐδ' ἐξαπατύλαν.
ὑποτεκμαίρει. Fr. 7. τί ὑ. καὶ κακῶς ἄνδρας λέγεις
ὑποτίμνων. 1. 316. ὅστις ὑ. ἐπώλεις δέρμα μοχηροῦ βοὸς
ὑποτιμόλμαι. Ι. 291 ὑ. τὴν δίκην ὑ.
ὑποτοπιθιναι. Β. 958. κάχ ὑ., περινεῶν ἅπαντα ΑΙ. φημὶ λέγω.
ὑποπαρῆται. Θ. 496. μηδὲν κακὸν δρᾶν ὑ. ταῦθ', ὁρᾷς,
ὑπότριμμα. Εκ. 292. βλέπων ὑ., μὴ
Fr. Μ. Γηρ. 17, 2. ὑ. θρίων, ἐγκέφαλον, ὀρίγανον,
ὑποτύπτοντες. Ο. 1145. οἱ χῆνες ὑ. ὥσπερ ταῖς ἅμαις

ὑπουργεῖν—Φαίδραν. 315

ὑπουργεῖν. ΕΙ. 430. τἆλλα δ' εὑρήσεις ὑ. ὄντας ἡμᾶς οὐ κακούς.
ὑποχάσκων. Π 314. τὴν ῥῖνα· σὺ δ' Ἀρίστυλλος ὑ. ἐρεῖς
ὑπόχρεως. Ν. 242. πόθεν δ' ὑ. σαυτὸν ἔλαθες γενόμενος;
ὑποχωρήσατε. ΕΙ. 507. πρὸς τὴν θάλατταν ὀλίγον ὑ.
ὑποψαλάσσατε. Λ. 84. ἅπερ ἱερείων τοί μ' ὑ.
ὑποψωνῶν. Α. 842. οὐδ' ἄλλοι ἀνθρώπων ὑ. σε πημανεῖ τι·
ὕπτιαι. Α. 583. ἰδού. ΔΙ. παράθες νυν ὑ. αὐτὴν ἐμοί.
Λ. 185. θὲς ἐς τὸ πρόσθεν ὑ. τὴν ἀσπίδα,
195. θεῖσαι μέλαιναν κύλικα μεγάλην ὑ.,
Εκ. 782. ἔστηκεν ἐκτείνοντα τὴν χεῖρ' ὑ.,
ὑπτίας. Fr. 654. ῥεῖν δ' ἐξ ὑ.
ὕπτιος. Ι. 1004. ῥίγκει μεθύων ἐν ταῖσι βύρσαις ὑ.
Ο. 502. ἐκυλινδούμην ἐκτίνον ἰδὼν καθ' ὑ. ὧν δυσχάσκων
ὑπώπια. Σ. 1386. πρὸς ταῦτα τηροῦ μὴ λάβῃς ὑ.
ὑπωπιασμέναι. ΕΙ. 541. καὶ ταῦτα δαιμονίαι ὑ.
ὑπωτίων. Α. 551. στεφάνων, τραχίδων, αὐλητρίδων, ὑ.,
ὑπωρόφιοι. Β. 1313. αἵ θ' ὑ. κατὰ γωνίας
ὑρισσούς. Fr. 476, 5. ὑ. δ' ἴδοις ἂν νιφομένους σύκων ὁμοῦ τε μύρτων·
ὕρχας. Σ. 676. ὑ., οἶνον, ὀπίδας, τυρόν, μέλι, σήσαμα, προσκεφάλαια,
Fr. 367. "ὑ. οἴνου."
ὕς. ΕΙ., 24. ὑ. μὲν γὰρ, ὥσπερ ἂν χέσῃ τις, ἡ κύαν,
ὑσομεν. Ν. 1118. ὑ. πρώτοισιν ὑμῖν, τοῖσι δ' ἄλλοις ὕστερον.
Ν. 1126. ἢν δὲ πλινθεύοντ' ἴδωμεν, ὕ. καὶ τοῦ τέγους
1129. ὕ. τὴν νύκτα πᾶσαν· ὥστ' ἴσας βουλήσεται
ὑσπλαγίδος. Λ. 1000. γυναῖκες ἄπερ ἀπὸ μιᾶς ὑ.
ὑσσάκων. Λ. 1001. ἀπήλαον τὼς ἄνδρας ἀπὸ τῶν ὑ.
ὑστάτην. Εκ. 44. τὴν ὑ. ἥκουσαν οἴνου τρεῖς χόας
ὑστάτοις. Β. 732. ὑ. ἀφιγμένοισιν, οἷσιν ἡ πόλις πρὸ τοῦ
Β. 908. ἐν τοῖσιν ὑ. φράσω, τοῦτον δὲ πρῶτ' ἐλέγχω,
Fr. 105, 2. τοῖς ὑ.
ὕστατος. Εκ. 1130. νὴ τὴν Ἀφροδίτην, πολύ γ' ἁπάντων ὕ.
ὑστέραι. Α. 69. μῶν ὕ. πάρεσμεν, ὦ Λυσιστράτη;
ὑστέραν. Θ. 838. ὑ. αὐτὴν καθεῖσθαι, σκάριον ἀποκεκαρμένην,
ὕστερον. Ν. 1118. ὕσομεν πρώτοισιν ὑμῖν, τοῖσι δ' ἄλλοις ὕ.
Σ. 214. ἀλλ', ὦ πυνήρ, ἥξουσιν ὀλίγον ὕ.
987. τηνδὶ λαβὼν τὴν ψῆφον ἐπὶ τὸν ὕ.
1481. τοὺς νῦν, διορχησόμενος ὀλίγον ὕ.
ΕΙ. 1010. ἥκειν ὕ. ἐς τὴν ἀγοράν,
1085. οὐδ' ἐπὶ τῷ πραχθέντι ποιήσεις ὕ. οὐδέν.
Ο. 563. κἄπειτα θεοῖς ὕ. αὖθις· προσενίμασθαι δὲ πρεπόντως
Λ. 57. ἄπαντα δρῶσαι τοῦ δέοντος ὕ.
1063. κλαίειν ἐλευινῶς. ΜΝ. σὺ δ' ἐπικλαίειν ὕ.
Β. 795. τί χρῆμ' ἄρ' ἔσται; ΑΙ. νὴ Δί', ὀλίγον ὕ.
ὑστεροπότους. Α. 326. ἀλλὰ φοβοῦμαι τόδε, μῶν ὕ. βοηθῶ ;
ὕστερος. Σ. 690. ὕ. ἔλθῃ τοῦ σημείου, τὸ τριώβολον οὐ κομιεῖται·
Σ. 691. αὑτοῦ δὲ φέρει τὸ συνηγορικόν, δραχμήν, κἂν ὕ. ἔλθῃ·
Ο. 336. ἀλλὰ πρὸς τούτων μὲν ἡμῖν ἔστιν ὕ. λόγος·
Εκ. 381. ἀλλ' ὕ. νῦν ἦλθον. ὥστ' αἰσχύνομαι,
867. βάδιζε τοίνυν ὕ. σὺ δ', ὦ Σίκων
ὑστέρους. Εκ. 859. ἐτέρους ἀπιόντας φημ' ἴθ' ὑ. ἐμοῦ.
ὑστέρῳ. Β. 705. ὑ. χρόνῳ ποτ' αὖθις εὖ φρονεῖν οὐ δύξομεν,
ὑστριχίδι. Β. 619. δήσας, κρεμάσας, ὑ. μαστιγῶν, δέρων,

ὑστριχίς. ΕΙ. 746. ὦ κακύδαιμον, τί τὸ δέρμ' ἔπαθες ; μῶν ὑ. εἰσέβαλέν σοι
ὑφ'. Ι. 273. ὦ πόλις καὶ δῆμ', ὑ. οἵων θηρίων γαστρίζομαι, κ.τ.λ.
ὑφαίνειν. Ο. 712. εἶτα δ' Ὀρέστῃ χλαῖναν ὑ., ἵνα μὴ ῥιγῶν ἀποδύῃ.
Εκ. 556. τί δρᾶν; ὑ.; ΒΛ. οὐ μὰ Δί', ἀλλ' ὀρχεῖν. ΠΡ. τίνων;
Π. 528. οὔτ' ἐν δάπισιν· τίς γὰρ ὑ. ἐθελήσει χρυσίου ὄντος;
ὑφαίνεται. Σ. 1143. οὐκ, ἀλλ' ἐν Ἐκβατάνοισι ταῦθ' ὑ.
Σ. 1146. ὑ. πολλαῖ δαπάναις, αὕτη γέ τοι
ὑφανούμεν. Εκ. 654. τὰ μὲν ὕφ' ὑμῶν πρῶτον ὑπάρξει, τὰ δὲ λοίφ' ἡμεῖς ὑ.
ὑφαντοδονήτων. Ο. 943. δὲ ὑ. ἴσθος οὐ πέπαται·
ὕφαπτε. Θ. 730. ὕ. καὶ κάταιθε· σὺ δὲ τὸ Κρητικὸν
ὑφαρπάζειν. Θ. 205. κλέπτειν ὑ. τε θηλειαν Κύπριν.
Εκ. 722. τὴν τῶν ἐλευθέρων ὑ. Κύπριν,
ὑφαρπάσαιο. Εκ. 921. ἀλλ' οὐκ ἂν ποθ' ὑ.
ὑφαρπάσει. Ι. 56. πανουργότατά πως περιδραμὼν ὑ.
ὑφαρπάσεις. Ν. 490. περὶ τῶν μετεώρων, εὐθέως ὑ.
ὑφάψω. Λ. 373. ἐγὼ μέν, ἵνα νήσας πυρὰν τὰς σὰς φίλος ὑ.
ὑφείλετο. Ν. 179. ἐκ τῆς παλαίστρας θοίμάτιον ὑ.
Σ. 958. καὶ τἆλλ' ἄριστα ἐστίν· εἰ δ' ὑ.
Β. 148. ἡ παῖδα κινῶν τάρρύμιον ὑ.,
1242. μεταξὺ θύων ; καὶ τίς αὖθ' ὑ.;
ὑφειλάμην. Σ. 1201. ὅτ' Ἐργασίωνος τὰς χάρακας ; ἀλλ' ὅτι ἡ κάπρον
1345. ὁρᾷς ἐγώ σ' ὅτι δεξιῶς ὑ.
Σ. 556. οἰκτείρων μ', ὦ πάτερ, αἰτοῦμαί σ', εἰ καυτὸς πώποθ' ὑ.
ὑφέλκεται. Θ. 812. ἐς πόλιν ἐλθὼν τῶν δημοσίων· ἀλλ' ἣν τὰ μέγιστ' ὑ.
ὑφέλκει. Σ. 187. ὑ. θᾶττον αὐτόν. ὦ μιαρώτατος,
ὑφέλκοιμι. Εκ. 319. καὶ τὰς ἐκείνης Περσικὰς ὑ.
ὑφελκτέον. Ι. 920. ὑπερέξειν· ὑ.
ὑφέλκει. Π. 1140. ὃ, εἰ μή σε λανθάνειν ἐποιούμεν ἀεί.
ὑφελκοίαρο. Ν. 1199. ἴν' ὡς τάχιστα τὰ πρυτανεῖ' ὑ.,
ὑφέξειν. Θ. 196. ἡμᾶς ὑ. καὶ γὰρ ἂν μαινοίμεθ' ἂν
ὑφέσθαι. Β. 1220. Εὐριπίδη, ΕΤ. τί ἐστιν ; ΔΙ. ὑ. μοι δοκεῖ.
ὑφεσθε. Σ. 337. οὑτοσὶ πρόσθεν καθεύδων. ἀλλ' ὕ. τοῦ τόνου.
ὑφήναι. Σ. 1386. τολύπην μεγάλην, καθ' ἐν ταύτης τῷ δήμῳ χλαῖναν ὑ.
ὕφηναν. Λ. 630. ἀλλὰ ταῦθ' ὕ. ἡμῖν, ἄνδρες, ἐπὶ τυραννίδι.
ὕφηρμαι. Π. 689. τὴν χεῖρ' ὑ. κρτα πυρίαις ἐγὼ
ὑφήρπασας. Ι. 1200. οἴμοι τάλαις, ὑδίκως γε τάμ' ὑ.
ὑφίστανται. Σ. 716. ὑμῖν καὶ ὅσιον ὑ. κατὰ πεντήκοντα μεδίμνοις
ὑφόλμιον. Fr. 155. ὑ.,
ὑψερεφεῖς. Ν. 306. ναοὶ θ' ὑ. καὶ ἀγάλματα,
ὑψηλό. Ο. 379. ἐπικονεῖν θ' ὑ. τείχη πολεῖς τε κεκτῆσθαι μακράς.
ὑψηλάς. Β. 130. ἀναβὰς ἐπὶ τὸν πύργον τὸν ὑ. ΔΙ. τί δρῶ ;
ὑψηλόν. Ν. 279. ὑ. ὀρέων κορυφαὶ ἐπ'
ὑψιβρεμέτης. Λ. 773. Ζεὺς ὑ., ΧΟ. ΓΥ. ἐπάνω κατακεισύμεθ' ἡμεῖς ;
ὑψικέρατα. Ν. 597. ὑ. πέτραν
ὑψιμέδοντα. Ν. 563. ὑ. μὲν θεῶν
ὑψινέτας. Ο. 1337. γενοίμαν ἀετὸς ὑ.,
Ὑψιπύλης. Fr. 324, 1. ἐνταῦθ' ἐτυραννεύειν Ὑ. πατήρ

Φ

'φ'. Λ. 251. ταύτας, ἐὰν μὴ 'φ' οἷσιν ἡμεῖς εἴπομεν.
φάγε. Σ. 611. κᾀπειτα καθεζομένη παρ' ἐμοὶ προσαναγκάζῃ, φ. τουτί,
φαγεῖν. Α. 146. ἦρα φ. ἀλλᾶντας ἐξ Ἀπατουρίων,
Ι. 937. τα πρὶν φ., ἀνὴρ μεθῆ.
Ν. 243. νόσοι μ' ἐπιτρίψειν ἱππικῇ, πρὶν ἂν φ.
ΕΙ. 26. βρενθύεταί τε καὶ φ. οὐκ ἀξιοῖ,
852. ταύτῃ τι ; ΤΡ. μηδέν· οὐ γὰρ ἐθελήσει φ.
Ο. 76. τοῦτ μὲν ἱρᾷ φ. ἀφύας Φαληρικάς·
Fr. 146. πρὸς θεῶν, ἔραμαι τέττιγα φ.
φάγῃ. Λ. 690. νῦν πρὸς ἐμ' ἵνα τις, ἵνα μὴ ποτε φ. σκόροδα, μηδὲ κυάμους μέλανας.
φάγης. Σ. 194. νῦν μ' ὄντ' ἄριστον· ἀλλ' ἴσως, ὅταν φ.
φάγος. ΕΙ. 3. καὶ μήποτ' αὐτῇς μάζαν ἡδίω φ.
φάγοιμ'. Σ. 511. δικαίδιον σμικρὸν φ. ἂν ἐν λοπάδι πεπνιγμένον,
Fr. 205, 1. καὶ τοῦ ἐγὼ Σθενέλου φ. ἂν ῥήματα;

φάγοις. Ι. 707. ἐπὶ τῷ φ. ἥδιστ' ἄν; ἐπὶ βαλαντίῳ;
Σ. 1367. ἂν ἡδέως φ. ἂν ἐξ ἐμοῦ δίκην.
φαγόντες. Π. 253. ὦ πολλὰ δὴ τῷ δεσπότῃ ταυτὸν θύμον φ.
φάγω. Εκ. 359. μόνον τὸ λυποῦν ἐστιν, ἀλλ' ὅταν φ.
φάγων. Ι. 806. καὶ χύδρα φ. ἀναθαρρήσῃ καὶ στεμφύλῳ ἐς λόγου ἔλθῃ,
φαεινόν. ΕΙ. 1094. χρησμολόγῳ δ' οὐδεὶς ἐδίδου πώποτα φ.
φάθ'. Σ. 539. τί γὰρ φ. ὑμεῖς, ἢν ὁδὶ μὲ τῷ λόγῳ κρατήσῃ
φαθι. Ι. 23. αὑτὸ φ. τοῦ μύλωμεν. ΔΗ. αὐτό. ΝΙ. πάνυ καλῶν.
φαθί. Fr. 161. φ.
Φαῖαξ. Ι. 1377. σοφός γ' ὁ φ., δεξιῶς τ' οὐκ ἀπέθανε
φαίδιμ'. Β. 092. τάδε μὲν λελήγισται, φ. Ἀχιλλεῦ
Φαίδραν. Θ. 153. οὐκοῦν κελητίζεις, ὅταν Φ. ποιῇς ;
Θ. 497. σὐνάπου' εἶπεν. εἰ δὲ Φ. λοιδορεῖ,
Fr. 389. Φ.· ἐπὶ πῦρ δὲ πῦρ ἔσχ' ἥξειν ἄγαν.

Φαίδρας—φανῶν.

Φαίδρας. Θ. 547. ἐγένετο, Μελανίππας ποιῶν Φ. τε· Πηνελόπην δέ
Θ. 550. τῶν νῦν γυναικῶν Πηνελόπην, Φ. δ' ἁπαξαπάσας.
Β. 1043. ἀλλ' οὐ μὰ Δί' οὐ Φ. ἐποίουν πόρνας οὐδὲ Σθενεβοίας,
1052. πότερον δ' οὐκ ὄντα λόγον τοῦτον περὶ τῆς Φ. ξυνέθηκα;
Φαιδρία. Λ. 356. ὦ Φ., ταύτας λαλεῖν ἐάσομεν τοσαυτί;
φαιδροῖς. Εἰ. 156. διακινήσας φ. ὠσίν.
φαιδρός. Ι. 550. φ. λάμποντι μετώπῳ.
φαίη. Εἰ. 14. οὐδεὶς γὰρ ἂν φ. με μάττοντ' ἐσθίειν.
Φαιναρέτην. Α. 49. γαμεῖ δὲ Κελεὸς Φ. τήθην ἐμήν.
φαίνει. Ν. 403. οὐκ οἶδ' ἀτὰρ εὖ σὺ λέγεις φ. τί γάρ ἐστιν δὴθ' ὃ κεραυνοῖ;
Λ. 750. ἔχειν τι φ. ποίλον· εἴσομαι δ' ἐγώ.
1024. πρῶτα μὲν φ. γ' ἀνήρ· εἶτ' οὐ καταγέλαστος εἶ.
Π. 632. φ. γὰρ ἥκειν ἀγγελος χρηστοῦ τινος.
φαίνειν. Α. 938. φ. ὑπευθύνους λυχνοῦ—
φαίνεις. Α. 826. τί δὴ μαθὼν φ. ἄνευ θρυαλλίδος;
Α. 917. ἔπειτα φ. δῆτα καὶ θρυαλλίδα;
φαίνεσθαι. Α. 441. εἶναι μὲν ὥσπερ εἰμί, φ. δὲ μή·
Ι. 317. τοῖς ἀγροίκοισιν πανούργως, ὥστε φ. παχὺ,
'φαίνεσθε. Εἰ. 822. ἀπὸ τούρανοῦ 'φ. κακοηθεῖς πάνυ,
φαίνεσθον. Π. 198. εὖ τοι λέγειν ἔμοιγε φ. πάνυ·
φαίνει'. Ι. 886. οὐ μεῖζον εἶναι φ. ἐξεύρημα τοῦ χιτῶνος,
Σ. 273. τί ποτ' οὐ πρὸ θυρῶν φ. ἄρ' ἡμῖν ὁ γέρων οὐδ' ὑπακούει;
Θ. 768. οὗ φ. οὗπω, φέρε, τίν' οὖν ἂν ἄγγελον
φαίνεται. Α. 769. ἡ οὐ χοῖρός ἐσθ' ὅδ'; ΔΙ. οὐκ ἔμοιγε φ.
Α. 781. αὕτη 'στι χοῖρος; ΔΙ. νῦν γε χοῖρος φ.
803. ποδαπὰ τὰ χοιρί; ὡς τραγασαία φ.
Ι. 952. οἰμώζ' τὸ γοῦν σημεῖον ἕτερον φ.,
Σ. 259. ἀλλ' οὑτοσί μοι βύρβορος φ πατοῦντί·
267. νέπονθεν, ὡς οὐ φ. δεῦρο πρὸς τὸ πλῆθος;
822. οἷόσπερ ἡμῖν φ. Κλεώνυμος.
Εἰ. 40. οὐκ οἶδ'. Ἀφροδίτης μὲν γὰρ οὔ μοι φ.,
504. ὦ Πύσειδον, ὡς καλὸν τὸ στῖφος αὐτῶν φ.
1045. τίς ἄρα ποτ' ἐστίν; ΟΙ. ὡς ἀλαζὼν φ.·
Ο. 1. ὀρθὴν κελεύεις, ἦ τὸ δένδρον φ.,
99. τὸ ῥάμφος ἡμῶν σου γέλοιον φ.
Λ. 79. οἷον τὸ κάλλος, γλυκυτάτη, σου φ.
1079. δεινῶς· τεθερμῶσθαί γε χεῖρον φ.
1084. δαίμαθ' ἀποστέλλοντας· ὥστε φ.
Θ. 278. σημεῖον ἐν τῷ Θεσμοφορίῳ φ.
639. ὡς καὶ στιβαρά τις φ. καὶ καρτερά.
Β. 106. καὶ μὴν ἀτεχνῶς γε παμπόνηρα φ.
Εκ. 125. ὡς καὶ καταγέλαστον τὸ πρᾶγμα φ.
312. ἐπεὶ πρὸς ἕω νῦν γ' ἐστιν, ἢ δ' οὐ φ.
875. ὀρθῶς ἔμοιγε φ. βαδιστίον
Π. 352. τουτὶ πονηρὸν φ. τὸ φορτίον,
1040. ὅακις δ' ἐπὶ κώμον βαδίζεις. ΧΡ. φ.
Fr. 284, 2. μὰ Δί' οὐδ' γ' Ἕλλην, ὅσαν ἔμοιγε φ.
499. πυθοῦ χελιδὼν πηνίκ' ἄττα φ.
φαίνεται. Ο. 1167. ἴσα γὰρ ἀληθῶς φ. μοι ψεύδεσιν.
φαίνετε. Β. 1524. φ. τοίνυν ὑμεῖς τούτῳ
φαίνετον. Θ. 1153. ὄργια σεμνὰ θεαῖν, ἵνα λαμπάσι φ. ἀμβρότον ὄψιν.
φαίνοιντ'. Β. 1064. τοῖς ἀνθρώποις φ. εἶναι. ΕΥ. τοῦτ' ἔβλαψε τῇ δράσει;
φαίνοιτο. Β. 1439. γέλοιον ἂν φ.· νοῦν δ' ἔχει τίνα;
φαίνομεν. Ο. 709. πρῶτα μὲν ὥρας φ. ἡμεῖς ἦρος, χειμῶνος, ὑπώρας·
φαινομέναισιν. Ι. 1327. ἀλλ' ὀλολύξατε φ. ταῖς ἀρχαίαισιν Ἀθήναις.
φαινόμενοι. Π. 783. ὁ φ. παραχρῆμ' ὅταν πράττῃ τις εὖ.
φαίνω. Α. 912. φ. πολέμια ταυτασί. ΒΟ. τί δαὶ παθὼν
φαίνων. Α. 824. ὑπό τον. ΔΙ. τίς ὁ φ. σ' ἐστίν; ἀγορανόμοι,
φακῆ. Σ. 811. καὶ μὴν γ' γε τουτί, καὶ προσέοτηκεν φ.,
Fr. 200. ἁπρονῶλι, ἄρτοι, κήραδοι, βολβοί, φ.
φακῆ. Π. 1004. ἔπειτα πλουτῶν οὐκέθ' ἥδεται φ.
φακήν. Σ. 814. αὐτοῦ μένων γὰρ τὴν φ. ῥοφήσομαι.
Fr. 87. ὅστις φ. ἥδιστον ὄψων λοιδορεῖς.
201. πτισάνην διδόασιν αὐτῶν ὄψιν ἢ φ.
φακῆς Ι. 1007. οἱ σοι δὲ περὶ τοῦ; ΑΛ. περὶ Ἀθηνῶν, περὶ φ.,
Σ. 918. θερμῶν γὰρ ἁνὴρ νύδλν ἥττον τῆς φ.
984. οὐδεὶ ποτ' ἀλλ' ἤ τῆς φ. ἐμπλήμενος.
Π. 192. φιλοτιμίας ΚΑ. μάζης ΧΡ. στρατηγίας ΚΑ. φ.
φάλαγξς. Β. 1314. εἰειειειειιλίσσετε δακτύλοισι φ.
φάλαγξ. Σ. 1509. τουτί τί ἦν τὸ προσέρπον; ὑξίς, ἢ φ.;
φάλλειν'. Σ. 39. εἶθ' ἡ παρὰ φ. ἴχουσα τρυτάνην
φάλοινα. Σ. 35. δημηγορεῖν φ. πανδοκεύτρια,
φαλακροῖσι. Εἰ. 767. καὶ τοῖς φ. παρανιθῶμεν
φαλακροὺς. Ν. 540. οὐδ' ἐσκωψε τοὺς φ., οὐδὲ κόρδαχ' εἵλκυσεν

φαλακρῷ. Εἰ. 771. φέρε τῷ φ., δὸς τῷ φ.
φαλαρίδας. Λ. 875. νάσσας, κολοιῶν, ἀτταγᾶς, φ.,
φαληρίδι. Ο. 565. ἡν Ἀφροδίτῃ θύῃ, πυροὺς ὄρνιθι φ. θύειν·
Φαληρικά. Fr. 422. μηδὲ τὰ φ. τὰ μικρὰ τάδ' ἀφύδια.
Φαληρικάς. Α. 901. ἀφύας ἄρ' ἄξεις πριάμενος φ.
Ο. 76. τοτὲ μὲν ἰρῇ φαγεῖν ἀφύας φ.·
Φαληρικόν. Fr. 469. φ. τεῖχος
Φαλῆς. Α. 263. φ., ἑταῖρε Βακχίου,
Α. 271. πολλῷ γὰρ ἔσθ' ἥδιον, ὦ Φ. Φ.,
276. Φ. Φ.
φαλῆτων. Λ. 771. τοὺς ἔχονας φεύγουσαι, ἀπόσχωνταί τε φ.,
Fr. 469 c. ἐπὶ φ. συνίναι ἐκπτίδεκα.
φαλλικόν. Α. 261. ἐγὼ δ' ἀκολουθῶν ᾄσομαι τὸ φ.·
φαλλόν. Α. 243. ὁ Ξανθίας τὸν φ. ὀρθὸν στησάτω.
φαλλός. Α. 260. ὁ φ. ἐξύτιοθε τῆς κανηφόρου·
φαμέν. Θ. 559. ἔπειτα τὴν γαλῆν φ. ΓΤ. Γ. τάλαιν' ἐγώ, φλυαρεῖς.
Θ. 801. βάσανον δῶμεν, πότεροι χείρους. ἡμεῖς μὲν γάρ φ. ὑμᾶς,
Π. 549. συκοῦν δήπου τῆς πτωχείας πενίαν φ. εἶναι ἀδελφήν.
φαμι. Α. 736. ἐγώγα καυτὸς φ. τίς δ' οὕτως ἄνους
Φαναῖσι. Ο. 1694. ἔστι δ' ἐν Φ. πρὸς τῇ
φανεῖ. Σ. 530. ἄτάρ φ. ποιός τις ὦν, ἦν ταῦτα παρακελεύῃ.
Εἰ. 864. εὐδαιμανέστερος φ. τῶν Καρκίνου στραβίλων.
Θ. 233. μὴ φροντίσῃς· ὣς εὐπρεπὴς φ. πάνυ.
Β. 1133. πρὸς τρισὶν ἰαμβείοισι προσοφείλων φ.
φανεῖν. Ν. 586. ὡς φ. ἐφασκεν ὑμῖν, εἰ στρατηγήσει Κλέων.
φανείς. Α. 567. βοήθησον, ὦ γοργολόφα, φ.,
Ι. 149. ἀνάβαινε σωτὴρ τῇ πόλει καὶ νῶν φ.
458. καὶ τῇ πόλει σωτήρ φ. ἡμῖν τε τοῖς πολίταις,
836. ὦ πᾶσιν ἀνθρώποις φ. μέγιστον ὠφέλημα,
Ο. 713. ἰκτῖνος δ' αὖ μετὰ ταῦτα φ. ἑτέραν ὥραν ἀποφαίνει,
φανεῖσαν. Εἰ. 638. πολλάκις φ. αὐτὴν γὑδὸς τῆς χώρας τυθῃ,
φανεῖσαν. Β. 1428. βραδύτ, φ., μεγάλα δὲ βλάπτει ταχύ,
Π 923. εἰ μή φ. διατριβή τις τῷ βίῳ.
φανέντας. Θ. 314. φ. ἐπιχαρῆναι.
φανεραί. Ν. 276. ἀρθῶμεν φ. δροσεράν φύσιν εὐάγητον,
φανεράν. Α. 728. μέτειμ', ἴνα στήσω φ. ἐν τάγορᾷ,
Α. 737. ὃς ἐμέ κα πρίαιτο, φ. ζαμίαν·
φανερῶν. Σ. 921. τι πρᾶγμα φ. ἐστιν· αὐτὸ γὰρ βοᾷ.
Θ. 91. λίξρονθ' ὑμίν ἐμοῦ. ΜΝ. πότερα φ., ἢ λάθρα;
525. κατὰ τὸ φ. ὥδ' ἀναισδῶς
1141. καὶ κράτος φ. μόνη.
Π. 489. φ. μὲν ἔγωγ' οἶμαι γνῶναι τοῦτ' εἶναι πᾶσιν ὁμοίως,
φανερῶς. Ι. 1176. εἰ μὴ φ. ἡμῶν ὑπερεῖχε τὴν χύτραν·
Ν. 291. ὦ μέγα σεμναὶ Νεφέλαι, φ. ἠκούσατέ μου καλέσαντος.
322. ὥστ' εἰ 'νας ἐστιν, ἰδεῖν αὐτὰς φύθη φ. ἱνὶθυμῶ.
397. τοῦτον γὰρ δή φ. ὁ Ζεὺς ἵπο' ἐπὶ τοῖς ἐπιόρκοις.
810. σὺ δ' ἀνδρὸς ἐκπεπληγμένου καὶ φ. ἐνεργμένου
Σ. 1018. τὰ μὲν φ. ἀλλ' ἐπικουρῶν κρύβδην ἑτέροισι ποιηταῖς,
1021. μετὰ τοῦτο δὲ καὶ φ. ἤδη πινθονεύων καθ' ἑαυτόν,
Εἰ. 946. νῦν γὰρ δαίμον φ.
Ο. 722. ἂρ' οὗ φ. ἡμεῖς ὑμῖν ἐσμὲν μαντεῖος Ἀπόλλων;
Λ. 523. οὐκ ἐδὰ δ' ὑμῶν ἐν ταῖσιν ὁδοῖς φ. ἠκούομεν ἤδη,
Θ. 431. ὅσων βουλεύται. ταῦτ' ἐγὼ φ. λέγω
672. φύσει δ' εἶναί τε θεοῖς φ.,
Π. 582. ὁ Ζεὺς δήπου πένεται, καὶ τοῦτ' ἤδη φ. σε διδάξω.
φανή. Εκ. 347. ἴνα μή φ. 'γχίσαμ' ἐς τὴν εἰσύραν φ. γὰρ ἦν.
φανή. Λ. 1055. κἂν ποτ' εἰρήνη φ.
Θ. 854. ξέτε, ταῦ κα τὴν πρυτανείαν τις φ.
Εκ. 1078. οὐκ, ἢν ἑτέρα γε γραῦς ἔτ' αἰσχίαν φ.
φανῇθ'. Θ. 1144. φ. ὦ τυράννους στυγοῦσ', ὥσπερ εἰκός.
φανήμεν. Ι. 591. νῦν οὖν δεῦρο φ. δεῖ
φανῆν. Α. 845. χλαῖναν δ' ἴχαν φ. δέει·
φανῆσαι. Σ. 528. καινὸν, ὕπατ φ.
φανήσεται. Ν. 951. ἑπότεροι αὐτοῖν λέγων ἀμείνων φ.
Θ. 1. ὦ Ζεῦ, χελιδῶν ἆρά ποτε φ. ;
φάνηθ'. Ν. 266. ἄρθητε, φ., ὦ δέσποιναι, τῷ φροντιστῇ μετέωροι.
φανόν. Α. 308. τῆς ἀμπέλου δ' εἰς τὴν χύτραν τὸν φ. ἐγκαθέντες
Φανός. Ι. 1256. ὅπως ἔσομαί σοι φ. ὑπογραφεὺς δικῶν.
Ν. 1220. εἰσίν θέομεν, Αἰσχίνης, Φ., Κλέων,
φανοῦνται. Ο. 765. φυσάτω πάππων παρ' ἡμῖν, καὶ φ. φράτορες.
φαντάζομαι. Α. 823. Δικαιόπολι Δικαιόπολι, φ.
φανῶ. Α. 819. τὰ χωρίδια τοίνυν ἐγώ φ. ταδί
Α. 827. οὗ γάρ φ. τοὺς πολεμίους; ΔΙ. κλάων γε σύ,
914. καὶ σέ γ. φ. πρὸς τοῖσδε. ΒΟ. τί ἀδικείμενος;
Ι. 300. καὶ σε φ. τοῖς πρυτάνεσιν,
φανῶν. Α. 908. καὶ μὴν ὀδὶ Νίκαρχος ἔρχεται φ.

φάος—φέρ'.

φάος. Α. 1185. λείπω φ. γε τοὐμόν, οὐκέτ' εἰμ' ἐγώ.
Ι. 973. ἥδιστον φ. ἡμέρας
Ο. 1748. ὦ μέγα χρύσεον ἀστεροπῆς φ.,
Β. 1529. ἐς φ. ὀρνυμένῳ δότε, δαίμονες οἱ κατὰ γαίας,
φάραγγα. Ι. 248. καὶ τελώνην καὶ φ. καὶ Χάρυβδιν ἀπαγῇς,
φάρει. Θ. 890. φ. καλυπτὸς, ὦ ξένη; ΜΝ. βιάζομαι
φαρέτρας. Ι. 1271. σὰς ἀπτόμενος φ. Πυθῶνι ἐν δίᾳ κακῶι πένεσθαι.
φάρμακ'. Π. 302. ἐγὼ δὲ τὴν Κίρκην γε τὴν τὰ φ. ἀνακυκῶσαν,
Π. 309. οὐκοῦν σε τὴν Κίρκην γε τὴν τὰ φ. ἀνακυκῶσαν
φαρμακεῖ. Fr. 532. πύθεν δ' ἐγώ σοι συγγενὴς ὦ φ.;
φαρμακίδ'. Ν. 749. γυναῖκα φ. εἰ πριάμενος Θετταλήν,
φαρμάκοις. Θ. 561. οὐκ εἶπον' οὐδ' ὡς φ. ἑτέρα τὸν ἄνδρ' ἔμηνεν,
φαρμάκοισιν. Θ. 430. ἡ φ., ἡ μιᾷ γέ τῳ τέχνῃ,
φαρμακοῖσιν. Β. 733. οὐδὲ φ. εἰκῇ ῥᾳδίως ἐχρῆσατ' ἄν.
φάρμακον. Ι. 906. ἐγὼ δὲ κυλίχνιόν γέ σοι καὶ φ. δίδωμι
Σ. 810. ἐξεύρει ἀτεχνῶς φ. στραγγουρίας.
Εκ. 735. νὴ Δία μέλαινά γ', οὐδ' ἂν εἰ τὸ φ.
Π. 716. πρῶτον δὲ πάντων τῷ Νεοκλείδῃ φ.
φαρμακοπώλαις. Ν. 767. ἤδη παρὰ τοῖσι φ. τὴν λίθον
φαρμακοπωλῶν. Fr. 95. καὶ παῦσαι φ.
φαρμακός. Ι. 1405. ἐς τὴν ἕδραν θ', ἵν' ἐκεῖνος ἦν ὁ φ.
Φαρνάκῃ. Ο. 1028. ἔστιν γὰρ ἃ δι' ἐμοῦ πέπρακται Φ.
Φαρνάκου. Ο. 1030. τουτὶ τί ἦν; ΠΦ. ἐκκλησία περὶ Φ.
Φάρσαλον. Σ. 1271. ἀλλὰ πρεσβεύων γὰρ ἐς φ. ᾤχετ'· εἶτ' ἐκεῖ
φάρυγα. Fr. 515. τὴν φ. μηλῶν δύο δραχμῶν ξεῖ μόναις.
φάρυγξ. Β. 259. ὀπόσον ἡ φ. ἂν ἡμῶν
Β. 571. ἵν' αὐτὸν ἐπιτρίψωμεν. ΠΑΝ. Α. ὦ μιαρά φ.,
φάσ'. Ο. 1522. ἐπιστρατεύσειν φ. ἄνωθεν τῷ Διΐ,
Α. 188. εἰς ἀσπίδ', ὥσπερ φ. ἐν Αἰσχύλῳ ποτέ,
Θ. 584. Εὐριπίδην φ. ἄνδρα κηδεστὴν τινὰ
φασηλων. ΕΙ. 1144. ἀλλ' ἀφεὶς τῶν φ., ὦ γύναι, τρεῖς χοίνικας,
φασί. Σ. 241. σύμβλον δέ φ. χρημάτων ἔχειν ἅπαντες αὐτῶν. κ.τ.λ.
φασί. Ι. 987. αὐτοῦ φ. γὰρ αὐτοῦ οἱ κ.τ.λ.
Ν. 1141. ὡς ἄδικός εἰμι, καὶ δικάσασθαί φ. μοι. κ.τ.λ.
Φασιανός. Ο. 68. Ἐπικεχοδὼς ἔγωγέ φ.
Φασιανός. Α. 726. μήτ' ἄλλος ὅστις Φ. ἐστ' ἀνήρ.
φασιανούς. Ν. 109. τοὺς φ., οὓς τρέφει Λεωγόρας.
φασιν. Α. 614 οἱ φ. ἀλλ' ὁ Κοισύρας καὶ Λάμαχος, κ.τ.λ.
φασίν. Ι. 1300. φ. ἀλλήλαισι ξυνελθεῖν τὰς τρίτας ἐς λόγον. κ.τ.λ.
Ν. 1139. τὸ δ' ἀναβαλοῦ μοι, τὸ δ' ἄφες, τοῦ φ. ποτέ κ.τ.λ.
φάσκειν. Β. 695. κοὔδε ταῦτ' ἔγωγ' ἔχοιμ' ἂν μὴ οὐ καλῶς φ. ἔχειν.
'φάσκειν. Θ. 502. ἑτέραν δ' ἐγῷδ' ᾗ φ. ὠδίνειν γυνὴ
φάσκῃ. Β. 1007. εἰ πρὸς τοῦτον δεῖ μ' ἀντιλέγειν' ἵνα μὴ φ. δ' ἀποροεῖν με,
φάσκοντ'. Ν. 895. φ. εἶναι. ΔΙ. τί σοφὸν ποιῶν;
φασκούσης. Β. 1082. καὶ φ. οὐ ζῆν τὸ ζῆν·
φάσκω. Σ. 561. ἔνδον τούτων ὧν ἂν φ. πάντων οὐδὲν πεποίηκα,
φάσκωλος. Fr. 303, 2. φ. εὐθὺς λυόμενος μοι τοῦ μύρου
φάσκων. Ι. 670. ταῦτ' ἐμβάσιν, φ. φιλεῖν; ΔΗΜ. οὐ δῆτα μὰ τὸν Ἀπόλλω.
Ι. 946. σὺ δ', ὦ Παφλαγὼν, φ. φιλεῖν μ' ἐσκορόδισας,
922. Τήλεφος εἶναι Μυσὸς φ.,
Σ. 577. καὶ τἀγαθὰ μοι μέμψῃ ἄχες φ. τῆς 'Ελλάδος ἄρχειν'
Ο. 1659. φ. ἀδελφοὺς αὐτοὺς εἶναι γνησίους.
Εκ. 647. εἴ σε φιλήσειεν Ἀρίστυλλος, φ. αὐτοῦ πατέρ' εἶναι.
Π. 1026. φ. βελτίστοις τοῖς ἀδικουμένοις ἀεί.
φασῶ. Α. 739. χοίρων γὰρ ὑμὲ σκευάσας φ. φέρειν.
φατέ. Fr. 72. ὑμεῖς δὲ τί φ.; ΓΤ. Δ. φασί· κατανεύουσι γάρ.
Π. 200. ὅπως ἐγὼ τὴν δύναμιν ἣν ὑμεῖς φ.
φατι. Α. 771. οὐ φ. τήνδε χαίρον ἡμῖν. ἀλλὰ μὰν
φάτις. ΕΙ. 15. δώμασιν ἡμετέροις φ. ἥκει
Ο. 924. ἀλλά τις ἰκεία Μουσάων φ.
φάτνης. Ν. 13. ὑπὸ τῆς δαπάνης καὶ τῆς φ. καὶ τῶν χρεῶν,
φατόν. Ο. 1713. ἔχων γυναικὸς κάλλος οὐ φ. λέγειν,
φατός. Ο. 1189. πόλεμος αἱρεται, πόλεμος οὐ φ. καὶ στρόβει,
φάττα. Ο. 303. νέρτος. ἱέραξ, φ. κόκκυξ, ἐρυθρόπους κεβλήπυρις,
φάττας. Α. 1105. ἐμοὶ δὲ τὰς φ. γε φέρε καὶ τὰς κίχλας.
ΕΙ. 1004. χῆνας, νήττας, φ., τροχίλους·
φάττης. Α. 1107. καλόν γε καὶ ξανθόν τὸ τῆς φ. κρέας.
φάττων. Π. 1011. νηττάριον δὲ καὶ φ. ὑπεκοριζόν.
φαύλην. Λ. 1109. δεινήν, ἀγαθήν, φ., σεμνήν, ἀγανήν, * * οὐδ' ὑπέρφρον.
Φαύλλον. Σ. 1206. ὥτε τὸν δρομέα Φ., ὧν βούλας ἔτι.
Φαύλλῳ. Α. 215. ἠκολούθουν Φ. τρέχων, ὧδε φαύλως ἂν ὁ
φαύλων. Ι. 386. φ. ὥδ'. * * * ἀλλ' ἐπιθι καὶ στρόβει,
ΕΙ. 388. τοῦτο μὴ φ. νύμι'' ἐν τουτῳὶ τῷ πράγματι.
Ο. 1024. ἔπεμψε δὲ τίς σε δεῦρο; ΕΠΙ. φ. βιβλίον
1412. τουτὶ τὸ κακὸν οὐ φ. ἐξεγρήγορεν.

φαυλότατα. Ν. 778. φ. καὶ ῥᾷστ'. ΣΩ. εἰπὲ δή. ΣΤ. καὶ δὴ λέγω.
φαυλότατον. Ι. 213. φ. ἔργον· ταῦτ' ἄπερ ποιεῖς ποίει·
φαυλότεραι. Εκ. 617. αἱ φ. καὶ σιμότεραι παρὰ τὰς σεμνὰς καθεδοῦνται·
φαυλότεροι. Εκ. 626. ἀλλὰ φυλάξουσ' οἱ φ. τοὺς καλλίους ἀπιόντας
Εκ. 628. [οἱ φ.]. κοὔκ ἐξέσται παρὰ τοῖσι καλοῖς καταδαρθεῖν 702. καὶ μειρακίοις οἱ φ.
φαῦλον. Λ. 14. βουλευσομέναισιν οὐ περὶ φ. πράγματος,
φαυλουργούς. Fr. 698. φ.
φαύλως. Α. 215. ἠκολούθουν Φαύλλῳ τρέχων, ὧδε φ. ἂν ὁ
Ι. 404. εἴθε φ., ὥσπερ εὑρές, ἐκβάλοις τὴν ἔνθεσιν.
509. οὐκ ἂν φ. ἔτυχεν τούτου' νῦν δ' ἀξιοῖ ἐσθ' ὁ ποιητής,
1292. καὶ διεζήτηχ' ὁπόθεν ποτὲ φ. ἐσθίει Κλεώνυμος.
Σ. 626. καὶ πρῶτον μὲν λόγισαι φ., μὴ ψήφοις, ἀλλ' ἀπὸ χειρὸς,
1012. σθαι μὴ πίσῃ φ. χαμαὶ'
ΕΙ. 25. φ. ἐρείδει τοῦτο δ' ὑπὸ φρονήματος
Ο. 961. ὦ δαιμόνιε, τὰ θεῖα μὴ φ. φέρε·
Λ. 566. ἐν ταῖς χώραις καὶ διαλῦσαι; ΛΤ. φ. πάνυ. ΠΡ. πῶς; ἀπόδειξον,
Θ. 711. φ. τ' ἀποδρὰς οὐ λέξεις
Εκ. 666. οὐχ ὑβριεῖται φ. οὔτως αὖθις τῇ γαστρὶ κολασθείς.
φαύσιγγες. Fr. 699. φ.·
φέγγεται. Β. 344. φλογί φ. δὲ λειμών·
φέγγος. Ι. 1319. Δ ταῖς ἱεραῖς φ. Ἀθήναις καὶ ταῖς νήσοις ἐπίκουρε,
Β. 447. οὐ πανυυχίζουσιν θεᾷ, φ. ἱρὸν οἴσων·
455. καὶ φ. ἱλαρὸν ἐστιν,
Π. 640. φίλον βροτοῖσι φ. Ἀσκληπιῶν.
Fr. 234, 2. ἐὰν δὲ κεῖς, λέγεις, χαῖρε φ. ἡλίου.
φέγγων. Β. 350. σὺ δὲ λαμπάδι φ.
Φειδίας. ΕΙ 605. πρῶτα μὲν γὰρ ἤρξεν ἄτης Φ. πράξας κακῶς
ΕΙ. 616. οὐδ' ὅπως αὐτῇ προσήκει Φ. ἡσυχῇ·
Φειδιππίδη. Ν. 80. Φ., Φειδιππίδιον Φ., ὦ πάτερ·
Ν. 827. οὐκ ἀκούεις Φ., Ζεύς. ΦΕ. ἀλλά τίς·
Φειδιππίδην. Ν. 67. ποιῇ ξυνείδην κάθημέν Φ.
Φειδιππίδης. Ν. 1113. εἴπερ μεμάθηκεν εὖ λέγειν φ.
Ν. 1229. Φ. μοι τὸν ἀκατάβλητον λόγον.
Φειδιππίδη. Ν. 80. Φειδιππίδιον Φ., ὦ πάτερ·
ΕΙ. 616. οὐδ' ὅπως αὐτῇ προσήκει Φ. ἡσυχῇ·
φειδόμεναι. Εκ. 600. ταμιευόμεναι οἱ φ. καὶ τὴν γνώμην προσέχουσαι.
φειδόμεναι. Β. 553. τοῦ δὲ πένητος ζῆν φ. καὶ τοῖς ἔργοις προσέχοντα,
φειδόμενος. Π. 247. χαίρω τε γὰρ φ. ὣς οὐδεὶς ἀνὴρ
Π. 588. φ. γὰρ καὶ βουλόμενος τούτου μηδὲν δαπανᾶσθαι,
φειδόμεσθα. Α. 319. εἰπέ μοι, τί φ. τῶν λίθων, ὦ δημόται,
φείδου. ΕΙ. 254. τετρώβολον τουτ' ἐστι· φ. τάττικοῦ.
Ο. 987. καὶ φ. μηδὲν μηδ' αἰετοῦ ἐν κεφαλῇσι,
φειδωλίαν. Εκ. 750. οὐ γὰρ τὸν ἐμὸν ἱδρῶτα καὶ φ.
φειδωλίας. Ν. 835. καὶ νοῦν ἔχοντας' ὧν ὑπὸ τῆς φ.
φειδωλόν. Π. 237. ἦν φ. εἶναι φ. δ' εἰσελθὼν τίχω,
φειδωλοῦ. Ν. 421. καὶ φ. καὶ τρυσιβίου γαστρὸς καὶ συμβρεπιδείνυον,
Φειδωνίδης. Ν. 65. ἐγὼ δὲ τοῦ πάππου 'τιθέμην Φ.
Φειδώνος. Ν. 134. Φ. υἱὸς Στρεψιάδης Κικυννόθεν.
φεισάμενος. Π. 556. εἰ φ. καὶ μοχθήσας καταλείψει μηδὲ ταφῆναι,
φείσμα. Α. 312. ἐμφανῶς ἤδη πρὸς ἡμᾶς; εἶτ' ἐγώ σου φ.
φεισόμεσθα. Ο. 369. φ. γὰρ τί τῶνδε μᾶλλον ἡμεῖς ἢ λύκων;
Φελλέως. Α. 273. τὴν Στρυμοδώρου Θρᾷτταν ἐκ τοῦ φ.,
Ν. 71. ὅταν μὲν οὖν τὰς αἶγας ἐκ τοῦ φ.
Φέναξ. Ι. 834. ἄγε δὴ Σκίταλοι καὶ Φ., ἵν δ' ἐγώ,
φενακίζεις. Π. 280. ἔντι φ., φράσαι δ' οὔπω τέτληκας ἡμῖν
φενακίζων. ΕΙ. 1087. ἀρά φ. ποτ' Ἀθηναίους ἔτι παύσει.
φενακισμόν. Π. 271. μὼν ἀξιοῖς φ. ἡμᾶς ἀπαλλαγῆναι
φενακισμοῖσιν. Ι. 633. καὶ τοῖς φ. ἐξαπατώμενοι.
φίναξ. Α. 89. ἐπέθηκεν ἡμῖν' ὄνομα δ' ἦν αὐτῷ φ.
Β. 909. ἐπὶ ἦν ὁ λαχὼν καὶ φ., οὓς γε τοὺς θεατὰς
Α. 541. φ., εἰ Λακεδαιμονίων τις ἐκπλεύσας σκάφει
1097. παῖ παῖ, φ. ἐμοὶ δεῦρο τὸν γύλιον ἐμοί.
1098. παῖ παῖ, φ. δεῦρο τὴν κίστην ἐμοί.
Ι. 118. φ. αὐτήν, ἵν' ἀναγνῶ· σὺ δ' ἔγχεον πιεῖν,
119. ἀνύσας τι. φ. ἴδω τί ἄρ' ἔνεστιν αὐτόθι.
953. ἀλλ' ἢ οὐ καθορᾶς. ΑΛ. φ. ἴδω, ἐπι σημεῖον ἦν
1002. φ. ἴδω, τίνος γάρ εἰσιν οἱ χρησμοὶ ποτε;
1214. φ. ἴδω, ἅπαγ' ἐς κόρακας. ΑΛ. οὐχ ὁρᾷς κενὴν
1365. τὰ δ' ἄλλα, φ. ἴδω, πῶς πολιτεύει φράσον.
Ν. 21. φ. ἴδω, τί ὀφείλω; δώδεκα μνᾶς Πασίᾳ.
494. φ. ἴδω, τί δρᾷς, ἣν τίς σε τύπτῃ; ΣΤ. τύπτομαι,

φέρ'—φέρεις

φέρ'. Ν. 787. φ. ἴδω, τί μέντοι πρῶτον ἦν; τί πρῶτον ἦν;
Ν. 847. φ. ἴδω, σὺ τοῦτον τίνα νομίζεις; εἰπέ μοι.
Σ. 145. καπνός; φ. ἴδω ξύλον τίνος οὔ. ΦΙ. συκίνου.
148. δύου πάλιν· φ. ἐπαναθῶ σοι καὶ ξύλον.
183. ποίου; φ. ἴδωμαι. ΞΑ. τουτονί. ΒΔ. τουτὶ τί ἦν;
503. φ. ἴδω, τί γὰρ οὐκ ἔστιν ἀκοῦσαι θώπευμ' ἐνταῦθα δικαστῇ;
762. ποίου; φ. ἴδω. ΦΙ. τοῦ μὴ δικάζειν. τοῦτο δὲ
993. φ. ἐξεράσω. πῶς ἄρ' ἠγωνίσμεθα;
1154. φ., ἀλλ' ἐγώ σε περιβαλῶ· οὐ δ' οὖν ἴθι.
ΕΙ. 15. αἰβοῖ, φ. ἄλλην χάτέραν μοι χάτέραν,
234. φ. αὐτὸν ἀποδρῶ· καὶ γὰρ ὥσπερ ᾐσθόμην
252. φ. ἐπιχέω καὶ τὸ μέλι τουτὶ τάττικόν.
Ο. 649. φ. ἴδω, φράσον νῦν, πῶς ἐγὼ τε χοὐτοσὶ
812. φ. ἴδω, τί δ' ἡμῖν τοὔνομ' ἔσται τῇ πόλει;
1153. φ. ἴδω, τί δαί; τὰ ξύλινα τοῦ τείχους τίνες
1244. ἔχ' ἀτρέμα. φ. ἴδω, πότερα Λυδῶν ἢ Φρύγα
1621. ἀναπρίζομεν καὶ ταῦτα. ΠΟΣ. φ. ἴδω, τῷ τρόπῳ;
Λ. 238. φ. ἐγὼ καθαγίσω τήνδε. ΚΑ. τὸ μέρος γ'. ὦ φίλη,
574. πᾶν δή; φ. ἴδω. ΛΥ. πρῶτον μὲν ἐχρῆν, ὥσπερ πόκον ἐν βαλανείῳ,
Θ. 261. φ. ἔγκυκλον. ΑΓ. τουτὶ λάβ' ἀπὸ τῆς κλινίδος.
603. φ. ἴδω· τίς εἶ πρώτη σύ; ΜΝ. ποῖ τις τρέψεται;
630. φ. ἴδω, τί μέντοι πρῶτον ἦν; ἐπίνομεν.
Β. 291. ὡραιοτάτη τις. ΔΙ. ποῦ 'στι; φ. ἐπ' αὐτὴν ἴω.
Π. 644. ταχέως ταχέως φ. οἶνον, ὦ διόπονυ', ἵνα
φέρε. Α. 584. κεῖται. ΔΙ. φ. νυν ἀπὸ τοῦ κρἀνους μοι τὸ πτερόν.
Α. 898. ἰώγα ταῦτα πάντα. ΔΙ. φ., πύσου λέγεις;
1007. φ. τοὺς ὀβελίσκους, ἵν' ἀναπείρω τὰς κίχλας.
1058. φ. δή, τί σὺ λέγεις; ὦ γελοῖον, ὦ θεοί,
1061. φ. δεῦρο τὰς σπονδάς, ἵν' αὐτῇ δῶ μόνῃ,
1067. ἀπόφερε τὰς σπονδάς. φ. τὴν οἰνηρουσιν,
1105. ἐμοὶ δὲ τὰς φάττας γε φ. καὶ τὰς κίχλας.
1118. παῖ παῖ, καθελών μοι τὸ δόρυ δεῦρ' ἔξω φ.
1119. παῖ παῖ, σὺ δ' ἀφελὼν δεῦρο τὴν χορδὴν φ.
1120. φ., τοῦ δόρατος ἀφελκυσωμαι τοὐλύτρον.
1124. δεῦρο γοργόνωτον ἀσπίδος κύκλον.
1132. φ. δεῦρο, παῖ, θώρακα πολεμιστήριον.
Ι. 113. φ., νυν ἐγὼ 'μαυτῷ προσαγγίγω τὸν χύα.
145. φ. ποῦ τὸν ἄνδρα τοῦτον ἐξευρήσομεν;
700. ἐπ' ὀξύθυμον. φ. τί σοι δῶ καταφαγεῖν;
971. αὐτῶν ἀκούσῃ. ΑΛ. ΔΗΜ. καὶ σὺ νυν φ.
Ν. 218. φ. τί γὰρ οὗτος οὑχὶ τῆς κρεμάθρας ἀνήρ;
324. ἡσυχῇ αὐτάς. ΣΤ. φ., ποῦ· δεῖξον. ΣΩ. χωροῦσ' αὗται πάνυ πολλαί,
342. οὐ γὰρ ἐκεῖναί γ' εἰσὶ τοιαῦται. ΣΩ. φ., ποῖαι γάρ τινές εἰσιν;
366. ὁ Ζεὺς δ' ἡμῖν, φ., πρὸς τῆς Γῆς, οὐλύμπιος οὐ θεός ἐστιν;
370. φ., ποῦ γὰρ πώποτ' ἄνευ Νεφελῶν ὗοντ' ἤδη τεθέασαι;
385. φ. τουτί τῷ χρὴ πιστεύειν; ΣΩ. ἀπὸ σαυτοῦ 'γώ σε διδάξω,
664. πῶς δή; φ. ΣΩ. πῶς; ἠλεκτρυῶν κἀλεκτρυόνων.
731. φ. νυν, ἀθρήσω πρῶτον, ὅ τι δρᾷ, τουτονί.
769. ἔγωγε. φ., τί δῆτ' ἄν, εἰ ταύτην λαβὼν
903. οὐκ εἶναι φῄς; ΑΛ. φ. γάρ, ποῦ 'στιν;
940. φ. δὴ πότερος λέξει πρότερος;
1058. σιγήσομαι, ἢ δ' ἄλλο; ΑΔ. φ. δὴ μοι φράσον·
1297. φ. μοι τὸ κέντρον. ΑΜ. ταῦτ' ἐγὼ μαρτύρομαι.
Σ. 54. φ. νυν κατεῖπε τοῖς θεαταῖς τὸν λόγον,
826. φ. νυν, τίν' αὐτῷ πρῶτον εἰσαγάγω δίκην;
848. φ. νυν, ἐνέγκω τὰς σανίδας καὶ τὰς γραφάς,
906. φ. νυν, ἅμα τῇδ' ἐγχέαμενος νέῳ ῥοφῷ.
990. φ. νύν σε τῃδὶ τὴν ταχίστην περιάγω.
1164. φ. καὶ τὸν ἕτερον. Φι. παραβαλοῦ τούτῳ γ', ἐπεὶ
1497. φ. νυν ἀνεῖπε κἀνταγωνιστὰς καλῶ.
1516. φ. τι ἡμεῖς αὐτοῖς ὀλίγον ξυγχωρήσωμεν ἅπαντες,
ΕΙ. 361. φ. δὴ κατίδω, ποῖ τοὺς λίθους ἀφείξομεν.
771. φ. τῷ φαλακρῷ, δὸς τῷ φαλακρῷ·
959. φ. δή, τὸ δαλίον τυδὶ ἐμβαλῶ λαβών.
969. τοισδὶ φ. δῶ· πολλοὶ γάρ εἰσι κἀγαθοί.
1059. κατάγειμν. φ. νυν τράπεζα· τὴν σπόδον λαβών.
1102. ἔγχει δὴ σπονδὴν καὶ τῶν σπλάγχνων φ. δευρί.
Ο. 463. ὃν διαμάττει οὐ κωλύει. φ. παῖ στέφανον καταχείσθαι
961. ὦ δαιμόνιε, τὰ θεῖα μὴ φαύλως φ.'
1550. φ. τὸ σκιάδειον, ἵνα μὲ κἂν ὁ Ζεὺς ἴδῃ
1579. τὴν τυρόκνηστίν μοι δύτω· φ. σίλφιον·
Α. 424. ἀλλ' οὐδέν ἔργον ἐστάναι. φ. τοὺς μοχλούς
864. φ. νυν καλέσω καταβὰς σοι. ΚΙ. ταχὺ νυν πάνυ.

φέρε. Λ. 890. φ. σε φιλήσω γλυκύτατον τῇ μαμμίᾳ.
Α. 908. μὰ Δί', ἀλλὰ τοῦτό γ' οἴκαδ', ὦ Μανῆ, φ.
916. φ. νυν ἐνέγκω κλινίδιον νῷν. ΚΙ. μηδαμῶς.
918. ἀλλ' οἴζυρὰ κατάκεισο καὶ μή μοι φ.
1096. παντά γε. φ. τὸ ἔθος ἀμβαλώμεθα.
1161. τί δ' οὐ διηλλάγητε; φ., τί τοὐμποδών;
Θ. 197. ἀλλ' αὐτὺς ὅ γε οὐν ἐστιν οἰκείαι φ.
234. βούλει θεᾶσθαι σαυτόν; ΜΝ. εἰ δοκεῖ, φ.
768. οὐ φαίνετ' οὔπω. φ., τίν' οὖν ἂν ἄγγελον
788. ἔριδες, νείκη, στάσις, ἀργαλέα λύπη, πόλεμος. φ. δή νυν.
915. φ., οἱ πύου. ἀπαγέ μ' ἀπαγ' ἀπαγ' ἀπαγέ με
1115. φ. δεῦρό μοι τὴν χεῖρ', ἵν' ἅψωμαι κόρης·
1116. φ., Σκύθ' ἀνθρώπωσι γὰρ νοσήματα
1151. φ. θυμάτιον ἅνωθεν, ὦ τέκνον, τοδί.
1196. καὶ νάκη δῶ σοι. ΕΤ. τάργύριον τοίνυν φ.
Β. 32. ἐν τῷ μέρει· σὺ τὸν ὕπνον ἀράμενος φ.
120. φ. δή, τίν' αὐτῶν σοι φράσω πρῶτην; τίνα;
498. φ. δὴ ταχέως αὔτ'· οὐ γὰρ ἀλλὰ πεισέον
502. φ. νυν, ἐγὼ τὰ στρώματ' αἴρωμαι ταδί.
993. σὺ δὲ τί, φ., πρὸς ταῦτα λέξεις; μῶν ὅπως
1399. φ. ποῦ τοιοῦτο δῇτα μουσεῖ; ποῦ; ΔΙ. φράσω·
1417. εὐδαιμονοίης. φ., πυθεσθέ μου ταδί.
Εκ. 28. προσιόντα. φ. νυν ἐπαναχωρήσω πάλιν,
33. τὴν νύκτα πᾶσαν. ἀλλὰ φ., τὴν γείτονα
163. φ., τὸν στέφανον, ἐγὼ γὰρ ἂν λέξω πάλιν.
710. φ. νυν, φράσον μοι, ταῦτ' ἀρέσκει σφῷν; ΒΛ. πάνν.
725. φ. νυν ἐγὼ σοι παρακολουθῶ πλησίον,
738. φ. δεῦρο ταύτην τὴν ὑδρίαν, ἰδραφόρε,
833. οὐκ οἶδ' ὅ τι λήρεῖς. φ. σὺ τῶνδάφορον ὁ παῖς.
869. φ. νυν ἐγὼ σοι ξυμφέρω. ΑΝ. Λ. μή, μηδαμῶς.
1080. φ., πῶς ἐπ' ἐκείνην τὴν καλὴν ἀφίξομαι;
Π. 94. καὶ τοὺς δικαίους. ΠΛ. ὁμολογῶ σοι. ΧΡ. φ. τί οὖν;
131. διὰ τἀργύριον πλεῖστον γάρ ἐστ' αὐτῷ. ΧΡ. φ. τί οὖν;
374. οὐ δῇτ' ἔγωγ'. ΒΛ. ὦ Ἡράκλεις, φ., ποῖ τις ἄν
768. φ. νυν ἰοὺς εἴσω κομίσω καταχύσματα
789. φ. νυν, νόμος γάρ ἐστι, τὰ καταχύσματα
964. φ. νυν ἐγὼ τῶν ἔνδοθεν καλέσω τινά.
1198. ἱδρυσόμεθα, λαβοῦσ' ἐπὶ τῆς κεφαλῆς φ.
Fr. 7. φ. ἴδω τί σοι δῶ τῶν μύρων; ψαγδὰν φιλεῖ;
13. ταχὺ νιν πίτου καὶ μὴ τροσίαν οἶνον φ.
53. πιθεν οὖν γένοιντ' ἄν; α. τὸν κύτυλον τοῦτον φ.
84. 1. καὶ νὴ Δί' ἐν τοῦ δωματιου γε νῷν φ.
427. φ. καὶ ταχέων κατὰ χειρὸς ὕδωρ
447. 1. α. τράπεζαν ἡμῖν φ.
450. φ. δὴ τοίνυν ταῦθ' ἵνα λάθῃ, τί ποιεῖν χρή μ' ὦ Τελεμεσσεῖ;
Φερέδειπνε. Σ. 401. ὦ Σμικυθίων καὶ Τισιάδη καὶ Χρήμων καὶ Φ.;
φερίθ'. Fr. 421, 2. ἀλλά φ. ἤπάτιον, ἡ κακριλίου νέου
φέρει. Α. 417. αὔτη δὴ δύνατον, ἣν κἀπῶτ λέξῃ, φ.
Ι. 205. ὅτι ἀγκύλαι ταῖς χεροῖν ἀρπάζων φ.
Σ. 114. ὁ γὰρ υἱὸς αὐτοῦ τὴν νόσον βαρέως φ.
181. 'Ὀδυσσέα τιν'; ΞΑ. ἀλλὰ καὶ μὰ Δία φ.
691. αὐτὸν δὲ φ. τὸ συνηγορικόν, δραχμήν, κἂν ὕστερος ἔλθῃ·
Ο. 1278. οὐκ οἶσθ' ὅσην τιμὴν παρ' ἀνθρώποισι φ.,
1638. ὦ δαιμόνι' ἀνθρώπων Πόσειδον, ποῖ φ.;
Θ. 342. ἢ μεγαλύνει τις ἀγγελίας ψευδεῖς φ.,
Β. 27. οὐκοῦν τὸ βάρος τοῦθ', ὃ σὺ φέρεις, οὗτος φ.;
29. πῶς γὰρ φέρει, ὅς γ' αὐτὸς ὑφ' ἑτέρου φ.;
1301. οὑτος δ' ἀπὸ πάντον μελ φ. τορνιδίων,
Π. 843. ὁ φ. μετὰ σοῦ τὸ παιδάριον τουτί· φράσον.
φέρειν. Σ. 18. φ. ἐνίχωμεν τὰς Ἀθήνας σοι φ. ἠδύσματα,
Σ. 499. ἢ νομίζεις τὰς Ἀθήνας σοι φ. ἠδύσματα,
1121. οὕστις ἄν μὴ χρή τὸ κέντρον, μὴ φ. τριώβολον.
ΕΙ. 1317. βύθδὰι τε φ., καὶ πάντα λοιπὸν ξυγχαίρειν κάπιχορεύειν.
Ο. 1317. θᾶττον φ. πελέκω.
Λ. 349. φ. ὕδωρ μεθ' ἡμῶν.
1192. οὐ φέρειν ἐνεστί μοι πᾶσι παρέχειν φ.
Θ. 199. φ. δικαιοῦ, ἀλλὰ τοῖς παθημάσιν.
Β. 12. τί δῆτ' ἔδει με ταῦτα τὰ σκεύη φ.
172. ἄνθρωπε, βουλει σκευάρι' εἰς Ἅιδου φ.
803. ἢ που βαρέαν οἴμαι τὸν Αἰσχύλον φ.
1307. λαμπάδα δ' αὐτῷ· οὔτε γε φ.
Εκ. 587. μὴ λοιδορῆσθαι, μὴ 'νεχυράζομενον φ.
771. τί γὰρ ἀλλὰ γ' ἢ φ. παρασκευαστήν φ.
804. καλῶν ποιήσεις. ΑΝ. Β. φ δ' ἐνθυμήσεις φ.;
Fr. 307. ὅτι διὰ γε τοῦτο τοῦτος οὐ δύναμαι φ.

φέρεις. Α. 163. σπονδὰς φ., τῶν ἀμπέλων τετμημένων;

φέρεις—φευκτέον. 319

φέρεις. Α. 186. οἱ δ᾽ οὖν βοώντων· ἀλλὰ τὰς σπονδὰς φ.;
Α. 760. δ οὖν φ.; ΜΕ. οὐχ ὑμεῖς αὐτῶν ἄρχετε;
784. τί δαί φ.; ΜΕ. χαίρουσ᾽ ἰγῶνγα μυστικαῖς.
873. τί φ.; ΒΟ. δσ᾽ ἐστὶν ἀγαθὰ Βοιωτοῖς ἁπλῶς,
882. δύο μοι προσιπεῖν, εἰ φ. τὰς ἐγχέλεις.
Σ. 180. βάδιζε θᾶττον. τί στένεις, εἰ μὴ φ.
701. οὐκ ἀπολαύεις πλὴν τοῦθ᾽ ὃ φ., ἀκαρῆ. καὶ τοῦτ᾽ ἰρίῳ σοι
845. εἶθ᾽ ἱεροσυλήσας φ.; ΒΔ. οὐκ, ἀλλ᾽ ἵνα
Ει. 268. οὗτος. ΚΤ. τί ἐστιν; ΠΟ. οὐ φ.; ΚΤ. τὸ δεῖνα γὰρ,
281. τί ἐστι; μῶν οὐκ αὖ φ.; ΚΤ. ἀπώλωλε γὰρ
Β. 25. οὐ γὰρ φέρω ᾽γώ; ΔΙ. πῶς φ. γὰρ, ὅς γ᾽ ὀχεῖ;
27. οὐκοῦν τὸ βάρος τοῦθ᾽, ὃ σὺ φ., σύνοι φέρει;
29. πῶς γὰρ φ., ὃς γ᾽ αὐτὸς ὑφ᾽ ἑτέρου φέρει;
Εκ. 755. αὖτ᾽, ἤ φ. ἐνέχυρα θήσων; ΑΝ. Α. οὐδαμῶς.
Fr. 358. τί δὲ τὸν ὀρνίθειον οἰκίσπον φ.;
Φερεκράτους. Λ. 158. τὸ τοῦ φ., κύνα δέρειν δεδαρμένην.
φέρεν. Θ. 512. εἶθ᾽ ἡ μιαρὰ γραῦς, ἡ ᾽φ. τὸ παιδίον,
Θ. 1217. τὴν γραῦν ἐφαστὲς ἡ ᾽φ. τὰς νηκτίδας;
φέρεν. Α. 739. χαίρεις γὰρ ὑμῖ σκευάσας φαρφ.;
φέρες. Α. 137. μὰ Δί᾽ οὐκ ἄν, εἰ μισθόν γε μὴ φ. παλύν.
Ει. 5. ἰδοὺ μάλ᾽ αὖθις. ΟΙ. Α. ποῦ γὰρ ἦν νῦν δὴ ᾽φ.;
φέρεσθαι. Ν. 376. ὅταν ἐμπλησθῶς ὕδατος πολλοῦ κἀνάγκασθῶσι φ.,
Ν. 379. δ δ᾽ ἀναγκάζων ἐστὶ τίς αὐτάς, οὐχ ὁ Ζεύς, ὥστε φ.;
Σ. 1099. αἰτιώταυν φ.
φέρεται. Ν. 395. ἀλλ᾽ ὁ κεραυνὸς πόθεν αὖ φ. λάμπων πυρὶ, τοῦτο δίδαξον,
Ν. 406. ῥῆξας αὑτὰς ἔξω φ. σοβαρὸς διὰ τὴν πυκνότητα.
φέρετε. Fr. 421, 1. ἠγριαίαν φ. δεῦρα μετὰ κολλάβων
φέρετω. Ο. 464. κατὰ χειρὸς ὕδωρ φ. ταχύ τις. ΧΟ. δειπνήσειν μέλλομεν, ἤ τί;
Ο. 1311. Μανῆ δέ φ. μοι θύρας τὰ πτερά·
1325. φ. κύλαθον ταχύ τις πτερων,
1580. τυρῶν φ. τις· πυρπόλει τοὺς ἀνθρακας.
Λ. 199. φ. κέλικά τις ἔνδοθεν καὶ σταμνίον.
φέρη. Σ. 971. αὐτοῦ μένων γὰρ ἄττ᾽ ἂν εἴσω τις φ.,
φέροι. Ι. 1056. καί κε γυνή φ. ἄχθος, ἐπεί κεν ᾽μήρ ἀναθείη
Β. 24. ἵνα μὴ ταλαιπωροῖτο μηδ᾽ ἄχθος φ.;
Εκ. 484. μήν δ᾽ ἂν αἰσχύνη φ.
φέρους. Σ. 158. σὺ δὲ τοῦτο βαρίως ἂν φ.; ΦΙ. ὁ γὰρ θεοῖ
φέρατ᾽ Α. 977. ἡ δὲ φ. αὖ πάλιν ἐς τὴν γῆν,
φέρμαι. Ν. 241. ἄγομαι. φ. τὰ χρήματ᾽ ἐνεχυράζομαι.
φέρομεν. Ει 1206, τὰ δῶρα ταυτί σοι φ. ἐς τοὺς γάμους.
Λ. 589. πλεῖν ἢ δπωλῶν αὐτῶν φ. πρῶτιστον μὲν γε τεκοῦσαι
Θ. 474. βαρίως τε φ., εἰ δι᾽ ἡμῶν ἡ γία
φέρον. Α. 354. ἐδίλεν τ᾽ ἀπούσαυ μηδὲν ἴσον ἴπῳ φ.,
φέροντας. Α. 66. μισθὼν φ. δύο δραχμὰς τῆς ἡμέρας
Ει. 1003. κἀν Βοιωτῶν γε φ. ἰδεῖν
Λ. 337. φ., ὥσπερ βαλανεύσαντας,
Εκ. 806. ὀρῶ φ. ΑΝ. Β. τάνυ γ᾽ ἂν οὖν Ἀντιοθένης
φέροντας. Fr. 306, 2. ἤκειν φ. φασι τὸν Πυλαγόρας
φέροντι. Fr. 163, 4. τῆς τρυγὸς ἄρτον λιπαρὸν καὶ ῥάφανον φ.
Ι. 794. ἀλλὰ καθείρξας αὐτὸν βλίττεις· Ἀρχεπτολέμου δὲ φ.
φέρουσ᾽. Ο. 681. ἡδὺν φθόγγον ἐμοὶ φ.
Λ. 334. φ. ὕδωρ βαηθῶ.
Θ. 507. εἶθ᾽ ὡς ἐνίουσε ἡ φ., εὐθὺς βοᾷ,
Β. 15. [σκεύη φ. ἑκάστον᾽ ἐν κωμῳδία.]
1351, φ. ἀνυθοῖμαν·
φέρουσα. Ει. 660. σπονδὰν φ. τῇ πόλει κίστην πλέαν
φέρουσαν. Ο. 1006. ἀγρῶ, φ. δ᾽ ὦσιν εἰς αὐτὴν ὁδοὶ
φέρουσιν. Εκ. 222. ἐπὶ τῆς κεφαλῆς φ. ὥσπερ καὶ πρὸ τοῦ.
Φιροίφαθ᾽. Β. 671. χῇ Φ.. ἄρ᾽ ὄντε κ:ικεῖνα θεῶ.
Φιρσέφαττα. Θ. 287. καὶ Φ, πολλὰ κυλλῆσι μὲ σοι
φέρω. Α. 870. ἀλλ᾽ εἴ τι βούλει, πρίασο, τῶν ἐγὼ φ.,
Λ. 878. καὶ μὴ φ. χάνης, λαγὼς, ἀλώπεκας,
927. δύς μοι φορυτόν, ἵν᾽ αὐτὸν ἐνθίσαν φ.
Ι. 784. οὐχ ὥσπερ ἐγὼ μειψάμενός σοι τουτί φ. ἀλλ᾽ ἐναίρου,
1166. ἰδοὺ φ. σοι τήνδε μαζίσκην ἐγὼ
1199. ὦ Δημίδιον, ὑράς τὰ λαγῷ᾽ ἂ σοι φ.;
Σ. 605. ἰδοὺ, τί ἐτ᾽. ὡς ἀπανί ἐγὼ φ.
1444. εἴσω φ. σ᾽ ἐντεῦθεν· εἰ δὲ μή. τάχα
Θ. 85. βαρίως φ. τάλαινα τυλὴν ἥδη χρόνον
Β. 25. οὐ γὰρ φ. ᾽γώ; ΔΙ. πῶς φέρεις γάρ, ὅς γ᾽ ὀχεῖ;
28. οὐ ᾽γῶ᾽ δ γ᾽ ἔχω᾽ γὼ καί φ., κἂν τὸν Δί᾽ οὐ.
Εκ. 174. ὑσανπερ ὑμῖν᾽ ἀχθομαι δὲ καί φ.
728. ἐγὼ δ᾽, ἵν᾽ εἰς ἀγοραν γε τὰ σκεύη φ.,
Π. 646. ὡς ἀγαθὰ συλλήβδην ἀπαντά σοι φ.

φέρω. Fr. 90. ταυτί τὰ κρί᾽ αὐτῷ παρὰ γυναικός του φ.
φέρωμεν. ΕΙ. 1340. ἀλλ᾽ ἁράμενοι φ.
φέρων. Α. 90. ταῦτ᾽ ἄρ᾽ ἐφενάκιζες σύ, δύο δραχμὰς φ.
Α. 178. τί δ᾽ ἔστων; ΑΜ. ἐγὼ μὲν δευρὶ σπονδὰς φ.
207. εἴ τις οἶδ᾽ ὅπα τέτραπται γῆς ὁ τὰς σπονδὰς φ.
211. οὐκ ἂν ἐπ᾽ ἐμῆς γε νεότητος, ὅτ᾽ ἐγὼ φ. ἀνθράκων φορτίον
881. ὦ τερπνότατον σὺ τέμαχος ἀνθρώποις φ.,
931. ἂν μὴ φ. κατάξῃ·
950. βούλει φ.
Ι. 642. ἀνέκραγον᾽ ὦ βουλή, λόγοισι ἀγαθούς φ.
1188. ὅτι ἥδιν, ὦ Ζεῦ, καὶ τὰ τρία φ. καλῶς.
Ν. 1383. μαμμᾶν δ᾽ ἂν αἰτήσαντος ἥκιν σοι φ. ἂν ἄρτον·
1486. κλίματα λαβὼν ἐξελθε καὶ συνῳόν φ.,
Σ. 798. ἀνάμενέ νυν· ἐγὼ δὲ ταῦθ᾽ ἥξω φ.
1189. πλὴν ἐς Πάρον, καὶ ταῦτα δύ᾽ ὀβολὼ φ.
Ει. 192. ἥκεις δὲ κατὰ τί; ΤΡ. τὰ κρέα ταυτί σοι φ.
265. εἴπερ γὰρ ἥξει τῶν ἀλετρίβανον φ.,
267. ἀλλ᾽, ὦ Διόνυσ᾽, ἀπώλιτο καὶ μὴ ᾽λθοι φ.
379. ἀγὼ προθύμωι σοι φ. ἀφικόμην.
888. σκεύασθ᾽ ὅσ᾽ ὑμῖν ἀγαθὰ παραδώσω φ.
1020. οὐδ᾽ αἱματοῦται βωμός. ἀλλ᾽ εἴσω φ.
Ο. 750. Φρίνιχος ἀμβροσίων μελέων ἀπεβόσκετο καρπὸν, ἀεὶ φ.
Λ. 25. κυρμῷ τοσουτονὶ βάρος χλωρᾶς φ. ἰλάος.
765. τοῦ σκέλους ὑμᾶς λαβών τις ἐκτραχηλίσῃ φ.
976. σίχομ φ., εἶτα μισείη.
Β. 9. μηδ᾽ ὅτι τοσοῦτον ἄχθος ἐπ᾽ ἐμαυτῷ φ.,
26. φ. γε ταυτί. ΔΙ. τίνα τρόπον; ΗΛ. βαρέως πάνυ.
521. ὁ παῖς, ἀκολούθει δευρο τὰ σκεύη φ.
1504. καὶ δὸν τουτὶ Κλεοφῶντι φ.,
Εκ. 306. ἐν ἀσκιδίῳ φ.
851. πρὸς ταῦτα χωρεῖθ᾽, ὡς ὁ τὴν μᾶζαν φ.
Π. 849. χαρίεντά γ᾽ ἥκεις εἰπὼν δῶρα τῷ θεῷ φ.
Fr. 247. " δακτύλων χαλκοῦν φ. ἀπείρονα "
φέρωσιν. Ι. 575. νῦν δ᾽ ἐὰν μὴ προεδρίαν φ. καὶ τὰ σιτία,
φέρωσιν. Ο. 191. ἢν μὴ φόρον φ. ὑμῖν οἱ θεοί,
φεῦ. Α. 457. φ. κ.τ.λ.
φαύγ᾽. Σ. 1435. ἔκνους, μή φ. ἐν Συβάρει γυνή ποτε
φεύγε. Θ. 1208. λέλυσο, σὺ ἔργον, φ., πλὴν τὸν τοξότην
φεύγει. Ι. 819. κἀκεῖνοι μὲν φ. τὴν γῆν, σὺ δ᾽ Ἀχιλλείαν ἀπομάττει,
Ει. 1175. αὐτὸν φ. πρῶτοι, ὥσπερ ξουθοὶ ἱταλικτρύων
Θ. 1092. τοῦ ᾽σθ᾽ ἡ μιαρά; καὶ δὴ φ.
φεύγειν. Σ. 359. φ. ἀδέως. νῦν δὶ ξὺν ὅπλοις
Fr. 58. δυνείεις με φ. οἴκαδε
φεύγιν. Ι. 240. οὗτος, τί φ., οὐ μενεῖς; ὦ γεννάδα
Ν. 1301. φ.; ἔμελλον σ᾽ ἄρα κινήσειν εγώ
Θ. 689. καὶ τοῦ σὺ φ., ὑπότω οὗτος, οὐ μενεῖς·
1093. τοῦ ποῖ φ.; ΕΤ. ποῖ ποῖ φ.;
φεύγετ᾽. Π. 417. τοῦ ποῖ φ.; οὐ μενεῖτον; ΒΛ. Ἡράκλεις.
φεύγει. Α. 1160. λοντος λαβεῖν αὐτοῦ κύων ἁρπάσασα φ.
φεύγεις. Π. 96. φ. ἂν δύο τοὺς πουηρούς; ΠΛ. φήμ᾽ ἐγώ.
φεύγομεν. Ει. 240. ἄρ᾽ οὕτως ἐστ᾽ ἐκείνου ἕν καὶ φ.,
Π. 441. ἀλλ᾽ ἄνδρα δυὸ γυναῖκα φ. μίαν;
φεύγοντ᾽. Α. 177. δεῖ γάρ με φ. ἐκφυγεῖν Ἀχαρνέας.
Σ. 1000. φ. ἀπολύσαι ἄνδρα; τί ποτε πείσομαι;
Ει. 742. τοὺς φ. κόψαπερανντας καὶ τυπτομένους ἐντῖρβος,
φεύγοντας. Ν. 880. τοὺς φ. τ᾽ ἤλεειν μᾶλλον
φεύγοντες. Π. 1193. παρυντες οἱ φ. ἡμέρᾳ μιᾷ
Β. 240. ἢ Διὸς φ. ὕμβρον
φευγόντων. Σ. 390. τοῖς δακρύοισιν τῶν φ. ἀεὶ καὶ τοῖς ὀλοφυρμοῖς·
Σ. 693. ἥν τί τι διδῷ τῶν φ., ξυνθόντι τὸ πράγμα δύ᾽ ὄντε
φευγόντων. ΕΙ. 1078. ὡς ἡ σφονδύλη φ. πονηρότατων βδεῖ.
φευγόντων. Α. 771. τοὺς ἴποπας φ., πικρότατοί τε φαλήτων,
φεύγουσι. Α. 22. τὸ σχοινίον φ. τὸ μεμιλτωμίνον·
Π. 577. ἀπὸ τῶν παίδων· τοὺς γὰρ πατέρας φ., φρονοῦντας ἄριστα
φεύγουσι. Π. 575. ἀλλὰ φλυαρεῖς καὶ πτερυγίζεις. ΧΡ. καὶ πῶς φ. σ᾽ ἄπαντες;
φεύγουσιν. Σ. 943. καὶ ταῦτα τοῖς φ., ἀλλ᾽ ὡδὶ ἔχει;
φεύγωσιν. Ν. 107. ἡ ῥαβδιοὶ φ. ἀν ἀπεφυνξει διηγῃ·
Σ. 579. κᾶν Οἴαγρος εἰσέλθη φ., οὐκ ἀπηφιὴν πρὶν ἂν ἡμῖν
718. καὶ ταῦτα μόλις ξευίαι φ. ἰλαβὲς κατὰ χοίνικα, κριθῶν.
819. καὶ μήν φ. φ. οὐτοσὶ Λιβὸς πόρα.
947. ὅπιρ ποτέ φ. ἰπαθε καὶ θοικνεύθης·
1768. φ. γέμον θέμαιιν᾽ τε ἑρμαίων,
Β. 1165. δι᾽ ἀπήρ ἤκει τε καὶ κατέρχεται.
Π. 933. ἀλλ᾽ οἴχεται φ. ὃν ἧγες μάρτυρα.
φευκτέον. Ο. 392. ἐγγύς᾽ ἂν οὐ φ. νῶν.

φεύξει—φιλεῖν.

φεύξει. Ι. 442. φ. γραφὰς ἑκατονταλάντους τέτταρας.
Θ. 1205. ὅταν λυθῆς τάχιστα, φ., καὶ τινεῖς
φευξεῖται. Π. 496. τοὺς δὲ πονηροὺς καὶ τοὺς ἀθέους φ.· κᾆτα παύσει
φεύξομαι. Α. 203. ἐγὼ δὲ φ. γε τοὺς Ἀχαρνέας.
φεύξονται. Εκ. 625. φ. γὰρ τοὺς αἰσχίους, ἐπὶ τοὺς δὲ καλοὺς βαδιοῦνται.
φευξούμεθα. Π. 447. ἔρημον ἀπολιπόντε ποι φ.
φευξούμενον. Α. 1129. ἐνορῶ γέροντα δειλίας φ.
φίψαλοι. Σ. 227. πηδῶσι καὶ βάλλουσιν ὥσπερ φ.
φίψαλος. Α. 668. οἷον ἐξ ἀνθράκων πρινίνων φ. ἀνήλατ', ἐρεθιζομένου οὐρίᾳ ῥιπίδι,
φευφάλυξ. Λ. 107. ἀλλ' οὐδὲ μοιχοῦ καταλέλειπται φ.
φεψάλῳ. Α. 279. ᾖ δ' ἀσπὶς ἐν τῷ φ. κρεμήσεται.
φῇ. Ο. 555. κἂν μὲν μὴ φ. μηδ' ἐθελήσῃ μηδ' εὐθὺς γνωσιμαχήσῃ,
φηγόν. Εἰ. 1137. τήν τε φ. ἐμπυρεύων,
φήληχ'. Εἰ. 1165. ὃν φύει τῶν τε φ.
φήμ'. Π. 505. οὐκοῦν εἶναί φ., εἰ παύσας ταύτην βλέψει ποθ' ὁ Πλοῦτος, κ.τ.λ.
φήμ'. Ι. 278. τουτονὶ τὸν ἄνδρ' ἐγὼ 'νδείκνυμι, καὶ φ. ἐξάγειν κ.τ.λ.
φήμαις. Fr. 211. φ. οὖν ἐγὼ Βροτῶν ἅπαντας ἐκλαπῆναι.
φήμη. Ο. 720. φ. γ' ὑμῖν ὄρνις ἐστί, πταρμόν τ' ὄρνιθα καλεῖτε,
φημί. Α. 187. ἐγᾦγέ φ., τρία γε ταυτὶ γεύματα. κ τ λ.
φημί. Ν. 383. οὐκ ἠκουσάς μου τὰς Νεφέλας ὕδατος μεστὰς ὅτι φ. κ τ λ.
Ν. 1059. οὔ φησι χρῆναι τοὺς νέους ἀσκεῖν, ἐγὼ δὲ φ. κ.τ.λ.
φήνας. Α. 542. ἀείδιτο φ. μινίδιον Σεραφίων,
φήνη. Ο. 304. πορφυρίς, κερχνῄς, κολυμβίς, ἀμπελίς, φ., βρύσῃς.
φής. 1. 183. οἴμοι, τί ποτ' ἔσθ' ὅτι σαυτὸν οὐ φ. ἄξιον; κ.τ.λ.
Ι. 1346. τί φ.; κ.τ.λ.
φησ'. Ι. 121. ἰδού· τί φ. ὁ χρησμός; ΔΗ. ἑτέραν ἔγχεων. κ.τ.λ.
φήσας. Fr. 476, 11. ἐγὼ δὲ τοῦτ' ὀλίγον χρόνον φ. ἀφειλόμην ἄν.
φήσει. Σ. 1229. φ. γὰρ ἐξολεῖν σε καὶ διαφθερεῖν κ.τ.λ.
φήσεις. Α. 490. τί δράσεις; τί φ.; ἀλλ' ἴσθ' νυν νν κ.τ.λ.
φησι. 1. 209. τὸν οὖν δράκοντά φ. τὸν Βυρσαίετον κ.τ.λ.
φησί. Ι. 514. ἡμᾶς ὑμῖν ἐκέλευε φράσαι περὶ τούτου. φ. γὰρ ἀνὴρ κ.τ.λ.
Ο. 26. βρίκουσ' ἀπέδεσθαί φ. μου τοὺς δακτύλους; κ.τ.λ.
φησιν. 1. 512. ἃ δὲ θαυμάζειν ὑμῶν φ. πολλοὺς αὐτῷ προσιόντας, κ.τ.λ.
φησίν. Α. 102. πέμψειν βασιλέα φ. ὑμῖν χρυσίον. κ.τ λ.
Σ. 1037. ἀλλ' ὑπὲρ ὑμῶν ἔτι καὶ νυνὶ πολεμεῖ φ. τε μετ' αὐτοῦ κ.τ λ.
φήσομεν. Ο. 397. φ. πρὸς τοὺς στρατηγούς·
φήσουσι. Ν. 1209. φ. δή μ' οἱ φίλοι
Εκ. 774. καί φασιν οἴσειν ἀράμενοι. ΑΝ. Β, φ. γάρ.
φήσω. Εκ. 250. φ. παραφρονεῖν αὐτόν. ΓΤ. Α. ἀλλὰ τούτῳ γε
Εκ. 590. κοινωνεῖν γὰρ πάντας φ. χρῆναι πάντων μετέχοντας,
φθαίης. 1. 935. ἐμπλήμενος φ. ἔτ' εἰς
Ο. 1018. φ. ἂν ἐπίκεισαι γὰρ ἐγγὺς αὑταί.
φθάνοις. Εκ. 118. οὐκ ἂν φ. τὸ γένειον ἂν περιδουμένη,
Π. 873. σὺ μὲν εἰς ἀγορὰν ἰὼν ταχέων οὐκ ἂν φ.;
1133. ταύτην ἐπειδὰν ἀποτρέξων οὐκ ἂν φ.·
φθάνοιτεν Π. 485. οὐκ ἂν φ. τοῦτο πράττων"· ἢ τί γὰρ
φθάσας. Π. 1102. μὰ Δί', ἀλλ' ἔμελλον· εἶτ' ἀνέφξάς με φ.
φθάσειε. Π. 685. νὴ τοὺς θεοὺς ἔγωγε μὴ φ. με
φθεγγομένα. Α. 776. ᾗ λῇς ἀκούσαι φ.; ΔΙ. νὴ τοὺς θεοὺς
φθεγγόμενον. Π. 1099. φ. ἄλλως κλανγῇ. ΕΡ. σέ τοι λέγω,
φθίγγον. Fr. 253. . αἱ τὸν κυλλάστιν φ. καὶ τὸν Πετόσιριν.
φθέγμ'. Ν. 319. ταῦτ' ἄρ' ἀκούσασ' αὐτῶν τὸ φ. ἡ ψυχή μου πεπότηται,
φθέγμα. Εἰ. 235. καυτὸς θυσίας φ. πολεμιστηρίας.
φθέγματι. Ο. 683. αὐλῶν φ. ἥρινοῖς,
φθέγματι. Θ. 267. τύ γ' εἶδος ᾖν λαλῇς δ', ὅπως τῷ φ.
φθέγματος. Ν. 364. ὦ Γῆ τοῦ φ., ὡς ἱερὸν καὶ σεμνὸν καὶ τερατῶδες.
φθεγξάμεναι. Ν. 315. αἱ φ. τοῦτο τὸ σεμνόν· μῶν ἥρῳναί τινες εἰσιν;
φθέγξεται. Β. 98. πῶς γὐνιμην; ΔΙ. ὡδὶ γόνιμον, ὅστις φ.
Β. 920. ὁπόθ' ἡ Νιόβη τι φ. τὸ δρᾶμα δ' ἂν διῄει.
φθεγξόμεσθ'. Β. 242. φ., εἰ δή που εὐ-
φθεγξώμεθ'. Β. 213. φ., εὔτρηνον ὕμνον ἀοιδαῖς,
φθείραντ'. Α. 460. φ. λαβὼν τῷδ'· ἴσθ' ὑχληρὸν ὦν δόμοις.
Π. 598. ἀλλὰ φ. καὶ μὴ γρύξῃς·
610. τυτε νοσημάτοιν φ. ἥρινοῖς,
φθείρουσιν. Ο. 1068. φ. λυμαῖς ἐχθίστοις·
φθεὶρσίν. Εἰ. 740. ἐς τὰ ῥάκια σκιπτοντας ἀεὶ καὶ τοῖς φ. πολεμοῦντας·

φθειρῶν. Π. 537. φ. τ' ἀριθμὸν καὶ κονώπων καὶ ψυλλῶν οὐδὲ λέγω σοι
φθιννύλλα. Εκ. 935. δεόμενος οὐδέν. ΓΡ. Α. νὴ Δί', ὦ φ. σύ.
φθίσι'. Β. 1264. Φ. Ἀχιλλεῦ, τί ποτ' ἀνδροδάϊκτον ἀκούων.
φθόγγον. Ο. 681. ἡδὺν φ. ἐμοὶ φέρουσ'.
φθόγγος. Ο. 1198. δίνης πτεροτὸς φ. ἐξακούεται,
φθοῖς. Π. 677. νὴ φ. ἁφαρπάζοντα καὶ τὰς ἰσχάδας
φθόνει. Εκ. 900. μὴ φ. ταῖς νέαισι.
φθονεῖ. Εἰ. 444. καί τις ἐπιθυμῶν ταξιαρχεῖν σοι φ.
Π. 92. οὗτος ἐκεῖνοι ταῖς χρηστοῖσι φ.
φθονεῖν. Εκ. 565. μὴ λωποδυτῆσαι, μὴ φ. τοῖς πλησίον,
φθονεῖς. Θ. 249. Ἀγάθων, ἐπειδὴ σαυτὸν ἐπιδοῦναί φ.,
φθονείθ'. 1. 580. μὴ φ. ἡμῖν κωμῳσι μηδ' ἀπεστλεγγισμένοις.
φθονεῖτ'. Α. 649. εἰ δ' ἐγὼ γυνὴ πέφυκα, τοῦτο μὴ φ. μοι,
φθονεραί. Ι. 1051. μὴ πείθου· φ. γὰρ ἐπικρώζουσι κορώναι.
φθονερός. Θ. 757. κακῶς ἀπόλοι' ὦ φ. εἶ καὶ δυσμενής·
φθονερούς. Β. 827. γλῶσσ', ἀνελισσομένη φ. κινοῦσα χαλινούς,
φθονήσῃς. Α. 496. μὴ μοι φ., ἄνδρες οἱ θεώμενοι,
φθόνος. Λ. 1191. οὐ φ. ἔνεστι μοι πᾶσι παρέχειν φέρειν
φθάνου. Θ. 146. ὦ πρέσβυ πρέσβυ, τοῦ φ. μὲν τὸν ψόγου
φθονοῦσα. Εκ. 1043. ὦ παμβδελυρά, φ. τοῦδε τὸν λόγον
φθονῶ. Θ. 252. λαμβάνετε καὶ χρῆσθ'· οὐ φ. ΜΝ. τί οὖν λάβω;
φθονῶν. 1. 880. οὐχὶ φ. ἔπαισας, ἵνα μὴ ῥήτορεί γίνοιντο.
Π. 87. ὁ Ζεὺς με ταῦτ' ἔβρασεν ἀνθρώποις φ.
φθόρε. Ι. 1151. ἄπαγ' ἐς μακαρίαν ἐκποδών. ΑΛ. σύ γ', ὦ φ.
φθάρον, Θ. 535. ταύτην ἐᾦσαι τὴν φ. τοιαῦτα περιυβρίζειν
φιάλας. Σ. 677. φ., χλανίδας, στεφάνους, ὅρμους, ἐκπώματα, προσκεφάλαια,
φιαλεῖς. Σ. 1348. ἀλλ' οὐκ ἀποδώσεις αὐθί φ., αἴδ' ὅτι,
φιάλην. Σ. 1447. φ. ἐπητείσατο κλέψαι τοῦ θεοῦ·
FI. 431. ἄγε δή, σὺ ταχέως ὑπέχε τὴν φ., ὅπως
Ο. 975. καὶ φ. δούναι, καὶ σπλάγχνων χεῖρ' ἐπιπλῆσαι.
φιαλούμην. ΕΙ. 432. ἔργῳ φ. εὐξήμενον τοῖσιν θεοῖς.
φιβάλεως. Α. 802. τί δαί; φ. ἰσχάδας πεκρυμένως,
φιλ'. Α. 568. ὦ Λάμαχ', ὦ φ. ὦ φυλέτα·
1. 1270. καὶ γὰρ οὗτος, ὦ φ. Ἄπολλον, ἀεὶ πεινῇ, θαλεροῖς δακρύοισιν
Ν. 1478. ἀλλ', ὦ φ. Ἑρμῆ, μηδαμῶς θύμαινέ μοι,
ΕΙ. 416. ναὶ μὰ Δία, πρὸς ταῦτ', ὦ φ. Ἑρμῆ, ξύλλαβε
718. ἀλλ', ὦ φ. Ἑρμῆ, χαῖρε πολλά. ΕΡ. καὶ σύ γε,
Π. 1025. ταῦτ' οὖν ὁ θεός, ὦ φ. ἀνήρ, οὐκ ὀρθῶς ποιεῖ,
Fr. 346, 2. ὥσπερ τὰ παιδί' ἴξες', ὦ φ. φιλε.
φίλα. Α. 729. ἀγορὰ 'ν' Ἀθάναις χαῖρε, Μεγαρεῦσιν φ.
ΕΙ. 859. καθάπανα καὶ φ.
Ο. 936. τόδε μὲν οὐκ ἄκουσα φ.
φιλαθήναιος. Α. 142. καὶ δῆτα φ. ἦν ὑπερφυῶς,
Σ. 282. καί φ ἦν καὶ
φίλαι. Α. 1217. προσλάβεσθ', ὦ φ.
Λ. 239. ὅταν ἂν ἡμῶν γ' ἑλκύσῃ τις ἀλλήλων φ.
637. ἀλλὰ θυμίσθ', ὦ φ., γραἐς, ταδὶ πρῶτον χαμαί.
Θ. 574. φ. γυναῖκες, ξυγγενεῖς τοὐμοῦ τρόπου,
703. οἷον αὖ δέδρακεν ἔργον, οἷον αὖ, φ., τόδε.
1015. φ. παρθίνοι, φ.,
Εκ. 1164. ὦ φ. γυναῖκες, εἴπερ μέλλομεν τὸ χρῆμα δρᾶν,
Φιλανίτην. Εκ. 42. παριοῦσαν ἤδη τήνδε καὶ Φ.
φίλαις. Α. 889. ὁ Κύπριδι τῇ καλῇ καὶ Χάρισι ταῖς φ. ξύντροφε Διαλλαγή,
Α. 712. τί δ' ἐστὶ δεινόν· φράζε ταῖς σαυτῆς φ.
Εκ. 18. ὅσα Σπείραι ἰδοῦε ταῖς ἐμαῖ φ.
φιλαίων. Α. 540. ἐν τῷ μέρει χῇμεῖε τι ταῖς φ. συλλάβωμεν
φιλαιτιν. Εκ. 573. ταῖς φ., ἁμαινε—
φιλαπόλουθος. Β. 414. ἐγὼ δ' ἀεί πως φ. εἰμι καὶ μετ' αὐτῆς
φιλαρματωτάτην. Εἰ. 308. τὴν θεῶν πασῶν μεγίστην καὶ φ.
φιλανθρωπος. Α. 336. ἀπολεῖς ῥα τὸν ἡλικα τὸν φ.;
φιλανθρωπότατε. Εἰ. 393. ἀλλὰ χάρις', ὦ φ.
φίλας. Α. 373. ἐγὼ μέν, ἵνα νήσας πυρῶν τὰς σὰς φ. ὑφάψω.
Θ. 978. καὶ Πᾶνα καὶ Νύμφας φ.
Εκ. 325. τὰς ἡμετέρας φ.
φίλαυλος. Β. 1317. ἵν' ὁ φ. ἐπαλλε δελ-
φίλε. Ο. 1504. ὦ φ. Προμηθεῦ. ΠΡ. παῦε παῦε, μὴ βόα.
φιλεῖ. 1. 779. ἐν δ' οὐχί φ. σ' οὐδ' ἔστ' εὔνους, τοῦτ' αὐτό σε πρῶτα διδάξω,
Ν. 812. ταχέων· φ. γάρ τοι τοιαῦθ' ἕτερα τρέπεσθαι.
Σ. 263. φ. δ', ὅταν τουτ' ᾖ, ποιεῖν ὑετὸν μάλιστα.
Α. 919. ᾖ τοι νοσεῖν φ., μὴ δῆτα 'στὶν κακῶς.
φίλει. 1. 1052. ἀλλ' ἔρηνα φ., μεμνημένος ἐν φρεσίν, ὅς σοι
Σ. 1238. Ἀδμήτου λόγων, ὦταιρε, μαθὼν τοὺς ἀγαθοὺς φ.,
φιλεῖν. Ι. 870. ταῖς ἐμβάσιν, φάσκων φ.; ΔΗΜ. οὐ δῆτα οὐ τὸν Ἀπόλλω.
1. 946. σὺ δ', ὦ Παφλαγών, φάσκων φ. μ' ἐσκορδύσαι.
Ο. 674. ἀπὸ τῆς κεφαλῆς τὸ λέμμα καθ' οὕτω φ.

φιλεῖν—φιλοτιμότεραι. 321

φιλεῖν. Λ. 840. κάξηπεροπεύειν, καὶ φ. καὶ μὴ φ.,
Εκ. 181. οἱ τοὺς φ. μὲν βουλομένους διδοίκατε,
φιλεῖς. Ι. 792. καὶ πῶς σὺ φ., ὃς τοῦτον ὁρῶν οἰκοῦντ' ἐν ταῖς πιθάκναισι
Ι. 848. οὐ γάρ σ' ἐχρῆν, εἴπερ φ. τὸν δῆμον, ἐκ προνοίας
Ν. 82. ἰδού. τί ἐστιν : ΣΤ. εἰπέ μοι, φ. ἐμέ ;
86. ἀλλ' εἴπερ ἐκ τῆς καρδίας μ' ὄντως φ.,
1488. τὸ τίγος κατάσκαπτ', εἴ φ. τὸν δεσπότην,
ΣΠ. 118. ἔστι τι τῶνδ' ἐτύμως ; εἰπ', ὦ πάτερ, εἴ τι φ. με.
Λ. 906. φ. ; τί οὖν οὐ κατεκλίνης, ὦ Μύρριον ;
Θ. 936. ὦ πρύτανι, πρὸς τῆς δεξιᾶς. ἤνπερ φ,
Π. 645. ναύτη πήρ' φ. δὶ δρῶσ' αὐτὸ σφόδρα·
Fr. 7. φέρ' ἴδω τί σοι δῶ τῶν μύρων ; ψάγδαν φ.;
190, 1. ὦ πρεσβύτα πάτερα φ. τὰς δρυπετεῖς ἑταίρας,
φιλεῖσθαι. Λ. 871. ὑπ' ἐμοῦ φ. σὺ δ' ἐμὲ τούτου μὴ κάλει.
φιλεῖτ'. Σ.1535. ἀλλ' ἐξάγετ', εἴ τι φ. ὀρχούμενοι, θύραζε
φιλεῖτε. Σ. 1015. νῦν αὖτε λιμ πρόσχετε τὸν νοῦν, εἴπερ καθαρῶν τι φ.
φιλέορτον. Θ. 1147. εἰρήνην φ.
Φιλέψιος. Π. 177. Φ. δ' οὐχ ἕνεκα σοῦ μίθους λέγει ;
φίλη. Α. 887. φ. δὲ Μορύχω. ὁμῶες, ἐξενέγκατε
ΕΙ. 1055. καλῶς. ΟΙ. καλῶς δῆτ', ὦ πύτνι' Εἰρήνη φ.
Ο. 676. ὦ φ., ὦ ξανθή,
Λ. 21. αὐταῖς. ΚΑ. τί δ' ἐστίν, ὦ φ., Λυσιστράτη,
95. ὅ τι λῇς ποθ' ἁμί. ΛΤ. νὴ Δί'. ὦ φ. γύναι.
135. οὐδὲν γὰρ οἷον, ὦ φ. Λυσιστράτη,
140. ἀλλ', ὦ φ. Λάκαινα, οὺ γὰρ ἐὰν γέίρ
238. φέρ' ἐγὼ καθαγίσω τήνδε. ΚΑ. τὸ μέρος γ', ὦ φ.,
697. ἥ τε Θηβαία φ. παῖς εὐγενὴς Ἰσμηνία.
970. μὰ Δί' ἀλλά φ. καὶ παγγλυκερά.
Θ. 286. δέσποινα πολυτίμητε Δήμητερ φ.
1056. χαῖρ', ὦ φ. παῖ· τὸν δὲ πατέρα Κηφέα,
Εκ. 528. γυνὴ μέ τις νύκτωρ ἑταίρα καὶ φ.
Π. 1042. ἀσπάζομαι. ΓΡ. τί φησιν ; ΝΕ. ἀρχαῖα φ.,
Fr. 162, 1. ὦ πόλι φ. Κέκροπος, αὐτοφυὲς Ἀττική,
φιληθῆας. Π. 307. ὑμεῖς δὴ γρυλίζοντες ὑπὸ φ.
Π. 311. λαβόντες ὑπὸ φ.
πληθῦς. ΕΙ. 1130. οὐ γάρ φ. μάχαις,
φιληλιαστής. Σ. 88. φ. ἐστιν ὡς οὐδεὶς ἀνήρ,
Φιλήμενος. Ο. 763. φρυγίλος ὄρνις ἐνθιδὶ ἔσται, τοῦ Φ. γένους.
φίλην. ΕΙ. 294. ἐξελκύσαι τὴν πᾶσιν Εἰρήνην φ.,
Λ. 1017. ἐχὼν, ὦ πονηρέ, σοὶ βέβαιον ἐμ' ἔχειν φ.
φίλης. Fr. Μ. ΕΙ. Δ. 1, 2. τοῖς πᾶσιν ἀνθρώποισιν Εἰρήνης φ.
φιλῆς. Ι. 748. εὐνούστερος, διάκρινον, ἵνα τοῦτον φ.
φιλῆσαι. Εκ. 910. βουλομένη φ.
φιλῆσαί. Ο. 671. ἐγὼ μὲν αὐτὴν καὶ φ. μοι δοκῶ.
φιλησάτων. Α. 1200. φ. με μαλθακῶς. ὦ χρυσίω,
φιλήσειεν. Εκ. 647. εἴ σε φ. Ἀρίστυλλος, φάσκων αὑτοῦ πατέρ' εἶναι
φιλήσῃ. Σ. 608. ἀπονίψῃ καὶ τὼ πόδ' ἀλείφῃ καὶ προσκύψασα φ.,
Εκ. 650. ὥστ' οὐχὶ δέος μή σε φ. ΒΛ. δεινὸν μέντἄν ἐπεπόνθη,
φιλήσῃς. Λ. 1036. καὶ φιλήσω, ΧΟ. ΓΕ. μὴ φ. ΧΟ. ΓΤ. ἢν τε βούλῃ γ' ἢν τε μή.
φιλήσον. Θ. 1191. πάνυ γε φ. αὐτόν. ΤΟ. ὀ δὶ ὑ, παπαπαταί,
φιλήσω. Λ. 890. φέρε τε φ. γλυκύτατον τῇ μαμμίᾳ.
Λ. 1036. καὶ φ. ΧΟ. ΓΕ. μὴ φιλήσῃς. ΧΟ. ΓΤ. ἢν τε βούλῃ γ' ἢν τε μή.
φιλία. Λ. 1267. φ. τ' αἰὲς εὔποροι εἴη
φιλίας. ΕΙ. 997. φ. χυλῷ. καὶ συγγνώμῃ
Π. 990. αἰτεῖν μ' ἐφασκεν, ἀλλὰ φ. οὕνεκα,
Φίλιννα. Ν. 684. Λυσίλλα, Φ., Κλειταγόρα, Δημητρία.
φίλιον. Α. 730. ἐπύθουν τῷ ναὶ τὸν φ. ἄπιρ ματέρα.
Φίλιππον. Ο. 1701. Γοργίαι τε καὶ Φ.
Φίλιππον. Σ. 421. οἶς γ' ἀπώλεσαν φ. ἐν δίκῃ τὸν Γοργίου.
Φιλίππων. Fr. 177 a. ὁ φ.
Φιλίππων. Ο. 1703. ῥῶν ἐκείνων τῶν φ.
Φιλίστη. Θ. 568. καὶ μὴν ἰδού. ΜΝ. καὶ μὴν ἰδού. ΓΤ. Γ. λαβὲ θοἰματιοι, φ.
φίλο. Σ. 77. οὐκ, ἀλλὰ φ. μέν ἐστιν ἀρχὴ τοῦ κακοῦ.
φιλόδημον. Ι. 787. τοῦτό γέ τοι σοι τοὐργον ἀληθῶς γενναῖον καὶ φ.
φιλοδήμους. Ν. 1187. ὁ Σόλων ὁ παλαιὸς ἦ φ. τὴν φύσιν.
Φιλοδωρήτου. Εκ. 51. καὶ τὴν φ. τε καὶ Χαιρητάδου ;
φιλοθύτην. Σ. 82. εἶναι φ. αὐτὸν ἢ φιλόξενον.
φίλοι. Α. 513. ἀτάρ, φ. γὰρ οἱ παρόντες ἐν λόγῳ,
Α. 617. ἅπαντες ἐξίστω παρῄνουν οἱ φ.
1215. προσλάβεσθ', ὦ φ.
Ν. 1209. φήσουσι δή μ' οἱ φ.
Σ. 317. φ., τήκομαι μὲν
Ο. 371. εἰ δὲ τὴν φύσιν μὲν ἐχθροί, τὸν δὲ νοῦν εἰσιν φ.,

φίλοι. Ο. 1592. ὑμεῖς τ' ἂν ἡμῖν τοῖς θεοῖς ὄντες φ.
Π. 254. ἄνδρες φ. καὶ δημόται καὶ τοῦ πονεῖν ἐρασταί,
734. ὑπερφυεῖς τὸ μέγεθος. ΓΤ. ὦ φ. θεοί.
762. βάλλ' ἐς κόρακας· ὡς χαλεπὸν εἰσιν οἱ φ.
854. Ἄπολλον ἀποτρόπαιε καὶ θεοί φ.,
959. ἀρ', ὦ φ. γέροντες, ἐπὶ τὴν οἰκίαν
φίλοις. Ι. 320. πάμπολυν τοῖς δημόταισι καὶ φ. παρασχεθεῖν.
Ν. 956. ἧς πέρι τοῖς ἐμοῖς φ. ἐστιν ἀγὼν μέγιστος.
Β. 84. ἀγαθοῖς ποιηταῖς καὶ ποθεινοῖς τοῖς φ.
φίλοισιν. Β. 1489. ξυγγενέσι τε καὶ φ.
φίλοισιν. Ο. 420. φ. ὠφελεῖν ἔχειν ;
φιλοκερδής. Π. 591. εἰ πλούσιος ὢν ἀνελεύθερός ἐσθ' οὑτωσὶ καὶ φ.
φιλοκηδῆ. Fr. 700. φ. λύγον.
Φιλοκλέα. Ο. 1295. κορυδὸς Φ., χηναλώπηξ Θεογένει.
Φιλοκλέης. Θ. 168. ταῦτ' ἄρ' ὁ φ. αἰσχρὸς ὢν αἰσχρῶν ποιεῖ,
Φιλοκλέους. Σ. 462. εἴπερ ἔτυχον τῶν μελῶν τῶν Φ. βεβρωκότες.
Ο. 281. ἀλλὰ χοῦτος ἕτερος ; ΕΠ. ἀλλ' οὗτος μέν ἐστι Φ.
Φιλοκλέων. Σ. 133. ἔστιν δ' ὄνομα τῷ μὲν γέροντι Φ.,
Σ. 163. μὰ τὸν Ποσειδῶ, φ. οὐδέποτέ γε.
Φιλοκλέωνος. Σ. 1466. ὁ παῖς ὁ φ.
Φιλοκράτη. Ο. 1077. ἀποκτείνῃ τις ὑμῶν φ. τὸν Στρούθιον,
Φιλοκράτης. Ο. 14. ὁ πινακοπώλης φ. μελαγχολῶν,
Φιλοκτήμονος. Σ. 1250. ὅπως δ' ἐπὶ δεῖπνον ἐς φ. ἴμεν.
Φιλοκτήτου. Α. 424. ἀλλ' ἦ φ. τὰ τοῦ πτωχοῦ λέγεις ;
φιλοκύβου. Σ. 75. εἶναι φ. αὑτόν· ἀλλ' οὐδὲν λέγει,
φιλομούσων. Ν. 358. χαῖρ', ὦ πρεσβῦτα παλαιογενές, θηρατὰ λόγων φ.
φίλον. Ι. 861. ἐμοὶ ποθ' ηὑρήσειν φ. βελτίον'· ὥστις εἶς ὢν
Σ. 1242. οὐδ' ἀμφοτέροισι γίγνεσθον,
1277. πρῶτα μὲν ἅπασι φ. ἄνδρα τε σοφώτατον,
1425. εἶναι φ. τὸ λοιπόν, ἢ σὺ μὲν φιλεῖς,
ΕΙ. 1075. οὐ γὰρ πω τοῦτ' ἐστὶ φ. μακάρεσσι θεοῖσιν,
1106. ἀλλ' αὐτοῖς τοῦτ' ἐστὶ φ. μακάρεσσιν θεοῖσιν.
Ο. 315. τιτιτιτιτιτιτιτιτίνα λόγων ἄρα ποτὲ πρὸς ἐμὲ φ. ἔχων ;
Θ. 346. ἢ καὶ δέχεται προδιδοῦς' ἑταῖρα τὸν φ.,
1053. ἐστὶν ἐμοί φ., ὡς ἐκρεμάσθην,
Εκ. 598. μᾶλλον ἢ 'γὼ τὸν φ.
952. φ. ἐμόν, δεῦρό μοι
963. φ. ἀλλ' ἐν τῷ σῷ
Π. 975. ἄκουέ νυν. φ. μοί τι μειράκιον φ.,
1134. ἄρ' ὠφελήσαί σέ τι τὸν σαυτοῦ φ.;
φιλόξενον. Σ. 82. εἶναι φιλοθύτην αὑτὸν ἢ φ.
Φιλοξένου. Ν. 686. Φ., Μελησίαι, Ἀμυνίας.
Σ. 84. ἐπεὶ καταψύγων ἐστὶν ὁ τοῦ φ.
Φιλοξένου. Σ. 83. μὰ τὸν κύν', ὦ Νικόστρατ', οὐ φ.,
Φιλοξένου. Β. 934. ἠγὼ δὲ τὸν Φ. γ' ᾤμην Ἔρυξιν εἶναι.
φιλοπαίγμονα. Β. 333. φ. τιμάν,
φιλοπατριῶν. Σ. 1485. φ. καὶ σοφίαν
φιλόπολις. Λ. 546. ἵνι θράσος, ἵνι δὲ σοφὸν, ἵνι δὲ φ.
Π. 900. ὅτι χρηστὸς ἀν καὶ φ. πάσχω καλῶς.
901. σὺ φ. καὶ χρηστός ; ΣΤ. ὡς οὐδείς γ' ἀνήρ.
φιλόπολις. ΕΙ. 392. ἢν φ. τις ἔσθ' ὁ βαίνων καὶ σοφὸς
φιλοπότην. Σ. 79. εἶναι φ. αὑτόν. ΣΠ. οὐδαμῶς γ', ἐπεὶ
φιλορνιθίας. Ο. 1300. ἤδον δ' ὑπὸ φ. πάντες μέλη,
Φιλοπράτης Α. 339. δαιμόνιον αὐτὸν ὅτι τῷ τρόπῳ σούστί φ.·
Ν. 1168. ὦ φ., ὦ φ.
Θ. 1430. κάπειτ' ἐπιστὰς εἶπ' ἀνὴρ αὐτῷ φ.·
ΕΙ. 872. χώστις φ. κάσπευδεν εἶναι μὴ μάχαι.
Ο. 142. οὖν ὠρχητέρανας, ὧν ἐμοὶ πατρικὸς φ.
329. ὃς γὰρ φ. ἦν, ὁμότροφά θ' ἡμῖν
Λ. 550. κατασμηχίντος τοὺς τε μετοίκους κεἴ τις ξένος ἢ φ. ὑμῖν,
Θ. 479. ὁ δ' ἀνὴρ παρ' ἐμοὶ καθεύδειν· ἦν δ' ἐμοὶ φ.,
575. ὅστ' αἰ γυνὴ φ. γυμνή, ἰπέθηλος ταῖς γνάθοις.
Εκ. 932. σοὶ γάρ φ. τίς ἐστιν ἄλλος ἢ Γέρης ;
Π. 239. οὖτις προσειλήφ' χρηστὸς ἀνθρώπων φ.
Εκ. 1168. καὶ τοῦ φ. τίς ὅδε λαβὲ θοἰμάτιον, φ.
φιλόσοφον. Εκ. 571. νῦν δὴ δεῖ σε πυκνὴν φρένα καὶ φ. ἐγείρειν
Φιλόστρατος. Ι. 1069. οἶσθ' ὅ τί ἐστιν τοῦτο ; ΔΗΜ. Φ. ἡ κυναλώπηξ.
φιλοτέκνοις. Ν. 752. ἀνὴρ γε τούτου. ΜΝ. φ. εἰ τῇ φύσει.
φιλοτησία. Λ. 203. δέσποινα Πειθοῖ καὶ κύλιξ φ.,
φιλοτησίας. Α. 985. πίνε, κατάπινε, λαβὲ τήνδε φ.,
φιλοτησίας. Fr. 564. ὡς ἤδη καλεῖ μ' ὁ χορὸς ὁ φ.
φιλοτιμία. Θ. 383. φ. μὲν οὐδεμίᾳ μὰ τῶ θεώ
φιλοτιμίας. Π. 192. φ. ΚΑ. μάχης ΧΡ. στρατηγίας ΚΑ. φακῆς.
φιλοτιμότεραι. Β. 678. φ. Κλεοφῶντος, ἐφ' οὗ δὴ χείλεσιν ἀμφιλάλοις

Tt

322 φιλοτιμούμενος—φοβοῦμαι.

φιλοτιμούμενος, Β. 281. εἰδώτ με μάχιμον ὄντα, φ.
φιλοττάριον. Εκ. 891. φ. αὐλητά, τοὺς αὐλοὺς λαβὼν
φίλου. Ι. 1277. αὐτὸς ἦν ἔνδηλος, οὐκ ἂν ἀνδρὸς ἐμνήσθη φ.
Εἰ. 776. τοῦ φ. χύρευσον,
  Ο. 376. ἡ γὰρ εὐλάβεια σώζει πάντα. παρὰ μὲν οὖν φ.
φιλοῦμαι. Εκ. 992. οἶδ' ὅτι φ.· νῦν δὲ θαυμάζεις ὅτι
φιλοῦντος. Σ. 889, φ. ὡς οὐδεὶς ἀνήρ
Φιλοῦργε. Λ. 266. ἀλλ' ὡς τάχιστα πρὸς πύλην σπεύσωμεν, ὦ φ.,
φίλους. Α. 690. εἶτα λύζει καὶ βακρύει, καὶ λέγει πρὸς τοὺς φ.,
  Ι, 94. εὐδαιμονοῦσιν, ὠφελοῦσι τοὺς φ.
  349. ὕδωρ τε πίνων κἀπιδεικνὺς τοὺς φ. τ' ἀνίων.
  466. πρύφασιν μὲν Ἀργείους φ. ἡιῖν ποιεῖ
  473. διδοὺς ἀναπείσεις, οὔτε προσπέμψων φ.,
  Β. 1470, ἢ μὴν ἀπόξειν μ' οἴκαδ', αἱροῦ τοὺς φ.
  Εκ. 299. καίτοι τί λέγω ; φ.
  Π. 341. χρησόν τι πρᾶττων τοὺς φ. μεταπέμπεται·
  398. εἶτ' οὐ διαπέμπεις καὶ πρὸς ἡμᾶς τοὺς φ.;
  835. εὐηργέτησα δεομένους ἔξειν φ.
φιλοῦσ'. Εκ. 227. τὴν νίκην εὔζωρον φ. ὥσπερ πρὸ τοῦ.
  { Β. 403. }
φιλοχορευτά. { 408. } Ἴακχε φ., συμπρόπεμπέ με.
  { 413. }
φιλοχόρσισι. Θ. 989. εἰ φ. μέλψω
φιλόχορον. Θ. 1136. Παλλάδα τὴν φ, ἐμοὶ
φιλοχωρία. Σ. 834. τί ποτε τὸ χρῆμ'· ὡς δεινόν ἡ φ.
φιλοχωροῦντας. Fr. 198, 5. ἐκεῖσέ φ. α. εἰσὶ γάρ τινες
φίλταθ'. Α. 1093. ὀρχηστρίδες, τὰ φ. Ἁρμοδίου, καλαί.
Β. 503. ὦ φ. ἥκεις Ἡράκλεις ; δεῦρ' εἴσιθι.
φίλτατ'. Ι. 562. Φορμίωνί τε φ. ἐκ
  Ι. 611. ὦ φ. ἀνδρῶν καὶ νεανικώτατε,
    1335. ὦ φ. ἀνδρῶν, ἐλθὲ δεῦρ', Ἀγοράκριτε.
  Ν 110. Ἰθ', ἀντιβολῶ σ', ὦ φ., ἀνθρώπων ἐμοί,
  Εἰ. 1198. ὦ φ., ὦ Τρυγαῖ, ὅσ' ἡμᾶς τἀγαθά
  Ο. 206. ὦ φ. ὀρνίθων οὐ, μή νυν ἕσταθι·
    627. ὦ μοι πολὺ πρεσβυτῶν ἐξ ἐχθίστου μεταπίπτων,
  Λ. 853. ὦ χαῖρε φ.· οὐ γὰρ ἀκλεὲς τοὔνομα
  Θ. 210. ὦ φ. ὦ κηδεστά, μὴ σαυτὸν προδῷς.
  Π. 788. ὦ φ. ἀντέρων, καὶ σὺ καὶ σὺ χαίρετον.
φίλταται. Λ. 200. ὦ φ. γυναῖκες, ὁ κεραμὼν ὅσος.
  Λ. 780. ὦ φ., τὸν χρησμὸν εἰ προδώσομεν.
φίλτατε. Α. 1020. ὦ φ., σπονδαί γάρ εἰσι σοὶ μόνῳ,
  Ι. 148. ἀλλαντοπῶλα, δεῦρο δεῦρ', ὦ φ.,
  Ν. 1464, ἀποστερείν. νῦν οὖν ὅπως, ὦ φ.
  Α. 950. ἀπολύομαι γοῦν. ἀλλ' ὅπως ὦ φ.,
  Εκ. 378. καὶ δῆτα πολὺν ἡ μίλτος, ὦ Ζεῦ φ.,
  Π 967. πέπονθα δεινὰ καὶ παρίνομ', ὦ φ.
    1034. ὑπὸ τοῦ γὰρ ἀλγοῖς καταγέτηχ', ὦ φ.
φιλτάτῃ. Α 885. ὦ φ. σὺ καὶ πάλαι πυθουμένη.
  Εἰ. 582. χαῖρε χαῖρ', ὡς ἦλθες ἡμῖν ἀσμένοις, ὦ φ.
    861. ἐφ' ᾧ τι νοεῖς αὐτοῖσι πρὸς ἐμ', ὦ φ.
    709. ὦ φ., δεῦρ' ἐλθὲ καὶ δός μοι κύσαι.
  Λ. 14 εὕδουσι κοὺχ ἥκουσιν ΚΑ ἀλλ', ὦ φ.,
    78. ὦ φ. Λάκαινα, χαῖρε, Λαμπιτοῖ.
    145. ὦ φ. σὺ καὶ μόνη τούτων νοῦν,
  Εκ. 37. ἆρ' οὐ καταδαρθοῦσ'· ὁ γὰρ ἀνήρ, ὦ φ.,
    54. καὶ πᾶν υ ταλαιπώρως ἔγωγ'. ὦ φ.,
φιλτάτων. Λ. 475. Εὐριπίδου ὦ γλυκύτατον καὶ φ.,
  Ι. 726. ἔξελθε δή"· ΚΛ. ὦ Δημίδιον ὦ φ..
  Ν. 746. ὦ Σωκρατίδιον φ. ΣΠ. τί, ὦ γέρον;
  Ο. 677. ὦ φ ὁρέων.
  Εκ 970. εἰρημέν' ἐστίν. σὺ δέ μοι, φ., ὦ ἱκετεύω,
φιλτάτους. Α. 326. ἀντακοντειῶ γὰρ ὑμῶν τῶν φίλων τοὺς φ.·
φιλυρινον. Ο. 1377. ἀσπαζύμεσθα φ. Κινησίαν.
φιλῶ. Α. 7. ταῦθ' ὡς ἐγανώθην, καὶ φ. τοὺς ἱππέας
  Α 357. καίτοι σε γε τὴν ἐμὴν ψυχὴν ἐγώ.
  Ι. 732 ὁτὴ φ. σ', ὦ Δῆμ', ἐραστής τ' εἰμὶ σός.
    769. κάγωγ', ὦ Δῆμ', εἴ μή σε φ. καὶ μὴ στέργω, καταμηθείς,
    821. ὁτὴ σε φ.; ΔΗΜ. παῦ παῦ', οὗτος, καὶ μὴ σκιρβαλλε πονηρά.
    1341. ὦ Δῆμ'. ἐρωτῆς εἰμι οὐδ φ. τί σε
  Λ. 870. φ. φ. 'γὼ τούτον· ἀλλ' οὐ βούλεται
    905. οὐ δῆτα· καίτοι σ' οὐκ ἐρῶ γ' ὡς οὐ φ.
  Ο. 1010. Μέτων, ΜΕ. τί ἐστιν ; ΠΕ. οἶσθ' ὁτιὴ φ. σ' ἐγώ
φίλῳ. Εκ. 931. ᾠδὸν πρὸς ἐμαυτὴν Ἐπιγένει τῷ φ.
φιλῳδόν. Β. 210. ἀλλ', ὦ φ. γέρος.
φιλῳδός. Σ. 270. φ. ἀλλὰ μοι δοκεῖ σπάρτας ἐνθάδ', ὦνδρες,
φίλων. Α. 326. ἀντακοντειῶ γὰρ ὑμῶν τῶν φ. τοὺς φιλτάτους·
  Ν. 1125. κἀν γαμῇ ποτ' αὐτοὺς ἢ τῶν ξυγγενῶν ἢ τῶν φ.,
  Π. 1152. ρων φ., ἐκκέας

φίλων. Ο. 129. ἐπὶ τὴν θύραν μου πρῴ τις ἐλθὼν τῶν φίλων
  Ο. 378 αὐτίχ' αἱ πόλεις παρ' ἀνδρῶν γ' ἔμαθον ἐχθρῶν κοὐ φ.
  Εκ. 349. κέκληκεν αὐτὴν τῶν φ.; ΒΛ, γνώμην γ' ἐμήν.
    1024. ἡ τῶν φ. ἐλθών τις ; ΓΡ. Α. ἀλλ' οὐ κύριος
  Π. 345. ὥστε μετέχειν ἐξεστιν' εἰ γὰρ τῶν φ.
    631. τί δ' ἔστιν ὦ βέλτιστε τῶν σαυτοῦ φ.;
    830. λαβὼν ἐπήκουν τοῖς δεομένοις τῶν φ.,
  Fr. 91. νόσῳ βιασθεὶς ἡ φ. ἀχρηνίᾳ.
    260, 2. δοῦναι πρόθυμος ἐν τῶν φ. τῶν σῶν ἑνί.
φιλῶν. Ι. 773. καὶ πᾶν ἂν ἐμοῦ μᾶλλον σε φ., ὦ Δῆμε, γένοιτο πολίτης·
  Ι. 791. ἢ μᾶλλον ἐμοῦ σε φ., ἐθέλω περὶ τῆς κεφαλῆς περιδόσθαι,
  Εἰ. 634. ἀλλ' ἄτ' ἂν ἄνω γιγάρτων καὶ φ. τὰς ἰσχάδας
Φιλωνίδου Π. 179. ἐρᾷ δὲ Λαῒς οὐ διὰ σὲ Φ.·
  Π. 303. ἢ τοὺς ἑταίρους τοῦ Φ. ποτ' ἐν Κορίνθῳ
φίλως. Π 3δ0. καὶ μὴν φ γ' ἄν μοι δοκεῖς νὴ τοὺς θεοὺς
φιμώσετε. Ν. 592. εἶτα φ. τούτου τῷ ξύλῳ τὸν αὐχένα,
φίτυ. Εἰ. 1164. δῇ τὸ γάρ φ. πρῴ-
φλᾶν. Εἰ. 1306. φ. ταῦτα πάντα καὶ σποδεῖν, καὶ μὴ κενὰς παρέλκειν.
φλαττόθρατ'. Β. 1296. τί τὸ φ. τοῦτ' ἐστίν ; ἐκ Μαραθῶνος, ἢ
φλαύρον. Ν. 834, καὶ μηδὲν εἴσῃς φ. ἀνδρας δεξιοὺς
  Ν. 1157. οὐδέν γάρ ἄν με φ. ἐργάσαισθ' ἔτι·
  Εἰ. 98. εὐφημεῖν χρὴ καὶ φ.
  Λ. 1041. οὔτε δράσω φ. οὐδὲν οὔθ' ὑφ' ὑμῶν πείσομαι.
    1044. φ. εἰπεῖν οὐδεῖν·
φλαύρων. Ν. 1303. οἷον τὸ πραγμάτων ἐρᾶν φ.· ὁ γὰρ
φλαύρως. Ο. 653. φ. ἐκοινώνησεν δετῷ ποτέ.
φλέβας. Θ. 694 πληγὴν μαχαίρᾳ τῇδε φονίας φ.
φλέγεσθαι. Ν. 992. καὶ τοῖς αἰσχροῖς αἰσχύνεσθαι, κἂν σκώπτῃ τίς σε, φ.
φλεγόμενα. Λ. 1255. Διὰ τε πυρὶ φ., ἐπί τε
φλίγουσαν. ὦ. 1041. πολυδάκρυτον Ἀΐδα γόον φ.,
Φλέγρας. Ο. 824. τὸ φ. πεδίον, ἵν' οἱ θεοὶ τοὺς Γηγενεῖς
φλεγυρά. Α 665. δεῦρο Μοῦσ' ἐλθὲ φ. πυρὸς ἔχουσα μένος, ἱστέον 'Ἀχαρνική,
φλέγων. Θ. 680. μανίαις φ.,
Φλεησιον. Fr. 701. φ.:
φλέβιξις. Ο. 582. ρίσει, καὶ πελεκάντι, καὶ πελεκίνῳ, καὶ φ.
φλέω. Β. 244. καὶ φ., χαίρετέ φ ὁδῇ
φλέων. Fr. 85. ὑφέν ἂν λάβοιμι βῦσμα τῷ πρωκτῷ φ.;
φληνάφα Ν 1475. ἐνταῦθα σαυτῷ παραφρόνει καὶ φ.
φλόγ'. Fr. 470, 2. φ. ἀνασειεροῖσι ἐπὶ τῷ
φλόγα. Ν. 1494. σὸν ἔργον, ὦ δᾷς, ἱέναι πολλὴν φ.
    1052. οὐ γὰρ ἔτ' ἀθφότων φ. λεύσσειν
φλογέας. Β. 340. ἐγείρε φ λαμπάδας ἐν χερσὶ τινάσσων,
φλογί. Β. 344. φ. φέγγεται δὲ λειμών·
  Π. 661. καθυσιάζειν, πέλανος Ἡφαίστου φ.
φλογός. Θ. 242. πρὶν ἀντιλαβέσθαι τόν γε πρωκτῶν τῆς φ.
  Εκ. 6. ὕρμα φ. σημεῖα τὰ ξυγκείμενα.
φλυαρεῖθ' Θ 559. ἔπειτα τὴν γαλῆν φαμὶν ΓΤ. Γ. τάλαιν' ἐγώ, φ.
  Π. 575. ἀλλὰ φ. καὶ πτερυγίζεις. ΧΡ. καὶ πῶς φεύγουσί σ' ἅπαντες ;
φλυαρεῖτ'. Σ. 55. ἄλλως φ.· οὐ γὰρ ἐξευρήσετε.
φλυαρήσεις. Β. 202. οὐ μὴ φ ἔχων, ἀλλ' ἀντιβὰς
  Β 524. οὖ φ. ἔχων, ὦ Ξανθία,
φλυαρία Λ 159. φ. ταῦτ' ἐστί τὰ μεμιμημένα.
φλυάρος. Ν. 365. αὗταί γάρ τοι μόναι εἰσὶ θεαί· τἄλλα δὲ πάντ' ἐστὶ φ.
φλυαρῶν. Π 360. παύσαι φ., ὠγάθ'· οἶδα γὰρ σαφῶς.
Φλυεύς. Σ. 234. Εἰ εργιίδης ἀρ' ἐστί που 'νταυθ'. ἡ Χάβης ὁ φ.
φλίκταιναν. Σ. 1119. μετὰ κώπην εἶχε λύγχην μήτε φ. λαβών.
  Εκ. 1057. ἐξ αἵματος φ. ἡμιεισμένη.
φλυκταίνας. Β. 237. ἐγὼ δέ φ. γ' ἔχω
φ'ώσι. Π. 784. νύττουσι γὰρ καὶ φ. τἀντινήματα,
φ'ὦτα. Fr. 116, 3. φ. ἑκάστοθ' ἄνδρες·
φνεὶ Fr. 702. φ.·
φοβεῖ. Ν. 1178. φ. δὲ δὴ τί; ΣΤ. τὴν ἔνην τε καὶ νέαν.
φοβεῖσθαι. Fr. 390. 1. τὸ γὰρ φ. τὸν θάνατον λῆρος πολύς·
φοβερὸς Εἰ. 1101. ὡς οὗτός φ. τοῖς σπλάγχνοις ἐστὶν ὁ χρησμὸς.
Φοβιευτηρίῳ. Ι. 1177. τουτί τέμαχος σούδωκεν ἡ φ.
φοβηθείην. Β. 280. ὑλασκονεύιεθ' ἵνα φ. ἐγώ.
φοβηθῆς. Εἰ. 606. εἰτα Περικλῆς φ. μὴ μετάσχοι τῆς τύχης,
φοβηθῶ. Ο. 323. πῶν λέγεις ; ΕΠ. μήπω φ. τὸν λόγον. ΧΟ. τί μ' εἰργάσω·
  Ο. 654. μηθὲν φ.· ἔστι γάρ τι μίζον,
φοβοῦ. Π. 1091. ἐγὼ δὲ γ' οὐκ εἴσειμι. ΧΡ. θάρρει, μὴ φ.
φόβων. Fr. 498. 2. χωρὶς τε θορύβου καὶ φ. ζήσεις καλῶς,
φοβούμαι. Λ. 326. ἀλλὰ φ. τυδε. μῶν ὑστεροντου βοηθῶ ;

φοβούμεναι—'φρασα.

φοβούμεναι. El. 621. πάντ' ἐμηχανῶντ' ἐφ' ὑμῖν, τοὺς φόρους φ.,
φόβῳ. El. 642. ἡ πόλις γὰρ ᾠχρίωσα κἂν φ. καθημένη
Φοῖβ'. I. 1240. ὦ Φ. Ἄπολλον Λύκιε, τί ποτέ μ' ἐργάσει ;
N. 595. ἀμφί μοι αὖτε, Φ. ἄναξ
Σ. 869. ὦ Φ. Ἄπολλον Πύθι', ἐπ' ἀγαθῇ τύχῃ
Θ. 112. Λ. ἐν εὐμούσοισι τιμαῖς
Β. 754. ὦ Φ. Ἄπολλον, ἔμβαλέ μοι τὴν δεξιάν.
Π. 81. ὦ Φ. Ἄπολλον καὶ θεοὶ καὶ δαίμονες
Φοίβα. Fr. 551, 2. Φ μαχαίρας
Φοῖβον. Θ. 100. Φ., ὃς ἱδρύσατο χώρας
Θ. 128. ὧν χάριν ἄνακτ' ἀγαλλε͂ Φ. [τιμᾷ].
Φοῖβος. I. 1024 σοὶ δ' εἶπε σώζεσθαί μ' ὁ Φ. τὸν κύνα.
I. 1054. οὐκ ὀρθῶς φράζει· τὴν Κυλλήνην γὰρ ὁ Φ.
Ο. 217. ἵν' ὁ χρυσοκόμας Φ. ἀκούων.
716. ἐσμὲν δ' ὑμῖν Ἄμμων, Δελφοί, Δωδώνη, Φ. Ἀπόλλων.
Π. 39. τί δῆτα Φ. ἔλακεν ἐκ τῶν στεμμάτων;
213. ὁ Φ. αὐτὸς Πυθικὴν σείσας δάφνην.
φοινίκας. Ο. 694. πληγὴν μαχαίρᾳ τῆδε φ φλέβας
Φοίνικες. Ο. 505. χωπῷ ὁ κόκκυξ εἶπε κόκκυ, τότε γ' οἱ Φ. ἔθανετε
Φοινίκης. Ο. 504 Αἰγύπτου δ' αὖ καὶ Φ. πάσης κόκκυξ βασιλεὺς ἦν·
φοινικίδ'. El. 1173 τρεῖς λόφους ἔχοντα καὶ φ. ὀξεῖαν πάνυ,
Π. 735. τουτοῒ δ' ὑπὸ τὴν φ. ὑποδύνθ' ἡσυχῇ
φοινικίδα. Α. 320. μὴ οὐ κατυξαίνειν τὸν ἄνδρα τοῦτον ἐς φ.;
El. 1175. ἣν δή που δὴ μάχεσθ' ἔχοντα τὴν φ..
φοινικίδι. Λ. 1140. ἐπὶ τοῖσι βωμοῖς ὠχρὸς ἐν φ.,
Π. 731. ματευέτας' αὐτοῦ τὴν κεφαλὴν φ.
φοινικιοῦς. El. 303. τάξεων ἀπαλλαγέντες καὶ κακῶν φ.'
φοινικιοῦς. Ο. 272. ἀλλὰ λιμναῖοί ΠΕ βαβαί, καλύπτε καὶ φ.
φοινικόπτερος. Ο. 273. εἰκότως· καὶ γὰρ ὄνομ' αὐτῷ γ' ἐστὶ φ.
Φοίνικος. Α. 421. τὰ τοῦ τυφλοῦ φ. ; ΔΙ. οὗ Φ., οὔ,
Φοῖνιξ. Fr. 709, 1. εὐθὺς δὲ Φ. γίγνυμαι·
φοιτᾷ N. 938. ἀντιλεγώντοιν κρίνας φ.
φοιτᾶν. N. 916. διὰ σὲ δὲ φ
φοιτᾷς. Σ. 688. καὶ πρὸς τούτοις ἐπιταττόμενος φ., ὁ μάλιστά μ' ἀπάγχει,
φόναξ. Ο. 1079. ἔστιν ὑπ' ἐμαῖς πτέρυγος ἐν φ. ὄλλυται.
φονεύς. Β. 1191. ἵνα μὴ 'κτραφεὶς γένοιτο τοῦ πατρὸς φ.
φόνια. Β. 1336. φ. φ. δερκύμενον,
φονίαν. Ο. 345. ὑρμᾶν φ., πτέρυγά τε παντᾶ
φόνων. Β. 1032. 'Ορφεὺς μὲν γὰρ τελετάς θ' ἡμῖν κατέδειξε φ. τ' ἀπέχεσθαι,
φοράς. Fr. 293. " ὑβολῶν δ' ἴσων τεττάρων καὶ τῆς φ."
φορβάν. Ο. 348. καὶ δυϊνὰς ῥύγχει φ.
φορβειᾷ. Σ. 582. ἐν φ. τοῖσι δικασταῖς ἔξοδον ηὔλησ' ἀπιοῦσιν.
φορεῖ. Ο. 573. πέτεται θεὸς ὢν πτέρυγάς τε φ., κάλλος γε θεοῖ πάνυ πολλοί.
Π. 1059. ἀπύπισον· ἕνα γὰρ γύμφιον μόνον φ.
φορεῖν. I. 757. καὶ λῆμα θούριον φ καὶ λόγους ἀφύκτους,
I. 872. ζεύγος πριάμενος ἐμβάδοιν τουτὶ φ. δίδωμι,
Σ. 116. ἀνέπεισεν αὐτὸν μὴ φ. τριβώνιον
Ο. 1114. ἢν δὲ μὴ κρίνητε, χαλκευέσθε μηνίσκους φ.
Λ. 1200. χῶττ' ἂν ἔνδον ᾖ φ.
φαρεῖς. Λ. 800. τὴν λόχμην πολλὴν φ.
φορημάτων. Fr. 310, 1. ὅσ' ἦν περίεργ' αὐταῖσι τῶν φ.
φορήσεις. I. 318. καὶ πρὶν ἡμέραν φ., μείζον ἢν δυοῖν δραχμαῖν.
φορήσω. Λ. 632. καὶ φ. τὸ ξίφος τὸ λοιπὸν ἐν μύρτου κλαδί,
φόρμιγγα. Ο. 219. ἐλεφαντόδετον φ., θεῶν
Θ. 327. χρυσέα τε φ.
φορμίδος. Σ. 58. ὑμῖν γὰρ οὐκ ἔστ' οὔτε κάρυ' ἐκ φ.
φορμικτάς. Β. 232. προσεπιτέρπεται δ' ὁ φ. Ἀπόλλων,
Φορμίωνι. Ἐκ. 97. ἀναβαλλομένη δείξεις τὸν φ.
Φορμίσιος. Β. 965. τουτουμενί φ. Μεγαίνετός θ' ὁ Μάγνης,
Φορμίων. El. 348. ἃς ἔλαχε Φ.
Λ. 804. ὡς δὲ καὶ φ.
Fr. 73. Φ.
Φορμίωνι. I. 562. Φ. τε φίλταθ', ἐκ
φορμόν. Θ. 813. φ. τυρῶν τῳβόλω κλέψας' αὐθημερὸν αὖτ' ἀπέδωκεν.
Π. 542. Α. Φ. ἔχειν ἀντὶ τάπητος σαπρόν· ἀντὶ δὲ προσκεφαλαίου,
φορμῷ. Fr. 227. φ. σχοινίνῳ.
φόρον. Α. 505. κούφως ξένοις πάρεισιν· οὔτε γὰρ φ.
φόρον. Α. 643. τοιγάρτοι νῦν ἐκ τῶν πύλεων τὸν φ. ὑμῖν ἀπάγοντες
Σ. 657. τὸν φ. ἡμῖν ἀπὸ τῶν πόλεων συλλήβδην τὸν προσιόντα.
671. δώσετε τὸν φ., ἢ βροντήσας τὴν πόλιν ὑμῶν ἀνατρέψω.
707. εἰσὶν γε πόλεις χίλιαι, αἳ νῦν τὸν φ. ἡμῖν ἀπάγουσιν·
1099. τὸν φ. δεῦρ' ἐσμέν, ὃν κλέ-

φόρον. Ο. 191. ἢν μὴ φ. φέρωσιν ὑμῖν οἱ θεοί,
φόραν. Σ. 1115. οὐκ ἔχοντες κέντρον· οἱ μένοντες ἡμῶν τοῦ φ.
φορουμένης. Λ. 896. ὀλίγον μίλες σοι τῆς κρόκης φ.
φορούμενον. El. 144. λιμῷ δὲ τίς σε δέξεται φ.;
'φόρουν. Ἐκ. 341. φροῦδη 'στ', ἔχουσα θοἰμάτιον οὑγὼ 'φ.
φορούντας. Λ. 1151. καταφάκας φ. ἐλθόντες δορί
φόρους. I. 313. κἀπὸ τῶν πετρῶν ἄνωθεν τοὺς φ. θυννοσκοπῶν,
El. 621. πάντ' ἐμηχανῶντ' ἐφ' ὑμῖν, τοὺς φ. φοβούμεναι,
φορούσαι. Λ. 44. κροκωτὰ φ. καὶ κεκαλλωπισμέναι
φορούσῃ. Λ. 530. σοί γ', ὦ κατάρατε, σιωπῷ 'γώ, καὶ ταῦτα κάλυμμα φ.
φορούσῃ. Θ. 422. αὐτοί φ. κρυπτὰ, κακοηθέστατα,
φορτηγῶν. Fr. 703. φ.
φερτί. Α. 899. ἢ φ. ἕτερ' ἐνθένδ' ἐκεῖσ' ἄξεις ἰών;
Α. 910. ταυτὶ τίνος τὰ φ. ἐστί; ΒΟ. τῶδ' ἐμὰ
φαρτία. Σ. 139b. οὕτω διαφθείρας ἐμοῦ τὰ φ.
Β. 573. κόπτουμ' ἄν. οἷς μου κατέφαγες τὰ φ.
φορτικήξ. Σ. 60. κωμῳδίας δὲ φ. σοφώτερον.
φορτικόν. Λ. 1218. ὑμῖν καταπαύσω· φ. τὸ χωρίον.
φαρτικόν. N. 524. ἔργον πλεῖστον· εἶτ' ἀνέχωρουν ὑπ' ἀνδρῶν φ.
φορτίον. Α. 214. οὐκ ἂν ἐπ' ἐμῆς γε νεότητος, ὅτ' ἐγὼ φέρων ἀνθράκων φ.
Α. 957. κἂν τοῦτο κερδάνης ἄγων τὸ φ.
969. ἐγὼ δ' ἐμαυτῷ τυδὶ λαβὼν τὸ φ.
Α. 312. θώμεσθα δὴ τὸ φ. φεῦ τοῦ καπνοῦ, βαβαιάξ.
Π. 352. τουτὶ ποιηρὸν φαίνεται τὸ φ.
φορτίου. Ο. 1375. τουτὶ τὸ πρᾶγμα φ. δεῖται πτερῶν.
φορτίων. Σ. 1407. πρὸς τοὺς ἀγορανόμους βλάβης τῶν φ.
φορτον. El. 748. τοιαῦτ' ἀφελῶν κακὰ καὶ φ. καὶ βωμολοχεύματ' ἀγεννῆ,
Π. 796. ἔπειτα καὶ τὸν φ. ἐκφύγοιμεν ἄν.
φορυντόν. Α. 927. δός μοι φ., ἵν' αὐτὸν ἐνδήσας φέρω.
φορυτῷ. Α. 72. παρὰ τὴν ἕπαλξιν ἐν φ. κατακείμενος·
Θ. 148. ἐγὼ δὲ τὴν ἐσθῆθ' ἅμα γνώμῃ φ.
Θ. 258. κεφαλὴ περίδετος, ἢν ἐγὼ νύκτωρ φ.
Π. 843. οὐδὶν πρεπτὸν σου. φ. γὰρ ῥαίνουσι
φορῶν Σ. 475. καὶ ξυνῶν Βρασίδᾳ, καὶ φ. κράσπεδα
Θ. 263. ἆρ' ἀρμόσει μοι; ΕΥ. χαλαρὰ γοῦν χαίρεις φ.
Π. 991. εἰν σιωπῇ φ. μεμψιτὰ μου.
φράγνυται. Fr. 336. αἱ γυναῖκες τῶν δορίαλων φ.
φραγνύμεθα. Fr. M. Δημ. 13. αἱ γυναῖκες τῶν Δορίλλων φ.
φράζ'. Σ. 1210. πῶς οὖν κατακλινῶ; φ. ὠύσας. ΒΔ. εὐσχημόνως.
Β. 1508. καὶ φ. αὐτοῖς ταχέως ἥκειν
φράζε. N. 359. σύ τε, λεπτοτάτων λήρων ἱερεύ, φ. πρὸς ἡμᾶς ὅ τι χρῄζεις·
El. 186. ποδαπὸς τὸ γένος δ' εἶ; φ. μοι. ΤΡ. μαρώτατος,
305. πρὸς ταῦθ' ἡμῖν, εἴ τι χρῇ δρᾶν, φ. κάρχιτεκτόνει,
359. φ. σὺ γὰρ αὐτοκράτωρ
429. ἄττα χρὴ ποιεῖν ἐφεστὼς φ. δημιουργικῶν·
Λ. 712. τί δ' ἐστὶ δεινὸν φ. ; φ. ταῖς παντῇ φ.
1009. ἀλλ' ὡς τάχιστα φ. περὶ διαλλαγῶν
Β. 117. μηδὲν ἐπὶ πρὸς ταῦτ', ἀλλά φ. τῶν ὁδῶν
Π. 199. πλὴν ἓν μόνον δίδωσι. ΧΡ. φ. τοῦ πέρι.
1027. τί γὰρ ποιήσει; φ., καὶ πεπράξεται.
Fr. 545. φ. μοι· ὦ ἐγὼ σοὶ πᾶς ἀνέρριμμαι κύβος.
φράζει. I. 1084. οὐκ ὀρθῶς φ. τὴν Κυλλήνην γὰρ ὁ Φοῖβος
Ο. 51. ἄνευ φ. ΕΥ. σὺ κολοιὸν οὑτοσί
711. καὶ πηδάλιον τότε ναυκλήρῳ φ. κρεμάσαντι καθεύδειν.
Β. 1055. ἔστι διδάσκαλος ὅστις φ., τοῖς ἡβῶσιν δὲ ποιηταί.
Β. 1058. ὃν χρὴ φ. ἀνθρωπίες· ΑΙ. ἀλλ', ὦ κακόδαιμον, ἀνάγκη
Β. 1442. ἐγὼ μὲν οἶδα, καὶ θέλω φ. ΔΙ. λέγε.
φράζετε. El. 1099. φ. δὴ, μὴ πώς σε δόλῳ φρένας ἐξαπατήσῃ
φράζετε. Σ. 382. κἀνάσπαστον ὑμῖν εἴσω, τί ποιήσετε; φ. νυνί.
Φράζει. I. 1015. Φ., Ἐρεχθεἰδη, λογίων ὁδόν, ἣν σοι Ἀπόλλων
I. 1030. Φ., Ἐρεχθείδη, κύνα Κιρβαῖον ἀνδραποδιστήν,
φράξομεν. Ο. 1085. εἰργμένων ὑμῶν ἐν αὐλῇ, φ. μεθιέναι.
φράζοντος. Ἐκ. 589. πρὶν ἐπίστασθαι τὴν ἐπίνοιαν καὶ τοῦ φ. ἀκούσας.
φράζουσαι. Π. 539. ἐνεγείρουσαι καὶ φ., πεινήσεις, ἀλλ' ἐπανίσω·
φράζουσαν. Π. 46. φ. σκαιότατί σοι σαφέστατα
φράζουσι. N. 1009. ἢν ταῦτα ποιῇς ἁγὼ φ.
φράζω. I. 1230. φ., ὑφ' οὗ χρεὼν ἔμ' ἡττᾶσθαι μόνου.
I. 1231. τουτουὶ γὰρ φ. ὄνομα καὶ λίαν σαφῶς.
El. 1311. ἡμῖν μελήσει ταῦτά γ'· εὖ ποιεῖς δὲ καὶ σὺ φ.
φράζῃθ'. Ο. 183. ἢν δ' οἰκήσητε τοῦτο καὶ φ., ἄναξ,
φρασα. I. 647. εἶτ' ἐστεφάνουν μ' εὐαγγέλια· κἀγὼ 'φ.

φράσαι—φρονεῖν.

φράσαι. I. 514. ἡμᾶς ὑμῖν ἐκέλευε φ. περὶ τούτου, φησὶ γὰρ ἀνήρ
Ν. 608. ἡ Σελήνη συντυχοῦσ' ἡμῖν ἐπέστειλεν φ.,
1116. ὠφελῶσ' ἐκ τῶν δικαίων, βουλώμεσθ' ἡμεῖς φ.
1384. κακκᾶν δ' ἂν οὐκ ἔφησε φ., κἀγὼ λαβὼν θύραζε
Ο. 148. Ἑλληνικὴν δὲ πόλιν ἔχεις ἡμῖν φ.;
Θ. 145. ζητῶ σ', ἐπειδή γ' αὐτὸς οὐ βούλει φ.
Β. 60. ποῖός τις, ὦδελφίδιον; ΔΙ. οὐκ ἔχω φ.
431. ἔχατ' ἂν οὖν φ. νῦν
Εκ. 333. τὸ δ' ἱμάτιόν σου ποῦ 'στιν; ΒΛ. οὐκ ἔχω φ.
335. εἶτ' οὐδὲ τὴν γυναῖκ' ἐκέλευσάς σοι φ.;
Π. 259. σὺ δ' ἀξιοῖς ἴσως με θεῖν, πρὶν ταῦτα καὶ φ. μοι
280. ὅστις φενακίζεις, φ. δ' οὔπω τέτληκας ἡμῖν
375. τράποιτο; ταληθὲς γὰρ οὐκ ἐθέλεις φ.
1090. ἐγὼ δέ γ' αὐτῷ καὶ φ. τι βούλομαι.
φράσαιμ'. Β. 1461. ἐκεῖ φ. ἄν' ἐνθαδὶ δ' οὐ βούλομαι.
φράσαιμί. Ο. 1544. τούτων ἕνεκα δεύρ' ἦλθον, ἵνα φ. σοι.
φράσαντά. Εκ. 552. φ. σοι χθές; ΠΡ. ἄρτι γ' ἀναμιμνήσκομαι.
φράσασαν. Εκ. 530. φ. ἰέναι; ΠΡ. τῆς λεχοῦς δ' οὐ φραντίσαι,
1647. δεῦρ' ἂν ἐμ' ἀποχώρησαν, ἵνα τί σοι φ.
φράσατί. Εκ. 1125. ἀλλ', ὦ γυναῖκες, φ. μοι τὸν δεσπότην,
φράσατον. Ο. 644. καὶ τοὔνομ' ἡμῖν φ. ΠΕ. ἀλλὰ ῥᾴδιον.
φρασάτω. Εκ. 662. νὴ τὴν Δήμητρ' εὖ γε διδάσκεις. τουτὶ τοίνυν φ. μοι,
Fr. 1. ὁ μὲν οὖν σὸς, ἐμὸς δ' οὗτος ἀδελφός φ. τί καλοῦσιν ἰδνίους.
φράσεθ'. ΕΙ. 1054. ὕτῳ δὴ θύετ' οὗ φ.; ΤΡ. ἡ κίρκος ποιεῖ
φράσει. Ο. 270. οὗτος αὐτὸς νῦν φ.· τίς ἐστιν ὄρνις οὑτοσί;
Β. 1122. ἀσαφὴς γὰρ ἦν ἐν τῇ φ. τῶν πραγμάτων.
φράσειαν. Ο. 374. ἡ φ., ὥντες ἐχθροὶ τοῖσι πάπποις τοῖς ἐμοῖς;
φράσειας. Ο. 121. εἴ τινα πύλιν φ. ἡμῖν εὔερον,
Β. 110. τοὺς σοὺς φ., εἰ δεώμην, οἶσι σὺ
φράσειν. Λ. 1080. τίς ἂν φ. ποῦ 'στιν ἡ Λυσιστράτη;
Π. 1171. τίς ἂν φ. ποῦ 'στι Χρεμύλος μοι σοφῶς;
Fr. 187, 1. τίς ἂν φ. ποῦ 'στι τὸ Διονύσιον;
φράσειν. Ο. 15. ὡς τῳδ' ἐφρασκε νῷν φ. τὴν Τηρέα,
φράσεις. 1. 1158. οἶσθ' οὖν ὃ δρᾶσον; ΔΗΜ. εἰ δὲ μὴ, φ. γε σύ.
Σ. 335. ξρον πρὸς εὔνους γὰρ φ.
1425. εἶναι φίλων τὸ λοιπόν, ἢ σύ μοι φ.;
Π. 65. εἰ μὴ φ. γὰρ, ἀφό σ' ὑλῶ κακὸν κακῶς.
φράσῃ. Εκ. 837. φ. καθ' ἕκαστον ἄνδρ' ὅπου δειπνήσετε·
Π. 52. ἀλλ' εἰς ἕτερόν τι μεῖζον. ἦν δ' ἡμῖν φ.
ΕΙ. 102. οὐκ ἔσθ' ὅπως σιγήσομ', ἢν φ. μή μοι φ.
ΕΙ. 1061. ἀλλ' οἶσθ' ὃ δρᾶσον; ΙΕ. ἢν φ. ΤΡ. μὴ διαλέγου
Β. 119. καὶ μήτε θερμὴν μήτ' ἄγαν ψυχρὰν φ.
Π. 19. ἣν μή φ. ὅ τι τῷδ' ἀκολουθοῦμέν ποτε,
24. πρὶν ἂν φ. μοι τίς ποτ' ἐστὶν οὑτοσί·
φράσομεν. Λ. 503. ἡμεῖς φ. ΠΡ. λέγε δὴ ταχέως, ἵνα μὴ κλάῃς. ΛΥ. ἀκροῦ δή.
φράσον. Α. 98. ἄγε δὴ σὺ, βασιλεὺς ἅττα σ' ἀνέπεμψεν φ.
Α. 111. ἄγε δὴ σὺ φ. ἐμοὶ σαφῶς, πρὸς τουτονί,
1064. οἴσθ' ὡς ποιεῖτε τοῦτο; τῇ νύμφῃ φ.,
Ι. 418. τῶν δορυφόρων, ΚΛ. ποίων; φ.
1357. ἀλλ' οἵ σε ταῦτ' εἰργάσω. νυνδὶ φ.·
1365. τὰ δ' ἄλλα, φέρ' ἰδω, πῶς παιδεύσει φ.
Ν. 314. πρὸς τοῦ Διὸς ἀντιβολῶ σε, φ., τίνες εἰσ', ὦ Σώκρατες, αὗται
374. ἀλλ' ὅστις ὁ βροντῶν ἐστι φ.· τοῦτό με ποιεῖ τετρεμαίνειν.
673. ὥσπερ γε καὶ Κλεώνυμον. ΣΤ. πῶς δή; φ.
736. περὶ τοῦ; σὺ γάρ μοι τοῦτο φ., ὦ Σώκρατες.
1048. καί μοι φ., τῶν τοῦ Διὸς παίδων τίν' ἄνδρ' ἄριστον
1062. ἀγαθῶν τι γενόμενον, φ., καί μ' ἐξέλεγξον εἰπών.
1058. σιγήσομαι. τί δ' ἄλλα; ΑΔ. φέρε δή μοι φ.·
Ο. 439. φ., δίδαξον. ΠΕ. μὰ τὸν Ἀπόλλω 'γὼ μὲν οὔ,
649. φέρ' ἰδω, φ. νῷν, πόσιν ὕψον ἡμῖν φ.
1229. φ. δέ τοί μοι, τῷ πτέρυγε ποῖ ναυστολεῖς;
Λ. 122. ἀφεκτί' ἐστὶ ΜΤ. τοῦ; φ. ΛΥ. ποιήσετ' οὖν;
Θ. 6. ὕψει παρεστώς. ΜΝ. πῶς λέγεις; αἰθὴρ φ.
Β. 112. τούτων φ. μοι, λιμένας, ἀρτοπώλια,
519. νῦν, ὦ φ. πρώτιστα ταῖς ὀρχηστρίσιν
755. καὶ δὸς νύσαι ναύτος κύσον, καί μοι φ.,
1154. τί δαὶ λέγεις σύ; ΑΙ. τὴν μὲν νῦν μοι φ.
Εκ. 710. φέρε νυν, φ. μοι, ταύτ' ἀρέσκει σφῷν; ΒΛ. πάνυ.
Π. 56. ἄγε δὴ, σὺ πρότερον σαυτὸν ὅστις εἶ φ.,
62. ἐμοί φ. ΠΛ. πλαεῖν ἔχων σοι λέγω.
83. ἐκεῖνος αὐτός; ΠΛ. αὐτότατος. ΧΡ. πύθεν οὖν, φ.,
268. ὦ χρυσῶν ἀγγείλας ἥκων φ. πῶς φῄς; πάλιν φ. μοι,
401. βλέψαι ποιήσει νῷν ΒΛ. τίνα βλέψαι; φ.
749. ἀτάρ φ. μοι, ποῦ 'σθ' ὁ Πλοῦτον; ΚΑ. ἔρχεται.
843. ὁ φέρει μετὰ σοῦ τὸ παιδάριον τουτί φ.

φράσον. Fr. 713. παῦσαι μελῳδοῦσ', ἀλλὰ πεζῇ μοι φ.,
φράσουσ'. Β. 161. οἵ σοι φ. ἀπαξάπανθ' ὧν ἂν δέῃ.
φράσουσα. Ο. 1231. φ. θύειν τοῖς Ὀλυμπίοις θεοῖς.
φράσσαι. 1. 1058. ἀλλὰ τύδε φ., πρὸ Πύλον Πύλον ἦν σοι ἐφράσμεν.
Ι. 1067. Αἰγνίδη, φ. κυναλώπεκα, μή σε δολώπῃ,
φράσω. Α. 915. ἐγὼ φ. σοι τῶν περιεστώτων χάριν.
Ι. 15. ἀλλ' εἰπὲ θαρρῶν, εἶτα κἀγώ σοι φ.
36. βούλει τὸ πρᾶγμα τοῖς θεαταῖσιν φ.;
474. ὅπως ἐγὼ ταῦτ' οὐκ Ἀθηναίοις φ.
1211. ἐγὼ φ. σοι. τὴν ἐμὴν κίστην ἴῳ
Ν. 823. καί σοι φ. πρᾶγμ' ὃ οὐ μαθὼν ἀνὴρ ἴσει.
846. ἡ τοῖς σοροπηγοῖς τὴν μανίαν αὐτοῦ φ.;
1354. ἐγὼ φ.· πειδὴ γὰρ ἐσιτώμεθ', ὥσπερ ἴστε,
Σ 87. φ. γὰρ ἤδη τὴν νύσον τοῦ δεσπότου.
ΕΙ. 52. καί τοι ὑπερτάτοισιν ἀνδράσιν φ.
103. καί σοι φ. τι πρᾶγμα δεινὸν καὶ μέγα.
Ο. 1507. ἀλλ' ἵνα φ. σοι πάντα τἄνω πράγματα,
1647. δεῦρ' ἄν ἐμ' ἀποχώρησαν, ἵνα τί σοι φ.
Λ. 194. ἡμεῖς· ΛΥ. ἐγὼ σοι νὴ Δί', ἣν βούλῃ, φ.
1011. ἐγὼ δ' ἑτέρους ἐνθένδε τῇ βουλῇ φ.
Θ. 189. ἐγὼ φ. σοι πρῶτα μὲν γιγνώσκομαι·
764. τοῖσιν πρυτάνεσιν ἃ πεποίηχ' οὗτος φ.
Β. 64. ἀρ' ἐκδιδάξω τὸ σαφές, ἡ τέρα φ.;
120. φέρε δὴ, τίν' αὐτῶν σοι φ. πρῶτην; τίνα;
127. βούλει ταχείαν καὶ κατάντη σοι φ.;
908. ἐν τοῖσιν ὑστάτοις φ., τοῦτον δὲ πρῶτ' ἐλέγχω,
1156. νῦν δή· ΕΤ. σκύπει τὸ ῥῆμ'· ἐγὼ δὲ σοι φ.
1177. σὺ δὲ πῶς ἐποίεις τοὺς προλόγους; ΕΤ. ἐγὼ φ.
1399. φέρε ποῦ τοιοῦτο δῆτά μοὐστί; σοῦ. ΔΙ. φ.·
Fr. 445 a, 2. εἰ μὴ τὰ βέλτιστ' ἔλαχεν; ἐν δὲ σοὶ φ.
φράσων. Θ. 579. ἥκω φ. τοῦτ' ἀγγελῶν θ' ὑμῖν, ἵνα
φράτορας. Ο. 1669. ἤδη σ' ὁ πατὴρ εἰσήγαγ' εἰς τοὺς φ.;
Β. 418. ὅτι ἐστίτης ὢν οὐκ ἔφυσε φ.,
φράτορες. Ι. 255. ᾧ γέροντες ἡλιασταί, φ. τριωβόλου,
Ο. 765. φυσᾶτω πάππους παρ' ἡμῖν, καὶ φανοῦνται φ.
Fr. 277, 2. ἵνα μή με προσφράττοις γραῦν οἱ φ.
φρέαρ. Π. 810. τῷ φ. δ' ἐλαίου μεστὼν· αἱ δὲ λήκυθοι
Π. 1169. αὑτοῦ προσελθὼν πρὸς τὸ φ. τὰς καιλίας,
φρέατι. ΕΙ. 578. τῷ φ., τῶν τ' ἱλαδῶν,
Fr. p. 505. τὴν δ' ἀσπίδα ἐπιθήσομ τῷ φ. παρέπει εὐθέως,
φρέατων. Εκ. 1004. ἐκ τῶν φ. τοῦτι κάδους ξυλλαμβάνειν·
φρένα. Β. 101. ἡ φ. μὲν οὐκ ἐθέλουσαν ὁμοσαι καθ' ἱερῶν,
Β. 896. Δήμητέρ ἡ θρέψασα τὴν ἐμήν φ.,
Εκ. 571. νῦν δὴ δεῖ σε πυκνὴν φ. καὶ φιλόσοφον ἐγείρειν
φρένας. ΕΙ. 1099. φράζεο δὴ, μὴ πώς σε δάλω φ. ἐξαπατήσας
Ο. 1238. ὦ μῶρε μῶρε, μὴ θεῶν κίνει φ.
1445. ἀνεπτερῶσθαι καὶ πεποιῆσθαι τὰς φρένας.
Θ. 291. καὶ ποσθαλίσκοιν νοῦν ἔχειν μοι καὶ φ.
462. οὐκ ἄκαιρα, φ. ἔχουσα.
Β. 534. νοῦν ἔχοντος καὶ φ. καὶ
876. Μώσσαι, λεπτολύγους ξυνετὰς φ. αἳ καθορᾶτε
Π. 581. ἀλλ' ὦ Κρονικαῖς λήμαις ὄντως λημῶντες τὰς φ. ἄμφω,
φρένες. ΕΙ. 1053. ὦν δύλιαι ψυχαί, δύλιαι φ. ΤΡ. εἴθε σου εἶναι
Β. 899. οὐδ' ἀκίνητος φ.
φρενί. Α. 445. δώσω· πυκνῇ γὰρ λεπτὰ μηχανᾷ φ.
Ν. 475. ἄξιά σῇ φ. συμβουλευσομίνων μετὰ σοῦ.
ΕΙ. 1030. φ. ποριμῳ τε τύλμῃ
Ο. 439. ἐνὶ σοφῷν τι φ.,
938. τὸ δὲ τεᾷ φ. μάθε
1376. ἀφιβῳ φ. σώματί τε νέαν ἐφίνσα
Θ. 408. πῶτα δ' ἰβάστασεν φ., πυνκνῶς τε
φρενός. Ν. 705. νόημα φ.' ὕπνος δ' ἀπιστο γλυκυθύμοι ὑμμάτων.
Ο. 456. παραλεισομένῳ ὑπ' ἐμῆς φ. ἀξινέτου
Β. 102. γλωττον δ' ἐπιορρήσασαι ἰδίᾳ τῆς φ.
φρενότεκτονος. Β. 820. φωτὸς ἀμυνομένου φ. ἀνδρὸς
φρενῶν. Ι. 1237. μῶν ὑπαι φ., ὦ νοῦν χρησμῶν ἄντετισα φ.
Ν. 153. ὦ Ζεῦ βασιλεῦ, τῆς λεπτότητος τῶν φ.
Λ. 432. οὐ γὰρ μοχλῶν δεῖ μᾶλλον ἢ νοῦ καὶ φ.
φρενῶν. Ι. 1652. ἀλλ' ἱέρακα φίλει, μεμνημένοι ἐν φ., ὅτι σοι
φρήν. Λ. 708. κακῶν γυναικῶν ἔργα καὶ θήλεια φ.
Θ. 275. μίμνησο νούτν ταῦθ', ὅτι ἡ φ. ὤμοσεν,
Β. 1040. ὑθέν ἠμὶ ἀπομαξαμένη πολλὰς ἀρετὰς ἐποίησεν,
φρικώδη. Β. 1335. φ. αἰλίων ὄψιν,
φρίξας. Β. 822. φ. δ' αὐτοκώμου λοφιᾶς λασιαύχενα χαίτην,
φρονεῖ. Α. 988. * * * * ταὶ τί' ἐπὶ τὸ δεῖπνον ἅμα καὶ μεγάλα δὴ φ.
Ι. 1216. αὕτη μὲν ἡ κίστη τὰ τοῦ δήμου φ.
Ο. 965. ἐν ἱερῷ γυναῖκα μ' οὖσαν ἄνδρας, οὐκ ὀρθῶς φ.
φρονεῖν. Ι. 1122. ὑμῶν, ὅτε μ' οὐ φ.

φρονεῖν—φῦλα. 325

φρονεῖν. I. 1143. τοὺς οἰομένους φ.
 Ν. 562. ἐς τὰς ὥρας τὰς ἑτέρας εὖ φ. δοκήσετε.
 Β. 705. ὑστέρῳ χρόνῳ ποτ' αὖθις εὖ φ. οὗ δόξομεν.
 962. ἀπὸ τοῦ φ. ἀποσπάσας, οὐδ' ἐξέπληττον αὐτούς,
 971. τοιαῦτα μέντοιγῶ φ.
 1485. ὅδε γὰρ εὖ φ. δοκήσαι
φρονεῖς. Α. 361. πάνυ γὰρ ἱμί γε πύθος ὅ τι φ. ἔχει.
 Ν. 817. οὐκ εὖ φ. μὰ τὸν Δία τὸν Ὀλύμπον.
 821. ὅτε παιδάριον εἶ καὶ φ. ἀρχαϊκά.
 Εἰ. 1029. σὺ φ. ὁπόσα χρεών τὸν
 Ο. 119. καὶ πάνθ' ὅσαπερ ἄνθρωπος ὅσα τ' ὁρνις φ.·
φρονεῖτε. Θ. 533. οὔ τοι μὰ τὴν Ἄγλαυρον, ὦ γυναῖκες, εὖ φ.,
φρόνημα. Σ. 1024. οὐκ ἐκτελέσαι φησὶν ἐπαρθεὶς οὐδ' ὀγκῶσαι τὸ φ.,
φρονήματος. Εἰ. 25. φαύλως ἐρείδεις τοῦτο δ' ὑπὸ φ.
φρονήσει. Εκ. 630. ἡ Λυσικράτους ἄρα νυνὶ μὶ ἴσα τοῖσι καλοῖσι φ.
φρόνιμον. Α. 971. εἴδες ὦ εἴδες ὦ πᾶσα πόλι τὸν φ. ἄνδρα, τὸν ὑπέρσυφον,
 Λ. 42. τί δ' ἂν γυναῖκες φ. ἐργασαίατο
φρόνιμος. Ο. 428. ἄφατον ὡς φ.
 Λ. 547. ἀρετὴ φ.
φρονίμως. Ι. 1364. τουτὶ μὲν ὀρθῶς καὶ φ. ἤδη λέγεις·
 Ο. 1333. τὰ θαλάττι'. ἔπειτα δ' ὅπως φ.
φρονεῖ, Εκ. 640. αἰνίας ἂν προστιθέντες ὧν φ. τὰ Βρασίδα.
φρονοῦντας Εκ. 862. τουτὶ εὖ φ. ΑΝ. Α. ἣν δὲ κωλύσαισι, τί;
 Π. 577. ἀπὸ τῶν παίδων· τοὺς γὰρ πατέρας φεύγουσι, φ. ἄριστα
φρονοῦσιν. Σ. 1463. καὶ τοῖσιν εὖ φ.
φρονιτό'. Ν. 137. καὶ φ. ἐξημβλωκας ἐξευρημένην.
 Ν. 763. ἀλλ' ἀπογάλα τὴν φ. ἐς τὸν ἀέρα,
 Εκ. 672. φ. ἐπιστάμην
φροντίδα. I. 612. ὅσην ἀπὼν παρέχεις ἡμῖν φ.
 Ν. 229. εἰ μὴ κρεμάσας τὸ νόημα καὶ τὴν φ.
 740. ἴθι νυν, κατάπτου καὶ σχάσας τὴν φ.
φροντίδος. Ν. 233. ἕλκει πρὸς αὑτὴν τὴν ἱκμάδα τῆς φ.
φροντιεῖς. Ν. 735. οὐκ ἐγκαλυψάμενος ταχέως τι φ. ;
φρόντιζε. Ι. 688. ἀλλ' ὅπως ἀγωνιεῖ φ.
 Ν. 700. φ. δὴ καὶ διάθρει, πάντα τρόπον τε σαυτὸν
 Π. 215. ὁρᾶτε. ΧΡ. μὴ φ. μηδέν, ὠγαθί.
φροντίζει. Ι. 753. ἐπὶ ταῖσι πέτραις οὗ φ. σκληρῶς σε κοθήμενον οὕτως.
φροντίζειν. Ν. 1345. σὺν ἔργον, ὦ πρεσβῦτα, φ. ὅπη
 Β. 1252. φ. γὰρ ἔγωγ' ἔχω,
φροντίζεις. Ν. 723. οὗτος, τί ποιεῖς; οὐχὶ φ.; ΣΤ. ἐγώ;
 Ν. 189. ζητοῦσι. μή νυν τουτογί φ.·
 Ν. 215. ὡς ἐγὼτὴ ἡμῶν, τοῦτο πόνυ φ.,
φροντίζοντι. Ι. 638. φανὴν τ' ἀναιδῆ. ταῦτα φ. μοι
φροντίζουσ'. Α. 654. σύ φ., ἀλλ' ἴνα τοῦτον τὸν ποιητὴν ἀφελέντας,
φροντίζων. Ι. 776. σύ φ. τῶν ἰδιωτῶν οὐδενός, εἰ σοὶ χαριοίμην.
 Ν. 75. νῦν οὖν ὅλην τὴν νύκτα φ., ὁδοῦ
 Σ. 1097. φ., ἀλλ' ὅστις ἰρήτης ἴσουι' ἄρστος.
φροντίσαι. Εκ. 530. φράσαιαν ἰέναι; ΠΡ. τῆι λεχοῦς δ' οὗ φ.
φροντίσαιμ'. Λ. 696. σὺ γὰρ ὑμῶν φ. ἦν ἐμοὶ ζῇ λαμπιτὼ
φροντίσαιμι. Β. 1222. οὐδ' ἂν μὰ τὴν Δήμητρα φ. γε·
φροντίσῃς. Ι. 1356. ἀλλ' οὐ σὺ τούτων αἴτιος, μὴ φ.,
 Σ. 25. ἰδοῦντε τοιούτον ἐνύπνιος· ΣΩ. μὴ φ.
 228. μή φ· ἐὰν ἐγὼ λίθους ἔχω,
 998. μή φ., ὦ δαιμόνι', ἀλλ' ἀνίστασο.
 Λ. 915. εἰς ἐμὲ τράποιτο· μηδὲν ὅρκου φ.
 Θ. 233. μή φ.· ὡς εὐπρεπὴς φανεῖ πάνυ.
 247. μή φ.· ἕτερος γὰρ αὐτὰ σπογγιεῖ.
 Εκ. 549. μή φ.· ἄρρεν γὰρ ἔτεκε παιδίον.
φροντισί. Ι. 1291. φ. συγγεγένημαι,
 Ν. 950. λόγιαις καὶ φ. καὶ γνωμοτύποις μερίμναις,
φρόντισμα. Ν. 155. φ.; ΣΤ. ποῖον; ἀντιβολῶ, κάτειπέ μοι.
φροντίσωμεν. Ι. 71. νῦν οὖν ἀνύσαντε φ., ὠγαθέ,
φροντιστεῖς. Ν. 456. τοῖς φ. παραβίτω.
φροντισταῖσιν. Ν. 1039. ἐν τοῖσι φ., ὅτι πρώτιστος ἐπενόησα
φροντιστὴ. Ν. 266. ἄρρητε, φάηιτ', ὦ δέσποιναι, τῷ φ. μετέωροι.
φροντιστῶν. Ν. 94. ψυχῶν σοφῶν τοῦτ' ἐστὶ φ.
 Ν. 128. αὑτοὺς βαδίζοις ἐς τὸ φ.
 142. ἥκω μαθητὴς ἐς τὸ φ.
 181. ἄνοιγ' ἄνοιγ' ἀνύσας τὸ φ.
 1144. τάχα δ' εἴσομαι κόψας τὸ φ.
 1487. κάπειτ' ἐπαναβὰς ἐπὶ τὸ φ.
φροντιστής. Ν. 414. εἰ μνήμων εἶ καὶ φ. καὶ τὸ ταλαίπωρον ἔνεστιν
φροντιῶ. Ν. 125. ἄνιππον. ἀλλ' εἴσειμι, σοῦ δ' οὔ φ.

φρονῶ. Α. 446. εὐδαιμονοίης, Τηλέφῳ δ' ἀγὼ φ.
 Εκ. 937. πάγαγγ', ἵνα γνῷς ὡς πολὺ σοῦ μεῖζον φ.
φρονῶν. Σ. 507. ταῦτα δρᾶν ξυνωμότης ὢν καὶ φ. τυραννικά.
 Ο. 635. ἐμοὶ φ. ξυνῳδά, μὴ
 Π. 479. τοιαῦτ' ἀκούων· ΠΕ. ὅστις ἐστὶν εὖ φ.
φροῦδα. Ν. 718. φ. τὰ χρήματα, φρούδη χροιά,
 Β. 94. ἀ φ. θάττον, ἣν μόνον χορὸν λάβῃ,
φροῦδα. Α. 470. ἀπολεῖς μ'. ἰδού σοι. φ. μοι τὰ δράματα.
φραῦδαι. Fr. 509. ἐς τὴν Πάρνηθ' ὀργισθεῖσαι φ. κατὰ τὸν Λυκαβηττόν.
φραύθη. Ν. 718. φροῦδα τὰ χρήματα, φ. χροιά,
 Ν. 719. φ. ψυχή, φ. δ' ἐμβάς·
 Β. 305. ἡμίονοα φ. ΔΙ. κατύμοσον. ΕΛ. νὴ τὸν Δία.
 1344. φ. Γλύκη.
 Εκ. 311. τί τὸ πρᾶγμα· ποῖ ποθ' ἡ γυνὴ φ. 'στί μοι;
 341. φ.,'στ', ἔχουσα θοἰμάτιον οὑγὼ φ.
 P50. φ. γὰρ ἐστὶν οἰομένη μ' ἔνδον μενεῖν.
φροῦδος. Εἰ. 197. φ. γὰρ ἐχθὲς εἰσὶν ἐξωπισμένοι.
φροῦδον. Θ. 794. ἔνδοθεν εὕρετε φ. τὸ κακὸν καὶ μὴ κατειλάβδανετ' ἔνδον.
φροῦδος. Α. 208. ἐκπέφευγ', οἴχεται φ. οἴμοι τάλας τῶν ἐτῶν τῶν ἐμῶν·
 Ν. 722. ὀλίγου φ. γεγένημαι.
 Λ. 106. πορνοκισάμενος φ. ἀμπετάμενος ἔβα,
 Θ. 691. ἐξαρπάσας μοι φ. ἀπὸ τοῦ τιτθίου.
φρουρᾶς. Ν. 721. φ. ᾄδων
φρούρει. Ο. 1367. φ., στρατεύου, μισθοφορῶν σαυτὸν τρέφε,
φρούριον. Β. 362. ἢ προδιδώσιν φ. ἢ ναῦς, ἢ τἀπόρρηθ' ἀποπέμπει
φρονουροῦντ'. Σ. 237. φ. ἐγώ τε καὶ σὺ νᾷτα περιπατοῦντε νύκτωρ
φρουροῦσι. Β. 472. φ. Κωκυτοῦ τε περίδρομοι κύνες,
φραγκοσεμινᾶκους. Σ. 135. ἔχων τρόπους φ. τινάς.
Φρύγα. Ο. 1244. ἔχ'ἀτρέμα. φέρ' ἴδω, πότερα Λυδῶν ἢ Φ.
 Fr. 478. τὸν φ., τὸν αὐλητῆρα, τὸν Σαβάζιον,
φρύγανα. Ο. 643. καὶ τἀμὰ κάρφη καὶ τὰ πυρίντα φ.,
φρυγανίστριαν. Fr. 61b. γυναῖκα θερίστριαν καὶ φ.
φρύγανον. Εἰ. 1026. σύκου δοκῶ σοι μαντικῶς τὸ φ. τίθεσθαι;
φρύγεται. Εκ. 844. στέφανοι πλέκονται, φ. τραγήματα,
φρυγίλος. Ο. 763. φ. ὄρνις ἐνθάδ' ἔσται, τοῦ Φιλήμονος γένους.
φρυγίλῳ. Ο. 675. καὶ φ. Σαβαζίῳ, καὶ στρουθῷ μεγάλῃ
φρυγίων. Ο. 493. χλαῖναν γὰρ ἀπώλεσ' ὁ μοχθηρὸς φ. ἐρίων διὰ τοῦτον,
 Θ. 121. ποδὶ παράνομή φ.εὐρύθμια φ.
φρύγουσιν. Εκ. 221. καθήμεναι φ. ὥσπερ καὶ πρὸ τοῦ.
φρικτοὺς. Σ. 1331. δρᾶι φ. σκινάσω.
φρυκτωρίαι. Ο. 1161. φυλακαὶ καθεστήκασι καὶ φ.
Φρύνιν. Εκ. 1101. Φ. ἔχουσαν λήκυθον πρὸ ταῖς γνάθοις.
Φρύνιν. Ν. 971. οἵας οἱ νῦν τὰς κατὰ Φ. ταύτας τὰς δυσκολοκάμπτους,
Φρύνιχειον. Σ. 1524. καὶ τὸ Φ.
Φρυνίχῳ. Σ. 1302. Λυσίστρατος, Θούφραστος, οἱ περὶ Φ.
Φρύνιχος. Ν. 556. Φ. πάλαι πεποίηχ', ἣν τὸ κῆτος ἤσθιεν.
 Σ. 1490. πτήσσει Φ. ὡς τις ἀλέκτωρ,
 Ο. 750. Φ. ἀμβροσίων μελίων ἀπεβόσκετο καρπόν, ἀεὶ φέρ.
 Θ. 164. καὶ Φ., τοῦτον γάρ οὖν ἀκήκοας,
 Θ. 13. εἴπερ ποιήσαι μηδὲν ὤννες φ.
Φρυνίχων. Σ. 269. ἡγεῖτ' ἂν ᾄδων Φ.· καὶ γάρ ἐστιν ἀνὴρ
 Β. 689. κεῖ τις ἥμαρτε σφαλείς τι Φ. παλαίσμασιν,
Φρυνίχῳ. Β. 910. ἐξηπάτα, μώρους λαβὼν παρὰ Φ. τραφέντας.
 Β. 1299. ἠνέγκον αὖθ', ἵνα μὴ τὸν αὐτὸν Φ.
Φρυνώνδα. Fr. 92. ὦ μιαρὲ καὶ Φ. καὶ πονηρὸ σύ.
Φρυνώνδας. Θ. 861. πατὴρ ἐκείνῳ ἐστί· Φ. μὲν οὖν.
φρύξ. Σ. 433. ὦ Μίδα καὶ Φ. βοήθει δεῦρο καὶ Μασυντία,
 Ο. 762. εἰ δὲ τυγχάνει τις ὢν Φ. μηδὲν ἧττον Σπινθάρου,
φῦ. { Λ. 295. 305. } φ. φ.
φυγάς. Εκ. 243. ἐν ταῖς φ. μετὰ τἀνδρὸς ᾤκησ' ἐν πυκνί·
φύγῃ. Α. 717. κάφελαύνειν χρὴ τὸ λοιπόν, κἄν φ. τις, ζημιοῦν
 Π. 438. ἄναξ Ἄπολλον καὶ θεοί, ποῖ τις φ.;
φύγω. Ο. 354. τοῦτ' ἐκεῖνο· ποῖ φ. δύστηνος; ΠΕ. οὗτος, οὗ μενεῖς;
φύει. Εἰ. 1165. οὐ φ. · οὐ φ.
φύεται. Fr. 556. ἐν ταῖς ὄρεσιν αὐτομάτοισιν τὰ μιμαίκυλα φ. πολλά.
φῦκος. Fr. 309, 5. κάλυμμα, φ., περιδέραι, ὑπογράμματα,
φύλ'. Ο. 253. πάντα γὰρ ἐνθάδε φ. ἀθροίζομεν
 Ο. 688. ἀνθρώποις, πλάσματα πηλοῦ, σκιοειδέα φ. ἀμενηνά,
φῦλα. Ο. 231. νέμονται, φ. μυρία κριθοτράγων
 Ο. 251. φ. μετ' ἀλκυόνεσσι ποτᾶται,
 1755. ἔπεσθε νῦν γάμοισιν, ὦ φ. πάντα συννόμων

φῦλά—φωνάς.

φῦλά. O. 777. πτῆξε δὲ ποικίλα φ. τε θηρῶν.
φυλαῖς. O. 1404. ὃς ταῖσι φ. περιμάχητός εἰμ᾽ ἀεί;
φυλακαί. O. 1161. φ. καθεστήκασι καὶ φρυκτωρίαι
φύλακας. O. 841. φ. κατάστησαι, τὸ πῦρ ἐγκρυπτ᾽ ἀεί,
 O. 1174. λαβὼν κολοιοὺς φ. ἡμεροσκόπους.
φυλακήν. Σ. 2. φ. καταλύειν νυκτερινὴν διδάσκομαι.
φυλάκων. Λ. 847. τις οὗτος οὑντὸς τῶν φ. ἱπτώς; ΚΙ. ἐγώ.
φύλαξ. O. 1168. ἀλλ᾽ ὅδε φ. γὰρ τῶν ἐκεῖθεν ἄγγελος
 Θ. 1026. ὅδε γὰρ ὁ Ξηνθης πάλαι φ. ἐφάστηκ᾽.
φύλαξαι. Σ. 248. τὸν πηλὸν, ᾧ πάτερ πάτερ τουτονὶ φ.
 Β. 4. τοῦτο δὲ φ. πάνυ γὰρ ἔστ᾽ ἤδη χολή.
φυλάξεις. Ι. 107. θήσεις, φ. ἐν πρυτανείῳ λαικάσει.
 ΕΙ. 176. εἴ μὴ φ., χορτάσω τὸν κάνθαρον.
 Β. 1002. καὶ φ.,
φυλάξομαι. Λ. 631. ἀλλ᾽ ἐμοῦ μὲν οὐ τυραννεύσουσ᾽, ἐπεὶ φ.,
 Εκ. 769. σὺ δ᾽ οὐ καταθεῖναι διανοεῖ; ΑΝ. Β. φ.,
 531. νῦν δ᾽ αἱ γυναῖκες. ΑΝ Β. ἆρ ἐγώ φ.
φυλάξομεν. Ν. 1119. εἶτα τὸν καρπὸν τε καὶ τὰς ἀμπέλους φ.,
φύλαξον. Θ. 763. φ. αὐτὸν, ἵνα λαβοῦσα Κλεισθένη
φυλάξουσ᾽. Εκ. 625. ἀλλὰ φ. οἱ φαυλότεροι τοὺς καλλίους
 ἀπιόντας
φυλάξω. Ι. 434. πάγωγ᾽, ἐάν τι παραχαλᾷ, τὴν ἀντλίαν φ.
φυλάξων. ΕΙ. 851. οὕτω λέγεθ᾽ ὑμεῖς τίς ὁ φ.; δεῦρο σύ
φύλαρχος. Ο. 799. ᾑρέθη φ., εἶθ᾽ ἵππαρχος, εἶτ᾽ ἐξ οὐδενὸς
φυλαρχοῦντ᾽. Λ. 561. νὴ Δί᾽ ἐγὼ γοῦν ἄνδρα κομήτην φ. εἶδον
 ἐφ᾽ ἵππον
Φυλασίου. Λ. 1028. ἀλλ᾽ εἴ τι κήδει Δερκέτου Φ.,
φυλάσσειν. Ι. 1039. ὥστε περὶ σκύμνοισι βεβηκὼς τὸν σὺ φ.,
φύλατθ᾽. Σ. 155. φ. ὅπως μὴ τὴν βύλανον ἐκπτύξεται.
φύλαττε. Ο. 1190. πρὸς ἐμέ καὶ θεούς. ἀλλὰ φ. πᾶς
 Θ. 932. στήσαι φ. καὶ προσιέναι μηδένα
 ΕΙ. 481. φ. σαυτὸν ἀσφαλῶς. πολλοὶ γάρ οἱ πανοῦργοι,
 Σ. 597. ἀλλὰ φ., διὰ χειρὸς ἔχων καὶ τὰς μυίας
 ἀπαμύνει.
 Σ. 957. ὅτι σοῦ προμάχεται καὶ φ. τὴν θύραν
 Θ. 976. κλῇδας γάμου φ.
φυλάττειν. Σ. 69. ὄντα φ. τὸν πατέρ᾽ ἐπίταξε νῦν,
 Θ. 791. ἀλλ᾽ οὑτωσὶ καλλῇ σπουδῇ τὸ κακὸν βούλεσθε φ.:
φυλάττεσθαι. Α. 257. πρόβαινε. κἂν τῴχλῳ φ. σφόδρα
φυλάττεται. Ο. 1159. καὶ βεβαλάνωκαι ἀπὸ φ. κύκλῳ,
φυλάττετε. ΕΙ. 732. ἀλλὰ φ. ταῦτ᾽ ἀνδρείως· ἡμεῖς δ᾽ αὖ τοῖσι
 θεαταῖς,
 Θ. 652. ἄγε δὴ τί δρῶμεν; ΚΛ. τουτονί φ.
φυλάττου. Ι. 499. κατὰ νοῦν τὸν ἐμὸν, καὶ σε φ.
φυλάττου. Ι. 1355. νέος ὤν εἰμι καὶ φ. σφόδρα.
φυλάττωμεν. Σ. 4. ἆρ᾽ οἶσθα γ᾽ οἷον κνώδαλον φ.;
 Σ. 112. μᾶλλον διοίξει. τουτονι οὖν φ.
 132. κατανεάσαντες ἐν κύκλῳ φ.
᾽φυλάττον. Β. 469. ὃν ἐγώ ᾽φ. ἀλλὰ νῦν ἔχει μέσος
φυλάττου. 1.761. ἀλλὰ φ., καὶ πρὶν ἐκεῖνον προσικέσθαι σοι,
 πρότερον σύ
 Σ. 1343. ἔχου᾽ φ. δ᾽, ὡς σαπρὸν τὸ σχοινίον·
 ΕΙ. 1100. ἰκτῖνος μάρψῃ ΤΡ. τουτί μέντοι σὺ φ.,
 Θ. 239. ἐπίκυπτε τὴν κέρκον φ. νῦν ἄκραν.
φυλάττων. Λ. 103. ἄπεστιν ἐπὶ Θράκης φ. Εὐφράτην.
 Π. 1193. τὸν ὑπεσθύδομον ἀεὶ φ. τῇς θεοῦ.
φυλέτα. Α. 568. ἰὼ Λάμαχ᾽, ὦ φίλ᾽, ὦ φ.
 Ο. 368. τῆς ἐμῆς γυναικὸς ὄντε ξυγγενῆ καὶ φ.;
φυλῇ Ο. 33. ἡμεῖς δὲ φ. καὶ γένει τιμώμενοι.
φύλην. O. 1407. Κεκροπίδα φ.; ΚΙ. καταγελᾷς μου, δῆλος εἶ.
Φύλην. Π. 1146. μὴ μνησικακήσῃς, εἰ σὺ Φ. κατέλαβες.
Φυλῆς Α. 1023. πόθεν; ΓΕ. ἀπὸ Φ. ἔλαβον οἱ Βοιώτιοι.
φυλλάσι. Σ 398. ἀνάβαιν᾽ ἀνύσας κατὰ τὴν ἐτέραν καὶ ταῖσι
 φ. ταῖς,
φυλλεῖ᾽. Π. 544. μαλάχης πτόρθους, ἀντὶ δὲ μάζης φ. ἰσχνῶν
 ῥαφανίδων,
φυλλεῖα. Α. 469. ἐς τὸ σπυρίδιον ἰσχνά μοι φ. δός.
φυλλοβολούσης. Ν. 1007. μίλακος ὄζων καὶ ἀπραγμοσύνης καὶ
 λευκῆς φ.
φυλλοκόμων. Ο. 215. καθαρὰ χωρεῖ διὰ φ.
 Ο. 742. ἰξύμενοι μελίαι τῇ φ.,
φυλλορροεῖ. Ο. 1481. ἀσπίδας φ.
φύλλων. Ο. 685. Ἄγε δὴ φύσιν ἄνδρες ἀμαυρόβιοι, φ. γενεᾷ
 προσόμοιοι,
 Ο. 1094. φ. ἐν κόλποις ναίω,
φύλον. Ο. 1088. εὐδαίμων φ. πτηνῶν
 Θ. 786. καίτοι πᾶς τις τὸ γυναικεῖον φ. κακὰ πόλλ᾽ ἀγορεύει,
φυλόπιδος. ΕΙ. 1076. φ. λήξαι, πρὶν κὴν λύπας οὖν ὑμεναίοι.
φῦναι. Β. 1184. ἀντινᾷ γε, πρὶν φ. μὲν, ἀπόλλυσθ᾽ ἔφη
 Fr. 473, 2. ἴσως φ.
φύομεν. Ο. 106. πτερορρυεῖ τε καθίει ἕτερα φ.

φυρασάμενος. Ν. 979. σὺδ᾽ ἂν μαλακὴν φ. τὴν φωνὴν πρὸς τον
 ἐραστὴν
Φυρόμαχος. Εκ. 22. Δι Φ. ποτ᾽ εἶπεν, εἰ μέμνησθ᾽ ἔτι,
φύσα. Θ. 221. κάθιζε· φ. τὴν γνάθον τὴν δεξιάν·
φυσᾷ. Ν. 405. ἔνδοθεν αὐτὰς ὥσπερ κύστιν φ., κᾆπειθ᾽ ὑπ᾽
 ἀνάγκης
φύσαι. Ο. 785. σύδὲν ἔστ᾽ ἄμεινον οὐδ᾽ ἥδιον ἢ φ. πτερά.
φυσαλλίδας. Λ. 1245. λαβὲ δῆτα τὰς φ. πρὸς τῶν θεῶν,
φύσαντα. Α. 1472. τὸν φ. σεμνοτέροις
φυσᾶντες. Α. 868. Θείβαθι γὰρ φ. ἐξύπισθέ μου
φυσατήρια. Λ. 1242. ὦ πολυχαρίδα, λαβὲ τά φ.,
φυσᾶτω. Ο. 765. φ. κάπτους παρ᾽ ἡμῖν. καὶ φανοῦνται φράτορες·
φύσει. Ν. 486. ἔνεστι δῆτά σοι λέγειν ἐν τῇ φ.;
 Ν. 537. ὡς δὲ σώφρων ἐστὶ φ. σκέψασθ᾽· ἥτις πρῶτα μὲν
 877. ἀμέλει, δίδασκε· θυμόσοφὶς ἐστιν φ·
 1078. χρῶ τῇ φ. σκίρτα, γέλα, νόμιζε μηδὲν αἰσχρόν.
 Ο. 37. τὸ μὴ οὐ μεγάλη εἶναι φ. εὐδαίμονα
 Α. 1037. ἀλλὰ μὴ ὥρασ᾽ ἴκοισθ᾽ ὃν ἐστὶ θωπικαὶ φ.,
 Θ. 167. ὅμοια γὰρ ποιεῖν ἀνάγκη τῇ φ.
 531. ἀλλ᾽ οὐ γάρ ἐστι τῶν ἀναισχύντων φ. γυναικῶν
 752. ὑπὲρ γε τούτου. ΜΝ. φιλότεκνόν τι εἶ φ.
 Β. 540. καὶ φ. Θηραμένους.
 700. ἀλλὰ τῆς ὀργῆς ἀνέντες, ὦ σοφώτατοι φ.,
 1183. μὰ τὸν Δί᾽ οὐ δῆτ᾽, ἀλλὰ κακοδαίμων φ.
 Π. 118. ἄνθρωποι οὗτοί ἐστιν ἄθλιοι φ.
 273. πάντως γὰρ ἄνθρωποι φ. τοιοῦτον ἐς τὰ πάντα
 279. διαρραγείης. ὡς μάθων εἶ καὶ φ. κύβαλος.
φύσεις. ΕΙ 607. τὰς φ. ὑμῶν δεδοικὼς καὶ τὸν αὐτοδάξ τρόπον,
 Β. 810. φ. ποιητῶν· εἶτα τῷ σῷ δεσπότῃ
 1115. αἱ φ. γ᾽ ἄλλως κράτισται,
φύσεος Σ 1282. ἀλλ᾽ ἀπὸ σοφῆς φ. αὐτόματον ἐκμαθεῖν
 Ι. 1458. φ., ἣν ἔχει τις ἀεί.
φύσεως. Ν. 1075. εἶεν. πάρειμ᾽ ἐντεῦθεν ἐς τὰς τῆς φ. ἀνάγκας.
φυσήματι. Β. 825. γηγενεῖ φ·
φύσητε. Β. 863. τοῖς φωτίσοσι φ. τὸν πρωκτὸν κυνὸς.
φυσητέον. Α. 293. καὶ τὸ πῦρ φ.,
φύσιν. Ι. 518. ὑμᾶς τε πάλαι διαγιγνώσκων ἐπετείους τὴν φ.
 ὄντας,
 Ν. 276. ἀρθῶμεν φανεραὶ δροσεράν φ. εὐάγητον,
 352. ἀποφαίνουσαι τὴν φ. αὐτῶν λύκοι ἐξαίφνης ἐγένοντο.
 503. σῴδιν διοίσεις Χαιρεφῶντος τὴν φ.
 515. νεωτέρους τὴν φ. αὐ-
 960. μήξον φωνὴν ᾖτινι χαίρεις, καὶ τὴν σαυτοῦ φ. εἰπέ.
 1187. ὁ Σόλων ὁ παλαιὸς ἦν φιλόδημος τὴν φ.
 Ο. 1071. εἴ τις ὑμῶν, ὦ θεαταί, τὴν ἐμὴν ἰδὼν φ.
 Ο. 117. εἴτ᾽ αὖθις ὀρνίθων μεταλλάξας φ.
 371. εἰ φ. μὲν ἐχθροί, τὸν δὲ νῦν εἰσιν φίλοι,
 685. Ἄγε δὴ φ. ἄνδρες ἀμαυρόβιοι, φύλλων γενεᾷ προσόμοιοι,
 691. οἷανὦν γίνεσίν τε θεῶν ποταμῶν τ᾽ Ἐρέβους τε
 Χάους τε
 1569. τί, ἢ κακόδαιμον; Λαισποδίας εἶ τὴν φ.
 Fr. 122, 2. ῥίζας ἐχούσας σκοροδυμίμητον φ.
φύσις. Λ. 545. τὴν φ., ἐν χάρις,
 Θ. 11. χωρὶς γὰρ αὐτῶν ἑκατέρου᾽ στὶν ἡ φ.
 1129. ἀλλ᾽ οὖν ἐν ἐνδοίξαιτο βάρβαρος φ.,
 Β. 1451. ἐὲ γ᾽, ὦ Παλάμηδες, ὦ σοφωτάτη φ.
φύσκαι. Fr. 547. χορδαί, φ., πάντα, ζωμοί,
φύσκαις. Fr. 249. διαμαχχαλίσαι αὐτὸν ἀχελίσιν καὶ φ. ῥαφανίναις.
φύσκης. Ι. 364. ἐγὼ δὲ κινήσω γέ σου τὸν πρωκτὸν ἀντὶ φ.
φυστήν. Σ. 610. καὶ τὸ γύναιόν μ᾽ ὑποθωπεῦσαν φ. μᾶζαν προσενέγκῃ,
φυσῶν. Ο. 859. σαύσαι σὺ φ. Ἡράκλεις, τουτὶ τί ἦν;
 Ο. 1080. εἶτα φ. τὰς κίχλας δείκνυσι καὶ λυμαίνεται,
 Β. 1195. φ. τὴν λαμπάδ᾽ ἔφευγε.
φυσῶντα. ΕΙ. 902. φ. καὶ πνέοντα προσπικινήσεται,
φυσῶντι. ΕΙ. 1 φ. καὶ πινουμένῳ
φυτά ΕΙ. 599 τἆλλα θ᾽ ὑπόπτ᾽ ἐστὶ φ.
φυτεύειν. Σ. 1133. ἐτέα παῖδας χρῇ φ. καὶ τρέφειν,
 φύτευσον. ΕΙ. 558. τος τὲ συκάς, ἃς ἐγὼ φ. ὢν νεώτερος.
 φύτευσα. ΕΙ. 629. ἐξέκοψαν, ἣν ἐγὼ φ. κάξεθρεψάμην.
φῳδῶν. Fr. 164, 1. συκᾶς φ. πλὴν Λακωνικῆς
φῷβων. Π. 535. σὺ γὰρ ἂν πυρίας τί δύναι ἀγαθὸν, πλὴν φ. ἐκ
 βαλανείου
φώκης. { Σ. 1035 } φ. δ᾽ ὀσμὴν, Λαμίας δ᾽ ὄρχεις ἀπλύτους,
 { ΕΙ. 758. } πρωκτὸν δὲ καμήλου.
φωνᾷ. Ο. 1586. ᾑδομένῳ φ.
φωνάς. Α. 747. χοιρίων μυστηρικῶν.
 1. 522. πάσας δ᾽ ὑμῖν. ἴεὶς καὶ ψάλλων καὶ πτερυγίζων

φωνάς—Χαιρητάδου. 327

φωνάς. Σ. 562. ἀλλ' ἀκροῶμαι πάσας φ. ἰέντων εἰς ἀπόφυξιν.
φώνει. Α. 777. ἔγωγε. ΜΕ. φ. δὴ τὺ ταχέως, χαιρίον.
φωνή, I. 218. φ. μιαρά, γέγονας κακῶς, ἀγύραιοι εἰ·
Σ. 395. οὗτος, ἐγείρου. ΣΩ. τί τὸ πρᾶγμ'; ΒΔ. ὥσπερ φ. μί
τις ἐγκεκύκλωται,
φωνῇ. Α. 1046. φ. τοιαῦτα λάσκων.
Σ. 572. εἰ μὲν χαίρεις ἀρνὸς φ., παιδὸς φωνὴν ἐλεήσαις
573. εἰ δ' αὖ τοῖς χοιρηδίοις χαίρει, θυγατρός φ. με πιθέσθαι.
ΕΙ. 800. ὑμνεῖν, ὅταν ἡμινὰ μὲν φ. χελιδὼν
Θ. 961. μίλπε καὶ γέραιρε φ. πᾶσα χορομανεῖ τρόπῳ,
Β. 379. τῇ φ. μολπύζων,
φωνήν. I. 137. ἅπαξ, κεκράτηκε, Κυκλοβόρου φ. ἔχων.
I. 638. φ. τ' ἀναιδῆ ταῦτα φροντίζωτί μοι
Ν. 357. οὐρανομήκη ῥῆξατε κάμοὶ φ., ὦ παμβασίλειαι,
960. ῥῆξον φ. ἥτινι χαίρεις, καὶ τὴν σαυτοῦ φύσιν εἰπέ.
963. πρῶτον μὲν ἔδει παιδὸς φ. γρύξαντος μηδέν' ἀκοῦσαι
979. οὐδ' ἂν μαλακήν φυρασήμενος τὴν φ. πρὸς τὸν ἐραστὴν
Σ. 36. ἔχουσα φ. ἐμπεπρημένη ἰώς.
555. ἱκετεύουσίν θ' ὑπανύπτοντες, τὴν φ. αἰκτροχοοῦντες·
572. εἰ μὲν χαίρεις ἀρνὸς φωνῇ, παιδὸς φ. ἐλεήσαις·
1034. ὴ περὶ τὴν κεφαλήν, φ. δ' εἶχεν χαράδρας ὄλεθρον
ΕΙ. 757.   τετοκυίας.
Ο. 200. ἐδίδαξα τὴν φ., ξυνῶν πολὺν χρόνον.
721. ξύμβυλον ὄρνιν. φ. ὄρνιν, θερίπωτ' ὄρνιν, ὄνον ὄρνιν,
Λ. 361. ἐκωφεν ὥσπερ Βουπάλου, φ. ἂν οὐκ ἂν εἶχον.
Fr. 344, 6. τρυγός τε φ. εἰς λεκάνην ὠθουμένης,

φωνῆς. Ν. 292. ἥσθου φ. ἅμα καὶ βροντῆς μυκησαμένης θεοσίστου·
ΕΙ. 61. σιγήσαθ'. ὣς φ. ἀκούειν μοι δοκῶ.
Π. 1008. ἐπ' ἰσφοράν; ΓΡ. μὰ Δί', ἀλλὰ τῆς φ. μόνον
φωνήσας. Θ. 51. τίς ὁ φ.: ΜΝ. νήνεμος αἰθήρ.
φωράσω. Β. 1363. εἰσελθοῦσα φ.
φωράσων. Ν. 499. ἀλλ' οὐχὶ φ. ἔγωγ' εἰσέρχομαι.
φῶρες. Fr. 153. 'Αργεῖοι φ.:
φῶς. Ν. 614. μὴ πρίη, ποῖ, ὅδ8', ἐπειδὴ φ. Σεληναίης καλόν.
Ν. 632. αὐτὸν καλῶ θύραζε δευρὶ πρὸς τὸ φ.
ΕΙ. 307. πρὶν μοχλοῖς καὶ μηχαναῖσιν ἐς τὸ φ. ἀνελκύσαι
445. ἐς φ. ἀνελθεῖν, ὦ πότνι, ἐν τοῖσιν μάχαις
Ο. 699. ἐνεόττευσεν γένος ἡμέτερον, καὶ πρῶτον ἀνήγαγεν ἐς φ.
Θ. 126. τῷ φ. ἰσσυντο δαιμονίοις ὄμμασιν,
194. χαίρεις ὁρῶν φ., πατέρα δ' οὐ χαίρειν δοκεῖς;
Β. 155. ὄψει τε φ. κάλλιστον, ὥσπερ ἐνθάδε,
φώσιν. Β. 132. κόπειτ' ἐπειδὰν φ. οἱ θεώμενοι
Φωσφόρου. Α. 443. εἴ τάρα νὴ τὴν φ. τὴν χεῖρ' ἄκρον
Λ. 738. χώρει πάλιν δεῦρ'. ΓΤ. Β. ἀλλὰ νὴ τὴν φ.
φωσφόρον. Θ. 858. πανούργος εἴ νὴ τὴν 'Εκάτην τὴν φ.
φωσφόρος Β. 342. γνεύψη τελετῆς φ. ἀστήρ.
φωσφόρον. Fr. 535, 2. 'Εκάτη ἄγαλμα φ. γενήσομαι.
φωσφόρους. Fr. 494. ἰσκρίρετε πεύκην κατ' 'Αγάθωνα φ.
φῶτα. Β. 1040. ἄνομα πάθεα φ. λιτομένα.
φωτός. ΕΙ. 528. ἀνέιτνω' ἔχθρου φ. ἔχθιστον πλήρης.
Β. 820. φ. ἀμνοπόνου φρενοτέκτονον ἀνδρὸς

X

χ'. Α. 732. ἀμβᾶτε ποττὰν μᾶδδαν, αἴ χ' εὕρητέ πα. κ.τ.λ.
χᾷ Α. 887. χ. δυσκολαίνει πρὸς ἐμὲ καὶ βρενθύεται,
Χάβης Σ. 234. Εὐεργίδης ἄρ' ἐστὶ που 'νταῦθ', ἡ Χ. ὁ Φλυεύς;
Χάει. Ο. 698. οὗτος δὲ Χ. πτερόεντι μιγεὶς νυχίῳ κατὰ Τάρταρον εὐρύν
χαί. Λ. 47. τὰ κροκωτίδια καὶ τὰ μύρα χ. περιβαρίδες
χαῖα. Λ. 90. τίς δ' ἡτέρα παῖς: ΛΑ. χ. καὶ τῶ σιώ,
Λ. 91. Κορινθία δ' οὖ ΛΤ. χ. νὴ τὸν Δία
χαῖρ'. Α 176. χ. 'Αμφίθεε. ΑΜ. μήπω γε, πρὶν ἂν στῶ τρέχων·
Ι. 1333. χ., ὦ βασιλεῦ τῶν 'Ελλήνων καὶ σοὶ ξυγχαίρομεν ἡμεῖς
Ν. 358. χ., ὦ πρεσβῦτα παλαιογενές, θηρατὰ λόγων φιλομούσων
ΕΙ. 523. ὦ χ. 'Ομύρα, καὶ σὺ δ', ὦ Θεωρία.
582. χαῖρε χ., ὡς ἦλθες ἡμῖν ἀσμένοις, ὦ φιλτάτη.
Ο. 669. ὦ Ξουνιέρακε. χ. ἄναξ Πελαργικέ.
Α. 6. χ., ὦ Καλονίκη.
1108. χ. ὦ πασῶν ἀνδρειοτάτη δεῖ δὴ νυνί σε γενέσθαι
Θ. 129. χ., ὤβιε, παῖ Λατοῦς.
972. χ., ὦ 'Εκάεργε,
1056. χ., ὦ φίλη ποῖ· τὸν δὲ πατέρα Κηφία,
Β. 184. χ., ὦ Χάρων. χ. ὦ Χάρων, χ. ὦ Χάρων.
272. ἰαυ̂. ΔΙ. Βάδιζε δεῦρο. ΗΛ. χ. ὦ δέσποτα.
χαῖρε. Α. 729. ἀγορά 'ν 'Αθάναις χ., Μεγαρεῦσιν φίλα.
Α. 832. καὶ χ. πύλλα', ΜΕ. ἀλλ' ἀμὶν οὐκ ἐπιχώριον.
872. χ. κολλικοφάγε Βοιωτίδιον,
1206. ἰὴ ἰὴ χ. Λαμαχίππιον,
I. 1254. χ. καλλίνικε. καὶ μέμνησ' ὅτι
ΕΙ. 582. χ. χαῖρ', ὡς ἦλθες ἡμῖν ἀσμένοις. ὦ φιλτάτη.
718. ἀλλ', ὦ φίλ' 'Ερμῇ, χ. πολλά. ΕΡ. καὶ σύ γε,
Λ. 78. ὦ φιλτάτη Λάκαινα, χ., Λαμπιτοῖ.
853. ὦ χ. φίλτατ'· οὐ γὰρ ἀκλεεῖς τοὔνομα
Θ. 111 χ. καλλίστοισι δινδαῖς.
1193. τί σὺ κατενίδει· παρ' ἐμοί; ΓΤ. χ., ταξότα·
Β. 164 καὶ χ. πύλλ', ὠδελφέ. ΔΙ. νὴ Δία καὶ σύ γε
Fr. 162, 2. χ. λιπαρὸν δάπεδον, ὕδωρ ἀγαθὴν χθονός.
294, 2. ἐὰν δνεκαῖς, λέγε, χ. φέγγος ἡλίου.
χαῖρε. Ν. 1070. γυνὴ δὲ σιναμωρουμένη κ.τ.λ. σὺ δ' εἶ κρόνιππος.
Β. 358. ἡ Βωμολόχοις ἔπεσιν χ. μὴ 'ν παιδὶ τοῦτο ποιούσων,
χαίρειν. Α. 200. χ. κελείσων πολλὰ τοὺς 'Αχαρνέας·
Ι. 329. σου μισρωτέρων, ὥστε με χ.,
Ν. 609. πρῶτα μὲν χ. 'Αθηναίοισι καὶ τοῖς ξυμμάχοις·
Ο. 1581. τὸν ἄνδρα χ. οἱ θεοὶ κελεύουσιν
Θ. 64. ὦ δαιμόνιε, τοῦτον μὲν ἔα χ., σὺ δὲ
194. χαίρεις ὁρῶν φῶς, πατέρα δ' οὐ χ. δοκεῖς;
793. μανίαι μαίνεσθ', οὐ χρὴ στένδειν καὶ χ., εἴπερ ἀληθῶς

χαίρειν. Π. 322. χ. μὲν ὑμᾶς ἐστιν, ἄνδρες δημόται,
Π. 638. πάρεστι χ., ἥν τε βούλησθ' ἥν τε μή,
1187. χ. λᾶσαι ἐνθάδ' αὐτοῦ καταμενεῖν,
χαίρεις. Ι. 1116. θωπευόμενός τε χ.
Ν. 960. ῥῆξον φωνὴν ἥτινι χ., καὶ τὴν σαυτοῦ φύσιν εἰπέ.
Σ. 572 εἰ μὲν χ ἀρνὸς φωνῇ, παιδὸς φωνὴν ἐλεήσαις·
ΕΙ. 1279. ἀλλὰ τί δῆτ' ἄδω; οὐ γάρ εἰπέ μοι οἴσυσι χ.
Ο. 1402. οὐ γάρ οὐ χ. ἡτεροδυνήτοις γενόμενος;
Θ. 194. χ. ὁρῶν φῶς, πατέρα δ' οὐ χαίρειν δοκεῖς;
263. ἆρ' ἁρμόσει μοι; ΕΥ. χαλαρά γοῦν χ. φορῶν.
Β. 745. χ., ἱκετεύω: ΑΙ. μάλλ' ἱπποπεἴειν δοκῶ,
Π. 61. ἀλλ' εἴ τι χ. ἀνδρὸς εὐόρκου τρόποις,
Χαιρέου. Σ. 687. ὅταν εἰσελθὸν μειράκιόν σοι καταγυγον, Χ. υἱὸς,
χαίρετ'. ΕΙ. 337. μή τι καὶ νυνί γε χ.· οὐ γάρ ἴστε πω σαφῶς
ΕΙ. 1355. ὦ χαίρετε χ., ἄν·
Λ. 1097. ὦ χ., ὦ Λάκωνες· αἰσχρά γ' ἐπάθομεν.
χαίρετε. Ν. 356. χ. τοίνυν, ὦ δέσποινα· καὶ νῦν, εἴπερ τινὶ πάλλω,
ΕΙ. 149. ἐμοὶ μελήσει ταῦτά γ'. ἀλλὰ χ.
335. ἀλλ' ὅταν λάβωμεν αὐτὴν, τηνικαῦτα χ.
1355. ὦ χ. χαίρετ' ἀν·
Λ. 1074. ἄνδρες Λάκωνες πρῶτα μὲν μοι χ.
χαίρετον. Ο. 645. Εὐελπίδης Κρωθέν.   ΕΠ. ἀλλὰ χ.
Π. 788. ὦ φίλτατ' ἀνδρῶν, καὶ σὺ καὶ σὺ χ.
χαιρέτω. Ν. 580. ὅστις οὖν τούτοις γελᾷ, τοῖς ἐμοῖς μὴ χ.·
Χαιρεφῶν. Ν. 104. ὦν ὁ καροπαίδιμον Σωκράτης καὶ Χ.
Ν. 156. ἀνήρετ' αὐτὸν Χ. ὁ Σφηττιοῦ
831. καὶ Χ., ὃς οἶδε τὰ ψυλλῶν ἴχνη.
Σ. 1412. ἀληθες, οὕτως; ΦΙ. καὶ σύ δή μοι, Χ.,
Ο. 1564. Χ. ἡ νυκτερίς.
Χαιρεφῶντα. Ν. 144. φηρεῖ ἄρτι Χ Σωκράτης
Ν. 1465. τὸν Χ. τὸν μιαρὸν καὶ Σωκράτη
Σ. 1408. πληγὴν' ἔχουσα Χ. τουτονί.
Fr. p 509. Χ.
282. Χ.
457. Χ.
486 α. Χ. νυκτὸς παῖδα.
Χαιρεφῶντι. Ο. 1296. ἴβις Λυκούργῳ, Χ. νυκτερίς,
Χαιρεφῶντος. Ν. 146. βακούνα γὰρ τοῦ Χ. τὴν ὀφρὺν
Ν. 503. οὐδὲν διοίσεις Χ. τὴν φύσιν.
χαιρεφῶσιν. Α. 4. φὲρ' ἴδω, νί ἐγὼ 'σθην ἄξιον χ.;
χαιρήσεις. I. 828. οὐ χ., ἀλλά σε κλέπτουθ'
Π. 64. οὐ τοι μὰ τὸν Δία χ. ἔτι
χαιρήσοντα. I. 235. οὔ τοι μὰ τοὺς δώδεκα θεοὺς χ.,
χαιρητῶν. Σ. 186. Οὗτις μὰ τὸν Δί' οὔτ' ἐς χ. γε σύ.
Χαιρητάδου. Εκ. 51. καὶ τὴν Φιλοδωρήτου τε καὶ Χ.;

Χαιριδῆς—χάρακας.

Χαιριδῆς. Α. 866. ἐπὶ τὴν θύραν μοι Χ. βομβαύλιοι;
Χαίριππον. Ν. 64. Ξάνθιππον ἢ Χ. ἢ Καλλιππίδην,
Χαίρις. Α. 16. ὅτε δὴ παρέκυψε Χ. ἐπὶ τὸν ὄρθιον.
ΕΙ. 951. ἦν Χ. ὑμᾶς ἴδῃ,
 Ο. 858. συνᾳδέτω δὲ Χ. ᾠδάν.
χαίρομαι. ΕΙ. 291. ὡς ἥδομαι καὶ χ. κεὐφραίνομαι.
χαίρομεν. ΕΙ. 311. ἀλλ' ἀκούσαντες τοιούτου χ. κηρύγματος.
χαίροντας. Α. 371. τοὺς τῶν ἀγροίκων οἶδα χ. σφόδρα
χαίροντες. Α. 1143. ἴτε δὴ χ. ἐπὶ στρατιάν.
 Σ. 1009. ἀλλ' ἴτε χ. ὅποι βούλεσθ',
 ΕΙ. 321. οὐ γὰρ ἂν χ. ἡμεῖς τήμερον παυσαίμεθ' ἄν.
 Β. 244. καὶ φλέον, χ. φίδῃ
χαίρουσιν. Εκ. 228. βινούμεναι χ. ὥσπερ καὶ πρὸ τοῦ.
χαίρω. Ν. 1320. ἆρ' οἶσθ' ὅτι χ. πύλλ' ἀκούων καὶ κακά;
 Σ. 510. οὐδὲ χ. βατίσιν οὐδ' ἐγχέλεσιν, ἀλλ' ἥδιον ἂν
 573. εἰ δ' αὖ τοὺς χοιριδίοις χ., ὀνιγατρὸς φωνῇ με πιθέσθαι.
 Β. 744. εὐθὺς πεποίηκας, ὕπερ ἐγὼ χ. ποιῶν.
 Π. 247. χ. τε γὰρ φειδόμενος ὢν οὐδεὶς ἀνὴρ
χαίρωμεν. Θ. 311. τἀγαθά. ἰὴ παιῶν, ἰὴ παιῶν. χ.
χαίρων. Α. 563. ἀλλ' οὐδὶ χ. ταῦτα τολμήσει λέγειν.
 Ι. 498. ἀλλ' ἴθι χ., καὶ πράξειας
 548. ἵν' ὁ ποιητὴς ἀπὶρ χ.,
 Ν. 510. ἀλλ' ἴθι χ. τῆς ἀνδρείας
 1008. ἥρος ἐν ὥρᾳ χ., ὑπότων πλάτανος πτελέᾳ ψιθυρίζῃ.
 ΕΙ. 154. ἀλλ' ἄγε, Πήγασε, χώρει χ.,
 710. ὤνθρωπε, χ. ἀπιθι καὶ μέμνησό μου.
 729. ἀλλ' ἴθι χ. ἡμεῖς δὲ τέως τάδε τὰ σκεύη παραδόντες
 Θ. 719, χ. ἴσως ἐνυβρισίτ,
 Β. 843. ἀλλ' οὕ τι χ. αὖτ' ἐρεῖς. ΔΙ. παῦ', Αἰσχύλε,
 1500. ἄγε δὴ χ., Αἰσχύλε, χώρει,
 Εκ. 683. εἰδὼς ὁ λαχὼν ἀπίῃ χ. ἐν ὁποίῳ γράμματι δειπνεῖ
 Π. 1079. νῦν δ' ἀπιθι χ. συλλαβὼν τὴν μείρακα.
χαίρωσιν. Ι. 39. ἦν τοῖς ἔπεσι χ. καὶ τοῖς πράγμασι.
χαίτην. Β. 822. φρίξας δ' αὐτοκόμου λοφιᾶς λασιαύχενα χ.,
χαίωτέραν. Α. 1157. σύπα γυναῖκ' ὁπωπα χ.,
χάλα. Θ. 638. χ. ταχέως τὸ στρόφιον, ὠναίσχυντε σύ.
 Εκ. 508. χ. συναπτοὺς ἡνίας Λακωνικάς.
χαλαξῇ. Ι. 381. τὸν πρωκτὸν, εἴ χ.
χαλάζαις. Ν. 1127. τὸν κέγχραν αὐτοῦ χ. στρογγύλαις συντρί-
 ψομεν.
χαλαζῶν. Β. 852. ἀπὸ τῶν χ. δ', ὦ ποιηρ' Εὐριπίδη.
χαλᾶν. Ο. 383. οἶδε τῆς ὀργῆς χ. ἐξασιν. ἄναγ' ἐπὶ σκέλος.
χαλαρά. Σ. 1495. στρέψεται χ. νοτυληδόν.
 Θ. 263. ἆρ' ἁρμόσει μοι, ΕΥ. χ. γοῦν χαίρεις φορῶν.
χαλάσας. Σ. 655. ἀκραεσαί νυν, ὦ πατρίδιον, χ. ὀλίγον τὸ
 μέτωπον'
 Σ. 727. ὅτ' ἤδη τὴν ὀργὴν χ. τοὺς σκίπωνας καταβάλλω.
χαλάσθω. Σ. 1484. κλῆθρα χ. τάδε. καὶ δὴ γὰρ
χάλασον. Α. 419. ἐλθών χ., δεινὰ ἄν εὐρηγέραι ἐγώ,
 Θ. 1003. χ. τὸν ἦλον. ΤΟ. ἀλλὰ ταῦτά γε δρᾷς ἐγώ.
χαλεπά. Α. 142. ξυμψήγεσαι μοι. ΛΑ. χ. μὲν καὶ τὰ σιὼ
χαλεπαί. Εκ. 1086. χ. γ' ἂν ἦτε γενόμεναι πορθμῆς. ΓΡ. Β.
 τίη;
χαλέπαινε. Β. 1020. Αἰσχύλε, λέξον, μηδ' αὐθάδως σεμνυνό-
 μενος χ.
χαλεπῇ. Λ. 16. ἤξουσι χ. τοι γυναικῶν ἔξοδοι,
χαλεπῇ. Α. 1116. καὶ μὴ χ. τῇ χειρὶ μηδ' αὐθαδικῇ,
χαλεπόν. Σ. 646. ναι χ. * * * *
 Σ. 650. χ. μὲν καὶ δεινῆς γνώμης καὶ μείζονος ἢ 'πὶ τρυγῳδοῖς,
 950. χ. μὲν, ὤνδρες, ἐστὶ διαβεβλημένου
 985. ὑμῖν ἀποφεύγειν δῆτα; ΦΙ. χ. εἰδέναι.
 1457. τὸ γὰρ ἀποστῆναι χ.
 ΕΙ. 819. ὡς χ. ἐλθεῖν ἦν ἄρ' εὐθὺ τῶν θεῶν.
 Λ. 504. καὶ τὰς χεῖρας πειρῶ κατέχειν. ΠΡ. ἀλλ' οὐ δύναμαι'
 χ. γάρ
 1112. ἀλλ' οὐχὶ χ. τοὖργον, εἰ λάβοι γέ τις
 Β. 1100. χ. οὐκ ἔργον διαιρεῖν,
 Εκ. 27. ἦν χ. αὐταῖς· ἀλλ' ὁρῶ τονδὶ λύχνον
 160. χ. μὲν νῦν ἄνδρας δυσαρέστους νουθετεῖν,
 266. χ. τὸ πρᾶγμ' ὑμᾶς δὲ χειροτονητέον
 Π. 578. αὐτοῖς, οὔτω διαγιγνώσκειν χ. πρᾶγμ' ἐστὶ δίκαιον.
 782. βάλλ' ἐς κύρακας· ὡς χ. εἰσιν οἱ φίλοι
χαλεπός. Σ. 821. ὦ δύσκολ' ἥρως, ὡς χ. ἄρ' ἦσθ' ἰδεῖν·
 Σ. 942. οὐκ αὖ σὺ παύσει χ. ὢν καὶ δύσκολος,
χαλεπῶ. Π. 60. πακωὸς γὰρ αὐτοῖ καὶ χ. ἐκπυνθάνει.
χαλεπώτατον. Ι. 516. κωμῳδοδιδασκαλίαν εἶναι χ. ἔργον
 ἁπάντων'
χαλεπωτάτους Ο. 539. πολὺ δὴ πολὺ δὴ χ. λόγους
χέλικας. Ο. 839. χ. παραφέρει, πηλὸν ἀποβῇ ὀργάσον,
χαλινοῦς. Β. 827. γλῶσσ', ἀνελισσομένη φθονερούς κινοῦσα χ.,
χάλκεί. Ι. 470. ἐύ γ' ἐύ γε, χ. ἀντὶ τῶν κολλωμένων.

χαλκεύει. Π. 163. ἕτερος δὲ χ. τις, ὁ δὲ τεκταίνεται.
χαλκεύειν. Π. 513. τίς χ. ἢ ναυπηγεῖν ἢ ῥάπτειν ἢ τροχοποιεῖν
χαλκεύεσθε. Ο. 1114. ἢν δὲ μὴ κρίνῃτε, χ. μηνίσκους φορεῖν
χαλκεύεται. Ι. 469. ἐγᾠδ' τὸ γὰρ τοι δεδεμένοι χ.
χαλκεύς. ΕΙ. 480. μόνοι προθυμοῦντ'· ἀλλ' ὁ χ. οὐκ ἐᾷ.
χαλκέως. Fr. 510, 2. βασκαίνων ἐπὶ κάμινου ἀνδρὸς χ.
χαλκή. Π. 813. χ. γίγνανε' τοὺς δὲ πικακίσκους τοὺς σαπροὺς
χαλκηλάτους Β. 929. γρυπαέτους χ., καὶ ῥῆμαθ' ἱππόκρημνα,
χαλκῆς. Ο. 490. ἀναπηδῶσιν πάντες ἐπ' ἔργον, χ., κεραμῆς,
 σκυλοδέψαι,
 Α. 627. καὶ λαλεῖν γυναῖκας οὔσας ἀσπίδος χ. πέρι,
Χαλκιδέας. Ι. 238. οὐκ ἔσθ' ὅπως οὐ Χ. ἀφίστανταν.
Χαλκιδικόν. Ι. 237. τουτὶ τί δρᾷ τὸ Χ. ποτήριον;
χαλκίσκον. Λ. 1300. καὶ χ. Ἀσάναν.
 Λ. 1320. καὶ τὰν σιὰν δ' αὖ τὰν κρατίσταν χ. ὕμνη
χαλκίοις. Β. 725. χρώμεθ' οὐδέν, ἀλλὰ τούτοις τοῖς πονηροῖς χ..
χαλκίον. Λ. 749. μὰ τὰν Ἀφροδίτην οὐ σύ γ', ἀλλ' ἡ χ.
 Fr. 9. "ἔγνωκ' ἐγὼ δὲ χ. (τοῦτ' ἐστὶ κοτταβεῖον) ἱστάναι
 καὶ μυρρίναι,"
 316, 1. τὸ χ.
χαλκίου. Fr. 12. οὐκ, ἀλλὰ ταῦτα γ' ἐπίχυσις τοῦ χ.
χαλκίῳ. Α. 1128. καταχει σύ, παῖ, τοὔλαιον. ἐν τῷχ.
 Fr. 169, 2. ἡμᾶς ἐκεῖ τῷ χ. λελουμένους σχαλάζειν.
χαλκοῖς. Β. 730. προυσελούμεν, τοῖς δὲ χ. καὶ ξένοις καὶ
χαλκοκρότων. Ι. 552. χ. ἵππων κτύπος
χαλκόν. Εκ. 822. χ. τὸ λοιπὸν ἀργύρῳ γὰρ χρώμεθα.
χαλκοῦν. Ν. 552. ἐς τὸν Χ. ἐμβαλλόμενον πίλον λίκιθσον παρὰ
 γραός·
 Β. 294. ἔχειν τὸ πρόσωπον. ΔΙ. καὶ σκέλος χ. ἔχει.
 Fr. 247. "δακτυλίου χ. φέρουν ἀπειρονα."
χαλκοῦς. Εκ. 815. ἔγωγε. ΑΝ. Β. τοὺς χ. δ' ἐκείνους ἡνίκα
χαλκοφάλαρα. Α. 1072. τίς ἀμφὶ χ. δώματα κτυπεῖ;
χαλκώματα. Fr. 381. "χ., προσκεφάλαια."
χαλκωμάτων. Β. 1214. ἔπειτ' ἐναίνεσόν τι τῶν χ.,
χαλκῶν. Εκ. 818. μιστὴν ἀπῆρα τὴν γνάθον χ. ἔχων,
χαλῶσιν. Λ. 310. κἂν μὴ καλούντων τοὺς μοχλοὺς χ. αἱ
 γυναῖκες,
χάμα. ΕΙ. 1138. χ. τὴν Θρᾷτταν κυνῶν,
 ΕΙ. 1155. χ. τῆς αὐτῆς ὁδοῦ Χαρινάδην τις βωσάτω,
 1168. χ. φήμ', "Πραι φίλαι καὶ
 Β. 1525. καχάσαις ἱραῖς, χ. προπέμπετε
χαμαζὶ. Α. 344. ἐκσείεσται χ. οὐχ ὑρᾶς σειόμενον;
χαμαὶ χ. πίσῃ φαύλως χ.
 Λ. 358. θώμεσθα δὴ τὰς κάλπιδας χημεῖς χ., ὅπας ἂν
 Σ. 341. τοὺς λίθους νῦν μοι χ. πρῶτον ἐξεράσατε
χαμαδίν. Σ. 249. κάρφος χ. νυν λαβὼν τῶν λύχνον πρόβυσον.
χαμαί. Α. 342. αὐτοί σοι χ., καὶ σὺ κατάθου πάλιν τὸ ξίφος.
 Α. 869. τόνθεια τάς γαλχόους ἀπέκιγαρ χ.
 Ι. 155. ἄγε δὴ σὺ κατάθου πρῶτα τὰ σκεύη χ.·
 371. διαπατταλευθήσει χ.
 Ν. 231. εἰ δ' ἦν χ. τἄνω κατωθεν ἐσκόπουν,
 697. χ. μ' ἔασον αὐτὰ ταῦτ' ἐκφροντίσαι.
 Σ. 43. χ. καθήσας, τὴν κεφαλὴν κύλεμος ἔχει.
 ΕΙ. 586. ἄγε δὴ σὺ κατάθου πρῶτα τὰ σκεύη χ.
 Α. 637. ἀλλὰ θώμεσθ', ὦ φίλαι γραῖες, ταδὶ πρῶτον χ.
 917. ἀρκεῖ χ. νῦν. ΜΥ. μὰ τὸν Ἀπόλλω μή σ' ἐγώ,
 918. καίπερ τοιοῦτον ὄντα, κατακλινῶ χ.
 Θ. 214. ἀπόθεσθε τουτὶ θοἰμάτιον. ΜΝ. καὶ δὴ χ.
 Fr. 416. ἀπασκαρίζειν ὥσπερεί πέρκην χ.
χαμεύνη. Ο. 815. οὐδ' ἂν χ. πάνυ γε κειρίαν γ' ἔχων.
χᾶνας. Α. 878. καὶ μὰν φέρω χ., λαγώς, ἀλώπεκας,
χανδάνῃ. Β. 260. χ. δ' ἡμέρας
χανεῖν. Σ. 342. τοῦτ' ἐτύλησ' ὁ μιαρὸς χ.
Χάονας. Α. 613. οἶδέν τις ὑμῶν τἀνθάτων' ἢ τοὺς Χ.;
Χάος. Ν. 424. ὑ Χ. τουτὶ καὶ τὰς Νεφέλας καὶ τὴν γλῶτταν,
 τρία ταυτί.
 Ο. 693. Χ. ἦν καὶ Νὺξ Ἔρεβός τε μέλαν πρῶτον καὶ Τάρταρος
 εὐρύς·
Χαοῖν. Α. 604. γέρους δὲ παρὰ Χάρητι, τοὺς δ' ἐν Χ.
 Ι. 78. ὁ πρωκτός ἐστιν αὐτῷχρημ' ἐν Χ.,
Χάονς. Ο. 691. φύσιν οἰωνῶν γίνεσίν τε θεῶν ποταμῶν τ'
 Ἐρέβους τε Χ.
χάους. { Ο. 192. } διὰ τῆς πύλεος τῆς ἀλλοτρίας καὶ τοῦ χ.
 { 1218. }
χαράδρας. { Σ. 1034. } περὶ τὴν κεφαλὴν, φωνὴν δ' εἶχεν χ.
 { ΕΙ. 757. } ὕλεθρον τετοκυίας,
χαραδριοί. Ο. 1141. εἰ μὴ τάλλα ὀρνίθια χ. ὤρεα.
χαραδριῶν. Ο. 266. ἐμβὰς ἐπώψε, χ. μιμούμενος.
χάρακας. Α. 986. τὰς χ. ἧπτε πολὺ μᾶλλον ἔτι τῷ πυρί,
 Σ. 1201. ὅτ' Ἐργασίωνος τὰς χ. ὑφειλόμην.

χάρακας—χειμῶνος. 329

χάρακας. Σ. 1202. ἀπολεῖς με. ποίας χ., ἀλλ' ἄν ἤ κάπρον
Ει. 1263. λάβοιμ' ἄν αὐτ' ἐς χ., ἑκατὸν τῆς δραχμῆς.
χάρακι. Α. 1178. ἀνήρ τέτρωται χ. διαπηδῶν τάφρον.
χαρακτήρ. Ει. 220. ὁ γοῦν χ. ἡμεδαπὸς τῶν ῥημάτων.
χαράν. Π. 657. λέγεις μοι χ., λέγεις μοι βοάν.
χάραξ. Σ. 1291. εἶτα νῦν ἐξηπάτησιν ἡ χ. τὴν ἄμπελον.
χαρεῖσαι. Ν. 274. ὑπακούσατε δεξάμεναι θυσίαν καὶ τοῖς ἱεροῖσι χ.
χαρέντα. Θ. 980. χ. χορείαις.
Χάρητι. Α. 604. ἑτέρους δὲ παρὰ Χ., τοὺς δ' ἐν Χαῦσι
χαριεῖ. Θ. 107*. καὶ χ. μοι. παῦσαι. ΕΤ. παῦσαι.
χάριεν. Π. 145. ἡ χ. ἀνθρώποισι, διὰ σὲ γίγνεται.
χαρίεν. Β. 1491. χ. οὖν μὴ Σωκράτει
χάριεν. Εκ. 680. ἵνα μὴ δεικνῶσ' αἰσχυνώμενοι. ΒΛ. νὴ τὸν Ἀπόλλω χ. γε.
χαρίεντα. Σ. 1400. λέξαι χ. ΑΡ. μὰ Δία μὴ μοί γ', ὦ μέλε.
Εκ. 794. χ. γοῦν πάθοιμ' ἄν, εἰ μὴ 'χοιμ' ὅποι
χαριέντα. Ο. 1401. χ. γ', ὦ πρεσβῦτ', ἰσοφύαν καὶ σοφά.
Εκ. 190. τάλαιν', Ἀφροδίτην ὠνόμασας. χ. γ' ἂν
Π. 849. χ. γ' ἥκεις δῶρα τῷ θεῷ φέρων.
χαριέντες. Α. 1226. ἢ καὶ χ. ἦσαν οἱ Λακωνικοί.
χαριέντίες. Fr. 212. χ. καὶ καταναίξεις ἡμῶν καὶ βωμολοχεύει.
χαρίζεσθαι. Α. 1220. ὑμῖν χ., ταλαιπωρήσομεν.
χαριζόμενος. Fr. Μ. Δαιτ. 9, 3. χ. τὸ δρᾶμα τοῦτ' ἐδείκνυεν.
χάριν. Α. 892. ὑμῖν παρέξω τῆσδε τῆς ξένης χ.
Α. 915. ἐγὼ φράσω σοι τῶν περιεστώτων χ.,
1051. ἐκέλευε δ' ἔγχιάς σε, τῶν κρεῶν χ.,
1232. ἀλλ' ἰψόμεσθα σὴν χ.
Ι. 268. ἱστάναι μνημεῖον ὑμῶν ἐστιν ἀνδρείας χ.
Σ. 62. οὐδ' εἰ Κλέων γ' ἰλαμίφε τῆς τύχης χ.,
1347. ὧν οὔνεκ' ἀπύδος τῷ πιεῖ τῳδὶ χ.,
1420. ἢν ἂν σὺ τάξῃς, καὶ χ. πρὸς εἴσομαι.
Ει. 761. ἀποδοῦναί μοι τὴν χ. ὑμᾶς εἰκὸς καὶ μνήμονας εἶναι.
Ο. 384. καὶ δίκαιόν γ' ἐστί, κἀμοὶ δεῖ νέμειν ὑμᾶς χ.
Λ. 865. ὣς οὐδεμίαν ἔχω γε τῷ βίῳ χ.,
869. χ., οὐδεμίαν οἶδ' ἐσθίων' ἴστινα γάρ.
Θ. 128. ὦν χ. ἄνακτ' ἀγαλλε Φοῖβον [τιμᾷ].
586. πρὸς ποῖον ἔργον, ἢ τίνος γνώμης χ.;
601. καὶ σὺ ξυνίξευρ' αὐτόν, ὣς ἂν τὴν χ.
982. δικηλύ χ. χορείας.
Β. 1418. ἐγὼ κατῆλθον ἐπὶ ποιητήν. ΕΥ. τοῦ χ.;
Εκ. 110. καὶ νὴ Δία σπένδουσί γ' ἡ τίνος χ.
1048. μεγάλην ἀποδώσω καὶ παχεῖάν σοι χ.
Π. 53. ὅστις ποτ' ἐστὶν οὑτοσὶ καὶ τοῦ χ.
154. οὐ τῶν ἱραστῶν, ἀλλὰ τάργυρίου χ.
260.
281. ὅτου χ. μ' ὁ δεσπότης ὁ σὸς κέκληκε δεῦρο.
1009. ἐρῶν ἀκούσαι. ΧΡ. τοῦ λαβεῖν μὲν οὖν χ.
Χαρινάδην. Ει. 1155. χάμα τῆς αὐτῆς ὁδοῦ Χ. τις βωσάτω.
Χαρινάδης. Σ. 232. νυνὶ δὲ κρεῖττον ἐστὶ σοῦ Χ. βαδίζειν.
Χαριξένης. Εκ. 943. οὐ γὰρ τἀπὶ Χ. τάδ' ἐστίν.
χαριοίμην. Ι. 776. οὐ φροντίζων τῶν ἰδιωτῶν οὐδενὸς, εἰ σοὶ χ.
χαριούμαι. Θ. 756. ὑπεχ' αὐτό, χ. γὰρ ἵν' γε τοῦτό σοι.
χαριούμεθα. Ει. 358. ἀλλ' ὅ τι μάλιστα χ.
χάρις. Ι. 1205. ἀπίθ'· οὐ γὰρ ἀλλὰ τοῦ παραθέντος ἡ χ.
Ν. 311. ἧρί τ' ἐπερχομένῳ Βρομία χ.,
Σ. 1278. τὸν κιθαραοιδότατον, ᾦ χ. ἐφέσπετο
Α. 545. ἔνι φύσις, ἔνι χ.,
χάρις'. Ει. 393. ἀλλὰ χ., ᾦ φιλανδ-
χάρισαι. Θ. 938. χ. βραχύ τι μοι, καίπερ ἀποθανουμένῳ.
Ι. 517. πολλῶν γὰρ δὴ πειρασάντων αὐτὴν ὀλίγοις χ.
χαρίσασθαι. Σ. 327. τόλμησον, ἄναξ, χ. μοι,
Χάρισιν, Α. 989. ὦ Κύπριδι τῇ καλῇ καὶ Χ. ταῖς φίλαις ξύντροφε
διαλλαγή.
Χάρισιν, Ει. 456. Ἑρμῇ, Χ., Πρασιν, Ἀφροδίτη, Πύθῳ.
Θ. 300. φῳ, τῇ Γῇ, καὶ τῷ Ἑρμῇ, καὶ Χ., ἐκκλη-
χαρίσιον. Fr. 6, 2. πέμψω πλακοῦντ' εἰς ἑσπέραν χ.
χαρίσωμαι. Θ. 939. τι χ. ; ΜΝ. γυμνὸν ἀποξύσαντά με
χαρίσωνται. Εκ. 629. τοῖσι ξυναξίν πρὶν τοῖς αἰσχροῖς καὶ τοῖς μικροῖς χ.
Χάριτας. Ν. 773. σοφῶς γε νὴ τὰς Χ. ΣΤ. οἴμ' ὡς ἥδομαι
Fr. 314, 2. μήτε Χ. βοᾶν ἐς χορὸν Ὀλυμπίας·
χάριτας. Λ. 1279. πρώσαγε χορόν, ἵναγε χ.,
Χάριτες. Ο. 782. εἶδε δὲ θαμβοῦς ἅπαντας Ὀλυμπιάδες δὲ μέλος Χ. Μοῦ-
Ο. 1320. Σοφία, Πύθος, ἀμβρόσιαι Χ.,
Χαριτιμίδη. Εκ. 293. ἀλλ' ὦ Χ.
χάριτος. Ο. 855. ἅμα δὲ προσέτι χ. ἕνεκα
Χαρίτων. Ει. 41. οὐ μήν Χ. γε. ΟΙ. Α. τοῦ γάρ ἐστ'; ΟΙ. Β. οὐκ ἐσθ' ὅπως

Χαρίτων. Ει. 797. τοιάδε χρή Χ. δαμώματα καλλικόμων
Ο. 1100. λευκύτροφα μύρτα, Χ. τε κηπεύματα.
Θ. 122. δινεύματα Χ.
Εκ. 974. μέλιττα Μούσης, Χ. θρέμμα, Τρυφῆς πρόσωπον,
χαρίτων. Β. 335. χ. πλεῖστον ἔχουσαν μέρος, ἁγνὰν, ἱεράν
Εκ. 582. ὢν τὸ ταχύνειν χ. μετέχει πλεῖστον παρὰ τοῖσι θεαταῖς.
Χαρμίνος. Θ. 804. Ναυσιμάχης μέν γ' ἥττων ἐστὶν Χ. δῆλα δὲ τἄργα.
χαροποῖσι. Ει. 1065. σινθήκας πεποίησθ' ἄνδρες χ. πιθήκοις,
Χάρυβδιν. Ι. 248. καὶ τελώνην καὶ φάραγγα καὶ Χ. ἁρπαγῆς.
Χάρων. Λ. 606. ὁ Χ. σε καλεῖ.
Β. 183. νὴ τὸν Ποσειδῶ, πᾶστί γ' ὁ Χ. οὑτοσί.
184. χαῖρ' ὦ Χ., χαῖρ' ὦ Χ., χαῖρ' ὦ Χ.
Π. 278. σὺ δ' οὐ βαδίζεις ; ᾦ δὴ Χ. τὸ ξύμβολον δίδωσιν.
χασπάζειν. Σ. 695. σὺ δὲ χ. τὸν κωλαγρέτην· τὸ δὲ πραττύμενόν σε λέληθεν.
χάσκει. Σ. 1493. πρωκτὸς χ. ΕΛ. κατὰ σαυτοῦ ὅρα.
χάσκης. Ι. 1032. ἐξέβεταί σου τοὔφον, ὅταν σύ που ἄλλοσε χ.
χάσκων. Ι. 1018. δὲ πρὸ σίθεν χ. καὶ ὑπὲρ σοῦ δεινὰ κεκραγώς
χασμᾷ. Ι. 824. ὠνύναρ χ., καὶ τοὺς καυλοὺς
χασμήματος. Ο. 61. Ἀπόλλων ἀποτρόπαιε, τοῦ χ.
χάτερ'. ΕΛ. 423. χ. ἔτι πύλλ' ἕξεις ἀγαθά. πρῶτον δέ σοι
χάτερα. Fl. 704. χ. πῦσ' ὅττ' οἴει γεγενῆσθ' ἐν τῇ πόλει ;
χάτερά. Ν. 654. χ. γε πολλ' ἀλλ' ὅ τι μάθοιμ' ἑκάστοτε,
χάτερα. Λ. 1088. χαύτη ξυνῄδει χ. ταύτῃ νόσῳ.
χάτεραι. Β. 1104. ἐσβολαὶ γάρ εἰσι πολλαὶ χ. σοφισμάτων.
χάτέραις. Λ. 891. τί, ὦ πονηρά, ταῦτα ποιεῖς χ.
χάτεραν. Ν. 1440. σκέψαι δὲ χ. ἔτι γνώμην. ΣΤ. ἀπὸ γὰρ ὀλύμαι.
Ει. 15. αἰβοῖ, φέρ' ἄλλην χ. μοι χ.,
Β. 1281. μή, πρὶν γ' ἂν ἀκούσῃς χ. στάσιν μελῶν
χάτερας. Εκ. 52. φρῦν προσιοῦσας χ. πολλὰς πάνυ
χάτερας. Ν. 34. ὅτε καὶ δίκας ὤφληκα Χ. τύκου
Π. 218. πολλοὶ δ' ἕτεραι χ. αὑτοὶ εἰργάσω.
χάτερους. Σ. 1350. πολλοὺς γὰρ ἤδη χ. αὐτ' εἰργάσω.
χάττ'. Λ. 1200. χ. ἂν ἔνδον ᾗ φορεῖν
χαυνόν. Ο. 819. χ. τι πάνυ. ΠΕ. Βούλει Νεφελοκοκκυγίαν ;
χαυνοπολίτας. Α. 635. χ. μή ἥδεσθαι θωπευομένους μήτ' εἶναι χ.
χαυνόπρωκτ'. Α. 104 οὐ λήψει χρυσὸ, χ. Ἰασοναῦ.
χαυνοπρώκτους. Α. 106. ὁ τι χ. τοὺς Ἰάονας λέγει,
χαύνωσιν. Ν. 875. ἡ κλῇσιν ἡ χ. ἀνατεετηρίαν ;
χαῦται. Λ. 192. ὕζουσι χ. πρίσβεαι ἐς τὰς πύλεις
Εκ. 503. χ. γὰρ ἤκουσιν πάλαι τὸ σχῆμα τοῦθ' ἔχουσαι.
χαύτη. Λ. 992. εἶπερ γε χ. 'στὶ σκυταλὶς Λακωνική.
Α. 1088. χ. ξενίζει χάτερα τούτῃ νόσῳ.
χαύτῃ. Ο. 301. χ. γε γλαύξ. ΕΥ. τί φῄς ; τίς γλαῦκ' Ἀθήνας' ἤγαγε ;
χέασθαι. Σ. 1020. εἰς ἀλλοτρίας γαστέρας ἐνδὺς κωμῳδικὰ πολλὰ χ.
χέζεθ'. Ει. 1150. χ. μὴ βδεῖτε μηδὲ χ. ἡμερῶν τριῶν
χέζεις. Εκ. 372. οὗτος, τί ποιεῖς ; οὔ τί που χ. ; ΒΛ. ἐγώ;
χεζητιᾷς. Β. δ. μεταβαλλόμενος τἀνάφορον ὅτι χ.
χεζητιῶν. Ν. 1387. χ. οὐχ ἔτλης
χεζητιῶν. Ο. 790. εἴ τις Πατροκλείδης τις ὑμῶν τυγχάνει χ.,
Εκ. 313. ἐγὼ δὲ κνεφαῖος πάλαι χ.,
345. Λακωνικάς, ἀλλ' ὡς ἔτυχον Χ.,
368. οὐδὲν τί πρωκτὸς βούλεται χ.
χέζομεν. Ι. 70. ὑπὸ τοῦ γέροντος ὀκταπλάσια χ.
χεζοντα. Εκ. 322. οὐ γὰρ μὲ νῦν χ. γ' οὐδεὶς ὄψεται.
χέζω. Ν. 391. χώταν χ., ὥσπερ βροντᾷ παπαπαπαξ, ὥσπερ ἐκεῖνα.
χέζων. Ει. 164. ἄνθρωπε, τί δρᾷς, οὗτος ὁ χ.
χείλεσιν. Ν. 873. καὶ τοῖσι χ. διερρυηκόσιν.
Β. 679. φιλοτιμότερον Κλεοφῶντος, ἐφ' οὗ δὴ χ. ἀμφιλάλοις
χεῖλος. Α. 459. κοτυλίσκιον τὸ χ. ἀποκεκρουμένον.
χειμαζομένης. Β. 361. ἡ τῆς πόλεως χ. ἄρχων καταδωροδοκεῖται,
χειμάζω. Ο. 1097. χ. δ' ἐν πολλοῖσι ἄντροις.
χείμαστρον. Fr. 708. χ.
χειμέρια. Α. 1141. νίφει. βαβαιάξ· τὰ πράγματα.
Fr. 142. καὶ ξυννέφοφα καὶ χ. βροντᾷ μάλ' εὖ.
χειμῶνα. Α. 876. τροχίλαν, κολυμβᾶν. ΔΙ. ὥσπερεὶ χ. ἄρα
Ο. 597. νυνὶ μὲν πλεῖ, χ. ἐστω· νυνὶ κλεῖ, κέρδοι ἐπίστω.
χειμών. Fr. 124, 2. φυίδας τοσαύτης εἶχε τὸν χ. ὅλον;
χειμῶνι. Ο. 725. αὕραις, ὥραις χ., θέρει,
Θ. 873. λιμήν ἔστι χ. καὶ ναυπηγίαι
χειμῶνος. Ι. 883. χ. ὥπτος· ἀλλ' ἐγώ σοι τούτον δίδωμι.
Σ. 445. καὶ κυνᾶς, καὶ τοὺς πόδας χ. ἑντος ὠφέλει,
Ο. 709. πρῶτα μὲν ὥρας φαίνομεν ἡμῖς ἦρος, χ. ὀπώρας·

U u

χειμῶνος—χῆτις

χειμῶνος. Ο. 1089. οἰωνῶν, οἱ χ. μὲν
Ο. 1480. τοῦ δὲ χ. πάλιν τὰς
Θ. 67. καὶ γὰρ μελοποιεῖν ἄρχεται χ. οὖν
Β. 1190. χ. ὄντος ἐξέθεσαν· ἐν ὀστράκῳ,
Εκ. 421. χ. ὄντος, τρεῖς σισύρας ὑφειλέτω.
Fr. 476, 1. ὕφει δὲ χ. μέσου σικυούς, βότρυς, ὑπώραν,
χείρ'. Ι. 79. τῷ χ. ἐν Αἰτωλοῖς, ὁ νοῦς δ' ἐν Κλωπιδῶν.
Ι. 1082. ποίαν Κυλλήνην; ΑΛ. τὴν τούτου χ. ἐποίησεν
1085. ἐς τὴν χ. ὀρθῶς ᾐνίξατο τὴν Διοπείθους.
Ν. 933. κλαύσει, τὴν χ. ἢν ἐπιβάλλῃς.
Σ. 554. ἐμβάλλει μοι τὴν χ. ἀπαλήν, τῶν δημοσίων κεκλοφυῖαν·
Ο. 518. ἵν' ὅταν θύων τις ἔπειτ' αὐτοῖς ἐς τὴν χ., ὡς νόμος ἐστί,
623. ἀνατείνοντες τῷ χ. ἀγαθῶν
975. καὶ φιάλην δοῦναι, καὶ σπλάγχνων χ. ἐπιπλῆσαι.
Λ. 440. τὴν χ. ἐπιβαλεῖς, ἐπιχεσεῖ πατούμενος.
443. εἴ τάρα νὴ τὴν Φωσφόρον τὴν χ. ἄκραν
472. χ., ἐὰν δὲ τούτῳ δρᾷς, κυλοιδιᾷν ἀνάγκη.
Θ. 1115. φέρε δευρὶ μοι τὴν χ., ἵν' ἅψωμαι κόρης·
Β. 1029. ὁ χορὸς δ' εὐθὺς τὼ χ. ὡδὶ συγκρούσας εἶπεν ἰαυοῖ.
Εκ. 782. ἕστηκεν ἐκτείνοντα τὴν χ. ὑπτίαν,
Π. 689. τὴν χ. ὑφέρει· κάτα συμίσας ἐγὼ
730. ἐγὼ δὲ τὼ χ. ἀνεκρότησ' ὑφ' ἡδονῆς,
χεῖρα. Ν. 81. κύσον με καὶ τὴν χ. δὸς τὴν δεξιάν.
ΕΙ. 1232. τῃδί, διεὶς τὴν χ. διὰ τῆς θαλαμιᾶς
Ο. 1759. ὑρεξον, ὦ μάκαιρα, σὴν χ. καὶ πτερῶν ἐμῶν
Λ. 941. πρότεινε δὴ τὴν χ., καλεῖρον λαβών.
1119. ἢν μὴ διδῷ τὴν χ., τῆς σάθης ἄγε.
Θ. 955. χειρὶ σύναττε χ.
Π. 691. ἢ δ' εὐθέως τὴν χ. πάλιν ἀνέσπασε.
χειρά. Λ. 359. ἢν προσφέρῃ τὴν χ. τις, μὴ τοῦτό μ' ἐμποδίζῃ.
Λ. 435. εἴ τάρα νὴ τὴν Ἄρτεμιν τὴν χ. μοι
893. αὐτή τε λυπεῖ, ΜΤ. μὴ πρόσαγε τὴν χ. μοι.
χεῖρας. ΕΙ. 317. ἢν ἅπαξ γε χ. ἔλθῃ τὶς γραῦς. ἰοῦ ἰοῦ.
Λ. 455. ἀνοστρέφετε τὰς χ. αὐτῶν, ὦ Σκύθαι.
504. καὶ τὰς χ. χειρῶ κατέχειν. ΠΡ. ἀλλ' οὐ δύναμαι χαλεπῶν γὰρ
Εκ. 264. τὰς χ. αἴρειν μνημονεύσομεν τότε.
Π. 1018. καὶ τὰς γε χ. παγκάλους ἔχειν μ' ἔφη.
χεῖρε. Λ. 434. ξυλλάμβαν' αὐτὴν κώπισαι τῷ χ. δεῖ.
Β. 201. οὔκουν προβαλεῖς χ. κάκτενεῖς· ΔΙ. ἰδού.
χειρί. Ν. 506. δούσας τι δευρὶ θᾶττον· ΣΤ. ἐς τῷ χ. νυν
ΕΙ. 35. καὶ ταῦτα τὴν κεφαλήν τε καὶ τῷ χ. φων
χεῖρες. Θ. 776. ὦ χ. ἐμαί,
χειρί. Α. 1170. τῇ χ. πέλεθον ἀρτίως κεχεσμένον
Ι. 1169. ὑπὸ τῆς θεοῦ τῇ χ. τηλεφαντίνῳ
1342. τῇ χ. τοῦδὶ λαβομένη τοῦ σχοινίου·
Λ. 1116. καὶ μὴ χαλεπῇ τῇ χ. μηδ' αὐθαδικῇ,
Θ. 955. χ. σύναπτε χεῖρα,
Fr. 344, 10. ἐν' ἰχθυσπώλην χ. παρανομωτάτῃ.
709, 2. τῇ μὲν διδωμι χ., τῇ δὲ λαμβάνω.
χειροῖν. Ι. 826. καταβρυχήζει, κάμφοῖν χ.
χειρομάκτρον. Fr. 427, 2. παρέπεμπέ τό χ.
χεῖρον. Ι. 37. οὐ χ. ἐν δ' αὐτοῖν παραιτησόμεθα,
Ι. 895. χ. διατίθης. ΜΤ. ὀλίγον αὐτῶν μοι μέλει.
1079. δεινῶς τεθερμώσθαι γε χ. φαίνεται
Εκ. 91. γύγωγε. τί γὰρ ἂν χ. ἀκρόωμην ἄρα
χειράς. Σ. 569. τὰς θηλείας καὶ τοὺς υἱεῖς, τῆς χ., ἐγὼ δ' ἀκροῶμαι.
Σ. 597. ἀλλὰ φυλάττει διὰ χ. ἔχων καὶ τὰς μυίας ἀπαμύνει.
656. καὶ πρῶτον μὲν λύχισας φαύλως, μὴ ψῆρσις, ἀλλ' ἀπὸ χ.,
713. οἴμοι τί ποθ' ὥσπερ νάρκη μου κατὰ τῆς χ. καταχεῖται,
1216. ὕδωρ κατὰ χ.· τὰς τραπέζας ἐσφέρειν·
Ο. 464. κατὰ χ. ὕδωρ φερέτω ταχύ τις. ΧΟ. δειπνήσειν, μέλλομεν, ἢ τί;
Fr. 427. 1. φέρε καὶ ταχέως κατὰ χ. ὕδωρ
χειροτέχνην. Π. 533. τὸν χ. ὥσπερ δέσποθ' ἐπαναγκάζουσα κάθηται
χειροτεχνικωτάτους. Σ. 1276. παιδας ἐφύτευσας ὅτι χ.
χειροτεχνῶν. Π. 617. τῶν χ.
χειροτονητέον. Εκ. 206. χαλεπὸν τὸ πρᾶγμ'· ὅμως δὲ χ.
χειροτονοῦντας. Εκ. 797. ἐγῷδα τυπτους χ. μὲν ταχύ,
χειροτονοῦσιν. Εκ. 298. ἂν χ.
χειρούμενον. Σ. 439. περιορᾷς οὕτω μ' ὑπ' ἀνδρῶν βαρβάρων χ.
χειρουργίας. Σ. 672. οὐδὲν ἀλλ' ἐξιοῦσιν αὐταὶ λιπαροῦσ᾿ χ.,
χεῖρους. Θ. 801. βάσανον δῶμεν, πότερον χ. ἡμεῖς μὲν γὰρ φαμὲν ὑμᾶς,
Θ. 820. χ. ἡμῶν εἰσιν σώζειν.

χειροῦσιν. Σ. 443. πρὸς βίαν χ., οὐδὲν τῶν πάλαι μεμνημένοι
χείρων. Σ. 1049. ὁ δὲ ποιητὴς οὐδὲν χ. παρὰ τοῖσι σοφοῖς νενόμισται,
Θ. 805. καὶ μὲν δὴ καὶ Κλεοφῶν χ. πάντως δήπου Σαλαβακχοῦς.
χειρῶν. Β. 157. ἀνδρῶν γυναικῶν, καὶ κρότον χ. πολύν.
Εκ. 780. γνώσει δ' ἀπὸ τῶν χ. γε τῶν ἀγαλμάτων,
Fr. 254. "τῶν χ. ἔργα μυοῦς ἐστιν."
χελιθοῖ. Ο. 1411. ταννσίπτερε ποικίλα χ.
χελιθόνες. Ο. 1151. τὸν πηλὸν ἐν τοῖς στόμασιν αἱ χ.
Ο. 1681. εἰ μὴ βασίζειν ὥσπερ αἱ χ.
Λ. 770. ἀλλ' ὑπότων πτήξωσι χ. εἰς ἕνα χῶρον,
775. ἐξ ἱεροῦ ναοῖο χ., οὐκέτι δόξει
χελιδόνα. Fr. 476, 4. πύον, χύρια, χ., τέττιγας, ἐμβρύεια,
χελιδόνων. Ι. 422. ὥσπερ ἀλαλήφας ἐσθίων πρὸ χ. ἐκλέπτει.
Ο. 1417. δεῖσθαι δ' ἔοικεν οὐκ ὀλίγων χ.
Β. 93. χ. μουσεῖα, λωβηταὶ τέχνης,
χελιδόσιν. Ο. 1682. οὐκοῦν παραδοῦναι ταῖς χ. λέγεις.
χελιδών. Ι. 419. σκέψασθε, παῖδες· οὐχ ὁρᾶθ'· ὥρα νέα, χ.
ΕΙ. 800. ὑμνεῖν, ὅταν ἡρινὰ μὲν φωνῇ χ.
Ο. 714. ἡνίκα πικτεῖν ὥρα προβάτων πώκον ἡρινόν· εἶτα χ.,
1293. χωλός, Μενίππῳ δ' ἦν χ. τοὐνομα,
1301. ὅσον χ. ἢν τις ἐμπεποιημένη
Θ. 1. ὦ Ζεῦ, χ. ἄρα ποτὲ φανήσεται;
Β. 681. θρηνία χ.,
Fr. 499. πυθοῦ χ., πηνίκ' ἄττα φαίνεται·
χελώνην. Σ. 1083. στὰς ἀνὴρ παρ' ἄνδρ', ὑπ' ὀργῆς τὴν χ. ἐσθίων·
χελώνας. Σ. 1292. ἰὼ χ. μακάριαι τοῦ δέρματος,
χελώνας. Σ. 429. καὶ χ. μακαριεῖν σε τοῦ δέρματος.
χέρας. Σ. 1193. πλευρὰν βαθυτάτην καὶ χ. λαγύνας τε καὶ
Θ. 912. ὦ χρόνιος ἐλθὼν σῆς δάμαρτος ἐς χ.,
914. λαβὲ μὲ, λαβὲ μὲ, πόσι· περίβαλε δὲ χ.
χερί. Β. 1289. σὺν δορὶ καὶ χ. πράκτορι θούριος ὄρνις,
χέριβα. ΕΙ. 956. ἄγε δή, τὸ κανοῦν λαβὼν σὺ καὶ τὴν
Ο. 850. καὶ καὶ τὸ κανοῦν αἴρεσθε καὶ τὴν χ.
958. αὖθις σὺ περιχώρει λαβὼν τὴν χ.
Ο. 897. χ. θεοσεβῆς
χέρνιβι. Ο. 897. χ. θεοσεβῆς
χέρνιβιον. Fr. 298. χ.
χέρνιβος. Λ. 1129. κοινῆ δικαίων, οἷ μιᾶς γε χ.
χερνίπτω. ΕΙ. 961. καύτοί τε χ., παραδοὺς ταύτην ἐμοί,
χεροῖν. Β. 1348. εἴεεεεεεσιλίσσουσα χ.
Β. 1362. λαμπάδας ὑγνετάων χ. Ἑκάτα, παράφηνον
χερός. Β. 1142. αὐτοῦ βιαίως ἐν γυναικείᾳ χ.
Χερρονήσου. Ι. 262. καταγαγῶν ἐκ Χ. διαλαβὼν ἡγκύρισας,
χεροί. Β. 340. ἔγειρε φλογέας λαμπάδας ἐκ χ. τινάσσων,
χεροίν. Λ. 1223. παωνίασι χ.
Ι. 205. ὅτι ἀγκύλαις ταῖς χ. ἁρπάζαν φέρει.
χέσαι. Εκ. 808. πρότερον χ. πλεῖν ἢ τριάκονθ' ἡμέρας.
χέσειτο. Ι. 1057. ἀλλ' οὐκ ἂν μαχέσαιτό χ. γάρ, εἴ μ.
χέσας. Εκ. 320. ἀλλ' ἐν καθαρῷ ποῦ ποῦ τις ἂν χ. τύχοι;
χεσεῖ. ΕΙ. 1235. ἔπειτ' ἐπὶ δικάμῳ χ. καθήμενος·
Εκ. 1062. ὑπὸ τοῦ βίους. ΓΡ. Β. θάρρει, βάλις· ἔνδον χ.
χεσείη. Ι. 888. οὐκ, ἀλλ' ὑπὲρ πίνων ἀνὴρ πέπονθ', ὅπαν χ.,
Εκ. 570. τὸν σησαμοῦνθ' ὃν κατέφαγες, τοῦτον χ. ποιῆσαι.
χεσεῖσθαι. Σ. 941. τούτων δὲ γ' οἴμ' ἐγὼ χ. τήμερον.
χεσεῖν. Ι. 998. οἵμ' ὡς χ., κοσχ ἅπαντας ἐκφρασι.
Ν. 295. κεῖ θέμις ἐστιν, νυνὶ γ' ἤδη, καὶ μὴ θέμις ἐστι, χ.
χέσῃ. ΕΙ. 24. εἰ μὲν γὰρ, ὥσπερ ἂν χ. τις, ἡ νύσω,
χίτω. Fr. 447, 2. τρεῖς πόδας ἔχουσαν, τέτταρας δὲ μὴ 'χ.
χῇ. ΕΙ. 939. ὅτι πάνθ' ὅσ' ἂν θεὸς θέλῃ χ. τύχῃ κατορθοῖ, κ.τ.λ.
χη. Σ. 1121. ὅστις ἂν μὴ 'χ. τὸ κέντρον, μὴ φέρειν τρωβολον.
ΕΙ. 803. ἐξομένη πελαβῇ, χορὸν δὲ μὴ 'χ. Μόρσιμος
χημᾶς. Σ. 574. χ. αὐτῇ τοτε τῆς ὀργῆς ὀλίγον τὴν κύλοπ' ἀνείμεν.
Ο. 1076. βουλοίμεσθ' ἂν νῦν δινεῖπεῖν ταῦτα χ. ἐνθάδε·
χήμίν. Λ. 167. εἴ τα δοκεῖ σφῷν ταῦτα, χ. ξυνδοκεῖ.
χήμῶν. Εκ. 495. μὴ καί τις ἡμᾶς ὀψεται χ. ἴσως κατεῖπῃ
χήν. Ο. 1302. ἢ πηνέλοφ ἢ χ. τις ἢ περιστερὰ
χῆν. Ο. 521. Λάμπων δ' ὄμνυσ' ἔτι καὶ νυνὶ τὸν χ., ὅταν ἐξαπατᾷ τι·
Ο. 707. ὃ μὲν ὄρνυγα δοὺς, ὃ δὲ πορφυρίων', ὁ δὲ χ., ὁ δὲ Περδικίων.
χηναλώπηξ. Ο. 1295. κορυδὸς Φιλακλέει, χ. Θεογένει,
χήνας. ΕΙ. 1004. χ., νήττας, φάττας, τροχίλους·
χηνί. Ο. 1145. κ.τ.λ. συστύπτοντες ὥσπερ ταὶς ἅμαις
χηνί. Ο. 805. εἰς εὐτέλειαν χ. συγγεγραμμένῳ.
χήσεῖτε. Λ. 747. χ. φωιναὶ χαιρίαια μυστηρικῶν.
χῆτις. Θ. 522. χ. ἐξέθρεψε χώρα

χθές—χοιρίνας. 331

χθές. N. 353. ταῦτ' ἄρα, ταῦτα Κλεώνυμον αὗται τὸν ῥίψασπιν χ. ἰδοῦσαι.
Σ. 242. χ. οὖν Κλέων ὁ κηδεμὼν ἡμῖν ἐφεῖτ' ἐν ὥρᾳ
500. κἀμέ γ' ᾗ πόρπη χ. εἰσελθόντα τῆς μεσημβρίας.
Λ. 725. εἰς Ὀρσιλόχου χ. τῶν τριχῶν κατέσπασα.
Β. 726. χ. τι καὶ πρώην κοπεῖσι τῷ κακίστῳ κόμματι.
Εκ. 552. φράσαντά σοι χ.; ΠΡ. ἄρτι γ' ἀναμιμνήσκομαι.
Π. 344. ὦ Πλειψίδημ', ἄμεινον ἢ χ. πράττομεν.
1046. ποίου χρυσου, ταλάντων, ὃς παρ' ἐμοὶ χ. ἦν;
Fr. 148. καὶ μὴν χ. γ' ἦν Περδιξ χωλός.

χθιζινόν. Σ. 281. τάχα δ' ἂν διὰ τὸν χ. ἄνθρωπον, ὃς ἡμᾶς διεδύετ'
Β. 987. ποῦ τὸ σκόροδον τὸ χ.;

χθόνα. N. 282. καρποὺς τ' ἀρδομέναν ἱερὰν χ.
Ν. 300. ἔλθωμεν λιπαρὰν χ. Παλλάδος, εὔανδρον γᾶν
Ο. 1751. αἷς ὅδε νῦν χ. σείει.

χθονία. Fr. 426. χ. θ' Ἑκάτη
χθάνιαι. Ο. 1750. ὦ χ. βαρυαχέες ὀμβροφόροι θ' ἅμα βρονταί.
χθονίαις. Θ. 101. ἱερῶν χ. δεξάμεναι
χθονίας. Ο. 1745. καὶ τὰς χ. πλήσατε βροντὰς.
χθόνιε. { Β. 1126. } Ἑρμῆ χ., πατρῷ' ἐποπτεύων κράτη,
           { 1138. }
χθόνιων. Β. 1145. Ἑρμῆν χ. προσεῖπε, ἀδελφοῦ λέγων
Β. 1148. εἰ γὰρ πατρῷον τὸ χ. ἔχει γέρας.

χθονός. Fr. 162, 2. χαῖρε λιπαρὸν δάπεδον, οὖθαρ ἀγαθῆς χ.
χιάζων. Fr. 558. αὐτὸς δείξας ἐν θ' ἁρμονίαις χ. ἢ σιφνιάζων.

χίδρα. I. 806. καὶ χ. φαγὼν ἀναβρυχήσῃ καὶ στεμφύλῳ ἐς λύγον ἔλθῃ.

ΕΙ. 595. τοῖς ἀγροίκοισιν γὰρ ἦσθα χ. καὶ σωτηρία.

χιδρίαν. Fr. 548. χ.

χίλια. Ο. 6. ὁδοῦ περιελθεῖν στάδια πλεῖν ἢ χ.
χιλίαις. Σ. 707. εἰσὶν γε πύλεις χ., αἱ νῦν τὸν φόρον ἡμῖν ἀπάγουσιν.

χιλίας. I. 444. πλοηθῇς δὲ πλεῖν ἢ χ.
Fr. 156. ὑμεῖς' ἐπεὶ δίδωμι χ. δραχμάς.
χιλιάσιν. Σ. 662. ἐξ χ., κούτοι πλείους ἐν τῇ χώρᾳ κατέναοθεν.
χίλιοι. I. 225. ἀλλ' εἰσὶν ἱππῆς ἄνδρες ἀγαθοὶ χ.
Ν. 1153. πολλῷ γε μᾶλλον, κἂν παρῶσι χ.
χιλιέπαλαι. I. 1155. καὶ χ. καὶ πρόπαλαι, πάλαι πάλαι.
χιλιῶν. Α. 1055. ὡς οὐκ ἂν ἐγχέαιμι χ. δραχμῶν.
ΕΙ. 1237. τὸν προικτὸν ἀποδώσσαι με χ. δραχμῶν;
χιλίων. I. 660. τῇ δ' Ἀγροτέρᾳ κατὰ χ. παρήνεσα
χιμάρου. I. 661. εὐχὴν ποιήσασθαι χ. εἰσαύριον.
χίμετλον. Σ. 1167. ὅστις ἐπὶ γήρᾳ χ. οὐδὲν λήψομαι.
Χίοισι. Ο. 879. ρίαν, αὐτοῖσι καὶ Χ.
Χίοισιν. Ο. 880. Χ. ᾔσθην πανταχοῦ προσκειμένοις.
Χίον. Fr. 460, 3. ὅκως ἔχων τὸν παῖδα πωλήσει 'ς Χ.
Χίαν. Fr. 73, 3. Συβαριτιδᾶς τ' εὐωχίας καὶ Χ. ἐκ Λακωνᾶν.
Fr. 301, 2. οὐ Χ., οὐχὶ Θάσιον, οὐ Πεπαρήθιον,
χίων. Α. 138. εἰ μὴ κατένιψε χ. τὴν Θρᾴκην ὅλην,
χιοναβλήτοισι. Ν. 270. εἴτ' ἐπ' Ὀλύμπου κορυφαῖς ἱεραῖς χ. κάθησθε,
Χῖος. ΕΙ. 835. Ἴων ὁ Χ., ὅσπερ ἐποίησεν πάλαι
Β. 970. πέντωκεν ἔξω τῶν κακῶν, ὡς Χ., ἀλλὰ Κεῖος.
Χίας. Εκ. 1139. οἶνός δὲ Χ. ἐστι περιλελειμμένος
Χίον. Fr. 448. οἶνου τε Χ. στάμνον ἥκειν καὶ μύρον.
χιτών'. Ο. 934. οὗτος, σὺ μέντοι σπολάδα καὶ χ. ἔχεις.
χιτῶνα. Fr. 309, 8. χ., βάραθρον. ἐγκυκλον, κομμώτριον'
χιτῶνά. Β. 1067. νὴ τὴν Δήμητρα, χ. γ' ἔχων οὖλαν ἐρίων ὑπένερθε
χιτώνια. Λ. 48. ἡ χ' ἠχουσα καὶ τὰ διαφανῆ χ.
Εκ. 268. ἄγε νυν ἀναστείλασθ' ἄνω τὰ χ.
χιτωνίοισι. Λ. 150. κἂν τοῖς χ. τοῖς ἀμοργίνοις
Εκ. 374. τὸ τῆς γυναικὸς δ' ἀμέχει χ.;
Π. 984. καὶ ταῖς ἀδελφαῖς ἀγοράσαι χ.
Fr. 530. ἐνδὺς τὸ γυναικεῖον τοδὶ χ.
χιτωνίῳ. Β. 411. συμπαιστρίας χ.
Fr. 312, 1. τὴν πτέρυγα παραλύσασα τοῦ χ.
χιτωνίσκου. Ο. 946. ξυνίημ' ὅτι βούλει τὸν χ. λαβεῖν.
Ο. 955. τὰ κρυερὰ τονδὶ τὸν χ. λαβών.
χιτώνος. I. 881. τονδὶ δ' ὁρῶν ἄνευ χ. ὄντα τηλικοῦτον.
I. 886. οὐ μείζον εἶναι φαίνετ' ἐξέρρηκα τοῦ χ.
Ο. 944. ἀκλεὴς δ' ἔβα σκολὰς ἄνευ χ.
Χίων. ΕΙ. 171. πέντε τάλανθ' ἡ πύλις ἡ Χ.
χλαῖνα. Θ. 142. καὶ ποῦ πέος; ποῦ χ.; ποῦ Λακωνικαί;
Β. 1459. ᾖ μήτε χ. μήτε σισύρα συμφέρει.
χλαῖναν. Α. 845. χ. δ' ἔχων φαρῄν δίει·
Σ. 738. λείχειν, χ. μαλακήν, σισύραν,
1132. τηρδὶ δὲ χ. ἀναβαλοῦ τριβωνικῶς.
Ο. 493. χ. γὰρ ἀπώλεσ' ὁ μοχθηρὸς Φρυγίαν ἐρίων διὰ τοῦτο.
712. εἶτα δ' Ὀρέστα χ. ὑφαίνειν, ἵνα μὴ ῥιγῶν ἀποδύῃ.

χλαῖναν. Ο. 715. ὅτι χρὴ χ. πωλεῖν ἤδη καὶ ληδάριόν τι πρίασθαι.
Α. 586. τολμήσην μεγάλην, κᾆτ' ἐκ ταύτης τῷ δήμῳ χ. ὑφῆναι.
1156. τὸν δῆμον ὑμῶν χ. ἡμπισχον πόλιν;
χλαίνας. Ο. 1090. χ. οὐκ ἀμπισχοῦνται·
Εκ. 416. χ., ἐπειδὰν πρῶτον ἥλιος τραπῇ,
507. ῥιπτεῖτε χ. ἐμβὰς ἐκποδὼν ἴτω.
606. ἄρτους, τεμάχη, μάζας, χ., οἶνον, στεφάνους ἐρεβίνθου.
χλαμύδ'. Λ. 987. τί δὴ προβάλλει τὴν χ.; ἢ βουβωνιᾶς
χλανίδ'. Fr. 414. 1. τί οὖν ποιῶμεν; χ. ἐχρῆν λευκὴν λαβεῖν·
χλανίδα. Ο. 1116. ὅταν ἔχητε χ. λευκήν, τότε μάλισθ' οὕτω δίκην
Ο. 1693. ἀλλὰ γαμικὴν χ. δύτω τις δευρί μοι.
Εκ. 848. γέρων δὲ χωρεῖ χ. καὶ κονίποδα
χλανίδας. Σ. 677. φιάλαι, χ., στεφάνους, ὅρμους, ἐκπώματα, πλανθυγίειαν,
χλανιδίων. Λ. 1189. χ. καὶ ξυστίδων καὶ
χλανίδες. Fr. 149. ἐκ δὲ τῆς ἰμῆς χ. τρεῖς ἀπληγίδας ποιῶν.
χλανίσκια. Λ. 519. ἐσυκοφάντει Μεγαρέων τὰ χ.'
χλανισκιδίων. ΕΙ. 1002. δούλοισι χ. μικρῶν·
χλευάζων. Β. 376. καὶ παίζων καὶ χ.
χλιανεῖς. Λ. 386. οὐκοῦν ἐπειδὴ πῦρ ἔχεις, σὺ χ. σεαυτόν.
χλιαρὰ. Λ. 975. ὧν τὰ μὲν ἐν οἰκίᾳ χρήσιμα, τὰ δ' αὖ πρέπει χ. κατεσθίειν.
χλιαρῶν. Fr. 421, 6. χ.
χλίδωνα. Fr. 309, 11. χ., περόνας, ἀμφιδέας, ὅρμους, πέδας,
χλιδῶσαν. Α. 640. εἰκότως, ἐπεὶ χ. ἀγλαῶς ἔθρεψέ μέ.
Χλόης. Λ. 835. ποῦ δ' ἐστίν, ὅστις ἐστί; ΛΤ. παρὰ τὸ τῆς Χ.
χλωρᾶς. Σ. 525. κορμοῦ τοσουτονὶ βάρος χ. φέρων ἰλάσι.
χλωρὸν. Β. 559. μὰ Δί', οὐδὲ τὸν τυρὸν γε τὸν χ., τάλαν,
χναυμάτια. Fr. 5. καὶ δελφακίων ἁπαλῶν κωλαῖ καὶ χ. πτερύεντα.
χνοῦν. Fr. 59. εἰς ἄχυρα καὶ χ.
χνοῦς. Ν. 978. τοῖς αἰδοίοισιν δρόσος καὶ χ. ὥσπερ μήλοισιν ἐπήνθει·
χόα. Λ. 1086. βάδιζε, τὴν κίστην λαβὼν καὶ τὸν χ.
Λ. 1133. ἔχαιρε, παῖ, θύρακα κἀμοὶ τὸν χ.
1202. τὸν γὰρ χ. πρῶτος ἐκπιοῦμαι.
I. 95. ἀλλ' ἐξένεγκέ μοι ταχέως οἴνου χ.
113. φέρε νυν ἐγὼ 'μαυτῷ προσαγάγω τὸν χ.
355. χοέας, πασαλέψαι τοὺς ἐν Πύλῳ στρατηγούς.
χοανεύει. Θ. 57. καὶ χ. ΜΝ. καὶ λακαίζει.
χοανεύσαι. Θ. 62. τουτὶ τὸ πέος χ.
χοάνης. Θ. 19. διὰ τῆν χ. οὖν μήτ' ἀκούω μήθ' ὁρῶ·
χόανης. Θ. 18. δίπην δὲ χ. ὦτα διετετρήνατο.
Χόας. Α. 961. ἐς τοὺς Χ. αὐτῷ μεταδοῦναι τῶν μιχλῶν.
Α. 1076. ὑπὸ τοὺς Χ. γὰρ καὶ Χύτρας αὐτοισί τις
χόας. Α. 1000. ἀπονέντε λεψ' κατὰ τὰ πάτρια τοὺς χ.
Α. 1068. ἵν' οἶνον ἐγχέω λαβὼν ἐς τοὺς χ.
Ν. 1238. οἴμ' ὡς καταγελᾷς. ΣΤ. ἓξ χ. χωρήσεται.
Θ. 746. πο' ἔτη δὲ γέγονε; τρεῖς χ. ἢ τέτταρας;
Εκ. 44. τὴν ὑστάτην ἥκουσαν οἴνου τρεῖς χ.
χοῖ. I. 665. κᾆθ' ἵλκον αὐτὸν οἱ πρυτάνεις χ. ταζῦται κ.τ.λ.
χοῖμ'. Εκ. 794. χαρίεντα γοῦν πάθοιμ' ἄν, εἰ μὴ χ. ἐλαξε
χοίνικα. Σ. 440. οὓς ἐγὼ 'δίδαξα κλάειν τέτταρ' ἐς τὴν χ.;
Σ. 718. καὶ πάντα ποιήσειν ὑμέεινα φεύγων ἐλαβες περὶ χ., κριθῶν.
Εκ. 45. ἡμῶν ἀποτίσειν κύρεβίνθων χ.
χοίνικας. ΕΙ. 1144. ἀλλ' ἀφεὶς τῶν φασηλῶν, ὦ γύναι, τρεῖς χ.,
ΕΙ. 1217. δοίην ἂν αὐτοὶο ἰσχάδων τρεῖς χ.
Εκ. 424. τοὶς ἀλφιταμοίβοις τοῖς δέοντο τρεῖς χ.
Π. 276. ἰοὺ ἰοὺ, τὰς χ. καὶ τὰς πέδας ποθοῦσαι.
Fr. 79. ὁ δ' ἀλφίτων γε πριάμενος τρεῖς χ.
χοίνικας. Α. 814. ὃ δ' ἄτερφ', αἱ λῆς, χ. φαγῶν ἀλῶν.
Λ. 1208. ὁ δ' ἄρτος ἀεὶ χ. ἰδεῖν μάλα νεανίας.
χοίον. Ν. 1208. ἐν' οἶνου τρέφει,
χοῖρε. Α. 800. αὐτὸς δ' ἐμυῖ͵Κν. ΔΙ. χ. χ. ΚΟ. καὶ κοί.
χοίρειον. Β. 338. οἷν ἢδὺ μοι προσέπνευσε χ. κρεῶν.
χοιρί. Α. 808. ποδαπὸ τᾶ χ.; ἐκ τραγασαία φαίνεται.
χοιρίοι. Α. 749. Δικαιόπολι, ἢ λῆς πρίασθαι χ.;
χοιρίδι'. Α. 830. ἔφαμι, Μεγαρίδ' ἀλλ' ἦν τὰ χ. ἀπέδου
χοιρίδια. Α. 812. τύσον γνωμαὶ εστὶ χ.; λέγε.
Α. 819. τὰ χ. τοίνυν ἐγὼ φαμὶ ταδὶ
834. ὁ χ. πειρῆσθε κάντὶ τῷ πατρὸς
χαιριδίαις. Σ. 573. εἰ δ' αὖ τοῖς χ. χαῖρε, θυγατρὸς φωνῇ με πιθέσθαι.
χοιριδίοισιν. Α. 806. τοῖς χ. ἄρα τρώξονται; βαβαῖ,
χοιρίθηκαν. ΕΙ. 121. ᾖ χ. ἢ σκύρμοσῳ ἢ χὐνδροι ἄλας,
ΕΙ. 387. χ. οἷσθα παρ' ἐ-
χοιρίων. ΕΙ. 374. ἐς χ. μοί νυν δάνεισον τρεῖς δραχμάς.
χοιρίνας. Σ. 333. τὰς χ. ἀριθμοῦσιν.

Uu 2

χοιρίνης—χοῦτος.

χοιρίνης. Σ. 349. οὕτω κιττῶ διὰ τῶν σανίδων μετὰ χ. περιελθεῖν.
χοιρινῶν. Ι. 1332. εὖ χ. ὄζων, ἀλλὰ σπανδῶν, σμύρνῃ κατάλειστοι.
χοιρίον. Α. 777. ἔγωγε. ΜΕ. φάνει δὴ τὺ ταχέως, χ.
Σ. 1353. λυσάμενος ἔξω παλλακὴν, ὦ χ.
Λ. 600. χ. ἔστιν· σορὸν ὠνήσει·
χοιρίων. Α. 740. περιθεῖσθε τάσδε τὰς ὁπλὰς τῶν χ.
Α. 747. χρησεῖτε φωνὰν χ. μιστηρικῶν.
χοιρόθλιψ. Σ. 1364. ὦ οὗτος οὗτος, τυφεδανοὶ καὶ χ.,
χοῖροι. } Π. 308. } ἔπεσθε μητρὶ χ.
           315.
χοιροκομεῖον. Σ. 844. τουτὶ τί ἐστι· ΒΔ χ. Ἑστίας.
Α. 1073. χωροῦσ', ὥσπερ χ. περὶ τοῖς μηρίοισιν ἔχοντες.
χοῖρον. Α. 771. οὔ φατι τάνδε χ. ἥμιν. ἀλλὰ μάν,
Θ. 289. καὶ τὴν θυγατέρα χ. ἀνδρὸς μοι τυχεῖν
538. ταύτης ἀποψιλώσαμεν τὸν χ., ἵνα διδαχθῇ
540. μὴ δῆτα τὸν γε χ., ὦ γυναῖκες. εἰ γὰρ αὔσης
Ἐκ. 724. καταφάγη τὸν χ. ἀποτετιλμένας.
χοιροπωλαι. Fr. 485. χ.
χοιροπωλας. Α. 818. ἄνθρωπε, πoδαπός; ΜΕ. χ. Μεγαρικός.
χοῖρος. Α. 767. τουτὶ τί ἦν τὸ πρᾶγμα; ΜΕ. χ. ναὶ Δία.
Α. 768. τί λέγεις σύ; ποδαπὴ χ. ἥδε; ΜΕ. Μεγαρικά.
773. αἰ μή 'στιν αὗτος χ. Ἑλλάνων νόμῳ.
781. αὕτα 'στὶ χ. ; ΔΙ. νῦν γε χ. φαίνεται.
788. ἀλλ' αἰ τράφειν λῇτ, ἰδὲ τάδε χ. καλά.
792. κάλλιστοι ἔσται χ. Ἀφροδίτᾳ θύειν.
793. ἀλλ' οὐχὶ χ. τἀφροδίτῃ θύεται.
794. οὐ χ. Ἀφροδίτᾳ ; μώνᾳ γα δαιμόνων.
χοῖρός. Α. 769. ἢ οὐ χ. ἐσθ' ἅδ'; ΔΙ. οὐκ ἔμωγε φαίνεται.
χοίρων. Α. 795. καὶ γίγνεται γα τᾶνδε τᾶν χ. τὸ κρῆς
Fr. Μ. Δαν. 16. τῶν χ. μνοῦς ἐρί' ἐστίν.
χοίρως. Α. 739. χ. γὰρ ὑμῖ σκευάσας φασῶ φέρειν.
Α. 764. τί δαὶ φέρεις; ΜΕ. χ. ἐγώνγα μυστικάς.
Χολαργέων. Α. 855. Λυσίστρατός τ' ἐν τάγορᾷ. Χ. ὄνειδος,
χολή. ΕΙ. 66. ἃ δ' εἶπε πρῶτον ἠπί' ἤρχεθ' ἡ χ.
Β. 4. τοῦτο δὲ φυλάξαι· πάνυ γάρ ἐστ' ἤδη χ.
χολήν. Σ. 403. εἰπέ μοι, τί μέλλομεν κινεῖν ἐκείνην τὴν χ.
Α. 465. χ. ἐνείνας ; ΠΡ. νὴ τὸν Ἀπόλλω καὶ μάλα
Θ. 468. οὐ θαυμασίων ἐστ', οὐδ' ἐπιζεῖν τὴν χ.
χόλικας. Ει. 717. ὕσας δὲ κατίδῃς χ. ὀρθὰς καὶ κρέα.
Β. 576. δρέπανον λαβοῦσ', ᾧ τὰς χ. κατέσπασας.
χόλικες. Fr. 547. χ.
χόλικος. Ι. 1179. καὶ χ. ἠνύστραν τε καὶ γαστρὸς τόμον.
χολίκων. Fr. 52. ἢ βοιδαρίων τὶ ἀπέκτεινε ζεύγος χ. ἐπιθυμῶν.
χόλιξ. Σ. 1144. ἐν Ἐκβατάνοισι γίγνεται κρόκη χ.·
Χολλίδης. Α. 406. Δικαιόπολι καλεῖ σέ Χ., ἐγώ.
Χολοζύγης. Α. 397. ὁ θεοῖσιν ἐχθρὸς καὶ μιαρὸς Χ.
χάλον. Β. 814. ἢ που δεινὸν ἐμβρεμέται χ. ἐνδόθεν ἕξει,
χολῶσιν. Ν. 833. ὥσπ' ἀνδράσιν πείθει χ. ΣΤ. εὐστύμει.
χόνδρον. Σ. 738. ὅσα πρεσβύτη ξύμφορα. χ.
Fr. 10, 1. ἢ χ. ἔψων, εἶτα μνίαν ἐμβαλῶν
364. δράκους, πυροὺς, πτισάνην, χ. ζειάς, αἴρας, σεμίδαλιν.
χόνδρους. Α. 521. ἢ χοιρίδιον ἢ σκόρoδον ἢ χ. ἅλας,
χοός. Ει. 537. δούλης μεθυούσης, ἀνατετραμμένου χ.,
Θ. 347. κεἴ τις κάπηλος ἢ καπηλὶς τοῦ χ.
χοραγὸς. Λ. 1315. χ. εὐπρεπής.
χορδαί. Fr. 547. χ. φύσκαι, πάσται, ζωμοί.
χόρδευ'. Ι. 214. τάραττε καὶ χ. ὁμοῦ τὰ πράγματα
χορδεύματα. Ι. 315. εἰ δὲ μή σὺ γ' οἶσθα κάττυων, οὐδ' ἐγὼ χ.
χορδῆν. Α. 1119. ναὶ ναί, σὺ δ' ἀφελὼν δεῦρο τὴν χ. φέρε.
Ν. 455. νὴ τὴν Δήμητρ' ἐκ μου χ.
χορδῆς. Α. 1040. κατάχει σὺ τῆς χ. τὸ μέλι.
Β. 389. αὔκουν ἀτρέμ' ἕξεις, ἦν τι καὶ χ. λάβῃς ;
Fr. 75, 1. ἐγευσάμην χ. ὁ δύστηνος τέκνων
χορείαις. Θ. 980. χαρέντα χ.
Β. 336. ὁσίαις μύσταις χ.
χορείας. Θ. 956. ῥυθμὸν χ. ὕπαγε πᾶσα· βαῖνε
Θ. 968. πρῶτον εὐκύκλου χ. εὐφυᾶ στῆσαι βάσιν.
982. διπλῆν χάριν χ.
Β. 396. ᾠδαῖσι, τὸν ξυνίμπορον τῆσδε τῆς χ.
χορείων. Β. 1303. θρήνων, χ. τάχα δὲ ξυλοφθόρισται.
χορεύειν. Β. 407. ἀζήμιον παίζειν τε καὶ χ.
Β. 415. παίζων χ. βούλομαι. ΞΑ. κἄγωγε πρώ.
χορεύετε. Π. 761. ὀρχεῖσθε καὶ σκιρτᾶτε καὶ χ.
χορεύετον. ΕΙ. 325. σὺν ἐμοὶ κινοῦντας αὐτώ τῶ σκέλη χ.
χορεύομαι. Ο. 746. σεμνά τε καὶ χ. ὁρσία,
χορεύσαι. ΕΙ. 784. ἀντιβολῇ μετὰ τῶν παίδων χ.
Β. 388. παίσαί τε καὶ χ.
Π. 288. ὡς ἥδομαι καὶ τέρπομαι καὶ βούλομαι χ.

χορεύσασθαι. Θ. 103. πατρίδι χ. βοάν.
χόρευσον. ΕΙ. 776. τοῦ φίλου χ.,
χορεύσων. Β. 326. ἐλθὲ τυνδ' ἀνὰ λειμῶνα χ.,
χορευτάς. Α. 443. τοῦτ δ' αὖ χ. ἠλιθίους παριστάναι,
χορεύων. Β. 1213. πηδᾶ χ., ΑΙ. ληκύθιον ἀπώλεσεν.
χορηγεῖς. Fr. 467. τοὺς Ἴβηρας οὕς χ. μοι βοηθῆσαι δρόμῳ.
χορηγῷ. ΕΙ. 1022. χαίτω τὸ πρόβατον τῷ χ. σώζεται.
χορηγῶν. Α. 1155. δι' γ' ἐμὲ τὸν τλήμονα Λήναια χ. ἀπέλυσ' ἄδειπνον,
χόρι'. Fr. Μ. Θ. Δευτ. 3, 5. οὐδὲ χ. οὐδὲ πῦος, οὐδ' ἧπαρ κάπρου,
χόρια. Fr. 476, 4. πύον, χ., χελιδόνια, τέττιγας, ἐμβρύεια,
χορίων. Ι. 589. Νίκην, ἢ χ. ἐστιν ἑταίρα,
χόριον. Fr. 302, 5. σὺ χ. αὐδὶ πυὸς, οὐδ' ἧπαρ κάπρου,
χοροδιδάσκαλος. Ἐκ. 809. οἴμωζε. ΑΝ. Β. Καλλίμαχος δ' ὁ χ.
χοραί. Α. 1306. τῷ σιῶν χ. μέλοντι,
Θ. 391. εἰσὶν θεαταὶ καὶ τραγῳδοὶ καὶ χ.
Fr. 414, 2. εἴτ' ἰσθμιακὰ λαβόντες ᾠσπερ οἱ χ.
χοροῖς. Α. 886. ἤλθες ποθεινὴ μὲν τρυγῳδικοῖς χ.,
Σ. 1060. ὦ πάλαι ποτ' ὄντες ἡμεῖς ἄλκιμοι μὲν ἐν χ.,
Θ. 992. χ. τερπόμενος
Β. 370. ἐξίστασθαι μύσταισι χ.· ὑμεῖς δ' ἀνεγείρετε μολπὴν
729. καὶ τραφέντας ἐν παλαίστραισι καὶ χ. καὶ μουσικῇ.
Fr. p. 514. τοῖσι χ. αὐτοὶ τὰ σχήματ' ἐποίουν.
χοροῖσι. Ο. 787. εἶτα πεινῶν τοῖς χ. τῶν τραγῳδῶν ἤχθετο,
χοροῖσιν. Α. 628. Ἐξ οὗ γε χ. ἐφέστηκεν τρυγικοῖς ὁ διδάσκαλος ἡμῶν,
Θ. 975. ἢ τᾶσι τοῖς χ. ἐμπαίζει τε καὶ
1029. ὑρῶ· αὖ χ. αὖθ'
Β. 354. εὐφημεῖν χρὴ κἀξίστασθαι τοῖς ἡμετέροισι χ.
366. ἢ κατατιλᾷ τῶν Ἐκαταίων, κυκλίοισι χ. ὑπᾴδων,
χορομανεῖ. Θ. 961. μέλπε καὶ γέραιρε φανῇ πᾶσα χ. τρόπῳ.
χορόν. Α. 11. ὁ δ' ἀνεῖπεν εἴσαγ', ὦ Θέογνι, τὸν χ.
Ι. 513. καὶ βασανίζεις, ὡσ οὐχὶ πάλαι χ. αἰτεῖ καθ' ἑαυτόν,
559. δεῦρ' ἴθι· ὁ χ. δ' ἕπεται· χ. δὲ χρυσοτρίαιν', ὦ
Ν. 271. εἶτ' Ὠκεανοῦ πατρὸς ἐν κήποις ἱερὸν χ. ἵστατε Νύμφαις,
564. Ζῆνα τύραννον ἐς χ.
1115. τοὺς κριτὰς ἃ κερδανοῦσιν, ἢν τὸν τύνδε τὸν χ.
1352. ἤδη λέγειν χρὴ πρὸς χ. πάντως δὲ τοῦτο δράσεις.
Σ. 1537. ὀρχούμενοι ὅστις ἀπήλλαξεν χ. τρυγῳδῶν.
ΕΙ. 603. ἐξομεῖτε κελαθῇ, χ. δὲ μὴ 'χῃ Μύρσιμοι
808. τὸν χ., εἶχον ἀδελ-
Ο. 1406. λεωτροφίδη χ. πετομένων ὀρνέων
Λ. 1279. πρόσαγε χ., ἔπαγε χάριτας,
Θ. 1137. δεῦρο καλεῖν νόμος ἐς χ.,
Β. 94. ὁ φροῦδα θᾶττον, ἢν μιᾶν χ. λάβῃ,
386. καὶ σῷζε τὸν σαυτῆς χ.
6οϬ. τὸν ἱερόν χ. δικαιός ἐστι χρηστὰ τῇ πόλει
Fr. 314. μήτε Χάριτες βοᾶν ἐς χ. Ὀλυμπίας
χοροποιόν. Β. 352. χ., μάναρ, ἡβαν.
χορός. Β. 914. μὰ τὸν Δί' οὐ δήθ'. ΕΤ. ὁ δὲ χ. γ' ἤρειδεν ὁρμαθοῦν ἂν
Β. 1029. ὁ χ. δ' εὐθὺς τὼ χεῖρ' ὦδι συνκρούσας εἶπεν ἰαυοῖ.
Fr. 249. ὁ χ. δ' ὠρχεῖτ' ἂν ἐναψάμενος δάπιδας καὶ στρωματόδεσμα,
564. ὡς ἤδη παλεῖ μ' ὁ χ. ὁ φιλοτήσιος.
χοροῦ. Θ. 958. πανταχῇ κυκλοῦσαν ὄμμα χρὴ χ. κατάστασιν.
χοροῦς. Ο. 219. ἴστησι χ.
Ο. 733. πλούτην, γιλίαν, χ., θαλίας,
Β. 548. τοὺς χ. τοὺς προσθίους·
1419. ἵν' ἢ πόλις σωθεῖσα τοὺς χ. ἄγῃ·
Ἐκ. 1160. μὴ 'σπερεῖν, ἀλλὰ κρίνειν τοὺς χ. ὀρθῶς δεῖ.
χόρτασε. Fr. 202. θερμεύει καὶ χ. τῶν μονωθίαν·
χορταῖον. Fr. 704. τὸν δὲ χ.
χορτῶν. ΕΙ. 139. τοιτοισι τοῖς αὐτοῖσι τούτων χ.
ΕΙ. 176. κεἴ μὴ φυλάξεις, χ. τὸν κάνθαρον.
χορῷ. Α. 416. δεῖ γάρ με λέξαι τῷ χ. ῥῆσιν μακράν
χορῶν. Ι. 521. ἐκ πλείστα χ. τῶν ἀντιπάλων νίκης ἔστησε τροπαῖα·
Ν. 312. χλιδανῶν τε χ. ἐρεθίσματα.
333. κυκλίων τε χ. ᾀσματοκάμπτας, ἀνδρας μετεωροφένακας,
ΕΙ. 976. διάποινα χ. διάποινα ὕμνων,
Β. 675. Μοῦσα χ. ἱερῶν ἐπίβηθι καὶ ἐλθ' ἐπὶ τέρψιν δαιδὸς ἐμᾶς,
Fr. 198, 9. ἀπὸ τῶν τρυγῳδῶν, ἀπὸ δὲ τῶν τραγικῶν χ.
χορωφελήταν. Α. 1319. ᾇ τις ἔλαφος· κρότων δ' ἁμὰ ποίη χ.
χουσα', Α. 646. μικρανόφορουν ποτ' οὖσα πεντὶ μνα καλῇ, χ.
Χουσί. Α. 1211. τοῖς Χ. γάρ τις συμβολὰς ἐπρᾶττετο·
χοῦτος. Ι. 540. χ. μέντοι μόνος αὐτηρκες, τοτὲ μὲν πίπτων, τοτὲ δ' οὐχί.

χοῦτος—χρῆμα. 333

χοῦτος. O. 275. νὴ Δί' ἕτερος δῆτα χ. ἐξεδρον χώραν ἔχων.
O. 281. ἀλλά χ. ἕτερος; ΕΠ. ἀλλ' οὗτος μέν ἐστι Φιλοκλέους
1616. ὁρᾷς; ἐπαινεῖ χ. ἕτερον νῦν ἔτι
χοὐτοσί. O. 268. ὠγάθ', ἀλλά χ. καὶ δή τις ὄρνις ἔρχεται.
O. 649. φέρ' ἴδω, φράσον νῷν, πῶς ἐγὼ τε χ.
χοὕτω. I. 1131. χ. μὲν ἂν εὖ ποιοῖς,
EI. 1022. χ. τὸ πρόβατον τῷ χορηγῷ σώζεται.
χρέα. N. 39. σὺ δ' οὖν κάθευδε· τὰ δὲ χ. ταῦτ' ἴσθ' ὅτι
N. 443. εἴπερ τά χ. διαφευξούμαι,
χρείᾳ. Θ. 1164. χ. δὲ παῖς τόνδ' ἐπεσφέρει λύγον;
χρείαν. Θ. 180. ἱκέτης ἀφίγμαι πρὸς σέ, ΑΓ. τοῦ χ. ἔχων;
Π. 534. διὰ τὴν χ. καὶ τὴν πενίαν ζητεῖ ὁπόθεν βίον ἔξει.
χρείας. I. 604. ἀλλ' ὑπ' ἀνάγκης ἅμα καὶ χ. καὶ μισθοῦ πρός σε κέχηχα.
χρείη. Λ. 113. ἐγὼ δέ γ' ἂν κἂν εἴ με χ. τοὐγκυκλον
χρεμετισμός. I. 553. καὶ χ. ἀνδάνει,
Χρέμης. Εκ. 477. ἀλλ' εἴμ' οὐ δ' ὑγίαινε. ΒΛ. καὶ σύ γ', ὦ Χ.
χρέμπτεται. Θ. 381. σῖγα, σιώπα, πρόσεχε τὸν νοῦν· χ. γὰρ ἤδη,
Χρεμύλος. Π. 336. Χ. πεπλούτηκ' ἐξαπίνης; οὐ πείθομαι.
Π. 1171. τίς ἂν φράσειε ποῦ 'στι Χ. μοι σαφῶς;
χρέος. Α. 454. τί δ', ὦ τάλας, σε τοῦδ' ἔχει πλέκους χ.;
Α. 455. χ. μὲν οὐδέν, βούλομαι δ' ὅμως λαβεῖν.
Ν. 30. ἀτὰρ τί χ. ἔβα μι μετὰ τὸν Πασίαν;
χρεῶν. Α. 615. οἷς ὑπ' ἐράνου τε καὶ χ. πρώην ποτέ,
Ν. 13. ὑπὸ τῆς δαπάνης καὶ τῆς φάτνης καὶ τῶν χ.,
117. ἃ νῦν ὀφείλω διὰ σέ, τούτων τῶν χ.
χρεών. I. 138. τὸν προβατοπώλην, ἣν ἄρ' ἀπολέσθαι χ.
I. 1230. φράζων, ὑφ' οὗ χ. ἔμ' ἡττᾶσθαι μόνου.
Ν. 1447. τὴν μητέρ' ὡς τύπτειν χ.;
ΕΙ. 765. πρὸς ταῦτα χ. εἶναι μετ' ἐμοῦ
1029. σὺ φρονεῖς, ὁπόσα χ. τὸν
Fr. 125, 2. ἡνίκα γε τοὺς νεωτέρους δειπνεῖν χ.
χρή. Α. 533. ὡς χ. Μεγαρέας μήτε γῇ μήτ' ἐν ἀγορᾷ
Α. 573. ποῖ χ. βοηθεῖν; ποῖ κυδοιμὸν ἐμβαλεῖν;
717. κάξελαύνειν χ. τὸ λοιπόν, κἂν φύγῃ τις, ζημιοῦν
I. 16. πῶς ἂν σύ μοι λέξειας ἀμέ χ. λέγειν;
133. δύο τώδε πώλα, καὶ τί τόνδε χ. παθεῖν;
683. πάντα τοι πέπραγας οἷα χ. τὸν εὐτυχοῦντα·
751. ἀλλ' ἐς τὸ πρόσθε χ. παριέν' ἐς τὴν πύκνα.
1160. ἵνα σ' εὖ ποιῶμεν ἐξ ἴσου. ΔΙΙΜ. δρᾶν ταῦτα χ.
1316. εὐφημεῖν χ. καὶ στόμα κλείειν, καὶ μαρτυριῶν ἀπέχεσθαι
Ν. 143. λέξω, νομίσαι δὲ ταῦτα χ. μυστήρια.
263. εὐφημεῖν χ. τὸν πρεσβύτην καὶ τῆς εὐχῆς ὑπακούειν.
385. φέρε τουτὶ τῷ χ. πιστεύειν· ΣΩ. ἀπὸ σαυτοῦ 'γώ σε διδάξω.
626. κατὰ σελήνην ὡς ἄγειν χ. τοῦ βίου τὰς ἡμέρας.
665. νὴ τὸν Ποσειδῶ. νῦν δὲ πῶς με χ. καλεῖν;
677. ἀτὰρ τὸ λοιπὸν πῶς με χ. καλεῖν; ΣΩ. ὅπως;
696. μὴ δῆθ'. ἱκετεύω σ'. ἀνδάθ'· ἀλλ' εἴπερ γε χ.,
930. εἴπερ γ' αὐτὸν σωθῆναι χ.
1147. χ. γὰρ ἐπιθαυμάζειν τι τὸν διδάσκαλον.
1214. ἐν ἄνδρα τῶν αὑτοῦ τι χ. προϊέναι.
1352. ἤδη λέγειν χ. πρὸς χορόν· πάντως δὲ τοῦτο δράσεις.
1413. ὑπ' ἀρχ τὸ μὲν σὸν σῶμα χ. πληγῶν ἀθῷον εἶναι,
Σ. 414. [ὣν χ.] μὴ δικάζειν δίκας.
843. ἴθι νυν, ἄγ' αὑτὼ δεῦρο. ΒΔ. ταῦτα χ. ποιεῖν.
1133. ἔπειτα παῖδας χ. φυτεύειν καὶ τρέφειν,
1186. ποίους τινὰς δὲ χ. λέγειν; ΒΔ. μεγαλοπρεπεῖς,
1190. ἀλλ' οὖν λέγειν χ. σ' ὡς ἐμάχετό γ' αὐτίκα
1424. ὅτι χ. μ' ἀποτίσαιτ' ἀργύριον τοῦ πράγματος,
ΕΙ. 96. εὐφημεῖν χ. καὶ μὴ φλαύρον
305. πρὸς τάδ' ἡμῖν, εἴ τι χ. δρᾶν, φράζε κἀρχικτευτύνει,
429. ἄττα χ. ποιεῖν ἐφεστῶτι φράζε δημιουργικῶς·
797. τοιάδε χ. Χαρίτων δαμώματα καλλικόμων
932. ὡς χ. πολεμεῖν λέγων τις οὐ βλέπει χάζεται.
1023. σύ τοι θύρασι χ. * * μένοντα τοίνυν
1028. ὅσα χ. σοφὸν ἄνδρα; τί δ' οὖ
1316. εὐφημεῖν χ. καὶ τὴν νύμφην ἔξω τησδὶ δεῦρο κομίζειν,
1319. καὶ τὰ σκεύη πάλιν ἐς τὸν ἀγρὸν νυνὶ χ. πάντα κομίζειν
O. 153. ἵνα χ. κατοικεῖν. ΕΤ. ἀλλ' ἔγωγ' Ὀπούντιοι
288. καί τὸ δῶρυ χ. τὸν ὀβελίσκον,
479. νὴ τὸν Ἀπόλλων πάνυ τοίνυν χ. ῥύγχος βόσκειν σε τὸ λοιπόν·
548. ἀλλ' ὅ τι χ. δρᾶν, σὺ δίδασκε παρών· ὡς ζῆν οὐκ ἄξιον ἡμῖν.
578. τούτους δὲ θεοὺς τοὺς ἐν Ὀλύμπῳ, τότε χ. στρουθῶν νέφος ἀρθέν

χρή. O. 665. ἀλλ' εἰ δοκεῖ σφῷν, ταῦτα χ. δρᾶν. ἡ Πρόκνη
O. 673. ἀλλ' ὥσπερ φῶν νὴ Δί' ἀπολέψαντα χ.
715. ὅτε χ. χλαῖναν πωλεῖν ἤδη καὶ ληδάριόν τι πρίασθαι.
809. ἄγε δή τί χ. δρᾶν; ΠΕ. πρῶτον ὄνομα τῇ πόλει
985. δὴ τότε χ. τύπτειν αὐτὸν πλευρῶν τὸ μεταξύ,
1219. τοιρ γὰρ ἀλλη χ. πέτεσθαι τοὺς θεούς;
1419. δδὶ πάρεστιν· ἀλλ' ὅτου δεῖ χ. λέγειν.
1637. μάγειρε, τὸ κατάχυσμα χ. ποιεῖν γλυκύ,
1718. ὁδὶ δὲ καυτὸς ἐστιν. ἀλλά χ. θεᾶς
Λ. 162. ἐὰν δὲ τύπτωσιν, τί; ΛΤ. παρέχειν χ. κακῶς.
164. κάλλων ὀθωνᾶν χ'. κἡμέλει ταχέως πάνυ
311. ἐμπιπράναι χ. τὰς θύρας καὶ τῷ καπνῷ πιέζειν.
340. ὡς πυρί χ. τὰς μυσαρὰς γυναῖκας ἀνθρακεύειν·
471. ἀλλ', ὦ μέλ', οὐ χ. προσφέρειν τοῖς πλησίοισιν εἴκη
559. νὴ Δία' χ. γὰρ τοὺς ἀνδρείους. ΛΤ. καὶ μὴν τό γε πρᾶγμα γέλοιων,
1065. ἥκετ' οὖν εἰς ἐμοῦ τήμερον· πρῴ δὲ χ.
1100. ἄγε δή, Λάκωνες, αὑθ' ἕκαστα χ. λέγειν.
Θ. 16. χ. μὲν βλέπειν χ. πρῶτ' ἐμηχανήσατο
149. χ. γὰρ ποιητὴν ἄνδρα πρὸς τὰ δράματα
377. ὅ τι χ. παθεῖν ἐκείνον· ἀδικεῖν γὰρ δοκεῖ
471. ὕμων δ' ἐν ἀλλήλαισι χ. δοῦναι λόγον
529. παντί που χ.
655. ἡμᾶς τοίνυν μετὰ τοῦτ' ἤδη τὰς λαμπάδας ἁψαμένας χ.
659. εἶα δὴ πρώτιστα μὲν χ. κοῦφον ἐξορμᾶν πόδα,
660. καὶ διασκοπεῖν σιωπῇ πανταχῇ· μόνον δὲ χ.
784. κείνη, ταύτῃ' ταχέως χ.
958. πανταχῇ κυκλοῦσαν ὄμμα χ. χοροῦ κατάστασιν
966. ἀλλά χ.
1062. ἀλλ', ὦ τέκνον, σε μὲν τοσαῦτα χ. ποιεῖν.
Β. 354. εὐφημεῖν χ. κἀξίστασθαι τοῖς ἡμετέροισι χοροῖσιν
870. ὁμως δ' ἐπειδὴ σοι δοκεῖ, δρᾶν ταῦτα χ.
905. ἀλλ' ὡς τάχιστα χ. λέγειν· οὕτω δ' ὅπως ἐρεῖτον
1008. ἀπόκριναί μοι, τίνος οὕνεκα χ. θαυμάζειν ἄνδρα ποιητήν;
1030. ταῦτα γὰρ ἄνδρας χ. ποιητὰς ἀσκεῖν. σκέψαι γὰρ ἀπ' ἀρχῆς,
1053. μὰ Δί', ἀλλ' ὄντ' ἀλλ' ἀποκρύπτειν χ. τὸ πονηρὸν τόν γε ποιητήν,
1058. ὧν χ. φράζειν ἀνθρωπείως· ΑΙ. ἀλλ', ὦ κακόδαιμον ἀνάγκη
1205. ἄνω χ. δείξεις· ΑΙ. φημί, καὶ δὴ χ. λέγειν.
1431. [οὔ χ. λέοντος σκύμνον ἐν πόλει τρέφειν.]
Εκ. 128. ὁ περιστιάρχος. περιφέρειν χ. τὴν γαλῆν.
285. ὥρα προβαίνειν, ἄνδρες, ἡμῖν ἐστι· τοῦτο γὰρ χ.
430. ὡς χ. παραδοῦναι ταῖς γυναιξὶ τὴν πόλιν,
472. τοὔνε ξυνοίσει, ταῦτα χ. ποιεῖν· ἀνδρὸς δρᾶν,
581. ἀλλ' οὐ μέλλειν, ἀλλ' ἅπτεσθαι καὶ δὴ χ. ταῖς διανοίαις,
894. θεῖν τι, παρ' ἐμοί χ. καθεύδειν·
1028. τί δῆτα χ. δρᾶν; ΓΡ. Α. δεῦρ' ἀκολουθεῖν ὡς ἐμέ.
1159. Ὁτι πρεσβύτη· ἀλλ' ἀκουτέον ταῦτα χ. μεμνημένους
Π. 36. πευσόμενος εἴ χ. μεταβαλόντα τοὺς τρόπους
57. ἢ τύπτ τοῦτοις δρῶ, λέγειν χ. ταχὺ πάνυ,
607. χ. σ'. ἀλλ' ἀνύειν.
Fr. 150. ἀλλὰ πάντα χ. παραλοῦσθαι καὶ τοὺς σπόγγους ἐᾶν.
150. φέρε δὴ τοίνυν ταῦθ' ὅταν ἔλθῃ, τι ποιεῖν χ. μ' ὦ Τελμισσεῖς·
544. λυτῆ χ. τὰς γνάθους.
546. 1. τὸν σαπίρων ἀποτίλαι χ.
χρῆ. Ι. 1307. ἀποτροπαί, οὐ δῆτ' ἐμοῦ γ' ἄρξει ποτ', ἀλλ' ἐὰν
Σ. 654. οὐκ ἔστιν ὅπως οὐχὶ τεθνήξεις, κἂν χ. σπλάγχνων μ' ἀπεἰχεσθαι.
Α. 133. ἀλλ' ἀλλ' ὅ τι βούλει· κἂν με χ., διὰ τοῦ πυρὸς
χρῄζδετ'. Α. 734. πότερα πεπράσθαι χ. ἢ πεινῇν κακῶς;
χρῄζει. Ν. 359. σύ τε λεπτοτάτων λήραν ἱερεῦ, φράζε πρὸς ἡμᾶς ὅ τι χ.'
Ν. 691. τῷ ὅπαι χ. πολὺ γὰρ μᾶλλόν σ'
Θ. 751. μὴ δῆθ', ἱκετεύω σ'· ἀλλ' εἴμ' ὅ τι χ. ποίει
χρῄζουσιν. Ν. 453. ὅσαπερ ταῦτ' ἐμοί χ.
χρῆμ'. Σ. 266. τί χ. ἄρ' οὐ τῆς οἰκίας τησδὲ συνδιακαστὴς
ΕΙ. 834. τί πότε τὸ χ. ἐνὶ θυμῷ φιλογαμία.
ΕΙ. 1192. ὅσον τὸ χ. ἐνὶ δεῖπνον ἦλθ' ἐς τοὺς γάμους.
1101. ἤ μίγ', ὦ Ζεῦ, χ. ἰδεῖν τῆς ἐπιδόα ἔνεστί σοι.
Θ. 281. ὅσον τὸ χ. ἄρχει' ὑπὸ τῆς λιγνύος.
Β. 795. τί χ. ἄρ' ἔσται; ΑΙ. νὴ Δί', ὀλίγον ὕστερον
Εκ. 148. ἴθι δὴ σύπερ πεπράσθαι χ. ἢ ποιεῖ χ. ἐργάζεται.
394. ἀτὰρ τί τὸ πρᾶγμ' ἦν, ὅτι τοσοῦτον χ. ὄχλου
Fr. Μ. Θ. Δειπ. 15, 1. ἦν μέγα τι χ. ἔτι τρυγῳδοποιομουσική,
χρῆμα. Α. 150. ὅσον τὸ χ. παρνόπων προσέρχεται.

χρῆμα—χρησμός.

χρῆμα. I. 1219. ὅσον τὸ χ. τοῦ πλακοῦντος ἀπέθετο·
N. 2. ὦ Ζεῦ βασιλεῦ, τὸ χ. τῶν νυκτῶν ὅσον
325. διὰ τῶν κοίλων καὶ τῶν βασίων, αὗται πλάγιαι. ΣΤ. τί τὸ χ.;
816. ὦ δαιμόνιε, τί χ. πάσχεις, ὦ πάτερ;
Σ. 697. καὶ τὸν νοῦν μου προσάγεις μᾶλλον, κοὐκ οἶδ' ὅ τι χ. με ποιεῖς.
799. ὥρα τὸ χ.· τὰ λόγι' ὣς περαίνεται.
933. κλέπτον τὸ χ. τἀνδρός· οὐ καὶ σοὶ δοκεῖ,
Εἰ. 38. μιαρὸν τὸ χ. καὶ κάκοσμον καὶ βορόν.
Ο. 826. μιαρὸν τὸ χ. τῆς πόλεως. τίς δαὶ θεὸς
Λ. 83. ὡς δὴ καλὸν τὸ χ. τιτθίων ἔχεις.
660. πολλή· κυπωδώσειν μοι δοκεῖ τὸ χ. μᾶλλον.
677. ἱπτεικώτατον γάρ ἐστι χ. κάποχον γυνή.
1085. ἀσκητικὸν τὰ χ. τοῦ νοσήματος.
Θ. 270. ὁμόσης ἐμοὶ ΕΥ. τί χ.; ΜΝ. συσσώσειν ἐμὰ
521. ὑπόθεν εὑρέθη τὸ χ.,
Π. 1278. ὦ Ζεῦ βασιλεῦ, τὸ χ. τῶν κύρων ὅσον·
Π. 894. πολὺ χ. τεμαχῶν καὶ κρεῶν ὠπτημένων.
Fr. 57. ὦ Ζεῦ, τὸ χ. τῆς νεολαίας ὡς καλόν.
χρήμαθ'. Ν. 1270. τὰ ποῖα ταῦτα χ.; ΑΜ. ἀδανείσατο.
Ν. 1306. τὰ χ. ἐδανείσατο·
1463. οὐ γάρ μ' ἐχρῆν τὰ χ. ἀδανείσάμην
Ο. 1645. τὰ χ., ὅσ' ἂν ὁ Ζεὺς ἀπωθήσκων καταλίπῃ.
Λ. 623. καταλαβεῖν τὰ χ. ἡμῶν τῶν τε μισθῶν,
Θ. 812. καὶ δανείζειν χ., ἢ χρῆν, εἰ δανείσειέν τινι
Εκ. 873. ὅπως τὰ μὲν ὄντα χ. ἔξω, τοῖσδε δὲ
χρήμασιν. ΕΙ. 626. πλήν πείθων τῶν Λακώνων τοὺς μεγίστους χ.
ΕΙ. 1229. παύσαι μ' ὑβρίζων τοῖς ἐμοῖσι χ.
χρήματ'. Ι. 840. ἢ πολλὰ χ. ἐργάσαι σείων τε καὶ ταράττων.
Ν. 241. ἄγομαι, φέρομαι, τὰ χ. ἐνεχυράζομαι,
1243. ἀλλ' εἴτ' ἀποδώσεις μοι τὰ χ. εἴτε μή,
1274. λῆψῃ, τὰ χ. ἀπολαβεῖν εἰ βούλομαι;
Ο. 1460. ἁρπασάμενος τὰ χ. αὐτοῦ. ΣΤ. πάντ' ἔχεις.
Θ. 844. ἀλλ' ἀφαιρεῖσθαι βίᾳ τὰ χ., εἴπόντας τοδί·
Εκ. 772. τὰ χ. εἰσίν; ΑΝ. Β. ἀλλ' ἰδὼν ἐπεθύμην.
Fr. 20. ἔχειν, ἤτουν χ., ἠπείλουν, ἐσυκοφάντουν
χρήματα. Α. 973. οἱ ἔχει σπεισάμενος ἐμπορικὰ χ. διεμπολᾶν,
Ι. 774. δὲ πρῶτα μέν, ἤνικ' ἐβουλεύόν σοι, χ. πλεῖστ' ἀπέδωκα
Ν. 718. φροῦδα τὰ χ., φρούδη χροιά,
1267. μὴ σκώπτέ μ., ὦ τᾶν, ἀλλά μοι τὰ χ.
Σ. 102. παρὰ τῶν ὑπευθύνων ἔχοντα χ.
605. μὰ Δί' οὐ μέντοι· καὶ ποῖ τρέπεται δῆ 'πειτα τὰ χ. τάλλα ;
1245. χ. καὶ βίαν
Ο. 38. καὶ πᾶσι κοινῇ ἐναποτῖσαι χ.
380. τὸ δὲ μάθημα τοῦτο σῴζει παῖδας, οἶκον, χ.,
822. ἴνα καὶ τὰ Θεογένους τὰ πολλὰ χ.
1055. τί δ', ἤν ὁ πατήρ ἐμοὶ διδῷ τὰ χ.
Λ. 495. οὐ καὶ τἄνδον χ. πάντως ἡμεῖς ταμιεύομεν ὑμῖν ;
894. ἢ δ' ἔνδον ὄντα τἀμά καὶ τὰ χ.
Β. 365. ἡ χ. ταῖς τῶν ἀντιπάλων ναυσὶν παρέχειν τινὰ πείθει,
Εκ. 206. τὰ δημόσια γὰρ μισθοφοροῦντές χ.
236. χ. πορίζειν εὐπορώτατον γυνή,
712. ἵν' ἀποδέχωμαι τὰ προσιόντα χ.,
Π. 832. ἢ πού σε ταχίως ἐπέλινεν τὰ χ.
871. κοὐκ ἔσθ' ὅπως οὐκ ἔχει μου τὰ χ.
Fr. 15. εἰς οἵ' ἀνάλουν οἱ πρὸ τοῦ τὰ χ.
χρηματίζειν. Θ. 376. καὶ χ. πρῶτα περὶ Εὐριπίδου,
χρηματοποιόν. Εκ. 442. καὶ χ. κούτε τἀκυρρητ' ἔφη
χρήματος. Ν. 1223. ὅτι ἐς δύ' εἶπεν ἡμέρας, τοῦ χ.;
χρημάτων. Ν. 74. ἀλλ' ἱππέρων μου κατέχειν τῶν χ.
Ν. 1217. ὅτε τῶν ἐμαυτοῦ γ' ἕνεκα νυνί χ.
Σ. 241. σίμβλον δέ φασι χ. ἕνεκα ἀπαντες αὐτόν.
1354. ἰδ' ὁ οὐ κρατῶ 'γὼ τῶν ἐμαυτοῦ χ.
Ο. 1658. ἀνθέξεταί σου τῶν πατρῴων χ.
Λ. 1196. χ. νῦν ἔνδοθεν, καὶ
Εκ. 731. τῶν χ. θύραζε πρῶτη τῶν ἐμῶν,
871. ὅταν καταπτύθῳ, προσποιῇ τῶν χ.
Π. 232. οὐδὴν 'στιν ἦν δεῖ χ. σε τήμερον
209. δηλοῖς γὰρ αὐτὸν σωρὸν ἥκειν χ. ἔχοντα.
Χρήμων. Σ. 401. ὁ Σμικυθίων καὶ Τισιάδη καὶ Χ. καὶ Φειρέδειπνε;
χρήν. Α. 540. ἐρεῖ τις, οὐ χ.· ἀλλὰ τί ἐχρῆν εἰπεῖν.
Ι. 535. ὃν χ., διὰ τὰς προτέρας νίκας πίνειν ἐν τῷ πρυτανείῳ,
Ν. 371. καίτοι χ. αἰθρίας ὕειν αὐτόν, ταύτας δ' ἀποδημεῖν,
1359. οὐ γάρ τοῦτ' εὐθὺς χ. σε τιτθεσθαί τε καὶ κατείσθαι,
ΕΙ. 1079. τουτοισὶ οὕτως χ. τὴν εἰρήνη πεποιῆσθαι.
1080. ἀλλὰ τί χ. ἡμᾶς; οὐ παύσασθαι πολεμοῦντας,
Ο. 1434. ἀφ' ὧν διαζῆν ἄνδρα χ. τοσουτονί

χρῆν. Λ. 526. ταῖσι γυναιξὶν συλλεχθείσαι. ποῖ γὰρ καὶ χ. ἀναμεῖναι;
Λ. 680. ἀλλὰ τοῦτων χ. ἁπασῶν ἐς τετρημένον ξύλον
Θ. 74. οὐ χ. σε κρύπτειν, ὄντα μηδιστὴν ἐμόν.
662. ἀλλὰ τὴν πρώτην τρέχειν χ. ἀν τάχιστ' ἤδη κύκλῳ.
726. ἀλλὰ τάσδε μὲν λαβεῖν χ. σ', ἐκφέρειν τε τῶν ξύλων,
777. ἐγχειρείν χ. ἔργῳ πορίμῳ.
793. μανίας μαίνεσθ', ὃς χ. σπεύδειν καὶ χαίρειν, εἴπερ ἀληθῶς
832. χ. γάρ, ἡμῶν εἰ τέκοι τις ἀνδρα χρηστὸν τῇ πόλει,
842. καὶ δανείζειν χρήμαθ', ᾗ χ., εἰ δανείσειέν τινι
Εκ. 299. γάρ χ. μ' ὀνομάζειν,
548. ὃν χ. ἴμ' ἐξ ἐκκλησίας εἰληφέναι;
Π. 487. ἀλλ' ἤδη χ. τι λέγειν ὑμᾶς σοφόν ᾧ νικήσετε τηνδὶ
Χρῆν. ΕΙ. 734. Χ. μὲν τύπτειν τοὺς ῥαβδούχους, εἴ τις κωμῳδοποιητής
χρῆναι. Ι. 542. ἐρήτην χ. πρῶτα γενέσθαι, πρὶν πηδαλίοις ἐπιχειρεῖν,
Ν. 1059. οὐ φησί χ. τοὺς νέους ἀσκεῖν, ἐγὼ δὲ φημί.
1060. καὶ σωφρονεῖν οὐ φησί χ. δύο κακὼ μεγίστω.
Θ. 10. οὐ φῆς σὺ χ. μ' οὔτ' ἀκούειν οὔθ' ὁρᾶν.
Β. 690. ἐγγενέσθαι φημί χ. ταῖς ὑλισθούσιν τότε
692. εἴτ' ἀτιμῶν φημί χ. μηδέν' εἶν' ἐν τῇ πόλει.
Εκ. 210. ταῖς γὰρ γυναιξὶ φημί χ. τὴν πόλιν
590. κοινωνεῖν γὰρ πάντας φῆσω χ. πάντων μετέχοντας,
χρησαίμεσθα. Β. 1448. τούτοισι χ., σωθείημεν ἄν.
χρησατό. Ι. 1343. τούτοις οὕτε χ. τις προσιμίοις,
χρησάμενος. Ι. 1209. τῷ δὴν ἂν ὑμᾶς χ. τεκμηρίῳ
χρήσαντες. ΕΙ. 284. ἐν ἑτέροις αὐτῶν εἴτ' ἀπώλεσαν.
χρῆσει. Ο. 1043. οὐ δι' γ' οἴσπερ ἀποτύγεις χ. τάχα.
χρῆσεται. ΕΙ. 229. τί δῆτα ταύτῃ τῇ θυσίᾳ χ.;
ΕΙ. 1257. ἔτ' ἐστὶ τοῖσι κράνεσιν ὅ τι τις χ.;
χρήσεται. Α. 935. τί χ. ποτ' αὐτῷ;
Π. 941. τοῦτ' δ' ἐμβαδοῖσι τί χ. τις; εἰπέ μοι.
χρῆσθ'. Θ. 252. λαμβάνετε καὶ χ.· οὐ φθονῶ. ΜΝ. τί οὖν λάβω;
χρῆσθε. Α. 778. σὺ χ. σιγῇ, ὦ κάκιστ' ἀπολουμένα.
Χρῆσθαι. Ο. 1040. Χ. Νεφελοκοκκυγίας τοῖσδε τῶι μέτροισι
χρῆσθαι. Ο. 724. ἕξετε χ. μάντεσι Μούσαις,
Β. 1060. κάλλους εἰκὸς τοὺς ἡμιθέους τοῖς ῥήμασι μείζοσι χ.·
Εκ. 593. μηδ' ἀνδραπόδοισι τὸν μὲν χ. πολλοῖς, τὸν δ' οὐδ' ἀπολούθῳ·
Fr. 329. ἡ καρδία τε τίς; ἀλλὰ πῶς χ. ποιεῖν;
344, 7. ὕψῃ δὲ χ. σπινδίοισι τε καὶ μίχλαις,
χρῆσθατέρῳ. ΕΙ. 253. οὗτος. παραινῶ σοι μίλιτι χ.
χρῆσθε. Β. 735. χ. τοῖς χρηστοῖσιν αὖθις· καὶ κατορθώσασι γὰρ
χρῆσθον. Ν. 439. νῦν οὖν χ. ὅ τι βούλωνται.
χρήσιμα. Α. 974. ὧν τὰ μὲν ἐν οἰκίᾳ χ., τὰ δ' αὖ πρέπει χλιαρὰ κατεσθίειν.
χρήσιμον. Ν. 202. γεωμετρία. ΣΤ. τοῦτ' οὖν τί ἐστι χ.;
Ν. 205. τὸ γὰρ σύφισμα δημοτικὸν καὶ χ.
Ο. 372. καὶ διδάξοντές τι δεῦρ' ἥκουσιν ὑμᾶς χ.;
373. πῶς δ' ἂν οἶδ' ἡμᾶς τι χ. διδάξειαν ποτε,
382. χ.· μάθοι γάρ ἄν τις κἀπὺ τῶν ἐχθρῶν σοφόν.
1476. χ. μὲν οὐδέν, ἀλ-
Εκ. 604. ἀλλ' οὐδέν τοι χ. ἔσται πάντες αὐτῷ. ΒΛ. κατὰ δὴ τί;
677. τὸ δὲ βῆμα τί σοι χ. ἔσται; ΠΡ. τοὺς κρατῆρας καταθήσω
Π. 493. βούλημα καλὸν καὶ γενναῖον καὶ χ. εἰς ἅπαν ἔργον.
831. εἶναι νομίζων χ. πρὸς τὸν βίον.
χρήσιμος. Σ. 541. χ. ἔστ' οὐδ' ἀκαρῆ.
χρησίμω. Ι. 983. στην σκεύη δύο χ.,
χρησίμοις. Λ. 639. τῇ πόλει χ.
χρησιμοί. Ι. 220. χ. τε συμβαίνουσι καὶ τὰ Πυθικόν.
Ι. 1002. φέρ' ἴδω, τίνος γὰρ εἰσιν οἱ χ. ποτε;
χρησμολογῆσαι Ο. 991. οὔκουν ἐτέρωσε χ. ἐκτρέχων;
χρησμολόγος. ΕΙ. 1047. οὗ τις γέ ποῦ 'σθ' ὁ χ. οὓξ 'Ωρεοῦ.
Ο. 960. ὅ δ' εἴ τις; ΧΡ. ὅστις; χ. ΠΕ. οἰμώξ' νυν.
χρησμολόγως. ΕΙ. 1094. χ. δ' οὐδεὶς ἔθελων κάθανα φανεινὸ-
χρησμόν. Ι. 116. ὥστ' ἔλαβον αὐτὸν τὸν ἱερὸν χ. λαβών,
Ι. 126. τὸν περὶ σεαυτὸν χ. ὀρρωδῶν; ΝΙ. τιή;
153. τὸν χ. ἀναδιδάσκων αὐτόν, ἃ ἔχει·
1081. χ. Λητοίδην, Κυλλήνην, μή σε δολώσῃ.
ΕΙ. 1088. πόσον γάρ κατὰ χ. ἰκαναστε μῆπα θεοῖσιν;
Λ. 780. ὦ φίλταται, ὅ τι χ. εἰ προδώσομεν.
Π. 55. πυθοίμεθ' ἂν τὸν χ. ἡμῶν ὅ τι νοεῖ.
χρησμοῖς. Ι. 121. ἰδού· τί ὅ φησ' ὁ χ.; ΔΗ. ἐτέρον ἔγχεον.
Ι. 128. καὶ πῶς; ΔΗ. ὅπως· ὃ χ. ἀντικρὺς λέγει
177. γίγνει γάρ, ὡς ὁ χ. οὑτοσὶ λέγει,
195. πῶς δῆτα φησ' ὁ χ.; ΔΗ. εὖ νὴ τοὺς θεοὺς

χρησμός—χρόνου.

χρησμός. Ι. 1025. οὐ τοῦτά φησ' ὁ χ., ἀλλ' ὁ κύων ὁδὶ
Σ. 1029. ἵνα μὴ μ' ὁ χ. ὁ περὶ τοῦ κυνὸς δάκῃ.
1064. ὁ χ., ᾧ σε δεῖ προσέχειν τὸν νοῦν πάνυ.
1086. ἀλλὰ γάρ ἐστιν ἐμοὶ χ. περὶ τοῦ πτερυγωτός,
1229. οὐ δῆτ', ἐπεί μοι χ. ἐστι Πυθικὸν
1237. πῶς εἶπας; ὥς μου χ. ἄπτεται φρενῶν.
Ει. 1101. ὡς οὗτος φοβερός τοῖς σπλάγχνοις ἐστὶν ὁ χ.
Ο. 962. ὡς ἐστι Ἰκαπίδος χ. ἀντικρὺ λέγων
981. οὐδὲν ἄρ' ὁμοιοῖ ἐσθ' ὁ χ. τουτῳί,
Λ. 767. ὡς χ. ἡμῖν ἐστιν ἐπικρατεῖν, ἐὰν
768. μὴ στασιάσωμεν· ἔστι δ' ὁ χ. αὐτοσί.
777. σαφῆ γ' ὁ χ. νὴ Δί'. ὦ πάντες θεοί,
Π. 51. οὐκ ἔσθ' ὕπως ὁ χ. ἐς τοῦτο ῥέπει,
χρησμούς. Ι. 61. ᾄδει δὲ χ.· ὁ δὲ γέρων σιβυλλιᾷ.
Ι. 109. εἶτ' ἀντιβολῶ, τί ἐστι; ΔΙΙ. τοὺς χ. ταχὺ
Β. 1033. Μουσαῖοι δ' ἐξακέσεις τε νόσων καὶ χ., Ἡσίοδος δὲ
χρησμῳδῶν. Ι. 818. διατειχίζειν καὶ χ., ὁ Θεμιστοκλεῖ ἀντιφερίζων.
χρησμῶν. Ι. 961. πρὶν ἄν γε τῶν χ. ἀκούσῃς τῶν ἐμῶν.
χρήσομαι. Ι. 1183. λαβὲ καὶ ταδὶ νυν. ΔΙΙΜ. καὶ τί τούτοις χ.
Ει. 142. ἐπίτηδες εἶχον πηδάλιον, ᾧ χ.·
1225. ἐνημμένῳ κάλλιστα χ. τάλας;
1240. τί δ' ἄρα τῇ σάλπιγγι τῇδε χ.,
χρησόμεθ'. Ει. 685. ἀλλ' οὐκέτ' αὐτῷ χ. οὐδέν, ἀλλὰ νῦν
Λ. 1268. χ. οὐκ ἐπιλήσομεν
χρησόμεθα. Λ. 478. ὦ Ζεῦ, τί ποτε χ. τοῖσδε τοῖς κνωδάλοις;
χρήσον. Θ. 219. χ. τι νῦν ἡμῖν ξυρόν. ΑΓ. αὐτὸς λάμβανε
Θ. 250. ἀλλ' ἱμάτιον γοῦν χ. ἡμῖν τουτῳί
Β. 1159. χ. σὺ μάκτραν, εἰ δὲ βούλει, κάρδοπον,
χρήστ'. Β. 1035. ἀπὸ τοῦ τιμῆν καὶ κλέος ἔσχεν πλὴν τοῦδ' ὅτι χ. ἐδίδαξε,
χρηστά. Ι. 811. πρὸς 'Αθηναίοις καὶ τὸν δῆμον, πεποιηκότα πλείονα χ.
Ο. 593. τὰ μέταλλ' αὐτοῖς μαντευομένοις οὗτοι δώσουσι τὰ χ.
Α. 527. ἢν οὖν ἡμῶν χ. λεγουσῶν ἐθελήσητ' ἀνταπροάσθαι
Β. 686. τὸν ἱερὸν χορὸν δικαιῶν ἐστὶ χ. τῇ πόλει,
1056. πάνυ δὴ δεῖ χ. λέγειν ἡμᾶς. ΕΤ. ἢν οὖν σὺ λέγῃς Λυκαβηττοὺς
1057. καὶ Παρνασσῶν ἡμῖν μεγέθη, τοῦτ' ἐστὶ τὸ χ. διδάσκειν,
Εκ. 42. νὴ τὸν Διόνυσον, χ. γ'· εἰ δ' ἐκεῖνά γε
583. καὶ μὴν ὅτι μὲν χ. διδάξω πιστεύω· τοὺς δὲ θεατὰς
χρήστας. Fr. Μ. Δημ. 11. ἡ καρδιώττει; ἀλλὰ πῶς χ. ποιεῖν.
Ν. 454. ἀλλ' ὑσ' ἐμαυτῷ στρεφοδικῆσαι καὶ τοὺς χ. διολισθεῖν.
χρηστήν. Λ. 702. παῖδα χ. κἀγαπητὴν ἐκ Βοιωτῶν ἔγχελυν
Σ. 306. πίδα χ. τινα νῦν ἢ πόρον Ἕλλας ἱρὸν εἰπεῖν·
χρηστοί. Α. 351. οὐ γάρ ποτ' ἂν χ. γ' ἔδρων, οὐδ' εὐσεβεῖς τάδ' ἄνδρες.
Εκ. 200. νῦν δ' εἰσὶ χ., καὶ σὺ νῦν χρηστὸς γενοῦ.
Π. 156. αἰτοῦσιν οὐκ ἀργύριον οἱ χ. ΚΑ. τί δαί;
503. ἀδίκως αὐτὰ ξυλλεξάμενοι· πολλοὶ δ' ὄντες πάνυ χ.
χρηστοῖς. Ι. 1275. ἀλλὰ τιμῇ τοῖς χ. ὅστις εὖ λογίζεται.
Ν. 959. ἀλλ' ὦ πολλαῖς τοὺς πρεσβυτέρους ἤδεσι χ. στεφανώσας,
Ο. 1449. ἀναπτερώσας βούλομαι χ. λόγοις
Β. 1455. πρῶτον, τίσι χρῆται· πότερα τοῖς χ.; ΔΙ. πύθεν;
χρηστοῖσι. Π. 92. οὗτος ἐκεῖνος τοῖς χ. φθονεῖ,
χρηστοῖσιν. Β. 735. χρῆσθε τοῖς χ. αὖθις· καὶ κατορθώσασι γὰρ χρηστόν. Ι. 86. ἴσως γὰρ ἂν χ. τι βουλευσαίμεθα.
Ι. 88. πῶς δ' ἂν μεθύων χ. τι βουλεύσαιτ' ἀνήρ;
545. θύρσιον χ. λησαίτην.
Ν. 793. ἀλλ', ὦ Νεφέλαι, χ. τι συμβουλεύσατε
840. τί δ' ἂν παρ' ἐκείνων καὶ μάθοι χ. τις ἄν;
Ει. 563. ἐμπολήσαντές τι χ. εἰς ἀγρὸν ταρίχιον.
Ο. 454. χ. ἐξειπὼν ὅ τι μοι παρορᾷς, ἡ
Λ. 648. ἄρα προὐφείλω τι χ. τῇ πόλει παραινέσαι·
Θ. 832. χρῆν γάρ, ἡμῶν εἰ τέκοι τις ἄνδρα χ. τῇ πόλει,
Β. 600. ἐγὼ μὲν οὖν, ἢν χ. ᾖ τι,
783. ὀλίγον τὸ χ. ἐστιν, ὥσπερ ἐνθάδε.
1421. μέλῃ τι χ., τοῦτον ἄξειν μοι δοκῶ.
Π. 341. χ. τι πράττων τοὺς φίλους ἐπιπαίεται.
642. χ. τι; τοῦτο γὰρ παθοῦσ' ἐγὼ πάλαι
977. καὶ χ. εἰ γάρ του βοηθείην φίλῳ,
χρηστός. Α. 595. ὅστις; πολίτης χ., οὐ σπουδαρχίδης
Ν. 8. ἀλλ' οὐδ' ὁ χ. οὑτοσὶ νεανίας
Ει. 909. ἢ χ. ἀνὴρ πολί-
Β. 179. ἐγὼ βαδιοῦμαι. ΔΙ. χ. εἶ καὶ γεννάδας.
Εκ. 178. χ. γίγνεται, δέκα πονηρῶν ἐντυχών.
200. νῦν δ' εἰσὶ χρηστοί, καὶ σὺ νῦν χ. γενοῦ·
Π. 239. κἄν τις προσέλθῃ χ. ἄνθρωπος φίλος
900. ὅτι χ. ὢν καὶ φιλόπολις πάσχω κακῶς.

χρηστός. Π. 901. σὺ φιλόπολις καὶ χ.; ΣΤ. ἅπ' οὐδείς γ' ἀνήρ.
Π. 909. πῶν οὖν ἂν εἴπῃ χ., ὦ τοιχωρύχε,
χρηστοῦ. Ι. 192. ἔτ' ἐστὶν ἀνδρὸς οὐδὶ χ. τοὺς τρόπους,
Π. 630. ἄλλοι θ' ὅσοις μέτεστι τοῦ χ. τρόπου.
632. φαίνει γὰρ ἥκειν ἄγγελος χ. τινος.
χρηστούς. Π. 93. καὶ μὴν διὰ τοὺς χ. τιμᾶται μόνους
Π. 155. οὐ τοὺς γε χ., ἀλλὰ τοὺς πύρνους· ἐπεὶ
386. οὔν, ὦ κακοδαιμον, ἀλλὰ τοὺς χ. μόνους
490. ὅτι τοὺς χ. τῶν ἀνθρώπων εὖ πράττειν ἐστὶ δίκαιον,
497. πάντας χ. καὶ πλουτοῦντας δήπου τά τε θεῖα σέβοντας.
χρηστῶν. Ν. 240. ὑπὸ γὰρ τόκων χ. τε δυσκολωτάτων
χρηστῶν. Σ. 80. αὔτη γε χ. ἐστὶν ἀνδρῶν ἡ νόσος.
Β. 1011. ἀλλ' ἐκ χ. καὶ γενναίαν μοχθηροτάταις ἀπέδειξας,
Π. 826. δῆλον ὅτι τῶν χ. τις, ὡς ἔοικας, εἶ.
χρηστώ. Ι. 345. ὠμοσπάρακτον παραλαβὼν μεταχειρίσαιο χ.
Β. 1062. ἁμοῦ χ. καταδείξαντος διελυμήνω σύ. ΕΤ. τί δράσας;
Εκ. 219. εἰ τοῦτο χ. εἶχεν, οὐκ ἂν ἐσῴζετο,
638. οὐκοῦν ἄγχονε χ. καὶ χ. ἐξῆς τὸν πάντα γέροντα
χρήσωμαι. Εκ. 518. ξυμβούλοισιν πάσαις ὑμῖν χ. καὶ γὰρ ἐκεῖ μοι
χρῆται. Σ. 1028. ἵνα τὰς Μούσας αἷσιν χ. μὴ προαγαγοὺς ἀποφήνῃ.
Β. 1455. πρῶτον, τίσι χ.· πότερα τοῖς χρηστοῖς; ΔΙ. πύθεν;
1457. οὐ δῆτ' ἐκείνῃ γ', ἀλλὰ χ. πρὸς βίαν.
χρόα. D. 1312. ῥανίσι χ. δροσιζόμεναι·
χρόας. Π. 1020. ὄζειν τε τῆς χ. ἔφασκεν ἡδύ μου,
χροιά. Ν. 718. φροῦδα τὰ χρήματα, φροῦδη χ..
χροιάν. Ν. 1012. χ., λευκήν, ὤμους μεγάλοις,
Ν. 1016. πρῶτα μὲν ἔξεις χ. ὠχράν,
χρόνια. Θ. 912. ὦ χ. ἐλθὼν σῆς δάμαρτος ἐν χέρας,
χρονίους. Β. 347. χ. τ' ἐτῶν παλαιῶν ἐνιαυτοὺς
χρόνοισιν. Εκ. 637. τοὺς πρεσβυτέρους αὐτῶν εἶναι τοῖσι χ. νομιζοῦσιν.
χρόνον. Λ. 136. χ. μὲν οὐκ ἂν ἦμεν ἐν Θρᾴκῃ πολύν,
Α. 139. καὶ τοὺς ποταμοὺς ἔφης· ὑπ' αὐτῶν τὸν χ.,
141. τοῦτον μετὰ Σιτάλκους ἔπινον τὸν χ.
Ι. 667. ὁ δ' ἠντιβόλει γ' αὐτοὺς ὀλίγον μεῖναι χ.,
822. πολλοῦ δὲ πολὺν με χ. καὶ νῦν ἐλελήθης ἐγκρυφιάζων,
859. ὅσον με ταρκώπτου, χ. τοιαῦτα κρουσιδήμων.
Ν. 119. ἔξω διατρίβειν πολὺν ἄγαν ἐστὶν χ.
462. τὸν πάντα χ. μετ' ἐμοῦ ζηλωτότατον βίον ἀνθρώπων διάξει.
803. ἀλλ' ἐπανάμεινόν μ' ὀλίγον εἰσελθὼν χ.
843. ἀλλ' ἐπανάμεινον μ' ὀλίγον ἐνταυθὶ χ.
Σ. 1016. ὥσθ' ἥδιστα διάγειν σε τὸν λοιπὸν χ.
Ει. 354. καὶ γὰρ ἱκανὸν χ. δ-
407. ὑμῖν ἐπιβουλεύοντε πολὺν ἤδη χ.,
601. ἀλλὰ πού ποτ' ἦν ἄρ' ἡμῶν τὸν πολὺν τοῦτον χ.
Ο. 200. ἐδίδαξα τὴν φωνήν, ξυνὼν πολὺν χ.
636. πολὺν χ. θεοὺς ἔτι
Λ. 507. ἡμεῖς τὸν μὲν πρότερον πόλεμον καὶ τὸν χ. ἠνεχόμεσθα,
766. καὶ προσταλαιπωρήσατ' ἔτ' ὀλίγον χ.,
899. χ. τοσοῦτόν ἐστιν. οὐ βαδιεῖ πάλιν;
1205. ὡς συνέχῃς πολὺν ἀμὰ χ.
Θ. 385. βαρέως φέρω τάλαινα πολὺν ἤδη χ.
615. πολύν γε χ. οὐρεῖς σύ. ΜΝ. νὴ Δί', ὦ μέλε
1160. γυναῖκες, εἰ βούλεσθε τὸν λοιπὸν χ.
Β. 160. ἀτὰρ οὐ καθεύδω ταῦτα τὸν πλείω χ.
714. χ. ἐνδιατρίψειν· ἰδὼν δὲ τάδ' οὐκ
Εκ. 1120. ἐν τῇ κεφαλῇ ἤδη ἐμμένει πολὺν χ.·
Π. 126. ἐὰν ἀναβλέψῃς σὺ κἂν μικρὸν χ.·
1093. ἱκανὸν γὰρ αὐτὴν πρότερον ὑπεπίττουν χ.
Fr. 476. 11. ἢχὼ δὲ τοῦ λοιπὸν χ. φήσας ἀφεκλόμην ἄν.
χρόνῳ. Α. 83. τύχον δὲ τὸν πρωκτὸν χ. ξυνήγαγεν·
Ι. 944. ἀγαθὸς πολίτης, οἷος οὐδείς πω χ.
Ν. 1289. ὑπορρέοντος τοῦ χ. ΣΤ. καλῶς λέγεις.
Σ. 1252. ἵνα καὶ μισωθῶμεν διὰ χ. ΦΙ. μηδαμῶς,
1476. ὁ γὰρ γέρων ἐν τοῖσι πάλαι τοῦ χ.
Ει. 570. καὶ τριαινοῦν τῇ δικέλλῃ διὰ χ. τὰ γήδια.
710. ἆρ' ἂν βλαβῆναι διὰ χρόνου γ' αὐτοῖς τί σοι δοκῶ,
Ο. 920. ταυτὶ σὺ πότ' ἐποίησας ἀπὸ ποίου χ.
1518. ἄνθρωπος ὢν ἀπώλετ' ἂν τοιούτου τοῦ χ.
Λ. 904. σὺ δ' ἀλλὰ κατακλίνηθι μετ' ἐμοῦ διὰ χ.
Θ. 806. πρὸς Ἀριστομάχην δὲ χ. πολλοῦ, πρὸς ἐκείνην τὴν Μαραθῶνι,
Β. 100. αἰθέρα Διὸς δωμάτιον, ἢ χ. πόδα,
311. 586. ἀλλ' ἢν σε τοῦ λοιποῦ ποτ' ἀφέλωμαι χ.
Π. 98. πολλοῦ γὰρ αὐτοὺς οὐχ ἑόρακά πω χ.
1045. ἔοικε διὰ πολλοῦ χ. σ' ἑορακέναι.

χρόνου—'χωμεν.

χρόνου. Π. 1046. ποίου χ., ταλάνταθ', ὃς παρ' ἐμοὶ χθὲς ἦν;
Π. 1055. βούλει διὰ χ. πρός με παῖσαι; ΓΡ. ναί, ταλαν;
χρόνῳ. Ν. 66. τέως μὲν οὖν ἐκρινόμεθ'· εἶτα τῷ χ.
Ν. 865. ἢ μὴν σὺ τούτοις τῷ χ. ποτ' ἀχθέσει.
1242. ἢ μὴν σὺ τούτων τῷ χ. δώσεις δίκην.
Σ. 460. ἆρ' ἐμέλλομέν ποθ' ὑμᾶς ἀνασαθήσειν τῷ χ.
Εἰ. 559. ἀσπάσασθαι θυμὸς ἡμῖν ἐστι πολλοστῷ χ.
Β. 705. ὑστέρῳ χ. ποτ' αὖθις εὖ φρονεῖν οὐ δώξομεν.
931. ἤδη ποτ' ἐν μακρῷ χ. νυκτὸς διηγρύπνησα
Π. 50. τὸ μηδὲν ἀσκεῖν ὑγιὲς ἐν τῷ νῦν χ.
244. γυμνὸς θύρας" ἐξέπεσον ἐν ἀκαρεῖ χ.
Fr. 1. ἦ μὴν ἴσως σὺ καταπλαγήσει τῷ χ.
χρυσαῖν. Ο. 574. αὐτίκα Νίκη πέτεται πτερύγοιν χ., καὶ νὴ Δί' Ἔρως γε
Ο. 697. στίλβων νώτων πτερύγοιν χ., εἰκὼς ἀνεμώκεσι δίναις.
χρυσαῖσι. Ο. 614. οὐδὲ θυρώσας χ. θύραις,
χρυσαυγεῖ. Ο. 1710. ἀστὴρ ἰδεῖν ἐλαμψε χ. δύμῳ,
Χρυσεῖ. Σ. 1251. ναὶ ναί, τὸ δεῖπνον, Χ., συσκευάζε νῷν,
χρυσεία. Θ. 327. χ. τε φύρμιγξ
χρυσεῖαι. Ν. 272. εἶτ' ἄρα Νείλου προχοαῖς ὑδάτων χ. ἀρύτεσθε προχέουσιν,
χρυσεῖαν. Ο. 1748. ὦ μέγα χ. ἀστεροπῆς φάει,
χρυσεῖαν. Θ. 108. χ. ῥύτορα τύξαν
χρυσηλάτον. Π. 9. ὃς θεσπιωδεῖ τρίποδος ἐκ χ.,
χρυσεῖ. Εκ. 447. ἱμάτια, χ., ἀργύραυ, ἐκπώματα.
χρυσεῖα. Α. 258. μή τις λαβὼν σου περιπράγῃ τὰ χ.
χρυσειβάρην. Fr. 64. χ.
χρυσεῖδων. Α. 74. ἐξ ὑαλίνων ἐκπωμάτων καὶ χ.
Εἰ. 425. οἵμ' ὡς ἐλεήμων εἰμ' ἀεὶ τῶν χ.
χρυσεῖον. Λ. 930. ἄπαντα δῆτα; Κλ. δευρό νυν, ὦ χ.
χρυσεῖαν. Α. 102. πέμψειν βασιλέα φησὶν ὑμῖν χ.
Α. 103. λέγε δὴ σὺ μεῖζον καὶ σαφῶς τὸ χ.
113. βασιλεὺς ὁ μέγας ἡμῖν ἀποπέμψει χ.;
I. 472. καὶ ταῦτά μ' οὔτ' ἀργύριον οὔτε χ.
Β. 720. ἔς τε τάρχαῖαν νόμισμα καὶ τὸ καινὸν χ.
Π. 164. ὁ δὲ χρυσοχοεῖ γε, χ. παρὰ σοῦ λαβὼν,
357. ἐπείδες ἡμεῖς ἀργύριον ἢ χ.
χρυσίον. Α. 108. οὐκ, ἀλλ' ἀχάνας ὡδέ γε χ. λέγει.
Ο. 154. οὐκ ἂν γενοίμην ἐπὶ ταλάντῳ χ.
Θ. 894. ὡς τὰς γυναῖκας ἐπὶ κλωπῇ τοῦ χ.
Π. 528. οὔτ' ἐν δακίοιν· τίς γὰρ ὑφαίνειεν ἐθελήσει χ. ὄντος;
808. ἄπαντα δ' ἡμῖν τἀγαθὰ γέγονεν ἐκ χ.
χρυσίῳ. Α. 1200. φιλησάτων με μαλθακῶς, ὦ χ.
χρυσίῳ. Εἰ. 645. χ. τῶν ταῦτα ποιούντων ἐθύνεις τὸ στόμα.
χρυσίων. Λ. 1190. χ., ὅσ' ἐστί μοι,
χρῦσα. Α. 104. οὐ λήψει χ., χαυνόπρωκτ' Ἰασαῦ.
χρυσοθάλαττον. Εκ. 972. ὦ χ. ἐμὸν μέλημα, Κύπριδος ἔρνος,
χρυσόθρονε. Ο. 950. κλῇσον, ὦ χ., τὰν
χρυσοῦ. Β. 483. ἰδοὺ λαβέ. ΔΙ. προσθοῦ. ΞΑ. ποῦ 'στιν; ὦ χ. θεαὶ,
χρυσοῖς. Π. 817. χ., ἀποψώμεσθα δ' οὐ λίθοις ἔτι,
χρυσοκόμας. Α. 217. ἴν' ὁ χ. Φοῖβος ἀκούων,
χρυσόλογχε. Θ. 318. γλαυκῶπι χ. πόλιν
χρυσολόφα. Α. 344. ἐφ' αἰσχρῳ, ὦ χ.
χρυσολύρα. Θ. 315. Ζεῦ μεγαλώνυμε χ. τε
χρυσομηλολόνθιον. Σ. 1341. ἀνάβαινε δεῦρο χ.,
χρυσῶν. Α. 107. εἰ προσδοκῶσί χ. ἐκ τῶν βαρβάρων.
Ο. 670. ὅσον δ' ἔχει τῶν χ., ὥσπερ παρθένος.
Π. 268. ὦ χ. ἀγγελίας ἐτῶν, πῶς φῃς; πάλιν φράσον μοι.
χρυσόπτερος. Ο. 1738. χ. ἠνίας
χρυσοῖς. Fr. 131. χ. ὁ Κολοφώνιος·
χρυσοστριαν'. 1. 559. δεῦρ' ἐλθ' ἐς χορόν, ὦ χ., ὦ
χρυσοῦ. 1. 969. χ. διώξει. Σμικύθην καὶ κύριον.
χρυσοσυμένων. Α. 547. μισθοῦ διδομένων, Παλλαδίων χ.,
χρυσοῦς. Fr. 25. καὶ λείου ὥσπερ ἔγχελυς, χ. ἔχων κικίννους.
χρυσοχαλίνων. Εἰ. 155. χ. πάταγον ψαλίων
χρυσοχόος. Λ. 408. ὦ χ., τὸν ὅρμον ὃν ἐπεσκεύασας,
χρυσοχοεῖ. Π. 164. ὁ δὲ χ. γε, χρυσίον παρὰ σοῦ λαβών,
χρυσῷ. Ν. 912. χ. πάττων μ' οὐ γιγνώσκεις.
Ο. 1274. στεφάνῳ σε χ. τῆδε σοφίας οὕνεκα
Π. 588. κυτίνῳ στεφάνῳ· καίτοι χ. μᾶλλον ἐχρῆν, εἴπερ ἐλαυτει.
χρυσῶν. Α. 82. κάχχεζεν ὑκτὼ μῆνας ἐπὶ χ. ὀρῶν.
χρυσωπίσδω. Θ. 321. Λατοῦν χ. ἔρνος.
χρῶ. Ν. 1078. χ. τῇ φύσει, σκίρτα, γέλα, νόμιζε μηδὲν αἰσχρόν.
Θ. 212. πλαῖσι κέλευ', ἐμοὶ δ' ὅ τι βούλει χ. λαβών.
χρῶμα. Ν. 120. τοὺς ἱππέας τὸ χ. διακεκναισμένον.
Θ. 406. τὸ χ. τούτο μ' οὐκ ἀρέσκει τὴν κόρην.
χρώμαι. Ι. 889. τισὶν τρόποις τοῖς σοῖσιν ὥσπερ βλαυτίοις χ.
Fr. 397. χ. γὰρ αὐτῷ (φησι) τοῦ στόματος τῷ στρογγύλῳ,
χρώματος. Ι. 395. στησι τοῦ χ. τοῦ παρεστηκότος.

χρώμεθ'. Β. 725. χ. οὐδέν, ἀλλὰ τούτοις τοῖς πονηροῖς χαλκίοις,
Β 959. οἰκεία πράγματ' εἰσάγων, οἷς χ., οἷς ξύνεσμεν,
χρώμεθα. Β. 731. καὶ πύκνροις κἀν πονηρῶν εἰς ἄπαντα χ.
Β. 1447. τούτοις ἀπιστήσαιμεν, οἷς δ' οὐ χ.,
Εκ. 212. ταύταις ἐπιτρόποις καὶ ταμίαισι χ.
822. χαλκῶν τὸ λοιπὸν ἀργύρῳ γὰρ χ.
χρωμένην. Εκ. 176. ὁρῶ γὰρ αὐτὴν προστάταισι χ.
χρώμενος. Α. 941. γείῳ ταιούτῳ χ.
Ι. 33. ξύαγγε. ΔΗ. παίῳ χ. τεκμηρίῳ;
Β. 1000. χ. τοῖς ἱστίοις.
Fr. 4, 1. ὅστις αὐλοῖς καὶ λύραισι κατατέτριμμαι χ.,
χρωμένων. Εκ. 185. πονηρὸν ἡγούμεσθα· νῦν δὲ χ.,
χρῶνται. Β. 1061. καὶ γὰρ τοῖς ἱματίοις ἡμῶν χ. πολὺ σεμνοτέροισιν.
χρώς. Λ. 127. τί χ. τέτραπται; τί δάκρυον κατείβεται;
χρωτίζεται. Ν. 516. τοῦ πράγματος χ.
χυλόν. Β. 943. χ. διδοὺς σταμυλμάτων, ἀπὸ βιβλίων ἀπηθῶν
χυλῷ. Εἰ. 897. φιλίαις χ., καὶ συγγινόμη
χυμπρεσίαν. Σ. 602. ἣν διλείαν οὖσαν ἔφασκες χ. ἀποδείξειν.
χύτλασον. Σ. 1213. ὑγρὸν χ. σεαυτὸν ἐν τοῖς στρώμασιν.
χύτρα. Ο. 358. τί δὴ χ. νῷ γ' ὠφελήσει; ΠΕ. γλαῦξ μὲν οὐ πρόσεισι νῷν.
Θ. 403. ἀνὴρ ἐρατᾷ, τῷ κατέαγεν ἡ χ.
Β. 983. ζητεῖ τε, ποῦ 'στιν ἡ χ.;
Εκ. 734. ποῦ 'σθ' ἡ διφροφόρος; ἡ χ. δεῦρ' ἔξιθι.
Π. 673. ἀθάρης χ. τις ἐξέληπτε κειμένη
812. ὀξὶν δὲ πᾶσα καὶ λοπάδιον καὶ χ.
χύτρα. Θ. 505. τὸ δ' εἰσέφερε γραῦς ἐν χ. τὸ παιδίον,
χύτραι. Π. 1207. τῆς γραὸς ἐπικαλῆς ἐπίεσιν αἱ χ.
χυτραίαν. Fr. 399, 2. τὴν ἐπτακότυλον, τὴν χ., τὴν καλήν,
χύτραις. Εἰ. 923. τί δ' ἄλλο γ' ἢ ταύτην χ. ἱδρυτέον;
Λ. 557. νῦν μὲν γὰρ δὴ καὶ ταῖς χ. καὶ ταῖς λαχάνοισιν ὁμοίως
Π. 1205. αὐταὶ ποιοῦσι ταῖς μὲν ἄλλαις γὰρ χ.
χύτραυσιν. Εἰ. 924. χ., ὥσπερ μεμφιώσιν Ἑρμίδιον
χύτραν. Α. 284. Ἡράκλεις, τουτὶ τί ἐστι; τὴν χ. συντρίψετε.
I. 745. ἔψωντος ἑτέρου τὴν χ. ὑφειλόμην.
1174. καὶ νῦν ὑπερέχει σου χ. ζωμοῦ πλέων.
1176. εἰ μὴ φανερῶς ἡμῶν ὑπερείχε τὴν χ.;
Σ. 828. ἡ Θρᾷττα προσκαύσασα πρώην τὴν χ.
935. δοίνυκα, τυρόκνηστιν, ἐσχάραν, χ.,
Ο. 43. καοῶν δ' ἔχωτε καὶ χ. καὶ μυρρίνας
365. ἕλκε, τίλλε, παῖε, δεῖρε, κόπτε πρώτην τὴν χ.
386. ῥαδίαν εἰρήνην ἄγουσιν ἡμῖν· ὥστε τὴν χ.
391. τὴν χ. ἄκραν ὁρῶνται
Α. 308. τῆς ἀμπέλου δ' ἐς τὴν χ. τὸν φανὸν ἐγκαθέντες
Ειρ. 1032. καλῶς, ἐπειδὰν καταφάγῃς βαδὴν τὴν χ.
Π. 683. ἐπὶ τὴν χ. τὴν τῆς ἀθάρης ἀνίσταμαι,
686. ἐπὶ τὴν χ. εἰδὼν ἔχων τὰ στέμματα.
Fr. 507, 1. τὴν χ.
χύτρας. Σ. 904. ἀγαθὸς γ' ὑλακτεῖν καὶ διαλείχειν τὰς χ.
Ο. 78. τίνας δ' ἐπιθυμεῖ δεῖ τορύνης καὶ χ.·
Λ. 297. προσπεισῶν μ' ἐκ τις χ.
Θ. 509. τότ' ἐγὼ τῷ γὰρ ἦτρον τῆς χ. ἐλάπτισεν,
Β. 505. ἔπεττεν ἄρτους, ἠδὲ κατερικτῶν χ.
Εκ. 845. χ. ἕψουσιν ἁλ νεάτατας
Π. 1197. ἐγὼ δὲ τί ποιῶ; ΧΡ. τὰς χ., αἷς τὸν θεὸν χ.
1203. ἥξειν ἐκείνων ὡς ἐμ', οἴσω τὰς χ.
Fr. 245, 1. μαρτύρομαι δὲ Ζηνὸς ἑρκείου χ.
χυτρεῖον. Λ. 329. μύγις ἀπὸ κρήνης ὑπ' ὄχλου καὶ θορύβου καὶ πατάγου χ.
χυτρεοῦν. Ν. 1474. ὅτε καὶ σὲ χ. ὄντα θεὸν ἡγησάμην.
χυτρίδι. Εκ. 745. τὰ χ. ἤδη καὶ τῶν ἄλλων ἀφίετε.
χυτρίδα. Εἰ. 202. χ. καὶ σανίδια κάμφορείδα,
χυτρίδιον. Α. 463. δός μοι χ. σφυγγίῳ βεβυσμένον.
χυτρίδιῳ. Α. 1175. ὕδωρ θερμὸν ἐν χ. θερμαίνετε·
χύτροισι. Β. 218. τοῖς ἱεροῖσι χ.
Χύτρους. Α. 1076. θιντοῖς Χύαις γὰρ καὶ Χ. αὐτοῖσί τις
χυτρῶν. Ο. 357. ὅτι μένοντε δεῖ μάχεσθαι λαμβάνειν τε τῶν χ.
Π. 1204. καὶ μὴν πολὺ τῶν ἄλλων χ. τἀναντία
χώ. Α. 36. ἀλλ' αὐτὸς ἔφερε πάντα χ. πρίων ἀπῆν, κ.τ.λ.
χωλοποιοῦσιν. Β. 846. τὸν χ. καὶ τὸν θραυόμενα,
χωλός. Α. 427. ὁ Βελλεροφόντης εἰχ' ὁ χ. οὑτοσί;
Α. 429. χ. προσαιτῶν, στομυλόν, δεινὸν λέγειν,
Εἰ. 147. ἐντεῦθεν, εἶτα χ. ὢν Εὐριπίδῳ
Ο. 1293. χ., Μενίππῳ δ' ἦν χελιδὼν τοὔνομα,
Εκ. 24. ἔτι προσμίθομαι χ. εἶναι τῷ σκελῃ;
Fr. 148. καὶ μὴν χθὲς γ' ἦν Πίρδῳ χ.
χωλοῦς. Α. 411. ἐξὼν καταβαδὴν· οὐκ ἐτὸς χ. ποιεῖς.
χωμεν. Θ. 492. ἐπαδούμεθ', ἣν μὴ 'χ. ἔτερον, οὐ λέγει

χώπόθ'—χῶτου. 337

χώπόθ'. O. 505. χ. ὁ πόκκυξ εἴποι κόκκυ, τότε γ' οἱ Φοίνικες ἅπαντες
χώπαῖος. N. 651. κατ' ἐνύπλιον, χ. αὖ κατὰ δάκτυλον.
χώπότερον. B. 637. δίκαιος ὁ λόγος· χ. ἂν νῦν ἴδῃς
χώπως. A. 955. χ. κατοίσεις αὐτὸν εὐλαβούμενος. κ.τ.λ.
χώρα. O. 1482. ἐστὶ δ' αὖ χ. πρὸς αὐτῷ
  Θ. 522. χῄτει ἐξέθρεψέ, χ.
χώρᾳ. Σ. 662. ἐξ χιλιάσιν, κοὕπω πλείους ἐν τῇ χ. κατένασθεν
  Λ. 524. οὐκ ἔστιν ἀνὴρ ἐν τῇ χ. μὰ Δί' οὐ δῆτ' ἔσθ' ἕτερός τις'
χώραις. Λ. 566. ἐν ταῖς χ. καὶ διαλῦσαι ; ΛΤ. φαύλως πάνυ.
    ΠΡ. πῶς ; ἀπόδειξον.
χώραν. I. 1354. οὕτος, τί κύπτεις; οὐχὶ κατὰ χ. μενεῖς;
  O. 275. νὴ Δί' ἕτερος δῆτα ἐξέδρον χ. ἔχων.
  Λ. 1146. δροῦτε χ., ἣι ὑπ' εὖ πεπόνθατε :
  Θ. 877. ποίαν δὴ χ. εἰσεκέλσαμεν σκάφει;
  B. 380. ἦ τὴν χ.
    793. ἕξειν κατὰ χ.· εἰ δὲ μή, περὶ τῆς τέχνης
  Π. 367. ἀλλ' οὐδὲ τὸ βλέμμ' αὐτὸ κατὰ χ. ἔχει,
    773. χ. τε πᾶσαν Κέκροπος, ἦ μ' ἐδέξατο.
χώρας. I. 585. σῆς μεθύσουσα χ.,
  I. 781. σὶ γὰρ, ὃς Μήδοισι διεξιφίσω περὶ τῆς χ. Μαραθῶνι,
    966. χ. ἀπάσης ἐστεφανωμένον ῥόδοις.
  Σ. 1043. τοιόνθ' εὑρόντες ἀλεξίκακον, τῆς χ. τῆσδε καθαρτήν,
    1118. ἐκροφῆ τὸν μισθὸν ἡμῶν, τῆσδε τῆς χ. ὑπερ
  ΕΙ. 638. πολλάκις φανεῖσαν αὐτὴν τῆσδε τῆς χ. πύθῳ,
  O. 557. διὰ τῆς χ. τῆς ὑμετέρας ἑστυκὼς μὴ διαφοιτᾶν,
    1279. ὅσους τ' ἐρασταὶ τῆσδε τῆς χ. ἔχετε.
  Θ. 109. Φοῖβον, ἐκ ἰδρύσατο χ.
    365. χ. [οὕνεκ' ἐπὶ βλάβῃ]
  Εκ. 173. ἐμοὶ δ' ἴσον μὲν τῆσδε τῆς χ. μέτα
  Π. 430. ζητοῦντες ἐκ πάσης με χ. ἐκβαλεῖν ;
χώρει. Α. 1230. τήνελλα νυν, ὦ γενναῖε· χ. λαβὼν τὸν ἀσκόν.
  N. 509. χ.· τί κυπτάζεις ἔχων περὶ τὴν θύραν ;
    889. χ. δευρί, δεῖξον σαυτόν
  Σ. 230. χ., πρέβαιν' ἐρρωμένως. ὦ Καμία, βραδύνεις ;
  ΕΙ. 83. μή μοι σοβαραὶ χ. λίαν
    154. ἀλλ' ἄγε, Πήγασε, χ. χαίρων,
    161. ὀρθὸς χ. Διὸς εἰς αὐλάς,
    301. δεῦρο πᾶς χ. προθύμως εὐθὺ τῆς σωτηρίας.
    555. ἀλλὰ πᾶς χ. πρὸς ἔργον εἰς ἀγκῶνα παιωνίσας.
  O. 364. ἐλελελεῦ, χ., κάθες τὸ ῥύγχος· οὐ μενεῖς ἐκρήν.
    1186. καὶ τύχα· χ. δεῦρο πᾶς πανστρατιᾷ
  Λ. 254. χ., Δράκης, ἡγοῦ βάδην, εἰ καὶ τὸν ὦμον ἀλγεῖς
    605. τοῦ δεῖ ; τί παθεῖς ; χ.· 'τ τὴν ναῦν'
    738. χ. πάλιν δεῦρ'. ΓΤ. B. ἀλλὰ νὴ τὴν Φωσφόρον
  Θ. 229. προδῇς με. χ. δεῦρο. ΜΝ. κακοδαίμων ἐγώ.
    953. ὅρμα, χ.
  B. 372. χ. νῦν πᾶς ἀνδρείως
    1500. ἄγε δὴ χαίρων, Αἰσχύλε, χ.,
  Εκ. 478. ἐμβα χ.
    730. χ. σὺ δεῦρο κινᾳχύρα καλὴ καλῶς
χωρεῖ. I. 511. καὶ γενναῖας πρὸς τὸν Τυφῶ χ. καὶ τὴν ἐριώλην.
  N. 907. χ. τὸ κακόν· δότε μοι λεκάνην.
  Σ. 1483. τουτὶ καὶ δὴ χ. τὸ κακόν.
  ΕΙ. 472. πῶς οὖν οὐ χ. τοὔργον·
    509. χ. γέ τοι τὸ πρᾶγμα πολλῷ μᾶλλον, ὦνδρες, ὑμῖν.
    940. χ. κατὰ νοῦν, ἕτερον δ' ἑτέρῳ
  O. 215. καθαρᾷ χ. διὰ φυλλοκόμου
    220. διὰ δ' ἀθανάτων στομάτων χ.
    1180. χ. δὲ πᾶς τις ὄνυχας ἠγκυλωμένος,
    1716. χ., παλὸν θίασος· ψυμμάτων δ'
  Θ. 782. χ. χ. ποίαν αὔλακα ;
  B. 219. χ. κατ' ἐμὸν τέμενος λαῶν ὄχλος
    884. χ. πρὸς ἀγῶν σοφίας ὁ μέγας χ. πρὸς ἔργον ἤδη,
    1018. καὶ δὴ χ. τουτὶ τὸ κακόν· κρανοποιῶν αὖ μ' ἐπιτρίψει.
    1385. χ. τὸ τοὖδε. ΕΤ. καὶ ἦ ποτ' ἐστὶ ταἴτιον;
  Εκ. 848. Γέραν θ' χ. χλανίδα καὶ κονίποδα
  Fr. 266. χ. δ' ἀλητεῖ δεῖ δεῖπνήσει· οὐ γὰρ ἅπαντας
    496. χ. 'πὶ γραμμὴν λορδὸς ἂν εἰς ἐμβολήν.
χωρεῖτ'. Σ. 712. νῦν δ' ὥσπερ ἑλαολόγοι χ. ἅμα τῷ τὸν μισθὸν ἔχοντι.
  Εκ. 851. πρὸς ταῦτα χ., ὡς ὁ τὴν μᾶζαν φέρων
χωρεῖν. ΕΙ. 510. χ. τὸ πρᾶγμά φησιν· ἀλλὰ πᾶς ἀνὴρ προθυμοῦ.

χωρεῖν. Λ. 1069. ἀλλὰ χ. ἀντικρυς,
  Εκ. 652. ὅταν ᾗ δεκάσουν τὸ στοιχεῖον, λιπαρῶς χ. ἐπὶ δεῖπνον.
    686. τοὺς δ' ἐκ τοῦ κάπη' ἐς τὴν στοιάν χ. τὴν ἀλφιτόπωλιν.
χωρεῖς. B. 641. χ. γὰρ ἐς τὸ δίκαιον. ἀποδύεσθε δή.
  Εκ. 1066. χ. μετὰ ταύτης ; ΝΕΑ. οὐκ ἔγωγ', ἀλλ' ἕλκομαι.
χωρεῖτ'. Λ. 550. χ. ὀργῇ καὶ μὴ τέγγεσθ'· ἔτι γὰρ νῦν οὔριά θεῖτε.
  Εκ. 835. χ., ἐπείγεσθ' εὐθὺ τῆς στρατηγίδος,
χωρεῖτε. B. 440. χ.
  B. 609. χ. δευρί καὶ μάχεσθε τουτῳί.
    1479. χ. τοίνυν, ὦ Διόνυσ', εἴσω. ΔΙ. τί δαί ;
χωρεῖτέ. N. 1113. χ. νυν. οἶμαι δέ σοι ταῦτα μεταμελήσειν.
χωρήσεται. N. 1238. οἴμ' ὡς καταγελᾷς. ΣΤ. ἐξ χόας χ.
χωρήσουν. Α. 488. τόλμησον, ἴθι, χ., ἀγαμαι καρδίας.
χωρία. ΕΙ. 283. πῶς, ὦ πανοῦργ' ; ΚΤ. ἐς τάδε Θράκης χ.
  ΕΙ. 562. εἴθ' ὅπως ἐκτινοῦμεν οἶκαδ' ἐς τὰ χ.
χωρίοις. I. 1077. ὑτι ̓βότρυς τρώγουσιν ἐν τοῖς χ.
χωρίον. Α. 998. καὶ περὶ τὸ χ. ἐλᾷδας ἅπαν ἐν κύκλῳ,
  N. 152. ταῦτας ὑπολύσας ἀνεμέτρει τὸ χ.
    209. ὡς τοῦτ' ἀληθῶς Ἀττικὸν τὸ χ.
  Σ. 850. ἐγὼ δ' ἀλοιείαις ἰδεύμην τὸ χ.
  ΕΙ. 681. 'Ὑπέρβολοι νῦν τοῦτ' ἔχει τὸ χ.
    972. ἐς ταυτὸ τοῦθ' ἱστᾶσ' ἰόντες χ. ;
    1148. οὐδὲ τυντλάζειν, ἐπειδή παρδακὸν τὸ χ.'
  Λ. 287. λοιπόν ἐστι χ.
    743. ἄν ἐκ εἰς οἶκον μόλω 'γὼ χ.
    1167. ἕτερόν γ' ἀπαιτεῖ' ἀντὶ τούτων χ.
    1218. ὑμᾶς κατακωλύσω· φορτικόν τὸ χ.
  Fr. 582. "ἀνεμέτρει τὸ χ."
χωρίον. Ν. 1123. λαμβάνειν οὔτ' οἶνον οὔτ' ἀλλ' οὐδὲν ἐκ τοῦ χ.
  ΕΙ. 1146. τόν τε Μανῆν ἢ Σύρα βωστρησάτω 'κ τοῦ χ.
χωρίς. Α. 714. ψηφίσσεσθε χ. εἶναι τὰς γραφάς, ὅπως ἂν ᾖ
  Α. 894. σοῦ χ. εἴπη ἐντετευπλανωμένης.
  I. 1314. ἀλλὰ πλείτω χ. αὐτοὺς ἐς κόρακας, εἰ βούλεται,
  Σ. 658. κἄξω τοντίον τὰ πλέα χ. καὶ τὰς πολλὰς ἑκατοστάς,
  ΕΙ. 1060. ἡ γλῶττα χ. τέμνεται. ΤΡ. μεμνήμεθα.
  O. 1705. γλῶττα χ. τέμνεται.
  Α. 584. χ. ἕκαστον κᾆτ' ἀπὸ τούτων πάντων τὸ κάταγμα λαβύντας
  Θ. 11. χ. γὰρ αὐτοῖν ἑκατέρου 'στίν ἡ φύσις,
    13. τῶν χ.. ΕΤ. οὕτω ταῦτα διεκρίθη τότε,
  B. 1164. χ. γὰρ ἄλλης συμφορᾶς ἐλήλυθεν
  Fr. 498. χ. τε θορύβον καὶ φόβου ζήσεις καλῶς,
χωρίῳ. I. 750. οὐκ ἂν καθιζοίμην ἐν ἄλλῳ χ.
  ΕΙ. 1060. ἤπερ πέρυσιν ἐν τῷδε ταυτῷ χ.
χωρίων. Α. 227. οἷαι παρ' ἐμοῦ πόλεμος ἐχθοδοπὸς αὐξεται τῶν ἐμῶν χ.
  O. 818. ἐκ τῶν νεφελῶν καὶ τῶν μετεώρων χ.
χῶρον. Λ. 770. ἀλλ' ὁπόταν πτήξωσι χελιδόνες εἰς ἕνα χ.,
χωροῦσι'. N. 324. ἐπίγῃ αὐτάς. ΣΤ. φέρε, ποῦ ; δεῖξον. ΣΩ. αὕται πάνυ πολλαί,
  Λ. 1073. χ., ὥσπερ χοιροκομεῖον περὶ τοῖς μηροῖσιν ἔχοντες
    1241. νὴ τὸν Δί' ὑπ' ἤδη γε χ. πρόσθεν.
χωροῦσιν. Εκ. 501. χ. ᾗ ἐκκλησίας ὀψούμ'. ἀλλ' ἐπείγου
χωροῦσι. Α. 66. ἀ δ' αὖθ' ἑτέρως. τινες. ἰοὐ ἰοὐ,
χωροῦσιν. N. 18. οἱ γὰρ τόποι χ. ἄπτε, παῖ, λύχνον,
χωροῦμεν. ΕΙ. 1264. ὑβριζόμεθα, χ., ὦ τᾶν, ἐκποδών.
  Α. 451. ἡμῶν ὁμόσε χ. αὐταῖ, ὦ Σκύθαι,
  B. 180. χ. ἐπὶ τὸ πλοῖον.
    448. χ. ἐκ πολυρρόδοις
  Εκ. 269. χ. εἰς ἐκκλησίαν, ὦνδρες· ἠπείλησε γὰρ
  Fr. 169. 1. ἐξ ἀστέων νῦν εἰς ἀγρόν χ. ὡς πάλαι δεῖ
χωρῶν. Π. 616. λιπαρὸς χ. ἐκ Βαλανείου
χώσωμεν. Α. 295. σοῦ γ' ἀκούσωμεν ; ἀπολεῖ κατὰ σε χ. τοῖς λίθοις.
χώσων. Θ. 747. σχεδὸν τοσοῦτον χ. ἐκ Διονυσίων.
χώσπερ. N. 389. χ. βροντῇ τὸ ζωμίδιον παταγεῖ καὶ δεινὰ κέκραγεν
χῶστις. ΕΙ. 437. χ. προθύμως ξυλλάβοι τῶν σχοινίων,
χῶταν. N. 391. χ. χέζω, κομιδῇ βροντῇ παπαππαξ, ὥσπερ ἐκεῖνοι.
χῶτι. I. 1089. χ. γ' ἐν 'Εκβατάνοις διακάσει, λείχων ἐπίπαστα,
χῶτου. ΕΙ. 39. χ. ποτ' ἐστὶ δαιμόνων ἡ προσβολὴ

X x

Ψ

ψάγδαν. Fr. 7. φέρ' ἴδω τί σοι δῶ τῶν μύρων ; ψ. φιλεῖς ;
ψαιστόν. Π. 13s. οὐ βοῦν ἄν, οὐχὶ ψ., οὐκ ἀλλ' οὐδείν,
Π. 1115. οὐ ψ., οὐχ ἱερεῖον, οὐκ ἀλλ' οὐδείν
Ψακάδος. Α. 1150. Αντίμαχον τον Ψ. τον ξυγγραφή, τον μελέων ποιητήν,
ψακάδος. Θ. 856. ὃς ἀντὶ δίας ψ. Αἰγύπτου πέδον
ψακάζομεν. Ν. 580. μηδενὶ ξὺν νῷ, τότ' ἢ βροντῶμεν ἢ ψ.
ψακάς. Εἰ. 121. ἔνδον δ' ἀργυρίου μηδὲ ψ. ; ἢ πάνυ πάμπαν.
ψαλίδα. Fr. 309, 1. ξυρόν, κάτοπτρον, ψ., κηρωτήν, λίτρον,
ψαλίων. Εἰ. 155. χρυσοχάλινον πάταγον ψ.
ψάλλων. Ι. 522. πάσας δ' ὑμῖν φωνὰς ἱεὶς καὶ ψ. καὶ πτερυγίζων
ψάμαθον. Σ. 1520. πηδᾶτε παρὰ ψ.
ψάμμας. Λ. 1261. τὰν ψ., τοὶ Πέρσαι.
ψαμμακοσιογάργαρα. Α. 3. ἃ δ' ὡδυνήθην, ψ.
ψαρόν. Ν. 1225. τὸν ψ. ἵππον. ΣΤ. ἵππον ; οὐκ ἀκούετε
ψέγειν. Β. 1129. τοῦτον ἔχεις ψ. τι ; ΕΥ. πλεῖν ἢ δώδεκα.
Β. 1326. τολμᾶς ταμὰ μέλη ψ.
ψέγεις. Ν. 1045. καίτοι τίνα γνώμην ἔχων ψ. τὰ θερμὰ λουτρά ;
Ν. 1055. εἴτ' ἐν ἀγορᾷ τὴν διατριβὴν ψ., ἐγὼ δ' ἐπαινῶ.
ψελλόν. Fr. 536. ψ. ἐστι καὶ καλεῖ
ψευδαγγελής. Ο. 1340. ἔοικεν οὗ ψ. εἶν' ἄγγελος.
ψευδαμάμαξυν. Σ. 326. τοῦτον τὸν ψ.
Ψευδαρτάβα. Α. 99. λέξοντ' Ἀθηναίοισιν, ὦ Ψ.
Ψευδαρτάβαν. Α. 91. καὶ νῦν ἄγοντες ἥκομεν Ψ.
ψευδατραφάξνος. Ι. 630. ἐγένεθ' ὑπ' αὐτοῦ ψ. πλέα,
ψεύδει. Π. 571. ἀλλ' οὐ ψ. τοῦταν γ' οὐδείν, καίπερ σφόδρα βάσκανος οὖσα.
ψευδείς. Θ. 342. ἢ πεμπομένη τις ἀγγελίας ψ. φέρει,
ψεύδεσιν. Ο. 1167. ἴσα γὰρ ἀληθὼς φαίνεταί μοι ψ.
ψεύδεται. Α. 561. δίκαια πάντα κοὐδὲν αὐτῶν ψ.,
Σ. 966. φησὶ κατασηψθσαι. ΦΙ. νὴ Δί', ἀλλὰ ψ.
Θ. 875. ὦ τρισκακοδαίμον, ψ. νὴ τὼ θεώ,
ψευδή. Α. 380. διέβαλλε καὶ ψ. κατεγλώττιζέ μου
Ι. 64, ψ. διαβάλλει· ᾔδη μαστιγούμεθα
Θ. 343. ἢ μοιχὸς εἴ τις ἐξαπατᾷ ψ. λέγων,
ψευδολόγος. Β. 1521. καὶ ψ. καὶ βωμολόχος
ψευδομίνων. Σ. 782. ὡς οἱ δικασταὶ ψ. τῶν μαρτύρων
ψευδονίτρον. Β. 711. ψ. κονίας
ψευδορκήσει. Εκ. 603. καὶ μὴ καταθεὶς ψ. ΒΛ. μόττησατο γὰρ διὰ τοῦτο,
ψεῦδος. Β. 828. ἐνταῦθα μηδὲν ψ. ΔΙ. ἀγορεύω τινὶ
ψευδῶν. Ι. 695. ψ. ἐνεῆ, διαπίσοιμι πανταχή.
Ν. 446. βδελυρός, ψ. συγκολλητής,
ψεύσει. Ν. 261. ἀλλ' ἔχ' ἀτρεμί. ΣΤ. μὰ τὸν Δί' οὐ ψ. γέ με
ψεύσεται. Εκ. 568. νὴ τὸν Ποσειδῶ, μεγάλα γ', εἰ μὴ ψ.
ψευσθείς. Λ. 955. τῆς καλλίστης πασῶν ψ.,
ψευσθῶσιν. Ν. 618. ἡνίκ' ἄν ψ. δείπνου, κἀπίωσιν οἴκαδε
ψεύσων. Θ. 870. μὴ ψ., ὦ Ζευ, τῆς ἐπιούσης ἐλπίδος.
ψήκτραν. Fr. 138. τὴν δὲ ψ.—
ψηλαφᾶν. Εκ. 315. καὶ θοἰμάτιον· ὅτε δὴ δ' ἐκεῖνο ψ.
ψῆνες. Ο. 590. εἶθ' οἱ κνῖπες καὶ ψ. δεῖ τὰς συκᾶς οὐ κατέδονται,
ψηνίζων. Ι. 523. καὶ λυδίζων καὶ ψ. καὶ βαπτόμενος βατραχείοις
ψῆττα. Λ. 131. ταυτὶ σὺ λέγεις, ὦ ψ. ; καὶ μὴν ἄρτι γε
ψήτταν. Α. 115. ἐγὼ δέ γ' ἄν κάν ψεύσαιμί γε, ἢ δοκῶ
ψηφί. Σ. 769. ταύτης ἐπιβολήν ψ. μίαν μόνην.
Λ. 951. σπονδὰς ποιεῖσθαι ψ. ΚΙ. βουλεύσομαι,
ψηφίσομαι. Ο. 1603. ἐμοὶ μὲν ἀπόχρη ταῦτα, καὶ ψ.
Ο. 1626. τὸ σκῆπτρον ἀποδώσει πάλιν ψ.
1676. τί δαὶ σὺ φῄς ; ΠΟΣ. τἀναντία ψ.
ψηφιζομένων. Σ. 755. ψ. ὁ τελευταῖος.
ψηφίσασθε. Α. 714. χωρίς εἶναι τὰς γραφὰς, ὅπως ἂν ᾖ
ψηφίσῃ. Α. 698. οὐ γὰρ ἐσται δύναμις, οὐδ' ἤν ἱπτάκις σὺ ψ.,
ψηφίσῃ. Α. 536. Λακεδαιμονίων ἐδέωντο τὸ ψ. ὅπως
ψήφισμα. Ν. 1019. κωλὴν μεγάλην, ψ. μακρόν,
Εκ. 649. ἀλλ' οὗτος μὲν πρότερος γέγονεν, πρὶν τὸ ψ. γενέσθαι,
1013. ψ., καθ' ὃ σε δεῖ βαδίζειν ὡς ἐμέ.
1090. ψ., βινεῖν δεῖ με πεπληγμένον.
ψηφίσμασι. Ο. 1041. καὶ σταθμοῖσι καὶ ψ. καθάπερ Ὀλο
ψηφίσματ'. Ν. 1429. ἡμῶν ἐκεῖνοι, πλὴν ὅτι ψ. οὐ γράφουσιν ;
ψηφίσματα. Σ. 378. τῶν θεῶν ψ.

ψηφίσματα. Ο. 1289. εἶτ' ἀπενέμοντ' ἐνταῦθα τὰ ψ.
Λ. 703. οἱ δὲ πέμψειν οὖν ἔφασκον διὰ τὰ σὰ ψ.
Θ. 360. ἢ ψ. καὶ νόμον
Εκ. 813. δεῖ τοιαῦτα γιγνόμενα ψ.
Fr. 512, 1. οὐκ εἰ λαβών θύραζε τὰ ψ.
ψηφισματοπώλης. Ο. 1038. ψ. εἰμί, καὶ νόμους νέους
ψηφίσματος. Εἰ. 609. ἐμβαλών σπινθῆρα μικρόν Μεγαρικοῦ ψ..
ψηφισμάτων. Ι. 1383. τούτους ἅπαντας, παυσαμένους ψ.
Λ. 704. κοὐχὶ μὴ παύσησθε τῶν ψ. τούτων, πρὶν ἄν
Fr. 19. εἰ μὴ δικῶν τε γύργαθος ψ. τε θωμός.
ψήφοιν. Σ. 1207. εἶλον διώκων λοιδορίας ψ. δυοῖν.
ψήφοις. Σ. 656. καὶ πρῶτον μὲν λύγισαι φαύλως, μὴ ψ. ἀλλ' ἀπὸ χειρός,
ψηφαλογείον. Fr. 127, 2. καὶ ψ. ᾧδε καὶ δίφρω δύο.
ψῆφον. Ι. 898. εἴθ' ἥξει σοι δριμὺς ἄγροικος, κατὰ σοῦ τὴν ψ. ἰχνεύων.
Σ. 675. σὲ μὲν ἡγοῦνται Κόννου ψ., τούτοισι δὲ δωροφορεῖται
987. τηνδὶ λαβὼν τὴν ψ. ἐπὶ τὸν ὕστερον
ψῆφον. Α. 270. τάσας ὑπὸ ψ. μάν, πρώτην δὲ τὴν Λύκωνος.
ψῆφῳ. Α. 376. οὐδὲν βλέπουσιν ἄλλο πλὴν ψ. δακεῖν,
ψῆφων. Σ. 109. ψ. δὲ δείσας μὴ δεηθείη ποτέ,
Θ. 1031. ψ. κημόν ἐστηκ' ἔχους,
Β. 1263. καὶ μὴν λογιοῦμαι ταῦτα τῶν ψ. λαβών.
ψῆχες. Fr. 135. ψ. ἠρέμα τὸν Βουκέφαλον καὶ κοππατίαν
ψιάδοντι. Λ. 1302. τοὶ δὴ παρ' Εὐρώταν ψ.
ψιάθος. Α. 922. ποία ψ. ; μή μοί γε. ΜΤ. νὴ τὴν Ἄρτεμιν,
Λ. 925. ἰδοὺ ψ. κατάκεισο, καὶ δὴ 'κδύομαι.
ψιάθος. Α. 921. καίτοι, τοὺς θεοὺς ψ. ἐστ' ἐξεστρέα.
ψιάθους. Β. 567. ὁ δ' οὐκέτ' ἐξέφερε τε τοὺς ψ. λαβών.
ψιάθους. Α. 874. ὀρίγανον, γλαχώ, ψ., θρυαλλίδας,
ψιθυρίζῃ. Ν. 1008. ἦρος ἐν ὥρᾳ χαίρων, ὁπόταν πλάτανος πτελέᾳ ψ.
ψίθυρος. Ι. 826. ψ. τε καλοῦ καὶ ψωμοκόλαξ.
ψίλαξ. Fr. 705. ψ. ;
ψίλάς. Θ. 583. ἔτι ἂν οὕτως τὰς γνάθους ψ. ἔχοι.
ψίλην. Θ. 227. τὴν ἡμίκραιραν τὴν ἑτέραν ψ. ἔχων ;
ψίλος. Θ. 232. οἴμοι κακοδαίμων, ψ. αὖ στρατεύσομαι.
ψιμύθιον. Εκ. 929. ἤγκουσα μᾶλλον καὶ τὸ σὸν ψ. ;
Π. 1064. εἰ δ' ἐπιλυπεῖται τοῦτο τὸ ψ.,
Fr. 309, 3. ἔγχουσαν, ὀλέθρον τὸν βαθὺν ψ.,
ψιμυθίου. Εκ. 1072. πότερο πίθηκος ἀνάπλεως ψ.,
ψιμύθῳ. Εκ. 878. ἐγὼ δὲ καταπεπλασμένη ψ.
ψο. Fr. 706. ψ. —
ψογόν. Θ. 146. ᾦ πρέσβυ πρέσβυ, τοῦ φθόνου μὲν τὸν ψ.
ψόγῳ. Θ. 895. βαύξε, τοιμὸν σῶμα βάλλουσα ψ.
ψολοκομπίας. Ι. 696. ἠσθην ἀπειλαῖς, ἐγέλασα ψ.
ψοφεῖ. Α. 933. τοι καὶ αὖ ψ. λάλον τι καὶ
Σ. 143. ἄναξ Πόσειδον, τί ποτ' ἄρ' ἡ κάπνη ψ. ;
ψοφήσαν. Fr. 86. γίναι τί τὸ ψ. ἔσθ' ; Β. ἀλεκτρυών
ψοφούντων. Σ. 436. ὡς ἐγὼ πολλῶν ἀκούσας οἶδα θρίων τὸν ψ.
Ο. 53. εἰσώμεθα δ' αὐτικ', ἡν ποιήσωμεν ψ.
Β. 492. ὡς δ' οὐκ ἐδεισας τὸν ψ. τῶν ῥημάτων
604. τὴν θύρας καὶ δη ψ.
Π. 688. τὸ γρᾴδιον δ' ὡς ἠσθάνετό μου τὸν ψ.
ψόφος. Τ. 1220. ὄψεσθε δέ· καὶ γὰρ ἀνοιγνυμένων ψ. ἤδη τῶν προπυλαίων.
Ο. 55. εἰσώμεθα δ' αὐτίκ', ἡν ποιήσωμεν ψ.
ψόφον. Ι. 1367. ψ. πλέων, ὀξύστατον, στύμφακα, κρημνοποιῶν·
Β. 285. νὴ τὸν Δία καὶ μὴν αἰσθάνομαι ψ. τινός.
Π. 670. ὁ πρόπολος, εἰπῶν. ἦν τις αἴσθηται ψ.
ψοφοῦντι. Α. 943. τοσῷδ' δεὶ ψ. ;
ψοφοῦντων. Α. 553. τύλων ψ., θαλαμῶν τροπουμένων,
ψυγείσῃ. Ν. 151. κᾷτα ψ. περιέφυσαν Περσικαί.
ψυλλᾶν. Ν. 145. ψ. εἶναι τὸν ψυλλα τοὺς αὑτῆς πόδας·
Ν. 149. μηρῶν διατρήξας, εἶτα τὴν ψ. λαβὼν
ψυλλῶν. Ν. 1130. ὡς ἐλατρῶς, ὤσπερ ψ. κατὰ τὸ κῴδιον.
ψυλλῶν. Ν. 831. καὶ Χαιρεφῶν, ὃς οἶδε τὰ ψ. ἴχνη.
Π. 537. φθειρῶν τ' ἀριθμὸν καὶ κωπώπων καὶ ψ. οὐδὲ λέγω σοι
ψυχαγωγεῖ. Ο. 1555. ψ. Σωκράτης
ψυχαί. Εἰ. 1008. Ὦν δάλισι ψ., βύλιαι φρένες. ΤΡ. εἴθε σου εἶναι
Θ. 864. ψ. δὲ πολλαὶ δι' ἔμ' ἐπὶ Σκαμανδρίαις

ψυχάν—ὠλαζών. 339

ψυχάν. Β. 1334. ψ. ἄψυχον ἔχοντα,
ψυχάς. Λ. 375. τῶν τ' αὖ γερόντων οἶδα τὰς ψ. ὅτι
  ΕΙ. 829. ψ. δύ' ἢ τρεῖς διθυραμβοδιδασκάλων.
ψυχή. Ν. 319. ταῦτ' ἄρ' ἀκούσασ' αὐτῶν τὸ φθέγμ' ἡ ψ. μου
    πεπότηται,
  Ν. 719. φρούδη ψ., φρούδη δ' ἐμβάς·
  Λ. 963. ποία ψ., ποῖοι δ' ὄρχεις,
  Β. 1468. αἰρήσομαι γὰρ ἕντερ ἢ ψ. θέλει.
  Σ. 756. σπεῦδ', ὦ ψ. ποῦ μοι ψ.;
ψυχῇ. Ν. 415. ἐν τῇ ψ., καὶ μὴ κάμνεις μηθ' ἕστως μήτε βαδίζων,
ψυχὴν. Α. 357. καίτοι φιλῶ γε τὴν ἐμὴν ψ. ἐγώ.
  Α. 393. ὥρα 'στιν ἄρα μοι καρτερὰν ψ. λαβεῖν,
  Ι. 457. ὦ γεννικώτατον κρέας ψ. τ' ἄριστε πάντων,
    482. ἄγε δὴ σὺ τίνα νοῦν ἢ τίνα ψ. ἔχεις;
  Ν. 712. καὶ τὴν ψ. ἐκπίνουσιν,
    1049. ψ. νομίζεις, εἰπὲ, καὶ πλείστους πόρους ποιῆσαι;
  Σ. 3h0. δῆσαι σαυτὸν καὶ τὴν ψ. ἐμπλησάμενος Διοπείθους.
  ΕΙ. 675. ὁ Κλεώνυμος; ΤΡ. ψ. ἄριστος, πλὴν γ' ὅτι
  Ο. 466. ὅ τι τὴν τούτων θραύσει ψ. οὕτως ὑμῶν ὑπεραλγῶ,
    1557. δεόμενος ψ. ἰδεῖν, ἤ
Ψυχῇ. ΕΙ. 1301. Ψ. δ' ἐξεσάωσα, ΤΡ. κατῃσχυνας δὲ τοκῆας.
ψυχῇς. Ν. 420. ἀλλ' ἕνεκέν γε ψ. στερρᾶς συσκολοπυίτου τε
    μερίμνης,
  Σ. 375. καρδίαν καὶ τὸν περὶ ψ.

ψυχῆς. Π. 524. κινδυνεύων περὶ τῆς ψ. τῆς αὑτοῦ τοῦτο
    ποιῆσαι,
ψῦχος. Εκ. 539. ψ. γὰρ ἦν, ἐγὼ δὲ λεπτὴ κἀσθενής·
ψύχους. Π. 896. κακοδαίμον, ὀσφραίνει τι; ΔΙ. τοῦ ψ. γ' ἴσως.
ψυχρά. Ν. 1051. ποῦ ψ. δῆτα πώποτ' εἶδες Ἡράκλεια λουτρά;
ψυχρᾷ. Π. 658. ἀνὴρ γέρων ψ. θαλάττῃ λούμενος.
ψυχρὰν. Β. 119. καὶ μήτε θερμὴν μήτ' ἄγαν φράσῃς.
  Β. 125. μάλιστά γε. ΔΙ. ψ. γε καὶ δυσχείμερον·
ψυχρόν. Θ. 848. οὐ τὸν Παλαμήδην ψ. ὄντ' αἰσχύνεται.
ψυχρόν. Θ. 170. ὅ δ' αὖ Θέογνις ψ. ὢν ψυχρῶς ποιεῖ.
ψυχροῦ. Π. 263. ψ. βίου καὶ δυσκόλου ζήσειν ἀπαλλαγέντας.
ψυχρῶς. Θ. 170. ὁ δ' αὖ Θέογνις ψυχρὸς ὢν ψ. ποιεῖ.
ψυχῶν. Ν. 94. ψ. σοφῶν τοῦτ' ἐστὶ φροντιστήριον.
ψωλᾶς. Λ. 143. γυναῖκας ἔσθ' ὑπνῶν ἄνευ ψ. μόναι.
ψωλή. Ο. 580. σφραγῖδ' αὐτοῖς ἐπὶ τὴν ψ., ἵνα μὴ βινῶσ' ἔτ'
    ἐκείνα.
  Λ. 979. περὶ τὴν ψ. περιβαίῃ.
ψωλοί. Ο. 507. τοῦτ' ἄρ' ἐκεῖν' ἦν τοὖπος ἀληθῶς κύκνῳ, ψ.
    πεδίονδε,
ψωλόν. Ι. 964. ψ. γενέσθαι δεῖ σε μέχρι τοῦ μυρρίνου.
  Π. 267. οἶμαι δὲ νὴ τὸν οὐρανὸν καὶ ψ. αὐτὸν εἶναι.
ψωμμίς. Θ. 692. νέκρα χθὶ· τοῦτο δ' οὐδέποτε σὺ ψ.,
ψωμίζεται. 1. 715. ἐψίσταμαι γὰρ αὐτὸν υἱὶ ψ.
ψωμοκόλαξ. Fr. 213. ψίθυρός τε καλοῦ καὶ ψ.

Ω

ὤ. Α. 11. ὁ δ' ἀνεῖπεν εἴσαγ', ὦ Θέογνι, τὸν χορόν. κ.τ.λ.
ὤ. Α. 5. ἐγὼθ' ἐφ' ᾧ γε τὸ κέαρ εὐφράνθην ἰδών, κ.τ.λ.
ὦ. Ν. 1378. σοφώτατον; ΣΤ. σοφώτατόν γ' ἐκεῖνον, ὦ τί σ'
    εἴπω; κ.τ.λ.
ᾦ. ΕΤ. 134. ᾧ ἐκυλίνδουν πάντι τιμωρούμενος.
ᾠά. Fr. 237, 2. ὑπηνέμα τίκτουσιν ᾠ. πολλάκις.
ὠβολοστάται. Ν. 1155. βοῶν, ἰὼ πλᾶετ' ὦ.,
ὠγάθ'. Α. 944. ἰσχυρόν ἐστιν, ὦ., ὥστ'
  Ι. 160. τί μ', ὦ., οὐ πλύνειν ἔξω τὰς ποιλίας
  188. ἀλλ', ὦ., οὐδὲ μουσικὴν ἐπίσταμαι,
  722. ὦν, ὦ., ἐν βουλῇ με δόξεις καθυβρίσαι.
  Ν. 675. ἀλλ', ὦ., οὐδ' ἦν κάρδοπος Κλεωνύμῳ
  726. ἀπολεῖ κάπιστ'. ΣΤ. ἀλλ', ὦ., ἀλλ' ἄπιμι, ἀρτίως.
  Σ. 286. ἀλλ', ὦ., ἀνίστασο μηδ' οὕτως σεαυτὸν
  1145. πύθεν, ὦ., ἀλλὰ τοῦτο τοῖσι βαρβάροις
  ΕΙ. 478. ἀλλ' οἱ Λάκωνες, ὦ., ἕλκουσ' ἀνδρικοί.
  Ο. 91. οὐκ ἄρ' ἀφήκας ὦ., ἀν ἀνδρεῖος εἶ.
  268. ὦ., ἀλλὰ χοὺτοσὶ καὶ δὴ τις ὄρπις ἔρχεται.
  293. ἐπὶ λύρων οἰκοῦσιν, ὦ., ἀσφαλείας οὕνεκα.
  846. οἴμωξε παρ' ἐμ'. ΠΕ. ἰθ'. ὦ., δὴ πέμπω σ' ἐγώ.
  1144. τοῦτ', ὦ., ἐξηρῆτο καὶ σοφώτατα
  1577. ἀλλ', ὦ., ᾐρήμεσθα περὶ διαλλαγῶν
  Λ. 1166. ἀφές', ὦ., αὐτοῖς. ΑΘ. κᾆτα τίνα κινήσομεν;
  Θ. 1077. ὦ., ἔασόν με μονῳδῆσαι,
  Β. 1235. ἀλλ', ὦ., ἔτι καὶ νῦν ἀπόδου πάσῃ τέχνῃ
  Π. 360. παῦσαι φλυαρῶν, ὦ.· οἶδα γὰρ σαφῶς.
ὦγαθέ. Λ. 765. ἀγουσι νύκτας, ὦ. οὐκ ἀνάσχεσθ', ὦ.,
ὠγαθέ. Ι. 71. νῦν οὖν ἀνύσαντε φροντίσωμεν, ὦ.
  Σ. 920. πρὶν ἄν γ' ἀκούσῃς ἀμφοτέρων. ΦΙ. ἀλλ', ὦ.,
  1149. δικαιότερον ἢ καινάπερ. ΒΑ. ἴχ', ὦ.,
  1152. οὐκ ἀναβαλεῖς; ΦΙ. μὰ Δί' οὐκ ἔγωγ'. ἀλλ', ὦ.,
  ΕΙ. 1238. ἴθι δή, ξύνεγκε τάργυρίον. ΤΡ. ἀλλ', ὦ.,
  Εκ. 213. εὖ γ', εὖ γε νὴ Δί', εὖ γε· λέγε λίγ', ὦ.
  Π. 215. ὁράτε. ΧΡ. μὴ φρόντιζε μηδέν, ὦ.
ὠγαθοί. Εκ. 297. μηδαμῶς, πρὶν ἄν γ' ἀκούσητ'· ἀλλ' ἀνάσχεσθ', ὦ.
  Α. 305. ὦ., τοὺς μὲν Λάκωνας ἐκποδὼν ἐάσατε,
  Ι. 843. οὐκ, ὦ., ταῦτ' ἐστί του ταύτῃ μὰ τὸν Ποσειδῶ.
  Σ. 415. ὦ., τὸ πρᾶγμ' ἀκούσατ', ἀλλὰ μὴ κεκράγετε.
ὠδ'. Α. 745. κἤπειτεν εἰς τὸν σάκκον ὦ. ἐσβαίνετε. κ.τ.λ.
ᾠδαῖς. Ο. 1729. καὶ νυμφιδίοισι δέχεσθ' ᾠ.
  Ο. 1743. ἐχάρην ὕμνοις, ἐχάρην ᾠ.'
ᾠδὰν. Ο. 751. ῥων γλυκεῖαν ᾠ.
  Ο. 858. συνᾳδέτω δὲ Χαῖρις ᾠ.
ὠδᾶς. Α. 215. ὑπολούθουν Φαΰλλῳ τρέχων, ὦ. φαύλας ἂν ὁ κ.τ.λ.
ὠδὶ. Α. 634. ὦ. δ' ἱστήσαι παρ' αὐτῶν· σπουδῆ γὰρ μοι γίγνεται
ὠδείν. Σ. 1109. οἱ δ' ἐν ᾠ. δικάζουσ', οἱ δὲ πρὸς τοῖς τειχίοις
ὠδελφ'. Β. 55. μὴ σκῶπτί μ', ὦ.· οὐ γὰρ ἀλλ' ἔχω κακῶς.
ὠδελφέ. Β. 164. καὶ χαῖρε πόλλ', ὦ. ΔΙ. νὴ Δί' καὶ σύ γε

ὠδελφίδιον. Β. 60. ποῖός τις, ὦ.; ΔΙ. οὐκ ἔχω φράσαι.
ᾠδὴν. Θ. 1197. ἀλλ' οὐκ ἔπ' ὠ.· ἀλλὰ τὸ συβήνη λαβέ.
ᾠδὴν. Θ. 986. τόρευε πᾶσαν ᾠ.·
ᾠδῆς. Β. 244. καὶ φιλῶ, χαίροντές ᾠ.
ᾠδί. Ι. 21. λέγε δὴ μύλωμες ξενεχὶτ ὠ. ξυλλαβών. κ.τ.λ.
ᾠδίκοις. Β. 1240. τούτῳ τί λέξεις πκὐλιον· ΦΙ. ᾠ. ἐγώ,
ᾠδινειν. Θ. 502. ἐτίραω δ' ἐγώδ' ἡ ’φασκεν ᾠ. γυνὴ
ᾠδίνουσα. Εκ. 529. μετεσίμωτ' ὠ. ΒΛ. κᾆτ' οὐκ ἦν ἐμοὶ
ὠδυνήθη. Α. 3. ἀδ' ὠ., ψαμμακοσιογάργαρα.
  Α. 9. ἀλλ' ὠ. ἕτερον αὖ τραγῳδικῶν,
ὠδυνήθης. Β. 650. μῶν ὠ.; ΞΑ. οὐ μὰ Δί', ἀλλ' ἐφρόντισα
ᾠθ'. Σ. 634. οὐκ, ἀλλ' ἐρῆμας ᾠ. οὗτος ῥαδίως τρυγήσειν·
ᾤχοντ. Fr. 539. ᾠ. Λ. τις ᾠ. τεθυμμένον.
ᾠζύρ'. Ο. 1641. τί, ᾠ.; οὐκ οἶσθ' ἐξαπατώμενος πάλαι
ᾠζυρά. Λ. 948. ἀλλ' ᾠ. κατάκεισο καὶ μή μοι φέρε
ᾠζυρί. Ν. 655. ἀγρείως εἶ καὶ σκαιός. ΣΤ. οὐ γάρ, ᾠ.,
  Σ. 1504. ἐν τῷ ῥυθμῷ γὰρ οὐδὲν ἔστ'. ΒΑ. ἀλλ' ᾠ.,
  1514. ὅταν καταβατίνειν γ' ἐπ' αὐτῶν μ', ᾠ.
ᾤζωσιν. Σ. 1526. ἰδόντες ἄνω σκέλος ᾠ.
ᾤδει. Σ. 152. * * τὴν ὠρὰν ὠ. πιέξει νυν σφύβα
  Σ. 196. ᾠ. τὴν ὥπην καὶ σαυτὸν ἐς τὴν οἰκίαν.
  199. ᾠ. σὺ πολλοὺς τῶν λίθων πρὸς τὴν θύραν,
ὠθεῖ. Fr. 383. βαλανεῖς δ' ὠ. ταῖς ἀρυταίναις.
ὠθεῖς. Σ. 251. τί δὴ μαθὼν τῷ δακτύλῳ τὴν θρυαλλίδ' ὠ.
  Θ. 643. ἀνίστασ' ὀρθήν. νυν τί πού πίος ὠ. κάτω,
ὠθουμένη. Εκ. 300. ὥρα δ' ὕπαν ὠ. τοὔνδε τοὺς ἐξ ἄστεως
ὠθουμένης. Fr. 344, 6. τρυγὸς τε φωνὴν εἰς λεκάνην ὠ.
ὠθεῖ. 1. 692. ὠ. κολούμας καὶ ταράττων καὶ κυκῶν,
ὠκα. Λ. 1304. ὠ. κοῦφα πάλλων,
ᾤμην. Fr. 539. ᾠ. δ' ἔγωγε τὸν Κυκλοβύρον κατιέναι.
ᾤμον. Fr. 237. ᾠ. μέγιστον τέτονεν, ἄν ἀλέκτρυον
ᾠμβάτανα. Α. 64. ὄτυς. ΑΛ. βαβαιάξ, ὠ., τοῦ σχήματος
ᾠκεανὸς. Ο. 701. ξυμμιγνυμένων δ' ἑτέρων ἑτέροις γίνετ'· ουρα-
    νὸς ᾠ., τε
'Ωκεανοῦ. Ν. 271. εἴτ' Ὠ. πατρὸς ἐν κήποις ἱερὸν χορὸν ἵστατε
    Νύμφαις,
  Ν. 277. πατρὸς ἀπ' Ὠ. βαρναχέος
ᾤκει. Λ. 787. κἂν τοῖς ὄρεσιν ᾠ.·
ὤκεια. Ο. 214. οἱ κλύῃ μὲν ὠ. Μουσάων φάτις
ᾤκειτ'. Fr. 710. ὅτι γὰρ τὴν θέαν ᾠ. ἐκεῖ.
ᾤμησα'. Εκ. 243. ἐν ταῖς φυγαῖς μετὰ τἀνδρὸς ᾠ. ἐν συκιῇ·
ᾠκήσας. Σ. 3914. ᾠ. γοῦν ἐπιτηδές ὑπὸ τ' ἀπιτίαν, ἵνα ταῦτ' ὑκροψῶ.
ᾠκίσατε. Ο. 1515. ἐξ οὕτερ ὑμεῖς ᾠ. τὸν ἀέρα.
ᾠκοδόμησαν. Ο. 1132. τοῦτο ψ. αὐτὸ τηλικοῦτονί,
ᾠκότριψ. Θ. 426. οὕτως ἐπεῖ αὐτοῖς ψ. Εὐριπίδης
ᾠκτείρας. Θ. 1058. οὐ δ' ἐπ' ἐμοὶ τὸ ἦτις τοὐμὸν ψ. μελέι.
ᾠκνυπτέρους. Ο. 803. ἐπὶ τῷ γελάς· ΠΕ. ἐπὶ τοῖσι σοῖς ὠ.
ᾠκυτόκι. Θ. 504. ὁ δ' ἀνὴρ περιῆρχετ' ὠ. ὠνούμενος·
ᾠλαζὼν. ΕΙ. 1069. ὤφελεν, ὦ., οὑτωσὶ θερμὸν ὁ πλείμων.

ὠλάφιον—ὧπερ

ὠλάφιον. Θ. 1172. ἐμὸν ἔργον ἐστίν· καὶ σὺν, ὦ.. ἄ σοι
ὤλεθρε. Θ. 860. Σπάρτη, πατὴρ δὲ Τυνδάρεως. ΓΤ. Η. σοί γ', ὦ.,
   Εκ. 934. ὡδὶ γὰρ αὐτός ἐστιν. ΝΕ. οὐ σού γ', ὦ.,
ὠλεκτρυόν. Σ. 934. ὦ.; νὴ τὸν Δί', ἐπιμύει γέ τοι.
ὠλίνας. Β. 1322. περίβαλλ', ὦ τέκνον, ὦ.
ὠλεξίκακε. Ν. 1372. ἀδελφοὺς, ὦ., τὴν ὁμομητρίαν ἀδελφήν.
ὠλολυγά. Λ. 240. τίς ὦ.; ΛΤ. τοῦτ' ἐκεῖν' οἰγῶ 'λέγων
ὠμαθέστατ'. Β. 933. σημείον ἐν ταῖς ναυσίν, ὦ., ἐνεγέγραπτο.
ὠμαθέσταται. ΕΙ. 1231. ποία δ' ἀσφήσει ποτ', ὦ. ;
ὠμβρόντητε. Εκ. 793. παύσαισν' ἂν ἐπιφέροντες, ὦ. σύ.
ὠμέν. Λ. 239. ὅπως ἂν ὦ. εὐθὺς ἀλλήλων φίλαι.
ὤμην. Ν. 373. καίτοι πρότερον τὸν Δι' ἀληθῶς ᾤ. διὰ κακκίνου
   οὐρεῖν.
Β. 934. ἐγὼ δὲ τὸν Φιλοξένου γ' ᾤ. Ἔρυξιν εἶναι.
Π. 834. κομιδῇ μὲν οὖν. κἀγὼ μὲν ᾤ. σὺς τέως
ὤμνυ. Ο. 520. ὦ. τ' οὐδεὶς τότ' ἂν ἀνθρώπων θεὸν, ἀλλ' ὄρνιθας
   ἅπαντες
ὤμνυμεν. Εκ. 823. τὸ δ' ἐναγχος οὐχ ἅπαντες ἡμεῖς ὦ.
ὦμοι. Ν. 925. ὦ. σοφίας. ΔΙ. ὦ. μανίας, κ.τ.λ.
ὦμον. Ι. 263. εἶτ' ἀποστρέψας τὸν ὦ. αὐτῶν ἐνεκολήβασας·
Α. 284. χώρει, Δράκης, ἡγοῦ βάδην, εἰ καὶ τὸν ὦ. ἀλγεῖς
   291. ὑν ἐμοῦ γε τῷ ξύλῳ τὸν ὦ. ἐξιώκασον·
Ρ. 88. ἐπιτριβομένων τῶν ὦ. οὕτωσὶ σφόδρα.
Fr. 307, 2. σκεύη τοσαῦτα καὶ τὸν ὦ. θλίβομαι.
ὠμόν. Ι. 571. εἰ δέ που πέσοιεν ἐς τὸν ὦ. ἐν μάχῃ τινί,
ὠμός. Ι. 260. ὅστις αὐτῶν ὦ. ἔσεν ἢ ταμίαν ἢ μὴ πέπων,
ὦμος. Β. 30. οὐκ οἶδ'· ὁ δ' ὦ. οὑτοσὶ πιέζεται.
ὠμόσατε. Ν. 825. ἰδού· τί ἔστιν; ΣΤ. ὦ. νυνὶ Δία.
Β. 1469. μεμνημένος νυν τῶν θεῶν. οὗς ὦ.,
ὤμοσε. Α. 148. ὁ δ' ὦ. σπένδων βοηθήσειν, ἔχων
Σ. 1281. ὄντινά ποτ' ὦ. μαθόντα παρὰ μηδενός,
ὤμοσεν. Θ. 275. μέμνησο τοίνυν ταῦθ', ὅτι ἡ φρὴν ὤ.,
Β. 150. ἐπάταξεν, ἢ 'πίορκον ὅρκον ὤ.,
ὠμοσπάρακτον. Ι. 345. ὦ. παραλαβὼν μεταχειρίσαιο χρηστῶς.
ὅμως Ν. 1012. χροιὰν λευκήν, ὦ. μεγάλους,
   Ν. 1017. ὦ μικροὺς, στῆθος λεπτόν,
ὤμων. Θ. 827. πολλοῖς δ' ἑτέροις ἀπὸ τῶν ὤ.
ὠμύξατε. Λ. 516. κἂν ᾤ. γ', ἐμοῦ 'λέγοντος. ΛΤ. τοιγὰρ ἔγωγ'
   ἔνδον ἐσίγων.
ὠμώμεσε. Β. 743. ᾤ. μέντἄν. ΑΙ. τοῦτο μέντοι δουλικὸν
ὠμῶν. Α. 281. οὕτως ἐπολιόρκησ' ἐγὼ τὸν ἄνδρ' ἐκεῖνον ὤ.
ὤν. Α. 46. ἐγώ. ΚΗ. τίς ὤ.; ΑΜ. Ἀμφίθεος. ΚΗ. οὐκ Ἀ-
   θραιναῖος; ΑΜ. οὔ, κ.τ.λ.
ὤν. Α. 152. ὦ., εἶπας ἐνταυθὶ σὺ, πλὴν τῶν παρνόπων. κ.τ.λ.
ὠναίσχυντε. Θ. 638. χάλα ταχέως τὸ στραφίον, ὦ. σύ.
ὠναίσχυντέ. Ν. 1380. καὶ πῶς δικαίως; ὅστις ὦ. σ' ἐξέθρεψα,
Θ. 744. ἀπέδυσας ὦ. μου τὸ παιδίον,
ὤναξ. Α. 94. ὁ βασιλέως ὀφθαλμός. ΔΙ. ὦ Ἡράκλεις·
Σ. 876. δέξαι τελετὴν καινήν, ὦ., ἥ τῷ πατρὶ καινοτομοῦμεν·
ΕΙ. 180. πύθεν βροτῶν με προσέβαλ'· ὦ. Ἡράκλεις,
   238. ὦ. Ἄπολλον, τῆς θυσίας τοῦ πλάτους.
   389. οὐκ ἀκούεις οἷα θωπεύουσί σ', ὦ. δέσποτα,
Ο. 277. ὄνομα τούτῳ Μῆδος ἐστί. ΠΕ. Μῆδος; ὦ. Ἡράκλεις·
   295. ὀρνίαν· ΕΥ. ὦ. Ἄπολλον, τοῦ νέφους. ἰοὺ ἰού·
Λ. 296. ὡς δεινόν, ὦ. Ἡράκλεις.
Η. 298. ἀπολούμεθ', ὦ. Ἡράκλεις. ΔΙ. οὐ μὴ καλεῖς μ',
Π. 744. ὕπῃ ἔχεις τὴν δύναμιν, ὦ. δέσποτα,
Fr. 492. τὸ δ' αἷμα λέλαφας τοὐμὸν ὦ. δέσποτα.
ἄνδρες. Α. 53. ἀλλ' ἀθάνατοι ὦ., ἐφόβ' οὐκ ἔχω·
Α. 56. ὦ. πρυτάνεις, ἀδικεῖτε τὴν ἐκκλησίαν·
Ι. 266. ξυνεπίπεσέ θ' ὑμεῖς· ἐγὼ δ', ὦ., δι' ὑμᾶς τύπτομαι,
   Ν. 1437. ἐμοὶ μὲν, ὦ., ἥλικες, δοκεῖ λέγειν δίκαια·
Σ. 240. ἀλλ' ἐγκονῶμεν, ὦ., ὡς ἔσται Λάχητι νυνὶ·
   245. συνεύδωμεν, ὦ., ἥλικες, πρὶν ἡμέραν γενέσθαι.
   270. φιλωιδός. ἀλλά μοι δοκεῖ στάντας ἐνθάδ', ὦ.,
   340. οὐκ ἐᾷ μ', ὦ., δικάζειν οὐδὲ δρᾶν οὐδὲν κακόν,
   950. χαλεπὸν μὲν, ὦ., ἐστὶ διαβεβλημένου
ΕΙ. 13. ἐνὸς μὲν, ὦ. ἀπολελύσθαι μον δοκῶ·
   276. ὦ., τί πεισόμεσθα· τῶν ἀγῶν μέγας.
   292. νῦν ἔστιν ἡμῖν, ὦ., ὦ. Ἕλληνες,
   318. ἐξολεῖτ' μ', ὦ., εἰ μήτε βοῆς δινήσετε·
   322. εἴ τὸ κακὸν· τί πάσχετ', ὦ.; μηδαμῶς, πρὸς τῶν
   θεῶν,
   363. εἰπέ μοι, τί πάσχετ', ὦ.; ἔστατ' ἐκπεπληγμένοι.
   426. ὑμέτερον ἐντεῦθεν ἔργον, ὦ. ἀλλὰ ταῖς ἅμαις
   484. οὐδὲν ποιοῦμεν, ὦ., ἀθυμοῦμεν δέ·
   508. ἄγ', ὦ., αὐτοὶ δὴ μόνοι λαβόμεθ' οἱ γεωργοί.
   509. χωρεῖ γέ τοι τὸ πρᾶγμα πολλῷ μᾶλλον, ὦ., ὑμῖν.
   560. νῦν μὲν οὖν, ὦ., προσευξώμεσθα πρῶτον τῇ θεῷ,
   571. ἀλλ' ἀναμνησθέντες, ὦ.,
   1341. τὸν νυμφίον, ὦ.

ἄνδρες. Ο. 30. ἡμεῖς γὰρ, ὦ. οἱ παρόντες ἐν λόγῳ,
Α. 350. ἴασον ὦ. τουτὶ τί ἦν· ὦ. πύνῳ πονηρά·
   1044. τῶν πολιτῶν οὐδέν·, ὦ.,
Β. 597. οὐ πακῶν, ὦ., παρανκεῖτ',
Εκ. 229. ταύταισιν οὖν, ὦ., παραδόντες τὴν πόλιν
   285. ὥρα προβαίνειν, ὦ., ἡμῖν ἐστι· τοῦτο γὰρ χρῆ
   289. χωρῶμεν εἰς ἐκκλησίαν, ὦ. ἠπείλησε γὰρ
Π. 284. ἀλλ' οὐκ ἔτ' ἂν κρύψαιμι, τὸν Πλοῦτον γὰρ, ὦ., ἥκει
   322. χαίρειν μὲν ὑμᾶς ἐστιν, ὦ. δημόται,
   802. ὡς ἡδὺ πράττειν, ὦ., ἔστ' εὐδαιμόσιν,
Fr. 428. ὑποπεπώκαμεν *, ὦ., καὶ καλῶς ἡρίσταμεν,
ὠνείδισας. Α. 559. καὶ συκοφάντης εἴ τις ἦν, ὦ. ;
ὥσπερ. Λ. 518. εἶτ' ἠρόμεσθ' ἂν· πῶς ταῦτ', ὦ., διαπράττεσθ' ὧδ'
   ἀνόητα·
Θ. 484. στρόφος μ' ἔχει τὴν γαστέρ', ὦ., κὠδύνη
   508. ἀπελθ' ἀπελθ', ἤδη γὰρ ὦ. μοι δοκῶ
   614. μόνην γὰρ αὐτήν, ὦ., οὐ γιγνώσκομεν.
Εκ. 351. οὕτωσι ἐχούσης, ὦ.; ΒΛ εἰπούσαν γέ μοι.
   542. κατέλιπον, ὦ. ΠΛ. αἱ δὲ δὴ Λακωνικαὶ.
ὠνησάς. Λ. 1033. νὴ Δί' ὦ. γέ μ', ὡς κάλαι γέ μ' ἐφρεωρύχει,
ὠνήσει. Α. 600. χοιρίον ἔστου· σοφῶν ὦ.
Εκ. 1034. ἤ μὴν ἔτ' ὦ. οὐ καὶ στεφάνῳ ἐμοί.
ὠνήσεται. ΕΙ. 1252. καὶ τοῦν τί δράσω· τίς γὰρ αὔτ' ὦ.;
Π. 140. ὦ. δήποθεν, ἤν σὺ μὴ παρὼν
ὠνήσομαι. Α. 815. ὡς σοι· περίμεν' αὐτοῦ. ΜΕ. ταῦτα δή.
ὠνήσομαι. Ι. 362. ἀλλὰ σχελίδας ἰσθηκυῖν ὦ. μέταλλα.
ΕΙ. 1239. θλίβει τὸν ὅρρον. ἀτυφερ', οὐκ ὦ.
   1261. τούτῳ γ' ἐγὼ τὰ δώρατα ταῦτ' ὦ.
Fr. 135. μὴ κλά'· ἐγώ σοι βουκέφαλον ὦ.
ὠνησόμεθ'. Σ. 305. καβίση νὐν, πίθεν ὦ. ἄριστον· ἔχεις ἐλ-
ὠνήται. Σ. 493. ἤν μὴν ὦ. τις ὀρφώς. μεμβράδας δὲ μὴ θίλῃ,
ὠνήται. Λ. 560. ὅταν ἀσπίδ' ἔχων καὶ Γοργόνα τις κᾷτ' ὦ.
   κἀνουνται,
ἄνθρωπ'. Σ. 184. τίς εἶ ποτ', ὦ., ἐτεόν; ΦΙ. Οὔτις νὴ Δία.
Π. 647. ἴσθμιον τιν' ἔχεις, ὦ. ἄνω τε καὶ κάτω
ἄνθρωπε. Α. 818. ὦ., ποδαπός· ΜΕ. χοιροπώλας Μεγαρικός·
Α. 1108. ὦ., παῦσαι καταγελῶν μου τῶν ὅπλων,
   1109. ὦ., βούλει μὴ βλέπειν ἐς τὰς κίχλας·
   1114. ὦ., βούλει μὴ προσαγορεύειν ἐμέ·
Ν. 644. οὐδὲν λέγεις, ὦ. ΣΤ. περίδον νυν ἐμοὶ,
ΕΙ. 474. οὐδὲν δεῖμοθ', ὦ., τῆς σῆς μορμύνος.
   719. ὦ., χαίρων ἄπιθι καὶ μέμνησό μου.
Π. 366. μελαγχολᾷς, ὦ., νὴ τὸν οὐρανόν·
ἄνθρωπος. Λ. 949. ὦ. ΠΡ. ἀλλ' ἕστηκας, ὦ μαρότατε,
ἄνθρωπ'. Σ. 1234. ὦ., οὕτοι ὁ μαιώμενός τοῦ μέγα κράτος,
Β. 299. ὦ., ἱκετεύω, μηδὶ καρτερεῖς τοὔνομα.
ὤνιον. Ι. 1247. ἐπὶ ταῖς πυλαισίν, οὔ τὸ ράχιον ὦ.
ὥνιος. Α. 758. τί δ' ἄλλο Μεγαροῖ· πῶς ὁ σῖτος ὦ.
   Ι. 480. πῶς οὖν ὁ τυρὸς ἐν Βοιωτοῖ ὦ.;
ὠνόητε Ν. 858. τὰς δ' ἐμβαλεῖς ποῖ τέτροφας, ὦ. σύ·
Σ. 252. καὶ ταῦτα τοὐλαίου σπανίζοντος, ὦ.;
ὠνότεθ'. Β. 734. ἀλλὰ καὶ νῦν, ὦ., μεταβαλόντες τοὺς τρόπους,
ὠνόιμεθ'. Εκ. 1002. τί δῆτα κρεώργας τοῖς κάθοις ὦ. ἄν,
ὠνοῦντο. Ι. 649. τίν τὰς ἀφύας ὦ. πολλαῖς τοὐβολοῦ,
ὠνομάζετο. Ο. 1292. πέρδιξ μὲν εἰς κάπηλος ὦ.
Fr. 445, 1. καὶ μὴν πόθεν Πλοῦτον ᾤ. ;
ὠνόμασας. Εκ. 190. τάλαιν', Ἀφροδίτην ὦ. χαρίεντά γ' ἂν
ὠνόμηνεν. Π. 207. ᾤ. μου τὴν πρώνυαο δειλίαν.
ὠνούμενοι. 1. 897. ὑν' ἐσθίοντ' ὦ., λαμπετ' ἐν Ἰλιαίᾳ
ὠνούμενος. Ν. 1224. τῶν δώδεκα μνῶν, ἃς ἔλαβες ὦ.
   504. ὁ δ' ἀνὴρ περίηρχετ' ὠκυτύκει ὤ.
ὠνούμεθα. Α. 549. ἀσκῶν, τροπωτήρων, κάδους ὦ.,
ὠνοῦντας. Ο. 530. οἱ δ' ὦ. βλιμάζοντες·
ὥπερ. Ν. 238. ὑν ἐκάψ' ἀθαλοὺς γὰρ ᾤ. λαβεῖν
ᾤρημ. Ν. 1472. οὐκ ἐξελήλαι', ἀλλ' ἐγὼ τοῦτ' ᾠ.
Σ. 791. μάγὰ 'νικαψ' ἀθαλοὺς γὰρ ᾤ. λαβεῖν
   1138. ἐγὼ δὲ σιανῖραν ᾤ. Θυμαιτίδα.
Β. 526. οὐκ ἂν ᾤ. τί νοῆν εἶναι
Β. 1376. ἐπιθύμων, ἀλλ' ᾤ. ἂν
Εκ. 168. ἐκεῖσε πρὸς γυναῖκας ᾤ. λέγειν.
ᾤον. Ο. 673. ἀλλ' ὥσπερ ᾤ. νῆ Δί' ἀπολίψαντα χρῆ
Α. 856. πῶς ἡ, ᾤ. μήλων λάβῃ, Κηήσιφ·
Ο. 1395. ᾤ. ΚΙ. τὸν ἀλάθρωπον ἀλόμενος
ᾠόν. ὦ., παραβαλοῦ.
Β. 180. ᾤ. δν ᾤ. ὕπ.
ᾤν. 1. 350. ᾤ. δυνατοί εἶναι λέγειν. ὦ μῶρε τῆς ἀνοίας.
Α. 463. ἀλλὰ τί γὰρ ᾤ.;
Εκ. 885. ᾤ. δ' ἔρημας οὐ παρούσης ἐνθάδε
ὥσπερ. Α. 1025. καὶ ταῦτα μέντοι νὴ Δί' ᾤ. μ' στρεφέτη
ὥπερ. Β. 594. ᾤ. εἰκάζεις σεαυτόν,

ὑπέρ—ᾤχετο. 341

ὑπέρ. A. 474. ἐν ᾧ. ἐστι πάντα μοι τὰ πράγματα.
ὑπίγρυπτ'. ΕΙ. 1236. ἔγωγε νὴ Δί', ὦ. οἴει γὰρ ἂν
ὑπίερυπτε. A. 557. ἀληθες, ὦ. καὶ μιαρώτατε ;
ὑπτα. Β. 507. ὑλακοῦντας ὦ., κολλάβους, ἀλλ' εἴσιθι.
ὑπτημένη. A. 1157. θεύμενον, ἢ δ' ὦ.
ὑπτημένων. Π. 894. πολὺ χρῆμα τεμαχῶν καὶ κρεῶν ὦ.
Fr. 524. καὶ τῶν πρὸς εἴλην ἰχθύων ὦ.
ὠπτησά. I. 1204. ἐγὼ δ' ἐκινδύνευσ'. ΑΛ. ἐγὼ δ' ὦ. γε.
ὤπτων. Ν. 409. ὦ. γαστέρα τοῖς συγγενέσιν, κᾆτ' οὐκ ἔσχεν ἀμελήσοσ'
ὥρα. A. 393. ὦ. 'στὶν ἄρα μοι καρτερὰν ψυχὴν λαβεῖν,
I. 419. σκέψασθε, παῖδες· οὐχ ὁρᾷθ' ; ὦ. νέα, χελιδὼν.
Σ. 346. ἀλλ' ἐκ τούτων ὦ. τινά σοι ζητεῖν καινὴν ἐπίνοιαν,
648. πρὸς ταῦτα μύλην ἀγαθὴν ὦ. ζητεῖν σοι καὶ νεόκοντον,
Ο. 640. ὦ. 'στὶν ἡμῖν οὐδὲ μελλονικιᾶν,
714. ἡνίκα πιετεῖν ὦ. προβάτων πόκον ἠρινόν· εἶτα χελιδὼν,
Θ. 1189. καλῶν ἔχει, λαβὲ θοἰμάτιον· ὦ. 'στὶ νῦν
1228. ὥσθ' ὦ. δῆτ' ἐστὶ βαδίζειν
Εκ. 30. ὦ. βαδίζειν, ἆτε ὁ κῆρυξ ἀρτίως
285. ὦ. προβαίνειν, ἄνδρες, ἥν' ἐστι· τοῦτο γὰρ χρὴ
352. ὦ. βαδίζειν ἐστὶν εἰς ἐκκλησίαν,
877. τί ποθ' ἅνδρες οὐχ ἥκουσιν ; ὦ. δ' ἦν πάλαι·
1163. ὦ ὦ ὦ. δὴ,
Fr. 78, 1. ὦ. βαδίζειν μοῦστι πρὸς τὸν δεσπότην·
ὥρᾳ. Ν. 1008. ἧρος ἐν ὦ. χαίρων, ὁπόταν πλάτανος πτελέᾳ ψιθυρίζῃ·
Ν. 1117. πρῶτα μὲν γὰρ, ἢν νεὰν βουλησθ' ἐν ὦ. τοὺς ἀγροὺς,
Σ. 242. χθὲς οὖν Κλέων ὁ κηδεμὼν ἡμῖν ἐφεῖτ' ἐν ὦ.
689. ἤκειν εἴπη πρῲ κᾶν ὦ. δικάσων̣θ', ὡς ὅστις ἂν ὑμῶν
ΕΙ. 122. ἦν δ' ἐγὼ εὖ πράξας ἔλθω πάλιν, ἑξεῖτ' ἐν ὦ.
Εκ. 395. οὕτως ἐν ὦ. ξυνείληγη ; ΧΡ. τί δ' ἄλλο γ' ἢ
Πραι. ΕΙ. 1168. χάμα φῆμ', Ω. φίλαι· καὶ
ὡραία. Εκ. 696. ἐνθάδε μείρος ἔσθ' ὦ.
ὡραίας. Σ. 1365. ποθεῖς ἐρᾶν τ' ἔοικας ὦ. σοροῦ.
ὡραίων. Β. 395. νῦν καὶ τὸν ὦ. θεὸν παρακαλεῖτε δεῦρο
ὡραιοτάτη. Β. 291. ὦ. τις. ΔΙ. τοῦ 'στι ; φέρ' ἐπ' αὐτὴν ἴω.
Β. 514. ἤδη 'νδον ἔσθ' ὦ. πωρχηστρίδες
ὡραιοτάτην. Εκ. 616. ἐπὶ τὴν ὦ. αὐτῶν καὶ ζητήσουσιν ἐρείδειν·
ὡραιοτάτης. A. 1148. μετὰ παιδίσκης ὦ.
ὡραίου. Ο. 138. ὥσπερ ἀδικηθεὶς παιδὸς ὦ. πατρὸσ'
ὥραις. Ν. 310. παντοδαπαῖς ἐν ὦ.
Ο. 696. ἐξ οὗ περιτελλομέναις ὦ. ἔβλαστεν Ἔρως ὁ ποθεινὸς,
725. αὔραις, ὦ., χειμῶνι, θέρει.
Θ. 948. ὅταν ὄργια μηδὲ θεαῖν ἱεραῖς ὦ. ἀνέχωμεν, ἅπερ καὶ Πραισιν. ΕΙ. 456. Ἑρμῇ, Χάρισιν, Ὥ., Ἀφροδίτῃ, Πύθω.
ὡρακιάσας. ΕΙ. 702. ὦ.· οὐ γὰρ ἐξηνέσχετο
ὡρακιῶ. Β. 4‍1‍1. πρὶν τινά σ' ἰδεῖν ἀλλότριον ; ΔΙ. ἀλλ' ὦ.
ὥραν. Ο. 713. ἱππῖνος δ' αὖ μετὰ ταῦτα φανεὶς ἱτέραν ὦ. ἀποφαίνει,
Εκ. 923. ὦ. οὐκ ἀπολεῖς οὐδ' ἀπολήξει·
ὥρας. Ν. 502. ἐν τὰς ὦ. τὰς ἱτέρας εὖ φρονεῖν δοκήσετε,
Ο. 705. πολλοὺς δὲ καλοὺς ἀπομωκότας παῖδας πρὸς τέρμασιν ὦ.
709. πρῶτα μὲν ὦ. φαίνομεν ἡμεῖς ἧρος, χειμῶνος, ὀπώρας·
1724. ὦ. φεῦ φεῦ τῆς ὦ., τοῦ κάλλους.
Θ. 951. ἐν τὰς ὦ. ξυνεπευχόμενος
Β. 380. σώζειν φησὶ εἰς τὰς ὦ.
1034. γῆς ἐργασίας, καρπῶν ὦ., ἀρότους ὁ δ' θεῖος Ὅμηρος
ὥρασ'. A. 1037. ἀλλὰ μὴ ὦ. ἴκοισθ'· ὦν ἐστὶ θωϊκιαὶ φύσει,
ὥρασι. A. 391. ἔλεγεν δ' ὁ μὴ ὦ. μὲν Δημόστρατος
ὀργεῖοι. ΕΙ. 493. πληγὰς λήψεσθ', ὦ.
ὥργισεν. Σ. 425. ὡς ἂν εὖ εἴδῃ τὸ λοιπὸν σμῆνος οἷον ὦ.
ὀργισμένοι. Σ. 431. οἱ μὲν εἰς τὸν προκτὸν αὐτῶν ἐσπίτεσθ' ὦ.,
ὀργισμένη. A. 687. ὦν ἂν ἐζωμεν γυναικῶν αὐτοῖς ὦ.
'Πρεος'. ΕΙ. 1047. οὗτος τέ μου 'σθ' ὁ χρησμολόγος οὑξ 'Ω.
ΕΙ. 1125. ἤκουσας ; ὁ κύραξ οἷος ἦλθ' ἐξ 'Ω.
ὡρικῆ. A. 272. πλείστουσαν εὐρονθ' ὦ. ὑληφόρον,
ὡρικον. Fr. 40. ὦ.
ὡρικῶς. Π. 963. ὃ μειρακίσκη ; πυνθάνει γὰρ ὦ.
ὤρκωσ'. Θ. 276. ἢ γλῶττα δ' οὐκ ὀμώμοχ', οὐδ' ὦ. ἐγώ.
ὡρμισμένη. Θ. 1106. θεαῖς ὁμοίαν ναῦν ὅπως ὦ.
ὥρμωμεθ'. Εκ. 490. ὅθεν γε τῆς ἐκκλησίας ὦ., ἤκεις ἡμεν·
ὥρνιθες. Ο. 1118. τὰ μὲν ἱερ' ἡμῖν ἐστιν, ὦ., καλῶς
ὠρνιθομάνουν. Ο. 1290. ὦ. δ' οὕτω περιφανῶς ὥστε καὶ
ὥρυττον. I. 605. τοὺς ὁπλιτὰς ὦ. εὐνᾶς καὶ μετῴσαν στρώματα
ὠρχεῖτ'. Fr. 249. ὁ χορὸς δ' ὦ. ἂν ἀναψάμενος ἐάπιδας καὶ
ὠρχειόρδησας. Ο. 142. οὐκ ὦ., ὧν ἐμοὶ πατρικὸς φίλος.
ὠρῶν. Θ. 950. πολλάκις αὐταῖς ἐκ τῶν ὦ.
ὥς. A. 7. ταῦθ' ὦ. ἐγανώθην, καὶ φιλῶ τοὺς ἱππέας κ.τ.λ.

ὥς. I. 1237. πῶς εἶπας ; ὦ. μοῦ χρησμὸς ἄπτεται φρενῶν. κ.τ.λ.
ὥσθ'. Σ. 642. ὦ. οὗτος ἤδη σκορδινᾶται κᾆστιν οὐκ ἐν αὐτοῦ. κ.τ.λ.
ὥσι. A. 670. ἡνίκ' ἂν ἐπανθρακίδες ὦ. παρακείμεναι,
Ο. 1665. γηγσίων. ἐὰν δὲ παῖδες μὴ ὦ. γνήσιοι, τοῖς
Εκ. 801. μαχούμεσθ' αὐτοῖς. ΑΝ. Β. ἦν δὲ κρείττους ὦ., τί ;
Π. 568. ὦ. πένητες, περὶ τὸν δῆμον καὶ τὴν πόλιν εἰσὶ δίκαιοι,
ὡσίν. ΕΙ. 156. διακινήσας φαιδροῖς ὦ.
ὦσιν. ΕΙ. 934. εὖ τοι λέγεις. ΧΟ. καὶ τἄλλα γ' ὦ. ἤπιοι.
Ο. 1006. ἀγορά, φέρουσαι δ' ὦ. εἰς αὑτὴν ὀδυὶ
ὥσπερ. A. 193. ὀρύατον, ὦ. διατριβῇ τῶν ξυμμάχων. κ.τ.λ.
ὡσπερεί. A. 876. τροχίλωσ, κολύμβωσ. ΔΙ. ὦ. χειμῶν ἄρα κ.τ.λ.
ὥστ'. A. 149. στρατιὰν τοσαύτην ὦ. Ἀθηναίους ἐρεῖν, κ.τ.λ.
ὥστε. A. 143. ὑμῶν τ' ἐραστὴς ἦν ἀληθής, ὦ. καὶ κ.τ.λ.
ὡστεί. A. 844. οὐδὲ ὦ. Κλεωνύμῳ·
ὡστίζεται. A. 42. ἐς τὴν προεδρίαν πᾶς ἀνὴρ ὦ.
ὡστιζομένη. Α. 330. δούλαισιν ὦ.
ὠστιζόμεθ'. Π. 330. ὦ. ἐκάστοτ' ἐν τῇκηλησίᾳ,
ὡστιοῦνται. A. 24. ἥκουντες, εἶτα δ' ὦ. πῶς δοκεῖς
ὡσφροντο. Ο. 115. κατ̓γύριον ὦ., ὥσπερ ἡμ, ποτε·
ὡφλ'. Ν. 41 εἰθ' ὁ προμνήστρι' ἀπολέσθαι κακῶς,
Β. 1382. εἰθ' ὦ. ἀγυρτῶν μὴ διαπτάσθαι σκάφος.
ὠφλήκει. Σ. 121. ὅτε δῆτα ταύταις ταῖς τελεταῖς οὐκ ὦ.
Σ. 445. καὶ κυνῶς, καὶ τοὺς πόδας χειμῶνος ὄντος ὦ.
ὠφλῶν. Θ. 183. τίς οὖν παρ' ἡμῶν ἔστιν ὦ. σοι ;
ὠφελεῖν. Ο. 420. φιλοισιν ὦ. ἔχειν·
Ο. 947. ψευδῶσ· δεῖ γὰρ τὸν ποιητὴν ὦ.
Β. 31. σὺ δ' οὖν ἐπειδὴ τὸν ὕπνον οὐ φῄς σ' ὦ.,
1427. μισῶ πολίτην, ὅστις ὦ. πάτραν
Π. 1135. τί τον δίει γ' ὦ. δυνατός εἰμί σ' ὦ.
ὠφελίας. ΕΙ. 588. * * * * * * * μόνη γὰρ ἡμᾶς ὦ.
ὠφελεῖ. Σ. 731. εἴθ' ὦ. μοι κηδεμὼν ἢ ξυγγενὴς
ὤφελεν. ΕΙ. 1060. ὦ., ὑλαζών, οἰνωοὶ θερμοί ὦ πλείμων.
ὠφελεῖς. Θ. 876. ῥοαῖσιν ἑξάνων· ΓΤ. Η. ὦ. δὲ καὶ σύ γε.
Β. 955. ὡς πρὶν διδάξαι γ' ὦ. μέσος διαρραγήσω.
ὠφέλημα. Ι. 836. ὦ πᾶσιν ἀνθρώποις φανεὶς μέγιστον ὦ.,
ὠφελησαίμι. ΣΤ. 330. οὐκ ἂν ὀρχησαίμι', εἴπερ ὦ. τί σε.
ὠφελήσαις. Π. 1134. ἀρ' ὦ. ἂν τι τὸν σαυτοῦ φίλον,
ὠφελήσει. Σ. 1078. ὦ. ἐν μάχαισιν, ἡνίκ' ἡλθ' ὁ βάρβαρος,
ὠφέλησει. Ο. 358. τί δὲ χύτρα νῷ γ' ὦ. ; ΠΕ. γλαῦξ μὲν οὐ πρόσεισι νῴν,
ὠφελήσειεν. Ν. 753. τί δῆτα τοῦτ' ἂν ὦ. σ' ; ΣΤ, ὅ τι ;
ὠφελήσαιμεν. Ο. 316. κοινόν, ἀσφαλῆ, δίκαιον, ἡδὺν, ὦ.
ὠφελήσουσ'. Ν. 648. τί δή γ' ὦ. οἱ ῥυθμοὶ πρὸς τἄλφιτα ;
ὠφελίαισι. Εκ. 575. μυρίαισιν ὦ. Βίον, δη-
ὠφέλιμοι. Β. 1031. ὡς ὦ. τῶν ποιητῶν οἱ γενναῖοι τεγένηνται.
ὠφελεῖν. Θ. 217. ἡ μ' σιδδεῖν' ἐμαυτὸν ὦ. ποτε.
ὠφελοῦ. Εκ. 380. τὸ τριώβολον δῆτ' ἔλαβες ; ΧΡ. εἴ γὰρ ὦ.
ὠφελοῦ. Ν. 611. ὦ. ὑμᾶς ἅπαντας, οὐ λόγοις, ἀλλ' ἐμφανῶς.
ὠφελοῦσαις. Ν. 577. πλεῖστα γὰρ θεῶν ἀπάντων ὦ. τὴν πύλιν,
ὠφελούσαις. Ι. 94. εὐδαιμονοῦσιν ὦ. τοὺς φίλους,
ὠφελῶ. Ν. 1116. ὦ. ἐκ τῶν δικαίων, βουλήμεσθ' ἡμεῖς φράσαι,
ὤφημερε. Ν. 223. τί με καλεῖς, ὦ. ;
ὠφόρη. Ο. 680. ἦλθες ἦλθες, ὦ.,
ὠφήκα. Ν. 34. ὅτε καὶ δῖκας ὦ. χάτεροι τύκον
ὠφλήμην. Ο. 1457. ὧδὶ λέγεις· ὀρθῶς γ' ὦ. τὴν δίκην
ὠχαρνέων. Α. 286. ἀντὶ ποίας αἰτίας, ὦ. γεραίτατοι ;
ὠχαρνηβὶ. Α. 322. κἀν τῶν Ἀχαρνέων ὑπανθρακίζετ' ἰτελῶν, ὦ.·
ὠχαρνικοί. Α. 324. ἐξολοίμην, ἢν ἀκούσω. ΔΙ. μηδαμῶς, ὦ.
ὠχετ'. A. 814. ὦ. οὐδὲ μίσους
ὠχεῖσθ'. Fr. 198, 11. ἦν σφοδρ' ἐπὶ λεπτῶν ἐλπίδων ὦ. ἄρα·
ὠχέλως. Α. 381. ἐμπρήσον αὐτὴς τὰς κύμας. ΧΟ. ΓΤ. σὸν ἔργον, ὦ.
ᾤχετ'. Ν. 1068. κᾆτ' ἀπολιτοῦσά γ' αὐτὸν ᾤ.· οὐ γὰρ ἦν ὑβριστή,

Σ. 1271. ἀλλὰ πρεσβεύων γὰρ ἐς Φάρσαλον ᾤ.· εἶτ' ἐκεῖ
Β. 567. ὁ δ' ᾤ. ἐξάρας γε τοὺς ψιάθοις λαβών.
ᾤχετο. Α. 81. ἀλλ' εἰς ἀπύατον ᾤ., στρατιὰν λαβών.

ᾤχετο—ὠψώνηκ'.

ᾤχετο. Ἱ. 1345. εἶτ' ἐξαπατήσας σ' ἀντὶ τούτων ᾤ.
Ἱ. 1353. τὸν τὰς τριήρεις παραδραμὼν ἂν ᾤ.
Λ. 277. ᾤ. θῶπλα παραδοὺς ἐμοί,
Ἐκ. 196, ὁ ταῦτ' ἀναπείσας εὐθὺς ἀποδρὰς ᾤ.
ᾠχόμην, Ἐκ. 533. ἀλλ' ὥσπερ εἶχον ᾠ.· ἐδεῖτο δὲ
Π. 32. ἐπερησύμενοσ οὖν ᾠ'. ὡς τὸν θεόν,
ᾤχοντο. Ἐκ. 543. ᾧ μετὰ σοῦ κατά τι χῇ βακτηρία;
ᾤχου. Β. 168. ἀνῆξας ἄγχων κἀποδρὰς ᾤ. λαβών,
Ἐκ. 527. ᾠ. σιωπῇ θοἰμάτιον λαβοῦσά μου;

ᾤχου. Ἐκ. 537. ᾤ. καταλιποῦσ' ὡσπερεὶ προκείμενον,
ὠχρά. Π. 422. σὺ δ' εἴ τίς· ὠ. μὲν γὰρ εἶναί μοι δοκεῖς.
ὠχράν. Ν. 1016. πρῶτα μὲν ἕξεις χροιὰν ὠ.,
ὠχριᾶσ'. Β. 307. αἵμαι τάλας, ὡς ὠ. αὐτὴν ἰδών
ὠχριῶντας. Ν. 103, τοὺς ὠ., τοὺς ἀνυποδήτους λέγεις·
ὠχριῶσα. Fl. 642. ἡ πόλις γὰρ ὠ. μὲν φόβῳ καθημένη
ὠχρόν. Ν. 1112. ὠ. μὲν οὖν ἔγωγε καὶ κακοδαίμονα.
ὠχρός. Λ. 1140. ἐπί τοῖσι βωμοῖς ὠ. ἐν φοινικίδι,
ὠψώνηκ'. Σ. 1506. ἀδελφὸς αὐτοῦ. ΦΙ. νὴ Δί' ὠ. ἄρα.

FINIS.

www.ingramcontent.com/pod-product-compliance
Lightning Source LLC
Chambersburg PA
CBHW031847220426
43663CB00006B/526